《中国政党制度年鉴》编委会

中国政党制度年鉴

2016

中央社会主义学院中国政党制度研究中心编

中国文史出版社

图书在版编目（CIP）数据

中国政党制度年鉴·2016 / 中央社会主义学院中国政党制度研究中心编．
—北京：中国文史出版社，2017. 11
ISBN 978 – 7 – 5034 – 9587 – 8

Ⅰ．①中… Ⅱ．①中… Ⅲ．①政党 – 政治制度 – 中国
– 2016 – 年鉴 Ⅳ．①D665–54

中国版本图书馆 CIP 数据核字（2017）第 279507 号

中国政党制度年鉴·2016

编　　者：中央社会主义学院中国政党制度研究中心
责任编辑：徐玉霞　卜伟欣
文字编辑：朱　虹
封面设计：敬德永业

出版发行：**中国文史出版社**
网　　址：www. chinawenshi. net
地　　址：北京市西城区太平桥大街23号　邮编：100811
电　　话：010 – 66173572　66168268　66192736（发行部）
传　　真：010 – 66192703
印　　装：北京新华印刷有限公司
经　　销：全国新华书店
开　　本：787 × 1092　16开
印　　张：75
字　　数：1622千字
版　　次：2017年12月北京第1版
印　　次：2017年12月第1次印刷
定　　价：290. 00元

编辑说明

一、《中国政党制度年鉴》是中央社会主义学院中国政党制度研究中心主编的一部专业性年鉴。它全面、系统地记录和反映了一年内执政党建设理论和实践研究、政党制度理论创新和实践发展、参政党建设理论和参政能力建设的基本情况。鉴于目前国内关于执政党研究的理论和实践成果十分丰富，它突出介绍了我国政党制度和参政党的研究和实践状况。

二、《中国政党制度年鉴》以中国特色社会主义理论体系为指导，力争全面、客观地反映中国共产党领导的多党合作和政治协商制度的理论研究动态、实践成果、政党和政党制度建设情况。

三、本年鉴框架相对稳定。《中国政党制度年鉴·2016》共设中国政党制度研究、执政党研究、参政党研究、重要文献、政党活动纪要、学术会议、参政议政案例选、附录共八个栏目。

四、重要文献主要选编各民主党派本年度内关于参政议政、自身建设等重要文件、条例、规章制度，大会报告；学术会议是指与政党和政党制度研究相关的学术会议；附录一、二分别介绍了台湾政党制度、国外政党制度年度研究状况，附录三收录国内本年度关于政党制度相关研究的重点文献资料。欢迎社会各界积极推介有关政党制度的研究成果、学术会议和学术人物，我们将按标准收入年鉴。

五、鉴于中国政党制度的学科体系尚未规范，有关这方面的研究成果散见于各个学科之中，给资料收集工作带来很大困难，加上我们的学术水平和编辑能力所限，疏漏和不足之处在所难免，恳请广大读者不吝赐教，以便我们在今后的编辑工作中努力改进，使之不断完善。

目 录

中国政党制度研究

中国政党制度研究述评 3

一、中国政党制度的形成和发展 3
二、中国政党制度的基本格局和主体关系 7
三、中国政党制度的特色和优势 12
四、中国政党制度的功能和价值 17
五、中国政党制度的思想和理论 20
六、坚持和完善中国的政党制度 23
七、中国政党制度与协商民主 36
八、人民政协理论与实践 46

学术著作评介和论文观点摘要 58

一、学术著作评介 58
二、论文观点摘要 59

执政党研究

执政党研究述评 93

一、关于习近平总书记党建思想的研究 93
二、关于全面从严治党的研究 98
三、关于党内政治生态的研究 102

四、关于依规治党的研究……106
五、关于党群关系的研究……110
六、关于反腐倡廉的研究……116
七、关于党的意识形态安全的研究……120
八、关于党内政治生活的研究……124
九、关于基层党的建设的研究……129
十、关于党的建设理论的研究……135

学术著作评介和论文观点摘要……142

一、学术著作评介……142
二、论文观点摘要……146

参政党研究

参政党研究述评……151

一、参政党性质、地位与作用……151
二、参政党的政治交接与历史……158
三、参政党职能……163
四、参政党建设……189

学术著作评介和论文观点摘要……204

一、学术著作评介……204
二、论文观点摘要……206

重要文献

中国国民党革命委员会……223

中国国民党革命委员会第十二届中央常务委员会工作报告……223
中国国民党革命委员会中央监督委员会工作报告……232
在民革十二届十四次中常会上的讲话……235
在民革十二届十五次中常会上的讲话……237
在民革十二届十六次中常会上的讲话……243
中国国民党革命委员会第十二届中央委员会第五次全体会议决议……246
民革中央关于进一步加强参政议政工作的意见……247

民革中央开展脱贫攻坚民主监督工作方案 249
民革中央关于认真学习习近平总书记在庆祝中国共产党成立 95 周年大会上的重要讲话精神的通知 252
中国国民党革命委员会中央委员会关于学习贯彻十二届全国人大四次会议和全国政协十二届四次会议精神的决议 254
中国国民党革命委员会中央委员会关于学习贯彻中共十八届六中全会精神的决定 255
中国国民党革命委员会中央委员会关于将湖南和平解放史事陈列馆（程潜公馆）命名为民革党史教育基地的决定 256
中国国民党革命委员会中央委员会关于命名河北省辛亥滦州起义英烈祠为民革党员教育基地的决定 257
民革中央关于开展“不忘合作初心，继续携手前进”主题教育活动的通知 257
民革中央关于开展向张宝艳、秦艳友同志学习活动的通知 260
中国国民党革命委员会中央委员会 2016 年工作要点 261

中国民主同盟 265

中国民主同盟第十一届中央常务委员会工作报告
——2016 年 12 月 6 日在中国民主同盟第十一届中央委员会第五次全体会议上 265
在民盟十一届十四次中常会上的讲话 274
在民盟十一届十五次中常会上的讲话 279
民盟中央关于开展脱贫攻坚民主监督工作的实施方案 284
民盟中央关于学习贯彻十二届全国人大四次会议和全国政协十二届四次会议精神的决定 286
民盟中央关于学习贯彻中共十八届六中全会精神的通知 288
内化于心、外化于行，不断开创多党合作事业新局面
——学习习近平总书记“七一”重要讲话精神体会 290
民盟中央 2016 年工作要点 292

中国民主建国会 296

坚定信念　扎实履职　为全面建成小康社会作出新贡献
——在中国民主建国会第十届中央委员会第五次全体会议上的工作报告 296
突出重点　服务大局　切实推进会内监督工作 305
——中国民主建国会中央监督委员会 2016 年工作报告 305
在民建十届五中全会闭幕会上的讲话 311
在民建十届十四次中常委会议上的讲话 318
在民建十届十五次中常委会议上的讲话 322

在民建十届十六次中常委会议上的讲话......326
民建中央关于认真学习贯彻十二届全国人大四次会议和全国政协十二届四次会议精神的决议......331
民建中央 2016 年工作要点......332

中国民主促进会......334

不忘合作初心　聚力全面小康
——民进第十三届中央常委会在五中全会上的工作报告......334
民进第十三届中央监督委员会 2016 年工作情况报告......343
中国民主促进会第十三届中央委员会第五次全体会议决议......346
学习贯彻六中全会精神，聚力建成全面小康社会
——在民进十三届五中全会闭幕式上的讲话......347
以两会为新起点　做好今年工作
——严隽琪同志在民进十三届十四次中常会上的讲话......351
凝心聚力“十三五”
——严隽琪同志在民进十三届十五次中常会闭幕式上的讲话......356
学习六中全会精神，与党同心同行
——严隽琪同志在民进十三届十六次中常会议闭幕式上的讲话......359
关于召开中国民主促进会第十二次全国代表大会的决定......363
中国民主促进会第十二次全国代表大会代表名额及代表产生办法......363
民进中央关于“十三五”时期参与统一战线聚力脱贫攻坚工作指导意见......365
民进中央关于学习贯彻十二届全国人大四次会议和全国政协十二届四次会议精神的通知......368
民进中央关于学习贯彻习近平总书记在庆祝中国共产党成立 95 周年大会上讲话的通知......369
民进中央关于学习贯彻中共十八届六中全会精神的通知......371
民进中央关于在全会开展“不忘合作初心，继续携手前进”专题教育的通知......372
民进中央关于 2017 年省级组织换届工作的意见......374
民进中央 2017 年机关建设主题年工作方案......377
民进中央 2016 年工作要点......380

中国农工民主党......384

中国农工民主党第十五届中央常务委员会 2016 年工作要点......384
中国农工民主党第十五届中央监督委员会 2016 年工作报告......387
在中国农工民主党第十五届中央常务委员会第十三次会议上的讲话......391
在中国农工民主党第十五届中央常务委员会第十四次会议上的讲话......395

在中国农工民主党第十五届中央常务委员会第十五次会议上的讲话......400
夯实基础保障换届，深化交接服务大局
——在中国农工民主党第十五届中央常务委员会第十五次会议上的报告......404
农工党中央对口云南省开展脱贫攻坚民主监督工作实施方案（试行）......414
中国农工民主党中央关于“十三五”期间全党参与精准扶贫精准脱贫工作的指导意见......418
中国农工民主党中央关于认真学习贯彻十二届全国人大四次会议和全国政协十二届四次会议精神的通知......423
中国农工民主党中央关于认真学习贯彻习近平总书记“七一”重要讲话精神的通知......425
中国农工民主党中央关于认真学习贯彻中共十八届六中全会精神的决议......427
中国农工民主党第十五届中央常务委员会 2016 年工作要点......428

中国致公党......432

在中国致公党第十四届中央委员会第五次全体会议上的讲话......432
中国致公党第十四届中央常务委员会工作报告
——在中国致公党第十四届中央委员会第六次全体会议上......435
关于深入学习贯彻习近平总书记在庆祝中国共产党成立 95 周年大会上重要讲话精神的通知......444
关于印发《致公党中央关于开展“不忘合作初心，继续携手前进”专题教育活动方案》的通知......446
关于加强换届纪律监督营造良好换届环境的意见......449
致公党中央关于加强基层组织建设的意见......450

九三学社......455

九三学社第十三届中央常务委员会 2016 年工作报告
——在九三学社第十三届中央委员会第五次全体会议上......455
九三学社第十三届中央委员会监督委员会 2016 年工作报告......464
韩启德主席在九三学社第十三届中央委员会第五次全体会议闭幕会上的讲话......468
韩启德主席在九三学社第十三届中央常务委员会第十四次会议上的讲话......475
韩启德主席在九三学社第十三届中央常务委员会第十五次会议上的闭幕讲话......478
九三学社中央关于学习贯彻十二届全国人大四次会议和全国政协十二届四次会议精神的通知......482
九三学社中央关于学习贯彻中共十八届六中全会精神的决议......483
关于印发《九三学社中央 2017 年工作要点》的通知......484
九三学社中央 2016 年工作要点......485

台湾民主自治同盟 ……488

台湾民主自治同盟第九届中央常务委员会 2016 年工作报告
——在台盟第九届中央委员会第五次全体会议上……488
台盟九届五中全会闭幕讲话……494
台盟中央 2016 年工作要点……497

政党活动纪要

中国共产党 ……505

一、重要会议及活动……505
二、全面建成小康社会……514
三、全面深化改革……516
四、全面依法治国……521
五、全面从严治党……523
六、多党合作及协商民主建设……529

中国国民党革命委员会 ……535

一、重要会议及活动……535
二、履行职能……552
三、自身建设……571

中国民主同盟……580

一、重要会议及活动……580
二、履行职能……594
三、自身建设……613

中国民主建国会……629

一、重要会议及活动……629
二、履行职能……665
三、自身建设……678

中国民主促进会……682

一、重要会议活动……682

二、履行职能……697
三、自身建设……721

中国农工民主党……732

一、重要会议和活动……732
二、履行职能……746
三、自身建设……774

中国致公党……792

一、重要会议及活动……792
二、履行职能……812
三、自身建设……820

九三学社……825

一、重要会议及活动……825
二、履行职能……836
三、自身建设……853

台湾民主自治同盟……865

一、重要会议及活动……865
二、履行职能……893
三、自身建设……919

学术会议

学术会议……925

第六届参政党建设论坛……925
社会主义协商民主中的政治协商与社会协商研讨会……927
民盟历史人物研究专题研讨会……927
民建中央理论研究委员会全体会议……928
全国社会主义学院系统理论研讨会暨中国政党制度研究中心第 14 届年会……929
人民政协民主监督理论研讨会……932
第八届中国政党研究论坛……933
中国人民政协理论研究会 2016 年度理论研讨会……936

纪念孙中山诞辰 150 周年大会 937
协商民主与公共政策论坛 939
中国政治协商发展论坛 940

参政议政案例选

中国国民党革命委员会 945

一、抓不文明“小事”，做精准立法“大事” 945
二、关心贫困群众，为摘下“裘皮大衣上的补丁”献计出力 947
三、贯彻落实绿色发展理念，建言京津冀能源结构调整 949
四、关注海水淡化问题，推进水资源结构调整 952
五、开展“跨行政区划的法院体制改革”调研，聚焦司法体制改革“硬骨头” 955

中国民主同盟 957

一、建言“改革开发区管理体制，促进开发区转型创新发展” 957
二、就推动我国大数据安全和产业发展建言献策 960
三、建言在大别山区构建综合性生态补偿机制 962
四、关于高度重视“伪金融”可能引发金融风险的提案 965
五、打造品牌活动，促进两岸四地高等教育合作与交流 967

中国民主建国会 970

一、建议培育新生中小城市，推进新型城镇化发展 970
二、建议培育具有核心竞争力的创新型企业促进创新发展 976
三、关于精准扶贫精准脱贫的建议 979
四、关于推进供给侧结构性改革应对民间投资下行的调研建议 986
五、关于加大金融支持精准扶贫力度的建议 993

中国民主促进会 1000

一、发挥参政党职能，助力打赢脱贫攻坚战 1000
二、聚焦教师教育供给侧改革，推动教师队伍建设 1005
三、呼吁重视特殊教育，破解特教发展困境 1009
四、在票房“狂飙”中保持清醒，建言电影产业健康有序发展 1011
五、围绕长江经济带战略，建言长江保护与发展 1014

中国农工民主党 1017

一、建言食品药品监管体制改革……1017
二、建言长江经济带发展……1019
三、建言上海张江国家自主创新示范区建设……1020
四、建言婴幼儿配方乳粉……1022
五、建言立即启动寨卡病毒联防联控机制……1025

中国致公党……1027

一、建言积极应对人口老龄化……1027
二、建言促进海岛建设和发展……1029
三、建言加强长江非法采砂管理，促进长江经济带健康发展……1031
四、建言加快供给侧结构性改革，促进实体经济健康发展……1033
五、建言加快贫困地区教育脱贫……1035

九三学社……1039

一、建言加强社区治理与服务……1039
二、关注法官、检察官员额制改革，提高司法公信力……1042
三、推动建立健全孤独症群体社会支持体系……1045
四、持续关注晋陕豫黄河金三角区域，建言深化省际区域统筹发展机制改革……1047
五、聚焦乌蒙山片区彝族聚居区脱贫攻坚……1049

台湾民主自治同盟……1052

一、以台资参与为切入点　助推中西部地区供给侧结构性改革……1052
二、开展专题调研　推动设立国家中医药博物馆……1055
三、聚焦洁净能源国家实验室建设，建言东北老工业基地创新发展……1057
四、持续跟踪调研，推动农作物秸秆综合利用……1059

附　录

附录一：台湾政党制度研究……1065

一、研究论文概要……1065
二、研究性著作简介……1086
三、重要的学术会议概况……1087

附录二：国外政党制度研究……1090

一、国外政党建设与执政经验研究……1090

二、中外政党政治与政党制度比较研究 1096
三、国外政党政治及政党制度发展研究 1096
四、历史问题研究 1105
五、国外相关研究引介 1106

附录三：中国政党制度年鉴文献目录 1107

一、论文 1107
二、著作 1177

中国政党制度研究

中国政党制度研究述评

2016 年是全面建成小康社会决胜阶段的开局之年，是中央统战工作会议召开和《中国共产党统一战线工作条例（试行）》等一系列相关法规和文件颁布后的第一个年头。一年中，专家学者们以习近平同志重要讲话为指导，深入学习贯彻中共中央有关文件精神，在以往研究的基础上，对中国政党制度展开了更为系统、深入的理论探索。相比较而言，本年度中国政党制度研究重点集中在政党协商和人民政协协商的理论和实践、政党制度效能和话语体系、社会主义协商民主与国家治理、人民政协民主监督等新的现实问题上。此外，自中共中央统战部明确将“增强中国政党理论话语权研究”列为 2016 年度重点研究课题以来，以“中国多党合作制度话语体系研究”为主题的学术研究、学术会议也日趋热络，专家学者们正越来越多地关注如何构建具有中国特色、中国风格、中国气派，讲得通、听得懂、信得真的中国多党合作话语体系的问题。总的来看，在以往研究的基础上，2016 年中国政党制度研究在方法上更加注重实证研究和制度分析，在研究旨趣上则体现出特别注重相关程序化经验总结的特点。

一、中国政党制度的形成和发展

围绕中国政党制度的形成和发展，本年度学者们聚焦于从宏观上论述中国政党制度的发展史，通过细致分析，勾勒出中国人民历经探索和失败最终选择了中国共产党领导的多党合作和政治协商制度的历史线索，揭示我国政党和政党政治历史与现实的一贯性、历史与逻辑的一致性，论证中国政党制度在文化层面上民族性与时代性的统一，呈现出厚重的历史感、文化的自信力。在引领人们深入理解中国政党制度合理性、现实性方面，回顾历史总是能够让人们更好地理解和把握现实。学者们以习近平总书记在纪念中国共产党成立 95 周年大会上的讲话为指导，回顾民主党派接受中国共产党的领导与中国共产党团结合作的历史，提示出各民主党派不忘合作初心，继续在中国共产党领导下，沿着中国特色社会主义道路奋勇前进的历史传承和现实面向，具有历史与现实、理论与情感的双重感染力。

（一）关于中国政党制度形成的历史回顾与思考

多党合作制是对近现代中国政党制度经历民国初年多党制到国民党一党制发展的历史产物和制度总结。学者们围绕这一线索进行了历史深描，并把政党制度的文化依存性深刻地展现出来，形成一批创新性成果。在着力宏大叙事的同时，本年度学者们也集中选取了抗日战争时期和西柏坡时期两个历史节点，展现了多党合作事业和多党合作制度形成过程中的关键时刻，并结合现实总结历史经验，形成了一些具有一定启发性的新思路和新论述。

孙宝林在《中国特色政党制度解析》（《上海市社会主义学院学报》2016 年第 1 期）一文中认为，我国出现政党和实行政党制度，相对于西方国家要晚一些。中国特色政党制度是中国共产党把马克思主义的政党理论和统一战线学说与中华民族传统的“和合”文化相结合，与中国革命、建设和改革事业相结合的产物，或者说是与中国国情相结合的产物。是中国共产党与各民主党派、无党派人士在长期革命斗争中，在反对国民党的独裁统治、争取民主自由的斗争中建立发展起来的。1948 年 4 月 30 日中共中央发布纪念“五一”劳动节口号，各民主党派热烈响应，表示在政治上接受中国共产党的领导。60 多年来的实践证明，多党合作和政治协商是符合中国国情的一项基本的政治制度。从抗日战争时期“三三制”民主政权，到 1949 年协商建国，从社会协商对话制度的探索，到被党的十八大第一次写进党代会文件，多党合作和政治协商制度伴随着中国国情的发展变化，不断拓展了多党合作和民主政治的理论空间和实践空间。

刘金峰在《评判中国特色政党制度的三个维度》（《大连干部学刊》2016 年第 1 期）一文中认为，从历史演进维度看，中国特色政党制度是中国社会历史发展的必然选择。无论是照搬西方多党竞争的政党制度，还是国民党一党专政的政党制度，都不符合中国的国情和中国人民的愿望，结果都以失败而告终。中国共产党领导的多党合作和政治协商制度，是中国各政党共同奋斗的历史凝结起来的伟大成果，符合历史发展的逻辑，是人民的选择、历史的选择。

马力、梁宏在《关于抗战时期的多党合作对推动我国多党合作事业发展的几点思考》（《陕西社会主义学院学报》2016 年 1 月第 1 期）一文中认为，中国人民抗战胜利是中国共产党与民主党派多党合作的胜利。抗日民族统一战线的形成和发展为中国共产党领导的多党合作格局的形成打下了基础。坚持抗战时期多党合作的经验，推动我国多党合作事业发展，一是坚持中国共产党的领导，中国共产党的执政党地位不是一劳永逸的。要加强先进性建设，以先进性赢得民心。要通过主动邀请民主党派的民主监督、征询意见，以沟通感情，加深了解，增强政治互信，促进决策的科学化、民主化；通过各种渠道和途径，满足各民主党派和无党派人士的利益诉求。二是发挥民主党派和无党派人士的积极作用。三是坚持民主协商，发展社会主义协商民主。四是发挥人民政协的重要作用。五是总结我国多党合作的实践经验，不断升华理论研究成果。回顾历史，要坚持中国共产党的坚强领导、要不断完善和发展我国多党合作制度；展望未来，要坚信在中国共产党的坚强领导下，全体中华儿女团结奋斗，中华民族伟大复兴的梦想一定能实现。

仇艳艳、毕朝文在《抗日民族统一战线对中国政党制度的影响》（《贵州社会主义学院学报》2016 年第 4 期）一文中认为，中国共产党领导的多党合作和政治协商制度是一种独特的政党制度，是在中国特定的社会历史背景下形成的，抗日民族统一战线在其中起了重要的作用。第一，抗日民族统一战线促成了中国政党制度中多党合作理念的萌芽。抗日民族统一战线的真正建立和发挥作用以国民党政权的政治民主化为条件，而实现民主最现实、最真实的途径就是多党参与政权。同时，必须将各政党之间的关系定位为合作关系，才能在亡国亡种的危机面前保持国内一切阶级和政党的最大限度的团结，实际上只能建构起多党合作的政党制度。第二，抗日民族统一战线强化了中国人民选择中国共产党领导的理由。中国共产党在建立和维护抗日民族统一战线过程中付出的努力，使更多的人认识到中国共产党的理论、实践与中国人民利益的一致性，从而赢得更多的拥护与支持；在处理抗日民族统一战线的各种复杂关系中，中国共产党的军事、经济、政治、文化等方面的实力显著增强，也为得到更多的拥护和支持并最终成为新中国的执政党奠定了基础。第三，抗日民族统一战线催生的“三三制”成为中国政党制度的初步实践，在抗日根据地和解放区坚持实行“三三制”的过程中，为新中国政党制度提供了实践经验。这些实践使广大共产党员有充分的时间从实践上熟悉、从心理上接受多党合作的政党制度原则，也为新中国政党制度的建立和顺利运行作了重要铺垫。

郭志云在《论抗战时期多党合作的伟大实践及其当代启示》（《广西社会主义学院学报》2016 年 8 月第 4 期）一文中认为，多党合作是马克思主义基本原理同中国国情和政党工作实际相结合的产物。在中坚力量的崛起、抗日民族统一战线策略的实施和各民主党派的爱国热情共同作用的历史背景下，中国共产党以坚持党派的独立性、注重党派间的协商性和团结合作的广泛性为原则，开展了第二次国共合作、“三三制”政权建设和“遇事协商”等多党合作的伟大实践。这些实践启示我们：一是要深刻认识多党合作的系统性和长期性。不论是中国共产党，还是各民主党派，都应该充分认识多党合作的系统性、长期性，尤其在当前两个“一百年”的奋斗目标下，在全面建成小康社会的前进方向下，在同心实现中华民族伟大复兴中国梦的历史愿景下，多党合作依旧任重道远。二是进一步完善中国共产党对多党合作中的领导。三是加强政党协商的有效性，真正实现参政参到要点上、议政议到关键处。

张志永在《当代中国政党制度的初创》（《中国社会科学报》2016 年 10 月 21 日第 5 版）一文中认为，西柏坡时期中共开启从革命党向执政党的转型，初步形成了中国特色政党制度。这一制度既不同于两党或多党竞争制，也有别于一党制，正确解决了一致性和多样性的关系，促进了对长期分裂割据社会的整合，形成了具有强大的社会掌控能力和动员能力的领导核心，同时又具有广泛包容性，较好地适应了中国的国情和革命及建设的需要。在成立中华人民共和国的过程中，中共与各民主党派、无党派民主人士团结合作，新政协会议广泛包括全国各阶级、各党派、各人民团体乃至各种职业、各种信仰的广大人民的代表，代行全国人民代表大会职权，扩大和巩固了民主执政的基础，为成立新中国奠定合法性基础。这一制度也为新中国各项事业的恢复和建设准备了人才队伍。

吴杰华在《西柏坡时期中国共产党领导的多党合作和政治协商制度的理论与实践探索研究》（《河北省社会主义学院学报》2016 年 1 月）一文中认为，西柏坡时期的政党制度实现了从理论创新到实践落实的转变，对于夺取革命最后的胜利，推动新中国的成立，起到了重要的作用，同时也成为社会主义协商民主发展的源头。西柏坡时期中共面临的一个重要的历史任务，就是建立一个全新的人民民主的国家。1948 年 4 月 30 日，中共中央在西柏坡发表了著名的“五一口号”，顺应了民心，得到了民主党派和无党派民主人士的积极响应。

（二）对政党制度发展历史问题的思考

本年度相关研究虽然体量偏小，但少有的几篇文章却能通过回顾历史让人们更好地理解现实。学者们以习近平总书记在纪念中国共产党成立95周年大会上的讲话为指导，回顾民主党派接受中国共产党的领导与中国共产党团结合作的历史，提示出各民主党派不忘合作初心，继续在中国共产党领导下，沿着中国特色社会主义道路奋勇前进的历史传承和现实面向，具有历史与现实、理论与情感双重的感染力。在引领人们深入理解中国政党制度合理性、现实性方面，让人耳目一新。

杨雪燕在《铭记合作初心巩固多党合作思想政治基础》（《湖北省社会主义学院学报》2016年12月第6期）一文中认为，作为接受中国共产党领导、与中国共产党风雨同舟、亲密合作、共同致力于中国特色社会主义事业的参政党，各民主党派要铭记与共产党的合作初心。第一，不忘合作初心就是要不忘老一辈民主党派从民主革命时期就开始的与中国共产党精诚合作、生死与共的坚定理想和信念。老一辈民主党派领导人是在长期的革命斗争中深刻体验到只有中国共产党才能救中国，深刻认识到只有坚定接受中国共产党的领导、与共产党团结合作，中国的前途才有光明和希望。这是我国多党合作光荣传统和宝贵经验的高度总结。第二，不忘合作初心就是要坚信历史和人民选择中国共产党领导的正确性。回顾中国共产党95年的奋斗历史，回顾30多年来改革开放的波澜壮阔的历史，实践已经证明并将继续证明：办好中国的事，关键在党。只有坚持中国共产党的领导，才能真正维护国家统一、民族团结、社会安定和谐，才能真正维护、保障和实现人民的根本利益；只有坚持中国共产党的领导，才能真正带领中国人民包括各民主党派、无党派人士同心协力地把中国特色社会主义现代化事业不断推向前进，开启中华民族伟大复兴中国梦的宏伟征程。第三，不忘合作初心就是要坚信中国特色社会主义道路的正确性。坚定走中国特色社会主义政治发展道路，关键是要坚持中国共产党的领导、人民当家做主、依法治国三者有机统一。第四，不忘合作初心就是要切实加强参政党思想建设，进一步巩固多党合作的思想政治基础，不断开创多党合作新篇章。

刘凤翔在《我国政党制度建设的新发展》[《法制与社会》2016年第2期（中）]一文中认为，党的十八大以来，以习近平为总书记的党中央在中国政党制度建设方面，承上启下，继往开来，在坚持的同时，不断改革创新，努力完善，使中国政党制度及优势，有了新发展。第一，“中国梦”使共同思想政治基础更为深化具体坚实。“中国梦”展现了国家富强、民族振兴、人民幸福的宏伟蓝图，极大地激发了全体中国人包括各民主党派、海外华人实现中华民族伟大复兴的内心渴望和高涨热情，成为当今中国发展进步的高昂旋律和精神旗帜。“中国梦”也是各民主党派的梦，执政党与参与党在中国梦的理想和目标的追求方向上，是根本一致、高度统一的，“中国梦”高度集中了中共的执政宗旨，也为民主党派指明了参政宗旨。“中国梦”是中国各民主党派共同的梦，就是要用它来凝聚共识、增进共识、坚定共识。在奋斗目标上坚定不移，在工作实践上坚持不懈。第二，全面从严治党增强中国共产党的向心力、感召力、凝聚力。第三，我国政党制度建设有了新的发展。党的十八大以来，以习近平为总书记的党中央，对于中国的政党制度，在坚持和继承的基础上，着眼于现实需要和长远发展，在理论上有创新，实践上有突破，制度上不断完善，成为中国特色社会主义理论和实践崭新内容的重要组成部分。以习近平总书记的系列重要讲话和一系列重要文献为标志，中国政党制度有了新发展。习近平总书记全面而深刻阐述了社会主义协商民主的重大战略思想。在实践上，政党协商更加规范化、程序化、制度化。

二、中国政党制度的基本格局和主体关系

自中华人民共和国成立以来，无论经济社会条件如何变化，无论我国发展处于何种阶段，我国政党制度的基本格局都保持稳定，只是具体内容随着时代发展而不断发展变化。如何有效地协调各种社会政治主体的关系，适应经济社会新常态，不断巩固多党合作的政治格局，仍然是中国政党制度理论和实践研究的重要领域。2016 年，围绕多党合作与国家政权、政党关系及其社会关系几个大的方面，学者们继续展开深入探讨，产生了可观的研究成果。与往年相关研究相比，本年度学者们更加侧重从治理现代化这一更高的视野和多种角度对政党关系问题展开研究，有的研究还是具有开创性的。

（一）中国政党制度与政权、治理的关系

政党是以接近或进入国家政权，寻求掌握或影响公共权力运行为目的的政治组织，政党与国家、政权关系既有理论上的规范论证，也有经验上的实证研究。政党政治反映出现代国家治理体系中权利与权力各自的边界及其协调的问题。各民族在不同文化基础、不同历史起点上进入现代化，其政党政治自然就遵循了不同的生成和发展进路，在演绎共同规律、指向相似目标的同时，展现出现代法政系统和治国实践的丰富性、多样性。此种关系在当代中国到底又是个什么样子？有哪些变化与调整？我们尤其需要关注、解决好在历史文化层面上有所欠缺的政道问题，着眼于社会现代化和精致化治理的要求，坚持和完善当代中国政党制度，探索一条统一了民族性与现代性、融会了法治精神与民主实践的国家治理现代化之路。徐锋在《法的精神、政党政治与国家治理的现代转型》(《理论月刊》2016 年第 10 期）一文中认为，现代社会是精细分工、高度合作的精致化整体和过程，迫切需要同样精致化的管理和协调，能整体真正满足这些精致化要求、且能自动适应日新月异的变化的，也只有现代民主体制，特别是作为现代民主中枢的政党和政党政治。政党政治与法治的关系问题，形成探讨特定社会生态中现代化、治理转型的一个重大领域。现代化、治理的转型有相同诉求：让社会生活不同领域中的事务皆可依其自身固有的规律而正常存在和发展。这些规律以及意欲实现它们的理性诉求，就是现代法的精神，同时也是政党政治的灵魂。由此，作为规范化政治活动的政党政治实际上勾连着法治与法制，衔接起社会整体、国家政权以及各方面的利益集团，依据不同社会的历史文化特质和现实实践要求，引领或适应现代化、治理和法的转型，以趋向或是实践精致化的（理性的）国家治理。古代中国的法政实践是东方专制主义的，它的现代转型客观上急需一种强度大且有高度权威的先导性力量，来一以贯之地维护中华民族共同体的团结、安全和福祉，来实事求是地规划和倡导现代中国社会生活。中国现代化的道路就是以革命党引领、推进社会革命来开启的。与国民党相比、与其他共产党相比，

中国共产党显然善于理性把握和处理不同阶级阶层、利益集团的关系，也少有地成功建构出政治协商、共识合作的民主架构，完成了协商建国的任务，走上了协商治国的道路。中国共产党进行政治动员的方式，以及其领导多党合作、政治协商来驱动权力运转的模式，形成了一种并不多见的导向合作型博弈的联盟政治，建构和演绎出人们每每会深切感受到的带着浓郁统一战线色彩的国家政权形式、当代中国政治。这从根本上是有利于中华民族整体团结与福祉的，也是中国社会、政治自然演进至今的必然结果。

陆聂海在《多党合作推进国家治理现代化的优势、挑战和路径》(《中央社会主义学院》2016年6月第3期）一文中认为，现代国家治理必须对政府、市场、社会和公民等相互关系进行再梳理，并探讨如何通过它们之间的选择和合作，实现公共利益的最大化。在国家治理的场域内，政府、市场、社会、公众是治理的多元主体。由于政党在政府、社会、公众之间具有枢纽性功能，是它们彼此之间的制度化联系所在，所以政党作为国家治理主体既直接作用于治理客体，又通过其他主体间接作用于治理客体，起着协调其他治理主体关系的重要作用。多党合作制度构成了我国政党治理的制度框架。通过多党合作来推进国家治理现代化，一方面要明确参政党作为政党的治理主体性，增强参政党参与和推进国家治理现代化的自主性和主动性，通过加强自身能力建设，解决自身问题，减少依赖性，保持进步性。还需突破组织建设的瓶颈，借鉴执政党组织建设的经验，加强参政党组织建设尤其是基层组织建设，培养党派成员敢于担当、敢于负责的精神。另一方面，也还要明确多党合作在我国国家治理体系中的定位，进一步完善和发展多党合作制度，要通过具体的制度设计和制度安排，将多党合作的形式和内容确立下来。

（二）关于政党关系问题

政党关系最能直接体现一个国家、一种政体中政党制度的实质。因此，政党关系问题及相关研究一直就是政党制度研究的关键环节。我国政党制度对于政党关系问题的基本要求集中体现在“十六字方针”以及建构和谐政党关系方面。围绕怎样建构和巩固、发展和谐政党关系，本年度从事相关研究的学者们各抒己见，其中，从政党协商的角度看政党关系很独特，从国家治理、组织理论论述政党关系的文章较往年更有深度；从法理型政党权威视角论述政党关系的文章有新意，论述中国共产党与香港政党的政党关系的文章，论题新颖又具有实践性和紧迫性；有的文章还对政党关系法治化问题进行了探讨，这些都有其独到之处、值得深度关注。

郑宪在《政党协商：我国政党关系发展的新境界》(《观察与思考》2016年第1期）一文中认为，新民主主义革命时期，在革命斗争的实践中遇事多商量，听意见，求共识，求最大公约数成了中国共产党党内决策的方式，成了处理政党间关系的常用方法，中国共产党与其他党派和无党派人士协商民主的思想也随之逐渐形成。新中国也是通过中国共产党与包括各民主党派、无党派人士在内的各界人士充分讨论和协商而建立起来的。社会主义改造和改革开放时期的许多大政方针，都是通过政党协商而制定和执行的。政党之间就国家重大事情进行政治协商，充分讨论，倾听意见，因而促进了我国政党关系的发展。遂形成我国各民主党派、无党派人士与共产党不是彼此竞争而是亲密合作的关系，形成了“肝胆相照、荣辱与共”的亲密关系。从某种意义上可以说是政党协商这种独特的、独有的、独到的民主形式，成就了中国政党之间的协商友好合作关系，同时也为世界政治文明做出了重要贡献。从政党政治角度看，政党协商体现了现代政党关系的水平和发展趋势，政党协商的发展完善，把政党关系提升到了一个新的高度。

柴俊勇在《民主党派是中国共产党的挚友》(《人民政协报》2016 年 7 月 20 日第 008 版）一文中认为，中国共产党领导的多党合作，是适合中国国情、具有中国特色的社会主义新型政党关系。各民主党派，是接受中国共产党领导，以社会主义劳动者为主体，为社会主义服务的政党。中国共产党同各民主党派的关系，实质上是工人阶级先锋队同这些政党的关系。民主党派作为参政党，是中国政党制度整体中不可或缺的有机构成。在多党合作中，尤其要关注参政党与执政党相辅相成的关系问题。中国共产党秉承“长期共存、互相监督、肝胆相照、荣辱与共”十六字方针，尊重民主党派，发挥民主党派的作用，充分展现中国共产党领导的多党合作和政治协商的制度优势。

叶子鹏、蒋福东在《组织管理视域下的中国特色政党制度：领导、决策、组织》(《湖南省社会主义学院学报》2016 年 6 月第 3 期）一文中认为，所谓领导就是指挥、带领、引导和鼓励部下为实现目标而努力的过程。在这个实现组织目标的实践过程当中，领导权力的合法性来源，领导理论的合理性论证以及领导方式的正确科学都是领导意图能否实现、领导活动能否成功的关键性影响因子。具体到中国特色政党制度的现实实践中，从中国共产党同各民主党派的相互关系来看，虽然中国共产党同其他各民主党派在法律意义上绝对是完全平等的，但是在政治上，各民主党派必须接受中国共产党的政治领导，即政治原则、方向和重大方针政策的领导。各民主党派认同中国共产党所提出的基本理论、基本路线、基本纲领、基本经验，尤其是在政治目标和根本利益上与中国共产党具有一致性，这样的一致性正是中国特色政党制度的重要基石。中国共产党在政治领导其他各民主党派的同时，又同各民主党派积极广泛地开展密切合作，支持各民主党派参与国家政权和国家事务的管理。中国共产党是一个民主型的领导者，是一个拥有现代进步组织管理思想的领导者。中国特色政党制度是蕴含现代进步组织管理思想的“共产党领导、多党派合作”的独具中国特色的社会主义政党制度。

刘朋在《国家治理现代化视域下的中国政党政治走向》(《广东行政学院学报》2016 年 2 月第 1 期）一文中认为，政党政治是现代民主政治的核心内容和普遍形式，良性的政党政治应该充分体现治理现代化中的科学化、民主化、法治化等属性。政党关系是政党政治中一个最基本的关系，在国家政治和社会生活的一系列重大关系中处于核心地位。中国共产党领导的多党合作和政治协商制度，作为一种非竞争性的合作型政党关系，其特点是共产党长期执政并领导各民主党派通过多种渠道发挥参政议政和民主监督作用，民主党派是参政党，而不是在野党、反对党。这是中国政治发展的历史必然和现实选择。第一，坚持中国共产党的领导核心地位。共产党的领导是多党合作的政治基础，是多党合作具有正确方向、光明前程和旺盛生命力的根本保证。执政党要尊重民主党派的政治自由、组织独立和法律地位平等方面的权利，推进政党关系的规范化。第二，理顺执政党与参政党的关系。中国多党合作制度规定了中国共产党和各民主党派在国家政治生活中的地位、作用和相互关系。一方面要优化二者之间的权力配置，对执政党而言，要改变权力过分集中于执政党的局面，执政党不能大权独揽，要根据宪法和政党制度的要求，为民主党派保留独立的空间；对参政党而言，就要为其创造制度化的参政议政的渠道和环境，切实发挥民主党派的监督作用，提供一种中国共产党自身监督之外更有效的监督。第三，加强参政党能力建设。加强参政党能力建设是发展和优化政党关系的关键。对于民主党派的参政能力建设，处于领导和执政地位的中共也担负着十分重要的政治责任。

张强国在《法理型政党权威视角下的政党协商发展问题探讨》（《广西社会科学》2016年第11期）一文中认为，一个政党若想长期执政，必须在经济绩效之上加强法理型权威建设，即把政治合法性建立在规范化、程序化的民主机制、法治原则和理性精神之上，从而使政党的纲领、路线、方针、政策赢得社会民众的广泛而持久的认同和支持。中国共产党对全国实施政治领导、思想领导和组织领导，对于党和国家重大决策发挥主导性、决定性作用。民主党派与中国共产党长期共存，履行政治协商、参政议政、民主监督等职能，对于重大决策发挥咨询性、辅助性作用。这种政党关系，避免了多党竞争带来的政治动荡，又防范了一党制的政治僵化，体现了共识型、程序型民主的基本特征。

李龙在《论中国共产党与香港政党的政党关系》（《重庆社会主义学院学报》2016年第1期）一文中认为，香港是“一国两制”下中央政府下辖的一个地方特别行政区。香港政党是中国的地方性政党。由于香港政党与西方地方性政党不同，中国共产党也与西方国家执政党不同，中国共产党与香港政党的政党关系与西方地方性政党与西方国家执政党的政党关系也就不同。因而，西方地方性政党及其与国家执政党的政党关系理论难以有效解释香港政党现象。另外，中国既有政党关系理论同样难以有效解释香港政党现象。中国内地民主党派与香港政党不同。中国共产党与内地民主党派的政党关系和中国共产党与香港政党的政党关系也就不同。中西方政党关系理论都难以有效解释中国共产党与香港政党的政党关系，主要原因有两个：一是中国共产党在中国的唯一领导地位使其与香港政党的政党关系复杂化。二是“一国两制”使中国共产党与香港政党的政党关系进一步复杂化。中国共产党与香港政党之间不是一般意义上的央地关系（单一制或联邦制）下的政党关系，而是特殊的央地关系（单一制基础上的“一国两制”）下的政党关系。要在中国共产党的唯一领导地位和“一国两制”这一特殊的央地关系下分析中国共产党与香港政党的政党关系，应明确以下几点：一是中国共产党与香港政党非领导与被领导关系。二是香港政党与作为国家执政党的中国共产党不是平等关系，香港政党作为地方性政党必然会在关键方面表现出对国家执政党在利益代表、权威流向上具有从属性。三是中国共产党和香港政党没有直接合作和竞争关系。在“一国两制”下，与内地的统一战线工作不同，对香港政党的争取工作主要以中央政府而非中国共产党的名义进行。这方面的研究可以为今后香港统战工作的创新开展提供前瞻理论思考。

刘如梅在《新形势、新任务下的中国政党关系研究》（《贵州社会主义学院学报》2016年第3期）一文中认为，中国的政党关系是合作型政党关系，这是中国特色社会主义事业建设和中华民族伟大复兴的中国梦和两个“一百年”历史任务实现的最为有力的保障。第一，党的十八大以来，习近平总书记关于多党合作的一系列新论述，使中国特色政党关系更加和谐、充满活力。在2013年新春座谈会上，习总书记指出，“各民主党派是与中国共产党通力合作的中国特色社会主义参政党。”这是多党合作理论的又一创新成果。第二，为保障“同盟者”的利益，有效政策体系进一步健全、完善。在中央统战工作会议上，习近平总书记再次强调“坚持党的领导要坚定不移，但在这个过程中也要尊重、维护、照顾同盟者的利益，帮助党外人士排忧解难”。第三，各民主党派紧紧围绕“四个全面”战略布局实践，以五大发展理念为出发点，助推中华民族的伟大复兴。一是参与精准扶贫，热心社会公益事务。二是积极建言献策，反映社情民生，参政议政能力显著提升。

杜楠楠、刘诚在《中国特色政党制度的制度自信研究》（《广西社会科学》2016 年第 7 期）一文中认为，政党关系作为政党制度中的关键因素，其存在形态决定了政党制度功能的发挥。中国共产党与民主党派建立了和谐的政党关系，这种党际关系以伟大马克思主义者的经典论述和中国优秀传统文化为基础，相互包容的思想是党派之间遵循的道德原则，以和为贵的思想是党派和谐发展的目标取向，善交益友是和谐党派关系发展的重要手段，因而形成具有科学性。在中国人民的不断探索中，中国共产党与民主党派和谐的政党关系是共产党与民主党派相互选择的结果，是人民自觉、主动的选择。为了中华民族独立、富强的共同目标，中国共产党与各民主党派走到了一起，结成坚固的同盟关系。关于民主党派与共产党关系的方针政策也在与时俱进，因而发展具有生命力。团结、合作型的政党关系，既能避免一党独大的狭隘性，保证中国共产党执政的民主性与科学性，又能克服竞争型政党互相扯皮的低效性，保证中国共产党执政的高效性和民主党派参政的主动性，是世界政党关系发展的创新，因而具有显著的优越性。这种和谐的党际关系具有中国特色、中国优势，是坚定中国特色政党制度的制度自信的基础。

（三）中国政党制度的社会基础

特定的社会关系、社会基础总是会生发出与之相应的特定的政治制度、政党制度。社会关系、社会基础发生明显的变化，也必然会在作为政治上层建筑的政党制度中有所反映和体现。本年度在这一研究领域中，学者的论述不多，不过仅有的文章还是从中国政党制度与经济社会文化整体特征相适应角度论述，给出了新解读、新回答。

罗振建在《从混合制话语体系看争取中国多党合作制度的国际话语权》（《广州社会主义学院学报》2016 年第 4 期）一文中认为，多党合作制具有坚实的混合经济政治文化基础。第一，多党合作制的混合经济基础。多党合作制作为一种政党混合制、我国政治上层建筑的重要部分，是由现阶段我国具有混合特征的社会主义经济基础所决定的。我国“一元主导、多元共存”的混合经济基础决定“一党执政、多党参政”的政党混合制。第二，多党合作制作为一种政党混合制，与我国具有混合特征的社会主义政治基础相适应。我国社会主义政治基础具有“一元领导、多元共存”的混合特征。我国“一元主导、多元共存”的混合经济基础决定我国的国体和政体都具有“一元领导、多元共存”的混合特征：工人阶级领导、各族人民和睦相处、和衷共济、和谐发展。与这种“一元领导、多元共存”混合特征的国体和政体相适应的政党制度，只能是“一党执政、多党参政”的政党混合制，即多党合作制。第三，多党合作制作为一种政党混合制，与我国具有混合特征的社会主义政治文化和优秀文化传统相适应，也符合人类混合政治文化的有益成果。其中，现阶段我国社会主义政治文化作为思想上层建筑的重要部分，是马克思主义意识形态指导性和文化形态多样性的有机统一，具有“一元指导、多元共存”的混合特征。其多党合作制作为一种政党混合制，与中华民族和而不同、兼容并蓄的优秀文化传统相适应。这种文化的价值取向是尚中庸、求和谐、重合作，强调整体意识的特性。

三、中国政党制度的特色和优势

围绕中国政党制度特色和优势这一基本问题，本年度学者们在调整了探索角度、改进了研究方法的基础上，继续依托中国政党制度的基本内涵、中国社会全面发展特别是民主政治发展以及中外政党制度比较等理论支点，结合协商民主与国家治理问题，特别是融会政党关系和政党—政权关系等问题，从不同角度切入展开经验探讨和比较研究，取得了不少有价值的研究成果。总括这些成果可以看到：首先，中国政党制度的特色和优势关键在于其适合中国的国情，适合中国社会发展的要求，在于其在解决中国问题、促进中国发展中的高效率和无可替代的性质。其次，作为一种从理念设计到经验实践都有效满足了当代中国政治发展和经济社会要求的政党制度，中国共产党领导的多党合作和政治协商制度为人类政治文明贡献了一种新的制度模式。再次，鉴于中国政党制度的特色和优势，我们必须有足够的制度自信。中国政党制度的独特性、先进性并不排斥其对国外相关政治文明成果的吸收和借鉴，但此种吸收和借鉴是基于满足中国现实国情与发展需要前提基础之上的，绝对不能是无原则的照抄照搬。

（一）关于中国政党制度的特色与模式

中国的国情、中国的实践自然会生发中国风格和气派的民主政治和政党政治，自然会形成中国特色和模式的政党制度。围绕中国政党制度特色与模式这一主题，本年度相关成果的鲜明特点是都注意并论述了中国共产党的领导和制度建构方面的驱动作用，反映了研究者深入到了中国政党制度的本质特征层面。相关研究结果表明：中国的合作型政党制度实现了多元与一致、领导和参与、选举与协商的内在统一和有机融合，完全不同于西方竞争型政党制度模式。此种制度模式建立在深厚的中国传统历史、文化基础之上，适合中国国情，是中国式的“治理民主”；此种制度模式有利于实现参与、民主和团结，具有包容性、开放性，是人类政治文明多样性的体现。

王延璐在《政治文化视域下中西政党制度的结构比较》（《学理论》）一文中认为，中国政党制度是在“多元一体”文化下的合作型主次结构。在党际关系结构上，我国政党制度的党际关系是一种“领导的一体和参与的多元相统一”的关系，亦是呈现出了合作型主次结构。在功能结构上，中国共产党和各民主党派在功能上是任务的“一体性”和分工的“多元性”相统一。面对共同的任务，二者需要通力合作。而在具体分工上，中国共产党需要发挥主导作用，各民主党派要起到协助作用。对于当代中国社会而言，中国的政党制度具有在自身所处的文化中生存和发展的合理性，能够为我国的现代化建设提供有效的政治支持。但是，伴随我们生产力水平的不断提高，伦理主义的政治文化虽然仍在起作用，但科学主义的政治文化趋向也日益明显。这就要求当代中国政党制度必须在结构上做出调整，以适应变迁的政治文化。

刘金峰在《评判中国特色政党制度的三个维度》（《大连干部学刊》2016 年第 1 期）

一文中认为，中国特色政党制度是从中国这个特定的历史、社会、文化环境中生长出来的，并且是随着时代的发展不断演变的，与西方政党制度相比具有自己鲜明的特点。第一，在政党间关系模式上，中国特色政党制度是一种合作性政党制度。在我国政党制度中，中国共产党与民主党派之间是团结合作的关系。根据各政党在实践中达成的政治共识和协商制定的共同政治准则，共产党在与民主党派合作的基础上对民主党派进行政治领导，处于领导地位；各民主党派在接受共产党政治领导的前提下与共产党进行政治合作，处于合作地位。第二，在政党与政权关系模式上，中国特色政党制度是一种执政地位法定的政党制度。从理论和实践上看，共产党执政不是一党专政，也不是以党治国，而是要坚持科学执政、民主执政、依法执政。作为法定的执政党，中国共产党的执政方式有着自己鲜明的特征。从执掌国家权力的方式看具有直接性；从政治权力结构的横向关系看具有全面性；从政治权力的纵向结构看具有完整性。第三，在推进和实现公民政治参与的模式上，中国特色政党制度是一种协商民主制度。从实践上来看，中国特色政党制度在协商民主方面已经走在了世界各政党的前列，其经验对于多元文化背景下世界各国不同政党间达成政治共识具有重大的借鉴意义和参考价值。

王远启在《构建多党合作话语体系 彰显政党制度本土特质》(《上海市社会主义学院学报》2016 年第 5 期）一文中认为，作为一种内生型政党制度，中国多党合作制度源于深厚传统文化根基，这是其重要的特质。“共产党领导、多党派合作，共产党执政、多党派参政”，体现了“一”与“多”的关系，形成“主”与“从”的有机统一体，可以隐约窥见其中隐含着“太极”“阴阳”“五行”的文化因子。更显而易见的是，和而不同、求同存异、团结和谐、民主协商、合作共赢等理念，已经纳入多党合作制度的核心价值理念范畴，成为其制度特色得以彰显的根本基石。中国共产党领导的多党合作和政治协商制度，根本不同于其他国家的一党制、两党制和多党制，它既不是一党独揽政权的一党制，也不同于两党轮流执政的两党制，更不同于多党竞争执政地位的多党制。中国多党合作制度是一种合作型政党制度，其显著特征是“共产党领导、多党派合作，共产党执政、多党派参政”，它以“长期共存、互相监督、肝胆相照、荣辱与共”为基本方针，形成党际合作，良性互动，各要素相互促进，动态和谐，有机统一，这种制度模式正是中国传统“和”文化的生动体现。“长期共存，互相监督”八字方针，只会出现在中国，它与中国传统文化有着深厚渊源，高度凝聚了中国传统文化在政治领域的卓越智慧。

叶麒麟、陈心香在《中国特色社会主义政党政治的民主属性》(《中国社会科学报》2016 年 11 月 16 日第 007 版）一文中认为，中国特色社会主义政党政治主要是凭借执政党领导基础上的合作机制，将执政党坚持对广大人民群众的利益动员、政党之间的合作协商以及执政党对国家政权的“民主集中式领导”结合起来，从而以“合作促治理”的方式维护和实现社会的利益诉求，实现国家治理的有效性，践行中国式的“治理民主”。

崔珏在《开放性与中国政党制度的创新发展》(《广西社会主义学院学报》2016 年 6 月第 3 期）一文中认为，中国政党制度在实践中探索、创新、发展，避免了封闭性、排他性，体现了开放性。从制度体系来看，表现为包容性以及对变化社会的适应性；中国共产党一方面用中国特色社会主义理论整合社会，充当社会利益整合者，另一方面向社会各群体开放政治过程，形成一党领导的开放型政党体系。从政治过程来看，表现为参与渠道、参与程度的不断扩大；作为参政党的各民主党派，其主体界别逐步扩大，组织发展范围不断调整，无党派人士为包容、吸纳新的社会力量提供了空间。

孙宝林在《中国特色政党制度解析》(《上海市社会主义学院学报》2016 年第 1 期）一文中认为，第一，中国特色政党制度创造了一种新的制度形式，在全世界是独此一家、别无分店。第二，创造了共产党和民主党派之间的团结合作、共同奋斗的关系。第三，创造了一种新的执政方式。中华人民共和国的成立有民主党派的一份功劳，只要共产党是执政党，民主党派就是参政党，共产党执政、民主党派参政是有机统一的。第四，创造了一种新的民主实现形式。我国在一些重大政策和措施出台之前，在人民内部通过认真讨论和广泛协商取得共识，达成一致，这就是我们的协商民主，我国的协商民主是有基本政治制度做保障的，既能尊重多数人意愿，又能照顾少数人的要求。

梅立润在《政党驱动：中国政治发展的理路》(《湖北文理学院学报》2016 年 3 月第 3 期）一文中认为，政治与社会个体的生存发展紧密关联，政治也是寻求解决集体生活中种种难题的尝试，一种更为成熟的、规范的、稳定的、开放的优良政治形态于个体和集体的生存发展都至关重要。归结到底，为了更好地解决集体生活中的种种难题，让人过上一种更为优良的生活是政治发展的价值旨归。当前，我国正在努力推进国家治理体系与治理能力升级转型走向国家治理现代化，这为我国政治发展创设了更广阔的理论求索空间与更可靠的现实平台支撑。中国共产党不仅是“国家机器”的运转者，还是“国家机器”的最初设计者、制造者、维护者、修缮者与改进者。政党驱动是中国政治发展的基本面相。中国共产党在主导推动中国政治发展过程中体现出其特有的路数。一是以党建国完成民族—国家构建，建立中国政治发展的前提。二是以党建制探索民主—国家构建，确立中国政治发展的关键。从事实层面来看，中国共产党建立了人民代表大会制度、共产党领导的多党合作和政治协商制度、民族区域自治制度和基层群众自治制度四大民主制度体系，创设了村民自治式的选举民主、新兴社会组织的参与式民主以及党内民主等多样民主形式，这些制度体系与形式从多层面、多途径开辟了人民维护民主权利、参与国家事务管理、运行国家权力的平台。

（二）关于中国政党制度的优势

中国的政党制度有其基于自身特色的结构和功能，因而自然具备可以成功解决中国问题、促进中国发展的固有优势，又因此而获得相对于其他政党制度、政党政治模式疲弱和低效的比较优势。本年度围绕我国政党制度优势及其发挥这一主题的相关研究表明：从中国自身改革和发展的阶段来说，中国政党制度契合于国家治理主体多元化的整体布局，拥有一个坚强的领导核心，既能反映多元化的利益诉求，发扬民主，又能高效整合政治资源，形成合力；既能体现广泛性、多样性，又能保证统一性、一致性；既有利于广泛开展民主协商，又有利于维护中国共产党的政治领导核心；既有利于形成和谐稳定的局面，又有利于增强党和国家政治生活的活力。专家学者们的相关研究主要集中于对我国政党制度自身优势的阐发与论证，非常注重基于文化特点的优势分析，但较少进行直接的国际比较，其中以陆聂海、王远启等的论文为代表。

陆聂海在《多党合作推进国家治理现代化的优势、挑战和路径》(《中央社会主义学院》2016年6月第3期)一文中认为，中国共产党领导的多党合作和政治协商制度是中国特色的政党制度，在推进国家治理现代化过程中具有重要优势。首先，作为我国一项基本政治制度，多党合作制度是国家治理体系的重要基础性部分，是关于国家治理的政治结构安排，契合于国家治理的整体布局。其次，多党合作的特点是“共产党领导、多党派合作，共产党执政、多党派参政”，因而具有强大的政治整合能力。多党合作通过对意识形态、政治资源和社会利益的整合，为国家治理现代化提供源源不断的动力支持。再次，在多党合作制度下，民主党派和无党派人士由于联系广泛的统一战线特点，往往能够深入实际、深入基层，帮助执政党和政府广泛吸收各方意见，找到民意的最大公约数，及时消除影响社会稳定的各种因素，解决全面深化改革中的公平问题，推进国家治理现代化的协调发展。多党合作具有的统一战线优势还使得各民主党派能够发挥“强力胶”作用，将各自成员以及所联系的群体紧紧团结在执政党周围，在相关领域内做出贡献，最终形成推进国家治理现代化的合力。

张雪君在《中国特色社会主义政党制度在现代化中的适应性探析》(《湖北省社会主义学院学报》2016年4月第2期)一文中认为，中国特色社会主义政党制度在现代化中也显现出独特优势，带有鲜明的中国特色。第一，合作型的党际关系减少了政治资源的损耗。中国共产党与各民主党派是团结合作、亲密无间的友党关系，这种政党制度和党际关系是对世界政党制度的伟大创新。第二，中国特色社会主义政党制度实现了社会整合的实践目标，其整合范围更加广泛。主动吸收民主党派、无党派人士，各民族、宗教界代表人士以及海外侨胞等新生力量进行政治参与，是一种有弹性、有张力的政党制度，能够不断维持自身活力。第三，中国特色的社会主义政党制度拥有一个坚强的领导核心。这个核心不同于一党制国家的执政党，也不同于多党制国家的执政党。中国共产党是中国经济社会发展的核心领导力量，对中国社会负有基础性责任。中国共产党通过建立党组织、依据党组的形式发展自己的外围组织，实现对国家各个方面的领导。各种社会力量以政治协商制度为平台形成了结构清晰、方向明确、管理科学的外围体系，在党的领导下为建设中国特色社会主义社会而奋斗。

王远启在《构建多党合作话语体系 彰显政党制度本土特质》(《上海市社会主义学院学报》2016年第5期)一文中认为，中国多党合作制度，既能反映多元化的利益诉求，发扬民主，又能高效整合政治资源，形成合力；既能体现广泛性、多样性，又能保证统一性、一致性；既有利于广泛开展民主协商，又有利于维护中国共产党的政治领导核心；既有利于形成和谐稳定的局面，又有利于增强党和国家政治生活的活力。多党合作制度创新的根本目的是推动人民民主的实现。中华人民共和国成立以来，中国共产党领导的多党合作和政治协商制度实践积累了丰富经验，不仅建立了以精英协商为主的协商民主重要制度形式和载体，开辟了政党协商、政协协商、政府协商等协商渠道，还进一步顺应国家治理体系现代化的需要，大力推进协商民主广泛多层制度化发展。人民代表大会制度主要采取投票选举的民主形式，中国共产党领导的多党合作和政治协商制度主要采取各方协商的民主形式，选举民主与协商民主两种民主形式相辅相成，相互补充，刚柔相济，相得益彰，使包括各民主党派和无党派人士在内的社会各阶层代表人士能够广泛参与公共事务管理，充分表达政治诉求和意见建议，推动重大问题和事项的民主决策，切实保障人民当家做主的权利。

叶子鹏、蒋福东在《组织管理视域下的中国特色政党制度：领导、决策、组织》(《湖南省社会主义学院学报》2016年6月第3期）一文中认为，从某种意义上而言，中国共产党的领导过程的实质就是制定和实施决策的过程。正是由中国共产党的执政党地位所决定的，中国共产党决策的正确与否、正确程度多少，直接决定着领导工作的成败和效能，直接关系到党和国家事业的兴衰。要提高决策的科学性、可靠性就离不开科学的决策程序，在一系列的决策制定过程中，必须广泛听取各种不同的意见。中国特色政党制度中的政治协商正体现了组织管理思想的提高决策的科学性、可靠性这一内容。中国共产党就国家重大方针政策和重要事务与各民主党派、无党派人士进行协商，是实行科学民主决策的重要环节。不同于西方国家的一党制或多党制要么独自把持执政大权、不给予其他政党利益表达的权利，在制定决策方面以自身利益最大化为唯一践行准则；要么诸多政党因为观念冲突、利益矛盾而相互斗争、相互倾轧“为了反对而反对”，使决策难以落地，缺乏执政效能。中国共产党通过构建新型的政党制度，将非执政党纳入治理体系框架中，为非执政党搭建了一个参政议政的平台，借助这项制度，各个民主党派以及无党派人士不仅具备了参政议政的合法性，可以就国家发展、民族复兴建言献策，而且各民主党派可以参与到决策前、决策中和决策后的所有环节，从而有利于提高决策质量，还能够在政策执行过程中及时地通过发挥监督功能，发现并纠正政策执行过程中的问题，保证政策执行得不走样、不变形。

郭子晗、潘越在《全面建成小康社会政治视域中的多党合作》(《吉林省社会主义学院学报》2016年第2期）一文中认为，多党合作制度作为我国社会主义政治制度的一大优势，这一制度从创立起，就始终蕴含着两大民主机制，即合作机制与协商机制。在中国，多党合作的政党制度是一种“领导力量一元化”与“政党结构多元性”的合作型政党关系，合作机制与这一政党制度相伴而生。单从执政党角度看，这种“领导一元”与“结构多元”的“一党执政、多党参政”模式，有利于提高执政党的执政能力。中国共产党与各民主党派共同致力于中国特色社会主义事业建设，避免了多党制政治目标的分散和政治行为的相互掣肘，同时也保证了政治体制稳定以及社会各阶层、群体和社团参与政治的有序化、制度化和规范化，多党合作制度能够从多角度、多层次实现和维护人民当家做主的权利。多党合作制度也有利于发挥民主党派广泛联系不同社会阶层和群体的政治优势，通过政治参与、民主监督、政治协商，充分实现利益表达、社会整合与维护稳定，协同执政党一起做好社会治理。所以，与西方国家的政党关系比较，我国多党合作制度的政党关系有以下几个明显的优势：一是有利于协调社会利益关系，促进社会团结稳定；二是有利于凝聚和整合社会各方力量，共同致力于全面建成小康社会的伟大事业中；三是有利于各方民主协商，进一步推进我国民主政治的发展。

张强国在《法理型政党权威视角下的政党协商发展问题探讨》(《广西社会科学》2016年第11期）一文中认为，协商型多党制建立在中国现实国情、优秀传统文化和革命发展等各种因素的基础之上，是中国共产党对于近代中国政党政治失败教训总结的成果，也是合乎时代发展和人民要求的政党制度选择，还合乎中道理性的中国文化，有利于促进政党关系、国家与社会关系的和谐和睦，有利于推进执政兴国，有利于体现中国政治制度的优势和特色，故得到党和国家领导人的肯定和坚持。政党协商作为中国共产党群众路线在政党政治领域的制度性嵌入，它可以有效促进民主党派将广泛性的群众利益诉求传至执政党权力系统，然后经过双方的制度化沟通协商，从而增进重大决策的合法性、科学性。

李雅兴、韩贤胜在《邓小平论中国特色社会主义政党制度的优势》(《思想理论教育导刊》2016 年第 1 期）一文中认为，邓小平在领导中国社会主义建设的伟大实践中，充分认识到中国特色社会主义政党制度的优越性。他提出了判断优势的三条标准：一是看国家的政局是否稳定，二是看能否增进人民的团结、改善人民的生活，三是看生产力是否得到持续发展。我国现行政党制度完全符合这三条标准，是最适合我国国情的，它充分体现了人民民主，保证了我国社会和政治的稳定，能保证集中力量办大事。这一制度之所以具有无可比拟的优越性，是因为它既符合我国国情，又坚持和改善了中国共产党的领导，各民主党派也为其作出了重要的贡献。

秦正为在《论中国特色社会主义制度体系的有效性》(《理论月刊》2016 年第 7 期）一文中认为，中国特色社会主义制度的优势，在于其已经形成一个体系，并具有极强的有效性。中国特色社会主义制度体系的有效性，体现在能够有效保证人民民主权利，能够有效调节国家政治关系，能够有效促进现代化建设，能够有效维护国家主权安全。中国特色社会主义制度体系能够有效维护国家主权安全，在于它是我国独立自主地进行制度安排和建设的结果。这不仅是历史的结论，也是比较的结论。

叶麒麟、陈心香在《中国特色社会主义政党政治的民主属性》(《中国社会科学报》2016 年 11 月 16 日第 007 版）一文中认为，中国特色社会主义政党政治民主实现机制运作，有助于广大人民群众的创造性得到极大的激发，社会生产力得到极大解放和发展，社会发展活力得到极大增强，人民生活显著改善，综合国力显著增强，国际地位显著提高，国家治理有效性程度日益提升。在中西方政党政治民主实现机制的国家治理比较中，可以更好地看清西方政党政治民主实现机制无法解决异质化问题的弊端，凸显中国政党政治民主实现机制的优越性，进而增强中国政党政治民主理论的话语阐释力。

孙宝林在《中国特色政党制度解析》(《上海市社会主义学院学报》2016 年第 1 期）一文中认为，中国特色政党制度的优越性体现在：第一，是政治参与功能，为社会各方面的政治参与开辟了制度化渠道，提升了党和政府决策的民主化和科学化水平。第二，是利益表达功能，有效地反映社会各方面的利益、愿望、诉求，协调利益关系。第三，是社会整合功能，形成强大的社会整合力，促进政治资源的优化配置，调动全社会各方面的积极性。第四，是民主监督功能。第五，是维护社会稳定的功能。

四、中国政党制度的功能和价值

对于相关功能和价值的探讨，构成中国政党制度研究的一个重要的传统领域。本年度，学者们主要是围绕我国政党制度的结构与功能关系问题、制度基本功能及其扩展、制度价值与“四个全面”及协商治理的关系问题来切入和展开的，在理论上、视角上和论证方面有所创新。

（一）关于中国政党制度的功能

围绕与中国政党制度功能相关的问题，本年度相关探讨普遍紧扣结构与功能的对应关系。学者们认为，中国政党制度的基本功能的扩展和递增体现了这一制度自身的开放性，特别注重对政治领导功能、社会整合功能、民主监督功能的分析，这与《条例》出台后重视民主党派功能和作用发挥的大环境有关，也与中共中央从严治党、加强民主监督的政策部署有关。相关问题研究和相关理论把握上，确有一些亟待更新理念和深化认识的问题。

崔珏在《开放性与中国政党制度的创新发展》(《广西社会主义学院学报》2016年6月第3期）一文中认为，中国政党制度的开放性从制度功能看，表现为基本功能的扩展和递增。2007年中国国务院新闻办公室发表的《中国的政党制度》白皮书第一次将中国政党制度的基本功能概括为，政治参与、利益表达、社会整合、民主监督、维护稳定。政党制度基本功能不断适应社会变化而拓展和递增，多党合作制度的社会建设、社会服务功能从改革开放后开始启动，并得到重视和拓展。我国民主党派发挥特长和优势开展社会服务，初步建立其服务性的社会沟通模式，但参政党社会沟通的动力、渠道和协调社会关系的机制等仍需在理论和实践上进一步探索。

陆聂海在《多党合作推进国家治理现代化的优势、挑战和路径》(《中央社会主义学院》2016年6月第3期）一文中认为，治理的实现和公共权力的制约密切相关，治理理论是为了解决超大型官僚制过于集权的问题。现代国家治理作为人民主权者意志的实现，是人民主权者行使公共权力的过程。但在现有政党政治的民主体制中，人民并不是直接地行使权力，而是将权力进行委托。公共权力被委托者不当行使甚至滥用及寻租，最终会造成国家治理过程的失范，使国家治理的后果远离人民的愿望。因此，在现代国家治理中，必须实现对公共权力运行的监督，以此来规范治理过程、监督治理后果。多党合作制度不仅强调相互合作，也强调彼此监督。作为一项基本职能，参政党的民主监督是一种政党监督，具有非常强大的力量，发挥得好便能规范国家治理中公共权力的行使，使治理后果更符合人民的意愿。在国家治理现代化中，参政党要发挥“防腐剂”作用，大力加强民主监督，为形成严密的法治监督体系发挥独特作用。当前要重点加强对权力行使的监督，把依法执政、依法行政、公正司法作为民主监督的重要内容，逐渐形成民主监督的机制体制，增强监督过程的社会透明度，最终使执政党和政府的权力行使和治理行为符合人民意愿，符合法治要求。

张雪君在《中国特色社会主义政党制度在现代化中的适应性探析》(《湖北省社会主义学院学报》2016年4月第2期）一文中认为，中国共产党领导的多党合作和政治协商制度为新生力量和体制外力量进行政治参与提供了制度化平台，增强了我国政党制度社会整合的广度和深度。在中国特色社会主义事业的建设过程中，中国共产党以政协等制度为平台团结各民主党派和无党派人士及各社会团体、界别进行社会建设，形成了强大的社会合力。多党合作制度实际上是一种党际合作协商制度，八个民主党派在中国共产党的领导下进行“合作型”参政，因此，中国多党合作制度的党际整合主要通过价值建构、平台搭建和制度保障等途径来实现。首先，确立多党合作的价值导向。这包括“共产党领导、多党派合作，共产党执政、多党派参政”，“长期共存、互相监督、肝胆相照、荣辱与共”，坚持四项基本原则，坚持民主的价值追求。其次，为多党合作搭建平台和建立制度保障。政治协商制度的整合内容主要体现在以下三个方面：一是整合以中国特色社会主义理论体系为指导的意识形态，二是整合利益表达渠道和利益协商平台，三是整合将新生社会力量纳入政治体系并转化为有效政治参与的政治资源。

王远启在《构建多党合作话语体系 彰显政党制度本土特质》(《上海市社会主义学院学报》2016 年第 5 期）一文中认为，中国多党合作制度扎根于本土、适应本国国情。一是注重打造强大的政治领导功能。这种政治领导功能是在坚持中国共产党在国家政治生活中的核心领导地位的前提下，广泛凝聚共识，汇聚各方面的智慧和力量，集中力量办大事，实现经济快速发展，更好促进社会进步。二是注重打造突出的政治参与功能。中国多党合作制度为各民主党派和无党派人士的参政议政开辟了制度化渠道，有利于扩大有序政治参与，把各方面社会力量纳入社会主义民主政治渠道，更好地体现人民当家做主的要求。三是注重打造适用的利益代表功能。执政党中国共产党代表全体中国人民的共同利益和根本利益，参政党各民主党派代表各自所联系的社会群体的具体利益，同时也参与表达部分公共利益，因而，中国多党合作制度能够有效反映社会各个方面的利益、愿望和诉求。四是注重打造高效的社会整合功能。多党合作的政治格局，通过不同分工、互促互动、优势互补，实现政治资源的优化配置，有利于吸收和动员社会各方面广泛参与政治，实现利益关系整合。五是注重打造独特的政治监督功能。中国共产党与各民主党派互相监督，特别是党外人士对执政党的监督，作为一种异体监督，能够反映社会上多方面的意见和建议，有利于加强和改进执政党的工作。六是注重打造优异的维护稳定功能。政党关系和谐、社会各阶层关系和谐，是中国多党合作制度显著的政治效应。

（二）关于中国政党制度的价值

围绕这一研究主题，本年度学者们探讨了中国政党制度对于促进国家治理现代价值实现的作用，对于全面建成小康社会过程中民主政治建设的促进作用。中国政党制度的政治价值体现为促进公共利益最大化，通过多党合作加强参政党与执政党的沟通和合作，发挥社会主义协商民主的重要价值，确保公共利益朝向全体公民积极参与的长远方向发展，以讨论和共识作为公共利益的获得基础，通过公共对话和理性协商来确保公共利益的公共性和有效性，最终促进善治的实现。

陆聂海在《多党合作推进国家治理现代化的优势、挑战和路径》(《中央社会主义学院》2016 年 6 月第 3 期）一文中认为，社会主义正义应是平等和效率、工具理性和价值理性在社会主义条件下的有机统一。多党合作推进国家治理现代化，从根本上说必须促进公共利益最大化，实现善治的治理价值。在国家治理中，要通过多党合作加强参政党与执政党的沟通和合作，发挥社会主义协商民主的重要价值，确保公共利益朝向全体公民积极参与的长远方向发展，以讨论和共识作为公共利益的获得基础，通过公共对话和理性协商来确保公共利益的公共性和有效性，最终促进善治的实现。民主不仅是价值，也是手段；不仅是政治体制，也是治理方式。现代国家治理要实现从“强制统治”到“行政管理”再到“民主治理”的转变。民主治理强调的是以社会公平正义为导向、以为人民服务为宗旨的公共治理模式。多党合作制度架构下畅通的参政议政渠道和协商民主机制，为民主党派推进民主治理尤其是基层民主治理提供了必要的制度保障。合作治理是现代国家治理的又一主要方式。现代国家治理的主体是多元的，合作是多元主体之间的合作。多党合作的制度设计正好契合了合作治理的基本理念和根本特征。在多党合作制度下，参政党地位超然，可以充分发挥进步性和广泛性相统一的特点，以渠道畅通的优势联系非政府组织、市场组织、非营利组织、志愿组织甚至公民个人，帮助党委和政府构建合作的网络制度，促使合作治理的形成。

郭子晗、潘越在《全面建成小康社会政治视域中的多党合作》(《吉林省社会主义学院学报》2016年第2期）一文中认为，全面建成的小康社会，是一个经济持续健康发展的社会，是人民民主不断扩大的社会，是文化软实力显著增强的社会，是人民生活水平得到全面提高的社会，是资源节约型、环境友好型社会建设取得重大进展的社会。这必将是一个“全面”发展的民主、富强、和谐的社会。民主是政治发展的核心问题。而民主政治建设，不仅是全面建成小康社会的一个核心问题，也是全面建成小康社会的重要保障。民主的关键在于制度建设。在中国，我们已经建立起了一系列保障人民当家做主的制度，确保“权为民所有”和“权为民所赋”，确保“权为民所谋”和“权为民所用”。在我国，多党合作的中国特色政党制度既是中国民主政治的制度载体，也是中国民主政治的实践机制，这一制度的建设与发展，直接关系到我国民主政治的发展水平，也必将对全面建成小康社会产生深远的影响。

李际卫在《多党合作制度与社会主义协商民主的历史探究和政治价值》一文中认为，从历史角度出发，多党合作制度是我国的一项基本政治制度，其形成发展过程始终蕴含着协商民主的价值理念，是中国共产党同各民主党派和其他社会力量从“联合革命”到“协商建国”再到“合作治国”实行协商民主的一种制度安排。

五、中国政党制度的思想和理论

当前，我们正处于实现“四个全面”战略目标的关键期，我国政治发展需要不断加强和改善党的领导、有效开展社会主义协商民主以巩固、丰富和发展人民民主。学者们在思想溯源、理论梳理上更精深、与现实需要的结合更紧密，对经典的把握更加深入透彻，学理性强、具备了相当的逻辑思辨深度。学者们紧密联系实际，取得了一批创新性强、有价值的研究成果。

（一）中国政党制度的理论渊源、思想基础

围绕这一主题，相关的学术研究，远追马克思、恩格斯的多党合作思想，作为中国特色政党制度的理论基础之源；上究毛泽东的多党合作思想，作为中国特色政党制度的理论基础之基；近考中国特色人民民主理论，取得了一批创新性强、有价值的研究成果。

于靓在《中国特色政党制度的思想渊源》(《办公室业务》2016年第14期）一文中

认为，我国的政党制度是马克思、恩格斯多党合作思想与我国的具体实际相结合的产物。深入研究我国政党制度的思想渊源，对理解和完善我国的政党制度有重要意义。一是共产党应该团结其他工作政党，二是共产党应与其他一切民主政党建立合作关系，三是共产党同各民主政党合作时，要坚持一定的策略原则，必须坚持领导权，必须保持自己的先进性和独立性，必须明白共产党与非无产阶级政党的联合总是不断革命的特定阶段上的联合，因而是有阶段性、暂时性的，只有坚持这些策略原则才能保证革命斗争的成功。

国策、赵霄鹏在《中国特色政党制度的理论基础与改革创新刍议》（《赤子》2016 年第 1 期）一文中认为，中国共产党的建立、成长和逐渐走向成熟，是在接受和继承马克思、列宁无产阶级政党理论的基础上，在与中国实际相结合，与时代发展相结合的过程中实现的。第一，马列主义多党合作政党思想是中国特色政党制度的理论基础之源。第二，毛泽东的多党合作思想是中国特色政党制度的理论基础之基。第三，中国特色人民民主理论是中国特色政党制度的理论基础。这些理论相互贯通，共同构成中国特色政党制度理论体系的理论基石，并成为贯穿于整个理论体系的主线。

（二）多党合作思想的继承、丰富和创新

抗日战争时期是中国共产党人统一战线理论和实践逐渐趋于成熟的时期。由此，学者们从历史与现实相呼应的视角切入，特别是有几篇文章集中讨论了抗日战争时期毛泽东多党合作思想的创立与实践过程以及经验总结，收专题研讨之效。对邓小平改革开放前的多党合作思想的历史考察，则挖掘出不少亮点，至今读来发人深省，大有正本清源之效。这些也正是本年度多党合作思想研究的特色和意义所在。

张津凤在《抗日战争时期毛泽东多党合作思想探析》（《天津市社会主义学院学报》2016 年第 2 期）一文中认为，抗日战争时期，毛泽东把马克思主义政党理论和统一战线学说与我国的具体实际相结合，形成了多党合作思想。第一，他提出了多党合作的政治基础和政治保证。第二，他阐释了多党合作的独立自主原则、互助互让原则。第三，他说明了多党合作的方式和途径。首先，毛泽东提出了处理对待其他党派的政策，即又联合又斗争的政策。其次，明确提出中国共产党要与各党派进行协商。再次，是初步提出了中国共产党要接受监督的思想。第四，对如何在政权建设中实现多党合作进行了论证，一方面提出了共产党的领导权问题，另一方面，对党外人士在政权中的地位予以确认。

唐蕊在《论毛泽东在抗日战争时期的多党合作思想》（《学理论》2016 年第 1 期）一文中认为，抗日战争时期，毛泽东深刻吸收中国传统文化的和合思想；以马列主义多党合作理论为基础，结合中国共产党与其他党派合作的经验形成了多党合作思想。其主要内容包括多党合作的重要性、原则、策略和组织形式。这些思想对于丰富和完善毛泽东思想以及马克思主义统一战线理论；反对国民党一党专制，团结民主党派合作抗日；推动中国革命和民主政治建设，建立和完善中国共产党领导的多党合作政治制度具有重要价值。

吴星辰在《浅析抗日战争时期毛泽东多党合作思想的创立与实践》（《河北省社会主义学院学报》2016 年第 1 期）一文中认为，在抗日战争中，以毛泽东为代表的中国共产党人始终坚持一切为了群众，一切依靠群众，取得了抗日战争的最终胜利，捍卫了中

华民族的根本利益与国家尊严。在此期间，毛泽东的多党合作思想包括关于和大资产阶级政党合作的思想、关于和各民主党派团结合作的思想以及在革命根据地的抗日民主政权——“三三制”政权的理论和实践，形成了丰富而具有时代特点的工作经验，有着特殊而伟大的历史意义与统战工作创新的新考量。启示我们，一是要坚持中国共产党领导即核心一元。二是保证各政党、各阶层及其他社会群体充分表达利益诉求和进行有序政治参与即结构多元。

邹谨、孙静在《改革开放前邓小平多党合作思想的历史考察》(《邓小平研究》2016年第3期）一文中认为，改革开放以前邓小平的多党合作思想已较为丰富。在抗日战争时期，围绕抗日统一战线的形成和发展，邓小平对多党合作进行了形式和内容上的积极探索，并集中体现在他对抗日民主政权的建设实践和理论思考。解放战争时期，邓小平继续坚持多党合作的方针。一是继续在政权建设中促进多党合作。二是在经济建设方面进行多党合作。在中华人民共和国成立后的过渡时期，邓小平多党合作思想得到丰富和发展，他提出要让非党人士有职有权；打造多党合作平台，一是通过各界人民代表会议进行合作，二是通过政协进行合作，三是通过召开民主座谈会进行合作，四是利用党组织活动日进行合作，五是通过统战部进行合作；团结各民主党派完成过渡时期的历史任务，一是要团结各民主党派进行土地改革和镇反运动，二是要团结各民主党派进行公私合营，三是要团结各民主党派实现社会主义；关心和保护党外人士；明确了政协的性质和任务，政协主要是由各民主党派、各人民团体、社会各界代表人物组成，代表性很广泛，它是一个人民民主统一战线的组织，它的作用是对国家重要问题进行协商，他认为一个重大的政策、法令在提交人代会或政府批准前，先经过充分的酝酿协商有好处，这样到做决定时，时机已经成熟了，政协没有人民代表大会的权力，它不能制定法律、法令，但可以提出重要建议，政协与人民代表大会在一些问题上可以开联席会议来讨论，“我国的政协和人民代表大会一块开会，这是一个发明”。社会主义建设时期，邓小平多党合作思想进一步完善，他强调坚持毛泽东提出的“长期共存、互相监督”，正确处理中国共产党与各民主党派的矛盾，维护党外人士的利益；复出后，他又积极推进多党合作方面的拨乱反正，恢复和发展统一战线，积极发挥政协的作用。改革开放以前邓小平的多党合作思想，既丰富了毛泽东思想，也为中国特色社会主义理论体系中的多党合作理论奠定了重要基础，展现出多党合作必须与党和国家的中心工作结合起来，为党和国家大局服务的基本经验。

（三）中国政党制度理论、思想的最新发展

习近平同志关于统一战线工作的系列重要讲话成为新时期指导统一战线理论和政策研究的总纲领。学者们认真学习、深入领会，消化吸收这些新理念、新思想、新举措，有些学者进行了系统回顾和全面总结，在相关领域中取得了一系列理论研究的新成果。

张献生在《党的十八大以来中国政党制度理论的发展和创新》[《济南大学学报》(社会科学版）2016年第6期］一文中认为，在具有新的历史特点的伟大斗争中，以习近平为核心的党中央，着眼构建中国特色社会主义理论体系，增强理论、道路、制度、文化自信，中共中央通过召开重要会议、出台政策文件，习近平总书记发表重要讲话和做出

指示，提出了一系列新思想新观点，丰富、完善和创新中国政党制度，使我国的多党合作站在新的历史起点上，进入一个新的发展阶段。一是完善民主党派的性质是中国特色社会主义参政党，2013 年 2 月 7 日，习近平同志首次明确提出，各民主党派是“与中国共产党通力合作的中国特色社会主义参政党”。这是对民主党派性质的最新界定，也是多党合作理论的重要创新，标志着民主党派的性质实现了又一次历史性转变，我国的多党合作站在了一个新的历史起点上。二是明确我国政党制度反映了人民当家做主的社会主义民主政治的本质，是我国政治格局稳定的重要制度保证。三是赋予多党合作新使命，推进政党协商。四是发展了民主党派的基本职能，明确提出“参加中国共产党领导的政治协商”，将民主党派“参政议政、民主监督”两项职能拓展为三项基本职能。五是提出民主党派能力建设的新元素，参政党能力建设从“四种能力”到“五种能力”的 4 + 1，特别是“解决自身问题能力”成为能力建设的新元素，既体现了共产党对民主党派自身建设的高度重视和殷切希望，也是加强中国特色社会主义参政党建设及进一步提高凝聚力、战斗力和创造力的内在要求，对新形势下提高多党合作水平具有重大现实意义和战略意义。党的十八大以来多党合作理论的创新和发展，使我国的多党合作站在新的历史起点上，在我国具有新的历史特点的伟大斗争中，不断形成新优势、发挥新效能，焕发新的蓬勃生机。

六、坚持和完善中国的政党制度

坚持和完善中国的政党制度，是中国特色社会主义政治发展的重大理论和实践问题，是保持我国政治格局长期稳定的关键所在。专家学者们紧密结合这一主题，展开了比较系统和深入的研究。这些研究分别涉及理念更新、问题反思、经验总结和对策建议等不同的方向，又自觉集中到如何提高制度效能、构建中国多党合作话语体系，增强中国多党合作话语权的问题上，取得了不少研究成果和一定的理论进展。

（一）构建中国多党合作话语体系，提高制度效能

本年度学者们主要是从如何增强“四个自信”，加快中国特色政党制度理论创新，构建中国特色政党制度话语体系，把中国政党制度所蕴含的民族性特色、现代性理念和功能性优势既对中国人民说清楚，也对世界各国人民说清楚进行了系统、集中的研究。许多成果有理论启发和实践紧迫性。理论创新引领实践发展，实践发展推动制度变革。学者们还从如何保持我国基本政治格局稳定、如何改革和完善相关体制机制，以及如何充分发挥制度的整体功能并切实提高其效能的角度，紧密结合中央统战工作会议的相关精神，对中国政党制度的坚持和完善问题各抒己见、做了系统的思考，取得了一定的理论进展并产生了一定的社会影响。

李金河在《对中国政党制度话语权的几点思考》（《湖北省社会主义学院学报》2016 年 10 月第 5 期）一文中认为，中国共产党领导的多党合作和政治协商制度是中国国家政治制度的核心，长期以来，美国等西方媒体对中国的恶意抹黑大多集中在中国政党制度上。因此，我们必须建立起自己的制度包括政党制度话语体系，掌握好、运用好中国政

党制度话语权，把中国的政党制度说清楚，把中国政党制度所蕴含的民族性特色、现代性理念和功能性优势既对中国人民说清楚，也对世界各国人民说清楚。第一，制度自信是掌握话语权的精神支柱。这种制度自信是发自内心的对我国政党制度的自我肯定，是一种力量和动力，是一种免疫力。这一制度在我国已经确立60多年了，在我国政治生活中发挥了不可替代的重要作用，显示出鲜明的实践特色、理论特色、民族特色、时代特色。这种独特的政治优势，将进一步坚定我们的制度自信。第二，创新精神是掌握话语权的力量源泉。中国改革开放30多年的深厚实践，已经到了全面总结和理论升华的时候了，这种理论升华就是要打破非此即彼的思维定式，建立彰显中国特色、中国风格、中国气派的社会主义话语体系。长期以来，中国政党制度研究领域多从政治话语、政策语言和习惯思维进行叙述和解读，一些基本概念不清晰，基础性理论研究不足，创新性研究滞后，由于这些现实问题，我们的一些学者对中国政党制度缺乏自信，底气不足，不敢正面论战。这些理论问题尤其是在意识形态领域的一些理论问题来看，在很大程度上体现的是不同话语权的争夺。所以，在课堂上，在讨论中，不能回避问题，必须直接面对。要冷静地意识到只要是问题都有解，先将问题进行梳理，在理性分析中定能找出答案。第三，理性思维是掌握话语权的根本途径。创设一套新的适体合身的政党制度理论体系，必须以思想解放为先导，以创新精神去研究探讨。中国政党制度话语体系的建设是一个崭新的时代性课题，具有浓厚的实践性、政治性和学理性特质，其基础理论包括人民民主理论、统一战线理论、政党关系理论以及中华优秀传统文化基因；其基本构成包括概念、范畴、理论、逻辑、功能、价值、运行机制等。中国政党制度话语权应包括国内话语体系和国际话语体系两大系统的组合。

李金河在《以创新精神推动我国政党制度建设》（《人民政协报》2016年12月21日第008版）一文中认为，当今世界，话语权是一个国家综合国力的重要组成部分。我们必须构建新的具有公信力、感召力、说服力的中国特色政党制度话语体系。时代越是发展，越是需要用创新的理念、创新的精神清除一个个思想理论障碍，构建科学的系统的理论体系，成为所有社会成员的政治认同和文化遵循。这种理论体系就是时代话语权。中国共产党领导的多党合作和政治协商制度，是在中国这块土壤中生长起来的具有独创性的社会主义政党制度。无论是制度设计，还是政治实践，反映了人民当家做主的社会主义民主政治的本质，是我国政治格局稳定的重要制度保障。这一制度在我国已经确立60多年了。在我国政治生活中发挥了不可替代的重要作用，显示出鲜明的实践特色、理论特色、民族特色、时代特色。 长期以来，中国与美国等西方国家始终进行着制度之争。由于在中国政党制度研究领域多从政治话语、政策语言和习惯思维进行叙述和解读，一些基本概念不清晰，创新性研究滞后等现实问题的存在，一些学者对中国政党制度缺乏自信，底气不足，不敢正面论战，缺乏制度自信。中国的政党制度与西方国家政党制度的不同体现了人类文明发展的多样性。正是由于人类文明发展的多样性规律，每个国家每个民族都应有适应自己的计量法。在我国的政党制度格局中，中国共产党是执政党，民主党派是参政党，中国的政党制度是建立在合作、参与、协商基础之上的。这种执政与参政紧密结合的政治格局是由我国国体的民主性质和联盟性质所规定的。

周述杰在《对提升中国特色政党制度话语权的理论思考》（《中央社会主义学院学报》

2016 年 12 月第 6 期）一文中认为，提升中国特色政党制度话语权是争夺国际话语权的题中应有之义，是应对西方政党制度话语霸权挑战的现实需要，是彰显制度自信的生动体现，也是坚持和完善中国特色政党制度的迫切需要。提升中国特色政党制度话语权，要坚持中国共产党的领导，坚持问题导向，坚持客观真实，坚持兼收并蓄的原则。提升中国特色政党制度话语权的方式路径，一是要遵循话语权演化规律，国际话语权与经济硬实力正相关，话语权决定于经济实力。提升中国特色政党制度话语权，必须加快我国经济建设，提升经济实力，还必须增强我国的文化软实力。二是要加快中国特色政党制度理论创新，应在四个方面加以努力。在创新导向上，应构建与马克思主义中国化相适应的政党制度理论，创立中国特色政党制度理论体系和学科体系；在创新思路上，必须坚守底线的创新；在创新重点上，要着力提出中国特色政党制度的新概念、新范畴、新表述，着力创造中国特色政党制度的学术语言、学术概念、学术特色，着力加强中国特色政党制度的知识体系、理论体系、学科体系建设，为提升中国特色政党制度话语权提供学理支撑；在创新力量上，要加快中国特色政党制度理论研究人才队伍建设。三是要构建中国特色政党制度话语体系，确保中国特色政党制度自成体系，加快构建中国特色政党制度的理论体系。四是要加强中国特色政党制度的交流与传播。

林萍在《构建中国多党合作话语体系的四个基本问题》(《天津市社会主义学院》2016 年第 4 期）一文中认为，当今世界，意识形态领域看不见硝烟的战争无处不在，政治领域没有枪炮的较量一直未停。我们必须立刻行动起来，主动出击，用新的话语体系去宣传中国多党合作制度，让中国多党合作制度行稳致远，让世界更好地了解中国的多党合作制度，让中国的多党合作制度更好地走向世界。构建中国多党合作话语体系，首先应回答四个基本问题。第一，为什么要构建。西方敌对势力对付中国仅靠“西化”和“分化”远远不够，他们又加上了“四化”，即“淡化”中国人特别是领导干部的政治兴趣和信仰，“腐化”党的领导干部，“丑化”中国、唱衰中共，把马列主义、中国特色社会主义理论体系“溶化”在多元文化之中，丧失指导思想地位。这是西方世界对我们党的意识形态进攻战略。因此，我们必须立刻行动起来，主动出击，用新的话语体系去宣传中国特色社会主义道路、理论、制度，特别是中国多党合作制度，努力在更广的范围内形成并认同中国好声音，显示一个文化大国的风范和软实力，以争取在意识形态工作上的主动权和话语权。第二，谁来讲？构建中国多党合作话语体系，要从人抓起，久久为功。而社会主义学院是统一战线人才培养基地、理论研究基地、方针政策宣传基地，在中国多党合作话语体系构建中责无旁贷，我们必须有所作为、有所担当、有所创新、有所贡献。第三，讲什么？要准确地阐述中国多党合作制度的性质定位、发展历程和发展方向，展现中国多党合作制度的实践特色、理论特色、民族特色、时代特色，揭示中国多党合作制度的内在奥秘、生成机理和独特基因，让中国多党合作制度行稳致远，让世界更好地了解中国的多党合作制度，让中国的多党合作制度更好地走向世界。第四，怎么讲？中国多党合作话语的受众一方面是国内的广大人民群众，另一方面是国际社会。因此中国多党合作话语体系应分为对内和对外两套：对内要解决的是如何进一步获得广大人民群众的认同问题，做到老百姓“听得懂”，对外要解决的是如何进一步扩大在世界上的影响问题，做到让国际社会“听得进”。

龚胜生在《提升多党合作制度效能的系统论思考》(《中央社会主义学院学报》2016年第3期)一文中认为，多党合作系统是执政党和参政党合作统一的政党系统。多党合作的结构是各党派之间稳固的政党关系，其中第一层面是执政党同参政党之间的关系，组成了同心圆式的核心—边缘结构，第二层面的政党关系是参政党子系统内八个民主党派之间的关系，是在同心圆空间内自发、自由的竞合关系。多党合作系统的功能是多党合作的整体特性和效能。结构决定功能，多党合作制度的效能，取决于多党合作系统的结构。文章认为，评价多党合作系统的效能关键是看中国共产党同民主党派以及各民主党派之间的关系是否足够良好，具体来说就是，政党关系定性是否科学，政党空间定位是否准确，政党职责的定责是否明晰，政党运行的定轨是否合理。因而，从系统论来看，要提高多党合作制度的效能，当前和今后一个时期，必须要营造良好的政党生态，廓清政党界域，明确政党职能，优化政党轨道。

周宁宁在《多党合作话语体系的架构探究》(《河北省社会主义学院学报》2016年10月第4期)一文中认为，多党合作话语体系作为承载思想成果的工具性构架，其完善发展和个性特征的构建关系到多党合作制度的有效落实，关系到多党合作效果的提升。一是学术话语：多党合作话语体系承载着特定的思想价值观念，其中，马克思主义是当代中国多党合作学术话语的内核，中华传统文化中的“和合”思想是当代中国多党合作学术话语的基础，时代气息是当代中国多党合作学术话语的实践力量。二是核心话语：多党合作话语体系增强国际话语竞争力的筹码，其中，“民主”“合作”“监督”“共识”是四大核心关键词。三是大众话语：多党合作话语体系不断创新的源头活水，其中，尊重实践是创新多党合作大众话语的关键，为民便民是创新多党合作大众话语的基础，提升话语水平是创新多党合作大众话语的手段。架构具有学术基底、直击关键词、贴近群众的多党合作话语体系，必须注重话语要素的有效导入，紧密结合新的时代予以创新发展。

王焕平在《多党合作中一致性与多样性关系研究》(《山西社会主义学院学报》2016年12月第4期)一文中认为，中国多党合作制度的创立发展和功能实现，始终围绕一个基本问题，即中国共产党与各民主党派之间的一致性和多样性关系。多党合作中的一致性，是指执政党与参政党在长期的革命、建设、改革实践中形成发展的，对领导核心、旗帜、道路、目标、活动准则的一致认同。即坚持中国共产党的领导，高举中国特色社会主义伟大旗帜，坚定不移地走中国特色社会主义道路，共同致力于中华民族伟大复兴的中国梦，以及以宪法为根本活动准则。一致性是多党合作的基础，也是多党合作不断巩固的基本条件。多党合作中的多样性，是参政党与执政党在一致性之外客观存在的多样化特点。主要是指各民主党派组织成员和所联系对象在思想观念、价值取向、行为方式和利益要求等方面的多元多样。多样性是多党合作存在的必要性条件。一致性和多样性相互作用，是多党合作制度中执政党和参政党根据自身定位，遵循多党合作程序机制，发展社会主义民主，实现政党制度效能的动力条件；一致性与多样性的对立统一，奠定了多党合作和而不同、求同存异的基本法则。必须正视当前多党合作中面临的现实问题，一是在多样性现实中巩固和坚持一致性的深度不足，二是在一致性基础上尊重和包容多样性的广度不足。因而，多党合作中正确处理一致性与多样性关系，着力点在于政治主体的能力水平和程序制度的保障完善，第一是不断增进一致性，提高执政党对多党合作的政治领导能力和领导水平。第二是尊重包容多样性，增强民主党派履行参政职能的能力和水平，在思想建设层面强化民主党派成员的参政党意识，在组织建设层面重点保持特色、注重界别、培养参政议政骨干。第三是促进一致性与多样性良性互动，完善多党合作的具体程序制度，具体而言，一要着眼于执政党与参政党在国家政权中的合作，进一步规范领导与合作的关系；二要着眼于政党之间的政治协商，进一步明确协商主体职责、具体程序内容；三要着眼于共产党与民主党派之间的相互监督，进一步完善保障民主党派监督的相关程序制度。

王远启在《构建多党合作话语体系 彰显政党制度本土特质》(《上海市社会主义学院学报》2016 年第 5 期）一文中认为，要构建多党合作话语体系，彰显政党制度本土特质，就应当：第一，挖掘传承性——多党合作制度具有深厚传统文化根基。中华优秀传统文化是多党合作制度的文化母体和重要根基，中国多党合作制度之所以能够孕育并萌生于中国大地，是与中华优秀传统文化基因的传承密不可分的。第二，突出时代性——多党合作制度符合时代发展潮流。突出时代性，主要是向世人展示多党合作制度与时代发展潮流相契合的强大生命力。第三，注重创新性——多党合作制度开创了新型的政党制度。注重创新性，主要是向世人揭示多党合作制度不囿于陈规、敢于打破既有模式的制度创新力。第四，坚持开放性——多党合作制度善于借鉴人类文明成果。坚持开放性，主要是向世人表明多党合作制度是一个开放、发展的制度体系，作为人类政治文明成果的组成部分，它善于在比较、学习、借鉴中不断自我发展和完善。正是由于它能够积极吸取有益的东西，合理地加以利用，补短扬长，促进自我发展和完善，所以必然路子越走越宽。

王红玉在《试论中国多党合作话语体系的构建》(《吉林省社会主义学院学报》2016 年第 4 期）一文中认为，中国多党合作话语体系，就是要将这一制度的历史形成、理论渊源、实践发展提炼为更加完善的理论体系，并以有效的话语方式表述出来，传播出去，从而不仅增强广大人民群众的自信心，同时也要赢得对国际社会的说服力与影响力。构建成熟开放的中国多党合作制度话语体系，一是构建理论体系。首先要打破西方话语体系对政党制度的固有诠释，打造与中国多党合作实践相匹配的理论体系，构建中国多党合作理论体系的关键问题在于处理好中、西、马的关系，即中国国情、西方学术、马克思主义。二是构建传播体系。面对国际话语传播格局和传播语境“西强我弱”的挑战，中国话语必须主动发声，阐述中国理论，表达中国故事，传播中国声音。我们只有勇敢坚持和不断完善中国共产党领导的多党合作和政治协商制度，才能更加有底气地构建中国多党合作话语体系。中国多党合作制度，是世界政党政治史上前所未有的崭新模式。这一制度经过 60 多年的发展历程日益完善，但是仍然无法避免存在不尽如人意的问题。例如，政权中合作的力度、政治协商的程序化、民主监督的实效性等，不足之处正是西方外媒非议之地。因此，我们必须充分激发多党合作的制度效能，而其着力点正在于发挥好民主党派和无党派人士的积极作用。

龙刚在《构建中国特色社会主义多党合作话语体系》(《湖北省社会主义学院学报》2016 年 10 月第 5 期）一文中认为，多党合作话语体系是以马克思主义为指导，以中华优秀传统文化为引领，以实践为基础的关于多党合作的思想理论体系和知识体系的表达形式。多党合作话语体系的基本内容包括多党合作思想理论体系和知识体系。多党合作思想理论体系应包括：思想理论的萌发、思想理论的中国社会主义特色、思想理论的文化伦理、思想理论的哲学政治学价值、思想理论在中国特色社会理论体系中的重要性和地位、思想理论的形成完善及逻辑、思想理论的实践指导及普遍性意义、思想理论的基本概念和基本原理等内容。多党合作的系统知识构成多党合作知识体系。从多党合作的独特性看，这个知识体系应包含多个话语，如：马克思主义经典著作多党合作话语或多党合作经典文献选读、多党合作思想史话语、政策制度文本话语或中国特色社会主义多党合作制度政策文献及解读、多党合作实践创新、多党合作基本理论、民主党派建设理论等。

邓方国、胡芬芳在《关于构建中国多党合作话语体系的思考》(《统战理论与实践》2016 年第 5 期）一文中认为，我国多党合作制度的价值和优势在历史和实践中得到了充分证明，但要提高其国际影响力，就要构建具有国际话语权的中国多党合作话语体系。这需要在掌握中国多党合作话语体系内涵的基础上，分析中国多党合作话语体系在构建过程中存在的问题，进而寻求构建多党合作话语体系的路径选择。具体来说，就是要进一步增强国家实力，充分凸显中国多党合作制度的比较优势，加强中国多党合作制度的学术研究及传播。

李魁铭、黄景睿在《打破西方政党政治话语霸权 构建中国多党合作话语体系》(《广东省社会主义学院学报》2016 年 10 月第 4 期）一文中认为，当前，在推进中国特色政党制度伟大实践的同时，以话语体系这种外在形式为突破口，努力构建体现中国特色、中国风格、中国气派的多党合作话语体系，增强国际话语权，成为一项紧迫的课题。加强中国多党合作话语体系建设，既是我国多党合作实践不断发展、理论体系不断完善过程中必要且务实的选择，也是打破西方国家话语霸权应有的选择。中国多党合作话语体系主要解决内外两个问题。对内要提升大众对中国特色政党制度的认同度，对外要争取国际社会对中国政治发展道路、中国多党合作制度更多地理解。要以面向世界的姿态，立足中国特色政党制度的伟大实践，不断揭示中国政党制度的独特性，增强中国特色社会主义意识形态的吸引力，构建中国多党合作话语体系。

金丹在《中国—东盟命运共同体构想下增强中国政党制度话语权的策略研究》(《广西社会科学》2016 年第 12 期）一文中认为，在中国—东盟命运共同体背景下，政党外交是提升中国政党制度话语权的重要途径。中国在与东盟国家开展政党外交中，应把中国共产党领导的多党合作政治制度讲清楚，把人民民主的实现形式及运作过程讲清楚。中国政党需要通过把握好与东盟开展政党交往的国别策略、构建与东盟国家多种政党外交平台、关注东盟地区的安全敏感问题、探索体现政党核心价值的交流机制、构建政党涉外民生工程等政党外交途径，增强中国政党制度在东盟国家的话语权。

（二）多党合作的制度化、规范化和程序化建设

围绕坚持和完善中国政党制度，本年度学者们继续展开相关研究并取得了新的理论收获。学者们普遍认识到，中国政党制度功能和价值的整体实现以及它的健康永续发展，

离不开制度化、规范化和程序化的努力。“三化”建设既是执政党和参政党自身建设的需要，又是建构和谐政党关系和保障制度效能发挥的需要，当前特别是推进政党协商及治理现代化的现实需要。在依法治国的时代背景中，从理论上思考、实践上探索如何将法治思维与“三化”建设有机融合起来，成为学者们普遍关注的焦点。本年度相关研究呈现明显“沉下去”的特点，直接深入具体程序环节，从问题到问题，泛泛而谈的少，直陈要害的多，反映了理论研究的现实性增强。

民盟重庆市委员会课题组在《政党协商在社会主义协商民主中的地位和作用研究》（《重庆社会主义学院学报》2016 年第 2 期）一文中认为，制度机制是政党协商的重要保障。政党协商在地位上虽为社会主义协商民主的首要渠道，但受历史演变、作用发挥、政党关系、理论发展等因素影响，在制度发展成熟度方面同政协协商存在较大差距。政党协商制度机制的不健全制约了政党协商的深入开展。针对这些问题，完善政党协商机制，第一，提高组织化程度。增强政党协商的代表性和实效性，必须提高政党协商的组织化程度。一要完善政党协商代表的“常设 + 机动”产生机制。政党协商的常设代表一般指经过法定程序产生的政党各级组织负责人。除此之外，必要时可通过机动遴选机制安排本党派成员中专家学者们代表民主党派组织参加政党协商。二要完善政党协商意见整合机制。要健全意见整合机制，促进从组织意图到个人表达的有效、全面、保真转化。三要发挥无党派人士的集体智慧。要搭建平台，开展活动，不断提升无党派人士的聚合力，努力探索发挥无党派人士群体作用的方法举措，使无党派人士代表在政党协商中所提意见建议更具组织性和集中性。第二，完善互信互动机制。地方党委和统战部要尊重民主党派参加政党协商的权利。要在坚持执政党主导性的前提下，不断增强参政党的主动性，加强执政党和民主党派、无党派人士的协商沟通机制建设，给予民主党派在选题、观点、表达等方面更大的空间。要充分调动民主党派参与政党协商的积极性，支持民主党派主动选题甚至主动发起协商。要在会议、约谈、书面三种基本协商形式的基础上，总结迎春座谈会、双月座谈会、暑期谈心会、政策建议信等实践经验，鼓励地方创新形式。第三，完善运行保障机制。围绕协商前、协商中、协商后 3 个重要环节，着力加强政党协商保障机制建设，进一步健全明情明政机制、考察调研机制、工作联系机制。要探索建立协商免予问责机制。要不断提升政党协商法治化水平，探讨制定《中国共产党领导的多党合作和政治协商法》，依法保障中国共产党的协商领导权力和参政党的协商民主权利。第四，完善监督评估机制。要加强政党协商的信息公开，不断夯实协商内容和结果的民意基础，有效增强政党协商的社会认同。要对民主党派参加政党协商的情况及效果加强宣传，从正向和反向增加民主党派参加政党协商的动力和压力。要对地方的政党协商开展情况进行督促检查，提高行政监督、民主监督和社会监督的实效和水平。

李金河、王江燕在《政党协商与政协协商的相互促进和协调发展研究》（《中共浙江省委党校学报》2016 年第 6 期）一文中认为，目前，政党协商与政协协商在制度化、规范化、程序化建设上正快速发展，两者都需要依靠党的领导来统一规划和部署。如协商年度计划的制定、协商议题的规划、参加人员的安排等，这就需要两种协商在制定具体规划时，要加强沟通、合理布局，避免许多不必要的重复和浪费。要注重协商工作与党委和政府工作的有效衔接，以党委和政府工作为轴心带动政党协商与政协协商的协调互动。规范党政领导及部门负责人参加政党协商和政协协商活动是非常重要的环节。特别是在基层，要进一步扩大民主党派成员在政府机关的履职锻炼、调查研究和监督力度，深度参与党委政府的各项工作；建立民主党派组织与担任人大代表、政协委员的民主党派成员的联络制度。

崔晓庚在《协商民主视角下的当代中国政党制度建设》(《沈阳师范大学学报》2016年第5期）一文中认为，当代中国政党制度从协商民主的角度思考建设，应当抓住“三项建设”这个着力点：第一，加强协商主体建设。中国共产党作为执政党，处于中国政党制度体系中的领导地位，这就决定了完善中国政党制度必须从中国共产党的自身建设抓起，一是发展党内民主，二是必须不断改善执政党的领导方式和执政方式，党的领导不是包办代替，是帮助、关心和支持。同时，还要加强参政党的民主协商能力建设，首先各民主党派要不断加强自身理论建设，其次参政党应增强利益表达意识的责任感。第二，完善协商民主运行机制的建设。从法律和政策层面上进一步完善中国政党制度中的一系列制度规范，从而使中国政党制度的法理基础更加巩固和坚实，是加强中国政党制度建设的重要方面。首先，要继续推进中国特色政党制度发展的法制化建设。其次，政治协商在机制上要规范化、制度化、程序化。为适应协商民主发展进程的需要，应制定专门的协商章程。要把实践证明行之有效的好做法、好经验，及时上升为制度规范，不断提高协商民主机制的科学化水平。中国政党制度的协商民主，应当精心设计制定协商程序。第三，要推进人民政协这个中国政党制度运行平台的建设。一是要最大限度地扩大人民政协的代表性和包容性。要明晰政协界别设置，优化政协委员构成。增设新的政协界别，恢复农民界，反映他们的政治诉求和利益诉求。在政协委员的构成上，要控制上层和精英群体的比例，扩大中下层群体和弱势群体代表的范围。二是完善政协的功能定位。加强人民政协的法律规范和制度规范，对人民政协的机构设置、职能和权限进行充分界定和必要的规范。要通过公选或竞选的民主方式，选取合格的协商代表进行协商，实现选举民主和协商民主的有效统一，以更好地发挥人民政协的功能与作用。

盛涛、陈萍在《中国政党关系法治化的路径选择》(《沈阳干部学刊》2016年4月第2期）一文中认为，创新多党合作制的政党运作机制，第一，要创新政治协商的法定机制和程序。政治协商是中国多党合作制度的重要渠道，也是执政党实现领导权和参政党行使参政权的基本过程。在政治协商过程中，还需要法定机制和程序加以保障。应当建立一套明确协商内容、协商时效，协商参与者，协商的具体形式和方式，协商时发表意见的方式、采纳与否的反馈、决策实施后的效果跟踪评估等机制和程序，使中国共产党提出自己主张，民主党派发表参政意见的政治协商制度法律化、程序化。第二，要强化民主党派的监督机制。健全与创新执政党与参政党之间的相互监督机制，特别是建立参政党的民主监督机制，可以发挥民主党派的民主监督有组织性、体制外和有效性的监督作用。如可以在民主党派中央、省级、市级组织设立参政党联合监督机构，专司政党监督职能。各级党委、政府和司法机关应当为联合监督机构提供必要的方便。建立民主党派联合监督机构与中共纪委、监察部门、检察院等监督机构之间的信息通道，实现信息快捷共享，从而降低监督成本、增强监督力度、发挥监督实效。第三，改进民主党派成员的政治安排机制。今后在各级人大中民主党派成员和无党派人士在代表、常委、专委会委员中应占的名额比例可以明确量化规定，在各级行政、司法部门领导职数中民主党派成员和无党派人士应占的名额比例可以明确量化规定，并适当扩大任职职数和范围；应当尊重与保障各民主党派对本党各类政治职务候选人的提名的自主权，中共统战部门和组织部门可以审核其提名，但不应当代为提名。

姜丽华在《加强政党协商建设 完善多党合作制度》(《上海市社会主义学院学报》2016年第4期）一文中认为，政党协商的制度建设尚不完善。首先，中共中央高层对政党协商高度重视，但是，在一些地方和部门还存在重视程度和工作落实层层递减的情况。因此需要建立良好的政党协商制度，并以党章党纪和国家的法律、规章制度等形式对政党协商的内容、要求、程序、形式、监督办法等予以规定，才能约束各级党委切实树立政党协商意识，重视政党协商工作，规范政党协商程序，推进政党协商落到实处。各民主党派在积极参与政党协商时，才可能放胆直言，依法依规表达其所代表的政治联盟的意愿、建议和呼声。其次，政党协商制度化水平不够高，缺乏可操作性，不少内容规定过于宽泛。各地政党协商工作状况还不平衡，有的以部署工作、通报情况代替协商；有的存在表面化、形式化、随意性大等现象，这在很大程度上影响了政党协商的实效。在制度运行的许多方面和环节上缺乏衔接，没有形成配套、具体和细化的规范，实践操作中的任意性比较大，致使政党协商的规范化和程序化缺失，致使政党协商流于形式。因此，需要加强政党协商的法治化建设。当前，政党协商初步形成了以国家宪法为基础，以中共中央法规和文件为主体，并辅助相关配套政策的法治化保障体系。在法治的轨道上坚持和完善当代中国的政党制度，是新形势下推进政党协商法治化发展的重要方向。

（三）中国政党制度所面临的实际问题与对策

中国政党制度的生命力在于其创造性地运用、适应性的发展和系统性的调适。本年度学者们继续出于坚持和完善我国政党制度的目的，结合当前我国政治生活的现实要求、政党制度运行的实际情况，自觉敏锐地发现问题、主动理性地求解问题，产生了一批较好的研究成果。这些成果分别或整体剖析了当前我国政党协商的实效问题、政党主体的能力建设问题、政党关系规范化和现代化问题、基层多党合作问题等，较之往年的研究更有系统性和针对性，直面矛盾，条分缕析，无论是对于在观念认知和实际工作上主动调适以提高制度效能，还是对于坚持和完善我国政党制度以切实增强“四个自信”，都做出了新的贡献。

李金河在《以创新精神推动我国政党制度建设》(《人民政协报》2016年12月21日第008版）一文中认为，研究民主监督问题视野一定要开阔，首先应该搞清楚当初设计者的初衷和目的是什么？毛泽东等中共领导人提出民主监督的初衷是为了打破人亡政息的周期率，解决中国共产党能够长期执政的问题，让人民监督政府，这是人民群众的基本权利。互相监督是指执政的中国共产党与参政的民主党派之间的相互监督。民主党派的民主监督所达到的目的就是为了听到不同的声音。这就赋予民主党派一种权利即话语权、表达权。民主党派作为参政党，在国家政治生活层面对执政党的执政行为、重大方针政策的执行等问题都有权利提出意见建议或批评，这体现的是亲密友党之间肝胆相照的精神，与西方反对党、在野党与执政党对立监督是不一样的。习近平总书记在中央统战工作会议上提出，要探索民主监督的有效形式。要进一步提高民主党派民主监督实效，落脚点就在民主党派话语权、表达权问题上。针对一些关键性问题能不能表达出来？表达得准不准确？针对性强不强？这是民主党派履行民主监督权利的核心要义。关键是要增强民主党派的责任意识，提高民主党派的话语能力和表达能力。2016年7月，习近平总书记在中共中央召开的党外人士座谈会上提出，各民主党派与8个省份对接，对脱贫攻坚开展民主监督工作。这是中共中央赋予民主党派的一项新任务，是民主党派履行民主监督职能的新领域。新形势下民主党派履行民主监督职能的有效形式仍然是行使好话语权、表达权。

黄天柱在《中国政党协商发展中存在问题及未来走向的几点思考》(《观察与思考》2016年第9期）一文中认为，一是政党协商主体的边界问题。由于历史原因，实践中政党协商的参加主体除中国共产党和民主党派外，往往还包括无党派人士和工商联，这已基本形成一种政治惯例。二是政党协商与政协协商的程序衔接问题。从制度设计看，两者既有各自的边界和规定性，又相互交融、紧密相连。现实中两者关系面临的主要问题一是重复协商，二是替代协商，根据文件规定以及实践情况，政党协商和政协协商的内容中，有部分是重合的，如有关重要文件、重要法律法规制定修改建议或草案、国民经济和社会发展中长期规划、政府工作报告、统一战线和多党合作的重大问题等。针对这部分共同的协商内容，应通过一定的程序设计，解决两种协商的相互衔接问题。三是政党协商的监督和表达功能开发问题。政党协商对整个中国政治体系的完善和政治过程的优化有重要价值，发挥了咨政与建言功能、监督与平稳功能、表达与整合功能。开发监督和表达功能，一个非常重要的途径是逐步提升政党协商的透明度。从监督角度看，公开透明既是监督的条件，其本身也是一种重要的监督；从表达角度看，公开协商过程与结果有助于公众尤其是各党派所联系群众了解民主党派的政策主张及这些政策主张是否体现和表达了自己的愿望和诉求。四是政党协商向基层延伸与辐射的问题。五是民主党派参与政党协商的主动性问题。从制度设计看，民主党派是可以主动发起协商甚至主动设置议程的。尤其是书面协商（即通常所说的“直通车”）、调研协商和约谈协商这三种形式大大拓展了参政党主动协商的空间，值得特别关注。六是政党协商能力建设问题，重点是通过加强领导班子建设和人才队伍建设，提高履职能力和协商水平。

叶麒麟、陈心香在《中国特色社会主义政党政治的民主属性》(《中国社会科学报》2016年11月16日第007版）一文中认为，与西方政党政治民主实现机制一样，中国政党政治民主的实现机制也面临着现实问题。主要包括：(1）执政党自身的建设问题。(2）政党间合作协商的有效性问题。(3）执政党与国家政权的关系问题。针对上述问题，应着力对具体实现机制进行优化：(1）紧紧围绕提高党科学执政、民主执政、依法执政水平深化党建制度改革。要坚持和完善民主集中制、严格党内生活，进一步健全和完善党内民主制度体系；要在完善科学有效的选人用人机制上下功夫，通过制度改革和严格执行制度，使各方面优秀干部充分涌现；要使每个基层党组织都成为坚强战斗堡垒，党的组织、工作要做到全覆盖，促成群众路线工作的长效机制；要加强党员队伍教育管理和服务，确保进口严、出口畅、管得好、作用大。(2）在国家治理过程中提升政党间合作协商的有效性。党要始终坚持实事求是思想路线，在工作中不断完善党对合作协商的领导理念、领导方式；重视履职教育，提升履职意识，创新协商形式，践行群众路线，提升合作协商主体的协商能力；推进和优化协商实践、协商激励、协商提议权、协商共识落实反馈的制度化。（3）以法治的方式推进党政关系规范化和现代化，优化党对国家政权的“民主集中式领导”。以党内法规的形式保障党在国家治理中更好地发挥领导作用；以国家法的形式规范党与人大、政府、司法机关的关系。

赵宬斐、李俊在《以史为论的现代性意识及思考》（《上海市社会主义学院学报》）一文中认为，党的十八届三中全会将加强国家治理体系与治理能力现代化建设作为“第五种现代化”目标提出，必将深刻影响未来中国政治发展的理念与实践。对于中国政党制度来说，治理能力的现代化是依靠现代性给予支持的，因为现代性体现着政党制度适应现代民主政治发展的能力与属性。继续加强中国特色政党制度现代性建设，一是从“结构性”分析，除了继续给予中国共产党和八个民主党派这九大主要政治主体的关注，还应注重将港澳台地区的党派组织及无党派人士纳入视野。二是从“历时性”分析，中国政党要着力于把现代性置于中国当下的环境中，通过实践的反复检验，铸造出既能容纳现代性中人权、自由、平等和民主等普遍性元素，又能显示出“本土化”和“中国式”特殊资质的中国特色政党制度。三是从“共时性”分析，中国政党如何构建新现代性，并承担科学发展的重大职责，不仅要从中国过去累积的丰富历史性经验中汲取教训，而且还要从全球化、信息化与知识化中，通过与时俱进地调适与改革增添新现代性。

吴沁芳在《国家治理视域下多党合作制度现代化的价值维度及其路径分析》（《理论探讨》2016年第1期）一文中认为，作为中国的一项基本政治制度——中国共产党领导的多党合作和政治协商制度，其制度建构状况及其现代化水平如何，便成为直接影响中国国家治理状况的重要因素。从现代性的视角看，主要存在着科学性不足、制度性缺失、规范性不够以及创新性匮乏等问题。从现实情况看，主要表现为以下诸方面：一是制度建构的不完善，主要表现在两个方面：中央和地方制度建构强弱不均现象。在制度设计上缺乏现代观念和创新意识，往往以传统思维和惯性模式延续以往做法，导致自上而下的单一化的体制模式。二是运行机制的模式化。表现在参政议政和民主协商的过程中，便是强烈的“固化思维”“唯上意识”以及“权威意识”作祟，严重影响了现实运行机制的创新，进而影响了多党合作的有效性和优质化。三是参政方式的失范性。目前存在的主要问题是：参政主体的提案和议案的科学性不足、规范性不够，在调研的数据和观点的表述上表现出一定的主观性和随意性。四是法治保障的滞后性。五是民主监督低效率。就政党制度的现代化而言，其主要任务则要对关涉政党制度建设的各个要素进行现代化的塑造，一是参政主体的多元化和层次化。二是合作体制的科学化和规范化。三是协商方式的民主化与法制化。四是民主监督的法治化与高效化。

刘金峰在《评判中国特色政党制度的三个维度》（《大连干部学刊》2016年第1期）一文中认为，世上没有十全十美的事物，政党制度也是如此。一是法治化程度还不够高，二是民主党派的发展缺乏活力，三是虚化、形式化问题较为突出，四是相关制度不够完善。中国特色政党制度在实践中暴露出的诸多问题，产生的原因是多方面的。既有思想方面的问题，也有法律方面的问题；既有具体操作层面的问题，也有相关制度层面的问题；既有各民主党派自身的问题，更与中国共产党自己建设水平问题息息相关。完善中国特色政党制度的基本路径是：第一，要破除思想禁锢，勇于借鉴西方政党制度中符合执政规律的成分。政党运行的规律、执政规律如市场经济规律一样，本身没有姓资姓社的区分，关键是我们如何结合本国的实际情况做好“结合”文章的问题。第二，要系统总结经验，着力推进中国政党制度的法治化、规范化进程。党的十八届四中全会作出了《中共中央关于全面推进依法治国若干重大问题的决定》，既然依法治国已成为我党的执政方略，宪法、法律就应逐步明确政党含义，划清政党与其他社会团体的界限；明确各政党的工作程序、机构设置、经费来源及其使用限度，明确各政党与国家机关、社会团体的相关关系；明确执政党的执政方式和参政党的参政方式；明确政治协商会议的法律地位，并有计划有步骤地加以实施和推进。第三，要坚持问题导向，不断健全完善多党合作和政治协商的运行机制。一是要完善民主党派干部培养选拔机制。二是要加强政党协商保障机制建设。三是要完善监督机制。要在指导思想上确立民主党派对中国共产党的监督优先于自体监督的理念，积极支持民主党派对中国共产党实行民主监督。四是要完善相关制度，特别是要提高中国共产党自身建设水平。

张雪君在《中国特色社会主义政党制度在现代化中的适应性探析》(《湖北省社会主义学院学报》2016 年 4 月第 2 期）一文中认为，随着实践的发展，中国特色社会主义政党制度也应当与时俱进，不断完善。对中国政党制度的完善需要注意对以下几个问题的把握：第一，明确党的领导和政治协商会议自主性的问题。中国人民政治协商会议是中国共产党和其他社会力量共同进行政治参与的平台，党通过党组、交叉任职和统战部指导等形式对政治协商会议进行领导，这里就需要处理好党的领导与政协发挥自身自主性的问题，注重党发挥领导作用的方式。第二，需要进一步明确统战部的功能定位。统战与民主党派和无党派人士不是领导与被领导的关系，而是受中共党委委托联系民主党派和无党派人士、社会各界别团体和对他们开展一系列工作的职能部门，是联络员、服务员、宣传员和协调员的角色，而不是主管单位。第三，不断提高民主党派和无党派人士的参政能力，参政党的参政能力实际上是对执政党执政绩效的促进和提高。第四，处理好政协制度的精英色彩和中国政权性质的大众关怀之间的关系。第五，现代化程度的发展要求政党体制也不断发展，不断提高我国政党制度的适应性和开放性，为时代发展增添新的内容。

刘朋在《国家治理现代化视域下的中国政党政治走向》(《广东行政学院学报》2016 年 2 月第 1 期）一文中认为，将政党纳入国家法制框架，让政党政治走法治轨道，是当前世界政党政治的发展趋势。推进政党政治的法治化，关键在于做到以下几个方面：第一，加强政党法制建设，首先，完善宪法和相关法律。在宪法中应增加对政党在提案权、提名权、推荐权、监督权等方面的职责和程序的规定和界定，同时修改完善与提案、推荐提名相关的全国人大和地方人大《选举法》《代表法》《组织法》以及《立法法》等的有关内容，加强对政党的约束和监督。其次，进一步加强和完善党内法规制度体系建设。再次，规范政党在国家权力中的地位，为政党政治法治化提供体制保证。第二，理顺法律与政党政策的关系。在我国，党的政策是制定社会主义法律的基本依据，只有通过党的政策的法律化，才能使党的意志上升为国家意志。首先，党必须在宪法和法律范围内活动，党员干部要带头遵守法律。其次，正确认识和处理好执行党的方针、政策与国家宪法和法律的关系。最后，还要正确处理不同层次的政策与不同效力位阶的法律、法规、规章之间，以及不同级别的执政主体依据不同层次的政策与不同效力位阶的法律、法规、规章之间的关系。

王红玉在《试论中国多党合作话语体系的构建》(《吉林省社会主义学院学报》2016年第4期）一文中认为，中国多党合作制度是世界政党政治史上前所未有的崭新模式，经过60多年的发展历程日益完善，但仍有不尽如人意的问题。一是参政议政方面，民主党派没有烽火年代的旗帜性领袖人物，缺乏政党意识，缺少大政治家、社会活动家。因此，民主党派要想告别“政治花瓶”，首先自身要立起来，主动有为。二是民主监督是多党合作的重要内容，但一直以来相对薄弱。要想强化民主监督，提高监督的实效性，就要切实研究和实施毛泽东、周恩来早就倡导的“唱对台戏”。三是搞好政治协商。对中国共产党来讲，要加强对政党协商的领导，增强协商意识，更加善于协商。对民主党派而言，要努力提高政党协商能力，担负起政党协商参与者、实践者、推动者的政治责任。

（四）实践经验和成就总结

中国政党制度源源不断的生命活力及其不断发展前行的动力，都来自创造性地运用、创造性地适应。关于这些运用、适应和创新，地方工作部门和基层组织是主体，是新思路新方法的探索者、新实践新经验的贡献者。本年度学者们紧紧围绕这些问题，做了比较细致的梳理和总结。

罗振建、孙德魁、汪守军在《多党合作基层实践机制创新研究》(《重庆社会主义学院学报》2016年第5期）一文中指出，新形势下，全面贯彻落实中央统战工作会议和《中国共产党统一战线工作条例（试行）》(以下简称《条例》) 精神，必须坚持问题导向，着力解决多党合作基层实践机制不健全的问题，探寻加强多党合作基层实践机制创新的路径。多党合作基层实践机制是指基层民主党派、工商联、无党派人士在基层中共党委领导下，在基层政府支持下，在乡镇（街）和村（社）等基层组织和企事业单位配合下，围绕中心、服务大局，发挥优势、履行职能，在建立以主题鲜明、各具特色的社会服务为主要内容的实践基地中逐步形成和发展起来的一系列制度化、规范化、程序化的方式和机理的总和。具体来说，它至少包含调研协商机制、科学规划机制、精准对接机制、广泛参与机制、社会服务机制、挂职参政机制、议政建言机制等方面。新形势下，加强多党合作基层实践机制创新的主要路径有：第一，营造更加良好的基层多党合作政治生态。第二，推进基层协商民主融合发展，一是加强基层政党协商，二是构建基础大协商格局。第三，强化民主党派的社会服务职能，社会服务主要涉及参政党与各自联系的那部分成员和群众的服务关系，是民主党派立党为公、参政为民、发挥作用的重要渠道和途径。第四，进一步加强基层民主党派的思想、组织建设，中共基层党组织要为民主党派加强自身建设提供支持和帮助。第五，扩大多党合作基层实践的主体范围，一是加强基层无党派人士工作，二是强化主体意识，三是拓宽参与渠道。第六，建立健全多党合作基层实践的长效制度，一是构建科学高效的领导机制，二是构建法律法规保障机制，三是建立多党合作基层实践机制创新试点制度，四是建立年度工作计划机制，五是建立健全综合评估机制。

朱小宝在《推进地方政党协商的几点思考》(《上海市社会主义学院学报》2016年第5期)一文中认为，在中央的率先垂范下，各地党委因地因时制宜，围绕政党协商的内容、形式、程序、保障机制等作出相应规定，出台实施细则。地方政党协商已经取得相当成效，同时还存在一些问题。一是一些地方党政部门的协商意识有待提升，一些民主党派的协商意识也有所缺失。二是协商制度需进一步健全，协商内容表述模糊不够明确，协商程序上缺乏衔接，协商评价监督机制不健全。三是协商过程需进一步完善，协商主体缺乏平等，协商过程欠缺公开。四是部分民主党派协商能力不强，建言质量不高。因此，推进地方政党协商应从几个方面入手：一是进一步提高思想认识。要深入研究探讨，积极广泛宣传。二是充分发挥统战部门在地方政党协商中的重要作用。三是要进一步丰富、健全政党协商的内容、形式和机制。要建立约束机制对地方党委和有关部门进行约束，要解决不将协商纳入决策程序就决策或者不调查就协商的问题，要建立因违反制度、违反决策程序造成重大过失进行追究的制度，也可将政党协商开展情况作为组织部门考核领导班子干部政治水平、民主作风的年度绩效考核项目。要完善监督评价机制，明确评价监督的主体和客体，建立完备的评价指标体系，增强评价监督制度的执行力，就协商形式、内容、程序、结果的执行情况进行切实有效的检查监督。要建立责任追究机制，对重大重要问题本应进行协商但未协商，或者不按程序协商造成决策失误、引发重大损失的，应追究相关责任。要进一步开发政党协商的监督功能和表达功能。四是加强民主党派自身建设。

七、中国政党制度与协商民主

中国特色社会主义协商民主是在中国共产党领导下，人民内部各方面围绕改革发展稳定重大问题和涉及群众切身利益的实际问题，在决策之前和决策实施之中开展广泛协商，努力形成共识的重要民主形式。十八大以来，社会主义协商民主在我国政治生活特别是国家治理当中的地位和作用日益凸显，引起了专家学者们的持续关注，成为中国政党制度研究中一个极为热络的焦点领域。本年度，大批知名专家学者都在此贡献心力。在他们的带领下形成了一大批优秀的研究成果，取得了不少令人瞩目的理论进展。一是体现在中国特色社会主义协商民主基础理论研究方面，学者们回顾了政治协商六十五年的伟大实践，总结了邓小平协商民主思想的丰富内容，系统论述了社会主义协商民主思想的中国传统“和”文化之根。二是体现在探讨协商民主在推进国家治理体系和治理能力现代化中的作用方面，涉及体现中国特色社会主义发展道路的独特性和实践性，协商民主是我国社会主义民主政治的特有形式和独特优势，多党合作制度与社会主义协商民主制度的关系等问题。三是对如何认识多党合作制度与协商民主的关系，政党协商的理论基础，如何搞好政党协商等基本问题的探讨，较往年更为深入，更重实效。

(一)协商民主的理论基础和历史溯源

要正确理解和把握协商民主是中国社会主义民主政治中独特的、独有的、独到的民主形式，首先就要正确理解和把握它的历史起点、逻辑基础和发展动力。这也正是本年度关于社会主义协商民主的理论基础和历史溯源的理论研究的重心。学者们纵横古今，分别从文化的、历史的视角切入主题，比较、融会相关价值与理论基础，取得了有一定价值的研究成果，特别是林尚立提出，中国协商民主不是要弥补代议民主的不足，而是整体支撑党的领导、人民民主以及国家与社会的和谐发展，未来中国民主的主干是协商民主，很有学理性和创新性。

林尚立在《基础与动力——协商民主何以在中国成长》(《世纪行》2016 年第 5 期）一文中认为，中国的政府、中国的政治是革命的结果，但也是深思远虑的，是经过了两个政党的探索和实践而形成的。第一个是以孙中山先生为代表的国民党，因为孙先生确实深思远虑过整个国家发展的战略和体系。第二个就是中国共产党。中国深思远虑自己政治的原点就在于，中国文化基因中的政治观，既不是从共同体需要出发，也不是从个人权利出发，而是“各美其美”强调各人有各人长处；“美人之美”强调应该根据各人之所长，成人之美；这样，大家共赢，实现“美美与共，天下大同”。这就是相互尊重，共存共赢。共存、共赢于是构成了中国政治中最为基本的智慧和原则。正是这个原则使得中国在国家转型过程当中，尽管有纷争，但最终是寻求共存的。所以我们最终选择的建国模式叫作“协商建国”。中国深思熟虑所建立起来的现代政治，简单地讲就是社会主义共和民主。社会主义共和民主可以概括出几个要点：一是需要轴心力量把人民聚合成一个有机整体。二是人民必须联合为一个整体，人民为主体，人民为本位。三是各民族平等共存。四是国家单一制结构。五是民主集中制的原则。中国政治之本是人民民主，核心有两个：一是国家权力来自人民。二是国家权力掌握在联合起来的人民手中。这些原点、原则和本质都对协商民主形成强烈的内在需求，是中国孕育协商民主的很重要的基础与内在动力。中国的协商民主是在政党与国家的双重运动、中央与地方的双重运动中逐渐确立起来的。政党与国家的双重运动分别是党的建设和国家建设，党的建设一是党的思想路线、组织路线、政治路线三者合一的群众路线，二是统一战线，这两个方面都孕育出协商民主。因而，协商民主内生于中国，产生于中国实践，与中国文化、社会、制度以及国家的发展具有内在的契合性。中国协商民主不是要弥补代议民主的不足，而是整体支撑党的领导、人民民主以及国家与社会的和谐发展，未来中国民主的主干是协商民主。

李际卫在《多党合作制度与社会主义协商民主的历史探究和政治价值》(《广州社会主义学院学报》2016 年第 3 期）一文中认为，多党合作制度中的政治协商已有六十五年的实践经验，并有人民政协这一实践平台作为组织保障，积累了丰富的理论基础和制度资源。从这一层面出发，我们甚至可以认为社会主义协商民主制度的前身和核心就是多党合作制度。多党合作中政治协商是社会主义协商民主的重要表现形式，在协商形式上发挥了引领作用，影响和带动了其他层面如立法协商、行政协商、基层协商等多种协商形式，是对马克思主义政党理论和民主理论的创新性发展。

肖光荣、谭拓在《邓小平协商民主思想的理论基础、主要内容和当代价值》(《湖湘论坛》2016 年第 5 期）一文中认为，马克思主义的民主理论、统一战线理论和多党合作理论构成了邓小平协商民主思想的间接理论基础，毛泽东的协商民主思想成为邓小平协商民主思想的直接理论基础。邓小平协商民主思想内容丰富，主要体现在党内、党际、社会协商民主三个层面。其中，邓小平关于党内协商民主思想蕴含在邓小平关于实行集体领导和个人分工负责相结合的制度、实行党的代表大会常任制、健全党内选举制度、坚持民主集中制和注重保障党员的民主权利等思想之中。邓小平关于党际协商民主的思想体现在，邓小平提出了“十六字”方针，即“‘长期共存，互相监督’，‘肝胆相照，荣辱与共’的方针”；论述了各民主党派的性质与作用；首次提出了“参政党”概念；论述了党际协商民主的重要性，一是党际协商民主有利于民主决策、科学决策，二是党际协商民主有利于民主监督；论述了党际协商民主的原则与方法，一是共产党员要注意与党外人士合作共事、商量办事，二是协商讨论要“敞开思想，畅所欲言，敢于讲心里话，讲实在话”；推进了党际协商民主制度化、法制化。邓小平关于社会协商民主的思想体现在，邓小平重视以社会协商的方式正确处理和协调各种不同的社会利益和矛盾；主张建立社会协商对话制度和广泛倾听群众意见的决策机制；建议畅通公民利益诉求渠道；主张提高行使公共权力的透明度和公民在公权行使中的话语权。邓小平协商民主思想的当代价值在于有助于健全党内协商民主制度，实现党内决策科学化、民主化、制度化；有助于共产党领导的多党合作制度建设与社会主义民主政治建设的良性互动；有助于更好地发挥统一战线和人民政协协商民主的重要作用；有助于推进协商民主广泛多层制度化发展。

康晓兰在《社会主义协商民主思想探源》（《湖南省社会主义学院学报》2016 年 2 月第 1 期）一文中认为，社会主义协商民主思想来源于以下方面：第一，根植于中国传统“和”文化中，在“和”文化影响下中国已经开始早期协商民主实践探索。中国进入封建社会之前，尧在与下属的各酋长商议之后，将帝位禅让给舜被认为是中国最早的协商民主实践。著名的“周召共和”，虽然其协商范围仅仅限于贵族统治者范围之内，但依然可以看作是早期协商民主政治实践的典型代表。早期协商民主的政治实践就是为了实现“和”而做出的努力，对这些实践的经验进行理论升华，能够发掘出社会主义协商民主思想的源流。第二，社会主义协商民主思想直接来源于西方对其传统直接民主与选举民主的批判与超越。西方协商民主的思想正是要在保障民众政治参与性的同时，使决策具有合法性。西方的协商民主思想与中国追求“和”的政治理想具有内在价值追求的一致性，社会主义协商民主思想更是直接从西方协商民主思想中吸收了理论资源。第三，马克思、恩格斯、列宁、毛泽东的民主思想和多党合作思想为社会主义协商民主思想提供了理论支撑。第四，中国革命、建设和改革的实践经验是社会主义协商民主思想的实践基础。

（二）协商民主的相关理论与实践

我国的社会主义协商民主是一种理论与实践并行相进、不断丰富和发展的人民民主形态和政治现象，因而，学者们也就非常关注、分析和解读相关的理论问题和实践问题。本年度，相关研究取得了值得瞩目的理论成果。林尚立的文章从协商民主的基础和动力的角度回答了协商民主的产生和发展问题，从人民民主的实质说明协商民主的价值和理论基础，从党的领导制度、国家制度和法治体系来说明人民民主的运行，进行构成了协商民主发展的动力，论述具有系统性。总体来看，要真正切实推进中国政党制度和协商民主的发展，完成基本观念和思维方式的深刻转变和现代转型，实现基于民族性和现代性的全新熔铸，无疑是学理上需要深切关照的关键。

林尚立在《基础与动力——协商民主何以在中国成长》(《世纪行》2016 年第 5 期）一文中认为，第一，人民民主的实质有三个层面，一是人民当家，即联合起来的人民掌握国家权力。中国社会不管如何分化，中国社会的内在阶级阶层结构不管如何变化，国家的权力一定不会掌握在哪一个特殊的阶层手里，一定掌握在联合起来的全体人民手中，这是中国的特点，是国之体。二是人民做主，要努力使人民能够广泛地、多层次地参与决策。这也是协商民主要解决的问题。三是人民共享，人民的国家属于人民，人民要共享发展。第二，从人民民主的运行来说，强调党的制度、国家制度和法治体系三者统一。党的制度解决人民当家的问题，因为党的领导很重要的一个使命就是让人民联合成一个有机整体，共同掌握国家权力。中国共产党的党和西方的党不是一个概念，中国共产党是一个整体性的政党，西方政党是局部性的政党。西方是两层结构，国家、社会，政党在其中。中国是三层结构，把人民凝聚成整体的党的系统、国家系统和社会系统。人民民主是中国国体，人民民主的运行对协商民主有天然的内生需求，人民民主是协商民主发展的动力。第三，民主集中制在中国是整个社会的组织形态，国家政权的组织形态，以及政党运作的组织形态。其中，党的总揽全局、协调各方的实践离不开协商民主：集体领导、集体决策、集体协商，也离不开协商民主；多党合作和政治协商，更是以协商为基础。人大最终意志的形成也必须通过协商，以形成具有共识基础的根本意志。除此之外，在市场经济条件下，中央与地方之间、地方与地方之间的合作和协调，也必须确立在民主协商之上，这种民主协商很容易发展为协商民主。第四，市场经济使得权力治理的主体多元，与此同时，对公正的要求使得多元的主体必须实现共治，这就需要协商。中国在创造与市场经济相匹配的民主形式中，走出了协商民主发展之路。第五，中国共产党领导的多党合作与政治协商制度，实际上是三个政治功能的结合，一是领导，二是合作，三是协商。领导一定是建立在合作与协商基础上的。中国共产党的领导力决定于合作力和协商力。中国政党制度要展开来，要实现国家的民主和团结，实现各阶层、各民族的内在和谐，需要构建完善的协商民主形式。第六，群众路线的制度化表达、程序化运作都离不开协商民主。第七，政府和国家最根本的职能是弥补社会治理不足，国家是人民的工具，不是人民的目的。协商民主是自治最为直接、最为通用、最为有效的形式。只要基层自治，一定是协商民主。中国共产党的基层组织要学会用协商民主推动基层自治，而通过协商民主所推动的基层自治，有助于巩固党的执政基础。

（三）协商民主的特色和优势

围绕这一主题，学者们分别从国家治理现代化、道路自信、理论自信、制度自信以及选举民主与协商民主关系等角度切入，有纵向的历史梳理、有横向的制度比较，有批评、有借鉴，在方法上、学理上都有自己独到的见解。学者们都非常关注、强调中国协商民主的比较优势和本土特性，一致认为中国特色社会主义协商民主具备现代性、开放性和人民性，是当代中国国家政权建设和改革发展事业所必不可少的政治路径。李金河、王江燕的文章专门论述了协商民主两种重要形式——政党协商和政协协商的相互关系和各自特色，反映了理论研究不断深化。

李金河、王江燕在《政党协商与政协协商的相互促进和协调发展研究》(《中共浙江省委党校学报》2016 年第 6 期）一文中认为，政党协商与政协协商都是我国多党合作的基本实践形态。从理论上讲，我国的政治协商经由政党高层直接沟通和人民政协两种路径，打通从政治协商到社会协商、从精英治理到大众参与的通道，规引和示范政治参与的理性共识和决策民主，凸显协商民主的独特治理优势和群众路线本质。政党协商应以国家治理的道路选择、科学决策为主线进行规划；政协协商应以激活治理活力、凝聚社会共识、优化工作机制为导向，注重政治技术和规则程序的运用。

李际卫在《多党合作制度与社会主义协商民主的历史探究和政治价值》一文认为，第一，从道路自信的角度看，协商民主是我国推进国家治理体系和治理能力现代化的实现途径。国家治理现代化本质是通过深化改革、依法治国的手段协调处理好各方面的关系，以保证人民当家做主的主体地位。社会主义协商民主是与统一战线、人民政协相继而生的，是为巩固和发展多党合作这一基本制度而服务的，而作为保障人民当家做主的人民民主形式的协商民主是与选举民主同等重要，选举民主和协商民主分别依托人民代表大会制度和多党合作制度共同构成了我国独特的双轨并行的民主模式。坚持中国特色社会主义发展道路，开辟特色鲜明的政治发展道路，核心在于构建社会主义协商民主的制度体系，保证人民实实在在的当家做主，真正体现了中国特色社会主义发展道路的独特性和实践性。第二，从理论自信的角度看，协商民主是我国社会主义民主政治的特有形式和独特优势。理论自信体现指导思想的科学性、先进性。作为马克思主义中国化的最新成果的中国特色社会主义理论体系，其保障人民当家做主主体地位的一个重要内容就是社会主义协商民主。“特有、独特”主要表现在协商民主是我国革命、建设、改革过程中内生而来的，不是照搬外国而来。社会主义协商民主具有丰富的协商形式和内容，上到最高决策层面中共中央与各民主党派中央就国家经济社会发展重大问题的政治协商，下至社会基层组织就人民群众就涉及切身利益的实际问题的社会协商，没有拘泥刻板的固定模式，最终理论顶层设计的目标是推动协商民主多层广泛制度化发展。第三，从制度自信的角度看，多党合作制度是社会主义协商民主的制度资源。从多党合作制度的运行特点来考量，多党合作制度框架中的政治协商是社会主义协商民主的一个重要实践基地，经过多年的运行，政治协商已形成了政党协商和政协协商两种制度化模式。以政党协商为主要表现形式的多党合作制度将成为社会主义协商民主广泛多层制度化发展的重要助推器。

（四）政党协商与国家治理

全面深化改革的总目标是完善和发展中国特色社会主义制度，推进国家治理体系和治理能力现代化。国家治理与作为中国特色社会主义基本政治制度的中国共产党领导的多党合作和政治协商制度的关系问题，这两年来一直是当代中国政治实践和理论研究关注的一个理论热点。围绕这一热点，学者们分别从协商治理与政治文化现代化、政党领导与依法治国、法治国家的角度，从政党协商推进政治制度民主化的角度进行思考，形成了一批新的研究成果。从整体上看，较之往年，关注的问题集中于从依法治国角度聚焦政党协商与国家治理的关系，在系统性、具体化方面有所强化，这就为后续研究打下了良好的基础。

徐锋在《协商治理与我国政治文化的现代化》(《上海市社会主义学院学报》2016年第6期)一文中认为，从本质上讲，以协商治理的长足发展来全面推进政治文化的现代化，是从根本上巩固和发展改革开放以来我国人民业已养成的有充沛活力、远大前途的中国特色社会主义新生活方式的最有效途径。协商民主同时致力于有效参与和有效治理的目的决定了大众—精英协商（或官民协商）是协商民主中最重要的板块。在当代中国，协商民主还有其相对独特的历史经验、理论制度基础，体现了中国共产党的群众路线。第一，协商民主的深入发展对于当代中国政治理念现代化的现实要求和深刻影响主要体现在：政治从单方面强调阶级斗争转向更多地关注和思考政治的人民性和公共性特质；国家不仅是阶级斗争的工具，也是共享的事业，民主应被视作保障权利的手段；从协商治理的视角来看，现代政治不需要垄断排他的乾纲独断，而需要多元平等的参与，不只需要有效的政府权力，而且需要有效的公民和社会权利，不只有权力的博弈和斗争，还有权利、利益的妥协和互让。第二，协商治理对政治行为、过程层面上的现代化体现在以下几个根本性转变上：一是从对抗斗争到合作和谐，二是从封闭循环到透明开放，三是从中央行政集权到适度分权，四是从单向命令—服从到双向平等合作。第三，协商治理在政治制度领域中现代化方面应做出如下努力：一是从制度规范所要拱卫的实体内容来讲，要高度重视少数的精英与多数的大众之间权利关系的兼顾和平衡；二是从制度程序所要努力的基本面来看，应密切关注权力与权利、责任与义务的对称与平衡；三是从实体与程序融会的角度来看，应把加快制度化进程、强化必要的刚性约束以祛除非正式政治的长期扰乱作为重中之重。概言之，协商治理领域最关键的课题，就是由公众、政府一起制定合理的规则并确保其有效实施。

张强国在《法理型政党权威视角下的政党协商发展问题探讨》(《广西社会科学》2016年第11期)一文中认为，政党权威指政党在权力运行中获得的党员和民众对政党意志的认同或服从关系。执政党权威有传统魅力型、绩效型和法理型三种类型。经济市场化要求规则之治，社会多元化呼唤民主治理。从人治走向法治，从专制走向民主，由善政走向善治是当今世界的发展趋势和人心所向。中国共产党的政治领导是政党协商之“魂”。政党协商是中国政党制度的运作机制，深入开展政党协商，不仅事关政治权力运作的程序化与合法性，而且事关参政党扩大有序政治参与及人民群众对党和国家意志的认同和服从，直接影响着中国共产党法理型权威的建设。政党协商是中国共产党统一战线的重要内容，各级党委要切实负起主体责任；也是社会主义协商民主的重要渠道，体现出协商民主的价值、原则和精神，提升中国共产党决策的民主化、科学化和法治化水平；还是中国共产党基本工作路线在政党领域的体现，有利于民主党派发挥参政党功能、实现参政党价值，也有利于中国共产党联系群众、执政为民、依法治国。政党协商是体现民主、促进法治的政治行为，不仅契合经济市场化和社会多元发展的内在要求，而且彰显现代国家治理的精神意蕴。

张强国在《政党协商法治化怎样补齐短板》(《人民论坛》2016年第9期)一文中认为，政党协商法治化是指将政党协商置入法制化轨道，即按照法治原则来规范协商主体、议题设定、协商流程、成果转化和落实以及各种保障措施等。政党协商以政党为明确主体，以重大政治性决策及其执行中的问题为协商内容，以包容差异、凝聚其识的理性协商为运作方式。推进政党协商法治化关系着改革、发展与治理的关系，影响着党和国家系列战略布局的展开。依据现代法治的基本原理与我国的治国方略，国家与社会的公共领域，尤其是政治经济领域，在总体上都应当纳入法治的轨道，并按照法治的原则和法律的要求来运作。政党协商指向公共领域的决策和执行问题，中国共产党与各民主党派风雨同舟、携手合作，不仅铸就了合作协商的优良传统，而且制定了一系列关于政党协商的规范性文件。其中有不少内容被吸收为中共党内法规或者宪法修正案条款，这也赋予了政党协商多重功能、建构起政党协商的价值空间。政党协商法治化只是将现有的政党地位、性质、作用、关系、协商流程和机制予以规范化，而并非赋予相关主体以立法权或执行权。因此，推进政党协商法治化只是将中国宪法许可的政党协商相关机制予以法律上的规范和保障，从而使政党协商在宪法法律范围内运行。

姜丽华在《加强政党协商建设 完善多党合作制度》(《上海市社会主义学院学报》2016 年第 4 期）一文中认为，政党协商作为我国社会主义协商民主制度和中国特色政党制度的重要内容，是提升我国国家治理水平和治理能力现代化的重要举措。中国共产党经过长期实践和探索，形成了以会议协商、书面协商和约谈协商等方式，就治国理政中遇到的重大问题同各民主党派和无党派人士交流座谈、交换意见的工作机制。

杨爱珍在《政党协商：国家治理的制度逻辑析说》(《上海市社会主义学院学报》) 一文中认为，政党协商是民主治理的一种形式，也是国家治理的基础。对政党协商进行思考，必须放在国家治理体系和治理能力现代化的层面上展开。从制度上着手改变以往国家管理模式是关键，其中政治制度的民主化和科学化则是实现治理体系和治理能力现代化的重要因素。中国国家管理模式的演进与执政党的执政方式改变是相关联的，而衡量执政党执政方式是否民主化、科学化，政党协商的制度化程度是个很好的衡量指标。政党协商从本质意义上讲，是国家政治生活领域内主体政治力量与次主体政治力量之间的合作、协商和联合。同时，政党协商又是一种治理形式，是把民主程序和价值内涵有效地结合起来，融合于咨询和决策的双重需要，通过制度化的协商，赋予决策以合法性。历史上，曾经出现过政党协商缺位导致执政党超越国家权力机关的执政模式、运动型治理方式。协商民主是中国多元社会的制度安排，也是保障社会有序运行的政治秩序，其中的政党协商能够引领协商民主向深度和广度发展，对协商民主起到规范作用，契合国家治理走向民主化、法治化、协商化、透明化等现代化方向的要求。政党协商的基本要求是权利对权力的有效制约，只有在政党协商中做到了参政权利和执政权力的自由裁量之间的平衡，才能提高协商绩效。中国的政党在合作的基础上以“协商促治理”维护和实现社会的最大公约数，践行治理民主。在中国多党合作制度的框架中进行的政党协商，是兼具价值与形式的民主实践活动。以提升国家治理能力现代化为基点，推进政党协商的科学发展，一是要从准宽深三个维度开展理论研究，二是要在民主过程中提升制度和程序的能力，对原有制度进行梳理和修正，避免“制度错位”现象。

（五）协商民主与政党协商

政党协商是最具有代表性、示范性的政治协商，又引领和沟通了中国的政党制度和协商民主两种体制机制和政治过程。政党协商是中国政党制度生成、运行和发展的关键环节，政党协商的原则和价值、内容和形式、程序和机制也为我国社会主义协商民主奠定了坚实基础和基本构件。围绕这一主题，本年度相关研究分别从辨析政党协商与政协协商的相互关系、促进政党协商和政协协商的协调发展、中国政党协商中一致性与多样性关系、政党协商在多党合作制度中的地位和作用、多党合作制度与社会主义协商民主制度体系的关系诸方面入手，进行了细致的描述与分析，形成了一批有价值的研究成果。

李金河、王江燕在《政党协商与政协协商的相互促进和协调发展研究》(《中共浙江省委党校学报》2016 年第 6 期）一文中认为，政党协商和政协协商是两个高度关联、彼此相依的具有明显中国特色的协商民主实践形式。可以从协商组织形式、协商主体、制度基础、协商内容、协商形式和协商范围几个方面来明确区分政党协商和政协协商。从而有效避免两者因协商内容、过程交叉和重叠而造成的政治资源浪费和政治效率低下，满足协商民主广泛多层制度化发展的现实需要。为适应中国共产党领导的多党合作和政治协商制度的发展完善和国家治理现代化的基本要求，从完善社会主义协商民主制度体系的角度着眼，既不能把政党协商与政协协商相混淆，用一种协商替代另一种协商，也不能对政党协商和政协协商厚此薄彼，重视一种协商而轻视另一种协商。两种协商形式各具特色和优势，在推进社会主义协商民主广泛多层制度化发展中完全可以相辅相成、相得益彰。其一，政党协商的高层性、前置性、战略性，奠定了政协协商的基本原则、政治生态和发展方向，直接促进了政协协商的政治活力和政治效率。其二，政协协商在政党、国家、社会、个体间的交流与互动，为政党协商提供了持续动力支持和深厚资源支撑。其三，政党协商与政协协商在协商能力建设上互相促进。

刘安平在《论多党合作制度与社会主义协商民主的内在关系》(《中央社会主义学院学报》2016 年 2 月第 1 期）一文中认为，中国共产党领导的多党合作和政治协商制度是根植于中国土壤、符合中国国情、具有中国特色的社会主义政党制度。第一，多党合作实践是社会主义协商民主的来源和实践基础。多党合作的早期实践就是以实现民族独立、人民解放为目标，以协商合作为特征的政党协商。中华人民共和国成立是我国多党协商合作的成功实践，在合作协商建国过程中，从会议的时间、代表的产生到会议议题的确定，从人民政府组成人员的遴选到会议决议的形成，始终贯穿着民主的精神和协商的理念。协商建国之所以成功，是因为多党合作不仅是那个时代的共识，而且成为当时主要社会力量的政治追求。协商治国是多党合作巩固和发展的共同目标，无论是多党合作还是多党协商，达成社会的协商共治、协同共管，实现国家治理体系和治理能力的现代化，始终是我国多党合作制度巩固和发展的共同目标。第二，我国多党合作制度中包含的政党协商和政协协商，具有很强的公共性、协商性、平等性、合法性这四个社会主义协商民主的本质特征，二者具有很强的契合性。第三，我国多党合作制度中的政治协商是社会主义协商民主的重要组成部分。2015 年 2 月 9 日，中共中央印发了《关于加强社会主义协商民主建设的意见》，规定了社会主义协商民主共有政党协商、人大协商、政府协商、政协协商、人民团体协商、基层协商、社会组织协商七种实现形式和渠道。我国多党合作制度中的政治协商主要通过政党协商和政协协商两种方式进行，而这两种协商恰恰是社会主义协商民主的重要内容，而且由于政治协商具有政治性、主导性、规范性、精英性、经验性，对社会主义协商民主的其他形式具有引领示范作用。

杨君武在《论当前中国政党协商中一致性与多样性关系的确当处理》(《中央社会主义学院学报》2016 年 8 月第 4 期）一文中认为，统战工作中多样性与一致性的关系是一个老话题和老课题。在当前中国政党协商中，共产党与八个民主党派各有其章程，各有其主体成员界别，因此，多样性是一个不可抹杀的既定事实。同时，当前中国政党协商要在共产党领导的多党合作制度框架内开展，要遵守当代中国的法律法规，要聚焦当前中国社会发展的中心问题。因此，一致性也是一个不容否认的既定事实。政党协商是求合致和。合必有分，和与同异。只要紧紧围绕核心价值观构造和声和展开旋律，政党协商大合唱就不会跑调走板，无论各声部如何都应加花添彩。在追求基本价值观念的一致性时，协商各方尤其是主导方应基于公共理性寻求重叠共识。这需要协商各方遵循平等、自主、公开、正义诸原则，还需要协商各方确立开明底线意识和审慎交集意识。达成共识并不难，关键是如何达成共识，方式方法须慎用。在当前中国政党协商中，无疑应采用平等协商、以理服人、和风细雨、开诚布公、依规合矩、求同存异的方式方法。

田晓玉在《政党协商基础理论问题探析》(《广西社会主义学院学报》2016 年 6 月第 3 期）一文中认为，理论是实践的先导，推进政党协商有效开展，需要进一步厘清政党协商的相关理论问题。要进一步明确政党协商的性质，即政党协商是中国共产党领导的多党合作和政治协商制度的重要内容，是社会主义协商民主体系的重要组成部分，是中国共产党提高执政能力的重要途径。要理解政党协商的内涵，政党协商具有政党性、目标性、政治性、精英性、时限性、直接性等六个特点。要把握政党协商的基本原则，即坚持中国共产党的领导，坚持参政党的“参政”特性；要认识政党协商的功能，即利益表达功能、凝聚共识功能、科学决策功能。要进一步弄清政党协商与政治协商及政协协商的关系，即政党协商和政协协商都是政治协商的形式之一。

丁俊萍、甘久翔、王占可在《中国政党协商的历史考察及其启示》(《学校党建与思想教育》2016 年 6 月）一文中认为，政党协商是我国政党制度的重要内容，是社会主义协商民主体系的重要组成部分，也是中国共产党提高执政能力的重要途径。第一，中国共产党酝酿过程中包含有协商合作的因素。中国共产党创始人陈独秀和李大钊之间、共产国际和俄共（布）代表与中国共产党创始人之间、上海的共产党早期组织与各地共产党早期组织之间都有协商合作。第二，民主革命时期我国政党协商制度逐步形成并开始确立。1922 年 6 月 15 日，中国共产党就提出了“联合战线”的思想，在同年 7 月召开的中共二大上，通过了《关于“民主的联合战线”的议决案》，标志着中国共产党的政党协商思想开始萌芽并走向具体化，直接促进了国民党和共产党两党之间的第一次合作。第一次国共合作是中国政党协商的第一次正式实践，也是中国革命发展的客观选择。华北事变后，面对日益严重的民族危机，中共中央于 1935 年 10 月发出《为目前反日讨蒋的秘密指示信》提出抗日反蒋统一战线，标志着中国共产党政党协商主张的回归。同年 12 月在瓦窑堡召开的中共中央政治局扩大会议，正式确立了抗日民族统一战线的策略。中国共产党的联合抗日主张得到了各民主党派和各界人士的理解、支持和响应，中国共产党和各民主党派的政党协商真正开始。1937 年西安事变在中共和各民主党派在内的多方共同努力下得以和平解决，9 月以国共第二次合作为基础的抗日民族统一战线正式形成。

国共第二次合作期间，中国共产党积极参加国民政府成立的国防最高会议参议会和国民参政会，倡导与各民主党派代表“友好和睦地商讨和决定一切有利抗战必胜建国必成的具体办法与实施方案”，还在国民参政会中联合各抗日党派团体和抗日民主人士积极发动宪政运动，推动了政党协商和政治协商思想的形成和发展。除了在国民党统治区积极推动政党协商外，还在自己领导的抗日根据地政权中进行了政党协商的普遍实践，建立了共产党和各抗日民主党派以及中间派合作协商的政府，在抗日民主政权中实行了“三三制”原则，成为中国共产党领导下的政党协商和联合政府的雏形。“双十协定”的达成和重庆政治协商会议的召开，标志着以政党协商为基础的政治协商制度初步形成。虽然重庆政治协商会议由国民党主导，并最终被国民党彻底破坏，但政党合作和政治协商的精神却已经在中国各党派和人民中间扎下根来。1948 年 4 月 30 日，中共中央发布纪念“五一”劳动节口号，得到了各民主党派的热烈拥护和响应，中共与各民主党派共商国是成为新政协运动的主题。9 月 21 日，中国人民政治协商会议在北平正式召开，“党派合作、协商建国”成为中国民主政治发展史上的划时代事件，标志着中国共产党领导的政党协商制度正式确立。第三，政党协商制度在社会主义建设探索初期既有一定发展但也经历了曲折，在改革开放后得到了重新确立和发展。第四，改革开放以来，全国政协五届一次会议的召开，标志着政治协商制度的正式恢复。第五，党的十八大以来，我国的政党协商制度站在新的起点上，获得了更大的发展空间。中国政党协商的历史告诉我们，进行政党协商要坚持党际关系平等；要有共同的奋斗目标；要有求同存异的理念；要树立正确的思想指导；要注意凝聚力量；特别是坚持和改善中国共产党的领导。

崔晓庚在《协商民主视角下的当代中国政党制度建设》（《沈阳师范大学学报》2016 年第 5 期）一文中认为，中国特色党际协商民主制度，其内涵由领导、合作和协商三个层面构成。一是“中国共产党的领导”。中国共产党身兼二任，不但是中国国家的执政党，同时又是中国特色社会主义事业的领导核心。这是有别于西方资本主义政党制度的根本要义。二是“多党合作”。是指执政的中国共产党与各民主党派之间，在政治基础和政治愿望一致基础上的政治合作。中国共产党执政的实质是代表工人阶级及广大人民群众实行人民民主专政的国家政权。各民主党派自觉接受中国共产党的领导，具有法律规定的参政权，是参政党，是“肝胆相照”的亲密战友。三是“政治协商”。它是执政的中国共产党与参政的各民主党派之间就国家的大政方针和重大战略进行政治和民主层面的协商。中国共产党领导的多党合作和政治协商制度，作为中国特色党际协商民主制度的集中体现，实质上就是一种协商民主制度，反映了当代中国社会多元化现实诉求，以追求公共利益为基本价值诉求，重视协商过程共识的达成，因而在政治诉求和价值观念上与协商民主具有高度的契合。

民盟重庆市委员会课题组在《政党协商在社会主义协商民主中的地位和作用研究》（《重庆社会主义学院学报》2016 年第 2 期）一文中认为，政党协商既是我国两种基本政治协商形式之一，又是社会主义协商民主的首要渠道，在社会主义协商民主建设中具有重要地位和作用。然而，相比于政协协商等其他协商民主形式，政党协商仍是一个新课题。政党协商在党和国家工作大局、中国特色社会主义制度体系和中国特色国家治理体系中具有重要地位和作用。一是社会主义协商民主的重要源头。二是中国特色政党制度的重要内容，更加集中和直接地体现了中国特色政党关系的重要特征。三是中国特色国家治理的重要机制，一方面政党协商有助于完善国家治理体系，政党协商直接把具有人才荟萃、智力密集和联系广泛优势的民主党派纳入我国的政治体系和政治过程，拓展并完善了以决策为目标的政治系统；另一方面政党协商有助于提升国家治理能力，我国的国家治理富有鲜明的协商特征，政党协商有利于党的重大方针政策制定的科学化、民主化，有利于促进国家治理现代化。四是社会主义协商民主的典范形式。在七种协商民主形式中，政党协商是首要渠道，具有典范作用和风向标意义，其示范和带动作用主要再现在政党协商主体高层性、内容重大性、运行组织性。

八、人民政协理论与实践

中国人民政治协商会议是中国人民爱国统一战线的组织，是中国共产党领导的多党合作和政治协商的重要机构，是社会主义协商民主的重要渠道和专门协商机构，是我国政治生活中发扬社会主义民主的重要形式，是国家治理体系的重要组成部分。人民政协在价值理念、体制机制和过程效能上都充分体现了人民性、统战性和多党合作性，为中国特色社会主义的政治发展和中国国家治理的现代化作出了突出的贡献。一直以来，人民政协的界别、组织和制度，性质、地位和作用，都是专家学者们着力研究的传统领域。2016 年度，专家学者们在深耕传统研究领域的基础上，继续开拓人民政协和协商民主的关系问题、人民政协与国家治理关系问题，并从理论创新、功能开发和体制机制创新角度对人民政协理论与制度创新展开深化研究，形成了一系列研究成果。

（一）人民政协的组织与界别

人民政协中的组织体系、界别设置是否合理和全面，是否反映了我国政治社会结构的基本状况，关系到政协体制的兼容性、政协意见表达的广泛性，也关系到中国特色社会主义协商民主和国家治理的现实性、合理性。由此观之，目前我国政协的组织行为、界别设置不乏改进和完善之处，政协组织能否、是否有必要向下延伸等可以讨论。围绕相关问题，本年度学者们从不同角度，提出了不少有见地、有价值的意见建议。

刘振强在《基于人民政协的公民有序政治参与的特点与路径》(《湘潭大学学报（哲学社会科学版）》2016 年 3 月第 2 期）一文中认为，充分发挥人民政协界别特色优势，扩大公民有序政治参与的覆盖面，一是要适应经济社会发展优化界别设置。鉴于界别设置未能很好地反映经济发展和社会阶层的变化，未能涵盖主要社会阶层和社会新群体的情况，建议增设农业劳动者界、产业工人界、社会新阶层人员界等相关界别。鉴于一些界别性质相近，重复设置、交叉或特色不鲜明的实情，建议适当调整部分界别，将科学技术协会界与科学技术界等性质相近的界别合并。鉴于一些界别人数比例不合理、社会上层所占比例过大而中下层比例较小的情况，建议适当减少经济界别、医药卫生界别、教育界别的委员数量，逐步增加这些界别中的普通人员代表，优化界别的委员结构。二是要创新界别活动方式。界别是人民政协的组织基础和基本单位，理应成为各界别愿望表达和利益诉求的主渠道，但实际作用发挥却不足。创新界别活动方式，要以例会为重要舞台，在政协的各种例会上，以界别名义的发言要增加，以充分反映各界别群众的意见和建议，突出界别的特色和重要地位；要以专门委员会为重要依托，正确处理好专门委员会与界别的关系，使各专门委员会和各界别政协委员的联系常态化；要以提案为载体，善于集中界别群众的智慧，强化界别的整体意识，展现界别的献言水平，充分反映界别的呼声和要求；要以反映社情民意为重要方面，各级政协要在坚持围绕中心、服务大局的前提下，注意发挥界别优势；要以调研视察为重要途径，不断创新方式方法，增强界别召集人组织政协委员开展视察调研的针对性。三是要完善界别运作机制。政协界别中，除党派和团体界别外，其他各界别都较松散，既没有专门的组织机构，也没有建立相关的规范统一的工作制度，这样很难在界别中开展活动。因此，要完善界别召集人产生办法，每个界别可推选 2–3 名本界别影响力大的政协委员担任召集人，组织本界别经常开展活动；要完善界别联动交流制度和专门委员会联系界别制度，使界别真正成为上情下达、下情上达的桥梁，成为党政与民众沟通的纽带；要完善《界别工作条例》等制度，进一步规范界别活动，确保政协委员积极有序地开展工作；要强化界别活动保障机制，加大界别活动的经费投入。

“社会主义协商民主制度建设研究”项目组在《人民政协协商民主制度化建设研究》（《中共福建省委党校学报》2016 年第 11 期）一文中认为，人民政协协商民主工作向下延伸，既符合中央的创新要求，也符合地方和基层实际需要。目前的县（市）、区人民政协最多只是一种“代议协商”，基层群众诉求和政治参与是通过县级人民政协及政协委员的代言转达的，相对于基层日常大量的诉求建言，能转达到上面的只是很少一部分，而且往往要经过许多程序和较长时间才能到达上面，实效性差。这就导致许多本来在基层就可以直接化解的矛盾、解决的问题，要绕道上面，通过县级或以上的人民政协平台才能发生作用，导致人民政协组织体制运作难以达到最佳效果。人民政协以某种形式向下延伸，将会很好地解决这一问题，而且会增进基层选举共识，降低基层民主成本。因为一些地方只是在乡镇、街道建立人民政协工委或者联络工委，属于县（市）、区政协的派出机构，而不是一级人民政协组织机构，且不增加编制，与中央的文件根本不冲突。现在我国社会发展已经处于新的历史起点，政治协商的渠道必然而且已经比过去增多，那么，作为协商民主重要渠道的人民政协，当然有必要向下延伸，在基层协商民主中发挥作用。

（二）人民政协的性质和地位

政协具有人民性和统战性、多党合作属性和社会主义民主属性，这是确定其在当代中国政治体系和政治生活中地位和作用的基本依据。围绕政协的性质与地位问题，本年度相关学者潜心钻研、深入剖析，形成了一批主题相对突出而又颇具个性色彩的研究成果。

虞崇胜在《准确把握人民政协的性质定位和作用定位》（《中共福建省委党校学报》）一文中认为，社会主义协商民主是一个严整的民主体系，政协协商民主只是社会主义协商民主体系中的一个重要组成部分，如何给予人民政协协商民主以准确定位是一个必须直面的现实问题。第一，人民政协的性质定位。从中华人民共和国成立初期到 1989 年对其性质是“一句话表述”，在较长时间内一直维持“中国人民爱国统一战线”和“最广泛的爱国统一战线组织”的定位。1991 年 3 月 23 日，江泽民在七届全国人大四次会议、全国政协七届四次会议的党员负责同志会议上的讲话中，首次在“人民政协是我国最广泛的爱国统一战线组织”之后，又加上了“是中国共产党领导的多党合作和政治协商的重要组织形式”的提法。1994 年 3 月全国政协八届二次会议修订的《中国人民政治协商会议章程》将人民政协性质规范为“两句话的表述”——“中国人民政治协商会议是我国最广泛的爱国统一战线组织，是中国共产党领导的多党合作和政治协商的重要机构”。直到 2004 年 3 月全国政协十届二次会议修订的《中国人民政治协商会议章程》才形成章程总纲中“三句话”的完整表述：“中国人民政治协商会议是中国人民爱国统一战线组织，是中国共产党领导的多党合作和政治协商的重要机构，是我国政治生活中发扬社会主义民主的重要形式。”中共十八大以来，关于人民政协性质的定位维持了上述三句话的表述，并且多次强调要坚持这种定位。第二，人民政协在协商民主中的作用定位。十八大以来中央领导集体明确提出社会主义协商民主建设任务后，人民政协协商民主在协商民主体系中的独特作用如何突出出来，就成了必须准确定位的问题。2012 年党的十八大报告中，第一次明确提出“坚持和完善中国共产党领导的多党合作和政治协商制度，充分发挥人民政协作为协商民主重要渠道作用”。2013 年 11 月，中共十八届三中全会作出的《关于全面深化改革若干重大问题的决定》作了相同表述。习近平总书记在庆祝人民政协成立 65 周年大会的讲话中肯定“人民政协……是社会主义协商民主的重要渠道”，又提出：“人民政协要发挥作为专门协商机构的作用，把协商民主贯穿履行职能的全过程。”2015 年中共中央《关于加强社会主义协商民主建设的意见》将习近平总书记的两处提法结合在一起，提出了“充分发挥人民政协作为协商民主重要渠道和专门协商机构的作用”的要求。重要渠道和专门协商机构是所谓“一体二表”。

程竹汝在《试论人民政协作为专门协商机构的意蕴》(《中共福建省委党校学报》2016 年第 5 期）一文中认为，专门协商机构这样一个有关人民政协的新定位应从三方面来解释。从理论背景来看，专门协商机构是人民政协适应国家治理现代化要求的新定位，意味着人民政协协商民主功能的强化和广阔的发展前景。从人民政协内涵的历史展开来看，专门协商机构是人民政协团结和民主两大主题内在逻辑的历史展现。人民政协统一战线组织和专门协商机构的双重表达与其团结、民主两大主题存在着明显关联，统一战线组织较多循着从团结到民主的逻辑；而专门协商机构则更多循着从民主到团结的逻辑。从业已形成的协商民主体系来看，专门协商机构是针对人民政协在协商民主体系中独特地位的新概括。在社会主义协商民主系统中，只有人民政协才具有专门协商机构的特点和性质。协商民主构成相关主体履行职责的具体工作方式，还是构成职责本身，是人民政协作为专门协商机构与其他协商民主形式相区别的客观依据。与其他协商民主形式主要表现为程序性制度不同，人民政协作为专门协商机构主要表现为组织性制度。

刘秀玲在《人民政协协商民主运行的主要原则》(《广西社会主义学院学报》2016 年 4 月第 2 期）一文中认为，人民政协是中国共产党运用马克思主义的统一战线理论和民主理论同中国具体实践相结合的伟大创造，是中国共产党同各民主党派、各人民团体、各民族、各阶层和社会各界爱国人士长期团结奋斗的统一战线组织，是中国共产党和其他党派进行政治协商的重要政治机构和平台，是中国亿万人民实现民主的重要形式。历史和实践充分证明，中国的统一战线组织的兴衰关系着中国各项事业的发展。因此，人民政协的这种性质定位要长期坚持，这也是人民政协协商民主运行的重要原则。人民政协的性质也就在于用合理的政治制度平台实现各民主党派、社会各个阶层以及各界人士的有序政治参与，有序推进国家治理体系和治理能力的现代化，更进一步彰显社会主义制度的优越性。

（三）人民政协的职能与相关工作

人民政协是统一战线的平台、人民民主的重要渠道。政协要充分发扬民主、加强监督、增进共识与团结，就要积极开展各项工作，卓越履行各项政治职能。围绕这一主题及相关问题，2016年度学者们进行了内容相对广泛的考察、研究，在人民政协职能的完善和发展方面，在民主监督与调研资政方面，以及政协提案工作改进方面取得了新的成果，问题意识强、针对性强，也有一定的资政价值。这一年习近平总书记参加了四次党外人士座谈会，每一次都强调要发挥民主党派的监督作用，《中国共产党党内监督条例（试行）》明确要求各级党委应当支持和保证"人民政协依章程进行民主监督"。专门讨论人民政协民主监督成为理论界的热点问题。

"社会主义协商民主制度建设研究"项目组在《人民政协协商民主制度化建设研究》（《中共福建省委党校学报》2016年第11期）一文中认为，民主监督是人民政协协商民主的重要构成部分。为提高人民政协民主监督的实效，杭州市人民政协和其他地方各级人民政协，做了多方面探索和实践，但结果仍不尽如人意。其中一个重要原因，可能是对人民政协民主监督的属性认识不足，需要在理论上进行进一步研究和实践上进一步探索。1982年政协章程以来，人民政协监督的属性一直被表述为"民主的"。2006年的《中共中央关于加强人民政协工作的意见》，将人民政协的民主监督表述为是在坚持四项基本原则基础上通过提出意见、批评、建议的方式进行的政治监督。适应新的历史起点要求，人民政协已经不仅仅是统一战线的组织，而且是多党合作和政治协商的机构和平台，是人民民主的重要实现形式，体现了中国特色社会主义制度的鲜明特点。再一般而笼统地讲它的监督只是"民主的"，就明显不够了，与这个制度机构或平台已有的地位不相称，应该对这种监督属性的蕴意做更深层面的理解。人民政协作为人民民主的重要形式，不同于人民代表大会，它不是权力性的，主要是权利性的，具有一般社会民主的属性。因此，可以将当前我国人民政协民主监督的属性定为政治性和社会性兼具，而主要是由政治性向社会性回归。人民政协将是我国现代化进程中政治民主向社会民主回归的独特形式，将在我国政治发展和社会生活中发挥着越来越重要的作用。

陈宏宇在《民主监督：职能变迁与制度边界》（《经济社会体制比较》2016年第6期）一文中认为，梳理人民政协"民主监督"职能的发展脉络，剖析其运行机制和制度边界，立足实际科学以规范人民政协民主监督职能的内涵、边界和制度建设等，对坚持和完善中国共产党领导的多党合作和政治协商制度、发展社会主义民主政治具有重要意义。第一，民主监督职能的变迁。一是人民政协民主监督职能的规范性来自执政党的政策法规、政协章程以及有关规章制度，并在实践中不断丰富和发展。二是人民政协的民主监督具有多样化的表现形式，有“提意见”、组织会议、视察、提案等。三是人民政协民主监督职能的性质逐步明晰。人民政协的民主监督是通过建议和批评进行的，它常常与政治协商、达成共识联系在一起，对于社会和政治的各个方面具有很强的影响力。这种民主监督是共识型的监督；是以改进和完善党和政府工作为出发点和落脚点，是合作型的监督，其目的不在于对抗。第二，民主监督的价值和成效。一是有利于巩固党的执政地位。二是有利于扩大、推进和完善民主。三是有利于实现科学理性决策。四是有利于减少工作失误。第三，民主监督的挑战与困境。一是推进民主监督的良好意愿与现实困境的落差。二是非国家权力机关的民主监督如何纳入法制轨道，强化柔性监督的硬约束。三是监督和监督对象的外延需要进一步规范和厘清。四是需要进一步推进能力建设。五是民主监督的程序与技术及监督效果的评估依然是一个短板。第四，走民主与法治之路，使民主监督运转起来。一是在指导思想上重视起来，解放思想、转变观念，使民主监督切实运转起来。二是要遵循法治原则，将民主监督纳入法治轨道，重点在于从法律轨道上明确民主监督的职能、权利和效果，必须有法律做后盾，保护监督者敢于且勇于监督。三是进一步完善民主监督体制机制。四是既要遵循民主监督的一般规律，又要创新监督形式，善于总结地方各个方面围绕民主监督的实际做法，上升为具体的制度和政策。五是发挥专门协商机构作用，积极推进将政治协商纳入决策程序，有效预防权力突破制度边界。六是提升和增强监督主体自身开展民主监督的能力。

周清在《认真审视人民政协民主监督》（《理论研究》2016 年第 2 期）一文中认为，人民政协民主监督与政治协商、参政议政相比还是薄弱环节。与网络监督、新闻监督、社会监督等各种权利监督形式相比作用不够充分。加强人民政协民主监督：第一，从监督的一般共性角度审视人民政协民主监督。人民政协民主监督是我国社会主义监督体系的重要组成部分，其监督主体是政协委员和党派团体；本质上是人民监督；其根本任务是通过反映人民群众的利益、愿望和要求，体现人民群众的意志；其目的是促使对方更好地履行职责、服务人民。第二，明确加强人民政协民主监督的基本思路。一是在监督主体上应充分发挥各监督主体的作用，多组织委员开展民主监督，多组织界别开展界别监督，多搭建平台组织各党派对中共开展监督。二是在监督内容上应有的放矢开展监督，每年围绕几个重点问题开展监督。三是在监督依据上应于法有据、于制可依、于章可循。四是在监督形式上应尽量运用履行政协基本职能的特有形式开展监督，特别是组织开展监督性议政活动、视察和调研，以及应邀派出特约监督员监督、民主监督组监督、民主评议监督、专项民主监督等。五是在监督机制上，人民政协民主监督应与其他监督形式结合起来，形成监督合力。六是在监督制度上人民政协应努力健全民主监督制度体系，首先，理顺人民政协与党委、人大、政府的关系，真正推动建立起“党委动议—政协协商—人大决策—政府执行”的政治运行模式。其次，重点加强人民政协民主监督的程序建设，通过刚性的制度程序强化柔性的民主监督，保证监督效果。再次，在现有制度基础上，中共中央或全国政协应抓紧制定关于加强人民政协民主监督的意见。七是在监督目的上人民政协应始终坚持帮助党和政府改进工作，服务人民。

解永强在《全面依法治国视野下人民政协民主监督建设研究》（《陕西社会主义学院学报》2016 年 4 月第 2 期）一文中认为，人民政协民主监督建设要坚持“人民性”的价值目标、坚持“政治性”的基本属性、坚持“非权力性”的性质定位、坚持“协商性”的制度安排、坚持“法治性”的现代特征。全面依法治国视野下加强人民政协民主监督建设就是要解决民主监督制度不健全，制度化、规范化、程序化不够完善的问题，一是构建完整的制度体系是人民政协民主监督建设的基本要求，包括加强党委、人大、政府、民主党派、人民团体等沟通联系机制建设，在确定监督计划、监督题目等方面形成联合机制；充分发挥人民政协全体会议、常委会议、主席会议等各种会议的作用，运用大会发言、专题讨论、民主评议等多种多样的形式，加强民主监督；通过专门委员会开展的调研、视察活动进行民主监督；运用政协委员的意见和建议、提案、建议案等深化民主监督；在政协开展了解和反映社情民意活动中进行民主监督；通过借助媒体舆论传播优势拓展民主监督。二是建立完备的规章体系是人民政协民主监督建设的根本依据。三是形成规范有序的运行程序是人民政协民主监督建设的实践需要，实践证明，知情、沟通、反馈是人民政协民主监督运行程序中的三个重要环节。知情是实现人民政协民主监督的程序化的基础，沟通是人民政协民主监督程序化的关键，反馈是人民政协民主监督成效的标志。

文丰安在《人民政协民主监督的实践成就及发展路径》(《重庆理工大学学报（社会科学版）》2016 年第 2 期）一文中认为，我国人民政协的民主监督在提高党的执政能力、提高和加强政府和司法部门的工作能力、形成完善人民政协民主监督工作的运作方式、推进现代化建设等方面的实践中取得了系列成就。提出新阶段推进人民政协民主监督工作的路径是：一要重视与加强党的领导。二要营造浓厚的协商氛围，强化党政干部协商民主意识，培育公民协商民主意识。三要继续创新协商民主的实践形式，吸收成功实践的经验，发挥基层政协的重要作用，鼓励各地大胆探索。四要注重民主监督工作协商成果的实效性，建立成果落实情况反馈机制。五要建立健全政协民主监督工作制度的保障、激励机制。确保政协委员在政协会议上进行正常的民主监督和发表批评建议时免受不应有的干扰和侵害，并通过制度和法律的方式，给予政协委员发言免责权，确保“言者无罪”，解除后顾之忧。趋利性是人的天性，建立健全评价与激励的机制，能更好地使政协委员行使民主监督的权利。要根据政协委员监督工作开展的情况，定性和定量对他们进行评估，并根据评估结果给予奖惩。

胡刚在《全面依法治国视域下的人民政协民主监督与履职能力现代化建设》(《湖北师范学院学报（哲学社会科学版）》2016 年第 1 期）一文中认为，人民政协的民主监督对社会主义民主政治建设有着重要意义，但一是软监督的特征导致对民主监督的重视不够，民主监督的主要方式是建议和批评，不具有强制性效力，是不具有法律约束力的、非权力性的软性监督，民主监督的双方动力均不足，直接影响了民主监督的深入发展。二是制度不完善导致运行不畅。在落实过程中，配套制度的不完善和必要程序规范的缺失，无法指导和支持人民政协开展民主监督。三是监督能力有限导致实效不强的弱化，一方面有些政协委员参与程度低、主动性不强，另一方面个别政协委员空有监督热情，却由于缺乏良好外部环境的支持和监督所必需的技能和水平而举步维艰。这些现状表明在全面依法治国视域下，一是必须将人民政协的民主监督纳入法治轨道，使之按照法定权限依法定程序运行，适度增加监督刚性。二是提高认识水平，建立健全制度，畅通监督渠道。科学划定民主监督主体和对象的权限责任，制定知情、沟通、反馈各个环节具体可操作性强的实施细则，规定民主监督的保障措施，包括身份保障（正常渠道的批评建议发言免责）、经费保障（监督所需要的工作经费和误工费、必需的办公条件等）、时间保障（确保开展监督工作所需的时间）等。三是增强监督能力，促成监督合力，提高人民政协履职能力现代化水平。

黄玉国在《人民政协履职能力建设研究》（《中共郑州市委党校学报》2016年第1期）一文中认为，习近平总书记在庆祝中国人民政治协商会议成立65周年大会上提出人民政协要大力推进政治把握能力、调查研究能力、联系群众能力、合作共事能力建设。人民政协在“四个能力”方面存在着不足和问题，其主要原因在于理念不够先进、举措不够务实、机制不够顺畅。因此，第一，提高人民政协政治把握能力，连好心。通过加强学习，提高思想政治水平；身体力行，践行社会主义核心价值观；加强管理，健全政治把握能力建设机制，一是建立政协政治把握能力建设领导问责机制，二是建立政协组织和政协委员政治学习制度，三是建立政协政治把握能力建设考核制度。第二，提高人民政协调查研究能力，议好政。抓好重点问题、热点问题和难点课题“三点”，提高人民政协调查研究的课题选择能力；做好“四要”，提高人民政协调查研究的个人能力，要强内功，要站得高，要沉下去，要钻进去；把好共识关、落实关、监督关“三关”，提高人民政协调查研究的成果转化能力。第三，提高人民政协联系群众能力，架好桥。创新理念，优化联系群众的载体和议题；优化界别，提高联系群众的针对性和积极性；创新方法，搭建联系群众的舞台和桥梁。第四，提高人民政协合作共事能力，搭好台。坚持尊重和包容的原则，为合作共事提供思想保障；加强党外干部的培养选拔力度，为合作共事提供组织保障；建立和完善合作共事的工作机制，包括意见建议落实和反馈机制、调查研究工作机制、信息获取机制等，要规范协商机制，要健全民主监督机制，为合作共事提供制度保障。

顾建军、王柳、曹伟在《人民政协协商民主的创新、问题及优化》[《中共天津市委党校学报》2016年第2期]一文中认为，政协的民主监督，也是协商民主的重要方面。政协章程规定，民主监督通过意见建议和提案的形式来进行。杭州市政协探索把政协民主监督纳入社会主义协商民主体系中思考和谋划，寓民主监督于政协协商之中，实现政协职能的融合。一是会议监督。以议题和会议相结合的方式，组织政协全会、专题常委会、民主议政会、协商会等会议，鼓励委员围绕市委、市政府重大决策和全市经济社会发展的重大问题进行议政，讲实话、建真言、献良策。二是委派民主监督员（组）监督。2014年，杭州市政协探索向市城管办、市农办、市环保局等三家单位委派30名“五水共治”民主监督员，取得很好的效果。2015年初，在总结经验基础上，市政协又精心挑选了158名政协委员，组成18个政协民主监督小组，对18个市直单位（部门）和法院、检察院开展驻点式、经常性民主监督。三是政协委员通过提交提案积极监督建言。支持委员积极反映社情民意信息，建立信息直报点，向全国政协和市委、市政府反映问题、提出建议。

陈克娥、汪成为在《试论如何提高人民政协联系联众的能力》（《学校党建与思想教育》总第527期）一文中认为，密切联系群众，依靠群众，坚持从群众中来到群众中去，不仅是确保党的事业根基稳固的“法宝”，也是人民政协事业兴旺发达的根本保障。第一，人民政协提高联系群众能力，首要任务是要提高为民办实事能力。一是提高政协委员提案的办结率，提升政协组织在群众心中的“认可度”。二是政协组织应自觉充当百姓的“话筒”，搭建群众利益诉求的平台。三是政协组织要重点围绕社会建设，加强和改善民生，在解决民生问题中提高联系群众能力。第二，人民政协提高联系群众能力，必须创新政协组织联系群众的工作机制。一是创新听取群众意见的途径和方法，构建政协组织密切联系群众的知情机制。二是创新反映群众意见的方法和途径，构建群众利益反馈机制。三是创新群众意见建议整改落实的途径，构建解决群众问题的落实机制。第三，人民政协提高联系群众能力，必须增强群众知晓度和影响力，树立亲民、爱民、为民的良好形象。一是要进一步在报纸、杂志等传统纸媒上设立政协专版、专栏和专题节目，二是要在有影响力的广播、电视等媒体上，开设政协论坛、政协委员电视问政等节目，三是要充分利用市（居）民休闲文化广场、社区广场、车站码头等人流密集的场所，组织政协委员开展形式多样的咨询服务活动。

（四）人民政协与协商民主

人民政协紧密依托中国共产党领导的多党合作和政治协商制度，政协协商集协商、监督、参与和合作于一身，构成中国特色社会主义协商民主的重要渠道。我国人民政协与协商民主的关系问题，是近年来专家学者们在中国政党制度和协商民主政治研究领域中留心最多、着墨最多的主题之一。2016 年度相关研究性著述相对集中地探讨了人民政协、协商民主在制度化发展方面的内在联系，充分揭示了人民政协在中国特色社会主义协商民主规范系统和经验实践中的地位和作用。

吴丽萍在《更好发挥人民政协在协商民主中的重要作用》（《中国党政干部论坛》2016 年 3 月）一文中认为，党的十八大以来，以习近平同志为总书记的党中央对推进人民政协协商民主、发挥人民政协重要渠道和专门协商机构的作用等做出了重要战略部署。一是将人民政协作为国家治理体系的重要组成部分，强调“人民政协是社会主义协商民主重要渠道和专门协商机构，是国家治理体系的重要组成部分”。二是把人民政协协商作为重要环节纳入决策程序。要使协商成为“真协商”，使“协商于决策之前和决策之中”，就要进一步完善“三在前、三在先”的工作机制，即重要问题协商在党委决策之前、人大通过之前、政府实施之前，制定经济和社会发展中长期规划要先协商后决策，对重大人事安排和关系人民群众切身利益的重大问题要先协商后决定，制定地方性法规政策要先协商后通过。三是推进人民政协协商民主广泛多层制度化发展。首先要对人民政协协商民主的内涵、职能、形式、协商的事项等进行明确规范和界定。其次要完善人民政协协商民主制度体系，包括完善政协与党委、人大、政府等联系制度，执行和完善社情民意调研制度，完善政治协商工作评价考核机制，健全协商成果督办与反馈机制，完善责任追究制，探索建立询问和质询制度。再次要推进人民政协协商民主程序化建设，包括协商议题的确定程序、协商会议的准备程序、协商会议程序、协商意见的办理及结果的送达、反馈程序。最后要推进人民政协协商民主法制化，使所有协商主体都在法律框架内完成协商过程，实现人民政协协商民主有法可依。四是政协委员要懂政协、会协商、善议政。

王明进在《网络政治参与背景下人民政协协商民主建设》(《广西社会主义学院学报》2016年4月第2期)一文中认为，互联网技术的发展为人们的政治参与提供了新的途径和方法，形成了有别于传统政治参与的网络政治参与。人民政协的政治协商制度从本质上看体现了一种协商民主安排，而协商民主则是基于多样性的社会存在，强调通过公民的普遍参与，就决策和立法达成共识。网络政治参与作为信息时代的产物，是政治参与的新发展，体现了不同于传统政治参与的新特征，具有参与主体地位的平等性、参与途径的多样性、表达利益的多元性等，使其与人民政协所坚持的统一的战略理念有共通之处。人民政协的包容性与网络政治参与的开放性具有某种程度的共通性。网络政治参与在核心理念与工作机制上与人民政协具有共通性。人民政协应加强信息化建设进程，构建网络政治参与平台，设置并引领社会议题、促进网络与人民政协协商民主的对接、发挥政协委员个人利用互联网的积极性与主动性，为网络形式下人民政协的协商民主建设作出贡献。

董树彬在《人民政协协商民主的模式示范与制度引领》[《当代世界与社会主义》(双月刊)2016年第2期]一文中认为，人民政协协商民主是中国协商民主的发展源泉，正是在人民政协协商民主的历史发展和不断演化过程中形成了中国协商民主。人民政协协商民主在长期的实践中，逐步形成了参政协商、资政协商、议政协商、问政协商四种具有重要示范作用的模式。参政协商为共产党与民主党派搭建了协商平台，资政协商成为人民政协连接政府机关的重要纽带，议政协商是人民政协各界别协商的重要形式，问政协商成为人民政协联系人民群众的重要渠道，正是通过这四种模式的示范作用，人民政协协商民主在中国民主政治生活中才不断彰显出独具中国特色的内在优势，才能够推动人民政协协商民主向外拓展，形成了作为整体的中国社会主义协商民主制度。人民政协协商民主制度引领着中国社会主义协商民主不断向前发展。这种制度引领作用主要体现在：第一，人民政协利用自身组织平台推动协商民主的成功经验，使人民政协协商民主从横向层面引领党内协商、政党协商、立法协商、行政协商进一步发展，在纵向层面引领社会协商、基层协商、网络协商的进一步发展。第二，人民政协善于对协商民主的实践进行理论总结，从某种意义上而言，在中国共产党领导下，人民政协实际掌握着对中国社会主义协商民主理论进行诠释的学术话语权，已经成为推动中国社会主义协商民主理论发展的"火车头"。第三，人民政协不断推进协商民主朝着制度化发展。人民政协协商民主的制度化融入人民政协自身的制度化发展之中，不断推动自身协商民主形式的常态化。

刘秀玲在《人民政协协商民主运行的主要原则》(《广西社会主义学院学报》2016年4月第2期)一文中认为，人民政协是中国政治领域中发扬民主的重要形式，因此，推进人民政协协商民主，必须坚持发扬社会主义民主。人民政协虽然不掌握行政决策权，但是它能够促进执政党科学合理决策，人民政协是促进党和政府科学民主决策的一个重要平台。人民政协协商民主有着自身鲜明的中国特色，即人民政协协商民主是在统一战线内部和党派之间发扬民主，这种民主是一种柔性的广泛而真实的民主。

（五）人民政协理论与制度创新

2015年，随着相关研究的全面展开，人民政协与国家治理关系问题越发被凸显为一个独立的、重要的主题。围绕这一主题，专家学者们集中于人民政协协商民主制度化建设、实现公民有序政治参与、人民政协基本职能的发挥，结合一些地方的实践经验进行理论研讨，形成一批具有理论和实践价值意义的创新成果。

陈光辉、刘世华在《基于历史理路和现实基础的人民政协协商民主制度化路径研究》（《理论与现代化》2016年第5期）一文中认为，人民政协协商民主在我国具有深厚的历史基础、实践基础、理论基础和制度基础，人民政协协商民主制度化建设发展路径必须遵循历史逻辑和历史规律，必须在现实实践基础上突破创新。人民政协协商民主是近代以来历史主题制约的结果。在革命、建设和改革的过程中，人民政协协商民主沿着“协商建国—协商建制—协商治国”的历史逻辑，走出了一条独具特色的中国式协商民主之路。经过60多年的实践发展，特别是改革开放以来的制度化建设，人民政协协商民主的存在和发展已经形成了较为完整的理论体系、较为完善的制度程序支撑和逐步提高的协商主体素质，拥有了坚实的实践基础。人民政协协商民主的历史依据和现实基础交互相通、互融互化。基于历史穿透力和现实实践张力，人民政协协商民主将会沿着一条稳健、有序、增量、可持续的制度化道路前行。其一是基于理论创新和实践探索基础上的稳健制度化。其二是基于顶层设计和基层驱动基础上的有序制度化。创新突破是基层驱动的生命力，而标准化、制度化则是顶层设计的生命线。其三是基于存量积聚和政治改革基础上的增量制度化。要实现人民政协协商民主存量的制度化转变，就必须走增量制度化的路径。首先，增量的改革必须以保障人民的政治权利和政治利益为目标。其次，增量的改革必须遵循从方式方法到机制程序再到制度化的基本演进规律。最后，增量的改革必须以制度建设的目的导向与政治改革的问题导向为方向指引和动力引擎。其四是基于政治生态和协商文化基础上的有机制度化。

刘振强在《基于人民政协的公民有序政治参与的特点与路径》（《湘潭大学学报（哲学社会科学版）》2016年3月第2期）一文中认为，基于人民政协的公民有序参与形式多样，特点鲜明，充分发挥人民政协在不断扩大公民有序政治参与、推进社会主义民主政治建设中的作用，可以从以下几个方面着手。首先，要充分发挥人民政协界别特色优势，扩大公民有序政治参与的覆盖面；其次，充分发挥政协委员主体作用，完善公民有序政治参与的运作机制；再次，切实推进人民政协法律化、履职规范化、程序化建设，强化公民有序政治参与的制度保障；最后，积极培育民主协商文化氛围，推进人民政协理论研究和创新，积极发展中国特色政党文化，促进中国传统政治文化的现代转型，增加公民有序政治参与的深层养料。

唐中明、贺先国在《人民政协民主监督的理论基础研究》（《新西部》2016年第2期）一文中认为，结合民主监督的实践，人民政协民主监督的主要理论来源是政党监督理论、协商监督理论和包容式监督理论。民主党派对中国共产党的监督具有以下作用：一是反映民主党派所代表阶层的利益和要求；二是民主党派的地位比较独立，能够从外部监督执政党。政协不是国家权力机关，其监督也不是强制性的监督，不是权力机构对权力机构的监督；其监督更多体现了话语权，通过理性协商和社会影响力来进行。这是人民政协的民主监督的重要特征，即体现了协商政治的理性。从统战理论来看，人民政协的民主监督，是建立在共识基础上的包容式监督。这也使得人民政协民主监督更大的自由度，政协委员的思想更解放。因此，人民政协的民主监督往往能够发挥专业优势，准确掌握社会发展的规律，提前发现政治活动中可能存在的问题。人民政协民主监督的理论创新方向应该是：一用政党现代化理念加强政党监督。二用协商民主提升民主监督的公共性。协商式监督要想有效制约执政党和政府，就必须提高监督的公共性，即用公开透明的方式，争取社会公众的支持，维护公共利益。因为权力除了强制力等硬权力之外，还有影响力、说服力等软权力。我们要学会用民主监督的软权力来制约硬权力。三用开放的统战理论凝聚更广泛的政治共识。目前，统战的新形势和新任务，要求统战理论更加开放，以包容新社会阶层和爱国人士的政治观点和利益。这就要求人民政协的民主监督也要更加开放，凝聚更广泛统战对象的共识，鼓励更多统战对象的政治参与。

顾建军、王柳、曹伟在《人民政协协商民主的创新、问题及优化》(《中共天津市委党校学报》2016年第2期）一文中认为，制度化、规范化、程序化是加强政协协商与党委、政府工作有效衔接的关键所在。杭州市把“两个纳入”“三个不”要求作为政协协商的约束性条件，即把政治协商要求纳入党委议事规则和政府工作规则，将协商纳入党委政府办文办会必经程序。杭州市还明确要求，凡是经过协商的重要议题，在提交党委和政府决策讨论时，应当附上政协的协商意见；凡是规定的政治协商内容未经协商原则上不上会、不讨论、不决策，着力推进政协协商的制度化、规范化、程序化建设。一是系统推进，加强政协协商制度的整体化设计。中共杭州市委以政协协商的制度建设为突破口，构建党委、政府、政协相互对接、共同遵守的“1+3”协商制度体系，通过推进政协协商制度的整体设计，规范政协协商的内容、形式、程序、机制和保障措施，促进协商民主广泛多层制度化发展。二是创新形式，促进政协协商的规范化建设，设立全会建议案协商、加强主席会议重点协商、开展月度专题协商、支持和指导建德市政协开展设置政治协商、民主监督、参政议政专委会改革，有效增强了政协履行职能的全局性、系统性和针对性。三是健全机制，推进政协协商的程序化建设。杭州市政协协商强调程序规范，规范协商议题的提出机制、构建协商工作的协调机制、健全知情明政的工作机制、构建协商反馈机制。

殷啸虎在《依法推进人民政协的协商民主》(《重庆社会主义学院学报》2016年第1期）一文中认为，依法推进人民政协的协商民主既是人民政协制度发展的需要，更是社会主义协商民主制度建设的需要。目前，实现这一目标在理论和实践层面还面临诸多问题。要从理论上破除禁区，积极研究和探讨，充分论证依法推进人民政协协商民主的可行性以及制度构建路径。首先要做到政策引导与法律制度完善相结合、顶层设计与地方实践相结合。可以从以下三个层面有序推进人民政协协商民主的法治建设，第一，从宪法层面规范和保障人民政协协商民主必然涉及宪法修改的问题。这是一个非常严肃又需慎重对待的问题，可能在短时间内无法解决，但可以着手研究、提出方案。例如：在宪法“序言”部分，可以写入“健全社会主义协商民主制度”的相关表述，使社会主义协商民主制度建设由党的工作转化为国家工作，为相关立法提供宪法依据；在宪法“总纲”

部分第二条（或者在第二条之后单列一条）增加关于人民政协性质、组织功能等方面的规定，确认人民政协是国家政治制度的重要组成部分，明确人民政协的地位和作用，为人民政协协商民主的制度建设提供宪法依据和保障。第二，在国家立法层面制定规范人民政协协商民主的基本法律，是人民政协理论研究与实务工作的一个基本共识。可先行制定《中国人民政治协商会议组织法》等相关法律，着重对人民政协的性质与组织机构、人民政协的基本职能、人民政协履行职能的基本程序、委员的权利和义务等问题作出规定。第三，地方立法层面，从根本上说，人民政协协商民主的法律规范与保障虽然是国家顶层设计的问题，但不排除在一些条件成熟的地方先行先试。

“社会主义协商民主制度建设研究”项目组在《人民政协协商民主制度化建设研究》(《中共福建省委党校学报》2016 年第 11 期）一文中认为，制度化是新历史起点上人民政协协商民主建设的必然要求。主要体现在两个方面：一是必须重视通过人民政协协商民主形式更多、更有效地吸收人民群众的政治参与，这样做起来，国家治理和社会治理才能具有深厚基础，也才能凝聚起强大力量。二是这种参与必须更加制度化，2012 年本届市人民政协以来，又协助市委陆续制定出台了《关于进一步加强和改进人民政协政治协商的意见》（2013 年）、《关于进一步加强和改进人民政协民主监督的意见》（2014 年）、《关于进一步加强和改进人民政协参政议政的意见》（2015 年），体现了杭州市人民政协协商民主制度化建设的鲜明特点。第一，突出重点。一是党的领导方面，从八个方面使党委加强对政协工作领导的有关制度更加规范具体。二是政治协商方面，细化内容，构建多层面协商格局，推进协商的程序化，强化协商的制度保障。三是民主监督方面，加强对民主监督工作的领导和统揽，权益保障机制，知情反馈机制，沟通协商机制。四是参政议政方面，强调成果办理反馈的制度化建设，建立完善了提案办理通报制度。五是履职能力方面，对政协的思想作风建设、素质建设、专委会和组织建设、界别建设、委员队伍建设、机关建设、基层建设等方面建章立制，以此推动政协自身建设上新台阶。第二，注重衔接。一是党的领导方面，建立完善了市政协领导与市委、市政府联系政协工作的领导的沟通联系制度。二是政治协商方面，修订了议事规则。三是民主监督方面，市政府和市法院、市检察院及公安、环保等部门，都分别制定了支持和接受政协民主监督的具体意见。市政协制定了专项集体民主监督、民主评议监督、委派民主监督员监督、提案监督等具体办法。四是参政议政方面，主要是由市政协制定加强政协调研工作规定、政协智库建设意见等。五是履职能力方面，主要是建立完善了市政协领导分工联系界别小组的制度，界别小组召集人制度，联络员制度。第三，着眼落实。在政治协商、民主监督、参政议政方面都出台了专门文件。

高国升　中央社会主义学院中国政党制度研究中心讲师

学术著作评介和论文观点摘要

一、学术著作评介

《中国协商民主的逻辑（修订版）》（林尚立、赵宇峰著，上海人民出版社 2016 年版）

《中国协商民主的逻辑》一书通过对民主的分析和阐述，梳理了中国近代社会以来民主的发展历程，就为什么选择“协商民主”展开系统论述。此次修订版不仅全面地展现了中国协商民主从何而来、为何而成以及如何运行，而且增加其效用如何、走向何方的问题。

本书共有八章，从缘由、基础、形态、功能、运作、议程、程序、发展八个方面论述了中国发展协商民主的基本逻辑和方向途径等。

本书提出：民主是人类的共同追求，但在现代化过程中，成功的民主建构都是极具个性化的，它们都从自身发展的实际需求出发，来布局民主建构的出发点、路径、进程与实现方式，从而在现代政治文明中创造出丰富多彩的民主形式。实践表明，一个国家的民主建构能力将在很大程度上决定其现代化发展。但应该看到，在民主化潮流汹涌澎湃的当今世界，决定一个国家民主建构能力的关键，不在于它能在多大程度上适应民主化的潮流，而在于在民主化的潮流中，它能在多大程度上保持其内在的定力，从而能够时刻回到自身的发展逻辑，真正从自身的历史、社会与文化所形成的现代化发展逻辑出发来布局民主的建构。本书的使命不是用西方的协商民主来透视中国的民主发展，而是从中国民主发展的内在逻辑透视协商民主在中国的基础与发展前景。

中国拥有五千年的文明史，但其现代民主实践的历史仅有一百年多一点。尽管在这历程中，中国民主化的探索和实践经历了曲折过程，但凭借其具有五千年文明底蕴的民族自觉与自信，自主地走出了符合中国国情和人民意愿的民主政治建设与发展道路，不仅形成了道路自信，而且形成了理论自信和制度自信。这种自信对任何一个发展中国家都是极为宝贵的精神力量和战略资源。正是凭借着这种自信，中国共产党与中国人民将长期探索和实践形成的协商民主发展为中国民主的重要形式，并将其作为推进和完善中国民主的广泛性、多层次和制度化发展的重要战略途径。虽然协商民主不是中国民主政治的唯一形式，但在中国拥有深厚历史、社会与文化基础的协商民主，一定会使中国民主政治以独特的形态呈现在现代人类政治文明体系之中。

《政治协商会议纪实（上下）》（重庆市政协文史资料研究委员会、中共重庆市委党校 编，重庆出版社 2016 年版）

本书系重庆市政协文史资料研究委员会、中共重庆市委党校在时任中共中央党史研究征集委员会副主任、南方局党史资料组副组长童小鹏亲自指导下，据档案、文献和当年出版的报刊资料、回忆文章编辑而成。

本书共分为三部分，分别从政治协商会议的召开、国民党对《政协决议》的破坏、回忆录三个方面，用十分珍贵和确凿的材料，全面系统地重现了政协会议、停战谈判以及国共合作最终破裂的历史，结合当时的人物、发言、媒体宣传、文件等历史，记录了围绕这些事件的国共两党以及其他党派之间、中美之间的关系，揭示了国共合作的历史经验和向前发展的趋势，对研究抗战胜利后期的政治亦有较大帮助，对促进台海和平有积极作用。

《中国特色政党政治研究》（蔡永飞著，团结出版社 2016 年版）

本书作者、法学博士蔡永飞自 1997 年起在民革中央机关工作，亲历多党合作和参政党自身建设 20 年，迄今已在多种报刊发表 200 多篇相关论文和评论。本书是作者近十年来在中国特色政党政治研究领域的观察思考和学习心得形成的论文、新闻评论等通过重新编辑整合而形成的文集，其中大多数文章均已在国内公开发行期刊上发表。本著作主要从中国特色政党制度的来源、形成、执行及存在的相关问题等方面，进行了严谨的论述、深入的思考、开拓性的探讨。本书观点鲜明，论证严密，引用资料合理翔实，极具学术价值。

二、论文观点摘要

《勿忘多党合作制度建立之初心》（周淑真，《人民政协报》2016 年 10 月 21 日）

多党合作和政治协商制度是当代中国基本政治制度，1949 年 9 月中国人民政治协商会议第一届会议通过的《共同纲领》是中国共产党与各民主党派合作的政治基础，也是多党合作制度建立的标志。共产党的领导和多党派的合作是我国政党制度互为条件的两大要素，执政党和参政党互为支持，构成多党合作的制度架构，具有区别于其他国家政党制度的特点和优势。民主党派产生发展的历史特点，中国共产党与各民主党派合作的历史逻辑，历史发展中体现的道义得失和人心向背，提醒我们面向未来，勿忘多党合作制度建立之初心。

当代中国政党制度是在民主革命历史发展过程中形成的。对于中国应该采取什么样的政党制度，共产党和各民主党派在与国民党一党专政政治体制的斗争中均有所思考和尝试。1944 年 9 月共产党代表林伯渠在国民参政会上，提出立即废止国民党一党训政制度，成立民主联合政府，实行民主宪政，得到各民主党派的广泛响应。结束国民党一党专政，成立民主联合政府，是抗战后期和抗战胜利后各在野党派的一致呼声，也成为广大人民群众的普遍要求。

民主党派的创始人大多是著名的社会活动家和政治家，他们有渊博的政治知识和丰富的社会阅历。如张澜、黄炎培、梁漱溟、沈钧儒、马叙伦、王绍鏊等不仅是民国初年议会多党政治的参与者，对多党制在中国的悲惨命运有深切的体验，而且又亲受国民党一党专政之迫害，对国家政党制度和前途命运有独到的思考。建立民主联合政府，创造一种中国型的民主，是民主党派的基本政治共识。

1946 年 1 月的政治协商会议被称为“旧政协”，会议前后为争取和平民主开展的斗争及其体现的道义得失，不仅影响了当时的政党关系和各种政治力量消长，而且对以后中国政治发展产生了深远的影响。在旧政协前后与民主党派的公开合作，使中国共产党更为深刻地认识到多党合作的方向和意义。当 1948 年中共《五一口号》发表后，新政协运动首先在中国香港开始，此后中共地下党组织护送民主党派领导人和无党派民主人士，陆续秘密北上，筹建新的国家政权。各民主党派参加新政协，既是对他们光荣斗争历史的政治总结，又使它们成为中国共产党领导的多党合作和政治协商制度中不可分割、有机构成的重要部分。历史的逻辑把中国共产党统一战线的理论原则发展为国家的基本政治制度，中国共产党由革命党转变成为执政党，各民主党派也由在国民党统治下的在野党转变为与中共通力合作的参政党。

在 21 世纪的今天，我们的国家和社会政治结构发生了巨大的变化。60 多年来，中国共产党作为执政党和参政党互为支撑的政党制度结构，是当代中国政党政治区别于西方国家政治的突出特点。面向未来，多党合作制度的健康发展，必须不忘初心，主要体现在：一是当时国民党的政治专制、贪污腐败、组织涣散，与中国共产党的艰苦奋斗，廉洁为民，“聚精会神，没有一事不用心，没有一人不用力”，形成鲜明强烈的对比；二是中国共产党争取和团结一切可以团结的力量，组成最广泛的人民民主统一战线，在“民心是最大的政治”问题上获巨大成功；反之国民党对人民大众和民主党派极尽镇压迫害之能事，导致政治和军事的大溃败；三是共产党真诚地与民主党派和党外人士合作，听取他们的意见和建议，在与民主党派的合作中切实贯彻民主原则，协商建国，民主建政。重温历史，这些精神和原则都是应该发扬光大，努力坚持和不断完善的。

《党的十八大以来中国政党制度理论的发展和创新》（张献生，《济南大学学报（社会科学版）》2016 年第 6 期）

着眼构建中国特色社会主义理论体系，增强理论、道路、制度、文化自信，推进社会主义协商民主，党中央通过召开重要会议、出台政策文件，习近平总书记发表重要讲话和作出批示，就坚持和完善我国政党制度、提高制度自信和效能等提出了一系列新思想、新观点、新论述，丰富、完善和创新中国政党制度，使我国多党合作事业进入一个新的发展阶段。

一、完善民主党派性质：中国特色社会主义参政党

2013 年 2 月 7 日，中共中央举行党外人士迎春座谈会，习近平同志首次明确提出，各民主党派是“与中国共产党通力合作的中国特色社会主义参政党”。这是对民主党派性

质的最新界定，也是多党合作理论的重要创新，标志着民主党派的性质实现了又一次历史性转变。

明确民主党派是中国特色社会主义参政党，实质是对民主党派社会主义政党性质的肯定，是对民主党派历史性进步的充分肯定。民主党派是中国特色社会主义参政党，对民主党派全面加强自身建设提出了新的更高的要求。民主党派的性质决定自身建设的目标、内容和要求。作为中国特色社会主义参政党，学习和实践中国特色社会主义，更加自觉致力于中国特色社会主义事业，进一步增强理论自信、道路自信、制度自信和文化自信，自觉成为中国特色社会主义的实践者、维护者、捍卫者，就成为各民主党派自身建设的内在要求和重要政治责任。

二、明确我国政党制度的民主属性：反映人民当家做主的社会主义民主政治的本质

中国共产党领导的多党合作和政治协商制度作为具有中国特色的社会主义政党制度，是体现和实现我国人民当家做主的重要民主形式，也是发展社会主义民主政治的重要动力。但是，有的人却把西方两党制、多党制奉为圭臬，认为多党竞选、轮流执政才是现代民主制度，甚至把共产党领导和执政与专制等同起来。对此，习近平总书记在 2015 年中央统战工作会议讲话中鲜明指出，中国共产党领导的多党合作和政治协商制度，“反映了人民当家做主的社会主义民主政治的本质，是我国政治格局稳定的重要制度保证”。这是中共中央主要领导同志第一次鲜明指出我国政党制度的人民民主本质和社会主义民主政治的属性，具有重要的理论价值和实践意义。

三、赋予多党合作的新使命：推进政党协商

健全社会主义协商民主制度，是中共十八大提出的一个重要政治命题，也是我国政治体制改革的主要内容和发展方向。在全国政协成立 65 周年纪念大会上，习近平总书记对社会主义协商民主作了全面系统深刻论述，提出协商民主是中国社会主义民主政治的特有形式和独特优势，要切实落实推进协商民主发展这一战略任务。2015 年初，中共中央专门下发了《关于加强社会主义协商民主建设的意见》，明确了社会主义协商民主的重要意义、指导思想、基本原则、渠道程序、地位作用、工作要求，对建立健全社会主义协商民主制度做了全面部署，特别是明确了推进社会主义协商民主七种主要形式，政党协商居于首位。这是中国共产党关于协商民主的第一个政策文件，在我国社会主义民主政治建设中具有里程碑意义，是指导社会主义协商民主广泛多层制度化发展的行动纲领。2015 年 10 月，中共中央办公厅印发《关于加强政党协商的实施意见》，进一步明确了政党协商的重要地位、指导思想、内容形式、工作程序和保障机制。可以说，建立社会主义协商民主制度，深入实施政党协商，是中国特色社会主义理论的重要创新，也是多党合作制度的重要理论和实践创新。

四、民主党派的基本职能的新发展：参加政治协商

2015 年，中共中央颁布的《中国共产党统一战线工作条例（试行）》，对民主党派的职能作了新的概括，明确提出：“民主党派的基本职能是参政议政、民主监督，参加中国共产党领导的政治协商。”从而将民主党派“参政议政、民主监督”两项职能，拓展为“参政议政、民主监督，参加中国共产党领导的政治协商”三项基本职能。

民主党派职能的完善和发展，是共产党与各民主党派团结合作不断深入发展的生动

见证，既体现了我国社会主义民主政治的独有特色，也充分体现了中国共产党对民主党派、无党派人士的信任支持，对新形势下更好发挥民主党派中国特色社会主义参政党作用，增强我国多党合作制度的效能，推进社会主义协商民主，提高国家治理能力，都具有重要意义。

五、民主党派能力建设的新元素：解决自身问题能力

2015 年，习近平同志在中央统战工作会议重要讲话中，把参政党建设的“四种能力”丰富发展为“五种能力”，明确要求“支持民主党派加强思想、组织、制度特别是领导班子建设，提高政治把握能力、参政议政能力、组织领导能力、合作共事能力、解决自身问题能力”。参政党能力建设从“四种能力”到“五种能力”的 4 +1，特别是“解决自身问题能力”成为能力建设的新元素，既体现了共产党对民主党派自身建设的高度重视和殷切希望，也是加强中国特色社会主义参政党建设、进一步提高凝聚力、战斗力和创造力的内在要求，对新形势下提高多党合作水平具有重大现实意义和战略意义。

《简论政党政治中的“类政党”与“准政党”现象》（金安平，《北京行政学院学报》2016 年第 2 期）

中国多党合作与政治协商制度之所以具有制度效率，其内部结构是一种有创意的制度安排。表面上看，是 1 个执政党、8 个参政党以及一群无党派人士。实际上在这个制度结构中，包含着“类政党”和“准政党”的政治力量来丰富这一制度。

第一，中国多党合作与政治协商制度中的“无党派人士”，以“类政党”的角色发挥着超越一“群”个人的作用。

从法律地位看，“无党派人士”并不是一个组织或政党，但它也不是无党无派的一般群众和一般的一“群”人，而是一个特定的政治派别，具有不是党派但又具有党派性的特征。“无党派人士”进入中国的政党政治体系，经历了社会贤达、无党派民主人士、无党派人士三个发展阶段。无论是在抗日战争时期，以“非组织政党或政治团体”的形式进行抗日救国的“社会贤达”，还是在抗战胜利后领导民主人士进行集体民主活动的“无党派民主人士”，都不是简单的个体组合而是特定的一“群”人。在 1949 年 6 月的新政协会议筹备会上，周恩来提出无党派民主人士是“没有党派组织的有党派性的民主人士”的经典论断。同年 9 月，无党派民主人士作为包括中国共产党、中国民主同盟、九三学社等在内的 14 个党派单位之一的代表出席中国人民政治协商会议第一届全体会议。2000 年中共中央统战部在《关于加强新时期无党派人士工作的意见》中首次明确“对无党无派人士群体称无党派人士，对无党派人士中的代表人物称无党派代表人士”。2005 年《中共中央关于进一步加强中国共产党领导的多党合作和政治协商制度的意见》进一步明确，“目前，无党派人士是指没有参加任何党派、对社会有积极贡献和一定影响的人士，其主体是知识分子”。但什么样的知识分子可以成为“无党派人士”是要经过甄别和认定的。

从组织特征看，“无党派人士”虽然不是政党，甚至不是组织，但它又是有明确边界的，与其他统一战线人员不存在交叉，其成员需要按照标准认定并具有一定的准入程序；有特定的培养和发展计划，有相应的组织构架和协调机制进行对内管理和对外活动；其

管理具有组织化特征，其活动是在统战部的统一安排下。比如无党派人士的活动是按“无党派人士”的“组别”，组织成相对独立的考察团、学习班、建言献策小组等形式进行，与其他民主党派一样。“无党派人士”与其他民主党派在组织上的不同特征是，这个政治力量没有政党领袖、没有中央组织和基层组织以及各级代表大会等组织构架。

“无党派人士”虽然没有正式成为一个参政党，但是这部分特定的代表性人群，以与参政党类似的政治身份和活动方式，成为中国多党合作与政治协商制度中的一部分。

第二，在中国多党合作与政治协商中，“工商联”以“准政党”的组织类型，发挥着超出一般社团组织的参政议政功能。

被中国共产党统一并称为“党外人士”的政治力量中更特殊和醒目的是工商联组织。这也是在中国多党合作与政治协商中一支特殊的政治力量。工商联是各级工商界联合会的简称，是中国共产党领导的多党合作和政治协商制度的一个组成部分，是具有统战性、经济性、民间性的社会群众团体组织。中华全国工商业联合会成立于1953年，是在中国众多人民团体组织中唯一具有高行政级别和特别待遇的组织。虽然它不是政党，但它在参与国家大政方针及政治、经济、社会生活中的重要问题的政治协商、参政议政、民主监督方面，享有与民主党派一样的政治地位和权利。在某种意义上说，“工商联”可以说是一种“类政党”，但因为与“无党派人士”相比，它的组织化、制度化程度明显要高得多：中华全国工商业联合会有会员代表大会为其最高权力机关，有独立的章程，工商联依照法律按国家行政区划设置从中央到地方的组织机构，有全国性的中央级组织全国工商联负责指导地方工商联和民间商会的工作。工商联有严整的基层组织，全国共有县以上工商联组织3119个，形成覆盖全国的组织网络。

“无党派人士”和“工商联”的政治角色和活动方式，使中国多党合作与政治协商制度形成了成熟、稳定、有效以及独特的制度结构，使用“类政党”和“准政党”解读中国多党合作与政治协商制度的内部结构，一方面可以从学术角度探讨中国这一制度的创新在哪里，这种结构为什么会有包容性和激励作用，另一方面也可以讨论这一政治体制需要完善改进和释放能量的空间在哪里？“准政党”和“类政党”的状态怎样才能在制度包容、制度均衡的情况下同时提供制度活力？

在目前复杂的政党政治发展过程中，过去着眼于大党研究的一些经典定义、经典理论已经不能够有效地解释现实。因此，无论是对世界政党政治复杂现象的研究还是对于中国政党政治发展前景的研究，提出“类政党”和“准政党”的概念都具有意义。

《关于人民政协作为统一战线组织形式的几个问题》（陈喜庆，《人民政协报》2016年12月28日）

统一战线为什么一般要有一定的组织形式？

我们党的统一战线实践经验表明，统一战线的建立、巩固和发展，同几个关键因素密切相关，而一定的组织形式起着重要作用。

共同的奋斗目标。统一战线是不同的政治力量，为实现共同目标而结成的联盟。可以说，共同目标是建立、巩固和发展统一战线的前提。

共同的政治基础。即围绕实现共同奋斗目标而确立的基本原则和方针政策。这些基本原则和方针政策是参加统一战线的各方面都要共同遵守的，因而对于各方面也是一种约束。

一定的组织形式。统一战线是一致性和多样性的统一体。这决定了统一战线内部有许多事情要协商一致，有许多工作要协作开展，有许多关系要协调和谐，特别是有许多利益矛盾要协议化解，因而一般就需要一定的组织形式，作为将各方面联系起来的桥梁纽带、协调处理各种问题的平台。

为什么人民政协一直是统一战线的重要组织形式？

人民政协成立以来，作为统一战线组织形式的性质始终没有变。其主要原因在于人民政协体现了统一战线的本质和主题。统一战线的本质和主题是大团结大联合，而人民政协的显著特征就是汇聚了各党派团体和各族各界人士，是统一战线大团结大联合的象征；同时参加人民政协的都是各方面代表性人物，可以通过他们去团结统一战线广大成员，实现大团结大联合的使命，进而最大限度地为完成党和国家的中心工作凝聚人心、汇聚力量。

关于人民政协作为统一战线组织形式问题，涉及的是对人民政协性质定位的认识和把握问题。中央在这个问题上的主张是一贯的、明确的，即人民政协除中华人民共和国成立初期代行全国人大职权而短暂具有权力机关性质外，一直以来是统一战线组织，同时又是协商机构，这也是人民政协团结和民主两大主题的基本依据。简要回顾历史，我们可以对这个问题看得更清楚，对人民政协作为统一战线组织性质的把握更准确。

人民政协在巩固发展统一战线中发挥着哪些作用？

以习近平同志为核心的党中央不仅强调人民政协是统一战线组织，并且要求发挥好人民政协作为统一战线组织的作用。这就要求人民政协在开展各项工作中，都要赋予其统一战线意义，都要有利于实现最广泛的团结，最大限度地为完成党领导的伟大事业凝心聚力。从长期以来人民政协的工作实践看，人民政协在巩固发展统一战线中的重要作用至少有以下几个方面。

人民政协是实现党对统一战线领导的重要渠道。如何通过人民政协加强对统一战线的政治领导？就是寓领导于协商之中。因为我们党在人民政协与统一战线成员协商的过程，也是使他们了解和接受党的主张的过程，因而也是实现对其政治领导的过程。

人民政协是统一战线成员学习提高的重要组织。党领导的统一战线总是建立在一定共同思想基础上的，而不同时期形势任务不同，统一战线共同思想政治基础也是发展变化的，这决定了巩固共同思想政治基础始终是统一战线工作的紧要内容。

人民政协是统一战线联谊交友、加强团结的重要场所。人民政协人才荟萃，汇聚了统一战线各方面代表人士，这既是人民政协的显著特点，也是其开展联谊交友、加强团结工作的独特优势。长期以来，人民政协通过专委会、界别、政协机关等渠道，运用恳谈交流、走访看望等方式，密切了与政协组织中党外代表人士的联系，为党结交了大批朋友。特别是每年的政协全体会、常委会和主席会及各种考察活动，既是重要的议政建言活动，也是重要的联谊交友机会。

人民政协是协调统一战线内部关系、促进稳定和谐的重要机构。2006 年全国统战工作会议将协调五大关系作为统一战线重要任务提出后，人民政协也把协调这些关系作为自己的重要职责。一直以来，人民政协积极协调关系，反映意见，理顺情绪，化解矛盾，为促进统一战线稳定和谐做出了重要贡献。

人民政协是统一战线成员团结合作、服务大局的重要平台。人民政协具有统一战线组织与协商专门机构有机结合的显著优势，为各党派团体和各族各界人士搭建了团结合作、服务大局的重要平台。在人民政协这个平台上，统一战线成员既可以就国家经济社会发展重大问题协商议政、建言献策，为党和政府决策提供有益参考，又可以发挥民主监督作用，提意见、作批评，帮助党和政府改进工作。

《以创新精神推动我国政党制度建设》（李金河，《人民政协报》2016年12月21日）

创新始终是推动一个国家、一个民族可持续发展的不竭动力。时代越是发展，越是需要用创新的理念、创新的精神清除一个个思想理论障碍，构建科学的系统的理论体系，成为所有社会成员的政治认同和文化遵循。这种理论体系就是时代话语权。中国共产党领导的多党合作和政治协商制度，是中国一项基本政治制度，这一制度是在中国这块土壤中生长起来的具有独创性的社会主义政党制度。无论是制度设计，还是政治实践，反映了人民当家做主的社会主义民主政治的本质，是我国政治格局稳定的重要制度保障。这一制度在我国已经确立60多年了。在我国政治生活中发挥了不可替代的重要作用，显示出鲜明的实践特色、理论特色、民族特色、时代特色。

长期以来，中国与美国等西方国家始终进行着制度之争。由于在中国政党制度研究领域多从政治话语、政策语言和习惯思维进行叙述和解读，一些基本概念不清晰，创新性研究滞后等现实问题的存在，一些学者对中国政党制度缺乏自信，底气不足，不敢正面论战，缺乏制度自信。问题是时代的声音。作为哲学社会科学工作者，应立足时代，倾听时代声音，解决好时代的问题。在我国的政党制度格局中，中国共产党是执政党，民主党派是参政党，中国的政党制度是建立在合作、参与、协商基础之上的。这种执政与参政紧密结合的政治格局是由我国国体的民主性质和联盟性质所规定的。自中华人民共和国成立，我们的国家政权就不是一个阶级、一个政党的政权，而是多阶级、多政党、多阶层的政权，无论是在根本政治制度还是在基本政治制度中，民主党派、无党派人士等都占有一定的比例，他们参加国家政权，参与重要方针政策、重要领导人选的协商，参与国家事务的管理，参与国家方针政策、法律法规的制定和执行。中国共产党与各民主党派都是这种政党制度的直接缔造者、参与者、实践者和维护者。

政党和政党制度虽然是当代世界政治生活中带有普遍性的政治现象，但由于每个国家基本国情和文化传承都是不相同的，那么他们的政治发展道路也是不一样的。这种普遍性内含着各自相异、丰富多彩的民族性特点，形成不同的政党制度。中国的政党制度与西方国家政党制度的不同体现了人类文明发展的多样性。正是由于人类文明发展的多样性规律，每个国家每个民族都应有适应自己的计量法。

一些学者和民主党派成员认为民主监督实效性不足，提出要把“软监督”变成“硬监督”以及民主监督法律化等问题。笔者认为，研究民主监督问题视野一定要开阔，首先应该搞清楚当初设计者的初衷和目的是什么？民主监督思想的渊源来自1945年7月毛泽东与黄炎培在延安的“窑洞对”。毛泽东提出打破人亡政息历史周期率的新路就是人民群众通过行使民主权利，对共产党和人民政府进行监督。伴随着中国共产党成为执政党，各民主党派成为事实上的参政党，1956 年 4 月，毛泽东在《论十大关系》中提出中国共产党与各民主党派长期共存、互相监督的思想。1957 年 2 月，毛泽东在《关于正确处理人民内部矛盾的问题》中提出：为什么要让民主党派监督共产党呢？这是因为一个党同一个人一样，身边很需要听到不同的声音。综上可见，毛泽东等中共领导人提出民主监督的初衷是为了打破人亡政息的周期率，解决中国共产党能够长期执政的问题，让人民监督政府，这是人民群众的基本权利。互相监督是指执政的中国共产党与参政的民主党派之间的相互监督。民主党派的民主监督所达到的目的就是为了听到不同的声音。这就赋予民主党派一种权利即话语权、表达权。民主党派作为参政党，在国家政治生活层面对执政党的执政行为、重大方针政策的执行等问题都有权利提出意见建议或批评，这体现的是亲密友党之间肝胆相照的精神，与西方反对党、在野党与执政党对立监督是不一样的。

习近平总书记在中央统战工作会议上提出，要探索民主监督的有效形式。探索什么？怎样探索？要进一步提高民主党派民主监督实效，落脚点就在民主党派话语权、表达权问题上。针对一些关键性问题能不能表达出来？表达得准不准确？针对性强不强？这是民主党派履行民主监督权利的核心要义。关键是要增强民主党派的责任意识，提高民主党派的话语能力和表达能力。

新的话语体系有两层含义：一是推陈出新，也就是对原来的理论进行再加工，再改造；二是用创造性思维提出新的话语理论。无论是推陈出新还是创造性塑造，都是为了建立彰显中国特色、中国风格、中国气派的中国政党制度话语体系。当前，关于中国政党制度研究领域，改革开放后在国外经过西方系统培训的中青年学者成为哲学社会科学领域的主力军，要培养更多既熟知中国国情且具深厚中国政党制度理论基础，又精通西方话语体系的理论工作者，构建上接天线下连地线的有学术含量的，民间话语、民族话语和国际话语兼容的中国政党制度话语体系。

《当代中国政党制度生长于中国社会土壤中》（宋俭，人民网—理论频道 2016 年 8 月 11 日）

政党政治可以说是现代政治文明的普遍形式，它以政党制度为依托。自从政党产生以来，世界一直存在着不同的政党制度，一个国家的政党制度是由该国特定的社会历史条件和现实条件决定的。

当代中国的政党制度是中国共产党领导的多党合作和政治协商制度，这一制度是在中国的社会土壤中生长起来的，是历史形成的，适合中国国情、具有鲜明中国特色的制度安排。笔者认为，其显著特征是共产党领导、多党派合作，共产党执政、多党派参政，是一种基于合作和协商的政党制度，反映了社会主义制度下广大人民根本利益一致的特点和人民当家做主的社会主义民主本质，体现着中国社会主义民主政治的独特优势。

中国共产党领导的多党合作和政治协商制度的成员，不仅包括中国共产党和八个民主党派，也包括无党派人士。无党派人士指没有参加任何政党、有参政议政愿望和能力、对社会有积极贡献和一定影响的人士，其主体是知识分子。2013 年 2 月，习近平总书记在与民主党派中央、全国工商联新老领导人和无党派人士代表共迎新春茶话会上的讲话中就曾指出："各民主党派是同中国共产党通力合作的中国特色社会主义参政党，无党派人士是我国政治生活中的一支重要力量。各民主党派和无党派人士一定要把坚持中国特色社会主义政治发展道路作为根本方向。"

作为中国政党制度和爱国统一战线重要成员的无党派人士是以其接受中国共产党的领导为历史起点的。1948 年 5 月 5 日，郭沫若以无党派身份与各民主党派领导人一起联名致电中共中央毛泽东主席，宣布响应中国共产党发表的《"五一"劳动节口号》，参加中国共产党领导的新的政治协商会议。随后，无党派民主人士作为一个独立的党派单位参加了新政协筹备会议和中国人民政治协商会议第一届全体会议，标志着无党派人士正式成为中国共产党领导的多党合作和政治协商制度的重要成员。从这个意义上说，无党派人士的历史与中国共产党领导的多党合作和政治协商制度的历史是同步的。

无党派人士在参加中国共产党领导的革命、建设和改革开放的实践及自身的历史发展中，形成了拥护中国共产党的领导、坚持社会主义道路和为民主而奋斗的政治传统，并具有中国知识分子传统的强烈爱国情怀和社会担当精神，又由于其在政治生活中并不代表某个特定的社会群体，其利益诉求更具广泛性与公共性的特点，因而在中国共产党领导的多党合作和政治协商制度中具有不可替代的重要地位和作用。

2015 年 5 月，习近平总书记在中央统战工作会上的重要讲话中深刻指出："坚持和完善中国共产党领导的多党合作和政治协商制度，更好体现这项制度的效能，着力点在发挥好民主党派和无党派人士的积极作用。"习总书记的重要论述进一步明确了无党派人士在中国政治生活和中国政党制度中的重要地位，也是对无党派人士历史和现实作用的充分肯定，并为无党派人士在新的历史条件下更好地发挥作用指明了方向。

全体无党派人士应当认真学习习近平总书记系列重要讲话精神，特别是关于中国共产党领导的多党合作和政治协商制度的重要论述，明确新的历史条件下无党派人士的责任和使命，紧紧抓住"发挥好积极作用"这个"着力点"，全面提升政治把握能力、参政议政能力、组织领导能力、合作共事能力和解决自身问题能力，坚持正确的政治方向，充分发挥无党派人士智力集中、专业性强、联系广泛的优势，继承发扬无党派人士拥护中国共产党的领导、坚持社会主义道路、为民主而奋斗的优良传统和忧国如家，敢于担当，敢讲真话、敢进诤言的"士"之风骨，建睿智之言，献务实之策，履监督之责，在中国共产党的领导下，为开创中国特色社会主义事业新局面，实现中华民族伟大复兴的中国梦贡献力量。

《把握增强我国多党合作制度效能的着力点》（袁廷华，人民网—理论频道 2016 年 8 月 1 日）

在 2015 年召开的中央统战工作会议上，习近平总书记曾指出："坚持和完善中国共产党领导的多党合作和政治协商制度，更好地体现这项制度的效能，着力点在发挥民主党派和无党派人士的积极作用。"这一重要论述，深刻阐明了发挥民主党派和无党派人士的积极作用对于坚持和完善我国多党合作制度的重要性，为加强我国多党合作制度建设、进一步增强这一制度的效能指明了方向。

我国是人民民主专政的社会主义国家，人民民主专政作为我国的国体，具有两个基本特性：其一，这一国体的阶级性质决定了它是工人阶级领导的国家政权，由中国工人阶级的先锋队、中国人民和中华民族的先锋队中国共产党实行领导；其二，这一国体的民主性质和联盟特征决定了人民是国家的主人，在共产党领导下广泛参加国家政权和国家事务的管理。各民主党派和无党派人士属于人民的范畴，是社会主义民主的主体之一，他们参加国家政权和国家事务的管理，是人民民主在一个方面的重要体现。充分发挥民主党派和无党派人士的积极作用，是我国人民民主专政国体和国家政权建设的本质规定和内在要求。

中国共产党领导的多党合作和政治协商制度是与我国国体紧密相适应的国家基本政治制度和政党制度，我国国体决定了政党制度的政治价值和制度要素，政党制度又反过来为国体的巩固服务。

中国共产党同各民主党派和无党派人士实行合作，使我国政党制度成为一种具有开放性和广泛兼容性的政治结构。民主党派和无党派人士的政治参与，扩大了我国国体和国家政权的社会基础，展现了我国国体和国家政权的民主形象，强化了国家政治体系的合法性基础，提高了国家政治体系在社会多元发展条件下的适应能力。

充分发挥民主党派和无党派人士的积极作用，是体现和增强我国多党合作制度效能的重要途径。政党制度的效能是通过政党制度功能的有效发挥得以实现的。我国政党制度具有政治参与、利益表达、社会整合、民主监督和维护稳定的功能，在我国政治和社会生活中显示出独特的优势和强大的生命力，发挥着不可替代的重大作用。

我国多党合作制度功能的发挥，一要靠中国共产党坚强的领导；二要靠政党制度中主体之间的政治合作。政治参与、利益表达、社会整合、民主监督、维护稳定，都是在政党政治合作中得以实现的，都离不开中国共产党同民主党派和无党派人士的团结合作和良性互动，否则多党合作就会失衡，我国多党合作制度的效能就会弱化和衰减。因此，充分发挥民主党派和无党派人士的积极作用，是实现政党政治合作的基本条件，是发展社会主义民主、增强我国多党合作制度效能的重要途径，也是适应时代发展要求、进一步开发我国政党制度功能的重要环节。

充分发挥民主党派和无党派人士的积极作用，有利于增强政治共识、调动各方面积极性，从而能够强化我国政党制度效能。民主党派和无党派人士的政治参与，是以对我国政治体系认同为基础的一种自觉行为，参与多一分，责任就多一分；合作多一分，认同就多一分。反之亦然。长期实践证明，形成政治共识，一方面要靠思想教育和政治引导，另一方面则要靠有效的政治参与，二者缺一不可。参与越是切实有效，主人翁意识就越强，政治认同就越强，积极性就越高，政党之间的团结合作就能够做得越好，我国多党合作制度的效能自然也就越强。

我们要认真贯彻习近平总书记系列重要讲话精神，牢牢把握增强我国多党合作制度效能的着力点，进一步加强政党协商，进一步推进民主监督，进一步做好选配民主党派、无党派人士担任国家和各级地方政府及司法机关领导职务的工作，切实尊重、维护民主党派和无党派人士的合法权益，充分调动他们的积极性和创造性，强化中国共产党同民主党派和无党派人士的团结与合作，使我国政党制度效能得到更加有效的发挥。

《民主党派为什么选择跟共产党走》（陈延武，《团结报》2016年7月11日）

我国主要的民主党派，多在抗日战争时期和解放战争时期成立。他们与中国共产党的关系，经历了反复的权衡比较和长期的思想博弈，甚至付出血的代价，从最初的相互排斥、对立到逐步了解、信任，由初步保守合作到全面团结合作，从同情、支持、靠拢共产党，到自觉接受共产党的领导，郑重选择多党合作，在政治上实现了历史性跨越。民主党派选择跟共产党走，取决于中国社会历史的发展变化，取决于共产党与民主党派的自身发展。

一、李宗仁曾对李济深、沈钧儒、陶行知等说："蒋介石没有救国救民之心，共产党则有之"。

近代以后，面对民族兴衰、国家安危，许多仁人志士不懈探寻救亡图存之道，提出和实践各自政治主张，通过组建不同政党，效仿西方实行议会制和多党制，脱离了历史主题，消耗了进步力量，迷失了正确方向。从孙中山创建的同盟会算起，中国共产党虽比国民党晚成立16年，但代表工人阶级和全国人民根本利益，把握了时代趋势、历史走向与人心所向，逐步成为20世纪20年代后与国民党相对立的政党。

民主党派的很多创始人，如张澜、沈钧儒、黄炎培、马叙伦、许德珩等，经历了辛亥革命以降的时代巨变，追求救国救民真理，立志匡扶社稷，投身民主革命。作为这段历史的亲历者，他们的经历和反省、焦灼和希望，为民主党派的产生与发展奠定了思想基础。民主党派就是在这一时代背景下逐步孕育、产生，有的从大革命失败后出现的政党和团体中分化出来，有的从国民党进步力量中产生，也有的在抗战期间酝酿筹组，还有的在解放战争时期成立。他们与一些西方国家的政党不同，不是议会中不同政治派别斗争的产物。民主党派的社会基础主要是民族资产阶级、城市小资产阶级和他们所联系的知识分子及爱国民主人士，因为历史机遇和阶级局限，在落后的中国处处有阻力、时时有压力。由于民族资产阶级的软弱性、小资产阶级的散漫性，民主党派虽不乏"社会精英"，但缺乏高效的组织，只能形成一些基本由代表性人物组成、力量分散、人员较少的党派，从成立伊始就以温和的改良派政党出现。由于民主党派不可能在国共两党以外形成强大的独立的政治力量，但为实现自身目标，在有限的政治空间里，必然怀揣理想抱负和道德良知，去追随一个彼此认同、有能力和魄力并能够支持、团结、带领自己的政党前进。

20世纪中叶的民主党派，是靠近共产党，还是靠近国民党？要生存、要发展，只能二选一。心系国家民族前途命运，始终是民主党派不变的情怀和追求的目标，这就决定了与生俱来的进步性。正是这种进步性，民主党派怀救国救民之志，游历四方寻求治国的良方妙药，提出和实行"教育救国""科学救国"和"实业救国"等各种主张，并以进步的眼光逐步看清了共产党不仅是工人阶级的先锋队，而且是中华民族和中国人民的先锋队；以进步的心态逐步领悟了只有共产党才能挽狂澜于既倒，才能真正救人民于水火之中。

二、宋庆龄抨击国民党"抗日必先剿共"的论调："这是多么荒谬！我们要先打断一只手臂之后再去抗日吗？"

抗战之初，民主党派和共产党初步接触时，对彼此的道路、主张还有些对立和排斥，对对方的革命目标、路径还有不解与困惑，但致力国家富强、民族振兴和人民幸福是共同的追求，对国民党的不满有相同的感受，这为日后合作做了心理铺垫。是日本帝国主义灭亡中国的侵略行径和国乱家愁的惨状，强化了民主党派革命的信念；是爱国主义具有的巨大民族凝聚力和向心力，把无产阶级、民族资产阶级和小资产阶级联合起来。在民族危亡关头，团结抗战是共产党和民主党派实行合作的实质性共识。这种共识是共产党与民主党派合作的历史源头。

共产党在遵义会议后，从生死存亡的考验中认识到，要支撑起中国革命和现代化的发展，必须广泛联合各种积极的社会和政治力量，在巩固领导的基础上充分发挥核心力量的作用。共产党纠正了“中间派是最危险的敌人”的主张，确立了争取、团结民主党派的方针。整个抗日战争期间，民主党派从全面抗战之初对国民党寄予厚望，到把实现民族解放的希望重新寄托在共产党身上，彼此在道义上和政治上相互支持，并形成了遇事相互协商的传统，结成了事实上的同盟。民主党派与共产党一道坚持抗战、维持团结、推动民主，在组织上渐渐联合、发展、壮大，在政治上一步步走向成熟。

三、朱学范写信给李济深说：“中国的中间路线，自从政协被破坏，中共代表被逼退出以后，已经死去了。这次民盟被解散，蒋介石已经发了疯狂。中间路线已经死定。”

在国民党一贯坚持的内战、独裁、卖国的反动方针面前，在其加紧对民主党派迫害的严酷事实面前，在国共武力相争中进退失据、左右为难的政治现实面前，青年党和民社党投向国民党，民盟、民建、民进、九三学社等不断靠近共产党而远离国民党。血与火的斗争洗礼使民主党派的领袖们深刻反省：资产阶级共和国道路在中国行不通，在人民与反人民、民主与反民主的斗争中“绝对没有中立的余地”，任何对美国及蒋介石或其中某些派别的幻想都无益于自己与人民。民主党派从“第三条道路”的幻梦中清醒，把握自己前途命运，最终历史性地选择与共产党合作，从旧民主主义的泥泞小路跨进新民主主义的光明大道。

《中国式协商——论双周协商座谈会的特点和意义》（刘佳义，《中国政协》2016年第2期）

双周协商座谈会是人民政协历史悠久、形式内容有创新的一种协商形式。双周协商座谈会在中华人民共和国成立初期就有，当时也有人叫“神仙会”。20世纪50年代制定了专门的双周座谈会办法。从1950年到1966年，双周座谈会一共举行了114次。十二届全国政协提出要恢复双周座谈会制度。为了突出协商的特点，叫“双周协商座谈会”。会议可设议题，也可以不设题目，请政协委员主要是民主党派成员发言讨论。开会的方式是先请有关主管部门的同志讲一讲，然后请5位同志发言，这5位同志事前是有准备的，其他同志是自由发言。座谈会每两周举行一次，每次20来个人。这样算来，全国政协领导一年就可以和400位政协委员包括相当一部分党外代表人士面对面地座谈、听取意见，一届就是2000来人。2013年10月，全国政协召开了第一次双周协商座谈会，立即引起社会上上下下热烈反响。为什么双周协商座谈会能引起这么大的社会反响呢?

首先是因为它有明显的特点。

第一，代表性强。俞正声主席高度重视，亲自主持了历次双周协商座谈会；党政有关部门负责同志应邀到会通报情况、互动交流；参会的委员和专家学者也都是各领域的代表性人物。在参加会议的人员上，我们注意选择这个领域的代表人物，并且大多是民主党派人士。我们还注意选择让一些观点对立、有代表性的专家参加，这样容易形成观点交锋。

第二，选题务实。我们注意选择现实生活中存在的而又解决不是很好的、切口比较小的问题来协商。一次双周协商座谈会只开三个小时，题目太大的问题我们讨论不了，用政协领导的话来说，就是“老虎吃天无从下口”的问题，我们不在双周协商座谈会上讨论。已开过的会议中，题目有全民健身条例的贯彻落实、黄标车治理、大学毕业生的创业环境优化、应不应该发展特高压、该不该发展核电等，都是很务实的题目。

第三，形式灵活。双周协商座谈会内容涉及经济、政治、文化、社会、生态文明建设和党的建设方方面面，而且有效贯通了专题协商、对口协商、界别协商、提案办理协商。这种协商形式，以界别为基础、专题为内容、对口为纽带、座谈为主要方法，使几种重要协商形式集中一个平台进行展现。

第四，氛围民主。我们鼓励自由发言，畅所欲言。当年双周会叫“神仙会”，就是形式比较自由。改革开放初期，小平同志召集荣毅仁等原工商业者“五老”在人民大会堂支了个火锅，边吃边谈，把四化建设中如何发挥工商业者作用这件大事就这么定下来了。我们的双周协商座谈会就要体现这个特点。

第五，效果很好。会议每次都邀请中央相关部委同志参加，不少意见建议还得到了他们的直接回应。每次会议以后，晚上《新闻联播》进行报道，新华社发通稿，各大报纸转载。我们还及时向中央报送信息，原汁原味地反映主要意见建议，受到党中央、国务院高度重视，有的建议直接在重要会议、领导讲话和决策中得到体现。

除了特点外，双周协商座谈会还有重要的意义。

第 ，最直接的意义，是增加了协商密度，使协商民主经常化、制度化了。过去，政协协商一个很大问题，就是协商随意性，一些事情领导要你协商政协才协商，领导想起来要协商政协才协商。解决这个问题，根本的办法是制度化、规范化、程序化。双周协商座谈会定期举行，全国政协年度协商计划都是经中央政治局常委会议审议的。会前各民主党派中央和政协各专门委员会做了大量深入的调研，会中大家畅所欲言，与国务院有关部门负责人反复协商，寻求共识，形成的成果会后还要书面报送党中央、国务院，供决策参考。这是一种程序合理、环节完整、灵活有效的协商形式。

第二，双周协商座谈会更深层的意义，是推进了党委和政府决策科学化、民主化。十二届全国政协以来，双周协商座谈会成为全国政协协商咨政的一种重要形式，它利用政协人才荟萃、智力密集、位置超脱、联系广泛的优势，综合性、跨领域地对关系国计民生的重大方针、政策，有组织、有计划地开展专题调研，提出了许多高质量、可操作的意见和建议，被中共中央、国务院及有关部门决策时采纳，发挥了重要的咨政作用。

第三，双周协商座谈会是多党合作的平台，具有统战的性质。《政协全国委员会双周协商座谈会工作办法》规定：“邀请全国政协各界别委员参加，以民主党派和无党派人士为主，也可视情邀请其他有关方面人员参加。”实践中总体把握民主党派和无党派人士占七成左右。注重人员的多元性、代表性，包括邀请党政部门和专家学者、各利益相关方参与协商，面对面交流。协商中强化提问互动环节，提倡热烈而不对立的讨论，开展真诚而不敷衍的交流，鼓励尖锐而不极端的批评。人民政协的统战功能是以团结和民主为主题，不仅注重维护同盟者的利益，而且注重尊重同盟者的平等。双周协商座谈会鼓励委员发表不同意见。通过不同思想观点交流交融，增进共识，形成最大公约数，画出最大同心圆，努力为全面建成小康社会凝聚智慧和力量。

《从“良方”到“法宝” ——中国共产党统一战线理论与实践的升华》（孙信，《人民政协报》2016年7月6日）

1931年“九一八”事变后，中国共产党立即发出了全民族抗日的号召。1935年8月1日，中共中央发布了中华苏维埃《为抗日救国告全体同胞书》，即著名的《八一宣言》，明确提出了建立抗日民族统一战线的主张。提出，“无论各党派间过去和现在有任何歧见和利害的不同，无论各界同胞间有任何意见上或利益上的差异，无论各军队间过去和现在有任何敌对行动，大家都应当有‘兄弟阋于墙外御其侮’的真诚觉悟，首先大家都应当停止内战，以便集中一切国力（人力、物力、财力、武力等）去为抗日救国神圣事业而奋斗。”此后，中国共产党在对待蒋介石的态度上，由“反蒋抗日”逐步转变为“逼蒋抗日”再到“联蒋抗日”。1937年4月5日，在中华民族祭祀祖先的传统节日清明节之际，国共两党共同公祭黄帝陵。毛泽东在《祭黄帝陵文》中写道：“各党各界，团结坚固。不论军民，不分贫富。民族阵线，救国良方。四万万众，坚决抵抗。民主共和，改革内政。亿兆一心，战则必胜。”1939年7月9日，毛泽东在延安为即将奔赴抗日前线的华北联合大学师生们送行时说，姜子牙用三件宝贝打败了所有的敌人。今天，你们也要下山了，要去前线与日本侵略者作战，我也赠三件法宝给你们。这三件法宝是：统一战线、游击战争和革命团结。首次提出了统一战线法宝的思想。1939年10月4日，毛泽东在《〈共产党人〉发刊词》中，明确提出了统一战线是中国革命三大法宝之一的科学论断。毛泽东指出：“统一战线问题，武装斗争问题，党的建设问题，是我们党在中国革命中的三个基本问题。正确地理解了这三个问题及其相互关系，就等于正确地领导了全部中国革命。”强调指出，“十八年的经验，已使我们懂得：统一战线，武装斗争，党的建设，是中国共产党在中国革命中战胜敌人的三个法宝，三个主要的法宝。”在此，毛泽东将“救国良方”发展到“三大法宝”之首，充分说明了其对统一战线地位和作用认识的深化和升华。

法宝是克敌制胜的利器

在抗日战争期间，中国共产党将统一战线这一法宝运用得可谓炉火纯青。为发展壮大抗日民族统一战线，毛泽东指出：“抗日战争胜利的基本条件，是抗日统一战线的扩大和巩固。而要达此目的，必须采取发展进步势力、争取中间势力、反对顽固势力的策略，这是不可分离的三个环节。”为正确处理统一战线同盟者关系，毛泽东提出“又联合又斗争，以斗争求团结”原则。指出：“要懂得，统一战线里是一定有磨擦的。这个统一战线的名词里已经包含着磨擦的意思，因为讲统一，起码是两个以上才有可能，如果只有一个，‘孤掌难鸣’，就不会有磨擦，一旦有两个，两个手掌就拍得响了，磨擦就难免的。统一战线有一万年，磨擦也有一万年，有统一战线就有磨擦存在。因为有不同，所以有磨擦，不过我们是尽一切力量使磨擦减少。”因此，在统一战线中，必须坚持又联合又斗争。斗争是团结的手段，团结是斗争的目的。以斗争求团结则团结存，以退让求团结则团结亡。所以，抗日民族统一战线的政策和策略，既不是一切联合否认斗争，也不是一切斗争否认联合，而是又联合又斗争。同时，还提出了尊重和照顾同盟者利益的原则。中国共产党要最大限度地团结一切可以抗日的力量，就必须尊重和照顾这一切同盟者的利益，实行一种调节各阶级相互关系的恰当政策，既不使劳苦大众毫无政治上和生活上的保证，同时照顾到富有者的利益，以适应团结对敌的要求。由于中国共产党坚持了抗日民族统一战线的一系列正确的方针和政策，紧密地依靠广大人民群众，放手发展抗日武装，建立扩大抗日根据地，从而逐步地壮大了人民力量，为抗日战争的胜利和以后人民力量的发展奠定了基础。

中国共产党的传家宝

抗日民族统一战线的成功实践，为统一战线的发展奠定了坚实的理论基础和行动指南，此后，中国共产党运用这一法宝，取得了中国革命、建设和改革事业的一个又一个胜利，成为中国共产党人的传家宝。邓小平指出：“在我国新的历史时期，统一战线仍然是一个重要法宝，不是可以削弱，而是应该加强，不是可以缩小，而是应该扩大。”江泽民指出：“在新世纪，统一战线作为党的一个重要法宝，绝不能丢掉；作为党的一个政治优势，绝不能削弱；作为党的一项长期方针，绝不能动摇。”胡锦涛指出：“统一战线是我们党夺取革命、建设、改革事业胜利的重要法宝，是我们党执政兴国的重要法宝，是实现祖国完全统一和中华民族伟大复兴的重要法宝。”

在总结上述思想的基础上，《中国共产党统一战线工作条例（试行）》概括指出：“统一战线是中国共产党凝聚人心、汇聚力量的政治优势和战略方针，是夺取革命、建设和改革事业胜利的重要法宝，是巩固党的阶级基础、扩大党的群众基础、巩固党的执政地位的重要法宝，是全面建成小康社会、加快推进社会主义现代化、实现中华民族伟大复兴中国梦的重要法宝。”站在新的历史起点上，中国共产党人必将充分运用统一战线这一重要法宝，凝聚共识，凝聚人心，凝聚智慧，凝聚力量，画出最大的同心圆，为全面建成小康社会，加快推进社会主义现代化、实现中华民族伟大复兴中国梦提供源源不断的力量支持。

《深入开展政党协商　激发多党合作制度效能》（中央统战部一局，《求是》2016 年第 6 期）

党的十八大以来，以习近平同志为总书记的党中央高度重视政党协商。继 2015 年 1 月颁布《中共中央关于加强社会主义协商民主建设的意见》后，10 月中央办公厅又印发《关于加强政党协商的实施意见》（以下简称《实施意见》），进一步明确了政党协商的基本内涵、地位作用、主要内容、形式程序和保障机制，实现了政党协商有制可依、有规可守、有序可循。贯彻落实《实施意见》，进一步提高政党协商质量，激发多党合作制度效能，需要在深化认识、坚持原则、强化机制、增强能力等方面着力推进。

一、深化认识：政党协商在社会主义民主政治建设中具有不可替代的重要作用

习近平总书记指出：“实行人民民主，保证人民当家做主，要求我们在治国理政时在

人民内部各方面进行广泛商量。”“广泛商量的过程，就是发扬民主、集思广益的过程，就是统一思想、凝聚共识的过程，就是科学决策、民主决策的过程，就是实现人民当家做主的过程。”政党协商作为中国共产党领导的多党合作和政治协商制度的重要内容，是社会主义协商民主的重要形式，体现了社会主义民主的本质，在推进民主政治建设、实现人民当家做主中发挥着重要作用。

政党协商有助于扩大有序政治参与、畅通意见表达渠道；有助于增进政治共识、凝心聚力办大事；有助于推进国家治理体系和治理能力现代化。

二、坚持原则：党的领导是政党协商保持正确政治方向的根本保障

多党合作的长期实践充分证明，坚持中国共产党的领导，我国社会主义民主政治才能始终沿着正确方向持续推进，民主党派才有实现政治夙愿、展示自身价值的舞台。开展政党协商，推进协商民主发展，最根本的是坚持中国共产党的领导。中共各级党委要充分发挥总揽全局、协调各方的领导核心作用，坚持有事多商量、遇事多商量、做事多商量，把政党协商列入重要议事日程，统一领导、统筹安排，切实纳入决策程序，真正做到协商于决策之前和决策实施之中。同时，要重视对政党协商的新闻宣传工作，加强正确舆论引导，努力成为政党协商的积极组织者、有力促进者、自觉实践者。营造宽松和谐的协商氛围，使民主党派、无党派人士能够敞开心扉讲真话、畅所欲言道实情，为党和政府决策建睿智之言、献务实之策。

三、强化机制：实现政党协商的制度化、规范化、程序化

“政贵有恒，治须有常。”制度机制是保障政党协商常态长效的基础。目前，政党协商初步形成了以国家宪法为基础、以中共中央文件和法规为主体、以相关配套政策为辅助的完备制度保障体系，这是开展政党协商的重要遵循。政党协商的内容明确、形式固定、程序规范、机制健全，形成了协商前的制订计划、知情明政、考察调研，协商中的情况说明、发表意见、交流互动，协商后的意见整理、交付办理、结果反馈等三个环节若干步骤的运作流程，使政党协商能够充满活力、务实有效开展。

四、增强能力：提升政党协商的意识和水平

协商能力直接决定政党协商的成效。中国共产党和民主党派都有加强协商能力建设的责任。习近平总书记指出：“对中国共产党来讲，要加强对政党协商的领导，增强协商意识，更加善于协商。对民主党派而言，要努力提高政党协商能力，担负起政党协商参与者、实践者、推动者的政治责任。”各民主党派要按照建设中国特色社会主义参政党的目标要求，不断加强自身建设，切实增强政党协商能力。要强化学习培训，把政党协商内容纳入各级领导班子培训课程，提高政党协商的意识和水平；结合民主党派界别优势，利用各专门委员会人才资源，加强同高等学校、科研院所的联系，建立具有自身特色、服务参政议政的智库，提升协商建言质量；通过干部交流、挂职锻炼等途径，在实践中锤炼品格、增长才干，提升履职能力和协商本领。

《试论人民政协作为专门协商机构的意蕴》（程竹汝，《中共福建省委党校学报》2016年第5期）

从理论上看，专门协商机构这样一个有关人民政协的新定位应从以下三方面来解释。

一、专门协商机构是人民政协适应国家治理现代化要求的新定位

从一段时期以来中共关于政治建设理论建构的历史来看，人民政协专门协商机构的提出，无疑是国家治理现代化战略目标和社会主义协商民主理论发展合逻辑的结果。将人民政协定位为专门协商机构有其特定的现实背景，即推进国家治理现代化被确定为全面深化改革的总目标，而发展社会主义协商民主则是推进国家治理现代化的一个重要方面。国家治理现代化—社会主义协商民主—人民政协专门协商机构，其在理论上是一脉相承的。或者说，专门协商机构是人民政协适应国家治理现代化要求的新定位。这一新定位意味着人民政协协商民主功能的强化和广阔的发展前景。首先，国家治理现代化的一大特征，就是软权力在国家治理中扮演着日益重要的角色。其次，传统国家管理体系向现代国家治理体系转变，关键是从国家与政府主导的单一权力结构，向国家与社会、政府与公民的合作、政治权力与政治权利统一的多维结构转变。再次，理论上，尽管国家治理现代化的内涵及所涉及的要素非常广泛，但形成稳定的保障政策社会适应性的体制，无疑是国家治理现代化最核心的一个方面。如果说，推进协商民主广泛、多层、制度化发展构成中国国家治理现代化的一个基本方面的话，那么，鉴于人民政协在当代中国政治体系中的独特地位和作用，赋予其专门协商机构性质和地位的前提和基础就在其中了。

二、专门协商机构是人民政协团结和民主两大主题内在逻辑的历史展现

作为当代中国政治体系的正式组织，人民政协历时已久。在目前发展阶段，将人民政协的性质在统一战线组织的基础上又辅以专门协商机构，其前提和基础是什么呢？历史上看，这无疑应追溯至人民政协团结和民主两大主题的历史展现过程之中。迄今为止，团结和民主一直是人民政协两大功能性的主题。就团结和民主内在的统一性而言，统一战线组织似乎是较多循着从团结到民主的逻辑；而专门协商机构则不同，它显然更多循着从民主到团结的逻辑。人民政协专门协商机构性质，是以不断发展着的人民民主形式理论为基础，揭示和强调了人民政协在人民民主的各种实践形式中相对于其他形式的政治地位和性质。理论上，虽然团结和民主两大主题存在着不同的逻辑关联，但即使在统一战线视野中，团结逻辑上的优先性也不意味着可以忽略民主的意义。相反，就它们间的现实情形而言，民主很大程度上构成了团结的资源甚至基础。

三、专门协商机构是针对人民政协在协商民主体系中独特地位的新概括

人民政协专门协商机构的性质，是就其在我国业已形成的协商民主体系中的独特地位而言的。或者说，它是相对于政党协商、人大协商、行政协商、人民团体协商、基础民主协商等而言的。在我国，推动协商民主广泛、多层、制度化发展，是一个系统性命题。在这个系统中，只有人民政协才具有专门协商机构的特点和性质。基于中国经验，所谓协商民主就是指执政党、政府及社会各方就公共事务进行对话和讨论，以期达成政策共识为决策寻求前提和依据的活动。在我国，协商民主是有传统和基础的。其中，组织化、制度化程度最高，历史最悠久的当数以人民政协为载体开展的协商民主。

首先，与其他协商民主形式相比，发挥协商民主的作用，是人民政协本身的职责所在，即人民政协是专门发挥协商民主作用的机构。其次，与其他协商民主形式主要表现为程序性制度不同，人民政协作为专门协商机构主要表现为组织性制度。作为正式组织，

人民政协发挥协商民主作用的实践中，所形成的专题协商、对口协商、界别协商、提案办理协商等形式，都具有组织性制度的特征。组织性的而非程序性的协商民主制度，应该是定义人民政协专门协商机构的又一客观依据。

《以大统战大文化视野积极构建多党合作制度话语权研究体系》（隗斌贤，《团结报》2016年8月11日）

话语权的核心是有理论支撑的、有具体内涵的概念或范畴。中国哲学社会科学话语体系的内核，本质上就是马克思主义理论体系，是中国特色社会主义理论通过特定话语的表达方式。社院姓“社”，必须高举马克思主义、社会主义的理论旗帜，研究中国道路、阐释中国思想、构建当代中国马克思主义的话语体系。我院以参政党建设研究中心为平台，致力于参政党建设研究的话语体系构建，以推动多党合作制度话语体系创新。

1. 以优势特色学科建设为基础，为多党合作制度话语权提供理论支持。习近平总书记指出：“支撑话语体系的基础是哲学社会科学体系。没有自己的哲学社会科学体系，就没有话语权。”只有加强统一战线学科建设，提升统一战线学科地位，才能吸引、汇聚相应的研究资源，进而提高多党合作制度研究的国际话语权。

2. 以统战智库建设为平台，为多党合作制度话语权研究凝聚智慧。

3. 以中华文化交流为载体，主动讲好多党合作制度“中国故事”。多党合作制度国际话语权的构建，需要我们面向海外华侨华人和外国友人，讲清楚中国特色社会主义政党制度植根于中华文化沃土、反映中国人民意愿、适应中国和时代发展进步要求，有着深厚历史渊源和广泛现实基础。

4. 以增强“四个自信”为目标，深化社院多党合作制度话语权教学研体系建设。社会主义学院要积极为增强中国多党合作制度话语权贡献力量，就需要以增强“四个自信”为目标，坚持大统战大文化，强化中国方案提供意识，深化社院多党合作制度话语权教学研体系建设。

一是强化政治共识教育理念，进一步推进多党合作教学培训创新。习近平总书记在中央统战工作会议上讲话中，对党外人士教育培养提出了明确要求，就是“要坚持理论培训与实践锻炼相结合，通过理论培训坚定理念信念、增进政治共识”。这为各级社院强化政治共识教育理念指明了方向。

二是强化中国方案提供意识，进一步拓展多党合作制度话语权研究视野。提供中国方案，在多党合作制度研究上既要有本土意识，也要有国际视野。放眼世界，中国当前所实行的多党合作制度确实独具特色。这就决定了我们在研究中国政党政治，进而构建中国特色政党制度理论体系时，必然要更多地依赖于本土经验，唯有如此，才能使我们的研究“脚踏实地”，才能真正使理论与实践统一起来。同时又要认识到，“当今时代是政党政治的时代，中国特色政党制度是世界政党制度的重要组成部分”，因此，加强中国特色政党制度理论研究，也应该有通用的严格的学术规范，必须从世界政党政治的全局出发，正确把握世界政党政治的发展趋势，在坚信中国特色政党制度的生命力、坚持从本国国情出发的前提下，吸收和借鉴世界其他国家政党制度理论和实践资源中的合理因素和优秀成果，从而把特殊性与一般性结合起来，形成自己的话语体系。

三是强化主体责任意识，进一步发挥统战智库多党合作制度研究作用。形成具有自己特色和广泛影响力的统一战线学术话语体系，是我们社会主义学院真正具备自己的特色、风格与气派的重要标志。一方面我们要积极整合资源，重点打造智库载体，建立跨系统、跨区域、跨专业的统战智库专家人才库和跨领域、跨学科的智库论坛、峰会、沙龙品牌。另一方面，充分调动和开发"一校三院"和地方高校、政协、民主党派等研究机构的各种研究之用，形成大统战大文化的集群研究格局。

《协商民主研究的共识和分歧》（韩冬梅，《人民政协报》2016 年 9 月 18 日）

协商民主实践在我国已经有几十年历史，理论研究只有十几年时间。厘清我国学者关于协商民主的共识和分歧，有助于深入理解我国协商民主的相关理论和政策。

（一）内涵和基本特征

内涵主要有两种：一是狭义理解，就是指政治协商制度，是制度化的民主机制，人民政协就是这种民主机制的体现。二是广义理解，是指在基本制度框架下，所有受到决策影响的行为主体，围绕着政治社会生活中的议题，通过咨询、商议、讨论方式进行协商，达成共识。

关于特征的共识是：协商主体主导性、制度规范性、结构多层性、发展进程渐进性、结果高效性。分歧在于：一是内生性。我国协商民主生长于中国革命、建设和改革开放的历史进程中，适合中国实际和文化传统且行之有效。二是植入性。西方协商民主理论引进是我国协商民主理论和实践创新的一个重要外因。

（二）缘起和发展阶段

缘起的基本共识是应该追溯到民主革命时期的政治协商。分歧在于：政治协商在民主革命时期哪个阶段兴起，有第一次国共合作酝酿时期说，根据地"三三制"说，重庆谈判说和重庆政治协商会议说，"五一口号"说。而泛谈我国协商民主思想的源头分歧较大，有古代尧舜时代说、清末咨议局起点说等。

形成标志和发展阶段的基本共识是人民政协第一届全体会议的召开，标志着协商民主在全国范围内的实施。但在具体发展阶段上有分歧：有的分为六个阶段：1949—1954 年稳步发展阶段，1954—1966 年进一步确立阶段，1966—1976 年遭受挫折阶段，1978—1989 年恢复和发展阶段，1989—2002 年推进阶段，2002 年至今健全和完善阶段。有些分为三个阶段：新民主主义革命时期，在"三三制"政权实践初见雏形；中华人民共和国成立初期，基本形成；改革开放新时期，丰富与完善。

关于理论研究确立的标志。许多人认为，中共十八大对健全社会主义协商民主制度的重要部署和阐述，标志着社会主义协商民主理论的正式确立。有的学者提出我国协商民主理论概括始于中共十三大报告提出的共产党领导下的多党合作和政治协商制度和社会协商对话制度。

（三）理论基础和现实基础

关于理论基础。共识是马克思主义的民主政治理论，多党合作理论，统一战线理论，群众路线理论。有的还提出国外协商民主的理论成果和中国和合文化传统。有的提出我国协商民主的哲学基础是马克思主义交往实践论。“主体—客体”关系的发展制约和影响着“主体—主体”关系的实际发展。

关于现实基础。共识体现在四个方面：和合文化资源、社会结构多元分化、政治协商制度资源、丰富的协商民主实践。有的提出了协商民主产生发展的经济条件包括我国基本经济制度和社会主义市场经济，政治条件包括人民当家做主、中国共产党的领导、基层民主政治建设，文化条件包括多元文化主体的存在、近现代民主政治文化。有的提出了网络信息技术支持。有的提出政治体制改革是强大动力。

（四）与选举民主的关系

共识在于：选举民主和协商民主是民主制度的两种不同形式，选举民主主要解决权力来源的合法性，协商民主主要关注决策权和治理权的合法性。二者相互支撑、相互补充。

分歧主要是体现在建设路径和侧重点上。一是在充分完善竞争性选举民主的基础上发展出协商民主。二是规避选举民主的弊端，协商民主理应成为现阶段中国民主政治发展的主要方向。三是就我国历史条件与社会现状而言，将选举民主与协商民主相结合。四是在我国民主政治建设中，没有主辅，也不是简单并存，而是根据实践有所侧重选择适合的民主形式。

（五）体系结构

根据领域来划分，主要有六种观点：一是由人大、政府、政协、民族区域自治、基层群众自治中的协商民主等组成的有机整体。二是由中国共产党领导的多党合作和政治协商制度与社会协商对话制度两个部分。三是国家正式制度安排、国家与社会互动层面、社会内部三个层面。四是国家形态、政治组织形态、政党形态、公民形态。五是政治制度层面、社会治理层面、基层民主层面、公共参与层面。六是扩大党内协商、推进网络协商等新的协商领域。

从协商民主制度构成来看，一是由科学内涵、政治原则、协商文化、社会基础、运作机制、实体规范等构成。二是理论背景和前提，协商民主的定位，制度设计的原则，协商民主要素包括主体、发生领域、形式、程序等。

（六）价值和功能

共识主要有七个方面：一是实现公民广泛有序政治参与。二是促进党和国家决策科学化、民主化。三是协调利益关系、促进社会和谐稳定。四是强化权力制约与监督。五是促进执政方式转变、提高执政能力、巩固执政地位。六是实现基层群众自治与管理。七是培养理性参与精神和文化。

少数学者从协商民主内在特点出发解读其价值。有的认为它体现了民主的本质和发展规律，是社会主义市场经济健康发展的政治保障。有的认为在性质属性、价值目标、政治实践上契合了中国非竞争性政治形态。

《从“咨政”走向政治协商——兼论协商民主对“把政治协商纳入决策程序”的深化》

（蒋德海，《重庆社会主义学院学报》2016 年第 2 期）

把政治协商纳入决策程序是中共十七大提出的重要制度设想。中共十八大特别是十八届三中全会以来，我国把政治协商纳入决策程序的理论和实践都有重大的进展，突出表现是社会主义协商民主的理论和实践日益深化。正确认识和理解这一进展，对于进一步发展和完善社会主义协商民主、在更高的层次上推进社会主义民主政治建设都具有重大意义。笔者拟对这一问题做出探讨。

从历史上看，虽然在我国协商民主概念提出的时间不是很长，但是协商进入决策程序早在辛亥革命后就发生了。清帝退位和南北议和几乎是一场不流血的重大政治变革，是通过政治协商、谈判解决的，在中国政治文明史上有着重要的意义。抗日战争胜利以后，国民政府也曾组织过政治协商会议。当时，中国共产党和其他一些政党都参加了政治协商会议。中华人民共和国成立后，我国不仅有民主协商的实践，更有民主协商的制度和机制。60 多年来，我国的政治协商制度及其实践经历了变化的过程，大致经历了如下 5 个阶段。

第一阶段：协商职能和权力职能相结合。其特点是民主协商和民主选举相配合，在协商基础上形成中华人民共和国成立初期的建政纲领和基本政权结构。第二阶段：协商职能和权力职能相分离。其特点是从权力职能向咨政职能转变。第三阶段：咨政职能进一步丰富和完善。第四阶段：把政治协商纳入决策程序。这表明咨政向协商民主的某种回归。第五阶段：把政治协商纳入决策程序的提法有了重大变化。“把政治协商纳入决策程序”已经成为新时期社会主义协商民主的重要标志，并通过广泛多层制度化的协商民主表现出来。

概括起来，在中共十八大特别是十八届三中全会以后，“把政治协商纳入决策程序”在内容上更加丰富和充实，主要表现在以下 5 个方面。一是作为协商民主的组成部分，政治协商制度在各个方面都有了新的突破。二是从协商民主的主体来看，社会主义协商民主的参与面极广。三是从协商民主的内容来看，协商对象涉及经济社会发展重大问题和群众切身利益的实际问题。四是从协商民主的形式来看，协商渠道进一步立体化。五是从协商民主的机制来看，制度建设进一步得到重视。

从“咨政”到“把政治协商纳入决策程序”再到协商民主的发展，体现了协商民主与决策的内在联系。“把政治协商纳入决策程序”本身就是由民主的性质决定的。同时，从“把政治协商纳入决策程序”到协商民主体现了我国社会主义民主在新的历史条件下的深化。

“把政治协商纳入决策程序”作为社会主义协商民主的本质特征，不仅应得到重视，而且必须成为我国社会主义民主法治建设的主要内容。“把政治协商纳入决策程序”还存在大量的理论和实践问题，要求进一步解放思想和推进、落实。落实“把政治协商纳入决策程序”的重点应放在我国人民政协的政治协商上。

从协商民主的原则和精神来看，协商民主与咨政不是一回事。我们社会中至今仍有不少人把人民政协的政治协商理解为“咨政”，或者将政治协商和咨政相混同。这无疑混淆了政治协商和咨政的区别。有的学者认为“咨政是人民政协与生俱来的属性”，“人民政协的咨政功能经过不断演变和进化，成为人民政协发挥作用的突出特征”。这种观点不准确。咨政是为决策部门提供决策参考，决策部门可以采纳也可以不采纳。咨政本身并不是决策程序的组成部分。民主政治可以用咨政，非民主政治同样可以用咨政，咨政与民主政治没有直接关系。封建社会的皇帝同样需要咨政。进一步完善人民政协制度，落实中央提出的“把政治协商纳入决策程序”的方针，关键是科学合理地设定政协和人大的关系，既把政治协商纳入决策程序，又不搞西方的两院制。最好的办法是让政协成为人大决策的参与机构。也就是说，人大的立法和决策都应当有人民政协的参与。目前，这方面做得比较好的是立法参与。全面推进“把政治协商纳入决策程序”，不仅要进一步推进政协参与立法，还应当进一步推进政协参与人大的决策。

《关于加强我国政党政治过程的研究和教学的思考》（徐锋，《中央社会主义学院学报》2016 年第 4 期）

自觉将过程研究方法引入相关考察并充分关注当代中国政党政治的实际运行，是中国政治实践现实的要求，是政治理论研究发展的要求，也是为了从根本上避免或消除相关理论和实践“两张皮”的现象。

第一，因其体现了促进当代中国政治发展和国家治理现代化的现实需要。解决好制度效能问题、道德风险问题，是政治发展和治理现代化的锚定点。同为历史的政治的过程，政治发展的客观逻辑决定治理现代化的广度和深度，而后者的努力也能动地影响着政治发展的阶段性特征及其前景，两者都取决于特定共同体政治生活的本质以及人们对它的理解。社会主义政治生活始终以马克思主义为科学指导，既非纯粹理性主义，亦非简单经验主义。受现代化及市场经济诱导，当代中国政治生活正从偏重传统整体主义转而兼容理性个体主义，其前景也应属复合实践类型。一方面，此次转型为中国千年未有之变化，政治、经济、社会和文化矛盾纷繁复杂；另一方面，转型总是要总结经验并不断创新和调适，因此，理论建构与经验实践之间难免有所脱节。两者相结合，就可能体现为某些制度运转或体制机制的低效率。对此，总是偏重宏观视角或者仅从“应然”的规范要求把握政党制度及相关问题，显然就看不到、走不出政治发展和国家治理中各种可能的问题与迷思。为此就得踏下心来，切实着眼于改革，将问题的发现、探索和解决引向中微观领域，更多关注那些“是怎样”而非“应如何”的问题。

第二，因其体现了中国马克思主义政治学特别是政党制度研究的内在要求。学者们首先要研究中国特色政党制度这一基本政治制度，特别是要从其在整个制度体系、政治实践中的地位作用开始。原因是，我国的根本政治制度——人民代表大会制度，以及其他两项基本政治制度——民族区域自治制度和基层民主自治制度，都是在它所规范的政党政治过程中建构演绎、充实发展而来的，它们的运转、改革和完善都要继续依托这一政党制度、政党政治的坚持和发展。关于当代中国政党政治，学者们曾长期、普遍地从制度结构及规范伦理层面展开探讨并取得丰硕成果，但显然，要构建当代中国特色、“科学的”政治学，还是更应关注那些运转中的东西，以及那些生成性（Generative）、现实性的方面。规范化、制度化的形式毕竟不是政治活动的前提，而只是其结果。况且，作为具体科学，当代中国政治学也得自觉服从“一切皆体现为过程”以及理论联系实际、实践检验真理等马克思主义基本的世界观与方法论原则。要保持与时俱进的品质，当代中国政治学就必须同时从宏观、中微观层面转向对政治过程的高度关注。就政党制度（政治）研究而言，就必须客观再现中国政治制度特别是它在合理性、合法性上得以现实展开和实际满足的情形，必须如实反映政治生活特别是政党政治在公共、开放和兼容性等方面的特质及体现。从灌输“应怎样”到展现“是什么”，我们的政党政治制度研究需要这么一个关键的转型。

第三，实践探索、理论研究的积累已为相关研究准备了良好条件。马克思主义有鲜明的实践性、彻底的革命性和严谨的科学性，是基于深刻反思和批判的开放理论体系，它在实践层面上导向科学社会主义、人的自由发展和全面解放。此种事业目标，连同其所必需的政治、经济和文化条件的创造，并不能直接依托包括资本主义在内的旧的社会存在特别是经验实践、规范制度而展开，而是首先要从批判和解构旧秩序、建构和推行新秩序开始。就政治生活整体而言，就是要从探索和确立新制度开始。因此，社会主义的政治建设起初都带有鲜明理念建构的色彩，所有相关实践、理论与宣传一开始都必须且只能在某些制度规范的指导下展开，这是不得不承认和尊重的事实。经过近七十年的政权建设，特别是随着改革开放后社会生活的丰富以及政治改革的推进，中国政治建构主导的气质已有所淡化，经验积累和持续改进的特质则在增加。此种由理念建构主导的历史，以及其后趋向经验积累与改进的转换，自然会反映在社会主义国家的政治理论与科学研究之中。并且，伴随政治学学科及教学研究的恢复发展，伴随相关研究方法的陆续引入和推广，基于过程视角与方法来考察当代中国政治，也具备了现实的可能。鉴于政党制度在现代民主政治中的关键地位和作用，着眼于政治发展与治理转型的相关研究以及相关的政治社会化努力，都应当也必须有所反映，特别是对相关政治过程要有浓墨重彩的反映。

《“政治协商会议”名称的六次转变》（虞崇胜、周理，《中共中央党校学报》2016 年第 6 期）

关于“政治协商会议”名称的由来，有各种各样的说法。有的说，“政治协商会议”名称是毛泽东首先提出来的，也有的说是周恩来首先提出的，还有的说是国民党谈判代表王世杰提出来的，也有的说是国民党谈判代表张治中提出来的，再有的说是国民党 CC 系陈立夫、陈果夫提出来的。

诚然，政治协商会议作为党派合作的组织形式，它是适应抗日战争胜利前后国共合作、和平建国的实践需要，国共两党在具体商谈过程中经过多次演变而逐步确定下来的，国共两党以及民主党派中的许多有识之士对此都有所贡献。但是，中国人民政治协商会议最终被确定为人民民主统一战线的组织形式，则完全是共产党人根据当时政治形势和中国革命发展的需要而逐步确定下来的。

综合相关文献和资料可以看出，抗日战争胜利前后，围绕着以什么方式组建新国家的问题，国共两党都曾经主张过以和平的方式、通过协议的形式来进行。具体到以什么方式（平台）来解决两党合作建国问题，在 1947 年前大体经历了国是会议—党派会议—政治会议—政治协商会议等四个阶段。但是，在中华人民共和国成立前夕，中国共产党为了筹建新国家召开的新政协会议筹备会和随后召开的中国人民政治协商会议，就其组织和性质来说，都不是发源于旧的政治协商会议，而是源于五四运动以来中国共产党领导的革命运动和党过去所主张的民族民主统一战线形式。因此，中国共产党领导筹备和建立新的政治协商会议，则经历了新的政治协商会议和中国人民政治协商会议两个阶段。于是，追溯政治协商会议名称的由来，应该包括1947年前的四个阶段和1947年后的两个阶段，总共经历过的六次历史性转变。个中复杂的演进过程和曲折的演进路径，既透视着中国民主政治发展的特殊轨迹，又昭示着中国协商民主的旺盛生命力。

一、国是会议的提出和放弃

共产党最先提出的实际上是“党派政治会议”的主张，即通过召开党派政治会议，成立民主联合政府。但是，蒋介石消极地总结国共内战时期的教训，一直是忌讳党派会议的，坚持通过召开国民大会以实现国民党的一党专政。于是，为了便于谈判能够顺利进行，共产党与民主党派就酝酿提出了召开国是会议的主张以抵制国民党的国民大会。

二、由国是会议到党派会议

针对国民党通过召开国民大会以抵制联合政府的图谋，毛泽东、周恩来分别与民主人士进行了商谈并达成两点共识：停止国民大会进行；从速召开党派会议。中国共产党召开党派会议的主张得到民主党派的认同。但是，蒋介石根本没有联合政府的概念，也不同意召开中国共产党倡导的党派会议。这样正在进行中的国共谈判一度搁浅。

三、由党派会议到政治会议

国共双方针锋相对、关系愈加紧张，以民主同盟为代表的中间力量决定出面调停国共关系。5月28日，民主同盟负责人开会商讨出席国民参政会态度问题，同时决定由左舜生起草致国共两党的信，内容为反对内战，促速实现民主团结、重开谈判。中国共产党此次与中间力量所达成的关于召开政治会议的提议，既摒弃了此前王世杰与周恩来谈判时所提的政治咨询会议提法，也没有坚持由民主党派提出却被蒋介石恨之入骨的“党派会议”，而是采用了“政治会议”的名称。

四、由政治会议到政治协商会议

关于合作建国方式问题，国民党方面不得不同意通过召开合作会议的方式进行，但是仍然要求不用党派会议或政治会议的名称。国民党谈判代表王世杰适时提议会议名称以政治协商会议为好。中共方面认为实质性的问题既已解决，在会议名称上就用不着过于坚持。于是，政治协商会议的名称及其任务便正式商定下来，并写进了纪要。

五、由旧政协会议到新政协会议

在这里特别值得提及的是，旧政协的大门被国民党关闭后，中国共产党并没有放弃政治协商会议，而是将政治协商会议继续作为党派合作的好形式，甚至是将政治协商视为党的政协路线（或精神）。明确这一点，对于深刻把握政治协商的内涵和实质十分必要。

在中共中央纪念“五一”节口号中，虽然提出了“迅速召开政治协商会议”的主张，但当时是将政协会议作为召集人民代表大会，成立民主联合政府的准备会议来看待的。这就是说，当时中共中央是将政治协商会议与召开人民代表会议视为一个整体，都是作为成立民主联合政府的组织形式或组织平台的。

六、由新政治协商会议到中国人民政治协商会议

1949年6月15日，新政治协商会议筹备会在北平开幕。当新政治协商会议即将正式召开的时候，如何给新的政治协商会议以准确定名，成为不得不面对的现实问题。于是，新政协组织法起草小组经过讨论后认为，应该明确将新的政治协商会议与1946年的旧政

治协商会议区别开来，因此提出将新政治协商会议改称为“中国人民政治协商会议”的建议。

《中国政党协商发展中存在问题及未来走向的几点思考》（黄天柱，《观察与思考》2016年第9期）

一、政党协商主体的边界问题

由于历史原因，实践中政党协商的参加主体除中国共产党和民主党派外，往往还包括无党派人士和工商联，这已基本形成一种政治惯例。客观上看，无党派人士和工商联参加政党协商，有特定的历史源流和背景。但应该说，目前民建与工商联尽管从大的方面看，都是联系经济界，但两者之间的关系已不是那么密切，人事和工作边界已逐渐清晰，民建作为参政党、工商联作为人民团体的定性也已非常明确。在这样的大背景下，将工商联作为政党协商的参加主体，作为政治惯例有历史依据和现实需要，但在理论和政策层面必须有清晰的认识和区分，不能有丝毫含糊。分层次，不是搞亲疏远近，而是根据不同对象的属性和特点，赋予不同的角色定位和履职空间。在推进国家治理现代化进程中，治理主体将日益多元，解决每一种主体各司其职、各归其位将显得尤为重要。

二、政党协商与政协协商的程序衔接问题

现有协商渠道中，政党协商和政协协商发育最为成熟，规范化程度也最高，对整个社会主义协商民主体系的构建和完善发挥着引领和示范作用。同时，这两种协商都密切关联着作为我国基本政治制度的中国共产党领导的多党合作和政治协商制度。从制度设计看，两者既有各自的边界和规定性，又相互交融、紧密相连。如何正确把握和处理两者关系，从而使这两种协商有效衔接、高效运转，是实践中必须回答和解决的问题。现实中两者关系面临的主要问题：一是重复协商，即同一个议题分别进入政党协商和政协协商，但协商结果互不相干，从而降低了协商效率，造成了资源浪费；二是替代协商，主要表现为以政协协商替代政党协商，从而矮化了民主党派作为参政党在我国协商民主体系中的地位和作用，也是政治资源的一种浪费。之所以会出现这些问题，除了因为两者的协商主体有交叉外（政党协商的主体也是政协的参加单位），还因为两者的协商内容虽有边界，但也有重合。应通过一定的程序设计，解决两种协商的相互衔接问题。

三、政党协商的监督和表达功能的开发问题

政党协商之所以对整个中国政治体系的完善和政治过程的优化有重要价值，是因为它发挥了一些特定的功能。一是咨政与建言功能。二是监督与平衡功能。三是表达与整合功能。从目前情况看，对咨政建言功能给予了充分重视，发挥得也较好一些，但在监督与平衡、表达与整合方面，给予的关注还不够，功能发挥也有较大改进空间。

四、政党协商向基层延伸与辐射的问题

根据《意见》和《实施意见》的规定，现阶段政党协商实施的层级主要是在中高层，即中央、省（自治区、直辖市）、市（地、州、盟）三级。文件没有对县级（县、市、区）及县级以下的政党协商作出规定。这与当前多党合作制度在纵向上的基本格局尤其是民主党派组织建设的现状是相吻合的：民主党派中央组织健全和规范，省级组织基本健全，市级地方组织发展不平衡，县级以基层组织为主。但这并不代表政党协商在基层没有实施的空间和可能。

五、民主党派参与政党协商的主动性问题

实践中的政党协商，大多数情况下是民主党派围绕中共出的题目提意见建议，议题设置的主动权在中共。但从制度设计看，民主党派是可以主动发起协商甚至主动设置议程的。尤其是书面协商（即通常所说的“直通车”）、调研协商和约谈协商这三种形式大大拓展了参政党主动协商的空间，值得特别关注。

六、政党协商能力建设问题

政党协商能否转化成高质量的治理资源，一个很重要的关键点在于民主党派能否主动地参与协商以及能否提高协商的能力和水平。民主党派参与政党协商不仅需要有战略眼光和合作精神，更需要掌握与政党协商相关的专业知识以及一定的协商方法和沟通技巧。因此，当前支持民主党派加强协商能力建设显得尤为必要和迫切。

《前东欧社会主义国家多党合作的回顾与反思》（林怀艺、于俊，《理论探讨》2016 年第 5 期）

一、前东欧社会主义国家多党合作的理论基础和政治地位

苏东剧变前，东欧 8 个社会主义国家在政党制度上实行共产党一党制的有 4 个，包括阿尔巴尼亚、南斯拉夫、匈牙利、罗马尼亚；实行共产党领导的多党合作制（简称“多党合作制”）的也有 4 个，这 4 个国家有 11 个民主政党（我国称为“民主党派”），其中波兰 2 个，民主德国 4 个，保加利亚 1 个，捷克斯洛伐克 4 个。这些民主政党具有一般政党的特征，如以一定的阶层、集团（一部分农民、职员、知识分子、手工业者、小业主、服务行业员工、宗教信徒等）为社会基础并在一定程度上反映、代表他们的利益，围绕国家政权开展活动等。除此之外，这些民主政党还具有自己的特殊性，这集中表现在，它们不是在野党或反对党，而是认可本国共产党的领导和社会主义制度，并为本国社会主义革命和建设服务的政治力量。

东欧四国之所以能够在较长时间内保持多党合作，同二战后苏东国家在政党制度问题上的认识突破有关。东欧地区被称为情况复杂的“万花筒”。这一地区的政党政治从 19 世纪后期开始就比较活跃。受二战后初期外部环境和本土条件的影响，东欧多数国家的共产党都重视与其他民主政党的合作。像保加利亚的季米特洛夫、捷克斯洛伐克的哥特瓦尔德、波兰的哥穆尔卡、匈牙利的赫格居斯等，都强调当时东欧国家实行的“人民民主制度”是有别于苏联无产阶级专政的道路。由于“冷战”开始后时局的变化，“人民民主制度”嬗变为苏维埃政权之外的无产阶级专政的另一种形式，但多党合作毕竟在东欧四国成为一种客观的现实，因而当时苏东国家领导人和理论工作者对社会主义条件下的政党制度问题进行了有益的探索。

为体现多党合作在国家政治生活中的地位，波兰、民主德国、保加利亚都通过政党立法（主要是宪法规定）或由议会做出一些带法律性质的决议，对多党合作、议会党团、统一战线组织、政党活动等做出相应的规定。同时，这些国家的共产党还在纲领中明确规定与民主政党合作共事，并且党的代表大会或中央全会经常重申这一点。

二、前东欧社会主义国家多党合作的运行和作用

东欧四国通过参与机制、协商机制、选举机制、监督机制、舆论机制、培养机制等，来推动多党合作的运转，其形式主要有：（1）参加国家权力机关。（2）参加政府。（3）参加统一战线组织。（4）参加政党联席会议。（5）对外党际交往。（6）多党合作在东欧四国的政治生活中发挥了一定的作用。

三、前东欧社会主义国家多党合作中存在的问题

（1）“左”的影响在东欧四国多党合作中不仅由来已久，而且根深蒂固。其实，除阿尔巴尼亚之外，东欧国家在“人民民主制度”阶段都存在多个政党，但南、罗、匈受苏联模式的影响而改行共产党一党制。（2）右的干扰在东欧四国多党合作中表现为共产党的领导不力，民主政党最终和共产党分道扬镳。东欧四国一直没有明确民主政党的性质。它们强调各政党的“合作”和“共同行动”，但即便在西方多党制下，暂时建立的执政联盟也会有这样的要求，因而“合作党”很难揭示民主政党的性质。在社会主义国家，共产党兼具领导核心和执政力量双重角色，过多的“执政党”，意味着共产党对国家和社会、包括对民主政党的领导的弱化。这就将共产党的领导同民主政党的组织独立对立起来了。东欧四国共产党在各级委员会中没有设立专门从事统一战线工作的机构，因而对民主政党的动态了解、把握不多不深，没有及时研究、贯彻对民主政党的方针、政策，在支持、帮助民主政党加强自身建设方面也无所作为。东欧四国民主政党尽管声称拥护社会主义，但却奉行自由、平等、公正、宽容、民主、进步、和平、仁爱、福利、人道等抽象价值，有的则带有浓郁的宗教色彩，可惜共产党对民主政党尤其是其所掌握的舆论工具中存在的某些反对社会主义、宣扬资产阶级自由化的思想采取放任态度，导致违背宪法和联盟政策的现象泛滥。此外，东欧四国统一战线组织过于偏重群众性、广泛性而对代表性、进步性关注不够，不但方方面面的社会团体都被囊括在统一战线组织之中，而且公民个人可以自由申请加入统一战线组织。统一战线组织如果鱼龙混杂，形形色色的人带着不同的动机参加进来，就很容易搞散搞乱。

东欧四国在多党合作中存在的“左”的影响和右的干扰，不是截然分开的，而是相互交织、错综复杂、有时候看起来还是矛盾的。当然，可以说前期主要是“左”的倾向，后期主要是右的倾向。有学者在剖析苏共失败的原因时指出：“苏共领导是先‘左’后右、长期‘左’后期右，合葬了苏联模式的社会主义。后期的右是对长期的‘左’的惩罚和反动。‘左’的不改必然助长、导致右，‘左’右互通互长，这是历史的辩证法。”用这个观点来分析东欧四国多党合作的失误、失策、失败，同样是适用的。

《宪法框架下的协商民主及其法治化路径》（马一德，《中国社会科学》2016年第9期）

在中国现代化国家治理体系构建的历史过程中，党的领导与依法治国的关系是个亟须厘清的重大理论问题。习近平指出：“社会主义法治必须坚持党的领导，党的领导必须依靠社会主义法治……党和法、党的领导和依法治国是高度统一的。我们就是在不折不扣贯彻着以宪法为核心的依宪治国、依宪执政，我们依据的是中华人民共和国宪法。”这一回答，道出了党的领导和依法治国的统一点——宪法，这就在理论上提示了梳理二者关系的切入口。

笔者曾提出以社会主义协商民主整合党的领导与人大制度的思路，将《宪法》序言中的党的领导与《宪法》正文中的以人大为核心的国家机构体系，凝练成“中国共产党—人民政协—人民代表大会”的逻辑，认为党的意志经由协商民主而具备了现实正当性，并据此通过人大转化为国家意志，进而推进依法治国。这一思路解释了党从领导人民建国的历史正当性向党领导的多党合作与政治协商的现实正当性的转换，也建构起《宪法》序言确认的党的领导与《宪法》正文中人大体制的逻辑关联。但该文仅停留于“是什么”与“为什么”的观念设想，尚未专门深入展示社会主义协商民主的内在逻辑，也未就此进行制度化讨论。鉴于社会主义协商民主在这一逻辑链条中的枢纽地位，有关社会主义协商民主内在逻辑及其制度化的探讨，对于完成这一后续任务极其重要。

社会主义协商民主是中国社会主义民主政治的特有形式和独特优势。这不仅因为协商是中国政治传统的路径规定，同时也是作为中国共产党政治路线和组织路线的群众路线在政治领域的具体化。社会主义协商民主不是中国民主政治的唯一形式，它与以人民代表大会制度为核心的代议民主一起构成中国社会主义民主的两种重要形式。在学理上，目前对于社会主义协商民主的研究，要么停留于偏重政治宣教而忽略学理研讨，要么就是将西方协商民主理论套用于中国实践。对于西方协商民主与社会主义协商民主的异同，既有研究很少有深刻阐述。这就导致实践发展缺少厚重的理论支撑，社会主义协商民主的道路自信无法与理论自信形成合力。

还应注意到，当前有关社会主义协商民主的制度描述，还停留在经验层面和技术层面的碎片化研究阶段，尚未进入现代国家治理体系的整体建构。一些核心问题并未得到很好的解决：协商是否就是民主？协商民主中的协商与民主的关系如何？协商如何成为民主？回答上述问题，关键是在宪法框架中厘清协商过程与民主程序的逻辑关系，即协商民主在宪法设计的民主代议过程中的定位、功能及制度体现。

在国家治理体系的整体架构下，社会主义协商民主作为群众路线在政治领域的体现，融贯了民主与团结、民主与集中、民主与法治的多重二元主题，与执政党领导的合法性来源以及人大代议民主的运行有效性休戚相关。从群众路线向社会主义协商民主的升华，是作为执政党的中国共产党顺应正当性机制的现代流变，在承继优良政治传统的基础上加以现代化改造的执政方式更新。这一更新，恰恰是理顺国家治理体系中党、政协、人大、人民等诸重复杂逻辑的枢纽所在，由此构造了具有中国特色、延续中国道路、整合中国资源、因应中国问题的现代化中国国家治理体系。

有鉴于此，对社会主义协商民主的法治化进行剖析，实际就是对中国国家治理的整体逻辑予以揭示。在这一观察角度下，中国国家治理实是“执政党—政协—人大—人民”的循环逻辑展现：“执政党—政协”是以人民政协为载体的政治协商；“执政党—政协—人大”则是基于政治协商获得现实合法性的党的主张通过人大制度转为国家意志的过程逻辑；“人大—人民”是双向的选举与依法治国逻辑；“执政党—人民”则是实质为社会协商的党的群众路线的展现。在这一逻辑链条中，社会主义协商民主主要包含两个层次：一是“执政党—政协”中的政治协商；另一是“执政党—人民”的社会协商，二者经由人大制度加以勾连。这在逻辑上决定了党的领导、社会主义协商民主与人大代议民主的内在关联，由此形塑了社会主义协商民主法治化的路径，即在民主决策过程中，塑造“政治协商—立法协商—社会协商”的制度循环，以此指引现实制度进步。这是社会主义中国的民主制度模式和民主道路选择，亦是阐发中国民主理论的依据所在。

《政党协商：国家治理的制度逻辑析说》（杨爱珍，《上海市社会主义学院学报》2016 年第 2 期）

中国共产党提出的“政党协商”有其特定的含义，即专指中国共产党与各民主党派就国家事务进行商讨的民主过程。“政党协商”的概念是从中国共产党与各民主党派的“政治协商”演变发展形成的。政党协商，说到底就是民主治理的一种形式，也可以说是国家治理的基础。因此，对政党协商进行思考，必须放在国家治理体系和治理能力现代化的层面上展开。

在现代政治生活中，政党的执政是在与社会、国家三方有效互动中实现的。从国家角度分析，政党与国家的互动是：政党控制国家运作，国家也影响政党的活动。从社会角度分析，政治参与的广度和深度是衡量社会民主化程度的重要标尺，也是考量政党与社会互动有效性的标志。政党把一端架在社会，另一端架在国家权力机构上，承担着把社会上不同利益群体的诉求和思考导入体制渠道的任务。我国是多党合作制度，各政党在决策前充分协商，最大限度反映各阶层人士的诉求，以寻求社会最大公约数来实行利益的分配。在改革开放前，我国实行的是高度集权的体制，三者有效互动难以展开。执政党采取的是“指挥型”和“取代型”的执政模式。这种执政模式源于中国共产党在与公共权力的构架上，作为执政党在国家权力等级序列中居于公共权力机关之上。民主党派在国家和社会中的定位模糊不清，政党协商必然缺位。加之“左”倾思潮的泛滥，使原本在政治运作中具有“参（参加国家事务的管理）、代（各民主党派代表各自所联系的阶级、阶层的利益，反映了这些阶级、阶层的人们的意见和要求）、监（对共产党和国家权力机关进行监督）、改（自我思想教育和思想改造）”作用的民主党派被边缘化，“改造思想”成为党派的主要工作，在政党协商中只能作为“表态者和响应者”存在，民主党派与社会的连接无形中断，导致社会通向国家权力机关的桥梁变狭窄了。与此相联系，党政一体化在实际运行中产生互相渗透、同化的现象，可以随时打断和整治常规运行的管理体制，政治运动间歇性发生，造成国家不能通过制度化、常规化、专业化途径来吸纳社会的思考、诉求和实现对社会的整合，只能采取以“政治动员”为主要手段的运动型管理模式，即执政党可以通过党的系统打断国家管理过程，使之出现周而复始的党内整风运动、社会革命运动现象，中国共产党与各民主党派都在“运动型管理”中忙于“运动”。运动型管理体制是建立在卡理斯玛权威基础上的，在这种体制下，“协商”是缺少基础的。“政治动员”导致管理运作不时中断，反映了运动型管理模式面临着深刻挑战和困难，凸显以国家政权为依托开展政党协商的艰难。

有效真实的政党协商是中国民主政治发展的重要动力。现代化高速发展推动社会进入转型时期，经济发展导致了社会阶层结构发生很大的变动，超大规模国家发展过程中集聚的矛盾和问题，使得多元利益群体的参与诉求纷纷涌来，原有体制渠道变得空前拥挤。从现实出发，我们把“推进协商民主广泛多层制度化发展”作为“政治体制改革的重要内容”，是对现实需求的回应。推进广泛多层的协商民主制度化发展，这不但是重构中国社会政治生态的需要，也是通过治理创新，全面提升政治体系的产出和功能，提升政治体系的回应性和政治过程的民主性，在强化合法性为轴心的国家治理中，很好地解决了秩序和民主引发的双重压力。只有有序地推进协商民主，才能在告别旧的运动型国家管理模式过程中，政治系统在自我修复和完善中，维护结构和功能的平衡；在“民意输入”和“政策输出”中保持良性互动，避免在转型过程中可能引发的社会冲突导致政治体系失灵和治理失败。从国家治理视角来分析，只有政党协商真实有效，才能带动广泛、多元、多层的协商民主的发展，这也契合了国家治理应走向民主化、法治化、协商化、透明化等现代化方向的要求。

政党协商不仅是对权力制约的制度安排，也是将“民意输入”转为“政策输出”的过程，体现了执政党“执政为民”和参政党“参政为民”的价值取向。是否做到，必须通过监督机制才能保证。建立健全有效的监督机制，一是要透明公开，每次协商都应该通过相应媒体报道，交给民众评议，压缩党政机关自由裁量的空间。二是要有辩论平台。三是要有明确的评价体系。每次协商都要有较为具体的评价体系，由相关的民主党派成员和无党派人士对形成的决策进行评价检查，再把评价结果公布于众，由相关民众来检验协商的成果。

《多党合作基层实践机制创新研究》（罗振建、孙德魁、汪守军，《中央社会主义学院学报》2016 年第 6 期）

坚持和完善中国共产党领导的多党合作和政治协商制度（以下简称“多党合作制度”）的根基在基层。尽管改革开放以来我国多党合作事业随着统一战线由中上层、大中城市向乡镇、村社等基层延伸而延伸，多党合作基层实践机制随着各地对基层多党合作实践基地建设的探索创新而创新，但是，我国多党合作在基层，基础仍然比较薄弱，实践机制仍不健全，相关理论研究明显不足。推动多党合作基层实践机制创新，对助推基层经济社会和谐发展、开展基层多党合作、增强党的阶级基础、扩大党的群众基础、巩固党的执政地位、加强基层民主政治和民主党派基层组织建设，具有重要意义。

多党合作基层实践机制的创新探索

多党合作基层实践机制是指基层民主党派、工商联、无党派人士在基层中共党委领导下，在基层政府支持下，在乡镇（街）和村（社）等基层组织和企事业单位配合下，围绕中心、服务大局，发挥优势、履行职能，在建立以主题鲜明、各具特色的社会服务为主要内容的实践基地中逐步形成和发展起来的一系列制度化、规范化、程序化的方式和机理的总和。自 2012 年以来，重庆市南岸区（以下简称“南岸区”）以基层多党合作实践基地建设（以下简称“基地建设”）为平台，着力推动了多党合作基层实践机制创新。

第一，调研协商机制。以调研促进深入协商、以协商不断优化调研、夯实多党合作基层实践机制运行基础的制度化方式和机理。中共重庆市南岸区委（以下简称“南岸区委”）以基地建设为平台，一是坚持把调研协商贯穿基地建设的全过程；二是吸纳各民主党派和工商联参与调研协商的全过程；三是多方联动、共同协作确保调研协商成果的全落实，不断完善调研协商成果转化机制，提升调研协商成果进入区委、区政府和市委、市政府决策并纳入基层发展规划的成效，定期跟踪分析、分阶段总结基地建设情况，全力确保调研协商成果的全面落实。

第二，科学规划机制。以新发展理念指导基地建设和发展的一系列规划的制度化方式和机理，旨在为多党合作基层实践的科学化运行把握方向。南岸区委以“三坚持、三区别、三突出”，广泛凝聚共识。一是坚持党领导的多党合作的核心理念，区别于单纯以引进项目、资金为主的扶贫帮困目标导向和操作方式，突出民主党派智力优势；二是坚持发挥各民主党派参政议政的政治优势，区别于民主党派注重专家个人智力的传统做法，突出民主党派的整体能力发挥；三是坚持民主党派服务社会的优良传统，突出社会服务的系统性、深入性和可持续性，科学规划论证，精心制定方案，充分发挥南岸区各民主党派和工商联的主体作用，凝聚工作合力。

第三，精准对接机制。是指实现多党合作基层实践的各参与主体、各构成要素和各环节之间精准定位、紧密联系、有效衔接的制度化方式和机理，旨在为多党合作基层实践的规范化运行筑牢保障。南岸区委采取“三下三上”的方式，保障基地建设的规范发展、有序推进。一是组织专家到街镇调研，了解街镇的想法、村居的需求、群众的期盼，各民主党派机关工商联汇集意见后初步确立基地建设的预选街镇；二是将建设意向与街镇沟通，各民主党派区委、工商联根据街镇意愿确定建设选点；三是组织工作组深入了解群众需求，各民主党派区委、工商联提出建设主题，区委统战部统一会审，着力实现主体之间的精准对接，促进要素之间的有效连接，加强环节之间的有机衔接。

第四，广泛参与机制。是指广泛调动各民主党派、工商联、无党派人士的积极性和主动性，确保多党合作基层实践参与主体广泛性的制度化方式和机理。

第五，社会服务机制。是指多党合作基层实践的主体充分发挥优势、履行职能，为基层发展提供社会服务工作的制度化方式和机理。南岸区委致力于民主党派整体功能的发挥，打破其以往孤军奋战的困局，着重从三个方面加强社会服务机制建设。一是培育志愿者队伍形成服务的系统性。广泛动员民主党派、企业家踊跃参与社会服务活动，打造一支结构合理、素质优良、规模适当、组织严密的稳定型志愿者队伍，为辖区群众提供个性化、全方位的服务。二是组建专家团队保障服务的深入性。发挥各民主党派、工商联智力密集的优势，为街镇党委和政府突破基层发展困境提供智力支持，为满足基层群众对生产生活服务不断增长的需求提供深层次的综合服务。三是优化项目平台推动服务的可持续性。以具体项目为抓手，南岸区各民主党派、工商联探索智慧社区建设的新模式、乡村旅游资源开发的新理念和绿色生态旅游发展的新路径。

第六，挂职参政机制。是指充分保障各民主党派、工商联和无党派人士以选派干部挂职锻炼为主要形式履行参政职能的制度化方式和机理。

第七，议政建言机制。是指充分保障各民主党派、工商联、无党派人士以建言献策为主要形式履行议政职能的制度化方式和机理，不断彰显多党合作基层实践的优势和效能。

王江燕　中央社会主义学院中国政党制度研究中心副教授

执政党研究

执政党研究述评

2016年，以习近平同志为核心的党中央强力推进全面从严治党，党的建设取得了辉煌的成就。2016年理论界在党的建设方面也取得了一系列的重要研究成果，大体上可以概括为十个基本方面：一是习近平总书记党建思想研究；二是全面从严治党研究；三是党内政治生态研究；四是依规治党研究；五是党群关系研究；六是反腐倡廉研究；七是党的意识形态安全研究；八是党内政治生活研究；九是基层党建研究；十是党建理论研究。总体而言，2016年执政党研究存在三个鲜明的特点：一是从研究导向上看，理论界紧密围绕中央对党的建设的要求和部署来进行，从理论研究的角度为党的建设实践操作提供理论指导、问题分析和经验总结。二是从研究主题上看，理论界既注重对党的建设基本理论的研究，也不回避当前党建实践中亟须解决的热点难点问题。三是从研究趋势上看，理论界在沿袭一般政党治理理论和马克思主义党建基本原理这两个基本分析框架的基础上，更加注重中国化的党建理论研究，努力建构更加适合中国国情和中国共产党党情的党建理论分析框架，这方面以习近平党建思想研究为显著标志。

一、关于习近平总书记党建思想的研究

2016年党建研究领域存在的一个研究趋势就是对习近平总书记党建思想的研究热度明显升温，研究成果也更为丰富。基于中国知网的学术搜索结果显示，对习近平总书记党建思想的研究成果主要是从2012年开始出现的，近5年来的研究成果数量分布为：2012（7）、2013（1）、2014（14）、2015（34）、2016（65）。由此可见，2016年党建学术界的一个研究重点就是习近平总书记党建思想，学者们分别从习近平总书记党建思想的理论渊源与演进过程、内容体系与内在逻辑、理论品格与思想特征等方面进行了全面深入的研究。学者们的研究认为，党的十八大以来，习近平总书记高度重视党的建设，明确提出了把我们党建设成为“世界上最强大的一个政党”的党建目标，围绕着怎样建设世界上最强大的政党，习近平总书记发表了一系列党的建设新理念、新论断、新观点，形成了习近平总书记党建思想。

（一）习近平总书记党建思想的理论渊源与演进过程

学者们认为，习近平总书记党建思想作为一种科学理论，在形成的过程中，既有一般科学理论形成所必需的理论基础，又有自己的独特理论渊源，同时在理论形成的过程

中又有着明确的理论发展的标志性阶段。习近平总书记党建思想既源于马克思主义党建理论，又根植于中华优秀的传统文化；既有厚重的历史逻辑，又有鲜明的现实关照；既有丰富的思想构成要素，又有严谨的理论发展逻辑。可以说，习近平总书记党建思想的形成，是马克思主义党建理论中国化的最新成果。

韩强在《习近平党建思想的理论和文化渊源研究》(《中共宁波市委党校学报》2016年第4期）一文中认为，习近平总书记党建思想承接于马克思主义党建理论体系，植根于中华传统文化肥沃土壤，反映了当代政党政治文明的发展取向。一是马克思主义党建理论是习近平总书记党建思想的理论源泉。习近平总书记的党建思想既脉承于这一理论体系，又是对这一理论在新的形势下的继承、创新和发展。马克思主义党建理论为习近平总书记的党建思想提供了科学理论指导、基本支撑和具体遵循。二是中华民族优秀传统是习近平总书记党建思想的文化血脉。习近平总书记的党建思想既坚持马克思主义党建理论，又植根于中国传统文化，体现了深厚的文化底蕴和民族情感。三是世界政党政治文明是习近平总书记党建思想的科学参照。习近平总书记作为新一代党和国家领导人，洞悉世界发展和时代特征，对党的建设进行了时代性的前瞻和思考，使党的建设具有了深厚的时代特点、先进本质和中国特色。

黄亦君在《习近平党建思想的历史逻辑和现实关照》(《学习论坛》2016年第4期）一文中认为，习近平党建思想的形成和发展主要是基于新常态下世情、国情、党情等的深刻变化，与马克思、列宁的党建思想和毛泽东、邓小平、江泽民、胡锦涛等党的主要领导人的党建思想一脉相承。在改革开放新时期，面对新情况新问题新任务，习近平更加注重党的建设，在继承和弘扬马克思主义党的建设优良传统的基础上，积极推进党的建设，并且提出了“作风建设永远在路上”“全面从严治党”“坚决反对四风”等一系列新观点新论断新思想。习近平党建思想结合我们党在改革开放大潮中的深刻变化，以中国梦为目标引领党的建设，以全面从严治党为主线加强党的建设，以党的群众路线教育实践活动为载体推进党的建设，实现了马克思主义党建思想中国化、时代化的新飞跃。

马赛、高科在《习近平党建思想的演进历程研究》(《中共太原市委党校学报》2016年第2期）一文中认为，习近平党建思想形成主要经历了四个发展阶段。一是初步形成期：任县、市党委负责人期间的党建思想。这一时期习近平关于党的建设的思想虽处于初步形成期，但立足于对党负责、对人民负责的情怀，立足于解决基层存在的具体突出问题的实际。二是系统成型期：任省委主要负责人期间的党建思想。这一时期习近平党建思想更为系统成型，逐步完成了从解决具体层面的问题到宏观层面设计与具体问题应对并重的转变。三是重要升华期：任中央政治局常委期间的党建思想。这一时期主要对学习型政党的建设、求真务实作风、党员干部自身道德建设对于党的建设的重要性以及重视党的建设的历史经验等方面做了深入阐释。四是全面成熟期：十八大以后习近平的党建思想。党的十八大以后，习近平直面党的建设问题所在，做出了一系列的新判断，逐步形成了“全面从严治党”的战略思想。这一时期的党建思想具有强烈的忧患意识、抓住问题的关键、着力解决突出问题、特别强调持之以恒等突出特点。同时该文提出，始终抱有一种情怀——为民，始终具备一种精神——务实，始终保持一种定力——抓作风建设，始终坚持一种思路——思想建党与制度建党并重，是习近平党建思想演进历程中的主要脉络。

赵仁龙在《习近平党建思想的形成要素探析》(《中共济南市委党校学报》2016年第5期）一文中提出，时代背景、历史渊源、理论基础、文化底蕴及主观条件是习近平党建思想形成的五大要素。其中，一是就时代背景而言，世界多极化、经济全球化、文化多样化、社会信息化深入发展，国际形势总体稳定但不稳定不确定因素逐渐增多是国际背景。经过30多年的改革开放，我国国际地位迅速提升，已经成为一个具有世界影响力的大国是国内背景。中国共产党有8800多万名党员、440多万个基层党组织，是一个拥有13亿多人口大国的长期执政党，担负着团结和带领人民实现中华民族伟大复兴的历史重任是党情背景。二是就历史渊源而言，主要有中国共产党自身建设的经验教训、苏共的党建经验教训、世界主要政党的经验教训等。三是就理论基础而言，主要有坚持马克思主义的指导地位、注重思想建党、坚持民主集中制、保持优良作风、坚持制度治党等。四是就文化底蕴而言，中华优秀传统文化、革命文化和社会主义先进文化这三种文化是习近平党建思想的“根”和“魂”。五是就主观条件而言，习近平的人格品质和丰富的人生经历，正是习近平党建思想形成的重要内在因素。

（二）习近平总书记党建思想的内容体系和内在逻辑

学者们主要从不同的视角来研究习近平总书记党建思想的科学内涵、内容体系及其内在逻辑。可以说，正是因为研究视角的丰富性所形成的研究内容的交叉性，才更为清晰地勾勒出习近平总书记党建思想的体系轮廓和主体内容，以及贯穿整个思想体系的严密内在逻辑。从内容体系上看，主要有“三方面说”“五方面说”“九方面说”“十方面说”等理论观点。从内在逻辑上看，尽管学者们对习近平总书记党建思想的内容构成和思想要素认识不尽相同，但都一致认为习近平党建思想具有严密的逻辑体系。

李景田在《努力构建中国化的马克思主义党建理论体系——深入学习贯彻习近平总书记党建思想的思考》(《中国经贸导刊》2016年第22期）一文中认为，习总书记党建思想以提高党的执政能力、保持党的先进性和纯洁性为主线，阐明了党的建设一系列重大理论和实践问题，具有鲜明的现实性、科学性、系统性、严密性，是一个完整的、科学的理论体系，可以从九个主要方面来理解：第一，提出“中国特色社会主义最本质的特征是中国共产党领导，中国特色社会主义制度的最大优势是中国共产党领导”的重要思想。第二，提出“以人民为中心”“让群众满意是我们做好一切工作的价值取向和根本标准”的重要思想。第三，提出“思想建党与制度治党相结合，同向发力、同时发力”的重要思想。第四，提出“党的作风是党的形象”“作风建设永远在路上”的重要思想。第五，提出执政党“面临的最大威胁就是腐败”，坚持“以零容忍态度惩治腐败”的重要思想。第六，提出“严肃党内政治生活是全面从严治党的基础”“全面净化党内政治生态”的重要思想。第七，提出“培养选拔党和人民需要的好干部”的重要思想。第八，提出“把抓基层打基础作为长远之计和固本之策”的重要思想。第九，提出“管党治党一刻不能松懈”的重要思想。

虞云耀在《习近平党建思想的理论创新及其实践意义》(《中国经贸导刊》2016年第25期）一文中认为，习近平党建思想中具有理论形态和理论意义的创新，内容非常丰富、思想非常深邃，集中体现在以下五个方面：一是提出“党的领导是中国特色社会主义最本质特征”的重要论断，科学阐明了党的领导与中国特色社会主义之间的本质联系。二是把全面从严治党纳入治国理政的战略布局，深刻阐明了治党与治国的本质联系。三是提出把思想建党和制度治党紧密结合，同向发力、同时发力，深化了对马克思主义执政党建设规律的认识。四是提出把权力关进制度的笼子里的思想，指明了新形势下党和国家制度建设的重点和关键。五是提出党建主体责任思想，激发各级各部门党委（党组）管党治党的内生动力。

李君如在《从更广阔的视角来研究习近平党建思想》(《中国经贸导刊》2016年第27期）一文中认为，习近平党建思想一个鲜明的特点就在于把“治党”放在“治国”的大逻辑之中，相关论述已经超越了我们原来“五位一体”的党建大框架。我们应该从十个方面去理解习近平党建思想的重大意义：第一，习近平总书记系列重要讲话能够指导我们在加强党的建设时切中要害，深刻认识党内存在的突出问题。第二，习近平总书记系列重要讲话能够指导我们在加强党的建设时明确目标，以推进国家治理体系和治理能力现代化、实现“两个一百年”目标和中国梦为中心推进党的工作。第三，习近平总书记系列重要讲话能够指导我们在加强党的建设时保持清醒，在各种复杂形势下始终坚持党的领导，特别是加强党对政权和经济社会发展的领导。第四，习近平总书记系列重要讲话能够指导我们在加强党的建设时增强自信，矢志不渝坚持马克思主义信仰、共产主义理想、中国特色社会主义信念，在任何情况下都保持坚定正确的政治方向。第五，习近平总书记系列重要讲话能够指导我们在加强党的建设时严于自律，抓好“关键少数”的思想、政治和作风建设。第六，习近平总书记系列重要讲话能够指导我们在加强党的建设时严肃党内政治生活，营造良好政治生态，整饬党风、政风和干部家风以及民风，有效密切党同人民群众的血肉联系。第七，习近平总书记系列重要讲话能够指导我们在加强党的建设时讲好规矩，树立党章党规和党的制度的严肃性权威性。第八，习近平总书记系列重要讲话能够指导我们在加强党的建设时敢于亮剑，以对党对人民负责的态度深入开展反腐败斗争。第九，习近平总书记系列重要讲话能够指导我们在加强党的建设时厘清责任，党委和纪委统筹协调形成全面从严治党的合力。第十，习近平总书记系列重要讲话能够指导我们在加强党的建设时经济、政治、文化、社会、生态文明建设和党的建设统一部署、相互协调，以实干兴邦精神完成党肩负的历史使命。

李峻在《习近平党建思想略论》[《扬州大学学报》(人文社会科学版）2016年第5期］一文中认为，习近平党建思想主要包含三个方面：一是从继承党的优良传统战略视野思考党的建设法宝，主要表现为习近平党建思想是从一项“伟大的工程”启程而来，推动党建理论与实践不断创新发展；接续党的政治优势和传家宝，强调继承和保持核心精神；继承党的优良传统，运用整风的方法解决突出问题。二是从战略思维层次构建大党建观，习近平党建思想把党的建设与“两个百年”大局联系起来，放在中华民族伟大复兴的背景下加以思考；以历史为最好的教科书和清醒剂，认识党建规律，把握前进方向；以加强作风建设和反腐败斗争为切入口与关键点，推动党的建设。三是从深化制度改革创新党建实践新路径，习近平党建思想提出把权力关进制度的笼子里、积极稳妥推进党的建设制度改革等。总的来看，习近平承继前人理论成果，围绕“建设一个什么样的党、怎样建设党”的主题，开辟了“如何管党、怎样管好党”的历史新课题，在坚持马克思主义建党普遍真理和科学内涵基础上，作出了新的理论贡献，把党的建设提升到新的水平。

（三）习近平总书记党建思想的理论品格与思想特征

习近平总书记党建思想是在承继马恩党建原理的基础上，结合新时期的形势和特点，进一步创造性地发展了我们党的党建理论。在这个创新发展的过程中，习近平党建思想形成了特有的理论品格和鲜明的思想特征。不少学者对这个问题进行了深入的研究，并取得了丰富的成果，主要有“五特点说”和“七特点说”，都反映出习近平总书记党建思想具有鲜明的时代特色和个人特点。应该说，这些理论品格与思想特征，既是习近平总书记党建思想形成的重要标志，也是习近平总书记党建思想独特的理论魅力所在。

邓纯东在《习近平同志关于党的建设重要论述的鲜明特点》（《红旗文稿》2016 年第 8 期）一文中认为，习近平同志关于党的建设重要论述的鲜明特点主要有五个：一是强调党要管党、从严治党，“打铁还需自身硬”。二是强调思想建设是党的建设的灵魂工作。习近平同志强调党的建设要有灵魂，指出保持党的先进性、纯洁性，离不开党的思想建设这一灵魂工作。三是强调要以解决党内突出问题为导向，以党风廉政建设和反腐败斗争的显著成效取信于民。党的十八大以来，习近平同志坚持问题导向，把解决影响党群干群关系的党风廉政问题作为加强党的建设的突破口，进而带动其他问题的解决。四是强调弘扬党的优良传统，同时又要勇于改革创新。习近平同志提出，要将毛泽东首创的我们党重视思想建设的优良传统发扬光大，解决好党组织的先进性、纯洁性问题。五是强调自律和他律的结合，并将其成熟做法上升到制度层面。

王超在《习近平党建思想的核心特点》（《学习时报》2016 年 8 月 18 日）一文中认为，习近平党建思想主要具有五大特点：一是党的意识特别强烈。强化党的意识是习近平总书记党建思想的最核心特点，主要包括四个新论断：要求全体党员要牢记自己的第一身份是共产党员的“第一身份”论、要求全体党员要牢记自己的第一职责是为党工作的“第一职责”论、要求全党同志“始终把党放在心中最高位置”的“最高位置”论、把抓好党建作为最大的政绩的“最大政绩”论。二是治党理念特别清晰。全面从严治党是习近平总书记党建思想中最引人关注的特点，主要表现为三个方面：立规严谨，治党理念与法治精神相契合；问责严肃，治标和治本统筹兼顾；管控严格，自律和他律双管齐下。三是群众观点特别鲜明。群众观点是习近平总书记党建思想的最显著特征，始终强调“人民群众是我们力量的源泉”“人民主体论”和“人民中心论”。四是问题导向特别突出。突出问题导向是习近平总书记党建思想蕴含的重要方法论。五是队伍建设特别强调。加强党员队伍建设是习近平总书记党建思想的重要内容。习近平总书记着重强调的是党员的高素质培养，提出“打铁还需自身硬”的新论断以及党性修养“补钙论”。

郭亚丁在《习近平党建思想的鲜明特点》（《浙江日报》2016 年 1 月 13 日）一文中认为，习近平同志全面从严治党的党建思想具有十分鲜明的七大特点：一是体现了共产党人的历史担当。二是制度治党的思路明确清晰。习近平同志强调，从严治党要做到坚持思想建党和制度治党紧密结合。三是加强党的建设的全面性突出。四是加大管党治党的从严力度。“严”要贯穿党的建设的始终，“严”反映了新时期加强党的建设力度，“严”

就是教育要严、制度要严、标准要严、执纪要严、惩治要严。五是党建思路的传承性明显。在习近平同志的党建思想中，重视党的传统是鲜明特色。六是具有强烈的问题意识。习近平同志全面从严治党的党建思想贯穿着强烈的问题意识、鲜明的问题导向。七是形式与内容表现出了务实风格。习近平同志抓党建工作的思路、对党建理论的阐释、在实践中推动党建工作的方法及采取的措施等等，无不体现务实的行为风格。

周德祥在《习近平党建思想的时代特征与理论品格》(《理论导刊》2016 年第 12 期）一文中认为，习近平党建思想具有五大时代特征：一是将党的建设置于“中国梦”的宏伟愿景之中是习近平党建思想的突出亮点。二是坚持人民主体地位是习近平党建思想的根本要求。三是突出党的建设的全面性是习近平党建思想的鲜明特点。四是突出管党治党的从严力度是习近平党建思想的最大特色。五是注重制度治党是习近平党建思想的重要内容。思想建党是党的建设的基本原则，也是党的建设的优良传统和自身优势。同时，该文进一步提出，习近平党建思想具有四大鲜明的理论品格：一是饱含对国家前途命运的深切忧思和使命担当。二是有强烈的问题意识。三是展现了踏石留印的务实作风。习近平的党建思想贯穿着强烈的问题意识，具有鲜明的问题导向，体现了共产党人求真务实的科学态度。四是彰显了真挚的为民情怀。亲民爱民为民是习近平党建思想的显著特征。

二、关于全面从严治党的研究

全面从严治党是习近平总书记提出的“四个全面”战略布局中的关键一环。总书记一再强调“打铁还需自身硬”，因此无论是全面依法治国，抑或是全面深化改革，还是全面建成小康社会，都需要中国共产党这个领导核心全面加强自身建设。这种思想共识也非常明显地反映在 2016 年的党建理论界研究成果中，学者们从不同的理论视角对全面从严治党的内容与功能、难点与对策、发展与借鉴等问题进行了深入的研究。

（一）全面从严治党的内容与功能

党的十八大以来，全面从严治党成为党的建设新常态。经过 4 年多的党建实践，2016 年全面从严治党已然进入了新阶段。正是在这个基础上，学者们对全面从严治党的内容，特别是其功能作用进行了拓展性的研究，主要是把全面从严治党提升到一个更为广阔的视角来研究，探讨全面从严治党对跳出历史周期律、创新中国特色治党机制以及实现“两个百年”奋斗目标的功能。

张志明在《全面从严治党与跳出历史周期律》(《中国党政干部论坛》2016 年第 11 期）一文中认为，习近平总书记党建思想和治国理政新思想的一个重大创新，就是切实把跳出历史周期律建立在了科学的具体制度安排上，而这些制度安排的最大贡献是实现了三个方面的有机结合：一是实现了思想建党与制度建党的有机结合。这就使我们党走出一条既靠教育也靠制度的治党新路，通过思想建党与制度治党之结合实现全面从严治党知行合一的理念和制度创新。二是实现了依规治党与依法治国的有机结合。只有以《党章》为核心的党内法规制度体系与以《宪法》为核心的中国特色社会主义法律法规制度体系二者互动起来，制度安排上衔接起来，才能最终找出党走出历史周期律的真办法。三是实现政党治理体系现代化与国家治理体系现代化的有机结合。这是中国共产党运用现代国家原理治理党和国家的历史性进步，形成了党的领导、人民当家做主与依法治国有机统一的新的制度文明模式。这一制度文明模式的逐步生成，将进一步以党和国家科学的制度安排和现代化的治理体系，更好地保证全党长期执政条件下成功跳出历史周期律的支配。

王浦劬在《深化推进全面从严治党 创新中国特色治党机制》（《中国高等教育》2016年第22期）一文中认为，党的十八届六中全会实施全面从严治党的总体思路，是思想建党与制度治党、弘扬信仰与制约权力、信任激励与严格监督、党内监督与外部监督有机结合起来，构建和形成全面从严治党的有效实施机制。主要包括七个方面：一是思想治理。即弘扬共产主义远大理想和中国特色社会主义共同理想，增强党的自我完善能力，坚定对中国特色社会主义的道路自信、理论自信、制度自信和文化自信，强化政治定力。二是制度治党。即建立健全党内政治生活制度体系，形成体系化的党的动力活力激发制度与监督约束治理制度，把思想建党与制度治党有机结合起来，使得治党的制度内化为党员干部和广大党员的党性修养和自觉行为。三是权力制约。科学合理有效的权力制约和监督机制，是依规依纪治党的关键枢机，也是保证党拒腐防变、清正廉洁和风清气正的持续免疫设施。四是民主治理。党的民主治理机制，是党实现自我净化、自我完善、自我革新和自我提高的长久可靠机制。五是责任治理。即建立和完善治党责任机制，按照党章党规党纪建立健全赋责、究责和追责制度，是落实从严治党的重要机制。六是重点治理。即通过重点治理带动普遍治理，是全会治党机制创新的重要亮点。七是预防治理。通过信仰确立、信念巩固、理论学习、党性修养、慎独慎微，建立健全党的领导干部和党员主观预防机制，通过持续教育、监督警示，“坚持惩前毖后、治病救人，抓早抓小、防微杜渐”，则是治党的客观预防机制。只有通过内外结合，真正形成治党的有力有效的预防机制，才能保证党的肌体健康健全，立于不败之地。

张士义在《全面从严治党的历史观照》（《中共党史研究》2016年第12期）一文中认为，党的十八届六中全会把全面从严治党作为主题，充分体现了以习近平同志为核心的党中央对中国共产党过去、现在和未来的历史观照。一是从严治党是中国共产党加强自身建设的优良传统。在新民主主义革命时期，从严治党就已形成好的传统。在中华人民共和国成立初期，从严治党传统得到巩固和发展。进入改革开放新时期，从严治党走上规范化、制度化轨道。二是全面从严治党是十八大以来管党治党新实践的显著特征。十八大以来全面从严治党的实际工作，主要体现在以下六个方面：抓思想从严、抓管党从严、抓执纪从严、抓治吏从严、抓作风从严、抓反腐从严。三是实现“两个一百年”奋斗目标必须坚持全面从严治党。

（二）全面从严治党的难点与对策

学者们认为，当前全面从严治党已经进入了新的阶段，在新的阶段其所面临的问题与难点不同于初步推进阶段。因此，非常有必要对全面从严治党在新阶段的难点进行深度剖析，厘清当前全面从严治党的困难所在和重点所在，并据此提出相应的治理策略，进一步推进全面从严治党。在这些研究中，学者们比较注重从加强党内民主建设、落实全面从严治党的责任、推进全面从严治党的若干关系等方面进行研究。

李景治在《全面从严治党需要加强党内民主建设》(《长白学刊》2016 年第 3 期）一文中认为，全面从严治党的深化，最重要的是要进一步完善党内民主制度。一是加强党内民主建设是全面从严治党的基础和可靠保障。发展党内民主是调动广大党员的积极性、主动性和创造性的根本途径，加强党内民主建设与党风廉政建设和反腐败斗争相辅相成。二是全面从严治党需要进一步健全党内民主制度体系，进一步落实党员的知情权、参与权、选举权和监督权。三是全面从严治党需要进一步完善党代会制度。特别是要着重加强三个方面的工作：落实和完善党代表任期制、建立健全党代表提案制、深化地方和基层党代会制度改革。四是全面从严治党需要认真贯彻落实民主集中制。第一，只有坚持民主集中制，各级领导班子才能真正建立起健康有序的工作和决策机制。第二，只有坚持民主集中制，才能在领导班子内部形成民主平等的同志关系。第三，只有坚持民主集中制，才能实行科学决策，避免决策失误。第四，只有坚持民主集中制，才能在领导班子内形成监督制约机制。

李斌雄、张银霞在《基层党组织落实全面从严治党责任及其问责机制探讨》(《探索》2016 年第 1 期）一文中认为，实行大党治理责任制是大型执政党管党治党建设党的一种新探索。在现实操作中，落实主体责任存在责任虚置、“两难选择”以及责任不明、履责不佳、考责不严、追责不力等问题。而基层党组织落实全面从严治党主体责任是加强基层党组织建设、落实全面从严治党的“牛鼻子”，是发挥基层党组织整体功能的必然要求，是全面建成小康社会的组织保障和政治保证。因此，各级党组织必须牢固树立把抓好党建工作作为最大政绩的理念，树立责任链条理念、责任绩效理念和举证责任倒置理念，通过建立责任清单、项目清单和整改清单来分解主体责任内容；建立由被追责党组织的专项报告和责任人的专项述职、责任追究主体的专项考核结果、问责情形判定、问责方式和问责程序共五个环节构成的问责体系来推动基层党组织落实全面从严治党责任。

刘红凛在《新时期全面从严治党的基本遵循》(《中共福建省委党校学报》2016 年第 4 期）一文中认为，对新时期全面从严治党的基本规律，需立足党的性质、宗旨与历史使命，从党的自身建设、党的领导、党领导的伟大事业相统一角度来全面加以把握；需紧密结合执政党建设规律、社会主义建设规律与人类社会发展规律来深刻认识；需在世界政党治理比较中来深化认识、从合规律性与合目的性统一中明确方向。概括地说，以党的先进性为准绳、以对不良政治现象“零容忍”、以从严治吏为关键来推进全面从严治党；以健全完善的科学制度来规范与保障、在自律与他律的统一中来推进、以科学的党建责任制来落实、在治党与理政的统一中来协调、以政党治理体系现代化来推进全面从严治党，可谓新时期全面从严治党的基本遵循。八个方面不是孤立的，而是相辅相成、有机统一的。这是从严治党的主线与目标、态度、重点对象、制度保障、主观能动性、责任落实、制约因素、治理模式与方式等的有机统一。

（三）全面从严治党的发展与借鉴

要把全面从严治党推向纵深发展，就必须从两个方面着手，一是从更高的战略高度上来认识和部署全面从严治党，进一步明确全面从严治党的关键环节。这方面的研究，学者们主要是集中探讨全面从严治党与执政安全以及反特权问题。二是要从国内外政党治理的经验中借鉴有益经验。这方面的研究，有学者从政党比较的角度研究总结了国外执政党加强自身建设的若干经验，也有学者着眼于多党合作的视角，探索民主党派在帮助中国共产党推进全面从严治党中的角色定位与功能作用。

徐晨光、黄智勇在《全面从严治党与执政安全》(《湖南师范大学社会科学学报》2016 年第 2 期）一文中认为，党的执政是历史的选择、人民的选择，是由党的先进性和纯洁性所决定的。党的十八大以来，新一届中央领导集体，在管党治党方面不断采取了新的举措和行动，在理论和实践上将从严治党不断推向深入，全面从严治党成为新一届中央领导集体治国理政总体框架的重要组成部分，成为全党全社会凝聚形成的基本共识。全面从严治党是从理论上对管党治党的战略思考和深化，是从实践上对管党治党的探索和推进，更是从党的自身建设的角度对党的执政安全的深刻思考和实践表达，对深切维护党的执政安全有着重要的战略意义。该文的主要观点在于，从思想建设从严与党的价值安全、组织建设从严与党的队伍安全、作风建设从严与党的根基安全、反腐倡廉从严与党的肌体安全、制度建设从严与党的运行安全等五个方面深入论述了全面从严治党和党的执政安全之间的密切关系，认为全面从严治党是保证党的执政安全的重要举措。

韩冰在《全面从严治党视阈下的反特权问题探析》(《中共中央党校学报》2016 年第 5 期）一文中认为，全面从严治党内在要求反特权，反特权为全面从严治党注入新内涵与新动力。该文提出了比较多的重要观点，主要包括：一是重新审视全面从严治党形势下的特权问题。从某种意义上讲，特权与腐败的关系实质上就是“本”和“标”的关系，特权是滋生腐败的重要源头和温床。特权更多地表现为“潜在性腐败”，因为通过量变到质变的转化，特权思想、特权行为就可能发展泛滥成为腐败。当前特权问题滋生蔓延与过去一定程度上存在管党不力、治党不严紧密相关。二是准确把握全面从严治党视域下反特权特点及其规律。反特权范畴比过去有所扩大、反特权力度比过去明显加大、反特权难度比过去日益增大是当前反特权斗争的新特点、新变化。反特权的基本规律有：执政党领袖集团必须具有反特权坚强意志和坚定决心，并有力整合党内外各主体力量形成反特权共识与合力；必须坚持思想建设与制度建设并重，以正确思想为引导、以科学制度为规范来反特权；必须将反特权纳入全面从严治党顶层设计，从两者内在逻辑关系出发一起部署、协同推进；反特权斗争具有长期性、复杂性，全面从严治党条件下反特权仍不可能一蹴而就、一劳永逸。三是着力构建全面从严治党视域下反特权路径与长效机制。落实从严治党责任，领导干部带头抵制特权；坚持思想建党与制度治党紧密衔接、刚柔并济；坚持从严管理干部、严肃党内政治生活，对特权保持高压态势；持续深入改进作风，严明党的纪律，对特权实行“零容忍”；发挥人民监督作用，对特权现象形成“人人喊打”的生动局面；建构反特权长效机制，使反特权斗争常态化、持续化。

陈松友、刘帅在《国外执政党建设对中国共产党全面从严治党的启示》(《当代世界与社会主义》2016 年第 3 期）一文中认为，执政党建设是关系到执政党能否增强执政能力、提高执政水平、巩固执政地位的重要问题。国外执政党为应对全球化、信息化、民主化的大潮，采取了一系列新的党建举措，呈现出了一些新的发展态势。在当前中国共产党推进全面从严治党的进程中，我们必须放眼全球，认真学习和借鉴国外政党自身建设的有益经验。该文总结了国外执政党加强自身建设的基本经验主要有4条，即重视思想建设、坚定理想信念，革新党的组织体系、密切党群关系，注重制度建党、推进政党运作规范化，健全反腐败体系、树立反贪腐意识。国外执政党的自身建设，无疑对于当前中国共产党全面从严治党、提高党的建设科学化水平具有一定的借鉴作用。主要表现在：推动理论创新、补足精神之"钙"，抓好组织建设、紧密团结群众，完善党的制度体系、提高依法执政能力，完善党的制度体系、提高依法执政能力，倡导廉政文化、加强干部监管。

郑又贤在《民主党派在推进全面从严治党中的角色定位》(《中共福建省委党校学报》2016年第3期）一文中认为，一定要纠正两种相互联系的错误认识：一是认为，共产党全面从严治党只是共产党自己的事，同民主党派无关；二是认为，从严治党只是对共产党来说的，民主党派不存在从严治党的问题。全面从严治党是"四个全面"战略布局的重要方面，是实施"四个全面"战略布局的领导和组织保障。但这离不开参政党的监督和推进。各民主党派应该明确自身的角色定位，在贯彻实施"四个全面"战略布局中为全面从严治党作出自己应有的贡献。该文认为，各民主党派要认真履行参政监督职责，积极推进中国共产党全面从严治党。推进共产党全面从严治党是民主党派参政监督的题中应有之义，执政党全面从严治党的"开门"特性决定了民主党派推进的可能性，民主党派要在推进共产党全面从严治党中明确自己的角色定位。那么，民主党派究竟应该如何定位？该文提出的主要观点包括：其一，民主党派要协助共产党寻找存在的不足或问题。其二，民主党派要了解并向共产党转达群众的意见或建议。其三，民主党派要监督共产党按既定的方案、程序、方式开展全面从严治党。其四，民主党派要督促共产党在全面从严治党中充分吸纳群众的正确意见。其五，民主党派要针对共产党全面从严治党的实际情况，随时提出改进工作的批评或建议。

三、关于党内政治生态的研究

全面从严治党就是要全面净化党内政治生态，实现党内政治生态的"绿水青山"。因此，2016年学者们对党内政治生态的研究主要聚焦于两个方面：一是深入探讨党内政治生态的一些基本理论问题。学者们主要对净化党内政治生态的成就、党内政治生态的现状、问题以及如何正确看待党内政治生态内部的各种关系等进行了比较深入的分析。二是提出党内政治生态的若干治理策略。如何进一步优化党内政治生态是学者们的研究焦点，针对当前党内政治生态存在的一些问题，有不少学者从各自的研究视角如德治、领导干部家风、制度治党等对如何进一步优化净化党内政治生态提出了相应的对策，形成了比较丰富的研究成果。

（一）党内政治生态基本问题

要净化党内政治生态，就不能不对党内政治生态的一些基本理论问题，诸如评估党内政治生态的基本现状、分析党内政治生态的现存问题以及厘清党内政治生态中的各种政治关系等进行厘定。有学者认为党内政治生态的进展主要可分为理论进展和实践进展，要进一步推进党内政治生态的治理成效，不仅要从宏观的角度上把握和处理好五个辩证关系，更要从微观的视角上正确对待和调适好官员心态。

李清泉在《十八大以来全面净化党内政治生态取得重大进展》(《人民论坛》2016 年第 24 期）一文中认为，十八大以来，全面净化党内政治生态取得重大进展：一是初步形成全面净化党内政治生态的理论成果。包括：为政清廉才能取信于民，秉公用权才能赢得人心；要培育清正廉洁的价值操守，使清风正气得到弘扬；改进工作作风，就是要净化政治生态；严惩腐败分子是保持政治生态山清水秀的必然要求；要坚持正确用人导向，把好干部选出来、用起来，形成能者上、庸者下、劣者汰的政治生态；突出领导干部这个关键，积极营造风清气正的政治生态；要坚持以改革思路推进体制机制和制度创新，促进政治生态不断改善；减少腐败存量、遏制腐败增量，重构政治生态的工作艰巨繁重，必须决战决胜。二是成功地探索了净化党内政治生态的实践成果。主要包括：持之以恒纠正“四风”，党风政风民风社风焕然一新；严肃党内政治生活，各级领导干部的党员意识和组织观念明显增强；创新体制机制，扎牢制度笼子；严惩腐败分子，坚决清除党肌体中的“毒瘤”。全面净化党内政治生态是一个动态过程，党风廉政建设和反腐败斗争永远在路上。

夏远永在《净化党内政治生态的五个辩证关系》(《中共福建省委党校学报》2016 年第 12 期》) 一文中认为，政治生态的实质是要维持政治权力和个人权利之间的动态平衡关系，研究政治现象、政治问题及其政治规律。只有正确把握思想建党与制度治党、党纪反腐与国法反腐、党员干部权力与群众民主权利、党员干部权力与责任、从政风险与良性政治生态等一系列辩证关系，才能净化党内政治生态，构建风清气正的党内政治生态，需要把握好五个辩证关系：一是思想建党与制度治党的辩证关系，实际上也就是要把握好依规治党与以德治党的辩证关系。二是党纪反腐与国法反腐的辩证关系，既要坚持不断完善和严格执行党纪，更要具体细化和贯彻落实国法。三是党员干部权力与群众民主权利的辩证关系。四是党员干部权力与责任的辩证关系。五是为官从政风险与良性政治生态的辩证关系。

胡月星在《政治生态建设与官员积极心态》(《中国党政干部论坛》2016 年第 3 期）一文中认为，积极心态是维系政治生态环境的活力基因，主要包括“七心”：一是责任担当心，责任担当既是营造政治生态环境的客观要求，也是衡量官员健康心态的重要指标。责任担当主要体现为五种精神，即对自己负责的精神、对组织负责的精神、对地区部门发展的负责精神、对群众利益的负责精神、对未来发展负责的精神。二是感恩快乐心，对于官员来说，感恩快乐心主要体现在感谢组织培养、感谢群众拥戴、感谢亲情呵护、感谢岁月沧桑。三是组织忠诚心，主要是对国家忠诚、组织忠诚、事业忠诚、信仰忠诚。四是利他关爱心，利他行为是一种积极行为，是个人身心健康快乐的愉快体验。对于官员而言，仅考虑“得志”是远远不够的，最重要的是“泽加于民”，让大家分享收获的喜悦，共同体验成功的愉快感受。五是积极进取心，造成官员“职业心理枯竭”的主要原因是他们对未来产生了迷茫以致造成了怀疑、紧张乃至忧虑，失去了进取的精神追求。六是敬畏自律心，要敬畏制度、敬畏权力、敬畏历史。七是自尊自信心，官员要有目标自信、行动自信和心态自信。

刘先春在《新时期优化党内政治生态若干问题研究》(《思想理论教育导刊》2016 年第 12 期)一文对努力营造良好的党内政治生态提出如下看法：一是优化党内政治生态关乎党的事业成败和民族兴亡，优化党内政治生态是推进全面从严治党的内在要求、优化党内政治生态是巩固党的执政基础和执政地位的迫切要求、营造良好的党内政治生态是实现民族复兴的政治保障。二是新时期优化党内政治生态必须坚持的基本原则，优化党内政治生态必须遵循普遍规律与特殊规律相结合、制度建构与文化涵育相统一、党内治理与干事创业相促进的基本原则。三是新时期党内政治生态的优化路径，新时期优化党内政治生态是一项系统工程，坚守共产党员理想信念和政治本色是优化党内政治生态的首要任务，坚持正确选人用人导向是优化党内政治生态的组织保证，建设廉洁政治和树立优良作风是优化党内政治生态的重要环节，严明政治纪律和严肃党内政治生活是优化党内政治生态的根本保障。

（二）党内政治生态的净化

党内政治生态的净化是一个复杂的系统工程，绝非一时之举，亦非一日之功，而是需要在厘清问题的基础上对症下药，步步为营、稳打稳扎，才能收获实效。在这一点上，学者们有着明显的共识，比如既注重刚性的制度推进，又强调柔性的德治因素，特别是领导干部的家风问题。同时，在具体的推进策略上，强调整体性、立体性、长期性的推进方式。

魏岳在《廉洁政治生态构建中德治的内涵解读及推进策略》[《广州大学学报》(社会科学版)2016 年第 6 期]一文中认为，领导干部德的好坏，事关社会风气好坏、人民利益得失、党和国家事业的兴衰。该文的主要观点有：一是领导干部道德失范的发生根源。理想信念的动摇，是领导干部道德失范的内因；用人导向的偏差，是领导干部道德失范的诱因；监督机制的缺位，是领导干部道德失范的成因。二是全方位、多角度建立领导干部道德失范监督科学体系。委托第三方对领导干部失德行为进行定人定项监督、利用新媒体对领导干部失德行为进行全面监督、发动广大群众对领导干部失德行为进行常态化监督、组织党政机构对领导干部失德行为进行巡察监督。三是从源头和机制上探寻德治路径重塑道德规范。依托宣传载体，引领崇尚道德催生新风；常态化道德教育，增强廉洁心理培养；植根心灵引导，不断提升定力、抵制诱惑；引入考评机制，推进官德规范化建设进程；建立惩戒制度，对官德失范行为进行严肃查处。

邹庆国在《领导干部家风建设与党内政治生态净化》(《中州学刊》2016 年第 11 期)一文中认为，“家庭—国家”的逻辑理路是政治学研究的一个重要传统。家庭伦理秩序与政治生活秩序具有双向涵摄、互为建构的内在关系。当代中国政治体制架构的基本特点决定着党内政治生态是国家政治生态的核心。作为党内政治生活主体中的“关键少数”，领导干部的家风具有政治性、先进性、示范性特征，其家风败坏是党内政治生态局部恶化的重要诱因。党内政治生态是党内政治系统各构成要素之间关联互动状态的综合映射。该文提出的重要观点是，净化党内政治生态要采取三个方面的措施：一是应以领导干部角色冲突的调适为先导，促进党内政治文化心理的净化。二是以领导干部家庭内外关系为重点，促进党内政治关系的规范建构。三是以细化从严治家制度为保障，促进党内制度体系的健全完善和有效运行。重视家规家训的治理功能、建立领导干部家风失范问责机制、把家风建设纳入干部考核的标准体系、健全领导干部家风建设的监督制度。

曾毅在《思想建党与制度治党同向发力净化党内政治生态》(《中国党政干部论坛》2016 年第 11 期）一文中认为，我们党的建设从革命时期的“思想建党”到改革开放之后的“党的制度建设”，再到十八大以来“思想建党和制度治党相结合”，把建党和治国统一起来，是党的建设的一次飞跃，党建不再是单纯的党的视野下的工作，更是治国理政的大事，应该在国家治理现代化的视野下看待新时期的党建工作。从全面从严治党、净化党内政治生态出发，通过“全方位扎紧制度笼子”而实现国家治理现代化，“更多用制度治党、治权、治吏”。可见，党的建设是国家治理现代化的重要组成部分，这是党建工作必须要有的新视野，这就是党内政治生态的视野。该文指出，净化党内政治生态是我们党在新时期必须解决的新课题，净化党内政治生态是实现国家治理现代化的关键一招，净化党内政治生态是一个系统工程，需要思想建党和制度治党的同向发力、同时发力。

陈松友、刘帅在《制度治党：优化党内政治生态的现实性及路径选择》(《河南社会科学》2016 年第 5 期）一文中认为，制度治党是政党进入制度化阶段的一种治理形态，是为适应客观环境变化和政党自身发展的需求，是以制度化的方式管理党内事务、规范党员行为，全面提升党的思想聚合、组织严整、作风净化、反腐倡廉等内部治理能力，实现政党运行的规范化、科学化。政治生态是政治系统中政治行为主体间的关系及其政治行为与社会环境互动中呈现的整体状态，政治生态的状况直接影响到党执政地位的巩固和国家发展的全局。中国共产党制度资源开发的最终目的在于规范党组织、优化政治生态，保持政党可持续发展。该文分析了实际运行中制度治党面临的主要问题有：制度体系不完善、制度更新不及时、制度系统不协调等制度缺位问题，因党内制度缺乏配套保障机制导致的制度虚置问题，党内“潜规则”等非正式制度对党的制度效能的消解，以及党内依旧残留的人治思维对制度权威性的“掣肘”。因此，要完善党内治理结构、优化党的政治生态，就必须从顶层设计着手，解决制度治党的系统设计问题；主抓制度执行力，提升制度治党体系绩效；净化党内“软环境”，破除制度治党负能量；倡导党内制度文化，培育制度治党的精神。

何为芳、张加明在《构建党内良好政治生态不能打折扣》(《人民论坛》2016 年第 31 期）一文中认为，中国共产党是一个具有 90 多年发展历史的马克思主义政党，构建健康纯净的党内政治生态，不仅关系到党的建设与发展，也关系到国家与民族的前途命运。对于如何构建良好的党内政治生态，该文提出了四个方面的具体措施：一是增强党性观念、树立宗旨意识，厚植为党为民工作的思想土壤。增强党性观念，关键是做到三个“在党入列”，即思想上在党入列、政治上在党入列、行动上在党入列。树立宗旨意识，重点要解决好“我是谁、为了谁、依靠谁”等根本问题。二是正确处理党内同志关系，营造党内同志之间互敬互信、平等相待的良好氛围。党内同志关系的本质，是一种民主平等的关系。党内同志关系事关政治立场，必须旗帜鲜明地反对党内关系庸俗化。三是严肃党内政治生活，构建党内良好政治生态。严肃党内政治生活是构建党内良好政治生态的关键，要加强制度设计、增强参与自觉、提高质量与效果。四是推进制度治党，保持惩治腐败高压态势。

四、关于依规治党的研究

习近平总书记在第十八届中央纪律检查委员会第六次全体会议上指出："我们深入研究探索，汲取全党智慧，坚持依规治党和以德治党相统一，坚持高标准和守底线相结合，把从严治党实践成果转化为道德规范和纪律要求。"总书记提出了坚持依规治党和以德治党相统一，这不仅进一步丰富发展了新时期我们党的建设理论，而且也引发了学术界对这个重大课题的研究热潮。概而言之，2016 年学术界对依规治党的研究大体上有三个主要的方面：一是对依法治党的研究，即什么是依规治党、如何更好地依规治党，这可以说是整个依规治党研究体系的基础性环节；二是依规治党与以德治党的关系研究，即厘清二者之间的边界、做好二者之间的衔接、发挥好二者的党建合力作用；三是依规治党与依法治国的关系研究，从政治学的一般原理上看，党是人民实现利益诉求的一种工具，是国家和社会之间的中介，那么在研究党建的时候就必然要将其置于党—国家—社会的分析框架中来考量，由此就引发出依规治党与依法治国的关系问题，主要是如何看待二者之间的关系，特别二者之间的衔接互动问题，这也是本年度学者们研究的重点。

（一）依规治党

依规治党是党的十八大以来我们党着重强调的党建范式，与党内法规建设略显不同的是，依规治党更加突出了党内法规的执行力，更能彰显以党内法规治党的动态过程和持续效力。那么，依规治党的具体内涵是什么？我们党要通过依规治党实现什么样的党建目标？更具体的问题还在于，如何扎实有效地推进依规治党？有没有可资借鉴的历史经验？围绕着这些基本问题，学者们进行了深入的研究。

鞠成伟在《论依规治党的观念前提与制度方法》（《马克思主义与现实》2016 年第 4 期）一文中认为，依规治党的提出，是我们党自身建设的一次革命，是我们党实现从"革命党"向"执政党""建设党"转变的一个巨大飞跃，标志着法治思维开始进入管党治党领域。该文提出的主要观点有：一是依规治党的四个观念前提。依规治党意味着治党方式的革命性变革，是新时期我党增强执政合法性、提升执政能力的战略抉择；依规治党意味着党接受规则之治，是党的治理方式从"人治"到"法治"的根本转变；依规治党意味着国法、党规、政规多元，对依规治党之"规"不应作狭隘的理解，这里的"规"应是国家法规、党内法规、政治规矩的集合体，是效力等级有差异的有机整体；依规治党意味着我们在管党治党过程中应遵循法治、民主、程序公正等基本善治价值理念。二是依规治党的制度方法。依规治党作为管党治党的规范性举措，主要有两大类制度方法：一类是"法律方法"，即用法律管党治党；一类是"党内规则方法"，即用党自己的规章制度管党治党。就前者而言，就是要加快制定相关法律法规，使依宪执政有据可循；要科学界定执政权，实现执政法制化；要建立健全党委依法决策的体制机制。就后者而言，就是要完善党内规则体系；实现党内规则体系"法治化"，也就是要推进党的治理本身的法治化；强化问责，促进对党、对人民负责。

蔡文华在《论依规治党的内涵、目标及其实践路径》(《探索》2016 年第 4 期）一文中认为，依规治党是中国共产党从革命党向执政党转变以后所面临的重大课题，随着执政经验的丰富和理论上的成熟，党越来越意识到依照党内法规调整党组织关系和党员行为的重要性，通过法规来体现集体意志、统一行动步伐、规范成员言行、保障个体权利，从而使党的建设走上一条“法治化”的新路子。该文提出的主要观点有：一是依规治党的内涵，依规治党就是执政的中国共产党着力于推进社会主义国家治理体系和治理能力现代化，在依法治国的基础上，制定、完善党内各项规章制度，使全党各级组织和全体党员自觉执行相关制度，促进执政领导体制的科学化。可以说，依规治党是制度建设的深化和细化，它与党内法规建设也有很大不同，其最重要的区别在于“治”上，党内法规建设隐含了静态的法规制度订立，而依规治党则更多体现在法规建设基础上的动态治理过程中，更具有实践性。二是依规治党的目标，依规治党不应局限于党风党纪建设这一范畴内，而是要与党内治理结合起来，其目的是探索执政条件下无产阶级政党建设的规律，按照现代法治精神使党更加适应社会主义现代化的领导角色，通过加强和改善党内组织运转机制，从而转变执政方式，提高领导水平，其最终目标是服务于党领导的社会主义建设事业，实现党的最高纲领。三是实践路径，要把发展党内民主融入依规治党的过程之中，订立“良规”是依规治党的紧迫任务，党员干部自律是依规治党的内在支柱。

管新华在《依规治党的历史溯源、现实设计和未来推进》(《探索》2016 年第 2 期）一文中认为，全面从严治党、依规治党是新一届党中央贯彻“四个全面”战略布局、完成“两个一百年”目标的重大创新，也是对注重制度建设运用党内法规法纪管党治党的历史经验的全面传承。在革命、建设和改革的各个阶段，党内法规法纪建设取得了重大进展并形成了讲规矩、守纪律的优良传统，成为事业持续胜利的重要保障，当然也有不足。十八大以来，我们提出“依规治党”，通过创制和梳理，初步解决了“有规可依”问题，通过严明法纪和依法治国，初步解决了“如何依规”问题，党风明显改善，取得良好开局。在新的起点上，依规治党必须进一步厘清依法治国与依规治党的关系，必须推进党内法规体系的科学化、民主化、法治化和协调化，必须严格监督和科学问责党员领导干部以提升执行力。

（二）依规治党与以德治党

坚持依规治党与以德治党相结合，是我们党在深刻总结 90 多年来党的建设的基本经验基础上得出来的重要结论。问题的关键在于，依规治党与以德治党二者由于在属性上的不同，二者在党的建设方面有着明显不同的侧重面，如何正确界定并厘清二者之间的关系？如何防止出现以德治党的过度泛化和庸俗化？如何正确地实现二者之间的优化组合配置，发挥出最大的党建效能？应该说，学术界对这些亟须探讨研究的基本问题进行了深入研究。

杨德山在《坚持依规治党与以德治党相结合》(《中国特色社会主义研究》2016 年第 4 期）一文中认为，党的十八大以来，党在坚持依规治党与以德治党相结合方面作了新的实践和理论探索，取得了明显的建党治党成效。该文提出的主要观点有：一是坚持依规治党与以德治党相结合是中国共产党建党历史经验的总结，党在革命、建设、改革各个历史时期，都从“规”和“德”两个方面着手，根据不同时期的不同任务和目标对党员的思想和行动进行了规范和引导。二是完整、准确把握依规治党和以德治党的基本内涵。治国必先治党，治党务必从严，从严必有法度。所谓依规治党，就是依照党内法规管党治党。依规治党是全面从严治党的方式和手段，既是实践层面的探索，又是思想理论的创新，体现的是运用法治思维和法治方式来管党治党。所谓以德治党，就是要发挥道德的力量，用道德激励和引导党员干部，达到管党治党的目的。以德治党的“德”，包括三个层面即共产主义的道德追求、中国特色社会主义的道德规范、中国传统优良道德要求。三是坚持“依规治党”与“以德治党”协调统一的新认识、新实践。十八大之后，中国共产党不但在理论上，而且在实践中，进一步完善了“依规治党”与“以德治党”相结合的路径，使落实“全面从严治党”方略进入新的境界。

赵绪生在《推进全面从严治党要坚持依规治党和以德治党相结合》(《求知》2016 年第 1 期）一文中认为，坚持依规治党和以德治党相结合，是党的十八大以来我们党推进全面从严治党的重要理念和战略举措。该文提出的主要观点有：一是准确把握从严治党视角下的依规治党和以德治党。依规治党是指各级党组织和全体党员，尤其是党员领导干部，必须受到党章党规党纪的刚性约束，必须模范遵守国家的法律法规。以德治党是指全体党员和领导干部通过加强自身思想政治素质和精神文明建设，不断提高全体党员和领导干部的从政道德和为官之德，发挥道德在规范、教育和导向全体党员和领导干部思想行为方面的约束作用。二是新准则和新条例是依规治党和以德治党的新标尺。新准则和新条例作为党内法规制度建设的“姊妹篇”，体现了“正面清单”和“负面清单”相结合、“执政道德宣誓”和“管党治党尺子”相结合、“立德高标准”和“纪律的底线”相结合的特点。三是要认真贯彻新准则和新条例以推进全面从严治党。就要做到：唤醒党章党纪党规意识，维护党章党纪党规权威；各级党委（党组）要担当起贯彻落实的主体责任；各级纪检机关要认真履行监督执纪问责的职责。

肖泳冰在《以责任为本位全面推进依规治党和以德治党相结合》(《中国特色社会主义研究》2016 年第 5 期）一文中认为，依规治党和以德治党相结合是党的十八大以来党中央关于党的自身治理的重要方略，这一方略是对中国共产党思想建设传统优势的继承，也是党的治理基本方式转型的必然要求。以责任为本位是中国共产党“初心”的重要体现，也是依规治党和以德治党共同的逻辑基点。以责任为本位全面推进依规治党和以德治党相结合已经取得了显著进展，同时还有待完善。以责任为本位完善依规治党和以德治党的结合机制，要通过干部选拔任用机制和履责能力的培训倒逼干部强化责任意识和担当精神，要建立健全鼓励主动履责担当的容错机制以及完善党员的非处分性退出机制，以确保责任体系、责任传导机制和责任依托有效运行。

李锡炎在《全面从严治党的新视野：依规治党与以德治党相结合》(《长白学刊》2016 年第 1 期）一文中认为，坚持依规治党与以德治党相结合，为实现思想建党与制度治党密切结合，把全面从严治党引向深入，打开了新视野，开辟了新境界。该文提出的主要观点有：一是坚持依规治党与以德治党相结合，是全面从严治党的必然选择。二是立规立德齐头并进，是思想建党与制度治党密切结合的必由之路。三是正确把握党规党纪与党性党德相辅相成的内在规律。对于马克思主义执政党来说，党规党纪与党性党德，是一个有机整体的两个方面，二者紧密相连，相辅相成。党规党纪是成文的党性党德，党性党德是党员内心的党规党纪。执政党的理想道德是制定党规、执行党纪的必要前提和基础，执行党规党纪是维护道德、坚守信念的坚强后盾和有力保障。坚持依规治党与以德治党相结合，必须把握党规党纪与党性党德相辅相成的内在规律，促进两者相互支撑、相互转化。四是坚持依规治党与以德治党相结合，关键是提高责任主体的制度执行力。

（三）依规治党与依法治国

依规治党是我们党的一种治党方式，依法治国则是我们党的一种执政方式，那么，二者之间有没有关联？如果有，二者之间的关系是什么？如何正确处理好这种关系？这些问题都是学者们的研究焦点。应该说，围绕着依规治党和依法治国的关系问题，学者们既注意到了二者的明显不同，同时也发现了二者之间的紧密关联，更是对如何正确处理好二者之间关系特别是二者如何衔接协调、互动共进的问题进行了深入的研究。

苏力在《如何看待依规治党与依法治国》（《红旗文稿》2016 年第 3 期）一文中认为，一个国家，法律只是对公民的基本要求，而一个政党则有一些党内的规矩，尤其像中国共产党这样的执政党。这不仅因为中国共产党是执政党，还源于党的历史和历史经验，以及党对中国现代化的追求和塑造。在革命时期，党的绝大多数成员都来自贫苦农民，他们有很多优点，但缺乏组织纪律性，非常散漫。关于这一点，党的领袖从一开始就认识到了。因此，中国共产党在长期的革命斗争以及之后的新中国建设中，一直非常重视党的建设，包括党的组织纪律建设和作风建设，建立了一系列的党纪党规。共产党能做成事，是因为有纪律，有规矩。党的先锋队性质、党所肩负的神圣使命和执政地位，决定了党纪党规必然严于国家法律，党要在组织上、纪律上、道德上都比普通公民标准更高一些。这是理所应当的。其中最重要的是政治纪律和政治规矩，尤其对各级党员领导干部的要求应该更高，因为他们的责任更重。这些政治纪律，对于保持党的组织性、先进性和战斗力是非常重要的。同时，全面依法治国不是西方的宪政，如果采取多党制或全面的直接选举，将会有极大的风险，不但可能产生很多政党，这些政党还会变成外国势力的代理人，国家就可能陷入分裂或战争。全面依法治国就是依宪治国，其核心就是坚持四项基本原则，坚持中国共产党的领导和社会主义道路。

黄建在《依法治国视阈下的依规治党问题研究》（《广西社会科学》2016 年第 8 期）一文中认为，党的领导、依法治国与依法执政的互动逻辑应是：党的领导是人民当家做主和依法治国的前提保证，人民当家做主是党的领导和法治建设的根本目的和主攻目标；依法治国是党领导人民群众依靠宪法、法律治理国家的基本方式；依法执政则是依法治国的必然要求和具体落地，是党领导能力不断提升、优化的重要标志。因此，坚持党的领导是依法治国的应有之义，全面推进依法治国亦是加强和改进党的领导方式和执政能力的根本依托，二者的科学复合则集中体现在党的依法执政之上。那么，如何在法治视域下推进依规治党建设？该文提出的观点是：搭建党内法规建设的基础架构，优化党内法规自身体系建设，健全党内法规的运行保障机制。

牛少轩在《论从严依规治党与全面依法治国的关系》(《改革与开放》2016 年第 16 期)一文中认为，国家法律是国家运转机制和国民行事的规范，起着维护国家统治，约束公共权力，调整民事关系的重要作用。党内法规是约束党的组织和党员个人的党内规章制度。党的十八大以来，党内法规制度建设破立并举，成就显著。厘清从严依规治党和全面依法治国的关系，对实现“四个全面”起着至关重要的作用。该文的主要观点有：一是从严依规治党是全面依法治国的基础。二是从严依规治党是全面依法治国的保障。全面依法治国必须坚持党的领导，坚持党的领导必须从严依规治党。三是从严依规治党和全面依法治国是高度统一的。从严依规治党和全面依法治国统一于对法治思维的推崇和对宪法、党章权威的维护，依规治党和依法治国统一于全面深化改革的实践当中。

王若磊在《依规治党与依法治国的关系》(《法学研究》2016 年第 6 期)一文中认为，依规治党和依法治国的关系是政党与法治关系中最核心的问题。它既关乎执政党自身如何遵规守法，又关乎法治国家建构的合理路径，内涵之意蕴直指政党与法治关系的核心。因此，依规治党与依法治国的关系问题在当前语境下关乎法治中国道路的前途。回答这一问题，重点是要正确认识党在法治中国建设中的地位，正确理解依规治党缘何成为依法治国的关键，努力探索依规治党和依法治国如何进行对接。现实中存在着不同的法治发展道路，而政党主导下的法治模式本质上由法治的政治性所决定，它要求后发法治国家在法治秩序建构中存在权威作为动力机制和保障装置。在保障权威的前提下实现权威守法，首先需从执政党内部严格依规治党做起，因此依规治党是依法治国的关键。然而，依规治党并不等同于依法治国，还需逐步实现依规治党和依法治国的有效对接，具体可分为两个步骤：一是要逐步提高依规治党的法治化水平，实现政党的法治转型；二是不断提高依规治党与依法治国的系统兼容性和机制协调性，逐步实现在整个社会规范系统中党内法规与国家法律体系兼容、并行不悖，执政党层面的依规治党与社会层面的依法治国衔接协调、相得益彰。

五、关于党群关系的研究

群众路线是我们党的生命线和根本工作路线，践行群众路线是我们党密切党群关系的不二法门，也是我们党治国理政的重要法宝。在新形势下，不仅群众路线自身有了时代赋予的新内涵，而且群众路线的践行也面临着许多新情况新问题新特点，这些都对我们党如何进一步密切党群关系提出了新的时代要求。有鉴于此，2016 年理论界主要围绕着四个方面对党群关系进行了研究，一是群众路线的创新研究，主要是研究新时期群众路线应该具有何种新思路新理念的问题；二是群众路线在推进国家治理体系和治理能力现代化中的作用研究；三是如何通过践行群众路线，进一步推进社会主义协商民主的发展，彰显中国特色社会主义民主政治的独特优势；四是网络群众路线的内涵以及践行路径研究。

（一）群众路线创新研究

面对新时期党群关系层出不穷的新问题，我们党应该如何践行好群众路线？正所谓思路决定出路，要破解新时期党群关系面临的难题，相当多的学者不约而同地选择了从认识论、创新理念和思路的角度来思考这个问题，继而提供相应的解决方案。总的来看，学者们一致认为新形势下的党群关系具有新的特点，因此处理好新时期党群关系应该具有新的思维和理念，并着重从解决具体利益问题入手，这样才能切实推进党群关系的有机融合。

孙应帅在《创新“进一步密切党群关系”的理念和方法》（《浙江学刊》2016 年第 1 期）一文中认为，在新的历史条件下，更新“进一步密切党群关系”的理念，密切党群关系最根本的，就是切实维护以工农为主体的最广大人民群众的根本利益。改进“进一步密切党群关系”的作风，要求保证人民群众的共富、共享、共有，即走共同富裕的道路，使全体人民共享改革发展成果，让人民群众有更多获得感。创新“进一步密切党群关系”的方法，要求全体党员在思想上树立起“为人民服务”的理念，用联系群众、服务群众的“思想自觉”引领“行动自觉”，党员干部在联系群众、服务群众时更要以身作则、说到做到，而在方法的选择和设计上，则需要注重科学性和实效性。营造“进一步密切党群关系”的社会舆论，要求牢牢把握马克思主义这个理论武器，在传统媒体、新媒体和自媒体中大力宣传马克思主义。

常胜在《创新党的群众路线：解决非公企业劳资矛盾新思路》（《观察与思考》2016 年第 5 期）一文中认为，党的群众路线与非公企业劳资和谐具有紧密的内在关联，主要有：化解非公企业劳资矛盾必须创新党的群众路线，党的执政合法性与认同感就能更加牢固，党的群众基础将更加坚固；现实条件下，离开党的领导要解决劳资矛盾是根本不可能的，党要实现劳资和谐，就必须采用发展经济、民主协商的方法，而不能采取行政强制手段，实现劳资和谐一定要发挥群众路线这个党的最大的政治优势；要以非公有制企业劳资和谐维护群众利益，促进党群和谐。对于如何创新群众路线，促进非公企业劳资和谐，该文提出的主要观点有：一是拓宽群众路线路径，在非公有制企业推进协商共事价值理念，在制度设计与贯彻中体现群众意愿。二是创新群众路线方法，以思路创新贯彻群众观点，以机制创新加强非公有制企业党建，建立非公有制企业党组织与行政管理层双向沟通机制、劳资工资协商谈判机制、企业民主决策机制、非公有制企业党组织密切联系群众机制。

郭华、张践明在《交互认识论：群众路线的新思路》（《湖南大学学报（社会科学版）》2016 年第 3 期）一文中认为，贯彻群众路线为什么应该摒弃主客体的认识模式？因为主客体模式把群众当作认识的客体或认识的对象，而不是要把群众作为认识的主体。如果把领导与群众当作主客体关系，那么在主客体关系中，主体是主动靠近客体，而客体只是被动地展示自己；在实践关系中，客体是主体实践和改造的对象；而价值关系中，客体则是满足主体的需要。因此，贯彻群众路线不能将党群关系、干群关系视为主客体关系。群众路线从本质上来说，体现的是双主体或多主体间性的关系。贯彻群众路线只能是立足于群众是历史活动的主体，群众也是认识活动的主体。因此，在认识论意义上群众路线更是一种“交互认识论”的生动体现，彰显了本体论、认识论与辩证法的一致，突出了人民群众在认识中的主体性作用，强调了主体间的交互知识与交互信念，乃至达成共同信念与知识及其动态变化过程。故而，以交互认识论为新思路能够更好地促进党群沟通、密切党群关系。

（二）群众路线与国家治理

群众路线是我们党的根本工作路线，是我们党取得革命、建设和改革胜利的重要法宝。在新时期，我们党提出了推进国家治理能力和治理体系的现代化，这是一项庞大且复杂的系统工程。那么，在我们党推进国家治理能力和治理体系现代化的历史征程中，如何发挥群众路线的法宝作用？如何在国家治理的过程中进一步密切党群关系、干群关系？在这些问题上，学者们着重围绕着群众路线在国家治理现代化、网络社会治理以及边疆治理中的作用进行了探索。

孟天广、田栋在《群众路线与国家治理现代化》（《政治学研究》2016 年第 3 期）一文中认为，作为一种制度资源，群众路线在中国国家治理体系和治理能力现代化中扮演着重要角色。群众路线是建构政府与群众互动机制的本土化制度资源，发挥着政治代表、利益聚合、政治参与和政治沟通的功能；调节着政治系统的输入、输出、反馈之间的关系。该文通过对群众路线在国家治理不同阶段之演进的分析，概括出以“干群关系”为核心的“干部代表—群众参与”式互动机制的演进逻辑。中华人民共和国成立前，群众路线的内在结构蕴含三大核心内容，即对干部的革命伦理要求，以群众工作方法塑造干部的动员能力，重视群众之于决策的意义。中华人民共和国成立后，群众路线的内在结构在维持原有要素的基础上，其重心发生了转移，主要注重动员能力、政治沟通、反对官僚主义。改革开放历史新时期的群众路线则是重点反对官僚主义和腐败。作者发现，尽管群众路线发挥着全面提升经济发展、公共服务和制度建设等国家治理绩效的政治功能，但现阶段地方党政干部对干群关系的满意度偏低。干群联系水平受到干部年龄、任职特征和价值观的影响。基于此，该文认为群众路线的有效落实必须从三个方面入手：制度化干群联系途径；强化年轻干部、非党委机构干部和领导干部联系群众的长效激励机制；培育“百姓官”的干群关系观和职业伦理观。

张立进在《群众路线：推进政府治理能力现代化的人民之维》（《理论导刊》2016 年第 5 期）一文中认为，在共同的价值关怀和追求下，政府治理能力现代化与群众路线之间具有逻辑上的契合性。群众观点为推进政府治理能力现代化提供价值支撑、动力之源和坚实的依靠力量，群众工作方法则为推进政府治理能力现代化提供路径保障。该文认为，牢固树立群众观点主要解决了为何和依靠谁来推进政府治理能力现代化的问题，群众工作方法则在实际上形成了一套使政府接近群众、及时准确回应大众诉求的制度机制，并在从实践到认识再到实践的无限往复中逐步提高政府的治理能力，基本解决了如何推进政府治理能力现代化的问题。换句话说，群众观点和群众工作方法分别从提供价值导向和技术路径两个方面共同推进政府治理能力现代化。从一定程度上说，政府治理能力现代化的本质是权力运用的现代化，“如果说治理是一种权力，那它表现为一种柔性且有节制的权力”。经过“从群众中来，到群众中去”的反复洗礼，有利于权力的行使者减少戾气和骄横，更加接近地气，促使权力的运用走向理性与平和，内在地塑造政府治理能力现代化的禀赋和气质。此外，随着“群众”向“公民”身份的转化，群众工作方法中“领导和群众”的单一内涵会逐渐向“治理主体和治理主体”“治理主体与治理客体”的双重意蕴发生置换，这就迫使政府转变治理理念、提升治理能力，由过去机械的强迫命令式治理走向现在灵活的协商法治式治理。

张雪梅、张郭男在《群众路线的网络社会治理三维价值及其挑战对策》(《中共宁波市委党校学报》2016 年第 4 期）一文中认为，面对网络文化，特别是网络政治发展所带来三维效应退化消解的挑战，必须从价值观念、制度机制和从网能力三方面入手予以对策分析：一是群众路线网络社会治理的三维价值。网络民意已成为重要治理资源，走好网上群众路线才能巩固执政合法性；网络问政已成为重要决策方式，走好网上群众路线才能保证科学决策；网络监督已成为重要反腐机制，走好网上群众路线才能切实正风修廉。二是当前群众路线网络社会治理三维价值面临退化消解挑战。网络多元舆论生态格局使民意代表难度空前加大、网络放大效应容易导致政府公信力下降、网上群众动员弱化带来处理人民内部矛盾能力不足。三是化挑战为契机的着力点。要努力用执政为民的网上群众路线价值理念共识武装全党、用科学有效的制度机制规范践行网上群众路线、切实提高党政领导干部的从网能力。

吕朝辉在《论党的群众路线与边疆软治理模式的二维关系》(《理论导刊》2016 年第 10 期）一文中认为，群众路线和边疆软治理模式之间，存在着“你中有我、我中有你”的二维关系，形成了政治意志和行政执行的有机契合。该文提出的主要观点有：一是群众路线与边疆软治理的内在逻辑。作为一种执政思路的群众路线和作为一种治理模式的边疆软治理之间，具有密不可分的内在逻辑，二者具有目标指向和价值追求的一致性、政治优势和治理优势的互补性、逻辑线路和衡量标准的交互性。二是群众路线的边疆软治理价值。一方面，群众路线教育实践活动所致力于改善的广大党员干部工作作风和服务态度，是边疆软治理绩效得以保证和提升的必要条件；另一方面，群众路线教育实践活动中常采取的联系和服务群众机制，是拓展边疆软治理内涵的重要来源。三是实现群众路线和边疆软治理的有机统一。要不断探索边疆软治理场域下的群众路线具体实践机制；坚持走对人民群众负责的“下行”路线；以立足于边疆民生问题的解决，作为两者有机统一的切入点；通过制度化规范实现两者的无缝对接。

（三）群众路线与协商民主

社会主义协商民主是中国社会主义民主政治的特有形式和独特优势，是党的群众路线在政治领域的重要体现，是深化政治体制改革的重要内容。围绕着群众路线与协商民主的关系，学术界进行了探索性的研究，主要涉及二者的逻辑对接问题，即融合的可能性和可行性，以及二者融合的实践性，也有的学者从理论建构的角度来研究协商民主与群众路线的融合问题。

黎家佑在《群众路线与协商民主的逻辑契合——对推进中国民主政治建设的思考》(《党的文献》2016 年第 2 期）一文中认为，群众路线与协商民主是中国共产党加强自身建设和中国民主政治建设的重要内容，它们具有一致的价值取向；在实践过程中互相补充，互相促进，具有深刻的内在关联、高度的逻辑契合。群众路线既是协商民主的灵魂，又是协商民主的生动实践：群众路线切实维护了人民群众在民主政治中的主体地位、群众路线拓宽了人民群众利益诉求的表达渠道、群众路线提供了人民群众对权力监督的有效途径；协商民主既是群众路线的深化与创新，又是群众路线在政治领域的重要体现：协商民主可以为贯彻群众路线、提高群众工作水平提供有效途径，可以为群众路线提供制度保障。群众路线和协商民主虽然是两个不同的范畴，但是它们具有深刻的内在关联、高度的逻辑契合，二者是相辅相成的。不能离开群众路线就民主而谈民主，也不能离开制度空谈群众路线，以制度建设忽略作风建设和以作风建设替代制度建设的做法都是不可取的。就群众路线而言，协商民主构成其组织保障；就协商民主而言，群众路线提供其方法原则。坚持以协商民主保障群众路线的实施，以群众路线推动协商民主的实行，对推进中国民主政治建设具有十分重要的意义。

李明、朱哲在《社会主义协商民主与群众路线融合的实践价值》(《人民论坛》2016年第1期）一文中认为，在全面建成小康社会、实现中华民族伟大复兴的时代伟业中将社会主义协商民主与群众路线相融合，探寻二者相融合的实践价值有利于完善协商民主、践行群众路线，有利于制定正确的路线、方针和政策，有利于践行社会主义核心价值观，有利于加强社会主义法制建设，有利于建设社会主义强国、充分体现社会主义的优越性，为现代化建设、中华民族的伟大复兴打造通顺之路。关于社会主义协商民主与群众路线融合的实践价值，既有制度上的，也有政策上的，既有政治领域的，也涉及经济文化科技等各个层次和角度，既有国内的，也有国际的。相信随着社会主义现代化建设进程的推进，随着我国全面小康社会建设的推进，社会主义协商民主与群众路线的融合必将发挥出更大的价值。

李笑宇在《协商民主与群众路线的交融：一个理论建构》(《天府新论》2016年第5期）一文中认为，中国的协商政治运转的首要原则就是坚持中国共产党的领导。作为共产党三大法宝之一的群众路线，能够在培育公民的公共性思维、消除公民协商能力差别两大方面疗救西方协商民主理论内在的缺陷。协商民主与群众路线如何交融？该文提出的观点是：协商民主试图以一种温和、理性、渐进的方式来化解矛盾冲突，避免普通矛盾激化成恶性、暴力的重大事件。协商民主的发展需要公民们养成民主文化所需的公民道德责任感，以及用对话的方式合理表达利益诉求的基本能力。这就为中国设定了一个民主社会理想公民观念的标本，通过慢慢塑造出民主政治的合格个体参与者，为中国未来民主化稳固有序的发展奠定了微观基础。群众路线可有效地建立协商民主赖以立基的两项前提：一方面，它依照协商民主的理想型公民观念，在新的时代背景下，承认每个人的合法利益与权利，着力培育中国人的公共精神；另一方面，它将协商弱势群体的意见带入到了协商过程之中，起到了一个纳入性的作用。群众路线与协商民主的交融，通过公共精神的凝聚，将会把群众塑造成整体性、有机的人民，也会把群众的成员培育成现代法治民主社会所要求的理性、温和的公民。

（四）网络群众路线

2016年4月19日，习近平总书记在网络安全和信息化工作座谈会上指出：“网民来自老百姓，老百姓上了网，民意也就上了网。群众在哪儿，我们的领导干部就要到哪儿去。”总书记明确提出了网络群众路线的科学概念，标志着新时期群众路线的重要理论创新。对此，学术界围绕着什么是以及如何践行好网络群众路线，特别是网络群众路线对领导干部提出的新要求进行了全面的研究。

左雪松、夏道玉在《网络群众路线的哲学意蕴、运行逻辑及实践要求》(《理论导刊》2016 年第 1 期）一文中认为，网络群众路线是网络背景下中国共产党开展群众工作的理论、逻辑与实践形态。该文提出的主要观点有：一是作为理论范式，它生动体现马克思主义认识论、方法论、价值论与实践论的时代出场。从认识论上看，党群互动结构“无网不在”；从方法论上看，党群互动手段“无网不能”；从价值论上看，党群互动功能“无网不胜”；从实践论上看，党群互动举措“无网不利”。二是作为运行逻辑，“路线”的运行逻辑实现从“逆向性”到“交互性”的转变，“群众”的范畴逻辑从“群体性”到“大众性”的转变，“网络”的形式逻辑从“务虚性”到“务实性”的转变，“党群”的互动逻辑从“客体性”到“主体性”的转变。三是作为实践要求，走好网络群众路线已成为党员领导干部不断创新工作方式与改进工作作风的重要举措，我们要遵循“接地气”“讲正气”“冒热气”“吐真气”与“炼韧气”的基本要求，进一步做好新时期党的网络群众工作。

柯健等在《践行党的群众路线的“O2O 模式”探索》(《理论导刊》2016 年第 9 期）一文中提出了要参考“O2O 模式”引流、转化、消费、反馈、存留的消费流程，布局自媒体时代群众路线的践行方式变革。第一阶段：引流——通过大力发展线上平台，增加民意表达渠道。第二阶段：转化——让群众的信息需求得到充分满足，要不断完善服务群众的平台建设，持续吸纳并更新为民利民惠民信息。第二阶段：消费　　让群众切身体验优质服务，就是通过网络知悉群众的心声，充分挖掘线下群众的资源，促进线上党政机关、公共机构与线下群众的互动。第四阶段：反馈——让群众得以对干部及时监督和有效评价，关键是勇于接受群众体验服务后的信息反馈，并在技术上为群众提供在自媒体客户端方便进行评价、监督的一整套流程和功能键的设计。第五阶段：存留——让群众成为党的忠实拥趸，要让群众成为党的忠实拥护者，把党的正确主张变为群众的自觉行动，就要通过线上线下服务载体提供的优质体验，让广大群众乐意再次接受党和政府、公共机构的服务，并通过口耳相传形成口碑。

王沛栋在《“互联网＋群众路线”与领导方式转型探析》(《领导科学》2016 年 8 月上）一文中认为，在“互联网＋群众路线”的背景下，我们要实现领导方式的转型：一是要重视网络，解决好思想问题。领导干部必须从国家战略和发展全局的高度来对待网络，认识到网络是我们党治国理政的重要手段，把群众工作拓展到网络空间，把群众路线贯穿互联网管理工作的全过程、各方面。二是要会用网络，解决好能力问题。要把上网当成自己的履职必修课，定期“补补课”，不断学习掌握网络媒介的特点与规律，全面了解网络媒体的运作方式和工作程序。三是要善用网络，解决好实效问题。领导干部不仅要线上看、网上答，更要线下做、网下办，而且要用力做、用力办，不断建立网上网下、线上线下良性互动、互为补充的工作机制。四是要管好网络，解决好阵地问题。领导干部必须高度重视网上斗争问题，建立专业化的网络舆情处置队伍，激浊扬清，弘扬正义，引导舆论正确方向。五是让网络造福人民，解决好宗旨问题。要通过网络凝聚人民共识、动员人民力量、调动人民积极性，形成网上网下“同心圆”，让互联网真正成为了解群众、贴近群众、为群众排忧解难的新途径，成为发扬人民民主、接受人民监督的新渠道。

六、关于反腐倡廉的研究

反腐倡廉建设是我们党“五位一体”党建体系中的重要一环。自党的十大以来，我们党一直保持反腐败的高压态势，目前已经形成了压倒性的态势。随着反腐败实践的深入推进，为学术界进一步深入研究反腐倡廉问题提供了丰富的实践素材。在这个基础上，2016 年学术界主要围绕着三个方向对反腐倡廉问题进行了深入研究：一是党风廉政建设，在党—国家—社会的分析框架中，党、国家和社会是反腐败的三个主体，在这当中我们党自身特别强调突出反腐的主动性和坚决性，因此特别强调党风廉政建设；二是反腐理论研究，主要是对十八大以来腐败行为的一些新情况新特点进行研究，着重研究腐败发生的内在机理，以便为反腐行为提供根治策略；三是腐败治理策略研究，主要是研究重点腐败领域和不同腐败领域的突出问题，继而提出针对性强的腐败治理策略。

（一）党风廉政建设

党风廉政建设是我们党保持先进性和纯洁性、有效治理腐败行为的重要举措。党纪严于国法是党内法规的一大显著特征，从这个意义上可以说加强党风廉政建设是防治腐败的关键一招。对于如何加强党风廉政建设，理论界从党内廉政建设存在的问题以及功能的进一步开发，“两个责任”的落实及其完善以及反腐政策评估等方面进行了多维度的研究。

龙太江、李辉在《党纪反腐：价值、问题及其功能开发》（《中共浙江省委党校学报》2016 年第 4 期）一文中认为，在实践中存在的党纪反腐相关配套制度建设不足，操作性有待加强；部分党纪质量不高、内容交叉重复；党纪反腐与国法反腐协调受阻，契合度不高；重要领域党纪建设不完善，有待加强；党纪执行落实不到位，影响其功能发挥。党纪反腐是中国特色反腐倡廉道路的重要特点和优势，全面从严治党，必须加强纪律建设，进一步开发党纪反腐的功能。党纪反腐需要通过废旧立新，提升其质量和严谨性；完善党纪法规配套措施建设，增强其系统性；实现纪法分开，加强党纪国法之间的衔接协调；立足现实反腐需要，保障党纪的针对性和有效性；提高执行力，确保党规党纪刚性运行等措施进行完善，以求在不断落实全面从严治党的同时，有效地正风肃纪，建设廉洁政府。

蒋建湘、蒋清华在《党风廉政建设“两个责任”制度的法治解读与完善建议》（《中南大学学报（社会科学版）》2016 年第 4 期）一文中认为，党风廉政建设党委负主体责任、纪委负监督责任并严肃问责的制度设计，体现了权力制约、刚性责任、可预期等法治逻辑，既是从严治党的必由之路、依法执政的重要环节，也是依法治国的重要内容。“两个责任”制度的实践呈现出责任清单化、问责渐趋常态化的特征。在强调依法治国、依规治党的背景下，应以法治思维和法治方式来不断完善“两个责任”制度，主要有：责任内容应进一步细化；同级党委纪委的责任内容应统一；制度文件应向上级备案，并主动公开，及时修订；加强文件执行的解释工作；问责制度化；建立问责案例指导制度；扩大问责公开力度，坚持问责结果公开，不断扩大公开范围等。

刘雪明、严仕彬在《反腐倡廉建设中的廉政政策评估研究》(《广州大学学报（社会科学版）》2016年第7期）一文中认为，推进反腐倡廉建设需要进行廉政政策评估，廉政政策评估包括质量评估和绩效评估两个方面，可从规范性、可行性、充分性、适应性、有效性和回应性六个维度进行考察。廉政政策评估是判定廉政政策走向的重要手段、确保廉政政策正确性的关键举措，推动廉政政策发展的有效途径。我们要坚持针对性、操作性、完整性、时代性等原则，努力构建、完善科学合理的廉政政策评估指标体系，该文构建了2个一级指标、6个二级指标、20个三级指标的廉政政策评估指标体系。一级指标为政策质量、政策绩效2个层面。二级指标为规范性、可行性、充分性、适应性、有效性和回应性6个维度。三级指标为政策名称、内容条款、逻辑结构、文字表达、技术可行性、经济可行性、政治可行性、行政可行性、政策问题、政策依据、政策目标、政策措施、外部适应性、内部适应性、政策效益、政策效率、政策效能、政策需求、政策价值性、政策满意度20个观察点，以推动廉政政策评估活动的开展。

徐雅芬在《以制度创新推进党风廉政建设主体责任的落实》(《贵州社会科学》2016年第4期）一文中认为，以制度创新推进党风廉政建设主体责任的落实，是党风廉政建设责任制的重要内容，也是党要管党、全面从严治党的必然要求。以制度创新推进党风廉政建设主体责任的落实，是我党在马克思主义理论的指导下，总结党建的历史经验，对原有制度与体制的一种改革与完善，它有其充分的理论依据和现实需要。当前落实党风廉政建设主体责任中存在的问题主要有，主体责任担当缺乏、主体责任模糊、主体责任考核机制不健全、主体责任追究不力。以制度创新推进党风廉政建设主体责任的落实，要以提高党委的认识为思想基础，以厘清主体责任的责任清单为基本前提，以构建科学的主体责任考核评价与责任追究制度为中心任务，以完善主体责任的党内监督制度为关键环节。

（二）反腐理论研究

反腐理论研究是反腐行为的重要组成部分，为反腐实践提供了理论上的指导。学者们比较注重从腐败个案研究中总结提炼出腐败行为的特点或者共性，特别是探讨腐败行为的产生机理以及反腐制度的执行效力问题。学者们既注重对腐败发生机理的研究，也重视反腐策略的提升，诸如利用网络反腐。同时，学者们也对如何在法治的框架内正确地处理好反腐和法治之间的关系，从而更有效地推进反腐工作也进行了深入的研究。

许欢等在《“圈内化”“类型化”：科层制弊端与腐败心理发生机制及对策》(《行政论坛》2016年第1期）一文中认为，官员内部极易形成非制度性的团体，产生“圈内化”现象。要改进科层制与加强廉政建设，就应该：一是在科层制结构中进一步明确公职责任系统的一体化特征，用正式规定的方式解决系统能够有区别地进行控制和批准，划分组织中各种角色通过正规化和非人格化的程序进行技术资格的分配。二是在科层制结构中进一步确立专业管理、专家管理机制，重视精确性与效率，保证连续性，将个人拥有的自主权和最高的投入利润相关联的技术效率取得平衡，使之接近于完全消除人格化的关系和非理性的考虑的结构。三是使科层制最大限度地提供公职人员的职业保证，使其有长期任职的希望，保证官员没有顾虑专心地履行自己的责任。四是按照科层制的要求，最大限度地约束官员对权力的追逐，继续简政放权，减少行政审批事项，降低自由裁量权的幅度，加强法制建设，建设法治政府，加强对官员队伍的管理，加大制度的刚性约束，使科层制的优势得到放大，遏制腐败的产生。

定明捷、史健在《我国基层腐败特点及其生成机理解析》(《观察与思考》2016 年第 9 期）一文中认为，与中高层官员腐败相比，基层腐败的特点有：一是腐败主体特点，包括初次腐败时间提前、任期交流停滞，腐败具有累积性。二是腐败领域，组织人事在基层腐败中还算不上高危领域、作为“街头官僚”的财务管理人员腐败不容忽视、与房地产开发具有密切联系的土地房产规划领域在基层继续成为高危领域、“涉农”腐败在基层的发展势头较为迅猛。三是腐败潜伏期，低于中高层官员的腐败潜伏期。四是腐败惩戒，就严厉性而言，基层官僚因腐败而遭受的法律惩罚不能不说是很严厉的。五是腐败涉案类型，主要有贪污、受贿、挪用、来源不明等。同时，该文也提出了基层腐败的生成机理：人员筛选机制失灵以及“德才失衡”问题突出，相对剥夺心理及其引起的行为自我调节机制失灵，选择性执行以及“火警”监督机制失灵，即基层官员筛选标准失衡、行为自我调节失灵和外部监督失控以及三者之间的互动导致了当前基层腐败的泛滥。

陈平其、祁雪春在《网络反腐的外部效应、边际约束与制度信任》(《天津行政学院学报》2016 年第 4 期）一文中认为，网络反腐的负外部效应，主要是网络反腐极易陷入网络民粹主义、网络反腐行动者自身的复杂动机、网络反腐容易走上非程序化的道路、网络反腐的自身属性中包含着技术异化、网络暴力、信息失真等可能，而这并不会带来某种收益，反而使网络反腐相关方支付额外的成本，如心理成本、隐私成本等。由于网络在私人成本和社会成本之间存在着主体选择的不确定性，因而导致网络反腐表现出显著的正外部效应或负外部效应，造成网络反腐在“成本—收益”上的不稳定性以及制度建构上的不完善性。从成本控制角度看，网络反腐包括经济成本、技术成本与信任成本三种类型的成本支出，网络反腐的边际约束相应也存在三种制度上的断裂。实现网络反腐的制度信任必须增加制度性供给，通过矫正性补贴、激励性保护、技术性管制和效率性管理等措施实现网络反腐的均衡，从而提高网络反腐的经济效率，推进网络反腐的制度建设。

廖永安在《论法治与反腐之间的内在逻辑》(《湖南社会科学》2016 年第 3 期）一文中认为，法治以其规范、普遍和强制力的特点，成为治国理政的基本方式，也是反腐倡廉的基本方式。法治体现了人类社会共同的追求和价值目标，蕴含着平等，反对特权，反对滥用权力的基本理念。腐败滋生于权力，又寄生于权力，各种腐败行为是公共权力的滥用和异化，实际上破坏着权利平等、权力制约和公平正义的法治原则。法治蕴含权力约束、保障权利和反对人治任意的价值理念，腐败意味着破坏法治、践踏法治和阻滞法治推进的因素。因此，法治与反腐之间存在作用与反作用的关系。一定程度上而言，腐败兴，则法治亡；法治兴，则腐败亡。两者的逻辑关系在于法治助力推进反腐，反腐又有助于法治的不断完善。

杜雄柏在《关于我国防治腐败制度执行问题的思考》(《湘潭大学学报(哲学社会科学版)》2016 年第 2 期)一文中认为，我国反腐败制度的执行存在问题主要有：执行制度的自觉性不强，存在“推推动动、不推不动”的现象；执行制度的随意性大，存在“领导一句话、制度算个啥”的现象；对制度执行的监督乏力，存在“单打独斗、空谈作秀”的现象；对违反制度的行为处理追究不严，存在“大事化小，小事化了”的现象。因此，要提高反腐败制度的执行力，就要设法提升广大党员干部对党的忠诚度，以增强其自觉执行制度的原动力；加强有关制度的宣传与教育，以增强党员干部的制度意识和执行制度的自觉性；责令领导干部带头学习和执行制度，以充分发挥他们的引导、表率作用；做好制度执行情况的检查与监督，以防止制度在贯彻落实中的变形走样；紧紧抓住责任追究这个“杀手锏”，并加大对违反制度行为的处罚力度；加强督察队伍建设，切实提高监督执行的能力和水平。

(三)腐败治理策略

如何有效地治理腐败是世界各国普遍面临的一个难题，更确切地说，难就难在如何治本。我们党始终坚持标本兼治的腐败治理策略，特别是近年来更是注重治标，以为治本赢得时间，从而在腐败治理上成就卓著，形成了腐败治理的中国经验。在这个基础上，学者们对如何有效地治理腐败进行了针对性研究，主要是着眼于腐败治理的重点难点问题，诸如系统性腐败、农村基层小微权力腐败、腐败治理中的政策压力传导力问题、社会组织的腐败问题、“老虎”腐败问题以及集体腐败等。

陈建平等在《农村基层小微权力腐败的发生机理及治理路径研究》(《河南社会科学》2016 年第 5 期)一文中认为，窝案串案问题突出、经济腐败占主导、“村官”与“镇官”形成利益共同体、村干部违纪违法形式多样是农村基层小微权力腐败的新特征，物质条件是小微权力腐败发生的载体或工具、心理条件是小微权力腐败产生的动机、制度条件为小微权力腐败的发生提供机会、惩戒不力是小微权力腐败发生的重要诱因，是基层小微权力腐败的发生条件及其内在机理，基层治理制度的内在矛盾、农村法治不健全、基层监管机制不完善、村干部廉洁教育的缺失、村干部的“经济人”理性是农村基层小微权力腐败的多维成因，推进行政权和自治权的有序分离、健全农村法治建设、完善农村基层监管机制、加强对村干部的廉洁教育是基层小微权力腐败的治理路径。

邹庆国、王世谊在《腐败治理中政策压力的传导效力问题论析》(《中共中央党校学报》2016 年第 2 期)一文中认为，高压反腐的政策压力在由上及下的层级传导过程中，在一些地方和单位呈现出效力衰减倾向。其中，对反腐目标的认知偏差、政策执行过程中的“涟漪效应”、基于规避连带责任追究的“共谋现象”、腐败治理体制改革的不到位、基层人情化社会结构与权力运行的内在张力是主要诱因。因此，要以“反腐败斗争”向“腐败治理”的理念转变为根本前提，以巡视制度的强度震慑效应保持反腐政策传导的外在压力，以严格的问责和追责机制强化官员的责任意识和对党纪国法的敬畏意识，以科学的纪检领导体制作为政策压力通畅传导的基本保障，加大廉政绩效在承担主体责任和监督责任的干部考核中所占权重以激发内生动力，以法治型党组织建设为消解反腐政策传导阻力的治本之策。

王红艳在《社会组织腐败治理机制变迁与发展》(《政治学研究》2016年第2期)一文中认为，根据社会组织腐败问题发展的三种可能趋势，治理机制自身的未来发展将呈现以下三种态势。一是在高压反腐势头不减背景下，社会组织腐败治理机制优化压力将进一步加大。二是在积极推进国家治理体系和治理能力现代化背景下，社会组织腐败治理机制优化目标将进一步清晰。三是在全面深化改革背景下，社会组织腐败治理机制优化重点将进一步明确。要将社会组织腐败治理工作真正纳入反腐倡廉建设大盘，进一步提高反腐倡廉建设的整体化水平；将社会组织腐败治理现有机制有机整合起来，进一步提高社会组织腐败治理的系统化水平；将善养与严管做到位并对接起来，进一步提高社会组织腐败治理机制的协同化水平。

宋伟、过勇在《集体腐败：特点、生成模式与治理路径》(《湘潭大学学报(哲学社会科学版)》2016年第5期)一文中认为，集体腐败是多名腐败成员结成同盟、共同腐败的现象，是当前中国腐败发生的典型特征之一，对社会经济发展和政治生态具有极强的破坏力。集体腐败的案发数量增多趋势明显、"一把手"主导集体腐败比例最高、集体腐败涉案环节复杂多样、集体腐败跨领域和跨地区性特征显著、集体腐败被发现的主要途径是案件牵连。集体腐败的生成和扩散具有一定的规律，主要有：直线结点模式、雷达扩散模式、蜂窝生长模式。因此，要强化权力运行制约和监督体系、发挥巡视监督的利剑作用、提高廉洁教育的正面引导作用、从法治反腐角度完善举报人保护制度。

七、关于党的意识形态安全的研究

党的十八届六中全会明确指出，共产主义远大理想和中国特色社会主义共同理想是中国共产党人的精神支柱和政治灵魂，要强化思想政治建设这个全面从严治党的根本，通过管党治党来为牢牢掌握意识形态工作话语权提供领导力量和组织保证。习近平总书记深刻指出，我们党要把意识形态工作话语权牢牢掌握在手中，在任何情况下都不能动摇。从学术研究角度上讲，意识形态安全问题一直是学者们的研究重点，2016年理论界对党的意识形态安全的研究主要包括三个大的方面：一是党的十八大以来党的意识形态工作，二是互联网领域党的意识形态安全问题研究，三是党的执政安全与意识形态的若干前沿性问题研究。

(一)十八大以来党的意识形态工作

党的十八大以来，我们党在意识形态工作方面作出了深刻的战略部署，制定实施了一系列关于意识形态工作方面的文件和政策，进一步巩固了马克思主义在意识形态领域的指导地位。与此同时，理论界的学者们及时跟进研究，主要围绕着习近平总书记关于党的意识形态工作的重要思想、我们党优化意识形态环境的战略举措以及党的意识形态的创新与发展等方面进行研究。

李宗建在《党的十八大以来习近平意识形态工作新思想》(《社会主义研究》2016年第2期)一文中认为，党的十八大以来，习近平同志关于意识形态工作的新思想主要有：

一是对意识形态工作地位作出了“极端重要”的新论断。二是对意识形态工作根本任务作出了“两个巩固”的新定位。三是对意识形态工作方针作出了“正面宣传与舆论斗争相结合”的新阐述。四是对意识形态工作立场作出了“党性与人民性相统一”的新认识。五是对意识形态工作作出了“网上舆论工作”的新布局。六是对对外传播策略作出了“讲好中国故事，传播好中国声音”的新谋划。七是对意识形态工作进行“理念、手段、基层工作创新”。八是以“大宣传”实现意识形态工作力量的新整合。习近平同志关于意识形态工作的重要论述具有鲜明的特征，主要有：一是“胸怀大局、把握大势、着眼大事”的战略视野；二是倒逼而“破”与顺势而“立”的问题意识；三是时不我待的创新精神；四是认识论与方法论的辩证统一；五是体系完整的逻辑框架。

郭云、张泽一在《十八大以来党优化马克思主义意识形态宣传环境的战略举措》(《学术探索》2016 年第 11 期）一文中认为，十八大以来党优化意识形态宣传环境的重大举措主要包括：一是努力提高国家文化软实力，提高文化的国际竞争力。二是加强网络空间管理，营造风清气正的网络空间。三是反腐倡廉，改善政治生态环境。中国共产党的廉洁自律是保障马克思主义意识形态宣传效果的根本；提高党员自身素养，坚定共产主义理想信念。同时，该文还认为十八大以来党优化意识形态宣传环境的效果及存在问题主要有：文化自信进一步增强，但文化软实力还有待提高；网络管理初见成效，但引导好网上舆论是一项长期任务；党风政风呈现出新气象，但反腐败斗争形势依然严峻复杂。

包毅、徐海波在《十八大以来党的意识形态理论的创新与发展》(《学校党建与思想教育》2016 年第 1 期）一文中认为，十八大以来，对意识形态理论的创新和发展主要有以下几个方面：做好新形势下意识形态工作是应对国内外复杂形势的需要；社会主义核心价值观是新时期主流意识形态的集中体现；对意识形态党性原则作出新的诠释；实现了社会主义意识形态话语创新和转换；提出增强文化软实力是意识形态安全的战略保证。习近平同志关于意识形态的论述丰富了马克思主义意识形态理论的思想宝库，为我们在新时期开展党的意识形态工作指明了方向，也为我们统筹做好各项工作提供了重要遵循。

（二）互联网与意识形态安全

习近平总书记明确指出，过不了互联网这一关，就过不了长期执政这一关。互联网是意识形态的前沿阵地，马克思主义不去占领，非马克思主义就会去占领；正确的东西不去占领，错误的东西就会去占领。这是一条经过实践证明的铁律和事实。因此，学者们对互联网意识形态安全问题以及如何实现党的领导权、如何实现领导权即意识形态的建构逻辑和路径等进行了研究。

张振、郝凤在《新媒体时代中国共产党强化意识形态话语权的多维路径》(《江苏社会科学》2016 年第 5 期）一文中认为，新媒体时代中国共产党意识形态话语权“弱化”的原因主要有：执政党意识形态话语体系建设滞后，缺乏解释力；执政党意识形态话语表达形式过于高大上，缺少凝聚力；执政党意识形态话语传播途径单一，传播广度和范围不够；执政党意识形态话语受众对象大幅度减少。因此，一是要创新执政党意识形态话语体系，增强主流意识形态的吸引力。二是要有效转换意识形态话语表达形式，增强主流意识形态的凝聚力。转换话语表达方式，抢占话语先机；优化语言环境，用好管好新媒体。三是推进媒介融合，充分利用多种传播途径，构建立体的主流意识形态话语宣传网。借助大数据技术，管好用好互联网；充分利用多种途径，构建立体的主流意识形态话语宣传网。四是有针对性地对重点群体开展意识形态教育工作，增强主流意识形态的影响力。

程洪宝在《互联网时代党的意识形态领导权的实现》(《河南社会科学》2016 年第 1 期）一文中认为，要实现党的意识形态领导权必须满足三个必要条件：具有理性权威的意识形态理论体系、合理有效的意识形态传播、充分印证意识形态理论内容的政治实践。在互联网时代，意识形态理论体系的权威受到挑战，意识形态传播机制与网络化时代要求不相适应，政治实践与党的意识形态理论内容间存在的反差，影响了党的意识形态领导权的实现。基于此，互联网时代实现党的意识形态领导权的路径选择主要有：一是创新意识形态话语体系以扩大网络影响，保障意识形态的理性权威。二是完善意识形态传播机制，确保意识形态传播的有效性。三是改善政治生态，做到政治实践充分有力地印证意识形态理论内容。

黄丽萍在《网络舆论场中党的意识形态安全问题研究》(《浙江社会科学》2016 年第 9 期）一文中认为，网络媒介技术发展已经渗透到意识形态领域，网络与意识形态及其安全性之间产生了深刻的关联性，尤其是网络舆论场的结构、功能、机制与发生样态对党的意识形态安全带来一定的风险与挑战。该文认为，网络舆论场中舆情变化对党的意识形态安全造成的影响主要有：舆论场中舆论的“流动性过剩”问题、网络舆论场中“选择性”表达现象突出、网络舆论场中多元群体意识增强、网络舆论场民粹主义趋势明显。因此，为巩固党的意识形态安全，网络舆论场中党的意识形态亟须调整与转向。一是实现主流意识形态话语表达的方式创新与调整。二是促进不同网络舆论场的交集力。三是找准舆情的“阈值”，提升党在意识形态方面的引导力。四是利用“耗散结构”化解舆情极化，增强党在意识形态方面的调控力。五是加强党在网络舆论场中“议程设置”功能。

史艳柳在《治理视域下虚拟社会党的意识形态领导权的实现逻辑和策略转型》(《求实》2016 年第 9 期）一文中认为，积极转变虚拟社会中党的意识形态领导权的实现方式和方法，大力推动党的意识形态工作由传统的“管理”走向现代的“治理”，已经成为当前亟待解决的重大课题。该文的主要观点有：一是虚拟社会中党的意识形态领导权的实现逻辑：特征与困境。开放性导致主体多元化，党的主流意识形态的主导地位受到冲击；交互性导致价值多样化，党对多元价值观的整合面临挑战；非理性导致规则无序化，党对意识形态领域的引导管理难度加大；虚拟性导致环境复杂化，党的意识形态话语权建构陷入困境。二是实现虚拟社会中党的意识形态领导权的策略转型：由管理走向治理。治理主体由一元向多元转变，治理向度由自上而下向上下互通转变，治理方式由单一式向立体式转变，治理背景由单层面向多层面转变。三是实现虚拟社会中党的意识形态领导权的路径探索：将治理理念贯穿全过程。统筹结合，强化治理意识，处理好一元与多元的关系，处理好党性与人民性的关系，处理好继承与创新的关系。

（三）执政安全与意识形态

牢牢掌握意识形态工作的主动权和领导权是确保我们党执政安全的重要工作。在当前意识形态领域激烈斗争的环境下，如何防范意识形态危机？如何建构党的意识形态领导权？如何把党的意识形态优势转化为干事创业的动力优势？关于这方面的研究，学者们更多地从党的思想理论建设视角、多元意识形态竞争以及中国梦的宏大视域去研究意识形态的建构问题，以维护党的执政安全。

朱继东在《党的思想理论建设与意识形态安全》(《马克思主义研究》2016年第2期）一文中认为，应从六方面努力把思想理论建设提升到一个历史新高度以确保意识形态安全，这也是发展21世纪中国的马克思主义和确保我们的党永远不变质、我们的红色江山永远不变色的需要。一是领导干部身先士卒，全党齐心协力抓好意识形态工作；二是认真总结文化体制改革的经验教训，坚持党管意识形态；三是预防和平演变，筑牢反意识形态渗透的钢铁长城；四是理论联系实际，探索马克思主义大众化的新途径；五是坚决反对“唯洋是举”，真正构建中国自己的话语体系；六是大力推进理论创新，发展21世纪中国的马克思主义。

顾小琛在《在多元意识形态竞争中建立党的文化领导权》(《经济导刊》2016年第5期）一文中认为，尽管制度上媒体仍然属于国家，是重要的政治传播工具，然而在实际的运营中，媒体开始走向商业化、市场化，我国媒体的传播内容也充满了意识形态与价值观的冲突与矛盾，一方面既有的“主旋律”仍在唱，另一方面传播内容也呈现出娱乐化的倾向，同时孕育出一种“去政治化”的倾向，使得人们对政治性话语越来越陌生，甚至产生抵触情绪。加之国外各种不同价值观的文化传播产品大行其道，我国传媒市场成为充满多元化意识形态竞争的场所。在这种背景下，要保持党的文化领导权、用中国特色社会主义价值观统一全民思想并非易事，这是一项系统工程。党需要智慧与耐心，制定正确的文化政策，重视知识分子队伍建设，并且寻找一种能为公众所接受的表达形式来进行思想的同化与统一，只有这样才能真正建立起党的文化领导权，巩固党的执政合法性。

冯晓阳在《实现中国梦视域下党的意识形态建构研究》(《中共福建省委党校学报》2016年第1期）一文中认为，中国梦赋予了意识形态新的内涵，意识形态的建构也呈现出新的特征、新的规律。要进一步加强战略思维，增强战略定力，遵循新形势下意识形态的建构机制，探索意识形态建构的路径。一是要协调好利益关系营造良好的社会生态环境，在利益诉求多元化、利益关系复杂的背景下，融合利益诉求，为建构意识形态创造良好的社会生态环境，对意识形态的建构极为重要。二是要以制度保障意识形态建构的稳定性，进一步加强党的制度化建设，将意识形态体现的道德价值观和现时的各种具体的制度有机地结合起来，是我们党建构意识形态形成长效、稳定机制的重大战略举措；法治是意识形态建构制度化的基本保障，是保持意识形态建构制度化的基本维系，它为党的制度化建设融入精神内涵提供了良好的保障。三是加强党的理论创新为意识形态建构注入活力，要进行理论内容创新、大力创新理论建构的方法，要突破日常生活的零散性、自发性，对日常生活实践进行总结、提升、规范，实现理论对日常生活实践的零散性和自发性的超越，以及对人们的社会理想与价值导向的引导。

庞虎、刘珍在《从严治党必须防止“儒化”倾向》(《浙江学刊》2016年第1期）一文中认为，近年来，“儒化共产党”思潮迅速升温，已给党的意识形态认知和践行产生了很大影响。“儒化共产党”思潮的观点是：中国一直走的是“以夷变夏”的西化道路，“新民主主义同三民主主义一样，不是中国文化的‘体’，而是经俄国转手过来的西方文化的‘体’，至于‘用’，也自然是西方文化的‘用’，这样‘体’和‘用都是西方的了’”，之后的改革开放仍然沿着这一文化歧路在走，“所谓‘改革’，就是学西方进行改革，所谓‘开放’，就是向西方开放”，造成了中国“礼崩乐坏，学绝道丧”。解决之道只能是重塑儒学的正统地位，使儒教成为“文化权利中心”，把中国建成“儒教国家”，以“解决中国政治权力百年来的‘合法性缺位’问题，为中国的国家政权奠定合法性的基础”，“要复兴中国就要复兴中华文化，复兴中华文化的核心就是复兴儒家文化，复兴儒家文化的捷径莫过于把儒教确立为国教”。主要途径是：在上层，“儒化中国共产党”、在基层，“儒化社会”。其中，儒化共产党的办法是，党校教学增开四书五经、在公务员考试中增设儒学等等，最终把共产党改造成“儒士共同体”；儒化社会的办法是，把儒学纳入国民教育、在民间建立儒教社团法人、成立儒教协会；等等。此外，还提出了整理国故、社会动员、建立全球儒学传播体系等具体任务。如何看待这种思潮？该文认为，从该思潮的缘起来看，基本上是海外思潮的翻版，缺乏直接的实践根基；从思潮的内容来看，是对中国现实的进一步曲解，缺乏客观辩证的宏观视野。该文最后提出的观点是，新时期，只有超越儒学化的纠葛，坚守现实实践的客观本位，才能不断促成马克思主义中国化理论与实践的新飞跃。

李芳云在《意识形态视域下党的执政安全面临的挑战与应对》(《理论探索》2016年第2期）一文中认为，加强意识形态建设能够为维护党的执政安全提供根本导向、基本认同、政治凝聚力。当前，西方国家思想文化的全球化扩张，削弱了人们对党的意识形态的认同度；社会的多样化发展，削弱党的意识形态的凝聚力；宣传方式滞后，弱化党的意识形态的引导力。这些因素都使得我们党的意识形态面临着前所未有的挑战，也给党的执政安全带来严重影响。要维护我们党的执政安全，就必须着重从以下几个方面有力应对来自意识形态领域的挑战：一是坚持党对意识形态的领导权，把握意识形态建设的正确方向。二是保持意识形态的适度张力，拓展自我整合的弹性空间。三是加强社会主义核心价值观的引领能力，汇聚意识形态凝聚力。四是创新宣传话语体系，推进意识形态生活化、时代化、大众化。

八、关于党内政治生活的研究

严肃党内政治生活，是党内关系正常化、健康化、科学化的重要保证，也是我们党加强党内团结、增强党的力量的重要途径。2016年理论界把党内政治生活的研究作为重点，形成了比较系统的研究体系，主要包括三个方面：一是研究党内政治生活的运行逻辑和体系建构，主要是从理论视角来研究党内政治生活系统的各个组成要素是什么？这些要素是如何结合并遵循何样的运行逻辑？以及在何种框架体系内运行？二是党内政治生活的主要问题与实践做法，主要是剖析当前党内政治生活的主要问题有哪些，针对这些问题应该有哪些比较好的对策和措施。三是党内政治生活的历史经验与现实运用，主要是总结我们党历史上关于党内政治生活的好经验好做法，以及如何把这些好经验好做法有机地运用到当前的党内政治生活中。这三个方面涵盖了党内政治生活的基本概念、运行逻辑、体系框架、历史经验、现实问题以及主要对策等各个方面，初步形成了党内政治生活的研究体系。

（一）运行逻辑与体系建构

从学术研究的角度上看，研究对象都有着其外在的框架体系和内在的运行逻辑，党内政治生活概莫能外。因此可以说，从理论上把党内政治生活的外在框架和内在运行逻辑研究透彻，这是研究党内政治生活的基础性问题。围绕着这个基础性问题，学者们从研究党内政治生活的内涵、要素入手，分析党内政治生活的运行逻辑，研析其功能作用，并对如何完善构建党内政治生活进行了深入研究。

陈金龙在《党内政治生活运行的内在逻辑》（《中共党史研究》2016年第11期）一文中认为，党内政治生活的主体是各级党组织、党员，党内政治生活的依据是党章党规，党内政治生活的空间是党内，党内政治生活的性质是“政治”，党内政治生活的载体是活动。从《新准则》的规定来看，坚定理想信念、发扬党内民主是党内政治生活运行的重要基础，也是党内政治生活运行的逻辑起点；坚决维护党中央权威、保持清正廉洁的政治本色是党内政治生活运行的具体目标；努力在全党形成又有集中又有民主、又有纪律又有自由、又有统一意志又有个人心情舒畅生动活泼的政治局面是党内政治生活的总目标；严明党的政治纪律、保持党同人民群众的血肉联系、坚持民主集中制原则、开展批评与自我批评是党内政治生活运行的规范；党内政治生活的运行离不开党的组织生活，党的组织生活是党内政治生活运行的平台和载体，是党员教育管理的载体、党员批评和自我批评的载体、党员党性修养的载体、党内民主监督的载体；坚持党的基本路线、坚持正确选人用人导向、加强对权力运行的制约和监督，是党内政治生活运行的政治保障、组织保障和监督保障。

陈金龙、周建伟在《论党内政治生活的内涵、要素与功能》（《马克思主义与现实》2016年第6期）一文中认为，党内政治生活具有“五个统一”的特征，即政治性与常态性的统一、规范性与导向性的统一、综合性和主导性的统一、稳定性和变化性的统一、团结性和斗争性的统一。党内政治生活由主体、客体、内容、规范、环境诸要素构成，是一个有机的系统和整体。从不同层面和视角来看，党内政治生活具有不同功能。在执政党层面，党内政治生活的功能主要体现在对外的执政合法性和对内的管党治党、党内政治生态；在党组织层面，党内政治生活具有教育管理、激励锻炼、甄别鉴定功能和树立党组织自身权威特别是中央权威的功能；在党员干部个体层面，党内政治生活具有自我教育、自我改造、自我提升等多方面的功能。

邹庆国在《论严肃党内政治生活的体系建构》（《理论探索》2016年第6期）一文中认为，党内关系的具体表现形式是多元化、多维化、多层化的，是一个纵横交织的网状体系。从理论逻辑来说，严格的党内政治生活是马克思主义政党的固有属性；从历史逻辑来说，严肃认真的党内政治生活是中国共产党的优良传统和独特优势；从现实逻辑来说，严肃党内政治生活是全面从严治党的基础。党内政治生活的根本目标在于保持党的先进性和纯洁性。把握党内政治生活实践的核心支撑点和精准发力点，是严肃党内政治生活体系建构的核心环节，要把加强思想政治建设摆在首位、坚持和完善民主集中制、严格党的组织生活、严明政治纪律和政治规矩、开展批评与自我批评、创新党内生活方式和方法。风险预警和有效控制是严肃党内政治生活的必备要素，要义在于结合党内政治生活中的显性、隐性和潜在问题，发现风险点、创设防控点，维护党内政治生活的固有属性。在现阶段，结合全面从严治党新思路、新实践、新经验，着力解决突出问题，进一步优化制度供给，增强制度效能，促成党内的“良法善治”形态，是严肃党内政治生活的根本保障。要领悟党内政治生活制度体系的内在逻辑、完善党内组织生活的相关制度、切实提升制度执行力。

刘启春在《构建党内政治生活的规范化体系》(《中南民族大学学报（人文社会科学版）》2016 年第 6 期）一文中认为，《准则》的最大贡献是构筑了党内政治生活的规范化体系，开辟了党内政治生活制度化、规范化、程序化的新局面。严肃党内政治生活是马克思主义政党的本质特征，开展严肃认真的党内政治生活是马克思主义政党的鲜明特征之一，也是马克思主义政党的本质要求，其目的是要保持和发展党的先进性和纯洁性，把党建设成为团结统一的坚强战斗堡垒；加强和规范党内政治生活是全面从严治党的起点和支点，加强和规范党内政治生活深化了党的建设的主题，构成了党的建设的又一个平台。加强和规范党内政治生活是推进全面从严治党的重要抓手。加强和规范党内政治生活是解决党内存在突出的矛盾和问题的需要；《准则》的制定标志着党内政治生活规范化体系的形成。《准则》的颁布是我们党的建设史上的一个重要里程碑。随着《关于新形势下党内政治生活的若干准则》和《中国共产党党内监督条例》的颁布实施，也随着党内其他法规制度的建立健全，党内政治生活将会迈上新的台阶，成为进一步推进党的建设新的伟大工程、提高党的建设科学化水平的新动力。

（二）主要问题与实践方法

当前党内政治生活存在的主要问题是什么？如何科学地开展党内政治生活？严格党内政治生活的主要着力点是什么？这些都是我们党严肃党内政治生活必须回答好的基础性问题，同时这也是党建学者们的主要研究方向。学者们从党员、基层党组织如何参与党内政治生活入手，以思想建党和制度建党为主要着力点，同时也研究了党内政治生活的建设导向与实践逻辑。这些研究基本上概括了当前党内政治生活存在的主要问题，并提出了具有针对性的治理策略。

田改伟在《党员参与党内政治生活问题研究》(《中国特色社会主义研究》2016 年第 6 期）一文中认为，党的组织性、纪律性和创造性是党具有凝聚力和战斗力的根本保证。这种组织性、纪律性、创造性离不开广大党员严格的党内政治生活和积极参与党内事务。党的十八大以来，严格党内政治生活成为贯彻落实全面从严治党的重要内容和抓手。中国共产党作为一个无产阶级政党组织，之所以能够在不同的历史时期始终保持活力，一个重要的原因就是广大党员具有广泛的参与党内事务的权利，并且这种权利得到了党规党纪的保障。该文提出的主要观点有：一是党员参与党内政治生活的方式和途径。通过党组织来参与党内政治生活，主要是通过参加党组织会议参与党内政治生活、通过党组织进行申诉和辩护、通过党组织表达对党的意见、通过党组织行使选举权和被选举权、享有党内教育培训权利、通过党组织请求帮助的权利、通过党组织反映党内问题行使监督的权利；通过党的媒体行使党员对党的事务的参与权，党员参与党内事务，除了通过党组织提供的平台外，党员还可以通过党的媒体参与党内事务，发表自己的意见。党章规定，党员除了在党的会议上外，还可以通过党报党刊，参加关于党的政策问题的讨论；通过选出的党代会代表间接参与党内政治生活；党务公开是党员参与党内事务履行权利的前提和重要保障。二是党员参与党内政治生活存在的主要问题。部分党员或党员代表不够了解自己在党内享有哪些民主权利，缺少行使和维护权利的自主意识；党代表履职能力弱，党代会作为党员参与党内政治生活的途径的作用没有完全发挥出来；"三会一课"制度落实质量差；党员的选举权与被选举权容易被虚置；关于党员参与党内政治生活的相关制度配套性、针对性需进一步加强。三是要进一步完善党员参与党内政治生活。积极推动党务公开，制定《中国共产党党务公开条例》；不断丰富和改进"三会一课"的内容和形式，切实增强党内生活的时代感和吸引力；改进和完善党内选举制度，为党员权利的落实打好制度基础；增强党员的权利意识，树立正确的权利义务观，做合格党员。

刘艳云、胡义清在《关于基层党组织严格党内生活的若干思考》(《中共杭州市委党校学报》2016 年第 4 期）一文中认为，基层党组织在党内生活中还存在一些与社会发展、全面从严治党不相适应的情况，影响着党内生活的成效和质量，影响着基层党组织功能的发挥，给党的自身建设和发展带来了严峻挑战。这些问题主要有，定位偏低，要求不高；自由散漫，管理不严；形式单调，方法陈旧；钻营取巧，功利主义。因此，要进一步全面把握严格党内生活对基层党组织的实践要求，必须以贯彻民主集中制为核心、必须以坚持党性原则为基础、必须以批评与自我批评为武器、必须以解决问题为导向。具体要做到：加强基层党支部书记队伍建设、切实保障普通党员民主权利、合理确定党内生活内容、不断探索党内生活的新形式、建立常态化的党内生活考核监督机制。

何克祥在《严格党内生活：实现思想建党和制度治党紧密结合的重要结合点》(《宁夏社会科学》2016 年第 2 期）一文中认为，严格党内生活是实现思想建党和制度治党紧密结合的重要结合点。严格党内生活就是使党员党性得到锤炼、思想得到洗礼。严肃党内政治生活，就是在党内开展的各种政治活动中要求党的各级组织和全体党员、干部严格遵守党章党规党纪，严肃纪律尤其是政治纪律，养成守纪律讲规矩的习惯，贯彻落实党的路线、方针、政策，达到全党与党中央保持高度一致、维护全党团结统一的目的。党内生活是党员锻炼党性、提高思想觉悟的熔炉，是教育和提高党员、干部的基本平台与载体；严格党内生活是中国共产党长期以来加强党的建设的优良传统和重要途径，是实现思想建党和制度治党紧密结合的重要结合点。因此，严格党内生活对于新形势下全面从严治党意义重大。严格党内生活，最关键的是必须健全党内生活的各项制度，其中最基本最紧要的是健全党内组织生活制度。

郑善文等在《加强党内政治生活科学化建设的导向与实践逻辑》(《领导科学》2016年11月)一文中提出，必须警惕、防范和根治新形势下党内政治生活不同程度地存在庸俗化、空心化、封建化、单一化、随意化五种倾向。“五化”问题严重侵蚀了党内良好的政治生态，对“五化”问题的反思与破解刻不容缓、势在必行。严格党内政治生活是一项具有特殊意义的战略任务，实现严的常态化、长效化，需要运用党内政治生活科学化建设的重要法宝、创新党内政治生活科学化建设的内容形式、构建党内政治生活科学化建设的责任追究机制，这些实践形式相互支持、相得益彰、协同发力，为加强党内政治生活科学化建设提供基本的支撑保障体系。

（三）历史经验与现实应用

我们党能够从革命党奋斗成为执政党，能够从弱小发展到强大，能够始终保持党内团结，这与我们党一贯重视过好党内政治生活密切相关。在我们党的历史中，不断积累和树立起党内政治生活的规矩与范例，如何从这些好的历史经验中汲取养分，并充分运用到当前党的建设实践中，这是学者们研究的关注点。学者们主要从总结党内政治生活的历史经验、党的领导人对党内政治生活的思考以及当前开展党内政治生活的重点，特别是如何运用好哲学思维开展好党内政治生活进行了深入的研究。

崔建周在《延安时期党内政治生活正常化的经验与启迪》(《马克思主义研究》2016年第4期）一文中认为，延安时期是中国共产党成长为一个组织上强固、政治上坚定的全国性、群众性工人阶级政党的重要时期。在这一时期，党内政治生活逐步消除了集权主义、宗派主义、自由主义、惩办主义等大革命时期和土地革命时期存在的种种错误倾向，提出并实践了解决党内矛盾和思想分歧的科学思路和办法，实现了党内政治生活的正常化，对于在新的历史时期贯彻落实全面从严治党要求、净化政治生态、严肃党内政治生活具有重要的启示性价值。一是实现党内政治生活的正常化必须始终确立并坚持正确的思想路线；二是实现党内政治生活的正常化必须建立科学的制度规则体系；三是实现党内政治生活的正常化必须强化党员干部的理论教育和党性锻炼；四是坚决纠正各种错误倾向是实现党内政治生活正常化的有力保障；五是实现党内政治生活正常化必须充分发挥领导干部的以上率下作用。

王明波在《健全党内生活是全党最大的事情——陈云对严肃党内政治生活的思考》(《党的文献》2016年第5期）一文中认为，凡是党内出现问题，陈云都会从党内生活的角度寻找原因，并积极探索应对之法。陈云认为健全党内生活是全党最大的事情，要从加强党的建设着手，主张处理问题要有原则性，“采取这也照顾那也照顾，则一辈子整不好党的”。迁就纵容，“那就害了党员，决建不好党的。照顾照顾，这不是建党，而是弄垮党”。为此，陈云系统论述了三条健全党内生活的指导性意见。一要正面地坦率地辨明是非，开展批评和自我批评。内部不团结，有隔阂，往往是有意见当面不讲，背后乱说，小道消息满天飞。碍于情面，对错误会上不正面批评，会下到处议论。不仅助长混乱，也无助问题解决。二要严格执行民主集中制。民主集中制是党的根本组织原则和领导制度，是严肃党内生活的根本之策。它是民主与集中的辩证统一，既要充分发扬民主，又要实现正确集中。三要服从决定、遵守纪律、积极工作、履行义务。这是民主集中制

"集中"方面的重要体现，陈云把它单列出来，作为一项重要原则，因为在他看来，服从组织决定，积极努力工作，保障集中统一，以及铁的纪律是中国共产党的优良传统和独特政治优势，也是党内生活的重要内容。回顾历史，中国共产党自成立以来，从小到大，由弱变强，从失误走向成功，健全党内生活是重要保障和动力源泉。当前，应对各种困难和挑战，落实全面从严治党，同样需要健全党内生活。

赵朝峰在《党内政治生活绝不能沦为"清谈馆"》(《人民论坛》2016年第S2期）一文中认为，要管党必须从党内政治生活管起，从严治党必须从党内政治生活严起。开展严肃认真的党内政治生活，是我们党的优良传统，是我们党实现自我净化、自我完善、自我革新、自我提高的重要途径，也是以习近平同志为核心的党中央着眼于进行具有许多新的历史特点的伟大斗争而做出的重大战略部署。通过严肃党内政治生活，用党内"弘扬正气的大气候"影响党员、干部个人不健康的"小气候"，能全面净化党内政治生态，形成在党言党、在党忧党、在党为党的氛围，在思想上、政治上、行动上自觉同党中央保持高度一致。具体要做到"六不"：一是严肃党内政治生活必须坚定理想信念不放松；二是严肃党内政治生活必须抓牢党的基本路线不动摇；三是严肃党内政治生活必须坚持民主集中制不含糊；四是严肃党内政治生活必须用好批评与自我批评不放手；五是严肃党内政治生活必须抓好党的组织生活不松懈；六是严肃党内政治生活必须紧盯"一把手"主体责任不手软。

袁建伟在《论六种思维在严肃党内政治生活中的应用》(《人民论坛》2016年3月中）一文中认为，严肃党内政治生活需要运用好六种思维：一是战略思维，充分把握严肃党内政治生活是增强党自我解决问题能力的基本途径，是解决现实问题的迫切要求，是全面从严治党的重点工程；二是系统思维，从党内生活的大系统中，准确定位党内政治生活，正确认识和把握党内政治生活和组织生活这对基本关系；三是辩证思维，要辩证地看待党内政治生活的功能、现状和责任；四是法治思维，用法规制度严肃党内政治生活，是时势使然，更是规律使然，要唤醒党章、激发党内法规的力量；五是底线思维，严肃党内政治生活要突出严明三条基本底线，即严守"四个服从"的政治底线、严守"党性原则基础上的团结"的团结底线、严守"讲真话不讲假话"的做人底线；六是创新思维，要注重"点线面"相结合，建构科学的党内政治生活理论体系。要注重"科学化与民主化"相结合，坚持"顶层设计与基层探索"相结合，建构科学的党内政治生活的制度和方法体系。

九、关于基层党的建设的研究

习近平总书记明确指出，基层是党的执政之基、力量之源。只有基层党组织坚强有力，党员发挥应有作用，党的根基才能牢固，党才能有战斗力。党的基层组织是党的全部工作力和战斗力的基础。因此，必须把基层党组织建设成为坚强的战斗堡垒。为此，2016年理论界对基层党建的研究大体包括三个方面：一是基层党建的一般理论研究，主要是研究基层党建的功能定位、动力机制以及顶层设计问题；二是基层党建的发展趋势，主要是研究基层党建中出现的新问题新要求，以及基层党建发展的基本趋势；三是基层党建实践，主要研究两大领域各个板块的党建实践问题，学者们对机关党建、国企党建、高校党建以及其他企事业单位党建、社区党建、农村党建、非公党建以及商圈党建等进行了分门别类式的针对性研究，分析基层党建各个板块的现实问题，并据此提出相应的策略建议。

（一）基层党建理论

基层党组织是党的全部工作和战斗力的基础。在新形势下，基层党建面临着什么样的新问题？基层党建如何进一步创新发展？这是基层党建理论必须首先回答的重要问题。学者们主要从国家治理现代化特别是基层治理的视角出发来研究这一问题的，主要研究基层党建的立足点、着力点以及创新动力和顶层设计问题，特别是如何正确定位基层党组织的功能以及如何进一步完善功能发挥机制。这些研究为进一步创新基层党建工作提供了有力的理论支撑，从而为推进基层党建工作的科学化夯实了基础。

王长江在《当前推进基层党建理论与实践创新亟待探讨的几个问题》(《中共浙江省委党校学报》2016 年第 1 期）一文中认为，我国基层党建工作开展多年，出现了很多地方的创新案例，体现了基层党建的新要求，但随着党建实践的向前推进，作为党建理论工作者，我们还有许多问题值得思考：一是基层党建的立足点问题，要清楚基层党建本身不是目的，通过基层党建工作凝聚人心、凝聚民心，推进国家繁荣才是目的，因此，应当明确地把基层党建的立足点放在如何增强党执政的合法性上。二是基层党建的着眼点问题，基层党建需要实现从过去更多偏向权力控制向更多着眼社会建设倾斜转变，如果仍然过于从强化行政管控上着眼，可能会出现越加强党的作用，越会使党和社会的关系紧张化的后果。三是基层党建的创新动力问题，过去，为了强调党的先进性，我们往往强调这一动力，但也往往因此而人为地拔高这一动力，乃至让不少人误认为这是唯一的动力。其实，除了这个动力之外，还有一个不可忽视的动力，就是组织自身生存和发展的动力。这个动力，同样强大，而且更原始。广大地方和基层党组织进行党建创新的动力依然存在，但这种动力比过去有所减弱，其中制度瓶颈带来的动力不足问题更应引起我们的高度关注。四是基层党建的顶层设计问题，顶层设计并非一个和行政体制中的高层相对应的概念，而是一个系统论的概念。系统论所主张的系统方法，就是把任何对象都看作一个系统，思考的重点不在系统中的每一个要素，而在诸要素之间的连接。说简单点，就是通过相互之间的联系寻找解决问题的办法。改革的深水区状态，决定了思考任何问题都应该有系统性思维。地方和基层应正确理解这一概念，系统地、主动地开展和加强基层党建及其创新工作。

宋煜在《党的领导在基层社会治理中的时代定位与创新路径》(《社会治理》2016 年第 4 期）一文中认为，当前基层治理中的矛盾和问题不断累积，主要体现在三个方面：一是由于社区党委书记兼任居委会主任，甚至兼任社会服务站站长，导致基层党员群众对两者的关系往往认识不清，在具体工作中存在工作交叉，经常会发生越位、缺位的问题，使得党组织在社区缺乏存在感；二是随着新经济组织和社会组织的大量涌现，社区治理的参与主体也越来越多，问题也越来越复杂，社区党组织传统的基层组织形式、工作方法以及党员教育管理的方式等都难以适应这些新变化，这也直接导致了党员参与社区建设的积极性不高；三是社区党组织的服务能力不足，无法满足广大党员和居民群众多样化的需求。此外，社区党建工作的协调机制不完善，还存在着组织不健全、工作关系不顺、工作经费难以落实等问题。在基层社会治理中，发挥和落实党组织的领导核心作用，继续保持党在基层社会的组织威信，就要在新型社区治理体系中对基层党组织进行正确的定位：基层党组织要带头发扬民主、要带头整合资源、要带头做好模范、要带头提升能力。基层党组织领导社会治理的工作也不断创新，但归纳起来主要有三条路径：技术创新是基层党组织建设的重要手段、服务创新是基层党组织建设的发展源泉、组织创新是基层党组织建设的根本保障。

严俊儒、魏成富在《国家治理现代化视角下基层党组织功能发挥机制的完善》（《理论探讨》2016年第5期）一文中认为，基层党组织作为基层治理的主体，其功能发挥是实现国家治理现代化的基石，是执政党能力建设的重要内容，理应受到重视。但目前基层党组织的功能发挥存在不少问题。这些问题致使其功能发挥的有效性不足。因此，要适应国家治理现代化发展的经济新常态，不断完善基层党组织的功能发挥机制，主要是：切合国家治理现代化的价值取向，不断完善基层党组织功能有效发挥的理念，坚持创新与复合、系统协调、科学民本民主、制度化与规范化的功能发挥理念；主动应对国家治理的各大场域，不断丰富基层党组织功能有效发挥的视域与项目，要不断完善基层党组织的自我建设功能、执政功能、服务功能；开发利用好国家治理的各种平台，扩大基层党组织功能发挥的惠及面与覆盖面；以国家治理的效能提升为目标，健全基层党组织功能发挥的保障机制与考核机制。通过这些方面的努力，方能完善基层党组织功能有效发挥的运行机制，从而助力基层治理的现代化发展。

（二）基层党建趋势

准确把握基层党建的发展趋势是推进基层党建科学化的必然要求。党的建设的一个突出特点是既要服务于党的中心工作，同时又要根据具体的历史环境来不断发展和完善自身的建设方式方法。当前，无论是经济社会的发展变化带来的人们思想和利益的变化，抑或是信息技术深度介入并影响人们的行为方式，都使得基层党建出现了一些新问题新要求。围绕着基层党建的发展趋势，学者们的主要关注点是：分析基层党建创新存在的问题，研究社会组织快速发展产生的党建要求，探索在当前发达的信息技术条件下如何加强基层党建等。

卢福营在《当前基层党建创新值得关注的问题》（《长白学刊》2016年第6期）一文中认为，当前基层党建创新中也存在一些值得关注的问题，主要包括：一是不守边界问题。有关部门时常会将一些似乎与党建有关但实质不属于党建的内容纳入党建创新之中；创新主体的权力越位，包括缺乏法律依据擅自实施基层社会治理创新行动、未经群众同意擅自实施基层群众自治范围的治理创新项目、创新对象的权利受侵。二是不求整合问题。主要是创新"叠加"，部分创新项目的内容和形式相互交叉重叠，造成了基层党建的不必要"折腾"，甚至形成了创新的"过剩性"危机；创新"碎片化"，组织部门根据自己的认识和具体实际，主要选择一些容易创造政绩的领域或环节开展基层党建创新活动，在某个或某些领域、环节实现突破，并片面加大政策倾斜与资源投入，甚至人为包装和扩大创新成效。三是不可扩散问题。可扩散性是基层党建创新生命力的表现，当前基层党建创新虽然表面上“繁荣”，但事实上存在着显见的不可扩散问题，主要是时间上不可持续、空间上不可复制。四是不明绩效问题。主要是评价主体不合理、评价指标不科学。解决好这些问题，才能确保基层党建创新的健康发展。

李德在《当前我国社会组织快速发展产生的党建新问题和新要求》(《毛泽东邓小平理论研究》2016 年第 7 期）一文中认为，与西方发达资本主义国家相比，我国社会组织发展较为缓慢。近年来，随着各级党委和政府对社会组织及其党建发展的高度重视，一些地方在社会组织发展及其党建方面取得了可喜的成绩。但目前我国社会组织发展及其党建方面还存在着自身能力较弱、不能有效承接政府转移出来的公共服务职能、不能有效满足城乡居民的实际需求，社会组织党建的针对性不强、效果不明显等一系列问题。今后进一步加强社会组织党建工作，需要理顺社会组织党建管理服务体制，形成社会组织党建的合力；积极搭建社会组织党建平台，建立健全经费保障制度，提高社会组织党建队伍的积极性；加强对社会组织党建进行第三方评估等，切实增强社会组织党建的有效性，充分发挥党在社会组织中的领导核心和政治引领作用，切实解决社会组织在发展过程中存在的突出问题。

高旭、曾小锋在《大数据时代基层党组织治理面临的挑战与对策研究》(《求实》2016 年第 7 期）一文中认为，大数据作为 21 世纪国家治理可利用的最重要的战略资源和技术支撑，具有巨大的潜在价值和应用前景。基层社会是国家治理体系的基础和切入点，基层党组织是基层治理的领导核心。大数据发展给基层党组织治理带来双重境遇，大数据有利于提高基层党组织建设的科学化水平、有利于提高基层党组织的治理能力、有利于推动基层民主发展，同时也带来思维模式和治理理念的挑战、带来治理结构和治理方式的挑战、带来信息安全和个人隐私的挑战、带来利益协调和民主政治诉求的挑战。大数据时代，要完善组织建设，强化干部队伍，夯实基层治理的领导核心；树立大数据理念，完善治理结构，推进基层治理主体多元化；优化组织机构，改进治理方式，推动基层治理的科学化；健全基层制度，加强人才培养，实现基层治理法治化。

郭翙在《“互联网 +” 背景下基层党建信息化建设研究》(《党政干部论坛》2016 年第 4 期）一文中认为，当前我国的网络党建正在如火如荼地展开，总体发展趋势是：从党的内部管理的信息化、办公自动化，到外部的党建党务网站建设，再向具有实效性、互动性、高效性的一体化信息系统演进，最终形成综合的、多功能的、统一的网络党建平台。“互联网 +” 背景下基层党建信息化建设困境主要有：就沟通平台而言，存在金字塔式管理与扁平化开发之间的矛盾；就参与主体而言，存在单一被动管理与多元主动参与的矛盾；就队伍管理而言，存在封闭老龄化队伍与开放年轻化需求的矛盾。面对这些问题，一是要推进智慧党建，实现沟通平台由传统管理向现代服务转变。二是推进党群互动，实现参与主体由被动单一向主动双向转变。三是推进人才信息化，实现队伍管理由封闭粗放向开放精细转变。

甄小英在《基层党风建设的态势及启示》(《中共天津市委党校学报》2016 年第 2 期）一文中认为，党的十八大以来，基层党的作风建设呈现出三个方面的新态势。一是党员干部直接联系群众制度化、常态化。各地把群众路线教育实践活动中创造的干部深入实际、直接联系群众的好做法不断总结完善，逐步形成制度，实现了常态化。二是“为民服务实效化、实绩化”。针对基层群众对不办实事的慵懒官员、劳民伤财的形式主义极为痛恨的现实，不少基层党风建设以建设服务型党组织为核心，把树立“为民、务实、清廉”作风作为重点，把解决群众最迫切解决的问题作为突破口。在服务群众的实践中树新风；以为民服务的实效、实绩检验作风建设的效果，实现了良性循环。三是党风廉政建设趋向源头治理、综合治理、标本兼治。该文认为，基层党风建设必须与推进基层社会治理现代化紧密结合。由统治走向治理是人类发展的共同规律。推进治理的现代化，就是要建设民主政治、法治国家，最大限度地实现社会的公平正义、和谐稳定和社会管理的高效有序，目的就是实现善治善政。善治是使公共利益最大化的社会管理过程。现代治理体系包含着在党的领导下，充分调动人民群众有序参与政治、经济、社会等国家事务管理的积极性，也包含着以完善的法律法规制度和科学的权力运行体制机制及多群体、多向度地对权力的监督，防止权力腐败，建设廉洁政治。因此，深化改革，创新基层权力运行机制，从源头上防止腐败，是基层作风建设的治本之举。

（三）基层党建实践

基层党建在实践中主要有两大领域，一是体制内党建，如机关、国企、高校、其他企事业单位以及社区党建活动。二是体制外党建，如“两新”组织即新经济组织、新社会组织的党建，特别是非公有制企业的党建。应该说，这两大领域的党建既遵循党的建设的一般规律，同时又展现出各自的不同特点。这些都是我们在研究和推进基层党建工作时必须考虑的问题。当前，基层党建面临何种形势？存在什么样的问题？如何进一步创新和发展基层党建工作？围绕着这些问题，学者们进行了深入的研究。

陈荣武在《高校党组织整体功能的实现路径研究》(《思想理论教育》2016 年第 11 期）一文中认为，高校党组织整体功能内涵的基本架构主要包括“五个有机结合”和“五对关系”：一是政治功能和服务功能有机结合，处理好政治功能和服务功能的关系；二是上下级党组织以及同级党组织有机结合，处理好党组织与党组织的关系；三是党组织负责人和党组织班子成员及全体党员有机结合，处理好党组织负责人和其他成员的关系；四是党组织从事党的建设和高校事业发展有机结合，处理好党建和高校事业的关系；五是党组织和群团组织有机结合，处理好党群组织和党群干群关系。高校党组织整体功能内涵具有四个时代化特征：一是坚持和发展了马克思主义政党理论和马克思主义中国化的政党学说，实现了中国共产党理论话语由“革命党”到“执政党”的转型，与时俱进地丰富和发展了党组织的功能内涵；二是坚持了实事求是和发展的观点，强化了问题意识和精准化思维，是对世情、国情、社情、民情特别是党情变化的时代性回应；三是蕴含了党面向未来、走向百年强党的顶层设计，回答了党如何领导人民群众、领导人民群众向何处去、如何实现“两个一百年”奋斗目标等重大执政命题，是党“不忘初心、继续前进”时代使命和政治责任的内在要求；四是凸显了新时期高校党建的重大政治价值、紧迫的政治诉求，以及高校党建认识论、方法论创新的重大意义。高校党组织整体功能的实现路径主要包括五个方面的着力点：完善党委领导下党群组织系统化运作机制、完善基层党组织内部领导机制和治理结构、实现党建政治功能和服务功能的有机整合、强化高校党建和事业发展“一体化”设计战略、提升党建工作队伍战略以及整体与辩证思维。

邱国良、赖运生在《如何在社区建设中加强和改进党的领导》(《党史文苑》2016年第18期)一文中认为，社区党组织是社区工作的领导核心，推进社区建设必须加强和改进党的领导。一是要维护社区建设的自治性，就是要充分调动和发挥社区居民的积极性、主动性、创造性；就是要积极调整社区党组织的工作思路，加强对社区的思想、政治和组织上的领导，积极彰显社区正能量；就是要防止社区自治的过度化、自由化，坚持社区自治和组织指导相结合的原则。二是要确保社区文化的方向性，就是要坚持党的十八大提出的“三个倡导”，培育和践行社会主义核心价值观；就是要牢牢把握网络空间争夺的主动权，使网络空间清朗起来；就是要增强社区文化的亲和力。三是要全面从严治党，就是要加强作风建设，从思想上正本清源、立根固本；就是要加强制度建设，依法依规治党；就是要加强组织建设，培养和选拔优秀基层干部。

张波在《基于新媒体的城市社区党建创新研究》(《中共福建省委党校学报》2016年第8期)一文中认为，新媒体为社区党建工作创新提供契机，新媒体为社区党群沟通提供了新载体、新媒体促进社区事务决策科学化水平、新媒体有助于改变党务工作作风。面对新媒体给社区党建工作带来的新情况，基层党组织要以更开放、更前瞻的眼光看待、管好、用好新媒体，主动运用新媒体创新社区党建各项工作，重新塑造社区党建工作新局面，巩固好执政党在基层社会的执政基础。一要发挥新媒体整合功能，搭建社区党建高效服务平台。要用新媒体技术打造社区党建工作平台、用新媒体平台把握社区广大民众利益诉求、用新媒体做好社区党员干部组织生活。二要重视新媒体在教育疏导、舆论引导方面的积极功能。要用新媒体对社区党员群众进行教育疏导、用新媒体对社区党员群众进行舆论引导。三要注重新媒体监督功能，推进党内反腐倡廉建设工作。要强化党员干部的廉政意识和群众的监督意识，同时拓宽反腐渠道，提升信息处理和反馈能力。四要完善体制机制建设，实现新媒体与社区党建工作有机融合。要建立新媒体规范管理机制、构建多渠道资金保障机制、完善信息化能力培养机制、健全党员干部考核评价机制。

尹杰钦等在《农村基层党组织社会治理创新面临的挑战及其归因》(《当代世界与社会主义》2016年第6期)一文中认为，农村是党和政府权力控制与村民自治力量的接合部，是社会治理的前沿阵地。农村社会治理创新实效如何，与农村基层党组织在农村社会治理创新中的角色定位呈高度正相关。农村基层党组织是农村基层社会治理创新的组织领导者、示范服务者、统筹协调者。当前农村基层党组织在农村社会治理创新中面临诸多挑战，主要包括：一是基层党组织与社会间关系尚未理顺，源头治理有待加强。二是农村社会治理各主体尚未有效整合，系统治理有待加强。三是农村基层“两委”的互动关系不够协调，民主治理有待加强。四是农村社会治理的法制体系不够健全，依法治理有待加强。农村基层党组织社会治理创新遇到诸多挑战，其原因是多方面的，概括起来主要有以下四个方面：农村基层党组织社会治理理念的转换不够、农村基层党组织社会治理方式的创新不够、农村基层党组织社会治理环境的优化不够、农村党员干部推进社会治理所需素养不够。

张汉在《政党调适理论视野中的城市商圈党建：理论脉络与研究议题》(《中共浙江省委党校学报》2016 年第 3 期）一文中认为，“城市商圈党建”是中国共产党在市场经济条件下、在城市地区所探索的“区域化党建”的三种主要形式之一，它在街道党工委的直接领导下，以商业 / 商务设施和机构密集的大型现代城市空间为工作地点，以非公有制部门中的新经济组织和新社会组织为主要工作对象，以枢纽型商圈党建机构为主要组织依托，以建设服务型党组织为主要工作手段，进行党员发展、教育、服务和动员，以两新组织单建、行业 / 楼宇联建等方式培育和重组基层党组织，并与商圈内的管理委员会、商会、物业公司等其他治理机构紧密合作，充分发挥党组织的政治核心作用，整合行政资源和社会资源，寻求党建工作创新与商圈治理创新协同推进。

王永华在《加强非公企业党建工作：问题与对策》(《中共天津市委党校学报》2016 年第 3 期）一文中认为，非公企业党建工作面临的主要问题有：党组织组建难、党组织定位难、党务工作队伍力量不强、党员教育管理难、党组织党员作用发挥难、党建管理体制复杂混乱。我们应适应形势的发展变化，着力解决非公企业党建面临的新情况、新问题，推动非公企业党建与企业发展融合互促、协调共进。一是要扩大党的组织覆盖和工作覆盖。二是要通过明确功能定位提升党组织向心力。三是要加强党务工作者队伍建设，要抓好党组织书记队伍建设、壮大党建指导员队伍、抓好党务工作者的教育培养。四是要加强对非公企业主的引导，建立培训教育机制，提高企业主的思想觉悟；健全引导帮扶体系，加强与非公企业主的感情联络；加大政治激励力度，增强企业主抓党建的积极性。五是要健全和完善党建工作管理机制，完善分级负责制度、完善各部门挂钩联系制度、完善工作考核制度、健全目标责任制。六是要创新基层党组织的活动方式，坚持以人为本原则、坚持发展为重原则、坚持服务为先原则、坚持沟通为主原则。

十、关于党的建设理论的研究

2016 年学术界对党的建设理论的研究主要集中在三个方面：一是党的建设基础理论，主要是研究党的建设理论体系问题、党的执政资源汲取以及执政成效评价问题，此外也有学者研究马克思主义党建理论的中国化问题；二是党内关系研究，在全面从严治党的党建新常态下，究竟如何正确地处理党内关系是党的建设理论的重点课题，学者们主要研究了党内权力的配置和监督问题、党内生活应该遵循的基本原理以及如何正确地实行民主集中制问题；三是党内法规研究，学者们肯定党内法规概念的合理性，但在党内法规的解读视角上又存在着丰富性的一面，不管是法技术和法属性的视角，抑或是软法的视域，都有助于厘清党内法规与国家法规的边界，有助于建构党内法规和国家法规的衔接机制，有助于依规治党的全面推进。

（一）基础理论

党的建设基础理论是党建研究的基石，直接关涉党建研究理论体系的建构以及对现实党建问题的分析力度问题。长期以来，研究界比较注重对党建热点问题的追踪，在一定程度上忽略了对党建基础理论的深度研究，这就使得党建的理论厚度不够，往往在分析党建热点问题时显得捉襟见肘，分析力度明显不够。针对这个问题，2016年理论界透过党建“热现象”进行了一系列的“冷思考”，对党的建设基础理论进行了深入的研究，主要包含党的建设理论体系、党性概念的发展变迁、党如何领导立法以及党的执政资源和执政成效评价问题等基础问题。

高新民在《关于中国共产党的建设若干理论问题思考》（《理论探讨》2016年第5期）一文中认为，任何一种思想体系，能够以完整的“体系”出现，大抵包括基本概念、原理（命题）以及把上述概念、命题联系在一起的整体框架。中共党建理论体系也同样如此。如果从党建理论体系的层次上看，主要包含三个层次：反映政党伦理的核心价值；基本原理（命题）；党建实务。中共党建理论体系的形成与发展，如果以“伟大工程”和“新的伟大工程”为标志，大致可分为以下三个阶段：第一阶段，以毛泽东党建思想为代表的中共党建理论体系，是党的集体智慧的结晶，是对党的建设“伟大工程”的系统总结；第二阶段，是中华人民共和国成立后到改革开放前，处于两个“伟大工程”之间；第三阶段，即“新的伟大工程”，发端于党的十一届三中全会之后。中共党建话语体系从来都是以中国共产党的实际为基础、依据实践的需要而产生的，但不是封闭、僵化的，而是开放、发展的。

任晓伟在《马克思主义党建理论史上“党性”术语的使用及其内涵变迁》（《陕西师范大学学报（哲学社会科学版）》2016年第2期）一文中认为，“党性”这一术语源于马克思、恩格斯的经典文献，他们所指“党性”主要是指理论和政治活动的阶级性。“党性”这一术语内涵的基本定型始于列宁，他所指“党性”既是研究方法上对唯物主义和唯心主义对立的自觉，同时也用来描述党员对党的组织的态度。在中国共产党建设的理论文献中，“党性”术语正式形成于延安时期。延安时期，中国共产党关于“党性”术语内涵的多种表述，实质在于把“党性”理解为阶级性基础之上思想理论方法和组织形态的有机统一。中国共产党在全国执政后进一步拓展和深化了“党性”术语的内涵，基于党员个体意义上的作风在中国共产党的党性思想的整体性中越来越具有突出的意义。从“党性”术语在中国共产党理论文献中内涵的演进来看，一是它表明了理论上的党性在整个中国共产党“党性”的逻辑结构和内涵体系中的基础性和根源性。二是它所强调的“党性”重点在于新的条件下共产党员的作风建设，作风问题本质上是党性问题。三是它也表明了在新的条件下党性建设两种路径的复杂双向互动，一种是从理论上的党性到组织上的党性再到作风上的党性的正向构建的路径，一种是从作风上的党性倒逼组织上的党性，进而强化理论上的党性的逆向构建的路径。

王建华在《马克思主义党建理论与实践的中国特色》（《东南大学学报（哲学社会科学版）》2016年第2期）一文中认为，马克思主义党建理论的中国化经验主要有：一是原则性与灵活性相统一的党员发展程序。二是远大理想与现实目标相统一的党员标准。三是既要重视质量，又要重视数量的党员发展道路。从组织发展的视角总结马克思主义党建理论的中国特色，可以清楚地看到党员发展应反映时代要求，贴近生活，贴近政党的行动纲领与近期目标，实现原则性与灵活性的统一，远大理想与现实目标的统一。通过支部大力发展党员，是马克思主义党建理论的又一中国特色。革命年代，正是通过发挥基层党组织的战斗堡垒作用，发挥支部在党员发展与教育过程中的领导作用，锻造了一支坚强有力的共产党员队伍，使得革命的星星之火，终成燎原之势。可以说，中共通过自身发展壮大的事实最好地诠释了马克思主义党建理论中国化的力量所在。

姚桓在《中国共产党巩固和扩展执政资源问题研究论要》（《中共福建省委党校学报》2016年第9期）一文中认为，“执政资源”的概念可以界定为：“政党执政所必需的支撑系统，包括各种积极因素和有利条件”；也可以理解为“党在实践中形成的保证党执政的各种条件、要素的总和”。执政资源是各种要素构成的完整系统。其主要构成要素有：政治资源，政党是致力于完成政治使命的政治组织，政治资源在执政资源系统中处于首位，主要是指执政党在国家权力机构中的支配地位；经济资源，即执政党能直接掌控的国家的人力、物力、财力等经济能量；文化资源，执政党意识形态在全社会的主导性、吸引力；组织资源，即执政党的组织系统、组织力量和对全社会的动员能力。新形势下中国共产党巩固和扩展执政资源的根本问题是，以经济、政治、文化、组织方面的各种措施进一步密切党群关系，继续赢得民心、筑牢更加坚实的民意基础。一是要坚持、完善社会主义基本经济制度，巩固和扩展党执政的经济资源。二是要建设社会主义法治中国，发展社会主义民主政治，巩固和扩展党执政的政治资源。三是要以执政党的意识形态为指导，建设社会主义核心价值观，巩固和扩展党执政的文化资源。四是要加强党员队伍建设和基层组织建设，巩固和扩展党执政的组织资源。

纪中强在《党的执政成效评价指标体系构建问题探论》（《理论导刊》2016年第4期）一文中认为，党的执政成效评价指标体系，是指在一定时间和空间条件下对中国共产党执政成效进行系统的量化研究的框架，用定性和定量的方法将党的执政成效指标分解成若干相互联系的具体指标，从而构成一个相对完整的评价指标系统。一是党的执政成效评价指标体系的构建。党的执政成效评价指标体系本质上是从系统论的角度对执政状况进行量化研究的指标集合，用定性和定量相结合的方式将党执政成效的一级指标分解成相应的二级和三级指标，由此构成一个完整的评价指标系统。二是党的执政成效评价指标测评的基本方法。选择适宜的评估方法是执政成效评估的关键环节，是确保执政成效评估科学性和正当性的重要前提。根据不同的分类标准，党执政成效评估方法可以分为：定性评估和定量评估相结合、主观评估和客观评估相结合、内部评估和外部评估相结合等。三是实施执政成效评价的意义。有助于客观地考察党的执政能力、为党组织和党员领导干部的考核提供基本依据，有助于党组织和党员干部正确履行好自己的职责。党执政成效评估是对党正确行使权力的有效监督，也是提升党执政公信力的重要途径、评估有助于党服务功能的发挥，更能强化执政党的责任意识和效率意识。

（二）党内关系

党内关系是指党员与党员、党员与党组织以及各个党组织之间的关系，如何正确处理党内关系直接关涉到党的团结统一和力量凝聚。从一定的意义上说，处理党内关系的关键在于民主集中制的贯彻执行，以及党内权力的配置特别是权力使用的监督。因此，学者们研究党内关系主要集中在这么几个方面：对民主集中制的实施步骤和程序研究，党内权力的配置和建构研究，党内权力的监督研究，以及马克思主义政党的党内生活基本原理。

许耀桐在《党内监督论》(《中共天津市委党校学报》2016 年第 3 期）一文中认为，实行党内监督是中国共产党之所以成为民主政党的标志之一。党内监督，概言之就是党在自身的组织架构内部，各级组织和党员、干部依据党章和党的纪律规矩，相互间检查是否遵纪守规的工作方式和活动方式。通过党内监督，才能保证各级组织和党员、干部的行为在任何情况下都不违背党的纪律规矩并对违反者根据实际情况给予相应处置。党内监督分为专门性监督和一般性监督。所谓专门性监督，是指由负责专职监督工作的机构来进行。在目前情况下，我们党负责专职监督工作的机构如《监督条例》规定的“党的各级纪律检查委员会是党内监督的专门机关”。专门性监督的特点是具有很强的组织性、专业性和权威性。所谓一般性监督，是指由党内全体党员参与的监督工作。一般性监督虽不及专门性监督的组织严密性和规模效应性，但自身也具有明显的不可替代的特点，如更突出的广泛性、灵活性、及时性和经常性。要搞好党内监督，在实行专门性监督和一般性监督的过程中，不但需要加强各级党委对各级纪委的监督检查工作的领导，而且必须认真贯彻落实五个原则，即党务公开原则、党内民主原则、党内平等原则、党员权利原则、依规治党原则。当前，党的建设进入了全面从严治党的新阶段，要求进一步推动党内监督的改革和发展，推进党内监督必须加大党内监督体制机制的改革和发展、推进党内监督必须坐实党员主体地位并有效落实党员的党内监督职责和权利、推进党内监督必须加大权力监督尤其是对“一把手”权力的监督。

何克祥在《马克思主义政党党内生活基本原理论纲》(《理论与改革》2016 年第 5 期）一文中认为，党内生活是党的建设的核心范畴和领域，开展严肃认真的党内生活是马克思主义政党加强党的建设的一个基本载体和抓手。在全面从严治党的新形势下，深入探讨党内生活基本原理具有重要的理论价值和现实意义。总的说来，马克思主义政党基本原理可以概括为以下七个“基本”：基本准则是民主集中制，民主集中制是马克思主义政党的根本组织原则和领导制度，也是马克思主义政党党内生活的基本准则；基本载体是各级党组织的支部生活和党员领导干部的民主生活会，而以支部生活为最基本；基本功能是教育、改造、提高、监督全体党员，维护党的团结统一、增强“四个自我”能力；基本武器是批评和自我批评；基本要求是“严格”，即严格管理、严格监督、严格教育、严格要求、严格约束、严格问责、严明纪律；基本方针是“惩前毖后、治病救人”；基本保障是党内法规制度。

唐勤在《论党内权力的科学配置》(《中州学刊》2016 年第 5 期）一文中认为，推进党内权力配置的科学化，是现代政党政治始终关注的重大课题，是总结历史经验教训得出的重要启示，是遏制腐败现象的现实需要，对于优化党内权力结构、促进党内权力良性运行和把权力关进制度的笼子里，具有十分重要的意义。中国共产党党内权力配置有着自己的突出特点：一是决策权、执行权、监督权的内在统一性。二是决策权、执行权和监督权的总体协调性。从现阶段中国共产党党内权力配置的实际状况看，与党内权力科学配置的要求还有一定的距离，存在的主要问题有：一是监督权与决策权、执行权难以分开；二是同级纪检监督举步维艰；三是对“一把手”难以监督。针对问题，实现党内权力科学配置应着力从以下几个方面入手：一是尊重党员主体地位，保障党员民主权利。要建立和完善党员主体参与机制、建立和完善党员主体授权机制、建立和完善党员主体监督机制。二是改革和完善党的代表大会制度。实行党的代表大会年会制、完善党代表大会代表任期制、设立党代会常设机构。三是不断健全和完善党的委员会制度。改变一年或者半年召开一次全委会的惯例，根据不同情况适当增加召开全委会的次数；完善党委内部议事制度；建立健全党委会议事的具体制度和运行机制；建立健全党委会、常委会的工作制度和运行机制。四是建立科学的党内监督领导体制。五是建立制约有效的党内权力运行机制。加强对权力运行前的制约；加强对权力实施过程的制约；加强对权力运行后果的制约。

马锦燕在《民主集中制实施步骤与程序预设的探析》(《邓小平研究》2016 年第 3 期）一文中认为，好的制度实施需要科学的步骤和严细的程序支撑，否则将形同虚设。作为党和国家“第一制度”的民主集中制，在执行过程中因其实施步骤与程序设置尚缺乏较清晰的理论表述，在实践中显现出缺乏操作性、规范性、严肃性和稳定性等方面的诸多问题。因此，民主集中制的实施步骤和程序设计无疑成为其能否有效贯彻的关键环节。该文的主要观点有：一是民主集中制实施步骤与程序预设的定位和原则。民主集中制实施步骤与程序预设的定位既要考虑到其实施过程中的连贯性，又要结合其在党的组织中的严肃性以及它与群众路线相结合的广泛性，应确立坚持群众路线、马克思主义认识论和民主平等的原则。二是实施民主集中制步骤与程序的预设。作为党的组织活动原则来讲，民主集中制在实施过程中，其步骤可分为三个阶段，一是准备阶段，主要是会议议题、会议成员、会议主持、会议预期、会议时间、会议方式、原则要求、注意事项等。二是议决阶段，对议题草案进行广泛充分的民主讨论、对讨论后的议案进行票决。三是执行阶段，对最后议决的议案、决定或决议做一个总结说明；回访“少数”的工作；反馈意见的工作；做好会议记录工作。

蔡文华在《对加强和完善党内巡视的三点思考》(《理论探索》2016 年第 4 期）一文中认为，巡视制度还存在一些可丰富和完善的地方：一是要扩展党内巡视的监督功能。要适当延伸被巡视对象的工作单位，以人头而不是以岗位为基础进行巡视督察。二是要完善和创新巡视工作的体制机制。理顺巡视工作的领导体制，为更好发挥巡视机关的领导职能，可以尝试提高巡视工作的独立性，形成党委负责、纪委主导、巡视领导小组主业的格局，以加强各单位之间的相互协调，合作推进巡视事业；创新巡视工作的方式方法；探索适应巡视工作需要的干部人才建设机制，切实推进巡视人才队伍的专业化；健全巡视工作的考核机制，应该采取上级衡量、组长评判、成员自评、组员互评的方式来判定优秀的巡视干部，及时发现并处理违规及不适应或不能担当巡视工作的组员。三是提升巡视反馈的整改及督察力度。要优化巡视报告的结构和内容、要以多种方式实现巡视成果的运用与转化、要加强对巡视整改实施成效的监督。

方雷、李优在《党的权力规则体系建构的三重维度》(《马克思主义理论学科研究》2016 年第 2 期）一文中认为，党的权力规则体系紧扣着党的领导的权力属性，在理论维度上触及党的权力规则体系的立论基础、作用对象与表现形式，解答“是什么”的问题；在价值维度上凸显坚持人民主体地位的历史命题、提高党领导发展能力和水平的当代命题与推进全面从严治党的现实命题，破解“为什么”的问题；在运行维度上囊括党的权力运行原则、权力运行边界与权力运行过程，回应“怎么做”的问题。这三重维度分别从基本内涵、价值功能与制度供给上规定着党的权力规则体系的建构。一是党的权力规则体系建构的理论维度。党的权力规则体系在立论基础上必须确认党的权力属性，在作用对象上必须涵括各级党委的权力，在表现形式上必须回归党内法规、政治规矩与工作制度的统一。二是党的权力规则体系建构的价值维度。加强和改善党的领导，必须在基本立场上坚持人民主体地位，在具体内容上提高党领导发展的能力和水平，在战略布局上推进全面从严治党。三是党的权力规则体系建构的运行维度。制约和监督权力的运行，必须制约和监督各级党委与领导干部的权力，这也是建构党的权力规则体系的核心。

（三）党内法规

理论界对党内法规的概念存在着不同的看法，特别是对从软法视角上解读党内法规存在着不同的认识，但都肯定党内法规这个概念的合理性。在此基础上，学者们还对党内法规与国家法规的衔接问题、党内法治概念问题、党内法规的权力规限论问题、“纪在法前”问题进行了研究。这些研究进一步厘清了党内法规的属性与特点，明确了党内法规体系与国家法律体系的关系，指出了党内法规存在的权力限度，从而丰富了党内法规研究的理论成果。

周叶中在《论“党纪新条例”的法技术与法属性》(《武汉大学学报（人文科学版）》2016 年第 1 期）一文中认为，现代国家治理需要“硬法”和“软法”兼行并施。相对于国家正式法源而言，作为党内法规的“党纪新条例”属于“软法”之范畴，其制定程序具有准立法程序属性，具备法的结构形式和构成要件，并具有明确的调整对象和范围，具有相应的拘束力和强制力。“软法”亦法，“软法”之治亦国家法治体系不可或缺之组成部分。一是法技术审视。在其规范意义上，《中国共产党纪律处分条例》的创制过程是一个准立法过程，并有效运用了立法运筹技术、结构营造技术等立法技术。二是法运行考察。“党纪新条例”先于国家法律发挥作用，“党纪新条例”在运行中不得违背国家法律。三是“软法”属性。从历史演变来看，法的渊源不限于国家法律；从现实必要性和实际功能来看，作为党内法规体系中的“刑法”，“党纪新条例”在“治党”方面具有法律所不能及的功能和作用；从内容和结构形式来看，“党纪新条例”具备“软法”的基本特征，即具有相应的民主性、公开性、普遍性和规范性。

罗许生在《国家治理现代化视域下党内法规与国际按法律衔接机制建构》(《中共福建省委党校学报》2016 年第 6 期）一文中认为，党内法规是中国特色社会主义法律体系的重要组成部分，党内法规与国家法律并存是转型期中国法治社会的新常态。党的十八大以来党内法规建设取得了重大突破，初步形成了以党章为根本的党内法规体系，但党内法规与国家法律衔接互动之机制尚付阙如，存在着党内法规与国家法律边界模糊、党内法规制定权限不清、规范冲突处理不协调等问题，导致党内法规与国家法律衔接不畅，调整领域产生断层。党提出要注重党内法规和国家法律的衔接和协调。适应国家治理体系和治理能力现代化的要求，迫切要求构建完善的党内法规与国家法律衔接机制：厘清党内法规与国家法律的权力边界，确立党的立法部门与国家立法部门的联动机制，构建党内法规向国家法律转化之机制，完善党内法规内部备案审查机制。党内法规的完善，有利于实现依法治国与依法执政的统一。社会主义法治体系的发展，离不开党内法规体系的支持。加强党内法规与国家法律衔接机制研究是法治新常态下国家治理现代化的必然需求。党内法规与国家法律的无缝衔接一方面需要加强事前沟通机制建设，确保将党的意志上升为国家法律，同时，也要加强党内内部备案审查机制建设，防范党内法律僭越国家法律。

肖金明在《关于党内法治概念的一般认识》(《山东社会科学》2016年第6期）一文中认为，所谓党内法治，就是遵循党内治理规律和一般法治原理，建设以党章为核心的党内法规制度体系，实施以党内法规制度为基础的党内治理的法治形态。党内法治与党内法规内在关联，与国家法治外在关联，是一般法治原理在中国共产党制度建设上的体现，是以党内权力责任、权利义务等要素及其相互关系规范化、制度化、法治化为主线的有机统一体，它由系统的党内法治理论体系、完备的党内法规制度体系、高效的党内法治实施体系、严密的党内法治监督体系、有力的党内法治保障体系有机合成。与国家法治和社会法治并联的党内法治呈现出自身的特点，它与民主相关联，突出民主集中制；它与规范和控制权力相关联，呈现出党内权力与权利关系的特殊性；它与权利保障相关联，强调义务责任第一性。概言之，党内法治反映了一般法治规律，又衍生出特别法治逻辑。关于党内法治特别逻辑，可以将党内权力和党内权利视为两条平行线，围绕权利与权力的关系展开对它的分析。党内权力具有公共性、规范性，党内权利具有政治性、相对性。

武小川在《“党内法规”的权力规限论》(《中共中央党校学报》2016年第6期）一文中认为，“党内法规”的权力规限论是指，中国共产党为更好地行使执政权，自觉借鉴国家法律对国家权力的规范和限制方式，运用党内法规来管党治党，实现党内管治的法治化。规范权力意味着各种党内活动都要依据既有的程序和方式进行，限制权力则意味着把权力关进笼子，要求各种党内活动必须恪守边界，不得随意侵入国家权力领域和公民权利领域。国家法律既授予权力，也约束权力。和国家法律相比，党内法规并不能自我授权，但却可以自我约束。“党内法规”和国家法律意义上的“法规”在概念上的近似性实际上具有一种积极意义，它使党内法规剥离了权力授受而施加了权力规限，从而更好地服务于法治建设。“党内法规”的权力规限论不仅符合全面从严治党的时代内涵，而且并不与软法理论和党员权利相冲突。论证“党内法规”概念的合理性的着眼点应当是权力而不是软法。

刘长秋在《关于党内法规的几个重要理论问题》(《理论学刊》2016年第5期）一文中认为，就国家法与党内法规的关系而言，国家法在效力上要高于党内法规，党内法规必须在宪法和法律规定的框架之内，以不违反宪法与法律的规定为前提方才有效；而在适用的先后顺序上，党内法规则要优先适用于国家法，纪在法前，纪严于法。当然，这里的“纪在法前”“党内法规优先适用于国家法”，并不是指二者在适用效力上的优先性，而是在适用顺序上的优先性，即在对党员适用国家法而追究其法律责任之前，需要首先适用党内法规，依党内法规进行处理后再适用国家法；换言之，就是必须要追究违法者的双重违法责任，而绝不是在适用党内法规后就不再适用国家法。原因在于，党内法规要求高于国家法律，也严于国家法律。可以说，“纪在法前”是从严治党的需要、“纪在法前”是维护党良好形象的理性选择、“纪在法前”完全符合法治精神。

学术著作评介和论文观点摘要

一、学术著作评介

《中国共产党人的党性与党性修养（增订版）》（祝灵君著，人民出版社 2016 年版）

《中国共产党人的党性与党性修养》全面论述了中国共产党人的党性和党性修养的内涵特征、基本途径、努力方向。该书总共分为八章。第一章：党性与党性修养的内涵与特征。主要论述了党性具有阶级性和人民性的二重属性、把对党忠诚和对人民忠诚统一起来、党性修养是党员本质的改造、党性和党性修养具有时代性、世界各国政党大都强调“党性修养”、中国共产党的四个历史使命、坚持党性修养是中国共产党的优良传统。第二章：党性修养的途径。主要论述了新形势下加强党性修养的四个途径，即坚持唯物主义立场观点方法、修身养德、个人修炼与集体修炼相结合、在改造客观世界中改造主观世界。第三章：党性修养的基本原理。党性修养是一门科学，具有内在的机理和原理，主要有：“正、反、合”原理、“微积分”原理、循环上升原理、个性与共性相统一原理。第四章：对马克思主义要真信、真学、真用，主要论述了中国选择马克思主义的历史必然性、把马克思主义与中国实际相结合、不断丰富和发展马克思主义、把马克思主义中国化的成果国际化等内容。第五章：认真学习党章和党内法规。主要论述了每一个党员都要加入一个组织、民主集中制是党的根本组织原则、党内绝不允许搞“摊摊”“团团”“伙伙”、任何时候都要有“看齐”意识、地方党委需严格执行民主集中制、坚持纪在法前、纪严于法等内容。第六章：严肃党内政治生活。主要论述了党内政治生活决定政治生态、“一把手”是政治生活的“关键少数”、党内团结是党的生命等重要观点，以及对如何开好党内民主生活会进行了深入论述。第七章：始终坚持党的群众路线，主要回顾了“群众”一词的产生及其发展、党群关系是“命运共同体”关系、师生论、工具论和人民中心论、凡事与人民群众多商量、“把官僚主义方式这个极坏的家伙抛到粪缸里去”“要把干部的眼睛拉到眉毛下面来”、以优良的党风带动民风和社会风气的根本好转等重要内容。第八章：在“扬弃”传统官德中涵养党性修养。主要论述了要汲取优秀传统文化，进一步加强党性修养的方法和途径包括：高度重视家风教育；既重视人情，也过好“人情关”；正确使用“人称”背后的哲学；“空谈误国，实干兴邦”；领导干部要敢于担当；破除特权思想和当官发财理念；法治是当代中国共产党人的“礼”。

《中国共产党维护意识形态安全研究》（蒯正明著，中央文献出版社2016年版）

《中国共产党维护意识形态安全研究》从意识形态的概念、特征功能入手，分析意识形态与政党的关系，政党意识形态与国家意识形态的关系，在此基础上阐述政党意识形态的内涵、特征，通过梳理马克思主义经典作家关于无产阶级政党意识形态建设的思想，以及中国共产党成立以来意识形态建设与安全维护的探索历程与启示的基础上，较为系统地分析新形势下中国共产党意识形态安全面临的挑战和问题，进而探索新形势下维护中国共产党意识形态安全的路径。同时探讨了构建中国共产党意识形态安全的支撑保障体系主要内容，包括树立正确的意识形态安全观；良化中国共产党意识形态安全的社会土壤和氛围；建立健全中国共产党意识形态安全预警系统与危机处理机制的思路和举措。该书共分为九章。第一章：中国共产党意识形态安全基本理论分析。主要是意识形态的概念梳理与内涵界定，以及论述了意识形态的特征与功能、政党意识形态及其与国家意识形态的关系、政党意识形态安全的内涵与特征、新形势下维护中国共产党意识安全的意义。第二章：马克思主义经典作家关于无产阶级政党意识形态建设的思想。主要论述了马克思恩格斯关于无产阶级政党意识形态建设的思想，主要观点包括意识形态是无产阶级政党的“精神武器”、加强宣传和教育以推进无产阶级政党意识形态建设、反对各种错误思潮以捍卫无产阶级政党意识形态、反对教条主义以创新无产阶级政党意识形态、根植于人民群众的革命实践以传播无产阶级政党意识形态；论述了列宁关于无产阶级政党意识形态建设的思想，主要观点包括：只有以先进理论为指南的党，才能实现先进战士的作用；灌输马克思主义意识形态，巩固和扩大无产阶级政党意识形态阵地；批判各种错误思想，保卫马克思主义意识形态，正确处理好马克思主义理论发展中继承与创新的关系；积极推进马克思主义大众化；维护群众利益，增强马克思主义意识形态的说服力。第三章主要论述了中国共产党成立以来意识形态建设与安全维护的探索与启示。第四章主要论述了新形势下中国共产党意识形态安全面临的挑战与问题。第五章主要论述牢牢把握意识形态工作的领导权、管理权、话语权。第六章主要论述在多样化社会思潮中巩固和扩大主流意识形态阵地。第七章主要论述如何切实推进马克思主义理论的创新与传播。第八章主要论述如何积极维护网络意识形态安全。第九章主要论述如何构建中国共产党意识形态安全的支撑保障体系。

《中国共产党党内权力运行机制研究（1949–2012）》（石雪峰著，中国社会科学出版社2016年版）

《中国共产党党内权力运行机制研究（1949–2012）》重点运用系统关联的分析框架和历史研究方法，以可考证的历史史料为基础，“寓论于史”“论从史出”，系统梳理了中华人民共和国成立后中国共产党党内权力运行机制的历史演变，并从历史演变中深刻归纳出了中国共产党党内权力运行机制发展演变的基本经验和历史启示。该书坚持政治导向和学术品格的统一，以结构严谨、材料翔实、试论结合、论从史出为显著特色，有一定的政治价值、理论价值、现实价值和学术价值。该书共分为七章。第一章：中国共产党党内权力运行机制的理论建构。主要论述中国共产党党内权力运行机制的基本内涵、构成要素、基本功能以及理论特征。第二章：1949–1956 年党政关系“形变”视角下的中国共产党党内权力运行机制。主要论述 1949–1956 年党政关系发生的“形变”、党政关系“形变”视角下的中国共产党党内权力运行机制的“未变”特征，以及中国共产党党内权力运行机制的“未变”与党政关系的“形变”密切关联。第三章：1956–1966 年党政关系“实变”视角下的中国共产党党内权力运行机制。主要论述了 1956–1966 年党政关系发生的“实变”、党政关系“实变”视角下的中国共产党党内权力运行机制的“剧变”特征，以及中国共产党党内权力运行机制的“剧变”与党政关系的“实变”密切关联。第四章：1966–1978 年党政关系“病变”视角下的中国共产党党内权力运行机制。主要论述了 1966–1978 年党政关系发生的“病变”、党政关系“病变”视角下的中国共产党党内权力运行机制的“畸变”特征，以及中国共产党党内权力运行机制的“畸变”与党政关系的“病变”密切关联。第五章：1978 年以来党政关系“良变”视角下的中国共产党党内权力运行机制。主要论述了 1978 年以来党政关系发生的“良变”、党政关系“良变”视角下的中国共产党党内权力运行机制的“制变”特征，以及中国共产党党内权力运行机制的“制变”与党政关系的“良变”密切关联。第六章：历史给予的客观规律和基本经验。主要论述了全国执政时期的中国共产党党内权力运行机制与党政关系密切关联、优化中国共产党党内权力运行机制应把规范党政关系作为重要一环，以及优化中国共产党党内权力运行机制应把“机制”本身的优化作为根本。第七章：全面深化改革和依法治国双进程中中国共产党党内权力运行机制的改革取向。主要提出要坚持从国情出发，在党的领导下，实行“费边式”改革战略；坚持三大原则，处理好民主与集权、法治与人治、程序与实体的关系；既捍卫经典原则，又吸纳新型要素，实现封闭性与开放性的有机统一；改革中国共产党党内权力运行机制还必须与其他方面的改革相协调、相配合。

《抗战时期中国共产党应对危机的国际统战经验研究》（杜俊华著，中国社会科学出版社 2016 年版）

《抗战时期中国共产党应对危机的国际统战经验研究》一书主要研究抗战时期中国共产党在遭遇内外封锁的严峻危机情况下，采取统一战线的重要法宝，广泛争取国内外一切进步势力的同情和支持，为抗日战争的胜利夯实了坚实的基础。该书共分为九章。第一章主要是对目前关于本课题的研究现状进行了回顾和梳理，对统一战线、国际统一战线以及危机等重要的基本概念进行了界定。第二章主要论述了抗战时期中共面临的严重生存危机。第三章主要论述了基本经验之一：准确把握局势，创建机构，制定方针。主要论述了抗战时期中国共产党加强国际统一战线的背景；准确把握国际形势，创建国际统战机构，如中共中央长江局国际宣传委员会、中共中央南方局外事组的建立、延安交际处的建立等；抗战时期中共开展国际统战工作的原则和方针，包括“来去自由”的原则；“宣传出去，争取过来”的统战方针；“正面宣传，求同存异，互利双赢”的统战策略；主动出击，广交朋友。第四章主要论述了经验之二：既联合又斗争，以联合为主。包括中共对美国政府、英国政府的联合与斗争；抗战时期中共对苏联的争取与博弈；抗战时期中共对港英当局和澳葡当局的国际统战工作。第五章主要论述了经验之三：国际宣传和统战争取外援，正确处理外援与自力更生的关系。主要论述了抗战时期中共国际宣传机构和战时中共对外宣传媒介的创建，进行争取外援的宣传工作以及正确处理外援与自力更生的关系。第六章主要论述了经验之四：民间外交与“半官方外交”并进，扩大国际影响。主要内容包括积极开展民间外交，加强与外国来华民主人士的交往；邀请外国记者访问重庆和敌后根据地，揭露国民党的反共阴谋；积极与外国驻华大使馆人员、特使和党派重要人士交往；注重与外国政党领袖的交往。第七章主要论述了经验之五：积极开展对敌统战工作，分化瓦解强敌。主要内容包括开展对日军俘虏和日本在华进步人士的争取工作；战时中共对日本在华人士统战工作的成效。第八章主要论述了经验之六：正确处理国际统战与国内统战的关系，使国际统战服务于国内统战。主要论述了抗日民族统一战线是国际反法西斯统一战线的前提和基础，国际统战与国内统战是互相联系、互相影响的，缺一不可，抗日民族统一战线的发展是中共成功从事国际统战的保障。第九章主要论述了战时中共应对危机的国际统战工作成效。

《新时期中国共产党党建思想研究》（褚尔康、赵宇霞著，中国社会科学出版社2016年版）

《新时期中国共产党党建思想研究》梳理和分析了十八大之后党的建设方面的新思想、新观点、新论断。从坚定理想信念的“崇高性”、强化宗旨意识的“人民性”、完善制度建设的“法治性”、加强从严治党的“全面性”、优化政治生态的“系统性”、探索六权治本的“实践性”六个方面对新时期党建思想主要内容进行了初步的归纳和分析，对新时期党建思想体系基本特征和理论特质进行了初步的探讨，并以此为基础，进一步概括和总结了新的历史条件下党的建设的新鲜经验，阐述了十八大以来党的建设新思想的重要价值。该书共分为六章。导论论述了新时期党建思想的时代背景，主要论述了新时期党建思想的研究动态、重要特征和理论特质。第一章论述坚定理想信念的“崇高性”，主要内容是崇高理想信念基于科学世界观、崇高理想信念彰显价值观取向、崇高理想信念提升党建先进性、崇高理想信念建设继承创新统一。第二章论述强化宗旨意识的“人民性”。主要内容包括党性和人民性的内在统一、人民性贯穿权力监督始终、坚持党的群众路线不动摇。第三章论述完善制度建设的“法治性”。主要内容包括全面依法治国理念集中体现、加强制度建设凸显依规治党、推进依规治党必先完善党规、实现依规治党贵在刚性约束。第四章论述加强从严治党的“全面性”。主要内容包括从严治党巩固执政之基、从严治党优化系统整体、从严治党前提从严治吏、从严治党关键从严治权。第五章论述优化政治生态的“系统性”。主要内容包括政治生态建设思想意蕴深远、政治生态建设面临严峻挑战、政治生态恶化集积沉疴顽疾、政治生态建设坚持循序渐进。第六章论述探索六权治本的“实践性”。主要内容包括筑牢群众路线基础、坚持法治理念引领、完善监督体系建设、做好反腐倡廉工作。

二、论文观点摘要

《学习贯彻习近平总书记关于高校党建重要思想》（杜玉波，《党建研究》2016年第9期）

习近平总书记关于高校党的建设重要思想，紧紧围绕“培养什么人、怎样培养人”的鲜明主题，深刻回答了新形势下“建设什么样的大学、怎样办好中国特色社会主义大学”这一重大理论和现实问题，系统深化了党对高校领导的规律性认识，丰富发展了中国特色社会主义教育理论体系。习近平总书记关于高校党建重要思想的丰富内涵主要有：关于“加强党对高校的领导、加强和改进高校党的建设，是办好中国特色社会主义大学的根本保证”的重要思想；关于“把高校建设成为学习宣传马克思主义重要阵地”的重要思想；关于“牢牢把握高校意识形态工作领导权”的重要思想；关于“青年要自觉践行社会主义核心价值观”的重要思想。习近平总书记关于高校党建重要思想的重要战略意义主要有：为坚持和巩固马克思主义在高校的指导地位提供强大思想武器、为落实立德树人的根本任务树立鲜明导向、为全面提升高等教育质量提供强大动力。当前要全面落实习近平总书记关于高校党建重要思想的实践要求，需要从五个方面着手：要坚持理论武装，在坚定广大党员干部和师生理想信念上狠下功夫；要坚持守土有责，在贯彻落实意识形态工作责任制上狠下功夫；要坚持依规治党，在完善对高校领导体制机制上狠下功夫；要坚持打牢基础，在提升基层党组织整体功能上狠下功夫；要坚持改革创新，在永葆基层组织生机活力、激发广大党员干部和师生内生动力上狠下功夫。

《影响党内政治生活的若干因素分析》（刘靖北，《党建研究》2016年第12期）

受封建思想和西方资产阶级思想的影响，当前党内政治生活仍然受到多种错误思想的干扰。比如，封建主义思想残余仍然不同程度地存在，并对党和国家政治生活产生消极影响。因此，要进一步清除封建主义残余思想的影响。一是要清除“官本位”和官僚主义残余的影响。“官本位”思想是封建官僚体制在观念形态上的反映，是一种以官为本、以权为纲的价值观。官僚主义与“官本位”思想观念紧密联系，本质上也是一种剥削阶级思想和旧社会衙门作风。二是要清除“家长制”思想残余的影响。必须防止封建“家长制”残余对党内政治生活的侵蚀，必须坚持和完善民主集中制，坚持用制度管人管事管权，把权力牢牢关进制度的笼子里，从制度上遏制“家长制”现象的发生。三是要清除等级特权思想残余的影响。党员领导干部要坚持党纪国法面前人人平等，坚决摒弃那种认为自己高人一等、可以享受特权的思想，把谋求特权和私利看成极大的耻辱，自觉接受党和群众的监督，永远保持共产党人清正廉洁的政治本色。四是清除封建宗法观念残余的影响。宗法思想和观念是中国封建社会宗法制度的产物，其余毒影响仍然存在，主要表现为任人唯亲、裙带关系、圈子文化、拉帮结派、党同伐异等。五是清除封建迷信思想残余的影响。要引导广大党员干部坚持用科学理论武装头脑，努力补足共产党人的精神之“钙”，自觉抵制封建迷信思想的侵袭。要强化干部的日常管理和监督，严肃处理背离党的信仰、造成不良影响的封建迷信分子，积极营造风清气正的政治生态。六是清除“人情社会”庸俗思想观念残余的影响。要教育引导党员干部在处理人情和人际关系问题上，坚持讲党性、讲原则，坚决不搞庸俗“关系学”那一套。

《全面从严治党的重大作用、成功实践和宝贵经验》（全国党的建设研究会，《求是》2016 年第 3 期）

党的十八大以来，全面从严治党是以习近平同志为总书记的党中央治国理政的鲜明特色。我们党把全面从严治党纳入“四个全面”战略布局，把“四个全面”战略布局作为新的历史条件下治国理政的总方略。一是全面从严治党是实施治国理政总方略的关键之举。推进“四个全面”战略布局，必须发挥全面从严治党的政治保证作用；推进“四个全面”战略布局，必须发挥全面从严治党的思想保证作用；推进“四个全面”战略布局，必须发挥全面从严治党的组织保证作用；推进“四个全面”战略布局，必须发挥全面从严治党的纪律保证作用。二是全面从严治党的新思路新经验。概括起来，主要有以下七个方面。第一，坚持思想建党，坚定理想信念，是全面从严治党的核心。第二，加强党风廉政建设，建设忠诚干净担当的高素质干部队伍，是全面从严治党的关键。第三，加强制度建设，坚持依规治党，是全面从严治党的根本。第四，严肃党内政治生活，营造良好政治生态，是全面从严治党的重要途径。第五，依靠自身力量和人民群众的监督帮助，切实解决党内问题，是全面从严治党的动力来源。第六，推动全面从严治党向基层延伸，夯实基层工作，是全面从严治党的基础。第七，增强管党治党意识，落实管党治党责任，是全面从严治党的重要保证。党员干部特别是领导干部管党治党意识强不强，直接影响着全面从严治党的自觉性和主动性。

《准确把握全面从严治党的新内涵新要求》（曲青山，《求是》2016 年第 21 期）

准确把握新形势下全面从严治党的新内涵新要求，对于我们学习领会和贯彻落实六中全会精神，全力推进党的建设新的伟大工程，为全面建成小康社会、夺取中国特色社会主义伟大事业新胜利具有重要意义。一是全面从严治党是对马克思主义党建理论的继承和发展。马克思主义政党是新型的工人阶级政党，它不同于其他政党的显著标志，就是以科学理论为指导，全心全意为人民服务，实行民主集中制，有着严明的组织纪律，坚持高度的集中和团结统一。这是马克思主义政党独特和强大的政治优势。从严治党是我们党加强自身建设的一贯要求和优良传统，全面从严治党是党的建设理论的新发展。二是全面从严治党新内涵新要求为新形势下管党治党指明了方向。全面从严治党，核心是加强党的领导、基础在“全面”、关键在“严”、要害在“治”。三是全面从严治党新内涵新要求是加强和改进党的建设的基本遵循。要以思想建党为根本、以制度治党为保障、以从严治吏为重点、以党的作风建设为主题、以严肃党内政治生活为基础、以严明纪律为治本之策、以抓基层为固本之举、以反腐倡廉为关键。

《思想建设制度化是党的重要理论创新》（刘新玲、连晓龙，《红旗文稿》2016 年第 17 期）

党的十八大以来，习近平总书记高度重视思想建党和制度治党的紧密结合。在党的群众路线教育实践活动总结大会上，他明确提出“党的思想建设的制度化”命题，要求“思想教育要结合落实制度规定来进行”，“要使加强制度治党的过程成为加强思想建党的过程，也要使加强思想建党的过程成为加强制度治党的过程”。这是对党的思想建设的重要理论创新，不仅把党的思想建设从传统的思想教育、理论武装、理论创新拓展到了制度化层面，而且在实践方面构建了党的思想建设从制度设计到制度执行的完整体系，为全面从严治党背景下党的思想建设的贯彻落实提供了重要保障。主要体现在：一是以思想理论建设为根本，加大理论武装的党内法规建设。二是以党性教育为核心，强化党员思想教育的制度化建设。三是以道德建设为基础，加强思想品行的制度约束机制。党的思想建设制度化命题的提出，既是党的重要理论创新，又科学回答了我们所面临的这一系列重大现实问题，为胜利实现“两个一百年”奋斗目标提供坚实的思想基础，也为全面从严治党背景下党的思想建设的与时俱进提供了切实的制度保障。

胡国喜　中央社会主义学院中国政党制度研究中心讲师

参政党研究

参政党研究述评

2016年是中央统战工作会议召开和《中国共产党统一战线工作条例（试行）》颁布后的第一个年头，也是统一战线贯彻党中央重大决策部署的“落实年”，从中央到地方对民主党派在政党协商、民主监督、自身建设等方面的实践和创新都给予了高度重视和大力支持。因此本年度参政党研究重点围绕在新形势下参政党如何履职尽责、如何开展政党协商、如何进行自身建设等问题展开。本年度参政党研究有两个突出特点：一是求“实”，注重对参政党实践活动的总结与提炼，理论紧密联系实际，强调针对性和实效性；二是求“变”，紧紧扣住新形势给参政党带来的新任务和新挑战，注重研究新问题、开拓新思路、提出新办法，致力于切实提高多党合作制度效能。

一、参政党性质、地位与作用

党的十八大以来，习近平总书记把统一战线作为治国理政的重要方面，提出一系列新思想、新观点、新要求，为新时期多党合作事业的发展提供了根本遵循。作为中国改革事业的亲历者、实践者、维护者和捍卫者，中国特色社会主义参政党在新形势下也要承担起更大责任，以新的理论武装头脑、指导实践，为“五位一体”总体布局和“四个全面”战略布局的实现贡献力量。2016年理论界对这些重要问题表现出了高度的政治敏感性和深切的理论关怀，围绕着新常态“新”在哪里、中国特色社会主义参政党“特”在哪里对参政党的性质、地位和作用做了进一步阐释和扩展。

1. 参政党性质和地位的研究

民主党派的性质、地位是多党合作中重要的理论和实践问题。2016年理论界对这一问题的着眼点可以大致概括为三点：一是时代性，即着重研究在不同历史时期对参政党的性质地位该如何认识，在“新的历史条件下”参政党该如何定位；二是阶级性，即遵循参政党研究的传统路径，从参政党阶级结构的演变和特征入手分析参政党的性质；三是合法性，即在制度比较的视角下讨论中国特色社会主义参政党的特点和优越性，进一步增强民主党派理论研究的话语权和自信心。

体现“时代性”的文章主要有：杨安娣在《中国特色社会主义参政党“特”在哪里》（《群言》2016年第3期）一文中认为，解读中国的民主党派离不开三个基本要素：一是“中国特色社会主义是社会主义而不是其他什么主义”，二是中国的传统政治文化，三是中国的基本国情。参政党的首要责任是政治责任，改革要破局、法治要推进、文化要传承、民族要复兴，不仅需要执政者的智慧、勇气，更需要全社会的共识和支持。在这场"人心向背"的攻坚战中民主党派不仅要讲政治，还得干政治、干好政治。讲政治讲的是立场和方向；干政治是政党存在和发展的基本价值；干好政治是要把握尺度准确定位。具体而言，在当今中国，坚定不移地做中国特色社会主义事业的亲历者、实践者、维护者、捍卫者，就是参政党最大的政治。王玉辉、梁宏在《强化中国特色社会主义参政党建设》（《黑龙江省社会主义学院学报》2016 年第 2 期）一文中认为，"中国特色社会主义参政党"这一重要论断明确肯定了我国各民主党派的中国特色社会主义性质，明确了我国各参政党政治地位和政治功能，为我国参政党建设提出了新的时代要求。这一论断为中国共产党领导的多党合作和政治协商制度开辟了新境界；为我国各民主党派加强自身建设指明了方向；促进了我国社会主义民主政治的发展；丰富和发展了中国特色社会主义政党理论。肖建平在《建设高素质的中国特色社会主义参政党》（《湖北省社会主义学院学报》2016 年第 2 期）一文中认为，政党协商制度设计转化成现实实践还需要有与之相适应的参政党的参政能力做支撑。建设高素质的中国特色社会主义参政党，事关政党协商乃至社会主义民主政治建设的健康发展，是民主党派坚定不移地走中国特色社会主义政治发展道路的必然要求。建设高素质的中国特色社会主义参政党，要把握好代表性和专业性两个方面：加强代表性建设，突出中国特色社会主义参政党的自身定位；强化专业性建设，发挥中国特色社会主义参政党的特色优势。许跃福、宋春光、刘勃在《新常态下民主党派工作的新思考》（《河北省社会主义学院学报》2016 年第 1 期）一文中认为，新常态、新形势对民主党派参好政、议好政、做好事提出了新要求；为适应新常态，民主党派要积极改进和提升各项工作。一是要运用战略思想谋划工作实施集智攻关；二是要迅速提高信息服务能力；三是要增强依法履职的意识；四是要增强解决自身问题能力的紧迫感；五是要高度重视基层组织建设；六是要重视新社会阶层的教育引导工作；七是要注重运用"互联网"思维加强宣传工作。邓辉在《新中国民主党派定位问题探析》（《济宁学院学报》2016 年第 4 期）一文中认为，中华人民共和国成立以来，中国共产党关于民主党派的认识经历了由性质定位到功能定位的转变过程。这一历史转变，充分反映了国内形势的客观变化，符合民主党派的现实状况，也顺应了国际政治的必然趋势。现阶段，只有以共产党的先进性建设为导向，切实践行民主党派的功能价值，才能确保政党关系的和谐发展。车庆芳在《五大发展理念引领下的参政党功能发挥》（《山西社会主义学院学报》2016 年第 3 期）一文中认为，创新、协调、绿色、开放、共享五大发展理念既是今后我国经济社会的发展理念，也是中国共产党为坚持和发展中国特色社会主义提供的中国方案，是中国共产党的执政理念。作为与中国共产党通力合作的中国特色社会主义参政党，各民主党派也应把五大发展理念作为参政理念，并在其引领下突出联系广泛优势、人才荟萃和智力密集优势、界别特色和组织优势，发挥好参政党功能；加强思想政治建设、组织建设、制度建设，强化好参政党功能；立足参政议政、民主监督、政党协商三大基本职能，开发好参政党功能。

从"阶级性"切入的文章主要有：崔珏在《试论民主党派政党性质的演进》（《中央社会主义学院学报》2016 年第 1 期）一文中认为，各民主党派是中国特色的政党组织，其性质在中国民主革命时期、社会主义发展初期、改革开放新时期的社会变迁中，经历了从阶级联盟性质政党到政治联盟特点政党，再到政治联盟特点的参政党、中国特色社会主义参政党的演进过程。“中国特色社会主义参政党”是对民主党派性质定位的进一步深化，揭示了民主党派与中国特色社会主义的内在联系，对推动民主党派发展具有重要的理论价值与实践意义。胡筱秀在《从形式代表到实质代表：中国民主党派代表性问题探讨》（《毛泽东邓小平理论研究》2016 年第 6 期）一文中认为，中国民主党派代表性问题是中国政党制度与统一战线的一个传统问题和基础问题，中国民主党派代表性问题的实质就是形式代表与实质代表之间的匹配和契合程度。当前中国民主党派的代表性，由于与社会脱节，面临如下的转型困境：代表性失衡，即代表过度与代表缺失；代表性趋同，即政党趋同、界别模糊与重复代表；代表性虚置，即形式代表与实质代表的悖论。在发展社会主义协商民主和政党协商的大背景下，民主党派的代表性建设面临深刻转型，即从形式代表向实质代表转化，从缩影代表到授权代表与行动代表转型。

讨论“合法性”的文章主要有：孙洪波在《民主党派理论自信培育路径探析》（《山西社会主义学院学报》2016 年第 2 期）一文中认为，理论问题关乎党的性质、民族振兴和国家兴亡，能否坚定理论自信是中国特色社会主义事业能否顺利前进的指明灯和方向标。民主党派作为参政党，在社会主义建设中发挥着参政议政、民主监督的重要职能，扮演着不可替代的重要角色。民主党派坚定对中国特色社会主义的理论自信，准确把握理论自信的内涵，切实认识理论自信培育过程中存在的问题并积极探索理论自信培育的有效途径，对于民主党派进一步发挥参政党职能，与中国共产党一道为实现中华民族伟大复兴而努力奋斗具有重要的现实意义和实践价值。石光在《参政党理论研究的创新思路》（《人民论坛》2016 年第 6 期）一文中认为，参政党理论与时俱进、创新和发展是参政党适应新形势新挑战的必然要求。加强参政党理论研究的原则和思路：一是明确三个层次，即理论、政策和举措研究；二是找到三个切入点，即难点、热点和焦点；三是抓住三个创新点，即原始性创新、完善性创新和集成性创新；四是把握三个阶段，即总结经验、升华理论和探索规律；五是坚持三个原则，即坚定正确的政治方向、有理论创新的勇气和意识，在中国特色社会主义理论和中国共产党领导的多党合作与政治协商制度框架内研究；六是坚持四个导向，即问题导向、质量导向、成果导向和目标导向。徐功献、胡榕馃在《增强民主党派理论话语权研究》（《重庆社会主义学院学报》2016 年第 6 期）一文中认为，理论话语权是政党的软实力。新形势下，加强民主党派自身建设、解决多党合作突出问题及赢得国际民主政治话语权，要求民主党派紧扣时代和社会发展主题，增强民主党派理论话语权。增强民主党派理论话语权具有可行性。民主党派应从理论、实践、传播媒介等方面采取有效措施，切实增强理论话语权。蔡之国在《论民主党派进步性的政治价值》（《前进论坛》2016 年第 6 期）一文中认为，进步性是民主党派最为重要的政治属性，也是民主党派实现政党职能这一政治价值的基础。民主党派进步性的政治价值主要表现在党派属性、参政议政以及民主监督等方面。加强民主党派自身建设，强化政党意识是民主党派实现进步性的前提和基础。提高参政议政能力，增强民主监督意识是民主党派实现进步性的核心和关键。密切联系阶层和群众，提高民主党派的认知度是民主党派实现进步性的重要方面。总之保持进步性是民主党派作为参政党长期存在和发展的基本条件。陈大明、孙基志在《修订完善民主党派章程初探》(《湖北省社会主义学院学报》2016 年第 3 期）一文中认为，党章是政党的根本大法，是立党、治党、管党的总章程，民主党派作为中国特色社会主义参政党的地位日渐提高，民主党派以章程指导、促进党派队伍建设显得更加重要。因应形势的发展，与指导政党实践的要求相比，民主党派章程还存在一些问题，比如各党派章程相似特色淡化，比如章程条款需要针对政党实践进一步提炼、概括、完善等。各民主党派应针对自身章程存在的问题修订完善章程，加强章程建设以指导促进党派建设及参政活动。

2. 关于参政党作用的研究

新的实践催生新的理论，新的理论指导新的实践。2016 年理论界关于参政党作用的研究集中体现了理论界对于新时期、新挑战、新任务的思考。一是在推进“四个全面”战略布局和国家治理现代化的大背景下强调参政党通过政党协商、参政议政等方式广泛参与大政方针的制定、参加国家事务的管理在国家发展建设中有其独特优势和不可替代的重要作用。二是在依法治国、从严治党、坚定不移进行反腐败斗争的背景下讨论参政党在推进法治建设、实现民主监督方面的作用。三是在加强中国特色新型智库建设的背景下探讨参政党如何发挥集智聚力、建言献策、服务大局的作用。

（1）参政党在“四个全面”战略布局和国家治理现代化中的作用

十八大以来在以习近平同志为核心的党中央坚强领导下，在各级党委的高度重视下，统一战线呈现出团结、振奋、活跃的良好局面，参政党责任感和使命感不断提升，充分发挥自身优势在党和国家工作大局中的作用进一步彰显。学者们对参政党的地位和作用给予了充分肯定。他们主要谈到以下几点：一是当前所处的新时期、新形势对参政党提出更高要求；二是参政党发挥作用的渠道和方式愈加多样；三是参政党具有独特的优势和地位；四是参政党最大化发挥自身作用尚有提升的空间。代表性文章如下：

山西社会主义学院课题组王焕平在《民主党派在“四个全面”战略布局中的作用研究》(《山西社会主义学院学报》2016 年第 1 期）一文中认为，民主党派是统一战线的重要组成部分，在服务“四个全面”战略布局中具有独特优势。在当前时代背景下，民主党派要坚定政治自觉、推动思想变革、落实责任担当；充分发挥建实言、聚民力、助法治、严监督的作用；探索提高参政议政、民主监督、参加中国共产党领导的政治协商的水平和实效，为协调推进“四个全面”战略布局、实现中华民族伟大复兴的中国梦贡献力量。

许超宇在《参政党在全面深化改革中的作用》(《吉林省社会主义学院学报》2016 年第 2 期）一文中采用各民主党派中央及少数民主党派地方市委会围绕全面深化改革所提交的提案作为佐证，说明了参政党在我国经济体制改革、政治体制改革、文化体制改革、社会体制改革、生态文明体制改革中发挥了不可替代的作用。

李丹青在《国家治理视域下的政党整合能力现代化——基于中国特色政党制度的现实考察》(《湖北省社会主义学院学报》2016 年第 6 期）一文中认为，实现国家治理现代化，必须通过政党政治的手段进一步推动社会整合，充分发挥政党的社会整合能力，包括价值整合能力、利益整合能力、组织整合能力，以及制度整合能力等。同时，在现今中国特色的政党制度环境下，更需要通过多党合作的制度手段，充分发挥中国共产党和各民主党派的重要作用，以舆论宣传、协商民主、群众路线以及社会组织为切入点完善各项政治制度，进而体现我国政党制度的独特优势，促进经济发展和社会进步。

马敬民、张书存、姚会亭、赵更英在《利益诉求多元化环境下民主党派的社会协调稳定作用研究》(《河北省社会主义学院学报》2016年第2期）一文中介绍了改革开放30多年来中国社会利益诉求多元化的形成过程与表现形式，分析了当今社会多元化利益诉求的四大新趋势：利益群体和利益诉求的多元化；利益诉求渠道堵塞；利益诉求的对抗性、群体性；利益诉求手段的多样化。在此基础上，作者提出了民主党派在多元化利益诉求情况下的应对策略：充分利用现有的民主协商机制表达利益诉求；敢言，善言，真正为民众利益发声；广泛收集社情民意，积极做好社会调研；把握网络时代利益诉求新特点，引导诉求有序表达。

李飞在《国家治理现代化视域中参政党政治功能及其实现路径》(《上海市社会主义学院学报》2016年第3期）一文中认为，参政党是推进国家治理现代化的政治主体之一，政治功能主要体现为：政治参与功能、政治协商功能、民主监督功能、利益表达功能、政治稳定功能。国家治理现代化进程中参政党政治功能的实现路径主要为：践行社会主义核心价值观，培育“共治”理念；完善参政议政机制，提升参政议政能力；健全政党协商机制，完善基层民主协商；健全民主监督机制，提升民主监督成效；强化法治思维，推进依法治国；运用现代信息技术，提升参政活动品质。

孙瑞华在《国家治理现代化视阈中的参政党》(《中央社会主义学院学报》2016年第4期）一文中就“参政党与国家治理现代化的关系”进行了问卷调查，发现民主党派成员政治敏感性、政治意识和思想主动性比较强；对国家新的发展形势和要求、对肩上所担负的政治责任认识到位、把握准确，具有履职的政治责任感和改革使命感；对参政党助力执政党合力推进国家治理现代化的作用定位有着较为到位的认同和把握；积极认可几十年来通过参政实践而验证其有效发挥作用的参政方式。同时作者也指出对于参政的各民族党派来说，助力执政党合力实施“四个全面”战略布局、推进国家治理体系和治理能力现代化是其义不容辞的责任，但其自身也面临着一些深层次、全方位的政党能力提升和再造过程要认清民主党派自身存在的发展问题。

祝远娟在《参政党参与行政体制改革的制度依据与优势作用》(《贵州社会主义学院学报》2016年第2期）一文中认为，行政体制改革是一个长期的系统工程，必须发挥各有关方面的积极作用。参政党参与行政体制改革有其制度依据；参政党是参与行政体制改革的一支重要力量，可以为行政体制改革提供广泛的民意基础、奠定坚实的行动基础和营造和谐环境氛围，因此，要充分发挥参政党的优势作用，为行政体制改革增添助力。

史林在《新形势下民主党派参与创新社会管理工作探析》(《党政干部学刊》2016年第8期）一文中认为，新形势下参与创新社会管理已经成为民主党派的一项重要工作，特别是在改革攻坚、社会转型的关键时期，社会管理领域的问题尤其复杂。作者结合国内民主党派的特点、优势、现状，有针对性地提出了民主党派参与创新社会管理工作的优化策略。

万小艳在《加强民主党派基层组织建设参与社会治理创新——民盟的角色定位及参与路径选择》(《中央社会主义学院学报》2016年第1期）一文中认为，当前创新社会治理体制已成为中国特色社会主义建设的重大课题，中国民主同盟作为社会协同和公众参与的重要力量，应当正视社会管理向社会治理转型所带来的新变化，理性分析民盟基层组织建设存在的突出问题及对参与社会治理的制约，做好自身在参与社会治理创新中的角色定位。同时，还应在参与社会组织建设的过程中，寻找民盟基层组织新的生长点，以融入公共服务体系；用制度化方式推进组织稳定、健康、可持续的发展，更好地发挥民盟在参与社会治理创新中的作用。

黄梅在《新形势下民主党派如何履行职能》(《广西社会主义学院学报》2016 年第 1 期）一文中认为，针对民主党派工作，《中国共产党统一战线工作条例（试行）》不仅对民主党派的性质与定位作了新的阐述，对民主党派的基本职能作了充实与拓展，同时还规范和完善了民主党派履行职能的内容、程序、形式及保障机制，强调了对民主党派加强自身建设的要求，为新形势下民主党派履行职能明确了政治基础和实践方向。

石媛、王娜在《国家治理现代化背景下民主党派能力提升的有效途径》(《天津市社会主义学院学报》2016 年第 4 期）一文中认为，各民主党派作为中国政治体系中的参政党是实现国家治理现代化的主体，必须通过加强自身建设提升能力。作者从提升民主党派的政治认知能力，培养民主党派的自我提高能力，加强民主党派创新能力建设三方面探讨了国家治理现代化背景下民主党派能力提升的有效途径。

谢从戎、沈骅在《社会治理多元主体视角下的民主党派职能研究》(《江苏第二师范学院学报》2016 年第 1 期）一文中认为，社会治理与社会管理两个概念不同，前者体现出包括政府在内的多元主体及各主体之间的相对平等地位。社会治理的主体包括政府部门、社会组织和公民个人，而民主党派与这三类社会治理多元主体都有着密切的联系，使得民主党派可以在打造、促进合格社会治理主体这一进程中发挥出更为重要的作用，即进一步促进和推动政府部门向服务型政府转变、大力加强自身的组织建设和履职实践、影响和引导加入民主党派的公民个人。

盛敏在《新形势下民主党派助推地方经济发展的对策研究——以南宁市为例》(《贵州社会主义学院学报》2016 年第 2 期）一文中认为，随着我国经济步入“新常态”，南宁市经济发展同样面临着诸多困难，民主党派作为经济建设不可或缺的重要力量，如何发挥新形势下民主党派助推地方经济发展的作用，是统一战线工作的重要内容。作者通过分析当前南宁市民主党派参与经济建设的状况和存在的主要问题，提出优化民主党派履行职能环境、加强民主党派自身建设、人才队伍建设和创新民主党派参政方式等对策建议。

（2）参政党在依法治国中的作用

十八届三中全会提出推进法治中国建设，坚持依法治国、依法执政、依法行政共同推进，坚持法治国家、法治政府、法治社会一体建设。但是法治建设不是一蹴而就的，也不能靠政府一厢情愿，而是需要不同阶级、阶层、集团、党派等社会力量共同努力、联合行动。参政党是社会主义民主建设的重要力量，身份地位比较超脱，既能与“体制内”很好对接，又能站在“体制外”审视制度运行的漏洞与不足。因此参政党更要注重提升法治思维，践行法治方式，为全面推进依法治国贡献力量。代表性文章有：

黎晓武、滕勇前、常子龙在《论依法治国形势下参政党职能实现方式的转变》(《南昌大学学报（人文社会科学版）》2016 年第 5 期）一文中认为，党中央提出全面推进依法治国方略是顺应历史潮流的正确选择。在依法治国形势下，参政党的政治协商、参政议政与民主监督、群体利益的表达与整合、党际民主建设、社会服务职能的实现方式应当由执政党文件的引领向法律制度的引领转化。具体做法是通过国家根本法将参政党的参政地位和职能明晰化，用法律制度推动参政党职能的实现；用法律法规规范参政党职能的实现路径；用依法参政理念提高参政党履行职能的能力；在依法参政理念指导下，实现从执政党领导人主导、参政党领导人响应的原有职能实现方式向制度化、规范化和程序化方向转化。

王小鸿在《论民主党派在中国共产党全面从严治党中的作用》(《湖北省社会主义学院学报》2016 年第 1 期）一文中认为，从历史的维度来看，在不同的历史时期，民主党派帮助中国共产党从严治党，曾发挥过重要的作用；从现实的维度来看，中国共产党从严治党，需要民主党派加强自身建设继续发挥监督作用；从政党功能来看，民主党派的基本职能之一是民主监督，民主党派有责任、有能力在中国共产党全面从严治党中发挥重要作用。

郑又贤在《民主党派在推进全面从严治党中的角色定位——学习习近平同志系列重要讲话精神》(《中共福建省委党校学报》2016 年第 3 期）一文中认为，全面从严治党是“四个全面”战略布局的重要方面，是实施“四个全面”战略布局的领导和组织保障。但这离不开参政党的监督和推进。各民主党派应该明确自身的角色定位，在贯彻实施“四个全面”战略布局中为全面从严治党作出自己应有的贡献。根据习近平同志系列重要讲话精神，各民主党派在推进全面从严治党中要严格履行参政监督职责，积极推进执政党全面从严治党；主动适应从严治党要求，全面提升民主党派的素质能力；努力服务中国发展大局，助推“四个全面”战略布局的实施。

吉秀华在《参政党与政党法治建设问题探究》(《中央社会主义学院学报》2016 年第 2 期）一文中认为，政党法治建设，要求参政党通过完善的法律制度体系和有效的法治运行机制，使自身的内部治理和外部活动都体现法治原则，实现依法参政与依法治国的有机统一。从现实来看，我国政党法治建设的生态环境虽然有所改善，但法治观念淡薄、法理依据不足、权力制约失衡、民主动力缺失等问题依然突出，成为制约政党法治建设的瓶颈和障碍。以参政党自身法治建设推动政党法治建设，必然要求参政党培育优良的法治文化、提升自身法治水平，同时也要求执政党为参政党法治建设塑造良好的社会法治环境。

陈晶璞在《民主党派成员的法治思维及其培养》(《河北省社会主义学院学报》2016 年第 3 期）一文中认为，本文在梳理法治思维内涵、主体及基本特点的基础上，剖析了民主党派成员运用法治思维履职的必要性及其履职时易出现的法治思维领域问题，并从法治意识、法治理论修养和法治应用能力三个方面提出了民主党派成员培养法治思维的基本思路。

黄景睿在《全面推进依法治国的政党责任和政党推动》(《湖北省社会主义学院学报》2016 年第 4 期）一文中认为，政党对法治国家建设的推动不仅是依法治国的重要内容也是其前提和保证。在全面推进依法治国的大环境下，政党政治必然是责任政治，要求政党承担相应的义务，依法治国的全面推进过程也是政党责任生成、运作和发展的过程。

处于多党合作重要主体地位的执政党和参与国家政权的各民主党派要最大化发挥自身作用，提升责任感和使命感，将推进依法治国作为履行职能的重点领域发挥自身优势，为全面推进依法治国发挥作用。

陈淑玲、廖璐婷在《发挥民主党派在领导干部作风建设中的监督作用》（《邢台学院学报》2016 年第 1 期）一文中认为，加强民主党派的民主监督是完善中国共产党领导干部作风建设的重要内容。当前民主党派在履行民主监督职能的过程中还存在一些问题，尤其是对领导干部作风的监督更是弱项。为发挥民主监督在领导干部作风建设中的作用，需要在以下几个方面加强建设：建立和完善民主监督制度，创新民主监督形式，增强民主监督能力。

（3）参政党在新型智库建设中的作用

习近平总书记强调智力资源是一个国家、一个民族最宝贵的资源。我们进行治国理政必须善于集中各方面智慧、凝聚最广泛力量。要从推动科学决策、民主决策，推进国家治理体系和治理能力现代化，增强国家软实力的战略高度把中国特色新型智库建设作为一项重大而紧迫的任务切实抓好。中国特色新型智库的兴起为民主党派参政议政提供了新的机遇和挑战，有些学者敏锐地注意到了这一变化并从理论层面加以探讨，例如张明军、梁俊荣在《民主党派在新型智库建设中的责任和优势》（《民主与科学》2016 年第 6 期）一文中认为，当前全面深化、推进国家治理体系的治理能力现代化既需要顶层设计又需要摸着石头过河，前进路上困难多，任务艰巨。改革发展任务越是艰巨繁重，越需要强大的智力支持，建设新型智库为民主党派在新时期发挥参政议政作用提供了难得的机遇。

任世红在《民主党派与智库的功能区分及联结》（《团结》2016 年第 6 期）一文中认为，在当代中国国家治理体系中，民主党派作为参政党，与中国特色新型智库有着不同的角色和功能定位：民主党派是中国共产党领导的多党合作和政治协商制度的主体，具有参政、咨政、督政，利益代表、共识凝聚、社会动员等政党功能；智库是党和政府决策咨询制度的主体，是“由各领域专家组成的，为决策者出谋划策，提供最佳理论、策略、方法、思想等的公共研究机构”，其主要功能是为公共决策提供独立性、专业化的对策思路或政策方案。民主党派是政党，是介于社会与国家之间的政治组织；智库作为一种社会组织本质上是“知识和权力之间的桥梁”。两者性质不同，功能有别。另一方面，在实现国家治理能力现代化的进程中既需提升多党合作和政治协商的制度效能，着力发挥民主党派的参政党功能，又要推进公共决策咨询的制度建设，着力彰显智库的“思想库”作用。两者优势互补，相得益彰。

二、参政党的政治交接与历史

2016 年民主党派省级组织开始陆续换届，民主党派中央也将在 2017 年换届。搞好新老交替、做好政治交接是坚持和完善中国共产党领导的多党合作和政治协商制度的重要保证。各民主党派相继开展了形式多样的主题教育活动，目的就是不断巩固已有共识、凝聚新的共识，夯实共同思想政治基础。本年度“政治交接”成为众多学者关注的主题。

同时“继往”才能“开来”，不忘“合作初心”才能继续携手前进。2016年历史研究仍然是学者们关注的一个重要内容。

1. 关于参政党政治交接的研究

政治交接是在1997年民主党派换届时首次提出的。当时民主党派领导班子正面临着新老大交替，在新民主主义革命时期与中国共产党风雨同舟的老一代领导人、旗帜性人物基本上退出了领导岗位，接班的是在新时期加入党派、没有经过早年多党合作史历练和考验的民主党派，新一代代表人物能不能传承和弘扬优良传统、继续与共产党长期合作成为一个重大课题。民进中央原主席雷洁琼说，我真诚地希望民主党派的新人们继续与中国共产党团结合作，在进入新世纪的时候再谱写肝胆相照、荣辱与共的新篇章。“人事有代谢，往来成古今。”将近20年过去了，民主党派在历次政治交接中继往开来、薪火相传，变的是人事，不变的是精神，自觉接受中国共产党的领导，坚持走中国特色社会主义道路，把老一辈的政治信念、优良传统和高尚风范一代代地接过来、传下去。2016年学者们的相关论述明显增加，主要围绕坚持中国共产党的领导，不忘合作初心等主题展开。代表性文章有：

袁廷华在《在多党合作中始终坚持中国共产党的领导》（《群言》2016年第7期）一文中认为，中国共产党的坚强领导是我国政治制度的一大优势，是中国走向繁荣发展的根本保证，是维护中国国家统一、社会和谐稳定的根本保证，是把亿万人民团结起来、共同建设美好未来的根本保证。自觉接受中国共产党的领导是各民主党派在长期实践中作出的政治选择，也是民主党派在与中国共产党通力合作共同实现国家富强、祖国统一、民族振兴的历程中取得的最基本、最广泛、最深刻的政治共识。要全面认识中国共产党的先进性，深刻认识中国共产党领导的重要性，不断增强接受中国共产党领导、与中国共产党团结合作的政治信念。同时也要以高度的政治责任感努力做中国共产党的挚友和诤友，把支持和协助中国共产党做好各项工作、更好地为人民服务作为参政党工作的出发点和落脚点，促进中国共产党领导的加强和改善。

杨雪燕在《铭记合作初心，巩固多党合作思想政治基础》（《湖北省社会主义学院学报》2016年第6期）一文中认为，共产党人要不忘初心就是要求共产党人明白我们党是从哪里来的、要到哪里去。这是对走过历史的深刻总结，也是面对现实的清醒认识，更是对未来发展的严格要求。作为接受中国共产党领导、与中国共产党风雨同舟、亲密合作、共同致力于中国特色社会主义事业的参政党，各民主党派同样要铭记与共产党的合作初心。不忘合作初心就是要不忘老一辈民主党派从民主革命时期就开始与中国共产党精诚合作、生死与共的坚定理想和信念，不忘合作初心就是要坚信历史和人民选择中国共产党领导的正确性，要坚信中国特色社会主义道路的正确性。各参政党要凝聚共识、深化共识，进一步巩固多党合作的思想政治基础，不断开创多党合作新篇章。

杨素卿在《民主党派市级组织政治交接的三个重要问题》（《团结》2016年第6期）一文中认为，民主党派的政治交接要处理好三个问题。一是政治交接交什么。政治交接是历史的传承与发展。民主党派通过换届传承前辈们与中国共产党长期团结合作的优良传统，增进思想政治共识、凝聚人心汇聚力量，坚定不移跟着中国共产党走，持续为中国共产党领导的多党合作事业做出新贡献。二是政治交接交给谁。选对一个人可以发挥积极的引导作用，带动一群人树立正确的价值取向。所以对于班长和班子人选要慎之又慎，优中选优，唯有这样才能产生一个团结奋进的领导班子。三是政治交接怎么接。民主党派存在的意义和价值在很大程度上取决于其政治功能的充分发挥。民主党派干部要不断学习，提高政治把握能力和合作共事能力；坚持廉洁自律，增强组织领导和解决自身问题的能力；深入调查研究，不断提高履职能力。

柏学聚、刘建军在《民主党派与共产党同心同行》（《档案天地》2016 年第 8 期）一文中认为，在民主革命时期民主党派各有政见，最终能够团结在中共周围、同心同向同行，是因为共产党建立联合政府的主张，顺应历史潮流，契合各民主党派建设民主昌盛中国的愿望，这是团结各民主党派最核心的思想基础；共产党言必信、行必果的革命实践和政治品格产生了团结各民主党派共同奋斗的强大凝聚力；共产党领导的多党合作和政治协商的政治设计符合中国国情，为各民主党派表达利益诉求提供了宽广舞台。

严炳洲在《不忘初心：以民为本参政为民——学习习近平总书记在庆祝中国共产党成立 95 周年大会上讲话的体会》（《湖北省社会主义学院学报》2016 年第 6 期）一文中认为，习近平总书记在庆祝中国共产党成立 95 周年的大会上发表重要讲话，全篇以“不忘初心、继续前进”贯穿中国共产党的过去、现在和未来，为民情怀荡气回肠，人民立场旗帜鲜明，以民为本的意识清醒而坚定。不忘初心不单单针对中国共产党人而言，它也包括了与中国共产党“长期共存、互相监督、肝胆相照、荣辱与共”、共同致力于中国社会主义事业的各民主党派。不忘初心，民主党派就要做到立党为公、参政为民。参政是民主党派作为政党的本质要求，是民主党派发挥基本职能、实现自身价值的根本途径。为民是民主党派的政治生命，是民主党派进步性的集中体现，是各民主党派与中国共产党合作的共同思想政治基础。执政为民是中国共产党的执政理念，参政为民是各民主党派的参政理念，执政为民与参政为民和谐统一于中国特色社会主义伟大事业。各民主党派要始终与中国共产党同心同德、同心同向、同心同行，全心全意为人民服务，以人民群众的利益为旨归，为实现中华民族伟大复兴而努力奋斗。

贺旻在《不忘初心同舟共进》（《民主》2016 年第 12 期）一文中认为，“不忘初心、继续前进”的要求，这既是对中国共产党的要求，也是对中国特色社会主义参政党的要求。特别是对深化当前民主党派正在开展的中国特色社会主义学习实践活动具有十分重要的现实意义。民主党派要学习讲话精神明确政治责任；加强组织领导持续推进学习实践活动；积极履职尽责确保学习实践活动取得实效。

2. 关于参政党的历史研究

“以史为鉴，可以知兴替。”2016 年学者们延续了自上一年开始对民主党派历史研究的关注。他们从各个方面考察中国共产党与各民主党派政治主张和指导思想的变化，追溯从排斥对立到团结合作再到最终自觉接受共产党领导的历史总结，归纳多党合作制度得以形成发展的历史经验和内在规律，从而说明中国特色政党制度的历史必然性。例如路运占在《民主党派为何抛弃了国民党》（《北京观察》2016 年第 7 期）一文中认为，解放战争时期各民主党派逐渐抛弃国民党并逐步接受共产党领导的过程，既是一个不断追求救国图存、实现民族独立的过程，又是经过新民主主义革命洗礼与中国共产党同舟共济的过程。各民主党派经过尝试与挫折，从最初谋求以国民党为主导的和平建国道路到与共产党联合、进一步向共产党靠拢并最终接受中国共产党领导，取得了新民主主义革命的伟大胜利。同样的和平建国道路只有在中国共产党的领导下才能够走通，这既是民主党派自己的选择，更是人民的选择，是历史发展的必然。

郭志云在《论抗战时期多党合作的伟大实践及其当代启示》（《广西社会主义学院学报》2016 年第 4 期）一文中认为，多党合作是马克思主义基本原理同中国国情和政党工作实际相结合的产物。在中坚力量的崛起、抗日民族统一战线策略的实施和各民主党派的爱国热情共同作用的历史背景下，中国共产党以坚持党派的独立性、注重党派间的协商性和团结合作的广泛性为原则，开展了以第二次国共合作、“三三制”政权建设和“遇事协商”等多党合作的伟大实践。这些实践对于当前形势下认识多党合作的系统性和长期性、中国共产党在多党合作中的领导地位、加强政党协商的有效性方面有着深刻的启示意义。

杨蓉在《论 1946 年政协会议中第三方力量的宪制主张与实践》（《法学评论》2016 年第 2 期）一文中认为，1946 年政治协商会议中，各民主党派组成的第三方力量发挥着重要的作用，影响着国共两党之间的平衡，推动政治民主化与联合政府的实现，从而充分表达出自身关于中国宪制建构模式的思想主张。其将上述主张反映于《和平建国纲领》与宪法草案修改原则之中，尝试以英美宪制经验提供中间道路的发展模式，但受制于实践能力，其思想无法转化为现实。

杨玉琦在《毛泽东党际关系思想探析》（《云南社会主义学院学报》2016 年第 2 期）一文中认为，毛泽东关于“共产党和民主党派”党际关系的思想经历了新民主主义、社会主义建设、“文化大革命”三个发展阶段，形成了以独立自主与相互援助、民主平等与协商一致、长期共存与相互监督为主要内容的党际关系思想。正确解读毛泽东的党际关系思想，对中国共产党党际关系思想发展具有十分重要的实践意义和理论价值。毛泽东的党际关系思想是从当时具体国情出发的自主选择，也是中国革命和社会主义事业的客观需要，是毛泽东思想的重要组成部分。它为中国共产党领导下的多党合作和政治协商制度奠定了理论根基，为中国特色社会主义民主政治的建设增添了宝贵的思想财富。新时期毛泽东党际关系思想应深挖掘广实践，才能继续指导中国共产党的政党交往在社会主义进程中发光发热。

马力、梁宏在《关于抗战时期的多党合作对推动我国多党合作事业发展的几点思考》（《陕西社会主义学院学报》2016 年第 1 期）一文中认为，中国共产党领导的多党合作和政治协商制度形成于中国共产党和各民主党派争取民主自由和人民解放的斗争实践。中国人民经过八年艰苦卓绝的浴血奋战夺取了抗日战争的胜利，抗日战争的胜利是中国共产党与民主党派多党合作的胜利。回顾抗战时期我国多党合作的历史能够从中获得重要启示：要坚持中国共产党的坚强领导；发挥民主党派和无党派人士的积极作用；发展社会主义协商民主；发挥人民政协的重要作用。总结我国多党合作的实践经验，不断升华理论研究成果，加强理论创新和实践创新，对推动我国多党合作事业的发展，坚持和完善我国多党合作制度具有重要意义。

宋建欣在《各民主党派为反蒋抗日斗争提出的政治主张综述》(《吉林广播电视大学学报》2016 年第 7 期）一文中指出，“九一八”事变后日本加紧对华侵略，以蒋介石为首的国民政府却实行不抵抗政策，激起了各界爱国人士的反对。因此，民主党派在这一时期应时局要求积极加入抗日反蒋革命的大军中。包括致公党、“九一八”事变后临时行动委员会、中国民权保障同盟、中华民族革命同盟、中华民族解放行动委员会和全救会在内的六大民族党派共同为反蒋抗日斗争提出了不同的政治主张以改变当时的危机时局，为反蒋抗日斗争的胜利奠定了政治基础，作者对各党派提出的政治主张进行了综述。

李玲在《试析抗日战争时期民主党派的进步性特征》(《天津市社会主义学院学报》2016 年第 3 期）一文中认为，抗日战争时期民主党派的进步性体现在从不认同中国共产党的新民主主义革命、对中共持批评和排斥态度转向支持共产党的团结抗日主张，公开呼吁联共抗日，积极促成第二次国共合作的实现；体现在从全力维护国民政府的政治权威转向质疑蒋介石团结抗日的诚意，最终在维护团结反对分裂斗争中进一步认清国民党消灭异己，坚守独裁的真面目，从而动摇了“拥蒋”态度，政治立场进一步倾向中共；体现在从初期要求保障党派的合法权利，争取言论、出版、集会、结社自由等一般性的民主诉求，发展到公开反对国民党一党独裁要求实行民主宪政，最终与中国共产党一起并肩战斗共同发起了联合政府运动。抗日战争时期在一次次重大政治斗争面前，民主党派能紧跟时代的步伐不断追求进步，其原因是多方面的。首先，民主党派自身所具有的阶级特性和强烈的爱国主义思想是其不断进步的内在驱动力；其次，中国共产党的团结争取是其不断进步的外在推动力。

任禀洁、解永强、黄晓翠在《从中国共产党与民主党派关系演变中探究多党合作与政治协商制度的雏形（1927–1949）》(《天津市社会主义学院学报》2016 年第 4 期）一文中认为，民主革命时期中国共产党和民主党派的关系经历了由互相怀疑趋向信任、由相互排斥走向合作的质的转变，建立了不同程度及形式的合作关系，最终接受共产党领导，进而在润物细无声中形成了多党合作与政治协商制度的雏形，它的形成不是一蹴而就的，而是经历了一个曲折复杂的过程，它孕育于民主革命时期，经历抗日战争和解放战争的洗礼，凝结着中国共产党和各民主党派的共同智慧，由中国共产党和各民主党派共同创造，是双方合作关系达到一定程度质的飞跃与具体体现。

崔珏在《从党章发展史观察民主党派指导思想的变化》(《广州社会主义学院学报》2016 年第 3 期）一文中认为，党章是关于政党的性质、指导思想、宗旨、组织系统、组织纪律等对本党有约束力的文件，是一个政党的政治态度和组织形态的集中体现，是政党成熟的重要标志。作者以民主党派党章发展史为视角，观察我国民主党派指导思想从组织初创至今的几个阶段性的变化，进而对当今参政党思想建设目标提出思考。她指出，民主党派思想建设中指导思想是最为重要的内容，是思想建设、组织建设、作风建设的理论基础。从现实情况看，民主党派是独具特色的政党组织，发展的先天不足与现实条件的制约，使其政党形态并不完备，指导思想、理论体系也尚不清晰、健全。在中国共产党的基本理论指导下构建参政党理论体系是各民主党派思想建设根本性的任务。

曹蓉在《抗战时期周恩来的统一战线思想与实践》(《江苏省社会主义学院学报》2016 年第 6 期）一文中认为，中国人民抗日战争的胜利，也是抗日民族统一战线的胜利。

在抗日战争中，周恩来领导中共南方局在“国统区”开展抗日民族统战工作，运用又联合又斗争策略，始终保持中共的中流砥柱作用；支持帮助爱国民主人士，筹建民主党派并开展抗战；联谊交友上层人士，促其反蒋抗日支持抗战，动员大后方民众投入抗战，为抗战的胜利作出了卓越贡献，并彰显了统一战线法宝的威力。

陈开江、杜俊华在《浅析重庆谈判前后中共与民主党派之间的舆情互动与民主协商》（《社科纵横》2016年第9期）一文中认为，中共与民主党派之间的舆情互动是实现民主协商的前提，而民主协商则是中共同民主党派进行舆情互动的初衷和直接目标。在重庆谈判前后，民主党派人士积极建言献策，对谈判施加影响，中共则与民主党派深入地展开了舆情互动与民主协商。这是重庆谈判能够顺利达成《双十协定》的重要原因。中共由此而与民主党派人士打成一片，联合起来共同反对国民政府的统治。这也为当前共产党和民主党派深入开展民主协商提供了启示。

三、参政党职能

只有充分发挥多党合作制度的效能，才能有力证明中国特色社会主义民主政治的优越性，而充分发挥民主党派积极作用、加强民主党派履职能力则是提高多党合作制度效能的关键，也是理论界持续关注的热点问题。一方面，《中国共产党统一战线工作条例（试行）》将“参加中国共产党领导的政治协商”明确为民主党派的基本职能之一。加上2015年底《关于加强政党协商的实施意见》颁布，这些新变化都给民主党派“政治协商”能力提出更高要求，本年度一些饶有新意的创新、尝试也受到学者们的高度关注。另一方面，中央扶贫开发工作会议之后，中共中央明确由八个民主党派中央分别对口八个中西部省区开展扶贫监督工作，这是中共中央赋予各民主党派的一项新任务，也是民主党派履行民主监督职能的新领域，因此理论界对参政党民主监督职能的讨论也有所升温。这些都是本年度参政党研究的重点和亮点。

1. 参政议政职能

作为中国特色社会主义参政党，参政议政始终是民主党派工作的重中之重，也始终受到理论界的持续关注。近年来，随着我国政治体制改革不断深入，民主党派参政议政的背景和要求都有了较大的变化，因此2016年学者们重点讨论了民主党派如何适应国家治理能力现代化的新要求，如何积极推进依法治国的战略布局，代表性观点如下：

（1）参政议政的机制和能力问题

参政党肩负着和执政党一道共同致力于中国特色社会主义建设的历史使命，参政议政是最基本、最重要的政治职能之一，也是衡量民主党派政治价值、工作实效的重要标准。提高参政议政的实效性既需要从外因上找不足，进一步完善体制机制建设；也需要在内因上下功夫，努力提高参政党的能力和素质。从而扩大中国特色社会主义民主政治的社会基础，展现“中国风格”和“中国气派”的良好形象和制度优势，相关理论研究有：

高筱红在《国家治理视域下提升参政党参政机制现代化的路径选择》（《山东青年政治学院学报》2016年第2期）一文中认为，中国共产党顺应时代发展提出的国家治理现代化思想与我国多党合作制度价值内涵相契合已经成为参政党参政机制现代化建设新的理论工具。从国家治理视域来看，我国参政党在参政机制现代化方面还存在诸多问题：工作机制网络化、数据化、一体化建设滞后；运行中缺少法治、规范和程序；自我革新和沟通机制不健全等。参政党需要顺应时代发展要求，更新参政党治理理念，建立和完善大数据基础设施，规范参政党法治体系，健全自我革新和沟通机制，提升参政党参政机制的现代化水平，推进国家治理成效进一步凸显。

董树彬、潘丽萍在《论民主党派参政的合法性》（《重庆社会主义学院学报》2016 年第 2 期）一文中认为，民主党派作为中国多党合作制度的重要主体，在中国民主政治生活中发挥着至关重要的作用。中国人民政治协商会议第一届全体会议召开后，中国的民主党派就开始作为参政党存在。尽管在历史发展中民主党派赖以存在的阶级基础发生了变化，民主党派以参与政权而不以夺取政权为存在目的，民主党派在各自党章中都旗帜鲜明地表示接受中国共产党的领导，但是这些都不能否定民主党派所具有的参政合法性。民主党派参政合法性的取得需要满足四项准则：一是既往的历史贡献；二是自身的进步性与广泛性；三是人民群众的支持与认可；四是获得法律的确认。

吴平魁在《论民主党派依法参政问题》（《湖南省社会主义学院学报》2016 年第 4 期）一文中认为，在中国共产党领导的多党合作和政治协商制度框架下，执政党执政理念和执政方式的变化必然对参政党的参政理念和参政方式产生现实的影响。在执政党把依法治国确定为党领导人民治理国家的基本方略，把依法执政确定为党治国理政的基本方式的背景之下，依法参政自然也就成为参政党的基本参政理念和参政的基本方式。中国共产党领导的多党合作和政治协商制度是民主党派依法参政的制度基础；坚持和拥护中国共产党的领导是民主党派依法参政的政治前提；在宪法法律的范围内履行职能是民主党派依法参政的基本要求；加强党派内部制度建设是民主党派实现依法参政的重要保证。

张翠丽、李晶燕、胡昭在《论民主党派参政议政知情渠道和信息平台的拓宽》（《云南社会主义学院学报》2016 年第 1 期）一文中认为，参政议政是民主党派的重要职能，重视和加强民主党派参政议政知情渠道和信息平台建设，将有助于民主党派及时、准确、全面地掌握各种信息，更加有效地发挥参政议政职能，为我国民主政治建设做出积极贡献。目前我国民主党派的知情渠道和信息交换平台还不够完善，一定程度上影响了其参政议政的效果。在加强社会主义协商民主建设的新形势下，必须适应政党协商的新要求，更好地保障民主党派知情权，促进政党协商水平的提高。

陈文庆在《论民主党派参政议政的价值》（《湖州师范学院学报》2016 年第 5 期）一文中讨论了我国民主党派参政议政的价值本质、价值诉求的基本内容和价值的呈现形态。他认为，主体性价值与客体性价值的辩证统一并以客体性价值为主导，是多党合作、民主党派参政议政的本质价值和意义所在。民主党派参政议政的基本价值诉求主要集中于“权利、秩序、正义”三大内容。从我国目前政治发展状况来看，要实现民主党派参政议政的价值，应在具体的政党政治的建设中满足以下条件：扩大民主党派的主体自由权；明确执政党与民主党派的权利与义务；实现真正的依法治国。

陈友康、黄梅在《民主党派参政议政精英模式研究》（《中央社会主义学院学报》2016 年第 4 期）一文中认为，民主党派在参政议政活动中形成一种精英模式，即由少数代表性人士代表党派各级组织议政建言。这一模式有其存在的必然性和必要性，既有优点又有不足。如果参政议政精英的个人行为与党派组织行为有机统一，就能让党派参政议政质量达到优化；如果参政议政组织功能没有得到有效发挥，参政议政质量和效果就会受损。在协商民主长足发展的形势下这一模式应引起重视。要扬长避短，提高参政议政水平，使多党合作制度的实效性得到切实发挥。

刘新成在《关于提升参政议政能力的一点想法》(《民主》2016 年第 6 期）一文中认为，对民主党派来说提升参政议政能力是外部环境的期待，也是自身建设的内在要求。民主党派的参政议政能力可以分为两个层次：一是作为会员个人的能力，包括社会责任感、对社会问题的敏感度、学习新知识的能力、调查研究的能力和报告写作能力等。此外还要具备知识迁移能力、捕捉有效信息的能力、对“度”的认识能力。二是作为党派组织的能力，包括整合资源的能力、体制建设能力、机制建设能力和机关建设能力。

刘春雷在《民主党派参政议政能力建设探析》(《河南省社会主义学院学报》2016 年第 2 期）一文中认为，随着我国政治体制的深入改革，民主党派参政议政的背景和要求都有了较大的变化。建设新形势下的中国特色社会主义参政党，民主党派积极有效地发挥其参政议政职能，是当前中国政治体制发展中的新要求。但是由于政治体制改革受各方面条件影响而出现滞后，民主党派参政议政能力显然并没有适应新形势下的发展要求，参政议政的职能并没有得到有效的发挥。提高民主党派参政议政能力需要完善参政议政工作机制、提高民主党派的政治责任感、加强民主党派干部队伍人才建设、突出各民主党派所代表群体的特色、加强参政议政保障机制建设。

王伟达在《民主党派参政能力建设：国家治理能力现代化的新视角》(《贵州社会主义学院学报》2016 年第 1 期）一文中认为，国家治理能力现代化课题的提出是中国共产党治国理政理念的升华。从逻辑起点上看，民主党派是社会治理的重要主体，民主党派的参政能力是国家治理能力的重要组成部分。为此以国家治理能力现代化的维度来审理：民主党派应领会国家治理理念，加强民主党派政治把握能力建设；把握国家治理的核心，加强民主党派参政议政能力建设；实践国家治理目标，加强民主党派协商民主能力建设；找准国家治理的着力点，加强民主党派民主监督能力建设。

王小丹在《政党协商制度下民主党派参政议政能力提升途径研究》(《山西社会主义学院学报》2016 年第 3 期）一文中认为，政党协商是社会主义协商民主的重要体现形式。发展中国特色社会主义政党协商，有利于发挥各民主党派的智力优势、收集社会各阶层群众的意见和呼声，为社会主义事业建言献策。实践中，民主党派参政议政面临一系列问题：民主党派参政议政水平有限、民主党派基层协商流于形式、考核机制不到位、与执政党缺乏有效的沟通和交流等。他建议，提升政党协商实效性要扩大民主党派参政议政的知情权、建设学习型参政党、加强民主党派内外部交流、搭建参政议政平台。

范蕴玉在《国家治理能力现代化进程中参政党参政能力建设》(《广西社会主义学院学报》2016 年第 4 期）一文中认为，参政党作为参政议政的主体是国家治理主体的有机组成部分，其参政议政能力建设成效与国家治理能力现代化水平存在着紧密的联系。国家治理能力现代化水平的提升需要加强参政党参政能力的建设，参政党参政能力建设是推进国家治理能力现代化的必然选择。当前参政党参政能力建设还存在政治把握能力亟待加强、民主监督乏力、参政议政水平有待提升、组织领导能力不足和合作共事能力有待提高等问题。因此，需要增强参政党的政党意识，提升参政党的政党理论水平，强化政治把握能力；完善民主监督制度建设，强化民主监督能力；拓宽利益诉求表达渠道，培养吸收专业化高素质人才，提高参政议政能力；完善基层组织结构、重视构建学习型参政党、强化组织领导能力；推进党际党内和谐，促进民主协商，提高合作共事能力。

袁春红在《民主党派参政议政要重视法治议题》(《陕西社会主义学院学报》2016 年第 4 期）一文中提出，在全面推进依法治国的战略背景下，民主党派成为参与全面依法治国战略的重要主体而参政议政是民主党派履行其政治职能的重要途径。建立法治中国、建立法治政府需要民主党派结合国家、社会和人民的需要重视法治方面的议题不断开拓民主党派参政议政的新领域。

（2）互联网时代如何开展参政议政工作

随着信息时代的到来，参政党的参政环境和信息来源也发生了重大变化，如何抓住契机、紧跟时代步伐，努力创新参政议政方法，不断拓宽参政议政渠道，这是时代赋予各民主党派的历史重任，也是各民主党派要解决的重要历史性课题。2016 年很多学者将目光转向互联网时代、“微时代”背景下的参政议政该如何做，这些研究有：

辛琳在《移动互联网时代下民主党派参政议政意识的体系构建》(《上海市社会主义学院学报》2016 年第 1 期）一文中指出参政议政是具有中国特色和智慧的中国式民主政治的表现形式，“互联网 +”时代下移动终端上网成为当下及未来的发展趋势，新兴的网络政治文明给民主党派参政议政提出了新的要求。通过网络调查问卷分析显示民主党派参政议政重心逐渐由经济与社会管理向科教、文化、生态文明等领域转移；民主党派参政议政深度和有效性有待提高；绝大多数民主党派成员对参政议政持较积极态度；参政议政意识体系由七种意识组成，其中“讲实话、出实招、办实事”的“三实”意识最重要。作者提出四个对策：有针对性地培养民主党派成员的参政议政意识的体系；提高民主党派成员的媒介素养；加强信息平台、参政平台的建设，培育网络参政议政骨干，积极探索移动互联参政议政新形式。

邢中先在《“微时代”背景下各民主党派参政议政平台建设面临的机遇和挑战》[《重庆与世界》(学术版）2016 年第 4 期］一文中认为，随着网络信息技术的快速发展催生了一批以“微”字为代表的新兴传播媒介，例如微博、微信、微电影等，在这种“微”字新兴传播媒体的推动下人们迅速进入到“微时代”。“微时代”不仅给人们的日常生活方式和交流沟通方式带来了巨大而深刻的变革，也对新闻舆论传播产生了重要的影响。“微时代”给民主党派参政议政平台建设提供了良好的机遇：拓宽了民主党派参政议政的平台；提供了新的信息来源场所；提供了新的交流渠道，创新了民主党派人员的教育模式。同时“微时代”也给民主党派参政议政带来了严峻的挑战：各民主党派参政议政的能力相对弱化；民主党派的舆论相对弱化；对各民主党派人员的微素养提出了更高要求。

邢中先在《“微时代”背景下各民主党派参政议政的渠道平台建设对策分析》[《湘潮》(下半月）2016 年第 5 期］一文中认为，“微时代”背景下，拓宽民主党派参政议政渠道建设具有重要意义，这是适应新形势、各民主党派履行好自身参政议政职责的需要，是推进中国特色社会主义民主政治建设的需要，是全面贯彻“四个全面”和实现“中国梦”

的客观需要。拓宽民主党派参政议政渠道平台建设，一是中国共产党要大力支持和引导民主党派依法加强参政议政渠道平台建设；二是进一步完善各民主党派参政议政的网络信息平台建设；三是不断加大各民主党派的舆论宣传教育力度；四是不断提高各民主党派人员的微素养。

刘潇潇在《民主党派地方组织利用网络舆情提升参政议政能力的思考——以九三学社南宁市委为例》(《广西社会主义学院学报》2016年第2期）一文中认为，在互联网时代，网络舆情为提升民主党派地方组织的参政议政能力提供了机遇和挑战。目前，民主党派地方组织利用网络舆情反映社情民意的效果较好，并且能够紧密结合政治生活和联系民生，但是也存在民主党派地方组织利用网络舆情开展重要参政议题的程度还不够高的情况。为此，民主党派地方组织应进一步强化利用网络舆情参政议政思想认识，探索完善网络建设、利用网络舆情参政议政的制度建设、组建网络舆情参政议政人才队伍等举措，不断提升参政议政能力。

（3）高校民主党派参政议政工作

高校民主党派成员学历层次高、学术水平强、人际关系广、对外影响大，有较强的参政议政的意愿和能力，在参政议政工作中也取得了较为丰硕的成果，是民主党派着力去抓的一支重要队伍。2016年讨论高校民主党派参政议政工作的文章为数不少，主要有：

卜运安、韩影、马艳征、陈英明在《新时期扩大高校民主党派有序政治参与的思考》(《才智》2016年第21期）一文中认为，高校民主党派是实现高校科学决策、联系高校不同利益群体和抵制学术腐败的重要力量。政治参与是我国基本制度赋予民主党派的历史重任，高校民主党派人数众多，具有人才优势和知识优势，是政治参与的一支生力军。扩大高校民主党派有序政治参与，能够有效促进高校民主党派的自身发展和高校的可持续发展，是统一战线思想在高校得以落实的重要体现，在推动高校科学、和谐和健康发展中起着至关重要的作用。

张骐、何莉萍在《当前高校民主党派成员参政议政的优势、问题及对策》(《中共济南市委党校学报》2016年第6期）一文中认为，随着我国高校民主党派队伍的发展壮大，高校民主党派成员参政议政出现了几个新特点：一是学缘结构国际化，自我意识逐渐突出，增强了高校民主党派成员参政议政的意识和能力；二是知识结构和价值取向多元化增加了高校民主党派成员参政议政的内容和领域；三是年龄结构年轻化增添了高校民主党派成员参政议政的生命活力。现实层面存在的诸多问题妨碍了高校民主党派成员更好地发挥参政议政作用。为了更好地调动广大高校民主党派成员参政议政的积极性，彰显高校民主党派成员的社会价值和作用，必须加强高校民主党派成员参政议政的环境建设、机制建设、制度建设，营造良好的氛围，提供必要的保障。

程利滨在《高校民主党派参政议政作用发挥的路径研究》(《重庆城市管理职业学院学报》2016年第4期）一文中认为，民主党派成员作为高校统战工作的重点对象，在高校发展建设中有其独特优势。作者提出要高度重视增强民主党派参政议政的责任意识；积极扶持搭建民主党派参政议政的渠道平台；交友联谊发挥民主党派参政议政的联络优势。高校的科学发展离不开民主党派的共同建设和积极参与，必须不断增强他们参政议政的积极性和主动性，不断破除阻碍他们作用发挥的错误观念和制约因素，不断搭建他们参政议政的渠道和平台，加强民主党派自身的组织建设，培养民主党派成员的奉献精神，同时高校党委统战部门也需要给予各民主党派更多的扶持、激励与协调，使他们的良言妙计能够推动学校实现更好更快的发展。

李德超、滕远、刘达、翁东东在《高校民主党派参政议政能力问题研究》(《劳动保障世界》2016 年第 9 期）一文中认为，高校民主党派作为我国参政党中一支智慧军团，它汇集了一大批不同专业不同领域的学科带头人、中高级职称的学科骨干和知识学者，在参政党中始终履行着参政议政的职能，为参政党民主协商和保证政党工作的顺利开展发挥着重要支撑力量，也是当前统战工作的重要领域。但高校民主党派在参政议政过程中也存在参政议政渠道相对单一、参政议政意识相对欠缺、参政议政运行机制不完善、参政议政专业人才匮乏等问题，需要不断优化资源、整合力量、总结经验、勇于探索，使参政议政工作制度化和规范化，让高校、政党部门和统战部门的工作得以更好地进行。

余力、刘诚在《高校党委加强民主党派参政议政有效性研究》(《学校党建与思想教育》2016 年第 1 期）一文中认为，制约高校民主党派参政议政有效性发挥的不利因素：一是部分学校统战工作流于形式，参政议政有效性难以衡量；二是组织建设重视程度有待进一步提高，经费投入相对短缺，保障机制仍不完善；三是民主党派成员老龄化现象严重，党派成员年龄层次断档，担任校院两级领导干部人数、比例不足；四是一些党派活动少，党派人士工作忙，党派工作难以得到切实保证。为进一步发挥高校民主党派参政议政的作用，作者提出：一是高校党委要充分发挥领导作用，进一步加强民主党派工作；二是建立健全科学的运行和保障机制，为高校民主党派参政议政提供坚实的物质保障；三是要加大对知识分子中党外干部尤其是党外中青年干部的培养力度；四是加强高校内部民主党派组织建设，帮助党派营造良好的工作氛围、创造适宜的生活环境。

李松在《高校民主党派成员参政态度测量研究》(《云南社会主义学院学报》2016 年第 3 期）和《高校民主党派成员参政态度影响因素研究——基于广西高校民主党派成员随机抽样调查数据分析》(《云南社会主义学院学报》2016 年第 1 期）两篇文章中报告了他对广西高校民主党派成员进行的随机抽样调查。作者认为参政态度应该包含参政认知、参政情感和参政意动三种成分。参政认知是对参政信息和知识的感知；参政情感是对参政活动的情绪体验；参政意动是参政行为的动机。调查发现“参政认知”“参政情感”和“参政意动”分别对“参政态度”产生显著影响。

夏辛萍、何敏在《地方高校民主党派成员参政议政意愿及影响因素研究——以广西科技大学为例》(《重庆城市管理职业学院学报》2016 年第 3 期）一文中认为，参政议政是民主党派价值的集中体现，也是每个民主党派成员必须履行的政治职责，了解当前高校民主党派成员参政议政现状，分析他们在参政议政过程中存在的问题及原因，并探讨提升高校民主党派成员参政议政的意愿和能力的对策，对于充分发挥民主党派的优势，坚持和完善中国共产党领导的多党合作和政治协商制度有着积极的意义。

廖高会、栗秀萍、张利平在《高校民主党派参与依法治校的调查及策略探析》(《山西高等学校社会科学学报》2016 年第 1 期）一文中认为，依法治校是搞好高校民主管理的关键，是有别于传统管理模式中人治与法治混淆不清的一种新型社会管理模式，也是一种创新型现代管理模式。对于高校而言，依法治校是把用人机制、决策机制、运营机制、奖惩机制、竞争机制纳入法治化程序的至关重要的环节。高校民主党派参与高校法治管理对于推动依法治校，加强学校的民主、法治和科学管理，提高教学科研和人才培养质量，营造更加和谐的校园氛围和建构更加完备的校园管理模式，加强高校党风廉政建设，有效地预防腐败的发生，增强高校决策的民主性、科学性、可行性，提升高校的智力能力建设与完善现代大学制度，都有极其重要的意义。

（4）民主党派参政议政的案例研究

2016年在关于参政议政职能的研究中突出了一个“实”字。有很多研究者注重从实际工作中发现问题、积累经验、提炼知识、总结规律，采用“解剖麻雀”的方法抓住典型案例、深入剖析问题，把理论和实际切实结合起来。代表性研究有：

陈兰英在《广安市民主党派参政议政能力建设研究》（《四川统一战线》2016年第7期）一文中认为，加强民主党派参政议政能力：一是要搭建知情明政和政党协商两大平台，打牢参政议政建设基础；二是健全调查研究制度、参政议政保障制度和表彰激励三项制度，为参政议程提供制度保障；三是提升大局把握、调查研究、民主监督、统筹协调四种能力，切实增强参政议政实效。

蔡永飞在《国家治理现代化中多党合作的作用——以民革青海省委会参政议政成效为例》（《团结》2016年第5期）一文中提出，要培养民主党派代表性人士成为政党协商、政协协商专家和参政党党务专家。所谓政党协商专家指的是民主党派中这样一些成员，他们熟悉统一战线政策、多党合作和政治协商制度的各方面制度和程序规定，熟悉政党协商、政协协商的特点和规律，特别是在政治上具有坚定的政治立场、明确的政治态度，具有很强的政治把握能力、政治敏锐性、政治鉴别力和政治活动能力，善于选择参政议政课题，善于调查研究，善于概括整合公众意见诉求，善于表达和提出参政议政的意见建议，善于推动参政议政工作成果的转化和落实。所谓参政党党务专家除了也要在政治上具有较强的政治把握能力以外，尤其要具备较强的组织领导能力、合作共事能力、解决民主党派自身问题的能力，善于把参政党各级组织和广大党员整合成为有机的整体，善于把组织内部的优秀人才选拔出来、使用到位、推荐出去，善于制定和完善工作制度和机制，利用统一战线政策资源、协商民主制度资源整合和利用本组织内外的各方面资源。作者指出从推进中国特色社会主义国家治理体系和协商民主发展完善的需要来看，从民革青海省委会的实践来看培养和造就政党协商专家、党务专家和两方面能力兼备的参政党政治家队伍，应当成为民主党派自身建设的根本性任务。

2. 民主监督职能

民主党派作为与中国共产党同呼吸、共命运的政治力量，如何利用其特殊身份、独特优势进一步发挥民主监督作用，既是一个具有重要现实意义的问题，也是社会主义民主政治建设的一大课题。学者们致力于深入分析发挥民主党派民主监督作用的现实意义及影响，民主党派民主监督作用发挥的因素，提出新形势下民主党派民主监督的范围重点、运行机制、方法手段、载体渠道等，推动民主党派民主监督的质量和水平进一步提升。另外从2016年开始，各民主党派中央受中共中央委托对口八个省区开展脱贫攻坚民主监督，这也是创新民主党派民主监督形式的重要探索和尝试，引发了学术界关于民主监督问题的大讨论。

（1）民主监督的意义和功能研究

习近平总书记上任伊始走访各民主党派中央时就指出，毛泽东同志和黄炎培先生那次“窑洞对”至今都是很好的鞭策和启示。实行民主监督是中国共产党跳出历史周期律找到的一条新路，在密切群众关系、巩固执政地位、完善民主政治、化解社会矛盾、促进社会公平公正、营造良好政治生态等方面具有非常深远的意义。学者们对民主监督的意义和功能进行了深入阐释，代表性文章有：

张献生在《拓展民主监督的“新路”》（《人民政协报》2016年12月1日第4版）一文中认为，中国共产党十八届六中全会全面推进从严治党、营造风清气正的政治生态，使民主监督的重要作用在新形势下进一步凸显出来。充分履行民主监督职能，在营造风清气正的政治生态中发挥应有作用，成为新形势下民主党派、无党派人士等党外人士的重要使命。民主党派要注重聚焦执政党和党的领导干部“两个关键”，着力促进执政党执政权的正确行使，以批评实现完善、纠偏和防错功能，从健全工作机制和增强影响力上提高效能。

焦秀萍在《依法治国进程中民主党派民主监督的意义、实践困境及实效策略》（《广西社会主义学院学报》2016年第5期）一文中认为，在依法治国进程中，民主党派的民主监督不仅是提升党的执政能力的有力保证，还是推进政治文明建设的重要内容，也是促进司法公正、实现和谐社会的有效途径。目前，民主党派民主监督存在监督法规缺乏系统标准和制度化保障、监督和被监督主体缺乏监督与被监督意识、知情渠道和反馈信息不畅、监督形式和方法有待改进等困境。在依法治国背景下，应进一步健全民主监督制度，强化监督意识，完善知情和反馈渠道，丰富民主监督方式，不断增强民主党派民主监督的实效。

龚建明在《加强民主监督推进民主执政》（《中国领导科学》2016年第7期）一文中认为，民主执政是中国共产党正在探索的一条具有中国特色的执政路径，民主执政也离不开民主党派的民主监督。“互相监督”是中国共产党和各民主党派“长期共存”监督体系的重要组成部分，也是中国共产党对各民主党派的历史承诺。民主监督的着眼点是国家的法律、大政方针和人民群众关切的民生问题，性质是政治监督，载体是协商民主制度，其途径是多元化的，过程是全息化的。

曹伟在《全面从严治党背景下参政党民主监督功能发挥的再思考》（《广西社会主义学院学报》2016年第1期）一文中认为，全面从严治党的全面性不仅要从党内的视角来理解，还要从党外的视角来理解，不能“把从严治党仅仅作为党内的事搞内循环”，只有这样才能真正全面地把握全面从严治党的全面性。一方面多党合作制度是全面从严治党的重要平台，另一方面全面从严治党对新时期多党合作制度的发展和完善提出了更高要求，其核心是如何使多党合作制度更加有效地运转起来，从而更好地发挥参政党的民主监督功能。

贺善侃在《全面从严治党离不开加强民主党派的民主监督》（《重庆社会主义学院学报》2016年第3期）一文中认为，充分发挥民主党派的民主监督作用，对于全面从严治党具有重要意义。共产党要接受民主党派的民主监督，是由共产党的特殊地位和民主党派民主监督的不可替代性共同决定的。加强民主党派的民主监督是加强和改善共产党领导的重要条件，是发展民主、遏制腐败、促进政治清廉的迫切需要。在各种监督形式中，民主党派的民主监督作为一种异体政治监督，对民主政治的发展具有特别重要的意义。充分发挥民主党派在全面从严治党中的民主监督作用，要推进民主党派的民主监督走上规范化轨道。加强民主党派的民主监督重点要从三方面着手：中国共产党党内增强接受监督的意识；建立健全民主党派民主监督的制度体系；建立健全民主党派民主监督的综合协调机制。

方卫红在《依法治国视阈下的参政党民主监督机制研究》(《云南社会主义学院学报》2016 年第 2 期）一文中认为，纵观中国法治建设和参政党民主监督制度建设的发展进程，可以发现法治建设的前行有助于参政党民主监督地位的确立以及职能、体系、机制等的健全；而参政党民主监督制度、机制的完善也丰富了法治建设的内容和成果。在全面依法治国的视域下，要依法夯实参政党民主监督的基础，保障民主党派成员民主监督的权利，不断推进参政党民主监督制度的系统化以及民主监督机制的科学化。

何旗在《民主党派参与反腐倡廉：比较优势与实现路径》(《重庆社会主义学院学报》2016 年第 4 期）一文中认为，单凭执政党的自我监督难以有效清除腐败，必须同时运用民主党派民主监督。民主党派民主监督在反腐倡廉中具有独特优势与作用，是我国反腐倡廉工作的一个重要环节。充分整合民主党派民主监督这一宝贵政治资源，有利于反腐倡廉建设取得新成效。民主党派参与反腐倡廉形成了具有地方特色的参与模式。新形势下，进一步发挥民主党派在反腐倡廉中的积极作用，需要中国共产党与民主党派同向发力，形成中国共产党同民主党派良性互动的社会主义民主监督格局。

龚蕊在《民主党派履行民主监督职能研究》(《河北省社会主义学院学报》2016 年第 3 期）一文中认为，在价值取向上民主党派的民主监督追求发展和谐的政党关系；在内容和层次上民主党派的民主监督内容明确、层次较高。在实现方式上民主党派的民主监督具有鲜明的协商民主特性。在行为属性上民主党派的民主监督具有严肃的政治性。从逻辑关系看民主党派履行民主监督职能体现了我国多党合作关系的历史必然性。只有对其特定内涵有一个准确定位和正确把握，才能在发挥民主党派民主监督作用时做到有的放矢。

周亮在《新形势下民主党派民主监督的制度规范研究》(《衡阳师范学院学报》2016 年第 2 期）一文中认为，中国共产党与民主党派长期合作关系是历史的选择，是一项具有中国特色的社会主义新型政党制度，是被我国宪法和中国共产党党内法规确定了的民主制度。充分发挥民主党派的民主监督作用是宪法赋予民主党派成员的个人权力和赋予民主党派组织的党派权利，是对中国共产党党内监督方式的有益补充。新形势下，要进一步完善党的执政方式，尊重民主党派的民主监督权利；创造和谐的政治生态环境，提高党员遵纪守法的自觉性；赋予民主监督制度约束力，构建权利损害救济机制。

李飞在《探索新形势下参政党民主监督的有效形式》(《湖南省社会主义学院学报》2016 年第 1 期）一文中认为，中国共产党和各民主党派密切配合探索出丰富多样的民主监督形式，积累了宝贵经验。当前参政党民主监督形式在实践中还存在一些薄弱环节，在新形势下要积极探索参政党民主监督的有效形式：健全参政党民主监督形式的规范体系；提升参政党民主监督形式的组织化水平；完善党委政府决策过程中参政党民主监督形式；完善参政党在党风廉政建设中的民主监督形式；完善民主党派特约监督人员工作制度；将参政党传统监督形式与现代监督形式相结合。

寇政文在《以法治思维和法治方式破解参政党民主监督难题研究》(《重庆社会主义学院学报》2016 年第 1 期）一文中认为，在我国监督体系中，参政党民主监督具有重要地位和作用。国内外关于参政党地位和作用的一些不正确看法，与参政党民主监督功能不彰有关。参政党民主监督的功能定位影响着参政党的政党性质、整体结构和实践绩效。参政党民主监督存在着动力困局、能力困局、机制困局。全面依法治国为破解参政党民主监督难题提供了新的契机、场域和框架。要以法治思维和法治方式构建参政党民主监督的科学运行机制。要完善参政党民主监督的宏观、中观和微观制度体系。要着力构建参政党民主监督的权利保障机制、信息沟通机制和力量整合机制。

（2）提高民主监督实效性的研究

长期以来民主监督是民主党派履行职能的薄弱环节，既有党委接受监督的胸襟问题，也有民主党派开展监督的胆量和能力问题，还有民主监督的政策措施的制定和落实问题。《中国共产党统一战线工作条例（试行）》明确了参政党开展民主监督的十种形式，对于推动民主监督进一步落实完善、提高民主监督的成效和水平起到重要作用。学者们从提高认识、建立制度保障、完善评估机制和反馈机制等诸多方面讨论了如何切实提高民主监督的实效性。主要观点有：

张殿华、张永红在《新形势下民主党派民主监督实效研究》（《湖北省社会主义学院学报》2016 年第 4 期）一文中认为，在新的历史条件下要把民主监督工作做好、做出实效，需要在监督制度机制、监督主体、监督客体和多种监督形式合力作用等方面做出努力。在民主监督的制度机制方面应建立健全规范的程序性和保障性的制度和机制，尤其是应建立健全相对具体的操作性制度。真正的民主监督依靠的应该是制度的尊严而绝不应该是执政党的“肚量”。在民主监督的主体方面，民主党派要敢于监督，还要善于监督，充分利用现有的政治资源和自身优势，用好“存量”，同时多进行调查研究创新手段和方法，开发“增量”。在民主监督的客体方面中国共产党应提高领导干部接受监督的意识，虚怀若谷，从善如流，欢迎民主党派发表不一样的声音。在多种监督的合力方面民主监督与党内监督、法律监督、行政监督、舆论监督、群众监督的地位是不同的，它是在中国共产党的领导下履行人民民主权力的政治体制之内的监督，是人民民主政权自我完善的一个重要环节，也是履行多党合作的政治要求。但是多种监督形式需要共同合力作用才能使权力更好地受到制约。

张献生在《民主权利的实现：提高民主监督效能的根本保障》（《中央社会主义学院学报》2016 年第 3 期）一文中认为，民主监督作为中国共产党跳出“历史周期率”的新路，作为民主党派的重要职能，始终得到中共中央领导人的高度重视，并在中共中央关于多党合作和政治协商的有关文件中加以规范，但在实践中仍未能尽如人意。其重要原因，就在于未能充分认识、尊重和保障民主党派行使民主监督的权利。要从根本上增强民主监督的效能，必须从民主监督的本原上进行探究，紧紧抓住民主权利这个核心要素，努力实现从政治功利化到民主监督权利充分正确行使的转变。

农工党徐汇区委会在《民主党派民主监督实效性问题及对策》（《前进论坛》2016 年第 7 期）一文中认为，影响民主党派民主监督实效性的主要问题：一是思想上对民主党派开展民主监督的认识有待进一步提高；二是组织上民主党派开展民主监督的能力有待进一步加强；三是制度上民主党派开展民主监督的机制有待进一步完善。提高民主党派民主监督实效性的对策建议：一是加强宣传教育提高对民主党派民主监督意义的认识。二是注重自身建设增强参政党开展民主监督的能力水平。三是不断完善机制为参政党开展民主监督提供制度保障。四是探索平台载体使民主党派民主监督拓宽视野和渠道。

民主党派民主监督实效的评估机制研究“课题组”在《民主党派民主监督实效的评估机制研究》(《上海市社会主义学院学报》2016年第2期)一文中认为，当前民主党派在实践中更多的是寓民主监督于参政议政之中，对民主监督实效的评估也基本处于空白地带，在评估理念、评估标准、评估主体、评估渠道、评估机制等方面都有待于向科学化、民主化和制度化方面进一步建立和完善。民主党派民主监督的履职情况、民主党派民主监督的质量与水平、民主党派民主监督的回应与反馈、民主党派民主监督的内部组织管理这四个方面应该构成评估民主党派民主监督实效的主要依据。可以考虑综合运用平衡计分卡和公众满意度测评模型来评估民主监督的实效，实现主观评议与多指标综合定量评价的均衡。

董泽华在《科学提高民主党派民主监督效能》(《湖北省社会主义学院学报》2016年第6期)一文中认为，民主党派履行民主监督职能往往具有层次较高、范围较广、方式方法灵活的特点，能够与法律强制性监督、行政约束性监督、执政党党内自我监督、社会自发舆论监督相辅相成、互相补充，具有重要作用。同时民主党派作为参政党、作为执政党的政治联盟因为所处的“超脱的位置”和自身特点、优势，对社会经济等问题的观察视角往往比较独特，提出的意见和建议往往更为客观，能够提供给执政党一种党内监督不易提供的补充性监督。公共管理学“多元制衡”原理表明对权力进行监督制约是世界各国在民主化进程中面临的共同问题，就政治力量来说民主党派在制约政府部门权力上有着合法地位和先天优势，应当获得充分考虑和重视。提高民主党派民主监督效能，对提高执政党的执政能力、保障人民当家做主、推动国家治理能力现代化等方面具有重要意义。

张韶华、孙玉荣在《新的历史时期充分发挥民主党派民主监督作用问题研究》(《河北省社会主义学院学报》2016年第1期)一文中认为，实施有效的民主监督必须创新工作思路。在我国的监督体系中民主监督和群众监督是最弱势的，作为民主党派要积极寻求横向合作。积极与人大合作，努力使自己对一府两院工作的好的意见、建议转变为人大评价工作的重要参考，从而使“软监督”产生“硬效力”；加强与舆论监督合作，尤其是民主党派要通过自办网站等途径充分利用网络，广泛搜集社情民意，并把民主监督的过程和结果以及需要进一步提升的地方公之于“网”；切实加强与法检两院的配合、合作，加大参与执法监督的工作力度。

民盟雅安市委在《民主党派履行民主监督职能研究》(《四川统一战线》2016年第12期)一文中认为，要着力拓宽民主党派民主监督渠道不断提高民主党派民主监督的深度和层次。一是要提高常规性民主监督质量。继续通过建议、提案和视察、专题调查等形式多提高质量的意见、建议和举报、批评。做好反映社情民意工作，通过反映社情民意强化民主监督作用，提高参政议政质量。把开展常规性民主监督形成的成果，把建议、提案、社情民意反映等被采纳或者成果转化的情况纳入对民主党派组织及成员的考核。二是大胆开展民主评议。组织民主党派成员、政协委员对政府有关部门涉及改革、发展、稳定大局的重要工作在调查研究的基础上开展民主评议，供党委、政府参考。三是创新开展情况通报。积极主动组织开展检查、督察活动，在活动中实施民主监督，提出高质量的意见和建议，形成情况通报，以保证民主监督规范有序、切实有效，力度不断加强。四是强化民主监督跟踪。建立民主监督跟踪机制和反馈机制，跟踪突出问题的整改落实情况，对民主监督的成效进行梳理分析，不断提高民主监督的实际效果和影响力。

何旗在《反腐倡廉视角下的民主党派监督》(《理论探索》2016 年第 4 期）一文中认为，作为一种以权力制约和监督为指向的监督形式，民主党派监督是反腐倡廉建设的题中应有之义，也是提升反腐倡廉整体效能的重要途径和方式。它在遏制权力腐败蔓延势头、规引公民和社会组织反腐、推动法治反腐进程及构建廉洁政治生态等方面具有独特价值。但当前反腐倡廉中民主党派监督也有一些薄弱之处：民主党派监督意识淡化与监督能力不够、执政党领导干部认知偏差与接受监督自觉性不足、监督制度不完善与执行不到位等。为此，要加强教育引导和场域拓展，增强民主党派监督意识和提升监督能力，为实现民主党派反腐倡廉价值提供强大的内在基础；加强民主建设和信息公开，强化执政党接受监督的自觉性，为实现民主党派监督反腐倡廉价值提供良好的政治环境；改革和创新监督制度和监督运行机制，为充分实现民主党派监督反腐倡廉价值提供坚实的制度保障。

徐行、杨鹏飞在《党际监督的反腐功效及提升路径的思考》(《理论学刊》2016 年第 4 期）一文中认为，在全面从严治党背景下，加强参政党与执政党之间的党际互相监督，尤其是参政党对执政党的监督，对于保证党的廉洁性、提升反腐成效有重要作用。目前党际监督存在着形式缺乏创新、未能实现与反腐方式有效对接、参政党的知情权没有充分保证、监督的内容局限性较大等问题。究其原因，主要在于党际监督概念模糊，参政党监督动力不足，党际监督与反腐败工作之间的嵌入机制不健全。提升党际监督的反腐功效，应继续提高党际监督的认知和地位，探寻和创设党际监督与当前反腐工作的结合点，不断完善党际监督的科学体系和新方式。

陈浩炳在《程序正义视角下参政党民主监督程序研究》(《重庆社会主义学院学报》2016 年第 4 期）一文中认为，参政党民主监督作为社会主义政治监督体系的重要组成部分，需要规范的程序相配套。参政党民主监督程序的制度性构建、设计与运作，可以借鉴程序正义理论，遵循中立原则、对等原则、和平原则、参与原则、理性原则和及时原则，最大限度地减少程序缺陷。优化参政党民主监督程序，要保障参政党的监督主体地位，健全参政党民主监督的信息沟通机制，健全参政党民主监督的反馈机制。

叶元俭在《新媒体舆论环境下加强参政党民主监督路径分析》(《新闻研究导刊》2016 年第 6 期）一文中认为，新媒体舆论环境下泥沙俱下的信息渠道既是机遇，又是挑战。在这一环境下参政党把握机遇，迎接挑战，提升民主党派利用新媒体进行民主监督的能力，是民主党派作为参政党发挥民主监督功能的重要价值体现。参政党民主监督能力建设要以中国特色社会主义理论体系为指导，加强参政党新媒体舆论素养，勇于并善于利用新媒体监督；同时执政党也要积极搭建并指导参政党利用新媒体平台。

(3) 有关脱贫攻坚民主监督的研究

消除贫困、改善民生、逐步实现共同富裕是社会主义的本质要求。实现“两个百年”的奋斗目标，既是中国共产党的崇高使命，也是各民主党派的重要职责。以往完成定点扶贫任务和围绕扶贫开发重点问题建言献策，是民主党派参与脱贫攻坚的主要途径。2016 年中共中央又赋予参政党一项新的政治任务，即开展脱贫攻坚民主监督，这是民主党派履行职能的新形式，也是多年来民主党派第一次对专项工作进行监督。各民主党派对此非常重视，纷纷成立领导小组、制定工作方案，同时也有不少文章注重从理论的高度对脱贫攻坚民主监督加以研究阐释。代表性文章有：

陈竺在《打赢脱贫攻坚战，民主党派如何作为》(《人民论坛》2016 年第 29 期）一文中认为，习近平总书记在中央扶贫开发工作会议上的重要讲话，充分彰显了中共中央带领全国人民打赢脱贫攻坚战、全面建成小康社会的坚定意志和坚强决心，是凝聚和指导全社会力量打赢脱贫攻坚战的根本遵循。农工党要认真学习领会，把思想和行动统一到中共中央决策部署上来，统一到实现“两个确保”的目标上来，切实增强政治意识、大局意识、核心意识、看齐意识，提高参与脱贫攻坚工作的责任感和使命感。要发挥特色优势，积极推动智力扶贫、健康扶贫、教育扶贫、产业扶贫、生态扶贫、科技扶贫、公益扶贫，积极投身脱贫攻坚的伟大实践。

张少琴在《做好脱贫攻坚民主监督工作　为脱贫攻坚贡献党派力量》(《中央社会主义学院学报》2016 年第 5 期）一文中认为，对各民主党派中央而言，开展脱贫攻坚民主监督工作意义重大、影响深远，民主党派中央要总结经验、发挥优势，始终坚持正确的政治方向，坚持鲜明的问题导向，坚持与民主党派履行参政党职能和加强参政党自身建设相结合。

何丕洁在《加强民主监督助力脱贫攻坚》(《团结》2016 年第 4 期）一文中认为，消除贫困、改善民生、逐步实现共同富裕是社会主义的本质要求。作为参政党各民主党派对积极参与到脱贫攻坚的工作中去有着义不容辞的责任。发挥好民主党派的智力优势，探索民主监督在扶贫攻坚工作中的新形式、新方法，对落实各项国家政策助推脱贫任务的完成具有积极作用。在工作中，一要明确目标任务，探索民主监督新方法、新机制；二要加强领导科学部署，三要讲求工作方法，注重工作实效。脱贫攻坚民主监督是一项全新的政治任务，要边学习、边工作，逐步铺开工作面，一步一步深入到最基层；要不断总结工作经验和教训，及时加强和改进工作；要加强各民主党派之间、各民主党派中央和中央有关部门之间的联系沟通，及时总结好的经验，加大宣传和推广的力度。

龚建明在《加强民主监督推进民主执政》(《中国领导科学》2016 年第 7 期）一文中认为，中华人民共和国成立之初中国共产党之所以保留民主党派，形成中国共产党领导的多党合作制度，重要的考虑就是为了让民主党派对已经执政的中国共产党实行“民主监督”。民主监督的着眼点是国家的法律、大政方针和人民群众关切的民生问题；民主监督的性质是政治监督；民主监督的载体是协商民主制度；民主监督的途径多元化；民主监督的过程全息化。民主执政是中国共产党正在探索的一条具有中国特色的执政路径，是加强执政能力建设的一个重要课题。民主执政离不开民主党派的民主监督。为了推进民主执政更好地发展，建议进一步提高各民主党派的社会影响力；适度调整人民代表大会和政协会的召开时间；认真开展立法协商，做好执法监督的文章。

刘文胜在《引鉴“毕节模式”　共创“中国样板”——试论如何精确发挥民主党派在脱贫攻坚战中的精准作用》(《民主》2016 年第 4 期）一文中认为，在全面推进社会扶贫体制机制创新，广泛动员社会各方面力量，打响脱贫攻坚战的今天，有必要学习借鉴“毕节模式”的成功之处，精确引领各民主党派参与“精准扶贫”。民主党派要举全会（党、盟、社）之力参与“精准扶贫”，一个重要前提条件是尊重其组织独立性、监督权力合法性、利益表达代表性、社会服务专属性。也只有在组织独立保证、监督权力保障的基础上民主党派才能在实践中养成更加充分的政党意识，进一步缩小与执政党在政党自觉和行为能力方面的差距，从而与执政党构成政治匹配和优势互补，进而提高与执政党长期合作的主动性。

王静在《关于民主党派如何聚力脱贫攻坚工作的几点思考》(《四川统一战线》2016年第9期）一文中认为，民主党派人士应围绕脱贫攻坚工作大局找准工作结合点，拓宽工作视野，将多党合作政治制度优势精准用在扶贫工作上，尽职履职聚力帮扶，既开展智力帮扶又开展实体帮扶做到精准扶贫、精准脱贫，在提高脱贫攻坚成效上下功夫。

毛文志在《人民政协民主监督与民主党派民主监督职能之异同》(《前进论坛》2016年第11期）一文中认为，人民政协民主监督与民主党派民主监督均为政治监督、非权力监督、"精英型"监督，民主监督的内容、目标基本一致，并且与政治协商、参政议政职能高度融合，这是他们的共同点。但是二者主体的代表性不同、监督路径不同、主体功能不同、个体职责也不同。人民政协的民主监督以民主党派的民主监督为主要力量，而民主党派的民主监督以人民政协的民主监督为主要阵地。因此二者都有必要"求同存异"、发挥特长，共同促进民主监督职能的履行，共同推动我国社会主义民主政治有序发展。

3. 政治协商职能

（1）政党协商中参政党的地位与作用

十八大以来，推进协商民主广泛多层制度化成为我国政治体制改革和民主政治建设的重要内容和发展方向。2015年初颁布的《中共中央关于加强社会主义协商民主建设的意见》中将政党协商列为七种协商渠道之首。《中国共产党统一战线工作条例（试行）》(以下简称《条例》) 将"参加中国共产党领导的政治协商"明确为民主党派一项新的基本职能。2015年底《关于加强政党协商的实施意见》(以下简称《实施意见》) 经中共中央同意、由中办印发，对新形势下推进政党协商作出系统性设计。这一系列文件的颁布实施为深入推进政党协商提供了重要的制度保障，为各民主党派在中国共产党的领导下履行职能、发挥作用提供了更为广阔的舞台，也激发了理论界关于参政党政治协商职能的大讨论。很多学者从民主党派的主体性视角入手，考察其在政党协商中的地位和作用。例如郭晓东在《政党协商视域下民主党派主体性建设的三重维度》(《天津市社会主义学院学报》2016年第2期）一文中认为，政党协商是我国独特的、独有的、独到的民主形式。加强民主党派主体性建设，是推进政党协商规范有序、务实高效、充满活力的必然要求。基于民主党派的角度分析，加强党派主体性建设需要做好以下工作：在社会基础层面，需要增强代表性，扩大民意基础，彰显民主党派的主体形象；在自身建设层面，需要聚合党派力量，发挥民主党派的主体作用；在党际关系层面，需要坚持平等协商，提升民主党派的主体地位。

任世红在《我国政党协商的历史考察：民主党派的主体性视角》(《上海市社会主义学院学报》2016年第3期）一文中指出，共产党和民主党派同为当代中国政党协商建制和发展的政党主体，中国共产党是政党协商的主导乃至领导力量，民主党派亦发挥了不可或缺的主体作用。从民主党派的主体性视角，对我国政党协商进行系统的历史考察，探讨政党协商的发展规律及其对加强民主党派主体性建设的现实启示，对于深化政党协商，推进多党合作和协商民主建设，具有重要的理论价值和现实意义。在新的历史条件下，加强政党协商，必须正确处理中国共产党的领导和平等协商的关系，着力加强民主党派的主体性建设。一是维护民主党派的独立性，树立政党协商的主体地位；二是激发民主党派的主动性，承担政党协商的主体责任；三是增强民主党派的自主性，提升政党协商的主体能力。

徐行、陈永国在《政党协商中参政党的主体性困境探究》（《重庆社会主义学院学报》2016年第6期）一文中指出，在政党协商中，执政党和参政党同为两大主体。这既是我国政党制度和政治协商制度的重要特征，也是研究中国政党协商必须首先明确的问题。作为执政党的共产党和作为参政党的民主党派之间不是机械的主体与客体的关系，而是具有交互主体性的双向互动关系。参政党在政党协商中的地位和作用问题，实际上就是参政党的主体性问题。然而，参政党作为政党协商的重要主体，目前仍然存在着不敢协商、不愿协商、不会协商等主体性困境。参政党主体性困境主要源于参政党自身的缺陷和主体间关系的异化。有效破解政党协商中参政党的主体性困境，必须从参政党和执政党两个方面着手。参政党要加强自身能力建设，强化主体意识，提升参与政党协商的水平和实效。执政党要协助参政党完善外部保障机制，拓宽协商空间，改善协商环境，推动参政党以负责任、敢担当的姿态主动参与政党协商。

孙照红在《从协商主体的视角看政党协商的价值与出路》（《中央社会主义学院学报》2016年第1期）一文中认为，从协商主体视角看，中国共产党和民主党派在国家权力体系中地位的不同，决定了中国共产党在协商中处于“强势”地位，而民主党派处于“弱势”地位，致使政党协商实践出现了一些“非常态”现象。因此，加强和完善政党协商，必须提高协商双方的协商意识和协商能力，中国共产党重在改变领导方式、提高协商技巧和协商艺术，民主党派重在提高主体意识、民主意识和协商能力。同时需建立健全协商机制，对协商双方的权益和资源配置情况进行规范和监督。

华南、蔡之国在《从协商主体的视角论促进政党协商发展的路径》（《山西社会主义学院学报》2016年第4期）一文中认为，从我国政党协商主体的视角来看，作为执政党的中国共产党在协商中居于引领地位，而作为参政党的民主党派处于合作地位。促进中国政党协商发展离不开政党协商主体的自身建设和良性互动，以及保障政党协商有效推进的程序和规范。为此提升政党协商主体的协商意识、协商能力以及协商主体的良性互动，建立健全政党协商机制规范协商过程，以及加强政党协商的反馈机制，增强政党协商成果的实效性，是促进中国特色政党协商制度创新发展的必要路径。

常庆林在《论政党协商中参政党的价值实现》（《广东省社会主义学院学报》2016年第3期）一文中认为，把握政党协商的内涵是参政党价值实现的基础，参政党实现价值必须符合政党协商的时代要求。政党协商需要协商主体具有较高的思想境界、完善的制度以及理论和文化的支撑。政党是协商活动的重要参与者，参政党是协商制度的直接建设者，这构成了参政党在政党协商中实现价值的可行性。参政党在政党协商中实现价值的路径选择：一是与时俱进不断提高宏观把握能力；二是营造氛围注重加强协商文化建设；三是突出特色充分发挥参政党的整体优势；四是强化智库提升协商参与的科学化水平。

唐长久、王姣在《对民主党派如何在政党协商中发挥作用的思考》（《湖北省社会主义学院学报》2016 年第 5 期）一文中认为，民主党派在政党协商中发挥作用，突出党派代表性特色民意表达是根本；弘扬党派主动性的优良传统主动协商是关键；发挥党际平等的政治优势独立自主协商是基础和前提条件。

民建山西省委课题组闫柏良在《民主党派在中国共产党领导的政党协商制度中的作用探析》（《山西社会主义学院学报》2016 年第 4 期）一文中认为，新形势下民主党派助推中国共产党领导的政党协商制度建设必须坚持“三个有利于”原则，即有利于坚持和发展中国特色政党制度，进一步坚定民主党派成员对中国共产党领导的信心；有利于贯彻“十六字”方针，为民主党派履行职能搭建更好的平台；有利于团结一切可以团结的力量，为实现中华民族伟大复兴中国梦增添正能量。

各民主党派更加注重结合自身实际抓住政党协商的关键环节，从加强党的领导、加强自身建设等方面讨论参政党如何在政党协商中发挥作用。代表性的文章有：万鄂湘在《推进政党协商必须坚持中国共产党领导》（《团结报》2016 年 1 月 16 日第 1 版）一文中指出，民主党派在提高政党协商水平中担负着重要责任。要始终坚定不移地坚持中国共产党领导；始终围绕中共中央的大政方针与涉及人民群众利益相关问题进行协商；始终坚持深入实际兴调查研究之风；始终坚持理性建言绝浮躁和脱离国情的极端主张；始终坚持推进履职能力建设，不断提高协商能力。

蔡达峰在《深刻领会政党协商的新要求》（《人民政协报》2016 年 1 月 27 日第 8 版）一文中指出，《实施意见》专门对政党协商制度建设作出了新规定，对政党协商活动提出了新要求，这是贯彻中央统战工作会议精神和《条例》的重要步骤和举措，也是中国共产党从我国民主政治发展的大局出发不断加强政党协商制度建设的重要成果。《实施意见》体现了中国共产党的领导作用，表明了中共中央严谨务实的工作态度。民主党派要充分认识《实施意见》颁布的意义，准确把握《实施意见》规定的要求。

贺旻在《加强能力建设　积极参加政党协商》（《民主》2016 年第 2 期）一文中认为，要注重加强能力建设，提升参加政党协商水平。一是在加强学习、统一认识上下功夫，坚持参加政党协商的政治方向。二是在组织建设、制度建设上下功夫，健全参加政党协商的长效机制。三是在调查研究、服务社会上下功夫，提高参加政党协商建言能力。

陈昌智在《加强自身建设提高政党协商能力》（《团结报》2016 年第 1 月 21 日第 1 版）一文中认为，求木之长者必固其根本。政党协商制度化、程序化建设是基础，而不断提高参与者的协商能力则是其发挥实效的力量源泉。只有以建设高素质的中国特色社会主义参政党为目标，不断加强自身建设，不断提高协商能力，才能为政党协商深入开展打下坚实基础。要坚定理想信念，始终把思想建设放在首位；优化能力建设，不断提高参政议政水平；立足自身特色，发挥党派的整体功能。

张宝文在《切实担负起加强和完善政党协商的历史使命》（《团结报》2016 年 1 月 19 日第 1 版）一文中认为，加强和完善政党协商是牢牢把握中国特色社会主义政治发展道路这个根本方向；重点是找准在协商民主建设中的位置，更好地履行参政党职能；关键是要提高民盟作为参政党的协商议政能力。“大海之阔，非一流之归也”，历史、文化、国情、实践决定了我们必须坚定不移地走中国特色社会主义道路。民主党派要充分发挥参政党职能，切实承担起加强和完善政党协商的历史使命，大力推进社会主义协商民主建设，不断提升国家治理体系和治理能力现代化水平，为完善和发展中国特色社会主义制度、实现中华民族伟大复兴的中国梦做出应有的贡献。

丛斌在《社会主义协商民主之宪法正当性》(《团结报》2016 年 3 月 29 日第 8 版）一文中认为，协商民主能否顺利实施很大程度上取决于民众对宪法的信仰程度，取决于“宪法至上”、党的领导、人民民主等观念是否深入人心。最重要的法律不是铭刻在大理石上，而是铭刻在每一个人的心中。我国宪法规定的“中国共产党领导的多党合作和政治协商制度将长期存在和发展”和“一切权利属于人民”的原则是协商民主的逻辑起点。在良好的政治制度里，宪法能够保障政治上的分歧，协商民主并不是机械地看票数高低，而更关注是否所有公民都把这样做的理由看作对公共利益的关注。共同体的价值构建需要在具体事项的妥协处理中凝聚共识。基于中国传统和当前现实营造体制活力要求我们尊重个体，在尊重个人权利的前提下逐步摸索，找到释放协商民主力量的渠道。

韩启德在《用实际行动推动社会主义协商民主发展》(《团结报》2016 年 2 月 2 日第 1 版）一文中总结，作为政党协商的重要参与者、亲历者和见证者，九三学社在长期政党协商实践中有以下经验体会：第一，矢志不渝地坚持中国共产党的领导是九三学社参与政党协商的根本原则。第二，坚持围绕推动科学发展协商建言，着力体现科技特色是九三学社发挥好参政党作用的必然要求。第三，加强机制建设、整合全社力量是九三学社提高协商能力的有效举措。第四，注重调研、创新和聚焦是九三学社实现建言献策有分量、有质量的坚实基础。加强协商能力，一要正确把握政党协商的定位，增强责任感和使命感；二要充分发挥自身优势；三要在推进工作机制和方法创新上下功夫。

林文漪在《政党协商凝聚共识　多党合作谱新篇》(《团结报》2016 年 2 月 4 日第 1 版）一文中表示，中共十八大以来习近平为总书记的中共中央高度重视协商民主工作，政党协商在国家政治生活中的地位和作用进一步增强。作为政党协商的积极参与者，在长期的协商实践中，台盟深深体会到：必须始终坚持中国共产党的领导；必须切实凝聚全盟智慧力量；必须注重突出自身特色优势；必须不断完善参政履职制度机制；必须深入开展调查研究。

（2）参政党协商能力的提升

十八大以来，社会主义协商民主取得飞速发展，作为社会主义协商民主最早的实践者建设者之一和政党协商的重要一方，民主党派的重要地位与积极作用得到充分肯定及高度认同。同时随着社会主义协商民主广泛、多层、制度化发展，民主党派“能力危机”“本领恐慌”的问题也逐渐凸显。有的参政党成员在协商中“不想说”“不会说”“不敢说”“说不到点子上”，建言献策浮于表面，直接影响到协商的效果和多党合作制度的效能。因此，增强参政党协商能力、提高参政党协商水平已经成为中国民主政治建设的应有之义和当务之急。2016 年，理论界围绕政党协商中的制约因素和解决措施展开了广泛、热烈的讨论。代表性观点如下：

黄国耀、高少传在《完善社会主义协商民主制度和工作机制的路径探析——以民主党派实践协商民主为视角》(《济宁学院学报》2016 年第 1 期，《辽宁行政学院学报》2016 年第 3 期）一文中认为，民主党派积极发挥主体作用建言献策、服务大局推动协商民主发展，取得了实际成效但仍存在各种问题，主要有：自身建设较薄弱；决策环节协商与决策执行环节协商相脱节；办理环节缺乏面对面协商的平台。从政治过程角度看，完善民主党派在协商民主中发挥作用的工作机制可以从四个环节入手：提高民主党派协商质量，拓宽利益表达渠道；加强民主党派在利益综合中的共商国是功能；确保民主党派意见和建议有效进入决策环节；强化决策实施环节民主党派的协商机制建设。

龚贵明在《加强协商制度建设　推进民主党派协商民主实践》(《前进论坛》2016年第6期）一文中认为，在我国协商民主的体系中，政党协商是顶层渠道，政协协商是重要渠道；政党协商是协商民主更高层、深入、快捷、畅通的支柱性渠道，政协协商是协商民主更广泛、全面、扩展、从容的民意性渠道；不管从平面俯瞰的角度看还是从立体侧视的角度看，政党协商和政协协商都为民主党派搭建了履行职能发挥作用的广阔舞台。从政治语境看政党协商与政协协商为党派赋予了政治使命。从产生渊源看为党派奠定了参加多党合作的历史基础。从政治主导看党派的参加地位是必不可少的。从价值理性看党派是用来维护和实现人民根本利益的工具。从政治地位看党派在其中具有平等的政治地位和法律地位，平等协商、求同存异。从制度规范看均处于中国共产党领导的多党合作与政治协商制度之中，党派必须受制于这一制度的规范要求。因此深化协商民主、全面推进民主党派协商民主实践建设要突出政党协商，引领完善和发展共产党领导的多党合作制度；要发挥政府协商作用，提升协商履职成果质量和反馈落实水平；要深化政协协商平台，丰富履职成果和规范转化机制；要加强党内民主建设，推进民主党派自身建设上新台阶。

李卓垚在《浅议完善民主党派参加政党协商的工作机制》(《湖北省社会主义学院学报》2016年第6期）一文中认为，完善民主党派参加政党协商的工作机制具有重要意义，它有利于民主党派加强自身建设、提升协商能力，并促进政党协商的制度化发展。当前民主党派参加政党协商的工作机制存在的主要问题是内部领导机制、考察调研机制、考核激励机制等不够健全，加强其建设就应当完善领导组织、考察调研、意见综合、工作对接、考评激励等机制。

王旺胜在《国家治理现代化背景下参政党协商能力建设》(《社会主义研究》2016年第3期）一文中认为，协商能力是参政党建设的重要内容，协商是否有效直接关系到共识能否形成，进而影响参政党促进决策民主化和科学化目标的实现。因此，在国家治理现代化背景下，有效协商是参政党协商能力建设的方向与重心。当前参政党的有效协商能力仍然薄弱，未来应该从协商输入能力、协商代表能力和协商交流能力三个角度提升参政党协商能力。

王维在《增强参政党协商能力的路径研究》(《中共浙江省委党校学报》2016年第6期）一文中认为，协商能力是参政党组织或成员通过各种渠道广泛参与民主协商、表达利益诉求、影响公共决策需要具备的条件和水平；是个体因素、组织因素、制度因素的有机结合和综合运用。作者对参政党成员协商情况进行了问卷调查和多元回归分析，发现参政党协商能力的强弱直接影响到民主协商的效果。增强参政党协商能力、提高协商民主成效应着重做好以下几点：第一，加强协商制度机制的完善和落实；第二，提高参政党成员调查研究和学习创新能力；第三，做好协商的组织筹备工作；第四，探索参政党组织发挥作用的方式。

张啸尘、刘飞宇在《制约我国参政党政治协商能力的因素初探——兼论参政党五种能力的建设》(《云南社会主义学院学报》2016年第3期)一文中认为，目前中国在协商实践中所遇到的问题，除了客观因素以外，主要是参政党政治协商能力的不足所造成的。民主党派理论建设的滞后影响了其政治把握能力，成为限制政治协商能力的根本因素；领导组织能力不足，成员的政党意识就难以保障，政党凝聚力不足，参政议政就沦为一句口号；协商意识模糊不清，合作共事能力大打折扣。这三种能力的缺失导致实践的动力不足，懒于实践致使自身问题得不到有效解决，最终形成恶性循环，制约着民主党派的政治协商能力。只要坚持中国共产党的领导，把握四项基本原则，依靠科学发展观，坚持我国的多党合作和政治协商制度，在中央的支持下，在参政党自身努力和有关学者的研究帮助下，弥补五种能力的不足，就能够产生良性的化学反应，形成整体大于部分之和的效果，大大提升参政党的政治协商能力，推动我国协商政治的发展。

张大成在《民主党派参与协商民主自身能力建设存在的问题及制度完善》(《辽宁工业大学学报（社会科学版）》2016年第2期)一文中认为，民主党派是协商民主制度的重要参与主体，在参与协商民主的实践中，民主党派对党派意见的收集能力、对利益诉求的论证能力、对协商参与者的说服能力、对多元利益和冲突观点的协调能力等方面还存在理论认识和运行机制上的不足，为此，民主党派还要加强和完善对会员的教育培训制度，建立健全依托调研、专委会、社情反映、信息网络平台等方式的信息收集和论证制度，党派内部协商制度，被动协商与主动协商联动的机制等方面的制度建设，以提升民建有效参与协商民主的能力，促进协商民主制度的良性发展。

代璐遥在《参政党在推进协商能力建设方面的研究》(《劳动保障世界》2016年第6期)一文中认为，参政党要想提升自身的参政能力，必须围绕四个方面展开工作：建立长效机制，主动编织出一套相互连通且及时高效的信息互动网；发挥监督职能，对执政党的施政过程与社会效果进行必要监督，作出理性客观的符合历史发展阶段的公正评价；把握重点问题，把重点的民生问题作为高度关注的焦点，从而切实推动国家政权的稳定和社会整体的和谐；关注热点事件，针对各类重大社会公共事件作出合理正确的舆论导向，努力维护政府的公信力。

杨艳东在《“四个全面”战略布局下参政党协商能力建设研究》(《重庆社会主义学院学报》2016年第1期)一文中认为，参政党是政治协商的核心主体之一，在健全社会主义协商民主制度方面要承担更多的责任。参政党的协商能力是影响政治协商效果的一个重要因素。参政党只有不断提升协商能力，才能实现从协商“载体”向协商“主体”的转变，真正发挥协商民主建设主力军的积极作用。参政党协商能力的形成要素主要是政治把握能力、沟通协调能力、合作共事能力和组织动员能力。由于受到体制机制大环境的局限和自身建设等多种因素的影响，我国参政党协商能力的提升相对缓慢：协商组织管理能力不强，协商动员能力不强，协商意见转化效力不高，协商议题代表力不突出。加强参政党协商能力建设，要不断增强政党意识和政治共识，健全规范协商工作管理机制，提高协商组织和动员能力，增加协商锻炼和参与机会。

张继兰在《论协商民主视野下的民主党派协商能力建设》(《云南行政学院学报》2016年第6期)一文中认为，与竞争型政党选举相比，合作型政党协商更具有中国适应性，政党协商作为当代中国协商民主体系中最具效力和政治价值的形式，其运行与发展状况直接决定中国协商民主的整体质量。而在一党执政多党参政的体制之下，民主党派的协商能力则关系到政党协商与党际民主的成效。基于协商过程和协商程序的逻辑，可将民主党派协商能力的构成分解为：调研能力、理性判断力、表达议事能力。为全面提升这些协商能力，急需采取具有实效性的战略思路，包括：充实民主党派的政治资源，加强组织力量；增强党派成员发展的适应性，突破“三为主”原则和比例限制规定的局限。

杨卫敏在《参政党协商能力建设初探》(《湖北省社会主义学院学报》2016 年第 2 期）一文中认为，参政党是社会主义协商民主的重要主体和积极建设者，也是公众参与协商的重要渠道。参政党的协商能力至关重要，其能力水平受各种主客观条件限制，要提升协商能力，就必须提高参政党的政治认知能力、宏观把握能力、策划选题能力、调查研究能力、建言协商能力和团队整合能力。

陆聂海在《参政党协商能力建设探析——基于问卷调查的分析和思考》(《中共浙江省委党校学报》2016 年第 3 期）一文中认为，参政党协商能力不是一元的，而是多维的，其五个指标维度分别是协商能力的政治性、主体性、代表性、制度性和效应性。以浙江为例，经调研可知总体上当前参政党协商能力建设取得了重大进步，但也存在若干问题。为此要建立广泛、多层的协商民主制度体系，增强参政党政治把握能力和解决自身问题能力，提高利益代表性和协商实效性。

吉秀华在《提升民主党派协商能力的理论思考与实践探索》(《中央社会主义学院学报》2016 年第 5 期）一文中认为，新形势下，加强协商能力建设是民主党派发挥自身作用的关键所在，是推进协商民主广泛多层制度化发展的客观需要，也是激发政党制度效能、完善多党合作制度的必然要求。民主党派协商能力是一个复合概念，是基于价值认同的政治把握能力、基于政党本质的利益代表能力、基于政治定位的决策参与能力、基于目标指向的团结合作能力的综合。提升民主党派的协商能力，在理论上要突出协商民主的中国特色，增强道路自信、理论自信和制度自信；在实践中要突出民主党派的政党特色，完善体制机制，整合内外资源。

汪守军在《加强民主党派协商能力建设探析》(《中央社会主义学院学报》2016 年第 1 期）一文中认为，民主党派协商能力建设是参政党建设的时代命题，是加强和促进政党协商的必然要求，也是发展社会主义协商民主的客观要求。民主党派协商能力是民主党派自身综合能力的体现，贯穿于政治把握能力、组织领导（协调）能力、合作共事能力、调查研究能力、联系群众能力、解决自身问题能力之中，同时也包括民主党派在履职过程中所应具备的组织能力、议事能力、建言能力，即在履行参政党职能时应具备的分析判断形势和研究解决问题的综合能力。要以加强民主党派协商能力建设为中心，并与其“五大能力”建设相配合、相协调，一致整体推进民主党派自身建设。通过具体的协商活动和协商载体及平台来提高民主党派的协商能力和水平，同时也需要各级党委和政府的大力支持和相关职能部门的积极配合。

田晓玉在《政党协商视野下增强民主党派协商能力的路径》(《重庆社会主义学院学报》2016 年第 2 期）一文中认为，在政党协商视野下，民主党派的协商能力主要体现为政治把握能力、利益表达能力、建言献策能力。目前，民主党派的协商能力与政党协商的要求还有一定差距，受到人才因素、信息因素、组织因素、制度因素、认识因素、环境因素的影响。要努力从两个方面增强民主党派的协商能力。民主党派要在成员发展质量、调查研究、教育培训、发挥整体作用、借助外脑上下功夫，积极弥补自身的不足。执政党要为民主党派提供认识保障、制度保障、人才保障、知情保障、物质保障、环境保障，帮助民主党派提升协商能力。

文树勋在《民主党派协商能力体系建设研究》(《江苏省社会主义学院学报》2016 年第 2 期）一文中认为，当前，中国共产党执政方式在决策机制上加快向民主化、科学化转变，对民主党派协商能力和水平提出了新挑战。民主党派要坚持政治性、系统性、专业性和可操作性的原则，着力构建基础性和结构性能力体系。同时要结合我国经济、社会、文化发展水平，适应时代的特点和需要，有目的、有条件和有路径地推进民主党派协商能力体系建设。

张毅在《参政党协商能力评价指标体系探析》(《重庆社会主义学院学报》2016 年第 5 期）一文中认为，作为参政党的核心能力之一，协商能力具有自身的内涵、特征和构成要素，构建参政党协商能力评价指标体系具有重要意义。参政党协商能力可以从导向、实践和结果三个方面进行评价，依据一定的原则和方法，建立一套评价指标体系。参政党协商的基本导向问题包括为什么要协商、为谁协商、协商的目的是什么等，这是评价协商能力的前提。参政党协商的实践问题包括参政党怎么协商、靠什么协商、协商的手段和方式是什么，这是协商的关键部分。参政党协商实践的结果问题包括协商的成果、成果如何执行，这是协商的最终目的，也是协商能力评价的归宿。

张朝军在《提高民主党派成员协商民主意识的思考》(《河北省社会主义学院学报》2016 年第 3 期）一文中认为，在中国共产党领导的多党合作和政治协商制度框架中，民主党派作为政党协商的主体力量存在，是协商民主的建设者；民主党派履行“参政议政、民主监督、参加中国共产党领导的政治协商”职能，其实质是在中国共产党的领导下共同完善协商民主的制度建设，是协商民主的完善者；民主党派通过协商民主的不同渠道参与国家政权建设，围绕改革发展稳定重大问题和涉及群众切身利益的实际问题向党委和政府建言献策，是协商民主的参与者；协商民主构建了民意诉求的反映机制和渠道，为化解矛盾、消除冲突、调动一切积极因素，为维护社会和谐稳定提供了交流的平台，民主党派作为参政党组织有自己的渠道和所联系的一部分人员，可以积极主动地参与到协商民主活动中来，是协商民主的促进者。只有更大范围的民主党派成员协商民主意识的觉醒，民主党派组织及民主党派成员在参加协商民主时，才能适应时代要求，在社会主义协商民主中发挥应有的作用。

杨艳东、车凯丽在《以民主党派自身建设增进政党协商实效之路径研究》(《广西社会主义学院学报》2016 年第 3 期）一文中认为，随着社会利益多元化和矛盾冲突复杂化的日益加剧，政党协商在社会主义协商民主中的重要性愈加突出。民主党派的协商能力和水平直接影响着政党协商的实际效果。加强民主党派自身建设既是提高协商能力的必由之路，也是有效开展政党协商的前提基础。各民主党派亟须在思想建设、组织建设、制度建设、能力建设等方面补齐自身相应的“短板”，增强开展政党协商的机制保障和能力保障，在政党协商中积极发挥参政党的主体作用。

胡芬芳在《提高民主党派参与政党协商组织化水平的意义与路径》(《广州社会主义学院学报》2016 年第 3 期）一文中认为，在新的历史条件下，加强政党协商，不断提高政党协商的水平，尤显重要。民主党派参与政党协商的组织化水平是民主党派参与政党协商水平的重要内容。因此，在新形势下，要准确掌握民主党派组织化参与政党协商的内涵，明确民主党派组织化参与对做好政党协商的重要意义，不断提高民主党派参与政党协商的组织化水平。

冯俭在《加强政党协商　完善协商民主制度》(《前进论坛》2016年第10期）一文中讨论了中国政党协商制度的特点、形式和主要内容，认为政党协商存在的问题：一是政党协商在中央、省一级较重视，在基层地方的重视程度被削弱；二是对于哪些属于需进行协商的大政方针和重要事务，文件中没有详细指出；三是现有政党协商程序制度不够完善；四是协商过程中如何协调中共、民主党派、政府及其相关部门、政协之间的关系在协商中各自的职责、分工等，相关文件没有明确阐述；五是政党协商评价监督制度不健全，缺乏协商反馈监督机制；六是部分民主党派成员协商意愿与能力不足。他提出六点建议：一是完善政党协商民主工作机制；二是逐步培养中共党员干部的政党协商民主意识，推动协商主体平等；三是将政党协商上升为法律规定；四是建立和完善政党协商的评价机制；五是增强民主党派协商民主意识，提高参政议政水平和能力；六是不断加强民主党派自身建设。

田晓玉、张宏艳在《有效开展政党协商的理性思考》(《黑龙江省社会主义学院学报》2016年第1期）一文中认为，有效开展政党协商要从三个方面下功夫。一是从提高认识上下功夫，即从巩固党的执政地位、提升公众对我国民主政治的认同度、应对西方国家西化和分化的政治图谋、促进“四个全面”战略布局的有效推进等方面充分认识政党协商的重大意义，增强开展政党协商的主动性。二是从完善制度上下功夫，即协商的依据要法制化、协商的原则要明确化、协商的内容要规范化、协商的流程要程序化、协商的过程和结果要监督化。三是从增强能力上下功夫，即民主党派要努力弥补自身的缺憾和不足，中共各级党委和政府要为民主党派创造有效发挥协商作用的有利条件。

万小艳在《政党协商的瓶颈突破与深入推进研究》(《湖湘论坛》2016年第5期）一文中认为，我国的政党协商工作存在着四大现实瓶颈：中央的顶层设计存在缺乏细则和可操作性不足的缺陷；地方政党协商工作表现出一定的随意性；政党协商的配套保障不足；民主党派的自身素质亟待提高。与之相应，在总结实践经验的基础上加强理论研究、做好顶层制度设计、加强立法和“协商场域”建设、实施协商能力提升工程等是深入推进相关工作、实现瓶颈突破的关键。

史海燕在《提高党际协商实效性问题研究》(《贵阳市委党校学报》2016年第4期）一文中认为，在我国党际协商有着丰富生动的实践，提升党际协商的实效性有利于各个阶层的包容和理解，有利于提升协商的现代化和多层化，有利于推动基层治理走向善治。为了破解协商的随意性、欠缺平等性、社会结构失衡风险、过分追求决策速度等缺陷，就必须培育宽容政治文化，探索党际协商的多样化，养成协商的规范化、程序化模式，提升民主党派协商的主动性，推动善治的形成。

李菊青在《对提高政党协商实效性的思考》(《山西社会主义学院学报》2016年第3期）一文中认为，政党协商在党和国家工作大局中具有不可或缺的重要地位和作用，提高政党协商实效性对我国经济、政治和社会发展具有非常重要的意义，但受认识、制度和能力因素的影响，政党协商的实效性还有待提高。政党协商要真正取得实效就必须在“高”上做文章（提高认识）、在“细”上下功夫（进一步细化政党协商工作制度）、在“实”上求突破（民主党派要真正做到调查研究有为、建言献策有方、民主监督有力）。

徐光木在《关于政党协商绩效的实证研究》（《重庆社会主义学院学报》2016年第3期）一文中认为，政党协商绩效是指政党之间基于共同目标开展民主协商而取得的有效输出。在当代中国，中国共产党和各民主党派的根本利益具有一致性。政党协商绩效可以理解为协商共识的达成。民主党派通过增加人才储备和提高组织协调能力可以显著提升政党协商绩效。提升政党协商绩效要增加民主党派人才储备；加强组织保障，赋予民主党派成员更多的参与国家治理的机会；认真开展政党协商，把关于政党协商的纲领性文件落到实处。

（3）有关政党协商的基层实践

长期以来政党协商在实践中呈现出“上热、中温、下凉”的局面。近几年随着社会主义协商民主广泛多层制度化发展，基层政党协商出现了一些可喜的尝试与突破，无论在内容还是形式上都得到极大丰富和完善，当然也暴露出很多不足之处。总的来说学术界对政党协商的基层实践给予了高度关注和殷切希望。

朱小宝在《推进地方政党协商的几点思考》（《上海市社会主义学院学报》2016年第5期）一文中认为，政党协商是我国重要的民主形式和制度渠道。推进地方政党协商是对中央政策的贯彻落实，有利于提高我们党的民主执政能力，有利于促进地方治理现代化。我国地方政党协商已经取得了相当成效，但仍存在协商意识需进一步提升，协商制度需进一步健全，协商过程需进一步完善，部分民主党派协商能力不强、建言质量不高等问题。推进地方政党协商，应进一步提高思想认识，充分发挥统战部门在协商中的重要作用，进一步丰富、健全政党协商的内容、形式和机制，进一步加强民主党派自身建设，立足本党派自身特色和优势。

黄天柱在《民主党派参与基层协商机制创新的探索与思考——基于浙江案例的考察》（《中共浙江省委党校学报》2016年第6期）一文中认为，新形势下支持和推动民主党派参与基层协商，是密切民主党派与社会联系，进而充分发挥民主党派积极作用、更好体现多党合作制度效能的需要，也是深入开展基层协商，推动基层民主治理的需要。近年来，浙江各地在这方面进行了有益探索，初步形成了协作共建、协商议事会、决策咨询、监督评议、民主党派工作室、政协协商向基层延伸等六种实践模式，取得了一定成效，积累了一些经验，值得总结提炼。但作为一项新生事物，目前这一实践仍面临诸多困难与问题，下一步改进和发展的空间仍很大：要通过宣传教育优化民主党派参与基层协商的政治生态和社会氛围；要进一步在理论和政策层面论证和明确民主党派参与基层协商的作用和意义；要在已有实践积累基础上加强相关制度和机制建设；要适度放开民主党派面向基层发展成员、发挥作用的空间。

张瑞琨在《民主党派如何在基层协商民主中发挥作用——以民盟青岛市委会“同心社区服务站”为例》（《中央社会主义学院学报》2016年第3期）一文中认为，开展基层民主协商是社会主义协商民主广泛多层制度化发展的重要内容，要按照协商于民、协商为民的要求，大力发展基层协商民主。民主党派地方及基层组织如何在基层协商民主中发挥作用，民盟青岛市委会着力打造的“同心社区服务站”就是民盟地方及基层组织发挥优势、创新工作、寓协商于服务之中的重要探索。基层协商要稳步推进，按照协商于民、协商为民的要求建立健全基层协商民主建设协调联动机制，更好地解决人民群众的实际困难和问题。“同心社区服务站”的建立打通了民主党派服务社会、参与基层协商的渠道形成了解决问题的合力，也在基层把各种协商制度有机地连接起来。就青岛市北区延安路街道办事处来讲，民盟组织及其成员的参与实现了人民代表大会制度、中国共产党领导的多党合作和政治协商制度与基层群众自治制度的有机衔接。

端泽明、甘文华在《南京市进一步推进政党协商的调查与思考》(《江苏省社会主义学院学报》2016 年第 3 期）一文中指出，多年来，南京市始终高度重视发挥民主党派的作用，政党协商工作取得显著成效：政党协商制度体系逐步完善；政党协商成果日益显现；协商反馈机制基本建立；民主党派协商能力逐步增强。南京市政党协商工作还存在如下需要重视和改善的方面：思想层面内生动力显得不足，协商意识有待提升；操作层面知情参政渠道不畅，协商能力有待提升；效能层面反馈落实情况不佳，协商成效有待提升。针对政党协商中存在的问题，应该进一步规范和推进政党协商：增强协商主体的主动性；促进协商水平的高端化；强化协商过程的规范性；保障协商机制的实效性。

唐明远在《试论如何搞好地方政党协商》(《四川省社会主义学院学报》2016 年第 4 期）一文中认为，坚持好、发展好、运用好政党协商这一社会主义民主制度重要形式，是执政党和参政党共同肩负的政治责任。地方政党协商是政党协商的重要组成部分，中共地方党政领导人和民主党派地方组织负责人，当以初心为灵魂、传统为根本、修养为基础、制度为保障，共同努力搞好地方政党协商。

李铁鹰、田林在《加强政党协商保障机制建设的荆门实践——基于民主党派视角的观察与思考》(《湖北省社会主义学院学报》2016 年第 1 期）一文中认为，荆门市细化、丰富政党协商的实践形式，进行了不少地方制度创新，在健全知情明政渠道等方面成效明显，但在保障、考评和奖惩机制建设上尚需进一步完善，在支持民主党派加强协商能力建设上尚需加大力度。

朱小宝在《政党协商与地方治理刍论》(《四川省社会主义学报》2016 年第 1 期）一文中认为，国家治理体系和治理能力现代化提出了一项新课题，即如何实现地方治理的现代化。地方治理是国家治理的基石，实现地方治理现代化，能够为国家治理现代化提供有力保障。政党协商与地方治理目标是十分契合的，政党协商有利于利益表达和信息交流；有利于决策公开和社会监督；有利于规范公民的政治参与；有利于规范政治权力的运行；有利于培育良好的公民政治素养，有效地克服地方治理困境。为促进地方治理现代化，必须加强政党协商，增强协商意识，完善体制机制，提升协商能力。

段书安、甘秀兰在《民主党派践行协商民主参与社会治理路径浅议》(《协商论坛》2016 年第 8 期）一文中认为，民主党派只有在有效履行职能过程中才能践行好协商民主，找准参与社会治理的角色定位；只有运用好协商民主的武器才能有效履行“三大职能”有效参与社会治理。当前民主党派围绕履行三大职能实践协商民主、参与社会治理存在五个基本途径：一是履行国家机关职务在参政履职、合作共事中力行协商民主参与社会治理。二是用好人民政协舞台在参政议政、民主监督中践行协商民主推动社会治理。三是依托统战部门渠道在反映民意、建言献策中开展协商民主助推社会治理。四是发挥监督员的作用，在敢于批评、善于监督中融入协商民主督导社会治理。五是投身社会服务当中，在汇集民意、集中民智中践行协商民主参加社会治理。

柯育芳、丁平在《政党协商在基层的实践与思考》(《湖北省社会主义学院学报》2016 年第 2 期）一文中认为，政党协商在基层的实践没有受到足够的重视，不利于政党协商的健康发展，主要呈现出四个方面的问题：一是基层中共党委对政党协商的重视程度不够；二是执政党和参政党之间主体不够平等；三是参政党自身能力建设跟不上执政党的步伐；四是基层政党协商起步较晚，制度设计不够健全。因此建议应从增强民主党派基层组织的协商能力、营造基层政党协商良好氛围、搭建基层政党协商平台、加强民主党派基层组织建设四方面着手，推动基层政党协商健康发展。

吴平魁在《高校民主党派组织参与基层民主协商的实践研究》(《山西社会主义学院学报》2016 年第 3 期）一文中认为，高校民主党派基层组织是一支重要的政治力量，在新的历史条件下，如何有效推动高校民主党派组织参与学校基层民主协商成为高校统一战线工作的新内容和新任务。高校民主党派组织参与基层民主协商具有特殊的意涵，它是高校民主党派组织与中共党委之间的平等协商，也是以高校中共党委为主导的民主协商。这一实践具有多重意义：一是它拓展了基层民主协商的领域，丰富了我国基层民主协商的形式和内容。二是它提升了高校中共党委统一战线工作的境界，使传统的统一战线工作融入更多民主协商的意蕴。三是它强化了高校民主党派组织的地位，使高校民主党派组织从简单的统战成员延伸为民主协商的主体。

4. 社会服务职能

社会服务是民主党派的一项重要职能，是民主党派履行参政党职能的实践阵地，是民主党派在国家政治和社会生活中发挥作用的重要途径。它直接面对社会、面对基层、面对群众，是民主党派了解民情、收集民意、感受民生的有效形式，更是民主党派树立形象、锻炼队伍的一项重大工程。学者们对民主党派社会服务职能的研究主要有：

张纳在《做好民主党派社会服务工作的实践与思考》(《四川统一战线》2016 年第 10 期）一文中认为，如何搞好新时期社会服务工作是摆在各民主党派面前不容回避的重要课题。当前民主党派社会服务工作总的发展趋势是，好的服务领域不断扩大，服务质量有所提高，社会影响与日俱增，平台作用得到凸显。但是社会服务工作也面临着一些困难，主要表现在工作机制尚不健全、活动组织零敲碎打、后勤保障捉襟见肘、服务队伍缺乏稳定等几个方面。因此在新时期做好民主党派社会服务工作：一是要把握社会服务的要务，争取党委支持；二是突出社会服务的重点，体现党派特点；三是注重调动党派成员的积极性，发挥成员的作用；四是拓宽社会服务的渠道，创新服务载体；五是打造社会服务的品牌，扩大社会影响。

王复光在《民主党派社会服务的模式选择》(《前进论坛》2016 年第 10 期）一文中认为，习近平总书记提出的扶贫开发“贵在精准，重在精准，成败之举在于精准”的“精准扶贫”思想对民主党派的社会服务工作提出了更高的要求。民主党派社会服务工作必须从实际出发，坚持实事求是、因地制宜、分类指导的原则，根据不同工作模式的适用条件与范围选择相应的手段方式，提高社会服务的针对性和实效性。物资捐助模式以支援资金、物资为主要手段，适用于突发性事故和紧急自然灾害。智力支持模式以科技指导、法律咨询、技术培训为主要手段，适用于经济条件稍好的地区“内源式”发展。建言推动模式以调查报告、信息建议、提案议案为主要手段，适用于贫困地区、农村改革发展遇到的政策性和机制性问题、发展思路。经济开发模式以开发资源、兴办企业、发展贸易为主要手段，适用于“老、少、边、穷”和中西部地区。定点帮扶模式采用物资捐助、智力支持、建言献策、经济开发等综合手段，适用于经济落后贫困度大的地区。社区共建模式采用参与社区营造、用自身特长服务社区等手段，适用于党派成员聚居的城市社区。国际合作模式以整合核心优势开展交流培训为主要手段，适用于友好和发展中国家以及我国履行国际责任。

王振在《对多党合作参与毕节社会服务实践的思考》(《理论与当代》2016年第8期）一文中认为，各民主党派在党中央的领导下深入毕节试验区28年，开展经济、科技、教育、法制、医卫、文化等社会服务工作，这不仅对毕节试验区的经济社会发展发挥着重要推动作用，在全省乃至全国都有重要的政治意义和全局影响。一是要充分认识多党合作参与毕节社会服务实践的重要性。多党合作参与毕节社会服务实践是试验区坚持多党合作政治协商制度的需要，是试验区与全国同步建成小康社会的需要，也是试验区适应经济社会发展新常态的需要。二是不断完善多党合作参与毕节社会服务实践的新思路。毕节试验区各民主党派社会服务工作要注意坚持理论与实践相结合、重点与一般相结合、整合与扩容相结合。三是要开拓创新多党合作参与社会服务实践的新路径。完善统战部牵头的社会服务实践核心路径；整合民主党派中央牵头的社会服务实践主要路径；扩容东部十省市协同的社会服务实践协同路径。

胡木天在《民盟社会服务工作的政党属性之我见》(《群言》2016年第10期）一文中认为，弄清楚政党属性的内涵是开展民主党派社会服务工作的指向所在，它决定了工作的内容、手段、范围、标准等一系列问题。从理论上讲社会服务是参政党职能的延伸和拓展，是在社会层面上的表现形式，这为贯彻政党属性提供了重要的认识基础和理论支撑。从历史来看，社会服务工作的启动与全面展开均与政党属性这一根本问题紧密联系。从职能分析，民主党派参政议政要在行动中参，实践中议，社会服务可以理解为参政议政的自然延伸，是参政议政的题中之义。因此开展社会服务工作要时时处处以政党属性的本质目标来统领，用实实在在的为民服务行动来体现和丰富民盟组织的政党属性。一是围绕党委政府，二是保持独立主动，三是长期联系群众。

崔保华在《“盟遂合作”三十载　同心筑梦谱新篇》(《四川统一战线》2016年第8期）一文中指出，30年来“盟遂合作”由最初遂宁市与民盟四川省委合作拓展到与民盟中央及全盟的定点合作，由经济领域拓展到全方位的合作，在探索中创新，在创新中发展。“盟遂合作”取得了显著的政治、经济和社会效益，丰富了多党合作内涵，探索创造了民主党派致力于地方经济社会发展的新鲜经验。今后要认真总结宝贵经验，紧紧围绕“十三五”规划实施、全面创新改革、脱贫攻坚和绿色发展，积极争取支持，形成强大合力，推动“盟遂合作”和各民主党派与地方合作再上新台阶。

史林在《新形势下民主党派参与创新社会管理工作探析》(《党政干部学刊》2016年

第 8 期）一文中认为，民主党派在创新社会管理中具有独特优越性与作用。民主党派人才荟萃、在国内各个领域具有比较广泛的代表性；民主监督、议政建言参与社会管理工作具有渠道优势。目前民主党派介入社会管理的途径较多，涉足领域较为广泛，但成效不尽如人意；开展社会服务的活动频繁但随意性较大；反映社情民意、利益表达较为踊跃，但影响力有待加强。一方面民主党派要通过加强自身建设提升参与创新社会管理工作的能力。加强参政党思想理论建设，提高对加强和创新社会管理工作的认识和理论研究水平，智力支持社会管理创新。加强参政党组织建设，有重点地加强队伍建设，提高参与社会管理的水平与能力。另一方面要通过全社会的努力创建民主党派参与创新社会管理工作的良好外部环境。依靠各级党委发挥统战部门的协调职能，为民主党派参与创新社会管理工作提供政策支持。政府部门与民主党派合作开展社会服务工作，实现优势互补，提高社会影响力。

四、参政党建设

参政党自身建设是中国多党合作制度发展面临的一个长期性、持久性课题，是提高制度效能、增强制度自信的关键环节。2015 年中央统战工作会议和《中国共产党统一战线工作条例（试行）》对新形势下加强民主党派自身建设提出了明确要求。习近平总书记在中央统战工作会议上的讲话从巩固和发展最广泛的爱国统一战线、推进“四个全面”战略布局、为实现“两个一百年”奋斗目标和中华民族伟大复兴中国梦提供广泛力量支持的战略高度，提出民主党派应加强“政治把握能力、参政议政能力、组织领导能力、合作共事能力、解决自身问题能力”等“五种能力”的新概括。这是新的历史条件下加强民主党派自身建设的纲领性意见，也是对中国特色社会主义政党制度和民主党派自身建设规律进行的科学总结，引发了学术界广泛而热烈的讨论。

1. 参政党的思想建设研究

思想建设一直是参政党自身建设的首要内容。近些年民主党派成员思想状态呈现出许多新变化、新特点，价值观念更加多元，自主性、选择性、多变性、差异性明显增强，年青的一代更加喜欢在互联网上表达思想、发表意见，民主党派思想建设的难度有所增加，在工作中也要更加注重政治性、时代性、实效性。学者们的相关论述主要有：

王复光在《论参政党的政治人格塑造——基于坚持和发展中国特色社会主义视角》（《福建省社会主义学院学报》2016 年第 4 期）一文中认为，个体政治素质的提高特别是政治人格的发展完善是推动政治文明建设的最重要的主体条件和内在动力，现代政治人格的塑造是实现政治和谐稳定的重要途径。参政党应通过政治人格塑造将“同心”思想、政治共识、责任使命等沉淀为稳定传承的集体意识、政治素质和理想信念，不断提升锻造参政党特色的人格魅力和人格力量，外树主动作为的政党形象，扩大社会影响力和感召力；内强组织团结和凝聚力，使政党联结成为意志统一的政治共同体。思想政治教育在意识形态领域对政治人格具有明显的塑造功能，参政党的思想建设应以塑造党派成员健康理性的政治人格为旨归，实现思想教育与人格教育的统一。

姚俭建在《参政党思想建设的实效性与路径选择》(《中央社会主义学院学报》2016年第2期)一文中认为，坚持中国共产党领导的多党合作和政治协商制度以及增强参政党的主动性是贯穿参政党思想建设始终的一条主线。“创新”驱动下的参政党思想建设，要适应新的历史时期多党合作制度不断巩固和发展的现实诉求。思想建设的实效性不仅是一个重要的理论问题，而且也是一个重大的实践问题；不仅涉及参政党各级组织的领导班子，也涉及参政党广大成员；不仅关系到参政党组织“软实力”的提升，而且关系到中国共产党领导的多党合作制度的巩固和发展。在新形势下，推进参政党思想建设要尊重规律，注重内在价值的引导；拓宽视野，注重创新思维的运用；优化机制，注重方式方法的创新。

吕忠梅在《以社会主义核心价值观为引领　加强民主党派思想建设》(《前进论坛》2016年第2期)一文中认为，理论的成熟是一个政党政治上成熟的重要标志，加强参政党理论的构建、创新、学习和研究，是民主党派思想建设的重要任务。社会主义核心价值观为参政党理论建设提供了良好的机遇，当务之急是以社会主义核心价值观的科学内容充实和丰富参政党理论，尤其是民主党派自身建设理论。要围绕树立和践行社会主义核心价值观所涉及的重大理论和实践问题加强研究，为广泛深入开展树立和践行社会主义核心价值观提供理论指导。要联系民主党派实际，结合自身建设中的理论问题以及民主党派成员关心的重大理论问题，认真总结和提炼民主党派自身建设的内容形式、方式方法、体制机制等不断提升民主党派自身建设的科学化水平。

刘春雷在《民主党派成员践行“看齐意识”刍议》(《吉林省社会主义学院学报》2016年第2期)一文中认为，“看齐意识”是中共中央近期提出来的重要政治概念。所谓“看齐意识”主要指经常、主动向党中央看齐，向党的理论和政策看齐。目前，对看齐意识的学习，仅停留在中共中央及地方组织，难免限制了“看齐意识”理论延伸与拓展。作者提出民主党派成员也应有“看齐意识”，并从“思想建设”“参政议政”和“社会服务”三个民主党派工作入手，在实际工作中践行“看齐意识”。

谢伟铭在《文化现代化进程中参政党文化建设探寻》(《福建省社会主义学院学报》2016年第5期)一文中认为，在文化现代化的时代诉求下，文化建设成为文化现代化进程中的重要举措。在这一进程中不仅执政党要积极进行自我的文化建设保持党的先进性，参政党同样也要加强自身的政党文化建设，增强政党的文化自觉和文化自信，提升政党意识，树立政党形象，使参政党在国家的建设和发展中发挥出应有的作用。新时期文化的现代化离不开传统文化的资源，也离不开体现时代精神的新的文明元素。落实在参政党文化建设上就是要参政党一方面不忘初衷，继承优良传统；另一方面继往开来体现时代精神。

王复光在《农工党界别文化特征解析》(《前进论坛》2016年第2期)一文中认为，界别是民主党派存在和发展的组织基础，界别特色是民主党派的基本特征和核心要素。作为国内最早成立的民主党派，中国农工民主党基于长期的历史实践所形成的界别特色已经沉淀为包含界别演进、界别结构、界别属性、界别关系的界别文化。新时期农工党的界别演进具有历史性和稳定性兼具的特点，界别结构具有包容性和统一性并存的特点，界别属性具有知识性和政治性互契的特点，界别关系具有重点界别和其他界别相谐的特点。界别文化培育有利于凸显党派特色风格，塑造核心竞争力，扩大社会影响，树立起鲜明的参政党形象。

张文然在《推进学习型参政党建设的思考》(《吉林省教育学院学报》2016 年第 10 期）一文中认为，推进学习型参政党建设，有利于我国各民主党派更准确及时地找到当今社会的热点难点问题以及相应的解决措施，提高自身能力，充分发挥参政议政、民主监督的作用。民主党派要摒弃过去单一的运动性学习的方式，建立新型的学习观；加强马列主义毛泽东思想、中国特色社会主义基础理论的学习；赋予传统培训以一定的新意，尽量发挥授课人员的最大潜能和组织成员的主动性；同时执政党需要积极支持各民主党派搞好学习型参政党建设，改善各民主党派的学习条件。

杨雪燕在《新形势下加强参政党成员思想政治引导的若干思考——基于对福建省社院民主党派无党派人士骨干培训班的调研》(《福建省社会主义学院学报》2016 年第 6 期）一文中认为，新形势下加强参政党思想政治建设是提高参政党整体素质的中心环节，也是当前各参政党搞好政治交接工作的重中之重。应对新情况新问题，新形势下加强参政党成员思想政治引导，要建章立制，完善思想工作机制，确保思想政治工作有章可循和有据可依；因地制宜地结合客观实际增强思想政治工作的针对性和实效性；丰富思想政治工作形式，提高思想政治引导的说服力和感染力；与时俱进，融入“互联网 + ”时代，不断升华思想政治引导工作的能力和水平。

曹旸在《当前我国民主党派成员思想建设问题分析——以农工党贵州省委会为例》(《贵州社会主义学院学报》2016 年第 3 期）一文中认为，进入新世纪，我国参政党正与执政党一起经历着“政党现代化”的过程。作为参政党必须根据新形势的要求，对自身观念、纲领、组织形式、活动方式等不断进行调整，使自己的参政能力符合国家、政党、社会共同协调发展的需要。作者对贵州省各级农工党组织的党员进行了问卷调查，发现当前民主党派成员思想上还存在一些问题：对我国政党制度存在一定的错误认识，对党派的认同感不强，加入民主党派的动机存在功利性和盲目性，对自己要求不严格。他从国际形势、国内形势和政治生态三个方面深入分析了这些问题的成因，并提出加强参政党自身建设的有效途径。

汤序俭、王复光在《新一代民主党派成员组织认同现状与对策》(《福建省社会主义学院学报》2016 年第 1 期）一文中认为，民主党派的组织认同是广大成员在政治和社会生活中对其所属党派的认可、支持和拥护程度，是其对党派组织做出的正向的心理反应和积极的行为表达。组织认同是参政党建设的内在驱动力，参政党应强化自身成员的组织认同，并以此作为坚定信念、增进共识、汇集力量的思想基石。

李晗、韩影、马艳征在《高校民主党派培育和践行社会主义核心价值观问题研究》(《改革与开放》2016 年第 11 期）一文中认为，新形势下高校民主党派成员价值取向主要特点是关注自我价值的实现、讲求实效价值取向多元、行为灵活务、实独立自主倾向增强、注重独立思考。作者提出高校党派成员培育和践行社会主义核心价值观过程中要精准把握内涵，实现社会主义核心价值观学习系统化；积极探索途径，实现社会主义核心价值观学习高效能化；注重学习转化，实现社会主义核心价值观践行的习惯养成；发挥独特优势，扩大社会主义核心价值观教育影响。

阮荔在《论新时期高校民主党派思想建设》(《亚太教育》2016 年第 10 期）一文中认

为，民主党派是我国政党组织中的重要结构。加强民主党派的建设有利于提高党派的政治控制能力、参政议政能力，对于中国坚持的多党建设事业有巨大帮助，在新形势下也具有重要意义。民主党派的建设水平会直接影响到中国特色的多党组织制度。因此应当不断加强民主党派建设，不断完善民主党派建设制度，为我国的特色社会主义道路出一份力，同时也让高校人员都意识到民主党派建设的重要性。

王学成在《民主党派利用新媒体加强思想建设探析》(《上海市社会主义学院学报》2016 年第 2 期）一文中认为，民主党派思想宣传和传播效果的影响因素主要有几个：一是传播内容的覆盖范围。它追求的是对党派成员及社会受众的“触及”，也就是使民主党派成员乃至社会大众都能通过不同的通道接触到民主党派的理论、理念、历史等内容。要实现这种“触及”首先需要做的就是现代化的媒体“平台”和“渠道”建设。二是内容的价值。包括思想建设内容的重要程度，内容与党派成员的接近性、相关性等。三是内容的表达方式和传播方式。主要是指思想内容使用何种传播符号，借助何种渠道、载体或平台进行传播，无论是内容的生产、表达与传播还是渠道与平台的建设，都离不开相关的传媒内容，生产和经营人才，因此民主党派要从平台建设、新媒体人才培养与引进两个方面下功夫进一步加强思想建设。

蒿帅凯在《新媒体背景下民主党派加强自身建设的机遇、瓶颈与路径——基于新媒体传播特点的分析》(《福建省社会主义学院学报》2016 年第 5 期）一文中认为，新媒体不仅改变了信息的传播速度、方式、内容，更已经并且还将长时间对我国的政治生态环境产生深刻的影响，这对于民主党派加强自身建设既是机遇，又是挑战。新媒体为民主党派了解社情民意开辟了新渠道，为参政议政提供了新舞台，为进行民主监督提供了新手段，为思想建设开拓了新空间，为教育培训提供了新载体，为扩大影响力提供了新平台。另一方面，新媒体弱化了民主党派传统的政党功能，使民主党派参政议政面临新考验，给民主监督带来了新挑战，为思想建设增加了新难题，对民主党派的媒介素养提出新要求。在新媒体背景下，加强民主党派自身建设是一个系统全面的工程，要做好此项工作，民主党派必须积极迎合新媒体时代的大潮，充分发挥民主党派的政党功能，正确引导民众和党派成员利用新媒体参政议政，认真汲取新媒体民主监督的成功经验，旗帜鲜明地开展中国特色社会主义宣传教育，切实提高民主党派的媒介素养。

彭森在《高校民主党派基层组织活动载体研究》(《经营管理者》2016 年第 24 期）一文中认为，民主党派基层组织活动载体的创新研究是高校民主党派活动基层组织自身建设的重要环节，就活动创新的效果来看活动形式创新固然重要，但在丰富形式创新的同时，更应注重政党行政和目标对民主党派基层组织活动的要求，要注重基层组织活动的党派特色和参政党政党性质，满足时代发展对参政党的政治要求。

许东、王石磊在《高校民主党派成员在新媒体环境下思想状况分析——以新疆高校为例》(《学理论》2016 年第 2 期）一文中认为，民主党派可以从懂得多党合作历史与传统、与党派成员具有自然亲和力的成员中培养打造自己的“网络意见领袖”，适当引导他们在网络焦点、热点、难点问题上理性表达，发挥对党派成员及其所联系群众的舆论引导。民主党派成员应具备高度政治责任感，对可能引发误解的事件做出主动回应，切忌“失声”，更不能“乱语”，起到应有的社会稳定作用。对党派成员应进行媒介道德素养教育，提高认知、解读、判别和运用能力。面对传媒信息要能够理性分析，既不迎合偏激情绪，也不放大对立误解，更不能割裂社会，要以对社会和国家负责的态度担负起参政党应尽的职责。

张翠莲、李桂梅在《新媒体下民主党派宣传工作创新研究》(《湖南省社会主义学院学报》2016 年第 6 期）一文中认为，民主党派宣传工作是意识形态宣传工作的重要组成部分，其重要性不言而喻。新媒体时代要求宣传工作必须符合时代的需要，民主党派宣传工作需要以互联网思维实现思路创新，以问题聚焦实现内容创新，以职能完善推动样态创新。

蒲卫东、李文献在《新媒体时代民主党派地方组织对外宣传工作的实践思考——以民盟武汉市委工作实践为例》(《广西社会主义学院学报》2016 年第 5 期）一文中认为，面对新媒体时代带给宣传工作理念、手段的巨大变革，民主党派地方组织的对外宣传工作需要继承与发扬优良传统，积极转变不能适应时代要求的宣传方式，变挑战为机遇。民盟武汉市委顺应新媒体时代形势，主动转变理念，并逐步形成了一套适应新媒体时代的对外宣传工作思路和运行机制。面对新媒体时代给民主党派地方组织对外宣传工作带来的机遇和挑战，民盟武汉市委的实践探索启示我们，应努力构建对外宣传新格局、新机制，要彰显主题、打造精品，要加强适应新媒体时代的宣传队伍建设。

冀永强、李明珍、解光穆在《民主党派成员思想引导实践载体研究——兼议“微时代”思想舆论宣传工作之优化提高》(《宁夏大学学报（人文社会科学版）》2016 年第 6 期）一文中认为，随着科学技术的不断进步与社会快速发展，人们传递资讯、获取信息、表达观念、抒发情感、表达诉求、陈述观点的方式与载体正在发生着深刻变化。受此影响，对民主党派成员进行中国特色社会主义共同理想引导的实践载体也在发生着重大变化。利用“问卷星”对 960 名各民主党派成员进行网络问卷统计与数据分析表明，在对传统载体（报纸、杂志等）、网络载体（电脑与互联网等）、通信载体（智能手机与即时通信等）各自在便捷性、节约性、广泛性、权威性等特质的综合评价中，虽然三大载体各有长处，也互有不足，但运用三角模糊数分析法计算发现：被调查者认为，现阶段通信载体在多项特质的综合评价中最优。根据这一调查结果，并联系近年来基于智能手机快速发展而出现的“微时代”与自媒体时代的到来，要加强和改善对民主党派成员思想引导工作，就要顺应时代变化、技术变化，及时建立并办好旨在宣传执政党统战理论、普及民主党派与共产党荣辱与共的历史、传播先进理念等内容的手机应用平台。研究结论表明，在对社会成员进行思想引导的实践中，要以与时俱进的态度选择载体，并始终坚持以科学的理论武装人、以正确的舆论引导人、以正面的榜样激励人，为中华民族的伟大复兴弘扬主旋律，增添正能量。

徐嵩、蒋利在《新闻舆论工作民主党派大有可为》(《前进论坛》2016 年第 10 期）一文中认为，在做好党的新闻舆论工作过程中，民主党派既负有不可推卸的重要责任，也具有不可替代的独特优势。新闻舆论竞争本质上是话语权的竞争，关键在于思想供给和传播形式的创新，这都必须依赖各类专业人才：既需要占据原创性新闻舆论思想高地的研究型人才，也需要掌握新闻舆论传播规律的创新型人才。民主党派在人才队伍、组织架构上具有天然优势，通过必要整合与合理激励必然可以生产出更多更好的思想产品，进而转化为具有较高传播力、影响力的正面新闻舆论。

2. 参政党的组织建设研究

参政党的组织建设是参政党生存和发展的必要条件，是参政党提高自身素质的基础和载体，也是参政党履行职能、永葆生机与活力的组织保证。只有加强组织建设才能适应新形势新要求对高素质参政党的需要，促进中国共产党领导的多党合作与政治协商制度的完善与发展。2016 年学者们围绕组织建设过程中存在的突出矛盾和主要问题出主意、想办法，为切实加强参政党的组织活力和凝聚力提供对策建议。代表性文章有：

麻建国在《建设高素质中国特色社会主义参政党实践探索——以致公党江苏省组织为例》（《江苏省社会主义学院学报》2016 年第 4 期）一文中认为，当前建设高素质中国特色社会主义参政党的首要任务是抓思想政治建设。坚持中国共产党的领导、坚持爱国主义和中国特色社会主义是统一战线的共同思想政治基础，也是参政党必须要坚守住的政治底线，绝不能动摇。第一，坚守政治底线、夯实共同思想政治基础的关键是要正确处理一致性和多样性关系。第二，参政党是否具备“高素质”，三大基本职能特别是参政议政职能的实践和实效是重要体现，建设高素质中国特色社会主义参政党势必要提升其包括基本职能在内的各项履职能力和履职水平。第三，参政党要以自身建设为基础，构建领导班子建设、发挥各级组织和党员主体作用、加强机关建设“三位一体”的自身建设格局。

周永尧在《建设中国特色社会主义参政党基层组织的“六颗心”》（《前进论坛》2016 年第 9 期）一文中认为，基层组织作为参政党最基本的组成部分是民主党派发挥政党职能的基石。要坚持“同心”、加强政治建设饱含“真心”、重视思想建设常怀“诚心”、创新班子建设奉献“爱心”、强化队伍建设力求“尽心”、提高能力建设塑造“精心”，推进制度建设用“六颗心”建设好基层组织。

叶超在《农工党市级机关建设存在的困难及对策——以农工党福建省市级组织为例》（《前进论坛》2016 年第 12 期）一文中认为，形势的发展对民主党派市级组织提出了更高的要求，市级机关建设仍然面临不少挑战。一是对多党合作制度认识不高、重视不够；二是政治协商规范化、程序化程度不高；三是民主党派知情明政渠道不够畅通；四是民主党派成员结构新变化带来新挑战；五是民主党派后备干部队伍建设机制不够完善；六是民主党派自身建设还不能完全适应多党合作发展的新要求；七是民主党派机关干部学习机会少、“足不出户”。作者建议要进一步加强和改善中国共产党的领导，不断完善和发展多党合作和政治协商制度；积极争取中共党委协助民主党派加强自身建设，进一步巩固多党合作基础；加大党外干部的培养、选拔、使用力度，落实中共中央、省、市委有关党外人士安排的比例要求；强化统战部的监督工作职能；广泛深入地开展多党合作的宣传教育。

农工党湖北省委会在《农工党地方组织发展状况分析及建议——湖北省农工党组织发展状况的统计分析》（《前进论坛》2016 年第 5 期）一文中以湖北省农工党党员电子信息数据库为基础进行了汇总分析，发现当前农工党地方组织的党员发展速度偏慢，非主体界别的党员发展仍有较大空间，人资环界别党员比例严重偏少，党员队伍老化现象严重，党员层次有待提高，在读研究生群体党员发展受限，县域组织发展受阻，基层组织党员发展自主权受限，地市组织专干匮乏。针对这些问题，作者建议加快组织发展速度，把 5% 的发展空间用足用够；加快发展非主体界别党员，进一步增强党组织的履职能力；加大人资环领域的组织发展力度，进一步优化界别结构；大力发展年轻党员，进一步优化党员的年龄结构；大力发展高素质、高层次人才，为实现人才强党奠定基础；积极争取中共党组织支持，为农工党基层组织发展创造良好条件；争取在在读硕士、博士研究生中发展党员开辟青年党员发展的新领域；积极创造条件，争取在县级行政区域发展组织和党员；加强地市组织专职干部队伍建设，争取专干职数的必要增加。

陈兵斌在《民主党派组织发展问题研究——以农工党九江市为例》(《前进论坛》2016 年第 5 期）一文中认为，做好民主党派组织发展工作，形成可持续发展的良性循环，是加强党派自身建设的需要，也是发挥党派应有作用的需要。作者建议在组织发展工作中应当适当减少限制，拓宽发展领域；加强党史教育坚定理想信念；坚持政治标准端正入党动机；规范发展程序强化考察培养；健全进出机制优化党员队伍。

肖隆东在《对民主党派组织建设工作的几点思考》(《团结》2016 年第 5 期）一文中认为，目前民主党派组织建设仍然存在一些问题，领导班子成员多数不是专职人员客观制约了领导班子建设；人员、硬件设施和资金不足限制了基层组织活动的高效开展；后备干部培养机制不健全；基层组织和一般成员的参政议政机会少。针对这些问题作者提出，民主党派要借鉴执政党建设经验做好组织发展工作；加强领导班子建设；加强基层组织建设；加强后备干部队伍建设；加强特约人员的选聘和管理，进一步发挥民主监督作用；加强培训，提高民主党派成员整体素质；拓展渠道，充分调动党派成员参政议政积极性。

民进中北大学支部课题组陈俊芳在《山西省高校民主党派基层组织工作调查研究》(《山西社会主义学院学报》2016 年第 1 期）一文中对山西六所高校的民主党派支部（支社）领导和成员进行了调查，结果显示思想建设方面大多数成员能够跟上时代步伐，基本了解中央对统战工作的部署和统战工作的重要活动。建言献策方面，高校民主党派成员能够为国家、为地方、为学校、为自己所在部门建言献策，但是参与的机会和渠道还不是很多。社会服务方面，高校民主党派参与方式多种多样，主要有“给灾区或贫困地区捐款捐物”“慰问本校或本支部（支社）需要照顾的同志”“慰问养老院、福利院等弱势群体”“支教”等。民主监督方面，约一半民主党派成员在自己所在学校能“很大程度上”“较大程度上”发挥民主监督作用，而另一半民主党派成员只能在“一般程度上”或“很小程度上”发挥民主监督作用。制度建设方面，各民主党派省委、高校党委统战部都制定了一系列民主党派基层组织制度，但差异较大。组织建设方面，存在重数量轻质量、重学术轻思想素质、近亲繁殖、成员结构不合理等现象，未来要更加严格把关。工作困难方面，高校支部（支社）面临的主要困难有“活动经费缺乏”“活动次数少”“活动场所缺乏”“活动参加人数少”“活动形式单调”“本职工作与活动不能兼顾”“支部（支社）班子缺乏活力、动力”等。校党委与民主党派的合作方面，高校党委在帮助民主党派加强思想建设、组织建设，听取民主党派建议等方面所做的工作令人满意，但仍有提升空间；民主党派组织能比较积极地向校党委报告工作，但主动程度还有待进一步提升。

曹锡荣在《适应新形势 探索新思路——关于加强民主党派组织建设的几点做法》(《前进论坛》2016 年第 2 期）一文中介绍了农工党无锡市委会的经验，认为要大力实施“人才强党”战略，解放思想，从实际出发做好组织发展工作；加大力度不断推进基层组织建设；适应要求加强领导班子和后备干部队伍建设。

侯中太在《政党利益视角下民主党派组织建设研究——以九三学社为例》(《四川省社会主义学院学报》2016 年第 2 期）一文中认为，九三学社组织建设中出现了年龄结构、职业结构以及组织构架问题，而这些问题的产生跟政党利益被忽视有很大的关联。九三学社经历了制度治国、实业救国与技术建国三阶段的政党利益诉求期。现阶段九三学社政党利益表达困难表现在诸多会议形式不民主，决策不科学，学术被淡化。九三学社组织建设的建议是：尊重其学术传统；政策决策程序接受其监督；让其扎实参政议政；执政党既要关心其政党利益表达，也要重视其政党利益整合。

江门市委统战部课题组刘庄在《民主党派组织发展及能力建设研究——以江门市民主党派发展为例》(《湖北省社会主义学院学报》2016 年第 3 期）一文中认为，从江门市民主党派组织发展来看，基层组织稳步健康发展，参政实力不断增强，但在组织建设包括领导班子建设、组织发展、运行等方面和能力建设方面还存在一些问题。作者提出要针对问题、积极应对、改革创新，切实增强革新勇气，努力谋发展建设。在组织发展上要按照新形势找寻新办法，优化基层组织发展和运作环境，在参政能力建设上要在其内在要素建设上下功夫。

叶胜春在《民主党派基层组织自身建设实践思考——以民革温州市龙湾基层委为例》(《团结》2016 年第 1 期）一文中认为，随着《中国共产党统一战线工作条例（试行）》的颁布，国内政治生态环境不断改善，民主党派基层组织在国家政治生活中的作用愈发重要，但也出现了许多新问题新挑战。民主党派基层组织自身建设要坚持思想建设、组织建设、制度建设、作风建设、文化建设“五位一体”，努力把基层组织建成思想教育的基地、干部培养的摇篮、参政议政的枢纽、社会服务的窗口。

张志敏、吴树新、赵迎辉、田雄峰在《关于加强石家庄市民主党派基层组织建设的思考》(《河北省社会主义学院学报》2016 年第 3 期）一文中认为，民主党派基层组织建设是一项长期性、系统性工作，内容涉及方方面面，不可能一蹴而就，要站在坚持中国共产党领导的多党合作和政治协商制度的政治高度，协助民主党派切实加强基层组织建设，加强思想政治教育，引领重视党派基层组织建设，建立完善各项制度机制，加强基层组织自身建设，保障支部调研活动经费，发挥党派职能优势作用。

崔明、吴晓兵在《加强民主党派基层组织建设的思考——以荆州市为例》(《湖北省社会主义学院学报》2016 年第 4 期）一文中认为，中共党委要支持民主党派在发展中保持特色。要明确把各民主党派都纳入未来政治体制改革的对象范畴当中，推动各民主党派对自身进行更准确的角色定位，做到与中国共产党同心同德、同心同向、同心同行，要支持和鼓励各民主党派探索形成符合自身状况和发展要求的建设模式，避免所有党派均参照中国共产党的模式进行建设，确保民主党派的性质不改变、方向不偏离、特色不丢失。

李红霞在《关于加强民主党派基层组织建设的思考》(《山西社会主义学院学报》2016 年第 2 期）一文中认为，加强民主党派基层组织建设，是在新的历史条件下实现多党合作可持续发展的需要，是民主党派更好地履行参政党职能的需要，也是弘扬民主党派优良传统和保持民主党派优势特点的需要。在新形势下，民主党派基层组织建设要抓好顶层设计，推动基层制度建设；要着眼长远发展，实施人才发展战略；要创新活动形式，增强基层组织活力；要把握重点环节，完善成员培养机制。

黄天柱在《民主党派基层组织联系社会的现状调查与机制创新——以浙江省十个民主党派基层组织建设实践教学基地为例》（《中共浙江省委党校学报》2016年第6期）一文中认为，民主党派基层组织加强与社会的密切联系，对巩固民主党派社会基础、提升民主党派参政能力、扩大多党合作制度包容性具有重要意义。近年来，各地民主党派基层组织在加强与社会联系方面作出了有益探索，但总体来看，基层组织与社会的联系尤其是机制化联系仍很薄弱。新形势下，提高民主党派基层组织社会联系工作的实效性，必须以机制创新为突破口，通过创新生态优化机制、动力激发机制、对象明确机制及联系工作机制，使基层组织真正成为民主党派扎入社会并从中汲取养分的根基所在。

宋来、宋晓涛、刘嘉、沈洁蕴在《提升高校民主党派基层组织活力问题研究——以上海市为例》（《湖南省社会主义学院学报》2016年第4期）一文中对上海高校民主党派基层组织的基本情况及现状进行了调查、分析和比较，发现制度越健全的基层组织领导班子对党派工作的投入度越高，党派基层组织的自身建设、参政议政、社会服务等方面都显现出较高的活力，反之则各项工作难以开展。在高校中海外归国人员比例高、数量不断增加带来的是意识形态的冲击和变化：一是完全不关心政治，对党派事务毫无兴趣；二是希望参与党派工作但与传统思想、工作方式等格格不入，更追求个性发展，自我意识强烈。目前多数学校已经建立了民主党派参与学校管理的相关机制，但参与学校管理、参与参政议政、民主监督也仅仅局限于民主党派中代表人士，参与对象有限制，参与面小，人数少。他们建议要充分调动党派成员积极性，进一步推进党派基层组织各项工作的制度化、规范化、科学化，有效提升党派基层组织的活力。

张师伟在《党内民主与政治生态：民主党派党建的薄弱环节及建设工作抓手》（《理论探讨》2016年第6期）一文中认为，与中国共产党的党建工作相比，各个民主党派不论是在不同历史时期还是在现实中，在党建的理论、制度、经验等方面都明显不足。民主党派的党建工作一方面是为了适应中国特色社会主义的深入发展，积极且充分发挥其参政作用的需要，既可以增强政党体系的结构性核心功能，又可以促进中国政党体系，乃至是中国政治体系的生态性改良；另一方面是民主党派及政党体系自身持续、健康发展的需要，只有通过坚强有力的党建工作提升了民主党派政治生活及政治关系的民主化、法制化水平，切实改良了民主党派的政治生态，才能够切实提升中国政党体系的素质与水平，优化政党体系的结构性功能，既实现中国特色社会主义政治现代化，又提供中华民族伟大复兴的重要政治保障。在中国共产党的帮助、领导、示范和带动下，民主党派要积极借鉴共产党的党建理论及工作经验，积极抓好党内民主及政治生态建设，以满足和适应时代的新要求。

王洪树在《中国参政党党内民主建设的路径探索》（《中国政协理论研究》2016年第2期）一文中认为，参政党党内民主建设，是参政党科学化建设的核心内容。它以社会主义民主型参政党为建设目标。提升参政党成员的民主素养，夯实参政党党内民主建设的主体基础；贯彻民主原则，为参政党党内民主建设提供政治保障；以丰富的民主形式开拓参政党党内民主建设的多元路径；提高领导班子的民主能力，抓住参政党党内民主建设的关键点。参政党党内民主建设的多维展开，将激化存量民主，完善中国特色的政党政治，推动中国民主政治的发展。

杨卫敏在《参政党党建理论建设刍议》(《重庆社会主义学院学报》2016年第2期)一文中认为，参政党党建是指作为中国特色社会主义参政党的各民主党派为适应形势发展而与时俱进、全方位加强自身建设。参政党党建包括思想建设、组织建设、制度建设、作风建设、能力建设等方方面面，是一个系统工程。研究如何加强这一系统工程建设的理论就是参政党党建理论。参政党党建理论是新形势下必须全面构建的理论体系。参政党党建理论要回答参政党“是什么”“为什么”“做什么”“怎么做”“谁来做”等多个问题。参政党党建理论要以中国特色社会主义参政党的科学内涵为根基和定位、坐标；要深入阐释中国特色社会主义参政党的政治责任和核心内容；要深入阐释执政党建设与参政党建设相互促进这一独特渠道。作者认为，当前参政党党建理论研究要关注四大类十个问题，同时作为一个新的学科，参政党党建理论建设需要加强领导和投入。

3. 参政党的制度建设研究

民主党派的自身建设是一个长期课题，尤其需要依靠制度的力量建立长效机制。在中国全面反腐、全民反腐的高压态势下个别民主党派干部也因违法违纪被查处，暴露出民主党派内部监督机制不健全、管理不严格的问题。民主党派掌握一定的资源和权力，并非“清水衙门”，也需要时时自省、常常自查，严把政治关、廉洁关。因此本年度有关制度建设的议题集中在如何加强、完善参政党内部监督的问题上，代表性文章有：

张亚娟在《借鉴执政党成功经验 加强参政党内部监督》(《前进论坛》2016年第10期)一文中认为，加强内部监督是中国特色社会主义参政党自身建设的重要课题。立足参政党自身实际借鉴执政党成功经验是加强参政党内部监督的重要思路和举措。民主党派要树立科学的监督意识，营造浓厚的监督氛围；注重建章立制，着力加强监督体制机制建设；设立专职监督机构实现监督机构全覆盖；借鉴执政党成功经验开展巡视组巡视；充分发扬党内民主切实保障党员的民主监督权利。

李华在《有效实施民主党派内部监督的思考》(《协商论坛》2016年第7期)一文中认为，有效实施民主党派内部监督要强化监督意识，增强内部监督的自觉性；健全内部监督制度，保障监督有效进行；坚持民主集中制，发展民主党派内部民主；健全内部监督机制，完善内部监督保障；领导重视明确责任，为实现有效监督提供保证。

常玉洁在《民主党派党内监督的障碍性因素分析》(《广西社会主义学院学报》2016年第2期)一文中认为，当前，民主党派党内监督面临着理论研究滞后、监督意识缺位、监督制度体系不健全、监督机制不合理等方面的障碍因素，推进民主党派党内监督必须有针对性地破除这些障碍性因素。在民主党派党内监督发展战略选择方面应当努力开发党内监督的体制内资源，在现行的基本政治制度框架内寻找和培育监督的生长点，同时必须认识到民主党派党内监督是一个系统工程，既有赖于我国政治体制改革的不断推进，也有赖于理论界和实际工作部门的开拓创新。

宫捷、叶华青在《关于完善民主党派内部监督机制的探讨》(《中央社会主义学院学报》2016年第6期)一文中认为，民主党派内部监督机制是民主党派自身建设的重要组成部分，是民主党派发展生态环境的客观要求，更是参政党的职责所系，决定着我国社会主义政党制度的活力和民主党派的履职能力、发展前途。建立科学有效的民主党派内部监督机制，必须制定详尽全面、可操作性强的《内部监督条例》，科学设置内部监督机构，明确监督委员会的主要职责和工作方式，完善代表大会及其代表的监督职能。

汪官余在《民主党派党内监督内容和手段初探》（《前进论坛》2016年第1期）一文中认为，作为严密的政治组织，政治纪律是确保组织健康发展的前提，党派宗旨是政党章程的集中体现，因此在探讨党内监督内容时，首先应该监督确保民主党派宗旨实现的组织形式和方法。党内监督必须围绕民主党派的职能、参政党性质、组织建设、党员主体作用发挥、领导班子建设、党员守法与社会形象进行。作者认为，民主党派地位和作用决定了民主党派党内监督的手段非常有限，没有国家机器的相应资源，同时也无章可循，如何设计必要的党内监督手段，成为考验各民主党派的创新能力和智慧的现实难题。他建议民主党派应该健全各级纪律监督结构；纪律监督采取定期巡查和核实举报相结合的方式；建立科学合理的结果应用机制，不断提高纪律监督的权威。

4. 参政党的领导班子建设和机关建设研究

"蛇无头不行，鸟无头不飞。"领导班子是直接关系到参政党作用发挥、和谐政党关系构建和多党合作事业发展的关键力量，是参政党自身建设的重中之重。而民主党派机关则是贯彻落实领导班子决策、团结联系广大成员的重要枢纽，其结构、素质、能力直接影响到民主党派组织的凝聚力和战斗力。本年度学术界对领导班子建设和机关建设的相关问题也进行了研究思考。主要著作有：

肖莉在《关于加强民主党派领导班子素质建设的思考》（《中央社会主义学院学报》2016年第1期）一文中认为，民主党派领导班子素质建设是能力建设的基础。明确民主党派领导班子素质建设的目标，既是民主党派履行职能的具体要求，也是民主党派加强自身建设应该达到的基准水平。民主党派领导班子素质建设目标，主要是以中国当代经济政治制度、民主党派自身的实际以及中国未来发展的客观要求为依据的。实现民主党派领导班子素质建设目标，既需要民主党派及其领导班子的自身努力，也需要各级党委的积极支持和帮助，发挥多党合作整体功能的作用。

何琼珍在《提高民主党派领导班子解决自身问题能力刍议》（《前进论坛》2016年第8期）一文中认为，民主党派提高解决自身问题的能力就是要克服自身思想作风上的问题，化解领导班子内部的各种矛盾，通过自我纯洁、自我发展和自我完善进而增强自身凝聚力、战斗力、影响力。提高领导班子整体素质。民主党派领导班子在民主党派组织中具有突出地位和决定性作用，领导班子建设是民主党派组织建设的关键，是民主党派政治交接和自身建设的重中之重，始终是参政党建设的一项重要内容。要注意加强对党派的认同感，增强民主党派班子的凝聚力；加强民主党派班子后备干部的培养力度，提高党派的战斗能力；加快民主党派制度建设，提高党派的履职能力。

刘志刚在《新时期参政党机关建设的实践与思考》（《民主》2016年第2期）一文中认为，民主党派机关是参政党的联络部、参谋部和服务部，是党派工作实施的枢纽和窗口，它承上启下，是联系党派成员的桥梁，在党派组织中发挥着不可替代的功能和作用。对参政党来说，打造学习型机关是时代的要求，打造务实型机关是现实的要求，打造服务型机关是自身的要求，打造创新型机关是工作的要求，打造和谐型机关是人本的要求，加强新时期“五型”机关建设具有重大的现实意义。

郑国沁在《加强民主党派市级组织机关建设的实践与探讨》(《前进论坛》2016 年第 5 期）一文中认为，民主党派市级组织机关是同级委员会开展日常工作，团结全体成员，发挥参政党职能作用的重要枢纽、重要机构，在市级地方组织工作中发挥着组织、联络、协调、指导、管理、服务等多项职能，是民主党派的社会形象窗口，体现着整体工作的质量。坚定政治信念是民主党派机关建设的思想基础，完善规章制度是民主党派机关高效运行的重要保障，提升机关干部能力和素质是民主党派机关建设的核心内容，创建机关文化，是民主党派机关建设的持续动力。

赵蕙兰在《关于民主党派机关干部队伍建设的调查与思考——基于浙江省的问卷调查及访谈》(《中央社会主义学院学报》2016 年第 1 期）一文中，以民主党派浙江省委会机关干部队伍建设为例，深入剖析了新形势下民主党派机关干部队伍建设的现状和问题。民主党派机关干部队伍结构趋向合理、素质逐步提高、活力逐步增强，但是也存在履职能力面临挑战、岗位交流难、培养与使用脱节、选拔任用环节繁复等问题。作者建议要着力提高民主党派机关干部的素质和能力，注重强化内功、提高自身素质，注重调查研究、提高履职能力；着力健全民主党派机关干部岗位交流机制，逐步形成民主党派机关轮岗交流的机制，加大民主党派机关干部到基层挂职锻炼的力度；着力创新民主党派机关干部队伍建设的管理机制，建立工作协调机制，精减干部任用环节，建立制度保障体系。

5. 参政党的能力建设研究

面对世情、国情的新变化、新挑战、新考验，在极端艰巨而繁重的任务面前必须进一步维护好、增强好、实现好民主党派作为中国特色社会主义参政党的地位和影响力。习近平总书记关于参政党“五种能力”的概括是对参政党自身建设、发展规律的准确把握和科学总结，也是在未来一个时期内加强参政党自身建设的根本遵循。学术界围绕“五种能力”展开了广泛讨论，主要观点有：

肖淑萍在《加强民主党派自身建设 提高解决自身问题能力》(《中央社会主义学院学报》2016 年第 3 期）一文中认为，历史事实表明解决自身问题是民主党派的优良传统，在新时期新形势下，民主党派提高解决自身问题能力具有新的时代意义。各民主党派要以中央统战工作会议的一系列新思想新观点新论断为指导，固守住一致性这个圆心解决理想信念方面的问题；立足提高多党合作制度效能解决合作共事艺术的问题；聚焦争取人心解决发挥意识形态领域作用的问题；重视“新三种人”解决成员发展中的问题；加大储才育才用才力度解决自身素质与能力方面的问题；着眼建立大统战工作格局解决履行统一战线工作职责的问题。

华正学在《民主党派加强“五种能力”建设的四大逻辑》(《中央社会主义学院学报》2016 年第 2 期）一文中认为，民主党派“五种能力”的新概括是基于历史与现实对民主党派加强自身建设规律进行科学总结的结果，它是一个系统的有机整体，有着内在深刻的严密理论逻辑，政治把握能力是前提，参政议政能力是基础，组织领导能力是核心，合作共事能力是本质，解决自身问题能力是保障。此外作者还从民主党派建设的内在规定性出发，提出了民主党派加强“五种能力”建设的实践逻辑、历史逻辑和思维逻辑。

民盟湖北省委员会课题组在《新形势下民主党派能力建设的五个维度》(《湖北省社会主义学院学报》2016 年第 1 期）一文中认为，习近平总书记提出民主党派要加强五种能力建设，是新形势下对民主党派履职实践的新的展望。民主党派的能力建设要以清醒的政治理智作为根本，要以清晰的责任担当作为要义，要以对协商民主的认同作为基础，要以准确的大势把握作为信念，要以立足现实需求作为依归。

刘琳在《参政党加强“五种能力”建设论析》(《特区实践与理论》2016 年第 6 期）一文中认为，探索参政党建设自身发展规律是参政党理论研究的核心内涵，也是提高参政党建设科学化水平的根本要义。研究参政党“五种能力”建设首先是为了保证参政党成员理论上的清醒，坚持正确的政治方向，从思想上充分认识到我国确立、实行多党合作和政治协商制度的历史必然性、伟大的独创性和巨大的优越性；其次是为了提高参政党素质，强化参政党职能，应对国内国外复杂多变形势的需要。参政党加强“五种能力”建设是中国共产党领导的多党合作演奏的一个多声部华美乐章，是民主党派发挥其参政党作用的内在要求，是民主党派履行参政党职能的必然体现，也是民主党派存在和发展的客观表现；参政党加强“五种能力”建设既是建设高素质参政党内在需要的高度体现，也是充分发挥参政党作用的集中体现。作者建议各级统战部门要积极用好现有资源做好宣传引导；不拘泥于形式丰富教育培训；提供多种支持鼓励调查研究，指导好党派领导班子人员、团结好党外代表人士，激发他们的工作热情，使他们发挥长处带动辐射一批党派成员。民主党派成员尤其是领导班子在加强“五种能力”建设过程中需要做到“思”为先、“学”为基、“行”为本，着力探求加强“五种能力”建设的方法与途径。

王东在《提升“五种能力” 争做“五个表率”》(《民主》2016 年第 6 期）一文中认为，民主党派要提升政治把握能力，争做政治坚定的表率；提升参政议政能力，争做助推发展的表率；提升组织领导能力，争做汇聚力量的表率；提升合作共事能力，争做维护团结的表率；提升解决自身问题能力，争做忠诚履职的表率。

谢小飞在《关于中国参政党能力提升的若干思考》(《理论学刊》2016 年第 3 期）一文中认为，参政党能力即参政党履行政党职能的本领，是参政党生存的核心支撑，是参政党发展的关键驱动，同时也是完善中国政党制度不可忽视的要素，以及国家治理能力的重要组成部分。参政党能力形成的四个基础性因素是政党意识形态、政党组织、政党体制机制和政党活动方式。参政党能力建设面临的主要问题包括：政党意识形态亟待强化与优化；政党组织凝聚力和适应性不足；体制机制建设的科学化、民主化程度有待提高；活动方式与参政议政要求存在差距。相应地，各民主党派需要紧紧围绕这些方面作出调整，以提升参政党能力。

荆蕙兰、魏梓桐在《基于国家治理现代化的参政党能力建设研究》(《中共天津市委党校学报》2016 年第 6 期）一文中认为，参政党是国家治理现代化的重要参与者、推动者和监督者，参与国家治理可彰显参政议政的治理主体功能、提升多元协商治理效能、发挥凝聚共识的整合作用。国家治理现代化对参政党提出了新要求，主要是增强治理主体意识、提升治理主体能力、发挥治理主体作用。要提升参政党参政议政、合作共事能力，促进国家治理科学化；提升参政党政治协商、社会整合能力，推进国家治理民主化；提升参政党民主监督、组织凝聚能力，优化国家治理效能。

郭红梅在《试述民主党派提高合作共事能力的有效途径》(《四川统一战线》2016年第2期)一文中认为，合作共事是我国政党制度的精髓，也是区别于一党制、多党制的基本特征。中国共产党领导的多党合作和政治协商制度的显著特点与优势就是合作，民主党派履行职能、发挥作用的重要形式也是合作。提高合作共事能力，需要民主党派与中国共产党在多党合作中，既能坚持共同遵从的政治基础、政治原则和政治方向，又能充分体现和发挥自身特点和优势，风雨同舟、和衷共济，携手并进、共谋发展。作者建议要坚持中国共产党的领导把准合作共事的根本前提；广泛关心支持强化合作共事的重要保障；积极主动作为创新合作共事的务实举措；强化自身建设永葆合作共事的力量源泉。

阚秀玲在《提高民主党派解决自身问题能力的对策》(《黑龙江省社会主义学院学报》2016年第4期)一文中认为，习近平总书记在中央统战工作会议上首次提出提高民主党派"解决自身问题能力"，丰富了民主党派能力建设的内涵，为新形势下民主党派进一步加强自身建设指明了方向。民主党派在自身发展中存在党派成员思想多元化倾向，发展新成员质量不高、界别趋同，制度建设不够完善、落实不到位等问题。提高民主党派解决自身问题能力是时代赋予的使命和责任，需要中国共产党和民主党派共同做出努力。民主党派要加强思想建设，进一步巩固共同思想政治基础；加强组织建设，不断提高自身整体素质；加强制度建设，为更好履行基本职能提供保障。中共党委要加强领导，为民主党派提供支持和帮助。

武晓瑞在《加强政党意识 提高解决自身问题的能力》(《内蒙古统战理论研究》2016年第2期)一文中认为，政党意识是维系政党成员的精神纽带，中国特色社会主义参政党的政党意识与其他国家的在野党相比较有其特殊性，它诞生于多党合作与政治协商制度背景下，成长于参政议政、民主监督的环境中，是民主党派政治成熟的表现，充分反映民主党派的自身素质。建设中国特色社会主义参政党的关键在于思想建设，而思想建设的核心在政党意识的提高。民主党派解决自身问题的能力主要是指领导班子克服自身思想作风上的问题、自我化解领导班子内的各种矛盾，提高自身凝聚力、战斗力的本领。增强领导班子解决自身问题的能力是加强领导班子建设的内在要求和重要目标，有利于领导班子的自我纯洁、自我发展和自我完善，对提高领导班子整体素质具有重要作用。

张建明在《论加强民主党派软实力建设》(《中央社会主义学院学报》2016年第1期)一文中认为，加强民主党派软实力建设，是发展中国特色社会主义政党制度的必然要求，是进一步发挥参政党作用的有效途径，也是增强国家政治软实力的重要内容。政治世俗化、政党趋同化、自身建设存在不足是民主党派软实力建设的主要障碍。要从增强民主党派的进步性、保持和发展民主党派的特色，全面提升民主党派成员和党派工作者的综合素质，塑造政党形象、完善社会沟通机制，加强民主党派的智库建设等方面入手，大力加强民主党派软实力建设。

汪守军在《民主党派的影响力实证研究——以重庆市为例》(《探索》2016年第1期)一文中认为，民主党派影响力是一个综合性概念，主要包括政治影响力和社会影响力等。民主党派的影响力由其代表性决定，并反作用于代表性，两者是辩证统一的关系。民主党派影响力的大小直接反映参政党与执政党共同思想政治基础是否牢固，群众基础和社会基础是否扎实的问题，并直接制约着参政党功能的充分实现，更影响到建设高素质中国特色社会主义参政党这一战略目标的实现。因此，扩大民主党派的影响力既是加强民主党派自身建设的必然要求，也是中国共产党领导的多党合作和政治协商制度可持续、健康发展的内在要求，更是完善社会主义协商民主、加强和促进政党协商的题中应有之义。

陈述涛在《践行五大发展理念　切实增强“五个能力”》(《前进论坛》2016年第6期)一文中认为，在全面建成小康社会的重要关口学习践行五大发展理念是民主党派的职责所在。要围绕发展目标切实增强“五个能力”，即践行创新发展理念切实增强创新力；践行协调发展理念切实增强统筹力；践行绿色发展理念切实增强行动力；践行开放发展理念切实增强包容力；践行共享发展理念切实增强凝聚力。

黄志贤在《切实加强民主党派自身建设》(《团结报》2016年2月16日第1版)一文中认为，加强民主党派自身建设必须以思想建设为核心，不断凝聚政治共识才能始终保持正确的政治方向；必须以组织建设为基础不断提升组织活力，才能实现多党合作事业的长远发展；必须以制度建设为保障不断提高能力素质，才能彰显参政党的使命价值。

陈昌智在《专委会是参政党能力建设的重要内容》(《光明日报》2016年7月4日第11版)一文中认为，我国经济社会发展进入新阶段，多党合作面临新形势新任务，加强参政党能力建设成为摆在我们面前的紧迫课题。专门委员会作为参政党参政议政的主力军和智囊团，是发挥参政党职能的重要组织形式，是参政党能力建设的重要内容。随着新形势对参政党能力要求的进一步提高，专委会的地位将更加重要，作用将更加突出。

梁晓宇在《当前参政党自身建设面临的问题与对策》(《重庆社会主义学院学报》2016年第3期)一文中认为，加强参政党自身建设是充分体现中国特色政党制度优越性的客观需要，也是实现中华民族伟大复兴中国梦的必然要求。当前，参政党自身建设存在一些问题。系统推进参政党自身建设，要加强参政党理论建设，做好民主党派成员的思想政治工作，加大参政党人才的培养力度，强化参政党职能，发挥参政党的智力优势，加强参政党基层组织建设，加强参政党的制度建设。

阚秀玲在《关于加强民主党派自身建设工作的思考》(《世纪桥》2016年第11期)一文中认为，中共各级党委对民主党派加强自身建设高度重视，大力推动，民主党派在自身建设方面取得了较好成效。在新形势下，民主党派在思想、组织、作风建设和基层组织建设方面还存在一些差距。加强民主党派自身建设：一是要加强和改进党的领导，中国共产党作为执政党，在协助、支持民主党派加强参政党建设方面负有重要责任，要把民主党派工作摆上重要议事日程，及时研究解决工作中的重要问题。二是要探索新形势下开展思想政治工作的方式方法。做好民主党派思想建设工作关系重大，必须常抓不懈。三是要支持民主党派加强组织建设。要鼓励、支持民主党派组织在发展新成员时注重质量，不要只追求数量的扩大。

学术著作评介和论文观点摘要

一、学术著作评介

《政党协商与参政党建设》（黄利鸣等著，湖北人民出版社 2016 年版）

为学习贯彻中央统战工作会议、《中国共产党统一战线工作条例（试行）》、《关于加强社会主义协商民主建设的意见》和《关于加强政党协商的实施意见》的精神，湖北省社会主义学院联合农工党湖北省委会、武汉市委统战部、宜昌市委统战部联合编写了《政党协商与参政党建设》。全书 24.7 万字，由湖北人民出版社 2016 年 3 月出版。该书从理论、政策和实践层面进行多维分析、创新探索，探讨政党协商背景下的参政党建设，以期服务中国政党协商健康发展。

该书以"理论—实践—探索—建设"为结构线索，共由四章组成。第一章探讨了"中国政党协商的特色"，阐明了中国政党制度是历史的选择，分析了中国政党协商的本质属性、时代意义、发展基础和比较优势，指出政党协商是多党合作的精髓、是协商民主的首要渠道，也是推进国家治理现代化的重要机制，对于协调推进"四个全面"战略布局具有重要意义。第二章探讨了"中国政党协商的实践"，描述了中国政党协商的主体及其关系、内容及其重点、形式及其创新、程序及其规范、成果及其运用的现实情况，揭示了政党协商在具体实践中存在的问题并提出了解决的方法和途径。第三章探讨了"中国政党协商的制度化探索"，明确提出制度化是中国政党协商可持续发展的时代选择，阐述了规范化、程序化、科学化对中国政党协商制度化的重要意义，明确了工作机制建设、制度文化对中国政党协商制度化的重要作用。第四章探讨了"中国政党协商中的参政党建设"，论述了在发展政党协商的时代背景下如何建设高素质的中国特色社会主义参政党以及实现参政党的履职能力现代化，提出了必须准确把握民主党派参与中国政党协商的发展方向，夯实民主党派参与中国政党协商的工作机制，不断提高民主党派参与中国政党协商的组织化水平。

该书的亮点在于，一是体现时代意识，与时俱进地对政党协商的重要地位和意义进行阐述，并在与国家治理现代化的关系中探讨政党协商的实践发展及其制度化发展趋势；二是突出实践层面，结合政党协商实践发展的相关政策理论，通过以案说事的方式对政党协商实践中取得的成绩、存在的问题进行梳理总结；三是坚持问题导向，以对政党协商多侧面的剖析、挖掘，对政党协商进一步制度化的着力点及进路进行了探讨；四是提出咨政参考，以对高素质社会主义参政党的时代内涵、履职能力的把握，探讨政党协商背景下民主党派履职的发展方向，并进而探讨民主党派履职的工作机制及组织化参与模式。

《参政党理论研究论文集》（第十辑）（黄利鸣主编，湖北人民出版社 2016 年版）

这是一本论文集，由湖北省社会主义学院院长黄利鸣主编，湖北人民出版社出版发行，是湖北省统一战线理论研究会参政党理论研究专业委员会“参政党理论研究丛书”系列的第十辑。该文集共 41 万余字，收录文章 42 篇，分为“政党协商理论探讨”“参政党参与政党协商的实践探索”“政党协商视域下的参政党建设”“协商民主理论与参政党建设”四个板块，围绕“政党协商与参政党建设”主题进行了深入探讨。中共中央 2015 年 2 月印发《关于加强社会主义协商民主建设的意见》，同年 12 月中共中央办公厅印发《关于加强政党协商的实施意见》，该文集对政党协商的相关理论与实践问题进行研究，具有重大的实践意义和理论意义。

该文集主要观点如下：

第一，政党协商是社会主义协商民主的重要组成部分。它作为多党合作的重要体现，是贯穿我国社会主义协商民主实践的一条主线，是推进社会主义协商民主广泛、多层、制度化发展的首要形式。政党协商在长期实践中形成的重要原则、价值理念、基本方式和制度机制，为社会主义协商民主奠定了坚实的基础，提供了重要原则。它的高层性、重要性、组织性、立体性、有序性等特点，对社会主义协商民主其他形式的发展具有引领和辐射作用，影响深远。

第二，政党协商与政协协商同属中国共产党领导下的政治协商，但在产生的时间、协商主体、协商组织形式、协商机制与实效上有所不同。两者因为特定的发展历程，在以往的政治实践中有些混淆不清，存在重复协商和替代协商现象。

第三，民主党派的历史地位决定了它是实现协商民主的重要政治力量，它的政党角色决定了它在协商民主中具有独特优势。提高民主党派政党协商的效能，是共产党和民主党派共同的政治责任，各民主党派应以新的姿态、新的理念、新的举措，更自觉更有效地投身于政党协商。

第四，当前政党协商实践的有效性不够，主要表现为能动性不高、特色不明显、优势不够突出，社会认可度不高、存在泛化趋势，获取信息渠道不畅通不准确、协商形式单一、过程民主性不强、协商效果落实不够、协商能力有待提升等。

第五，要解决政党协商的实效性问题，就必须优化参政党履职的制度环境、健全协商保障工作机制、进一步提高执政党相关领导的协商意识；要在民主党派内部建立起相应的领导组织机制、考察调研机制（选题机制、选人机制、经费保障机制、多方协调机制、联合调研机制等）、意见综合机制、工作对接机制、评价激励机制，进一步推动参政党参与政党协商的制度化、规范化和程序化发展。

《如何开展参政党基层组织建设——民进广州白云总支的经验与启示》（中国民主促进会广州市委员会编，广东人民出版社 2016 年版）

民主党派基层工作，是一种兼职而且没有报酬的工作，难组织、难开展、难管理、难奏效是普遍存在的“四难”问题。然而，民进广州白云总支却把这“四难”的党派基层工作开展得有条有理、有血有肉、有声有色，多次获得省市乃至民进中央表彰。这本书就是对他们多年来工作实践的精心总结，也是对党派基层组织建设理论研究的一次重要尝试。全书共分八章，其中第一章“理论研究、指导实践”共收录了 5 篇文章，是从学理层面对民主党派基层组织建设进行探讨和总结，也是全书的精华；第二章到第八章则是从历史沿革、参政议政、组织建设、社会服务、成绩展示、媒体宣传、会员心声等不同侧面，全方位展示民进广州白云总支的先进经验和丰硕成果。

这本书有两个突出特点：一是注重理论联系实际。此前民进中央也非常注重对先进会员、先进组织的宣传学习，但是主要立足于会员的个人事迹，更注重“讲故事”。而这本书更注重“讲道理”，民进广东省委着意从理论上研究白云总支的先进经验，将其升华为一种具有参考和指导意义的参政党组织建设的理论阐释，注重对共性的总结和提炼，这是非常难能可贵的。二是活泼生动、有效管用。这本书全面总结了党派基层组织管理的问题和做法，并包含了具体的案例分析，贴近实际、可操作性强，有利于广大民主党派成员学习借鉴。例如，在讲到组织管理时，书中把日常会务工作分解为组织会务线、参政议政线、宣传教育线、文体活动线，在每一个方面都具体列出工作内容，附上常用表格，最后再辅以典型案例，便于广大基层工作者学习借鉴、拿来即用。总之，这本书展示了民进广东省委对基层组织建设的实践、探索、总结、提炼，是对民主党派基层组织建设理论研究的一次重要尝试。

二、论文观点摘要

《不忘初心，巩固“三个认同”》（严隽琪，《民主》2016 年第 11 期）

回顾历史，民进的创始人们是因为志同道合，同为国家前途担忧，都对国民党打内战和反民主的行径不满，他们是有了基本的思想政治共识才走到一起，成立了民主促进会，其中可说没有任何个人私利。当时他们用笔发表政见、用集会呐喊、用请愿等形式呼唤更多民众达成“要和平、要民主”的共识，在中国面临两种前途命运的关键时刻，选择了拥护中国共产党的领导和主张，履行了中国进步知识分子的历史责任。今天，凝聚思想政治共识和履行好参政党的职能是历史交付当代民主党派的责任。1997 年至 2007 年，民主党派创始人一代基本都从领导岗位退了下来，政治交接就成为参政党思想建设的主线。交接什么？就是继承民进“坚持接受中国共产党的领导，坚持爱国、民主、团结、求实，坚持立会为公”的优良传统，并不断赋予优良传统以中国特色社会主义的时代价值。民进十大之后，为了在新形势下适应中国特色社会主义事业发展的要求，民进中央将凝聚全会的思想政治共识总结表达为“三个认同”——目标认同、道路认同和价值认同。目标认同指的是认同中国共产党提出的全面建成小康社会、实现中华民族伟大复兴的中国梦，这是包括 15 万民进会员在内的亿万中国人共同的向往；道路认同指的是认同中国特色社会主义政治发展道路，这是我国走向富强、民主、文明、和谐的正道；价值认同指的是认同民进的优良传统，这是民进人的共同价值取向，是民进能够有所作为、持续健康发展的根本原因。自 2013 年以来，民进在全会开展坚持和发展中国特色社会主义学习实践活动，就是政治交接的延续。“三个认同”首先表达的是中国特色社会主义参政党的政治立场和政治信仰，这是立会的思想基础，是凝聚力的源泉，是开展学习实践活动的根本目的。“三个认同”也是民进优良传统在现代的演绎，是在新的时代条件下对民进优良传统和现实经验的新概括。

当今的中国正奋进于现代化之路上，正处于民族复兴的关键历史时期。放眼世界和了解国情，我们可以理解中国面对着“崛起的烦恼”，市场主体的多元、阶层的多样、利益诉求的多变、思想观念的差异、科技革命的挑战、生态环境的严峻等，加上在国际社会中的角色和作用的变化，发展中国家对中国有了更多更高更新的期望，中国必须树立新发展理念，以更积极的态度参加到全球治理体系的变革之中。共产党的“四个自信”、民进的“三个认同”不是政治口号，是来源于中国的历史和现实，立足于丰富的实践和理论思考。

《参政党党建理论建设刍议》（杨卫敏，《重庆社会主义学院学报》2016 年第 2 期）

中央统战工作会议的召开和《中国共产党统一战线工作条例（试行）》的颁布，开启了统一战线发展新阶段，也开辟了统一战线理论发展新境界。当前，统一战线理论正面临前所未有的大好发展机遇。民主党派自身建设是统一战线的一个基础理论和实践问题，而研究如何加强参政党自身建设的理论——参政党党建理论则是新形势下必须全面构建的理论体系。

一、学科建设：参政党党建理论呼之欲出

参政党党建是指作为中国特色社会主义参政党的各民主党派为适应形势发展而与时俱进、全方位加强自身建设。参政党党建包括思想建设、组织建设、制度建设、作风建设、能力建设等方方面面，是一个系统工程。研究如何加强这一系统工程建设的理论就是参政党党建理论。当前，开展参政党党建理论研究和推动参政党党建学科建设，不仅十分重要和紧迫，而且恰逢其时。相对于执政党党建理论的日臻成熟，参政党党建理论建设严重滞后。“中国特色社会主义参政党”的提出和确立，使参政党党建理论建设成为统一战线的重大课题。推进参政党党建理论建设，是加强参政党自身建设的题中应有之义。因此，参政党党建理论是新形势下必须全面构建的理论体系。参政党党建理论的目标要求是回答“是什么”“为什么”“做什么”“怎么做”“谁来做”等 5 个问题。参政党党建作为一个新概念和核心研究对象，其理论体系的总体框架应当包括定义（内涵和外延）、使命职责（政治责任）以及思想建设、组织建设、制度建设、作风建设、能力建设等重大理论和政策问题。

二、理论之基：中国特色社会主义参政党的科学内涵

把各民主党派确立为中国特色社会主义参政党，深刻揭示了各民主党派与中国特色

社会主义的本质联系，明确肯定了各民主党派的中国特色社会主义性质，标志着执政党和参政党对各民主党派发展规律的共同认识达到新水平、进入新境界，在多党合作和统一战线的发展史上具有重大的里程碑意义。中国特色社会主义参政党理论是参政党党建理论之基。把握这一问题，要深刻理解中国特色社会主义参政党的科学内涵。在政治方向上，始终坚持中国特色社会主义道路、理论和制度；在政党关系上，始终与中国共产党风雨同舟、密切合作；在目标追求上，始终致力于中国特色社会主义事业；在基本属性上，始终体现进步性与广泛性的统一。

三、核心理论：中国特色社会主义参政党的政治责任

各民主党派作为中国特色社会主义参政党，在坚持和发展中国特色社会主义、实现中华民族伟大复兴的中国梦、完成时代赋予的历史使命中有优势、有担当。做坚持和发展中国特色社会主义的亲历者、实践者、维护者、捍卫者，是这种担当的集中体现，是中国特色社会主义参政党的政治责任所在。作为亲历者，要继承和发扬与中国共产党同心同德、肝胆相照的优良传统；作为实践者，要围绕“四个全面”战略布局发挥优势、履职尽责；作为维护者，要在推进协商民主、坚持和完善我国政党制度中发挥积极作用；作为捍卫者，要在大是大非面前立场坚定、旗帜鲜明、敢于亮剑。

四、独特渠道：执政党建设与参政党建设相互促进

执政党建设与参政党建设相互促进，是全面从严治党的需要，是促进民主决策、科学决策的需要，是建设充满活力的政党关系的需要，也是民主党派加强自身建设的需要。各民主党派要切实担负起中国特色社会主义参政党的职责使命，需要借鉴中国共产党的有益经验，向执政党学习如何加强和改进政治引导、如何开展调查研究、如何加强干部队伍建设、如何把学习实践活动引向深入并建立长效机制，把自身建设作为一项重大工程持之以恒地推进，进一步增强自身建设的内生动力。

五、延伸研究：当前参政党党建理论研究需要关注的重要问题

参政党党建理论建设既是一个不可回避的老问题，也是一个与时俱进的新课题框架。新老问题集聚，有的需要继续加强，有的需要释疑解惑，有的需要转型升级，有的亟待破解和探索。

《关于加强民主党派领导班子素质建设的思考》（肖莉，《中央社会主义学院学报》2016 年第 1 期）

“五种能力”构成了民主党派领导班子建设的有机整体。而领导班子能力建设关键在于素质建设，因为素质是能力的基础，能力是素质的表现，领导班子素质的高低决定能力的大小。

民主党派领导班子素质建设应该要有明确的目标，而且不同级别的领导班子都有不同的要求。虽然都存在共性的群体素质要求，但是民主党派领导班子素质建设的基本目标应该是：讲政治、举旗帜、善参政、勇监督、会管理、有活力。这既是民主党派履行职能的具体要求，也是民主党派加强自身建设应该达到的基准水平。

民主党派领导班子素质建设目标的确定，应该把握可能性和必要性的原则，应该是在客观条件允许的情况下经过主观努力所能达到的最好的目标，应该是合理而科学的目

标。具体地说，上述民主党派领导班子素质建设目标的确定，主要是以中国当代经济政治制度、民主党派自身的实际以及中国未来发展的客观要求为依据的。首先，这是中国特色社会主义的要求。各民主党派领导班子的素质，无论是在政治上、才能上、智力上，还是在体质上，甚至是在心理素质上，理所当然应该适应社会主义初级阶段的客观要求，适应全面建成小康社会、加快推进社会主义现代化的历史进程要求。其次，这是民主党派自身实际的要求。夯实多党合作的政治思想基础，坚定对中国特色社会主义的道路自信、理论自信、制度自信，践行社会主义核心价值观，对民主党派领导班子建设来说是一个比较关键的环节。这在客观上就更加迫切要求领导班子能够坚持民主党派的性质、地位，坚持和发展占主导地位的正确的政治立场，保持和发扬优良的传统。最后，这也是实现中华民族伟大复兴中国梦的要求。一个迈向现代民族之林的、逐步走向空前团结、统一的社会主义中国，将受到各国人民和有识之士的欢迎，但也必将遇到敌对势力的阻遏，诸如支持分裂中国的势力，大搞“西化”“分化”等图谋。所以，在和平与发展为主流的国际环境下，我们既要抓住机遇又不能掉以轻心。这一切不但要求执政的中国共产党的领导班子具有无比魄力，能够领导全国人民实现中华民族伟大复兴的中国梦，也要求参政的民主党派的领导班子具有相应的素质，能与中国共产党通力合作、共同前进。

实现民主党派领导班子素质建设的目标，既需要民主党派及其领导班子的自身努力，《中国共产党统一战线工作条例（试行）》也明确规定各级党委要积极支持和帮助，发挥多党合作的整体功能和作用，充分进行广泛而真诚的协商。具体来说，一是当务之急抓换届；二是百年大计在教育；三是群体构建讲系统；四是能力培养重实践；五是经常工作靠制度。

《加强民主党派协商能力建设探析》（汪守军，《中央社会主义学院学报》2016 年第 1 期）

加强民主党派协商能力建设具有重要意义。第一，民主党派协商能力建设是参政党建设的时代命题。民主党派自身素质如何、参政党功能是否能够得到充分发挥，都与民主党派内在的协商能力和协商水平密切相关，涉及民主党派自身建设所囊括的思想建设、组织建设、制度建设、机关建设（队伍建设）以及能力建设等方方面面。因此，从民主党派自身建设的整体观和系统观看，协商能力建设是参政党建设的核心内容，关系到参政党建设的成败，直接影响到新形势下民主党派作为中国特色社会主义参政党政党功能和作用的发挥，是关系到民主党派履行政治责任和政治担当的重大问题。第二，加强民主党派协商能力建设是加强和促进政党协商的必然要求。作为中国特色社会主义参政党的各民主党派和无党派代表人士，作为政党协商的重要一方，其协商理念、主动协商的意识和行为，特别是参与政党协商的能力更加重要。因为这关系到政党协商的成效和实效，关系到民主党派作为参政党作用和功能的发挥及其参政党职能的履行，也关系到民主党派的生存和发展，最终影响到多党合作制度的效能。因此，加强民主党派协商能力建设是一个至关重要的战略问题，绝不能小视。第三，加强民主党派协商能力建设是发展社会主义协商民主的客观要求。民主党派协商能力和水平的高低决定着社会主义协商民主建设中政党协商、政治协商、民主协商、社会协商的效能，关系到多党合作制度的健康和可持续发展，也必然影响到社会主义协商民主建设的进程和整体效果，从而影响到中国特色社会主义民主政治的发展进程。因此，必须从加强社会主义协商民主建设的战略高度，充分认识到加强民主党派协商能力建设的重要性和紧迫性。

关于民主党派协商能力建设，要把握好几个重要问题。一是协商能力与民主党派协商能力的关系。民主党派协商能力的内涵更加丰富，它不仅包含一般意义上从社会关系、人际关系、人际交往角度所论及的协商能力，而且在此基础上层次更高。第一，民主党派协商能力是从民主政治层面上来讲的，它是一个综合性、整体性的概念。从协商主体看，它主要指作为参与协商的主体民主党派一方；从协商性质看，主要是政党协商、政治协商，它指民主党派在参与中国共产党领导的政治协商、政党协商以及履行参政党职能、发挥参政党功能的过程中必须具备的分析判断形势和研究解决问题的综合能力，既包括民主党派的内部协商能力，也包括民主党派与中国共产党的协商能力；既包括民主党派的横向协调能力，也包括民主党派的纵向协调能力；既体现民主党派作为参政党的整体政党能力、政治协商能力、民主协商能力，也是对民主党派组织、个人或领导个体的能力综合。第二，与一般意义上的协商参与主体相比，民主党派具有“政党”身份，是作为国家民主制度层面安排的参与主体，与一般的个人和社会团体组织作为参与主体是截然不同的，其协商的效力和社会影响力也具有很大的不同。第三，作为参与协商的主体，民主党派参与政党协商以及其他具体协商活动时还必须遵循相应的协商程序，遵守协商原则，并通过合法的协商渠道和平台以多种有效的协商方式和形式有序地参与，且在参与政党协商前或协商后以及协商过程中拥有知情权、参与权、表达权、监督权，特别是在“涉及人民群众利益的大量决策和工作”中，要能更好地发挥参政党在本界别群众中的纽带作用，畅通民意、协调联动，协商于民、协商为民，求同存异、化解矛盾，理性包容、达成共识而畅通各种利益要求和诉求，使之进入党委和政府的决策程序，既尊重多数人的意愿，又照顾少数人的合理要求，通过商量找到全社会意愿和要求的最大公约数，为促进基层发展、实现社会和谐，凝聚民心、凝聚力量。

二是民主党派协商能力建设与其“五大能力”建设的辩证关系。民主党派的协商能力是民主党派“五大能力”的综合体现，是民主党派的首要能力。因此，加强民主党派协商能力建设要以加强民主党派“五大能力”建设为突破口，根据不同层次和不同协商重点，有侧重地加强政治把握能力、组织协调能力、合作共事能力、调查研究能力、联系群众能力、解决自身问题能力建设。民主党派这“五种能力”的提高必然会使民主党派的协商能力得到提升，这两者是相辅相成的。

三是民主党派协商能力建设与民主党派自身建设的辩证统一。民主党派协商能力的高低直接体现了其综合素质的强弱。民主党派协商能力建设是民主党派自身建设的重要组成部分，它不仅包括能力建设，而且也包括思想建设、组织建设、制度建设和机关建设、队伍建设。必须从提高个体的协商能力入手来增强民主党派的整体协商能力，这对不断增强协商的实效性非常重要。同时，民主党派在加强自身建设的过程中，必须进一步整合党内资源，使思想建设、组织建设、制度建设和机关建设、队伍建设整体推进、单兵突破，以协商能力建设为核心，以思想建设为政治方向保障，以组织建设、制度建设为系统安全保障，以机关建设和队伍建设为组织人才保障，把协商能力建设与民主党派自身建设密切结合起来、相互促进，真正做到打铁首先要自身硬，从而发挥民主党派独特的协商优势和政治优势。

《论加强民主党派软实力建设》（张建明，《中央社会主义学院学报》2016 年第 1 期）

政党软实力主要是指政党的凝聚力和影响力，包括政党的政治理想、政党制度、政党文化、政党伦理和政党形象等。民主党派是中国特色政党体制的重要组成部分。加强民主党派软实力建设，是发展中国特色社会主义政党制度的必然要求，是进一步发挥参政党作用的有效途径，是增强国家政治软实力的重要内容。

提升民主党派软实力是充分发挥中国特色政党制度优势的必然要求。作为参政党，民主党派不可能像执政党那样来发展自身的硬实力，来扩大选民基础、组织规模和执政资源。参政党的地位决定了硬实力的大小不是民主党派的主要标志，更不是民主党派追求的目标。在这种情况下，大力发展社会主义民主政治、充分发挥中国特色政党制度优势，提升软实力就成为民主党派自身建设的关键环节。

当前民主党派软实力建设存在的主要障碍包括政治的世俗化、政党的趋同化和民主党派自身建设存在的问题。因此，加强民主党派软实力建设，要着重从以下几个方面入手：一是发展参政党理论，增强民主党派的进步性。政党意识形态和政治价值观是政党软实力的核心。相对中国共产党而言，民主党派的理论建设有待加强。民主党派要积极借鉴中共意识形态和政治价值观建设的成功经验，借鉴世界政治文明的有益成果，深化对参政党历史方位、纲领目标、参政方式和参政规律的认识与研究，努力形成参政党的理论体系。民主党派的进步性是民主党派的本质属性。各民主党派的进步性集中表现为接受中国共产党的领导，以中国特色社会主义理论为指导，与中国共产党共同致力于建设中国特色社会主义伟大事业。民主党派要围绕中心，群策群力，同心同德，服务大局，把力量和智慧凝聚到建设中国特色社会主义伟大事业上来。

二是保持和发展民主党派的特色。政党趋同是政党发展的必然趋势，但特色是民主党派长期存在和发展的依据。作为一种制度安排，各民主党派在多党合作的框架内，能起到有效扩大政治参与，避免党派之间的对立和冲突，维护中共领导权威，巩固和扩大执政的社会基础。这正是民主党派区别于执政党而存在的价值所在。参政党只有与执政党不同，才能发挥参政党的独特作用。要在趋同化发展的情况下，保持参政党的政治特色。在中国共产党的领导下，坚持“三个为主”的原则，将各民主党派组织发展的侧重点放在各自的界别分工领域，形成各具特色的不同行业界别代表，努力避免出现成员结构趋同的现象。

三是全面提升民主党派成员和党派工作者的综合素质。民主党派成员良好的个人素质和道德风貌，是增强民主党派软实力的基础。民主党派的成员构成中，基本都是来自同一领域或行业，背景相似，共性明显。在软实力提升进程中，民主党派领导班子要利用这种背景相似的优势，加强交流，勤于沟通，不断提高班子的团结协作能力和凝聚力。

四是塑造政党形象，完善社会沟通机制。政党形象是政党软实力的重要体现。民主党派要整合与运用多种传媒，塑造良好形象。要建立专门的综合性门户网站、论坛、博客等，利用传播媒介，传递民主党派的政治理念，塑造贴近百姓生活的良好形象，提升政党形象。要完善社会沟通机制，切实提高民主党派的亲和力。要选优选强民主党派的领袖人物，进一步发挥民主党派旗帜人物的感召作用。

五是大力加强民主党派智库建设。智库活动本身就是一种民主参与方式，是民主党派拓展参政议政空间的重要载体。要把加强民主党派智库建设作为加强民主党派软实力建设的重要抓手。为民主党派智库的发展提供必要的空间，在扶持民主党派智库的建设方面，给予更多的优惠。充分发挥民主党派内部现有的研究室、高等院校和研究机构内民主党派专业人士的作用。

《论民主党派在中国共产党全面从严治党中的作用》（王小鸿，《湖北省社会主义学院学报》2016 年第 1 期）

从历史的维度看，各个不同的历史时期，民主党派帮助中国共产党从严治党，发挥过重要的作用。民主党派对中国共产党进行党际监督开始于抗日战争时期，双方在共同抗日过程中相互提意见、作批评，同进步。在抗战胜利至解放战争中，中国共产党和各民主党派的合作逐渐形成了传统。在民主革命时期，中国共产党把同党外人士合作、接受民主党派的监督作为建设政权的主动选择。中华人民共和国成立之初，民主党派在帮助中国共产党更好地加强党建、执掌政权方面发挥了重要作用。中华人民共和国成立以后的一段时间，以毛泽东为核心的中共中央领导集体高度重视民主党派对中国共产党的民主监督作用，一致认为：有监督比没有监督好，共产党要主动接受监督，特别是要自觉接受来自民主党派和无党派民主人士的民主监督。2000 年 12 月，江泽民总书记在全国统战工作会议上强调指出："没有监督，难以有效防止腐败。坚持'长期共存、互相监督、肝胆相照、荣辱与共'的方针，主要是民主党派监督共产党。要鼓励各民主党派当我们的诤友，能够说心里话，敢于讲不同意见。"2003 年 1 月，胡锦涛总书记在党外人士迎春座谈会上也明确强调："民主监督是相互的，中国共产党作为执政党，需要接受民主党派的监督。"2004 年 9 月《中共中央关于加强党的执政能力建设的决定》出台，明确把"真诚接受民主党派监督"作为加强党的执政能力建设的一项重要举措。2005 年 2 月，《中共中央关于进一步加强中国共产党领导的多党合作和政治协商制度建设的意见》出台，进一步明确了民主党派民主监督的内容、形式、机制等，而使民主党派对中国共产党的党际监督进一步规范化、制度化。

从现实的维度看，中国共产党从严治党，需要民主党派不断加强自身建设，继续发挥监督作用。从执政党建设与参政党建设互相促进的角度考量，民主党派对全面从严治党客观上起着促进作用。实践证明，中国共产党的自身建设越加强，领导能力越高，执政方式越民主，参政党自身建设的积极性和效率就越高；而民主党派的自身建设越加强，政党的作用发挥得越好，中国共产党的领导地位就越巩固，国家和社会各项事业就越发展。从中国共产党所肩负的历史使命看，全面从严治党也需要民主党派发挥积极作用。

从政党功能看，民主党派的基本职能之一是民主监督，民主党派有责任、有能力在中国共产党全面从严治党中发挥重要作用。民主党派的民主监督是在与中国共产党通力合作的前提下，对中国共产党提出体现"党性"的意见、批评和建议。在国家、政党和社会三维视角下，这种政党监督与国家权力监督、社会舆论和群众监督相辅相成，是体现中国特色社会主义民主制度优势和特点的核心要件之一。民主党派的民主监督对全面从严治党具有独特作用。首先，我国的民主党派、无党派人士既不属于执掌公共权力的执政党，也不属于远离公共权力的在野党，而是既区别于公共权力又参加公共权力，兼具“当局者”和“旁观者”双重跨界身份的参政党。这种独特的身份与地位，使民主党派既可以站在公共权力之内向外看问题，又能够站在公共权力之外向内看问题，因此，理论上讲，民主党派的民主监督既具有针对性又具有实效性。其次，我国各民主党派都是以知识分子为主体的精英型政党，这种成员结构使其民主监督具有智力密集度高、专业化程度强的特点，利于提高执政党和政府决策及施政的科学化水平。

《民主党派参政议政精英模式研究》（陈友康、黄梅，《中央社会主义学院学报》2016年第4期）

在民主党派参政议政中，逐渐形成了精英模式，这种模式主要表现为：在政党协商、政府协商、政协协商、社会协商等议政建言场合，是由党派领导（主席、副主席，主委、副主委，秘书长等）出席并发言；在调研工作、调研课题组中，是由少量骨干参与；在每年向政协大会提交的提案中，总是几张老面孔、几篇老文章。

参政议政精英模式有其必然性和必要性：一是政治协商类政治活动客观上只能由少数人参与；二是政治协商讲究对等性，主党派领导参与符合对等性原则；三是任何工作，要有“关键少数”发挥作用。因此，主党派参政议政由少数代表性人士作为“头面人物”出现势在必然。但代表性人士出现在前台，他代表的应是党派的意志，反映的应是集体的智慧。问题是，如果把握不好，会出现精英们以个人意见代替集体意见、以个人意志代替组织意志、以个人作用代替党派作用的现象。这正是当前民主党派参政议政精英模式运作过程中值得注意的问题。

民主党派参政议政精英具有政治把握能力强、参政议政有优势、反映迅速效率高、经验丰富抓要害等优点。同时，这种模式在运作过程中，如果全部由精英“包办”，就会严重影响参政议政的质量和效果，存在组织化程度不高、质量难以保证，与大众脱离、判断标准失真，参与动力不足、积极性减弱等不足。这种模式的形成，一是有历史传统；二是少数党政领导干部认识不足；三是有关部门重视不够；四是民主党派人才匮乏；五是民主党派负责同志分身乏术；六是制度缺位。

促进组织行为和精英行为的统一，提高参政议政质量，首先要强化参政议政精英的政党意识。参政议政是民主党派的生命线，是民主党派存在的价值依据，因此，各民主党派必须强化政党意识。参政议政是政党行为，不是个人行为，只有举全党之力开展参政议政工作，才能切实提高议政建言的质量和水平。要充分发挥政党的组织功能，在充分调研、咨询、论证的基础上形成党派意见，通过参政议政精英代表党派发言、表达党派意愿、体现组织意志。其次，要推进参政议政制度和机制建设。就中国共产党而言，既是执政党，又是领导党，在民主党派的参政议政制度、机制建设中起主导作用。对民主党派来说，要不断加强自身建设，努力解决自身存在的问题，探索和建立强有力的集体参政议政机制。再次，要加大参政议政人才的培养力度。把好入口关，营造良好环境，提供培训机会。最后，要提高对参政议政重要性的认识。加强民主党派参政议政工作，离不开执政党的大力支持和帮助，需要进一步提高党政部门领导干部的思想认识，为民主党派参政议政做好顶层设计和制度安排。

民主党派加强“五种能力”建设的四大逻辑（华正学，《中央社会主义学院学报》2016年第2期）

新形势下，如何在习近平同志系列重要讲话精神的指导下，切实推进民主党派的“五种能力”建设，以下四大逻辑进路是带有普遍性、基础性意义的问题观照。

一、内在统一的理论体系——“五种能力”新概括的理论逻辑。能力建设本身是一个复合型概念，其内在地包含了参政党有效履行职能所需要的各种能力。在中国现有政党制度的框架下，民主党派只有具备了坚定的政治把握能力，才能成为多党合作制度中的一员，才能在接受中国共产党领导的前提下参与中国特色社会主义事业的建设，才能获得生存与发展的前提；只有具备了较强的参政议政能力，才能有益于国家、社会和个人，才能体现出民主党派自身存在的意义和价值；只有具备了高超的组织领导能力，这样的政党才坚强有力，才可以称其为真正的政党；只有具备了良好的合作共事能力，多党合作制度才能坚持并落实，民主党派的作用才能得以发挥，价值才能得到体现；只有具备了优秀的解决自身问题能力，这个政党才能不断发展进步，不断解决自身建设发展所面临的一系列困难和问题。所以，“五种能力”建设的新概括是一个相辅相成、缺一不可的有机整体，是从战略视角观照民主党派建设发展规律的具体体现，它有着严密的理论逻辑，是中国共产党对民主党派建设发展规律的新贡献。

二、面对现实的科学回答——“五种能力”新概括的实践逻辑。民主党派关于自身建设的理论之所以不断发展进步，一个重要的根源就是实践发展对民主党派提出的新挑战、新要求。面对新形势，担负新任务，民主党派应该而且能够有所作为。但能力是作为的前提，民主党派要真正肩负起时代赋予的神圣使命，必须加强以新“五种能力”概括为主要内容的能力建设。坚持和完善中国特色政党制度，更好地体现这项制度的政治效能，是民主党派加强“五种能力”建设之源。致力于国家治理体系和治理能力现代化，发挥民主党派这一多元治理主体的应有作用，是民主党派加强“五种能力”建设之本。落实“四个全面”战略布局，实现“两个一百年”奋斗目标，达成中华民族伟大复兴的梦想，是民主党派加强“五种能力”建设之魂。着力发挥好民主党派的积极作用，从根本上解决民主党派建设与发展中存在的各种矛盾问题，是民主党派加强“五种能力”建设之基。

三、承续过往的优良传统——“五种能力”新概括的历史逻辑。依历史逻辑观察，民主党派注重加强自身能力建设是一以贯之的。从1949年到1989年，是自身能力建设的隐逸表达阶段。从1989年到2004年，是自身能力建设的明确提出阶段。从2004年至今，则是民主党派自身能力建设的多维推进阶段。具体到“五种能力”建设的实践操作，从民主党派章程条文的书面表达看，明显地呈现出渐次生成的特点，即从政治把握能力到参政议政能力，从组织领导能力到合作共事能力，再到解决自身问题能力。也就是说，在民主党派的相关章程中，在关乎党派能力建设的问题上，民主党派首先是立足自身的政治定位而关注能力建设的。这既反映出民主党派对坚持中国共产党领导的多党合作和政治协商制度的理论自觉，也体现出民主党派在加强自身能力建设问题上的实践自律。

四、有序推进的科学设计——“五种能力”新概括的思维逻辑。民主党派“五种能力”的提升，不会自动更不会自然实现，必须通过加强自身建设的具体途径来落实。因此，立足中国特色社会主义现代化建设的伟大实践和中华民族伟大复兴的历史伟业，民主党派在高举爱国主义社会主义两面旗帜，牢牢把握大团结大联合主题，在协调五种关系以及巩固和发展团结、奋进、开拓、活跃政治局面过程中，其“五种能力”建设的思维逻辑可以概括为：提高认识是前提，制度建设是根本，法制建设是保证，理论创新是动力。

《民主党派协商能力体系建设研究》（文树勋，《江苏省社会主义学院学报》2016 年第 2 期）

一、民主党派协商能力体系建设的逻辑起点。社会主义协商民主对民主党派协商能力体系建设提出了新挑战；统一战线事业发展对民主党派协商能力体系建设提出了新要求；民主党派自身建设对民主党派协商能力体系建设提出了新目标；国家治理能力现代化对民主党派协商能力体系建设提出了新任务。

二、民主党派协商能力体系的合理构建。为了更好地参与和推进社会主义协商民主建设，结合民主党派的性质、地位和作用，可以按照政治性原则、系统性原则、专业性原则、可操作性原则设计和建设协商能力体系。从民主党派基于自身建设和基于应对结构性环境这两个角度，民主党派协商能力体系可以分为基础性能力体系和结构性能力体系。基础性能力体系是基于民主党派的自身建设和发展而言的，是民主党派在能力结构当中必须具备的基本要求。包括了政治把握能力、求同存异能力、沟通表达能力、团结协作能力。同时，我国民主党派进行民主协商，面临政治体制、公共空间和网络治理等多维化的结构性环境，民主党派协商能力也表现出明显的体制性、公共性和网络性等特征。因此，需要正确把握民主党派协商能力的结构性类型，这对于加强民主党派协商能力体系建设具有非常重要的理论意义和现实意义。包括了政治协商能力、公共协商能力和网络协商能力。

三、推进协商民主能力体系建设的实现途径。1. 基本前提：增强协商意识，践行协商精神。政党协商位居各类协商之首，推进协商能力建设，首要的就是要推进民主党派协商能力建设，增强民主党派的政治参与意识和协商意识。2. 重要平台：丰富协商形式，拓展协商基础。能力体系的建设离不开平台的支持，民主党派要加强协商能力体系建设，就需要丰富其协商民主形式，为拓展社会主义协商民主的深度和广度夯实基础。3. 理性方式：注重协商艺术，提高协商成效。协商是一种民主方式，也是一种智慧，协商民主契合了当前我国发展关键时期的平等性政治价值期待。在民主党派协商能力体系建设中，极为重要的是要讲究协商艺术，大力发展和推进包容性协商，讲究协商技巧。4. 根本保障：健全协商机制，建构协商体系。从协商民主的制度化层面来看，需要在宪法层面赋予协商民主和选举民主同等的法律地位，逐步拓展民主党派协商能力体系建设的发展空间。

民主党派与智库的功能区分及联结（任世红，《团结》2016 年第 6 期）

在我国社会主义国家治理体系中，民主党派和智库的组织运行及功能发挥，具有共性特点，需要遵循共同的政治原则：一是坚持中国共产党的领导，把握正确的政治方向。二是坚持围绕大局，服务党和国家的中心工作。三是坚持以人为本，始终维护人民群众的根本利益。但是，民主党派与智库依托于不同的制度建构而存在，在国家治理体系中处于不同的层级和位阶，有着各自不同的角色和功能定位。其一，功能定位不同。民主党派是中国共产党领导的多党合作和政治协商的政党主体。智库是基于公共决策咨询制度而存在的，是参与公共权力在决策环节运行的主体。其二，运作方式不同。民主党派拥有独立而完整的组织体系，涵盖中央、地方和基层三重架构，吸纳和集聚着社会各领域的精英人才。智库是专业化的研究咨询机构，大都是由各领域高端领军人才带领、有专门学科团队作为力量支撑，以科研课题或研究项目的形式，对战略和政策问题进行前瞻性、针对性、跟踪性的研究。从资源禀赋看，民主党派既有以各自界别为特色的专业化人才资源，又拥有多层次、多元化的智力资源；智库人才的高端化、专业化更为突出。从资源汲取方式看，民主党派主要依托组织体系来凝智聚力，发挥组织优势；智库主要依靠自身专家力量，彰显团队价值。其三，作用机制不同。民主党派连接社会与国家，发挥参政党功能，是通过多党合作和政治协商的制度运行来实现的。与民主党派直接或间接参与国家治理各方面和全过程不同，智库作用的发挥主要在于思想供给和决策咨询层面。

民主党派和智库，既是人才库，又是智力库。在围绕中心、服务大局中，民主党派作为参政党，具有组织上和政治上的比较优势；智库作为专门研究咨询机构，有其学术上和专业上的资源优势。民主党派与智库在国家治理体系中各安其位，不存在替代关系。对民主党派而言，智库的发展既是挑战，更是机遇。民主党派与智库互为倚重、联动发展，和谐共生、合作共赢，对于提高党和政府决策的科学化和民主化，推动社会主义协商民主发展，推进国家治理体系和治理能力的现代化，具有重要的战略和现实意义。在发挥二者的联结优势中，需要注意以下几个方面的问题。1. 民主党派与智库联结，不等于建立民主党派党属智库。2. 民主党派与智库联结，不是向智库购买决策咨询服务。3. 民主党派与智库联结，需要不断探索和创新合作模式。

《民主权利的实现：提高民主监督效能的根本保障》（张献生，《中央社会主义学院学报》2016 年第 3 期）

中国共产党之所以让民主党派进行民主监督，并把它作为多党合作的基本方针，主要是想听到不同声音，保持清醒头脑；保持与人民群众的联系，克服官僚主义，立党为公、执政为民；防止和避免决策失误，加强和改善中国共产党的领导；加强执政党自身建设，改进工作作风，防止权力滥用和腐败。从根本上讲，就是发挥民主监督的制约作用，促进中国共产党领导和执政权的正确行使，跳出人亡政息的“历史周期律”。正是因为如此，民主党派的民主监督才始终得到中国共产党的高度重视与支持。

民主党派的民主监督权利，既不是与生俱来的，也不是执政党赋予的，而是由双重民主构成的，即我国的人民民主和多党合作的党际民主。

深刻民主党派民主监督的内涵是充分正确行使权利的基础。民主党派民主监督的对象主要是中国共产党；民主党派民主监督的范围和内容主要是政治领域；民主党派民主监督的要旨是纠错；民主党派民主监督的边界是共同政治基础。

在民主党派民主监督存在的诸多问题中，核心问题是民主监督权利没有得到应有的尊重保障和充分行使。首先，中国共产党内一些领导同志的政治功利主义明显，自觉接受民主监督的意识不强，致使民主监督的权利行使处于漠视被动状态；其次，我国民主监督的非权利性监督、非对称性监督和非一体性监督的性质特点，客观上使民主党派的民主监督权利行使处于弱势难为境地；再次，民主党派对民主监督内涵的认知和偏差，导致民主监督的权利行使受到一定的影响和局限。这些主客观因素的共同存在和综合作用，直接导致了民主党派民主监督权利未能充分行使，民主监督效能未能充分发挥。

监督的实质是扩大民主监督的实现，是民主权利的充分行使。加强和改进民主党派的民主监督，必须紧紧抓住民主这个核心要素，以民主权利的充实和拓展，促进监督功能的有效提升，努力实现从政治功利化到民主监督权利充分正确行使的转变。第一，从坚持中国共产党领导和执政上深刻认识民主党派民主监督的权利。第二，从中国共产党怕民主党派的政治底蕴上，充分尊重民主党派民主监督的权利。第三，从权利义务责任的有机统一上，正确行使民主党派民主监督的权利。第四，从防止和避免权利受到权力侵害上，切实保障民主党派民主监督的权利。

总之，民主党派民主监督的效能从根本上取决于民主党派民主监督权利的行使程度。要把充分保障民主党派民主监督权利的正确行使作为根本着眼点和着力点，寻找扩大民主这个基本思路，从思想上提高认识，从知情上提供条件，从纳谏上敞开胸襟，从方式上突出批评，从机制上不断完善，使民主监督质量不断提高，效能和作用充分发挥出来。

《新媒体背景下民主党派加强自身建设的机遇、瓶颈与路径——机遇新媒体传播特点的分析》（嵩帅凯，《福建省社会主义学院学报》2016 年第 5 期）

对民主党派加强自身建设来说，新媒体的迅猛发展既是机遇，又是挑战。新媒体不仅改变了信息的传播速度、方式、内容，已经并且还将长时间对我国的政治生态环境产生深刻的影响。作为传播工具，新媒体具有开放性、平等性、直接性、交互性的传播特点。

新媒体背景下民主党派加强自身建设面临的机遇：1. 新媒体为民主党派了解社情民意开辟了新渠道。新媒体的出现，有效地保障了参政党的知情权。受现实政治参与渠道不通畅的影响，通过微博、微信、QQ 等新媒体平台对国家政治、经济、文化等各个层面建设提出自己的意见和见解，表达不同的利益诉求，越来越成为不同领域和层次民众的选择。只要民主党派利用新媒体与群众进行交流，就能够为其参政议政提供丰富的信息资源。2. 新媒体为民主党派参政议政提供了新舞台。新媒体的出现与发展为民主党派参政议政提供了新的阵地，使得民主党派党员通过本党派组织建立的新媒体群组（如 QQ 群、微信群等）参与政治成为可能，从而有效地调动民主党派普通成员参政议政的积极性，切实增强民主党派组织的凝聚力。3. 新媒体为民主党派进行民主监督提供了新手段。

新媒体背景下公众的民主监督意识不断得到增强。他们通过新媒体进行舆论监督、网上反腐、网络举报，实现自身政治权利和民主权利的落实，可以说以新媒体为工具的参政群体已经成长为一支不可忽视的监督力量。民主党派可以较大限度地利用这种监督环境的变化，利用网民的力量，发挥集聚效应，将民主监督和新媒体监督结合起来，不断完善自身的监督体系，提升民主监督水平，共同监督执政党的工作，并影响执政党的重大决策和行动，推动中国民主政治不断向前发展。4. 新媒体为民主党派思想建设开拓了新空间。在传播内容方面，新媒体丰富多样的信息资源为民主党派思想建设提供了丰富的素材，这就为其思想建设内容的不断创新提供了可能。在传播形式方面，新媒体集文字、声音、画面于一身，单纯的说教经由新媒体平台以图、文、声、像等形式转化为大量感官的信息，进而演变为生动活泼的思想交流，使得民主党派思想建设的感染力更强。与此同时，民主党派组织可以利用新媒体的即时互动性，及时了解民主党派成员的意见看法、思想状态，使其思想引导工作的开展有的放矢。5. 新媒体为民主党派教育培训提供了新载体。可以尝试以新媒体为载体建立网上社会主义学院。民主党派组织也可以推行“新媒体 + 学习”模式，充分利用官方微博、官方微信公众号、易信、手机 APP、远程教育平台等新媒体搭建起互动学习的新平台。6. 新媒体为民主党派扩大影响力提供了新平台。作为做好新时期宣传工作的有效平台，新媒体阵地对民主党派扩大影响力有着不可替代的独特作用。

新媒体背景下民主党派加强自身建设遭遇的瓶颈：1. 新媒体弱化了民主党派传统的政党功能。2. 新媒体使民主党派参政议政面临新考验。3. 新媒体给民主党派民主监督带来了新挑战。4. 新媒体为民主党派思想建设增加了新难题。5. 新媒体对民主党派的媒介素养提出了新要求。

新媒体背景下民主党派加强自身建设应对的路径：1. 充分发挥民主党派的政党功能。民主党派要更好地代表所联系群众的利益需求。对于有条件使用新媒体的地方，民主党派要紧跟时代潮流，通过新媒体收集社情民意；对于那些没有条件使用新媒体的地方，民主党派也要关心这部分民众的利益诉求，切实发挥好自身的桥梁和纽带作用。2. 正确引导民众和党派成员利用新媒体参政议政。在全民皆可发生的新媒体时代，民主党派要积极引导广大民众在新媒体上的参政议政。一方面要提高对于新媒体海量信息进行筛选和鉴别的能力；另一方面，民主党派要通过网上论坛、博客、微博、微信等多种形式，充分发挥对自身所联系群众的舆论导向作用，引导他们在网络热点问题上理性、正确地表达自身意愿和利益诉求。3. 认真汲取新媒体民主监督的成功经验。面对新媒体对民主党派民主监督的冲击，积极借鉴新媒体民主监督好的做法用以改进传统监督方式是促进我国多党合作发展的题中应有之义。4. 要旗帜鲜明地开展中国特色社会主义宣传教育。面对西方资本主义国家和一些敌对势力利用新媒体所进行的强权政治推行和思想文化渗透，民主党派组织要尽快适应新媒体发展所需要的宣传内容和宣传形式，利用社会主义核心价值观凝聚党派成员的政治共识。5. 切实提高民主党派的媒介素养。在 2015 年的中央统战工作会议上，习近平总书记强调“充分运用新技术新应用创新媒体传播方式，占领信息传播制高点”。因此，运用新媒体来加强民主党派自身建设，既是形势发展的需要，也是响应中央最新提出的提高创新能力的需要。

《政党协商视阈下民主党派主体性建设的三重维度》（郭晓东，《天津市社会主义学院学报》2016 年第 2 期）

当前民主党派的政党协商主体地位更多体现在理论层面，非政党协商实践之中。民主党派仍然面临党派主体性不够彰显、有效政治参与不足等问题。具体而言，社会基础方面，公众对民主党派主体形象的认知趋于碎片化，没有形成统一的社会认同，影响到民主党派的阶层代表性。在自身建设方面，党派成员的主体意识不够充分，党派力量趋于分散化，影响到民主党派的协商话语权。在党际关系方面，执政党与参政党之间的政治力量对比不均衡，民主党派的主体作用难以有效发挥，影响到民主党派的协商自主性。

一、深耕民意基础，彰显民主党派的主体形象。能够充分获得其所代表群体的普遍认同和支持是政党组织合法性存在的社会基础，直接决定这一组织的政治定位和社会影响力。对民主党派而言，党派协商的主体地位并不是由执政党单方赋予的，是由党派所代表的社会群体决定的。换言之，主党派在政党协商中能够代表和反映民众的共同利益，而获得民众的普遍认同和支持，是其成为政党协商主体的根本所在。因此，要自觉强化代表意识，在民意代言中获得党派认同；畅通利益表达渠道，在有序政治参与中展现党派形象；主动参与社会服务，在社会治理中实现党派价值。

二、聚合党派力量，发挥民主党派的主体作用。统一的政党意识、健全的政党制度、严密的组织结构和较高的政治参与能力是影响党派职能发挥的基本要素。作为政党组织，民主党派能否全面、有效地聚合党派力量，充分彰显党派的代表性，关系到民主党派参与政党协商的水平和效能，关系到民主党派的社会形象和影响力。因此，要以思想建设为核心，培育党派政党意识；以制度建设为保障，推动党派有序参政；以组织建设为抓手，优化党派组织结构；以能力建设为关键，推动党派有效参政。

三、推进平等协商，提升民主党派的主体地位。政党协商是执政党与参政党基于共同的政治基础，通过对话、协商、参与等方式就一些全局性、根本性问题进行合作，达成政治共识的互动过程。其中，政党地位平等是政党协商能够进行并实现政治聚合的前提条件。然而，现实的中国政党谱系中，执政党与参政党之间由于存在力量对比悬殊、政治资源分配失衡、协商程序不规范等问题，民主党派的政党协商主体地位无法得到有效保证，而影响到政党协商的实际效能。只有在坚持中国共产党领导的前提下，积极营造宽松稳定、团结和谐的政治环境，不断提升民主党派的主体地位，才能真正体现政党协商这一中国独特、独有、独到的政党制度的优越性。要注意坚持政党协商的政党性、主动性和互动性。

王　维　中央社会主义学院中国政党制度研究中心讲师

重要文献

中国国民党革命委员会

中国国民党革命委员会第十二届中央常务委员会工作报告

（2016 年 12 月 17 日在民革十二届五中全会上）

万鄂湘

各位委员、同志们：

现在，我代表第十二届中央常务委员会向全会报告工作，请予审议，并请列席的同志提出意见。

2016 年的主要工作

今年以来，以习近平同志为核心的中共中央统筹推进“五位一体”总体布局，协调推进“四个全面”战略布局，实现“十三五”良好开局，经济社会发展成绩斐然，民生事业硕果累累，深化改革取得重大突破，中国特色社会主义法律体系不断完善，从严治党迈出坚实步伐，国际影响力继续提升。中共十八届六中全会正式提出“以习近平同志为核心的党中央”，这是党心所向、人心所盼、众望所归，体现了全党全军全国各族人民的共同心愿，也反映了各民主党派、工商联、无党派人士的共同心愿。

一年来，民革全党认真学习贯彻中共十八大及十八届三中、四中、五中、六中全会精神和习近平总书记系列重要讲话精神，坚决拥护中国共产党的领导，不忘合作初心，继续携手前进，持续开展坚持和发展中国特色社会主义学习实践活动，隆重纪念孙中山先生诞辰 150 周年，大力加强自身建设，政治协商成效明显，参政议政成果亮点突出，民主监督在探索中取得积极成效，各项工作取得新成绩。

一、扎实推进思想建设，进一步巩固共同思想政治基础

以开展坚持和发展中国特色社会主义学习实践活动为主线，切实加强思想建设，筑牢中国共产党领导的多党合作和政治协商制度基础。

深入学习“七一”重要讲话精神。民革中央把学习“七一”重要讲话精神与学习习

近平总书记系列重要讲话精神相结合，作为学习实践活动的核心内容。民革十二届十五次中常会开展专题学习，万鄂湘同志在《团结报》发表署名文章《民主党派也要不忘初心、继续前进》。下发《关于认真学习习近平总书记在庆祝中国共产党成立95周年大会上的重要讲话精神的通知》和《关于开展“不忘合作初心，继续携手前进”主题教育活动的通知》，部署民革各级组织和广大党员持续深入学习“七一”重要讲话精神。民革各级组织精心开展形式多样的学习活动，领导干部带头谈学习体会、撰写文章，广大党员深刻理解“不忘初心、继续前进”的重大意义。《团结报》《团结》杂志、民革中央网站和各地组织的刊物、网站广泛宣传“七一”重要讲话精神，及时报道学习情况。

抓好民革党史和思想教育工作。“观故居，走多党合作之路”活动作为民革学习实践活动的一项重要内容，今年先后有16个省份的民革党员近万人次参与。民革前辈纪念场馆保护利用的调研报告得到刘延东同志的重要批示，与国家文物局就民革前辈纪念场馆保护利用达成合作。召开了孙越崎生平事迹研讨会，继续编辑出版“民革前辈纪念场馆系列丛书”，进一步深入挖掘民革党史资料。新增湖南和平解放史事陈列馆（程潜公馆）为民革党史教育基地、辛亥滦州起义英烈祠为民革党员教育基地，全国现有10个民革党史教育基地、2个民革党员教育基地。浙江等地积极探索建设“民革党员之家”，丰富了民革基层组织思想政治工作实践。

强化媒体宣传作用和融合力度。隆重纪念《团结报》创刊60周年，进一步明确《团结报》统战主流媒体定位。加强与主流媒体合作，积极宣传我国多党合作制度和民革各项工作。成立信息化工作领导小组，由修福金同志任组长，确立“统一领导、整合内容、科学分工、突出特色、办出品牌”的指导思想，研究制定《民革中央信息化建设规划（2017–2021年）》。民革中央网站突出权威性、理论性和资料性，年发稿量突破1万篇，得到中共中央统战部的充分肯定。“民革e家”信息交流平台突出工作性、互动性和系统性，实现民革组织和党员全覆盖，民革指数、线上调研、信息报送等功能不断丰富。团结报社和团结出版社突出统战性、新闻性和服务性，多媒体阅报屏在全国政协机关、各民主党派中央机关、中央社会主义学院及30个省份落地，新媒体点击浏览量超过1000万人次，团结出版社连续第三年被评为中国图书海外馆藏百强出版社。北京等11个省级组织开通微信公众号，“动动手指宣传民革”的良好局面正在形成。

不断深化参政党理论研究。围绕中共中央统战工作会议精神、《中国共产党统一战线工作条例（试行）》《中共中央关于加强社会主义协商民主建设的意见》和《中共中央关于加强政党协商的实施意见》，继续开展学习、宣传和研究工作。万鄂湘同志在《求是》杂志发表署名文章《共同开创新形势下统战工作新局面》。民革中央理论和学习委员会就政协协商与公共政策，发挥参政党在政协作用、社会主义协商民主乡镇治理创新等主题开展研讨。

二、紧扣改革发展建言献策，为协调推进“四个全面”战略布局贡献力量

围绕国家经济社会发展全局性、战略性和前瞻性问题，扎实开展调研，提高建言献策水平。

调研成果亮点纷呈。全年选定31个课题，开展调研考察66次，向中共中央、国务

院报送书面建议 18 篇，得到领导同志批示 47 次，其中习近平总书记重要批示 3 次、李克强总理重要批示 5 次、张德江委员长重要批示 2 次、俞正声主席重要批示 6 次、张高丽副总理重要批示 13 次。积极响应国家京津冀协同发展战略，民革中央将“京津冀能源结构调整”定为年度重点调研考察课题，赴北京、天津、河北深入了解情况。在组织能源专家和京津冀三地民革组织进行多次研讨论证基础上，向中共中央、国务院报送了《关于京津冀协同发展中能源结构调整问题的调研报告》和两个副报告，得到习近平、李克强、俞正声、张高丽等领导同志的重要批示。国家发改委、科技部、工信部、财政部等有关部委积极研究落实报告所提建议。民革中央多次到河北保定、承德、张家口等地开展扶贫调研，向中共中央、国务院报送了《关于解决京津冀协同发展中贫困问题的建议》，得到习近平、李克强、俞正声、张高丽等领导同志的重要批示。京津冀协同发展领导小组办公室、国家发改委、国务院扶贫办等有关部委认真研究民革中央的建议，农业部为此专门出台《关于加快推进“环京津贫困带”农业扶贫行动（2016–2020 年）》。继续为全面依法治国献计出力，民革中央就精准立法促进社会文明问题先后赴四川等 12 省开展调研，向中共中央、国务院报送了《关于精准立法促进社会文明的建议》，得到习近平、李克强、张德江、俞正声等领导同志的重要批示。中共中央政法委高度重视民革中央的建议，全国人大法工委专程到民革中央机关座谈协商。全国多个地市正在进行社会文明促进条例的制定工作，民革中央已委托人民大学法学院着手起草《中华人民共和国社会文明促进条例（示范）》文本。

政治协商成效显著。民革中央领导同志参加中共中央、国务院和有关部门召开的党外人士协商会、座谈会、情况通报会 36 次，充分运用重点调研成果，组织专家咨询论证，努力提升建言献策水平。民革中央在高层协商会上分别提出了加强法治政府建设、成立中小实体企业政策性银行、加强农业科技自主创新、处理好过桥贷款问题、推动消费品标准升级、保护知识产权、做好台湾青年工作等 30 多项建议，其中一些建议在中共中央、国务院决策中得到体现。在十二届全国人大四次会议期间，李爱青等 6 位同志领衔提交了 10 件议案，邓力平等 35 位同志提交了 186 份建议。在全国政协十二届四次会议上，大会口头发言工作再创佳绩，郑建邦、汤维建、陈星莺三位同志在大会上做口头发言。民革中央提交了 35 件大会提案和 6 件平时提案，5 件提案被列为重点督办提案，部分提案得到相关国家部委的专题协商办理。何丕洁、冯巩、葛剑雄三位同志在全国政协常委会上作大会发言，就提高精准扶贫精准脱贫实效、促进社会主义文艺繁荣发展等提出建议。与全国政协经济委共同承办“健全现代农业科技推广体系”双周协商座谈会。刘凡、田惠光等 19 位同志受邀参加 11 场全国政协双周协商座谈会，就一系列重大问题提出建议。

参政议政工作向纵深发展。年初出台首个有关参政议政工作的“一号文件”——《关于进一步加强参政议政工作的意见》，进一步明确“举全党之力抓参政议政”的指导思想，着力打造“立足本地、放眼全国，南北互动、东中西交流，优势互补、各级组织相互促进”的平台，切实提高参政议政工作制度化、规范化、程序化水平。深化联络沟通机制，首次与全国政协社法委联合在全国政协大会上做口头发言。充分发挥中央和地方两个积极性，发动民革省级组织参与农产品供给侧结构性改革、城市群城际铁路规划建设等重点调研。与民革重庆市委会一起积极建言，推动在重庆增设最高人民法院巡回法庭。与民革青海省委会联合建言的三江源生态保护取得重大成果，中共中央全面深化改革领导小组第十九次会议审议通过了《中国三江源国家公园体制试点方案》。与民革新疆区委会共同建言推动《中华人民共和国反恐怖主义法》出台，该法已于2016年1月1日生效实施。重视发挥专委会作用，民革中央经济、"三农"、社会和法制、人口资源环境等专委会深入调研"一带一路"与品牌建设、加强农业科技自主创新、构建跨行政区划人民法院体系、海水淡化与综合利用等问题，相关调研成果得到李克强、俞正声、张高丽等领导同志的重要批示。坚持"上接天线，下接地气"，紧紧围绕国家重点战略部署，同时与地方经济社会发展紧密结合。与贵州省政协在遵义联合举办"中国赤水河流域生态经济发展论坛"，签约投资达500多亿元。与河北省政协在秦皇岛联合举办"第二届中国康养产业发展论坛"，围绕生命健康产业签约投资达475亿元。推动康养产业发展已经成为民革参政议政工作的重要品牌之一，齐续春等民革中央领导同志多次带队调研、出席论坛、发表主旨演讲、提出政策建议，得到国家有关部委和地方党委政府的积极响应。

信息工作成绩突出。一年来，向全国政协报送140篇社情民意信息，被采用32篇，整体采用率在各民主党派中央和全国工商联中继续排名第一。民革中央有4篇信息被中共中央统战部《零讯》采用。俞正声主席对《基层反映外聘法律顾问"一般应当是中共党员"提法欠妥》等4篇信息作出重要批示。上海、浙江等省级组织和民革中央祖统委在民革全国信息工作评比中名列前茅。金靖寅同志反映的《关于自贸区进出口货物商标保护的建议》，被全国政协评为2014–2015年度优秀信息。

三、切实加强人才队伍建设，组织建设稳步推进

以政治交接为主线，以思想建设为根本、制度建设为保障，做好地方组织换届工作，完善党内监督制度，大力加强组织发展、后备干部培养和基层组织建设。

有序开展地方组织换届工作。下发《关于做好民革省辖市级组织换届工作的通知》，督促指导省辖市级组织换届工作。截至11月底，254个应换届省辖市级组织中174个已经完成换届工作，没有发生一起非组织行为。民革十二届十五次中常会通过《关于省级组织换届若干问题的决定》，明确提出省级组织换届工作的指导思想、工作原则和纪律要求。召开会议培训省级组工干部，部署省级组织换届重点工作。目前，省级组织换届前期准备工作正有条不紊地进行。在和有关方面充分沟通协商的基础上，10个省级组织领导班子已经完成届中调整。

有效推进组织发展工作。制定开展示范支部创建活动工作方案，编制《示范支部建设工作指南》，按照"示范带动、规范提高"的要求，全面加强民革基层组织建设。研究制定加强民革党员发展工作的意见，争取在高层次人才发展、民革特色保持等方面有新的进展。完成组织信息管理软件升级工作，对党员信息进行全面采集核对。截至6月底，共有省级委员会30个，地市级委员会273个，县级委员会51个，基层委员会126个，总支委员会419个，支部委员会5029个，党员总数123015人。新建地方组织2个，新发展党员5351名。田红旗、丁勇慧、程静等一批同志荣获"国家科学技术奖""全国五一劳动奖章""全国三八红旗手"等国家级表彰。民革各级机关全面加强学习型、服

务型、创新型、节约型、和谐型机关建设，打造了一支政治可靠、纪律严明、敢于担当、能打硬仗的机关干部队伍。民革中央召开表彰会，对民革十二大以来在机关工作中作出突出成绩的集体和个人进行表彰。

着力加强干部培养和推荐工作。研究制定《2016–2020 年民革全国党员、干部教育培训工作规划》，逐步建立和完善从中央到地方分层、分级、分期教育培训体系。举办第十三期民革中青年干部培训班、民革社会法制领域骨干党员培训班、第二期民革非公有制经济人士培训班和民革全国参政议政工作骨干培训班，推荐 38 名党员参加中共中央统战部举办的民主党派干部进修班、培训班。省级民革组织举办各类培训 143 次，培训 8058 人次。多渠道多层次向中共各级党委及统战部门推荐民革党员，民革党员担任实职岗位领导职务取得新进展。田红旗同志被任命为中国工程院副院长，冯巩同志当选中国文联副主席，王红同志调任国务院参事室副主任。目前，民革党员担任副省长 2 人、地市级副市长 31 人；担任政府工作部门领导职务的正厅级 7 人、副厅级 23 人；担任司法机关领导职务的厅局级 12 人；担任高等院校、科研院所、社会团体、国有企业副厅级及以上正职 15 人、副职 60 人。不少省级组织在干部推荐方面取得了较突出的成绩，如天津有 6 名党员担任厅局级实职干部，重庆有 66 名党员担任处级实职干部。

积极稳妥开展内部监督工作。30 个省级组织均已成立监督委员会，部分省级组织积极探索建立地市级内部监督委员会。中央监督委员会与部分省级组织联合调研，制定了《关于严肃换届纪律、加强换届工作监督的通知》和《民革监督委员会监督省级组织换届工作办法》，为各级监督委员会参与换届工作提供依据，进一步完善内部监督信访制度，全年受理党员来信 22 件。

四、积极投身脱贫攻坚，社会服务工作实现新突破

深入贯彻落实《中共中央国务院关于打赢脱贫攻坚战的决定》精神，参与统一战线凝心聚力“十三五”行动。

认真开展脱贫攻坚民主监督。中共中央赋予各民主党派开展脱贫攻坚民主监督的新任务，贵州省被确定为民革对口工作省份。民革中央迅速作出动员和部署，制定《开展脱贫攻坚民主监督工作方案》和《脱贫攻坚民主监督调研组组建及监督工作实施意见》，成立由万鄂湘同志任组长、齐续春同志任副组长的领导小组和民革党内专家、中央有关职能部门组成的工作小组。民革中央领导同志多次带队赴安顺、铜仁、黔南、黔东南等市州调研，明确脱贫攻坚民主监督要着力做到“多帮忙，少添麻烦，不添乱”。发挥民革各级组织特别是东部经济发达省份民革组织优势和特色，组建了 6 个调研组，分别与贵州省 6 个市州建立对口联系。11 月上旬，6 个调研组完成前期摸查工作，取得积极成效。

提高精准扶贫工作实效。加强统筹协调，精准对接帮扶资源和扶贫需求。联合北京、天津、河北三地民革组织，把河北涞源、张北和隆化 3 个国家扶贫开发工作重点县作为对口帮扶联系县，开展了特色马铃薯种植、干部挂职、产业培训、知识讲座、技术指导、图书捐赠等活动，定点联系村帮扶工作进展良好。继续发挥好东中部民革组织联手帮扶机制的作用，通过教育培训、产业对接、义诊服务、慈善捐赠等项目，帮扶贵州纳雍做好精准脱贫工作。召开美丽乡村、山地旅游扶贫和特色农业发展等专题研讨会，以绿色

创新发展理念推动黔西南试验区发展。目前，民革省级组织共确定36个定点扶贫地区，并向定点扶贫地区组织1800余人次考察，选派31名挂职干部。民革各级组织共投入扶贫资金和物资折款约3095万元，帮助贫困地区引进各类资金和物资折款近2.6亿元。

强化社会服务品牌效应。民革各级组织更加积极和富有创造性地开展社会服务工作，涌现出一批有影响力的品牌。民革中央发起的“博爱·牵手”活动，已经成为民革基层组织活动的重要形式。吉林民革党员张宝艳、秦艳友夫妇发起“宝贝回家”活动，引起了全国性的关注，光荣当选“感动中国”2015年度人物。民革上海市委会启动的“博爱图书·十年百馆”项目，将在10年内向100所山区贫困小学图书馆捐献书籍。中山博爱基金会在民政部设立登记，通过《中山博爱基金会章程》，共募集资金2362万元，大力支持“博爱·牵手”、民革前辈史料采集、参政议政课题研究等项目。民革中央企业家联谊会积极参与专题调研和主题论坛，22个省级组织成立企业家联谊会，为地方经济社会发展添砖加瓦。25个省级组织和158个地市级组织成立了法律服务机构，其中4个省级组织和42个地市级组织所属的法律服务机构被纳入国家法律援助工作体系，全年实施法律援助3406例，累计21388人次受益。

五、坚持“九二共识”、反对“台独”，扎实推进祖统工作

围绕中共中央对台工作大政方针，以习近平总书记对台系列重要讲话精神为指引，为推动祖国和平统一贡献力量。

隆重纪念孙中山先生诞辰150周年。民革各级组织和广大党员认真学习习近平总书记在纪念孙中山先生诞辰150周年大会上的重要讲话，弘扬中山精神，进一步坚定为维护两岸和平发展、实现中华民族伟大复兴而团结奋斗的信念。万鄂湘同志在《求是》杂志发表署名文章《继承中山精神 继续携手前进》。民革中央受孙中山先生诞辰150周年纪念活动筹备办公室委托，在香山碧云寺举行晋谒孙中山先生衣冠冢仪式，全国政协办公厅、中共中央统战部、北京市人民政府和孙中山先生亲属、海外侨胞及国际友人代表参加。与中央文史馆、中国美协联合主办“天下为公——纪念孙中山先生诞辰150周年美术作品展览”，展出170余件优秀美术作品。与黄埔军校同学会共同主办第七届“中山·黄埔·两岸情”论坛，通过了《共同宣言》，号召两岸青年继承发扬中山精神、携手推动两岸和平发展。中华中山文化交流协会赴美国、泰国等地与侨胞共同举办了多场纪念活动，推进全球反“独”促统运动。《团结报》、团结网刊发2000余篇纪念专题文章，《团结》杂志开设“孙中山振兴中华与中国梦”专栏，团结出版社推出《孙中山大传》《孙中山文集》等图书。民革地方组织举办了一批主题鲜明、形式多样的纪念活动，发挥了积极作用。

努力推动两岸关系和平发展。民革中央在坚持“九二共识”、反对“台独”这一大是大非问题上，立场坚定、绝不含糊。在全国政协十二届四次会议上，郑建邦同志代表民革中央作《有“九二共识”神针定海，两岸关系方能行稳致远》大会发言，引起海内外广泛反响。继续助推平潭综合实验区的发展，海峡两岸仲裁中心已经挂牌成立。中山银行、平潭发展论坛等筹备工作稳步推进，争取在适当时机推出，取得最好效果。深入调研四大自贸区惠台措施、海峡两岸医疗卫生对接、台湾青年在大陆就学就业制度环境优

化等问题，为促进两岸经贸文化交流和人员往来提供政策建议。联合两岸史学界专家编写出版《长城与抗战》，受到中共中央军委和国家新闻出版广电总局的重视。

着重做好台湾青年和中南部民众工作。两岸青年创业、台生赴大陆实习等活动已经形成品牌，今年共安排 70 名台湾青年到 14 家单位实习、就业，中共中央统战部和国台办给予了高度肯定。举办题为“共担使命 · 共享发展”的第二届两岸青年和平发展论坛，发表《两岸青年海峡倡议》，发起成立“两岸青年创新创业大联盟”。与教育部中国高教学会共同主办第三届两岸新锐设计竞赛“华灿奖”，吸引了两岸四地青年设计师的高度关注和踊跃参加，“华灿奖”已经成为两岸四地青年追求创业理想的大舞台。通过举办“台青之友沙龙”、邀请台湾青年参加专题调研、组织接待台湾青年参访团、推动两岸合作儿童剧《团仔圆妞》在北京成功首演等活动，深入推动台湾青少年走进大陆、了解大陆。主办第八届海峡论坛两岸乡村农田水利建设交流会，推动台湾高校、农业专家与河北、四川、宁夏等地达成合作协议。组织接待第九届台湾新同盟会中南部会员（会友）大陆参访团、第八期北大两岸工商总裁高级管理研修班，为台湾中南部基层民众和工商界人士赴大陆交流合作搭建平台。

同志们，过去的一年，民革无论是在加强自身建设，还是在履行参政党职能方面，都取得了可喜的成绩。这些进步和成绩的取得，是以习近平同志为核心的中共中央坚强领导、高度重视的结果，也是民革各级组织、广大党员和机关干部真抓实干、团结奋斗的结果。在这里，我代表民革中央常委会，向大家一年来付出的辛勤努力和作出的无私奉献，表示衷心的感谢！

同时，我们应清醒地看到，民革工作中还存在不少问题，比如思想理论建设还需要加强，组织发展缺少更多旗帜性领军人物，参政议政专业人才储备还不够多，民主监督工作有待进一步加强，涉台调查研究战略意识还需提高，信息化资源缺乏有效整合等。面对这些问题和不足，我们要认真总结经验，进一步增强责任感和使命感，紧紧依靠各级组织和广大党员，积极创新工作方式方法，努力开创民革工作新局面。

2017 年的主要任务

2017 年是全面实施“十三五”规划的重要一年，也是全面建成小康社会的攻坚之年。民革全党工作的总体要求是：全面贯彻中共十八大，十八届三中、四中、五中、六中全会精神和习近平总书记系列重要讲话精神，坚决维护以习近平同志为核心的中共中央权威，牢固树立政治意识、大局意识、核心意识、看齐意识，以持续开展坚持和发展中国特色社会主义学习实践活动为主线，夯实共同思想政治基础，搞好政治交接，做好省级组织和中央领导机构换届工作，全面加强自身建设，提高民革履职能力，以优异成绩迎接中共十九大和民革十三大的胜利召开。

一、深入学习贯彻中共十八届六中全会精神

中共十八届六中全会是中共中央着眼协调推进“四个全面”战略布局、专题研究部署全面从严治党的一次重要会议，对推进中国特色社会主义伟大事业具有里程碑意义。

全会系统总结了中国共产党开展党内政治生活的历史经验，就新形势下加强党的建设作出新的重大部署，充分体现了中共中央坚定不移推进全面从严治党的坚强决心和历史担当，对推进中国特色社会主义伟大事业和实现中华民族伟大复兴的中国梦具有重大意义。全会明确了习近平总书记的核心地位，正式提出“以习近平同志为核心的党中央”，这对全国各族人民更好凝聚力量抓住机遇、战胜挑战具有十分重大而深远的意义。

作为与中国共产党亲密合作、共同致力于中国特色社会主义事业的参政党，民革各级组织和广大党员要把学习贯彻中共十八届六中全会精神作为当前和今后一段时期的重大政治任务，坚决维护以习近平同志为核心的中共中央权威，进一步增强“四个意识”特别是核心意识、看齐意识，自觉在思想上政治上行动上同以习近平同志为核心的中共中央保持高度一致。要抓好学习宣传和教育引导，进一步巩固多党合作共识，不忘合作初心，继续携手前进，切实承担起中国特色社会主义事业的亲历者、实践者、维护者、捍卫者的政治责任。要认真学习执政党全面从严治党的经验和做法，全面加强思想、组织、制度和作风建设，把民革全党参政履职能力提升到更高水平。

二、不断加强自身建设

开展“不忘合作初心，继续携手前进”主题教育活动。把主题教育活动作为学习实践活动的重要内容和载体，精心组织，扎实推动，深入开展。认真学习中共十八届六中全会精神和习近平总书记系列重要讲话精神，夯实共同思想政治基础，确保政治信念和政治方向不变、与中国共产党的深厚感情不变、走中国特色社会主义道路的决心不变，确保多党合作事业薪火永续。把主题教育活动与纪念民革成立70周年相结合，把不忘合作初心与“观故居，走多党合作之路”活动相结合，把坚持中国共产党领导与学习民革党史相结合。

切实搞好政治交接。做好民革十三大各项前期准备工作，在思想上高度重视，在措施上精心部署。严格遵循《民革章程》和《关于省级组织换届若干问题的决定》等换届文件的原则，明确政治责任，坚持把纪律挺在前面，将思想政治工作贯穿换届工作始终，营造风清气正的换届环境和政治生态，确保省级组织和中央领导机构换届工作圆满成功。省级组织换届工作要贯彻民主集中制，规范各项工作程序，严格遵循充分酝酿、民主推荐、多方协商、组织考察、会议选举等必经程序，确保换届的严肃性、选举的公正性和人选的群众基础。民革监督委员会要肩负起监督职责，参与换届关键环节，加强对党员行为和换届程序的监督。配合中共中央统战部做好民主党派政治交接辅导读本编写工作，进一步收集整理民革前辈对多党合作历史的回忆，以及现任民革中央领导同志对传承多党合作优良传统的思考感悟。

大力推动组织建设。加强省市级组织新一届领导班子建设，切实提高政治把握能力、参政议政能力、组织领导能力、合作共事能力和解决自身问题能力。总结省辖市级组织换届工作的经验和教训，加大后备干部队伍培养力度。健全完善后备干部动态管理机制，有计划、有针对性地及时引进、适当补充。对照《中国共产党统一战线工作条例（试行）》要求，加强实职干部推荐工作，尤其是向各级人民法院、人民检察院加大推荐力度。加大干部培训力度，举办第十四期民革中青年干部培训班、国有企业民革代表人士培训班、民革省级组织专职副主委、秘书长、办公室主任培训班和民革法律服务工作骨干党员培训班。加强基层组织建设，在部分地方组织先行开展示范支部建设活动，指导有条件的基层组织建设“民革党员之家”。按照“政治要过硬、能力要过硬、作风要过硬”的要求，进一步加强民革机关干部队伍建设。

做好思想宣传工作。以创新、务实的精神加强和改进思想教育、社会宣传、理论研究各项工作，坚持做到思想政治工作不松懈，宣传工作不弱化，理论工作常抓不懈。提高思想政治工作精细化水平，开展民革党员思想状况调研，把握党员思想态势。召开高校、科研机构民革党员代表座谈会，客观评估民革党员中新的社会阶层人士、非公经济人士的数量和质量，重视教育、引导、培养和锻炼青年民革党员。发挥好舆论引导作用，组建一支形象好、导向好、表达好、影响好的民革党员发声队伍，建立民革党员专家采访库，在意识形态领域积极正面发声。实施《民革中央信息化建设规划（2017–2021 年）》，整合信息化平台资源，强化网络信息安全。《团结报》要加大提质增效、转型发展力度，围绕政治交接与换届工作做好宣传。稳妥地建好、管好、用好新媒体，为宣传多党合作事业和民革各项工作提供支撑。

三、持续提高履职能力

积极开展脱贫攻坚民主监督。聚焦脱贫攻坚的三个阶段，找准民主监督工作的关键点和切入点，帮助贵州打赢脱贫攻坚战。开局阶段，监督做好精准识别，特别是贫困对象和标准的精准识别，了解群众的认可度和满意度。过程阶段，监督做好扶贫政策执行和责任落实，在产业扶贫、教育扶贫、心理扶贫等方面帮助地方党委政府出主意、想办法。结果阶段，开展调查研究，监督脱贫效果和质量，推动脱贫攻坚落到实处。要总结开展脱贫攻坚民主监督的有益经验，进一步加强民主监督理论研究，立足民革特色和优势，围绕当前重大改革举措、重要政策贯彻执行情况和“十三五”时期重要约束指标等进展情况，加大民主监督实践探索力度。

深入研究精准立法促进社会文明工作。筹划好与全国人大法工委的联合调研，继续组织民革社会法制领域人才做好深入研究工作。认真起草《中华人民共和国社会文明促进条例（示范）》文本，为开门立法、民主立法提供有益参考。民革省级组织要在当地选取基础较好的一两个市，通过政治协商、立法协商渠道，推动地方立法机关以精准立法的形式，惩罚整治陋习、带动全民守法、促进社会文明。

围绕重点领域扎实开展调研。做好“一带一路”西北发展战略年度重点考察调研工作，部署陕西、甘肃、青海、宁夏、新疆、内蒙古等地民革组织开展预调研。聚焦脱贫攻坚中的重点难点问题，为帮助安置移民就业的企业发展、同步实施精神脱贫等提供政策建议。联合天津、河北、辽宁、山东等地民革组织，积极探索渤海湾水域保护与治理对策。发挥民革农业专家学者优势，就农村土地集体所有制有效实现形式、落实农业支持保护补贴政策、保障农民经营自主权、有效保持农地性质等课题开展调研。进一步挖掘康养产业发展潜力，推动健康中国建设。与国家有关部委开展联合调研，研究司法体制改革中遇到的新问题及对策。按照“发挥优势，‘联结’特色，找准切入点，打造新亮点”的工作思路，进一步加强上下联动、左右互动。

努力提高政治协商水平。深入贯彻《中共中央关于加强社会主义协商民主建设的意见》《中共中央关于加强政党协商的实施意见》等文件精神，切实担负起政治协商参与者、实践者、推动者的政治责任，整合优势和特色资源，积极参加中共中央、国务院和有关部门召开的党外人士协商会、座谈会、情况通报会，做好全国政协会议发言和党派提案工作，提高建言献策水平。围绕统筹推进"五位一体"总体布局和协调推进"四个全面"战略布局，落实五大发展理念，按照中共中央经济工作会议、中共中央农村工作会议等精神，结合民革祖统、"三农"和社会法制三大参政议政领域，深入开展调查研究，增强民革参与政治协商的针对性和专业性。持之以恒抓好反映社情民意信息工作，加强信息员队伍和报送平台建设。研究制定专委会工作办法，加强专委会制度化建设。

不断推进精准扶贫工作。进一步深入调查研究京津冀协同发展中的贫困问题，做好定点联系村的帮扶工作。精心策划贵州留守老人和留守儿童专项帮扶活动，配合当地同步推进物质脱贫和精神脱贫。争取纳雍的扶贫工作有新突破，组织东中部民革省级组织开展"同心博爱行"活动。动员民革党员专家、企业家贡献智慧和力量，做好黔西南试验区、重庆石柱县等地帮扶工作。以项目促实效，不断提高民革社会服务工作的影响力。

为促进祖国和平统一作贡献。作为致力于祖国统一事业的参政党，民革要始终坚持一个中国原则，坚决反对"台独"分裂势力及其活动。深入贯彻中共中央对台工作总体部署，密切关注两岸关系和平发展进程中的新情况新问题，努力提升涉台参政议政工作水平。加强涉台战略研究，突出精品意识，做到准确预判形势，提出诤言良策。不断深化对台青年工作，继续做好台湾青年来大陆实习、就业工作，办好第三届两岸青年和平发展论坛、第四届两岸新锐设计竞赛"华灿奖"等活动。巩固深化与岛内泛蓝阵营的传统交往，重点办好第八届"中山 · 黄埔 · 两岸情"论坛，扩大与岛内其他相关社团的合作。办好第九届海峡论坛两岸乡村农田水利论坛，推进两岸农业合作，做好台湾基层民众工作。推动儿童剧《团仔圆妞》入岛巡演。与海外侨胞共同举办全民族抗战爆发80周年纪念活动，积极推进全球反"独"促统。

各位委员、同志们，2017年即将到来。让我们更加紧密地团结在以习近平同志为核心的中共中央周围，高举中国特色社会主义伟大旗帜，继承和发扬孙中山爱国、革命、不断进步精神，不忘合作初心，继续携手前进，为实现"两个一百年"奋斗目标、实现中华民族伟大复兴的中国梦作出新的更大贡献！

中国国民党革命委员会中央监督委员会工作报告

（2016年12月17日在民革十二届五中全会上）

何丕洁

各位委员、同志们：

现在，受民革中央监督委员会委托，向十二届五中全会报告2016年监督委员会工作和2017年重点工作，请予审议，并请列席的同志提出意见。

2016年的主要工作

在中央委员会的领导下，民革中央监督委员会秉承积极稳妥、循序渐进的原则，落实《中国国民党革命委员会内部监督工作条例》(以下简称《监督条例》)及其实施细则，在理论学习、体系建设、调查研究和日常工作等方面扎实开展工作，推进中央和省级组织内部监督工作具体化，推动内部监督工作由务虚转向务实。

一、深化内部监督理论学习

参政党内部监督是相对较新的课题，无论是监督的内容、监督的范围、监督的方式，以及监督机构和监督制度都还在建设和完善中，需要积极探索。民革在内部监督的理论建设方面，要充分学习、借鉴执政党党内监督的成功经验。中共十八届六中全会专题研究全面从严治党，审议通过了《关于新形势下党内政治生活的若干准则》和《中国共产党党内监督条例》。为深入学习贯彻中共十八届六中全会精神，民革中央于今年11月组织召开学习贯彻中共十八届六中全会精神专题学习会，30个省级监督委员会主任和省级监督委员会办公室主任参加学习。

二、加强内部监督体系建设

在中央委员会的领导和推动下，全国30个省级组织已经全部成立监督委员会。各省级监督委员会在省级委员会领导下，遵循《监督条例》精神开展工作。部分省级组织已经开始探索成立省辖市级组织监督委员会。各省级监督委员会积极探索在省辖市级组织换届中发挥监督作用。有的省级监督委员会派员参加省辖市级组织换届大会，监督换届关键环节。民革河南省监督委员会在焦作市委会换届过程中积极与中共统战部门沟通协作，参与换届的几个关键环节，充分发挥监督委员会的监督保障作用，取得良好效果。

三、开展内部监督调研活动

近年来，中央监督委员会在注重理论研究的同时，更加注重对内部监督工作实践经验的总结。在各省级监督委员会纷纷成立的大背景下，中央监督委员会发挥指导作用，每年设立一个专题调研课题，与省级监督委员会开展联合调研，总结各地实践经验，上升为制度，推动监督工作不断向前发展。

按照年度工作计划，中央监督委员会围绕即将开始的省级组织换届工作，与民革上海市监督委员会、江苏省监督委员会联合开展“如何在换届中发挥内部监督作用”的专题调研。调研小组在问卷调研的基础上，赴黑龙江、河南开展实地调研，了解省级监督委员会在省辖市级组织换届过程中发挥作用的情况，并代民革中央起草了《民革中央关于严肃换届纪律，加强换届工作监督的通知》，制定了《民革监督委员会监督省级组织换届工作办法》。今年11月，中央监督委员会在重庆召开内部监督工作研讨会，中央监督委员会委员、各省级监督委员会主任及省级监督委员会办公室主任参加会议，讨论并修改了这两个文件并提交主席办公会通过，即将下发，为规范内部监督工作提供了依据。

中央监督委员会每年召开一次会议，根据实际需要，总结阶段性经验，研究内部监督的一项重点工作，已经成为工作惯例。这项举措有效推进党内民主建设，有助于提高民革全党内部监督工作水平和解决自身问题的能力，也为内部监督工作的规范化和制度化建设提供了平台。

四、认真处理信访信件

2016年民革中央监督委员会办公室共受理内部监督信访信件22件。针对涉及换届工作的重点信访事件，监督委员会办公室及时和民革省级组织、省级监督委员会联系，与中共党委统战部沟通，认真核实情况，按照《监督条例》及其实施细则，妥善处理。

根据《民革章程》和相关文件规定，2016年对触犯国家刑律的10名党员作出了开除党籍的纪律处分。

2017年的重点工作

2017年，民革中央监督委员会将以换届工作为中心，继续认真做好内部监督各项工作，保证换届工作圆满完成。

一、加强学习，深化认识，提高监督工作理论水平

要继续加强对内部监督工作的理论研究，深入学习、积极借鉴中国共产党党内监督工作长期实践中积累的成功经验，结合自身实际，逐步完善有参政党特色的内部监督体系。

中央监督委员会和各省监督委员会要继续深入学习中共十八届六中全会精神，领会文件精髓，深化认识，努力提升民革内部监督工作理论水平。

二、加强宣传，落实文件，保证换届工作顺利进行

目前，各省级组织换届工作已经进入实质性工作阶段，中央领导机构换届已经进入筹备期。各省级监督委员会要协助同级委员会领导班子，按照《民革章程》和换届文件要求，遵循《民革中央关于严肃换届纪律，加强换届工作监督的通知》和《民革监督委员会监督省级组织换届工作办法》，积极开展内部监督各项工作，发挥监督工作的预防性作用，保证换届工作能够按照既定程序开展，杜绝任何违反原则和纪律的行为，保证换届工作风清气正，保障换届方案顺利执行。

各级监督委员会要配合同级组织领导班子加强宣传，提高全党对内部监督工作的认识。要有效开展警示教育活动，使全体党员深刻领会内部监督工作在换届中的重要意义，主动关心换届工作，坚持原则，顾全大局，共同努力顺利完成换届各项工作任务。

三、加强联动，总结经验，推动监督工作向前发展

2017年，中央监督委员会继续与省级监督委员会加强联系，发挥联动机制优势，围

绕“监督条例修改”开展调研，要在年内召开一次研讨会，重点研究《监督条例》修改问题。

各级监督委员会要做好监督换届工作总结，形成书面报告，报上级监督委员会。中央监督委员会也将总结监督换届工作经验，进一步推动民革内部监督工作理论和实践发展。

四、加强约束，严格程序，做好信访等日常工作

2017年，中央监督委员会办公室要继续参照《民革中央机关信访工作原则》和《〈中国国民党革命委员会内部监督工作条例〉实施细则（试行）》的规定办理涉及党内监督的来信来访，积极稳妥地开展工作。

对来信来访和其他相关信息所反映的涉及换届工作的问题，特别是涉及人选的有关问题，各级监督委员会要及时和各级相关组织、中共党委统战部沟通，研究解决办法。必要时中央监督委员会将派员到相关省级组织核实情况，并在职权范围内提出处理意见。要对重要信访事项的办理进行监督检查，直至妥善处理。

各级监督委员会办公室要定期做好信访工作材料归档整理工作。要针对全年的信访工作总结经验和教训，切实提高解决自身问题的能力。同时也要关注苗头性和倾向性问题，以便有针对性地加强相关工作。

2017年，中央监督委员会将在中央委员会领导下，继续学习中共十八届六中全会精神，学习借鉴执政党党内监督工作的成功经验，不断完善民革内部监督制度建设。紧紧围绕换届中心工作，发挥内部监督作用，推动党内监督工作向前发展。

在民革十二届十四次中常会上的讲话

（2016年3月7日）

万鄂湘

同志们：

这次中常会的主要议题是学习贯彻两会精神，进一步明确今年的各项工作任务。下面我谈几点意见，供同志们参考。

一、深入学习贯彻两会精神

今年的两会，是我国进入全面建成小康社会决胜阶段开局之年召开的重要会议。李克强总理所作的政府工作报告、张德江委员长将作的全国人大常委会工作报告和俞正声主席所作的全国政协常委会工作报告，全面科学总结了2015年的工作，对2016年工作的目标、任务和要求作出了全面部署。三个报告极大增强了全国各族人民在中国共产党领导下奋力夺取全面建成小康社会决胜阶段伟大胜利的信心和力量，对民革今后进一步做好各项工作具有重要指导意义。

在这次政协大会上，民革中央共提交大会发言8篇、提案35件，这些成果凝聚了民革各级组织和广大党员的集体智慧。民革参加两会的人大代表和政协委员，要讲政治、会协商、善议政，而且更应该守纪律、讲规矩、重品行，必须时时以高度的政治责任感、强烈的代表委员意识和良好的精神风貌认真履职、扎实工作，不负广大人民群众和全体民革党员的托付与期望，展现出民革的良好风采！

两会结束后，民革各级组织和广大党员要认真学习贯彻两会精神和习近平总书记系列重要讲话精神，在道路、方向、目标上形成统一意志和步调，把思想和行动凝聚到中共中央的决策部署上来，凝聚到服务“十三五”发展上来，凝聚到贯彻落实创新、协调、绿色、开放、共享的发展理念上来，吃透精神内涵，把握核心要义，深入调查研究，提出真知灼见，结合民革中央2016年工作要点，全面做好今年的各项工作，为我国“十三五”时期开好局、起好步，为完成两会提出的目标和任务作出应有的贡献。

二、认真做好今年的几项重点工作

民革全党要认真贯彻落实中共十八届三中、四中、五中全会精神和中央统战工作会议精神中的有关决策部署，重点做好以下几项工作：

一是继续助推平潭综合实验区发展。要继续深入研究平潭发展问题，办好几件实事。指导民革中央企业家联谊会适时召开项目发布会，按照市场规则积极稳妥地发起投资主体并尽快完成注册工作，为筹办中山银行做好准备工作。整合各方资源，办好平潭发展论坛，谋划好法治、经济、青年创业、两岸高等教育等分论坛。推进平潭青年创业谷建设。

二是切实开展专题调研。两会后，民革中央将围绕“京津冀能源结构调整”课题开展本年度重点调研，为推动京津冀协同发展献计出力。今年，我们还计划结合“三农”重点领域优势和供给侧结构性改革的要求，配合全国人大的执法检查，将食品安全作为重点课题，与省级组织上下联动开展系列调研。各省级组织可围绕土壤、水质、用药、添加剂安全及检测标准、检测手段等方面开展相关调研，但是须注意不要宣传报道。此外，民革中央还将继续围绕跨行政区划法院设立、推进法律援助法制化、促进两岸经济融合发展、两岸青年创新创业等课题深入开展调研，力求提出有针对性、可操作的对策建议，为执政党的科学决策提供参考。

三是着力搞好政治交接。要在思想上、组织上做好充分准备，确保各级组织换届工作平稳有序进行。切实提高解决自身问题的能力，探索发挥监督委员会在换届工作中的重要作用。加强统筹规划，尽早提出整体意见和基本要求，指导省辖市级组织于年底前顺利完成换届工作。出台省级组织换届工作意见，研究部署省级组织换届工作。召开省级组织换届工作会议，与中共各省委统战部、民革省级组织做好沟通协商。研究制定《民革党员发展工作意见》，加大高层次人才发展、培养和推荐力度。

四是务实推进精准扶贫工作。要围绕全面建成小康社会的目标，按照中央扶贫开发工作会议的部署，强化组织领导，加强统筹协调，突出民革特色，力求工作实效。继续发挥好东部十省市帮扶纳雍工作机制作用，特别要发挥好长三角、珠三角等经济发达地区的民革组织作用，帮扶贵州纳雍做好精准脱贫工作。加强与京津冀民革组织的协同合作，探索解决环京津贫困带脱贫发展问题。

五是积极参与孙中山先生诞辰150周年纪念活动。要根据中共中央统一部署，配合国家有关重大纪念活动，结合自身工作实际，积极稳妥地参与好、组织好各项纪念活动。以纪念活动为契机，以坚持和发展中国特色社会主义学习实践活动为主线，进一步巩固思想基础，不断强化思想理论建设。

两会闭幕后，民革各级组织要围绕两会精神、结合民革实际，引导广大干部和党员在中国特色社会主义事业中做好本职工作，在多党合作事业中履行好参政党职能，为推进“四个全面”战略布局和实现“十三五”规划的宏伟目标贡献力量！

在民革十二届十五次中常会上的讲话

（2016年7月3日）

万鄂湘

同志们：

本届常委会成立已经快四年了，工作取得了一定成绩。每年全会上，民革中央委员们都对常委会的工作给予积极的评价。今年任务非常重，地市级组织要完成换届。根据有关文件的精神，明年6月底以前省级组织将完成换届。明年底还要召开民革十三大，常委会要拿出一份优秀的成绩单向民革十三大汇报。这次常委会的主要议题是研究民革今后一个时期的几项重点工作，如组织换届、参政议政、开展脱贫攻坚民主监督、信息化建设等。希望大家深入探讨，开拓思路，进一步创新工作方式方法。我结合常委会的主题，先谈一些看法和感受，与大家共同研究。

一、民革工作始终要坚持正确的政治方向

做好民革工作，始终要坚持正确的政治方向。

一要始终坚持中国共产党的领导。前天，习近平总书记在庆祝中国共产党成立95周年大会上作了重要讲话，全面总结了中国共产党团结带领中国人民不懈奋斗的光辉历程、伟大贡献和历史启示，深刻阐述了不忘初心、继续前进必须牢牢把握的八个方面的要求，是指引中国特色社会主义伟大事业的纲领性文献。民革前辈选择自觉接受中国共产党的领导，长期与中共通力合作，肝胆相照、荣辱与共，在中国共产党的领导下为实现中华民族伟大复兴而不懈奋斗，这就是民革必须长期坚持、永不动摇的初心，是我们最根本的政治方向，是民革的立党之本。

二要继续开展学习实践活动。近年来，民革以坚持和发展中国特色社会主义学习实践活动为主线，开展了一系列活动，取得了阶段性成果。“观故居·走多党合作之路”是

很好的教育活动，使民革各级领导干部和广大党员从前辈跟着共产党革命、奋斗的人生轨迹中获得教育和启迪。在下一步的学习实践活动中，民革全党要把学习习近平总书记系列重要讲话特别是“七一”重要讲话作为核心内容，深入学习民革党章，以参与纪念孙中山诞辰150周年为契机，不断增强道路自信、理论自信、制度自信、文化自信。

三要认真履行参政党职能。当前，国家发展的内外环境发生了深刻变化，社会思想观念更加多样，台海局势趋于复杂严峻。民革要牢记参政党的历史使命，更好发挥作用，不断增进团结，凝聚正能量，把民革各级组织和广大党员的力量凝聚到“十三五”奋斗目标上来，提出有战略性、全局性、前瞻性、可操作性的建议，完成中共中央交给的各项任务。近年来，民革中央助推平潭综合实验区发展等一系列工作得到中共中央、国务院领导同志的肯定和国务院各部委的支持，发起的“两岸青年创新大联盟”也发挥了很好的作用，这些工作都是履职尽责的好案例。下一步，民革要在贵州开展脱贫攻坚民主监督工作，这是一项新任务，下面我会重点展开。

二、妥善做好换届工作和组织建设

今天，我想着重谈换届工作和组织建设。民革十二大以来，民革在组织发展、人才举荐方面实现了一些突破，我们在湖南、山西发展了两名副省长。最近，田红旗同志新当选中国工程院副院长，王红同志调任国务院参事室副主任。不少省级组织在组织发展和干部推荐方面下了很大功夫，天津、上海、河南、四川、重庆、陕西、湖南等地都取得了不错的成绩，天津有6名民革党员在政府、政府部门和司法机关担任厅局级实职。陕西地处西北，组织工作的基础相对薄弱，近年来也成功举荐了4名厅局级实职干部。重庆有61名处级实职干部。但与此同时，民革组织发展中还存在不少问题，如高层次人才不多、领导班子梯队建设相对滞后、基层组织活力不够等。有的省还没有在政府、政府部门和司法机关担任厅局级实职的干部。这些问题也是中央全会上委员们集中关注的焦点和热点。

一是确保政治交接顺利进行。搞好政治交接，传承民革与中共长期团结合作的优良传统，确保民革事业薪火相传，持续为中国共产党领导的多党合作事业作出新贡献。具体要求是：（一）严守政治纪律。严格遵循《民革章程》和换届文件的原则，把民主集中制贯穿到换届工作的各个环节，广泛听取意见，认真酝酿协商。督促广大党员干部认真学习换届文件精神，严守政治纪律，增强纪律观念。（二）积极与统战部门沟通。本次常委会后，民革各省级组织的换届工作将正式启动，各省级组织要积极与中共统战部门密切沟通，积极协商领导班子人选，及时制定本省换届文件，确保政治素质高、思想作风过硬、德才兼备、适应民革工作的优秀干部进入领导班子人选范围。对于出现的“到届不到龄”问题，要从实际出发，与中共省委有关部门协商，进行妥善安排。（三）发挥监督委员会的重要作用。切实提高解决自身问题的能力，参照中共关于换届风气监督“九严禁”的要求，以“零容忍”的政治态度对待非组织行为，确保换届工作风清气正。

二是抓牢后备干部培养工作。要以换届为契机，对各省后备干部名单进行疏理分析，有计划、有针对性地及时引进、适当补充，形成动态管理机制，进一步提高全党组织工作水平。后备干部培养是一项基础性工作，省部级、厅局级的民主党派干部，都有客观的成长规律，需要为后备干部一级一级搭好台阶、推荐培养。

三是着重发展领军人物。“千军易得，一将难求。”高层次的人才、特别是领军人物，是民主党派履职尽责的重要骨干力量。民革要对领军人物采取培养和引进并重的方针，一方面，我们要积极培养有潜力的民革党员，帮助他们成长；另一方面，优秀的无党派人士是各民主党派重要的人才来源，我们要拿出“三顾茅庐”的诚意，主动介绍民革的情况，积极争取合适的人才加入，必要时可请上一级组织予以支持和协助。

四是积极举荐干部。中央和地方每一轮换届、每一次干部调整，都是推荐干部的机会，要常抓不懈、一轮接着一轮推，各级组织主要领导要亲自推荐、上级组织也要帮助推荐优秀民革党员到政府、政府部门、司法机关、高等院校、科研院所、国有企事业单位、社会团体担任领导职务。《中国共产党统一战线工作条例（试行）》对党外代表人士队伍建设作出了明确规定，中央和省级组织部门要对照《条例》要求，结合自身工作实际，着眼于省级组织换届，切实加强实职干部推荐。社会法制是民革参政议政的三大重点领域之一，《条例》明确规定“各级人民法院、人民检察院领导班子应当配备党外干部”，目前北京、上海等大城市的司法机关都缺乏有分量的党外领导班子成员，要以落实《条例》精神为契机，积极推荐干部任职。

三、不断提升参政议政工作水平

习近平总书记明确强调，要把民主党派“帮手”的作用发挥出来，并将之提高到巩固和发展社会主义和谐政党关系的必然要求的高度。民革十二大提出“举全党之力抓参政议政”，近年来工作取得了一定成绩。

一是重点做好政党协商工作。对民主党派提出的意见建议，我们感觉近年来中共中央、国务院及各部门越来越重视研究吸纳、及时反馈。地方民革的同志也普遍反映，各级中共党委政府越来越重视政党协商，但各地多少存在一些共同的问题，如表态性或泛泛而谈的发言较多、找的问题不够准、提出的建议不够实等。这其实和组织建设、实职干部举荐工作互为表里。今后，民革中央要围绕参与政党协商，为省级、地市级组织开展有针对性的培训。

二是精心筹划好重点调研课题。近年来民革中央的许多调研成果得到了中共中央、国务院的高度重视。最近，各民主党派统一建立了机要通信，我们今后的调研报告直接报送中共中央、国务院领导同志，“直通车”的优势更加突出，也对建言献策的水平提出了更高的要求。今年民革中央年度重点调研题目是“京津冀能源结构调整”，习近平、李克强、俞正声、张高丽同志分别作出重要批示。我多次讲过，调研的选题要“上接天线，下接地气”，筹划调研要注重上下联动、聚集智慧、深入一线。今年我们还要通过上下联动，聚集民革全党的力量，完成两项较大的重点调研课题。（一）农产品供给侧结构性改革与质量安全。今年3月上旬的第十四次中常会上，我提出要结合农业供给侧结构性改革需求，将农产品质量安全作为重点课题，与省级组织联动开展系列调研。我和齐续春同志近期分别率调研组到湖北、四川、安徽等地了解情况。各省级组织已将调研报告汇总到民革中央调研部，天津、吉林、河南、甘肃等地民革组织的报告材料翔实、分析透彻、建议中肯，调研部正在归纳各省调研成果，力争形成一份好的调研报告。（二）城市群城际铁路规划建设。城际铁路是城市群综合运输体系的主骨架，发展潜力大。我国“十三五”规划中明确了19个城市群，规划建设城市群中心城市间交通网、中心城市与节点城市间1–2小时交通圈、1小时通勤圈，是推进城市群和新型城镇化建设的迫切需要。民革中央拟请各省、市、自治区先期开展预调研，从城市群城际列车规划、吸纳民间投资、运营管理方式等方面了解到第一手资料，进而联合国家铁路局、铁路总公司开展调研，最终形成专门的报告。

三是围绕全面依法治国献计出力。社会法制是民革中央参政议政的三大重点领域之一。中共十八届四中全会提出“科学立法、严格执法、公正司法、全民守法”的方针，习近平总书记在“七一”重要讲话中提出“党领导立法、保证执法、支持司法、带头守法”。民革中央近年来围绕司法体制改革、跨行政区划法院设置、志愿服务法制化等开展调研，取得了一些成果。最近在调研中，我发现各地法治政府建设取得一些成果和经验，司法体制改革也不断取得新突破，但全面依法治国还应在科学立法、全民守法等方面均衡发展，如推进社会文明，治理不文明陋习等完全可以通过地方立法的形式来进行。今后一个阶段，民革要与有关部委合作，主要做几件事：（一）推进基层法治建设。民革各省级组织都要积极参与，在本省内选取基础较好的一两个市，联合民革的专家学者，通过政治协商、立法协商的渠道，向中共党委和立法机关提出建议，以地方立法的形式，通过精准的惩罚整治陋习，促进社会文明建设。要注意解决“法不责众”问题和与上位法的衔接问题。要研究归纳出法治建设的几类标准，如设区市地方立法的科学化程度、政府依法行政、公民普遍守法、企业守法守信等量化标准，促进科学立法、文明执法和全民守法。（二）完善法律服务机构。截至去年底，全国24个民革省级组织和150个地市级组织成立了法律服务机构，其中5个省级组织和32个地市级组织所属的法律服务机构被纳入国家法律援助工作体系，民革中央要研究进一步规范和支持民革各级组织的法律服务活动。

四是持之以恒做好反映社情民意工作。反映社情民意工作是全国政协面向各民主党派和全国工商联唯一进行量化考核的工作，也是一项基础性的工作，能否做好，体现了党派工作的深度、广度，也反映出工作水平和能力的高低。去年我们的采用率在八个民主党派中排名第一。今年前五个月，民革中央依然保持第一，希望大家继续努力，各级领导特别是各位常委多带头，各省级组织加强信息员队伍建设，把这项工作抓牢抓好。

四、增强涉台工作实效

2008年以来，两岸关系实现历史性转变，两岸关系取得了一系列重要突破，总体面貌发生巨大变化。特别是去年11月7日，两岸领导人实现了66年来的首次会面，翻开了两岸关系历史性的一页。两岸关系和平发展诸多成果的取得，都是建立在“九二共识”、反对“台独”这个根本的政治基础之上。但众所周知，今年岛内再次出现所谓政党轮替，蔡英文和民进党当局刻意回避“九二共识”的核心意涵，对两岸关系根本性质态度模糊，两岸关系必将面临新的严峻考验。但是我们也要看到，海峡两岸经济的整合已成大势所趋，两岸民间交流日益蓬勃，两岸和平发展已成为岛内任何政党和个人都无法背逆的历史潮流。民革要在坚持“九二共识”、反对“台独”的基础上，围绕中共中央对台工作大政方针，以习近平总书记对台系列重要讲话为指引，更加坚定地推进两岸关系和平发展，进一步做好台湾人民工作，按照“三个坚持”方针的要求，多发挥涉台调查研究的智库功能，多做深化两岸青年交流的实事。

一是发挥涉台智库功能。民革的对台工作有深厚的历史渊源、长期的研究基础、广泛的信息来源和多渠道的发声平台，要加强涉台战略研究，目光长远，跳出条条框框，营造宽松的氛围，不断创新涉台调查研究方法，突出精品意识，真正做到准确预判形势、提出诤言良策，服务中共中央科学决策，争取成为高水平的涉台智库。

二是深化两岸青年交流。做好台湾人民的工作，关键要不断深化交流特别是青年一代的交流。“杰青团”的青年说，他们来过大陆的同学，没有一个参加了所谓“太阳花”运动。一个多月前，民革中央邀请台湾青年精英参加调研自贸区惠台措施推进情况，收到很好的效果。民革中央持续关注的两岸青年创业、台生赴大陆实习等活动已经形成品牌，中共中央统战部和国台办都给予高度肯定。

三是办好平潭发展论坛。这是民革中央为平潭发展做的四件事之一，我们正在紧锣密鼓地筹划，计划下半年择机举办。论坛将设置法治、经济、两岸青年创业、两岸高等教育四个分论坛。民革各省级组织要积极参与论坛的准备工作。

五、探索符合参政党实际的社会服务道路

民革的社会服务工作要与自身建设、履行参政党职能相结合，认真落实中共中央扶贫开发工作会议的精神，充分发挥民革党员的作用，注重形成品牌效应。

一是认真开展脱贫攻坚民主监督工作。按照中共中央领导同志的指示精神和有关部门的统一部署，贵州被列为民革重点开展脱贫攻坚民主监督工作的省份。这是民主监督工作新的尝试，民革要坚持正确的政治方向、鲜明的问题导向，从实际出发，突出工作重点，与民革履行参政党职能相结合，聚焦脱贫攻坚中的重点难点问题和政策落实中的薄弱环节，做好民革对口的贵州省脱贫攻坚民主监督工作。

二是积极投身脱贫攻坚战。参与脱贫攻坚，是民主党派的一项政治任务，责任重大、使命光荣。民革要落实统一战线的部署，积极参与毕节、黔西南试验区建设，完成好帮扶贵州纳雍县的光荣任务。要继续围绕京津冀协同发展中的贫困问题进行深入调查研究，做好保定、承德、张家口定点联系村的帮扶工作。注重参政议政、精准扶贫、自身建设相结合，组织基层民革支部（党员）与贫困户结对子，开展“博爱·牵手”帮扶活动，弘扬社会主义核心价值观，凝聚党员向心力，成为开展组织建设、思想政治工作的有效途径，并与参政党理论研究相结合，探索社会服务理论研究。

三是要形成品牌效应。近年来，民革各级组织的社会服务工作涌现出一些叫得响的品牌，如“博爱·牵手”等。民革上海市委会发起的“博爱图书·十年百馆”项目逐渐形成了品牌，通过当当网的大数据分析进行精准捐赠，并与志愿服务相结合，对图书馆进行跟踪管理维护。吉林民革党员张宝艳、秦艳友夫妇发起“宝贝回家”品牌，引起了全国性的关注，光荣当选 2015“感动中国”年度人物。民革中央要研究创新工作方式，大力支持地方组织深耕细作、坚韧持久地打造品牌、维护品牌，不断扩大社会服务品牌的影响力。

六、提高民革信息化工作水平

政治工作，就是做人的工作，具体而言就是争取人心的工作。在信息化时代，民主党派的报纸、网站、微信号等平台对于弘扬主旋律、传播正能量、宣传我国政治制度和政党制度、做好民主党派成员和所联系人士的思想政治工作都应该发挥独特的、更重要的作用。青年人思想活跃，引领技术潮流，他们在哪里，思想政治工作的前沿阵地就应该在哪里。几年前青年人就开始用微信、发朋友圈，现在也有很多中老年人都已经在使用微信了。思想政治工作的阵地，我们不去发展，一些敌对势力就要钻空子。中共中央统战工作会议提出民主党派要在新的社会阶层、归国留学人员等群体中发展成员，并特别强调要做好引导工作，而他们获取信息、沟通交流、思想争辩，都已经完全进入信息化时代。今天，我们做好广大民革党员以及与民革有联系的人士的思想工作，信息化的手段尤为重要，民革迫切需要以信息化的手段搞好自身建设，进一步提高履职能力和水平。近年来，团结报团结网全媒体建设取得显著成绩，“民革 e 家”试运行也积累了一定经验，但仍有很大的提升空间。

一是整合现有的信息化资源。我们现在有民革中央网站、“民革 e 家”信息交流平台、团结报团结网全媒体、党籍管理系统等多个信息化平台，管理多头，有的利用效率不高，有的系统较为落后，时效性、稳定性、安全性都不够。针对现有的问题，要进行有效整合，需要升级优化的尽快实施，并预留系统间的接口和发展的空间。

二是注重内外并重。对外，既要服务好宣传民革的任务，做到准确及时传递民革的信息，打造民革各项工作的品牌形象；又要服务好读者和受众，用鲜活的语言和生动的报道吸引人，潜移默化、“润物细无声”地做好思想引导工作。调研时我说过，要提倡民革党员都关注团结网微信，在朋友圈转发好的内容，动动手指头就可以宣传民革。对内，要提升信息上传下达的效率和便捷程度，打造面向不同服务对象的平台。做好“民革 e 家”的建设和推广使用工作，使之成为面向全体党员的一体化在线工作平台。

三是加强信息化工作的领导。民革中央要成立信息化工作领导小组，由修福金同志担任组长，认真抓好这项工作。要成立专门的协调机构，加强对信息化工作的统筹规划和顶层设计，研究进一步科学优化配置信息化方面的机构设置和人员配置，整合资源，统一发展，紧盯未来，少走弯路。

同志们！民革要继续深入学习贯彻习近平总书记系列重要讲话精神，始终坚持正确的政治方向，强化自身建设，履行参政党职能，为推进“四个全面”战略布局，实现中华民族伟大复兴的中国梦而努力奋斗。

在民革十二届十六次中常会上的讲话

（2016 年 10 月 31 日）

万鄂湘

同志们：

这次常委会的主要议题是学习贯彻中共十八届六中全会精神，进一步明确今后一段时期的工作任务。刚才同志们谈了自己的体会，原则讨论通过了常委会决定。下面我谈几点意见，供同志们参考。

一、认真学习贯彻中共十八届六中全会精神

在刚刚闭幕的中共十八届六中全会上，中共中央对“全面从严治党”作出了全面系统的战略部署，将“四个全面”战略布局更加系统地提升到新的高度，不断开拓治国理政全新视野，为中国特色社会主义理论体系持续注入新的时代内涵。全会正式提出“以习近平同志为核心的党中央”，反映了各民主党派、工商联、无党派人士的共同心愿。中共十八大以来，习近平总书记带领新一届中央领导集体总揽全局、协调各方、团结奋斗、勇于担当，治党治国治军展现出非凡气概，取得了卓越成就，在新的伟大斗争实践中已经成为中共中央的核心、中国共产党的核心。我们要坚决维护以习近平同志为核心的中共中央权威，不忘合作初心、继续携手前进，积极推进中国共产党领导的多党合作事业。

作为参政党，民革要把学习贯彻中共十八届六中全会精神作为当前和今后一个时期民革全党的重大政治任务，要切实把思想和行动统一到全会精神上来，增强政治意识、大局意识、核心意识、看齐意识，在思想上、政治上、行动上同以习近平同志为核心的中共中央保持高度一致。要将学习全会精神与持续开展的中国特色社会主义学习实践教育活动相结合，与学习《中国共产党统一战线工作条例（试行）》等文件相结合，与民革十二大提出的目标任务、特别是内部监督工作相结合，与民革各项履职工作相结合。根据执政党全面从严治党的部署和要求，全面加强参政党自身建设，以学习贯彻中共十八届六中全会精神作为重要契机和强大原动力，努力把民革全党参政履职能力提升到一个新境界新水平。

二、以全会精神为指导，进一步加强民革思想政治工作

去年中央统战部和各民主党派中央联合开展了各民主党派成员思想状况的调研，调研报告得到习近平总书记、俞正声主席、张高丽副总理等领导的重要批示。民革十二届中央第三十五次主席办公会对进一步加强民革思想政治工作作出了部署。民革各级组织要做好六项工作：**一是开展“不忘合作初心，继续携手前进”专题教育**。要创新教育形

式和载体，将学习“七一”重要讲话精神与学习习近平总书记系列重要讲话精神、学习中共党史、学习多党合作和民革党史紧密结合起来，作为今明两年学习实践活动的重要内容，统一部署，深入开展。**二是启动多党合作历史传统记录工作。**民革已有较好的工作基础，要进一步采访、记录、收集、整理民革前辈和老同志对多党合作历史的记忆、对传承多党合作优良传统的思考和感悟，积极服务民革政治交接辅导工作。**三是开展问卷调查和思想态势分析。**每届要开展一次比较全面的问卷调研，通过多种形式分析民革党员思想态势，既要准确把握动态，又要深入分析研究，同时要提出改进工作的具体举措建议。**四是提高思想政治工作的精细化水平。**对高校、科研机构中民革党员，每年召开党员代表座谈会，有针对性地解疑释惑，深化思想教育和引导。对新的社会阶层人士和非公经济人士中的民革党员，要对发展的数量、成员质量、加入到党派以后发挥作用和影响等进行调研和评估。对青年党员，要探索培养、锻炼的有效方式，把他们的活力、创造力调动到参政议政、社会服务等工作上来。**五是引导民革党员在意识形态领域积极、正面发声。**要把民革党员中形象好、导向好、表达好、影响好、有较强说理能力的专家推荐出来，建立专家采访库，能够在重大事件和关键节点撰写文章、接受采访、及时发出正面声音。**六是善用新媒体，配合宣传好多党合作事业。**积极稳妥地建好、管好、用好新媒体，分析调研民革各级组织建立的网站和新媒体，查找薄弱环节，为宣传多党合作事业和民革各项工作提供支撑。

三、提高认识，抓好各项工作落实

一是做好换届工作。当前，民革地市级组织换届工作有序进行，按照计划今年内要完成。中央领导机构和省级组织换届前期准备工作也在有条不紊地进行。中共十八大以来，中共中央高度重视换届选举风清气正，在严明政治纪律和换届纪律方面，绝不含糊、绝不迁就。民主党派换届同样也要把纪律放在前面。前不久，辽宁拉票贿选案的涉案人员中，就有不少民主党派成员。中共十八大以来，海南省先后有九名省级民主党派领导骨干因违法违纪被查处，在社会上的影响非常恶劣。这里我要再次强调，民主党派绝不是法外之地。换届工作一定要按照《各民主党派中央关于做好省级组织换届工作座谈会纪要》和民革中央出台的有关文件要求，进一步规范工作程序和纪律要求，在重要环节上恪守工作流程。监督委员会要总结过去好的经验做法，充分发挥监督作用。

二是抓好脱贫攻坚民主监督工作。按照中共中央领导同志的指示精神和有关部门的统一部署，贵州被列为民革重点开展脱贫攻坚民主监督工作的省份。民革中央已经启动了调研工作，研究制定了工作方案，组建了6个调研组分别对口贵州6个市（州）。9月底，增加了浙江、江苏、上海三省（市）民革组织为支持单位。民革主要聚焦脱贫攻坚的三个阶段，找准工作的关键点和切入点：一是开局阶段，监督做好精准识别，特别是贫困对象和标准的精准识别，了解群众的认可度和满意度；二是过程阶段，监督做好扶贫政策执行和责任落实，发挥民革优势，积极在产业扶贫、教育扶贫、心理扶贫等方面拿出一些看得见、摸得着、接地气的举措；三是结果阶段，开展调查研究，监督脱贫效果和质量，真正推动脱贫攻坚落到实处。在具体的民主监督过程中，民革要着力做到“多”“少”“不”三个字：“多”是多帮忙，“少”是少添麻烦，“不”是不添乱、不帮倒忙。在重视物质精准脱贫的同时，我们也同样要关注精神脱贫。留守老人和儿童生活条件和心理健康状况及其潜在的社会后果堪忧，民革中央准备与共青团贵州省委合作，由民革广大党员、民革中央企业家联谊会中的爱心人士捐资帮助贵州留守儿童和老人在春节时和家人团聚。

三是深入研究精准立法促进社会文明工作。与发达国家和地区相比，我国社会普遍文明程度还有较大提升空间。除了经济社会发展水平、传统习俗、城乡差异等多方面因素外，行为规范刚性缺失、立法不够精准，是社会文明不彰的重要原因之一。民革中央今年通过调研，提出通过精准立法、带动全民守法、促进社会文明，切实推进法治与社会主义核心价值观及中华优秀传统道德理念良性互动。报告得到习近平总书记、李克强总理、张德江委员长、俞正声主席等领导的重要批示。民革以社会法制为参政议政重点领域之一，要积极履行参政党职能，为推进法治、促进社会文明工作贡献力量。这项工作我们在长春等地已经有较好的试点基础，明年将作为一项重要的工作，请民革各省级组织参与。具体可在本省内选取基础较好的一两个市，通过政党协商、立法协商等渠道，向地方中共党委和立法机关提出建议，以地方立法的形式，通过精准的惩罚整治陋习，促进社会文明建设。

四是抓好明年重点调研准备工作。最近几年，民革中央的重点调研工作都取得了较好的效果。经主席办公会讨论并一致同意，拟将"一带一路"西北发展战略问题作为民革中央 2017 年度重点考察调研课题。西北五省要先期开展预调研，为民革中央重点调研打好基础。此外，明年还有几项重点调研任务，需要提前谋划：1. 脱贫攻坚工作。包括如何从政策上支持安置易地搬迁人口就业的企业，稳定异地搬迁人口就业，和同步实施精神脱贫。2. 渤海湾水域的保护与治理。积极探索研究如何有效促进辽宁、天津、河北、山东四省（市）统筹规划，适度开发，实现环渤海地区的生态优先、绿色发展。3. 农村土地流转。围绕探索农村土地集体所有制的有效实现形式、落实农业支持保护补贴政策、切实保障农民经营自主权、严格防范农地性质改变等课题开展调研。4. 健康中国建设。结合民革中央近年来关于康养产业的研究成果和国家的战略要求，为健康中国建设提出政策建议。

同志们，民革要紧密团结在以习近平同志为核心的中共中央周围，牢固树立政治意识、大局意识、核心意识、看齐意识，不忘合作初心，继续携手前进，始终坚持正确的政治方向，强化自身建设，履行参政党职能，为推进"四个全面"战略布局，实现中华民族伟大复兴的中国梦而努力奋斗。

中国国民党革命委员会
第十二届中央委员会第五次全体会议决议

（2016 年 12 月 18 日民革十二届五中全会通过）

中国国民党革命委员会第十二届中央委员会第五次全体会议于 2016 年 12 月 17 日至 18 日在北京召开。会议学习了中共十八届六中全会精神，审议通过了万鄂湘同志代表中央常务委员会作的工作报告、何丕洁同志代表中央监督委员会作的工作报告、关于中央参政议政工作情况的报告。会议通过了关于接受何丕洁同志提出不再担任中央领导职务请求的决定、关于召开民革第十三次全国代表大会的决定。会议增选李惠东同志为民革第十二届中央委员会副主席。

会议认为，万鄂湘同志的报告内容翔实，重点突出，既实事求是地总结了今年的工作，又对明年的主要工作提出了针对性的意见，对下一阶段做好民革各项工作具有重要的指导意义。

会议认为，中共十八届六中全会是在全面建成小康社会决胜阶段召开的一次十分重要的会议，对于推进党的建设新的伟大工程、推进中国特色社会主义伟大事业具有里程碑意义。中共十八大以来，习近平总书记带领新一届中央领导集体总揽全局、协调各方、团结奋斗、勇于担当，治党治国治军展现出非凡气概，取得了卓越成就，在新的伟大斗争实践中已经成为中共中央的核心、中国共产党的核心。认真学习贯彻中共十八届六中全会特别是习近平总书记系列重要讲话精神，是民革当前和今后一个时期的重要政治任务，民革各级组织和全体党员要通过深入学习，切实把思想和行动统一到全会精神上来，进一步增强“四个意识”，特别是核心意识、看齐意识，在思想上政治上行动上同以习近平同志为核心的中共中央保持高度一致。

会议强调，民革各级组织要以中共十八届六中全会精神和习近平总书记系列重要讲话精神为指导，继续坚定不移地接受中国共产党领导，发扬与中国共产党密切合作、风雨同舟的优良传统，坚持和维护中国共产党领导的多党合作和政治协商制度，全面加强思想、组织、制度和作风建设，切实提高履职能力。要精心组织，积极开展“不忘合作初心、继续携手前进”主题教育活动，并与纪念民革成立 70 周年结合起来，巩固共同思想政治基础，不断增强对中国特色社会主义的道路自信、理论自信、制度自信、文化自信。要明确政治责任，严肃换届纪律，切实做好民革内部监督工作，将政治交接贯穿始终，营造风清气正的换届环境和政治生态，确保明年省级组织和中央领导机构换届工作圆满成功。要围绕推进“五位一体”总体布局、“四个全面”战略布局和“十三五”规划实施的重大任务，发挥民革特色和优势，着重做好“一带一路”西北发展战略等重点调研，增强建言献策科学性实效性。要认真履行民主监督职能，加强民主监督理论研究，探索有效途径和做法，扎实做好脱贫攻坚民主监督工作。要继续推进精准扶贫，巩固扩大社会服务成果。要深入贯彻中共中央对台工作大政方针，坚决维护“九二共识”，反对“台独”分裂，继续深化涉台参政议政，务实做好两岸交流，努力推动两岸关系和平发展。

会议号召，全党同志要更加紧密地团结在以习近平同志为核心的中共中央周围，高举中国特色社会主义伟大旗帜，以邓小平理论、“三个代表”重要思想、科学发展观为指导，深入学习贯彻习近平总书记系列重要讲话精神，沿着中共十八大和十八届三中、四中、五中、六中全会指引的方向，继承和发扬孙中山爱国、革命、不断进步精神，不忘初心，奋发有为，以更加饱满的精神和更加优异的成绩迎接中共十九大和民革十三大的胜利召开，为实现“两个一百年”奋斗目标、实现中华民族伟大复兴的中国梦作出新的更大贡献！

民革中央关于进一步加强参政议政工作的意见

民革各省、自治区、直辖市委员会，中央各工作部门，团结报社、团结出版社：

中共十八大以来，多党合作事业取得长足进展。民革十二大以来，民革中央高度重视参政议政工作，提出“举全党之力抓参政议政”，对参加政党协商、政协协商等工作提出了新的更高的要求。

为进一步做好参政议政工作，特别是围绕落实创新、协调、绿色、开放、共享的发展理念、编制和实施“十三五”规划、推进供给侧改革等建言献策，提出全局性、前瞻性、战略性、可操作性的建议，切实提高参政议政工作的制度化、规范化、程序化水平，现提出以下意见。

一、总体要求

（一）指导思想。深入学习贯彻中共十八大，十八届三中、四中、五中全会精神和习近平总书记系列重要讲话精神，学习贯彻中共中央统战工作会议精神，落实《中国共产党统一战线工作条例（试行）》《中共中央关于加强社会主义协商民主建设的意见》和《中共中央关于加强政党协商的实施意见》精神，按照民革十二大对参政议政工作的部署，坚持“举全党之力抓参政议政”，进一步加强参政议政工作。

（二）工作方针。按照“发挥优势，‘联结’特色，找准切入点，打造新亮点”的思路，着力打造“立足本地、放眼全国，南北互动、东中西交流，优势互补、各级组织相互促进”的平台，选题要注重“上接天线，下接地气”，注重顶层设计、整合资源，争取中共党委政府支持、专家参与。

（三）目标任务。通过民革各级组织间相互协作，更好地发挥民革的组织优势和整体功能，使民革全党参政议政工作整体跃上新台阶。

二、工作原则

参政议政工作应调动民革中央和地方两个积极性，在工作中做到“四个坚持”。

（一）坚持统筹规划。按照中共中央的统一部署，通过民革中央的组织协调，整合民革各级组织优势资源，结合民革各级组织的实际，引导各级组织有序开展工作，增强工作实效。

（二）坚持优势互补。充分发挥中央和地方民革组织在信息资源、渠道资源、人力资源等方面的各自优势，实现优势互补，促进全党参政议政工作共同发展。

（三）坚持任务共担。对于一些重点项目和重要活动，由中央与地方共同协商、共同承担、共同开展、共同推进。

（四）坚持成果共享。鼓励中央与地方、地方与地方之间联合开展参政议政工作，民革各级组织共同分享除涉密以外的参政议政工作成果和经验。

三、工作方法

参政议政工作应在规划、选题、调研、集智、考核等关键环节不断改善工作方法。

（一）注重规划前置。提早谋划重要参政议政活动的先期筹备工作，围绕重要会议如中共中央国务院召开的座谈会、全国政协全体会议、常委会和各类协商会议，提前统筹部署，做好前期专题调研和联络协调工作，提升全党参政议政的针对性和有效性。

（二）注重聚焦精准。参政议政工作要抓住执政党和政府关注的焦点、难点问题，结合自身参政议政重点领域和界别特色，真正做到“上接天线，下接地气”。要扩大同一选题的广度和深度，使建议更加全面、更有参考价值。

（三）注重联合调研。结合参政议政重点领域，加强民革中央与省级组织的上下联动。加强与中共各级党委、人大、政府、政协有关方面的信息共享与协作，特别是建立与对口政府部门日常联络沟通和联合调研长效机制，及时沟通参政议政重要课题，联合开展专题调研。

（四）注重集聚智慧。加强与民革党外专家、智库、科研机构和社会机构合作，通过不定期召开联系会、咨询会、决策会等形式，与民革党外专家学者、科研院所沟通相关情况，听取专家学者的意见和建议，交流研究课题，提高参政议政工作成果的“含金量”。

（五）注重考核激励。建立各级组织参政议政量化考核、动态排名和激励保障的办法，有效调动各级组织和民革党员履职的积极性、主动性。

四、工作制度

近年来，参政议政工作逐渐形成了一些行之有效的制度，应予以坚持并发展。

（一）书面报告制度。民革全国代表大会、中央全会期间，中央常委会书面报告参政议政工作。

（二）会议联系制度。民革中央定期召开全国参政议政工作会议部署全局工作。不定期召开专项工作会议、专委会会议、局部地区片会、表彰会、成果交流会、座谈会等。

（三）专家论证制度。重大参政议政成果的出台和参与政党协商、政协协商工作，应贯彻“没有调查研究就没有发言权”的方针，原则上要在充分深入调查研究的基础上，组织专家论证。

（四）支持各级组织开展参政议政工作制度。民革中央向地方组织交课题、提要求、要成果，对地方参政议政优秀课题，民革中央给予重点支持。汇集、宣传参政议政工作成果，促进参政议政成果的转化和落实。

（五）常委报送社情民意信息和信息直报点、特约信息员制度。每位民革中央常委每年至少报送两篇社情民意信息，报送情况将书面向全会报告。根据工作需要，定期调整信息直报点、特约信息员。

（六）工作培训制度。与组织部门联动，加强省市主委领导班子“四个能力”培训，将提高参政议政和参与协商能力培训纳入后备干部培训内容。邀请民革党内外领导、专家和参政议政工作先进省市代表参与培训的组织实施。利用各项工作会议、成果交流会，创造条件和机会，以会代训，加强省级组织和信息直报点一线工作人员的培训交流。针对专项工作，不定期举办培训班。

（七）工作评优制度。根据各级组织、各专委会和个人在参政议政工作中作出的贡献，建立参政议政量化考核激励机制。针对各级组织间联动参政议政课题实行量化考核，通过综合参政议政活动情况、报送成果数量和质量、转化应用实效等指标，对各级组织进行按效计分、按分考核，网上排名，不定期评选表彰民革参政议政工作优秀组织和个人。

（八）用好“民革 e 家”。依托“民革 e 家”组织引导各级组织参政议政课题资源、智力资源优化配置。各级组织要利用好“民革 e 家”平台，为参政议政工作集聚全党智慧，提供定量分析支撑。

民革中央开展脱贫攻坚民主监督工作方案

为贯彻落实《中共中央国务院关于打赢脱贫攻坚战的决定》，参与统一战线凝心聚力“十三五”行动，根据中央统战部、国务院扶贫开发领导小组办公室《关于支持各民主党派中央开展脱贫攻坚民主监督工作的实施方案》制定本具体工作方案。

一、工作原则

（一）坚持正确的政治方向。开展脱贫攻坚民主监督的出发点和落脚点是帮助党和政府打赢脱贫攻坚战。要坚持中国共产党的领导，以推动中央决策部署落实为核心，围绕脱贫攻坚中的重点难点问题深入考察调研，及时发现和反映存在的问题，提出建议和批评，帮助中共贵州省委和省政府加强改进工作。

（二）坚持鲜明的问题导向。要通过深入调研、考察、座谈等形式，将发现问题与共同研究对策、提出整改办法相统一，真正把监督过程变成发现问题、解决问题的过程，把开展监督作为推动政策落实的过程。

（三）坚持从实际出发，突出工作重点。要全面了解中共中央关于脱贫攻坚的决策部署，深入了解贵州省的贫困实际情况以及省委、省政府脱贫攻坚工作的总体安排与部署，聚焦工作中的重点难点问题和政策落实中的薄弱环节，有针对性地开展工作，不要面面俱到。

（四）坚持与履行参政党职能相结合。要把参政议政、民主监督、参加中国共产党领导的政治协商三项基本职能有机结合，通过开展脱贫攻坚民主监督了解社情民意，形成真知灼见，为开展参政议政、政党协商打好基础。通过政党协商和参政议政的平台提出建设性的意见和建议。

（五）坚持工作公开、科学、规范。主动对接贵州整体扶贫工作规划和进度，充分听取当地对脱贫攻坚民主监督的需求和意见，加强民主监督工作机制建设；充分动员民革党员专家和所联系社会力量，在规划和政策制定等方面提出科学合理的建议。

二、组织领导

脱贫攻坚民主监督工作由民革中央主席办公会议统一领导，社会服务部具体组织落实。形成由社会服务部牵头，中央各工作部门配合，民革各省市级组织特别是民革贵州省委会参与的工作格局，成立由民革中央领导同志挂帅，有关部门、地方组织负责人组成的工作班子，在分管副主席的直接领导下，围绕脱贫攻坚民主监督的工作内容，负责组织开展调查研究、政策宣讲、协调党员专家参与监督评估、与地方党委政府保持畅通联系、建立信息通报机制和成果会商机制，反映意见和建议。具体领导机构组成如下：

（一）领导小组

组　长：万鄂湘

副组长：齐续春

成　员：修福金　刘　凡　傅惠民　何丕洁　郑建邦
　　　　刘家强　李惠东

（二）工作小组

组　长：何丕洁（兼）

成　员：王红玲　民革湖北省委会主委、湖北省农业厅副厅长
　　　　王世杰　民革贵州省委会主委
　　　　边旭光　民革中央社会服务部部长
　　　　付悦余　民革中央调研部部长
　　　　吴　平　民革内蒙古区委会专职副主委
　　　　胡汉平　民革江西省委会副主委、江西省农业厅厅长
　　　　张坚勇　民革江苏省委会副主委、江苏省农林厅副厅长
　　　　张全国　民革河南省委会副主委、河南农业大学副校长
　　　　程　萍　民革广东省委会副主委、广东省农业厅副厅长
　　　　谢德体　民革重庆市委会副主委、西南大学资源环境学院院长
　　　　郑学炳　民革四川省委会专职副主委
　　　　陈　勇　民革贵州省委会副主委

陈有德　民革黔南州委会主委、黔南州人民政府副州长

联络员：徐秋岩 民革中央社会服务部综合处副处长

工作小组职责：

1. 每年开展 1–2 次专题调研；

2. 分析研究各调研组日常调研中反馈的情况，形成意见反馈中共贵州省委、省政府；

3. 每年不定期总结调研中发现的好经验、好做法及存在的涉及全局工作的问题，提出解决问题的办法和建议，向中共中央和有关部门反映。

三、工作重点内容

（一）贫困人口精准识别情况；

（二）贫困人口精准脱贫情况；

（三）贫困县摘帽情况；

（四）落实脱贫攻坚责任制情况；

（五）重大政策措施执行情况；

（六）扶贫资金项目管理使用情况；

（七）以法治为保障，推进村民自治、议事协商，组织群众自觉参与扶贫开发情况；

（八）根据实际情况，其他需要进行民主监督的内容。

四、工作形式

（一）开展调查研究。在结合民革中央参与毕节试验区、黔西南试验区建设，以及对口帮扶纳雍县的实际工作的同时，在贵州省除贵阳市外的 6 个州市按照一定比例确定县、乡、村作为调研基地，充分发挥贵州周边省市民革组织和党员的作用，在民革贵州省委会配合下组建调研组，以调研组为单位，开展日常调查研究工作。每年在贵州 50 个国定贫困县中结合摘帽退出情况选择重点县，至少开展一次由中央领导带队的重点调研。考察调研要紧密结合贵州整体扶贫工作规划和需求，听取党委和政府有关部门的工作汇报，要深入基层、深入群众，走村入户实地考察，发现了解存在的问题和困难，就其中的重点问题深入研究分析，并及时向中共贵州省委、省政府反馈调研情况。

（二）提出意见建议。对调研中发现的问题和情况，充分运用政党协商、参政议政的各类平台和各种渠道，及时反映、提出建议意见，其中涉及全局工作的重要问题和重要建议通过“直通车”等形式专报中共中央、国务院领导同志。

（三）参与专项监督评估。推荐专家学者参与有关精准脱贫评估体系建设；推荐专家学者参与有关部门和专业机构就贫困人口精准识别、扶贫资金项目管理使用等情况开展的第三方评估工作。

（四）加强日常联系。建立与中共贵州省委统战部、省扶贫办的常态化联系机制和工作规范，及时就贵州省脱贫攻坚工作的进展情况、基层群众的意见和建议、地方党委政府对意见建议的办理情况进行沟通。

（五）进行政策宣讲。发挥民革智力密集的优势，在参与扶贫攻坚工作的过程中，注重广泛宣讲中共中央、国务院关于脱贫攻坚的方针政策，帮助贫困地区干部群众知晓政策、落实政策、用好政策，坚定脱贫攻坚的信心和决心。及时总结地方在开展脱贫攻坚工作中的经验做法，发现先进，推广典型。同时，加大对民革开展脱贫攻坚民主监督工作的宣传报道力度。

民革中央关于认真学习习近平总书记在庆祝中国共产党成立95周年大会上的重要讲话精神的通知

民革各省、自治区、直辖市委员会，中央各工作部门，团结报社、团结出版社：

中共中央总书记习近平同志在庆祝中国共产党成立95周年大会上的重要讲话，以马克思列宁主义、毛泽东思想、邓小平理论、“三个代表”重要思想、科学发展观为指导，全面回顾了中国共产党95年来团结带领全国各族人民不懈奋斗走过的光辉历程和作出的伟大历史贡献，深刻阐明了近代以来我国社会发展的规律性认识，深刻阐明了中国共产党的执政理念和执政方略，深刻阐明了中国共产党对重大国内外问题的原则立场，以不忘初心、继续前进为主题，明确提出了面向未来、面对挑战，做好改革发展稳定各项工作、加强和改善中国共产党的领导、加强自身建设的要求，科学展望了中国共产党和人民事业发展的光明前景，是中国共产党在新的历史条件下进行具有许多新的历史特点的伟大斗争的政治宣言，是指引中国共产党奋力推进中国特色社会主义伟大事业和全面推进党的建设新的伟大工程的纲领性文献。

深入学习习近平总书记“七一”重要讲话精神，对于民革各级领导干部和全体党员进一步深入认识中国共产党的先进性，增强对中国特色社会主义的道路自信、理论自信、制度自信、文化自信，增强参与多党合作的能力，增强走中国特色社会主义道路的信心，具有十分重要的意义和作用。作为中国特色社会主义参政党，民革全党一定要把认真学习习近平总书记“七一”重要讲话精神作为一项重要的政治任务，进一步加强自身建设，切实做好履行职能的各项工作，为巩固和发展最广泛的爱国统一战线，为推进“四个全面”战略布局，更加满怀信心地为实现“两个一百年”奋斗目标、实现中华民族伟大复兴的中国梦贡献力量。

一、要把学习习近平总书记“七一”重要讲话精神与学习习近平总书记系列重要讲话精神相结合

中共十八大以来，习近平总书记发表了一系列重要讲话，思想深邃、内涵丰富、观点鲜明，集中了中国共产党和全国人民的智慧，深刻回答了新的历史条件下中国共产党和国家发展的一系列重大理论和实践问题，集中体现了中国特色社会主义理论成果的最新进展，提出了许多富有创见的新思想、新观点、新论断、新要求。习近平总书记系列

重要讲话，围绕坚持和发展中国特色社会主义、全面建成小康社会、实现中华民族伟大复兴中国梦这个主题，从党和国家事业发展的各个领域、各个方面展开，阐发的一系列思想观点是彼此联系、一以贯之的，是一个有机统一的整体。习近平总书记“七一”重要讲话，是习近平总书记系列重要讲话的重要组成部分。民革全党一定要结合习近平总书记系列重要讲话精神，认真学习习近平总书记“七一”重要讲话精神，融会贯通，深刻理解其精髓要义，尤其要深刻理解不忘初心、继续前进的重大意义。

二、要把学习习近平总书记“七一”重要讲话精神，与学习民革十二届十五次中常会精神相结合，与民革工作实际相结合

万鄂湘主席在民革十二届十五次中常会上对民革全党深入学习、认真领会习近平总书记“七一”重要讲话精神提出了具体要求。他强调，要继承民革前辈的优良传统，不断增强对中国共产党领导的信心和决心，坚定不移跟着中国共产党走，不断增强“四个自信”，坚定理想信念，矢志不渝走中国共产党领导的多党合作之路。民革十二届十五次中常会对民革各级组织换届工作、参政议政工作、开展脱贫攻坚民主监督工作、信息化建设工作作出了明确部署。学习习近平总书记“七一”重要讲话精神，要按照民革十二届十五次中常会的部署，做好换届工作和组织建设，搞好政治交接，传承民革与中国共产党长期团结合作的优良传统，持续为中国共产党领导的多党合作事业作出新贡献。要将学习习近平总书记“七一”重要讲话精神作为坚持和发展中国特色社会主义学习实践活动的重要内容，不断将学习实践活动推向深入。

三、民革各级组织要高度重视，加强领导，精心组织，开展形式多样的学习活动

要重点抓好领导班子和党员骨干的学习。各地要组织好中心学习组的学习，各级领导干部要带头谈学习体会，撰写文章，以带动广大党员的学习。民革基层组织要结合各自实际，把习近平总书记“七一”重要讲话精神作为重要学习内容，认真组织好广大党员干部的学习。

四、《团结报》《团结》杂志、民革中央网站和各地组织的刊物、网站要开辟专栏，加大对习近平总书记“七一”重要讲话精神的宣传力度，加强对民革各地学习情况的报道，做好组织、发表相关宣传报道文章的工作

各地重点报道可送民革中央宣传部，推荐到中央级媒体发表。

五、各地要把开展学习活动的情况及时向民革中央报告

中国国民党革命委员会中央委员会关于学习贯彻十二届全国人大四次会议和全国政协十二届四次会议精神的决议

（2016年3月7日民革十二届十四次中常会通过）

中国国民党革命委员会第十二届中央常务委员会第十四次会议学习了十二届全国人大四次会议和全国政协十二届四次会议精神，一致赞同李克强总理所作的政府工作报告、《国民经济和社会发展第十三个五年规划纲要》《中华人民共和国慈善法》、张德江委员长所作的第十二届全国人大常委会工作报告、俞正声主席所作的全国政协第十二届常委会工作报告及其他报告。

会议认为，十二届全国人大四次会议和全国政协十二届四次会议，是在全面建成小康社会决胜阶段及“十三五”时期开局之年，也是在推进结构性改革攻坚之年召开的重要会议。两会的召开，对于进一步凝聚全国各族人民的智慧和力量，全面深化改革开放，主动引领经济新常态，加强供给侧结构性改革，破解经济社会发展难题，着力保障和改善民生，有效应对各种风险挑战，如期实现全面建成小康社会目标，具有十分重要的意义。李克强总理所作的政府工作报告，全面总结了2015年及“十二五”时期的工作，明确了2016年和“十三五”时期我国经济社会发展的总体部署和主要预期目标，极大增强了全国各族人民在中国共产党领导下团结奋进、共创辉煌的信心和力量。张德江委员长所作的全国人大常委会工作报告和俞正声主席所作的全国政协常委会工作报告，全面总结了去年全国人大和全国政协的工作，提出了今年全国人大和全国政协工作的主要任务，为做好人大、政协工作指明了方向。认真学习好这三个报告和“十三五”规划纲要，对于民革做好2016年乃至“十三五”时期的工作具有十分重要的指导意义。

会议指出，“十三五”时期是全面建成小康社会决胜阶段，“十三五”规划描绘了我国未来五年发展蓝图。学习贯彻“十三五”规划纲要精神，保证“十三五”规划的顺利实施，是今后一个时期全国各族人民的共同任务，也是参政党应尽的职责。民革全党要毫不动摇坚持中国共产党的领导，高举爱国主义、社会主义旗帜，增强政治意识、大局意识、核心意识、看齐意识，聚焦全面建成小康社会目标，充分发挥民革自身特色和优势，在道路、方向、目标上形成统一意志和步调，为全面建成小康社会、实现第一个百年奋斗目标凝聚共识、凝聚智慧、凝聚力量。

会议要求，民革各级组织和广大党员要认真学习两会精神，把两会精神贯彻落实到实际工作中去。要按照“五位一体”总体布局和“四个全面”战略布局的要求，牢固树立并切实贯彻“创新、协调、绿色、开放、共享”发展理念，紧紧围绕“十三五”规划的实施和两会提出的各项任务，紧扣经济社会发展重大问题、全面深化改革难点问题、创新创造关键问题，统一思想，坚定信心，重点就司法体制改革、京津冀能源结构调整、平潭综合实验区发展、脱贫攻坚、食品安全、农业现代化、城乡协调发展、生态文明建设、两岸合作发展等课题，开展深度调研，积极建言献策，认真履行好参政党职能，奋力开创民革工作新局面。要结合加强社会主义协商民主建设，继续深入开展坚持和发展中国特色社会主义学习实践活动，切实加强自身建设，着力搞好政治交接。

会议强调，民革全党要深入学习领会习近平总书记在参加上海代表团审议时就当前两岸关系发展所作的重要讲话精神，坚定不移地贯彻执行中共中央对台大政方针，坚持“九二共识”，坚决反对“台独”，团结民革所联系的岛内各界力量，共同维护和巩固两岸关系和平发展的政治基础。继续推进两岸经济、文化等领域的交流合作，增进两岸同胞的情感融合，鼓励和促进两岸青年共同创新创业，积极参与和配合全国政协举办纪念孙中山诞辰 150 周年相关活动，进一步做好新形势下促进祖国和平统一工作。

会议号召，民革全党要紧密团结在以习近平同志为总书记的中共中央周围，高举中国特色社会主义伟大旗帜，以邓小平理论、“三个代表”重要思想和科学发展观为指导，深入贯彻落实习近平总书记系列重要讲话精神，继承和发扬孙中山爱国、革命、不断进步的精神，进一步增强责任感和使命感，开拓创新，锐意进取，真抓实干，为实现“十三五”时期经济社会发展良好开局，为夺取全面建成小康社会决胜阶段的伟大胜利而努力奋斗！

中国国民党革命委员会中央委员会
关于学习贯彻中共十八届六中全会精神的决定

（2016 年 10 月 31 日民革十二届十六次中常会通过）

中国国民党革命委员会第十二届中央常务委员会第十六次会议于 2016 年 10 月 31 日在北京举行。会议学习了中共十八届六中全会精神，一致拥护习近平总书记所作的重要讲话和中共中央《关于新形势下党内政治生活的若干准则》《中国共产党党内监督条例》《关于召开党的第十九次全国代表大会的决议》。

会议认为，中共十八届六中全会是在全面深化改革、决胜全面小康的关键时刻召开的一次十分重要的会议。全会系统总结了中国共产党开展党内政治生活的历史经验，就新形势下加强党的建设作出新的重大部署，充分体现了中共中央坚定不移推进全面从严治党的坚强决心和历史担当，对确保中国共产党始终成为中国特色社会主义事业的坚强领导力量，统筹推进中国特色社会主义伟大事业具有里程碑意义。中共十八大以来，习近平总书记带领新一届中央领导集体总揽全局、协调各方、团结奋斗、勇于担当，治党治国治军展现出非凡气概，取得了卓越成就，在新的伟大斗争实践中已经成为中共中央的核心、中国共产党的核心。全会正式提出“以习近平同志为核心的党中央”，反映了各民主党派、工商联、无党派人士的共同心愿。民革全党要坚决维护以习近平同志为核心的中共中央权威，不忘合作初心、继续携手前进，共同推动多党合作事业不断发展。

会议强调，认真学习贯彻中共十八届六中全会特别是习近平总书记重要讲话精神，是民革当前和今后一个时期的重要政治任务。各级组织和全体党员要切实把思想和行动统一到全会精神上来，进一步增强“四个意识”特别是核心意识、看齐意识，在思想上政治上行动上同以习近平同志为核心的中共中央保持高度一致。要按照中共十八届六中全会精神，围绕推进“五位一体”总体布局和“四个全面”战略布局，落实“五大发展理念”，发挥民革特色和优势，增强建言献策科学性和实效性。要加强民主监督理论研究，探索有效途径做法，认真履行好民主监督职能。要做好意识形态领域思想引导工作，解读和宣传好我国发展道路、发展理念、发展方式，营造良好舆论环境。要借鉴执政党从严治党的做法和经验，以换届为契机，全面加强思想、组织、制度和作风建设，将政治交接贯穿始终，不断增强对中国特色社会主义的道路自信、理论自信、制度自信、文化自信，巩固共同思想政治基础。

会议号召，全党同志要紧密团结在以习近平同志为核心的中共中央周围，不忘初心，开拓进取，以奋发有为的精神扎实工作，为实现“两个一百年”奋斗目标、实现中华民族伟大复兴的中国梦而努力奋斗！

中国国民党革命委员会中央委员会关于将湖南和平解放史事陈列馆（程潜公馆）命名为民革党史教育基地的决定

民革各省、自治区、直辖市委员会，中央各工作部门，团结报社、团结出版社：

程潜同志是中国近现代历史上一位著名的爱国将领，是中国共产党忠实的朋友，是著名的爱国民主人士、民革的卓越领导人。程潜同志和许多民革前辈一样，为民革组织和广大党员留下了宝贵精神财富，学习继承他们坚持中国共产党领导、为多党合作无私奉献的优良传统，是民革开展坚持和发展中国特色社会主义学习实践活动的重要内容。

湖南和平解放史事陈列馆（程潜公馆）见证了程潜同志为国家、为民族不懈奋斗的光荣历史。为充分发挥湖南和平解放史事陈列馆（程潜公馆）在加强民革自身建设中的作用，以程潜同志生平事迹和优良传统教育广大民革党员干部为实现中华民族伟大复兴中国梦贡献力量，在中共湖南省委统战部，中共长沙市委、市政府的大力支持下，民革中央决定，命名湖南和平解放史事陈列馆（程潜公馆）为中国国民党革命委员会党史教育基地。

中国国民党革命委员会中央委员会关于命名河北省辛亥滦州起义英烈祠为民革党员教育基地的决定

民革各省、自治区、直辖市委员会，中央各工作部门，团结报社、团结出版社：

辛亥滦州起义是辛亥革命的重要组成部分。1911 年 12 月 31 日，辛亥武昌起义爆发后，民革前辈冯玉祥等人在清政府统治的中心地带发动了震惊朝野的滦州起义。虽然起义失败，但是英烈们视死如归的大无畏革命行动打乱了清政府镇压武昌起义的军事部署，有力地声援了南方革命，促进了革命思想在北方的传播，加速了清政府的垮台。冯玉祥等人发动的滦州起义所展现的革命精神，得到了海内外华夏儿女的尊崇和景仰，是民革组织和广大党员的宝贵精神财富。学习继承革命先辈热爱祖国、无私奉献的优良传统，是民革开展坚持和发展中国特色社会主义学习实践活动的重要内容。

为充分发挥河北省辛亥滦州起义英烈祠在民革自身建设中的作用，以冯玉祥及众多英烈的生平事迹和爱国传统教育广大民革党员干部为实现中华民族伟大复兴的中国梦贡献力量，在中共唐山市委、市政府，中共滦县县委、县政府的大力支持下，民革中央决定，命名辛亥滦州起义英烈祠为民革党员教育基地。

民革中央关于开展“不忘合作初心，继续携手前进”主题教育活动的通知

民革各省、自治区、直辖市委员会，中央各工作部门，团结报社、团结出版社：

为贯彻习近平总书记关于协助民主党派加强思想政治工作的重要批示精神，落实各民主党派中央常务副主席要求，民革中央决定在民革全党各级组织和广大党员中开展“不忘合作初心，继续携手前进”主题教育活动。

一、明确活动的目的和意义

（一）本次教育活动以“不忘合作初心，继续携手前进”为主题，以深入学习中共十八届六中全会精神和习近平总书记“七一”重要讲话精神为重点，通过开展形式多样的学习活动，使民革各级干部和广大党员，从继承和发扬民革优良传统入手，不断增强对中国特色社会主义的道路自信、理论自信、制度自信、文化自信，不断增强参与多党合作的能力。

（二）以本次教育活动为契机，贯彻理论联系实际的学风，引导民革各级干部和广大

党员进一步做好民革自身建设、履行职能的各项工作，与中国共产党继续携手前进，为巩固和发展最广泛的爱国统一战线，为推进“四个全面”战略布局，更加满怀信心地为实现“两个一百年”奋斗目标、实现中华民族伟大复兴的中国梦贡献力量。

（三）为民革的换届工作提供正确的政治导向和坚实的思想基础。

二、明确学习的重点和特点

（一）本次教育活动以理论学习为主，要从理论和实践的结合上真正学懂弄通，搞好理论武装。

（二）要将深入学习中共十八届六中全会精神、习近平总书记“七一”重要讲话精神与学习习近平总书记系列重要讲话精神、学习多党合作历史紧密结合起来，进一步深入认识中国共产党的先进性，不断增强坚持中国共产党领导的信心和决心。

（三）要围绕中共十八届六中全会精神和“七一”重要讲话精神，学习民革章程，通过进一步系统学习民革章程，认真执行民革章程的规定，发挥章程的规范和约束功能，从党内制度上保证把广大干部和党员的思想和政治参与热情统一到坚持和发展中国特色社会主义上来。

（四）要围绕中共十八届六中全会精神和“七一”重要讲话精神，学习民革党史。把开展教育活动与纪念民革成立70周年结合起来，以民革党史生动、具体的史实为教材，引导各级干部和广大党员不忘合作初心，继承和发扬民革前辈在长期革命、建设和改革实践中形成的坚持中国共产党领导、与中国共产党亲密合作的优良传统，继承和发扬他们报效国家、无私奉献的高尚风范，确保民革事业后继有人，为中国特色政党制度进一步发扬光大作出应有贡献。

三、明确工作的方式和要求

（一）各级领导要高度重视，统筹安排，精心组织，切实加强对教育活动的领导，认真负责地抓好本级组织的教育活动，重点抓好领导干部和党员骨干的学习。要坚持领导干部带头，作出表率，中心学习组要组织专题学习，以自身的学习成果带动和促进学习的深入。

（二）要将本次教育活动贯穿换届工作的始终，同时要保证教育活动覆盖到所有基层组织，并作为今年基层支部思想政治工作的主要内容。教育广大干部和党员深刻认识以政治交接为主线来实现人事上新老交替的重要意义，始终把是否在坚持和发展中国特色社会主义上旗帜鲜明、立场坚定，作为选拔干部的首要政治标准，保证换届工作的风清气正，把政治素质好、德才兼备的优秀同志选拔到领导岗位，形成政治坚定、朝气蓬勃、奋发有为、广大党员信任和满意的新一届领导班子。

（三）要不断创新学习的方法、形式，积极探索、运用行之有效的方式和载体，如举办报告会、培训班、研讨会等，创造出更多使广大党员便于参与、乐于参与的新形式。

（四）要积极利用各级组织自办的报刊，尤其是要积极稳妥地建好、管好、用好新媒体，为教育活动造势，加强对民革各地开展教育活动情况的宣传报道，做好组织、发表相关文章的工作。各地重点报道可以送民革中央宣传部，推荐到中央级媒体发表。

（五）本次教育活动是今明两年民革坚持和发展中国特色社会主义学习实践活动的新主题、重要内容和载体。各地要贯彻落实《民革中央关于开展坚持和发展中国特色社会主义学习实践活动的决定》《民革坚持和发展中国特色社会主义学习实践活动实施方案》的总要求，切实做好活动的衔接。

（六）各地要把开展教育活动情况及时向民革中央报告。

附件：“不忘合作初心，继续携手前进”主题教育活动重点工作项目

中国国民党革命委员会中央委员会

2016 年 11 月 21 日

附件

“不忘合作初心，继续携手前进”主题教育活动重点工作项目

为保证“不忘合作初心，继续携手前进”主题教育活动扎实、深入、有效开展，为主题教育活动提供有效抓手和载体，民革中央决定在主题教育活动期间开展以下几项重点工作：

一、召开民革思想政治工作研讨会暨“民革党员之家”建设现场推动会。

二、开展民革党员思想态势分析。利用“民革 e 家”平台，开展问卷调查；民革中央宣传部和民革中央组织部、民革中央理论研究与学习委员会组成联合调研组，采用书面调研、赴若干省份现场调研的形式，开展民革党员思想状况调研。

三、整理、利用民革前辈史料采集工作成果，开展民革前辈优良传统巡回讲座。

四、采访、记录、收集、整理现任民革中央领导人对传承多党合作优良传统的思考与感悟。

五、继续推进“观故居，走多党合作之路”活动，注重在活动中突出“不忘合作初心，继续携手前进”主题。

六、在民革中央信息化工作领导小组的领导下，做好民革中央信息化工作 5 年规划，按照“统一领导、整合内容、科学分工、突出特色、办出品牌”的思路，对民革中央新媒体建设进行统一领导，加强资源调配，优化工作流程，突出功能定位，逐步形成三大板块：“民革 e 家”信息交流平台要突出工作性、互动性、系统性；民革中央网站要突出权威性、理论性、资料性；团结报社和团结出版社系列新媒体产品要突出统战性、新闻性、服务性。对各级组织建立的新媒体数量、运行情况、存在的问题等进行调研，积极稳妥地建好、管好、用好新媒体。

七、做好“五一口号”发布 70 周年纪念活动的各项筹备工作。

民革中央关于开展向张宝艳、秦艳友同志学习活动的通知

民革各省、自治区、直辖市委员会，中央各工作部门，团结报社、团结出版社：

为继续深入开展坚持和发展中国特色社会主义学习实践活动，民革中央决定在民革全党各级组织和广大党员中开展向张宝艳、秦艳友同志学习的活动，作为2016年学习实践活动的一项重要内容。

张宝艳、秦艳友同志是吉林省通化市民革党员，他们夫妻创办了“宝贝回家寻子网”，免费帮助丢失孩子的家长寻找孩子，帮助离家的孩子回家。自2007年创办至今，已经帮助1300多个家庭找回丢失的孩子，让这些破碎的家庭重新团聚。他们的事迹感动了无数的人，在社会上引起强烈反响，越来越多的人成为“宝贝回家”志愿者，多部影视作品和电视节目以他们的事迹为素材。他们为社会注入了正能量，成为社会力量参与公益事业的成功典范。2016年初，张宝艳、秦艳友同志当选“感动中国”2015年度人物。

张宝艳和秦艳友同志的事迹感动了全中国，也感动着广大民革党员。民革中央发贺信表示，张宝艳、秦艳友既是志愿者的榜样，也是全体民革党员的榜样。他们是中国特色社会主义的实践者，是社会主义核心价值观的践行者，是新时代民革党员的优秀代表。参与社会公益事业，也是民革组织和广大党员参与社会服务工作的重要形式，是参政议政工作的有利条件。根据张宝艳、秦艳友同志提供的素材，民革吉林省委会提出的《关于加大打击拐卖儿童犯罪力度，保护儿童合法权益的建议》得到公安部门采纳，相关建议被吸纳到全国人大常委会的刑法修正案之中。张宝艳、秦艳友也是中国共产党领导的多党合作事业的积极参与者，是多党合作制度优越性的体现者。为此，民革中央决定，在全党开展向张宝艳、秦艳友同志学习的活动。

各级组织要把学习张宝艳、秦艳友同志的先进事迹与学习践行社会主义核心价值观结合起来。先进要组织和引导广大党员，通过学习张宝艳、秦艳友同志的事迹，更加自觉、积极地践行社会主义核心价值观，投身到中国特色社会主义的伟大实践中去。

各地组织要把开展向张宝艳、秦艳友同志学习的活动与开展志愿公益活动、社会服务工作和参政议政工作结合起来。创新学习活动形式，使每个党员都能参与到活动中来。要结合各级组织的实际情况，精心组织策划，采取多种切实有效的形式开展社会服务工作，并在此基础上开展参政议政工作。

各地组织要结合学习张宝艳、秦艳友同志的先进事迹，发现本组织优秀民革党员，树立、宣传身边的榜样，发挥身边优秀民革党员的榜样示范作用。

各地组织宣传部门要加强对开展向张宝艳、秦艳友同志学习活动的宣传报道。以丰富多彩的形式充分展示学习活动中涌现的先进人物和事迹。《团结报》《团结》杂志和民革中央网站、团结网要配合做好工作。

各地组织要将开展向张宝艳、秦艳友同志学习活动中的情况和出现的先进人物向民

革中央宣传部报告。

中国国民党革命委员会中央委员会 2016 年工作要点

2016 年是“十三五”开局之年，也是全面建成小康社会决胜阶段开局之年。根据民革十二届四中全会精神，民革中央 2016 年工作的总体要求是：全面贯彻中共十八大，十八届三中、四中、五中全会精神和习近平总书记系列重要讲话精神，贯彻中央统战工作会议精神、《中国共产党统一战线工作条例（试行）》《中共中央关于加强社会主义协商民主建设的意见》和《中共中央关于加强政党协商的实施意见》，以持续开展坚持和发展中国特色社会主义学习实践活动为主线，紧紧围绕“五位一体”总体布局和“四个全面”战略布局，牢固树立并切实贯彻五大发展理念，以纪念孙中山诞辰 150 周年为契机，重点加强民革履职能力建设、搞好政治交接，全面加强自身建设，努力使各方面工作取得新成效。

一、深入学习贯彻中共十八届五中全会精神

（一）把学习贯彻中共十八届五中全会精神作为当前和今后一个时期的重大政治任务，切实把思想和行动统一到中共中央的重大决策部署上来，紧紧围绕“四个全面”战略布局和“创新、协调、绿色、开放、共享”五大发展理念，围绕“十三五”规划的制定和实施，积极履行职能，充分发挥好参政党的作用。

（二）将学习贯彻中共十八届五中全会精神和持续开展中国特色社会主义学习实践教育活动相结合，和学习中央统战工作会议精神、《中国共产党统一战线工作条例（试行）》《中共中央关于加强社会主义协商民主建设的意见》《中共中央关于加强政党协商的实施意见》相结合，和民革十二大提出的目标任务相结合，和民革各项履职工作相结合。

二、持续提高参政党履职能力

（一）继续把助推平潭综合实验区发展放在突出位置，深入研究平潭发展问题，持续办好几件实事。指导民革中央企业家联谊会积极稳妥地发起投资主体，为筹办中山银行作准备。整合各方资源，办好平潭发展论坛，谋划好法治、经济、青年创业、两岸高等教育等分论坛。推进平潭青年创业谷建设，积极做好海上主题公园等项目的前期论证。

（二）努力做好全年高层协商、“两高”座谈会民革中央发言工作，认真准备全国政协各类发言和党派提案等有关协商工作，提高建言献策能力。围绕“四个全面”战略布局与“十三五”规划的编制和实施，就法治中国建设、环京津贫困带脱贫攻坚工作、京津冀能源结构调整、祖国统一和两岸关系问题、边民扶贫问题、养老产业发展、海水淡化及综合利用、西部少数民族地区绿色发展等课题，邀请国家有关部委领导、民革党内外专家深入开展调研。

（三）按照“举全党之力抓参政议政”的总体要求，研究制定《关于进一步加强参政议政工作的意见》。不断深化与全国政协社法委、最高人民法院、最高人民检察院、司法部、农业部、民政部、中国社科院、上海社科院等单位的联络沟通机制，完善国家部委对口司局和知名专家信息库。健全专门委员会工作机制，推动民革中央与省级组织在专门委员会工作中的上下联动。组建民革中央参政议政工作讲师团，加强履职能力培训。召开民革全国参政议政工作经验交流暨表彰会，继续举办民革全国参政议政工作骨干培训班。

（四）以《中国共产党统一战线工作条例（试行）》为遵循，更好地发挥民主监督作用，讲实话、出实招，敢于直面现实问题和敏感问题，反映所联系民革党员和群众的诉求和心声。有效发挥大会发言、提案、专题调研、反映社情民意信息等在民主监督中的重要作用。认真开展民主监督的理论研究，系统总结各地好的经验和做法。

三、不断加强自身建设

（一）根据民革中央《关于开展坚持和发展中国特色社会主义学习实践活动的决定》及其实施方案，继续深入开展坚持和发展中国特色社会主义学习实践活动，大力培育和践行社会主义核心价值观，将活动抓好抓实。

（二）抓好意识形态工作，做到宣传工作不能弱化，思想建设不能松懈，理论工作常抓不懈。发挥好《团结报》《团结》杂志和团结出版社在宣传思想理论工作方面的阵地作用，纪念《团结报》创刊60周年，加快推进《团结报》全媒体建设。做好民革中央网站改版、搬迁工作。启动《何鲁丽同志工作大事记》《周铁农同志工作大事记》编撰工作，编辑出版《亲历者赞·民革人物报道集》《实践者行——民革优秀党员人物通讯集》。开展民革前辈纪念场馆调研，召开孙越崎生平事迹研讨会暨民革前辈纪念场馆联谊会第五次年会，继续编辑出版“民革前辈纪念场馆系列丛书”。与中央电视台合作拍摄《我们的远征》专题片。利用民革中央理论和学习委员会及协商民主与公共政策研究中心平台，开展有特色的协商民主研究。

（三）筑牢思想基础，搞好政治交接，传承、延续民革与中共长期团结合作的优良传统，确保民革事业薪火相传。统筹指导省辖市级组织换届工作，上半年提出整体意见和基本要求。围绕省辖市级组织发展进行调研，制定省辖市级组织发展规划。出台中央领导机构和省级组织换届工作意见，与中共各省委统战部、民革省级组织做好沟通协商工作。召开省级组织换届工作会议，研究部署中央和省级组织换届工作。

（四）研究制定《关于进一步加强民革党员发展工作的意见》，争取在高层次人才发展、民革特色保持等方面有新的突破。加大干部培养和推荐力度，以《中国共产党统一战线工作条例（试行）》为指导，积极推荐优秀民革党员到各级政府及其部门、司法机关担任领导职务。升级组织信息管理软件，开展党籍档案整理和清查工作，规范入党报备工作。举办第十三期民革中青年干部培训班、民革社会与法制界别骨干党员培训班。

（五）扎实推进“民革e家”和民革支部活动之家建设。推动民革全党信息化建设，逐步实现“民革e家”对民革各级组织和全体党员的全覆盖，不断丰富“民革e家”的内容和功能，开展线上调研、民革指数采集。推动有条件的民革基层组织建设民革支部活动之家，并与参政议政、法律援助、志愿服务等工作相结合。开展民革示范性支部建设活动，出台示范性支部建设标准和创建意见。

（六）切实提高解决自身问题的能力，探索发挥监督委员会在换届工作中的重要作用，确保换届工作风清气正。认真贯彻落实《〈中国国民党革命委员会内部监督工作条例〉实施细则（试行）》，召开内部监督工作研讨会及省级监督委员会主任培训会，积极主动开展内部监督工作。

（七）切实加强机关工作作风建设，严格落实中共中央八项规定精神。持续改进文风、会风、学风，不断提高工作质量和水平，继续深化对机关建设规律的探索，进一步加强机关制度化、规范化、程序化建设，不断推动学习型机关建设。举办民革全国机关工作先进集体、先进个人表彰会。

四、巩固扩大社会服务成果

（一）围绕“十三五”规划和京津冀协同发展战略，组织专家和企业家深入环京津贫困带开展调研。协调北京、天津、河北三地民革组织选择确定对口帮扶联系点，开展博爱牵手帮扶活动，实施精准扶贫发展项目，探索有效的脱贫办法。

（二）召开民革中央参与扶贫攻坚工作推进会，深入学习贯彻中央扶贫开发工作会议和《中共中央、国务院关于打赢脱贫攻坚战的决定》精神，提高参与扶贫开发工作成效。开展调查研究，探讨精准扶贫、精准脱贫工作中的新情况新问题，探索符合参政党实际的扶贫道路。积极做好民革定点扶贫贵州纳雍县工作，不断创新民革组织参与黔西南州、武陵山片区、原中央苏区及河北保定、承德、张家口等地区扶贫工作方式。

（三）推动社会服务工作制度化科学化。就民革各地社会服务开展情况进行系统摸底，强化法律服务、志愿服务工作的品牌效应，推动制度化建设，逐步建立完善民革法律、科技、医疗、教育文化等领域专家资源库。办好中央画院，坚持以人民为中心的创作导向，推出更多的优秀人才和作品。做好中山博爱基金会成立工作，建章立制、规范运营，为基金会长期稳健发展树立较高的起点。

五、努力争取台湾民心，为维护两岸关系和平稳定贡献力量

（一）围绕纪念孙中山诞辰150周年开展系列活动。开展“我的中国我的梦”征文活动和演讲比赛，编撰《孙中山研究集成》，举办“天下为公——纪念孙中山先生诞辰150周年美术作品展览”和“孙中山与香山”图片、书画展，出版《孙中山文集》（上下册）、《孙中山大传》等纪念图书。举办辛亥革命学术研讨会。与海外侨胞共同举办相关纪念活动，增进团结，推进全球反独促统活动。

（二）密切关注两岸和平发展进程中的新情况新问题，特别是台湾地区领导人选举之后岛内政局的变化，依托台湾问题研究中心、涉台国际政治研究中心等智库，联合国务院发展研究中心、社科院台研所、厦门大学台湾研究院等单位，就自贸区涉台政策、两岸农业合作等课题及对台工作基础性问题开展深入调研。举办台湾问题与国际问题专家研讨会，做好涉台参政议政工作。

（三）巩固深化与岛内泛蓝阵营的传统交往，做好台湾青年、中南部基层民众和工商界人士工作，扩大与岛内其他相关社团的合作。重点办好第七届“中山 · 黄埔 · 两岸情”论坛、第三届两岸新锐设计竞赛华灿奖颁奖仪式暨第七届两岸青年创新创业论坛、第八届海峡论坛两岸农田水利分论坛。组织接待好第十五届台湾杰出青年赴大陆参访团、第一届台湾擎天协会暑期青少年研习营、第五期台湾学生大陆实习培训团等大型参访交流活动，进一步深化研讨、培训内容。促进两岸文化交流，做好两岸合作儿童剧《团仔圆妞》编演首演，出版《台湾问题语典》及《长城与抗战图文集》。

中国民主同盟

中国民主同盟第十一届中央常务委员会工作报告

——2016 年 12 月 6 日在中国民主同盟第十一届中央委员会第五次全体会议上

张宝文

各位委员、各位同志：

我受中国民主同盟第十一届中央常务委员会的委托，向全会报告工作，请予审议，并请列席会议的同志提出意见。

2016 年工作回顾

2016 年是实施“十三五”规划的开局之年，也是推进结构性改革的攻坚之年。面对复杂的国际国内形势，以习近平同志为核心的中共中央把握时代大势，团结带领全国各族人民同心协力、攻坚克难，统筹推进“五位一体”总体布局，协调推进“四个全面”战略布局，推动全面深化改革、供给侧结构性改革、国防和军队改革迈出重大步伐，国家各项事业取得新的重大进展。一年来，全盟坚定政治信念，不忘合作初心，与执政党携手前进，努力参与改革发展的伟大实践，积极履行参政党职能，全面推进自身建设，各项工作都取得了新的成绩。

一、切实加强思想建设，不断夯实多党合作的共同思想政治基础

思想建设是民盟自身建设的核心。一年来，全盟各级组织深入开展坚持和发展中国特色社会主义学习实践活动，认真组织广大盟员学习贯彻中共十八大和十八届三中、四中、五中、六中全会精神，深入贯彻习近平总书记系列重要讲话精神，积极开展丰富多彩的宣传教育活动，思想建设取得明显成效。

——认真学习贯彻中共十八届五中、六中全会等重要会议精神。民盟十一届四中全会要求全盟把学习中共十八届五中全会精神与履行参政党职能结合起来，不断增强围绕中心服务大局的责任感使命感，为“十三五”规划的制定实施献计出力。全国“两会”

期间，民盟十一届十三次中常会对落实“两会”精神作出部署。民盟十一届十五次中常会专题学习贯彻中共十八届六中全会精神，要求全盟同志牢固树立“四个意识”，矢志不渝地接受中国共产党的领导。全盟各级组织认真学习贯彻习近平总书记“七一”讲话等系列重要讲话精神，牢牢把握“不忘初心，继续前进”这条主线，认真落实“八个坚持”，多党合作的共同思想政治基础更加巩固。

——坚持和发展中国特色社会主义学习实践活动深入开展。今年是开展学习实践活动的第三年。民盟中央召开学习实践活动推进会，总结成果经验，对在学习实践活动中取得突出成绩的各级组织进行表彰，并就开展“不忘合作初心，继续携手前进”专题教育作出安排部署，为学习实践活动注入了新的时代内涵。全盟各级组织结合庆祝中国共产党成立95周年、民盟成立75周年等活动，进一步拓宽活动领域，丰富内容形式，全年共举办学习会、报告会、知识竞赛、文艺演出等1000余场，收到了较好效果。全盟各级组织还把弘扬盟的优良传统作为开展学习实践活动的重要内容，重温多党合作历史，坚定理想信念。民盟中央与地方盟组织合作在昆明、常州、黄冈举办了纪念李公朴、闻一多殉难70周年系列纪念活动，北京、上海等省级组织举办了民盟地方组织成立70周年纪念活动，以创新的形式和丰富的内容，在全盟营造出学习先辈精神，传承光荣传统的良好氛围。

——宣传工作水平不断提高。民盟中央和各地盟组织加大了与主流媒体的联系合作，及时报道盟的重大活动、主要工作和盟员先进事迹，扩大了民盟的社会影响。据不完全统计，《人民日报》《光明日报》等中央级媒体2016年共刊发民盟相关报道400多篇。为适应时代发展变化需要，积极应对互联网发展带来的新机遇、新挑战，有效增强思想宣传的吸引力和感召力，全盟高度重视打造立体宣传平台，多角度、全方位宣传民盟工作。全盟各级组织已建立网站175个，民盟中央网站今年完成改版，报道的信息量、时效性进一步增强。盟的微信公众号建设今年发展迅速，目前全盟已建立省级组织微信公众号26个，地方各级盟组织微信公众号89个。民盟中央微信公众号关注用户已达1.6万人，发文600余篇，累计阅读量75万次。《中央盟讯》进行改版，内容更为充实，栏目更为丰富。《群言》杂志坚持开门办刊思路，不断提升刊物品位与可读性，发行量稳步提升。民盟中央美术院和艺术团发挥人才荟萃的优势，通过举办书画展、公益演出等各种活动，潜移默化地引导盟员牢固树立文化自信，产生了广泛的社会影响。

——参政党理论和盟史研究稳步推进。全盟各级组织高度重视理论研究工作，研究成果的数量和质量明显提升。民盟中央完成了以“社会主义协商民主建设”为主题的2015年度课题成果评审工作，评选优秀成果25项；开展了以“民盟历史人物研究”为主题的课题招标工作，全盟共有31个课题中标。召开了“民盟历史人物研究”专题研讨会，与部分省级组织合作启动编写《民盟编年史（1941–1949）》，推动了盟史研究工作的深入开展。各省级盟组织积极参与当地政协和统战部开展的理论研究工作，在政党协商、参政党建设、民主监督等方面，形成了一批较高质量的研究成果。

二、围绕“十三五”规划的制定实施，较好地履行了参政党职能

今年，全盟紧紧围绕“十三五”规划的制定实施，积极发挥自身优势，深入调查研

究，努力提高建言献策的时效性、针对性，各项履职工作取得了新的成绩。

——积极参加中国共产党领导的政治协商。民盟中央领导多次参加中共中央、国务院及有关部门召开的协商会、座谈会，围绕政府工作报告、“十三五”规划纲要、经济形势等主题，就充分发挥教育扶贫在精准扶贫中的治本作用、深化开发区体制机制改革、提升大数据发展水平等重大问题提出意见和建议，对《关于新形势下党内政治生活的若干准则》和《中国共产党党内监督条例》等重要文件的制定、修订提出意见建议，受到中共中央、国务院的高度重视。盟的地方组织积极参加当地中共党委、政府召开的协商会、座谈会，努力建有据之言，献务实之策，为促进地方经济社会发展作出了贡献。

——充分利用政协平台议政建言。在全国政协十二届四次会议上，民盟中央共提交大会发言1篇，书面发言5篇，提案39件，内容涉及教育、科技、文化、经济、生态等重要领域。民盟中央《借力“一带一路”倡议，重构消费品工业发展新格局》与盟员委员《天下望治如饥渴，庸政懒政不可为》《从供给侧改革的角度看国企改革》的大会发言受到社会广泛关注。《关于高度重视“伪金融”可能引发金融风险的提案》等6件提案被列为2016年全国政协重点提案。《关于加大产能过剩行业失业人员再就业政策扶持力度的提案》被列入全国政协提案办理协商会。民盟组政协委员共提交书面发言59篇，提案282件，社情民意信息70篇。民盟中央在全国政协十二届十六次、十七次常委会上分别提交了《关于推进扶贫移民搬迁工作的几点建议》等4篇大会书面发言，提交了《关于开展海洋生态修复工程，持续构建文明和谐生态环境的提案》等4件平时提案，受到国务院有关部门重视。民盟中央领导和盟员政协委员多次出席全国政协举办的双周协商座谈会，在民盟中央与全国政协提案委员会合作召开的以“加快食品安全监管体系建设”为主题的全国政协双周协商座谈会上，5位盟员政协委员作了重点发言，国务院有关部门给予积极回应。盟的各级地方组织针对各地经济社会发展的重大问题和关系群众切身利益的焦点问题，在政协平台上积极议政建言，提出了一些具有前瞻性、可操作性的意见建议，受到地方党委、政府的重视和社会好评。

进一步完善信息报送工作机制，召开了全盟首次社情民意信息工作会议暨培训班，信息工作的整体水平进一步提升。截至11月底，民盟中央向全国政协、中央统战部报送信息340余篇。为服务推进实施“一带一路”倡议，民盟中央每月向中央统战部报送参政议政材料。民盟中央相关职能部门被全国政协评为“反映社情民意信息工作”先进集体。

——调查研究取得丰硕成果。“改革开发区管理体制，促进开发区转型创新发展”是今年中共中央委托的重点调研，民盟中央调研组分赴广东、上海、北京等地深入调研，委托辽宁、河南、江苏、湖北、湖南、重庆、四川等省级盟组织在当地开展合作调研，与中国电子信息产业发展研究院联合召开专题座谈会，广泛征求盟内外专家意见。在此基础上，民盟中央向中共中央、国务院提出了《关于加快开发区管理体制改革与创新的建议》，习近平、李克强等领导同志作出重要批示，国家发改委、科技部、工信部、财政部等部门书面反馈了各自采纳的意见。

今年，民盟中央分别赴黑龙江、吉林、山东、福建、贵州、青海等地，就加快食品安全监管体系建设、推动我国大数据发展、东北老工业基地振兴、草牧业科技创新、生物多样性保护利用及生态安全等问题开展重要调研。民盟中央各专委会联合各省级组织就加强基础教育师资队伍建设、促进装备制造产业转型升级和创新发展等22项课题开展调研，民盟国情研究中心和盟内外智库、研究机构加强合作调研，取得了一系列重要成果。在综合提炼大量调研成果的基础上，民盟中央向中共中央、国务院报送了《关于加强投资引导、促进旅游经济健康发展的建议》《关于振兴与保护中医药的建议》等11篇政策建议信，均得到中共中央领导同志批示，多份建议成为中办、国办重点督办落实件。其中《关于加快大数据安全保障能力建设的建议》，习近平总书记等11位党和国家领导同志做了批示，中央网络安全和信息化领导小组办公室、发改委、财政部、交通部、工信部、教育部、人民银行等召开座谈会，邀请民盟中央领导就如何落实好建议信内容进行磋商。

——精心举办论坛、研讨会等活动。民盟中央与吉林省人民政府联合举办“中国野生东北虎和东北豹保护战略”研讨会，民盟中央与民盟上海市委、上海社会科学院联合主办第七届民盟文化论坛，民盟中央经济委员会与民盟广西区委主办了第二届民盟经济论坛，民盟中央社会委员会与民盟云南省委主办了第七届民盟民生论坛，民盟中央教育委员会与民盟湖北省委主办了第四届民盟教育论坛，共收到论文数百篇，积累了丰富的参政议政素材。各省级盟组织结合自身情况，开展了丰富的主题研讨活动。河北、北京、天津等省级盟组织联合举办“京津冀农业协同发展论坛”，民盟江苏省委举办了第四届城镇化建设研讨会，民盟甘肃省委举办“推动西部穆斯林民族特色用品加工制造业发展”研讨会等，汇聚了盟内外参政议政资源，形成了一批高质量的研究成果。

今年，由民盟中央参与主办的第十二届“海峡两岸暨港澳地区大学校长联谊活动”在陕西省西安市举行，来自北京大学、南京大学、台湾大学等高校的23位校长围绕“一流大学与一流学科建设”的主题深入研讨。民盟中央报送了《关于“海峡两岸暨港澳地区大学校长联谊活动”情况汇报》，受到多位中共中央领导同志的充分肯定，并作出重要批示。

——认真履行民主监督职能。全盟在充分履行参政议政职能的同时，积极探索民主监督的途径和方式，通过政治协商、政策建议信、政协发言与提案、社会服务等方式，发挥民主监督作用。地方各级盟组织领导参加当地党委、政府及统战部、人民法院、人民检察院等召开的座谈会和情况通报会，就经济社会发展中的突出问题和司法公正等问题提出意见建议。担任各级人大代表和政协委员的盟员，认真参与立法和执法检查，积极提交议案、提案、建议。担任中央和地方各级特约监察员、检察员、审计员、教育督导员等职务的盟员，积极参与行风政风评议，依法依规履行监督职责。

今年，根据中共中央的安排部署，民盟中央在河南省开展了脱贫攻坚民主监督。这既是一项重要的政治任务，也是民主党派履行民主监督职能的生动体现。民盟中央领导先后多次赴河南省多个贫困县开展脱贫攻坚民主监督工作，实地考察扶贫项目，走访贫困户，了解当地脱贫攻坚工作进展情况及存在问题，与中共河南省委、省政府座谈交换意见，并形成调研报告报送有关部门。

三、巩固传统优势，社会服务工作再上新台阶

全盟各级组织按照“发挥优势、突出重点、量力而行、讲求实效、持之以恒”的指

导方针，积极助力地方经济社会发展，社会服务工作取得丰硕成果。

——积极助推毕节、广宗等地脱贫攻坚。为实现2020年全面脱贫的战略目标，民盟中央领导多次到重点扶贫联系点考察调研，为当地的脱贫攻坚工作把脉建言。民盟中央积极协调民盟东部十省市赴毕节试验区开展“民盟中央聚力脱贫攻坚活动月”系列活动，累计向毕节七星关区捐款40万元，捐赠物资价值近600万元，开展教育、医疗、旅游、种养殖等方面培训讲座20余场，培训专业技术人员2300余人。组织盟员企业家赴七星关区考察，落实企业投资4000余万元。召开东部十省市民盟组织参与毕节试验区精准扶贫“同心助学”工作经验交流会，落实对毕节15所中小学结对帮扶任务，推进“同心助学”三年行动计划实施。民盟中央联合中国农业大学，帮助河北广宗编制农业产业发展规划，打造“生态养殖示范基地”，引导当地农民发展特色种养殖产业，促进广宗现代农业发展。民盟中央积极协调的四川省蓬溪县船山灌区工程顺利开工，工程总投资37.58亿元，建成后将解决灌区33万人的饮水困难，极大改善灌区周边生态环境。继续开展“超天使工程”“增爱义诊”“天行健公益行”“健康呼吸万里行”等医疗扶贫活动，收到较好效果。

——“农村教育烛光行动”深入开展。“农村教育烛光行动”是民盟积极履行社会责任、开展社会服务的主要品牌。民盟中央进一步整合优质资源，开展民盟名师大讲堂，组织京津沪名师赴贵州黔西南州进行教师培训。携手新东方教育集团开展“烛光行动之新东方教师社会责任行”活动，在安徽、贵州、海南等九省区培训中小学教师2000余人次。协调香港汉荣书局向内地65家公共图书馆捐赠价值近500万港币的港台版图书。协调章如庚慈善基金会向内蒙古、贵州分别捐赠价值200万元的图书、书架等，以支持贫困地区中小学图书室建设。地方各级盟组织继续创新思路，积极开展教师培训、关爱儿童、捐资助学等教育帮扶活动。民盟江苏省委在七星关区设立奖教金，每年奖励优秀教师10万元。民盟福建省委开展“闽盟烛光行动”，对一线乡村教师子女上大学予以资助。民盟上海市委在中西部援建十余个“烛光行动”项目，持续开展夏令营活动，深受欢迎。

——“黄丝带”帮教品牌效益凸显。全盟各级组织积极动员盟内外专家队伍走进监狱、未成年人管教所、戒毒所等帮教基地，举办讲座，开展文艺演出、义诊咨询、心理辅导、技能培训等活动，不断创新帮教形式，丰富帮教内容，扩大帮教范围，取得了良好的社会效益。民盟山西省委被省未成年人管教所推荐为“山西省帮教工作先进集体”。民盟安徽省委联合省司法厅共同拍摄《幸福的黄丝带》微电影，进一步宣传了“黄丝带”帮教工作。据统计，全盟已在千余个监狱、少管所等场所开展了帮教活动，建立各类帮教基地百余个，得到司法部门的充分肯定。

——社区服务工作全面推进。开展城市社区服务是新时期民盟推进社会服务工作的重要抓手。全盟各级组织充分发挥自身特色和优势，打造同心社区服务基地，促进城市和谐社区建设，取得良好成效。浙江、广东、江西、云南、新疆等省级盟组织组建志愿者队伍，依托盟内人才资源，积极开展法律咨询、医疗义诊、社区矫正等活动，树立了民盟的良好社会形象。

四、组织建设扎实推进，盟内监督稳步开展

民盟十一届十四次中常会专题研究了盟的组织建设，全盟各级组织继续贯彻落实“人才强盟”战略，干部队伍建设呈现出良好发展态势，基层组织活力进一步增强，为民盟履行参政党职能提供了坚实的人才保障。

——组织发展健康有序。组织发展是盟的人才之源。各级盟组织高度重视组织发展工作，严格标准，坚持质量，在巩固主体界别的同时，加大了对代表性人士和新阶层知识分子的发展力度，盟员结构进一步优化，在职盟员数量稳步增长，老龄化现象有所缓解。截至11月底，全国盟员总数达277968人。近3年平均净增率为4.66%，现有盟员85.8%为中上层人士，大学以上文化程度比例达到74.8%，平均年龄54.7岁。为分析研究新形势下组织发展面临的新情况新问题，民盟中央先后赴北京、河北、四川、重庆等地开展专题调研，为进一步做好组织发展工作打下坚实基础。

——干部队伍建设持续加强。全盟各级组织加大对骨干盟员的培训力度，认真制定培训规划，丰富培训形式，提升培训效果。民盟中央协助中央统战部和中央社会主义学院办好民主党派干部进修班、培训班，协助河北、天津等省级盟组织在京举办盟员培训班。热情接待来京参加各类学习班的16批629名盟员到民盟中央机关参观座谈，密切了与基层盟员的联系。全盟各级组织积极向有关部门推荐优秀骨干盟员，努力为盟员创造机会，搭建平台，一批盟员进入各地政府部门、高等院校、科研院所担任重要职务。今年有2名盟员担任国家部委副部长，35名盟员被推荐为中央社院师资库专家。目前全盟有高校校院长165名，处级以上从政干部1490名，县级以上人大代表3085名，县级以上政协委员16309名。

——扎实做好换届筹备工作。民盟中央对换届工作进行了全面部署，制定下发《关于做好2017年省级组织换届工作的意见》等规范性文件。目前，30个省级盟组织均已成立换届工作领导小组并制定工作方案，完成对省级领导班子的测算分析等工作。指导山西、宁夏等10个省级盟组织完成领导班子届中调整。深入调研地市级组织换届基本情况，加强了对地市级盟组织换届工作的指导，为省级组织换届打下了基础，积累了经验。

——基层组织活力不断增强。全盟各级组织认真贯彻《民盟中央关于进一步加强基层组织建设的意见》，通过开展创建“活力支部”“盟员之家”等活动，制定完善组织生活的各项制度，创新方式方法，把组织活动与履职活动结合起来、与盟员的本职工作结合起来，调动了盟员的积极性，提高了基层组织的凝聚力。

——盟内监督稳步开展。今年，民盟中央监督委员会进一步加强对省级组织的指导，30个省级盟组织领导班子及其成员顺利完成届中述职和民主评议活动。在此基础上，启动了省级组织领导班子及其成员届末述职和民主评议工作，目前已有22个省级组织完成此项工作。为保证2017年省级组织换届工作的顺利进行，监督委员会下发了《关于严肃换届纪律，加强换届风气监督的意见》，明确了省级组织在换届中应遵守的纪律规范。召开了首次民盟中央监督工作研讨会，对盟内监督工作的定位、监督委员的职责等问题进行研讨。加快建立省级监督委员会步伐，目前全盟已有29个省级组织成立了监督委员会。

——广大盟员积极建功立业。今年以来，广大盟员立足本职，再创佳绩。于向真等

24 人荣获 2015 年度“国家科技进步奖”，杨志峰等 8 人荣获“国家自然科学奖”，陈剑等 4 人荣获“国家技术发明奖”；秦君、冷金花荣获“全国三八红旗手标兵”荣誉称号；刘中民等 7 人荣获“五一劳动奖章”；经中科院国家天文台提议和国际天文学联合会批准，吴良镛、郑哲敏、张存浩获得小行星永久命名；许晨阳荣获 2016 年度拉马努金奖；吴为山荣获俄罗斯艺术科学院最高金质奖章并被授予“荣誉院士”等，广大盟员以出色的工作业绩，为盟组织增光添彩。

——机关建设达到新水平。全盟各级组织高度重视机关建设，着力打造学习型、绩效型、服务型、和谐型机关，努力营造务实高效、风清气正的工作氛围，通过开展挂职锻炼、轮岗交流，举办专题讲座、读书会、报告会、研讨交流、调研参观等多种学习形式，开展丰富多彩的文体活动，提高了机关干部的工作能力，机关氛围更加团结和谐，工作作风不断改进，工作效率显著提高，机关的服务职能和枢纽作用进一步加强。召开了民盟西部、华东、中南、东北等片区的盟务工作会议，研讨交流了盟务和机关建设经验。

各位委员、各位同志：回顾一年来的工作，我们在履行参政党职能、服务国家经济社会发展大局方面尽心尽职，成绩可圈可点。这些成绩的取得离不开中共中央的正确领导，离不开中央统战部的大力支持，离不开各位委员和全盟同志的共同努力，在这里我谨代表中央常务委员会，向各位中央委员、全盟同志和机关干部表示衷心的感谢和崇高的敬意！

在肯定成绩的同时，我们也要清醒地看到，还有许多工作需要进一步加强。主要是：思想建设还要更好地适应形势发展变化，进一步增强思想宣传工作的感召力和说服力；组织建设还需要进一步打牢根基，广泛吸收各方面人才，以满足参政议政等各项盟务工作的需要；履行参政党职能还要进一步提高参政能力和民主监督能力，找准选题，持续关注，做成品牌。希望大家提出宝贵意见和建议，努力推动全盟工作取得新的更大的进展。

2017 年工作安排

2017 年全盟工作总的要求是：深入学习贯彻中共十八大，十八届三中、四中、五中、六中全会精神和习近平总书记系列重要讲话精神，积极开展“不忘合作初心，继续携手前进”专题教育，不断提高议政建言能力和水平，努力提升民主监督实效，圆满完成政治交接任务，为落实“四个全面”战略布局和推进“十三五”规划的实施作出新的贡献。

一、加强理想信念教育，不断巩固盟的思想建设成果

当前，我国正处于全面深化改革、全面建成小康社会决胜阶段，各种深层次矛盾和问题日益凸显，改革、发展、稳定的任务十分繁重。全盟各级组织要引导全盟同志坚定政治信念，牢固树立政治意识、大局意识、核心意识、看齐意识，自觉接受中国共产党的领导，坚定走中国特色社会主义政治发展道路的信心与决心。

——认真学习贯彻中共十八届六中全会精神和习近平总书记系列重要讲话精神。全

盟各级组织要把学习贯彻中共十八届六中全会精神作为明年的重要政治任务，采取多种形式，切实增强学习实效。要坚持以十八届六中全会精神武装头脑、指导实践、推动工作，为坚持和完善中国共产党领导的多党合作事业贡献力量。要学习借鉴执政党加强自身建设的经验，进一步规范和加强盟内政治生活，深入推进作风建设，教育引导广大盟员继承和发扬盟的优良传统，进一步坚定政治信念。要把学习贯彻中共十八届六中全会精神与学习贯彻中共十八大和十八届三中、四中、五中全会精神结合起来，与学习贯彻习近平总书记系列重要讲话精神结合起来，引导广大盟员不断增强“四个自信”，强化“四个意识”，始终在思想上政治上行动上与以习近平同志为核心的中共中央保持高度一致，矢志不渝地坚持中国共产党的领导。

——深入开展“不忘合作初心，继续携手前进”专题教育。“不忘合作初心，继续携手前进”专题教育，是进一步深入开展坚持和发展中国特色社会主义学习实践活动的重要组成部分。开展专题教育要注重联系实际、讲求实效、灵活多样，通过讲好中国故事、统一战线和多党合作故事以及民盟故事，将专题教育覆盖到每一个基层组织，深入到每一位盟员，引导广大盟员努力把“立盟为公、参政为民”的价值理念转化为为党分忧、为国尽力、为民尽责的实际行动。

——全方位加强思想宣传和理论研究工作。要加强民盟宣传教育工作力度，及时总结、宣传民盟在服务建设中国特色社会主义伟大实践中的履职成果，深入报道重点调研、重大活动和重要建言。要做到传统宣传手段与网络新媒体的有机结合，一方面继续办好《中央盟讯》，努力提高《群言》质量，打造民盟中央美术院、文化艺术研究院、艺术团的精品文化活动品牌，并组建民盟中央宣讲团开展宣讲活动；一方面更进一步地发挥民盟中央网站、微信公众号等网络平台的传播优势，及时报道盟务工作，精准解析政策形势，精心策划选题，有效引导广大盟员不断增强“四个自信”。要注重吸收借鉴执政党党建理论和多党合作理论的最新成果，结合民盟多年来丰富的参政实践经验，加强人才队伍建设，推动多党合作和参政党理论重大课题的协作研究。要充分挖掘多党合作和民盟历史中的优良传统，教育引导广大盟员不忘初心，在履职尽责中努力实现自身价值。启动“多党合作历史传统记录工程”和“民盟传统教育基地规范化工程”。

二、围绕中心，服务大局，充分履行参政党职能

全盟要围绕“十三五”规划实施重大任务，进一步发挥优势，增强建言献策的科学性实效性，以踏实的履职行为落实“五大发展理念”，助力“四个全面”战略布局协调推进。

——发挥优势，进一步提高参政议政质量。要准确把握参政党的功能定位，找准民盟自身优势和“十三五”规划实施的结合点，围绕供给侧结构性改革、教育综合改革、脱贫攻坚、科技创新、法治建设、文化建设、现代农业、生态环境和社会保障等重大问题，献良策，出实招，为执政党决策和施政提供有价值的意见和建议。要高度重视中共中央委托的重点调研和民盟中央开展的重要调研，做好与国家各部委、研究机构的联合调研，指导协调民盟中央各专委会与省级盟组织的合作调研，从调研中发现问题、遵循规律，做好成果转化，不断提升参政议政能力和政治协商能力。要充分利用政协平台，

发挥盟内各级政协委员的作用，做好提案工作，发出民盟声音。要继续发挥好民盟国情研究中心的作用，创新工作机制，完善合作模式，不断拓展参政议政渠道和资源，提升民盟议政建言的深度和广度。要继续开展好“参政议政人才库”“参政议政资源库”和“参政议政文献库”的建设，完善“民盟参政议政成果共享平台”，为建言献策提供全方位支持。要进一步总结经验、整合资源，办好经济、教育、民生、法治等系列论坛活动。

——积极探索，认真履行民主监督职能。要继承和发扬盟的优良传统，进一步提升民主监督工作的制度化、规范化、程序化水平，讲真话、进诤言，重点就当前重大改革举措、重要政策贯彻执行情况和“十三五”时期重要约束指标等进行监督，继续做好民主党派脱贫攻坚民主监督工作。

——整合资源，进一步做好社会服务工作。要集中力量做好在贵州毕节、河北广宗等地的定点扶贫工作，帮助当地党委、政府顺利完成脱贫攻坚任务。要适应教育改革发展的需要，协调更多的盟内和社会资源参与“农村教育烛光行动”，促进教育公平发展；要充分发挥人才优势，探索有效帮教形式和社区服务形式，稳步推进“黄丝带帮教行动”，为社会的和谐稳定作出持续贡献。

三、以搞好政治交接为主线，全面加强组织建设

民盟中央和各省级组织换届是全盟2017年组织建设的中心工作。全盟要以换届为契机，围绕政治交接这一主线，继续推进实施“人才强盟”战略，重点抓好干部队伍建设，确保民盟事业薪火相传，后继有人。

——增强政治意识，积极做好换届工作。换届的主线是实现政治交接，保证民盟在人事继替中政治方向不变，优良传统不变，优势特点不变。要把换届作为对过去五年工作成绩的一次检阅，作为对新旧领导班子“五种能力”水平的一次考验，保证换届过程中工作不断档、干劲不减退、思想不松懈。要着眼参政党能力建设，综合考虑班子成员的领导能力、年龄结构、专业特长、个性特点等因素，努力选好配强领导班子。要按照换届文件的要求，强化领导，统筹安排，严格程序，严肃纪律，制订好方案、计划，做好换届的各项具体工作。要加强与有关部门的协商沟通，广泛听取意见，增进工作共识，确保换届任务圆满完成。

——突出人才重点，努力推进各项组织工作。组织建设的核心，是为盟的事业长远发展提供充足的人才支撑。面对新形势新挑战新机遇，要进一步增强组织发展的计划性、目的性和主动性，认真贯彻“人才强盟”战略，明确重点，抓好源头，有效改善人才结构，确保民盟特色优势。从明年起，组织实施“民盟双百人才工程”，每年在全盟选取一百名高层次新盟员、一百名代表性人士和后备干部集中进行培训，有计划地培养造就一批盟内高端人才。要坚持正确用人导向，更加注重铺台阶、搭舞台、压担子，帮助盟内新一代代表性人士和后备干部尽快成长。要继续贯彻落实《民盟中央关于进一步加强基层组织建设的意见》，进一步增强基层组织活力。

——抓好制度落实，认真开展盟内监督工作。全盟要以中共十八届六中全会精神为指引，学习借鉴执政党的宝贵经验，进一步推动盟内监督工作的制度化、规范化，努力提升盟内监督实际效果。要用好现有的监督手段，注重加强与有关部门的联系沟通，及

时解决存在的突出问题，提高制度的执行力。要做好民盟中央和各省级组织监督委员会的换届工作，努力建设一支政治坚定、敢于担当的监督委员队伍。要认真履行监督委员会职能，加强对省级组织换届工作的监督，坚决抵制和纠正各种不正之风，确保换届风清气正、和谐圆满。

各位委员、各位同志：2017年是实施“十三五”规划的关键一年，也是全盟开展政治交接、推动多党合作事业继往开来的重要一年，多党合作任重道远，我们的使命光荣艰巨。让我们更加紧密地团结在以习近平同志为核心的中共中央周围，继承和发扬民盟优良传统，团结一心，锐意进取，在推动多党合作事业和民盟事业发展新的长征中砥砺前行，以优异成绩迎接中共十九大和民盟十二大的召开，为实现中华民族伟大复兴的中国梦贡献力量！

在民盟十一届十四次中常会上的讲话

（2016年6月7日）

张宝文

各位常委、各位同志：

本次会议的主题是：认真总结2012年换届以来民盟组织建设的成绩和经验，研究部署新形势下加强民盟组织建设的思路和举措，进一步明确2017年省级组织换届工作的任务和要求，不断提升民盟自身建设的科学化水平，努力促进民盟在多党合作事业中实现可持续发展。下面我讲三点意见：

一、换届以来全盟组织建设取得的主要成绩和经验

组织建设是民盟自身建设的基础，也是履行参政党职能的重要保证。近年来，我们始终坚持把组织建设作为自身建设的核心任务来抓，全盟组织建设整体运行平稳、健康有序、势头良好。主要表现在：

1. 组织发展稳步推进，盟员队伍整体素质进一步提高，结构进一步优化。全盟各级组织坚持组织发展的基本方针，积极拓宽思路，加大工作力度，盟员数量稳步增长。截至2015年底，全盟盟员总数达270330人，比2012年增长12.7%，平均年净增率为4.7%，有13个省级盟组织盟员数量超过万人。全盟中上层人士占85.8%，高级职称占41.6%。盟员平均年龄为54.4岁，比2012年降低0.2岁。各省级盟组织按照组织发展五年规划和年度计划，在努力巩固主体界别以保持民盟特色优势的同时，还积极稳妥地发展了一批经济、金融、法律、管理等非重点界别的代表性人士和新社会阶层优秀人士，非主体界别比例比2012年增长2.9%，人才资源更加丰富。一些省级盟组织积极用足用好政策，强化措施推进组织发展，有6个省级盟组织连续三年净增率超过5%。民盟上海市委制定了《特殊人才入盟审核办法》，民盟甘肃省委下发了《关于在高等院校科研院所加快组织发

展的意见》，民盟吉林省委实施了"百名人才工程"计划，均收到了较好效果。

2. 领导班子建设进一步加强，内部监督机制不断完善。换届以来，盟中央高度重视领导班子建设，采取多种措施，努力提高班子成员整体素质，各级领导班子的政治把握能力、参政议政能力、组织领导能力、合作共事能力、解决自身问题能力进一步提升。认真贯彻民主集中制，严格遵循领导班子议事制度、会议制度和工作程序，进一步健全完善内部监督机制，广泛开展省级领导班子及成员届中述职和评议工作，进一步增强了各级领导班子的凝聚力、向心力和影响力。云南、陕西等省级盟组织通过开展"领导班子建设年"等活动，多措并举加强领导班子建设，收到良好成效。顺利完成河北、山西等省级组织领导班子的届中调整工作，先后调整主委 4 人、副主委 26 人，班子的年龄结构等更加优化。市级盟组织换届工作平稳有序进行，预计到今年年底将有 268 个地市完成换届，占应换届总数的 84.8%。江苏、广西等省级盟组织注重加强与地方党委的沟通协商，较好地解决了一些市级盟组织在干部编制、办公场所等方面存在的实际困难。

3. 代表性人士队伍建设成效显著，后备干部队伍建设力度不断加大。换届以来，盟中央制定下发了《关于做好 2014–2017 年省级组织领导班子后备干部队伍建设工作的意见》《关于做好民盟代表性人士推荐工作的通知》等指导性文件，就代表性人士和后备干部的选拔培养提出了明确要求。盟中央加大教育培训力度，举办了 6 期盟务工作骨干培训班、中青年干部培训班，共培训盟员 800 余名，推荐 192 名盟员参加中央统战部举办的民主党派干部进修班、培训班及境外研讨班。天津、山东、河南等省级盟组织依托中央社院和各省级社院等培训资源，认真制定培训规划，坚持分类施教、按需培训，实现了骨干盟员和新盟员培训常态化。各级盟组织不断完善人才发现、培养、推荐和使用机制，明确标准，规范程序，增强了工作的针对性、系统性和科学性。湖南、四川等省级盟组织拓宽发展思路，高度重视发展"两院"院士、重点学科带头人等高层次代表人士，提升了民盟的社会影响力。湖北、广东、重庆等省级盟组织积极推荐盟员到政府部门挂职锻炼，丰富了盟员工作经历，提高了工作能力。近三年来，盟员新任大学校（院）长正职 10 人，新增院士 7 人，新任国务院部委办局副职 4 人。目前，盟员中担任各级人大代表和政协委员的达 1.9 万人，各级政府机关、司法机关处级以上从政干部 1496 人，大学校（院）长 167 人，院士 51 人。2013 年以来，先后有 121 名盟员荣获国家科技奖励。

4."基层组织建设年"活动成效显著，基层组织活力不断增强。盟中央制定下发《关于进一步加强基层组织建设的意见》，召开民盟基层组织工作会议，在全盟深入开展了"基层组织建设年"活动。地方各级盟组织积极探索开展基层工作的新形式和新内容，将基层组织建设与参政议政、社会服务和盟员本职工作相结合，进一步增强了工作活力。辽宁、浙江、福建等省级组织不断丰富活动内容，创新工作载体，通过建立"盟员之家"等形式，较好地解决了基层组织开展活动无固定场所的问题，增强了基层盟员的组织归属感。截至 2015 年底，全盟已建成"盟员之家"300 多个。

各位常委，近年来民盟组织建设取得的这些成绩，是全盟各级组织共同努力的结果，凝聚着全盟同志的心血和汗水。回顾我们在组织建设方面的工作，主要有以下几方面经验：1. 坚持正确政治方向，坚持中国特色社会主义政治发展道路，努力建设高素质社会主义参政党，是加强民盟组织建设的准则；2. 密切党盟关系，积极争取中共各级党委和统战部门的支持，为民盟组织建设营造良好的环境，是加强民盟组织建设的前提；3. 选准用好干部，努力构建坚强有力的领导班子，充分发挥其核心领导作用，是加强民盟组织建设的关键；4. 认真贯彻“人才强盟”战略，不断增强组织发展的计划性、目的性和主动性，为民盟长远发展提供人才智力支撑，是加强民盟组织建设的核心；5. 紧紧围绕服务改革、推动发展这个大局，充分履行参政党职能，是加强民盟组织建设的目标；6. 健全完善制度机制，实现全盟组织建设的制度化、规范化、程序化，是加强民盟组织建设的保证。

在总结成绩和经验的同时，我们还要清醒地看到工作中存在的问题和不足。在组织发展方面，当前在高校发展高层次人才难度加大，有的省级组织的发展速度相对偏低；在代表性人士和后备干部队伍建设方面，代表性强、影响力大的新一代知名专家学者以及有较强参政议政能力的复合型人才存在结构性短缺；在基层组织建设方面，部分基层组织活力不足，对盟员缺乏吸引力。这都需要我们在今后的工作中高度重视，认真研究，着力加以解决。

二、深入分析当前民盟组织建设面临的新形势，进一步明确加强组织建设的任务要求

组织建设既要讲程序、重制度，又要与时俱进、开拓创新。全盟上下必须深刻认清形势，明确任务，不断提升组织建设的整体水平。首先，加强民盟组织建设是积极适应统一战线面临的新形势、新变化、新挑战的现实需要。当前国际形势复杂多变，国内改革发展任务艰巨繁重，以习近平同志为总书记的中共中央领导集体，励精图治、积极进取，带领全国各族人民为更好地坚持和发展中国特色社会主义、实现“两个一百年”奋斗目标和中华民族伟大复兴的中国梦而努力奋斗，中国特色社会主义道路正越走越宽广。中共十八大以来，中共中央高度重视统一战线工作，提出了一系列重要思想，作出一系列重要部署，特别是去年召开中央统战工作会议，颁布实施《中国共产党统一战线工作条例（试行）》《关于加强社会主义协商民主建设的意见》《关于加强政党协商的实施意见》，为统一战线和多党合作事业发展提供了重要遵循，也为民主党派在国家政治生活中发挥作用提出了更高要求。积极适应统一战线面临的新形势、新变化、新挑战，切实加强组织建设，努力提升服务改革发展的能力水平，是民盟各级组织面临的迫切任务。其次，加强民盟组织建设是有效履行参政党职能的现实需要。习近平总书记指出，各民主党派、工商联和无党派人士要把智慧和力量凝聚到推动经济持续健康发展上来，围绕加快转变经济发展方式、推进经济结构调整、提高宏观调控水平等事关全局的重大问题深入调查研究，多献务实之策。民盟要落实好这些要求，就必须认真研究履行“参政议政、民主监督，参加中国共产党领导的政治协商”三项职能的思路、途径和方法，全面推进组织建设，努力为履行职能提供强有力的人才支撑和组织保证。要紧紧围绕“四个全面”战略布局，紧扣创新、协调、绿色、开放、共享五大发展理念，不断培养造就一批履行参政党职能所急需的各方面人才，努力搞好人才和智力储备，为全面建成小康社会进一步凝聚智慧、凝聚力量。再次，加强民盟组织建设是强化自身建设、实现可持续发展的

现实需要。“人事有代谢，往来成古今。”任何政党的长久发展，都是通过人事继替来实现的。2017年盟中央和省级组织要完成换届，各项筹备工作任务繁重。随着盟员队伍的不断壮大，基层组织数量的增多，民盟组织自身也出现了一些新情况、新变化，为盟的组织建设带来了新问题、新挑战。科学谋划民盟组织当前乃至更长远的发展，不断提升民盟自身建设的科学化水平，是民盟组织建设面临的永恒课题。

为更好地适应新时期多党合作事业发展的要求，我们必须把组织建设摆在全盟各项工作的重要位置，努力实现“重发展广覆盖、抓班子带队伍、增活力求实效”的总体目标。

1. 立足于体现民盟特色、改善人才结构、提高参政能力，不断推进组织发展。当前，影响民盟组织发展的因素是多方面的，但就民盟自身而言，首要的还是要解放思想、更新观念，树立明晰的组织发展思路。要妥善处理好数量与质量的关系，在保持目前净增率的基础上，把重心放到确保民盟特色优势、有效改善人才结构、切实提高参政能力的目标上来。针对当前发展高层次人才以及高校组织发展存在一定困难的现状，盟的各级领导思想上要高度重视，行动上要注重实效。要把组织发展列入“一把手”工程，各级主委要带头抓，对重点发展对象要亲自过问。要积极拓展组织发展领域，适当扩大组织发展覆盖面，在改善结构性人才短缺问题上下功夫。在参政领域注重发展政府及司法机关在职人员，在议政领域重点关注与经济社会发展息息相关的行业，吸纳一批经济、金融、法律、咨询、管理、社会中介、新媒体、群团、协会等领域的代表性人士，不断建立组织发展新的“增长点”。

2. 着眼于推动民盟事业的可持续发展，切实加强代表性人士和后备干部队伍建设。“政治路线确定之后，干部就是决定的因素”。要抓好“选、育、用、管”等关键环节，努力形成人才辈出、人尽其才、才尽其用、用当其时的良好局面。要建立健全科学有效的人才选拔机制，及时发现人才，提高选人公信度。要正确处理好代表性人士和有潜力人才的关系，既要注意吸收政治素质好、知识层次高、有较大社会影响的高层次人士，也要注意选树优秀的、有潜力的中青年知识分子。要加大培训力度，完善多方位、多层次培训体系。从明年起，组织实施“民盟双百人才工程”，每年在全盟选取一百名高层次新盟员、一百名代表性人士和后备干部集中进行培训，有计划地培养造就一批盟内高端人才。坚持正确用人导向，抓住用好《中国共产党统一战线工作条例（试行）》颁布后的新机遇，更加注重铺台阶、搭舞台、压担子，帮助盟内新一代代表性人士和后备干部尽快成长。要加强对代表性人士、后备干部队伍的动态管理，健全完善干部人才信息库，及时了解他们的政治表现、思想状况、履行职责和廉洁自律情况，使代表性人士和后备干部队伍始终保持充足的数量、较高的质量、合理的结构和较强的活力。

3. 着力于提升整体素质和工作能力，切实加强各级领导班子建设。各级领导班子是组织建设的关键，其领导水平和执行能力直接影响到民盟组织的履职能力和社会形象。要以提高“五种能力”为目标，促进班子想事、谋事、干事。换届前，各级领导班子要认真谋划和落实好任期内的各项工作，一如继往地抓好日常工作。要针对工作中的薄弱环节，下大力气，补齐短板，突破瓶颈，推进各项工作再上新台阶。要认真落实民主集中制，完善议事决策制度，保证决策的科学与民主。要健全考核评价机制，推进“向上向下”双向述职和民主评议，强化班子的责任意识。要进一步加强作风建设，强化纪律意识，严格监督管理，将各级领导班子打造成团结和谐、勤政清廉、务实创新、奋发有为的领导核心。

4. 致力于增进基层组织活力，全面加强基层组织建设。基层组织是民盟的细胞，是民盟人才的源泉。要把基层组织建设作为民盟组织建设的重要内容，落实好强基固本的各项措施。要建立领导干部和机关干部联系基层制度，多下基层，多接地气，有效增强组织内部的联系交流。要主动与地方党委沟通协商，努力破解长期困扰基层组织“无活动经费、无活动场所”等难题。对基层组织而言，没有活动就没有活力，没有活力就没有影响力，没有影响力就没有凝聚力。要创新活动内容和方式，实现基层组织活动常态化，常态活动多样化。要把基层组织建设与参政议政等工作有机结合起来，充分发挥盟员业务专长，积极提出建议意见，为本地区、本部门发展作出贡献；要广泛开展社会服务工作，精心组织好基层广大盟员参与的座谈、讲座、论坛等学习研讨活动，积极开展义诊、助学、帮教、扶贫等活动；鼓励引导美术院、艺术团广泛开展面向基层的各类文化交流活动，提高活动的吸引力和盟员参与度。要注重树立先进典型，推广“盟员之家”“五个有”支部创建、活力支部、示范支部建设等先进经验和做法，不断提高全盟基层组织建设整体水平。

三、认真做好2017年省级组织换届工作，促进民盟在多党合作事业中的可持续发展

2017年省级组织换届工作已进入筹备阶段。这次换届，时间紧、任务重、要求高，我们要切实增强做好换届工作的政治责任感和历史使命感，周密部署，精心组织，确保换届工作顺利推进。

1. 坚持正确用人导向，努力选好配强领导班子。省级盟组织在全盟的组织架构中处于承上启下的关键地位。这次换届人事调整幅度大，选好配强领导班子是首要任务。在领导班子的选配上，要始终把政治标准放在重要位置，坚持德才兼备、以德为先的选人用人标准，坚持好中选优、优中选强，真正把信念坚定、敢于担当、业绩突出、盟员认同的代表人士选拔到领导岗位上来。要着眼参政党能力建设和增强班子整体功能，综合考虑班子成员的领导能力、年龄结构、专业特长、个性特点等因素，形成班子成员之间的团结协作和优势互补。要加强与地方党委、统战部门的联系，按照党管干部的原则，搞好班子人选的沟通协商。要坚持深化政治交接，把继承和弘扬多党合作优良传统贯穿换届工作全过程，引导广大盟员坚定理想信念，增强自觉自信，在新老交替中增进共识、凝聚力量，夯实共同思想政治基础。

2. 严格落实换届政策，认真执行有关规定。准确把握好政策界限，是做好换届工作的前提。盟中央《关于做好2017年省级组织换届工作的意见》中规定的有关政策，是经各民主党派中央多次酝酿、反复协商后制定的，既反映了当前形势和任务对参政党的要求，也反映了各民主党派自身的现实需要，各级盟组织要把思想认识统一到换届文件精神上来，根据《盟章》和换届文件要求，认真抓好政策落实。对于领导班子职数和领导机构规模，原则不超过上届。在常务委员会和委员会具体组成上，要体现民盟特色，保

持合理的年龄、知识、专业和性别结构。在任职年龄界限、提名年龄界限上，也要严格按照有关要求掌握。

3. 切实加强组织领导，确保换届工作有序推进。这次换届原则上要求 2017 年 6 月 30 日前完成。各省级盟组织要加强领导，精心组织，抓好每个阶段、每个环节的工作，确保换届工作顺利推进。省级盟组织要在今年 7 月底前成立专门领导机构和工作机构，主委要切实履行第一责任人职责。今年下半年盟中央还要召开全盟组织工作会议，专门研究换届工作。要坚持统筹兼顾、协调运作，通盘考虑人大、政府、政协的换届工作，使各职人选达到最佳合理配置，促进民盟组织换届与人大、政府、政协换届的有序衔接。要认真贯彻民主集中制，严格遵守充分酝酿、民主推荐、多方协商、组织考察、会议选举等必经程序，保证换届工作严肃、规范。要正确处理好换届工作与日常工作的关系，确保“两不误，两促进”。

4. 进一步严肃换届纪律，努力营造风清气正的良好氛围。要坚持教育在先、警示在先、预防在先，强化组织监督和制度监督，引导广大干部自觉遵守政治纪律和组织人事纪律，正确行使民主权利，坚决抵制不正之风，坚决杜绝违纪违法行为。要及时关注盟员干部思想动态，深入细致做好教育引导工作，确保盟员干部正确对待组织安排，正确对待进退留转。要主动关心退下来的同志，对有明确政策要求、可以解决的问题，要尽力解决，对一时解决不了的，要耐心做好解释工作。要加大宣传力度，营造良好的换届氛围。积极争取有关部门及新闻媒体的大力支持，充分利用民盟网站、微信平台等载体，多渠道宣传报道民盟换届工作，努力把换届过程变成宣传民盟形象、扩大民盟影响的过程。

各位常委、各位同志，“水有源，故其流不穷；木有根，故其生不穷。”民盟事业的传承发展，需要全盟各级组织和广大盟员的共同努力。让我们紧密团结在以习近平同志为总书记的中共中央周围，高举中国特色社会主义伟大旗帜，同心同德、开拓进取，不断加强民盟组织建设，切实提高履职能力，为全面建成小康社会、实现中华民族伟大复兴的中国梦作出新的贡献！

在民盟十一届十五次中常会上的讲话

（2016 年 11 月 2 日）

张宝文

各位常委、同志们：

这次中常会的主要任务是：认真学习贯彻中共十八届六中全会精神，研究部署新形势下进一步加强和规范盟内政治生活、加强盟内监督的新思路、新举措，努力把民盟自身建设提高到一个新水平，为更好地履行参政党职能奠定坚实基础。

下面，我讲三个问题：

一、认真学习贯彻中共十八届六中全会精神，切实把思想和行动统一到中共中央的决策和部署上来

刚刚胜利闭幕的中共十八届六中全会，是在我国进入全面建成小康社会决胜阶段召开的一次具有里程碑意义的重要会议。全会全面分析党的建设面临的形势和任务，系统总结近年来特别是中共十八大以来全面从严治党的理论和实践，就新形势下加强党的建设作出新的重大部署，充分体现了中共中央坚定不移推进全面从严治党的坚强决心和历史担当。全会审议通过的《关于新形势下党内政治生活的若干准则》和《中国共产党党内监督条例》（以下简称《准则》和《条例》），坚持继承和创新的有机统一，直面当前党内政治生活和党内监督存在的突出问题，顺应了新形势新任务的要求，对中共十八大以来全面从严治党的理论和实践创新成果进行了集纳，形成了新的制度安排，对推进党的建设新的伟大工程，推进中国特色社会主义伟大事业发展，具有重大现实意义和深远历史意义。

全会明确了习近平总书记的核心地位，正式提出“以习近平同志为核心的党中央”，反映了全党全军全国各族人民的共同心声和强烈愿望，也反映了广大盟员的共同心愿。中共十八大以来，习近平总书记带领新一届中共中央领导集体总揽全局、协调各方、团结奋斗、勇于担当，在改革发展稳定、内政外交国防、治党治国治军等方面取得了一系列卓越成就，开创了中国特色社会主义伟大事业和党的建设新的伟大工程新局面，实现了党和国家事业的继往开来。中共十八大以来的实践充分证明，习近平总书记在新的伟大斗争实践中已经成为中共中央的核心、中国共产党的核心。明确习近平总书记的核心地位，是众望所归、实至名归，是党心所向、民心所向，对保证党和国家兴旺发达、长治久安，具有十分重大而深远的意义。

当前，我国已进入全面建成小康社会决胜阶段，中华民族正处于走向伟大复兴的关键时期。作为致力于中国特色社会主义事业的参政党，作为与中共肝胆相照、荣辱与共的亲密友党，学习贯彻中共十八届六中全会精神是我们的政治责任。全盟上下要把学习贯彻中共十八届六中全会精神作为当前和今后一个时期的首要政治任务，以全会精神为指引，不断加强自身建设，为更好地履行参政党职能打下坚实基础。

1. 学习贯彻中共十八届六中全会精神，关键是要深刻领会会议的精神实质，矢志不渝地坚持中国共产党的领导。“全面从严治党，核心是加强党的领导。”民盟各级组织和广大盟员要深入学习中共十八届六中全会精神，切实把思想和行动统一到中共中央的各项重大决策部署上来。要牢固树立“四个意识”特别是核心意识、看齐意识，坚决维护以习近平同志为核心的中共中央权威。要坚持以十八届六中全会精神武装头脑、指导实践、推动工作，始终在思想上政治上行动上与以习近平同志为核心的中共中央保持高度一致。要准确把握全面从严治党在“四个全面”战略布局中的重要地位和作用，矢志不渝地坚持中国共产党的领导，坚持和完善中国共产党领导的多党合作和政治协商制度，更加坚定地走中国特色社会主义政治发展道路。

2. 学习贯彻中共十八届六中全会精神，核心是要以会议精神为引领，积极发挥自身优势，切实履行好参政党职能。实现“两个一百年”奋斗目标和中华民族伟大复兴的中

国梦，是包括中国共产党和各民主党派在内的全国各族人民的历史使命所在。我们要不忘合作初心、继续携手前进，更好地履行参政党职能，为坚持和完善中国共产党领导的多党合作事业贡献力量。一是要围绕“四个全面”战略布局参政议政，努力提高建言献策水平。参政议政工作是民盟全局工作的出发点，也是落脚点。我们要按照中共十八届六中全会精神，在保持传统领域和优势的同时，准确把握参政党的功能定位，进一步与时俱进，不断开拓新思路、探索新方法，紧紧围绕推进“五位一体”总体布局和“四个全面”战略布局，落实“五大发展理念”，切实增强建言献策科学性实效性，努力打造体现民盟特色的新亮点。二是要切实加强民主监督，不断提升监督效力。中共十八届六中全会强调，要重视民主党派和无党派人士提出的意见、批评、建议，鼓励党外人士讲真话、进诤言，完善知情、沟通、反馈、落实等机制，体现了以习近平同志为核心的中共中央对多党合作的高度重视，也为民主党派发挥民主监督作用提供了更好的条件和保障，我们要进一步提升民主监督工作的制度化、规范化、程序化水平，围绕各级党委、政府的中心工作，对《准则》《条例》的贯彻落实情况及重大改革举措、主要政策的贯彻落实情况等开展民主监督，及时提出意见建议，努力建诤言、做诤友。三是要积极参加中国共产党领导的政治协商，进一步增强履职实效。政治协商是民主党派新的基本职能。加强政治协商，有利于扩大民主党派有序政治参与、畅通意见表达渠道，有利于增进政治共识、促进科学民主决策、推进国家治理体系和治理能力现代化。我们要准确理解和把握“参加中国共产党领导的政治协商”这一职能的深刻内涵，紧紧围绕事关国家发展大局的重大问题深入调查研究，搞好中共中央委托调研等重点调研活动，努力建有据之言，献务实之策。

3. 学习贯彻中共十八届六中全会精神，重点是抓好学习宣传和教育引导，进一步巩固多党合作共识。“知之愈明，则行之愈笃。”全盟各级组织要精心安排，认真做好十八届六中全会精神的传达贯彻。盟中央决定从今年第四季度起至 2017 年民盟中央换届之前，在全盟深入开展“不忘合作初心，继续携手前进”专题教育活动。专题教育活动是坚持和发展中国特色社会主义学习实践活动的重要内容，重点是认真学习贯彻中共十八大和十八届三中、四中、五中、六中全会精神，深入贯彻习近平总书记系列重要讲话精神和治国理政新理念新思想新战略，学习中国共产党历史、多党合作和民盟历史传统。要注重创新专题教育活动形式，增强专题教育的互动性，调动基层组织和盟员的积极性，推动学习实践活动不断深入开展，不断巩固多党合作共识，引导广大盟员努力把“立盟为公、参政为民”的价值理念转化为为党分忧、为国尽力、为民尽责的实际行动。

二、继承发扬民盟优良传统，不断加强作风建设，进一步加强和规范盟内政治生活

中共十八届六中全会就新形势下加强和规范党内政治生活提出了一系列新思想新论断新要求，明确提出了重点内容，深刻阐明了思路方法，也为民盟加强和规范盟内政治生活指明了方向。全体盟员同志特别是各级领导干部要通过对中共十八届六中全会精神的学习，身体力行，率先垂范，模范遵守盟章，不断加强作风建设，努力在全盟形成又有集中又有民主，又有纪律又有自由，又有统一意志又有个人心情舒畅生动活泼的政治局面。

1. 加强和规范盟内政治生活就是要教育引导广大盟员，进一步坚定政治信念，坚定中国特色社会主义道路自信、理论自信、制度自信、文化自信。作为走过75年光荣历程、致力于中国特色社会主义事业的参政党，具有坚定的政治信念是关系到盟的事业兴衰，关系到多党合作和政治协商制度进一步完善和发展的根本问题。我们要从多党合作长期存在与发展的战略高度，以对民盟事业高度负责的态度，不断深化对中国特色社会主义政治发展道路的认识，教育引导广大盟员特别是领导干部坚定理想信念，坚定政治信仰，始终坚持正确的政治方向，筑牢信仰之基、补足精神之钙、把稳思想之舵，自觉做中国特色社会主义的亲历者、实践者、维护者和捍卫者。这是加强和规范盟内政治生活的出发点和基本点。

要增强宣传工作的实效性，充分利用盟内外媒体，继续深入开展中国特色社会主义宣传教育。要做好意识形态领域思想引导工作，解读和宣传好我国发展道路、发展理念、发展方式，营造良好舆论环境，努力把国家的路线、方针、政策同盟员的心声、诉求结合起来，有的放矢、入情入理、入脑入心。要继续加强基层组织建设，组织盟员开展正常的组织生活。要把组织生活作为盟内政治生活的重要内容和载体，作为盟组织对盟员进行教育管理监督的重要形式，通过创建“活力支部”等活动，坚持好组织生活的各项制度，创新方式方法，切实增强盟的组织生活活力。要全面加强思想、组织、制度和作风建设，不断增强“四个自信”，努力巩固多党合作的共同思想政治基础。

2. 加强和规范盟内政治生活就是要进一步继承和发扬盟的优良传统，坚持在延续中发展，在传承中创新，保持民盟优良传统持久的生命力。民盟在长期的发展历程中，形成了自己的优良传统，这是盟内政治生活中最可宝贵的精神财富，也是盟的事业永续发展的不竭动力。我们要继承传统，就是要像民盟前辈那样与中国共产党风雨同舟、肝胆相照、荣辱与共，树立坚定的政治信念，坚持正确的政治方向；就是要继承民盟前辈的政治智慧，积极奔走国是、关注民生，充分发挥自身的特点和优势，履行好参政党职能；就是要学习民盟前辈的爱国精神、道德风范和学识文章，老老实实做人，踏踏实实做事，清清白白履职。

各级盟组织和广大盟员，特别是领导班子成员要把民盟优良传统教育作为盟内政治生活的重要内容，充分利用好盟内历史资源，发挥各类盟员教育基地的作用，不断加深对盟的优良传统的理解和认识，主动接受精神熏陶，不断提高自身修养，使之成为个人自觉的价值追求。要加强参政党理论研究和盟史研究，定期举办学习讲座和报告会，加强交流，提高领导干部的理论水平、政策水平和在复杂形势下明辨是非的能力。

加强和规范盟内政治生活，要坚持与时俱进，不断发扬光大民盟优良传统。我们既是传统的继承者，也是传统的创造者。当年费孝通主席提出“出主意、想办法、做好事、做实事”，就是对民盟“奔走国是，关注民生”优良传统的继承和发展。我们要切实把握当前的时代特征和形势要求，把从民盟前辈那里继承下来的政治信念、政治智慧和爱国精神，体现在新时期的工作中，体现在新的代表性人物和盟员先进典型上，体现在盟内政治生活的方方面面，为盟的优良传统赋予新的时代内涵，保持民盟优良传统的持久生命力。

3. 加强和规范盟内政治生活就是要深入推进作风建设，各级领导干部要坚持民主集

中制，带头弘扬正气、抵制歪风邪气。要以制度建设为保障，构建加强和规范盟内政治生活的长效机制。民主集中制是盟内政治生活正常开展的重要制度保障。要认真贯彻执行民主集中制，着力解决发扬民主不够、正确集中不够等问题。各级盟组织和领导干部要坚持、完善、落实好民主集中制，把民主基础上的集中和集中指导下的民主有机结合起来，坚决杜绝“家长制”“一言堂”等现象。

加强和规范盟内政治生活就是要激浊扬清，让盟内正能量充沛，让歪风邪气无所遁形。要坚持以上率下，从盟中央领导和各省级盟组织主委做起，模范遵守盟章关于盟内政治生活的各项规定。各级盟组织要坚持正确用人导向，倡导清清爽爽的同志关系，规规矩矩的上下级关系。要深入推进作风建设，持之以恒落实“八项规定”，自觉抵制各种错误思潮和不良风气的侵蚀。

三、把加强盟内监督摆在重要位置，探索有效途径，确保监督落到实处

中共十八届六中全会把加强党内监督作为全面从严治党的重要保证，为民盟加强自身建设提供了重要遵循。为适应新形势新任务，民盟要不断加强盟内监督，进一步提高解决自身问题的能力。

近年来，盟内监督工作有了长足的进展，盟中央和大部分省级组织成立了监督委员会，制定了《民盟中央监督委员会工作试行条例》，组建了监督委员队伍，领导班子成员述职评议等制度得到较好落实。依据盟章和《民盟中央监督委员会工作试行条例》规定，中央监督委员会对各级组织和盟员遵守盟章的情况进行监督，重点是对中央委员会及其领导班子成员遵守多党合作政治准则、贯彻民主集中制和履行职责的情况进行监督。监督的主要内容，一是监督是否认真执行了盟章和多党合作准则；二是监督是否严格贯彻执行了民主集中制；三是监督是否廉洁勤政；四是监督是否按照德才兼备原则选拔和任用干部。

加强盟内监督，必须提高制度的执行力。“盖天下之事，不难于立法，而难于法之必行。”好的规章制度，如果得不到有效落实，不仅不能产生应有的作用，反而会损害制度的权威性和公信力。因此，我们要用好现有的监督手段，注重加强与中共有关部门的联系沟通，及时发现问题、解决问题。要把功夫下到平时，加强对广大盟员尤其是身处领导岗位的盟员的廉政教育、法制教育，做到防患于未然，努力提高盟员的政治素质和道德修养。

加强盟内监督，还要努力建设一支政治坚定、敢于担当的监督委员队伍。监督委员要全面履行盟章赋予的职责，坚决维护盟章权威。要通过参与领导班子成员述职及民主评议等工作，使监督委员更加了解监督工作的重要意义，熟悉监督工作的主要内容和流程，进一步提高监督能力。

盟中央和省级盟组织将于 2017 年进行换届。这不仅是组织人事调整，更是顺利完成政治交接、保证民盟事业薪火相传的大事。为此，民盟中央出台了严肃换届纪律的相关文件，就违反工作程序和换届纪律的情况进行监督。监督委员会要认真履行职能，注重发挥广大盟员的积极性，坚决抵制和纠正各种不正之风，及时发现、报告工作中存在的问题，确保换届风清气正，确保换届圆满成功。

各位常委，同志们，中共十八届六中全会作出全面从严治党的重要部署，为民盟加强和规范盟内政治生活、加强盟内监督提供了努力方向和重要遵循。让我们更加紧密地团结在以习近平同志为核心的中共中央周围，全面深入贯彻中共十八届六中全会精神，牢固树立政治意识、大局意识、核心意识、看齐意识，同心同德、砥砺前行，以更加饱满的政治热情和昂扬的斗志，努力开创民盟工作新局面，为全面建成小康社会、实现中华民族伟大复兴的中国梦作出新的贡献！

民盟中央关于开展脱贫攻坚民主监督工作的实施方案

盟中办发〔2016〕119号

为落实中共中央赋予统一战线开展脱贫攻坚民主监督工作的新任务，积极协助河南省党委和政府打好脱贫攻坚战，根据《关于支持各民主党派中央开展脱贫攻坚民主监督工作实施方案》和中央统战部会议精神，制定如下实施方案：

一、工作原则

1. 坚持正确的政治方向。开展脱贫攻坚民主监督的出发点和落脚点是帮助党委和政府打赢脱贫攻坚战。要坚持中国共产党的领导，以推动中共中央决策部署落实为核心，围绕脱贫攻坚中的重点难点问题深入考察调研，及时发现和反映存在的问题，提出意见建议和批评，帮助河南省党委和政府加强改进工作。

2. 坚持鲜明的问题导向。通过深入调研、考察、座谈等形式，将发现问题与共同研究对策、提出整改办法相统一，真正把监督过程变成发现问题、解决问题的过程，把开展监督作为推动政策落实的过程。

3. 坚持从实际出发、突出工作重点。全面了解中共中央关于脱贫攻坚的决策部署，深入了解河南省的贫困状况和扶贫工作开展情况，聚焦脱贫攻坚中的重点难点问题和政策落实中的薄弱环节，有针对性地开展工作，不搞面面俱到。

4. 坚持与履行参政党职能相结合。注意把参政议政、民主监督、参加中国共产党领导的政治协商三项基本职能有机结合，通过开展脱贫攻坚民主监督了解社情民意，形成真知灼见，为开展参政议政、政党协商打下基础；通过政党协商和参政议政的平台，提出监督性的意见建议。

二、重点内容

1. 贫困人口精准识别情况；

2. 贫困人口精准脱贫情况；

3. 贫困县摘帽情况；

4. 落实脱贫攻坚责任制情况；
5. 重大政策措施执行情况；
6. 扶贫资金项目管理使用情况。

三、组织机构

民盟中央成立脱贫攻坚民主监督工作领导小组，全国人大常委会副委员长、民盟中央主席张宝文任组长，全国政协副主席、民盟中央常务副主席陈晓光，民盟中央副主席张平、徐辉、龙庄伟任副组长。

领导小组下设办公室，具体负责脱贫攻坚民主监督中的协调联系、组织实施、宣传报道等工作。由龙庄伟副主席兼任办公室主任，民盟河南省委主委、河南省人大副主任储亚平任办公室副主任；办公室成员有：社会服务部部长郭勇、参政议政部部长范芳、宣传部部长曲伟。

设立专家顾问组。汇聚盟内农业、审计、司法等方面的专家力量，建立专家人才库，发挥智库作用，为调研建议、专项监督评估、政策宣讲提供人才支撑。

四、工作形式

1. 赴河南省相关市、县就脱贫攻坚重点问题开展实地调研。
2. 根据调研情况形成调研报告，提出意见建议。
3. 组织力量参与专项监督评估。
4. 建立常态化联系机制，及时了解脱贫攻坚工作进展情况。
5. 广泛宣讲脱贫攻坚相关政策，加强工作经验总结。

五、工作步骤

2016 年 7 月，龙庄伟副主席带队赴河南，与河南省委统战部、省扶贫办、民盟河南省委对接脱贫攻坚民主监督工作，落实前期各项工作；之后，由张宝文主席、陈晓光常务副主席分别带队赴河南调研，听取河南省、重点贫困县脱贫攻坚工作汇报，摸清地方脱贫攻坚形势和工作计划，形成脱贫攻坚民主监督工作细化方案。

进入工作实施阶段，由民盟中央主要领导带队每年至少到河南开展一次专门调研，并及时向中共河南省委、省政府反馈调研情况。脱贫攻坚民主监督工作领导小组办公室则经常性、不定期到有扶贫任务的市、县了解情况，调查研究。根据调研情况，组织专家力量，分析地方脱贫攻坚工作难点、问题症结，提出有针对性、可操作性强的意见建议，形成调研报告，通过“直通车”形式报送中共中央、国务院。

推荐民盟专家学者参加扶贫资金项目管理使用情况、贫困县摘帽情况等专项评估监督评估。加强日常联系，充分发挥民盟地方组织作用，跟进监督脱贫攻坚工作情况，及时向地方党委、政府反馈。

做好政策宣讲，主动宣传党中央、国务院关于脱贫攻坚的方针政策，帮助贫困地区干部群众知晓政策、落实政策、用好政策，坚定脱贫攻坚的信心和决心。

把民主监督与社会服务相结合，在保持传统领域和优势的同时，进一步整合资源、彰显特色，积极开展科技兴农、医疗救助、技能培训、文化扶贫等服务地方的活动，助力地方党委和政府打赢脱贫攻坚战。

总结民主党派在脱贫攻坚民主监督工作中的经验做法、积极作用，通过参与脱贫攻坚民主监督工作，加强政党协商和参政议政平台建设，展示民盟组织服务大局、勇于担当的良好形象，展示多党合作制度的魅力和优势。

六、工作保障

1. 加强政策学习。脱贫攻坚民主监督各参与方要加强学习中央统战部、国家扶贫办相关文件精神，提高政策把握能力，坚守正确政治方向。

2. 做好人才保障。民盟组织部门要精选政治素质高、专业能力强的人才力量，纳入到脱贫攻坚民主监督工作队伍中来，提供坚实人才保障。

3. 完善工作机制建设。发挥统筹协调作用，明确责任分工，建立日常联系机制、信息通报机制、知情明政机制，更好地履行职能、发挥作用。

4. 落实经费保障。民盟中央将设立专门工作经费，河南省民盟组织也要在每年的调研经费中做出专门安排，确保脱贫攻坚民主监督工作顺利实施。

民盟中央办公厅
2016 年 7 月 19 日

民盟中央关于学习贯彻十二届全国人大四次会议和全国政协十二届四次会议精神的决定

（2016 年 3 月 10 日民盟十一届十三次中常会通过）

十二届全国人大四次会议和全国政协十二届四次会议，是在全面建成小康社会进入决胜阶段的新形势下召开的重要会议。认真学习贯彻全国“两会”精神，对于民盟各级组织认清形势，汇聚力量，切实履行好参政党职能，具有十分重要的意义。

民盟中央赞同十二届全国人大四次会议审议通过的《国民经济和社会发展第十三个五年规划纲要》（以下简称《纲要》）和李克强总理所作的政府工作报告，赞同张德江委员长所作的全国人大常委会工作报告和俞正声主席所作的全国政协常委会工作报告，拥护全国“两会”通过的各项决定、决议。

民盟中央认为，“十二五”时期我国发展成就举世瞩目。中共十八大以来，面对错综复杂的国际环境和艰巨繁重的国内改革发展稳定任务，以习近平同志为总书记的中共中央团结带领全国各族人民，协调推进“四个全面”战略布局，主动引领经济发展新常态，妥善应对重大风险挑战，胜利完成了“十二五”规划确定的主要目标任务，我国经济实力、科技实力、国防实力、国际影响力又上了一个大台阶。

民盟作为致力于中国特色社会主义事业的参政党，始终坚持中国共产党的领导，坚定不移地走中国特色社会主义政治发展道路；始终坚持“立盟为公、参政为民”，自觉围绕国家中心工作，紧扣经济社会发展中的综合性、战略性、前瞻性问题，充分发挥特色优势，深入调查研究，提出深化社会保障和收入分配体制改革、深化行政审批制度改革、深化高等教育改革、发挥教育扶贫的重要作用等一批有价值、有针对性、可操作性强的意见建议，较好地履行了参政党职能，为推动经济平稳较快发展和社会和谐稳定做出了应有贡献。

民盟中央认为，“十三五”时期是全面建成小康社会的决胜阶段。《纲要》紧紧围绕全面建成小康社会奋斗目标，以创新、协调、绿色、开放、共享的发展理念为引领，以供给侧结构性改革为主线，明确了未来五年符合我国国情、顺应时代要求、体现人民意愿的宏伟目标、主要任务和重大举措，是应对经济发展新常态、决胜全面建成小康社会的行动纲领。

2016 年是“十三五”时期的开局之年，也是推进结构性改革的攻坚之年。全盟各级组织和广大盟员要把学习贯彻全国“两会”精神与学习贯彻中共十八大和十八届三中、四中、五中全会精神结合起来，与学习贯彻习近平总书记系列重要讲话精神结合起来，深刻认识中共中央治国理政新理念新思想新战略，着力增强政治意识、大局意识、核心意识、看齐意识，切实把思想和行动统一到中共中央的决策部署上来。要把学习贯彻全国“两会”精神与学习贯彻中央统战工作会议和《中国共产党统一战线工作条例（试行）》精神结合起来，继续深入开展坚持和发展中国特色社会主义学习实践活动，不断增强道路自信、理论自信、制度自信，进一步夯实多党合作的共同思想政治基础。

民盟中央要求，全盟各级组织要按照“五位一体”总体布局和“四个全面”战略布局的要求，牢固树立创新、协调、绿色、开放、共享的发展理念，围绕“十三五”规划的全面实施，紧扣经济社会发展重大问题、全面深化改革难点问题和创新创造关键问题，聚焦“一带一路”倡议、供给侧结构性改革、教育改革发展等开展深度调研，努力为“十三五”开局起步建真言、谋良策、出实招；要在巩固“烛光行动”“黄丝带帮教行动”等社会服务工作成果的基础上，进一步整合盟内外资源，帮助重点扶贫地区实现精准扶贫、精准脱贫；要继续实施“人才强盟”战略，推进盟的人才队伍建设，做好民盟省级组织换届准备工作，为民盟事业持续健康发展奠定坚实基础。

民盟中央要求，全盟各级组织和广大盟员要认真学习贯彻全国“两会”精神，紧密团结在以习近平同志为总书记的中共中央周围，群策群力，积极作为，为实现“十三五”时期经济社会发展良好开局，为夺取全面建成小康社会决胜阶段的伟大胜利作出新的贡献。

民盟中央关于学习贯彻中共十八届六中全会精神的通知

民盟各省、自治区、直辖市委员会：

中共十八届六中全会是在我国进入全面建成小康社会决胜阶段召开的一次具有里程碑意义的重要会议。会议审议通过的《关于新形势下党内政治生活的若干准则》和《中国共产党党内监督条例》，直面当前党内政治生活和党内监督存在的突出问题，顺应了新形势新任务的要求，对中共十八大以来全面从严治党的理论和实践创新成果进行了集纳，对推进党的建设新的伟大工程、推进中国特色社会主义伟大事业发展，具有重大现实意义和深远历史意义。

全会明确了习近平总书记的核心地位，正式提出“以习近平同志为核心的党中央”，反映了全党全军全国各族人民的共同心声和强烈愿望，也反映了广大盟员的共同心愿。对维护中共中央权威、维护中国共产党的团结和集中统一领导，对全党全军全国各族人民更好凝聚力量、抓住机遇、战胜挑战，对保证党和国家兴旺发达、长治久安，都具有十分重大而深远的意义。

民盟中央认为，中共十八大以来，习近平总书记带领新一届中共中央领导集体总揽全局、协调各方、团结奋斗、勇于担当，在改革发展稳定、内政外交国防、治党治国治军等方面取得了一系列卓越成就，开创了中国特色社会主义伟大事业和党的建设新的伟大工程新局面，实现了党和国家事业的继往开来。中共十八大以来的实践充分证明，习近平总书记在新的伟大斗争实践中已经成为中共中央的核心、中国共产党的核心。明确习近平总书记的核心地位，是众望所归、实至名归，是党心所向、民心所向，是坚持和发展中国特色社会主义伟大事业，实现“两个一百年”奋斗目标，实现中华民族伟大复兴的根本保障。

民盟中央要求，全盟各级组织和广大盟员要认真学习贯彻中共十八届六中全会精神，把思想和行动统一到全会精神上来，把力量凝聚到实现全会确定的各项任务上来，紧密团结在以习近平同志为核心的中共中央周围，积极进取，努力工作，履行职能，发挥作用。为此，特通知如下：

一、全盟要把学习贯彻中共十八届六中全会精神作为当前和今后一个时期的首要政治任务，迅速兴起学习、宣传和贯彻中共十八届六中全会精神的热潮

全盟各级组织要统一思想、提高认识，紧密结合自身实际，制订学习计划，采取多种形式，有效开展学习活动；各级领导班子要充分发挥表率、示范作用，积极引导广大盟员认真学习贯彻全会精神；广大盟员要深刻领会全会的精神实质，牢固树立“四个意识”特别是核心意识、看齐意识，矢志不渝地坚持中国共产党的领导，坚持和完善中国共产党领导的多党合作和政治协商制度，更加坚定地走中国特色社会主义政治发展道路。

要以全会精神为指引，围绕“四个全面”战略布局参政议政，切实加强民主监督，积极参加中国共产党领导的政治协商，发挥自身优势切实履行好参政党职能。要抓好学习宣传和教育引导，在全盟深入开展“不忘合作初心，继续携手前进”专题教育，把学习贯彻中共十八届六中全会精神与学习贯彻中共十八大和十八届三中、四中、五中全会精神结合起来，与学习贯彻习近平总书记系列重要讲话精神和治国理政新理念新思想新战略结合起来，与学习中国共产党历史、多党合作历史和民盟历史传统等结合起来，教育盟员不忘合作初心，引导盟员凝聚合作共识，激励盟员继续携手前进。

二、全盟要把学习贯彻中共十八届六中全会精神与继承发扬民盟优良传统结合起来，不断加强作风建设，进一步加强和规范盟内政治生活

全盟各级组织要把民盟优良传统教育作为盟内政治生活的重要内容，充分利用好盟内历史资源，发挥各类教育基地的作用，加强参政党理论研究和盟史研究，在延续中发展，在传承中创新，保持民盟优良传统持久的生命力，使“不忘合作初心，继续携手前进”成为全盟重要共识，为加强和规范盟内政治生活奠定坚实的思想基础。广大盟员要通过对中共十八届六中全会精神的学习，坚定理想信念，坚定政治信仰，始终坚持正确的政治方向，不断强化对中国特色社会主义的道路自信、理论自信、制度自信、文化自信。要抓好基层组织建设，密切党盟关系，丰富组织活动，主动加强与盟员的联系交流，有效提升基层组织的活力、凝聚力和影响力。要以制度建设为保障，构建加强和规范盟内政治生活的长效机制。要深入推进作风建设，各级领导干部要认真贯彻执行民主集中制，带头弘扬正气，抵制歪风邪气。

三、全盟要把学习贯彻中共十八届六中全会精神与强化盟内监督结合起来，探索有效途径，确保监督落到实处

全盟各级组织要深刻认识学习借鉴执政党宝贵经验的重大意义，吃透全会精神，把握实质内涵，加强对盟内监督实践的分析总结，注重对民主党派内部监督理论的探索研究，努力提升盟内监督实际效果。要用好现有的监督手段，注重加强与中共有关部门的联系沟通，及时解决存在的突出问题，提高制度的执行力。要努力建设一支政治坚定、敢于担当的监督委员队伍。通过参与领导班子成员述职及民主评议等工作，使监督委员更加了解监督工作的重要意义，熟悉监督工作的主要内容和流程，进一步提高监督能力。要加强对省级组织换届工作的监督。监督委员会要认真履行职能，注重发挥广大盟员的积极性，坚决抵制和纠正各种不正之风，及时发现、报告工作中存在的问题，确保换届风清气正，确保换届圆满成功。

中国民主同盟中央委员会
2016 年 11 月 3 日

内化于心、外化于行，不断开创多党合作事业新局面

——学习习近平总书记“七一”重要讲话精神体会

民盟中央主席　张宝文

今年是中国共产党成立95周年。95年来，中国共产党扎根中国土壤，走在时代前列，以“为障狂澜作砥柱，还擎旗帜荡尘埃”的政治勇气、理论勇气和实践勇气，团结和带领全国各族人民披荆斩棘、革故鼎新，实现了民族独立和人民解放，开辟了中国特色社会主义道路，创造了举世瞩目的中国奇迹。历史证明，中国共产党不愧为领导中国人民不断开创新局面的核心力量。不久前，习近平同志在庆祝中国共产党成立95周年大会上发表了重要讲话，讲话立意高远、思想深刻，是指引中国特色社会主义伟大事业的重要文献。全国迅速掀起了学习“七一”重要讲话精神的热潮，讲话在民主党派成员中也引起了热烈反响。

当前，距第一个百年的奋斗目标只有不到五年的时间，距第二个百年的奋斗目标也仅有三十余年的时间。在这个重要的历史时刻，认真学习“七一”重要讲话精神，我们深深地体会到：

1.“七一”重要讲话，对中国共产党的伟大历程和卓越贡献作出深刻全面的总结和概括，视野开阔、高屋建瓴，内涵丰富、思想深邃，具有很强的历史纵深感和时代感。讲话站在历史、全局和战略的高度，全面回顾了中国共产党95年波澜壮阔的奋斗历程，高度概括了中国共产党为中华民族作出的伟大历史贡献，揭示了历史给予我们的深刻启示，阐明了近代以来我国社会发展的规律性认识，阐明了中国共产党的执政理念和执政方略。讲话准确把握时代特征，通篇贯穿着坚定的信仰追求、强烈的历史担当、长远的战略考量和真挚的为民情怀，是中国共产党的重要理论创新成果，是一篇马克思主义的纲领性文献。

2.“七一”重要讲话，准确预见发展趋势、科学制定奋斗目标、明确提出任务要求，对于做好当前和今后一段时期的工作，具有很强的现实针对性和指导性。讲话以“不忘初心、继续前进”为主题，明确提出了面向未来、面对挑战必须牢牢把握的八个方面要求，对于在新的历史起点上统筹推进“五位一体”总体布局、协调推进“四个全面”战略布局，对于中国共产党团结带领全国各族人民进行具有许多新的历史特点的伟大斗争，提供了强大精神动力和根本行动指南。尤其是面对中国经济发展进入新常态、世界经济发展进入转型期、世界科技发展酝酿新突破的发展格局，讲话为前行的中国指明了航向，集聚了新的动能。

3.“七一”重要讲话，要求我们必须坚定不移地拥护中国共产党的领导，坚定中国特色社会主义的道路自信、理论自信、制度自信、文化自信，认真履行社会主义参政党职

能，不断把中国特色社会主义伟大事业推向前进。习近平同志在讲话中指出，“要毫不动摇走中国特色社会主义政治发展道路，长期坚持、全面贯彻、不断发展人民代表大会制度、中国共产党领导的多党合作和政治协商制度、民族区域自治制度、基层群众自治制度，发展社会主义协商民主，巩固和发展最广泛的爱国统一战线。”民盟作为接受中国共产党领导、同中国共产党通力合作、致力于中国特色社会主义事业的参政党，必须以这篇重要讲话为指引，继承和发扬与中国共产党风雨同舟、团结合作的优良传统，毫不动摇地坚持中国共产党领导的多党合作和政治协商制度，为全面建成小康社会、夺取中国特色社会主义新胜利作出更大贡献。

当前和今后一个时期，全盟要把认真学习贯彻“七一”重要讲话精神作为一项重要政治任务，领会和把握“不忘初心、继续前进”的讲话精神，凝聚共识、凝聚智慧、凝聚力量，努力推动全盟各项工作的开展。

1. 用“七一”重要讲话精神统一思想、统一行动，明确方向、指导实践，不断巩固团结合作的思想政治基础。全盟要把学习“七一”重要讲话精神与正在开展的坚持和发展中国特色社会主义学习实践活动紧密结合，加强理论武装，增进政治共识，不断增强广大盟员对中国特色社会主义的道路自信、理论自信、制度自信、文化自信。要加强宣传宣讲，搞好理论阐释和解读，推动讲话精神深入基层、深入盟员、深入人心。要结合讲话精神的学习，坚持讲好中国故事、统一战线和多党合作故事以及民盟故事，把民盟先贤和身边盟员为国家、为民族无私奉献的事迹更广泛地弘扬，把民盟优良传统一代一代传下去。要活化学习宣传形式，充分运用民盟各类刊物、网站、微信公众平台等载体，强化对广大盟员的教育，不断提高盟员的思想素质，引导盟员自觉承担起作为中国特色社会主义事业亲历者、实践者、维护者和捍卫者的政治责任，进一步巩固团结合作的思想政治基础。民盟各级干部一定要从自身做起，带头深入学习讲话精神，努力先学一步、深学一层，着力把握讲话的丰富内涵和精髓要义，自觉用讲话精神武装头脑、指导实践，真正使讲话精神内化于心、外化于行；要进一步增强政治意识、大局意识、核心意识、看齐意识，做到思想上同心同向、行动上高度自觉；要坚守信仰、坚定理想、坚持自信，切实加强思想、作风建设，提高领导水平，提升工作能力。

2. 把学习讲话精神与推进当前工作紧密结合起来，认真履行参政党职能，积极为全面建成小康社会贡献力量。要进一步搞好参政议政工作。发扬“奔走国是、关注民生”的优良传统，深入基层搞好调查研究，了解国情民意，为经济社会发展建真言、献良策。要加强对全局性、前瞻性问题的思考和研究，着眼于崇尚创新、注重协调、倡导绿色、厚植开放、推进共享，努力提出更有针对性的意见建议。当前，要着重加强对新常态下经济形势的科学分析和准确把握，着力研究推进供给侧结构性改革，为推进经济社会更有效率、更有质量、更加公平、更可持续地发展作出贡献。要切实加强民主监督工作。按照中共中央统战部和国务院扶贫办《关于印发〈关于支持各民主党派中央开展脱贫攻坚民主监督工作的实施方案〉的通知》要求，深入研究民盟对口河南开展脱贫攻坚民主监督工作的措施，紧紧围绕开展民主监督的重点领域，提出针对性、可操作性强的意见建议，确保有力有序推进工作开展。要积极参加中国共产党领导的政治协商，充分利用好政党协商、政协协商和政府协商等各种渠道和方法，建睿智之言、献务实之策。

要扎实开展社会服务工作。发挥民盟在文化教育、科技界别的传统优势，进一步整合资源、彰显特色，突出重点、加大力度，为全面建成小康社会多做好事、多办实事。要按照“十三五”规划的要求，调动盟内外力量参与实施精准扶贫、精准脱贫，为解决区域性贫困作出努力。要积极开展文化教育、医疗救助、技能培训、社区服务等活动，巩固扩大已有成果，不断提高民盟的社会影响力。

3. 认真学习借鉴执政党建设经验，努力加强民盟自身建设。习近平同志在讲话中提出，新形势下中国共产党要经受“四大考验”、克服“四种危险”。我们作为社会主义参政党，也必须从多党合作事业可持续发展和关系盟的事业兴衰成败的高度，切实重视自身建设问题。要大力加强干部队伍建设。重点抓好领导班子建设，进一步提高政治把握能力、参政议政能力、组织领导能力、合作共事能力和解决自身问题能力。切实加强代表性人士和后备干部队伍建设，适应新形势下参政党履行职能对各类人才的需求。要积极推动组织发展，注重发展质量，保证发展数量，使盟的组织能够不断增强优势、改善结构、增进活力。要全面加强基层组织建设，积极探索新形势下开展基层工作的思路方法，提升全盟基层组织建设的科学化水平。要加强参政党理论研究工作，紧紧抓住参政党建设中的新情况新问题、实践中长期存在的难点问题开展研究，不断推进参政党建设理论创新、实践创新，为民盟事业的长远发展提供科学的理论指导。民盟各级机关干部要加快知识更新，加强实践锻炼，使专业素养和工作能力跟上时代节拍，避免少知而迷、无知而乱，努力成为做好工作的行家里手。要着眼于推进各项工作的规范化、程序化，大力加强制度建设，提升机关服务效能，努力建设学习型、绩效型、服务型、和谐型机关。

“靡不有初，鲜克有终。”实现中华民族伟大复兴，需要一代又一代人为之不懈努力。民盟事业的传承发展，也需要广大盟员的接续奋斗。让我们更加紧密地团结在以习近平同志为总书记的中共中央周围，高举中国特色社会主义伟大旗帜，坚守民盟前辈的政治理想和政治承诺，以更加坚定的信念，更加奋发有为的精神，更加开阔的视野，为民盟事业的薪火相传，为全面建成小康社会、实现中华民族伟大复兴的中国梦作出应有的贡献！

民盟中央 2016 年工作要点

（2016 年 2 月 23 日民盟中央主席办公会议通过）

2016 年，全盟工作总的要求是：认真学习贯彻中共十八大，十八届三中、四中、五中全会和习近平总书记系列重要讲话精神，紧紧围绕制定和实施“十三五”规划，积极履行参政党职能，全面推进盟的自身建设，进一步开创民盟工作新局面。

一、凝聚思想共识，坚定理想信念，不断巩固多党合作的共同思想政治基础

1. 要把学习贯彻中共十八大和十八届历次全会精神作为全盟的重要政治任务。采取多种形式，增强学习成效，切实引导广大盟员把思想和行动统一到中共中央的重大决策部署上来。

2. 继续深入开展坚持和发展中国特色社会主义学习实践活动。要把学习贯彻中共十八大等重要会议精神和学习贯彻习近平总书记系列重要讲话精神作为学习实践活动的核心内容，抓住重要节点，精心组织实施，进一步巩固活动成果。

3. 进一步贯彻民主集中制原则，就“十三五”规划实施中的重大战略问题和关系全盟工作的战略问题做好研究和部署，提高全盟工作的针对性和实效性。

4. 围绕贯彻落实中央统战工作会议精神和习近平总书记关于政党协商的重要论述，进一步加强协商能力建设；围绕政治交接，加强组织建设，为 2017 年换届做好各项准备工作；领导全盟认真履行好政治协商、参政议政、民主监督职能，扎实做好社会服务工作。

二、围绕国家重大决策部署和中心工作，认真履行参政党职能

1. 紧紧围绕“十三五”规划的制定实施，结合“一带一路”倡议、京津冀协同发展、教育改革发展等关系改革开放和国计民生的重大问题，做好调查研究。要高度重视受中共中央委托的重点调研、盟中央开展的重要调研，以及和各部委办的联合调研，与各专委会、民盟省级组织的合作调研，认真制定方案，着力做好调研成果的转化和应用，不断提升履职能力和参政议政水平。继续办好经济、教育、民生等系列论坛活动，不断提升论坛水平，进一步整合参政议政资源。适时召开全盟参政议政工作会议和信息工作研讨会。

2. 按照《中国共产党统一战线工作条例（试行）》对民主党派履行民主监督职能的有关要求，做好民主监督工作。要进一步提高监督能力，强化监督责任，完善监督方法，通过会议、建议、提案和社情民意信息等多种形式，多提建设性的意见建议，不断增强民主监督实效。

3. 认真学习贯彻《中共中央关于加强社会主义协商民主建设的意见》《关于加强政党协商的实施意见》精神，积极参加中国共产党领导的政治协商。学深学透政治协商特别是政党协商的有关原则要求，切实加强协商能力建设。进一步提高在高层协商会及全国政协大会、常委会、双周座谈会上的议政建言质量，加强提案和社情民意信息等工作，力争有更多的参政议政成果进入政策议程，在推进社会主义民主政治建设进程中发挥更大作用。

4. 注重发挥民盟国情研究中心的智囊功能，建立国情研究中心盟内外专家人才库，加强与相关单位的战略合作，做好课题研究。

5. 切实加强专委会建设，充分发挥各专门委员会的作用，巩固和扩大参政议政专家队伍。进一步加快“民盟参政议政成果共享平台”升级改造，继续推动“民盟参政议政文献数据库”建设，实现全盟参政议政信息全方位交流和资源共享。

三、发挥优势，注重实效，扎实开展社会服务工作

1. 整合盟内外资源，加大扶贫力度。要按照中共十八届五中全会和中央扶贫开发工作会议精神，帮助贵州毕节、黔西南，河北广宗、重庆彭水、广西百色等重点帮扶地区实现精准扶贫、精准脱贫。适时召开社会服务工作会议。

2. 巩固扩大烛光行动成果，积极开展“服务‘一带一路’·民盟名师大讲堂”活动。建立京津沪三市名师资料库，通过现场教学、远程授课等形式，把“民盟名师大讲堂”推向“一带一路”沿线18个省市区，促进城乡教育资源均衡发展。

3. 深入开展“黄丝带帮教行动”。继续加强帮教基地建设，拓宽帮教覆盖面，不断丰富帮教形式、深化帮教内容。发挥参与帮教工作盟员的专业优势，努力提高被帮教人员的社会适应能力。

4. 深入推动“天行健公益行”活动，启动“超天使工程”。优先在“一带一路”涉及省市开展医疗设备捐助，让先进的诊疗技术惠及地方群众。支持盟的各级组织和盟员参与社区服务和社区矫正工作。

四、全面加强组织建设，认真做好2017年换届的各项准备工作

1. 按照组织发展五年规划和年度计划的要求，做好组织发展工作。在保证质量的前提下，保持适当的发展速度，重点做好主界别盟员的发展工作，注重吸收参政议政需要的复合型人才和新社会阶层优秀人士。

2. 进一步加强基层组织建设。不断创新基层工作方式，进一步增强基层组织的影响力、凝聚力和工作活力。

3. 加大后备干部队伍建设力度，做好代表性人士的推荐工作。省级盟组织要按照换届文件的要求，对领导班子进行科学测算，按照素质优良、结构合理、数量充足的要求储备干部人选，确保急需人才优先培养、重要人选重点培养。

4. 制定出台换届工作文件，适时召开民盟组织工作座谈会，部署换届工作。做好部分省级组织的届中调整工作，指导完成市级组织的换届工作。

5. 进一步推动盟内监督工作的制度化、规范化。重点加强对省级组织领导班子及其成员的述职和民主评议活动的指导，适时开展盟内监督和领导班子建设的联合调研。加强对换届工作的纪律监督和程序监督，制定对换届工作加强纪律监督的意见，严格换届的纪律程序。稳步推进省级组织监督委员会的建立。

6. 适时启动盟员信息管理系统升级工作，提高盟员管理的信息化水平。

五、积极开展参政党理论和盟史研究，认真做好思想宣传工作

1. 继续深入开展参政党理论研究工作。要进一步加强理论研究人才队伍建设，整合理论研究资源，更好地发挥特邀研究员的作用。完善理论研究重大课题招标制度，搞好重大理论课题的协作研究，适时召开参政党理论专题研讨会。

2. 进一步扩大宣传工作的覆盖面。加大对中共中央大政方针和多党合作政策的宣传力度，加强对重要盟务工作的宣传力度，特别是针对重点调研、重大活动、重要建言、

代表人士等，要做到及时深入报道，进一步增强思想宣传的吸引力和感染力。做好盟内新的社会阶层人士的思想宣传工作，及时把握新的社会阶层人士思想动态，最大限度地促进和谐，凝聚与党同心的正能量。继续搞好《中央盟讯》、民盟中央网站、微信公众号等宣传平台的建设，优化板块内容，增强报道的及时性。适时召开宣传工作会议，举办宣传骨干培训班。

3. 加强盟史的研究和宣传，做好盟史资料的收集整理工作，开展纪念活动、文史出版等工作。支持有条件的地方建立“盟员之家”、盟史陈列室及其他形式的盟员活动场所和传统教育基地，编写《民盟全国传统教育基地概览》。

4.《群言》杂志要进一步拓宽办刊思路，深化与地方盟组织合作，集聚民盟力量，进一步提高办刊质量，不断扩大影响力。

5. 继续开展好民盟中央文化艺术研究院、美术院、艺术团的各种活动。

六、继续发挥民盟联系广泛的优势，进一步做好对港澳台的联谊工作

1. 认真办好“海峡两岸暨港澳地区大学校长联谊活动”。推动海峡两岸高等教育交流合作，弘扬中华民族优秀传统文化，增进了解，扩大共识。

2. 做好台港澳同胞和海外侨胞的联谊和联络工作，为祖国和平统一大业做出应有的贡献。

七、落实制度，规范管理，进一步加强机关建设

1. 机关各部门要按照建设学习型、绩效型、服务型、和谐型机关的要求，以加强队伍建设、制度建设和作风建设为重点，通过学习培训、轮岗交流、挂职锻炼、文体活动等多种形式，全面提高机关干部的综合素质和业务水平。

2. 进一步加强机关作风建设，提高工作效率，增强服务意识，为各项盟务工作开展提供更有力的保障，为基层和盟员做好更优质的服务。

中国民主建国会

坚定信念　扎实履职　为全面建成小康社会作出新贡献

——在中国民主建国会第十届中央委员会第五次全体会议上的工作报告

（2016 年 12 月 16 日）

陈昌智

各位委员、同志们：

我受第十届中央常务委员会委托，向本次中央全会报告工作，请予审议，并请列席会议的同志提出意见。

一、2016 年工作回顾

2016 年是中国共产党成立 95 周年，也是“十三五”开局之年。中国共产党高举中国特色社会主义伟大旗帜，领导全国各族人民统筹推进“五位一体”总体布局，协调推进“四个全面”战略布局，贯彻落实创新、协调、绿色、开放、共享的发展理念，同心协力，攻坚克难，沉着应对各种风险挑战，着力推进供给侧结构性改革，经济社会发展取得来之不易的新成就。一年来，全会深入学习贯彻中共十八大、十八大以来历次全会和习近平总书记系列重要讲话精神，深入开展主题教育，进一步强化组织建设，认真履行参政党职能，着力推进社会服务，各项工作取得新成绩，为促进我国经济社会健康发展作出了积极贡献。

（一）注重学习教育，深化思想建设

深入开展主题教育活动。继续开展坚持和发展中国特色社会主义学习实践活动，各级组织和广大会员认真学习中共十八届五中、六中全会精神和习近平总书记在庆祝中国共产党成立 95 周年大会等重要活动上的讲话，习近平总书记在全国政协十二届四次会议民建、工商联界委员联组会上的讲话，中共中央在民建成立 70 周年纪念大会上的贺词精神。组织召开民建中央纪念中国共产党成立 95 周年座谈会，重温历史，畅谈体会，进一步坚定跟着共产党走的信心和决心。在“南海仲裁案”等重大问题上与中共中央保持高

度一致。制定实施方案，启动“不忘合作初心，继续携手前进”专题教育。召开学习中共十八届六中全会精神座谈会，认真学习借鉴中国共产党全面从严治党的经验，全面加强自身建设，提高履职能力。开展民建地方组织新媒体调研分析，促进自有新媒体规范管理。召开民建青年会员思想情况座谈会，掌握会员思想动态。充分挖掘会内资源，将中国民主建国会成立旧址陈列馆命名为民建中央爱国主义教育基地，协调做好安徽孙起孟故居陈列布展工作，打造学习活动载体。

推动理论研究。在全会开展“民建如何在中国共产党领导的政党协商中发挥作用”为主题的理论研究，召开民建中央理论研讨会议，深入交流观点，凝聚理论共识。各地方组织积极参与，共收到研究文章370余篇，评选出优秀成果55篇。

提升新闻宣传效果。召开“民建中央两会提案新闻通气会”，《人民日报》、新华社等42家新闻媒体的50多位记者参加。全国“两会”期间，中央及地方主流新闻媒体直接登载有关民建的报道700余条；《民讯》出版专刊，会中央网站开设专栏，分别对民建参加全国“两会”情况和提案进行报道和宣传。加大参政议政成果和重点工作的宣传力度，在中央级媒体刊发新闻特写稿件28篇，在《人民日报》刊发民建界别的各级政协委员署名文章13篇，展示工作成果。在《人民日报》等中央媒体刊发会中央领导署名文章、重要言论、采访稿件31篇。会中央网站及时报道中央和地方组织的重大活动及主要成果，全年共收到来稿9247篇，刊发文章7267篇。推出微信公众号“中国民主建国会”，丰富了宣传工作形式。完成《民讯》改版，办刊质量进一步提高。

（二）以省级组织建设为重点，加强组织建设

召开省级组织建设工作研讨会。会中央领导作重要讲话和工作报告，部分省级组织作大会交流发言，省级组织主委、副主委和组织部门负责人共200余人出席。会议全面总结了九大以来省级组织建设的成绩和经验，分析存在的问题和不足，明确今后省级组织建设的总体思路和方向。会后，各省级组织积极贯彻会议精神，学习先进经验和做法，提升组织建设水平。

做好组织换届工作。根据有关文件精神，结合实际出台了《关于民建省级组织换届工作的意见》《有关省级组织换届问题的参考说明》和《民建省级组织代表大会有关文件参考范本》。召开由省级组织主委、分管副主委和组织部门负责人参加的换届工作会议，学习换届工作文件，统一思想认识，全面部署工作，为2017年省级组织换届做好准备。指导部分省级组织按照相关程序完成届中调整主委工作。会中央和各省级组织重视市级组织换届，落实换届纪律要求，严格执行换届程序，保障换届任务顺利完成。目前全国已有224个市级组织完成换届，占全国297个市级组织总数的75.4%。

启动会章修改工作。7月，下发《关于章程修改征求意见的通知》，向各地征求总纲和条文的修改意见和建议。会中央领导带队赴部分省级组织开展专题调研，召开专职会务工作者和骨干会员座谈会，广泛听取意见。截至11月底，共收到章程修改的意见建议300多条，为会章修改打下基础。

加强组织建设指导和会员发展管理。会中央主席、副主席按照分工，深入到17个省（自治区、直辖市）的50个地市开展调研，指导地方组织加强自身建设。继续督促广

大基层组织学习先进经验，借鉴成功做法，促进自身建设。推动省级组织按照注重质量、注意数量、保持特色、优化结构的组织发展原则，结合自身实际，制定和执行年度发展计划。完善信息系统，全面梳理会员信息，进一步规范了会员管理。截至12月底，共有会员175416人，平均年龄50.5岁，经济界会员137745人，占会员总数的78.5%；担任政府机关及司法部门县处级以上职务的2115人，占会员总数的1.2%。

坚持做好培训工作。加大对基层组织主委的培训力度，举办500人规模的基层组织主委培训班；与省级组织联合举办培训班，共培训2971人。建华课堂围绕经济形势、法制宣传、民营经济、传统文化等专题，开展培训活动80余场，培训会员、会友约1.5万人次。选派36名会内骨干参加在中央社院举办的民主党派干部进修班、培训班。

认真开展会内监督。督促各地贯彻落实民建全国会内监督工作研讨会精神，学习先进经验，积极稳妥开展监督工作。召开中央监督委员会第五次全体会议，总结工作，部署任务。召开省级组织监督委员会主任、办公室主任工作会议，以会代训，交流经验，研究问题，提升省级组织监督工作水平。中央监督委员会对会中央机关有关专项经费使用情况进行了审查，支出符合相关财务规定。落实述职评议和谈心会制度，推动地方组织领导班子建设。严肃会纪，对触犯法律和犯有严重错误的领导干部给予纪律处分。对辽宁拉票贿选案涉及的民建会员进行诫勉谈话。发挥各级监督委员会作用，加强纪律监督，为换届提供保障。

重视会员权益保护和困难救助工作。认真做好维护会员的合法权益工作，妥善处理来信来访631件次，及时处理市级组织换届信访问题，保障换届顺利进行。继续向生活困难的原工商业者寄发慰问金，共补助47人，发放金额14.9万元。

加强机关建设。严格执行中央八项规定，完善机关有关制度。加强预算编制与执行管理，成绩突出，获得财政部2015–2016年中央部门预算管理工作二等奖。制定《民建中央机关会议费管理办法》，进一步规范会议费管理。机关中共支部、民建支部、共青团支部联合开展“两学一做两提高”学习教育，编辑学习卡片，开展“四讲四有”专题讨论，通过参加报告会、参观“红军长征胜利80周年图片展”、开展知识问答等活动，提高了机关干部的思想认识和业务水平。继续选派机关干部赴地方政府挂职。机关6个部门坚持与北京市13个基层支部的联系，全年开展活动20次。热情接待26批800多名会员到会中央机关参观座谈，加强了与基层的沟通交流。

（三）围绕国家经济社会发展大局，履行参政党职能

参加高层协商。会中央领导参加中共十八届六中全会有关文件征求意见座谈会、国务院政府工作报告征求意见座谈会、经济形势分析座谈会，代表民建就培育新生中小城市、培育具有核心竞争力的创新型企业、扩大民间投资、精准扶贫、降低企业成本、化解过剩产能、加强政府存量资金管理、修复长江生态环境等方面，提出改进工作的建议，受到中共中央和国务院的重视。

做好人大议案、政协提案和大会发言工作。在十二届全国人大四次会议上，担任全国人大代表的会员牵头提交议案19件，建议414件。在全国政协十二届四次会议上，担任全国政协委员的会员提交书面发言52件、提案243件。民建中央提交大会发言5件、

提案38件，有4件被列入全国政协专题调研提案，6件选入《重点提案摘报》，已经有35件提案收到承办单位的答复，人社部、科技部等部委分别采取联合调研和工作座谈会的方式对提案进行办理。会中央领导和部分民建界别政协委员在全国政协常委会、专题协商会、双周协商座谈会上围绕精准扶贫、医药卫生体制改革、大众创业和万众创新、东北三省工业转型升级、推进养老服务等主题作18次发言。

开展专题调查研究。围绕年初确定的五个重点调研专题，分别制定调研计划和方案，组建专家队伍，到9个部委和17个省（自治区、直辖市）开展调研，形成《培育新生中小城市，推进新型城镇化发展》《培育具有核心竞争力的创新型企业，促进创新发展》《关于精准扶贫精准脱贫的调查研究报告》《关于推进供给侧结构性改革，应对民间投资下行的调研建议》《关于加大金融支持精准扶贫力度的调研报告》等。围绕国企创新驱动、民族地区发展、民间固定资产投资等主题及时开展调研，形成《关于推进供给侧结构性改革，激活微观主体，实施国企创新驱动的调研建议》《关于加大南疆地区水利基础设施建设支持力度的调研报告》《推进西藏跨越式发展，如期实现全面小康》《如何降低民间融资成本的调研报告》等。以上成果得到李克强、俞正声、张高丽、马凯、孙春兰、汪洋、王勇等中共中央和国务院领导14人次批示，部分建议被国务院有关部门采纳。进一步完善社情民意工作机制，分别举办民建地方组织参政议政部门负责人、省级组织社情民意信息员培训班。截至11月底，共收到社情民意信息2209篇，报送214期，被采用35期，社情民意信息工作受到全国政协有关部门表彰。

推进专委会工作。5月，召开民建中央专门委员会工作研讨会，部署新形势下专委会工作，各专委会主任、部分副主任、秘书长共59人参加会议；会中央领导作重要讲话和专委会工作总结，12个专委会作交流发言。各专委会分别召开主任会议和全体会议，总结成绩，部署工作。发挥各领域人才优势，深入开展调查研究，积极反映社情民意，提交调研报告68篇，并为会中央在高层协商、政协协商的发言提供材料支撑。经济委员会、财政金融委员会、企业委员会在深入调研的基础上，分别向十届十六次中常委会提交经济形势分析报告，为会中央参政议政提供参考。部分专委会结合地方实际举办论坛、召开研讨会，为解决社会热点问题和推动地方经济发展献智献策。

履行民主监督职能。会中央领导通过高层协商会、报送专项建议等方式，就加强社会管理、促进经济发展、推进司法改革、保护生态环境等方面指出问题，坦陈己见。参加最高法、最高检举行的民主监督座谈会，就人民法院工作和检察机关司法体制改革中的问题，提出改进工作的建议。成立了以主要领导为组长的工作领导机构，精心组织实施脱贫攻坚民主监督，赴广西调研脱贫攻坚工作情况，与自治区党委、政府联合召开座谈会，部署脱贫攻坚民主监督工作。担任各级人大代表、政协委员和政府部门特约（邀）职务的会员，利用参加调研、检查、视察、交流等机会，了解党委政府工作，关注国家经济社会发展中的热点、难点问题，提出改进意见建议。

（四）凝聚智慧和力量，推进社会服务

召开社会服务工作会议。会中央领导作重要讲话和社会服务工作报告，省级组织、省会城市、计划单列市的相关负责人，社会服务先进集体和先进个人代表共200余人参加会议。会议全面总结了 2011 年以来社会服务工作取得的成绩和经验，分析存在的问题，明确了今后工作的总体思路和方向。会上，编印了省级组织材料汇编、交流发言材料汇编、社会服务扶贫案例选编等材料，部分省级组织、基层组织、中华思源工程扶贫基金会共 10 个单位作大会交流发言，表彰了 119 个社会服务先进集体和 402 名先进个人。会后，各级地方组织积极贯彻会议精神，学习先进经验和做法，推动社会服务工作深入开展。

扎实开展定点扶贫。深入贯彻落实统一战线聚力脱贫攻坚暨多党合作参与毕节试验区建设座谈会议精神，深入黔西县、丰宁县调研，召开精准扶贫座谈会，研究部署新阶段精准扶贫、精准脱贫工作，探索建立以产业为主导，企业、合作社、农户、专家、干部共同参与的扶贫工作机制。会中央与黔西县签订六项帮扶协议，协调会员企业向黔西县捐赠 150 万元用于建设“智慧黔西”和资助贫困户开展特色种植，支持会员企业在丰宁 12 个乡镇的 26 个村发展有机杂粮种植，共帮助两县 525 户建档立卡的困难家庭脱贫。投入资金 190 万元，升级改造村级卫生室 22 所，建设沼气罐（池）300 套，培训医生、教师等各类人才 900 名。连续 14 年赴丰宁开展送温暖活动。

成功举办“两大论坛”。2016′ 中国（河南）非公有制经济发展论坛以“非公有制经济创新发展与中部崛起”为主题，有关部委领导、会内外专家学者和企业家 1600 多人参会，签约招商引资项目 80 个，意向金额 803 亿元，征集论文 121 篇；将论坛与公益活动相结合，举办华语名主播公益朗诵会，为聋残儿童募集善款 500 万元。2016（第十八届）中国风险投资论坛，以“新形势下中国 VC/PE 行业规范与价值重塑”为主题，25 个省级组织主委、副主委带队，230 位会员参会，5 家会员企业进行了融资路演，3 家被评为“2016 最具投资潜质创新企业”。“两大论坛”邀请了国家部委领导和专家学者发表演讲，讲解经济形势和国家政策，为新常态下企业转型升级把脉支招，提振发展信心。

服务会员企业发展。与国务院发展研究中心联合开展民建非公经济会员问卷调查，举办第三期会员企业家培训班，联合有关单位共同主办招商引资推介交流会、非公经济前沿圆桌会议、第二届丝绸之路高峰论坛等活动，为会员企业搭建学习、交流、投资平台，服务地方经济发展。

继续开展“思源工程”活动。中华思源工程扶贫基金会今年实现捐赠收入突破 2 亿元，连续 7 年创历史新高，其中芭莎明星慈善夜募集善款 7000 多万元；基金会全年共支出 1.5 亿元，受益者超 100 万人次。向 17 个省（自治区、直辖市）的贫困县医院捐赠救护车 508 辆，新开设教育移民班 29 个、资助学生 1450 名，资助贫困学生和教师 6800 名，援建“零钱电影院”38 所，资助贫困听障儿童 384 名，救助贫困白血病、先心病、脊柱侧弯等大病患儿 1383 名。推进互联网公益，与中国搜索联合推出帮帮公益平台，在新浪微公益、蚂蚁金服公益、腾讯乐捐等平台上开展募捐活动，得到众多爱心网友的支持。基金会连续 5 年并列全国公募基金会透明指数第一名，思源救护项目荣获公益慈善国家级最高奖——中华慈善奖。

会中央在联络工作中，积极推动交流合作。注重与参政议政工作相结合，组织“一带一路”倡议访问团赴印度尼西亚、沙特阿拉伯和巴基斯坦三国访问调研，并向国家有关部门提出建立双边经济合作区等八条建议。组织大陆专家赴台参加两岸产业供应链合作研讨会，就有关课题开展研讨。接待台湾新北市工商企业代表团访问新疆，展示新疆建设成果，推动两岸交流。全国“两会”期间，会中央领导走访了部分港澳人大代表和政协委员，就共同关心的港澳发展问题深入交换意见。联合香港中华出入口商会、香港中华总商会在香港举办民建会员企业家“一带一路”研讨班，深化双方交流。

各位委员、同志们，在过去的一年里，全会各级组织和广大会员求真务实，辛勤工作，为本会自身建设和履行参政党职能作出了新的贡献，赢得了新的荣誉。在这里，我代表中央常务委员会，向各位委员和全会同志一年来的辛勤努力和无私奉献表示衷心感谢，并致以崇高敬意！

在看到进步和成绩的同时，我们也清楚地认识到，工作中还存在一些不足之处：会员思想政治教育需要深化，后备干部培养需进一步加强，参政议政效果还有提升的空间，社会服务工作方式需进一步创新；等等。为此，我们要进一步增强责任感和使命感，团结带领全体会员，力争把工作做得更好。

纵观一年来的工作，有两个显著特点。

第一，社会服务工作有新拓展。社会服务是民主党派从自身特点和优势出发，服务国家经济建设和社会发展的实践活动，是参政党职能的重要延伸。会中央对这项工作高度重视。一是召开了五年一次的社会服务工作会议。扩大了会议规模和范围，总结交流工作，表彰先进集体和个人，有力地推动了社会服务工作。二是进一步深化了对社会服务工作重要意义的认识，总结出社会服务工作的五点经验，为今后的工作提供指导。三是紧跟中央部署，把精准扶贫、精准脱贫和脱贫攻坚民主监督作为当前和今后的重要工作任务，进一步丰富了社会服务工作内涵。

第二，组织建设有新成效。今年，全会的组织建设工作在基层组织、市级组织和省级组织都取得明显效果。一是继续培训基层组织负责人。今年培训 3471 人，两年共培训 7821 人，基本完成了全会基层组织负责人培训一遍的任务，提高了整体素质。这一做法受到了全会基层组织负责人的普遍欢迎。二是市级组织换届工作进展顺利。今年是市级组织换届之年，会中央高度重视，出台了有关文件，指导换届工作。目前，已基本完成市级组织年度换届目标，为明年省级组织换届打下良好基础。三是进一步加强省级组织建设。在前两年召开基层组织、市级组织建设研讨会后，今年又召开民建全国省级组织建设工作研讨会议，在本届内会中央全方位研究部署了三级组织建设工作，使会的自身建设得到全面加强。

二、2017 年主要工作任务

2017 年是我国全面实施“十三五”规划、努力保持经济平稳发展走势，确保如期全面建成小康社会的重要一年。新的一年里，中国共产党将召开第十九次全国代表大会，本会将召开第十一次全国代表大会。十一大将总结本届以来会的建设和工作经验，制定目标和任务，修改会的章程，选举产生新一届会中央领导集体。全会要高举中国特色社会主义伟大旗帜，坚持以中国特色社会主义理论体系为指导，深入学习贯彻中共十八大、十八大以来历次全会、中央经济工作会议和习近平总书记系列重要讲话精神，清醒认识和面对国内外形势的发展变化，认真履行参政党职能，全面加强自身建设，切实做好会中央和省级组织的换届工作，将政治交接贯穿始终，不断增强“四个自信”，巩固共同思想政治基础，为实现“两个一百年”奋斗目标和中华民族伟大复兴的中国梦发挥更好更大的作用。

（一）深入学习贯彻中共十八届六中全会精神，加强思想政治教育

学习贯彻中共十八届六中全会精神。中共十八届六中全会是在全面建成小康社会决胜阶段召开的一次十分重要的会议，对于推进党的建设新的伟大工程、推进中国特色社会主义伟大事业具有里程碑意义。这次全会，正式提出“以习近平同志为核心的党中央”，反映了全党全军全国各族人民的共同心愿，是党和国家根本利益所在，是坚持和加强党的领导的根本保证，是进行具有许多新的历史特点的伟大斗争、坚持和发展中国特色社会主义伟大事业的迫切需要。全会审议通过了《关于新形势下党内政治生活的若干准则》和《中国共产党党内监督条例》，就新形势下加强和规范党内政治生活作出全面部署，对强化新形势下的党内监督作出顶层设计，为严肃党内政治生活、净化党内政治生态、加强和规范党内监督提供了基本遵循。民建各级组织和广大会员要把学习贯彻中共十八届六中全会特别是习近平总书记重要讲话精神作为当前和今后一个时期的重大政治任务，切实把思想和行动统一到六中全会精神上来，增强“四个意识”，在思想上政治上行动上同以习近平同志为核心的中共中央保持高度一致，不忘合作初心、继续携手前进，进一步履行好参政党职能。

继续搞好坚持和发展中国特色社会主义学习实践活动。在前段学习实践活动的基础上，进一步贯彻落实统战系统学习实践活动经验交流暨中期推动会精神，围绕会中央和省级组织换届，深化新一轮的政治交接，加强思想政治引导，弘扬优良传统，传承价值理念，加深广大会员对民建作为参政党的性质、地位、职能和任务的认识。做好坚持和发展中国特色社会主义学习实践活动总结工作，梳理经验，巩固成果，扩大实效。

深入开展“不忘合作初心，继续携手前进”专题教育。要广泛组织学习中共十八大、十八大以来历次全会精神，学习中共党史和多党合作历史，加强会章会史教育，弘扬会的优良传统。做好多党合作历史传统记录工程的素材整理和新闻采访，开展会员思想态势调研分析。加强对会员思想的分类引导，召开高校及科研机构成员、新的社会阶层人士和非公有制经济人士、青年成员代表座谈会，有针对性地释疑解惑。积极探索加强青年会员思想教育的方式和途径，在会员中广泛凝聚改革共识、发展共识、法治共识和价值理念共识，坚定走中国特色社会主义政治发展道路的信心。

加强新闻宣传。适应新媒体发展趋势，充分利用各种渠道，做好中共十九大、民建十一大、全国“两会”等重大活动和工作成绩的宣传报道。积极宣传民建先贤的感人事迹和先进会员的典型事例，引导广大会员继承和弘扬老一辈的优良传统，与时俱进，再创佳绩。办好用好会中央和各地方组织的会刊、网站及微信平台。继续加强参政党理论研究。鼓励和支持民建中央画院创作更多优秀作品。

（二）精心部署安排，扎实做好换届工作

筹备召开民建第十一次全国代表大会。要深刻认识做好换届工作的重大意义，以高度的政治责任感和历史使命感，扎实稳妥地做好全国代表大会的各项工作。根据有关文件精神，成立中央换届领导机构，起草中央委员名额分配办法等一系列中央换届文件，完成民建十一大代表的协商和资格审查，做好中央委员候选人遴选工作。认真组织十一大报告的起草工作，深入调研，凝聚智慧，总结本届工作的成绩和经验，确定本会在新形势下的建设和发展思路。广泛征求各级组织和广大会员对会章的修改意见，做好会章修改工作。

完成省级组织换届。加强与有关部门的联系和沟通协商，做好省级组织领导班子人选情况分析、换届工作方案审查等工作。开展省级组织换届工作业务培训，学习省级组织换届工作意见、换届程序和有关文件范本，明确工作要求。掌握各省级组织换届时间安排，把握动态，积极协助解决换届工作中出现的问题，指导省级组织换届顺利进行。

严肃换届纪律。深刻汲取辽宁拉票贿选案教训，加强思想引导，有针对性地做好思想政治工作。抓住民主推荐、民主测评、人选考察、大会选举等关键步骤和环节，严格工作程序，对出现的苗头性、倾向性问题及时跟进，及时解决。严禁非组织活动，对违反换届纪律的行为，一经发现，严肃查处，绝不姑息，营造风清气正的换届环境，确保换届圆满成功。

强化会内监督。会内监督的任务是确保会章会纪在全会有效执行，维护会的团结统一。要以党为师，认真学习中国共产党加强党内监督的经验，增强会内监督的实效。认真执行《中国民主建国会会内监督条例（试行）》，对犯有错误的同志进行批评教育，对犯有严重错误的要严肃处理。积极发挥会内监督的纪律保障作用，监督换届工作程序，切实保障换届工作平稳、健康、有序进行。召开中央监督委员会全体会议，编印《会内监督文件汇编》，编发工作情况通报，促进监督工作交流。认真妥善地搞好信访工作。

继续推进组织建设。换届过程中，要坚持党管干部的原则，按照“五种能力”的标准，配强领导班子，加强领导集体建设。要认真贯彻民主集中制，开好谈心会、述职评议会，健全工作机制。注意发现和培养企业家、专家学者以及会务工作者中的优秀分子，加大向各级人大、政府、政协的推荐力度。严格执行会员年度发展计划，做好会员发展和信息管理工作。

继续开展会员培训。做好中央社院民主党派干部进修班、培训班的学员推荐工作，继续开展基层组织主委培训。拓展建华课堂培训形式，推动条件成熟的省份设立分课堂，为会员培训搭建平台。

（三）围绕国家战略布局，积极履行职能

做好政党协商和参政议政工作。认真学习贯彻《中共中央关于加强政党协商的实施意见》，积极参加政党协商，努力提高协商能力和水平。围绕推进供给侧结构性改革、深入推进新型城镇化、抓好“三去一降一补”重点任务、打赢脱贫攻坚战等重大问题和战略部署，就加快清洁能源建设促进绿色发展、促进科技型中小企业发展、脱贫攻坚民主

监督、供给侧改革与创业创新、地方政府债务等方面问题，深入调研，形成高质量的调研报告。充分发挥人才优势，用好会内外资源，上下联动，为会中央参加高层协商、全国“两会”和全国政协常委会、专题协商会、双周协商座谈会等提供高质量、高水平的发言材料。积极关注国内外经济形势，跟踪国家政策和改革措施的实施情况，开展应急研究，提出有较强针对性、操作性的意见建议。

认真履行民主监督职能。按照中共十八届六中全会精神和有关要求，增强监督意识，注意在调研中发现问题，敢于提出意见、批评、建议，善于提出务实理性的解决办法。认真贯彻落实脱贫攻坚民主监督有关会议精神，立足民建优势，通过深入检查、开展调研、提出意见等形式，做好广西脱贫攻坚民主监督工作。担任各级人大代表和政协委员的会员要强化责任担当，认真参加各级人大、政协组织的检查监督、考察视察活动，积极提出议案、提案；担任各级特约（邀）人员的会员要认真履职，对职权部门工作中存在的问题，及时提出改进意见和建议。拓宽信息渠道，提高社情民意工作质量。

推进专门委员会建设。各专门委员会要积极开展课题调研，为会中央参政议政提供可靠材料支撑。要搞好本届工作总结，为下届专委会开展工作提出建设性意见。进一步创新工作和活动方式，完善工作制度，充分调动委员的积极性、主动性，推动工作深入开展。注重发挥专门委员会的人才和专业优势，通过合作举办论坛、研讨会等形式，为经济和社会发展提供智力支持。

（四）发挥自身优势，扩大社会服务和联络工作成效

学习贯彻2016年民建全国社会服务工作会议精神。落实会议提出的工作要求和任务，结合实际学习好的经验和做法，提高社会服务工作水平。

做好定点扶贫工作。继续协调东部十省市对口精准帮扶贫困乡、村，实施“百千万”工程，多措并举，推动帮扶地区早日脱贫。在黔西县、丰宁县继续开展捐建沼气池和沼气罐、修建村级卫生室、培训人才等帮扶工作。支持会员企业通过产业扶贫参与脱贫攻坚，帮助更多建档立卡户脱贫。

积极服务会员企业。深入学习贯彻习近平总书记在全国政协十二届四次会议民建、工商联界委员联组会上的讲话精神，号召会员诚信守法经营，保护会员企业产权和合法权益，推动构建“亲”“清”的新型政商关系。举办第四期会员企业家培训班，召开非公经济前沿圆桌会议，组织企业家赴地方投资考察，为会员企业提供有效服务，促进地方经济发展。办好2017′ 中国（江西）非公有制经济发展论坛和在广州举办的2017（第十九届）中国风险投资论坛。

扎实开展“思源工程”活动。以基金会为平台，整合会内外资源，推动全会深入开展“思源工程”活动。加强对基金会工作的指导和支持，在医疗扶贫、教育扶贫、新农村建设、“互联网+公益”等领域，推进扶贫帮困工作。继续做好“思源救护”“思源爱的分贝”等公益项目，扩大“思源工程”社会影响。继续实施思源教育移民计划，在六盘山区、武陵山区、大别山区和原中央苏区的12个省（自治区、直辖市）开办教育移民班，助力消除贫困代际传递。

扩大联络工作实效。将联络工作与参政议政紧密结合，组织会内专家学者就环境保护与环保产业发展等问题，赴国外考察调研。与世新大学联合举办经济系列研讨会，邀请台湾专家代表团来大陆开展学术研讨。邀请台湾职业教育界人士来内地考察，推进两岸职业教育合作。邀请香港工商业代表团来内地参访，寻找合作商机。邀请香港青年教师代表团来内地对口交流，引导更多的香港年青的一代爱国爱港，共同维护香港繁荣稳定。

各位委员，各位同志，2017 年是本届中央委员会任期的最后一年，大事多、任务重，需要全会同志更加振奋精神，凝心聚力，奋发有为，圆满完成本会十大部署的各项任务。让我们紧密团结在以习近平同志为核心的中共中央周围，牢固树立政治意识、大局意识、核心意识、看齐意识，带领广大会员，坚定理想信念，不忘合作初心，继续携手前进，以良好的精神风貌和优异的工作业绩迎接中共十九大和民建十一大的胜利召开！

突出重点　服务大局　切实推进会内监督工作

——中国民主建国会中央监督委员会 2016 年工作报告

（2016 年 12 月 16 日）

马培华

各位委员，各位同志：

我受中央监督委员会委托，向中央委员会全体会议作工作报告，请予审议。

一、2016 年工作回顾

一年来，中央监督委员会在中央委员会的领导下，围绕本会十大和十届四中全会工作部署，按照《中国民主建国会会内监督条例（试行）》和民建全国会内监督工作研讨会精神要求，重点做好地方组织换届监督指导工作，注重监督实效，落实各项制度，切实推进监督工作向实质性方向发展。

（一）开展学习教育，凝聚会内监督思想共识。中央监督委员会始终把学习教育、宣传引导作为巩固会内监督思想基础的重要形式。通过召开会议，分析当前形势，统一部署任务，明确目标要求，深入地方指导，加强宣传引导，增加全会对会内监督的了解和认同，不断提升各级监督委员会思想理论水平。各省级监督委员会将学习教育与工作实践相结合，在会刊和网站开设专栏，建立微信群，宣传会内监督的重要意义、相关文件、工作成果和经验做法，为会内监督营造良好氛围。民建山东省委监督委员会借鉴中共“两学一做”的做法，利用各类培训班、异地学习调研、革命传统教育实地考察等方式，开展会章会史和会内监督的宣传教育。民建云南省委监督委员会将会内监督文件发送全体委员、各州市委会和基层组织学习，在网站和会刊上转载中国共产党纪律监督相关文章，在机关开展践行“三严三实”和“忠诚干净担当”专题学习教育。民建青海省委监督委员会在省委主委带领下，借基层组织换届前期调研的机会，走访支部，在基层组织中广泛宣传会内监督工作。

（二）严明纪律程序，为顺利换届保驾护航。换届工作是本会政治生活中的一件大事，是检验会内监督工作成效的试金石。今年市级组织换届，省级组织和中央换届工作也在积极筹备中。严明换届纪律，营造风清气正的换届环境，以确保换届任务的顺利完成，是各级监督委员会的重要职责。

1. *严肃执纪，做好思想动员，为顺利换届奠定基础。*中央监督委员会督促各级地方组织贯彻《关于严肃换届纪律保证换届风清气正的通知》的精神，指导各级监督委员会落实会内监督的具体要求，履行监督职责。各省级组织和省级监督委员会及时转发通知，召开专门会议学习传达，要求市级组织加强思想教育，做好宣传工作，增强组织观念，确保政治交接顺利进行。各省监督委员会在省委会的领导下，严肃执纪，认真履行会内监督机构职责，为换届顺利提供纪律保证。民建河南省委监督委员会在换届人事安排、代表（委员）推选的各个环节，严把政治关、素质关、廉政关，营造市级组织换届的良好环境。民建湖南省委成立了以省委主委为组长的市级组织换届风气监督领导小组，明确了各市级组织换届风气现场督导负责人。

2. *积极参与，履行监督职责，为顺利换届提供程序保障。*各省级监督委员会认真贯彻会章，按照会中央和当地党委的换届文件要求和换届规定，对市级组织换届程序进行监督。各省监督委员会有的成立换届监督小组，有的实行成员分工联系制度，由省委主委或专职副主委带队，或参加市级组织换届前的领导班子谈心会、届末述职评议、民主测评会，或参与领导班子候选人的推荐，或参加市级组织换届代表大会，对选举投票和计票环节以及执行换届工作政策法规和纪律情况进行全程监督，取得了很好的效果。民建北京市委监督委员会重点监督大会选举中选票填投和验票计票等关键环节，及时发现和纠正某区委大会选举中代人投票的错误，并在之后各区选举中加强对会议工作人员的培训，对代表资格审查和投票实施环节着重督察，确保换届选举和政治交接的圆满完成。民建福建省委监督委员会制定换届流程图，对换届具体程序和实施步骤进行细化，认真审核代表大会的主持词，确保严格按照程序办事。

3. *密切关注，主动化解矛盾，为顺利换届营造风清气正的氛围。*中央监督委员会和各省监督委员会始终密切关注会员动态，高度重视换届过程中出现的苗头性、倾向性问题。对市级组织换届中存在的问题和相关信访事宜，省级监督委员会及时采取措施，重要事项监督委员会主任亲自做工作，严肃处理，积极跟进，设法解决。民建河北省委监督委员会设立专门电话和邮箱，接收会员的来电来信，及时受理会员反映换届过程中出现的问题，保障换届工作平稳有序。民建山西省委监督委员会在某市委会换届中发现有个别会员用微信干扰选举工作，省委主委亲自做工作，参加预备会议进行动员，参加大会讨论听取意见，针对微信反映情况进行说明，统一代表思想，最终候选人全票当选。民建重庆市委监督委员会注重收集民意，发现某区有个别会员因未纳入后备人选在微信群发表偏激言论，产生严重负面影响，对此监督委员会主任马上出面制止，协助沟通疏导，在换届前化解矛盾；针对该区班子候选人的负面情况反映，及时了解核实并向区委会通报相关情况，保障该区换届任务顺利完成。

目前，297 个市级组织中，已有 224 个完成了换届任务。从总体情况来看，监督委员会参与换届工作，规范了市级组织换届工作程序，畅通了情况反映渠道，为顺利换届奠定了坚实的基础，有力地推动了领导班子建设。但我们也要注意，有个别地方还是存在换届选举不严格履行会章规定，不严格执行程序等问题，个别人不与组织上保持一致，请客拉票、拉帮结派干扰选举，进行非组织活动。中央监督委员会办公室对通过各种渠道反映的换届违纪、非组织活动进行调查了解，妥善处理，为换届工作的顺利进行提供保障。

（三）抓好制度落实，推进领导班子建设。各级领导班子是会内监督的重点对象。加强对领导班子的监督，是对领导班子的爱护。中央监督委员会狠抓制度落实，以会内监督助推领导班子建设。

一是继续督促落实省级组织领导班子谈心会、述职评议会制度，增进班子团结。会中央领导和中央监督委员会委员分赴各地督察指导，参加会议，实地了解情况。中央监督委员会印发《关于进一步规范省级组织领导班子谈心会和述职评议会情况沟通工作的通知》，规范工作程序；积极联络各省级监督委员会，及时了解谈心会和述职评议会情况。各省高度重视，提前做好会议筹备，领导班子成员开诚布公，实事求是开展批评与自我批评，谈心会和述职评议会更加务实有效。各省级组织监督委员会结合换届工作，积极履行职责，加强对市级组织领导班子谈心会和述职评议会的指导。

根据中央监督委员会办公室的统计，十届四中全会以来，各省级组织先后召开省级组织领导班子谈心会 16 次、述职评议会 27 次。本届至今，30 个省级组织全部开展了领导班子谈心会和述职评议会，共计召开 69 次谈心会、78 次评议会。其中，中央监督委员会委员参加所联系省份的谈心会、述职评议会共计 40 人次。民建江西省委监督委员会成员列席领导班子述职评议会，协助中共考核组对领导班子进行年度考核，直接参与对领导班子的评议，班子成员自觉接受监督检查。民建上海市委监督委员会根据市委会《关于建立区县组织领导班子谈心会制度的意见》，稳步推动各区县组织开展领导班子谈心会。

二是以监督促进领导集体履职。在部分省份开展对领导班子和领导集体履职监督取得良好成效的基础上，各省级组织借鉴先进经验，立足自身实际，相继建立行之有效的领导集体履行职能的制度。各省级监督委员会通过调研、考核、建档等方式进行监督，促进各级领导班子和领导集体履职能力不断提高。民建浙江省委监督委员会督促《民建浙江省委员会委员履行职责管理办法》的落实，取得了较好的实效，委员履职责任意识增强，撰写调研报告、报送提案、建议等参政议政材料数量增加，省委会全会、常委会出席率提高。民建广东省委监督委员会坚持对省委委员实行履职管理和履职通报制度，向常委会和全委会报告出缺情况，向未到会的常委和委员寄发出缺情况表，对缺席严重的委员进行面谈或电话沟通，并对全体常委和委员考核建档，切实增强委员的责任感。

三是加强警示教育，发挥预防性监督作用。针对地方组织个别领导干部出现违纪违法的情况，会中央一方面加强警示教育，在重要会议上通报有关情况，强调廉政教育，强化自我约束、自我监督；对辽宁拉票贿选案中涉及的民建会员进行诫勉谈话。另一方面制定出台了《关于对违法违纪的民建省级组织领导班子成员和中央委员会委员给予纪律处分的程序》；启动对违法违纪会员的纪律处分，今年全会给予纪律处分共计 9 人，有力地维护了会章的严肃性和权威性。各省级组织积极探索建立预防性监督机制，开展廉政警示教育，促进领导成员更好履职。民建宁夏区委监督委员会向区委委员、市级组织领导班子成员、基层组织负责人和区委机关干部发放了《中国共产党纪律处分条例》等读本，组织区委会委员和新当选的市级组织领导班子成员到宁夏廉政警示教育基地参观学习，现场接受廉政教育。民建海南省委监督委员会对省委会主要领导和2名常委的违法违纪行为进行专题研究，向中央监督委员会提请给予会内处分的建议，并在常委会上进行通报，起到警示教育作用。

（四）立足会内实际，探索拓宽会内监督的有效途径。一年来，中央和省级监督委员会在实践中总结经验，在工作中发现规律，探索适合本会实际的会内监督方法、途径，取得了许多宝贵经验。中央监督委员会办公室按照会中央领导的要求，采取谈话、查验原始凭证等方式，审查2015年至2016年特费使用情况；对会中央机关分房工作进行全程监督，派出干部参加所有会议、文件制定、调查核实情况，维护机关干部的权益。

民建内蒙古区委监督委员会组建小组赴乌海、巴彦淖尔进行督察调研，完成了民建乌海市委、巴彦淖尔总支部领导班子的督察、述职、评议工作。民建吉林省委监督委员会会同组织部门认真执行组织发展工作的预审制度，依据组织发展工作的原则、方针、工作流程，对组织发展工作进行有效监督，严把组织发展的“入关口”，保证了全省组织发展的高质量和吸收新会员的高素质。民建江苏省委监督委员会鼓励市级监督委员会摸索开拓监督工作内容，徐州市委监督委员会参与社会服务工作项目执行情况的监督。民建湖北省委监督委员会贯彻落实脱贫攻坚民主监督工作，制定了《民建湖北省委开展脱贫攻坚民主监督工作的实施方案》，积极与咸宁市委统战部、扶贫办对接，探索建立脱贫攻坚民主监督工作的有效途径。民建陕西省委监督委员会按照《基层组织专项经费使用管理办法》，对各市管理基层组织专项经费情况进行监督。

（五）加强队伍建设，打牢会内监督的基础工作。基础性工作是否牢固，关系会内监督的长远发展。中央监督委员会始终重视会内监督的基础工作，认真贯彻落实会中央改进工作作风的要求，增强监督干部的责任意识和服务意识，着力提高规范化水平。中央监督委员会12月份召开中央监督委员会第五次全体（扩大）会议暨省级组织监督委员会主任、办公室主任工作会议，以会代训，集中学习，交流研讨，使监督干部准确把握政策规定，深化认识，不断提升工作能力和水平。各省级组织也采取多种形式，积极培训监督工作者，坚定他们的政治信念，增强他们的责任感和使命感。

中央监督委员会办公室加强调查研究，了解掌握会内监督基本情况，在调研的基础上认真做好文件起草工作；增加与地方监督委员会的沟通联络，注重上下协调联动；谨慎做好信访工作，畅通会内监督渠道。今年中央监督委员会办公室编印8期中央监督委员会情况通报，严格按照原则和程序处理来信来访共计631件次，有力维护会员合法权益。

一年来，在中央委员会的领导下，中央监督委员会把握重点，服务大局，立足实际，主动作为，会内监督取得新的进步。但我们还应看到，在新形势下，会内监督工作中新老问题仍然交替存在：部分同志组织观念和责任意识淡薄，对会内监督重要性认识不足、信心不够，有些会员对监督工作了解不够，存在偏见，打牢会内监督思想基础仍是一项长期而艰巨的任务；部分制度需进一步细化，提高可操作性；监督考核内容仍需补充完善，监督形式和监督手段相对缺乏，纪律处分程序尚未完善；等等。会内监督工作任重道远，需要全体监督干部尽忠职守，坚定信心，开拓创新，共同努力。

二、2017 年工作重点

今年 10 月，中共中央召开十八届六中全会，研究了全面从严治党的重大问题，制定了新形势下党内政治生活准则，修订了党内监督条例，这些举措表明了中共中央坚定不移推进全面从严治党的政治决心，彰显了中共把握全局、推动自身建设的坚强能力。中共中央对自身建设的高度重视和坚定决心，对民主党派不断提升自身建设水平提出了新的更高的要求。我们要以党为师，认真学习中国共产党加强党内监督的经验。明年，本会各省级组织和会中央将相继进行换届工作，在这个政治交接的关键时期，会内监督的任务更加繁重、责任更加重大，各级监督委员会要积极适应新形势、新任务，坚持与时俱进，立足会的全局，切实履行职责，积极发挥作用，要进一步强化会内纪律，健全监督机制，突出监督重点，不断将会内监督引向深入、抓出实效、做出成效，为建设适应新时期发展的参政党提供更加坚实的支撑。

（一）加强学习，凝聚共识，进一步巩固会内监督思想基础。思想建设始终是推进会内监督工作的根本，强化会内监督意识是健全会内监督机制、加强会内监督的前提和基础。各级组织和各级监督委员会要高度重视，切实承担起主体责任，结合“不忘合作初心、继续携手前进”主题教育活动，引导广大会员特别是各级领导干部深刻认识会内监督在自身建设工作中的重要意义，增进全会上下思想共识。

新形势下巩固会内监督思想基础，要注意以下三个方面。一要长期坚持，常抓不懈。冰冻三尺非一日之寒，滴水石穿非一日之功，要使会内监督意识深入会员，入脑入心，宣传引导工作一定要长期化、系统化、常规化。要利用多种方式方法深入开展学习教育，在培训中学习，在讨论中学习，在调研中学习，努力在提升学习质量、增强学习效果上下功夫，要注重运用现代信息化手段开展工作，特别是重视运用网络平台扩大工作覆盖面，加强思想引导，将思想上的自觉转化为行动上的自觉，使得越来越多的会员和领导干部成为会内监督的宣传者、倡导者和践行者。二要突出重点，有的放矢。会内监督的对象包括会员个人和会的组织，重点是各级领导班子及其主要负责人。因此，在宣传引导时要抓好领导班子成员这个“关键少数”，要在早教育、早警示、早预防上下功夫；随着中共反腐败的深入和会内监督工作不断向纵深发展，还要加强对担任政府和司法机关实职干部的民建会员和担任会内领导职务的企业家会员的教育引导，要重点强调教育和预防，要在廉洁自律和工作作风上下功夫，使我们民建的干部努力做廉洁奉公的模范，树立民建的良好形象。三要正面引导和反面警示相结合。开展正面引导，学习宣传多党合作政治制度和会的方针政策，解读会章和会内监督条例，引导广大会员讲政治、讲大局，使广大会员和领导干部树立正确的监督意识，更加自觉地推动会内监督工作；近年来会内出现了部分会员违法违纪的现象，会中央按照会章有关规定进行了处理。各级组织要针对会内会外的典型事件开展警示教育，发挥反面典型警示作用，使警钟长鸣，实现警示性和教育性的有机结合，达到严肃会风会纪、强化廉洁自律意识的目的。

（二）严肃纪律，维护团结，为换届工作圆满顺利提供保障。明年，全会面临着省级组织和会中央相继换届的繁重任务，搞好新一轮换届，对于加强领导班子建设和干部队伍建设，提升本会自身建设水平，推动多党合作事业不断发展具有十分重要的意义。为保障换届顺利进行、实现政治平稳交接，各级组织和监督委员会要高度重视、精心安排、提前部署。各级组织要履行主体责任，加强领导和统筹，坚决维护换届工作的严肃性；各级监督委员会要担负监督责任，严肃执纪，确保换届纪律不折不扣执行；组织部门担负直接责任，要精心组织，协调推进，将严肃换届纪律的各项措施落到实处。各级组织和各部门要按照职责分工，做到齐抓共管、形成合力。

在换届工作中，一要总结市级组织换届经验。在市级组织换届过程中，各级组织和监督委员会积累了经验，要注重总结，归纳共性问题，提出预防方案，为省级组织和会中央的换届积累经验、做好准备。二要加强纪律教育，增强组织观念。教育在先、警示在先、预防在先是严守换届纪律的关键。要引导领导干部树立全局意识和大局意识，正确对待进退留转，自觉服从组织安排。三要吃透换届精神，掌握换届情况。精确掌握中央、省级组织关于换届的要求、政策、程序和纪律；全面掌握干部各方面情况；及时掌握整个换届期间的动态，对换届过程中出现的苗头性、倾向性问题予以高度重视，采取措施，及时跟进；对出现的影响换届工作的问题及时与地方组织和有关方面沟通研究并做深入细致的思想工作，妥善予以解决。四要严肃换届纪律，严格换届程序。要按照会中央《关于严肃换届纪律保证换届风清气正的通知》要求，严格按照程序办事，严格遵守换届纪律，切实强化组织监督、制度监督、民主监督，确保换届工作顺利进行。要认真学习《中共中央关于辽宁拉票贿选案查处情况及其教训警示的通报》精神，清醒认识辽宁拉票贿选案的严重危害性，严守政治纪律和政治规矩。五要畅通监督渠道。接受广大会员监督，及时发现问题，处理问题，确保换届工作公平、公正、公开。

（三）选贤任能，提高素质，进一步提升会内监督队伍能力和水平。“打铁还需自身硬”，监督委员会首先要把自己的队伍建设好，才能推进会内监督，促进会的自身建设。随着省级组织和会中央的换届，省级监督委员会和中央监督委员会也将同步完成换届工作。各级组织要高度重视监督委员会的换届工作，将素质优秀、能够有效开展监督的人才纳入监督队伍当中，打造一支政治坚定、业务精通、作风过硬、结构合理的高素质会内监督干部队伍，为新形势下开展会内监督工作提供重要组织保障。

权力就是责任，责任就要担当，要加强对新一届监督委员会成员的责任意识教育，让监督干部把思想认识进一步统一到会中央的整体部署上来，切实增强做好监督工作的使命感、责任感、紧迫感。作为从事会内监督工作的“专业”人士，监督干部一定要认真学好会章和会内监督条例，学懂弄通掌握指导思想和工作内容，准确把握监督工作的定位及职能要求，熟悉会情，慎重稳妥地开展工作。要加强“政治把握能力、参政议政能力、组织领导能力、合作共事能力、解决自身问题能力”五种能力建设，让个人素质转为工作能力，形成实实在在的工作支撑。要坚持学习，不断用理论充实自己，用经验提高自己，以自己的才干起到表率作用；要坚持自我教育，将自我监督融于日常工作当中，将严于律己的要求化为踏实的工作作风；要坚持自我批评，虚心接受他人的建议，不断改进和提高工作质量和水平；要遵守保密制度，对保密事项和有关会议内容及讨论情况严格保密。

（四）加强督察，狠抓落实，进一步维护制度的权威性和严肃性。会中央开展会内监督工作以来，在以《会内监督条例（试行）》为核心的基础上，先后制定了十余项有较强针对性和可操作性的规章，初步建立起一个基本切实可行的制度体系。制度的生命在于执行，制度的价值在于落实。强化监督检查，是抓好制度执行落实的重要手段。2017 年是换届年，是本届中央委员会和各省级委员会的收官年，各级组织要对照会章和《会内监督条例（试行）》，认真自查推进会内监督的情况。各级监督委员会要切实履行职能，对本级及下级委员会的各项工作进行监督检查。

一是督察本届内召开领导班子谈心会和述职评议会的情况。《会内监督条例（试行）》明确要求各级地方组织的领导班子成员，在一届任期内须在全委会或常委会的范围述职两次，届内召开谈心会应不少于三次。明年我们将继续对条例中有关规定的实施进行大规模的对照检查。二是督察领导集体在本届任期内的履职情况。三是督察各级地方组织贯彻执行会中央各项决策部署情况。四是对监督委员会成员履职情况进行检查，落实监督委员会委员实质性参与地方组织领导班子述职评议和谈心会、参加所联系地方组织涉及监督内容的重要会议的情况。监督委员会成员要认真担负起监督责任，做到态度严肃、要求严格、纪律严明，推动会内监督工作走向纵深、走向务实；各级领导班子和领导干部要清醒地认识到监督的重要性，增强接受监督的自觉性，正确面对和主动接受监督，确保各项制度真正执行到位，落到实处，发挥实效。

各位委员、同志们，会内监督是本会自身建设的基本内容，是本会健康长远发展的内在要求。2017 年，中央监督委员会将在会中央的领导下，贯彻落实中共十八届六中全会及本会十大、十届五中全会精神，把握时代大势，回应实践要求，扎实工作、尽心尽责，不忘初心、不辱使命，在坚持中深化、在深化中坚持，让会内监督工作落地生根，为促进会的事业发展提供有力保证。

在民建十届五中全会闭幕会上的讲话

（2016 年 12 月 17 日）

陈昌智

各位委员、各位同志：

经过大家的共同努力，我们圆满完成十届五中全会的预定议程。会议期间，与会委员听取并审议通过常委会工作报告，审议了会中央监督委员会工作报告和五个专题调研报告，对一年来常委会的工作表示满意，认为常委会工作报告对今年工作的总结实事求是，对明年工作提出的任务和措施是可行的。这次会议为进一步统一思想、开展明年工作做好了充分准备。

下面我就明年工作讲几点意见。

一、深入学习贯彻中共十八届六中全会精神

中共十八届六中全会是在全面建成小康社会决胜阶段召开的一次十分重要的会议，对于推进党的建设新的伟大工程、推进中国特色社会主义伟大事业具有里程碑意义。全会正式提出“以习近平同志为核心的党中央”，反映了全党全军全国各族人民的共同心愿，是党和国家根本利益所在，是坚持和加强党的领导的根本保证，是进行具有许多新的历史特点的伟大斗争、坚持和发展中国特色社会主义伟大事业的迫切需要。学习贯彻好十八届六中全会精神对统一民建全会思想和行动，推动会的建设发展具有重要意义。近期，各级组织按照会中央的通知要求，迅速行动，精心组织，开展了形式多样、生动活泼的学习贯彻活动，取得了初步成效。今后还需要进一步深入学习，深刻领会，把学习贯彻中共十八届六中全会精神作为当前和今后一个时期的重要政治任务。

中国共产党的领导是中国革命、建设、改革不断取得胜利最根本的保证，是中国特色社会主义最本质的特征，也是中国特色社会主义的最大优势，必须毫不动摇地坚持和完善。中共十八大以来，习近平总书记带领新一届中央领导集体总揽全局、协调各方、团结奋斗、勇于担当，治党治国治军展现出非凡气概，取得了卓越成就，在新的伟大斗争实践中已经成为中共中央的核心、中国共产党的核心。要组织广大会员认真学习、准确理解、全面把握中共十八届六中全会精神，坚决维护以习近平同志为核心的中共中央权威。

六中全会审议通过的《关于新形势下党内政治生活的若干准则》和《中国共产党党内监督条例》，是“全面从严治党”的科学制度安排，两者之间有必然的内在联系。前者是自律性党内法规，要求党员干部自觉遵守的行为规范；后者为新形势下强化党内监督提供了根本遵循，是他律性党内法规。这两个党内重要法规，以党章为根本遵循，坚持思想建党和制度治党相结合，作出了从严治党全面系统、明确具体的规定，进一步实现了党内政治生活和党内监督制度化、规范化、程序化。作为与中国共产党通力合作的中国特色社会主义参政党，贯彻十八届六中全会精神就是要切实把思想和行动统一到全会精神上来，在思想上政治上行动上同以习近平同志为核心的中共中央保持高度一致。同时要“以党为师”，借鉴学习中共“从严治党”的相关规定，加强会内监督，坚守政治纪律和政治规矩，进一步增强政党意识、政治意识。

《中国共产党党内监督条例》规定：“中国共产党同民主党派长期共存、互相监督、肝胆相照、荣辱与共。各级党组织应当支持民主党派履行监督职能，重视民主党派和无党派人士提出的意见、批评、建议，完善知情、沟通、反馈、落实等机制。”体现了以习近平同志为核心的中共中央对多党合作的高度重视，体现了执政党对参政党的高度信任，也为各民主党派更好地履行参政党职能特别是发挥民主监督作用提供了新的契机。我认为：第一，我们在学习过程中一定要认真地阅读原文，特别是要阅读学习《关于新形势下党内政治生活的若干准则》，学的时候要思考，要和我们的工作结合起来，要和会内的实际结合起来。我们应该严格要求自己，仔细地一条一条地读，你可以从中看出来，我

们作为参政党，尤其是作为参政党的领导干部或者骨干都应该做到。特别是沈春耀同志刚才讲到的负面清单，不准什么、反对什么，这些条款我们要很好地学习思考，在我那个组织有没有类似的情况，有的话该怎么做。所以我们一个要学原文，一个要联系实际。第二，关于民主监督的问题，我们怎么开展民主监督，这个课题是很重要的，我们要很好地思考与总结。有关部门明年将对党派民主监督问题进行专门的研究，希望各民主党派中央就这个课题开展调查研究。因此，会中央把这个课题任务交给理论委员会。宣传部也可以搞一个征文活动，在全会开展民主监督的理论研究。但是要注意：一是理论研究不能脱离实际，把对理论的研究和实践的研究结合起来。我认为民主监督的问题不仅仅是理论的问题，在很大程度上还是一个实践的问题。去年颁布的统一战线工作条例里面有民主监督的十种形式，已经有了一个规范，我们还需要学习研究。二是理论委员会和宣传部要尽早提出成果，供有关部门参考。

二、认真学习中央经济工作会议精神，提高建言献策实效

12 月 14–16 日召开的中央经济工作会议，对今年的宏观经济工作作出评价，并结合对全球经济趋势的判断，为明年的宏观经济工作定调。会议召开前，中共中央召开会议征求党外人士意见，后面我会通报。

（一）中央经济工作会议的情况和需重点把握的内容

中央经济工作会议上，习近平总书记发表重要讲话，分析当前国内国际经济形势，总结 2016 年经济工作，阐明经济工作指导思想，部署 2017 年经济工作。李克强总理在讲话中阐述了明年宏观经济政策取向，对明年经济工作作出具体部署，并作总结讲话。大家在学习贯彻会议精神时，要重点把握以下几个方面。

1. 初步确立了适应经济发展新常态的经济政策框架。第一，作出经济发展进入新常态的重大判断，把认识、把握、引领新常态作为当前和今后一个时期做好经济工作的大逻辑。第二，形成以新发展理念为指导、以供给侧结构性改革为主线的政策体系，引导经济朝着更高质量、更有效率、更加公平、更可持续的方向发展，提出引领我国经济持续健康发展的一套政策框架。第三，贯彻稳中求进的工作总基调，强调要保持战略定力，坚持问题导向、底线思维，发扬钉钉子精神，一步一个脚印向前迈进。

这是党中央对经济形势作出的重大判断、对经济工作作出的重大决策、对经济工作思想方法作出的重大调整，经受了实践检验，是符合实际的。

2. 坚持稳中求进的工作总基调。稳是主基调，稳是大局，在稳的前提下要在关键领域有所进取，在把握好度的前提下奋发有为：一是要继续实施积极的财政政策和稳健的货币政策。财政政策要更加积极有效，预算安排要适应推进供给侧结构性改革、降低企业税费负担、保障民生兜底的需要。货币政策要保持稳健中性，适应货币供应方式新变化，调节好货币闸门，努力畅通货币政策传导渠道和机制，维护流动性基本稳定。二是在增强汇率弹性的同时，保持人民币汇率在合理均衡水平上的基本稳定。三是把防控金融风险放到更加重要的位置，下决心处置一批风险点，着力防控资产泡沫，提高和改进监管能力，确保不发生系统性金融风险。四是坚持基本经济制度，坚持社会主义市场经济改革方向，坚持扩大开放，稳定民营企业家信心。五是加强预期引导，提高政府公信

力。按照守住底线、突出重点、完善制度、引导舆论的思路，深入细致做好社会托底工作，扩大人民群众获得感，维护社会和谐稳定。

稳中求进工作总基调是治国理政的重要原则，也是做好经济工作的方法论，明年工作贯彻好这个总基调具有特别重要的意义。

3. 科学理解明年经济工作的主要任务。会议指出，今年以“三去一降一补”五大任务为抓手，推动供给侧结构性改革取得初步成效，部分行业供求关系、政府和企业理念行为发生积极变化。明年要继续深化供给侧结构性改革：第一，深入推进“三去一降一补”；第二，深入推进农业供给侧结构性改革；第三，着力振兴实体经济；第四，促进房地产市场平稳健康发展。会议上有一句话，房子是住的，不是炒的。同时，要继续扎实推进以人为核心的新型城镇化，促进农民工市民化。要深入实施西部开发、东北振兴、中部崛起、东部率先的区域发展总体战略，继续实施京津冀协同发展、长江经济带发展、“一带一路”倡议三大战略。

这既是党和国家明年经济工作的主要任务，也是本会履行参政党职能的重点，为我们做好参政议政、社会服务工作点了题。我们要结合实际，抓住主要着力点求得实效。

（二）会中央向中央经济工作会议提出的建议内容

中央经济工作会议召开前的协商会上，会中央提出了以下建议：

1. 加强财政和金融支持精准扶贫力度。目前精准扶贫战略取得良好成效，但是有的地方存在扶贫资金来源渠道不畅、“跑冒滴漏”等问题，需要采取有力措施，落到实处。建议：一是全程监督扶贫资金使用去向，及时进行成效验收。要做到对目标、规划、项目、执行、监管、验收、责任人、风险控制等全程监管。加大审计力度，确保扶贫资金精准有效使用。二是建立分层次、广覆盖、高效率的农村金融组织体系，充分整合利用邮政、电信等村级便民网点资源，建设完善实“体金融网点+电子银行+代理渠道”的体系，让贫困农民足不出村就可以享受到基础金融服务。三是建立政府资金引导、社会资本参与、市场化运作的金融扶贫模式。探索建立扶贫开发专项基金。加强对贫困村民进行自强精神的宣传教育，鼓励其学习脱贫致富典型、参加农业技能培训、提升自信心、增强奋斗意识。

2. 降低基本养老保险缴费率，减轻企业负担。根据2016年8月29日国家发改委社会发展研究所报告，当前我国企业职工五项社会保险总费率为企业职工工资总额的39.25%，分别比美国、日本和韩国社保缴费率高出23.2、14.01和24.12个百分点，使我国制造业竞争优势大打折扣。基本养老保险缴费率高的主要原因是历史遗留负担，1997年以前企业和职工并没有养老保险缴费，这些职工进入新的养老保险体系，是作为视同其缴过费对待的，导致后代人必须提高缴费率，来补充“老人”未缴费造成的缺口。为此，建议：一是用划拨国有资本和国有企业分红来解决基本养老保险的历史遗留问题，明确国有资本收益上缴中用于社会保障基金的比例。据中国国际金融有限公司研究，截至2014年底，国有股减转持资金和股份给全国社保基金理事会累计2384.11亿元，仅占国有企业净资产的1%，央企利润中也仅有1%在上缴后调入公共预算用于社保等民生支出，这个比例显然比较低。“十三五”规划明确提出要“逐步提高国有资本收益上缴公共财政比例，划转部分国有资本充实社保基金”。既然历史遗留问题主要来自保障国有企业退休职工退休待遇，而这些职工在退休之前为国有资本的积累做出了很大的贡献，就应该用国有资本或国有资本带来的收益来解决他们的退休待遇。即使不能完全弥补缺口，也可以通过这种方式解决一部分资金问题。二是科学设定缴费率，保持新一代参保人一生缴费和一生待遇基本平衡。降低基本养老保险的缴费率以后，可以腾出空间建立企业年金、个人商业养老保险等养老保险第二、第三支柱，用三个支柱共同保障合理的养老金。同时加强社会保险基金的投资管理，提高投资回报率。

3. 采取更加市场化、法治化的措施去产能，深入推进供给侧结构性改革。今年以来，国务院着力推动去产能工作的落实和督察，目前钢铁、煤炭行业已基本完成全年去产能目标，成效十分显著。但近期煤炭、钢铁价格过快上涨，出现电力等下游行业负担过重、效益下滑，部分有环保、安全生产隐患的落后产能死灰复燃，易发生安全事故等问题。建议更多采取市场化、法治化的举措有效去产能。一是提高市场集中度。通过完善市场价格机制推进资源合理配置，倒逼企业加大兼并重组力度，鼓励企业联合重组，让过剩产能退而有序。重点淘汰“老小劣”的煤炭企业（目前我国已开采20年及以上的老旧煤矿产能9.6亿吨，占比37%），扩大大企业的市场份额，形成合理的产业结构。同时，密切跟踪分析行业价格走势，做好市场价格预期引导。二是发挥法治规范和引导作用。贯彻实施好《破产法》，使僵尸企业“入土为安”。尽量不采取集中式清除僵尸企业的做法，而是让僵尸企业的清除（破产）成为市场化、常态化、渐进式的过程，不至于积累成为大问题、大包袱。针对产品标准的环保、安全等指标也要制定相关的法律法规和标准。三是坚持推进供给侧结构改革。将去产能与结构调整、转型升级统筹谋划。根据需求有序释放安全高效的先进产能，以创新驱动推进转型升级，提高供给质量；严格控制新增产能，防止等量淘汰、异地置换等改头换面的新增产能方式。四是加强国际产能合作。鼓励企业通过股权并购、承包工程等方式“走出去”，实现“国内去产能、海外保市场”的再平衡。

三、把纪律挺在前面，加大会内监督力度

中共十八届六中全会的主题是要全面加强从严治党，我们也应该加大会内监督的力度。前天，监督委员会召开了全会，对一年的工作进行了总结，对明年的工作进行了部署，开得很好很成功，我觉得最大的收获、最大的进步，就是会内监督在向实质性的方向发展。监督就是要发现问题处理问题，发现问题还要敢处理，这才是向实质化的方向发展。我们的会内监督，无论是中央还是地方，都取得了实质性的进展。从地方看，广东、海南、广西对一些违纪违法的会员甚至是领导干部进行了处分，有的撤销了会内职务，有的劝其退会。重庆监督委员会对于利用微信发泄消极不满情绪的，马上制止并做了疏导，进行谈话，还和区里一块做工作。陕西咸阳监督委员会对微信群进行了监督，做出规定，对于发表和转发不当文章的，先要善意提醒，不听的再打招呼，最后进行诫勉谈话。这些说明我们的监督敢碰硬，不是软的监督。会中央也是这样，我们对于反映多的同志也找他们谈话，特别是这次辽宁发生人大代表拉票贿选案以后，中央监督委员会专门派员赴辽宁，对这些同志进行批评教育，效果非常好，这些同志对自己的错误很有认识，有的掉下眼泪，觉得对不起组织，表示坚决改正。辽宁省监督委员会负责人也

参加谈话。这些都体现了会内监督向实质性发展。特别是我们刚刚通过的两个决定，给予施耀忠、潘胜燊的纪律处分，这在会的历史上差不多可以说是第一次，教训深刻，全会要引以为戒。希望民建中央监督委员会和省里的监督委员会都要敢于监督，敢于碰硬，向中共中央纪委学习。

对于今后的会内监督工作，我在中央监督委员会前几天召开的全会上讲了四点意见，这里再简要提一提。

（一）会内监督要始终起到政治保障作用

作为参政党，要有政党意识和政治意识，始终保持正确的政治方向，坚持中国共产党领导，坚持中国特色社会主义道路。面对错误思想认识，要正确区分是政治纪律问题还是思想意识问题，采取不同工作方法，敢于表明原则态度，阐明正确观点，耐心细致地加以引导，保障会的组织一直沿着正确的政治方向前进。

（二）会内监督要把纪律挺在前面

要敢于碰硬，敢于追究责任。要以敢于碰硬的精神，批评错误的行为和犯错的同志，让他们对纪律有所敬畏，真正达到警示教育的目的。

（三）会内监督要保障换届工作的顺利进行

换届工作是本会重大政治任务，各级监督委员会要加强会内监督，及时发现问题，解决问题，保证换届风清气正。

（四）会内监督要和会内教育结合起来

监督的目的不是惩处而是教育。学习是教育的重要形式，必须要加强学习，深入学习中共十八届六中全会精神，重点学习《关于新形势下党内政治生活的若干准则》和《中国共产党党内监督条例》，认真思考，对照借鉴，提高监督工作的能力和水平。

据中央有关部门调研，党派工作还存在一些问题，应当引起高度重视。一是思想建设比较薄弱，有的地方的党派对成员的思想动态了解不深不透，教育活动缺乏特色和吸引力，还是传统那一套，开展的形式比较单一，针对性、时效性不够强。有的地方基层组织管理比较松散，没有起到民主党派的教育载体作用。二是组织发展存在一些突出问题，有的地方民主党派组织在县一级组织发展成员的愿望强烈，有的地方组织在坚持“三个为主”方向上存在偏差，特别是发展成员重数量轻质量。有的党派基层组织发展成员的程序不够规范，入口关把不严。有的党派发展非公有制经济人士和新的社会阶层人士过于积极，在基层组织建设方面存在力量储备不足，力量发挥不够的问题。三是反映地方组织领导人履职能力有待提高，参政议政的能力需要加强，地方民主党派的整体功能发挥还不尽如人意。这些问题我们都不同程度地存在，应注意解决好。

四、要扎实做好换届工作

换届工作是全会明年的重要工作，必须集中精力抓好落实。常委会工作报告已对此作了部署，下面我再强调几点：

一是切实提高思想认识　全会各级组织的换届不仅是人事的新老交替，更是组织的政治交接，关系到多党合作事业的巩固发展，关系到中国特色社会主义政治发展道路的长期坚持。做好换届工作，有利于全会进一步明确目标任务、更好地发挥参政党职能作用，有利于进一步加强会的自身建设、提高各项工作水平，有利于进一步加强代表人士队伍建设、促进组织发展。对这一点，大家一定要做到头脑清醒，认识一致。

二是正确把握换届政策要求 精确掌握中央、省级组织关于换届的要求、政策、程序和纪律，吃透换届精神，掌握换届情况。一方面要及时总结市级组织换届经验，归纳共性问题，提出预防方案，为省级组织和会中央换届积累经验，做好准备。另一方面要全面掌握干部各方面情况，及时掌握整个换届期间的动态情况，对换届过程中出现的苗头性、倾向性问题予以高度重视，采取措施，及时跟进，及时解决。

三是严肃换届纪律，严格换届程序 要加强纪律教育，坚持教育在先、警示在先、预防在先是严守换届纪律的关键。为保证换届各项工作的顺利进行，中央下发了《关于严肃换届纪律保证换届风清气正的通知》，要求各级组织严格按照程序办事，严格遵守换届纪律，强化组织监督、制度监督、会员监督，确保换届工作顺利进行。要求广大会员特别是领导干部树立全局意识和大局意识，正确对待进退留转，自觉服从组织安排。

四是充分发扬民主，畅通监督渠道 要认真执行民主集中制，领导干部要带头增强民主意识，发扬民主精神，充分酝酿协商。广大会员要认真对待，积极主动参与换届工作。要保障监督渠道通畅，及时发现问题，处理问题，并积极向各级党委汇报，与有关部门进行协商，形成换届工作合力，确保换届工作公平、公正、公开。

当前民主党派在市级组织换届工作中有两个比较突出的问题，要高度关注。一是市级组织领导班子后备储备不足，相对省级组织人才储备不足的问题更为突出，有的地方明显青黄不接，个别地方出现几个民主党派主委都是空降的现象。二是现在后备人选的个人事项在审查上过不了关。十八大以来对干部的审查越来越严，逢提必审，审查有没有漏报、瞒报。有的民主党派后备人选个人事项过不了关，不得不换人。

五、强调几项工作

明年中共将召开十九大，本会将召开十一大，政治任务和工作任务繁重，各级组织要统筹兼顾，抓好贯彻落实。有几项工作我再强调一下：

（一）开展“不忘合作初心，继续携手前进”专题教育

这次专题教育活动既是广大会员进一步学习和了解会史、会章和会的优良传统的良好机会，也是深入进行自我教育、开展树立和践行社会主义核心价值体系教育活动的重要契机，各级组织要高度重视，认真组织。首先，各级领导班子成员要发挥表率作用，并通过辅导授课、撰写文章等形式，带动广大会员学习；其次，各级组织要做好多党合作历史传统记录工程的素材整理和新闻采访，开展会员思想态势调研分析；再次，通过召开高校及科研机构成员、新的社会阶层人士和非公有制经济人士、青年成员代表座谈会等多种形式，提高广大会员参加学习教育活动的积极性，增强学习效果，增进政治共识，凝聚改革共识、发展共识、法制共识和价值理念共识，夯实与中国共产党长期亲密合作的思想政治基础。

（二）深入开展脱贫攻坚民主监督工作

对脱贫攻坚开展民主监督工作是中共中央赋予各民主党派的一项新任务，是民主党派履行民主监督职能的新领域。现在，扶贫开发到了攻克最后堡垒的阶段，广西是我们

工作的重中之重，我们要以高度的政治责任感和使命感，充分发挥在人才和智力扶贫上的优势和作用，将脱贫攻坚民主监督与参政议政、推广地方扶贫经验、帮扶工作相结合，深入调研，积极建言，协助地方党委和政府打赢脱贫攻坚战。

（三）筹办好“2017中国风险投资论坛”和“2017中国（江西）非公有制经济发展论坛”

这两个论坛已经逐步为社会各界所熟知，社会影响和品牌效应不断扩大，体现了民建在经济领域的地位和价值。要更加注重社会效益，在论坛的主题和举办方式上多想一些办法，更好地促进与会专家和企业家的交流沟通，更好地反映和解决企业难题，更好地促进经济发展。应广东省委省政府要求，明年风险投资论坛将首次在广州举办，希望各个方面精诚合作、团结一致、共同努力，把论坛提高到新的层次和水平。

（四）组织好明年“两会”的议案和提案工作

做好议案、提案工作，是参政议政工作的重要形式。各级组织要围绕经济社会发展的重大问题，积极思考和深入研究，做好收集、选题和报送工作。要高度关注经济社会发展中具有普遍性的问题，特别是经济界呼声高、关注度高的热点、难点问题，认真整理和分析，使我们的提案、建议和发言的事实准确、观点明确、建议具体、方案可行。

下面通报办刊情况：截止到12月14日，省级组织会刊一共30个。办月刊的6个省级组织，它们是北京、吉林、山东、广东、重庆、四川；季刊1个，是内蒙古；有一个省因故停刊2期，其他22个省级组织办的双月刊。市级组织办刊情况：全会共有297个市级组织，其中201个办有刊物，比例为68%，比去年增加了10个百分点。北京、吉林、江苏、浙江、山东、湖北、四川、青海、新疆所有的市委会都办有刊物。一个政党，一个组织，一定要有一个刊物，这也是民建树形象的一个窗口，也是增加凝聚力的一个方面。到明年底全会所有的市级组织都要办刊物。

各位委员，各位同志，元旦、春节将至，我代表各位主席提前给大家致以节日祝福，预祝大家在新的一年里工作顺利、身体健康、阖家幸福、万事如意！

谢谢大家！

在民建十届十四次中常委会议上的讲话

（2016年3月8日）

陈昌智

本次会议审议通过了《关于认真学习贯彻十二届全国人大四次会议和全国政协十二届四次会议精神的决议》，听取了民建江苏省委和广东省委的工作汇报，通报了会中央2016年重点调研专题，圆满完成了各项议程，希望会后大家结合实际，认真贯彻落实。最后，我谈几点意见：

一、深入学习贯彻习近平总书记在民建、工商联联组会上的重要讲话精神，再接再厉继续开好“两会”

3月4日下午，中共中央总书记习近平同志专程到驻地看望出席全国政协十二届四次会议的民建、工商联界委员，与大家共商国是，并发表了重要讲话。参会人员如沐春风，倍感亲切，深受鼓舞，表示一定要认真学习，深刻领会，把总书记的讲话精神贯彻落实到民建自身建设和履职尽责的各项工作之中。我们在学习总书记的讲话时要把握好以下六个关键词语：一是“基本经济制度”，二是“两个毫不动摇”，三是“三个没有变”，四是“三个平等”，五是“五个着力”，六是“亲清”二字。这六个词语是总书记这次讲话的关键，把握好这六个方面，就把握住了总书记这次讲话的主要精神。

1. 深刻认识坚持和完善社会主义基本经济制度的重要意义，准确把握“两个毫不动摇”精神实质

前四个关键词都是在重申和阐述我国的基本经济制度，重点领会以下几点：第一，“公有制经济为主体、多种所有制经济共同发展”是我国的基本经济制度。党在坚持基本经济制度上是坚决的、一贯的，而且不断深化，从来没有动摇。第二，“毫不动摇地巩固和发展公有制经济”“毫不动摇地鼓励、支持和引导非公有制经济发展”是中共十六大提出来的，党和政府也没有动摇过。总书记重申了“三个没有变”，更清楚地说明了这一点。第三，要准确认识公有制经济和非公有制经济的关系。公有制经济和非公有制经济是相辅相成、相得益彰的，而不是相互排斥、相互抵消的。我们要认识到公有制经济有其形成的历史过程，为国家和人民做出了突出贡献，是全体人民的宝贵财富。在今后，国家的发展、人民的富裕依然离不开公有制经济。不能因为非公有制经济发展起来了，就认为可以不要公有制经济了，可以不要国有企业了。对此，我们民建会员，尤其是民营企业家要有一个清醒的认识。

2. 发挥自身优势，协助党和政府把促进非公有制经济发展的政策措施落到实处

习总书记在讲话中指出了制约非公有制经济企业发展的问题和困难，提出了“五个着力”：一是要着力解决中小企业融资难问题，为中小企业融资提供可靠、高效、便捷的服务。二是要着力放开市场准入，凡是法律法规未明确禁入的行业和领域都应该鼓励民间资本进入，凡是我国政府已向外资开放或承诺开放的领域都应该向国内民间资本开放。三是要着力加快公共服务体系建设，支持建立面向民营企业的共性技术服务平台，积极发展技术市场，为民营企业自主创新提供技术支持和专业化服务。四是要着力引导民营企业利用产权市场组合民间资本，培育一批特色突出、市场竞争力强的大企业集团。五是要进一步清理、精简涉及民间投资管理的行政审批事项和涉企收费，规范中间环节、中介组织行为，减轻企业负担，降低企业成本。这五个“着力”是对具体措施的全面概括，非常有力，针对性强。我们要认真学习，准确把握，着力解决非公有制经济发展上的难点问题。“五个着力”如果解决好，那么非公有制经济将会更快、更好地发展。我们参政议政工作也要从“五个着力”下手，把“五个着力”作为我们的选题方向。

3. 深悟笃行、守住底线，切实承担起中国特色社会主义事业亲历者、实践者、维护者、捍卫者的政治责任

总书记在讲话中用“亲”“清”两字阐明新型政商关系，可以说是语重心长、发人深

省，既对领导干部和民营企业家们提出了新的要求，又为非公有制经济健康发展、非公有制经济人士健康成长指明了前进的方向。对民建来说，这不仅仅是针对会员企业家的要求，也是对会内在政府任职同志的要求。我们都要认真学习、认真厘清这种新型政商关系。民建会员中有三万多人是民营企业的董事长总经理，同时也有很多在政府任职的官员，处级以上担任实职的政府官员有1861人，厅级以上的有128人。这些担任实职的政府官员也要按照总书记要求，处理好与企业家之间的关系。非公有制经济要健康发展，前提是非公有制经济人士要健康成长，民建的企业家要做到“三要三不”：一要走出去参与“一带一路”倡议，不搞资本外逃；二要争取党政支持，不行贿；三要发展企业，不污染环境。这是我们的底线，如果连这样的底线也守不住，我们就不能算是合格的社会主义建设者，就不能算是一个合格的政党成员。

会议还有几天时间，希望大家集中精力，再接再厉，继续开好后面的会议。会议结束后，还要深入学习好十二届全国人大四次会议和全国政协十二届四次会议精神，要学习全国人大、国务院和全国政协所作的工作报告。本次常委会还通过了《民建中央关于认真学习贯彻十二届全国人大四次会议和全国政协十二届四次会议精神的决议》，会后大家要做好“两会”精神的传达贯彻，尤其要深入学习贯彻习近平总书记重要讲话精神。各地的同志，要在你们当地民建的相关会议上，传达贯彻好“两会”精神，把广大会员的思想统一到“两会”精神上来。

二、通报在党外人士座谈会上的发言情况

1月25日，民建中央领导同志集中就《政府工作报告（征求意见稿）》和《中华人民共和国国民经济和社会发展第十三个五年规划纲要（征求意见稿）》，提出了几点建议：

1. 推进供给侧改革，优化供给体系

供给侧改革的关键是要化解过剩供给、扩大有效供给和提高供给质量。建议：一要减少无效低端供给。在化解过剩产能过程中，大力淘汰“僵尸企业”，实现市场出清。减少政府对“僵尸企业”的“输血”。对于严重过剩的低端产能，兼并重组、破产清算；对于优质过剩产能，要引导其开拓国际市场。二要扩大有效高端供给。改造传统落后供给，提高供给品质，满足国内消费不断升级的需求，减少因国内产品和服务品质不高而导致的大量消费外流。要通过技术创新、产品创新、服务创新来增加新供给，引导企业从产业链的低端恶性竞争走向高端市场。要弥补短缺供给，加大公共产品和公共服务的供给，在垄断行业引入新的投资者，建立充分竞争、充满活力的市场，应对消费升级带来的结构性短缺。三要强化制度供给和改革引领。要通过改革激发市场主体活力，调动企业家和科技人员积极性与创造性。继续推进政府自身的改革，减少政府对微观经济的直接干预行为，增加公共服务和法治环境的供给。大力推动财税、金融制度改革，降低实体经济融资成本、税费成本、交易成本、社会保障成本，“放水养鱼”，让企业“轻装上阵”。

2. 稳妥推进股票发行注册制改革

当前实施股票发行注册制改革已经于法有据。建议：一是加强制度整体设计。要考虑我国资本市场的结构与运行特点、配套制度建设情况、中介机构的发育程度与司法保护力度以及管理人才不足等国情因素，在注册制改革实施前，要抓紧制定配套完善的退

市制度、集体诉讼制度等。二是采取“渐进改革、先行先试”的办法。在进度上采取三步走——第一步是先出台改革方案，第二步是在创业板的专门层次和个别行业先行先试，第三步是积累经验后全面实施。在推进层次上从场外到场内、从创业板到主板。将注册制的管理和配套办法，结合分层、转板、退市等制度，先在新三板市场进行试点，条件成熟再移植到主板市场应用。尽快在主板推出战略新兴产业板。三是进一步完善信息披露制度，加强事中事后监管。监管部门要强制规范信息披露的内容、范围，该披露的必须披露；强制规范信息披露的方式方法，及时公开审核资料，保护投资者的知情权；加大对虚假披露和利用内幕信息操纵市场的处罚力度。

3. 加强对政府存量资金的管理

清理盘活存量财政资金，把“零钱”变成“整钱”，把“死钱”盘活用好。根据审计署2015年6月公布的数据，至2014年底，抽查的22个中央部门有存量资金1495.08亿元，18个省本级财政有存量资金1.19万亿元。全国财政存量资金估算有3万亿元的规模，占财政收入的21%，占GDP的4.72%。建议：一是政府投资项目管理从“在建项目管理”向“全过程管理”转变。目前预算编制科学性和精准度不足，部分项目的实施进度、建设资金需求靠“拍脑袋”决定。有的地方政府管理能力不足，无法适应财政预算管理制度改革步伐。建议加强项目前期论证工作，加快完善项目储备库制度。因地制宜，稳步推进预算管理制度改革。二是科学编制跨年度的中期财政预算，遏制“短期行为”。加强预算绩效管理，通过绩效评价实行花钱问效，让财政资金“好要不好花”，抑制“预算最大化”的冲动。三是统筹盘活结转结余资金。建立财政资金定期清理机制。对现有的存量资金摸清底数、加强分析、查找原因、分类处理，消化和压缩存量资金规模。加大对财政结余结转资金的统筹使用力度。

4. 把修复长江生态环境摆在压倒性位置

发挥长江黄金水道作用，必须用改革创新的办法抓长江生态环境保护。建议：一是改革长江生态环保体制。将长江作为生态环保体制创新试点，整合资源。依法开展《长江经济带发展规划纲要》的规划环评，以流域资源环境承载力统筹各方面开发建设决策，实现大保护，推动长江经济带绿色发展。二是建立稳定的投入保障机制。长期以来，水电工程产生了巨大的经济效益，但河流生态环境治理却主要依靠政府投入。建议设立长江生态环境保护基金，由流域内主要水电企业牵头，长江开发利用的水电、航运、旅游等行业企业参与，政府、企业和社会资本共同出资，按市场化模式运作，筹措资金用于长江生态环境保护与修复，确保一江清水永续利用。三要完善水系规划。实施江湖连通工程，修复湖泊自然水文节律。综合考虑供水、防洪、灌溉等因素，建立科学的水文调度机制和水文调蓄系统，保证水生植物正常生长，适时开闸，春夏季恢复江湖洄游鱼类幼鱼的入湖通道，秋冬季恢复成鱼入江的通道。

三、今年几项重要工作安排

今年的工作任务非常繁重，工作要点已经印送各位和各省级组织，下面我再强调以下几个方面的工作：

1. 加强组织领导，确保市级组织换届工作顺利进行

换届工作已经迫在眉睫，省委会一定要把此次换届作为工作中的重中之重，主要领导要亲自抓，主动加强与地方有关部门的沟通和协商，特别是要注意主委的人选，结合本地区实际情况，制定切实可行的工作方案，加强对市级组织换届工作的指导和检查。上一届有三个市级组织没有如期完成换届，本届一定要如期完成市级组织换届任务。

2. 继续做好 2016 年非公有制经济发展论坛和中国风险投资论坛的筹办工作

今年的非公论坛定于 6 月 15 日在河南举办，规模预计将比往届更大。河南省委会要做好相关工作，发挥好论坛的品牌效应和民建的特色优势。风投论坛要尽快确定会期，做好相应的工作安排。

3. 3 月 12 日，“2016 年思源救护中国行暨芭莎公益慈善基金”捐赠救护车发车仪式在北京举行

此次思源救护活动共向新疆、青海、内蒙古等 15 个省（市、自治区）的国家级贫困县医院捐赠 200 辆救护车，迄今为止思源基金会已经累计捐赠了 1300 余辆救护车。我们的目标是向全国近 500 个国家级贫困县每个县捐赠三辆救护车，争取尽快完成全面覆盖。

同志们，今年是“十三五”规划的开局之年，我们要认真学习贯彻习近平总书记在民建、工商联联组会上的重要讲话精神，紧密围绕创新、协调、绿色、开放、共享的发展理念，按照“四个全面”战略布局要求，积极参政议政，努力服务社会，为全面建成小康社会继续贡献力量。

在民建十届十五次中常委会议上的讲话

（2016 年 7 月 6 日）

陈昌智

同志们：

本次会议听取了民建上海市委、民建中央财政金融委员会、科教委员会工作情况的汇报，审议通过了《关于民建省级组织换届工作的意见》以及《关于批准成立地方组织的决定》。在大家的共同努力下，会议圆满完成了各项议程。下面我谈几个问题。

一、认真学习习近平同志在庆祝中国共产党成立 95 周年大会上的重要讲话精神

7 月 1 日上午，庆祝中国共产党成立 95 周年大会在北京人民大会堂隆重举行，中共中央总书记习近平同志发表重要讲话，全面总结了中国共产党团结带领中国人民不懈奋斗的光辉历程、伟大贡献和历史启示，深刻阐述不忘初心、继续前进必须牢牢把握的八方面要求，对全党在新的历史起点做好党和国家各项工作，指明了前进方向，明确了行动指南。讲话气势恢宏、意蕴深厚、体大思精，充分展现了共产党人的本色初衷、雄心

壮志和使命担当，是引领党和人民事业不断发展的重要纲领性文献，为决胜全面小康、实现中国梦凝聚起必胜信心和磅礴力量。

总书记的讲话我们要重点把握两个方面的问题。

1. 伟大的历史贡献和伟大的飞跃

中国共产党紧紧依靠人民，披荆斩棘、跨越沟坎，为中华民族作出了彪炳史册的三大历史贡献：一是团结带领人民完成新民主主义革命、成立中华人民共和国；二是完成社会主义革命、确立社会主义基本制度；三是进行改革开放新的伟大革命，人民生活显著改善，综合国力显著增强，国际地位显著提高。三个伟大贡献使中国产生了三次伟大的飞跃：第一个历史贡献实现了中国从几千年封建专制政治向人民民主的伟大飞跃；第二个历史贡献实现了中华民族由不断衰落到根本扭转命运、持续走向繁荣富强的伟大飞跃；第三个历史贡献实现了中国人民从站起来到富起来、强起来的伟大飞跃。这三大历史贡献和三次伟大的飞跃，告诉我们历史和人民选择中国共产党领导中华民族伟大复兴的事业是正确的，必须长期坚持、永不动摇；中国共产党领导中国人民开辟的中国特色社会主义道路是正确的，必须长期坚持、永不动摇；中国共产党和中国人民扎根中国大地、吸纳人类文明优秀成果、独立自主实现国家发展的战略是正确的，必须长期坚持、永不动摇。学习这三大历史贡献和三次伟大的飞跃，就是必须做到三个长期坚持、永不动摇。我们作为党派成员，一定要牢牢掌握这一点。

2. 八个“不忘初心、继续前进”

面向未来，习近平总书记在讲话中提出了八个“不忘初心、继续前进”，为今后中国的发展从理论上、战略上指明了方向。八个“不忘初心、继续前进”简要来讲一是坚持马克思主义的指导地位；二是坚定共产主义和社会主义的理想；三是坚持党的基本路线和“四个自信”；四是推进“五位一体”和“四个全面布局”；五是坚持改革开放；六是坚持为人民服务；七是坚持和平发展道路；八是保持党的先进性和纯洁性。通过对这八个方面的学习，我们对今后中国发展的方向、对中国特色的社会主义理论和国家的战略部署都会有更加清晰的认识。

当前和今后一个时期，民建各级组织和全体会员要把认真学习贯彻习近平总书记“七一”重要讲话作为一项重要任务，领会和把握习近平总书记“不忘初心、继续前行”的讲话精神，凝聚共识、凝聚智慧、凝聚力量，永葆爱国、爱党、爱会之情，努力推动全会各项工作的开展，为实现“两个一百年”的奋斗目标而不懈努力。

二、做好换届准备工作的有关事宜

现在，我强调一下做好换届准备工作的有关事宜。

换届工作是当前本会自身建设的一项重要内容，它是坚持和完善中国共产党领导的多党合作和政治协商制度的一个关键环节，对我们深入搞好政治交接，继续加强会的自身建设至关重要。此次会议审议通过了《关于民建省级组织换届工作的意见》，《意见》是根据《各民主党派中央关于做好省级组织换届工作座谈会纪要》精神，结合本会实际起草的，对省级组织换届工作提出了五项工作原则和六项具体政策。明天上午，会中央还将以省级组织换届工作为主旨召开专题会议，请30个省级组织主委、分管组织工作的副主委和组织部门负责人共同研究部署相关换届工作，届时培华同志将就换届工作提出具体要求，世杰同志将针对具体政策作解释和说明。今明两年是换届大年。今年主要是市级组织换届，截至2016年6月底，全会共有295个市级组织，其中已有105个完成换届，占35.6%。明年，省级组织和会中央也将先后开展换届工作。全会要充分认识换届工作的重要意义，正确看待换届工作的当前形势，认真了解换届工作的特点任务。

这里，我对省级组织换届工作提三点要求。

1. 统一思想，凝聚共识

各级组织要高度重视换届工作，充分认识这次换届任务的艰巨性，厘清工作思路，明确工作重点，统筹兼顾，周密布置，充分、细致地做好准备工作。

一是要学习换届文件，明确工作程序。换届是系统工程，必须坚持按程序、按制度、按规范开展换届工作。要全面准确地理解政策，细致正确地执行政策。《关于民建省级组织换届工作的意见》会后即将下发到各省级组织，请各位主委抓紧时间，统筹安排，组织学习贯彻《意见》精神，制定翔实的工作措施，积极稳妥地处理好各种问题。另外，上次换届，会中央下发了《民建省级组织代表大会有关文件参考范本》，加强了换届工作程序的规范性，明天我们将再次把这个范本发给大家，请认真学习，提前熟悉换届的有关程序。

二是要摸清家底，增强工作主动性。各省级组织主委要清楚班子成员中有多少人将到龄或到届退出，候选人人选准备情况，领导班子结构问题，随时了解动向，并及时与会中央和中共省委统战部门积极沟通。

三是要发扬民主，凝聚思想共识。换届工作涉及人事进退，不可避免地会有一些同志产生思想波动。做好思想工作非常重要。在换届中要坚持正确的价值导向，把换届作为发扬会的优良传统的思想教育过程，引导新老干部正确对待个人“进、退、留、转”。要把思想政治工作做深、做细，对苗头性问题及时掌握，对个别领导干部的思想问题要及时沟通、做好纾解，问题越早发现就越容易解决，希望大家把工作做在前面，做得越细越好，确保换届顺利开展。

2. 选准干部，配好班子

切实把握好换届的工作原则，坚持完善和发展中国特色社会主义政党制度，坚持深化政治交接，坚持正确用人导向，坚持优化领导班子结构，坚持健全机制、规范程序，真正把与中国共产党真诚合作、政治素质好、业务能力强、有影响力的代表人士选拔到领导岗位上来。

一是要坚持任人唯贤、德才兼备的原则，二是要坚持人选的政治标准和代表性，三是要坚持将以经济界人士为主与改善班子结构相统一。

3. 严明纪律，严格监督

换届是一项政治性和政策性强，牵涉面广，影响深远的工作。要做到统一思想，凝聚共识，选准干部，配好班子，必须严明纪律，严格监督，营造风清气正的换届环境。

各省级组织要把严肃纪律摆上日程，按照会中央监督委员会制定印发的《关于严肃换届纪律保证换届风清气正的通知》要求，严格按照程序办事，严格遵守会的纪律，严禁任人唯亲、严禁买官卖官、严禁跑官要官、严禁说情打招呼、严禁拉票贿选、严禁违规用人、严禁跑风漏风、严禁造假骗官行为、严禁干扰换届工作，对查实的问题严肃处理，绝不姑息。

各省级组织领导班子特别是主委，是严肃换届纪律，做好换届工作的第一责任人。各位主委要把责任扛在肩上，把纪律挺在前面，认真组织制定严肃换届纪律工作的实施方案，强化组织监督、制度监督、民主监督，明确分工，强化责任，抓好落实。要畅通广大会员监督渠道，采取有效措施，抓住关键环节，创新监督手段，加大对各级组织换届纪律的监督检查力度，把监督贯穿于换届工作全过程。

三、会中央近期的重要活动

1. 中国风险投资论坛

6月7日，由民建中央、广东省人民政府和深圳市人民政府共同主办，科学技术部支持的2016（第十八届）中国风险投资论坛在深圳举办。出席本届论坛的有600多位包括有限合伙人、私募股权投资与风险投资家、机构投资者和投资银行家在内的海内外投资者，1000多位创业企业家，200多位中央及地方的政策制定者及专家学者，50余家国内主流财经媒体的130多位财经记者等超过2000位嘉宾。论坛以"新形势下中国VC/PE行业规范与价值重塑"为主题，在创新与改革的旋律中，回顾风险投资行业发展历程，展望未来发展趋势，探讨行业发展问题，思索优化路径，影响和推动我国风险投资规范和价值重塑，使之真正成为科技发展的新引擎、经济增长的催化剂。

本届论坛期间还举办了"2016中国风险资本—项目对接会""2016中小企业融资技巧实战训练营""中国风险投资系列榜单之2016新锐魅力领袖颁奖典礼""2016最具投资潜质创新企业颁奖仪式等重要活动"。这些活动为政策制定者与业界人士提供了直接沟通与对话的通道，同时搭建了海内外风险投资业界合作交流的桥梁，创造了创业企业家与风险投资家洽谈的商机，极大地促进了中国风险投资行业的健康发展。

有来自25个省市自治区190多名民建会员出席此次峰会，其中省市专职副主委级别以上会员24人。贵州省参会会员最多为52人。6月6日至7日举行的四场项目路演活动中，5家会员企业进行项目路演，另有3家会员企业获得"2016最具投资潜力创新企业"奖项。民建贵州省委组织了"2016（第十八届）中国风险投资论坛——贵州省专场"，8家企业进行了融资路演，取得了良好的效果。

2. 非公经济论坛

6月14日，2016年中国（河南）非公有制经济发展论坛在郑州开幕，本届论坛以"非公有制经济创新发展与中部崛起"为主题，旨在搭建交流合作平台，探索加快非公有制经济发展的新方法和新途径。民建各省（区、市）代表团代表、论坛组委会办公室成员单位主要负责人、非公有制经济界企业高管和专家学者等1200余人参加论坛开幕式，其中民建会员逾800人。本次论坛采取主论坛与专题论坛相结合，嘉宾演讲与项目签约、投资合作、商贸洽谈、参观考察相结合等形式，为河南经济社会发展和对外开放搭建交流与合作平台，探索加快非公有制经济发展的新方法和新途径。此次论坛期间共签约项目80个，涉及先进制造业、农业产业化、生物科技、电子商务等多个领域，签约总金额达803亿元，取得了良好的成效。

3. 十届十六次常委会及社会服务工作会议

今年9月十届十六次常委会议期间将同时召开民建中央社会服务工作会议。这也是本届以来第一次召开社会服务工作会。希望各个省根据新的形势进行认真总结，能提出新的举措、提炼出新的经验，有自己的特色。先进评比的通知我们也已经下发，希望各省根据通知要求及时上报。9月份的常委会还将进行经济形势的分析，会中央将尽快研究确定由哪几个专委会在会上做分析报告。

同志们，今年下半年的工作任务非常繁重，希望我们继续带领广大会员，共同努力，把各项工作做好。最后，祝同志们身体健康、工作顺利！

在民建十届十六次中常委会议上的讲话

（2016年9月12日）

陈昌智

同志们：

本次常委会议听取了中央经济委员会、财政金融委员会、企业委员会对当前经济形势的分析，通过了关于召开民建十届五中全会的决定。在大家的共同努力下，会议圆满完成了各项议程。在会议结束前，我再谈几点意见。

一、客观研判当前经济形势

今年以来，面对困难增多、挑战严峻的国内外环境，我国通过实施有效的宏观经济政策，经济运行基本平稳，各项主要指标符合预期且相互匹配，特别是结构、质量指标持续向好。同时，我们又要充分认识到形势的复杂性和严峻性，对内、对外发出积极而又实事求是的信号，以提振信心、增强定力。

（一）准确把握中共中央对当前经济形势的分析和判断

习近平总书记用“四个没有变”，对当前经济形势做出客观准确的判断，即经济发展长期向好的基本面没有变，经济韧性好、潜力足、回旋余地大的基本特征没有变，经济持续增长的良好支撑基础和条件没有变，经济结构调整优化的前进态势没有变。这“四个没有变”是对我国经济发展趋势的科学把握，揭示了我国经济长期走势的宏观背景和基本格局，我们必须深刻领会、牢牢把握。

从产业层面看，产业调整持续深化，上半年第一和第二产业比重下降至6.5%和39.4%，第三产业比重进一步上升至54.1%，服务业稳增长、稳就业的“压舱石”作用更加突出。新业态新模式发展迅速，上半年单位GDP能耗同比下降5.2%；战略性新兴产业增加值同比增长11%，高于全国规模以上工业5个百分点；网上购物继续保持近30%的增长速度。

从需求层面看，消费持续增长，前 7 个月，社会消费品零售总额增长 10.3%。最终消费支出对经济增长的贡献率上半年达 73.4%，同比提高 13.2 个百分点，比资本形成的贡献率高 36.4 个百分点。消费结构持续升级，发展享受型服务消费增速明显较快，占比继续提高，其中旅游、文化、体育、健康、养老等服务消费增势强劲。

从微观层面看，工业企业利润扭转下降局面，前 7 个月，规模以上工业企业利润同比增长 6.9%。“去产能”初见成效，原煤、粗钢产量同比分别下降 10.1% 和 0.5%，全国商品房待售面积连续 5 个月下降。同时，大众创业万众创新蓬勃发展，前 7 个月，新设市场主体日均超过 4 万户，其中新登记企业 1.4 万户，企业活跃度保持在 70% 左右。

总的来看，我国经济保持总体平稳。但不可否认的是，当前经济形势仍然复杂，下行压力依旧很大，周期性矛盾和结构性矛盾相互叠加，短期问题和长期问题相互交织。我们只有把握“四个没有变”，才能认清经济基本面。

（二）密切关注经济运行过程中存在的问题和面临的困难

要进一步发挥好参政议政职能，关键是要有问题导向意识，我们要紧紧抓住经济运行中的重点问题、难点问题、共性问题，才能保证提出的意见建议更具针对性和可行性。综合各方面的情况看，当前经济运行中存在的问题和困难，主要表现在以下两个层面：

从国际层面看：在后国际金融危机背景下，经济进入深度调整期，有效需求下降，大宗商品价格大幅下调，再工业化、产业回流本土的进口替代效应增强。全球贸易发展进入低迷期，直接导致我国出口需求增速放缓，利用世界经济增长和国际市场扩张，拉动国内经济增长的动力有限。同时，欧洲二战后最严重的难民危机及恐怖主义威胁持续爆发、英国公投“脱欧”、南海非法仲裁裁决等因素，对世界经济复苏以及全球贸易、资本市场稳定带来更多的不确定性、不稳定性。今年以来，国际货币基金组织已连续调低美日欧等主要经济体增长预期。

从国内层面看：我国经济正处在结构调整、转型升级的关键阶段，调整的阵痛还在持续，实体经济运行比较困难，经济下行压力较大。一是经济结构性矛盾突出。前 7 个月，第二产业投资增速仅为 3.5%，远低于一、三产业增速，其中制造业投资同比增长仅为 3%，预示实体经济复苏乏力；民间投资增长率下滑至 2.1%，其中 7 月份为 -1.16%，连续两个月出现同比下滑，势必加剧“国进民退”的现象；巨额超发货币流向虚拟经济，促生大量的投机性经济活动，尤其是进一步吹大了房地产泡沫。二是金融体系流动风险加大。传统产业产能严重过剩，企业的投资回报降低甚至出现大规模亏损，企业陷入“债务—通缩”风险的可能性正在加大；三四线城市房地产市场持续去库存，土地出让收入不断减少，地方政府还债压力加大；股市、汇市异常波动风险犹存；银行的利润下降，不良贷款率上升等。三是产能过剩问题依然突出。我国产能过剩问题主要受发展阶段、发展理念和体制机制等多种因素的影响。目前，世界经济复苏乏力、国际贸易增长低迷和市场需求下降，加剧了相关行业产能过剩。同时，地方政府在保增长与去产能上面临“两难”压力，资源要素市场化改革滞后、部分产业创新能力不强、落后产能退出渠道不畅等因素，导致产能过剩矛盾不断加剧。

对于以上问题，会中央将继续关注并提出建议，希望同志们在实践过程中找准切入点，深入基层，深入一线，开展调查研究，为会中央和各级党委政府更好分析形势和问题，提出参考建议。

二、简要通报经济工作建议

今年 7 月，就当前经济形势和经济工作，会中央提出了三项意见建议，供同志们参考。

（一）有效提升民企投资能力，激活投资动力，切实稳定民间投资

民间投资是我国稳增长的中流砥柱，在社会投资中占比超过 6 成，在社会就业中贡献达 8 成以上。当前宏观经济中一个需要高度关注的问题是民间投资增速从过去 20%–30% 下滑至今年上半年的 2.1%，6 月份为零增长。

建议：一是在投资能力上，引导和推进企业转型升级，推进技术创新、商业模式创新、管理模式创新，通过不断提高自身的转型能力和对经济环境变化的适应能力，抓住并利用好“十三五”投资机遇，改变民资“脱实向虚”“由内转外”倾向，让民企“有能力投资”。二是在投资空间上，营造权利平等、机会平等、规则平等的投资环境，放宽民间投资市场准入，建立行业准入“负面清单”制度，变民资被“挤出效应”为政府、国企和民企投资的“协同效应”，形成投资合力，逐步消除基础设施和公用事业等领域设置的各类显性或隐性门槛，做到“法无禁止即可入”，让民企“有空间投资”。三是在融资渠道上，建立金融更好服务实体经济的体制机制，重构多层次资本市场，发展民营金融机构，运用大数据等新技术创新适合民营企业的融资模式，有效推动大型商业银行加大对民营企业的融资支持，让民企“有钱投资”。四是在投资动力上，推进供给侧结构性改革，有效调整企业“五险一金”支出，加大职工培训补贴，制定和落实民企的固定资产加速折旧、所得税优惠政策，严格执行小微企业税收优惠政策，以降低实体经济成本。深化“放、管、服”改革，构建新型“亲”“清”政商关系，规范和约束政府行为，维护政策的连贯性和确定性，提振投资信心，让民企“有动力、想投资”。

（二）加快新生中小城市的培育。我国城市整体数量偏少，中小城市严重不足

美国城市化率从 20% 提高到 50% 期间，城市由 392 个增长到 2722 个；日本城市化率从 38% 提到 70% 期间，城市从 166 个增长到 652 个；而我国城镇化率从 31.91% 提高到 54.77% 期间，城市从 668 个下降为 654 个，20 万人口以下小城市数量占比仅为 18%。一些县、特大镇在管理权限、管理方式上无法满足现实需要，发展活力和增长潜力得不到有效释放。

建议：一是解放思想，用改革思维推动中小城市发展。我们完全赞同有关部门提出的“有序推进具备条件的县和特大镇设市”。对撤县设市各方面意见是一致的。对特大镇设市，尚有不同认识。我们认为我国超过 10 万人的镇有 235 个，超过 5 万人的镇有 882 个，应积极推动镇设市。第一，有的特大镇可以独立设立县级市，如有的人口超过 50 万、经济总量超过不少县级市的镇；第二，一个特大镇和两三个镇合并设立县级市；第三，设立镇级市，建议全国人大授权部分省在少数镇进行试点。二是以产业带动，有效配置资源。发挥各地优势，推动特色产业发展，加快产业兴市、产城融合，落实好“人地钱”挂钩激励机制，提高投资效益。三是发挥好政府作用。摒弃传统“上下对齐”模式，下放管理权限，赋予地方综合行政执法权，同时严格控制行政人员、编制和经费，推广“多规合一”，建立一套成本低、管理新、效率高的新型管理模式。

（三）大力培育具有核心竞争力的创新型企业

企业的生存之道是优胜劣汰，企业的生命力在于有核心竞争力，培育具有核心竞争力的创新型企业十分重要。

建议：一是优化公平竞争的市场环境，为企业发展营造良好条件。建立和完善公平、公正、公开的市场环境，放开准入条件，实行正面清单和负面清单相结合的管理方式，按负面清单一视同仁进行管理。二是大力培育更多更强的专、精、特、新企业。制定鼓励支持行业培育具有竞争力企业的具体政策，参与国际竞争。发挥政府采购对科技创新成果的支持和促进作用，将企业早期研发投入纳入政府支持范围。三是支持具有创新精神、专注企业发展的企业家。支持创客和小企业家，形成产业生态链。在社会上宣传勇于拼搏、专注创新、奉献社会的企业家精神。高等教育要注重培养学生的创造性思维，增强学生实践能力，倡导工匠精神，践行知行合一。四是加大知识产权保护力度，保护企业核心竞争力。完善行政执法和司法保护有机衔接的知识产权保护模式，健全知识产权行政执法体制机制。加大对知识产权侵权的处罚力度，并纳入企业和个人信用记录。五是加快以企业为主体的创新体系建设，推进产学研结合，加快科技成果转化。尽快出台有利于科技成果完成人行使成果处置权、收益权的相关法律实施细则，开展向职务发明人实施和转让科技成果所有权的试点探索。

三、深刻汲取辽宁拉票贿选案教训，搞好换届工作

最近，中共中央通报了关于辽宁拉票贿选案查处情况及其教训警示。此案涉及干部人数之多、情节之恶劣、性质之严重实属罕见，令人震惊。一是涉及范围广；二是涉案人员众多、层级高；三是手段花样繁多。中共中央果断严肃查处辽宁拉票贿选案，充分体现了以习近平同志为总书记的党中央推进全面从严治党、全面依法治国的坚强意志，彰显了中共中央坚决惩治腐败、有腐必反、有贪必肃的坚强决心，释放出有责必担、失责必究、问责必严的强烈信号。

辽宁拉票贿选案是中华人民共和国成立以来，查处的第一起发生在省级层面、严重违反党纪国法、严重违反政治纪律和政治规矩、严重违反组织纪律和换届纪律、严重破坏党内选举制度和人大选举制度的重大案件，完全背离了党的性质和宗旨。拉票贿选直接冲击我国特色社会主义政治制度，动摇党的干部工作根基，挑战党的政治底线，损害党和政府形象。

9 月 5 日，中央统战部召开通报会，孙春兰部长在情况通报会上强调，要加强思想引导，充分认识辽宁拉票贿选案的实质和危害；严肃换届工作纪律，确保各党派换届风清气正；加强内部监督，推进党派自身建设。会中央坚决拥护中共中央对辽宁拉票贿选案作出的处理决定。各级组织要把学习传达、贯彻落实通报精神作为当前一项重大政治任务来抓，切实把思想和行动统一到中共中央的部署要求上来。

要从严从实抓好省市级组织换届。今年是市级组织换届之年，明年是省级组织和会中央的换届之年。各级组织特别是领导干部要切实增强换届工作的政治责任感和历史使命感，认真学习贯彻中共中央《通报》精神，清醒认识辽宁拉票贿选案的严重危害性，

深刻汲取案件教训，严格把好纪律关口，营造风清气正的良好氛围，确保换届圆满成功。

（一）严把人选标准关

要把政治标准放在首要位置，充分认识到换届不仅仅是人事更迭，更是政治交接。要坚持德才兼备、以德为先的选人用人导向，防止选人用人失察、“带病提拔”，真正把信念坚定、敢于担当、业绩突出、群众认同的代表人士选拔出来。要坚持党的领导，贯彻党管干部的原则，充分尊重和执行党委的意见和决定，同时在充分调研、摸清家底的基础上，主动与统战部沟通换届人选等事宜，遇有重要情况和难点问题要及时上报会中央，严格把握选人用人关口，保证换届工作有序推进。

（二）严把程序规范关

从前期市级组织换届情况看，个别地方换届过程不够严谨规范，最近收到的多封上访信反映，甚至存在非会员代为投票的问题；有的地方换届大会时间过短，仅半天时间，会前缺少充分酝酿讨论。同时，也存在个别地方在市级主委人选等方面与地方党委、统战部门、组织部门沟通不够，既反映出整体工作统筹部署还不够充分，也反映出市级主委后备力量培养不足。各省要加强对市级组织工作的指导和监督，对发现的问题，及时采取有效措施，做到防微杜渐。要严格按照会中央换届工作意见提出的工作原则、具体政策，制定换届工作方案，严禁减少、简化或变通程序，做到规定环节不减少、履行程序不变通、讲求实效不空转，确保换届工作公开、公平、公正。各省换届工作方案形成后，请及时报送会中央。

（三）严把换届纪律关

习近平总书记多次强调要严肃政治纪律和组织纪律，严明换届纪律，以“零容忍”的政治态度、规范严谨的法定程序、科学有效的工作机制、严肃认真的纪律要求搞好换届。这里，我再次重申，换届纪律是不可触碰的“红线”、带电的“高压线”，拉票贿选、说情打招呼、吃吃喝喝搞小圈子等都要坚决杜绝，如有违反，一律严肃处理，绝不姑息。各省级组织领导班子要高度重视和研究这方面的问题，主委是第一责任人，要密切关注干部思想动态，认真查找风险点、隐患点，对出现的苗头性、倾向性问题，及时跟进，采取措施；对出现影响换届工作的问题，及时与地方组织和有关方面沟通研究，取得支持。要落实好《会内监督条例（试行）》，发挥好监督委员会的作用，畅通广大会员监督渠道，明确政治责任、严明工作纪律，层层传导压力，层层落实责任，为换届工作保驾护航。

从换届工作进展情况看，截至9月6日，我们已有149个（含近期成立）市级组织完成换届，占50.3%，要实现今年完成市级组织换届的目标，还有三个多月的时间，任务重、时间紧、压力大。我们要进一步规范程序、严格纪律，确保换届选举风清气正，确保换届工作积极稳妥、健康有序。要进一步领会换届工作重大意义，把换届工作与学习即将召开的中共十八届六中全会精神紧密结合起来，与加强民建自身建设紧密结合起来，筑牢共同思想基础，提高履职担当能力，推动民建事业健康持续发展。

同志们，中秋和国庆佳节即将到来，在这里，我代表会中央向大家致以节日的问候！并通过你们，向广大会员致以诚挚的问候，祝大家节日快乐、阖家幸福、事事顺意！

民建中央关于认真学习贯彻十二届全国人大四次会议和全国政协十二届四次会议精神的决议

（2016年3月8日中国民主建国会第十届中央常务委员会第十四次全体会议通过）

中国民主建国会第十届中央常务委员会第十四次全体会议认真学习了十二届全国人大四次会议和全国政协十二届四次会议的精神，一致赞同李克强总理所作的政府工作报告及其他报告。

会议认为，2015年是我国“十二五”规划的收官之年。面对错综复杂的国际形势和艰巨繁重的国内改革发展稳定任务，以习近平同志为总书记的中共中央团结带领全国各族人民，按照协调推进“四个全面”战略布局的要求，坚持稳中求进工作总基调，牢牢把握经济社会发展主动权，主动适应经济发展新常态，妥善应对重大风险挑战，经济增长继续居于世界前列，改革全面发力、纵深推进，经济建设、政治建设、文化建设、社会建设、生态文明建设取得新的重大进展，全年主要目标任务顺利完成。十二届全国人大四次会议和全国政协十二届四次会议是在全面建成小康社会进入决胜阶段新形势下召开的，代表和委员们以高度的政治责任感和历史使命感，按照“五位一体”总体布局和“四个全面”战略布局，认真贯彻创新、协调、绿色、开放、共享的发展理念，围绕“十三五”时期经济社会发展重大问题和涉及群众切身利益的实际问题，认真履职尽责，积极建言献策，提出许多有价值的意见和建议。会议风清气正、务实高效、圆满成功，是民主、团结、求实、奋进的大会。

会议指出，3月4日，中共中央总书记、国家主席、中央军委主席习近平看望参加全国政协十二届四次会议的民建、工商联委员，参加联组会，听取委员们的意见和建议，并发表重要讲话。习近平总书记在民建、工商联界委员联组会上的重要讲话，对于坚持和完善我国基本经济制度、推动各种所有制经济健康发展，具有重大现实意义和深远历史意义。

会议强调，2016年是我国实施“十三五”规划的开局之年。全会要认真学习贯彻十二届全国人大四次会议、全国政协十二届四次会议精神，特别是要把深入学习贯彻习近平总书记重要讲话精神作为当前的首要政治任务，把思想和行动统一到中共中央对当前形势的分析判断上来，把智慧和力量汇聚到中共中央的决策部署上来，认真贯彻落实“四个全面”战略布局，牢固树立创新、协调、绿色、开放、共享的发展理念，毫不动摇巩固和发展公有制经济，毫不动摇鼓励、支持、引导非公有制经济发展；积极参与构建“亲”“清”新型政商关系，引导会员中的非公有制经济人士加强自我学习、自我教育、自我提升，做合格的中国特色社会主义事业建设者。

会议号召，全会要紧密地团结在以习近平同志为总书记的中共中央周围，毫不动摇地坚持中国共产党的领导，坚持和完善中国共产党领导的多党合作和政治协商制度，解放思想，振奋精神，进一步加强组织建设，切实履行参政党职能，为全面建成小康社会贡献智慧和力量。

民建中央2016年工作要点

2016年是全面建成小康社会决胜阶段的开局之年，也是推进结构性改革的攻坚之年，全会要坚持以中国特色社会主义理论体系为指导，进一步加强自身建设，努力提高“五种能力”，不断开创民建各项事业新局面。

一、深入学习贯彻中共十八届五中全会精神

当前，各级组织要把学习贯彻中共十八届五中全会精神作为首要的政治任务，领会精神实质，引导广大会员牢固树立创新、协调、绿色、开放、共享的发展理念。同时，要把学习十八届五中全会精神与学习中央经济工作会议精神相结合，按照“五位一体”总体布局和“四个全面”战略布局，切实把思想和行动统一到中共中央的决策部署上来，把握“十三五”时期发展机遇，进一步振奋精神，凝聚决战决胜的信心和勇气，积极投入全面建成小康社会的伟大实践，为实现“两个一百年”奋斗目标的第一个百年奋斗目标贡献智慧和力量。

二、思想宣传

以坚持和发展中国特色社会主义学习实践活动为主线，深入学习贯彻中央统战工作会议、民建成立70周年纪念大会上中共中央贺词精神，认真学习陈昌智主席在民建成立70周年纪念大会上的讲话，按照统战系统学习实践活动经验交流暨中期推动会的要求，立足民建实际，创新活动形式，将学习实践活动与学习民建会章、会史、会的优良传统结合起来，不断夯实政治思想基础，引导广大会员争做中国特色社会主义事业亲历者、实践者、维护者和捍卫者。继续推进会的理论研究，推动在符合条件的地方建立民建中央爱国主义教育基地。利用社会多种舆论宣传渠道，积极借助新媒体，创新宣传形式，改进宣传方式，加大对民建履职成效、先进基层组织和优秀会员事迹的宣传力度，充分发挥典型的激励和感召作用，引导会员增强党派荣誉感和使命感。进一步加强对会的特色工作、重大活动进行重点宣传报道，树立民建良好的社会形象，扩大会的影响力。完善网站宣传手段，推出民建中央网站微信公众号。

三、组织建设

协助省级组织加强对市级组织换届工作的指导，深入细致地做好换届期间思想政治工作，坚持民主集中制原则，认真落实换届的纪律要求，督促严格执行换届程序，保证换届工作顺利开展。做好省级组织换届文件准备和各项具体落实工作，组织领导班子成员认真学习会章、组织制度和有关规定。6月，召开省级组织建设研讨会，交流好的做法和经验，研究布置省级组织自身建设工作。继续举办500人规模的基层组织主委培训班，继续与省级组织联合举办以基层组织主委为重点的培训班，扩大培训覆盖面，夯实组织基础。推动地方组织以领导班子建设为重点，落实好述职评议和谈心会制度，将监督工作的成效体现到提升自身建设水平上。督促落实《关于严肃换届纪律保证换届风清气正的通知》精神，为换届工作提供纪律保障。继续推动条件成熟的省份设立分课堂，注重实效，进一步做强建华课堂品牌。

四、参政议政

积极参与政党协商，把握方向，注意总结，研究问题，不断提高协商的能力和水平。紧密围绕协调推进"四个全面"战略布局、制定和实施"十三五"发展规划等党和国家的工作重点，主动适应经济发展新常态，充分发挥自身优势，就调整产业结构、推进城镇化、促进区域发展、保护生态环境、保障改善民生、扩大对外开放等方面，深入调研，形成针对性和可操作性较强的调研报告及相关成果。会中央拟就绿色发展、创新驱动、精准扶贫、实体经济发展等方面开展重点专题调研。结合实际，开展应急研究，积极参与高层协商，向全国"两会"和全国政协常委会、专题协商会、双周协商座谈会等提交有水平、有影响的提案和发言。召开会中央专门委员会工作研讨会，举办社情民意信息员培训班，完善参政议政体系建设，强化能力建设，提升参政议政整体效能和水平。寓民主监督于参政议政之中，积极参与国家法律法规的制定和修改工作，为推进全面依法治国做出应有贡献。

五、社会服务

9月，召开民建中央社会服务工作会议，总结全会社会服务工作，交流经验和做法，研究部署新形势下社会服务工作任务。贯彻中央扶贫开发工作会议精神，按照国务院关于扶贫工作新的部署，广泛动员会内外力量，开展精准扶贫，提高定点扶贫县帮扶实效。继续在集中连片特困地区和原中央苏区实施"思源教育移民"计划，做好贵州黔西南州、江西广昌县的帮扶、援建工作。推动全会开展好"思源工程"活动，不断培育"思源工程"新品牌。加大服务会员企业工作力度，增强企业发展信心和动力。举办好2016（第十八届）中国风险投资论坛和2016中国非公有制经济发展论坛。

六、对外联络

邀请台湾新北市工商女企业家管理协会代表团、台湾"中华民国"商业总会代表团、香港中华总商会等社团来访，继续做好与台湾世新大学合办的"两岸经济系列研讨会"，办好会员企业家赴港经贸研习班。坚持对外联络工作与参政议政相结合，围绕会中央年度重点调研课题组织出境考察活动。组织会员企业家赴"一带一路"沿线国家考察，寻求"走出去"商机。

七、机关建设

加强对机关干部的管理，进一步转变工作作风，完善机关管理制度。坚持机关学习制度，进一步提高机关干部政治思想素质。继续实施机关公务员平时考核试点，做好选派机关干部到基层挂职锻炼工作。坚持机关各部门联系基层支部制度，提高机关干部对基层会情的认识。

中国民主促进会

不忘合作初心　聚力全面小康

——民进第十三届中央常委会在五中全会上的工作报告

（2016 年 12 月 7 日）

严隽琪

各位委员、各位同志：

我受中国民主促进会第十三届中央常委会委托，向全会报告工作，请予审议，并请列席的同志提出意见。

2016 年工作回顾

2016 年是中国共产党成立 95 周年，是全面建成小康社会决胜阶段的开局之年，也是民进事业开拓奋进、创新发展的重要一年。常委会深入学习贯彻中共中央重大决策部署，坚持“有思有行、集智聚力、顺势而为、开拓创新”的工作方针，秉持“为执政党助力、为国家尽责、为人民服务”的责任心和使命感，认真落实民进十一大和十三届四中全会提出的任务，与人民共命运，与时代同进步，各项工作取得了新进展，为中国特色社会主义事业作出了新贡献。

一年来，我们突出工作重点，体现自身特色，主要表现在三个方面：

一是坚定政治立场，始终在正道上行。政治共识是立会之基。全会始终不忘“只有跟着共产党走，才是在正道上行”的初心，在弘扬优良传统中凝聚政治共识，在加强思想交流中深化政治共识，在参与社会实践中巩固政治共识，坚定不移地与中国共产党同心同德、同舟共进。我们结合民进特点和各地实际，结合参政议政主题年和换届工作，有效推动学习实践活动深入开展、常做常新。切实抓住领导干部这个“关键少数”，中央常委全部参与联系点工作，贴近地方和基层；以身边的榜样为示范，大力宣传“伟大出于平凡，先进就在身边”的理念，广大会员积极传承优良传统，自觉接受中国共产党的领导，不断增进中国特色社会主义的道路自信、理论自信、制度自信和文化自信，巩固全会的道路认同、目标认同和价值认同。

二是加强参政议政能力建设，坚持有所作为。2016 年是我会的参政议政工作主题年，我们把持续提升履职能力和水平作为工作重点，召开民进全国参政议政工作会议，深化对参政议政能力内涵的认识，明确加强参政议政能力建设的重要意义和实现路径；激发体制机制活力，完善专题调研、提案形成、成果奖励等工作机制，建立参政议政课题库、专家库，推动中央和地方、会内和会外的利益共享、人才共享；树立人才强会理念，推动专门委员会工作机构建设，开展多种形式的学习培训，调动更多有参政议政能力和愿望的会员“双岗立功”，为更好地履行中国特色社会主义事业参与者、建设者和维护者的使命责任奠定了坚实的基础。

三是适应新形势新任务，推动工作创新。开拓创新是形势所迫，更是主动作为。2016 年，中共中央委托各民主党派中央对部分省区脱贫攻坚开展民主监督，这是多年来民主党派首次对专项工作进行监督，我们从坚持和完善我国多党合作制度的政治高度，以推动中央决策部署落实为重心，明确职责定位、开展专题调研，努力实现民进最大优势与脱贫攻坚核心要求的精准对接。面对复杂多变的两岸形势，我们积极探索推动两岸青年交流的新形式，引导会员为台湾青年到大陆实习提供帮助，为两岸青年企业家携手合作搭建平台，并在面对面交流中加强沟通引导，海外联谊工作取得新突破。我们在各个领域进一步深化中央与地方组织的上下联动机制，有效推动了民进工作的体系建设。

一年来，我们立足实际、统筹谋划、汇聚力量、推动落实，主要做了以下工作。

一、深入开展学习实践活动，进一步巩固全会的思想政治共识

深入开展学习实践活动是贯穿我会各项工作的主线，是加强思想建设的重要举措。我们坚持主线引领，提升理论自觉，弘扬优良传统，发好民进声音，为进一步推进中国特色社会主义参政党建设奠定了坚实的思想基础。

坚持主线引领。我们紧密结合国际国内形势和中心任务，认真学习中共十八大和十八届三中、四中、五中、六中全会精神，学习习近平总书记系列重要讲话和中央统战工作会议精神，部署学习“七一”重要讲话精神，落实中心组学习、班子谈心等制度，带头撰写署名文章和学习体会，结合会议、培训、调研、授课等多种形式，指导推动全会理论学习。扩大学习实践活动联系点在省级组织的覆盖面，中央常委全部参与联系点工作，完成专题讲座、座谈交流、参加支部生活和看望老同志等“规定动作”，并结合自身实际开展丰富多彩的“自选动作”，深入基层组织，了解会员参与参政议政主题年工作和反映社情民意的情况，进一步密切了与会员的思想沟通和情感交流。发挥先进典型带动引领作用，广泛开展“我身边的先进”宣讲活动。据统计，全年会中央、各省和市（县）级组织开展各种形式的宣讲活动 220 余场次，参与宣讲的先进会员 400 余人次，形成了讲先进、学先进、做先进的良好氛围。会中央学习实践活动领导小组办公室加强统筹和指导，印发《民进 2016 年学习实践活动有关工作安排》及配套文件，选编下发学习资料，编发工作简报、活动专报 12 期，整合民进网站、微信公众号和《民主》杂志等多个平台，开设“学习实践活动联系点工作进行时”专题，宣传各级组织涌现出的典型做法和鲜活经验，推动了学习实践活动接地气、入人心、见实效。

提升理论自觉。按照理论研究与实际工作相互促进的要求，组织召开学习实践活动理论与实践研讨会，发动全会就主题教育活动实效性、活动内容、活动方式等问题开展研讨交流，为深入推进学习实践活动提供理论支持；坚持应用理论研究，围绕自身建设及履行职能中亟待解决的现实问题和会员关心的重大理论问题，通过开展课题招标，引导全会就如何做好新的社会阶层人士工作、会内监督与中共党内监督比较、新时期基层组织建设面临的问题与对策、如何履行好民主监督职能等重要问题进行经验分析和规律研究，取得了一批理论研究成果；借助“民进中央—中央社院参政党建设理论研究中心”合作平台，扩大与会外专家学者的交流，首次举办民进全国理论研究专职干部培训班，提升理论研究工作专业化水平。部分省级组织通过举办理论研讨会，承接会中央或当地统战系统、政协系统的研究课题，促进了理论研究水平与工作能力的同步提高。

弘扬优良传统。坚持会史教育，举办民进中央纪念“下关事件”70周年座谈会，号召各级组织和广大会员不忘民进人出发的起点和追求的目标，进一步发挥了会史的资政育人作用。围绕民进“不忘初心”的会史溯源和实践路径进行深入研究，努力提升民进优良传统的时代价值。按照“新账不欠，老账抓紧还”的工作思路，继续推进民进简史的编纂工作，编印《雷洁琼小传》；引导地方组织加强对创建时期有关会史资料的抢救性收集和整理，以地方组织创建纪实为主题，编印《民进会史资料选辑（六）》；规范和推动会史教育基地建设，发挥好会史教育基地的应有作用。

发好民进声音。加强与《求是》《人民日报》《光明日报》和人民网等中央主流媒体的深度合作，适时发表《不忘初心 同舟共进》《在政党协商中切实发挥作用》《民进的责任担当》《为实施“十三五”规划凝心聚力》《新常态 新理念 新愿景 新工作》等署名文章，刊发有关纪念南京“下关事件”、学习“七一”重要讲话精神、参与脱贫攻坚、深化教育改革等系列报道994篇（其中专版宣传8个）。开通“民进网”微信公众号、《民主》杂志“开明视点”微信服务号，共发表稿件319篇，生动展现民进人、民进事、民进情，初步形成了网站、新闻客户端和微信公众号三位一体的网络宣传新局面。各级组织紧密结合工作实际和会员思想动态，不断提升全媒体时代网络沟通和舆论引导能力，加强宣传平台和队伍建设，大力宣传履职成果和优秀会员、组织风采，扩大了会内外新闻宣传的覆盖面和影响力。

二、以参政议政为年度工作主题，积极履行参政党职能

服务国家改革发展，是民进作为中国特色社会主义参政党的历史使命和时代担当。全会围绕推进“五位一体”总体布局和“四个全面”战略布局，落实创新、协调、绿色、开放、共享的发展理念，认真履行参政议政、民主监督、参加中国共产党领导的政治协商的基本职能，为破解改革难题，厚植发展优势献计出力。

关注经济社会发展中的重大问题，做好政治协商。政党协商和政府协商方面，在中共中央、国务院召开的党外人士座谈会上，会中央重点围绕“推进供给侧结构性改革”，提出了要加大教育供给、推进以人为本的城镇化、改善实体经济生存环境、壮大村级集体经济、发展海水淡化产业、推进流域综合管理、建立国家公园体制等政策性建议。以书面形式向党和国家领导同志报送了关于乡村教师队伍建设、民办教育分类管理、实施

农业良法工程等建议书14篇，得到高度重视。政协协商方面，向全国政协十二届四次会议提交党派提案37件，民进组提案6件，委员提案300余件。《关于发挥教育培训在化解过剩产能人员安置中作用的提案》等13件提案被列为重点办理提案。作题为《诚信政府领跑诚信中国》《人心就是力量》的大会口头发言，引起广泛关注。在全国政协常委会、专题协商会上，围绕实施精准扶贫精准脱贫、推动大众创业万众创新等主题发言。参与主办全国政协“重视特殊教育”双周协商座谈会，在“建设工程质量问题与对策”“加强农作物秸秆综合利用”“推进禁毒工作社会化”“加强草原生态系统保护和修复”等双周协商座谈会上发言，提出切实可行的建议。向全国政协报送社情民意信息470期，53篇被采用，采用率为11%，在各民主党派中央和全国工商联中位于前列。

针对重要领域和关键环节的改革发展，开展调查研究。坚持服务大局，以“在全面建成小康社会进程中扎实推进农村扶贫供给侧改革”为年度重点课题，在湖南及广西等地开展调研，9个专门委员会和国家14个集中连片特困地区涉及的19个民进省级组织开展自主调研，共召开23场座谈会，举办8场专题务虚会，形成32份调研报告，向中共中央、国务院报送《关于扎实推进农村扶贫供给侧结构性改革的建议》《关于进一步做好脱贫攻坚工作的建议》，推动了相关问题的解决。坚持问题导向，围绕中等职业教育发展、土地流转制度改革、通用航空业发展、煤炭清洁高效利用、通用语言文字普及、医疗卫生体制改革、电影产业健康发展等课题，赴上海、重庆、河南、江西、云南、贵州、广西多地开展专题调研，形成并报送一系列建议书。联合京津冀三地民进组织，围绕协同创新共同体建设开展调研；联合东北三省民进组织，围绕东北全面振兴开展调研，为实现区域协调发展建言献策。坚持守正出新，以“教师教育的供给侧改革”为主题，举办中国教师发展论坛；以“深化高中教育综合改革”为主题，举办基础教育改革座谈会；以“修复长江生态环境”为主题，举办长江保护与发展论坛，持续提升民进的社会影响力。与中科院科技战略咨询研究院建立合作关系，深化与上海社科院、中国教育政策研究院、清华大学政治经济学研究中心的合作，就经济形势分析、创新型国家建设、教育综合改革进行深入研讨，加大学术研究成果向参政议政成果的转化力度。

围绕党风廉政建设、国家重大方针政策的贯彻执行、司法体制改革，履行民主监督职能。针对“全面从严治党”面临的问题，向中共中央提出“思想教育和制度规范同时发力，从严治党和社会治理相得益彰”的建议，以及加强巡视制度的协调性、设计科学的容错机制、强化对“关键少数”的监督等具体办法。就完善党内法规制度、改革党政干部保障和激励机制、加强基层党建等问题，向中央有关部门及时报送情况和建议。开展脱贫攻坚民主监督是民进对国家重大专项工作进行监督的新尝试。会中央高度重视，成立领导小组，制定工作方案，召开专题会议，积极与对口的湖南省沟通协商。聚焦关键问题和薄弱环节，将“贫困人口精准识别、精准脱贫”作为今年的监督重点，深入基层、深入群众，走村入户实地考察。在向湖南省委、省政府反馈调研情况，共同研究对策，提出整改办法的同时，向中央统战部报送调研报告，向中共中央、国务院报送关于完善扶贫政策和体制机制的相关建议，对改进工作、推动决策、调整部署发挥了积极作用。在最高人民法院、最高人民检察院召开的座谈会上，提出要完善司法人员分类管理和员额制、建立健全法官职业保障制度、改善现行的执行制度、稳步推进跨行政区划检察院改革试点等建议，推进司法体制改革。支持在政府部门和司法机关担任特约（邀）监督员、监察员、检察员、审计员和教育监督员等的会员，以高度的政治责任感参加有关检查和监督工作，为实现中国的良治和善政而努力。

三、以换届工作为重点，全面推进组织建设

2016年是市县级组织完成换届、中央和省级组织筹备换届的关键之年。我们将换届工作贯穿于代表人士队伍建设、基层组织建设、会内监督等各个方面，进一步规范工作程序、加大培训力度、加强工作指导，组织建设取得新进展。

扎实开展市县级组织换届及中央和省级组织换届筹备工作。会中央成立了省级组织换届工作领导小组，制定《民进中央关于2017年省级组织换届工作的意见》及工作流程图，印发《关于严肃换届纪律，加强换届监督工作的指导意见》，明确换届政策，规范工作流程，提出工作要求。召开省级组织专职副主委工作会议及省级组织换届工作座谈会，对各级组织换届工作进行专题部署。加强中央与地方工作的沟通和互动，建立联系渠道，编辑工作通讯，指导地方组织换届工作的开展。各省级组织按照会中央的要求和部署，成立换届工作领导小组，制定换届工作方案，在做好市级组织换届工作的同时，积极筹备省级组织换届。目前，全会市级组织大部分已经完成换届；各省级组织换届筹备有序推进；本次全会将通过《关于召开民进第十二次全国代表大会的决定》，标志着中央换届工作正式启动。

加强代表人士及后备干部队伍建设。持续加大培训力度，扩大培训对象覆盖面，举办骨干会员培训班、民进全国中青年会员培训班，推荐30余名骨干会员参加中央社会主义学院等举办的各类进修班、培训班，完成了对省级组织骨干会员的轮训，增强了青年会员的责任感和使命感，提高了领导干部的会务工作水平和综合素质。继续举办小范围、高层次代表人士座谈会，加强与高校和科研机构会员、新阶层和非公经济会员、代表大会代表、青年会员的联系和互动。增强组织发展的针对性和规划性，积极吸引政治素质强、发展潜力大的人才入会，进一步充实和完善后备人才库。加大会员推荐力度，主动与中央有关部门和地方党委及有关部门进行沟通，努力帮助会员拓展履职平台，为履行参政党职能和换届工作奠定人才基础。

增强基层组织活力。按照2015–2017年增强基层组织活力计划的有关安排，多措并举，进一步推动基层组织建设。加大对基层活动的指导和帮助。通过参加基层组织生活会和座谈会，广泛听取意见建议，帮助反映和促进解决基层组织建设中的突出问题；鼓励省级组织召开片会，就基层组织建设进行专题讨论，为加强全会基层组织建设献计出力；及时发现和整理基层组织工作中的先进人物、先进事迹和先进经验，编辑出版《民进基层组织活动案例选编》和《民进支部》专刊，推动基层工作开展。培训对象持续向基层延伸。举办基层组织负责人培训班，对114位基层支部负责人进行培训，为他们提供集中学习、互相交流的机会，推动基层工作与时俱进、务实有为。继续开展系列支部主题活动。鼓励基层组织围绕落实“十三五”规划，广泛开展以“我为脱贫攻坚建一言献一策”为主题的支部生活会，吸引会员人人参与，不断增强基层会员的政党意识和履职意识。

稳步推进会内监督。重视发挥中央监督委员会在换届监督工作中的作用，重点加强对换届程序和纪律的监督。委托中监委调查个别省级组织届中调整中出现的程序性问题，了解市级组织换届进展情况，确保换届工作规范有序。支持中监委就主题年工作和会中央机关建设听取意见建议。鼓励中监委与省级监委会加强联系，及时了解和指导有关工作；推动成立省级监委会，目前全会 29 个省级组织全部成立监委会，省级监委会之间的沟通交流更加频繁，全会的会内监督工作稳步推进。

提升机关建设水平。按照“阳光、高效、规范、和谐”的要求，加强制度建设，在修订《民进中央机关管理制度汇编》的同时，及时修订《民进中央制度汇编》，收录各类制度 22 项，促进了会中央和机关工作的规范化、程序化。引导鼓励干部职工参加培训学习、工作研讨，规范有序开展公务员录用工作，继续选派机关干部到基层挂职锻炼，健全竞争择优的用人机制。强化预算管理与执行，举办预算编制和执行培训班，对会中央和省级组织相关干部进行培训，提升预算编制能力和管理水平。做好会中央机关财务审计和资产清查，加强固定资产管理，为更好编制机关行政经费预算提供依据。举办民进全国信息化工作培训班，完成机关网络核心设备升级，分别举办学习贯彻两会精神、纪念南京下关事件 70 周年、社会服务工作等视频会议，信息化建设进一步加强。深入调查研究，掌握地方组织机关建设实际情况，为做好明年机关建设主题年工作打下基础。

四、参与脱贫攻坚，开创社会服务工作新局面

做好社会服务工作、参与新一轮扶贫开发是我会作为中国特色社会主义参政党的重要责任。会中央及时下发《关于“十三五”时期参与统一战线聚力脱贫攻坚工作指导意见》，召开民进参与脱贫攻坚工作交流会，引导全会把参与脱贫攻坚作为当前社会服务工作的重中之重，坚持政治性、公益性、组织性和实效性原则，发挥优势、创新机制、凝聚力量，社会服务工作取得新成效。

献计出力助推脱贫攻坚。立足人才智力优势，组织经济、农业、旅游方面的专家赴贵州省黔西南州和湖南省怀化市、湘西州考察调研，围绕脱贫攻坚全面展开过程中遇到的建档立卡、产业扶贫、教育扶贫、健康扶贫、易地搬迁、社会保障兜底等新情况新问题，开展调查研究，帮助当地厘清思路、制定规划、选准产业，提出脱贫的办法和对策；开展职业教育参与精准扶贫模式专题调研，举办民进民办教育工作座谈会，发动教育界会员探索通过民办教育和职业教育为贫困家庭提供培训和就业服务的扶贫工作方式；深化“同心·彩虹行动”，举办 2016 年新疆校长培训班和骨干教师暑期培训班，发动和组织全会各级组织赴金沙、安龙等地开展培训，全年共培训教师、医生 1300 余人次；鼓励会员利用“教育云”等现代技术手段，帮助西部地区开展远程教育，惠及贫困落后地区学生 820 万人；协调华佗工程、温氏集团生产基地和食用菌产业基地等项目落户黔西南，促进就业，服务民生。

凝聚各方力量推进社会服务工作。提升社会服务工作的质量和水平，必须为广大会员服务社会搭建有序参与的平台。开明慈善基金会顺利完成理事会换届工作，通过“互联网 + 财务”收支透明度，提升项目执行效率，基金会公信力和社会影响力不断提升。开明画院积极支持民进书画界会员开展活动，为会内书画家提供办展场地，继续在全国

范围内开展"春联万家"活动，共举办活动327场，现场参与群众9.6万人，书写春联10万余幅。举办2016年民进企业家培训班，召开2016年民进企业家联谊会联席会议，引导和鼓励广大企业界会员进一步提高思想认识，把行动统一到中共中央关于脱贫攻坚的重要战略和工作部署上来，凝聚力量全面推进社会服务工作取得实效。

五、积极开展海外联谊，服务祖国和平统一

服务祖国和平统一大业，是中国特色社会主义参政党的重要任务。我们密切关注两岸关系和港澳地区形势的发展变化，坚持"九二共识"共同政治基础，以教育、文化、出版等领域的交流为纽带，以推动两岸青年交流为重点，加强沟通合作，增进理解认同，为促进两岸关系和平发展做出了应有贡献。

发挥民进界别特色深化交流合作。加大在基础教育界工作力度，举办了首届"海峡两岸暨港澳地区基础教育交流活动"，邀请海峡两岸暨港澳地区基础教育界校长和相关学者，共同研讨"义务教育均衡发展"问题，活动注重把研讨交流和学校考察、相关文化参访结合起来，注重与举办地教育界人士的面对面交流，取得了良好效果；积极推动文化交流，举办"2016海峡两岸中华传统文化与现代化研讨会"，来自海峡两岸的知名作家和文学评论家，围绕"中文写作与世界文学"主题进行深入探讨，共同传承和发扬中华文化优秀传统；赴台湾开展出版交流，接待台湾民意代表交流团，进一步联络感情，增进互信，推进合作。继续深化与台湾社科界的联系，分别与北京大学、台湾政治大学合作举办第二届"两岸学者共话 · 世界史"论坛和"两岸学者共话 · 社会学"论坛，在学术研讨和对话中进一步加深了两岸学者间的理解和友谊。

积极探索两岸青年交流新形式。青年是两岸关系和平发展的未来，会中央把推动两岸青年交流作为海外联谊工作的重要内容，接待"台湾2016纵横北京中华文化研习营"大学生参访团，鼓励和引导我会企业家会员为台湾青年到大陆实习提供帮助，调研了解台湾青年关注的热点问题，并通过讲座和面对面座谈交流等方式解疑释惑、主动引导；与中国民营经济国际合作商会共同举办"海峡两岸青年企业家创新发展与经济合作圆桌会议"，为两岸科技和文创领域的青年企业家交流合作、共赢发展搭建平台。

把海外联谊和参政议政工作相结合。围绕两岸关系和平发展和香港澳门的繁荣稳定积极建言献策，向中共中央报送书面建议书6件，向全国政协报送社情民意信息16件。

各位委员、各位同志：

一年来，我会各项工作收获了丰硕成果，取得了积极进步，积累了宝贵经验。这是在中共中央领导下，全会各级组织和广大会员集智聚力、开拓创新的结果，是全体中央委员团结奋斗、共同努力的结果。在此，我谨代表中央常委会，向大家表示衷心的感谢！

同时，我们也清醒地认识到，与新形势新任务的要求和广大会员的期待相比，我们的工作还面临挑战，存在一些需要改进和加强之处：对会员思想动态的了解和分析有待加强，宣传思想工作的方式方法有待完善；联系基层、倾听民声和体察民情的广度深度有待拓展延伸，民主监督能力有待提升；组织发展的力度须进一步加大，会内监督机制须进一步探索和总结，机关的作风建设、能力建设须进一步加强；理论研究联系实际、

指导实际工作的作用应进一步发挥；等等。我们要高度重视存在的问题，切实改进工作，希望各位同志提出意见建议。

2017 年工作部署

2017 年对于国家的发展和民进的发展都是十分重要的一年。中国共产党将召开第十九次全国代表大会，我会将召开第十二次全国代表大会。新的历史条件下，我们必须坚定信念、不忘初心、继续前进。2017 年我会工作的总体要求是：以中国特色社会主义理论体系为指导，学习贯彻中共十八大和十八届三中、四中、五中、六中全会精神，学习贯彻习近平总书记系列重要讲话精神，认真落实民进十一大提出的各项任务，以坚持和发展中国特色社会主义学习实践活动为主线，以机关建设为年度工作主题，上下联动，加强中国特色社会主义参政党建设，做好换届工作，切实履行参政党职能，圆满完成本届中央委员会担负的各项任务，以自身建设和履行职能的成果，迎接中共十九大和民进十二大的胜利召开。

一、深入学习贯彻中共十八届六中全会精神，开展“不忘合作初心，继续携手前进”专题教育

中共十八届六中全会系统总结了近年来特别是中共十八大以来全面从严治党的理论和实践，就新形势下加强党的建设作出新的重大部署，审议通过了《关于新形势下党内政治生活的若干准则》和《中国共产党党内监督条例》，为新形势下加强和规范党内政治生活、强化党内监督提供了新的制度遵循，充分体现了中共中央坚定不移推进全面从严治党的坚强决心和历史担当。会议正式提出“以习近平同志为核心的党中央”，反映了全党全国各族人民的共同心愿。我会要把深入学习贯彻中共十八届六中全会精神，作为当前和今后一个时期重要的政治任务，坚持执政党建设与参政党建设相互促进，深刻认识多党合作事业发展过程中民进自身的发展规律，坚持问题导向，勇于迎接挑战，勇于破旧立新，始终跟上执政党的前进步伐；从执政党全面加强党的建设的部署和要求中受到启发、汲取经验，结合自身实际，抓好落实。

坚持和发展中国特色社会主义学习实践活动，仍然是贯穿我会各项工作的主线。开展“不忘合作初心，继续携手前进”专题教育，是明年学习实践活动的重要内容和载体，要引导广大会员深入学习民进与中国共产党团结合作的光辉历程，深刻认识自觉接受中国共产党领导的历史必然。以召开民进学习实践活动总结表彰会为契机，继续开展学习实践活动联系点工作和“我身边的先进”宣讲活动，认真总结学习实践活动开展以来取得的成绩和经验，表彰先进，巩固成果，探索建立主题教育活动长效机制。要做好新形势下广大会员的思想政治工作，坚持日积月累、久久为功，坚持问题导向和分类引导，准确把握会员思想特点，不断提高思想政治工作精细化水平，在意识形态领域积极正面发声。加强对民进优良传统、人物资料的挖掘整理，总结高素质参政党自身建设和发展的规律性认识，召开民进全国理论研究和会史工作会议，推进对多党合作历史、多党合作理论的宣传研究。

二、做好中央和省级组织换届工作，提高组织建设科学化水平

明年，会中央和省级组织将进行换届。换届是人事更替更是政治交接，这是多党合作事业根基永固、薪火永续的重要保障。要将政治交接贯穿换届工作的全过程，把民进老一辈领导人在长期革命和实践中形成的优良传统和高尚风范一代代传承下去，保证中国共产党领导的多党合作和政治协商制度得到巩固和发展。要统一思想、提高认识，引导正确价值取向，讲政治、顾大局、重团结，营造风清气正的换届环境。要严肃换届纪律，加强教育警示，充分发挥监委会的作用，积极探索换届监督的途径和方式，确保换届工作平稳有序、圆满顺利。

在做好换届工作的同时，进一步加强领导班子建设，巩固政治交接成果。举办新任省级组织副主委学习研讨班、秘书长培训班等，提高领导干部的政治素质和五种能力。加强代表人士队伍建设，既立足于主界别、体制内，也要关注新领域、新群体，以更加宽阔的视野、更加积极的心态、更加灵活的方式吸引人才，特别是吸收参政议政急需的各领域高层次、高素质人才入会，为我会更好地履行参政党职能奠定基础。要持续关注高校和科研院所、新的社会阶层和非公经济、青年会员等群体，引导他们“双岗立功”，积极搭建履职平台，更好地发挥各界别代表人士作用。指导和支持基层组织建设，关心和推动解决基层组织建设中存在的突出问题，鼓励基层组织开展系列主题活动，对全会基层组织状况进行摸底和评估，全面总结近年来基层组织建设情况，适时召开“民进全国基层组织建设经验交流会”，切实推动基层组织建设再上新台阶。

三、巩固参政议政主题年成果，持续提升履职能力和水平

如期实现全面建成小康社会奋斗目标，是人民的期待，也是民进的责任。全会要把聚力“五位一体”总体布局和“四个全面”战略布局，助力脱贫攻坚作为履行职能的重要内容，自觉树立和贯彻新发展理念，围绕“一带一路”倡议、新一轮东北振兴、长江经济带建设、京津冀协同发展等国家战略，以及职业教育改革与发展、文化“走出去”、发展清洁能源和新能源、农业供给侧结构性改革、加快知识产权强国建设等重点、难点问题，开展年度重点调研和专题调研，提出具有针对性和可操作性的意见和建议，为中共中央和有关部门决策提供参考。继续推进对口湖南省的脱贫攻坚民主监督工作，围绕扶贫资金项目管理使用情况等开展监督性调研，将监督与调查研究融为一体，真正使监督的过程变成发现问题、研究问题、解决问题的过程，变成推动政策落地的过程，为打赢脱贫攻坚战作出应有贡献。

要认真贯彻落实民进全国参政议政工作会议精神，发挥集智聚力工作机制的作用，推进中央和地方、专职干部和兼职专家、本职工作和会务工作、会内和会外资源、参政党各个职能、专门工作机构和会员广泛参与的“六个互动”，以更加广阔的思路、更加清晰的路径、更加规范的模式，完善和发挥好参政议政平台作用，重视成果的挖掘与提高利用率，不断提升履职能力和水平。

四、增强社会服务工作实效，做好海外联谊工作

积极投身脱贫攻坚，扩大社会服务工作成果。助力安龙县精准脱贫，组织助学助教及智力支持考察活动，鼓励引导新阶层和非公经济界会员参与产业扶贫、易地移民搬迁和劳务输出脱贫等重点工作。深入推进“同心·彩虹行动”，协同开展金沙县“同心助学”和西部地区校长教师、医卫人员培训。编辑出版《彩虹十年》，认真总结十年来“同心彩虹行动”的主要工作和重要经验。发挥开明慈善基金会作用支持教育脱贫，继续开展各地画院之间书画交流及美育进校园活动。做好新阶层会员的教育培训，加强对民营企业界会员和民办教育界会员的服务，引导他们参与公益，服务社会。

立足我会界别特色和优势，积极开展海外联谊。举办“2017 海峡两岸中华传统文化与现代化研讨会”和“海峡两岸暨港澳地区基础教育交流活动”，进一步加强与港澳台地区文化界和基础教育界的交流合作。做好台湾相关参访团体的接待工作，鼓励更多台湾优秀青年参与到两岸交流的实践中来。将对台工作与履行参政议政职能相结合，逐步联系和建立一支会内外涉台专家队伍，更好地为推动两岸关系和平发展建言献策。

五、以机关建设为年度工作主题，切实改进工作作风

机关建设是明年的年度工作主题，加强作风建设是重点。全会各级组织要按照会中央的部署，结合本地实际认真谋划。要坚持以作风建设促严谨、以能力建设促高效、以制度建设促规范、以文化建设促和谐，不断强化服务意识，进一步提高服务水平和工作效率，接受会内监督，为高素质参政党机关建设打牢基础。召开民进全国机关建设工作会议，为更好地履行参政党职能、加强参政党自身建设提供保障。关注机关专职干部能力建设，加强干部会内轮岗交流、会外挂职锻炼，举办民进省级、副省级及省会城市组织办公室主任培训班，提升干部队伍素质。着力加强机关信息化建设，发挥现代视频会议技术的优势，不断提高为会务工作服务的能力和水平。

各位委员，各位同志：

今天，我们比历史上任何时期都更接近中华民族伟大复兴的目标，比历史上任何时期都更有信心、更有能力实现这个目标。让我们紧密团结在以习近平同志为核心的中共中央周围，同心同德，开拓创新，为助力实现“两个一百年”奋斗目标和兴国大业作出新的更大贡献！

民进第十三届中央监督委员会 2016 年工作情况报告

各位委员、各位同志：

受民进中央监督委员会委托，我向民进十三届五中全会报告中央监督委员会 2016 年

工作情况和2017年工作部署，请各位委员和各位同志提出意见和建议。

一、2016年主要工作

2016年，民进中央监督委员会（以下简称“中监委”）在中央委员会的领导下，以中共十八大和十八届三中、四中、五中、六中全会，习近平总书记系列重要讲话和中央统战工作会议精神为指导，认真落实民进十三届四中全会相关工作部署，紧密围绕我会学习实践活动主线和2016年工作主题，按照《章程》要求和《民进中央监督委员会工作条例（试行）》的有关规定，积极探索、稳步推进会内监督工作，监督对象不断明确，监督内容不断丰富，监督实效愈加显著。

（一）积极稳妥开展对会中央工作的监督

坚持以领导班子贯彻民主集中制原则、遵守会章和履行职责情况为重点，了解领导班子成员履行职责和执行制度的有关情况，提高会内监督的针对性。

按照工作计划，中监委于6月、10月、12月，分别列席了民进十三届十五次、十六次、十七次中常会议，以及民进十三届五中全会，了解会内重大事项的决策过程，就会中央领导班子执行制度、履行职责和改进作风的情况，切实履行监督职能。

2016年6月中监委第十一次全体会议期间，中监委委员分别与7位民进中央常委进行了个别交谈，听取了他们对2016年参政议政主题年工作的意见建议。各位常委对民进中央参政议政主题年的各项工作给予了充分肯定，并就进一步加强全会的参政议政工作、提高参政议政能力和工作质量，提出了多项建议。中监委整理形成了《民进中央监督委员会委员听取部分常委意见的情况反馈》。会中央领导集体高度重视常委们的意见建议，及时转发至会中央机关相关部门，认真予以研究，切实改进工作，进一步提升工作质量。

按照会中央领导要求，中监委提出今明两年对换届工作进行监督，结合民进实际，以换届工作程序的执行情况和遵守换届纪律的情况作为监督重点，确保换届工作规范有序。

中监委根据《关于严肃换届纪律，加强换届监督工作的指导意见》，按照2016年中监委工作计划安排，就如何开展换届监督工作进行了研讨，加强了与省级组织监委会的联系，利用参加会议、调研的机会，到广东、江西、湖南、吉林、北京、天津等地，了解省级组织监委会工作开展情况、市级组织换届进展情况和存在的问题；对个别省级组织届中调整中出现的违反程序的问题进行了调查，及时掌握情况、给予指导，提出处理意见，并对相关人员进行了约谈；部分中监委委员参加了会中央召开的省级组织换届工作座谈会，听取省级组织关于开展换届监督的意见建议，为进一步指导省级组织换届监督工作、做好对民进中央换届监督工作奠定了基础。

加强对会中央机关相关工作和机关工作人员执行制度、廉洁自律情况的监督，是中监委监督工作的重要内容。11月，中监委就会中央开明慈善基金会的资金募集、管理、使用情况进行了专项检查；12月全会期间，对会中央机关的公务员录用、干部选拔、外事工作进行专项检查。

（二）稳步推进省级组织会内监督工作

中监委按照统筹规划、逐步推进的原则，继续指导并推动省级组织开展会内监督工作。吉林、河南、安徽、云南、新疆5个省级组织先后成立了监督委员会，截至2016年12月，所有29个省级组织均已成立了监督委员会。

中监委注重进一步加强与各省级组织监督委员会之间的日常工作联系与交流。中监委办公室全面了解省级组织监督委员会2015年会内监督工作具体开展情况及存在的困难，及时沟通2016年开展会内监督工作的相关安排与部署，给予必要的工作指导与帮助。

各省级组织监督委员会依照各省监督工作条例，围绕2016年工作重点，加强对会内监督工作理论与实践的研究，加强与其他省级组织监督委员会之间的工作交流与学习研讨，并将市级组织换届工作作为会内监督的重点，深入基层开展调研，及时研究和反馈会员提出的有关问题，努力使会内监督工作取得实效。

（三）做好信访接待工作

按照中监委的要求，中监委办公室认真稳妥地处理好涉及会内监督的来信、来访、来电。2016年，中监委办公室共收到10件/宗（去年同期13件/宗）来信、来访、来电，信访内容主要包括会员个人情况或诉求的反映，对社会问题或群众诉求的反映，对各级组织机关干部作风问题的反映等。中监委办公室认真整理各地重要来信、来访，层报领导批示后，及时批转相关部门或省级组织给予关心，妥善处理。

今年中监委办公室还就反映会中央机关工作人员的有关情况，会中央机关工作人员在全国政协系统职工住宅配售过程中的有关情况进行调查核实，经调查没有证据支持所反映的情况，并将调查结果反馈有关方面，这对于机关建设特别是廉洁自律教育起到了警示作用。

二、2017年工作部署

2017年，中监委将以中共十八大，十八届三中、四中、五中、六中全会，习近平总书记系列重要讲话，中央统战工作会议精神为指导，认真落实民进十三届五中全会有关监督工作的部署，围绕我会专题教育活动和年度工作主题，着力做好对省级组织换届和中央换届的监督工作，按照会章要求，继续稳步推进会内监督工作。

（一）列席民进中央常委会，了解全会的建设目标和任务，了解领导班子成员履行职责和执行制度的有关情况，提高会内监督的针对性。

（二）了解领导班子贯彻民主集中制、执行议事决策的民主程序等情况，对领导班子作风建设情况开展监督。

（三）听取中央常委对会中央领导班子履行职责和作风建设情况的反映；听取中央常委对机关作风建设的意见建议；对会中央机关相关工作进行监督检查。

（四）根据《关于严肃换届纪律，加强换届监督工作的指导意见》，将换届的程序和纪律作为监督工作的重点，营造风清气正的换届环境，确保各级组织换届工作更加规范。

（五）深入调研各省级组织监督委员会工作情况，加强对省级监委会的工作指导；召开民进全国会内监督工作研讨会，促进中央与省级组织会内监督工作的学习与交流。

（六）加强会内监督实践经验的总结和监督理论的研究，深入探讨会内监督在提高解决自身问题能力方面的作用，为增强会内监督实效和完善会内监督制度做好基础性工作。

（七）对本届中监委的工作进行总结，对会章有关纪律和监督内容的修改提出意见建议，协助做好中监委换届的有关准备工作。

各位委员、各位同志：

建立健全会内监督机制是我会自身建设的一项长期重要任务。近年来，中央监督委员会和省级组织监督委员会就如何开展会内监督工作，进行了积极的探索，取得了很好的经验。2017 年，我会将完成省级组织和会中央的换届工作，中央监督委员会将在会中央的领导下，准确把握会内监督的定位，就换届程序和换届纪律，认真履行监督职责，致力营造风清气正的换届环境，切实推动我会会内监督工作取得新成效，为进一步加强自身建设，提高解决自身问题的能力作出积极贡献。

谢谢大家！

中国民主促进会第十三届中央委员会第五次全体会议决议

（2016 年 12 月 9 日民进十三届五中全会通过）

中国民主促进会第十三届中央委员会第五次全体会议，于 2016 年 12 月 7 日至 9 日在北京举行。会议认真学习贯彻中共十八届六中全会精神，听取和审议了严隽琪主席代表中央常委会所作的工作报告。会议认为，工作报告对 2016 年的工作总结实事求是，对 2017 年的工作部署切实可行，会议同意这个报告。会议还听取了中央监督委员会工作情况报告。

会议认为，中共十八届六中全会是在全面深化改革、决胜全面小康的关键时刻召开的一次重要会议，会议确立了习近平总书记的核心地位，反映了全国各族人民的共同心愿；强调把加强和规范党内政治生活、加强党内监督作为全面从严治党的重点，充分体现了中共中央坚定不移推进全面从严治党的坚强决心和历史担当。作为中国特色社会主义参政党，我会要把学习贯彻中共十八届六中全会精神作为当前和今后一个时期重要的政治任务，在思想上政治上行动上同以习近平同志为核心的中共中央保持高度一致，增强政治意识、大局意识、核心意识、看齐意识，巩固道路认同、目标认同和价值认同。

会议充分肯定中央常委会的工作。一致认为，在过去的一年中，我会坚持“有思有行、集智聚力、顺势而为、开拓创新”的工作方针，秉持“为执政党助力、为国家尽责、为人民服务”的责任心和使命感，认真落实民进十一大和十三届四中全会部署的工作任务，坚定政治立场，加强参政议政能力建设，适应新形势新任务，推动工作创新，各项工作取得了新进展，为中国特色社会主义事业作出了新贡献。

会议强调，2017 年对国家和民进都是十分重要的一年。中国共产党将召开第十九次全国代表大会，我会将召开第十二次全国代表大会。在新的一年里，我会必须坚持以中国特色社会主义理论体系为指导，学习贯彻中共十八大和十八届三中、四中、五中、六中全会精神，学习贯彻习近平总书记系列重要讲话精神，认真开展“不忘合作初心，继续携手前进”专题教育，做好换届工作，围绕推进“五位一体”总体布局和“四个全面”战略布局，落实创新、协调、绿色、开放、共享的发展理念，聚力全面小康，助力脱贫攻坚，圆满完成本届中央委员会担负的各项任务，以自身建设和履行职能的成果，迎接中共十九大和民进十二大的胜利召开。

会议号召，我会各级组织和广大会员更加紧密地团结在以习近平同志为核心的中共中央周围，齐心协力，奋发进取，为实现“两个一百年”奋斗目标、实现中华民族伟大复兴的中国梦作出新的更大贡献！

学习贯彻六中全会精神，聚力建成全面小康社会

——在民进十三届五中全会闭幕式上的讲话

（2016 年 12 月 9 日）

严隽琪

各位委员、各位同志：

经过大家共同努力，民进十三届五中全会圆满完成了预定议程，就要闭幕了。这次会议学习贯彻中共十八大和十八届三中、四中、五中、六中全会精神，习近平总书记系列重要讲话精神，听取、审议并批准了民进中央常委会的工作报告，听取了民进中央监督委员会工作情况报告。各位委员还交流了学习中共十八届六中全会和“七一”重要讲话精神的心得体会，并表达了对参政党建设的深入思考，对民进中央的工作提出了很好的意见和建议。会议务实高效，起到了统一思想、明确方向、鼓舞干劲的作用。

现就落实本次中央全会精神谈四点意见。

一、学习贯彻中共十八届六中全会精神，始终与以习近平同志为核心的中共中央保持高度一致

中共十八届六中全会专题研究部署全面从严治党，是继三中、四中、五中全会分别对全面深化改革、全面依法治国、全面建成小康社会作出重要部署后，中共中央着眼“四个全面”战略布局作出的整体设计，是推进党的建设新的伟大工程的重要里程碑。这次

会议的主要精神和重大成果主要有五个方面：一是明确了习近平总书记的核心地位、正式提出"以习近平同志为核心的党中央"，这是众望所归，是进行具有许多新的历史特点的中国特色社会主义伟大事业的迫切需要，具有十分重大和深远的意义。二是强调把加强和规范党内政治生活、加强党内监督作为全面从严治党的重点，并审议通过两个重要文件，把十八大以来管党治党的理论成果和实践经验上升为党内法规制度，为加强党的领导和党的建设提供了重要制度法规保障。三是对"关键少数"，即领导干部特别是高级干部提出了更高标准、更严要求，突出强调要以上率下、做"五个表率"，这是十八大以来，中共中央全面从严治党的最大亮点。四是从思想理论准备、组织准备、经济社会发展、意识形态和维护社会稳定五个方面，围绕中共十九大的召开部署党和国家各项工作。五是对统一战线的优势作用给予充分肯定，并提出明确要求，《中国共产党党内监督条例》第38条对发挥民主党派民主监督作用作出专门规定，要求各级党组织应当支持民主党派履行职能。

学习贯彻中共十八届六中全会精神，是我会当前和今后一个时期的重要政治任务。一方面，要把思想和行动统一到六中全会精神上来，统一到以习近平同志为核心的中共中央各项决策部署上来。各位中央委员要做到先学一步、多学一些、学深一层，并引导全会各级组织和广大会员巩固政治共识，深刻认识明确习近平总书记核心地位的重大意义，坚定"四个自信"，增强"四种意识"，特别是核心意识、看齐意识，巩固民进全会的道路认同、目标认同和价值认同，以及"为执政党助力、为国家尽责、为人民服务"的责任心和使命感。另一方面，要把学习贯彻中共十八届六中全会精神的成果体现到推动民进的各项工作上。深刻认识多党合作事业发展过程中民进自身发展和建设的规律，坚持执政党建设与参政党建设相互促进，从执政党全面加强党的建设的部署和要求中受到启发、汲取经验，结合参政党实际，抓好民进自身建设。

二、提高思想教育实效，推动学习实践活动不断深化

明年将要召开中共十九大，是意识形态领域问题多发易发的时期。政党制度、党外知识分子、非公经济、民族宗教和港澳台等，都是敌对势力渗透破坏的重点领域，意识形态斗争一直没有停息。上个月，按照宪法和香港基本法的规定，全国人大常委会依法行使职权，针对香港特别行政区不久前立法会选举及个别候任议员在宣誓时宣扬"港独"主张，侮辱国家、民族引发的问题，及时对基本法相关条文作出权威性解释，明确依法宣誓的有关含义和要求。此次释法，明确了分清大是大非的原则，达到了正本清源的作用。我们更要从中认识到，虽然我国意识形态领域总体形势是好的，但也很不平静的现实。作为中国特色社会主义参政党，思想教育工作绝不能有松口气、差不多的想法。加强对广大会员和所联系群众的思想引导，消除模糊认识，是思想宣传工作的责任。同时，要注意发挥会内代表人士专业水平高、社会影响大、身份相对超脱的特点，对一些社会热点问题作出客观理性的解读，敢于发声、正面发声，把中国的发展道路、发展理念、发展方式宣传好，不断发出正能量。

中共建党95周年时，习近平总书记以"不忘初心、继续前进"为主题，发表"七一"重要讲话。我们要把学习"七一"讲话与学习中共六中全会精神结合起来。中国共产党

以全心全意为人民服务为宗旨，为中国这艘巨轮指引航向，共产党的领导是人民的选择和历史的选择，领导中国特色社会主义事业的核心力量只能是中国共产党。六中全会提出全面从严治党就是中国共产党自我革命的勇气和历史担当，表现了马克思主义中国化的伟大创新。坚持中国共产党领导，也是民进创始人自觉的政治选择和政治嘱托，是民进的“初心”和优良传统，需要一代一代民进人继承。

今年以来，民进中央常委积极带头深入基层，和基层会员一起开展学习实践活动，这是十分必要的学习形式，是自身建设的有效方式。下一阶段将以“不忘合作初心，继续携手前进”专题教育，作为今明两年学习实践活动的重要内容和载体。希望中央常委和中央委员作出表率，把学习习近平总书记系列重要讲话以及学习中共党史、多党合作历史和民进的优良传统结合起来，学而思、思而行，积极撰写文章，深入地方、基层和学习实践活动联系点，指导和推动各级组织深入开展专题教育。各级组织要关心高校、科研机构的会员，新的社会阶层和非公有制经济会员以及青年会员的思想动态，完善工作载体、改进工作方式，做好解疑释惑、引导培养的工作，把他们的活力和创造力调动到履职中来。

三、做好换届工作，顺利实现政治交接

政治交接是多党合作事业薪火延续的需要。各级组织一定要统一思想，着眼全局，深刻领会换届工作的重要意义。对组织而言，换届是优化人才配置，改善班子结构，增强组织活力的重要契机；对各级领导干部而言，换届是工作能力和人生观的展现；对会员而言，通过参与政治生活、行使民主权利，可以加强党派意识，加强对组织的归属感和认同感。

希望在换届工作中，继承和发扬老一辈民进人立会为公的优良传统，坚持接受中国共产党领导的政治立场，进一步加强履职能力建设，总结经验，坚持和完善集智聚力机制，凝聚各类人才，无懈无滞地履行职能。进一步优化领导班子的界别结构、年龄结构、专兼职结构等，使班子更体现民进特色、整体素质优良、成员优势互补、团结合作。进一步强化代表人士队伍建设。研究和把握我会新一代代表人士的成长规律，从长计议、从早抓起，为更长远的人才积聚打好基础。

换届工作是一项政治性、政策性、程序性、时间性都很强的工作，各省级组织和领导班子要把规矩、纪律挺在前面，坚决抵制和严肃查处各种不正之风和非组织活动，确保政策的严肃性、选举的公正性和人选的群众基础，营造风清气正的政治生态；领导干部，即关键少数是受监督的重点，要结合参政党的实际情况，建立切实有效的内部监督机制，这是学习贯彻中共十八届六中全会精神，促进民进自身建设的应有之义。今年，震惊全国的辽宁人大拉票贿选案中，涉案的辽宁省人大代表中有 5 人是民进会员，其中一人还是民进的中央委员。这给我们警示：党纪国法是高压线，任何人都不得抱侥幸心理、不得触犯，民主党派不是法外之地。

四、认真履职，继续为经济社会发展作出贡献

我们是中国特色社会主义事业的参与者、建设者和维护者，始终坚持集智聚力工作方针，积极推进中央和地方之间、机关干部和专家会员之间、会员本职工作和党派工作之间、会内资源和会外资源之间、参政党各个职能之间以及专门工作机构发挥作用与会员广泛参与之间的“六个互动”，有效提升了全会的参政议政能力和工作水平。

在下一步的参政议政工作中，我们要按照习近平总书记提出的“四个坚持”（坚持用新发展理念统领发展全局，坚持把适应新常态、把握新常态、引领新常态作为贯穿发展全局和全过程的大逻辑，坚持把供给侧结构性改革作为经济发展和经济工作的主线，坚持以提高发展质量和效益为中心）和“四个着力”（着力解决制约发展的结构性、体制性矛盾和问题，着力调整优化经济结构、推进发展方式转变，着力推进创新驱动发展，着力推进新型工业化、信息化、城镇化、农业现代化同步发展）的部署要求，紧密围绕国家未来发展面临的一系列重大战略问题，解决发展中的难题、补上发展中的短板，确保如期实现全面建成小康社会的第一个百年奋斗目标；以及为谋划实现我国发展第二个百年奋斗目标，更好设计全面建成小康社会之后的发展目标和路径等，深入调查研究，发挥好各种议政建言平台或渠道的作用，积极提出意见建议。要鼓励和帮助新阶层会员、归国留学会员等群体积极参与国家建设。

开展脱贫攻坚民主监督，是中共中央赋予民主党派的一项新的任务，也是加强参政党民主监督能力的契机。中共十八届六中全会对支持民主党派履行民主监督职能提出新要求，我们感到了紧迫感和使命感。多党合作是中国特色政党制度的特点，围绕中心，同心同行，合力干大事，是这个制度最突出的优势。民进参与脱贫攻坚，是我们深入了解国情，了解中国基层民众的过程；是我们凝聚共识、磨炼履职能力的途径和平台。同时，我们也要认识到这项工作所面临的挑战：因为解决绝对贫困是一项艰巨而复杂的任务，长期的制度建设和短期的攻坚战役交织在一起，我们所面对的都是贫中之贫、困中之困，而贫困成因又是多方面的，越是在困难局面下越要保持理性思考，既要解决当前的贫困问题，也要考虑长远的机制建设。另一方面，开展脱贫攻坚民主监督没有现成的经验和可以照搬的案例，民主监督要与其他各种监督资源相互补充，就要提出真正可以起到监督作用的意见，要对人民负责、对历史负责。

要做好这项工作，首先要深刻理解参与脱贫攻坚的重大意义，要明确民主监督的定位和原则，我们的出发点和落脚点是推动中共中央决策部署的落实；同时要做中国特色社会主义制度优越性、中共中央政策和脱贫攻坚意义的宣传者；在民主监督的过程中，要从实际出发，坚持问题导向；并注意围绕当前重大改革举措、重要政策执行情况和“十三五”时期重要约束指标等进展情况，探索推动贯彻落实“统一战线工作条例”规定的10种民主监督形式的有效经验做法，加强理论研究，及时总结经验并上升到理性思考，达到参政党履职能力的不断提高。

现阶段社会服务工作的重心也是脱贫攻坚。要对我们可以掌握的资源进行统筹协调和合理配置，力争形成叠加效应；要加强联动机制的探索，一方面要加强与地方党委、政府和各种社会组织的合力，共同研究、协商合作；另一方面要加强民进中央、省级组织和各级组织的联动，找准自身优势与实际需求的契合点，提高社会服务工作实效。

形势的发展和任务的增多对参政党的要求越来越高，对参政党机关建设的要求也越来越高。为努力把机关工作提高到新水平，2017 年会中央已确定把机关建设工作作为工作主题，其中加强作风建设是重中之重，希望各省级组织提前部署，全会合力做好相关工作。

各位委员、各位同志：

希望大家会后及时向各级组织和全体会员传达会议精神。全会要进一步坚定政治立场，坚持有所作为，不忘合作初心，继续携手前进，为圆满完成明年的各项工作任务扎实工作，为实现全面建成小康社会宏伟目标作出积极贡献。

谢谢大家！

以两会为新起点　做好今年工作

——严隽琪同志在民进十三届十四次中常会上的讲话

全国两会的召开是又一年工作全面展开的标志，今年两会的重要议程是审议和批准“十三五”规划纲要，向全面建成小康社会的目标冲刺已经开始。民进中央常委要集中精力开好两会，发挥出应有的作用，会后还要宣传、落实好会议精神，以必胜的信念、扎实的努力，为国家作出新贡献。

一年之计在于春，不仅国家如此，民进也是如此。本届以来，随着国家政治协商力度的加强、步伐的加快，为了适应任务的需要，会中央也相应调整了工作节奏，今春已经开了几个重要的会议：一是元旦后的“主席务虚会”，就“怎么看世界、怎么看国情、怎么看民进、怎么看自己”进行谈心，“怎么看”必然带来“怎么干”的讨论，这是民进中央主席班子的学习谈心会；第二个会是春节后的“中央机关部门工作研讨会”，各部门负责人和在京的主席们集中对中央机关工作中的问题进行解剖，以问题为导向，对改进的方向和举措进行讨论研究，这是处于党派中央枢纽位置、负责贯彻实施会中央决策的一个方面的重要专职干部集中学习谈心会；元宵节期间会中央没有丝毫懈怠，召开了省级组织专职副主委工作会议。在年初这样紧凑地安排这三个会议，反映了会中央的战略思考。任何一个有活力的政党都需要有一批精英，特别是需要一批十分投入会务的精英，他们必须认识在前、谋划在前、干活在前。各位中常委在会中央领导集体中有重要位置，而且许多常委担任省级组织的一把手，或者是很有社会影响的代表人士，各位是民进能否学习贯彻好“两会”精神，能否凝心聚力做好全年工作的“关键少数”。前面的三个会议到今天的中常会，就反映了今年民进中央的开春之计。

下面，就形势和任务谈些意见。

一、看清形势大局

第一，看世界。国际形势离不开经济全球化的背景及其出现的新情况，世界多极化和国际关系民主化大势难以逆转，但争夺全球治理和国际规则制定主导权的较量十分激烈，形成更加公正合理的国际政治经济秩序依然任重道远。同时经济周期律是客观的存在，必须清醒地看到国际经济增长乏力、复苏进程艰难曲折及存在的不稳定、不确定因素，国际上贸易保护主义也有抬头，对我国经济的影响不可低估。我国经济与世界经济深度交融，相互依存日益加深。我们处于一个时代的大变局之中，大变局必然需要大格局，“一带一路”倡议的提出，设立亚投行等重大举措等，都是中国在新的历史条件下推进全方位开放、实现内外发展联动的战略部署。还要看到环境资源的压力日益严峻，开放发展、绿色发展是我们坚定不移的发展理念。

第二，看国情。这里有一个对于走向现代化的目标路径和阶段性分析的问题，其中必然有共性又有“特色”。我国从整体来说正处于由中等收入国家向高收入国家迈进阶段，国际经验表明，这个阶段是各种矛盾集中爆发的时期。2015 年和“十二五”期间的成绩来之不易，但困难和风险也一直如影随形。“十三五”时期，我国经济发展的显著特征就是进入新常态，经济面临较大的下行压力，但我们要从我国仍处于发展的重要战略机遇期的战略判断和“十三五”规划提出的宏伟发展目标中增强信心，从我国拥有巨大发展潜力、韧性和回旋余地，经济长期向好的基本面没有变的现实中增强信心，从中国特色社会主义制度的优越性中增强信心，提高全会对改革的共识度，把握好发展的平衡点，寻求公共治理的最大公约数，以新发展理念指导我们履行职能。

第三，看民进。民进是中国特色社会主义事业的参与者、建设者和维护者，一切伟大的事业都需要在承前启后、继往开来中推进，为了建设适应时代要求的高素质参政党，民进一直在进行理论思考和实践探索。去年全会隆重庆祝民进成立 70 周年，大力弘扬我会优良传统并彰显其时代价值，取得很好效果。如何开始书写民进第八个十年的历史，在座各位责任重大。

二、民进的两大使命

一是不断增进“三个认同”，为共同的事业凝聚人心和力量。开展坚持和发展中国特色社会主义学习实践活动，是民进加强思想建设的重要举措，是贯穿党派各项工作的主线。参政党存在的最大价值，或承担的政治使命就是增进共识、促进团结，使更多的人团结在中国共产党这个领导核心周围，团结在民进“三个认同”的目标下。参政党自身能力建设的一个重要方面就是体现在思想建设，能不能立场坚定，能不能具备晓之以理、动之以情、制之以规、因地因时因人制宜的思想工作本领。

2015 年，我们抓住领导干部这个“关键少数”，推动学习实践活动层层深入，激发了民进组织的内生活力。2016 年要坚持已有的、行之有效的做法和经验，把握好一致性和多样性的关系、思想性和实践性的关系、阶段性和长期性的关系，结合形势，把学习实践活动不断引向深入。学习实践活动既是自我教育，又能够影响他人，希望各位常委切实发挥示范带头作用，深学一层、先行一步，将中国特色社会主义信念融入履职实践。

会中央和省级组织要重视对学习实践活动中工作经验、成果和先进典型的宣传，通过各种媒体，特别是新媒体，释放学习实践活动的正能量。

今年会中央已确定11个市级组织作为学习实践活动领导小组成员第三批联系点，进一步扩大了联系点在省级组织的覆盖面，同时将联系点工作扩大至全体中央常委。请各位常委根据《民进2016年学习实践活动有关工作安排》和《第三批联系点工作方案》，认真做好联系点工作的“规定动作”，同时结合本人和当地实际开展“自选动作”，希望能至少参加一次以加强参政议政能力建设为主要内容的基层组织活动。各位常委要把了解基层会员对参政议政工作的想法、了解社情民意信息的线索作为重要内容，指导、推动学习实践活动进一步密切联系地方、基层和会员，形成上下联动、广大会员积极参与的良好局面。

二是为“十三五”规划履职尽责。今年是民进参政议政工作主题年，主要任务是加强参政议政能力建设。在党和国家“四个全面”的战略布局下，民主党派履行参政议政职能涉及社会发展的各个领域，我们面临着能力不足的挑战。参政议政能力非一日之功，非一人之能，至少应该包括四个方面：其一是把握方向的能力，立场观点决定建言献策的方向目标，需要我们对大局和形势有清醒的认识，对中国共产党的意志和主张有正确的理解，对有关的科学规律有深入的把握。其二是发现切入点的能力，这需要有发现真问题的敏锐眼光，需要有掌握历史缘由和现实约束的调研功夫，需要基于客观规律和实际许可做出取舍决断。其三是成果判断的能力，需要考虑建议是否正确和适时，是否有关键性和建设性，是否能避免“一叶障目”或“偏听偏信”，使建言成果提交在需要时、在点子上、在关键处。其四是资源开发和集成的能力，既要善于激发各方的积极性，又要善于保护激发出来的积极性，处理好中央和地方、专职和兼职、骨干会员和普通会员、会内和会外专家的关系，使履职的过程又是大团结的过程。

今年我们要围绕贯彻发展新理念，就供给侧结构性改革、促进经济社会平稳发展等重大问题，调动各方力量深入调研，用好政党协商等渠道建真言、谋良策、出实招；要支持广大会员积极参与实施“一带一路”倡议、京津冀协同发展、长江经济带建设等重大战略，投身“中国制造2025”和“互联网+”等行动计划，在本职岗位建功立业。

为脱贫攻坚建言出力，是民进服务“十三五”规划实施的重要方面。全面建成小康社会，农村贫困人口脱贫是突出的短板。脱贫攻坚是各级党政的中心任务，也是一个系统性的、涉及多个方面因素的题目，必须五位一体来考虑这个问题。这个题目各地都可以做文章。今年会中央的大调研课题就是针对“农村扶贫”，重点是“创新农村基层社会治理”和“职业教育助推农村贫困家庭脱贫”，建议各省结合社会服务工作和基层组织建设，各支部开展“我为扶贫攻坚建一言”活动，以实现参政议政各级的互动和成果共享。

三、加强代表人士队伍建设，做好换届工作

今明两年全会面临换届的繁重任务。换届不仅是人事调整，更重要的是政治交接，不仅要盯人头，更要抓人心。换届既能集中检验代表人士队伍建设的成效，也是进一步推进代表人士队伍建设的契机，要把换届作为发现人、培养人、使用人的过程。在去年的中央统战工作会议上，习近平总书记强调党外代表人士工作的重点是使用，关键是培

养。我想，党外干部的代表性，不是简单地、孤立地看行政级别和专业成就，还要看团结引领作用的发挥，看群众的认同。

各位常委都是一方面的代表人士，党外领导干部与中共领导干部都是党和国家的干部，守纪律、讲规矩没有例外。我们要努力做政治上的明白人，用廉洁自好的标准约束自己，把加强学习作为终身必修课，将看齐意识变为行动自觉。每当换届之时，不仅任务重，而且情况多。在座的都是关键人物，各位的表现将直接关系到我会换届工作能否进行得顺利与稳妥，希望加强组织观念，既努力工作又谨言慎行。并请及时将各地换届工作进展情况和存在问题报告会中央，在每一项换届任务结束后，立即做好总结，建好档案，因为“今天的工作就是明天的会史，今天的经验就是明天的基石”。对于省级组织换届工作，中央将出台有关指导《意见》。这里强调两点：一是思想建设要放在前面。换届中的种种表现就是思想建设的表现，就是修养和人品的表现。在座的除了加强自己的思想修养，还要做好别人的思想工作。二是纪律和程序要严肃。纪律和程序是树立正气的方式。什么叫非组织行为，就是不守纪律、不顾程序。有了纪律和程序，树正气就有了依据、各方协商就有了保障、在党管人才与党派自主自为之间就有了契合点。某种程度上，纪律和程序是给规规矩矩的正派人提供了护身符和尚方宝剑，因为纪律和程序是公开的、公平的，可以避免猜忌和误会。会中央建议将换届工作中是否遵守纪律、是否按程序作为今后两年会内监督的主要内容。

要注意放宽组织发展视野，既立足主界别、体制内，也要关注新的社会阶层人士、归国留学人员等新群体，有意识地建立起同他们的接触联系渠道。我理解阶层和领域是两个维度的划分，新阶层的形成原因不是因为领域的不同，而是因为所有制的变更、个人身份的变更、新业态的产生等等，与传统的领域划分是交错的。教育、文化、出版等传统领域中也有新阶层。目前民进会员中已有不少新阶层人士，我们要加强对新阶层人士在组织发展、会籍管理、思想教育、开展活动等方面的研究，要加强学习培训和实践锻炼等举措，并有针对性地安排他们参加党派活动，并支持他们干事创业。“双岗立功”是推进党派工作的有效手段，也是培养锻炼干部的重要规律，要引导鼓励大家都来成为中国特色社会主义事业的参与者、实践者和推动者。

还要向大家通报关于中央主席分工变动和中央机关人事变动的情况。一是民进十三届四中全会已审议通过《关于王佐书同志不再担任中央委员会副主席、常务委员、委员职务的决定》，民进中央专职副主席工作分工随之调整如下：刘新成副主席除原有分工不变外，再分管宣传部、民进中央教育委员会、出版和传媒委员会的工作，担任民进中央坚持和发展中国特色社会主义学习实践活动领导小组办公室主任、民进中央网站管理委员会主任、民主杂志社社长。二是王建国同志因年龄原因，自即日起不再担任民进中央副秘书长，但在本届任期内，仍将承担有关省级组织换届等工作。

再提出一个关于重视我会会员组织发展工作的问题。我会会员发展率和净增率在维持几年的稳定后，近两年下降较快，特别是去年会员发展率降到了4.3%，净增率降至3.9%，均为近8年来的最低。十大以来，这个问题可能强调得不够，更多的是强调发展质量，但对数量问题没有专题研究。质量和数量是一个辩证关系，互相依存，现在必须提上我们的研究议程。从目前中央组织部掌握的数据看，多数省级组织会员发展速度变缓，全会无法用足5%的发展率，会员较多的省级组织发展相对谨慎。以2015年的数据为例，各省级组织中，发展率不足4%的8个，其中5000人以上的省级组织3个；发展率超过5%的7个，均为人数不足5000人的省级组织。会员人数多少的分布，有其历史原因，也由参政党的性质决定，一般在大中城市里高中级知识分子中比较集中。但随着文化的普及和知识分子的增多，发展速度的减缓还是值得重视的。

另一个数据是我会大学以上文化程度的占比有所下降，2010年是70.3%，去年只有67.8%，考虑到大学教育在整个社会已经进入大众化阶段，这个反差尤令人吃惊，是否说明近年发展会员工作中，在文化程度高的代表人士中花的力气不够。现在还不能完全下结论，因为我们的分类统计工作仍需要改善，在专职副主委会上已经就恢复《组工信息》的措施和专职副主委们做过沟通，要使各级组织的变动情况能及时反映到会中央。组织信息系统也因为种种原因没有有效地工作。现在人员的流动性太大，各省级组织是否及时准确地掌握本省组织情况的变动呢？也需要检查。首先省级组织要全面掌握本省的情况，还要及时反映到中央来，中央又必须及时进行统计和分析。

再一个数据是关于会员结构组成的。教育界是我会的主界别之一，当然要保障一定的比例。但高等教育界的会员从2010年的13.5%下降到了2015年的13.1%，基础教育界下降得更快，由2010年的52.4%下降到了2015年的48.6%，需要我们高度重视。与此同时，新阶层会员的发展得到各省级组织重视，发展率由2010年的11.9%上升到了2015年的17.8%，增速特别快。结构问题值得探讨，如果说新阶层里也有老领域，那么我们的统计分类的方法该如何与时俱进？

以上是根据目前为止组织部能拿出来的数据和大家交交底，希望组织发展工作能引起高度的重视。发展工作，特别是发展高层次的代表人士入会，各级领导、主委、常委要积极做、亲自做，不能只是交任务，希望在座各位对高层次的、文化程度高的、影响大的代表人士多做工作。

去年是社会服务主题年，我会的社会服务工作从理念、举措、平台建设到社会影响都得到了很大的提升。今年是参政议政主题年，明年将是理论研究和机关建设主题年。理论研究工作具有全局性意义，没有理论支撑，晓之以理就会落空。机关建设这些年也取得了长足进步，但和形势的发展和任务比，对参政党机关人才、制度、纪律和作风等各方面要求越来越高。所以希望群策群力将这两方面工作进一步推进。

让我们共同努力，有思有行，集中精力继续开好两会，会后带头认真学习贯彻两会精神，共同推动民进工作再上新台阶，使民进第八个十年也开好局。

凝心聚力“十三五”

——严隽琪同志在民进十三届十五次中常会闭幕式上的讲话

本次常委会顺利完成了预定议程，对上半年工作做了回顾和交流，对下半年如何以学习实践活动为主线、继续开展参政议政主题年工作、社会服务和自身建设等有关议题，进行了比较深入的讨论。会议审议通过了民进中央关于2017年省级组织换届工作的意见、民进中央关于“十三五”时期参与统一战线聚力脱贫攻坚工作指导意见和民进中央参与安龙县2016年脱贫攻坚工作计划。

会议听取了范周教授做的关于“十三五”规划纲要中文化改革发展部分的专题报告。文化是民进的主界别，文化建设在国家“五位一体”建设中至为关键。面对社会快速发展的新局面和文化发展的新趋势，民进要进一步思考如何更好地履行参政党职能，服务国家文化事业发展。会议期间，中央监督委员会听取了部分常委对参政议政主题年工作的意见和建议。

一、做好换届工作

省级组织换届关系到多党合作事业的持续健康发展，关系到民进自身建设的质量。各省级组织的主要领导和班子成员，要高度重视、端正认识、精心谋划，要发扬民主、促进团结、树立正气、鼓舞精神，通过换届促进参政党建设。

本次常委会审议通过的民进中央关于2017年省级组织换届工作的意见，明确了换届工作的行动方针和基本遵循，民进省级组织换届工作正式拉开帷幕。希望各省级组织认真贯彻执行《意见》，在当地中共党委和统战部门的领导、协助下，在确保市级组织平稳换届的同时，及时启动好省级组织的换届工作，尽快成立各省民进换届工作领导小组，制定工作方案，搞好协商、统筹协调，研究解决换届中的问题。

为了保证换届工作顺利、平稳、规范、有序，根据中央统战部的部署，按照我会章程、组织制度和换届政策的要求，并吸取以往换届的经验，会中央组织部制作了省级组织换届工作流程图，将与《意见》一同印发各省级组织，希望各省级组织拿到后主动向当地统战部报告备案。要同心协力保障民主集中制的贯彻，在人选问题上通过内部充分酝酿形成班子集体意见，并加强三方沟通协商，确保政策的严肃性、选举的公正性和人选的群众基础，务要避免随意简化、变通甚至颠倒程序的情况发生。

希望使换届的过程成为深化政治交接，发扬优良传统的思想教育过程。充分把握换届的契机，深化学习实践活动，保持政治坚定和思想清醒，做到人事有变化，但多党合作的政治基础不动摇；形势有变化，但坚持中国共产党的领导、坚持民主团结求实、坚持立会为公的优良传统不能丢。

希望使换届的过程成为优化班子结构，推进队伍建设的过程。换届是检验我们代表人士队伍建设特别是后备干部队伍建设的成效。政治坚定、结构合理、团结合作、工作高效是班子建设的目标，必须坚持德才兼备、以德为先，代表性强、公认度高的选人标准，将优秀的代表人士充实到领导班子中。要优化班子的知识专业、工作阅历、年龄结构、专兼职的合理搭配。要将换届与后备干部队伍建设相结合，发现和推荐一批优秀人才，换届后及时补充调整后备队伍名单，形成人才动态管理机制。

希望使换届的过程成为会风建设和严肃纪律的过程。通过讲政治规矩、讲情、讲理、讲立德为先，引导正确价值取向，正确看待进退留转，正确处理个人与组织关系，力争把思想工作做细、做透、做实、做及时。要严格换届纪律，遵循教育在先、警示在先、预防在先原则，及时发现和纠正苗头性、倾向性问题，切实增强领导干部和广大会员的大局观念、法纪观念，确保换届工作平稳、规范、有序。同时，对换届工作的监督将作为今明年中央和省级监委会的工作重点，确保换届工作更加规范有效，在实践中推进会内监督机制建设。

希望使换届的过程成为提高工作能力和水平的过程。在做好人事有关工作的同时，要认真、全面地总结梳理过去五年或更长时间的工作，及时谋划今后五年的工作，使工作无懈无滞。

二、结合形势，深化学习实践活动

学习实践活动已进行两年有余，取得了重要的阶段性成果，激发了广大会员的参与热情，创新了思想教育的形式载体，巩固了多党合作的政治基础，促进了参政党作用的发挥。今年，会中央坚持已有的、行之有效的做法和经验，并结合形势大局把学习实践活动不断引向深入，进一步扩大了联系点在省级组织的覆盖面，并将联系点工作扩大至全体中央常委。半年来，各位常委切实发挥示范带头作用，深学一层、先行一步，推动学习实践活动进一步密切联系地方、基层和会员，全会上下联动、广大会员积极参与的良好局面有所发展。在下一步的学习实践活动中，要注意总结经验、发现问题、提高效果，促进思行结合。巩固共同思想政治基础既要学习理论、增加知识，又要有实践锻炼，有实事求是解决问题的科学精神。9月会中央将召开学习实践活动理论与实践研讨会，明年换届前，统战系统也将举行学习实践活动总结会，我们要及时在理性认识和典型案例上下功夫，使主线工作再向前推进一步。

学习实践活动不能脱离形势大局。经过30多年改革开放，中国与世界的关系发生重大变化，国际国内两个大局相互交织复杂多变。全面建成小康社会到了冲刺的关键阶段，在经济发展新常态下，我们会面对固有矛盾和新问题的两重挑战。“十三五”规划表现出整体性、系统性、协调性加强，而啃硬骨头多、打攻坚战多的特点。全面深化改革，要迎难而上，激发动力、让人民群众不断有获得感，这对国家治理体系和治理能力提出了新要求和高要求。作为中国特色社会主义参政党，民进要增强贯彻落实新发展理念的自觉性和自信心，切实加强共识，把全会的力量凝聚到“十三五”时期奋斗目标上来。

今年是中国共产党建党95周年，也是南京“下关事件”70周年，要以此为契机，弘扬民进坚持接受共产党领导的优良传统，加强多党合作历史阐释、理论解读、实践总结。

今年还是“文革”结束40周年，要坚持党对“文革”的政治结论，防范和抵制围绕“文革”问题来自“左”的和右的干扰，毫不动摇地坚持走中国特色社会主义道路。要在几个重要时间节点上（9月上中旬、10月上中旬等），切实增强把关意识，言论要以《关于建国以来党的若干历史问题的决议》精神为基本依据。认真学习领会习近平总书记在党的新闻舆论工作座谈会、网络安全和信息化工作座谈会上的重要讲话，密切关注民进的网络舆情、网络安全，加强宣传出版载体的管理，及时了解会员思想动态，加强分析研判，提早发现苗头性或倾向性问题，有针对性地做好引导疏导，建立突发事件的预警和处理机制。

三、加强履职能力，凝心聚力“十三五”

参政议政是今年的年度工作主题，刚刚闭幕的民进全国参政议政工作会议围绕加强参政议政能力建设“为什么？是什么？怎么做？”进行了研究和部署。会议开得很成功，会议纪要将下发，希望全会各级组织认真学习领会会议精神，将主题年工作引向深入，进一步坚定中国特色社会主义事业的参与者、建设者和维护者的定位，发挥集智聚力工作机制的作用，推进中央和地方、专职干部和兼职专家、会员本职工作和党派工作、会内资源和会外资源、参政党各个职能之间、专门工作机构与会员广泛参与的“六个互动”，进一步提升全会参政议政能力和工作水平。

前不久，中央统战部印发了《〈统一战线凝心聚力“十三五”行动实施方案〉的通知》。《通知》要求各级统战部门紧紧围绕协调推进“四个全面”战略布局，牢固树立和贯彻落实创新、协调、绿色、开放、共享的发展理念，整合统战部门、统战系统、统一战线成员的资源力量，为完成“十三五”规划各项任务、全面建成小康社会凝聚共识、凝聚智慧、凝聚力量。“十三五”的目标和任务，既为民进参政议政提供了广阔的空间和舞台，也对我们的参政议政能力提出了高要求。以我颇有感受的“企业走出去”为例，如果没有足够的相关知识、没有对国内外最新动态的及时了解、没有与企业的零距离接触，是很难建关键之言、献有效之策的。这些年民进建言献策取得了丰硕成果，但参政议政的资源还需要再扩大，成果质量还需要再提高，智库平台的机制还需要再探索，成果利用还需要再推动。

今年民进中央以“扎实推进农村扶贫供给侧改革”为年度调研题目，并在选择着力点和深入调研上很是下了功夫。5月我和富和同志分别带队，专职副主席全部参加，在湖南、广西开展了集中调研；其实去年大调研的结束几乎就开始了今年大调研的预调研，会中央领导直接带队的足迹达重庆、上海、云南、贵州、河南、江西等地；同时，发动了国家11个集中连片特殊困难地区涉及的19个民进省级组织自主开展调研；还有会外的特邀专家贡献了多年关注和深入调研的成果。通过调研，各地干部在脱贫攻坚中的干劲值得钦佩，已取得的成绩令人鼓舞，涌现的好经验值得总结推广。但调研也发现了不少关于机制、结构和体制的问题，会中央将向中共中央提供的调研报告中提出要把扶贫的阶段性任务与新农村建设的长远目标相结合、扶持和发展集体经济、破除扶贫政策落地的制度性障碍、发展中职教育助力扶贫攻坚等建议。会中央准备把大家一起努力而取得的调研成果及时提供给各省级组织共同分享。

中央统战部的《通知》中还明确提出，支持党外人士重点就“十三五”时期重大改革举措、重要政策贯彻执行情况和重要约束性指标等落实情况开展民主监督，尤其是就支持各民主党派开展脱贫攻坚民主监督专项工作提出了要求。在中央统战部的统一协调下，湖南被列为民进重点开展扶贫攻坚领域民主监督的对口省份。这体现了党和国家对参政党的高度信任，是落实民主监督职能的重大新举措，对中国的民主政治建设具有战略意义。会中央将及时与湖南省委统战部沟通，着力研究如何与湖南民进加强联动，将民主监督与参政议政工作相结合，将社情民意、社会服务与建言献策相结合，将专门工作班子与基层组织“我为扶贫攻坚建一言”相结合，使民主监督不仅能够为中共中央有关决策在湖南的“落地”提供监督意见，也可以为地方扶贫攻坚工作提供建议，这个过程必然是民进提升自身能力的过程。

社会服务要重点围绕脱贫攻坚开展，这是“十三五”时期我国经济社会发展的重点。本次中常会通过了民进中央关于“十三五”时期参与统一战线聚力脱贫攻坚工作指导意见和民进中央参与安龙县 2016 年脱贫攻坚工作计划，我们要积极尽力、因地制宜地贯彻落实。首先要提高思想认识，认识到这是共产党执政理念的体现、是多党合作政治制度优越性的体现；认识到是民进促进“三个认同”的实践平台，是民进优良传统的当代演绎，从而提升我们的政治责任感和社会责任感。同时要探索和不断改善工作机制，社会服务同样需要集智聚力、需要“六个联动”，需要实事求是的科学态度。

最后，强调一下要继续重视基层组织建设。基层组织是会员参加学习、开展活动、交流思想的基本阵地，是培养会员、发挥组织作用的基本单位。要继续按照会中央“2015—2017 年增强基层组织活力系列活动计划”，通过领导干部下基层参加支部生活、加大学习培训力度、开展主题支部生活，增强基层工作经验交流，加大对基层活动的指导与帮助，增强组织的凝聚力和学习效果。有了参与，有了贡献，才能有“获得感”。基层组织要发挥在后备干部发现培养中的人才库作用。

明年是机关建设主题年，从现在起，就要调研、谋划工作方案。

希望大家将本次中常会精神带回去，结合形势和当地情况，把学习实践活动继续推向深入，扎实做好民进各项工作，凝心聚力“十三五”。

学习六中全会精神，与党同心同行

——严隽琪同志在民进十三届十六次中常会议闭幕式上的讲话

本次中常会议在大家的共同努力下，完成了各项预定议程。本次会议的主题是学习贯彻中国共产党第十八届中央委员会第六次全体会议（以下简称“六中全会”）精神。会议听取了专题学习辅导报告；审议通过了民进中央关于学习贯彻中共十八届六中全会精神的通知、民进中央关于在全会开展“不忘合作初心，继续携手前进”专题教育的通知、民进中央2017年机关建设主题年工作方案；听取了民进中央2016年度专题调研情况和2017年度专题调研准备情况的报告、民进中央关于脱贫攻坚民主监督工作的情况报告。在交流发言中，大家认真履行常委责任，认真审议、提出建议，并交流了思想认识与工作经验。

现就民进如何继续走好同心同行之路，谈四点意见：

一、学习贯彻中共十八届六中全会精神

刚刚闭幕的中共十八届六中全会，明确了以习近平同志为党的领导集体核心，这是众望所归和推进中国特色社会主义伟大事业的需要，具有重要的历史意义。六中全会研究了全面从严治党的重大问题，其中两大重点，就是规范党内政治生活和加强党内监督。六中全会强调了领导干部、特别是高级领导干部，必须做出表率，从自身做起。六中全会对中共十九大的召开作出了部署。六中全会的成果中，还体现了对统一战线优势与作用的重视和强调。

作为参政党，民进首先要学习领会六中全会精神，这样才能和执政党的步调保持一致，巩固多党合作的政治思想基础，维护好党中央的领导权威，切实增强政治意识、大局意识、核心意识、看齐意识，促进民进全会的“三个认同”，同心才能同行。

前不久，习近平总书记作了“七一”重要讲话，我们要把学习“七一”讲话与学习中共六中全会精神结合起来，让我们能充分体会到中国共产党为什么如此坚强。中国共产党有全心全意为人民服务的执政宗旨，有百折不挠的政治信仰和精神力量，同时还有自我革命的历史担当。六中全会提出全面从严治党就是一种自我革命的勇气和历史担当，表现了马克思主义中国化的伟大创新。历史是最好的教科书，历史和现实都说明中国共产党是领导中国特色社会主义事业的坚强核心，坚持中国共产党领导，是中国近现代历史发展的必然结果，也是民进创始人自觉的政治选择和政治嘱托。“爱国、民主、团结、求实”是民进深入骨髓的优良传统，需要我们一代一代民进人继承，是民进的初心。

学习实践活动要把学习六中全会精神、学习“七一”讲话、学习习近平总书记系列重要讲话以及中共党史、多党合作历史和民进的优良传统结合起来。今年来，各位中央常委积极带头深入基层，和基层会员一起开展学习实践活动，这是十分必要的学习方式和十分必要的自身建设渠道。因为中央常委是民进中央领导集体成员，必须做出表率，必须讲政治，和会员们一起学习可以更好地巩固政治共识。而且中央常委一般都有重要的工作岗位，有一定的社会影响，需要“接地气”，不脱离会员和基层组织，见到中央的干部对基层会员来说也是很大的鼓励。大家把繁忙的工作安排好，克服了种种困难下基层，在此向大家表示感谢和慰问。我们要继续坚持行之有效的做法，开展好“不忘合作初心，继续携手前进”专题教育。

二、服务全面建成小康社会的大局，不断提高履职能力

要向执政党建诤言，做执政党的挚友，切实履行好参政议政、民主监督、政治协商各项职能，通过一代又一代民进人的努力，为完善中国特色社会主义政党制度，做出理论上和实践上的应有贡献。

我们过去的工作实现了中央与地方、专职和兼职人员、会员本职岗位和党派工作、会内和会外、参政党各个职能之间等六个方面的互动，使我们的能力和水平都有显著提升。“十三五”期间，我国经济发展进入新常态，结构性调整任务艰巨，坚持发展依然是第一要务。在新发展理念指导下，我们要为经济建设、为民生改善发挥好智库作用。民进要提高履职能力，服务大局，必须继续坚持“有思有行、集智聚力、顺势而为、开拓创新”的工作方针，坚持“立会为公”，对历史负责、对人民负责的责任心，并在判断大局形势、把握战略方向、确定调研重点、形成政策思路、丰富信息资源、挖掘内在规律等方面有新的突破。

开展脱贫攻坚民主监督，是中共中央赋予民主党派的一项新的历史任务，也是拓宽民主监督、做实民主监督的契机。脱贫攻坚已经到了啃硬骨头、攻城拔寨的冲刺阶段。解决绝对贫困是历史性问题，长期而复杂，我们所面对的都是贫中之贫、困中之困。而贫困成因又是多方面的，越是在困难局面下越要保持头脑的清醒，既要解决当前的贫困问题，也要考虑长远的机制建设。民进要深刻理解参与脱贫攻坚的重大意义，明确参政党民主监督的定位和原则，我们的出发点和落脚点是推动中共中央决策部署的落实。要从实际出发，坚持问题导向，主要围绕贫困人口精准识别、贫困人口精准脱贫、贫困县摘帽情况、落实贫困攻坚责任制情况、重大政策措施执行情况、扶贫资金项目管理使用情况等开展监督。在监督过程中一定要力戒形式主义，发扬求真简朴的作风。要通过民主监督，获得对国情的深刻认识，获得参政议政的题材，包括对如何进一步完善参政党民主监督机制，也可以提出相应的建议。

三、提高思想教育的实效

民进要始终保持政治坚定和思想清醒，思想工作绝不能有松口气、差不多的想法，并注意与中心工作相结合。

去年，中央统战部与各民主党派中央联合开展了党派成员思想状况调查，样本容量达到全体会员总量的5%，是民进近年来调查规模最大的一次。通过对调查问卷的分析，发现民主党派成员中有三方面值得关注：一是高校和科研院所中的党派成员知识层次较高，崇尚独立思考，民主意识较强；二是新的社会阶层人士与非公经济人士集中在体制外，专业能力突出，职业流动频繁，政治上约束力较少，思想比较开放、活跃、多元；三是青年成员对传统思想教育方式不感兴趣，甚至有些抵触，更乐意接受新媒体传播的信息，个人的诉求表达也更直截了当。所以，知道和了解会员的所思所想是思想工作取得实效的前提。

民主党派的特点决定了这三大群体是成员组成的大部分。他们在意识形态上往往有着特殊表现和特殊作用。高校科研机构是知识分子的聚集地，各级组织要关心其中的会员，对他们的思想动态做好分析研判，才能有针对性地释疑解惑，深化思想教育。新的社会阶层人士和非公经济人士，虽然不是民进的主界别，但近年来也不同程度地从中发展了一批会员，对此我们要做好数量和质量的评估，包括发展整体状况、加入民进后发挥作用情况、对代表人士队伍建设带来的影响等。在此基础上，进一步增强教育引导的针对性，如将他们纳入各级各类培训班次，帮助他们提高政治素质，同时提供更多参政议政、社会服务履职机会，帮助他们在实践中接受教育、提高觉悟。要进一步重视青年会员，中青年在全体会员中的比重不断提高，如何引导好、培养好这支队伍，是多党合作事业薪火相传的基础性、战略性工作。要积极探索对青年会员培养、锻炼的有效方式，完善载体、创新方式，把他们的活力和创造力调动到履职工作上来。

此外，未来几年与意识形态关联度较高的重要时间“节点”将密集到来，可以预见意识形态领域不可能风平浪静，更需要我们围绕中心、服务大局，发挥民主党派的特点，以人才优势、专业优势和身份优势，做好新形势下的意识形态工作，在意识形态领域积极正面发声。

四、以换届工作为抓手，进一步推进自身建设

一要严格遵守换届纪律和程序，营造风清气正的政治生态。特别是领导干部要以身作则，对广大会员做好教育引导，增强大局观念、法纪观念。坚持正确的价值取向，把换届的过程作为发扬民进优良传统的思想教育过程，引导相关会员正确看待进退留转，正确处理个人与组织关系，力争把思想工作做细、做透、做实、做及时。遵循教育在先、警示在先、预防在先的原则，及时发现和纠正苗头性、倾向性问题。按照我会章程、组织制度和换届政策的要求，规范和完善各项工作程序，特别是民主推荐、民主测评、人选考察、大会选举等关键程序，制定具体的工作流程，避免随意简化、变通甚至颠倒程序的情况发生。

二要明确责任，敢于担当。各位常委、各位省级组织主委要以高度的政治责任感，带头营造良好的换届环境。贯彻民主集中制，在人选问题上实行集体领导、民主决策，在民主程序的阶段，充分交流沟通、发表意见，一旦组织决定，个人要服从组织、严格执行。做好相关会员的思想政治工作，要加强换届政策和制度规定的专题学习，使相关会员能够领会精神、自觉遵守程序。总之要确保政策的严肃性、选举的公正性和人选的群众基础。

三要在人大、政协换届工作中自觉维护好民进的形象。大家不仅要做好会内换届工作，在人大、政协换届中也要坚持把政治纪律和政治规矩挺在前面，坚决杜绝任何形式的非组织行为干扰和破坏换届选举。

最近，中央通报了查处的辽宁拉票贿选案。在涉案的辽宁省人大代表中有 5 人是民进会员，其中一人是中央委员。中共辽宁省委已经通报了处理意见，辽宁民进的负责人已经分别与 5 人进行了谈话，进行了批评教育。对这次案件的处理充分体现了中共中央对拉票贿选“零容忍”的坚定决心。反思拉票贿选案，我们得出深刻的警示：党纪国法是高压线、警戒线，任何人都不得抱侥幸心理、不得触犯。

总之，换届工作是一项政治性、政策性、程序性、时间性都很强的工作，各省级组织和领导班子要高度重视，做到既有思想保障，又有组织保障，确保换届工作取得圆满成功。

学习贯彻六中全会精神，能够促进民进自身的建设，执政党建设和参政党建设相互促进是大家的共识，也是我们同心同行的必然要求。而参政党建设的一个重要方面是加强会内监督，一切权力必须受到监督，这是原则精神。关键少数和领导干部是受监督的

重点，这也是坚定不移的，一个也不能例外。结合参政党的实际情况，将外部监督和内部监督相结合，建立切实有效的监督制度，我们的探索在路上！

形势的发展和任务的增多，对参政党机关建设提出了更高的要求。会中央将 2017 年确定为机关建设主题年。本次会议已经通过了主题年工作方案，希望各省级组织提前部署，和会中央互动，做好相关工作。

请大家会后把精神带回去，结合形势和当地实际，做好今年各项工作的收尾，确保全年任务的完成，及早谋划明年工作。

关于召开中国民主促进会第十二次全国代表大会的决定

根据《中国民主促进会章程》规定，中国民主促进会第十三届中央委员会第五次全体会议决定：中国民主促进会第十二次全国代表大会定于 2017 年 12 月在北京举行。

中国民主促进会中央委员会
2016 年 12 月 23 日

中国民主促进会第十二次全国代表大会代表名额及代表产生办法

（2016 年 12 月 7 日民进十三届十七次中常会议审议通过）

根据《中国民主促进会章程》的有关规定，现制定《中国民主促进会第十二次全国代表大会代表名额及代表产生办法》。

一、代表的名额

中国民主促进会第十二次全国代表大会代表由各省级组织选举代表和中央提名代表组成，共 575 人。其中，各省级组织选举代表 495 人；中央提名代表 80 人。

二、代表的产生

省级组织选举代表由省级组织代表大会或代表会议选举产生，也可由省级组织的代表大会或代表会议授权新一届省级委员会选举产生。

中央提名代表由会中央主席会议研究决定。

三、代表的条件

中国民主促进会第十二次全国代表大会代表应具备以下条件：

1. 自觉接受中国共产党的领导，坚定走中国特色社会主义道路，深刻认同中国共产党领导的多党合作和政治协商制度，与中国共产党真诚合作。

2. 热爱多党合作和民进事业，遵守《中国民主促进会章程》，有一定参政议政能力，在本职工作中有一定代表性，在会员中有一定公认度。

3. 遵纪守法，为人正派，作风民主，团结同志，勤奋敬业，廉洁自律。

四、代表名额的分配原则

根据有关文件精神，民进十二大代表名额与十一大相比保持不变。省级组织选举代表名额与中央提名代表名额均与十一大相同。

民进省级组织十二大代表名额分配表见附件。

五、工作要求

各省级组织在酝酿代表候选人时，要充分发扬民主、加强沟通协商，并征求有关部门意见。要考虑界别分布，体现主界别特色；要兼顾地区平衡；要注意合理的年龄结构；要适当推选从事会务工作有突出成绩的专职干部；女会员应占一定比例。

六、列席人员

根据工作需要，中国民主促进会第十二次全国代表大会设列席人员若干人，其中 29 个省级组织各 1 人。

附件：民进省级组织十二大代表名额分配表

民进省级组织十二大代表名额分配表

（以省级组织代表名额多少为序）

省级组织	十一大代表名额	十二大代表名额
辽宁	34	34
江苏	32	32
上海	32	32
浙江	30	30
广东	30	30
北京	25	25
四川	18	18
陕西	18	18

续表

省级组织	十一大代表名额	十二大代表名额
黑龙江	17	17
河北	17	17
山西	17	17
湖南	17	17
湖北	17	17
天津	17	17
山东	13	13
吉林	13	13
福建	13	13
重庆	13	13
河南	13	13
安徽	13	13
云南	13	13
江西	13	13
广西	13	13
甘肃	13	13
贵州	10	10
海南	10	10
内蒙古	8	8
宁夏	8	8
新疆	8	8
总计	495	495

民进中央关于“十三五”时期
参与统一战线聚力脱贫攻坚工作指导意见

（民进十三届十五次中常会议审议通过）

根据2016年3月召开的统一战线聚力脱贫攻坚暨多党合作参与毕节试验区建设座谈会精神，为做好民进“十三五”时期参与统一战线聚力脱贫攻坚工作，提出如下意见。

一、指导思想

学习贯彻中共十八大和十八届三中、四中、五中全会，习近平总书记系列重要讲话精神，中央统战工作会议、中央扶贫开发工作会议精神和《中共中央国务院关于打赢脱贫攻坚战的决定》《国务院办公厅关于进一步动员社会各方面力量参与扶贫开发的意见》，贯彻孙春兰同志在统一战线聚力脱贫攻坚暨多党合作参与毕节试验区建设座谈会上的讲话精神，开展“坚持和发展中国特色社会主义学习实践活动”，坚持“有思有行、集智聚力、顺势而为、开拓创新”工作方针，打造“同心彩虹行动”品牌，引导各级组织和广大会员参与统一战线聚力脱贫攻坚工作。

二、工作原则

（一）政治性原则。民进参与脱贫攻坚工作要从坚持和完善中国共产党领导的多党合作和政治协商制度的大局出发，围绕党和国家中心工作，坚定地做中国特色社会主义事业的亲历者、实践者、维护者和捍卫者。

（二）公益性原则。民进参与脱贫攻坚工作要将社会效益放在第一位，不谋私利、不求回报，讲爱的奉献，秉持感恩情怀。通过参与脱贫攻坚，推动党派价值和自我价值的实现。

（三）组织性原则。民进参与脱贫攻坚工作必须强调民进作为参政党的组织性，充分发挥各级组织的引导与集成作用、会员的主动作用和机关的枢纽作用，提高工作的组织化程度。

（四）实效性原则。民进参与脱贫攻坚工作要把握大势，顺势而为，立足贫困地区实际和资源禀赋，发挥自身资源特点和优势，有针对性地开展工作，要有所为有所不为，量力而行，尽力而为，脚踏实地，务求实效。

三、工作内容

（一）定点帮扶。毕节市金沙县是中央统战部安排的民进中央对口帮扶县，黔西南州安龙县是国务院扶贫办安排的民进中央定点扶贫县，民进各省级组织也承担着本地的定点扶贫任务。民进各级组织要紧密结合中央统战部、地方党委政府的工作部署，把脱贫攻坚工作摆到重要位置，把中央确定的各项政策措施落到实处；继续推进“同心彩虹行动”项目的实施，加大对口县的教育帮扶力度，在做好教育培训的基础上，加大医疗帮扶力度，开展义诊和医卫人员培训工作。

（二）建言献策。组织经济、农业、科技、环境等方面的专家赴毕节试验区和黔西南州开展脱贫攻坚工作调研，围绕脱贫攻坚全面展开过程中的建档立卡、产业扶贫、教育扶贫、健康扶贫、异地搬迁、社会保障兜底等新情况新问题，开展调查研究，提出意见建议。

（三）推进项目。组织招商推介活动，鼓励和支持民进会员企业家赴毕节试验区和黔西南州通过开展产业扶贫、就业扶贫、公益扶贫参与当地经济社会建设。继续通过教育支持、产业扶持等方式参与西部贫困地区脱贫攻坚工作，为贫困地区经济社会发展贡献力量。

（四）民主监督。根据中共中央的统一安排，各民主党派中央分别对口 8 个中西部省区开展脱贫攻坚民主监督，民进中央对口湖南省。民主监督工作内容包括，贫困人口精准识别情况、贫困人口精准脱贫情况、贫困县摘帽情况、落实脱贫攻坚责任制情况、重大政策措施执行情况和扶贫资金项目管理使用情况；开展此次民主监督的方式有开展调查研究、提出意见建议、推荐专家学者参加专项评估和监督评估、加强日常联系、进行政策性宣讲。

四、工作机制

（一）加强上下联动和左右互动。会中央加强社会服务工作的顶层设计，对地方社会服务工作给予指导和支持，凝聚会中央与省市地方组织、基层组织的智慧，开展地方各级组织之间的交流与协作，激发各级组织和广大会员的工作热情。

（二）凝聚会内力量与会外资源。整合各级机关和工作平台的力量，发挥代表人物、专家学者与专职干部和广大会员的作用；积极协调国家部委、科研院所和高等院校等社会资源，凝聚力量共同参与脱贫攻坚工作。

（三）统筹长期规划和工作计划。脱贫攻坚工作面临的形势复杂多变，做好民进“十三五”时期参与统一战线聚力脱贫攻坚工作，既要有长期规划来指引，又要根据实际情况及时调整工作计划，将资金和项目放到能够发挥最大效益的地方，避免资源闲置和浪费。

五、工作保障

（一）提高认识。民进全会要深入学习领会习近平总书记的重要讲话精神，深化全会对民主党派参与脱贫攻坚工作重要意义的认识，增强各级组织和广大会员对中国特色社会主义的道路认同、理论认同和制度认同，引导全会深刻认识到扶贫开发既是一个经济问题、民生问题，更是一个政治问题、民心问题；把聚力脱贫攻坚作为一项重要政治任务，有效凝聚会内力量和会外资源，并适时召开民进聚力脱贫攻坚工作座谈会，交流工作经验，推动工作落实，为打赢扶贫攻坚这场硬仗提供有力支持。

（二）加强领导。成立民进中央脱贫攻坚工作领导小组，由常务副主席担任组长，分管副主席担任副组长，秘书长和机关部门负责人担任小组成员。社会服务部作为领导小组办公室，在领导小组指导下，负责执行领导小组的决定，策划、协调全会参与脱贫攻坚工作，研究拟订中长期规划和年度工作计划，负责领导小组会议的会务工作，组织开展考察调研，联系会内会外资源，定期进行督促检查。

（三）自身建设。鼓励全会各级组织和广大会员热心公益慈善事业，集小善为大善，共同参与脱贫攻坚工作，在会内营造“服务就在身边，人人可以参与”的工作氛围；把开展定点扶贫工作与培养锻炼干部结合起来，组建机关干部志愿者团队，深入定点帮扶地区开展扶贫调研、慈善捐助等社会实践活动；组织部会同办公厅和社会服务部选派机关优秀青年干部和优秀民进会员到安龙县和金沙县挂职，继续选派干部到安龙县坝盘村挂职第一书记。

（四）广泛联系。加强与中央统战部的工作联系，及时了解和贯彻中央有关聚力脱贫攻坚的政策措施；加强与国务院扶贫办的工作联系，及时反映民进参与脱贫攻坚的情况和成效；积极联系国家有关部委，了解掌握行业部门扶贫政策，争取项目支持；广泛联系高等院校和科研院所，引进智力支持；发挥各专委会、企联会、基金会和开明画院等工作平台作用，与各级组织形成工作合力，共同推进脱贫攻坚工作开展。

民进中央关于学习贯彻十二届全国人大四次会议和全国政协十二届四次会议精神的通知

民进各省、自治区、直辖市委员会：

十二届全国人大四次会议和全国政协十二届四次会议是在我国协调推进“五位一体”总体布局和“四个全面”战略布局、全面建成小康社会决胜阶段召开的重要会议。会议全面贯彻中共十八大和十八届三中、四中、五中全会精神，深入学习贯彻习近平总书记系列重要讲话精神，认真贯彻落实中共中央关于发展社会主义协商民主的重大战略部署，贯彻落实创新、协调、绿色、开放、共享的发展理念，围绕“十三五”规划纲要的制定和实施，共商国是，同绘蓝图，是一次团结鼓劲、振奋人心的盛会。民进赞成和拥护两会通过的各项决议和决定。

2016年是全面建成小康社会决胜阶段的开局之年，也是推进结构性改革的攻坚之年。学习贯彻两会精神，对于民进全会深化认识、积极服务改革发展稳定大局，落实民进十三届四中全会部署，扎实开展全年工作具有重要意义。全会各级组织要高度重视、精心组织，做好学习贯彻两会精神的各项工作。

一、围绕全面建成小康社会目标，统一思想，凝聚共识

“十二五”时期中国共产党团结带领全国各族人民顽强拼搏、开拓进取，取得了改革开放和社会主义现代化建设的新成就，充分显示了中国特色社会主义的巨大优越性和强大生命力。“十三五”时期是全面建成小康社会的决胜阶段，民进全会要深入学习两会精神，进一步认清形势、坚定信心，深刻把握我国发展面临的重大机遇和挑战，围绕全面建成小康社会目标，形成统一意志和步调，把思想和行动凝聚到中共中央决策部署上来，凝聚到服务“十三五”发展上来，为夺取全面建成小康社会决胜阶段的伟大胜利、开创中国特色社会主义事业新局面凝心聚力。

二、紧密围绕两会提出的目标和任务，切实履行参政党职能

“十三五”规划纲要明确提出了今后五年我国经济社会发展的指导思想、基本原则、目标要求、基本理念、重大举措，对指导今后五年我国经济社会持续健康发展意义重大。民进全会要紧密围绕落实两会提出的目标任务，着眼“十三五”时期发展，以参政议政工作主题年为契机，激发广大会员的主动性和创造活力，集智聚力，切实履行好中国特色社会主义参政党职能。努力把握经济发展新常态的大逻辑，就供给侧结构性改革、脱贫攻坚等经济社会发展的重大问题、全面深化改革的难点问题、推动创新创造的关键问题，深入调查研究，提出真知灼见。加强政党协商能力建设，充分发挥界别和专业优势，体现参政党的组织力量，努力在会协商、善议政上取得实效，切实担负起政党协商参加

者、实践者、推动者的政治责任。

三、深入开展坚持和发展中国特色社会主义学习实践活动，不断加强自身建设

深入开展坚持和发展中国特色社会主义学习实践活动，是民进加强思想建设的重要举措，是贯穿全会各项工作的主线。全会各级组织要把学习贯彻两会精神作为学习实践活动的重要内容，紧紧围绕坚持和发展中国特色社会主义的主题，适应“十三五”时期形势任务的变化，不断开拓创新，更加注重学习效果，推动学习实践活动不断取得新实效。要把参政议政主题年工作和学习实践活动主线有机融合，推动履职的实践过程成为促进理论学习、了解国情世情、增强“三个认同”的过程。要把传承和弘扬民进优良传统作为搞好政治交接的核心和重点，做好换届筹备工作，提高组织建设科学化水平，为中国特色社会主义参政党建设夯实组织基础。

民进中央号召全会各级组织和广大会员，更加紧密地团结在以习近平同志为总书记的中共中央周围，立足本职，扎实工作，团结奋进，开拓创新，为实现“两个一百年”奋斗目标和中华民族伟大复兴的中国梦而努力奋斗！

中国民主促进会中央委员会
2016 年 3 月 16 日

民进中央关于学习贯彻习近平总书记在庆祝中国共产党成立 95 周年大会上讲话的通知

民进各省、自治区、直辖市委员会：

7 月 1 日，习近平总书记在庆祝中国共产党成立 95 周年大会上发表重要讲话，全面回顾了中国共产党团结带领中国人民不懈奋斗的光辉历程，高度概括了中国共产党作出的历史贡献、实现的伟大飞跃，高度总结了 95 年历史昭示的规律和经验，内涵丰富，思想深邃，令人鼓舞，催人奋进，是一篇马克思主义的光辉文献，对当前和今后党和国家的各项工作具有重要指导意义。民进全会要充分认识习近平总书记“七一”重要讲话的重大意义，把学习贯彻讲话精神作为当前和今后一个时期的重要政治任务，高度重视，精心组织，密切联系实际，认真做好学习贯彻讲话精神的各项工作。

一、坚持接受中国共产党的领导，凝聚思想政治共识

中国特色社会主义最本质的特征是中国共产党领导，中国特色社会主义制度的最大优势是中国共产党领导。民进在长期实践中形成了坚持接受中国共产党领导的优良传统，这也是民进沿着正确道路前进的根本保证。全会要以庆祝中国共产党成立 95 周年为契机，将认真学习贯彻习近平总书记“七一”重要讲话精神作为深入开展坚持和发展中国特色社会主义学习实践活动的重要内容，作为深化政治交接的重要牵引，继承和弘扬民进优良传统，不忘初心、继续前进，更加坚定不移地坚持接受中国共产党的领导，增进中国特色社会主义道路自信、理论自信、制度自信和文化自信，巩固全会的道路认同、目标认同和价值认同，切实承担起作为中国特色社会主义事业亲历者、实践者、维护者、捍卫者的政治责任。

二、全面加强自身建设，在多党合作政治格局中发挥积极作用

党的建设贯穿中国共产党近百年奋进历程，中共十八大以来，以习近平同志为总书记的中共中央将全面从严治党纳入治国理政战略布局，不断把党的建设伟大工程推向前进。建设中国特色社会主义参政党，必须坚持执政党建设和参政党建设相互促进，必须认真学习借鉴执政党建设的宝贵经验，学习中国共产党加强党建的决心和创新精神，认真研究参政党建设规律，不断加强思想、组织、作风和制度建设。各级领导班子要切实增强政治意识、大局意识、核心意识、看齐意识，不断提高政治把握能力、参政议政能力、组织领导能力、合作共事能力、解决自身问题能力。全会要以换届工作为契机，优化班子结构，推进队伍建设；严肃会内纪律，加强会风建设；提高工作能力和水平，推进全会整体素质，在多党合作政治格局中发挥积极作用。

三、切实履行参政党职能，为全面建成小康社会贡献力量

发展是解决中国所有问题的关键。面对中国经济发展进入新常态、世界经济发展进入转型期、世界科技发展酝酿新突破的发展格局，全会要认真贯彻落实创新、协调、绿色、开放、共享的新发展理念，坚持“有思有行、集智聚力、顺势而为、开拓创新”的工作方针，紧密围绕协调推进“五位一体”总体布局和“四个全面”战略布局，切实履行好中国特色社会主义参政党职能。大力加强参政议政能力建设，积极为转变经济发展方式、调整经济发展结构、提高发展质量和效益、推进供给侧结构性改革、脱贫攻坚等重大问题和关键问题献计出力，继续保持和发挥教育文化出版领域的特色和优势，深入调查研究，提出真知灼见。积极参加中国共产党领导的政治协商，进一步提高政治协商的能力和水平。

民进中央号召全会各级组织和广大会员，更加紧密地团结在以习近平同志为总书记的中共中央周围，高举中国特色社会主义伟大旗帜，坚定信念，凝心聚力，团结奋进，接力奋斗，为全面建成小康社会、实现中华民族伟大复兴的中国梦作出新的更大贡献！

中国民主促进会中央委员会
2016 年 7 月 13 日

民进中央关于学习贯彻中共十八届六中全会精神的通知

民进各省、自治区、直辖市委员会：

中共十八届六中全会是在全面深化改革、决胜全面小康的关键时刻召开的一次重要会议。会议专题研究全面从严治党重大问题，审议通过了《关于新形势下党内政治生活的若干准则》和《中国共产党党内监督条例》，将“四个全面”战略布局更加系统地提升到新的高度。认真学习贯彻中共十八届六中全会精神是民进当前和今后一个时期的重要政治任务，全会各级组织要高度重视、精心组织，做好学习贯彻会议精神的各项工作。

一、充分认识中共十八届六中全会的重大意义，进一步巩固共同思想政治基础

中共十八届六中全会系统总结近年来尤其是中共十八大以来全面从严治党的理论和实践，就新形势下加强党的建设作出新的重大部署，充分体现了中共中央坚定不移推进全面从严治党的坚强决心和历史担当。会议审议通过的准则和条例实现了党内政治生活和党内监督制度化、规范化、程序化，为推进全面从严治党、提高党的创造力凝聚力战斗力提供了更加有力的制度保障。民进全会要充分认识中共十八届六中全会的重大意义，深刻把握精神实质，将学习贯彻中共十八届六中全会精神与学习贯彻中共十八大，十八届三中、四中、五中全会精神和习近平总书记系列重要讲话精神结合起来，与民进工作实际结合起来，认真领会新形势下加强中国特色社会主义参政党建设的重要性和紧迫性，认真学习中共十八届六中全会对全面从严治党的新思想、新举措和新要求，更加坚定不移地接受中国共产党的领导，在思想、政治、行动上同以习近平同志为核心的中共中央保持高度一致，不断增强中国特色社会主义道路、理论、制度和文化自信，增进全会的道路、目标、价值认同，巩固共同思想政治基础。

二、深入学习借鉴执政党建设经验，提高民进自身建设水平

中共十八大以来，以习近平同志为核心的中共中央坚定推进全面从严治党，坚持思想建党和制度建党紧密结合，开辟了党的建设新境界，中共十八届六中全会进一步加强党的制度建设，书写了党的建设新篇章。民进全会要坚持执政党建设和参政党建设相互促进，认真学习借鉴执政党建设的宝贵经验，研究参政党建设的内在规律，以改革创新精神不断加强自身建设。各级领导班子成员要带头贯彻民主集中制，规范会内组织生活，强化组织观念，切实增强政治意识、大局意识、核心意识、看齐意识，不断提高政治把握能力、参政议政能力、组织领导能力、合作共事能力和解决自身问题能力。民进全会要将学习中共十八届六中全会精神作为深入开展坚持和发展中国特色社会主义学习实践活动的重要内容，引领“不忘合作初心，继续携手前进”专题教育，加强理想信念纪律，加强会内监督，发扬会内民主，推进会风建设；加强人才队伍建设，提升全会整体素质，

进一步保持民主党派的进步性和广泛性。

三、切实履行职能，为全面建成小康社会作出积极贡献

全面从严治党体现了伟大工程与伟大事业的统一，体现了党的建设与治国理政的统一，引领中华民族伟大复兴迈向新征程。民进全会要紧密围绕统筹推进“五位一体”总体布局和协调推进“四个全面”战略布局，贯彻落实创新、协调、绿色、开放、共享的新发展理念，切实履行参政党职能，在坚持和发展中国特色社会主义制度、推进国家治理体系和治理能力现代化进程中作出积极贡献。坚持“有思有行、集智聚力、顺势而为、开拓创新”的工作方针，发挥民进特色和优势，增强建言献策科学性实效性。完善集智聚力体制机制、大力加强参政议政能力建设，围绕脱贫攻坚等重大改革举措、重要政策贯彻执行情况，积极履行民主监督职能，不断提高政治协商能力和水平，切实承担起中国特色社会主义事业亲历者、实践者、维护者和捍卫者的历史责任。

民进中央号召全会各级组织和广大会员，更加紧密地团结在以习近平同志为核心的中共中央周围，高举中国特色社会主义伟大旗帜，坚定理想信念，凝聚思想共识，齐心协力，奋发进取，为实现“两个一百年”奋斗目标、实现中华民族伟大复兴的中国梦作出新的更大贡献!

中国民主促进会中央委员会
2016 年 11 月 2 日

民进中央关于在全会开展
“不忘合作初心，继续携手前进”专题教育的通知

民进各省、自治区、直辖市委员会：

按照中央统战部的统一部署，为学习贯彻中共十八届六中全会精神，进一步深入学习习近平总书记“七一”重要讲话精神，民进中央决定即日起在全会开展“不忘合作初心，继续携手前进”专题教育，作为学习实践活动的重要内容。全会各级组织要高度重视，精心组织，密切结合实际，推动学习实践活动不断深化开展，巩固多党合作思想共识。

一、深入学习，增强多党合作思想共识

深入学习中共十八大和十八届三中、四中、五中、六中全会精神，习近平总书记系列重要讲话和中央统战工作会议精神，深入学习中共党史、多党合作历史和民进会史、优良传统等，将学习作为各级各类会议、培训、活动的重要内容，在思想、政治、行动上同以习近平同志为核心的中共中央保持高度一致，不断增进中国特色社会主义道路、

理论、制度和文化自信，巩固全会的道路、目标、价值认同。

落实各项学习制度，发挥各级组织领导班子和中心学习组的示范带头作用。各级学习实践活动领导小组成员要积极撰写学习文章和体会，深入地方、基层和学习实践活动联系点，指导和推动各级组织深入开展专题教育。

加强对民进优良传统的总结弘扬和历史资料的挖掘整理，推进对多党合作历史、多党合作理论的宣传研究，通过生动实例和理论成果引导广大会员深刻认识坚持接受中国共产党的领导是民进事业持续健康发展的精神支柱和动力源泉，始终不忘跟着中国共产党走才是在正道上行的合作初心，继续在中国特色社会主义道路上携手前进。

二、加强思想政治工作，提高工作实效

加强会员的思想政治工作，及时准确把握会员思想动态和工作情况，坚持问题导向，不断提高工作实效。增强教育引导的针对性，重视对高校、科研机构会员，新的社会阶层和非公有制经济会员，青年会员的思想引导。

发挥民进特色，做好意识形态工作，把握今明两年与意识形态关联度较高的重要时间节点，有计划、有组织地引导会员尤其是代表人士正面发声、踊跃发声。加强规范管理，进一步提高运用网络新媒体的水平，确保安全、可控，积极传播正能量。

发挥先进典型的示范引领作用，继续开展“我身边的先进”宣讲活动，发现、树立和宣传先进集体和会员，大力宣传他们在经济社会发展、参与多党合作事业、履行参政党职能中作出的积极贡献，激励广大会员“双岗建功”。

三、深化政治交接，全面加强自身建设

认真学习中共十八届六中全会精神，领会中国共产党全面加强党的建设的部署和要求，学习中国共产党加强党建的决心和创新精神，进一步推动自身建设。遵守换届工作程序，严肃换届纪律，充分发挥会内监督机制作用，确保换届平稳有序、风清气正，使换届的过程真正成为深化政治交接、发扬优良传统的思想教育过程。

各级领导班子要切实增强政治意识、大局意识、核心意识和看齐意识，进一步加强领导班子建设，不断优化结构、提升工作能力，提高政治把握能力、参政议政能力、组织领导能力、合作共事能力、解决自身问题能力。

按照建设“阳光、高效、规范、和谐”高素质参政党机关的要求，以作风建设为重点，扎实推进机关建设，不断提高机关工作质量和服务水平，为建设适应时代要求的高素质中国特色社会主义参政党、巩固发展多党合作事业提供坚强保障。

四、结合履职实践，推动思想认识的深化

围绕“五位一体”总体布局和“四个全面”战略布局，着眼“十三五”时期的经济社会发展，认真履行参政议政、民主监督、参加中国共产党领导的政治协商的基本职能。围绕经济社会发展重要问题以及人民群众普遍关心的主要问题开展调查研究和脱贫攻坚民主监督等工作。完善集智聚力体制机制，不断提高协商能力和水平，在履行职能的过程中，进一步激发全会为执政党助力、为国家尽责、为人民服务的责任心和使命感。

坚持政治性、公益性、组织性、实效性原则，发挥优势，统筹兼顾，推进和谐社会建设，体现参政党的社会责任，引导广大会员把参与社会服务的实践过程作为认识国情、了解社会、体验民生的过程，作为认同政治制度、增强参政党意识、体现人生价值的过程。

全会各级组织要紧扣“不忘合作初心，继续携手前进”主题，通过开展专题教育，激励广大会员在弘扬优良传统中凝聚思想共识，在加强思想交流中深化思想共识，在参与社会实践中巩固思想共识，为实现“两个一百年”奋斗目标、实现中华民族伟大复兴的中国梦贡献力量！

中国民主促进会中央委员会
2016 年 11 月 2 日

民进中央关于 2017 年省级组织换届工作的意见

根据《中国民主促进会章程》和《各民主党派中央关于做好省级组织换届工作座谈会纪要》，我会各省级组织将于 2017 年 6 月 30 日以前完成换届。为保证换届工作平稳有序进行，现就做好省级组织换届工作提出以下意见。

一、指导思想

高举中国特色社会主义伟大旗帜，全面贯彻中共十八大和十八届三中、四中、五中全会精神，以马克思列宁主义、毛泽东思想、邓小平理论、“三个代表”重要思想、科学发展观为指导，深入学习贯彻习近平总书记系列重要讲话精神，以《中国民主促进会章程》为依据，深化政治交接，增进政治共识，加强中国特色社会主义参政党建设，推进中国共产党领导的多党合作事业健康发展。

二、工作原则

（一）坚持完善和发展中国特色社会主义政党制度

引导广大会员深刻认识我国政党制度的历史必然性和巨大优越性，深刻认识这一制度是我国政治格局稳定的重要保证，自觉做中国特色社会主义亲历者、实践者、维护者、捍卫者，不断增强中国特色社会主义道路自信、理论自信、制度自信。

（二）坚持深化政治交接

把继承和弘扬多党合作优良传统贯穿换届工作全过程，深化坚持和发展中国特色社会主义学习实践活动，引导广大会员坚定理想信念，自觉践行社会主义核心价值观，在新老交替中增进共识、凝聚力量，夯实共同思想政治基础。

（三）坚持正确用人导向

坚持德才兼备、以德为先的选人用人导向，把政治标准放在首要位置，真正把信念坚定、敢于担当、业绩突出、群众认同的代表人士选拔到领导岗位上来，防止选人用人失察、“带病提拔”。

（四）坚持优化领导班子结构

着眼参政党能力建设和增强班子整体功能，优化班子结构和年龄梯次，综合考虑人选的代表性、界别特色和领导能力、专业特长、个性特点、专兼职搭配等因素，形成班子成员团结协作和优势互补，切实提高政治把握能力、参政议政能力、组织领导能力、合作共事能力、解决自身问题能力。注意选拔政治素质高、代表性强、社会影响好的民进会员担任省级组织主委。

（五）坚持健全机制、规范程序

建立健全择优选拔、能上能下的正常进退机制。贯彻民主集中制原则，严格遵循各项工作程序，确保换届的严肃性、选举的公正性和人选的群众基础。

三、具体政策

（一）领导班子职数和领导机构规模

省级组织领导班子职数、常务委员会和委员会规模原则上不超过上届。

省级组织领导班子、常务委员会和委员会具体组成要充分体现民进特色，专家学者、有行政管理经验的领导干部、会务工作者应各占适当比例。保持合理的年龄、知识、专业和性别结构。

（二）领导班子成员的任职年龄界限和提名年龄界限

任职年龄界限。主委的任职年龄界限为 66 岁，兼职副主委为 64 岁。与公务员管理有关规定相衔接，专职副主委一般年满 60 岁离任。

提名年龄界限。主委 64 岁以上（即 1954 年 1 月 1 日前出生）的，兼职副主委 62 岁以上（即 1956 年 1 月 1 日前出生）的，一般不再继续提名。

新提名省级组织主委和副主委，原则上要能干满一届（即新提名主委应在 1956 年 12 月 31 日后出生，新提名副主委应在 1958 年 12 月 31 日后出生）。

（三）任期制

依据《中国民主促进会章程》第四十八条的规定：“本会各级领导干部，无论是选举产生的，或是由组织任命的，均实行任期制，在同一职务上连选连任一般不超过两届，特殊情况不超过三届”，继续实行任期制。对因实行任期制离任、但符合继续提名年龄的领导班子成员，应从实际出发，统筹资源，妥善安排。

（四）候选人提名条件

省级组织领导班子成员候选人应具备以下条件：

1. 有良好的政治素质和品德修养。坚持中国共产党领导，坚定走中国特色社会主义道路，与中国共产党真诚合作；能够正确处理个人和组织的关系；坚持原则，为人正派，作风民主，团结同志；善于做会员的思想引导工作。

2. 热爱多党合作事业和民进工作，深刻认同中国共产党领导的多党合作和政治协商制度。遵守《中国民主促进会章程》，具有较强的履职能力。

3. 在本领域本行业和本职岗位业绩突出，贡献较大，具有良好的社会形象和一定影响力、知名度。

4. 在我会组织中有相当的代表性，在会员和所联系群众中有较高威信，能够发挥引领带动作用。

5. 遵纪守法，清正廉洁，严格要求自己，模范遵守廉洁自律各项规定。

（五）不宜提名的情况

属于下列情形之一者不宜提名：

1. 本人已获得外国国籍或定居国（境）外的；

2. 拟任主委、专职副主委，配偶已移居国（境）外，或没有配偶但子女均已移居国（境）外的；

3. 受到组织处理或纪律处分影响使用的；

4. 无正当理由不参加民进组织生活和工作一年以上的；

5. 因健康原因，无法正常履行工作职责一年以上的；

6. 情况发生变化，不再有代表性的；

7. 本人主动要求不再提名的；

8. 已办理退休手续或一年内即将退休的；

9. 因其他因素不宜提名的。

民进领导班子成员和工商联（商会）领导班子成员不交叉任职。

（六）代表大会代表的产生和选举办法

省级组织代表大会代表由选举代表和提名代表组成。选举代表一般由下一级组织的代表大会选举产生，也可由下一级组织的代表大会或代表会议授权新一届的委员会选举产生。提名代表包括新一届领导班子人选、省级组织机关部门负责人、部分老同志及有关专家学者。代表名额一般不超过上届规模。

选举省级组织委员会委员，可采用等额或者差额选举的办法。

四、工作要求

（一）加强领导

各省级组织要坚持党管干部的原则，紧密依靠当地中共党委的领导。贯彻落实中央统战工作会议精神和《中国共产党统一战线工作条例（试行）》，成立换届领导小组，制定换届工作方案，落实领导责任，认真研究换届工作中的问题，高度重视主要领导岗位人选的物色培养和选配。要准确把握会员的思想动态和心理预期，做好深入细致的思想政治工作，尤其是重点人员的工作，引导他们自觉服从组织安排，正确对待个人进退，确保换届工作平稳顺利。

（二）统筹协调

各省级组织要切实履行职责，加强对换届中的难点、重点问题的研究，搞好同有关部门的协调；换届人事安排要与人大、政协换届工作相衔接，与《公务员法》和国家干部人事制度改革相适应；要加强代表人士的培养锻炼，做好统筹谋划，积极为他们补经历、搭台阶，选好干部、配好班子。

（三）发扬民主

将民主协商贯穿于换届工作的全过程，对有关人事安排和各项准备工作，要同有关方面充分交换意见，做到协商在人事方案形成之前；在人事酝酿、推荐、协商、考察、选举等各个环节，要充分发扬民主，使换届人事安排具有良好的民意基础。

（四）严格程序

要按照《中国民主促进会章程》有关规定、组织制度和工作流程完善各项工作程序，特别是针对民主推荐、沟通协商、人选考察、确定人事方案等关键环节制定具体的工作流程。各省级组织换届工作方案和换届领导小组成员名单，新一届领导班子职数、领导机构规模，领导班子和领导机构候选人，秘书长人选，须报会中央批准；选举结果须报会中央批复。

（五）严肃纪律

严格遵守干部工作原则和组织人事纪律，毫不松懈地正风肃纪，营造风清气正的换届环境。加强换届政策和纪律的学习宣传，注重发挥会内监督机制的作用，坚持教育在先、警示在先、预防在先，增强会员遵守换届纪律的自觉性。严肃组织人事纪律，严禁违背组织决定搞阳奉阴违、团团伙伙等行为，严禁各类拉票贿选、跑官要官、传播虚假信息、搞人身攻击等非组织活动，严禁买官卖官、以权谋私、跑风漏气、弄虚作假、说情打招呼等违规违纪行为，对查实的问题要严肃处理。

民进中央2017年机关建设主题年工作方案

（民进十三届十六次中常会议审议通过）

根据年度工作计划安排，民进中央将2017年确定为机关建设工作主题年（以下简称“主题年”）。为进一步加强我会机关建设，增强机关服务意识，提升机关工作质量和工作水平，特制定本方案。

一、指导思想

坚持以中国特色社会主义理论体系为指导，认真学习贯彻中共十八大，十八届三中、四中、五中、六中全会精神和习近平总书记系列重要讲话精神，深入领会严隽琪主席关于加强我会机关建设的讲话精神，全面落实民进十一大和民进十三届五中全会提出的工作任务，坚持“有思有行、集智聚力、顺势而为、开拓创新”的工作方针，按照“阳光、高效、规范、和谐”的要求，以坚持和发展中国特色社会主义学习实践活动为主线，扎实推进机关作风建设、制度建设、能力建设和文化建设，进一步增强服务意识，提升服务水平，不断提高机关工作质量和实效，为更好履行参政党职能、加强参政党自身建设提供坚强保障。

二、工作目标

我国民主政治进程的加快和多党合作事业的发展，对我会机关建设提出了新的更高要求。民进党要把加强机关建设作为建设适应时代要求的高素质参政党的重要抓手，紧紧围绕多党合作事业大局和我会中心工作，坚持以作风建设促严谨，以制度建设促规范，以能力建设促高效，以文化建设促和谐，与时俱进、开拓创新、扎实工作，切实推动我会机关建设再上新台阶。

（一）加强作风建设，提升服务意识和服务水平

机关作风不仅体现着机关的形象，而且关系到组织的影响力、凝聚力和社会声誉。要把加强作风建设作为主题年工作的重中之重，坚持树正气，接地气，切实增强机关干部的大局意识、合作意识、服务意识、枢纽意识、责任意识和纪律意识，做到接受任务不推诿、执行任务不讲困难、完成任务追求圆满；按照“严”与“实”要求，大兴与时俱进、开拓创新之风，大兴求真务实、真抓实干之风，大兴艰苦朴素、勤俭节约之风，密切联系各级组织和广大会员，推动机关工作更加细致严谨。

（二）加强制度建设，推进机关工作的制度化、规范化和程序化

健全的规章制度是机关工作有序、高效运转的重要保障。要本着于法周延、于事简便的原则，认真检查机关现行制度的执行情况和机关部门职能、岗位职责的落实情况，根据工作需要不断完善机关各项制度。在制度建设中注意顶层设计与机关干部和会员参与的有机结合，增强制度的针对性和操作性。树立“红线”意识，严抓制度执行，使机关干部形成敬畏制度、遵守制度、按制度办事的习惯。加强对制度执行的监督，发挥会内监督在机关建设中的作用，坚持用制度管人、管权、管事，推动机关各项工作阳光、规范、有序开展。

（三）加强能力建设，打造高素质机关干部队伍

机关干部是我会人才队伍的重要组成部分，是开展我会各项工作的重要依托，机关建设的成效取决于能否培养造就一支政治坚定、业务精通、务实创新、作风过硬的机关干部队伍。要大力加强学习型机关建设，树立终身学习、团队学习、创新学习、学以致用的理念，坚持以问题为导向，在推进工作创新的同时，提高机关干部学习研究能力、思考问题能力、谋划执行能力和创新工作能力。坚持以人为本理念，健全人才培养、使用机制，优化干部队伍结构，推动机关整体工作能力和服务水平的不断提升。各级组织和领导干部要关注、关心、爱护机关干部，倾听机关干部心声，做机关干部的知心人、热心人、引路人，为他们排忧解难，形成激励机制，为机关干部成长和发挥作用创造必要条件。

（四）加强文化建设，增强机关凝聚力和向心力

机关文化集中体现了机关的共同价值取向和整体精神面貌，是机关建设的灵魂。要把“不忘合作初心、继续携手前进”专题教育贯穿机关文化建设全过程，树立和巩固共同的理想信念、目标方向和价值追求，引导广大机关干部把本职岗位的工作成效与我国政治文明的发展、民进事业的发展结合起来，坚定不移地坚持和完善我国的政党制度，维护多党合作的政治格局，打牢机关团结合作的思想基础；弘扬民进的优良传统，提倡老实做人、担当做事、团结共事，倡导具有民进特色、引领机关发展、与时俱进积极向上的机关文化，确立与履行参政党职能相适应的机关文化观念和道德规范，形成团结和谐、积极向上、作风正派、务实高效的机关氛围，不断增强机关的凝聚力和向心力。

三、主要工作

机关建设是我会组织建设的重要组成部分。要围绕机关建设主题年工作，突出主题、把握重点，着力在推进作风建设、加强干部培训、创新工作方式方法、营造工作氛围等方面下功夫，推动主题年工作持续深入开展。

（一）深入调研，广泛了解情况

围绕主题年工作，有计划、分步骤，利用各种形式、通过不同渠道开展调研，摸清家底、发现问题、总结经验，使调研的过程成为了解情况、解决问题、推动工作的过程。既要走出去，也要请进来，学习借鉴中央有关部门和兄弟党派机关建设的经验，努力提高机关办文办会办事的水平和质量。

（二）研究部署工作

适时召开民进全国机关建设工作会议，总结民进十一大以来加强机关建设的经验，表彰先进集体和个人，研究部署新形势下如何进一步加强机关建设工作。同时，鼓励召开各片区机关建设工作会议，加强交流研讨，推动工作。

（三）加强干部培训

注重理论学习和交流研讨，完善机关学习交流研讨的各种制度；注重能力培训，为机关干部提高素质、增长才干提供平台；注重实践锻炼，继续选派干部挂职锻炼，探索会内机关干部交流的新途径。会中央将适时举办民进省级、副省级及省会城市组织专职副主委、秘书长和办公室主任培训班。同时，鼓励支持省级组织结合工作实际，开展各种形式的培训，进一步增强机关干部的思想水平和业务素质，促进机关整体工作水平的提高。

（四）创新工作方式方法

进一步加强机关信息化建设，在资产管理信息化、数据备份容灾、文件共享存储、

设备更新升级、档案数字化以及安全防护软硬件设施等方面加大投入力度；加强信息资源平台建设，为进一步提高参政议政网上平台和组织会员管理系统的使用效能提供技术保障；充分发挥现代视频会议技术的优势，创新工作方式方法。

（五）营造工作氛围

面向全会机关专职干部开展“不忘初心，我与民进共成长”主题征文，通过述说所见、所闻、所感，反映几十年来民进机关建设的历程与成果，抒发机关干部的自豪感以及对组织的深厚感情，征文成果结集印发。在民进网站、手机客户端、微信公众号等开展“我为机关建设建一言献一策”活动，加强机关干部之间的交流互动，增强组织凝聚力；通过专题、特别策划报道等，加强对我会机关建设先进经验、先进典型的宣传。

四、工作要求

做好机关建设主题年工作，要加强组织领导，及时总结经验，着力解决问题，确保取得实实在在的工作成效。

（一）加强领导，确保工作落实

加强对机关建设主题年工作的组织领导，主席办公会议、机关部门负责人会议要及时听取和研究机关建设工作情况，及时部署和督促机关建设工作。全会各级地方组织要结合本地情况，作出部署安排，形成广泛动员、上下联动的工作格局。

（二）及时总结，学习借鉴先进经验

要认真总结机关建设中的先进经验和做法，通过广泛宣传和组织交流、研讨等手段，为各级组织相互学习借鉴提供平台，鼓励机关之间通过多种形式，加强横向或纵向的交流互动，共同进步。

（三）立足实际，取得工作实效

根据新的形势任务，努力推进机关建设的体制机制、思路举措、方式方法的创新。结合机关建设实际情况，突出重点，着力解决存在的困难和问题，以机关建设的实效推动我会履行职能和自身建设取得新的进步。

各省级组织可参考本方案的要求，制定适合本地机关建设实际的实施方案。

民进中央 2016 年工作要点

为了贯彻落实民进十一大和十三届四中全会部署的各项任务，提出民进中央 2016 年工作要点如下：

一、推动学习实践活动取得新实效，夯实多党合作的思想政治基础

1. 加强政治理论学习。学习贯彻中共十八大和十八届三中、四中、五中全会精神，习近平总书记系列重要讲话精神以及中央统战工作会议和《中国共产党统一战线工作条例（试行）》精神。领导班子成员和中心学习组带头学习，通过举办报告会、座谈会，刊发署名文章、心得体会等形式，指导和推动全会的政治理论学习。

2. 把学习实践活动不断引向深入。印发学习实践活动2016年工作安排；扎实推进学习实践活动第三批联系点工作，扩大联系点在省级组织的覆盖面，同时将联系点工作扩大至全体中央常委；以推荐和协助邀请宣讲报告人等形式，继续支持和鼓励省级组织开展宣讲活动；8月召开学习实践活动研讨会。

3. 推动理论和会史研究工作。通过开展课题招标、举办研讨会等形式，围绕主题、主线开展应用理论研究，为自身建设和履行职能提供理论支持；收集民进老一辈会员故事，征集关于地市级组织成立的相关口述会史资料，编印《口述会史资料集》、民进会史人物小传系列之《梅达君》等书籍；6月举办全国理论研究干部培训班。

4. 做好新闻宣传工作。密切与主流媒体和重点新闻网站的联系与合作，结合重大主题和年度重点工作做好宣传报道；推出民进网站手机版和民进网站微信公众号；进一步办好《民主》杂志，着重加强宣传队伍建设和重点栏目建设；7月举办全国宣传干部培训班。

二、做好换届筹备工作，提高组织建设科学化水平

1. 加强人才队伍建设。分别召开民办教育、科技、新阶层、文化艺术界小范围、高层次座谈会，加强与代表人士联系；有重点、有针对性地做好组织发展工作；扎实推动组织管理系统的使用，提高组织工作信息化水平。3月召开省级组织专职副主委工作会议、举办全国骨干会员培训班，5月举办全国中青年会员培训班。

2. 启动换届筹备工作。加强对市县级组织换届工作的联系与指导；制定《民进中央关于2017年省级组织换届工作的意见》，指导省级组织换届；9月举办全国组织部（处）长工作研讨班，就换届工作进行培训和交流；建立健全会中央和省级组织后备干部和骨干队伍名单，为换届工作做好准备。

3. 加强基层组织建设。坚持领导班子成员下基层制度，加强对基层组织的帮助和指导；鼓励和支持基层组织开展“我为全面建成小康社会建一言献一策”或“我为扶贫建一言献一策”活动。8月举办全国基层组织负责人培训班，对各省份偏远地区的部分基层组织负责人进行培训；编印《民进全国基层组织建设案例选编》《支部主任》。

4. 有序开展会内监督。探索建立中央—省级组织监督委员会联系机制，7月召开省级组织会内监督工作交流会；结合年度工作主题，支持中央监督委员会对参政议政、换届工作提出意见建议；继续推动未成立监委会的省级组织成立监委会。

三、以参政议政为年度工作主题，提升履职能力

1. 召开全国工作会议。5月召开全国参政议政工作会议，围绕学习实践活动主线，以

提高参政议政能力建设为重点，总结民进十一大以来的宝贵经验，研究新形势下开展参政议政工作的内在规律，表彰先进，部署工作。

2. 统筹做好议政建言。重点围绕“十三五”规划开局之年的中心任务，服务大局，努力做好党外人士座谈会、“两高”座谈会，以及全国政协大会、常委会、专题会和双周协商座谈会等各类会议民进中央发言与党派提案的高层协商工作，不断提高议政建言水平。

3. 深入开展重点调研。围绕全面建成小康社会中的农村扶贫难点问题，4 月开始年度大调研；就“一带一路”倡议、教育领域综合改革、生态文明建设、长江经济带建设、公共文化服务建设、社会治理能力等方面集智聚力开展重点调研。

4. 上下协作举办活动。加强民进中央与地方组织的联动协作，共同办好 6 月的长江保护与发展论坛、8 月的全国社情民意信息员培训班、9 月的中国教师发展论坛、12 月的基础教育改革座谈会以及贯穿全年的议政建言专题会和务虚会。

四、贯彻落实民进全国社会服务工作会议精神，巩固主题年成果

1. 务实开展支边扶贫工作。加强“同心 · 彩虹行动”品牌建设，继续推进包括贵州毕节试验区、黔西南州安龙县在内的西部地区和新疆等少数民族地区的帮扶工作；以“同心助学”项目为重点，鼓励和支持地方组织开展对口帮扶金沙县的工作；7 月举办“同心 · 彩虹行动”骨干教师暑期培训班，8 月举办新疆中小学校长培训班。

2. 着力开展微公益活动。以温暖民心、增进和谐为工作主调，践行“服务就在身边，人人可以参与”的理念，倡导各级组织成立志愿者服务队伍，鼓励会员为社会多做贡献；1 月继续开展“春联万家”活动，举办省级组织社会服务工作视频会议；开展调研工作，挖掘典型、总结做法、形成经验。

3. 发挥社会服务平台作用。进一步提高开明慈善基金会专业化、社会化管理水平，加强专项基金的监督和管理，探索民主党派特有的公益慈善模式；完善画院机制建设，支持各地画院开展采风和文化交流活动；积极服务民进新阶层会员，4 月举办民办教育工作研讨会，9 月举办全国企业界会员培训班，10 月召开企业家联谊会联席会议。

五、做好海外联谊工作，服务祖国和平统一大业

1. 通过交流研讨增进共识。5 月举办海峡两岸中华传统文化与现代化研讨会、海峡两岸诗酒文化节，7 月举办海峡两岸暨港澳地区基础教育交流活动，参与主办第二届“两岸学者共话 · 世界史”论坛、第二届“两岸学者共话 · 社会学”论坛，以文化和教育为纽带增进台湾、香港和澳门同胞对祖国大陆的了解和对“一个中国”的认同。

2. 加强同台湾有关社会组织和团体的交流交往。做好台湾民意代表团等来访团体的接待工作，改进形式、提升内涵，进一步增进互信、推进合作；12 月组织参访团赴台交流。

3. 将海外联谊与参政议政相结合。通过多种渠道为推动两岸关系和平发展、香港澳门长期繁荣稳定建言献策，为中共中央决策和相关部门完善措施提供参考。

六、提高服务水平和工作效率，建设高素质参政党机关

1. 优化服务效能。以“三严三实”专题教育活动为抓手，改进工作作风，强化服务大局、服务会员、服务基层的工作宗旨；认真筹备中全会、中常会、主席（办公）会等各类重要会议活动；完善规章制度，不断优化工作机制和流程；做好应用系统的升级完善、整合优化工作，9月举办全国信息化系统培训班。

2. 提升干部素质。利用开明论坛、周学习日、在线学习等平台，引导督促机关干部加强学习；继续开展公务员招录、轮岗交流、挂职锻炼工作，完善干部选拔任用机制，优化干部队伍结构，提升干部素质和能力。2月召开机关部门工作研讨会，4月召开机关处长工作研讨会。

3. 营造和谐氛围。完成机关办公楼空调消防电气等维修改造工程，创建优美的办公环境；增进人文关怀，充分发挥机关行政及各个团体组织的作用，形成心齐、气顺、风正、劲足的和谐局面；加强调研，做好2017年机关建设主题年的前期工作。

中国农工民主党

中国农工民主党第十五届中央常务委员会 2016 年工作要点

（2015 年 12 月 14 日中国农工民主党第十五届中央常务委员会第十二次会议审议通过）

2016 年是“十三五”开局之年，全党工作指导思想和总体要求是：高举中国特色社会主义伟大旗帜，认真学习贯彻中共十八大和十八届三中、四中、五中全会精神，以邓小平理论、“三个代表”重要思想、科学发展观为指导，深入学习贯彻习近平总书记系列重要讲话精神，坚持以协调推进“四个全面”战略布局为统领，以推进健康中国和美丽中国建设为主线，以制定实施“十三五”规划纲要为重点，积极履行参政党职能，努力加强自身建设，为全面建成小康社会献计出力。

一、认真学习贯彻中共十八届五中全会精神

1. 认真学习五中全会精神。要把认真学习贯彻中共十八届五中全会精神作为重要政治任务抓紧抓实，与深入学习贯彻中共中央统战工作会议、《中国共产党统一战线工作条例（试行）》和《关于加强政党协商的实施意见》精神相结合，与坚持和发展中国特色社会主义学习实践活动相结合，把思想和行动统一到中共中央决策部署上来。

2. 为制定实施“十三五”规划纲要作贡献。以医药卫生、人口资源、生态环境等领域为重点，找准着力点和突破口，积极为制定“十三五”规划纲要建言献策。全国两会后，要关注“十三五”规划纲要实施的重点难点问题，深入调研、提出建议。

二、深入开展学习实践活动，夯实共同思想政治基础

1. 践行社会主义核心价值观。以俞正声同志重要讲话精神为指导，深入推进学习实践活动。开展征集评选培育和践行社会主义核心价值观的先进组织和榜样人物双百活动，组织巡回宣讲，加大宣传力度，开展专题调研和交流活动。

2. 提升宣传思想工作水平。主动抓好意识形态工作，认真研究带有倾向性、苗头性问题，积极通过主流媒体、网络新媒体和我党党刊等正面发声。加强门户网站、微信公众号建设，做好《前进论坛》改革。

3. 做好党史工作。落实《中国农工民主党中央关于进一步加强党史工作的意见》，强化工作保障。编写农工党 85 年大事记、农工党简史、地方组织发展史等史料。继续收集整理“口述党史”“党史人物”资料。加强革命活动史迹保护，做好江西、湖南、江苏、四川等地的党史教育基地建设。

4. 加强理论研究。组织好中央理论学习中心组活动。开展理论征文。编辑出版《理论研究参考》《理论研究优秀论文选》。指导理论研究点开展工作。

三、围绕国家战略重点，履行参政党职能出新成绩

1. 参与政治协商。认真学习领会《关于加强政党协商的实施意见》精神，围绕国家经济形势、政府工作报告、“十三五”规划等重要议题，充分调动各方力量，着力提高议政建言能力和水平，增强政治协商的科学性和实效性。

2. 提高政协提案、大会发言质量。认真做好提案工作，打造精品提案，提高重点提案数量和质量。做好政协大会、议政性常委会、相关主题的专题协商会和双周协商座谈会发言，提高建言水平。

3. 开展重大课题调研。认真做好“三医联动，推动公立医院改革”“土壤污染防治与土壤资源保护利用”大考察，关注国家新能源发展、人口变化、京津冀协同发展、“一带一路”倡议实施、界河国土流失治理等问题，积极开展调研，及时向中共中央、国务院建言献策。落实我党中央与黑龙江、重庆、河北等地合作协议，为促进区域经济社会发展做贡献。

4. 做好反映社情民意信息工作。完善信息网络平台，开展舆情分析。建立重点信息研讨机制，加强与全国政协信息局、中央专委会以及各级组织合作。加强专家骨干、信息员队伍建设，推进信息数量质量双提升。

5. 建立健全参与政党协商和参政议政工作机制。深刻理解把握政党协商的定位、内容、程序和保障机制，充分发挥“直通车”作用，进一步增强政党协商的实效性。建立政策理论研究与参政议政协同工作机制，完善与全国政协教科文卫体委员会、社会和法制委员会工作联系机制，建立与中国社会科学院、中国人民大学智库合作工作机制，充分发挥专委会、地方组织作用，形成协同推进、高效有序的工作格局。

6. 加强民主监督。认真学习领会《条例》中关于民主党派履行民主监督职能的新精神，通过多种形式、利用多个平台、多种渠道，切实加强和改进民主监督。

四、集中力量，突出重点，社会服务工作重实效

1. 服务“一带一路”倡议。探索形成党派、政府、公益组织和企业协同合作的社会服务新模式。推进“助闽增福工程”，在福建全省实施“医疗服务能力提升工程”。协调推动国家级“一带一路”平台建设。继续开展巴基斯坦等国家的医护人员培训项目。

2. 推进毕节试验区建设。推进“同心助医工程”，助力精准扶贫。帮扶毕节农工同心职业技术学校建设，推动东部地区与大方县开展学校共建。建设大方县医联体，打造县级医院重点科室，推进卫生信息化建设。

3. 提升品牌和项目影响力。办好“中国环境与健康宣传周”“国际科学与和平周”“中

国生态健康论坛”。实施“中医同行计划”，举办第三届“中医科学大会”，开展“杏林春雨”活动，发放中医适宜技术手册。加强“同心全科医生特岗人才基金”建设。实施武陵山片区“同心圆工程·健康新农村”项目。开展“百县清洁饮水改造工程”。

五、深入实施人才强党战略，开创组织建设新局面

1. 重点抓好领导班子建设。充分发挥各级领导班子作用，加强对重大问题的研究、规划和部署。落实领导班子成员分工联系制度，推动领导班子成员联系地方组织、专委会工作取得实效。

2. 做好地市级组织换届。省级组织要加强对地市级组织换届的领导，选好配强新一届领导班子，实现新老交替，搞好政治交接，为省级组织和中央换届奠定坚实基础。坚持党管干部原则，发挥主观能动性，提前谋划，做好省级组织换届的前期准备。

3. 推进地方和基层组织建设。地方组织之间要加强联系沟通，搭建区域性组织交流平台。举办副省级城市工作联席会，探索较大城市组织开展联谊活动。加大对基层组织的指导力度，通过优化组织设置、健全工作制度、创新活动方式等，加强基层组织建设。推广创建星级支部等活动，增强基层组织活力。

4. 加强人才队伍建设。按照分级分类原则开展培训。推荐党员参加挂职锻炼和轮岗交流、担任特约人员。加大人口资源、生态环境领域人才发展力度，优化结构，要重视发展主体界别领域的留学人员、新媒体中的代表性人士。在保持主体界别优势基础上，着力发展一批社会科学、经济金融和法律界人士。

5. 加强党内监督。以落实谈心会制度为抓手强化党内监督，中央派员列席省级组织领导班子谈心会、述职和民主评议。开展监督工作调研，召开交流研讨会。积极运用新媒体，加强党风廉政建设宣传教育力度，开展主题为“践行‘三严三实’，加强作风建设”的教育活动，做到警钟长鸣。推动实现省级组织内部监督机构全覆盖。

六、加强专委会工作和机关工作，增强支持保障能力

1. 充分发挥专委会作用。专委会要深入开展调研，探索建立跨专委会的专题工作小组，真正发挥好“专家库”和“智囊团”作用。继续开展“两岸学生走访名医名家交流活动”，举办健康产业发展研讨会。

2. 全面提升机关效能。注重工作的全局性和协同性，统筹开展参政议政和社会服务工作，整体推进思想建设和组织建设。整合部门工作会议，统筹召开全国工作会议。统筹开展各类业务培训。统筹做好各类表彰工作。推进绿色节约型机关建设。

3. 加强制度建设。坚持问题导向，建立适合民主党派自身特点、促进工作运行规范化和科学化的制度体系，健全工作机制。践行“三严三实”，狠抓工作落实，建立工作督办和反馈机制。

中国农工民主党第十五届中央监督委员会 2016 年工作报告

（2016 年 12 月 1 日中国农工民主党第十五届中央委员会第五次全体会议通过）

2016 年，中央监督委员会在我党中央领导下，学习贯彻中共十八大和十八届三中、四中、五中、六中全会精神，贯彻落实中央统战工作会议精神和《统一战线工作条例（试行）》，按照农工党十五届四中全会和十五届中央监督委员会第四次全体会议部署，围绕自身建设中心任务，认真履行党内监督职责，进一步健全党内监督机构、理顺工作机制、切实推动省级领导班子谈心会的开展、加强理论研究和党内监督宣传教育，积极稳妥推进各项工作，不断把党内监督工作落到实处。各省级组织和省级监督委员会积极配合中央工作部署，发挥优势，联系实际，创新思路，巩固成效，取得了可喜的成绩。下面从今年工作总结和明年工作思路两个方面报告工作。

一、一年来的工作开展情况

（一）着力加强全党作风建设。为推动全党学习践行“三严三实”、不断加强作风建设，中央下发了《中国农工民主党中央监督委员会关于开展践行“三严三实”、加强作风建设工作的意见》。这是农工党党内监督工作从实际出发、借鉴执政党有益经验的积极尝试。按照文件部署，为加强学习教育，中央监督委员会一方面把党章、民主作风、廉政意识等作为常设培训内容，另一方面将“三严三实”和作风建设专题宣讲活动与“培育和践行社会主义核心价值观百场宣讲”活动相结合，在深圳和大连由我党中央主办的“走进基层、贴近党员，培育和践行社会主义核心价值观”百场主题宣讲报告会中，加入了廉政教育的宣讲。百场主题宣讲团成员、浙江省杭州市余杭总支的廉政故事宣讲员，以讲故事的方式分别作《廉政教育系列故事·赝画真情》与《廉政教育系列故事·打虎出龙》的宣讲报告，把廉政教育与大家喜闻乐见的故事形式相结合，寓教于乐，具有鲜明特色和较好的教育效果。

（二）严格纪律保障换届工作。在我党新一轮换届工作中，为严肃换届纪律，严格换届程序，做好思想引导，确保换届工作健康平稳有序进行，中央监督委员会下发了《关于严肃换届纪律保证换届风清气正的通知》。督促各级干部认真学习党章及换届选举工作的政策和规定，增强组织观念，严格遵守政治纪律和组织人事纪律，坚决抵制不正之风，坚决杜绝违纪违法行为，同时也要充分发扬民主，广泛听取各方面的意见，坚持民主集中制的原则，在人选问题上实行集体领导、民主决策，通过内部充分酝酿形成班子集体意见。在目前正在进行的市级组织换届中，各省级监督委员会认真履行监督职责，采取有效方式，督察纪律程序，维护团结民主，为保障换届顺利进行发挥了积极作用。

（三）深入开展工作调研和交流。加强地方走访调研，是了解掌握领导班子履职情况、收集反映各级组织和党员意见建议、了解和指导地方监督工作的重要方式。中央监督委员会分别赴山东、四川、浙江等地开展监督工作调研，深入了解一手情况。为推动加强领导班子建设和省级组织领导班子谈心会制度的贯彻落实，中央监督委员会列席参加了河南、山东、辽宁等部分省级组织的领导班子谈心会、领导班子述职和民主评议会、省级监督委员会会议等。对尚未开展谈心会工作的省级组织，中央监督委员会主动沟通，积极推动工作开展。同时，认真总结谈心会工作经验，对如何开好谈心会、发挥谈心会制度实效有了进一步认识。加强工作培训和工作交流，是提高监督工作水平的有效举措。中央监督委员会在大连召开了2016年农工党党内监督工作培训班暨工作交流研讨会，刘晓峰主任出席会议并作开班报告，中共中央党校教授、中央监督委员会委员等专家学者分别就中共党内监督工作、中共党风廉政建设等做了专题讲座。与会人员围绕如何做好新形势下的党内监督工作、如何发挥监督委员会的职能作用等方面，进行了深入学习研讨。各省级监督委员会也不断加强纵横向交流互动，相互了解情况和学习借鉴，共同提高监督工作水平。为促进上下工作信息交流，中央监督委员会办公室编印了三期《党内监督工作信息》，初步建立了监督信息交流机制。

（四）认真做好监督基础工作。一是推动成立地方监督机构。省级监督委员会是党内监督结构体系的重要组成部分，也是开展党内监督工作的重要载体，起着承上启下的作用。今年黑龙江、青海相继成立了监督委员会，全国省级监督委员会的数量达到29个，即将实现省级全覆盖。随着监督工作的深入，各省级组织积极探索地市级组织监督工作，推动部分条件成熟的地市级组织成立监督委员会。目前江苏、浙江、湖南、广东等地成立了10多个地市级监督委员会。二是开展党内监督理论研究。中央监督委员会在京召开了农工党内部监督理论研讨座谈会，邀请中央党校、中国人民大学、清华大学等机构的专家学者、中央统战部有关同志及部分中央监督委员会委员参加。会议对民主党派内部监督的性质特点、存在问题、方法措施等进行了认真交流，提出了一些很好的意见建议。各省级监督委员会也通过多种方式不断加强监督理论研究，进一步深化了工作认识，总结了工作方法，厘清了工作思路。三是做好制度修订完善工作。以2017年中央换届为契机，中央监督委员会启动了党内监督条例和党章中党内监督条款的修订工作，下发了在全党征求意见的通知，在全国分片召开的党章修改、组织发展及党内监督工作座谈会上听取了各级组织和党员的建议意见，为做好修订工作奠定了基础。中央监督委员会还启动了党内纪律处分办法的起草工作，党内纪律处分办法将为实施纪律监督提供准则和依据。

（五）党员违纪处理和受理举报信件。据不完全统计，今年全党有3名党员因在本单位担任领导职务期间，有违反财经纪律、收受礼金、非法集资等涉及违法违纪行为被有关部门处理，被我党开除党籍。中央监督委员会办公室在中央机关选拔任用干部、职工分房以及重大项目的资金使用过程中，全程进行了监督。办公室还收到了一些反映干部情况的信件，本着对同志负责任的态度，按照职能范围对举报内容做了认真核查。

一年来，中央监督委员会始终坚持正确的政治方向和职责定位，坚持发挥党内监督重要作用，坚持不断建立健全党内监督机制。我们认为，面对大统战的新形势新任务，我党党内监督工作不能可有可无，不能做面子工程，而要着眼于建设中国特色社会主义参政党大局，高度重视，深入开展，做到中央和地方联动，从不断完善党内监督机制和不断提高自身监督水平着手，科学谋划、营造环境、认真实施，切实把监督工作做稳做实。首先要科学谋划党内监督工作。在对监督工作有较全面认识的基础上，做好工作的整体谋划：既注重做好需要长期坚持的基础性工作，也注重做好当前的重点工作。既注重学习和工作交流，也注重实践和监督实效。既注重积极稳妥做好各项常规工作，也注重循序渐进开展创新性工作。其次要营造党内监督的良好环境。从进一步改善内部环境入手，不断营造活跃、规范、充满正能量的党内监督工作气氛：既注重监督意识培养，使各级组织和党员，都能正确认识监督和被监督的角色定位，也注重理论研究，统一思想，增进共识。既注重建立健全监督机构，也注重规范完善监督机制。再次要认真实施党内监督工作安排。通过制定详细的实施方案、打造工作重点和亮点、紧密配合其他党务工作、加强与各方面的沟通协商、做好工作宣传和信息通报等方式，党内监督工作得以有序推进。

同时，党内监督工作还存在监督手段较单一、监督效力和约束性不强、工作程序不够规范、监督力量较薄弱等问题，需要在今后工作中积极探索，在学习中实践、在实践中学习，逐步予以解决。

二、2017 年工作思路

前不久召开的中共十八届六中全会，是中共中央着眼协调推进“四个全面”战略布局、专题研究部署全面从严治党的一次重要会议。会议审议通过了《关于新形势下党内政治生活的若干准则》和《中国共产党党内监督条例》等，指出了全面从严治党的重要性紧迫性，明确了加强和规范党内政治生活、加强党内监督的主要内容和基本精神，强调了领导干部特别是高级领导干部要率先垂范、以上率下。会议对全面从严治党的战略部署和制度安排特别是关于党内监督的工作部署，对民主党派加强党内监督工作有很强的启示和借鉴意义。中央监督委员会将按照中央统一部署，认真学习贯彻中共十八届六中全会精神，不断增强“四个意识”，特别是核心意识、看齐意识，着力于提高解决自身问题的能力，着力于从严依规治党，着力于全面提高监督工作水平，主要做好以下工作：

（一）继续加强学习和理论研究。要以中共十八届六中全会精神为主要内容，并结合我党实际开展学习培训、交流研讨工作，把会议精神学深学透。要继续坚持把党内监督有关内容纳入全党党员干部培训课程，同时要加强组织制度、党员权利和义务、党内纪律等方面的教育，提高党员参与自下而上民主监督的积极性，从而推动党内监督的健康发展。要深入开展理论研究，既要注重对党内监督的性质定位、目标任务、对象范围等基本问题的进一步研究，又要总结实践经验，探讨如何扩大监督作用的一些具体问题。理论研究要内外结合，善于借助相关研究人员、监督机构从业人员等专家学者的力量，以达到事半功倍的效果。理论研究形成一定成果后，要及时汇编整理并进行推广教育。

（二）充分发挥监督工作实效。要继续开展践行“三严三实”、加强作风建设工作，按照坚持统筹协调和工作结合、坚持从严把握和问题导向、坚持以上率下和常抓不懈的要求，推动各级组织进一步加强学习教育、着力固化“严”“实”的共同观念，进一步严抓干部作风、努力营造积极向上、干事创业、风清气正的良好政治生态，进一步夯实基层组织建设、激发党内活力，进一步完善制度建设、释放机制红利，进一步改进监督委员会办公室工作方式，积极配合对机关选聘干部和重大资金项目实施工作的监督，提高服务水平。各级监督委员会要做好工作督察和工作总结。要继续从基层发掘题材开展党内监督宣传教育工作，并注重运用灵活实用、新颖感人的宣传教育工作方法。要认真推动各级领导班子建设，特别是继续贯彻落实各级领导班子谈心会制度。要按照有关要求，吸取辽宁贿选案教训，积极做好地方组织换届的监督工作，通过在换届中履行监督职责，有力提升党内监督的权威性和影响力。

（三）不断完善监督工作机制。要继续推动地方组织成立监督机构，争取实现省级监督委员会全覆盖，积极支持省级组织推动条件成熟的市级组织成立监督委员会，并加强有关工作指导。要积极开展监督工作调研，既要走访党内监督工作较突出的地区，也要走访工作相对滞后的地区，特别是要调研监督委员会在换届中的工作开展情况和市级监督委员会的履职情况。要进一步加强监督工作交流，继续完善交流研讨、信息共享的工作平台，并开展一次党内监督表彰工作，对 2008 年我党成立中央监督委员会以来的先进单位和个人予以表彰鼓励。要不断健全党内监督制度，进一步规范监督工作程序。各项工作制度如监督委员会工作规则、监督调研制度、信访处理制度、走访制度、谈话和诫勉制度、监督工作通报报告制度等要及时修订或制定。要积极探索党内监督工作新途径、新方法，逐步破冰同级监督工作，试点开展党费收缴和使用的监督工作等。要加大监督委员会委员参与各项监督工作力度，开展各级组织和党员对监督委员会委员履职的监督，以进一步发挥监督委员会的总体优势。

（四）做好监督委员会换届工作。监督委员会换届是明年党内监督的一项重要任务，是对五年党内监督工作的集中检验，要纳入同级换届领导小组工作内容，统筹安排，全力做好各项换届准备工作。要进一步明确监督委员会换届程序，增强监督委员会换届的严肃性和规范性。要根据协商确定的换届工作程序，制定科学合理的换届方案，省级监督委员会换届方案要向中央监督委员会报告。要以换届为契机，切实做好本届监督委员会工作总结，对下一步工作做好初步计划。要做好监督委员会委员的人事酝酿工作，坚持人选条件，优化委员结构，把乐于监督、敢于监督、善于监督的党员充实到监督委员会中来。要广泛征求意见，借鉴中共有益经验，认真做好监督委员会换届的制度保障工作，即党内监督条例和党章中党内监督相关条款修订，并逐步完善有关工作的具体执行办法和程序。中央监督委员会要加强对地方监督委员会换届和有关监督规章制度梳理工作的指导。

各位委员：

党内监督工作任重道远，2017 年是换届年，是进一步完善党内监督机制的良好契机。中央监督委员会要在我党中央领导下，按照全党工作部署，加强学习，脚踏实地，顾全大局，讲求实效，努力开创党内监督工作新局面！

在中国农工民主党第十五届中央常务委员会第十三次会议上的讲话

（2016 年 3 月 11 日）

陈　竺

各位常委、各位同志：

本次中常会的主题是学习贯彻习近平总书记近期重要讲话精神和今年全国“两会”精神。刚才，会议审议通过了《关于认真学习贯彻十二届全国人大四次会议和全国政协十二届四次会议精神的通知（草案）》。

下面，我讲三点意见。

一、深入学习贯彻习近平总书记近期重要讲话精神，扎实推进坚持和发展中国特色社会主义学习实践活动

近期，习近平总书记发表了一系列重要讲话。1 月 29 日，习总书记在同党外人士共迎新春时，对各民主党派过去一年的工作给予充分肯定，并对今年工作提出了殷切期望。刚才，晓峰常务副主席传达了讲话精神。我们要吃透精神内涵，把握核心要义，增强政治意识、大局意识、核心意识、看齐意识，围绕“十三五”时期经济社会发展的重大问题、全面深化改革的难点问题、推动创新创造的关键问题，深入调查研究，积极建言献策；发挥人才智力优势，用实劲、做实事、求实效，特别是在补短板上聚焦发力；不断提高政党协商能力和水平，努力在会协商、善议政上取得实效，推动完善政党协商制度。

2 月 19 日，习近平总书记在新闻舆论工作座谈会上提出了新闻舆论工作的 48 字方针，即：“高举旗帜、引领导向，围绕中心、服务大局，团结人民、鼓舞士气，成风化人、凝心聚力，澄清谬误、明辨是非，联接中外、沟通世界”，概括了新的时代条件下新闻舆论工作的职责和使命。我们要把学习贯彻习总书记 2·19 重要讲话精神与农工党思想宣传工作结合起来，与坚持和发展中国特色社会主义学习实践活动结合起来。我党思想宣传工作要始终坚持正确的舆论导向，坚持稳定团结鼓劲、正面宣传为主，大力宣传弘扬包括“青蒿素精神”在内的正能量，进一步巩固壮大主流思想舆论。今年的学习实践活动，要认真开展培育和践行社会主义核心价值观活动，广泛宣传农工党先进典型的感人事迹，营造学典型、争先进的良好氛围。

最近我党同志提出了“青蒿素精神”这样一个命题。“青蒿素精神”是以屠呦呦教授为代表的新中国医药科技工作者优秀精神品质的集中体现，这也是继“两弹一星”精神之后中国科技界对社会主义核心价值观体系建设的又一重大贡献。初步提炼了“青蒿素精神”四点主要内涵，32 个字：一是国家使命，责任担当。20 世纪 60 年代，疟疾肆虐，

严重危害军民健康，1967年国家紧急启动“523任务”，广大科研人员为实现国家使命而尽责担当。二是科学求实，勇于创新。屠呦呦课题组对数百种中草药进行筛选，屠教授受传统中医文献启发，大胆创新，采用现代技术提取青蒿抗疟有效成分，奠定了发现青蒿素的关键基础与重要方向。三是团队协作，精益求精。青蒿素最初由屠呦呦的课题组在当时还称为中医研究院的中药研究所实现了突破，发现了抗疟特效新药青蒿素，并合成了双氢青蒿素；然后由中科院上海有机所、生物物理所进行了结构的解析，此后上海药物所又对一些相关成分进行了鉴定和结构改造，产生了目前在临床实际使用的蒿甲醚和青蒿琥酯。因此，青蒿素类药物的问世得益于一大批科技人员的紧密协作和严谨治学，在全球特别是发展中国家挽救了数百万人的生命。四是艰苦奋斗，无私奉献。研究人员历经万余次实验才拿到药物活性部位，屠教授更是亲自服药验证安全性，而面对荣誉，屠呦呦教授首先强调的就是团队贡献。今天，在我们探索建立社会主义市场经济条件下科技创新的新型举国体制之际，在我们进一步讲述好中国故事、传播好中国声音的关键时刻，传承和弘扬“青蒿素精神”，不仅有助于增强国人的道路自信、理论自信、制度自信和文化自信，也将为民族伟大复兴的中国梦注入新的精神动力。

二、认真学习领会全国“两会”精神，把思想和行动凝聚到服务“十三五”发展上来

今年全国“两会”，是在全面建成小康社会决胜阶段开局之年召开的一次重要会议，对进一步动员全国各族人民投身全面建成小康社会伟大实践，具有重要意义。会议期间，担任全国人大代表和全国政协委员的130多位农工党员以对人民高度负责的态度，积极议政建言，成果丰硕。我们以农工党中央名义向政协大会提交了51篇提案、1篇大会书面发言和1篇大会口头发言。姚克同志代表我党中央作了以“三医联动靠体制保障，医改难题有中国解法”的大会口头发言，反响良好，得到了俞正声主席的充分肯定。据不完全统计，农工组政协委员提交了181篇提案、8篇大会书面发言，内容涵盖医药卫生、生态环境、人口资源、脱贫攻坚、法治建设等领域的热点难点问题。其中，“加快医保支付方式制度改革，促进分级诊疗、慢病防控和用药监管”“设立中医药‘一带一路’专项基金”“建立创新药进入医保的快速通道”“构建多目标多部门协调机制，实现流域目标管理”“加大生态扶贫力度，促进精准扶贫精准脱贫”等提案引起高度重视。大家正在出色地履行代表、委员职责，发挥着人大协商、政协协商的重要作用，展示了我党的议政水平和良好形象，我们为大家感到骄傲和自豪！

会议期间，代表、委员们认真学习了习近平总书记在政协联组会和人大代表团会议上的重要讲话精神。大家一致认为，习总书记在“两会”期间发表的重要讲话高屋建瓴、内涵丰富。习总书记就非公有制经济发展，建立“亲”“清”新型政商关系；深化经济体制改革，加快创新发展和产业结构调整，推动两岸关系发展；振兴东北地区等老工业基地；推进供给侧结构性改革，加强保障和改善民生工作，推进农业现代化；推进生态环境保护、脱贫攻坚和民族地区发展等问题作了重要阐述。这是以习近平同志为总书记的中共中央治国理政新理念新思想新战略的最新发展，我们要认真学习领会，抓好贯彻落实。

代表、委员们分别审议和讨论了政府工作报告和“十三五”规划纲要。大家一致认为，李克强总理所作的政府工作报告全面贯彻落实五大发展理念，系统总结了2015年工作，科学谋划了“十三五”时期和2016年的工作，提出到2020年国内生产总值和城乡居民人均收入比2010年翻一番、我国经济总量超过90万亿元的宏伟目标，是一份在“十二五”收官、“十三五”开局关键节点鼓舞人心、凝聚力量，充分反映人民意愿的好报告。“十三五”规划纲要紧紧围绕“两个一百年”奋斗目标，认真贯彻中共十八届五中全会精神，科学确立了“十三五”时期经济社会发展的主要目标和重点任务，系统提出了一系列支撑发展的重大政策、重大工程和重大项目，是一份以改革精神凝聚各方智慧，鼓舞全国人民夺取全面建成小康社会伟大胜利的行动指南。值得一提的是，政府工作报告和“十三五”规划纲要的起草和制定，广泛凝聚了各方面的智慧，农工党中央提出的一些意见建议得到采纳。比如，我们提出的“实行‘三医联动’，破解公立医院改革难题”“改革医保支付方式”“完善医保体系，提高筹资水平”“加快全科医生培养使用”等建议，在政府工作报告中得到体现。我们提出的“将人均期望寿命提高一岁纳入‘十三五’规划的主要指标”“加大培养创新人才”“将已上市创新药和通过一致性评价的药品优先列入医保目录”“推进健康扶贫”“打造‘一带一路’健康命运共同体”等建议，被“十三五”规划纲要吸收采纳。

代表、委员们还分别听取和审议了人大常委会工作报告和政协常委会工作报告。大家一致认为，张德江委员长所作的人大常委会工作报告深入贯彻以习近平同志为总书记的中共中央治国理政新理念新思想新战略，对去年工作总结客观全面，对存在的差距和不足剖析深刻，对今年工作部署思路清晰、措施有力，明确了立法、监督、代表等重点任务，是一份体现法治精神、饱含民本情怀的好报告，彰显了全国人大常委会强化立法监督职能、推进国家治理体系和治理能力现代化的使命担当。俞正声主席所作的政协常委会工作报告主题鲜明、求真务实，总结2015年工作实事求是，谋划2016年工作重点突出，特别是报告单列一章，专门就“更好发挥人民政协作为爱国统一战线组织的作用”做了深入阐述和部署，对人民政协坚持团结和民主两大主题，切实履行政治协商、民主监督、参政议政职能，做好协调关系、理顺情绪、增进共识、加强团结的工作，具有重要指导意义。

“两会”期间，中共中央政治局常委、中央书记处书记刘云山同志出席了民盟、农工界委员联组会，我党何维、高体健、姚克、周健民、彭钊、段惠军等6位同志分别围绕讲好中国故事、贯彻中共中央治国理政新理念新思想新战略、破解医改难题、遏制土壤污染、健康扶贫、打造“一带一路”健康命运共同体等问题作了发言，得到刘云山同志的高度评价。云山同志指出，实现“十三五”奋斗目标、决胜全面建成小康社会，最根本的是深入学习贯彻习近平总书记系列重要讲话精神，领会好中共中央治国理政的新理念新思想新战略；要坚持问题导向，把学习贯彻成效体现在坚定道路自信、理论自信、制度自信上，体现在推动解决改革发展的实际问题上。

今年“两会”议题丰富，意义重大。我们要认真学习领会，在道路、方向、目标上形成统一意志和步调，把思想和行动凝聚到中共中央对形势的分析判断和对工作的决策部署上来，凝聚到服务“十三五”发展上来，凝聚到贯彻落实五大发展理念上来。全党各级领导干部特别是中央常委会的同志，要带头学习、认真履职，努力做科技创新的实践者、协调发展的促进者、绿色发展的倡导者、“一带一路”开放的推动者、脱贫攻坚的参与者，为“十三五”时期经济社会发展贡献智慧和力量。

三、围绕国家改革发展大局谋划我党各项工作，进一步提高履职能力和水平

关于我党2016年工作的主要目标和任务，十五届四次中央全会已经做了全面系统的部署和安排。这里，我重点谈一下参政议政和市级组织换届工作。

一是紧紧围绕“十三五”开局起步深入调研，建言献策。今年的政府工作报告把健康中国和美丽中国建设提升到了前所未有的高度，报告指出“健康是幸福之基”，要“下决心走出一条经济发展与环境改善双赢之路”，这对我党发挥联系界别优势，做好参政议政和社会服务工作提出了更高要求。

我们要集全党之力，聚焦健康中国和美丽中国建设方面的突出问题和明显短板，选准小切口，深入调查研究，提出真知灼见。受中共中央委托，我党中央将以“通过三医联动，促进公立医院改革”为主题开展大考察。初步考虑，上半年由晓峰常务副主席带队到北京、浙江等地开展相关调研，由我带队到安徽、上海进行公立医院改革考察，这些工作也将为全国政协“深化医药卫生体制改革”专题协商会做准备。除大考察外，我们还要关注供给侧结构性改革、“一带一路”倡议、京津冀协同发展、长江经济带建设等事关改革发展的重大问题，以及人民群众关心的民生问题，比如推进安宁疗护、出生人口缺陷干预、土壤立法等。今年4月，我们将与全国政协联合召开主题为“推进安宁疗护工作”的双周协商座谈会。请各位常委和地方组织积极配合中央开展好今年的调研工作，同时也为促进地方经济社会发展献计出力。

全面建成小康社会，强调的不仅是“小康”，更重要更难的是“全面”，弥补“短板”的任务十分艰巨。其中，农村贫困人口精准脱贫是最突出的短板。“十三五”时期要完成让5575万农村贫困人口脱贫的任务，需要多方支持、攻坚克难。我们要按照精准扶贫、精准脱贫的要求，把社会服务与参政议政工作有机结合。一方面，充分调动可以调动的财力和物力，帮助贫困地区改善“硬件”，充分发挥人才智力优势，选择一些试点进行“软件”方面的探索，努力形成一批可复制、可推广的扶贫经验和模式，造福民生福祉。另一方面，要深入调研，围绕脱贫攻坚中的重点难点问题，重在精准上下功夫，积极建言献策，为执政党和政府分忧解难。

二是加强领导，认真做好市级组织换届工作。今年，我党绝大多数的市级组织将进行换届，这是全党政治生活中的一件大事。我们要从坚持和完善中国共产党领导的多党合作和政治协商制度的战略高度出发，充分认识换届工作的重要性，认真学习中共中央统战工作会议和《中国共产党统一战线工作条例（试行）》精神，把学习成果转化为指导换届工作的具体实践。

市级组织在全党组织体系中处于承上启下的重要地位，是连接省级组织和基层组织的桥梁，是团结凝聚广大党员的纽带。省级组织要加强对市级组织换届工作的领导，确保换届平稳顺利。这里我要强调的是，省级组织主委在市级组织换届工作中要切实承担起政治责任，熟悉情况了解政策，从政治上着眼、从选拔代表人士上着力，从精心组织

上着手，加强和中共地方党委的沟通，真正把政治坚定、作风正派、业绩突出、群众认可的同志选配到新一届领导班子中去。要严肃换届纪律，规范换届工作程序，严格按程序办事，把对换届工作的监督作为下一阶段党内监督工作的重点，确保换届风清气正。

换届不仅是对代表人士队伍建设成效的集中检验，更是做好组织工作的契机。要结合换届工作，深入推进人才强党战略，加强组织和人才队伍建设，加大后备干部的培养、选拔力度，做好政治安排和实职安排的推荐工作，为明年省级组织和中央换届奠定基础。

最后，我想再强调一点，作风建设永远在路上。我们要深入持久抓好作风建设，自觉践行“三严三实”，切实改进工作作风，不断提高工作质量和水平，把作风建设的实效转化为“五种能力”的提升。

各位常委，各位同志，今年是“十三五”规划开局之年，也是全面推进结构性改革的攻坚之年。宏伟蓝图已绘就，奋发有为正当时，让我们紧密团结在以习近平同志为总书记的中共中央周围，同心同德，扎实工作，为实现“十三五”时期经济社会发展良好开局，夺取全面建成小康社会决胜阶段伟大胜利做出新的更大贡献！

在中国农工民主党第十五届中央常务委员会第十四次会议上的讲话

（2016年6月2日）

陈 竺

各位常委、各位同志：

大家上午好！本次中常会的主要任务是学习贯彻习近平总书记在中央扶贫开发工作会议上的重要讲话精神，落实统一战线聚力脱贫攻坚暨多党合作参与毕节试验区建设座谈会的部署，研究我党参与脱贫攻坚工作的举措。

下面，我谈三点意见：

一、深入学习领会习近平总书记在中央扶贫开发工作会议上的重要讲话精神

中共十八大以来，以习近平同志为总书记的中共中央始终把推动贫困地区、贫困人口脱贫作为治国理政的一项重要工作。特别是去年11月底，中共中央召开中央扶贫开发工作会议，吹响了脱贫攻坚战的冲锋号。这次会上，习总书记从战略和全局高度，深刻阐述了推进脱贫攻坚的重大意义，提出了新时期精准扶贫、精准脱贫的基本方略，对“十三五”时期的扶贫开发工作作出总动员和总部署。

习总书记深刻指出，农村贫困人口全部脱贫，是全面建成小康社会、实现第一个百年奋斗目标的一个标志性指标，必须确保到2020年所有贫困地区和贫困人口一道迈入全面小康社会。应该说，经过改革开放38年来的努力，我国成功实现7亿多农村贫困人口脱贫，成为世界上减贫人口最多的国家，也是世界上率先完成联合国千年发展目标的国

家，为全球减贫事业作出了突出贡献，走出了一条中国特色扶贫开发道路，充分展示了中国特色社会主义制度的优越性。但也要清醒看到，我国脱贫攻坚形势依然严峻，由于各地发展不平衡，目前全国仍有5500多万农村贫困人口，大部分分布在边远地区、深山区、石山区等交通闭塞和生态脆弱地区，完成"两个确保"（确保农村贫困人口实现脱贫，确保贫困县全部脱贫摘帽）的目标极为不易，脱贫攻坚到了啃硬骨头、攻坚拔寨的冲刺阶段。

习总书记强调，必须以更大的决心、更明确的思路、更精准的举措、超常规的力度，动员全党全国全社会力量，向贫困发起总攻。要坚持精准扶贫、精准脱贫，做到"六个精准"，即扶持对象精准、项目安排精准、资金使用精准、措施到户精准、因村派人精准、脱贫成效精准，在精准施策上出实招，在精准推进上下实功，在精准落地上见实效，让每一位困难群众都能受益。

为贯彻落实中共中央决策部署，今年3月，中共中央统战部在贵州毕节召开统一战线聚力脱贫攻坚暨多党合作参与毕节试验区建设座谈会。孙春兰部长在会上指出，聚力脱贫攻坚是统一战线的重要政治任务，既有全局性任务，也有区域性任务，既有面上的行动，也有点上的责任。各民主党派既要经常深入贫困地区考察调研，针对重点难点问题及时向中共中央、国务院反映情况，提出意见建议，又要准确把握统一战线的特点和优势，找准定点帮扶工作中的定位，还要发挥民主监督在脱贫攻坚中的作用，把监督的过程变成推动解决问题和政策落地的过程。

习总书记在中央扶贫开发工作会议上的重要讲话，充分彰显了中共中央带领全国人民打赢脱贫攻坚战、全面建成小康社会的坚定意志和坚强决心，是凝聚和指导全社会力量打赢脱贫攻坚战的根本遵循。孙春兰部长在毕节座谈会上的讲话对统一战线聚力脱贫攻坚作了具体部署。农工党要认真学习领会，把思想和行动统一到中共中央决策部署上来，统一到实现"两个确保"的目标上来，切实增强政治意识、大局意识、核心意识、看齐意识，提高参与脱贫攻坚工作的责任感和使命感。

二、认真总结我党开展扶贫工作的做法和经验

我党开展扶贫工作可以追溯到20世纪80年代。早在1986年，我们就开始参与贵州省的扶贫工作。30年来，我党历届中央领导集体都高度重视扶贫工作，注意发挥特色优势，带领全党同志积极参与毕节试验区、福建宁德、陕西渭南、四川雅安、武陵山区、乌蒙山区等地区的智力扶贫、健康扶贫、教育扶贫、产业扶贫、生态扶贫、科技扶贫、公益扶贫等工作，形成了全党参与、上下协同、内外联动、资源共享的助力扶贫格局，为推动完成各个时期的脱贫任务作出了积极贡献。

我们的工作不仅得到了当地政府和人民群众的认可，也得到了中共中央的充分肯定。2014年6月，中办调研室的调研报告对我党在大方县的定点帮扶工作给予高度评价，该报告得到了习近平总书记、李克强总理、俞正声主席、张高丽副总理的重要批示。去年12月召开的中央单位定点扶贫工作会议上，我党中央作了经验交流，是唯一一个发言的民主党派。孙春兰部长在今年3月的毕节座谈会上也对我党工作给予充分肯定。大方县农民吴守鹏"感共产党天恩，托农工党洪福"的对联，表达了对我党帮扶的感激之情。

这些都是对我们工作的激励和鞭策。

回顾我党多年开展扶贫工作的实践，主要做法是“三个坚持”：

一是坚持聚焦定点帮扶工作。自 1994 年农工党中央把大方县作为定点帮扶县以来，我们始终坚持“大方不脱贫，农工党不脱钩，脱贫也不断线”，围绕开发扶贫、生态建设、人口控制“三大主题”，开展了乡村医生培训、医疗设备捐赠、中药材种植示范、产业发展规划编制、农村环境治理、基础设施和工业园区建设等工作，成效显著。仅“十二五”时期，大方县治理石漠化 85 平方公里，森林覆盖率提高 7 个百分点，贫困人口累计减少 34 万，少出生 20 万。这里，我想特别指出的是，北京、天津、河北、辽宁、上海、江苏、浙江、福建、山东、广东、贵州等省级组织响应我党中央的号召，积极帮扶大方，做了大量卓有成效的工作。

各省级组织也根据中共省委的统一部署，在省内积极开展定点帮扶工作。如黑龙江帮助五常市引资 2 亿元，建设医养结合“同心生态文化小镇”；青海帮助湟中县开展“中藏药材产业园区”项目，指导种植 2100 多亩中藏药材等，发挥了较好作用。

二是坚持发挥联系界别优势。多年来，我们坚持发挥医药卫生等联系界别优势，开展系列助医帮扶工作，形成了健康扶贫品牌工程。比如，在大方县开展“同心助医工程”及升级版，帮助大方县所有乡镇卫生院和村卫生室改善硬件条件；协调北京、天津等地的三甲医院帮扶大方县医院，推动遵义医学院附属医院与大方县人民医院组建医疗联合体；推进“县乡村卫生一体化”建设，推动优质管理、卫生资源和医疗服务下移。

为了减少因病致贫、因病返贫现象，破解农村贫困地区医改难题，2014 年我们在大方探索实施“全科医生特岗人才计划”并开展农村全科医生签约服务工作。发起成立“同心全科医生特岗人才基金”，对基层服务的全科毕业生每人每年补贴 3 万到 5 万元，聘请北京协和医院、复旦大学附属中山医院、北京医院、北京中医院等大医院的知名导师“一对一”指导，鼓励优秀人才“下得去、留得住、用得好、能发展”。目前该项目实施范围已从大方县扩大到毕节织金、福建宁德、广西百色、河池等地区，招录 91 人，已有 20 名分配到 8 个乡镇卫生院工作，受到当地群众欢迎。我们还在大方县推行“一对多”的农村家庭保健全科医生签约服务，分片区固定签约，让健康医疗到村到户到人。

据国务院扶贫办统计，目前，全国因病致贫、因病返贫贫困户占建档立卡贫困户总数的 42% 左右。而大方县因病致贫的比例，已从我们开展健康扶贫前的 46% 降为 13.5%，远远低于全国平均水平，充分说明健康扶贫是精准扶贫、精准脱贫的一种有效方式。

我党各级地方组织也积极开展对口协作、普及健康知识、实施免费手术等多种形式的健康扶贫。比如：重庆市委会联系重庆医科大一附院为陕西渭南市中心医院培训管理团队，选派知名专家坐诊；湖南省委会为桑植县引资新建 20 个标准化村卫生室，配备医疗设备并培训 260 多名乡村医生。山西省委会、宁夏区委会分别组织编写了《健康备要》《慢性病防治知识 250 问》，向贫困地区免费发放。北京、重庆、甘肃等省级组织开展先天性心脏病筛查，为患者免费实施手术，广东省委会为粤北贫困山区开展远程医疗培训等。

三是坚持党内资源与外部资源相结合。各级组织和广大党员的参与和支持，是我们开展扶贫工作的源泉所在。比方说，束昱辉同志为芦山地震灾后重建捐资1亿元，并为同心全科医生特岗人才基金捐资1000万元，为全党的扶贫工作提供了有力支持。我们的扶贫工作有时候也发挥了催化作用，一定意义上推动了当地政府增加投入和社会力量的积极参与。比如，广东省委会在粤北、武陵山区等贫困地区开展“同心圆工程”。捐助65万元帮助湖北咸丰县新建14个村卫生室后，当地政府跟进投入2000余万元，建设200多个标准化村卫生室，实现了县域全覆盖，成为“农工党示范，地方政府跟进”的典型写照。此外，我们还借助中国西部研究与发展促进会（西促会）等外部资源，在四川、海南、河南、福建等地联合开展扶贫帮扶工作，社会扶贫创新协作试点县市已有40个，仅在四川就涉及13个县市，落实了20多家医院的医疗卫生帮扶项目。

以上成绩和经验的取得，是全党各级组织和广大党员，以及社会各界共同努力的结果。在此，我代表农工党中央向大家致以崇高敬意和衷心感谢！

三、积极投身脱贫攻坚的伟大实践

参与脱贫攻坚，是民主党派的一项重大政治任务，也为民主党派发挥作用提供了重要平台。我们要将其作为坚持和发展中国特色社会主义学习实践活动的重要内容，把工作做细、做实。

一要与参政议政工作协同推进。一定意义上讲，社会服务也是参政议政，既有服务，也有调研，可以成为建言献策的先导；而且建言献策要落到实处、产生效果，也要借助社会服务的力量，二者是相辅相成、相得益彰的。随着脱贫攻坚的全面推进，无论是建档立卡，还是各项扶持措施的落地，无论是产业扶贫、教育扶贫、健康扶贫，还是易地搬迁、社会保障兜底，都会遇到一些新情况新问题。我们要经常深入到贫困地区调查研究，针对重点难点问题和各项措施推进中的新问题，特别是把健康扶贫工作中积累的农村地区深化医改的有益探索，及时通过专报、建议、信息等形式向中共中央、国务院提出意见建议，为如期完成脱贫攻坚任务贡献智慧。

二要继续抓好定点帮扶和对口支援。大方县建档立卡贫困户能否如期实现脱贫，作为定点帮扶单位，我们肩负着重要责任。国务院扶贫开发领导小组也将对中央单位定点帮扶工作实行严格考核。我们要进一步增强责任感和紧迫感，发挥联系界别优势，调动全党力量，整合各方资源，按照“六个精准”的要求，瞄准建档立卡贫困户，因村、因户、因人施策，聚焦健康扶贫和生态扶贫，打好产业扶贫、智力扶贫、教育扶贫、科技扶贫、公益扶贫等的组合拳，帮助定点帮扶地区如期完成脱贫任务。各省级组织也要做好省内的定点帮扶工作。

健康扶贫要更为精准。要通过建档立卡，了解有多少是因病致贫的，里面有多少是通过大病保障马上就可以脱贫的，又有多少是慢性病患者或者是有残疾的情况可以用医保、救助、慈善等多重方式兜底的，通过认真调研，做到数据精准、心中有数。昨天召开的主席战略研讨会上，陈述涛副主席提出，贯彻预防为主的方针，让人民群众少得病也是健康扶贫的重要内容，这对减少未来出现因病致贫、因病返贫现象是非常重要的。谢庆生副主席提出，要建立一个定性定量评估相结合的评价体系，在完善如何定义因病致贫、因病返贫，如何定义健康扶贫成效，实现健康精准脱贫上下实功，我都非常赞成。

在此基础上，要继续探索和做好全科医生签约村民工作，使其兼具家庭医生的角色。当年我在农村也做过赤脚医生，深切感到农村全科医生对广大农民疾病预防与控制发挥着非常重要的作用。通过家庭医生制度，让村医能够管住农村群众常见病、多发病，特别是像高血压、糖尿病等可防可控的慢性病或者是在发生慢性病的情况下有效控制、减少其并发症的出现，应该说它的健康扶贫意义是非常重大和深远的。可以先在部分村进行试点，对建档立卡的因病致贫家庭先行签约，重点在签约服务方式、内容、收付费、考核、激励机制、技术支撑等方面实现突破，探索一条家庭医生在农村签约的新路子，从根本上减少因病致贫、因病返贫的比例，形成可复制可推广的区域性精准扶贫经验，适度向其他地区推广。目前，在大方县，我们无论是硬件设施还是人力资源等软件领域都有着较好的基础，下一步要把新招录的同心全科医生和原本的存量合理配置，尤其是将村医签约式服务真正做好。这样，从供给侧方面来看，将会有一个比较全面的新格局出现。此外，现今新型农村合作医疗的保障水平也有所提高，去年普遍达到人均500元，但在一些西部地区，其大病保障方面的作用还没得到有效发挥。要从根本上解决因病致贫特别是灾难性大病支出致贫的情况，完全可以提高这笔资金的使用效率和效果。如果利用很少的增量带动目前新农合巨大存量，促进大方县医保、医疗和有效医药“三医联动”，探索一条类似于福建三明在城市职工医保方面改革的路子，一条在有着较多人口的县域内实现精准健康扶贫的路子，将会对全国其他地区医改特别是农村贫困地区医改起到有益借鉴。这个是依托我们现有的平台机制，投入较少的资金，就可以积极探索推动的。

我们要继续做好福建宁德和陕西渭南等地的帮扶工作，既要注重硬件和人才队伍建设，也要注重有利于医改向纵深发展的体制机制改革。同时，强化对口帮扶机制，发达地区要积极协调资源帮助贫困地区发展。

三要做好脱贫攻坚民主监督工作。开展脱贫攻坚民主监督，是中共中央赋予统一战线的一项新任务，也是拓宽民主监督渠道的有益尝试。根据实施方案的安排，农工党对口省份是云南。为抓好落实，我党中央成立了精准扶贫精准脱贫工作领导小组，负责精准扶贫精准脱贫与脱贫攻坚民主监督工作。由我任组长，晓峰常务副主席任常务副组长，何维、龚建明、谢庆生副主席任副组长，曲凤宏秘书长和杨鸿生主委联合任办公室主任。整合各方面力量，通过开展考察调研、提出意见建议、参与专项监督评估、开展日常跟踪督察、进行政策宣讲等多种形式对云南省的脱贫攻坚实施情况进行监督。要把推动中共中央决策部署的落实作为开展监督的出发点和落脚点，发现问题及时同地方党委、政府沟通，共同研究对策，帮助整改落实。要重点围绕贫困人口精准识别、精准脱贫、贫困县摘帽、落实脱贫共建责任制、重大政策措施执行、脱贫资金项目和管理使用等情况开展监督，还可结合我党特色，有针对性地确定健康扶贫和生态扶贫方面的监督。要坚持常态化监督，建立与云南省日常沟通和反馈机制，不断提高监督的时效性和针对性。通过这项重点工作，也可以为我们依法履职探索出一条新路径。

另外，这里我需要特别提到的是，今年4月到5月，我党中央联合各省级组织对100多个国家级贫困县的总计3000余户、1万余人开展了一项有代表性的样本调研。这是我们在“十三五”脱贫攻坚之初推进的一项精准扶贫、精准脱贫基础性工作，获得了一批宝贵数据，一定程度上可以折射出全国农村贫困原因以及未来解决之道，非常难能可贵，我们可以将其作为每年跟踪调研的一个重要平台。

各位常委、各位同志，打赢脱贫攻坚战，任务艰巨，使命光荣。让我们紧密团结在以习近平同志为总书记的中共中央周围，同心同德、攻坚克难，积极投身脱贫攻坚工作，为如期完成脱贫攻坚任务、夺取全面建成小康社会决胜阶段伟大胜利作出新的贡献！

在中国农工民主党第十五届中央常务委员会第十五次会议上的讲话

（2016 年 9 月 12 日）

陈　竺

各位常委、各位同志：

本次中常会的主题是学习贯彻习近平总书记在庆祝中国共产党成立 95 周年大会上的重要讲话精神，传承和弘扬农工党优良传统，研究部署换届和脱贫攻坚民主监督工作。

下面，我谈三点意见。

一、认真学习贯彻习近平总书记“七一”重要讲话精神，深入推进坚持和发展中国特色社会主义学习实践活动

习总书记“七一”重要讲话，全面回顾了中国共产党走过的 95 年光辉历程和作出的伟大贡献，深刻阐明了中国共产党的执政理念、执政方略和坚持发展中国特色社会主义的原则立场、目标要求，发出了“不忘初心、继续前进”的伟大号召。讲话高瞻远瞩、思想深刻、意蕴深厚、内涵丰富，充满了对中国共产党团结带领全国各族人民实现民族复兴的坚定信心，展现了中国共产党人坚持人民至上的使命担当，通篇闪耀着马克思主义真理的光辉，是新时期指引中国共产党推进中国特色社会主义伟大事业的纲领性文献，也为民主党派履行参政党职能和加强自身建设指明了方向。农工党是接受中国共产党领导、同中国共产党通力合作、致力于中国特色社会主义事业的参政党。86 年前，邓演达等前辈在创党时就提出“解放中国民族、建立平民政权、实现社会主义”。今天站在新的历史节点上，我们也要不忘初心，继续保持创党前辈的奋斗精神，继续保持对国家、对民族、对人民的赤诚之心，积极投身中国共产党领导的多党合作事业，为中华民族的伟大复兴竭尽绵薄之力。

在长期的革命、建设和改革实践中，一代又一代农工党人同中国共产党亲密合作、团结奋斗，经受了血与火的考验，形成了追求真理、不断进步，与中国共产党亲密合作、团结奋斗，热爱祖国、无私奉献，热爱组织、培育新人，自我教育、严于律己的优良传统，这是我们弥足珍贵的政治财富，要永远传承下去。2013 年以来，我们以深化政治交接、增进政治共识为引领，深入开展坚持和发展中国特色社会主义学习实践活动，取得

了重要阶段性成果。学习实践活动坚持思想教育与发挥作用相统一，增进政治共识与提高履职实效相促进，贯穿党的思想、组织、制度、作风建设和参政议政、社会服务工作全过程，主题鲜明、形式新颖，逐年深化、循序推进，在深化共识、凝聚人心、汇聚力量方面发挥了积极作用，推动党的各项工作迈上一个新台阶。

今明两年正值新老交替的关键节点，我们要继续深入推进学习实践活动，搞好政治交接，巩固政治共识。一是要坚持接受中国共产党领导的政治自觉。农工党前辈经过长期血与火的斗争，深刻认识到中国共产党是中国革命的领导力量，把紧跟中国共产党作为重要的政治抉择，自觉选择接受中国共产党的领导，实践证明这是完全正确的。新时期，我们要进一步增强政治意识、大局意识、核心意识、看齐意识，坚定信心，增强定力，无论国际风云如何变幻，始终做到自觉接受中国共产党领导的政治立场不变。二是要坚定中国特色社会主义的政治信仰。中国共产党 95 年的风雨历程，苦难辉煌，生动而深刻地表明，只有社会主义才能救中国，只有中国特色社会主义才能发展中国。我们要在思想上保持清醒，在政治上保持坚定，进一步增强中国特色社会主义道路自信、理论自信、制度自信、文化自信。在不久前的 G20 杭州峰会上，大家可以看到，中国方案得到了国际社会的高度评价与认可，可以说我们国家真正意义上站立到了国际政治舞台的中心。三是要承担起中国特色社会主义事业亲历者、实践者、维护者和捍卫者的政治责任。实现中华民族伟大复兴，是包括农工党在内的全体中华儿女的共同期盼，需要一代又一代中国人共同为之努力。我们要增强责任意识和使命意识，围绕“五位一体”总体布局和“四个全面”战略布局，以推进“健康中国”和“美丽中国”建设为主线，就一些重点问题、难点问题、共性问题提出具有较强针对性和可操作性的意见建议，为决胜全面小康贡献智慧和力量。要深入实施人才强党战略，全面加强自身建设，不断提高政治把握能力、参政议政能力、组织领导能力、合作共事能力、解决自身问题能力，打造高素质的参政党队伍。

二、高度重视，科学谋划，认真做好中央和省级组织换届工作

我党中央和 30 个省级组织明年将进行换届，这是中央统战工作会议召开和《中国共产党统一战线工作条例（试行）》颁布后的首次换届。换届是政治性、政策性、原则性很强的工作，也是对领导集体政治把握能力、组织领导能力的一次重要考验。我党中央已经成立了换届工作领导小组，由我任组长，刘晓峰常务副主席任副组长，办公室设在组织部。各省级组织也要尽快成立换届领导机构，认真学习领会换届文件精神，熟悉情况，统筹谋划，切实担负起换届工作的领导责任，特别是主要负责同志要认真履行好第一责任人的职责，亲自抓好各项重要工作。

一是要坚持正确的选人用人导向，选好配强领导班子。要坚持党管干部原则，坚持新时期好干部标准，坚持德才兼备、以德为先，坚持“五湖四海”、任人唯贤，把政治标准放在首位，真正把信念坚定、敢于担当、业绩突出、群众认可的同志选拔到领导岗位上；优化班子结构和年龄梯次，增强班子整体功能；严格规范工作程序，坚决避免变通程序、简化程序问题的发生，确保换届的严肃性、选举的公正性和人选的群众基础。班子主要负责同志要发挥好自身政治优势，加强与有关方面的沟通协商，推动干部的安排

与使用。本届以来，我党中央主要领导同志利用各种机会，与有关省份的中共主要领导同志就我党一些干部的安排问题进行了沟通交流。我们有一个共同感触，就是一旦领导干部选拔任用方针政策确定了，对各民主党派都是一样的，而我们推荐人选的综合素质就成为能否得到任用的决定性因素。省级组织主委进入当地的省级领导班子，有适当的政治安排和实职安排，对省级组织未来工作的开展有直接的重要影响。因此，我们要高度重视省级组织主委人选的物色和推荐工作；要坚持贯彻民主集中制原则，在人选问题上实行集体领导、民主决策，不搞一言堂。据测算，这次换届涉及四分之一的省级组织领导班子成员调整，幅度较大，要深入细致地做好思想政治工作，对因实行任期制离任、但符合继续提名年龄的领导班子成员，应妥善安排，努力使新进者奋发有为、离退者心情愉快、留任者意志不衰、转岗者珍惜机会。

二是要坚持广泛听取各方面意见，认真修改好党章。党章是党的总章程，规定了党的重要制度和体制机制，是全党同志的根本行为规范。修改党章要以习近平总书记系列重要讲话精神为指导，深刻领会中共中央治国理政新理念新思想新战略，深入开展调查研究，广泛征求各级组织和广大党员的意见，努力使修改党章的过程，成为发扬民主、明确目标的过程，成为统一思想、凝聚共识的过程，进一步加强自身建设，保持党的生机和活力。

三是要坚持立足当前着眼长远，起草好换届工作报告。换届工作报告既是对以往工作和经验的科学总结，也是对未来五年工作的总体部署。要认真总结过去五年落实政治交接任务、发挥参政党作用、加强自身建设等方面的基本经验，根据新形势、新任务对参政党提出的新要求，明确新阶段的主要任务，共同谋划好未来五年的工作。要集众智，汇众力，充分征求地方组织、党员等各方面意见，激发广大党员的积极性和创造性，努力形成一份求真务实、凝聚力量、鼓舞士气的工作报告，同心协力开创未来各项工作的新局面。

四是要坚持正风肃纪，营造良好换届环境。换届往往是选人用人不正之风的易发多发期。要把严肃纪律贯穿到换届工作的全过程，把换届作为推进从严治党的重要契机。最近，中共中央通报了辽宁拉票贿选案查处情况及其教训警示，触目惊心、发人深省，我们要高度警醒、引以为鉴，按照“三严三实”“两学一做”要求，加强警示教育，强化党章党规学习教育，廉洁自律宣传教育。中央监督委员会已经下发了《关于严肃换届纪律保证换届风清气正的通知》，对换届工作纪律提出了明确要求。我们要充分发挥各级监督委员会的作用，把对换届纪律的监督作为当前内部监督工作的重点，坚持教育在先、警示在先、预防在先的原则，及时发现和纠正苗头性、倾向性问题，坚决抵制不正之风，努力营造风清气正的换届环境。

三、统一思想，凝聚力量，扎实开展脱贫攻坚民主监督工作

民主监督是参政党的一项基本职能，也是中国特色社会主义监督体系的重要组成部分。开展脱贫攻坚民主监督工作，是中共中央委托民主党派就专项工作开展民主监督作出的具体部署，赋予了民主监督新的内涵，拓展了民主监督的渠道。这既为民主党派履职尽责搭建了新平台，也是各民主党派与中国共产党共襄全面建成小康社会盛举的生动

写照。7 月 25 日，习总书记在党外人士座谈会上的讲话中要求，各民主党派要坚持问题导向，深入所对口地方一线调查研究，通过意见、批评、建议等方式，对脱贫攻坚落实情况进行监督，为打赢脱贫攻坚战作出贡献。我们要充分认识开展脱贫攻坚民主监督工作的重大意义，以高度的政治责任感和使命感，扎实完成好对口云南省脱贫攻坚民主监督工作。

各民主党派中央开展脱贫攻坚民主监督工作启动会召开之后，我党中央迅速行动，上次中常会就研究了这项工作，我们积极同有关部门和专家学者座谈协商，与云南省初步建立了相关工作机制。中共云南省委、省政府高度重视，成立了对接工作小组，为开展工作提供机制保障。我们还研究制定了《农工党中央对口云南省开展脱贫攻坚民主监督工作实施方案》，这是今后五年开展脱贫攻坚民主监督工作的基本遵循。

脱贫攻坚民主监督是一项开创性的工作，任务艰巨、涉及面广，必须科学谋划，周密部署，坚持在实践中探索。一是要把握工作原则。坚定政治方向，坚持问题导向，以推动中共中央决策部署落实为核心，以帮助云南打赢脱贫攻坚战为目标，围绕贫困人口精准识别、贫困人口精准脱贫、贫困县摘帽、落实脱贫攻坚责任制、重大政策措施执行、扶贫资金项目管理使用、健康扶贫、生态扶贫等重点内容，通过开展考察调研、参与第三方评估等多种形式进行监督，提出科学合理、切实可行的意见建议。二是要讲究科学方法。建立日常联系、信息通报、考察调研、成果会商等工作机制。充分发挥党内专家学者和相关科研院所的作用，做好选点布点，按照统计学的要求，选取一些有代表性的“哨点村”，运用科学方法，动态获取和分析第一手资料，解剖麻雀，以点带面。民主监督工作要与履行政治协商、参政议政职能结合起来，把民主监督过程中发现的问题，通过有效渠道提出意见建议。要充分发挥省级组织的优势，注重调动基层组织的积极性，有针对性地加强地方组织建设，经过当地中共党委同意，在条件成熟的县发展一批熟悉当地情况、有影响力、有代表性的骨干党员，积极参与到脱贫攻坚民主监督工作中来。要寓支持于监督之中，积极协调中东部条件较好的农工党省级组织利用各自优势开展对口支援，集中全党智慧和力量，完成好民主监督任务，助力云南省如期实现脱贫攻坚目标。三是要发挥特色优势。积极在健康扶贫工作中协助地方政府推广“三医联动”“全科医生制度”“家庭医生签约服务”等方面的医疗改革，提高当地医疗水平、控制医疗费用，降低因病致贫返贫比例。要及时总结提炼好的经验做法，探索推动建立健康扶贫的样板，积极向有关部门建言献策，适当向中西部贫困地区推广，努力造福更多群众。同时，发挥农工党环境保护和人口资源领域的人才优势，在生态扶贫等方面积极发挥作用。事实证明，多党合作制度在我们国家现代化的进程中，发挥着越来越重要的作用。我们两条主线工作，即建设健康中国、美丽中国，成为国家重点战略任务，可以说农工党同志们的努力，也汇入了国家发展进步的潮流当中。我们也非常高兴地看到，前不久召开的全国卫生与健康大会，包含了我们很多有关健康中国的建议。另外，这几年，我们国家生态环境建设、保护、治理的力度也是空前的，大气、水污染防治等方面取得了一些实质性进步，在这里面，农工党发挥了重要作用。我相信，在脱贫攻坚民主监督新任务中，我们一定能够把工作做得更好。对口云南开展脱贫攻坚民主监督工作，对各个省份、对于全党同志，结合各自所在省区市的情况，做好各地的脱贫攻坚，都有很重要的作用。

所以，我们对云南的支持，也应该视作为做好自身工作的题中应有之义，反过来可以促进各省的脱贫攻坚工作。

同志们，换届是今明两年全党政治生活中的一件大事，开展脱贫攻坚民主监督工作是今后五年的一项重要政治任务。我们要紧密团结在以习近平同志为总书记的中共中央周围，继承和发扬农工党优良传统，搞好政治交接，积极履职尽责，为实现“两个一百年”奋斗目标、实现中华民族伟大复兴的中国梦作出更大的贡献！

夯实基础保障换届，深化交接服务大局

——在中国农工民主党第十五届中央常务委员会第十五次会议上的报告

（2016 年 9 月 12 日）

刘晓峰

各位常委、同志们：

受陈竺主席委托，按照本次会议安排，由我向大家报告组织建设和换届工作。下面从工作总结、深化认识、保障换届三个方面进行汇报，供同志们讨论，也请大家提出意见建议。

一、组织工作总结

我们常说，上一次换届的结束，就意味着下一次换届的开始。十五大以来，全党各级组织以坚持和发展中国特色社会主义学习实践活动为引领，围绕实施人才强党战略，全面加强组织建设，为农工党发展奠定了良好的组织基础。

（一）党员队伍建设。截至 2015 年底，全党有党员 14.8 万人，大学以上学历占 68.5%，中高级职称占 83.2%，主体界别和重点分工领域的党员占 79.7%（包括教育、科技界别）。有院士 14 人，“千人计划”、长江学者 23 人。这几年，党员发展的净增率在 4.3%–5.0% 之间，总体情况良好；党员的平均年龄保持在 51.4 岁左右，波动不大，与全部党派成员的平均年龄 52.4 岁相比，年轻 1 岁。这些都是很不容易的，是全党努力的结果。中央组织部把近年来我党的组织发展状况进行了比较详细的总结，准备了一份报告，已经发给大家，请同志们参考，这里不再赘述。

在党员发展方面，我们一直坚持“三个为主”方针，发挥“高层发展高层、骨干发展骨干”作用。在保持主体界别优势基础上，着力推进了人口资源和生态环境重点领域、社会科学和经济法律等参政议政热点界别的组织发展工作，发展了一批政治素质好、参政议政能力强、有一定代表性、在社会上有一定影响的优秀人才。同时，进一步明确了组织发展的工作程序，严格申请、考察、审核、批准等环节。进一步做好入党前教育和

新党员培训工作。严把入口关，认真做好新的社会阶层人士和非公经济人士的发展工作。据统计，随着新党员的加入，我党青年党员的文化层次及在政府机关、司法机关、新的社会阶层、社会团体、教育等领域的比例均高于全党平均水平。

在党员干部培养方面，认真贯彻《2010-2020 年党外代表人士教育培训改革和发展纲要》，按照中央统战工作会议和《中国共产党统一战线工作条例（试行）》（以下简称《统战条例》）对党外代表人士队伍建设的要求，做好培训工作。十五大以来，推荐党员参加中央统战部在中央社院举办的民主党派干部进修班、培训班各 8 期共 136 人。中央共举办培训班 21 期，参训人数超过 1400 人。各地也加大了自主培训力度，细分培训对象，分层次分类别开展培训，培训内容上以政治共识教育为重点，突出农工党特色，同时注重理论培训与地方组织交流活动相结合。

今年，为推进我党党员干部教育培训工作的科学化、规范化，中央制定了《关于加强党员干部教育培训工作的实施方案》，并要求各地方组织结合实际制定本地方的工作方案，力争形成上下联动、规范有序、重点突出、全面覆盖的培训体系。中央还开始尝试对基层组织负责人进行培训，人数还不多，主要起到示范性作用；也开始对各级监督委员会委员进行培训。今年中央举办了 12 期培训班，对骨干党员进行政治培训和履职能力培训，参训人数达到 500 多人。此外，充分利用与中国人民大学、中国社会科学院研究生院等合作平台，不断加大人才培养力度。

在党员干部推荐使用方面，全党各级组织积极开展政府实职、人大政协、特约人员、社会团体等岗位的人才推荐工作。特别是中央统战工作会议和《统战条例》颁布以后，中共党委及统战部门在党外干部的安排上加大了力度。我党中央一直在与中央统战部积极沟通促进我党党员干部的实职安排。另外，《党政领导干部选拔任用工作条例》对领导干部的提拔有严格的规定，党外干部也要“逐级提拔”，打破了由副到副的常态，因为目前实施起来比较有难度，我们也在积极反映这次换届暂不执行省级组织主委需要两个正厅职岗位锻炼和由正到副选拔等规定，建议等《统战条例》实施细则有明确要求以后再执行，但各地进展情况不等，我们要有思想准备。这对我党人才储备也提出了更高要求。各级组织也积极与有关部门沟通协商，为党员干部成长搭好必要的台阶。目前，全党有各级人大代表 1459 人，各级政协委员 8763 人，担任省部级以上领导职务的有 28 人，其中在政府及组成部门和司法机关担任省部级领导职务的有 2 人，担任厅局级领导职务的有 235 人，其中正厅级有 53 人。

在党员干部管理方面，今年启动了农工党组织工作数据库的建设，内容包括党员信息系统和工作平台，预计明年能全面投入使用。部分省级组织已经建立了组织工作的信息化平台，为农工党组织工作数据库的建设奠定了坚实基础。数据库是中央统管，各级共建共用的统一平台，有助于提高各级组织的工作效率（现在是人工统计数据），有助于提高数据和分析的准确性，有助于及时全面了解党员的整体和分类状况，有助于科学谋划党员发展工作，请各位常委支持数据库的建设。另外中央和省级组织建立的代表人士数据库，在党员干部队伍建设中发挥了积极作用，其中中央代表人士数据库已收录各类代表人士 4000 余人。

（二）增强组织活力。截至 2015 年底，全党共有地方组织 359 个，基层组织 6775 个，其中省级组织30个、市级组织283个，区县级组织46个。十五大以来，全党新建市级组织15个。河北、上海、浙江、福建、江西等5个省级组织实现了地市级组织全覆盖，内蒙古、江苏、安徽、山东、湖北、广东、陕西等7个省级组织实现了组织全覆盖（部分地市为工委或基层组织）。在全国30个省级组织中，29个省级组织成立了13个省直工委和919个直属基层组织，共有党员34511人，占到党员总数的23.5%。

近期以来，全党各级组织创新思路、整合资源，通过学习教育、组织活动、履职工作、突出宣传等形式，不断增强组织的凝聚力、影响力和战斗力。中央主要抓了两件事。

一是促进市级组织的横向交流。副省级城市联席会议以轮值承办的方式进行，已经形成常态。经过几年的实践，联席会议在组织发展、参政议政、社会服务等方面形成了丰富的成果，扩大了副省级城市组织在地方的影响力。在去年的副省级城市研讨会上形成了《农工党副省级城市联席会议总结交流会纪要》，对这项工作进行了总结。在这个基础上，经无锡等地市倡议，今年尝试开展了较大城市联席会议工作。通过副省级城市和较大城市联席会议制度，所参与市级组织的党员人数可占到总数的1/5。地方组织之间的横向交流，不仅促进发挥市级组织本身的能动性，也促进了市级组织之间的联合培训、联合调研或对口帮扶。

二是促进基层组织增强活力。中央通过广泛深入调查研究，了解有活力有凝聚力的基层组织的好经验、好做法，并召开专题研讨会，将经验和做法加以提炼，探索在全国范围可以推广的普适性做法。经过研究，开始在全党基层组织中开展“优秀支部”创建活动，推广“星级支部”的经验，目的是全面加强基层组织建设。

（三）推进制度建设。建立健全各项规章制度，是组织建设的基本保障，也是从严依规治党的首要任务。全党各级组织把制度建设作为一项重要工作来抓，特别是不断建立健全班子建设、组织管理、党员管理等方面制度，为不断理顺组织工作机制创造了有利条件。

在领导班子制度建设方面，各级领导班子认真贯彻民主集中制，实行集体领导和分工负责制，完善会议制度和议事规则，推进谈心会制度、述职和民主评议制度。中央建立了中央领导班子成员联系基层组织和中央专门工作委员会的工作制度。从2014年开始，年中的中央主席会议增加战略研讨的内容，中央常委会由每年3次增加到4次，年中的常委会的议题增加务虚学习研讨的内容。每次确定一个主题，研究关系农工党发展的战略性、全局性问题，开展头脑风暴式的研讨，以切实发挥好中央领导班子对全党的领导作用。

在后备干部队伍制度建设方面，中央制定了《关于做好2014–2017年省级组织领导班子后备干部队伍建设工作的意见》，对后备干部队伍建设的指导思想、工作原则和工作程序等作了明确要求。在中共地方党委的帮助下，全党按照文件精神，经过民主推荐、遴选协商、考察确定等程序，建立了300多人的省级领导班子后备干部队伍。

在组织发展和基层工作制度建设方面，中央修订了《中国农工民主党组织发展工作规程》和《中国农工民主党基层组织工作条例》，根据党章和有关文件要求，对组织发展的原则、要求、程序以及基层组织的建立组成、工作任务、领导班子等作了进一步明确，为继续做好组织发展和基层组织工作奠定了基础。

（四）发挥监督作用。农工党内部监督工作以章程为准绳，贯彻实施内部监督条例，坚持积极稳妥、循序渐进的工作方针，探索性地开展了一系列工作。全党对内部监督工作必要性有了充分认识，对民主党派内部监督的性质定位有了进一步把握，各地在开展内部监督工作的方法上不断创新。近期以来：

在党内监督理论研究方面，邀请专家学者和党内有关同志等，召开了内部监督理论研讨座谈会，对民主党派内部监督的性质特点、存在问题、方法措施等进行了认真研讨。

在党内监督宣传教育方面，把党内监督宣传教育工作融入坚持和发展中国特色社会主义学习实践活动中去，开展了廉政故事方面的宣讲活动。同时利用多种方式加强工作信息、政策文件、理论文章的宣传和交流，初步建立了监督信息交流机制。

在作风建设方面，下发了《中国农工民主党中央监督委员会关于开展践行“三严三实”、加强作风建设工作的意见》，对各级组织和全体党员提出了践行“三严三实”、加强作风建设的要求。

在地方党内监督工作方面，认真开展监督工作调研，积极参加省级组织的领导班子谈心会、领导班子述职与民主评议会、监督委员会全体会议等，稳妥推动地方组织成立监督委员会。目前，已有 29 个省级组织成立了监督委员会，湖南、江苏、广东、浙江等地也积极探索地市级组织成立监督委员会工作。

同时，我党组织工作也暴露出一些问题，如党员发展较难、政治安排不到位、党员老龄化、基层组织缺乏活力、机关办公条件有待改善和工作人员流动少；等等。这需要我们以换届为契机，在认真查找自身问题基础上，增强与各级中共党委及统战部门的沟通协商，积极争取多方支持，尽自身最大力量，逐步对存在的问题予以解决。上级组织在问题解决过程中要发挥统筹安排、领导支持的重要作用。

二、深化工作认识

搞好政治交接，是参政党一项战略性、长期性、系统性的政治任务。组织建设要抓住政治交接这条主线，就必须把握大局、立足长远、统筹安排，要适应新形势新要求，做到开拓创新，也要从实际出发，做到求真务实，还要着力把握组织工作的内在要求，做到科学发展。

（一）新形势新要求

近年以来，中共中央在大力加强党的建设和建设社会主义民主政治、巩固多党合作政治制度等方面，采取了一系列重要举措：2015 年下发的《中共中央关于加强社会主义协商民主建设的意见》和《关于加强政党协商的实施意见》，把政党协商明确为社会主义协商民主的重要渠道；2015 年召开的中央统战工作会议和《统战条例》的颁布实施，标志着统一战线事业进入新的发展阶段；2016 年下发的《关于支持各民主党派中央开展脱贫攻坚民主监督工作的实施方案》，又赋予统一战线新的政治任务。此外，中共中央开展了群众路线教育实践活动、“三严三实”专题教育、“两学一做”学习教育等，为参政党加强自身建设提供了很好的借鉴。统一战线工作新职能新任务，要求民主党派要适应形势要求，造就一支素质优良、结构合理、堪当重任的参政党队伍。这需要全党凝聚力量，团结一致，更加努力推进组织建设工作迈上更高的台阶。

首先，要有紧迫感。我们可以看到，作为中国特色社会主义参政党，民主党派在社会发展进程中的重要性日趋凸显。组织建设是民主党派自身建设的基础，是民主党派发展的关键要素。民主党派是否能够做到尽心尽责为中国特色社会主义建设事业积极贡献力量，是否能够适应时代发展要求全力维护中国共产党领导的多党合作政治制度，很大程度上体现在组织建设是否抓紧抓好。为了不断提高参政党参政履职、服务大局、适应发展要求的能力，组织建设不能有丝毫放松，一方面，必须大力提高政治责任感和使命感，另一方面，也必须时刻保持本领恐慌的危机感和紧迫感，清醒认识到组织建设水平与建设中国特色社会主义参政党目标要求的差距，兢兢业业、全力以赴地开展工作。

其次，要从严依规治党。我们可以看到，中共十八大以来，中共党要管党、从严治党的决心和“大统战”工作的制度化、规范化、程序化。这就要求我们，也必须从“从严治党”和“依规治党”两个方面，不断提升自身建设水平。所谓从严，就是要严肃、严格、严谨，从严治党的关键，就是要切实转变工作作风，提高履职尽责的实效。所谓依规，就是有章可循、有法必依，依规治党的关键，就是把党章作为根本法规，严格执行。具体到组织建设中，从严依规治党体现在：一是各项组织工作真抓实干、不打折扣、打好基础，特别是要重点抓好领导干部队伍建设，使各级领导干部成为从严依规治党的表率。二是严格工作纪律和组织程序，积极建立健全并认真贯彻落实各项组织制度。另外，党内监督工作也要按照从严依规治党的要求，不断建立健全党内监督机制，充分发挥好对各级组织和党员遵守党章，特别是各级领导班子履行党内领导职务和廉洁行政情况的监督作用。

再次，要提升参政党能力。我们可以看到，多党合作事业的发展，关键在于参政党能力建设。随着多党合作工作机制的不断完善和工作内容的不断充实，参政党能力建设面临更大的挑战，比如这次脱贫攻坚民主监督就是一个例子。党派的民主监督工作是一块短板，中共中央决定把脱贫攻坚民主监督交给党派，对党派来说是重要的机遇和挑战，所以我们要高度重视脱贫攻坚民主监督工作。陈竺主席已经到我党中央对口省份云南省进行了调研，中央对这项工作也进行了部署，将动员全党力量来搞好这项工作。这就要求组织建设要强手段抓实效，把参政党能力建设作为当前和今后工作的重要目标。要坚持人才强党，既要积极做好优秀人才的发展工作，又要加强培训教育、实践锻炼和推荐使用，着力于提高各级组织和党员的政治把握能力、组织协调能力、参政议政能力、合作共事能力和解决自身问题的能力。要把讲政治、负责任、有能力的党员充实到党内各级领导岗位上来，提高各级组织的整体实力。

（二）继承优良传统

搞好政治交接，就是在组织人事自然更替过程中，确保政治信念薪火相传，优良传统发扬光大。在长期的革命、建设和改革实践中，各民主党派与中国共产党团结合作，共同奋斗，结下了生死相依、荣辱与共的深厚友谊，熔铸了特色鲜明、底蕴深厚的优良传统。这些优良传统是我们弥足珍贵的政治财富，继承和弘扬优良传统是我们的政治责任，也是搞好政治交接的关键所在。大家要做优良传统的传承者，把前人经过千辛万苦凝聚的力量、煅炼的智慧、提炼的精神，接过来，传下去，同时赋予新的时代内涵。同志们都知道，彭泽民同志在逝世前还在给毛主席写信，这封没有写完的信希望毛主席关心农工党的成长和发展，可见老一辈农工党人希望农工党与中国共产党肝胆相照、荣辱与共的革命友谊优良传统能够代代相传。

十八大以来，中共中央高度重视意识形态工作，做出了一系列决策部署，推动意识形态领域发生明显变化，持续向上向好。但目前意识形态领域斗争依然很尖锐，今天上午我们也听了相关的专题辅导课，仍处于问题易发、高发时期。去年底，中央统战部和各党派联合开展了覆盖面达到 5 万人的民主党派成员基本情况问卷调查，在问卷调查的基础上形成专项调研报告。我党有 7072 名党员参与了这次调查。问卷调查包括八个方面的内容：一是党员的自我认知及履行职责情况，二是对中国特色社会主义道路、制度、理论的认识，三是对多党合作制度的认识，四是对“四个全面”战略布局和有关举措的认识，五是对意识形态问题的认识，六是对网络新媒体的看法，七是对农工党工作的基本看法，八是对农工党工作的意见建议。从调查结果看，我党党员的整体思想状况保持了积极向上、平稳健康的良好态势，凡是涉及政治立场、政治态度的正向选择比例都比较高。但是，在问卷调查中也反映出一些值得关注的情况和问题，反映出党员一些深层次的思想问题。比如对于“办好中国的事情，关键在中国共产党”，调查结果显示，表示“完全认同”的党员占 61.4%，“比较认同”的占 31.2%，“不太认同”的占 4.1%，“很不认同”的占 0.4%，“不好评价”的占 3%。又比如对于西方的多党制（两党制）、议会制，调查结果显示，7.3% 的党员认为“完全不适合中国国情”，67.3% 的党员认为“不适合中国国情，但可以借鉴其中的合理要素”，14.2% 的党员认为“目前不适合中国国情，将来可能会适合”，5.2% 的党员认为“基本适合中国国情”，另有 6.1% 的党员表示“不好评价”。再比如对于工作或生活中是否愿意表明自己的农工党身份，调查结果显示，表示“愿意”的占 88.7%，表示“无所谓”的占 8.8%，表示“不愿意”的占 2.5%，其中担任中央委员的党员中，表示“愿意”的只占 92%，职业为科研院所、高校、民主党派机关、国企、基础教育、文化出版等的党员中，表示“愿意”的分别占 84.4%、84.5%、85.3%、86.9%、87.4%、88.1%，比例均低于平均值。以上三个例子说明我们在思想认识上还是存在一些问题，需要进一步加强学习、端正思想认识。

巩固多党合作的共同思想政治基础没有完成式，只有进行式。思想建设要取得实效的关键，在于树立问题意识和问题导向，解决贴近成员、贴近时代两个基本问题。随着民主党派成员结构日趋多元，思想多样性凸显。思想政治工作要做到有的放矢很不容易。特别是新一代党员与老一辈相比，有着不同的成长经历和自我认识，如何使思想工作符合他们的特点，更不容易。近年来，我们一直强调思想政治工作方法与时俱进，取得了积极成效，但还存在着手段不新、深入不够等问题。思想引导工作要坚持开拓创新的精神，主动适应信息化时代对宣传教育工作提出的新要求，善于运用新的方式，不断提高思想工作的实效性。要通过调研访谈等方式，及时把握广大党员一些思想上深层次和潜在性问题，熟悉新一代党员的思想特点和思维方式，认真听取他们的意见和建议，切实提高说服人、打动人的本领，用广大党员乐意听愿意信的方式和语言做思想工作，解决入耳易、入心难的问题。关心普通党员的学习工作和生活，真心诚意进行交流谈心，想方设法协助解决实际困难，让大家心情舒畅、精神振奋，积极主动地投入到农工党的事业中来。

在学习实践活动中，要把学习“七一”重要讲话精神，作为深化政治交接的重要引领，引导党员不断增进多党合作共识，增强“四个意识”，增强“四个自信”。要开展多种形式的教育活动，进一步总结提炼老一辈的崇高风范，把优良传统传递到各级组织和每一位成员。为推进多党合作事业增添新的动力，为营造一个决胜全面建成小康社会的良好氛围凝聚正能量。

（三）做好组织工作

组织工作就是做人的工作，怎么去做，关键在“人”。首先是大家要重视，其次是全党要上下联动、同心协力才能把优秀人才吸引到我们的队伍中来，我们的事业才能越干越好。我们的组织建设虽然取得了一些成绩，但与新形势对中国特色社会主义参政党建设的要求相比，还有很多不足，如高层次人才不足、复合型人才不够、旗帜性代表性的领军人物不多，人口资源和生态环境领域的党员比例较低、远没有形成主体界别优势，组织发展存在地区间不平衡和党员人才结构不平衡等问题。在组织状况分析和调研的基础上，我就党员发展的问题提出以下意见，与大家讨论。

一是继续坚持组织发展的总体原则。我党组织发展仍然坚持“三个为主”（以协商研究的范围和对象为主，以大中城市为主，以有一定代表性的人士为主）的方针，实施人才强党的战略。发挥“高层发展高层，骨干发展骨干”的作用，采取“领导出面做工作，组织部门跟进发展”的方式，抓住机遇，主动出击。保持全党党员数量规模以4.5%–5%的净增率增长。全党保持主体界别（医药卫生、人口资源和生态环境、科技、教育界别）的党员数量不少于70%，加大力度提高“人口资源和生态环境”领域的党员比例。在保证主体界别优势基础上，着力发展一批社会科学、经济和法律界人士，力争发展一批专业影响和社会影响大、参政议政能力强的高层次人才，改善全党的人才结构。同时，注重素质，把握标准，发展符合我党界别特色、代表性强的新的社会阶层人士和非公有制经济人士。

二是密切关注党员发展的重点领域。《统战条例》指出：“发挥高等学校、科研院所培养和选拔党外代表人士的重要基地作用，注意从国家机关、国有企事业单位以及新的社会阶层人士、出国和归国留学人员等领域发现党外代表人士。”去年的中央统战工作会议上已经明确，要把一批优秀人才留在中共党外，保证民主党派可以吸纳、培养一批优秀人才。我党各级组织要乘势而上，密切与中共统战部门沟通协调，积极争取中共统战部门的支持，注重从各级政府机关、国有企业、高校、科研院所等企事业单位、高新技术园区等重点单位寻找发现优秀人才，以钉钉子的精神，将优秀人才吸纳入党内，这事关作为参政党履职能力的提高，事关农工党的事业后继有人。

高新技术园区聚集了众多海外高层次引进人才和国内创新创业人才，形成了一支规模较大、素质较高、科研力量较雄厚的人才队伍。特别是医药卫生、生物技术和环境资源等领域的人才数量较多，可以充实我党主体界别人才队伍。由于他们企业的发展与政策的相关性较高，这些人员参政议政的愿望比较强烈。目前在高新技术园区发展民主党派成员仍是各民主党派的相对薄弱环节，有很大的发展空间。因此，有必要加大力度在高新技术园区多发展党员、建立组织、壮大高层次人才队伍。

三是加快形成新增界别的主体界别优势。我党在人口资源和生态环境界别，党员比例仅占 2.28%，远没有形成主体界别优势。由于人口资源和生态环境领域成为我党主体界别的时间还不长，对这个新增界别的理解还比较模糊。生态环境，大家看法是比较一致的。人口资源，比较模糊。有的人认为，就是与人口相关的资源，具体来说，就是人口计生部门。我觉得应该这样理解，人口与资源是并列关系，与人口或资源相关的领域，都属于这个范畴，如林业资源、土地资源、水利资源、海洋资源、新能源等各种资源的开发利用，当然也包括了人口的研究和管理机构。因此，在人口、资源、生态、环境广义的领域中发展中高级知识分子，逐步提高人口资源和生态环境界别党员的比例。我们预测，以 4.5%–5% 的党员发展速度，全党每年发展 3000 名上述领域的党员，5 年后才可能达到 10% 的比例。因此，提高人口资源和生态环境界别党员的比例是一个长期的过程，需要全党的不懈努力。

四是正确把握党员发展的质量和数量关系。这个问题上午陈竺主席已经讲了，这里再次强调一下。在保证稳定有序的党员发展速度的同时，要从简单注重数量增长向数量、质量同步增长转变。新党员是农工党的新鲜血液，是农工党的生命力。发展新党员务必确保质量，把好"入口关"。

在医药卫生、科技、教育及其他界别，在社会、经济、法律领域，党员发展要注重质量，继续发展高层次人才；在人口资源和生态环境界别，要数量和质量并重。发展高层次人才，就是要在学术专业领域有造诣的专家学者中，在各级政府机关、国有企业、高校、科研院所等企事业单位有一定行政级别的管理人员中，在具有博士或硕士学位的青年中，发展政治立场坚定、专业影响和社会影响大、参政议政能力强的优秀人才。

各级组织在党员发展上，要善于处理质量和数量的关系，既要有一定的数量又能保证党员的素质，促进组织的发展和巩固。因历史沿革、党员规模、外部环境的不同，各地的党员发展可以因地制宜，采取差异性政策，推动全党组织均衡、有序发展。如一些传统的党员大省，像江苏、广东、浙江、上海、福建、北京等地，由于组织建立较早，地方经济社会发展水平较高，党员队伍已经形成一定规模，应该把组织发展的着眼点放在优化结构、提升素质上，以质量为重，优中选优；一些改革开放后才建立、党员基数不大的省级组织，如新疆、宁夏、青海、海南、贵州、甘肃、内蒙古、吉林等，则应该把组织发展的着眼点放在扩大规模、增加影响上，可以在坚持标准和程序的前提下，适当提高发展速度。

五是加大党员干部的培养使用力度。干部成长，一靠自己努力，二靠组织培养。要发挥组织培养的作用，把信念坚定、为民服务、勤政务实、敢于担当、清正廉洁的好干部选出来，为他们的成长提供机会和平台。

一方面，用好内部平台。在党派内部，把优秀人才及时充实到农工党的各级委员会、监督委员会中去，既加强了领导力量，又提供了锻炼成长的平台。要吸收代表人士参加专题调研、理论研究、建言献策和社会服务等工作，安排进入专委会发挥作用，充分挖掘党内组织机构的潜力，创造更多党内实践锻炼的机会。另一方面，外部争取机会。要发挥主观能动性，积极主动与统战部门沟通协商，积极推荐符合条件的人才到人大、政府、政协、司法机关、国有企事业单位和社会团体担任实职，特别是到政府和司法机关任职，为他们在实践中增长才干创造条件。

近年来，中央利用到各地调研的机会，与中共省委主要领导进行了沟通协商，力推省级组织主委的政治安排和实职安排。在这个过程中，我们都有这样的感受，就是中国共产党的干部方针政策一旦确定下来以后，对八个党派的政策都是一样的。谁能够进入到政府的实职安排或政治安排，干部人选的综合素质条件成了决定性因素。因此，在发展党员时，切记要克服“武大郎开店”的想法，因为害怕不好安排，就不发展、也不愿发展有能力的党员。现在看来，有为能为才有位。我们到有些地方，与中共地方党委“一拍即合”，我们干部安排推荐的想法和党委一致，首先书记就讲这个同志表现很好，一定安排。但在有些地方，书记就讲位置有，要看人选能力够不够。陈竺主席上午讲话也专门强调这个问题，我在这里再强调一下。现在给党派的干部安排是“有位”的，关键是我们缺乏“有为能为”的干部。与其说一味把希望寄托在组织安排推荐上，还不如把精力放在练好内功、提升自身竞争力上。我们应该立党为公，一边“拿来主义”，引进人才，一边“培养自己的同志”，选拔有为能为、在党派中具有竞争力的党员干部，提升我党的参政履职的能力和社会影响力。

三、全力保障换届

这次地方和中央组织换届，是《统战条例》颁布以来的第一次换届，也首次出现实行任期制以来满三届的情况。从去年开始，我们已经开始了各项换届准备工作。

第一，就涉及换届的问题开展了调研。去年以来，按照中央统战部的部署，重点对任期制、组织发展中保持界别特色、党内监督工作等问题进行了调研。其中任期制涉及换届政策。是严格执行“一般为两届”还是放宽“最多不超过三届”，我们进行了调研并形成报告供统战部参考。我们的建议意见是：2017 年换届时任期制仍然按照党章的规定执行，在执行中沿用 2012 年的换届政策，控制在“最多不超过三届”的限制上。这次换届政策采纳了这个意见。

第二，做好前期的分析测算工作。中央前期对市级组织主委有关情况、省级领导班子有关情况、中央委员、中央常委的有关情况进行了分析测算，这些分析测算为换届政策的制定提供了基础支撑，也反映了中央、省、市三级换届的整体概况。

第三，下发指导性文件规范换届工作程序。我们从中央、省级、市级三个层面，对工作程序作了全面梳理，分别修订了中央换届工作指引，出台了省级换届工作程序和市级换届工作程序指引，为中央和地方换届工作提供了有力的制度保障。

第四，启动党章修改的前期准备工作。我们一并启动了党章、党内监督条例等文件修改的前期准备工作，主要目的是广泛征求意见。近期分别召开了五个片区座谈会，主要有省市两级组织的专职干部和专家学者参加，大家在做好党章和党内监督条例修改、规范组织工作程序等方面提出了很多意见建议。

目前，市级组织换届正在进行，省级组织换届已拉开大幕，中央换届刚成立了换届领导小组。换届工作已经成为全党当前和今后一个时期的重点工作。

（一）关于市级组织换届

全国283个市级组织中，有256个要进行换届（剩余27个市级组织，有的是新成立的，有的是成立后换届时间一直没有与市级组织换届周期同步，本届任期不满五年），占90.4%。据最新统计，现已有107个市级组织完成了换届，完成率接近一半，其中天津、黑龙江、上海、江西、湖南、广西、重庆、贵州等8个省级组织已全部完成，河南、广东、四川、云南、新疆等5个省级组织部分完成，其他17个省级组织即将开始。在未完成市级组织换届的省级组织中，有10个省级组织预计于今年9月底前完成，有12个省级组织预计于今年12月底前完成。

在我党市级组织换届的同时，各地方领导班子换届的序幕也已拉开了，我们已经看到一些地方领导班子的公示。能否进入地方领导班子，关系到当地农工党组织的发展，请大家密切关注，同时也提醒大家，在酝酿市级组织主委时，一定要把能否进入地方领导班子作为主要的考虑因素。目前中共组织部门对干部提拔的资格条件，也就是台阶要求非常严。在调研中我们了解到，破格的情况有，但把握得非常严。

到目前为止，市级组织换届总体上是平稳有序的，但也收到2封举报信，希望在座的各位常委继续关注这件事。各地换届的进度不一，请大家继续加强领导，确保市级组织换届平稳顺利完成。

（二）关于省级组织换届

今年6月，中央下发了《关于做好2017年省级组织换届工作的意见》，标志着省级换届工作已全面正式启动。应该说，这次换届的相关政策和工作程序已经明确。经测算，30个省级组织中，约有1/3的主委需要调整，约有1/5的专职副主委需要调整或配备，约有1/4的兼职副主委需要调整，全部领导班子成员调整的幅度为25.2%。涉及届不到龄的情况有19人，比例为8.4%。目前，部分省级组织已经成立了换届领导小组，制定了换届工作方案，有的已开始进行人事的酝酿。下面就省级组织换届谈几点意见。

一是要有序开展换届筹备工作。省级组织领导班子和骨干成员要深入学习领会文件精神和政策意图，熟悉换届工作程序，把握工作要求，精心部署推进换届工作。根据经验，越临近换届内部矛盾越加集中，更容易爆发，所以一定要保证程序的严谨和规范。

二是要关注和研究一些重点问题。关于到届不到龄的问题，这是第一次出现任满三届的情况，地方统战部门想把涉及的人员完全安排好是有难度的，而且难度还很大。关于职数规模问题，十八大以后对职数规模的问题一直比较严格，所以这次总的精神是，省级领导班子职数一般不增加，省委会规模增加的必须严格审批。在调研中，许多地方反映随着党员人数的增长，希望能够适当增加职数规模。所以，大家一定要密切与当地统战部门的联系，为党员干部积极争取政治安排和待遇，同时视各地情况的不同，也可以争取省委会规模的增加。

三是要严肃换届纪律。目前中共中央对纪律问题强调之重、要求之高、措施之严都是前所未有的，尤其是换届过程中的纪律要求更为明确。为确保换届工作能够平稳、有序、顺利地进行，中央监督委员会下发了《关于严肃换届纪律保证换届风清气正的通知》。各省级组织尤其是“一把手”要高度重视，积极发挥监督委员会的作用，对苗头性问题要早关注、早提醒、早纠正，一定要确保风清气正的换届环境。

这里我再强调一句，特别要注意吸收上一次换届的教训，比如主委人选临阵更换，造成内部不团结、人心涣散等。

（三）关于中央换届

中央换届虽然是在明年年底开始进行，但前期要做的事情很多，有些工作是环环相扣、需要上下联动。今年下半年中央统战部的重点工作就是研究制定党派中央换届的政策文件，重点是对各党派中央常委会、中央委员会的规模，对中央常委、中央委员的年龄要求和候选人提名条件，代表大会的代表产生、选举办法和大会规模，以及党章修改的原则等问题进行研究，这些工作现在已经开始。据此，我党中央将首先做好前期的分析测算工作，形成建议意见供制定政策时参考，同时这项工作也有助于中央提前考虑中央委员、中央常委的结构，并与省级组织的换届做好衔接。其次就是做好党章修改工作，组织部已经开始进行这项工作。

同志们，共同的事业需要共同的努力，共同的目标铸就事业的辉煌，让我们继承和发扬我党优良传统，坚定中国特色社会主义的理想信念，凝心聚力，奋发进取，开拓创新，为实现中华民族伟大复兴的中国梦贡献力量和智慧。

谢谢大家！

农工党中央对口云南省开展脱贫攻坚民主监督工作实施方案（试行）

2016年11月

农工党中央精准扶贫精准脱贫工作领导小组办公室

开展脱贫攻坚民主监督，是中共中央赋予各民主党派的一项新任务，是拓展民主监督渠道的有益尝试，也是各民主党派协助中共地方党委和政府打赢脱贫攻坚战的重要形式。为切实做好对口云南省脱贫攻坚民主监督工作，根据中共中央统战部、国务院扶贫开发领导小组办公室《关于印发〈关于支持各民主党派中央开展脱贫攻坚民主监督工作的实施方案〉的通知》和《中国农工民主党中央关于“十三五”期间全党参与精准扶贫精准脱贫工作的指导意见》的有关要求，结合我党工作实际，特制定如下方案。

一、指导思想

全面贯彻中共十八大和十八届三中、四中、五中、六中全会精神，以邓小平理论、“三个代表”重要思想、科学发展观为指导，深入贯彻习近平总书记系列重要讲话精神，紧紧围绕“五位一体”总体布局、“四个全面”战略布局，牢固树立创新、协调、绿色、开放、共享的发展理念，全面落实中共中央关于支持各民主党派中央开展脱贫攻坚民主监督工作的总体部署，牢记使命，勇于担当，坚持以人民为中心的发展思想，全力做好对口云南省脱贫攻坚民主监督工作，坚决打赢脱贫攻坚战。

二、工作原则

1. 坚定政治方向。要始终坚持中国共产党的领导，以助推中共中央决策部署落实为核心，以帮助中共云南省委、云南省人民政府打赢脱贫攻坚战为出发点和落脚点，紧紧围绕云南省脱贫攻坚中的重点难点问题，通过开展考察调研等多种形式进行监督，提出科学合理、切实可行的意见建议，真正帮助中共云南省委、云南省人民政府加强和改进脱贫攻坚工作。

2. 坚持问题导向。要坚持问题导向，集农工党全党之力，采用科学的方式方法，统筹设计、系统规划，通过调研、布点、考察、问卷调查、抽样、访谈等形式，了解社情民意，形成真知灼见，将发现问题与共同研究对策、提出整改办法相统一，将搞好民主监督与开展参政议政、参加中国共产党领导的政治协商相结合，真正把监督过程变成发现问题、解决问题的过程，把开展民主监督工作的过程变为推动政策落实的过程。

3. 突出工作重点。全面了解中共中央关于脱贫攻坚的决策部署，深入了解云南省的贫困状况和扶贫工作开展情况，聚焦脱贫攻坚中的重点难点问题和政策落实中的薄弱环节，既突出民主监督工作的科学化、规范化，又充分发挥农工党的联系界别优势，有针对性地开展民主监督工作，不搞面面俱到。

4. 坚持注重实效。发挥多党合作制度的政治优势，探索建立民主监督各项机制，把理论研究与实践探索相结合，充分考虑云南省经济、社会、人口、民族、文化、生态等实际情况，在监督过程中始终做到“尽职而不越位、帮忙而不添乱，监督与协商结合、科学与实际结合”，深入一线实际，不做表面文章，充分尊重地方工作，切实提高民主监督的实效，为打赢脱贫攻坚战做出实实在在的贡献。

三、重点内容

1. 云南省贫困人口精准识别情况；
2. 云南省贫困人口精准脱贫情况；
3. 云南省贫困县摘帽情况；
4. 云南省落实脱贫攻坚责任制情况；
5. 云南省重大政策措施执行情况；
6. 云南省扶贫资金项目管理使用情况；
7. 云南省健康扶贫情况；
8. 云南省生态扶贫情况。

四、主要形式

1. 开展考察调研。农工党中央每年就云南省的脱贫攻坚重点问题开展考察调研，中央主席或常务副主席带队的重点调研一般每年一次，中央副主席带队的调研每年至少一次。通过深入基层、深入群众，走村入户实地考察，发现了解存在的问题和困难，就其中的重点问题深入分析研究，提出对策建议，并向中共云南省委、云南省人民政府反馈。

2. 提出意见建议。农工党中央就云南省脱贫攻坚工作开展调研后，要形成报告报送中共中央、国务院。充分运用政党协商、参政议政的各类平台和渠道，就脱贫攻坚工作反映情况、提出建议，其中重要问题和重要意见建议可通过“直通车”等形式专报中共中央、国务院领导同志。

3. 参与专项监督评估。农工党中央成立专家工作组参与有关部门和专业机构就云南省脱贫攻坚情况开展的监督评估工作。

4. 加强日常联系。农工党中央注重与中共云南省委、云南省人民政府的常态化联系，委托农工党云南省委会及时了解云南省的贫困状况、扶贫措施和工作安排，及时向基层群众了解实情、听取意见，并反馈中共党委和政府对意见建议的办理情况。

5. 进行政策宣讲。在开展民主监督工作的同时，农工党各级组织广泛利用门户网站、微信公众号、党刊等宣传平台加强对党和国家脱贫攻坚方针政策的解读，帮助中共云南省委、云南省人民政府开展干部群众知晓政策、落实政策、用好政策等工作，坚定脱贫攻坚的信心和决心。及时总结云南省脱贫攻坚的好经验好做法，发现先进、推广典型。

6. 借助科学支撑。成立农工党中央开展脱贫攻坚民主监督工作专项专家工作组，从顶层设计开始，采用先进、科学方法，在扶贫工作识别、措施制定、落实情况、制度设计、满意度调查等关键环节予以全面、系统支撑，做到每项工作的推进和开展有科学的数据、有科学的判断、有科学的意见。

7. 其他措施。农工党中央积极探索开展脱贫攻坚民主监督工作的各种有效形式，如列席云南省脱贫攻坚工作有关会议、召开脱贫攻坚专家学者专题研讨会、开展脱贫攻坚工作调查等。

五、工作机制

1. 日常联系机制。农工党中央精准扶贫精准脱贫工作领导小组与云南省人民政府扶贫开发领导小组建立常态化联系机制。应邀出席中共云南省委、云南省人民政府组织的关于脱贫攻坚工作的重要会议及重要活动。视情邀请专家工作组相关成员参加专项调研和督导检查工作等。农工党云南省委会及时了解云南省脱贫攻坚工作有关情况，并向农工党中央报告。

2. 信息通报机制。农工党中央与云南省建立脱贫攻坚工作信息通报制度。及时了解中共云南省委、云南省人民政府及相关部门关于云南省扶贫攻坚方针政策、扶贫措施、工作安排、指标进度、问题困难等方面的文件材料、领导讲话、工作简报和相关数据和信息。

3. 考察调研机制。农工党中央根据云南省年度脱贫攻坚重点工作任务，精心策划调研选题、制定调研方案，定期赴云南省开展脱贫攻坚工作调研。根据调研需要，农工党中央可邀请中共中央统战部、国务院扶贫办、国家审计署、国家卫计委等单位参加，力求准确掌握云南省脱贫攻坚工作相关情况，并针对重点难点问题提出切实可行的意见建议。农工党中央将不定期派出工作小组赴云南省调研，跟踪相关脱贫攻坚工作进展情况。

4. 成果会商机制。农工党中央实事求是地分析和研判考察调研中发现的问题，及时向中共云南省委、云南省人民政府及有关部门反馈，双方可通过多种形式加强沟通，共同研究问题、共同解决问题，切实推动云南省脱贫攻坚工作。农工党中央将综合运用调研专报、政协提案、社情民意、大会发言等形式，加强调研成果的转化和利用，重要意见建议以专报形式上报中共中央、国务院及相关部委，为党和政府决策提供参考和依据。

六、保障措施

1. 成立农工党中央对口云南省脱贫攻坚民主监督工作领导机构。农工党中央成立了中国农工民主党中央精准扶贫精准脱贫工作领导小组，其中一项重要职责就是负责对口云南省开展脱贫攻坚民主监督工作。

领导小组在中央主席办公会议领导下开展工作，领导小组成员调整、重大事项决策由中央主席办公会议决定。每年召开不少于2次领导小组工作会议，听取脱贫攻坚民主监督和工作情况，研究通过年度工作计划和总结等。

2. 充分发挥农工党中央脱贫攻坚民主监督专家工作组及农工党员的作用。以农工党中央各专门委员会为基础，组织成立以农工党内有关专家、学者为主的专家工作组。充分发挥已经与我党建立合作关系的中国社会科学院、中国人民大学、南京人口管理干部学院等智库作用，运用科学的统计学方法，在云南省开展专业、科学、合理的调查研究，通过抽样入户调查，动态获取关于脱贫攻坚的第一手资料和真实数据，充分反映云南省脱贫攻坚工作中出现的新情况、新问题，为我党民主监督工作开展提供基础支撑。充分发挥担任各级人大代表、政协委员和特约人员的农工党员的作用，利用有关平台和渠道助推云南省脱贫攻坚工作的实施。

3. 开展省（市）级组织对口监督。动员全党力量参与对口云南省脱贫攻坚民主监督工作，农工党中央协调中东部条件较好的省（市）级组织对口云南省市（州）参与脱贫攻坚民主监督和帮扶工作。参与此项工作的农工党省级组织要在当地中共党委和政府的支持下，与对口市（州）建立脱贫攻坚民主监督和帮扶工作机制，有针对性地开展工作。

4. 建立健全工作制度。为进一步提高工作规范化、制度化水平，促进云南省脱贫攻坚民主监督工作的深入开展，农工党中央将建立并不断完善相关工作实施细则、领导小组办公会议制度、档案管理制度、信息简报编写制度、办公室工作程序以及工作人员交流制度等。

5. 专项经费保障。农工党中央设立脱贫攻坚民主监督工作专项经费，提供专家论证、考察调研、课题研究、工作联系等各个环节的经费，专款专用，厉行节约，确保充足的经费保障。

中国农工民主党中央关于“十三五”期间全党参与精准扶贫精准脱贫工作的指导意见

（2016 年 6 月 4 日中国农工民主党第十五届中央常务委员会第十四次会议通过）

确保到 2020 年农村贫困人口实现脱贫，是全面建成小康社会最艰巨的任务，是中国共产党的崇高使命，也是包括农工党在内的各民主党派的重要职责。为贯彻落实《中共中央国务院关于打赢脱贫攻坚战的决定》，按其“充分发挥各民主党派、无党派人士在人才和智力扶贫上的优势和作用”的要求，现结合我党实际，制定本意见。

一、总体要求

（一）指导思想

认真学习贯彻中共十八大和十八届三中、四中、五中全会精神，深入贯彻落实习近平总书记系列重要讲话精神和中共中央扶贫开发工作会议精神，紧紧围绕中共中央扶贫开发工作大局，以精准扶贫、精准脱贫为使命，充分动员全党力量，整合全党资源，凝心聚力，主动作为，发挥界别优势，聚焦重点任务，为打赢扶贫攻坚战、全面建成小康社会贡献全党的智慧和力量，坚持做中国特色社会主义事业的亲历者、实践者、维护者和捍卫者，最大限度彰显中国共产党领导的多党合作和政治协商制度的政治优势。

（二）主要目标

在中国共产党的领导下，协助各级政府，推进到 2020 年我国现行标准下农村贫困人口实现脱贫，贫困县全部摘帽，解决区域性整体贫困的目标，科学设定和完成我党各级组织承担的精准扶贫、精准脱贫任务。

（三）基本原则

坚持全党动员，主动有为，调动各级组织和广大党员的积极性和主动性；坚持政府主导，配合参与，明确作为参政党的角色定位；坚持突出特色，不断创新，充分发挥我党的界别特色优势；坚持精准扎实，保证实效，参与扶贫精准到位、切实有效。

二、创新路径机制，实施全党参与精准扶贫战略

（一）继续做好定点帮扶和对口支援

精准帮扶，定点扶贫，是我党近年来社会服务工作的重要特色。要继续加大对毕节试验区大方县的帮扶力度，着力探索可复制可推广的经验和模式，为精准扶贫提供示范。继续做好贵州黔西南、福建宁德、陕西渭南和武陵山区集中连片贫困地区的对口帮扶工作。加强对革命老区、民族地区、边疆地区、连片特困地区的扶贫开发指导。加大对“一带一路”沿线贫困边远地区的帮扶力度。各级组织要做好本地区的定点扶贫工作。同时强化对口帮扶机制，协调东西部省份各级农工党组织结对帮扶，东部发达省份做好本地区扶贫工作之外，还要积极参加中西部贫困地区的精准扶贫，利用发达地区优势资源帮助贫困地区建设发展，探索创新基层组织对口支援模式。

（二）重点聚焦“健康扶贫”和“生态扶贫”

充分发挥我党医药卫生界人才荟萃的优势，把“健康扶贫”作为参与精准扶贫的重点领域，精准发力，集中攻坚。重点关注和帮助推动提高贫困地区基层医疗卫生服务能力建设。以我党开展的《关于我国农村贫困人口因病致贫因病返贫情况的调研报告》为基础，每年进行跟踪调研，了解因病致贫原因，为解决我国农村地区因病致贫、因病返贫问题提供数据参考。推进优质医疗资源、技术下基层，推动各级政府在“医疗、医保、医药”政策上对因病致贫、因病返贫贫困户给予倾斜，支持在扶贫点开展因病致贫贫困户家庭医生签约服务。探索和做好全科医生签约村民工作，形成可复制可推广的区域性精准扶贫经验，并建议向其他地区推广。继续实施“中医同行计划”“同心助医工程”“同心全科医生特岗人才计划”和着力推进武陵山片区“同心圆工程·健康新农村”等品牌项目。充分发挥环境保护和人口资源领域的独特人才优势，协助各级政府实施环境保护和生态建设领域的精准扶贫。充分利用“中国环境与健康宣传周”“中国生态健康论坛”“中医科学大会”等工作平台，推进“健康扶贫”和“生态扶贫”工作。

（三）实施智力扶贫、公益扶贫、教育扶贫、产业扶贫、科技扶贫等多种扶贫方式

发挥我党人才荟萃、智力密集的优势，调动党内外专家资源，充分发挥中央专委会的力量，通过提供政策法律咨询、技术指导培训等形式，开展智力扶贫。发挥我党联系广泛的优势，积极组织和调动党内外和社会力量，以公益捐赠、送医送药、捐资助学等措施，开展公益扶贫。发挥党内教育资源优势，通过开展精准资助、精准培训、精准就业等方式，遏制贫困代际传递，提高贫困家庭脱贫能力。要充分发挥我党党员企业家积极性，鼓励、支持其到贫困边远地区投资发展，利用人才技术优势、开展科技扶贫，带动当地经济发展，增强扶贫工作的“造血”功能。各级组织要根据中共党委、政府的统一部署，积极创新方式，结合我党开展的健康扶贫调研，入户到人，开展帮扶工作。

（四）探索建立“互联网+”扶贫新平台

探索利用“互联网+”，搭建我党参与精准扶贫的信息平台，统筹党内外分散的人才、资金、技术、信息等，整合力量，集聚资源，形成“大合力”“大联动”，对扶贫资源进行精确化配置，让有限的资源发挥出最大作用，努力拓展扶贫攻坚的精度、深度和广度。比如，扩大推广“互联网+医疗”、远程医疗诊断信息系统，整合党内医疗资源，共同帮助解决基层老百姓“看病难看病贵”的难题。

三、拓宽监督渠道，积极参与脱贫攻坚民主监督工作

（一）脱贫攻坚民主监督工作应坚持正确的政治方向

开展脱贫攻坚民主监督的出发点和落脚点是帮助中国共产党和政府打赢脱贫攻坚战。要坚持中国共产党的领导，以推动中共中央决策部署落实为核心。

（二）脱贫攻坚民主监督工作的重点内容

在我党中央对口的云南省，就贫困人口精准识别情况、精准脱贫情况，贫困县摘帽情况，落实脱贫攻坚责任制情况，重大政策措施执行情况，扶贫资金项目管理使用情况等，有针对性地开展脱贫攻坚民主监督工作。

（三）坚持鲜明的问题导向，开展考察调研

围绕脱贫攻坚中的重点难点问题深入考察调研，真正把监督过程变成发现问题、解决问题的过程，把开展监督作为推动政策落实的过程。在我党中央对口的云南省，就脱贫攻坚重点问题，深入开展调研。其中中央领导同志带队的重点调研每年一次。既要听取地方中共党委、政府及有关部门的工作汇报，也要深入基层、深入群众，走村入户实地考察，发现了解存在的问题和困难，就其中的重点问题深入研究分析，提出对策建议，并向当地中共党委、政府反馈调研情况。

（四）坚持与履职相结合提出意见建议

把参政议政、民主监督、参加中国共产党领导的政治协商三项基本职能有机结合，通过开展脱贫攻坚民主监督了解社情民意，形成真知灼见，为开展参政议政、政党协商打下基础；通过政党协商和参政议政的平台提出监督性的意见建议。重要问题和意见建议可通过“直通车”等形式上报。

（五）参与专项监督评估

充分发挥人才智力优势，推荐我党专家学者参与有关部门和专业机构就贫困人口精准识别、扶贫资金项目管理使用情况等开展的第三方评估工作。

（六）开展日常跟踪督察

中央要组织力量进行常态化监督，可委托地方组织及时了解当地的贫困状况、扶贫措施和工作安排，及时向基层群众了解实情、听取意见，并及时反馈中共党委和政府对意见建议的办理情况。

（七）进行政策宣传

在开展民主监督工作的同时，要注重广泛宣讲中共中央、国务院关于脱贫攻坚的方针政策，帮助贫困地区干部群众知晓政策、落实政策、用好政策，坚定脱贫攻坚的信心和决心。及时总结地方在开展脱贫攻坚工作中的经验做法，发现先进、推广典型。

四、扎实履职尽责，健全全党参与精准扶贫支撑体系

（一）发挥参政议政优势，为精准扶贫出谋划策

“十三五”期间，我党参政议政工作要聚焦精准扶贫、精准脱贫，围绕实施“五个一批”工程中有关重大课题开展深入调研，为中共党委和政府制定扶贫政策出谋划策，提供有价值的调研报告、提案、议案等。认真参与中国共产党领导的政治协商，在与各级党委的座谈协商中，积极建言献策，助推精准扶贫工作。关注群众在精准扶贫方面的热点、难点问题，及时收集社情民意信息，了解基层情况，把群众的呼声和人大代表、政协委员的意见建议，通过信息直达等多种渠道，报送有关部门，促进相关政策的制定和完善。

（二）总结社会服务经验，加大精准扶贫项目支持力度

系统总结我党社会服务工作在扶贫开发方面的经验，在继续开展智力支持、政策支持、招商引资、项目规划、人才培训的同时，围绕中共中央扶贫工作大局，创新工作思路与工作方式，补齐我党参与精准扶贫的“短板”，开创社会服务工作新局面。中国初级卫生保健基金会、中国中医药研究促进会要利用自身优势和平台，积极配合全党脱贫攻坚工作，开展相应公益慈善项目，为我党精准扶贫提供支持。鼓励各省级组织在初级卫生保健基金会新建并支持已有地方基金，募集资金支持精准扶贫。

（三）实施人才强党战略，建设精准扶贫队伍

充分发挥我党人才优势，鼓励党员干部立足本职工作，做好精准扶贫，积极投身扶贫攻坚事业，建设一支我党优秀的扶贫开发队伍。充分发挥专委会作用，建设我党精准扶贫的“专家库”和“智囊团”。鼓励我党各级党员干部到贫困边远地区挂职锻炼或任职，动员年轻党员干部直接参与到精准扶贫攻坚战的第一线去。

（四）加强相关理论研究，创新参政党精准扶贫理论

深刻领会习近平总书记关于新时期扶贫开发的重要战略思想，认真学习中国共产党和政府领导人民群众摆脱贫困的历史经验，系统总结我党参与社会扶贫的经验成果，提炼升华精准扶贫的实践实效，创新完善中国特色社会主义参政党参与精准扶贫的理论研究，为精准扶贫、精准脱贫提供理论支持。

（五）大力弘扬正能量，扎实做好脱贫攻坚宣传报道

坚持正确舆论导向，全面宣传我国扶贫事业取得的重大成就，准确解读中国共产党和政府扶贫开发的决策部署、政策措施。加强对外宣传力度，充分利用我党党刊、网站、微信平台等多种渠道生动报道我党各级组织和广大党员参与精准扶贫、精准脱贫的丰富实践和先进典型。

五、健全工作机制，为全党参与精准扶贫提供可靠保障

（一）强化领导责任机制

各级组织要高度重视，把参与精准扶贫、精准脱贫作为当前和今后一个时期的一项重要政治任务，常抓不懈。要成立相应的精准扶贫工作领导小组，主要领导任组长，亲自抓，领导班子做表率，明确任务分工，强化责任措施。要制定具体实施方案和年度计划，明确任务书、路线图和时间表，确保我党参与扶贫攻坚各项工作真正得到贯彻落实。

（二）健全协调合作机制

中央要加强对地方各级组织参与精准扶贫、精准脱贫的指导和支持，做好协调服务工作。地方各级组织要树立主动担当、依靠自身能力完成本地区精准扶贫、精准脱贫任务的思想。同时，加强横向协调联系，创建寻求外部支持和主动支持贫困地区的协同工作机制，鼓励有条件的省级、市级、县级以及基层支部之间建立对口联系合作机制。上级组织要为下级组织搭建相应的联络平台，保证机制的运行。

（三）完善工作对接机制

各级组织应明确定位，主动向当地统战部门汇报，并与帮扶地区中共党委、政府及有关部门做好沟通衔接，制订帮扶计划，明确帮扶清单，精心组织实施，切实保证按时合规、保质保量地完成任务。

（四）建立考核表彰机制

各级组织要明确参与脱贫攻坚工作责任，强化监督落实和跟踪回访制度，参考国务院扶贫部门有关考核办法，结合自身实际情况制定相应的考核机制。建立相应的激励机制，对参与精准扶贫、精准脱贫取得突出成绩的优秀组织和先进个人，进行表彰奖励，

激发全党参与扶贫攻坚的积极性和主动性。农工党中央精准扶贫精准脱贫工作领导小组将每年开展一次情况通报，组织一次先进评选表彰活动，对取得突出成绩的单位和个人授予“精准扶贫先进集体”和“精准扶贫先进个人”荣誉称号。

中国农工民主党中央关于认真学习贯彻十二届全国人大四次会议和全国政协十二届四次会议精神的通知

（2016 年 3 月 11 日中国农工民主党第十五届中央常务委员会第十三次会议通过）

农工党各省、自治区、直辖市委员会：

十二届全国人大四次会议和全国政协十二届四次会议（以下简称“两会”），是在全面建成小康社会进入决胜阶段的关键时刻召开的重要会议。学习贯彻好“两会”精神，对于统一思想、凝聚力量，做好“十三五”开局之年的各项工作，确保实现“两个一百年”奋斗目标，具有十分重要的意义。现就有关要求通知如下：

一、认真学习贯彻“两会”精神，以中共中央的决策部署统一思想和行动

2015 年，面对错综复杂的国际形势和艰巨繁重的国内改革发展稳定任务，以习近平同志为总书记的中共中央，团结带领全国各族人民，深刻把握国内外发展大势，协调推进“四个全面”战略布局，主动引领经济发展新常态，妥善应对重大风险挑战，经济发展稳中有进，各项改革全面发力，法治建设进入快车道，从严治党呈现新气象，大国外交开创新局面，“十二五”规划圆满收官。一年来，我党各级组织和广大党员，认真贯彻中共中央重大决策部署，深入开展坚持和发展中国特色社会主义学习实践活动，积极推进“健康中国”和“美丽中国”建设，为推动经济社会发展作出了重要贡献。

2016 年是“十三五”开局之年，也是全面建成小康社会决胜阶段的起步之年。我们要认清新形势、适应新常态、实现新作为、推动新发展。各级组织和广大党员要增强政治意识、大局意识、核心意识、看齐意识，认真学习“两会”期间习近平总书记的重要讲话、李克强总理所作的《政府工作报告》、张德江委员长所作的全国人大常委会工作报告、俞正声主席所作的全国政协常委会工作报告以及“十三五”规划纲要等“两会”重要文件，进一步增强贯彻落实“两会”精神的自觉性和主动性，把思想和认识统一到中共中央对形势的分析判断上来，把力量和智慧汇聚到中共中央的决策部署上来，切实在道路、方向、目标上形成统一意志和步调，为实现全面建成小康社会和中华民族伟大复兴的中国梦作出应有的努力和贡献。

二、积极履行参政党职能，紧密围绕“十三五”规划实施献计出力

“十三五”规划纲要，集中体现了以习近平同志为总书记的中共中央治国理政的新

理念新思想新战略，顺应了我国经济发展新常态这个大逻辑，彰显了以新理念引领新发展的战略思维，明确了今后五年经济社会发展的主要目标任务，提出了一系列支撑发展的重大政策、重大工程和重大项目，是指导我国未来五年发展的纲领性文件。当前和今后一个时期，我党各项工作要紧紧围绕如期全面建成小康社会，着眼贯彻落实创新、协调、绿色、开放、共享的发展理念，自觉服务“十三五”发展来部署、来落实、来推进。

我们要按照“五位一体”总体布局和“四个全面”战略布局的要求，以服务全面建成小康社会为目标，以推进“健康中国”和“美丽中国”建设为主线，以助力“十三五”规划实施为重点，紧扣经济社会发展重大问题、全面深化改革难点问题，积极建言献策，特别要在补短板和精准扶贫上聚焦发力。要充分发挥我党联系的主体界别的人才和资源优势，围绕推进“一带一路”倡议、京津冀协同发展、长江经济带发展等国家重大战略，围绕医药卫生体制改革、人口均衡发展、生态环境保护等重大民生领域，围绕创新和完善宏观调控方式、推动区域协调发展、建设主体功能区等重点难点问题，精心选择课题，深入调查研究，积极建言献策。要着力增进人民福祉，提高社会服务效能，继续加大对革命老区、民族地区、边疆地区、贫困地区帮扶力度，开展精准扶贫，形成脱贫攻坚长效机制，推动各项工作深入开展。

三、坚持“四个结合”，进一步夯实团结奋斗的共同思想政治基础

学习贯彻“两会”精神，集中体现为助力“十三五”规划顺利实施，确保如期全面建成小康社会。全面建成小康社会是中共十八大确定的奋斗目标，也是中国共产党领导的广大统一战线成员的光荣使命。我党各级组织和广大党员要认真学习贯彻“两会”精神，不断增强政治责任感和历史使命感，为全面建成小康社会凝聚共识、凝聚智慧、凝聚力量。

认真学习、深入贯彻“两会”精神，要坚持做到“四个结合”：一是与深入学习贯彻习近平总书记系列重要讲话精神相结合，深刻把握中共中央治国理政的新理念新思想新战略，进一步坚定助力全面建成小康社会的信心与决心；二是与深入贯彻中共中央统战工作会议精神、《中国共产党统一战线工作条例（试行）》以及《关于加强政党协商的实施意见》相结合，不断提高履职能力和协商水平，切实担负起政党协商参加者、实践者、推动者的政治责任，进一步增强助力全面建成小康社会的合力和活力；三是与正在开展的坚持和发展中国特色社会主义学习实践活动相结合，体现到“培育和践行社会主义核心价值观”教育活动中，进一步突出助力全面建成小康社会的特色和优势；四是与加强参政党自身建设相结合，深入实施人才强党战略，坚持依规从严治党，不断提高政治把握能力、参政议政能力、组织领导能力、合作共事能力、解决自身问题能力，引导广大党员干部自觉践行“三严三实”，进一步提高助力全面建成小康社会的能力和水平。

“十三五”规划描绘了全面建成小康社会的宏伟蓝图，展现了中华民族伟大复兴的光明前景。我们要更加紧密地团结在以习近平同志为总书记的中共中央周围，高举中国特色社会主义伟大旗帜，同心同德、团结奋进、开拓创新，共同谱写多党合作事业发展新

篇章，为实现“十三五”良好开局、夺取全面建成小康社会决胜阶段的伟大胜利作出新的更大贡献！

中国农工民主党中央委员会
2016 年 3 月 25 日

中国农工民主党中央关于认真学习贯彻习近平总书记“七一”重要讲话精神的通知

农工党各省、自治区、直辖市委员会：

7 月 1 日，习近平总书记在庆祝中国共产党成立 95 周年大会上发表了重要讲话，这是中国共产党在新的历史条件下领导全国各族人民进行新的伟大斗争的政治宣言，是指引中国特色社会主义伟大事业的纲领性文献。为深入学习贯彻讲话精神，现将有关要求通知如下：

一、深刻认识习近平总书记“七一”重要讲话精神的重大意义

习近平总书记“七一”重要讲话，以马克思列宁主义、毛泽东思想、邓小平理论、“三个代表”重要思想和科学发展观为指导，进一步丰富了中国特色社会主义理论体系，通篇闪耀着马克思主义真理的光芒。讲话站在历史、全局和战略的高度，全面总结了中国共产党 95 年来团结带领中国人民不懈奋斗的光辉历程、伟大贡献和历史启示，深刻阐述了面向未来、面对挑战，不忘初心、继续前进，必须牢牢把握的“八个不断推向前进”的战略部署，具有鲜明的思想性、理论性、针对性和指导性，对动员包括农工党在内全国各族人民紧密团结在以习近平同志为总书记的中共中央周围，满怀信心地为实现“两个一百年”奋斗目标、实现中华民族伟大复兴的中国梦而奋斗，具有重大的理论指引和现实指导意义。

二、深刻理解习近平总书记“七一”重要讲话精神的丰富内涵

农工党各级组织和广大党员要深刻理解讲话精神的精髓要义，尤其要理解“不忘初心、继续前进”的重大意义，进一步增强政治意识、大局意识、核心意识、看齐意识，坚决在思想上政治上行动上同以习近平同志为总书记的中共中央保持高度一致。一是深刻领会中国共产党作出了“三大历史贡献”、实现了“三次伟大飞跃”的重大意义：让中华文明在现代化进程中焕发出新的蓬勃生机；让科学社会主义在 21 世纪焕发出新的蓬勃生机；使中华民族焕发出新的蓬勃生机。二是深刻领会必须长期坚持、永不动摇的“三个历史启示”：历史和人民选择中国共产党领导中华民族伟大复兴事业；中国共产党领导中国人民开辟中国特色社会主义道路；中国共产党和中国人民扎根中国大地、吸纳人类

文明优秀成果、独立自主实现国家发展战略。三是深刻领会“八个不断推向前进”的战略部署，八个方面相互联系、内在统一，内容涵盖改革发展稳定、内政外交国防、治党治国治军，既是对中国共产党95年来领导人民革命、建设、改革、发展历史经验的系统总结，也是对人类社会发展规律、社会主义建设规律与共产党执政规律的深刻阐述，体现了以习近平同志为总书记的中共中央治国理政的新理念、新思想、新战略。

三、认真学习习近平总书记“七一”重要讲话精神，深化思想政治共识

学习贯彻习近平总书记“七一”重要讲话精神，是农工党当前和今后一个时期的一项重大政治任务。各级组织要把讲话精神作为当前理论学习的重点，摆上重要日程，作出专题部署，提出具体要求。采取理论中心组学习、座谈会、研讨会、辅导会等多种形式，利用党刊、网站、微信等各种媒体，有声势、有力度、全方位组织好学习宣传活动。要把学习贯彻讲话精神，同深入学习习近平总书记系列重要讲话精神结合起来，同深入推进坚持和发展中国特色社会主义学习实践活动结合起来，同深入开展“走进基层，贴近党员，培育和践行社会主义核心价值观百场主题宣讲”活动结合起来，使广大党员进一步坚定中国特色社会主义的道路自信、理论自信、制度自信、文化自信，切实承担起作为中国特色社会主义事业亲历者、实践者、维护者、捍卫者的政治责任。

四、深入贯彻习近平总书记“七一”重要讲话精神，提高履职尽责能力

作为与中国共产党亲密合作的中国特色社会主义参政党，农工党要把习近平总书记“七一”重要讲话精神作为深化政治交接的重要指引，以执政党为师，全面加强自身建设，认真落实《中国农工民主党中央关于做好2017年省级组织换届工作的意见》，确保换届工作圆满成功。各级组织要把学习贯彻讲话精神同履行好参政议政、民主监督、参加中国共产党领导的政治协商三大职能相结合，以服务全面建成小康社会为奋斗目标，围绕“十三五”时期经济社会发展目标任务，推进“健康中国”和“美丽中国”建设，开展对口云南省脱贫攻坚民主监督工作，打造一批具有农工党特色的参政议政和社会服务的精品和亮点，为加快形成崇尚创新、注重协调、倡导绿色、厚植开放、推进共享的机制和环境，统筹推进“五位一体”总体布局，协调推进“四个全面”战略布局积极贡献智慧和力量。

中国农工民主党中央委员会
2016年7月15日

中国农工民主党中央关于认真学习贯彻中共十八届六中全会精神的决议

（2016 年 12 月 1 日中国农工民主党第十五届中央委员会第五次全体会议审议通过）

中国农工民主党第十五届中央委员会第五次全体会议于 2016 年 11 月 29 日至 12 月 1 日在北京举行。会议认真学习了《中国共产党第十八届中央委员会第六次全体会议公报》，坚决拥护以习近平总书记为核心的中共中央坚强领导及全会作出的关于全面从严治党的两个纲领性文件。

会议高度评价了中国共产党全面从严治党取得的成就。中共十八大以来，以习近平同志为核心的中共中央以非凡的政治智慧和政治勇气，坚定推进全面从严治党，提振了党风政风，赢得了党心民心，为开创中国共产党和国家事业新局面提供了重要保证。中共十八届六中全会制定《关于新形势下党内政治生活的若干准则》、修订《中国共产党党内监督条例》，是中国共产党坚持思想建党和制度治党相结合的一项重大安排，为推进全面从严治党，提高党的创造力、凝聚力、战斗力提供了更加有力的制度保障，是中国共产党党建史上一座新的重要里程碑，意义重大、影响深远。

会议指出，中共十八届六中全会是在我国全面建成小康社会进入决胜阶段召开的一次重要会议。中共十八大以来，习近平总书记带领全党全军全国各族人民开创了中国特色社会主义伟大事业和中国共产党建设新的伟大工程新局面，赢得了包括农工党在内全国各族人民的衷心拥护和爱戴，在新的伟大斗争实践中已经成为中共中央的核心、中国共产党的核心。全会正式提出“以习近平同志为核心的党中央”，充分反映了包括农工党在内的全国各族人民的共同心愿，是中国共产党和国家根本利益所在，是坚持和加强中国共产党领导的根本保证，对保证中国共产党和国家兴旺发达、长治久安，具有十分重大而深远的意义。

会议强调，深入学习宣传贯彻中共十八届六中全会精神，是当前和今后一个时期农工党的重要政治任务。各级组织和广大党员要以高度的政治责任感和使命感，认真组织全会精神的学习宣传贯彻，把思想和行动统一到全会精神上来，把智慧和力量凝聚到实现全会确定的各项任务上来。

会议要求，学习宣传贯彻中共十八届六中全会精神要与学习宣传贯彻习近平总书记系列重要讲话结合起来，与学习宣传贯彻中共十八大和十八届三中、四中、五中全会精神结合起来，与全面贯彻落实党和政府的中心任务和农工党的重点工作结合起来。一是以认真开展“不忘合作初心，继续携手前进”专题教育为主要抓手，深入推进坚持和发展中国特色社会主义学习实践活动，教育引导广大成员更加衷心拥护、坚定维护以习近平同志为核心的中共中央的权威，更加自觉地在思想上、政治上、行动上同以习近平同志为核心的中共中央保持高度一致，坚定对中国特色社会主义的道路自信、理论自信、制度自信、文化自信，夯实共同团结奋斗的思想政治基础。二是以执政党为师，以农工党章程为根本遵循，以各级领导干部特别是中央委员会、中央常委会、中央主席会议成员为关键，加强党内政治生活建设和内部监督制度建设，严格执行民主集中制原则，抓好廉洁自律宣传教育，发挥好各级监督委员会的作用，为政治交接和换届工作营造风清气正的政治生态。三是切实加强“五种能力”建设，提高履行参政党职能的能力和水平，围绕“五位一体”总体布局和“四个全面”战略布局，聚焦健康中国、美丽中国两条主线，认真履行参政议政、民主监督、参加中国共产党领导的政治协商职能。特别是要做好“十三五”时期的脱贫攻坚民主监督工作，为帮助云南省打赢脱贫攻坚战贡献智慧和力量。

会议号召，全党要深入学习贯彻中共十八届六中全会精神，更加紧密地团结在以习近平同志为核心的中共中央周围，进一步增强“四个意识”特别是核心意识、看齐意识，夯实团结奋斗的共同思想政治基础，为实现“两个一百年”奋斗目标和中华民族伟大复兴中国梦竭尽绵薄之力，以优异成绩迎接中共十九大和农工党十六大胜利召开！

中国农工民主党第十五届中央常务委员会2016年工作要点

（2015年12月14日中国农工民主党第十五届中央常务委员会第十二次会议审议通过）

2016年是“十三五”开局之年，全党工作指导思想和总体要求是：高举中国特色社会主义伟大旗帜，认真学习贯彻中共十八大和十八届三中、四中、五中全会精神，以邓小平理论、“三个代表”重要思想、科学发展观为指导，深入学习贯彻习近平总书记系列重要讲话精神，坚持以协调推进“四个全面”战略布局为统领，以推进健康中国和美丽中国建设为主线，以制定实施“十三五”规划纲要为重点，积极履行参政党职能，努力加强自身建设，为全面建成小康社会献计出力。

一、认真学习贯彻中共十八届五中全会精神

1. 认真学习五中全会精神。要把认真学习贯彻中共十八届五中全会精神作为重要政治任务抓紧抓实，与深入学习贯彻中共中央统战工作会议、《中国共产党统一战线工作条例（试行）》和《关于加强政党协商的实施意见》精神相结合，与坚持和发展中国特色社会主义学习实践活动相结合，把思想和行动统一到中共中央决策部署上来。

2. 为制定实施“十三五”规划纲要作贡献。以医药卫生、人口资源、生态环境等领域为重点，找准着力点和突破口，积极为制定“十三五”规划纲要建言献策。全国两会后，要关注“十三五”规划纲要实施的重点难点问题，深入调研、提出建议。

二、深入开展学习实践活动，夯实共同思想政治基础

1. 践行社会主义核心价值观。以俞正声同志重要讲话精神为指导，深入推进学习实践活动。开展征集评选培育和践行社会主义核心价值观的先进组织和榜样人物双百活动，组织巡回宣讲，加大宣传力度，开展专题调研和交流活动。

2. 提升宣传思想工作水平。主动抓好意识形态工作，认真研究带有倾向性、苗头性的问题，积极通过主流媒体、网络新媒体和我党党刊等正面发声。加强门户网站、微信公众号建设，做好《前进论坛》改革。

3. 做好党史工作。落实《中国农工民主党中央关于进一步加强党史工作的意见》，强化工作保障。编写农工党 85 年大事记、农工党简史、地方组织发展史等史料。继续收集整理“口述党史”“党史人物”资料。加强革命活动史迹保护，做好江西、湖南、江苏、四川等地的党史教育基地建设。

4. 加强理论研究。组织好中央理论学习中心组活动。开展理论征文。编辑出版《理论研究参考》《理论研究优秀论文选》。指导理论研究点开展工作。

三、围绕国家战略重点，履行参政党职能出新成绩

1. 参与政治协商。认真学习领会《关于加强政党协商的实施意见》精神，围绕国家经济形势、政府工作报告、“十三五”规划等重要议题，充分调动各方力量，着力提高议政建言能力和水平，增强政治协商的科学性和实效性。

2. 提高政协提案、大会发言质量。认真做好提案工作，打造精品提案，提高重点提案数量和质量。做好政协大会、议政性常委会、相关主题的专题协商会和双周协商座谈会发言，提高建言水平。

3. 开展重大课题调研。认真做好“三医联动，推动公立医院改革”“土壤污染防治与土壤资源保护利用”大考察，关注国家新能源发展、人口变化、京津冀协同发展、“一带一路”倡议实施、界河国土流失治理等问题，积极开展调研，及时向中共中央、国务院建言献策。落实我党中央与黑龙江、重庆、河北等地合作协议，为促进区域经济社会发展做贡献。

4. 做好反映社情民意信息工作。完善信息网络平台，开展舆情分析。建立重点信息研讨机制，加强与全国政协信息局、中央专委会以及各级组织合作。加强专家骨干、信息员队伍建设，推进信息数量质量双提升。

5. 建立健全参与政党协商和参政议政工作机制。深刻理解把握政党协商的定位、内容、程序和保障机制，充分发挥“直通车”作用，进一步增强政党协商的实效性。建立政策理论研究与参政议政协同工作机制，完善与全国政协教科文卫体委员会、社会和法制委员会工作联系机制，建立与中国社会科学院、中国人民大学智库合作工作机制，充分发挥专委会、地方组织作用，形成协同推进、高效有序的工作格局。

6. 加强民主监督。认真学习领会《条例》中关于民主党派履行民主监督职能的新精神，通过多种形式、利用多个平台、多种渠道，切实加强和改进民主监督。

四、集中力量，突出重点，社会服务工作重实效

1. 服务“一带一路”倡议。探索形成党派、政府、公益组织和企业协同合作的社会服务新模式。推进“助闽增福工程”，在福建全省实施“医疗服务能力提升工程”。协调推动国家级“一带一路”平台建设。继续开展巴基斯坦等国家的医护人员培训项目。

2. 推进毕节试验区建设。推进“同心助医工程”，助力精准扶贫。帮扶毕节农工同心职业技术学校建设，推动东部地区与大方县开展学校共建。建设大方县医联体，打造县级医院重点科室，推进卫生信息化建设。

3. 提升品牌和项目影响力。办好“中国环境与健康宣传周”“国际科学与和平周”“中国生态健康论坛”。实施“中医同行计划”，举办第三届“中医科学大会”，开展“杏林春雨”活动，发放中医适宜技术手册。加强“同心全科医生特岗人才基金”建设。实施武陵山片区“同心圆工程·健康新农村”项目。开展“百县清洁饮水改造工程”。

五、深入实施人才强党战略，开创组织建设新局面

1. 重点抓好领导班子建设。充分发挥各级领导班子作用，加强对重大问题的研究、规划和部署。落实领导班子成员分工联系制度，推动领导班子成员联系地方组织、专委会工作取得实效。

2. 做好地市级组织换届。省级组织要加强对地市级组织换届的领导，选好配强新一届领导班子，实现新老交替，搞好政治交接，为省级组织和中央换届奠定坚实基础。坚持党管干部原则，发挥主观能动性，提前谋划，做好省级组织换届的前期准备。

3. 推进地方和基层组织建设。地方组织之间要加强联系沟通，搭建区域性组织交流平台。举办副省级城市工作联席会，探索较大城市组织开展联谊活动。加大对基层组织的指导力度，通过优化组织设置、健全工作制度、创新活动方式等，加强基层组织建设。推广创建星级支部等活动，增强基层组织活力。

4. 加强人才队伍建设。按照分级分类原则开展培训。推荐党员参加挂职锻炼和轮岗交流、担任特约人员。加大人口资源、生态环境领域人才发展力度，优化结构，要重视发展主体界别领域的留学人员、新媒体中的代表性人士。在保持主体界别优势基础上，着力发展一批社会科学、经济金融和法律界人士。

5. 加强党内监督。以落实谈心会制度为抓手强化党内监督，中央派员列席省级组织领导班子谈心会、述职和民主评议。开展监督工作调研，召开交流研讨会。积极运用新媒体，加强党风廉政建设宣传教育力度，开展主题为“践行‘三严三实’，加强作风建设”的教育活动，做到警钟长鸣。推动实现省级组织内部监督机构全覆盖。

六、加强专委会工作和机关工作，增强支持保障能力

1. 充分发挥专委会作用。专委会要深入开展调研，探索建立跨专委会的专题工作小组，真正发挥好“专家库”和“智囊团”作用。继续开展“两岸学生走访名医名家交流活动”，举办健康产业发展研讨会。

2. 全面提升机关效能。注重工作的全局性和协同性，统筹开展参政议政和社会服务

工作，整体推进思想建设和组织建设。整合部门工作会议，统筹召开全国工作会议。统筹开展各类业务培训。统筹做好各类表彰工作。推进绿色节约型机关建设。

3. 加强制度建设。坚持问题导向，建立适合民主党派自身特点、促进工作运行规范化和科学化的制度体系，健全工作机制。践行“三严三实”，狠抓工作落实，建立工作督办和反馈机制。

中国致公党

在中国致公党第十四届中央委员会第五次全体会议上的讲话

（2016 年 3 月 16 日）

万　钢

各位委员、同志们：

按《中国致公党章程》规定，我们召开这次全会。经过大家的努力，会议开得很有成效。我们既完成了届中调整，为本党中央的领导层注入了新的活力，进一步拓展了本党中央领导集体的代表性和包容性。同时，我们也认真学习贯彻了“两会”精神，进一步明确了今后的使命担当。刚才同志们也讨论通过了全会决议，在认识上取得了一致，这为我们做好今年工作提供了重要保证。

下面，我结合学习贯彻“两会”精神，就做好今年致公党工作讲几点意见。

一、认真学习贯彻“两会”精神，凝聚思想共识

今年是全面建成小康社会决胜阶段的开局之年，也是“十三五”时期的起步之年。这次“两会”在这样一个关键时刻召开，意义十分重大。前几天，我在讨论会上也讲过，通过这次“两会”，作为民主党派成员，事实上更要达到“懂‘两会’、善议政、会协商、能作为”的目标。而要达到这个目标，凝聚共识是第一位的。因为共识引领人心，团结才有力量。怎么形成思想共识呢？我想，一是要有大局意识。这个大局就是“五位一体”总体布局、“四个全面”战略布局和五大发展理念。特别是五大发展理念，这是习近平总书记治国理政思想的重要体现，也是我们学习领会的重点。创新、协调、绿色、开放、共享这五大发展理念是互为一体、面向未来的理念。我们在学习贯彻过程中，不能孤立地、拆开来看，而是要把它们放在我国今后经济社会发展的大局中去看。这一点，希望大家在今后的工作中要特别注意。二是要有焦点意识。这次“两会”上，我们的委员、代表讨论得都十分热烈，大家都结合自己的工作体会，把自己关注的热点、难点问题提了出来。我觉得这很好。因为真正的共识就在讨论当中，通过讨论擦出思想的火花，才能聚焦重点。这次会上大家普遍关心创新驱动发展、应对老龄化、推进精准扶贫、提升

对外开放等，我想这些焦点问题，可以成为我们今后参政议政、建言献策的重点思考问题。三是要有担当意识。“十三五”时期，是我国引领经济发展新常态，实现提质增效、转型升级的重要时期。前几天，与海外列席代表讨论时，他们也对这一时期我国的经济社会发展提出了自己的观点，并也介绍了国外舆论对我国今后发展的看法。我当时听了很有感触。这一时期，大家都认为重要，确实需要我们有更大的担当精神。远的不说，就是如何去应对国外对中国唱衰的舆论，作为我们致公党员就完全有义务通过向我们联系的海外朋友介绍中国的真实情况，传播正能量。

作为我们党派，自我学习和自我教育是我们长期在实践工作中形成的思想教育的传统，也是我们凝聚思想共识的重要途径和方法。希望大家能够按照这三种意识去认真学习李克强总理所作的《政府工作报告》、张德江委员长所作的全国人大常委会工作报告、俞正声主席所作的全国政协常委会工作报告和“十三五”规划纲要。各级组织一定要组织广大党员认真学习和深刻领会“两会”精神，围绕“两会”精神特别是政府工作报告和“十三五”规划纲要中提出的各项目标和任务，结合本党中央2016年工作要点，全面做好致公党今年的各项工作。

二、围绕中心、突出重点、发挥特色，积极履行参政党职能

今年是“十三五”开局起步之年，致公党各级组织要以“为执政党助力、为国家尽责、为人民服务”的高度责任感自觉作为，把围绕“十三五”规划实施建言献策作为工作主线，突出问题导向意识，强化短板意识，着力做好参政议政和社会服务工作。

第一，要把坚定不移推动经济转型升级，着力促进经济持续健康发展作为我们参政议政的中心内容。在经济发展新常态下，如何推进经济社会转型升级、创新发展是最大的挑战，也是最大的机遇。总理的《政府工作报告》对今年经济社会发展形势也做了深入分析。他指出今年我国发展面临的困难更多更大、挑战更为严峻，我们要做打硬仗的充分准备。因此，各位委员和本党各级组织要积极投入经济建设这个中心，创新发展这个首要，改革开放这个关键，主动研究落实五大发展理念实践中的新问题、新挑战，注重总结新经验、新做法，着力提高调查研究水平，努力增强协商议政的实效。今年本党中央也将围绕“十三五”开局起步，把创新驱动发展、落实五大发展理念，推进供给侧结构性改革，更好地发挥企业家作用，促进城乡区域协调发展，提升生态环境质量，发展更高层次开放型经济以及“侨”“海”问题等作为调查研究的重点领域。今年本党中央大调研的题目是“积极应对老龄化问题”。这个问题既是我国“十三五”时期面临的难题，也是影响社会和谐稳定大局的重要因素，希望届时大家都能对此问题献计出力。其他的调研课题及安排在工作要点中也都列出来了，希望大家积极参与。我们也将进一步加强与执政党和政府部门以及大学、研究机构的联系，注意借助本党外的力量，拓宽参政议政渠道，提高参政议政质量和水平。也希望各地组织一起参与进来，共同把这些课题做好，可以和本党中央机关联合开展调研或举办研讨会，共享资源和成果。

第二，积极拓展脱贫攻坚工作的形式与内容，进一步探索社会服务工作新思路、新举措。打赢脱贫攻坚战是中共中央着眼全局作出的重大战略部署，是全面建成小康社会最艰巨的任务。去年中共中央召开了中央扶贫开发工作会议。会上，习近平总书记作了

重要讲话，也为动员和凝聚全党全社会力量打赢脱贫攻坚战提供了根本遵循。因此，当前和今后一个时期，我们民主党派参与国家扶贫开发，是围绕中心、服务大局的一项重要内容。“两会”后，中央统战部孙春兰部长也将马上带队到贵州毕节就“统一战线聚力脱贫攻坚暨多党合作参与毕节试验区建设”问题进行专题调研和座谈。因此，积极参与脱贫攻坚工作要成为我们各级组织履行职能的一项重要职责。特别是要积极探索把做好公益活动与党员发展和创先评优相结合的制度。另外，要充分利用和发挥致公党在侨务资源方面的优势，鼓励港澳台同胞、海外侨胞、留学人员等服务贫困地区经济社会发展。尤其是要结合国家“一带一路”倡议，努力服务延边地区建设；引导海外侨团关注内陆贫困地区发展，鼓励有实力的外资企业赴内陆地区开展创新创业。

三、要密切关注两岸形势发展，做好促进祖国和平统一工作

今年以来，岛内政局发生了重大的变化。3月5日，习近平总书记在出席上海代表团会议时就台湾问题发表重要讲话。习总书记强调大陆对台大政方针是明确的、一贯的，不会因台湾政局变化而改变。大陆将坚持“九二共识”政治基础，继续推进两岸关系和平发展。习总书记明确指出，“九二共识”明确界定了两岸关系的性质，是确保两岸关系和平发展行稳致远的关键。承认“九二共识”的历史事实，认同其核心意涵，两岸双方就有了共同政治基础，就可以保持良性互动。他还强调，大陆将坚决遏制任何形式的“台独”分裂行径，维护国家主权和领土完整，绝不让国家分裂的历史悲剧重演。另外，李克强总理在作政府工作报告时，也特别强调要坚持“九二共识”政治基础，反对“台独”分裂活动。

致公党广大干部和党员要认真学习、深刻领会习近平总书记的讲话精神，坚决贯彻中共中央对台工作大政方针，紧紧抓住争取台湾民心这条主线，进一步做好促进祖国和平统一工作。特别是我们今年在开展反独促统、侨务对台和未建交国家工作中，要时刻以习总书记讲话精神为指导，切实根据形势发展，组织办好海峡两岸科技论坛和“海峡论坛·致公恳谈会”，着力为深化两岸经济社会融合发展，增进同胞亲情和福祉，拉近同胞心灵距离，增强对命运共同体的认知而贡献力量。

四、自觉坚持中国共产党的领导，进一步抓好自身建设

民主党派是中国特色社会主义事业的实践者、维护者，而不是旁观者、清谈者。改革越深入、社会越发展，也自然会触及民主党派已有的思维和原有的一些做法。这给我们履职和发挥作用带来新挑战，对我们的自身建设提出更高的要求。今年我们学习实践活动的主题也是“加强自身建设”。我想从改革发展创新的大局和群众根本利益出发，不断加强自身的工作，提高自身的素质，保持民主党派的进步性，切实承担起社会主义参政党的历史责任，是我们致公党在新的历史时期不可松懈的重要任务。各级组织一定要把学习实践活动组织好、开展好，切实把广大党员在学习实践活动中激发起来的积极性引导到本职工作和党务工作中去。

今年还有一项重要任务，就是要完成地市级组织的换届工作和做好明年省级组织换届的准备工作。组织建设是一项关系致公党长远发展的基础性工作。我们一直在强调“人

才兴党”，就是希望把党内优秀的人才培养出来、使用起来。这次地市换届和明年省级组织换届都要有人才意识，使具有真才实学、热心党务的同志能够脱颖而出。平时，也希望各级组织能在代表性人士队伍、后备队伍建设工作中，多下力气，多做工作。当然，参政党的组织建设离不开多党合作这个制度的背景和特点，内容很丰富，实际困难也很多，我们既需要推动外部环境改善，同时也需要致公党中央带头改进自己的工作以及各级组织的共同努力。

“两会”已经胜利闭幕，现在的关键是要把“两会”精神落到实处。希望大家回去之后，要及时将“两会”和本党中央这次全会的有关精神传达下去，并结合各地工作实际，做好“两会”及本党中央全会精神的学习和宣传工作，充分调动广大干部和党员的积极性，锐意进取，扎实工作，为全面建成小康社会、早日实现民族复兴的“中国梦”而努力奋斗！

中国致公党第十四届中央常务委员会工作报告

——在中国致公党第十四届中央委员会第六次全体会议上

（2016 年 12 月 15 日）

万　钢

各位委员、同志们：

我受第十四届中央常务委员会委托，向全会作工作报告，请予审议，并请列席会议的同志提出意见。

一、2016 年工作回顾

2016 年是“十三五”规划的开局之年，也是全面建成小康社会决胜阶段的开局之年。一年来，面对错综复杂的国内外形势，以习近平同志为核心的中共中央团结带领全国各族人民同心协力、苦干实干，统筹推进“五位一体”总体布局和协调推进“四个全面”战略布局，开创了党和国家事业发展的新局面。特别是中共十八届六中全会明确习近平同志的核心地位，体现了全党全军全国各族人民的共同心愿，也反映了各民主党派、工商联、无党派人士的共同心愿。这对推进中国特色社会主义伟大事业具有里程碑意义。

一年来，致公党认真学习中共十八大及十八届三中、四中、五中、六中全会精神和习近平总书记系列重要讲话精神，聚焦“十三五”规划提出的目标任务，紧扣创新、协调、绿色、开放、共享五大发展理念凝心聚力，围绕“致力为公、侨海报国”奋发有为，参政履职实现新发展，对外联络实现新突破，社会服务获得新进步，自身建设取得新进展，为促进深化改革开放、社会和谐稳定作出了积极贡献。

（一）突出思想引领，深化宣传教育，夯实多党合作共同思想政治基础

一年来，全党把思想建设摆在突出位置，以坚持和发展中国特色社会主义学习实践活动为主线，深化宣传教育，不忘合作初心，继续携手前进。

一是认真学习中共十八大及十八届三中、四中、五中、六中全会精神和习近平总书记系列重要讲话精神。召开三次专题常委会，分别就学习今年全国“两会”精神、习近平总书记“七一”重要讲话精神、中共十八届六中全会精神及时作出部署，引导各级组织和广大党员，系统学习领会中共中央有关会议和习近平等中央领导同志的重要讲话精神，激励全党以更加昂扬的精神状态投入各项工作实践。同时，本党中央理论中心组坚持每季度举行专题学习座谈会，切实提高理论中心组成员理论修养和水平。

二是深入开展坚持和发展中国特色社会主义学习实践活动。本党中央及各地方组织抓住核心任务，找准活动载体，突出自身特色，扎实开展学习实践活动，取得了实实在在的效果。为把学习实践活动推向深入，今年在全党开展了以“中国梦 · 侨海情”为主题的宣讲活动，来自 15 个省级组织的近 50 名宣讲人讲述了致公好故事，激励党员增强政治共识，营造积极向上氛围。为进一步深化学习实践活动效果，本党从今年 10 月起，开展“不忘合作初心，继续携手前进”专题教育活动，作为学习实践活动的重要内容。

三是全面推进宣传工作。召开全党宣传思想理论工作会议，总结了近年来宣传思想理论工作取得的成绩，表彰了先进，并对未来五年的宣传思想理论工作做了部署。加大对社会媒体的联络合作力度，推进中央主流媒体对本党重大活动及先进个人的宣传报道，扩大致公党在社会上的影响。努力提高各级组织内刊和新媒体建设水平，《中国致公》推出了“纪念中国共产党成立 95 周年”“纪念孙中山先生诞辰 150 周年”等专栏；本党中央网站全年发稿近 6000 篇，比上年增长近一倍，组织编写了“学习贯彻中共十八届六中全会精神”等 6 个专题；中国致公官方微信号全年发布图文消息近 400 篇，关注人数近万人。

四是加强理论和党史研究工作。理论研究会围绕中央统战工作会议精神、参政党与“十三五”规划、纪念孙中山诞辰 150 周年等主题，开展理论研究和交流活动，共收到 119 篇理论文章。《中国发展》杂志全年累计刊登论文 120 余篇，理论和学术水平进一步提高。中央党务研究会继续做好本党党史研究及史料收集、整理工作，发挥智力优势，组织研究会成员赴北京、安徽、广东、江苏、陕西等地，为各类培训班授课，讲授致公党党史和党章知识。

（二）围绕“四个全面”战略部署，积极建言献策，推动参政履职提质增效

一年来，我们紧扣实施“十三五”规划，着眼经济社会发展新常态，深入开展调查研究，全面提高政党协商的能力和水平，参政履职工作实现新发展。

一是高层协商成效显著。本党中央主要负责同志多次参加中共中央、国务院召开的党外人士座谈会，分别就政府工作报告、经济工作、全面从严治党等重大问题，提出了意见和建议，得到中共中央领导同志的高度评价。在年中经济形势分析座谈会上，本党建议要进一步提升企业的原始创新能力，发掘孝文化及其支撑下的居家养老、社区互助

模式的内在潜力，加强与“一带一路”沿线国家的青年人才交流等；在全年经济工作征求意见会上，本党建议拐点产业的发展要加强体制机制创新、供给侧去产能要与市场侧调需求相配合、区域协调发展和扶贫脱贫要重视科技创新能力和要素的协调等，对中共中央、国务院有关决策产生了积极影响。本党地方组织的主要负责同志，也认真参加各级中共党委和政府举行的政党协商会、情况通报会，就经济建设和社会发展等问题提出意见建议。

二是议政建言成果丰硕。本党各级组织和人大代表、政协委员在各级“两会”上积极建言献策，有不少提案、议案成为重点提案或优秀议案，得到重视和采纳。在全国政协十二届四次会议上，本党中央共提交大会发言3件、提案34件，内容涵盖区域经济发展、“三农”问题、生态文明、医疗卫生、文化教育、法制等方面。截至目前，已经有29件提案得到了答复，其中《加强金融监管体制改革》被十二届全国政协四次大会列为重点督办提案；《关于淮河入海水道建设的提案》《关于发展更高层次的开放型经济，提升我国“十三五”对外开放水平的提案》《关于完善农民工工资支付保障机制的提案》《关于“十三五”期间设立长期护理保险制度的提案》等被国家发改委、商务部、人社部等部委列为重点办理提案。在全国政协常委会、专题协商会、双周协商座谈会上，本党中央就国际科技合作与大科学计划、东北三省工业转型升级问题、深化医药卫生体制改革、推动大众创业万众创新等选题积极建言献策，取得良好反响。

三是调查研究成绩突出。本党各级组织精心选题，深入调研，在经济、科技、环境与生态、民生等领域积极建言献策，受到中共党委、政府及社会各界的重视和肯定。本党中央围绕积极应对人口老龄化、慢性病防治、“一带一路”倡议、长江非法采砂、发挥科技类民办非企业单位作用、华侨权益保护立法、首都功能核心区文物保护等19个课题开展调研。其中年度大调研“积极应对人口老龄化”的调研成果，得到习近平总书记和李克强总理的批示，并被国家相关部委采纳；《关于加快建立“5+15”海上丝路港口城市创新发展协作机制的建议》得到李克强总理的批示，《关于加大支持力度，促进边境地区发展的建议》得到俞正声主席的批示，《关于加强海岛建设与发展的建议》和《关于加强长江非法采砂管理，促进长江经济带健康发展的建议》得到张高丽常务副总理的批示，《关于加强肿瘤精准防治实现“健康中国”的几点建议》和《致公党中央关于学习贯彻全国卫生与健康大会精神的报告》得到刘延东副总理的批示。

四是参政议政工作机制进一步完善。制定了《致公党中央关于进一步加强社情民意信息工作的意见》《致公党中央关于加强提案工作的意见》《致公党中央关于进一步加强调研工作的意见》，进一步规范调研、提案和社情民意信息工作。截至今年11月底，致公党中央共收集各地报送的信息1953篇。在此基础上，向全国政协、中共中央统战部等报送信息311篇。其中，《与“一带一路”沿线国家经贸往来中应注意的几个问题》等73篇信息被中共中央统战部采用，《关于支持广西华侨农场改革发展打造21世纪海上丝绸之路重要基地的建议》等18篇信息被全国政协信息局采用。为了进一步完善发挥地方组织在本党参政议政工作中的作用，今年探索启动了致公党中央参政议政联系点工作机制，35个地方组织被列为首批联系点，有效整合了全党的参政议政资源。

五是专门委员会作用进一步凸显。今年，本党中央更加注重发挥专委会作为“行动中的致公党、平台化的智库”的作用，进一步理顺运行机制，提高专委会工作能力。继续推进专门委员会自身建设，修订了《中国致公党中央委员会专门委员会通则》。加大与地方专委会合作力度，在江苏进一步探索与省级组织共同提高专委会骨干成员素质的培训模式。同时，13 个中央专委会开展了中药产业发展情况、海外华侨华人助力“一带一路”倡议、海岛生态文明与海水淡化、推进贫困地区素质教育发展、多元化纠纷解决机制建设等 10 项专题调研，取得了丰硕成果。专委会还结合自身特点开展主题活动，例如妇委会在厦门主办致公女校“妇女・关注社区老年服务”论坛，留委会与江苏省委会共同主办第七届“引凤工程”活动、与湖南省委会共同举办第三届青年海归发展论坛。

六是“中国发展”论坛品牌效应进一步提升。8 月，为落实中央城市工作会议精神，更好地研究发挥中小城市发展潜力，本党中央在湖北潜江举办以“中小城市创新驱动发展”为主题的中国发展论坛，与会专家围绕中小城市科技创新、供给侧改革、城乡协调发展等重大问题为中小城市健康可持续发展建言立论。11 月，为了深入研究新常态下区域合作与创新发展之间的关系，本党中央与广东省政协在深圳举办了以“新常态下区域合作创新发展”为主题的中国发展论坛。论坛提出的要重视区域发展因创新能力差异而导致的分化现象，提倡鼓励科技资源密集、创新能力强的地区结对帮扶后发地区等观点，经反映到中共中央、国务院后，受到了中央领导同志的高度重视。

（三）致力精准扶贫脱贫，增强社服工作实效，服务全面建成小康社会

一年来，本党各级组织以精准扶贫、精准脱贫工作为主线，探索实施脱贫攻坚民主监督工作，拓展社会服务工作外延，服务全面建成小康社会能力和水平显著提高。据统计，全党共 15411 人次参与扶贫公益等各类社会服务工作，投入及捐助各类物资总计近 1.2 亿元。

一是全面聚焦脱贫攻坚，结对帮扶精准对接。本党中央加大引导力度，重点推进精准扶贫、精准脱贫工作，在多年扶贫开发工作积累的经验基础上，注重“六个精准”，通过东西部地市级组织结对帮扶，广泛动员全党力量参与脱贫攻坚。今年共完成第一批 9 个“央地互动”签约项目，35 个地方组织与 9 个连片贫困地区开展结对帮扶；全面开启“致公东西协作行动”，范围涉及滇桂黔石漠化区、武陵山区、乌蒙山区、秦巴山区等全国重点贫困地区。同时，继续通过开展教育帮困、产业帮扶和医卫援助等方式，突出问题导向，精准施策，有力地促进了毕节、酉阳等地教育、经济和医疗卫生发展。

二是完善体制机制，探索开展脱贫攻坚民主监督工作。自今年 6 月脱贫攻坚民主监督工作启动以来，本党中央领导高度重视，迅速研究部署工作开展。截至目前，已制定了《致公党中央开展参与四川省脱贫攻坚民主监督工作方案》，并围绕民生保障机制、公共服务能力、乡村基础设施建设、特色产业发展、生态环境保护等五大领域，开展民主监督工作。同时，明确致公党中央开展脱贫攻坚民主监督工作要在参与中监督，在监督中建言。本党中央领导先后四次带调研组赴四川广安、广元等地进行专题调研，所形成的调研报告得到了汪洋副总理的批示，高度肯定了本党开展的监督工作。

三是注重模式引领，社会服务品牌建设成果丰硕。本党中央围绕民生重点领域，引导各地方组织开展社会服务品牌建设，不断提高社会服务工作的示范性和可持续性。重

点围绕精准扶贫、留守儿童等社会关注热点，深入调研、集思广益，不断创新模式。持续开展医卫帮扶，“致福送诊”成为重要载体，送诊范围由贵州毕节延伸至重庆酉阳、云南玉溪、江苏盐城等地，累计送诊次数达23次，各类医疗专家128人参与该项活动，服务因病致贫群众达两千余人。开展“致公爱心妈妈”，关注贫困地区的留守儿童健康成长问题，通过“一对一”或“多对一”“多对多”等方式，与留守儿童结对帮扶。继续开展“致公学生培养计划”，今年第一批毕业生高考成果丰硕。

（四）发挥“侨”“海”特色，拓展联络平台，推动对外联络工作实现新突破

一年来，本党各级组织继续发挥“侨”“海”优势，持续拓展联络平台，继续深化与侨界的传统友谊，未建交国家工作实现新突破，服务国家外交大局的能力和水平明显提升。

一是着力深化对外联络平台建设。本党中央通过搭建对外联络平台，精选活动主题，创新交流方式，持续发挥品牌效应，稳步推进对外联络工作。与浙江省政府共同主办“海峡科技论坛”，首次邀请台湾10余所高校校长、教授等专家学者与会，进一步深化两岸科技交流。与陕西省政府共同主办“海外华商·致公峰会”，邀请100余位海外华商和港澳台企业家，为“一带一路”倡议和陕西省经济社会发展建言献策。在厦门主办第八届海峡论坛·致公恳谈会，与台湾26个社团的85位嘉宾互动交流。

二是着力推进未建交国家工作。面对两岸的新形势、新局面，本党中央在联络未建交国家洪门社团的基础上，突出参政党特色，积极探索，通过发挥相邻国家主要侨领人脉优势，沟通未建交国家政界上层和参政华人，涵养对华友好力量。今年，本党中央代表团访问巴拿马和伯利兹，广泛接触当地政界商界高层，丰富了他们对中国的认识和了解，切实推动两国与中国关系发展，得到外交部等相关部门的高度评价。

三是着力加强与“一带一路”沿线国家的交流。围绕“一带一路”，精选主题，深入开展公共外交，努力发挥参政党在助推国家战略中的积极作用。本党中央先后组团或参团出访柬埔寨、捷克、阿联酋、越南、马来西亚等国家，向所在国侨胞深入宣传中国“一带一路”倡议的深刻内涵，认真听取中资机构在所在国的发展情况，并深入调研科技国际交流合作、中医药“走出去”等问题，所形成的出访报告《华侨华人关于“一带一路”倡议的建议》《中医药走进欧洲面临的挑战及建议》等得到中共中央领导同志的批示。

四是着力巩固与海外侨胞和港澳台同胞的友谊。今年，本党共派出5个出访团组赴11个国家和地区进行访问，接待海外侨胞、港澳台同胞及友好人士200余人次。邀请日本华侨华人妇女联合会、阿联酋华人联合会代表团来访，加深与主流侨团的联系。邀请北美致公协会访问团来华，通过海外留学生团体，推动中美生物科技和金融投资领域的合作交流。加大与港澳社团的联谊互动，派团出席香港侨友社第16届理监事就职典礼、香港各界纪念孙中山先生诞辰150周年大会和中国（澳门）致公协会成立十周年典礼；邀请港澳重点社团来访，着力加强与港澳地区社团的友好联系。

（五）加强组织和机关建设，切实转变作风，着力推进本党事业健康发展

一是换届工作有序推进。十四届五中全会增补了专职副主席、常委和委员，进一步

优化了本党中央领导集体的结构。今年下半年，省级组织换届工作正式启动，本党中央制定下发了《致公党中央关于省级组织换届工作的意见》和《关于加强换届纪律监督 营造良好换届环境的意见》，成立了中央换届工作领导小组。同时，召开致公党组织工作会议，研究部署2017年省级组织换届工作，并积极与有关部门就省级组织后备干部人选进行沟通、协商。

二是组织建设不断完善。今年以来，在有关部门的协助下，本党在江西省建立了中央直属支部，实现了本党在江西省组织发展工作的突破。同时本党其他地方组织建设也呈现出了新的进展，先后成立了上海市静安区委会，北京市昌平区工委，贵州省黔西南州支部、毕节市工委等组织，并继续推动成立致公党河南省委会事宜。截至11月，本党在21个省、直辖市、自治区建立了致公党组织，其中上海、山东、广西、江苏实现了所属组织全覆盖；共有党员50765人，党员队伍结构继续优化。同时，结合本党基层组织实际，制定《致公党中央关于加强基层组织建设的意见》，对本党基层组织领导班子建设、思想建设、组织制度建设、组织管理等方面作出了详细的规定。

三是干部队伍建设不断加强。贯彻落实中共中央统战工作会议精神和《中国共产党统一战线工作条例（试行）》，主动向有关单位推荐优秀党员担任政府机关、企事业单位、高校和科研院所负责人等，为更好地参政履职创造条件。同时，把学习培训作为加强干部队伍建设的重要方式，集中资源抓学习、搞培训，先后组织开展了民主党派干部培训班和进修班、中青年干部多党合作专题研讨班、骨干党员培训班、参政议政工作培训班、社会服务公益慈善培训班等，起到了良好的培训效果。

四是内部监督扎实推进。各省级组织均已建立了省级监督委员会，着力营造风清气正的换届环境。部分地市级组织也成立了监督委员会，对民主党派内部监督工作进行了积极有益的探索。中央监督委员会先后派员出席了海南、江苏、四川等省级组织的全委会，对省级组织领导班子述职、民主评议和民主推荐等工作进行了解和监督。召开党内监督工作研讨会，结合中央及地方换届形势与任务，研讨监督委员会如何在换届工作中发挥监督作用，并通过案例教学开展关于换届纪律的警示教育。

五是机关建设更加务实。本党中央领导同志高度关心机关建设，亲力亲为，加大对本党中央机关和学习实践活动联系点机关建设的指导力度。中央监督委员会也加强对省级机关建设的督导力度。本党中央在厦门召开机关工作会议，围绕提高机关工作的质量和效能研讨交流。梳理、修订、汇总机关规章制度10类40余项，进一步提高机关工作的制度化、规范化水平。继续选派机关干部到基层挂职锻炼，接收地方组织机关干部到本党中央机关挂职锻炼。各地方组织机关也不断建立健全机关工作制度，改进工作作风，不断加强“和谐型机关”和“学习型机关”建设。

各位委员、各位同志，一年来，本党各项工作所取得的新成绩，是以习近平同志为核心的中共中央正确领导的结果，也是本党各级组织和广大党员团结奋斗、努力工作的结果。在这里，我谨代表本党中央常务委员会，向全体党员付出的辛勤努力和作出的无私奉献，表示衷心的感谢！

在去年的全会上，我们提出了创新互联网时代思想建设工作、提高新形势下政党协商的能力和水平、完善党内人才的选拔任用机制，以及进一步加强对国内归侨侨眷的联系和服务工作等四个需要着重研究解决的问题。经过一年的努力，我们不断创新宣传渠道，搭建新媒体平台，坚持“互联网＋民主党派”的理念，着力使思想建设工作更具针对性、吸引力和说服力；切实履行参政议政职能，采取上下联系、左右协作的方式，多途径组织党员参与重大课题的调查研究，不断加强协商能力建设；继续实施“人才兴党”战略，重视人才的选拔、培养和使用，积极向有关单位推荐本党党员，力争使优秀人才脱颖而出；开展“致福助侨工程”，资助优秀华侨子弟完成高等教育，实施“三帮扶”活动等，不断加强对归侨侨眷的向心力和凝聚力。

在肯定成绩的同时，我们也要清楚地看到我们前进途中遇到的新情况、新挑战。近年来，针对个别党员出现的一些问题，我们也做了相应的党内处分，但其也给我们党派带来了一定的不良影响。如何深入贯彻落实中共十八届六中全会精神，学习执政党全面从严治党的理论和实践，净化本党党员的理想和信念，提高拒腐防变和抵御风险能力，值得全体委员和同志们认真思考。结合今明两年的工作态势，明年我们着重要注意以下五个方面：一是如何在组织换届的同时，切实做好政治交接，使我们的政治方向、政治立场、政治路线和宗旨得以更好继承和延续；二是如何在完善参政议政工作联系点制度的同时，使各省参政议政工作也能与本党中央协同起来，共同提高参政议政的质量和水平；三是如何在深入推进精准扶贫精准脱贫工作的同时，做好脱贫攻坚民主监督工作，使本党为推进全面小康做出更大的贡献；四是如何在夯实本党对外联络工作的同时，积极在严峻复杂形势下做好对台工作和港澳工作，推进祖国和平统一进程；五是如何在加强本党自身建设的同时，切实推进本党党内监督机制建设，使党内监督能够切实可行、行之有效、持之以恒。

上面提到的这些方面，需要我们在不断总结经验的基础上，紧紧依靠广大致公党员，解放思想，注重实效，着眼未来，敢于探索，从一点一滴做起，从一言一行抓起，共同把本党的工作推向前进。

二、2017 年工作部署

2017 年致公党工作的总体要求是：深入贯彻落实中共十八大和十八届三中、四中、五中、六中全会精神，深入贯彻习近平总书记系列重要讲话精神和治国理政新理念新思想新战略，围绕推进“五位一体”总体布局和“四个全面”战略布局，以加强政治交接为主线，以增强“四个意识”为抓手，坚持“致力为公、侨海报国”，认真履行职能，扎实做好各项工作，努力在服务大局上有新作为，在自身建设上有新进展。

（一）学习贯彻中共十八届六中全会精神，巩固扩大坚持和发展中国特色社会主义学习实践活动成果

学习贯彻全会精神。切实把思想和行动统一到十八届六中全会精神上来，进一步牢固树立政治意识、大局意识、核心意识、看齐意识，尤其要牢固树立核心意识和看齐意识，坚定对中国特色社会主义的道路自信、理论自信、制度自信、文化自信，在思想上政治上行动上同以习近平同志为核心的中共中央保持高度一致。各级组织和广大党员要

把学习贯彻中共十八届六中全会精神与继承发扬致公党优良传统结合起来，不断加强作风建设，进一步加强和规范致公党党内政治生活；与履行参政党职能结合起来，进一步发挥广大党员智力优势，切实提高履职水平和能力，提高民主监督能力；与自身建设结合起来，努力推动致公党事业持续健康发展。

深入开展学习实践活动。继续深入开展中国特色社会主义学习实践活动，夯实基础，凝聚共识。结合“侨海报国”时代使命和当前形势，深入开展“不忘合作初心，继续携手前进”专题教育活动，把专题教育活动与学习六中全会精神和习近平同志系列讲话精神和治国理政新理念新思想新战略结合起来，与纪念致公党“三大”召开70周年和学习多党合作历史及致公党优秀历史传统等结合起来。继续开展以“中国梦·侨海情”为主题的宣讲活动，以讲好致公党的故事为主线，讲述广大党员立足本职、奉献社会的感人事迹，使其成为致公党党员喜闻乐见的自我教育平台。

加强宣传思想理论工作。巩固和加强“大宣传、大教育”格局，坚持弘扬主旋律与体现“侨”“海”特色相结合，全面、及时、准确地掌握广大党员思想状况，以“讲好致公故事、夯实政治基础、探索履职规律”为目标，引导广大党员不断增进政治道路认同、奋斗目标认同和文化价值认同。坚持和发展“互联网＋民主党派工作”的理念，充分挖掘党史资源，切实做好多党合作历史记录工程，强化理论研究，加强队伍建设，拓展宣传思想舆论阵地，不断统筹“内宣”服务大局，谋划“外宣”树立形象。

（二）积极履行参政议政职能，增强建言献策科学性和实效性

进一步提高协商能力。全面提高政党协商的能力和水平，是新时期做好参政议政工作的关键。各级领导干部和广大党员要强化协商意识，熟悉协商方法，总结协商经验，推进协商实践。加强调查研究与协商议政衔接，以调研促进协商质量提高、以协商促进调研成果转化。加快建设具有自身特色、服务参政议政的智库，进一步增强政党协商的实效性，切实担负起政党协商参与者、实践者、推动者的政治责任。

全面提升履职实效。要立足全局，着眼长远，围绕“四个全面”战略布局和“十三五”规划的实施做好参政议政工作。在充分调研基础上提出合理化意见和建议，增强建言献策科学性实效性。充分发挥“侨”“海”特色，重点关注创新驱动战略实施中的体制机制问题、经济新常态下的结构调整问题、全面建成小康社会中的扶贫问题、供给侧改革内的“三去一降一补”问题、实现第二个百年奋斗目标过程中存在的难点问题，“一带一路”倡议等方面，扎实深入地开展调查研究，提出真知灼见。同时，继续发挥好中国发展论坛的平台作用。

加强参政议政能力建设。深化对新时期参政议政工作规律的认识，加强参政议政工作机制和人才队伍建设，着力发展有参政议政能力和参政议政愿望的人才。健全和完善重大课题事前集中酝酿、事中精细调研、事后小心提炼的工作机制。加大社情民意工作力度，着力解决社情民意信息缺少与报送单位全程沟通、深度调研和及时反馈的问题。全面加强各级组织的专委会能力建设，进一步完善参政议政工作联系点工作机制，密切各级组织和各类合作平台之间的联动。完善信息平台，努力实现各级组织间调研报告、社情民意等资源和信息的共享，形成全党合力参政议政的良好氛围。

（三）深入开展海外联络工作，积极主动服务国家外交大局

巩固和深化传统友谊。进一步深化包括海外洪门在内的传统侨团工作，继续有针对性地做好重点侨团、重点人士的工作，培养和发展新生力量，促进“侨”“海”资源的可持续发展。充分利用各种平台，创新交流方式，提高本党在海外侨社中的影响力。同时，进一步密切与新移民团体、海外留学人员，以及在专业领域有较大影响力的华人学术团体的联系与交流，拓展对外联络工作的广度和深度。

聚焦“一带一路”倡议。明年本党中央的出访和邀请将以俄罗斯、哈萨克斯坦、菲律宾等“一带一路”沿线国家为主，内外联动，发挥本党特色和优势助推“一带一路”倡议。同时，服务国家整体外交，把握好对未建交国家工作的策略和节奏，创新工作方法，争取在开拓中南美洲未建交国家的工作上有所突破，发挥致公党在对外交往和公共外交中的积极作用。

扎实做好对台港澳联络工作。充分认识对台港澳工作所面临的新形势，密切关注台湾和香港局势变化，高度警惕“台独”势力在国际舞台上抬头，进一步密切与海外爱国侨社的联系，广泛凝聚人心，争取更多的正能量和进步力量。深入开展海峡两岸武术论坛、致公恳谈会等侨务品牌活动，有效地整合资源，扩大侨务对台工作的影响。继续派出团组赴港澳交流访问，着重做好工商界人士、中产专业人士、青年学生的工作，广泛团结和凝聚爱国爱港爱澳力量。

（四）进一步做好社会服务工作，助力实现第一个百年奋斗目标

进一步推进精准扶贫结对帮扶工作。围绕中共中央扶贫工作大局，将精准扶贫作为致公党社会服务工作的中心工作。落实《中国致公党扶贫开发工作纲要（2016–2020）》和本党在毕节试验区、重庆酉阳、四川泸州的帮扶工作计划。各级组织要增强责任意识，以“致公东西协作行动”为平台，使帮扶资源与贫困地区资源精准对接，不断探索工作模式，扎实推动结对帮扶任务落实。注重社会服务与参政议政、民主监督紧密结合，使各项工作相互促进、全面提高。

扎实推进脱贫攻坚民主监督工作。民主党派开展脱贫攻坚民主监督是一项开创性的工作，意义重大，体现了中共中央对多党合作的高度重视，是各民主党派发挥民主监督作用的有益探索，是各民主党派服务大局的充分体现，全党同志要以高度的政治责任感和使命感，坚决完成好脱贫攻坚民主监督工作。要着力探索“造血式”精准扶贫的新模式，提升帮扶地区的可持续发展能力。强化工作机制，加大工作力度，助力四川打赢脱贫攻坚战。适时召开全党脱贫攻坚民主监督经验交流会，对先进组织和个人要加大表彰和宣传力度。

继续发挥社会服务品牌的影响力。深耕已有社会服务品牌，扩大其影响力和辐射能力，把塑造社会服务品牌作为提升社会服务工作水平的重要抓手。不断创新新的平台和载体，以公益慈善培训班、公益论坛等为工作主题，凝聚“侨”“海”资源和力量，鼓励党员发挥专长，服务全面建成小康社会。着力推进致福慈善基金会自身建设。

（五）切实提高组织建设水平，努力建设新时期高素质参政党

以换届为契机推进组织建设。各省级组织要认真总结以往换届工作中的经验，抓好选人用人这一关键环节，坚持民主集中制原则，严格按程序办事，深入细致地开展思想工作，严格遵守换届纪律，保证换届工作平稳、顺利完成。继续加强组织建设，把组织发展、后备干部队伍建设工作与履行职能相结合，在保持本党“侨”“海”界别特色优势的基础上，重点发展一批履行职能急需的代表性人士，优化本党的人才结构。

推进党内监督工作。各级组织和广大党员要认真学习借鉴执政党全面从严治党的经验，加强本党党内监督机制建设，发挥各级监督委员会的作用。进一步强化监督委员会的监督职能，拓宽监督渠道，健全完善科学的监督工作机制，完善内部监督网络，总结经验，推广行之有效的方式方法，真正建立自上而下和自下而上的双向互动监督机制。中央及地方监督委员会要围绕换届工作，加强监督指导和巡视检查，突出重点、创新手段，严明纪律、严守红线，务必使换届纪律得到不折不扣的贯彻执行。

进一步加强机关能力建设。必须牢记参政党的使命，在各项工作中始终保持政治上的坚定，围绕为履行参政党职能提供制度支持和组织保障主线，不断优化机关运行机制和工作流程，切实提高履职水平和成效。要进一步改进工作作风，建设廉洁高效机关，努力在全党塑造出一种具有历史意识、现代情愫和未来关怀的致公党文化。机关工作人员要筑牢“修身为本”的自律意识，增强服务“侨”“海”的意识，提升传承与创新意识，全面推升本党机关效能建设。

各位委员、同志们，2017 年我们将迎来中国共产党第十九次全国代表大会和本党第十五次全国代表大会的胜利召开，多党合作的事业前景广阔、大有可为。让我们更加紧密地团结在以习近平同志为核心的中共中央周围，高举中国特色社会主义伟大旗帜，不忘合作初心、继续携手前进，把致公党的各项事业推向前进，共同谱写多党合作事业发展的新篇章，努力为实现“两个一百年”奋斗目标、实现中华民族伟大复兴的中国梦作出更大的贡献！

关于深入学习贯彻习近平总书记在庆祝
中国共产党成立 95 周年大会上重要讲话精神的通知

各省、自治区、直辖市及中央直属组织：

7 月 1 日上午，庆祝中国共产党成立 95 周年大会在北京人民大会堂隆重举行，习近平总书记在会上发表重要讲话。讲话全面总结了中国共产党团结带领中国人民不懈奋斗的光辉历程、伟大贡献和历史启示，深刻阐述了不忘初心、继续前进必须牢牢把握的“八方面要求”，科学展望了中国共产党和人民事业发展的光明前景，是中国共产党的重要理论创新成果，进一步丰富了中国特色社会主义理论体系，是指引我国奋力推进中国特色

社会主义伟大事业和全面推进执政党建设新的伟大工程的纲领性文献。

致公党全党要把学习习近平总书记重要讲话精神作为当前和今后一个时期的重要政治任务。深入学习、认真领会，不忘初心、继续前进，把思想和行动统一到讲话精神上来：不忘初心，继承优良传统，自觉接受中国共产党的领导；不忘初心，团结广大党员，夯实共同政治思想基础；不忘初心，发挥自身优势，自觉履行参政党职能；不忘初心，胸怀共同目标，为实现中华民族伟大复兴中国梦而奋斗。

各省级组织要结合自身实际，对深入学习贯彻习近平总书记重要讲话精神作出专题部署，提出具体要求，各级领导干部要带头学习，切实增强学习实效。

一、深入学习贯彻习近平总书记重要讲话精神，要充分认识中国共产党所取得的巨大成就和积累的基本经验

习近平总书记重要讲话全面总结了中国共产党成立 95 年来的光辉历程、伟大贡献和历史启示，号召我们在回顾历史中增强开拓前进的勇气和力量，在面向未来中坚持不忘初心、继续前进。历史和人民选择中国共产党领导中华民族伟大复兴的事业是正确的，必须长期坚持、永不动摇；中国共产党领导中国人民开辟的中国特色社会主义道路是正确的，必须长期坚持、永不动摇；中国共产党和中国人民扎根中国大地、吸纳人类文明优秀成果、独立自主实现国家发展的战略是正确的，必须长期坚持、永不动摇。各级组织要通过学习习近平总书记重要讲话精神，使广大党员充分认识、深刻领会中国共产党取得的巨大成就和积累的基本经验，引导广大党员更加自觉地坚持中国共产党的领导，更加坚定走中国特色社会主义道路的信念。

二、深入学习贯彻习近平总书记重要讲话精神，要与开展坚持和发展中国特色社会主义学习实践活动结合起来

各级组织要以学习贯彻习近平总书记重要讲话精神为契机，不断深化坚持中国共产党领导、走中国特色社会主义道路这一主题，引导和带领广大党员把坚持和发展中国特色社会主义学习实践活动不断推向深入。要把理想信念教育作为思想建设的战略任务，坚定理想信念，坚持道路自信、理论自信、制度自信、文化自信，始终沿着中国特色社会主义道路奋勇前进；要坚持把马克思主义基本原理同当代中国实际和时代特点紧密结合起来，不断提高马克思主义思想觉悟和理论水平，保持对理想信念的清醒认知和执着追求；要把学习成果转化为提升个人修养、思想境界、道德水平的精神营养，坚持走中国特色社会主义政治发展道路，自觉做中国特色社会主义共同理想的坚定信仰者、忠实实践者。

三、深入学习贯彻习近平总书记重要讲话精神，要与发挥“侨”“海”特色、切实履行参政党职能结合起来

习近平总书记重要讲话强调要统筹推进“五位一体”总体布局，协调推进“四个全面”战略布局，全力推进全面建成小康社会进程，不断把实现“两个一百年”奋斗目标推向前进。这是包括各民主党派成员在内的全国各族人民共同的历史使命。各级组织和广大党员在学习贯彻习近平总书记重要讲话精神的实践中，要始终将促进发展作为参政议政的第一要务，切实发挥本党“侨”“海”优势，围绕坚持五大发展理念聚焦“十三五”规划的实施、“一带一路”倡议、归侨侨眷权益保护、归国留学人员创新创业等问题积极建言献策；在社会服务工作上，坚持“量力而行、注重实效”，着力脱贫攻坚，突出精品意识，持续长久地做好定点帮扶工作，做好民主监督。继续帮助困难归侨侨眷等工作；继续做好与广大归侨侨眷、留学人员和海外侨胞的联系工作，把他们的爱国之心、报国之志、效国之力凝聚到建设中国特色社会主义的伟大事业当中，为实现祖国统一和中华民族伟大复兴的中国梦贡献力量。

四、深入学习贯彻习近平总书记重要讲话精神，要与做好换届工作、切实搞好政治交接、不断加强参政党自身建设结合起来

加强自身建设是民主党派的一项基础性任务，没有完成时，只有进行时。各级组织要以学习习近平总书记重要讲话精神为契机，切实搞好政治交接，着重从加强人才建设、制度建设、文化建设三个方面来下苦功夫，推动本党自身建设再上新台阶。在今年本党各省级组织的换届过程中，要深入学习贯彻习近平总书记系列讲话精神，以《中国致公党章程》为依据，深化政治交接，增进政治共识，坚持“致力为公”的优良传统，担负起“侨海报国”的时代使命，贯彻“人才兴党”战略，加强中国特色社会主义参政党建设，推进中国共产党领导的多党合作事业健康发展。要把继承和弘扬多党合作优良传统贯穿换届工作全过程，在新老交替中凝聚力量，夯实共同的思想政治基础；坚持德才兼备、以德为先的选人用人导向，把政治标准放在首要位置，真正把信念坚定、敢于担当、业绩突出、群众认可的代表人士选拔到领导岗位上来；优化班子结构和年龄梯次，形成班子成员之间的团结协作和优势互补；贯彻民主集中制原则，建立健全择优选拔、能上能下的正常进退机制。

致公党中央办公厅

2016 年 7 月 15 日

关于印发《致公党中央关于开展“不忘合作初心，继续携手前进”专题教育活动方案》的通知

各省、自治区、直辖市及中央直属组织：

致公党第十四届中央常务委员会第十七次会议讨论并通过了《致公党中央开展“不忘合作初心，继续携手前进”专题教育活动方案》。现印发给你们，请结合各自实际，组织开展好此次专题教育活动，并将活动开展情况上报本党中央宣传部。

附件：“致公党中央不忘合作初心，继续携手前进”专题教育活动方案

致公党中央办公厅
2016 年 12 月 23 日

附件

致公党中央关于开展“不忘合作初心，继续携手前进”专题教育活动方案

（2016 年 11 月 12 日致公党十四届十七次中常会讨论通过）

为促进全党各级组织和广大党员更加自觉地坚持中国共产党的领导，将坚持和发展中国特色社会主义学习实践活动不断推向深入，本党中央决定从现在起到 2017 年 12 月，在全党开展“不忘合作初心，继续携手前进”专题教育活动（以下简称专题教育活动）。

一、指导思想

高举中国特色社会主义伟大旗帜，坚持以马克思列宁主义、毛泽东思想、邓小平理论、“三个代表”重要思想、科学发展观为指导，全面贯彻中共十八大和十八届三中、四中、五中、六中全会精神，深入学习贯彻习近平总书记系列重要讲话精神，在思想上和行动上与以习近平同志为核心的中共中央保持高度一致，紧扣“不忘合作初心，继续携手前进”主题，以深化政治交接、增进政治共识为引领，通过全党各级组织和广大党员的共同努力，不断增强接受中国共产党领导的自觉性和坚定性，不断巩固多党合作的思想政治基础。

二、主要目标

专题教育活动是开展坚持和发展中国特色社会主义学习实践活动的重要举措，全党要结合形势任务和工作实际，把专题教育活动贯穿于全党加强自身建设和履行参政党职能的全过程。通过专题教育活动，使广大党员进一步凝聚政治共识，不断增强对坚持和发展中国特色社会主义的道路自信、理论自信、制度自信、文化自信，切实承担起作为中国特色社会主义的亲历者、实践者、维护者和捍卫者的政治责任，更加紧密地团结在以习近平同志为核心的中共中央周围，以参政履职的优异成绩迎接中共十九大的胜利召开，为全面建成小康社会、实现中国梦贡献力量。

三、具体措施

开展专题教育活动要与深入学习贯彻习近平总书记“七一”重要讲话精神和中共十八届六中全会精神结合起来，深刻认识自觉接受中国共产党领导的历史必然、中国共

产党与民主党派团结合作的光辉历程和伟大前景，推动学习实践活动不断深化开展，巩固多党合作政治共识。一是要紧扣“不忘合作初心，继续携手前进”主题，将学习习近平总书记“七一”重要讲话精神与学习习近平总书记系列重要讲话精神、中共党史、多党合作历史与致公党历史传统等结合起来；二是要以换届工作为抓手，做好政治交接、全面加强思想、组织、制度和作风建设，进一步巩固中国特色社会主义共同思想政治基础；三是要建立思想教育基地，拓宽开展主题教育活动的平台、丰富开展主题教育活动的内容；四是要组织采访记录本党老同志的多党合作历史记忆、现任领导人对多党合作优良传统的思考感悟，开展多党合作历史传统记录工程；五是要通过实地调研、问卷调查、走基层等形式，特别要关注本党中的高校和科研机构成员、新的社会阶层人士和非公有制经济人士、青年成员，准确把握党员思想动态、主题教育活动的开展情况；六是要继续推动学习实践活动宣讲团巡讲活动，讲好致公党故事，将学习实践活动不断推向深入。

四、工作安排

此次专题教育活动开展，总体上分为动员部署、全面实施、总结表彰三个阶段。

（一）动员部署阶段：2016 年 9 月至 12 月

2016 年 10 月 20 至 21 日，全党宣传思想理论工作会议上，万钢主席、蒋作君常务副主席、严以新副主席和曹鸿鸣副主席兼秘书长进行活动动员。

2016 年 11 月 12 日，致公党中央十四届十七次中常会讨论通过《致公党中央关于开展“不忘合作初心，继续携手前进”专题教育活动方案》。

2016 年 12 月，致公党中央十四届六次全会审议通过《致公党中央关于开展“不忘合作初心，继续携手前进”专题教育活动方案》，对专题教育活动作出全面部署。

（二）全面实施阶段：2016 年 12 月至 2017 年 12 月

为保证专题教育活动扎实有效地开展，致公党中央将结合《坚持和发展中国特色社会主义学习实践活动方案》中制定的 2016 年重点推进自身建设、2017 年重点强化侨海报国理念的任务目标，明确工作重点，有针对性地开展工作。同时，各地方组织应结合当地实际，增加自选动作，有针对性地开展专题教育活动。

在整个专题教育活动期间，各级组织要形成指导检查、工作简报制度，及时向本党中央汇报情况。本党中央将派出调研组对各地开展专题教育活动情况进行督导。

（三）总结表彰阶段：2017 年 12 月

本党十五大召开前，各级组织要对专题教育活动进行总结。本党中央将结合坚持和发展中国特色社会主义学习实践活动的总结，对专题教育活动中涌现出的先进集体和先进个人予以表彰。

关于加强换届纪律监督营造良好换届环境的意见

（2016 年 7 月 9 日 致公党第十四届中常会第十五次会议通过）

根据《中国致公党章程》和有关规定，为保证 2017 年本党换届工作的顺利进行，现就加强换届纪律监督，营造良好换届环境提出如下意见：

一、严明纪律，维护换届工作的严肃性

要严格执行换届工作和干部选拔任用工作的政策法规。针对换届中容易出现的突出问题，进一步严明纪律，坚决维护换届工作的严肃性。

（一）严禁非组织活动。不准在民主推荐、民主测评、组织考察和选举中搞私下密谋、拉票贿选等非组织活动；不准通过宴请、安排消费活动、打电话、发短信、当面拜访、委托或者授意中间人出面说情等形式，请求他人给予自己关照；不准贿赂代表；不准参与或者帮助他人拉票贿选。

（二）严禁违反换届程序。不准违反规定程序选拔任用干部；不准私自变通程序、简化程序；不准私自泄露民主推荐、民主测评、考察、酝酿、讨论决定干部等有关情况。

（三）严禁干扰换届。不准以威胁、欺骗等手段妨害代表自由行使选举权、被选举权和表决权；不准编造、传播谣言，诬告陷害或者侮辱诽谤他人；不准在换届选举期间私自向代表赠送纪念品和散发各种宣传材料；不准阻挠对违反换届纪律问题的调查和处理。

二、加强教育，引导党员干部自觉遵守换届纪律

要做到教育在先、警示在先、预防在先，督促党员干部认真学习《中国致公党章程》及换届选举工作的政策和规定，增强组织观念，严守纪律规定。

要紧密联系干部的思想实际，深入细致地做好换届期间的思想政治工作，采取开展谈心、召开民主生活会、示范引导等形式，教育引导广大党员、各级干部特别是各级领导干部牢固树立正确的世界观、权力观、事业观，顾大局、守纪律，正确对待个人进退留转，正确对待选举结果，自觉服从组织安排。要教育党员和代表增强政治意识和大局观念，正确行使民主权利。

三、加强监督，把换届工作全过程置于有效监督之下

各级监督委员会要在同级委员会的领导下，认真履行党内监督机构的重要职责，严肃执纪，为换届顺利进行提供纪律保证。

（一）开展民主推荐时，应向参加推荐人员宣布有关纪律和要求，使参加推荐的人员了解换届纪律，对于违反换届纪律的做到及时发现。

（二）进行考察时，被考察人和谈话人应严格遵守有关纪律，实事求是反映情况，做到客观、公正、公平。

（三）换届选举时，应把换届工作特别是换届风气作为本党监督工作的重要内容。

四、加强领导，保证换届环境风清气正

各省级组织对严肃换届纪律工作要高度重视，摆上重要议事日程，贯穿到制定换届工作方案、考虑换届人事安排、组织换届选举之中，做到与换届工作一同谋划、一并落实。

（一）要发扬党内民主，广泛听取各方面的意见，使广大党员的愿望和要求得到充分的表达和尊重。

（二）要主动与有关部门就后备人选进行充分沟通和协商，在中共地方党委领导和统战部门指导下，认真做好各项准备。

（三）要认真贯彻民主集中制，严格遵守换届工作原则和纪律，带头营造风清气正的换届环境，严禁跑风漏气。

（四）要坚持原则、敢抓敢管，对执行换届工作情况进行监督检查，及时受理反映的违反换届纪律问题，坚决会同有关部门严惩违反换届纪律的行为。

在换届过程中，应严格执行组织人事工作纪律特别是换届纪律，坚持正确用人导向，贯彻民主集中制，加强对换届全过程的监督，提高选人用人公信度，匡正选人用人风气。要团结教育广大党员，做到人人知晓纪律、人人参与监督，正确行使民主权利，自觉抵制各种形式的非组织活动，确保换届期间党员的思想不散、秩序不乱、劲头不减，确保换届工作有序、健康、平稳开展。

致公党中央关于加强基层组织建设的意见

（中国致公党第十四届中央常务委员会第十五次全体会议审议通过）

为深入贯彻《中共中央关于进一步加强中国共产党领导的多党合作和政治协商制度建设的意见》和《中国共产党统一战线工作条例（试行）》，全面实施“人才兴党”战略，根据《中国致公党章程》和有关规定，结合致公党基层组织实际，就加强基层组织建设提出以下意见。

一、充分认识加强基层组织建设的重要意义

1. 基层组织包括总支部、支部和小组（有些地方根据实际情况设有基层委员会）。基层组织是致公党的组织基础和工作基础，是联系广大致公党党员的桥梁和纽带，也是致公党组织活力的源泉。在新形势下加强基层组织建设，是保持致公党“侨”“海”特色、践行“致力为公”宗旨、建设高素质参政党的需要；是促进致公党事业可持续发展，更好地履行参政党职能的需要；是坚持和完善中国共产党领导的多党合作和政治协商制度，发展中国特色社会主义民主政治的需要。

2. 各级组织要充分认识基层组织建设在致公党自身建设和发展中的基础性作用，进一步增强做好基层组织工作的责任感、使命感和紧迫感，自觉投入基层组织建设的广泛实践。

二、加强基层组织建设的指导思想和总体目标

1. 加强致公党基层组织建设的指导思想是：坚持以邓小平理论、“三个代表”重要思想、科学发展观为指导，深入学习贯彻习近平同志系列重要讲话精神，以《中国致公党章程》为根本准则，从致公党性质、地位和发挥参政党作用的要求出发，以思想建设为核心，以组织建设为基础，以制度建设为保障，以领导班子建设为重点，以组织活动为载体，实施“人才兴党”战略，践行“侨海报国”理念，努力开创基层组织建设的新局面。

2. 当前和今后一个时期加强致公党基层组织建设的总体目标是：组织设置科学合理，思想基础更加巩固，人才队伍持续壮大，领导班子奋发有为，组织活动丰富扎实，制度机制日益健全，党务工作富有成效，作用发挥更加充分，凝聚力、创造力和影响力进一步提高，为致公党自身发展和履行参政党职能提供坚实的组织基础和人才保障。

三、加强基层组织领导班子建设

1. 选好基层组织主委。要坚持德才兼备、以德为先的用人标准，培养选拔政治素质好、业务能力强、本职工作出色、有组织协调能力、在本单位和致公党内有威望、具有奉献精神和创新意识、有影响力、有代表性的优秀致公党党员担任基层组织主委。

2. 配好基层组织领导班子。要注重基层组织领导班子成员间的互补性，优化班子成员结构，组建“愿做”“能做”“会做”的基层组织领导班子。要以落实民主集中制为核心，坚持和完善集体领导与个人分工负责相结合的制度，严格按程序执行，确保民主决策。

3. 建设团结和谐的领导班子。班子成员之间，思想上要求同存异、工作上要相互信任配合、困难面前要相互支持鼓励，形成团结奋进的领导班子。基层组织领导班子成员要率先垂范，积极参与日常党务工作。特别是基层组织主委要充分发挥模范带头作用，做到政治思想要强，有强烈的政党意识、政治意识和大局意识，把握好基层组织的发展方向；党务工作要精，热心党务，乐于奉献，勇于担当，团结和带领基层组织完成好各项任务。

四、加强基层组织思想建设

1. 思想建设是自身建设的核心，是加强组织建设、制度建设等具体行动的先导。致公党基层组织加强思想建设的根本任务是，通过自我教育方式，开展基本理论教育、基本国情和基本路线教育、多党合作优良传统教育和理念信念教育，提高致公党党员的政

治素质和思想道德水平，提高接受中国共产党领导、贯彻基本路线和基本纲领的自觉性，深化对参政党地位、性质和历史使命的认识，巩固和夯实多党合作的共同思想政治基础。

2. 加强基层组织思想建设的主要内容。一是开展基本理论教育。组织致公党党员深入学习邓小平理论、“三个代表”重要思想、科学发展观和习近平同志系列重要讲话，增强对中国特色社会主义的共识，进一步巩固和发展多党合作的思想政治基础。二是开展基本国情和基本路线教育。组织致公党党员认真学习、深刻理解中共中央、国务院的重要方针政策，正确认识国内外形势，自觉贯彻基本路线和基本纲领，认真把握“四个全面”战略布局，牢固树立五大发展理念，紧密围绕国家的中心任务发挥作用。三是开展多党合作优良传统教育。组织致公党党员深入学习致公党历史和《中国致公党章程》，继承和发扬致公党历代领导人与中国共产党团结合作的优良传统，自觉接受中国共产党领导。四是开展理想信念教育。通过理想信念教育，引导致公党党员树立正确的世界观、人生观和价值观，巩固理想信念，并外化为服务发展的实践。

五、加强基层组织制度建设

1. 建立健全各项规章制度。基层组织要在把握规律、总结经验基础上，制定和完善工作制度，如会议制度、学习制度、活动制度、岗位责任制度、文书档案制度、党费及经费管理制度等，明确工作职责，确保制度落实，促进基层组织工作规范化、活动经常化。

2. 建立健全考核评价机制。要建立健全基层组织领导班子定期向党员大会报告工作制度，推进基层组织领导班子述职和民主评议制度的建立与落实。

3. 探索党员教育管理工作机制。加强党员信息的动态管理，及时了解、更新并向上级组织提供准确的党员基本信息。以《中国致公党章程》为准则，团结教育党员自觉履行党员义务、参与致公党组织各项工作和活动。

六、创新基层组织活动的内容与形式

1. 丰富基层组织活动内容。要围绕基层组织建设目标和任务，围绕本地区、本单位中心工作，积极开展组织活动，做到年初有计划、年终有总结、工作有重点、活动有特色，提高组织活动的质量和水平，有效发挥党员的主体作用。要把组织活动与党员本职工作结合起来，使组织活动与党员个人发展相得益彰；把组织活动与参政议政相结合，积极采集社情民意，为参政议政提供支持；把组织活动与民主监督相结合，有效参与基层民主监督；把组织活动与社会服务相结合，发挥致公党党员的智力优势和专业特长，扶贫助困促进和谐。

2. 探索开展基层组织活动的新形式。要根据党员年龄跨度大、居住相对分散、职业构成多样、思想多元等特点，探索新的活动载体和形式。要利用互联网等现代信息技术，密切基层组织与党员的联系，提高工作效率；鼓励并倡导基层组织跨系统、跨区域横向交流，取长补短，加强联动；通过与社区、街道、单位结对共建，促进基层组织活动由单一型向多样型、由封闭型向开放型、由灌输型向互动型转变。

3. 基层组织活动制度化。基层组织每年要开展一定次数的组织活动，努力提高组织活动参与度，增强党员对致公党组织的归属感和认同感。组织活动要有主题、有内容、有实效，使党员乐于参与、主动融入，使组织活动具有吸引力、影响力。

七、强化基层组织管理

1. 合理设置基层组织。要本着有利于服务和管理、有利于党员发挥作用、有利于开展工作和活动的原则，按照党员所在单位、业务系统、行政区划或界别等，统筹考虑党员年龄和职业特点，建立相应的基层组织。要注重布点扩面，在中高级知识分子密集的地区和单位，特别是在新兴领域和条件成熟地区，逐步实现致公党组织的有效覆盖。

2. 规范基层组织管理。基层组织应服从致公党上级组织领导。基层组织建立、合并和撤销，要按照组织程序进行。要因地制宜，有序调整基层组织隶属关系，完善条块结合的管理体系，促进资源共享、优势互补。对规模较大、区域分散或联系松散、活动困难甚至长期无法开展活动的基层组织，及时进行重组改建或调整班子成员，理顺关系，提升基层组织活力。

3. 增强基层组织凝聚力。基层组织要把联系党员、服务党员作为经常性工作，在思想上、工作上、生活上关心党员，尊重党员主体地位，保障党员民主权利，增强党员的归属感、荣誉感和责任感。要听取和反映党员的意见要求，维护党员合法权益，深入开展思想交流，坚持定期走访慰问，积极为党员排忧解难、反映诉求，让基层组织真正成为致公党党员之家。

八、加强党员队伍建设

1. 做好党员发展工作。要认真贯彻有关文件精神，坚持“三个为主”原则，注重政治素质，广泛联系具有“侨”“海”特点的中高级知识分子，及时发现、及时考察、适时发展、及早培养。党员发展要遵循“中国致公党党员发展程序”，突出重点，优化结构，严格标准，规范程序，保持和巩固致公党“侨”“海”特色优势。

2. 加强后备干部队伍建设。各级地方组织要把基层组织作为锻炼和培养干部的平台，立足当前、着眼长远，按照德才兼备、以德为先原则，发现、选拔、培养和推荐有代表性的后备人才，建立结构合理、素质优良的代表人士和后备干部队伍，为基层组织领导班子政治交接提供人才基础和保证。要建立和培养一支一定数量的骨干党员队伍，善于发现骨干、热情关心骨干、努力培养骨干，以骨干带动党员，发挥骨干党员在增强组织活力、开展党务工作方面的作用。

九、加强对基层组织建设的领导

1. 加强对基层组织的领导，是各级地方组织的重要职责。各级地方组织要经常性深入基层组织，加大调研和工作指导力度，积极帮助基层组织解决困难和问题，带动基层组织健康有序发展。要在党务工作、活动场所、经费保障、干部培养锻炼等方面提供帮助和支持，增强致公党组织的凝聚力。

2. 强化对基层干部和党员的教育培训。各级地方组织要依托社会主义学院和传统教育基地等培训资源，按照分级负责、分层分类培训的原则，定期对基层组织干部进行轮训，提高基层组织领导班子政治把握能力、参政议政能力、组织领导能力、合作共事能力和解决自身问题能力。做好对骨干党员和新党员的集中培训，夯实多党合作的共同思想政治基础。

3. 提升基层组织的社会影响力。各级地方组织要积极支持基层组织的建设，着力发现和宣传基层组织建设中的突出典型；中央和地方组织的各项活动要多下基层、多安排在基层，调动基层组织履职积极性，提升基层组织履职的影响力。

十、保持与中共党组织的密切联系

1. 坚持中国共产党领导，是致公党与中国共产党在多党合作和政治协商的长期实践中形成的政治准则之一。致公党各级组织要紧密依靠中共党组织支持，取得各基层中共党组织的关心、帮助，为基层组织工作增加推力；积极推荐优秀致公党党员担任实职和进行政治安排。

2. 基层组织要发扬致公党与中国共产党团结合作、风雨同舟的优良传统，发挥致公党“侨”“海”特色和人才优势，紧密围绕本地区、本单位重点工作献计出力；在重大活动、工作计划、经费场所和人事安排等方面，要主动与中共党组织沟通联系、互通情况、征求意见，争取支持和帮助，建立和谐、融洽的党际关系，为基层组织健康持续发展营造良好的环境。

九三学社

九三学社第十三届中央常务委员会 2016 年工作报告

——在九三学社第十三届中央委员会第五次全体会议上

（2016 年 12 月 14 日）

韩启德

各位委员、同志们：

我受九三学社第十三届中央常务委员会委托，向全会作工作报告，请予审议。

2016 年工作回顾

2016 年是“十三五”规划和全面建成小康社会决胜阶段的开局之年，也是九三学社事业开拓奋进、创新发展的重要一年。一年来，在以习近平同志为核心的中共中央坚强领导下，九三学社深入学习贯彻中央重大决策部署，认真落实“思想上坚定、履职上坚实、组织上坚强”的建设目标，紧紧围绕“四个全面”战略布局和“五位一体”总体布局，动员全社力量认真履行职能，推进工作创新，为党和国家事业发展作出了新贡献。

2016 年，我们主要开展了以下几个方面的工作：

一、积极履行参政党职责，协商议政成绩斐然

（一）参与政党协商，建言改革发展

在中共中央、国务院召开的党外人士座谈会上，社中央结合长期关注的重点和今年的调研情况，就加强对多党合作制度和协商民主的宣传、处理好党内监督与其他监督的关系、下大气力抓好改革举措的落实、进一步改善“双创”制度环境、多措并举推动消费升级、补足西部基础设施短板促投资稳增长、以“大上海港”试点促进港口群整合、完善现代农业支持服务体系、发展住房租赁市场、控制外汇管理风险、电力产业发展应以存量优化为主、企业税赋分化现象值得重视等问题提出意见和建议，受到党和国家领导同志的重视，在政党协商中发挥了应有作用。

（二）利用政协平台，贡献全社智慧

全国政协十二届四次会议期间，提交社中央提案42件，九三界别提案37件；社中央作了《共抓大保护，修复母亲河》的大会发言；王智彪同志以个人名义作了《提质增效，推动“双创”纵深发展》的大会发言；另有4篇被选为九三学社中央的集体书面发言。在全国政协十二届十六次、十七次常委会上，社中央分别作《决胜小康，绝不能让凉山彝区掉队》《摒除浮躁，谱写文艺繁荣发展的时代华章》的口头发言，另各有2篇被选为集体书面发言。9件提案被选为全国政协重点提案或入选全国政协《重要提案摘报》。一些提案受到最高人民法院、住建部、财政部等办理单位的高度重视。多个办理单位到社中央走访沟通，或邀请相关同志参加办理座谈会。此外，社中央还同全国政协教科文卫体委员会承办了主题为“大力加强科普教育”的全国政协第47次双周协商座谈会。

（三）深入调查研究，反映国情民生

社中央联合有关地方、部委和专家就新型城镇化与社区服务业发展、乌蒙山片区精准扶贫、公共停车设施建设等城市建设、太湖生态环境治理等生态文明建设、海上丝绸之路门户建设等课题进行了调研。《关于围绕国家战略目标，整合国家层级科技体系的调研报告》得到习近平同志批示。《关于社区治理与服务的调研报告》得到李克强、俞正声、王勇等同志批示。《关于法官、检察官员额制改革的建议》得到中共中央领导同志批示后，中央政法委办公室来函表示该建议具有重要借鉴意义。国家卫计委就我社《关于建立健全孤独症群体社会支持体系的建议》进行专题座谈和调研。交通部主要负责同志受李克强同志指示，就我社《关于创新网约车监管，支持“互联网+交通”等分享经济新业态的建议》与社中央领导同志进行了沟通。尤其值得一提的是，近年来我社持续关注晋陕豫黄河金三角区域合作情况，提出相关建议。今年，社中央联合三省社组织调研后形成《关于以晋陕豫黄河金三角区域为示范深化省际区域统筹发展机制改革的建议》，在国务院领导同志批示后，国家发改委专门就此事与我们进行沟通和协商。这些都反映出中共中央、国务院和有关部门对我社建言的高度重视和质量的认可。

（四）加强信息工作，汇集社情民意

修订《信息工作先进单位和先进个人表彰奖励办法》，对信息工作平台进行升级，增加和改进系统功能，优化用户体验。截至2016年9月30日，共收到信息3566条，采编形成《九三学社信息》《九三学社信息专报》492期，被全国政协采用44篇。其中，《关于“非行政许可审批”取消后应对资质认定明确衔接措施的建议》《“营改增”全面推开需解决三大问题》《全面实施“营改增”亟须解决的几个问题》《虚开增值税专用发票罪量刑过重应引起重视》《关于进一步清理“红顶中介”的建议》5篇信息获得张高丽、杨晶等同志批示。《司法改革中不应允许律师担任人民监督员》《应重视检察机关考评机制对刑事审判造成的负面影响》2篇信息分别得到最高人民检察院领导同志批示和详尽答复。交通部表示在起草《水路旅客运输实名制管理规定》过程中，将充分考虑我社信息《加快推进全国水上交通旅客实名制工作》所提出的建议。《完善我国人才引进政策的建议》被全国政协评为年度优秀社情民意信息。

（五）坚持整合力量，创新工作方法

30个省级组织全部参与党派大调研，成立40余个课题组，形成调研报告供社中央参考，并在第十一届“九三论坛”交流。特别值得肯定的是，“一省牵头、多省联动、社中央指导”的做法，已成为调研组织形式的一种创新。长江港口航道建设、长江中游城市群发展和海岸带综合治理等3个课题分别由社上海市委、湖南省委和社福建、山东省委牵头开展调研，近20个省级组织分别参与或给予支持。江西、安徽、山东三省社组织实行一省为主，另外两省协作的课题调研形式。各专门委员会积极参与社中央调研、联合省级组织调研和自行组织调研，为政协发言和高层协商提供了质量较高的参考稿。一些专门委员会的专家和省级组织的专职干部参加了社中央提案和大会发言统稿会，集中选稿、改稿，提高了成果质量。

地方社组织在履职上也有许多创新。有的省级组织积极探索有效开展民主监督的新途径；有的省级组织将社中央、中共省委和省政协等组织拟定的指导性选题通盘考虑，统筹调研；一些相邻省份的省级组织就经济社会发展的共性问题合作调研，成果共享；有的省级组织举办议政日、议政沙龙，充分汇聚社员智慧；有的省级组织聘请政府部门工作人员担任特约研究员、咨询专家，提高了对政情的把握；有的省级组织建立了课题管理系统，带动基层组织参与课题调研；有的省级组织探索建立有关调研、信息等职能工作的标准化流程，规范议政建言工作。

二、充分发挥优势，社会服务成效显著

（一）聚力脱贫攻坚

打赢脱贫攻坚战，全面建成小康社会，是当前党和国家的重大政治任务，也是包括九三学社在内的统一战线的重要职责和使命。社中央专门成立扶贫工作领导小组，将自身特色优势与履行职责紧密结合，加强统筹协调，找准抓手和着力点，以超常规的力度助推脱贫攻坚工作。精准帮扶、定点扶贫，是今年社会服务工作的突出特点。社中央专门召开以精准扶贫为主题的全国社会服务工作会议，投入项目资金400余万元，在全国14个集中连片贫困地区实施“多党合作社会主义新农村建设”、农村卫生室建设、贫困农民养老帮扶及农村幸福院等45个社会服务示范项目；在贵州威宁、四川旺苍投入资金60万元，实施精准脱贫典型示范项目；因地制宜，帮助威宁规划中药材专业化种植区，促成签订家政劳务输出框架协议；继续帮助威宁引进企业，推动产业链不断延伸；去年引进的雪榕集团今年又投资近8亿元，增加当地就业1400人；打造旺苍国华镇中药材种植基地，柴胡种植面积达4000多亩；组织社内专家为贵州黔西南建设民族特色山地经济创新示范区出谋划策。截至9月底，全社各级组织共开展脱贫攻坚项目217项，累计投入扶贫资金9241万元，引进资金5121万元，组织专家1294名，培训教师223名、医护人员612名，受益群众达16万人次。推选参评的社员屠鹏飞荣获全国脱贫攻坚创新奖。

根据中共中央的要求，今年各民主党派开展了脱贫攻坚民主监督工作，这不仅开辟了民主党派履职的新领域，也对民主党派的民主监督能力提出了新要求。为做好这项工作，社中央成立脱贫攻坚民主监督工作领导小组和工作小组，制定详细的工作实施方案，与对口的陕西省积极对接并开展专题调研，形成《九三学社中央、陕西省人民政府关于脱贫攻坚民主监督工作座谈会的会议纪要》，中共陕西省委办公厅、陕西省人民政府办公厅下发《关于联合做好脱贫攻坚民主监督工作的通知》，明确了监督主要内容，建立了领

导沟通协调机制和工作机制。部分省市社组织也在当地探索开展了脱贫攻坚民主监督工作。目前这项工作正在有序推进和落实中。

（二）致力品牌打造

社中央专门召开以服务“一带一路”倡议为主题的社会服务工作论坛，把社会服务与参政议政紧密结合起来，在深入调研基础上，就医疗卫生和教育事业发展、清真食品产业发展等提出建议。甘肃、江西、上海等省级组织将服务“一带一路”倡议与特色品牌建设、人才队伍培养相结合，做了许多实际工作。“亮康行动”内涵不断丰富，从疾病筛查治疗扩展到疾病预防、健康管理、义诊与医师培训等多项服务。截至目前，“亮康行动”共在11省完成免费白内障手术7478例，撬动社会配套资金4571万元，开展筛查活动1346场，筛查20万人次，发放药品28455件，开展培训615场，参训23076人次。“同心 · 康福”品牌进一步扩充脑瘫患者救治、“同心 · 优德”假肢置换和先天性心脏病患儿救治等内容，并从河北、河南、广东走向全国，成为社会服务的响亮品牌；投入资金1540万元，在中西部贫困地区完成筛查2230例，救治脑瘫患儿167例，先天性心脏病患儿125例，髋关节置换159例，假肢置换246例。各省“九地合作”工作扎实开展，模式不断创新。“沪豫科技合作”“沪滇合作”“沪鄂合作”等省际合作走向深入，并再搭“津豫合作”“京宁合作”平台，促进了各省资源的整合共享。截至目前，全社实施各类合作项目总数共计217个，协助相关单位落实项目资金1.2亿元。

（三）提升科普服务水平

“九三学社院士专家健康科普巡讲”继续开展，共邀请院士专家61人次，开展讲座83场，累计受众2万余人，受到各地好评。社中央科普工作委员会、社上海市委在宁夏6个贫困县开展“九三学社革命老区健康行”活动。北京等省级组织建立“九三学社名医工作室”“科普之旅”“名家科普讲坛”“百名专家企业行”等具有九三特色的科普工作平台。截至目前，全社开展科普活动共计2363场，参与专家6083人次，累计受众52万人次，发放科普资料42万余份。

（四）加强文化服务和对外交流

社中央书画院多次开展书画培训，受训人数1500余人次；探索在东北创建书画院创作交流基地；支持开展九三先贤肖像巡回展等相关活动。文化工作委员会举办“天下苍生——九三人镜头中的美丽中国”首届摄影大赛、组织编撰出版“九三文学创作文库”丛书，与社北京市委联合举办多次“九三微跑团”健身公益活动。妇女工作委员会开展“民主党派女性成长与发展”课题调研。周培源基金会邀请“台北市立第一女子高级中学赴京、沪交流访问团”86人赴京参访。通过这一系列活动，为社会提供了文化资源支持，推进了对外交往和对台交流。

三、强化理论学习，多党合作思想政治基础更加巩固

（一）坚持和发展中国特色社会主义学习实践活动向纵深推进

社中央十三届十四次、十六次常委会认真学习全国“两会”和中共十八届六中全会精神，努力增强贯彻落实的思想自觉和行动自觉。社中央理论学习中心组举行3次座谈会，专题学习《关于加强社会主义协商民主建设的意见》《关于加强政党协商的实施意

见》、习近平总书记“七一”重要讲话、中共十八届六中全会精神，准确把握中共中央决策部署。在总结去年巡回宣讲经验基础上，社中央宣讲团进一步充实内容，扩大覆盖面，优化“菜单点题”方式，分赴十多个省市面向基层、面向社员进行27场互动式宣讲。启动第三批“九三楷模”评比活动，马克俭、毛继祖、刘文魁、刘月宁、李恒、李唯、严俊、董元华、葛均波、彭淑牖等10名同志获得第三批“九三楷模”荣誉称号。以“统一战线：一致性与多样性，画好同心圆”为主题，举办第三届“九三学社中央坚持和发展中国特色社会主义专题论坛”。举办“五四运动与社会转型”研讨会、纪念红军长征胜利80周年座谈会。开展“中国面孔·中国梦”摄影作品征集评选活动。通过系列活动，在进一步凝聚共识、坚定信念方面取得了实效。召开2次《九三学社章程》修改征求意见座谈会，分别形成社章修改第二稿和第三稿，使社章修改过程成为发扬民主、集中智慧、凝聚共识、寻求最大公约数的过程。

（二）在思想宣传阵地上积极作为

配合中央统战部，完成新阶层社员思想调研报告，开展以高校社员思想状况为主题的课题招投标，形成7份质量较高的调研报告，为增强思想建设针对性和有效性奠定坚实基础。坚持弘扬主旋律、传递正能量，组建舆论引导专家库，通过抓履职工作亮点、抓社员身边人物、抓生动鲜活事例，跟踪做好消息报道、深度报道和系列报道，讲好中国特色社会主义、中国共产党、多党合作和九三学社故事，扩大了社会影响力。举办“九三学社全国新闻宣传工作骨干培训班”，提高新闻宣传和舆论引导水平，努力打造优秀宣传队伍。评选表彰全社新闻宣传工作先进单位和优秀新闻作品，鼓励创作更多精品。召开新媒体建设研讨会，起草制定《九三学社中央关于加强网站建设的意见》《九三学社中央关于加强微信公众号暨微信工作群管理暂行办法》，探索社内新媒体建设规律，提高社组织运用互联网开展工作的能力。社中央网站、移动客户端和微信公众号较好发挥了内聚人心、外树形象的作用。《民主与科学》杂志完成改版，突出民主科学思想，展现九三人的精神风貌，获得社内外好评。学苑出版社沿着“专精特新”方向持续开拓，多个项目入选国家重点图书出版规划，并在财政部等部委支持下，开通中国戏曲网站，在建中医药数字内容运营服务平台。

（三）理论研究和社史研究不断深化

召开全社理论研究与社史研究工作研讨会，举办理论研究和社史研究征文活动，涌现出一些高质量的研究成果。举办社史研究和理论研究骨干培训班，着力提升社史研究和理论研究骨干人员的学术素养和业务能力。围绕人大预算监督和人大制度改革问题进行重点调研，收集大量第一手资料并形成调研报告，提出进一步改革和完善人大制度的建议。加强与中央社会主义学院统一战线高端智库及社会智库的联系，先后走访北京大学国家发展研究院及中国与世界研究中心等著名研究机构，与这些机构达成初步合作意向。《九三学社简史》修订工作顺利完成并出版，在内容上有不少新的表述和增补，为广大社员的社史学习教育提供了基本教材。召开纪念茅以升先生和黄国璋先生诞辰120周年座谈会，缅怀先贤们的光辉业绩和崇高风范。编纂完成《九三学社人物传略》（第一辑），继续推进“九三学社人物丛书”项目，年底将出版《李娫传》《薛愚传》《涂长望传》3部书稿。“九三学社口述史”项目取得阶段性成果，已完成80年代至90年代初九三学社中央机关工作口述史及祁龙威、骆瑛、方亮、沈根荣等多人的口述史。

四、着力提高全社组织动员能力，自身建设再创佳绩

（一）组织动员能力显著提升

年初，社中央在京召开2016年度领导班子战略研讨会，就如何进一步推进我社履行参政党职能、加强自身建设等方面工作，进行了深入探讨和交流，决定重点在增强全社组织动员能力上下功夫，并形成了不少新的工作思路和具体意见。主要有：一是社中央十三届十五次常委会专题研究增强全社组织动员能力有关问题，凝聚共识，提出具体举措。二是试行社中央领导联系地市级组织工作制度，社中央领导分别一次或多次深入到所联系的地市级组织，看望基层社员，参加基层活动。三是推出若干行动计划，包括启动院士导师培养计划，启动医疗咨询平台建设，拓展科学座谈会举办形式，成立社中央促进技术创新工作委员会，扎实推进“社员之家”平台试点和推广工作，完成参政议政工作平台（二期）开发并正式启用，稳妥推进组织与社员信息管理系统二期开发。四是制发《关于进一步重申严格落实中央八项规定精神的通知》，推进作风建设；认真办理社中央委员在十三届四中全会上提交的社务建议案，做到件件有答复、事事有着落。通过上述举措，社员主体意识和积极性主动性得到增强，全社组织动员能力和解决自身问题能力得到进一步提升。

（二）巡视督导和社内监督工作卓有成效

由社中央领导带队、社中央监督委员参加的巡视督导组，对9个省级组织进行了巡视督导，本届社中央对30个省级组织的第一轮巡视督导工作圆满结束。实践证明，巡视督导有效加强了中央同省级组织的联系，促进了地方组织的建设和发展，提升了社组织的组织化水平和凝聚力。召开社中央监督工作试点经验推进会，推广社河南省委监督工作创新试点在社内监督制度体系、工作机制和具体方法等方面取得的经验，并对全社监督工作做出重点部署。社吉林、湖北、广东省委和新疆区委成立监督委员会，全社已成立监督委员会的省级组织增加到26个。

（三）换届和筹备换届工作平稳顺利

2016年是市级组织集中换届年，也是省级组织和社中央换届工作准备年。截至目前，绝大多数市级组织和省直属基层组织已完成换届，换届过程规范有序，平稳顺利。社中央成立换届工作领导小组，制定下发《九三学社中央关于省级组织2017年换届工作的意见》，启动社中央2017年换届前期工作。召开全国组织工作会议，总结经验、部署任务，并进行省级组织换届流程培训。部分省级组织完成了领导班子成员届中调整工作，为2017年省级组织换届工作奠定良好基础。为严肃换届纪律，确保换届工作顺利进行，制定并下发《九三学社中央监督委员会关于严肃换届纪律的通知》。

（四）组织发展健康有序

成立组织建设研究中心，完成历年统计报表的数据化和数据库的升级改造，为组织工作提供智力和技术支持。开展组织发展相关政策调研，汇编基层组织建设典型案例70余篇。表彰组织建设先进集体100个，先进组工干部300名。截至2016年6月30日，全社共有30个省级组织，307个市级组织，6405个基层组织，社员159083人，平均年

龄 54.3 岁，高级技术职称比例为 57.3%，主体界别比例为 78.8%。2 名社员增选为中国科学院院士，2 名社员增选为中国工程院院士，3 名社员新任中央部委副部级和正司级领导职务，推荐 1 名社员担任第十届国家督学，新发展中国工程院院士、全国人大常委 1 人入社。56 名社员荣获 2015 年度国家科学技术奖励，潘建伟、严俊等社员在本职岗位上担当重任、勇攀高峰，在科学前沿实现重大突破。

（五）干部队伍建设和青年工作稳步推进

举办第二期社员骨干培训班，培训学员 90 名。配合中央统战部在中央社会主义学院举办两期民主党派干部进修班、两期民主党派干部培训班，协助福建、河北、甘肃、江苏等地在京举办骨干社员培训班。社中央青年工作委员会举办首届九三青年社员“科技创新与成果转化”论坛、第二届全国青年论坛暨培训、“九三学社全国青年创新创业论坛”，有力推进了省际互动和跨界交流，以实际行动践行大众创业、万众创新。江西、福建、陕西、河北、山西、广西、辽宁等省级组织相继成立青年工作委员会。

（六）机关建设不断加强

分 3 批在全国 30 个省 82 个地市级组织开展了机关能力试点建设工作，对市级组织的机关能力建设有较大促进，在当地统战系统产生了良好反响。举办第 2 期社省级以下机关专职干部培训班，171 位市级机关专职干部参训，取得很好效果。编撰完成《九三学社机关工作实务指南》《九三学社市级组织机关工作案例》《公文处理案例》3 本实用手册并已付印；制定了《社内用语规范（草稿）》，目前正在征求意见。严格按照中组部、中央统战部有关政策，稳步开展社中央机关干部人事档案专项审核工作。完成社中央 1946 至 2011 年历史档案的数字化建设工作，为档案查考及深度利用提供了便捷条件。九三王选关怀基金会资助 20 名病患困难社员 60 万元。

各位委员、同志们！一年来所取得的工作成绩，是以习近平同志为核心的中共中央坚强领导的结果，是各级统战部门和社会各界大力支持的结果，是全社各级组织和全体社员团结奋斗的结果。在这里，我谨代表社中央常务委员会表示衷心的感谢！

在充分肯定成绩的同时也要清醒地看到，与新形势和新任务的要求相比，与广大社员与人民群众的期望相比，我们的工作还有许多不足，需要进一步创新、改进和提高。例如，如何进一步凝聚全社智慧，集中全社力量，取得更多高质量的建言成果；如何进一步加强民主监督工作，提高监督的本领和水平；如何进一步搞好参政党理论研究，在意识形态领域传递正能量，凝聚起科技界知识分子的共识；如何进一步提高解决自身问题能力和社内监督工作水平，增强社组织的凝聚力和战斗力，这些都需要在今后的工作中进一步认真探讨，逐步解决。

2017 年工作安排

2017 年全社工作的总体思路是：全面贯彻中共十八大和十八届三中、四中、五中、六中全会精神，深入学习贯彻习近平总书记系列重要讲话和中央统战工作会议精神，牢固树立政治意识、大局意识、核心意识、看齐意识，坚持弘扬民主科学精神、突出科技特色，聚焦重点领域和关键环节履行参政党职能、发挥参政党作用，脚踏实地、扎实工作，以议政监督协商的新成果、服务社会的新贡献、自身建设的新成绩，迎接中共十九大和社十一大的召开。

一、深入学习贯彻中共十八届六中全会精神

要把学习六中全会精神作为当前和今后一个时期首要的政治任务，切实把思想和行动统一到全会精神上来。要把学习全会精神与正在开展的中国特色社会主义学习实践活动有机结合起来，通过巡回宣讲、主题征文、专题论坛等多种形式，进一步坚定中国特色社会主义道路、理论、制度和文化自信，增强政治意识、大局意识、核心意识、看齐意识，坚定维护以习近平同志为核心的中共中央权威，夯实多党合作共同思想政治基础；把学习全会精神同履行职能有机结合起来，进一步发挥组织和智力优势，不断探索和创新工作方式，提高履职水平和能力，探索民主监督途径；把学习全会精神同加强自身建设有机结合起来，努力推进“人才强社”战略，进一步加强和规范社内政治生活，着力完善社内监督机制，确保监督落到实处。

二、围绕“四个全面”战略布局和“五位一体”总体布局，履行好参政党基本职能

协商议政选题既要有前瞻性、关键性，又要切口小、立意高、可操作，体现党派特色。深度关注创新型国家建设、科技体制改革和科技创新，重点围绕具体的科技体制改革、科技政策落实建言。更加关注民生，特别是脱贫攻坚、养老事业发展、医疗公共服务保障等课题。社中央拟重点调研的课题包括：完善碳交易机制，农业结构调整，破解农业节水的瓶颈问题，深化财政科研计划与项目管理改革，房地产市场稳定健康发展研究，促进区域性创新服务平台发展，加强制度建设推动民间投资发展，脱贫工作的可持续性，南海地区海洋丝绸之路推进情况，促进中俄科技合作和产业合作，深化行政体制改革等。更好地整合社内外力量，开展高水平的调研，努力提高建言质量。继续扩大科学座谈会参与面和社外影响力，鼓励支持地方组织申办科学座谈会。总结近几年与大调研相结合举办“九三论坛”的经验，办好第十二届“九三论坛”。

进一步加强民主监督。就改革举措和政策落实中的一些具体问题深入调研，实事求是地提出监督性意见。着力做好对陕西脱贫攻坚的民主监督工作。召开以脱贫攻坚民主监督工作为主题的工作会议，加强脱贫攻坚民主监督理论研究，指导、推动监督工作开展。围绕健康扶贫、易地搬迁和县级扶贫资金统筹使用情况这3个重要方面，抓住扶贫资金走向这条主线，选取具有代表性的地方作为监测点，了解实际情况。建立社内扶贫、财政、审计等方面专家库，推荐参与政府组织的第三方评估工作。围绕产业就业脱贫、教育脱贫、社会保障兜底脱贫等情况，由社中央脱贫攻坚民主监督工作领导小组负责同志带队调研，并就发现的问题向中共陕西省委、省人民政府进行反馈。充分发动社中央、陕西各级社组织等多方力量，扎实做好这项工作，在为打赢脱贫攻坚战做贡献的同时，使民主监督工作迈上新台阶。

进一步探索和创新工作方式，充分发挥专门委员会和地方组织的作用；加强与有关部委的联系，尽可能全面地了解和把握国家宏观政策；采取多种方式调动议政骨干积极

性；健全议政成果反馈机制。更大范围动员社员力量，反映社情民意。突出信息成果转化，抓好信息工作人才队伍培训，壮大骨干信息员队伍。

三、持之以恒，增强实效，进一步做好社会服务工作

持续聚力脱贫攻坚，深入推进贵州威宁和黔西南、四川旺苍的对口帮扶和定点扶贫。继续在中西部地区开展白内障疾病的免费筛查救治活动。继续抓好“同心·康福”行动，助力中西部农村贫困老人“互助幸福院”建设，支持西部省市开展革命老区健康行活动。

围绕“一带一路”深入开展调查研究，以高等教育和医疗健康为重点，统筹协调推动各省级组织积极行动，结合自身条件做 1 至 2 件实事。以项目合作为抓手，推动“九地合作”内容和范围不断丰富拓展，继续探索完善合作的激励约束机制。召开社会服务项目推进培训会议，对项目工作进行指导。加强科普专家团队建设，充实科普题目库，整合社内外资源，促使科普活动内容更为丰富、形式更加新颖。以促进技术创新工作委员会为主要平台，推动社内技术资源、管理资源、金融资源相结合，重点扶持科技、金融等领域社员参与创业创新。启动社内医疗咨询服务，逐步探索行之有效、稳定持续的服务模式，充实医疗咨询专家队伍。

四、切实加强思想理论建设，巩固拓展学习实践活动成果

对全社开展学习实践活动情况进行总结，表彰先进集体和优秀社员，为加强思想建设探索新路子、积累新经验。开展“不忘合作初心、继续携手前进”专题教育，将其作为学习实践活动重点内容。举办以“九三学社文脉与传承”为主题的社中央第四届学习实践活动专题论坛。充分发挥思想建设研究机构作用，通过举办培训班、召开会议、上门走访等形式，了解社员思想困惑和愿望诉求，加强动态分析和科学研判，增强思想引导针对性。开展科研机构社员思想状况课题招投标，搞好分类引导。健全社内舆论引导专家库，在一些重大问题和重要时间节点适时发声、理性解读，营造良好舆论环境。建好管好用好新媒体，深化新媒体规律研究，强化内容支撑，进一步推动和规范社内新媒体建设。

制定新的参政党理论研究和社史研究规划。做好参政党理论研究课题招标项目管理工作，力争出成果、出精品。紧密联系社员关注的重大问题、出现的思想困惑，开展深入调研和深层次理论研讨，撰写理论文章。进一步加强与社会智库及相关研究机构的合作力度。继续做好理论研究和社史研究培训工作，着力打造一支高素质的研究队伍。继续举办“九三讲堂”等学习活动，在机关营造学习研究的良好风气。继续推进“社史工程”，抓好“九三学社人物丛书”的编纂、评审和出版工作，精益求精、确保质量。加强对口述史项目进度的检查、指导和督促。

五、抓好社中央和省级组织换届工作，切实搞好政治交接

2017 年是社中央和省级组织的换届年。要坚持换届的指导思想、工作原则和具体政策，增强责任感和使命感，加强领导、严肃纪律，全力以赴地做好社中央换届各项准备工作，确保社第十一次全国代表大会圆满成功。指导帮助各省级组织开好代表大会，顺

利完成换届任务。切实贯彻社中央和省级组织换届工作文件精神和民主集中制原则，正确把握换届的政策规定，严格工作程序，遵守换届工作的人事纪律，维护换届工作的严肃性，做到风清气正。6月底前，各省级组织要完成换届工作。从第二季度开始，社中央启动中央委员会工作报告起草工作。召开华北、西北、西南片社章修改征求意见座谈会，按计划完成社章修改工作。

继续加强对组织发展的宏观调控和分类指导，在稳步增加数量的同时，更加注重质量的提高，优化社员行业结构和年龄结构。下大力气发展特别优秀的科学技术领域中青年人士入社。继续做好培训工作。加强中央与地方组织部门间的沟通联系，及时反映组织工作的情况及建议。进一步完善数据库建设与应用，推动各级组织数据库建设。在换届工作中发挥监督机构的作用。改进社员参与监督的途径与方法，进一步畅通监督渠道。认真总结巡视督导工作的经验和不足，继续做好相关工作，进一步增强全社的组织动员能力。

六、以提高服务能力为重点，扎实推进机关建设

积极做好代表大会及中央全会、中央常委会等社中央重要会议的筹备和组织保障工作。根据机关工作实际，修改完善有关规章制度。组织开展全社各级机关公文处理的指导、互查工作，进一步推动机关公文处理规范化。举办第三期社省级以下机关专职干部培训班，完成第一轮市级机关专职干部培训工作计划。继续开展好社中央领导联系地市级组织和院士导师培养计划工作，总结推广地市级组织机关能力建设试点工作经验。进一步推动全社信息化建设和应用工作，开发建设社务平台、贯通各级社组织社务工作、带动“社员之家”的推广应用。

各位委员、同志们！

中华民族伟大复兴的光明前景召唤着我们，全面建成小康社会的重大使命激励着我们。让我们更加紧密地团结在以习近平同志为核心的中共中央周围，大力弘扬爱国民主科学的优良传统，凝心聚力、锐意进取、扎实工作，把九三学社各项工作推向前进，以优秀的成绩迎接中共十九大和社十一大的召开，为实现“两个一百年”奋斗目标和中华民族伟大复兴的中国梦做出新的更大贡献！

九三学社第十三届中央委员会监督委员会 2016 年工作报告

（2016 年 12 月 13 日九三学社第十三届中央常务委员会第十七次会议通过）

现将九三学社第十三届中央委员会监督委员会 2016 年主要工作完成情况及 2017 年重点工作安排报告如下：

一、2016 年主要工作

2016 年，社中央监督委员会在社中央的正确领导下，认真贯彻中共十八大和十八届三中、四中、五中、六中全会精神，全面落实社中央十三届四次全会精神，围绕建设“思想上坚定、履职上坚实、组织上坚强”参政党这一核心目标，认真履行职责，着力探索经验，切实完善机制，积极开展工作，社内监督取得新的成效，有力地促进了社自身建设的加强，为社参政履职工作开展提供了坚实保障。一年来，主要做了以下工作：

（一）加大宣教力度，社员监督意识得到进一步提高

按照社中央统一部署，社中央监督委员会从思想“总开关”入手，继续着力强化对全社成员监督意识的培养，通过组织座谈会、专题培训等手段，利用开展巡视督导的有利契机，加大了社内监督的理论宣传和教育培训力度。通过深入开展宣教工作，全社上下特别是基层组织和社员，能够充分认识到加强社内监督对于强化自我发展、保证参政地位的重要性，参与监督工作的积极性和主动性有了进一步提高。同时，通过加强理论教育，也使各级组织和社员对于社内监督工作的本质规律和制度运行有了更加深刻的认识，了解和掌握了“谁监督”“监督谁”“监督什么”“如何监督”“监督结果如何使用”等关键问题，在营造良好社内监督氛围的同时，较好地解决了基层组织“不敢监督”“不善监督”“不愿监督”的问题。

（二）健全组织框架，省级社内监督机构已趋近全覆盖

健全的组织机构对社内监督工作的开展非常重要，社中央监督委员会本着“成熟一个、发展一个”的原则，继续协调推动各省级社内监督机构建设工作。今年，在我们的积极协调和推动下，目前已经有山东、吉林、广东、新疆 4 个省级组织先后成立了社内监督机构，全社省级监督机构已达 26 个，占比近九成。剩余未建立监督机构的 4 个省级组织也正在积极筹建中，或于今年底成立，或在明年省级组织换届期间同时进行，届时将会实现省级社内监督机构全覆盖的目标。在积极发展新设机构的同时，我们加强对新设机构的业务指导，帮助其健全规章、完善体制，确保新设机构成立伊始便能走上规范化、科学化轨道。

（三）发挥巡视督导作用，强化对省级组织工作的领导监督

巡视督导制度，是强化社中央对省级组织的领导和监督、加强省级组织领导班子建设的重要举措和有力抓手。今年，由社中央监督委员会负责组织安排，社中央对 9 个省级组织工作进行了巡视督导，这标志着社中央已经圆满完成了对全部 30 个省级组织的第一轮巡视督导工作。今年的巡视督导工作较往年有两处新的变化：一是扩大了社中央领导的参与面，在今年组织的 9 次巡视督导中，除了按照惯例邀请主席和专职副主席带队之外，还邀请了兼职副主席带队巡视督导，各位社中央领导的积极参与，有力地助推了巡视督导工作的深入开展。二是在巡视督导过程中，增加了观摩基层组织活动的环节，

督导组深入基层组织开展工作，不仅能够直接、真实地了解基层组织工作实际，还极大地调动了基层组织社员参与活动的积极性，增强了基层组织凝聚力。第一轮工作实践证明，巡视督导工作能够有效加强中央与省级组织的联系，促进地方组织的建设和发展，提升全社的组织化水平和凝聚力，巡视督导工作已经得到了全社上下的普遍认可。

（四）坚持典型引路，着力推广河南社内监督工作试点经验

在探索推进社内监督工作的进程中，发挥好先进示范、典型引路的作用至关重要。2014 年底，社中央确立社河南省委为社内监督工作创新试点，河南社省委在社内监督组织架构、制度体系、工作机制和理论研究等方面开展了持续的探索与创新，形成了很多行之有效的做法和经验，开创了大监督的格局。韩启德主席特别就河南经验的推广作出了重要指示。今年，社中央监督委员会将推广河南试点经验作为一项重点工作，并以此为抓手，推动了社内监督工作的深入开展。今年 3 月，社中央专门向各省级组织下发通知，要求学习推广河南经验；在 5 月召开的社中央常委会上，邀请张亚忠常委就河南社省委开展社内监督工作做了交流发言；8 月，社中央在河南安阳专门召开了河南试点经验推进会，会上要求各省级组织认真学习河南的先进经验做法。各省级组织之间关于加强社内监督方面的工作交流也日趋密切，辽宁、福建、重庆等省级组织纷纷组队到河南进行专门学习，将先进经验带回本地并研究实施。河南试点工作经验的出现和推广，对社内监督工作的开展起到了积极的推动作用。

（五）加强换届监督，保障市级组织换届工作顺利进行

今年是地市级组织换届年，也是省级组织换届准备年。社中央监督委员会从开年伊始，便将加强换届监督作为今年社内监督的重中之重来抓。为严肃换届纪律，确保换届工作顺利进行，我们向各省级组织印发了《九三学社中央监督委员会关于严肃换届纪律的通知》，对做好省级组织和地市级组织换届工作提出了四点要求，即加强对换届工作的领导、严守换届纪律、严格换届程序、加强对换届工作的监督。《通知》下发后，各省级组织结合本地实际，分别下发了严肃换届纪律的通知，教育引导广大社员树立政治意识和大局意识，遵守政治纪律和政治规矩，全力营造风清气正的换届环境。今年新成立监督机构的省级组织，也按照社中央的要求，普遍较好地履行了对地市级组织换届工作的监督职责，为市级组织顺利换届提供了保障。

（六）积极化解矛盾，认真受理来信来访

社中央监督委员会将来信来访工作纳入重要日程，认真核查办理。今年共受理信访材料 7 件，按照反映的情况，及时向有关社领导汇报，并认真落实领导批示，督促地方组织妥善处理，及时将受理和处理情况通报来信社员或当事人。

一年来，社中央监督委员会在社中央的坚强领导下，扎实工作，稳步推进，社内监督工作取得了新的成绩。但从全社开展社内监督的情况来看，还存在一些问题，如有些社省级组织对社内监督工作的重视还有待加强；省级监督机构社内监督工作开展还不平衡；监督制度还需要进一步完善；监督的方式方法还需要进一步丰富；监督工作还需进

一步开拓思路、探索创新。这些问题需要我们在今后的工作中进一步认真研究解决。

二、2017 年工作要点

2017 年，社中央监督委员会的总体思路是：认真贯彻中共十八大和十八届三中、四中、五中、六中全会精神，全面落实社中央十三届五次全会精神，进一步弘扬民主与科学精神，进一步健全社内监督体制机制和组织体系，进一步推广河南社省委内部监督经验，努力探索创新社内监督方式方法，做好换届监督工作，推动各级社组织不断提升解决自身问题能力和履职尽责水平。具体做好以下工作：

（一）深入学习贯彻中共十八届六中全会精神

按照社中央的统一部署，社中央监督委员会要把学习中共十八届六中全会精神作为首要政治任务来抓。一是重视加强对社员政治方向的监督，不断强化社员的政治意识、政党意识，保证全社上下始终团结在以习近平同志为核心的中共中央周围，坚定不移走中国特色社会主义政治发展道路。二是认真学习中共中央强化党内监督的先进经验。中共十八届六中全会专题研究了全面从严治党重大问题，修订了《中国共产党党内监督条例（试行）》，制定了《新形势下党内政治生活若干准则》。这对我社开展社内监督有着非常重要的借鉴意义。我们将努力把学习中共六中全会精神与加强社内监督工作有机结合起来，切实做到以党为师，使社内监督工作再上新台阶。

（二）扎实做好换届监督工作

明年是社中央和各省级社组织的换届年，社中央监督委员会将继续加大换届监督工作力度，密切与各省级监督机构的联系，引导各省级组织切实提高对严肃换届纪律的重要性的认识，重点加强对换届政策、程序、纪律情况的监督检查，及时受理并核查社员反映的违反换届纪律的问题，确保换届工作平稳顺利开展。按照社中央换届工作的统一安排，还将做好社中央监督委员会自身的换届工作，以及对省级监督机构换届工作的指导，适时出台监督委员会换届工作意见，并以此为契机，进一步加强社内监督机构自身建设。

（三）认真总结社内监督工作经验

社中央监督委员会将认真总结第一轮巡视督导工作成果，研究起草巡视督导总结报告，将在巡视督导过程中发现的值得借鉴推广的地方工作经验、普遍存在的问题，以及各级组织提出的意见建议，分门别类进行梳理总结，上报社中央，以更好地促进全社工作，特别是做好下一轮巡视督导工作。同时，还将做好本届监督委员会工作报告，认真总结五年来社内监督工作的好经验和好做法，进一步完善监督工作的体制机制，促进监督工作的科学化规范化制度化。

（四）指导推动各省级监督机构开展工作

社中央监督委员会将继续加强对各省级组织社内监督工作的协调指导。继续推动健全社内监督组织架构体系，协调有关社省委加快建立社内监督机构步伐，实现2017年省级组织监督机构全员参与的建设目标；结合2017年省级组织的换届工作，加强对省级社内监督委员会主任、副主任的履职培训；继续深入推广河南社内监督工作试点经验，以召开现场会、开展巡讲等多种方式搭建交流平台，增强省级社内监督机构的横向联系，促进省级社内监督机构工作水平的共同提高。

（五）试点探索社内纪律约束机制

为了更好地贯彻中共中央十八届六中全会精神，切实为严肃社内纪律提供有效的制度约束，社中央监督委员会已经就社内纪律处分有关内容提出了工作思路，拟于明年在部分地方组织进行试点探索。同时，还将组织开展针对严肃社内纪律、严格执行纪律处分的专题研讨和座谈，逐步探讨并完善社内纪律约束机制。

韩启德主席在九三学社第十三届中央委员会第五次全体会议闭幕会上的讲话

（2016年12月16日）

各位委员、各位代表、同志们：

九三学社十三届五中全会很快就要闭幕了。我们开了一个严肃认真、奋发向上、团结务实的会议，一个像九三人开的会议。会上，大家一致同意并高度评价了常委会2016年工作报告，认为报告好，主要还是因为工作做得好；认为2016年九三学社工作最突出的亮点就是有创新，做出了有分量的业绩，能够把各项工作落到实处。我们这次会议本身也有创新：短片《九三——2016》让大家对全年工作有了更深入、更生动形象的了解；片花“九三，加油！”让大家感到很来劲，起到很好的宣传鼓动作用；会议分组讨论新的分组办法也得到认同，起到更好的交流效果；我们尽量吸纳社十大代表参加全会，代表们积极性都特别高，也为会议做出了贡献。会上提出了很多好的意见建议，会后社中央一定会认真吸收，不仅体现在报告的修改上，更要体现在2017年的工作中。会议期间的委员建议案工作也有很大进步，共收到建议案9件，并全部立项。相信这次会议对于九三学社2017年工作以至今后一个阶段的工作都会起到积极的推动作用。

随着形势的发展，参政党担负的责任越来越重大。几年来，我们坚持贯彻社十大提出的“思想上坚定，履职上坚实，组织上坚强”的目标，努力加强自身建设。要完成新形势下参政党履职要求，就一定要把九三学社自身建设得更加坚定、更加坚实、更加坚强。今天我重点就加强九三学社的自身建设方面，讲一下凝聚力和动员力的问题。我相信，只要不断加强组织凝聚力和组织动员力，九三学社就一定能建设成“思想上坚定，履职上坚实、组织上坚强”的参政党。

一、关于加强组织凝聚力

（一）最重要的是要取得思想共识

习近平总书记曾讲过，对一个民族和国家来说，最持久、最深层的力量是全社会共同认可的核心价值观。核心价值观承载着一个国家和民族的精神追求，是评价是非曲直的价值标准。在去年的中央统战工作会议精神学习研讨班上，我代表九三学社发言，主题就是增强党外知识分子的共识。我认为，增强九三学社的凝聚力，最重要的就是增强我们的共识。九三学社最引以为豪的，就是爱国、民主、科学的价值追求和优良传统。这是我们强大的共识，也是我们的凝聚力所在。现实中，我们看到很多社员加入九三学社，就是奔着民主与科学来的。所以，民主与科学是我们九三人的共识，是我们凝聚力的思想基础。但是，民主与科学是有时代性的，而且它们都有一个实现路径的问题。在当代中国，作为中国共产党领导的多党合作和政治协商制度下的参政党，要把爱国、民主和科学落到实处，就要集中体现在对中国特色社会主义的深刻认识上，对中国特色社会主义道路、理论、制度、文化的自觉和自信上。也就是说，今天的九三人要弘扬爱国民主科学精神，就必须对中国特色社会主义具有高度共识。对中国特色社会主义有了共识，我们自然也会高度认同以习近平同志为核心的中共中央领导，和“四个全面”的总体战略部署。

我认为，要在这个方面取得共识，首先要将视野放宽，要站得高、看得远、看得广。对中国特色社会主义，要站在人类文明发展的高度来认识。回顾历史，135 亿年前，宇宙大爆炸，有了现代概念中的物质、能量、时间、空间；38 亿年前，产生了生命；250 万年前，开始实现从猿到人的演变，出现各种原始人；20 万年前，出现智人；7 万年前，智人产生认知革命。由此，智人走遍地球；1 万年前，消灭了所有别的人种，世界上只剩下智人，亦即今天的各色人种；12000 年前，开始农业革命，进入农耕文明。人类在农耕文明时期，出现了尼罗河、印度河—恒河、底格里斯河—幼发拉底河、黄河—长江人类文明四大起源地，涌现出古埃及、古印度、古巴比伦和中国四大文明古国。之后形成了以基督教、伊斯兰教、印度教和中国的儒教为代表的不同文明；直至 500 年前，才出现近代科学革命。科学革命以及与之相伴的宗教革命、文艺复兴、启蒙运动等带来了工业化，以及自由、民主、法治、科学等现代文明。所以，从人类文明的长河看，如果从智人算起，从采集狩猎社会到 1 万多年前出现的农耕文明大约经历了 20 万年时间；从农耕文明到近代工业文明开始经历了 1 万多年；而工业文明最多只有近 500 年的进程，只是人类文明的一个小小插曲。把包括民主与科学在内的一系列现代理念范畴放在这么大的一个尺度来看，就容易认识得更加清楚。

我们也要放眼当今世界范围内发生的事情。苏东剧变之后，曾建立起“一超多强”的全球地缘政治格局，但这种格局和秩序很快就被打破。新自由主义的弊端日益显现，特别是 2008 年金融危机后，各种失衡动荡愈演愈烈。北非、中东的事件只是其中一部分，如今更蔓延至欧洲和拉美地区。甚至在最发达的国家，由于社会不公平加剧，各种不确定性和社会焦虑加重，民粹主义泛滥成灾。英国的脱欧事件，美国的选举乱局，让我们不禁思考这个世界将如何发展？可以说，我们迎来的将是一个地缘格局不断转变、世界秩序混乱且不断重组的局面。而我国从改革开放以来，到现在进入经济发展的新常态，一直在飞快发展和进步着。虽然当前也面临着很大困难和挑战，但是我们正在形成一个可喜的新格局。中国经济在世界经济低迷以及自身结构性改革的情况下，在世界主要经济体中仍然是表现最好的，我们的发展潜力是巨大的。对此我们应充满信心。

面对今天的现实，我们可以看得更加清楚。建立在自由主义理念基础上的、一度被一些人认为具有普世性的西方民主制度，暴露出种种矛盾和问题，借用美国著名比较政治学家弗朗西斯·福山的话，就是西方民主制度出现了“政治衰败”。事实上，包括西方学者在内的越来越多的学者认识到，由于历史上形成的文明的多样性、不同民族不同国家有着不同传统文化和各自特殊的经济社会条件，决定了在通往现代化的道路上必然会有各自特殊的制度和路径选择，人类没有普遍适用的现代化之路，西方民主制度只不过是在人类文明进程中的一部插曲，一种选择。可以说，中国特色社会主义道路正是基于我们自身历史传统和国情的选择，是人类文明进程中的一条新的路径。因此，我们要增强对中国特色社会主义道路、理论、制度、文化的高度自觉性，要充满自信。当然，我们也面临挑战，国内也有民粹主义抬头倾向，也有发展上区域不平衡、人群不平衡等问题；由于社交网络的迅速发展和应用，自上而下的统一思想动员正逐渐被自下而上的各自表达和相互影响所取代；等等。从总体上看，改革进入深水区，社会矛盾聚集，思想多元化，这也是我们形成思想共识过程中面临的具体问题和困难。

在这样的形势面前，我们九三学社的同志要有思考，要站在人类文明发展的进程的高度，用全球的视野，在中国特色社会主义实践当中，来认识当前我们弘扬民主与科学光荣传统的具体内涵。我深信，在这样的思想基础上，我们对九三的民主与科学的光荣传统就会有更深刻的认识，对中国特色社会主义就会有更深刻的认识，从而也一定能够取得更广泛、更稳定的思想共识。而这个共识是我们九三学社凝聚力的根源和基础。

因此，我们要继续做好九三学社的思想政治工作。在当前，就是要继续搞好中国特色社会主义学习实践活动。关于如何搞好这个活动，我强调两点：一是我们中央委员会成员首先要带头学好做好。简单说还是要读万卷书，行万里路。中央委员一定要多读书，读好书，读有用的书，读解决实际思想问题的书，以开阔我们的视野，深刻我们的思想。同时我们还要迈开双腿，到中国特色社会主义的实践中去，深入观察和思考。二是要细致深入地做好社员的思想政治工作。这就需要对社员抱着理解、尊重、倾听、交心、包容的态度，要以理服人，把中国特色社会主义想明白，说清楚，这是中央委员需要掌握的本领。

总之，增强九三学社的凝聚力，就要形成对中国特色社会主义的共识，在新时期继续弘扬爱国民主科学的优良传统。

（二）要有政治生活的准则和纪律

一个组织、一个政党要有凝聚力，规矩和规矩意识同样重要。要积极逐步稳妥地建立完善社内监督机制。巡视督导开展两年多，完成了对30个省级组织的巡视督导工作，反映良好。接下来，要开始新一轮巡视督导，而且要不断改进和完善，把这项工作做实做好。要开展学社章、守社章活动，强调依章办事，形成全社学习和遵守章程的良好氛围。

（三）要维护社员合法权益

各级社组织要维护好社员的切身利益，当社员合法利益受到侵害时，社组织要义不容辞地保护他们。我们有个别社员涉及司法案件，只要他们有理，我们就依法为他们抗争，都是本着实事求是、依法依规的原则进行处理。王选关怀基金会坚持每年资助有困难的老年社员，尽管资金有限，但充分体现了组织的关怀，受资助社员非常感动，让社员们感到九三学社是个温暖的集体。社员生病、子女上学困难，在目前条件下，应尽力做到能帮多少就帮多少。在优秀社员干部的推荐安排方面，我们是尽力的。对于九三优秀的同志，就是要按程序尽力推荐他们到能够发挥作用的实职岗位上，为他们搭建参政议政的平台。

加强凝聚力的措施还有很多。但是我相信，如果能够做好以上三点，九三学社的凝聚力一定能大大加强。

二、关于增强组织动员力

今天要讲的另一个重点是增强九三学社的组织动员力。

这次会上分组讨论中，有三个小组提出每次九三学社中央全会能否像中共中央全会一样有一个主题。有位社员在发言中替我做了回答。他说，九三学社每年的工作并非没有工作重点，只是有自己的节奏。是的，至少从我担任九三学社主席以来，从 2003 年起，每年 5 月都召开一次主题常委会。这个主题既是当次常委会研讨的主要内容，也是当年社中央工作的重点。我们不过是把中共中央全会的作用移到 5 月的常委会议，而全会主要是向大家汇报全年的工作，以使大家针对中央的工作全面地提出建议，我想这样更有利于发挥常委会集体领导作用，更加适应九三学社的实际情况。从十大以来，我们又在年初召开领导班子战略研讨会，讨论提出当年工作主题，启动准备工作，保证 5 月主题常委会的效率和质量。当然，如何在全会体现每年工作的重点，确实是个很好的建议。具体怎么做，要认真研究。

2016 年的工作重点是加强组织动员力。这次全会以后，在增强组织动员力方面还要继续加把劲，做得更实。对此我想讲五点。

（一）要有坚强的领导班子和骨干队伍

这是加强组织动员力的基本保证。中央和各省级领导班子应当是有思想高度的、有政治原则的、为社员服务的、受大家拥护的和有威信的。只有这样的班子，才能带动全社工作。我们还要有一支强大的骨干队伍，才能支撑起整个组织的骨架。我们的人才强社战略，保证了源源不断地有最优秀的人士加入九三，成为骨干队伍。为此，我们要注重发展代表性人士，重视中青年骨干队伍的储备和培养。

（二）要加强组织化程度

这是加强组织动员力的组织保障。从纵向来讲，要发挥好常委会的作用，开好中央全会，发挥全体中央委员的作用。还要发挥好社中央各专门委员会、工作委员会以及主席副主席联系基层制度的作用。从横向来讲，要加强省际合作、地方组织之间的合作、基层组织之间的合作，以及以互联网和新媒体为工具的相互联系。我们要建立起基于互联网的“三张网”，目前已经有了很大的进展。一是组织与组织之间的联系，社中央相关部门与省级、地市级组织已经建立了直接的网络联系。二是社员与社员之间的联系。上海、重庆、广东等多地普遍建立了以微信为工具的工作联系，加强社员交流。三是组织与社员之间的联系，通过“社员之家”平台，让社员能够直接联系各级社组织，这项工作还在不断研究和试点完善之中，要争取做好。

（三）要增强基层组织的活跃度

今年开始，主席、副主席定点联系地市级组织，参加基层组织活动，得到很多信息，了解了基层组织开展活动的经验和困难。我参加本人所在的北京大学第二委员会举办的活动，包括关于老年养护保险和医学科技创新等主题的论坛，质量很高。给我留下最深印象的是带队对北京市委巡视督导过程中参加的东城区科技园区支社的一场活动，社员参与踊跃，活动组织有方，体现了参政党特色。该支社仅有 40 多名社员，但经常参加活动的却包括其他九三基层组织在内的 200 多名社员。由此我在想，要改变长期以来，九三基层组织三分之一活跃、三分之一活动少、三分之一基本停滞的局面，必须让基层组织流动起来，在流动中不断调整。我鼓励东城区委，可以把经常参加活动的社员调整到该支社，长期不活动的基层组织则可以取消，这样就有了自组织、自动员的机制，基层组织就能焕发生命力。希望开展这方面的试点，取得经验，不断推广。

（四）要通过履行参政党职能的实践，以项目带动组织动员

参政议政是参政党的首要职能，我们要在参政议政的过程中，把广大社员充分动员起来。2016 年我社的大调研以社区治理和服务为主题，30 个省级组织都参与进来，成立了 40 多个课题组，最后各地成果汇总，还开了一场专题论坛。在此基础上形成的报告，就很有分量。有中央领导同志反馈说，九三学社的调研报告有数据，有见解，有可行性建议，有水平。这些成果就是在动员了全社力量的基础上产生的。因此，如果能把所有的力量都充分动员起来，同时选好课题，一定能把参政议政工作做得更出色。

2017 年社中央大调研的题目主动选了一个难题，即“碳交易”。这是一个有争议的问题，但是我们经过初步调研之后，确定就是要啃这块硬骨头。我们认为，中国的“碳交易”可以走出一条跟市场经济紧密结合的、有中国特色的更好的路子。此外，还有科技管理体制改革问题，此事我们努力了七八年，建议政府可以计划立项，但是不要管具体的经费分配。前年终于出台了政策，但现在看来执行得还不够理想。这方面我们还要深入调研，看看问题究竟出在哪里。此外还有我们重点关注的农业结构问题，房地产到底如何发展、房价到底处于一个怎样的水平才合适，我国的教育究竟应该怎样改革；等等，都要深入研究，提出好的建议。所有这些问题都有难度，如果没有充分调动、整合各方面力量一起努力，是不可能取得高质量成果的。因此，做好这些参政议政工作的过程，也必须是一个组织动员的过程。

脱贫攻坚是今年极为重要的一项政治任务。中共中央把民主监督的任务交给各民主党派，九三对口陕西省。民主监督是参政党的一大职责，社中央建议，今年起码要在这件事情上把民主监督做好。社中央针对陕西省的扶贫攻坚，要做出样子来，希望各省也都要围绕扶贫攻坚积极开展民主监督工作。我们将适时召开经验交流会，总结经验，把这项工作推向前进，作为加强民主监督的突破口。总之，我们要敢于监督、有水平地监督、有成效地监督。这不仅是中共中央寄予我们的厚望，也是我们工作长期以来的“短板”，要争取在2017年做得更好。

还有社会服务。比如河南濮阳的例子，先是发现黄河滩区股骨头坏死高发，出现大量残疾，由此动员社组织进行医疗救助，从做好事开始，进而结合参政议政，思考当地经济社会发展等一系列问题并提出建言，同时发展形成“同心康福”品牌走向全国。社会服务与参政议政相结合，使工作相得益彰，这是一条经验。同样重要的是通过这项工作，社河南省委把全省各市级组织充分调动起来，共同参与其中，增强了全省九三的组织化程度和集中力量办大事的组织动员力。

（五）要形成更多、更有创新性的活动平台、方式和手段

今年5月的主题常委会讨论加强组织动员力，最后决定重点落实“六个计划”。昨天分组讨论时，大家比较关心这几个计划，特别是院士导师计划和医疗咨询平台计划。目前，导师计划已经立项，共有20多个导师承担了培养任务。但刚刚开始，报名尚不够踊跃，参与的院士也比较有限。前天院士工作委员会会议上，大家也发现一些问题。比如，有些承担任务的院士导师不堪重负，有一名院士带了8名博士生，其中3名要到他实验室工作，有一名院士承担了为被指导方搞经费的任务。所以我要说明一下，导师计划的宗旨和目的，不是雪中送炭，而是锦上添花，主要是为了培养导师，不是培养研究生。我们是要提升九三学社社员中优秀博导的专业水平，乃至于将他们培养成院士。希望各省做好物色和推荐工作，首先支持高水平的博导和博士生，在此基础上再进一步推广。医疗咨询平台是为大家办好事，大家都迫切要求，但具体操作起来也不容易。一是面临法律问题，出了事故怎么办？我认为这好解决，因为定位是非正式医疗咨询服务，只是咨询，意见仅供参考，不是看病，不开处方。二是谁来回答咨询？大家都希望咨询最好的医生，但是他们往往不堪重负，工作以外没有大量时间回复众多咨询者。对此，北京市有个好办法，即“分级咨询”。不管怎样，大家都很期待这个平台，我们会继续努力，把这件事情做好。威宁扶贫计划，一直是我们的工作重点，成绩比较显著。接下来要在教育扶贫、产业扶贫、中草药种植等方面下大气力。我们九三一位曾培养出多位奥运冠军的教练在考察后发现，当地适合锻炼长跑，目前已经在当地中学生中初步筛选出100余人，希望以后能培养出马拉松世界冠军。关于整合社内创投资源计划，社中央即将成立促进技术创新工作委员会，负责此项工作。我们不仅要将九三学社成员中的投资人和科技创业者联结起来，还要引进更好的社会资源，特别是科技服务业的企业，为九三学社科技创业者搭建好的平台，提供强大的助力。社中央科学座谈会要改革和加快发展，希望动员各省级组织和成员共同参与，提供创意，提出题目，并且承办座谈会。报名没有截止日期，凡是题目有创新、有意义的，都鼓励大家申报和承办。2017年争取多办几场，既讨论科学问题，弘扬科学精神，也有利于产生好的参政议政成果。“社员之家”要把试点做好，尽快推出。要继续办好“九三楷模”评选工作，挖掘和讲好优秀社员的故事，传扬他们的精神，增强社员的自豪感和自信心。除了资深科技人员之外，也希望能有更多中青年社员入选。科普是九三学社具有党派特色的一项工作。中央科普工作委员会和各地都做了大量工作，但社会影响还不够大。要围绕社会热点焦点问题，举办更有影响的科普活动并做好宣传。比如最近美国取消食品标准中胆固醇每天摄入的高限，中国也随即取消。社中央委员顾东风教授撰文指出，美国因为全社会已经形成饮食控制的风尚，新世纪以来心血管疾病较大幅度下降，取消相关标准影响不大，而中国经济社会发展阶段不同，胆固醇摄入水平普遍太高，心脑血管疾病急剧上升，因此中国不宜跟风。类似这样的社会热点问题，我们就要多发声，正确引导社会，同时增强我们的影响力。还有北京的"九三微跑团"，跑出健康，跑向全国，影响越来越大，参与者越来越多。北京市委的"青年学者沙龙"也办得很好，都值得提倡。还有，在我的倡导下，2011 年曾在南昌成立文学笔会，当时很热烈，但后续行动少了一点。今年，云南省委搞了"一带一路"南方丝绸之路云南行文学笔会，广东省委出版了汇集社员近几年文学成果的《红树林》，学苑出版社也在准备出版《九三文学创作文库》。实际上，我们九三很多成员，包括一些领导和科学家文学素养都很好。科学要与人文更紧密地结合起来，要加强这方面的工作。今年全会的建议案中，温洋委员提出在扶贫点试行开展"银发温暖工程"，就是发动退休的九三社员去关怀扶贫地区的老年人。我认为这是非常有意义的事情，既有助于社会服务，又推动了我社的老年社员工作。总而言之，我们要创新各种活动形式，把全体社员充分动员起来。

下面，我还要再强调一下换届工作。我们一定要做好换届工作，确保风清气正。

2017 年是换届之年，对政治交接至关重要，希望中央委员会的成员努力把换届工作做好。目前，地市级换届工作大部分已经平稳完成，2017 年上半年，要完成省级组织换届工作，社中央的换届工作也将要启动。我们要吸取地市级换届工作的经验教训，做好接下来的换届工作。最重要的，是要保证风清气正。淡泊名利地位，正确处理进与退，是九三学社的优良传统和九三人应有的风骨。需要进，就义不容辞地担负起政治责任；需要退，还可以在本职岗位尽职工作，也可以继续为九三事业出力。这一点全体中央委员一定要做模范和表率。

此外一定要修改好社的章程。这十几年，社章经历了多次修补，这次要系统修改，有难度，工作量大。社章的修改一定要体现社员的意志和愿望，体现新时期中国共产党领导的多党合作与政治协商制度的新要求。社章的每一条都要仔细斟酌，特别是九三学社的宗旨、民主与科学的定位、领导成员的标准、组织架构等。不仅要很好地总结经验，还要有前瞻性，经得起历史的检验。希望各位中央委员更加关心社章修改工作。

总之，换届无小事。只要有一个细节没做好，就有可能影响全局。我们要用如履薄冰的谨慎态度，把政治交接这样一项重大而艰巨的政治任务做好，把九三学社自身建设这一重要环节做得完美。

最后，希望大家始终坚持社十大提出的"思想上坚定，履职上坚实，组织上坚强"的参政党建设目标，为九三学社的建设和发展作出不懈努力。

在新的一年来临之际，祝各位委员、各位代表、全体社员新年快乐！

谢谢大家！

韩启德主席在九三学社第十三届中央常务委员会第十四次会议上的讲话

（2016年3月6日）

同志们：

每年“两会”期间我们都要召开一次常委会。“两会”是国家政治生活中的大事，我们要参加好“两会”，学习贯彻好“两会”精神，首先要在思想上对现在的形势有一个深入的理解。

英国历史学家汤因比在《历史研究》这本书中写到，人类有史以来各个文明的发展过程，就像山坡上面有很多大大小小的石头，这是一块块向上攀登的文明的石头。有的爬不动了，就留在那里。停滞下来的，不能前进的，都是因为没有创新。其中也包括一些非常辉煌的文明，比如古埃及文明、两河流域文明、印度文明；等等。而中华文明历时五千年以上，到现在还在向上攀登。尤其是自工业化、现代化开始以来，我们爬了一个半世纪的坡，经历了一次又一次严峻的危机，可以说险象环生，但是回过头去看，我们仍在不断向上攀登。有的时候顺利一点，有的时候非常艰难。现在改革开放30多年，我们又往上走了一大步。正像习近平总书记说的，我们已经到了一个滚石上山、爬坡过坎的关键阶段，咬着牙也要向上攀。当前我国经济正处于“三期叠加”时期。首先是发展速度的换挡期。30多年保持GDP百分之八、百分之九，甚至百分之十几的增长，但是不可能一直这样持续下去。现在我们步入GDP增速百分之七左右的新常态，经济增速正在换挡。其次是结构调整的阵痛期。结构不调整是不行的——产能严重过剩、财政困难、经济下行压力，都是非常严重的。特别像东北三省那样的重化工业基地和山西内蒙古那样的资源大省，经济压力极大。第三是刺激政策的消化期。2008年国际金融危机爆发后，我们及时采取了刺激政策，稳住了中国经济，同时对世界经济复苏作出很大贡献。但刺激政策也确实对经济结构调整、科学发展等带来了一些后续问题，需要有一个消化期。这些问题累积在一起，形成的压力很大。在这种情况下，我们特别需要凝聚共识，齐心协力；社会虽然越来越多元化，但是在困难面前必须团结一致，维持稳定。我非常同意有些同志说的，和衷共济、和而不同。我还记得去年统一战线深入学习贯彻中央统战工作会议精神研讨班的闭幕会上，施一公同志发言说，在中央决策之前，我们各种意见都要尽量发表，但是中央一旦决定，不管同意不同意，我们要服从中央，统一步伐。对此我是很赞同的。目前改革进入深水区，中央作出决策以后，我们就要坚决去执行。老是说要怎么样怎么样，但是不下决心、不去干，是解决不了问题的。但只要去干，就不可避免会犯错误，那时就需要及时地调整政策。在当前的形势下，尤其是在严峻的挑战压力面前，更应该顾全大局，围绕中心集中发力。这是我们贯彻“两会”精神应该有的一种认识。

作为中国特色社会主义参政党，我们必须履职尽责，反映民意，建言献策，必须弘扬九三学社民主与科学的光荣传统。我们有积极的建议、看法，就应该充分地表达出来。中央也希望各党派在协商民主和民主监督方面有新的举措。在去年底的社中央全会上，我们进行了充分的讨论，形成了共识，提出了今年工作的总体思路。目前各项工作都在有条不紊地向前推进。在新的一年里，我们要坚持以前好的做法，同时不断创新，在“思想上坚定、履职上坚实、组织上坚强”上取得新的成绩。今天，我想着重强调两个问题。

第一，集中力量增强全社的组织动员能力。当前形势下，要使我们的履职做得更加坚实，就必须把所有的力量更好地动员起来，把力量整合好。同时，作为一个政党，我们要应对各种挑战，在关键的时刻能够动员起来，也需要有很强的组织动员能力。在这方面，我希望今年能有创新的举措，取得实实在在的进步。今年 5 月份主题常委会将就“增强全社的组织动员能力”主题，进一步深入研讨。本次常委会后，希望各位常委就怎样增强全社的组织动员能力，总结地方的好经验，探索提出落实的具体措施。

增强动员能力，不能光说不做，必须推出实实在在的举措来改变动员能力不足的情况。当然，这些年我们在参政议政方面，在“上下左右内外”整合的工作上大有进步。去年的党派大调研“长江中上游水利水电工程对全流域生态环境影响”是动员 14 个省市组织一起完成的。这个调研得到了中共中央的高度认同。俞正声主席在刚刚开完的政协常委会上，又一次提出表扬。这项成果的取得跟我们动员、整合力量大有关系。在参政议政、社会服务方面，怎么把全社的力量动员起来？我们现在基本上只能动员到省级组织。如何让市级组织，让一些有特长、有见解的个人，参与到参政议政工作当中？怎么把基层组织中每一位社员的作用都发挥出来？这是需要我们进一步努力的。青年工作委员会的工作是一个创举，地方好多同志都以是青年工作委员会的成员而自豪。很多青年社员以前没有参与渠道，现在觉得找到了自己的组织。所以我们一定要趁势把青工委的工作开展好。

科学座谈会已经举办近两年的时间了，一共召开了六次会议。但是，全会总结经验认为参与的人还是太少。最近一次座谈会的主题是“中医药发展方向和途径”，参与的人稍多一点，大家报名后从中优选。但开会时，还是只有十几人不到二十人参加。我们有 14 万的社员，怎样让每个人都觉得座谈会离自己很近呢？所以从今年开始我们要改变方式。不仅由社中央立题组织，形式可以再多一点，就像香山会议，自下而上，各省级组织都可以发起。只要有领衔的人，就可以申请举办科学座谈会，对科学问题进行深入研讨。这样必然会带动我们的参政议政。请各位常委推举合适的人来发起课题。课题最好能够有一定的代表性，是比较前沿的科学问题，而且最好还是比较热点的问题。

“九三楷模”评了两届了，总体上大家反映很好。大家也应该把这件事情抓好。各个省（市、区）推举候选人，有的省很下力气，有的省不怎么下力气，只是随便推举几个人。从去年推举出来的名单可以看出，大家都比较优秀，但还是有最优秀的人没有被挖掘出来。一个奖项搞得好不好，最重要的还是提名工作。提名工作做得好，这个奖就搞得好。比如诺贝尔奖，它有一个提名委员会。这个提名委员会工作很认真。包括我参加的很多搞得好的奖项，都是在提名环节由顶层的专家下功夫去遴选候选人。我们的“十大楷模”评选也要这么做，否则就会错过一些优秀人才。比如浙江的陈桥驿先生，在我国的历史地理研究上取得了大家公认的成就。浙江还有一个医学专家，没有评上院士，但是我认为他的成就超过院士，好多发达国家的同行都认同他的成绩，而且特别有九三人的风骨。我们一旦下力气去挖掘，就会发现有很多好的人才。这是一项艰巨的工作，同时也是一个动员全社的工作。如果评选得好，那将会起到很大的动员作用。现在看，那些当选的楷模本人也受到非常大的鼓舞，工作更加积极、更加出色了。所以我希望各位常委更加重视、及早着手“十大楷模”的评选工作。

今年社中央还准备推动三件具体的事情，并且一定要做成。一是九三学社院士导师培养计划。九三社员中的年轻博士生导师可以申请与九三院士联合培养博士生，加强九三内部高层次人才之间的交流。二是成立九三社员的医疗咨询平台。我们有那么多医疗专家，要把力量整合一下，为我们的社员看病提供方便。这件事情要办成不容易，但我们要着力去办，为我们的社员做一点好事，使大家感受到组织的温暖。三是整合“双创”方面的资源。最近科技部领导走访社中央，我们请来一位搞创投的社员参加座谈，他的发言使我很受启发。他发现很多九三成员要搞“双创”，但是找不到资金，不知道怎么创业。我们很多同志科技搞得好，但不一定懂企业，不一定清楚创业的环节。我们可以请这方面的人才来为大家开展创业指导。作为以科技界知识分子为主的政党，我们九三需要把社内“双创”的力量整合起来，争取有所创造。

在5月份的主题常委会上，大家不能泛泛而谈，而是要围绕把增强组织动员能力落到实处这个主题开展讨论。要有具体的、旨在把事做成的措施，要有新意，有价值。我们各位常委每年做成一两件事情，九三学社的动员能力就能得到增强，就会有新的面貌。习近平总书记经常强调做工作要“抓铁有痕、踏石留印”，我们确实要有这种精神，把增强全社组织动员能力这项工作抓好。

第二，进一步做好组织发展和换届准备工作。最近中央统战部成立了八局，专门负责联系新社会阶层党外知识分子。我们九三在发展成员时，也要注意把新社会阶层中的优秀人才吸纳进来。发展一个，带动一片。市级和县级组织今年就要完成换届，中央和省级组织明年要完成换届，接下来有很多工作要做。这次换届是一次政治交接，不是简单的人事更迭。要从政治交接的高度把人选好，这是九三学社一项根本性工作。实践证明，班子建好了，领头人选好了，我们的组织工作就能做好。有的省级组织已经开始为换届做准备了，这非常好。希望各地都高度重视换届准备工作，提早着手，确保换届平稳有序。

希望今年我们的工作能够在各位常委的共同努力下有所创新，取得极大进步。

韩启德主席在九三学社第十三届中央常务委员会第十五次会议上的闭幕讲话

（2016年5月6日江西南昌）

各位常委、同志们：

这次主题常委会在大家努力下，开得务实高效。这得益于会前准备充分。会议主题确立后，社中央围绕会议主题制订计划，进行调研，提出初步方案。各省也对前些年动员工作经验进行总结，形成书面材料。昨天上午有七位同志发言，刚才大家又展开了自由讨论，结合各省写的材料，我认为大家有很多提升动员能力的好经验和好做法，也有不少创新，虽然具体做法有所不同，但总体认识基本一致。昨天下午会议还审议了社中央会前准备的六个工作计划草案。下面我结合大家的讨论，强调五点。

一、关于动员的内涵

首先大家对动员的内涵认识一致。北京市委的材料对动员内涵的表述具有代表性，提出："从社会学角度看，动员是一群人由公共生活的消极参与者变为积极参与者的过程。在实际工作中，动员往往指通过自上而下的宣传和组织工作，促使相关对象改变态度与行为的过程。组织与动员间有着天然的亲密联系。"按照这个表述，加强我社动员能力就是要着力调动社员积极性，整合全社力量做更多事，不断增强组织凝聚力和向心力。其次，大家对衡量标准的认识也相当一致。北京市委提出的四条标准，基本涵盖了动员能力的各方面，包括组织体系——必须灵活有效，实现政令上通下达；参与度和覆盖度——更多的社员能够参与；政治效果——产生大的政治影响；社会影响力——得到社会认同，提升社会形象。通过以上标准，可以判断出社组织是否得到动员和动员的程度。

二、关于增强我社动员能力需要具备的五个要素

第一，坚实的人才基础和共识基础。首先要有人才，旗帜性人物本身就有带动效应。其次是思想共识，这是政党动员的基础。我社的思想共识主要包括三个内容：一是对中国特色社会主义道路、理论、制度的共识；二是对中国共产党领导的多党合作和政治协商制度的共识；三是对我社民主、科学、爱国光荣传统的共识。

第二，完善的组织构架和网络。合理的组织架构对动员起基础作用。衡量架构是否合理的标准要因地制宜。这些年我社省直属组织的工作面貌有改观，架构调整是一个重要方法，但各省根据实际情况，做法各不相同，各有特色。例如，四川通过争取到专职编制、设立办公场所、增加活动经费和建立专委会等举措，大大加强省直工委工作；而河南则取消了省直工委，把原属的15个委员会直接归社省委管理，调高那些委员会的管

理层级，同时加强干部配备，优化工作机制。北京按照科技、金融、法律等行业分类建立支社，而江苏则按就近原则重组基层组织。天津成立了老龄支社、离退休支社。浙江让省直属基层组织和县级组织结对共建，实现上下联动，左右协调，化解了县级组织人才不足的劣势。

机关是我社组织架构中的重要一环。各地普遍反映，地方组织的机关建设存在诸多问题。我建议由社中央组织部负责与地方组织联系，收集机关编制等问题的相关数据，汇总后编制表格，然后由社中央向有关部门反映，用翔实的数字依据说话。现在中共中央对党派工作和统一战线工作高度重视，这有利于推动地方组织机关建设存在问题的逐步解决。

第三，要有坚强的领导班子和骨干队伍。领导班子要合理搭配，结构不能单一，有些省提出班子成员既要有旗帜性人物，也要有社务工作能力强的同志，这是正确的。一个坚强的组织对领导干部的评价和监督非常必要，但如何对我社干部进行评价和监督存在不同看法，争议集中在评价是否要量化，监督哪些方面。我认为这方面的制度建设要符合我社实际情况，要有目标管理和量化评价，但量化评价不能过细，过细后反而难以反映实际情况；监督主要也不是查干部贪污腐败，而是考察监督其工作是否到位。我们要在实践中不断摸索，稳妥推进，逐步建立一套体现参政党特色，反映工作真实情况和社员要求，刚柔相济，突出正面激励的干部管理的评价、监督机制，打造一支坚强的干部队伍。

第四，具有足够多、足够好的活动平台。通过搭建平台，有效地组织引导，努力让每个社员、每个基层组织最大限度地参与组织活动。这一点非常重要，下面我还会详细阐述。

第五，建立制度保障。河北省材料介绍，传统、情感、制度是该省加强动员能力的三驾马车。应该这样看，加强动员能力需要九三传统和情感，但也要靠制度。制度是逐步完善固定、集体认可的硬性规定，必须执行，要有纪律。近年来河南、山西等省正是在制度建设上下了功夫，收到了很好的成效。

增强动员能力是一项全面工作，需要具备上述五个要素，要让这五个要素相互结合好。

三、关于现阶段增强我社组织动员能力的方式方法

第一，把履职作为主要内容。九三学社作为参政党，最主要的职责是参政议政，民主监督也融合在参政议政当中。我们为动员社员搭建的各种工作平台，有些是直接的参政议政平台，有些是社会活动平台，但落脚点都是为参政议政服务。

第二，把社员和基层组织作为根本。以社员为本，不断增强社员的组织归属感，进而增强他们的主体意识。过去相当长的一段时间，社内一些领导包括我本人习惯于动员一部分有能力、积极性高的社员来参与参政议政工作，这种做法有其必要性，但还不能充分体现以社员为本。以社员为本，就要让每个社员都能在组织中得到发展并发挥作用，找到组织归属感。这是我社其他各项工作的基础和保证，是我社的根本所在。要做到履职坚实，也需要更多社员参与。昨天江西李华栋主委在介绍经验时提到，去年江西调动300多名社员参与一项参政议政调研工作，占到江西全省社员总数的十分之一，这是动员

全体社员很好的体现。如果让全社十分之一的社员参与，就是一万五千名社员参与，这对提升社员的组织感，做到履职坚实很有好处。但目前还没有达到，即便达到了也还不够，因为其余十分之九的社员还没能参与。我到社地方和基层组织，包括参加科协、欧美同学会等活动时，常常见到很多优秀的九三社员。我非常感慨，这些优秀的人才怎么没有引起我们足够的重视呢？如果能够把他们都组织动员起来，能产生多大的力量啊！总之，我想强调，我们离以社员为本的目标还有差距，需要不断努力；我们还要以基层组织为本，重视和发挥好基层组织的细胞作用，打破全社基层组织工作三分之一较好、三分之一一般、三分之一较差的格局，争取让更多的基层组织发挥作用。

第三，把增强工作的主动性、积极性作为基本途径。从搭建平台到参与平台，从“被组织”到“自组织”，各省报告里都有很多好做法。这方面社中央青年工作委员会的经验尤其值得大家借鉴。

第四，把依靠创新作为突破口。在本次会议上，我们看到一些省市创造了不少动员社员的新机制。比如昨天四川介绍他们搭建各种各样的创新平台。我们原来的工作多集中在高校和科研院所，而他们则加强了企业的创新平台建设，召开了专门论坛，还动员社中央的力量去参加他们的活动。社中央提出的六个工作计划草案中，邵鸿常务副主席介绍的“整合动员社内创投资源”就有这方面的内容。北京市按照社员学科和兴趣分类开展专业交流，邀请社内院士和著名专家到会指导，提高了社员的业务水平和工作能力。江苏九三论坛、上海高校论坛都已经成为品牌，上海科普报告团长年坚持活动，越来越成熟。从中央到地方都对培训工作进行创新，一些地方组织重视走出去，通过广泛组织社员参与社会活动来加强培训，福建、上海、北京等省市这方面的工作比较出色。组织社会服务工作，我认为最重要的是让尽量多的社员深入社会，接近基层，发现问题，并和参政议政结合起来。组织尽量多的社员参加社会服务很有意义，既有利于深入实际，形成好的参政议政成果，又体现参政党为社会做贡献，扩大社会影响，也让社员的专业技能在服务社会中得到用武之地，找到参与感。社中央青年工作委员会自去年 12 月成立以来，工作非常活跃，有很多好的创新，昨天社中央组织部杨玲部长就此进行了汇报。上述这些工作机制的创新对于提升社组织的凝聚力、动员力非常重要，但也只是全社工作创新的一部分。各地方组织还有很多激发广大社员和基层组织积极性的工作创新，今后要加强交流，不断推陈出新。

四、关于社中央六个工作计划

首先要说明，这六个计划只是创新动员机制中很小的一部分工作，是增强我社组织动员能力的起步，不是全部。另外要强调的是，提升动员能力的具体工作要和参政议政结合起来。对社中央六个工作计划，有一致的意见，也有不同看法和建议。

第一，关于院士导师计划。大家认为在社内搭建一个让博士生导师能够得到院士指导的平台，能够很好体现和发挥我社的院士资源优势。我认为参与方式可以灵活一些，参与的院士可以不限年龄，只要有精力，还在从事研究工作，都可以参加。采取的具体方式也不必限制，可由具体情况而定。指导对象应向欠缺经验的年轻博士生导师倾斜。宁夏马秀珍主委提出向西部地区倾斜的意见，我也同意。

第二，关于贵州威宁扶贫计划。我们计划重点帮扶中药材、家政服务培训。中药现在面临的一个难题是药材质量严重下降，影响药效，所以帮助生态环境好、能够保证质量的贫困地区发展药材种植大有前途。但中药市场不稳定，种植风险较高，所以我认为重点要从保证药材质量、形成产业链等方面帮助威宁。这就要做好长远的战略规划。要做好药材质量的论证，像我社优秀社员屠鹏飞帮扶新疆那样，经过论证，使新疆的肉苁蓉进入国家《药典》，保证新疆肉苁蓉被市场接纳。要联系好加工企业，保证销售渠道，打造产业链。同时要体现九三的科技特色，帮助提高产品的科技含量，例如建立产品可追溯的电子标记等。帮扶家政服务培训项目能否成功，我认为关键是保证培训出来的家政人员和其他地区的人员相比有优势，能打出品牌，得到足够订单。这些方面还需要进一步论证和准备。

第三，关于社内创投资源计划。对这个计划大家总体认同，认为符合现实需要，也有利于动员社内一批有志于企业创新的科技人员和企业家。这方面的工作原先比较薄弱，但有条件做好。这项工作需要发挥好科技专门委员会的作用。我同意王选基金会从计划的开始阶段就参与进来。

第四，关于九三学社中央科学座谈会。个别同志提出将名称改为民主科学座谈会，我认为当务之急是把科学座谈会办好。科学座谈会是社中央组织的活动，地方组织往往觉得这是社中央的事，与地方没有太大关系。这是一种误会，也导致大家积极性不是很高，所以要有改变。首先，科学座谈会的召开次数要增加，目前一年只召开 3 到 4 次，我希望能逐步增加。其次，动员面要更广，参加的人可以更多。希望社中央各专门委员会、各省级组织也参与发起和组织，利用各自的人才优势，提出好的题目。其实这对地方工作会有帮助，会受到地方政府的欢迎。今年 7 月份社中央将在四川攀枝花召开科学座谈会，帮助该市解决资源转型问题，该市市委、市政府非常重视。我认为这样的工作实现了双赢，对地方的发展有利，也使地方对九三更重视。如果科学座谈会没有合适地方召开，就放到浙江桐庐基地。这个基地供全社使用，各位常委也可以用桐庐基地开展科学座谈会之外的活动。

第五，关于社员之家网络平台建设。之前做了较多的准备工作，在广东几个市进行试用，效果很好，对组织动员工作有推动作用。关键是用，用的过程中大家参与，才会推动这个平台逐步完善。要增强平台的吸引力，网络平台精彩好看，才能吸引大家参与使用。还要研究平台的管理维护，从技术上保障安全。

第六，关于医疗咨询服务平台。大家提的意见比较多，担心好事没做成，反倒招致社员的失望、埋怨，甚至引起纠纷，因而要慎重。找好医生看病难，是广大社员的一个实际困难。我社近 20% 的社员都是高层次医务人员，整合这方面资源帮助社员看病，可以使大家感受到组织的温暖，提高组织凝聚力。大家担心咨询会集中在少数高层次医务人员而使他们不堪重负，所以我赞同大家提出的咨询平台实行分级。地方组织也要积极参与平台建设，打造好平台，满足社员不同层次的医疗咨询需求。

五、关于利用好新媒体

当今时代，信息技术大大改变了人们的工作方式、生活方式和思维方式。我们在工作中要适应这个变化，用好新媒体、互联网。要有前瞻性，特别是用信息技术做好青年社员工作，因为青年容易接受新事物，青年委员会的网络应用就比其他组织活跃。怎样利用好微信公众号、QQ 群，与社务工作结合好，使信息技术成为增强我社组织动员能力的重要手段，需要大家引起足够重视和实践摸索。

增强我社动员能力不能坐而论道，要行动起来。我们不是为了动员而动员，提高动员能力是实现组织坚强的一部分，也是思想坚定、履职坚实的保证。思想政治工作如果不能广泛发动社员和基层组织共同参与，就是无效的，履职也是空话。去年社中央的大调研取得圆满成功，调研报告质量进步大，社会反响好，原因就是动员面比以前广泛，14 个省委高度重视，动员更多专家积极参与。江西的经验也是如此，调动每个市级组织都参与课题调研，才会收集到乡镇在招商引资、税收方面的详尽数据，写出高质量报告。这个经验得到中共江西省委书记强卫同志认可，社中央也把江西经验向中央统战部做了汇报。江西今年还要把各级组织动员起来，针对江西乡村生活污水问题深入调研，相信会有好成果。

全社要动起来，首先常委要动起来。这次常委会结束后，希望各位常委在增强动员能力方面进一步深入思考，提出具体措施，搭建平台，同时给予正确有力的领导、指导和引导，把我社工作做得更好！

谢谢大家！

九三学社中央关于学习贯彻十二届全国人大四次会议和全国政协十二届四次会议精神的通知

各省、自治区、直辖市委员会：

十二届全国人大四次会议和全国政协十二届四次会议，是在深入学习贯彻中共十八大和十八届三中、四中、五中全会精神和习近平同志系列重要讲话精神，全面建成小康社会进入决胜阶段召开的重要会议。九三学社赞成和拥护全国“两会”通过的“十三五”规划纲要等各项决议和决定。当前和今后一个时期，我社的一项重要政治任务就是要把全国“两会”精神学习好贯彻好落实好。

一是要凝聚思想共识。过去一年，中共中央团结带领全国各族人民，协调推进“四个全面”战略布局，主动引领经济发展新常态，经济实力、科技实力、国防实力、国际影响力都迈上了新台阶。持续推进结构性改革，大力实施创新驱动发展战略，结构调整亮点纷呈，大众创业、万众创新蔚然成风，呈现全面发力、多点突破、蹄疾步稳、纵深推进的良好态势；司法体制改革继续深化，反腐败斗争深入进行，“三严三实”专题教育使党风为之一新，民心为之一振，有力推动政治生态环境的改善；召开中央统战工作会议，制定颁布《中国共产党统一战线工作条例（试行）》《关于加强社会主义协商民主建设的意见》《关于加强政党协商的实施意见》等一系列党内政策法规，有力推进了多党合作事业制度化、规范化、程序化。全社要提振信心，深刻认识我国发展面临的新机遇和新挑战，深刻理解经济发展新常态这个大逻辑，深入开展坚持和发展中国特色社会主义学习实践活动，强化“三个自信”，不断巩固多党合作共同思想政治基础。

二是要汇聚智慧力量。2016年是推进结构性改革的攻坚之年，也是“十三五”开局之年。要汇聚全社智慧和力量，聚焦如期全面建成小康社会，以创新、协调、绿色、开放、共享“五大发展理念”为引领，履行参政党职能。围绕经济社会发展中的重大问题、全面深化改革的难点问题、推动创新创造的关键问题，特别是供给侧结构性改革、“一带一路”倡议、京津冀协同发展、长江经济带建设等重大战略，建睿智之言、献务实之策。围绕中共中央、国务院重大改革举措、重要政策执行情况和“十三五”时期重要约束性指标，开展民主监督。积极协调关系、化解矛盾、理顺情绪、解疑释惑，努力寻求最大公约数，画出最大同心圆。

三是要加强自身建设。继续贯彻“人才强社”战略，加强对组织发展的宏观调控和分类指导，做好社中央和省级组织换届准备，指导市级组织有序完成换届工作；进一步推进领导班子、后备干部队伍、基层组织和机关制度化、规范化、科学化建设；充分利用思想建设调研数据，加强思想建设的针对性；进一步推进参政党理论和社史研究工作；加强制度建设，继续做好社内监督的试点和经验推广，继续开展好社章修改工作。

社中央号召，全社各级组织和广大社员更加紧密地团结在以习近平同志为总书记的党中央周围，同心同德，砥砺前行，为全面建成小康社会、建设富强民主文明和谐的社会主义现代化国家、实现中华民族伟大复兴的中国梦而努力奋斗！

九三学社中央委员会
2016年2月17日

九三学社中央关于学习贯彻中共十八届六中全会精神的决议

（2016年10月31日九三学社第十三届中央常务委员会第十六次会议通过）

九三学社第十三届中央常务委员会第十六次会议于2016年10月31日在北京举行。会议认真学习了中共十八届六中全会精神，完全拥护中共十八届六中全会审议通过的《关于新形势下党内政治生活的若干准则》（以下简称《准则》）和《中国共产党党内监督条例》（以下简称《条例》），完全拥护习近平同志代表中共中央政治局所作的工作报告和重要讲话，坚决拥护以习近平同志为核心的中共中央。

会议认为，中共十八大以来，以习近平同志为核心的中共中央团结带领全国各族人民，同心协力、苦干实干，统筹推进“五位一体”总体布局和协调推进“四个全面”战略布局，开创了中国特色社会主义伟大事业和党的建设新的伟大工程新局面，在改革发展稳定、内政外交国防、治党治国治军等方面取得了一系列具有重大现实意义和深远历史意义的成就，实现了党和国家事业的继往开来。

会议指出，中共十八届六中全会是在中国共产党成立 95 周年、红军长征胜利 80 周年的历史节点，在全面深化改革、决胜全面小康的关键时刻，召开的一次十分重要的会议。全会全面分析党的建设面临的形势和任务，系统总结近年来特别是中共十八大以来全面从严治党的理论和实践，就新形势下加强党的建设作出新的重大部署，充分体现了中共中央坚定不移推进全面从严治党的坚强决心和历史担当，对推进中国特色社会主义伟大事业，实现中华民族伟大复兴的中国梦，具有重要意义。全会审议通过的《准则》和《条例》，直面当前党内政治生活和党内监督存在的突出问题，聚焦党员领导干部特别是高级干部这个"关键少数"，形成了新的制度安排，为推进全面从严治党、提高党的创造力凝聚力战斗力提供了更加有力的制度保障，同时也为民主党派加强自身建设和内部监督，提供了重要参考和有益借鉴。

会议强调，九三学社要把学习贯彻中共十八届六中全会精神作为当前和今后一个时期首要的政治任务，切实把思想和行动统一到全会精神上来。要把学习贯彻中共十八届六中全会精神同履行参政党职能有机结合起来，进一步发挥参政党组织优势，进一步发挥广大社员智力优势，不断探索和创新工作方式，切实提高履职水平和能力，提高民主监督能力；要把学习贯彻中共十八届六中全会精神同加强自身建设有机结合起来，继续巩固扩大坚持和发展中国特色社会主义学习实践活动成果，努力夯实多党合作共同思想政治基础；继续推进"人才强社"战略，坚持不懈地抓好领导班子建设、后备干部队伍建设、基层组织建设和机关建设，不断提升组织活力；继续做好社内监督工作的试点和经验推广，着力完善社内监督工作制度体系，实现社内监督工作全覆盖，把我社建设成为思想上坚定、履职上坚实、组织上坚强的参政党。

会议号召，全社各级组织和广大社员，要更加紧密地团结在以习近平同志为核心的中共中央周围，牢固树立政治意识、大局意识、核心意识、看齐意识，坚定不移维护中共中央权威和集中统一领导，共同营造风清气正的政治生态，更加扎实地把中共中央的各项决策部署落到实处，以优异成绩迎接中共十九大和社十一大的召开。

关于印发《九三学社中央 2017 年工作要点》的通知

各省、自治区、直辖市委员会，社中央机关各部门：

《九三学社中央 2017 年工作要点》已经九三学社中央第四十二次主席办公会议研究通过，现予印发，请结合实际抓好贯彻落实。

九三学社中央办公厅
2017 年 2 月 14 日

九三学社中央 2016 年工作要点

2016 年社中央工作的总体思路是：深入学习贯彻中共十八届三中、四中、五中全会和中央统战工作会议精神，动员全社力量，以创新精神为引领，着力推进观念、载体、方法和制度创新，力争参政议政有新作为，民主监督有新实效，协商能力有新提高，社会服务有新举措，思想建设有新手段，组织建设有新机制，机关建设有新加强，努力开创各项工作新局面。

一、深入学习贯彻中共十八届五中全会和中央统战工作会议精神，为“十三五”规划制定实施献计出力

要把学习贯彻中共十八届五中全会精神作为全社各级组织和广大社员当前和今后一个时期的重大政治任务，把学习贯彻中共十八届五中全会精神与学习中央统战工作会议精神、《中国共产党统一战线工作条例（试行）》《关于加强社会主义协商民主建设的意见》《关于加强政党协商的实施意见》精神结合起来，与落实社十三届四中全体（扩大）会议精神结合起来，与履行参政党职能、加强自身建设、开展学习实践活动结合起来，为制定和实施“十三五”规划纲要献计出力。筹备召开全社社务工作会议，部署和研究各项工作任务。

二、加强思想理论建设，继续深入开展学习实践活动

1. 继续开展思想建设调研，深化思想宣传教育。宣传和弘扬民主与科学精神，引导广大社员不断提高思想政治觉悟，增强对中国特色社会主义的理解和自信。继续组织好巡回宣讲，扩大宣讲范围，丰富宣讲内容。以“统一战线：一致性和多样性”为主题举办第三届学习实践活动专题论坛。举办民主与科学来到中国一百年学术研讨会。

2. 加强新媒体建设。研究制定《关于加强网站建设的意见》《关于加强微信公众号及微信群管理的规定》，加强对网站、移动客户端、微信公众号等新媒体平台的组织和管理，开展九三学社新媒体建设研讨，建立九三医疗服务信息平台。继续开展省市级组织新闻宣传工作骨干培训，加强宣传人才队伍建设。

3. 推动宣传工作创新。加强上下配合和社内外协作，综合运用平面、广电和网络等媒体资源，宣传好亮点。继续搞好全社优秀新闻作品评选表彰。改进评选程序，完善评选办法，开展第三批“九三楷模”评选表彰工作。

4. 加强理论研究。研究编制 2016–2018 年参政党理论研究规划。继续做好参政党理论课题招标、评审和验收工作。重点跟踪研究《人大预算监督实施条例》的制定和实施情况，围绕基层人大改革开展调研。加大与智库和社外学术界的合作力度。继续做好社章修改工作。

5. 做好社史研究工作。制定 2016–2018 年社史研究规划。继续推进“九三人物系列”

丛书编纂和出版工作，开展口述史工作，实施“上海早期九三学社历史研究”项目。开展理论和社史工作培训，加强对地方社史研究的指导与合作，继续办好《社史研究通讯》。

三、充分发扬民主与科学精神，切实履行参政党职能

1. 深入系统开展调查研究。通过系统全面深入调查研究，提出高质量的调研报告。围绕“促进社区服务业发展”开展2016年党派大调研，并以此为主题举办第十一届“九三论坛”。围绕建设中国特色的国家科技体系、创新平台建设、农业节水、乡村旅游等方面开展重点课题调研。组织协调好政治法治、经济民生、科技教育、医疗卫生、生态环保等专项课题研究。精心选题、创新形式，举办好科学座谈会。

2. 提高履职能力和协商水平。重点做好党外人士座谈会、经济形势和经济工作座谈会、“两高”座谈会和“两会”大会发言，以及全国政协大会、双周协商座谈会等各项准备工作，提高议政建言质量。采取多种形式加强专委会委员和议政骨干培训，提高议政人才的建言献策水平。

3. 积极履行民主监督职能。重点对简政放权、减少行政审批和中央财政科技计划（专项、基金等）管理改革、知识产权管理体制问题、精准扶贫等开展监督调研，推动中共中央、国务院重大决策部署的贯彻落实。做好对西藏精准扶贫的监督工作。

4. 健全完善参政议政工作机制。充分发挥社中央参政议政和信息工作线上线下工作平台作用，实现社中央、省级组织等多方调研信息、议政成果、社情民意信息共享。采取一省牵头、多省联动、中央参与的方式，推动和带动地方组织的参政议政工作。深化与国家部委、地方党委政府合作关系，探索智库合作、特聘咨询专家团队等利用社外智力资源的形式。进一步强化社各级组织和专委会议政调研职责，抓好对调研工作的统筹和指导。继续做好信息工作，尝试建立信息培训师资库，修订信息工作考核奖励办法。

四、注重资源整合，进一步做好社会服务工作

1. 服务“一带一路”倡议大局。加强参与“一带一路”倡议社会服务工作调研，指导和推动沿线各省市社组织相应工作。整合力量重点参与新疆、宁夏等地“一带一路”倡议工作。

2. 稳步推进“九地合作”。以“多党合作社会主义新农村建设”项目等为支持，继续推动农业产业发展、农民生活改善、农村教育普及等各项基础性服务工作。积极推动社省级组织参与“省际合作”，鼓励经济条件好、智力资源丰富的省市开展资源输出，加强资源整合和共享。

3. 开拓“亮康行动”服务新领域。支持山东和河北两支医疗队的建设，帮助充实“亮康行动”推广基地的医疗力量。加强宣传和资源整合，逐步将资源向民族地区、革命老区倾斜。

4. 推进科普工作创新和平台建设。建立完善科普讲座菜单，继续以“健康”为主题开展院士专家科普巡讲活动，探索社会科学的科普工作。支持各级组织开展多种形式的科技服务、科普活动及专题论坛，探索并支持地方组织建立科普教育（实践）基地。加强科普工作委员会人才队伍与制度建设。

5. 着力推动“同心康福行动”。继续支持社河南省委实施“同心康福行动”、社河北省委开展“脑瘫患儿救治行动”和社深圳市委救助西藏、贵州等地的先天性心脏病儿童。开展农村幸福院项目试点工作。

6. 扎实做好支边扶贫和精准扶贫工作。在全国 14 个连片贫困地区开展社会服务工作试点项目。继续做好参与毕节试验区建设工作，支持威宁发展生态农业、草海综合治理等工作；继续开展好“六省市社组织对口帮扶六乡镇”和“同心·智力行”学校结对子工作。积极参加统一战线黔西南联合推动组工作。继续开展四川旺苍帮扶中药材基地建设。

五、充分调动主观能动性，扎实推进组织建设

1. 继续贯彻“人才强社”战略。加强对组织发展的宏观调控和分类指导，研究和把握组织发展的规模、结构、净增长率等。注重吸收发展科技服务业专业人才，适当发展科技型企业家。继续推动在条件成熟的市级行政区域建立地方组织。

2. 抓好基层组织建设。继续落实《九三学社中央关于加强基层组织建设的意见》。推动基层组织创新开展适合不同特点的活动，开展观摩交流和研讨，印发《九三学社基层组织活动优秀案例》。

3. 为 2017 年换届做好准备。成立换届工作领导小组，研究制定省级组织和中央委员会换届有关文件。开展省级组工干部换届政策及业务培训。有序完成全社市级组织换届工作。

4. 加强人才平台建设。继续做好特约监督人员等推荐工作。做好青工委工作，举办第二届青年论坛。继续开展社员骨干培训，做好组织与社员信息系统的升级改造工作。

5. 加强社内监督。完成对九个省级组织的巡视督导工作。继续做好社内监督工作的试点和经验推广。

六、扎实推进机关能力建设，提高工作效率和服务水平

1. 推进机关制度化、规范化、科学化建设。梳理、修改、完善已有规章制度，修订《九三学社中央及机关文件制度汇编》，完成《社机关工作实务指南》等规范性文件的编撰和社内用语规范的制订工作。加强中央委员建议案办理工作。

2. 大力推进地市级组织的机关建设。加强与省级组织的沟通协调和研究，重视并共同推动地市级组织的机关建设。继续开展地市级组织的机关能力建设试点工作，加强省级以下机关专职干部培训。

3. 推进全社信息化建设。完善社中央机关信息化建设规划，加快推进全社各项工作平台的开发建设和应用。完成档案数字化建设工作。

4. 加强对各工作委员会工作的指导，支持各级组织机关配合开展相关工作。试行“九三学社院士导师培养计划”。启动“九三学社科学技术活动基地”建设。

5. 继续加强机关作风建设。建立主席、副主席联系基层制度。切实推动全社各级机关不断优化工作作风。教育引导机关工作人员加强思想道德修养，增强法纪意识，树立严实作风，进一步加强机关文化建设。

乔发进　九三学社中央研究室理论研究处处长

台湾民主自治同盟

台湾民主自治同盟第九届中央常务委员会 2016 年工作报告

——在台盟第九届中央委员会第五次全体会议上

（2016 年 12 月 6 日）

林文漪

各位委员：

现在，我代表台湾民主自治同盟第九届中央常务委员会，向全会报告工作，请予审议，并请列席的同志提出意见。

一、2016 年工作回顾

即将过去的一年，中共十八届六中全会胜利召开，正式提出“以习近平同志为核心的党中央”，为开创党和国家事业新局面提供了根本政治保证。这是全党全国人民众望所归，也是我们全体台盟成员的殷切期望。

即将过去的一年，热烈庆祝中国共产党成立 95 周年、纪念中国工农红军长征胜利 80 周年、纪念孙中山先生诞辰 150 周年，极大地激发了全国人民“不忘初心、继续前进”的信念与决心。

即将过去的一年，习近平总书记再次强调，“实现祖国完全统一，是中华民族根本利益所在，也是全体中华儿女的共同愿望和神圣职责”，指引了两岸关系前进的正确方向。中共中央审时度势，制定实施了一系列对台工作新理念新思想新战略，展现了胸怀祖国统一，心系两岸和平，恒念同胞亲情的历史担当，为我们落实“两岸一家亲，共圆中国梦”重要理念注入了强大动力。

即将过去的一年，台盟以“四个意识”为引领，不断加强中国特色社会主义参政党建设。全盟认真贯彻落实中共十八大和十八届三中、四中、五中、六中全会精神，按照中央统战工作会议部署，自觉维护以习近平同志为核心的中共中央的权威和统一领导，筑牢同心之基、着力全局之重、矢志两岸之为，大力提升“五种能力”，为中国特色社会主义民主政治建设作出了新的贡献。

总结一年来的工作，我们感到，进有创新、成有特色、亮点纷呈：

——参与协商民主积极性空前高涨。台盟参政议政成果量化统计评价体系显示，今年全盟共有644人、接近五分之一的盟员直接参与到议政建言的第一线，共形成4433份参政议政成果，仅9个专委会就完成了40份调研报告。今年还首创台盟中央协商议政论坛，40多位青年盟员和年轻盟务干部在精彩的演讲与互动交锋中脱颖而出。全盟的参政议政工作已经形成了盟中央引领、地方组织支撑、专委会协力、盟员主动作为的生动局面。

——两岸民间交流活动品牌响亮。今年，以盟中央引领、全盟联合联动的形式，主办了18项两岸主题交流活动。其中，连续第三年成功举办大江论坛，两岸200余名政、经、产、学领域的精英人士和青年代表与会，充分展现了两岸民间维护和平发展的坚定意志与力量。台盟中央两岸书画院正式成立，在岛内外举办书画艺术交流展，为促进两岸文化交流、增强文化自信搭建了又一特色平台。

——脱贫攻坚民主监督迎难而上。今年认真贯彻落实中共中央赋予民主党派的新任务，努力探索在尚无地方组织的甘肃省开展脱贫攻坚民主监督工作。台盟中央领导第一时间与甘肃省主要领导面对面沟通，研究制定工作方案，组成以分管领导带队，专委会、地方组织代表参与的调研组，深入甘肃陇南、甘南、天水、定西4个地市的9个贫困村等一线开展摸底调研，彰显了履行参政党职能的担当和作为。

——自身建设实现新突破。经过多方努力推动，盟中央直属组织台盟贵阳市支部正式成立，台盟江西省委筹委会已获批准成立；盟员数量突破3000人，达到3060名（2016年6月统计）；全盟25个地市级组织（含直辖市区级组织）在年内全部完成换届工作，在政治交接中将台盟的光荣传统进一步传承与弘扬。

具体来看，一年来，我们结合履职实际，认真贯彻落实习近平总书记系列重要讲话精神，主要开展了以下四个方面工作：

（一）围绕习近平总书记关于协商民主的重要论述，助力落实国家重大发展战略，参政议政特色更加鲜明

一年来，常委会组织全盟落实习近平总书记关于“政治协商的着力点是发挥好民主党派和无党派人士积极作用”的要求，努力在会协商、善议政上取得实效，努力在突出党派特色上取得实效，切实提高了参与协商民主的能力和水平。

一是政党协商积极有为。按照中共中央《关于加强政党协商的实施意见》，台盟中央凝练全盟参政议政成果，一方面在政府工作报告、国家经济工作的协商会议上，提出高水平实施供给侧结构性改革、合理有序开发城市地下空间、支持台资企业创新发展等9项特色鲜明的政策建议。另一方面，今年着重围绕中共十八届六中全会的重大议题，提出坚持反对形式主义、把加强党的作风建设与教育引导广大青年相结合等5项建议，为六中全会文件稿的起草提供了独特的参政党视角。此外，台盟中央在重庆等地方盟组织以及有关专委会深入调研的基础上，向中共中央报送10份党派中央专报，内容涉及有关对台工作以及设立国家中医药博物馆等建议，获得习近平总书记、李克强总理、俞正声

主席等中央领导同志 11 次重要批示并交有关部门办理。

二是政协协商成效显著。全国政协十二届四次会议期间，台盟中央提交大会发言 3 件、党派提案 29 件；台盟界别政协委员提交大会发言 26 件、提案 120 件。8 件提案入选全国政协专题调研和重要提案摘报，1 件提案入选大会期间的重点提案办理协商会。今年以来，围绕大众创业万众创新、精准扶贫、东北三省产业转型升级、促进社会主义文艺繁荣发展等主题，上海、重庆、吉林、辽宁、湖北、福建、海南等地方盟组织的 11 位政协委员在全国政协议政性常委会、专题协商会、双周协商座谈会上发言。其中，全盟持续关注 4 年的农作物秸秆综合利用课题，被列为本年度第 8 次双周协商座谈会主题，由台盟中央与全国政协提案委共同主办。5 位台盟界别的政协委员在会上，从完善秸秆收储体系、发展生物质能源、健全政策法规等不同角度做了建议务实的会议发言，得到与会中央领导同志的当场回应与肯定，收到很好效果。此外，台盟中央还与全国政协港澳台侨委开展联合调研，围绕台生在祖国大陆的就读就业情况，提出了具有针对性的建议。

三是课题调研成果丰硕。今年，我们通过党派大调研、台盟中央重点课题调研、各专门委员会课题调研三个层次，分列主题，开展调查研究，形成高质量的调研成果 140 余份，为全盟参与协商民主奠定了坚实基础。其中，赴重庆、成都、陕西等省市开展的党派大调研，从台资参与切入，在创造新供给落脚，将助推祖国大陆中西部发展与台资成长壮大联结一体，凸显了服务大局、两岸视角的党派特色。调研形成的专报既有翔实数据，又有典型案例剖析与针对性建议，得到李克强总理、张高丽副总理的批示，为中央深入推进供给侧结构性改革发挥了积极助推作用。

（二）围绕习近平总书记对台工作重要思想，大力深化两岸民间交流，对台工作优势更加凸显

一年来，常委会组织全盟落实习近平总书记关于两岸关系发展的六点意见，坚持“九二共识”、坚决反对“台独”分裂势力及其活动，在对台工作中突出“专、精、深、久”的思路和亲情乡情优势，注重从“心”出发、以情感人。

一是以品牌活动为抓手，着力开展面向台湾青少年的体验式交流。大江论坛再次设置“台湾青年成长创业论坛”，两岸青年实业家和创业者、在京台生、台盟青年盟员等近百人与会，共同展望在祖国大陆的发展前景；为台湾青年企业家组织国情区情培训班，深化他们对祖国大陆发展战略的了解；继续在北京、陕西、福建、广东、云南等地举办中华文化研习营系列活动，增进两岸青年历史认同、文化认同；连续第二年举办海峡两岸校园足球邀请赛，在同场竞技中两岸青少年、教师亲密无间、情感融洽。此外，继续与国家有关部委、地方政府合作，办好一系列已形成品牌特色的主题交流活动，包括海峡论坛、海峡两岸船政文化研讨会、海峡两岸休闲农业（海南）研讨会、海内外台胞国庆参访活动等。

二是以台胞代表性人士为重点，着力深化联络交往。继续加强与台湾南部医师界、中小企业界、统派团体、少数民族及海外台胞团体等重点台胞团组的联络交流。连续第四年邀请台南医师公会与大陆医师，共赴四川、陕西等地的贫困地区开展义诊活动，接诊患者近 2000 人次，并促成台南医师公会与当地医院签订合作协议，使台湾医师与大陆就诊民众真情互动，使两岸医师成为亲密朋友。台湾医师在活动后动情地表示“我们就是一家人”。

三是以台盟视角为特色，着力开展涉台宣传。围绕台湾人民“二·二八”起义、台湾光复等纪念日，以及台籍抗日将领李友邦诞辰，台籍抗日志士、台盟盟员林正亨革命事迹等盟史题材，举办形式多样的纪念活动，表达台湾同胞期盼祖国统一的强烈心声。大力支持台海出版社开展中华文化进校园活动，在台湾大学校园书店设立图书专柜，并与岛内书局签订一揽子文化交流活动意向，在岛内有效传递了台盟的声音。

四是以亲情乡情为优势，着力开展台情研究。充分发挥台盟对台联络平台在收集台胞意见、台胞网络交流平台在反映岛内民意动态、涉台系统会商研判机制在共享台情研究资讯方面的作用，着力加强研究成果转化，形成多篇岛内选举、反对文化“台独”等台情专报，得到中央领导同志的重视和批示。

（三）围绕习近平总书记扶贫开发战略思想，努力拓展“两岸同心”品牌，社会服务成效更加显著

一年来，常委会组织全盟落实习近平总书记的要求，聚焦精准扶贫、精准脱贫，鼓励台湾同胞参与祖国建设，助力打赢脱贫攻坚战。

一是扎实开展对口帮扶工作。全盟积极投身毕节试验区和黔西南试验区的同心帮扶实践，筹集资金 121 万元支持对口地区改善民生。一方面，着力拓展智力帮扶品牌，围绕助学助教，组织开展了“教师走出去”“专家请进来”双向培训。在京举办赫章骨干教师培训班，邀请辽宁省教育专家赴赫章现场教学，共培训一线教育工作者 1000 余名。北京、上海、吉林、浙江、湖北、福建、广东、云南等地方盟组织，也深入毕节等地开展联合捐赠、节日慰问、学校结对等帮扶活动。另一方面，积极探索医疗帮扶新途径，捐资支持建设赫章海雀医院，并与安徽等地方盟组织合作，首次举办乡镇医师培训班，为提升基层医疗服务水平办实事。

二是统筹推进社会帮扶工作。台盟中央直接筹资 50 万元，捐赠江西广昌敬老院建设项目。连续四年开展的两岸医师深入贫困地区医疗义诊活动，受到当地群众热烈欢迎，“同心义诊”的品牌更加响亮。充分发挥“两岸同心”帮扶项目资金作用，深入云南、海南、安徽和江西等地方盟组织帮扶点，开展慰问帮扶，助力当地贫困群众改善生产生活条件。

三是切实提升社会服务水平。深入各地开展摸底调研，在省一级组织范围内基本摸清全盟社会服务工作的总体情况。首次举办社会服务骨干培训班，邀请中央有关政策制定部门进行一线培训，通过翔实具体的课程设计，着力提升全盟参与脱贫攻坚的能力和水平。

（四）围绕习近平总书记关于中国特色社会主义参政党的重要理论，着力巩固政治共识，自身建设基础更加牢固

一年来，常委会组织全盟落实习近平总书记关于民主党派提高“五种能力”的重要指示精神，传承台盟优良传统，全面加强自身建设。

一是以传承政治薪火为根本，思想建设引领有力。把握时代要求，深化政治共识，将坚持和发展中国特色社会主义学习实践活动与学习贯彻中共十八届五中、六中全会精神和习近平总书记系列重要讲话精神紧密结合，通过开通台盟中央微信公众号、举办宣传骨干新媒体培训班等方式，提升新媒体环境下盟员思想引导能力。同时，注重突出盟史教育特色，继续举办“记忆历史·爱国爱乡”口述历史座谈会，教育引导广大盟员把台盟老一辈与中国共产党同心奋斗的光辉理念薪火相传，把“两岸一家亲、共圆中国梦”的伟大事业不断发扬光大。

二是以换届工作为抓手，组织建设保障有力。深入地方盟组织开展调研，指导地市级组织顺利完成换届工作。做好省级组织换届筹备工作，明确换届方针政策，制定下发指导文件，从统一思想、精密筹划、严格程序、强化内部监督等方面严明政策纪律，确保换届有序规范推进。大力加强直属组织建设，在尚未建立组织的地区探索盟员发展的新路径，为组织发展工作奠定基础。不断加大盟员教育培养力度，盟员参政履职能力得到更大提升。

三是以从严从实为要求，制度建设科学有力。进一步落实常委会每次围绕一个主题深入讨论的制度，更好发挥了常委会议事决策的功能。参事室和各专委会不断加大与盟中央机关职能部门、地方组织协作，优势和作用得到凸显。召开全盟办公室工作会议，提升服务盟务中心工作的能力和水平。进一步加强盟中央机关建设，以树规矩、明纪律为主题，开展走进军营等活动，大力加强机关支部和工会建设，引领各级盟组织不断提升机关工作的规范化、制度化、科学化水平。在北京市各级党委、政府的支持和帮助下，台盟中央机关新办公楼已经正式投入使用。

各位委员！

这些成绩的取得，是全盟各级组织、广大盟员和全体机关同志共同努力的结果。在此，我谨代表九届中央常务委员会，向全体中央委员、各级盟组织、广大盟员以及机关工作人员表示衷心的感谢！

在看到成绩的同时，我们也清醒地认识到，工作中还存在不少需要改进和加强的地方。比如，理论学习还需进一步加强；盟史研究还需进一步深入；参政议政、对台交流、社会服务、宣传思想、组织建设等各项工作还需进一步统筹联动，形成合力；制度化建设还需进一步推进；青年盟员和机关干部的培养还需进一步创新形式和丰富内容；等等。这些问题我们要认真研究，采取切实有效的措施，逐步加以解决。

二、2017 年工作部署

当前，站在我国发展新的历史起点上，全面建成小康社会决胜在即，两岸关系和平发展大势所趋，民族伟大复兴展现光明前景。面对新的形势和任务，2017 年全盟要全面学习贯彻中共十八大和十八届三中、四中、五中、六中全会精神，深入学习贯彻习近平总书记系列重要讲话精神，以台盟成立七十周年和台盟十大的召开为契机，团结广大盟员和所联系台胞，牢固树立“四个意识”，不断增强“五种能力”，全面深化政治交接，以参政履职的优异成绩，迎接中共十九大的胜利召开，在实现祖国和平统一和中华民族伟大复兴中国梦的宏伟进程中，不忘合作初心、继续携手前进。

（一）以“四个意识”为引领，在认真学习贯彻六中全会精神中做好台盟政治交接

中共十八届六中全会明确了习近平总书记的核心地位，强调把加强和规范党内政治生活、加强党内监督作为全面从严治党的两个重点，围绕中共十九大召开部署党和国家各项工作，对推进中国特色社会主义伟大事业，实现中华民族伟大复兴的中国梦具有重大意义和深远影响。

中国共产党驰而不息加强自身建设，对民主党派提出了新的更高的要求。全盟各级组织要把学习贯彻中共十八届六中全会精神作为重大政治任务，更加自觉地把思想和行动统一到中共中央的决策和部署上来。明年要着力开展“不忘合作初心，继续携手前进”专题教育，将坚持和发展中国特色社会主义学习实践活动不断引向深入。要以纪念台盟成立70周年为契机，汲取盟史深厚滋养，全面加强自身建设，不断提升中国特色社会主义参政党建设水平。

要以高度政治责任感和使命感做好省级组织和中央换届工作。要学习执政党加强自身建设的新鲜经验，严格换届程序，严肃换届纪律，加强民主监督，将政治交接贯穿始终，将增强“四个自信”、巩固共同思想政治基础贯穿始终，为多党合作事业薪火相传尽心献力。

（二）以“四个意识”为引领，在服务“四个全面”发展大局中彰显台盟党派特色

全盟要积极参与协商民主的生动实践，在服务国家发展大局中明确参政党定位，选好履职角度，找准工作切入点。明年要紧扣深化供给侧结构性改革、推进“一带一路”建设、落实脱贫攻坚战略以及深化两岸经济社会融合发展等主题，开展调查研究。要聚焦改革推进过程、政策实施过程、两岸关系发展过程中出现的新情况、新问题，有针对性地分析解剖典型现象和具体案例，选准建言的独特角度，突出党派的鲜明特色，努力为国家推动相关工作，提供务实的政策参考。明年还要进一步发挥协商议政论坛的平台作用、参政议政量化数字化体系的激励作用以及“上下联动、横向联合”机制的协调作用，不断激发全盟融入社会主义协商民主的政治热情。

（三）以“四个意识”为引领，在服务“共圆中国梦”大局中发挥台盟亲情乡情优势

全盟要将“两岸一家亲、共圆中国梦”的重要理念，与台盟的亲情乡情优势相结合，常思增进两岸同胞福祉之策，多行助推两岸经济社会融合发展之举。明年要助力扩大两岸同胞直接交往，深化与台胞代表性人士和重点台胞团组的持续交往，邀请联系岛内工商界、医师界、学术界和中南部的代表性人士，深入了解国情，参与祖国建设，切实增强两岸命运共同体的认知。要助力深化两岸各领域交流，集中力量办好海峡论坛、大江论坛、海峡两岸书画艺术交流展、海峡两岸船政文化研讨会、海峡两岸休闲农业（海南）

研讨会等台盟特色品牌活动，打造两岸专业交流精品。要助力两岸青年共同成长、心灵契合，重点加强与台湾青年中小企业家、青年学生、教师以及统派青年代表的联络交往；办好中华文化研习营、海峡两岸校园足球邀请赛等特色活动；以图书入岛为媒介，推进中华文化进校园向纵深发展，传递台盟声音，增进中华文化认同。明年还要聚焦岛内政治、经济和社会生态的新变化、新动向，准确把握岛内社情民意脉动，进一步加强盟内外研究力量协作，不断提升台情研究工作水平。

（四）以“四个意识”为引领，在服务“打赢脱贫攻坚战”大局中凝聚两岸同胞力量

全盟要在“两岸同心”的主题下，将鼓励台湾同胞参与祖国建设有机地融入社会服务工作之中。明年要继续整合全盟资源，深度推进贵州毕节试验区、黔西南州帮扶工作，以改善民生为着力点，实施教师培训、医疗服务、捐资助学、项目帮扶等精准脱贫举措，增强帮扶地区发展内生动力。要重点做好脱贫攻坚民主监督，与甘肃省加强对接合作，在调查研究中掌握脱贫难点，在正向发力中开展民主监督。明年还要继续组织好两岸医师在贫困地区联合义诊活动，引介台资企业积极参与投资考察和公益事业，充分发挥两岸同心帮扶基金的平台作用，凝聚两岸力量共同书写中国梦。

各位委员！

时代宏伟壮阔，征程永远向前。让我们更加紧密团结在以习近平同志为核心的中共中央周围，深化政治交接、赓续优良传统，创新有为、奋发进取，助力落实“五位一体”总体布局、“四个全面”战略布局，为实现祖国和平统一和中华民族伟大复兴的中国梦作出新的更大贡献！

台盟九届五中全会闭幕讲话

（2016 年 12 月 7 日）

台盟中央常务副主席　黄志贤

各位委员、同志们：

台湾民主自治同盟第九届中央委员会第五次全体会议，圆满完成各项议程，即将闭幕。

归纳起来，这次会议取得的重要成果，突出体现在以下两个方面：

一是认真学习中共十八届六中全会精神，更加自觉地在思想上、政治上、行动上同以习近平同志为核心的中共中央保持高度一致。

全体委员通过认真学习，一致认为，当前，中华民族正处在由大而强、走向伟大复兴的重要历史关头，中国人民正在中国共产党领导下，进行具有许多新的历史特点的伟大斗争，机遇前所未有，挑战也前所未有。这些都对维护中共中央权威、维护中国共产党的集中统一领导，对坚持和发展中国特色社会主义伟大事业，提出了现实而紧迫的要求。

在这个关键的历史时刻，中共十八届六中全会正式确立“以习近平同志为核心的党中央”，这是坚持和加强中国共产党领导的根本保证，是团结和凝聚全国人民，抓住机遇，战胜挑战，不忘初心，继续前进的根本动力，是我们发展社会主义民主、努力建设中国特色社会主义参政党的根本遵循，是国家和人民的根本利益所在。

中共十八大以来的实践充分证明，习近平总书记作为中共中央的核心、中国共产党的核心，是众望所归、当之无愧、名副其实，反映了全国各族人民的共同意志与心愿。

与会同志一致认为，六中全会精神为台盟更好地参政履职指明了方向。当前全盟首要的政治任务，就是按照六中全会要求，不断增强“四个意识”，切实筑牢保持正确方向、坚定政治立场的思想基础。

增强“四个意识”特别是核心意识、看齐意识，就是要做到经常、主动地向中国共产党的理论和路线方针政策看齐，向中共中央的决策部署看齐，更加坚定地维护以习近平同志为核心的中共中央的权威，把贯彻落实中央统战工作会议精神的各项工作落到实处，把做好政治交接的重要任务落到实处，把促进两岸关系和平发展、推进祖国统一大业的目标要求落到实处。

会议期间，各位委员还听取了施芝鸿同志的重要报告。报告紧贴当前形势，内容丰富，讲得很精彩，使我们进一步加深了对六中全会精神的理解和掌握。

这次会议的另一个重要成果，是审议并通过了林文漪主席代表中央常务委员会所做的工作报告，回顾总结了全盟一年来的工作，明确了下一阶段的任务。

大家认为，即将过去的2016年，在九届中央常务委员会的领导下，各级盟组织明确目标，科学统筹，在参政议政、两岸交流、扶贫监督、社会服务，以及组织、宣传、机关建设等方面，都做了大量的工作，取得了一系列新的成绩，令人振奋。

委员们普遍赞同林文漪主席做的工作报告，认为思路清晰，内容翔实，重点突出，文风朴实，是一个实事求是、令人信服的好报告。具体地说，报告对今年工作的回顾客观全面，充分体现了全盟工作的成绩和特色，对经验的总结系统到位，有深入的思考和前瞻的眼光，听后很受鼓舞；对明年工作的部署，审时度势，目标明确，措施有力，对各级盟组织开展工作具有很强的指导意义。

在讨论中，委员们还对工作报告提出了一些具体的修改意见，对明年全盟在参政议政、民主监督、对台联络和自身建设等方面如何进一步开展好工作，提出了很多好的建议，会后，盟中央将认真分析整理，积极研究采纳，以更好地集中大家的智慧。

同志们：

即将到来的2017年，是我们台盟发展历程中极为关键的一年。我们将迎来中国共产党第十九次全国代表大会，还将迎来台盟成立70周年和第十次全盟代表大会，大事多、喜事多。同时，台盟将全面完成换届任务，各项工作千头万绪，十分繁重。

新一年的各项任务安排，工作报告已经详细进行了部署。在此基础上，我受主席会议委托，重点就保证换届工作顺利进行、不断深化政治交接，谈两点意见：

第一，坚持不懈地加强全盟思想政治建设，确保台盟事业沿着正确方向前进。

民主党派的进步性，集中体现在坚持和完善中国共产党领导的多党合作和政治协商制度上，其核心就是坚持中国共产党的领导。这既是多党合作的经验总结，也是台盟最为重要的优良传统。

我们开展换届工作，不仅要精心完成组织程序上的新老交替，更要全力以赴深化思想上的政治交接。为此，盟中央把加强思想建设作为换届工作的重点，今年以来，就学习总书记系列重要讲话精神、十八届六中全会精神，持续开展了一系列活动，取得了初步成效。明年，各级组织要结合迎接十九大以及贯彻十九大精神，落实常委会工作报告中的相关部署安排，通过深化中国特色社会主义学习实践活动等形式，有针对性地加强全盟思想政治建设。

思想育人首要任务，就是紧跟习总书记的思想步伐，筑牢理想信念的基础。习总书记系列重要讲话是我们在新的起点谋划发展、统领建设的理论之源、力量之源，更是信心之源。要把握贯穿其中的立场观点方法，以求真务实学风架起理论联系实际的桥梁。一方面，通过学习实践，认真研究台盟如何促进落实“五大发展理念”、如何维护两岸关系和平发展等一系列重大现实课题，以思想的内驱力推动全盟建设加快推进。另一方面，准确掌握盟员和机关干部的思想实际，不断澄清模糊认识，切实增强全盟同志的政治鉴别力和敏锐性，使广大盟员和机关干部能够在错综复杂的矛盾和风浪面前明辨是非，始终保持政治上的清醒和坚定。

第二，切实把握好换届工作与完成参政履职等各项任务的关系，做到工作不断，人心不散，秩序不乱。

如前所述，2017 年，台盟中央和省级组织将完成换届，相关的调整和人员更迭任务十分繁重。但是，越是在这个时候，我们越要牢记，参政履职是民主党派在我国民主政治生活中发挥作用的重要途径，是衡量参政党政治价值、工作绩效的重要标准。正如林文漪主席所要求的，一定要做到工作不断，人心不散，秩序不乱。我们台盟的各级组织，不能因换届和人员的变动而影响日常工作；相关事务的交接要做到高效、有序；各级组织的工作人员要继承和发扬台盟的优良传统和务实作风，自觉地在实践中增强担当精神，确保推进全盟各项工作的力度不减，总体水平稳中有升。

同志们：

在这次全会之后，全盟各地方组织中，将有一部分政治觉悟高、工作经验丰富的老同志，由于年龄原因从领导岗位上退下来，对此，我们在感情上十分地依依不舍。借此机会，我代表主席会议，代表中央常委会，向为台盟事业发展做出重大贡献的各位老领导、老同志，致以崇高的敬意！

各位委员，同志们：

新的一年即将到来，形势和任务，对我们建设中国特色社会主义参政党，提出了更高的期望和要求。正如习近平总书记所指出的，什么时候都不要想象可以敲锣打鼓、顺顺当当实现我们的奋斗目标。因此，我们唯有不忘初心，继续前进！

让我们高举中国特色社会主义伟大旗帜，团结在以习近平同志为核心的中共中央周围，齐心协力，扎实工作，努力开创台盟事业的新局面，为推进祖国统一，实现中华民族伟大复兴的中国梦而团结奋斗！

元旦、春节就要到了，在此也请大家转达中央常委会对全体盟员和机关同志们的节日问候。

谢谢大家！

台盟中央 2016 年工作要点

（2016 年 3 月 9 日台盟第九届中央常务委员会第十四次会议通过）

2016 年是实施“十三五”规划，全面建成小康社会决胜阶段的开局之年。台盟中央 2016 年工作的总体思路是：高举中国特色社会主义伟大旗帜，全面贯彻中共十八大和十八届三中、四中、五中全会精神，以邓小平理论、“三个代表”重要思想、科学发展观为指导，深入学习贯彻习近平总书记系列重要讲话精神，按照“五位一体”总体布局和“四个全面”战略布局要求，以创新、协调、绿色、开放、共享的发展理念参与协商议政，密切两岸交流。坚持稳中求进的工作总基调，全面加强自身建设，积极参与脱贫攻坚，为保持两岸关系正确发展方向，推动构建两岸命运共同体，为如期实现全面建成小康社会奋斗目标贡献力量。

一、以巩固共同思想政治基础为核心，凝聚服务全面建成小康社会的智慧和力量

1. 学习贯彻中共十八大及十八届三中、四中、五中全会精神和习近平总书记系列重要讲话精神，将中央统战工作会议要求落到实处。通过召开座谈会、辅导讲座，组织参观学习教育基地等多种形式的学习教育活动，把广大盟员的力量凝聚起来、活力激发出来，切实把思想和行动统一到中央决策部署上来，把智慧和力量凝聚到中央提出的目标任务上来。

2. 深入开展坚持和发展中国特色社会主义学习实践活动。开展专题调研，深入了解盟员思想状况。召开学习实践活动中期推动会，总结交流经验，作出工作部署。注重把丰富多彩的学习形式与切实有效的实践模式相结合，与弘扬台盟光荣历史和优良传统相结合，举办纪念孙中山先生诞辰 150 周年、台湾人民“二·二八”起义 69 周年、台籍抗日将领李友邦诞辰 110 周年座谈会等系列纪念活动，引导广大盟员树立大局意识、责任意识，传承爱国主义精神，坚定不移地做中国特色社会主义事业的亲历者、实践者、维护者和捍卫者。

二、以献计“十三五”时期发展作为建言履职主线，不断提高协商能力和水平

1. 突出参与政党协商的自身特色。切实履行“参政议政、民主监督，参加中国共产党领导的政治协商”职能，围绕经济社会发展的重大问题，全面深化改革的难点问题，推动创新创造的关键问题，紧扣政党协商会议主题，在凝聚全盟调研成果基础上，提炼政策建议，努力提升所提建议的前瞻性与科学性。继续加强与盟内外专家学者和研究机构的联系合作，着力突出议政建言的独特视角与党派特色。

2. 把握参与政协协商的工作规律。按照全国政协十二届四次会议有关要求，汇集全盟参政议政素材，精心准备大会发言和党派提案，做好会议服务和“两会”宣传及“两会”精神学习传达工作。将人民政协年度各协商议题与全盟重点调研课题有机衔接，提前谋划，组织好台盟界别政协委员参与全国政协议政性常委会、专题协商会、双周协商座谈会等各种协商平台，着力提升发言的质量，体现界别特色。与全国政协相关专委会密切配合，着重做好台盟中央参与主办的“加强农作物秸秆综合利用”双周协商座谈会相关工作。

3. 以年度党派大考察为重点，推进课题调研工作。重点组织开展好以“台资参与中西部地区的创新发展、开放发展，创造新供给”为主题的台盟中央 2016 年党派大考察，继续探索创新调研模式，将集中调研与分散调研有机结合，将相关专委会与地方盟组织的力量有机结合。以助力落实创新、协调、绿色、开放、共享的发展理念为导向，重点围绕经济新常态与结构性改革、两岸共同实现绿色发展和两岸经济合作互利双赢等重大战略，扎实开展专题调研，坚持大视野、小切口，深调研、重分析。继续实施调研课题地方组织牵头负责制，办好调研课题协调会、重点课题研讨会，确保调研工作取得实效。继续探索完善专委会重点课题调研模式，并着力推动调研成果转化。

4. 注重社情民意信息工作的质量与时效。重点围绕推动实施“十三五”规划相关问题以及两岸关系发展过程中的热点问题，进一步加强社情民意信息编报工作。注重发挥信息联络员的作用，畅通社情民意信息联络通道，不断拓宽信息素材征集渠道。

5. 进一步完善参政议政工作机制。着力突出参政议政工作委员会的统筹协调作用，不断健全“上下联动、横向联合”的工作机制，充分发挥盟内外参政议政力量的整合集聚效应，努力形成全盟参政议政合力。继续完善参政议政工作量化评价体系，进一步挖掘全盟参政议政工作的潜力。

三、以青年工作为对台交流重点，巩固和平发展的民意基础

1. 认真学习贯彻习近平总书记对台工作重要思想和 2016 年对台工作会议精神。毫不动摇地坚持中央对台工作大政方针，坚持一个中国原则，坚持“九二共识”，坚决反对和遏制任何形式的“台独”分裂活动，坚决维护国家主权和领土完整，维护两岸关系和平发展和台海和平稳定。

2. 坚持“两岸一家亲”重要理念，深化与岛内代表性群体的交流。进一步扩大文化、教育、中小企业等领域往来，突出两岸青年交流主题。举办以台湾“雁博青年创业家协会”成员为主的“台湾青年企业家国情区情培训班”，继续办好台南市医师公会大陆义诊

活动，做好台湾台中市原住民社会发展协会青年访问团、台南中小企业参访团、台盟中央特邀国庆参访团和日常团组的接待工作。积极为台湾青年来大陆交流、求学、就业、创业，参与国家建设提供帮助。做好赴台团组的任务设计工作，扩大与基层民众、特别是台湾青年的交往，深化对两岸关系的正确认知，融合两岸同胞的民族感情。

3. 切实提升交流效果，做好台盟特色品牌活动。总结成功经验，调动社会资源、整合盟内力量，办好第三届大江论坛，扩大品牌影响，凝聚两岸精英人士尤其是两岸青年才俊的智慧和共识。继续与国家有关部委、地方政府、台盟地方组织加强合作，坚持办好面向台湾青年的体验式活动，如海西乡土文化研习营（福建）、京台文化研习营（北京）、盛唐文化研习营（陕西），继续办好海峡西岸休闲观光农业研讨会（海南）、两岸船政文化研讨会等品牌活动，积极参与海峡论坛等重要涉台活动。重点激发台湾青少年的参与热情，为做好台湾世代交接工作奠定基础。

4. 支持台海出版社积极开展涉台文化交流活动。积极推动台海出版社“中华文化进校园”活动，在台湾中南部大学校园书店增设台海图书专柜，传承、弘扬中华传统文化，增进两岸青少年文化融合。就图书入岛销售情况适时开展实地调研。支持台海出版社出版台湾历史系列丛书，进一步推动两岸文化出版交流工作。

5. 密切关注岛内社情民意，增强台情研究工作的广度和深度。加强集中引导，注重统筹协调，定期组织台情研究委员会（专委会）会议、台情研究机制工作会议、台盟中央对台联络（台情研究）工作座谈会，围绕两岸关系发展新动向、新问题、新趋势，为中央对台决策提供有价值的意见建议。整合盟内台情研究力量，充分发挥重庆两岸经济研究所资源优势，开展台情研究课题委托调研工作。规范、健全课题调研工作制度，培养、锻炼一支具备较强调研能力和政策素养，相对稳定的台情研究骨干队伍。进一步加强与两岸关系和平发展协同创新中心等涉台科研机构的合作，运用“智库”资源，提升台情研究工作水平。

6. 开展主题鲜明的港澳海外交流工作。积极联络港澳、海外和统会等爱国侨团，以反“台独”、促统一，服务“十三五”规划、“一带一路”倡议为主题，开展宣传、调研活动，增进感情，凝聚人心，共谋发展。

四、以“两岸同心”为社会服务特色，积极参与脱贫攻坚

1. 统筹全盟力量参与脱贫攻坚。贯彻落实中央扶贫工作会议精神和统一战线脱贫攻坚工作方案，依托台盟各级组织力量，加强与各专委会的合作，加大实地调研力度，科学整合工作资源，优化工作方式，精准把握帮扶需求，提高工作实效。发挥优势，突出特色，持续打造“两岸同心”品牌，继续组织两岸医师义诊活动，积极为台商开展投资、考察活动牵线搭桥，引导台湾同胞共同参与脱贫攻坚。

2. 继续做好毕节试验区定点帮扶和统一战线重点帮扶工作。以教育培训、捐资助学、义诊交流、农业合作和投资考察等多种形式，积极帮扶毕节试验区改善教育、医疗和人民生活条件。按照统一战线黔西南试验区联合推动组 2016 年工作计划和中央统战部对广昌县的统一帮扶部署，组织科技交流和台商考察活动，深化对黔西南州、广昌县的帮扶工作。

3. 加强与各部门各领域合作联系。继续加强与中央统战部、国务院扶贫办、各党派中央、全国工商联等单位的联系，加强与相关社会组织、科研院所的合作。继续深化与帮扶点当地党委、政府的合作，协助地方做好招商引资、困难群体增收和民生条件改善等工作。

4. 健全工作机制，实现社会服务工作精准化。继续健全“上下联动、横向联合”工作机制，协调台盟中央和地方工作重点，在帮扶项目上进行精准化分类选择。积极支持台盟各级组织开展各具特色的社会公益实践。组织全盟社会服务工作骨干人员培训，强化社会服务工作队伍建设。逐步健全完善盟内外农业技术、医疗科技、教育等各领域的专家资源库，为开展精准化社会服务工作提供智力支持。

五、以提高能力为关键，切实加强台盟自身建设

1. 充分发挥网站、盟刊、微信公众号等宣传窗口作用。弘扬主旋律，传播正能量。举办台盟新媒体宣传骨干培训班，强化宣传工作为台盟中心工作服务的大局意识，提高台盟各级组织宣传干部新媒体宣传水平。研究开发台盟网站盟员自主学习、自我教育在线平台。适时启动“大数据”共享平台，加大对先进盟员、先进事迹的宣传力度和深度，进一步扩大台盟的社会影响，及时编发《海峡快讯》。

2. 继续开展台盟盟史资料及口述历史资料抢救工程。继续召开口述历史座谈会，开展台盟珍贵历史文献、文物的搜集、整理工作，将盟史资料抢救工作与对台文化交流相结合。整理、出版《谢雪红画传》《台盟地方组织沿革》等盟史图书，为台盟各级组织开展盟史教育活动提供教材。

3. 做好台盟换届筹备和组织建设工作。以台盟地市级组织和直辖市区级组织换届工作为重点，有针对性地开展工作调研，掌握地市级组织领导班子换届情况。认真学习有关换届文件精神，研究制定台盟中央和省级组织换届工作文件。召开台盟省级组织换届工作会议，明确换届工作思路，加强换届工作程序化、规范化管理。以换届工作为契机，组织召开台盟省级组织专职副主委工作研讨会，加强台盟省级组织领导班子建设。积极做好人才队伍培养和选拔推荐工作，为优秀盟员提供履职平台。进一步完善盟员数据库信息系统，探索建立代表人士信息数据库，实现对盟员尤其是基层盟员信息的动态更新，为各级组织换届提供基础数据。举办组织工作干部培训班，着力打造政治素质过硬、业务能力突出的组织工作干部队伍。

4. 继续做好内部监督工作。开展内部监督工作调研，健全和完善内部监督工作机制，探索试行监督委员会委员听取领导班子考核、评议，列席换届会议等制度。召开台盟中央监督委员会九届四次会议，对盟内监督工作进行总结和部署。

5. 发挥台盟中央参事室和各专委会作用。积极调动参事室和各专委会力量，围绕台盟中心任务开展工作。

6. 全面加强机关建设。召开台盟办公室工作会议，及时交流经验，加强协同配合，健全工作机制，强化台盟各级组织机关制度化、规范化管理意识，提高机关工作效能，服务中心工作。坚持建设学习型机关，开展机关干部培训，完善学习制度，建立学习模式，拓宽学习渠道，营造学习氛围，提升机关干部队伍政治理论素养和业务工作水平。

适时开展公务员遴选工作，优化机关公务员队伍结构。继续做好离退休老同志、老盟员工作。完成 2014–2015 年机关档案数字化工作，完善档案借阅制度，实现档案利用最大化。加强保密工作，严格规范文件处理流程，适时组织保密宣传教育活动。进一步加强机关财务管理和后勤保障服务，做好新办公楼食堂改扩建和办公楼搬迁工作，建设、完善新办公楼智能公文交换系统。

政党活动纪要

中国共产党

一、重要会议及活动

1. 全国宣传部长会议召开。1 月 5 日，全国宣传部长会议在京召开，中共中央政治局常委、中央书记处书记刘云山出席并讲话，强调要充分认识协调推进“四个全面”战略布局、决胜全面建成小康社会对宣传思想工作的新要求，牢牢把握“两个巩固”的根本任务，以强烈的责任担当做好工作，为“十三五”时期开好局起好步提供有力思想舆论支持。

2. 中共中央政治局常务委员会召开会议。1 月 7 日，中共中央政治局常务委员会全天召开会议，听取全国人大常委会、国务院、全国政协、最高人民法院、最高人民检察院党组工作汇报，听取中央书记处工作报告。中共中央总书记习近平主持会议并发表重要讲话。会议强调，中国共产党领导是中国特色社会主义制度的最大优势，是我们战胜各种风险挑战、实现“两个一百年”奋斗目标、实现中华民族伟大复兴中国梦的根本保证。加强党的领导关键是坚持党中央集中统一领导。党中央集中统一领导要实现制度化、规范化。党政军民学，东西南北中，党是领导一切的。要通过深入学习贯彻党章和《中国共产党党组工作条例（试行）》，增强政治意识、大局意识、责任意识，不断加强和改善党的领导，更好发挥党总揽全局、协调各方的领导核心作用，确保党始终成为中国特色社会主义事业的坚强领导核心。

3. 国家科学技术奖励大会隆重举行。1 月 8 日上午，中共中央、国务院在北京隆重举行国家科学技术奖励大会。党和国家领导人习近平、李克强、刘云山、张高丽出席大会并为获奖代表颁奖。李克强代表党中央、国务院在大会上讲话。张高丽主持大会。

4. 全国统战部长会议召开。1 月 8 日，全国统战部长会议在北京召开，俞正声出席并讲话，强调统一战线要全面贯彻党的十八届三中、四中、五中全会精神，深入学习贯彻习近平总书记系列重要讲话精神，紧紧围绕协调推进“四个全面”战略布局、树立和贯彻五大发展理念，在新的起点上进一步开创统一战线事业发展新局面，为全面建成小康社会决胜阶段开好局、起好步提供广泛力量支持。

5. 推进“一带一路”倡议工作会议召开。1 月 15 日，推进“一带一路”倡议工作会议在北京召开。中共中央政治局常委、国务院副总理张高丽主持会议并讲话。会议认真学习贯彻习近平总书记关于“一带一路”倡议的重要讲话和指示精神，学习李克强总理指示批示要求，总结2015年“一带一路”倡议工作，研究2016年总体工作思路，部署下一步重点工作。张高丽表示，党中央、国务院高度重视“一带一路”倡议。习近平总书记指出，“一带一路”是开放的、多元的、共赢的，推进“一带一路”倡议合作是中国“十三五”规划的重要内容，将为中国和沿线国家共同发展带来巨大机遇。我们要认真学习领会，抓好贯彻落实，推进同有关国家和地区多领域互利共赢的务实合作，打造陆海内外联动、东西双向开放的全面开放新格局。张高丽强调，今年是“十三五”开局之年，也是“一带一路”倡议全面推进之年。要牢固树立和贯彻落实创新、协调、绿色、开放、共享的发展理念，瞄准重点方向、重点国家、重点项目，推动“一带一路”倡议取得新的更大成效。要加强战略对接，通过商签合作协议等合作方式，与沿线国家形成利益“最大公约数”。要以基础设施互联互通为先导，陆上依托国际大通道，共同打造国际经济合作走廊，海上以重点港口为节点，共同建设运输大通道。要深化经贸务实合作，与有关国家签署投资保护协定，提高投资、贸易、人员往来便利化水平。要推动人文交流，保护生态环境，共同建设绿色、和谐、共赢的“一带一路”。要健全保障体系，完善财税、金融、海关、质检等方面政策，强化对“一带一路”倡议的支撑。要完善和用好各类交流合作平台，为“一带一路”倡议营造良好的政治、舆论、商业、民意氛围。

6. 省部级主要领导干部学习贯彻十八届五中全会精神专题研讨班开班。1月18日，省部级主要领导干部学习贯彻十八届五中全会精神专题研讨班在中央党校开班。中共中央总书记、国家主席、中央军委主席习近平在开班式上发表重要讲话强调，贯彻落实党的十八届五中全会精神要聚焦发力，首先必须下功夫领会好、领会透。这是党中央把大家集中起来进一步学习研讨的主要考虑。要深入学习领会党的十八届五中全会精神，特别是要深入学习领会创新、协调、绿色、开放、共享的新发展理念，推动“十三五”时期我国经济社会持续健康发展，确保如期实现全面建成小康社会奋斗目标。开班式由中共中央政治局常委李克强主持，中共中央政治局常委张德江、俞正声、刘云山、王岐山、张高丽出席。李克强在主持开班式时指出，习近平总书记的重要讲话从党和国家发展全局高度，从理论和实践、历史和现实相结合的角度，对经济发展新常态、新发展理念、供给侧结构性改革等重大问题做了深刻阐述，并对落实好新发展理念提出了明确要求。讲话对深化各级领导干部对新常态下发展规律的认识，做好全面建成小康社会决胜阶段各项工作，具有重要指导意义。希望同志们深入学习领会，做到认识上更加到位，行动上更加自觉，工作上更加有为。李克强强调，当前国际形势错综复杂，国内经济下行压力加大，要以新发展理念引领改革发展，着力推进结构性改革，更加注重推进供给侧结构性改革，更好汇聚发挥全党全国人民的智慧和力量，培育发展新动能，改造提升传统动能，推动经济保持中高速增长、迈向中高端水平，实现“十三五”良好开局。

7. 中共中央政治局召开会议。1月29日，中共中央政治局召开会议，审议《中央政治局常委会听取和研究全国人大常委会、国务院、全国政协、最高人民法院、最高人民检察院党组工作汇报和中央书记处工作报告的综合情况报告》。中共中央总书记习近平主持会议。会议对全国人大常委会、国务院、全国政协、最高人民法院、最高人民检察院党组和中央书记处2015年的工作给予充分肯定，同意其对2016年的工作安排。会议认为，中国共产党领导是中国特色社会主义制度的最大优势，加强党的领导关键是坚持党中央集中统一领导。只有增强政治意识、大局意识、核心意识、看齐意识，自觉在思想上政治上行动上同以习近平同志为总书记的党中央保持高度一致，才能使我们党更加团结统一、坚强有力，始终成为中国特色社会主义事业的坚强领导核心。

8. 习近平主持召开党的新闻舆论工作座谈会并发表重要讲话。2月19日，中共中央总书记、国家主席、中央军委主席习近平在北京主持召开党的新闻舆论工作座谈会并发表重要讲话。他强调，党的新闻舆论工作是党的一项重要工作，是治国理政、定国安邦的大事，要适应国内外形势发展，从党的工作全局出发把握定位，坚持党的领导，坚持正确政治方向，坚持以人民为中心的工作导向，尊重新闻传播规律，创新方法手段，切实提高党的新闻舆论传播力、引导力、影响力、公信力。习近平强调，做好党的新闻舆论工作，事关旗帜和道路，事关贯彻落实党的理论和路线方针政策，事关顺利推进党和国家各项事业，事关全党全国各族人民凝聚力和向心力，事关党和国家前途命运。必须从党的工作全局出发把握党的新闻舆论工作，做到思想上高度重视、工作上精准有力。习近平指出，在新的时代条件下，党的新闻舆论工作的职责和使命是：高举旗帜、引领导向，围绕中心、服务大局，团结人民、鼓舞士气，成风化人、凝心聚力，澄清谬误、明辨是非，连接中外、沟通世界。要承担起这个职责和使命，必须把政治方向摆在第一位，牢牢坚持党性原则，牢牢坚持马克思主义新闻观，牢牢坚持正确舆论导向，牢牢坚持正面宣传为主。习近平强调，党的新闻舆论工作坚持党性原则，最根本的是坚持党对新闻舆论工作的领导。党和政府主办的媒体是党和政府的宣传阵地，必须姓党。党的新闻舆论媒体的所有工作，都要体现党的意志、反映党的主张，维护党中央权威、维护党的团结，做到爱党、护党、为党；都要增强看齐意识，在思想上、政治上、行动上同党中央保持高度一致；都要坚持党性和人民性相统一，把党的理论和路线方针政策变成人民群众的自觉行动，及时把人民群众创造的经验和面临的实际情况反映出来，丰富人民精神世界，增强人民精神力量。新闻观是新闻舆论工作的灵魂。要深入开展马克思主义新闻观教育，引导广大新闻舆论工作者做党的政策主张的传播者、时代风云的记录者、社会进步的推动者、公平正义的守望者。

9. 中共中央政治局召开会议讨论政府工作报告和“十三五”规划纲要草案。2月22日，中共中央政治局召开会议，讨论国务院拟提请第十二届全国人民代表大会第四次会议审议的政府工作报告稿和审查的中华人民共和国国民经济和社会发展第十三个五年规划纲要草案稿。中共中央总书记习近平主持会议。会议强调，“十三五”时期，要高举中国特色社会主义伟大旗帜，全面贯彻党的十八大和十八届三中、四中、五中全会精神，以马克思列宁主义、毛泽东思想、邓小平理论、“三个代表”重要思想、科学发展观为指导，深入贯彻习近平总书记系列重要讲话精神，坚持全面建成小康社会、全面深化改革、全面依法治国、全面从严治党的战略布局，坚持发展是第一要务，牢固树立和贯彻落实创新、协调、绿色、开放、共享的发展理念，以提高发展质量和效益为中心，以供给侧结构性改革为主线，扩大有效供给，满足有效需求，加快形成引领经济发展新常态的体制机制和发展方式，保持战略定力，坚持稳中求进，统筹推进经济建设、政治建设、文化建设、社会建设、生态文明建设和党的建设，确保如期全面建成小康社会，为实现第二个百年奋斗目标、实现中华民族伟大复兴的中国梦奠定更加坚实的基础。会议强调，

2016年是全面建成小康社会决胜阶段的开局之年，也是推进结构性改革的攻坚之年。各级党委和政府要按照党中央部署和要求，按照“五位一体”总体布局和“四个全面”战略布局，坚持发展第一要务，坚持改革开放，坚持以新发展理念引领发展，坚持稳中求进工作总基调，适应经济发展新常态，实行宏观政策要稳、产业政策要准、微观政策要活、改革政策要实、社会政策要托底的总体思路，把握好稳增长与调结构的平衡，保持经济运行在合理区间，着力加强供给侧结构性改革，加快培育新的发展动能，改造提升传统比较优势，抓好去产能、去库存、去杠杆、降成本、补短板，加强民生保障，做好重点领域风险防控，努力实现全面建成小康社会决胜阶段良好开局。

10. 在全体党员中开展“两学一做”学习教育。2月29日，《人民日报》全文刊登中央办公厅印发《关于在全体党员中开展“学党章党规、学系列讲话，做合格党员”学习教育方案》并发出通知，要求各地区各部门认真贯彻执行。

11. 习近平主持召开网络安全和信息化工作座谈会。4月19日上午，中共中央总书记、国家主席、中央军委主席、中央网络安全和信息化领导小组组长习近平在京主持召开网络安全和信息化工作座谈会并发表重要讲话，强调按照创新、协调、绿色、开放、共享的发展理念推动我国经济社会发展，是当前和今后一个时期我国发展的总要求和大趋势，我国网信事业发展要适应这个大趋势，在践行新发展理念上先行一步，推进网络强国建设，推动我国网信事业发展，让互联网更好造福国家和人民。中共中央政治局常委、中央网络安全和信息化领导小组副组长李克强、刘云山出席座谈会。马凯、王沪宁、刘奇葆、范长龙、孟建柱、栗战书、杨洁篪、周小川出席座谈会。中央网络安全和信息化领导小组成员，中央和国家机关有关部门负责同志，部分省市党委宣传部部长，各省区市网信办主任，部分中央新闻单位和中央新闻网站负责同志，有关专家学者，部分网信企业负责人等参加座谈会。

12. 习近平在全国宗教工作会议上发表重要讲话。4月22日至23日，全国宗教工作会议在北京召开。中共中央总书记、国家主席、中央军委主席习近平出席会议并发表重要讲话。他强调，新形势下，我们要坚持和发展中国特色社会主义宗教理论，全面贯彻党的宗教工作基本方针，分析我国宗教工作形势，研究我国宗教工作面临的新情况新问题，全面提高宗教工作水平，更好组织和凝聚广大信教群众同全国人民一道，为实现“两个一百年”奋斗目标、实现中华民族伟大复兴的中国梦而奋斗。中共中央政治局常委、国务院总理李克强主持会议。中共中央政治局常委、全国人大常委会委员长张德江，中共中央政治局常委、中央书记处书记刘云山，中共中央政治局常委、中央纪委书记王岐山出席会议。中共中央政治局常委、全国政协主席俞正声做总结讲话。习近平指出，做好新形势下宗教工作，就要坚持用马克思主义立场、观点、方法认识和对待宗教，遵循宗教和宗教工作规律，深入研究和妥善处理宗教领域各种问题，结合我国宗教发展变化和宗教工作实际，不断丰富和发展中国特色社会主义宗教理论，用以更好地指导我国宗教工作实践。积极引导宗教与社会主义社会相适应，一个重要的任务就是支持我国宗教坚持中国化方向。要用社会主义核心价值观来引领和教育宗教界人士和信教群众，弘扬中华民族优良传统，用团结进步、和平宽容等观念引导广大信教群众，支持各宗教在保持基本信仰、核心教义、礼仪制度的同时，深入挖掘教义教规中有利于社会和谐、时代进步、健康文明的内容，对教规教义作出符合当代中国发展进步要求、符合中华优秀传统文化的阐释。习近平强调，要构建积极健康的宗教关系。在我国，宗教关系包括党和政府与宗教、社会与宗教、国内不同宗教、我国宗教与外国宗教、信教群众与不信教群众的关系。促进宗教关系和谐，这些关系都要处理好。处理我国宗教关系，必须牢牢把握坚持党的领导、巩固党的执政地位、强化党的执政基础这个根本，必须坚持政教分离，坚持宗教不得干预行政、司法、教育等国家职能实施，坚持政府依法对涉及国家利益和社会公共利益的宗教事务进行管理。要提高宗教工作法治化水平，用法律规范政府管理宗教事务的行为，用法律调节涉及宗教的各种社会关系。要保护广大信教群众合法权益，深入开展法治宣传教育，教育引导广大信教群众正确认识和处理国法和教规的关系，提高法治观念。

13. 中共中央政治局召开会议分析研究当前经济形势和经济工作。4 月 29 日，中共中央政治局召开会议，分析研究当前经济形势和经济工作。中共中央总书记习近平主持会议。会议强调，要按照中央经济工作会议决策部署，贯彻党的十八届五中全会精神，落实创新、协调、绿色、开放、共享的发展理念，坚持宏观政策要稳、产业政策要准、微观政策要活、改革政策要实、社会政策要托底的总体思路。要坚持适度扩大总需求，实行积极的财政政策和稳健的货币政策，坚定不移以推进供给侧结构性改革为主线，加快培育新的发展动能，改造提升传统比较优势，全面落实“去产能、去库存、去杠杆、降成本、补短板”五大重点任务。要确保党中央确定的政策不走样、不变形，确保各项政策落实到位。

14. 习近平主持中共中央政治局第三十一次集体学习并发表重要讲话。4 月 29 日下午，中共中央政治局就历史上的丝绸之路和海上丝绸之路进行第三十一次集体学习。中共中央总书记习近平在主持学习时强调，“一带一路”倡议是我国在新的历史条件下实行全方位对外开放的重大举措、推行互利共赢的重要平台。我们必须以更高的站位、更广的视野，在吸取和借鉴历史经验的基础上，以创新的理念和创新的思维，扎扎实实做好各项工作，使沿线各国人民实实在在感受到“一带一路”给他们带来的好处。

15. 习近平主持召开哲学社会科学工作座谈会并发表重要讲话。5 月 17 日上午，中共中央总书记、国家主席、中央军委主席习近平在京主持召开哲学社会科学工作座谈会并发表重要讲话。他强调，一个没有发达的自然科学的国家不可能走在世界前列，一个没有繁荣的哲学社会科学的国家也不可能走在世界前列。坚持和发展中国特色社会主义，哲学社会科学具有不可替代的重要地位，哲学社会科学工作者具有不可替代的重要作用。坚持和发展中国特色社会主义，必须高度重视哲学社会科学，结合中国特色社会主义伟大实践，加快构建中国特色哲学社会科学。中共中央政治局常委、中央书记处书记刘云山出席座谈会。座谈会上，中国社科院研究员汝信、北京大学国家发展研究院教授林毅夫、中国社科院马克思主义研究院研究员钟君、敦煌研究院研究员樊锦诗、复旦大学中国研究院教授张维为、北京师范大学文学院教授康震、中国政法大学教授马怀德、武汉大学马克思主义学院教授沈壮海、国防大学战略研究所教授金一南、中国人民大学重阳金融研究院研究员王文先后发言。他们分别介绍了哲学、经济学、科学社会主义、历史学、政治学、文学、法学、马克思主义理论、军事学等学科和领域的研究进展，并就如何推动哲学社会科学工作创新发展提出了意见和建议。

16. 中共中央政治局召开会议研究部署规划建设北京城市副中心和进一步推动京津冀协同发展有关工作。5月27日，中共中央政治局召开会议，研究部署规划建设北京城市副中心和进一步推动京津冀协同发展有关工作。中共中央总书记习近平主持会议。会议指出，建设北京城市副中心，不仅是调整北京空间格局、治理大城市病、拓展发展新空间的需要，也是推动京津冀协同发展、探索人口经济密集地区优化开发模式的需要。会议强调，要遵循城市发展规律，牢固树立并贯彻落实创新、协调、绿色、开放、共享的发展理念，坚持世界眼光、国际标准、中国特色、高点定位，以创造历史、追求艺术的精神进行北京城市副中心的规划设计建设，构建蓝绿交织、清新明亮、水城共融、多组团集约紧凑发展的生态城市布局，着力打造国际一流和谐宜居之都示范区、新型城镇化示范区、京津冀区域协同发展示范区。要坚持以人民为中心的发展思想，坚持人民城市为人民，从广大市民需要出发。要广泛应用世界先进节能环保技术、标准、材料、工艺，建成绿色城市、森林城市、海绵城市、智慧城市。要坚持统筹规划生产、生活、生态空间布局，使工作、居住、休闲、交通、教育、医疗等有机衔接、便利快捷。要充分体现中华元素、文化基因，也要借鉴其他文化特色。

17. 全国科技创新大会两院院士大会中国科协第九次全国代表大会召开。5月30日上午，全国科技创新大会、中国科学院第十八次院士大会和中国工程院第十三次院士大会、中国科学技术协会第九次全国代表大会在人民大会堂隆重召开。中共中央总书记、国家主席、中央军委主席习近平出席大会并发表重要讲话。他强调，科技兴则民族兴，科技强则国家强。今天，我们在这里召开这个盛会，就是要在我国发展新的历史起点上，把科技创新摆在更加重要位置，吹响建设世界科技强国的号角。实现“两个一百年”奋斗目标，实现中华民族伟大复兴的中国梦，必须坚持走中国特色自主创新道路，面向世界科技前沿、面向经济主战场、面向国家重大需求，加快各领域科技创新，掌握全球科技竞争先机。这是我们提出建设世界科技强国的出发点。李克强主持。张德江、俞正声、刘云山、王岐山出席大会。

18. 庆祝中国共产党成立95周年大会举行。7月1日上午，庆祝中国共产党成立95周年大会在北京人民大会堂隆重举行。中共中央总书记、国家主席、中央军委主席习近平在会上发表重要讲话强调，我们党已经走过了95年的历程，但我们要永远保持建党时中国共产党人的奋斗精神，永远保持对人民的赤子之心。一切向前走，都不能忘记走过的路；走得再远、走到再光辉的未来，也不能忘记走过的过去，不能忘记为什么出发。面向未来，面对挑战，全党同志一定要不忘初心、继续前进。习近平强调，历史告诉我们，历史和人民选择中国共产党领导中华民族伟大复兴的事业是正确的，必须长期坚持、永不动摇；中国共产党领导中国人民开辟的中国特色社会主义道路是正确的，必须长期坚持、永不动摇；中国共产党和中国人民扎根中国大地、吸纳人类文明优秀成果、独立自主实现国家发展的战略是正确的，必须长期坚持、永不动摇。习近平指出，面向未来，面对挑战，全党同志一定要不忘初心、继续前进，并就不忘初心、继续前进提出8个方面的要求。中共中央政治局常委李克强、张德江、俞正声、刘云山、王岐山、张高丽出席大会。刘云山宣读《中共中央关于表彰全国优秀共产党员、优秀党务工作者和先进基层党组织的决定》。《决定》指出，中共中央决定对贾立群等100名共产党员、傅企平等100名党务工作者、中国工程物理研究院党委等300个基层党组织予以表彰，分别授予“全国优秀共产党员”“全国优秀党务工作者”和“全国先进基层党组织”称号。

19. 习近平出席推进“一带一路”倡议工作座谈会并发表重要讲话。8月17日，中共中央总书记、国家主席、中央军委主席习近平在北京人民大会堂出席推进“一带一路”倡议工作座谈会并发表重要讲话强调，总结经验、坚定信心、扎实推进，聚焦政策沟通、设施连通、贸易畅通、资金融通、民心相通，聚焦构建互利合作网络、新型合作模式、多元合作平台，聚焦携手打造绿色丝绸之路、健康丝绸之路、智力丝绸之路、和平丝绸之路，以钉钉子精神抓下去，一步一步把“一带一路”倡议推向前进，让“一带一路”倡议造福沿线各国人民。中共中央政治局常委、国务院副总理、推进“一带一路”倡议工作领导小组组长张高丽主持座谈会。在听取大家发言后，习近平发表重要讲话。他强调，党的十八大以后，党中央着眼于我国“十三五”时期和更长时期的发展，逐步明确了“一带一路”倡议、京津冀协同发展、长江经济带发展3个大的发展战略。2014年我们通过了《丝绸之路经济带和21世纪海上丝绸之路建设战略规划》，2015年对外发布了《推动共建丝绸之路经济带和21世纪海上丝绸之路的愿景与行动》，有关地方和部门也出台了配套规划，在国际上引起较大反响。习近平就推进“一带一路”倡议提出8项要求。

20. 习近平出席全国卫生与健康大会并发表重要讲话。8月19日至20日，全国卫生与健康大会在京召开。中共中央总书记、国家主席、中央军委主席习近平出席会议并发表重要讲话。他强调，没有全民健康，就没有全面小康。要把人民健康放在优先发展的战略地位，以普及健康生活、优化健康服务、完善健康保障、建设健康环境、发展健康产业为重点，加快推进健康中国建设，努力全方位、全周期保障人民健康，为实现“两个一百年”奋斗目标、实现中华民族伟大复兴的中国梦打下坚实健康基础。中共中央政治局常委、国务院总理李克强在会上讲话。中共中央政治局常委张德江、俞正声、刘云山、王岐山、张高丽出席会议。

21. 中共中央举行学习《胡锦涛文选》报告会。9月29日上午，中共中央在北京举行学习《胡锦涛文选》报告会。中共中央总书记、国家主席、中央军委主席习近平在会上发表重要讲话。他强调，当前要把学习《胡锦涛文选》摆在党的思想政治建设和党员、干部理论学习培训的重要位置，通过学习加深对党的十八大以来提出的治国理政新理念新思想新战略的理解，继续开拓创新，继续奋发进取，为实现“两个一百年”奋斗目标、实现中华民族伟大复兴的中国梦而不懈奋斗。中共中央政治局常委李克强主持报告会，中共中央政治局常委张德江、俞正声、王岐山、张高丽出席报告会。中共中央政治局常委刘云山在报告会上宣读《中共中央关于学习〈胡锦涛文选〉的决定》。

22. 纪念红军长征胜利80周年大会隆重举行。10月21日上午，纪念红军长征胜利80周年大会在北京人民大会堂隆重举行。中共中央总书记、国家主席、中央军委主席习近平在会上发表重要讲话强调，历史是不断向前的，要达到理想的彼岸，就要沿着我们确定的道路不断前进。每一代人有每一代人的长征路，每一代人都要走好自己的长征路。今天，我们这一代人的长征，就是要实现“两个一百年”奋斗目标、实现中华民族伟大复兴的中国梦。长征永远在路上。不论我们的事业发展到哪一步，不论我们取得了多大成就，我们都要大力弘扬伟大长征精神，在新的长征路上继续奋勇前进。习近平强调，弘扬伟大长征精神，走好今天的长征路，必须坚定共产主义远大理想和中国特色社会主义共同理想，为崇高理想信念而矢志奋斗；必须坚定中国特色社会主义道路自信、理论自信、制度自信、文化自信，为夺取中国特色社会主义伟大事业新胜利而矢志奋斗；必须把人民放在心中最高位置，坚持一切为了人民、一切依靠人民，为人民过上更加美好生活而矢志奋斗；必须把握方向、统揽大局、统筹全局，为实现我们的总任务、总布局、总目标而矢志奋斗；必须建设同我国国际地位相称、同国家安全和发展利益相适应的巩固国防和强大军队，为维护国家安全和世界和平而矢志奋斗；必须加强党的领导，坚持全面从严治党，为推进党的建设新的伟大工程而矢志奋斗。中共中央政治局常委李克强、张德江、俞正声、刘云山、王岐山、张高丽出席大会。

23. 中共十八届六中全会举行。10 月 24 日至 27 日，中国共产党第十八届中央委员会第六次全体会议在北京举行。出席这次全会的有，中央委员 197 人，候补中央委员 151 人。中央纪律检查委员会委员和有关方面负责同志列席会议。党的十八大代表中部分基层同志和专家学者也列席会议。全会由中央政治局主持。中央委员会总书记习近平作了重要讲话。全会听取和讨论了习近平受中央政治局委托作的工作报告，审议通过了《关于新形势下党内政治生活的若干准则》和《中国共产党党内监督条例》，审议通过了《关于召开党的第十九次全国代表大会的决议》。习近平就《准则（讨论稿）》和《条例（讨论稿）》向全会作了说明。全会决定，中国共产党第十九次全国代表大会于 2017 年下半年在北京召开。全会认为，召开党的十九大是党和国家政治生活中的一件大事，全党要全面贯彻党的十八大和十八届三中、四中、五中、六中全会精神，团结带领全国各族人民，坚定信心，奋发进取，进一步做好党和国家各项工作，特别是要切实做好思想理论准备工作、组织准备工作、经济社会发展工作、意识形态工作，切实维护社会和谐稳定，以优异成绩迎接党的十九大召开。全会按照党章规定，决定递补中央委员会候补委员赵宪庚、咸辉为中央委员会委员。全会审议并通过了中共中央纪律检查委员会关于王珉、吕锡文严重违纪问题的审查报告，审议并通过了中共中央军事委员会关于范长秘、牛志忠严重违纪问题的审查报告，确认中央政治局之前作出的给予王珉、吕锡文、范长秘、牛志忠开除党籍的处分。全会号召，全党同志紧密团结在以习近平同志为核心的党中央周围，全面深入贯彻本次全会精神，牢固树立政治意识、大局意识、核心意识、看齐意识，坚定不移维护党中央权威和党中央集中统一领导，继续推进全面从严治党，共同营造风清气正的政治生态，确保党团结带领人民不断开创中国特色社会主义事业新局面。

24. 纪念孙中山先生诞辰 150 周年大会隆重举行。11 月 11 日上午，纪念孙中山先生诞辰 150 周年大会在北京人民大会堂隆重举行。中共中央总书记、国家主席、中央军委主席习近平发表重要讲话强调，中国共产党人是孙中山先生革命事业最坚定的支持者、最忠诚的合作者、最忠实的继承者。我们对孙中山先生最好的纪念，就是团结一切可以团结的力量，调动一切可以调动的因素，把孙中山先生等一切革命先辈为之奋斗的伟大事业继续推向前进，把近代以来一切仁人志士为之奋斗的伟大事业继续推向前进，把近代以来中国人民和中华民族为之奋斗的伟大事业继续推向前进。李克强、俞正声、刘云山、王岐山、张高丽出席大会。

25. 中共中央举行纪念朱德同志诞辰130周年座谈会。11月29日上午，中共中央在人民大会堂举行座谈会，纪念朱德同志诞辰130周年。中共中央总书记、国家主席、中央军委主席习近平发表重要讲话强调，实现中华民族伟大复兴，是老一辈革命家和千千万万革命先辈毕生奋斗追求的目标。全党全军全国各族人民要更加紧密地团结在党中央周围，同心同德，锐意进取，顽强奋斗，继续把革命前辈开创的伟大事业推向前进，为创造更加灿烂辉煌的明天而努力奋斗。中共中央政治局常委李克强、俞正声、刘云山、王岐山、张高丽出席座谈会，中共中央政治局常委张德江主持座谈会。张德江在主持座谈会时说，习近平总书记重要讲话，回顾了朱德同志伟大光荣的一生，高度评价了朱德同志的丰功伟绩，号召全党全军全国各族人民学习朱德同志的崇高品德和精神风范。习近平总书记的重要讲话，对于指导我们党把朱德同志等老一辈革命家所开创的事业继续推向前进，坚持走中国特色社会主义道路，具有重大的意义。各地区各部门都要认真学习领会，切实贯彻落实。让我们紧密团结在以习近平同志为核心的党中央周围，在党的十八大和十八届三中、四中、五中、六中全会精神指引下，艰苦奋斗，开拓创新，为全面建成小康社会、实现中华民族伟大复兴的中国梦而努力奋斗。

26. 习近平出席中国文学艺术界联合会第十次全国代表大会、中国作家协会第九次全国代表大会并发表重要讲话。11月30日上午，中国文学艺术界联合会第十次全国代表大会、中国作家协会第九次全国代表大会在北京人民大会堂开幕。中共中央总书记、国家主席、中央军委主席习近平出席大会并发表重要讲话。他强调，文运同国运相牵，文脉同国脉相连。广大文艺工作者要坚持以人民为中心的创作导向，坚持为人民服务、为社会主义服务，坚持百花齐放、百家争鸣，坚持创造性转化、创新性发展，高擎民族精神火炬，吹响时代前进号角，把艺术理想融入党和人民事业之中，做到胸中有大义、心里有人民、肩头有责任、笔下有乾坤，推出更多反映时代呼声、展现人民奋斗、振奋民族精神、陶冶高尚情操的优秀作品，努力筑就中华民族伟大复兴时代的文艺高峰。中共中央政治局常委李克强、张德江、俞正声、刘云山、王岐山、张高丽出席大会。

27. 中共中央举行纪念万里同志诞辰100周年座谈会。12月5日上午，中共中央在人民大会堂举行座谈会，纪念万里同志诞辰100周年。中共中央总书记、国家主席、中央军委主席习近平发表重要讲话强调，当前，我们党正带领人民走在实现“两个一百年”奋斗目标、实现中华民族伟大复兴中国梦的新长征路上，老一辈革命家为之奋斗的伟大事业和美好理想正在一步步实现。我们要继承和发扬先辈们的革命精神和崇高风范，不忘初心、继续前进，努力创造无愧于时代、无愧于人民的新业绩。中共中央政治局常委、全国人大常委会委员长张德江主持座谈会，中共中央政治局常委、中央书记处书记刘云山出席座谈会。张德江在主持座谈会时说，习近平总书记的重要讲话，高度评价了万里同志为中华民族独立和解放、为社会主义革命和建设、为改革开放和社会主义现代化建设事业作出的重大贡献，对于我们学习和弘扬老一辈革命家的精神，继承和发展革命先辈开创的事业，具有重要指导意义。让我们在以习近平同志为核心的党中央坚强领导下，全面贯彻党的十八大和十八届三中、四中、五中、六中全会精神，深入学习贯彻习近平总书记系列重要讲话精神，统筹推进“五位一体”总体布局，协调推进“四个全面”战略布局，不忘初心、继续前进，为实现“两个一百年”奋斗目标、实现中华民族伟大复兴的中国梦而努力奋斗。

28. 习近平出席全国高校思想政治工作会议并发表重要讲话。12 月 7 日至 8 日，全国高校思想政治工作会议在北京召开。中共中央总书记、国家主席、中央军委主席习近平出席会议并发表重要讲话。他强调，高校思想政治工作关系高校培养什么样的人、如何培养人以及为谁培养人这个根本问题。要坚持把立德树人作为中心环节，把思想政治工作贯穿教育教学全过程，实现全程育人、全方位育人，努力开创我国高等教育事业发展新局面。中共中央政治局常委、中央书记处书记刘云山作总结讲话。中共中央政治局常委王岐山、张高丽出席会议。刘云山在讲话中指出，习近平总书记重要讲话从全局和战略高度，深刻回答了事关高等教育事业发展和高校思想政治工作的一系列重大问题，具有很强的政治性、思想性和针对性，是指导做好新形势下高校思想政治工作的纲领性文献，对于办好中国特色社会主义大学、推进党和国家事业发展，具有十分重要的意义。要深入学习领会，自觉用讲话精神指导工作，推动高校思想政治工作和党的建设强起来。

29. 中央经济工作会议举行。12 月 14 日至 16 日，中央经济工作会议在北京举行。中共中央总书记、国家主席、中央军委主席习近平，中共中央政治局常委、国务院总理李克强，中共中央政治局常委、全国人大常委会委员长张德江，中共中央政治局常委、全国政协主席俞正声，中共中央政治局常委、中央书记处书记刘云山，中共中央政治局常委、中央纪委书记王岐山，中共中央政治局常委、国务院副总理张高丽出席会议。习近平在会上发表重要讲话，分析当前国内国际经济形势，总结 2016 年经济工作，阐明经济工作指导思想，部署 2017 年经济工作。李克强在讲话中阐述了明年宏观经济政策取向，对明年经济工作作出具体部署，并做总结讲话。会议指出，2017 年是实施“十三五”规划的重要一年，是供给侧结构性改革的深化之年。要全面贯彻党的十八大和十八届三中、四中、五中、六中全会精神，统筹推进“五位一体”总体布局和协调推进“四个全面”战略布局，坚持稳中求进工作总基调，牢固树立和贯彻落实新发展理念，适应把握引领经济发展新常态，坚持以提高发展质量和效益为中心，坚持宏观政策要稳、产业政策要准、微观政策要活、改革政策要实、社会政策要托底的政策思路，坚持以推进供给侧结构性改革为主线，适度扩大总需求，加强预期引导，深化创新驱动，全面做好稳增长、促改革、调结构、惠民生、防风险各项工作，促进经济平稳健康发展和社会和谐稳定，以优异成绩迎接党的十九大胜利召开。

二、全面建成小康社会

1. 实施全面两孩政策。1 月 6 日，《人民日报》全文刊登《中共中央国务院关于实施全面两孩政策 改革完善计划生育服务管理的决定》。《决定》指出，实行计划生育是我国的一项基本国策，事关亿万家庭的幸福安康，事关全面建成小康社会和“两个一百年”奋斗目标的实现。《决定》共分六部分：一、充分认识实施全面两孩政策、改革完善计划生育服务管理的重大意义；二、指导思想、基本原则和主要目标；三、稳妥扎实有序实施全面两孩政策；四、大力提升计划生育服务管理水平；五、构建有利于计划生育的家庭发展支持体系；六、切实加强组织领导。

2. 中共中央国务院发布《关于落实发展新理念加快农业现代化实现全面小康目标的若干意见》。1月28日，《人民日报》全文发布《中共中央国务院关于落实发展新理念加快农业现代化实现全面小康目标的若干意见》。《意见》指出，党的十八届五中全会通过的《中共中央关于制定国民经济和社会发展第十三个五年规划的建议》，对做好新时期农业农村工作作出了重要部署。各地区各部门要牢固树立和深入贯彻落实创新、协调、绿色、开放、共享的发展理念，大力推进农业现代化，确保亿万农民与全国人民一道迈入全面小康社会。《意见》共六部分：一、持续夯实现代农业基础，提高农业质量效益和竞争力；二、加强资源保护和生态修复，推动农业绿色发展；三、推进农村产业融合，促进农民收入持续较快增长；四、推动城乡协调发展，提高新农村建设水平；五、深入推进农村改革，增强农村发展内生动力；六、加强和改善党对"三农"工作领导。

3. 中共中央政治局进行第三十次集体学习。1月29日下午，中共中央政治局就"十三五"时期我国经济社会发展的战略重点进行第三十次集体学习。中共中央总书记习近平在主持学习时强调，发展战略重点，是"十三五"时期我国发展的"衣领子""牛鼻子"。抓准、抓住、抓好战略重点，是保证"十三五"发展开好头、起好步的关键，是保证全面建成小康社会决胜阶段获得全胜的关键。要准确把握"十三五"时期我国发展的战略重点，做到胸中有数、落实有策、行动有策，以奋发有为的精神状态、攻坚克难的拼搏意志、只争朝夕的紧迫劲头，通过抓好发展战略重点带动发展全局，把"十三五"发展宏伟蓝图一步一步变为现实。这次中央政治局集体学习，由中央政治局同志自学并交流工作体会，刘延东、李源潮、汪洋、张春贤、韩正就这个问题做了重点发言。习近平在主持学习时发表了讲话。他指出，抓住重点带动面上工作，推动事物发展不断从不平衡到平衡，是唯物辩证法的要求，也是我们党在革命、建设、改革历史进程中一贯倡导和坚持的。要从五位一体总体布局、"四个全面"战略布局、新发展理念、五大支柱性政策、补短板防风险来把握发展战略重点。

4.《习近平关于全面建成小康社会论述摘编》出版发行。6月6日，《人民日报》：由中共中央文献研究室编辑的《习近平关于全面建成小康社会论述摘编》一书，近日由中央文献出版社出版，在全国发行。《论述摘编》共分7个专题：全面建成小康社会是实现中华民族伟大复兴中国梦的关键一步；主动把握和积极引领经济发展新常态，坚持用新发展理念引领和推动经济发展；坚持从国情出发设计和发展国家政治制度，使各方面制度更加成熟更加定型；推进社会主义文化强国建设，显著提高国民素质和社会文明程度；保障和改善民生，维护国家安全和社会稳定；建设美丽中国，为人民创造良好生产生活环境；提高党领导发展的能力和水平，确保全面建成小康社会各项任务落到实处。书中收入332段论述，摘自习近平2012年11月15日至2016年3月10日期间的讲话、谈话、演讲、贺信、指示等130多篇重要文献。其中部分论述是第一次公开发表。

5. 习近平主持召开中央财经领导小组第十四次会议。12月21日下午，中共中央总书记、国家主席、中央军委主席、中央财经领导小组组长习近平主持召开中央财经领导小组第十四次会议，研究"十三五"规划纲要确定的165项重大工程项目进展和解决好人民群众普遍关心的突出问题等工作。习近平发表重要讲话强调，准确把握全面建成小康社会内涵，对实现第一个百年奋斗目标至关重要。全面建成小康社会，在保持经济增长的同时，更重要的是落实以人民为中心的发展思想，想群众之所想、急群众之所急、解群众之所困，在学有所教、劳有所得、病有所医、老有所养、住有所居上持续取得新进展。中共中央政治局常委、国务院总理、中央财经领导小组副组长李克强，中共中央政治局常委、中央书记处书记、中央财经领导小组成员刘云山，中共中央政治局常委、国务院副总理、中央财经领导小组成员张高丽出席会议。

三、全面深化改革

1. 中央全面深化改革领导小组召开第二十次会议。1 月 11 日下午，中共中央总书记、国家主席、中央军委主席、中央全面深化改革领导小组组长习近平主持召开中央全面深化改革领导小组第二十次会议并发表重要讲话。他强调，全面深化改革头 3 年是夯基垒台、立柱架梁的 3 年，今年要力争把改革的主体框架搭建起来。要牢牢扭住全面深化改革各项目标，落实主体责任，厘清责任链条，拧紧责任螺丝，提高履责效能，打通关节、疏通堵点、激活全盘，努力使各项改革都能落地生根。中共中央政治局常委、中央全面深化改革领导小组副组长李克强、刘云山、张高丽出席会议。会议审议通过了《关于全面推进政务公开工作的意见》《关于完善国家工作人员学法用法制度的意见》《关于保护、奖励职务犯罪举报人的若干规定》《关于开展承担行政职能事业单位改革试点的指导意见》《科协系统深化改革实施方案》《关于健全落实社会治安综合治理领导责任制的规定》《关于规范公安机关警务辅助人员管理工作的意见》。

2. 习近平主持召开中央财经领导小组第十二次会议。1 月 26 日下午，中共中央总书记、国家主席、中央军委主席、中央财经领导小组组长习近平主持召开中央财经领导小组第十二次会议，研究供给侧结构性改革方案、长江经济带发展规划、森林生态安全工作。习近平发表重要讲话强调，供给侧结构性改革的根本目的是提高社会生产力水平，落实好以人民为中心的发展思想。要在适度扩大总需求的同时，去产能、去库存、去杠杆、降成本、补短板，从生产领域加强优质供给，减少无效供给，扩大有效供给，提高供给结构适应性和灵活性，提高全要素生产率，使供给体系更好适应需求结构变化。中共中央政治局常委、国务院总理、中央财经领导小组副组长李克强，中共中央政治局常委、中央书记处书记、中央财经领导小组成员刘云山，中共中央政治局常委、国务院副总理、中央财经领导小组成员张高丽出席会议。会议分别听取了国家发展改革委、财政部、住房城乡建设部、人民银行、国务院国资委关于去产能、去库存、去杠杆、降成本、补短板的 8 个工作方案思路的汇报，听取了国家发展改革委关于长江经济带发展规划纲要的汇报，听取了国家林业局关于森林生态安全问题的汇报。领导小组成员进行了讨论。

3. 习近平主持召开中央全面深化改革领导小组第二十一次会议。2 月 23 日下午，中共中央总书记、国家主席、中央军委主席、中央全面深化改革领导小组组长习近平主持召开中央全面深化改革领导小组第二十一次会议并发表重要讲话。他强调，各地区各部门要牢固树立全局意识、责任意识，把抓改革作为一项重大政治责任，坚定改革决心和信心，增强推进改革的思想自觉和行动自觉，既当改革促进派、又当改革实干家，以钉钉子精神抓好改革落实，扭住关键、精准发力，敢于啃硬骨头，盯着抓、反复抓，直到抓出成效。中共中央政治局常委、中央全面深化改革领导小组副组长李克强、刘云山、张高丽出席会议。中央全面深化改革领导小组成员出席，中央和国家有关部门以及有关地方负责同志列席会议。

4. 习近平主持召开中央全面深化改革领导小组第二十二次会议。3 月 22 日上午，中共中央总书记、国家主席、中央军委主席、中央全面深化改革领导小组组长习近平主持召开中央全面深化改革领导小组第二十二次会议并发表重要讲话。他强调，夺取全面建成小康社会决胜阶段的胜利，很关键的一条是通过全面深化改革推动落实新发展理念。要围绕形成有利于落实新发展理念的体制机制，加大改革力度，直面经济发展新常态下面临的矛盾和挑战，对准瓶颈和短板，精准对焦、协同发力，努力在增强创新能力、推动发展平衡、改善生态环境、提高开放水平、促进共享发展上取得新突破。中共中央政治局常委、中央全面深化改革领导小组副组长刘云山、张高丽出席会议。会议审议通过了《关于推行法律顾问制度和公职律师公司律师制度的意见》《关于健全生态保护补偿机制的意见》《关于建立贫困退出机制的意见》《关于加强儿童医疗卫生服务改革与发展的意见》《关于深化投融资体制改革的意见》《关于建立法官检察官逐级遴选制度的意见》《关于从律师和法学专家中公开选拔立法工作者、法官、检察官的意见》《关于加强和规范改革试点工作的意见》。

5. 习近平主持召开中央全面深化改革领导小组第二十三次会议。4 月 18 日上午，中共中央总书记、国家主席、中央军委主席、中央全面深化改革领导小组组长习近平主持召开中央全面深化改革领导小组第二十三次会议并发表重要讲话。他强调，改革既要往有利于增添发展新动力方向前进，也要往有利于维护社会公平正义方向前进，注重从体制机制创新上推进供给侧结构性改革，着力解决制约经济社会发展的体制机制问题；把以人民为中心的发展思想体现在经济社会发展各个环节，做到老百姓关心什么、期盼什么，改革就要抓住什么、推进什么，通过改革给人民群众带来更多获得感。中共中央政治局常委、中央全面深化改革领导小组副组长李克强、刘云山、张高丽出席会议。会议审议通过了北京市、广东省、重庆市、新疆维吾尔自治区《关于进一步规范领导干部配偶、子女及其配偶经商办企业行为的规定（试行）》《关于建立公平竞争审查制度的意见》《专业技术类公务员管理规定（试行）》《行政执法类公务员管理规定（试行）》《关于推进家庭医生签约服务的指导意见》《关于建立完善守信联合激励和失信联合惩戒制度加快推进社会诚信建设的指导意见》《关于加强民办学校党的建设工作的意见（试行）》《民办学校分类登记实施细则》《营利性民办学校监督管理实施细则》《保护司法人员依法履行法定职责的规定》《宁夏回族自治区空间规划（多规合一）试点方案》《党的十八届五中全会有关改革举措实施规划（2016–2020 年）》。

6. 习近平主持召开中央财经领导小组第十三次会议。5 月 16 日上午，中共中央总书记、国家主席、中央军委主席、中央财经领导小组组长习近平主持召开中央财经领导小组第十三次会议，分别研究落实供给侧结构性改革、扩大中等收入群体工作。习近平发表重要讲话强调，推进供给侧结构性改革，是综合研判世界经济形势和我国经济发展新常态作出的重大决策，各地区各部门要把思想和行动统一到党中央决策部署上来，重点推进“三去一降一补”，不能因为包袱重而等待、困难多而不作为、有风险而躲避、有阵痛而不前，要树立必胜信念，坚定不移把这项工作向前推进。要坚持以人民为中心的发展思想，在全社会大力弘扬勤劳致富、艰苦奋斗精神，激励人们通过劳动创造美好生活，不断提高生活水平。中共中央政治局常委、国务院总理、中央财经领导小组副组长李克强，中共中央政治局常委、中央书记处书记、中央财经领导小组成员刘云山，中共中央政治局常委、国务院副总理、中央财经领导小组成员张高丽出席会议。会议分别听取了国家发展改革委、国务院国资委、住房城乡建设部推进供给侧结构性改革有关工作方案的汇报，听取了江苏、重庆、河北以及深圳推进供给侧结构性改革情况的汇报，听取了国家发展改革委、财政部、人力资源社会保障部关于扩大中等收入群体工作的汇报。领导小组成员进行了讨论。

7. 习近平主持召开中央全面深化改革领导小组第二十四次会议并发表重要讲话。5月20日上午，中共中央总书记、国家主席、中央军委主席、中央全面深化改革领导小组组长习近平主持召开中央全面深化改革领导小组第二十四次会议并发表重要讲话。他强调，供给侧结构性改革本质是一场改革，要用改革的办法推进结构调整，为提高供给质量激发内生动力、营造外部环境。各地区各部门要把依靠全面深化改革推进供给侧结构性改革摆上重要位置，坚定改革信心，突出问题导向，加强分类指导，注重精准施策，提高改革效应，放大制度优势。中共中央政治局常委、中央全面深化改革领导小组副组长李克强、刘云山、张高丽出席会议。会议审议通过了《关于统筹推进城乡义务教育一体化改革发展的若干意见》《关于深化公安执法规范化建设的意见》《关于支持和发展志愿服务组织的意见》《探索实行耕地轮作休耕制度试点方案》《关于发展涉外法律服务业的意见》《各地区以改革举措落实供给侧结构性改革情况》。

8. 习近平主持召开中央全面深化改革领导小组第二十五次会议。6月27日下午，中共中央总书记、国家主席、中央军委主席、中央全面深化改革领导小组组长习近平主持召开中央全面深化改革领导小组第二十五次会议并发表重要讲话。他强调，地方是推进改革的重要力量。各级党委要坚决贯彻落实党中央改革部署，牢固树立政治意识、大局意识、核心意识、看齐意识，增强改革定力，聚集改革资源，激发创新活力，抓实目标任务、精准落地、探索创新、跟踪问效、机制保障，更加富有成效地抓好改革工作。中共中央政治局常委、中央全面深化改革领导小组副组长刘云山、张高丽出席会议。会议审议通过了《关于完善人大代表联系人民群众制度的实施意见》《关于推进以审判为中心的刑事诉讼制度改革的意见》《关于设立统一规范的国家生态文明试验区的意见》《国家生态文明试验区（福建）实施方案》《关于加快推进失信被执行人信用监督、警示和惩戒机制建设的意见》《关于海南省域"多规合一"改革试点情况的报告》《2015年各地全面深化改革推进情况和工作建议综合报告》。

9.《中共中央国务院关于深化投融资体制改革的意见》发布。7月19日，《人民日报》全文发表《中共中央国务院关于深化投融资体制改革的意见》。《意见》共分六部分：一、总体要求；二、改善企业投资管理，充分激发社会投资动力和活力；三、完善政府投资体制，发挥好政府投资的引导和带动作用；四、创新融资机制，畅通投资项目融资渠道；五、切实转变政府职能，提升综合服务管理水平；六、强化保障措施，确保改革任务落实到位。

10. 习近平主持召开中央全面深化改革领导小组第二十六次会议并发表重要讲话。7月22日下午，中共中央总书记、国家主席、中央军委主席、中央全面深化改革领导小组组长习近平主持召开中央全面深化改革领导小组第二十六次会议并发表重要讲话。他强调，改革是一场革命，必须有坚忍不拔的毅力，以真抓促落实、以实干求实效。各地区各部门要以更大的决心和气力抓好改革督察工作，既要督任务、督进度、督成效，也要察认识、察责任、察作风，确保党中央确定的改革方向不偏离、党中央明确的改革任务不落空，使改革精准对接发展所需、基层所盼、民心所向。中共中央政治局常委、中央全面深化改革领导小组副组长李克强、刘云山、张高丽出席会议。会议审议通过了《贫困地区水电矿产资源开发资产收益扶贫改革试点方案》《关于加强文化领域行业组织建设的指导意见》《关于认罪认罚从宽制度改革试点方案》《关于建立法官、检察官惩戒制度的意见（试行）》《关于省以下环保机构监测监察执法垂直管理制度改革试点工作的指导意见》《关于各地区各部门开展改革督察情况的报告》。

11. 习近平主持召开中央全面深化改革领导小组第二十七次会议并发表重要讲话。8月30日上午，中共中央总书记、国家主席、中央军委主席、中央全面深化改革领导小组组长习近平主持召开中央全面深化改革领导小组第二十七次会议并发表重要讲话。他强调，当前和今后一个时期，是全面深化改革的施工高峰期，是落实改革任务的攻坚期，抓谋划、抓统筹、抓落实的任务依然艰巨繁重。要按照既定的时间表、路线图，更加注重发挥经济体制改革的牵引作用，更加有针对性地解决各领域各层面各环节的矛盾和问题，强化基础支撑，注重系统集成，完善工作机制，严格督察落实，不断提高改革精准化、精细化水平，坚定不移把全面深化改革推向前进。中共中央政治局常委、中央全面深化改革领导小组副组长李克强、刘云山、张高丽出席会议。会议审议通过了《关于构建绿色金融体系的指导意见》《关于完善产权保护制度依法保护产权的意见》《关于创新政府配置资源方式的指导意见》《关于实行以增加知识价值为导向分配政策的若干意见》《关于进一步推广深化医药卫生体制改革经验的若干意见》《脱贫攻坚责任制实施办法》《关于完善农村土地所有权承包权经营权分置办法的意见》《重点生态功能区产业准入负面清单编制实施办法》《生态文明建设目标评价考核办法》《关于在部分省份开展生态环境损害赔偿制度改革试点的报告》《关于从事生产经营活动事业单位改革的指导意见》《关于公共文化设施开展学雷锋志愿服务的实施意见》《关于清理规范改革试点情况的报告》《关于全面深化改革重要举措出台和落实情况的评估报告》。

12. 习近平主持召开中央全面深化改革领导小组第二十八次会议。10月11日下午，中共中央总书记、国家主席、中央军委主席、中央全面深化改革领导小组组长习近平主持召开中央全面深化改革领导小组第二十八次会议并发表重要讲话。他强调，中央和国家机关有关部门是改革的责任主体，是推进改革的重要力量。各部门要坚决贯彻落实党中央决策部署，坚持以解放思想、解放和发展社会生产力、解放和增强社会活力为基本取向，强化责任担当，以自我革命的精神推进改革，坚决端正思想认识，坚持从改革大局出发，坚定抓好改革落实。中共中央政治局常委、中央全面深化改革领导小组副组长刘云山、张高丽出席会议。会议审议通过了《关于推进防灾减灾救灾体制机制改革的意见》《关于全面推行河长制的意见》《关于深化统计管理体制改革提高统计数据真实性的意见》《关于进一步把社会主义核心价值观融入法治建设的指导意见》《关于全面放开养老服务市场提升养老服务质量的若干意见》《关于推进安全生产领域改革发展的意见》《关于促进移动互联网健康有序发展的意见》《关于深入推进经济发达镇行政管理体制改革的指导意见》《关于进一步健全相关领域实名登记制度的总体方案》《省级空间规划试点方案》。

13. 习近平主持召开中央全面深化改革领导小组第二十九次会议。11 月 1 日上午，中共中央总书记、国家主席、中央军委主席、中央全面深化改革领导小组组长习近平主持召开中央全面深化改革领导小组第二十九次会议并发表重要讲话。他强调，要全面贯彻党的十八届六中全会精神，牢固树立政治意识、大局意识、核心意识、看齐意识，坚定不移抓好各项重大改革举措，既抓重要领域、重要任务、重要试点，又抓关键主体、关键环节、关键节点，以重点带动全局，把各项改革任务落到实处。中共中央政治局常委、中央全面深化改革领导小组副组长李克强、刘云山、张高丽出席会议。会议审议通过了《建立以绿色生态为导向的农业补贴制度改革方案》《关于进一步加强和改进中华文化走出去工作的指导意见》《关于深化职称制度改革的意见》《关于划定并严守生态保护红线的若干意见》《关于最高人民法院增设巡回法庭的请示》《关于进一步引导和鼓励高校毕业生到基层工作的意见》《关于加强政务诚信建设的指导意见》《关于加强个人诚信体系建设的指导意见》《关于全面加强电子商务领域诚信建设的指导意见》《自然资源统一确权登记办法（试行）》《湿地保护修复制度方案》《海岸线保护与利用管理办法》和《关于在深化国有企业改革中坚持党的领导加强党的建设落实情况报告》。

14. 习近平主持召开中央全面深化改革领导小组第三十次会议。12 月 5 日下午，中共中央总书记、国家主席、中央军委主席、中央全面深化改革领导小组组长习近平主持召开中央全面深化改革领导小组第三十次会议并发表重要讲话。他强调，总结谋划好改革工作，对做好明年和今后改革工作具有重要意义，要总结经验、完善思路、突出重点，提高改革整体效能，扩大改革受益面，发挥好改革先导性作用，多推有利于增添经济发展动力的改革，多推有利于促进社会公平正义的改革，多推有利于增强人民群众获得感的改革，多推有利于调动广大干部群众积极性的改革。中共中央政治局常委、中央全面深化改革领导小组副组长李克强、刘云山、张高丽出席会议。会议审议通过了《关于深化国有企业和国有资本审计监督的若干意见》《国务院国资委以管资本为主推进职能转变方案》《关于健全国家自然资源资产管理体制试点方案》《关于开展知识产权综合管理改革试点总体方案》《关于加强乡镇政府服务能力建设的意见》《关于制定和实施老年人照顾服务项目的意见》《中央国有资本经营预算支出管理暂行办法》《关于加强耕地保护和改进占补平衡的意见》《大熊猫国家公园体制试点方案》《东北虎豹国家公园体制试点方案》《围填海管控办法》《关于加强"一带一路"软力量建设的指导意见》和《关于农村集体资产股份权能改革试点情况的报告》。

15. 习近平主持召开中央全面深化改革领导小组第三十一次会议。12 月 30 日下午，中共中央总书记、国家主席、中央军委主席、中央全面深化改革领导小组组长习近平主持召开中央全面深化改革领导小组第三十一次会议并发表重要讲话。他强调，经过 3 年多努力，一批具有标志性、关键性的重大改革方案出台实施，一批重要领域和关键环节改革举措取得重大突破，一批重要理论创新、制度创新、实践创新成果正在形成，全面深化改革的主体框架基本确立。2017 年是全面深化改革向纵深推进的关键一年，要统筹协调各方面改革工作，增强改革定力，加强改革协同，完善抓落实的工作机制和办法，把责任压实、要求提实、考核抓实，推动改革落地见效。中共中央政治局常委、中央全面深化改革领导小组副组长李克强、刘云山、张高丽出席会议。会议审议通过了《中央全面深化改革领导小组 2016 年工作总结报告》《中央全面深化改革领导小组 2017 年工作要点》。会议审议通过了《关于加快构建中国特色哲学社会科学的意见》《关于进一步改革完善药品生产流通使用政策的若干意见》《推行行政执法公示制度、执法全过程记录制度、重大执法决定法制审核制度试点工作方案》《关于开展落实中央企业董事会职权试点工作的意见》《关于清理规范重点支出同财政收支增幅或生产总值挂钩事项有关问题的通知》《矿业权出让制度改革方案》《矿产资源权益金制度改革方案》《关于加强和完善城乡社区治理的意见》。

16. 习近平对上海自贸试验区建设作出重要指示。12 月 31 日，新华社：中共中央总书记、国家主席、中央军委主席习近平近日对上海自贸试验区建设作出重要指示强调，建设上海自贸试验区是党中央、国务院在新形势下全面深化改革和扩大开放的一项战略举措。3 年来，上海市、商务部等不负重托和厚望，密切配合、攻坚克难，紧抓制度创新这个核心，主动服务国家战略，工作取得多方面重大进展，一批重要成果复制推广到全国，总体上实现了初衷。望在深入总结评估的基础上，坚持五大发展理念引领，把握基本定位，强化使命担当，继续解放思想、勇于突破、当好标杆，对照最高标准、查找短板弱项，研究明确下一阶段的重点目标任务，大胆试、大胆闯、自主改，力争取得更多可复制推广的制度创新成果，进一步彰显全面深化改革和扩大开放的试验田作用。中共中央政治局常委、国务院总理李克强作出批示指出，3 年来，上海市、商务部会同有关部门锐意改革，勇于创新，扎实进取，上海自贸试验区建设取得重大进展，为全面深化改革、推动高水平对外开放积累了宝贵经验。相关方面要按照习近平总书记重要指示精神，深入贯彻党中央、国务院决策部署，牢固树立新发展理念，立足中国国情，拓展国际视野，围绕重点任务和薄弱环节继续深化自贸试验区改革探索，更大力度转变政府职能，更大限度激发市场活力，促进培育发展新动能和国际竞争新优势，在新一轮改革开放中进一步发挥引领示范作用，为推动经济保持中高速增长、迈上中高端水平作出新贡献。中共中央政治局委员、国务院自由贸易试验区工作部际联席会议召集人汪洋近日主持召开了联席会议第四次全体会议，研究贯彻习近平重要指示和李克强批示精神。

四、全面依法治国

1. 全国人大常委会首次举行宪法宣誓仪式。2 月 26 日下午，十二届全国人大常委会在人民大会堂首次举行宪法宣誓仪式，张德江委员长主持并监誓。十二届全国人大常委会第十九次会议任命了全国人大有关专门委员会副主任委员、常委会工作委员会副主任等 6 名国家工作人员，按照 2016 年 1 月 1 日开始施行的《全国人民代表大会常务委员会关于实行宪法宣誓制度的决定》，上述人员依法进行宪法宣誓。

2. 十二届全国人大四次会议闭幕。3 月 16 日上午，第十二届全国人民代表大会第四次会议圆满完成各项议程在人民大会堂闭幕。大会批准政府工作报告、“十三五”规划纲要、全国人大常委会工作报告等；通过慈善法，国家主席习近平签署第 43 号主席令予以公布。张德江说，本次会议的一个重要成果，就是审查批准了国民经济和社会发展第十三个五年规划纲要。我们要在以习近平同志为总书记的党中央的坚强领导下，全面实施“十三五”规划纲要，坚持发展是第一要务，牢固树立和贯彻落实创新、协调、绿色、开放、共享的新发展理念，统筹推进经济建设、政治建设、文化建设、社会建设、生态文明建设和党的建设，确保如期全面建成小康社会，为实现第二个百年奋斗目标、实现中华民族伟大复兴的中国梦奠定更加坚实的基础。张德江指出，实现“十三五”发展目标任务、夺取全面建成小康社会决胜阶段的伟大胜利，离不开各级人大及其常委会的积极作为和责任担当。我们要坚定坚持党的领导、人民当家做主、依法治国有机统一，紧紧围绕党和国家工作大局积极履职尽责，扎实开展工作，以良法促进发展、保证善治，实行正确监督、有效监督，保证党中央决策部署、国家法律法规和“十三五”发展目标任务得到全面贯彻落实。

3. 中共中央国务院转发法治宣传教育第七个五年规划。4 月 18 日，《人民日报》：近日，中共中央、国务院转发了《中央宣传部、司法部关于在公民中开展法治宣传教育的第七个五年规划（2016- 2020 年）》（以下简称“七五”普法规划），并发出通知，要求各地区各部门结合实际认真贯彻执行。

4. 张德江主持民法总则草案座谈会。10 月 10 日，中共中央政治局常委、全国人大常委会委员长张德江在京主持召开民法总则草案座谈会，就民法总则草案修改和民法典编纂听取有关方面意见。他强调，要全面贯彻党中央决策部署，认真落实习近平总书记重要指示精神，本着对党和人民高度负责的态度，努力编纂出一部体例科学、结构严谨、规范合理、具有中国特色、体现时代精神的民法典，为实现“两个一百年”奋斗目标、实现中华民族伟大复兴的中国梦提供坚实有力的法治保障。

5. 习近平对“五四宪法”历史资料陈列馆作出重要指示。12 月 4 日，在第三个国家宪法日到来之际，中共中央总书记、国家主席、中央军委主席习近平作出重要指示强调，宪法是国家的根本法，是治国安邦的总章程，是党和人民意志的集中体现。坚持依法治国首先要坚持依宪治国，坚持依法执政首先要坚持依宪执政。中国共产党领导人民制定了“五四宪法”。设立“五四宪法”历史资料陈列馆，对开展宪法宣传教育、增强社会主义民主法治意识、推动尊法学法守法用法具有重要意义。开展宪法宣传教育是全面依法治国的重要任务。“五四宪法”历史资料陈列馆要坚持党的领导、人民当家做主、依法治国有机统一，努力为普及宪法知识、增强宪法意识、弘扬宪法精神、推动宪法实施作出贡献。杭州是中华人民共和国第一部宪法“五四宪法”起草地。“五四宪法”历史资料陈列馆收藏了大量珍贵文物、文献资料和历史档案。12 月 4 日，“五四宪法”历史资料陈列馆在浙江省杭州市开馆，开馆仪式上宣读了习近平重要指示。全国人大常委会副委员长兼秘书长王晨，浙江省有关负责同志出席开馆仪式。

6. 中共中央政治局就我国历史上的法治和德治进行第三十七次集体学习。12 月 9 日下午，中共中央政治局就我国历史上的法治和德治进行第三十七次集体学习。中国政法大学法律史学研究院院长朱勇教授就这个问题进行讲解，并谈了意见和建议。中共中央政治局各位同志认真听取了讲解，并就有关问题进行了讨论。中共中央总书记习近平在主持学习时强调，法律是准绳，任何时候都必须遵循；道德是基石，任何时候都不可忽视。在新的历史条件下，我们要把依法治国基本方略、依法执政基本方式落实好，把法治中国建设好，必须坚持依法治国和以德治国相结合，使法治和德治在国家治理中相互补充、相互促进、相得益彰，推进国家治理体系和治理能力现代化。习近平在主持学习时发表了讲话。他指出，法律是成文的道德，道德是内心的法律。法律和道德都具有规范社会行为、调节社会关系、维护社会秩序的作用，在国家治理中都有其地位和功能。法安天下，德润人心。法律有效实施有赖于道德支持，道德践行也离不开法律约束。法治和德治不可分离、不可偏废，国家治理需要法律和道德协同发力。习近平强调，改革开放以来，我们深刻总结我国社会主义法治建设的成功经验和深刻教训，把依法治国确定为党领导人民治理国家的基本方略，把依法执政确定为党治国理政的基本方式，走出了一条中国特色社会主义法治道路。这条道路的一个鲜明特点，就是坚持依法治国和以德治国相结合，强调法治和德治两手抓、两手都要硬。这既是历史经验的总结，也是对治国理政规律的深刻把握。

7. 中办国办印发《党政主要负责人履行推进法治建设第一责任人职责规定》。12月14日，《人民日报》：近日，中共中央办公厅、国务院办公厅印发了《党政主要负责人履行推进法治建设第一责任人职责规定》，并发出通知，要求各地区各部门遵照执行。《党政主要负责人履行推进法治建设第一责任人职责规定》全文共12条。

8. 中办国办印发《关于进一步把社会主义核心价值观融入法治建设的指导意见》。12月26日，《人民日报》：近日，中共中央办公厅、国务院办公厅印发了《关于进一步把社会主义核心价值观融入法治建设的指导意见》，并发出通知，要求各地区各部门结合实际认真贯彻落实。同日，《人民日报》全文发布《关于进一步把社会主义核心价值观融入法治建设的指导意见》。

五、全面从严治党

1.《习近平关于严明党的纪律和规矩论述摘编》出版发行。1月2日，《人民日报》：由中共中央纪律检查委员会、中共中央文献研究室编辑的《习近平关于严明党的纪律和规矩论述摘编》一书，近日由中央文献出版社、中国方正出版社出版，在全国发行。《论述摘编》共分7个专题：加强纪律建设是全面从严治党的治本之策；严明党的纪律，首要的就是严明政治纪律；严明党的组织纪律，增强组织纪律性；创新党内法规制度，把各项纪律和规矩立起来；使纪律真正成为带电的高压线；抓住领导干部这个“关键少数”；落实管党治党责任，强化监督执纪问责。书中收入200段论述，摘自习近平同志2012年11月16日至2015年10月29日期间的讲话、文章等40多篇重要文献。其中许多论述是第一次公开发表。日前，中央纪委机关、中央宣传部联合下发通知，要求各级党组织认真组织学习习近平总书记关于严明党的纪律和规矩的重要论述，切实担负起全面从严治党的主体责任，坚持高标准，守住底线，真正把纪律立起来、严起来，执行到位，为协调推进“四个全面”战略布局提供坚强纪律保证。从今天起,《中国共产党廉洁自律准则》和《中国共产党纪律处分条例》正式施行。

2. 中共中央印发《中国共产党地方委员会工作条例》。1月5日,《人民日报》:近日,中共中央印发了《中国共产党地方委员会工作条例》,并发出通知,要求各地区各部门认真遵照执行。通知指出,地方党委制度是我们党执政治国的重要组织制度,完善这项制度是推进国家治理体系和治理能力现代化的重要方面。协调推进“四个全面”战略布局,必须始终坚持和加强党的领导,更好发挥党总揽全局、协调各方的领导核心作用。省市县三级地方党委作为本地区的领导核心,在贯彻落实中央决策部署、推动党的奋斗目标实现上居于关键位置、负有重大责任。地方党委工作必须进一步加强,地方党委领导能力必须进一步提高。1996年4月中共中央印发的《中国共产党地方委员会工作条例(试行)》,对加强和改善地方党委领导发挥了重要作用。随着党和国家事业不断发展,该条例已不能完全适应新形势新任务要求,党中央决定予以修订。

3. 中央纪委对中央一级党和国家机关派驻纪检机构全覆盖。1月6日,《人民日报》:近日,经党中央同意,中共中央办公厅印发了《关于全面落实中央纪委向中央一级党和国家机关派驻纪检机构的方案》的通知。中央决定,中央纪委共设置47家派驻机构,其中,综合派驻27家、单独派驻20家,实现对139家中央一级党和国家机关派驻纪检机构全覆盖,并对领导体制、职能调整、主要职责、机构设置等作出了明确规定。

4. 第十八届中央纪律检查委员会第六次全体会议召开。1月12日至14日,中国共产党第十八届中央纪律检查委员会第六次全体会议在北京举行。出席这次全会的中央纪委委员124人,列席226人。中共中央总书记、国家主席、中央军委主席习近平出席全会并发表重要讲话。李克强、张德江、俞正声、刘云山、王岐山、张高丽等党和国家领导人出席会议。全会由中央纪律检查委员会常务委员会主持。全会总结2015年纪律检查工作,部署2016年任务,审议通过了王岐山同志代表中央纪委常委会所作的《全面从严治党,把纪律挺在前面,忠诚履行党章赋予的神圣职责》工作报告。全会认真学习、深刻领会习近平总书记重要讲话。一致认为,讲话站在时代发展和战略全局高度,充分肯定深入推进党风廉政建设和反腐败斗争取得的新成效,深刻分析依然严峻复杂的形势,明确提出当前和今后一个时期工作的总体要求和主要任务。讲话指出,党的十八大以来,我们党着眼于新的形势任务,把全面从严治党纳入“四个全面”战略布局,把党风廉政建设和反腐败斗争作为全面从严治党的重要内容,着力构建不敢腐、不能腐、不想腐的体制机制。反腐败增强了人民群众对党的信任和支持,人民群众给予高度评价。讲话强调,“打铁还须自身硬”是我们党的庄严承诺,全面从严治党是我们党立下的军令状。党中央坚定不移反对腐败的决心没有变,坚决遏制腐败现象蔓延势头的目标没有变。全党同志对党中央在反腐败斗争上的决心要有足够自信,对反腐败斗争取得的成绩要有足够自信,对反腐败斗争带来的正能量要有足够自信,对反腐败斗争的光明前景要有足够自信。要坚持全面从严治党、依规治党,创新体制机制、强化党内监督。持之以恒落实中央八项规定精神,推动党风民风向善向上。坚持标本兼治,净化政治生态,坚决遏制腐败现象滋生蔓延势头。各级党组织要担负起全面从严治党主体责任,把纪律建设摆在更加突出位置,坚持高标准和守底线相结合,使管党治党真正从宽松软走向严紧硬。积极探索强化党内监督的有效途径，坚持民主集中制，完善监督制度，让巡视成为党内监督的利器，用好批评和自我批评武器，破解一把手监督难题。习近平总书记对纪检监察工作给予充分肯定，对纪检监察干部寄予殷切期望，要求各级纪委在全面从严治党中找准职责定位，强化监督执纪问责。学习宣传、贯彻落实习近平总书记重要讲话精神是全党的重要政治任务。要与学习贯彻习近平总书记系列重要讲话精神结合起来，密切联系思想和工作实际，全面系统地领会，精读深悟、融会贯通，内化于心、外化于行。全会号召，要更加紧密团结在以习近平同志为总书记的党中央周围，求真务实、真抓实干，不负重托、不辱使命，不断开创党风廉政建设和反腐败斗争新局面，为夺取全面建成小康社会新胜利作出新的更大贡献。

5. 王岐山出席中央巡视工作动员部署会议并讲话。2 月 23 日，中共中央政治局常委、中央纪委书记、中央巡视工作领导小组组长王岐山出席中央巡视工作动员部署会议并讲话。会议传达了习近平总书记关于巡视工作的重要指示。王岐山强调，要深入学习贯彻习近平总书记系列重要讲话精神，突出坚持党的领导，聚焦全面从严治党，从厚植党执政的政治基础高度，深化政治巡视，发挥利器作用，坚决维护党中央集中统一领导。会议指出，习近平总书记系列重要讲话是做好巡视工作的思想武器和行动指南。中央巡视组背负着中央的权威，首先要全面、科学、系统、准确地学习领会讲话精神，密切联系党史、国史，结合世情、国情、党情，追根溯源，把握思想理论脉络。讲话源自我们党光荣辉煌、艰苦卓绝的奋斗史，源自中华民族五千年灿烂的文明史，既有历史的传承、又有文化的源流，重要的是拥有坚定信念和责任担当。要树立马克思主义学风，密切联系思想、工作和生活实际，学深悟透、融会贯通，内化于心、外化于行，真正把武器用起来，承担起中央交给的光荣而神圣的使命。会议指出，坚持党的领导有着深刻而丰富的内涵。党的领导是政治领导，体现在党的自身就是理想信念宗旨的坚定性，体现在治国理政就是党的路线方针政策的正确性、科学性、实践性。党的十八大以来，八轮巡视发现的所有问题，归其根本都是理想信念不坚定、贯彻党的路线方针政策不坚决，党的领导弱化、党的建设缺失、全面从严治党不力，党的观念淡漠、组织涣散、纪律松弛、管党治党失之于宽松软。要把政治巡视的要求高举起来，尊崇党章，检查被巡视党组织是否结合本地区本部门实际，贯彻落实中央决策部署，真正体现党对这个地方和领域的领导。巡视是全面从严治党的利器，是党内监督的重要实现方式。要总结实践经验，探索党长期执政条件下强化党内监督的有效途径，为实现党的历史使命提供坚强保障。

6. 习近平就全国党建研究会第六次会员代表大会召开作出重要指示。3 月 23 日，全国党建研究会第六次会员代表大会在京召开。中共中央总书记、国家主席、中央军委主席习近平作出重要指示，向大会召开表示热烈祝贺，向全国广大党建研究工作者致以诚挚问候，希望全国党建研究会坚持正确政治方向，发挥党建高端智库作用，发扬成绩，发挥优势，围绕协调推进“五位一体”总体布局和“四个全面”战略布局，深入研究党建理论和实际问题，深入总结全面从严治党实践经验，为构建中国化的马克思主义党建理论体系，为加强和改善党的领导、确保党始终成为中国特色社会主义事业的坚强领导核心作出新的更大的贡献。

7. 中共中央政治局召开会议审议通过《中国共产党问责条例》。6 月 28 日，中共中央政治局召开会议，审议通过《中国共产党问责条例》。中共中央总书记习近平主持会议。会议指出，权力就是责任，责任就要担当，忠诚干净担当是党对领导干部提出的政治要求。我们党95年奋斗取得的伟大成就，充分展现了共产党人的担当精神。实现“两个一百年”奋斗目标、实现中华民族伟大复兴的中国梦，关键是各级党组织尤其是党员领导干部要担当责任，做到在党忧党，为党尽职、为民尽责。只要各级领导干部心系使命、扛起责任，就没有过不去的坎。要唤醒责任意识，激发担当精神，永葆党的凝聚力和战斗力。会议认为，问责条例是全面从严治党的利器。条例贯彻党章，坚持问题导向，紧紧围绕坚持党的领导、加强党的建设、全面从严治党、维护党的纪律、推进党风廉政建设和反腐败工作开展问责。对于失职失责造成严重后果、人民群众反映强烈、损害党执政的政治基础的都要严肃追究责任，既追究主体责任、监督责任，又追究领导责任。要把责任压给各级党组织，分解到组织、宣传、统战、政法等党的工作部门，释放有责必问、问责必严的强烈信号。会议强调，问责条例是全面从严治党的重要制度，制度的生命在于执行。全面从严治党、推进标本兼治，最根本的就在于各级领导干部要把管党治党的责任担当起来。各级党组织都要把自己摆进去，联系实际、以上率下，敢于较真碰硬、层层传导压力，让失责必问成为常态。要紧紧围绕贯彻党的路线方针政策、协调推进“四个全面”战略布局强化问责，倒逼责任落实，确保党中央的集中统一领导，确保党中央政令畅通，确保党的团结统一。

8. 习近平主持中共中央政治局第三十三次集体学习并发表重要讲话。6月28日下午，中共中央政治局就严肃党内政治生活、净化党内政治生态进行第三十三次集体学习。中共中央总书记习近平在主持学习时强调，我们党95年的奋斗历程充分表明，严肃认真的党内政治生活、健康洁净的党内政治生态，是党的优良作风的生成土壤，是党的旺盛生机的动力源泉，是保持党的先进性纯洁性、提高党的创造力凝聚力战斗力的重要条件，是党团结带领全国各族人民完成历史使命的有力保障，是我们党区别于其他非马克思主义政党的鲜明标志。抓好了党内政治生活，全面从严治党就有了重要基础。全党同志都要行动起来，为开展严肃认真的党内政治生活、净化党内政治生态作出贡献。

9. 习近平出席全国国有企业党的建设工作会议并发表重要讲话。10月10日至11日，全国国有企业党的建设工作会议在北京召开。中共中央总书记、国家主席、中央军委主席习近平出席会议并发表重要讲话。他强调，要通过加强和完善党对国有企业的领导、加强和改进国有企业党的建设，使国有企业成为党和国家最可信赖的依靠力量，成为坚决贯彻执行党中央决策部署的重要力量，成为贯彻新发展理念、全面深化改革的重要力量，成为实施“走出去”战略、“一带一路”倡议等重大战略的重要力量，成为壮大综合国力、促进经济社会发展、保障和改善民生的重要力量，成为我们党赢得具有许多新的历史特点的伟大斗争胜利的重要力量。要坚持有利于国有资产保值增值、有利于提高国有经济竞争力、有利于放大国有资本功能的方针，推动国有企业深化改革、提高经营管理水平，加强国有资产监管，坚定不移把国有企业做强做优做大。中共中央政治局常委、中央书记处书记刘云山作总结讲话。中共中央政治局常委王岐山、张高丽出席会议。

10.《关于新形势下党内政治生活的若干准则》和《中国共产党党内监督条例》发布。11月2日，新华社受权全文发布党的十八届六中全会审议通过的《关于新形势下党内政治生活的若干准则》和《中国共产党党内监督条例》。《准则》和《条例》紧紧围绕全面从严治党这个主题，继承和发扬党的优良传统和宝贵经验，充分反映党的十八大以来党中央全面从严治党的新经验新成果，并结合新的实践提出一系列新观点新举措，为新形势下加强和规范党内政治生活、加强党内监督提供了根本遵循，对于推进党的建设新的伟大工程，更好进行具有许多新的历史特点的伟大斗争、推进中国特色社会主义伟大事业，具有重大现实意义和深远历史意义。

11.《习近平关于全面从严治党论述摘编》出版发行。12 月 13 日，《人民日报》：由中共中央文献研究室编辑的《习近平关于全面从严治党论述摘编》一书，近日由中央文献出版社出版，在全国发行。《论述摘编》共分 10 个专题：全面从严治党，确保党始终成为中国特色社会主义事业的坚强领导核心；党要管党首先要从党内政治生活管起，从严治党首先要从党内政治生活严起；坚定理想信念，补足精神之钙；牢固树立“四个意识”，坚决维护党中央权威；坚持把纪律挺在前面，严明政治纪律和政治规矩；从严治吏，培养选拔党和人民需要的好干部；作风建设永远在路上；以零容忍态度惩治腐败；加强党内监督，发挥巡视利剑作用；落实全面从严治党主体责任。书中收入 371 段论述，摘自习近平同志 2012 年 11 月 15 日至 2016 年 10 月 27 日期间的讲话、文章等 80 多篇重要文献。其中许多论述是第一次公开发表。

12. 全国党内法规工作会议召开，习近平就加强党内法规制度建设作出重要指示。12 月 24 日至 25 日，全国党内法规工作会议在京召开。中共中央总书记、国家主席、中央军委主席习近平日前作出重要指示强调，党的十八大以来，党中央高度重视党内法规制度建设，推动这项工作取得重要进展和成效。加强党内法规制度建设是全面从严治党的长远之策、根本之策。我们党要履行好执政兴国的重大历史使命、赢得具有许多新的历史特点的伟大斗争胜利、实现党和国家的长治久安，必须坚持依法治国与制度治党、依规治党统筹推进、一体建设。要按照十八大和十八届三中、四中、五中、六中全会部署，认真贯彻落实《中共中央关于加强党内法规制度建设的意见》，以改革创新精神加快补齐党建方面的法规制度短板，力争到建党 100 周年时形成比较完善的党内法规制度体系，为提高党的执政能力和领导水平、推进国家治理体系和治理能力现代化、实现中华民族伟大复兴的中国梦提供有力的制度保障。中共中央政治局常委、中央书记处书记刘云山出席会议并讲话。他指出，习近平总书记重要指示从全局和战略高度深刻阐明了加强党内法规制度建设的重大意义、主要任务和基本要求，为做好党内法规工作提供了重要遵循。落实好习近平总书记重要指示和党中央部署，要牢牢把握党内法规制度建设的正确方向，以党章为根本依据，切实体现党的意志主张，体现全面从严治党要求，强化“四个意识”特别是核心意识、看齐意识，坚持依法治国与制度治党、依规治党统筹推进、一体建设，推动党的制度优势更好转化为治国理政的实际效能。要突出工作重点，坚持目标导向和问题导向相统一，抓紧建立和完善主干性、支撑性党内法规制度，健全相关配套法规制度，统筹推进立改废释工作，加快形成内容科学、程序严密、配套完备、运行有效的党内法规制度体系。要以改革创新精神推进党内法规制度建设，在解决突出问题、补齐法规制度短板上下功夫，提高党内法规制度质量。要抓好党内法规制度的落实，发挥领导干部带头示范作用，加强监督检查和追责问责，注重以良好的党内政治文化提升法规制度的执行力影响力。中央各部门和地方各级党委要强化政治责任和领导责任，把党内法规制度建设纳入党的建设总体安排，与党建其他工作一同部署、抓好落实，为党内法规制度建设提供有力保证。

13. 中共中央政治局召开民主生活会。12月26日至27日，中共中央政治局召开民主生活会，以深入学习领会党的十八届六中全会精神为主题，围绕“两学一做”学习教育的要求，重点对照《关于新形势下党内政治生活的若干准则》《中国共产党党内监督条例》，联系中央政治局工作，联系党的十八大以来党中央抓作风建设的实际，联系自身执行中央八项规定的实际，进行自我检查、党性分析，开展批评和自我批评，研究加强党内政治生活和党内监督的措施。中共中央总书记习近平主持会议并发表重要讲话。会议认为，党的十八届六中全会正式确立习近平同志为党中央的核心、全党的核心，是关系党和人民根本利益的大事，是关系党中央权威、关系全党团结和集中统一的大事，是关系党和国家事业长远发展的大事。习近平同志成为党中央的核心、全党的核心，是在新的伟大斗争实践中形成的，赢得了全党全军全国各族人民衷心拥护。坚决维护党中央权威、保证全党令行禁止，是党和国家前途命运所系，是全国各族人民根本利益所在，也是加强和规范党内政治生活的重要目的。中央政治局的同志必须自觉在思想上政治上行动上同以习近平同志为核心的党中央保持高度一致。党的各级组织、全体党员特别是高级干部都要向党中央看齐，向党的理论和路线方针政策看齐，向党中央决策部署看齐，坚定不移把维护党中央权威，维护党中央的核心、全党的核心落实到行动中去，落实到推进改革发展稳定各项工作中去。

14. 中共中央政治局召开会议研究部署党风廉政建设和反腐败工作。12月28日，中共中央政治局召开会议，听取中央纪律检查委员会2016年工作汇报，研究部署2017年党风廉政建设和反腐败工作。中共中央总书记习近平主持会议。会议强调，2017年，要全面贯彻党的十八大和十八届三中、四中、五中、六中全会精神，统筹推进“五位一体”总体布局，协调推进“四个全面”战略布局，坚持稳中求进工作总基调，严肃党内政治生活，强化党内监督，深化国家监察体制改革，强化监督执纪问责，驰而不息纠正“四风”，持续形成高压态势，净化党内政治生态，推动全面从严治党向纵深发展。会议指出，要深入贯彻党的十八届六中全会精神，认真学习《关于新形势下党内政治生活的若干准则》和《中国共产党党内监督条例》，加强对贯彻执行情况的监督检查。要严明政治纪律和政治规矩，加大问责力度，落实管党治党主体责任，确保交上作风建设合格答卷。要严把政治关、廉洁关，发现干部有问题及时报告，瞒报的要严肃问责。要扎实推进国家监察体制改革及试点工作，确保如期实现改革目标。要减少腐败存量、重点遏制增量，深入推进党风廉政建设和反腐败斗争，让广大群众感受到全面从严治党的实际成效。各级纪检监察机关要把自我监督和接受党内监督、民主监督、群众监督、舆论监督结合起来，做到打铁还须自身硬，建设一支让党放心、人民信赖、忠诚干净担当的队伍。会议同意明年1月6日至8日召开十八届中央纪律检查委员会第七次全体会议。

六、多党合作及协商民主建设

1. 李克强主持召开各民主党派全国工商联负责人和无党派人士代表座谈会。1月25日，国务院总理李克强主持召开座谈会，听取各民主党派中央、全国工商联负责人和无党派人士代表对《政府工作报告（征求意见稿）》和《"十三五"规划纲要（草案）（征求意见稿）》的意见建议。李克强说，充分发挥中国共产党领导的多党合作和政治协商制度的优势，是做好政府工作的重要保证。各民主党派、全国工商联和无党派人士构成覆盖面广、人才荟萃，是我国政治生活的重要力量。邀请大家座谈，是起草政府工作报告和五年规划纲要的重要程序，有利于汇聚众智、凝聚共识。希望大家畅所欲言。民革中央主席万鄂湘就加强法治政府建设、以高科技促进农业现代化等提出了建议。民盟中央主席张宝文就加大教育扶贫、构建服务创新驱动发展战略的金融体制机制等发表了意见。民建中央主席陈昌智强调要强化改革引领，激发市场主体活力。民进中央主席严隽琪就推进以人为本的新型城镇化、进一步释放需求谈了意见。农工党中央主席陈竺就深化医改、加快全科医生培养使用等提出了建议。致公党中央主席万钢就同步实施国际产能和创新合作发表了意见。九三学社中央主席韩启德说，要进一步改善大众创业、万众创新的制度环境。台盟中央主席林文漪就合理有序开发城市地下空间等提了意见。全国工商联主席王钦敏提出要更加重视非公有制发展和扩大民间有效投资。无党派人士代表陈章良就促进"双创"和社会服务业发展等发表了意见。国务院副总理张高丽、刘延东、汪洋、马凯，中央统战部部长孙春兰，国务委员杨晶、常万全、杨洁篪、郭声琨、王勇，全国政协副主席齐续春、陈晓光、马培华、罗富和、刘晓峰参加座谈会。

2. 习近平同党外人士共迎新春。1月29日下午，中共中央总书记、国家主席、中央军委主席习近平在人民大会堂同各民主党派中央、全国工商联负责人和无党派人士代表欢聚一堂，共迎佳节。习近平代表中共中央，向各民主党派、工商联和无党派人士，向统一战线广大成员，致以诚挚的问候和新春的祝福。中共中央政治局常委、全国政协主席俞正声，中共中央政治局常委、国务院副总理张高丽出席。民革中央主席万鄂湘、民盟中央主席张宝文、民建中央主席陈昌智、民进中央主席严隽琪、农工党中央主席陈竺、致公党中央主席万钢、九三学社中央主席韩启德、台盟中央主席林文漪、全国工商联主席王钦敏和无党派人士代表林毅夫等应邀出席。应邀出席的还有全国政协副主席董建华、何厚铧，已退出领导岗位的各民主党派中央、全国工商联原主席、第一副主席和常务副主席。韩启德代表各民主党派中央、全国工商联和无党派人士致辞。习近平强调，统一战线人才荟萃、智力密集，可以说是一个大智库。希望同志们着眼"十三五"时期发展，把握经济发展新常态这个大逻辑，就经济社会发展的重大问题、全面深化改革的难点问题、推动创新创造的关键问题，为中共中央决策和施政提供有价值的意见和建议。要用实劲、做实事、求实效，特别是要在补短板上聚焦发力，把统一战线各界智力凝聚起来、创造活力激发出来。要完善民主监督，加强对重大改革举措、重要政策贯彻执行情况和"十三五"时期重要约束性指标等的监督，促进相关工作。习近平指出，中国共产党领导的多党合作和政治协商制度，是中国共产党、中国人民和各民主党派的伟大政治创造。我们要坚定走自己的道路，不畏艰难，奋勇向前。要用好政党协商这个民主形式和制度渠道，有事多商量、有事好商量、有事会商量，通过协商凝聚共识、凝聚智慧、凝聚力量。千篇著述诚难得，一字知音不易求。完善政党协商制度，要做到言之有据、言之有理、言之有度、言之有物，真诚协商、务实协商，道实情、建良言，参政参到要点上，议政议到关键处，努力在会协商、善议政上取得实效，不断提高政党协商能力和水平。习近平强调，人心向背、力量对比决定事业成败。我们提出坚持正确处理一致性和多样性关系的方针，就是着眼于形成最大公约数，画出最大的同心圆。发挥统一战线法宝作用，中国共产党要发挥领导作用，各方面成员要共同使劲。希望各民主党派、工商联和无党派人士增强大局意识、责任意识，协助党和政府做好增进共识、加强团结的工作。如期实现全面建成小康社会奋斗目标，是人民的期待，也是我们的责任。我相信，大家齐心协力，我们就一定能在“十三五”时期续写荣光、再谱新篇。孙春兰、栗战书、王正伟，各民主党派中央、全国工商联有关负责人，中央有关部门负责同志参加活动。

3. 习近平看望参加政协会议的民建工商联委员提出“亲”“清”新型政商关系。3月4日下午，习近平看望了参加全国政协十二届四次会议的民建、工商联委员，并参加联组会，听取委员们意见和建议。他强调，实行公有制为主体、多种所有制经济共同发展的基本经济制度，是中国共产党确立的一项大政方针，必须毫不动摇巩固和发展公有制经济，毫不动摇鼓励、支持和引导非公有制经济发展。非公有制经济在我国经济社会发展中的地位和作用没有变，我们鼓励、支持、引导非公有制经济发展的方针政策没有变，我们致力于为非公有制经济发展营造良好环境和提供更多机会的方针政策没有变。习近平指出，新型政商关系，概括起来说就是“亲”“清”两个字。对领导干部而言，所谓“亲”，就是要坦荡真诚同民营企业接触交往，特别是在民营企业遇到困难和问题情况下更要积极作为、靠前服务，对非公有制经济人士多关注、多谈心、多引导，帮助解决实际困难。所谓“清”，就是同民营企业家的关系要清白、纯洁，不能有贪心私心，不能以权谋私，不能搞权钱交易。对民营企业家而言，所谓“亲”，就是积极主动同各级党委和政府及部门多沟通多交流，讲真话，说实情，建诤言，满腔热情支持地方发展。所谓“清”，就是要洁身自好、走正道，做到遵纪守法办企业、光明正大搞经营。

4. 全国政协十二届四次会议闭幕。3月14日下午，中国人民政治协商会议第十二届全国委员会第四次会议在人民大会堂闭幕。全国政协主席俞正声主持闭幕会。全国政协副主席杜青林、韩启德、帕巴拉·格列朗杰、董建华、万钢、林文漪、罗富和、何厚铧、张庆黎、李海峰、陈元、卢展工、周小川、王家瑞、王正伟、马飚、齐续春、陈晓光、马培华、刘晓峰、王钦敏在主席台前排就座。习近平、李克强、张德江、刘云山、王岐山、张高丽等在主席台就座。会议通过了政协第十二届全国委员会第四次会议关于常务委员会工作报告的决议、政协第十二届全国委员会提案委员会关于政协十二届四次会议提案审查情况的报告、政协第十二届全国委员会第四次会议政治决议。俞正声在讲话时说，会议期间，中共中央总书记、国家主席、中央军委主席习近平等党和国家领导同志，出席大会开幕会和闭幕会，深入界别小组听取意见和建议，与委员共商国是。广大政协委员认真贯彻中共中央治国理政新理念新思想新战略，紧紧围绕“五位一体”总体布局和“四个全面”战略布局，深入讨论政府工作报告、“十三五”规划纲要草案和全国政协常委会工作报告等重要文件，议大事谋良策，取得重要成果。会议坚持民主、团结、求实、奋进，充分发挥人民政协作为协商民主重要渠道和专门协商机构作用，是中国特色社会主义民主政治的生动实践，是全面建成小康社会的广泛动员。会议号召，人民政协的各级组织、各参加单位和广大政协委员，更加紧密地团结在以习近平同志为总书记的中共中央周围，高举中国特色社会主义伟大旗帜，全面贯彻中共十八大和十八届三中、四中、五中全会精神，以邓小平理论、"三个代表"重要思想、科学发展观为指导，深入学习贯彻习近平总书记系列重要讲话精神，开拓进取，扎实工作，为全面建成小康社会、实现中华民族伟大复兴的中国梦而努力奋斗。

5. 中共中央在中南海召开党外人士座谈会。7 月 25 日，中共中央在中南海召开党外人士座谈会，就当前经济形势和下半年经济工作听取各民主党派中央、全国工商联负责人和无党派人士代表的意见和建议。中共中央总书记习近平主持座谈会并发表重要讲话。中共中央政治局常委李克强、俞正声、刘云山、张高丽出席座谈会。李克强通报了上半年经济工作有关情况，介绍了中共中央关于做好下半年经济工作的考虑。座谈会上，民革中央主席万鄂湘、民盟中央主席张宝文、民建中央主席陈昌智、民进中央主席严隽琪、农工党中央主席陈竺、致公党中央主席万钢、九三学社中央主席韩启德、台盟中央主席林文漪、全国工商联主席王钦敏、无党派人士代表林毅夫先后发言。他们赞同中共中央、国务院对当前我国经济形势的分析和下半年经济工作的考虑，并就推进供给侧结构性改革、解决脱贫攻坚关键问题、提升企业创新能力、加强农业科技自主创新、稳定民间投资、降低实体经济企业成本、完善地方财税体系、建设养老体系、完善现代农业支持服务体系、推进"一带一路"倡议、夯实农村基层基础等提出意见和建议。在认真听取大家发言后，习近平做了重要讲话。习近平强调，当前我国正处于全面建成小康社会决胜阶段，统一战线有能力有责任继续发挥重要法宝作用。习近平希望大家准确把握中共中央关于当前经济形势的分析和判断，把思想和行动统一到中共中央决策部署上来，坚定信心，增强定力，为推动经济持续健康发展作出更大贡献；希望大家自觉树立和贯彻创新、协调、绿色、开放、共享的发展理念，紧紧抓住推进供给侧结构性改革这条主线，深入调研，就一些重点问题、难点问题、共性问题提出具有较强针对性和可操作性的意见和建议，为中共中央决策提供参考。习近平指出，全面建成小康社会、实现第一个百年奋斗目标，农村贫困人口全部脱贫是一个标志性指标。现在，扶贫开发到了攻克最后堡垒的阶段。中共中央已经就打赢脱贫攻坚战作出了总体部署，并请各民主党派与 8 个省份对接，对脱贫攻坚开展民主监督工作。这是中共中央赋予各民主党派的一项新任务，是民主党派履行民主监督职能的新领域。大家要坚持问题导向，深入所对口地方一线调查研究，通过意见、批评、建议等方式，对脱贫攻坚落实情况进行监督，为打赢脱贫攻坚战作出贡献。

6. 中共中央召开党外人士座谈会。8 月 16 日，中共中央在中南海怀仁堂召开党外人士座谈会，就制定新形势下党内政治生活若干准则、修订《中国共产党党内监督条例（试行）》听取各民主党派中央、全国工商联负责人和无党派人士代表的意见和建议。中共中央总书记习近平主持会议并发表重要讲话。中共中央政治局常委俞正声、刘云山、王岐山出席座谈会。座谈会上，民革中央主席万鄂湘、民盟中央主席张宝文、民建中央主席陈昌智、民进中央主席严隽琪、农工党中央主席陈竺、致公党中央主席万钢、九三学社中央主席韩启德、台盟中央主席林文漪、全国工商联主席王钦敏、无党派人士代表郭雷先后发言。大家一致认为，中共十八大以来，中共中央把全面从严治党纳入“四个全面”战略布局，大力推进党风廉政建设，着力解决党内政治生活中的基础性、关键性、要害性问题，充分彰显了中国共产党政治清醒、历史担当、意志决心。建议中共中央对中共十八大以来已经出台的一系列依规治党、扎紧制度笼子的重大举措进一步制度化、规范化，对在加强党内监督、防腐拒变等方面取得的显著成效及时总结梳理，从保证立党为公、执政为民的高度加强和规范党内政治生活、强化党内监督。习近平强调，前一段时间，中共中央委托中央统战部专门征求了大家对中共十八届六中全会议题的意见。同志们提出了很多有价值的建议，对起草文件稿提供了重要参考。刚才，大家对文件稿提出了很多有价值、有见地的建议，对修改好文件稿很有帮助，我们将认真研究和吸收。习近平代表中共中央向大家表示感谢。习近平指出，加强和规范中国共产党党内政治生活是新形势下加强党的建设、从严治党的一个十分重要的课题，我们之所以要用一次全会来讨论这个议题，就是认为开展严肃认真的党内政治生活，对解决好中国共产党党内存在的突出问题和矛盾十分紧要。希望各民主党派始终不忘多党合作初心，坚持同中国共产党长期共存、互相监督、肝胆相照、荣辱与共，为实现中华民族伟大复兴的中国梦共同奋斗。希望各民主党派、全国工商联、无党派人士发挥好民主监督职能，继承和发扬优良作风，做中国共产党的诤友挚友，对中共各级党政机关和党员领导干部遵守准则、贯彻落实条例情况实施民主监督，及时提出意见和建议。

7. 中共中央召开党外人士座谈会。12 月 6 日，中共中央在中南海召开党外人士座谈会，就今年经济形势和明年经济工作听取各民主党派中央、全国工商联负责人和无党派人士代表的意见和建议。中共中央总书记习近平主持座谈会并发表重要讲话。习近平强调，稳增长、促改革、调结构、惠民生、防风险的任务依然十分繁重。越是情况复杂，越是任务艰巨，越要全国上下团结一心。希望同志们把思想和行动统一到中共中央决策部署上来，把智慧和力量凝聚到各项经济社会发展政策措施落实上来，强化创新、协调、绿色、开放、共享的发展理念，围绕统筹推进“五位一体”总体布局和协调推进“四个全面”战略布局，围绕国家经济社会改革发展重点任务，坚持问题导向，深入调查研究，提出意见和建议。中共中央政治局常委李克强、俞正声、刘云山、张高丽出席座谈会。李克强通报了今年经济工作有关情况，介绍了中共中央关于做好明年经济工作的考虑。座谈会上，民革中央主席万鄂湘、民盟中央主席张宝文、民建中央主席陈昌智、民进中央主席严隽琪、农工党中央常务副主席刘晓峰、致公党中央主席万钢、九三学社中央主席韩启德、台盟中央主席林文漪、全国工商联主席王钦敏、无党派人士代表李稻葵先后发言。他们赞同中共中央对今年我国经济形势的分析和明年经济工作的考虑，并就为中小实体企业开拓融资新渠道、促进制造业由大变强、加强财政和金融支持精准扶贫力度、加快住房领域的供给侧结构性改革、培育有效供给新动能、加强推动产业创新发展的体制机制创新、控制外汇管理风险、发展“共享经济”帮助缓解经济下行压力等提出意见和建议。习近平强调，长期以来，各民主党派同中国共产党长期共存、互相监督、肝胆相照、荣辱与共，履行民主监督职能，在帮助中国共产党科学决策、民主决策、依法决策上作出了重要贡献。今年，各民主党派中央围绕打赢脱贫攻坚战，对口八个省份开展了脱贫攻坚民主监督专项工作，取得了阶段性成果。脱贫攻坚时间紧、任务重，希望各民主党派中央继续对各项精准扶贫、精准脱贫政策落实情况进行监督，及时提出意见和建议。习近平指出，中国共产党作为执政党，必须虚心接受各民主党派监督。只有这样，中国共产党才能更好领导人民、服务人民，才能团结带领全国各族人民实现中华民族伟大复兴的中国梦。希望同志们切实履行民主监督职能，更好坚持和完善中国共产党领导的多党合作和政治协商制度，更好发挥中国特色社会主义政治制度的优越性，不断为实现“两个一百年”奋斗目标、实现中华民族伟大复兴的中国梦作出贡献。

8. 习近平在全国政协新年茶话会上发表重要讲话。12 月 30 日上午，中国人民政治协商会议全国委员会在全国政协礼堂举行新年茶话会。党和国家领导人习近平、李克强、张德江、俞正声、刘云山、王岐山、张高丽等同各民主党派中央、全国工商联负责人和无党派人士代表、中央和国家机关有关方面负责人以及首都各族各界人士代表欢聚一堂，共迎 2017 年元旦。中共中央总书记、国家主席、中央军委主席习近平在茶话会上发表重要讲话。他强调，一个时代有一个时代的主题，一代人有一代人的使命。新长征路上，每一个中国人都是主角、都有一份责任。让我们大力弘扬愚公移山精神，大力弘扬将革命进行到底精神，在中国和世界进步的历史潮流中，坚定不移把我们的事业不断推向前进，直至光辉的彼岸。习近平强调，2017 年我们将召开中共十九大，这是全党全国各族人民政治生活中的一件大事。2017 年也是实施“十三五”规划的重要一年，是推进供给侧结构性改革的深化之年。我们要全面贯彻中共十八大和十八届三中、四中、五中、六中全会精神，以马克思列宁主义、毛泽东思想、邓小平理论、“三个代表”重要思想、科学发展观为指导，全面贯彻中共中央治国理政新理念新思想新战略，统筹推进“五位一体”总体布局和协调推进“四个全面”战略布局，坚持稳中求进工作总基调，全面做好稳增长、促改革、调结构、惠民生、防风险各项工作。我们要支持中国香港、澳门发展经济、改善民生，确保“一国两制”实践不动摇、不走样、不变形。我们要坚持“九二共识”共同政治基础，为两岸关系和平发展、实现祖国完全统一而不懈努力。我们要高举和平、发展、合作、共赢的旗帜，共同建设人类命运共同体。习近平指出，新的一年，人民政协要认真履行政治协商、民主监督、参政议政职能，坚持问题导向，深入调查研究，有效协商议政，多进诤言、多谋良策、多出实招，努力寻求全社会意愿和要求的最大公约数、画出民心民愿的最大同心圆，广泛凝聚实现中华民族伟大复兴的正能量。茶话会由中共中央政治局常委、全国政协主席俞正声主持。他指出，习近平总书记的重要讲话，回顾总结了 2016 年中共中央团结带领全国各族人民坚持和发展中国特色社会主义事业取得的新成就，分析了我们面临的形势和任务，对做好明年党和国家工作提出了重要要求。习近平总书记在讲话中充分肯定统一战线和人民政协一年来的工作，并对巩固和发展最广泛的爱国统一战线和做好人民政协工作提出了新的希望和要求。我们一定要认真学习贯彻习近平总书记的重要讲话精神，更加紧密地团结在以习近平同志为核心的中共中央周围，坚持共同奋斗的思想基础，坚持团结和民主两大主题，把坚持和发展中国特色社会主义作为巩固共同思想政治基础的主轴，把围绕“十三五”规划实施建言献策作为工作主线，深入调查研究、积极建言献策、有效协商议政，为发展中国特色社会主义事业作出新贡献，以优异成绩迎接中国共产党第十九次全国代表大会胜利召开。民进中央主席严隽琪代表各民主党派中央、全国工商联和无党派人士讲话，表示将更加紧密地团结在以习近平同志为核心的中共中央周围，不忘合作初心，继续携手前进，为实现“两个一百年”奋斗目标和中华民族伟大复兴的中国梦而努力奋斗。

贾小明　中央社会主义学院中国政党制度研究中心副主任

中国国民党革命委员会

2016年，民革全党认真学习贯彻中共十八大、十八届三中、四中、五中、六中全会精神和习近平总书记系列重要讲话精神，紧紧围绕中共中央“五位一体”总体布局和“四个全面”战略布局，积极履行参政党职责、大力加强自身建设，各项工作取得了新成绩。

一、重要会议及活动

2016年，民革中央领导机构根据党章规定，通过召开全国代表大会、中全会、中常会、中央监督委员会会议、专题工作会议来领导全党工作，同时中央还在本年的有关重大事件和纪念日召开了多种形式的座谈会和纪念会。

（一）中央委员会会议

12月17日至18日，中国国民党革命委员会第十二届中央委员会第五次全体会议在北京召开。会议主要内容是学习贯彻中共十八届六中全会精神，听取和审议第十二届中央常务委员会工作报告和中央监督委员会工作报告。民革中央主席万鄂湘、常务副主席齐续春，副主席修福金、刘凡、程崇庆、傅惠民、何丕洁、田惠光、郑建邦、邓力平、刘家强及中央委员出席会议。

万鄂湘代表民革第十二届中央常务委员会作工作报告。报告指出，一年来，民革全党认真学习贯彻中共十八大、十八届三中、四中、五中、六中全会精神和习近平总书记系列重要讲话精神，坚决拥护中国共产党的领导，持续开展坚持和发展中国特色社会主义学习实践活动，隆重纪念孙中山先生诞辰150周年，大力加强自身建设，切实履行参政党职能，各项工作取得新成绩。

报告指出，2016年民革中央扎实推进思想建设，以“观故居，走多党合作之路”为抓手深入开展民革党史和思想教育工作，强化媒体宣传作用和融合力度，深化参政党理论研究，进一步巩固共同思想政治基础。以政治交接为主线，地方组织换届工作有序开展；制定《示范支部指标体系》和《开展示范支部创建活动工作方案》，有效推进组织发展工作；着力加强干部培养和推荐工作，积极稳妥开展内部监督工作。

报告指出，民革中央紧扣改革发展建言献策，全年选定31个课题，开展调研考察66次，向中共中央、国务院报送书面建议18篇，得到中共中央、国务院的充分肯定；在高层协商会上提出建议30多项，其中一些建议在中共中央、国务院决策中得到体现；

出台《关于进一步加强参政议政工作的意见》，提高参政议政工作制度化、规范化、程序化水平。

报告指出，民革中央认真开展脱贫攻坚民主监督工作，针对对口工作省份贵州省的具体情况，制定《开展脱贫攻坚民主监督工作方案》和《脱贫攻坚民主监督调研组组建及监督工作实施意见》，提高精准扶贫工作实效，“博爱·牵手”“宝贝回家”等社会服务品牌效应凸显。全面贯彻中共中央对台工作大政方针，以习近平总书记对台系列重要讲话精神为指引，坚持“九二共识”、反对“台独”，着重做好台湾青年和中南部民众工作，努力推动两岸关系和平发展。

万鄂湘在报告中对2017年民革全党工作提出了要求。他强调，2017年是全面实施“十三五”规划的重要一年，也是全面建成小康社会的攻坚之年。民革全党要全面贯彻中共十八大、十八届三中、四中、五中、六中全会精神和习近平总书记系列重要讲话精神，坚决维护以习近平同志为核心的中共中央权威，牢固树立政治意识、大局意识、核心意识、看齐意识，以持续开展坚持和发展中国特色社会主义学习实践活动为主线，搞好政治交接，全面加强自身建设，提高民革履职能力，不忘合作初心，继续携手前进，为实现“两个一百年”奋斗目标、实现中华民族伟大复兴的中国梦作出新的更大贡献。

齐续春主持开幕会。何丕洁在开幕会上代表中央监督委员会作工作报告。会议书面报告了民革中央2016年参政议政工作情况。修福金在会上就有关人事事项作了说明。与会同志就中央常务委员会工作报告、中央监督委员会工作报告、中央参政议政工作情况报告，中全会决定、决议和人事事项进行了讨论。会议增选李惠东为民革第十二届中央委员会副主席。与会同志还听取了国务院台湾事务办公室主任张志军关于对台工作的专题报告。

12月18日下午，民革十二届五中全会在北京闭幕。田惠光主持闭幕会。会议通过了《关于接受何丕洁同志提出不再担任中央领导职务请求的决定》《关于召开第十三次全国代表大会的决定》和《民革十二届五中全会决议》。齐续春在闭幕会上讲话，对下一阶段工作提出三点要求：一是认真学习贯彻中共十八届六中全会精神，进一步把思想和行动统一到全会精神上来，履行好参政党的各项职能。二是围绕推进“五位一体”总体布局、“四个全面”战略布局和“十三五”规划实施，进一步做好参政议政、社会服务工作。三是深入学习习近平总书记对台工作系列重要讲话精神，为促进祖国和平统一作出新贡献。

民革中央原主席何鲁丽、原第一副主席厉无畏，原副主席李赣骝、朱培康、谢克昌及民革中央顾问出席开幕会。民革中央监督委员会委员、民革中央机关局级干部，团结报社、团结出版社负责人列席会议。

（二）中央常务委员会会议

2016年，民革第十二届中央常务委员会根据党章规定和履行职能需要，共召开了四次会议。

1. 中国国民党革命委员会第十二届中央常务委员会第十四次会议

3月7日，中国国民党革命委员会第十二届中央常务委员会第十四次会议在北京昆泰酒店召开。民革中央主席万鄂湘、常务副主席齐续春，副主席修福金、刘凡、程崇庆、傅惠民、何丕洁、田惠光、郑建邦、邓力平、刘家强和中央常委出席会议。不是中央常委的省级组织主委，中央各工作部门负责人，团结报社、团结出版社负责人列席会议。齐续春主持会议。

会议学习座谈了十二届全国人大四次会议和全国政协十二届四次会议精神，原则通过了关于学习贯彻十二届全国人大四次会议和全国政协十二届四次会议精神的决议。会议书面报告了民革中央自十二届四中全会以来主要工作情况和2016年第二季度初步工作安排，通过了关于民革党员党纪处分的备案事项。

万鄂湘在会上讲话，他说，今年的全国两会，是我国进入全面建成小康社会决胜阶段开局之年召开的重要会议。会后，民革各级组织和广大党员要认真学习贯彻两会精神和习近平总书记系列重要讲话精神，在道路、方向、目标上形成统一意志和步调，把思想和行动凝聚到中共中央的决策部署上来，凝聚到服务“十三五”发展上来，凝聚到贯彻落实创新、协调、绿色、开放、共享的发展理念上来，吃透精神内涵，把握核心要义，深入调查研究，提出真知灼见，结合民革中央2016年工作要点，全面做好今年的各项工作。

万鄂湘对做好今年民革重点工作提出具体要求：一要继续助推平潭综合实验区发展，为筹办中山银行做好准备工作，办好平潭发展论坛，推进平潭青年创业谷建设；二要切实开展专题调研，围绕京津冀能源结构调整、跨行政区划法院设立、推进法律援助法制化、食品安全、促进两岸经济融合发展、两岸青年创新创业等课题深入开展调研，力求提出有针对性、可操作的对策建议；三要着力搞好政治交接，在思想上、组织上做好充分准备，确保各级组织换届工作平稳有序进行；四要务实推进精准扶贫工作，强化组织领导，加强统筹协调，继续发挥好东部十省市帮扶纳雍工作机制作用，探索解决环京津贫困带脱贫发展问题；五要积极参与孙中山先生诞辰150周年纪念活动，根据中共中央统一部署，积极稳妥地参与好、组织好各项纪念活动，以坚持和发展中国特色社会主义学习实践活动为主线，进一步巩固思想基础，不断强化思想理论建设。

2. 中国国民党革命委员会第十二届中央常务委员会第十五次会议

7月3日至4日，中国国民党革命委员会第十二届中央常务委员会第十五次会议在内蒙古包头市召开。会议主题是研究部署中央近期重点工作和省级组织换届工作。民革中央主席万鄂湘、常务副主席齐续春，副主席修福金、刘凡、傅惠民、何丕洁、田惠光、郑建邦、邓力平、刘家强及中央常委出席会议。不是中央常委的省级组织主委、民革中央各工作部门负责人和团结报社、团结出版社负责人列席会议。

中共内蒙古自治区委常委、组织部部长李鹏新出席开幕会并介绍了内蒙古自治区近年来经济社会发展情况。民革内蒙古自治区委员会主委刘斌，中共包头市委副书记、市长杜学军在开幕会上致辞。

万鄂湘在开幕会上讲话，他指出，民革全党要深入学习、认真领会习近平总书记在庆祝中国共产党成立95周年大会上的重要讲话精神，不忘初心、继续前进，像民革前辈那样，坚定不移跟着共产党走，不断增强道路自信、理论自信、制度自信、文化自信，坚定理想信念，矢志不渝走中国共产党领导的多党合作之路。

万鄂湘要求，民革全党要认真学习贯彻习近平总书记系列重要讲话精神，发挥民主党派的“帮手”作用。重点做好政党协商工作，精心筹划好重点调研课题，围绕农产品供给侧结构性改革与质量安全、城市群城际铁路规划建设等课题开展调研。围绕全面依法治国献计出力，推进基层法治建设，完善法律服务机构。各级领导要持之以恒带头做好反映社情民意工作。

万鄂湘强调，要做好换届工作和组织建设，搞好政治交接，传承民革与中共长期团结合作的优良传统，持续为中国共产党领导的多党合作事业作出新贡献。要抓牢后备干部培养工作，着重发展高层次人才、领军人物，积极举荐干部。

万鄂湘指出，民革要在坚持“九二共识”的基础上，围绕中共中央对台工作大政方针，以习近平总书记对台系列重要讲话为指引，更加坚定地推进两岸关系和平发展，进一步做好台湾人民工作，按照“三个坚持”方针的要求，积极发挥涉台智库功能，深化两岸青年交流，办好平潭发展论坛。

万鄂湘要求，民革要深入落实中共中央扶贫开发工作会议精神，认真开展脱贫攻坚民主监督工作，积极投身脱贫攻坚战，探索符合参政党实际的社会服务路径，把社会服务与自身建设、履行参政党职能紧密结合起来。不断扩大“博爱·牵手”“博爱图书·十年百馆”“宝贝回家”等民革社会服务品牌的影响力。

万鄂湘强调，民革要积极利用民主党派的报纸、网站、微信公众号等平台加强民革宣传思想工作。进一步提高民革信息化工作水平，整合民革中央网站、民革 e 家信息交流平台、团结报团结网全媒体、党籍管理系统等信息化平台，对外积极宣传民革，对内有效整合民革各级组织的工作资源，以信息化手段进一步提高履职能力和水平。

何丕洁在开幕会上就 2017 年民革省级组织换届工作有关文件作了说明。会议审议并通过了《中国国民党革命委员会中央委员会关于省级组织换届若干问题的决定》；报告了民革中央自十二届十四次中常会以来主要工作情况和 2016 年第三季度初步工作安排；审议并通过了《中国国民党革命委员会第十二届中央常务委员会第十五次会议人事任免决定》；通过了关于民革党员党纪处分的备案事项。与会同志围绕会议议题进行了研讨与交流，对下一步继续做好民革各项工作提出了意见和建议。

齐续春在闭幕会上讲话，就下一阶段工作提出四点意见：一是深入学习贯彻习近平总书记系列重要讲话精神，推动统一战线和多党合作事业不断发展；二是继续深入学习贯彻中共十八届五中全会精神，围绕国家重大战略和“十三五”规划的顺利实施献计出力；三是深刻认识换届工作的重要意义，充分准备，积极沟通，周密安排，切实搞好政治交接；四是全面贯彻落实中共中央关于扶贫工作的决策部署，扎实开展脱贫攻坚民主监督工作。

会议期间，与会同志还赴包头市有关单位、企业进行了考察。

3. 中国国民党革命委员会第十二届中央常务委员会第十六次会议

10 月 31 日，中国国民党革命委员会第十二届中央常务委员会第十六次会议在民革中央机关召开。会议主要议题是学习贯彻中共十八届六中全会精神。民革中央主席万鄂湘、常务副主席齐续春，副主席刘凡、程崇庆、傅惠民、何丕洁、田惠光、郑建邦、邓力平、刘家强和民革中央常委出席会议。不是中央常委的省级组织主委，民革中央机关局级干部，团结报社、团结出版社负责人列席会议。齐续春主持会议。

万鄂湘在会上讲话，他说，在刚刚闭幕的中共十八届六中全会上，中共中央对“全面从严治党”作出了全面系统的战略部署，将“四个全面”战略布局更加系统地提升到新的高度。全会正式提出“以习近平同志为核心的党中央”，反映了各民主党派、工商联、无党派人士的共同心愿。我们要坚决维护以习近平同志为核心的中共中央权威，不忘合作初心、继续携手前进，积极推进中国共产党领导的多党合作事业。

万鄂湘指出，民革要把学习贯彻中共十八届六中全会精神作为当前和今后一个时期民革全党的重大政治任务，要切实把思想和行动统一到全会精神上来，增强政治意识、大局意识、核心意识、看齐意识，在思想上政治上行动上同以习近平同志为核心的中共中央保持高度一致。根据执政党全面从严治党的部署和要求，全面加强参政党自身建设，以学习贯彻中共十八届六中全会精神作为重要契机和强大原动力，努力把民革全党参政履职能力提升到一个新境界新水平。

万鄂湘要求，要以全会精神为指导，进一步加强民革思想政治工作。民革各级组织要积极开展“不忘合作初心，继续携手前进”专题教育，启动多党合作历史传统记录工作，开展问卷调查和思想态势分析，提高思想政治工作的精细化水平，引导民革党员在意识形态领域积极、正面发声，善用新媒体，配合宣传好多党合作事业。

万鄂湘强调，换届工作一定要按照有关文件要求，进一步规范工作程序和纪律要求，在重要环节上恪守工作流程。监督委员会要总结过去好的经验做法，充分发挥好监督作用。

万鄂湘要求，要抓好脱贫攻坚民主监督工作，聚焦三个阶段，找准工作的关键点和切入点。要着力做到多帮忙，少添麻烦，不添乱、不帮倒忙。在重视物质精准脱贫的同时，也要关注精神脱贫。

万鄂湘指出，要深入研究精准立法促进社会文明工作，切实推进法治与社会主义核心价值观及中华优秀传统道德理念良性互动。要围绕“一带一路”西北发展战略问题、脱贫攻坚工作、渤海湾水域的保护与治理、农村土地流转、健康中国建设等 2017 年重点调研任务，提前谋划，做好各项准备工作。

与会常委结合民革工作就学习贯彻中共十八届六中全会精神谈了感想和体会。会议审议通过了《中国国民党革命委员会中央委员会关于学习贯彻中共十八届六中全会精神的决定》《关于召开民革第十二届中央委员会第五次全体会议的决定》；报告了民革中央自十二届十五次中常会以来主要工作情况和 2016 年第四季度初步工作安排；审议并通过了《中国国民党革命委员会第十二届中央常务委员会第十六次会议人事任免决定》；通过了关于民革党员党纪处分的备案事项。

4. 中国国民党革命委员会第十二届中央常务委员会第十七次会议

12 月 16 日，中国国民党革命委员会第十二届中央常务委员会第十七次会议在北京召开。民革中央主席万鄂湘、常务副主席齐续春，副主席修福金、程崇庆、傅惠民、何丕洁、田惠光、郑建邦、刘家强及中央常委参加会议，不是中央常委的省级组织主委、中央机关局级干部，团结报社、团结出版社负责人列席会议。万鄂湘主持会议。

会议审议并通过了民革十二届五中全会议程（草案）、十二届五中全会日程，十二届五中全会小组召集人名单；审定了提交十二届五中全会的第十二届中央常务委员会工作报告、民革中央参政议政工作情况报告；审议了民革十二届五中全会关于召开第十三次全国代表大会的决定（草案）；通过了《民革中央关于成立 2017 年换届工作三个工作小组的决定》《民革第十三次全国代表大会代表名额及代表产生办法》；审议了有关人事事项及有关文件；书面报告了民革中央自十二届十六次中常会以来主要工作情况和 2017 年第一季度初步工作安排。

（三）中央监督委员会全体会议

12 月 16 日，中国国民党革命委员会第十二届中央委员会监督委员会第七次全体会议在北京召开。民革中央副主席、中央监委会主任何丕洁主持会议，民革中央副主席、中央监委会副主任田惠光，中央监委会副主任陈清华及监委会委员出席会议。

会议研究通过了中央监委会 2016 年工作报告，并提请民革十二届五中全会审议。会议还研究了中央监委会 2017 年工作计划。

（四）中央专题工作会议

1. 民革中央参与扶贫攻坚工作推进会

1 月 15 日，民革中央参与扶贫攻坚工作推进会在北京召开。民革中央常务副主席齐续春、副主席何丕洁出席会议并讲话，民革各省级组织分管副主委、社会服务工作负责人参加会议。

齐续春在讲话中充分肯定了民革各级组织和中央部门为扶贫攻坚工作所作出的贡献，并就民革贯彻落实中共中央关于扶贫工作的决策部署，参与做好“十三五”时期脱贫攻坚工作提出三点意见：一是要充分认识打赢脱贫攻坚战的重要意义，切实把思想和行动统一到中共中央的决策部署上来、统一到实现“两个确保”的目标上来，使扶贫开发工作站在高处，想在远处，干在实处。二是始终牢记中国特色社会主义参政党的历史使命，继续发扬长期参与扶贫工作形成的优良传统，切实增强紧迫感和主动性，积极融入全面建成小康社会大局。三是突出精准施策、精准推进、精准落地，发挥自身特色和优势，切实把人才智力、资源资金、管理信息等要素组织好配置好，增强工作实效，力争在扶贫攻坚工作中作出新的更大贡献。他强调，2016 年，民革中央将继续重点帮扶贵州省纳雍县脱贫，同时，探索解决京津冀贫困地区贫困问题的方法也是民革中央的另一工作重点。

何丕洁在讲话中指出，民革作为参政党，应发挥好四个方面的作用：一是要利用好政治优势、智力优势、联系广泛的优势，发挥好参政议政、民主监督的作用，除继续做好对贵州的扶贫工作外，还要做好对其他 8 个省份的项目督察工作，确保扶贫落到实处。二是要积极发挥民革在扶贫工作中的示范作用，注意在扶贫实践中积累经验，摸索出自己的扶贫模式，为政府有关部门提供借鉴。三是要继续发挥好民主党派建言献策的作用，除了直接参与到扶贫工作中去，民革还将就国务院制定的扶贫方针、政策中还需完善的地方提出自己的建设性意见。四是要发挥好民革组织的整体作用，民革中央和地方组织团结一心、协同联动，共同为帮扶地区的扶贫工作献计出力。

民革河北省委会、重庆市委会、甘肃省委会负责同志介绍了所在省（市）的扶贫工作经验。与会人员围绕下一阶段的扶贫工作安排进行了交流讨论。

2. 环京津贫困带脱贫工作座谈会

4 月 7 日，民革中央在机关召开座谈会，就京津冀协同发展中的贫困问题和脱贫工作交流建言。民革中央常务副主席齐续春，国务院扶贫办副主任郑文凯，民革中央副主席、民革北京市委会主委傅惠民，民革中央副主席何丕洁，民革河北省委会主委卢晓光以及民革天津市委会相关负责人、河北省扶贫办负责人等参加座谈会。

齐续春在会上讲话指出，京津冀协同发展是“十三五”时期的重大国家发展战略，事关国家发展大局。要把解决环京津贫困带的脱贫问题放在推进京津冀协同发展中的重要位置，狠抓政策落实。各地要解放思想，在充分调研的基础上，结合新型城镇化、农业现代化、产业转型升级、农村职业教育和生态环境保护，积极探索贫困地区脱贫致富的可持续发展机制。

郑文凯介绍了当前我国扶贫工作的总体情况和打赢脱贫攻坚的总部署和新要求。他表示，十八大以来，中共中央、国务院高度重视扶贫开发，希望各民主党派继续发挥特点和优势，在精准扶贫方面建言献策，贡献力量。

何丕洁在会上介绍了民革中央近年来开展扶贫工作的现状。傅惠民在会上表示，民革北京市委会将结合自身优势，整合资源继续开展“博爱”工程，密切与贫困地区的联系，让帮扶资源和扶贫需求精准对接。

3. 住房公积金制度改革研讨会

4 月 15 日，民革中央在机关召开住房公积金制度改革研讨会。民革中央常务副主席齐续春参加会议。

会议围绕社会关注度较高的住房公积金制度改革展开研讨。来自住建部、人民银行、银监会、国开行、清华大学等部门和单位的专家学者围绕房地产库存情况、住房公积金贷款与去库存的关系、住房公积金制度改革等问题交流了意见。

齐续春就有关问题与专家进行了深入交流，并感谢专家们对民革中央参政议政工作的支持，希望经过各位专家和民革中央的共同努力，提出切实可行的意见建议，为中共中央、国务院的相关决策提供参考。

4. 民革全国参政议政工作骨干培训班

5 月 17 日至 20 日，民革中央在陕西西安举办民革全国参政议政工作骨干培训班。民革中央副主席修福金、何丕洁，民革陕西省委会主委李晓东等出席开班式。民革中央各专委会、民革各省级组织有关负责同志、参政议政骨干等 100 余人参加培训班。

修福金在开班式上讲话，他指出，参政议政是民革各项工作的重中之重，民革中央历来高度重视。2016 年民革中央出台的一号文件《关于进一步加强参政议政工作的意见》，重点就是紧紧围绕“五位一体”总体布局、“四个全面”战略布局和五大发展理念，认真总结经验，加强制度建设，推进工作创新。此次培训班正是结合新形势对参政议政提出的任务要求，通过培训来提高素质、增强合力，着力培育造就一支能力强、业务精、善创新、会干事的骨干队伍，进一步提升参政议政工作水平。

修福金针对新时期如何做好参政议政工作提出四点要求：一是紧紧围绕全面建成小康社会献计出力；二是切实加强和改进调查研究；三是集中智慧力量发挥自身优势；四

是认真学习贯彻民革中央2016年一号文件精神。

培训班期间，全国政协、中共中央统战部、国务院发展研究中心和民革中央有关负责同志及专家学者就“十三五”规划、精准扶贫、大会发言和信息工作等民革参政议政重点领域及当前经济形势等方面作了专题报告。学员们还进行了分组讨论，交流学习体会。

5. 民革全国祖统先进表彰暨工作会议

6月27日，民革全国祖统先进表彰暨工作会议在北京召开。民革中央常务副主席齐续春，副主席傅惠民、郑建邦，中共中央统战部、国务院台办有关部门负责同志，民革中央各部门负责同志、民革中央祖统委部分委员，各省级组织主管领导及处室负责人，先进集体、个人代表等130余人参加会议。

齐续春在会上讲话，他指出，今年是“十三五”规划开局之年，也是两岸关系面临严峻考验的时期。我们要毫不动摇地坚持“九二共识”和两岸同属一个中国的核心意涵，坚决反对和遏制各种形式的“台独”分裂行径，维护台海和平稳定。他强调，面对当前严峻复杂的对台工作形势，民革全党要一如既往地把加强政治理论学习，统一思想放在祖统工作的首要位置。在今后一个时期要深入学习领会中共中央对台大政方针，全面提高思想政治素质，使民革祖统工作与中共中央对台工作总部署保持高度一致；要以“三个坚持”为指导，加强自身建设，全面提升民革祖统工作整体水平。

郑建邦在会上作工作报告，全面总结了民革十二大以来民革全党开展祖统工作取得的成绩和积累的经验。会议对民革全国祖统工作先进工作集体和先进个人进行了表彰。

6. 民革宣传工作研讨会

6月15日至16日，民革宣传工作研讨会在辽宁省本溪市召开。民革中央副主席修福金、民革辽宁省委会主委施中岩，民革各省级组织、副省级市组织分管宣传工作的领导同志和宣传部门负责人参加会议。

修福金在会上讲话，他指出，民革作为中国特色社会主义参政党，一定要认真学习贯彻习近平总书记系列重要讲话精神特别是关于意识形态领域各方面工作的重要论述，以此指导和推动民革宣传思想理论工作。民革中央主席万鄂湘在民革宣传思想理论工作会议上强调：“思想政治工作绝不能松懈、宣传工作绝不能弱化、理论工作必须常抓不懈。”民革各级组织要切实把万主席的重要讲话精神落实到工作实践中。

修福金总结了近年来民革组织在开展宣传工作中取得的成绩和积累的经验，并就进一步加强和改进民革宣传工作提出五点意见：一是要充分认识加强民革宣传工作的极端重要性，走出认为宣传工作可有可无等误区。二是民革宣传工作必须始终坚持共产党领导。三是民革宣传工作必须坚持正确舆论导向、讲好民革故事。四是要高度重视民革网络宣传工作，认真贯彻落实好万鄂湘主席“动动手指宣传民革”的指示精神。五是进一步加强机关专职宣传干部、民革党员中兼职的宣传骨干、专业媒体包括主流媒体中的民革联系人三支队伍的建设。

会议邀请中央网信办新闻信息传播局负责同志作“加强和改进网络宣传思想工作”专题辅导报告。与会同志就民革宣传工作的经验、问题、建议及如何利用全媒体做好民革宣传等议题向大会提交了论文。部分省级组织及团结出版社的代表在会上进行了交流发言。

7. 两岸乡村农田水利建设交流会

6月13日，由民革中央、水利部共同主办的第八届海峡论坛·两岸乡村农田水利建设交流会在福建省泉州市举行。民革中央副主席郑建邦、邓力平，水利部副部长田学斌，国台办、福建省有关负责同志，台湾新党、亲民党相关负责人，台湾中南部基层农民、乡里长、农田水利专家、相关社团组织等两岸200余人参加交流会。

郑建邦在致辞中指出，农业是民生之本，水利是民生之基。他列举大禹以来两岸人民兴修水利的事迹称，农田水利哺育了两岸民众的生存，滋灌了华夏文明的发展。他表示，海峡两岸血缘相亲、地缘相近、语言相通、习俗相似，在乡村农田水利建设的交流与合作方面有着深厚基础和广阔空间。两岸同胞血脉相连，各领域交流合作、融合发展的势头不可阻挡，希望通过此次交流会，为两岸相关领域合作搭起更宽阔的“彩虹桥”，让更多基层民众搭上两岸农田水利交流的“顺风车”。

邓力平在致辞中表示，闽台地形、地貌、气候等相似，在农田水利交流合作方面有得天独厚的优势，两岸水利合作闽台应先行。希望两岸民众进一步加深了解，多出主意，多想办法，为两岸关系持续和平发展注入动力。

在泉州期间，两岸嘉宾前往泉州金鸡拦河闸、永春桃溪和永春美丽乡村示范点实地考察了乡村农田水利建设情况。

8. 农村环境综合整治专题研讨会

8月7日，民革中央人资环委和民革贵州省委员会人资环委在贵州省黔东南州凯里市联合召开农村环境综合整治专题研讨会。民革中央副主席、人资环委主任何丕洁，民革贵州省委会主委、人资环委副主任王世杰等参加会议。

何丕洁在会上指出，随着全面建成小康社会决胜阶段的展开，通过深化改革、创新机制、更新技术，补齐农村环境综合整治这块全面小康的“短板”已经刻不容缓。希望与会委员、专家多了解、多交流、多思考，为农村环境的保护和改善建言献策，为保护好祖国的青山绿水，探索一条人与自然和谐共生的绿色发展之路贡献力量。

与会同志结合自身研究领域，围绕农村环境综合整治专题进行了充分交流，并实地考察了施秉县和镇远县农村环境综合整治项目。

9. 第二届中国康养产业发展论坛

9月5日，由民革中央、河北省政协主办的第二届中国康养产业发展论坛在河北省秦皇岛市举行，民革中央常务副主席齐续春，河北省政协主席付志方，民革中央副主席傅惠民、郑建邦、刘家强，民革河北省委会主委卢晓光等出席论坛。

齐续春在论坛开幕式上作主旨演讲。他指出，发展康养产业是顺应中国人口老龄化，满足“健康老龄化”刚性需求的长久之计。同时，作为现代服务业的重要组成部分，康养产业蕴含拉动经济发展的巨大潜力，可以被打造成为我国又一个新兴的战略性支柱产业。发展康养产业还可促进社会事业相关改革，成为健全环境保护体制，加快生态文明建设的重要抓手和平台。康养产业蕴含拉动经济发展的巨大潜力，一头连接民生福祉、一头连接经济社会发展，覆盖面广、产业链长，可以被打造成为我国又一个新兴的战略性支柱产业，为推进经济持续健康发展注入强劲动力，发展前景无限光明。

论坛设置了“健康中国秦皇岛论坛”“旅游休闲、文化体育产业论坛”“北戴河新区生命健康产业专题论坛”和“健康养老、康复产业论坛”等四个分论坛，并分别进行了产业对接会。

10. 省级组织组织处（部）长会暨换届工作培训会

9月6日至9日，民革省级组织组织处（部）长会暨换届工作培训会在四川成都召开。会议主题是学习贯彻有关换届文件精神，交流总结各省级组织在换届实践中的经验，进一步统一思想，认真做好换届的各项准备工作。民革中央副主席何丕洁出席会议并讲话。

何丕洁在讲话中对换届文件及相关政策作了具体说明，对组织工作提出了具体要求。他要求省级组织组织部门同志秉承“立党为公”的信念，认真学习贯彻换届文件精神，把握换届工作指导思想、总体要求和相关政策，明确责任，找准位置，积极协助领导班子顺利完成换届任务，并以换届为契机，稳步推进组织发展和组织建设，加强干部队伍建设，为民革未来发展作出不懈努力。

民革各省级组织组织部门负责同志和负责换届工作的组工干部共60余人参加会议。民革中央组织部有关同志就换届流程做了详细讲解，六个省级组织代表从不同侧重点介绍了工作经验和有效做法。与会人员还就换届工作具体流程和需要注意和把握的问题进行了分组研讨。

11. 精准立法促进社会文明专题研讨会

11月16日，民革中央在机关召开精准立法促进社会文明专题研讨会。民革中央主席万鄂湘出席会议。

万鄂湘首先介绍了民革中央就精准立法促进社会文明开展调研的主要情况，回顾了民革中央前期调研成果和中共中央领导同志批示精神，以及下一步调研建言的设想。他希望大家畅所欲言，不回避问题，从专业角度积极发表看法，提出建议。

会上，国家行政学院、中国社科院、中国法学会、北京大学、中国人民大学、中国政法大学、中央民族大学、民革中央社法委的专家学者结合研究领域，就如何将社会主义核心价值观融入法治建设、地方立法与上位法如何衔接、如何让民众真正参与立法监督执法等问题分别发言。

万鄂湘在听取发言后表示，在前期调研中，我们收集了很多素材，形成一些思路和想法，也遇到一些困惑。大家的发言非常专业，很有见地，给我们很大启发。他表示，民革以社会法制为参政议政重点领域之一，将积极履行参政党职能，为推进法治促进社会文明工作贡献力量。

12. 民革全国参政议政工作暨成果交流会

12月8日，民革全国参政议政工作暨成果交流会在广东省深圳市召开。民革中央副主席修福金，民革各省级组织主管参政议政工作的领导同志及处室负责人，各副省级市组织主管参政议政工作的负责人，民革中央各工作部门负责人参加会议。

修福金在会上作参政议政工作报告。他指出，民革十二届四中全会以来，民革中央以中共十八大、十八届二中、四中、五中、六中全会和习近平同志系列重要讲话精神为指导，认真贯彻万鄂湘主席关于“举全党之力抓参政议政”“不断提高履职实效”的要求，不断完善工作机制，扎实开展调研，积极建言献策，参政议政工作取得积极成效。

修福金强调，明年是全面实施“十三五”规划的重要一年，也是全面建成小康社会的攻坚之年。要继续落实民革十二大“举全党之力抓参政议政”的工作部署，坚持“利用优势，联结特色，找准切入点，打造新亮点”的工作思路，着力打造“立足本地、放眼全国，南北互动、东中西交流，优势互补、各级组织相互促进”的工作平台，进一步提高参政议政工作的质量和水平。

会议对 2016 年度参政议政工作先进集体和个人进行了表彰。与会同志围绕民革参政议政成果及反映社情民意信息工作成果和经验进行了交流讨论。

（五）专门委员会工作会议

1. 民革十二届中央“三农”委员会第四次全体（扩大）会议

1 月 11 日至 12 日，民革十二届中央“三农”委员会第四次全体（扩大）会议在广东省深圳市召开。民革中央常务副主席、“三农”委员会主任齐续春，民革中央副主席郑建邦，民革中央副主席、“三农”委员会主任刘家强出席会议。“三农”委员会委员和财政部、农业部、国务院发展研究中心、中国民生银行等单位特邀专家参加会议。

齐续春在讲话中指出，全面建成小康社会的难点在于“三农”问题，而“三农”问题的关键是农业现代化，农业现代化的核心在于农业的高科技，这也是当前农业发展的重要机遇。他强调，专委会要紧紧围绕“十三五”规划各项任务部署，紧紧围绕全面建成小康社会的伟大目标，扎扎实实开展精准扶贫、生态文明建设、高科技农业发展、两岸农业交流合作等方面的调研工作。

会议总结了“三农”委员会 2015 年工作情况，商讨了今年及“十三五”期间民革中央在“三农”领域的重点研究方向和研究课题。与会同志还赴华大基因总部、华大农业、中国农科院深圳农业基因组研究所等机构进行了实地考察。

2. 民革十二届中央社会和法制委员会第四次全体会议

1 月 16 日，民革十二届中央社会和法制委员会第四次全体会议在广西崇左市召开。民革中央副主席、社法委主任修福金，民革广西区委会主委刘新文等出席会议。

修福金在社法委工作报告中指出，2015 年社法委紧紧围绕国计民生，认真履行职责，深入调查研究，积极建言献策，工作成绩显著。他要求社法委把思想凝聚到学习贯彻落实中共十八届五中全会和民革十二届四中全会精神中来，紧密结合自身工作实际，聚焦国家和所在地区“十三五”规划的制定与落实；要把目光聚焦到参政议政的焦点中来，针对司法改革后续问题、法律援助立法等重点调研多献务实之策；要把心思集中到提高履职实效中来，加强忧患意识、责任意识、创新意识，让社法委真正发挥中央参政议政重要参谋、抓手的作用。他强调，社法委要创新工作思路，做好“说法、用法、保法、研法”工作；要创新调研形式，社法委办公室组织做好协调工作，实现委员跨地域联合，在落实调研课题的前提下，做到定时间、定人数、定地点完成好调研任务。

与会委员结合本人专业领域和实际工作，围绕社会法制建设、“十三五”规划实施、民革中央 2016 年政协大会发言、提案工作以及专委会 2016 年度工作计划等提出了意见和建议。

3. 民革十二届中央经济委员会第五次全体会议

1月12日，民革十二届中央经济委员会第五次全体会议在湖南省长沙市召开。民革中央副主席、经济委员会主任刘凡，民革湖南省委主委田红旗出席会议，经济委员会委员、民革湖南省企业家代表等参加会议。

刘凡在会上作工作报告，总结了经济委员会2015年的工作成绩，并部署了2016年的工作。他强调，经委会成员要认真学习民革十二届四中全会精神，围绕中共十八届五中全会提出的创新、协调、绿色、开放、共享五大发展理念，结合民革特色开展相关工作，为实施“十三五”规划作出贡献，为实现中华民族伟大复兴的中国梦不懈奋斗。

会议研讨了当前经济形势，交流研究成果。与会委员就民革中央2016年提案工作和经济委员会工作踊跃发言，并提出建议和意见。与会委员还赴中南大学轨道交通安全重点实验室、湖南顶立科技有限公司、长沙正忠科技发展有限公司进行了调研考察。

4. 民革十二届中央教科文卫体委员会第四次全体（扩大）会议

1月9日，民革十二届中央教科文卫体委员会第四次全体（扩大）会议在京召开。会议主题是学习中共十八届五中全会精神，传达和贯彻民革十二届四中全会、民革全国参政议政工作暨成果交流会精神，总结2015年专委会工作和研究制订2016年工作计划。民革中央副主席、教科文卫体委员会主任程崇庆、傅惠民出席会议并讲话。

程崇庆在讲话中指出，一年来，委员和研究员们结合自己的专业特点，认真履行职责，积极开展调研，为民革中央参加高层协商和全国政协大会提供重要参考素材，认真反映社情民意信息，取得了显著的成绩和良好的社会反响。

傅惠民就专委会下一阶段工作提出意见，他强调委员、研究员一定要牢固树立责任意识，时刻不忘自身的职责和使命，发挥主观能动性，充分利用好专委会这个参政议政平台，围绕民革中央重点工作，结合本职工作和专业研究成果，积极建言献策，为民革中央的参政议政工作贡献力量。

教科文卫体委员会全体委员，安全与健康问题研究中心、创新驱动战略研究中心和能源软科学研究中心研究员参加会议。

5. 民革十二届中央理论研究与学习委员会第三次全体会议暨进一步发挥参政党在政协的作用相关课题研讨会

5月26日至27日，民革十二届中央理论研究与学习委员会第三次全体会议暨进一步发挥参政党在政协的作用相关课题研讨会在河北省唐山市滦县召开。民革中央副主席、理论委主任修福金及理论委副主任、委员，协商民主与公共政策研究中心部分学者参加会议。

修福金在会上讲话，回顾和总结了理论委在协商民主理论研究方面开展的工作，以及“民革中央—上海师大协商民主与公共政策研究中心”所举办的历次理论研讨会和实地调研的成果和经验。他对下一阶段理论委继续深化和拓展协商民主理论研究的各项工作提出四点要求：一是认真学习领会习近平总书记系列重要讲话精神，以之作为研究工作的指导；二是充分认识和理解参政党参与政协协商理论研究的重要意义，认真总结民革参与政协协商民主建设的实践经验，从实践和理论双方面为完善政协协商机制、提升参政党在政协平台上协商参与能力作出积极贡献。三是政协协商民主研究要立足于我国多党合作和政治协商制度长期的历史经验和丰富的运作成果，基础理论研究和实践对策研究并重；四是以观念创新为先导，以增强实效性为旨归，将宏观研究和具体细致的机制程序研究相结合。

与会同志围绕进一步发挥参政党在政协的作用开展了热烈深入的研讨。会议期间，在辛亥滦州起义英烈祠举行了民革党员教育基地揭牌仪式，修福金为教育基地揭牌。

6. 民革十二届中央妇女和青年委员会第五次全体会议

11 月 7 日至 8 日，民革十二届中央妇女和青年委员会第五次全体会议在重庆市召开。民革中央副主席、中央妇青委主任田惠光，民革重庆市委会主委杨天怡等出席会议。

民革中央妇青委委员，妇女儿童研究中心、青年问题研究中心成员及参与妇青委 2016 年调研课题的同志围绕调研课题和提案撰写情况进行了讨论。与会人员就妇青委 2017 年的工作进行了研究，并对妇青委开展社会服务工作提出了可行性建议。

田惠光在会上总结了中央妇青委一年来的工作成绩和取得的新进展，对委员们的辛勤付出表示感谢。她指出，明年是换届年，妇青委的工作要更加紧密地依靠委员；在参政议政工作之外适当探索专委会开展社会服务工作的新模式；妇青委办公室要做好委员履职情况总结，为妇青委的换届做好准备工作。

7. 民革十二届中央社会和法制委员会第五次全体会议

12 月 27 日，民革十二届中央社会和法制委员会第五次全体会议在广西南宁召开。民革中央主席万鄂湘，民革中央副主席、民革中央社法委主任修福金，民革广西区委会主委刘新文等出席会议。

万鄂湘在讲话中指出，2016 年，民革中央充分发挥在社会法制领域的人才智力优势，积极开展社会法制参政议政工作，围绕精准立法促进社会文明、司法体制改革中遇到的问题和对策赴多地开展调研，取得了显著成绩。

万鄂湘强调，中央各专委会调研要围绕国家大政方针，选取有民革特色、小切口的角度开展研究，调研中要防止蜻蜓点水、走马观花。同时，专委会工作要与区域经济社会发展紧密结合，通过论坛、研讨会等方式，扩宽参政议政工作领域，支持区域经济社会发展。

万鄂湘要求，中央各专委会要根据“一带一路”西北发展战略、脱贫攻坚中的重点难点问题、渤海湾水域的保护与治理、农村土地流转、健康中国建设、“一带一路”争端解决机制等民革中央重点调研课题，提前谋划，扎扎实实开展调研，向民革中央提出具有全局性、战略性、前瞻性和可操作性的意见建议。万鄂湘还结合 2017 年全国人大立法计划、监督工作计划和精准立法促进社会文明试点工作，对社法委参政议政工作提出了明确要求。

8. 民革十二届中央“三农”委员会第五次全体会议

12 月 24 日至 25 日，民革十二届中央“三农”委员会第五次全体会议在浙江省丽水市召开。民革中央常务副主席、“三农”委员会主任齐续春，民革中央副主席、“三农”委员会主任刘家强，民革浙江省委会主委吴晶等出席会议。

齐续春在会上指出，今年，民革中央围绕农产品供给侧结构性改革与质量安全问题、农业科技自主创新、现代农业科技推广体系建设、边民扶贫等问题，依托“三农”委员会，在多地深入开展调查研究，取得了丰硕的参政议政成果。

齐续春强调，中央专委会的工作要坚持紧密结合国家大政方针，准确把握中心工作；坚持关注地区全面发展，着力破解发展难题；坚持强化人才队伍建设，充分用好党内党外资源。"三农"委员会要认真学习中共十八届六中全会精神和习近平总书记系列重要讲话精神，牢固树立政治意识、大局意识、核心意识、看齐意识，深刻领会"新常态""供给侧结构性改革""稳中求进"的重要内涵，抓住具有全局性、战略性、前瞻性的重大课题开展调查研究。

刘家强在会上作"三农"委员会工作报告。与会委员商讨了明年"三农"领域参政议政的重点方向和具体课题。

会议期间，与会委员还实地考察了缙云县、莲都区的五水共治、美村富民、康养产业发展等工作，并在缙云县新建镇笕川村召开现场会，与村民和涉农企业代表进行了交流。

9. 民革十二届中央经济委员会召开第六次全体会议

12 月 24 日，民革第十二届中央经济委员会第六次全体会议在广东省深圳市召开，民革中央副主席、经济委员会主任刘凡等出席会议。

刘凡在会上总结了民革中央经委会 2016 年工作成果，并部署了 2017 年工作。他强调，经济委员会成员要认真学习贯彻中共十八届六中全会、民革十二届五中全会精神，围绕中央经济工作会议提出的中心工作，发挥优势，结合民革中央 2017 年重点调研、活动，切实加强自身建设，不断提高履职能力，进一步提高反映社情民意信息工作质量，为民革中央经济方面参政议政做好参谋助手。

与会委员围绕当前经济形势交流了研究成果，并就民革中央 2017 年提案工作和经济委员会工作踊跃发言，提出意见建议。委员们还赴深圳证券交易所、深圳市工业展览馆进行了实地考察。

10. 民革十二届中央教科文卫体委员会第五次全体（扩大）会议

12 月 3 日上午，民革十二届中央教科文卫体委员会第五次全体（扩大）会议在黑龙江省哈尔滨市召开。民革中央副主席，教科文卫体委员会主任傅惠民出席会议。

傅惠民在会上对教科文卫体委员会 2016 年的工作从积极建言献策、认真开展专题调研、积极反映社情民意信息三个方面进行了总结，并从认真学习贯彻落实中共十八届六中全会精神、积极建言献策、健全和完善工作机制、加强专委会自身建设四个方面对 2017 年的工作进行了部署。

与会委员、研究员就认真学习贯彻中共十八届六中全会及民革中央领导讲话精神展开讨论，为民革中央 2017 年提案工作提出建议，商讨专委会和研究中心 2017 年度的调研课题和工作计划。

11. 民革十二届中央祖国和平统一促进委员会第五次全体会议

12 月 26 日，民革十二届中央祖国和平统一促进委员会第五次全体会议在北京召开。

中央祖统委员会有关负责同志作工作报告。报告指出，一年来，民革各级组织始终将祖统工作摆在重要位置，深入学习中共中央一系列对台大政方针，紧紧围绕中共中央对台工作大局，密切结合民革中做实际，充分发挥特色优势，扎实稳步推进民革祖统工作不断取得新进展。

报告强调，深入推进民革的祖统工作，要在“实”字上下功夫，做到心实、情实、谋实、做实；要在“新”字上做文章，要有锐意进取的勇气、敢为人先的锐气、蓬勃向上的朝气；要在“融”字上见成效，融合智慧、情感和力量。

与会委员就今年的祖统工作与明年的计划安排进行了认真研讨，提出了许多宝贵建议。

（六）中央举办的有关纪念会、座谈会

1. 2016 年迎春茶话会

1 月 26 日，民革中央在机关举行 2016 年迎春茶话会。民革中央主席万鄂湘、常务副主席齐续春、原主席周铁农，副主席修福金、刘凡、傅惠民、郑建邦，全国政协副秘书长张秋俭，中共中央台湾工作办公室、国务院台湾事务办公室副主任龙明彪，最高人民法院副院长李少平、最高人民检察院副检察长李如林、司法部副部长刘振宇等出席茶话会。齐续春主持茶话会。

万鄂湘在会上向长期以来关心和支持民革工作的各界人士表示感谢并致以新春的祝福。他表示，一年来，民革全党认真学习中共十八大和十八届三中、四中、五中全会精神，学习习近平总书记系列重要讲话精神，学习中央统战工作会议精神、《中国共产党统一战线工作条例（试行）》和有关文件精神，开展坚持和发展中国特色社会主义学习实践活动，助推平潭综合实验区发展，各项工作取得了新成绩。

万鄂湘指出，一年来，民革牢牢把握两岸关系和平发展主题，紧密联系两岸关系和台湾岛内形势的发展变化，扎实稳步推进各项对台交流工作。2016 年，我们将继续坚持“九二共识”、坚决反对任何形式的“台独”分裂活动，悉心呵护两岸关系和平发展成果，继续为两岸同胞谋福祉。我们真诚呼吁两岸同胞、海外侨胞携手并肩，齐心协力，维护两岸共同政治基础，维护两岸关系和平发展和台海和平稳定，共同谱写中华民族伟大复兴的崭新篇章。

万鄂湘强调，2016 年是全面建成小康社会决胜阶段的开局之年，民革全党将继续高举中国特色社会主义伟大旗帜，坚持中国共产党的领导，紧紧围绕“四个全面”战略布局，以持续开展坚持和发展中国特色社会主义学习实践活动为主线，以纪念孙中山诞辰 150 周年为契机，进一步加强参政议政能力建设，搞好政治交接，全面履行好参政党的各项职能。

中共中央台湾工作办公室、国务院台湾事务办公室副主任龙明彪、欧洲中国和平统一促进会主席张曼新，中国国民党中央委员、高雄市党部副主委、台湾中华工商业联合会主席李玉文先后致辞。文艺工作者表演了精彩的文艺节目。

2. 2016 年春节联欢会

1 月 29 日，民革中央机关举行 2016 年春节联欢会。民革中央主席万鄂湘、常务副主席齐续春，原主席何鲁丽、周铁农，原第一副主席厉无畏，副主席修福金、何丕洁、郑建邦，原副主席李赣骝、朱培康等出席联欢会。

齐续春代表中央领导班子向一年来在各自工作岗位上辛勤工作、无私奉献的机关干部职工，团结报社和团结出版社的同志致以节日祝贺，向一年来给予民革中央各项工作

支持和帮助的有关部门表示衷心感谢，并祝大家猴年大吉，阖家欢乐，工作顺利，万事如意。

联欢会上，中央各工作部门、团结报社、团结出版社的同志们表演了精彩的文艺节目。

3. 孙中山先生逝世91周年纪念仪式

3月12日上午，民革中央在北京中山公园中山堂举行孙中山先生逝世91周年纪念仪式。

民革中央常务副主席齐续春主持纪念仪式。全国政协副主席王正伟、民革中央主席万鄂湘、中共中央统战部副部长林智敏、北京市副市长王宁和民革中央副主席、民革北京市委会主委傅惠民分别代表全国政协、民革中央、中共中央统战部、北京市人民政府和民革北京市委会向孙中山先生像敬献花篮。与会同志向孙中山先生像三鞠躬，缅怀这位伟大的民主革命先行者。

全国政协副主席罗富和、马培华、刘晓峰，全国人大常委会原副委员长何鲁丽、周铁农，全国政协原副主席张克辉、张怀西，民革中央副主席修福金、何丕洁、田惠光、郑建邦、刘家强，原副主席李赣骝、朱培康以及全国人大、全国政协、中共中央统战部、北京市有关领导同志，参加全国两会的部分全国人大代表、全国政协委员，民革部分在京中央委员、顾问、老同志，民革中央各工作部门负责人和首都各界人士近200人参加纪念仪式。

4. 民革中央国庆招待会

9月28日中午，民革中央在机关举行国庆67周年招待会。民革中央常务副主席齐续春，副主席郑建邦出席招待会。来自20多个国家和地区的海外侨胞及台港澳同胞代表欢聚一堂，共同欢度国庆。

齐续春在会上致辞，代表民革中央向嘉宾的到来表示欢迎，他指出，今年是中华人民共和国成立67周年，也是中国民主革命先驱孙中山先生诞辰150周年。推动祖国和平统一，是中华民族的根本利益所在，也是海内外全体中华儿女的共同愿望和神圣职责，还是孙中山先生爱国思想的一部分。民革多年以来一直秉承孙中山先生爱国、革命、不断进步的理念，将参政议政、推动祖国和平统一作为党派工作重点。民革愿与各界人士一道，为实现中华民族的统一和复兴贡献力量。

中华侨联总会荣誉理事长简汉生、加拿大渥太华华人联合总会会长赵炳炽分别代表台港澳同胞和海外侨领发表致辞，表达对国庆67周年的祝愿，以及对祖国和平统一事业的热切期盼。招待会期间，民革党员中的文艺骨干表演了丰富多彩的文艺节目。

5. 晋谒孙中山先生衣冠冢仪式

11月11日上午，受孙中山先生诞辰150周年纪念活动筹备办公室委托，民革中央在北京香山碧云寺举行晋谒孙中山先生衣冠冢仪式。民革中央主席万鄂湘、常务副主席齐续春，全国政协常务副秘书长潘立刚、中共中央统战部副部长林智敏、国务院台湾事务办公室副主任龙明彪、全国政协港澳台侨委员会副主任吕虹、北京市人民政府副市长程红，民革中央副主席刘凡、傅惠民、何丕洁、郑建邦、刘家强以及参加孙中山先生诞辰150周年纪念活动的孙中山先生亲属代表及海外来宾参加晋谒仪式。

万鄂湘主持仪式，参加仪式人员全体肃立，在孙中山先生像前静默3分钟。潘立刚代表全国政协办公厅，林智敏代表中共中央统战部，齐续春代表民革中央，程红代表北京市人民政府，孙国雄先生代表孙中山先生亲属、海外侨胞及国际友人依次向孙中山先生像敬献花篮，并向孙中山先生像三鞠躬。随后，台湾各界人士代表也举行了晋谒仪式。

（七）其他主要工作活动

1月19日，民革中央主席万鄂湘在河北省廊坊市出席国家高端智库武汉大学国际法研究所理事会第一次会议暨廊坊研究中心筹备工作会议，并任研究所名誉所长、智库首席专家。该研究中心旨在建立专门从事国际法研究和政策咨询的二轨机构、国际法领域世界级水平的核心非政府智库，并通过借助民革参政党“直通车”优势，为中国参与全球治理体制变革献诤言、出良策，推动在国际场合发出中国声音、提出中国方案、体现中国智慧。

1月19日，“民革中央创新驱动调研实践基地”在贵州省安顺市揭牌。民革中央副主席修福金、民革贵州省委会主委王世杰等出席仪式。“民革中央创新驱动调研实践基地”是民革中央为促进生态文明建设，针对建筑垃圾无害化处理和资源化综合利用问题，到贵州省开展深度联合调研后，在安顺市贵州兴贵恒远新型建材有限公司成立的。

4月21日，纪念《团结报》创刊60周年暨系列文丛编撰研讨会在江苏无锡召开。民革中央副主席修福金出席会议。

4月28日上午，以“凝心聚力，创新驱动，绿色发展，同步小康”为主题的第四届中国美丽乡村·万峰林峰会在贵州省黔西南州兴义市开幕。民革中央副主席、各民主党派中央全国工商联黔西南“星火计划、科技扶贫”试验区联合推动组组长何丕洁以及各民主党派中央、贵州省有关方面负责同志出席开幕式。

5月9日至10日，民革中央、贵州省政协在贵州遵义赤水市联合举办中国赤水河流域生态经济发展论坛。民革中央常务副主席齐续春、贵州省政协主席王富玉，中共贵州省委常委、遵义市委书记王晓光，民革贵州省委会主委王世杰，国家发改委、国家卫计委、国务院扶贫办、国家旅游局、中国气象局、中国铁路经济规划研究院等单位领导同志，赤水河流域4市15个县（区、市）负责人，民革中央企业家联谊会、民革贵州省委企业家联谊会代表参加论坛。论坛期间还举行了“民革中央生态经济发展调研实践基地”授牌仪式，项目推介及招商签约仪式，通过了《中国赤水河流域生态经济发展论坛赤水共识》。与会同志还考察了赤水市河滨大道、森林绿化、生态观光农业、重点旅游区建设运行情况，实地观摩了赤水市在生态保护和促进发展方面取得的成效。

6月18日，由新华社中国经济信息社主办，团结报社、民革中央企业家联谊会等单位协办的2016中国企业家博鳌论坛在海南博鳌开幕。民革中央副主席修福金出席开幕式并致辞。修福金表示，参与“一带一路”倡议，是包括民革在内的统一战线的重大政治职责，民革将深入“一带一路”前沿和一线实地考察调研，形成有分量的调研成果。

6月15日，由民革中央社会服务部、科技部农村科技司、环境保护部科技标准司、国家新闻出版广电总局电影局、农业部农村事业发展中心和民革河北省委会等单位在河北省承德市兴隆县联合举办第四届“美丽家乡·科普环保公益电影万里行”活动。民革中央副主席郑建邦、民革河北省委会主委卢晓光等出席活动启动仪式。

7月5日，以大陆赠台熊猫“团团”“圆圆”和其宝宝“圆仔”为原型的大型儿童剧

《团仔圆妞》在北京国家大剧院举行首演仪式。大型儿童剧《团仔圆妞》由民革中央联合北京北控集团等共同出品，以大熊猫作为两岸文化交流使者，通过憨态可掬的艺术形象，倡导两岸携手弘扬中华民族热爱和平、团结向上的传统美德；通过妙趣横生的故事，凝聚两岸同胞的血脉亲情，促进两岸青少年的交流与情感融合。民革中央常务副主席齐续春、原主席周铁农，副主席修福金、刘凡、傅惠民、郑建邦，原副主席朱培康，中共文化部党组副书记、副部长杨志今，国台办副主任龙明彪，北京市副市长王宁，台湾多元文化艺术团团长亚磊丝·泰吉华坦等两岸嘉宾共同观看了该剧。

7月11日，由民革云南省委会、团结报社联合主办的“尊老敬老爱老·爱心公益团结行”走进云南系列活动启动仪式在昆明举行。民革中央副主席修福金出席仪式。在启动仪式上，修福金还将“镜头中的抗战老兵·团结行”系列活动所拍摄的云南籍抗战老兵照片赠予民革云南省委会，由省委会代为转赠抗战老兵。

11月22日，《团结报》创刊60周年纪念座谈会在北京举行。民革中央常务副主席齐续春，民革中央原主席何鲁丽、周铁农，全国政协副秘书长刘佳义、民盟中央副主席张平，民革中央副主席修福金、傅惠民、郑建邦、刘家强等出席会议。齐续春在讲话中回顾了《团结报》创刊60年来的发展历程，并对《团结报》提出四项要求：坚持正确的政治方向和舆论导向；坚持围绕中心服务大局；坚持走融合发展之路；坚持以人民为中心的工作导向。刘佳义、张平分别代表全国政协办公厅和各民主党派中央、全国工商联致辞。会议对“团结情·中国梦”征文活动获奖代表进行了表彰，并举办了“《〈团结报〉60年》及系列纪念文丛”首发仪式。

二、履行职能

2016年，民革中央围绕国家经济社会发展全局性、战略性和前瞻性问题，扎实开展调研，紧扣改革发展建言献策，为协调推进“四个全面”战略布局贡献力量，在参政议政、民主监督、参加中国共产党领导的政治协商等工作上取得了新的成绩。

（一）参政议政

1. 重要调研工作

1月4日至6日，民革中央主席万鄂湘率调研组赴广西，就民办教育促进法、人民法院组织法、人民检察院组织法修改等议题开展专题调研。民革广西区委会主委刘新文参加调研。调研组先后就“民办教育促进法修改问题”“人民法院、人民检察院组织法修改问题”与有关方面展开专题座谈，广泛听取了广西壮族自治区教育厅、部分民办学校负责人及教师，自治区高院、区检察院及专家学者的情况介绍和意见建议。调研组还实地考察了广西壮族自治区高院执行指挥中心等地。

1月6日至8日，民革中央副主席修福金率调研组赴甘肃省白银市，就循环经济和石化产业发展进行调研。民革甘肃省委会主委郭层城，国家发改委、环境保护部、工业和信息化部有关专家参加调研。调研组实地考察了刘川工业园基础设施建设和化工产业链发展规划等情况，并与有关方面进行了座谈。

1月23日，民革中央副主席、民革中央人口资源环境委员会主任何丕洁率调研组赴甘肃省武威市开展荒漠化治理专题调研。民革甘肃省委会主委郭层城，国土资源部、国家林业局、中国农村技术开发中心、中国生物多样性保护与绿色发展基金会、成都理工大学等单位专家参加调研。调研组赴武威市工程与生物治沙试验基地进行实地考察，与武威市有关部门、甘肃建投公司进行座谈，听取情况介绍，并对工程与生物治沙产业发展提出意见和建议。

2月3日，民革中央主席万鄂湘率调研组，就深化跨行政区划的法院体制改革及法院组织法修改问题在北京市调研。民革中央副主席修福金等参加调研。调研组实地考察了北京市第四中级人民法院的服务大厅、立案窗口、审判场所、信息中心、律师工作室等地，并围绕调研议题与最高人民法院、中共北京市委、北京市高级人民法院、北京市第四中级人民法院等单位负责同志进行了座谈。

2月22日，民革中央主席万鄂湘率调研组赴湖北省，就推进司法体制改革问题进行调研。民革湖北省委会主委郑心穗等参加调研。此次调研主要围绕推动法院组织法修改、跨行政区域法院设置、员额制改革等深入了解基层情况，找出深层次原因和问题，探索解决之道。在调研座谈会上，湖北省高级人民法院、武汉铁路运输中级法院、省江汉中级人民法院、武汉海事法院、武汉市中级人民法院、恩施州中级人民法院、汉阳区人民法院等单位负责同志先后发言，介绍工作情况，剖析存在问题，提出意见建议。

2月22日至24日，民革中央副主席郑建邦率调研组赴四川省攀枝花市，就现代特色农业、康养产业及攀台合作等方面情况进行调研。台湾海峡两岸经建文教交流发展协会理事长郑金玲等参加调研。

3月下旬，民革中央主席万鄂湘、常务副主席齐续春率调研组分别赴北京、天津、河北，就京津冀能源结构调整问题开展专题调研。国家能源局副局长刘琦，民革中央副主席修福金、傅惠民、田惠光、郑建邦，民革中央原副主席、中国工程院院士谢克昌，民革河北省委会主委卢晓光以及中共中央统战部、国家发改委、环境保护部、中国工程院、华北电力大学等单位有关负责同志、专家学者参加调研。在北京市，调研组考察了北京市气象局，北京科利源热电有限公司热力供应中心锅炉车间、控制室及中国通号集团核心实验室、中控室等，详细了解煤改电、煤改气工作及绿色轨道交通发展等方面的有关情况。在天津市，调研组考察了中新生态城智能供电营业厅、大港龙源马棚口风电场、大港发电站、津门湖充换电站等地，深入了解煤炭清洁利用，风能发电、电动汽车充换电站项目的相关情况。在河北省，调研组考察了长城汽车产业园、大唐清苑热电有限公司，充分了解企业能源结构调整、重点能源建设项目等相关情况。调研组分别与三省（市）中共党委、省（市）政府召开调研座谈会，听取三省（市）有关负责同志的情况介绍，并与当地有关部门进行交流，听取对京津冀能源结构调整的分析与建议。

3月29日，民革中央副主席修福金率调研组赴首钢集团，就“去产能过程中的人员安置问题”进行专题调研。首钢集团负责同志介绍了集团转型升级等多项工作开展情况。调研组了解了首钢集团整体发展情况，并就集团在去产能过程中的人员安置问题进行座谈。

3月15日至16日，民革中央副主席何丕洁率调研组赴江苏省，就社会服务工作开展专题调研。调研组先后赴徐州、淮安两市，考察民革组织机关和基层社会服务单位，详细了解民革组织和党员开展法律服务、扶贫助困活动，兴办文化教育卫生事业等社会服务工作情况。调研组还实地考察了徐州康馨老年护理院、民革徐州中山画院、淮安市机关幼儿园红星分园、金恒泰科技有限公司等民革组织、党员兴办的企业和组织。在两市召开的调研座谈会上，调研组听取了两市民革组织的工作汇报，广泛收集当地党委统战部门、民革市级组织领导班子和党员代表对民革开展社会服务工作的意见和建议。

3月18日，民革中央副主席、人口资源环境委员会主任何丕洁率民革中央人资环委与国家海洋局联合调研组赴江苏省盐城市，就海水淡化与综合利用开展专题调研。调研旨在贯彻落实“十三五”规划中“实施海水淡化工程”的重要精神，全面了解我国海水淡化与综合利用可持续发展的相关问题。调研组实地考察了金风科技江苏大丰海上风电基地和江苏丰海新能源淡化海水发展公司，听取了江苏省海洋与渔业局，盐城市及大丰区政府相关部门、企业的情况介绍，重点了解了江苏省海水淡化与综合利用技术能力、成果转化和产业化规模化生产现状，以及在突破自主核心技术瓶颈、提升装备国产化率、扩大产业化规模化应用等方面面临的困难和问题。

4月13日至14日，民革中央常务副主席齐续春率调研组赴河北承德，就京津冀协同发展中的贫困问题进行调研。民革中央副主席郑建邦、民革河北省委会主委卢晓光等参加调研。调研组进村入户，走访企业和自然保护区，听取市县乡专题汇报，并与企业代表、农户代表和有关专家进行座谈交流。

4月15日至18日，民革中央副主席郑建邦率调研组赴四川省攀枝花市、广安市武胜县调研。部分台湾农业、教育方面专家参加调研。在武胜县，调研组深入武胜县人民广场、龙女湖旅游区、宝箴塞旅游区、白坪—飞龙新农村示范区、白坪乡高洞村乡村度假民宿、飞龙镇卢山村张家院子、飞龙镇卢山村现代农业基地、三溪镇观音桥村三溪影视基地等地，详细了解民主党派学习实践教育基地、现代农业、乡村旅游及新型住宅建设等情况。调研组邀请台湾农业、教育方面专家在两地召开台湾休闲农业报告会和台商投资推介会，台湾专家针对现代农业发展和农业园区建设提出了意见和建议。攀枝花市、武胜县两地相关农业和教育机构与台湾方面相关机构签署了合作协议。

4月21日，民革中央主席万鄂湘率民革中央、司法部联合调研组赴四川省，就法律援助法制化建设课题进行调研。司法部副部长刘振宇，民革中央副主席、民革四川省委会主委刘家强参加调研。调研组先后赴成都市法律援助中心和成都市锦江区法律援助中心实地调研。在成都市法律援助中心，万鄂湘详细询问了四川成都农民工法律援助工作站及律师协会等组织进行法律宣传和咨询工作的情况。在锦江区法律援助中心，调研组详细了解了法律援助工作推进情况。

4月23日至24日，民革中央副主席、民革北京市委会主委傅惠民率民革中央、民革北京市委会调研组赴河北省保定市涞源县，就京津冀协同发展过程中的贫困问题进行调研。民革河北省委会主委卢晓光参加调研。在调研座谈会上，涞源县负责同志作了脱贫攻坚工作情况介绍，并就如何利用涞源现有资源改变贫困现状，提出了切实可行的建议。针对贫困村可利用的中草药种植、手工艺品加工等项目，傅惠民要求参与座谈会的企业家达成对接意向，并就阳光小镇建设提出了指导性意见。调研组随后到涞源县北石佛乡北上屯村、西道沟村，金家井乡寨沟门村进行实地考察，并就具体帮扶项目进行了对接，与寨沟门村达成了初步帮扶意向。

5月5日至6日，民革中央主席万鄂湘率调研组赴江苏、上海，围绕司法体制改革和两院组织法修改问题进行调研。最高人民法院副院长李少平，全国政协社法委副主任吕忠梅等参加调研。调研组实地考察了江苏省高级人民法院、上海市高级人民法院，与两地三级人民法院的同志和人民检察院有关同志进行座谈。江苏省高院、上海市高院负责同志分别汇报了有关情况。

5月8日至11日，民革中央常务副主席齐续春率调研组赴贵州遵义仁怀市、赤水市、习水县等地，就生态经济建设进行调研。民革贵州省委会主委王世杰等参加调研。调研组先后赴仁怀市“国酒之源”、中国酒文化城世界名酒馆、杨柳湾街区、1915广场，赤水市红赤水集团公司、赤水凤凰湿地公园、赤水信天中药材有限公司，习水县城市规划馆、习水县箐山森林公园等地实地考察。

5月11日至13日，民革中央副主席何丕洁率调研组赴新疆，就沙漠治理情况进行调研。民革新疆区委会主委蒋平安参加调研。调研组在昌吉州吉木萨尔县考察了新疆农业大学与吉木萨尔县合作开展的免灌溉管件维护梭梭造林技术工作，在喀什地区麦盖提县考察了塔克拉玛干沙漠百万亩防风固沙生态林基地，在英吉沙县考察了10万亩生态林建设情况，并在喀什市与喀什地区相关部门负责同志就喀什地区防沙治沙工作开展情况进行了座谈。

5月16日至21日，民革中央副主席田惠光率调研组赴云南、四川，就青少年毒品预防教育规划实施情况进行调研。调研组分别赴云南省昆明市强制戒毒所、瑞丽市卡南村农村禁毒群防群治示范点、瑞丽市第一中学毒品预防教育大讲堂，四川省西昌市康复治疗中心、西昌市第一、第二强制隔离戒毒所进行现场调研，并在昆明与云南省教育厅、公安厅等政府部门以及省总工会、妇联、禁毒委、昆明市强制戒毒所等部门进行座谈。各单位负责人介绍了云南省防毒治毒工作情况，并提出意见和建议。

5月17日至19日，民革中央常务副主席齐续春率调研组赴湖北，就加强农业科技自主创新，引领农业现代化课题进行调研。民革湖北省委会主委王红玲参加调研。调研组实地考察了武汉东湖高新区内的洛克希德（武汉）无人机研究院有限公司、武汉导航与位置服务工业技术研究院股份有限公司、华中农业大学作物遗传改良国家重点实验室、省农科院国家生物农药工程技术研究中心等地，并召开座谈会，听取湖北省农业科技创新工作情况介绍和有关意见建议。

5月23日至27日，民革中央副主席郑建邦率调研组赴上海、广东，就“四大自贸区内惠台措施推进情况和相关工作机制建设”课题进行调研。部分台湾青年精英代表参加调研。调研组实地考察了慧高·光创园——海峡两岸青年创业基地、上海自贸区综合服务大厅、外高桥国际酒类展示交易中心、浦东机场综合保税区，深圳自贸区前海展厅、梦工厂、阿基米互联网公社、极致众创空间、赛格创客中心等地，并与各地台办、自贸区管理机构、台商代表、大陆青年等展开座谈，参加调研的台湾青年精英代表就自贸区建设和涉台机制等提出了意见和建议。

5月22日，民革中央副主席刘凡率调研组赴陕西，就“一带一路”与品牌建设课题进行调研。民革陕西省委会主委李晓东参加调研。调研组先后深入陕西汽车控股集团有限公司、中国西电集团公司等企业进行实地考察，详细了解企业生产经营和品牌建设的状况。在调研座谈会上，陕西省发改委、工商局、质监局、商务厅等部门负责同志作了相关情况介绍。

6月2日至3日，民革中央主席万鄂湘率调研组赴陕西，就深化司法体制改革、加强西安中西部区域性中心城市建设等问题开展调研。在“深化司法体制改革”专题座谈会上，调研组听取了陕西法检两院负责人及高校专家学者、律师代表等结合实际提出的意见和建议。调研组还走访了海普睿诚律师事务所，并与陕西省司法厅、陕西省律师协会负责同志座谈交流。在“加强西安中西部区域性中心城市建设，推进中西部地区发展”专题座谈会上，调研组听取了有关负责同志就打造西安内陆改革开放新高地、西部发展新引擎、“一带一路”能源金融中心、国家全面改革创新试验区以及国际化大都市建设等方面的意见建议。

6月4日至5日，民革中央副主席何丕洁率民革中央、民革北京市委会调研组赴山东省东营市，就项目建设、园区建设、招商引资以及新农村建设进行调研。民革山东省委会主委孙继业参加调研。调研组实地考察了东营市广饶县大海集团、山东省海跃水产科技有限公司、乐陵冀鲁边区革命纪念园、百枣纲目生物科技园、泰山高科技体育产业园等，听取当地负责同志对东营市整体规划、配套设施和投资环境的情况介绍，听取民营企业负责人关于企业发展情况的介绍。调研组与东营市有关部门进行了座谈，针对政府规划、海产养殖、新能源建设、项目推进情况等工作深入交换了意见。

6月18日，民革中央副主席何丕洁率民革中央人口资源环境委员会与国家海洋局联合调研组赴浙江省舟山市，开展海水淡化与综合利用专题调研。民革浙江省委会主委吴晶、国家海洋局有关负责同志参加调研。调研组实地考察了舟山市六横岛海水淡化基地和神华国华舟山电厂海水淡化项目，并与有关部门进行座谈。

6月22日至24日，民革中央主席万鄂湘率调研组赴山西，就加强基层法治建设进行专题调研。民革山西省委会主委张友君、副主委张复明参加调研。调研组在太原召开座谈会。在听取山西省相关部门负责人和专家学者发言后，万鄂湘指出，全面推进依法治国需要科学立法、严格执法、公正司法、全民守法。目前，严格执法和公正司法方面山西推进力度很大，科学立法和全民守法也要同步加强。科学立法要求讲究立法草案的逻辑性、可执行性，做到与上位法的合理衔接。国家层面已赋予设区的市立法权，在推进基层法治建设中迈出重要一步。山西11个设区的市全部拥有了地方立法权，要把推进科学立法和全民守法与地方立法工作有效结合，下一步可以选择有关地市作为试点，以治理陈规陋习、环境保护等与老百姓生活密切相关的问题为突破口，努力提高公民参与热情，找到立法平衡点，切中百姓关注，使地方立法过程成为增强公民法治意识的普法教育过程，让法律法规能真正执行到位，使守法意识深入人心，靠法治的力量不断提高社会文明程度。

6月25日，民革中央副主席何丕洁率调研组赴甘肃省定西市渭源县，就精准扶贫和农村环境综合整治问题开展调研。民革甘肃省委会，甘肃省环保、扶贫、住建等有关部门，定西市、渭源县负责同志参加调研。调研组实地考察了五竹镇渭河源村美丽乡村建设及农村生态环境保护情况，详细了解新村规划管理、服务配套和产业支撑措施，深入农户家中了解他们搬迁后的生产生活状况；在田家河乡元古堆村，调研组赴良种羊繁育专业合作社、扶贫展览馆、电商物流服务点进行实地考察，就精准扶贫工作听取基层干部和产业扶贫项目带头人的经验成果汇报，了解他们工作开展中的困难和问题。

6月30日，民革中央副主席郑建邦率调研组赴江西省景德镇市，就陶瓷艺术发展情况进行调研。调研组实地考察了御窑国家遗址公园、陶溪川、陶瓷股份公司、江西统一战线教育基地三宝国际瓷谷、进坑、名坊园等地，了解陶瓷历史的变迁和老一辈无产阶级革命家与当地老百姓并肩作战，共同建设家园、促进陶瓷发展的感人故事。郑建邦与进坑遗址发现人、民革景德镇市直属教科文支部主委黄薇亲切交谈，对考古工作者为当地带来的经济效益和社会效益表示赞许。调研组还深入民革基层支部，参观了民革党员所创办的青花故事文创基地、刘文斌陶瓷艺术馆、建国创意园、哇陶众创基地，对景德镇市民革党员挖掘和弘扬千年陶瓷文化，发挥集体智慧，勇于探索的精神给予充分肯定。

7月7日至9日，民革中央主席万鄂湘率调研组赴吉林，就《民法总则（草案）》及民法典编纂工作听取各方面意见。在调研座谈会上，吉林省高级人民法院、吉林大学法学院、吉林省中山法律援助工作总站等单位负责同志结合实际工作，围绕《民法总则（草案）》，特别是其中的具体细节提出了意见和建议。万鄂湘在听取发言后指出，编纂民法典，是对现行民事法律规范进行系统、全面整合。民法典的编纂不是制定全新的民事法律，也不是简单的法律汇编，而是对现行民事法律规范进行科学整理，同时需要结合社会经济生活的新情况进行修改、完善、创新、进步。法律编纂工作是个艰巨复杂的系统工程，要做好基础工作，开好头。万鄂湘强调，要充分发挥地方人大的立法权，以此来规范公共秩序，提高社会文明水平。只有从基层做起，让普通百姓参与进来，才能实现科学立法，全民守法。

7月25日至28日，民革中央常务副主席齐续春率调研组赴浙江，就大力发展旅游产业，打造旅游强国进行调研。国家旅游局副局长杜江、民革浙江省委会主委吴晶等参加调研。调研组一行深入建德市、淳安县实地考察，并与当地干部群众进行交流座谈。在调研座谈会上，浙江省政府有关部门负责人介绍了旅游产业总体情况。

7月14日至16日，民革中央副主席修福金率队赴黑龙江省，就法律援助工作开展调研。调研组赴民革黑龙江省委会中山法律援助中心等地进行考察，了解全省法律援助及经济、社会发展情况，听取省司法厅、民革省委会工作介绍，并与民革党员中的法律工作者座谈。与会同志结合工作实践，围绕法律援助条例的修订提出了意见和建议。

7月5日至6日，民革中央副主席何丕洁率调研组赴内蒙古鄂尔多斯、巴彦淖尔，就沙漠治理工作开展专题调研。民革青海省委会主委马志伟，民革内蒙古区委会有关负责同志及有关专家参加调研。在鄂尔多斯，调研组赴杭锦旗考察了200mwp生态光伏项目、亿利东方学校、种质资源库和那日沙、陈红湾沙漠节水农牧示范区等库布其沙漠治理项目，听取了亿利资源集团负责人对亿利资源开展科技治沙、农业治沙、工业治沙、能源治沙和金融治沙的情况介绍，以及探索库布其沙漠治理新模式过程中取得的成果和经验。在巴彦淖尔，调研组考察了位于乌兰布和沙漠的圣牧乳业有机奶加工厂、第二牧场和有机草业种植基地，了解了磴口县开展产业治沙，运用创建农业合作社、搭建互联网服务平台等多种手段，积极建设有机绿色农产品生产加工基地的工作情况。

7月6日至9日，民革中央妇女和青年工作委员会调研组赴广东，就搭建青年创新创业平台课题进行调研。调研组在广州召开青年创新创业工作座谈会，听取广东省知识产权局、工商局、人社厅就业局、质监局、金融办和广州创业服务中心等单位负责同志在青年创新创业工作中的主要做法、成功经验、工作方向、以及政府对青年创新创业的政策扶持情况介绍，并与民革广州市委会经济支部、科技支部的多位民革企业家代表进行深入交流。针对当前青年创新创业中遇到的问题和发展瓶颈，对青年创新创业的评估和教育、各级政府的主要做法和经验、广州青年创新创业的主要模式等话题，企业家们畅所欲言，表达真知灼见，并提出相关对策建议。调研组在珠海考察了横琴新区，了解中国（广东）自由贸易试验区横琴新区的“两区一平台”创新发展和建设情况，并考察了横琴澳门青年创业谷和粤澳中医药科技产业园。

8月22日至25日，民革中央常务副主席齐续春率调研组赴陕西，就健全现代农业科技推广体系进行专题调研。民革陕西省委会主委李晓东参加调研。调研组先后深入杨凌高新技术产业示范区现代农业创新园、农业专业合作社、西北农林科技大学眉县猕猴桃推广示范站、西安市葡萄研究所等地，听取陕西省有关负责同志关于农技推广体系建设情况介绍，详细了解现代农业发展模式及现代农业科技应用推广等情况，并与陕西省有关农业专家座谈交流。

8月2日至7日，民革中央副主席刘凡率调研组赴黑龙江，就中小学生视力保护问题开展调研。调研组赴哈尔滨工大附中、哈工大光电科技有限公司及齐齐哈尔第一中学实地考察，了解青少年近视现状以及成因，听取学校公司研发的光生物安全照明产品的使用及推广情况介绍，并与省关工委、卫计委、教育厅、体育局等部门相关负责同志座谈，针对青少年视力保护及光生物安全照明护眼工程推广问题提出了意见和建议。

8月17日至22日，民革中央副主席刘凡率调研组赴新疆，就“一带一路与品牌建设”和“金融业服务一带一路”两个课题进行调研。民革新疆区委会主委蒋平安参加调研。调研组听取了自治区有关部门、乌鲁木齐经济技术开发区（头屯河区）和企业的情况介绍，实地走访了新疆股权交易中心、新疆北新路桥集团等上市公司、中哈霍尔果斯边境合作中心，详细了解新疆企业品牌建设、参与“一带一路”和实施“走出去”战略情况。

8月14日至17日，民革中央副主席何丕洁率调研组赴四川省甘孜州稻城县，就少数民族地区精准扶贫工作开展专题调研。调研期间，稻城县主要负责同志介绍了稻城县经济社会发展状况和精准扶贫举措，就发挥少数民族群众主体作用，实施旅游扶贫、生态扶贫工作作了情况汇报，民革四川省委会有关负责同志汇报了长期在稻城开展定点扶贫和参与督导工作取得的经验成果。调研组深入基层，与州县两级农业、发改、旅游等部门负责同志深入座谈，听取他们对地区脱贫攻坚举措的感受和建议，了解工作中存在的问题。

8月11日，民革中央副主席郑建邦率调研组赴北京市海淀区，就台湾青年在大陆创新创业工作进行调研。调研组先后考察了创业基地“华灿工场”、创业园区“中关村智造大街”、融资企业“蓝筹网”等单位，听取了相关负责人关于支持台湾青年创新创业的具体方案以及与“华灿奖”合作等相关情况。郑建邦表示，目前创新创业工作开展超过预期，但同时也面临着向市场转化的问题，国家有关部委非常支持“华灿奖”，因此我们有基础、有条件将这件事做好，为台湾青年来大陆创新创业服好务，希望在明年创新成果的市场转化工作取得突破。

9月22日和26日，民革中央常务副主席齐续春率全国政协社法委和民革中央社法委联合调研组分别赴贵州和江苏，就司法体制改革有关问题进行调研。全国政协社法委副主任陈学亨、朱孝清，最高人民法院副院长李少平等参加调研。调研组在两省召开座谈会，听取深化司法体制改革的情况介绍，并赴当地法院、检察院实地考察。

10月11日至16日、26日至29日，11月16日至22日，民革中央主席万鄂湘率调研组赴湖北、河南省，安徽、山东省，湖南、江西省，就“精准立法促进社会文明”开展系列调研。在湖北期间，调研组与湖北省人大常委会及武汉、宜昌、襄阳、荆州等地市人大常委会负责同志，法学专家、律师等展开深入研讨。随后，调研组又与我国首批国家智库中唯一法学界的智库——武汉大学国际法研究所专家学者从法理等角度再次展开探讨。在河南期间，调研组与河南省人大常委会及郑州、洛阳、开封、安阳、信阳等地市人大常委会负责同志、河南省法院、检察院系统代表，民革党员中的法律界专家学者等进行了深入座谈。在安徽期间，调研组与安徽省人大常委会负责同志、法学专家、律师等进行了座谈交流。在山东期间，调研组与山东省人大常委会负责同志、省文明办、省旅游发展委员会等部门和部分设区的市人大常委会相关负责人，有关法学专家、律师等进行了深入研讨。在湖南期间，调研组与湖南省相关部门负责同志就规范公民行为、促进社会文明进行座谈，广泛听取意见。在江西期间，调研组与江西省有关部门、有关地市负责同志进行座谈。大家结合调研主题和自身实际，阐述了对“精准立法促进社会文明”主题的思考，并从下位法与上位法关系、相关法律适用、法律实施、公众参与立法等角度给予分析，提出意见建议。

12月2日至3日，民革中央主席万鄂湘率调研组赴福建省厦门市，就“司法体制改革”和“精准立法促进社会文明”等课题开展专题调研。民革中央副主席、民革福建省委会主委邓力平等参加调研。调研组前往厦门海事法院调研，察看诉讼服务中心、审判法庭等场所，了解法院近年来海事司法工作情况，并与福建省高院、厦门中院、厦门海事法院等单位进行座谈，听取三家法院关于司法体制改革等工作的情况介绍。在“精准立法促进社会文明”座谈会上，调研组听取了福建省、厦门市有关部门和法学专家的有关介绍。与会者就地方立法与上位法关系，如何通过精准立法发挥地方立法机关在社会文明建设方面作用，如何解决法不责众等问题进行讨论，提出意见建议。

2. 以民革中央名义向中共中央和国务院提交专项建议

2月26日，民革中央通过中共中央统战部向中共中央领导同志报送了《关于推动新疆少数民族妇女、青年创业就业促进新疆和谐稳定发展的建议》。该《建议》是在2015年8月民革中央副主席田惠光率调研组赴新疆就推动少数民族妇女、青年创业就业问题进行调研的基础上形成的。《建议》分析了妥善解决新疆少数民族妇女、青年就业问题对改善民生，维持社会稳定和长治久安，促进新疆和谐稳定发展具有的重要意义，并提出相关建议。

2月29日，民革中央通过中共中央统战部向中共中央、国务院领导同志报送了《关于构建未成年人全方位保护体系的建议》。该《建议》是在2015年3月田惠光率调研组赴重庆就未成年人保护问题进行调研的基础上形成的。《建议》分析了当前我国未成年人保护制度和法律保护体系存在的主要问题，并提出相关建议。

3月3日，民革中央通过中共中央统战部向中共中央、国务院领导同志报送了《关于尽快设立中国（湖北）内陆自由贸易试验区，推动长江经济带发展的建议》。该《建议》是在民革中央主席万鄂湘、常务副主席齐续春率调研组赴湖北就内陆地区对外开放和长江经济带发展问题进行调研的基础上形成的。《建议》分析了设立中国（湖北）内陆自由贸易试验区对于深入推进长江经济带战略、构筑对外开放平台、长江中游城市群产业转型升级、打造中部地区发展综合服务区等方面的重要作用，并提出相关建议。

3月15日，民革中央联合国家高端智库武汉大学国际法研究所，通过中共中央统战部向中共中央领导同志报送了《关于构建完整的跨行政区划人民法院体系的建议》。该《建议》是在民革中央主席、国家高端智库武汉大学国际法研究所首席专家万鄂湘率队赴福建、广西、海南、湖北、天津等地，深入听取各地司法机关、相关部门及社会各界对设立跨行政区划人民法院的意见建议的基础上形成的。《建议》分析了当前设立跨行政区划人民法院相关改革措施面临的主要制约因素，并提出相关建议。

5月11日，民革中央向中共中央、国务院领导同志报送了《关于京津冀协同发展中能源结构调整问题的调研报告》。该《报告》是在3月下旬民革中央主席万鄂湘、常务副主席齐续春率调研组赴北京、河北、天津就京津冀能源结构调整课题开展调研的基础上形成的。《报告》总结了京津冀能源结构概要与存在的问题，并提出相关调整建议。5月16日，中共中央总书记习近平就该报告作出重要批示。5月15日，中共中央政治局常委、国务院总理李克强就该报告作出重要批示。5月16日，中共中央政治局常委、全国政协主席俞正声就该报告作出重要批示。5月14日、17日，中共中央政治局常委、国务院副总理张高丽就该报告两次作出重要批示。

7月21日，民革中央向中共中央、国务院领导同志报送了《关于解决京津冀协同发展中贫困问题的建议》。该《建议》是在民革中央主席万鄂湘、常务副主席齐续春率队赴河北保定、承德等地就解决京津冀协同发展中的贫困问题进行调研的基础上形成的。《建议》介绍了河北省实施加快扶贫攻坚步伐十项举措和精准扶贫精准脱贫八大专项行动所取得的成绩，分析了面临的重大挑战和问题，并提出相关建议。7月26日，中共中央总书记习近平就该建议作出重要批示。7月25日，中共中央政治局常委、国务院总理李克强就该建议作出重要批示。7月23日、26日，中共中央政治局常委、国务院副总理张高丽两次就该建议作出重要批示。7月22日、27日，中共中央政治局委员、国务院副总理汪洋两次就该建议作出重要批示。

7月21日，民革中央向中共中央、国务院领导同志报送了《关于进一步加强农产品质量安全工作的建议》。该《建议》是在今年3月至4月民革中央主席万鄂湘、常务副主席齐续春率队赴湖北、安徽、四川等地开展系列调研的基础上形成的。《建议》分析了当前我国农产品质量安全工作存在的比较突出的问题，并提出相关建议。7月25日，中共中央政治局常委、全国政协主席俞正声就该建议作出重要批示。7月23日、26日，中共中央政治局常委、国务院副总理张高丽两次就该建议作出重要批示。7月23日，中共中央政治局委员、中央统战部部长孙春兰就该建议作出重要批示。7 月 22 日，中共中央政治局委员、国务院副总理汪洋就该建议作出重要批示。

8 月 1 日，民革中央向中共中央、国务院领导同志报送了《关于加强农业科技自主创新，引领农业现代化的建议》。该《建议》是在民革中央常务副主席齐续春率调研组赴广东、湖北开展调研的基础上形成的。《建议》分析了目前农业科技创新在支撑、推动、引领现代农业方面的薄弱环节，并提出相关建议。8 月 4 日，中共中央政治局常委、全国政协主席俞正声就该建议作出重要批示。8 月 13 日，中共中央政治局委员、国务院副总理刘延东就该建议作出重要批示。

8 月 22 日，民革中央向国务院领导同志报送了《关于民革前辈纪念场馆保护利用工作情况的报告》。《报告》分析了民革前辈纪念场馆保护利用工作现状和存在的问题，并提出相关建议。8 月 23 日，刘延东就该报告作出重要批示。

8 月 26 日，民革中央向中共中央领导同志报送了《关于进一步加快制定〈法律援助法〉的建议》。该《建议》是在民革中央主席万鄂湘率调研组赴四川、黑龙江开展调研的基础上形成的。《建议》分析了制定《法律援助法》的重要意义，并提出相关建议。9 月 2 日，中共中央政治局委员、中央政法委书记孟建柱就该建议作出重要批示。

8 月 26 日，民革中央向国务院领导同志报送了《关于突破国际组织人才瓶颈，助推国家软实力“弯道超车”的建议》。该《建议》分析了做好国际组织人才培养推送工作的重要意义及中国在国际组织职位竞争中的不利因素，并提出相关建议。

8 月 31 日，民革中央向中共中央、国务院领导同志报送了《关于精准立法促进社会文明的建议》。该《建议》是在民革中央主席万鄂湘率队赴陕西、四川、山西、吉林、上海等地调研的基础上形成的。《建议》分析了当前我国社会文明建设在立法方面的不足，并提出相关建议。9 月 7 日，中共中央总书记习近平就该建议作出重要批示。9 月 6 日，中共中央政治局常委、国务院总理李克强就该建议作出重要批示。9 月 8 日，中共中央政治局常委、全国人大常委会委员长张德江就该建议作出重要批示。9 月 10 日，中共中央政治局委员、中央统战部部长孙春兰就该建议作出重要批示。

10 月 31 日，民革中央向中共中央、国务院领导同志报送了《关于进一步开展海水淡化与综合利用的建议》。该《建议》是在民革中央和国家海洋局联合调研组赴天津、江苏、浙江等地就海水淡化与综合利用进行调研的基础上形成的。《建议》分析了当前我国海水淡化与综合利用在工程规模、核心技术突破、政府引导和市场化运作等方面存在的制约因素，并提出具体建议。11 月 13 日，中共中央政治局常委、国务院总理李克强就该建议作出重要批示。11 月 4 日，中共中央政治局常委、全国政协主席俞正声就该建议作出重要批示。11 月 2 日，中共中央政治局常委、国务院副总理张高丽就该建议作出重要批示。11 月 3 日，中共中央政治局委员、国务院副总理刘延东，中共中央政治局委员、国务院副总理马凯分别就该建议作出重要批示。

11 月 21 日，民革中央向中共中央、国务院领导同志报送了《关于进一步加强新疆“丝绸之路经济带”核心区建设的建议》。该《建议》是在民革中央副主席刘凡率调研组赴新疆就推进“丝绸之路经济带”核心区建设进行调研的基础上形成的。《建议》分析了新疆在丝绸之路经济带核心区建设中面临的困难和挑战，并提出相关建议。11 月 23 日，中共中央政治局常委、国务院副总理张高丽就该建议作出重要批示。同日，中共中央政治局委员、国务院副总理马凯就该建议作出重要批示。

12 月 5 日，民革中央向中共中央、国务院领导同志报送了《关于创新沙漠治理体制促进防沙治沙事业发展的建议》。该《建议》是在民革中央调研组赴甘肃、新疆和内蒙古开展防沙治沙工作专题调研的基础上形成的。《建议》分析了当前我国防沙治沙工作面临的主要制约因素，并提出相关建议。12 月 21 日，中共中央政治局常委、国务院总理李克强就该建议作出重要批示。12 月 17 日，中共中央政治局常委、全国政协主席俞正声，中共中央政治局委员、国务院副总理汪洋，中共中央政治局委员、国务院副总理马凯分别就该建议作出重要批示。12 月 16 日，中共中央政治局常委、国务院副总理张高丽，中共中央政治局委员、国务院副总理刘延东分别就该建议作出重要批示。

（二）民主监督

1. 脱贫攻坚民主监督工作

8 月 4 日，民革中央脱贫攻坚民主监督工作小组第一次会议暨调研工作座谈会在贵州省贵阳市召开。民革中央副主席、工作小组组长何丕洁出席会议。何丕洁在会上强调，民主党派开展脱贫攻坚民主监督工作是一项中共中央赋予的重大政治任务。民革对口贵州开展相关工作，意义重大，责任更加重大，必须提高认识，高度重视。他就开展脱贫攻坚民主监督工作提出三点意见：一是坚持以点带面，除民革长期直接参与扶贫的毕节、黔西南两地和省会贵阳外，在其余六个地市州各选一个县重点开展工作；二是开展脱贫攻坚民主监督工作要逐步开展、有序深入、稳步推进；三是开展脱贫攻坚民主监督工作，必须坚持在民革中央的领导、指导和督导之下，主要依靠贵州民革组织，各地民革组织积极参与的原则。工作小组成员学习了习近平总书记近期关于扶贫工作的讲话精神，就民革中央、省级组织开展脱贫攻坚民主监督工作实施意见进行了研讨，并与中共贵州省委统战部、贵州省扶贫办就工作方案和初次调研安排交换了意见。工作小组部分成员还前往铜仁市江口县和黔东南苗族侗族自治州开展了脱贫攻坚民主监督调研。

9 月 21 日至 22 日，民革中央主席万鄂湘率队赴贵州省开展脱贫攻坚民主监督工作调研。民革中央副主席刘凡，中共中央统战部有关部门，贵州省有关方面及地方负责同志，民革中央脱贫攻坚民主监督调研组全体成员，民革中央企业家联谊会负责人等参加调研。调研组与对口州市负责同志进行了对接，实地走访了黔南州惠水县，考察明田易地扶贫搬迁、农村电子商务扶贫、乡村旅游扶贫相关情况，听取相关介绍，查阅数据资料，走访贫困农家，探访致富代表，与当地干部群众畅谈脱贫思路和举措等。

10 月 26 日，民革中央脱贫攻坚民主监督工作培训会在贵州省安顺市召开。民革中央副主席何丕洁、民革贵州省委会主委王世杰等出席会议。培训班主题是深入学习贯彻中共中央打赢脱贫攻坚战决策部署，按照中共中央统战部、国务院扶贫开发领导小组办公室的统一安排，进一步统一思想认识和工作步调，增强工作的规范性和针对性，保证脱贫攻坚民主监督工作科学有序，取得实效。同时，进一步落实民革中央主席办公会部署以及万鄂湘主席在贵州调研期间对脱贫攻坚民主监督工作作出的重要指示。会议对民革中央脱贫攻坚民主监督下一阶段具体工作进行了安排和部署，对“怎么做、做什么、何时做”等问题进行了细化和明确。与会同志围绕培训会的主题和内容、对口工作的市（州）、完成工作的时间节点等进行了交流讨论，提出意见和建议。会后，与会同志还赴安顺市蔡官镇“易地扶贫搬迁项目”和“恒远易地扶贫搬迁项目”现场等进行了实地考察。

12 月 17 日，民革中央脱贫攻坚民主监督工作小组第二次会议在北京召开。民革中央副主席、工作小组组长何丕洁出席会议。会上认真梳理半年来民革组织开展脱贫攻坚民主监督工作的成果和经验，总结贵州省先进经验做法，提出切实可行的合理化建议。民革中央社会服务部负责人介绍了脱贫攻坚民主监督近期开展的工作、《民革中央脱贫攻坚民主监督专题调研报告》的起草情况和初步设想。与会同志围绕今年工作、2017 年度工作计划发表了看法，并重点研讨了 2016 年度民革中央脱贫攻坚民主监督专题报告。

（三）政治协商

1. 在高层政治协商和征求意见座谈会上提出意见和建议

1 月 25 日，国务院总理李克强主持召开座谈会，听取各民主党派中央、全国工商联负责人和无党派人士代表对《政府工作报告（征求意见稿）》和《“十三五”规划纲要（草案）（征求意见稿）》的意见建议。民革中央主席万鄂湘、常务副主席齐续春、副主席修福金出席座谈会。万鄂湘代表民革中央在会上发言，他表示，《政府工作报告》思路清晰、内容丰富、重点突出、措施有力，对“十二五”的总结客观准确，对“十三五”和今年工作谋划全面具体，是一个提振精气神、汇聚正能量的好报告。“十三五”规划全面系统部署了未来五年经济社会各方面发展的蓝图，是全面建成小康社会决战决胜阶段的纲领性文件，我们十分赞同。万鄂湘结合民革中央调研和座谈中了解到的情况，提出三点建议：一是进一步加强法治政府建设；二是以高科技促进农业现代化；三是进一步做好争取台湾岛内民心工作。

1 月 28 日上午，最高人民法院召开各民主党派中央、全国工商联以及无党派人士座谈会，通报 2015 年人民法院工作，听取意见建议。最高人民法院党组书记、院长周强出席座谈会。民革中央副主席修福金出席座谈会并代表民革中央发言，他表示，中共十八届三中全会以来，为贯彻落实中央对人民法院司法体制改革的战略部署，民革中央与最高人民法院等单位围绕深化司法改革若干重大问题，赴多地开展专题调研，提出的一些建议得到中共中央、国务院有关领导同志的高度评价，并被有关部门采纳。近期，为贯彻落实中共十八届四中全会“探索建立跨行政区划的人民法院和人民检察院”的战略部署，民革中央主席万鄂湘亲自率队开展调研，深入听取各地意见和建议，并拟向中共中央报送调研报告。今年，民革中央还将就司法改革后续问题进行专题调研，希望最高人民法院能一如既往地协助民革中央做好调研，为民革中央参政议政提供支持。

2 月 16 日，最高人民检察院召开各民主党派中央、全国工商联负责人和无党派人士代表座谈会，民革中央副主席何丕洁参加并代表民革中央对最高人民检察院工作报告和检察工作提出意见建议。最高人民检察院党组书记、检察长曹建明主持会议。何丕洁在发言中指出，近期，为贯彻落实中共十八届三中、四中全会对司法体制改革作出的战略部署，民革中央主席万鄂湘率队就“两院”组织法修改开展调研，深入听取各地的意见建议。调研后，将对检察院组织法修改问题提出相关建议。今年民革中央还将就司法体制改革后续问题进行专题调研，希望最高人民检察院一如既往地帮助民革中央做好相关调研，继续为民革中央参政议政工作提供支持。

7月25日，中共中央在中南海召开党外人士座谈会，就当前经济形势和下半年经济工作听取各民主党派中央、全国工商联负责人和无党派人士代表的意见和建议。中共中央总书记习近平主持座谈会并发表重要讲话。中共中央政治局常委李克强、俞正声、刘云山、张高丽出席座谈会。李克强通报了上半年经济工作有关情况，介绍了中共中央关于做好下半年经济工作的考虑。民革中央主席万鄂湘、常务副主席齐续春、副主席修福金出席座谈会。万鄂湘代表民革中央在会上发言，就下一阶段经济工作提出几点建议：在推进供给侧结构性改革方面，建议处理好去杠杆、降成本中的过桥贷款问题；推动消费品标准升级。在保护知识产权，激发创新动力方面，建议加强科学立法；完善知识产权纠纷解决中行政和司法的衔接；注重宣传典型案例。在加强农业科技自主创新方面，建议改革农业高科技投融资体制；更好发挥创新型人才的作用；激励农业科技推广；扩大两岸农业高科技合作。

12月6日，中共中央在中南海召开党外人士座谈会，就今年经济形势和明年经济工作听取各民主党派中央、全国工商联负责人和无党派人士代表的意见和建议。中共中央总书记习近平，中共中央政治局常委李克强、俞正声、刘云山、张高丽出席座谈会。李克强通报了今年经济工作有关情况，介绍了中共中央关于做好明年经济工作的考虑。民革中央主席万鄂湘、常务副主席齐续春、副主席修福金出席座谈会。万鄂湘代表民革中央在会上发言，结合民革中央近期调研和日常了解的情况，就明年经济工作提出五点建议：一是为中小实体企业开拓融资新渠道；二是科学设置五险一金，降低企业用工成本；三是放宽市场准入，规范PPP投资模式；四是改善税费征收体系，加大部分税收优惠力度；五是降低二手设备税费，促进企业去库存。

2. 在全国政协上的提案和发言（办复）

（1）向全国政协十二届四次会议提交的大会发言和提案

3月3日至14日，全国政协十二届四次会议在北京召开，民革中央提交大会发言9件，分别是：《有“九二共识”神针定海，两岸关系方能行稳致远》（郑建邦副主席在会上作口头发言）、《让分享经济助力新常态》（民革中央与全国政协社法委联合提交，汤维建在会上作口头发言）、《关于提升“一带一路”倡议金融保障能力的建议》《以改革开放的思维推动我国职业教育的发展》《加快修改〈监狱法〉，进一步完善监狱法律制度》《提升我国生态外交实力，服务“一带一路”倡议》《积极打造现代畜牧业，加快推进农业现代化》《以生态产业助推贫困地区绿色发展》《以高科技创新突破，补农业现代化“短板”》。

提交公开提案33件，分别是：《关于以高科技创新突破，补农业现代化“短板”的提案》《关于加快推进我国草原现代畜牧业发展的提案》《关于加强农村集体经营性建设用地开发利用的提案》《关于区别对待耕地“非粮化”和“非农化”，保障我国粮食“立足自给”的提案》《关于多措并举，打赢边民脱贫攻坚战的提案》《关于设立赤水河流域生态经济示范区，实现产业脱贫的提案》《关于保障法官权益的提案》（民革中央与全国政协社法委联名提交)、《关于完善互联网经济法律规制的提案》(民革中央与全国政协社法委联名提交)、《关于加强我国城市居民居家养老服务体系建设的提案》《关于两岸"共享史料、共写史书"的提案》《关于探索两岸青年创业园区新型运作模式的提案》《关于进一步依法保护台湾同胞权益的提案》《关于在京津冀协同发展战略下促进两岸产业转型对接的提案》《关于积极利用新媒体提升对台宣传工作的提案》《关于加强中国品牌建设的提案》《关于积极引领民营企业"走出去"的提案》《关于将自由贸易区与自由贸易试验区两大国家战略对接的提案》《关于多措并举,做好去产能过程中人员安置工作的提案》《关于以改革开放的思维推动我国职业教育发展的提案》《关于重视加强皮肤病性病防治工作,补齐全民健康事业发展短板的提案》《关于建立跨部门安全信息共享共用机制的提案》《关于促进台资医疗机构发展,深化两岸医界合作的提案》《关于深化医养护一体化服务改革的提案》《关于深化自然资源制度改革,加快构建生态文明制度体系的提案》《关于规范企业对外投资贸易行为,共担"一带一路"倡议环保责任的提案》《关于科学合理利用水资源,推动京津冀协同发展的提案》《关于因地制宜,科学推进海绵城市建设的提案》《关于探索"医养结合"模式,解决失能老人社会养老问题的提案》《关于构建未成年人全方位保护体系的提案》《关于抓好中华优秀传统文化教育进校园工作的提案》《关于建立我国失能失智老人长期照护保障制度的提案》《关于进一步建立和完善我国儿童大病医疗保障体系的提案》《关于多措并举推进我国青少年性健康教育的提案》。

(2)国家有关部委就民革中央提案作出答复

8月4日,国务院台湾事务办公室就民革中央在全国政协十二届四次会议上提交的《关于进一步依法保护台湾同胞权益的提案》作出答复。

8月8日,国家发展和改革委员会就民革中央在全国政协十二届四次会议上提交的《关于促进"一带一路"倡议与欧洲投资计划对接的提案》作出答复。

8月10日,财政部就民革中央在全国政协十二届四次会议上提交的《关于进一步深化预算管理改革的提案》作出答复。

8月10日,国家卫生和计划生育委员会就民革中央在全国政协十二届四次会议上提交的《关于促进台资医疗机构发展,深化两岸医界合作的提案》作出答复。

8月15日,科技部就民革中央在全国政协十二届四次会议上提交的《关于助推科技型中小企业发展,加快实施创新驱动发展战略的提案》作出答复。

8月19日,人力资源和社会保障部就民革中央在全国政协十二届四次会议上提交的《关于建立我国失能失智老人长期照护保障制度的提案》作出答复。

8月22日,国家卫生和计划生育委员会就民革中央在全国政协十二届四次会议上提交的《关于重视加强皮肤病性病防治工作,补齐全民健康事业发展短板的提案》作出答复。

8月22日,农业部就民革中央在全国政协十二届四次会议上提交的《关于以高科技创新突破,补农业现代化"短板"的提案》作出答复。

8月25日,人力资源和社会保障部就民革中央在全国政协十二届四次会议上提交的《关于多措并举,做好去产能过程中人员安置工作的提案》作出答复。

8月26日,国务院台湾事务办公室就民革中央在全国政协十二届四次会议上提交的

《关于在京津冀协同发展战略下促进两岸产业转型对接的提案》作出答复。

8月27日，住房和城乡建设部就民革中央在全国政协十二届四次会议上提交的《关于因地制宜，科学推进海绵城市建设的提案》作出答复。

8月28日，国务院扶贫开发领导小组办公室就民革中央在全国政协十二届四次会议上提交的《关于多措并举打赢边民脱贫攻坚战的提案》作出答复。

8月30日，国务院台湾事务办公室就民革中央在全国政协十二届四次会议上提交的《关于积极利用新媒体提升对台宣传工作的提案》作出答复。

8月30日，国务院台湾事务办公室就民革中央在全国政协十二届四次会议上提交的《关于探索两岸青年创业园区新型运作模式的提案》作出答复。

9月2日，最高人民法院就民革中央在全国政协十二届四次会议上提交的《关于保障法官权益的提案》作出答复。

9月9日，水利部就民革中央在全国政协十二届四次会议上提交的《关于科学合理利用水资源，推动京津冀协同发展的提案》作出答复。

9月13日，农业部就民革中央在全国政协十二届四次会议上提交的《关于加快推进我国农业物联网发展的提案》作出答复。

9月19日，农业部就民革中央在全国政协十二届四次会议上提交的《关于加快推进我国草原现代畜牧业发展的提案》作出答复。

9月23日，国家发改委就民革中央在全国政协十二届四次会议上提交的《关于规划建设西南国际大通道的提案》作出答复。

9月25日，国家卫生和计划生育委员会就民革中央在全国政协十二届四次会议上提交的《关于深化医养护一体化服务改革的提案》作出答复。

9月27日，商务部就民革中央在全国政协十二届四次会议上提交的《关于将自由贸易区与自由贸易试验区两大国家战略对接的提案》作出答复。

9月29日，国家发改委就民革中央在全国政协十二届四次会议上提交的《关于设立赤水河流域生态经济示范区，实现产业脱贫的提案》作出答复。

10月10日，中国人民银行就民革中央在全国政协十二届四次会议上提交的《关于推动金融供给侧改革、增强金融服务京津冀协同发展能力的提案》作出答复。

10月25日，教育部就民革中央在全国政协十二届四次会议上提交的《关于抓好中华优秀传统文化教育进校园工作的提案》作出答复。

10月26日，教育部就民革中央在全国政协十二届四次会议上提交的《关于多措并举推进我国青少年性健康教育的提案》作出答复。

11月14日，住房和城乡建设部就民革中央在全国政协十二届四次会议上提交的《关于盘活用好全国大中城市商务楼宇资源的提案》作出答复。

11月14日，教育部就民革中央在全国政协十二届四次会议上提交的《以改革开放的思维推动我国职业教育的发展》作出答复。

（四）促进祖国和平统一工作

1. 搭建祖统工作平台，大力促进两岸交流

2月13日至22日，民革中央以中华中山文化交流协会的名义，组织接待了第十五届台湾高校杰出青年赴大陆参访团，赴湖北、河南、北京等地参访交流。本年的“杰青团”活动在以政治、文化、校际交流为主题的传统特色基础上，特别在爱国主义教育和创新创业方面进行了创新，以孙中山先生诞辰150周年为契机，安排参访团参观武汉辛亥革命纪念馆，以创新创业为主题安排参访团参观湖北东西湖海峡两岸青年创业基地和光谷留学生创业园，北京751和798文创园区、中关村创业大街，参加了由“黑马会”组织的两岸青年创业专场交流活动等。2月19日，民革中央副主席郑建邦在机关会见了以陈郁宏为团长的参访团一行。郑建邦在会见时指出，“杰青团”从创立到现在，为两岸青年的沟通、交流、成长搭建了一个平台，延续着历届“杰青”伙伴的亲情和友爱。欢迎更多热心于两岸交流交往、致力于海峡两岸和平发展的杰出青年参加进来，通过他们的努力，实现自己的人生价值，为中华民族营造一个美好的未来。他希望“杰青团”成员在大陆参访期间多观察、多思考，为两岸关系发展贡献智慧和力量。陈郁宏先生表示，“杰青团”已经成为两岸青年交流的品牌项目。近年来，民革中央举办了两岸青年创新创业论坛，安排台湾青年学生赴大陆实习，让台湾青年深入了解大陆。希望团员们通过实地参访，拓宽自己的视野，透过深入对话开启深层次思考，加深台湾青年学生对大陆社会民情的认知，在两岸未来的和平发展中尽一己之力，缔结两岸的长远情谊。参访团成员同民革中央机关部门负责人、部分在京民革党员中的专家学者进行了座谈，围绕共同关心的问题进行了探讨。

8月1日至7日，民革中央以中华中山文化交流协会的名义邀请“第五届台湾擎天协会暑期青年华夏文化参访团”一行35人，赴北京、内蒙古等地参访交流。参访团尝试性地吸收更年轻的成员参与到两岸交流中来，此次参访团团员年龄层大幅降低，全团包含4位高中生，其中年龄最小的只有16岁，半数以上为第一次来大陆。活动安排注重以亲情为纽带，以历史文化和民族精神为桥梁，将高层政治拜会、青少年面对面交流联谊、中国近代史观教育和文化主题参访融为一体。在北京，安排参访团拜会了中央统战部、国台办和民革中央，参观了长城、故宫。在内蒙古参观了内蒙古博物院，游览了呼和诺尔草原，还特别安排参访团参访世界反法西斯战争海拉尔纪念园，拜谒“第59军抗日阵亡将士纪念碑”，参访了蒙牛集团和满洲里边境口岸等，给台湾青年的思想情感带来巨大的震动。

11月10日，民革中央、黄埔军校同学会共同主办的第七届“中山·黄埔·两岸情”论坛在北京举行。中共中央统战部副部长林智敏，国务院台湾事务办公室副主任龙明彪，民革中央副主席刘凡、郑建邦，海内外黄埔师生及亲友和各界嘉宾180余人出席论坛。与会全体人员在北京中山公园中山堂拜谒了孙中山先生像。台湾新同盟会会长许历农、台湾新党主席郁慕明也分别在论坛上致辞。与会的两岸嘉宾在“爱国、奋斗、团结、牺牲”的黄埔精神和中山先生“振兴中华”精神的旗帜下共同探讨了两岸关系和平发展的前进路径。

11月28日至12月3日，民革中央与在中华中兴菁英发展协会、台湾青年联合会、中华杰出青年交流促进会、中华青年之友会、中华青年发展联合会、两岸经贸文化发展协会等单位北京、南京举办“共担使命·共享发展——第二届两岸青年和平发展论坛”系列活动。民革中央副主席郑建邦出席活动并致辞。论坛上，民革中央发起成立“两岸青年创新创业大联盟”，大陆及台湾多家青创园区、青年社团将签署《“两岸青年创新大联盟”合作规划书》，实现两岸青创资源大整合。将台湾青年来大陆创业咨讯服务“懒人包”（汇总并随时更新大陆各地青创园区核心信息的精练资讯集成电子文档）上线，直接提供给岛内青年创客，服务两岸青年创业。全体嘉宾共同发表《两岸青年海峡倡议》。提出两岸青年要携手建设两岸共同家园，共同推动两岸和平发展，共同承担起民族复兴的神圣使命，以实际行动为两岸青年交流创业提供服务，共同推动两岸青年携手创业、实现梦想。

12月22日，由中华中山文化交流协会、中国高等教育学会、两岸文化创意人才服务基地共同主办的第三届“华灿奖”颁奖仪式暨第七届两岸青年创新创业论坛在北京举行。民革中央常务副主席齐续春、国务院台湾事务办公室副主任龙明彪、民革中央副主席郑建邦、中国高等教育学会会长瞿振元以及教育部、科技部、文化部等单位有关负责同志和来自两岸各界的嘉宾及高校学生200余人出席论坛。郑建邦在致辞中指出，在三年的时间里，“华灿奖”不断开拓进取，逐步成为能让两岸四地文创青年充分发挥自身价值，实现创业梦想的大舞台。当前大陆吹响了“大众创业、万众创新”的号角，开始实施“一带一路”等一系列经济发展战略，使两岸青年创新创业迎来全新发展机遇，两岸青年要立大志、成大事，自觉承担引领科技创新、推动国家进步、促进社会发展的责任，积极投身创新创业实践。肩负起时代赋予的重任，让青春年华在为国家富强、民族复兴的奉献中发出绚丽光彩。齐续春、龙明彪等领导同志为“华灿奖”获奖人员颁奖，论坛上还举行了创新成果转化签约仪式。

2. 积极参与推动海外华人反独促统工作

7月7日，由泰国中国和平统一促进会总会主办的全球华侨华人促进中国和平统一大会在泰国曼谷开幕。全国政协副主席、中国和平统一促进会副会长、民革中央常务副主席齐续春出席大会开幕式。民革中央副主席郑建邦率中华中山文化交流协会代表团出席大会，并于会后率团顺访菲律宾、柬埔寨。本次大会以“九二共识是两岸关系和平发展的基石”为主题。齐续春在开幕式上讲话，充分肯定了港澳台同胞和海外侨胞在推动两岸关系和平发展、致力于中国和平统一事业所作出的重要贡献与作用，重申了大陆对台大政方针的有关精神。他呼吁海内外同胞并肩携手，同心协力，从维护“一中框架”、反对分裂言行、融通同胞人心、争取广泛支持、增强整体合力等五个方面进一步推动反“独”促统运动深入开展，努力谱写无愧于历史、无愧于时代、无愧于民族的新篇章。郑建邦也在大会上致辞。中华中山文化交流协会代表团访问泰、菲、柬期间，拜会了我国驻外大使馆，并广泛接触华人华侨社团，介绍大陆对台方针政策和“一带一路”倡议，积极参加各国侨界开展的孙中山先生诞展150周年纪念活动。

8月13日至17日，应北加州华人文化体育协会邀请，中华中山文化交流协会代表团赴美国参访。在美期间，代表团与北加州中国和平统一促进会、华盛顿中国和平统一促进会共同举办了2场“纪念孙中山先生诞辰150周年座谈会”，参加了北加州侨胞纪念孙中山先生诞辰150周年晚会等活动，拜会了中国驻旧金山总领事馆和美西中国和平统一促进会，并与侨界代表人士广泛接触。代表团负责人在参加活动时发表演讲，高度肯定广大华人华侨爱国爱乡的光荣传统，号召海外侨胞和两岸同胞一道，继承和发扬孙中山先生爱国、革命和不断进步的伟大精神，努力为中华民族伟大复兴而奋斗。

8月20日至29日，应欧洲华侨华人社团联合会第十九届大会组委会邀请，中华中山文化交流协会代表团赴斯洛伐克出席欧洲华侨华人社团联合会第十九届大会，并顺访奥地利、匈牙利。参访团在欧洲期间，先后拜会了中国驻奥地利大使馆和驻斯洛伐克大使馆负责同志，并拜会了有关侨社、华文学校，广泛接触各界华人华侨代表人士，多次参加当地华侨华人组织的“孙中山先生诞辰150周年纪念活动暨反独促统座谈会”等活动。

（五）社会服务

2016年，民革社会服务工作紧密围绕国家发展改革的整体布局和中共中央打赢脱贫攻坚战的总体部署，积极开展工作，探索创新，履行职能，各项工作取得显著进展。

1. 社会服务专项工作和支边扶贫工作

（1）扶贫调研及扶贫帮扶工作

3月22日至24日，民革中央副主席何丕洁率调研组赴贵州毕节试验区，就精准扶贫工作进行调研。民革贵州省委会主委王世杰参加调研。调研组先后赴纳雍县库东关乡黑沙垮村、化作乡安大垮村、纳雍经济开发区大拓新能源高新科技有限公司，实地考察学校、村卫生室、农业水果旅游观光园建设情况和企业生产经营情况，并走访慰问了贫困户。调研组在纳雍县召开了民革中央精准扶贫工作座谈会。

5月24日，民革中央主席万鄂湘率调研组赴河北省保定市涞源县，就京津冀协同发展中的贫困问题进行调研。民革中央副主席、民革北京市委会主委傅惠民，民革河北省委会主委卢晓光等参加调研。调研组一行出席了幸福天使“美丽中国行”全国博爱救护暨以爱育爱“红十字救助站”河北捐赠仪式和“民革与涞源县精准扶贫项目签约仪式”。捐赠仪式上，民革中央携手中国红十字会博爱基金、中国红基会幸福天使基金，向涞源县及河北省捐赠款物共计1473万元。捐赠款物将用于在河北省的5A、4A级景区援建10所“红十字救助站”，培训应急救护人员；在涞源县白石山村建设“博爱家园”；在省内实施“以爱育爱·金童计划”；帮扶省内0–6岁贫困家庭婴童成长营养所需等。在签约仪式上，来自民革中央企业家联谊会、民革北京企业家联谊委员会、中国红十字基金会的企业家们与当地政府签订了多份框架意向协议书，对接了教育扶贫、光伏扶贫、种植养殖、博爱家园等多项扶贫项目。随后，调研组赴民革在涞源精准扶贫的重点对象——白石山镇白石山村，重点考察贫困家庭特别是因病致贫农户的生产生活情况以及美丽乡村建设情况。

6月20日，民革中央副主席田惠光率调研组赴民革中央定点扶贫村——河北省张北县油篓沟镇兴隆村开展精准扶贫工作调研。民革中央社会服务部、民革天津市委会、民革河北省委会有关负责同志参加调研。调研组深入农村贫困户家中，了解他们的生活情况，并发放了慰问品。调研中，田惠光在听取兴隆村基本情况及开展扶贫工作所面临的相关问题介绍后要求民革组织充分发挥特点和优势，开展对口帮扶，实施精准扶贫、精准脱贫，为如期实现全面小康做准备，进一步了解情况，对兴隆村的优势及所造成发展困境的原因进行充分摸底，通过联合调研建言献策，呼吁政府制定符合当地实际情况的扶贫政策；实行产业对接，注重实效，将企业优势与当地资源结合起来，携手当地村民进行小康社会建设；充分发挥民革人才优势，组织专家深入到田间地头，为村民提供培训和手把手的技术指导；对建档立卡的50户村民进行有针对性的帮扶，一户一策，切实解决贫困户所面临的困难。

12月3日至6日，民革中央副主席何丕洁率调研组赴贵州省纳雍县，就脱贫产业和农村社会事业进行调研。调研组实地走访了“博爱工程”民生改善项目——昆寨乡千秋村卫生服务中心、化作乡枪杆岩旅游新村和民革中央重点扶贫联系村——核桃寨村，考察农村基本公共卫生服务情况、乡村旅游经济发展情况、饮用水源建设情况等。调研组还走访慰问了部分乡镇的贫困户和留守儿童家庭，与当地干部群众研究探讨精准扶贫精准脱贫新思路新举措。

（2）民革全国办学工作经验交流会

7月14日至15日，民革中央在贵州省毕节市召开民革全国办学工作经验交流会。民革中央副主席何丕洁，全国22个省市民革组织的相关负责同志以及民革办学校长等近300人参加会议。

何丕洁在会上讲话，他回顾和总结了十年来民革办学的经验，对民革组织办学、民革党员办学取得的成绩给予充分的肯定，对民革教育工作者在立足本职、加快发展的同时，主动在国家改革发展过程中有所担当、有所贡献的精神给予高度赞扬。他强调，在新常态下民革各级组织和所联系的教育工作者应创新办学工作方式方法，促进民革教育事业健康发展。要明确做好办学工作是民革完善和发展中国共产党领导的多党合作和政治协商制度的重要组成部分；要将促进人的全面发展、适应经济社会发展需要，积极参与全面深化教育体制改革，作为民革办学工作发展的根本方向；要把围绕精准扶贫精准脱贫和全面建成小康社会开展教育帮扶，作为今后一个时期民革办学工作的战略主题；民革各级组织要充分认识办好教育工作在新形势下的特殊意义，将其放在全党工作中更加突出的位置，努力提高服务水平。

会上，相关专家就“十三五”教育发展规划及国家民办教育方针、政策等作了辅导报告。会议期间，与会人员还参观了“多党合作助推脱贫攻坚成果展”，并赴毕节工校实训基地进行了考察。民革企业家代表和毕节市教育局签署了帮扶协议。

（3）成立中山博爱基金会，搭建社会服务工作新平台

3月22日，中山博爱基金会一届一次理事会暨成立大会在北京举行。民革中央主席万鄂湘、常务副主席齐续春，副主席修福金、郑建邦出席会议。中山博爱基金会是民革党员及所联系人士，尤其是党员中的企业家参与公益慈善、奉献社会的一个重要的公益慈善平台。在会上郑建邦就《中山博爱基金会章程（草案）》以及基金会理事会人员组成作说明。民革中央秘书长、中山博爱基金会筹备组组长李惠东作中山博爱基金会筹备工作报告。会议通过了《中山博爱基金会章程》，选举郑建邦为中山博爱基金会第一届理事

会理事长，李惠东、邓兴贵、庄小夸、李希为副理事长，李惠东任秘书长（兼），任命周天鸿为监事。马松涛、任文海、郑耀南、游忠惠、翟志海等10人为中山博爱基金会第一届理事会理事。中山博爱基金会理事，中山博爱基金会筹备组成员，中央统战部一局、民政部民间组织管理局有关同志，民革中央各工作部门负责人和热心民革工作及社会公益事业的企业家代表参加会议。

会议之后，中山博爱基金会根据民政部社会组织管理局规定，在中国社会组织网完成了设立登记的网上填报工作，4月25日，民政部印发《民政部关于中山博爱基金会设立登记的批复》，中山博爱基金会获颁法人登记证书，并启用了社会信用代码。

8月18日，中山博爱基金会一届二次理事会在贵州省安顺市召开，民革中央副主席、中山博爱基金会理事长郑建邦主持会议，民革中央秘书长、中山博爱基金会副理事长兼秘书长李惠东作工作报告。民革广东省委会主委、中山博爱基金会监事周天鸿，中山博爱基金会副理事长邓兴贵、庄小夸及理事游忠惠等出席会议。会议审议通过了李惠东作的《中山博爱基金会关于自一届一次理事会以来主要工作情况和2016年下半年工作计划安排的报告》，通过了《中山博爱基金会理事会会议制度》《中山博爱基金会财务管理制度》《中山博爱基金会项目管理办法》《中山博爱基金会证书和印章管理制度》和《中山博爱基金会捐赠票据管理制度》，审议通过了《中山博爱基金会2016年度财务收支预算》和《中山博爱基金会2016年度投资计划》。会议增补民革党员、海南第一投资控股集团有限公司董事长、海南成美慈善基金会理事长蒋会成为理事。

2. 书画工作

1月6日，民革书画工作会议在北京召开。民革中央副主席、民革中央画院常务副院长何丕洁，民革各省级组织分管书画工作的负责同志参加会议。与会同志分别介绍了各地书画工作开展情况，交流了工作思路、方法和经验，并对民革书画工作提出了意见和建议。

9月1日，民革中央画院第四期中国画写生培训班在山东临沂沂南县开班。民革中央副主席、民革中央画院常务副院长兼秘书长何丕洁，民革山东省委会主委孙继业出席开班仪式。培训班旨在认真贯彻落实习近平总书记在文艺工作座谈会上的讲话精神，探索民革中央画院培养机制，加强党员书画工作者之间切磋交流，使党员书画工作者在艺术水平和思想水平上得到双重提升。

11月8日至13日，民革中央联合中央文史馆、中国美协主办的“天下为公——纪念孙中山先生诞辰150周年美术作品展览”在北京民族文化宫举行。11月9日，民革中央主席万鄂湘、常务副主席齐续春参观了展览。民革中央原主席何鲁丽、周铁农，全国政协港澳台侨委员会副主任卢昌华，中央统战部副部长林智敏，文化部副部长董伟，致公党中央副主席兼秘书长曹鸿鸣，台盟中央常务副主席黄志贤，民革中央副主席修福金、傅惠民、何丕洁、郑建邦等出席8日举行的开幕式。

三、自身建设

2016年，民革全党认真学习贯彻中共十八大、十八届三中、四中、五中、六中全会精神和习近平总书记系列重要讲话精神，坚决拥护中国共产党的领导，不忘合作初心，继续携手前进，持续开展坚持和发展中国特色社会主义学习实践活动，自身建设取得新进展。

（一）思想政治和宣传工作

2016年，民革中央以“坚持和发展中国特色社会主义学习实践活动”为主线，推动民革各级干部和广大党员认真学习贯彻中共十八大、十八届三中、四中、五中、六中全会精神和习近平总书记系列重要讲话精神，坚决拥护中国共产党的领导，不忘合作初心、继续携手前进，隆重纪念孙中山先生诞辰150周年，重点推动宣传、思想和理论研究等方面工作，取得了显著成绩。

1.“不忘合作初心，继续携手前进”专题教育活动

为贯彻习近平总书记关于协助民主党派加强思想政治工作的重要批示精神，民革中央印发《关于开展“不忘合作初心，继续携手前进”主题教育活动的通知》，在民革全党各级组织和广大党员中开展“不忘合作初心，继续携手前进”主题教育活动。并以教育活动作为民革坚持和发展中国特色社会主义学习实践活动的主题、重要内容和载体。通知明确了开展主题教育活动的目的和意义、学习的重点和特点、工作的方式和要求，提出了在主题教育活动期间开展的七项重点工作项目。通知要求，要以深入学习中共十八届六中全会精神、习近平总书记“七一”重要讲话精神为重点，通过开展形式多样的学习活动，使民革各级干部和广大党员，从继承和发扬民革优良传统入手，不断增强对中国特色社会主义的道路自信、理论自信、制度自信、文化自信，不断增强参与多党合作的能力。

8月11日，民革中央副主席修福金在吉林省长春市出席由民革中央宣传部、民革吉林省委会、中共通化市委联合举办的“感动中国”2015年度人物张宝艳、秦艳友先进事迹报告会。民革吉林省委会主委张伯军等出席报告会。修福金代表民革中央向张宝艳、秦艳友表示敬意，向报告团成员表示感谢。他说，民革中央历来高度重视思想建设，在坚持和发展中国特色社会主义学习实践活动中，涌现出许多先进人物和先进事迹。张宝艳、秦艳友和他们创建的“宝贝回家”就是这些先进人物和先进事迹的典型代表。修福金强调，民革各级组织和广大党员要学习张宝艳、秦艳友高度的政治自觉和担当精神、高度的道德自觉和奉献精神、高度的行动自觉和执着精神，自觉践行社会主义核心价值观，积极投身到中国特色社会主义伟大实践中，为实现中华民族伟大复兴的中国梦贡献力量。会上，张宝艳、秦艳友夫妇，寻子家长代表，“宝贝回家”志愿者代表向观众讲述了他们在寻亲路上与志愿服务过程中的经历，得到现场观众的强烈反响。

11月24日，民革中央在京举办学习贯彻中共十八届六中全会精神专题学习会。民革中央主席万鄂湘在开幕会上作了重要讲话，民革中央常务副主席齐续春主持开幕会。民革中央副主席修福金出席会议。万鄂湘指出，作为与中国共产党亲密合作、共同致力于中国特色社会主义事业的参政党，民革要深入学习贯彻六中全会精神，坚决维护以习近平同志为核心的中共中央权威，不忘合作初心、继续携手前进，切实承担起中国特色社会主义事业的亲历者、实践者、维护者、捍卫者的政治责任。万鄂湘强调，学习贯彻六中全会精神是当前和今后一个时期民革全党的重大政治任务。学习贯彻六中全会精神要与中国特色社会主义学习实践教育活动相结合。要以六中全会精神为指导，做好民革履职工作和自身建设。会议还邀请了国家行政学院公共管理教研部教授竹立家作中共十八届六中全会精神辅导报告，国家行政学院教授许耀桐作《中国共产党党内监督条例》精神辅导报告。民革各省级组织专职副主委、监委会主任、办公室主任、宣传处负责人，民革中央各工作部门负责人及机关干部近两百人参加会议。

2. 理论研究工作

1 月 9 日，民革中央理论研究与学习委员会、上海师范大学协商民主与公共政策研究中心在浙江省杭州市联合举行政协协商与公共政策实地调研暨学术研讨会。民革中央副主席、理论委主任修福金出席研讨会。修福金在讲话中指出，协商民主与公共政策研究中心有三方面的工作任务，一是要着眼于协商民主制度化建设，不断加强理论建设和实践探索的研究力度，为完善社会主义协商民主体制机制服务；二是要立足于加强研究中心自身建设，探索参政党智库的建设方式和发展模式，为参政党协商能力建设提供方法和思路；三是要着力于应用型研究，提出具有针对性和现实性的公共政策建议，直接服务于公共政策的民主化、科学化。修福金对研究中心的工作提出三点希望。第一要解放思想，创新理念，在协商民主的理论建构和实证研究方面追求新的突破。第二要不断探索完善中心的工作机制，为参政党智库的建设提供经验和借鉴。第三要不断拓展中心的工作范围和深度，争取形成一批具有现实性和可行性的公共政策研究成果。部分专家学者围绕政协协商与公共政策分别作了主题发言，杭州市政协负责同志介绍了杭州市政协在协商民主实践中的理论研究、实践经验以及存在的问题，并与参会专家学者进行了深入的交流和讨论。

7 月 8 日至 9 日，民革中央理论委——上海师大协商民主与公共政策研究中心和苏州大学、苏州市政协理论研究会联合在苏州召开社会主义协商民主与乡镇治理创新论坛，民革中央副主席、协商民主与公共政策研究中心主任修福金出席论坛。修福金在论坛上讲话指出，基层协商是中共中央《关于加强社会主义协商民主建设的意见》中构建的七个协商渠道之一，是协商民主建设中最具广泛性和基础性的部分，同时也是最有创新潜力和最具发展空间的部分。基层协商与乡镇治理，两者紧密联系、相互依托。发展探索基层协商是完善改进乡镇治理的重要方法。他强调，要从六个方面加强基层协商研究：一是如何在基层协商中坚持中国共产党的领导；二是如何实现基层群众公共参与的有序性；三是如何实现基层协商与现有制度资源有效衔接和整合；四是如何进一步提高人民群众的公共参与能力；五是如何进一步完善协商议事规则；六是如何确立协商成果的反馈和落实机制。论坛上，修福金等领导同志为苏州大学社会主义协商民主理论与实践研究中心成立揭牌。与会同志就基层协商民主与乡镇治理创新中的实践经验以及存在的问题进行了交流和讨论。

3. 党史教育和民革前辈纪念场馆保护利用系列工作

5 月中旬，民革中央副主席、民革前辈纪念场馆联谊会会长修福金率调研组分别赴安徽、湖南，就民革前辈纪念场馆保护利用情况进行调研。在安徽，调研组实地考察了位于六安市的朱蕴山纪念馆和位于合肥巢湖市的张治中故居、冯玉祥故居。在湖南，调研组实地考察了程潜公馆，并了解了唐生智故居的保护利用现状。5月30日至6月3日，修福金率调研组赴浙江省宁波、绍兴市，就民革前辈纪念场馆保护利用情况开展调研。在宁波市，调研组实地考察了民革中央原常委翁文灏故居，并召开座谈会。修福金对宁波市“政府主导、企业牵头、社会化管理”的名人故居保护模式给予肯定，并建议宁波市有关方面根据“保护为主，抢救第一，合理利用，加强管理”的方针，继续推进各项工作。12月10日至11日，修福金率调研组赴广东省，实地考察了位于广东省佛山市高明区明城镇的三谭纪念馆、谭平山故居以及位于高明区更合镇的陈汝棠纪念馆及故居，详细了解两处故居的修缮、保护、利用现状，纪念场馆在展览陈列中对民革党史、有关文物资料的挖掘使用情况，以及民革组织在当地民革前辈纪念场馆的保护开发中所做的工作。12月12日至14日，修福金率调研组到广西，实地考察了位于广西贺州黄姚古镇的何香凝故寓，详细了解故寓的修缮、保护、利用现状，展览陈列中对民革党史、有关文物资料的挖掘使用情况，以及民革组织在当地民革前辈纪念场馆的保护开发中所做的工作。通过系列调研，全面了解把握了民革前辈故居的保护利用情况，为进一步推进此项工作打下良好基础。

10月17日，孙越崎生平事迹研讨会暨民革前辈纪念场馆联谊会第五次年会在浙江省绍兴市召开。民革中央副主席修福金、民革浙江省委会主委吴晶等出席会议。修福金在会上指出，孙越崎的一生，是爱国的一生，是为国家和人民不懈奋斗的一生，是追求真理、不断进步的一生。民革各级领导干部和广大党员要从孙越崎跟随中国共产党革命、奋斗的人生轨迹中获得教育和启迪，学习继承孙越崎矢志不渝的爱国主义精神、坚持中国共产党领导的政治立场、积极履行参政党职能的宝贵经验，不断夯实共同政治思想基础，为推动中国共产党领导的多党合作事业不断发展发挥积极作用。修福金回顾总结了民革党史研究及民革前辈纪念场馆联谊会的相关工作，介绍了民革中央开展民革前辈故居调研、起草有关加强民革前辈纪念场馆保护利用报告的相关情况。他强调，联谊会成员单位要抓住此次契机，进一步挖掘自身资源，加强交流与合作，要通过更好地宣传好民革前辈的光荣事迹，传承好民革前辈的优良传统，保护好纪念场馆的有形建筑，开发好纪念场馆的无形资源。孙越崎亲属和曾经工作过的单位，孙越崎科技教育基金委员会，民革前辈纪念场馆联谊会理事单位代表，以及来自全国各地的专家、学者等百余人参加会议。与会人员赴柯桥区孙越崎纪念馆、越城区邵力子故居实地考察了修缮、布展情况。

4.“党员之家”和基层思想建设调研

10月10日至16日，民革中央副主席修福金率调研组赴浙江，就民革浙江省委会以民革党员之家为阵地开展思想政治工作开展调研。

调研组先后前往建德、龙游、浦江、义乌、东阳、丽水、莲都、青田、龙湾、湖州等地，考察民革党员之家建设情况和民革基层组织思想政治工作。修福金在调研时指出，民革党员之家建设要注入先进文化和传统文化，先进文化就是始终坚定不移坚持中国共产党领导、坚持走中国特色社会主义道路，不忘民革与中共合作初心，继续携手前进。传统文化是指民革历代领导人矢志不渝同中国共产党亲密合作，为统一战线和中国共产党领导的多党合作事业发展尽心竭力的精神传承。他指出，民革党员之家建设要做到政治引领和创新引领，政治引领即民革党员在意识形态领域要积极、正面发声，需要做到敏感问题及时引领、热点问题有计划引领、节点问题有组织引领。创新引领即民革党员之家一定要创新性地开展工作，用吸引人的活动带来活力，以凝聚人、影响人。他指出，民革党员之家建设要追求“和”与“兴”的效果。要打造民革党员之家的“团结”品牌，建立和谐支部，从一个个民革党员之家开始，不断地累积，将全体民革党员凝聚起来，为国家、民族的兴旺发达作出更多、更有价值的贡献。

9月26日至28日，民革中央宣传部赴山西长治调研民革宣传思想工作。期间，调研组通过座谈和问卷调查的形式了解了民革信息化工作情况（包括民革中央网站建设、民革e家推广工作、团结网情况）及有关的意见建议，形成了《关于民革信息化工作情况的调研报告》。

（二）组织建设

1. 组织建设系列调研和座谈

2月24日，民革中央召开座谈会，邀请在京部分国家机关、高等院校等事业单位中共党委、统战部门负责同志，沟通交流统一战线工作情况和经验，民革中央常务副主席齐续春，副主席傅惠民、何丕洁出席会议。30余家中央国家机关和在京高等院校、科研院所、医疗机构等单位相关负责同志参加会议。会议旨在为民革履行参政党职能和组织建设特别是人才建设出谋划策，建立民革中央与在京中央国家机关、高等院校、科研院所、医疗机构建立多种形式的联系和合作机制，以期吸纳更多政治素质好、层次高、代表性强、有发展潜力的党外代表人士加入民革。

4月24日至28日，民革中央组织部调研组赴重庆市，就民革示范性支部建设活动开展调研。民革天津市委会，辽宁、浙江省委会有关同志参加调研。调研组先后与民革重庆市委会，南岸、巴南区委会，石柱县支部和忠县工委进行座谈，并实地考察了南岸区委会同心实践基地、弹子石一支部、忠县工委办公室、忠县综合二支部（中山支部）的活动场所建设情况。

5月21日至25日，民革中央组织部调研组赴福建，就民革基层组织建设工作进行专项调研。调研组先后与民革福建省委会，福州、泉州、厦门市委会及部分支部进行座谈，各支部围绕如何开展示范性支部建设工作这一主题，积极发言，充分交流，并结合自身建设过程中的经验和困难提出了很多宝贵意见和建议。调研组负责人向福建省委会和部分支部传达了今后一段时期内民革基层组织工作的工作方向。

2. 针对党员干部的系列培训活动

8月28日至9月3日，民革中央在中央社会主义学院举办民革社会法制领域骨干党员培训班。来自民革各省级组织的60名学员参加培训。培训旨在为民革社会法制领域骨干党员提供一个深入系统地学习中国特色社会主义理论、多党合作理论和社会、法律相关专业理论的平台，以进一步提高政治把握能力、参政议政能力、组织领导能力、合作共事能力、解决自身问题能力。培训期间，培训班以“社会法制领域的组织发展及社会法制领域民革党员如何发挥参政党作用”为题在民革中央机关进行了座谈，学员们畅所欲言，充分表达对民革社会法制领域工作的观察、思考、经验和建议。

10月31日，第二期民革非公经济人士培训班在中央社会主义学院开班。民革中央副主席何丕洁参加开班式。何丕洁在讲话中表示，民革举办非公经济人士培训班主要目的是学习贯彻好习近平总书记系列重要讲话精神，加强中国特色社会主义理想信念教育，树立中国特色社会主义道路自信、理论自信、制度自信和文化自信。希望学员积极把握我国经济发展大势，激发企业家精神，发挥企业家才能，不忘初心，牢记使命，更好地服务于经济发展，履行社会责任，为全面建成小康社会作贡献，为民革组织增光添彩。

3. 民革内部监督工作研讨会

11 月 9 日至 10 日，民革内部监督工作研讨会在重庆市召开。民革中央副主席、中央监督监委会主任何丕洁，民革中央副主席、中央监督委员会副主任田惠光，民革重庆市委会主委杨天怡以及民革中央监委会成员，民革各省级组织监委会主任、办公室主任参加会议。会议旨在总结内部监督工作阶段性经验，特别是内部监督在省辖市级组织换届工作中发挥作用的经验，为明年省级组织和中央领导机构换届做好充分准备，同时有序推进党内民主，把民革全党的内部监督工作和解决自身问题的能力推进到一个新水平。

何丕洁在讲话中指出，在新形势下，特别是换届的关键时期，要抓好民革内部监督工作，推动党内民主进程，加强民革自身建设，统一思想，提高认识，认真研究，完善制度，明确责任，认真履职，努力做好换届的纪律执行工作，发挥内部监督的积极作用，为圆满完成换届工作提供有力保障。

会议期间，民革十二届中央监督委员会召开第六次全体会议，原则通过了《民革中央关于严肃换届纪律、加强换届工作监督的通知》，并决定继续修改、完善《监督委员会参与省级组织换届工作办法》。

4. 大力推进信息化工作

7 月 14 日至 15 日，“民革 e 家”信息交流平台推广使用暨培训工作会议在北京召开。民革中央秘书长李惠东、民革各省级组织有关处室负责人、中央机关各工作部门“民革 e 家”后台管理员参加会议。会议上李惠东对加强信息化建设，通过全面推广使用“民革 e 家”信息交流平台，提出了具体工作要求。民革中央办公厅有关处室负责人介绍了“民革 e 家”平台概况，与会同志接受了“民革 e 家”后台系统管理功能培训，并进行了互动交流。

9 月 9 日，民革中央信息化工作领导小组召开第一次会议。民革中央副主席、民革中央信息化工作领导小组组长修福金出席会议。修福金在会上表达了民革中央领导班子对信息化工作的高度重视，总结了信息化工作的推进情况并对下一步工作水平的提升提出了较具体要求。在会上，小组成员围绕信息化工作中存在的问题进行交流，并就如何开展下一步工作展开讨论。

6 月 29 日，民革中央办公厅印发了《关于做好关注、使用、推广“团结报团结网”微信公众号的通知》。各省级组织认真落实通知要求，积极组织动员，工作取得明显成效。

12 月 15 日，民革中央信息化工作领导小组第二次会议在中央机关召开。民革中央副主席、民革中央信息化工作领导小组组长修福金出席会议。会议研究讨论了《民革中央信息化建设规划（2017–2021 年）（草案）》，并就民革中央信息化工作领导小组有关人事事项和下一步工作安排进行了研究部署。

5. 致信祝贺获得国家级重大奖励的民革党员

1月14日，民革中央向获得2015年度国家科学技术奖励的8位民革党员发出贺信，向他们致以热烈的祝贺。在1月8日召开的国家科学技术奖励大会上，民革湖南省委会主委、中南大学副校长、中国科学院院士田红旗获国家科学技术进步奖特等奖。7位民革党员获得国家科学技术进步奖二等奖，他们是：大连海洋大学生命学院副研究员宋坚、三安光电股份有限公司技术副总经理蔡伟智、山东农业大学科技处副处长毛志泉、中国农业科学院农田灌溉研究所研究员范永申、华中农业大学教授涂金星、四川省人民政府参事邹裕春、清华大学机械系副教授吴任东。

5月上旬，民革中央向荣获全国三八红旗手荣誉称号的民革党员发出贺信。荣获全国三八红旗手荣誉称号的民革党员是：北京硬创梦工场科技有限公司董事长程静，河北省衡水市科协主席崔海霞，海南省三亚市妇幼保健院副院长田秀娟，四川省自贡市第一人民医院眼科主任李爽乐。

5月6日，民革中央向荣获全国五一劳动奖章的四位民革党员发出贺信。荣获全国五一劳动奖章的民革党员是：黑龙江省哈尔滨市第三十五中学校长丁勇慧，浙江省宁波市医疗中心李惠利医院副院长李宏，浙江柏莱雅化妆品股份有限公司湖州分公司总经理王建荣，山东省青岛市妇女儿童医院业务副院长单若冰。

（三）机关建设

1. 民革全国机关建设工作研讨会

9月20日至21日，民革全国机关建设工作研讨会在宁夏固原召开。民革中央常务副主席齐续春，副主席郑建邦出席会议。中共宁夏回族自治区委常委、固原市委书记纪峥出席开幕式并致辞。

研讨会的主题是学习习近平总书记在网络安全和信息化工作座谈会上的讲话与万鄂湘主席在民革十二届十五次中常会上关于提高民革信息化工作水平的讲话精神，研讨如何运用信息化促进民革各级组织和机关工作。在会上，齐续春针对做好民革信息化建设提出三点意见：转变观念，加强领导；着眼长远，统筹协调；严格管理，保障安全。郑建邦回顾总结了民革信息化建设的主要情况以及存在的问题，并就信息化工作机制、信息化工具的应用探索、信息化工作队伍建设，提出了具体要求。

民革各省级组织分管机关工作的副主委、秘书长、办公室负责人，各副省级市委会机关负责人，中央各工作部门负责人共130余人参加会议。与会人员围绕会议主题进行交流，并就如何开展下一步工作展开讨论。

2. 民革全国机关工作暨先进集体先进个人表彰会

11月25日，民革中央在京召开民革全国机关工作暨先进集体先进个人表彰会。民革中央主席万鄂湘、常务副主席齐续春，副主席修福金、刘凡、傅惠民、郑建邦、刘家强出席会议。

万鄂湘肯定了全国各级机关及工作人员在提高机关干部素质、增强机关履职能力、建设“五型”“三化”机关工作中取得的成绩，并进一步提出政治过硬、能力过硬、作风过硬的三点要求。齐续春在会上也对广大机关干部提出讲政治、讲学习、讲责任、讲规范的四点希望。郑建邦在会上做工作报告，对五年来民革机关建设情况进行了全面回顾，总结了各级机关工作的经验和成果及存在的不足，明确提出了民革机关今后一个时期工作的主要目标和任务。

会议对近年来在机关工作中作出突出成绩的133个先进集体和216位先进个人进行了表彰。民革吉林省委会、广西区委会、上海市长宁区委会、广东省中山市委会、云南省个旧市委会、甘肃省敦煌市委会等单位代表总结了各自工作的成果和经验，交流了机关工作的体会和感受。

民革中央各工作部门负责同志、各省级组织主管机关工作的负责同志、秘书长和获得表彰的先进集体、先进个人代表参加会议。

3. 2015年度总结述职表彰会

1月22日，民革中央机关召开2015年度总结述职表彰会。民革中央主席万鄂湘、常务副主席齐续春，副主席修福金、何丕洁、郑建邦及机关全体干部职工参加会议。

万鄂湘在会上讲话指出，2015年民革中央机关紧紧围绕民革全党中心工作，进一步加强自身建设，提高履职水平，不断创新工作方式，改进工作作风，参政议政、宣传、组织、社会服务、祖统、机关建设等各项工作亮点纷呈，取得了可喜的成绩。他针对2016年的机关工作提出三点希望：一是希望机关工作从实出发，从严要求；二是希望机关干部加强学习，适应形势；三是希望机关氛围更加和谐，充满活力。

中央各工作部门主要负责人在会上述职，部分挂职的同志介绍了挂职工作经验和体会。会议对2015年机关优秀公务员和先进职工进行了表彰。

4. 民革中央机关传达学习全国两会精神报告会

3月23日，民革中央机关举行报告会，传达学习十二届全国人大四次会议、全国政协十二届四次会议精神。民革中央副主席郑建邦主持会议。

李惠东、李霭君分别介绍了十二届全国人大四次会议和全国政协十二届四次会议有关情况，并介绍了民革党员中的人大代表、政协委员履职情况。

郑建邦在会上讲话指出，民革党员中的全国人大代表、政协委员在今年两会期间共谋改革发展良策，共商“十三五”发展大计，展现了民革风采，为改革开放和社会主义现代化建设贡献了力量。他希望民革中央机关各部门按照万鄂湘主席的要求，认真学习贯彻全国两会精神和习近平总书记系列重要讲话精神，把思想和行动凝聚到中共中央的决策部署上来，凝聚到服务“十三五”发展上来，凝聚到贯彻落实五大发展理念上来，吃透精神内涵，把握核心要义，深入调查研究，提出真知灼见。要结合民革中央2016年工作要点，履行好参政党职能，认真做好继续助推平潭综合实验区发展、切实开展专题调研、务实推进精准扶贫等重点工作，为进一步提高民革整体工作水平，为“十三五”时期开好局、起好步作出应有的贡献。

民革中央机关各工作部门、团结报社、团结出版社负责同志及机关全体干部参加报告会。

（四）成员和组织发展概况

截至2016年12月底，民革共有地方组织354个。其中包括省级组织30个，省辖市级组织 273 个，县级组织 51 个。基层组织 5906 个，其中基层委员会 173 个，总支 433 个，支部 5300 个。全年新加入成员 6167 人。全党党员总数 125987 人，其中女成员 47845 人，平均年龄 53.9 岁，离退休 33389 人。

界别分布上看，民革全党党员的构成主要如下：公有制经济界 22722 人，占比 18%；基础教育界 19931 人，占比 15.8%；新社会阶层 17327 人，占比 9.4%；医药卫生 14810 人，占比 11.8%；高等教育界 12795 人，占比 10.2%：私营企业主 7543 人，占比 6%；科技界 5033 人，占比 4%；文化艺术 4286 人，占比 3.4%；出版传媒 1125 人，占比 0.9%；机关团体及其他 25958 人，占比 20.6%。

民革党员中担任各级人大代表的共有 2408 人，其中全国人大常委会副委员长、常委、专职副秘书长及专委会主任副主任、人大代表 42 人，省级人大常委会副主任、常委、专职副秘书长及专委会主任副主任、人大代表 293 人，市地级人大常委会副主任、常委、人大代表 1173 人，县市区级人大常委会副主任、常委、人大代表 1124 人。

民革党员中担任各级政协委员的共有 12691 人，其中全国政协副主席、常委、专职副秘书长及专委会主任副主任、政协委员 111 人，省级政协副主席、常委、专职副秘书长及专委会主任副主任、政协委员 1240 人，市地级政协副主席、常委、政协委员 5003 人，县市区级政协副主席、常委、政协委员 6677 人。

民革党员中担任省、市、自治区领导 2 人，厅局级 60 人，县处级 728 人。担任司法机关厅局级领导职务 12 人，县处级领导职务 78 人。

民革党员中有大专以上学历的占 86%，其中本科以上占 60.5%，研究生以上占 10.6%。担任中国工程院院士的共有 3 人，担任长江学者 9 人。

张　栋　民革中央宣传部干部

中国民主同盟

2016年是实施“十三五”规划的开局之年，也是推进结构性改革的攻坚之年。面对复杂的国际国内形势，以习近平同志为核心的中共中央把握时代大势，团结带领全国各族人民同心协力、攻坚克难，统筹推进“五位一体”总体布局，协调推进“四个全面”战略布局，推动全面深化改革、供给侧结构性改革、国防和军队改革迈出重大步伐，国家各项事业取得新的重大进展。一年来，全盟坚定政治信念，不忘合作初心，与执政党携手前进，努力参与改革发展的伟大实践，积极履行参政党职能，全面推进自身建设，各项工作都取得了新的成绩。

一、重要会议及活动

（一）中央委员会会议

12月6日至7日，中国民主同盟第十一届中央委员会第五次全体会议在京举行。会议学习了中共十八届六中全会精神，听取并审议了第十一届中央常务委员会工作报告，审议通过了《关于召开中国民主同盟第十二次全国代表大会的决定》和《中国民主同盟第十一届中央委员会第五次全体会议决议》。

开幕会上，主席张宝文代表民盟第十一届中央常务委员会作工作报告，常务副主席陈晓光主持开幕会。

张宝文在报告中指出，一年来，全盟各级组织深入开展坚持和发展中国特色社会主义学习实践活动，认真组织广大盟员学习贯彻中共十八大和十八届三中、四中、五中、六中全会精神，深入贯彻习近平总书记系列重要讲话精神，积极开展丰富多彩的宣传教育活动，思想建设取得明显成效；紧紧围绕“十三五”规划的制定实施，积极发挥自身优势，深入调查研究，努力提高建言献策的时效性、针对性，积极开展脱贫攻坚民主监督，各项履职工作取得了新的成绩；按照“发挥优势、突出重点、量力而行、讲求实效、持之以恒”的指导方针，积极助力地方经济社会发展，社会服务工作取得丰硕成果；继续贯彻落实“人才强盟”战略，干部队伍建设呈现出良好发展态势，基层组织活力进一步增强，为民盟履行参政党职能提供了坚实的人才保障。

张宝文强调，2017年是实施“十三五”规划的关键一年，也是全盟开展政治交接、推动多党合作事业继往开来的重要一年。全盟要更加紧密地团结在以习近平同志为核心的中共中央周围，坚定政治信念，牢固树立政治意识、大局意识、核心意识、看齐意识，自觉接受中国共产党的领导，坚定走中国特色社会主义政治发展道路的信心与决心；要围绕“十三五”规划实施重大任务，增强建言献策的科学性实效性，积极探索做好脱贫攻坚民主监督工作，集中力量推动社会服务工作再上台阶；要围绕政治交接这一主线，在换届过程中全面加强思想、组织、制度和作风建设，进一步推动盟内监督工作的制度化、规范化，继续推进实施“人才强盟”战略，组织实施“民盟双百人才工程”，为盟的事业长远发展提供充足的人才支撑。

全会邀请了中共十八届六中全会精神中央宣讲团成员、中共中央党史研究室主任曲青山同志作中共十八届六中全会精神辅导报告，张平副主席主持报告会。

闭幕会议于 7 日下午举行。陈晓光常务副主席在闭幕会作了总结讲话，张平副主席主持闭幕会。陈晓光对全盟各级组织和广大盟员提出三点意见：一是深入学习贯彻中共十八届六中全会精神，进一步坚定走中国特色社会主义政治发展道路的信念和决心。二是紧紧围绕“十三五”规划实施重大任务，充分履行参政党职能。全盟各级组织要以高度的政治责任感和使命感，充分发挥特色优势，广泛凝聚智慧力量，切实提升履职能力水平，努力建有据之言、献务实良策。三是以换届工作为重点，进一步加强组织建设。要牢牢把握政治交接这条主线，准确理解这次换届的重要意义，高标准、高质量地完成换届任务。

副主席张平、丁仲礼、徐辉、温思美、欧阳明高、郑惠强、田刚、龙庄伟、葛剑平、倪慧芳、王光谦，秘书长高拴平出席会议，民盟中央各专委会主任、非中委的省级组织主委、部分省级组织专职副主委和机关各部门负责同志列席会议。

（二）中央常务委员会会议

1. 中国民主同盟第十一届中央常务委员会第十三次会议

3 月 10 日，中国民主同盟第十一届中央常务委员会第十三次会议在北京举行。全国人大常委会副委员长、民盟中央主席张宝文主持会议并讲话，全国政协副主席、民盟中央常务副主席陈晓光出席会议。

会议审议通过了《民盟中央关于学习贯彻十二届全国人大四次会议和全国政协十二届四次会议精神的决定》。会议认为，十二届全国人大四次会议和全国政协十二届四次会议，是在全面建成小康社会进入决胜阶段的新形势下召开的重要会议。认真学习贯彻全国“两会”精神，对于民盟各级组织认清形势，汇聚力量，切实履行好参政党职能，具有十分重要的意义。

会议强调，2016 年是“十三五”时期的开局之年。作为致力于中国特色社会主义事业的参政党，全盟各级组织和广大盟员要把学习贯彻全国“两会”精神与学习贯彻中共十八大和十八届三中、四中、五中全会精神结合起来，与学习贯彻习近平总书记系列重要讲话精神结合起来，与学习贯彻中央统战工作会议和《中国共产党统一战线工作条例（试行）》精神结合起来，继续深入开展坚持和发展中国特色社会主义学习实践活动，不断增强道路自信、理论自信、制度自信，进一步夯实多党合作的共同思想政治基础。

会议要求，全盟各级组织和广大盟员要紧密团结在以习近平同志为总书记的中共中央周围，按照“五位一体”总体布局和“四个全面”战略布局的要求，牢固树立创新、协调、绿色、开放、共享的发展理念，群策群力，积极作为，为更好地服务“十三五”规划全面实施献计出力。

张宝文在讲话中就民盟学习贯彻“两会”精神与做好今年的工作提出两点意见：一是认真学习贯彻全国“两会”精神，为有效履行参政党职能凝聚思想、凝聚共识、凝聚力量；二是认真履行参政党职能，促进民盟各项工作再上新台阶。他强调，民盟各级组织要认真学习贯彻这次全国“两会”精神，不断加强自身建设，增强履职能力，积极为国是建真言、为人民谋福祉、为发展献良策，为实现全年各项任务目标、确保全面建成小康社会决胜阶段良好开局作出应有的贡献。

民盟中央副主席郑兰荪、张平、丁仲礼、徐辉、温思美、欧阳明高、郑惠强、田刚、龙庄伟、葛剑平、倪慧芳、王光谦，秘书长高拴平出席会议，民盟中央部分专委会主任和机关各部门负责同志列席会议。

2. 中国民主同盟第十一届中央常务委员会第十四次会议

6 月 7 日至 8 日，中国民主同盟第十一届中央常务委员会第十四次会议在山东省青岛市举行。本次会议的主要议题是：研究部署新形势下加强民盟组织建设的思路和举措，明确 2017 年省级组织换届工作的任务和要求，不断提升民盟自身建设的科学化水平，努力促进民盟在多党合作事业中实现可持续发展。

主席张宝文出席开幕会并讲话，常务副主席陈晓光主持开幕会。民盟山东省委主委温孚江出席开幕会并致辞。

张宝文主席总结了 2012 年换届以来民盟组织建设的成绩和经验。他说，近年来，民盟始终坚持把组织建设作为自身建设的核心任务来抓，坚持正确政治方向，高度重视领导班子建设，认真贯彻“人才强盟”战略，健全完善各项制度机制，切实加大盟员教育培训力度，深入开展“基层组织建设年”活动，全盟组织建设整体运行平稳、健康有序、势头良好。他指出，为更好地适应新时期多党合作事业发展的要求，必须把组织建设摆在全盟各项工作的重要位置，努力实现“重发展广覆盖、抓班子带队伍、增活力求实效”的总体目标。要立足于体现民盟特色、改善人才结构、提高参政能力，不断推进组织发展。要着眼于推动民盟事业的可持续发展，切实加强代表性人士和后备干部队伍建设，组织实施“民盟双百人才工程”。要着力于提升整体素质和工作能力，切实加强各级领导班子建设。要致力于增进基层组织活力，全面加强基层组织建设。他强调，2017 年省级组织换届工作已进入筹备阶段，要切实增强做好换届工作的政治责任感和历史使命感，坚持正确用人导向，选好配强领导班子，切实加强组织领导，严格落实换届政策，进一步严肃换届纪律，努力营造风清气正的良好氛围，确保换届工作顺利有序推进。

陈晓光常务副主席作闭幕讲话，闭幕会由张平副主席主持。陈晓光指出，张宝文主席的讲话客观全面地总结了换届以来全盟组织建设的成绩和经验，清醒深刻地分析了当前全盟组织建设面临的形势任务，对今后一个时期的组织工作以及 2017 年省级组织换届工作进行了安排部署，具有很强的指导意义。他就贯彻落实会议精神谈了三点意见：一是深化认识，创新思路，不断提高全盟组织建设科学化水平；二是发展为本，重在培养，进一步加强代表性人士队伍和后备干部队伍建设；三是加强领导，严格程序，切实做好换届筹备工作。

副主席郑兰荪、张平、徐辉、温思美、欧阳明高、郑惠强、田刚、龙庄伟、葛剑平、倪慧芳、王光谦，秘书长高拴平，民盟中央常委，以及非常委的省级组织主委，民盟中央部分专委会主任和机关各部门负责人出席、列席会议。

3. 中国民主同盟第十一届中央常务委员会第十五次会议

11 月 2 日，中国民主同盟第十一届中央常务委员会第十五次会议在北京举行。会议的主要任务是：认真学习贯彻中共十八届六中全会精神，研究部署新形势下进一步加强和规范盟内政治生活、加强盟内监督的新思路、新举措，努力把民盟自身建设提高到一个新水平，为更好地履行参政党职能奠定坚实基础。

主席张宝文出席开幕会并讲话，常务副主席陈晓光主持开幕会。

张宝文说，中共十八届六中全会，是在我国进入全面建成小康社会决胜阶段召开的一次具有里程碑意义的重要会议。会议审议通过的《关于新形势下党内政治生活的若干准则》和《中国共产党党内监督条例》，对中共十八大以来全面从严治党的理论和实践创新成果进行了集纳，对推进党的建设新的伟大工程，推进中国特色社会主义伟大事业发展，具有重大现实意义和深远历史意义。会议明确了习近平总书记的核心地位，正式提出“以习近平同志为核心的党中央”，反映了全党全军全国各族人民的共同心声和强烈愿望，也反映了广大盟员的共同心愿。

张宝文指出，全盟上下要把学习贯彻中共十八届六中全会精神作为当前和今后一个时期的首要政治任务。全体盟员同志特别是各级领导干部要以中共十八届六中全会精神为指引，继承发扬民盟优良传统，不断加强作风建设，进一步加强和规范盟内政治生活。要教育引导广大盟员，进一步坚定政治信念，坚定中国特色社会主义道路自信、理论自信、制度自信、文化自信；要进一步继承和发扬盟的优良传统，坚持在延续中发展，在传承中创新，保持民盟优良传统持久的生命力；要深入推进作风建设，各级领导干部要坚持民主集中制，带头弘扬正气，抵制歪风邪气。

张宝文强调，要把加强盟内监督摆在重要位置，探索有效途径，确保监督落到实处。加强盟内监督，必须提高制度的执行力，还要努力建设一支政治坚定、敢于担当的监督委员队伍。监督委员会要认真履行职能，注重发挥广大盟员的积极性，坚决抵制和纠正各种不正之风，及时发现、报告工作中存在的问题，确保换届风清气正，确保换届圆满成功。

陈晓光常务副主席在闭幕会上讲话，闭幕会由张平副主席主持。陈晓光指出，张宝文主席的讲话主题鲜明、重点突出，明确了在新形势下加强和规范盟内政治生活、加强盟内监督的重点方向和有力举措，对于调动广大盟员积极性、切实加强民盟自身建设，具有十分重要的指导意义。他就贯彻落实会议精神谈了三点意见：一是要统一思想、凝聚共识，深入学习贯彻中共十八届六中全会精神；二是要多措并举、抓好落实，进一步加强和规范盟内政治生活；三是要完善机制、提升效能，大力推进盟内监督工作再上新台阶。

会议还讨论通过了《关于召开中国民主同盟第十一届中央委员会第五次全体会议的决定》。

副主席郑兰荪、张平、丁仲礼、徐辉、温思美、欧阳明高、郑惠强、龙庄伟、葛剑平、倪慧芳、王光谦，秘书长高拴平，民盟中央常委，以及非常委的省级组织主委、专职副主委，民盟中央部分专委会主任和机关各部门负责人出席、列席会议。

4. 中国民主同盟第十一届中央常务委员会第十六次会议

12月5日，中国民主同盟第十一届中央常务委员会第十六次会议在北京举行。

主席张宝文主持会议，常务副主席陈晓光出席会议。

会议审议通过了民盟十一届五中全会的议程、日程、小组召集人名单，审议通过了民盟第十一届中央常务委员会工作报告征求意见稿，并推定张宝文主席代表民盟第十一届中央常务委员会向民盟十一届五中全会作工作报告，审议通过了《中国民主同盟第十二次全国代表大会代表名额分配及产生办法（草案）》，审议通过《关于召开中国民主同盟第十二次全国代表大会的决定（草案）》。

副主席张平、丁仲礼、徐辉、温思美、欧阳明高、郑惠强、田刚、葛剑平、倪慧芳、王光谦，秘书长高拴平出席会议，民盟中央各专委会主任和机关各部门负责同志列席会议。

（三）中央监督委员会会议

12月6日，民盟第十一届中央监督委员会第五次会议在北京召开。民盟中央常务副主席、监督委员会主任陈晓光出席会议并讲话。

陈晓光在讲话中回顾了今年监督委员会开展的工作。他指出，一年来，监督委员会按照《民盟中央监督委员会2016年工作要点》的要求，主要从四个方面加强内部监督工作：一是有效指导各省级组织开展领导班子及其成员述职和民主评议工作，其中届中述职和民主评议全部完成，届末述职和民主评议也已有序开展，述职和评议的方式、程序更加规范。二是积极开展盟内监督工作的调研、交流和研讨活动，了解掌握监督现状，研究解决困难问题，为监督委员会下一步工作的开展奠定基础。三是进一步严肃换届纪律，营造风清气正换届环境。下发并指导各省级组织出台关于换届纪律的文件，及时妥善处理了所有反映换届问题的来信来访，确保换届工作顺利进行。四是监督开除盟籍工作，做好日常信访的接待、核查、反馈和备案工作，完善开除盟员盟籍的相关规定，维护盟章的严肃性，有效维护民盟形象。

关于2017年的监督工作，陈晓光强调，要认真贯彻中共十八届六中全会精神和民盟十一届五中全会精神，把加强盟内监督摆在重要位置，探索有效途径，完善监督机制，提升监督效能，把监督落到实处。一是进一步指导省级组织完成届末述职和民主评议工作，切实提升监督工作能力，系统总结述职评议工作中好的做法和经验，为今后的监督工作提供参考和借鉴。二是进一步加强盟内监督工作理论探索，形成更有针对性、前瞻性的制度体系，提升监督委员会制度化水平。三是进一步搞好省级组织换届监督工作，营造风清气正的换届环境，坚决纠正和抵制各种不正之风，保证政治交接顺利完成。四是进一步做好监督委员会的换届准备工作。民盟中央监督委员会要认真做好此次换届的各项筹备工作并指导各省级监督委员会做好相关筹备和组织工作，确保平稳换届。

委员们认真听取了陈晓光常务副主席的讲话，就细化监督制度、规范监督程序、换届监督等问题展开了热烈讨论，提出了很多务实可行的建议意见。

（四）中央专题工作会议

1. 民盟参政议政工作会议

3月24日至26日，2016年民盟参政议政工作会议在深圳召开。主席张宝文，副主席徐辉，副主席、民盟广东省委主委温思美出席开幕式。秘书长高拴平主持开幕式。

张宝文主席在讲话中重点阐述了在参政议政过程中要如何认识和贯彻新发展理念。当前，中共中央重大决策部署之一就是创新、协调、绿色、开放、共享的新发展理念。参政议政过程中要贯彻好、落实好发展新理念。一是着力关注创新驱动发展；二是着力关注发展的整体性协调性；三是着力关注人与自然和谐共生；四是着力关注对外开放新体制；五是着力关注以人民为中心的共享发展。针对参政议政工作中存在的一些问题，张宝文强调：进一步提高参政议政的规划性，多一些高瞻远瞩和深谋远虑，加强对工作的预判和设计，避免随性而为、随意而作；进一步增强参政议政的问题意识，对准发展中的瓶颈和短板，踏踏实实地研究一些重点难点问题，聚焦五大发展理念科学选题、深入调研、精准建言；进一步增强参政议政的主动性，不能因为领导更替、人员更迭影响参政议政工作，注意克服参政议政过程中“不能为”“不想为”“不敢为”等问题，同时要利用换届契机，选拔一些具有较高参政议政能力和素质的人才充实进入各级领导班子。

徐辉副主席作了总结讲话。他指出，本次会议组织出色、内容丰富，圆满完成了各项议程，这与民盟中央领导的高度重视，民盟中央各部门和专委会、民盟广东省委和民盟深圳市委的共同努力分不开。现在国家正处于全面建成小康社会的关键时期，全盟参政议政工作面临许多新的挑战，要找准参政议政的方向和着力点，推动参政议政工作迈向新台阶。

参政议政部部长范芳作工作报告，回顾总结了全盟2015年参政议政工作和取得的参政议政成果；部署了2016年民盟参政议政的重点工作。会议对2015年度民盟参政议政工作先进单位、民盟参政议政工作优秀成果奖及民盟反映社情民意信息工作先进单位和个人进行了表彰。民盟中央教育委员会、科技委员会，民盟四川、浙江、广东、安徽、河北、山西、福建省委的代表作了大会发言，介绍了各自开展参政议政工作的经验和体会。会议宣布了2016年民盟中央与各省级盟组织、盟中央各专门委员会合作调研课题的承担单位。会议邀请了全国政协办公厅研究室信息局、深圳市科技创新委员会负责同志针对反映社情民意信息工作和创新发展作专题讲座。

民盟中央各专门委员会、机关各部门负责人，特邀的盟内专家学者，民盟各省、自治区、直辖市委员会负责参政议政工作的领导和部门负责人150余人参加会议。

2. 民盟组织工作座谈会

9月12日至13日，民盟组织工作座谈会在北京召开。会议的主要内容是贯彻落实《民盟中央关于做好2017年省级组织换届工作的意见》，研究部署2017年换届各项工作，为换届做好思想准备、组织准备和工作准备，保证政治交接的顺利完成。张宝文主席在开幕会上讲话，陈晓光常务副主席主持开幕会并作闭幕讲话，副主席张平、龙庄伟出席会议，秘书长高拴平主持闭幕会。

张宝文主席在讲话中说到，2017 年的换届，是民盟在新形势下的一次新老继替和政治交接，对全盟统一思想、形成共识、整合力量，实现更大发展有着非常重要的意义。各省级组织要通过换届，进一步弘扬民盟优良传统，进一步提升参政履职能力，进一步加强领导班子建设，进一步强化代表性人士队伍建设。他强调，换届是一项系统工程，要精心组织、周密安排，切实做好四个方面工作：一是加强换届的组织领导，充分发挥换届工作领导小组的职能作用，深入学习调研，注重协调统筹；二是严格执行换届程序，结合新的《党政领导干部选拔任用工作条例》等文件精神，严格选人标准和选举程序；三是严肃换届各项纪律，重视警示教育，严明换届纪律要求，加强换届风气监督；四是营造和谐换届氛围，将思想政治工作贯穿换届工作始终，引导盟员讲政治、顾大局、重团结，同时对即将退下来的老同志给予充分的关心和帮助。

陈晓光常务副主席在闭幕讲话中指出，换届是一项政治性、政策性、组织性很强的工作，每一个步骤、每一个环节都事关全局。要抓住关键环节，贯彻落实好换届工作要求，坚持用人导向要“正”、执行政策要“严”、换届考察要“实”、会议组织要“好”。他强调，这次换届时间紧、任务重，各省级组织一定要高度重视，重点是要统筹好换届的工作安排，协调各方关系，形成换届工作合力；统筹好人事安排，结合后备干部队伍建设工作，做好后备干部队伍的中期培养和长远储备；统筹好时间安排，做好规划、明确节点，加强与民盟中央的沟通联系，确保换届工作圆满完成。

会议期间，张宝文主席和陈晓光常务副主席与各省级组织就换届准备情况和组织人事问题交换了意见。

3. 民盟反映社情民意信息工作会议暨培训班

10 月 9 日至 13 日，民盟反映社情民意信息工作会议暨培训班在北京举行。副主席徐辉出席开幕式并讲话。参政议政部部长范芳出席开幕式并致辞。

徐辉副主席表示，举办本次会议暨培训班是今年民盟中央参政议政工作的一项重要内容，也是民盟中央首次就反映社情民意信息工作召开全国性会议和培训。反映社情民意信息工作已经成为各民主党派履行参政党职能的一项经常性、基础性重要工作，对我们履行好参政党职能具有重要意义。新形势下，要着力做好以下三方面工作：一是要充分认识反映社情民意信息工作的重要性。反映社情民意信息工作是参政党履行参政议政、民主监督职能的重要内容，是参政议政工作的重要组成部分，也是最便于广大盟员参与、覆盖面最广的参政议政形式。做好反映社情民意信息工作，既能调动广大盟员履职的积极性，又能提高民盟的参政议政水平，更好地发挥参政党的职能作用。二是要进一步完善反映社情民意信息工作机制。继续培养和建设高素质的信息员队伍，扩宽信息的来源渠道。三是要切实提高反映社情民意信息的质量。反映社情民意要围绕中心，服务大局，进一步提高信息的实效。要紧密围绕国家发展中的中心问题，准确把握当前社会发展的重点问题、热点问题、难点问题积极反映，提高选题的针对性。信息专职干部要认真做好信息的采集、编写、上报工作，切实提高自己的能力水平。

培训会上，中央社会主义学院、全国政协办公厅、中国电子信息产业发展研究院有关负责同志作了专题报告。民盟中央妇女委员会、民盟北京市委、民盟四川省委、民盟陕西省委的代表作了大会发言，介绍了工作经验和体会。

民盟中央各专门委员会负责信息工作的领导和委员代表，民盟各省、自治区、直辖市委员会负责参政议政工作的部门负责人，信息工作骨干盟员和专职干部共250余人参加本次会议暨培训班。

4. 民盟思想宣传工作暨学习实践活动推进会

11月10日至11日，民盟思想宣传工作暨学习实践活动推进会在福建古田召开。会议总结了民盟思想宣传工作和深入开展坚持和发展中国特色社会主义学习实践活动的成果和经验，对在学习实践活动中取得突出成绩的各级组织和集体进行了表彰，并就新形势新任务下进一步做好下阶段思想宣传工作和推进学习实践活动做出了安排和部署。

主席张宝文，中共福建省委常委、统战部部长雷春美出席开幕式并讲话，副主席张平出席开幕式并作工作报告，秘书长高拴平主持开幕式。

张宝文主席在开幕会上讲话。他强调指出，民盟各级组织和宣传部门要深刻认识当前加强思想宣传工作的重要性和紧迫性。加强民盟思想宣传工作，首先是在国际国内形势新发展新变化下，坚持和发展中国特色社会主义的必然要求。其次，是在多党合作事业新的发展阶段，推进民盟事业可持续发展的必然要求。中共十八大以来，以习近平同志为核心的中共中央开创了党和国家事业发展新局面，中国共产党领导的多党合作事业也踏上了新的时代征程。当前，教育引导盟员坚持正确政治方向不动摇，坚持理想信念不动摇，这是关系到多党合作事业和政治协商制度进一步完善和发展的根本问题。就下一阶段进一步深入开展坚持和发展中国特色社会主义学习实践活动和加强民盟思想宣传工作，张宝文提出三点要求：一是要把学习贯彻中共十八届六中全会精神作为当前思想宣传工作的重要政治任务；二是要把加强民盟传统教育宣传摆在重要位置；三是要把创新作为推进思想宣传工作的重要动力。

张平副主席作工作报告。他指出，中共十八大以来，民盟思想宣传工作以学习实践活动为主线，立足民盟实际和传统，不断取得生动鲜活的经验和做法。一是学习实践活动取得阶段性成果，全盟进一步夯实了不忘合作初心、继续携手前进的思想政治基础；二是强化民盟传统教育，形成了继承和弘扬民盟优良传统的浓厚氛围；三是立体宣传平台建设开辟新局面，全盟对内对外宣传取得新进展；四是加大宣传力度，不断促进全盟文化工作的健全和发展。他强调，思想宣传工作要做好做实，应把握好以下四点：宣传工作就是思想建设、意识形态建设，就是目前民盟工作中的迫切要求和当务之急；宣传工作要贴近时代、贴近基层、贴近一线、贴近盟员；要对症下药、注重实效、注重内容、不走过场；要讲政治、守纪律、守规矩，敢于斗争，善于斗争。

大会表彰了在坚持和发展中国特色社会主义学习实践活动中取得突出成绩的各级组织和集体。会议邀请中共中央统战部宣传办、古田会议纪念馆有关负责人做专题讲座。大会还进行了分组讨论。闭幕会上，获奖的部分省级组织、盟支部代表作经验交流发言。宣传部部长曲伟作会议总结。

11月11日，民盟中央在古田会议纪念馆举行传统教育基地揭牌仪式。副主席张平、宣传部部长曲伟等领导为传统教育基地揭牌。全体与会人员参观了古田会议旧址和纪念馆。11月10日至12日，民盟互联网媒体宣传培训班在古田召开，民盟各省级组织宣传部门负责人及网络宣传干部参加培训。

5. 民盟社会服务工作会议

11 月 17 日至 18 日，民盟社会服务工作会议在贵州省兴义市召开。副主席龙庄伟出席开幕会并讲话。来自全国各省、市（自治区）民盟组织的分管领导和社会服务部（处）负责人出席开幕会。社会服务部部长刘圣宇主持开幕会。

副主席龙庄伟作工作报告。他指出，过去的两年间民盟社会服务工作取得了巨大成绩：积极参与脱贫攻坚，助推帮扶地区经济社会发展；创新医疗扶贫模式，大力推进健康中国建设；充分发挥优势，"烛光行动"在巩固中获得了新的发展；全盟合力推进，"黄丝带"帮教品牌基本成熟；社区服务在探索中前进，多地取得良好经验；落实中央战略部署，积极推进脱贫攻坚民主监督工作。这些成绩的取得，离不开在座各位同志以及广大盟员的辛勤努力和无私奉献。他强调，今后几年时间内，我们要将脱贫攻坚作为社会服务的中心任务来抓，按照习近平总书记"精准扶贫、精准脱贫"要求，充分发挥自身优势，坚持精准发力，不断加大参与脱贫攻坚工作力度，努力为打赢脱贫攻坚战贡献更大力量。要把握好几条工作准则：一是要注意发挥优势，坚持尽力而为、量力而行，突出民盟社会服务的智力特色；二是要注意集中力量，找准角度，突出重点，发挥资源的最大效用；三是要打破条块分割，实现社会服务的融合发展，协调进步；四是要加强社会服务理论探索，为社会服务的长期发展做好理论准备。

大会表彰了在社会服务工作中做出突出贡献的先进集体和先进个人，与会领导为获奖的各级组织和集体代表颁发证书。大会还进行了分组讨论。

闭幕会上，民盟上海、江苏、贵州、安徽、河南、广东等省级组织就脱贫攻坚、"黄丝带"帮教计划、"农村教育烛光行动"、社区服务等方面工作分别作了经验交流发言。社会服务部部长刘圣宇作会议总结。

会议期间，全体参会人员还到义龙试验区顶效镇楼纳村考察了美丽乡村建设。

（五）其他重要活动

1 月 18 日、20 日、28 日，陈晓光常务副主席在民盟中央机关分别会见了中共宁夏区委常委、统战部部长马廷礼一行，山西省委常委、统战部部长孙绍骋一行和重庆市委统战部副部长王茂春一行，就三地民盟地方组织届中调整、民主推荐等事宜进行了沟通协商。

1 月 29 日，张宝文主席、陈晓光常务副主席、蒋树声原主席、张梅颖原第一副主席在人民大会堂出席中共中央领导与各民主党派中央、全国工商联负责人和无党派人士代表共迎新春茶话会。中共中央总书记习近平代表中共中央，向各民主党派、工商联和无党派人士，向统一战线广大成员，致以诚挚的问候和新春的祝福。中共中央政治局常委、全国政协主席俞正声，中共中央政治局常委、国务院副总理张高丽等出席座谈会。

1 月 29 日，主席张宝文、副主席徐辉在民盟中央机关会见了来访的教育部副部长刘利民一行。张宝文主席代表民盟中央对刘利民副部长一行表示热烈欢迎，对教育部长期以来给予民盟中央参政议政工作的大力支持表示衷心感谢！他说，民盟是以教育、科技、文化为主体的参政党，在教育领域的盟员超过半数。民盟中央长期关注我国教育改革和发展，每年通过高层协商、提交政策建议信、全国“两会”提案、政协常委会发言、双周协商座谈会等形式，以及举办民盟教育论坛、海峡两岸暨港澳地区大学校长论坛等活动，在教育领域提出不少的意见建议，发挥了应有作用。张宝文指出，“十三五”时期，我国教育发展中面临着许多新任务新挑战，民盟将持续关注教育领域的热点难点问题，希望教育部继续关心和支持民盟在教育领域的建言献策工作，共同努力促进我国教育改革不断深化、教育质量不断提高。徐辉向刘利民一行介绍了民盟中央在教育方面的主要参政议政工作成果。他说，民主党派参加政府协商是我们的制度优势，民盟要加强自身建设，更好地与教育部紧密合作，发挥各自优势，合力推动我国教育事业的发展。双方还就“十三五”期间教育面临的挑战和问题等交换了意见，共商调研合作课题。参政议政部部长范芳等参加会见和座谈。

2 月 19 日下午，主席张宝文、副主席张平在民盟中央机关会见了来访的中共北京市委常委、市委统战部部长戴均良一行。张宝文对戴均良一行的来访表示欢迎，感谢中共北京市委统战部长期以来对民盟北京市委工作给予的帮助和支持。他说，中共北京市委统战部对各党派组织发展工作高度重视，为民主党派干部培养畅通渠道，使民盟北京市委领导班子队伍建设得到进一步加强，充分体现了对民主党派的关心、支持和帮助。张宝文表示，民盟中央将继续发挥自身人才和智力优势，与北京市就推动京津冀生态服务型经济发展、京津冀产业协同发展等方面加强合作调研，为推动北京经济社会发展发挥作用；希望以北京促进城乡一体化作为典型，为全国大中型城市，特别是发达地区的省会城市提供借鉴。他希望中共北京市委统战部一如既往地关心和帮助民盟北京市委的各项工作，双方将继续保持和加强密切联系。秘书长高拴平，副秘书长、组织部部长陈幼平，办公厅主任王荣彬等参加会见。

3 月 7 日，民盟中央群言杂志社在北京举行“精准扶贫　重在落实”专题座谈会。副主席龙庄伟主持座谈会并讲话。龙庄伟在讲话中指出，中共十八大以来，中共中央、国务院更加重视扶贫开发工作，将其纳入“四个全面”战略布局，作为实现第一个百年奋斗目标的重点工作，摆在更加突出的位置。座谈会的主题“精准扶贫　重在落实”是一个很有角度的切入点，既围绕了“精准”，又突出了“落实”。民盟中央已经将落实精准扶贫作为 2016 年参政议政的重要课题，今年民盟中央提交的政协提案中就有三份关于落实精准扶贫的提案。他强调，参与扶贫攻坚，没有事外之人，也没有人外之事。要把落实好精准扶贫作为今后一段时期内民盟参政议政和社会服务的重点来抓，充分发挥民盟在智力、人才方面的优势，围绕这一主题展开深入调研，积极建言献策，同时动员盟内外一切可以动员的力量，直接参与帮扶地区的精准扶贫工作，与帮扶地区的群众同心协力，共同消除贫困，建设全面小康。出席全国政协十二届四次会议的民盟组部分政协委员莅临会议，从多个角度就如何落实好精准扶贫要求进行了讨论和交流。

4 月 7 日，全国人大常委会副委员长、民盟中央主席、中国和平统一促进会副会长张宝文在京会见美国各统促会联合访问团一行。张宝文首先代表统促会欢迎访问团参访，向他们支持中国和平统一事业所做出的努力表示感谢。他表示，美国是海外反“独”促统运动的发源地和重点区域，各统促会组织成立以来，积极开展反对“台独”分裂势力的活动，为推进两岸关系和平发展，促进祖国统一大业做出了积极贡献。张宝文表示，实现祖国的完全统一和中华民族的伟大复兴，是全体中华儿女的共同愿望，也是统促会和广大海外统促会组织的根本任务。当前反“独”促统事业正站在新的历史起点上，面临新的形势、新的机遇和新的挑战。张宝文希望美国各统促会牢牢把握和平发展主题，秉持“两岸一家亲”的理念，积极推动两岸关系发展；健全自身建设，不断壮大反“独”促统力量，重视后备力量的培养，不断吸收年轻人加入；发挥独特优势，营造有利国家发展、祖国统一的外部环境。此次访问团由全美中国和平统一促进联合会、美洲中国统一促进会联合总会等美国多个统促会组织代表组成。中国统促会执行副秘书长孙凌雁主持活动。

4月9日，农历三月初三，丙申年黄帝故里拜祖大典在河南省新郑市举行。全国政协副主席、民盟中央常务副主席陈晓光，全国人大常委、民盟中央副主席张平出席大典。本届拜祖大典由河南省人民政府、政协河南省委员会、国务院台湾事务办公室、中华全国归国华侨联合会、中华全国台湾同胞联谊会、中华炎黄文化研究会等单位联合主办。大典主题为“同根同祖同源，和平和睦和谐”。大典分为9项议程，分别是“盛世礼炮、敬献花篮、净手上香、行施拜礼、恭读拜文、高唱颂歌、乐舞敬拜、祈福中华、天地人和”。来自中国台湾、香港、澳门，以及美国、英国、法国、瑞典、意大利、加拿大、澳大利亚等30多个国家和地区的知名侨领和华人华侨代表以及国内社会各界来宾共近万人参加了拜祖大典。

4月9日，中国共产党的亲密朋友，中国民主同盟的优秀领导人，中国民主同盟第七届、八届中央委员会副主席，第九届中央委员会名誉副主席吴修平同志，因病在北京逝世，享年89岁。吴修平同志病重期间和逝世后，中央有关领导同志以不同方式表示慰问和哀悼。吴修平，1927年7月出生，福建福州人。1946年在上海就读于中国新闻专科学校。1947年12月加入中国民主同盟，任民盟福建省委会组织委员会委员。1947年至1949年先后任福建时报记者、正义日报社记者、福建中央日报社编辑。1949年至1952年任中共福建省委台湾工作委员会干事，期间在华东人民革命大学第一部学习。1952年后历任民盟福州市委会组织部副部长、部长兼秘书处主任，民盟福建省委会组织部干事、秘书长、副主委，福建省政协副秘书长。1986年后历任民盟中央执行局委员、中央常委、秘书长、专职副主席、名誉副主席。吴修平同志是第六届全国政协委员，第七届全国政协常委、副秘书长，第八届全国政协常委、副秘书长、提案委员会副主任，第九届全国政协常委、副秘书长、外事委员会副主任。4月13日下午，主席张宝文赴吴修平同志家中，代表民盟中央对吴修平同志的辞世表示沉痛哀悼，向亲属表示诚挚慰问。4月15日9时，吴修平同志的遗体告别仪式在八宝山革命公墓举行。常务副主席陈晓光，原第一副主席张梅颖，中央统战部副部长林智敏，副主席张平、丁仲礼、龙庄伟，原副主席李重庵，中央统战部一局局长桑福华等同志向吴修平同志的遗体告别，并向家属表示慰问。民盟中央机关全体同志，民盟福建省委员会有关同志及吴修平同志的生前好友也前往送别。

5月29日至30日，2016从都国际论坛在广东省广州市召开。全国人大常委会副委员长、民盟中央主席张宝文出席开幕式并致辞。副主席、民盟广东省委主委温思美出席有关活动。在开幕式上，张宝文首先代表中国政府欢迎出席会议的各位嘉宾、朋友。他说，共建“一带一路”顺应世界多极化、经济全球化、文化多样化、社会信息化的潮流，秉持开放的区域合作精神，致力于维护全球自由贸易体系和开放型世界经济，符合各国的共同利益。他强调，中国是“一带一路”的倡导者和推动者，但建设“一带一路”并不只是中国人的事。落实“一带一路”倡议，其关键之一就是加强沿线以及周边各国地方政府间的合作，切实推进相关省州和城市的可持续发展。在友好交流和交往中，通过目标协调、政策沟通寻求合作机遇，平等协商，兼顾各方利益，反映各方诉求，携手推动更大范围、更高水平、更深层次的大开放、大交流、大融合。开幕式前，张宝文会见了世界领袖联盟主席弗赖贝加等与会外国前政要。“从都国际论坛”由中国对外友好协会、澳大利亚中国友好交流协会共同主办，是中国境内重要的民间外交及国际交流平台。来自世界20多个国家的前国家元首、政府首脑、专家学者以及商界领袖等100多人出席论坛。

5月22日至30日，应意大利参议院、葡萄牙议会和奥地利联邦议会邀请，全国政协副主席、民盟中央常务副主席陈晓光率全国政协代表团访问意大利、葡萄牙和奥地利。在会见意大利副参议长费德莉及相关机构负责人时，陈晓光表示，中方高度重视发展中意关系，中国全国政协愿与意参议院加强联系，共同推动中意全面战略伙伴关系迈上新台阶。费德莉对此表示高度赞同，意参议院愿同中国全国政协加强各层次的交流合作。在会见葡萄牙议长罗德里格斯、副议长拉康时，陈晓光说，中葡传统友好，2005年两国建立全面战略伙伴关系，双边关系发展进入新阶段，各领域交流合作不断深化，中国全国政协高度重视发展和葡议会的关系，愿以此访为契机，进一步加强多层次交流合作，共同努力，不断充实两国关系的内涵。葡方表示，葡议会重视与中国全国政协友好交流，以进一步巩固和发展两国传统友谊。陈晓光在会见奥地利联邦议会副议长温克勒时表示，今年是中奥建交45周年，进一步深化两国友好合作符合双方根本利益，愿通过与奥联邦议会的沟通与交流，共同推动中奥友好合作关系取得更大发展。奥方表示，中国全国政协在中国政治生活中具有重要地位，奥联邦议会愿与中国全国政协开展广泛交流。此次访问期间，代表团广泛接触三国各界人士，介绍中国“十三五”规划、“一带一路”倡议、人民政协协商民主建设等情况，达到了巩固友好、增进了解、促进合作的目的，为推进中意、中葡、中奥关系发展发挥了积极作用。

7月11日，民盟中央召开第十一届三十八次主席办公会议，学习习近平总书记在庆祝中国共产党成立95周年大会上的重要讲话，并对全盟进一步学习贯彻习近平总书记“七一”重要讲话精神作出全面部署。主席张宝文主持会议，常务副主席陈晓光，副主席张平、徐辉、龙庄伟，秘书长高拴平参加会议。张宝文说，习近平总书记“七一”重要讲话，站在历史、全局和战略的高度，对中国共产党的伟大历程和卓越贡献作出深刻全面的总结和概括，深刻阐明了近代以来我国社会发展的规律性认识，深刻阐明了中国共产党的执政理念和执政方略，具有很强的历史纵深感和时代感，是中国共产党的重要理论创新成果，是一篇马克思主义的纲领性文献。张宝文要求，当前和今后一个时期，民盟各级组织和全体盟员要把认真学习贯彻习近平总书记“七一”重要讲话精神作为一项重要政治任务，与正在开展的中国特色社会主义学习实践活动紧密结合起来，与推进当前工作紧密结合起来，深刻领会和把握“不忘初心，继续前进”的重大意义，努力加强民盟自身建设，进一步巩固团结合作的思想政治基础，把民盟优良传统一代代传下去，为经济社会发展建真言、献良策，为全面建成小康社会多做好事、多办实事，为夺取中国特色社会主义新胜利作出新的更大贡献。陈晓光说，习近平总书记“七一”重要讲话，是马克思主义中国化的最新理论成果，是民族振兴伟大征程中的重要行动指南。作为参政党，民盟也要“不忘初心，继续前进”，要坚持中国共产党的领导，坚持走中国特色社会主义道路，坚持中国共产党领导的多党合作和政治协商制度，在思想和行动上、在实际工作之中落实讲话精神。其他领导也结合自身经历和民盟工作，畅谈了学习体会。

7 月 15 日，中国各民主党派发表联合声明，坚定支持中国政府在南海仲裁问题上的立场。联合声明称，就菲律宾共和国单方面请求建立的南海仲裁案仲裁庭于 2016 年 7 月 12 日作出的裁决，《中华人民共和国外交部关于应菲律宾共和国请求建立的南海仲裁案仲裁庭所作裁决的声明》和《中华人民共和国政府关于在南海的领土主权和海洋权益的声明》已表明了中国的立场。中国各民主党派坚定支持这一立场。中国各民主党派作为中国特色社会主义参政党，参与了中国人民争取民族独立和解放的斗争，有着热爱祖国和爱好和平的光荣传统，是国家领土主权的坚定捍卫者。我们坚决支持中国政府为维护国家领土主权和海洋权益所采取的一切必要措施。南海既是沟通中国与周边国家的桥梁，也是中国与周边国家和平、友好、合作和发展的纽带。实现南海地区的和平稳定和繁荣发展符合各国的共同利益。回归正确轨道才是人心所向、大势所趋。只要各方坚持通过谈判协商解决争议，坚持通过互利合作实现共赢，任何闹剧掀起的风浪都无法阻挡和平发展的时代潮流。

7 月 18 日，中国共产党的亲密朋友，中国民主同盟的优秀领导人，民盟中央原名誉副主席，山东省政协原副主席，全国妇联原副主席，山东大学教授孔令仁同志，因病在山东济南逝世，享年 93 岁。孔令仁同志病重期间和逝世后，中央有关领导同志以不同方式表示慰问和哀悼。孔令仁，女，山东曲阜人，1924 年 11 月出生于山东济南。1942 年至 1947 年先后在西南联合大学历史系、清华大学历史系学习。1948 年至 1949 年任青岛中国工矿银行职员。1950 年至 1953 年在山东大学俄语专修班学习。1953 年后在山东大学任教，历任历史系助教、讲师、副教授、教授，山东大学韩国研究中心主任，山东大学校务委员会副主任。1983 年任山东省政协副主席。曾兼任全国妇联副主席、中国孔子基金会副会长等职务，是孔子第七十六代后裔。孔令仁同志 1952 年加入中国民主同盟，曾任民盟第五届中央常委，第六届、七届、八届中央副主席，第九届中央名誉副主席，民盟山东省第三届、四届、五届委员会副主委，第六届委员会名誉主委，是第七届全国政协委员，第八届、九届全国政协常委。

8 月 25 日，主席张宝文，常务副主席陈晓光在民盟中央机关会见了来访的中央统战部副部长戴均良一行。副主席张平、徐辉，秘书长高拴平出席座谈会。张宝文对戴均良一行的到来表示欢迎，并介绍了今年以来民盟中央在参政议政、社会服务和自身建设等方面的主要工作。张宝文说，民盟中央认真履行参政议政职能，坚持“奔走国是、关注民生”的优良传统，围绕我国经济社会发展中的一些重要问题，发挥民盟的特色和优势，在发挥教育扶贫在精准扶贫中的治本作用、构建服务创新驱动战略的金融体制机制、提升大数据发展水平、增强我国海运控制力和竞争力等方面进行深入调查研究，提出了针对性、可操作性强的政策建议。坚持“发挥优势、突出重点、量力而行、注重实效、持之以恒”的原则，不断拓展社会服务新领域，在贵州毕节、四川遂宁等地开展智力扶贫工作。民盟组织建设稳步推进，组织发展工作和后备干部队伍建设不断加强，为届中调整和2017年换届工作奠定了坚实基础。中央统战部一局副局长易玉娟等陪同走访。

9月5日至7日、8日至10日，应萨摩亚议会、巴布亚新几内亚国民议会邀请，全国人大常委会副委员长、民盟中央主席张宝文率团对萨摩亚、巴布亚新几内亚进行正式友好访问。访萨期间，张宝文分别会见了萨摩亚国家元首埃菲、代总理菲亚梅和议长法菲西。张宝文表示，中萨建交41年来，双方始终平等相待、真诚合作，双边关系取得长足发展。两国立法机关交流为中萨关系发展发挥了积极作用。新形势下，中方愿同萨方共同努力，进一步增进政治互信，深化包括立法机关在内的各领域交流与合作，推动中萨战略伙伴关系取得更大发展。萨方高度评价中萨关系，感谢中方长期对萨国家发展建设提供支持和援助，表示将继续坚定奉行一个中国政策，致力于同中方加强各领域交流与合作，不断推进两国关系发展。访巴新期间，张宝文分别会见了巴新议长祖伦诺克和代总理戴恩。张宝文表示，今年是中巴新建交40周年。40年来，两国关系取得长足发展。双方高层交往频繁，政治互信不断加深，各领域合作蓬勃开展，立法机关保持经常往来，两国在多边机制和国际地区事务中密切协作。中方愿同巴新方进一步加强包括立法机关在内的交流与合作，增进相互理解与信任，不断提升中巴新战略伙伴关系水平。巴新方感谢中方对巴新发展建设予以宝贵支持，表示将继续坚持一个中国原则，进一步发展对华友好与合作，推动中巴新关系持续走向深入。

10月28日，全国人大常委会副委员长、民盟中央主席、中国国际文化交流中心副理事长张宝文在河南郑州出席“嵩山论坛——华夏文明与世界文明对话”2016年会，并致辞。本次论坛由中国国际文化交流中心等单位主办，120余位国内外政要、世界多元文明的学术代表、企业界人士等围绕本届论坛主题“转化与创新：迈向对话文明”展开对话与交流。张宝文在致辞中说，推动文化转化和创新，一是贵在要有文化自觉和文化自信。推动文化转化创新，就要自觉礼敬、尊崇传统文化，从内心深处认同优秀传统文化承载的价值理念，牢固树立传承传统文化的精神自觉和文化自信。二是贵在有扬有弃的传承和发展。要立足于实践，把跨越时空、超越国度、富有永恒魅力、具有当代价值的文化精神弘扬起来，通过转化再造、丰富发展，焕发新的生命力，从传统中孕育出新的文化形态，使华夏文明革故鼎新、再创辉煌。三是贵在相互理解中包容共赢。要尊重和承认多元文明的存在性、科学性和合理性，坚持不同文明的兼容并蓄、交流互鉴，促进不同文明不同发展模式交流对话，在竞争比较中取长补短，在交流互鉴中共同发展。论坛期间，张宝文主席还会见了日本前首相鸠山由纪夫一行。

4月18日，龙庄伟副主席在京出席李克强总理为来访的新西兰总理约翰·基举行的欢迎仪式和晚宴。7月5日，张宝文主席出席习近平主席为刚果(布)总统萨苏举行的欢迎仪式和晚宴。10月9日，陈晓光常务副主席在京出席李克强总理为葡萄牙总理安东尼奥·科斯塔举行的欢迎仪式和晚宴。10月18日下午，陈晓光常务副主席在京出席习近平总书记为乌拉圭总统巴斯克斯举行的欢迎仪式和晚宴。10月31日，张平副主席在京出席李克强总理为比利时首相米歇尔举行的欢迎仪式和晚宴。

二、履行职能

中国民主同盟紧紧围绕“十三五”规划的制定实施，积极发挥自身优势，深入调查研究，努力提高建言献策的时效性、针对性，各项履职工作取得了新的成绩。

（一）参政议政

1. 调查研究取得丰硕成果

3月20日至23日，受中共中央委托，主席张宝文率民盟中央调研组，赴广东省开展“改革开发区管理体制，促进开发区转型创新发展”实地调研。副主席徐辉，副主席、民盟广东省委主委温思美参加调研。调研组先后赴东莞、深圳等地，考察了东莞松山湖（生态园）高新区、深圳招商局蛇口工业园等开发区，深入广东宏川集团有限公司、易事特电源有限公司等企业，了解开发区管理体制和转型创新情况。23日上午，调研组在深圳召开座谈会，听取广东省政府及相关委办局关于开发区管理体制和转型创新情况的介绍。张宝文对广东开发区的发展及创新经验给予了积极评价，对开发区建设发展中存在的问题作了深入分析，并提出了方向性建议。他指出，我国各类开发区自成立以来，在推进体制机制创新、促进开放型经济发展、推动产业转型升级等方面发挥了探索和引领的关键作用，成为我国经济社会发展的重要新引擎，也成为吸纳社会就业的重要渠道。针对开发区建设发展中存在的问题，他建议：一是要积极推进开发区管理体制机制的改革与创新。二是要构建促进开发区转型创新升级的支撑体系。三是要提高土地、环境资源保障，发展绿色低碳经济。四是要加快共享发展，优化产城融合的相关机制。座谈会上，副主席徐辉、温思美及调研组专家就调研中发现和思考的一些问题与省政府及有关部门负责同志进行了深入交流。广东省政府副省长袁宝成等参加座谈会。中央统战部一局副局长易玉娟，参政议政部部长范芳等参加调研。《人民日报》及新华社等媒体记者全程采访。调研组一行还前往盟员企业——雅昌（深圳）艺术中心考察，并为雅昌“盟员之家”揭牌。此外，民盟中央还委托了民盟湖北、河南、辽宁、四川、重庆等省级组织就同一课题配合调研。

4月5日至6日，常务副主席陈晓光率调研组赴上海开展“改革开发区管理体制，促进开发区转型创新发展”调研。在上海，调研组深入张江高新技术产业开发区，分别调研了中科院量子信息与量子科技前沿卓越创新中心、绿谷制药集团等创新创业企业和服务机构，了解开发区管理体制和转型创新情况。6日下午，调研组召开座谈会。会上，上海市副市长周波介绍了上海开发区管理体制和转型创新情况。上海市经信委、商务委等有关负责人分别介绍了有关情况。陈晓光在听取情况介绍后指出，上海在开发区建设上取得了很好的成绩，其中发展和创新的经验值得向全国推广。结合调研了解到的情况，他对当前全国范围内开发区建设发展中存在的普遍性问题进行了分析，并对开发区改革提出建议。他认为，在开发区改革发展中首先要创新发展，尤其是管理体制机制方面的创新；其次要协调发展，构建各类开发区转型升级的支撑体系，理顺政府和市场关系，促进产学研对接；最后要绿色发展，提高土地等资源的使用效率，加快转变发展方式，进行集约化发展。副主席徐辉，副主席、民盟上海市委主委郑惠强，副主席龙庄伟参加调研。中央统战部、民盟中央参政议政部及有关专家参加调研。4 月 25 日，“改革开发区管理体制，促进开发区转型创新发展”专家座谈会在民盟中央机关举行，徐辉副主席出席座谈会。座谈会在实地调研的基础上，进一步征求专家的意见建议。

4 月 7 日，民盟中央与上海社科院、华东师范大学分别就经济形势和教育改革等问题召开座谈会，副主席徐辉出席会议并讲话。在经济形势分析座谈会上，徐辉表示：上海社科院是国内高端智库，民盟中央近些年与上海社科院紧密合作，形成了许多参政议政成果，非常感谢上海社科院为我们提供最新研究成果，对我们准确判断经济形势、了解国际经济走向、国内改革难点都很有启发，大有帮助。上海社科院和中国（上海）自贸区研究协调中心有关领导、专家在会上发言。在教育改革合作调研选题座谈会上，徐辉指出，民盟中央与华东师范大学合作开展教育改革等问题研究，可以发挥各自优势，促使研究成果转化，对国家宏观教育决策建言献策。民盟作为以高教为主要界别的参政党，历来对教育极为重视，形成了很多教育方面的参政议政成果。华东师范大学是我国教育学术研究重镇，科研力量强大、研究成果丰硕，民盟中央期待与华东师范大学进一步合作，在教育领域发出更强的声音，产生更大的影响。华东师范大学校长陈群及与会专家围绕双方的合作机制与研究项目进行了探讨。参政议政部部长范芳等参加座谈。

4 月 1 日，为落实国务院领导的重要批示，国家发改委西部司副司长童章舜一行就“大别山如何开展综合性生态补偿”与民盟中央“大别山生态环境保护和生态产业发展”调研组座谈，进一步听取意见和建议。副主席徐辉出席座谈会并讲话。徐辉代表民盟中央对国家发改委就“大别山区综合性生态补偿机制”进一步听取民盟建议表示感谢，认为国家发改委树立了很好的榜样。他指出，民盟中央和鄂豫皖三省盟组织为这次调研做了大量工作，对构建大别山综合性生态补偿机制提出了一些建议，为发改委决策作参考。希望今后发改委继续与民盟中央深化合作，并在其他调研课题上给予关注和大力支持。参政议政部部长范芳介绍了此项调研背景、内容和政策建议等工作情况。民盟安徽省委、民盟湖北省委、民盟河南省委有关同志出席座谈会。

4 月 11 日至 13 日，副主席徐辉率调研组赴贵州开展“推动我国大数据发展”专题调研。民盟贵州省委主委何力等陪同调研。调研组一行先后考察了贵阳市大数据交易所、贵阳朗玛信息股份公司等机构和企业，实地调研国家大数据（贵州）综合试验区建设情况。12 日下午，调研组在省政府召开调研座谈会，听取贵州省政府、贵阳市政府、贵安新区管委会及有关委办局关于贵州大数据发展的情况介绍。徐辉指出，随着信息革命的深化，大数据的发展和应用已从各个方面影响着人类社会的生产生活方式，不仅快速地推进了信息融合和产业跨界结合，而且还推动了政务部门提供更加便利、快捷的公共服务。贵州省围绕政府数据的整合、推动大数据政用、商用、民用等方面做了大量扎实工作，取得了很好成效，为大数据的开发和利用打下了基础。民盟中央将根据在贵州以及后续开展的“推动我国大数据发展”调研情况，深入分析，积极建言献策，在机制体制创新、政策配套、数据安全、人才和市场培育等方面提出建议。参政议政部部长范芳，中国电子信息产业发展研究院专家，以及民盟贵州省委有关负责同志参加调研。

4 月 29 日，副主席、民盟国情研究中心主任徐辉在京出席 2016 中国旅游科学年会。

本次年会以“大数据、旅游研究和旅游智库建设”为主题，由中国旅游研究院主办，民盟国情研究中心特别支持。徐辉副主席在讲话中指出，李克强总理在今年政府工作报告中提到“迎接正在兴起的大众旅游时代”。可以预见，旅游业将逐步发展成为形态更高级、分工更复杂、结构更合理的中高端水平的战略性新型支柱产业，在中国特色社会主义“五位一体”建设和国家公共外交中发挥更加广泛和重要的作用。他认为，民盟国情研究中心与中国旅游研究院的合作为国家旅游战略决策提供了参考，为促进中国旅游产业的进步和发展贡献了力量。他强调，构建新型旅游智库，将有利于推动在全国旅游行业形成研究旅游的良好氛围，为我国旅游业的改革和发展提供理论支撑。大数据也将为我国旅游业的发展带来新的机遇。希望大家建睿智之言、献务实之策，为我国的旅游强国建设做出新的贡献！参政议政部部长范芳，民盟国情研究中心有关专家出席会议。

5月11日至17日，徐辉副主席带队到东北三省调研东北老工业基地振兴及民盟反映社情民意信息工作。调研组先后在哈尔滨、长春、沈阳召开座谈会。在东北老工业基地振兴座谈会上，徐辉说，民盟中央历来十分关注东北老工业基地振兴问题，东北老工业基地振兴战略实施之初，时任民盟中央主席丁石孙先生就专门带队调研并向中共中央国务院提出了意见建议，得到中央领导同志的肯定。在振兴东北老工业基地的新阶段，我们将继续发挥位置超脱、渠道畅通的优势，通过各种平台和途径，及时向有关领导和部门反映情况、提出建议，继续为东北振兴建设贡献力量。在信息工作座谈会上，徐辉表示，信息工作是参政议政工作的重要组成部分，要充分认识信息工作的重要性和做好信息工作的重要意义，充分发挥广大盟员的积极性，在保持报送数量的同时专注于提高信息质量，推动民盟信息工作不断发展。民盟黑龙江省委主委赵雨森、民盟吉林省委主委杨安娣、民盟辽宁省委主委李晓安分别陪同在各省调研，各省发改委、教育厅等政府部门及东北大学等高校领导在东北老工业基地振兴座谈会上介绍了相关情况；各省盟组织相关领导和部分盟员骨干参加了信息工作座谈会。调研组还先后实地考察了大庆城市规划展示馆、东北石油大学、吉林石化公司等地，具体了解老工业基地发展史及当前发展面临的形势。研究室主任刘圣宇等参加调研。

6月20日至21日，副主席徐辉率队在北京开展“推动高等艺术教育改革、促进社会主义文艺繁荣”调研。调研组先后赴中央音乐学院、中央美术学院、北京舞蹈学院、中央戏剧学院进行考察并召开了座谈会，各校领导和相关学科负责人向调研组一行介绍了本校艺术教育改革的有关情况。徐辉表示，在我国发展进程中，艺术教育和全民艺术素养的普及提高将越来越重要，但这是一项长期的工作，目前仍存在不少的问题。民盟是以文化、教育、科技为主要界别特色的政党，文化发展一直是我们关注的重点。未来我们将投入更多的精力进行研究，多方听取意见，向国家建言献策，推进我国文艺事业的发展繁荣。此次专题调研由民盟中央和国家教育宏观政策研究院联合开展，并得到了教育部的相关支持。民盟中央还委托了民盟北京、上海、江苏、重庆等省级组织配合调研。

7月16日至19日，副主席徐辉率队在内蒙古自治区开展草牧业科技创新专题调研。副主席、民盟云南省委主委倪慧芳，民盟内蒙古区委主委董恒宇，参政议政部部长范芳等参加调研。调研组一行实地考察了乌兰察布、锡林浩特等地的草原生态状况，深入蒙草生态等草业科技企业、中国农科院草原研究所林格尔基地和锡林浩特基地实地调研，并深入牧民家中进行实地走访，详细了解牧民生产生活情况。18日，调研组一行在中国农科院草业研究所召开座谈会，听取有关草牧业发展和科技创新的情况介绍，并就相关问题展开研讨。徐辉指出，进一步加强草牧业科技创新，实现草牧业科学绿色发展，促进草牧业跨国合作，将草牧业发展规划与“一带一路”倡议相结合，对推动我国草原经济建设及生态文明建设具有重要意义，需深入分析和研究。民盟中央将根据调研情况，积极建言献策，在政策支持、科技创新、人才培养等方面向国家提出建议。

8月17日至22日，副主席郑兰荪参加中央统战部举行的以“推进西藏跨越式发展，如期实现全面小康”为主题的党外人士赴西藏调研考察活动。22日上午在拉萨召开调研考察总结会，郑兰荪副主席代表民盟中央就生态环境保护和教育两个方面提出了建议。他指出，在生态保护方面，应做好农村和偏远地区污水垃圾处理工作，基础设施建设应避免对生态环境和旅游景观造成破坏，注意培养游客的环境保护意识，积极做好已受到破坏生态的修复工作。在教育方面，基础教育应注意把乡村偏远地区教师队伍稳定好、保护好；职业教育应大力发展中等职业教育，适当发展高等职业教育，加大师资培训力度；高等教育应因地制宜，坚持特色发展，充分发挥文化、艺术、宗教、高原农产品等方面的优势，重点抓好文化产业、清洁能源、旅游产业、农牧业、藏医药等相关专业的建设。

9月11日至12日，副主席徐辉率调研组在湖北省黄冈市就“教育公平和创新发展”进行调研。调研组先后来到黄州中学、黄冈中学和黄冈师范学院，对学校教室、图书馆等教学设施进行实地考察，与当地教育主管部门负责同志、学校领导和师生进行深入交流。在调研中，徐辉仔细询问了各学校的生源质量、教育教学和学生发展情况，以及黄冈市教育公平和创新发展、教育精准扶贫等工作的推进情况；积极评价了各学校在教育教学中所做的努力和取得的成绩，殷切期望他们能够开展更多教育改革创新发展的有益探索，为推进黄冈教育的可持续发展做出更大贡献。他亲切勉励学校的盟员代表努力做好教育教学的本职工作，积极支持学校改革发展的各项工作，为所在学校、黄冈市乃至湖北省各项事业的创新发展献计出力。

11月11日至17日，副主席徐辉率调研组在青海、四川就民族地区教育扶贫问题进行调研。徐辉在调研中指出，教育扶贫是扶贫助困的治本之策，是铲除穷根、阻断贫困代际传递的重要途径。教育也是推动地区经济社会建设、改善民生最根本和最基础的手段。近年来，我国民族地区教育事业有了巨大的发展，教育扶贫工作取得了显著成效。受各种条件的限制，民族地区的教育事业发展和教育扶贫工作依然面临着许多问题和困难。民族地区应把发展普惠性学前教育、全面改善薄弱学校办学条件、推进信息化建设、加强乡村教师队伍建设作为教育扶贫基础性工作，让所有孩子都能接受公平有质量的教育，应特别注重对留守儿童的关爱帮扶，使孩子们上升有通道、就业有技能、发展有希望、命运有改变。期间，调研组与青海省教育厅、海东市教育局等单位负责同志，与凉山州政府、普格县政府及相关部门负责同志进行多次座谈，就民族地区教育扶贫问题进行了积极的交流与探讨。民盟青海省委主委鲍义志等参加调研。

2. 精心举办论坛、研讨会等活动

1月27日，民盟中央与吉林省人民政府联合举办的“中国野生东北虎和东北豹保护战略”研讨会在京召开。常务副主席陈晓光出席会议并讲话，吉林省副省长隋忠诚致辞，副主席、民盟北京市委主委葛剑平主持研讨会。国家发改委、环保部、科技部、国家林业局等部委相关部门同志，副主席、清华大学教授王光谦以及来自中科院等科研机构及相关学会的院士、资深专家出席研讨会。陈晓光在讲话中指出，要充分认识我国野生东北虎和东北豹恢复与保护的重要性和紧迫性，当前，野生东北虎、东北豹种群生存空间狭小，恢复与保护工作迫在眉睫，应尽快采取有效措施，使它们重获巨大的栖息和繁衍生境。他强调，要按照习近平总书记的重要批示，加大相关政策配套，完善各相关单位协同配合的长效机制，发挥地方政府作用，推动《吉林省野生东北虎、东北豹重大生态保护工程规划》早日落地并顺利实施，实现种群在长白山和小兴安岭成功扩散、定居和繁殖，促进东北林区生态环境和生物多样性得到根本改善。他表示，民盟中央将与各有关单位共同努力，继续推动中国野生东北虎和东北豹恢复与保护重大工程的落实，为生态文明建设、美丽中国建设做出新的更大贡献。研讨会上，葛剑平介绍了中国野生东北虎和东北豹的生存现状。

3月26日，由福州市人民政府、民盟福建省委员会等单位共同主办的2016年第五届海峡金融高峰论坛在福建福州开幕。主席张宝文，中共福建省委常委、省委统战部部长雷春美，副主席、民盟福建省委主委郑兰荪，副主席徐辉，以及民盟“一带一路”沿线省、市领导，来自海峡两岸金融监管机构、专家学者、企业家及媒体500余人参加论坛开幕式。张宝文在致辞中指出，“一带一路”倡议具有强大的号召力和生命力，目前已经有70多个国家和国际组织表达了合作的意愿，30多个国家同我们签署了共建“一带一路”合作协议。“一带一路”倡议的实施，将会带来更大的市场空间、更多的就业机会和更广的合作领域。张宝文表示，民盟作为参政党，一直保持着“奔走国是，关注民生”的优良传统。为了更好地服务国家“一带一路”倡议，民盟中央综合各方面因素，决定由民盟福建省委会牵头成立民盟“一带一路”（福建）研究院，研究院将发扬“开放合作、互联互通”的精神，积极整合盟内外资源，共同开展“一带一路”倡议重大问题的研究，努力推出有关“一带一路”倡议的有分量的理论成果和政策主张，切实把研究院打造成为服务国家战略、彰显民盟特色、具有相当水准的重要智库，为党委、政府决策提供更多有价值的意见建议。开幕式上，张宝文、雷春美、郑兰荪、徐辉共同为中国民主同盟“一带一路”（福建）研究院揭牌。28日，张宝文一行前往民盟中央美术院武夷山分院及盟员之家调研，29日在龙岩市参观古田会议会址和主席园。

4月19日，主题为“‘一带一路’与区域合作”的第二届民盟经济论坛在广西南宁举行。本届论坛由民盟中央经济委员会、民盟广西区委、广西社会科学院主办。副主席徐辉出席开幕式并讲话，民盟广西区委主委刘慕仁主持开幕式并致辞。徐辉副主席表示，“一带一路”倡议将对我国全面构建开放型经济新体制、促进沿线各国经济繁荣与区域经济合作、加强不同文明交流互鉴产生深远影响。他指出，作为致力于中国特色社会主义事业的参政党，民盟把服务“一带一路”倡议实施作为围绕中心、服务大局的重要任务，积极开展论坛、调研等多种形式的参政议政工作，取得良好效果。当前，我国在“一带一路”倡议实施中仍存在诸多挑战，这也是我们发挥民主党派智力优势、切实履行参政议政职能的重要着力点。希望各位盟员和专家在本次论坛中，建睿智之言、献务实之策，为“一带一路”倡议建设和经济社会发展做出新的贡献。民盟中央经济委员会主任何茂春等在论坛上作了主题报告，参政议政部部长范芳主持报告会。民盟中央经济委员会、各省级盟组织经济委员会主任（副主任）、相关负责同志和优秀论文的作者代表近150人参加论坛。

4月22日，主席张宝文在京出席由中国人民大学、民盟北京市委联合举办的第四届民生论坛。本届论坛以“共享发展”为主题，围绕共享发展的理念、国情、制约和路径等问题进行了深入探讨。副主席、民盟北京市委主委葛剑平出席会议。张宝文在讲话中说，中共十八届五中全会将共享发展作为指导新时期国家发展战略的五大理念之一，不仅回应了人民群众的全面诉求，也体现了社会主义的本质特征。这次民生论坛以“共享发展”为主题，可以说是对国家发展理念创新、社会发展进步要求、人民群众利益诉求的理论呼应，是一次很有意义的活动。他强调，“治国有常，而利民为本”。在适应新常态和尽可能保持经济平稳较快发展的同时，要牢固树立共享理念与公平正义的价值取向，继续着力保障和改善民生，并通过相应的制度安排来着力促进共享发展。包括尽快提升教育事业的公平性，促进并维护充分、平等的就业，继续深化收入分配制度改革，加快健全社会保障体系，努力推进基本公共服务均等化，都应当成为新时期实现共享发展的基本制度保障。民盟中央社会委员会主任郑功成教授等做了主旨发言。

6月26日，由民盟中央、国家旅游局、吉林省政协指导，吉林省旅游局主办的吉林省全域旅游高峰论坛在长白山举行。副主席徐辉出席论坛并致辞。民盟吉林省委主委、吉林省旅游局局长杨安娣介绍了吉林省发展全域旅游的情况。徐辉在致辞中指出，民盟秉持“奔走国是，关注民生”优良传统，长期以来一直高度关注旅游业发展，在区域旅游合作、文化旅游等多产业融合、旅游管理体制机制创新等方面向中共中央提出了一些具有全局性、前瞻性和可操作性的意见建议，为中国旅游产业的进步和发展作出了贡献。他说，近年来，吉林全省上下重视旅游、发展旅游，旅游产业在国民经济中的地位和作用越来越凸显，成为拉动第三产业增长的重要龙头和引擎。希望民盟吉林省委充分利用好这次论坛，与各位业界专家学者加强互动交流，吸收智慧结晶，为吉林旅游业转型升级、持续健康发展做出更多更大的贡献。与会专家重点围绕“旅游供给侧改革、全域旅游、旅游扶贫、旅游+、旅游投资”等议题展开深入研讨，为吉林省旅游业把脉支招。

7月8日，由民盟国情研究中心、民盟北京市委、民盟天津市委、民盟河北省委主办的“京津冀农业协同发展论坛”在河北保定市开幕。主席张宝文出席开幕式并讲话。副主席龙庄伟，民盟河北省委主委边发吉，参政议政部部长范芳等出席论坛。来自全国10余个省市自治区的民盟组织代表及京津冀三地的农业专家等近百人参加开幕式。张宝文在讲话中指出，京津冀协同发展作为一项重大国家战略，已经成为促进京津冀区域经济社会可持续发展的原动力。围绕“京津冀协同发展”做文章，既是围绕中心、服务大局的需要，又是民盟长期以来优势和特色的体现。张宝文强调，要实现京津冀农业协同发展，必须融合三地的比较优势，实现资源优势互补，大力推进三地有关农业技术、生产、物流、信息、市场等深入合作：一是加强农产品安全供给的协同合作。二是加强休闲农业旅游的协同合作。三是加强农业科技研发的协同合作。论坛结束后，张宝文、龙庄伟一行还到长城汽车股份有限公司进行调研，并参观了由河北农业大学盟员专家牵头组织建设的顺平县顺农现代农业园区。7 月 7 日，河北省委书记、省人大常委会主任赵克志在保定拜会了张宝文一行。

7 月 25 日至 31 日，第十二届海峡两岸暨港澳地区大学校长联谊活动在陕西举行。此次联谊活动由民盟中央、南京大学、北京大学和台湾大学共同主办，西安交通大学承办。主席张宝文、副主席徐辉以及来自台港澳和大陆地区 22 所高校的校长出席活动。26 日，作为联谊活动的重要组成部分，海峡两岸暨港澳地区大学校长论坛在西安交通大学举行，与会大学校长围绕“近年来大陆、台湾、香港和澳门地区高等教育新进展”和“一流大学与一流学科建设”等主题进行了交流，就深化高等学校创新创业教育改革、促进大学与社会深度融合、全面提升高等教育质量等方面进行了讨论。清华大学、台湾政治大学、香港大学、台湾大学、澳门大学、西安交通大学的校长作了主旨发言。针对“一流大学与一流学科建设”，张宝文表示，海峡两岸暨港澳地区虽然提法不同，但高等教育的发展目标是一样的。大学的基础是传道授业解惑以及做科研、出成果，一流大学需要一流的学生、一流的教师、一流的设备、一流的管理和一流的声望去支撑，这其中的内涵不能被完全量化，只能在一定的范围内去衡量。他指出，一流大学建设要有创新理念、创新思维，在科学研究领域要鼓励提出颠覆性新观点新理论，而且这些理念和观点要立足于国家需要和社会需求；一流学科建设则要鼓励每一个大学依托自身原有学科发展优势，打造具有本大学特色的专业学科，进行差异化发展。活动期间，与会大学校长还赴西安交大西部科技创新港展馆、西北农林科技大学、法门寺、袁家村等地进行了参观走访。期间，中共陕西省委书记娄勤俭会见张宝文一行。民盟陕西省委主委张道宏，民盟中央秘书长高拴平等参加部分活动。

8 月 16 日至 17 日，民盟第七届民生论坛在云南昆明举行。论坛主题为：民生短板与社会保障。副主席徐辉，副主席、民盟云南省委主委倪慧芳出席开幕式。徐辉说，民盟第七届民生论坛由民盟中央和地方省盟共同举办，是参政议政形式上的重要创新，使论坛更加活跃、更接地气。他就民生问题提了六点要求：一是“固本”，就业是民生之本，要巩固就业的成绩，开辟新的就业渠道。二是“强基”，应高度重视教育政策面临的问题，继续实施教育优先发展之国策。三是“拓源”，分配是民生之源，应千方百计做大蛋糕，分好蛋糕，实现共享发展。四是“稳保”，应重视解决当前社会保障方面面临的问题与困难，稳定社会保障的社会期望和政策效果。五是“脱贫”，脱贫是当前民生之重，民盟要为实现脱贫攻坚的各项目标做出努力。六是“维稳”，稳定是民生之福，维护社会稳定的大局是巩固和改善民生成效的必要前提。他指出，民盟一直强调和坚持“奔走国是，关注民生”这一优良传统，希望此次论坛与会专家、盟员畅所欲言、相互交流、深入研讨，为我国民生事业的建设和发展建睿智之言、献务实之策。论坛上，民盟中央社会委员会主任郑功成等作了主旨报告。相关领域专家学者、民盟各级组织代表百余人出席论坛，并围绕论坛分主题“城市贫困与社会保障”和“乡村贫困与精准扶贫”进行了研讨。论坛共收到论文百余篇，经过专家评审，选出 19 篇优秀论文。民盟浙江省委员会、民盟云南省委员会被授予论坛组织奖。论坛为获奖单位和个人颁发了奖牌和证书。

9 月 13 日至 14 日，以“深化改革，提高质量，推动基础教育公平和创新发展”为主题的第四届民盟教育论坛在湖北黄冈召开。论坛由民盟中央教育委员会和民盟湖北省委员会主办。副主席徐辉出席开幕式并讲话。参政议政部部长范芳主持开幕式。徐辉在讲话中指出，中国推动教育现代化的三大动力，是教育的发展、改革和创新。谈到基础教育的发展问题，他说，基础教育是国民教育的基础，是国家优先发展的基本公共事业。从宏观层面看，应着重处理好以下几个方面的关系：新型城镇化建设与基础教育发展的关系、新农村建设与乡村教育发展的关系、发展不足与发展不均的关系。对于基础教育的改革问题，他认为，教育改革与其他领域改革一样，都以推进公平、提高质量和增强效能为目标指向。当前的重点之一是教育治理体系的改革完善，只有"以县为主""市域统筹""省级统筹"和"中央统筹"多管齐下，形成最佳统筹协调合力，才能更快推进基础教育均衡和公平发展。对于基础教育的创新问题，他指出，必须创新人才培养模式，从创新课程教材体系入手，进而加强创新型教师针对性培训，改进教学方式和模式，最终实现推进创新教育的目的。论坛上，华东师范大学、上海师范大学专家教授作了主旨报告。论坛嘉宾代表围绕"改进考试评价制度，推动基础教育创新发展""加强基础教育管理，促进基础教育公平发展""完善教师教育体系，加强基础教育师资队伍建设"三个分论坛主题进行了研讨和交流。论坛共收到论文百余篇，经专家认真评审，评选出优秀论文 19 篇。民盟各级组织领导和代表、专家学者 150 余人出席论坛。

12 月 14 日至 15 日，副主席张平在山西太原出席民盟华北五省（市、区）"文化旅游产业发展"座谈会。张平在讲话中说，文化旅游资源是华北地区的优势资源和特色产业，具有巨大的发展潜力，对加快脱贫致富，推进生态环境和文化的保护，促进社会和谐，实现区域协调发展发挥了重要作用。今后我们理应顺应时代潮流，加强区域合作，携手奋进，共同谱写文化旅游产业的崭新篇章。他还就"坚持和谐发展理念""实施差异化发展战略""加强交流与合作"方面提出了建议。会上，专家代表围绕如何促进"文化旅游产业发展"做了主旨发言。民盟天津市委主委高玉葆、民盟山西省委主委王维平、参政议政部部长范芳以及来自华北五省（市、区）民盟组织的专职副主委和各部室负责人，湖北等部分民盟省级组织的代表，山西盟员代表以及民盟山西省委机关干部参加会议。

（二）民主监督

全盟在充分履行参政议政职能的同时，积极探索民主监督的途径和方式，通过政治协商、政策建议信、政协发言与提案、社会服务等方式，发挥民主监督作用。担任各级人大代表和政协委员的盟员，认真参与立法和执法检查，积极提交议案、提案、建议。担任中央和地方各级特约监察员、检察员、审计员、教育督导员等职务的盟员，积极参与行风政风评议，依法依规履行监督职责。

6 月 13 日至 16 日，全国政协副主席、民盟中央常务副主席陈晓光率国家特邀国土资源监察专员前往江西省赣州市、福建省龙岩市实地考察稀土矿产开发管理工作。考察活动由中央统战部、国土资源部共同组织，是第四届国家特邀国土资源监察专员聘任以来组织的首次考察活动。副主席、福建省政协副主席郑兰荪，民盟江西省委主委刘晓庄分别参加福建、江西相关考察活动，国土资源部副部长、民盟中央常委曹卫星参加考察活动并主持考察座谈会。陈晓光在考察座谈时表示，开展特约人员工作是中国共产党领导的多党合作和政治协商制度的重要内容，是民主党派和无党派人士发挥民主监督作用的重要形式。他指出，稀土是不可再生的重要自然资源，也是当前和未来经济、科技发展的关键资源，战略地位极为重要。长期以来，有关部门和地方政府做了大量工作，稀土资源保护和合理开发利用基本进入健康发展轨道。同时，稀土资源开发利用和保护还存在违法盗采屡禁难绝、产业结构不尽合理、法律法规相对滞后等问题，需要引起重视并及早研究解决。陈晓光强调，要进一步加大工作力度，加强统筹规划，切实提升稀土资源管理工作水平。一是继续加强稀土资源管理，保护好、利用好稀土资源；二是继续优化产业结构，做大做强稀土产业，促进行业持续健康发展；三是建立完善稀土资源绿色生态开发机制，坚持在保护中开发、在开发中保护；四是完善有关政策和法律法规，加大稀土开发执法监管力度。11位民主党派人士及无党派人士，中央统战部、工业和信息化部、国土资源部有关司局负责同志参加考察活动。

今年，根据中共中央的安排部署，民盟中央开始在河南省开展了脱贫攻坚民主监督。这既是一项重要的政治任务，也是履行民主监督职能的生动体现。

7月4日，民盟中央召开第十一届三十七次主席办公会议，就民盟开展脱贫攻坚民主监督工作进行专题研究。主席张宝文，常务副主席陈晓光，副主席张平、徐辉、龙庄伟，秘书长高拴平参加会议。张宝文指出，各民主党派中央开展脱贫攻坚民主监督工作意义重大，体现了中共中央对多党合作的高度重视，是拓宽民主监督渠道的有益尝试，也是民主党派协助地方党委和政府打好脱贫攻坚战的重要形式。主席办公会议研究决定，成立民盟开展脱贫攻坚民主监督工作领导小组。领导小组组长由主席张宝文担任，副组长由常务副主席陈晓光和副主席张平、徐辉、龙庄伟担任。张宝文强调，开展脱贫攻坚民主监督是一项开创性的工作，任务艰巨、涉及面广，需要各相关方面精心组织、周密部署，密切配合、形成合力，确保取得实实在在的效果。陈晓光传达了中央统战部召开的关于各民主党派中央开展脱贫攻坚民主监督工作启动会的有关会议精神。他指出，各民主党派中央开展脱贫攻坚民主监督工作意义重大，为民主党派履行职能提供了新的方式，是对参政议政工作的再深化，民盟要把开展脱贫攻坚民主监督工作的履职重点更多地聚焦到帮助地方党委和政府打赢脱贫攻坚战方面。其他各位副主席结合各自分管的工作进行了发言，并提出了建设性建议。在先期调研的基础上，经审议，正式形成了《民盟中央关于开展脱贫攻坚民主监督工作的实施方案》。

9月19日至20日，民盟中央主席、民盟开展脱贫攻坚民主监督工作领导小组组长张宝文，副主席、领导小组副组长龙庄伟一行赴河南开展脱贫攻坚民主监督工作。19日下午，张宝文一行在兰考县实地调研当地脱贫攻坚工作进展情况。考察组参观了电子商务创意园、圆梦服务公司等项目，对兰考县多元化的扶贫模式给予高度评价。在何寨村，张宝文一行与村干部、驻村工作队队员座谈，察看贫困户“一户一册”扶贫脱贫档案，到贫困户家走访，考察村特色优势产业生产基地，深入了解当地实施贫困人口精准识别和精准脱贫的情况；还特别询问了驻村工作队队员的生活、工作情况，对他们扎根扶贫一线奉献奋斗表示亲切慰问。20日，民盟中央——河南脱贫攻坚民主监督工作座谈会在郑州召开。中共河南省委副书记、省长陈润儿介绍了河南省脱贫攻坚情况。张宝文在讲话中指出，开展脱贫攻坚民主监督，是中共中央赋予各民主党派的一项重要政治任务，是坚持和完善多党合作制度的创新举措，也是民主党派参与国家政治生活和现代化建设的生动体现，具有重大政治意义和现实意义。民盟中央将紧紧围绕开展民主监督工作的六个重点领域深入调研，并把民主监督与政治协商、参政议政结合起来，与社会服务结合起来，在精准上出实招，在推进上见实效，与河南省委、省政府共同发现问题、研究问题、解决问题，和河南人民一道合力打赢脱贫攻坚战。他充分肯定了河南省委、省政府对脱贫攻坚的高度重视和积极举措。他希望河南在下一步脱贫攻坚中继续着眼当前、谋划长远，加强农村基础设施建设，夯实农业基础；紧盯发展短板，创新农村金融、保险、信息服务；推进一二三产业融合发展，不断拉长产业链条；加大教育扶贫力度，阻断贫困代际传递；深化农村产权制度改革，盘活农村资源；加快构建新型农业经营体系，促进农民增收和农业现代化。中共河南省委常委、统战部部长陶明伦，民盟河南省委主委储亚平等出席座谈会。

11月2日至6日，民盟中央社会服务部刘圣宇部长带领脱贫攻坚民主监督调研组，对河南省脱贫攻坚工作进行调研。调研组分别到滑县、台前和民权、柘城四个国家级贫困县进行实地走访。调研组考察了当地的产业扶贫项目，走访了贫困户家庭，与县、乡、村干部进行座谈，深入了解当地脱贫攻坚工作的亮点和成功经验，认真听取干部群众反馈的问题与建议。调研组对各县根据实际情况开展的“产业扶贫”“健康扶贫”“教育扶贫”“六改一增”等工作给予高度评价。5日，调研组召开脱贫攻坚座谈会。省扶贫办有关负责同志就河南省脱贫攻坚工作情况进行了全面汇报，省政府研究室、省政府发展研究中心、省社科院有关同志畅谈了对脱贫攻坚工作的想法和建议。刘圣宇表示，开展脱贫攻坚民主监督，是中共中央赋予各民主党派的一项重要政治任务，民盟中央将紧紧围绕开展民主监督工作的六个重点领域深入调研，与河南省委、省政府共同发现问题、研究问题、解决问题，和河南人民一道合力打赢脱贫攻坚战。

（三）政治协商

1. 积极参加中国共产党领导的政治协商

1月25日，张宝文主席、陈晓光常务副主席、徐辉副主席出席国务院党外人士座谈会。张宝文主席代表民盟中央发言，对《政府工作报告（征求意见稿）》和“十三五”规划纲要提出三条建议：充分发挥教育扶贫在精准扶贫中的治本作用；引导金融、科技资源有效对接，构建服务创新驱动战略的金融体制机制；支持分享经济发展，促进产业模式创新。

1月28日，徐辉副主席出席最高人民法院党外人士座谈会并代表民盟中央发言，对最高人民法院工作提出四条建议：优化司法职权配置，提高司法效率；完善司法责任制，推进严格司法；积极稳妥推进员额制改革，推进司法专业化、职业化；保障律师执业权利，加强司法职业共同体建设。

2月16日，徐辉副主席出席最高人民检察院党外人士座谈会并代表民盟中央发言，对最高人民检察院工作提出四条建议：加强顶层设计，促进改革试点工作的规范化和有序化；强化制度建设，优化司法职权配置；适应改革新要求，提升公正司法水平；积极稳妥推进员额制改革，推进司法专业化、职业化。

1月6日，民盟中央向李克强总理提交《关于借力“一带一路”倡议、推进消费品工业产能国际合作的建议》，建议提出：加大产能国际合作政策扶持力度；完善对产能国际合作的制度支持；健全产能国际合作服务体系；加强对产能国际合作的分类指导；提高产能国际合作效率。建议信得到了李克强总理的批示。

1月22日，民盟中央向汪洋副总理提交《关于加强投资引导、促进旅游经济健康发展的建议》，建议提出：加强对旅游投资的引导、监管；推动旅游行政部门转变职能，做好服务工作；鼓励和扶持旅游资源与专项旅游产品的深层次开发，引导旅游投资延伸产业链；扶持中小微旅游企业发展；推进旅游投资服务于精准扶贫。建议信得到了汪洋副总理的批示。

2月22日，民盟中央向张高丽副总理提交《关于在大别山区构建综合性生态补偿机制的建议》，建议提出：从国家层面制定和完善生态补偿法律制度，以大别山区作为制度创新试点；建立高效的财政转移支付补偿制度和生态补偿效益评估机制，设立大别山区生态保护和建设专项资金；科学界定大别山区生态补偿地域范围，合理核算生态补偿经济标准，创新生态补偿方式。建议信得到了张高丽副总理的批示。

3月18日，张宝文主席，陈晓光常务副主席在中央统战部出席党外人士座谈会，张宝文主席代表民盟中央对加强和规范中国共产党党内政治生活、修订《中国共产党党内监督条例（试行）》提出三点建议：坚持和完善民主集中制，更好地发挥党在各项事业中的领导作用；创新党内政治生活形式，增强党员活力和党组织战斗力；增强《条例》的可操作性和约束力，将监督措施真正落到实处。

3月18日，民盟中央向李克强总理提交《关于借力“一带一路”倡议、推进消费品工业产能国际合作的建议》，建议提出：加大产能国际合作政策扶持力度；完善对产能国际合作的制度支持；健全产能国际合作服务体系；加强对产能国际合作的分类指导；提高产能国际合作效率。建议信得到了李克强总理的批示。

4月29日，民盟中央向刘延东副总理提交《关于振兴与保护中医药的建议》，建议提出：加强统筹领导，提升管理机构职能；强化对中医药传统知识产权的保护；加大对中医诊疗机构的政策扶持力度；重视、鼓励和支持中医传承体系的建立；强化管理，整顿和规范中药材市场秩序；大力扶持道地药材生产；改革现行“药食同源许可制度”。建议信得到了刘延东副总理的批示。

5月6日，民盟中央向习近平总书记提交《关于加快大数据安全保障能力建设的建议》，建议提出：加大对关键行业领域核心数据的安全监管和防护力度；集中力量突破大数据核心技术，掌握大数据发展主动权；加快大数据立法进程和标准、规范、制度建设；走思路创新和应用创新之路，建设国家大数据安全靶场。建议信得到了习近平总书记等11位党和国家领导同志的批示。中央网络安全和信息化领导小组办公室、发改委、财政部、交通部、工信部、教育部、人民银行等召开座谈会，邀请民盟中央领导就如何落实好建议信内容进行了磋商。

5月19日，民盟中央向李克强总理提交《关于调整治河思路、解决淮河中下游水问题以推动淮河经济带发展的建议》，建议提出：进一步论证并尽可能优化入海水道二期工程；设立专题研究洪泽湖和淮河下游综合治理方案；以洪泽湖和淮河下游综合整治为切入点，研究和编制淮河经济带发展规划，并将其上升为国家战略。建议信得到了李克强总理的批示。

7 月 6 日，张宝文主席、陈晓光常务副主席、徐辉副主席出席中央统战部党外人士调研协商座谈会，张宝文主席代表民盟中央发言，提出六点建议：明确开发区的法律地位和授权，进一步理顺各方面关系；创新开发区管理模式，完善考核评价体系；注重科学规划，实现开发区统筹发展；完善政策支撑体系，促进开发区转型创新升级；全面实施创新驱动发展战略，推动产业向中高端迈进；鼓励开发区跨区域合作，共享发展成果。

7 月 25 日，张宝文主席、陈晓光常务副主席、徐辉副主席出席中共中央党外人士座谈会，张宝文主席代表民盟中央发言，就今年下半年经济工作提出三点建议：进一步提升大数据发展水平，推动我国从数据大国向数据强国迈进；完善支持政策，增强我国海运控制力和竞争力；精准施策，努力解决脱贫攻坚中的关键问题。

8 月 16 日，张宝文主席、陈晓光常务副主席出席中共中央党外人士座谈会，张宝文主席代表民盟中央发言，就中共中央十八届六中全会议题提出两点建议：聚焦关键环节，努力在党内监督的深层次矛盾问题上寻求突破；促进民主党派监督与党内监督的有机衔接，进一步提升民主监督的实效。

10 月 29 日，张宝文主席，陈晓光常务副主席，徐辉、欧阳明高、田刚、龙庄伟、葛剑平副主席出席中央统战部中共十八届六中全会党外人士情况通报会。张宝文主席代表民盟中央在会上发言，表示：教育引导广大盟员，切实把思想和行动统一到中共中央的决策和部署上来；继承民盟优良传统，不断加强作风建设，进一步加强和规范盟内政治生活；强化盟内监督，积极探索有效途径，确保监督落到实处。

6 月 27 日，民盟中央向张高丽副总理提交《关于进一步加强汉江流域最严格水资源管理工作的建议》，建议提出：在汉江试点工作基础上，继续深入探索流域落实最严格水资源管理制度的实践模式；探索流域与区域结合、多元主体共同参与的流域综合管理体制；尽快明晰流域各方用水权益，推进水量统一调度，启动后续工程的准备工作；大力推进汉江流域水资源、水环境与水生态“三位一体”智能综合监控体系建设；积极推进汉江流域生态文明建设，完善中线水源区生态保护补偿机制。建议信得到了张高丽副总理的批示。

7 月 22 日，民盟中央向习近平总书记、李克强总理、俞正声主席提交《关于加快开发区管理体制改革与创新的建议》，建议提出：明确开发区的法律地位和授权，进一步理顺各方面关系；创新开发区管理模式，完善考核评价体系；注重科学规划，实现开发区统筹发展；完善政策支撑体系，促进开发区转型创新升级；全面实施创新驱动发展战略，推动产业向中高端迈进；鼓励开发区跨区域合作，共享发展成果。建议信得到了习近平总书记，李克强总理，俞正声主席，张高丽、刘延东、汪洋副总理的批示。国家发改委、科技部、工信部、财政部等部门书面反馈了采纳意见。

8 月 22 日，民盟中央向习近平总书记、李克强总理提交《关于进一步提升我国大数据发展水平的建议》，建议提出：加快数据资源建设和开放共享；协调推进重点行业领域大数据应用；推动大数据核心技术突破创新；加强法律法规和知识产权制度建设；创新大数据人才培养引进工作；发挥国家大数据（贵州）综合试验区先行先试作用。建议信得到了李克强总理的批示。

9月21日，民盟中央向马凯副总理提交《关于尽快完善海运业发展支持政策的建议》，建议提出：建立货载优先制度，支持和引导国货国运，增强战略物资运输保障能力；降低海运企业税负，完善海运补贴政策，提升海运企业竞争力；完善船舶登记制度，壮大五星红旗船队，提升我国海运控制力；以政策引导“21世纪海上丝绸之路”沿线港口投资，增强对海运通道和航线的控制力。建议信得到了马凯副总理的批示。

10月18日，民盟中央向俞正声主席、刘延东副总理、孙春兰部长提交《关于“海峡两岸暨港澳地区大学校长联谊活动”情况汇报》，并建议：对大陆高校积极参与活动提出明确要求；增强平台效应，尝试政策“吹风”。俞正声主席、刘延东副总理对活动给予了充分肯定，并做了重要批示。

12月6日，张宝文主席、陈晓光常务副主席、徐辉副主席出席中共中央党外人士座谈会。张宝文主席代表民盟中央发言，对当前经济形势和2017年经济工作提出两条建议：大力推进新兴产业发展，促进制造业由大变强；大力推进民族地区教育发展，为脱贫攻坚奠定坚实基础。

2. 充分利用政协平台议政建言

民盟中央向全国政协十二届四次会议提交了口头发言1篇、书面发言5篇、提案39篇，内容涉及教育、资源生态环境、社会管理、经济发展、农业、财税金融、医疗、法律、科学技术等9个方面。大会口头发言的题目是《借力“一带一路”倡议、重构消费品工业发展新格局》，发言针对我国消费品工业“走出去”在管理层面、社会层面、企业层面存在的问题，提出了完善法律、财税、金融等制度保障；健全消费品产能国际合作服务体系；提升企业核心竞争力等三点建议。书面发言的题目分别是《构建服务创新驱动战略的金融体制机制》《加强投资引导、促进旅游经济健康发展》《以科学规划带动高等教育由大向强迈进》《优化政策法规环境、促进分享经济发展》《关于推动民族题材动漫走出去的建议》。盟员委员《天下望治如饥渴，庸政懒政不可为》《从供给侧改革的角度看国企改革》的大会发言也受到社会广泛关注。《关于高度重视“伪金融”可能引发金融风险的提案》等6件提案被列为2016年全国政协重点提案。民盟组政协委员共提交书面发言59篇，提案282件，社情民意信息70篇。

3月8日，徐辉副主席出席全国政协“积极稳妥做好去产能过程中的人员安置工作，扎实推进供给侧结构性改革”提案办理协商会。民盟中央提交的《关于加大产能过剩行业失业人员再就业政策扶持力度的提案》列入会议现场协商办理。全国政协委员、民盟河北省副主委杨玉成代表民盟中央发言。会上，提出提案的有关民主党派中央、全国政协委员与国家发展改革委、教育部、人力资源社会保障部、财政部、工信部、国资委等提案承办单位负责人围桌而坐，交换意见，对提案进行集中协商办理。

11月24日，由民盟中央和全国政协提案委员会共同承办的全国政协第59次双周协商座谈会在京召开，协商会的主题是“加快食品安全监管体系建设”。中共中央政治局常委、全国政协主席俞正声主持会议，16位来自相关领域的全国政协委员们齐聚一堂，就如何加快食品安全监管体系建设建言献策。全国政协副主席、民盟中央常务副主席陈晓光，全国政协常委、副秘书长、提案委员会副主任、民盟中央副主席徐辉出席座谈会。徐辉代表民盟中央和全国政协提案委员会，介绍了协商会的筹备情况及提出了建议意见。

他说，全国政协高度关注食品安全问题，十二届全国政协以来，委员们就食品安全问题提出提案261件，“加快食品安全监管体系建设”是今年全国政协重点督办提案之一。座谈会上，盟员政协委员徐向东、吴刚、王修林、贾楠等先后提出了自己的观点和建议。俞正声认真听取意见，与委员们频繁交流。国家食品药品监管总局领导介绍了有关情况，中编办、农业部、工商总局、质检总局相关负责人与委员互动交流。9月26日至27日，陈晓光率全国政协提案委员会和民盟中央联合调研组就“加快食品安全监管体系建设”赴福建调研，徐辉陪同调研。

民盟中央在全国政协十二届十六次、十七次常委会上分别提交了《关于推进扶贫移民搬迁工作的几点建议》等4篇大会书面发言，提交了《关于开展海洋生态修复工程，持续构建文明和谐生态环境的提案》等4件平时提案，受到国务院有关部门重视。

进一步完善信息报送工作机制，召开了全盟首次社情民意信息工作会议暨培训班，信息工作的整体水平进一步提升。全年，民盟中央向全国政协、中央统战部报送信息500余篇。为服务推进实施“一带一路”倡议，民盟中央每月向中央统战部报送参政议政材料。民盟中央相关职能部门被全国政协评为“反映社情民意信息工作”先进集体。

（四）社会服务

一年来，民盟在开展社会服务方面做了大量工作，也取得了很好的效果，社会服务工作在巩固传统特色优势的基础上取得了新成绩。

1. 新农村建设持续推进，助推帮扶地区经济社会发展

（1）对口帮扶毕节七星关区，为毕节试验区建设作出自己的贡献

3月23日，统一战线聚力脱贫攻坚暨多党合作参与毕节试验区建设座谈会在毕节市召开。中共中央政治局委员、中央统战部部长孙春兰出席会议并发表重要讲话。副主席龙庄伟出席会议，并代表民盟中央发言。他在发言中说，民盟中央将为毕节脱贫攻坚的决战决胜贡献全部的智慧和力量。一方面民盟中央将充分发挥智力资源优势，组织盟内外专家就七星关区的生态建设、旅游产业发展、职业教育发展等重大课题开展深入调研，积极建言献策，帮助争取项目支持，打造良好的政策环境。另一方面民盟中央依照树立样板、以点带面的思路，深入定点扶贫村寨——雄嘎苗寨，直接开展精准扶贫。全国政协办公厅、中央统战部、国务院扶贫办、各民主党派中央和全国工商联社会服务部和贵州省相关方面负责同志参加会议。

为贯彻落实“3·23”座谈会精神，民盟中央积极协调东部十省市民盟组织开展聚力毕节试验区脱贫攻坚集中活动月活动，在助推毕节试验区脱贫攻坚中走在前列。3月28日至31日，民盟江苏省委有关同志赴七星关区开展同心助学活动，并举行优秀教师奖教金颁发仪式。此次活动民盟江苏省委为七星关区捐赠教师奖教金10万元、图书3100册，为毕节六中、青场中学培训教师170名。4月5日至7日，民盟福建省委有关领导率考察组赴毕节开展“同心助学”活动，并举行捐赠仪式。期间，民盟福建省委向层台小学捐赠了32台电脑、“微课100互动学习系统软件”1055套，向梨树中学捐赠了32台电脑、“微课100互动学习系统软件”923套。4月9日，民盟中央聚力毕节试验区脱贫攻坚旅游知识专题讲座在毕节市七星关区举行。特邀中国旅游商品产学研联盟秘书长陈斌授课，

为七星关区培训旅游业管理人员100名。4月13日，民盟中央社会服务部携北京科学技术开发交流中心负责人到七星关区长春堡镇干堰小学举行捐赠仪式暨专题讲座，为学校捐赠价值10万元图书。

9月6日至7日，东部十省市民盟组织参与毕节试验区精准扶贫“同心助学”工作经验交流会在江苏南京举行。副主席龙庄伟，民盟贵州省委主委何力等出席开幕会并讲话。龙庄伟在讲话中指出，东部十省市民盟组织参与毕节试验区建设框架确立以来，大家认真对接，统筹安排，科学谋划，扎实工作，为毕节试验区的改革发展做出了积极贡献。他代表民盟中央对大家取得的成绩表示热烈祝贺。他说，中央统战部统一部署开展的“同心助学”活动是民盟发挥教育界别优势、参与毕节试验区精准扶贫的重要内容，希望大家高度重视，进一步做好毕节试验区的教育精准扶贫工作，要贵在精准、重在实效。他还传达了国务院扶贫开发领导小组召开的加强东西部扶贫协作工作电视电话会议精神。出席开幕会的还有东部十省市民盟组织相关领导、社会服务部（处），民盟贵州省委，民盟江苏省委及各地市委员会，贵州毕节市的领导同志等。东部十省市民盟组织就“同心助学”工作进行热烈讨论，相互交流经验，畅谈感想体会，分析问题对策，表示要进一步搞好对接，努力推动下一阶段精准扶贫“同心助学”工作扎实开展。

（2）参与黔西南州“星火计划　科技扶贫”工作

民盟中央依托“星火计划　科技扶贫”平台，积极参与黔西南脱贫攻坚。邀请专家到黔西南举行旅游商品讲座，助推黔西南旅游业发展。协调章如庚慈善基金会、北京四中网校为黔西南州捐赠价值300多万元的中小学图书、设备及远程教育资源。连续两年组织京津沪名师在黔西南开展暑期名师大讲堂，培训中小学校长、教导主任、骨干教师2000多人次。组织北京、天津、上海的盟员教育专家，多个市县开展名师大讲堂活动，培训中小学教导主任和骨干教师1300多名，给贫困地区带去教育管理和教学的先进理念与方法。

（3）发展生态农业，聚力广宗脱贫攻坚

民盟中央社会服务部与中国农业大学党委携手，不断创新“党—盟—校—地”合作模式，在河北广宗县建设“生态养殖示范基地”和农大教授工作站，通过示范带动，引导当地农民发展特色种养殖产业，尽快脱贫致富。在民盟中央支持下，由民盟中国农业大学委员会负责组织实施“种养结合循环生态畜牧示范基地建设项目”，并将该项目列为广宗教授工作站2016年重点项目，争取建设多领域、高新技术有机汇集的新型农业生产模式，逐步实现全程自控、精准生产、园区经营、产出多样、生态循环、环境友好的生态农业生产基地，期望探索出可复制的示范性生态农业生产模式，在广宗县范围内示范推广。为保障项目有序推进，中国农业大学党委统战部召集成立了多学科的专家顾问团，为项目建设提供坚实的人才和技术支持。

7月9日，主席张宝文、副主席龙庄伟一行到河北广宗县调研。河北省委副书记赵勇，民盟河北省委主委边发吉，社会服务部部长郭勇，参政议政部部长范芳等陪同调研。在广宗县现代农业园区，正在规划建设精准扶贫设施葡萄示范区、现代农业科技创业中心和智慧农业创意园等项目，张宝文主席详细询问大棚葡萄种植面积、产量、销售、产品价格及收入等情况，强调脱贫致富一定要选对产业。他还参观了广宗葡萄风情小镇展览馆，观看了介绍广宗县情及发展设施葡萄产业的电视专题片。张宝文一行还参观了河北天天自行车有限公司。该公司年产 300 万辆儿童学步车、手推车及电动车，产品出口东南亚、非洲等地，年销售收入 1.7 亿元。张宝文勉励他们要努力把企业做得更优更强更大。在广宗县第二中学，张宝文仔细了解该校师资力量和办学情况，参观了"民盟美术班学生作品展"、北京四中网校在线教学平台等，对该校"育人为本　以德立校"的做法给予充分肯定。

8 月 31 日，陈香梅公益基金会嘉慧教育基金"慧蕾行动"资助仪式在河北广宗县举行。社会服务部部长郭勇和陈香梅公益基金会、广宗县领导、受助学生及家长等出席仪式。"慧蕾行动"是由民盟中央社会服务部与陈香梅公益基金会嘉慧教育基金共同发起的，旨在为贫困家庭女生提供资助的教育扶贫项目。2016 年项目首次选取广宗县作为受助地区，选取 40 名户籍在广宗县且考上高中或大学的贫困家庭女生作为资助对象，其中高中生将连续三年每年获得 2000 元、大学生一次性获得 5000 元的资助。一方面，用学到的知识绽放青春的光芒；另一方面，在自己将来有能力的时候传递爱心、回报社会，用更加成熟的心态赢得人生的"逆袭"。

9 月 29 日，民盟中央社会服务部调研组赴河北广宗县调研脱贫产业发展情况。调研组主要由中国农业大学盟员专家组成。调研组首先到广宗县北塘疃镇南寺郭村智慧大棚和葡萄小镇实地考察，并现场观看了精准扶贫先进模式宣传片。随后调研组到广宗县北塘疃镇油坊村参观中国农业大学广宗教授工作站生态养殖示范基地、广宗镇盐场村参观蔬菜大棚产业种植，认真听取介绍，详细了解河北柴鸡散养技术和蔬菜种植情况。调研组专家认为，广宗县的脱贫产业发展合理，管理规范，脱贫产业对于带动贫困村贫困户脱贫有重要作用，纷纷表示要将中国农业大学的研究成果带到广宗，与广宗的脱贫产业相结合，带动科研脱贫齐发展。

（4）"盟遂合作"谱写新的篇章

8 月 23 日上午，常务副主席陈晓光，副主席龙庄伟，原副主席吴正德在四川遂宁市出席蓬溪船山灌区工程开工仪式并宣布工程开工。民盟四川省委主委赵振铣代表民盟四川省委讲话。蓬船灌区工程位于四川盆地川中腹地，是武都引水工程的扩灌区，涉及绵阳、遂宁、南充三市五县（区）。主要功能为农业灌溉、城乡生活、工业供水等水资源综合利用。工程静态总投资 37.58 亿元（不含田间工程），总工期计划 41 个月，是遂宁建市以来国家投资最大的单体项目，也是盟遂合作 30 年来最新成果体现。工程建成后，将实现年供水 1.93 亿立方米，可解决灌区 33.28 万人的饮水困难。惠及遂宁的蓬溪县、船山区和南充的西充县，极大改善灌区周边生态环境，发挥巨大的经济效益、社会效益和生态效益。

8 月 23 日下午，常务副主席陈晓光在四川遂宁市出席盟遂合作 30 周年座谈会，并讲话。副主席龙庄伟、原副主席吴正德、社会服务部部长郭勇等出席会议。民盟四川省委主委赵振铣主持会议。陈晓光在讲话中回顾了盟遂合作 30 年发展历程。他说，历任民盟中央主要领导为盟遂合作事业倾注大量心血，在盟遂双方的共同努力下，合作内容日益丰富、层次不断深化。作为民主党派服务地方经济社会发展的具体实践，盟遂合作对中国共产党领导的多党合作和政治协商制度的优越性做出了生动诠释。他强调，当前我国已经进入全面建成小康社会的决胜阶段，要按照“两个一百年”奋斗目标和“四个全面”战略布局的总体要求，把盟遂合作事业不断推向深入。一是要坚持初心不改，坚决打赢扶贫攻坚战。二是要坚持绿色发展，着力建设美丽遂宁。三是要坚持多措并举，打造多党合作的创新区。会议播放了《盟遂合作30周年专题片》。民盟中央、水利部、中共四川省委、省政府、省政协、省委统战部、民盟省委等有关负责同志，民盟重庆市委、四川省各市（州）民盟组织负责人及专家学者代表，遂宁市四大班子部分领导同志，各县（区）委书记和统战部部长，市直有关部门负责同志以及新闻媒体100余人出席座谈会。

8月24日至25日，由民盟中央、全国政协人口资源环境委员会、政协四川省委员会主办的“2016绿色经济遂宁会议”在四川遂宁举行。会议以“绿色城镇·幸福生活”为主题，围绕转变城市发展方式、完善城市治理体系、提高新型城镇化水平等一系列绿色发展相关问题进行了交流探讨，并达成了2016绿色经济遂宁共识。在24日上午的开幕式上，常务副主席陈晓光，全国政协人口资源环境委员会副主任吴双战，中共四川省委副书记、省长尹力讲话，四川省政协主席柯尊平，民盟中央副主席龙庄伟、原副主席吴正德等出席，民盟省委主委赵振铣主持。陈晓光在讲话中指出，遂宁在全国率先提出绿色发展理念，积极探索绿色转型之路，走在了全国的前列，走出了一条生态、低碳、高效、循环的绿色发展新路，绿色经济遂宁道路对四川乃至全国都有一定的示范意义和辐射作用。为了更好地推动绿色经济发展，他强调，一是要加强交流合作，努力把会议打造成为联系各方的桥梁、思想交流的平台、合作共赢的纽带，共同为探索我国绿色低碳、可持续发展道路建言献策。二是要加强专题研究，充分借助和发挥好各领域、各层次、各方面智慧力量，有效促进我国绿色发展的理念、政策、措施、技术等与国际接轨。三是要加强成果宣传，切实把遂宁经验总结好、推广好，逐步形成绿色发展重要共识，全面开创经济社会发展与环境保护互利共赢的崭新局面。开幕式后，龙庄伟主持召开了主题峰会。出席会议的还有民盟中央、全国政协人资环委、国家有关部委、中共四川省委、省人大、省政府、省政协、省委统战部、民盟省委等省直部门以及民盟市（州）组织领导、相关领域专家学者、企业等共计300余人。

2.“烛光行动”在巩固中获得新的发展

全盟各级组织立足自身优势，不断开拓创新，“农村教育烛光行动”获得了新的长足进步。2016年，民盟中央与新东方教育集团联手持续开展“烛光行动——新东方教师社会责任行”活动，新东方选派约30余名优秀教师，为10个省区市近2000名一线教师带去前沿的英语、语文和数学教学理念；联合北京四中网校继续开展民盟远程教育“烛光行动”，两年来在全国各地捐赠的远程教育资源累计价值上千万元，并于5月份在成都启动“千校计划”，计划在三年内为全国1000所学校捐赠北京四中网校优质的远程教育资源。还协调章如庚慈善基金会捐赠价值2000万元的图书及设备，目前已在内蒙古、贵州等地落实捐赠500多万元。

3月18日，由民盟中央、中国宋庆龄基金会、香港汉荣书局联合主办的石汉基、石国基先生向内地65间图书馆捐赠图书仪式暨第二届“石景宜博士杯——华夏书画创作大赛”颁奖典礼在全国政协礼堂举行。副主席徐辉主持活动仪式，并代表民盟中央为全国政协委员、香港汉荣书局董事长石汉基和总经理石国基先生颁授了“弘文启智 乐善好施”

荣誉牌匾。徐辉高度肯定了汉荣书局几十年如一日，坚持为内地捐书、送书，为两岸文化交流不遗余力的义举。他表示，香港汉荣书局是在港澳台和大陆地区知名的文化机构，以“沟通两岸文化，建设书香社会”为目标，长期致力于两岸文化交流。汉荣书局创办人石景宜博士及儿子石汉基、石国基先生父子两代，作为事业有成、爱港爱国、回馈社会的香港爱国人士，以促进两岸文化交流和人民感情为神圣使命，几十年来，持之以恒，坚持善举，这种无私奉献的精神，值得我们大家景仰和学习。这次，汉荣书局选择与民盟中央合作，通过民盟组织联系向内地65家图书馆捐赠图书，是民盟作为民主党派发挥联谊作用、服务社会的生动体现。原副主席李重庵，国家新闻出版广电总局、中国出版协会、文化部有关负责同志，以及来自港澳台和海外的有关知名人士、书法绘画艺术家，受捐图书馆代表和本次书画大赛获奖者代表共300多人出席活动。

4月13日，常务副主席陈晓光、副主席龙庄伟出席民盟江苏省委与淮阴区政府共同举办的“‘烛光行动’合作基地·淮阴”揭牌仪式，并为受表彰的13个集体颁奖。民盟江苏省委主委曹卫星出席并讲话。2015年4月，在民盟中央的支持下，民盟江苏省委与淮阴区人民政府签订了教师能力提升合作协议，首次在省内将整个区域纳入“烛光行动”扶持计划中。在一周年之际，除了继续开展各种培训外，“‘烛光行动’合作基地·淮阴”在淮阴区正式挂牌，将通过推动省内10所名校与淮阴区10所学校结对帮扶，进一步提升淮阴区的教育现代化水平。

3. 创新医疗扶贫模式，大力推进健康中国建设

民盟中央按照健康中国目标要求，不断拓展医疗扶贫工作领域，为广大贫困患者提供医疗救助，帮助当地医疗机构提高诊疗水平，获得了当地干部群众的一致好评。

6月15日，主席张宝文、副主席龙庄伟在京出席“超天使工程”启动仪式。启动仪式由社会服务部部长郭勇主持。西门子医疗集团大中华区负责人，部分医学影像学专家，来自全国26个省市自治区的民盟组织及受助地区代表近百人参加启动仪式。龙庄伟在讲话中指出，要做好统筹规划，实现资源精准利用；要加强多方联动，确保项目精准落地；要抓好机制建设，实现工程的长效运行。启动仪式上，张宝文代表民盟中央向西门子医疗集团大中华区、爱影医生集团授予荣誉牌，并宣布“超天使工程”正式启动。“超天使工程”成为民盟与西门子医疗集团大中华区共同参与扶贫攻坚的重要举措和有益尝试，将为乡镇医疗机构以极低的价格提供彩色超声、数字化X光机等必备的影像诊疗设备；同时该工程还就乡镇医师水平参差不齐的现状，提供有针对性的培训。在全盟共同努力下，截至目前，“超天使工程”已向18个省份290余家乡镇医院捐助彩超281台，数字化X光机79台，为基层卫生院节约经费2亿余元。培训工作也已在重庆、福建、河南、湖南相继举办，培训乡镇医护人员700余人。

7月5日，由民盟中央、民盟内蒙古区委、中国西部研究与发展促进会共同启动实施的“微天使工程”中国肿瘤微创治疗技术创新战略联盟示范医院授牌仪式在内蒙古乌兰察布举行。副主席龙庄伟，民盟内蒙古区委主委董恒宇，社会服务部部长郭勇等出席授牌仪式。乌兰察布第三医院医护人员及民盟盟员200余人参加授牌仪式。“微天使工程”项目主要针对我国中西部地区县级医疗机构，通过设备捐赠、人员培训、远程诊疗等手段，推广普及肿瘤微创治疗这一先进技术。

12 月 14 日，由民盟中央发起，民盟北京市委、民盟云南省委协办，北京康益德中西医结合肺科医院承办的“健康呼吸万里行”云南站启动仪式在云南迪庆藏族自治州举行。副主席龙庄伟出席启动仪式并讲话。龙庄伟在讲话中指出，民盟作为中国共产党领导下的参政党，始终从关注民生的角度，将医疗帮扶作为民盟社会服务工作的重要内容，先后倡导发起“明眸工程”“民盟名医大讲堂”“民盟增爱义诊”“超天使工程”等医疗帮扶活动，为广大贫困患者提供医疗救助，帮助当地医疗机构提高诊疗水平，先后荣获中央统战部、民政部、国务院扶贫办等多项表彰。他强调，此次“健康呼吸万里行”活动走进云南，不仅是优质医疗资源主动服务困难群众的义行善举，也是民盟中央助推地方政府实施精准医疗扶贫的重要举措。启动仪式上，向迪庆州藏医院捐赠 20 万元作为藏医药肺科发展基金，并捐赠价值 12 万元的制氧机 20 台，用于救助 20 名高原重症肺病贫困患者。社会服务部部长刘圣宇等参加活动。

12 月 27 日至 28 日，龙庄伟副主席赴湖北丹江口出席“微天使工程”丹江口站授牌仪式。龙庄伟在授牌仪式上指出，作为一种前沿的医疗技术，肿瘤微创介入治疗必须有相应技术装备的支持。技术设备的“用”比“有”更加重要。只有实现先进技术的输入，才能真正发挥装备的作用。只有医师队伍建设水平的整体提高，才能真正提升当地卫生事业的技术水平，实现当地卫生事业永续发展和自我进步。他希望参与活动的专家团队，能够认真做好人员培训、远程诊疗工作，真正做到倾囊相授、金针度人；也希望各受助医院和各位受训的同志充分珍惜、利用好捐赠的设备和培训的机会，虚心向各位专家学习，切实提高自身专业水平，真正把技术学到手，真正把设备用起来，造福一方百姓。龙庄伟还实地查看了丹江口市第一人民医院部分科室建设情况，详细了解了该医院就医环境、“微天使工程”项目相关诊疗设备操作应用、人才配备等相关情况。

“天行健公益行”活动积极推进，已在贵州、湖北、黑龙江、四川等七省落地，共向 62 家医院捐赠价值 3000 多万元脑卒中治疗设备。

4.“黄丝带”帮教品牌基本成熟

全盟各级组织响应民盟中央号召，高度重视“黄丝带”帮教工作，发动盟内外专家队伍走进各类帮教基地，开展了慰问演出、义诊咨询、心理辅导、书画笔会、捐资赠物等多种形式的帮教工作，赢得了社会各界的高度肯定。如安徽“黄丝带帮教行动”入选安徽省首届“十大法治事件”，获安徽省统战工作实践创新成果奖。民盟山西省委被省未管所推荐为“省帮教工作先进集体”。经过共同努力，“黄丝带”帮教品牌已经基本成熟。

5. 社区服务在探索中前进

全盟充分发挥特色和优势，积极参与城市社区建设，取得了良好成效。民盟上海市委组建了志愿者服务总队，依托志愿者服务总队以及盟内人才资源，开展“百名律师义务法律咨询”、农民工义务医疗咨询、社区司法矫正等活动。民盟青岛市委与街道共建同心社区服务站，将民盟参政议政职能与传统的社会服务项目融会贯通、有机连接，成为帮助政府化解矛盾、为百姓带来实惠的“便民站”，并先后获得孙春兰部长和张宝文主席的高度肯定。

三、自身建设

（一）思想理论建设

在猴年新春佳节即将到来之际，民盟中央领导走访慰问了在京离退休老领导、老盟员及家属，为他们送去新春的祝福。2 月 1 日上午，张宝文主席、陈晓光常务副主席到原主席蒋树声家中慰问。张宝文首先问候了蒋主席及家人的身体状况，介绍了民盟一年来参政议政、社会服务及自身建设等方面的工作。2 月 2 日上午，张宝文主席、陈晓光常务副主席到北京医院看望了原主席丁石孙，详细询问了丁先生的身体状况和医治情况，并向丁先生全家送上了新春祝福。1 月 29 日，张平副主席来到原第一副主席张梅颖家中，代表民盟中央致以新春问候。1 月 18 日上午，徐辉副主席前往原副主席吴修平家中慰问，向其致以新春的祝福，并向其赠送了《群言》杂志创刊 30 周年纪念文丛。同日，徐辉副主席来到北京医院看望了原副主席俞泽猷，向其家属详细了解俞老的身体、生活情况，并向他们全家送上新年祝福。1 月 19 日，张平副主席分别拜访了原副主席卢强、厉以宁，代表民盟中央向他们致以新春的美好祝福。1 月 19 日，龙庄伟副主席亲切看望了原副主席袁行霈先生，代表民盟中央向袁先生及家人送上新春祝福。1 月 18 日，高拴平秘书长先后看望了张纪域同志遗孀张祖贻女士和萧乾同志遗孀文洁若女士，21 日看望了陶大镛同志遗孀牛平青女士，25 日看望了千家驹同志遗孀赵甲素女士，带去了民盟中央领导的问候和新春祝福。民盟中央领导还以不同形式向原副主席冯之浚、王维城、李重庵、索丽生，马大猷同志遗孀王荣和女士等老领导、老同志送去了新春祝福。

1 月 28 日，由民盟中央美术院、海南文昌市委等主办，晋唐书画院、CCTV 央视文化精品频道等承办的“文化下基层　万福送万家”——走进文昌活动启动仪式在海南文昌市举行。副主席张平出席活动并致辞。他说，民盟是以文化为主要界别之一的参政党，文化是民盟与生俱来的特色。民盟中央历来重视文化建设，关注基层的文化发展。年底组织民盟艺术家开展文化下基层活动，为百姓送去精神食粮，带来新春祝福，成为每年的传统项目。他表示，文昌人杰地灵，被称为长寿之乡、华侨之乡、书法之乡、将军之乡、文化之乡。民盟组织著名书画家来到这块福地，开展文化下基层活动，目的就是要为弘扬中国传统文化贡献民盟的一份力量，为文昌百姓欢度新春增添喜庆气氛，向文昌群众送上诚挚的节日问候。启动仪式上，张平向文昌市的抗战老兵、长寿老人、贫困学生、劳动模范、农民工代表赠送“福”字、春联及书画作品，并为“民盟中央美术院晋唐海湾书画创作基地”揭牌。仪式结束后，数十名书画家现场创作了几百幅书画作品并赠送给当地群众。

1 月 29 日，主席张宝文，副主席张平赴中国国家博物馆，参观了“中国艺术研究院著名艺术家系列精品展——朱乐耕环境陶艺”展览。朱乐耕是民盟盟员，现为中国艺术研究院艺术创作研究院院长、教授、博士生导师、中国陶瓷艺术大师、全国政协委员，是 2012 年文化部“物质文化遗产薪传奖”和 2013 年“中华艺文奖”的得主。他曾在中国、新加坡、中国香港、韩国、美国、法国、德国等多个国家及地区举办个人陶艺展。

其主要贡献在于将当代陶艺与环境建筑相结合，并以气势磅礴而著称，其多件作品被安置在韩国的首尔、济州岛，国内的北京、天津、上海等一些著名的建筑物中，成为多座城市的重要公共艺术及人文景观，是一位具有国际影响力的中国当代陶艺家。

2月2日，为繁荣基层文化，服务基层群众，副主席张平、龙庄伟、葛剑平带领20余名民盟书法家，来到北京顺义区马坡镇石家营村，为村民义务书写春联，把浓浓的年味和新春的问候送到百姓家门口。张平在致辞中说，民盟是以文化教育科技为主界别的参政党，今天，我们很高兴组织民盟书法家来这里开展文化下乡活动。春节贴春联是古代延袭下来的传统习俗。我们带着美好的心愿走进石家营，开展送春联下乡活动，用平安和谐、吉祥如意的春联，表达对大家深深的祝福。张平表示，今后，民盟中央美术院和民盟北京市委将发挥盟员书画家的特长和积极性，继续开展美术展览、笔会、美术培训、春节送对联等丰富多彩的活动，努力满足百姓的精神文化需求。张平、龙庄伟、葛剑平副主席亲自登门将书法门匾、春联送到石家营村村民手中，让他们在春节来临之际也能感受到民盟的浓浓情谊。本次活动由民盟中央美术院和民盟北京市委联合举办。

2月26日，民盟中央召开2016年“两会”新闻通气会。秘书长高拴平主持会议，参政议政部部长范芳向参会记者介绍了2016年民盟中央向全国政协十二届四次会议提交的大会发言和提案的基本情况，宣传部副部长曲伟参加会议。范芳介绍说，民盟中央高度重视向全国政协提交大会发言、提案以及平时提案的各项工作。全盟围绕“全面建成小康社会、全面深化改革、全面依法治国”和供给侧改革等中心工作，聚焦“十三五”规划、“一带一路”、长江经济带发展、京津冀协同发展战略、教育改革、精准扶贫、“双创”、中国制造2025、“互联网+”、生态绿色发展等重点议题，贯彻创新、协调、绿色、开放、共享的发展理念，创新参政议政工作机制，找准切入点，扎实深入开展调查研究，积极建言献策，提案工作取得了丰硕成果。范芳部长重点介绍了大会口头发言、书面发言和重要提案的主要内容和产生背景。来自《人民日报》、新华社、《光明日报》、《人民政协报》等20家媒体的记者参加新闻通气会。

4月20日上午，陈晓光常务副主席、徐辉副主席等来到原副主席冯之浚先生家中看望，为冯先生庆祝80岁寿辰。4月18日下午，陈晓光常务副主席来到原副主席袁行霈先生家中看望，为袁先生庆祝80岁寿辰。陈晓光一行与冯先生、袁先生亲切握手，致以生日的祝贺，并送上鲜花和生日蛋糕。陈晓光常务副主席与冯先生、袁先生亲切交谈，十分关切地询问他们的身体健康状况，分别向两位先生介绍了民盟近期开展的有关工作和重点调研情况，与两位先生就我国经济结构调整和转型升级、素质教育、文化建设等方面问题交流了看法，衷心祝愿冯先生、袁先生健康长寿，希望他们继续关心和支持民盟今后的工作。5月19日，徐辉副主席、高拴平秘书长等一行来到原副主席卢强先生家中看望，为卢先生庆祝80岁寿辰。徐辉首先代表民盟中央祝卢先生生日快乐，转达了张宝文主席、陈晓光常务副主席等领导对卢先生的问候，关切地询问了卢先生的身体状况。他还向卢先生介绍了民盟近期开展的有关重点调研情况，与卢先生就我国经济结构调整和转型升级、循环经济、新能源发展等方面问题交流了看法。

6月30日，副主席张平、龙庄伟在北京市全国地方戏演出中心观看由石家庄市评剧院一团创排、民盟盟员袁淑梅领衔主演的评剧现代戏《安娥》。本次演出是为纪念中国共产党成立95周年、长征胜利80周年，由河北省委宣传部、河北省文化厅主办的“同心筑梦·美丽河北”——河北省优秀剧目进京展演活动之一。《安娥》2015年9月入选文化部纪念中国人民抗日战争暨世界反法西斯战争胜利70周年全国优秀剧目展演。袁淑梅现为国家一级演员，第十四届中国戏剧梅花奖得主，第十届、十一届全国人大代表，全国劳动模范，全国“五一劳动奖章”获得者，享受国务院特殊津贴，国家级非物质文化遗产项目评剧代表性传承人。

7月5日至6日，民盟中央和民盟云南省委联合举办的李公朴、闻一多殉难70周年系列纪念活动在云南昆明举行。5日上午8时30分，纪念李公朴、闻一多殉难70周年大会在云南大学召开。副主席张平，中共云南省委常委李培出席大会并讲话，副主席、民盟云南省委主委倪慧芳出席大会并致辞，秘书长高拴平主持大会。张平说，今年是中国现代伟大的爱国主义者、坚定的民主战士、民盟早期领导人李公朴、闻一多先生殉难70周年。我们要铭记他们天下兴亡、匹夫有责的爱国主义精神，向往真理、追求进步的进取精神，投身社会、无私奉献的“红烛精神”，始终坚持中国共产党领导，进一步深入开展坚持和发展中国特色社会主义学习实践活动，继承发扬民盟与中国共产党亲密合作、肝胆相照的优良传统，创新工作思路方法，赋予李、闻精神新的时代内涵，赋予民盟传统教育勃然生机，使广大盟员特别是新盟员和年轻盟员，坚持中国特色社会主义道路自信、理论自信、制度自信、文化自信，深怀爱国之心，砥砺强国之志，力践报国之行，把个人梦想融入实现中国梦的践行之中。云南大学领导，李公朴、闻一多亲属和盟员代表在大会上发言。上午10时，全体与会人员来到云南师范大学，举行李公朴、闻一多殉难70周年祭奠仪式。下午，举行了纪念李公朴、闻一多殉难70周年座谈会。副主席、云南省委主委倪慧芳，秘书长高拴平出席，宣传部部长曲伟出席并讲话。在会上，李公朴女儿张国男系统阐述了李公朴先生的教育思想和实践。民盟湖北省委领导等发言，就如何学习李、闻生平事迹和爱国民主精神畅谈体会。活动期间，与会人员还参观了“一二·一”运动纪念馆和国立西南联大旧址，到闻一多殉难处、李公朴殉难处敬献鲜花。民盟各省级组织专职副主委和宣传部门负责同志，李公朴、闻一多亲属及其家乡民盟组织代表，民盟云南省委各副主委，市、州组织及省直基层组织主委，特邀盟员代表及民盟云南省委机关干部共150余人参加纪念活动。

7月5日，副主席张平，副主席、民盟云南省委主委倪慧芳共同为民盟云南大学委员会“盟员之家”揭牌。期间，张平与倪慧芳副主席会见了民盟云南大学委员会部分盟员代表，认真听取了民盟云南大学委员会“盟员之家”建设和基层组织建设发展情况介绍。张平在讲话中指出，近几年来，为了调动基层盟员对多党合作事业的热情，凝聚他们的智慧，更好地发挥民盟整体优势，民盟开展了全国性的“盟员之家”建设，目前共有“盟员之家”400多个。作为学习实践活动的重要抓手和有效载体，“盟员之家”是将盟员的主动性积极性和盟组织的教育引导有机结合起来，以“家”的氛围，将盟史、盟务、履职成果、核心价值观等内容潜移默化到基层组织生活，来切实提升盟员的归属感和基层的凝聚力，增强学习实践活动的生命力和吸引力。秘书长高拴平、宣传部部长曲伟等参加揭牌仪式。

7月13日，民盟中央美术院理事会第二次会议在江苏常州召开。民盟中央副主席、美术院院长张平出席开幕会并讲话，民盟中央美术院院长（常务）、中国美术馆馆长吴为山主持开幕会并在闭幕会上讲话，宣传部部长、美术院秘书长曲伟主持闭幕会，美术院副院长及近60位理事出席会议。张平指出，民盟中央美术院成立两年多以来，团结联系广大美术界盟员，紧紧围绕民盟的中心工作广泛开展活动，以健全制度为重点不断加强自身建设，扩大了民盟的社会影响力，增强了民盟的内部凝聚力，取得了突出的成绩。一是发挥人才荟萃优势，开展了丰富多彩的文化调研、文化扶贫活动，为更好传承与创新中华文化，为促进文化事业繁荣发展做出了积极贡献。二是坚持制度先行，不断完善工作机构、工作规则和规划，鼓励各省根据自身情况积极成立相关美术机构，自身建设取得可喜成果。三是民盟各级美术机构通过一场场高水平的美术展览，丰富了群众文化生活，弘扬了中国文化精神，提升了民盟的影响力，增强了民盟的凝聚力。张平强调，美术工作是民盟在新时期履行参政党职能的一项具有独特优势的工作，今后美术院要以艺术为平台，发挥美术工作的优势特色，积极有效开展工作，为培养美术人才、提升美术家艺术创作水平和创造活力服务，为促进盟内外交流交往服务，为更好履行参政党职能服务。会议增补了11位美术院副院长和34位理事。

7月15日，闻一多殉难70周年纪念活动在湖北省黄冈市浠水县举行。副主席张平出席活动并讲话。宣传部部长曲伟，闻一多先生亲属及各支部盟员代表共300余人参加活动。张平在讲话中指出，闻一多先生的一生是热爱祖国、热爱人民的一生，是不断追求进步、追求真理的一生，是坚持革命、不畏牺牲的一生，是献身中国文化和教育事业的一生。我们对闻一多先生最好的纪念，就是要学习传承他将个人的奋斗与祖国命运联系在一起的爱国精神，学习传承他坚定不移地接受中国共产党领导的思想理念，学习传承他为民盟发展和社会进步鞠躬尽瘁的奉献精神，学习传承他修身明德、笃学践行的高尚品格，坚定“四个自信”，凝聚共识智慧，积极履职尽责，将个人梦想融入实现中国梦的壮阔奋斗之中，为统一战线和多党合作事业的不断发展，为夺取全面建成小康社会的新胜利、实现中华民族伟大复兴，不断作出新贡献。座谈会后，张平、曲伟为民盟闻一多支部和盟员之家授牌，给闻一多纪念馆赠书《闻一多传》。

7月19日，民盟中央宣传部和民盟北京市委宣传部联合举办北京高校青年盟员座谈会，进一步了解青年盟员思想动态，听取青年盟员对新形势下民盟思想宣传工作的意见建议。副主席张平出席并讲话，宣传部部长曲伟主持。张平指出，做好青年盟员思想工作，是民盟事业后继有人、薪火相传的重要保障。高校青年盟员是民盟一支重要的骨干队伍，我们要深入研究这一群体的特点和思想状况，有针对性地开展好思想宣传工作，不断巩固多党合作的思想政治基础，凝聚他们的智慧力量；高校青年盟员也要认真加强政治理论学习，积极参加履职尽责各项工作，树立民盟良好形象。当前，意识形态工作是党和国家一项极端重要的工作，高校作为意识形态工作的前沿阵地，加强高校意识形态阵地建设具有极端重要性和现实紧迫性。高校盟员要不断提高大局意识、责任意识和理性意识，切实增强政治把握力和鉴别力，立足本职岗位发挥自身影响力，为高校宣传思想工作的加强和改进作出贡献。座谈会上，各位青年盟员就当前一些社会热点问题和如何看待网络新媒体发展进行了讨论，并对高校思想宣传工作和民盟工作提出了建议。

8月17日至18日，“民盟历史人物研究”专题研讨会在吉林省吉林市举办。副主席张平出席会议并讲话，民盟吉林省委主委杨安娣出席开幕式并致辞。张平在讲话中指出，按照2016年民盟中央工作要点的要求，民盟中央将今年参政党理论研究课题确定为“民盟历史人物研究”。这次研讨会既是一次动员大会，也是一次专题座谈会，目的是把民盟的研究力量整合起来，大家集思广益，群策群力，形成基本的共识、思路、构想和目标任务，共同把这个课题做实、做好、做成精品和样板，最终形成经得起历史检验的、有价值的成果。他强调，做好民盟历史人物研究，一要正确认识盟史人物研究的重大意义；二要准确把握撰写历史人物传记的规律，全面、客观、公正地反映和评价民盟历史人物的一生；三要围绕主线，着力体现民盟历史人物的精神特质、道德风范和永恒的文化思想价值。希望通过这次研讨会，推动盟史人物研究形成共识、形成机制、形成梯队，真正起到继承和发扬民盟优良传统、巩固多党合作的共同思想政治基础的作用。会上，中国社会科学院近代史研究所专家就如何开展民盟历史人物研究作了专题讲座。与会人员就课题研究的方式、方法等内容进行了分组讨论。研究室主任刘圣宇主持会议，宣传部部长曲伟，“民盟历史人物研究”各省级组织中标课题组负责人、《民盟编年史（1941–1949）》课题组负责人共50余人参加会议。

8月18日至19日，副主席张平率队赴吉林省吉林市调研坚持和发展中国特色社会主义学习实践活动开展情况。民盟吉林省委主委杨安娣、宣传部部长曲伟参加调研。期间，张平一行出席了“讲政治、守规矩，建设高素质参政党”学习教育实践活动现场会，听取了民盟吉林省委的工作汇报，与地方组织负责同志、基层盟员代表座谈，为“盟员之家”揭牌，并考察了当地文化产业项目。现场会上，张平对民盟吉林省委开展“讲政治、守规矩，建设高素质参政党”学习教育实践活动给予充分肯定，认为民盟吉林省委在开展学习实践活动中紧密结合吉林实际，丰富创新了学习实践活动的内涵和形式，为全盟开展学习实践活动积累了经验。他说，三年多来，学习实践活动不断深入开展，取得阶段性成果，夯实了多党合作的政治思想基础。民盟自身建设进一步加强，参政议政和社会服务能力水平也得到有效提高。他希望，民盟吉林省委再接再厉，按照学习实践活动实施方案要求，结合自身工作实际，把做好换届的政治交接工作与学习实践活动相结合，继续深入开展学习实践活动，推动盟务工作再上新台阶。19日，张平还出席了民盟中央美术院吉林省分院暨松花江创作基地成立揭牌仪式。

9月21日，为纪念红军长征胜利80周年，中共山西省委宣传部、民盟中央美术院、民盟山西省委等共同主办的“中国梦·黄河魂”纪念长征胜利80周年徐惠君作品展在山西省美术馆展览厅举行。副主席张平，中共山西省委常委、宣传部部长胡苏平，民盟山西省委主委王维平等领导出席开幕式。张平在接受记者采访时指出，徐惠君是盟员画家，也是具有全国影响的优秀画家，中国画坛中很有影响力的年轻画家，他以黄河为题材，既展现了中国大气磅礴、正气浩然的壮美山河，也歌颂了中华民族能吃苦、敢担当、勇创新的民族精神，体现了“中国梦”的意境。他的画展在纪念红军长征八十周年之际隆重展出，有强烈的现实意义和历史意义。来自知识界、文化界、艺术界的百余名专家学者参加开幕式。

9月24日上午，纪念中国民主同盟成立75周年暨北京市民盟组织成立70周年——

《京盟翰墨》书画作品展开幕式在中国政协文史馆举办。副主席张平出席活动并宣布开幕，副主席、民盟北京市委主委葛剑平出席开幕式并致辞。葛剑平说，民盟作为主要由文化、教育和科技界中高级知识分子组成的中国特色社会主义参政党，盟员中有许多知名美术家，如蒋兆和、吴作人、刘开渠、吴冠中等，创作出大量具有鲜明时代特征的作品，为我国文化事业发展树立了丰碑。如今，许多民盟优秀艺术家，继承和发扬中国优秀传统文化，致力于书画艺术的研究、创作，传递正能量，为中华文化繁荣兴盛做出积极的努力。民盟中央文化委员会主任、中国美术馆馆长吴为山，宣传部部长曲伟，以及民盟北京市委、北京市政协、市委统战部、部分市级民主党派、台联、侨联代表共160余人参加开幕式并参观书画展。

10月7日至8日，副主席张平率队赴景德镇调研陶瓷文化产业发展情况，并出席民盟中央美术院景德镇分院成立仪式暨“瓷·画”联展开幕式。民盟江西省委主委刘晓庄，民盟中央宣传部部长、美术院秘书长曲伟，及民盟中央美术院部分美术家参加调研。7日，张平一行实地考察了景德镇盟员陶瓷企业和陶瓷创作工作室，听取了有关负责同志情况介绍。他表示，今后，民盟将发挥优势特色，利用民盟中央美术院景德镇分院平台，团结联系盟内艺术家，将景德镇陶瓷特色与传统的国画、书法、油画、水彩等艺术相结合，互相借鉴，互相进步，携手将中国的陶瓷艺术推向新的高度。8日，民盟中央美术院景德镇分院成立揭牌仪式暨“瓷·画”联展开幕式在景德镇文化艺术馆举办。张平出席仪式并宣布开幕。民盟中央美术院美术家、景德镇盟员代表及当地艺术界代表共200余人参加活动。此次“瓷·画”联展集中展出了来自盟员美术家的40余件高水平国画书法作品和60余件景德镇陶瓷艺术精品。

10月11日，常务副主席陈晓光、副主席张平赴长安大戏院，观看了由上海沪剧院创排，民盟盟员、上海沪剧院院长茅善玉监制的沪剧现代戏《回望》。宣传部部长曲伟参加活动。本次演出是为纪念中国共产党成立95周年、长征胜利80周年，由北京市委宣传部、北京市文化局主办的“南方戏曲演出季”展演剧目之一。演出前，陈晓光、张平等会见了茅善玉，勉励她继续推出反映时代特征的优秀剧目，为繁荣文化事业贡献力量，为民盟添光争彩。茅善玉是民盟盟员、民盟中央委员、民盟中央艺术团副团长。现任上海沪剧院院长，国家一级演员，第二届《大众电视》“金鹰奖”最佳女主角奖、第二届《中国戏剧》“梅花奖”、首届白玉兰戏剧表演主角奖获得者。她主演的剧目有《一个明星的遭遇》《血染姊妹花》《魂断蓝桥》《今日梦圆》《董梅卿》、新版《家》和《雷雨》等。还在《璇子》《姊妹俩》《牛仔女》等沪剧电视连续剧中担任主演。

10月12日，由民盟河南省委、民盟中央艺术团出品、制作的话剧《焦裕禄》，在河南艺术中心大剧院试演。副主席张平审看了节目并给予高度评价。民盟河南省委主委储亚平，宣传部部长曲伟等参加活动。2014年3月和5月，习近平总书记两次来兰考指导群众路线教育实践活动，强调指出新形势下，要大力宣传弘扬焦裕禄精神。为此，民盟河南省委两年来经过周密安排，组建了一支政治信念坚定、艺术功底扎实、以民盟盟员为主的话剧《焦裕禄》创作团队。该团队结合当前形势，用新的创作理念来诠释焦裕禄精神，让这出体现主流价值观的话剧真正“演得真、传得开”。民盟中央对此高度重视，把话剧《焦裕禄》作为学习实践活动的重要举措，作为河南民盟乃至全国民盟学习、宣传、传承焦裕禄精神的重要内容，讲好中国故事，传递正能量。

10 月 26 日，民盟中央副主席、美术院院长张平，副主席龙庄伟一行来到河北新乐市，共同见证民盟中央美术院创作基地落户河北美术学院。民盟河北省委主委边发吉，民盟中央宣传部部长、美术院秘书长曲伟出席活动，民盟中央美术院及其河北分院部分美术家共 100 余人参加揭牌仪式。张平、龙庄伟、边发吉等共同为“民盟中央美术院河北美术学院创作基地”揭牌。揭牌仪式后，张平、龙庄伟一行参观了“十月，金秋书法展”以及河北美术学院书法学院、雕塑学院等。曲伟宣读了成立民盟中央美术院河北美术学院创作基地的批复，并代表民盟中央美术院致辞。

10 月 28 日，由民盟中央、民盟上海市委、上海社科院共同主办的“民盟精神与中国文化”论坛在上海社会科学院举办。副主席张平出席开幕式并讲话。上海社会科学院党委书记于信汇，宣传部部长曲伟出席开幕式。张平副主席在讲话中指出，民盟前辈本着知识分子的人文良知和社会责任奔走国是、关注民生，将自己的荣辱与民族存亡紧紧地联系在一起，为中国的民主、繁荣奋斗了一生，他们以深邃思想和亲身经历对中国文化的巨大魅力作了很好的诠释，并为后人留下了许多宝贵的文化思想和精神财富。他认为，民盟精神主要体现在：一是热爱祖国，追求真理，勇于牺牲和奉献。二是淡泊名利，胸怀坦荡，使命感重于功利感；敢于直言，不瞻前顾后，不人云亦云。三是学有专长，有报效国家、服务社会的强烈诉求。他希望各位专家、盟员们继续深入研究，为国家的发展与强盛贡献自己的聪明才智，为民盟的文化传统世代薪火相传继续做出不懈的努力。本次论坛共收到论文 17 篇，学者们围绕“民盟精神与中国文化”这一主题，从不同角度进行深入探讨。来自上海、江苏等省市的 120 余名盟员参加论坛。在沪期间，张平、郑惠强还出席了由民盟上海市委和上海纺织（集团）有限公司共同主办的民盟（上海）实践教育基地挂牌仪式。

12 月 8 日，2016 年度群言理事暨通讯员会议在京召开。副主席、《群言》编委会主任、理事会理事长张平出席会议并讲话。张平代表民盟中央对各位理事及通讯员长期以来对《群言》的支持表示感谢，并对群言杂志社一年来完成的各项工作给予肯定。他指出，群言杂志社在继承传统、秉承“知识分子群言堂”宗旨、恪守“要说真话、实话，不说假话、空话、大话，对新情况、新问题发表新见解”承诺的基础上，积极进取，谋求突破，在提升刊物质量、拓宽办刊思路等方面取得了一系列成绩，使这本刊物不断焕发勃勃生机。就下一步工作，他强调，《群言》要继续深入学习贯彻习总书记系列重要讲话精神，尤其是关于文化建设方面的重要讲话精神，坚定文化自信，使这个“知识分子的群言堂”更好地反映时代呼声、传播中国声音，唱响中国精神、弘扬中华气象。要深刻认识民盟思想宣传工作面临的新要求，围绕民盟重点履职工作积极发声，围绕盟员教育引导工作发挥作用，更好地把《群言》建设成为“民盟形象的展示窗”和“广大盟员的精神园地”。在讨论中，参会理事及通讯员对《群言》近年来的工作给予了充分的肯定，并提出了很多宝贵的意见建议。会议还对 2016 年度群言杂志社发行工作优秀单位进行了表彰，并为新任理事颁发聘书。

12 月 22 日，民盟中央举行纪念胡愈之诞辰 120 周年座谈会，缅怀胡愈之对我国文化出版、对外交往和民盟事业发展做出的贡献与功绩。副主席张平出席会议并讲话，秘书长高拴平主持会议。张平首先代表民盟中央对愈老表达深切怀念，对愈老家属致以亲切慰问。他说，愈老一生向往光明、追求真理，以民族振兴、人民幸福为己任，把毕生精力献给了祖国和人民，献给了我国文化出版事业和民盟事业，他的崇高精神和高尚品格，值得我们永远学习和铭记。我们要学习愈老忠贞不渝的爱国主义精神；学习他始终坚持中国共产党领导，为社会主义事业奋斗终身的坚定信念；学习他团结民主、严于律己的工作作风。商务印书馆、三联书店、世界知识杂志社、韬奋基金会等单位负责同志和胡愈之同事、亲友代表先后发言，从工作经历、政治活动、生活交往、品格情操等不同角度回顾了胡愈之先生沧桑传奇而又充满魅力的一生。胡愈之同志亲友，全国人大、全国政协、教育部、文化部等胡愈之同志生前工作单位代表，民盟中央机关干部共百余人参加座谈会。

（二）组织建设

1 月 24 日，盟员信息管理系统（四期）培训班在京举行，民盟各省级组织、部分地市级组织盟员信息管理员共 90 余人参加培训学习。培训期间，常务副主席陈晓光亲切接见了培训学员，并与大家合影留念。此次培训班通过集中授课、上机模拟、分组讨论和交流发言相结合的方式，帮助学员们系统学习了盟员信息管理系统（四期）的功能模块、创新优化、操作要领和注意事项。在分组讨论中，大家就如何进一步加强盟员信息管理、规范操作流程和维护更新等问题进行了热烈而充分的交流，提出很多建设性意见建议。

4 月 13 日，由民盟中央监督委员会组织，民盟江苏省委和民盟淮安市委共同筹办的首届民盟监督工作研讨会在江苏淮安召开。常务副主席、监督委员会主任陈晓光出席并讲话，副主席、监督委员会副主任龙庄伟主持会议。民盟江苏省委主委曹卫星到会并致辞。龙庄伟通报了民盟中央监督委员会自 2015 年开展省级组织领导班子及其成员届中述职和民主评议活动的情况。委员们围绕民盟内部监督工作的定位、发展方向和监督委员如何更好地履职尽责等议题，结合参加省级组织领导班子及其成员届中述职和民主评议活动的个人感受踊跃发言。陈晓光在听取了委员们发言后指出，开展盟内监督工作是新形势新任务对民盟提出的新要求，也是更好地履行参政党职能的有力保障，加强盟内监督工作是民盟当前自身建设所面临实际情况的迫切需要。结合讨论情况，陈晓光对今后的工作重点和努力方向提出三点希望：一是明确监督委员会定位，规范监督内容，推动内部监督工作不断向前发展；二是围绕监督工作重点，着力提升监督效能，努力推进制度体系建设；三是以监督换届工作为契机，注重宣传引导，进一步加强监督队伍建设。他勉励大家努力把盟内监督工作做实、做细，为把民盟建设成为适应新形势新任务新要求的新时代参政党作出更大贡献。

4 月 5 日，民盟宁夏第十届委员会第七次全体会议在宁夏银川举行。副主席王光谦，宁夏回族自治区党委常委、统战部部长马廷礼到会祝贺并讲话。会议接受安纯人同志辞去民盟宁夏区第十届委员会主任委员、常务委员、委员职务的请求，选举冀永强同志为民盟宁夏区委会主任委员。王光谦对民盟宁夏区委会近年来取得的成绩给予充分肯定，代表民盟中央和张宝文主席对安纯人同志心系宁夏民盟长远发展的高风亮节表示敬意。他强调，要认真学习贯彻习近平总书记系列重要讲话精神，进一步巩固多党合作的共同思想政治基础；要牢固树立五大发展理念，不断提升履职能力和水平；要提高领导班子成员的能力，坚持实施人才强盟的战略，为民盟事业可持续发展提供坚实有力的人才保证。民盟宁夏区委会主委安纯人出席会议并代表民盟宁夏第十届常委会作 2015 年工作报告。副秘书长、组织部部长陈幼平等出席会议。

4 月 24 日，纪念民盟成立 75 周年暨上海民盟组织建立 70 周年。主席张宝文出席大会并讲话。副主席、民盟上海市委主委郑惠强作大会主题报告。中共上海市委统战部副部长虞丽娟到会致贺辞。会上，张宝文主席代表民盟中央向大会表示热烈祝贺，向上海全体盟员致以崇高的敬意和亲切的慰问。他在讲话中指出，回顾波澜壮阔的民盟史，就是一部始终凝聚广大爱国知识分子、民主人士的团结史，一部始终与中国共产党风雨同舟、荣辱与共的光荣史，一部始终为民族独立解放、国家繁荣富强而努力的奋斗史。张宝文充分肯定了本届民盟上海市委领导班子成立以来各项工作的显著成绩。他希望上海民盟站在新的历史起点上，要努力适应形势、巩固优势，着力建设高素质参政党；要切实围绕中心、服务大局，努力提高参政议政水平；要注重发挥特长、突出重点，继续巩固社会服务实效，汇民意、集众智、增共识、聚合力，为“十三五”规划顺利实施，为全面建成小康社会，为实现中华民族伟大复兴的中国梦而努力奋斗！会上，举行了“上海民盟”微信公众号启动仪式。原副主席江景波、张圣坤等老同志，上海市其他民主党派、工商联等负责人，各区县和基层组织所在单位统战部领导，以及民盟先进集体、先进个人代表等 600 余人参加会议。下午，张宝文、郑惠强参观上海民盟地方组织建立七十周年暨上海民盟书画院成立十周年美术作品展，共同为民盟中央美术院上海分院成立揭幕。

5 月 25 日，民盟山西省十届五次全委（扩大）会议在山西太原举行。主席张宝文，中共山西省委常委、省委统战部部长孙绍骋出席会议并讲话。副主席、民盟山西省委会主委张平出席会议。会议接受张平同志辞去民盟山西省第十届委员会主任委员、常务委员、委员职务的请求，选举王维平同志为民盟山西省委会主任委员。张宝文在致辞中高度赞扬了以张平同志为主委的民盟省委会领导班子，自民盟山西省第九次代表大会以来，团结和带领全省广大盟员，扎实推进思想建设、组织建设、作风建设和制度建设，努力提升参政议政工作实效和水平，精心打造社会服务工作品牌，各项工作都取得了可喜的成绩，呈现出很多亮点。张宝文对新一任领导班子提出三点希望：一是要进一步巩固多党合作的共同思想政治基础，切实增强对中国特色社会主义的道路自信、理论自信、制度自信；二是要切实发挥好民盟人才库、智囊团作用，进一步提升履职能力和水平，紧紧围绕山西省委、省政府的中心工作，精心选题，扎实调研，建真言、谋良策、出实招；三是要以这次届中调整为契机进一步加强自身建设，不断提高自身建设科学化水平，切实发挥领导班子示范表率作用。副秘书长、组织部部长陈幼平应邀出席会议。期间，张宝文一行会见了山西省委书记王儒林、省长李小鹏。

6 月 6 日，中国民主同盟成立 75 周年暨民盟江苏省委成立 60 周年纪念大会在江苏南京举行。常务副主席陈晓光出席大会并讲话，江苏省政协主席张连珍出席大会。副主席张平，民盟江苏省委主委曹卫星等出席大会，江苏省政协副主席、省委统战部部长王雪非代表中共江苏省委致贺词。陈晓光代表民盟中央向纪念大会的召开表示热烈祝贺。他指出，民盟江苏省委以坚持和发展中国特色社会主义学习实践活动为主线，深入开展主题教育活动，多党合作的共同思想政治基础更加牢固；大力实施“人才强盟”战略，连续多年正高职称比例、高校正副校长人数等重要指标在全盟省级组织中名列前茅；积极履行参政党职能，形成一批高质量、有影响的参政议政成果；持之以恒关注民生，各项工作迈上了新台阶。他希望，民盟江苏省委要进一步坚定信念、牢记使命，努力汇聚最大正能量；围绕中心、服务大局，不断提升履职水平；突出主线抓好队伍，切实加强自身建设。要继承和发扬民盟优良传统，同心同德、奋发进取，为多党合作事业的发展，为实现中华民族伟大复兴的中国梦做出新的更大贡献。大会表彰了一批先进集体和先进个人，向有关单位赠阅了《大道同行》《群言·江苏专刊》等书刊。江苏教育发展研究院、江苏“一带一路”研究院同期揭牌。大会召开前，副主席张平出席“携手奋进六十年”美术展和主题文艺演出，并为民盟中央美术院江苏分院揭牌。

7月7日，常务副主席陈晓光率队在北京开展组织发展专题调研，副主席、民盟北京市委主委葛剑平等陪同调研。调研组分别召开两场座谈会，上午在清华大学召开高校组织发展工作座谈会，下午在中国农业科学院召开中央在京单位组织发展工作座谈会。在高校组织发展工作座谈会上，来自北京各高校的民盟基层组织负责人围绕组织发展工作中的困难和问题展开讨论。陈晓光指出，高教界是民盟的重点界别和传统领域，但近年来民盟在高校的组织发展工作还存在着发展不平衡、部分基层组织活力不足、代表性人士逐渐减少等问题。他强调，高校组织发展工作要严把入口关，严格按照《盟章》要求和“三个为主”原则，坚持选择政治可靠、品学兼优的人才入盟；要正确处理数量和质量的关系，在保证发展数量的基础上提高发展质量；对于代表性人士的发展，要坚持“两条腿走路”，既要积极引进人才，更要注重盟内培养。他还对进一步做好民盟在高校的组织发展工作提出了希望和要求，一是要提高认识、落实责任，切实增强做好高校组织发展工作的使命感、责任感和紧迫感；二是要多措并举，注重实效，加大高校组织发展工作力度。下午，在中央在京单位组织发展工作座谈会上，葛剑平指出，做好组织发展工作，一是要抓方向，要将坚持正确的政治方向作为基本前提；二是要抓队伍，进一步加强人才队伍建设，为民盟事业发展提供强大的智力支撑；三是要抓实事，通过扎实努力的工作，打造民盟特色品牌，扩大社会影响力。

7月22日，民盟西部省（区、市）第十五次盟务工作会议在宁夏银川召开，会议就“坚持和发展中国特色社会主义学习实践活动，夯实多党合作共同思想政治基础，推动西部地区协调发展”主题进行广泛交流和研讨。副主席张平出席开幕会并讲话，秘书长高拴平主持开幕会。宁夏回族自治区党委常委、统战部部长马廷礼到会致贺词，宁夏区政协副主席安纯人、民盟青海省委主委鲍义志、民盟宁夏区委主委冀永强出席会议。张平在讲话中首先对会议召开表示热烈祝贺，他说，今年是中国共产党成立95周年，也是中国民主同盟成立75周年，召开此次会议具有特别的纪念意义。他表示，会议主题契合民盟当前的工作实际和需要，会议的召开有利于坚持和发展中国特色社会主义学习实践活动深入开展，有利于民盟为推动西部地区协调发展献计出力，有利于民盟为精准扶贫战略贡献智慧力量。他希望，西部各省（区、市）盟组织要继续深入开展坚持和发展中国特色社会主义学习实践活动；要以新媒体建设为重点，加强宣传思想工作；要发挥民盟优势特色，积极服务西部地区经济发展；要通过学习实践活动，密切关注盟员思想动态，把思想建设和意识形态领域的工作做好做实。开幕会后，8个省（区）代表作了大会交流发言。民盟西部（区、市）组织代表、特邀民盟省级组织代表及民盟宁夏区委机关干部共100余人参加会议。

8月10日，民盟中南六省（区）第十七次盟务工作会议在湖南长沙召开，副主席、民盟广东省委主委温思美，民盟河南省委主委储亚平，民盟广西区委主委刘慕仁，民盟湖南省委主委杨维刚等出席会议。中共湖南省委统战部常务副部长谭平到会祝贺。温思美代表民盟中央向大会召开表示热烈祝贺。他表示，中南六省盟务工作会议是中南地区省份民盟组织交流协作的盛会，举办以来取得了丰硕的成果，在全盟的影响力逐步凸显。他强调，中南六省（区）民盟组织要进一步凝聚思想共识，认真学习贯彻习近平总书记"七一讲话"；要进一步提升参政履职水平，积极为全面建成小康社会贡献力量；要进一步加强自身建设，努力打造高素质、有作为的参政党。明年是民盟省级组织换届年，要牢牢把握政治交接这条主线，以做好换届工作为契机，进一步加强各级民盟思想、组织、作风、制度和机关建设。会上，中南六省（区）代表作典型发言，就盟务工作进行了深入交流。中南六省（区）民盟省级组织的盟务专干，民盟湖南省委常委、基层组织负责人等140余人参加会议。

8月15日，副主席张平出席民盟广东省委在中央社会主义学院举办的盟务骨干培训班开班式，并讲话。张平副主席首先代表民盟中央向培训班学员们表示热烈欢迎和亲切问候，希望大家珍惜培训机会，认真学习交流。针对此次培训，他提出三点建议：一是加强思想建设，深入开展学习实践活动，提高"五种能力"，坚定道路自信、理论自信、制度自信、文化自信。二是增强问题意识，以问题为导向，立足本职岗位，发挥自身优势，积极主动参政议政，有序参与社会服务，提升自身履职能力和盟务工作水平。三是传承民盟优良传统，以民盟先贤为榜样，涵养气质、开阔心胸、升华境界、陶冶情操，发挥盟务骨干的先锋模范作用，带动盟务工作再上新台阶。

9月17日，在参加纪念"九·一八"事变爆发85周年、"勿忘'九·一八'撞钟鸣警"仪式期间，主席张宝文、常务副主席陈晓光在沈阳与民盟辽宁省委领导班子部分成员进行座谈。民盟辽宁省委主委李晓安汇报了民盟辽宁省委近期的工作情况。张宝文肯定了辽宁民盟组织近年来在思想建设、组织建设、参政议政和社会服务等方面的工作成就，高度赞扬了民盟辽宁省委带领全省盟员积极开展坚持和发展中国特色社会主义学习实践活动，引导广大盟员为东北振兴献计出力所做的工作。他希望民盟辽宁省委领导班子成员要认真学习，深刻领会习近平总书记"七一"重要讲话精神，继续深入开展中国特色社会主义学习实践活动，把民盟的优良传统与学习实践活动相结合，不断巩固多党合作的共同思想政治基础。尤其在新老交替、政治交接的过程中，要努力建立巩固和发展政治交接成果的长效机制，确保民盟的政治方向不变、优良传统不变、优势特色不变。发挥辽宁民盟的自身优势，积极建言献策、服务社会，为东北老工业基地振兴，为全面建成小康社会做出新的贡献。

9月22日，民盟中央邀请参加中央社会主义学院第36期民主党派干部进修班、培训班的20位民盟学员来机关座谈。副主席徐辉亲切接见各位学员，与大家合影留念并座谈交流。高拴平秘书长主持座谈会。学员们踊跃发言，畅谈社院学习的心得体会，并就民盟的换届、组织发展和参政议政等工作中遇到的具体问题发表见解，提出建议。徐辉代表民盟中央对学员们的到来表示欢迎，对大家认真学习、积极思考表示赞赏，并一一解答学员们提到的问题和困惑。他希望大家珍惜这次培训机会，与其他学员交流学习，与兄弟党派成员相互沟通，取长补短，共同提高。他对大家提出三点建议：一是要知行合一，把理论学习成果转化到本职工作中，学以致用，提高自身素质和能力；二是要率先垂范，发挥模范先锋作用，带动和影响一批盟员；三是要持之以恒，学习是一个持续不断的过程，阶段性学习结束后仍要保持学习不辍的良好习惯。通过全盟上下共同努力，抓好人才队伍建设，不断提高"五种能力"，推进新形势下高素质参政党的建设，更好地履行参政党职能。

9 月 25 日，主席张宝文，副主席、青海大学校长王光谦走访民盟青海省委机关，并与民盟青海省委领导班子成员和机关干部举行座谈。民盟青海省委鲍义志主委汇报了民盟青海省委的基本情况及 2017 年民盟青海省级组织换届的相关工作情况。张宝文在讲话时指出，近年来民盟青海省委围绕中共青海省委、省政府的中心工作，开展的参政议政、社会服务、自身建设等各项工作都取得了可喜的成绩，为民盟赢得了荣誉、树立了形象。对于今后的工作，张宝文强调，一要继续加强思想建设，把学习习近平总书记系列重要讲话精神与深入开展的坚持和发展中国特色社会主义学习实践活动紧密结合，进一步增强"四个自信"，巩固多党合作的共同思想政治基础。二要继续围绕"四个全面"战略布局、供给侧结构性改革、精准扶贫、精准脱贫等重点工作，建诤言、献良策，认真履行好参政议政第一要务，扎实推进社会服务工作。三要继续加大组织工作力度，严格换届工作程序，确保明年民盟省级组织换届风清气正、圆满完成。四要继续提高机关干部的综合素质，使机关干部成为盟务工作的通才杂家，努力建设学习型、绩效型、服务型、和谐型机关，为青海经济社会发展作出新的更大贡献。

10 月 15 日，民盟江苏省十一届六次全委会在江苏南京召开。主席张宝文出席会议并讲话，江苏省政协副主席、省委统战部部长王雪非，民盟江苏省委主委曹卫星出席会议并讲话。会议接受曹卫星辞去民盟江苏省委第十一届委员会主任委员、常务委员、委员职务的请求，选举胡刚为民盟江苏省委新一任主任委员。张宝文在讲话中说，2002 年换届以来，以曹卫星同志为班长的盟省委领导班子，牢记使命担当，积极开拓创新，团结带领全省各级盟组织和广大盟员奋发进取，不断推动各项工作迈上新台阶。他对新一任领导班子提出三点希望：一是坚定信念，深化共识，不断夯实思想政治基础。把深入学习贯彻习近平总书记"七一"重要讲话精神，作为当前和今后一个时期的重要政治任务，不断坚定对中国特色社会主义的道路自信、理论自信、制度自信、文化自信，进一步筑牢多党合作共同思想政治基础。二是服务大局，关注民生，着力提升履行职能水平。重点围绕全面建成小康社会的重点难点特别是短板问题、"十三五"规划推进实施等关系改革开放和国计民生的重大问题，坚持精准调研，努力形成一批有分量、有力度的参政议政成果。三是建强队伍，搞好交接，全面推进组织建设工作。继续大力实施"人才强盟"战略，进一步加强领导班子建设，努力提高"五种能力"，使各级领导班子成为团结带领盟员奋发进取的中坚力量。要统筹谋划、周密部署，确保换届工作圆满完成。在苏期间，张宝文一行还会见了中共江苏省委书记李强。

10月16日，北京市民盟组织成立70周年纪念大会在全国政协礼堂召开。主席张宝文，中共北京市委副书记苟仲文，副主席、民盟北京市委主委葛剑平出席大会并讲话。民盟北京市委原主委王维城，民盟中央原顾问邬沧萍，办公厅主任王荣彬等出席会议。会上，张宝文代表民盟中央向大会表示热烈祝贺！他指出，北京市民盟组织成立70年来，走过了不平凡的道路，在不同的历史时期，为争取北平和平解放，为国家和首都的社会主义建设作出了积极的贡献。希望民盟北京市委把纪念北京市民盟组织成立70周年作为新的起点，进一步加强自身建设，广泛凝聚盟员的思想共识、政治共识，弘扬传统坚定信念；努力提高协商能力和水平，从首都工作的大局出发，发挥自身的特色和优势，加强调查研究，充分反映社情民意，努力为加快建设国际一流的和谐宜居之都凝聚更大的智慧和力量！葛剑平代表民盟北京市委，向莅临大会的民盟中央、中共北京市委领导以及长期以来关心支持北京民盟组织发展的各界朋友表示衷心感谢，向全市广大盟员致以亲切问候。会议向入盟40年以上的民盟前辈代表敬献了鲜花。会议表彰了91个先进集体和477名盟务工作先进个人，并颁发了荣誉证书。会后，北京市盟员主演了精彩的文艺演出。北京市老中青盟员代表，民盟先进集体、先进盟务工作者代表等近千人参加大会。

（三）机关建设

1月12日，民盟中央机关召开全体干部职工大会，回顾总结2015年工作，安排部署2016年工作。主席张宝文，常务副主席陈晓光，副主席徐辉、龙庄伟出席会议。陈晓光首先对机关过去一年的工作进行了全面总结，对各部门的工作表示充分肯定。他指出，一年来，民盟中央全面学习贯彻中共十八大、十八届三中、四中、五中全会精神和习近平总书记系列重要讲话精神，认真学习贯彻中央统战工作会议和《中国共产党统一战线工作条例（试行）》精神，积极落实民盟十一大、十一届三中全会精神和《民盟中央五年工作规划》的工作部署，全面加强自身建设，充分履行参政党职能，各项工作均取得较大进展。陈晓光强调，2016年是实施“十三五”规划的开局之年，民盟中央机关要适应新的形势任务要求，认真做好思想宣传和理论研究工作；要把握重点，发挥优势，切实做好参政议政和社会服务工作；要以做好换届准备工作为契机，大力加强组织建设。在谈到加强机关建设时，他希望在新的一年里，机关能够按照民盟参政履职的要求，有针对性地加强学习；进一步加强制度建设和作风建设；认真做好干部挂职相关工作；更加注重发挥机关工会、青年读书会的作用，努力把机关建设成为适应新时期多党合作事业需要的高效、文明、团结、务实的党派机关，为民盟事业发展做出新的更大贡献。机关各部门、群言杂志社及服务中心负责人分别作了部门2015年工作总结，并汇报了2016年工作计划。机关各部门、群言杂志社及服务中心的干部职工参加会议。

1月22日，张宝文主席，陈晓光常务副主席，徐辉、龙庄伟副主席，吴修平、李重庵、索丽生原副主席出席民盟中央机关春节联欢会。联欢会由高拴平秘书长主持。张宝文在联欢会上致辞。他说，2015年，全盟坚持中国特色社会主义政治发展道路，继承和发扬民盟“奔走国是、关注民生”的优良传统，积极履行政治协商、参政议政、民主监督职能，宣传和理论研究工作有序推进，参政议政工作成果显著，社会服务渠道不断创新，人才队伍建设稳步发展，机关工作水平明显提升，各项工作均取得了新的成绩，在国家政治生活中发挥了应有的重要作用。他强调，2016年，民盟要认真学习中共十八大和十八届三中、四中、五中全会精神，贯彻落实好创新、协调、绿色、开放、共享的发展理念，深化学习坚持正确方向，着眼大局积极建言献策，持之以恒加强自身建设，进一步开创民盟工作新局面，切实承担起中国特色社会主义事业亲历者、实践者、维护者、捍卫者的政治责任，为“十三五”规划的制定实施、为全面建成小康社会尽职尽责、尽心尽力。出席联欢会的民盟中央领导向机关2015年度先进集体和优秀个人颁发了奖状和证书。联欢会上，机关部分同志、离退休老干部和中共中央统战部的同志表演了精彩的文艺节目。民盟中央机关、群言杂志社、机关服务中心和机关离退休干部近200人参加联欢。

2月26日，常务副主席陈晓光出席民盟中央机关中青年干部读书会举行的新春恳谈会，并讲话。研究室主任刘圣宇主持会议。陈晓光在讲话中说，机关中青年干部读书会既是大家交流思想、沟通情感的平台，也是相互启迪、共同提高的平台，有利于营造良好的工作氛围、舒心的工作环境。他希望，读书会今后能够多开展一些形式多样、丰富多彩的活动，促进大家的和睦相处，把机关建设成温暖的大家庭。在征询机关干部对机关建设的意见后，他进一步指出，近年来民盟中央机关在办公条件和工作环境方面取得了较大改善，希望大家今后继续发扬良好作风，无论读什么书、做什么事，都以修身立德为本，养成良好的生活方式、工作习惯，在实践中不断提升自我，并对机关建设和发展多提意见建议，促进机关的规范化、程序化、制度化管理。恳谈会上，机关各部门的青年同志分别就近期读书收获、读书对工作与生活的影响等内容进行了交流与沟通。

3月17日，民盟中央机关举行“两会”精神传达会议，副主席张平、徐辉分别传达了十二届全国人大四次会议和全国政协十二届四次会议精神。秘书长高拴平主持会议。会上，张平从听取和审议政府工作报告、“十三五”规划纲要，审查和批准计划报告、预算报告，审议通过慈善法草案，听取和审议全国人大常委会、高法、高检工作报告等方面传达了十二届全国人大四次会议的基本情况。他结合自身的学习体会，对人民代表大会的重要意义进行了深刻阐述，希望大家切实增强履职尽责的责任感和使命感，重点围绕“十三五”规划的全面实施，群策群力，积极作为，努力推动各项工作再上新台阶。徐辉从听取和审议政协常委会工作报告、大会口头发言、提案工作情况等方面综合传达了全国政协十二届四次会议的基本情况，并概括了会议的主要特点和委员关心的热点问题。他说，民盟中央向本次会议提交大会口头发言1篇，书面发言5篇；向会议提交提案39件；本次会议上民盟组委员积极履职尽责，引起社会各界普遍关注。他强调，本次政协会议的亮点体现在各个细节上，特别是会议风清气正、委员参政议政热情高涨，是近年来政协会议注重会风建设的有力体现。机关各部门、群言杂志社和服务中心的全体同志参加会议。

4月1日，副主席张平、徐辉率民盟中央机关干部前往八宝山革命公墓，祭奠长眠于此的民盟先辈，缅怀他们的崇高品格和光辉业绩。原主席张澜墓前，松柏苍翠，绿草茵茵。张平、徐辉副主席代表民盟中央敬献花篮，大家怀着崇敬的心情三鞠躬，依次献花并瞻仰墓碑。随后，一行人来到革命公墓骨灰堂，向黄炎培、沈钧儒、杨明轩、史良、胡愈之等民盟老一辈领导人遗像敬献花篮并鞠躬。民盟中央机关部分干部、职工参加活动。

5月25日，为做好“国际档案日”宣传，加深机关干部对档案工作重要性的认识，副主席徐辉率民盟中央机关干部参观首都博物馆的《五色炫曜——南昌汉代海昏侯国考古成果展》和《王后 母亲 女将——纪念殷墟妇好墓考古发掘四十周年特展》。徐辉副主席认为这次参观活动很有意义。他说，这些既闪耀着艺术光辉又凝聚着深厚历史感的文物，不仅加深了我们对中华民族优秀传统文化的了解，更使我们对档案因其原始性、真实性和纪录性而具有的重要性，有了更直观的认识。他希望机关干部要以高度的责任感和使命感，进一步做好民盟的档案工作。民盟中央机关干部纷纷表示，通过这次参观活动，感受到中华民族优秀传统文化的深厚底蕴，尤其是加强了对档案工作重要性的认识，在今后的工作学习中，大家将切实提高档案意识，做好现有档案的收集、整理、保管和利用工作，为民盟履职尽责做好服务。研究室主任刘圣宇等参加活动。

7月15日，民盟中央机关召开全体会议，学习习近平总书记在庆祝中国共产党成立95周年大会上的重要讲话。主席张宝文出席会议并讲话，常务副主席陈晓光主持会议。副主席徐辉、龙庄伟，秘书长高拴平参加会议。张宝文要求，当前和今后一个时期，全盟和各级盟的机关要把认真学习贯彻习近平总书记“七一”重要讲话精神作为一项重要政治任务来抓，掀起学习“七一”讲话精神的热潮。要把学习讲话精神与正在开展的中国特色社会主义学习实践活动紧密结合起来，加强理论武装，加强宣传宣讲，增进政治共识，充分运用民盟各类刊物、网站、微信公众平台等载体，坚持讲好中国故事、统一战线和多党合作故事以及民盟故事，不断增强广大盟员的“四个自信”。特别是民盟各级干部一定要从自身做起，带头深入学习讲话精神，努力先学一步、深学一层，自觉用讲话精神武装头脑、指导实践，真正使讲话精神内化于心、外化于行。陈晓光说，近期机关掀起了学习讲话精神的热潮，各部门组织了多种形式的学习活动。今天七位同志的发言将深入学习贯彻讲话精神与自身工作结合，将“不忘初心、继续前进”的要求同进一步加强机关建设结合，深入思考了如何用讲话精神指导我们的各项工作。机关各部门、群言杂志社的代表立足于本职岗位，结合历史与现实，联系民盟与自身，谈了个人的学习体会。

10月28日，为纪念中国工农红军长征胜利80周年，学习和传承长征精神，副主席徐辉、龙庄伟带领民盟中央机关干部前往中国人民革命军事博物馆，观看《英雄史诗 不朽丰碑——纪念中国工农红军长征胜利80周年主题展》。展览以长征历程为主线，用一件件珍贵的文物、一幅幅生动的画面、一处处逼真的景观，全方位、多角度地展现了长征中战斗、学习、生活等场景，展示了中国共产党领导下的工农红军艰苦卓绝的光辉历程。大家认真仔细地观看展览，深深感受到长征迸发出的激荡人心的力量，深刻领会了充满坚定理想信念和意志勇气、不怕任何艰难险阻艰苦奋斗的长征精神。机关干部纷纷表示，艰苦卓绝的史诗已成为历史，但伟大的长征精神仍有着深远的指导意义和巨大的时代价值，将激励我们在实现中华民族伟大复兴的新征程上不断前进。

四、盟员及组织概况

截至2016年底，全国共有民盟盟员282336人。2016年发展盟员13584人，净增率4.46%。平均年龄54.3岁。在职193842人，占68.7%。大学以上文化程度214386人，占75.9%。中上层人士245019人，占86.8%。

盟员中，教育、科技医卫、文化艺术、出版传媒共215269人，占76.2%（其中，高教64453人，占22.8%；基教85131人，占30.2%；科技医卫49183人，占17.4%；文化艺术、出版传媒16502人，占5.8%）；新社会阶层22103人，占7.8%。

盟员中高校校院长165人，其中正职30人。高校院处长1842人。

盟员中两院院士48人（其中有两名为两院院士）：科学院院士31人，工程院院士19人。教育部“长江学者奖励计划”特聘教授74人。

盟员中各级人大代表3084人，其中全国人大代表62人（其中副委员长1人、常委6人、代表55人）。各级政协委员16308人，其中全国政协委员130人（其中副主席1人、常委30人、委员99人）。

盟员中政府及司法机关中担任县处级以上职务1792人：国务院部委副部级3人；国务院直属、部委司局级12人；省级政府副省长5人，省级政府组成部门及司法机关厅局级57人，地市级副市长、副区长43人。

民盟各级地方组织总数441个，其中省级30个，市地级316个，县市区级95个。基层组织7493个，其中基层委员会619个，总支744个，支部5995个，小组135个。

广大盟员立足本职，以出色的工作业绩，为盟组织增光添彩。2016年度有33人荣获国家科学技术奖励，其中李军参与项目获得国家科学技术进步奖一等奖；秦君、冷金花荣获“全国三八红旗手标兵”荣誉称号；刘中民等7人荣获2016年“五一劳动奖章”；经中科院国家天文台提议和国际天文学联合会批准，吴良镛、郑哲敏、张存浩获得小行星永久命名；许晨阳荣获2016年度拉马努金奖；吴为山荣获俄罗斯艺术科学院最高金质奖章并被授予“荣誉院士”；江雷荣获第21届日经亚洲大奖；张效房荣获“最美医生”称号等。

周　荣　民盟中央参政议政部调研处处长
魏仕雯　民盟中央社会服务部教育处干部
杨　帆　民盟中央组织部组织处干部

中国民主建国会

2016年是中国共产党成立95周年，也是“十三五”开局之年。中国共产党高举中国特色社会主义伟大旗帜，领导全国各族人民统筹推进“五位一体”总体布局，协调推进“四个全面”战略布局，贯彻落实创新、协调、绿色、开放、共享的发展理念，同心协力，攻坚克难，沉着应对各种风险挑战，着力推进供给侧结构性改革，经济社会发展取得来之不易的新成就。一年来，民建全会深入学习贯彻中共十八大、十八大以来历次全会和习近平总书记系列重要讲话精神，深入开展主题教育，进一步强化组织建设，认真履行参政党职能，着力推进社会服务，各项工作取得新成绩，为促进我国经济社会健康发展作出了积极贡献。

一、重要会议及活动

（一）中央委员会会议

中国民主建国会第十届中央委员会第五次全体会议于12月16日在京开幕。会议的主要内容是学习中共十八届六中全会精神，听取和审议中央常务委员会工作报告，审议通过民建十届五中全会决议等。全国人大常委会副委员长、民建中央主席陈昌智代表中国民主建国会第十届中央常务委员会作《坚定信念 扎实履职 为全面建成小康社会作出新贡献》的工作报告。全国政协副主席、民建中央常务副主席马培华主持开幕会。民建中央副主席陈政立、张少琴、辜胜阻、宋海、李谠、周汉民、吴晓青、王永庆、郝明金出席开幕会。

陈昌智在总结2016年工作时指出，民建全会深入学习贯彻中共十八大、十八大以来历次全会和习近平总书记系列重要讲话精神，深入开展主题教育，进一步强化组织建设，认真履行参政党职能，着力推进社会服务，各项工作取得了新成绩，为促进国家经济社会健康发展作出了积极贡献。纵观一年工作，呈现出两个突出特点。一是社会服务工作有新拓展。民建中央召开了五年一次的社会服务工作会议，总结交流工作，表彰先进集体和个人，有力地推动了社会服务工作。进一步深化了对社会服务工作重要意义的认识，总结出社会服务工作的五点经验，为今后的工作提供指导。紧跟中央部署，把精准扶贫、精准脱贫和脱贫攻坚民主监督作为当前和今后的重要工作任务，进一步丰富了社会服务工作内涵。二是组织建设有新成效。今年继续培训基层组织负责人3471人，两年共培训

7821人，基本完成了全会基层组织负责人培训一遍的任务，这一做法受到了全会基层组织负责人的普遍欢迎。2016年是市级组织换届之年，会中央高度重视，出台有关文件，指导换届工作。目前，已基本完成市级组织年度换届目标，为2017年省级组织换届打下良好基础。进一步加强省级组织建设，在前两年召开基层组织、市级组织建设研讨会后，今年又召开民建全国省级组织建设工作研讨会议，在本届内民建中央全方位研究部署了三级组织建设工作，使民建自身建设得到全面加强。陈昌智强调，2017年是我国全面实施"十三五"规划、努力保持经济平稳发展走势，确保如期全面建成小康社会的重要一年。新的一年里，中国共产党将召开第十九次全国代表大会，民建将召开第十一次全国代表大会。民建全会要深入学习贯彻中共十八届六中全会精神，加强思想政治教育；要精心部署安排，切实做好民建中央和省级组织的换届工作；要清醒认识和面对国内外形势的发展变化，围绕国家战略布局，积极参政议政；要发挥自身优势，扩大社会服务和联络工作成效。陈昌智要求，2017年是本届中央委员会任期的最后一年，全会同志要更加振奋精神，凝心聚力，奋发有为，圆满完成本会十大部署的各项任务。民建全会要紧密团结在以习近平同志为核心的中共中央周围，牢固树立政治意识、大局意识、核心意识、看齐意识，带领广大会员，坚定理想信念，不忘合作初心，继续携手前进，以良好的精神风貌和优异的工作业绩迎接中共十九大和民建十一大的胜利召开！

会议还审议了民建中央监督委员会工作报告。民建中央主席陈昌智，常务副主席马培华，副主席张少琴、辜胜阻、宋海分别作了关于《培育新生中小城市 推进新型城镇化发展》《培育具有核心竞争力的创新型企业 促进创新发展》《关于精准扶贫 精准脱贫调查研究报告》《关于推进供给侧结构性改革 应对民间投资下行的调研建议》《关于加大金融扶持精准脱贫力度的调研报告》等5个专题调研的说明。

民建中央委员180余人出席了开幕会。不担任民建中央委员的中央专门委员会主任、中央监督委员会委员、省级组织专职副主委和中央机关工作部门负责人，以及民建中央专门委员会部分副主任列席会议。

中国民主建国会第十届中央委员会第五次全体会议于17日下午在京闭幕。全国人大常委会副委员长、民建中央主席陈昌智出席会议并讲话。全国政协副主席、民建中央常务副主席马培华出席会议。闭幕会由民建中央副主席郝明金主持。

会议通过了《中国民主建国会第十届中央委员会第五次全体会议决议》。《决议》提出，2017年全会各级组织要按照中共十八大及十八大以来历次全会精神和中央经济工作会议的要求，围绕统筹推进"五位一体"总体布局和协调推进"四个全面"战略布局，认真履行参政党职能，全面加强自身建设，切实做好各项工作。要坚持问题导向，精心选题，深入调查研究，形成一批高质量的参政议政成果。要深入开展主题教育活动，加强思想宣传工作。要周密部署安排，扎实做好会中央和省级组织的换届工作。要发挥自身优势，扩大社会服务和联络工作成效。

会议还通过了《中国民主建国会第十届中央委员会关于召开第十一次全国代表大会的决定》，宣布中国民主建国会第十一次全国代表大会定于2017年12月在北京召开。

陈昌智在讲话中对进一步统一思想，做好明年工作提出了具体要求。陈昌智强调要认真学习中央经济工作会议精神，重点贯彻了中央经济工作会议的情况和需重点把握的内容，要求提高建言献策实效，并就会议召开前中共中央召开会议征求党外人士意见，民建中央向中央经济工作会议提出的建议内容进行了通报。陈昌智最后着重强调了几项具体工作：开展“不忘合作初心，继续携手前进”专题教育，这次专题教育活动是广大会员进一步学习和了解会史、会章和会的优良传统的良好机会，希望各级组织高度重视，认真组织；深入开展脱贫攻坚民主监督工作；筹办好“2017 中国风险投资论坛”和“2017 中国（江西）非公有制经济发展论坛”；组织好明年“两会”的议案和提案工作。

民建中央副主席陈政立、张少琴、辜胜阻、宋海、李说、周汉民、吴晓青、王永庆及民建中央委员出席会议。不担任民建中央委员的中央专门委员会主任、中央监督委员会委员、省级组织专职副主委和中央机关工作部门负责人，以及中央专门委员会部分副主任列席会议。

闭幕会前，会议邀请全国人大常委会副秘书长沈春耀给全体参会人员作了中共十八届六中全会精神辅导报告。

（二）中央常务委员会会议

1. 中国民主建国会第十届中央常务委员会第十四次会议

中国民主建国会第十届中央常务委员会第十四次全体会议于 3 月 8 日在京召开。会议的主要内容是审议通过了《民建中央关于认真学习贯彻十二届全国人大四次会议和全国政协十二届四次会议精神的决议》和《关于批准成立地方组织的决定》，听取了民建江苏省委和广东省委工作情况的汇报，通报了民建中央 2016 年重点调研专题。全国人大常委会副委员长、民建中央主席陈昌智主持会议并讲话。全国政协副主席、民建中央常务副主席马培华出席会议。

陈昌智说，3 月 4 日下午，中共中央总书记习近平同志专程到驻地看望出席全国政协十二届四次会议的民建、工商联界委员，与大家共商国是，并发表了重要讲话。讲话强调，实行公有制为主体、多种所有制经济共同发展的基本经济制度，是中国共产党确立的一项大政方针，必须毫不动摇巩固和发展公有制经济，毫不动摇鼓励、支持和引导非公有制经济发展。非公有制经济在我国经济社会发展中的地位和作用没有变，鼓励、支持、引导非公有制经济发展的方针政策没有变，致力于为非公有制经济发展营造良好环境和提供更多机会的方针政策没有变。公有制经济和非公有制经济都是社会主义市场经济的重要组成部分，都是我国经济社会发展的重要基础；国家保护各种所有制经济产权和合法利益，坚持权利平等、机会平等、规则平等，激发非公有制经济活力和创造力。讲话还针对制约非公有制经济企业发展的问题和困难提出了“五个着力”,并用“亲”“清”两字阐明新型政商关系。要认真学习，深刻领会讲话精神，并贯彻落实到民建自身建设和履职尽责的各项工作之中。

陈昌智提出，作为密切联系经济界的参政党，民建要按照习近平总书记提出的要求，充分发挥自身特色和优势，促进有关鼓励、支持、引导非公有制经济发展的政策落地、落细、落实，让非公有制企业真正从政策中增强获得感。要通过会内各级组织的企业委员会以及各类企业协会、专业小组加强与企业家的联系，推动民营企业相互借鉴、团结互助、优势互补、共同发展。要有针对性地加强对企业家会员的教育引导，深化中国特色社会主义理想信念教育，深化时事政策教育，深化道德、法律和社会责任教育，引导他们做爱国敬业、守法经营、创业创新、回报社会的典范。要团结带领广大会员围绕“一带一路”、京津冀协同发展和长江经济带建设等战略部署，抓住用好战略机遇，有效应对各种风险挑战，使企业更有效率、发展更可持续，在推进结构调整、培育新增长点、加快转型升级中发挥更大作用，在新常态下努力实现新发展。

陈昌智还通报了两会前民建中央在高层协商会上对《政府工作报告（征求意见稿）》和《中华人民共和国国民经济和社会发展第十三个五年规划纲要（征求意见稿）》所提意见建议的内容。

会议还就做好 2016 年全会重点工作进行了部署。陈昌智强调，今年是民建市级组织的换届大年，换届工作不仅是人事上的更迭，同时也肩负着实现政治交接的重要任务，更是加强自身建设的重要契机和检验民建自身建设水平的试金石。要充分认识换届工作的重要意义，认真学习中央统战工作会议精神和中央统战工作条例的内容，增强政治责任感。要继承和发扬民建的光荣传统，老一代领导人的优良品质，做好政治交接工作。要加强组织领导，并将换届作为发扬优良传统的思想教育过程，形成讲政治、讲大局、讲传统、讲团结的良好换届氛围。

民建中央副主席陈政立、张少琴、辜胜阻、宋海、李谠、周汉民、吴晓青、王永庆、郝明金以及民建中央常委 40 余人出席会议。不担任民建中央常务委员的省级组织主委，民建中央各工作部门主要负责人列席会议。

2. 中国民主建国会第十届中央常务委员会第十五次会议

中国民主建国会第十届中央常务委员会第十五次全体会议于 7 月 6 日在京召开。会议的主要内容是学习习近平同志在庆祝中国共产党成立 95 周年大会上的重要讲话精神，研究部署民建中央近期重点工作和省级组织换届工作。全国人大常委会副委员长、民建中央主席陈昌智主持会议并讲话。全国政协副主席、民建中央常务副主席马培华出席会议并就《关于民建省级组织换届工作的意见（草案）》起草情况作说明。

陈昌智在讲话中说，中共中央总书记习近平同志在庆祝中国共产党成立 95 周年大会上发表重要讲话，民建各级组织和全体会员要把认真学习贯彻习近平总书记“七一”重要讲话作为一项重要任务，领会和把握“不忘初心、继续前行”的讲话精神，凝聚共识、凝聚智慧、凝聚力量，永葆爱国、爱党、爱会之情，努力推动全会各项工作的开展。要开展形式多样的学习活动，不断巩固团结合作的思想政治基础。要把学习讲话精神与发挥特色优势相结合，积极为全面建成小康社会贡献力量。要学习借鉴执政党建设经验，努力加强民建自身建设。陈昌智强调，换届工作是当前民建自身建设的一项重要内容，是坚持和完善中国共产党领导的多党合作和政治协商制度的一个关键环节，对深入搞好政治交接，继续加强民建自身建设至关重要。他对省级组织换届工作提出三点要求：一是统一思想，凝聚共识。要高度重视换届工作，充分认识这次换届任务的艰巨性，厘清工作思路，明确工作重点，统筹兼顾，周密布置，充分、细致地做好准备工作。二是选准干部，配好班子。坚持任人唯贤、德才兼备的原则，坚持人选的政治标准和代表性，坚持将以经济界人士为主与改善班子结构相统一，不断完善与干部人事制度改革相衔接、与民建工作特点相适应的领导班子后备干部推荐、选拔、培养和管理制度。三是严明纪律，严格监督。要提高认识，严格监督，营造风清气正的换届环境。要教育在先，预防为主，引导广大会员增强政治敏锐性和政治鉴别力，并把推荐、考察、选举等环节做到公开、透明，防患于未然。要加强领导，强化监督。陈昌智还介绍了2016（第十八届）中国风险投资论坛和2016′中国(河南)非公有制经济发展论坛的情况。

会议还听取了民建上海市委、民建中央财政金融委员会和科教委员会工作情况汇报，审议通过了《关于民建省级组织换届工作的意见》和《关于批准成立地方组织的决定》。

民建中央副主席陈政立、张少琴、辜胜阻、宋海、李谠、周汉民、吴晓青、王永庆、郝明金以及民建中央常委40余人出席会议。不担任民建中央常委的省级组织主委，民建中央工作部门主要负责人列席会议。

3. 中国民主建国会第十届中央常务委员会第十六次会议

中国民主建国会第十届中央常务委员会第十六次全体会议于9月12日在北京召开。全国人大常委会副委员长、民建中央主席陈昌智主持会议并讲话。全国政协副主席、民建中央常务副主席马培华出席会议。

陈昌智分析了当前国内经济形势，强调要客观研判当前经济形势。他指出，今年以来，面对困难增多、挑战严峻的国内外环境，我国通过实施有效的宏观经济政策，经济运行基本平稳，各项主要指标符合预期且相互匹配，特别是结构、质量指标持续向好。同时，也要充分认识到形势的复杂性和严峻性，密切关注经济运行过程中存在的问题和面临的困难，进一步发挥好参政议政职能。要紧紧抓住经济运行中的重点问题、难点问题、共性问题，提出更具针对性和可行性的意见建议。陈昌智介绍了参加7月份中共中央召开的党外人士座谈会的情况，并通报了关于辽宁拉票贿选案查处情况及其教训警示。他强调，民建中央坚决拥护中共中央对辽宁拉票贿选案作出的处理决定，民建各级组织要把学习传达、贯彻落实通报精神作为当前一项重大政治任务来抓，切实把思想和行动统一到中共中央的部署要求上来。今年是民建市级组织换届之年，明年是省级组织和民建中央的换届之年。民建各级组织特别是领导干部要切实增强换届工作的政治责任感和历史使命感，认真学习中共中央《通报》精神，清醒认识辽宁拉票贿选案的严重危害性，深刻汲取案件教训，严格把好纪律关口，营造风清气正良好氛围，确保换届圆满成功。要进一步领会换届工作重大意义，使之与学习即将召开的中共十八届六中全会精神紧密结合起来，与加强民建自身建设紧密结合起来，筑牢共同思想基础，提高履职担当能力，进一步加强会内监督，推动民建事业健康持续发展。

会议听取了民建中央经济委员会、财政金融委员会、企业委员会对当前经济形势的分析，并就此进行讨论。会议还审议通过了关于召开中国民主建国会第十届中央委员会第五次全体会议的决定。

民建中央副主席陈政立、张少琴、辜胜阻、宋海、李谠、周汉民、吴晓青、王永庆、郝明金和民建中央常委40余人出席会议。不担任民建中央常委的省级组织主委，民建中央工作部门主要负责人列席会议。

4. 中国民主建国会第十届中央常务委员会第十七次会议

中国民主建国会第十届中央常务委员会第十七次全体会议于12月15日在京召开。全国人大常委会副委员长、民建中央主席陈昌智主持会议并讲话，全国政协副主席、民建中央常务副主席马培华出席会议。

会议的主要内容是审议中国民主建国会第十届中央委员会第五次全体会议议程（草案）、日程（草案）、分组名单（草案），审议通过《中国民主建国会第十届中央常务委员会工作报告（草案）》并确定了报告人，审议《中国民主建国会中央监督委员会2016年工作报告（稿）》，审议《中国民主建国会第十届中央委员会关于召开第十一次全国代表大会的决定（草案）》。会议还审议了组织事项。

民建中央副主席陈政立、张少琴、辜胜阻、宋海、李说、周汉民、吴晓青、王永庆、郝明金及民建中央常委共45人出席会议。不担任民建中央常委的省级组织主委或主持工作的副主委，民建中央各工作部门负责人列席会议。

（三）中央监督委员会会议

12月15日，民建第十届中央监督委员会第五次全体（扩大）会议暨民建省级组织监督委员会主任、办公室主任工作会议在北京召开。民建中央主席陈昌智出席会议作重要讲话，民建中央常务副主席、监督委员会主任马培华在会上作讲话并作《突出重点 服务大局 切实推进会内监督工作》的工作报告，民建中央副主席、监督委员会副主任李说主持会议，民建中央副主席、监督委员会副主任郝明金出席会议。中央监督委员会全体委员、30个省级组织监督委员会主任和办公室负责同志参加会议。

陈昌智在讲话中充分肯定了中央监督委员会的工作。他说，一年来，中央监督委员会做了大量的工作，加强了对地方组织换届工作的监督，取得了可喜的成绩，会内监督向实质性方向迈进了一大步，推动了监督工作不断取得新进展。中央监督委员会向辽宁派遣工作组就辽宁省人大代表拉票贿选案中涉案的民建会员进行诫勉谈话，在即将召开的会中央全委会上准备撤销2名中央委员资格，这都是民建历史上第一次，是对会内监督方式的探索。对今后的工作，他希望：一是会内监督要始终起到政治保障作用。作为参政党，要有政党意识和政治意识，始终保持正确的政治方向，坚持中国共产党领导，坚持中国特色社会主义道路。面对错误的思想认识，要正确区分是政治纪律问题还是思想意识问题，采取不同的工作方法，敢于表明原则态度，阐明正确观点，耐心细致地加以引导，保障会的组织一直沿着正确的政治方向前进。二是会内监督要把纪律挺在前面。要以敢于碰硬的精神，批评错误的行为和犯错的同志，让他们对纪律有所敬畏，真正达到警示教育的目的。三是会内监督要保障换届工作的顺利进行。换届工作是本会重大政治任务，各级监督委员会要认真思考如何加强会内监督，没有不能监督的事，没有不受监督的人，及时发现问题，解决问题，保证换届风清气正。四是会内监督要和会内教育结合起来。监督的目的不是惩处而是教育。学习是教育的重要形式，必须要加强学习，深入学习中共十八届六中全会精神，重点学习《关于新形势下党内政治生活的若干准则》和《中国共产党党内监督条例》，认真思考，对照借鉴，提高监督工作能力和水平。

马培华主任在讲话中指出，中央监督委员会成立以来，会内监督工作已经基本完成基础性建设，从务虚到务实发展，各项制度不断完善，正步入起点更高、基础更厚、时机更好的新阶段，为进一步加强会内监督，把会内监督工作引向深入，他提出三点期望：一要认真学习监督文件，准确理解监督工作的内涵、外延，把握监督重点，提升工作水平。二要借鉴中共治党管党的经验，以问导向，加强实践探索，不断总结经验、完善制度。三要敢于担当，强化预防性监督作用。

马培华主任的工作报告从五个方面对中央监督委员会2016年的工作进行了总结：一是开展学习教育，凝聚会内监督思想共识。二是严明纪律程序，为顺利换届保驾护航。三是抓好制度落实，推进领导班子建设。四是立足会内实际，探索拓宽会内监督的有效途径。五是加强队伍建设，打牢会内监督的基础工作。同时提出了中央监督委员会2017年的重点工作：一要加强学习，凝聚共识，进一步巩固会内监督思想基础。二要严肃纪律，维护团结，为换届工作圆满顺利提供保障。三要选贤任能，提高素质，进一步提升会内监督队伍能力和水平。四要加强督察，狠抓落实，进一步维护制度的权威性和严肃性。

五个省级组织监督委员会作了大会交流，从不同的角度介绍了各自的工作做法、经验和体会，各具特色，内容丰富。与会同志认真听取了工作报告和大会发言，积极讨论，提出了对工作报告的修改意见，探讨了今后进一步做好会内监督的途径和方法。会议还研究确定了中央监督委员会明年的工作任务。会议原则通过了工作报告，将提请主席会议和常委会审议，向中国民主建国会第十届中央委员会第五次全体会议报告（书面）。

（四）中央专题工作会议

1. 民建全国省级组织建设工作研讨会

7月5日至6日，民建全国省级组织建设工作研讨会在北京举行。本次会议的主要内容是学习贯彻落实中央统战工作会议精神，研究省级组织自身建设规律，进一步提高省级组织领导班子的政治把握能力、参政议政能力、组织领导能力、合作共事能力和解决自身问题的能力。民建中央主席陈昌智，常务副主席马培华，副主席陈政立、张少琴、辜胜阻、宋海、周汉民、王永庆出席，开幕会由副主席兼秘书长吴晓青主持。

开幕会上，马培华作《与时俱进 务实有为 不断开创民建省级组织建设新局面》的报告。报告指出，加强省级组织建设是民建全会加强自身建设的重要内容，也是坚持和完善中国共产党领导的多党合作和政治协商制度的重要组织保证。九大以来，民建中央始终高度重视省级组织建设，整体布局、分类指导，分别就思想宣传、组织建设、参政议政、社会服务等各方面多次召开工作会议，积极稳妥推进省级组织建设工作；主席、副主席和会中央工作部门到各地开展调研、参加活动，对工作给予具体指导。各省级组织认真贯彻执行民建中央精神和决策部署，强化责任，狠抓落实，自身建设不断加强；创新思路，发挥优势，履行职能的水平进一步提高，呈现出蓬勃发展的生动局面，取得了丰富的实践成果。报告从思想建设、组织建设、履行参政议政职能、扩大社会服务影响力、加强机关建设等5个方面，对民建九大以来省级组织建设工作的经验和做法进行了全面的提炼和总结。归纳出符合民建省级组织实际，具有党派特色的自身建设规律，即：始终将推动多党合作事业持续发展作为加强省级组织建设的出发点、始终将深化政治交接和领导班子建设作为加强省级组织建设的关键点、始终将保持民建特色和优势作为省级组织建设的着力点、始终将履行职能作为加强省级组织建设的落脚点。报告强调要与时俱进，开拓创新，继续推进省级组织建设迈上新台阶。

开幕会上，北京、吉林、上海、浙江、福建、湖北、湖南、重庆、四川、陕西等10个省级组织主委分别作了大会交流发言。开幕会后，与会人员分组进行了讨论。大家围绕马培华常务副主席所作报告、作大会发言的省级组织的好经验好做法、当前省级组织建设存在的问题等展开了热烈而深入的讨论。各小组召集人在闭幕会上对分组讨论情况进行了总结汇报。来自全国30个省级组织的主委、副主委和组织部门负责人参加会议。

闭幕会上，陈昌智发表重要讲话。他指出，这次会议是在民建建会70周年后新的发展时期、在省级组织即将换届的关键节点上召开的重要会议，也是全会继全面加强基层组织、市级组织建设之后，加强自身建设的又一重要举措。会议回顾了九大以来省级组织建设取得的丰硕成果，交流经验、总结规律、分析会情、梳理重点，目的是使省级组织领导班子成员强化思想认识，坚定发展信心，明确努力方向，厘清工作思路，着眼政治交接的大局，全面提升省级组织建设水平，推动省级组织更好地履行参政党职能。我们希望通过这次会议，开创全会自身建设的新局面，为把民建建设成为高素质的中国特色社会主义参政党提供更好的组织支撑。陈昌智就如何做好省级组织建设工作谈了几点意见，他指出，要明确定位、强化责任，充分认识加强省级组织建设的重要意义。加强省级组织建设是全会加强自身建设的重要环节，是增强会的凝聚力的重要保障，是民建履行参政党职能的必然要求。他强调，加强省级组织建设，要以建设理论上清醒、政治上坚定、组织上巩固、制度上健全、充满活力的致力于中国特色社会主义事业的参政党为目标，深刻理解把握思想建会、人才强会、特色立会、制度治会的总体要求，以思想建设为核心，以组织建设为基础，围绕履行参政党职能，持续加强能力建设。通过加强研究，增强思想建设的有效性；掌握会情，增强组织建设的针对性；突出特色，增强履行职能的实效性。陈昌智针对如何发挥好省级组织领导班子作用提出几点要求：第一，要加强学习、把握方向、坚定信念，始终保持正确的政治立场；第二，明确定位、各司其职、增强团结，最大限度地发挥整体优势；第三，廉洁自律、联系基层、甘于奉献，锤炼过硬作风，树立良好形象；第四，管好机关、带好队伍、凝聚人心，全面提升省级组织工作水平。陈昌智还就民建地方组织换届工作对省级组织提出四点要求。第一，要高度重视，充分认识这次换届任务的艰巨性，周密布置，把准备工作做充分、做细致。第二，要把握好换届的工作原则，坚持发展和完善中国特色政党制度，坚持深化政治交接，坚持正确导向、严格人选考核，坚持优化领导班子结构，坚持健全机制、规范程序，真正把信念坚定、敢于担当、业绩突出、群众认同的代表人士选拔到领导岗位上。第三，要严明换届纪律、匡正换届风气，严格遵守会章和换届文件的规定，按照组织程序办事，不打折扣，不走过场，确保换届风清气正。要加强换届政策、纪律的学习宣传，发挥好会内监督的作用，坚持教育在先、警示在先、预防在先。严禁违背组织决定搞阳奉阴违、团团伙伙等行为，严禁拉票贿选、跑官要官、传播虚假信息、搞人身攻击等非组织活动，严禁以权谋私、跑风漏气、弄虚作假、说情打招呼等违规行为，对查实的问题要严肃处理。第四，要把思想政治工作做深、做细，对苗头性问题及时掌握，对个别领导干部的思想问题要及时沟通、做好纾解，确保换届不出问题。

非省级组织主委的中常委会议出列席人员出席闭幕会。

2. 民建省级组织换届工作会议

7月7日，民建省级组织换届工作会议在北京召开。本次会议的主要内容以学习《关于民建省级组织换届工作的意见》，研究落实办法为主要内容，统一思想，提高认识，加强教育引导，严肃换届纪律，确保换届工作风清气正、平稳有序进行，为2017年省级组织换届做好思想准备、组织准备和工作准备。民建中央主席陈昌智，常务副主席马培华，副主席周汉民、王永庆出席，会议由民建中央组织部部长李世杰主持。

陈昌智就省级组织换届工作提出三点要求。第一，思想上要重视。换届工作不仅仅是人事交替，更重要的是政治交接。要继续坚持中国共产党的领导，坚持中国特色社会主义政党制度，在思想上给予高度重视。第二，工作上要主动。要主动和地方统战部门沟通，主动做好思想工作，主动和有进退留转的同志交心，特别是要做好退下来的同志的思想工作。在坚持党管干部原则的基础上，尽早向统战部门反映我们的意见，及时进行沟通协商。第三，操作上要缜密。每个环节都要考虑周密，不能有疏漏，包括民主推荐、谈话推荐等。希望大家高度重视，统筹兼顾，周密布置，充分、细致地做好有关换届的各项工作。

马培华结合换届具体政策和本会会情，对省级组织换届工作进行了部署。他要求，一要立足统战工作发展的新形势，提高对换届工作的认识。二要加强领导，及早谋划，统筹协调，扎实推进换届工作。三要坚持正确的选人用人原则和导向。四要优化领导班子结构，增强领导集体的整体能力。五要切实掌握有关的政策规定。六要严明换届纪律，匡正换届风气，确保换届工作顺利进行。

会上，李世杰针对关于省级组织换届文件的形成过程、换届工作的工作原则、具体政策、程序步骤、纪律要求作了简要介绍说明。与会同志就《关于民建省级组织换届工作的意见》和《民建省级组织代表大会有关文件参考范本》进行了讨论。来自全国30个省级组织的主委、分管组织工作的副主委和组织部门负责人参加会议。

3. 民建全国基层组织主委培训班

5月8日，民建全国基层组织主委培训班在京开班。全国政协副主席、民建中央常务副主席马培华出席开班式并讲话，全国人大常委会委员、民建中央副主席张少琴主持开班式。

马培华在开班式上作《弘扬改革创新的时代精神 扎实推进会的基层组织建设》的讲话。他指出，这次培训班召开于今年“两会”闭幕不久，“十三五”规划纲要确立未来发展宏伟蓝图的关键时期，基层组织和广大会员要深入学习习近平总书记系列重要讲话精神，准确把握我们仍处于重大战略机遇期的深刻内涵；要深入学习统一战线系列方针政策，进一步增强作为中国特色社会主义建设者的责任感和使命感；要继承会的优良传统，进一步增强对会的热爱和为会的事业不懈奋斗的精神动力；要以改革创新精神为指导，推动基层组织建设不断取得新的进步。马培华常务副主席还对基层组织主委们寄予殷切期望，希望基层组织主委要做思想政治的明白人、本职工作的有心人、会务工作的带头人、严于律己的正派人，为会员们做好表率、树好标杆。

学员们分成12个小组围绕基层组织建设工作展开热烈讨论。全国人大常委会副委员长、民建中央主席陈昌智到各小组听取学员讨论，并和与会同志合影留念。陈昌智认真听取学员们的经验体会和意见建议，并对基层组织提出了三点要求：一要认真学习习近平总书记在民建工商联联组会上的重要讲话，深刻领会总书记“两个毫不动摇”“三个没有变”“五个着力”的内涵，提振发展信心，在推动非公有制经济发展方面积极建言献策；二要认真学习中央统战工作会议和统战工作条例，正确把握民主党派参政议政、民主监督、参加中国共产党领导的政治协商的基本职能，不断加强自身建设，努力提高履行职能的能力和水平；三要继续贯彻落实好民建全国基层组织建设研讨会精神，每年至少学习一条先进经验，扎扎实实做好工作，不断提升基层组织建设水平。陈昌智还对基层组织主委们提出具体的建议，希望基层组织主委多关注民建各级组织的工作和情况，每周登录一次民建中央网站。与会主委们发言踊跃，纷纷提问，就会务工作和经济形势等方面的问题与主席探讨，陈昌智主席深入浅出地回答了大家的提问，现场气氛十分热烈。

张少琴希望本次培训班的学员要努力学习，加强交流，真正学有所获，并将学习所得应用到会务工作中，学以致用，不断提高自身素质和能力。

本次培训班是继去年成功举办500人规模培训班、取得良好效果的基础上举办的又一次大规模的培训班，来自全国30个省的近500位基层组织主委参加，目的是为基层组织主委提供一个集中学习、互相交流的机会，促进基层组织主委坚定信心、开拓视野，推动基层组织工作与时俱进、务实有为，使基层组织建设不断取得新的进步。

4. 民建全国社会服务工作会议

9月12日，民建全国社会服务工作会议在京召开。民建中央主席陈昌智，常务副主席马培华，副主席陈政立、张少琴、辜胜阻、周汉民、吴晓青、王永庆、郝明金出席会议。此次会议的主要任务是深入学习贯彻中共十八大、十八届三中、四中、五中全会精神和习近平总书记系列重要讲话精神，学习中央统战工作会议精神和民建十大精神，总结2011年以来民建社会服务工作取得的成绩和经验，表彰先进集体和个人，明确今后一个时期民建全会社会服务工作的总体思路和方向。

会议开幕式由王永庆主持，张少琴作《围绕中心 服务大局 推动社会服务工作再上新台阶》的工作报告。报告指出，民建各级组织和广大会员把全面建成小康社会、实现中华民族伟大复兴的中国梦作为奋斗目标，围绕中心、服务大局，凝心聚力、改革创新，推动民建全会社会服务工作迈上了新台阶。民建各级组织凝心聚力、开拓创新，定点扶贫工作成绩斐然；消除贫困、改善民生，为老、少、边、穷地区扶贫开发精准发力；响应号召、不辱使命，为援疆援藏和“一带一路”倡议作出贡献；发挥优势、打造品牌，为助推地方经济发展再创佳绩；完善机制、创新模式，社会服务体系建设卓有成效；扶贫济困、弘扬美德，“思源工程”公益品牌美誉传扬。报告强调，社会服务工作成绩的取得，是全会坚持正确的政治方向、凝心聚力、努力奋斗的结果，是中央统战部关心支持的结果，是广大会员、会务工作者、中华思源工程扶贫基金会工作人员和社会爱心人士无私奉献的结果。报告提出，过去五年民建在社会服务工作实践中高举中国特色社会主义伟大旗帜，把握方向、掌握规律，积累了宝贵的经验，为今后的社会服务工作提供了有益的启发和借鉴。报告结合年初下发的《关于积极开展精准扶贫工作的通知》，要求各省级组织切实做好精准扶贫工作，并提出了六个方面的工作要求。

会议闭幕式由马培华主持，陈昌智发表重要讲话。陈昌智指出，今年是“十三五”

规划的开局之年，全面建成小康社会已进入决胜期。在此背景下召开民建全国社会服务工作会议，全面总结过去五年来社会服务工作的成绩和经验，表彰在社会服务工作中表现突出的先进集体和先进个人，明确今后一个时期全会社会服务工作的总体思路和方向，对在新形势下进一步统一思想、提高认识，扎实有效地开展社会服务工作，更好地履行参政党职能，具有十分重要的意义。针对新形势下如何进一步做好社会服务工作，陈昌智提出，首先，要统一思想，不断加深对民建社会服务工作重要意义的认识，要认识到做好社会服务工作是履行民建参政党职能的必然要求，是加强民建参政党建设的重要途径，是树立民建参政党形象的有效途径。其次，与时俱进，进一步明确新形势下开展社会服务工作的任务要求，要紧紧围绕精准扶贫、精准脱贫的战略部署，为脱贫攻坚贡献力量；主动作为，扎实做好服务企业会员工作；以中华思源工程扶贫基金会为依托，深入推进“思源工程”工作。再次，加强领导、完善措施，确保民建社会服务工作再上新台阶。要着重加强领导、健全机制，以组织力量推动工作；整合资源、加强联系，形成社会服务工作的有效合力；依靠会员、依托骨干，建设素质过硬的民建社会服务工作队伍。陈昌智强调，“十三五”的大幕已经拉开，全面建成小康社会的伟大事业已经进入决胜阶段。作为与中国共产党肝胆相照、荣辱与共的参政党，民建必将在这项伟大的事业中发挥应有的作用。围绕中心、服务大局，突出特色、发挥优势，扎实有效地开展社会服务工作正是民建参与到这项伟大事业中来的关键切入点和重要立足点。民建要更加紧密地团结在以习近平同志为总书记的中共中央周围，高举中国特色社会主义伟大旗帜，凝心聚力、与时俱进，努力开创民建社会服务工作新局面，为实现“两个一百年”奋斗目标、实现中华民族伟大复兴的中国梦作出新的更大的贡献！

会议举行了大会交流，中华思源工程扶贫基金会和 8 个省级组织及 1 个基层组织代表作了发言。会议还表彰了社会服务工作 119 个先进集体和 402 位先进个人。

民建省级组织主委、副主委、社会服务部门负责人，省会城市、计划单列市市级组织主委或副主委以及社会服务先进集体代表、先进个人代表共计 200 多人参加了会议。

（五）主要论坛、座谈会、研讨会等

1. 风险投资论坛

6 月 7 日，由民建中央、广东省人民政府和深圳市人民政府共同主办，科学技术部支持的 2016（第十八届）中国风险投资论坛在深圳隆重开幕。全国人大常委会副委员长、民建中央主席陈昌智出席开幕式并发表主旨演讲。民建中央副主席陈政立出席开幕式，民建中央副主席辜胜阻出席开幕式并作了高层论坛演讲。广东省委副书记、深圳市委书记马兴瑞出席开幕式。深圳市委副书记、市长许勤出席开幕式并致辞。

陈昌智发表了《扶持与监管并举，成长与自律并重，促进 VC/PE 行业更好地健康发展》的主旨演讲。他在演讲中说，本届论坛以“新形势下中国 VC/PE 行业规范与价值重塑”为主题深入讨论、交换意见，这对于凝聚行业发展共识、助推经济发展很有意义。陈昌智认为，2015 年以来，在我国经济发展深层次矛盾凸显、经济下行压力加大的情况下，作为中国经济“助推器”的股权投资行业仍然表现良好。一方面，国家经济结构的调整为股权投资提供了更为充足的资金来源；另一方面，中央创新创业的国家发展战

略又为股权投资尤其是天使投资及风险投资提出了更多的资金需求。行业呈现出以下特点：一是资金规模稳步扩大，行业逐步走向成熟。二是行业监管不断加强，制度体系日趋完善。三是天使投资发展迅速，投资成果喜人。四是新三板市场实现新的发展，分层机制开始试行。总的来看，近年来行业的发展取得显著的成绩，但在发展进程中也暴露出不少问题：自律意识不强，管理水平粗放，诚信责任缺失有之；市场尚不够规范，违规运作，野蛮生长有之；非法集资，损害投资者利益有之。陈昌智指出，风险投资是国家创新战略的关键一环，在促进“大众创业，万众创新”中发挥着不可替代的作用。因此，如何实行科学管理，提高监管效能是当务之急。他认为，针对 VC/PE 行业：一是要遵守行政许可法的有关规定，减少行政干预；二是要本着分类指导和差异化管理的原则制定相关政策；三是行业协会在加强自律管理的同时，应进一步树立服务意识，为行业发展保驾护航。陈昌智结合这次论坛的主题，提出四条具体建议：第一，实施税收优惠，鼓励更多的社会资金参与到天使投资及风险投资行业中来。可以参照法人合伙人的优惠政策，降低自然人合伙人在投资收益分配时的所得税税率，鼓励更多的自然人、合伙人参与到风险投资行业中来。第二，加大监管力度，规范众筹融资。政府监管部门应做好的工作：一是制定有效的法规，科学规范私募基金募资行为，防范非法集资和违规募资；二是严格监管，依法追责，坚决惩处违法违规行为，维护投资者利益；三是督促平台对项目严格审核，及时披露信息，明确责任；四是对投资者进行教育，使其树立风险意识，理性看待众筹。第三，发挥引导基金的应有效能，提升政府适应市场经济的能力。对于政府投资引导基金，政府相关部门仍然没有解决“不敢用”“不会用”的问题。实际上，采用市场化的方式去运作，是能够很好地发挥基金的引导作用的。第四，VC/PE 要爱国敬业，守法经营，回报社会。今年“两会”期间，习近平总书记在参加全国政协十二届四次会议的民建、工商联界别的联组会上，发表了《毫不动摇坚持我国基本经济制度，推动各种所有制经济健康发展》的重要讲话，为推动非公有制经济健康发展、进一步增强经济发展活力指明了方向。总书记寄语广大非公有制经济人士，也包括 VC/PE 从业者，要加强自我学习、自我教育、自我提升，为投资者提供优质服务，珍视和维护好自身社会形象，做到爱国敬业、守法经营、创业创新、回报社会。

论坛期间，陈昌智还同与会的各地民建会员代表进行座谈。他在座谈会上指出，中国风险投资论坛经过多年的成功举办，已经发展成为国内成立时间最长、规模最大、效果最好的行业性论坛。论坛不断做实、做强，除了发挥向政府提出意见建议等参政议政作用外，在企业项目对接方面也提供了越来越好的平台。希望各省级组织把具有投资潜质的会员企业挖掘出来，充分利用风险投资论坛这个平台，为会员企业提供服务。陈政立副主席主持座谈会。

辜胜阻作了《十三五投资机会与创业创新健康发展——兼谈深圳双创启示》的高层论坛演讲。他针对当前民间投资急剧下行的严峻形势，提出了六条对策：一是发挥政府投资的引导带动作用，形成政府与民间投资合力，有效推广 PPP 模式，防止民间投资“挤出效应”。二是进一步放宽民间投资市场准入，完善公平竞争的体制机制，推进混合所有制改革，让民企有“投资空间”。三是构建新型“亲”“清”政商关系，发挥市场在资源配置中的作用，稳定投资预期，提振投资信心，形成民企“长期投资”行为。四是加快推进供给侧结构性改革，组合出拳降低实体企业成本，让企业有利可图，让民企“想投资”。五是引导民间投资转型升级，扭转“脱实向虚”态势，提升民企转型能力，让民企“能投资”。六是大力弘扬企业家精神，让民间投资“活水”涌流，完善产权制度，使民企“敢投资”。

2. 非公有制经济发展论坛

6 月 14 日，由中国民主建国会中央委员会、工业和信息化部、河南省人民政府共同主办的 2016′ 中国 (河南) 非公有制经济发展论坛在郑州拉开帷幕。本届论坛以“非公有制经济创新发展与中部崛起”为主题，旨在搭建交流合作平台，探索加快非公有制经济发展的新方法和新途径。全国人大常委会副委员长、民建中央主席陈昌智出席开幕式并致辞。全国政协副主席、民建中央常务副主席马培华出席开幕式。河南省委副书记、省长陈润儿代表中共河南省委、河南省人民政府致欢迎辞。工业和信息化部副部长冯飞代表工业和信息化部致辞。河南省副省长张维宁主持开幕式。

陈昌智在致辞中指出，习近平总书记在今年两会期间看望参加全国政协十二届四次会议的民建、工商联委员时强调，实行公有制为主体、多种所有制经济共同发展的基本经济制度，是中国共产党确立的一项大政方针，必须毫不动摇巩固和发展公有制经济，毫不动摇鼓励、支持和引导非公有制经济发展。非公有制经济在我国经济社会发展中的地位和作用没有变，鼓励、支持、引导非公有制经济发展的方针政策没有变，致力于为非公有制经济发展营造良好环境和提供更多机会的方针政策没有变。这一重要讲话站在党和国家事业全局的战略高度，提出了一系列新思想、新观点、新论断，为促进非公有制经济健康发展和非公有制经济人士健康成长指明了方向。

陈昌智认为，当前我国经济发展进入新常态，非公有制经济发展面临着前所未有的机遇和挑战。国家推出了一系列扩大非公有制企业市场准入、平等发展的改革举措和一大批相关政策措施，形成了鼓励、支持、引导非公有制经济发展的政策体系，为非公有制经济发展创造良好的政策环境和社会氛围。然而，阻碍民营经济发展的一些老问题仍然没有解决。需要特别指出的是，今年以来我国民间投资出现明显下滑的现象。为此建议：一要进一步放开市场准入，尽快建立创业准入负面清单制度，取消对民间资本单独设置的附加条件和歧视性条款，凡是法律法规未明确禁入的行业和领域都应该鼓励民间资本进入，反对“重大轻小”“重公轻私”；二要解决中小企业融资难问题，为中小企业融资提供良好的服务，在企业困难时，银行不应过度收缩贷款，更不应抽贷、断贷；三要进一步清理、精简行政审批事项和涉企收费，减轻企业负担，政府部门不能“门好进了，脸好看了，但事不办了”；四要进一步加快公共服务体系建设，支持建立面向民营企业的技术服务平台，积极发展技术市场，为民营企业自主创新提供技术支持和专业化服务。此外，为了激发民间投资，抑制增速下滑，应着力加强投融资体制改革，充分激发社会投资动力和活力。同时，民营企业要发挥主观能动性和创新创造精神，正确认识、积极适应新常态，加大自身内部的改革力度，争取在新常态下有新作为、新提升和新发展。陈昌智强调，改革开放以来，特别是近些年来，河南省非公有制经济总量规模逐步扩大，质量效益不断提升，发展活力明显增强，社会贡献显著提高，已经成为全省市场经济的重要主体、稳定增长的重要基础、转型升级的重要力量。中共河南省委、河南省政府高度重视促进非公有制经济发展工作，2015年，河南省政府专门出台了《关于扶持小微企业发展的意见》，从鼓励大众创业、降低企业融资成本、加大财税支持力度等15个方面，提出了针对性强的支持措施。2016年，省政府又先后出台了《优化企业融资服务若干政策措施》和《河南省助力大众创业专项工作方案》等一系列促进非公有制经济健康发展的政策措施。此次论坛的成功举办将为河南省的非公有制经济加快发展、为开创河南振兴、富民强省新局面创造新的契机。

民建中央副主席张少琴、辜胜阻、周汉民，河南省政协主席叶冬松，省委常委、统战部部长陶明伦，省人大常委会党组书记、副主任刘春良，省政协副主席、民建河南省委主任委员龚立群，河南省政府秘书长郭洪昌等出席开幕式。民建中央有关部门负责人、工业与信息化部有关部门负责人、民建各省（区、市）代表团代表、论坛组委会办公室成员单位主要负责人、非公有制经济界企业高管和专家学者等1200余人参加论坛开幕式。

开幕式后，举行了主题演讲和合作项目签约仪式。全国人大常委会委员、财政经济委员会副主任委员、民建中央副主席辜胜阻，全国政协常委、民建中央副主席、上海市政协副主席周汉民，清华大学国情研究院院长胡鞍钢，申万宏源证券研究所首席经济学家杨成长分别作主题演讲。主题演讲环节由全国人大常委会委员、民建中央副主席张少琴主持。签约仪式由河南省政府秘书长郭洪昌主持，共签约项目80个，涉及先进制造业、农业产业化、生物科技、电子商务等多个领域，签约总金额达803亿元。

3. 两会提案新闻通气会

2月25日下午，民建中央2016年两会提案新闻通气会在京召开。民建中央副主席、全国人大常委、财经委员会副主任委员辜胜阻出席新闻通气会并答记者问。

辜胜阻首先对今年两会经济热点进行了前瞻。他指出，今年是“十三五”开局之年，两会特别重要的议题是审议“十三五”规划，为如期实现全面建成小康社会奋斗目标谋篇布局。两会代表委员会高度关注如何按“创新、协调、绿色、开放、共享”的五大发展理念规划“十三五”、如何推进供给侧改革、如何推动“大众创业、万众创新”保持经济平稳增长、如何降低企业成本和巩固实体经济基础、如何防范系统性金融风险、如何提升贫困地区“造血功能”打好扶贫攻坚战和如何实现绿色发展提升环境质量等问题。辜胜阻表示，当前我国经济面临制造业和煤炭去产能化，金融去杠杆化，房地产去库存化，股市深度调整，环境去污染化的严峻形势，经济下行压力前所未有。摆脱困境的唯一路径是通过转变发展理念实现经济的转型升级和提质增效。中共十八届五中全会提出的“创新、协调、绿色、开放、共享”系统全面的“五大新发展理念”，是发展观在理论上的重大升华，是经济社会发展的“纲”与“魂”，是下一个五年规划的发展“航标”，将引领我国经济发展行稳致远。以人为核心的新型城镇化是实现城乡协调发展的关键，是创造巨大的消费市场和投资空间，稳定经济增长的重要引擎，也是推动经济服务化、培育创业者和新型农民、扩大中等收入人群比重的重要途径。城镇化需要优化劳动力供给的结构，提高劳动力供给的质量，需要加快教育特别是职业教育转型。实现绿色发展，需要推进我国产业结构、能源结构与城市功能及治理结构的深度调整，以改善环境质量为核心，实行最严格的环境保护制度，实现发展的永续性。共享发展的主要任务是解决好就业、收入和社保等民生问题，这些问题每年都是“两会”关注的重大热点。就业乃民生之本、教育乃民生之基、收入乃民生之源、社保乃民生之依。辜胜阻认为，推进供给侧改革是实现经济转型的重大战略。供给侧改革不仅能增强微观经济活力，扶持小微企业成长，而且能发挥制度创新和技术进步对供给升级的倍增效应，为中国经济转型寻找一种新的动能，促进传统产业改造升级，提高供给体系的质量和效率，带动新就业和消费结构升级。一要减少无效供给，化解过剩产能，大力淘汰“僵尸企业”；二要改造落后供给；三要创造新增供给；四要扩大短缺供给，加大公共产品供给。要强化制度供给和改革引领，激发市场主体活力，调动企业家创业、创新、创造的积极性，降低创业创新风险。注重优化劳动力、土地、资本、技术等要素供给，提高经济的增长质量与效益。挖掘微观主体创新、创业、创造的潜能，改善管理水平，提高全要素生产率。

辜胜阻强调，大众创业、万众创新是对冲经济下行的关键动能，是经济活力之源，也是转型升级之道，更是当前推进供给侧改革的重要抓手。通过制度供给和改革引领充分调动起亿万人民群众的创富热情。他提出了进一步推进“大众创业、万众创新”，促进供给侧结构性改革的六条措施。

辜胜阻说，“组合出拳”降成本是稳固实体经济的艰巨任务之一。他建议，为降低实体企业成本，稳固经济增长之基，要打好削减实体经济成本的“组合拳”。一要降低企业融资成本；二要减轻企业“五险一金”支出负担，削减企业用工成本；三要减轻企业税收负担；四要全面降低企业能源、配套物流等成本，为实体企业创造良好的经营环境；五要转变政府职能，简政放权，降低制度性交易成本等隐性成本，让企业“轻装上阵”。

辜胜阻表示，防范系统性金融风险是经济稳中求进的基本底线。“十三五”时期的金融改革面临提高金融服务实体经济效率和防范系统性金融风险的两大任务。他建议，为避免潜在金融风险在近期集中爆发和风险叠加导致系统性金融风险，要加快金融体制改革，完善金融监管模式，标本兼治、“多管齐下”采取应对措施，守住不发生系统性金融风险的底线。

精准扶贫也是辜胜阻长期关注的问题，他指出，要创新扶贫方式，增强贫困地区的“造血”功能，是实现自主脱贫和长效脱贫的基本要求，也是实现2020年全面建成小康社会目标的关键。

辜胜阻还就如何评价当前经济形势和“中国经济光明论”、如何加强金融稳定协调机制防范系统性金融风险、如何在化解产能过剩中避免出现“失业潮”等问题回答了新华社、人民日报社、中国网等媒体记者的提问。他表示，中国经济形势既有压力也有潜力，问题与发展并存。中国经济不会出现所谓的硬着陆，我们要看到问题的一面，更要看到发展的希望。

会上，全国政协委员、民建中央调研部部长蔡玲通报了民建中央向全国政协十二届四次会议提交提案的相关情况。她说，民建中央认真学习贯彻中共十八大和十八届三中、四中、五中全会精神，紧密围绕“十三五”规划建议提出的创新、协调、绿色、开放、共享五大发展理念，围绕中心，服务大局，在深入调查研究的基础上，认真履行参政党职能，积极建言献策，调动民建全会力量，做好政协大会的提案准备工作。根据改革发展中的重点、热点和难点问题，按照四个全面战略布局要求，认识新常态、适应新常态、引领新常态，结合民建联系经济界的特色和优势领域，今年，民建中央提案重点围绕去产能、去库存、去杆杠、降成本、补短板方面以及五大发展理念等方面积极建言献策。提案的基础素材主要来源于民建中央重点调研专题、民建中央领导应急研究成果、民建省级组织成果征选、民建中央专门委员会研究成果、民建基层支部建议材料、定点定向提案素材、平时搜集的社情民意等。蔡玲还就去年民建向全国政协十二届三次会议提交的提案落实情况和成效以及今年提交的提案形成过程中的调研情况回答了记者提问。

来自42家新闻媒体的50余位记者参加了新闻通气会。

4. 学习习近平总书记在民建、工商联联组会议上重要讲话精神座谈会

3月5日晚，已是星辰满天，但参加全国政协十二届四次会议的民建界别政协委员仍齐聚一堂，精神饱满地参加民建中央召开的学习习近平总书记在民建、工商联联组会议上重要讲话精神座谈会。

3月4日下午，中共中央总书记习近平看望参加全国政协十二届四次会议的民建、工商联委员，并参加联组会。民建界别政协委员白重恩、胡可一、李玉光、郭跃进、张明华分别围绕推进供给侧结构性改革、破解产能过剩、强化知识产权保护、促进非公有制经济健康发展等问题作了发言。习近平在认真听取大家发言后发表了重要讲话，重申“两个毫不动摇”，强调“三个没有变”，并首次用“亲”“清”两字定调新型政商关系，引起热烈反响。

在学习习近平总书记重要讲话精神座谈会上，李晓林、叶青、李谠、杨文龙、王欣、孙太利、刘汉元、吴志明等8位委员畅谈了各自的感想和学习心得。“信心”“决心”“干劲”是大家频频提及的关键词。大家纷纷表示，总书记的重要讲话清楚阐释公有制经济与非公有制经济的相互关系，表明了中国共产党的一贯立场，回应了社会重大关切，极大提振了非公经济人士的信心。在“十三五”规划开启的新阶段，总书记为非公有制经济发展加油鼓劲，为民企成长进步增添正能量，企业家应坚定贯彻五大发展理念，铆足干劲，实现新作为、新发展，在推动实现中华民族伟大复兴中国梦的实践中谱写人生事业的华彩篇章。总书记关于构建新型政商关系的精辟论述既是对党政干部提出的要求，也是对民营企业守法经营、正直做事提出新的更高要求，企业家应做到交往有道，共同营造健康的企业发展生态。

民建中央主席陈昌智在听取了委员们的汇报后指出，习近平总书记参加民建、工商联委员联组会，是对民建、工商联的呵护，是为“十三五”规划集思广益的需要，也是当前中国经济面临较大下行压力、一些民营企业经营困难、信心不足的形势下，对非公有制经济人士、对全国乃至全世界发出肯定与振奋的声音：实行公有制为主体、多种所有制经济共同发展的基本经济制度，是中国共产党确立的一项大政方针，必须毫不动摇巩固和发展公有制经济，毫不动摇鼓励、支持和引导非公有制经济发展。非公有制经济在我国经济社会发展中的地位和作用没有变，鼓励、支持、引导非公有制经济发展的方针政策没有变，致力于为非公有制经济发展营造良好环境和提供更多机会的方针政策没有变。这些重要论述，为推动各种所有制经济健康发展、进一步增强中国经济活力指明了方向路径，有力地反驳了西方舆论唱衰中国经济的论调，澄清了思想上的迷雾。这其中闪烁着许多新观点、新思想，需要我们通过认真学习，不断提高认识，加深理解。

陈昌智强调，第一，要清醒认识总书记重要讲话为提振非公经济释放了强烈的信号。

总书记再次强调了非公有制经济的重要性，提出发展非公有制经济“三个没有变”的论断，并为非公有制经济发展面临的问题提出了五点解决办法，在给非公有制经济人士吃下了一颗“定心丸”的同时，也为经济新常态下非公有制经济找到未来发展的突破口。第二，要充分认识到企业利益与国家利益是辩证统一的。改革开放以来，我国非公有制经济由小到大、由弱到强，始终与国家不断深化改革紧密相连。中共十八大以来推出了一大批扩大非公有制企业市场准入、平等发展的改革举措，形成了鼓励、支持、引导非公有制经济发展的政策体系，非公有制经济发展面临前所未有的良好政策环境和社会氛围。非公有制经济人士要进一步增强大局意识和责任意识，把企业的发展与国家的发展紧密联系在一起，把实现个人价值和社会价值紧密联系在一起，继续担当改革开放和发展经济的先锋。同时也应致富思源，义利兼顾，自觉履行社会责任。一直以来，民建的企业家在开展公益活动、服务社会方面作出了很多贡献，要坚持并发扬。第三，要准确认识公有制经济和非公有制经济的关系。公有制经济是长期以来在国家发展历程中形成的，为国家建设、国防安全、人民生活改善作出了突出贡献，是全体人民的宝贵财富，要让它发展好，继续为改革开放和现代化建设作出贡献。非公有制经济，作为我国社会主义市场经济的重要组成部分，在扩大内需、拉动消费、解决就业等方面的作用有目共睹。把公有制经济巩固好、发展好，同鼓励、支持、引导非公有制经济发展不是对立的，而是有机统一的。公有制经济、非公有制经济应该相辅相成、相得益彰，而不是相互排斥、相互抵消。第四，要全面认识非公经济健康发展的前提是非公经济人士健康成长。总书记寄语广大非公有制经济人士，加强自我学习、自我教育、自我提升，十分珍视和维护好自身社会形象。要加强对民建企业家会员的教育引导，深化中国特色社会主义理想信念教育，深化时事政策教育，深化道德、法律和社会责任教育，引导他们做爱国敬业、守法经营、创业创新、回报社会的典范。

民建中央常务副主席马培华主持座谈会，并要求民建全会把学习习近平总书记在民建、工商联界别联组会议上重要讲话精神与当前正在开展的坚持和发展中国特色社会主义学习实践活动有机结合起来，教育和引导广大会员坚持理想信念，奋勇前行，做合格的中国特色社会主义的建设者。

民建中央副主席陈政立、宋海、李谠、周汉民、吴晓青、王永庆、郝明金出席座谈会。

5. 学习贯彻两会精神会议

3 月 18 日上午，民建中央在机关召开全国两会精神学习会。全国政协副主席、民建中央常务副主席马培华传达了全国政协十二届四次会议精神，并对学习贯彻习近平总书记 3 月 4 日重要讲话精神、全国两会精神和做好近期重点工作提出明确要求。全国人大常委会委员、民建中央副主席张少琴传达了十二届全国人大四次会议精神。

马培华首先传达了习近平总书记 3 月 4 日看望出席全国政协十二届四次会议民建、工商联委员并发表重要讲话的情况，指出习总书记的讲话再一次明确了非公经济的定位，为广大非公经济人士吃了一颗“定心丸”，也使得民建的经济界特色更为社会各界所了解。随后他介绍了在 3 月 4 日联组会发言的 5 位民建界别委员发言酝酿准备、民建及民建会员中的全国政协委员提案和大会发言情况。他还传达了俞正声主席代表政协第十二届全国委员会常务委员会向大会所作的工作报告，指出俞正声主席就人民政协更好发挥爱国统一战线组织的作用作了精辟阐述和全面部署，希望大家深入学习领会。马培华要求，民建全会及会中央机关要把学习贯彻习近平总书记3月4日重要讲话精神作为当前的首要任务，并作为坚持和发展中国特色社会主义学习实践活动的重要内容；要认真学习贯彻全国“两会”精神和“十三五”规划，把相关政策学深吃透；要围绕2016年工作要点，提前着手今年的重点工作，确保各项工作落细落实。马培华强调，机关干部要有责任意识和担当意识，认真学习国家方针政策，要鼓足干劲、力争上游，在机关营造风清气正的工作氛围，推动机关各项工作取得新成绩。

张少琴传达了十二届全国人大四次会议的精神，强调了十二届全国人大四次会议开得圆满成功。李克强总理的政府工作报告求真务实、亮点纷呈、振奋人心、凝聚力量。2015年是全国各族人民在以习近平同志为总书记的党中央坚强领导下，万众一心、攻坚克难，开创中国特色社会主义新局面、取得辉煌成就的一年。张德江委员长所作的全国人大常委会工作报告实事求是、全面客观，是一个政治性、指导性和实践性都很强的好报告。常委会去年的工作硕果累累、催人奋进。常委会始终坚持正确的政治方向、把党的领导贯彻于人大工作的各方面、全过程，保障了党通过国家政权机关对国家和社会的领导，保障了党的路线方针政策和决策部署在国家工作中得到全面贯彻和有效执行。张少琴还就最高人民法院工作报告和最高人民检察院报告作了介绍，强调了最高人民法院和最高人民检察院紧紧围绕“努力让人民群众在每一个司法案件中感受到公平正义”目标，忠实履行宪法法律赋予的职责，各项工作取得了斐然成绩，非常鼓舞人心。报告充分体现了宪法精神、体现了党的领导是中国特色社会主义最本质的特征，是中国特色社会主义制度的最大优势。张少琴强调，我们要认真学习、领会两会精神，在思想上、行动上与党中央的方针政策和重大战略部署保持高度一致，更加紧密地团结在以习近平同志为总书记的党中央周围，凝心聚力、奋发进取，为实现中华民族伟大复兴的中国梦作出新的贡献。

民建中央机关干部60余人参加学习会。

6.“关于培育新生中小城市的调查研究”重点专题座谈会

3月30日上午，全国人大常委会副委员长、民建中央主席陈昌智在京出席“关于培育新生中小城市的调查研究”重点专题座谈会，就我国新生中小城市的发展现状、专题调研方向等方面问题听取相关部门负责同志的意见建议。全国人大财经委副主任委员、民建中央副主席辜胜阻，全国政协常委、民建中央副主席兼秘书长吴晓青出席座谈会。

陈昌智认真听取与会人员发言，并与他们进行深入的探讨交流。他指出，城市的发展是建立在经济社会发展基础上的，而城市发展的核心是人的发展。他认为，培育新生中小城市，要好好研究“中小城市能够从哪里来”的问题，在接下来的专题调研中，针对由县城、大镇、特色小镇等上升发展为中小城市几种路径模式，探索清楚当前的现状与问题，科学论证这些路径的可行性，提出相应的政策建议。

座谈会上，国家发展改革委规划司副司长陈亚军、国土资源部规划司司长赵龙、住房和城乡建设部城乡规划司司长孙安军分别基于各自部门工作，从城市结构与数量、城市管理体制改革与设市模式、土地规划与管理、县城以及特色“小镇”等不同模式的城市化等不同角度，就我国中小城市发展的现状、存在问题及改革方向作了发言。

7. 民建中央专门委员会工作研讨会

5月24日，民建中央专门委员会工作研讨会在北京职工之家召开，全国人大常委会副委员长、民建中央主席陈昌智出席会议并讲话。全国政协副主席、民建中央常务副主席马培华主持会议。

陈昌智在讲话中指出，随着我国经济社会发展进入新阶段，多党合作面临新形势新任务，加强参政党能力建设成为摆在我们面前的紧迫课题，专门委员会作为民建的智库组织，是本会发挥参政党职能的重要形式，加强专门委员会工作是本会参政党能力建设的重要内容。陈昌智肯定了各个专委会过去三年的工作成绩，强调要发挥专委会的专业优势，各个专委会结合自身特点和专业开展调研，由下到上报送会中央，形成会中央的参政议政成果。要加大对专委会工作的支持力度，在经费上予以保障。完善专委会工作的管理和激励机制，做到专委会成员结构合理，使专委会的工作与委员本职工作有机结合，更好发挥骨干委员的作用。陈昌智指出，要正确认识当前经济形势，在看到光明一面的同时，也要看到我国经济发展仍然面临许多困难和挑战，国内外环境依然复杂严峻，不确定、不稳定因素增多，经济企稳的基础还不稳固，经济下行压力仍然较大，保持经济平稳增长和防风险任务艰巨。要真正发挥市场在资源配置中的决定性作用，加快民间投资，解决产能过剩问题，避免经济指标大起大落。要把握多党合作的新要求，围绕新形势下民建的主要任务开展工作。进一步提高对专门委员会工作的认识，专委会委员要做到心中有专委会、心中有民建会，带着感情来履行职能、完成工作。要借鉴部分专委会好的经验和做法，形成中央专委会与地方专委会的联动机制，共同开展相关工作。

马培华在主持会议时强调，一是要深入学习贯彻陈昌智主席的讲话精神。讲话深入浅出，指明了新时期专委会工作的形势和任务，对下一步工作提出明确要求。二是要总结经验，取长补短，推动专委会工作迈上新台阶。第一提高责任意识，中共中央对民主党派高度重视，要把参政议政工作做好，发挥专委会主力军作用。第二做好工作要依靠骨干，专委会主任是第一责任人，同时要把副主任和一些骨干委员的工作热情调动起来。第三选好课题，要发挥专委会的主动性、积极性、创造性，从国家战略性、前瞻性、紧迫性的角度，关注难点、热点、重点，发挥集体的优势、特长、智慧。第四丰富参政渠道，专委会的调研成果反映渠道既有高层协商，又有全国政协议政性常委会、双周座谈会和专题协商会，还有各民主党派中央直接向中共中央提交意见建议。

民建中央副主席辜胜阻在作专委会工作总结时指出，专委会在六个方面发挥了作用：一是加强对经济形势的研判，二是为党和国家的决策建言献策，三是举办论坛为地方经济发展献计献策，四是积极开展社会服务工作，五是专委会发挥专业优势各显其能，六是参与会中央重点专题调研。今后，专委会要成为民主党派内生智库，为民建参政议政提供智力支持，专委会工作要与个人专长、专业优势结合起来，选好时间、地点和内容，开放办会，发挥地方专委会的积极性，提升专委会的吸引力。

会上，民建中央12个专门委员会作了发言，就工作情况、体会和建议做了汇报和交流。24日下午，各专委会进行了分组会议，结合主席讲话讨论专委会工作。

民建中央副主席张少琴、民建中央副主席兼秘书长吴晓青出席会议。民建中央12个专门委员会部分主任、副主任，民建中央各部门相关负责人，各专门委员会秘书长等60

余人参加会议。

8. 民建中央纪念中国共产党成立 95 周年座谈会

7 月 4 日，民建中央纪念中国共产党成立 95 周年座谈会在京召开。全国人大常委会副委员长、民建中央主席陈昌智出席座谈会并讲话。全国政协副主席、民建中央常务副主席马培华主持座谈会。民建中央副主席辜胜阻、宋海，民建中央副主席兼秘书长吴晓青出席座谈会。

陈昌智在讲话中回顾了 95 年来中国共产党团结带领全国各族人民，一路披荆斩棘、勇往直前，创造民族独立、人民解放、国家富强的光辉历程。他强调，历史充分证明，只有中国共产党，才能救中国；只有中国共产党，才能发展中国。历史和人民选择中国共产党领导中华民族伟大复兴的事业是正确的，中国共产党领导中国人民开辟的中国特色社会主义道路是正确的，中国共产党和中国人民扎根中国大地、吸纳人类文明优秀成果、独立自主实现国家发展的战略是正确的，必须坚定不移地坚持中国共产党的领导，任何时候任何情况下都不能动摇。

陈昌智指出，民建 70 余年的历史就是一部与中国共产党和衷共济、通力合作的历史。作为一个具有政治联盟特点的政党，民建活跃在中国政治舞台，离不开中国共产党的影响和帮助；作为中国革命、建设和改革事业中的一支重要力量，民建能够发挥作用，离不开中国共产党的鼓励和支持；作为我国多党合作格局中的参政党，民建不断成长进步，离不开中国共产党的领导和关怀。坚持接受中国共产党的领导，是民建在长期历史实践中作出的自觉、正确的选择，是民建不断成长进步必须遵循的政治准则，是民建事业持续健康发展的精神支柱和动力源泉。

陈昌智提出，当前和今后一个时期，民建要引领全会成员，凝聚共识、凝聚智慧、凝聚力量，为实现“两个一百年”的奋斗目标而不懈努力。一要矢志不渝地坚持中国共产党的领导，不断巩固团结合作的思想政治基础。二要发挥特色优势，积极为全面建成小康社会贡献力量。三要学习借鉴执政党建设经验，努力加强本会自身建设。

马培华在发言中指出，要全面深刻地把握习近平总书记重要讲话的精神实质，并以学习贯彻讲话精神为契机，深入推进坚持和发展中国特色社会主义学习实践活动，进一步引导广大会员充分认识中国共产党在中国特色社会主义事业中的核心领导地位和巨大作用，充分认识中国共产党领导的多党合作和政治协商制度的优越性，让坚持接受党的领导、始终走中国特色社会主义道路在广大会员中真正入脑入心，切实夯实多党合作的思想基础。要积极履职尽责，通过认真学习，加强对新常态下经济形势的科学分析和准确把握，加强对全局性、前瞻性问题的思考和研究，自觉做到在全局中定位、在大局下行动，在实现中华民族伟大复兴中国梦的道路上建功立业。

民建中央机关各部门代表结合自身工作和经历，分别从不同角度谈了对中国共产党成立 95 年来丰功伟绩的认识、对中国共产党领导的多党合作的认识，表达了做好本职工作、为中国特色社会主义事业作出应有贡献的决心。民建中央机关全体工作人员参加座谈会。

9. 学习中共十八届六中全会精神座谈会

10 月 28 日上午，民建中央在京召开学习贯彻中共十八届六中全会精神座谈会。全国人大常委会副委员长、民建中央主席陈昌智主持会议并讲话，全国政协副主席、民建中央常务副主席马培华出席会议并发言。民建中央副主席张少琴、辜胜阻、宋海出席会议。

陈昌智在讲话中说，中共十八届六中全会是在中国共产党成立95周年、红军长征胜利80周年的历史节点，在全面深化改革、决胜全面小康的关键时刻，召开的一次十分重要的会议。全会听取和讨论了习近平同志受中央政治局委托作的工作报告，充分肯定了中共十八届五中全会以来中央政治局的工作，高度评价全面从严治党取得的成就，并审议通过了《关于新形势下党内政治生活的若干准则》和《中国共产党党内监督条例》，审议通过了《关于召开党的第十九次全国代表大会的决议》。全会就新形势下加强党的建设作出了新的重大部署，充分体现了中共中央坚定不移推进全面从严治党的坚强决心和历史担当，对确保党始终成为中国特色社会主义事业的坚强领导力量，对统筹推进"五位一体"总体布局和协调推进"四个全面"战略布局，实现中华民族的伟大复兴，具有十分深远的影响。陈昌智指出，全面从严治党，是这次全会的鲜明主题。中共中央决定这次全会制定准则、修订条例，正是着眼于推进全面从严治党、坚持思想建党和制度治党相结合的一个重大安排。这两个文件既深刻汲取了中共在加强自身建设方面的经验教训，又全面总结了中共十八大以来中共中央推进全面从严治党的生动实践，并深入分析新形势下党的建设面临的新情况新问题，直面当前党内政治生活和党内监督存在的突出问题，进一步扎紧了制度的笼子，实现了党内政治生活和党内监督制度化、规范化、程序化，为推进全面从严治党、提高党的创造力凝聚力战斗力提供了更加有力的制度保障。这次全会，正式提出"以习近平同志为核心的党中央"，反映了全党全军全国各族人民的共同心愿。这对维护中共中央权威、维护中共的团结和集中统一领导，更好地进行具有许多新的历史特点的伟大斗争，保证党和国家兴旺发达、长治久安，具有十分重大的意义。陈昌智强调，民建要紧紧围绕坚持和发展中国特色社会主义、实现中华民族伟大复兴的中国梦，深刻领会中共十八届六中全会精神，不断增强中国特色社会主义道路自信、理论自信、制度自信、文化自信，切实承担起中国特色社会主义事业亲历者、实践者、维护者、捍卫者的政治责任。民建各级组织和广大会员一定要把学习贯彻中共十八届六中全会精神作为当前的一项重要政治任务，切实抓紧抓好。坚持以巩固共同思想政治基础为出发点，认真学习中共十八届六中全会精神；坚持以弘扬民建的特色和优势为立足点，积极发挥参政党作用；坚持以加强自身建设为着力点，努力推动民建事业持续健康发展。

马培华在发言中指出，中共十八届六中全会是在"十三五"的开局之年，也是在全面深化改革、决胜全面小康的关键时刻召开的一次十分重要的会议。会议聚焦全面从严治党，充分表明了中共中央坚定不移推进全面从严治党的政治决心，开启了新形势下全面从严治党的新征程，昭示了中国共产党始终成为中国特色社会主义事业坚强领导核心的铿锵决心和加强执政能力建设的坚定信心。会议对全面从严治党作出重要部署，必将进一步加强党的自身建设，必将进一步巩固中国共产党的核心领导地位，对实现两个一百年的奋斗目标，实现中华民族伟大复兴的中国梦，具有重大的现实意义和历史意义。他强调，领会中共十八届六中全会精神要义，要深刻认识中国共产党的领导地位，要提升到“四个全面”战略布局的高度。作为与中国共产党亲密合作，共同致力于中国特色社会主义事业的参政党，民建要把学习贯彻中共十八届六中全会精神作为当前和今后一个时期的重要政治任务，准确把握核心要义，不断增强中国特色社会主义道路自信、理论自信、制度自信和文化自信，切实将中共十八届六中全会精神贯彻到今后的工作实践之中。他要求，以开展“不忘合作初心，继续携手前进”专题教育为抓手，进一步加强思想建设；切实加强制度建设，积极稳妥推进会内监督；认真做好省级组织换届工作。

民建中央机关各个部门的代表结合工作实际，分别从不同的角度畅谈了学习中共十八届六中全会精神的体会。民建中央机关全体工作人员参加了会议。

（六）其他重要工作会议及活动

1月10日，全国人大常委会副委员长、民建中央主席陈昌智出席由国务院发展研究中心指导、中国经济时报主办的第七届中国经济前瞻论坛并发表致辞，对民营经济发展建言献策。他建议：一是进一步推进政府部门简政放权；二是鼓励非公有资本参与混合所有制经济的发展；三是完善中小企业公共服务体系。

1月12日上午，民建中央副主席兼秘书长吴晓青会见了贵州省黔西南州州委副书记、州长杨永英一行。

1月13日，民建中央帮扶河北省丰宁县精准扶贫精准脱贫座谈会在丰宁召开，研究部署“十三五”时期特别是2016年民建中央在丰宁县的精准扶贫精准脱贫工作。民建中央副主席张少琴出席会议并讲话。

1月14日，民建中央副主席张少琴率队赴丰宁县杨木栅子乡开展送温暖活动，深入20个建档立卡贫困户家中，送去慰问金，并表达新春的祝福，使困难群众感受到了民建中央对丰宁人民的深情厚谊。自2003年起，民建中央已连续14年赴丰宁开展送温暖活动，慰问了丰宁7个乡镇的1690个贫困户，赢得了丰宁人民的广泛赞誉。

1月11日至14日，全国政协副主席、民建中央常务副主席马培华率调研组就“培育具有核心竞争力的创新型企业”专题赴广东省调研。湖南省政协原副主席、中联重工科技发展股份有限公司研究员龙国键，湖北省政协副主席、省科技厅厅长郭跃进，国务院参事、国家知识产权局原副局长李玉光等参加调研。民建广东省委主委李心陪同调研。11日至12日，调研组一行在珠海调研，先后考察了格力电器、珠海赛纳打印科技股份有限公司，详细了解格力电器在营销创新、管理创新、人才创新、科技创新等方面的主要做法及取得的成绩，以及赛纳打印坚持技术创新，加强专利与质量管理的主要做法和成效；并与市政府有关部门、高校负责人和科技创新型企业代表进行座谈，围绕培育具有核心竞争力的创新型企业的主要做法、取得的经验及存在的主要问题等开展深入交流。13日至14日，调研组一行在深圳实地考察了华为技术有限公司、腾讯计算系统有限公司、大疆创新科技有限公司、科陆电子股份有限公司、海能达通讯股份有限公司、创捷供应链有限公司等6家创新型企业并一一座谈，深入了解企业形成核心竞争力的关键因素；并与市政府有关部门、高校负责人、科技中介机构代表座谈，就深圳在培育具有核心竞争力的创新型企业方面的政策创新、推动金融服务实体经济的主要措施、国有及民营企业提升创新能力的经验以及遇到的问题等情况开展深入交流。

1月11日至15日，民建中央副主席王永庆赴云南保山、大理、楚雄等市州，就民建市级组织、基层组织建设工作开展调研。调研期间，王永庆分别看望民建保山市委、大理和楚雄州委机关干部，并与班子成员和骨干会员进行亲切座谈。

1月18日至20日，全国人大常委会副委员长、民建中央主席陈昌智出席亚太议会论坛第二十四届年会开幕式并发言。陈昌智说，维护亚太地区的安全环境，实现亚太地区的长治久安，是地区各国人心所向，也是各国立法机关的责任所系。各国政府应增强亚太命运共同体意识，共同致力于建设互信、包容、合作、共赢的亚太伙伴关系。

1月20日至22日，全国人大常委会委员、民建中央副主席、中华全国总工会副主席张少琴率中华全国总工会慰问团赴辽宁省送温暖，看望了全国劳动模范、慰问了困难企业和困难职工，送上了节日的祝福和慰问金，并祝福大家过一个欢乐祥和的春节。

1月20日至22日，应特立尼达和多巴哥议会邀请，全国人大常委会副委员长陈昌智率团访问特立尼达和多巴哥。访问期间，陈昌智会见了特多总统卡莫纳、总理罗利，与特多参议长坎加卢、众议长安妮塞塔－乔治举行会谈，并会晤了特多反对党领袖比塞萨尔和多巴哥议会首席秘书伦敦。陈昌智表示，中国重视同特多互利共赢的友好合作关系，愿同特方一道，不断巩固政治互信，深化各领域互利合作，推动中特关系迈上新台阶。中国全国人大重视同特多议会的友好合作，愿同特方加强治国理政经验交流。

1月25日至27日，全国人大常委会委员、财经委副主任委员、民建中央副主席辜胜阻带队在湖北调研国有资产管理与体制改革情况，并听取省国资委和省交通投资集团、三环集团有限公司、省高新技术产业投资有限公司、中南工程咨询设计集团有限公司、省宏泰国有资本投资运营集团有限责任公司等省属国有企业情况汇报。26日上午，辜胜阻列席了湖北省第十二届人民代表大会第四次会议，并听取省长王国生向大会作政府工作报告。在湖北期间，辜胜阻还会见了湖北省人大常委会党组副书记、副主任田承忠。此外，调研组还实地考察了邮电科学研究院、东风汽车有限公司。

1月27日，民建中央副主席辜胜阻赴湖北省咸宁市就民建市级组织建设工作进行调研。辜胜阻走访了民建咸宁市委机关，看望了市委班子成员、支部主委和部分会员代表，了解了民建组织运行情况，并召开了座谈会。

1月28日上午，全国人大常委会委员、财经委副主任委员、民建中央副主席辜胜阻出席了由最高人民法院组织的与各民主党派中央、全国工商联、无党派代表人士座谈会，会议期间与会人员参观了人民法院博物馆，并听取了最高人民法院副院长李少平同志对人民法院2015年工作情况的通报，最高人民法院院长周强出席座谈会。结合调研情况，辜胜阻对人民法院2016年工作提出了四个方面的建议：一是防控风险；二是服务大局；三是配套改革；四是法制保障。

2月1日上午，全国人大常委会副委员长、民建中央主席陈昌智，全国政协副主席、民建中央常务副主席马培华在会中央机关亲切会见了教育部副部长朱之文一行。民建中央副主席张少琴、辜胜阻，民建中央副主席兼秘书长吴晓青参加会见座谈。

2月3日下午，全国人大常委会委员、财经委副主任委员、民建中央副主席辜胜阻在人民大会堂向境外记者介绍当前宏观经济形势。辜胜阻就当前中国宏观经济形势发表了三点意见：第一，如何看待中国经济不一样的增长；第二，如何看待中国发展的挑战和机遇；第三，如何看待结构性改革，特别是供给侧改革。在互动环节，辜胜阻就企业“走出去”“一带一路”倡议实施、房地产去库存、化解产能过剩和资本市场健康发展、注册制改革等具体问题回答记者提问，与记者座谈交流。报告会由全国人大外事委员会主任委员傅莹主持。全国人大财经委副主任委员邵宁介绍了国有企业改革有关情况。来自境外多家媒体的数十位记者参加会议。

2月4日至11日，全国人大常委会委员、财经委副主任委员、民建中央副主席辜胜阻在金融界和政界相关人士的陪同下到深圳调研企业创新与金融改革。辜胜阻实地考察了深圳腾讯公司和中广核公司大亚湾核电站，拜会了一批金融界、企业界和政界的业内人士，与大家一起探讨企业创新发展及金融风险的防范和资本市场的改革。

2月16日，民建中央副主席郝明金出席了最高人民检察院组织召开的各民主党派中央、全国工商联和无党派人士征求意见座谈会。在听取了曹建明检察长介绍最高检2015年工作情况和改革成果后，他就检察机关司法体制改革提出了三点建议：一是建议加强对司法体制改革的思想引导工作；二是建议司法体制改革既要重视“试点”检察院，同时也要关注不是“试点”的数量更多的其他各级检察院；三是建议司法体制改革要向市县（区）检察院倾斜。

2月22日下午，全国人大常委会副委员长、民建中央主席陈昌智，全国政协副主席、民建中央常务副主席马培华在会中央机关亲切会见了中共天津市委常委、统战部部长王宏江一行。民建中央副主席兼秘书长吴晓青，中共天津市委统战部常务副部长刘剑英参加会见。

2月23日上午，全国人大常委会副委员长、民建中央主席陈昌智，全国政协副主席、民建中央常务副主席马培华在会中央机关亲切会见了来访的中共北京市委常委、统战部部长戴均良一行。民建中央副主席兼秘书长吴晓青参加会见。

2月24日，中国统一战线理论研究会年会在京举行。民建中央副主席、中国统一战线理论研究会常务理事张少琴出席会议并讲话。会议就正确处理一致性与多样性关系的方针问题进行了研讨，并通报研究会部分常务理事、理事变动情况。

2月29日，全国人大常委会委员、财经委副主任委员、民建中央副主席辜胜阻到中核集团调研企业转型升级和企业市场化改革、国际化发展及“引进—消化—吸收—再创新”的创新模式。

3月1日，中央社会主义学院2016年春季开学典礼在京举行。全国人大常委会副委员长、民进中央主席、中央社会主义学院院长严隽琪出席并讲话。民建中央副主席张少琴出席。

3月8日下午，全国政协十二届四次会议围绕“积极稳妥做好去产能过程中的人员安置工作，扎实推进供给侧结构性改革”主题举办提案办理协商会。全国政协副主席马飚出席会议。全国政协常委、民建中央副主席王永庆出席会议并代表民建中央作了发言。

3月12日，“2016′思源救护中国行暨芭莎公益慈善基金”捐赠救护车发车仪式在京举行。全国人大常委会副委员长、民建中央主席、“思源工程”基金会理事长陈昌智出席仪式并讲话。民建中央副主席张少琴出席仪式。

3月16日下午，全国人大常委会副委员长、民建中央主席陈昌智在民建中央机关亲切接见正在中央社会主义学院第 35 期民主党派干部进修班、培训班学习的 18 位民建学员，与大家座谈并合影留念。陈昌智主席一边听取大家的发言一边就大家提出的问题作了解答，并对学员提出四点希望：第一，深入学习“两会”精神；第二，要继续开展社会主义核心价值观主题实践教育活动；第三，要做好市级组织换届选举工作；第四，要认真学习在纪念中国民主建国会成立 70 周年大会上的讲话精神。

3 月 16 日至 17 日，全国人大常委会委员、财经委副主任委员、民建中央副主席辜胜阻就实体经济如何降成本问题在四川调研，并召集省发改委、经信委、人社厅、交通厅、地税局、人行成都分行和部分专家学者及会员企业家代表进行座谈，就推进供给侧结构性改革、降低实体经济企业成本进行交流探讨。在蓉期间，辜胜阻副主席还考察了成都高新区、天府软件园和四川迈克生物科技股份有限公司等，出席了中国商业地产行业发展论坛 2016(第十三届)年会并作主旨演讲。

3 月 19 日，中国·上海“互联网金融法治创新高峰论坛：真伪互联网金融之辨”在上海交通大学凯原法学院举行。民建中央副主席宋海出席论坛并作《加强管理防范风险促进我国互联网金融健康发展》的主旨演讲。

3 月 20 日，由中华职业教育社、爱尔兰都柏林理工大学主办的，以“应用技术型教育创新发展”为主题的“中国—爱尔兰应用技术型教育创新发展高层对话会暨普通本科高校转型为应用技术大学专题研修班”在东北财经大学召开。全国政协副主席、民建中央常务副主席、中华职业教育社副理事长马培华出席会议并作主旨演讲。

3 月 21 日下午，民建中央直属二支部 2016 年第一次活动在北京举行。全国人大常委会副委员长、民建中央主席陈昌智出席会议并讲话。民建中央副主席、中国通用技术（集团）控股有限责任公司总经理李说出席会议。

3 月 22 日，中华职业教育社对口帮扶毕节金海湖新区启动大会在毕节市举行。全国人大常委会副委员长、中华职业教育社理事长陈昌智出席会议并讲话。

3 月 22 日，民建中央副主席宋海分别赴黑龙江省哈尔滨市、绥化市，就民建地方组织建设开展调研。黑龙江省人民政府副省长、民建黑龙江省委主委孙东生参加调研。23 日，宋海出席了民建黑龙江省委班子谈心会。28 日，宋海与民建哈尔滨市委班子成员谈心交流。

3 月 23 日，统一战线在贵州毕节召开扶贫攻坚座谈会，中共中央政治局委员、中央统战部部长孙春兰强调，聚力脱贫攻坚是统一战线的重要政治任务，为发挥多党合作优势作用提供了广阔空间。全国人大常委会副委员长、民建中央主席陈昌智出席会议。

3 月 23 日至 24 日，全国人大常委会副委员长、民建中央主席陈昌智率队赴贵州省毕节市黔西县考察扶贫工作并出席民建中央帮扶黔西县精准脱贫座谈会暨“百千万”工程启动仪式。全国人大常委会委员、民建中央副主席张少琴，贵州省人大常委会副主任袁周陪同。

3 月 24 日至 31 日，应玻利维亚外交部和哥斯达黎加立法大会邀请，全国政协副主席马培华率全国政协代表团对上述两国进行友好访问。期间，马培华分别会见了玻总统莫拉莱斯、参议院议长冈萨雷斯和哥总统索利斯、立法大会主席奥尔蒂斯、立法大会副主席巴斯克斯，并在哥立法大会全会上致辞。

3月25日，民建中央副主席张少琴就贯彻落实统一战线聚力脱贫攻坚暨多党合作参与毕节试验区建设座谈会精神，在民建中央定点扶贫县贵州省黔西县考察精准扶贫工作。张少琴一行先后考察了全国藏羌彝文化产业走廊重点项目——水西古城，民建中央对口扶持项目——民建海大工业园，还考察了民建会员企业。

3月26日上午，全国人大常委会委员、财经委副主任委员、民建中央副主席辜胜阻应邀参加山东省政协举办的2016′齐鲁企业创新发展端论坛，并作了“当前经济形势与全国两会精神解读”的辅导报告。山东省政协副主席、民建山东省委主委郭爱玲主持报告会。下午，辜胜阻赴山东省枣庄市调研资源枯竭城市转型工作。

3月28日，国务院召开第四次廉政工作会议，中共中央政治局常委、国务院总理李克强发表讲话。民建中央副主席张少琴出席会议。

3月29日，2016年中华环保世纪行宣传活动启动仪式在京举行，全国人大常委会副委员长陈昌智出席并宣布活动启动。今年世纪行将突出绿色发展理念，聚焦“节约资源、保护环境、绿色发展”等三个专题。

3月30日上午，全国人大常委会副委员长、民建中央主席陈昌智在京出席“关于培育新生中小城市的调查研究”重点专题座谈会，就我国新生中小城市的发展现状、专题调研方向等方面问题听取相关部门负责同志的意见建议。全国人大财经委副主任委员、民建中央副主席辜胜阻，全国政协常委、民建中央副主席兼秘书长吴晓青出席座谈会。

3月30日至31日，民建中央副主席张少琴赴山西省吕梁市就民建地方组织建设调研。山西省政协副主席、民建山西省委主委王宁参加调研。

3月31日上午，全国人大常委会副委员长、民建中央主席陈昌智，在民建中央机关亲切会见了中共丰宁满族自治县委书记方志勇一行。

3月31日，中华思源工程扶贫基金会（以下简称“思源工程”）与中国搜索在北京举行全面合作框架协议签约仪式，双方在“互联网+公益”协同创新和应用领域达成框架合作，助力我国脱贫攻坚战和公益慈善事业。全国人大常委会副委员长、民建中央主席、“思源工程”理事长陈昌智，中国记协副主席、中国搜索总裁周锡生，全国政协委员、“思源工程”副理事长兼秘书长李晓林等领导出席活动并座谈。

4月4日上午，由陕西省人民政府、国务院台湾事务办公室、国务院侨务办公室联合承办的丙申年清明公祭轩辕黄帝典礼在黄陵县桥山隆重举行。民建中央副主席张少琴代表民建中央应邀参加了公祭典礼。

4月5日至6日，全国人大常委会副委员长、民建中央主席陈昌智带队就民建中央重点调研专题“关于培育新生中小城市的调查研究”赴浙江调研。中共中央统战部副部长斯塔，全国人大财经委副主任委员、民建中央副主席辜胜阻，全国政协常委、民建中央副主席兼秘书长吴晓青参加调研。5日中午，浙江省委书记、省人大常委会主任夏宝龙会见了调研组一行。6日上午，调研组实地考察了梦想小镇、云栖小镇。

4月6日至9日，民建中央副主席周汉民赴河南三门峡市、许昌市，就两市民建市级组织建设工作进行调研，分别听取民建三门峡市委、许昌市委工作汇报，并与领导班子成员、支部主委以及骨干会员亲切座谈交流。

4月6日至9日，全国人大常委会副委员长、民建中央主席陈昌智带队就民建中央重点调研专题“关于培育新生中小城市的调查研究”在浙江省嘉兴、绍兴诸暨、金华义乌、温州调研。全国政协常委、民建中央副主席兼秘书长吴晓青参加调研。

4月8日上午，由民建中央与台湾世新大学联合举办的“2016两岸财经论坛暨两岸产业供应链合作学术研讨会”在台北举行。民建中央副主席宋海率领大陆经济界人士访问团一行9人应邀出席会议并致辞。世新大学董事长成嘉玲出席会议，世新大学校长吴永乾主持并致欢迎词。

4月9日，丙申年黄帝故里拜祖大典在新郑市黄帝故里景区隆重举行。民建中央副主席周汉民代表民建中央应邀参加了拜祖大典。

4月11日至13日，民建中央副主席张少琴赴重庆市就民建地方组织建设调研。重庆市人大常委会副主任、民建重庆市委主委沈金强参加调研。

4月11日至15日，民建中央副主席王永庆赴安徽安庆、黄山市调研市级组织建设工作，看望民建安庆、黄山市委机关干部，并与班子成员、支部主委以及骨干会员亲切座谈。

4月13日至16日，全国人大常委会委员、民建中央副主席张少琴带队，就会中央重点专题“关于农村贫困地区精准扶贫有效脱贫的调查研究”赴四川调研。四川省政协副主席、民建四川省委主委陈文华陪同调研。调研组先后深入达州市宣汉县、巴中市平昌县和南充市仪陇县，实地细致了解当地情况。

4月18日，全国人大常委会副委员长、民建中央主席陈昌智带队就民建中央重点调研专题“关于培育新生中小城市的调查研究”赴吉林调研。全国人大财经委副主任委员、民建中央副主席辜胜阻，全国政协常委、民建中央副主席兼秘书长吴晓青参加调研。18日下午，调研组与吉林省政府召开座谈会。19日上午，吉林省政府省长蒋超良会见调研组一行。

4月18日，全国人大常委会委员、财经委副主任委员、民建中央副主席辜胜阻就实体经济降成本问题在长春进行调研。在长春期间，辜胜阻考察了会员企业长春金鹰智谷科技集团公司，并与部分会员企业家就推进供给侧结构性改革、降低实体经济企业成本问题进行了座谈。

4月19日至20日，全国政协副主席、民建中央常务副主席马培华就民建基层组织建设情况赴上海市青浦区、徐汇区考察调研，并与区委班子成员、会员代表亲切座谈。民建中央副主席、上海市政协副主席、民建上海市委主委周汉民，民建上海市委驻会副主委徐钧健陪同调研。

4月21日至22日，全国政协副主席、民建中央常务副主席马培华在沪开展“培育具有核心竞争力的创新型企业，促进创新发展”课题调研。在沪期间，马培华会见了上海市政协主席吴志明；率调研组与上海市政府有关部门及企业家代表进行座谈，听取了上海市副市长周波关于上海创新型企业整体发展情况以及市发改委、经信委、科委、教委、金融办等相关部门的介绍，就上海在创新型企业培育方面的主要做法、取得的成效、存在的问题等深入交流。调研组一行还考察了上海华平信息技术股份公司、西本新干线股份公司、上海微电子装备公司和展讯通信（上海）公司，了解企业创新发展过程，询问企业遇到的瓶颈和困难，探讨企业在提升产业技术研发能力所面临的主要问题和解决路径。民建中央副主席、上海市政协副主席、民建上海市委主委周汉民，湖南省政协原副主席、中联重工科技发展股份有限公司研究员龙国键，国务院参事、国家知识产权局原副局长李玉光等参加调研。

4月29日上午，最高人民法院召开纪念新行政诉讼法实施一周年座谈会，总结人民法院贯彻执行新行政诉讼法的成绩和经验，分析当前行政审判工作新形势、新任务，进一步研究和推动人民法院行政审判工作。全国人大常委会委员、财经委副主任委员，民建中央副主席辜胜阻应邀出席座谈会并作重要讲话。

5月4日，全国人大常委会委员、财经委副主任委员、民建中央副主席辜胜阻到中央汇金投资有限责任公司，就建立以“管资本”为主的国有资产管理体制到中央汇金公司开展调研。中央汇金投资有限责任公司副总经理张宏安接待辜胜阻一行并召开座谈会。

5月4日，民建中央文化委员会全体会议在福建平潭召开。在全体会议召开之前，文化委员会举办了“我国文化产业供给侧结构性改革——兼论平潭文化产业及相关产业发展”论坛。民建中央副主席周汉民出席论坛，并作《供给侧结构性改革，推进自贸区深化创新》的主旨演讲。

5月6日上午，全国人大常委会委员、财经委副主任委员、民建中央副主席辜胜阻到中国中车集团公司调研。辜胜阻同中车集团公司总经理刘化龙，中车股份执行董事傅建国、总工程师张新宁及中车集团国际事业部、人事部、战略发展部等部门的负责同志座谈并深入交流，了解了中车集团历史沿革、组织架构、产品和研发创新情况以及企业推进国有企业改革、建设现代企业制度的总体进展、存在问题与下一步建议。

5月9日至13日，全国人大常委会副委员长、民建中央主席陈昌智带领全国人大常委会自然保护区建设和管理专题调研组赴广西调研。

5月10日，全国人大副委员长、民建中央主席陈昌智在广西调研期间，先后看望了民建崇左市总支部、防城港市委会部分骨干会员，并与他们亲切座谈。

5月10日至14日，全国政协副主席、民建中央常务副主席马培华率全国政协“沙漠治理与精准脱贫”调研组赴新疆维吾尔自治区开展专题调研。调研组先后前往喀什、阿克苏等地就沙漠生态治理、农牧民精准脱贫问题深入调研，并在乌鲁木齐召开专题座谈会。中共中央政治局委员、自治区党委书记张春贤会见了马培华一行。全国政协常委、武警部队原司令员、武警上将吴双战，全国政协人口资源环境委员会驻会副主任凌振国，全国政协常委、民建中央副主席兼秘书长吴晓青等参加调研。新疆自治区人大副主任、民建新疆区委主委董新光，自治区政协副主席卡德尔汗·米拉斯汗等陪同调研。

5月11日，温暖工程“百企千村”国家通用语言推广计划启动仪式在新疆喀什举行。全国政协副主席、民建中央常务副主席、中华职教社副理事长、中华同心温暖工程基金会理事长马培华出席启动仪式并讲话。全国政协常委、民建中央副主席兼秘书长吴晓青，新疆自治区人大副主任、民建新疆区委主委、新疆中华职教社主任董新光，中共喀什地委书记曾存等出席启动仪式。

5月11日上午，“互联网金融+传统产业转型升级”主题座谈会在全国政协礼堂举行。全国政协副主席陈元、王钦敏出席会议并讲话。财政部副部长、中央财经领导小组副组长朱光耀主持会议。全国人大常委会委员、财经委副主任委员、民建中央副主席辜胜阻出席会议并发言。

5 月 12 日，全国人大副委员长、民建中央主席陈昌智率全国人大调研组在钦州调研期间，看望了民建钦州市委会部分骨干会员，并与他们亲切座谈。

5 月 13 日至 14 日，全国人大常委会委员、财经委副主任委员、民建中央副主席辜胜阻随中央新媒体——人民网赴深圳调研创新驱动。在短短的两天时间里，辜胜阻等一行密集调研了多家深圳中小型创新企业。辜胜阻一行还深入走访深圳比特咖啡创客空间，吃创客套餐，与深圳创客促膝交流，深入调研创客文化。

5 月 14 日至 15 日，全国政协副主席、民建中央常务副主席马培华率调研组就“培育具有核心竞争力的创新型企业，促进创新发展”会中央年度重点调研课题赴青岛市调研。

5 月 15 日，全国政协第 107 期干部培训班在青岛召开开班式。全国政协副主席、民建中央常务副主席马培华出席开班式并作动员讲话。

5 月 16 日，全国人大常委会委员、财经委副主任委员、民建中央副主席辜胜阻赴国家电网公司调研企业改革发展和能源互联网推进情况，并与国家电网公司党组成员、副总经理杨庆，副总工程师兼国际合作部主任朱光超及各部门负责同志座谈交流。

5 月 18 日，全国人大常委会委员、财经委副主任委员、民建中央副主席辜胜阻赴宁波调研民间投资，实地考察企业转型。

5 月 18 日，以“科技金融深度融合、创新创业全面推进”为主题的第五届中国（西部）高新技术产业与金融资本对接推进会在成都开幕。全国人大常委会副委员长、民建中央主席陈昌智出席开幕式并致辞。民建中央副主席兼秘书长吴晓青出席会议。

5 月 19 日上午，中国民主建国会成立旧址陈列馆开馆暨民建中央爱国主义教育基地命名仪式在重庆复建的西南实业大厦前隆重举行。全国人大常委会副委员长、民建中央主席陈昌智出席并发表重要讲话。陈昌智与中共重庆市委常委、统战部部长宋爱荣共同为民建成立旧址陈列馆开馆和“民建中央爱国主义教育基地”揭幕。

5 月 19 日，全国人大常委会委员、民建中央副主席张少琴赴山西省忻州市就民建地方组织建设调研。山西省政协副主席、民建山西省委主委王宁主持调研座谈会。

5 月 21 日，全国人大常委会委员、财经委副主任委员、民建中央副主席辜胜阻赴郑州和许昌市市长葛市调研民间投资和小城市发展。

5 月 22 日下午，第四届民建“城市发展论坛”在北京大学英杰交流中心阳光大厅举行，论坛的主题是“生态文明与城市发展”。民建中央副主席兼秘书长吴晓青，民建中央副主席、北京市政协副主席、民建北京市委主委王永庆出席。

5 月 25 日，全国人大常委会副委员长、民建中央主席陈昌智在江西省共青城市出席“2016 年职业教育与城市发展高层对话会”期间，听取了民建九江市委会的工作汇报，并与基层支部主委代表进行座谈。江西省政协副主席、江西省委会主委孙菊生主持座谈会。

5 月 26 日，由中华职业教育社、江西省中华职业教育社、中共九江市委、九江市人民政府主办，中共共青城市委、共青城市人民政府承办的 2016 职业教育与城市发展高层对话会在共青城举行。全国人大常委会副委员长、民建中央主席、中华职业教育社理事长陈昌智出席并作主旨演讲。

5 月 26 日上午，全国人大常委会委员、财经委副主任委员、民建中央副主席辜胜阻到中国保利集团公司调研。

5月27日至28日，全国人大常委会委员、财经委副主任委员、民建中央副主席辜胜阻赴江苏无锡市和苏州市张家港市调研扩大民间投资与实体经济降成本。

5月30日上午，全国科技创新大会、中国科学院第十八次院士大会和中国工程院第十三次院士大会、中国科学技术协会第九次全国代表大会（全国科技创新大会、两院院士大会、中国科协九大）在人民大会堂隆重召开。中共中央总书记、国家主席、中央军委主席习近平出席大会并发表重要讲话。民建中央副主席辜胜阻出席。

6月1日，全国人大常委会副委员长、民建中央主席陈昌智到北京市房山区视察经济社会发展和统战工作开展情况。民建中央副主席兼秘书长吴晓青，中共北京市委常委、统战部部长戴均良，民建中央副主席、北京市政协副主席、民建北京市委主委王永庆，中共房山区区委书记曾赞荣，区委副书记、代区长陈清陪同视察。

6月5日至6日，全国人大常委会委员、财经委副主任委员、民建中央副主席辜胜阻赴温州市文成县大峃镇及苍南县龙港镇两地调研新生中小城市发展和民间投资。

6月7日至8日，全国人大常委会委员、民建中央副主席张少琴赴重庆市就民建地方组织建设开展调研。重庆市人大常委会副主任、民建重庆市委主委沈金强等参加调研。

6月13日，2016' 思源救护中国行暨芭莎公益慈善基金河南救护车捐赠发车仪式在郑州举行，全国人大常委会副委员长、民建中央主席、中华思源工程扶贫基金会理事长陈昌智出席并发表重要讲话。民建中央副主席张少琴，河南省政协主席叶冬松，河南省人大常委会党组书记、副主任刘春良，河南省人民政府副省长王艳玲，河南省政协副主席、民建河南省委主委龚立群，中华思源工程扶贫基金会副理事长兼秘书长李晓林出席仪式。此次活动共向河南省的9个国家级贫困县公立医院捐赠了20辆救护车。

6月16日，全国人大常委会委员、财经委副主任委员、民建中央副主席辜胜阻到中国移动通信集团公司调研国企改革和国企创新发展。

6月17日，全国政协副主席、民建中央常务副主席马培华率民建中央调研组前往位于北京市经济技术开发区的京东集团开展“培育具有核心竞争力的创新型企业，促进创新发展”课题调研。民建中央副主席、北京市政协副主席、民建北京市委主委王永庆，国务院参事、国家知识产权局原副局长李玉光，中共北京市委统战部常务副部长周开让等陪同调研。

6月17日上午，全国人大常委会委员、财经委副主任委员、民建中央副主席辜胜阻赴中国航空集团公司，就国企改革如何稳增长进行调研。

6月18日，民建中央科教委员会2016年全体会议在福建泉州召开，全国人大常委会委员、民建中央副主席张少琴出席会议并讲话。

6月20日，民建中央妇女委员会第四次全体会议在宁夏银川召开，全国人大常委会副委员长、民建中央主席陈昌智出席会议并讲话。

6月20日至23日，全国人大常委会副委员长、民建中央主席陈昌智带领全国人大常委会执法检查组来到宁夏，对宁夏落实环境保护法情况进行执法检查。

6月20日上午，全国人大常委会委员、财经委副主任委员、民建中央副主席辜胜阻到中国节能环保集团公司调研国企改革与创新发展。

6月21日，各民主党派中央开展脱贫攻坚民主监督工作启动会在京召开，中共中央政治局委员、中央统战部部长孙春兰出席会议并作重要讲话。全国政协副主席、民建中央常务副主席马培华出席会议，民建中央副主席张少琴代表各民主党派中央作发言。

6月22日，全国人大常委会副委员长、民建中央主席陈昌智率全国人大常委会环境保护法执法检查组在宁夏中卫市调研期间，专程与民建中卫市总支部分骨干会员亲切座谈交流。

6月22日上午，全国人大财经委副主任委员、民建中央副主席辜胜阻在民建中央机关会见了来访的荷兰企业家代表团主要成员。

6月24日，全国人大常委会委员、财经委副主任委员、民建中央副主席辜胜阻到新兴际华集团有限公司调研国企改革和机制创新。

7月8日上午，全国人大常委会副委员长、民建中央主席陈昌智在会中央机关亲切会见了来访的广西壮族自治区党委常委、统战部部长李康一行。民建中央副主席张少琴，副主席兼秘书长吴晓青参加会见。

7月11日至15日，全国人大常委会副委员长、民建中央主席陈昌智率全国人大常委会执法检查组，在云南省就《中华人民共和国环境保护法》贯彻实施情况开展执法检查。

7月11日至15日，民建中央副主席王永庆赴云南昭通、曲靖调研两地民建市级组织建设工作，分别看望两地市委机关干部，并与班子成员、支部主委以及骨干会员亲切座谈。民建云南省委副主委罗美娟、阮鸿献分别陪同调研。

7月13日晚，全国人大常委会副委员长、民建中央主席陈昌智在普洱开展环境保护法执法检查期间，关心民建基层组织建设，专门安排与民建普洱市委领导班子成员和部分会员代表进行座谈。

7月16日上午，云南民建成立60周年纪念大会在昆明举行。全国人大常委会副委员长、民建中央主席陈昌智出席会议并讲话。民建中央副主席宋海，民建中央副主席、秘书长吴晓青，民建中央副主席王永庆出席会议。中共云南省委副书记钟勉出席会议并讲话。

7月16日下午，民建中央理论研讨会议暨理论研究委员会扩大会议开幕式在云南昆明隆重举行。此次会议的主题是：研讨“民建如何在中国共产党领导的政党协商中发挥作用”。全国人大常委会副委员长、民建中央主席陈昌智出席会议并作重要讲话。民建中央副主席宋海，民建中央副主席兼秘书长吴晓青，民建中央副主席、民建北京市委主委王永庆出席会议。云南省人民政府副省长、民建云南省委主委高峰代表民建云南省委致辞。民建陕西省委主委、民建中央理论研究委员会主任李冬玉主持开幕式。

7月17日下午，“2016′思源救护中国行（广西）”暨芭莎公益慈善基金向广西捐赠20辆救护车仪式在河池市举行。全国人大常委会副委员长、民建中央主席、中华思源工程扶贫基金会理事长陈昌智，民建中央副主席张少琴，民建中央副主席兼秘书长吴晓青，中华思源工程扶贫基金会（以下简称“思源工程”）副理事长兼秘书长李晓林，中共广西壮族自治区党委常委、统战部部长李康，中共河池市委书记、市人大常委会主任何辛幸出席仪式。仪式由民建广西区委会主委钱学明主持。

7月17日至18日，为积极贯彻落实各民主党派中央开展脱贫攻坚民主监督工作启动会精神，扎实开展民建中央脱贫攻坚民主监督工作，全国人大常委会副委员长、民建中央主席陈昌智率队赴广西壮族自治区调研，并出席民建中央、广西壮族自治区脱贫攻坚民主监督工作座谈会。民建中央副主席张少琴，民建中央副主席兼秘书长吴晓青全程陪同。

7月15日至17日，全国政协副主席、民建中央常务副主席马培华赴青开展为期3天的考察。考察期间，马培华出席第十五届环青海湖国际公路自行车赛开幕式，并启动开幕按钮。16日，马培华接见了民建青海省委及部分基层代表，听取民建青海省委及民建部分基层组织工作情况的汇报，并进行座谈。

7月18日至19日，全国人大常委会委员、民建中央副主席张少琴带队就会中央重点专题“关于农村贫困地区精准扶贫有效脱贫的调查研究”赴广西调研。民建广西区委主委钱学明陪同调研。

7月19日下午，由民建上海市委和松江区人民政府联合举办的“上海民建浦江论坛”在松江广富林国际交流中心举行。全国人大常委会副委员长、民建中央主席陈昌智出席并作主旨演讲。

7月19日，全国人大常委会委员、财经委副主任委员、民建中央副主席辜胜阻赴上海市松江区调研国家新型城镇化建设。民建中央副主席、上海市政协副主席、民建上海市委主委周汉民，民建上海市委副主委徐钧健参加了调研讨论。

7月20日上午，全国人大常委会副委员长、民建中央主席陈昌智在民建中央副主席、上海市政协副主席、民建上海市委主委周汉民陪同下赴上海海洋大学参观考察，听取上海海洋大学党委书记吴嘉敏，上海海洋大学校长、民建市委副主委程裕东情况汇报。

7月21日至22日，民建中央经济委员会在吉林省长春市召开2016年全体会议及“加快供给侧结构性改革，振兴东北老工业基地”论坛。全国人大常委会委员、全国人大财经委员会副主任委员、民建中央副主席辜胜阻出席论坛并作主旨演讲。

7月26日至29日，全国人大常委会副委员长、民建中央主席陈昌智到江苏省无锡市、南通市、泰州市、扬州市进行市级组织建设调研，并与民建市委领导班子成员、部分基层组织主委和骨干会员代表亲切座谈。

7月26日上午，由天津市社科联、天津市环渤海经济研究会以及民建中央对外联络委员会共同举办的“供给侧改革与环渤海区域产能合作发展研讨会暨民建中央对外联络委员会全体会议”在天津举办。民建中央副主席辜胜阻出席会议并作主旨演讲。

7月27日至29日，全国人大常委会委员、民建中央副主席张少琴带队，就会中央重点专题“关于农村贫困地区精准扶贫有效脱贫的调查研究”赴甘肃调研。民建甘肃省委主委宁崇瑞陪同调研。

7月30日至31日，民建中央财政金融委员会2016年全体会议暨区域性金融中心发展论坛在山东济南举办。民建中央副主席宋海出席会议。

8月1日，全国人大常委会副委员长、民建中央主席陈昌智率全国人大常委会促进科技成果转化法执法检查组在京检查，并与中共中央政治局委员、北京市委书记郭金龙，北京市人大常委会主任杜德印座谈。

8月8日，由民建中央企业委员会和民建新疆区委会等单位共同举办的第二届（2016）

丝绸之路（哈密）高峰论坛在新疆哈密开幕。民建中央副主席张少琴出席论坛并致辞。

8月10日至11日，全国人大常委会副委员长、民建中央主席陈昌智率队赴河北省丰宁县考察扶贫工作，出席民建中央帮扶丰宁县精准扶贫座谈会并发表重要讲话。河北省人大常委会副主任王雪峰，中共省委统战部副部长李文杰，中共承德市委书记周仲明，中共丰宁县委书记方志勇陪同。

8月10日至19日，全国人大常委、全国人大财经委副主任、民建中央副主席辜胜阻率"一带一路"倡议访问团赴巴基斯坦、沙特阿拉伯、印度尼西亚访问。

8月11日至13日，全国人大常委会委员、民建中央副主席张少琴赴山西省晋城市就民建地方组织建设调研。山西省政协副主席、民建山西省委主委王宁参加调研。

8月16日，由民建中央宣传部、民建中央办公厅信息中心联合举办的民建全国省级组织宣传处处长会议暨网站编辑培训在贵阳召开。民建中央副主席宋海出席会议并讲话。

8月16日，民建中央农村与农业委员会第四次全体会议在伊春召开。民建中央副主席王永庆出席会议并讲话。

8月17日至18日，民建中央副主席宋海深入贵州毕节就精准扶贫工作开展调研。

8月23日，民建中央能源与资源环境委员会2016年全体会议在安徽合肥召开。民建中央副主席兼秘书长吴晓青出席会议并讲话。

8月24日，全国政协副主席、民建中央常务副主席马培华率民建中央调研组就"培育具有核心竞争力的创新型企业，促进创新发展"前往北京德青源农业科技股份有限公司开展调研。民建中央副主席、民建北京市委主委王永庆陪同调研。

8月25日下午，全国人大常委会副委员长、民建中央主席陈昌智，全国政协副主席、民建中央常务副主席马培华在会中央机关会见了来访的中共中央统战部副部长戴均良一行。民建中央副主席张少琴、辜胜阻、宋海，副主席兼秘书长吴晓青出席座谈。

8月26日，全国政协副主席、民建中央常务副主席马培华，全国政协副秘书长、民建中央副主席宋海在辽宁沈阳出席第三届辽宁金融交易博览会。

8月27日上午，山东民建成立60周年纪念大会在济南举行。全国人大常委会委员、财经委副主任委员、民建中央副主席辜胜阻出席大会并代表民建中央致贺词。

8月31日至9月1日，会中央在京举办了民建地方组织参政议政部门负责人培训班。民建中央副主席辜胜阻为培训班作当前经济形势报告。

9月1日，在《中华人民共和国慈善法》正式施行当天，由中华思源工程扶贫基金会主办，中国搜索、中民社会救助研究院协办的帮帮公益平台上线新闻发布会在北京举行。全国政协副主席、民建中央常务副主席马培华出席活动并致辞。

9月1日下午，应国际金融论坛（IFF）邀请，辜胜阻副主席出席了在上海国际会议中心举行的国际金融论坛第13届全球年会，并在"F20：发挥中国与新兴经济体作用"专题讨论环节发表《中国供给侧改革与全球金融治理》的专题演讲。

9月2日下午，中央社会主义学院2016年秋季开学典礼在京举行。民建中央副主席兼秘书长吴晓青出席。

9月5日，中华思源工程扶贫基金会芭莎公益慈善基金，举行"22016′思源救护中国行第二批暨芭莎公益慈善基金捐赠100辆救护车发车仪式"。全国人大常委会副委员长、民建中央主席、“思源工程”基金会理事长陈昌智出席救护车发车仪式并讲话。

9月18日至23日，民建中央副主席王永庆赴安徽淮南、滁州、蚌埠市，就三市民建市级组织建设工作进行调研。

9月20日上午，科技部组织召开政协第0502号重点提案“关于加快科技成果转化和技术转移，促进创新驱动发展战略实施”办理工作座谈会，旨在充分交流研讨提案办理有关部门相关工作，通过提案办理推动科技成果转移转化工作更好开展。该提案是由民建中央今年年初提交政协十二届全国委员会第四次会议。全国政协副主席、民建中央常务副主席马培华出席座谈会。会前，全国政协副主席、科技部部长万钢会见了马培华、杜占元、龙国键等与会同志。

9月21日上午，全国人大常委会副委员长、民建中央主席陈昌智到广东省韶关市调研市级组织建设，并与民建韶关市委领导班子成员、部分基层组织负责人和会员代表亲切座谈。

9月21日下午，中共中央政治局委员、广东省委书记胡春华在广州会见全国人大常委会副委员长、民建中央主席陈昌智。广东省人大常委会主任黄龙云参加会见。

9月21日，民建中央人口医药卫生委员会第五次全体会议在北京召开。全国政协副主席、民建中央常务副主席马培华出席会议并讲话。

9月22日至23日，全国人大常委会副委员长、民建中央主席陈昌智到广东省阳江市、茂名市进行市级组织调研，并与民建市委领导子成员、市委委员和部分基层组织负责人亲切座谈。

9月24日，全国人大常委会委员、财经委副主任委员、民建中央副主席辜胜阻在陕西西咸新区调研创业创新与民间投资。

9月25日，由中华思源工程扶贫基金会主办、爱的分贝听力障碍救助项目承办的“爱在今秋·让爱的分贝响亮”华语名主播公益朗诵会暨听力障碍儿童新声会在北京博纳星辉剧院举行，全国人大常委会副委员长、民建中央主席、中华思源工程扶贫基金会理事长陈昌智出席活动并致辞。

9月26日至27日，全国政协副主席、民建中央常务副主席马培华在民建中央副主席、上海市政协副主席、民建上海市委主委周汉民的陪同下，赴民建嘉定、虹口区委考察调研，并出席会员座谈会。

9月27日下午，由民建上海市委与奉贤区人民政府联合举办的2016上海中小企业发展奉贤论坛在奉贤区会议中心举行。全国政协副主席、民建中央常务副主席马培华出席论坛并做主旨演讲。民建中央副主席、上海市政协副主席、民建上海市委主委周汉民主持论坛上半场。

9月29日上午，四川省、成都市和四川大学共建世界一流大学启动暨四川大学建校120周年庆祝大会在四川大学江安校区举行。全国人大常委会副委员长、民建中央主席陈昌智出席大会并讲话。

10月8日至9日，全国人大常委会副委员长、民建中央主席陈昌智一行来湘，出席长沙理工大学创建“双一流”暨办学60周年纪念大会，并考察相关企业。8日晚，全国人大常委会副委员长、民建中央主席陈昌智在湘调研期间，亲切接见民建湖南省委领导班子并座谈。湖南省政协副主席、民建湖南省委主委赖明勇主持座谈会。省委会全体领导班子成员参加座谈会。

10月15日，李崇淮先生诞辰一百周年纪念暨学术思想研讨会在武汉大学举行。全国人大常委会委员、财经委员会副主任委员、民建中央副主席辜胜阻出席会议并作总结讲话。

10月16日，第二届“复旦首席经济学家论坛”在上海举行。全国人大常委会委员、财经委副主任委员、民建中央副主席辜胜阻应邀出席论坛，并作了《十三五城镇化可持续的健康发展与转型方向》的主题演讲。

10月18日至21日，民建中央副主席周汉民赴河南商丘、开封、洛阳、郑州四市调研考察市级组织建设工作，河南省政协副主席、民建河南省委主委龚立群陪同调研。

10月19日，由外交部指导、四川省人民政府主办的第四届中国—中亚合作论坛在成都开幕。全国政协副主席、民建中央常务副主席马培华出席开幕式并讲话。

10月19日至20日，全国政协副主席、民建中央常务副主席马培华前往四川广安就精准扶贫、钾盐开发项目等深入调研，与民建广安市委班子成员座谈，并出席中国（广安）川渝合作示范区暨川东北经济区投资贸易大会开幕式。

10月21日，何梁何利基金2016年度颁奖大会在京举行。全国人大常委会副委员长、民建中央主席陈昌智出席大会并讲话。

10月21日，“从中华优秀传统文化基因中发掘传承工匠精神”课题研究在湖北省荆州市召开学术研讨会，重点探讨发掘和弘扬中国工匠精神这一重大课题。民建中央副主席宋海出席并致辞。

10月24日，第三期民建中央企业家培训班在中央社会主义学院举行开班仪式。民建中央副主席张少琴出席开班仪式并致辞。

10月25日至26日，全国政协副主席、民建中央常务副主席马培华在浙江丽水、衢州就民建地方组织建设进行调研并召开座谈会，并在杭州出席民建中央画院全体会议。

10月27日，全国人大常委会副委员长、民建中央主席陈昌智在京接见了吴忠市市长喜清江一行。

10月27日，全国政协副主席、民建中央常务副主席马培华赴江西上饶就民建上饶市委组织建设、参政议政、社会服务等方面工作进行调研，并看望基层民建会员。

11月7日，民建中央理论研究委员会全体会议在浙江宁波召开。此次会议的主题是：研讨2016年重点课题，部署2017年工作任务，并围绕“社会服务工作与参政党建设理论研究”等主题交流委员个人研究成果。全国人大常委会副委员长、民建中央主席陈昌智出席会议并作重要讲话。民建中央副主席兼秘书长吴晓青出席会议。

11月9日，民建四川省委“三下乡”活动20年座谈会在蓉召开。全国人大常委会副委员长、民建中央主席陈昌智，民建中央副主席兼秘书长吴晓青出席会议。

11月10日，第十六届中国西部国际博览会的重大专项活动——第八届中国西部国际资本论坛在成都举行。全国人大常委会副委员长、民建中央主席陈昌智出席论坛并致辞。

11月13日，张少琴副主席在北京出席了“同心圆梦·综援计划2016全国民族地区投资贸易洽谈会”开幕式并发表讲话。

11月13日至16日，全国政协副秘书长、民建中央副主席宋海率金融支持精准扶贫重点专题调研组赴湖南省考察调研。

11月14日至15日，民建中央企业委员会第四次全体会议在成都召开，民建中央副主席、中国宝安集团董事局主席陈政立出席并讲话。四川省政协副主席、民建四川省委主委陈文华代表民建四川省委致辞。

11月15日，全国人大常委会副委员长、民建中央主席陈昌智，全国人大财经委副主任委员、民建中央副主席辜胜阻，全国政协经济委员会副主任、民建中央副主席王永庆在河北省石家庄市出席2016′京津冀协同发展正定论坛。

11月17日至18日，全国人大常委会委员、财经委副主任委员、民建中央副主席辜胜阻在浙江嘉兴、杭州两地调研小城市培育和特色小镇建设。

11月18日上午，由中国社科院、湖北省人民政府、国家环保部、水利部长江水利委员会联合主办的2016年中国长江论坛在武汉东湖国际会议中心开幕。与会嘉宾围绕“生态优先、绿色发展”主题，就推进长江经济带发展进行深入探讨。全国政协副主席马培华出席开幕式并讲话。

11月18日，全国人大常委会委员、财经委副主任委员、民建中央副主席辜胜阻在浙江嘉兴乌镇参加第三届世界互联网大会，并在“互联网+普惠金融”分论坛上作了“发展普惠金融，缓解小微企业融资困境”的主旨演讲。

11月21日，由中华职业教育社、山东省中华职业教育社主办的“黄炎培职业教育思想研究会2016学术年会”在山东省济南市召开。全国人大常委会副委员长、民建中央主席、中华职业教育社理事长陈昌智出席会议并讲话。

11月24日，由国务院参事室主办、新华网承办的“2016国是论坛”在北京首都大酒店召开。本届论坛聚焦“新常态、新经济、新动能”。全国人大财经委员会副主任委员、民建中央副主席辜胜阻在开幕式上发表主旨演讲。

11月27日，由中国中小商业企业协会、中国商业联合会、中华职业教育社以及八个民主党派中央社会服务部联合主办的第十一届中国中小企业家年会在人民大会堂金色大厅开幕。本届年会以“创新驱动发展，重塑中国制造”为主题，全国政协副主席、民建中央常务副主席、中华职业教育社副理事长马培华出席开幕式并做主旨演讲。

11月29日，由国家林业局、深圳市人民政府、全国政协人口资源环境委员会主办的首届国际森林城市大会在深圳开幕。全国政协副主席、民建中央常务副主席马培华出席开幕式并讲话。

11月30日，全国温暖工程教育移民项目现场会在长沙职业教育基地召开。会议全面总结了中华职教社实施温暖工程教育移民项目四年多来的工作成绩，部署下一步重点工作，宣传先进典型。全国政协副主席、民建中央常务副主席、中华职业教育社副理事长、中华同心温暖工程基金会理事长马培华出席会议并作总结讲话。

12月7日，第三届广州国际城市创新奖及2016广州国际城市创新大会暨广州国际创新节全体大会在广州举行。全国政协副主席、民建中央常务副主席马培华出席会议并做主旨演讲。

12月13日上午，全国人大常委会副委员长、民建中央主席陈昌智，全国人大常委会委员、民建中央副主席张少琴在会中央机关会见了中共毕节市委书记周建琨一行。

12月15日，中华思源工程扶贫基金会、芭莎公益慈善基金在北京举行“2016思源救护中国行暨芭莎公益慈善基金、2016BAZAAR明星慈善夜200辆救护车发车仪式”，再次向云南、甘肃、河北等17个省（市、自治区）的贫困地区受助医院捐赠200辆救护车。全国人大常委会副委员长、民建中央主席、中华思源工程扶贫基金会理事长陈昌智，全国政协副主席、民建中央常务副主席马培华，民建中央副主席陈政立、张少琴、辜胜阻、宋海、李谠、周汉民、吴晓青、王永庆、郝明金出席了本次活动。

12月20日，第九届中国人口资源环境发展态势分析会在北京举行。全国政协副主席、民建中央第一副主席马培华出席会议并讲话。

12月28日，中央社会主义学院召开第三届院务咨询委员会第三次会议。民建中央副主席张少琴代表民建中央出席会议并发言。

二、履行职能

（一）参政议政

1. 关注参政议政重点，深入实际开展调研

围绕年初确定的五个重点调研专题，在各位主席、副主席的直接领导下，分别确定工作计划、调研方案，组建专家队伍、开展不同形式的调研和座谈活动。重点专题确定后，民建中央调研部还向民建各省级组织、各位中央委员发出了《关于做好会中央五个重点专题调研工作的通知》，各省级组织与部分中央委员选择了相关课题参与，提供了一些调研参考素材。

（1）“培育新生中小城市，推进新型城镇化发展”重点专题。本专题由民建中央主席陈昌智牵头负责。3月30日，专题组在京召开专题开题座谈会，就我国新生中小城市的发展现状、专题调研方向等问题同发改委、国土资源部、住房和城乡建设部有关司局负责同志座谈，并制定调研方案。4月5日至22日，陈昌智带队赴浙江、吉林调研。专题调研组在浙江省杭州、嘉兴桐乡、绍兴诸暨、金华义乌、温州龙港及吉林省长春、四平、长白山保护开发区（二道白河镇）等地，分别与当地各级政府召开10余场座谈会，了解浙江、吉林省在培育新生中小城市方面所做的城乡规划、土地制度、城镇试点等主要工作、思路、经验及遇到的不同问题；实地考察了杭州梦想小镇、云栖小镇，绍兴店口镇城市建设和盾安集团等企业，四平市梨树县霍家店农民集中居住社区和特色城镇化社区，二道白河镇社区规划建设情况等。专题组部分成员还赴湖北武汉、浙江龙港开展了3次补充调研，同武汉市有关政府部门、基层负责同志及专家学者座谈，了解中部特大城市周边中小城市体系及规划建设情况，深入调研龙港镇在城镇化综合试点工作中的经验和问题；浙江龙岗镇基层同志先后三次主动来民建中央调研部交流座谈，反映城镇化试点推进情况。同时，四川、海南、福建等省民建地方组织也积极配合，结合各地实际情况开展调研，提交研究成果。在以上广泛调研基础上，形成了《培育新生中小城市，推动新型城镇化发展》调研报告。在7月份召开的半年经济形势党外人士座谈会和9月份俞正声主持召开的调研协商座谈会上，该专题调研成果被吸纳进民建中央的发言。8月初调

研报告报送国务院领导后，得到了李克强、张高丽、孙春兰、王勇等领导同志的批示。

（2）“培育具有核心竞争力的创新型企业，促进创新发展”重点专题。该专题由民建中央常务副主席马培华负责，1月至9月份，课题组先后在广东、上海、山东、北京等4省市调研，实地考察了16家企业，并召开多场次座谈会，深入了解政府有关部门、高校和科研院所、企业在培育具有核心竞争力的创新型企业方面开展的主要工作及成效、面临的挑战以及意见建议等。同时，民建地方组织还对湖北、辽宁、福建等地创新型企业发展情况进行调研，为本报告提供了有力的支撑材料。10月份，专题调研组在认真学习和吸收消化前期调研材料基础上，反复讨论修改，撰写完成了《培育具有核心竞争力的创新型企业，促进创新发展》专题调研报告，报送国务院领导同志后，得到了李克强总理的批示。此外，本专题调研取得了较好效果，在中共中央7月下旬召开的党外人士高层协商会议上，该报告中的相关建议被吸纳进民建中央的发言。

（3）“农村贫困地区精准扶贫有效脱贫”重点专题。“十三五”规划指出，要充分发挥政治优势和制度优势，贯彻精准脱贫基本方略，创新扶贫工作机制和模式，采取超常规措施，加大扶贫攻坚力度，坚决打赢脱贫攻坚战。2016年，民建中央成立“农村贫困地区精准扶贫精准脱贫”重点专题调研组，由民建中央副主席张少琴带队负责，先后赴四川、广西和甘肃等地深入调研，召开一系列座谈会，并实地考察乡镇农村地区农业企业，走访扶贫户，了解相关地区扶贫工作的现状、困难和需要解决的问题。7月至8月份，课题组在认真学习和消化吸收前期调研材料基础上，形成了《准确把脉，有效施策，加快贫困地区脱贫致富奔小康进程》的专题调研报告。本次调研取得了较好的成效，调研报告在《人民政协报》上发表；在中共中央7月下旬召开的党外人士座谈会上，该报告中的相关建议被吸纳进民建中央的发言。

（4）“关于当前民间投资下行的原因和对策建议”重点专题。近几年，由于国内外经济环境发生重大变化，受国外市场疲软出口不振，国内产能过剩挤压实体投资回报率，公共投资“挤出效应”逐渐显现等多种因素影响，民间投资增速不断下滑。为了对民间投资下行进行深入研究，今年以来，由民建中央副主席辜胜阻带领的专题调研组先后到浙江、江苏、上海、北京、广东、河南、吉林、湖北、四川等地进行了调查研究，实地调研了30多家民营中小企业，召开了20多场次座谈会。在以上广泛调研基础上，形成了《关于当前民间投资下行的原因和对策建议》调研报告。本次调研取得了较好效果，相关调研成果通过专项建议、协商会议、讲座论坛等多种方式向有关部门进行了反映，得到有关方面的重视和肯定。7月初调研报告报送国务院领导后，得到了李克强、张高丽等领导同志的批示。在中共中央7月下旬召开的党外人士高层协商会议上，该报告中的相关建议被吸纳进民建中央的发言。同时，辜胜阻副主席还代表调研组就当前民间投资下行原因及对策建议在报刊杂志发表文章、接受主流媒体采访多篇次。

（5）“我国金融如何支持精准扶贫”重点专题。该专题由民建中央副主席宋海负责。3月至4月份，专题调研组搜集整理相关背景材料，了解国家有关政策规定，制定调研方案，落实任务分工。4月份，宋海副主席赴四川省成都市考察座谈，并对宁夏自治区盐池地区的材料进行阅研。5月至7月份，部分调研组成员分头在广西田东县、湖南武陵山片区等地进行调研，实地考察了产权交易中心建设、信用体系建设、农村金融服务等相关领域，走访了农村贫困户，与省金融办和银监局等部门座谈，形成了70余页4万余字的调研报告初稿，提出了制度和政策方面的9条意见建议。11月份，专题调研组赴湖南省怀化市芷江县和麻阳县、广西壮族自治区百色市田东县再次开展系统调研，在此基础上起草了《关于加大金融支持精准扶贫力度的调研报告》。在中共中央12月初召开的党外人士高层协商会议上，该报告中的相关建议被吸纳进民建中央的发言。

2. 积极开展应急调研活动

（1）国企创新驱动调研。在推进供给侧结构性改革过程中，国有企业不仅要强化自身核心竞争力，提高企业经营绩效，还要为经济可持续发展保驾护航，发挥经济增长“稳定器”的作用。今年以来，为深入研究供给侧结构性改革如何激活微观市场主体，国有企业如何通过改革实施创新驱动战略，民建中央副主席辜胜阻带领调研组先后实地考察和调研了近40家中央直属企业。在调研过程中，调研组还与国资委、发改委、财政部、人社部、人民银行、审计署等国家部委和国有金融机构，以及湖北省、北京市政府等有关部门召开多场次座谈会，就加快国有企业实施创新驱动战略、深化国有资产管理体制改革、营造国企转型升级环境等问题听取意见和建议。在以上广泛调研基础上，最终形成了《关于推进供给侧结构性改革，激活微观主体，实施国企创新驱动的调研建议》。该调研建议报国务院领导后，得到了马凯副总理、王勇国务委员的批示。同时，上述调研成果也为民建中央参加各类协商活动发言提供了素材支撑。

（2）推进西藏全面建成小康社会调研。为贯彻中央第六次西藏工作座谈会精神，着力推进西藏全面建成小康社会，8月，调研部部长蔡玲代表民建中央参加了由中共中央统战部组织的党外人士赴西藏考察调研活动，并在党外人士赴藏考察调研总结会上做口头发言。根据考察调研情况和口头发言，形成了《推进西藏跨越式发展，如期实现全面小康》的调研报告。该调研报告报中共中央、国务院领导后，得到了李克强总理、俞正声主席、孙春兰部长的批示。

（3）民间固定资产投资专题调研。5月份，受中共中央统战部邀请，民建中央参加中央统战部组织的民间固定资产投资专题调研组，分别赴广东、江苏、福建、湖北进行调研，与当地财政、发改、经信、金融等有关部门，及工商联相关行业商会，企业家代表召开座谈会，实地考察了部分民营企业。调研部部长蔡玲根据中央统战部调研情况，结合自身参加全国政协、民建中央相关课题调研实际，撰写了《如何降低民间融资成本的调研报告》，被中共中央统战部《零讯》全文刊发，得到了马凯副总理的批示。

此外，民建中央常务副主席马培华向汪洋副总理报送了《民建中央关于加大南疆地区水利基础设施建设支持的调研报告》，得到了汪洋副总理的批示；副主席宋海向中央统战部孙春兰部长、国务委员王勇报送了《关于采用市场化“债转股”方式解决黑龙江国有老工业企业转型升级面临的历史债务问题的建议》，得到了孙春兰部长的批示。

3. 继续做好反映社情民意信息工作

做好社情民意信息的日常编辑、报送，来稿、采稿的登记、统计、分析，以及定期通报、反馈等工作，并加强与全国政协的沟通和对地方组织的指导工作。据统计，2016年度各地报送的社情民意信息被会中央采用297篇，被全国政协采用39篇，为促进经济社会发展提供了许多有价值的意见建议。为鼓励先进，树立典型，进一步推动民建全会反映社情民意信息工作，民建中央对2016年度《京津冀社会保险协同发展应该有不同思路》等37篇优秀社情民意信息、民建浙江省委调研处等17个反映社情民意信息工作先进单位和江衍妙等17名先进个人给予通报表彰。

为进一步做好反映社情民意信息工作，今年民建中央调研部重点采取了以下六项措施：一是提高报送标准，加强对稿件的筛选和深加工，进一步做好精编、细编，实行选稿2次把关，成稿再2次把关，从而保证了会中央报送信息的质量，提高了在全国政协的采用率。今年1–11月份采用率达到16.5%，比前几年大幅提升，位居各民主党派中央和全国工商联第2位。二是完善采稿机制，由“被动采稿”向“主动约稿”转变，由“收集”稿件向“搜集”稿件转变。根据全国政协每季度参考选题重点，或者社会热点难点，专门向课题有关方面的专家学者或有关省级组织约稿，有效保证了来稿质量。三是改变通报方法，在每季度向民建各省级组织反馈社情民意信息采用情况基础上，今年季度采稿情况通报添加了来稿篇数、采用率和全国政协采用情况等内容，通过拓展反馈采用信息的广度和深度，形成纵横向比较压力传导机制，促使省级组织更加重视社情民意信息工作。四是实行新的表彰办法。参照全国政协表彰办法，重新修订了民建中央社情民意先进单位评比方案，增加了采用率权重指标，从制度上督促省级组织进一步提高来稿质量。五是加强社情民意培训。9月28日至29日，在陕西西安组织召开民建省级组织社情民意信息工作培训班，来自北京、上海、陕西、山西等10个省（市）级组织及相应省会城市从事社情民意信息的工作人员及骨干会员近70人参加培训。本次培训有助于提高对社情民意信息重要性的认识，全面了解社情民意工作机制，必将对今后撰写和编写社情民意信息带来更大帮助。六是与民建中央宣传部加强合作，将一些不适合社情民意渠道报送的、适宜公开的信息，通过宣传部推荐给《人民日报》等媒体，截止到11月份，共有12篇被媒体刊登。

（二）民主监督

履行民主监督职能。民建中央领导通过高层协商会、报送专项建议等方式，就加强社会管理、促进经济发展、推进司法改革、保护生态环境等方面指出问题，坦陈己见。参加最高法、最高检举行的民主监督座谈会，就人民法院工作和检察机关司法体制改革中的问题，提出改进工作的建议。成立了以民建中央主要领导为组长的工作领导机构，精心组织实施脱贫攻坚民主监督，赴广西调研脱贫攻坚工作情况，与自治区党委、政府联合召开座谈会，部署脱贫攻坚民主监督工作。担任各级人大代表、政协委员和政府部门特约（邀）职务的会员，利用参加调研、检查、视察、交流等机会，了解党委政府工作，关注国家经济社会发展中的热点、难点问题，提出改进意见建议。

2016年初，最高人民法院、最高人民检察院分别召开座谈会，听取各民主党派中央、全国工商联以及无党派人士的意见建议。民建中央副主席辜胜阻、郝明金分别出席座谈会，代表民建中央就人民法院、检察院工作提出意见建议。

1月28日上午，全国人大常委、财经委副主任委员、民建中央副主席辜胜阻出席了由最高人民法院组织的与各民主党派中央、全国工商联、无党派代表人士座谈会，会议期间与会人员参观了人民法院博物馆，并听取了最高人民法院副院长李少平同志对人民法院 2015 年工作情况的通报，最高人民法院院长周强出席座谈会。结合调研情况，辜胜阻对人民法院 2016 年工作提出了四个方面的建议：一是防控风险。当前中国经济最大的风险在金融，尤其是当前非法集资借着互联网金融的发展而野蛮成长，势头凶猛，一旦非法集资与其他风险叠加，后果将非常严重。2016 年是全面建成小康社会决胜阶段的开局之年，司法机关作为维护社会公平正义的最后一道防线，应对当前互联网金融无序、非法集资泛滥的情况进行风险防范，建议加强区域间的司法协作，建立多部门协调配合的长效机制；既依法查处违法犯罪活动，又切实维护公民、企业合法权益；高度重视涉案财物处置工作。二是服务大局。资本市场发展需要市场化和法治化“双轮”驱动，但目前存在“弱法治”现象，在涉及资本市场违法犯罪行为的司法案件中“立法中配刑轻，司法中用刑轻”，大事化小、小事化更小，违法成本低、收益高，坏人得利、中小散户寒心。希望通过重刑严惩资本市场违法行为，为资本市场改革提供有力保护，服务经济发展大局。三是配套改革。司法体制改革在推进过程中要注重配套改革，建议统筹解决法官工作量过大问题，合理确定员额，解决“案多人少、忙闲不一”问题，同步推进法官的职业保障制度，使司法辅助人员有明确的职业上升空间。四是法制保障。应加快《法官法》修法进程，通过制度化不断加强人民法院队伍建设。

2 月 16 日，民建中央副主席郝明金出席了最高人民检察院组织召开的各民主党派中央、全国工商联和无党派人士征求意见座谈会。在听取了曹建明检察长介绍最高检 2015 年工作情况和改革成果后，郝明金对最高检过去一年落实党中央的决策部署要求，带领全国检察机关，全面履行法律监督职责，在维护社会大局稳定、保障人民安居乐业，运用法制保障和推动经济发展新常态，查办职务犯罪和惩治腐败，加强公民权利的司法保障，推进司法体制和检查工作改革等方面取得的发展与进步，给予了充分肯定。会上，郝明金还介绍了他去年在辽宁本溪市两级检察机关进行调研时了解到的一些司法体制改革方面的情况。一是分类管理后部分检察人员对职业发展前景不乐观问题；二是检察人员分流压力较大问题；三是实行主任检察官责任制，办案工作面临新的挑战问题。郝明金就检察机关司法体制改革提出了三点建议：一是建议加强对司法体制改革的思想引导工作。经过调研认识到，目前检察机关对推进司法体制改革已经形成了共识，广大检察干警普遍拥护中央关于推进司法体制改革的决定，充分认识到推进司法体制改革的重要性，期待改革早日实施，积极参与改革进程。但是，在检察机关特别是有的市县（区）检察院内部，也存在一些不同的，但可以理解的想法和顾虑。建议最高检对此应予以重视，并切实加强对司法体制改革的思想引领，把广大检察人员的思想认识高度统一到中央决定精神上来，消除大家的思想顾虑，形成支持司法体制改革的最大“公约数”。他指出，司法体制改革就是统一思想认识的过程，思想认识统一了，广大检察人员就会成为司法体制改革的拥护者、推动者和实践者，使改革各项举措顺利落地。加强对推动司法体制改革工作的思想引领，符合中央提出的“五大发展理念”，可以切实增强基层检察人员对推动司法体制改革的“获得感”。二是建议司法体制改革既要重视“试点”检察院，同时也要关注不是“试点”的数量更多的其他各级检察院。司法体制改革在全国检察系统反响巨大，不仅“试点”的检察院关心，不是“试点”的检察院也很关心，也都在“跃跃欲试”，大家都有这样那样的想法，都对即将到来的改革充满了期盼。正如本溪市一样，尽管不是“试点”单位，但为保障检察体制改革顺利进行，已做了不少准备工作。也就是说，本溪市司法体制改革“引擎”已经启动，已处于改革的路上。建议最高检应对目前还不是司法体制改革“试点”的检察院所进行的司法体制改革“准备工作”予以同样的重视。毕竟“试点”检察院少，只代表“树木”；不是“试点”的检察院数量更多，是片“森林”，更具普遍性和代表性。三是建议司法体制改革要向市县（区）检察院倾斜。在任何时候，市县两级检察院都是检查工作的基础和一线，深化检察司法体制改革，应坚持向基层倾斜，切实解决基层检察院存在的困难和问题，夯实检察工作的基层基础，这样才能使改革行稳致远。司法体制改革应多倾听基层检察院的意见，多考虑他们工作的实际问题和困难。可以说，在我国中等城市和大城市“百城一面”，这些城市的检察院条件差别不大；但是，到了基层检察院，由于区域发展不平衡，他们与大中城市及相互之间的差别就会很大。总之，这些因区域发展不平衡因素带来的问题，在司法体制改革中应当有所体现。

深入贯彻落实各民主党派中央开展脱贫攻坚民主监督工作启动会暨培训会精神，精心组织实施脱贫攻坚民主监督。6 月 21 日，中央统战部召开各民主党派中央开展脱贫攻坚民主监督工作启动会暨培训会。根据统一部署，民建中央对口广西自治区开展脱贫攻坚民主监督工作。工作启动以来，民建中央高度重视，成立了陈昌智主席为组长、马培华常务副主席为常务副组长，副主席张少琴、辜胜阻、宋海、吴晓青，民建广西区委主委钱学明为副组长的工作领导小组，负责脱贫攻坚民主监督工作的指挥协调。领导小组下设办公室，负责具体落实民建中央脱贫攻坚民主监督工作，张少琴兼任办公室主任，成员有民建中央社会服务部、调研部、宣传部，民建广西区委。7 月 8 日上午，民建中央主席陈昌智，副主席张少琴、吴晓青会见了广西壮族自治区党委常委、统战部部长李康一行，共同研究脱贫攻坚民主监督工作。陈昌智介绍了民建开展脱贫攻坚民主监督的基本思路，双方研究了脱贫攻坚民主监督工作方案，共同成立了脱贫攻坚民主监督联络小组。民建中央与国家审计署座谈征求意见。7 月 8 日下午，张少琴主持召开了民建中央开展脱贫攻坚民主监督领导小组办公室第一次工作会议，讨论了民建中央、广西壮族自治区脱贫攻坚民主监督工作会议议程和调研工作安排。7 月 17 日至 18 日，陈昌智率队赴广西壮族自治区调研并出席民建中央、广西壮族自治区脱贫攻坚民主监督工作座谈会，张少琴、吴晓青全程陪同。7 月 17 日，陈昌智一行往返 400 多公里，深入广西河池市大化瑶族自治县雅龙乡调研，了解雅龙乡脱贫攻坚基本情况、贫困户的精准识别办法和致贫原因等。调研期间，中华思源工程扶贫基金会还举办了“思源救护”捐赠仪式，向广西捐赠救护车。7 月 18 日，民建中央、广西壮族自治区脱贫攻坚民主监督工作座谈会在南宁召开。广西壮族自治区党委书记、自治区人大常委会主任彭清华详细介绍了广西脱贫攻坚的主要做法、进展成效、遇到的问题和下一步工作安排。陈昌智强调，脱贫攻坚民主监督要与民建参政议政工作结合起来，与总结和推广地方扶贫经验结合起来，与帮扶工作结合起来，与自身学习教育结合起来。民建中央将以高度的政治责任感和使命感，不负重托，坚决完成好脱贫攻坚民主监督任务，助力广西打赢脱贫攻坚战。会前，陈昌智与民建广西区委、市级组织负责同志座谈，对脱贫攻坚民主监督工作进行动员，要求民建广西区委会、各市级组织要高度重视、积极参与，与会中央合力做好脱贫攻坚民主监督工作。

（三）政治协商

1. 积极参与政治协商

1月25日，国务院总理李克强在北京主持召开座谈会，听取各民主党派中央、全国工商联负责人和无党派人士代表对《政府工作报告（征求意见稿）》和《“十三五”规划纲要（草案）（征求意见稿）》的意见建议。民建中央主席陈昌智出席座谈会并发言，强调要强化改革引领，激发市场主体活力。

7月25日，中共中央在中南海召开党外人士座谈会，就当前经济形势和下半年经济工作听取各民主党派中央、全国工商联负责人和无党派人士代表的意见和建议。中共中央总书记习近平主持座谈会并发表重要讲话。中共中央政治局常委李克强、俞正声、刘云山、张高丽出席座谈会。李克强通报了上半年经济工作有关情况，介绍了中共中央关于做好下半年经济工作的考虑。民建中央主席陈昌智出席座谈会并发言，就提升企业创新能力等提出意见和建议。

9月2日，全国政协主席俞正声主持召开调研协商座谈会，就深入推进新型城镇化听取党外人士意见建议。民建中央常务副主席马培华代表民建中央就“培育新生中小城市，推进新型城镇化发展”重点专题调研作了发言，并提出意见建议。

12月6日，中共中央在中南海召开党外人士座谈会，就今年经济形势和明年经济工作听取各民主党派中央、全国工商联负责人和无党派人士代表的意见和建议。中共中央总书记习近平主持座谈会并发表重要讲话。中共中央政治局常委李克强、俞正声、刘云山、张高丽出席座谈会。李克强通报了今年经济工作有关情况，介绍了中共中央关于做好明年经济工作的考虑。民建中央主席陈昌智出席座谈会并发言，就加强财政和金融支持精准扶贫力度等提出意见和建议。

2. 在全国政协常委会、专题协商会上建言

在6月22日至24日召开的全国政协十二届第十六次常委会上，围绕“实施精准扶贫、精准脱贫，提高扶贫实效”建言献策，民建中央提交了《准确把脉，对症施策，实现整体脱贫致富奔小康的目标》的口头发言和书面发言各一份。

全国政协5月10日、31日和7月19日分别召开了“深化医药卫生体制改革”“推动大众创业、万众创新”“东北三省工业转型升级问题”三场专题协商会。民建中央副主席辜胜阻、宋海、王永庆分别出席会议并发言。

3. 认真组织筹备全国政协双周协商座谈会

民建中央非常重视政协双周协商座谈会，根据协商议题安排情况，认真开展调研，积极参加座谈，建真言、献实策。10月13日，全国政协召开第五十七次双周协商座谈会，围绕“努力推进养老服务”建言献策。该次座谈会由民建中央与全国政协社会和法制委员会共同组织，王永庆副主席代表民建中央作了“推进京津冀养老服务协同发展”的口头发言。全国人大常委、民建中央副主席辜胜阻以专家学者身份作了“科学界定家庭、政府和市场在养老体系中的边界和功能”的口头发言。此外，全国政协委员、民建中央常委钱学明，全国政协委员、民建中央委员苏华，全国政协委员、民建会员孙太利，全

国政协委员、民建会员孙洁也参加了本次双周协商座谈会，分别作了“建设社会化养老服务体系关键在于一体化”“加强养老服务专业人才队伍建设”“化解‘公建民营’养老短板问题”“以统一分级标准推进长期护理保险规范发展”的发言。本次双周协商座谈会反响很好，得到了全国政协的高度肯定，专门发感谢信函对民建中央致谢并表扬。为做好会议筹备和发言准备工作，民建中央联系部分民建省级组织、会中央人口医药专门委员会等进行养老服务方面的相关调研，收集整理调研材料，准备发言材料。9 月初，马培华常务副主席率民建中央调研组就“京津冀养老服务协同发展”前往河北三河市考察调研，辜胜阻副主席参加调研。调研组考察了位于三河燕郊的燕达国际健康城，了解“医养结合”运营实况，随后与廊坊市、三河市政府召开座谈会，围绕“京津冀养老服务协同发展”作交流沟通。9 月至 10 月，副主席辜胜阻围绕养老服务分别到北京慈爱嘉养老服务有限公司、北京市海淀区民政局和老龄办、北京市海淀区龙泉老年公寓进行调研，并与深圳市见康云科技有限公司、民政部政策法规司和社会福利司相关人士座谈交流。

4. 认真完成全国政协十二届四次会议提案、发言材料

在 2015 年民建中央重点专题报告、专委会课题报告以及省级组织春秋季成果征选材料的基础上，经过认真分析、加工转化，以及专家论证，最后经主席、各位副主席认真审阅、亲自修改，主席办公会研究讨论，完成了民建中央向全国政协十二届四次会议提交的 5 篇大会发言和 38 件政协提案。其中，王永庆副主席代表民建中央作了《加快科技成果转化，促进创新驱动发展战略实施》的口头发言，《关于建立三江源生态保护基金的提案》《关于进一步做好土壤污染防治工作的提案》《关于建设“六江流域”西部民族地区经济走廊的提案》《关于尽快在珠海设立国家跨境电商综合试验区的提案》等 4 件被列入全国政协专题调研提案，《关于共抓大保护推动长江经济带绿色发展的提案》《关于加强社会征信体系建设构筑诚实守信的经济社会环境的提案》《关于深化金融体制改革促进民营银行健康发展的提案》《关于大力推进教育精准扶贫的提案》《关于重视和加强高级技能人才培养推动我国制造业加速转型升级的提案》《关于推进医疗卫生服务体制改革的提案》等 6 件提案被选入《重点提案摘报》。在全国政协十二届四次会议期间，大会举行了以“积极稳妥做好去产能过程中的人员安置工作，扎实推进供给侧结构性改革”为主题的提案办理协商会，民建中央副主席王永庆和民建界别委员孙太利、周新生、蔡玲参会并提出意见建议。此外，民建中央还组织召开了新闻媒体见面会，就会中央提交提案情况进行了通报；接受《中央电视台》《人民日报》《人民政协报》等新闻媒体，对民建中央提案采访约 20 余人次。“两会”结束后，做好提案答复的来电、来信和来访联系沟通工作。

截至 2016 年底，已有 36 件提案接到承办单位电话、传真、信函答复沟通，参加了人社部重点建议提案办理座谈会，接待了银监会、科技部等单位就提案办理答复的来访工作，随全国政协提案委就提案办理工作走访了财政部、工信部、发改委等部委。其中，8 月 29 日，民建中央还与科技部就“关于科技成果转化和技术转移，促进创新驱动发展战略实施”提案办理工作开展了联合调研。9 月 20 日，与科技部联合召开了“关于科技成果转化和技术转移，促进创新驱动发展战略实施”重点提案办理工作座谈会，民建中央常务副主席马培华出席座谈会并讲话。科技部、教育部、最高法、财政部、中科院就提案办理介绍了相关情况。浙江省科技厅介绍了省科技成果转移转化工作的主要做法和成效。

（四）社会服务

民建中央深入贯彻落实统一战线聚力脱贫攻坚暨多党合作参与毕节试验区建设座谈会议精神，扎实开展定点扶贫工作。

1. 凝心聚力，全力推进精准扶贫、精准脱贫

3 月 23 日，统一战线聚力脱贫攻坚暨多党合作参与毕节试验区建设座谈会在毕节召开。民建中央高度重视，迅速行动，民建中央主席陈昌智、副主席张少琴连夜赶赴黔西，与前来参加帮扶活动的会员企业家座谈，传达会议精神，共同探讨如何响应中央号召，进一步做好黔西县的精准扶贫工作。会上，10 余位民建会员企业家介绍了企业发展情况和计划开展的帮扶项目。大家纷纷表示要积极响应中共中央号召，致富思源，为黔西县的精准扶贫工作做贡献。陈昌智主席希望大家认真调研、理顺思路，实实在在响应中央号召，脚踏实地落实好精准扶贫工作。3 月 24 日，陈昌智、张少琴一行在黔西实地考察了精准扶贫工作，并与黔西县主要负责同志和相关部门召开座谈会。黔西县介绍了经济社会发展情况和民建中央帮扶工作落实情况，民建中央对黔西县提出的帮扶请求进行了现场对接，并与黔西县签订了 6 项合作协议：一是民建中央“十三五”期间在黔西县实施“百千万”工程，扶持一百个创业户，解决千名困难家庭劳动力就业，开展万名新型职业农民技能培训；二是浙江省义乌市卫计委与黔西县医院签订医生培训合作协议；三是北京恒昌利昌投资管理有限公司签订化屋村 40 户农家乐精准扶贫协议；四是广西新龙物流集团有限责任公司拟建设现代物流园；五是成都昌盛鸿笙食品有限公司与黔西签订黔西 3 万吨玉米收购协议；六是北京上禾牡丹农业开发有限公司在黔西开展油用牡丹种植及系列产品深加工，预计 10 万贫困群众受益。会上，广西强荣集团、义乌润石置业有限公司分别捐赠帮扶资金 50 万元和 100 万元。中华思源工程扶贫基金会计划捐资 1000 余万元在黔西县开展各类民生扶贫项目。

1 月 13 日，民建中央帮扶河北省丰宁县精准扶贫精准脱贫座谈会在丰宁召开，研究部署“十三五”时期特别是 2016 年民建中央在丰宁县的精准扶贫精准脱贫工作。民建中央副主席张少琴出席会议并讲话。会上，民建中央社会服务部与 10 个贫困户座谈，并确定了帮扶方向，即目前 10 个贫困户的帮扶。民建中央在黔西县新仁乡选择了 20 个贫困户，与民建东部十省市组织结成帮扶对子，针对每户的具体情况和实际需求开展精准扶贫工作。

2. 发挥优势，助推民生改善

继续建设村级卫生室，进一步解决居住在偏远村的农民看病难的问题，捐建 20 个村级卫生室、捐赠价值 1400 万元的移动互联网医疗服务平台、捐赠 30 辆救护车、开展送医送药下乡活动（义诊 400 人，培训 200 人）；以教育扶贫为路径，新开 29 个思源教育移民班，让 1450 个贫困山区的孩子到县城中学接受更好教育；建设新型沼气罐、沼气池 350 个。1 月 14 日，民建中央副主席张少琴率队赴丰宁县杨木栅子乡开展送温暖活动，深入 20 个建档立卡贫困户家中，送去 2 万元慰问金，使困难群众感受到了民建中央对丰宁人民的深情厚谊。

3. 加强智力支持，开展人才培训

民建中央在黔西县和丰宁县共投入 20 万元，继续实施百名乡村医生、百名乡村干部和农民技能培训。开展第五期千名乡村骨干教师培训计划，协调民建山东省委、民建广东省委培训 300 名黔西县、丰宁县、黔西南试验区乡村骨干教师。其中黔西县教师 200 名，黔西南试验区和丰宁县教师各 50 名。300 名教师通过为期一周的异地学习，在教学方法、课堂管理水平、教师自我成长等方面都得到了提高。

4. 以论坛为平台，以企业家委员会为抓手，积极服务会员企业和地方经济发展

成功举办中国(河南)非公有制经济发展论坛。2016′ 中国(河南)非公有制经济发展论坛为第十四届论坛。在各主办方和承办方的共同努力下，2016′ 中国（河南）非公有制经济发展论坛于 6 月中旬在郑州市成功召开。本届论坛以“非公有制经济创新发展与中部崛起”为主题，吸引了来自全国各地的 30 多个代表团 1600 余名政界和经济界人士参会。本届论坛内容丰富，共有六项活动。一是举办了开幕式和主题论坛、专题论坛，论坛邀请了知名专家学者、企业家发表演讲，分析新常态下经济运行状况及未来走势，鼓励会员企业把握转型升级中的难得机遇，进一步提振企业家信心。同时，与会领导和演讲嘉宾为河南等中部地区融入“一带一路”倡议以及企业家如何参与“一带一路”建言献策。二是举行招商引资项目签约仪式、本届论坛共发布对外合作项目 860 个，最终共达成签约项目 80 个，总投资 803 亿元。三是举行“2016′ 思源救护中国行暨芭莎公益慈善基金河南救护车捐赠发车仪式”，思源工程今年共向河南捐赠救护车 72 辆。四是举办原 · 听诵——“让爱的分贝响亮”全球华语名主播公益朗诵会，将论坛与公益活动相结合，为聋残儿童募集善款 500.67 万元。五是与会人员分赴郑州、开封、洛阳、新乡、许昌、信阳等六个市考察对接。六是组织开展了征集论文活动，本届论坛理论与实践成果丰硕，共收到论文 222 篇，经初审和专家评审，共收录了 121 篇、55 万余字结集成书，论文集的篇数、字数创下历年之最。此次论坛为政策制定者、专家学者、非公企业等各方搭建了互相沟通交流的平台，而且为地方政府与企业，企业与企业之间搭建了合作共赢的平台，将对促进我国非公有制经济的健康发展、推动举办地的经济社会发展起到积极的作用。

以企业委员会及各专业组为载体，扎实开展服务会员企业工作。民建中央企业委员会、民建新疆区委、哈密市人民政府共同举办了“第二届丝绸之路高峰论坛”。本届高峰论坛以“一带一路 : 新哈密、新未来、新机遇”为主题，来自全国 18 个省市区的 115 家单位 180 多名民建会员和各界人士出席论坛。论坛期间还举行了哈密市“一带一路”专家咨询委员会成立及专家聘请仪式及“一带一路”新型智库、老爷庙国际口岸冷链物流等 5 个合作项目的签约仪式。企业委员会利用召开全体会议的契机在四川德阳与当地市委、市政府共同举办“经贸合作推介交流会”，进一步促进当地经济社会的发展。搭建学习教育平台，举办第三期民建中央企业家培训班，邀请国务院发展研究中心、国家发改委、国家工信部等单位的专家学者围绕科技创新与转型升级、“十三五”规划、“一带一路”倡议与民营企业走出去、资本市场和金融创新等主企业家进行授课，来自全国各地的 120 余名会员企业家参加培训。组织企业委员会部分在京委员及专业组成员与荷兰企业家代表团召开了座谈会，围绕双边政治、经济、文化深入交流。与中国企业家调查系统联合开展民建非公有制经济会员问卷调查，为政府决策提供依据，为各级组织更好地为会员服务提供参考。为帮助会员企业与会外企业加强横向联系，共促发展，与中国中小商业企业协会共同举办第十一届中国中小企业企业家年会。继续举办“非公经济前沿圆桌会议”，先后在北京中关村、河北保定、山东淄博、内蒙古包头等召开，共邀请 50 余位会员企业进行座谈发言，会议围绕学习习近平总书记讲话精神提振非公人士信心、中西部地区民企生存软环境亟须改善、国家政策如何在地方更加有效落实等主题进行了深入的探讨。

11 月 15 日，民建中央企业委员会利用在四川召开全体会议的契机，应中共都江堰市委、市人民政府邀请，全体会员企业家参加了都江堰市招商引资项目推介会，都江堰市委常委、副市长唐小峰在会上介绍了都江堰市基本情况、产业发展政策和方向以及招商引资项目，并与会员企业家进行了深入的互动交流。会员企业家在会上对都江堰市供给侧结构性改革、产业转型升级等问题提出了许多建设性意见建议，并对多个招商引资项目表达了投资意向。11 月 25 日，企业委员会与民建安徽省委、民建福建省委、马鞍山市人民政府等单位在安徽马鞍山共同主办了以“港航合作，共赢未来”为主题的第九届海峡物流论坛暨 2016 海峡两岸（马鞍山）港航合作发展大会。来自全国和台湾的专家、教授及大型港航企业、物流企业、行业协会代表近 300 人参加活动。全国政协常委、民建中央副主席王永庆，安徽省政协副主席李修松应邀出席大会并发言。会议围绕“港航合作，共赢未来”主题，进行深入探索和交流，推广港航物流业发展的成功经验和先进模式，为各地政府和企业提供借鉴参考，为促进经济发展作出贡献。

举办企业家培训班，继续加强对会员企业的服务、教育和引导工作。习近平总书记今年在看望全国政协民建、工商联界委员讲话中提到，“非公有制经济要健康发展，前提是非公有制经济人士要健康成长。广大非公有制经济人士也要认识到这一点，加强自我学习、自我教育、自我提升”。为了使会内企业家深入学习贯彻和落实习近平总书记系列讲话精神，同时为提高会内企业家政治把握能力、参政议政能力等综合素质以及对国家经济形势的把握、提高对企业的经营管理水平，企业委员会和社会服务部在今年 10 月举办了第三期民建中央企业家培训班。培训班邀请了国务院发展研究中心、工信部、商务部、中央党校、中央财经大学等国家部委、研究机构、高等院校的专家学者围绕当前我国宏观经济形势、中国特色政党制度形成与发展、中小企业发展战略、“一带一路”倡议、国家支持中小企业发展政策解析、资本市场与金融创新等主题进行了授课。来自全国 30 个省市自治区的 100 余名会员企业家参加了培训。培训取得了良好的效果，大家均表示学有所思、学有所获。每位学员都对培训班的举办给予了极大的肯定并希望能继续参加今后的各种培训，以提高自身素质，结识更多的会内企业家朋友。

继续和《中国经济时报》共同举办“非公经济前沿圆桌会议”。今年的“非公经济前沿圆桌会议”先后走进了北京中关村、河北保定、山东淄博、内蒙古包头等，共邀请 50 余位会员企业进行座谈发言，对发言亮点和建言献策进行梳理报道。这五次圆桌会议都深入地方，针对当地关注的热点话题和宏观经济发展环境，紧紧围绕抓紧国家战略机遇，非公经济大有可为；学习习近平总书记讲话精神，为非公人士提振信心；中西部地区民企生存软环境亟须改善；国家政策如何在地方更加有效落实等主题进行了深入的探讨。

5. 以基金会为依托，深入开展“思源工程”活动

继续开展“思源工程”活动。中华思源工程扶贫基金会今年实现捐赠收入突破 2 亿元，连续7年创历史新高，其中芭莎明星慈善夜募集善款7000多万元；基金会全年共支出1.5亿元，受益者超100万人次。向17个省（自治区、直辖市）的贫困县医院捐赠救护车508辆，新开设教育移民班29个、资助学生1450名，资助贫困学生和教师6800名，援建“零钱电影院”38所，资助贫困听障儿童384名，救助贫困白血病、先心病、脊柱侧弯等大病患儿1383名。推进互联网公益，与中国搜索联合推出帮帮公益平台，在新浪微公益、蚂蚁金服公益、腾讯乐捐等平台上开展募捐活动，得到众多爱心网友的支持。基金会连续5年并列全国公募基金会透明指数第一名，思源救护项目荣获公益慈善国家级最高奖——中华慈善奖。

（五）对外联络

2016年，民建中央按照总体工作部署，克服台湾岛内形势变化造成的困难，拓宽工作思路，创新工作形式，圆满完成了各项计划任务。对台交流深入平稳、港澳工作稳步推进、海外调研更富成果。在节俭办外事、规范办外事、高效办外事上取得新的进步。

围绕“一带一路”国家倡议，组织“一带一路”倡议考察团赴印度尼西亚、巴基斯坦、沙特阿拉伯三国考察调研。为配合国家“一带一路”倡议的实施，加深同沿线国家的友谊，应巴基斯坦原子能委员会、沙特阿拉伯国家电力公司、印度尼西亚公共工程与人民住房部的邀请，8月10日至19日，民建中央副主席辜胜阻率“一带一路”倡议访问团赴巴基斯坦、沙特阿拉伯、印度尼西亚访问调研。出访期间，访问团与三国政界、商界进行了广泛的接触，重点考察了3国6个城市基础设施“硬件”、投资发展“软环境”、历史文化“软实力”，调研了驻外中资企业近两年响应“一带一路”国家倡议，实施经营战略转型取得的成果及遇到的问题等。在巴基斯坦期间，访问团实地考察了中核集团在卡拉奇的三代核电项目，调研了其参与建设的“中巴经济走廊”项目进展情况。参访巴基斯坦证券交易所，深入了解了巴基斯坦在经济发展转型中的机遇与挑战以及中巴经济合作的巨大潜力。在沙特期间，走访沙特国家电力公司，调研了沙特电力作为国有控股的主要发电公司，如何发展成为海湾（中东）地区最大公用事业电力公司。参访沙特国家投资总局，了解沙特为实现“社会欣欣向荣、经济繁荣兴旺、国家理想远大”目标的“2030愿景”文件，调研了沙特在加强沙中两国双边经贸合作方面所作的积极努力。在印尼期间，详细了解了高铁落地印尼的过程。参访印尼第二大国有建筑企业ADHI公司，调研了中印两国在夯实基础设施建设等领域的互利合作情况。

继续加强与台湾教育界经济界中上层人士以及台湾基层群众社团的联系和往来。自1998年以来，为推动两岸教育学术以及企业界的交流与合作，民建中央与台湾世新大学联合举办了17届两岸财经系列研讨会，系列研讨会围绕两岸经济社会发展中的热点难点课题开展研讨，提出政策建议供主管部门参考。18年来，财经论坛已经发展成为两岸专家学者企业家和公共决策部门交流合作的重要平台，也是统战系统对台交流的品牌项目。4月8日，民建中央副主席宋海率领大陆经济界人士访问团一行9人，赴台出席由民建中央与台湾世新大学联合举办的“2016两岸产业供应链合作学术研讨会”。研讨会上，宋海副主席以及台湾证券交易所原董事长、世新大学经济学系讲座教授薛琦，台湾国票金融控股公司董事长魏启林，华南理工大学经济贸易学院副院长田秋生等专家先后发言。与会专家探讨了两岸产业供应链的合作以及产业政策，两岸金融服务业的合作与发展等重要课题。近年来，台湾产业界纷纷把大陆红色供应链崛起视作台湾产业持续衰退的主因。大陆专家提出，竞争与合作永远并存，封闭保护只会被淘汰，台湾应正视大陆红色供应链崛起，改变对立消极的态度，不断提高企业竞争力，提升经济自由度，勇于参与竞争，积极融入大陆产业垂直分工。结合此次会议主题，访问团还考察了台湾证券交易所、台湾证券柜台买卖交易中心。宋海副主席率团深入台湾中南部基层，到以农业为主的苗栗县进行实地考察调研。

为增进台湾民众特别是没有来过大陆的普通民众对祖国大陆的认识与了解，民建中央有关部门克服两岸关系形势变化带来的不利影响，积极筹划，开展争取人心的工作，安排台湾工商妇女访问团赴新疆访问。在疆期间，访问团与民建新疆区委会进行了交流座谈。民建新疆区委秘书长翟建芳代表民建新疆区委对访问团的到来表示热烈欢迎，并向访问团介绍了新疆近年来经济社会发展情况，重点介绍新疆工业经济及第三产业发展情况、项目和招商引资工作，以及城乡建设、生态建设、改革创新和社会和谐稳定等方面最新进展。台湾企业家通过这次新疆之行，对新疆作为“丝绸之路经济带核心区”的定位有更加直观的了解，他们希望在相关领域多多互通讯息，进一步深化两岸企业家的合作交流。来自金融、房地产投资、旅游、职业教育、信息技术、电子产品、不动产评估等领域的民建会员企业家分别介绍了自己的企业，双方参会企业家就共同关心的领域进行了开诚布公的交流，现场洋溢着浓浓的亲情，气氛热烈，拉近了彼此之间的距离。

组织民建会员企业家赴香港学习培训，以提升服务“一带一路”倡议能力。4 月 25 日至 29 日，应香港中华出入口商会的邀请，民建中央组织了以民建中央对外联络委员会主任、北京林达投资集团董事长李晓林为名誉团长，民建会员企业家为主要组成人员的“一带一路”赴港研讨班暨民建会员工商业研讨班，一行 24 人赴港学习研讨。香港中华出入口商会委托香港中华总商会承担了此次学习培训的全部学习培训以及交流参访安排。香港中华总商会是香港最大的爱国爱港工商社团，为推动香港与内地的发展作出了积极贡献。

服务地方经济发展，组织召开供给侧改革与环渤海湾区域经济研讨会暨外联委年度会议。2016 年 7 月 26 日，民建中央联络部与天津市社科联、天津市环渤海经济研究会以及民建中央外联委共同举办了“供给侧改革与环渤海区域产能合作发展研讨会暨民建中央对外联络委员会全体会议”。会议邀请了国务院发展研究中心、天津市环渤海经济研究会、天津市工业和信息化委员会、北京大学、南京大学、国家行政学院等单位的专家出席会议。会上卢中原、逄锦聚、范德尚、冯俏彬以及民建中央副主席辜胜阻等专家分别就当前经济形势与供给侧改革、北京非首都功能的疏解等为京津冀城市群发展、天津经济新格局与供给侧改革、科技变革社会变迁与供给侧改革、产能过剩产业布局与政府作用等重要课题发表演讲。组织套开两个会议的主要目的是利用外联委的专长，结合地方发展实际，研究天津经济社会发展基本情况以及环渤海区域经济发展面临的问题，聚各方之力、汇各方之智、谋创新之举，搭建学术平台，搞好外联委参政议政工作的同时也推动地方发展。

三、自身建设

（一）思想建设

民建中央紧紧围绕2016年工作重点，深入学习贯彻中共十八届五中全会精神和中央统战工作会议精神，深入推进坚持和发展中国特色社会主义学习实践活动，推动全会学习领会中共中央贺词和70周年纪念大会讲话精神，加强思想引导，深化理论研究，强化新闻舆论宣传，不断增强广大会员对中国特色社会主义道路、理论、制度和文化自信，凝聚为实现中华民族伟大复兴中国梦努力奋斗的共同思想基础。

深入推进坚持和发展中国特色社会主义学习实践活动。深入开展坚持和发展中国特色社会主义学习实践活动是民建推进思想建设的重要任务。中央统战部坚持和发展中国特色社会主义学习实践活动经验交流暨中期推动会召开后，广泛发动各级组织和广大会员，进一步扎实推进学习实践活动开展，赴广东、黑龙江、福建、云南等地深入调研，推动各级组织学习实践活动向纵深开展。同时，注重发现和挖掘活动中涌现的先进典型，做好经验交流和总结工作。

将开展“不忘合作初心，继续携手前进”专题教育作为坚持和发展中国特色社会主义学习实践活动的重要内容，推动学习实践活动不断深入。10月，民建中央发出了关于开展“不忘合作初心，继续携手前进”专题教育的通知，制定了《关于加强民建思想政治工作的方案》，成立了以陈昌智为组长，马培华为副组长，张少琴、辜胜阻、宋海、吴晓青为成员的专题教育领导小组。领导小组下设办公室。启动关于多党合作历史传统记录工程。向统战部提供挖掘整理的历史任务情况和拟访谈或约稿的名单，组织相关人员分别采访、撰稿，记录民建老同志的多党合作历史记忆、现任领导人对多党合作优良传统的思考感悟等，为专题教育提供生动素材。向“民主党派百人专家库”推荐民建成员，在意识形态领域积极发声，在重大和突发事件中正面发声、及时发声。开展民建地方组织新媒体数量、运行情况、存在问题的调研分析，形成调研分析报告，制定加强自有新媒体规范管理的有关建议举措。

为深入推进坚持和发展中国特色社会主义学习实践活动，引导广大会员充分认识中国共产党在中国特色社会主义事业中的领导核心地位和巨大作用，不断巩固多党合作的思想基础，组织召开了民建中央纪念中国共产党成立95周年座谈会。民建中央主席陈昌智出席并讲话，常务副主席马培华主持。会上，民建中央机关各部门代表结合实际畅谈了自己的感想和认识。此次座谈会进一步激发了会中央机关干部做好本职工作的决心和为中国特色社会主义事业作出应有贡献的热情。随后，向各省级组织发出《关于深入学习贯彻习近平同志“七一”重要讲话精神的通知》，号召全会将学习习近平同志重要讲话与深入开展坚持和发展中国特色社会主义学习实践活动紧密结合起来，发扬坚持中国共产党领导、与中国共产党风雨同舟、团结合作的优良传统，凝聚共识、凝聚智慧、凝聚力量，努力推动全会各项工作开展。中共十八届六中全会闭幕后，为深入学习贯彻中共十八届六中全会精神，筹备召开了学习中共十八届六中全会精神座谈会，陈昌智、马培华出席会议并讲话，会后下发《关于学习贯彻中共十八届六中全会精神的通知》，要求全会认真学习、准确理解、全面把握中共十八届六中全会精神，认真学习借鉴中国共产党全面从严治党的经验，全面加强自身建设，不断提高参政议政、民主监督、政治协商的能力与水平，更好发挥参政党作用，为实现“两个一百年”奋斗目标和中华民族伟大复兴的中国梦汇聚正能量。“南海仲裁案”闹剧发生后，民建中央领导出席通报会并发言，坚决拥护和支持中共中央对处理南海问题和仲裁案所作出的重大决策和工作部署，结合推进坚持和发展中国特色社会主义学习实践活动，教育引导广大会员始终在思想上、政治上和行动上与中共中央保持高度一致，积极投身中国特色社会主义事业。

为了充分挖掘会内资源，打造学习实践活动载体，进一步加强对民建会员的爱国主义教育、弘扬会的优良传统，继续推动建立民建中央爱国主义教育基地。推动中国民主建国会成立旧址陈列馆建立民建中央爱国主义教育基地，并举行揭牌仪式。陈昌智主席出席揭牌仪式并作重要讲话，宋海副主席出席揭牌仪式并宣读决定。推动安徽孙起孟故居做好陈列布展工作。民建中央爱国主义教育基地的建立，为学习实践活动深入开展提供了新的阵地，产生了良好的社会影响。应地方组织邀请，赴地方组织宣讲会史和会的优良传统。

推动民建全会理论研究深入开展。围绕“民建如何在中国共产党领导的政党协商中发挥作用”这一主题，组织召开了民建中央理论研讨会议暨理论研究委员会扩大会议。会上，民建中央主席陈昌智和副主席宋海分别发表重要讲话。会议遴选了19位优秀论文作者作大会交流发言，还特别设置了互动环节，对于营造会内理论问题充分讨论、深入交流、观点碰撞、形成共识的氛围进行了有益尝试。这次会议不仅为民建在政党协商中更好发挥作用、推进国家民主政治建设进程进行了理论探索，也为民建加强自身建设等相关工作奠定了良好基础。《民讯》2016年第8期开辟专栏刊登了此次会议主要成果。为深入学习贯彻中共十八届五中全会和中共中央统战工作会议精神，不断推进坚持和发展中国特色社会主义学习实践活动，组织开展了以“民建如何在中国共产党领导的政党协商中发挥作用”为主题的理论研究工作。年初，下发了《关于做好2016年重点理论研究课题工作的通知》，推动民建全会广泛开展理论研究。

（二）组织建设

2016年，组织部门以中共十八届五中、六中全会，中央统战工作会议精神及陈昌智主席在建会70周年纪念大会上的讲话精神为指导，贯彻落实民建十届四中全会提出的工作任务和要求，进一步强化组织建设，扎实推动地方组织换届工作，深入务实开展会内监督，为民建全会履行参政党职能打下坚实的组织基础。

7月召开民建全国省级组织建设研讨会。这是继全面加强基层组织建设和市级组织建设后，加强自身建设的又一重要举措。民建中央领导作重要讲话和工作报告，省级组织主委、副主委和组织部门负责人共200余人出席。会议全面总结了民建九大以来省级组织建设的成果和经验，分析存在问题和不足，明确今后加强省级组织建设的总体思路和方向。会议期间，部分省级组织主委作大会交流发言，印发会议材料汇编。会后，各省级组织积极贯彻会议精神，学习先进经验和做法，推动省级组织建设水平不断提升。至此，本届内会中央全方位研究部署了三级组织建设工作，使民建的自身建设得到全面加强。

认真做好换届准备工作。根据换届相关文件，结合民建实际情况，出台了《关于民建省级组织换届工作的意见》《有关省级组织换届问题的参考说明》及《民建省级组织代表大会有关文件参考范本》。召开民建省级组织换届工作会议，各省级组织主委、分管副主委、组织部门负责人参加会议，学习换届工作文件，统一思想，提高认识，全面部署，提出要求，为2017年换届做好思想和工作准备。就省级组织换届工作与各省统战部进行沟通、协商。重视市级组织换届工作，督促省级组织做好思想政治工作，落实换届纪律要求，严格执行换届程序，保障换届任务顺利完成。

加强组织建设指导和会员发展管理。民建中央主席、副主席按照分工，深入17个省（自治区、直辖市）的50个地市调研组织建设，指导推进工作。加强对基层组织和会员发展工作的指导，推动广大基层组织学习先进经验，加强规范管理，创新形式，增强活力，夯实组织基础。指导各省按照注重质量、注意数量、保持特色、优化结构的组织发展原则，根据自身实际，制订和执行年度发展计划。通过评比表彰、具体指导等方式，督促各省级组织对组织系统的会员信息进行全面清理，核对、补漏、完善入库，会员发展和管理的规范化、制度化、信息化得到进一步提高。与中央统战部开展关于组织发展政策的联合调研，提交调研材料。

加大培训力度，抓好骨干队伍培训。近两年，民建中央集中财力加大对基层组织主委的培训力度，在去年举办了一期500人规模的基层组织主委培训班的基础上，今年又举办了规模500人，为期一周的基层组织主委培训班，安排了统战工作、经济、外交形势、国防安全等各方面的课程和会史参观、小组讨论，使基层组织开阔了眼界，学习了经验，增长了见识。继续下拨经费与省级组织联合举办培训班，今年培训2971人。两年来，民建中央和省级组织共培训基层组织负责人7821人，基本完成了全会基层组织负责人培训一遍的任务，提高了整体素质，受到了基层的普遍欢迎。

会内监督务实开展。督促各地贯彻落实民建全国会内监督工作研讨会精神，学习先进经验，积极稳妥规范开展监督工作。12月，召开第十届中央监督委员会第五次全体（扩大）会议暨省级组织监督委员会主任、办公室主任培训会议，总结工作，部署任务，交流经验，研究问题，提升监督工作水平。继续推动地方组织以领导班子建设为重点，落实好述职评议和谈心会制度，制定《关于进一步规范省级组织领导班子谈心会和述职评议会情况沟通工作的通知》，进一步规范工作程序。严肃会纪，制定出台《关于对违法违纪的民建省级组织领导班子和中央委员会委员给予纪律处分的程序》；启动对违法违纪会员的纪律处分，今年民建全会给予纪律处分共计9人，其中给予两名涉嫌违法的中央委员撤销中央委员、开除会籍处分。专程赴辽宁对辽宁贿选案涉及的民建会员进行诫勉谈话。督促各地认真落实《关于严肃换届纪律保证换届风清气正的通知》精神，发挥各级监督委员会的作用，为换届工作提供纪律保障。重视会员权益保障工作，今年处理来信来访 631 件次，对反映各地市级组织换届过程有关问题的信访也作了及时处理。

（三）民建组织发展概况

截至 2016 年 12 月底，共有地方组织 383 个。其中包括省级组织 30 个，省辖市级组织 297 个，县级组织 56 个。基层组织 7652 个，其中基层委员会 306 个，总支 583 个，支部 6763 个。全年新加入会员 9390 人。会员总数 175416 人，其中女会员 60930 人。平均年龄 50.5 岁。离退休 35403 人。

经济界会员 137745 人，占会员总数的 78.5%。其中企业界会员 110345 人，占会员总数的 62.9%。企业界会员中担任各种经济实体的正、副董事长、总经理、厂长等高管理人员 40089 人，占企业界会员的 36.3%，占会员总数的 22.9%；其中私营企业主 32061 人，占企业界会员的 29.1%，占会员总数的 18.3%。新社会阶层人士 57516 人，占会员总数的 32.8%。政府机关 22502 人，占会员总数的 12.8%。 司法机关 1244 人，占会员总数的 0.7%。 党派机关 2613 人，占会员总数的 1.5%。人大政协机关 1376 人，占会员总数的 0.8%。高等教育 10554 人，占会员总数的 6.0%。基础教育 6837 人，占会员总数的 3.9%。科学技术 3724 人，占会员总数的 2.1%。医药卫生 7293 人，占会员总数的 4.2%。文化艺术 1799 人，占会员总数的 1.0%。出版传媒 1315 人，占会员总数的 0.8%。社会团体 2263 人，占会员总数的 1.3%。其他 3296 人，占会员总数的 2.0%。

会员中人大代表 4076 人，其中全国人大代表 62 人，常委 2 人，副委员长 1 人；省级人大代表 308 人，常委 42 人，副主任 5 人；市地级人大代表 1372 人，常委 254 人，副主任 56 人；县市区级人大代表 1448 人，常委 381 人，副主任 145 人。会员中政协委员 19209 人，其中全国政协委员 87 人，常委 15 人，副主席 1 人；省级政协委员 881 人，常委 253 人，副主席 18 人；市地级政协委员 5672 人，常委 1451 人，副主席 158 人；县市区级政协委员 8163 人，常委 2171 人，副主席 338 人。

担任政府及司法领导职务的中央部级干部 5 人；地方省级干部 2 人，厅局级 142 人，县处级 1838 人。担任市级以上级特邀（约）职务的 1448 人。

会员中有大专以上学历的占 85.2%；有大本以上学历的占 56.2%；有研究生以上学历的占 11.3%；有中、高级职称的占 49.9%。担任两院院士的共有 6 人。担任长江学者 16 人。

张　皎　民建中央宣传部部长
许　谨　民建中央宣传部新闻处调研员

中国民主促进会

2016 年是中国共产党成立 95 周年，是全面建成小康社会决胜阶段的开局之年，也是民进事业开拓奋进、创新发展的重要一年。民进中央深入学习贯彻中共中央重大决策部署，坚持“有思有行、集智聚力、顺势而为、开拓创新”的工作方针，秉持“为执政党助力、为国家尽责、为人民服务”的责任心和使命感，认真落实民进十一大和十三届四中全会提出的任务，与人民共命运，与时代同进步，各项工作取得了新进展，为中国特色社会主义事业作出了新贡献。

一、重要会议活动

2016 年，根据民进会章的规定，共举行中央全会一次，中常会议四次，中央监督委员会全体会议三次。根据工作需要举行了一系列专项工作会议和座谈会、研讨会等，研究部署并推动各项工作的开展。

（一）中央委员会会议

12 月 7 日至 9 日，中国民主促进会第十三届中央委员会第五次全体会议在北京召开。会议的主要内容是学习贯彻中共十八届六中全会精神，听取和审议中国民主促进会第十三届中央常务委员会工作报告，审议通过关于召开中国民主促进会第十二次全国代表大会的决定（草案），审议通过中国民主促进会第十三届中央委员会第五次全体会议决议（草案）等。

民进中央主席严隽琪，常务副主席罗富和，副主席贺旻、刘新成、蔡达峰、朱永新、张帆、姚爱兴、卫小春、张雨东，秘书长高友东和中央委员出席会议。

12 月 7 日上午，会议举行开幕式。严隽琪在开幕式上代表民进第十三届中央常务委员会作工作报告。开幕式由罗富和主持。

在回顾总结工作时，严隽琪指出，2016 年民进中央突出工作重点，体现自身特色，一是坚定政治立场，始终在正道上行；二是加强参政议政能力建设，坚持有所作为；三是适应新形势新任务，推动工作创新。一年来，民进中央深入开展学习实践活动，进一步巩固民进全会思想政治共识；以参政议政为年度工作主题，积极履行参政党职能；以换届工作为重点，全面推进组织建设；参与脱贫攻坚，开创社会服务工作新局面；积极开展海外联谊，服务祖国和平统一。

关于2017年工作，严隽琪指出，2017年对于国家的发展和民进的发展都是十分重要的一年。中国共产党将召开第十九次全国代表大会，民进将召开第十二次全国代表大会。新的历史条件下，民进必须坚定信念、不忘初心、继续前进。要深入学习贯彻中共十八届六中全会精神，开展“不忘合作初心，继续携手前进”专题教育；做好中央和省级组织换届工作，提高组织建设的科学化水平；巩固参政议政主题年成果，持续提升履职能力和水平；增强社会服务工作实效，做好海外联谊工作；以机关建设为年度工作主题，切实改进工作作风。

民进中央监督委员会副主任卫小春代表中国民主促进会第十三届中央监督委员会作2016年度工作报告。

中共中央统战部一局有关负责同志，民进中央省级组织换届工作领导小组办公室负责同志，民进中央监督委员会委员，民进中央各专门委员会负责人，民进省级组织有关负责同志，部分民进十一大代表，以及民进中央机关部门负责人列席会议。

12月7日下午，会议举行学习中共十八届六中全会精神专题报告会。报告会由张帆主持。

12月8日，会议进行分组讨论。

12月9日上午，中国民主促进会第十三届中央委员会第五次全体会议在京闭幕。闭幕式由张雨东主持。

会议通过了《关于召开中国民主促进会第十二次全国代表大会的决定（草案）》《中国民主促进会第十三届中央委员会第五次全体会议决议（草案）》。

严隽琪在闭幕讲话中指出，政治交接是多党合作事业薪火延续的需要。各级组织一定要统一思想，着眼全局，深刻领会换届工作的重要意义。希望在换届过程中，进一步继承和发扬老一辈民进人的优良传统，进一步加强履职能力建设，进一步优化领导班子机构，进一步加强代表人士队伍建设。换届工作是一项政治性、政策性、程序性、时间性都很强的工作，各省级组织和领导班子要把规矩、纪律挺在前面，坚决抵制和严肃查处各类不正之风和非组织活动，营造风清气正的政治生态；领导干部是受监督的重点，要结合参政党的实际情况，建立切实有效的内部监督制度，这也是学习贯彻中共十八届六中全会精神，促进民进自身建设的应有之义。

严隽琪强调，要按照习近平总书记提出的“四个坚持”和“四个着力”的部署要求，紧密围绕国家未来发展面临的一系列重大战略问题，深入调查研究，发挥好各种议政建言平台或渠道的作用，积极提出意见建议。开展脱贫攻坚民主监督，是中共中央赋予民主党派一项新的任务，也是民主党派加强民主监督能力的契机。民进参与脱贫攻坚工作的过程，是我们深入了解国情、了解中国基层民众的过程，是我们凝聚共识、提高履职能力的途径和平台。现阶段社会服务工作的重心也是脱贫攻坚，要对我们可以掌握的资源进行统筹协调和合理配置，加强对联动机制的探索，提高社会服务工作的实效。

会议期间，还召开了十一大代表座谈会。21位来自不同地方组织的民进十一大代表参加了座谈。严隽琪出席会议并讲话，罗富和、刘新成、高友东出席座谈会。会议由刘新成主持。

（二）中央常务委员会会议

1. 中国民主促进会第十三届中央常务委员会第十四次会议

3月6日，中国民主促进会第十三届中央常务委员会第十四次会议在京召开，民进中央主席严隽琪主持会议并讲话。常务副主席罗富和，副主席贺旻、刘新成、朱永新、张帆、姚爱兴、卫小春、张雨东，秘书长高友东出席会议。

严隽琪在讲话中指出，2016年是民进参政议政工作主题年，主要任务是加强参政议政能力建设，一是把握方向的能力，立场观点决定建言献策的方向目标，需要对大局和形势有清醒的认识，对中国共产党的意志和主张有正确的理解，对有关的科学规律有深入的把握。二是发现切入点的能力，这就需要有发现真问题的敏锐眼光，需要掌握历史缘由和现实约束的调研功夫，需要基于客观规律和实际许可的取舍决断。三是成果判断的能力，需要时时考虑建议是否正确和适时，是否有关键性和建设性，是否能避免“一叶障目”或“偏听偏信”，使建言成果提交在需要时、在点子上、在关键处。四是资源开发和集成的能力，既要善于激发各方的积极性，又要善于保护激发出来的积极性。为脱贫攻坚建言出力，是民进服务“十三五”规划实施的重要方面。严隽琪要求今年各省结合社会服务工作和基层组织建设开展“我为扶贫攻坚建一言”活动，实现参政议政各级组织互动和成果的共享多享。

对于换届工作，严隽琪指出，换届不仅是人事调整，更重要的是政治交接，不仅要盯住人头，更要抓住人心。换届既能集中检验代表人士队伍建设的成效，也是进一步推进代表人士队伍建设的契机，要把换届作为发现人、培养人、使用人的过程。对于省级组织换届工作，严隽琪强调，一是思想建设要放在前面，二是纪律和程序要严肃。严隽琪还要求各位常委努力做政治上的明白人，用廉洁自好的标准约束自己，把加强学习作为终身必修课，将看齐意识变为行动自觉。

会议审议通过了《民进中央关于学习贯彻十二届全国人大四次会议和全国政协十二届四次会议精神的通知（草案）》。

中共中央统战部一局有关负责同志，民进中央省级组织换届工作领导小组办公室负责同志，民进有关省级组织负责人、民进中央机关部门负责人列席会议。

2. 中国民主促进会第十三届中央常务委员会第十五次会议

6月16日至17日，中国民主促进会第十三届中央常务委员会第十五次会议在京召开。民进中央主席严隽琪出席并讲话。常务副主席罗富和，副主席贺旻、刘新成、蔡达峰、朱永新、姚爱兴、卫小春、张雨东，秘书长高友东，以及民进第十三届中央常委出席会议。

严隽琪在讲话中说，省级组织换届工作关系到多党合作事业的持续健康发展，关系到民进事业的持续健康发展。各省级组织的主要领导和班子成员，要高度重视、端正认识、精心谋划，要发扬民主、促进团结、树立正气、鼓舞精神，保证换届工作顺利、平稳、规范、有序，努力通过换届，使民进各项自身建设再上一个台阶。

严隽琪强调，参政议政是2016年的年度工作主题，参政议政的资源需要再扩大，成果质量需要再提高，智库平台的机制需要再探索，成果利用需要再推动。希望民进全会各级组织认真学习领会民进全国参政议政工作会议精神，发挥集智聚力工作机制的作用，推进“六个互动”，进一步提升民进全会参政议政能力和工作水平，将主题年工作引向深入；2016年，湖南被列为民进重点开展扶贫攻坚领域民主监督的省份，这是党和国家对民进的信任，又是一项崭新的民主监督试验，民进中央、湖南民进要加强在民主监督上的联动，使民主监督不仅能够为中共中央决策提供建议，也可以为地方扶贫攻坚工作提供帮助，同时有助于民进的自身建设；要重点围绕脱贫攻坚这一“十三五”时期我国经济社会发展的重点工作开展社会服务，提高思想认识，提升政治责任感和社会责任感，探索和不断改善社会服务工作机制；要继续重视基层组织建设，按照“2015-2017年增强基层组织活力系列活动计划”，增强基层组织的凝聚力和学习效果，发挥基层组织的后备干部培养选拔人才库作用。

开幕式上，严隽琪报告了民进中央成立省级组织换届工作领导小组有关情况，罗富和报告了民进中央2016年上半年工作情况。

会议审议通过了《民进中央关于2017年省级组织换届工作的意见》《民进中央关于“十三五”时期参与统一战线聚力脱贫攻坚工作指导意见》和《民进中央参与安龙县2016年脱贫攻坚工作计划》。与会常委结合学习实践活动和参政议政年度工作主题，以及2016年下半年工作重点等交流了工作体会。

会议期间，与会常委听取了《“十三五”规划的文化解读》的专题报告。中央监督委员会听取了部分常委对参政议政主题年工作的意见和建议。

中共中央统战部一局有关同志，民进中央省级组织换届工作领导小组办公室负责同志，部分民进省级组织主委、副主委，民进第十三届中央监督委员会委员，民进中央机关部门负责人列席会议。

3. 中国民主促进会第十三届中央常务委员会第十六次会议

10月29日至30日，中国民主促进会第十三届中央常务委员会第十六次会议在北京召开。民进中央主席严隽琪出席会议并讲话。常务副主席罗富和，副主席贺旻、刘新成、蔡达峰、朱永新、张帆、姚爱兴、卫小春、张雨东，秘书长高友东，以及民进第十三届中央常委出席会议。

严隽琪在讲话中指出，民进要服务全面建成小康社会大局，要向执政党建净言，做执政党的挚友，切实履行好参政议政、民主监督、政治协商职能。“十三五”时期，我国经济发展进入新常态，结构性调整任务艰巨，坚持发展是第一要务。在新发展理念指导下，我们要为经济建设、民生改善发挥好智库作用。开展脱贫攻坚民主监督是中共中央赋予民主党派一项新的历史任务，也是拓宽民主监督渠道的有益尝试。民进全会要深刻理解把握参与脱贫攻坚的重要意义，明确民主监督的定位和原则，坚持问题导向，力戒形式主义，发扬求真和简朴作风，在民主监督中获得对国情的深刻认识，获得参政议政的题材。

严隽琪指出，要提高思想教育的实效性，保持政治坚定和思想清醒，注意与中心工作相结合，知道、了解会员的所思所想是思想工作取得实效的前提。我们要围绕中心、服务大局，发挥民进的特色，做好新形势下的意识形态工作，在意识形态领域积极正面发声。

严隽琪强调，要以换届工作为抓手，推进自身建设。要严格遵守换届纪律和程序，营造风清气正的政治生态环境；要明确责任，敢于担当；要在人大、政协换届工作自觉维护好民进的形象。各省级组织和领导班子要高度重视换届工作，做到既有思想保障，又有组织保障，确保这次换届工作取得圆满成功。

会议审议通过了《民进中央关于学习贯彻中共十八届六中全会精神的通知》《民进中央关于在全会开展“不忘合作初心，继续携手前进”专题教育的通知》《民进中央2017年机关建设主题年工作方案》；听取了民进中央2016年度专题调研情况和2017年度专题调研参考领域的报告、民进中央关于脱贫攻坚民主监督工作的情况报告。

中共中央统战部一局有关负责同志，民进中央省级组织换届工作领导小组办公室负责同志，民进部分省级组织负责人，民进十三届中央监督委员会委员，民进中央机关部门负责人列席了会议。

4. 中国民主促进会第十三届中央常务委员会第十七次会议

12月7日上午，中国民主促进会第十三届中央常务委员会第十七次会议在京召开。民进中央主席严隽琪主持会议。常务副主席罗富和，副主席贺旻、刘新成、朱永新、张帆、卫小春、张雨东，秘书长高友东，以及民进第十三届中央常委出席会议。

会议的主要议程是，学习贯彻中共十八届六中全会精神；审议通过中国民主促进会第十三届中央委员会第五次全体会议议程、日程（草案）；审议通过中国民主促进会第十三届中央常务委员会工作报告（草案）；审议通过中国民主促进会第十三届中央委员会第五次全体会议小组召集人名单（草案）；审议通过关于召开中国民主促进会第十二次全国代表大会的决定（草案）；审议通过中国民主促进会第十二次全国代表大会代表名额及代表产生办法（草案）等。

严隽琪指出，认真学习贯彻中共十八届六中全会精神，是民进当前和今后一个时期的重要政治任务。要与学习习近平总书记系列重要讲话精神相结合，与进行“不忘合作初心，继续携手前进”专题教育相结合，与开展多党合作优良传统记录工程相结合，切实增强“四个意识”，自觉维护以习近平同志为核心的中共中央的权威，在思想上、政治上、行动上同中共中央保持高度一致。

严隽琪强调，要按照这次中央全会的要求和部署，认真研究部署好明年各项工作。要围绕“十三五”规划的落实、推进供给侧改革、脱贫攻坚等，深入调研，提出意见建议。脱贫攻坚民主监督工作，是民主监督的新形式，要注意提炼该项工作的创新成果。要严格执行换届文件和有关的纪律要求，做好换届工作。

会议还书面报告了民进2017年学习实践活动指导意见和民进中央学习实践活动第四批联系点工作方案；书面通报了民进第十三届中央监督委员会2016年工作情况报告（草案）。

中共中央统战部一局有关负责同志，民进中央省级组织换届工作领导小组办公室负责同志，部分民进省级组织负责人，民进第十三届中央监督委员会委员以及机关部门负责人列席了会议。

（三）中央监督委员会会议

1. 中国民主促进会第十三届中央监督委员会第十一次全体会议

6月15日，民进第十三届中央监督委员会第十一次全体会议在北京举行。民进中央监督委员会副主任卫小春主持会议并讲话。

卫小春指出，加强对换届工作的监督是中央监督委员会今明两年的重点工作。下半年，中央监督委员会将就如何监督好换届工作程序执行情况和换届纪律遵守情况开展调研，加强与省级组织监督委员会的沟通联系，以便及时了解情况、给予指导、解决问题。各位中监委委员要进一步提高认识，准确把握对换届工作开展监督的定位，认真履行监督职责，确保换届工作阳光、规范、有序。

6月16日至17日，中央监督委员会委员列席了民进十三届十五次中常会，听取了7位民进中央常委对参政议政主题年工作的意见建议，并形成了《民进中央监督委员会听取部分常委意见的情况反馈》。

民进中央监督委员会委员出席会议。民进中央省级组织换届工作领导小组办公室负责同志，民进中央监督委员会办公室负责同志列席会议。

2. 中国民主促进会第十三届中央监督委员会第十二次全体会议

10月29日晚，民进第十三届中央监督委员会第十二次全体会议在北京召开。民进中央监督委员会主任罗富和出席会议并讲话，民进中央监督委员会副主任卫小春主持会议。

会议学习了中共十八届六中全会精神；审议了《民进第十三届中央监督委员会2016年工作报告》（草案），研究了民进中央监督委员会2017年工作；就落实《关于严肃换届纪律，加强换届监督工作的指导意见》，如何结合民进实际，做好换届监督工作进行研讨。

罗富和在讲话中指出，民进中央监督委员会2016年继续以民进中央领导班子和民进中央机关为监督重点，各项工作卓有成效。2017年，中央监督委员会要认真学习贯彻中共十八届六中全会精神，落实民进十三届五中全会的相关工作部署，围绕民进中央2017年机关建设主题年工作，扎实有效地做好会内监督各项工作，重点做好对换届程序和纪律的监督工作；要全面总结本届监委会的工作成效、工作经验、理论认识、行之有效的监督手段与方式，对下一步工作提出意见建议，进一步稳步推进会内监督工作的开展。

10月29日至30日，中央监督委员会委员列席了民进十三届十六次中常会。

民进中央监督委员会委员出席会议。民进中央省级组织换届工作领导小组办公室负责同志，民进中央监督委员会办公室负责同志列席会议。

3. 中国民主促进会第十三届中央监督委员会第十三次全体会议

12月7日，民进第十三届中央监督委员会第十三次全体会议在北京举行。民进中央监督委员会主任罗富和出席会议并讲话，民进中央监督委员会副主任卫小春主持会议。

会议审议通过了《民进第十三届中央监督委员会2016年工作情况报告》，原则通过了《民进第十三届中央监督委员会2017年工作计划》，确定卫小春为报告人。

罗富和指出，中共十八届六中全会强调全面从严治党，发挥党内监督作用，为参政党加强自身建设树立了一个非常好的榜样。2016年，中监委各项工作开展得有板有眼，监督对象不断明确，监督内容不断丰富，监督实效愈加显著。2017年，中监委要以中共十八届六中全会和民进十三届五中全会精神为指导，进一步明确自身承担的监督责任，继续做好会内监督工作，特别是做好对领导班子的监督、对各级机关工作的监督和对换届工作的监督。

会议期间，中监委委员还对民进中央机关公务员录用、干部选拔、外事工作进行了专项检查。

民进中央监督委员会委员出席会议。民进中央省级组织换届工作领导小组办公室负责同志，民进中央监督委员会办公室负责同志列席会议。

（四）专项工作会议

1. 民进网站 2016 年度工作会议

1 月 15 日下午，民进网站 2016 年度工作会议在民进中央机关召开。会议的主要内容是总结民进网站 2015 年度工作，表彰 2015 年度网站“好编辑”，讨论 2016 年网站工作计划。民进中央副主席、民进网站管理委员会主任刘新成，民进中央秘书长、网站管理委员会副主任高友东出席会议并讲话。

刘新成指出，民进网站进一步提升工作质量要重点研究两个问题。一是如何提升网站对会员的吸引力。可以通过进一步加强为民进全会的服务，提升地方组织和会员对民进网站的关注度。二是如何提高网站的社会影响力。网络是扩大民进社会影响的重要途径，可以通过加大对知名会员的宣传，让更多的人认识民进。他还对民进网站开通微信公众号、规范重要会议文件的网上发布等工作提出了具体要求。

高友东指出，在新形势下民进网站的任务逐步增加，对网站的要求也越来越高。希望网站讲好民进故事，发好民进声音，通过加强深度报道、注重标题提炼等方式提高网站的可读性。

民进中央宣传部负责同志对 2015 年网站工作进行了总结。会议表彰了 2015 年度民进网站“好编辑”，“好编辑”代表并在会上发言，交流了工作经验和体会。与会同志围绕民进网站 2016 年工作计划进行了讨论，提出了意见和建议。

民进中央机关部门负责人、民进网站管理委员会成员以及民进网站编辑共 30 余人参加了会议。

2. 2016 年民进中央机关部门工作研讨会

2 月 17 日至 18 日，2016 年民进中央机关部门工作研讨会在京举行。民进中央主席严隽琪，常务副主席罗富和，副主席刘新成、朱永新出席会议并讲话，秘书长高友东主持会议。

会议围绕学习贯彻中共十八届五中全会、习近平总书记系列重要讲话、中央统战工作会议精神和民进十三届四中全会精神，以及民进中央机关部门工作中遇到的问题和对今后工作的建议开展了交流和研讨。

严隽琪指出，部门负责人作为机关的关键少数，政治素质、专业素质要过硬，要具有驾驭全局的能力。党派工作是团结人的工作，对新阶层会员要给予充分关注，研究如何更好地做好团结、引导、服务工作。要善于带好队伍，特别是重视对年轻干部的养成教育，晓之以理、动之以情、诫之以法、给之以利，要重视发挥群团组织的作用，努力做好工作，让年轻人在组织的关心和培养中不断成长。

罗富和从阅读和学习的概念入手，阐述了对学与习、学与思关系的思考。他强调，要向理论著作、法律法规、大政方针、时事形势、社会基层、领导同事等广泛地“学”；要从小事做起、从本职做起、从协同做起，通过调查研究、挂职锻炼等手段认真地“习”；要对成功经验、失败教训、错漏原因、工作谋划、风险预期等深入地“思”。通过循环往复的实践、认识、再实践、再认识的过程，不断提升自己。

刘新成指出，一定要带着研究意识来开展工作，努力发现工作的意义。大家作为多党合作事业最直接的实践者，要为回答参政党工作的意义在哪，如何体现工作价值等问题作出贡献。对参政议政工作，刘新成认为一定要“务求甚解”，对工作中遇到的问题弄懂、吃透，经得住考问。参政议政主题年的着力点放在提高能力上，对于部门干部来说，提高质疑的能力和沟通的能力至关重要。

朱永新指出，参政议政工作是民主党派工作的生命线。部门要善于积累、善于集智聚力，用心琢磨出一套行之有效的工作方法，不断超越自己。最后，他用“工作永远没有最好，民进永远放在第一，团队永远高于个人”三句话与大家共勉。

高友东结合秘书长工作畅谈了体会与感悟，并提出在今后的工作中，与大家携手，齐心协力进一步加强机关建设。

民进中央省级组织换届工作领导小组办公室负责同志，机关部门负责人、副巡视员参加会议并作了发言。

3. 民进省级组织专职副主委会议

2月22日至23日，民进省级组织专职副主委会议在京举行。民进中央主席严隽琪、常务副主席罗富和出席会议并讲话，秘书长高友东主持会议。

严隽琪在讲话中指出，此次专职副主委工作会议目的在于鼓劲和以会代训。2016年民进各项工作相当繁重，需要早谋划、早部署、早安排。民进中央的决策要科学民主、要“接地气”、要给地方组织合理的自主性；地方组织的举措要与民进中央保持原则方向上的一致，要结合本地实际创造性地工作，并及时地下情上达。主委、专职副主委和秘书长是关键少数中的关键，是民主集中制等各项纪律制度是否真正执行得好的关键，是机关里的正气能否树立和发扬的关键，是机关干部精神面貌是否振奋的关键。作为专职副主委，必须增强使命意识和责任意识，做好团结这篇大文章，做到到位不越位，要处理好与主委的关系，决策前要认真负责主动地提出自己的看法和建议，决策后必须保持班子的一致，协调不同的意见，落实已经作出的决策。还要处理好与秘书长的关系，对秘书长的工作有督促、有信任、有支持。

罗富和就民进中央2016年学习实践活动、参政议政主题年工作、组织建设工作、社会服务工作、理论研究工作、会史工作、对台工作、加强机关建设等重点工作进行了具体部署。专职副主委必须适应形势，加强学习，既要向理论著作、法律法规、大政方针、时事形势、社会基层、领导同事等广泛地“学”，又要从小事做起、从本职做起、从协同做起，通过调查研究、挂职锻炼等手段认真地“习”，更要对成功经验、失败教训、错漏原因、工作谋划、风险预期等深入地“思”；必须不断加强自律，增强责任意识，自觉承担起“关键少数人”的责任，勇于担当，善于协调，积极谋划，不打折扣地完成民进中央的各项工作部署和省委会领导班子的集体决策，实现中央与地方工作的密切联系、默契配合、高效互动。

各省级组织专职副主委结合民进中央 2016 年工作重点和各省工作实际，就各省 2016 年重点工作思路与安排，如何做好专职副主委工作进行了交流发言。

民进中央省级组织换届工作领导小组办公室负责同志，机关各部门负责人列席会议。

4. 民进中央机关 2016 年处长工作研讨会

4 月 27 日至 28 日，民进中央机关 2016 年处长工作研讨会在京召开。秘书长高友东主持会议。

会议围绕贯彻落实中共十八届五中全会、习近平总书记系列重要讲话、中央统战工作会议、全国公务员管理会议精神和民进十三届四中全会精神，以及处长如何进一步提高工作谋划能力和进一步发挥在部门工作中的作用进行了研讨。

会上，民进中央机关处级干部结合会议议题进行了发言交流，机关部门负责人对处级干部的发言进行了点评，并就进一步做好部门工作，提高谋划工作能力提出了意见建议。

高友东在讲话中对做好处室工作提出了要求。要从参政党自身建设的高度看待处室工作，勇于担当，提高发现问题解决问题能力和谋划思考能力。要进一步强化处长意识，加强处长作用的发挥。处长要带头遵守机关制度和工作程序，带好处室队伍；既要抓工作，也要抓学习，以及努力做好思想工作；加强工作系统性的思考，主动谋划，把握工作时效性；无论处室内外，积极互相补台，营造和谐氛围。要求对大家提出的好意见好建议及时进行梳理，推动落实工作的措施。

民进中央机关局处级干部近 40 人参加了研讨。

5. 民进全国参政议政工作会议

5 月 15 日至 16 日，民进全国参政议政工作会议在京召开。

5 月 15 日，会议开幕。民进中央主席严隽琪作《为加强参政议政能力建设尽责》讲话。常务副主席罗富和，副主席刘新成、朱永新，秘书长高友东出席开幕式。刘新成宣读了《关于表彰民进全国参政议政工作先进集体和先进个人的决定》。开幕式由罗富和主持。

严隽琪指出，加强参政议政能力建设是中国特色社会主义政党制度的要求，民进作为中国特色社会主义参政党，必须在道路、方向、目标上统一意志和步调，把思想和行动凝聚到中共中央决策部署上来，大力加强自身参政议政能力建设，进一步提高政党协商的成效和水平；加强参政议政能力建设是形势和任务的要求，需要树立全球视野，深化对人类社会发展规律的认识，具备统筹考虑国际国内两个大局的知识；加强参政议政能力建设是保持参政党进步性和团结性的要求，民进一要“正”，即坚持在中国共产党领导下的“三个认同”，二要“为”，即有所作为。

严隽琪认为，参政议政能力至少有三个方面的要求，即选择题目的能力、调查研究的能力和集智聚力的能力。参政议政能力建设的过程应该成为参政党思想建设和作风建设的过程。参政议政工作需要我们用真挚的感情、有效的组织、自身的修养和脚踏实地的努力去团结各类人才，需要理论联系实际的学习风气，既要把握正确方向又要“接地气”。参政议政能力建设已经在民进全会有高度的思想共识，集智聚力的体制机制不断完善，基本形成了五个“有”，有组织、有渠道、有平台、有资源、有制度。要提倡担当精神和科学精神。

朱永新作了《开创民进参政议政工作新局面 为实现全面建成小康社会奋斗目标贡献力量》的工作报告，全面总结了民进十一大以来民进参政议政工作情况、加强参政议政能力建设的主要体会和对今后参政议政工作的建议。

会上，民进中央授予民进北京市海淀区委会等124个单位“民进全国参政议政工作先进集体”称号，授予马荣才等326人“民进全国参政议政工作先进个人”称号。先进集体和先进个人代表作了发言。来自民进地方组织、专门委员会、合作平台和个人代表进行了大会交流。

5月16日下午，会议闭幕。罗富和出席会议并做辅导报告。朱永新、高友东出席会议，会议由朱永新主持。

罗富和指出，加强参政议政能力建设要把握好服务大局和做好战略前瞻的关系，处理好战略前瞻和当前热点的关系，处理好参政议政“老阵地”和“新领域”的关系，将关注的领域跟党和国家的中心工作结合在一起；要重视对参政议政工作规律的把握，做好从数据、信息到知识的转化过程，注重从现象、事例中收集数据，对数据的梳理、分析、加工后形成信息，让信息成为指导我们工作、解决我们问题的知识，从而让工作形成从被动到主动的态势；要改进工作方法，把握好学、问、思、辨、行五个环节，学习大政方针，以问导向，详细考察、缜密分析，广纳群言，做到知行合一，才能做到谋实招、出实策。

朱永新对贯彻落实会议精神、加强参政议政能力建设提了三点具体意见，一是要认真学习传达会议精神；二是以会议精神为指导做好今年的参政议政工作；三是在实践中继续开展能力建设的理论研究和途径探索。

会议期间进行了分组讨论。闭幕会上，10个小组分别作了大会发言。

中共中央统战部一局有关负责同志，民进中央参政议政特邀研究员，各专门委员会主任、副主任，民进各省级组织有关领导和同志，参政议政合作平台有关专家，民进中央机关部门负责人等近300人参加了会议。

6. 民进网站管理委员会全体会议

7月8日下午，民进网站管理委员会在民进中央机关召开全体会议，报告网站2016年上半年工作，研究网站下半年重点工作。民进中央副主席、网站管委会主任刘新成出席并讲话，民进中央秘书长、网站管委会副主任高友东主持会议。

刘新成在讲话中要求，要积极应对网络新媒体对民进宣传工作的挑战。一是加强舆论的引导。作为参政党的宣传窗口，民进网站等网络宣传平台首先要坚持正确的政治导向。二是要在内容上下功夫。加强对民进优秀的会员和民进基层组织的宣传，通过关注会员，来吸引会员关注。三是要加强对外宣传，进一步提高民进的社会关注度。

会上，民进中央宣传部负责同志报告了网站2016年上半年工作。出席会议的网站管委会成员，以及列席会议的民进网站编辑，围绕网站工作特别是微信公众号的宣传进行讨论，提出了意见建议。

7. 民进全国信息化工作培训班

8 月 16 日至 19 日，民进全国信息化工作培训班在京举行。

8 月 16 日下午，培训班在中央社会主义学院举行开班式，民进中央秘书长高友东出席并讲话。

高友东在讲话中强调，信息化建设的核心不是技术而是人，没有会用的人再先进的技术也不能发挥作用。要把信息化工作专职干部队伍的责任心、创造力激发出来，把队伍的主动性、积极性保护好，重点从勤于学习、善于实践、乐于奉献三方面把队伍培养好。

开班式后，培训班学员听取了《网络强国的机遇和挑战》的辅导报告。

8 月 19 日下午，培训班举行结业式，民进中央常务副主席罗富和出席并讲话。四位小组代表在结业式上作了交流发言。

罗富和在讲话中指出，推动信息技术与民进工作的深度融合可以从三个方面着力：一是利用信息技术加强体系建设。二是利用信息技术提高履职能力。三是利用信息技术宣传参政党的社会责任。罗富和并对培训班学员提出三点建议：一是加强学习，注重研究。既要学习党和国家的大政方针，也要学习民进的文件会议精神，还要关注信息技术的发展，勤学好问，认真实践，不断提高学习研究能力。二是问题导向，扎实工作。要注意发现工作中存在的不足，找出产生问题的原因，在解决问题的过程中坚持实事求是、问题导向。三是不忘初心，继续前进。时刻不忘民进作为中国特色社会主义参政党的历史使命和政治责任，坚持继承和弘扬民进优良传统，利用信息技术进一步加强参政党建设。

8. 民进坚持和发展中国特色社会主义学习实践活动理论与实践研讨会

9 月 12 日至 13 日，民进坚持和发展中国特色社会主义学习实践活动理论与实践研讨会在京召开。

12 日下午，会议开幕。民进中央副主席、民进中央学习实践活动领导小组成员兼办公室主任刘新成出席开幕式并讲话。

刘新成指出，开展学习实践活动中，要坚持问题导向和分类指导，既要有统一部署和宏观目标，又要有精细化、针对性的微观设计，针对不同群体会员集中反映出来的问题，因人制宜、因势利导，提升学习实践活动的实效。要加大理论含量，既要以情动人，更要以理服人。要针对学习实践活动中反映出来的会员普遍关心和困惑的问题、参政党自身建设亟待解决的问题增强理论研究与阐释，同时引导会员树立理性、求真的精神，立足我国现实国情和历史发展阶段，形成个人意见与价值判断；要紧跟时代变化、形势变化和任务变化，抓住重要时间节点，吸收理论研究成果，为我们在学习实践活动中宣传、阐释中国特色社会主义政治发展道路、中国政党制度提供有力支撑。

开幕式上，6 个省级组织代表作会议发言，就开展学习实践活动的经验做法和取得的成果进行了交流，并对下一步工作提出了思考。

中央统战部一局有关负责同志、民进中央学习实践活动领导小组办公室成员及机关部门负责人、各省级组织负责人参加了开幕式。

13 日下午，会议闭幕。民进中央秘书长、民进中央学习实践活动领导小组办公室副主任高友东出席闭幕式并讲话。3 位小组代表作了大会发言。

高友东在总结讲话中指出，各级学习实践活动领导小组负有统筹、指导、推动、监督等职责，要给予专职干部信任、宽容、理解的空间，帮助他们做到思想上有定力、理论上有底气、工作上有实招。民进全会要从加强民主党派进步性和广泛性的高度，深化学习实践活动，使换届的过程真正成为深化政治交接，发扬优良传统的思想教育过程，把民进的自身建设推上一个新台阶，使民进的事业薪火相传。

会议期间，与会人员通过小组讨论的形式，深入交流了开展学习实践活动的经验成果，并提出了意见和建议。

9. 民进省级组织换届工作座谈会

9 月 19 日至 20 日，民进省级组织换届工作座谈会在京举行。民进中央主席严隽琪、副主席刘新成到会参加分组交流，听取与会同志的意见建议，民进中央秘书长高友东参加座谈交流。各省级组织专职副主委及组织部门负责人出席会议，民进中央监督委员会委员代表参加会议。

本次会议议题是学习贯彻《各民主党派中央关于做好省级组织换届工作座谈会纪要》和《民进中央关于 2017 年省级组织换届工作的意见》；研讨组织部门如何配合监督委员会做好对换届程序和纪律的监督；讨论关于会章修改的意见建议。

严隽琪在分组交流讲话中指出，这次座谈会把过去多年换届工作中总结的经验和出现的问题形成了统一的文件，作为民进中央的指导意见，有些文件必须执行，有些供大家参考，但底线不能破、方向不能错。希望对地方和基层换届工作有所帮助，以统一思想，集中民进全会力量完成换届任务。民进中央的专职干部要接地气，不搞形式主义、官僚主义，要认真听取一线同志的意见，倾听基层的反映，要与地方干部增强联络，广交朋友。明年是民进中央机关建设主题年，重点是加强机关专职干部的作风建设，特别是提高对会内外专家、基层会员、地方组织干部的服务能力，换届是个很好的历练机会。

刘新成在分组交流中讲话指出，《章程》修改的主要原则是既要保持《章程》的稳定性，又要体现时代性，根据工作需要确需作改动的内容要修改，但不宜做大的调整。按照总体工作部署，民进中央成立了《章程》修改工作组，并已在部分省市级组织作了前期调研，征求了大家对于《章程》修改的意见。今后工作组还会进行深入调研，继续听取各方对于《章程》修改的建议。会后将对大家提出的修改意见、建议进行归纳，修改《章程》时一并参考。

20 日下午，座谈会举行了全体会议，高友东作总结讲话。8 个省级组织代表作大会发言，交流了各省（市）换届工作有关情况。

高友东强调，换届工作是一项政治性、政策性、程序性、时间性、操作性都很强的工作，各省级组织和领导班子要高度重视，做到既有思想保障，又有组织保障，要坚持换届的程序和纪律，确保这次换届工作顺利、圆满完成。

会议并对“省级组织代表大会程序”及有关文件、《民进中央关于 2017 年省级组织换届工作的意见》《省级组织换届工作流程图》和加强换届监督的有关文件作了说明。

10. 民进中央专门委员会主任会议

12 月 6 日晚，民进中央专门委员会主任会议在京召开。民进中央主席严隽琪出席会议并讲话。常务副主席罗富和，副主席刘新成、朱永新，秘书长高友东，以及民进中央各专门委员会负责人出席会议。会议由朱永新主持。

严隽琪指出，集智聚力在民进全会已经形成共识，各专委会在合作、共享、联动等方面作了诸多探索，也取得了一定成效。民主党派在人力、时间和专业知识等方面都是“有限”的，而我们工作中面对问题的广度、深度以及全球化带来的视野都是“无限”的，所以要强化问题导向，着力聚焦问题，增强问题的前瞻性、敏感性、针对性，这是专委会工作的重要抓手。其次要注重专业研究，多渠道获取信息，在专家研究的基础上进行综合，做到言之有据、言之有物。同时还要选择好时机、借力发力。希望各专委会在2017年能对过去5至10年的工作进行回顾总结，对工作经验、规律和不足进行梳理，为推动专委会成为工作机构奠定更好的基础。

罗富和指出，民进中央会进一步加强对专委会的重视、关心和支持。当前民进中央网上参政议政平台在广泛征集意见的基础上已经进行了改版，内容涵盖了民进29个省级组织每年两会期间的所有提案，新增了检索功能，并为各专委会设置了单独栏目，由各专委会秘书进行维护。希望各专委会成员关注网上参政议政平台的建设，集智聚力，为网上参政议政平台的建设提出意见，贡献力量。

会上，各专门委员会分别汇报了2016年开展工作的情况、体会以及对2017年工作的建议。

民进中央机关部门负责人，以及各专门委员会秘书长、秘书参加了会议。

11. 民进省级组织负责人会议

12月9日上午，民进省级组织负责人会议在京举行。民进中央常务副主席罗富和，副主席刘新成、朱永新，秘书长高友东出席会议。

会议首先对省级组织专项工作进行了表彰，并为获得表彰的先进单位颁奖。

刘新成宣读了《民进中央关于表彰省级组织专项工作先进单位的决定》。

罗富和在讲话指出，要学习贯彻中共十八届六中全会精神，紧扣“不忘合作初心，继续携手共进”专题教育活动，与学习实践活动相结合，与政治交接相结合，与总结参政党建设的经验相结合；扎实做好意识形态领域工作，强调正面引导和深入细致的思想工作，进一步巩固思想政治基础；做好换届的各项准备工作，要以专业的素养、专业的能力，集中谋划，认真实施，做好细致的思想工作，强调纪律，及时发现苗头，反对非组织行为，确保换届工作风清气正，圆满完成；巩固参政议政主题年的成果，把握工作规律，关注重要节点、重要议题，提高履职能力，健全工作机制，充分发挥网上参政议政平台的作用；全面履行参政党职能，按照“帮忙不添乱”的原则和务实简朴的工作作风，积极参与脱贫攻坚民主监督工作，做好会内监督；努力做好社会服务工作，发挥优势，围绕重点，体现特点，聚力脱贫攻坚全面建成小康；抓好机关建设主题年工作，切实加强作风建设、体系建设、管理建设和信息化建设。

高友东对《民进中央2017年工作要点》（草案）作了简要说明，并向各省级组织征求意见。

民进各省级组织负责人，民进中央机关部门负责人出席了会议。

（五）各类纪念会、座谈会

1. 民进新阶层会员座谈会

1月13日下午，民进新阶层会员座谈会在京举行。民进中央主席严隽琪出席并讲话，常务副主席罗富和，副主席刘新成、秘书长高友东出席。会议由刘新成主持。

严隽琪指出，“新的社会阶层”的提法，是执政党针对改革开放以来社会阶层结构新变化所作出的科学论断。民进新阶层会员站在科技创新和业态创新的前沿，具有年纪轻、活力足、敏感性强、社会角色新等特点，是社会新一代的中坚力量，也是民进新一代的中坚力量。希望各位会员自觉承担起时代赋予的历史使命和社会责任，坚持政治定力、坚定政治立场，凝聚共识，共同维护好安定团结的大局；要在新的历史时期顺势而为，发好中国声音，积极履行参政议政职能；在创业过程中不能急功近利，要一步一个脚印打好基础，为中国经济发展和“中国制造2025”作出贡献；要加强与台湾青年企业家的经济、文化、感情的交往交流，促进两岸关系的和平发展。

民进中央部分部门负责人参加了座谈。

2. 纪念南京“下关事件”70周年座谈会

6月23日下午，民进中央在京举办纪念南京“下关事件”70周年座谈会。民进中央主席严隽琪出席座谈会并讲话，副主席刘新成、秘书长高友东出席座谈会。座谈会由刘新成主持。

严隽琪代表民进中央和15万民进会员，向当年参与“六·二三”和平请愿运动、经历南京“下关事件”的前辈们致以崇高的敬意和深切的缅怀。她指出，纪念南京“下关事件”70周年，就是为了不忘历史，不忘民进人出发的起点和追求的目标，把对民进组织上的归属，化作以国家民族利益为大、以人民大众愿望为重的共识，转化为“参政为民”的实践，使民进的所作所为经得起人民和历史的检验。

严隽琪强调，民进要坚持中国特色社会主义事业的参与者、建设者和维护者的定位，切实担当起“为执政党助力，为国家尽责，为人民服务”的历史责任。中共中央关于“四个全面”的战略布局和创新、协调、绿色、开放、共享的新发展理念，“十三五”的目标和任务，既为民进的参政议政指出了方向，提供了广阔的空间和舞台，也对民进的参政议政能力提出了高要求。民进全会要继续坚定信念、集智聚力，努力创造无愧于时代、无愧于人民、无愧于前辈的新业绩。这是对民进前辈的最好纪念，是对民进优良传统最实在的弘扬。

民进老会员代表、“六·二三”和平请愿运动发生地和“下关事件”发生地的民进组织代表等分别作了发言，表达了学习民进前辈们崇尚真理、求真务实的精神，继承和弘扬民进优良传统、凝心聚力“十三五”奋斗目标的决心。

民进北京市委会负责同志，中共中央统战部一局有关负责同志，民进中央机关各部门负责人，民进北京市委会新会员培训班学员等共50余人参加了座谈会。

座谈会采取视频直播的方式，除民进中央机关设有主会场外，各省、市、自治区均设有分会场。各省级组织领导班子成员、省会城市组织和直属基层组织负责人、机关干部、会员代表在分会场共同观看了座谈会直播。

3. 民进科技界会员座谈会

7月4日下午，民进科技界会员座谈会在京举行。民进中央主席严隽琪、常务副主席罗富和出席并讲话，副主席朱永新、秘书长高友东出席座谈会。会议由朱永新主持。

严隽琪指出，“创新型国家建设”不是一句口号，而是一个体系的建设，需要在主导主体、制度建设等方面进行设计。创新需要动力，兴趣、责任感、使命感、利益驱动、质疑精神都是创新的动力。因此，教育过程中要注重保护学生的兴趣，培养青年人的责任感、使命感以及质疑精神，培育符合发展要求的创新型人才。同时，要完善利益机制的设立，包括对知识产权的保护、科技成果的使用、收益管理等诸多方面，强化企业创新倒逼机制，使企业成为科技创新的主体。

罗富和指出，科技创新必须以创新文化作为支撑，要更加重视软件的建设和文化的培育。我国科技事业正在从“跟跑”到“并跑”、从“并跑”到“领跑”的态势发展，发展过程中最为重要的是在我们的土壤中培养出有创新能力的人才。创新文化需要依托较为完善的科技管理和运行机制，要处理好统分的关系、软件和硬件建设的关系等，激发人才创新活力，尊重科技人员的创造精神。

与会人员围绕科技创新如何为供给侧结构性改革助力、如何加强民进在科技创新领域的建言献策、如何更好地发挥科技界会员的作用等问题发表了自己的看法。

民进中央省级组织换届工作领导小组办公室负责同志，民进中央部分部门负责人参加了座谈会。

4. 民进高校和科研机构会员座谈会

12月14日上午，民进高校和科研机构会员座谈会在京举行。民进中央主席严隽琪，常务副主席罗富和，副主席朱永新、秘书长高友东出席座谈会，部分来自北京、天津高校和科研机构的会员参加会议。座谈会由朱永新主持。

本次会议主要是了解相关会员的履职情况、思想动态，以及就怎样做好高校和科研机构代表人士培养和发展工作征求意见和建议。

严隽琪指出，民主党派发展成员以“三个为主”为原则，如果团结不好中高级知识分子这支关键队伍，参政党的素质、作用和社会影响就无从谈起。多党合作事业要进一步发展，必须以党为师，了解执政党的大政方针，履行好职能；还要以群众为师，应对社会发展的不确定因素和面临的巨大挑战。

严隽琪指出，大家关于“为什么加入民进、怎样做好民进工作”的思考体现了民进中高级知识分子的精神追求。民进的任务是在爱国主义和社会主义旗帜下，尽可能团结一切社会力量。思想宣传工作要根据中高级知识分子的特点来开展，开展履职活动要与大家关心的问题相结合，与利益诉求相结合，与先进技术相结合。要想办法使中高级知识分子的价值得到体现，素质得到提升，更有存在感和获得感。

严隽琪、罗富和还对会员们提出的一些意见建议作了回应。

座谈会上，11位会员分别结合个人工作实际，就提升民进组织影响力、本职工作与会务工作之间的协调、会员思想动态的研究、人才培养的方式等问题进行了交流，并提出宝贵的意见建议。

民进中央省级组织换届工作领导小组办公室负责同志，以及民进中央部分部门负责人参加了座谈会。

二、履行职能

（一）参政议政

1. 调查研究

（1）年度大调研

2016年，民进中央以“在全面建成小康社会进程中扎实推进农村扶贫供给侧改革”为题开展年度专题调研。4月10日至14日，民进中央主席严隽琪率调研组赴湖南进行调研，调研组带着创新社会基层治理夯实农村良性运行基石、扶持村级集体经济发展以提高农村公共服务能力两个重要问题，实地考察了湘潭、怀化、湘西3个市州的7个项目点，访问了部分贫困户，召开了4场座谈会，深入基层，倾听民声。4月19日至22日，民进中央常务副主席罗富和赴广西继续就扶贫攻坚中的精准扶贫、精准脱贫问题进行调研。此前，民进中央还召开了农村扶贫问题专题务虚会，在重庆、上海、云南、河南、江西等地进行了预调研，发动国家14个集中连片特困地区涉及的19个民进省级组织自主开展调研。在一系列调研的基础上，民进中央提出了把扶贫的阶段性任务与农村建设的长远目标相结合、壮大和发展集体经济、破除扶贫政策落地的制度性障碍、发展职业教育助力扶贫攻坚等建议，为中共中央提供决策参考。

（2）其他调研活动

3月24日至26日，民进中央副主席朱永新率调研组在云南就“职业教育发展帮扶农村贫困户脱贫”开展调研。

3月25日，民进中央副主席刘新成到云校（北京）信息科技有限公司就教育信息化问题进行调研。

4月1日，民进中央常务副主席罗富和率调研组赴神华国华北京燃气热电厂就“推进煤炭清洁高效利用”进行专题调研。

4月6日，民进中央主席严隽琪就职业教育助力农村扶贫，在江西陶瓷工艺美术职业技术学院调研。

4月13日，民进中央常务副主席罗富和率调研组赴河北省神华国华三河电厂就“推进煤炭清洁高效利用”进行专题调研。

4月27日至29日，民进中央常务副主席罗富和、副主席朱永新赴黔西南布依族苗族自治州就“健康服务业发展”开展专题调研。

5月26日，民进中央主席严隽琪率调研组在北京市大兴区开展土地制度改革试点情况调研。

9月8日，民进中央副主席朱永新率调研组在安徽芜湖就特殊教育工作开展调研。

9月22日至23日，民进中央常务副主席罗富和、副主席朱永新率调研组赴河北廊坊就“协同创新共同体建设”进行调研。

10月24日至25日，民进中央副主席刘新成在河南就深化司法体制改革问题进行专题调研。

12 月 18 日至 22 日，民进中央副主席朱永新率调研组赴湖北武汉、宜昌调研学前教育。

2. 反映社情民意

2016 年，民进中央共收到社情民意信息稿件 2733 篇，《民进信息》采用率为 19.4%。民进中央向中共中央统战部、全国政协报送 530 期，《影视高票房的盛世危言》等 3 篇信息被中央统战部内刊单篇采用，获得党和国家领导同志的批示；《建议切断企业债务风险传导链条》《关于调整救市策略的建议》《大力发展中职教育　助力农村脱贫攻坚》等 4 篇信息被《政协信息》单篇采用。《建议停止政府办画院》《建议尽快解决一房多本问题》等 57 篇信息被全国政协综合或转送采用。《妥善解决社会保险历史欠帐问题》等 2 篇信息获评全国政协 2014–2015 年度优秀社情民意信息。为做好社情民意信息工作，民进中央进一步加大了围绕政协信息局季度选题进行信息报送工作的力度，密切与地方组织的沟通，注重调动各方力量围绕季度选题进行信息的撰写、报送，充分发挥了信息为国家大政方针建言献策的重要作用。

3. 各类论坛、研讨会、座谈会

（1）民进中央—上海社科院合作中心参政议政务虚会

2016 年 1 月 4 日上午，民进中央—上海社科院合作中心参政议政务虚会在上海举行。民进中央主席严隽琪出席会议并讲话，副主席蔡达峰、朱永新出席会议。

严隽琪强调，民进中央与上海社科院联合组织的座谈会已经持续了八年，我们的目的就是在决策层和学术界之间增加一个沟通的桥梁和渠道，这几年的合作各方都觉得是有价值的。当前上海社科院的建院思想、高端智库建设等都在加快发展，民进参政议政的运作方式和渠道、资源也要进行调整，以便更好地实现共赢互补，使得我们的合作能再次增加新动力。

座谈会上，11 位专家进行了发言，围绕民进中央 2016 年的参政议政议题提出建议。

（2）民进中央参政议政特邀研究员（南方片）会议暨参政议政务虚会

2016 年 1 月 4 日，民进中央参政议政特邀研究员（南方片）会议暨参政议政务虚会在上海举行。民进中央主席严隽琪出席会议并讲话，副主席朱永新主持会议。

严隽琪指出，发展是解决我国所有问题的关键，但发展必须是有质量的、有效益的、可持续的。希望民进中央参政议政特邀研究员及与会专家围绕发展问题，把更多的个案研究转换成具有全局性和普适性的政策；把更多的现状分析推进为前瞻性的建议；把问题意识转变为促改革谋发展的招数，切实发挥出帮助民进判断大局形势、把握战略方向、确定调研重点、形成政策思路、丰富信息资源、挖掘内在规律的重要作用。

民进中央部分参政议政特邀研究员、特邀专家、部分专门委员会主任参加座谈并发言，为民进中央 2016 年度参政议政贡献智慧。

特邀研究员由社会代表性强、专业研究造诣高、咨政建言经验丰富的会内外专家学者组成，是民进中央集智聚力开展参政议政工作的重要举措和依靠力量。

（3）民进中央民办教育工作座谈会

2016 年 1 月 28 日，民进中央民办教育工作座谈会在京举行。民进中央常务副主席罗富和出席并讲话，副主席朱永新出席研讨会。民进中央原副主席、中国民办教育协会会长王佐书应邀出席研讨会。

本次会议主要目的是就新常态下民办教育发展的机遇、挑战和思考，以及《民办教育促进法》修订事宜，集智聚力，广泛征求意见建议，引导民进民办教育界会员为全国“两会”建言献策，促进国家民办教育事业的健康发展。

罗富和指出，促进民办教育发展要放在深化教育改革的大背景下来推进落实；民办教育为社会培养了大量人才，在加强规范管理的同时，也要提出相配套的实施细则支持民办教育发展，实现公办教育和民办教育的相互促进、相辅相成。民进中央将认真汇总梳理各位专家学者的意见，形成会议纪要，通过多种途径向相关领导和部门进行反映，争取形成成熟的提案在全国“两会”上提出。罗富和还就加强对国际民办教育政策、官方语言和教学语言的关系等问题的研究提出了要求。

朱永新在讲话中说，民进对民办教育有特殊的感情，众多民进会员作为民办教育的先行者和践行者，为民办教育事业发展作出了巨大贡献。民进一直关注《民办教育促进法》的修订，在不同场合进行呼吁、提出了意见建议，今后将继续努力推动修订案的出台，代表民进民办教育界会员发出声音。

王佐书在讲话中说，民办教育对社会作出了贡献，也承担了责任。民办教育虽然和公办教育的投资体制不一样，但同样贯彻教育方针，为国家培养人才，两者殊途同归，民办教育理应得到国家的支持。《民办教育促进法》修订的核心是分类管理、取消合理回报等问题，民办教育协会将认真听取与会人员对于修法的意见，汇总整理后向相关部门转达。

会上，民进北京市委会负责人介绍了《民办教育促进法》修订的过程和各方面的不同观点。13 位专家学者参加研讨并发言。

民进中央省级组织换届工作领导小组办公室负责同志、部分部门负责人参加了座谈。

（4）民进中央出版和传媒委员会十三届八次主任（扩大）会议

2 月 29 日下午，民进中央出版和传媒委员会召开十三届八次主任（扩大）会议，民进中央副主席刘新成出席并讲话。民进中央出版和传媒委员会主任、副主任参加了会议。

会议的主要内容是，贯彻民进中央关于 2016 年参政议政工作主题年的工作部署，讨论研究出版和传媒委员会 2016 年工作计划、重点调研课题和民进全国参政议政工作先进个人推荐人选。

会议听取了出版和传媒委员会 2015 年届中调整情况和参政议政整体情况汇报，通报了民进中央专门委员会工作专题会议精神和《民进中央关于 2016 年参政议政工作主题年有关事项的通知》精神。

刘新成在讲话中指出，民进中央决定将专委会工作作为参政议政核心工作，将专委会年度工作纳入全会工作进程，希望出版和传媒委员会各位委员进一步增强责任感和使命感，围绕中心，服务大局，在参政议政中着眼于出版业界的“盲点”和政府出台政策的“焦虑”之处，出主意、想办法，建净言、献良策，推动出版领域参政议政工作迈上新台阶。

与会人员围绕会议议题，结合 2016 年民进中央参政议政重点工作（农村扶贫大调研）和全国政协协商工作安排，提出加强媒体融合、版权保护、提升公共文化服务水平、文化扶贫和文化养老、农家书屋建设、实体书店政策扶持与发展、推动学术著作数字化出版、促进社会效益与经济效益相统一等调研课题和有关意见建议。

（5）民进中央农村扶贫大调研专题务虚会

3月1日下午，民进中央农村扶贫大调研专题务虚会在京举行。民进中央主席严隽琪出席并讲话，副主席朱永新主持会议。

严隽琪指出，大调研的机会非常宝贵，是对民进参政议政能力的又一次考验。建言献策要尽量接地气，讲实话，防止伪问题，更不能出臭招。要充分发挥集智聚力机制的重要作用，一方面要广泛听取会内外智库（专家）的意见，另一方面要充分发挥民进组织的力量，结合各地实际尤其是连片贫困地区开展具体项目点研究，为报送大调研建议书提供案例和数据支撑。

与会人员结合自身长期开展的农村扶贫实践和研究，畅谈了思考与体会。民进中央经济委员会主任、副主任作交流发言。

务虚会后，民进中央经济委员会召开了2016年首次主任会议，就年度重点调研课题和工作计划、民进中央农村扶贫大调研重庆预调研以及经济委员会参加民进参政议政先进集体和先进个人表彰等事项进行了研究。

（6）中等职业教育专题座谈会

3月29日，中等职业教育专题座谈会在上海召开。民进中央主席严隽琪出席并讲话，副主席蔡达峰主持座谈会。

此次座谈会围绕外来务工人员及子女的中等职业教育、对口支援地区的中等职业教育等问题进行了充分的交流讨论。

严隽琪在讲话中指出，职业教育要适应一线劳动者的就业需求。在城镇化过程中，数以亿计的农民工进城，要通过职业教育和培训，提升他们的技能水平和专业能力，来实现更好更稳定的就业，取得更丰厚的工资性收入，从而作用于其家庭的脱贫。职业教育要为欠发达地区的产业发展服务，要想办法和帮助他们培养当地产业发展需要的人才。上海职业教育资源足、条件好，对口帮扶和支持欠发达地区职业教育发展还有很多文章可做。

8位专家学者参加座谈会并发言。

（7）民进中央教育委员会全体会议

4月30日，民进中央教育委员会全体会议在京召开。民进中央副主席刘新成出席会议。民进中央教育委员会主任、副主任出席会议。

会上，教育委员会委员围绕2016中国教师发展论坛和基础教育改革座谈会的主题和议题展开讨论，并就中职教育助力农村扶贫建言献策。

刘新成指出，中等职业教育对提升劳动力素质，推动供给侧结构性改革有重要作用，也是今年和明年民进中央参政议政的重点领域。教育委员会应围绕中职教育办学体制改革、管理体制改革、提升中职教育的吸引力、发达地区对贫困地区中职对口支援等问题开展深入研究。

（8）深化医药卫生体制改革专题研讨会

5月4日，民进中央召开深化医药卫生体制改革专题研讨会。民进中央副主席刘新成出席会议。

会上，来自会内外的二十多位专家，围绕公立医院改革、医护人员薪酬制度、“三医联动”、分级诊疗制度、反腐败等问题进行深入探讨和交流，并就如何加快推进医药卫生体制机制改革积极建言献策。

会议由民进中央社会和法制委员会、科技医卫委员会合作举办。国务院发展研究中心、人力资源社会保障部、国家卫生计生委体改司、中国社科院、北京市卫计委等有关方面的专家，以及民进中央社会和法制委员会、科技医卫委员会的主任、副主任、委员出席了会议。

会前，民进中央社会和法制委员会赴福建三明开展关于“深化医药卫生体制改革”专题调研，为此次研讨会召开作了准备。

（9）“经济形势分析和展望”参政议政务虚会

6月6日上午，民进中央—上海社科院合作中心在上海举办“经济形势分析和展望”参政议政务虚会。民进中央主席严隽琪、常务副主席罗富和出席会议并讲话，副主席蔡达峰、朱永新，秘书长高友东出席会议。

严隽琪在讲话中强调，“民进中央—上海社科院合作中心”是一个非常重要的参政议政合作平台，既是核心智库智慧的贡献，更是多党合作工作机制的具体体现。与会专家学者不回避问题，也不人云亦云，每次专题务虚会都能听到真知灼见，都能针对“病根”开出对症下药的参考“药方”，希望大家秉承社会担当精神，持续发挥学术研究功力，就政府治理能力、民营企业和实体经济发展、自贸区建设、长江经济带建设、科研经费投入以及农村集体经营性建设用地等问题开展深入研究，与民进中央共同交流研究成果。

罗富和在讲话中指出，中共十八届三中全会审议通过的《中共中央关于全面深化改革若干重大问题的决定》，为全面深化改革指明了前进方向，是继中共十一届三中全会又一个重要里程碑。我们要全面深刻理解和把握“使市场在资源配置中起决定性作用”和“更好发挥政府作用”之间的辩证统一关系，把改革创新精神贯彻到各环节，扎实推进经济体制改革重点工作。

会上，多位知名专家学者发言并提出相应的政策建议。

（10）2016·长江保护与发展论坛

6月6日至7日，2016·长江保护与发展论坛在上海召开。

6日下午，论坛开幕。民进中央主席严隽琪出席开幕式并发表重要讲话，常务副主席罗富和主持开幕式。副主席蔡达峰、朱永新，秘书长高友东参加了开幕式。

本次论坛的主题是“修复长江生态环境，推动长江经济带发展”。论坛共设长江流域水资源综合管理、长江流域湿地保护与恢复、长江中下游水污染控制及长三角地区饮水安全、长江中下游绿色转型发展和社会参与四个分议题。

严隽琪指出，国家环保部门正在编制《长江经济带生态环境保护规划》，针对当前长江流域的整体性保护提出了顶层设计目标。要保障长江经济带的持续健康发展，保证长江流域生态安全，必须对长江淡水资源的支撑能力有清醒认识，必须对长江经济带的生态承载量有清醒认识，必须有全流域综合管理的思路和举措。民进呼吁深化改革，强化流域管理部门的管理职能，理顺长江流域监督管理机制，使权责相符；呼吁各相关部门求同存异，加快长江流域保护的相关立法。

6 日晚，2016 长江保护与发展论坛举行分论坛，11 个长江流域民进省级组织交流了修复长江生态环境、推动长江经济带发展的调研成果。

7 日上午，论坛举行大会发言。13 位专家学者围绕长江流域水资源综合管理、长江流域湿地保护与恢复、长江中下游水污染控制及长三角地区饮水安全、长江中下游绿色转型发展和社会参与四个议长江的保护与发展献计出策。

7 日下午，论坛闭幕。罗富和出席闭幕式并作总结讲话，蔡达峰主持，朱永新、高友东出席闭幕式。

罗富和在讲话中指出，要全面深刻学习习近平总书记在推动长江经济带发展座谈会上的重要讲话精神。习近平总书记的讲话，对修复长江生态环境，对用改革创新的办法抓长江生态保护等问题进行了深刻的阐述，体现了指导性、战略性、系统性，需要我们结合自身工作认真学习领会，进一步提高认识，增强自觉性。

论坛的各主办、承办、协办单位，国家相关部委、相关机构、高等院校和科研院所，中共上海市委统战部、上海市水务局、环保局，民进中央有关专门委员会、长江流域民进省级组织的有关负责人和专家学者约 80 余人参加了论坛。

论坛期间，结合会议主题议题，民进中央人口资源环境委员会对上海淀山湖水源地生态保护及湿地修复进行了专题调研。

（11）民进中央“通用航空业发展”专题研讨会

6 月 23 日，民进中央“通用航空业发展”专题研讨会在京举行。民进中央主席严隽琪出席并讲话，秘书长高友东主持会议。

严隽琪指出，当前我国通用航空业发展面临基础设施不完善、市场环境营造困难、装备制造能力不强等诸多复杂问题，涉及科技创新、产业规划、人才培养、国家治理体系改革等诸多方面，是一个系统建设的过程，值得长期关注。严隽琪强调，民主党派具有位置超脱的优势，不为政绩所囿，也没有利益的羁绊，还具有参政议政渠道畅通的优势。希望有关各方能够站在比较客观、公正的立场，从不同角度研究和分析问题，找到症结所在，提出具有建设性、可行性的意见建议，“集智聚力”持续建言献策，为促进我国经济提质增效升级、行稳致远贡献智慧。

研讨会上，11 位有关方面负责人和专家发言，进行了深入的探讨。

（12）民进中央—中科院科技战略咨询研究院“创新型国家建设专题务虚会”

8 月 18 日下午，民进中央—中科院科技战略咨询研究院“创新型国家建设专题务虚会”在京召开。会议旨在就创新型国家建设中的相关问题进行座谈交流，并进一步探讨加强民进中央与中科院科技战略咨询研究院在参政议政领域合作的机制。民进中央主席严隽琪、常务副主席罗富和、秘书长高友东出席会议。

严隽琪在讲话中指出，首先，通过改革开放 30 多年的积累，我国极大增强的经济实力已经成为支撑科研的重要基础条件，也带来了国内科研环境的巨大变化。其次，随着高等教育大众化的发展，我国建立了数量可观的科技人才队伍。再次，在朝着科技现代化这个目标前进的过程中，我们积累了很丰富的经验及教训。在这样的时代背景下，高端智库建设产出的思想和成果，必须要有高层次的思想的引领，既包括科技的观念，也包括科技的战略。比如，对知识分子的政策怎么提、体系框架怎么建设、具体政策和项目怎么确定，这些问题都要深入思考。严隽琪表示，民进中央将与中科院更加紧密合作，共同助力创新型国家建设，也助力在国际上就科技领域发好中国的声音。

罗富和在讲话中谈了三点体会。一是现代科研院所制度需要认真研究，最核心的不是照搬国外的经验模式，也不是沿用原来我们已经走过的模式，而是要着力探索现有人财物的管理制度如何更好激发科技人员的积极性，以最大限度地实现创新发展。二是重大科技政策的调整需要经过更加充分的论证，尤其要听取方方面面的不同意见。三是要加大创新文化的培养，目前学术界学术思想的交流、交锋不够，真正的学术讨论、争辩不足。可以探讨通过大学和科研院所的一系列制度的调整来促进创新文化的发展。

中科院、国家知识产权局有关领导，以及民进中科院支部部分会员代表参加了会议。

（13）民进全国反映社情民意信息工作培训班

8 月 23 日至 26 日，民进全国反映社情民意信息工作培训班在中央社会主义学院举行。

23 日，培训班开班。民进中央主席严隽琪出席并讲话，副主席朱永新主持。

严隽琪指出，民主党派反映社情民意信息工作是参政议政能力的重要体现。这就要求我们要紧紧围绕国家发展战略，准确把握我国发展的阶段性特点，重视研究全球化、信息化等时代特点。信息工作要求问题聚焦准、切口小，站位却不能低、行文还要简短精练，这也是对综合素质的考验。民进的社情民意信息工作，在内容上必须“在老阵地上有新作为，在顺势中开拓新领域”，还要做好时效性与前瞻性的考虑；在工作方法上要善于总结和保持现有的好做法，更要创新优化，不断提高；在力量的调动上，既要调动个人的积极性，也要注重组织合力的作用。

中共中央统战部一局有关负责同志，民进中央各专门委员会负责人，民进中央机关各部门负责人，以及来自民进各级组织的 109 名学员参加了开班式。

26 日上午，培训班结业。朱永新出席结业式并讲话。

对于如何进一步做好反映社情民意信息工作，朱永新强调，一是要以反映社情民意信息工作为抓手，提高组织和个人的参政议政能力。要加大参政议政资源投入和工作保障力度，进一步激发领导班子、专家队伍、专职干部队伍的积极性和创造力，要创新和改革、完善会内参政议政工作的机制。二是做好反映社情民意信息工作，要找准定位、突出特色。党派性、界别性是我们的重要特点和突出优势，也是民进信息不同于党政部门信息、社会舆情信息和其他渠道信息的鲜明特色。要体现民进信息的特点和优势，就要认真把关每一个环节。

结业式上，六个小组代表分别作了发言，培训班班长汇报了培训班学习情况。

（14）庆祝第 32 个教师节活动暨 2016 · 中国教师发展论坛

9 月 7 日至 8 日，庆祝第 32 个教师节活动暨 2016 · 中国教师发展论坛在安徽芜湖举行。

7 日上午，论坛开幕，论坛主“教师教育的供给侧改革”，民进中央主席严隽琪出席并讲话。副主席刘新成、朱永新，秘书长高友东出席论坛，刘新成主持开幕式。

严隽琪指出，创新型国家呼唤校园的创新文化。创新是民族进步之魂。创新文化就是鼓励学生探索未知的兴趣、就是宽容学生对既有结论的质疑、就是欣赏学生挑战权威的勇气、就是启迪学生高尚的志向、就是培养学生对责任的担当。而学生的兴趣、勇气、志向、责任的形成都将受到教师的素养和日常言传身教的熏陶和影响，都将在教师不拘一格的“因材施教”理念下，在教学相长的过程中逐步成型。教师在校园文化建设中起到至为关键的作用，教师教育要促进教师会鼓励、会宽容、会欣赏、善启迪、负责任。当然，教师管理制度对校园文化建设起着指挥棒的作用。

严隽琪强调，立德为先重在立师。“德”是教育之魂。要实现立德树人的根本任务，其关键是培养和造就一支学高身正的教师队伍。教育是以人格影响人格，以情感唤醒情感，以德性培养德性的过程，校园文化首先就是师德师风师品。希望教师教育不仅着力帮助教师“学高”，更要帮助教师“身正”。

开幕式结束后，中国人民大学、安徽师范大学等单位的专家学者作了论坛主题报告和主题演讲。

论坛由民进中央主办，安徽省教育厅、安徽省芜湖市人民政府、安徽师范大学承办，民进安徽省委会、民进中央教育委员会、中国教育政策研究院、教育部普通高校人文社会科学重点研究基地北师大教师教育研究中心等协办单位的负责同志，以及来自全国各地的专家学者及教师代表，民进中央有关部门负责人，民进地方组织代表，安徽师范大学师生代表 800 余人参加了开幕式。

8 日上午，论坛闭幕。朱永新出席闭幕式。

朱永新在总结讲话中指出，教师培养最关键的问题，是要坚持教师的专业化发展。毋庸置疑，教师是具备了专门条件才能胜任的职业，这决定了他需要专门培养和培训，需要具备学科专业知识和教育专业能力两个方面。教师的专业发展是一项系统工程，好的教师教育课程，应该能够帮助所有有志于教育事业的青年成为一位好教师，从教师需要具备什么样的理想信念、道德情操，到教师需要具备怎样的学科知识，再到教师如何与学生相处、如何爱护学生、如何指导帮助学生成长，都是要从“教育专业”中学习。我国未来的教师培养体系，应该具有这样的系统设计。

闭幕式前，6 位与会专家学者围绕论坛主题做了发言。

论坛期间，与会专家学者通过主题演讲、专题研讨等多种形式，结合实际情况，深入研讨了当前教师教育工作的现状、存在的问题以及对策建议，论坛取得的成果将有助于形成一系列政策建议和社情民意信息，并通过民进参政议政的渠道予以反映。

与会专家学者，论坛承办、协办单位有关领导，民进中央有关部门负责人，民进安徽省委会、芜湖市委会有关领导，民进地方组织代表以及安徽师范大学师生 300 余人参加了闭幕式。

（15）民进中央农村扶贫大调研总结暨“三农”课题务虚座谈会

9 月 13 日下午，民进中央农村扶贫大调研总结暨“三农”课题务虚座谈会在京举行。民进中央主席严隽琪、常务副主席罗富和出席会议并讲话，副主席朱永新主持会议并作农村扶贫大调研总结。

严隽琪强调，我国正处于经济和社会转型的关键期，我国的脱贫攻坚正处于一个特殊的历史阶段，一方面没有现成经验可以照搬，一方面社会各方已经进行了长期研究和前期探索。因此民进中央参政议政工作除了要有顺向思维，注重公平正义，还要多听不同声音，了解党和政府的所虑所思。民进中央既要为脱贫攻坚、消除绝对贫困建言献策，又要为国家长治久安、完善社会主义农村制度出谋划策。

罗富和就加强贫困地区村级组织的建设和保障、完善产业化扶贫、提升贫困地区县级医疗服务水平等问题，与专家们进行了交流。

会上，五位专家学者围绕“三农”问题提出了意见建议。

（16）中国教育政策研究院未来发展方向及智库建设关键问题研讨会

9月27日，中国教育政策研究院未来发展方向及智库建设关键问题研讨会在北京师范大学召开。民进中央主席严隽琪出席并主持会议，副主席朱永新、原副主席王佐书出席会议。

严隽琪指出，民进中央与北京师范大学合作成立的中国教育政策研究院，成立六年来取得了丰硕的成果，积累了大量智库建设的经验，形成了一定的社会影响。目前，中国教育政策研究院的发展已经进入了智库建设的转型关键期，未来在体制机制、人才队伍建设、提升成果质量、扩大成果的影响力等方面都要进一步开展积极探索，及时总结经验，围绕国家发展的战略大局，团结志同道合者，努力把中国教育政策研究院建设成为教育领域的高端国家智库。

民进中央参政议政部、中国教育政策研究院、北京师范大学社科处负责同志参加会议。

（17）民进中央联络委员会全体会议

10月9日下午，民进中央联络委员会在广州举行全体会议。民进中央副主席朱永新出席会议并讲话，联委会30余位委员出席会议。

朱永新指出，联络委员会内部交流越来越规范、越来越频繁，今后还要进一步加强。联委会委员要树立责任感和使命感，认真履行职责，积极参加民进组织的活动，多为民进提出宝贵意见建议。委员们一是要不忘初心、继续前进，想国家之所想、人民之所想；二是围绕民进中心工作、服务大局，发挥自身优势，在职业教育、精准扶贫等课题的参政议政、社会服务、民主监督上有所作为；三是修炼身心、发展企业，保持平和的心态，不断汲取知识的营养，丰富自己的精神世界，把企业做大做强、做长做久。

与会委员就参与民进中央中心工作、加强组织联络、精准扶贫、专业发展等方面内容进行了交流研讨，并讨论了下一步重点工作。

（18）民进出版工作座谈会

10月12日上午，民进出版工作座谈会在京举行。会议围绕如何进一步推动传统媒体和新兴媒体深度融合发展、出版传媒业如何更好地为“走出去”和“一带一路”倡议服务展开深入研讨。民进中央副主席刘新成出席座谈会并讲话。

刘新成代表民进中央向与会专家表示感谢，并对本次会议取得的成果表示充分肯定。他指出，本次会议选题好、报告好、交流好，充分体现了民进在出版界别的人才优势和专业水平，希望在今后的参政议政工作中进一步发挥优势，为推动我国出版业的发展提出更多有分量有影响力的提案建议。

民进中央出版和传媒委员会主任、副主任出席座谈会并发言。

（19）民进中央特殊教育专题研讨会

10月17日至18日，民进中央特殊教育专题研讨会在京举行。民进中央主席严隽琪、常务副主席罗富和、副主席朱永新出席会议并讲话，朱永新主持会议。

严隽琪指出，要使残疾人能够融入社会，乐观、自强、有尊严地生活，要围绕其受教育的机会、康复的机会和融入社会的机会这三方面做好工作。残疾人教育事业需要多元化的参与，包括资金、办学主体等资源。对于残疾人的教育，要因材施教，分类施策。针对已经致残的儿童，不能生搬硬套学历教育，而是要提高他们融入社会的能力。只要能减轻其失能的程度，可以不拘一格，打破常规。

罗富和指出，当前残障出现、发生的情况跟我们社会发展不相适应，希望各位专家教授能够在致残原因方面多做分析研究，对于卫生事业提出建议。当前特殊教育还存在诸多问题，需要我们更加努力地去克服。希望大家通过研讨会，总结筛选出能够促进特殊教育发展的针对性建议，切实有效地促进特教事业的发展。

朱永新指出，特殊教育不是小问题，对特殊教育的关注是国家文明程度的体现。对残疾人的关爱更是一个国家气度、品质、能力的象征。近年来，我国特殊教育发展很快，国家投入不断增加，但与基础教育、高等教育、职业教育甚至学前教育相比相对落后，是国家教育事业的最大短板。希望在座专家能够围绕我国特殊教育发展的现状认识和评估、发展方向定位、经费、特教教师的培养、特教学生的评估分级、资源整合、特殊教育科学研究等问题进行深入研究。

会上，与会人员围绕特殊教育的发展、管理体制、特教教师队伍建设、"医教结合"等问题进行了深入交流。全国政协教科文卫体委员会办公室、教育部、民政部、中国残联等相关单位的同志，有关专家学者，民进部分地方组织相关负责人等共50余人出席会议。

（20）民进中央深化司法体制改革专题研讨会

10月25日，民进中央深化司法体制改革专题研讨会在河南郑州举行。民进中央副主席刘新成出席会议并讲话。

刘新成指出，司法体制改革在全面深化改革、全面依法治国中居于重要地位，是建设中国特色社会主义法治体系、推进国家治理体系和治理能力现代化的重要组成部分。民进中央近年来围绕司法体制改革，组织专家团队赴上海、四川、北京、湖北、河南等地开展一系列专题调研，通过实地考察、召开研讨会等形式，掌握了大量第一手信息，提出了许多好的提案和建议。希望社会和法制委员会进一步梳理问题、研究对策，为中央决策提供完善改革措施的意见和建议。

会议听取了河南省高级人民法院和高级人民检察院关于河南省司法体制改革情况的介绍。来自民进中央社会和法制委员会、河南民进会内的二十多位法官、检察官、律师、法学学者，围绕司法权运行机制、遴选委员会制度、法官员额制、审判管理监督制度、人民陪审员制度等问题进行深入探讨和交流，并就如何深化司法体制改革积极建言献策。

（21）民进中央经济形势分析务虚会

11月10日上午，民进中央经济形势分析务虚会在京召开。民进中央主席严隽琪，常务副主席罗富和、副主席朱永新、秘书长高友东参加会议。会议由朱永新主持。

严隽琪指出，民主党派有直接面对面向最高决策层建言献策的渠道，民进很珍惜这样的机会。中国的出路在全面深化改革，深化改革要有对形势的研判，要有正确的导向，这需要有很深的研究功底，对于各位专家提供的意见和建议，民进中央会认真地归纳整理，其中一些问题还可以利用多种渠道进行深入探讨。

罗富和指出，我们要遵循参政议政的工作规律，吸收专家多年积累的宝贵经验，使得我们提出的建议具有更加扎实的基础，在党和国家一些重大方针政策上能够提供一些供决策参考的意见和建议。

座谈会上，6 位专家学者围绕经济形势与发展提出了建议。

（22）民进中央司法体制改革务虚会

11 月 10 日下午，民进中央司法体制改革务虚会在京举行。民进中央主席严隽琪出席会议并讲话，常务副主席罗富和出席，副主席朱永新主持会议。

严隽琪指出，每年的“两高”座谈会是民进履行民主监督基本职能的重要渠道，此次会议得到了最高人民法院的大力支持，同时还邀请了既有理论研究、也有实践操作的民进会员，使我们听到很多有建设性的意见建议。希望能够跟最高院开展合作，为司法体制改革提供有价值的意见建议。

10 余位专家学者参加座谈，围绕司法体制改革建言献策，对法院、检察院工作提出了意见建议。

（23）民进中央加强参政议政能力建设工作座谈会

12 月 2 日，民进中央加强参政议政能力建设工作座谈会在京举行。民进中央副主席朱永新出席会议并讲话。

朱永新针对参政议政工作的开展提出五点要求。一要深化认识，坚持正确方向。二要增强使命感，切实有为不掉队。三要加强学习，继续提升“选择题目、调查研究、集智聚力”三个方面的能力。四要完善机制，深入推进中央和地方、专职干部和兼职专家、会员本职岗位和党派工作、会内和会外、参政党各个职能之间、专门工作机构和会员广泛参与的“六个互动”。五要积极探索开展民主监督。

座谈会上，29 个省级组织参会同志围绕议题畅谈体会，提出意见建议。

（24）2016 年基础教育改革座谈会

12 月 12 日，2016 年基础教育改革座谈会在北京举行。民进中央主席严隽琪出席并讲话，常务副主席罗富和致辞，副主席朱永新主持会议。

此次会议的主题是高中教育现代化的实践与探索，议题是多样化办学的体制与机制创新、高中阶段的普职融合发展。

严隽琪指出，教育现代化是人的全面发展和自由发展理念指导下的教育思想，是各尽所能共享尊严的人才观，旨在为受教育者提供机会平等、没有歧视、开放包容的终身教育。教育体系的设计要具有开放性和可转换性，要避免一考定终身。公共财政应该保障每个人的发展权利，要与受教育者的多样化需求相适应。教育体制改革还要理顺政府与学校的关系，确定较为明确的权力边界，进一步打开高中教育多样化发展的空间。

罗富和指出，民进是以教育、文化、出版为主要界别的参政党。教育是民进参政议政的“老阵地”，关注教育改革与发展是民进多年来坚持不变的情怀。教育事业要适应经济社会发展，人才结构要适应产业结构的调整，适应发展动力对人力资源和科技创新的需求，就是要不断进行改革。希望大家在此次座谈会中，从自身工作实际出发，实事求是、畅所欲言，为我国高中教育现代化发展助力。

10个省市的15位校长以及来自中国教育学会、民进中央教育委员会的专家学者参加了座谈会。大家围绕会议主题就考试招生制度改革、基础教育人才队伍建设、名校集团化办学、高中学校评价体系、高中教育国际化等问题各抒己见，介绍了各地区、各学校的经验做法以及遇到的问题和困难，提出了意见建议。

会议期间，严隽琪会见了中共北京市朝阳区委书记一行，并参观了北京市第八十中学校史馆。朱永新陪同会见及参观。

（25）民进中央学前教育专题研讨会

12月29日，民进中央学前教育专题研讨会在京举行。民进中央主席严隽琪出席会议并讲话，副主席朱永新、秘书长高友东出席会议。会议由朱永新主持。

此次会议的主题是围绕促进学前教育发展建言献策，议题是促进学前教育事业整体发展、“普惠性”学前教育发展中的问题及政策建议、学前教育师资队伍建设的难题。

严隽琪指出，近几年我国学前教育发展很快，但仍存在一些问题，民主党派要起到监督作用。学前教育不是义务教育，不具有义务教育强制性的特点，因而不能照搬普及义务教育的思路来推动，应该考虑用好市场的力量，要用改革的思路、实事求是地解决现阶段面临的问题。民办幼儿园占比较多，对解决入园难的问题具有积极意义。对于民办教育在建园方面，要面对现实适当放低门槛，把设施安全、环境卫生作为基本保障，书籍、玩教具等要求可以根据情况放宽要求，甚至学前师资也要考虑适当降低准入门槛，设定不同等级的标准，同时，创造条件引导学前师资队伍不断提高保教专业水平。政府作为责任主体要主动作为，对于无证但能够达到办学门槛的民办幼儿园要积极扶持，把无证变成有证，再通过培训等手段逐步提升其办学水平。要着力完善培养幼儿教师的培养培训体系。希望教育部门能够给学前教育中的民办园多些支持。

会上，10位专家学者围绕会议主题作了发言。

教育部相关司局负责同志、全国政协教科文卫体委员会相关负责同志，来自北京师范大学、中国教育科学研究院、四川师范大学等单位的专家学者，部分学前教育机构的园长、教师，参加学前教育调研的部分民进省级组织代表和民进中央机关工作人员30余人参加了此次会议。

（二）民主监督

中国共产党是确保中国特色社会主义事业不断走向新胜利的坚强核心。在中共中央召开的党外人士座谈会上，民进中央针对“全面从严治党”面临的问题，提出“思想教育和制度规范同时发力，从严治党和社会治理相得益彰”的建议，以及加强巡视制度的协调性、设计科学的容错机制、强化对“关键少数”的监督等具体办法。就完善党内法规制度、改革党政干部保障和激励机制、加强基层党建等问题，向中央有关部门及时报送情况和建议。

开展脱贫攻坚民主监督是民进对国家重大专项工作进行监督的新尝试。民进中央高度重视，成立领导小组，制订工作方案，召开专题会议，积极与对口的湖南省沟通协商。聚焦关键问题和薄弱环节，将“贫困人口精准识别、精准脱贫”作为2016年的监督重点，走村入户实地考察。在向湖南省委、省政府反馈调研情况，共同研究对策，提出整改办法的同时，向中共中央、国务院报送关于完善扶贫政策和体制机制的相关建议，向中共中央统战部报送调研报告，对改进工作、推动决策、调整部署发挥了积极作用。首次召开“司法体制改革务虚会”，对法院、检察院工作提出意见。在最高人民法院、最高人民检察院召开的座谈会上，围绕完善司法人员分类管理和员额制、建立健全法官职业保障制度、改善现行的执行制度、稳步推进跨行政区划检察院改革试点等提出一系列建议，推进司法体制改革。支持在政府部门和司法机关担任特约（邀）监督员、监察员、检察员、审计员和教育监督员等的会员，以高度的政治责任感参加有关检查和监督工作，为实现中国的良治和善政而努力。

1. 民进中央—湖南省脱贫攻坚民主监督协商座谈会

8 月 22 日上午，民进中央—湖南省脱贫攻坚民主监督协商座谈会在湖南长沙召开。民进中央常务副主席罗富和出席会议并讲话，秘书长高友东就民进中央对口湖南省脱贫攻坚民主监督前期开展的工作作了介绍。

罗富和指出，对脱贫攻坚进行民主监督，是中共中央赋予民主党派的一项新任务，具有重要的政治意义。这是完善中国共产党领导的多党合作和政治协商制度的需要。民主党派以民主监督的形式参与党中央国务院脱贫攻坚的重大战略部署，投身中国特色社会主义事业的伟大实践，可以更加充分地认识我国社会主义政治制度的优越性和发展道路的正确性，可以更加真切地认识中国国情和“全面建成小康社会”目标的复杂性和伟大意义。同时，这也是加强民进自身建设的需要。作为中国特色社会主义参政党，民进提出“为执政党助力、为国家尽责、为人民服务”，就是要旗帜鲜明地助力执政党，自觉服务于大局。开展脱贫攻坚民主监督的过程，既是巩固民进“道路认同、目标认同、价值认同”的过程，也是弘扬民进“坚持接受中国共产党的领导，坚持爱国、民主、团结、求实，坚持立会为公”优良传统的过程。

罗富和表示，民进中央将秉持“帮忙不添乱、务实简朴”的原则，在民主监督过程中发现问题、直面问题，通过与湖南省的协商沟通，合力解决问题。下一阶段，民进中央将就贫困人口精准识别、扶贫政策落地情况等问题开展专项监督调研，共同推动湖南脱贫攻坚工作。

会前，罗富和会见了中共湖南省委书记、省人大常委会主任徐守盛，中共湖南省委副书记、省长杜家毫，省政协主席李微微。

2. 与国务院扶贫办负责同志座谈交流

9 月 12 日上午，民进中央主席严隽琪在民进中央机关会见到访的国务院扶贫开发领导小组办公室主任刘永富一行，并进行座谈交流。副主席朱永新、秘书长高友东陪同。

严隽琪指出，执政党提出了到 2020 年打赢脱贫攻坚战的目标，但是作为一个发展中国家，脱贫又是一项长期而艰巨的任务。要想打赢脱贫攻坚战，需要全面深化改革，系统地加以推进。开展脱贫攻坚民主监督工作是支持民主党派履行职能的新形式。各民主党派中央开展脱贫攻坚民主监督工作意义重大，体现了中共中央对多党合作的高度重视，是各民主党派发挥民主监督作用的有益探索，是各民主党派服务大局的充分体现。民主党派不是西方的反对党，民主监督要以为执政党助力为目标，找到监督的切入口。希望与扶贫办建立长期联系，共同营造良好的工作机制，全力推进全面建成小康社会各项工作。

会上，多位参与了民进中央扶贫供给侧大调研的专家学者，就脱贫贫困线标准制定、农村土地制度等脱贫要素、农民工市民化、精准扶贫对象的确定、扶贫工作中输血和造血的关系、贫困和非贫困人口的悬崖效应、政府市场社会三者在扶贫中的关系等问题作了交流发言。

2016 年 4 月，民进中央调研组赴湖南开展为期 4 天的“在全面建成小康社会进程中扎实推进农村扶贫供给侧改革”年度专题调研，大调研结束后，向国家有关方面提交了建议书，得到了党和国家领导人的高度重视和重要批示。中央扶贫开发工作会议后，中共中央明确 8 个民主党派中央分别对口 8 个中西部省区，重点就贫困人口精准识别、精准脱贫等情况开展民主监督，其中民进中央对口湖南省开展脱贫攻坚民主监督工作。此次国务院扶贫办来访，主要是就落实民进中央大调研建议书内容及脱贫攻坚民主监督工作进行沟通和协商。

3. 民进中央脱贫攻坚民主监督工作专题会

9 月 12 日，民进中央脱贫攻坚民主监督工作专题会在京举行。民进中央主席、民进中央脱贫攻坚民主监督工作领导小组组长严隽琪主持会议，常务副主席、领导小组常务副组长罗富和，副主席、领导小组副组长刘新成、朱永新，秘书长、领导小组秘书长高友东出席会议。

会议议题是：学习中央统战工作会议精神，落实中共中央政治局委员、中央统战部部长孙春兰同志在“各民主党派中央开展脱贫攻坚民主监督工作启动会”上的重要讲话和工作部署；结合民进中央脱贫攻坚民主监督工作的开展，进一步增进共识，找准着力点；研究《民进中央脱贫攻坚民主监督工作实施方案（2016 年 9–12 月）》。

严隽琪指出，开展脱贫攻坚民主监督，是中共中央赋予民主党派一项新的历史使命。要深入学习领中央精神，宣传中共中央、国务院关于脱贫攻坚的方针政策，宣传中国梦和中国特色社会主义制度的优越性，帮助贫困地区的干部群众坚定脱贫攻坚的信心和决心；要秉持“帮忙不添乱”的原则，全面了解湖南省脱贫攻坚的工作情况，在工作内容和方式方法上，要与中共中央统战部、国务院扶贫办以及湖南省有关方面充分沟通；要强化问题导向，聚焦改革创新中的热点问题、政策落实中的难点问题、群众不满意的突出问题，有针对性地开展深入调研，运用政党协商等渠道积极建言献策，巩固脱贫攻坚成果，提升工作实效。

会议听取了民进中央脱贫攻坚民主监督工作近期开展有关情况，以及《民进中央脱贫攻坚民主监督工作实施方案（2016 年 9–12 月）》的汇报。

民进中央脱贫攻坚民主监督工作领导小组成员参加了会议。

4. 民进中央脱贫攻坚民主监督调研座谈会

11 月 25 日下午，民进中央脱贫攻坚民主监督调研座谈会在湖南长沙举行。民进中央副主席朱永新出席会议并讲话。

朱永新指出，在扶贫攻坚工作中，要从三个方面体现“精准”：第一，在调研中发现精准识贫有疏漏，进村的工作队应该进一步精准识贫，加大老百姓的公平感；第二，在返贫率上，老百姓因病、因事故返贫的比较多，需要有一个合理的进退机制；第三，在扶贫标准上，应该随着社会经济发展、物价指数上升，做适当的调整，精心、精致、精准地做好识贫、扶贫。

朱永新指出，在扶贫攻坚工作中还要注重推进工作与依法改革之间的平衡，在扶贫资金有限的情况下，在法律的框架内解决资金问题；要注重产业扶贫与社会保障之间的平衡，产业扶贫和社会保障两手都要抓，形成解决贫困问题的“双保险”；要注重立足眼前与兼顾长远之间的平衡，扶贫不是一个孤立的工程，要与乡村的可持续发展联系起来，把脱贫攻坚与建设美丽乡村、建设社会主义新农村结合起来；要注重整体开发与精准帮扶之间的平衡，对于区域开发如何与脱贫更紧密地结合，要进行更深入的研究。

座谈会上，与会人员就调研组在调研期间发现的问题和思考进行了深入交流。

（三）政治协商

1. 积极参与高层协商

在中共中央、国务院召开的党外人士座谈会上，民进中央重点围绕“推进供给侧结构性改革”，提出了要加大教育供给、推进以人为本的城镇化、改善实体经济生存环境、壮大村级集体经济、发展海水淡化产业、推进流域综合管理、建立国家公园体制等政策性建议，得到国家发改委、教育部、国土资源部等部委的反馈。以书面形式向党和国家领导同志报送了14篇建议书，分别是《关于加快实施“引哈济党”工程的建议》《关于“十三五”期间实施农业良法工程的建议》《关于加强乡村教师队伍建设的建议》《关于民办教育分类管理的两点建议》《关于加大煤炭清洁行动推广力度的建议》《关于进一步做好脱贫攻坚工作的建议》《关于发挥好中职教育在农村扶贫中作用的建议》《关于在基础教育阶段开设公民常识课的建议》《关于推动实施“华佗工程”的建议》《关于香港青少年国情教育现状的反映》《关于扎实推进农村扶贫供给侧结构性改革的建议》《关于在参与全球治理体系建设中争取话语权的建议》《关于缩小集中连片特困地区内部政策落差的建议》《关于发展森林旅游助力脱贫攻坚的建议》，得到高度重视和批示。

2. 在全国政协十二届四次会议、常委会议和专题会议上的发言与提案工作

向全国政协十二届四次会议提交党派提案37件，民进组提案6件，内容涵盖当前经济社会发展的众多领域。《关于发挥教育培训在化解过剩产能人员安置中作用的提案》被选为两会期间提案办理协商会的办理提案。《关于进一步扩大学前教育资源的提案》《关于提升边境地区义务教育质量，维护边境安全的提案》《关于完善重大技术装备相关政策，帮助企业降低成本的提案》《关于尽快着手解决“短命建筑”问题的提案》《关于申遗成功后大运河保护、开发和利用的提案》被列为重点办理提案。作《诚信政府领跑诚信中国》的大会口头发言，呼吁政府从自身诚信做起，引导全社会的价值取向，建成诚信中国。作《人心就是力量》的大会口头发言，提出人民为国家之基，人心为国家之根，呼吁大家心手相牵，共同克服困难，受到广泛关注。在全国政协十二届十六次常委会上，作《壮大村级集体经济，增强贫困村“造血”能力》的口头发言，提出要从根本上破解贫困村问题，关键在于用好壮大农村集体经济这把强村富民的“金钥匙”。参与主办全国政协“重视特殊教育”双周协商座谈会，提出明确特教战略目标和政策方向、加强特教师资培养、建立特殊少儿的评估和分类统计体系、落实医教结合、重视残疾人高等教育的发展、完善随班就读政策、加强对残疾儿童的救助等建议。为办好这次座谈会，民进

中央先期赴河南、安徽进行调研，委托教育委员会、中国教育政策研究院，以及民进北京、辽宁、江苏、安徽、福建、山东、河南、甘肃等8个省级组织分别开展调研，召开“民进中央特殊教育专题研讨会”，汇集各方力量就特殊教育发展的关键性问题议政建言。

（四）社会服务

2016年，民进中央认真贯彻落实中央统战工作会议精神、中央扶贫开发工作会议精神和民进全国社会服务工作会议精神。认真落实《民进中央关于加强和完善社会服务工作的意见》，按照民进中央开展坚持和发展中国特色社会主义学习实践活动部署，完善社会服务与参政议政、思想宣传、组织发展和理论研究相结合的工作机制，民进各级组织把脱贫攻坚作为当前社会服务工作的重中之重，坚持政治性、公益性、组织性和实效性原则，凝聚力量，发挥优势，为全面建成小康社会作出积极贡献。

1. 深化彩虹行动，聚力脱贫攻坚

（1）2016年是脱贫攻坚工作开局之年，民进中央高度重视脱贫攻坚工作，通过考察调研、智力支持、产业帮扶等多种形式参与统一战线聚力脱贫攻坚工作。

4月27日至29日，民进中央常务副主席罗富和率民进中央调研组，赴黔西南布依族苗族自治州就“健康服务业发展”开展专题调研，副主席朱永新参加调研。调研组详细了解了黔西南州和安龙县医疗、旅游、农业等方面发展情况，为今后五年民进参与黔西南州安龙县脱贫攻坚工作做好铺垫，此次调研完成了《关于推动实施“华佗工程”的建议》报送中共中央、国务院，刘延东副总理在该建议书上作了批示并转交国家卫生计生委办理。调研期间，罗富和在黔西南出席第四届“中国美丽乡村万峰林峰会”开幕式，朱永新主持开幕式。此次峰会活动的主“凝心聚力创新驱动 绿色发展同步小康”。开幕式前，罗富和一行参观了黔西南“星火计划、科技扶贫”试验区建设成果展。

11月16日至17日，民进中央主席严隽琪率队赴黔西南布依族苗族自治州围绕脱贫攻坚工作开展调研，副主席朱永新、秘书长高友东陪同调研。16日下午，调研组在黔西南州兴义市举行了“民进中央参与黔西南州试验区脱贫攻坚工作座谈会暨捐赠签约仪式”。座谈会上，严隽琪指出，多党合作是中国特色政党制度的特点，围绕中心，同心同行，合力干大事，是这个制度最大的优势。民进参与脱贫攻坚工作的过程中，可以更加深入了解中国国情，可以更加了解中国广大民众特别是底层民众的呼声，更加磨炼自己的履职能力，更加凝聚“道路认同、价值认同和目标认同”，参与脱贫攻坚是我们凝聚共识非常好的途径和平台。在捐赠签约仪式上，民进会员企业紫光学大教育集团向安龙县援建10间梦想教室；民进会员企业云校（北京）科技有限公司向黔西南州教育局捐赠了云校智慧教育云平台；民进浙江省委会筹集100万元向安龙县援建幼儿园，会员企业家李君向18所公立幼儿园捐赠教材；39家互联网医院与安龙县人民医院进行合作授牌；安龙县向广东温氏集团安龙精准扶贫基地项目授牌；中国工程院院士韩德民代表中国医疗保健国际交流促进会与黔西南州政府签订帮扶合作协议；福建农林大学校长兰思仁代表福建农林大学与黔西南州政府签订框架合作协议。调研期间，严隽琪一行先后赴安龙县大秦光伏农业高科技示范园、安龙县人民医院、安龙县教育园区进行实地考察调研，并与相关负责人进行座谈。

（2）2015 年启动的“同心助学”行动是由中共中央统战部组织统一战线实施、精准帮扶毕节试验区百所学校的行动计划，民进对此率先作出响应并启动实施，2016 年民进中央继续协调十三个省级组织根据对口帮扶学校的具体情况继续开展帮扶工作，积极与金沙县教育局和受助学校联系沟通，充分发挥民进在教育方面的人才智力优势，发动和协调教育界会员力量，通过培训骨干教师、与西部地区学校结对、手拉手等形式，帮助其逐步提高学校管理水平和提高队伍专业素养，进而提高教育教学质量。

6 月 13 日至 26 日，“同心彩虹行动”2016 年新疆校长培训（东昌）班在新疆乌鲁木齐市举办。13 日上午，培训班举行开班式，民进中央副主席朱永新出席并讲话。开班式后，朱永新以“教师的专业成长”为主题，从职业认同和专业成长两个方面为参训的校长们作了第一讲。6 月 26 日，培训举行结业典礼。结业式对获得“优秀学员”的 9 名校长进行了表彰。本期培训班为期 15 天，从价值领导力、专业领导力、行政领导力三个方面邀请专家学者授课。来自新疆各地 60 名余名中小学校长参加了培训班。

7 月 24 日至 30 日，“同心彩虹行动”2016 年音乐教师暑期培训班在北京市第三十五中学举办。民进中央常务副主席罗富和出席结业式，为优秀学员颁发荣誉证书并和全体学员合影。罗富和在讲话中指出，党和国家高度重视教育事业，把教师培养作为推动教育事业发展的关键环节来抓，“国培计划”实施以来，中小学教师特别是农村教师队伍整体素质不断提高，有力带动了对祖国未来接班人的培养。为继承和发扬民进中央原主席雷洁琼倡导的尊师重教传统，深入推进“同心彩虹行动”实施，自 2008 年开始，民进中央每年暑期组织民进会员中的一线骨干教师，以及对口帮扶地区的骨干教师来京培训学习。本次培训班由民进中央主办，北京市第三十五中学和北京睿升培训学校承办，首次以音乐教育培训为主题，包括民进 29 个省级组织推荐的 29 名学员、民进中央对口帮扶的贵州省毕节市金沙县和黔西南州安龙县推荐的 20 名学员在内的 49 名基层音乐教师参加了培训。培训期间，学员们集体参观了民进中央会史展览馆，观看了民进会史宣传片，听取了民进会史专题报告。

（3）民进中央广泛联系会内外资源，积极引导社会力量赴西部贫困地区开展健康扶贫和产业扶贫。与中国工程院院士韩德民联系协商，将中国医疗保健国际交流促进会的“华佗工程”落户黔西南，该工程以标准化医疗服务体系建设重心下移到县级医疗机构为核心，以人员培训、标准化设备配置、药品耗材补给及医联网建设等为重点，推动建设县级医疗机构标准化学科体系，提升农村区域医疗机构的整体水平，从而化解农村因病致贫返贫问题，推进健康中国发展战略。协调福建农林大学国家菌草工程技术研究中心参与黔西南州安龙县食用菌产业发展，与安龙县人民政府共同签署了双方合作的框架性协议。协调广东温氏集团在安龙县投资 8.3 亿元，建成 50 万头生猪产业一体化项目，项目建成后，将带动黔西南州农民致富和运输、餐饮等相关行业的发展。

（4）民进中央积极推动民办教育为贫困家庭提供培训和就业服务，鼓励和支持民进企业家会员参与民进全会“精准扶贫”“教育帮扶”行动。会员企业云校（北京）科技有限公司 2016 年无偿帮扶贵州省黔西南、铜仁、毕节，甘肃省临夏、陇南和河北省张家口、沧州，陕西、西藏等西部地区的精准扶贫、教育帮扶任务，捐赠教育云平台，惠及贫困落后地区学生 820 万人。国务院扶贫开发领导小组每年评选表彰一批为脱贫攻坚作出突出贡献的各界人士，民进中央联络委员会副主任、开明实业股份有限公司董事长、云校校长陈正拜荣获全国脱贫攻坚贡献奖。

（5）民进各省级组织按照民进中央工作部署，积极开展精准扶贫工作。民进上海市委会讲师团赴贵州省册亨县开展讲学活动，民进江苏省委会组织苏州民进教育讲师团赴贵州省金沙县开展了“同心助学”送教活动，民进宁夏区委会为山区200名中小学美术教师进行专业培训，民进重庆市委会赴贵州省金沙县柳塘镇开展了“同心助学”捐赠暨送教活动，民进吉林省委会与长春晚报社共同开展了“带走一本书，留下一本书”图书置换公益活动，民进山东省委会双促工程继续深入推进，民进广西区委会对5年来广西省隆安县岑山村帮扶工作经验进行总结并思考新扶贫点隆安县古信村的精准帮扶思路，民进安徽省委会开展“六一”关爱留守儿童活动，民进四川省委会积极积极响应、参与四川统一战线教育扶贫凉山州行动，民进山西省委会继续在阳泉杨家庄中学开展助学支教活动，民进甘肃省委会驻帮扶村工作队完成村脱贫攻坚“853”挂图作业和入户三本账全部工作、建立起全村精准扶贫大数据平台录入、帮助落实贫困户精准扶贫贷款275万元，民进河北省委会赴金沙县开展文化教育扶贫活动。民进中央机关党支部、民进支部、工会和团支部共同发起为安龙县坝盘村捐建儿童活动室的活动，并组建志愿者团队于六一儿童节前夕赴坝盘村举行了坝盘村开明儿童活动中心捐赠仪式，并走访慰问村里部分老党员和贫困户。

2. 践行慈善理念，推动公益发展

民进中央开明慈善基金会认真学习中央统战工作会议精神，贯彻落实《中华人民共和国慈善法》，聚力统一战线脱贫攻坚，切实提升工作实效。2016年上半年基金会圆满完成换届后，积极顺应时势发展、以慈善法的出台为背景，围绕宗旨、不断创新工作机制，探索发展模式，充分发挥作为民进公益平台的作用。先后参与助推广昌县千善乡敬老院工程项目建设和四川省阿坝藏族羌族自治州开展的“阿坝州光明行”活动，为当地白内障患者送去了光明。民进中央积极推动各专项基金工作有序开展。河南民进刘文现教育专项基金开展资助林州贫困户、云南峨山县富良棚乡贫困学生活动；民进重庆小桔灯教育专项基金开展进盛合作、春梅爱心帮扶行动资助品学兼优的学生；民进广东同心筑梦专项基金开展资助韶关市铁路第一小学、河源市东源县附城中学困难学生等活动；山东民进齐鲁公益专项基金开展资助“寻访关爱金门战役解放军将士及家属”活动；学大教育集团个性化教育专项基金资助安龙县10所学校建立“梦想教室”以及拍摄“学大梦想教室公益纪录片”；民进福建星空专项基金开展建宁县、霞浦县、武夷学院、福建师范大学等地的助学活动，资助安龙县坝盘村开明儿童活动中心建设、资助宁夏固原市开展农村文化建设项目、资助流水镇裕籓村创办农村书屋、资助福建政和县澄源乡中学体育用品等设施的配备。

5月24日下午，开明慈善基金会第一届理事会第九次会议暨第二届理事会第一次会议在京召开。民进中央主席、开明慈善基金会名誉理事长严隽琪，常务副主席、基金会理事长罗富和，副主席刘新成，副主席、基金会副理事长朱永新，原副主席、基金会副理事长王佐书，秘书长、基金会理事高友东出席会议。民政部民间组织管理局负责同志出席会议并致辞。

第一届理事会第九次会议审议通过了朱永新代表第一届理事会所作的工作报告，审议通过了第一届理事会的财务工作报告，通过了《开明慈善基金会换届工作领导小组人员名单（草案）》和《开明慈善基金会第二届理事会组织机构建议名单（草案）》；听取了罗富和对开明慈善基金会第一届理事会换届事项说明；张银俊监事宣读了《开明慈善基金会第一届理事会监事意见书》，高友东宣读了《给开明慈善基金会第一届理事会全体人员的致敬信》。

第一届理事会换届选举会议审议通过了《开明慈善基金会第一届理事会换届选举办法（草案）》《开明慈善基金会第一届理事会换届选举监票人、计票人名单（草案）》；采取无记名投票选举产生了开明慈善基金会第二届理事会理事 15 人。

第二届理事会第一次会议审议通过了《开明慈善基金会第二届理事会第一次会议选举办法（草案）》。会上，严隽琪被推举为第二届理事会名誉理事长；会议选举罗富和为理事长，刘新成、林圣雄、丁建勇、陈正拜、吴文彦为副理事长，宁永丽为秘书长；宣布张银俊为监事。会议并审议通过了《开明慈善基金会 2016 年至 2018 年工作规划（草案）》。

严隽琪、罗富和在大会上作了讲话。

严隽琪强调，2016 年是贯彻落实“十三五”规划的开局之年。“十三五”规划纲要提出要全面建成小康社会，具有十分重要的意义。开明慈善基金会下一步工作规划，目标任务的制定，工作重点的安排，都要围绕国家扶贫攻坚战略的实施来开展，要认真总结经验，在精准扶贫上体现特色，形成品牌，作出贡献。要与时俱进地弘扬民进的优良传统，推进新形势下公益慈善工作，充分发挥基金会作为民进全会公益慈善的平台作用，大力调动各方面参与公益慈善的积极性。要增强依法依规管理的意识，要在规范管理上作出表率，体现特色。

对于今后基金会的工作，罗富和要求，开明慈善基金会作为党派的基金会要坚持正确的办会理念和发展方向。坚持“两个为主”的工作方针和“温暖民心”的工作主调，立足中央，面向全会，发挥政党优势，继续围绕民进参政党职能的履行和工作的重心来谋划项目，推进工作。要着眼于民进系统上下公益慈善事业的健康发展，把基金会作为凝聚民进系统上下力量的重要平台，在促进民进会员尤其是企业界会员健康成长方面发挥积极作用。要加强学习培训、坚持“服务为本”“稳中求进”，增强自我发展能力，全面提升基金会能力水平。

基金会副理事长、理事等出席会议，基金会监事、法律顾问等参加会议。

3. 完善工作机制，规范画院工作

民进中央开明画院积极探索工作新模式，以服务中国文化事业发展、服务民进中心工作和服务书画艺术界会员为根本出发点，广泛开展了各类公益活动、美育系列培训，鼓励广大美术界会员深入基层、深入群众、深入生活，以多种方式服务社会，扩大了社会影响。继续在全国范围内广泛开展“春联万家”活动，据不完全统计，民进全会共举办活动 327 场，现场参与群众 9.6 万人，免费书写春联 10 万余幅。先后支持举办“宁夏美术教师培训班”，组织重庆开明画院书画家赴黔西南州开展美育培训及采风交流活动，组织四川开明画院美术家走进雪域高原，为四川省阿坝州若尔盖县的教师做了书法和中国画的讲座。开明画院秉持公益理念，积极做好对书画界会员的服务工作，先后以多种方式积极支持民进书画界会员开展活动。民进中央常务副主席罗富和出席开明画院艺术顾问、著名书法家言恭达先生的《新中国元帅诗选》大草书法长卷捐赠仪式，民进中央开明画院作为主办单位，成功举办了“北京 · 北京——邵岩、李学伟、徐圭逊、李强书法展”“陈秀庆双百荷展”，作为支持单位的“冯庆油画作品展”“观复万物 · 王沛忠‘自然山水’书画艺术展”“陕西民进书画大讲堂”和“王镛书法作品展”先后成功举办。2016 年，开明美术馆为会内书画家无偿提供办展场地，举办五次广西、山西、重庆、安徽、广东的会员书画家展览。

（1）5 月 30 日，民进中央开明画院二届二次院长办公会议在河南林州举行。民进中央常务副主席罗富和出席会议并讲话，秘书长高友东出席会议。开明画院院长、副院长、副秘书长参加会议。

罗富和指出，画院作为服务平台，要积极支持美术界会员的各类活动，在作为主办、协办或支持单位时，要积极了解展览情况，与画院负责人保持协商沟通，尽快履行审批手续；要向专业团体学习，制定有关规章制度，进一步完善画院运作体系，共同把画院的工作做好；在办好基层美术教师培训班的同时，尝试开展高层次的讲座培训，提升开明画院整体水平；感谢浙江开明画院无偿将开明商标转让给民进中央，在法律层面上，今后使用开明商标要通过授权使用。

高友东从服务民进中心工作、服务美术界会员、加强自身建设三个方面，总结了画院上半年工作，并对下半年工作作出部署。开明画院分管副院长汇报了工作情况，并对下一阶段画院工作提出了意见建议。会议还听取了《关于全国民进开明画院摸底情况的汇报》，审议讨论了《民进中央开明画院聘任画师的规定》。

（2）12 月 27 日，民进中央开明画院二届三次院长办公会议在京召开。民进中央副主席朱永新出席会议并讲话，秘书长高友东出席会议。开明画院院长、副院长、副秘书长参加会议。

朱永新指出，开明画院办公室要做好 2017 年工作计划的修订完善工作；希望画院继续为民进中心工作服务，将计划内的各项工作做好。

这次会议的主要议程是，审议民进中央开明画院二届一次常务理事会议议程（草案）；审议民进中央开明画院 2016 年工作报告（草案）；审议省级组织申办 2017 年开明美术馆展览申请；审议民进中央开明画院 2017 年工作计划（草案）；评审拟聘任画师；审议《民进中央开明画院会议管理制度（草案）》《民进中央开明画院采风创作基地管理办法（草案）》《民进中央开明画院画作收藏使用制度（草案）》等。

（3）12 月 28 日，民进中央开明画院二届一次常务理事会议在京召开。

28 日上午，会议开幕。民进中央常务副主席罗富和出席并讲话，副主席朱永新主持开幕式，秘书长高友东出席。开明画院常务理事会理事近 50 人参加会议。

在谈到画院今后的工作时，罗富和强调，一是要坚定信念，深入学习领会习近平总书记在文艺工作座谈会上的重要讲话精神，用讲话精神指导工作，为文化事业繁荣发展作出积极贡献；二是要根据实际工作情况，不断完善画院的各项规章制度，促进画院管理制度化；三是要创新工作形式，开展形式多样的采风创作、合作交流、学术研讨等活动，用艺术的感染力讴歌时代，鼓舞团结带动民进会员共同努力实现中国梦。

高友东作了《民进中央开明画院2017年工作计划的说明》；开明画院院长唐勇力作了《民进中央开明画院2016年工作报告（草案）》。

会议围绕民进中央开明画院2016年的工作报告和2017年工作计划的有关情况，以及省级组织开明画院的办院经验等内容进行了分组讨论。

28日下午，会议闭幕，高友东主持闭幕式。

（五）海外联谊

1. 继续推进两岸教育文化等领域的交流交往

（1）5月19日至21日，2016海峡两岸中华传统文化与现代化研讨会在山西介休召开。

19日，研讨会举行开幕式，研讨会的主题是“中文写作与世界文学”。民进中央主席严隽琪出席开幕式并讲话，副主席刘新成、张帆、卫小春，秘书长高友东出席开幕式。开幕式由卫小春主持。

严隽琪指出，随着中国在经济上的崛起，中华文化越来越受到世人关注，对于中华民族，“文化自信”成了热词；而随着改革开放，中国人也越来越理性地看待多元文化。我们要从世界文化多元共生的角度，既要增强中华文化的自信心，又要不带成见地借鉴和吸收现代文明的一切精华，自觉自主地进行现代化的转型。海峡两岸同胞本是同根生，同用一种语言文字，同享中华悠久文化传统的资源，又同样面对全球化、市场化、信息化浪潮中中与西、古与今、雅与俗的拷问。只有在认识自己的文化，理解并接触到多种文化的基础上，才能有条件地在这个多元文化的世界里确立自己的位置。

来自海峡两岸的知名作家学者，山西省、晋中市、介休市有关领导，以及民进中央、叶圣陶研究会、民进山西省委会有关部门负责人参加了开幕式。

5月21日，研讨会闭幕。刘新成、张帆出席闭幕式。

在为期3天的研讨中，来自海峡两岸的专家学者就世界主义与民族想象、中文写作与民族美学传统、全球化时代中文写作新的可能性、中国文学的世界传播等议题作了深入探讨，进行了思想的交融、智慧的碰撞。

张帆在讲话中指出，海峡两岸作家都是用中文写作，这既是我们的工作领域，也是我们的创造领域，展示中文的魅力、发掘中文的潜力是每位作家的责任。“文学传统”是大部分作家写作的起点，但不应是终点，“文学传统”需要继承，也需要延伸。作家必须在文学对话之中展示对历史和现实的独特的认识和新的发现。在全球化大背景下，中国文学走向世界不应依赖某种文化投机，而应该通过深入的对话，以深刻和独特的文化状态征服读者。

此次研讨会还设置了文化观察环节，两岸学者参观考察了后土庙、介休市老年大学和介休市博物馆等，介休悠久的历史、深厚的传统文化底蕴和在中国实现现代化进程中快速的发展使与会者深切体会到了传统中国与现代中国的交融。

（2）7月16日至20日，2016海峡两岸暨港澳地区基础教育交流活动在云南举行。

7月16日至17日，来自港澳台的20余位校长前往云南腾冲参访腾越中心小学、腾冲文庙、腾冲一中，考察和顺古镇、和顺图书馆和文昌宫，并前往国殇墓园拜谒抗日英烈，参观滇西抗战纪念馆。参访学校期间，围绕活动主题“义务教育均衡发展”，港澳台校长还与腾冲市教育部门负责人、部分学校校长座谈。

作为交流活动的序幕，交流团于7月18日参访了云南省民族中学和昆明市第一中学，并在昆明市第一中学召开座谈会，围绕义务教育均衡发展进行交流。民进中央常务副主席罗富和出席会议并讲话，副主席刘新成、朱永新，秘书长高友东出席座谈会。

7月19日，2016海峡两岸暨港澳地区基础教育交流活动研讨会在昆明举行，此次研讨的主题是“义务教育均衡发展”。罗富和出席会议并作闭幕讲话，刘新成出席会议并作开幕致辞，高友东出席会议。

罗富和指出，“以人为本，全面发展”是教育的方针、宗旨，义务教育阶段的培养对一个人的成长成才非常重要。义务教育应满足人们的教育需求和未来社会的人才需求，要构建适应现代社会需要、满足公众多样化教育需求、符合终身教育要求的完整的现代教育体系。要加快我国通用语言文字的推广。国家统一通用语言非常重要，要明确通用的普通话作为通用语言的地位，加快普通话的推广。特别是在教育领域，当前还存在将“汉语”与“中文普通话”混淆使用的情况，应明确双语教学中“双语”为“民族语言和普通话”，这对于我国民族地区以及我国多元文化教育都有着极其重要的意义。

刘新成指出，大陆、香港、澳门和台湾在教育改革与发展中既面临各自的困扰，也有许多共同面对的问题。海峡两岸暨港澳地区基础教育交流活动为基础教育交流开设了一个新的平台，交流活动围绕一个大的主题，设计了研讨交流、学校参访和相关文化考察等多个内容，希望来自多方面的信息、多元化的思考，把感性体验与理性思考相结合，能够让大家碰撞出思想的火花，藉此引发一些深层次思考，进而能够有益于大陆、香港、澳门和台湾的教育实践。

朱永新简要介绍了活动的主办单位中国民主促进会、叶圣陶研究会和协办单位民进中央教育委员会、中华海外联谊会教科文卫委员会的情况。他指出，我国在推进义务教育普及过程中，教育的硬件建设问题初步得到解决，但软件建设、东部与西部地区、城市与农村地区还存在较大差距。他认为，教师决定教育品质，教师问题是关键也是难点，推进义务教育均衡发展依然有很长的路要走。

活动期间，与会嘉宾围绕“义务教育均衡发展与学校特色发展”“课程变革：为学生提供适合的教育”“因材施教：资优教育与补偿教育”等议题展开了研讨。

来自大陆、台湾、香港、澳门的专家学者，云南省、昆明市有关领导，以及民进中央、叶圣陶研究会、民进云南省委会有关部门负责人60余人参加了研讨会。

（3）10月20日，第二届“两岸学者共话·世界史”论坛在北京大学举行。民进中央主席严隽琪出席开幕式并致辞，副主席刘新成出席会议。

严隽琪指出，中国国际交往日益扩大，国际责任日益加重，需要对世界各个国家和地区的政治、经济、社会、文化都有较为深入的、高水平的、长期跟踪的研究，唯有如此，才能为我国制定比较完善的、主动的国际战略，提供足够的基础支撑和充分的准备。但当前中国对域外的研究，无论是理论建树，还是研究方法，无论是对国际重大现象作出合理解释，还是为解决现实中的国际问题提供解决思路和方案，都显得力量不足。在中国与世界的关系日益紧密的今天，加强世界史研究、为国家的内政外交决策提供相应的学术和思想资源，依然任重道远。世界史研究只有更好地以时代关怀为指向，才能更好地展现自己的社会功能。

“两岸学者共话”论坛是叶圣陶研究会于2014年开始创建的小范围、高层次的两岸学术对话平台。此次论坛为期两天，由北京大学历史学系承办。来自两岸高校和研究院所的20余位世界史专家，围绕两岸世界史学科发展的历史与现状、主要国家国别史、世界通史与专门史等专题进行了研讨交流。

2. 积极探索两岸青年交流新形式

（1）1月28日上午，民进中央主席严隽琪在北京人民大会堂会见了台湾“2016纵横北京”中华文化研习营学员一行并座谈交流，秘书长高友东主持座谈会。

严隽琪指出，当前，大陆正在实施的“一带一路”倡议，在促进沿线国家的跨境合作、区域一体化进程、基础设施建设和互联互通中，急需大量的法律、金融、商务、外交等各方面人才；今年开始实施的“十三五”规划，体现了大陆发展的主要思路、主要项目和对经济比例的把握，在经济发展新常态下，增长速度、经济结构、发展动力上都发生了转变，需要用创新、协调、绿色、开放、共享的发展理念来促进经济结构更加优化，分工更加合理。发展会带来机遇，沟通会带来机遇，困难也会带来机遇；这些都给两岸的年轻人提供了充分发挥聪明才智、大展宏图的机会。希望两岸青年进一步加强交流交往，增进了解和互信。

严隽琪还就完善普惠的公共卫生事业、加强知识产权保护、通过教育培养青年学子的国际观等方面回答了台湾学子提出的问题。

（2）8月18日上午，2016海峡两岸青年企业家创新发展与经济合作圆桌会议在北京举行。民进中央主席严隽琪出席会议并讲话，副主席刘新成、秘书长高友东出席开幕式。

严隽琪指出，本次圆桌会议与会者以青年企业家为主，青年是国家和民族的未来，也是两岸关系和平发展的生力军。本次圆桌会议既是大家相识的起点，也是今后交流往来、携手合作、共同发展的起点。维护两岸关系的和平发展是两岸同胞的共同心愿，需要两岸同胞共同作出努力。希望两岸民间的交流与合作能为日后两岸关系发展奠定民意基础，双方建立起政治共识，确保两岸关系沿着和平发展的道路稳步前进。企业家一直走在两岸交流合作的前沿，是两岸关系和平发展的参与者、受益者和推动者，希望两岸的青年企业家能够承担起这一代人的责任，在两岸关系和平发展方面发挥更大的积极作用。

开幕式上，国家开发银行原首席经济学家黎维彬作了《关于中国当前经济发展形势》的报告；国家科技部研究室主任胥和平作了《中国制造2025与科技创新发展》的报告。

海峡两岸青年企业家创新发展与经济合作圆桌会议旨在促进两岸青年企业家的沟通交流与合作。会议设置了专题报告、会议代表发言、两岸青年企业家交流发言及实地考察等内容，共有50余位两岸青年企业家出席会议。

民进中央机关有关部门负责人、民进北京市委会有关负责人，中国民营经济国际合作商会及台湾技术服务社的有关人士参加了会议。

3. 做好叶圣陶研究会各项工作

（1）3月21日下午，叶圣陶研究会第四次会员代表大会在京召开。民进中央主席、叶圣陶研究会会长严隽琪，民进中央常务副主席、叶圣陶研究会常务副会长罗富和，民进中央副主席、叶圣陶研究会副会长刘新成，民进中央副主席、叶圣陶研究会副会长兼秘书长朱永新出席会议。会议由刘新成、朱永新分别主持。

代表大会审议通过了罗富和代表第四届理事会所作的工作报告；审议通过了《叶圣陶研究会章程修正案（草案）》；选举产生了叶圣陶研究会第五届理事会；宣读了给光荣离任同志的致敬信。

在叶圣陶研究会五届一次理事会上，严隽琪当选为叶圣陶研究会第五届理事会会长，罗富和为常务副会长，刘新成、朱永新、商金林、朱晓进、王铮、郭戈为副会长，高友东为秘书长；会议推举许嘉璐、张怀西为名誉会长。会议审议通过了《叶圣陶研究会2016年至2020年工作规划（草案）》和《叶圣陶研究会2016年工作要点（草案）》。

代表大会前，严隽琪会见了即将离任的叶圣陶研究会第四届理事会副会长、副秘书长，朱永新、高友东陪同会见。

民进中央有关部门负责人，北京、江苏、江西等省市的叶圣陶研究会代表等50余人出席会议。

（2）11月21日至27日，应台湾图书出版事业协会邀请，叶圣陶研究会秘书长高友东率叶圣陶研究会出版考察交流团一行9人，赴台湾开展出版考察交流活动，了解台湾出版事业发展状况，介绍大陆出版改革和发展相关情况，并会见了相关人士。

考察期间，参访团先后在台北、花莲、台东等地，访问了台湾图书出版事业协会、万卷楼图书公司、五南图书公司、台湾学生书局、百通科技公司、诚品书店等出版机构和图书制作公司。

（3）12月9日下午，叶圣陶研究会第五届理事会第二次会议在京举行。民进中央主席、叶圣陶研究会会长严隽琪出席会议并讲话，常务副主席、叶圣陶研究会常务副会长罗富和出席会议并作2016年度叶圣陶研究会工作报告。副主席、叶圣陶研究会副会长刘新成、朱永新，秘书长、叶圣陶研究会秘书长高友东出席会议。会议由刘新成主持。

严隽琪指出，近年来叶研会的体制机制不断完善，工作更加规范有序，为叶研会进一步开展工作奠定了良好基础。同时，中华民族的文化自信逐步加强，国家对于文化建设越来越重视，为叶研会发展提供了良好契机。随着叶研会的工作一步步深入，学术成果越来越丰富，其社会影响也在逐步扩大。希望叶研会不忘初心，在今后的工作中集智聚力，以开放包容的心态面对挑战，不断开拓创新，追求实效。

罗富和在工作报告中回顾总结了叶研会2016年的工作。2016年叶研会联系广大会员及国内外研究叶圣陶教育、文化、编辑出版思想的学者和有关学术团体，在学习、实践和发展叶圣陶学术思想；积极推动教育、文化、编辑出版事业的改革和发展，积极开展台港澳交流，服务祖国统一大业；参与社会公益事业以及加强自身建设等方面，开展了一系列卓有成效的工作。

会上，叶圣陶教育思想专业委员会、编辑出版思想专业委员会负责同志分别报告了2016年的工作情况。

会议并讨论通过了《叶圣陶研究会2017年工作要点（草案）》和《叶圣陶研究会变更法定代表人的决定（草案）》。

来自北京、江苏、江西等省市的叶圣陶研究会理事，叶圣陶教育思想专业委员会、叶圣陶编辑出版思想专业委员会、《叶圣陶研究年刊》编辑部以及部分单位会员代表等40余人出列席会议。

三、自身建设

（一）思想建设

2016年，民进中央贯彻落实民进十三届四中全会部署和民进宣传思想工作的总体要求，深入学习贯彻中共十八大和十八届三中、四中、五中、六中全会精神，学习贯彻习近平总书记系列重要讲话精神，贯彻落实中央统战工作会议精神，把进一步深入开展坚持和发展中国特色社会主义学习实践活动作为宣传思想工作的主线，指导和推动民进宣传思想工作取得积极进展。

1. 深入开展学习实践活动

民进中央于2016年初向各省级组织印发了《民进2016年学习实践活动有关工作安排》和《民进中央学习实践活动第三批联系点工作方案》，对民进全会学习实践活动作出了具体部署，发挥了较好的指导和推动作用。10月，结合形势和工作需要，印发《关于在全会开展“不忘合作初心，继续携手前进”专题教育的通知》，并制订《民进中央开展“不忘合作初心，继续携手前进”专题教育的工作计划》，推动学习实践活动不断深化开展，进一步巩固多党合作思想共识。

（1）扎实推进学习实践活动联系点工作，推动学习实践活动深化内容、提升成效。

在前两批联系点工作基础上，2016年民进中央建立第3批11个联系点，进一步扩大联系点在省级组织的覆盖面，总计达到22个省级组织，并将参与联系点工作的领导成员扩大至全体中央常委。中央常委和部分非常委的主委开展联系点工作，深入联系点地方和基层组织，特别是通过与基层会员“面对面”交流，进一步凝聚建设中国特色社会主义参政党的共识。

2月19日，民进中央副主席姚爱兴赴民进中央学习实践活动联系点民进银川市委会调研。

3月30日至4月1日，民进中央副主席朱永新赴民进中央学习实践活动联系点民进新乡市委会调研。

5月16日至17日，民进中央副主席刘新成赴民进中央学习实践活动联系点民进天津市和平区委会调研。

5月26日，民进中央副主席贺旻赴民进中央学习实践活动联系点民进锦州市委会调研。

5月30日至6月1日，民进中央副主席张雨东赴民进中央学习实践活动联系点民进重庆市南岸区委会调研。

6月2日，民进中央副主席贺旻赴民进中央学习实践活动联系点民进抚顺市委会调研。

7月6日至7日，民进中央副主席蔡达峰赴民进中央学习实践活动联系点民进济南市委会调研。

8月24日至25日，民进中央副主席罗富和赴民进中央学习实践活动联系点民进张家界市委会调研。

9月7日下午，民进中央主席严隽琪赴民进中央学习实践活动联系点民进芜湖市委会调研。

9月26日至27日，民进中央副主席刘新成赴民进中央学习实践活动联系点民进石河子市委会调研。

10月26日上午，民进中央副主席姚爱兴赴民进中央学习实践活动联系点民进银川市委会调研。

（2）继续开展“我身边的先进”宣讲活动，逐步将“讲先进、学先进”的工作常态化。

2016年，民进中央学习实践活动领导小组办公室于6月和9月，分别在陕西宝鸡和新疆乌鲁木齐联合举办“我身边的先进”宣讲报告会，取得良好效果；同时积极协助省级组织对宣讲活动和先进事迹进行宣传，释放学习实践活动积聚的正能量。

6月13日，“我身边的先进”宣讲报告会在宝鸡举行。民进中央副主席刘新成出席报告会并讲话。三位会员分别作了主题宣讲。陕西民进各地市会员代表、宝鸡市委会学习实践活动领导小组成员和基层会员共200余人参加宣讲报告会。

9月26日，“我身边的先进”宣讲报告会在乌鲁木齐举行。民进中央副主席刘新成出席报告会并讲话。四位会员分别作了主题宣讲。民进新疆区委会领导、民进石河子市委会领导以及新疆会员代表共100余人参加报告会。

（3）发挥民进中央学习实践活动领导小组办公室作用，推动形成各项工作之间的合力。

办公室领导和成员紧密围绕学习实践活动重点工作，深入地方进行授课和调研；围绕2016年重点工作，向民进中央常委提供了《民进中央学习实践活动第三批联系点有关工作分工和安排一览表》《学习实践活动联系点工作参考材料》等材料，做好常委参与联系点工作的服务、协调等工作；向民进各地方组织下发了第三批学习资料，推动地方组织学习和活动开展；及时了解民进中央机关各部门、各省级组织开展学习实践活动进展情况，围绕工作部署和各地工作中的特色、亮点和经验，全年共编发工作简报9期。

1月29日，民进中央学习实践活动领导小组办公室召开2016年第一次会议，民进中央主席严隽琪、副主席刘新成出席并讲话，秘书长高友东主持会议。会议的主要内容是，学习贯彻民进十三届四中全会精神，总结2015年度学习实践活动开展情况及第二批联系点工作情况，研究学习实践活动第三批联系点有关工作安排，交流各部门学习实践活动主要安排。

9月12日上午，民进中央学习实践活动领导小组办公室召开工作会议，总结上半年学习实践活动开展情况及第三批联系点工作情况，讨论研究2017年学习实践活动有关工作，交流各部门学习实践活动主要工作情况。民进中央副主席刘新成出席并讲话。

10月12日下午，民进中央学习实践活动领导小组办公室召开2016年第三次会议，就“不忘合作初心，继续携手前进”专题教育进行专题研究。民进中央副主席刘新成出席会议并讲话，秘书长高友东主持会议。会议就《民进中央关于在全会开展“不忘合作初心，继续携手前进”专题教育的通知》（草案）和《民进中央开展“不忘合作初心，继续携手前进”专题教育的工作计划》（草案）进行了讨论。

2. 推动政治理论学习

（1）积极做好民进中央中心学习组各项工作

中心学习组把学习贯彻中共十八大和十八届三中、四中、五中、六中全会精神，学习贯彻习近平总书记系列重要讲话精神作为核心学习内容。1月主席会议期间，围绕中国特色社会主义参政党建设和领导班子自身建设，结合2016年民进中央工作部署进行了谈心交流；6月中常会期间，举行民主生活会，并就“十三五”规划纲要（文化改革发展部分）进行专题学习；7月，专题学习习近平总书记“七一”重要讲话精神，将学习讲话精神作为各类会议、培训和领导班子成员为联系点授课的首要内容，民进中央及时向全会印发《民进中央关于学习贯彻习近平总书记在庆祝中国共产党成立95周年大会上讲话精神的通知》；10月中常会和12月中央全会期间，围绕中共十八届六中全会精神进行专题学习，举行专题报告会，民进中央及时向全会印发《民进中央关于学习贯彻中共十八届六中全会精神的通知》。一年来，结合重要会议和文件精神的学习，民进领导人带头撰写理论文章，发表《不忘初心 同舟共进》《在政党协商中切实发挥作用》《民进的责任担当》《为实施“十三五”规划凝心聚力》《新常态 新理念 新愿景 新工作》等多篇署名文章，指导推动民进全会理论学习。

（2）深入学习贯彻全国两会精神

为深入学习贯彻全国两会精神，民进中央向全会印发《民进中央关于学习贯彻十二届全国人大四次会议和全国政协十二届四次会议精神的通知》，及时组织召开民进学习贯彻两会精神座谈会，介绍民进中央在两会前后履行职能的情况，邀请与会人大代表和政协委员介绍履职情况和参会体会，并通过云视频会议系统在各省级组织机关进行直播，进一步营造学习氛围，产生良好效果。《丰富内容 创新形式 提升效果——民进召开学习贯彻2016年两会精神座谈会》的会议总结为中央统战部《民主党派工作交流》全文刊载。

3. 以培训和课抓手，提高理论研究水平

民进中央立足开展学习实践活动和会务工作的实际需要，就会员关心的重大理论问题、参政党建设和履行职能中亟待解决的现实问题开展研究，强化问题导向，改进工作方式，提高应用理论研究水平。

（1）举办“民进全国理论研究专职干部培训班”

6月21日至24日，民进全国理论研究专职干部培训班在中央社会主义学院举办。

21日上午，培训班举行开班式。民进中央副主席刘新成出席并讲话，秘书长高友东主持开班式。

刘新成结合民进实际工作，从建设中国特色社会主义参政党、巩固共同思想政治基础和推进参政党自身建设三个方面阐述了加强参政党理论研究的重要性，并对下一步如何更好地开展理论研究工作提出要求。一是要抓住研究重点，按照老问题、新问题、有待深化阐释的问题等进行分类研究和破解，并加强对自身实践的总结；二是要依据科学理论和方法，既注重政策层面的研究，又注重提升研究的学理性；三是要形成合力，通过体制和机制的开放和创新，吸引并整合各种理论研究的资源，努力做到理论工作者与实际工作者相结合，民主党派内部研究力量与社会力量研究相结合。

6月24日下午，培训班结业。高友东出席结业式并讲话。

高友东对下一步如何做好民进的理论研究工作提出了三点建议：一是突出实践性。参政党理论研究要以党派工作中的实际问题为中心，立足现实，跟踪实践，致力于对实践经验和面临问题进行理论思考、探索与升华。二是突出计划性。参政党理论研究必须着眼常态化，注意长计划与短安排相结合，既要争取多出成果、早出成果，更要强调计划性和连续性。三是突出开放性。在民进内部整合理论研究力量的同时，推动社会有关方面更多地关注多党合作和党派工作的实践发展，逐步形成开放式的理论研究工作新局面。

此次培训班共有来自民进各省级组织、副省级城市和省会城市组织负责理论研究的56位专职干部参加。培训期间，安排了6场专题辅导报告，内容涉及“四个全面”战略布局与五大发展理念、理论研究的历史感与问题意识、新时期统一战线基础理论、政党制度比较、民主党派工作实务、理论文稿写作等方面，并组织学员参观了马叙伦纪念展、雷洁琼纪念展。

（2）制定下发民进2016年参政党理论研究课题

根据民进中央2016年工作重点及各部门实际工作需要，结合民进理论研究实际，制定下发的理论研究课题主要涉及新的社会阶层人士、会内监督、学习实践活动、基层组织建设、参政议政智库建设、参政议政能力建设、会员代际变化、扶贫攻坚、理论研究等9个方面。各省级组织结合本省实际，积极部署，开展研究。民进中央加强与省级组织理论研究机构和骨干队伍的联系，深入调研，指导地方开展理论研究工作，并及时收集整理各地的理论研究成果，通过民进网站等渠道发表交流。

（3）开展课题招标活动

2016年民进中央的招标课题更紧密结合工作实际，更注重体现理论研究的应用性和实效性。4个招标课：民进如何做好新的社会阶层人士工作、民进会内监督与中共党内监督比较研究、民进主题教育活动实效性研究、新时期民进基层组织建设面临的问题与对策研究。招标课题下发后，各地积极参与，来自22个省级组织的77个符合条件的课题组参与招标。经课题招标评审委员会评审，共有10个课题组中标并顺利结题。

4. 以“不忘合作初心”为指引，进一步弘扬民进优良传统

民进中央坚持发挥弘扬优良传统对凝聚政治共识的积极作用，大力推动会史的学习、宣传和研究，引导广大会员始终不忘“只有跟着共产党走，才是在正道上行”的初心。

（1）弘扬优良传统

坚持会史教育，举行民进中央纪念下关事件70周年座谈会，以视频会议的形式，进行了一次生动的会史传统教育，民进全会29个省级组织、副省级城市和省会城市组织广大会员收看了会议直播。座谈会上，民进中央号召各级组织和广大会员不忘民进人出发的起点和追求的目标，进一步发挥会史资政育人的作用。

（2）推进民进会史资料的收集、整理

按照“新账不欠，老账抓紧还”的工作思路，继续推进民进简史的编纂工作，对简史的体例和结构进行了全面调整和完善，年内完成修改稿28万字，并进行了征求意见工作。首次独立编写领导人传略，编印《雷洁琼小传》，收集了一批雷洁琼同志未曾公开的老照片，成书5.6万字，促进了现存会史素材向成果转化。引导地方组织加强对创建时期会史资料的抢救性收集和整理，以地方组织创建纪实为主题，编发《民进会史资料选辑（第六辑）》，完整收录29个省级组织的创建情况，完善了会史资料体系。

（3）规范和推动会史教育基地建设工作

对第一批基地使用情况进行深入调研和全面分析，赴广东、江苏等多地实地走访，召开座谈会，广泛听取意见，出台《民进中央关于规范民进会史教育基地建设的意见》，首次明确了民进会史教育基地的设立标准，规范了会史教育基地的建设和管理工作，引导地方组织加强会史教育基地的工作。支持上海成立旧址等基地的优化升级，提升基地建设工作水平。

（4）加强会史宣传

利用举行民进中央纪念下关事件70周年座谈会的契机，推出纪念下关事件70周年微专题，同时在《民主》刊发纪念文章，以此号召全体民进会员不忘初心，开拓创新。通过民进微信公众号，在重要纪念日、民进前辈的诞辰纪念日等，推送纪念文章，扩大会史的宣传和引导力度。

（二）组织建设

2016年是民进市县级组织完成换届，省级组织和民进中央换届筹备的关键年。民进中央认真学习中共十八届五中、六中全会精神，贯彻落实民进十三届四中全会的工作部署，紧紧围绕政治交接，谋划和做好代表人士队伍建设、后备干部队伍建设、基层组织建设、会内监督等各项工作，组织建设取得新进展。

1. 扎实开展各级换届及筹备工作

2016年，民进市级组织的换届工作顺利完成，20个省级组织完成了届中调整，一批年富力强、政治素质好、德才兼备的中青年骨干会员进入了各级领导班子，进一步改善了领导班子的年龄结构、知识结构，为2017年的中央和省级组织换届奠定了基础。

2016年初，民进中央召开了省级组织专职副主委工作会议，对各级换届工作进行专题部署，统一思想、提出要求。年中，成立了“民进中央省级组织换届工作领导小组”，印发了《民进中央关于2017年省级组织换届工作的意见》及《2017年民进省级组织换届工作流程图》，制定了《关于严肃换届纪律，加强换届监督工作的指导意见》，明确了各项换届政策，规范了各项工作流程，提出了各项工作要求。9月召开了“民进全国省级组织换届工作座谈会”，各省级组织分管组织工作副主委及组织部门负责人参加会议，就换届程序和纪律、换届监督、会章修改等工作进行了研讨。各省级组织都成立了换届领导小组，制定了工作方案。

民进中央积极主动了解市级组织换届进展情况及省级组织换届筹备情况，通过到地方参加会议、编辑《组工信息》等多种途径，加强中央与地方工作的沟通和互动，及时了解各级组织换届及筹备工作的进展情况和存在的问题，并在必要时给予指导。

下半年，民进中央制定了《中国民主促进会第十二次全国代表大会代表名额及代表产生办法》，并在民进十三届五中全会上通过关于召开民进十二大的决定，中央换届工作正式启动。

2. 进一步加强代表人士队伍建设

民进中央着眼于各级换届工作，进一步加强代表人士队伍建设。2016年，民进中央培训力度不减，培训对象覆盖面继续扩大。举办了第三期骨干会员培训班，完成了对省级组织骨干会员的轮训，为换届奠定人才基础。举办了民进全国中青年会员培训班，对市级组织骨干会员进行培训，通过政治理论、形势政策、会章会史等方面的学习培训，进一步坚定信念、增强责任感、使命感。推荐20余名骨干会员参加中央社会主义学院等举办的进修班、培训班，使各级领导干部和代表人士的理论知识和素质能力得到提高。加强与代表人士的联系，继续举办小范围、高层次代表人士座谈会，听取会内新阶层代表人士、科技界代表人士对民进中央工作的意见建议。加强代表人士推荐工作，推荐2名会员担任国家督学，1名会员担任宋庆龄基金会理事会副主席，帮助会员拓展履职平台。加强工作研究，就组织发展、新阶层和非公经济人士如何更好地发挥作用等问题等进行专题研究，增强代表人士工作的规划性。

（1）3月28日至30日，2016年民进全国骨干会员培训班在中央社会主义学院举行。

28日，培训班举办开班式。民进中央主席严隽琪出席并讲话。民进中央原副秘书长王建国主持开班式。

严隽琪指出，中国特色社会主义学习实践活动，是民进各项工作的主线，是民进加强思想建设的重要举措，要发挥活动的引领作用，贯穿于全会各项工作之中。其中坚持中国共产党的领导是根本要求。参政议政能力建设需要加强骨干队伍的建设，发展更多具有较高参政议政能力和参政议政热情的同志，畅通骨干会员参与组织活动的渠道，搭建开放合作的平台。民主党派干部和骨干会员要不断加强自身修养，把加强学习作为终身的必修课，树立政治意识、大局意识、核心意识和看齐意识，努力做政治上的明白人。

3月30日下午，民进中央常务副主席罗富和看望培训学员并座谈。罗富和指出，加强参政议政能力建设，需要提高研究能力、分析能力、辨思能力。研究就是要学习研究大政方针，学习研究问题提出的背景和历史沿革，只有在充分掌握相关资料的基础上，提出来的提案才会正确而有意义。要学会分析问题，梳厘清楚问题产生的原因。要注重思辨，既要有对问题认识的深刻，也要有对问题前瞻性的判断，还要有对我们实际国情的了解。只有在研究、分析、辨思的环节上多做一点功课，才能履行好参政党的职能。

座谈会上，6位会员分别就加强参政议政能力建设的经验、体会和做法进行交流，对建立民进独特的人才资源智库、提案的追踪落实、创造性地开拓参政议政方式和途径、提升地方组织和基层组织提案建议的时效性针对性操作性等方面提出了意见和建议。

来自民进29个省级组织的84名骨干会员参加了培训班。

（2）5月30日至6月3日，民进全国中青年会员培训班在京举行。

5月30日上午，培训班开班。民进中央主席严隽琪出席并讲话，副主席朱永新主持开班式。

严隽琪指出，自民进十大以来，民进中央提出“三个认同”，表达了中国特色社会主义参政党的政治立场，这是立会的思想基础，是凝聚力的源泉，是开展中国特色社会主义学习实践活动的根本目的。在当前所有制形式、社会阶层和思想观念更加多样的情况下，作为参政党组织，需要适当的制度设计、健康的文化氛围和个体素质的不断改善。

希望年轻的会员们从入会时就要不断认真地问自己“我为什么要参加民进，我在民进组织内做了什么，我将给民进留下什么”，把民进的优良传统传承下去，顺应形势，在正道上行，有新的作为，赋予优良传统以新的时代价值。

开班式结束后，为培训班学员做了会史辅导报告。

6月1日上午，民进中央常务副主席罗富和看望培训学员并座谈，秘书长高友东主持座谈会。

罗富和在讲话中指出，基层组织要在“双岗建功”中发挥作用，一要提高政治把握能力，提意见不是否定现状，而是为了更好地推动工作开展；二要提升选题能力，选题切入口小一点，接地气一点，接近民生一点，才能切实发挥作用；三要注重可操作性，提案和建议是谋策的过程，要多听取一线同志的声音，找到产生参政议政的点，提出有实际意义和可操作的意见建议。罗富和还就民办教育问题与学员做了交流，听取了民办教育工作者的情况汇报，并就国家教育部近期将要出台的《“十三五”教育规划》发表了看法。

座谈会上，六位会员分别就“双岗建功”、加强参政议政能力、创新工作方法开展社会服务、发挥基层组织作用的经验体会和做法进行了交流，就中央加强对基层组织建设的指导与支持、加大同基层组织的联系力度、建立联络制度、搭建发达地区和落后地区交流平台、提供提高参政议政能力的实践机会等方面提出了意见和建议。

6月3日上午，培训班结业，高友东出席结业式并讲话。结业式上，六个小组代表作了发言。

来自民进中央和29个省级组织的116名中青年会员参加了此次培训。

3. 大力加强基层组织建设

按照2015–2017年增强基层组织活力计划，民进中央多措并举，进一步推动基层组织建设。一是领导班子下基层参加支部活动。民进中央领导分赴各地调研走访，参加基层组织生活会或座谈会，听取广大基层会员的意见建议，积极帮助反映和促进解决基层组织建设中的突出问题。二是加大学习培训力度。民进中央举办培训班的培训对象持续向基层延伸，首次举办了基层组织负责人培训班，通过讲座、研讨、案例分析等形式对116位基层支部主委进行了培训，为他们提供了集中学习、互相交流的机会，推动了基层工作与时俱进、务实有为。三是继续开展系列支部主题活动。民进中央鼓励基层组织广泛开展以“我为脱贫攻坚和‘十三五’规划建一言献一策”为主题的支部生活会，增强会员的参政党意识和履职使命感，使会员人人可参与，全会上下形成联动。四是加大对基层活动的指导和帮助。民进中央鼓励省级组织就基层组织建设进行专题讨论，华东六省一市工作研讨会、民进中南六省工作研讨会，以及部分省级组织召开的基层组织建设现场会等，都以基层组织建设为主题进行交流和研讨，为加强民进全会基层组织建设献计出力。民进中央及时发现和梳理基层组织工作中的先进人物、先进事迹、先进经验，并加大宣传力度，编撰了《民进基层组织活动案例选编》，编印了《民进支部》，为基层组织树标杆、做样板，用基层经验推动基层工作。

8月10日至13日，民进全国基层组织负责人培训班在京举行。8月10日，培训班开班，民进中央秘书长高友东出席开班式并讲话。高友东强调，充分发挥领导班子在基层组织工作中的作用，是加强基层组织建设的关键。各位学员都是基层组织领导班子的主要成员，首先要带头讲团结，讲奉献，紧密结合学习实践活动，自觉加强学习，弘扬民进优良传统，坚定信念，增进共识；结合年度主题，在本职岗位和会务工作上，提高五种能力建设；坚持民主集中制原则。同时还要充分发挥基层组织在组织发展中的重要作用，做好会员发展工作。

8 月 13 日下午，民进全国基层组织负责人培训班结业，民进中央副主席刘新成出席并讲话，高友东主持结业式。刘新成在讲话中说，民进中央高度重视基层组织建设工作，近年来采取了一系列措施，加强与基层的联系，加大对基层宣传、表彰和培训的力度。刘新成指出，基层组织建设要按照严隽琪主席的要求，坚持做好“正”和“为”。“正”就是要“在正道上行”，坚持“三个认同”，搞好政治交接，确保民进始终沿着“正路”前进；“为”就是要有所作为，努力寻找本职工作和参政议政工作的契合点，拓宽参政议政、社会服务等工作领域，为实施“十三五”规划凝心聚力。刘新成强调，民主党派的干部要做政治上的明白人，要严格要求自己，不断提升自身修养和政治素质。

结业式上，六个小组代表分别作了发言。培训班临时支部主委总结汇报了培训班学习情况。

4. 稳步推进会内监督

民进中央监督委员会坚持把领导班子成员贯彻会章、执行制度、加强作风建设作为监督的重点，通过列席常委会、中央全会，听取中央常委对民进中央工作意见建议等方式，对民进中央的工作进行监督；中监委提出把对换届工作的监督，作为今明两年的工作重点，根据《关于严肃换届纪律，加强换届监督工作的指导意见》的要求，重点监督换届工作程序的执行情况和遵守换届纪律的情况，确保换届工作阳光、规范、有序；中监委建立了与省级组织监委会联系机制，利用会议、调研走访、日常联络等方式，了解省级监委会各项工作开展情况、市级组织换届进展情况和存在的问题，并给予必要的工作指导和帮助；中监委对个别省级组织届中调整中出现的程序性问题进行了监督；中监委对反映民进中央机关工作人员的有关问题进行调查核实，对民进中央机关的相关工作进行监督检查，推动机关进一步贯彻落实八项规定，加强廉政建设。中监委继续推动省级组织监委会的成立，截至 2016 年底，民进全国 29 个省级组织全部成立了监委会，省级组织的监督工作有序开展。

（三）机关建设

2016 年，民进中央以开展坚持和发展中国特色社会主义学习实践活动为主线，以筹备 2017 年机关建设主题年为契机，认真执行《公务员法》，深入贯彻“三严三实”精神，扎实做好机关各项工作，努力建设“阳光、高效、规范、和谐”的参政党机关。

1. 加强文化建设，努力构建学习型、和谐型机关

（1）开展“学习实践活动”，提高思想理论水平。深入开展“学习实践活动”是民进近年来系列主题教育活动的延续和发展，也是贯穿本届民进各项工作的主线。民进中央机关紧密围绕“学习实践活动”，积极推动机关开展“不忘合作初心，继续携手前进”专题教育，激励干部在弘扬优良传统中凝聚思想共识，在加强思想交流中深化思想共识，在实际工作中巩固思想共识。引导督促机关干部深入学习中共十八大、十八大以来历次中央全会和习近平总书记系列重要讲话精神，学习传达民进中全会、中常会等重要会议和领导讲话精神，切实提高干部思想理论水平。

（2）打造文化品牌特色，营造浓郁文化氛围。民进中央机关围绕学习型机关建设和干部学习思考能力提升，开展了2016年“书香机关”主题读书及征文活动，组织机关干部阅读《习近平用典》《新常态、新作为》《幸福的方法》等，并举办读书体会交流专讲。紧密结合建设高素质参政党机关的要求以及干部成长、成才的需求，全年共举办6次开明论坛活动，内容丰富、形式多样。在机关大力推广“周学习日”活动，学习参政党理论、民进会史、时事热点、业务知识等，坚持“以学习带工作”，使学习活动与实际工作相辅相成。

2. 加强干部队伍建设，切实提高机关干部整体素质

（1）积极开展干部理论和业务培训。根据干部教育培训条例的相关精神，民进中央机关结合机关工作实际，积极拓展培训方式，制订干部教育培训工作计划，重点明确各级干部培训形式、内容重点，对各级干部脱产培训率等指标进行量化统计，并进行动态跟踪。依托北京市干部在线学习中心的培训系统，开展机关干部在线学习，加大引导干部自主进行更新知识学习的力度。选派机关干部参加中共中央组织部、中共中央统战部、中央社会主义学院等举办的各类培训班20人次，并为局级干部报名参加中国干部网络学院。筹办机关干部职工培训班，培训主贯彻《领导干部教育培训工作条例》精神，进一步学习领会习近平总书记系列重要讲话精神，加强机关作风建设，提高干部综合素质；组织召开部门工作研讨会和机关处处长工作研讨会，坚持问题导向，探讨民进中央机关部门工作中遇到的问题和对今后工作的建议，研究如何充分发挥处长在部门工作中的作用和提高处室工作谋划能力，会议达成了广泛共识，取得了积极的成效。

（2）规范有序做好公务员管理。2016年，民进中央机关继续开展机关干部岗位交流工作，选派3名干部赴云南玉溪、贵州金沙、贵州安龙进行挂职锻炼；坚持以实绩为核心的考核办法，建立机关干部业务工作档案表，制作年终考核优秀干部和记三等功干部光荣榜，引导机关干部立足岗位、奋发有为。

3. 加强作风建设，进一步强化服务理念和责任意识

（1）加强思想作风建设，形成正确导向。民进中央机关认真学习“三严三实”和“两学一做”精神，组织干部认真学习贯彻“三严三实”新要求，引导干部职工牢记民进的光荣历史和优良传统，凝聚“三个认同”政治共识，强化为会中央机关各部门服务、为全会各级组织服务、为广大会员服务的意识，着力打造一支政治坚定、业务精通、务实创新、作风过硬的机关专职干部队伍。

（2）加强制度建设，规范工作流程。修订出版了《民进中央制度汇编》，促进了民进中央工作的规范化、程序化，为科学化决策提供服务。根据形势任务和工作要求的变化，及时修订了《民进中央会议分类及要求》《民进中央机关会议（活动）注意事项》《民进中央会议费管理办法》等制度，制作了《关于执行差旅费管理办法中需注意的事项》的说明，加强和规范会议费、差旅费管理，对于进一步落实八项规定，厉行节约、反对浪费，起到了良好推动作用。

4. 加强能力建设，有力提升工作质量和水平

（1）全面提升各专项工作管理水平。一是严格财务管理。民进中央根据新形势新情况，为民进中央和省级组织相关干部举办预算编制和执行培训班，提升预算编制能力和管理水平，加强资金使用的计划性、效率性和安全性，做到“合法、合规、高效”。二是做好固定资产管理。按照财政部的要求，进行固定资产清查工作，全面盘点、核查了解民进中央机关的固定资产情况，委托会计师事务所对资产清查进行了专项审计。三是完善外事工作管理。贯彻外事工作新政策，修订《民进中央机关外事工作管理暂行规定》，制定《民进中央机关报备人员因私出国（境）工作实施细则》《领导干部因私出国境审批流程表》，严格按规定做好外事和因私出国境相关工作。

（2）利用信息化技术，更好服务民进全会工作。民进中央坚持信息化建设为参政党履职服务的原则，通过稳步开展信息化建设，有效提升机关工作效率。8 月，举办了民进全国信息化工作培训班，民进中央常务副主席罗富和、秘书长高友东出席，此次培训对在“互联网 +”时代背景下开展民进各级组织机关信息化工作起到了推动和促进作用。依托信息化技术，协助举办了“纪念南京下关事件 70 周年”“民进学习贯彻两会精神座谈会”“民进社会服务部工作会议”等全国范围的视频会议。申请开通了“民进网”微信公众号，扩大了民进网站的影响力。

（四）2016 年底民进组织及成员情况统计

截至 2016 年 12 月底，民进共有地方组织 356 个。其中包括省级组织 29 个，省辖市级组织 273 个，县级组织 54 个。基层组织 7994 个，其中基层委员会 291 个，总支 430 个，支部 7151 个，小组 122 个。全年新加入成员 6641 人。成员总数 156808 人，其中女成员 77736 人。平均年龄 51.0 岁。离退休 48794 人。

界别特色（主界别成员 107907 人，百分比 68.8%）高校 20555 人，百分比 13.1%；普教 74222 人，百分比 47.3%；科技界 3444 人，百分比 2.2%；文化艺术 9149 人，百分比 5.8%；公有制经济 5872 人，百分比 3.7%；新的社会阶层 12456 人，百分比 7.9%；私营企业主 6049 人，百分比 3.9%；医药卫生 10517 人，百分比 6.7%；机关团体及其他 17242 人，百分比 11.0%。

担任各级人大代表的共有 2380 人，全国人大常委会副委员长 1 人，人大常委 6 人，专职副秘书长、专委会主任、副主任及专委会委员 6 人，人大代表 48 人；省级人大常委会副主任 6 人，人大常委 40 人，专职副秘书长、专委会主任、副主任及专委会委员 41 人，人大代表 225 人；市地级人大常委会副主任 37 人，人大常委 187 人，专职副秘书长、专委会主任、副主任及专委会委员 155 人，人大代表 758 人；县市区级人大常委会副主任 90 人，人大常委 258 人，专职副秘书长、专委会主任、副主任及专委会委员 86 人，人大代表 724 人。

担任各级政协委员共有 12401 人，其中全国政协副主席 1 人，政协常委 14 人，专职副秘书长、专委会主任副主任及专委会委员 6 人，政协委员 64 人；省级政协副主席 14 人，政协常委 212 人，专职副秘书长、专委会主任副主任及专委会委员 312 人，政协委员 665 人；市地级政协副主席 154 人，政协常委 1010 人，政协委员 3989 人，县市区级政协副主席 211 人，政协常委 1261 人，政协委员 4806 人。

担任中央司法机关领导职务 1 人。

成员中有大专学历的占 20.2%；有大本学历的占 58.0 %；有研究生以上学历的占 11.3%；有中、高级职称的占 78.7%。担任中国科学院院士的共有 6 人。担任中国工程院院士的共有 2 人。担任长江学者 31 人。

石树梅　民进中央办公厅副主任

沈轶筠　民进中央办公厅秘书处干部

中国农工民主党

2016年，中国农工民主党全面学习贯彻中共十八大和十八届三中、四中、五中、六中全会精神，深入学习贯彻习近平总书记系列重要讲话精神和治国理政新理念新思想新战略，紧密围绕统筹推进“五位一体”总体布局和协调推进“四个全面”战略布局，贯彻落实新发展理念，聚焦健康中国和美丽中国两条主线，深入推进坚持和发展中国特色社会主义学习实践活动，努力加强自身建设，切实履行参政党职能，积极开展社会服务，各项工作取得新进展。

一、重要会议和活动

（一）中央委员会会议

11月29日至12月1日，中国农工民主党第十五届中央委员会第五次全体会议在京召开。农工党中央主席陈竺出席并作工作报告，常务副主席刘晓峰主持开幕会并做闭幕讲话，副主席陈述涛、何维、姚建年、杨震、朱静芝、蔡威、龚建明出席会议。

陈竺在工作报告中指出，2016年农工党各项工作取得新进展：深入推进学习实践活动，政治共识不断凝聚；认真履行参政党职能，议政建言成果丰硕；聚焦重点做好社会服务，工作创新亮点突出；深入实施人才强党战略，工作成效持续显现；加强完善专委会和机关工作，保障能力稳步提升。他强调，2017年全党工作总体要求是：高举中国特色社会主义伟大旗帜，以邓小平理论、“三个代表”重要思想和科学发展观为指导，全面学习贯彻中共十八大和十八届三中、四中、五中、六中全会精神，深入学习贯彻习近平总书记系列重要讲话精神和治国理政新理念新思想新战略，坚持以统筹推进“五位一体”总体布局和协调推进“四个全面”战略布局为统领，贯彻落实新发展理念，以健康中国和美丽中国为主线，着力加强自身建设，积极履职尽责，以优异成绩迎接中共十九大和农工党十六大的胜利召开。

刘晓峰在闭幕讲话中指出，各级组织要深刻理解、准确把握、及时传达、贯彻落实会议精神，扎实推进各项工作，以优异成绩迎接中共十九大和农工党十六大的胜利召开。一是把认真学习领会中共十八届六中全会精神，作为当前和今后一个时期的重要政治任务；二是坚决贯彻落实中共十八届六中全会精神，切实抓好换届各项工作；三是以中共十八届六中全会精神为指导，积极履行参政党职能。会议审议通过了《中国农工民主党中央关于认真学习贯彻中共十八届六中全会精神的决议》《中国农工民主党第十五届中央委员会第五次全体会议关于中央常务委员会2016年工作报告的决议》《中国农工民主党第十五届中央委员会第五次全体会议关于中央监督委员会2016年工作报告的决议》《关于召开中国农工民主党第十六次全国代表大会的决议》《中国农工民主党第十五届中央监督委员会委员任免名单》。会议补选曲凤宏为农工党第十五届中央委员会副主席，张灼华为农工党第十五届中央常务委员会委员，周智林、胡万进为农工党第十五届中央委员会委员。会议期间，与会同志听取了中共中央党校党的建设教研部副主任祝灵君教授作的关于学习中共十八届六中全会精神的辅导报告。农工党中央委员以及非中央委员的省级组织主委、专职副主委，中央机关局级干部，中央监督委员会成员，中央各专委会主任，中央各直属机构负责人等200余人出席、列席会议。

（二）中央常务委员会会议

1. 中国农工民主党第十五届中央常务委员会第十三次会议

3月11日晚，中国农工民主党第十五届中央常务委员会第十三次会议在京召开。农工党中央主席陈竺出席并讲话，常务副主席刘晓峰主持会议，副主席陈述涛、何维、姚建年、杨震、朱静芝、蔡威、龚建明出席会议。陈竺就深入学习贯彻习近平总书记近期重要讲话精神、贯彻落实“两会”精神、为实施“十三五”规划献计出力提出了三点具体要求：一是深入学习贯彻习近平总书记系列重要讲话精神，扎实推进坚持和发展中国特色社会主义学习实践活动；二是认真学习全国“两会”精神，把思想和行动统一到服务“十三五”发展上来；三是围绕国家改革发展大局谋划我党各项工作，努力加强自身建设，不断提高履职能力和水平。他还对做好今年的考察调研、市级组织换届等工作作出了部署。刘晓峰指出，农工党各项工作要紧紧着眼服务全面建成小康社会来开展，在道路、方向、目标上与中共中央形成统一意志和步调；要在经济发展新常态这个大逻辑下思考问题，尤其要关注经济社会发展的重大问题、全面深化改革的难点问题、推动创新创造的关键问题，特别是要在补短板、精准扶贫上聚焦发力；要创新履职思路、不断提高自身素质、增强协商本领，真正提高政党协商的实效。会议审议通过了《中国农工民主党中央关于认真学习贯彻十二届全国人大四次会议和全国政协十二届四次会议精神的通知》。农工党中央秘书长曲凤宏，中央常委以及非中央常委的中央各专门工作委员会主任、中央机关各部门负责人以及中央直属机构负责人等60余人出席、列席会议。

2. 中国农工民主党第十五届中央常务委员会第十四次会议

6月2日至4日，中国农工民主党第十五届中央常务委员会第十四次会议在江苏省无锡市召开。农工党中央主席陈竺出席并讲话，常务副主席刘晓峰主持开幕会并作闭幕讲话，副主席陈述涛、何维、朱静芝、蔡威、龚建明、谢庆生出席会议。中共江苏省委常委、无锡市委书记李小敏到会致辞，江苏省人大常委会副秘书长唐健，中共无锡市委常委、统战部部长陈德荣应邀出席开幕式。陈竺指出，要深入学习领会习近平总书记在中央扶贫开发工作会议上的重要讲话精神，认真总结农工党开展扶贫工作的做法和经验，积极投身脱贫攻坚的伟大实践。一要与参政议政工作协同推进；二要继续抓好定点帮扶和对口支援；三要做好脱贫攻坚民主监督工作。刘晓峰指出，一是认真学习贯彻习近平总书记重要讲话精神，把思想和行动统一到中共中央决策部署上来；二是积极履职尽责，在精准扶贫、精准脱贫方面作出更大贡献；三是凝心聚力，发挥优势，形成全党参与脱贫攻坚的强大合力。龚建明就农工党参与精准扶贫、聚力脱贫攻坚有关情况作报告。会议审议通过了《中国农工民主党中央关于“十三五”期间全党参与精准扶贫精准脱贫工作的指导意见》《中国农工民主党中央关于做好2017年省级组织换届工作的意见》。会议期间，与会同志集体学习了习近平总书记重要讲话精神、孙春兰部长在贵州毕节座谈会上的讲话精神，听取了中共中央统战部办公厅副巡视员王丽颖关于统一战线参与精准扶贫精准脱贫的情况介绍，贵州、福建、陕西、云南、江苏、湖南等省级组织介绍了开展精准扶贫精准脱贫的做法和经验。农工党中央秘书长曲凤宏，中央常委以及非常委的省级组织主委、中央机关各部门负责人、中央各专委会主任和中央各直属机构负责人等60余人出席、列席会议。

3. 中国农工民主党第十五届中央常务委员会第十五次会议

9月12日至13日，中国农工民主党第十五届中央常务委员会第十五次会议在湖南省长沙市召开。农工党中央主席陈竺出席会议并讲话，常务副主席刘晓峰主持开幕会并作闭幕讲话，副主席陈述涛、何维、杨震、朱静芝、蔡威、龚建明出席会议。中共湖南省委常委、统战部部长黄兰香到会致辞，湖南省人大常委会副主任李友志应邀出席开幕式。陈竺指出，要认真学习贯彻习近平总书记“七一”重要讲话精神，深入推进坚持和发展中国特色社会主义学习实践活动。一是要坚持接受中国共产党领导的政治自觉；二是要坚定中国特色社会主义的政治信仰；三是要承担起中国特色社会主义事业亲历者、实践者、维护者和捍卫者的政治责任。陈竺强调，要高度重视，科学谋划，认真做好农工党中央和省级组织换届工作。一是要坚持正确的选人用人导向，选好配强领导班子；二是要坚持广泛听取各方面意见，认真修改好党章；三是要坚持立足当前着眼长远，起草好换届工作报告；四是要坚持正风肃纪，营造良好换届环境。陈竺指出，开展脱贫攻坚民主监督工作，是中共中央委托民主党派就专项工作开展民主监督作出的具体部署，赋予了民主监督新的内涵，拓展了民主监督的渠道。要把握工作原则、讲究科学方法、发挥特色优势，以高度的政治责任感和使命感，扎实完成好对口云南省脱贫攻坚民主监督工作。会议期间，刘晓峰就传承和弘扬农工党优良传统、搞好政治交接、做好换届工作作了专题报告。刘晓峰指出，搞好政治交接，是参政党一项战略性、长期性、系统性的政治任务。组织建设要抓住政治交接这条主线，就必须把握大局、立足长远、统筹安排，要适应新形势新要求，做到开拓创新，也要从实际出发，做到求真务实，还要着力把握组织工作的内在要求，做到科学发展。会议期间，中国社会科学院马克思主义研究院党委书记、院长邓纯东就深入学习领会习近平总书记“七一”重要讲话精神作了辅导报告。农工党中央秘书长曲凤宏，中央常委以及非常委的省级组织主委、中央机关各部门负责人、中央各专委会主任和中央各直属机构负责人等60余人出席、列席会议。

4. 农工党十五届十六次中常会

11月28日，中国农工民主党第十五届中央常务委员会第十六次会议在京召开。农工党中央主席陈竺主持会议，常务副主席刘晓峰，副主席陈述涛、何维、姚建年、朱静芝、蔡威、龚建明出席会议。会议审议了《中国农工民主党第十五届中央委员会第五次全体会议议程（草案）》《中国农工民主党中央关于认真学习贯彻中共十八届六中全会精神的决议（草案）》《中国农工民主党第十五届中央常务委员会2016年工作报告（草案）》《中国农工民主党第十五届中央监督委员会2016年工作报告（草案）》《关于召开中国农工民主党第十六次全国代表大会的决议（草案）》等文件，审议通过了《中国农工民主党第十五届中央常务委员会2017年工作要点》《中国农工民主党第十六次全国代表大会代表名额分配及产生办法》等文件。农工党中央秘书长曲凤宏，中央常委以及非常委的省级组织主委、中央机关各部门负责人、中央各专委会主任和中央各直属机构负责人等60余人出席、列席会议。

（三）中央监督委员会会议

农工党第十五届中央监督委员会第五次全体会议

11月28日，中国农工民主党第十五届中央监督委员会第五次全体会议在京召开。农工党中央常务副主席、中央监督委员会主任刘晓峰出席会议并讲话，农工党中央副主席、中央监督委员会副主任龚建明作2016年工作报告，会议由农工党中央秘书长、中央监督委员会办公室主任曲凤宏主持。刘晓峰指出，要结合学习贯彻中共十八届六中全会精神，努力增强“四个意识”特别是政治意识、核心意识，不断做好党内监督工作。他强调，要准确定位，不断健全党内监督机制，要继续贯彻落实已有的党内监督制度，不断从理论和实践两个方面进行探索和研究，认真做好体制机制建设和制度保障，坚持从严治党。做好党章中有关党内监督条款和党内监督条例的修改工作，把握工作重点，不断提升党内监督成效。目前，党内监督的重心要逐步转移到换届监督工作中来，要按照《关于严肃换届纪律保证换届风清气正的通知》的要求，加强换届纪律的教育、指导和督察，严格遵守换届程序以确保换届风清气正、严明干净、平稳有序，确保明年省级组织和中央换届工作顺利开展。会议审议了《中国农工民主党第十五届中央监督委员会2016年工作报告（草案）》，审议通过了《中国农工民主党第十五届中央监督委员会2017年工作要点》。农工党中央监督委员会委员出席会议，各省级监督委员会主任列席会议。

（四）中央理论学习中心组会议

1. 学习习近平总书记“七一”重要讲话座谈会

7月11日，农工党中央理论学习中心组在中央机关召开学习习近平总书记在庆祝中国共产党成立95周年大会上的重要讲话座谈会。农工党中央主席陈竺，常务副主席刘晓峰，副主席何维、龚建明出席会议并发言。陈竺指出，习近平总书记“七一”重要讲话，是指引中国共产党奋力推进中国特色社会主义伟大事业的纲领性文献，也为新时期民主党派履行参政党职能和加强自身建设指出了前进方向。陈竺强调，农工党是接受中国共产党领导的中国特色社会主义参政党，今天我们讲“牢记初心”，就是要继续保持创党前辈的奋斗精神，继续保持对国家、对民族、对人民的赤诚之心，为中国最广大人民群众的根本利益，为中华民族的伟大复兴竭尽绵薄之力。要矢志不渝接受中国共产党的领导；要强化中国特色社会主义道路自信、理论自信、制度自信、文化自信；要为实现全面建成小康社会、“两个一百年”奋斗目标积极献计出力；要深入实施人才强党战略，全面加强自身建设。刘晓峰指出，农工党要深刻学习习近平总书记“七一”重要讲话，紧密结合自身实际，认真贯彻落实；要加强理论学习和党史教育，矢志不渝地坚持中国共产党的领导；要坚持制度自信，继承和发扬优良传统，坚持搞好政治交接；要向执政党学习建设经验，加强党内监督，坚持从严治党。农工党中央秘书长曲凤宏，中央机关局级干部参加座谈会。

2. 学习贯彻中共十八届六中全会精神座谈会

11月7日，农工党中央理论学习中心组在中央机关召开学习贯彻中共十八届六中全会精神座谈会。农工党中央主席陈竺出席座谈会并发言，常务副主席刘晓峰作了书面发言，副主席何维、姚建年、龚建明出席座谈会并发言。大家一致认为，全会正式提出“以习近平同志为核心的党中央”，充分反映了包括农工党在内的全国各族人民的共同心愿，对保证中国共产党和国家兴旺发达、长治久安具有十分重大而深远的意义。陈竺指出，习近平总书记的重要讲话，是马克思主义中国化的最新成果，是推进全面从严治党、开创党的建设新局面的行动纲领。本次全会制定《关于加强新形势下党内政治生活的若干准则》、修订《中国共产党党内监督条例》，是坚持思想建党和制度治党相结合的一项重大安排。陈竺强调，面对新形势新任务新要求，农工党同样面临着为什么要全面从严治党、怎样全面从严治党的重大课题，必须以从严治党的标准和要求，全面加强思想、组织、制度和作风建设，把15万农工党员团结凝聚好、作用发挥好，和中国共产党一道共襄全面建成小康社会的盛举。刘晓峰在书面发言中指出，要认真学习和借鉴中共全面从严治党的经验和做法，坚持依规从严治党，不断增强“四个意识”特别是核心意识、看齐意识，在思想上、政治上、行动上同以习近平同志为核心的中共中央保持高度一致，发展好中国共产党领导的多党合作事业。农工党中央秘书长曲凤宏，中央机关局级干部参加座谈会。

（五）农工党全国党务工作会议

3月23日至24日，中国农工民主党2016年全国党务工作会议在京召开。农工党中央副主席何维出席会议并讲话，农工党中央秘书长曲凤宏出席会议。会议的主题是，深入学习贯彻习近平总书记近期重要讲话、全国统战部长会议精神和今年全国“两会”精神，贯彻落实农工党十五届四次中央全会和十三次中常会精神，明确目标，统一思想，凝聚共识，全面推进2016年各项工作。何维指出，农工党党务工作主要包括思想宣传、参政议政、社会服务、组织建设与党内监督工作、理论研究与党史工作、综合协调与机关建设等方面，是保障全党履职尽责、发挥作用的重要抓手和支撑。何维要求，正确认识当前党务工作面临的新形势新任务新要求，切实增强做好各项工作的责任感和使命感；明确重点，创新思路，全面提升党务工作的质量和水平；从多党合作事业发展的战略高度，不断加强和改进党务工作。开幕会上，中央机关各部门负责人分别介绍了2016年重点工作。会议期间与会人员还将进行分组讨论，并交流工作情况和经验。中央机关局级干部和处室负责人，中央各专委会主任，农工党各省级组织的专职副主委、秘书长和各项党务工作的负责人等300余人出席会议。

（六）其他重要会议和活动

1. 农工党员荣获国家科学技术奖

1月8日，2015年度国家科学技术奖励大会在人民大会堂隆重举行。全国人大常委会副委员长、农工党中央主席、中科院院士陈竺参与完成的“髓系白血病发病机制和新型靶向治疗研究”，农工党中央副主席何维参与完成的“我国艾滋病新流行形势下的综合防控策略及应用研究”等21个项目获得国家科技进步奖二等奖。农工党党员、贝达药业公司董事长兼首席执行官丁列明团队研发的“小分子靶向抗癌药盐酸埃克替尼开发研究、产业化和推广应用”项目，农工党党员、知名烧伤专家吕国忠参与完成的“中国人体表难愈合创面发生新特征与防治的创新理论与关键措施研究”荣获国家科技进步一等奖。

2. 农工党中央领导出席春节活动

1月29日，中共中央总书记、国家主席、中央军委主席习近平等中共中央领导人在人民大会堂同各民主党派中央、全国工商联负责人和无党派人士代表欢聚一堂，共迎佳节。农工党中央陈竺主席、常务副主席刘晓峰等出席活动。2月6日，中共中央、国务院在人民大会堂举行2016年春节团拜会。农工党中央主席陈竺、常务副主席刘晓峰、秘书长曲凤宏等出席团拜会。

3. 农工党中央举办2016年迎春团拜会

2月1日，农工党中央迎春团拜会在中央机关举办。农工党中央主席陈竺出席团拜会并作新年致辞，常务副主席刘晓峰，副主席何维、龚建明出席团拜会，秘书长曲凤宏主持团拜会。陈竺指出，2016年是全面建成小康社会决胜阶段的开局之年，农工党将紧密团结在以习近平同志为总书记的中共中央周围，贯彻创新、协调、绿色、开放、共享的发展理念，按照习近平总书记“画出最大的同心圆”的要求，深入开展学习实践活动，不断提高政治把握能力、参政议政能力、组织领导能力、合作共事能力和解决自身问题能力，认真履行参政议政、民主监督、参加中国共产党领导的政治协商职能，围绕“十三五”规划确定的目标任务，建真言、谋良策、出实招，为全面建成小康社会、实现“两个一百年”奋斗目标作出新的更大贡献。龚建明介绍了农工党中央机关2015年工作成果。中央机关在职及离退休同志、直属单位工作人员100余人参加团拜会。

4. 何维应邀出席国家卫计委座谈会

2月22日，国家卫生计生委邀请部分全国人大代表、政协委员和民主党派人士召开座谈会，听取对推进健康中国建设、深化医药卫生体制改革和计划生育服务管理改革、统筹推进卫生计生事业发展的意见建议。农工党中央副主席何维代表农工党中央出席会议并作专题发言，总结回顾了近年来农工党中央围绕卫生计生工作在调研、提案工作和高层政治协商等方面开展的工作，就医改、卫生计生立法、基层卫生建设和卫生人才队伍培养等问题谈了调研成果，分析了问题根源，并就下一步推进各项工作提出了建议。

5. 何维出席新华社文津圆桌座谈会

2月26日，新华社在京召开文津圆桌座谈会，会议主题是“贯彻精准扶贫部署，打赢扶贫攻坚战”。农工党中央副主席何维出席会议并发言。何维指出，扶贫是一项重要政治任务，是执政党的重要使命，是体现中国特设社会主义制度优越性的重要方面。扶贫工作要体现政府负主责、主导，多方参与的工作格局。何维指出，健康扶贫有五个重要方面：一是要研究造成贫困的疾病种类，采取精准的工作措施；二是要精准确定医疗救助的对象——病人；三是发挥医疗保障，尤其是大病保障的托底作用；四是发挥健康教育的作用；五是注意健康扶贫与其他精准扶贫措施的对接。

6. 农工党中央向中央社会主义学院捐赠书画

3月1日，中央社会主义学院隆重举行2016年春季开学典礼暨书画作品捐赠仪式。农工党中央副主席龚建明、秘书长曲凤宏出席开学典礼、捐赠仪式。曲凤宏向中央社会主义学院院长严隽琪、中央统战部副部长林智敏介绍了农工党中央筹备书画作品的情况。据悉，农工党中央接到征集书画作品邀请后，专门成立了以常务副主席刘晓峰为顾问、副主席何维为组长的工作领导小组，农工党中央书画院积极发挥联系广泛优势，邀请艺术大家和党员艺术家认真准备作品，共向中央社会主义学院捐赠作品70幅，其中包括两幅门厅迎客的巨幅山水画，陈竺、刘晓峰、李蒙等分别为两幅作品命名和题字。

7. 何维出席第13期财经智库沙龙

3月2日，由《人民政协报》主办的第13期财经智库沙龙在全国政协礼堂举办，主“互联网金融精准助力供给侧改革，推动中国实体经济加速发展”。农工党中央副主席何维出席会议。

8. 陆道培院士荣获CIBMTR杰出服务贡献奖

3月24日，我国血液病学专家、中国工程院院士陆道培荣获国际血液与骨髓移植研究中心（CIBMTR）杰出服务贡献奖新闻发布及答谢会在北京举行，全国人大常委会副委员长、农工党中央主席陈竺出席会议。2015年8月，陆道培院士荣获国际血液与骨髓移植研究中心杰出服务贡献奖（Distinguished Service Award），并于2016年2月20日在美国夏威夷檀香山举行的2016年骨髓移植联席会议（2016 BMT Tandem Meetings）上接受颁奖，这也是中国专家首次获此殊荣。陆道培院士是我国著名的血液学与血液病学专家、造血干细胞移植专家，曾任农工党北京市委会主委。

9. 农工党中央学习传达全国“两会”精神

3月25日，农工党中央机关举行报告会，学习传达2016年全国“两会”精神。农工党中央副主席何维、龚建明出席报告会并分别传达了全国政协第十二届四次会议和十二届全国人大四次会议精神，中央秘书长曲凤宏主持会议。何维、龚建明从“两会”的基本情况、会议的主要精神以及参会人员切身感受等方面详细介绍了大会盛况。会议强调，要深刻认识全国“两会”的重要意义，认真抓好会议精神的学习宣传和贯彻落实。中央机关各部门负责人、机关干部、直属单位职工及部分离退休老同志80余人参加会议。

10. 农工党中央领导参加黄帝故里拜祖大典

4月9日，农历三月初三，丙申年黄帝故里拜祖大典将在河南省郑州市新郑黄帝故里景区隆重举行。农工党中央副主席何维等参加拜祖大典。

11. 农工党山东省六届六次全委（扩大）会

4月14日，农工党山东省第六届委员会第六次全体（扩大）会议在山东省济南市召开。农工党中央副主席龚建明出席会议并讲话。中共山东省委常委、统战部部长吴翠云到会致辞。会议同意王新陆、王伦善辞去农工党山东省第六届委员会主任委员、副主任委员职务，选举段青英为农工党山东省第六届委员会主任委员，增补汤义军为农工党山东省第六届委员会常务委员。龚建明对王新陆、王伦善同志为农工党事业作出的贡献予以衷心感谢，对以段青英同志为主委的省级领导班子提出了殷切希望。

12. 农工党中央原副主席阎洪臣因病逝世

5月9日，阎洪臣同志遗体告别仪式在吉林省长春市举行。全国人大常委会办公厅、全国政协办公厅、中共中央统战部、农工党中央、各民主党派中央送花圈。中共中央政治局常委、全国政协主席俞正声，农工党中央主席陈竺，常务副主席刘晓峰，原主席蒋正华、桑国卫，原常务副主席李蒙、陈宗兴，民盟中央常务副主席陈晓光、中共中央统战部副部长林智敏等领导同志送花圈，对阎洪臣同志逝世表示深切哀悼，并对其家属表示亲切慰问。农工党中央副主席何维、秘书长曲凤宏前往吊唁并参加遗体告别仪式。农工党30个省级组织分别发唁电或送花圈表示沉痛哀悼。阎洪臣同志是农工党第十一、十二、十三届中央委员会副主席，吉林省政协原副主席，农工党吉林省委会原主委，于5月7日在吉林长春因病逝世，享年81岁。

13. 农工党中央领导出席全国科技创新大会等

5月30日，全国科技创新大会、中国科学院第十八次院士大会和中国工程院第十三次院士大会、中国科学技术协会第九次全国代表大会在人民大会堂隆重召开。农工党中央主席、中科院院士陈竺，副主席何维等出席大会。

14. 卢嘉锡画传及传记片出版发行座谈会

6月20日，中共厦门市委宣传部、统战部在厦门市人民大会堂举行纪念卢嘉锡先生诞辰100周年《华夏赤子・科教巨擘》画传及传记片出版发行座谈会。农工党中央副主席陈述涛、福建省委会主委陈绍军等出席座谈会。座谈会上，卢嘉锡亲属代表、生前工作过的单位代表以及身边工作人员等回顾了卢嘉锡为我国科技事业作出的杰出贡献，克己奉公、谦虚谨慎的人生态度以及一生致力于国家振兴、民族富强的使命担当。卢嘉锡曾经工作过的厦门大学、福州大学、中国科学院福建物构所等单位获赠画传及传记片。农工党福建省委会副主委、厦门市委会主委王焱，农工党福建省委会副主委杨琳等参加座谈会。

15. 农工党中央领导应邀出席庆祝中国共产党成立95周年大会

7月1日，庆祝中国共产党成立95周年大会在人民大会堂隆重举行。农工党中央常务副主席刘晓峰、副主席何维等应邀出席大会。

16. 农工党吉林省委会成立30周年大会

8月1日，农工党吉林省委会成立30周年庆祝大会在吉林省长春市举行。农工党中央主席陈竺代表农工党中央致辞。中共吉林省委常委、统战部部长姜治莹代表中共吉林省委致辞。吉林省人大常委会副主任、民建省委会主委车秀兰代表省级各民主党派致贺词。吉林省政协副主席张晓霈应邀到会。吉林省政协副主席、农工党吉林省委会主委赵吉光出席大会并讲话。陈竺对农工党吉林省委会成立30周年表示热烈祝贺，对省委会30年来作出的成绩给予充分肯定。陈竺希望农工党吉林省委会深化坚持和发展中国特色社会主义学习实践活动，夯实思想政治基础，推进人才强党战略，大力加强自身建设，围绕地方中心工作，坚持务实高效履职，为全国建成小康社会、实现"两个一百年"奋斗目标再立新功。大会还表彰了在农工党吉林省委会成立30周年系列庆祝活动中表现突出的先进集体，以及党龄满30年的老党员、有突出贡献的优秀党员和优秀党务工作者。农工党中央组织部副部长邓蓉玲以及吉林省相关部门负责同志、吉林省各民主党派和工商联代表，农工党党员代表共330余人参加会议。

17. 农工党陕西省委会举办公益书画展

8月9日，农工党陕西省委会、陕西省文化产业促进会、《各界导报》联合举办中国共产党成立95周年暨中国农工民主党建党86周年公益书画展。农工党中央副主席、农工党陕西省委会主委朱静芝，中共陕西省委统战部常务副部长张雷，农工党中央宣传部副部长杨晓波，各民主党派省委、陕西省文化厅等单位和部门的负责同志出席开幕式。农工党陕西省委会秘书长马鹏程致辞。本次书画展汇集了110余名党内外著名书画家的近400幅作品。公益书画展结束后，书画作品将进行社会公益拍卖，所得善款用于农工党陕西省委会定点扶贫乡镇，助推农工党陕西省委会的精准扶贫工作。农工党陕西省各级组织、党员代表及社会各界人士500余人参加了开幕式。

18. 农工党青海省委会成立30周年庆祝大会

8月16日，农工党青海省委会成立30周年庆祝大会在青海省西宁市举行。农工党中央副主席龚建明代表农工党中央致辞。中共青海省委常委、统战部部长旦科代表中共青海省委在致辞。青海省人大常委会副主任昂毛、副省长杨逢春、省政协常务副主席王小青应邀到会。九三学社青海省委副主委朱春云代表各民主党派省委和工商联、黄埔军校同学会、侨联致辞。农工党中央秘书长曲凤宏、研究室主任游宏炳、宣传部副巡视员刘保明出席会议。龚建明向农工党青海省委会成立30周年表示热烈祝贺。龚建明表示，要不忘初心，继续保持对国家、对民族、对人民的赤诚之心，积极投身中国共产党领导的多党合作事业，为中华民族的伟大复兴竭尽绵薄之力。农工党青海省委会主委张周平作了《牢记使命继续前进　为实现中华民族伟大复兴中国梦青海篇章尽职聚力》的讲话。农工党青海省委会副主委何刚主持会议。大会表彰了30年来为农工党青海省委会成立和发展作出重要贡献的老党员以及在本职工作中取得突出成绩的农工党员。农工党青海省委会对口联系单位，各民主党派省委和工商联、黄埔军校同学会、侨联负责人及农工党青海省委会领导班子成员、党员代表150余人参加会议。

19. 何维出席农工党北京市委会成立65周年纪念大会

8月26日，农工党北京市委会召开成立65周年纪念大会。农工党中央副主席何维代表农工党中央致辞。国家中医药管理局副局长、农工党北京市委会主委于文明出席会议并讲话。中共北京市委副秘书长赵玉金到会致辞。何维向农工党北京市委会成立65周年表示祝贺。何维指出，北京是农工党较早开展活动的地区，也是高层次人才汇聚的地区。65年来，北京市委会在思想政治、组织建设、参政议政和社会服务等方面成绩显著。何维对农工党北京市委会今后工作提出三点希望：一是深入学习贯彻学习实践活动，夯实思想政治基础；二是围绕北京市委、市政府的中心工作，坚持务实高效履职；三是推进人才强党战略，大力加强自身建设。他希望，农工党北京市委会在新的历史起点，凝聚共识，凝聚力量，为首都发展尽绵薄之力。会上，农工党北京市委会副主委王金南宣读了2014–2015年度全市农工党先进集体、优秀党员和单项工作先进个人的表彰名单，并进行了颁奖仪式。农工党北京市委会领导班子成员出席大会，各基层组织、党员代表、机关干部等300余人参加会议。

20. 农工党中央领导出席国庆招待会

为庆祝中华人民共和国成立67周年，9月28日晚，全国政协办公厅、中共中央统战部、国务院侨办、国务院港澳办、国务院台办在人民大会堂联合举行国庆招待会。农工党中央主席陈竺、秘书长曲凤宏等出席招待会。9月30日晚，国务院在人民大会堂举行国庆招待会。农工党中央主席陈竺、常务副主席刘晓峰等出席招待会。

21. 农工党中央领导出席学习胡锦涛文选报告会

9月29日，中共中央在京举行学习《胡锦涛文选》报告会。农工党中央主席陈竺、常务副主席刘晓峰等出席报告会。

22. 农工党中央领导出席向人民英雄敬献花篮仪式

9月30日，烈士纪念日向人民英雄敬献花篮仪式在天安门广场隆重举行。农工党中央副主席龚建明等出席敬献花篮仪式。

23. 农工党中央领导出席中央社会主义学院成立60周年庆祝大会

10月14日，中央社会主义学院建院60周年庆祝大会在京举行。农工党中央主席陈竺、秘书长曲凤宏等出席大会。

24. 第十二届海峡两岸中医药学术交流论坛

10月15日，第十二届海峡两岸中医药学术交流论坛在福建省平潭综合实验区举办。农工党中央副主席陈述涛出席论坛。福建省政协副主席、农工党福建省委会主委陈绍军致开幕词。农工党中央原副主席、中国中医药研究促进会会长、国医大师张大宁，农工党山东省委会原主委、中华中医药学会副会长、山东中医药大学名誉校长王新陆出席论坛并作精彩演讲。中共福建省委统战部常务副部长、福建省海外联谊会副会长臧杰斌出席论坛并致辞。本次大会由中国中医药研究促进会、福建省中医药研究促进会等单位共同主办。300余位来自海峡两岸中医药专家、学者及外国来宾欢聚一堂，共商弘扬中医药文化大计。

25. 农工党中央领导参加纪念长征胜利80周年活动

10月21日，纪念红军长征胜利80周年大会在人民大会堂隆重举行，农工党中央主席陈竺出席大会。10月19日晚，陈竺观看了纪念红军长征胜利80周年文艺晚会。

26. 农工党中央领导出席纪念孙中山先生诞辰150周年大会

11月11日，纪念孙中山先生诞辰150周年大会在人民大会堂隆重举行。农工党中央主席陈竺、常务副主席刘晓峰、副主席何维、秘书长曲凤宏等出席大会。

27. 刘晓峰出席第九届健康中国论坛

12月2日，第九届健康中国论坛暨人民健康全媒体服务平台上线仪式在京举行。本届论坛主题是“大健康·大融合·大发展”，由农工党中央与人民日报社、国家卫生计生委、国家食品药品监督管理总局指导，人民网等联合主办。全国政协副主席、农工党中央常务副主席刘晓峰出席论坛并致辞，农工党中央副主席龚建明等出席论坛。刘晓峰指出，中共中央、国务院印发了《健康中国2030规划纲要》，“健康中国”正式上升为国家战略，体现了中国共产党对保护人民健康，改善生活环境的高度重视。农工党把推动健康中国、美丽中国建设作为全党工作的主线，贯穿于自身建设全过程。近年来，农工党提出了促进健康服务业、推动基本医疗卫生法立法等建议，获得了中共中央的高度评价。活动现场，农工党中央宣传部与人民网举行了战略合作签约仪式。

28. 农工党四川省委会成立 60 周年纪念大会

12 月 3 日，农工党四川省委会成立 60 周年纪念大会在四川省成都市举行。农工党中央常务副主席刘晓峰代表农工党中央向大会表示祝贺，向四川农工党各级组织和广大农工党党员致以问候。受中共四川省委书记王东明委托，中共四川省委常委、统战部部长崔保华代表中共四川省委致辞。四川省政协副主席、农工党四川省委会主委王正荣代表农工党四川省委会作主题报告。四川省政协副主席、民盟四川省委会主委赵振铣代表各民主党派省委和工商联致辞。农工党重庆市委会代表农工党各省级组织致辞。四川省人大常委会副主任刘道平、副省长杨洪波、省政协副主席高烽出席会议。刘晓峰希望农工党四川省委会把学习领会中共十八届六中全会精神抓紧抓实抓好，不断增强“四个意识”，把学习实践活动推向深入；全面提升履职服务能力，把思想和行动统一到中共四川省委、省政府的决策部署上来，围绕“健康中国”“美丽中国”两条主线，深入调研，提出高质量的意见建议，创新方式开展精准扶贫相关工作，持续打造社会服务品牌；切实做好政治交接，全力做好换届各项工作，深入推进人才强党战略，为打造高素质参政党不懈努力。农工党中央组织部，四川省有关单位负责同志，四川省各民主党派和工商联代表，农工党员代表近 300 人参加会议。

29. 陈竺荣获欧尼斯特·博特勒奖

12 月 5 日，在美国圣地亚哥会议中心，美国血液学会 (ASH) 将本届欧尼斯特·博特勒奖颁发给农工党中央主席、中科院院士、上海交通大学附属瑞金医院上海血液学研究所陈竺教授和巴黎圣路易医院 Hugues de Th é 教授，表彰他们在急性早幼粒细胞白血病 (APL) 基础和临床研究中所取得的突出成就。陈竺教授在接受奖牌之后发表演讲。据介绍，陈竺教授团队应用全反式维甲酸 (ATRA) 和三氧化二砷 (ATO) 对急性早幼粒细胞白血病进行联合靶向治疗，使得这一疾病的五年无病生存率跃升至 90% 以上，达到基本“治愈”标准。

30. 农工党中央与社科院研究生院联合培养博士研究生导师工作会议

12 月 13 日，农工党中央与社科院研究生院联合培养博士研究生导师工作会议在中央机关召开。农工党中央副主席何维主持会议并讲话。何维表示，农工党中央与中国社科院研究生院联合培养人才项目，初衷是为农工党中央及各级组织机关培养服务于统一战线事业的高素质人才，也有利于参政党参政议政、理论研究水平的提升。他转达了陈竺主席、刘晓峰常务副主席的期望，希望选题能与农工党参政履职工作紧密结合，服务于多党合作事业当下一些热点课题，发挥参政党在政党协商、参政议政、民主监督方面的作用。会上，博士生导师张峰、李金河、王金南、姚俭建、吴群红、刘国祥等发言并提出相关工作建议。

31. 农工党湖南省委会七届六次全会

12 月 14 日至 15 日，农工党湖南省委会七届六次全会在湖南省长沙市召开。农工党中央常务副主席刘晓峰出席会议并讲话，农工党中央副主席、湖南省委会主委龚建明出席会议。会议审议通过同意龚建明请求辞去农工党湖南省第七届委员会主任委员、常务委员、委员职务的决定，补选张灼华担任农工党湖南省第七届委员会主任委员，会议还对获奖的各级组织进行了表彰。刘晓峰对龚建明多年来所做的工作与取得的成绩表示感谢，并对张灼华当选农工党湖南省委会主委提出希望。

32. 农工党中央与中共河南省委、省政府签署战略合作框架协议

12月16日，农工党中央与中共河南省委、省政府战略合作框架协议签署仪式在北京京豫经济文化交流中心举行。全国人大常委会副委员长、农工党中央主席陈竺，全国政协副主席、农工党中央常务副主席刘晓峰，中共河南省委书记、省人大常委会主任谢伏瞻，中共河南省委副书记、省长陈润儿出席签约仪式。刘晓峰、陈润儿分别致辞。农工党中央副主席何维、龚建明，副主席兼秘书长曲凤宏出席签约仪式。陈竺指出，农工党中央将一如既往关心、关注、支持河南，进一步发挥优势，集中力量支持合作框架协议确定的各个项目在河南落地生根发芽结果，为河南经济社会持续健康发展加油助力。刘晓峰指出，我们双方要建立专门工作小组、健全战略合作协调推进机制，为加强合作、落实协议提供有力的组织和制度保障。谢伏瞻指出，农工党中央和中共河南省委省政府一定能密切合作、携手共进，使战略合作顺利实施，助推河南决胜全面小康、决战脱贫攻坚，让中原更加出彩。陈润儿表示，战略合作框架协议签署后，省委、省政府将认真研究、切实抓好框架协议内容的落实工作。农工党中央副主席何维和中共河南省委常委、省委统战部部长陶明伦共同签署协议文本。农工党中央副主席龚建明主持签约仪式。河南省政协副主席、农工党河南省委会主委高体健出席签约仪式。农工党中央各部门负责人及河南省有关部门负责同志参加签署仪式。

33. 农工党上海市委会举办美术作品慈善展及认购活动

12月23日，农工党上海市委会和上海市美术家协会在上海市文联展厅联合举办“浓情美意·携手相扶”美术作品慈善展及认购活动。农工党中央副主席、上海市委会主委蔡威出席开幕式并致辞。此次慈善展及认购活动，共展出了包括15名农工党员画家在内37名画家的51件作品，是农工党上海市委会开展坚持和发展中国特色社会主义学习实践活动的一项重要内容，也是农工党上海市委会和上海市美协携手精准扶贫、精准脱贫的重要举措。开幕式上，到场的领导为各位画家颁发了捐赠证书。展出现场，各界爱心人士纷纷踊跃认购，所获善款将用于农工党帮扶中西部贫困地区的卫生、教育等项目。

34. 农工党中央领导应邀出席全国政协新年招待会

12月30日，中国人民政治协商会议全国委员会在全国政协礼堂举行新年茶话会。农工党中央主席陈竺，常务副主席刘晓峰，副主席何维、曲凤宏等应邀出席茶话会。

35. 农工党中央领导接待走访活动

2月4日，全国政协副主席、农工党中央常务副主席刘晓峰在中央机关会见了国家教育部党组成员、中纪委驻教育部纪检组长王立英一行并座谈。农工党中央秘书长曲凤宏等和教育部相关负责同志参加座谈。

2月23日，全国政协副主席、农工党中央常务副主席刘晓峰在中央机关会见了中共天津市委常委、统战部部长王宏江一行并座谈。农工党中央秘书长曲凤宏等参加座谈。

3月6日，全国人大常委会副委员长、农工党中央主席陈竺在中央机关会见了中共上海市委常委、统战部部长沙海林一行并座谈。陈竺对中共上海市委统战部给予农工党"一干会址"修缮布展工作提供的支持和帮助表示感谢。农工党中央秘书长曲凤宏等参加会见。

8月15日，全国政协副主席、农工党中央常务副主席刘晓峰在中央机关会见了中共德阳市委副书记、德阳市市长赵辉一行。农工党中央秘书长曲凤宏参加会见。

9月19日，全国人大常委会副委员长、农工党中央主席陈竺在中央机关会见了中共黑龙江省委常委、黑龙江省委统战部部长孙尧一行并座谈。农工党中央副主席、黑龙江省委会主委陈述涛等陪同走访并参加座谈。

11月22日，农工党中央副主席何维在中央机关会见了中共黑龙江省委统战部副部长郭龙川一行并座谈。农工党中央秘书长曲凤宏等参加座谈。农工党黑龙江省委会副主委刘长青等陪同走访。

12月14日，农工党中央副主席兼秘书长曲凤宏在中央机关会见了中央社会主义学院党组成员、秘书长徐永全一行并座谈。

36. 农工党中央领导参加外事活动

3月16日，全国人大常委会副委员长、中国和平统一促进会副会长陈竺在京会见了巴西中国和平统一促进会联合访问团一行。访问团由巴西中国和平统一促进总会、里约中国和平统一促进会、巴西中国和平统一促进联合会、巴西统一工商会等多个统促会团体组成。

3月21日，全国人大常委会副委员长陈竺在人民大会堂会见了法国荣誉军团掌玺大臣让—路易·若热兰一行。

3月21日，全国人大常委、农工党中央副主席龚建明在人民大会堂出席国务院总理李克强为尼泊尔总理奥利访华举行的欢迎仪式，并参加会谈活动。

3月22日下午，全国人大常委会副委员长、中国红十字会会长陈竺在京会见了世界卫生组织西太平洋区域主任申英秀（Shin Young—soo）和非洲区域主任莫爱缇（Matshidiso Rebecca Moeti）一行。

4月11日至13日，应加蓬参议院议长米勒布邀请，全国政协主席俞正声对加蓬进行正式友好访问。期间，分别会见了总统邦戈、总理翁多和国民议会议长奥努维耶，并同米勒布参议长举行会谈。全国政协副主席兼秘书长张庆黎、全国政协副主席刘晓峰参加了上述活动。

4月12日，全国人大常委会副委员长、中国红十字会会长陈竺在北京会见了来访的红十字国际委员会主席中国事务个人特使白良（Jacques Pellet）。

4月13日至16日，应科特迪瓦国民议会议长索罗邀请，全国政协主席俞正声对科特迪瓦进行正式友好访问。期间，会见了总统瓦塔拉，同议长索罗举行会谈，并考察中资企业承建的阿比让港口扩建项目等，与当地华侨华人代表座谈。全国政协副主席兼秘书长张庆黎、全国政协副主席刘晓峰参加了上述活动。

4月16日至19日，应加纳议会议长阿伽霍邀请，全国政协主席俞正声对加纳进行正式友好访问。期间，会见了总统马哈马，同议长阿伽霍举行会谈，并出席中加重大合作项目投产仪式，与中资企业代表座谈。全国政协副主席兼秘书长张庆黎、全国政协副主席刘晓峰参加了上述活动。

4月18日至19日，首届欧亚国家议长会议在莫斯科举行。会议主“欧亚国家加强议会合作，共享21世纪繁荣”，来自欧亚地区19个国家的议会领导人出席。全国人大常委会副委员长陈竺率团出席并在会议上发言。

5月15日至19日，农工党中央副主席何维率团赴美，就美国生物医药创新体系以及行业发展现状，生物医药专业教育和人才培养，生物研发创新、创业和资本投资等进行考察。期间，走访了斯克里普斯研究所、加州大学洛杉矶分校大卫格芬医学院、KITE药业公司等。

5月16日，全国政协常委、农工党中央副主席何维在人民大会堂出席国家主席习近平为印度总统慕克吉来访举行的欢迎仪式及宴会。

5月16日，全国人大常委会副委员长、农工党中央主席陈竺出席在旧金山昭衍创新园区召开的第二届中国生物技术企业家论坛主题研讨会并讲话。农工党中央副主席何维，农工党中央生物技术与药学工作委员会副主任、北京旷博生物技术股份有限公司董事长兰宝石，农工党中央生物技术与药学工作委员会副主任、南京圣和药业股份有限公司董事长王勇出席会议并介绍有关情况。

5月18日，哥伦比亚大学举办了第262届毕业典礼。仪式上，全国人大常委会副委员长、农工党中央主席陈竺院士因其在医疗卫生领域的杰出贡献，获颁荣誉科学博士学位。

5月26日，首届中法文化论坛在京举行。国家主席习近平和法国总统奥朗德分别致贺信。国务院副总理刘延东，全国人大常委会副委员长、欧美同学会·中国留学人员联谊会会长陈竺，法国政府与议会关系国务秘书让—玛丽·勒甘、法国前总理拉法兰出席开幕活动并致辞。

5月30日，全国政协副主席、农工党中央常务副主席刘晓峰在人民大会堂出席国家主席习近平为多哥共和国总统福雷访华举行的欢迎仪式及宴会。

7月6日，全国人大常委会副委员长陈竺在京会见了由法国参议院法中友好小组主席迪迪埃·纪尧姆率领的代表团。

7月6日，全国政协常委、农工党中央副主席何维在人民大会堂出席国务院总理李克强为巴布亚新几内亚总理奥尼尔访华举行的欢迎仪式及宴会。

7月8日，第四届中法血液学高峰论坛在北京大学人民医院举行，全国人大常委会副委员长陈竺出席论坛。

7月11日，全国人大常委会副委员长陈竺在人民大会堂会见了瑞士联邦议会国民院议长马克瓦尔德。

8月19日至26日，农工党中央常务副主席刘晓峰率团赴希腊、匈牙利，就“一带一路”法制环境考察，中央办公厅主任隋路参加考察。

9月20日，欧美同学会举办中国捷克友谊日活动。全国人大常务委员会副委员长、欧美同学会·中国留学人员联谊会会长陈竺，捷克驻华大使贝德日赫·科佩茨基等参加活动。

9月29日，全国政协副主席刘晓峰在人民大会堂出席国家主席习近平为白俄罗斯总统卢卡申科访华举行的欢迎仪式，并参加会谈活动。

10月17日至19日，2016中国—国际器官捐献大会暨国际器官捐献与移植高级研讨会议在京召开。全国人大常委会副委员长、中国红十字会会长陈竺等出席大会开幕式并讲话。这是首次在中国大陆举办国际性器官捐献与移植会议。

10月20日，全国人大常委、农工党中央副主席龚建明在人民大会堂出席国家主席习近平为菲律宾总统杜特尔特访华举行的欢迎仪式及宴会。

10月21日，全国人大常委会副委员长、陈竺欧美同学会·中国留学人员联谊会会长陈竺会见法国前总理拉法兰。

11月9日至10日，受地球观测组织（Group on Earth Observations，GEO）中国联合主席、科技部副部长阴和俊委托，农工党中央常委、国家测绘地理信息局副局长李朋德率领我国代表团出席GEO在俄罗斯圣彼得堡举行的第13次全会会议及其相关会议、组织参加技术成果展览等活动。

11月21日至24日，第九届全球健康促进大会在上海召开。国务院总理李克强、副总理刘延东，上海市委书记韩正，国务委员杨晶，全国人大常委会副委员长陈竺，世界卫生组织总干事陈冯富珍等出席大会开幕式。会议主题是“可持续发展中的健康促进”。

11月28日，全国人大常委会副委员长、中国统一促进会副会长陈竺在京会见了来自五大洲23个国家和地区统促会组织的70余位中青年代表。

二、履行职能

（一）参政议政

1. 通过调研、座谈等方式积极建言献策

1月12日，农工党中央在中央机关召开《政府工作报告》征求意见专家座谈会。农工党中央主席陈竺出席会议并讲话，副主席何维主持会议。座谈会上，陈竺认真听取专家的意见，并不时与大家互动交流。陈竺指出，各位专家既谈到发展又强调改革，特别是紧紧围绕供给侧结构性改革，结合创新、协调、绿色、开放、共享五大发展理念，发表了许多真知灼见，对我们进一步做好参政议政工作很有帮助。来自有关部委、科研院所的10位宏观经济、医药卫生、环境保护等领域的专家学者提出了很多有建设性的意见建议。农工党中央秘书长曲凤宏及有关工作人员30余人参加座谈会。

1月15日，农工党中央在中央机关召开健康中国“十三五”建设规划编制建议定稿讨论会议。农工党中央副主席何维出席会议。

2月16日，农工党中央与全国政协教科文卫体委员会在农工党中央机关联合举办“推进安宁疗护工作”座谈会。农工党中央副主席何维主持座谈会，副主席蔡威出席会议。农工党吉林省委会主委赵吉光、宁夏区委会主委戴秀英、北京市委会副主委顾晋、河南省委会副主委花亚伟、重庆市委会副主委任国胜等出席会议。来自国家民政部、人力资源社会保障部、卫计委，中国生命关怀协会，中国卫生经济学会，北京市卫计委、生前预嘱推广协会，北京大学首钢医院、中国医学科学院肿瘤医院、北京肿瘤医院、西城区

德胜社区卫生服务中心、通州区老年病医院、北京市老年病医院的参会代表发言。农工党中央、全国政协教科文卫体委员会、医药卫生界全国政协委员、有关部委、有关学（协）会、北京市有关机构及部分专家代表参加座谈会。

2 月 19 日，农工党中央副主席何维率调研组赴北京市西城区德胜社区卫生服务中心开展“推进安宁疗护工作”专题调研，中央参政议政部副部长王素芳参加调研。调研组听取了德胜社区卫生服务中心主任韩琤琤关于“居家临终关怀服务模式”阶段性成果的情况介绍，就安宁疗护的模式、医保支付方式、筹资和运营模式、医护人才队伍建设、激励机制、试点示范等工作存在的主要问题以及下一步如何推动发展进行了互动交流。调研组实地查看了远程诊疗平台、临终关怀病房、谈心室、淋浴室等安宁疗护医疗设施。

2 月 24 日，农工党中央副主席何维率调研组赴安徽就新农合开展情况进行座谈，并开展实地调研。调研组听取了省、市、县卫计委有关情况汇报，就新农合制度执行、落实过程中存在的问题及解决思路进行了讨论。调研组实地考察了肥西县人民医院，实地了解城乡居民医保结报窗口工作情况，询问医生和病人的切身体会，充分肯定了安徽省新农合制度取得的成效。

3 月 28 日至 4 月 1 日，农工党中央常务副主席刘晓峰、副主席何维率调研组赴北京市、浙江省就“深化医药分开”“实行分级诊疗”“建立覆盖城乡的基本医疗卫生制度”和“建立现代医院管理制度”等问题进行实地调研。全国政协社法委副主任、农工党湖北省委会主委吕忠梅，国家中医药管理局副局长、农工党北京市委会主委于文明，农工党中央妇委会副主任、北京医院呼吸科主任孙铁英，国务院有关部委领导和特邀专家参加调研。3 月 28 日，调研组赴北京儿童医院、朝阳医院、六里屯社区卫生服务中心进行了实地调研。3 月 29 日上午，调研组在北京召开“深化医药卫生体制改革”专题座谈会。刘晓峰指出，医改成功的关键在于“三医联动”，医改成功的基础在于人才队伍，医改成功的标志在于群众满意，各项改革举措要形成合力，全力推动医改政策落地，让医改红利更好造福广大群众，以全民健康促进全面小康。3 月 29 日下午，调研组赴浙江省继续调研，农工党浙江省委会主委姚克等领导陪同调研。3 月 30 日，调研组在杭州召开“浙江省关于深化医疗卫生体制改革工作”座谈会，浙江省各相关部门，杭州市、嘉兴市、湖州市相关部门作了汇报，国家部委领导同志及与会专家同省市同志进行互动交流和探讨。调研组赴杭州市江干区凯旋街道社区卫生服务中心考察，向医护人员详细了解“社区家庭医生签约”“慢病防控”“智慧医疗”等方面情况。3 月 31 日至 4 月 1 日，何维率调研组一行奔赴金华、绍兴两地继续调研，并分别在金华、绍兴两地召开了关于深化医疗卫生体制改革工作的座谈会，还实地走访了金华市金东区澧浦镇卫生院。调研结束后，农工党中央汇总各方意见，形成调研报告。

4 月 6 日至 8 日，农工党中央副主席何维率调研组赴河南开展“通过‘三医联动’促进公立医院改革，协同推进新型城镇化建设”专题调研，河南省政协副主席、农工党河南省委会主委高体健陪同调研。4 月 6 日，调研组在息县项店镇卫生院、曹集村卫生室、息县人民医院进行实地调研，详细了解息县医疗卫生工作开展情况。在随后召开的座谈会上，何维指出医改成功的关键在于医疗资源“双下沉”，要通过创新机制、完善政策，以人才下沉、资源下沉为手段，努力引导优质医疗卫生资源流向基层，支持基层医疗卫生机构服务能力和效率的提升，强化基层医疗卫生体系建设。4月7日，调研组赴温县岳村乡卫生院、温县人民医院实地调研，听取基层医疗单位的做法和经验，详细了解医院在满足广大基层群众基本医疗服务和基本公共卫生服务方面采取的措施。4月8日，调研组在郑州与河南省医改办、省卫计委、省人社厅等职能部门进行座谈。农工党河南省委会副主委花亚伟主持座谈会，河南省医改办副主任张若石、省卫计委副主任黄红霞等介绍了有关情况。何维指出，医改是一项综合改革，要加强联动，选择好策略，按照合理速度，走出中国式医改发展之路。

4月11日至15日，受中共中央委托，农工党中央主席陈竺率农工党中央大考察调研组，赴上海、安徽开展“通过‘三医联动’促进公立医院改革，协同推进新型城镇化建设”为主题的大考察。农工党中央副主席何维，农工党中央常委、国家食品药品监管总局副局长焦红，中共中央统战部一局局长桑福华，农工党中央秘书长兼组织部部长曲凤宏，国家卫计委体改司司长梁万年，财政部社会保障司司长林桂凤，民政部社会救助司副司长蒋玮，人社部医疗保险司副司长颜清辉，农工党中央参政议政部副部长王素芳、宣传部副巡视员刘保明，财政部社会保障司卫生事业处处长王文君、社会保障司综合处副处长桂雄，农工党中央教育委主任、辽宁省中医药大学校长杨关林，中央统战部有关同志参加调研。

调研期间，陈竺率调研组召开了三场公立医院综合改革专题座谈会，实地考察了上海市仁济医院、安徽省阜阳市人民医院、安徽省太和县人民医院，考察了上海市闵行区龙柏社区卫生服务中心、安徽省阜阳市颍州区颍西社区卫生服务中心，考察了上海市医药集中招标采购事务管理所。4月11日，上海市公立医院综合改革专题座谈会在沪召开，上海市人民政府副市长翁铁慧就上海市公立医院综合改革基本情况作了发言，上海市有关部门负责人发言，介绍了健康城市建设、基层全科家庭医生队伍建设等相关情况。4月13日，安徽省公立医院综合改革专题座谈会在合肥召开，安徽省政府副省长、省委组织部副部长、省人力资源社会保障厅厅长刘莉主持会议，并向调研组汇报了安徽省深化医药卫生体制改革有关情况。安徽省卫生计生委主任于德志、省人力资源社会保障厅副厅长林海、省财政厅副厅长朱艾勇等发言。4月14日，阜阳市公立医院综合改革专题座谈会在阜阳召开，阜阳市委书记于勇首先汇报阜阳有关情况，市委常委、常务副市长卢仕仁主持会议并汇报了阜阳市深化医药卫生体制改革工作情况，阜阳市有关部门、太和县人民医院、阜南县人民医院等单位负责人发言。

在三次座谈会上，陈竺认真听取汇报，与大家交流讨论，并发表讲话。陈竺指出，全面深化医改应坚持三条原则：一是坚持以改革促发展的原则；二是坚持卫生事业与经济社会协同发展的原则；三是坚持以满足人民群众健康需求为导向进行医疗卫生资源配置的原则。陈竺认为，“三医联动”可使全面深化医改在现行体制下产生重要的综合性改革效应，是目前可行的有力的机制保障。陈竺还就上海市和安徽省在“通过‘三医联动’，促进公立医院改革”中发挥带头作用，走在前列，形成可复制可推广的经验，提出殷切期望。何维介绍了农工党中央2016年大考察调研背景情况和农工党中央关于“通过‘三医联动’，促进公立医院改革”的有关思路。座谈中，调研组围绕“推进公立医院改革”“实施基层医药卫生体制综合改革”“探索推进医药、医保、医疗”三医联动机制、全面推进深化医药卫生体制综合改革等具体问题进行座谈交流。农工党中央副主席、上海市委会主委蔡威，上海市有关部门领导等在上海市陪同调研。

4 月 13 日至 14 日，农工党中央副主席、上海市委会主委蔡威带队前往彭浦新村社区卫生服务中心、临汾社区卫生服务中心及长征社区卫生服务中心，调研本市家庭医生制度及舒缓疗护工作的发展现状。

4 月 20 日，农工党中央副主席、上海市委会主委蔡威率调研组赴上海市中医医院和同济医院，调研医院发展现状及存在瓶颈。农工党上海市委会秘书长王晓东，上海申康医院发展中心副主任陈方、投资部副主任鲁冰等参加调研。

4 月 22 日，农工党中央主席陈竺率调研组赴河南省郑州市开展“通过‘三医联动’促进公立医院改革，协同推进新型城镇化建设”大考察补充调研，并实地查看阜外华中心血管病医院建设情况。农工党中央副主席何维，河南省委会主委高体健、副主委花亚伟等参加调研。河南省副省长王艳玲和河南省人民医院院长顾建钦向调研组详细介绍了阜外华中心血管病医院（国家心血管病中心华中分中心）项目进展情况和河南省人民医院近期工作情况。陈竺指出，要坚持规划先行，结合国家卫生计生委国家区域医疗中心的布局，以现代医院管理制度的要求，积极打造华中地区心血管分中心；要通过国际合作来促进国内合作，加快各类医学人才的聚集；要积极推动健康产业发展，把药品生产流通企业、中高端医疗设备和耗材的企业或研发机构投资的焦点汇聚到河南。

4 月 23 日，农工党中央副主席、贵州省委会主委谢庆生出席农工党贵州省委会召开 2016 年参政议政暨社会服务工作会议并讲话。谢庆生强调，全省农工党各级组织和广大农工党员要主动适应经济发展新常态，全面贯彻新发展理念，要以高度的政治责任感和使命感，主动参政议政，积极建言献策。

4 月 27 日，农工党中央在中央机关召开 2016 年“通过‘三医联动’促进公立医院改革协同推进新型城镇化建设”大考察专委会专家座谈会，农工党中央副主席何维主持座谈会并讲话。来自农工党中央医卫委、生药委、教育委和妇女委等专委会的 10 名专家代表参加座谈会，就“三医联动”促进公立医院改革工作中存在的问题和对策建议作了发言，重点就强化医改的统一领导体制、取消药品加成、药品集中招采、发挥好中医药作用、完善医保目录、改革医保支付方式、提高医疗服务价格、改善医护人员薪酬待遇、加快建立现代医院管理制度等议题进行了深入探讨。与会人员还就在“大众创业、万众创新”活动中，如何发挥大型国有企业、重点科研院所、各类开发园区的作用等问题进行了互动交流。

5 月 18 日，农工党中央常务副主席刘晓峰率调研组赴河北省廊坊市考察。刘晓峰在润泽国际信息港详细了解了 HP 云计算平台、唐宋大数据项目、云奥大数据分析平台以及润泽 VR 项目的基本情况，试用了以润泽量子通信为核心技术的可视电话；在华为云计算基地重点考察了华为全球分布式云数据中心建设情况，并来到华为廊坊云数据中心开放实验室，体验数字化城市、智慧政务、医疗影像云等项目的运行模式，与企业负责人就云产业发展在便民、利医、惠政方面所发挥的作用展开交流。农工党河北省委会主委段惠军，河北省政府党组成员吴显国等陪同考察。

6 月 6 日，农工党中央主席陈竺、副主席何维率调研组赴上海市张江高科技园区开展调研。调研组一行考察了中科院上海药物研究所（二期）、诺华（中国）生物医学研究中心、国家化合物样品库、复旦大学药学院，就结构生物学创新青年团队、全国药物发现资源服务网络建设、临床药师培养等话题听取了考察单位的意见和建议。调研组在复旦大学药学院就生物医药的创新发展问题召开座谈会，复旦大学校长许宁生、上海科技大学生命学院院长吴家睿、上海中医药大学校长徐建光、中科院上海药物研究所副所长李佳等人作了专门汇报，有关医药企业的负责人作了成果汇报，中国疾控中心的相关负责人就热带病联盟建设的问题发表了意见。陈竺讲话指出，本次调研可考虑在四个方面生成调研成果，一是大力支持上海的科创中心建设；二是加强临床药师的人才队伍培养，在规范化培训和临床药理基地建设上做贡献；三是针对细胞治疗的问题审评审批问题提出可行性建议，并积极参与生物医药审批制度改革实践；四是可将热带病防治能力建设和作用发挥纳入科创中心范畴。中国科学院院士、上海市科协主席陈凯先主持座谈会。农工党中央参政议政部相关人员参加调研和座谈。

6 月 21 日，农工党中央参政议政部与农工党北京市委会合作召开了“关于营改增试点全面推开后的情况与建议”座谈会。座谈会邀请了北京市国税局、北京市地税局、中央财经大学、西南财经大学、南通银监分局、鹏润控股有限公司、北京恒城投资发展集团等单位的党内外专家，围绕房地产、建筑、金融等行业“营改增”后出现的各种新情况、新问题展开了热烈讨论。

7 月 7 日，农工党中央在中央机关召开经济形势与发展改革研讨会，农工党中央主席陈竺出席会议并讲话，副主席何维主持研讨会。研讨会氛围热烈，陈竺认真听取意见，并不时与大家互动交流。来自有关部委、地方政府、研究所、高校、协会的 15 位经济金融、医药卫生、环境保护等领域的专家学者，对 2016 年上半年经济形势发表了自己的见解和建议，并围绕推进“健康中国”“美丽中国”两大宏伟目标，就医药卫生体制改革、生态环境保护等领域的发展情况、存在问题及原因、对策措施进行了交流。农工党中央秘书长曲凤宏及农工党中央机关、北京市委会机关干部 80 余人参加研讨会。

7 月 14 日，农工党中央副主席、上海市委会主委蔡威带队前往浦东张江药谷调研上海科创中心法治环境建设，听取来自市科技创业中心、张江药谷公共服务平台有限公司、中国科学院及张江药谷部分科技企业相关代表的意见建议。

7 月 19 日至 20 日，农工党中央主席陈竺率调研组赴江苏省苏州市就“食品药品监管体制改革”开展调研。农工党中央副主席何维，国家食品药品监督管理总局副局长、农工党中央常委焦红等参加调研，农工党江苏省委会主委周健民陪同调研。调研组考察了中科院苏州生物医学工程技术研究所、江苏医疗器械科技产业园、国家知识产权局专利局专利审查协作江苏中心、国家知识产权服务业集聚发展试验区并听取工作汇报。调研组与江苏省、苏州市有关部门举行了座谈，江苏省副省长徐鸣汇报了“江苏食品药品监管体制改革”情况，江苏省、苏州市有关部门作了汇报。陈竺指出，要进一步深化食品药品监管体制改革，让新体制尽快适应食品药品监管工作的实际需要；要保持食品药品监管体制的稳定性，健全完善监管体系，适当、合理增加技术人员编制，调动专业技术人才的积极性；要进一步加强基层的监管力量和水平，围绕“保安全”的中心任务，采取扎实有效措施，强化依法科学监管，壮大专业化监管人才队伍，运用现代技术手段加快完善技术支撑体系，进一步强化食品药品监管力量、提升食品药品监管水平。

8 月 18 日至 22 日，农工党中央副主席何维参加中央统战部组织的党外人士赴西藏考察团，赴西藏实地调研。18 日，党外人士赴西藏考察团情况介绍座谈会在西藏人民会堂召开，何维代表参加此次考察调研的各民主党派有关领导和无党派人士等考察团成员作了发言。8 月 22 日，党外人士赴西藏考察调研总结会在西藏人民会堂召开，何维出席会议并就西藏的生态环境保护提出四点建议：一是以生态文明理论为统领，推进国家生态安全屏障建设；二是优先划定生态保护红线，完善生态补偿机制，遏制生态环境退化的趋势；三是发挥特色产业优势，加快环境基础设施建设，大力发展西藏经济；四是充分发挥重大生态工程的作用，打赢脱贫攻坚战。

8 月 18 日，农工党中央副主席龚建明赴宁夏区银川市、吴忠市考察调研。龚建明在银川市强制隔离戒毒所考察了稀释氧化亚氮速效脱毒技术的开展情况，查看了脱毒治疗室，现场观摩了脱毒治疗过程，与戒毒干警和学员亲切交谈；在宁夏仙人掌种植基地考察了宁夏食用仙人掌健康产业发展情况，对仙人掌种植基地建设、产品研究与开发、原料加工与产品生产、市场营销与国际贸易等方面进行了解。农工党宁夏区委会主委戴秀英、秘书长王波等陪同考察。

8 月 26 日，为加快促进我国健康产业发展，重点解决有关治疗白血病的紧缺药断档等问题，农工党中央主席陈竺率调研组赴浙江杭州民生药业有限公司进行实地考察调研。调研组一行参观了民生药业历史陈列馆和民生药业分析实验中心，并召开现场交流座谈会。陈竺充分肯定了杭州民生药业有限公司一直坚持以发展民族制药为主业所取得的成绩，同时也希望公司克服相关药品原材料种植受限等困难，继续做好基药尤其是适用于治疗各型急性非淋巴细胞白血病的高三尖杉酯碱注射液等紧缺药的生产，为保障人民群众健康、满足国家基本用药需求、创建健康中国作出贡献。上海血研所所长陈赛娟、上海交大医学院附属瑞金医院血液科主任李军民等参加调研。

10 月 15 日，农工党中央副主席何维出席在福州召开的“整合城乡居民基本医疗保障管理体制”专题座谈会。何维指出，福建省成立相应独立的医疗保障管理委员会是全国首创，在全国整合城乡居民医保管理体制改革中迈出了重要一步，得到了各方的关注和支持，希望下一步继续做好改革效果的追踪，用数据、事实和案例说话，农工党中央将继续关注福建的医保改革工作。福建省政府副秘书长赖碧涛、福建省医保办主任詹积富介绍了福建省医保改革情况。

10 月 17 日，全国政协副主席、农工党中央常务副主席刘晓峰率全国政协社会和法制委员会调研组，在江西省就“土壤污染防治与土地资源保护”开展专题调研。

10 月 24 日至 28 日，农工党中央常务副主席刘晓峰率调研组赴陕西省开展“生态文明建设”专题调研。调研组先后深入西安、商洛、榆林等地实地查看了水源保护、流域综合治理和新能源产业发展情况，在商洛市召开南水北调中线工程水源保护工作汇报座谈会，实地察看了榆林市靖边县植被条件改善情况，考察神木县石峁遗址发掘现场，在榆神工业区北元化工集团、榆林市规划馆详细了解榆林能源化工产业发展整体情况。10 月 26 日，调研组还赴西安海棠职业学院考察农工党陕西省委会直属工委文化经济支委工作流程。

11月14日，农工党中央与中国人民大学在农工党中央机关联合举办“2016年经济形势与发展改革研讨会”。农工党中央主席陈竺、常务副主席刘晓峰，中国人民大学党委书记靳诺出席会议，农工党中央副主席何维主持会议。本次研讨会是农工党中央加强智库建设、切实履行参政党职能的创新之举。研讨会上，来自全国政协、中国人民大学、发改委、卫计委、中科院、国家测绘地理信息局和医科院等单位的15位专家围绕全年经济形势、推动健康中国和美丽中国建设三大主题，就宏观经济形势与政策、精准扶贫、国家医学中心及国家区域医疗中心建设、仿制药产业发展、出生人口缺陷、医疗救助制度、环境与健康、绿色发展与环境经济政策、大气环境治理等积极议政建言。农工党中央秘书长曲凤宏及农工党中央机关、北京市委会机关干部80余人参加研讨会。

11月14日，农工党中央副主席、上海市委会主委蔡威带队前往上海应用技术大学，调研地方高校发展现状。蔡威一行考察了上海应用技术大学的香料香精技术与工程学院和轨道交通学院，实地了解学院的教学设施及学科发展等相关情况。

11月16日，农工党中央主席陈竺、副主席龚建明率调研组赴福建省平潭综合实验区调研。调研组先后考察实验区规划馆，听取平潭海关创新通关模式的汇报，参观台湾爱维口腔医院，考察海峡高速客运码头，还考察了平潭“智慧岛”中心和协和医院项目、实验区医院。调研组在平潭召开专题座谈会。陈竺在听取平潭综合实验区相关同志的工作汇报后，指出要推动深化两岸经济以及各领域交流合作，维护和推进两岸关系和平发展。福建省人大常委会副主任刘群英，农工党福建省委会主委陈绍军陪同调研。国家卫生计生委、食品药品监督管理总局有关同志，福建省人大常委会办公厅、省卫计委、中共省委统战部负责同志，以及农工党福建省委会负责同志参加或陪同调研。

11月17日，农工党中央主席陈竺、副主席龚建明率调研组考察了位于福建省福州市的中科院海西研究院新区，参观了海西研究院科技成果展厅以及3D打印实验室等，听取了福建物构所所长曹荣的工作汇报。调研组还考察了鼓楼区杨桥路的福建物构所老区，瞻仰了位于纳米楼前广场的卢嘉锡铜像并献花，参观卢嘉锡陈列室。陈竺、龚建明仔细观看卢嘉锡的论文手稿、教学模型、工作及生活用品。最后，调研组在福建物构所召开座谈会，在听取所领导的工作汇报后，陈竺鼓励大家要传承卢老爱国敬业的工作精神、要坚持科技体制机制创新发展，希望在福建物构所工作的农工党员为国家和海西经济社会发展作出更大贡献。

12月19日至23日，农工党中央常务副主席刘晓峰率调研组到广西就“界河沿岸生态保护与水土流失防护”开展专题调研，副主席何维参加调研。在20日召开的座谈会上，调研组听取了广西区政府副主席黄伟京关于界河沿岸生态保护与水土流失防护的基本情况的汇报，与自治区相关部门负责人进行互动交流。刘晓峰指出，要从国家战略高度来思考界河治理工作，加强顶层设计，创新和完善界河治理法律和制度体系；抓住重点问题和关键环节，切实保护好界河沿岸生态，防止水土流失；科学编制界河生态环境保护治理规划，建立并完善界河保护的协调机制；重点强化小流域治理，正确处理好资源开发与生态保护之间的关系。在广西期间，调研组深入南宁、防城港、崇左等地，详细了解北仑河、批劳河、平而河、归春河等界河沿岸生态保护与水土流失防护工作现状、已建成整治工程的运行管理等情况。

12月26日至28日，农工党中央主席陈竺率调研组赴上海开展“医学教育改革发展”专题调研，农工党中央副主席何维，农工党中央副主席、上海市委会主委蔡威参加调研。期间，调研组深入复旦大学医学院考察，参观了复旦大学医学神经生物国家重点实验室和复旦大学人体科学馆和一些项目实验室，并考察了上海交通大学医学院临床技能实验教学示范中心等。在上海交大医学院，农工党中央调研组召开“医学教育改革发展”专题座谈会，陈竺作了《关于我国医学本科教育发展改革的若干思考》主题报告。陈竺指出，思政课要更多将社会主义核心价值观与医学人文社会实践相结合；注重培养医学生临床辨识能力和临床思维能力；临床实践课要合理安排在大型医院、社区中心等的比例；在教师队伍建设导向上，要重视培养医教研结合的复合型师资，发挥老专家的作用；要重视培养医学生自主管理能力，发挥临床实践中的老生带新生作用；注意加强国际合作，博采众长。复旦大学、上海交通大学、第二军医大学、同济大学、瑞金医院等高校负责教学的医学院领导和专家学者参加座谈。

2. 搞好社情民意信息工作

2016年，中央参政议政部收到中央机关各部门、中央各专门工作委员会、地方各级组织和党员报送的社情民意信息来稿2298件，遴选编辑后向全国政协信息局编报《信息专报》285件。全国政协信息局采用了33件。8件信息得到国家领导批示。信息工作取得了在全国政协2015年和2014–2015年总分双第一的好成绩，荣获2014–2015年全国政协社情民意信息工作先进集体。

一是抓住重点议题，重点组织力量形成高质量信息。针对农工党优势领域的政策、深化改革举措提出意见和建议，如《推广福建省三明市医改经验 以“三医联动”促进公立医院改革》《借鉴新安江流域水质补偿试点经验　做好三峡水库水污染防治工作》等。围绕全国政协重点选题，针对农村低保政策执行、完善行政审批制度改革、“营改增”等课题，形成一批精品信息。围绕社会热点积极报送信息，如南海仲裁事件发生后，报送了关于《设立国家南海海洋自然保护区　加强三沙生态环境保护工作》等建议。

二是促进全党信息工作均衡发展。6月30日至7月1日，在吉林省吉林市召开农工党2016年社情民意信息工作研讨会，农工党吉林省委会主委赵吉光出席会议，参政议政部副部长兼社情民意处处长耿丽丽主持会议并讲话，中央各专委会和省级组织社情民意信息联络员共60余人参加会议。听取了中共中央统战部齐连振同志关于做好《零讯》编报工作的专题报告。此次会议总结了信息工作的经验，以解决问题为导向，以创新工作方式为目标，积极探索有效工作路径，努力提高信息工作队伍整体能力和全党社情民意信息工作水平。

三是完善网络信息平台，借助现代信息手段提高全党社情民意信息质量。将平台维护公司从上海转到北京，提高了平台维护效能，各省级组织和中央专委会等单位报送社情民意的积极性明显增强，来稿数量显著增加，全党社情民意信息稿件质量整体提升。

3. 举办好各类论坛及活动

7月10日，“亦庄健康产业大会2016”在北京经济技术开发区召开，农工党中央副主席何维出席论坛，众多健康领域权威专家学者纵论全球健康产业发展趋势与中国健康产业发展现状。农工党主席陈竺在致大会的贺信中强调：“健康产业发展，事关医药卫生事业的改革与发展，事关我国人民健康的保障，事关我国经济发展转型与产业升级，事关供给侧结构调整，事关全国科技创新大会精神在生物医药领域的贯彻落实”；希望“广大参会同仁对北京乃至全国健康产业发展的战略举措、重点任务等重要问题深入研讨，形成共识与合力，为推动我国健康产业发展献策出力”。此次大会得到了农工党中央、北京大学的大力支持与指导，由北京经济技术开发区与北京大学校友会主办。

9月20日，由农工党中央主办，农工党四川省委会、中共德阳市委、德阳市人民政府承办的医药产业和健康城市高峰论坛在四川省德阳市举行。农工党中央常务副主席刘晓峰出席并宣布论坛开幕。农工党中央原主席、中国工程院院士桑国卫出席并作《我国创新药物研发的政策环境》主旨报告。四川省人民政府副省长杨洪波出席并讲话，中共德阳市委书记蒲波致辞。农工党中央副主席龚建明主持会议。刘晓峰强调，本次论坛是以“医药产业和健康城市”为主题，大力发展医药产业，深入推进健康城市建设，对于推进健康中国建设、培育经济发展新动力具有重要意义。农工党四川省委会主委王正荣，原总后勤部卫生部副部长、国家重大科技专项传染病防治专项监督评估组组长王玉民少将，江苏省科协副主席、中国药科大学学术委员会主席、中国工程院院士王广基，军事医学科学院病毒药物研究所研究员、中国工程院院士李松等出席会议。国家卫计委科教司副司长、国家重大新药创制专项办公室副主任吴沛新，工信部消费品工业司副司长吴海东，国家卫计委疾控局副局长、全国爱卫办副主任张勇，世界卫生组织驻华代表施贺德博士等作主旨报告。国家食品药品监督管理总局药品评审中心首席科学家何如意、王广基、李松，中国医学科学院药物研究院院长蒋建东，中科院天津工业生物技术研究所所长马延和，国家食品药品监督管理总局南方医药经济研究所所长林建宁，复旦大学公共卫生学院教授戴俊明等作专题报告。与会的专家学者还围绕医药产业发展与健康城市建设的主题进行了学术交流研讨。农工党中央秘书长曲凤宏，国家部委有关领导，国内外相关的知名专家学者，农工党中青年党员培训班学员及医卫界党员企业家350余人参加论坛。

9月24日至26日，第十一届中国生态健康论坛在四川省攀枝花市召开。本次论坛由农工党中央与四川省政协共同主办，论坛的主题是“绿色发展与长江经济带生态环境保护”。农工党中央常务副主席刘晓峰出席论坛并致辞。刘晓峰指出，本届论坛以“绿色发展与长江经济带生态环境保护”为主题，希望各位专家学者学习贯彻总书记讲话精神，以解决问导向，畅所欲言，深入研讨，为助推长江经济带绿色发展建睿智之言，献务实之策。农工党中央副主席何维主持论坛开幕式。四川省政协副主席、党组副书记高烽，农工党四川省委会主委王正荣，农工党中央秘书长曲凤宏，中共攀枝花市委书记张剡，攀枝花市人民政府市长李建勤出席开幕式。农工党中央常委、农工党中央生态环境工作委员会主任、环保部环境规划院副院长兼总工程师王金南，农工党中央委员、中国环境科学研究院副院长郑丙辉，北京师范大学水科学研究院院长许新宜等10多位来自环保部环境规划院、中国环境科学研究院、清华大学、北京师范大学、华东师范大学等高校和研究机构的专家学者围绕长江经济带绿色发展战略布局与生态环境保护、长江经济带水污染治理模式与建议、长江经济带绿色发展体制机制保障等议题作了报告。来自主办单位、承办单位、协办单位，以及全国各地生态环保领域的领导、专家、学者、企业家等

300余人参加了本次论坛。

9月25日，农工党中央举办“康养胜地与国家现代农业示范区建设”分论坛。农工党中央秘书长曲凤宏出席论坛并作总结讲话。论坛由中共攀枝花市委常委、秘书长吴成钢主持。攀枝花市政府副市长李仁杰介绍攀枝花特色农业发展和国家现代农业示范区建设情况，四川省农业厅、中国热带农业科学院有关领导到会并讲话。分论坛上，来自农业部发展计划司、中科院生态环境研究中心、中国国际电子商务中心研究院、中国标准化研究所以及区域公用品牌战略规划领域的5位专家学者围绕论坛主题，分别以“国家现代农业示范区建设”“产业生态文明与生态产业转型”“十三五电商新机遇”“标准引领质量先行，生态特色农业标准化战略思考”“品牌战略和一三产业互动”为题作主旨报告。为了使论坛成果惠及周边区域，本次论坛还邀请了四川省农业系统及相关市（州），云南丽江、楚雄等相关市（州）的农业主管部门，攀枝花各区县政府及农业部门以及农业龙头企业的代表共60余人参加论坛。

10月28日至30日，农工党中央医疗卫生工作委员会和生物技术与药学工作委员会共同指导支持的第八届中国医药企业家年会暨2016年医药产业创新论坛在京举行。29日上午，农工党中央副主席何维在北京亦庄国际会展中心出席开幕式，并作了《关于生物医药创新发展的思考与建议》的主题报告。何维指出，生物医药具有重要的战略性，必须在政府的严格监管与产业的控制下发展，并且具有以科学技术为核心的综合性研发高要求。他分析了在研发重点与重要需求的分离、卫生需求研发链的断裂以及全球经济下行压力越来越大的环境下，生物医药产业所面临的诸多问题与挑战，在谈到对生物医药创新发展的有关建议与思考时，何维指出，生物医药的研发要瞄准重大需求中的“难”“孤”“防”，以价值理性来取胜，要体现要素重组的工具理性，寻找发明使用新用途，探索建立提高研发效率的新型研发组织，解决和满足基本医疗用药需求的安全性、可及性，争取在“一带一路”倡议中发挥作用，创造出能够改变世界的新产品。

（二）民主监督

2016年，农工党中央认真贯彻落实《关于支持各民主党派中央开展脱贫攻坚民主监督工作的实施方案》，认真做好对口云南省脱贫攻坚民主监督工作。中央成立了精准扶贫精准脱贫工作领导小组，负责精准扶贫精准脱贫与脱贫攻坚民主监督工作。领导小组由农工党中央主席陈竺任组长，常务副主席刘晓峰任常务副组长，副主席何维、龚建明、谢庆生任副组长，秘书长曲凤宏、云南省委会主委杨鸿生任办公室主任。农工党中央整合各方面力量，通过开展考察调研、提出意见建议、参与专项监督评估、开展日常跟踪督察、进行政策宣讲等多种形式对云南省的脱贫攻坚实施情况进行监督。

中央制定了《农工党中央对口云南省开展脱贫攻坚民主监督工作实施方案（试行）》、工作细则及《技术指导方案（试行）》，确保科学施策，精准发力。与中共云南省委、省政府达成工作共识，建立了相关工作机制。农工党中央领导多次带队赴昆明、德宏、保山、曲靖、楚雄等地调研，形成《农工党中央关于云南省脱贫攻坚民主监督工作的调研报告》。建立脱贫攻坚民主监督专家库，依托党内专家学者制作了《精准扶贫调查问卷》，科学选定20个哨点村，开展抽样调查工作。将帮扶与监督有机结合，协调北京市委会对口帮扶曲靖市，山东、浙江、江苏、湖南、湖北、深圳等省市也积极主动参与结对帮扶。

担任各级特约检察员、监察员、审计员、督导员等职务的党员，在执法检查监督、行风政风评议等工作中积极履职尽责，充分发挥民主监督作用。河南、湖南等省级组织开展了大气污染防治攻坚民主监督工作。

6月21日，中央统战部召开各民主党派中央开展脱贫攻坚民主监督工作启动会议。农工党中央主席陈竺、副主席龚建明出席会议。

7月9日，农工党中央副主席龚建明在昆明出席农工党云南省、市级组织负责人脱贫攻坚民主监督工作座谈会，并就如何开展脱贫攻坚民主监督工作进行动员部署。龚建明强调，开展脱贫攻坚民主监督，任务艰巨、涉及面广，需要各相关方面精心组织、周密部署，密切配合、形成合力；各级组织和广大党员是做好工作的重要力量源泉，要当好脱贫攻坚调研员、监督员、宣讲员、战斗员；要加强领导，落实责任，确保脱贫攻坚民主监督各项工作落到实处，并从加强组织领导、做好建章立制、加大资源整合三个方面提出了具体要求。农工党中央秘书长、中央精准扶贫领导小组办公室主任曲凤宏主持会议。农工党云南省委会主委杨鸿生出席会议并作情况介绍。中共云南省委统战部副部长马春出席会议。云南省各地州市农工党组织的负责人作了表态发言。农工党中央组织部副部长张铭彩，中央监督委员会委员黄宝荣，云南省委会副主委张宽寿、何云葵、董峻、马林昆、王明琼，以及农工党云南省各地州市组织负责人等60余人出席会议。

7月9日，农工党中央副主席龚建明一行与中共云南省委统战部、云南省扶贫开发办公室负责人在昆明进行座谈。双方研究讨论了《农工党中央对口云南省开展脱贫攻坚民主监督工作实施方案》（草案）及其配套规章制度等文件的有关细节问题，并提出了近期工作重点是尽快建立工作联系机制、筹备农工党中央领导来滇考察以及开展对精准识别贫困人口等工作进行民主监督。农工党中央秘书长曲凤宏主持会议。农工党云南省委会主委杨鸿生，中共云南省委统战部副部长马春，云南省扶贫开发办公室副主任杨李，农工党中央组织部副部长张铭彩、中央监督委员会委员黄宝荣、云南省委会副主委何云葵等出席会议。农工党中央精准扶贫精准脱贫工作领导小组办公室全体成员参加会议。

7月10日至11日，农工党云南省委会主委杨鸿生率调研组在昆明市东川区就农工党对口云南省开展脱贫攻坚民主监督工作进行调研，农工党中央组织部副部长张铭彩、云南省委会副主委何云葵，中央精准扶贫精准脱贫工作领导小组办公室全体成员参加调研。云南省扶贫开发办、省卫生计生委，农工党云南省委会，昆明市扶贫办有关同志以及东川区有关领导陪同调研。

7月15日，农工党中央秘书长曲凤宏在江苏省南京市主持召开专家咨询座谈会。会议邀请南京大学、南京邮电大学专家对脱贫攻坚民主监督科学调研工作提出意见建议，为全面做好农工党中央对口云南省脱贫攻坚民主监督工作，特别是借助科学支撑合理制定实施方案。农工党江苏省委会副主委吴建坤，农工党江苏省委会副主委、南京邮电大学人口研究院院长沙勇，南京大学、南京邮电大学以及人口研究院的10名专家学者参加座谈。

7月26日，农工党中央对口云南省脱贫攻坚民主监督工作座谈会在昆明召开，农工党中央主席陈竺出席会议并讲话。陈竺强调，要树立问题意识，坚持问题导向，深刻认识云南省脱贫攻坚工作任务的复杂性和艰巨性。坚持几个原则：一是坚持问题导向，找准问题，分析清楚问题，有针对性地解决问题；二是坚持实事求是，从精准识别开始，精确到每一个家庭，精确到每一个贫困人口；三是坚持以民为本，树立以人民为中心的发展思想，把人民群众拥护不拥护、赞成不赞成、高兴不高兴、答应不答应作为衡量一切工作得失的根本标准。陈竺表示，农工党要加强参政党意识，认真作好农工党中央对口云南省脱贫攻坚民主监督工作，同时要寓支持于监督之中，集中全党智慧和力量，助力云南省如期完成脱贫攻坚任务。中共云南省委书记、省人大常委会主任李纪恒主持会议。中共云南省委副书记、省长陈豪代表中共云南省委、省政府作了关于云南省脱贫攻坚工作的情况汇报。农工党中央副主席龚建明就农工党中央对口云南省脱贫攻坚民主监督前期开展的工作作了介绍。国务院扶贫开发领导小组办公室党组成员、副主任洪天云以及参加调研的国家民政部、卫计委、审计署的同志作了发言。中共云南省委统战部、云南省扶贫开发办、省民政厅、省卫计委的负责同志作了交流发言。出席座谈会的还有中共中央统战部有关同志，中共云南省委常委、统战部部长黄毅，省委常委、省委秘书长李邑飞，省人大常委会党组成员、副主任赵立雄，省政府秘书长何金平等云南省领导，农工党中央秘书长曲凤宏、云南省委会主委杨鸿生，以及农工党云南省委会领导班子成员等，中共云南省委、省人大、省政府有关部门的负责同志，标志着农工党中央对口云南省脱贫攻坚民主监督工作正式启动。

7 月 26 日至 27 日，农工党中央主席陈竺率调研组在云南省昆明市东川区对脱贫攻坚工作开展实地调研。农工党中央副主席龚建明参加调研。26 日，调研组一行在东川区召开座谈会，听取昆明市、东川区脱贫攻坚情况汇报。中共昆明市委副书记、市长王喜良和中共东川区委书记张之亮作了汇报，陈竺、龚建明和调研组成员向东川区有关领导详细了解东川区开展脱贫攻坚工作的现状和存在的困难。陈竺还就健康扶贫有关问题作了深刻阐述。云南省人大常委会副主任杨保建主持会议。27 日，陈竺、龚建明率领调研一组前往铜都街道鲁噶箐村实地调研，调研二组前往铜都街道磨盘村实地调研。两组汇合后参观了鲁噶箐村、噶德村易地扶贫搬迁项目的施工现场，并前往阿旺镇月亮村调研。调研组成员参观了 2015 年底落成的东川区人民医院新院区，陈竺对该院挂牌“扶贫医院”并实施健康扶贫的做法极为赞许。参加调研的有中共中央统战部有关同志，国务院扶贫开发领导小组办公室党组成员、副主任洪天云和国家民政部、卫计委、审计署有关同志，农工党中央秘书长曲凤宏、云南省委会主委杨鸿生等，云南省人大常委会副主任杨保建，中共云南省委统战部、省扶贫开发办、省人大常委会有关部门的负责同志，昆明市、东川区有关领导陪同调研。

7 月 28 日至 31 日，农工党中央副主席龚建明率调研组赴云南德宏州、保山市就脱贫攻坚开展民主监督调研。期间，调研组前往德宏州芒市三台山乡的德昂族村寨邦外村委会上帮村民小组，陇川县陇把镇吕良村、龙安村，保山市腾冲市猴桥镇傈僳族村寨猴桥社区国门新村调研。调研组与德宏州、保山市有关领导举行座谈，了解两地脱贫攻坚的工作现状和存在问题。龚建明强调，要深刻认识脱贫攻坚工作任务的复杂性和艰巨性，树立问题意识，坚持实事求是，坚持以人为本，进一步做好边疆边民扶贫工作，抓好“直过民族”帮扶，争取早日脱贫。农工党云南省委会主委杨鸿生，中共中央统战部、国家审计署有关同志，中国初级卫生保健基金会秘书长周庆年，农工党云南省委会副主委何云葵等参加调研。云南省扶贫办副主任杨李，德宏州、保山市有关领导陪同调研。

10月8日至13日，农工党中央常务副主席刘晓峰率队赴云南省开展“脱贫攻坚民主监督”和“界河沿岸生态保护与国土流失防护”专题调研，农工党中央副主席龚建明参加调研。10月8日，调研组赴昆明市东川区乌龙镇大水井村，实地调研。10月9日，农工党中央调研组在昆明召开“脱贫攻坚民主监督”和“界河沿岸生态保护与国土流失防护”专题调研座谈会。刘晓峰强调，要进一步增强打赢脱贫攻坚战的责任感和使命感，自觉把思想和行动统一到中共中央的决策部署上来；要加强与云南省的对接和协调，坚持问题导向和科学施策，整合社会资源，发挥党派优势，创新工作举措，注重科学实施，“监督”与“帮扶”并举，务求民主监督取得成效。中共云南省委书记、省长陈豪主持座谈会。龚建明介绍了对口云南省脱贫攻坚民主监督的前期工作和本次调研的工作。云南省政协主席罗正富及省领导黄毅、李邑飞、王承才、刘建华等出席座谈会，张祖林作工作汇报。会议结束后，与会领导共同见证了农工党北京市委会和北京中医医院对口支援云南省曲靖市、会泽县签约仪式，以及明日之星教育基金会云南省“班班通——助力教育信息化”公益活动捐赠仪式。10月10日，调研组到保山市实地调研，考察了云南大本事公司食用菌产业扶贫项目和施甸县摆榔乡尖山村易地扶贫搬迁安置点。10月11日，调研组在保山市召开专题调研座谈会，就开展“脱贫攻坚民主监督”和“界河沿岸生态保护与国土流失防护”进行专题座谈，与保山市、德宏州相关部门和单位领导座谈交流。10月12日，调研组前往德宏州盈江县旧城镇芒克村、瑞丽市户育乡尹山村民小组、瑞丽市口岸喊撒排涝沟（拟建）调研。农工党中央秘书长曲凤宏，国家发改委、国土资源部、环保部、水利部、国务院扶贫办等相关部委和单位负责人等参加调研。

10月18日，中共中央统战部召开脱贫攻坚报告会，农工党中央副主席龚建明出席会议并作报告。

11月9日，农工党中央副主席龚建明在中央机关会见中共云南省曲靖市会泽县委书记梁志强一行并座谈。在听取会泽县脱贫攻坚工作情况介绍后，龚建明强调：一是要以民主监督为主，认真进行调查研究，提出切实可行的意见建议；二是把农工党帮扶贵州大方县的经验在会泽县示范推广，把健康扶贫工作做好；三是发挥农工党界别优势，坚持监督与帮扶并举，加快形成各方参与的脱贫攻坚大格局。农工党中央、北京市委会，北京中医医院及会泽县的相关同志参加会议。

11月13日至14日，农工党中央主办的“农工党中央脱贫攻坚民主监督抽样调查培训班”在云南省昆明市举办，来自云南省各地州的50余名卫计委系统干部参加了培训会议。农工党云南省委会主委杨鸿生、中央组织部副部长张铭彩，云南省扶贫办副主任阊楠，云南省卫计委副主任张宽寿等就脱贫攻坚民主监督工作、扶贫工作开展与实地调查摸底等问题作了说明，南京邮电大学人口研究院沙勇院长等对云南省各地州的卫计委基层干部与调研员进行了问卷调研培训。

12月6日，农工党中央对口云南省脱贫攻坚民主监督工作成果会商专题座谈会在云南省昆明市召开。农工党中央副主席龚建明出席会议并讲话。农工党云南省委会主委杨鸿生主持会议。龚建明介绍了开展脱贫攻坚民主监督的六方面工作情况，重点介绍了农工党中央撰写的对口云南省脱贫攻坚民主监督工作调研报告（2016年度）和《关于加强交通基础设施建设助力云南省脱贫攻坚的建议》《关于进一步助力云南边境地区困难群众脱贫攻坚的建议》两篇调研专报的有关情况，并介绍了下一步工作考虑，主要有：进一步加强领导，健全工作机制；注重信息沟通，形成工作合力；调动全党力量，助力脱贫攻坚；坚持问题导向，做好调查研究；突出界别特色，突出健康扶贫；锻炼优秀干部，做好挂职工作。龚建明表示，农工党中央将按照中共中央统一部署，始终坚持问题导向，继续精准施策，突出特色，注重实效，确保对口云南省脱贫攻坚民主监督工作任务圆满完成，为打赢脱贫攻坚战作出积极贡献。云南省副省长张祖林，云南省政府副秘书长、省扶贫办主任黄云波，云南省委统战部常务副部长苏红军，农工党云南省委会副主委何云葵，云南省卫生计生委副主任、农工党云南省委会副主委张宽寿，云南省扶贫办副主任閰楠等就农工党中央撰写的2016年度调研报告、两个调研专报以及南京邮电大学专家起草的云南省哨点村抽样调查报告涉及的有关工作、有关问题进行了回应，并与龚建明、杨鸿生等就有关具体问题进行互动交流。农工党中央、云南省委统战部、云南省扶贫办、农工党云南省委会等有关单位、有关部门负责同志出席会议。

12月6日至8日，农工党中央副主席龚建明率调研组赴乌蒙山深处的会泽县调研考察。调研组一行来到田坝乡板坡村、新街回族乡联合村、新街回族乡马店村的村民家中走访，到会泽县田坝乡卫生院、者海镇中心卫生医院、新街回族乡卫生院、联合村卫生室以及会泽县人民医院、中医医院等，考察县、乡、村三级医疗卫生基础设施建设，还走访汇笙公司，了解该公司选择种植桂树、观光旅游带动周边困难群众致富的做法。8日，调研组召开农工党中央脱贫攻坚民主监督对口帮扶会泽县座谈会，龚建明出席会议并指出，各方要形成落实好有关工作的对接机制，共同把脱贫攻坚民主监督工作和对口会泽县帮扶工作做好。农工党云南省委会、云南省扶贫办、中共省委统战部，农工党北京市委会、云南省委会以及曲靖市、会泽县等有关单位、有关部门负责同志陪同调研或参加相关活动。

（三）政治协商

1. 在高层政治协商中提出意见建议

1月25日，国务院总理李克强主持召开座谈会，听取各民主党派中央、全国工商联负责人和无党派人士代表对《政府工作报告》（征求意见稿）和《“十三五”规划纲要（草案）》（征求意见稿）的意见建议。农工党中央主席陈竺应邀出席并发言。陈竺就推进供给侧结构性改革，推进健康中国、美丽中国建设，实施创新驱动发展战略，环境污染治理等方面提出了建议。常务副主席刘晓峰、副主席何维等应邀出席会议。

1月28日，最高人民法院召开座谈会，听取各民主党派中央、全国工商联负责人和无党派人士代表的意见建议。农工党中央副主席龚建明应邀出席并发言。龚建明在司法管辖制度改革、建立法官员额制度、人民陪审员制度改革、全面推进司法公开四个方面提出了意见建议。

2月16日，最高人民检察院召开座谈会，听取各民主党派中央、全国工商联负责人和无党派人士代表的意见建议。农工党中央副主席龚建明应邀出席并发言。龚建明提出了三个方面建议：一是及时总结经验，继续推进检察体制改革；二是继续探索建立对行政违法行为和行政强制措施的监督纠正机制；三是继续加强检察机关提起公益诉讼试点工作。

3月18日，中共中央统战部召开党外人士座谈会，农工党中央主席陈竺应邀出席座谈会。陈竺就加强和规范党内政治生活、修订《中国共产党党内监督条例（试行）》等方面提出了意见建议。

7月25日，中共中央召开党外人士座谈会，就当前经济形势和下半年经济工作听取各民主党派中央、全国工商联负责人和无党派人士代表的意见建议。农工党中央主席陈竺应邀出席并发言。陈竺就着力推进供给侧结构性改革、发展壮大健康产业、启动“海绵城乡”行动计划等方面提出了意见建议。常务副主席刘晓峰、副主席何维等应邀出席会议。

8月16日，中共中央召开党外人士座谈会，就制定新形势下党内政治生活若干准则、修订《中国共产党党内监督条例（试行）》听取各民主党派中央、全国工商联负责人和无党派人士代表的意见建议。农工党中央主席陈竺应邀出席并发言。陈竺表示：坚持中国共产党的领导，坚决维护中共中央权威；强化党内监督，永葆中国共产党的先进性和纯洁性；完善相关制度举措，推动全面从严治党制度化、规范化、程序化。常务副主席刘晓峰等应邀出席会议。

9月2日，中共中央统战部召开党外人士调研协商座谈会。农工党中央主席陈竺、常务副主席刘晓峰、副主席何维等出席座谈会。

12月6日，中共中央召开党外人士座谈会，就今年经济形势和明年经济工作听取各民主党派中央、全国工商联负责人和无党派人士代表的意见和建议。农工党中央常务副主席刘晓峰应邀出席并发言。刘晓峰提出：以制度创新激发市场潜力和活力，培育有效供给新动能；推动医学中心建设和完善药物政策，助力“健康中国”建设；抓住环保领域关键环节，助推“美丽中国”建设。副主席何维等应邀出席会议。

2. 在全国两会平台上积极建言献策

1月18日，全国政协提案委员会召开各民主党派中央、全国工商联提案工作座谈会。全国政协常委兼副秘书长，农工党中央副主席何维出席座谈会。

1月26日、28日，全国政协召开医疗卫生体制改革座谈会。全国政协副主席、农工党中央常务副主席刘晓峰，全国政协常委兼副秘书长，农工党中央副主席何维出席会议。

2月28日至29日，全国政协召开政协第十二届全国委员会常务委员会第十四次会议，全国政协副主席、农工党中央常务副主席刘晓峰，全国政协常委兼副秘书长、农工党中央副主席何维等出席会议。

3月3日至14日，全国政协十二届四次会议在北京召开。全国政协副主席、农工党中央常务副主席刘晓峰，全国政协常委兼副秘书长，农工党中央副主席何维，全国政协常委、农工党中央副主席蔡威和担任十二届全国政协委员的农工党员出席会议。全国人大常委会副委员长、农工党中央主席陈竺应邀参加了3日下午举行的开幕会和14日下午举行的闭幕会。农工党中央机关部分局级干部旁听了开幕会和政协大会发言。

据不完全统计，大会期间，以农工党中央名义提交大会发言1件，以委员个人名义提交书面大会发言 8 件；以农工党中央名义提交提案 51 件，其中立案 48 篇，被选为全国政协重点提案 2 件，作为意见建议转送有关部门参考 3 件；以委员个人名义向政协大会提交了提案 181 件。2016 年的提案内容涵盖了医药卫生、生态环境、人口资源、法治建设等领域的热点难点问题。除了巩固“老阵地”，还关注“一带一路”、京津冀协同发展、长江经济带发展、精准扶贫等许多新领域。农工党中央有 2 件提案入选 42 全国政协重点提案，《关于积极推广福建省三明市等地医改经验，以“三医联动”促进医药卫生体制改革的建议》入选重要提案摘报，《完善土壤污染防治法律体系，依法遏制土壤污染的建议》以专题调研形式进行督办。

3 月 4 日，中共中央政治局常委、中央书记处书记刘云山看望出席全国政协十二届四次会议的民盟、农工界别委员，并与委员共商国是。农工党中央主席陈竺、常务副主席刘晓峰参加会议。会上有 6 位农工界别的委员发言，何维的发言是《讲好中国故事 为实现中国梦注入强大精神动力》，高体健的发言是《画出最大的“同心圆” 把治国理政新理念新思想新战略落到实处》，姚克的发言是《“三医联动”靠体制保障 医改难题有中国解法》，周健民的发言是《依法遏制土壤污染刻不容缓》，彭钊的发言是《关于在精准扶贫中注意发挥健康扶贫作用的建议》，段惠军的发言是《打造“一带一路”健康命运共同体》。

3 月 5 日至 16 日，第十二届全国人民代表大会第四次会议在京召开。全国人大常委会副委员长、农工党中央主席陈竺，全国人大常委、农工党中央副主席陈述涛、姚建年、杨震、朱静芝、龚建明和担任十二届全国人大代表的农工党员出席会议。全国政协副主席、农工党中央常务副主席刘晓峰，全国政协常委、副秘书长，农工党中央副主席何维，全国政协常委、农工党中央副主席蔡威和担任十二届全国政协委员的农工党员列席了 5 日上午举行的开幕会和 13 日上午举行的十二届全国人大四次会议第三次全体会议。

3 月 8 日，全国政协文史和学习委员会驻会副主任陈惠丰、教育部副部长林蕙青、国家卫生计生委副主任刘谦、国家中医药管理局副局长王志勇等相关部门负责人到全国政协农工组参与讨论并与委员互动交流。会上，姚克、蔡威、陈子江、张灼华、王新陆、牛立文、王启仪等委员发言，围绕“三医联动”、解决全科医生和儿科医生短缺问题、教育改革等问题提出了很多真知灼见。

3 月 11 日，在全国政协十二届四次会议第三次全体会议上，全国政协常委姚克代表农工党中央作了《“三医联动”靠体制保障，医改难题有中国解法》的大会发言。发言呼吁在全国因地制宜地推广三种医改经验：福建三明破除部门利益藩篱，实现“三医联动”；安徽新农合经验，勇闯大病医保难关，消除因病致贫；上海社区卫生经验，创新家庭医生签约模式，有效管控慢病。

3 月 11 日，国家卫计委、人力资源与社会保障部相关部门同志到全国政协农工组参与讨论并与委员互动交流。何维、于文明、王正荣、王新陆、张喆人、陈建国、高体健、王忠哲等就“三医联动”问题发言并提出意见建议。

5 月 10 日，全国政协召开“深化医药卫生体制改革”专题协商会。“深化医药卫生体制改革”为全国政协 2016 年重点协商议题。根据全国政协安排，农工党中央参与筹办此次专题协商会。全国政协副主席、农工党中央常务副主席刘晓峰出席会议。何维、蔡威、温建民、王承德、高体健、何伟等6位农工党员发言。

全国政协常委兼副秘书长、农工党中央副主席何维提出要加强医改统一领导提高综合效能，建议：一是强化领导机制，组织多部门联动改革；二是把医保体制改革作为“三医联动”的突破口；三是营造有利于医改的工作氛围，鼓励突破原有政策的创新探索；四是建立问责机制，切实保证医改措施落实到位。

全国政协常委、教科文卫体委员会副主任，农工党中央副主席委蔡威提出要推广签约家庭医生服务制度，建议：一是建立患者基层诊疗激励机制；二是建立医生激励机制；三是鼓励签约服务制度多元化；四是加大监管力度。

全国政协委员、农工党员温建民提出中医在医改中不能缺位，建议：一是进一步发挥中医药在基本医疗制度及非基本医疗制度创建中的优势和特殊性；二是尽快出台中医药法，建立中医药事业发展稳定的保障机制和符合自身特点的管理制度；三是加大政策扶持力度，在制定医改政策中突出向基层中医药倾斜；四是加强对中医药工作的领导。

全国政协委员、农工党员王承德提出中国特色医改之路要体现中西医并重，充分发挥中医药在医改中的作用，建议：一是认真贯彻落实中西医并重方针；二是成立独立的中医药主管部门；三是将中药制剂改为备案制，纳入国家医保进行报销；四是扶持民族药；五是制定合理的中医药、中医服务价格。

全国政协常委、农工党河南省委会主委高体健提出要推进公立医院薪酬制度改革，建议：一是统筹提高水平；二是注重长期激励；三是强化绩效考核；四是加强综合监管。

全国政协委员、农工党员、何氏眼科医院院长何伟提出民营医院应与公立医院享受同等待遇，建议：一是政府应加大对医疗人文精神、职业道德、文化价值的倡导和对典型事例的宣传，传播正能量；二是社会办医疗机构与公立医疗机构享受同等待遇；三是关于转诊受限问题，对于符合条件的民营医院，应该列入可转诊的上级医院目录。

5月31日，全国政协召开“推动大众创业、万众创新”专题协商会。全国政协常委兼副秘书长、农工党中央副主席何维出席会议并作了《“双创”要抓好三个关键环节》的发言。何维在发言中指出，推动大众创业万众创新是促进经济发展转型的新引擎，是供给侧改革的重要动力与抓手。要破解以下三个关键瓶颈问题：一是科技创新尚未充分发挥为“双创”工作所提供的重要引领作用；二是大型和骨干国有企业尚未发挥对“双创”工作的重要带动作用；三是有利于“双创”的社会生态氛围尚缺乏相关体制机制保障。建议：一是让科技人员创新创业引领“双创”；二是大型和骨干国有企业要带动“双创”；三是各级政府部门切实做好“双创”平台支撑工作。

6月22日至24日，全国政协十二届常委会第十六次会议在京召开，议题是围绕“实施精准扶贫、精准脱贫，提高扶贫实效”建言献策。全国政协副主席、农工党中央常务副主席刘晓峰出席会议。农工党中央副主席何维、蔡威分别在小组讨论会作了发言。

全国政协常委、农工党福建省委会主委陈绍军代表农工党中央作了《在精准扶贫中充分发挥健康扶贫的作用》的大会口头发言，提出加强贫困地区医疗服务和公共卫生供给侧改革，从源头上、制度上解决好因贫致病、返贫问题。建议：一是把健康扶贫纳入深化医改的重点任务；二是加大医疗卫生供给，为农村贫困人口提供有效便利的医疗卫生服务；三是完善医疗保障和医疗救助制度，用精准保障为民生“托底”。

全国政协常委、农工党江西省委会主委郑小燕作了《完善农村低保制度，为精准扶贫提供有力支持》的大会发言，提出应发挥"低保兜底"在精准扶贫总体攻坚战中的关键作用。建议：一是完善农村低保对象核查机制，二是加强农村低保的资金保障和政策统筹，三是加强基层低保工作力量，四是加强对农村低保的监督检查和宣传。

全国政协委员、农工党党员戴秀英、丁金宏、温建民、霍学喜等应邀列席会议，戴秀英作了《补齐大病保险的"短板"，解决因病致贫返贫难题》的书面发言，丁金宏作了《推动进城农民工落户，助力农村脱贫》的书面发言。

7月19日，全国政协召开"东北三省工业转型升级问题"专题协商会。全国政协常委兼副秘书长、农工党中央副主席何维出席会议。全国政协委员、农工党辽宁省主委、辽宁省政协副主席唐建武作了《以国企改制和创新开放为抓手 推进东北三省工业转型升级》的书面发言，并在自由交流阶段作口头发言。全国政协委员、农工党中央经济金融工作委员会副主任、中国证监会市场部副主任王娴作了《发展资本市场 助推转型升级》的书面发言。

8月29日至31日，政协第十二届全国委员会常务委员会第十七次会议在京召开，会议围绕"促进社会主义文艺繁荣发展"议政建言。全国政协副主席、农工党中央常务副主席刘晓峰出席会议。农工党中央向大会提交《积极推动网络文化生产与传播　实现文化跨越式发展》《医卫题材影视剧应弘扬正能量　为构建和谐社会服务》《促进地方戏曲院团发展　助推社会主义文艺繁荣》等3篇发言，2篇作为书面发言印发，1篇登载在网络平台。

9月2日，中共中央政治局常委、全国政协主席俞正声在京主持召开调研协商座谈会，邀请民建中央、农工党中央、致公党中央、九三学社中央负责人和无党派人士代表，就深入推进新型城镇化建言献策。农工党中央主席陈竺出席会议并发言。陈竺简要介绍了农工党中央"通过'三医联动'促进公立医院改革，协同推进新型城镇化建设"调研情况，针对调研中发现的问题和值得关注的新模式，提出了以人民群众健康需求为导向，深化公立医院改革、完善医疗卫生规划、强化医改领导体制、建立现代医院管理制度、应对人口老龄化等五项建议。农工党中央常务副主席刘晓峰、副主席何维出席会议。

11月25日，全国政协在京召开全国政协京津冀雾霾治理座谈会。全国政协副主席、农工党中央常务副主席刘晓峰出席会议。

3. 在双周协商座谈会上积极建言

1月21日，全国政协召开第46次双周协商座谈会，围绕"《快递条例》的制定"建言献策。全国政协委员、农工党天津市委会副主委、南开大学法学院教授侯欣一出席会议，提出要提高立法质量维护用户权益，针对《快递条例（征求意见稿）》，从提高立法质量和维护用户权益角度提出意见建议。

4月7日，全国政协召开第48次双周协商座谈会，围绕"建设工程质量问题与对策"建言献策。全国政协委员、农工党员、华东师范大学社会发展学院院长丁金宏出席座谈会，提出要加强建筑工程消防安全设计和管理。建议：一是严格控制大城市建筑容积率，能低则低，从根本上缓解建筑消防压力；二是严格按照消防法等法律法规加强建筑消防设计方案审查和施工监理，从源头上杜绝安全隐患；三是坚持不懈抓好建筑消防质量日常管理，建筑消防安全质量一定要严格依法、铁面无私。

4月21日，全国政协召开第49次双周协商座谈会，围绕“推进安宁疗护工作”建言献策。根据《政协全国委员会2016年双周协商座谈会安排》，本次“推进安宁疗护工作”双周协商座谈会，由农工党中央和全国政协教科文卫体委员会共同承办。全国政协副主席、农工党中央常务副主席刘晓峰出席会议，何维、蔡威、花亚伟、任国胜、王正荣、赵吉光等6位农工界别的委员出席会议并发言。

全国政协常委兼副秘书长、农工党中央副主席何维提出，要全过程破解安宁疗护工作“难题”，各级政府应负主责，将安宁疗护逐步纳入基本医疗保障范畴，为临终期癌症患者提供安宁疗护服务。一是以城市社区卫生服务中心为实施安宁疗护主要工作场所，卫生部门为其提供上级医院的技术支撑保障；二是调整医保政策，将安宁疗护纳入基本医疗保障病种付费改革范畴，研究制定基层医疗机构开展安宁疗护所需的报销目录，并提高服务价格；三是强化安宁疗护人才队伍建设，给予从业人员优惠薪酬待遇，加强职业培训；四是动员社会组织发挥作用；五是加强安宁疗护宣传与社会引导，倡导国民自愿接受安宁疗护，营造文明的社会氛围；六是完善相关法律法规，为安宁疗护医生执业、机构设置、医疗保障、医疗救助等提供法治保障，促进安宁疗护健康发展。

全国政协常委、教科文卫体委员会副主任，农工党中央副主席、上海市委会主委蔡威提出要构建多层次安宁疗护体系，建议：一是要加强综合评估，完善安宁疗护病人的收治标准；二是除了增加一定的政府投入，还要引入社会资本；三是要充分完善培训体系，激励更多人参加志愿服务，稳定医务人员队伍。

全国政协委员，农工党河南省委会副主委花亚伟提出要优化恶性肿瘤病人的安宁疗护措施，建议：一是二级以上肿瘤专科医院、综合医院应设立安宁病房，成立由专门科室、专业人员和社工师、心理医师、志愿者、音乐师等各类人才组成的服务团队来完成；二是建立安宁疗护的临床路径，明确终末期肿瘤患者且伴有器官、组织转移，并同时伴有不同程度合并症作为实施安宁疗护准入标准；三是把肿瘤安宁疗护纳入医保支付。

全国政协委员、农工党重庆市委会副主委、重庆医科大学附属第一医院院长任国胜提出要多种形式、多方筹资开展安宁疗护，建议：一是大力发展以居家方式为主，住院方式为辅或是并重的安宁疗护模式；二是将安宁疗护纳入医保体系。

全国政协委员、农工党四川省委会主委王正荣提出要开展“脑死亡”患者的安宁疗护，建议：一是尊重生命，明确“脑死亡”立法和诊疗标准；二是争取家庭、社会支持，开展“脑死亡”患者的安宁疗护；三是循序引导，逐步推进“脑死亡”患者器官捐献。

全国政协委员、农工党吉林省委会主委赵吉光提出要多元化建设安宁疗护场所，建议：一是提倡居家，建立家庭安宁疗护的社会服务队伍，为患者提供主动上门服务；二是立足社区，以社区卫生医疗机构为主体，进一步延伸其功能，建立规范的、功能完备的、符合准入的安宁疗护机构；三是实事求是、因地制宜、长期规划、分步实施、多措并举，推动医护养老型的安宁疗护机构建设。另外，一定要注意独立的安宁疗护机构的建设。

7月21日，全国政协召开第53次双周协商座谈会，围绕“推进禁毒工作社会化”建言献策。全国政协委员、农工党宁夏区委会主委戴秀英出席会议，提出要进一步做好社区戒毒工作，建议：一是加强戒毒社工和志愿者队伍建设。国家禁毒委会同民政部等有关部门尽快制定“加快禁毒戒毒社会工作专业人才队伍建设的意见”，出台戒毒社工录用招聘、报酬待遇、培训教育、持证上岗及经费保障等制度规范，按比例配备戒毒专职社工。政府和有关部门大力要支持禁毒志愿服务组织的建设与发展，以有力的专业组织保障促进禁毒志愿者队伍建设，努力提高社区戒毒专业化服务水平。二是推进“稀释氧化亚氮速效戒毒技术”用于社区戒毒。

9 月 22 日，全国政协召开第 56 次双周协商座谈会，围绕“加强草原生态系统保护和修复”建言献策。全国政协委员、农工党新疆区委会主委孟庆才出席会议并发言，提出了尽快修订《草原法》的建议。建议：一是增设草原生态红线保护等生态文明制度规定，巩固国家生态安全屏障；二是解决草原管理机构层级较低、监督管理机构执法主体资格不明确等问题；三是规范草原征占用的审核审批程序；四是确立草原确权承包制度，引导广大牧民脱贫致富奔小康。

10 月 13 日，全国政协在北京召开第 57 次双周协商座谈会，围绕“努力推进养老服务”建言献策。全国政协委员、农工党员岳泽慧出席会议，提出要着力提升农村养老服务水平。建议：一是将农村养老与城市养老置于同等重要的位置对待；二是逐步提高农村老人基本生活保障水平；三是盘活现有资源，确保公办农村养老机构发挥好“托底”作用。

11 月 24 日，全国政协在北京召开第 59 次双周协商座谈会，围绕“加快食品安全监管体系建设”建言献策。全国政协常委、农工党河南省委会主委高体健出席会议，提出必须走科学化、专业化、精细化、现代化的监管之路，充分利用当地高校、科研院所、卫生机构以及大型企业的食品检验资源，发展和利用可靠、快速、便捷、精准的食品安全检测技术，建立职业化的食品检查员队伍。

12 月 8 日，全国政协在北京召开第 60 次双周协商座谈会，围绕“健全现代农业科技推广体系”建言献策。全国政协委员、农工党陕西省委会副主委、西北农林科技大学研究生院副院长霍学喜出席会议，提出要加强农业院校科技成果转化和技术服务能力的建议：一是强化农业院校科技成果转化服务功能，二是支持农业院校建设示范推广基地，三是重视全国范围内的统筹与协调。

（四）社会服务

1. 参与毕节试验区建设

农工党中央重点做好定点帮扶工作。召开农工党东部十省市支持毕节试验区大方县精准扶贫工作对接会，认真总结参与毕节试验区建设的经验，凝聚脱贫攻坚合力，促成签订了 4 项帮扶协议。北京、天津、河北、辽宁、上海、江苏、浙江、福建、山东、广东等 10 省（市）赴大方进行精准扶贫调研，积极开展项目扶贫、健康扶贫、教育扶贫、爱心捐赠等帮扶工作。在大方县推行农村家庭全科医生签约服务，建立居民健康档案和贫困群众患病档案、动态数据库，推动农村地区“三医联动”，为破解农村贫困地区医改难题摸索经验。继续推动同心食品药品产业园建设，帮助协调相关项目的立项，已联系 40 余家企业到园区进行考察。帮助推动大方华麟合众科技有限公司在大方县扩大猕猴桃基地，已经建立猕猴桃基地 1000 亩，覆盖农户 244 户。帮助建立大方县居民健康档案和贫困群众的患病档案、动态数据库，实施因病施策、精准施治计划。与恒大集团合作在医疗卫生精准扶贫、中药产业发展和提高劳动者素质方面进行合作。

3 月 23 日，统一战线聚力脱贫攻坚暨多党合作参与毕节试验区建设座谈会在贵州省毕节市召开。农工党中央副主席龚建明出席会议并发言。

3 月 24 日，农工党中央定点扶贫大方县工作座谈会在毕节市大方县召开。农工党中央副主席龚建明出席会议并讲话。龚建明强调，要认真学习贯彻习近平同志在中央扶贫开发工作会议的讲话和对中央单位定点扶贫工作作出的重要批示精神，按照孙春兰部长讲话精神和要求，从政治高度认识脱贫攻坚、参与毕节试验区建设的重要意义，动员我党各级组织和全体成员积极参与脱贫攻坚工作，继续着力参与毕节试验区的建设，扎实有效地实施好大方县的帮扶项目。充分发挥智力优势，帮助献计献策，在提升“造血”发展能力上下功夫。龚建明代表农工党向大方县捐赠价值为 1500 万元的医疗设备，为北京市中医院专家颁发了同心全科医生导师证书。北京中医医院领导同毕节市中医院、大方县中医院、毕节医学高等专科学校签署了对口帮扶协议，黄河交通学院领导和毕节同心农工中等技术学校签订了对口帮扶协议。与会者观看了反映同心助医的专题片《奢香故里写传奇》，并见证了大方县同心全科医生拜师仪式。龚建明还与恒大集团副总裁、恒大扶贫办主任姚东就帮扶大方进行座谈。

6 月 13 日，农工党北京市委会、北京中成康富科技有限公司 500 万元百全毫米波治疗仪捐赠仪式暨农工 · 百全班启动仪式在湖南省长沙市举行。农工党中央副主席龚建明，北京市委会副主委兼秘书长刘迎，湖南省委副主委蒋秋桃，北京中成康富科技有限公司董事长侯浩，北京中成康富科技有限公司总经理张雪，以及 38 家受捐医院的代表参加了捐赠仪式。中共湖南省委统战部副部长陈潇及省直有关部门负责人出席了捐赠仪式。

6 月 13 日至 14 日，农工党中央协调农工党东部十省（市）组织赴贵州省大方县考察调研精准扶贫工作，并召开农工党东部十省（市）组织支持毕节试验区大方县精准扶贫工作对接会。农工党中央社会服务部和农工党北京、天津、上海、河北、辽宁、江苏、浙江、福建、山东、广东等十省 (市) 委员会负责人和部分专家、企业家一同考察调研。农工党贵州省委秘书长蒙爱军，毕节市、大方县有关领导陪同调研和参加会议。

6 月 15 日，农工党东部十省 (市) 组织支持毕节试验区大方县精准扶贫座谈会在贵州省贵阳市召开。农工党中央主席陈竺出席会议并讲话，中共贵州省委常委、统战部部长刘晓凯出席会议并致辞，农工党中央副主席龚建明主持会议。陈竺指出，要进一步推进农工党在大方县的定点帮扶工作：一是深入学习领会习近平总书记关于新时期扶贫开发的重要战略思想，增强参与脱贫攻坚的责任感和使命感；二是准确把握农工党定点帮扶大方县的任务和要求；三是加强组织领导，加大工作力度，确保定点帮扶大方县工作取得实效，要出好主意，抓好健康扶贫，形成帮扶合力。座谈会上，山东、北京、天津、上海、河北、辽宁、江苏、浙江、福建、广东十个省 (市) 委员会的代表介绍了近年来各自帮扶大方县实施精准扶贫的主要做法。座谈会上还举行了全科特岗医生拜师仪式。会后举行了有关合作协议的签订仪式以及捐赠、授牌活动，中国孔子基金会传统文化教育分会与贵州省教育厅、农工党山东省委会、农工党贵州省委会签订了“同心助学工程”

项目合作协议，向贵州省捐赠了价值2700万元的教辅设备。农工党中央社会服务部部长刘峻杰、副部长张庆伟，东部十省（市）组织、贵州省委会、遵义医学院、毕节市和大方县相关同志以及同心全科特岗医生代表等150余人参加座谈。

11月12日，农工党中央、农工党河北省委会、贵州省毕节市大方县教育帮扶座谈会在中央机关召开。农工党中央秘书长曲凤宏出席会议并讲话，指出要把河北省委会参与大方县教育精准扶贫工作取得的经验推广好，充分利用农工党各省市教育资源优势，全面推动参与大方县精准教育扶贫。农工党河北省委会负责同志，大方县有关领导出席会议。河北省爱心志愿服务协会、石家庄市复兴中学、河北显红建筑劳务分包有限公司、大方县猫场中学等单位（企业）负责人，以及来自大方县猫场中学的师生代表分别作了交流发言。

11月14日，农工党中央副主席龚建明在农工党中央机关会见中共大方县委副书记、代县长陈萍带领的大方县党政代表团一行，并召开助推大方县精准扶贫座谈会。陈萍汇报了大方县经济发展及农工党倾情帮扶大方县情况。龚建明指出，在农工党中央的推动下，农工党东部十省市组织积极行动起来，聚力参与大方县精准扶贫的工作取得了显著成效，大方县要根据实际情况和需求，把扶贫工作与东部十省市的资源优势、人才优势等实际结合起来，共同推动帮扶工作。农工党中央社会服务部、大方县有关领导参加会见。

12月12日，农工党中央常务副主席刘晓峰在农工党中央机关接见了来访的中共毕节市委书记周建琨，市委副书记、代市长桑维亮一行。农工党中央副主席兼秘书长曲凤宏参加座谈。周建琨介绍了毕节试验区工作情况，并恳请农工党中央在今后的工作中给予毕节市更多的支持和帮助。刘晓峰指出，农工党中央将进一步加强与毕节的沟通联系，履行党派参政议政职能，发挥自身优势，力所能及地帮助毕节做好相关工作。农工党中央社会服务部相关同志，毕节市有关领导同志参加座谈。

12月23日，中共中央统战部在京召开统一战线参与贵州脱贫攻坚联席会议，深入学习贯彻习近平总书记扶贫开发重要战略思想，总结2016年统一战线参与贵州脱贫攻坚工作情况。农工党中央副主席曲凤宏出席会议并代表农工党中央发言。

2. 实施“同心全科医生特岗人才计划”

实施同心全科医生特岗人才计划目的是吸引和激励全科医生人才下基层服务，破解医疗卫生人才在基层下不去、留不住的问题，助力医改、惠及民生。截至2016年底，项目实施范围已从大方县扩大到贵州毕节、福建宁德、广西百色、河池等地区，共招收各类特岗人才89人，已有19人分配到9个乡镇卫生院工作，70人正参加住院医师规范化培训。已经筹集项目资金总额已达2430万元。为吸引和激励更多优秀医学毕业生到基层服务，农工党中央多次与贵州、福建、广西等地中共党委、政府领导同志及卫计、人社、财政等部门进行专题研讨，推动完善政策保障机制，并赴医学院校进行项目宣传、开展招聘工作。同时，对招录的人员加强培训指导，在贵州、福建成立“同心全科医生特岗人才导师团”，并举行了拜师仪式，来自国内全科医学领域的知名专家组成的导师团对全科医生进行一对一指导。在贵阳、大方、福州等地深入调研，并通过召开座谈会、慰问走访等多种方式，了解基层全科医生的工作现状与困难，帮助解疑释惑。

3月22日，农工党实施同心全科医生特岗人才计划座谈会在毕节市大方县举行，农工党中央副主席龚建明出席会议并讲话。龚建明指出，为了能让特岗医生的医疗水平更快的提高，惠及民生，农工党中央将努力尝试探索利用互联网打造一个特岗医生和导师之间沟通更顺畅、更及时的交流平台，使信息得以最大限度的共享。会上，龚建明为同心全科医生特岗人才计划项目导师代表发放了聘书，举行了特岗医生代表向导师行礼拜师仪式。农工党贵州省委会副主委黄惠玲、特邀专家、毕节市和大方县相关领导，大方县、织金县的28名同心全科医生近80人参加了座谈会。龚建明一行还前往大方县黄泥塘镇鸡场卫生院进行了调研。

6月5日，同心全科医生特岗人才（宁德市）拜师仪式在福建省宁德市隆重举行，农工党中央副主席龚建明、福建省委会主委陈绍军出席仪式并讲话。龚建明指出，举办拜师仪式标志着“同心全科医生特岗人才计划”福建宁德导师团的正式成立。农工党中央十分关心支持宁德市卫生事业发展，针对基层人才队伍薄弱，启动同心全科医生特岗人才培养计划，在各方努力下，为基层卫生院招到24名并在各医院各岗位开始规培。专家导师团及宁德市有关部门领导、规培学生和媒体记者共70多人出席拜师仪式。

6月14日，农工党中央主席陈竺与大方县全科特岗医生代表及指导导师在贵州省贵阳市举行座谈。15名大方县、织金县的全科特岗医生代表先后向陈竺汇报了他们在基层工作的体会和感悟、遇到的疑难杂症和紧急情况的处理办法。陈竺亲切询问他们的工作、生活以及专业知识方面的状况，勉励他们扎根基层，为健康扶贫作出贡献，并向全科特岗医生的导师们表示感谢。

9月7日，2016年农工党中央“同心助医工程”培训基地——北京中医医院第一期“乡村医生中医药服务能力提升培训班”结业仪式在北京中医医院举行。农工党中央副主席龚建明出席仪式并讲话。龚建明指出，为了共同的事业和目标，农工党中央和北京中医医院联合举办了第一期乡村医生培训班，并正式确定北京中医医院为农工党中央“同心助医工程”培训基地，建立了合作关系。农工党中央社会服务部副部长张庆伟，中国初级卫生保健基金会秘书长周庆年，北京中医医院院长刘清泉，来自贵州省毕节市的28名培训班学员参加了专业培训。在结业仪式上，农工党中央和北京中医医院还签署了协议，将共同开设医疗技术培训项目，并就培训具体事宜达成共识。

9月20日，农工党中央社会服务部和国家卫计委体改司在国家卫计委机关举行情况沟通会，研究推进农工党中央“同心全科医生特岗人才计划”实施的相关工作。

11月3日至4日，农工党中央和国家卫计委共同组织的同心全科医生特岗人才计划工作会议在贵州省毕节市大方县召开。农工党中央社会服务部副部长张庆伟主持会议。国家卫计委人事司副司长徐缓，农工党贵州省委会，贵州省、毕节市、大方县有关领导出席会议。农工党福建、广西、贵州省（区）委会相关负责人，毕节、宁德、百色、河池、大方等市县农工党组织负责同志，卫生计生委有关领导，毕节市、大方县卫生计生、财政局、人社局、编委办有关同志及同心全科医生特岗人才导师代表、同心全科医生代表参加了会议。会议期间，有关领导考察了理化乡卫生院、达溪镇卫生院，了解全科特岗医生的工作、学习情况。

11月17日，农工党中央主席陈竺、副主席龚建明在福建医科大学新校区出席农工党中央“同心全科医生特岗人才计划实施情况”座谈会，农工党福建省委会主委陈绍军主持会议。在听取了福建省卫生计生委副主任林圣魁、福建医科大学校长陈元仲、宁德市副市长缪绍炜以及10位同心全科医生代表的发言后，国家卫生计生委、食品药品监督管理总局有关同志针对相关问题作了回应。陈竺指出，中国卫生事业改革发展的关键还是强基层，强基层的关键是要强政策强人才。陈竺还结合身边的鲜活例子、发达国家的有益经验阐述了全科医生的重要性，并就我国医学模式的转变、同心全科医生特岗人才计划的实施等谈了看法，希望福建在强化“三医联动”的同时，积极推动以全科医学为基础的医学模式转变，实现医疗卫生服务体系的再造。国家卫生计生委、食品药品监督管理总局有关同志，福建省人大常委会办公厅、省卫计委、省统战部、宁德市以及农工党福建省委会、福建医科大学的负责同志参加相关活动。

3. 举办第三届中医科学大会

1月28日，农工党中央社会服务部部长刘峻杰率队到广东省惠州市调研，就农工党中央和国家中医药管理局主办的第三届中医科学大会选址进行实地调研考察，农工党广东省委会副主委刘冠贤陪同调研。

7月13日，农工党中央主席陈竺在中央机关会见中共广东省惠州市委副书记黄雁行一行，副主席何维、龚建明参加会见。在听取第三届中医科学大会的筹备情况汇报后，陈竺对中共惠州市委、市政府表示感谢，表示将充分调动农工党医药卫生界联系广泛的巨大优势，借用4位诺贝尔奖获得者出席的大会的良好契机，力争将第三届中医科学大会办成具有国际影响力的学术峰会、中医药科学领域的最高学术论坛，为惠州市改革发展增砖添瓦。农工党中央社会服务部部长刘峻杰，农工党广东省委会副主委、惠州市副市长刘冠贤等参加会见。

7月14日，农工党中央主席陈竺、副主席何维等一行赴中国中医科学院走访，与中医科学院院长张伯礼等院领导班子成员座谈。陈竺表示，此次来中国中医科学院的主要目的是沟通第三届中医科学大会的筹备情况，希望中医科学院能够在专家邀请、学术报告等方面进一步加大支持力度。双方就大会日程、邀请专家和葛洪博物馆布展等问题深入交换了意见。

8月12日至13日，农工党中央副主席龚建明赴广东省惠州市考察“第三届中医科学大会”筹备工作，实地考察了第三届中医科学大会主会场、葛洪博物馆、罗浮山百草油历史文化长廊等建设情况，听取了惠州市工作情况汇报。龚建明还考察了潼湖生态智慧区、邓演达纪念园、惠南科技园和罗浮山国药有限公司。

9月4日，葛洪博物馆开馆暨葛洪雕塑揭幕仪式在广东省惠州市举行。农工党中央主席陈竺，世界卫生组织驻华代表施贺德，四位诺贝尔奖获得者（Aaron Ciechanover、Craig C. Mello、Martin L. Chalfie、Harald zur Hausen），两院院士陈国强、陈凯先、程京，国医大师王琦等出席揭幕仪式。农工党中央副主席龚建明出席仪式并致辞。农工党中央部分常委、国家有关部委领导，农工党中央机关部门负责人、省级组织领导，各省中医药管理局领导，各中医药知名院校、科研院所、企业的专家学者和负责人，广东省直有关部门和各地市有关领导，惠州市和博罗县有关领导和新闻界人员400余人出席活动。

9月5日，由农工党中央与国家中医药管理局共同主办的第三届中医科学大会在惠州市罗浮山隆重开幕。农工党中央主席陈竺出席大会，国家中医药管理局副局长闫树江做主旨报告，中国中医科学院院长、中国工程院院士张伯礼，四位诺贝尔奖获得者 (Aaron Ciechanover、Craig C. Mello、Martin L. Chalfie、Harald zur Hausen)，中国科学院院士陈国强，中国工程院院士陈香美、程京、吴以岭，国医大师王琦，屠呦呦团队代表廖福龙教授等专家、学者出席开幕式。农工党中央副主席龚建明，世界卫生组织驻华代表施贺德，广东省人民政府副省长蓝佛安，广东省惠州市市委书记、市人大常委会主任陈奕威分别致辞。农工党中央秘书长曲凤宏主持大会。

会议期间，大会邀请的四位诺贝尔奖获得者开办了“诺贝尔讲堂”，参加大会的院士和国医大师在内的几十位专家、学者将通过大会报告、分论坛等多种形式分别作学术专题报告，共同围绕发挥中医药独特优势，推动传统医学与现代医学相互借鉴、融合发展进行深度交流。

出席会议的还有来自中华医学会、中国中医科学院、中华中医药学会、中国中西医结合学会、中国民间中医药研究开发协会、中国民族医药学会、中国中医协会、世界中医药学会联合会、北京中医药大学、广东省中医药管理局、世诺医学交流中心、中国初级卫生保健基金会的领导和代表，各省、自治区、直辖市卫生、中医药主管部门和农工党各级组织的领导以及众多中医药领域中医专家、学者、企业家等500余人。来自中央电视台、《人民日报》、新华社、《经济日报》、中央人民广播电台新华网、人民网、《人民政协报》《香港文汇报》、凤凰卫视等境内外媒体共60多家约170名记者参与大会报道。

4. 举办2016中国环境与健康宣传周活动

农工党中央会与国务院相关部、委、局共同决定，在全国范围内举办“2016（第九届）中国环境与健康宣传周”活动，宣传周主“海洋环境与健康”，活动口号为“人文海洋，和谐共享”“保护海洋环境，珍爱生命摇篮”“健康海洋，造福人类”。

3月15日，2016中国环境与健康宣传周筹备会议在京召开。农工党中央副主席龚建明会见与会代表，农工党中央社会服务部部长刘峻杰、副部长张庆伟，教育部体卫艺司巡视员廖文科，环境保护部科技标准司副司长刘鸿志，水利部水资源司副巡视员颜勇，国土资源部地质环境司副司长陈小宁，卫生计生委宣传司副司长宋树立等宣传周各主办、协办单位秘书长、副秘书长、联络员参加会议。张庆伟作2015年“宣传周”活动开展情况简要报告。会议就2016年第九届宣传周活动的有关方案等议题作了认真研究和热烈讨论。

5月30日，2016（第九届）中国环境与健康宣传周暨“2016海洋环境与健康：人文海洋论坛”媒体见面会在农工党中央机关举行。农工党中央副主席龚建明出席会议并讲话。龚建明指出，本届宣传周将以“2016海洋环境与健康：人文海洋论坛”为活动亮点。论坛首次提出“人文海洋”概念，将以“经略人文海洋、保护人类海洋健康”“21世纪海上丝绸之路的人文规划”“‘一带一路’背景下的人文海洋与国际化人才培养机制”“‘一带一路’背景下的海洋秩序与海洋合作”为中心议题展开。

6月8日，由农工党中央联合国家发展与改革委员会、教育部、国土资源部、环境保护部、水利部、农业部、国家卫生和计划生育委员会、国家林业局、国家海洋局和海南省人民政府共同主办的“2016（第九届）中国环境与健康宣传周启动仪式暨2016海洋环境与健康：人文海洋论坛”在人民大会堂隆重举行。中共中央统战部副部长冉万祥，农工党中央副主席龚建明，国土资源部总工程师彭齐鸣，环境保护部副部长黄润秋，国家林业局副局长彭有冬，国家海洋局副局长孙书贤等领导出席。

本届宣传周聚焦海洋，是基于国家海洋强国战略与“一带一路”海上丝绸之路的倡议，解读和阐发中国人的海洋观，首次提出“人文海洋”概念，从保护海洋环境与健康、海洋科技与国际合作、“一带一路”背景下的国际化人才培养、建立更加公平、公正的海洋秩序等人文角度，就我国海洋事业的全面发展、“一带一路”倡议的具体实施展开深入研讨。来自中央国家机关、北京市机关、企事业单位、新闻界、文化艺术界、公益组织、科研院所、高等院校及全国各地的代表共200余人出席了启动仪式。

在人民大会堂的主论坛结束后，人文海洋论坛分别在辽宁大连、山东青岛、浙江舟山、广西南宁、海南三亚等地举办分论坛，就“人文海洋”主题展开持续、深入交流研讨，进一步推动落实人文海洋的相关规划和项目，作为宣传周活动的重要延伸继续。宣传周期间，农工党中央和各级组织举办了一系列形式多样、内容丰富的主题宣传活动，广泛、深入地践行“传播绿色文化、引领生态文明”活动理念，活动形式包括启动仪式、街头宣传、文艺演出、讲座报告、媒体访谈、义诊咨询、考察调研、“宣传周”进校园和社区等，在各类活动中发放宣传手册35000多册，直接受益群众达30余万人，影响广泛、成效显著。

6月8日，“2016（第九届）中国环境与健康宣传周”——上海站系列活动在上海海事大学举行，农工党中央副主席、上海市委会主委蔡威出席活动。本次活动由医疗咨询健康服务、海洋论坛专家讲座、中外经典歌曲导赏三大主题组成。农工党上海市委会通过展板展示、宣传资料发放等形式配合宣传。农工党上海市委会副主委金如颖、秘书长王晓东以及上海海事大学、上海海洋大学、上海市海洋湖沼学会等单位领导出席活动。

8月16日至25日，中国环境与健康宣传周秘书处打造的精品项目环保戏剧展演《美人鱼和小鱼》《拯救鼻子》分别在北京市东城区第一、第二文化馆上映，以戏剧的形式宣扬环保与健康理念，受到观众热烈欢迎。

5. 开展健康扶贫入户调研活动

2016年，农工党中央贯彻落实统一战线聚力脱贫攻坚暨多党合作参与毕节试验区建设座谈会精神，成立精准扶贫精准脱贫工作领导小组，召开中央常委会进行研究部署，制定《农工党中央关于“十三五”期间全党参与精准扶贫精准脱贫工作的指导意见》。中央联合各省级组织开展因病致贫因病返贫情况摸底调查，深入30个省，走访调研3000多户贫困户、10000多人，形成《关于我国农村贫困人口因病致贫因病返贫情况的调研报告》等6项成果，在此基础上报送的《关于在精准扶贫中着重发挥健康扶贫作用的建议》得到中共中央、国务院领导的批示。召开健康扶贫调研工作座谈会，推进健康扶贫跟踪调研各项工作。积极参与中共中央统战部组织的贵州省望谟县医疗卫生帮扶工作。各级组织充分发挥优势，积极参与当地的精准扶贫精准脱贫工作。

2月中旬开始，农工党中央、各级组织开展了为期3个半月的健康扶贫调研，深入因病致贫比较集中的贫困村和建档立卡的因病致贫家庭开展入户调查和走访慰问。调研涉及30个省、130个县、490个贫困村、3109户因病致贫家庭，涉及的贫困人口数量是

10516人，主要形成了6项调研结果：一是《关于我国农村贫困人口因病致贫因病返贫情况的调研报告》，二是《农工党中央健康扶贫调研项目数据分析报告》，三是《农工党各省级组织健康扶贫调研报告》，四是《农工党各省级组织健康扶贫工作调研组入户调查结果》，五是《农工党中央关于在精准扶贫中着重发挥健康扶贫作用的建议》，六是《农工党中央健康扶贫调研专家意见实录》。农工党中央将总调研报告、数据分析报告以及各省级组织的调研报告、入户调查结果等四个材料一同报送到中共中央、国务院有关领导。

10月21日，农工党中央健康扶贫调研工作座谈会在京召开。农工党中央副主席龚建明出席会议并讲话。龚建明指出，健康扶贫跟踪调研工作是一场时间持续、任务明确、决战必胜的硬仗。要紧紧围绕在中共中央周围，按照农工党中央的部署要求，真抓实干、开拓创新，扎实开展好健康扶贫跟踪调研工作，助力全国患病贫困人口共享改革成果，为建设健康中国、全面建成小康社会作出应有贡献。国家卫生计生委监察专员何锦国出席会议并发言。农工党中央社会服务部部长刘峻杰、副部长张庆伟分别主持会议。部分省级组织相关同志介绍了开展健康扶贫调研的情况，与会人员围绕健康扶贫调研工作方案开展等方面进行了交流研讨。来自中央统战部、国家卫生计生委、农工党中央及各省级组织相关同志60余人参加会议。

6. 开展其他社会服务工作

1月8日，中医同行计划总结讨论会议召开。农工党中央社会服务部部长刘峻杰和中医药管理局、中医药发展基金会的相关领导同志参加会议。与会人员围绕中医同行计划实施情况作了发言。

1月12日，中共中央统战部召开统一战线贯彻落实中央扶贫开发工作会议精神会议，农工党中央副主席龚建明出席会议。

1月12日，农工党中央副主席龚建明在京会见黔西南州人大常委会主任贺登祥一行。龚建明指出，农工党中央和北京市委会要秉着“以全力支持为主、以党派特色为主、以北京市委会为主、以国家帮扶为准”的方针进行帮扶，努力提高试验区医疗水平建设，减少“因病致贫、因病返贫”现象，坚持“精准扶贫”指导思想，创新帮扶举措，提高扶贫成效，在全面建成小康社会过程中发挥积极作用。

4月7日，农工党中央副主席龚建明出席湖南省张家界市桑植县洪家关白族乡卫生院捐赠暨揭牌仪式，农工党中央社会服务部部长刘峻杰、农工党湖南省委会副主委蒋秋桃、中共张家界市委有关领导出席捐赠仪式。挂牌仪式上，农工党中央将洪家关白族乡卫生院定为定点帮扶卫生院，并且捐赠价值达323.6万元的医疗设备，标志着项目实施已由单纯的村卫生室建设向乡村一体化建设的纵向方向发展起来，是同心圆工程的一个重要里程碑。

4月18日至20日，农工党中央副主席龚建明率调研组赴四川省就基层组织建设、社会服务工作和党内监督工作进行调研。4月19日，龚建明在眉山市出席眉山三苏祠博物馆、三苏祠纪念馆“4·20”芦山地震灾后维修重新开馆仪式。龚建明一行还赴遂宁市安居区横山镇柏桷村、干河村，检查了由农工党援建的村卫生室建设情况。

5月4日，农工党中央常务副主席刘晓峰带队赴四川省眉山市考察灾后维修重新开馆的眉山三苏祠博物馆、三苏纪念馆。刘晓峰在仔细参观了重新开馆后的眉山三苏祠博物馆、三苏纪念馆后，对灾后重建工作表示赞誉。

5月5日，农工党中央常务副主席刘晓峰带队赴四川省芦山县，考察由农工党中央、中国初级卫生保健基金会先后向四川雅安芦山县捐赠的由农工党员束昱辉捐款援建的飞仙关镇凤凰新村、芦阳镇黎明新村便民服务中心以及芦山县人民医院综合楼等项目，对灾后重建项目高度评价。这批援建项目资金计6898万元。农工党中央组织部负责人邓蓉玲、四川省委会副主委夏华祥，天津权健自然医学集团董事长束昱辉，中国初级卫生保健基金会秘书长周庆年等陪同考察。

5月6日，农工党中央副主席龚建明出席北京中医医院“甲子学术论坛”，与北京中医医院院长刘清泉共同为“中国农工民主党同心助医工程培训基地”揭牌，揭牌仪式标志着北京中医医院正式成为同心助医工程培训基地。

5月9日，农工党中央副主席龚建明在中央机关会见中共贵州省大方县委书记张瀚时一行。

5月17日，农工党中央召开专题座谈会，研究讨论支持陕西渭南医卫事业发展工作。农工党中央副主席龚建明出席并讲话，提出农工党要发挥医卫方面的人才智力优势，为渭南医卫事业发展多做实事。

6月16日，中国初级卫生保健基金会向德阳市交付第一批捐赠医疗设备暨基层卫生服务能力提升培训班开班仪式在四川省德阳市举行。农工党中央副主席、中国初级卫生保健基金会理事长龚建明，农工党四川省委主委王正荣，德阳市委书记蒲波、副市长钱书模，市政协副主席、市委统战部部长吴玉华，市政协副主席、农工党德阳市委主委谢天佑等出席仪式。龚建明指出，希望受赠单位按照国家卫计委的要求，认真管理和维护好受赠医疗设备，充分发挥受赠医疗设备的社会效益，为广大基层群众提供优质、高效的医疗服务，真正实现公益慈善事业惠及百姓、造福人民的共同愿望。

8月1日，农工党中央社会服务部联合中国文学艺术基金会姜昆艺术公益基金、中国妇女发展基金会在农工党中央机关举行向贫困地区捐赠图书活动，向贵州省雷山县、甘肃省渭源县、河北省丰宁县、河南省兰考县等20多个国家扶贫开发工作重点县赠送《姜昆老师告诉你——意外伤害如何防》图书4万册。农工党中央副主席龚建明，中国关心下一代工作委员会常务副主任、中国文学艺术基金会理事长胡振民，中国曲艺家协会主席姜昆，中国舞蹈家协会主席冯双白等出席活动。

8月5日，中国初级卫生保健基金会与中日友好医院在农工党中央机关联合举行健康与教育公益基金成立暨与中日友好医院联合开展“送医到基层，健康进万家”公益项目启动仪式。农工党中央副主席龚建明出席仪式并讲话。龚建明指出，希望健康与教育公益基金和中日友好医院大力支持基层医院建立远程医疗网络系统，把一流的设备、专家、技术尽职尽责地传输给地方医院，让当地群众能够及时享受到首都知名医院权威专家的医疗服务。仪式由中国初级卫生保健基金会秘书长周庆年主持。仪式结束后，各医院的代表集体赴中日友好医院国家卫计委远程医疗管理与培训中心进行现场观摩。

11月2日，农工党中央社会服务部副部长张庆伟率调研组赴贵州省大方县调研，在理化乡偏坡村金星组、白车组实地查看2016年7月1日因持续强降雨导致山体滑坡地质灾害现场，了解受灾群众安置及灾后重建相关工作。调研组在大方县召开农工党中央援助大方县理化乡“7 · 1”地质灾害灾后重建项目理化村社区综合服务管理中心专题会议，会议举行捐赠仪式，农工党中央、中国初级卫生保健基金会向大方县人民政府捐赠灾后重建资金 100 万元。

11 月 6 日，由农工党中央、中国科学院、中国工程院、全国总工会、全国妇联、中国文联、中国社会工作联合会等 33 个单位共同主办的第 28 届“国际科学与和平周”活动在全国政协礼堂隆重开幕。各主办、协办单位的领导，来自全国的各界人士和青少年学生，联合国驻华系统官员和外国驻华使馆外交官等共 800 余人出席开幕式。本届国际科学与和平周的主题是“科技强国 和平发展”。11 月 6 日至 13 日活动期间，农工党各级组织围绕主题，开展了一系列中医药科普讲座、义诊咨询和捐赠等公益活动，受到社会各界的一至好评。

11 月 10 日，农工党中央副主席蔡威出席在上海市举行的第二十八届“国际科学与和平周”上海站活动，慰问参与活动的农工党员专家。在徐汇、浦东两处分会场，10 多家医疗机构的农工党员专家坐堂义诊，两处分会场分别开设了由上海中医药大学教授王其倩主讲的《如何用阿胶来养生》科普讲座，以及由上海市中医药大学教授文小平主讲的《中医养生》专题健康讲座，两处分会场共接待居民咨询 700 多人次。

12 月 20 日，“杏林春雨行动”2016 年总结活动在北京举行，农工党中央社会服务部副部长张庆伟出席活动并讲话。“杏林春雨行动”小儿脑瘫救助基金办公室主任李建林作了项目 2106 年实施情况的说明，广西省慈善总会、农工党贵州省安顺市委会、湖南省怀化市民政局以及北京国康中西医结合医院的代表作了交流发言。中华慈善总会、吴阶平医学基金会、农工党中央和地方组织、慈善总会、残联、民政等公益组织及爱心人士代表约 150 人参加活动。2016 年，由中央社会服务部主办，吴阶平医学基金会小儿脑瘫救助专项基金、全国脑瘫康复专项基金联合承办的“杏林春雨行动”全国小儿脑瘫义诊救助活动，分别在四川德阳，湖北天门、孝感、荆门、鄂州、恩施，河南南阳，甘肃庆阳，湖南永州、怀化，内蒙古通辽、赤峰，宁夏中卫、固原，重庆，广西，云南，贵州等地义诊筛查 5000 余人，免费治疗、康复、救助 310 人。

三、自身建设

（一）思想建设

1. 加强思想政治工作

制订《中国农工民主党开展坚持和发展中国特色社会主义学习实践活动 2016 年工作计划》，在加强理论武装、开展“百场宣讲”、扩大宣传教育等多方面推动学习实践活动持续深入开展。

按照中央工作安排，下发了《关于认真学习贯彻十二届全国人大四次会议和全国政协十二届四次会议精神的通知》《中国农工民主党中央关于认真学习贯彻习近平总书记“七一”重要讲话精神的通知》《中国农工民主党中央关于学习贯彻中共十八届六中全会精神的通知》《中国农工民主党中央关于认真学习贯彻中共十八届六中全会精神的决议》。

农工党十五届十四次、十五次中常会，十五届五中全会期间，分别邀请中共中央统战部办公厅副巡视员王丽颖、中国社会科学院马克思主义研究院院长邓纯东、中共中央党校党建部副主任祝灵君就统一战线聚力脱贫攻坚、学习贯彻习近平总书记“七一”重要讲话精神和中共十八届六中全会精神作专题辅导报告。结合重大事件、关键节点，联系协调中央领导、专家学者撰写文章、接受采访，及时正面发声。中央网站、微信和党刊《前进论坛》重点推出了《陈竺寄语中国共产党成立95周年》、学习“七一”重要讲话精神、《庆祝中国农工民主党成立86周年》《纪念农工党的烈士们》等专题和报道，发挥舆论引导作用，做好加强团结、增进共识的工作。

7月19日，农工党中央宣传部副部长杨晓波、副巡视员刘保明在农工党四川省委会机关调研学习实践活动，农工党四川省委会副主委张庆文、夏华祥，成都市委会副巡视员肖晓红出席座谈会。杨晓波主持座谈会，介绍了农工党开展学习实践活动以来的总体情况、亮点工作，希望通过本次调研进一步深入推进“百场主题宣讲”活动、做好明年学习实践总结相关规划。刘保明介绍了“百场主题宣讲”的组织规划、深入开展、各反响等情况，结合习近平总书记“七一”讲话精神，就进一步做好学习实践活动提出了要求。会议对明年学习实践活动进行了讨论，农工党四川省委会、成都市委会机关干部提了意见建议。

11月14日，在京高校、科研院所党员代表座谈会在中央机关召开。农工党中央常务副主席刘晓峰接见党员代表，副主席龚建明出席会议并讲话，秘书长曲凤宏参加接见。龚建明指出，通过此次座谈会，深入掌握高校、科研院所等单位中我党党员的思想状况，有助于进一步因势利导、精准施策，提高我党思想政治工作的精细化水平。龚建明强调，思想建设的关键是增强接受中国共产党领导的自觉性和坚定性，核心是坚持走中国特色社会主义政治发展道路，各级组织要紧扣“不忘合作初心，继续携手前进”主题，深入开展坚持和发展中国特色社会主义学习实践活动，通过重温邓演达先生《我们的信条》，继承和发扬农工党老一辈领导人同中国共产党风雨同舟、团结合作的优良传统，进一步坚定“四个自信”、增强“四个意识”。在京高校、科研院所的农工党基层组织负责人、党员骨干代表20多人参加座谈。

11月至12月，宣传部组成调研组赴广西、福建、四川等地开展党员思想状况、新媒体运用现状调研，归纳总结各级组织开展思想建设的经验、做法，深入了解党员思想动态，有针对性地解疑释惑，深化思想教育和政治引导。

12月26日至28日，农工党中央坚持和发展中国特色社会主义学习实践活动交流研讨会在吉林省长春市召开。农工党吉林省委会副主委李其春出席会议并致辞。农工党中央宣传部各处室负责人出席会议。会议研究讨论了《中国农工民主党开展坚持和发展中国特色社会主义学习实践活动2017年工作计划（草案）》《中国农工民主党关于开展“不忘合作初心，继续携手前进”专题教育活动的工作方案（草案）》《中国农工民主党关于开展坚持和发展中国特色社会主义学习实践活动成果巡礼的工作方案（草案）》。与会人员认为，2017年应结合省级组织换届工作，通过开展“不忘合作初心，继续携手前进”这个专题，做好政治交接和历史传承工作，弘扬优良传统，增进政治共识，巩固多党合作共同思想政治基础。与会人员就学习实践活动开展评选的项目、标准等交流研讨。农工党部分省级组织宣传部部长以及农工党吉林省各市级组织负责人参加会议。

2. 深入开展“百场宣讲”

在全党开展“走进基层、贴近党员，培育和践行社会主义核心价值观”主题宣讲，90多位嘉宾在30个省、100多个市级组织进行了140多场宣讲，3万多名党员聆听报告，宣讲效果影响深远。

3月29日，农工党“走进基层、贴近党员，培育和践行社会主义核心价值观”主题宣讲启动仪式在上海黄浦区淡水路332弄1号农工党“一干会址”隆重举行。农工党中央副主席、上海市委会主委蔡威，中央副主席龚建明出席启动仪式。中共上海市委统战部副部长虞丽娟应邀出席。蔡威表示，在全体党员中培育和践行社会主义核心价值观，是农工党在新的历史条件下不断增强政治意识、大局意识、核心意识、看齐意识，不断巩固共同思想基础、坚定理想信念、始终保持进步性的迫切需要。龚建明指出，这次活动是农工党中央开展学习实践活动的又一创新举措，其目的就是要推动全党深入学习贯彻习近平总书记系列重要讲话精神，大力推动培育和践行社会主义核心价值观的实践，进一步增强全党“四个意识”“四个自信”，为“十三五”开局之年在全面建成小康社会进入决胜阶段的关键时期，鼓舞士气，振奋精神，凝心聚力。上海市各区县委级组织、直属组织班子成员和基层党员代表，上海市委会机关干部等参加启动仪式。

3月29日，农工党“走进基层，贴近党员，培育和践行社会主义核心价值观”主题宣讲在上海农工党“一干会址”正式启动，农工党中央副主席龚建明作首场宣讲。龚建明以《走进基层，贴近党员，培育和践行社会主义核心价值观》为主题，围绕“什么是社会主义核心价值观；参政党与社会主义核心价值观有什么关系；培育和践行社会主义核心价值观是农工党的优良传统；培育和践行社会主义核心价值观的必要性；如何培育和践行社会主义核心价值观”等五个问题深入浅出地作了一场精彩的宣讲。龚建明的讲课深入浅出，有案例、有数据，并不时与听众交流互动，为今后的宣讲活动带来示范和带动效应，首次开讲取得圆满成功。农工党中央宣传部副巡视员刘保明主持宣讲，农工党上海市委会领导班子成员，上海市各区县级组织、直属组织班子成员和基层党员代表，上海市委会机关干部等聆听报告。

5月18日至21日，农工党“走进基层、贴近党员，培育和践行社会主义核心价值观”主题宣讲活动走进陕西，先后在西安市、渭南市、商洛市举行了三场宣讲。农工党中央副主席、陕西省委会主委朱静芝亲切看望宣讲团成员、出席报告会并讲话。朱静芝指出，大家要深刻认识、准确把握社会主义核心价值观的科学内涵和实践要求，把培育和践行社会主义核心价值观的系列活动引向深入，履行参政党职能，在实现中国梦的伟大进程中作出新的贡献。农工党中央宣传部副巡视员刘保明主持宣讲。农工党云南省委会副主委何云葵以《最是真情动人心》为题，山东省荷泽市规划分局副局长张莉莉以《习近平总书记的家庭家教家风》为题作了主题宣讲。农工党陕西省直属支部党员以及西安、咸阳、铜川、渭南、商洛等市级组织党员800余人聆听报告。

7月6日，农工党“走进基层、贴近党员，培育和践行社会主义核心价值观”主题宣讲活动走进辽宁大连。农工党中央副主席龚建明作了《走进基层，贴近党员，培育和践行社会主义核心价值观》的宣讲报告；农工党浙江省杭州市余杭总支孙惠华、詹海洁分别以《廉政教育系列故事・赝画真情》和《廉政教育系列故事・打虎出龙》为题作了宣讲。农工党大连市委会主委田晓峰主持宣讲，中央组织部副部长邓蓉玲、张铭彩，辽宁省委会副主委朱航，中央宣传部有关同志，以及赴大连参加中央监督委员会工作交流研讨会的各省市专职副主委、各省市组织部部长及代表，农工党辽宁省部分市委会代表300余人聆听报告。

7月12日，农工党中央“百场主题宣讲”中期总结暨交流促进会在甘肃省酒泉市召开。来自农工党天津、内蒙古、黑龙江、山东、海南、重庆、四川、云南、贵州、陕西、甘肃、青海、宁夏等省级组织的部分专职副主委、宣传部负责人30余人参加会议。

8月16日，农工党“走进基层、贴近党员，培育和践行社会主义核心价值观”主题宣讲活动走进青海西宁。农工党中央副主席龚建明围绕“什么是社会主义核心价值观？为什么参政党也要培育和践行核心价值观？农工党是怎样培育和践行核心价值观？下一步该如何培育和践行社会主义核心价值观？”等问题，做了深入浅出、生动形象的精彩宣讲。农工党中央研究室主任游宏炳作了《农工党的历史道路与优良传统》的宣讲。青海省党员代表150余人聆听宣讲，宣讲活动得到了广大党员的热烈欢迎和高度评价。

8月18日，农工党“走进基层、贴近党员，培育和践行社会主义核心价值观”主题宣讲活动走进宁夏银川。龚建明作了主题宣讲，他围绕“什么是社会主义核心价值观？为什么参政党也要培育和践行核心价值观？农工党怎样培育和践行核心价值观？”等问题，通过生动的案例、真实的数据，深入浅出地作了一场精彩宣讲。中共宁夏区党委常委、统战部部长马廷礼亲切会见了宣讲团一行。农工党安徽省委会副主委方才和中国银监会南通监管分局王占德分别作了《以精准扶贫为导向，构建社会服务新格局》《立足本职，积极做好参政议政工作》的宣讲报告。来自宁夏各地的120余名农工党员聆听了这三场宣讲。

10月26日，农工党“走进基层、贴近党员，培育和践行社会主义核心价值观”主题宣讲活动走进湖南湘潭。农工党中央副主席、湖南省委会主委龚建明出席宣讲报告会并作专题报告。龚建明围绕“什么是社会主义核心价值观？农工党是怎样培育和践行核心价值观的？下一步如何培育和践行社会主义核心价值观？”三方面问题，引经据典、引古论今，用有影响力的案例和平易而富有感召力的语言，做了深入浅出、生动形象的精彩宣讲。农工党湖南省委会常委，省委会机关干部，湘潭市委会、益阳市委会、怀化市委会约150名党员聆听报告。

10月19日，农工党“不忘合作初心，继续携手前进——走进基层、贴近党员、培育和践行社会主义核心价值观百场宣讲”第100场宣讲报告会走进河南信阳。农工党中央副主席龚建明出席报告会并作专题报告。龚建明围绕“什么是社会主义核心价值观？农工党是怎样培育和践行核心价值观的？下一步如何培育和践行社会主义核心价值观？”三方面问题作了精彩宣讲。农工党河南省委会社会与法制工作委员会副主任、商丘师范学院法学院法律系主任张雷作了“弘扬法治精神，切实履职尽责”的专题宣讲，“中国梦 农工情”演讲比赛优秀选手孙启良和谷雪平宣讲了全国无偿献血金奖获得者、荣登“中国好人榜”的平煤集团四矿医院副院长孙刚和他组建的爱心联盟的感人事迹。农工党河南省委会副主委花亚伟、高雁卿、黄红霞和全省骨干党员培训班学员及信阳、驻马店市党员共200余人聆听报告。

（二）宣传工作

1. 加大宣传力度，提高宣传水平

进一步完善与主流媒体的合作机制。积极主动邀请其主要领导、编辑记者参加农工党的会议、活动，注重选题策划、打磨精品、融合传播。12月2日，宣传部将和人民网股份有限公司签署战略合作意向协议，利用《人民网》在新媒体行业首屈一指的影响力和传播力，进一步提高社会宣传水平。据不完全统计，中央级主流媒体发布关于农工党的宣传报道1000余篇。

推动媒体发表中央领导文章和专访。《瞭望东方周刊》对农工党中央主席陈竺进行了专访。《中国政协》杂志刊登了常务副主席刘晓峰《医改攻坚 何处着力》的文章。《团结报》7月9日刊登了副主席何维《“双创”需在操作层面加大力度》的文章。《中国统一战线》杂志就深入开展学习实践活动对副主席龚建明进行了专访。

重点做好对全国“两会”宣传报道。2月22日，中央和首都主要新闻媒体记者“两会”情况通报会在中央机关召开。农工党中央副主席龚建明出席会议，宣传部副部长杨晓波主持会议。龚建明介绍了农工党的工作概要和2016年的工作要点，希望大家一如既往地关注和支持农工党，使农工党的宣传有点、有线、有面，饱满、精彩、到位。农工党中央社会服务部部长刘峻杰、参政议政部副部长王素芳、组织部负责人邓蓉玲分别介绍了农工党中央2015年参政议政和社会服务的具体工作，以及今年“两会”准备的具体情况。“两会”期间，宣传部与各新闻媒体密切配合，加强对农工党中央提案的宣传，加强对担任全国人大代表、全国政协委员的党员的宣传，各大新闻媒体发布关于农工党的宣传报道400余篇，产生了积极广泛的社会影响。

围绕农工党的重大活动进行宣传报道。全力策划、实施覆盖全国、面向社会的大型宣传活动，圆满完成农工党中央“三医联动”大考察、第三届中医科学大会、对口云南脱贫攻坚民主监督、医药产业与健康城市高峰论坛等重大活动的宣传报道任务。例如，为做好第三届中医科学大会的宣传报道工作，宣传部与中央网信办、中央电视台合作，在中央电视台新闻联播、整点新闻播出新闻，在《人民日报》、人民网、新华网等各大媒体热烈宣传，取得了很好的社会反响。此外，在《团结报》刊登《农工党十五大以来参与扶贫攻坚工作亮点展示》专版，在《中国政协杂志》刊登《农工党中央聚力脱贫攻坚纪实》，组织记者团赴江苏省“百场宣讲”现场挖掘先进事迹和优秀代表人物。

2. 推动新媒体和传统媒体融合发展

积极推进全方位、多层次、立体化宣传，将《前进论坛》部分内容在中央网站和微信订阅号上发布，宣传内容上更丰富，形式上更灵活，时效性更强，受众面更广，影响力更大，努力推动新媒体和传统媒体协同运作、融合发展。

网站建设在“广”字上下功夫。中央网站策划了《聚焦2016全国两会》等7个专题，在图片新闻栏目增加了宣传报道中央常委的党务活动，增加了《基层连线》《风采实录》栏目的报道量。中央网站已编发各类稿件2500多篇、图片5000多幅，手机版网站编发各类稿件1500多篇。

微信建设在“捷”字上下功夫。农工党中央微信订阅号共编发237期，稿件1000多篇，图片和视频2300多个，关注人数达到31000人。关注量、发稿量等多项重要指标在各民主党派中排名第一。在中央的带动示范下，农工党的微信阵地建设成效明显，规模和范围不断巩固壮大，目前已有21个省级组织、50多个市级组织开通了微信公众号。

大力开展全方位、立体式宣传。宣传部和《前进论坛》杂志社共同成立了新媒体工作室，引进新技术，充分运用嵌套音频、视频、文字、图片、链接等内容的H5页面宣传农工党的重要活动，策划制作了《2016年全国两会——农工党代表委员风采剪影》《学习精准扶贫精准脱贫》《纪念中国农工民主党成立86周年》《第三届中医科学大会》等多个专题，提高了传播影响力。

3. 推进《前进论坛》杂志社改革创新

积极推进《前进论坛》杂志社改革：一是把提高质量作为第一要务，坚持正确政治方向，牢牢把握舆论导向，努力提高吸引力、感染力和影响力；二是坚持扩大发行，2016年订阅数达9万多册；三是建立健全管理制度，进一步规范了人员管理；四是进行经营性探索，与北京长天久歌广告有限公司签订《战略合作协议》，协办了“情系湘江聚力精准扶贫论坛”；五是对主办的《医药养生保健报》加强管理。

3月17日，《前进论坛》创刊55周年暨出版500期纪念座谈会在京召开。农工党中央副主席龚建明出席座谈会并发表讲话。龚建明指出，习近平总书记2月19日在党的新闻舆论工作座谈会上发表了重要讲话，这对我们办好《前进论坛》以及各级组织的机关刊物有着十分重要的指导意义，更为我们在新的历史时期如何办好党刊提供了重要依据和根本遵循。龚建明强调，党刊《前进论坛》要体现农工党的界别特点，突出农工党特色，真正为农工党的各项工作和广大党员服务。

6月13日，由农工党中央宣传部、北京市委会联合主办，农工党湖南省委会承办，《前进论坛》杂志社、中成长天控股集团有限公司、北京中成康富科技有限公司协办的“情系湘江 聚力精准扶贫论坛”在湖南省长沙市举行。本次论坛主题是“发挥界别特色探索扶贫新模式”。农工党中央副主席龚建明出席并作主题演讲。龚建明指出，农工党各级组织和广大党员要积极行动起来，充分发挥联系界别优势，为聚力脱贫攻坚积极出力。一要与参政议政工作协同推进；二要精准抓好健康扶贫；三要做好脱贫攻坚民主监督工作。来自社会各界有关专家和农工党北京市委会、湖南省委会、长沙市委会、湖南省直属支部、基层支部的党员及企业和媒体200余人参加论坛。大家就如何更好在精准扶贫中发挥健康扶贫作用等问题进行了热烈探讨。

4. 加强自身建设，推进信息化发展。

加强对各级组织宣传工作的指导。宣传部高度重视与地方各级组织的沟通和交流，建立联动机制，派员为农工党云南、广西、河南等省级组织培训班授课，指导地方组织网站提高宣传能力，为地方组织建设新媒体提供指导意见，形成了上下联动、纵横结合的宣传工作新局面。

推进信息化发展，强化信息化安全。根据2016年农工党中央信息化工作安排，完成机房改造项目，参与制定农工党信息系统安全策略，开展办公楼无线覆盖等项目前期工作，保障中央网络和网站正常运行。

（三）组织建设

截至 2016 年 12 月底，农工党共有地方组织 361 个。其中，包括省级组织 30 个，地级组织 285 个，县级组织 46 个。基层组织 7066 个，其中基层委员会 464 个，总支 560 个，支部 5942 个，小组 100 个。全年新加入成员 7436 人。成员总数 154524 人，其中女成员 76784 人。平均年龄 50.84 岁。离退休 46246 人。

农工党界别分布如下：医药卫生界 87054 人，百分比 56.34%；人口资源、生态环境界 3623 人，占 2.34%；基础教育界 11850 人，占 7.67%；高等教育界 11764 人，占 7.61%；科学技术界 8009 人，占 5.18%；政府司法机关 8236 人，占 5.33%；人大政协机关 681 人，占 0.44%；新的社会阶层人士 8227 人，占 5.32%；文化艺术界 4456 人，占 2.88%；公有制经济界 4198 人，占 2.72%；党派机关 2012 人，占 1.3%；出版传媒界 732 人，占 0.47%；团体 435 人，占 0.28%；其他 3247 人，占 2.1%。

担任各级人大代表的共有 2256 人。其中，全国人大常委会副委员长 1 人、人大常委 7 人、人大代表 53 人；省级人大常委会副主任 5 人、人大常委 47 人、人大代表 290 人；市地级人大常委会副主任 40 人、人大常委 251 人、人大代表 972 人；县级人大常委会副主任 95 人、人大常委 319 人、人大代表 941 人。

担任各级政协委员共有 12121 人，其中全国政协副主席 1 人、政协常委 13 人、政协委员 85 人；省级政协副主席 15 人、政协常委 221 人、政协委员 896 人；市地级政协副主席 178 人、政协常委 1201 人、政协委员 5097 人；县市区级政协副主席 241 人、政协常委 1468 人、政协委员 6043 人。

政府及司法机关中，担任省、市、自治区领导 1 人，部委领导 1 人，司局级干部 116 人，县处级干部 903 人。

农工党成员学历情况如下：有大本以上学历的占 69.12%；有中、高级职称的占 82.45%。担任中国科学院院士的共有 8 人。担任中国工程院院士的共有 6 人。

1. 全力保障换届工作平稳推进

换届工作是全党当前和今后一个时期的重点工作。为保障换届工作的平稳推进：一是提前分析谋划。开展换届情况调研，分析测算中央、省、市三级换届的整体状况，做到全面知情，为换届政策的制定提供依据。二是规范换届程序。从中央、省级、市级三个层面，对工作程序作了全面梳理，修订了《中央换届工作指引》，下发了《省级组织换届工作程序》和《市级组织换届工作程序指导》，并对组工干部进行了专门培训。三是强调换届纪律。下发了《关于严肃换届纪律保证换届风清气正的通知》，反复强调各省级组织尤其是“一把手”要高度重视纪律问题，积极发挥省级监督委员会的作用，对苗头性问题要早关注、早提醒，一定确保风清气正的换届环境。四是启动党章修改。分别召开了五个片区的调研座谈会，邀请省市两级组织的专职干部和专家学者参加，广泛收集意见建议，为全面启动党章的修改做好前期准备。

7 月 25 日，农工党党章修改、组织发展及党内监督工作东北片区座谈会在黑龙江省哈尔滨市召开。来自内蒙古、辽宁、吉林、黑龙江农工党省级组织的专职副主委、组织部部长，沈阳、大连、长春、哈尔滨市委会的专职副主委，部分农工党市级组织主委以及熟悉农工党情况的党员专家学者30余人参加会议。与会同志围绕上述内容，结合各自工作实际畅所欲言，提出了很多好的意见建议。

8月2日，农工党党章修改、组织发展及党内监督工作华北片区座谈会在天津市召开。来自北京、天津、河北、山西、山东、河南6个农工党省级组织的领导、组织部负责人，太原、济南、青岛、郑州市委会领导，部分农工党地市级组织主委以及熟悉农工党情况的党员专家学者40余人参加会议。与会同志结合各自工作实际畅所欲言，提出了很多好的意见建议。

8月17日，农工党党章修改、组织发展及党内监督工作西部片区座谈会在陕西省西安市召开。农工党中央副主席、陕西省委会主委朱静芝亲切看望与会人员，勉励大家为明年中央和省级组织换届献计出力。来自重庆、四川、贵州、云南、陕西、甘肃、青海、宁夏等农工党省级组织的专职副主委、组织部门负责人，部分农工党市级组织主委、专职副主委以及熟悉农工党情况的党员专家学者40余人参加会议。与会同志结合各自工作实际，提出了很多好的意见建议。

8月23日，农工党党章修改、组织发展及党内监督工作华中华南片区座谈会在广西北海市召开。来自湖北、湖南、广东、广西、海南等农工党省级和部分地市级、基层组织与会同志结合各自工作，就党章应如何修改完善，如何进一步加强组织工作，党内监督工作如何完善提高等问题进行了热烈研讨，提出了很多建设性的意见建议。

8月25日，农工党党章修改、组织发展及党内监督工作华东片区座谈会在福建省福州市召开。来自上海、江苏、浙江、安徽、福建、江西的省级和部分市（区）级主委、副主委，组织部负责同志，党员专家等35人参加会议。

2016年6月，中央下发了《关于做好2017年省级组织换届工作的意见》，标志着省级换届工作全面正式启动。中央成立了换届工作领导小组，由陈竺任组长，刘晓峰任副组长，何维、龚建明为小组成员，加强对中央和省级组织换届工作的领导。各省级组织成立了换届领导小组，制定了换届工作方案，制定了《代表大会名额分配及产生办法》。农工党十五届十五次中常会后，迅即召开全国换届工作研讨会，推动换届工作平稳有序进行。

11月6日，农工党换届工作研讨会在山东省青岛市召开。本次研讨会的目的是为了贯彻落实《农工党中央关于做好2017年省级组织换届工作的意见》，全面了解换届工作的进展情况，部署明年的换届工作。农工党中央秘书长兼组织部部长曲凤宏出席会议并讲话。曲凤宏结合了中共中央统战部副部长林智敏在同各民主党派中央常务副主席座谈会上有关换届工作的讲话精神以及换届工作中的具体政策和问题，从深刻认识换届工作的重要意义、明确换届工作的目标任务和确保换届各项工作的有序开展三个方面对换届工作提出了要求和希望，强调全党要统一思想、着眼全局，认真做好换届工作、搞好政治交接，为开创农工党工作新局面奠定坚强的政治和组织保证。在交流探讨中，与会人员结合换届工作实际，围绕如何进一步有序开展换届工作提出了意见建议。农工党各省、自治区、直辖市委员会的专职副主委，组织部（处）负责人和工作人员80余人参加会议。

2. 以人才为重点加强党员队伍建设

中央组织部将近年的组织发展状况进行了比较详细的总结，形成了《中国农工民主党组织发展状况分析报告》。

在党员发展方面，全党仍然坚持“三个为主”方针，在保持主体界别优势基础上，着力推进了人口资源和生态环境领域重点分工、社会科学和经济法律等参政议政热点界别的组织发展工作，发展了一批政治素质好、参政议政能力强、有一定代表性、在社会上有一定影响的优秀人才。同时，进一步明确组织发展的工作程序，严格申请、考察、审核、批准等环节，进一步做好入党前教育和新党员培训工作，认真做好新的社会阶层人士和非公经济人士的发展工作。

在党员干部推荐使用方面，中央和各级组织积极与中共各级统战部门保持沟通，促进党员干部的实职安排，促进搭好党员干部成长的必要台阶，并继续做好特约人员、社会团体任职人员的推荐工作。全党担任省部级以上领导职务的有 28 人，担任厅局级领导职务的有 235 人，其中正厅级有 53 人。

在党员干部管理方面，启动了农工党组织工作数据库的建设。部分省级组织已建立了组织工作的信息化平台，为农工党组织工作数据库的建设奠定了坚实基础。此外，继续做好党员发展的数据统计，代表人士数据库的更新。

8 月 31 日，农工党中央组织部和北京北大软件工程发展有限公司在农工党中央机关，正式启动农工党中央组织部信息化项目，即农工党组织工作数据库及中央机关绩效考核系统。

3. 整合资源提升教育培训的实效

为推进党员干部教育培训工作，农工党中央制定了《关于加强党员干部教育培训工作的实施方案》，力争形成上下联动、规范有序、重点突出、全面覆盖的培训体系。中央和省级组织共举办培训班近 100 期，参加培训的党员数为 6000 余人。其中，中央共举办 12 期培训班，参训人数 500 余人。推荐党员参加中央统战部在中央社院举办的民主党派干部进修班、培训班各 2 期共 30 人。为配合换届工作的展开，举办了全国组工干部培训班，开展了对基层组织负责人、省级监督委员会委员的培训。为探索有效培训形式，举办了医药产业与健康城市高峰论坛。此外，充分利用与中国人民大学、中国社会科学院研究生院等合作平台，不断加大人才培养力度。

1 月 16 日至 20 日，农工党全国组工干部培训班在四川省成都市举办。农工党中央秘书长曲凤宏出席开班式。曲凤宏将学习贯彻中央统战工作会议精神与农工党组织工作实际相结合，针对当前组织工作存在的问题和今年重点工作进行了专题辅导；张献生为学员们深入解读了中共中央统战工作会议精神和《中国共产党统一战线工作条例（试行）》有关内容，并就新形势下如何贯彻落实会议和《条例》精神为大家做专题报告；余成林结合自己长期从事组织工作的亲身经历，为大家介绍了做好民主党派组织工作的经验做法。学员们积极发言，介绍了各地落实统战工作会议精神的基本情况，并就下一步如何加强组织建设、做好地市级组织换届工作进行了研讨。通过培训，组工干部们深入学习了中央统战工作会议精神，理顺了加强新形势下组织建设的工作思路，明确了 2016 年组织工作的努力方向。来自农工党各省级组织组织部（处）的 50 余名组工干部参加了培训。

3 月 18 日至 23 日，农工党中青年党员培训班在江西省景德镇市举办。全国政协副主席、农工党中央常务副主席刘晓峰，农工党江西省委会主委郑小燕等出席培训班开班式。

4月15日，京冀三地农工党骨干党员培训班学员走访中央机关，参观了党史陈列室，并聆听农工党中央研究室主任游宏炳讲农工党党史课。来自农工党北京市东城区委会、农工党河北省张家口市委会、农工党河北省承德市委会的60名中青年党员参加活动。

7月10日至16日，第5期农工党中西部骨干党员及先进基层组织负责人培训班在中国人民大学举办。全国政协副主席、农工党中央常务副主席刘晓峰出席开班式并讲话，中国人民大学党委常务副书记张建明出席开班式并致辞。刘晓峰指出，本期培训班是农工党中央和中国人民大学开展全面交流合作以来，在人才培训方面的一次合作。刘晓峰对学员提出了继承优良传统，强化政治共识；加强学习实践，提高履职能力；强化责任意识，助推农工党的发展；强化自律意识，树立良好形象四方面要求。刘晓峰引用习近平总书记在庆祝中国共产党成立95周年大会上的讲话激励青年党员，要加快知识更新、加强实践锻炼，勇做走在时代前列的奋进者、开拓者、奉献者。培训期间，安排学员到农工党中央机关进行党史教育，到中国国家博物馆参观《复兴之路》展览。来自30个省级组织的先进基层组织负责人和12个中西部省份的骨干党员100余人参加培训。

8月20日至24日，农工党2016年全国参政议政工作培训班在中央社会主义学院举办。农工党中央副主席龚建明出席培训班开班式并讲话。针对如何提高参政议政能力，龚建明指出要进一步增强使命感与责任感，切实坚持“四个自信”，巩固好参政议政的思想基础；要坚持和发展中国特色社会主义，不断提高自己的学习能力，建设学习型参政党；要立足界别特色，把握两条工作主线，在优势领域发挥参政议政优势。龚建明强调，应该把握政治性导向、宏观性思维、前瞻性建言、针对性举措、时效性献策五个方面的特性。中央统战部原副秘书长、四局局长张献生，全国政协提案委员会办公室（一局）副主任伏双武，全国政协文史和学习委员会办公室巡视员张燕妮，中央统战部研究室调研员黎晓明，全国政协信息局局长谷斌，国防大学战略部副主任孙科佳，国家发改委宏观院副院长、中国人民大学发展改革院常务副院长马晓河，中央统战部研究室副主任姚植传作了专题讲座。来自中央各专门工作委员会的部分委员和全国各级组织的参政议政骨干党员、机关专职干部170余人参加培训。

8月30日至9月1日，农工党2016年全国办公室工作培训班在新疆区乌鲁木齐市举办。来自农工党各省级组织的秘书长、办公室主任等80余人参加培训。

9月19日，农工党中青年党员培训班开班式暨德阳市投资推介会在四川省德阳市举办。全国政协副主席、农工党中央常务副主席刘晓峰出席并讲话。刘晓峰指出，把参加医药产业与健康城市高峰论坛作为主要学习内容，这也是农工党中央创新培训方式的一次探索，以期为党员创造更多学习机会，达到开阔视野、加强交流、增进联系的目的。中青年党员的成长至关重要。一要继承优良传统，强化政治共识；二要加强学习实践，提高履职能力；三要强化责任意识，助推农工党的发展；四要强化自律意识，树立良好形象。全国人大常委、农工党中央副主席龚建明，四川省政协副主席、农工党四川省委会主委王正荣，中共德阳市委书记蒲波，辽宁中医药大学校长杨关林，德阳市人民政府市长赵辉等出席会议。会上，还举行了“农工党中央社会服务基地”授牌仪式，农工党中央副主席龚建明向德阳市人民政府市长赵辉同志授予“农工党中央社会服务基地”铭牌。农工党党员、权健集团董事长束昱辉等十位企业家代表发言，并与德阳有关方面进行了接洽交流。在政府机构、科研院所等任职的农工党中青年党员，农工党医药卫生界的党员企业家，以及应邀前来参加医药产业与健康城市高峰论坛的专家学者和企业家等200余人参加会议。

9月25日至30日，农工党全国宣传干部培训班开学典礼在中国人民大学举行。农工党中央副主席龚建明，中国人民大学党委常务副书记张建明等出席开学典礼并讲话。龚建明指出，建设一支专业化的宣传干部队伍，是我党在新形势下加强宣传思想工作的必然要求，也是深化实施人才强党战略、搞好政治交接的重要举措。龚建明希望，农工党各级组织的宣传干部遵循新闻规律，增强工作针对性，推动传统媒体与新兴媒体融合发展，建设全媒体平台，提高综合业务能力。开学典礼上，农工党中央宣传部副部长杨晓波介绍了党刊《前进论坛》的征订发行情况，并进行了《前进论坛》发行工作先进单位颁奖。来自农工党中央和全国各省、市组织的宣传干部、业务骨干100余人参加本次培训。

12月5日至9日，农工党新任市级组织主委培训班在浙江富阳干部培训基地举办。农工党中央副主席兼秘书长曲凤宏出席开班式并讲话。曲凤宏指出，市级组织连接着省级组织和基层组织，是农工党组织体系中承上启下的重要环节。曲凤宏强调，作为新任市级组织主委，要注重学习党史，深刻认识自觉接受中国共产党领导既是历史必然，也是现实选择，坚定中国特色社会主义道路自信、理论自信、制度自信、文化自信；要把学习贯彻中共十八届六中全会精神与深入学习贯彻习近平总书记系列重要讲话精神结合起来，要与履行参政党职能结合起来，把中共十八届六中全会精神贯穿到履行职能和自身建设全过程；要加强学习，做好观念和角色的转变，提高履职能力和水平；严于律己，改进作风，树立良好形象，践行“三严三实”要求，以良好的个人形象为农工党组织增光添彩。培训班邀请了中共浙江省委党校郑仓元副校长和清华大学国家金融研究院王娴副院长作辅导报告，对中共十八届六中全会精神和国家宏观经济形势进行专题解读。培训班还安排学员赴农工党杭州市委会就基层组织建设进行交流座谈。

4. 着力增强组织的凝聚力和活力

中央继续支持市级组织的横向交流。副省级城市联席会议已经形成常态。为使联席会议在换届后能保持活力，中央召开了副省级城市研讨会，十五个副省级城市共同商议形成了《农工党副省级城市联席会议总结交流会纪要》，4月和10月联席会议分别在南京和武汉举办，15个副省级城市就组织工作和社会服务工作进行了研讨。在无锡等地市倡议下，第一次召开了较大城市联席会议。通过副省级城市和较大城市联席会议制度，可以覆盖1/5的党员。为增强基层组织活力，探索在全党基层组织中开展“优秀支部”创建活动。

3月29日，农工党部分地级市第一次工作联席会议在江苏省无锡市召开。农工党中央秘书长兼组织部部长曲凤宏出席会议，中共无锡市委常委、统战部部长陈德荣到会致辞。与会同志就做好农工党市级组织换届工作、加强市级组织后备干部队伍建设、建立市级组织定期交流机制等议题展开热烈讨论，就联席会议的指导思想、会议周期、会议形式、如何选题等达成共识，并签署联席会议备忘录。会后，参观了无锡农工同心生态苑。农工党江苏省委会以及无锡、石家庄、太原等19个地级市农工党组织的负责同志参加会议。

4月7日至8日，农工党全国副省级城市第11次工作联席会议在江苏南京召开。农工党中央秘书长兼组织部部长曲凤宏，江苏省委会主委周健民出席会议并致辞。中共南京市委常委、组织部长郭腊军到会致辞。农工党江苏省委会副主委吴建坤出席会议，南京市委会主委黄煌致欢迎词，南京市副市长、农工党南京市委会副主委胡万进主持会议。曲凤宏指出，副省级城市地方组织按照中共中央“四个全面”战略布局要求，紧紧围绕农工党工作主线，围绕“十三五”规划，积极履职尽责；充分发挥自身人才和资源集中的优势，深入实施“人才强党”战略，不断提高组织工作水平；统筹协调，精心组织，积极稳妥地做好市级组织换届工作；大力推广创建星级支部工作经验，切实增强基层组织工作活力。会议期间，与会同志围绕“加强组织建设，搞好政治交接”主题，交流研讨了组织建设和下半年换届工作情况，还赴农工党中央党史教育基地——邓演达烈士殉难地和雨花台烈士纪念馆缅怀革命先烈。农工党江苏省委会以及15个副省级城市农工党组织的负责同志60余人参加会议。

4月11日至14日，农工党中央副主席、中央监督委员会副主任龚建明率调研组到山东省就基层组织建设、党内监督工作和城市转型情况进行调研。调研组深入枣庄市、菏泽市和济南市进行座谈和走访，听取基层组织负责人代表汇报基层组织工作的情况，了解基层组织建设中好的经验和做法，以及存在的问题和不足；详细了解党内监督工作开展的情况，研究党内监督在地方组织建设中发挥的作用；了解创新驱动城市转型，带动就业及劳动力回流的情况。农工党中央组织部负责人邓蓉玲参加调研。

5月13日至18日，农工党中央秘书长兼组织部部长曲凤宏到辽宁考察调研农工党基层组织建设情况。农工党辽宁省委会主委唐建武、辽宁省委会副主委兼秘书长朱航陪同考察。曲凤宏一行先后抵达丹东、阜新、朝阳三市，对三市基层组织建设、组织发展、换届情况进行了详细的了解，并与基层组织负责人进行了座谈。曲凤宏指出，辽宁省各市委会成立时间并不太长，但工作开展的有声有色，个别单项工作在全国基层组织中也有一定的借鉴意义，希望继续保持发扬好，为建设“星级”农工党基层组织增砖添瓦。农工党辽宁省委会副主委、丹东市委会主委王静，农工党阜新市委会主委李铁燕，朝阳市委主委康广明等向曲凤宏一行汇报了工作情况。

10月24日至25日，农工党全国副省级城市第12次工作联席会议在湖北武汉召开。农工党中央副主席龚建明、秘书长兼组织部部长曲凤宏出席会议。中共武汉市委副书记陈瑞峰、中共武汉市委统战部副部长赵学龙应邀到会。农工党武汉市委会主委侯晓华致欢迎词。龚建明对副省级城市工作联席会议提出三点要求：一是围绕增进人民群众福祉，着力提高社会服务效能；二是以健康中国、美丽中国为主线，积极履行参政党职能；三是深入实施人才强党战略，不断提高组织工作水平。曲凤宏希望要找好社会服务工作的切入点，突出品牌效应，提高工作实效，努力扩大自身影响力。在组织发展工作中，他希望大家着力发展医药卫生界以外的其他领域党员，充实队伍，为政党协商、政协协商等多提供人才储备。开幕式后，与会代表就如何进一步发挥人才智力优势，拓宽社会服务领域方面的经验和做法进行了交流。15个副省级城市的农工党组织负责同志出席会议。

12月19日，农工党中央副主席兼秘书长曲凤宏赴江苏徐州调研。农工党江苏省委副主委吴建坤、沙勇等陪同调研。曲凤宏一行走访了江苏恩华药业股份有限公司、江苏万邦生化医药股份有限公司等徐州知名医药健康产业企业，听取工作汇报。

（四）党内监督

为推动全党学习践行"三严三实"、不断加强作风建设，下发了《中国农工民主党中央监督委员会关于开展践行"三严三实"、加强作风建设工作的意见》。结合百场宣讲活动，采取讲廉政故事的方式开展廉政教育。进一步健全监督机构，已有29个省级组织、10多个地市级组织成立了监督委员会。深入开展工作调研和交流，了解掌握领导班子履职情况、收集反映各级组织和党员意见建议、了解和指导地方监督工作。加强培训和交流，提高监督工作水平。召开党内监督工作培训班暨工作交流研讨会，编印《党内监督工作信息》，初步建立了监督信息交流机制。开展党内监督理论研究，召开党内监督理论研讨座谈会。启动党内监督条例和党章中党内监督条款的修订工作，在全国分片召开的党章修改、组织发展及党内监督工作座谈会上听取建议意见，为做好修订工作奠定基础。

2月29日，为了进一步推进农工党内部监督工作理论研究和实践探索，农工党中央监督委员会在中央机关召开农工党内部监督理论研讨座谈会。农工党中央副主席、中央监督委员会副主任龚建明出席会议并作总结讲话。龚建明在总结讲话中强调要进一步加强完善我党党内监督的制度和体系建设，学习借鉴宣传执政党建设的成功经验和做法，进一步拓宽视野、创新方法，在实践探索和理论提升中不断推进指导今后工作。会上，农工党中央组织部负责人邓蓉玲向与会专家介绍了农工党开展党内监督工作情况和2016年党内监督工作的重点和思路，希望与会专家为农工党在新形势下做好党内监督工作，在理论研究和制度建设等实践探索中提出指导性和实践性意见建议。来自中共中央党校、中国人民大学、清华大学等研究机构的专家学者和工作在纪检监察战线的部分中央监督委员会委员参加会议。

7月5日，2016年农工党党内监督工作培训班暨工作交流研讨会在辽宁省大连市召开。全国政协副主席、农工党中央常务副主席、中央监督委员会主任刘晓峰出席会议，并作党内监督交流研讨工作报告。农工党中央副主席、中央监督委员会副主任龚建明出席会议并作交流研讨会总结讲话。中共辽宁省委统战部部长孙远良，农工党辽宁省委会主委唐建武，中共大连市委统战部部长张亚东等分别致辞。刘晓峰指出，民主党派内部监督工作，无论是内部形势还是外部形势，总体都是越来越好，中央和地方要从不断完善党内监督机制和不断提高自身监督水平着手，科学谋划、营造环境、注重实效、认真实施，切实把监督工作做稳做实。龚建明提出三点意见：一是有序推进党内监督制度的建立健全；二是着力把党内监督重点工作抓严抓实；三是积极探索党内监督工作新途径。农工党中央秘书长、中央监督委员会办公室主任曲凤宏主持会议。会议培训还邀请了中共中央党校教授作学习中共党内监督条例、纪律处分条例和廉洁自律准则的解读报告，邀请中央监督委员会委员介绍当前中共党风廉政建设和反腐败斗争的新形势、新任务和要求，分享工作中的认识和体会。农工党中央监督委员会委员、各省级组织监督委员会主任、监督委员会办公室主任，未成立监督委员会的省委会专职副主委和组织部部长等90余人参加培训。与会人员围绕如何做好新形势下的党内监督工作，如何发挥监督委员会的职能作用等方面，进行了交流研讨。

（五）党史工作

主要有以下几方面：一是编写《中国农工民主党的历史道路》《中国农工民主党大事记》；二是继续支持党史教育基地建设；三是组织召开地方组织发展史料编辑工作会议，支持各省农工党简史的整理和编撰；四是组织召开文史资料征集座谈会，加大对农工党前辈的有关史料收集力度；五是恢复编印《党史研究工作通讯》，丰富党史工作交流平台。

4月6日至7日，广东邓演达研究会换届暨邓演达与农工党党史工作研讨会在广东省佛山市召开。农工党中央研究室主任游宏炳、农工党广东省委员会主委马光瑜出席会议。广东邓演达研究会第四届会长黄济福作了工作汇报。随后，会议审议、通过了《广东邓演达研究会章程》修改讨论稿，选举路铭等14人为第五届理事会常务理事，农工党广东省委员会专职副主委刘启德为会长，蔡国强、孙宏云、肖承罡、倪根金、邓小建、黎友隆、赵刚等7人为副会长，侯鹿为秘书长，聘请游宏炳、姜天麟、黄济福、黄振位、董兆英、陈本能等6人为顾问。来自全国各地的专家、学者、相关人士约50人参加了会议。游宏炳主任充分肯定了研究会在开展邓演达研究方面发挥的领头作用、带动作用和促进作用，他指出，深入全面系统地研究邓演达，对于我们深切缅怀农工党前辈的不朽功绩，继承和发扬农工党前辈的政治信念、优秀品质和优良作风以及自觉践行社会主义核心价值观，都具有重要意义。研讨会上，与会专家学者就邓演达的历史定位、社会主义思想和平民革命思想、在莫斯科的革命活动、与毛泽东的合作岁月、遇害的更深层次原因等问题进行了深入探讨和交流。

5月15日至16日，农工党中央研究室主任游宏炳、农工党江苏省委会秘书长毛庆卫等调研组一行赴江苏省苏州市，就农工党江苏地方组织早期革命活动旧址布展工作开展调研。座谈会上，游宏炳要求，农工党江苏地方组织早期革命活动旧址要成为江苏省农工党员缅怀革命先驱、继承光荣传统的重要基地。农工党苏州市委会主委周俊就农工党江苏地方组织早期革命活动旧址修缮保护工作和规划建设进展情况作了说明。农工党苏州市委会朱利荣等相关人员汇报了布展方案。

6月7日至8日，农工党地方组织发展史料编辑工作会议在陕西省西安市召开。农工党中央研究室主任游宏炳主持会议，农工党陕西省委会秘书长马鹏程致欢迎词。会议期间，农工党中央副主席、陕西省委会主委朱静芝看望与会人员，并勉励大家做好党史研究工作，以翔实的史料展示农工党爱国传统，教育和引导党员自觉接受中国共产党的领导，为中国特色社会主义事业贡献智慧和力量。游宏炳在总结发言中指出，希望各省党史研究工作者继续努力，争取都出版一本本级组织的简史。会议研究确定了编写农工党简史提纲和框架。辽宁、福建、山东、湖北、广西、陕西、青海等省级组织有关同志做了重点发言，介绍开展地方组织发展史料编辑工作的成果和经验。河北、上海、江苏、广东、重庆等省市组织的同志还介绍了各自省、市农工党党史教育基地建设和发挥作用的情况。各省参会同志分别介绍了各自开展此项工作的进展情况，就工作过程中遇到的困难和问题进行了探讨和交流。

9月3日，农工党中央研究室主任游宏炳、宣传部副巡视员刘保明等调研组一行赴安徽省六安市，就六安市民主党派党史教育资源和红色教育资源开展重点调研。调研组一行参观了位于六安市东河口镇的朱蕴山纪念馆。朱蕴山是农工党的早期领导人之一，农工党创始人邓演达的亲密战友。调研组对场馆的建设、对现有史料的陈列保护、对场馆所发挥的积极教育作用给予了充分肯定，同时建议对场馆进行进一步的扩建和史料补充。调研组希望农工党六安市委会抓住六安市统一战线教育基地建设的契机，进一步加大对本地留存的农工党党史资料的挖掘、搜集和整理，为扩建后的场馆提供丰富精确的史料，为场馆发挥爱国主义教育作用、为多党合作事业的发展添砖加瓦。

11月8日，农工党文史资料征集工作座谈会在湖北省武汉市召开。座谈会上，农工党中央研究室主任游宏炳介绍了座谈会的目的、人员和议程。农工党湖北省委会副主委严炳洲出席会议并致辞。会议邀请徐笑梅、丘浩章、张文、王鲸玲同志分别介绍季方、丘哲、谢树英、韩兆鹗等农工党创始人和前辈参加革命和参加国家建设活动、同中国共产党亲密合作的事迹；会议邀请袁继成教授介绍邓演达、黄琪翔在湖北活动的史迹和其他农工党革命史。大连、江苏、安徽的同志分别介绍杨烈宇、刘树勋、叶桔泉、光仁洪等农工党前辈的事迹。江西、山东、湖南、广东的同志分别介绍王枕心、庄明远、黎锦纾（黎明）、黄慎之参与组党的农工党前辈事迹。参会同志还赴由邓演达和毛泽东共同创办的武汉中央农民运动讲习所参观学习。农工党中央、中共湖北省委统战部、农工党有关省市级组织的党史专家，农工党湖北省委会机关干部及部分退休干部参加座谈会。

11月21日，农工党福建省委会在龙岩市武平县举办全省党史宣讲员培训班。农工党福建省委会副主委杨琳作动员讲话。培训班邀请了农工党中央研究室主任游宏炳为学员作《紧跟中国共产党是中国农工民主党的历史选择》的辅导报道。农工党福建省委会是全国首个成立文史工作委员会、第一个举办党史宣讲员培训班的省级组织，对传承农工党光荣历史、保护党史珍贵资料具有重要意义。

（六）理论工作

主要有以下几方面：一是举办党务文稿和理论工作机关青年骨干培训班，着力提高理论骨干能力素质；二是组织开展理论征文活动，深化理论研究，编印《市级机关条件保障情况调研报告汇编》；三是召开理论研究点工作交流会，开展理论交流，编印《中国农工民主党市级机关条件保障情况调研报告汇编》《中国农工民主党理论研究优秀论文选（2016）》《理论研究参考》2期；四是支持北京理论研究点撰写《中国特色社会主义参政党新论》。

1月7日至8日，农工党中央理论研究点课题研讨会在浙江省宁波市召开。会议总结交流了2015年理论研究工作，讨论了2016年理论研究点的重点课题。农工党中央研究室主任游宏炳指出，理论研究工作：一要紧密结合实践问题开展研究并为工作实际服务；二要规范理论研究中的概念性表述；三要突出政治性、政策性、实践性、实用性；四要从中国特色的实际出发，避免从西方引用理论源头和依据，鼓励讲短文；五要善于从现实中把握和总结规律，提炼理论。北京、黑龙江、上海、江苏、安徽、湖北、重庆、四川理论研究点的副主委和负责理论研究工作的同志，以及浙江、吉林、云南省委会副主委等参会。与会同志围绕加强理论研究点工作进行了发言，并就中央2016年理论研究征文课题、研究计划和在参政党理论研究工作中遇到的实际问题等展开了热烈深入的交流和研讨。

4月5日，第六届参政党建设论坛暨湖北省参政党理论研究专委会第十届年会在湖北省社会主义学院举行，全国人大常委、农工党中央副主席龚建明出席论坛并致辞。龚建明指出，加强参政党理论建设，是坚持完善中国共产党领导的多党合作和政治协商制度的需要，是提高参政党履职尽责能力、发挥参政党作用的需要。加强参政党理论研究，要坚持正确的政治立场，增强走中国特色社会主义政治发展道路的自觉性和坚定性；要坚持问题导向，抓住重点，创新方法，不断提高自身建设水平。本届论坛的主题是“政党协商与参政党建设”，由湖北省社会主义学院、农工党湖北省委会等共同举办。来自全国各地的100余名专家学者参与研讨。

5月10日至12日，农工党中央研究室和组织部在广州市社会主义学院举办2016年党务文稿和理论工作机关青年骨干培训班。农工党中央研究室主任游宏炳主持开班仪式并授课。培训班邀请了农工党河南省委会主委高体健、广西区委会副主委何玉庭、重庆市委会副主委姚树、中央参政议政部调研处副处长熊凤、湖北省委会刘晖博士等5名老师授课。培训期间，学员们还进行了分组讨论。来自中央机关各部门及全国各省级组织机关负责党务文稿和理论工作的青年骨干共80余人参加培训。

12月7日至8日，农工党中央理论研究点课题研讨会在山东省青岛市召开。来自农工党中央研究室及全国8个理论研究点的30余名理论研究工作者参加会议。农工党中央研究室主任游宏炳出席会议并讲话。

此外，完成2015年优秀调研报告评选工作。经过审读、评选，评选出《丝绸之路经济带沿线省区协作联动发展的研究》等15篇为一等奖，《建议设立京津冀生态环保基金的调研报告》等30篇为二等奖，《关于产业集聚、产业转移与京津冀区域产业协调发展的调研报告》等50篇为三等奖，并把获一、二等奖的作品汇集成册，编印《2015年优秀调研报告选编》。

（七）专委会工作

1月5日至8日，农工党中央对台联络工作会在海南省海口市召开。农工党中央副主席何维，海南省人民政府副省长、农工党海南省委会主委王路出席会议。中共海南省委统战部常务副部长王琼珠应邀出席并致辞。农工党中央办公厅主任隋路主持会议。何维副主席介绍了中共中央统战部对台工作的指导思想，通报了近年来农工党中央对台联络工作的情况及取得的成绩；要求农工党各级组织及与会者要认真总结对台联络工作的经验，发挥农工党优势，不断提升农工党基层组织对台干部的理论水平和业务能力，为祖国统一大业继续作出新的更大的贡献。农工党中央联络工作委员会主任黄泰康、药学工作委员会主任蒋建东、医药卫生工作委员会主任顾晋，农工党海南、福建、辽宁、吉林、贵州省委会专职副主委毕华、杨琳、朱航、李其春、黄慧玲以及河北、河南等省市的对台联络工作相关负责同志及农工党中央联络工作委员会委员近30人出席会议。黄泰康、朱书刚、常敏毅分别介绍了近年来联络工作委员会、湖北省、浙江宁波市对台联络工作的情况及经验。与会代表分别介绍了各单位对台联络工作的情况，围绕如何发挥好农工党在对台联络工作中的作用进行研讨。

4月8日至11日，互联网视域下的食品安全及其法治保障论坛暨农工党中央社会与法制工作委员会全体委员会议在江苏省南京市举办。农工党中央副主席杨震出席会议并致辞，希望与会的委员、专家围绕新时期食品安全和法治保障两大主题，增强责任感和使命感，围绕农工党健康中国、美丽中国的工作主线，充分发挥社法委的资源、专家优势，推动专委会工作不断取得新进展。农工党中央社法委主任余明永主持会议，社法委副主任蒋秋桃，社法委委员陈智慧、耿献会、梁海峰，社法委特邀专家徐嵩、傅红以及企业代表陈超作了《政府、企业和民间社会联动加强食品安全监管》《大数据时代的食品安全监管》等主题发言，与会委员、专家就论坛主题展开热烈研讨。农工党江苏省委会副主委吴建坤参加会议并致辞，农工党福建省委会副主委杨琳等应邀参会。

4月14日至15日，农工党中央人口与资源工作委员会全体会议在河北省石家庄市召开。农工党中央副主席龚建明出席会议并讲话。中共河北省委常委、秘书长、统战部部长范照兵，河北省政协副主席、农工党河北省委会主委段惠军会见与会委员。龚建明针对今后工作提出三点要求：认真贯彻落实陈竺主席在农工党十五届十三次中常会上的讲话精神；围绕“十三五”规划的实施凝心聚力，做好参政议政工作，真正发挥专委会“小组织、大作用”的特点；围绕中央的课题安排，做好调研工作。农工党中央人资委主任云治厚主持会议，河北省委会副主委徐英到会致辞。中共河北省委统战部副部长李文杰应邀到会。会议全面总结了农工党中央人资委2015年工作，安排部署了2016年工作。与会委员围绕今年重点工作开展认真讨论，提出意见建议。会后，参会委员前往西柏坡和农工党党史教育基地——保定军校纪念馆参观学习。

5月19日至21日，农工党中央生物技术与药学工作委员会在辽宁省大连市组织召开全体委员会议。农工党中央秘书长兼组织部部长曲凤宏，辽宁省委会主委唐建武出席会议并讲话。会议由农工党中央科技委主任苏钢强主持。曲凤宏中对农工党中央科技委的工作给予了高度的肯定，并对科技委今后的工作提出了希望和要求。与会委员共同学习了全国“两会”及农工党中央有关会议精神，听取了苏钢强关于2015年科技委工作情况的报告并研讨了2016年科技委工作计划。会后，农工党中央科技委联合农工党辽宁省委会、大连市委会共同开展了医疗信息化、社区网格化管理专题调研。

5月23日，由农工党中央医疗卫生工作委员会联合北京医师协会、《中国医学论坛报》、北京大学首钢医院、“知识分子”公众号共同发起专题圆桌会——“追问生命尊严：医学的使命与关怀”。农工党中央副主席何维出席会议并发言。何维认为，在生命中应该追求文化、精神及艺术的延续，用光辉灿烂的精神文明照亮生命。北京大学首钢医院院长、中华医学会肿瘤学会前任主任委员、农工党中央医卫委主任顾晋教授主持会议。医学界、生命科学界、传媒界、公益组织的多位学者应邀进行圆桌讨论。

7月28日至31日，农工党中央妇女工作委员会主任孙晓梅率专题调研组赴陕西省开展“二孩”政策实施后妇女生育健康情况调研并开展捐赠活动。农工党中央副主席、陕西省委会主委朱静芝在西安接见调研组一行，对中央妇女工作委员会近年来的工作给予了肯定并提出了希望。农工党陕西省委会副主委李肇娥、秘书长马鹏程陪同接见。调研组一行深入基层，先后赴渭南市妇幼保健院、铜川市耀州区照金医院等地开展调研座谈，并向两所医院共捐赠了价值 28 万余元的药品和书籍。农工党渭南市委会主委徐月凤，铜川市委会主委李荣先后陪同调研。

常云岐　农工党中央宣传部综合处副处长

丁灿辉　农工党中央宣传部综合处干部

中国致公党

2016年，致公党认真学习贯彻中共十八大、十八届三中、四中、五中、六中全会精神和习近平总书记系列重要讲话精神，聚焦“十三五”规划提出的目标任务，紧扣创新、协调、绿色、开放、共享五大发展理念凝心聚力，围绕“致力为公、侨海报国”奋发有为，参政履职实现新发展，对外联络实现新突破，社会服务获得新进步，自身建设取得新进展，为促进深化改革开放、社会和谐稳定作出了积极贡献。

一、重要会议及活动

（一）中央委员会会议

1. 中国致公党第十四届中央委员会第五次全体会议

3月16日，中国致公党第十四届中央委员会第五次全体会议在北京召开。致公党中央主席万钢出席会议并讲话。

万钢指出，今年是我国全面建成小康社会决胜阶段的开局之年，也是“十三五”规划的起步之年，“两会”在这样一个关键时刻召开，意义十分重大。认真学习、深刻领会、切实贯彻“两会”精神，是致公党当前乃至今后一个时期的重要任务。学习贯彻“两会”精神，就是要坚持大局意识、焦点意识、担当意识，凝聚思想共识，引导广大致公党员“懂‘两会’、善议政、会协商、能作为”。

万钢要求，各级组织和广大党员要围绕中心、突出重点、发挥特色，积极履行参政党职能。继续坚持把推进“大众创业、万众创新”、深化医药卫生体制改革、发展更高层次开放型经济、发挥“侨”“海”作用等作为参政议政重点工作领域；积极拓展脱贫攻坚工作的形式与内容，进一步探索社会服务工作新思路、新举措，鼓励港澳台同胞、海外侨胞、留学人员服务贫困地区经济社会发展。

万钢要求，要深刻领会习近平总书记在“两会”期间的重要讲话精神，坚决贯彻中共中央对台工作大政方针，紧紧抓住争取台湾民心这条主线，广泛团结港澳台同胞、海外侨胞，着力为深化两岸经济社会融合发展，增进同胞亲情和福祉，拉近同胞心灵距离，增强对命运共同体的认知而贡献力量。

万钢强调，今年致公党开展坚持和发展中国特色社会主义学习实践活动的主题是“加强自身建设”。全党要从改革发展创新的大局和群众根本利益出发，不断加强自身工作，提高自身素质，保持民主党派的进步性，切实承担起社会主义参政党的历史责任。

会议决定，由于年龄原因杨邦杰同志不再担任中央委员会副主席、常务委员、委员职务。杨邦杰同志为本党的参政议政工作呕心沥血，为祖国的繁荣进言献智，他出色的工作业绩赢得了党员和各级组织的敬佩，他丰富的实践经验为本党提供了宝贵的财富。

会议增选孙大文、侯茂丰等 2 人为中央委员，于圣臣、沈国军等 2 人为中央常委，曹鸿鸣为中央副主席。

会议由致公党中央常务副主席蒋作君主持。致公党中央副主席王珣章、程津培、杨邦杰、严以新、黄格胜、曹小红、李卓彬、闫小培及中央委员参加了会议。

2. 中国致公党第十四届中央委员会第六次全体会议

12 月 15 日，中国致公党第十四届中央委员会第六次全体会议在北京开幕。会议主要议程有：学习中共十八届六中全会精神，听取并审议第十四届中央常务委员会工作报告，审议通过《中国致公党第十四届中央委员会第六次全体会议关于中央常务委员会工作报告的决议（草案）》，审议通过《关于召开中国致公党第十五次全国代表大会的决议（草案）》等。致公党中央主席万钢代表致公党第十四届中央常务委员会作工作报告，致公党中央常务副主席蒋作君主持了开幕会。

万钢在报告中指出，2016 年，以习近平同志为核心的中共中央团结带领全国各族人民同心协力、苦干实干，统筹推进“五位一体”总体布局和协调推进“四个全面”战略布局，开创了党和国家事业发展的新局面。一年来，致公党各级组织聚焦“十三五”规划提出的目标任务，凝心聚力，围绕“致力为公、侨海报国”奋发有为，各项工作取得了可喜成绩，为促进深化改革开放、社会和谐稳定作出了积极贡献。

万钢指出，一年来，全党以坚持和发展中国特色社会主义学习实践活动为主线，认真学习中共十八大、十八届三中、四中、五中、六中全会精神和习近平总书记系列重要讲话精神，突出思想引领，深化宣传教育，开展“中国梦·侨海情”宣讲活动，夯实多党合作共同思想政治基础；紧扣“十三五”规划，着眼经济社会发展新常态，深入开展调查研究，全面提高政党协商的能力和水平，参政履职工作实现新发展；以精准扶贫、精准脱贫工作为主线，探索实施脱贫攻坚民主监督工作，拓展社会服务工作外延，服务全面建成小康社会能力和水平显著提高；继续发挥“侨”“海”优势，持续拓展联络平台，深化与侨界的传统友谊，服务国家外交大局的能力和水平明显提升；加强组织和机关建设，切实转变作风，扎实推进内部监督，严格换届纪律，营造风清气正的换届环境，着力推进本党事业健康发展。

万钢强调，2017 年致公党工作的总体要求是：深入贯彻落实中共十八大和十八届三中、四中、五中、六中全会精神，深入贯彻习近平总书记系列重要讲话精神和治国理政新理念新思想新战略，围绕推进“五位一体”总体布局和“四个全面”战略布局，以加强政治交接为主线，以增强“四个意识”为抓手，扎实做好各项工作，努力在服务大局上有新作为，在自身建设上有新进展。

万钢要求，全党要更加紧密地团结在以习近平同志为核心的中共中央周围，夯实政治基础，凝聚政治共识，结合坚持和发展中国特色社会主义学习实践活动，深入开展“不忘合作初心，继续携手前进”专题教育，巩固学习实践活动成果；要积极履行参政议政职能，进一步提高政党协商的能力和水平，增强建言献策的科学性和实效性；要深入开展服务公共外交和对台港澳联络工作，巩固和深化传统友谊，聚焦“一带一路”倡议，积极主动服务国家外交大局；要进一步推进精准扶贫结对帮扶和脱贫攻坚民主监督工作，不断提升社会服务工作水平，助力实现第一个百年奋斗目标；要从严从实抓好换届工作，以换届为契机推进组织和机关能力建设，在组织换届的同时，切实做好政治交接，确保本党政治方向、政治立场、政治路线和宗旨得以更好继承和延续，努力建设新时期高素质参政党，为实现“两个一百年”奋斗目标、实现中华民族伟大复兴的中国梦作出更大贡献。

会上，与会人员还听取了来自北京、上海、重庆、江苏、安徽、湖南的6名“中国梦·侨海情”致公党中央宣讲团成员的精彩演讲。

致公党中央副主席王珣章、程津培、严以新、黄格胜、曹小红、李卓彬、闫小培，副主席兼秘书长曹鸿鸣和中央委员及列席会议的代表240余人参加了会议。

12月17日，中国致公党第十四届中央委员会第六次全体会议在京闭幕。致公党中央主席万钢，常务副主席蒋作君，副主席王珣章、程津培、严以新、黄格胜、曹小红、李卓彬、闫小培，副主席兼秘书长曹鸿鸣和中央委员出席会议。闭幕式由李卓彬主持。

会议圆满完成各项议程，审议通过《中国致公党第十四届中央委员会第六次全体会议关于中央常务委员会工作报告的决议（草案）》《关于召开中国致公党第十五次全国代表大会的决议（草案）》。会议原则通过《中国致公党第十五次全国代表大会代表名额分配及产生办法》。

蒋作君在闭幕式上作总结讲话，就贯彻落实万钢主席讲话和此次会议精神提出四点意见：一要以政治交接为主线，切实做好换届工作。首先要严格执行换届纪律。各地要开展警示教育，在人事酝酿、民主推荐、沟通协商、大会选举等重点环节，严格遵守工作流程，一定不能在换届纪律和工作程序等方面出任何纰漏和问题。发挥好监督委员会的作用，对换届过程中出现的违法违纪问题的举报线索，要本着对事业和干部高度负责的态度认真核查。其次要做好本党十五大的筹备工作，精心谋划，做好各项筹备工作，确保代表大会顺利召开。二要以政治交接为主线，加强党内监督工作。各地做好新一届监督委员会的组建工作，加强《党内监督条例》贯彻执行情况的监督检查，加强制度建设，没有制定《条例》配套文件的地方，要结合各自实际抓紧制定；已经出台配套文件的要及时总结经验，对不符合形势及任务需要的及时修改，以进一步增强制度的适应性、系统性、权威性和可操作性，提高制度的执行力。三要以政治交接为主线，切实做好宣传思想工作。要围绕换届做好宣传工作，把宣传发动工作贯穿于换届选举的全过程，把换届工作与政治交接学习教育活动相结合；要开展好“不忘合作初心，继续携手前进”专题教育活动，以换届工作为抓手，全面加强思想、组织、制度和作风建设；要传递正能量，把我国的发展道路、发展理念、发展方式、发展成果宣传好，促进社会和谐稳定。四要树立和增强“四个意识”，扎实做好履职工作。要发挥好党员主体作用，创新机制，重点围绕“一带一路”倡议、供给侧结构性改革、发展实体经济、防范金融风险、增进人民福祉等重大战略问题，深入调查研究；准确研判形势，把握原则和方向，掌握好政策，加强地方指导，创新工作方式方法，提高联络工作的实效；推进精准扶贫、精准脱贫，把民主监督寓于践行和建言扶贫之中，完成好脱贫攻坚民主监督工作；通过举办专委会月度专题座谈会，发挥专委会专业优势，提高议政建言的质量和水平；通过压担子、严要求，加强机关干部的培养。

会议期间，与会人员听取了全国政协外事委员会委员、中央对外联络部原副部长于洪君教授作《当代世界与中国特色大国外交》的报告。

致公党各省级组织不是中委的副主委、秘书长和各地市级组织不是中委的主委、副主委、秘书长以及其他相关同志列席会议。中共中央统战部有关同志应邀参加了会议。

（二）中央常务委员会会议

1. 中国致公党第十四届中央常务委员会第十四次全体会议

3月16日，中国致公党第十四届中央常务委员会第十四次全体会议在北京召开，会议进行了以下议程：一是学习贯彻全国两会精神；二是学习贯彻中共中央有关会议精神；三是审议通过《致公党十四届五中全会议程（草案）》；四是审议通过了《致公党十四届五中全会日程（草案）》；五是审议通过了《致公党十四届五中全会主持人建议名单》；六是通报了《致公党中央2016年工作要点》；七是审议通过了《致公党中央关于学习贯彻两会精神的决议》（草案）；八是讨论有关人事事项。

致公党中央主席万钢，常务副主席蒋作君，副主席王珣章、程津培、杨邦杰、严以新、黄格胜、曹小红、李卓彬、闫小培，秘书长曹鸿鸣等中央常委出席会议。

2. 中国致公党第十四届中央常务委员会第十五次全体会议

7月9日，中国致公党第十四届中央常务委员会第十五次全体会议在济南召开，会议主题是学习习近平总书记在庆祝中国共产党成立95周年大会上的重要讲话，加强自身建设，提高履职能力。致公党中央主席万钢出席会议并讲话。

万钢在讲话中指出，习近平总书记在庆祝中国共产党成立95周年大会上的重要讲话，全面总结了中国共产党团结带领中国人民不懈奋斗的光辉历程、伟大贡献和历史启示，深刻阐述了“不忘初心、继续前进”必须牢牢把握的“八方面要求”，科学展望了中国共产党和人民事业发展的光明前景，是中国共产党的重要理论创新成果，是指引我国奋力推进中国特色社会主义伟大事业和全面推进执政党的建设新的伟大工程的纲领性文献。

万钢要求致公党全党要把学习习近平总书记重要讲话精神作为当前和今后一个时期重要的政治任务，深入学习、认真领会，不忘初心、继续前进。一是要把理想信念教育作为思想建设的战略任务；二是要坚持把马克思主义基本原理同当代中国实际和时代特点紧密结合起来；三是要把学习成果转化为提升个人修养、思想境界、道德水平的精神营养。

万钢就如何做好致公党当前的工作，提出了三点要求。一是要从突出抓好人才、制度和文化这三个关键环节入手，不断提高自身建设能力水平。二是省级组织换届工作要做到“三个明确，一个跟上”。即要进一步明确本次换届的指导思路；要进一步明确本次换届的标准和要求；要进一步明确本次换届的方法和步骤；要进一步跟上本次换届的相关配套措施。三是开展脱贫攻坚民主监督工作要积极、主动、有为。在思想上要高度重视这项工作；要充分认识到当前我国脱贫攻坚任务十分艰巨；要深刻认识到开展脱贫攻坚监督工作本身也是对党派成员的一次教育提高；要抓准本党开展脱贫攻坚民主监督工作的切入点。

会议学习了习近平总书记在庆祝中国共产党成立95周年大会上的重要讲话，审议通过了《致公党中央关于省级组织换届工作的意见》《关于加强换届纪律监督，营造良好换届环境的意见》《致公党中央关于加强基层组织建设的意见》《中国致公党中央委员会专门委员会通则》。

致公党中央常务副主席蒋作君主持会议并做总结讲话，副主席王珣章、程津培、严以新、黄格胜、曹小红、闫小培，副主席兼秘书长曹鸿鸣等中央常委出席会议，中央机关部门负责人列席会议。

3. 中国致公党第十四届中央常务委员会第十六次全体会议

9月29日，中国致公党第十四届中央常务委员会第十六次会议在北京召开，会议审议通过了《中国致公党中央委员会关于免去林方略致公党十四届中央常委、委员职务的决定》。

致公党中央主席万钢出席会议并讲话，常务副主席蒋作君，副主席王珣章、程津培、严以新、曹小红、李卓彬、闫小培，副主席兼秘书长曹鸿鸣等中央常委出席会议，中央机关部门负责人列席会议。

4. 中国致公党第十四届中央常务委员会第十七次全体会议

11月12日，中国致公党第十四届中央常务委员会第十七次会议在厦门召开，会议主学习贯彻中共十八届六中全会精神。致公党中央主席万钢出席会议并讲话。常务副主席蒋作君主持开幕式。

万钢指出，中共十八届六中全会是在全面深化改革、决胜全面小康的关键时刻召开的一次重要会议。会议取得的政治成果、思想成果和制度成果，对于更好进行具有新的历史特点的伟大斗争、推进党的建设新的伟大工程、推进中国持色社会主义伟大事业，具有十分重大的意义。全会审议通过的《关于新形势下党内政治生活的若干准则》，根据新形势下党的建设的新特点，确立了若干操作性很强的政治原则和政治规矩，从12个方面作出了具体规定。全会审议通过的《中国共产党党内监督条例》，是新形势下加强党内监督的顶层设计，是新时期规范各级党组织和广大党员、干部行为的硬约束。致公党坚决拥护和赞同中共十八届六中全会作出的决定和部署，致公党各级组织和全体党员要把思想和行动统一到六中全会精神上来，作为当前头等大事，并与深入学习贯彻习近平总书记系列重要讲话精神结合起来，与本党正在开展的坚持和发展中国特色社会主义学习实践活动、“不忘合作初心，继续携手前进”专题教育活动紧密结合起来。

万钢要求，在学习贯彻落实中共十八届六中全会精神过程中，尤其要做到三个方面：一是要更加坚定地维护以习近平同志为核心的中共中央权威；二是要牢固树立“四个意识”特别是核心意识、看齐意识，不断增强对中国特色社会主义的道路自信、理论自信、制度自信、文化自信；三是要学习领会《关于新形势下党内政治生活的若干准则》和《中国共产党党内监督条例》的基本精神。

万钢强调，学习贯彻中共十八届六中全会精神，要以全会精神为指导，切实加强自身建设。关于加强致公党各级领导班子建设，下一阶段要集中做好以下几项工作：要抓好党内民主生活会；要抓好民主集中制；要抓好团结。关于党内监督工作，今后要加强本党党内监督机制建设，发挥本党各级监督委员会的作用；党内监督工作能在理论上、实践上进一步完善，着力就我们前进中遇到的新问题，进行梳理和突破，使本党党内监督工作迈上新的台阶。

万钢要求，学习贯彻中共十八届六中全会精神，要脚踏实地、扎扎实实地做好本职工作。全党要深入搞好学习实践活动，用全面从严要求做好思想政治工作；要认真做好组织换届工作，确保本党事业薪火相传；要发挥专业优势，增强建言献策科学性、实效性；要提高使命意识，切实做好侨务对台工作；要做好民主监督，为全面小康献计出力。

蒋作君在闭幕式总结讲话中要求，各级组织和全体党员要认真学习贯彻万钢主席的讲话精神，把中共十八届六中全会精神落实到致公党履行参政党职能的各项工作中去。蒋作君还对致公党近期的一些重点工作做了部署。

会议审议通过了《致公党中央关于学习贯彻中共十八届六中全会精神的决议》《致公党中央关于开展“不忘合作初心，继续携手前进”专题教育活动方案》。

致公党中央副主席王珣章、严以新、黄格胜、闫小培、副主席兼秘书长曹鸿鸣等中常委出席会议，中央直属组织主委、中央机关部门负责人、中央监督委员会部分成员及相关人员列席会议。

5. 中国致公党第十四届中央常务委员会第十八次全体会议

12 月 14 日，中国致公党第十四届中央常务委员会第十八次全体会议在北京召开，会议进行了以下议程：一是学习贯彻中共十八届六中全会精神；二是审议通过《致公党十四届六中全会议程（草案）》；三是审议通过《致公党十四届六中全会日程（草案）》；四是审议通过《致公党十四届六中全会主持人建议名单》；五是审议通过《中国致公党第十四届中央常务委员会工作报告（草案）》；六是讨论通过《中国致公党第十四届中央委员会第六次全体会议关于中央常务委员会工作报告的决议（草案）》；七是讨论通过《关于召开中国致公党第十五次全国代表大会的决议（草案）》；八是讨论通过《中国致公党第十五次全国代表大会代表名额分配及产生办法（草案）》；九是审议通过《中国致公党中央委员会关于追认给予林方略免去中央常委、委员职务处分的决定》。

致公党中央主席万钢，常务副主席蒋作君，副主席王珣章、程津培、严以新、黄格胜、曹小红、李卓彬、闫小培，副主席兼秘书长曹鸿鸣等中央常委出席会议，中央直属组织主委、海南省委会负责同志、中央机关部门负责人列席会议。

（三）监督委员会会议和活动

1. 致公党党内监督工作研讨会

9 月，致公党党内监督工作研讨会在杭州召开。致公党中央常务副主席、中央监督委员会主任蒋作君出席会议并讲话。浙江省副省长、致公党浙江省委会主委郑继伟在会上致辞。

会议就监督委员会如何在换届工作中发挥监督作用，确保换届工作风清气正，展开了研讨。会议传达了中共中央关于辽宁拉票贿选案查处情况精神，要求各级组织引以为戒，做好组织换届工作。会后，致公党上海、重庆、辽宁、山东、江苏、安徽、广东、福建、贵州、湖北、海南等省积极响应，分别召开专门会议，或举办警示教育培训班，向党员干部传达杭州会议精神，并请相关专家讲课，开展警示教育，引导党员干部知敬畏、明底线、守规矩。

致公党中央监督委员会委员，各省级组织监督委员会主任、副主任及监委会办公室主任出席了会议。

2. 致公党中央 2016 年监督工作会议

中国致公党 2016 年监督工作会议于 12 月 14 日在北京召开。致公中央常务副主席、中央监督委员会主任蒋作君出席会议并作《致公党 2016 年监督工作报告》。

会议听取了各省级组织监督工作汇报，审议通过了《致公党 2016 年监督工作报告》。

蒋作君在总结讲话中明确了民主党派监督工作应遵循的原则，即坚持问题导向、坚持依章而治、坚持分责而为、做到量力而行；总结了本届中央监督委员会历次会议的重点工作，即南京会议确定以"四个重点""四个拓展"为核心的规定动作，郑州会议提出要联系实际制定适合本省情况的自选动作，杭州会议部署了警示教育专项动作。最后，他强调了 2017 年党内监督工作要以换届监督为重中之重，要在省委会换届结束后，总结各省换届监督经验，为十五大党章关于"党内监督"部分的修订提供依据。

致公党中央监督委员会委员、各省级组织监督委员会主任、副主任及监委会办公室主任出席了本次会议。

3. 致公党中央监督委员会巡视指导工作

2016 年，致公党中央监督委员会赴海南、江苏、贵州、四川等省巡视指导，通过听取领导班子成员述职、参加谈心会、座谈会、走访省委员会机关、基层组织调研等形式，重点检查省委会领导班子建设、换届工作筹备、基层组织建立、党员发展把关等方面的工作，有效促进党务工作规范开展。

（四）中央专门委员会会议和活动

1. 致公党中央专门委员会工作会议

4 月 17 日至 19 日，致公党中央专门委员会工作会议在京召开，致公党中央常务副主席蒋作君出席会议并讲话，副主席兼秘书长曹鸿鸣主持会议，致公党北京市委会主委李昭玲出席会议。

会议分别听取了致公党中央十三个专门委员会 2015 年工作报告及 2016 年工作安排。与会人员围绕专委会通则的修改，就中央和地方专委会合作机制建设、专委会成员履职激励机制建设等专委会建设中的重要问题作了充分研讨。

蒋作君高度肯定了专门委员会工作取得的成绩。他指出，2015 年专门委员会工作卓有成效，各专委会共组织十三次调研，其中有九项调研报告、建议得到中共中央、国务院领导批示。各专委会通过多种形式开展工作，广泛召开研讨会、座谈会，积极提交提案发言，报送社情民意信息等。专委会自身建设不断加强，中央专委会办公室开展了一系列活动，加强调查研究，完善工作机制，召开首届中央专委会骨干成员培训班，开创了委员履职培训制度。他强调，要更好地把专委会工作和参政议政紧密结合，把专委会调研与参政议政平台紧密结合起来，努力促进专委会调研等工作成果向参政议政的转化。

在新的形势任务下要进一步发挥专门委员会作用，围绕中心，突出特色，狠抓调研，完善自身。

曹鸿鸣在总结讲话中充分肯定了专门委员会的积极作用，要求各专门委员会认真学习蒋作君常务副主席的讲话精神，发挥致公党特色与优势，扎实开展今年的工作。

致公党中央各专门委员会主任、副主任、秘书长及秘书参加会议，致公党各省级组织负责专委会工作的负责人、首批授予致公党中央参政议政工作联系点的市级组织负责人列席会议。

2. 第二届致公党中央专门委员会骨干成员培训班

9 月 20 日至 23 日，第二届致公党中央专门委员会骨干成员培训班暨致公党江苏省专门委员会骨干成员培训班在江苏无锡召开。致公党中央副主席兼秘书长曹鸿鸣出席开班式并讲话。江苏省政协副主席、致公党江苏省委会主委麻建国，中共无锡市委常委、无锡市委统战部部长陈德荣，致公党中央联络部部长许怡、办公厅副主任林冬梅出席开班式。致公党中央社会服务部部长李万通主持开班式。

曹鸿鸣指出，致公党中央高度重视专委会工作，万钢主席多次对专委会工作做出指示，强调要把专委会建设成为新时期“行动中的致公党、平台化的智库”。蒋作君常务副主席亲自统抓中央专委会工作，对提升专委会工作能力做出一系列部署。

曹鸿鸣强调，经过近些年的努力，致公党专委会工作取得了长足进步，突出体现在：一是制度更加健全，二是机构更加健全，三是作用更加凸显。他对此次培训班提出三点希望：一是通过培训，进一步明确专委会工作的工作定位和责任使命；二是通过培训，启迪思路、提高自身的履职能力和水平；三是通过培训，促进交流、共同提高。

培训期间，北京市社会科学院法学所研究员马一德为学员作了“创新驱动与知识产权保护”的专题讲座。江苏省社会科学院副院长吴先满作了“江苏未来发展规划”的专题讲座。同时，学员们围绕“制造业智能升级”“公共文化产品精准供给”“新兴产业创新发展”三组案例教学课题开展了课题研究。

曹鸿鸣最后对本次培训班作了全面总结，对进一步提高本党专委会的核心能力提出三点意见：一是要进一步提高专委会的战略思维能力；二是要进一步提高专委会的团队学习水平；三是要进一步提高专委会的资源整合能力。

来自致公党中央 12 个专门委员会的骨干成员和致公党省级组织负责专委会工作的同志参加了此次培训，致公党江苏省专委会和无锡市专委会的部分委员列席了培训。

3. 致公党中央专门委员会主任工作会议

12 月 15 日上午，致公党中央专门委员会主任工作会议在京召开，全国政协常委、副秘书长，致公党中央常务副主席蒋作君出席会议并讲话。全国人大常委、致公党中央副主席严以新出席会议。致公党中央副主席兼秘书长、专门委员会办公室主任曹鸿鸣主持会议。

福建省政协副主席、致公党福建省委会主委薛卫民，北京市委会主委闫傲霜等 13 个专门委员会的主任、副主任及秘书长参加会议。

蒋作君充分肯定了专门委员会工作取得的成绩。他指出，2016 年专门委员会工作卓有成效，议政建言成果丰硕，专业特色不断发挥，自身建设稳步加强，一是工作定位和责任使命进一步明确，二是制度体系更加完善，三是联系网络逐步健全。他强调，在参政议政任务越来越重、要求越来越高的新形势下，要全力做好专门委员会工作，不断提高专委会的履职能力和水平，重视加强专委会的资源整合能力，注重发挥本党“侨”“海”特色及各专委会专业优势，围绕中心任务做好调查研究。2017 年专委会将创新工作机制，开展月度专题座谈会，各专委会要提早筹备、精心组织，谋划好明年的重点工作，再接再厉，使专委会工作迈上新的台阶。

曹鸿鸣在最后讲话中强调，各专门委员会要认真落实蒋作君常务副主席提出的任务要求，明确专门委员会“平台化的智库、行动中的致公党”的性质定位，发挥好致公党的特色与优势，把明年专委会的工作做实、做好。

会上，徐晓兰代表经济委员会、闫傲霜代表科技委员会、吕彩霞代表环境与可持续发展委员会、薛卫民代表教育委员会、于圣臣代表医药卫生委员会、唐九红代表文化委员会、谢朝华代表法制建设委员会、鄢萍代表海外联谊委员会、胡臣杰代表留学人员委员会、李万通代表社会发展与服务委员会、董晓莉代表妇女工作委员会、邱国义代表党务研究会、马传凯代表理论研究会分别作了 2016 年工作报告，介绍今年工作情况及明年工作安排。

4. 致公党中央专门委员会秘书长会议

12 月 27 日上午，致公党中央副主席兼秘书长曹鸿鸣在中央机关主持召开致公党中央专门委员会秘书长会议，专题研究 2017 年致公党中央专门委员会专题座谈会工作。

曹鸿鸣充分肯定了专门委员会 2016 年各项工作所取得的成绩，并就做好 2017 年致公党中央专门委员会专题座谈会工作提出了要求。他指出，专门委员会是参政议政的主力军，是发挥参政党职能的重要组织形式，因而要进一步加强对专门委员会工作重要性的认识。他强调，专题座谈会是专门委员会履行职能的新平台、发挥作用的新形式，有利于丰富参政议政成果。要学习借鉴全国政协的做法和经验，从党派实际出发，认真筹备、精益求精，办出高水平、有特色的座谈会。要发挥好专委会秘书长、秘书的桥梁和纽带作用，扎实工作，创新举措，推动专委会工作迈上新台阶。

会上，各专门委员会介绍了 2017 年拟定开展座谈的主题和时间，讨论了《致公党中央专门委员会专题座谈会工作办法（试行）》，并就如何开展好致公党中央专门委员会专题座谈会进行交流。

许怡、范承玲、林冬梅、赵晓萍等 13 个专门委员会的秘书长、秘书参加会议。

5. 专门委员会相关活动

2016 年，致公党中央更加注重突出专委会作为“行动中的致公党、平台化的智库”的作用，进一步理顺运行机制，推进专门委员会自身建设，修订了《中国致公党中央委员会专门委员会通则》，努力提高专委会工作能力。

中央加大与地方专委会合作力度，进一步探索与省级组织共同提高专委会骨干成员素质的培训模式。同时，13 个中央专委会开展了中药产业发展情况、海外华侨华人助力“一带一路”倡议、慢性病防治、推进贫困地区素质教育发展、多元化纠纷解决机制、精准扶贫结对帮扶等 10 项专题调研，取得了丰硕成果。

此外，专委会还突出自身特点开展主题活动，妇委会在厦门主办致公女校“妇女 · 关注社区老年服务”论坛；留委会与江苏省委会共同主办“引凤工程”活动、与湖南省委会共同举办青年海归发展论坛；环发委、经济委、科技委在湖北潜江承办以“中小城市创新驱动发展”为主题的中国发展论坛，在广东深圳举办了以“新常态下区域合作创新发展”为主题的中国发展论坛。

（五）坚持和发展中国特色社会主义学习实践活动

1. 2016 年是开展坚持和发展中国特色社会主义学习实践活动的第三年，按照学习实践活动方案以及 2016 年工作计划，今年学习实践活动的重点是推进自身建设

学习实践活动中，致公党中央领导继续带头坚持做到“三个一”，即讲一次课、写一篇文章、联系一个地方组织。各级地方组织也结合当地特色，领导和骨干带头推动“三个一”活动。“主席走基层”“主委走基层”已经成为学习实践活动的常态机制。

5 月 21 日，致公党中央主席万钢在副主席严以新的陪同下，在上海调研、指导坚持和发展中国特色社会主义学习实践活动。上海是万钢学习实践活动联系点，学习实践活动开展以来万钢四次赴沪调研、指导学习实践活动。万钢在调研中指出，致公党这次在全党范围内开展坚持和发展中国特色社会主义学习实践活动，目的在于：一是要促进各级组织和广大党员进一步凝聚政治共识，不断增强对坚持和发展中国特色社会主义的道路自信、理论自信、制度自信；二是要通过深入回顾致公党各个阶段的奋斗历程，引导广大党员自觉继承和发扬致公党的优良传统；三是要通过学习实践活动的开展，全面推进高素质参政党建设，努力开创“致力为公、侨海报国”生动局面，为全面建成小康社会、实现中国梦贡献力量。万钢要求下一步开展教育实践活动一要联系思想实际抓学习，加强自身建设和作风锤炼；二要注重联系工作实际抓学习，在服务改革发展上取得新成效；三要带着问题抓学习，提高发现问题、分析问题、解决问题的能力。

7 月 27 日，致公党中央常务副主席蒋作君在安徽调研学习实践活动，并出席“中国梦 · 侨海情”致公党宣讲团巡讲报告会。蒋作君在报告会上强调，开展坚持和发展中国特色社会主义学习实践活动已经到了持续深入推进和不断总结经验的关键时期，下一阶段，要着力抓好以下几项工作：一是要深入学习贯彻习近平总书记重要讲话精神，不断深化坚持中国共产党领导、走中国特色社会主义道路这一主题，引导和带领广大党员把坚持和发展中国特色社会主义学习实践活动不断推向深入。二是要全面提升本党自身建设的能力与水平，结合学习实践活动，切实搞好政治交接，着重从加强人才建设、制度建设、文化建设三个方面下苦功夫，推动本党自身建设再上新台阶。三是要结合参政履职职能，将学习实践活动落脚于“实践”，切实发挥优势，打造好参政议政、海外联谊和社会服务等方面的精品工程。

致公党中央各位副主席也分别到各自的学习实践活动联系点进行调研，中央领导班子带头做，推动了各地方组织多形式、多渠道、多层次开展学习实践活动，不断增强对坚持和发展中国特色社会主义的道路自信、理论自信、制度自信、文化自信。

2.“中国梦 · 侨海情”宣讲团活动

为把坚持和发展中国特色社会主义学习实践活动推向深入，2016 年，致公党在全党开展“中国梦 · 侨海情”宣讲团活动。活动以讲好致公党的故事为主线，宣传各级组织在参政议政、社会服务、海外联谊等工作中涌现出来的先进集体和先进个人，讲述广大党员立足本职、奉献社会的感人事迹。宣讲团巡讲活动先后在7个省的连云港、重庆、大理、广州、武汉、黄山、杭州、衡阳等城市开展，来自15个省级组织近30余名宣讲人进行了宣讲。

10月，致公党中央主席万钢在中国致公党宣传思想理论工作会议召开期间，接见“中国梦·侨海情”致公党中央宣讲团成员。万钢在听取宣讲团成员汇报后指出，深入开展坚持和发展中国特色社会主义学习实践活动是民主党派加强思想建设的重要举措。“中国梦·侨海情”致公党宣讲团作为2016年学习实践活动的重要抓手，生动讲述了新时期致公党各级组织履职成效和致公党员奉献社会的感人事迹，体现了致公党“致力为公、侨海报国”宗旨。他鼓励宣讲团成员进一步发挥自身热情和正能量，用致公党的好故事去感染、影响更多的党员听众，为推进本党思想建设作出新贡献。通过开展“中国梦·侨海情”宣讲活动，很好地展现了致公党“致力为公、侨海报国”精神的时代内涵。结合媒体宣传，弘扬主旋律，传播正能量，引导党员坚定中国特色社会主义的信心，在应对党员思想状况变化方面取得了一定成效。

3. 部署开展“不忘合作初心，继续携手前进”专题教育活动

为促进致公党各级组织和广大党员更加自觉地坚持中国共产党的领导，将坚持和发展中国特色社会主义学习实践活动不断推向深入，致公党中央决定在2016年至2017年换届结束期间，在全党开展“不忘合作初心，继续携手前进”专题教育活动。

10月，在中国致公党宣传思想理论工作会议上，致公党中央主席万钢、常务副主席蒋作君、副主席严以新和副主席兼秘书长曹鸿鸣进行活动动员。11月，致公党中央十四届十七次中常会讨论通过《致公党中央关于开展“不忘合作初心，继续携手前进”专题教育活动方案》，全面部署主题教育活动。

（六）中国发展论坛·2016

1. 中小城市与创新驱动发展论坛

8月27日，“中国发展论坛·2016——中小城市与创新驱动发展”在湖北潜江举行。致公党中央主席万钢出席论坛开幕式并作主旨发言。湖北省副省长郭生练和中共潜江市委书记、潜江市人大常委会主任胡功民在开幕式上致辞。致公党中央副主席兼秘书长曹鸿鸣，中国科协党组成员兼学会学术部部长、企业工作办公室主任宋军，湖北省政协副主席、致公党湖北省委会主委张柏青出席开幕式。致公党中央常务副主席蒋作君主持开幕式。

高吉喜、司富春、张军、李云燕、贾中华、益智、胡小平、南寅等18位专家、学者结合各自研究成果和体会，分别围绕新常态下中小城市经济发展、生态文明建设、安全监管、社区居家养老以及提升中小城市创新驱动力等主题，从前沿理论视野和丰富的实践层面，对中小城市与创新驱动发展相关课题进行了发言和研讨。

科学技术部、工业和信息化部、农业部、中国科协等国家部委有关部门领导，中共湖北省委、省政府，潜江市委、市政府有关部门负责人，及致公党部分地方组织代表、特邀专家学者等共200余人参加论坛。

2. 新常态下区域合作创新发展论坛

11 月 18 日，“中国发展论坛 · 2016——新常态下区域合作创新发展”在广东省深圳市举行。致公党中央主席万钢出席论坛开幕式并作主旨发言。中共广东省委副书记、深圳市委书记马兴瑞出席开幕式并致辞。国土资源部党组成员、副部长赵龙，广东省人民政府副省长袁宝成，致公党中央副主席闫小培，中共深圳市委副书记、市长许勤，致公党中央副主席兼秘书长曹鸿鸣，致公党中央常委、国家海洋局总工程师吕彩霞等领导出席了论坛。致公党中央副主席、广东省委会主委王珣章主持开幕式。

杨德才、戴绪龙、张占海、王苏生、杨英、张军、赵霞、刘静、黄小彪等 18 位专家、学者，分别围绕大会主题，就区域经济、海洋产业、产业集群融合发展等相关问题，从产业转移和城市群、“一带一路”产业经济布局、粤港澳开放合作、创新驱动与振兴粤东西北等方面，对新常态下实现区域创新合作作了发言。

国家发展和改革委员会、科学技术部、工业和信息化部、国土资源部、海关总署、国家海洋局等国家部委有关部门领导，中共广东省委、省政府，深圳市委、市政府，汕尾市政府，深汕特别合作区管委会等有关部门负责人，及致公党中央、致公党各地方组织代表、特邀专家学者等共 250 余人参加了论坛。

（七）海外华商 · 致公峰会

4 月 3 日至 6 日，由致公党中央和陕西省政府共同主办的“海外华商 · 致公峰会”在陕西西安召开。峰会吸引了 30 个国家和地区、涵盖贸易、金融、科技、文化等多领域的 100 余位海外华商，国内产、学、研、商界的代表，以及陕西主要政府职能部门的负责人等近 300 位嘉宾前来参会。

致公党中央常务副主席蒋作君，陕西省政府副省长王莉霞出席会议并讲话。致公党中央副主席闫小培主持峰会开幕式。陕西省委统战部、商务厅、科技厅以及其他协办单位也都派出分管负责人参会。

蒋作君在开幕式讲话中对与会的海外华商提出了四点希望，即以“主人翁”身份立足住在国，成就事业发展，提升政治地位；以“故乡人”情怀常念故里，铭记华夏基因的内涵，维系与祖（籍）国的根脉联系；以“牵线者”角色联系海外，发挥“内连外通”的优势，助力中国全方位走近世界舞台中心；以“圆梦人”使命勉励自己，激发个人的梦想追求，实现中华民族伟大复兴的“中国梦”。

峰会主场分为主旨演讲和对话交流两个环节。在主旨演讲阶段，5 位嘉宾围绕峰会主题——“共建‘一带一路’使命与行动”，从不同领域和行业特色，为“一带一路”倡议实施和“三个陕西”建设的推进建言献策，其中，海外嘉宾就“全球环境治理与技术创新”和“国家战略机遇与陕西发展潜力”两个议题对陕西的总体发展规划提出了建议；国内嘉宾就陕西利用本地教育、人才、文化等方面的优势，创新“走出去”的交流方式和发展模式分享了很多观点。在对话交流阶段，嘉宾们就“一带一路”倡议机遇、投资环境和发展商机、金融创新、人文交流等话题展开热烈讨论，既有前瞻性理论与实践新问题的激烈碰撞，也有本地化实践与国际通行规则的正面交锋。

会后，与会嘉宾还按照自身的专业领域和兴趣意愿分赴高科技企业密集的西安高新技术开发区和主打新物流和新贸易的西安国际港务区，进一步了解陕西利用“一带一路”机遇打造自身硬实力的基础和举措，为达成相关合作做好准备。此外，峰会期间恰逢陕西举办“公祭轩辕黄帝陵典礼”，全体与会嘉宾还参加了这一活动。

（八）中国致公党实施精准扶贫精准脱贫工作推动会

4月22日至23日，中国致公党实施精准扶贫、精准脱贫工作推动会在京召开。致公党中央副主席闫小培出席会议并讲话。

本次会议共完成9个央地互动项目的签约，项目资助总金额达169万元；共有34个地方组织与15个国家级连片贫困地区进行了签约结对帮扶。会上还举行了“致公爱心妈妈”行动启动仪式，并聘请致公党中央常委李羚同志为活动形象大使。

闫小培在会上指出，近年来，致公党积极响应中共中央的号召，将扶贫工作作为社会服务工作的重要组成部分，在重庆酉阳、贵州毕节、黔西南、铜仁和四川泸州、攀枝花等地组织开展了有计划、成规模的扶贫工作，在全党社会服务工作五年规划纲要的指导下，坚持不懈地发挥智力优势和“侨”“海”资源，先后实施了致公党参与毕节试验区建设、致西合作和致泸合作等三个近期工作计划，逐步建立起了完善、科学的扶贫开发工作体系，形成了全党参与、形式多样、特色鲜明的系列帮扶品牌，扶贫工作取得明显成效。她要求各级组织和广大党员要深入领会精准扶贫、精准脱贫的要义，在精准施策上出实招，在精准推进上下实功，在精准落地上见实效，要强化东西部合作，使帮扶资源与精准扶贫精准脱贫有效对接，依托定点扶贫、东西协作等工作平台和载体，组织动员广大党员勇于承担脱贫攻坚重任，深入贫困地区进行调研帮扶，积极探索全方位、立体化的党派扶贫新模式，要以社会服务品牌建设为抓手，以项目为依托，着力提升贫困地区造血功能，努力开创致公党扶贫工作的新局面。

会议还学习传达了中央统战部部长孙春兰在统一战线聚力脱贫攻坚暨多党合作参与毕节试验区建设座谈会上的讲话精神，总结了前一段时期致公党开展定点扶贫工作的经验和成绩，并组织与会人员对下一阶段开展精准扶贫、精准脱贫工作的思路和模式进行了深入研讨。

致公党各省、自治区、直辖市及中央直属组织的分管领导和社会服务工作负责同志共80余人参加会议，结对帮扶签约地区代表列席会议。

（九）海峡论坛 · 两岸社区服务恳谈会

6月9日至12日，由致公党中央主办，致公党福建省委会、致公党厦门市委会承办，中国社区卫生协会协办的第八届海峡论坛 · 两岸社区服务恳谈会在厦门举行，180多位两岸嘉宾参会。致公党中央常务副主席蒋作君出席开幕式并致辞。致公党中央副主席兼秘书长曹鸿鸣主持开幕式。

蒋作君代表致公党中央致辞，他指出，恳谈会是创新两岸交流的一个新举措，它集中探讨两岸同胞关心、事关社会发展的民生议题，符合两岸人民对美好生活的期待，契合了台湾洪门组织和友好团体转型发展、参加公益和服务社区的需要，顺应了两岸同胞加强交流合作的迫切愿望和两岸和平发展的潮流。他希望，两岸双方充分认识社区营造的重要意义，进一步强化人民群众在社区建设中的主体地位；充分认识青年在社区营造中重要作用，激发青年的热情和智慧，改善社区居民生活质量；切实珍惜此次交流机会，为推动两岸社区建设贡献聪明才智。

薛卫民、王立基、郑光礼代表福建省、国家卫生计生委、台湾地区嘉宾先后发言。在接着进行的两岸社区服务主论坛上，两岸嘉宾围绕主题分别就台湾地区社区营造概述、社区营造与社区发展、社区营造与社区公益、台湾地区基层医疗卫生服务作精彩演讲。之后，两岸有关社区营造组织和社工服务机构签署了协议，促成了两岸社区服务的实质性合作。

恳谈会分“青年·互联网+创新社区平台建设”“妇女·关注社区老年服务”“社区卫生·守望健康”三个专题，聚焦社区服务创新、社区人文关怀和基层民众健康研讨，两岸嘉宾根据自身实践经历和兴趣分别报名参加，分享各自的经验心得。会后，与会嘉宾分三组赴厦门海峡两岸青年创业基地、前埔北社区、泉州丰泽街道卫生服务中心、南安郑成功纪念馆参观交流。

（十）致公党中央第二期社会服务公益慈善培训班

9月11日至13日，致公党中央第二期社会服务公益慈善培训班在中央社会主义学院举行，来自全国各地近100名党员企业家齐聚北京参加培训。全国政协常委、副秘书长，致公党中央常务副主席蒋作君出席学员论坛及结业式并讲话。全国人大常委、致公党中央副主席闫小培在开班仪式上讲话。

在三天的培训中，民政部民间组织管理中心党委书记刘忠祥，国务院扶贫领导小组国际合作与社会扶贫司副司长王春燕，商务部国际贸易经济合作研究院欧洲研究部主任刘华芹，湖南恒远景研究院院长、致公党湖南省委发展战略委员会主任北冰等领导和专家先后就《慈善法》《坚持精准扶贫基本方略，坚决打赢脱贫攻坚战》《新形势下“一带一路”与中国国企走出去》《企业战略规划》等内容为学员授课。学员们还对企业如何更好地开展公益慈善事业、提升企业社会价值展开了深入的探讨，对如何推动本党社会服务公益慈善工作在新环境下的发展进行了广泛的交流。

结业式上蒋作君还为学员们颁发了培训班结业证书。

（十一）致公党中央理论研究会议暨纪念孙中山诞辰150周年座谈会

9月20日，致公党中央理论研究会议暨纪念孙中山诞辰150周年座谈会在浙江省温州市召开。致公党中央副主席严以新出席会议并讲话。

严以新指出，举行纪念孙中山诞辰150周年座谈会，就是为了缅怀杰出的爱国主义者和民族英雄、中国民主革命的伟大先行者孙中山先生的伟大历史功绩。中国致公党于1925年在美国旧金山成立，历史上与海外洪门致公堂有渊源关系。正是孙中山先生引导海外洪门组织走上民主革命道路，海外洪门组织也为孙中山领导的民主革命作出了重大贡献，辛亥革命孕育了中国致公党。回溯孙中山先生领导的辛亥革命对中国致公党建立的影响，更加坚定我们走中国特色社会主义道路的信心和决心。

严以新强调，纪念孙中山先生，就要始终坚持正确的政治方向，坚持中国共产党的领导；纪念孙中山先生，就要继承和发扬致公党优良传统，努力建设高素质参政党；纪念孙中山先生，就要充分发挥“侨”“海”特色，服务全面建成小康社会宏伟目标。

会上，与会人员和专家代表就纪念孙中山诞辰150周年做了专题发言，并就今年理论研究选题完成情况进行了交流，提出今后推进理论研究工作的意见建议。

致公党中央理论研究会成员、各地方组织理论研究工作负责人等60余人参加了会议。

（十二）中国致公党宣传思想理论工作会议

10月20日至21日，中国致公党宣传思想理论工作会议在北京举行，致公党中央主席万钢、常务副主席蒋作君、副主席严以新、副主席兼秘书长曹鸿鸣出席会议。

万钢在会上指出，要做好致公党宣传思想理论工作，必须认真学习贯彻习近平总书记关于统一战线和多党合作系列重要讲话、中共中央宣传工作会议和统战工作会议精神，重点学习习近平总书记在党的新闻舆论工作座谈会、国家网络安全和信息化工作座谈会和哲学社会科学工作座谈会上的重要讲话精神，紧紧围绕“讲好致公故事、夯实政治基础、探索履职规律”的工作目标，不断巩固全党的政治道路认同、奋斗目标认同和文化价值认同，深入研究新时期宣传思想理论工作的新特点和新规律，以坚持正确的政治方向和舆论导向、坚持巩固“大宣传、大教育”工作格局、坚持自我教育和以领导班子及骨干党员思想建设为重点、坚持正面引导和以人为本、坚持理论与实践相结合为基本原则，充分发挥宣传思想理论工作的舆论导向、思想引领和规律认知功能，努力开创致公党宣传思想理论工作新局面。

会上，蒋作君作《不忘合作初心，继续携手前进，进一步做好新时期宣传思想理论工作》的重要讲话。他指出，要始终坚持把新时期民主党派宣传思想理论工作放在更突出的位置；始终坚持全面把握新时期民主党派宣传思想理论工作面临的新形势和党员思想状况的新变化；始终坚持以创新精神推进新时期民主党派宣传思想理论工作；始终坚持建设一支适应新时期需要的民主党派宣传思想理论工作队伍。

严以新作《讲好致公故事，夯实政治基础，探索履职规律，努力开创致公党宣传思想理论工作新局面》的工作报告。报告详细梳理了致公党十四大以来宣传思想理论工作中取得的成果和经验，并针对当前民主党派宣传思想理论工作实际发展态势以及生态环境的变化，提出新的工作目标和任务要求。

会议对致公党宣传思想理论工作先进集体、优秀集体和先进个人进行了表彰。与会人员听取了“中国梦・侨海情”致公党中央宣讲团宣讲和人民网舆情监测室秘书长祝华新所做的辅导讲座，并围绕万钢、蒋作君所做重要讲话和严以新所做的工作报告进行分组讨论，就当前致公党宣传思想理论工作进行交流和研讨，对下一阶段的工作开展提出意见建议。

（十三）2016海峡科技论坛

10月22日至24日，由致公党中央和浙江省政府共同主办，科技部支持，浙江省科技厅、致公党浙江省委、浙江省台办、杭州市政府共同承办，萧山区政府协办的“2016海峡科技论坛”在杭州举行，300余名两岸政界、科技界、工商界、高校科研院所、社团协会代表参加。

致公党中央主席万钢出席开幕式并发表主旨演讲，浙江省委副书记、代省长车俊，中共中央台办、国务院台办副主任龙明彪，中国国民党前副主席、中央评议委员会主席团主席詹春柏，台湾李国鼎科技发展基金会秘书长万其超先后致辞。致公党中央常务副主席蒋作君常务副主席主持开幕式。

万钢在主旨演讲中介绍了“十二五”以来科技创新的重大创新和“十三五”科技创新规划的重点任务和重大举措并指出，通过近年来的合作发展，两岸科技与产业形成了各具优势和特点的良好局面，两岸民众对进一步发展和扩大彼此间科技交流与合作的呼声很高。今后，将进一步加大工作力度，继续支持两岸的科研人员联合开展研究开发活动，推动两岸科技园区、孵化器、高校科研院所之间开展合作，推动两岸青年人的创新创业交流合作，希望两岸同胞和衷共济、携手同进，开辟科技创新之路，增进两岸民众福祉，共同为中华民族复兴伟业、为全球创新发展贡献智慧和力量。

在本届论坛上，两岸专家学者围绕“创新合作，发展共赢”主题和“科技创新与转型升级”“互联网＋创新创业”“两岸科技合作与产业发展”三个专题论坛开展演讲和对话，交流两岸科技发展与创新合作的案例及经验，探讨推动两岸科技合作对策及建议，共同促进两岸产业及区域转型升级发展。论坛考察对接活动在杭州萧山区举行。台湾地区高校院所、科技园区、社团协会和企业代表，在浙台资企业代表，浙江省相关政府部门、高校院所、医院、高新园区、中介机构和企业代表一百多人参加了对接活动。嘉宾们先后前往杭州友佳精密机械有限公司、万向 A 一二三系统有限公司、萧山信息港小镇进行实地考察，了解浙江创新科技发展情况，并与有关方面精准对接，洽谈合作意向。

（十四）中国致公党机关工作会议

11 月 12 日至 14 日，中国致公党机关工作会议在厦门召开。会议的主要任务是，深入学习领会中共十八届六中全会精神，围绕提高致公党机关工作的质量和效能研讨交流，努力建立机制完善、程序规范、制度健全、运转高效的致公党机关。致公党中央主席万钢，常务副主席蒋作君，副主席王珣章、严以新、黄格胜、闫小培，副主席兼秘书长曹鸿鸣出席开幕式并为先进集体、优秀集体和先进工作者颁奖。

万钢在开幕式上发表重要讲话，他对十四届以来的全党机关工作给予充分肯定，指出自 2011 年机关建设工作会议召开以来，致公党中央及各地方组织围绕“致力为公、侨海报国”这一主线，求真务实，与时俱进，不断加强机关建设，走出了一条“不忘起点、围绕基点、抓住重点、找准支点、做出亮点”的机关建设新路子，取得了良好的成效。万钢为全党机关工作进一步明确了思路和方向，一是要学习贯彻中共十八届六中全会精神，进一步完善机关工作的规章和制度；二是要着力做到四个坚持，全面提升本党机关工作的效能；三是要认真学习实践，努力开拓“致力为公、侨海报国”事业新局面。万钢希望全党今后努力提高党派工作的大局意识和责任意识，进一步提升机关建设的能力和水平，为我国的多党合作事业不断做出新的贡献。

蒋作君作主题讲话，他从四个方面总结了十四届以来致公党机关工作的成绩和经验：一是坚持和完善机关各种学习制度，以学习来提高素质、胜任工作；二是围绕致公党中央工作部署做好服务保障，机关服务水平不断提高；三是建立完善规章制度，创新机制、规范流程，提升机关工作科学化水平；四是重视干部队伍建设，为致公党机关工作提供人才支撑。蒋作君对进一步做好机关工作提出六点意见：必须牢记参政党的使命，在各项工作中始终保持政治上的坚定；必须围绕中心、服务大局，提高履职成效；必须强化干部队伍建设，建设廉洁高效机关；必须强化服务理念，更加注重改进工作作风；必须进一步强化整体观念，注重发挥协同效应；必须优化机关运行机制和工作流程，不断提升机关办公的效能。

曹鸿鸣作总结讲话，要求全党认真学习贯彻万钢主席和蒋作君常务副主席的讲话精神，树立政治大局意识、制度规矩意识、高效落实意识、服务奉献意识，努力做好机关各项工作。

会上，10 个省级组织代表做了大会发言，与会人员分组进行了充分的讨论。中央机关办公厅同志还结合自己的工作实践，就机关日常工作与部分参会人员进行了沟通研讨。

会议开幕式由蒋作君主持。曹鸿鸣宣读了致公党中央关于表彰机关工作先进集体、优秀集体和先进工作者的决定。

中共中央统战部有关人员莅会指导。致公党中央机关有关部门负责人，各省级组织、省会城市及计划单列市组织、福建省地市级城市组织有关负责同志等参加了会议。

（十五）中国致公党组织工作会议

11 月 6 日至 8 日，中国致公党组织工作会议在北京举行。致公党中央主席万钢，常务副主席蒋作君，副主席王珣章、程津培、曹小红、李卓彬出席会议。万钢在开幕式上作重要讲话，蒋作君主持开幕式并作闭幕讲话，王珣章主持闭幕式。

万钢在讲话中指出，刚刚闭幕的中共十八届六中全会，明确了习近平总书记的核心地位，这是推进中国特色社会主义伟大事业的需要，具有重要的历史意义。我们要认真学习，把贯彻落实十八届六中全会精神、中共中央统战工作会议精神作为新时期政治交接的重要内容，坚决贯彻到换届的各项工作中。各级组织要全面系统地总结近年来各地在参与政党协商、参政议政、民主监督等方面的工作经验，不断丰富“致力为公、侨海报国”的内涵，作为致公党的宝贵财富不断传承和发扬下去；要切实提高履职能力，为更好地发挥参政党作用打下坚实的基础；要大力加强制度建设，进一步完善和规范适合参政党特点的干部选拔任用和考核管理机制。他强调，换届的核心是抓好选人用人环节，选好带头人，搭建好新一届组织机构和领导班子，这一点至关重要。要选信念坚定、靠得住的人；要选敢于担当、有能力、能干事的人；要选遵纪守法、清正廉洁、干净干事的人，更要从长计议，从早抓起，把人才梯队培养好，学会“揽才、护才、用才”和“储备人才”，为今后以至更长远的人才培养使用做好准备、打好基础。他要求，换届中各级组织要紧密依靠中共各级党委的指导和支持；严格按程序办事；深入开展思想工作；严格遵守换届纪律。

蒋作君在闭幕讲话中指出，万主席的讲话对致公党省级组织做好换届工作具有重要指导意义。各级组织一定要站在政治的高度看待这次换届，把万主席讲话和换届具体政策学深学透，领会到位，为换届工作奠定牢固的思想基础。他强调，各级组织要扎实推进换届工作平稳开展，一要正确把握要点，切实落实换届工作中的各项政策；二要加强领导和协调，成立得力的换届工作班子；三要坚持民主集中制，规范和完善工作程序；四要切实选优配强领导班子；五要深入细致地做好换届工作，不断提高组织工作科学化水平。最后，他强调致公党中央对严肃换届纪律、营造风清气正换届环境高度重视，各级组织一定要抓好思想政治建设，营造风清气正的良好氛围；要扎实做好换届准备工作，以铁的纪律和严的要求确保顺利完成组织和政治交接；要加强本党党内监督机制建设，发挥本党各级监督委员会的作用。

在分组讨论中，大家认真学习了万钢的讲话，汇报了各省地市级组织换届工作的进展情况、问题及经验，针对省级组织换届工作、监督委员会如何在换届中发挥作用等问题，进行了深入的讨论和交流。

各省级组织主委、分管组织工作副主委、中央监督委员会委员、各省监督委员会主任、副主任、各省级组织组织部门负责人、致公党中央各部门负责同志、中共中央统战部一局相关同志，共90余人参加了此次会议。

（十六）致公党参政议政工作研讨会

11月27日至30日，致公党参政议政工作研讨会在河南郑州召开，致公党中央副主席兼秘书长曹鸿鸣出席研讨会并作参政议政工作报告。中共河南省委统战部副部长、河南省侨联党组书记赵太安，致公党河南省筹委会主委王鹏杰等出席研讨会开幕式并分别致辞。

曹鸿鸣从高层协商、调查研究、提案发言、社情民意信息、参政议政工作培训、制度建设以及宣传报道等方面全面总结了致公党中央2016年参政议政工作，提出了2017年的工作设想并对做好2017年的参政议政工作提出三点意见：一是着力加强参政议政骨干队伍建设；二是加强参政议政工作横向联合、纵向联动；三是注重学习与积累，切实提高观察、聚焦和建言能力。

曹鸿鸣指出，随着我国多党合作事业的不断推进，中共中央和社会各界对民主党派参政议政的要求也越来越高，民主党派参政议政工作也面临着新的挑战和考验。我们要增强政治意识、大局意识、核心意识、看齐意识，特别是核心意识和看齐意识，坚持中国共产党领导，向以习近平为核心的中共中央看齐，向中共中央重大战略决策部署看齐，围绕国家发展中心工作，凝聚全党力量，深入调查研究，科学建言，务实建言，努力开创致公党参政议政工作新局面。

20个省级组织作了参政议政工作交流，2位党员代表就如何结合自身工作做好社情民意信息工作了经验介绍。

参政议政部部长程向前参加会议研讨并作会议总结，参政议政部副部长王启平、副巡视员郑业鹭分别主持开幕式和会议交流。来自各省级组织和参政议政联系点的100余名代表参加了研讨会。

（十七）其他重要会议及活动

1.《中国致公》“特约人员”培训交流会议

4月28日至29日，2016年《中国致公》“特约人员”培训交流会议在重庆召开。致公党中央副主席严以新出席会议并讲话。来自致公党各省（市）、自治区及中央直属组织的宣传干部及《中国致公》“特约人员”约80人参加了培训。

严以新指出，习近平总书记在新闻舆论工作座谈会上的重要讲话是宣传工作人员开展宣传工作的纲领性文件，认真学习宣传贯彻习近平总书记重要讲话精神，是当前和今后一个时期宣传干部的重要政治任务。要深入了解党员思想动态，更有针对性地开展新闻舆论工作，在宣传工作的开展中坚持弘扬主旋律，传播正能量；要以学习实践活动宣讲团为抓手，进一步增强全党的凝聚力和向心力，将学习实践活动不断推向深入；要高度重视期刊与网站、手机客户端的资源共享，通过拓展媒介传播渠道，让致公党的好故事、好声音得到更广泛、更深入人心的传播。

会上，“侨海情·中国梦”致公党宣讲团进行了宣讲。参训干部围绕宣讲活动完成了相关新闻报道的写作，并由特邀专家进行点评讲座，进一步提升了业务写作能力。参训干部还就致公党中央及地方组织期刊工作的发展进行探讨交流，并从自身工作实际出发，认真提出意见建议。

致公党中央宣传部副部长范承玲、副巡视员赵晓萍，致公党重庆市委会专职副主委谭净，《团结报》主任记者刘华等出席会议。

2. 致公党西部五省市扶贫工作联席会议

5月7日，由渝、川、云、贵、陕致公党组织共同发起的2016年致公党西部五省市扶贫工作联席会议在丽江召开。

四川省副省长、致公党四川省委主委杨兴平，重庆市政协副主席、致公党重庆市委主委张玲，致公党陕西省委主委、西北大学副校长陈超，全国青联副主席、致公党云南省委主委李嵘，致公党贵州省委专职副主委宋平出席会议。

会议传达了中共中央政治局委员、中央统战部部长孙春兰关于做好统一战线定点扶贫工作的相关会议精神，以及致公党中央副主席闫小培在中国致公党实施精准扶贫、精准脱贫工作推动会上的讲话精神，介绍了致公党中央近年来在开展社会服务工作和扶贫开发工作中的成功经验和做法，以及近期的重点工作，交流了各地在社会服务工作和扶贫开发工作中的成功经验和做法，共同探讨跨区域合作方式，探索精准扶贫、精准脱贫工作的思路及模式。

致公党中央社会服务部及渝、川、云、贵、陕致公党组织社会服务工作相关负责同志参加会议。

3. 致公党社会服务统计工作培训班

5月25日至26日，致公党社会服务统计工作培训班在江苏省镇江市召开，致公党中央社会服务部副部长李曼出席并讲话，致公党江苏省委会专职副主委吴晓蓓出席开班仪式并致辞。

会议要求，致公党各地方组织社会服务部门一要准确理解开展社会服务统计工作的重要意义；二要准确把握形势，切实增强做好社会服务统计工作的责任感、紧迫；三要突出重点，强调合作，保质保量完成社会服务统计任务。

会议就社会服务工作统计表的填写和要求进行了培训和详细说明讲解，各地方组织社会服务工作专职干部就填表中存在的问题和建议进行了交流探讨。

致公党各省级组织和省会城市组织社会服务工作专职干部40余人参加培训。

致公党江苏省委会秘书长米其智及致公党中央社会服务部相关人员出席开班仪式。

4. 2016年海外留学人员江苏行考察联谊活动

6月13日至19日，由致公党中央留学人员委员会和致公党江苏省委会联合主办的2016年海外留学人员江苏行考察联谊活动暨第七届“引凤工程”活动在江苏举行。致公党中央副主席严以新、副主席兼秘书长曹鸿鸣分别出席活动闭幕式和开幕式。

今年的“引凤工程”共邀请90余位来自世界各地的海外留学生先后赴南京、盐城、淮安、宿迁实地考察产业园区、科技企业、高校和科研院所，亲身感受振兴苏北发展的浪潮，参加了南京高校科研院所集中推介会等7场人才项目对接洽谈会，与江苏省内100多家企事业单位开展了富有成效的对接洽谈活动，充分感受了江苏人才工作理念、引才政策和工作生活环境。

活动结束后，共有15位海外留学人员与4家引才单位现场签约，42名留学人员与20家用人单位达成初步合作意向。与前六届活动相比，2016年“引凤工程”活动突出服务创新创业的宗旨，首次举办中国江苏创新创业大赛初赛暨“引凤工程”创新创业赛，涉及智能能源、生物材料、节能环保、精准医疗、现代农业、信息技术、航空制造、智能机器人等新兴领域的12个项目团队进行现场路演和角逐，参赛团队有参加本届“引凤工程”的人员，也有参加历届活动的落户人员，充分展示了留学人员创新创业的智慧和活力。

闭幕式上，致公党江苏省委还向参与活动的海外学子们颁发了“中国致公党江苏省委海外联络员聘书”。

5. 致公党中央第十一期参政议政干部培训班

2016年7月11日至14日，致公党中央第十一期参政议政干部培训班在山东省德州市召开，致公党中央副主席兼秘书长曹鸿鸣出席开幕式并讲话。山东省政协副主席、致公党山东省委会主委赵家军及中共德州市委常委、统战部部长彭小毛出席开幕式并致辞。

培训期间，致公党党员、中国农业大学教授朱道林，致公党中央法制建设委员会副主任、北京市社会科学院法学所研究员、中关村知识产权战略研究院院长马一德等分别就多党合作、土地制度和知识产权保护等问题进行详细解析。致公党中央参政议政部相关同志就调研、提案和社情民意信息工作进行培训。

致公党各地方组织参政议政骨干分子和联系点工作具体负责同志约170人参加了培训班。

6. 致公党精准扶贫结对帮扶中期推动暨经验交流会

11月23日，致公党精准扶贫结对帮扶中期推动暨经验交流会在四川广元召开，致公党中央副主席闫小培出席会议并讲话。

闫小培在讲话中肯定了各地方组织积极作为，帮扶地区与被帮扶地区组织主动对接，与地方统战部和扶贫办沟通协调，开展前期调研工作，取得前期调研阶段性成果。闫小培号召全党围绕中央扶贫工作大局，增强责任意识，把民主监督同帮扶工作有机结合。鼓励致公党各级组织坚持问题导向，注重社会服务与参政议政、民主监督紧密结合，收集整理基层群众的社情民意，将调研成果切实转化为参政议政材料。

参会人员围绕各地目前工作开展情况和存在问题进行大会交流和分组讨论，深入研究结对帮扶过程中遇到的实际问题。本次会议创新会议形式，组织各参会地市级组织及部分企业家代表同广元市投资促进局开展座谈，了解当地优势资源和重点产业介绍，为下一步结对帮扶工作奠定基础。

来自全国49个地市级组织的负责人参加了会议。

7. 中国致公党网站信息员培训班

11月29日至12月2日，中国致公党网站信息员培训班在广东省广州市召开。致公党中央副主席、致公党广东省委会主委王珣章出席开幕式并致辞。致公党中央宣传部副部长范承玲参加会议并在开幕式上讲话，副巡视员赵晓萍主持开幕式并做总结讲话。

王珣章指出，当今社会，网络信息对大家的求知途径、思维方式、价值观念产生了重要影响。上个月在北京召开的中国致公党宣传思想理论工作会议，要求大家充分认识网络宣传工作的重要性，把思想统一到群策群力做好网络宣传工作的认识上来。此次培训班在广州召开，正是中央宣传部推进落实宣传思想理论工作会议精神的重要举措，希望大家抓住机会，向各位专家请教学习，并促进各级组织之间相互交流，共同推动全党网络宣传工作再上新台阶。

会议对各地方组织高度重视网络宣传工作，不断加大新媒体宣传力度所付出的努力表示赞赏，并对各省信息员一年来的网站上稿工作表示肯定。会议要求各级组织在宣传报道过程中要讲政治、讲大局、讲纪律、讲责任，坚持正确政治方向和舆论导向，做到不失语也不乱语；要处理好网络宣传工作的“时”“度”“效”，既要保障宣传报道的及时性，又要把握好宣传的尺度，运用新媒体提高宣传实效；要守土有责，建立健全相关管理规章制度，制定网络安全应急预案，把好网络安全这扇门。

会议邀请了人民网舆情监测室秘书长、《网络舆情》杂志执行主编祝华新作新媒体宣传态势讲座，中国致公摄影社副秘书长田普晓作会议摄影作品现场讲课和辅导，云南省致公党党员龙敏介绍了H5微视频制作方法。会上，与会人员就网站工作、微信订阅号和手机新闻客户端开通和运营展开深入交流并提出了相关意见和建议。

致公党省级、副省级、省会组织主管宣传的领导及信息员80余人参加了培训班。

二、履行职能

2016年，致公党紧紧围绕国家“四个全面”战略部署，按照致公党中央工作要点的要求，在致公党中央的领导下，有条不紊地推进和开展各项工作，圆满完成各项任务。

（一）参政议政

1. 调研工作

2016年，针对国家发展重大问题、社会热点问题，致公党中央精心组织开展调研共计19项（含专委会调研），包括“发挥科技类民办非企业单位作用”“国际科技合作与大科学计划”“首都功能核心区文物保护”“积极应对人口老龄化”“乡村发展模式”“多元化纠纷解决机制”“‘一带一路’与‘草原之路’战略对接”“海岛生态文明建设与海水淡化”“社区居家养老服务体系建设”“长江非法采砂对长江经济带健康发展影响”“加快供给侧结构改革，促进实体经济健康发展”“慢性病防治”“脱贫攻坚民主监督”等，调研成果报送中共中央和国务院，其中多项得到国务院有关领导的重视与批示。

2015年末，致公党中央常务副主席蒋作君率队赴青岛、海口、东方、杭州四地开展“加快海上丝绸之路创新发展”调研，重点了解山东、浙江、海南实施海上丝绸之路战略、促进地区发展的重要工作思路和创新举措，并于2016年初形成《关于加快建立“5+15”海上丝路港口城市创新发展协作机制的建议》及相关调研报告，建议加快建立“5+15”海上丝路港口城市创新发展联盟协作机制，加快海上丝绸之路金融支撑体系建设，推进统筹国际国内资源的自贸区网络建设等。建议上报后，获国务院领导批示。

5月12日至17日，致公党中央主席万钢，常务副主席蒋作君率“应对人口老龄化”调研组在四川开展专题调研。调研组先后考察了西昌市观海湾阆悦苑国际颐养中心、邛海国际老年示范社区、春城社区，攀枝花市台湾敏盛长辈照护中心、攀枝花社会福利院、德铭菩提养护院、怡福苑照护中心、攀枝花三线建设博物馆，成都市青羊区文家场社区医养结合项目、成都市第一福利院、成都市慢性病医院、彭州市成都国际医药港等，深入了解各地在应对人口老龄化方面所做的工作和面临的问题、困难，认真听取相关人员的意见建议。调研组与中共四川省委、省政府和部分地市及相关部门，就调研情况召开座谈会。会议听取了四川省副省长、致公党四川省委会主委杨兴平所做的《四川省应对人口老龄化工作有关情况的汇报》，以及成都市、泸州市，四川省民政厅、人社厅、卫计委等的交流发言。与会领导和专家围绕顶层设计、养老社会保障、康养产业发展等一系列人口老龄化相关问题发表了意见和建议。会议由中共四川省委常委、统战部部长崔保华主持。此次调研是受中共中央委托、在中央统战部协调指导下进行的2016年度大调研。此次调研形成了《关于积极应对人口老龄化的调研建议》，该建议上报后，得到了中共中央、国务院领导同志的重视与批示。

5月17日至20日，致公党中央常务副主席蒋作君，副主席兼秘书长曹鸿鸣率队赴广西，就2016年度重点调研课题“积极应对人口老龄化”继续进行调研并召开座谈会。致公党中央副主席、致公党广西区委会主委黄格胜出席了座谈会。调研组在广西调研期间，深入基层，实地考察了广西崇左明县社会福利院、明江镇敬老院（农村集中供养）、寨安乡板亮屯五保村（农村五保对象集中供养）、大新县雷平镇安平村拟建养老项目、扶绥县社会福利院以及乐养城（全国老年宜居养生示范基地、民营项目）等项目，并于5月20日上午在南宁市与广西壮族自治区民政厅、老龄办、卫计委、人社厅等进行了座谈交流，听取了三个部门关于“积极应对人口老龄化”的情况汇报，对存在的问题进行了积极探讨和交流。

5月27日、5月30日至6月4日，致公党中央常务副主席蒋作君，致公党中央副主席兼秘书长曹鸿鸣率队赴北京、安徽、上海、广东开展“国际科技合作与大科学计划”调研。此次调研旨在了解我国参与国际科技合作与大科学计划的有关情况。调研组一行在北京、合肥、上海、深圳考察了中国科学院遥感与数字地球研究所、高能物理所、等离子体物理研究所、大亚湾中微子实验室，中国科学技术大学，上海新能源汽车示范基地，国家海底观测网等12个机构，召开了11场座谈会，听取有关方面介绍人才队伍建设、科研工作及项目运营情况、在国际科技合作方面取得的成果，以及对我国今后开展国际科技合作与大科学计划的意见建议。此次调研形成了《关于国际科技合作与大科学计划的建议》，并上报国务院相关领导同志。

8月3日至7日，致公党中央常务副主席蒋作君，副主席兼秘书长曹鸿鸣率队在内蒙古自治区呼伦贝尔市开展推进“一带一路”与“草原之路”战略对接调研。此次调研是为配合国家“一带一路”倡议，落实李克强总理出席第11届亚欧首脑会议时提出的“做好‘丝绸之路经济带’倡议同蒙方‘草原之路’发展战略对接”讲话精神。调研组一行赴额布都格口岸和满洲里口岸等地进行调研，与呼伦贝尔市政协、市委统战部、市商务局、发改委、经信委、农牧业局、外事办等相关单位代表就中蒙边贸口岸建设、中蒙经贸合作发展等议题进行了座谈交流。

9月25日至29日，致公党中央副主席严以新率队联合长江水利委员会长江科学院、中科院重庆绿色智能技术研究院和致公党湖北省委会赴长江湖北宜昌至武汉段开展“长江非法采砂对长江经济带健康发展的影响”调研，旨在了解长江非法采砂及管理现状、对河势、航运、防洪、生态安全和岸线利用以及对长江经济带健康发展的影响，提出科学建议，促进长江经济带建设。调研组实地考察了湖北宜昌红花套、松滋口口门、关洲汊道、沙市三八滩、太平口心滩、荆江分洪工程北闸口、公安县藕池口、石首市北门口、监利县孙梁洲以及湖南洞庭湖湖口等地，并与长江水利委员会长江科学院、采砂管理局、长江航道局和“三峡水库坝下游水沙情势变异及其对生态环境影响”项目组等单位进行了座谈交流。此次调研形成了《关于加强长江非法采砂管理，促进长江经济带健康发展的建议》，该建议得到了国务院有关领导的重视与批示。

10月14日和19日至21日，致公党中央副主席兼秘书长曹鸿鸣率队赴北京和山东青岛开展“社区居家养老服务体系建设”调研。调研组分别考察了北京西城区金融街老龄公寓、金融街街道民康社区卫生服务站、牛街西里二区牛街民族养老驿站、丰台区右安门社区卫生服务中心，山东青岛市李沧区兴华路社区、紫荆园社区、长岭社区嵌入式社区小型养老机构、圣德养老护理院，市北区福山老年公寓，并分别召开了座谈会。

10月24日至28日，致公党中央副主席严以新率队赴四川省就“推进贫困地区素质教育”进行专题调研。调研组一行先后实地调研了武胜县民族小学、武胜县中小学生科普活动中心、武胜县中小学生素质教育基地、武胜中学、南江县实验小学等，并与当地党委及政府相关部门进行座谈研讨。此次调研形成了《关于加快贫困地区教育脱贫的建议》，建议上报后，得到国务院有关领导的重视和批示。

2. 社情民意信息工作

2016 年，致公党中央共收集各地报送的信息 2087 篇，在此基础上，向全国政协、中共中央统战部等报送信息 349 篇。其中，《华侨华人关于“一带一路”倡议的建议》得到国务院领导的批示，《中医药走进欧洲面临的问题及建议》等 86 篇信息被中共中央统战部采用，《关于支持广西华侨农场改革发展打造 21 世纪海上丝绸之路重要基地的建议》等 18 篇信息被全国政协信息局采用。

为做好反映社情民意信息工作，致公党中央重新架设了中央社情民意信息网络报送系统，强化了系统内搜索、归类、统计、导出等功能，简化了操作流程，使各地报送社情民意信息更加方便、快捷。此外，定期将社情民意信息进行筛选、编辑，形成《建言策》6 期。

3. 参政议政联系点工作

2016 年，致公党中央启动了中央参政议政联系点工作，经过地方组织申报和中央领导审核，在各地方组织中筛选出 35 个地市级组织为致公中央参政议政工作联系点。起草了《致公中央参政议政联系点工作方案（草案）》，并于 4 月中旬组织召开了参政议政联系点工作会议，为 35 个参政议政联系点举行了授牌仪式。各省级组织参政议政负责同志和 35 个参政议政联系点工作负责同志参加了会议并讨论了《致公中央参政议政联系点工作方案（草案）》。会后，致公党中央参政议政部利用网络手段多次对《致公中央参政议政联系点工作方案（草案）》进行意见征集，并于 11 月下旬召开的参政议政工作研讨会上再次讨论，经审批后，正式下发。

4.《中国发展》杂志工作

2016 年，致公党中央继续做好《中国发展》杂志的论文征集、编辑、审核、刊发工作，2016 年出版杂志 6 期（双月刊），累计刊登论文 120 余篇。

（二）民主监督

9 月 18 日至 20 日，致公党中央常务副主席蒋作君、副主席兼秘书长曹鸿鸣一行赴四川开展脱贫攻坚民主监督工作。

蒋作君一行先后到广安市广安区、武胜县调研脱贫攻坚实际情况，查看脱贫攻坚“作战图”、痕迹化管理手册、精准扶贫信息平台等资料，实地了解道路、新村、村卫生室等基础设施和贫困村产业发展情况。蒋作君对四川脱贫攻坚工作给予肯定，同时指出，贫困如同“贫血”，精准扶贫就需要找准病因、对症施治，根据具体情况分别采取“输血”“补血”“造血”“止血”“换血”等帮扶举措。本次活动形成了七条针对四川脱贫攻坚工作的建议，得到国务院领导同志的肯定和批示。

10 月 24 日至 28 日，致公党中央副主席严以新率队赴四川省就“推进贫困地区素质教育”和脱贫攻坚民主监督进行专题调研。调研组一行先后实地考察了武胜县民族小学、致公党四川省委会和致公党上海市委会捐建项目——武胜县中小学生科普活动中心、武胜县中小学生素质教育基地、武胜中学、南江县实验小学等，并与当地党委及政府相关部门进行座谈研讨。

11 月 24 日，致公党中央副主席闫小培率队赴四川广元、苍溪开展精准扶贫结对帮扶、脱贫攻坚民主监督工作调研，并开展“致公爱心妈妈”捐赠。闫小培详细查看了魏子村脱贫攻坚“作战图”、痕迹化管理手册、精准扶贫信息平台；通过电商模式发展农特产品；村卫生所等。闫小培对四川省通过多渠道、多手段开展脱贫攻坚工程，因地制宜谋划产业发展，全面改善农村生活环境，提高农民生活质量的模式给予充分肯定。她表示广元具有得天独厚的自然环境，人民群众脱贫致富的干劲足、方法多。她强调，中央高度重视脱贫攻坚的民主监督工作，民主党派要积极作为，并把民主监督同精准扶贫结对帮扶紧密结合。

12 月 18 日至 19 日，致公党中央主席万钢率队赴四川泸州开展脱贫攻坚民主监督工作，期间围绕精准扶贫精准脱贫、科技创新和“致泸合作”等有关工作开展调研。致公党中央副主席兼秘书长曹鸿鸣参加了调研。

万钢一行深入国家固态酿造工程技术研究中心、中国白酒金三角酒业园区、合江县法王寺镇法王寺村视察。法王寺村是致公党四川省委重点帮扶点，自 2012 年实施“致泸合作”法王寺村整村推进项目以来，通过建立互助发展基金，帮助全村发展产业。万钢详细了解项目推进情况和主要做法，并到项目帮扶对象菜园农家乐走访，听取业主黄行华对农家乐发展的情况介绍。万钢指出，帮扶工作，要抓住产业发展这个重点，提高村民的致富能力。在法王寺村，万钢还为贫困户送上棉衣棉被。19 日下午，万钢前往榕山镇回洞桥村视察调研，实地查看易地扶贫搬迁安置点建设和产业发展情况。他强调，要充分认识脱贫攻坚的重大意义，努力解决贫困群众可持续发展的能力，从产销两端发力，切实增强贫困群众的“造血”能力。

在泸期间，万钢出席座谈会听取泸州市工作情况汇报。万钢强调，泸州要继续抓好创新驱动发展，不断优化创新创业环境，大力发展健康服务业、养老产业；同时要大力发展现代农业，切实增加农民收入。脱贫攻坚工作要强化科技支撑，统筹抓好基础设施建设和产业发展，坚持精准脱贫，增强贫困地区可持续发展能力。万钢强调，致公党要积极发挥参政党作用，紧紧围绕贯彻落实中共中央治国理政新理念、新战略，充分发挥致公党的人才优势，积极议政建言，更好地服务地方创新驱动、产业转型升级、促进民生事业发展、脱贫攻坚等工作，全面履行参政党职能，进一步践行新理念、取得新成效。

12 月 20 日，致公党中央对口四川省脱贫攻坚民主监督工作座谈会在成都召开。致公党中央副主席兼秘书长曹鸿鸣受致公党中央主席万钢委托，在座谈会上讲话。

曹鸿鸣说，四川是扶贫攻坚任务最繁重的省份之一，省委、省政府高度重视脱贫工作，近年因地制宜、分类施策，以抓铁有痕的劲头扎实推进脱贫攻坚，取得很好的成效。致公党与四川扶贫开发工作有着十分深厚的情感，在新时期将继续发挥“侨”“海”特点和优势，调动上下、内外、直接和间接的一切力量、一切积极因素，整合各方资源，推动形成脱贫攻坚的强大合力。建议四川贫困地区进一步树立紧迫意识，从全面小康着眼，争取把脱贫攻坚各项工作做得更好；进一步激活创新意识，走产业化扶贫之路，借助科技手段，特别是信息化手段为扶贫添动力，努力实现脱贫攻坚多轮驱动；进一步夯实底线意识，坚持走绿色发展之路，点亮生态旅游风景线，延伸循环经济产业链，打造四川生态脱贫的“绿色引擎”；进一步强化人才意识，依托能人促进扶贫开发工作，带动贫困群众增收致富，确保打赢脱贫攻坚战。

社会服务部部长李万通介绍了致公党中央对口四川开展脱贫攻坚民主监督工作进展

情况。四川省委副书记、省长尹力介绍了四川贯彻落实中央扶贫开发部署、推进脱贫攻坚有关情况。泸州市、广安市、阿坝州、凉山州和南部县分别介绍当地脱贫攻坚工作开展情况。

（三）政治协商

1. 高层协商

2016年，致公党中央主要负责同志多次参加中共中央、国务院召开的党外人士座谈会，分别就政府工作报告、经济工作、全面从严治党等重大问题，提出了意见和建议，得到中共中央领导同志的高度评价。在年中经济形势分析座谈会上，致公党建议要进一步提升企业的原始创新能力，发掘孝文化及其支撑下的居家养老、社区相助模式的内在潜力，加强与“一带一路”沿线国家的青年人才交流等；在全年经济工作征求意见会上，致公党建议对拐点产业的发展需要加强体制机制创新、供给侧去产能要与市场侧调需求相配合、区域协调发展要重视科技创新能力和要素的协调、“大健康”要强化居民个人健康管理等，对中共中央、国务院有关决策产生了积极影响。

在全国政协常委会、专题协商会、双周协商座谈会上，致公党中央就国际科技合作与大科学计划、精准扶贫、东北三省工业转型升级问题、深化医药卫生体制改革、推动大众创业万众创新等选题积极建言献策，取得良好反响。

8月18日，致公党中央与全国政协科教文卫委员会联合组织全国政协“国际科技合作与大科学计划”双周协商座谈会。围绕此次双周协商座谈会，致公党中央积极开展相关调研并面向全党征集有关研究材料，组织6位党内专家撰写发言材料，在双周协商会上分别就海外高层次人才引进、中医药国际合作、国际科技合作知识产权保护、促进基础前沿科学原始创新、大科学装置建设管理和产业化等进行了探讨。

2. 提案发言工作

2016年，致公党中央通过调研和向各地方组织、专门委员会以及党员个人征集等渠道，共征集到素材360余篇，并组织召开提案筛选工作会，召集各省级组织参政议政具体负责同志对提案素材进行集中筛选和整理。经过几轮筛选、整理、修改、评审等程序之后，形成提交提案34件，大会发言3件。口头发言为《促进少年儿童综合素质发展，为实现第二个百年目标做好人才准备》，大会书面发言为《关于分区分类科学休耕重塑京津冀水土利用新平衡的建议》和《重视博物馆馆藏保护与展示》。

2016年的提案，继续秉承致公党“侨”“海”特色，涵盖我们多年来持续关注的区域经济发展、三农问题、生态文明、医疗卫生、文化教育、法制等方面的内容，同时对一些社会热点以及民生问题给予关注。在“侨”“海”方面，主要有《关于进一步促进粤港澳合作建设一流世界级城市群的提案》《关于进一步完善千人计划政策的提案》，主要针对粤港澳合作、留学回国人员等问题提出建议；经济方面主要有《关于界河航运经济发展与航道管理体制改革的提案》《关于淮河入海水道建设的提案》《关于构建海外就业保障体系服务“一带一路”倡议的提案》《关于金融体制改革的提案》等提案，主要在发展内河航运、金融体制改革、“一带一路”倡议、推动对外和对内开放、地方财政可持续发展等方面提出建议；医药卫生方面，主要有《关于促进我国现代康复医学发展的提案》

《关于加强中医药原始创新研究的提案》等提案，在现代康复医学发展、中医药原始创新、医疗纠纷解决机制、重大疾病社会救援保障等方面提出建议；农业方面重点提交了《关于建立国际农业科研中心的提案》，对加强国际合作，在国内建立世界级的农业科研中心提出建议；生态文明建设方面主要有《关于促进京津冀生态环境协同发展的提案》《关于加快推进我国化工行业的园区化、生态化进程的提案》等，主要涉及京津冀生态环境协同发展、依法公开企业环境信息、城市污染场地土壤消纳处置问题、化工行业的园区化生态化进程等；教育文化方面主要有《关于高等教育国际化背景下做好来华留学生教育工作的提案》等提案，主要关注来华留学生教育、青少年创客教育、非物质文化遗产保护等方面；政治法律方面的提案，主要关注律师执业权利、相对集中行政许可权改革、政府信息化资源整合与共享、简政放权、农民工工资支付保障机制等内容。科技方面的提案，主要关注知识产权、商标等方面内容。社会管理方面的提案，主要关注现代健康养老产业体系、长期护理保险制度、"三非"外国人管理等。

除2件提案未立案外，其他32件提案均得到了答复，答复率达100%。其中，《加强金融监管体制改革》提案被十二届全国政协四次大会列为重点督办提案；《关于淮河入海水道建设的提案》的建议被国家发改委采纳和落实；《关于发展更高层次的开放型经济提升我国"十三五"对外开放水平的提案》《关于完善农民工工资支付保障机制的提案》《关于"十三五"期间设立长期护理保险制度的提案》等分别被商务部和人社部列为重点办理提案。

（四）社会服务

一年来，致公党各级组织以精准扶贫、精准脱贫工作为主线，拓展社会服务工作外延，服务全面建成小康社会能力和水平显著提高。

1. 社会调研

4月至11月，致公党中央社会服务部部长、致公党中央社会发展与服务委员会秘书长李万通率致公党社会服务专委会部分委员和企业家分别赴贵州黔西南、湖北潜江、云南大理、贵州铜仁、黔东南等地围绕精准扶贫开展多领域调研。在黔西南万峰林峰会期间，专门组织召开与地方的对接交流座谈会，对黔西南州以发展山地旅游促进生态大旅游的战略思想给予高度肯定，对旅游中的餐饮档次提升、旅游民宿建设都进行了恰谈并已经开始合作开发。

8月23日，致公党中央副主席闫小培赴海口市侨乡演丰镇夏山村考察调研，并为致公党中央捐建的"夏山村文化室"揭牌。闫小培表示，作为"侨党"，致公党中央始终把促进侨乡发展作为一项重要工作，与致公党海南省委会、致公党广东省委会将夏山村列为联合创建村级美丽乡村示范点，并携手致福慈善基金会、本党爱心企业，共同捐建夏山村文化室及周边配套设施。作为充分体现致公党、致福慈善基金会"侨""海"特色的公益项目，夏山村文化室的建成，不仅有益于提升村民整体文化素养，丰富侨乡公共文化建设体系，也有利于带动地区整体经济发展，加快侨乡人民"精准脱贫"步伐。闫小培还在海口市出席了2016年度"致福助侨奖学金"发放活动 。

11月24日，致公党中央副主席闫小培率队赴四川广元、苍溪开展精准扶贫结对帮扶、脱贫攻坚民主监督工作调研，并开展“致公爱心妈妈”捐赠。闫小培详细查看了魏子村脱贫攻坚“作战图”、痕迹化管理手册、精准扶贫信息平台；通过电商模式发展农特产品；村卫生所等。闫小培对四川省通过多渠道、多手段开展脱贫攻坚工程，因地制宜谋划产业发展，全面改善农村生活环境，提高农民生活质量的模式给予充分肯定。她表示广元具有得天独厚的自然环境，人民群众脱贫致富的干劲足、方法多。她强调，中央高度重视脱贫攻坚的民主监督工作，民主党派要积极作为，并把民主监督同精准扶贫结对帮扶紧密结合。闫小培还出席了在文昌镇中心小学举行的“致公爱心妈妈”捐赠仪式，致公党中央捐赠文昌镇中心小学价值 5 万元的防风保暖服 400 套。

12 月 20 日，致公党中央副主席兼秘书长曹鸿鸣率队赴四川成都市武侯区开展社会服务助残公益调研。调研组一行先后来到武侯区残疾人就业创业孵化中心、武侯圆梦残疾人文体活动中心，听取了四川省侨联及致公党党员、四川圆梦公益助残服务中心理事长熊红霞关于开展产业助残工作的汇报，曹鸿鸣说，广大致公党员发扬“致力为公，侨海报国”的精神，整合各种资源，帮助有工作能力的残疾朋友开展创新创业，开办掐丝唐卡的培训和制作，以订单式的销售模式帮助重度贫困残疾朋友创收，提升了残疾人的社会价值和自我尊严。致公党中央社会服务部部长李万通、副部长李曼，宣传部副部长范承玲，四川省残联副理事长黄卫德等有关领导陪同调研。

2. 定点扶贫

1 月 11 日至 12 日，致公党中央、致公党重庆市委会一行赴重庆市酉阳土家族苗族自治县开展春节慰问，看望了县特教学校学生和部分敬老院五保老人，发放慰问金 8 万元。

7 月，致公党中央与重庆市委会共同组织的酉阳县中学英语骨干教师培训班成功举行。活动邀请到加拿大卡尔顿大学博士 EllenCray（艾伦·克里）教授，西南大学外国语学院博士肖丹教授以及重庆市八中骨干教师赴酉阳县为 31 名当地教师开展 7 天的培训活动。

11 月 8 日，致公党中央副主席闫小培，致公党中央副主席、致公党天津市委会主委曹小红在天津市西青医院出席“百医培训实践基地”揭牌仪式。致公党天津市委会为贯彻落实致公党中央实施精准扶贫工作决策部署，加强支持结对帮扶地区脱贫力度，依托天津医疗资源优势，在原有医疗帮扶的基础上，开展医疗帮扶“致公百医培训计划”活动，启动“百医培训实践基地”揭牌仪式。“致公百医培训计划”用 5 年时间，依托“百医培训实践基地”为帮扶地区培训 100 名医务人员，解决当地群众看病就医难题。

3. 社会公益及培训

（1）“致福送诊”活动

“致福送诊”活动在 2016 年得到了致公党各级组织的积极响应，规模进一步扩大，除贵州毕节外，延伸至重庆酉阳、云南玉溪、江苏盐城等地。

全年活动累计送诊的次数达 23 次，各类医疗专家 128 人参与该项活动，服务因病致贫群众达 2000 余人。“致福送诊”同精准扶贫结对帮扶相衔接，成为各地开展帮扶活动的重要载体。

（2）教育帮扶

致公党中央、致公党北京市委会联合北大青鸟集团于 2010 年联合发起“春晖行动——致公学生培养计划”。2016 年，活动继续在贵州贫困地区招收 50 名贫困学生来京就读，目前累计招收学生已达400多人，共捐资超过1个亿。

8月1日，致公党湖南省委会凝心聚力“十三五”行动启动暨“一家一”致公班签约仪式在长沙举行。由致公党湖南省委协调相关企业与14个“致公班”现场签约，惠及武陵山区700名贫困学生。近年来，致公党湖南省委会已筹措资金700余万元，共开办35个致公班，资助贫困学子1750余人；动员60多个基层支部和400余名党员在每一个“致公班”建立“致爱小组”，全方位帮助贫困学子成长。致公党中央社会服务部部长李万通出席签约仪式。

（3）其他扶贫工作

8月，致公党北京市委会与宁夏回族自治区吴忠市政府签订了心血管疾病防治合作协议和医疗设备合作协议，拟在吴忠市开展救助50名贫困心血管患者、培养10名心血管疾病防治领域中高端人才、建立心血管数据中心、每年举办心血管论坛活动，并捐赠价值1900万元的数字化手术室。

4. 致福慈善基金会工作

6月，致福慈善基金会邀请了20余名党内开展公益实践的党员代表赴厦门参加每年一度的海峡论坛，并在两岸公益论坛上发表主旨演讲，将热心公益的党员企业家推荐给台湾地区有关公益团体，促合作、谋发展，扩大两岸往来的正能量。

“致福助侨”的工作已经开展了十年，今年按照致公党中央与地方组织“央地互动”项目合作协议要求，继续在云南、广东、福建、广西、海南的困难华侨农场开展“致福助侨奖学金”项目。8月，致福慈善基金会打造的“致福助侨奖学金”2016年发放仪式分别在福建常山华侨农场和云南宾川华侨农场举行。两地共发放20万元奖学金。

三、自身建设

（一）宣传思想工作

2016年，致公党把思想建设摆在突出位置，以坚持和发展中国特色社会主义学习实践活动为主线，启动“不忘合作初心，继续携手前进”专题教育活动，通过加强学习来引领和推动思想建设，不断深化宣传教育，加强传统媒体和新媒体融合建设，扎实推进理论研究工作，成效显著。

1. 组织政治形势学习

致公党中央全年召开三次专题常委会，分别就学习全国“两会”精神、习近平总书记“七一”重要讲话精神、中共十八届六中全会精神及时作出部署，动员和引导各级组织和广大党员，系统学习领会中共中央有关会议和习近平等同志的重要讲话精神。致公党中央中心学习组坚持每季度组织一次学习，结合形势随时安排时事政策学习，继续组织好机关全体学习，每月一次邀请专家或者各部门处级以上干部作专题讲座，内容丰富，主题突出，形成了良好的学习氛围，充分发挥示范引领作用。

2. 开展坚持和发展中国特色社会主义学习实践活动

2016年是开展坚持和发展中国特色社会主义学习实践活动的第三年，按照学习实践活动方案以及2016年工作计划，今年活动的重点是推进自身建设。今年，致公党中央领导继续带头坚持做到“三个一”，即讲一次课、写一篇文章、联系一个地方组织。各级地方组织也结合当地特色，领导和骨干带头推动“三个一”活动。

为把学习实践活动推向深入，2016年致公党开展了以“中国梦·侨海情”为主题的宣讲活动，讲述致公好故事，激励党员增强政治共识，营造积极向上氛围，组织了来自15个省级组织的30余名宣讲人在连云港、重庆、大理、广州、武汉、黄山、杭州等城市进行了宣讲。

为进一步深化学习实践活动效果，从10月起，组织开展“不忘合作初心，继续携手前进”专题教育活动，作为学习实践活动的重要内容。

3. 召开致公党宣传思想理论工作会议

10月，中国致公党宣传思想理论工作会议在北京举行，致公党中央主席万钢、常务副主席蒋作君、副主席严以新、副主席兼秘书长曹鸿鸣出席会议。

作为每五年召开一次的大会，会议围绕新形势下如何加强和改进致公党宣传思想理论工作进行了总结、研讨和部署，并对致公党宣传思想理论工作先进集体、优秀集体和先进个人进行了表彰。

4. 加强理论研究

2016年，致公党中央理论研究会围绕中央统战工作会议精神、参政党与“十三五”规划、纪念孙中山诞辰150周年等主题，开展理论研究和交流活动，年底还编辑出版了《中国致公党理论研究选集（2016）》。做好《中国发展》杂志的论文征集、编辑、审核、刊发工作，2016年出版杂志6期（双月刊），累计刊登论文120余篇。

5. 办好党内刊物，创新宣传渠道

2016年，致公党内报刊的稿件质量和版面设计等都有了较大改观。中央机关刊物《中国致公》在原有栏目基础上，设立推出了“2016全国两会议政专栏”“致公党十四届四中全会”“纪念中国共产党成立95周年”“致公党宣传思想理论工作会议”“纪念孙中山先生诞辰150周年”“创新培训方式推进内刊建设”等专题栏目，对致公党领导的重要讲话、中央开展的重大调研、会议等进行了连续全面的深度报道，力求全方位展现致公党各项工作的新动态、新举措。

2016年，致公党充分发挥新媒体在宣传思想理论工作中的积极作用。在各民主党派间首先提到了“互联网+民主党派工作”的理念。各级组织在工作实践中不断增强互联网思维，就新媒体环境下如何开展工作进行了有益探索。致公党中央网站围绕重大主题，先后制作六个专题，网站全年发稿近6000篇，比上年发稿量增长近一倍，网站日均点击数从以往800提高到1800。中国致公官方微信号全年发布信息130余次，图文消息近400篇，有5200余人关注。同时，各地方组织积极开通微信订阅号，截至2016年底，全党共有12个省级组织、40个市县级组织开通了微信订阅号或服务号。致公党手机新闻客户端下载使用人数大幅增加，2016年底有4300人安装使用。

6. 加大对社会媒体的联络沟通与合作

2016年，致公党继续深化与主要新闻媒体的合作，抓住两个“重点”：重点宣传致公党各项重大活动，使致公工作中的新举措、新成就、新经验和新发展得到及时宣传；

重点宣传本党典型事迹和优秀党员，扩大致公党在社会上的影响。与记者们建立了媒体微信群，形成了日常联系机制。

2016 年，致公党努力通过社会主流媒体，为重要调研活动以及中国发展论坛、海峡科技论坛、社会服务工作创新理论研讨会、引凤工程等大型活动进行了多角度、全方位的宣传报道。各地方组织也纷纷加强与社会媒体的沟通与合作，今年的活动得到超过 30 家媒体的竞相报道，在很多国家和地区产生很好的社会影响。

7. 抓好宣传工作人员培训交流工作

2016 年，致公党继续注重提高宣传干部的业务水平。4 月在重庆市召开《中国致公》"特约人员"培训交流会议，邀请媒体专家对参会"特约人员"进行培训并开展业务研讨。11 月在广州举办网站信息员培训班，邀请有关专家就运用新媒体、新技术开展网络宣传工作、摄影技巧与方法等方面进行相关专业技术培训，同时围绕民主党派开展网络宣传工作的经验和问题进行交流。

8. 搭好文化平台，增强文化自信

2016 年，致公党利用中国致公画院和中国致公摄影社两大平台，通过艺术创作、交流、展览等形式，扩大宣传，凝聚人心，丰富了党内的文化生活。

在中国致公画院的指导下，14 个省级组织以及成都、厦门、广州、黄石等市级组织成立了致公画院。中国致公画院和地方组织画院积极合作，成功举办"庆祝中国致公党成立 90 周年书画作品展巡展""纪念孙中山诞辰 150 周年书画展""纪念孙中山诞辰 150 周年——黄绍勋先生书法精品展""养吾浩然之气——徐利明书画篆刻第三回晋京展""天下为公——纪念孙中山先生诞辰 150 周年书画名家邀请展"等活动。

中国致公摄影社和北京、上海、云南等地的致公党组织联合举办了以"侨海情·丝路美"为主题的摄影大赛活动。约 287 名来自泰国、加拿大等国外华人华侨、海外洪门组织及社会各界及各级组织的党员和社会各界人士参加比赛，收到参赛作品约 939 组，共计 1581 张照片，在"云南致公"微信公众号进行 47 次展示投票，微信投票超 25000 余次。

（二）组织建设

1. 新建组织

经过不懈努力，致公党 2016 年在江西省建立了致公党中央直属江西支部。同时本党其他地方组织建设也呈现出了新的局面，先后成立了致公党上海市静安区委会，致公党北京市委昌平区工委，致公党贵州省黔西南州支部、致公党毕节市工委等组织，继续推动成立致公党河南省委会事宜。

2. 制定政策，部署换届，做好换届思想、组织基础工作

3 月，致公党中央召开了十四届五中全会增补一名专职副主席、两名常委、两名委员，保证了中央工作衔接和延续性，进一步优化了中央常委结构。

7 月，致公党中央制定下发了《致公党中央关于省级组织换届工作的意见》和《关于加强换届纪律监督营造良好换届环境的意见》，成立了致公党中央换届工作领导小组，并下设组织人事工作组和致公党章程修订工作组。11 月召开致公党组织工作会议，研究部署2017年致公党省级组织换届工作，并在会上印发了《致公党省级组织换届文件汇编》，为各省级组织提供换届程序和规范文件参考。制定各省级组织班子换届情况测算表，积极与有关部门就省级组织后备干部人选进行沟通、协商，确保换届工作顺利有序开展。

3. 继续做好教育培训工作

继续以坚定政治信念、夯实多党合作思想基础为重点，牢牢抓住理论教育这个根本，开展形式多样的培训。积极配合中央社院举办的“民主党派干部培训班和进修班”和“中青年干部多党合作专题研讨班”等培训。举办了“骨干党员培训班”，进一步强化了干部和骨干党员的“四种意识”“五种能力”，为不断提高履职能力创造了条件。结合工作实际和组工干部特点，举办一期“致公党省市组工干部培训班”，围绕组织信息管理系统操作及组织工作实务对广大组工干部进行培训。

4. 组织信息工作

充分利用现代互联网信息技术的致公党组织信息管理系统已经建设完成，新建成的系统集通知公告、委员会管理、任职管理、党员管理、专委会管理、人大政协任职管理、报表管理等功能于一身，融合了工作平台、信息平台、资料平台的作用。全面启动组织信息管理系统建设工作，按照程序进行了软件硬件采购、数据需求分析、数据库结构设计、各级组织和党员的信息采集、系统调试和培训等工作，进一步推进了致公党组织和党员的信息采集、系统建设工作。为落实本党“人才兴党”战略和2017年省级组织、中央换届工作奠定坚实的工作基础。

5. 致公党组织发展概况

截至2016年12月31日，致公党现有163个地方组织，其中20个省级组织（包括致公党河南省委员会筹备委员会），128个市级组织，15个县级组织，2618个基层组织，其中上海、山东、广西、江苏实现了致公党所属组织全覆盖。2016年新建4个地方组织（上海市静安区委员会，北京市委昌平区工作委员会，贵州省黔西南州支部委员会、毕节市工作委员会等组织），189个基层组织（包括致公党中央直属江西支部委员会）。

致公党现有成员总数为51691人，平均年龄49.9岁，净增率为5.92%，归侨、侨眷、港澳台属及其他有海外关系人士38874人，占75.2%；其中女性23751人，占45.95%；人口500万以上特大城市33284人，占64.39%；中上层人士45050人，占87.15%；高级职称15609人，占30.2%；中级职称18232人，占35.27%；大学文化程度27122人，占52.07%；硕士研究生7711人，占14.92%；博士研究生3306人，占6.4%；离退休人员12990人，占25.13%。

在界别分布方面，现有成员中教育界7046人，占13.63%；科技界3205人，占6.2%；医卫界7574人，占14.65%；文化艺术界1422人，占2.75%；出版传媒516人，占1%；公有制经济6125人，占11.85%；新社会阶层7994人，占15.46%；人大政协机关258人，占0.5%；政府机关5811人，占11.24%；司法机关226人，占0.44%；社会团体648人，占1.25%；党派机关846人，占1.64%；其他1365人，占2.64%。致公党党派界别特色（“侨”“海”关系）人数38874人，占75.2%。

致公党党员中有962人次担任各级人大代表，有4914人次担任各级政协委员；有211人次在各级人大专门委员会任职，有1475人次在各级政协专门委员会任职，其中有

43 人任专职。

2016 年有 579 名党员在政府及组成部门任实职，其中省部级 6 人（副省长 3 人，副市长 1 人，国务院部委班子成员 2 人），厅局级 60 人，处级 488 人；有 25 人在法院和检察院任职。另外还有 50 人在高校、科研院所、社会团体、国有企业等副厅级以上单位任实职。

致公党党员中担任中国科学院院士的共有 6 人，担任中国工程院院士的共有 1 人，千人计划 25 人，长江学者 22 人。

担任国务院参事室成员 1 人。

担任中央文史馆官员 1 人。

担任国家中央级特约（邀）人员有 14 人。

（三）机关建设

2016 年，致公党继续加强机关建设，11 月，在厦门召开致公党机关工作会议，围绕提高机关工作的质量和效能研讨交流，并对先进集体和个人进行了表彰。

一年来，致公党中央机关对制度规章进行梳理、修订、汇总，整理修订机关规章制度 10 类 40 余项，进一步提高机关工作的制度化、规范化水平。

继续选派机关干部到基层挂职锻炼，接收地方组织机关干部到致公党中央机关挂职锻炼。

继续开展一年一度的论文竞赛活动，提升机关干部参政议政履职能力和写作水平。

进一步改进工作作风，不断加强“和谐型机关”和“学习型机关”建设，全面提升致公党机关效能建设。

高　莺　致公党中央社会服务部处长
陈颂原　致公党中央组织部调研员
宋亚轲　致公党中央办公厅副调研员
刘曦致　公党中央宣传部副调研员
龚思进　致公党中央联络部主任科员
汤玮晨　致公党中央参政议政部主任科员

九三学社

2016年，在以习近平同志为核心的中共中央坚强领导下，九三学社深入学习贯彻中央重大决策部署，认真落实“思想上坚定、履职上坚实、组织上坚强”的建设目标，紧紧围绕“四个全面”战略布局和“五位一体”总体布局，动员全社力量认真履行职能，推进工作创新，为党和国家事业发展作出了新贡献。

一、重要会议及活动

（一）中央委员会会议

12月14日至16日，九三学社第十三届中央委员会第五次全体委员会议在北京召开。会议学习贯彻了中共十八届六中全会精神，审议通过九三学社中央主席韩启德代表中央常务委员会所作工作报告及相关决议。

韩启德在总结回顾2016年九三学社工作以后指出，2017年全社要把学习中共十八届六中全会精神作为当前和今后一个时期首要的政治任务，切实把思想和行动统一到全会精神上来。围绕“四个全面”战略布局和“五位一体”总体布局，履行好参政党基本职能；落实五大发展理念，进一步做好社会服务工作。切实加强思想理论建设，巩固拓展学习实践活动成果，抓好中央和省级组织换届工作，切实搞好政治交接。以提高服务能力为重点，扎实推进机关建设。

全会决定，2017年12月在北京召开九三学社第十一次全国代表大会。大会主要议程是，学习贯彻中共十九大精神，听取并审议九三学社第十三届中央委员会的报告，修改九三学社章程，选举九三学社第十四届中央委员会。

全会期间举办了科学报告会。中国工程院院士、全国人大常委、中铁大桥勘测设计院集团有限公司董事长秦顺全作《走进桥梁》报告；中国地质科学院地球物理地球化学勘查研究所应用地球化学研究室主任、博士生导师王学求作《化学地球：全球自然资源与环境》报告；表彰了第三批“九三楷模”，马克俭、毛继祖、刘文魁、刘月宁、李恒、李唯、严俊、董元华、葛均波、彭淑牖等10名九三学社社员被授予“九三楷模”荣誉称号；表彰了信息工作先进单位和先进个人，九三学社江苏省委员会等16个省级组织分别荣获信息工作先进单位一、二、三等奖，邹云翔等6人荣获信息工作贡献奖，闻炜等8人荣获优秀信息员。全会期间还表彰了“中国面孔·中国梦”优秀摄影作品和组织单位。

全会期间共收到委员建议案9件，经审查立案9件，分别交九三学社中央机关有关部门办理。

全会由中央常务委员会主持。九三学社中央常务副主席邵鸿，副主席谢小军、张桃林、赖明、马大龙、丛斌、赵雯、卢柯、武维华、印红和九三学社中央委员出席会议，九三学社中央原副主席王志珍、陈抗甫、贺铿出席开幕会。九三学社中央监督委员会组成人员、部分九三学社十大代表、未担任九三学社中央委员的省级组织专职副主委和秘书长、九三学社中央机关各部门负责人等列席会议。

（二）中央常务委员会会议

1. 九三学社第十三届中央常务委员会第十四次会议

3月6日在北京召开。会议学习贯彻了十二届全国人大四次会议和全国政协十二届四次会议精神；通报了九三学社中央十三届十五次主题常委会筹备工作。

九三学社中央主席韩启德主持会议并讲话。韩启德指出，全社要按照常委会工作报告关于今年工作部署抓好落实。当前形势下，要想把履职做得更加坚实就必须动员整合全社力量。强化参政党整体功能。今年的主题常委会以“增强全社组织动员能力”为主题，就是要深入研讨这个问题，希望在这方面能有创新举措。同时，要在参政议政、科学座谈会、青年委员会、“九三楷模”评选、院士委员会等工作中推出实实在在举措，改变动员能力不足的情况，努力做到“踏石留印、抓铁有痕”。从今年上半年开始，市级组织将陆续换届。换届不仅是人事更迭，更是政治交接。选出一个好的领导班子，是全社组织健康发展的重要保障，要高度重视、提早入手，把换届工作做好。

九三学社中央常务副主席邵鸿，副主席谢小军、张桃林、赖明、马大龙、丛斌、赵雯、卢柯、武维华、印红和社中央常委出席会议。社中央机关各部门负责人列席会议。

2. 九三学社第十三届中央常务委员会第十五次会议

5月5日至6日在江西南昌召开。会议研究了增强九三学社组织动员能力有关问题，审议通过《九三学社中央关于省级组织2017年换届工作的意见》《九三学社中央换届工作领导小组名单》，审议通过《九三学社中央专门委员会副主任增补名单》。

九三学社中央主席韩启德出席会议并讲话。韩启德说，坚实的人才基础和共识基础，布局合理、健全完善的组织构架，坚强的领导班子和骨干队伍，足够多足够好的活动平台，传统、情感的有效引导加上制度保障是增强组织动员能力的5个标准。增强九三学社组织动员能力的当务之急是“动”起来，在“动”的过程中增强九三学社组织动员能力。一是要把履行参政党职能作为主要内容，进一步提高参政议政能力和水平；二是要以基层组织和社员为本，增强社员主体意识，提高社员参与度；三是要搭建更多平台，增强社员主动性和积极性；四是要弘扬科学精神，推动工作创新。

会议期间，江西、北京、四川、河南、浙江、甘肃等6个九三学社省级组织和九三学社中央组织部作了交流发言。会议就拟在全社推出的开展九三学社院士导师培养计划，做好贵州威宁、四川旺苍精准扶贫工作，整合动员社内创投资源、组建科技创新工作委员会，创新科学座谈会组织形式，推动社员之家网络平台建设，社员医疗服务平台建设等6个专项举措进行了研讨。

九三学社中央常务副主席邵鸿，副主席谢小军、张桃林、赖明、马大龙、丛斌、赵雯、卢柯、武维华、印红和社中央常委出席会议。中共中央统战部有关负责人，九三学社黑龙江省委主委、部分省级组织专职副主委、九三学社中央机关各部门负责人列席会议。

3. 九三学社第十三届中央常务委员会第十六次会议

11 月 31 日在北京举行。会议认真学习了中共十八届六中全会精神，审议通过《九三学社中央关于学习贯彻中共十八届六中全会精神的决议》；决定成立九三学社中央促进技术创新工作委员会并表决通过九三学社中央促进技术创新工作委员会主任、副主任名单。会议决定，12 月 13 日至 16 日在京召开九三学社第十三届中央委员会第五次全体(扩大)会议。会议还研究了进一步推进“社员之家”网络平台建设的有关事宜。

九三学社中央主席韩启德主持会议并讲话。韩启德说，中共十八届六中全会首次提出以习近平同志为核心的中共中央，反映了全国各族人民的共同心愿，是党和国家根本利益所在，是坚持和发展中国特色社会主义的需要，对维护中共中央权威、维护党的团结和集中统一领导、保证国家长治久安有十分重大而深远的意义。全会通过的《关于新形势下党内政治生活的若干准则》和《中国共产党党内监督条例》，充分体现了辩证唯物主义和历史唯物主义，是继承和创新的有机统一，有很多新思想、新观点和新要求，充分体现了党与时俱进、开拓创新的精神。韩启德强调，九三学社要把学习贯彻中共十八届六中全会精神作为当前和今后一个时期全社的重大政治任务，切实把思想和行动统一到全会精神上来，抓好会议精神的贯彻落实，同时要把学习贯彻六中全会精神和履行参政党职能相结合、与加强自身建设相结合、与加强社内监督相结合，强调社内纪律，总结推广社内监督工作经验，着力完善社内监督工作制度。要抓好省级组织换届工作，搞好政治交接，选出合格的、众望所归的领导班子；要抓紧做好社章修改工作；要认真贯彻落实九三学社中央十三届十五次常委会部署的院士导师培养计划等 6 项工作，进一步增强组织动员能力。

九三学社中央常务副主席邵鸿，副主席张桃林、赖明、马大龙、丛斌、赵雯、卢柯、武维华、印红和社中央常委出席会议。九三学社中央机关各部门负责人列席会议。

4. 九三学社第十三届中央常务委员会第十七次会议

12 月 13 日在北京召开。会议审议通过第十三届中央委员会第五次全体会议议程（草案）和日程（草案）并决定提交全会审议通过；审议通过了中央常务委员会 2016 年工作报告并确定由韩启德代表常委会向全会作工作报告；审议通过关于常委会 2016 年工作报告的决议（草案）；审议通过中央监督委员会 2016 年工作报告并决定提交全会作书面报告；审议通过关于十三届四中全体（扩大）会议委员建议案办理工作情况的报告和五中全会委员建议案审查工作组成员建议名单；审议通过《关于召开九三学社第十一次全国代表大会的决定（草案）》；审议通过九三学社中央妇女工作委员会副主任增补名单；听取关于授予马克俭等 10 名同志“九三楷模”荣誉称号的情况说明。

九三学社中央主席韩启德主持会议。九三学社中央常务副主席邵鸿，副主席谢小军、张桃林、赖明、马大龙、丛斌、赵雯、卢柯、武维华、印红和社中央常委出席会议。社中央机关各部门负责人列席会议。

（三）中央监督委员会会议

12 月 13 日，九三学社中央监督委员会召开第五次全体会议。会议审议通过《九三学社第十三届中央委员会监督委员会 2016 年工作报告》。九三学社中央常务副主席、监督委员会主任邵鸿，九三学社中央副主席、监督委员会副主任丛斌出席会议。

（四）其他重要会议及活动

1 月 8 日，中共中央、国务院在北京人民大会堂隆重举行国家科学技术奖励大会。九三学社 52 名社员主持或参与完成的 42 个项目获奖，其中国家自然科学奖 11 人，国家技术发明奖 4 人，国家科技进步奖 37 人。

1 月 20 日，在全国政协原副主席、九三学社中央原副主席、著名科学家王选院士逝世 10 周年之际，位于北大方正大厦的王选纪念陈列室“创新历程厅”在北京揭幕。全国政协副主席、九三学社中央主席、北京九三王选关怀基金理事长韩启德在仪式上强调，王选老师身上的创新精神不仅是北大和方正的精神财富，更是所有科技界人士珍贵的精神源泉。我们要更加努力学习和传承王选精神，让科技创新、文化创新展现更大活力。王选院士夫人、北京九三王选关怀基金会副理事长陈堃銶出席仪式。

1 月 31 日至 2 月 1 日，九三学社中央领导班子 2016 年度战略研讨会在北京召开。研讨会的主题是“研讨如何进一步推进九三学社履行参政党职能、加强自身建设等方面工作”。全国政协副主席、九三学社中央主席韩启德主持会议并讲话，九三学社中央常务副主席邵鸿，副主席谢小军、张桃林、赖明、马大龙、丛斌、赵雯、卢柯、武维华、印红出席会议。与会人员围绕增强看齐意识和政治定力，做好省级组织换届指导工作；整合社内外力量，建立社内动员机制，完善中央委员工作责任制和各项规章制度，充分调动广大社员积极性；履职上进一步凝聚焦点，找准切入点，强化九三学社科技特色、探索民主监督有效途径，积极参与意识形态领域斗争等问题进行了广泛深入研讨。

2 月 2 日，全国人大代表、九三学社中央委员、九三学社中央法律专门委员会主任阎建国出席由全国人大常委会委员长张德江主持召开的座谈会，就《全国人大常委会工作报告（征求意见稿）》（以下简称报告稿）建言。阎建国对全国人大常委会过去一年的工作给予高度评价并对报告稿提出四点建议。一是在报告稿中增加开放、民主、阳光立法内容。二是打造阳光透明财政预决算体系，在重大项目预决算及发债时建立听证会制度。三是对民法典编纂制定时间表。四是建立中国人大博物馆。

2 月 22 日，全国人大常委会委员、法律委员会副主任委员、九三学社中央副主席丛斌出席国家卫生计生委召开的座谈会并发言。丛斌肯定了近年来医药卫生体制改革取得的成效并提出 4 点建议。一是加大医改领导力度，促使政府相关部门形成推进改革的合力。二是将医疗卫生工作重点放到基层，推进以基层为重点的医疗卫生服务体系建设。三是将压低药品、耗材价格作为下一阶段改革重点之一。四是将医务人员收入分配改革作为下一阶段改革突破口加力推进。全国政协委员、九三学社社员、同仁医院副院长徐亮、全国政协委员、九三学社中央委员、中国中医研究院西苑医院副院长史大卓，全国政协委员、九三学社社员、首都医科大学附属北京安贞医院小儿心脏中心主任刘迎龙也在会上作了发言。

2月23日，全国政协副秘书长、九三学社中央常务副主席邵鸿在九三学社中央机关会见中共天津市委常委、天津市委统战部部长王宏江一行。天津市政协副主席、九三学社天津市委主委陈永川，中共天津市委统战部常务副部长刘剑英参加会见。邵鸿说，天津历来高度重视九三学社事业，不仅有效推动九三学社天津市委提高履行参政党职能的能力和水平，还积极支持九三学社中央的一些重大调研活动、专题论坛、基层组织活动等。邵鸿表示，九三学社将继续利用智力优势，进一步提高参政议政、民主监督、社会服务的能力和水平，为天津全面建成小康社会献智出力。邵鸿还就九三学社机关建设、基层组织发展等方面与王宏江进行了交流。

2月26日，全国政协副主席、九三学社中央主席韩启德在九三学社中央机关会见全国政协副主席、国家科技部部长万钢一行，并就科技创新工作进展、深化科技体制改革等问题进行座谈。九三学社中央常务副主席邵鸿，副主席赖明参加会见。韩启德说，这些年我国科技制度改革不断推动并取得很好成果。当前改革已进入深水区，凝心聚力尤为重要。九三学社中央与科技部多年来不断加强沟通效果很好。只有沟通顺畅，作为参政党的九三学社才能在全面了解情况的基础上提出更加务实有效的意见建议。他建议科技部加大前瞻性问题研究力度，如中国的科技发展方向等，九三学社以其科技优势如果能够参与到某些课题研究，一定能起到很好效果。同时，增强科技部外部监督，九三学社可以和科技部一起监督科技政策执行等问题，这对我国多党合作、协商民主的推动具有重要作用。万钢对九三学社一直以来对科技部工作的支持和关注表示感谢。他希望九三学社更多关注科技制度改革，就“双创”更好发展、科技经费管理、科技奖励制度改革、科技成果转化等问题提出建议。赖明介绍了2015年九三学社中央有关科技方面的参政议政情况和2016年围绕科技创新体系建设参政议政工作计划。

2月27日，全国政协常委、提案委员会副主任，九三学社中央副主席赖明在九三学社中央机关与部分专家就“新型城镇化与社区服务业发展”课题进行座谈。赖明指出，“新型城镇化与社区服务业发展”是中共中央统战部与九三学社中央今年联合开展的调研课题。这个选题是围绕四个全面战略布局建言献策的一个切入点，对稳增长、促改革、调结构、惠民生、防风险，在新型城镇化进程中加快供给侧结构性改革，提升国家治理体系和治理能力现代化水平具有重要现实意义。课题调研要以创新、协调、绿色、开放、共享五大发展理念为引领，紧密结合中央经济工作会议提出的“三去一降一补”五大任务，深入基层、深入一线、深入百姓；充分发挥社内专家、地方组织的作用；充分借助高等院校、科研院所和相关智库的力量，把课题调研做深入做扎实，交出高质量的调查研究报告。赖明还就课题组组成、调研方式方法、建言内容的组织与写法等提出要求。

3月2日，全国政协副秘书长、九三学社中央常务副主席邵鸿，全国人大常委会委员、九三学社中央副主席丛斌在北京听取九三学社广东省委关于“社员之家”系统开发和试点工作情况汇报。邵鸿充分肯定九三学社广东省委为开发和试点“社员之家”系统所做工作。他说，“社员之家”是信息化时代推进参政党建设的有效手段，是提升全社组织化水平的重要载体，开展这项工作很有必要，对把这一系统进一步试点好、实用好、推广好要有信心。下一步要实行分步走，重点做好试点地区扩大试点和实用工作，将系统功能充分优化、吸引力不断提高，为后续全社范围逐步推广、全面铺开奠定基础。丛斌指出，九三学社中央很重视“社员之家”建设工作。当前一是要继续做好系统功能性评估，尤其是不同情况下压力测试，保证系统运行稳定性。二是要加强安全性评估，对系统运行过程中可能出现的各类安全问题提前编制应对预案。三是要注重摸索总结工作经验，制定完善规章制度，努力打造一个可复制、可推广的好样本。

4月1日，《民主与科学》杂志改版发行座谈会在九三学社中央机关召开。全国人大常委会委员、九三学社中央副主席丛斌出席会议并讲话。丛斌指出，《民主与科学》杂志作为九三学社面向全国公开发行的刊物，在广大社员中起着非常重要的舆论导向作用。“民主与科学”既是刊物的名称，也是其内在灵魂和文化特质。针对如何办好《民主与科学》杂志，丛斌提出具体要求。第一，要更好地宣传《民主与科学》杂志；第二，发掘社员中的专家学者，扩大《民主与科学》的作者群；第三，进一步做好《民主与科学》杂志的发行工作；第四，发挥好通讯员队伍的作用。

4月22日，九三学社中央召开科技创新工作平台建议与问题座谈会。全国政协副秘书长、九三学社中央常务副主席邵鸿出席并讲话。全国人大常委会委员、九三学社中央副主席丛斌主持会议。邵鸿指出，促进社内“双创”是韩启德主席多次强调的任务，要将科技创新工作平台作为推动整合社内科研、创投资源，服务社员“双创”和事业发展的重要抓手，不断促进九三学社自身建设。同时，还要形成多元化保障机制，集政府、社会、社组织和社员多方面力量，建立起良好生态环境。一方面要通过开展活动在平台上实现对接；另一方面要搭建更多平台，让优秀社员展示自己。做好这项工作，既有利于推动社员本职工作、提升九三学社组织凝聚力和向心力，也可为科技创新、参政议政提供助力。丛斌指出，科技创新平台主要有六大职责。一是通过建立服务平台，提高社内科学家研究成果认知度；二是汇集社内投资者，整合力量；三是通过平台穿针引线，促进成果转化；四是通过平台活动，为社内企业家提出科技需求，给科学家提出科研切入点和科研课题；五是通过论坛、联谊和学术活动，整体提升科学能力思维，科技理念和产业创新能力；六是在探索过程中不断完善规范制度，为平台建设提供制度保障。

4月29日，全国人大代表、九三学社中央委员、最高人民法院特约监督员、北京信利律师事务所首席合伙人阎建国出席由最高人民法院召开的纪念新行政诉讼法实施1周年座谈会并发言。阎建国在发言中提出四点建议。一是出台规范行政首长出庭应诉配套措施，修改相关规定，出台相应司法解释。二是发挥司法权对行政权的监督作用，支持行政机关依法行政，推动法治政府建设。三是尽快出台相应的具体细则确认和规范跨行政区划法院的设立，从立法层面解决跨行政区划法院审理行政案件法律依据问题。四是创新行政审判工作，促进裁定执行分离，改革案件管辖制度。

6月2日，中国科学技术协会第九次全国代表大会闭幕会议在人民大会堂举行，会议宣布授予韩启德为中国科协名誉主席的称号。九三学社中央常委潘建伟当选为中国科协副主席。

6月27日至7月2日，九三学社中央副主席谢小军、丛斌，九三学社中央常委刘政奎、姒健敏，九三学社中央委员侯义斌，九三学社四川省委委员王明雯等在北京出席十二届全国人大常委会第二十一次会议并建言。丛斌在第一次全体会议上作关于资产评估法草案审议结果的报告。

6月28日，纪念黄国璋诞辰120周年座谈会在九三学社中央机关举行，全国政协副秘书长、九三学社中央常务副主席邵鸿出席座谈会并讲话。邵鸿指出，我们怀念黄国璋先生，要学习他胸怀祖国、奋发图强的爱国情怀；学习他注重实践、知行合一的科学理念；学习他无私奉献、薪火相传的宽广胸襟；学习他热爱真理、追求进步的民主精神。邵鸿强调，以黄国璋先生为代表的老一辈科学家和爱国民主人士，立场坚定、爱憎分明，热爱祖国、无私奉献，追求真理、追求进步，不断进取、勇于创新，给我们留下了宝贵的精神财富。我们应该时刻铭记黄国璋先生的崇高风范，传承黄先生“一片丹心照方隅，满腔心血付桃李”的人生境界，秉承爱国为民、求实奉献的人生信念，在民主与科学的道路上，在实现中华民族伟大复兴的征程上谱写出精彩纷呈的人生。

6月29日，九三学社中央在九三学社中央机关召开“促进社会主义文艺繁荣发展座谈会”，集中就如何贯彻落实习近平总书记文艺工作座谈会讲话精神集思广益、汇集建言。全国政协常委、副秘书长，九三学社中央常务副主席邵鸿和全国政协常委、提案委副主任，九三学社中央副主席赖明出席会议并讲话。邵鸿指出，促进社会主义文艺繁荣、深化文化体制改革，应尊重客观规律，以实现转变政府职能为核心，抓关键题目来推动。赖明归纳概括了议政性常委会议发言的三种常用形式，并根据与会专家的发言梳理出“如何讲好中国故事传播中国声音”“传统中华文化如何与时代精神结合”等十几项发言选题，鼓励专家继续深入研究，提出建议。

7月8日，九三学社章程修改（东北三省）征求意见座谈会在哈尔滨市召开。会议就社章修改第二稿听取辽宁、吉林、黑龙江三省各级社组织和基层社员的意见建议。全国人大常委会委员、法律委员会副主任委员，九三学社中央副主席、社章修改工作领导小组组长，中国工程院院士丛斌出席会议并讲话。丛斌说，社章修改过程是一个学习的过程，是对九三学社性质、任务、宗旨等重新认识的过程。丛斌希望与会人员弘扬民主精神，更多更广泛地听取基层社员的意见建议，努力寻求最大公约数；弘扬科学精神，按照立法的技术要求修改社章，用严密的逻辑厘清章节关系，用法言法语规范语言文字，努力提高社章修改工作水平。九三学社中央宣传部部长、社章修改工作领导小组副组长兼办公室主任穆建民介绍了社章修改工作开展情况。与会人员结合自身专业知识、联系基层工作实际，就社章修改第二稿的逻辑结构、条理关系、文字表述等提出意见建议。

7月20日，九三学社中央常务副主席、中央社会主义学院副院长邵鸿出席中央社会主义学院（中华文化学院）召开的“统一战线高端智库工作启动会”，并代表各民主党派中央讲话。邵鸿说，中央社院建设高端智库为民主党派履行参政议政、民主监督和政治协商职能提供了新的协作研究平台，具有重要意义。建设统一战线高端智库不仅是中央社院的任务，也是各民主党派共同的任务。中央社院统一战线高端智库完全可以建设成为中共与民主党派的联合智库。反过来，合作共建高端智库，也是社院建设，实现联合党校联合办的一个新的抓手和平台，必将进一步推进社院工作，加快社院自身建设的发展，提高社院教学培训水平。邵鸿提议，民主党派可以以联合设置课题、联合研究或委托研究，以及促进资源互惠流动等多种方式参与智库建设。

8月3日至6日，九三学社中央妇女工作委员会2016年工作会议在大连召开。九三学社中央副主席兼秘书长、妇委会主任印红出席会议并讲话。印红强调，要推进男女平等这一基本国策的落实，必须积极进行战略和专业谋划；在具体操作中，要与时俱进，充分发挥好妇女工作特色，从观念上倡导和引领男性承担相应的家庭责任，为使女性在公共领域有所发展、达到全社会和谐的一种平衡关系创造良好的发展条件和环境。会上，九三学社中央妇委会副主任权忠敏作九三学社中央委员会妇女工作委员会工作报告，对近几年妇工委开展的主要工作进行了回顾，并就妇工委2016年至2017年工作计划征求了意见。会议就“民主党派女性发展状况与对策研究——以九三学社为例”课题进行了深入研讨，课题组成员甘斌并就《女性领导力提升及北欧女性领导力发展环境》专题作了讲座。

8月11日至12日，全国政协副主席、九三学社中央主席、中国科协名誉主席韩启德在绍兴考察。全国政协原副主席、九三学社中央原副主席、中科院院士王志珍，浙江省人大常委会副主任、九三学社浙江省委主委姒健敏，浙江省政协原副主席、九三学社中央原副主席冯培恩，全国政协委员、北京大学国际关系研究所所长袁明等陪同考察或参加座谈。在绍兴期间，韩启德参加了九三学社绍兴市综合二支社社务活动，听取大家对绍兴黄酒小镇建设、绍兴黄酒传承和发展等的思考和想法，并对九三学社的基层组织建设提出意见和建议。韩启德指出，要进一步深化九三学社基层组织的机制改革，提高组织活力，提升社员参政积极性。在参加绍兴市高等教育发展前景研讨会时，韩启德指出，要抓住机遇，依托中科院等高端先导项目，研究建立神经生物医学等重点学科，加大人才培养和引进力度，打造优势和特色，努力建成高水平的地方综合性大学。

8月17日至22日，全国政协常委、副秘书长，九三学社中央常务副主席邵鸿应邀参加中央统战部以“推进西藏跨越式发展，如期实现全面小康”为主题的党外人士西藏考察团，赴西藏考察调研。在调研总结座谈会上，邵鸿就发展好西藏职业教育作专题发言。邵鸿对西藏自治区近年来大力发展职业教育的做法和成效表示充分肯定。邵鸿指出，西藏自治区有自己特殊的区情，因此，在思考推进西藏教育包括职业教育发展时，不能简单套用内地的经验，而必须从西藏的实际出发，更深入系统地思考一些重要问题，厘清思路，科学制定发展规划，从而更好地推动西藏职业教育的发展。邵鸿指出，西藏职业教育体系建设的主要任务，已经不是铺摊子亦即外延发展，而进入了以内涵发展为主的阶段。因此，总体上当前西藏不宜再新建各类职业学校，特别是公办职业院校，而应把主要力量和资源集中在已有学校的建设上，在逐步扩大学校规模的同时，努力改善专业结构，提升教学条件和师资水平，提高人才培养的质量。

8月19日，全国政协副主席、九三学社中央主席韩启德致信九三学社中央常委、量子卫星首席科学家、中科院院士潘建伟，祝贺世界首颗量子科学实验卫星“墨子号”成功发射升空。韩启德在信中表示，实施创新驱动发展战略，已经成为支撑我国未来发展的重要引擎。期待潘建伟在实用化量子技术发展与应用和信息安全、计算能力的跨越式发展等领域不断取得新成就，为建设创新型国家做出新的更大贡献。

9月2日，全国政协副主席、九三学社中央主席韩启德在九三学社中央机关会见中央统战部副部长戴均良。九三学社中央常务副主席邵鸿，副主席赖明、丛斌、印红参加会见。韩启德介绍了九三学社第十次全国代表大会提出“政治上坚定、履职上坚实、组织上坚强”目标以来，工作中的创新之举及取得的突出成绩。他说，应对新时代对民主党派履职提出的新要求，九三学社积极思考、主动应对，在各项工作中号召创新、强调开拓。韩启德表示，最近中共中央将脱贫攻坚对口陕西的民主监督的工作交给九三学社，体现了中国共产党对民主党派的信任。这是九三学社的一项重要政治任务。九三学社近期已经开始开展这项工作，努力抓好落实。

9月18日，九三学社中央在九三学社中央机关召开经济形势座谈会。全国政协常委、提案委副主任，九三学社中央副主席赖明出席会议并讲话。赖明说，做好参政议政工作，要充分发挥广大社员的智力优势，不断探索工作方式，在选题上下功夫，围绕国家战略布局、老百姓关心的热点问题建言献策，找准切入点，用事实、数据、案例深入分析问题，提出意见建议。他指出，九三学社中央经济专门委员会和参政议政部要在认真梳理、聚焦的基础上，确定议政选题，着手建言备稿，为下半年参加高层协商做好准备。与会专家结合自己的研究领域和方向，对当前经济形势进行分析研判，并围绕对外投资、民营企业税负、中小企业融资、经济协同发展、产业政策等热点问题提出意见建议。

9月19日至24日，全国人大常委、九三学社四川省委委员王明雯，全国人大代表、九三学社中央委员阎建国、郭粤梅，全国人大代表、九三学社福建省委副主委赵静参加由中央统战部与最高人民法院联合组织的视察团赴重庆视察当地法院法官工作情况。在视察团总结发言中，阎建国建议充分发挥民主党派在司法改革中的监督作用。一是重视对实施法官员额制后非法官尤其是落选法官职业的保障。二是对领导干部干预插手案件全程留痕。三是在全国范围全方位建立诉讼服务中心。四是加大解决执行难问题。五是充分发挥调解作用，化解社会矛盾。六是降低公益诉讼门槛。七是严格落实行政诉讼案件主要负责人出庭应诉制度。八是充分发挥民主党派在司法改革中的监督作用。

9月25日，全国政协副主席、九三学社中央主席韩启德致信九三学社中央常委、中国科学院国家天文台台长、FAST工程项目总经理严俊，祝贺500米口径球面射电望远镜（FAST）在贵州省平塘县落成启用。信中说，严俊作为这一重大工程项目的主要负责人，勇担重任、勇攀高峰，淡泊名利、乐于奉献，团结带领所在团队为项目的实施和如期落成启用，发挥了重要作用。期待严俊在天文学领域不断取得新成就，为建设创新型国家做出新的更大贡献。

10月8日，九三学社社员、两院院士严东生同志追思会在中国科学院上海硅酸盐研究所举行，九三学社中央副主席、上海市副市长、社市委主委赵雯出席并讲话。赵雯说，追思、缅怀严先生，深感这一代矢志科学、许身报国的先贤，爱国强国的情怀何等博大，勇攀高峰的精神何等坚韧。在民族复兴生生不息的奋斗中，“惟其艰难，才更显勇毅；惟其笃行，才弥足珍贵”。严先生的精神永存，先生的事业永存，在历史的新起点上，依然熠熠生辉，激励我们承前启后，继往开来。

10月13日，九三学社中央参政议政工作年度例会在无锡召开。全国政协副主席、九三学社中央主席韩启德出席会议并讲话。九三学社中央副主席赖明、武维华出席会议。韩启德说，随着形势发展，议政建言难度在增大，要求在增高，必须进一步发挥参政党组织优势，进一步发挥广大社员智力优势，不断探索和创新议政工作方式，认真全面履行好参政党基本职能。他强调，一要科学选题抓重点。二要广泛动员上水平。三要加强学习沉下去。四要把握规律再发力。赖明从高层协商建言、政协提案与发言、专题调研、信息采集、科学座谈会、专委会工作等6个方面介绍了2016年九三学社参政议政工作基本情况。武维华就九三学社院士工作委员会推进“导师制”工作提出相关要求。与会人员就九三学社中央参政议政工作如何进一步创新、2017年九三学社中央重点调研选题、央地合作调研选题，以及对申办科学座谈会的想法进行了交流和讨论。

10月17日至18日，九三学社第六届理论研究与社史研究工作研讨会在昆明召开。全国政协常委、副秘书长，九三学社中央常务副主席邵鸿出席会议并讲话。云南省政协副主席、九三学社云南省委主委曾华在开幕会上致辞。邵鸿强调，要继续按照“明确三个目标，侧重三个方面，作出三个努力”的工作思路进一步加强我社参政党理论研究工作。同时要坚持四个“既要”“又要”的工作方法。即：既要坚持正确的政治方向，又要敢于发声、善于发声；既要围绕我社实际问题开展研究，又要围绕中国特色社会主义理论体系的完善与发展开展研究；既要加强社内的协作机制建设，又要加强与社外有关机构的合作机制建设；既要强化队伍建设，又要创新研究方法。邵鸿对社史研究工作提出四点要求，一是继续推进“社史工程”；二是进一步加强社史研究工作机制建设；三是利用发挥好九三学社全国传统教育基地的作用；四是搞好重大历史节点和重要人物纪念活动。

10月18日至19日，九三学社章程修改（华东、华中、华南片）征求意见座谈会在杭州市召开。全国人大常委会委员、法律委员会副主任委员，九三学社中央副主席、社章修改工作小组组长丛斌出席会议并讲话。丛斌指出，社章修改要把握好三个原则，一是依据原则，即形势发展需要的依据和法律文献的依据；二是取舍原则，即面对海量意见的取舍要寻求最大公约数，坚持理性、科学和政治标准；三是程序性原则，即修改程序必须按照规定有序进行。针对与会人员发言中提出的一些问题，丛斌从如何把握社章的基本结构和法律地位，如何体现主体界别的特色，如何处理社章与实施细则的关系，如何理解高、中级知识分子的内涵等方面进行了回应。

10月22日，全国政协副主席、九三学社中央主席韩启德在北京就“福建省医保管理体制改革”等问题召开座谈会。全国政协常委、提案委员会副主任、九三学社中央副主席赖明出席会议。在座谈会上，韩启德带领与会专家就福建省医保管理体制改革、医院与诊所分离的诊疗体系建设、加快医保支付制度改革三个问题展开了深入研究，对困扰改革持续有效推进的关键问题进行了广泛研讨。

10月28日，九三学社中央在北京召开“社员之家”平台论证会。全国政协副主席、九三学社中央主席韩启德，九三学社中央副主席马大龙、丛斌、印红出席会议。韩启德指出，“社员之家”平台的推广应用是推动社务工作创新的一项重要举措。下一阶段要重点做好以下几项工作。一是要进一步明确“社员之家”平台定位。二是九三学社中央和各省级组织都要成立信息化领导机构和工作机构，从中央到各级地方组织都要设立平台管理员，负责平台运营维护工作。三是根据自愿原则扩大试点范围，进一步发现问题、总结经验、探索规律、逐步完善，再经过一年左右的时间，在全社全面推开。

10月29日，全国政协副主席、九三学社中央主席韩启德出席中央统战部召开的中共十八届六中全会精神通报会。韩启德代表九三学社中央发言。韩启德说，中共十八届六中全会专题研究全面从严治党重大问题，制定新形势下党内政治生活若干准则，修订党内监督条例，这是中共十八大以来思想建党和制度建党的继续和深化，十分及时，非常重要。韩启德从四个方面谈了学习体会。第一，既充分继承传统，又有许多重大创新。第二，既“严”字当头，又重视发扬民主。第三，既强调他律，又强化自律。第四，既强调党内监督，又重视党外监督。

11月7日至8日，九三学社社史研究和理论研究骨干培训班在西安召开，全国政协副秘书长、九三学社中央常务副主席邵鸿出席开班式并作报告。邵鸿在报告中指出，10年来，社史研究工作取得很多成绩，社史工程主要项目总体进展顺利，社史资料得到广泛搜集并形成一批重要成果。下一步，社史研究工作要做好规划、完善机制，抓住重点、争出精品，拓展范围、更好服务自身建设。培训班上，九三学社中央研究室主任郭悦作题为《中国政治体制改革——人民代表大会制度改革探讨》的报告，中国人民大学教授周淑真介绍了民主党派历史研究方法。九三学社中央研究室有关负责人就《九三学社简史》修订工作、口述史工作和与会人员进行了业务交流。

11月25日，九三学社中央常务副主席邵鸿、副主席印红在九三学社中央机关出席民主党派女性发展状况与对策研究课题成果汇报会。邵鸿充分肯定了课题组研究成果，他指出，制约民主党派女性发展有两方面原因：既有社会文化环境等客观原因，也有领导层认识上的主观原因，主要是社会性别意识不强，缺乏在同等条件下向女性倾斜的主动意识。九三学社中央妇委会副主任、课题组组长权忠敏介绍了课题提出的背景以及开展情况。课题组成员、课题主笔人贾云竹做了《民主党派女性发展状况与对策研究（以九三学社为例）总报告》和《关于在九三学社组织建设中增强对女社员发展支持的建议》的汇报。

12月12日，九三学社中央主席、北京九三王选关怀基金会理事长韩启德在九三学社中央机关主持召开北京九三王选关怀基金会第二届理事会第六次会议。九三学社中央常务副主席、基金会副理事长邵鸿，副理事长陈堃銶出席会议。与会人员审议通过了《2016年九三学社各省级组织资助人员名单及发放细则》。会议决定，2016年资助各省级组织申报排序第一的困难社员共20名，每人3万元。

12月23日，九三学社中央促进技术创新工作委员会在北京成立。全国政协副主席、九三学社中央主席韩启德为促创委揭牌并发表讲话。全国政协副秘书长、九三学社中央常务副主席邵鸿宣读成立决定。韩启德指出，成立促创委是实施国家创新驱动发展战略，助推“双创”的外向要求；是增强全社组织凝聚力和动员力的内生需要；是新形势下参政党创新履职形式的必然选择；是符合全社创新创业氛围渐浓的大势所趋。邵鸿宣读《关于成立九三学社中央促进技术创新工作委员会的通知》。韩启德、邵鸿为促创委主任、副主任颁发聘书。成立大会后，举办了创新论坛。九三学社中央委员、促创委副主任、远光软件股份有限公司董事长陈利浩，九三学社中央委员、促创委委员、中科院院士、北京大学纳米科学与技术研究中心主任、物理化学研究所所长刘忠范，九三学社社员、搜狗公司CEO王小川分别作《大数据与社会治理》《石墨烯产业的科学发展之路》和《人工智能的局限与思考》讲座。

二、履行职能

（一）参政议政

1. 专题调研

1月14日至15日，九三学社中央常务副主席邵鸿，九三学社中央副主席兼北京市委主委马大龙，在京调研自闭症患者特殊教育与社会环境。调研组实地察看部分民间教育机构和公办机构，听取办学情况介绍，参观学校画廊、音乐教室、康复训练教室等，并与学校负责人和老师进行交流。邵鸿在调研中指出，九三学社作为以科技界高中级知识分子为主体的参政党，长期关注教育问题。从去年开始，九三学社中央聚焦自闭症患者特殊教育与社会环境课题，先后赴山东青岛等地进行调研，收获很大。此次调研，让我们对自闭症群体教育、医疗、康复及社会援助等问题有了更加全面深入的了解，为撰写调研报告、提出针对性建议奠定了基础。

1月21日，全国政协常委、提案委员会副主任，九三学社中央副主席赖明率队在北京就促进社区服务业发展课题进行调研。赖明指出，中国经济要提质增效，不仅局限于产品，更重要的是服务。社区服务是服务业的重要组成部分，这是九三学社中央将"促进社区服务业发展"作为今年的党派大调研课题的一个原因。同时，社区服务业的发展对增加就业、提高百姓收入、为百姓提供更好的生活环境具有重要的作用。社区服务业的根本是"以人为本"，要以改善居住条件、节能、环保、健康、抚幼、养老，提升居住的舒适度和满意度为未来的发展方向。让掌握先进技术的物业企业，利用智能化的互联网科技和现有的技术相结合对社区进行改造，优化居住体验，同时节约能源消耗、改善大的生存环境，是有利于国家、有利于百姓的。

1月26日，全国政协常委、提案委员会副主任，九三学社中央副主席赖明带队在北京通州区调研公共自行车建设及运行情况。在调研座谈会上，赖明指出，公共自行车系统是一项利国利民的民生工程，要在体制上完善管理、机制上促进发展，利用现代技术破解管理问题，最大限度方便市民绿色低碳出行，用更少的钱给老百姓做更多的事情，将这项民生好事办实办好。

2月20日至21日，全国政协常委、全国政协提案委员会副主任、九三学社中央副主席赖明率调研组赴河南濮阳，为该地区"十三五"规划建言献策。在濮阳市"十三五"规划论证会上，赖明指出，濮阳具有区域优势、资源优势和后发优势，要把优势转化为动力。要进一步提高对规划重要性和引领作用的认识，提高对在国家政策研究、把握上的认识。要善于谋划，提高规划质量，要明确思路，契合国家发展目标，合理确定指标，按照总的目标要求，合理规划好各相关指标；要站得更高、看得更远，认真研究国家政策和濮阳优势，更好地结合全国、全省发展大势，编制一份有前瞻性的规划；要结合濮阳实际情况，静下心来认真研究，提出可操作性强的支撑项目；要对国家的政策提出规划实施的支持性政策建议；要通过多方面听取意见，反复推敲斟酌，制定一个指标相对先进、项目可实施性强、整体可操作性强的高质量规划。

3月16日至18日，全国政协常委、提案委员会副主任，九三学社中央副主席赖明率调研组赴浙江省嘉兴市、宁波市就“社区治理与服务”课题进行调研。在调研与座谈中，赖明高度肯定了两地在社区治理与服务方面采取的措施、取得的成效和探索的经验。他强调，推进社区治理和社区服务业要以群众需求为导向，理顺体制，整合力量，形成合力；要创新机制，规范制度，解决老百姓的问题；要利用信息化、“互联网+”等将补短板和做长板结合起来，创新社区发展和治理理念；要精准发力，抓特殊群体；要在三社联动的基础上整合公共资源、公益资源、市场的力量和老百姓的力量，不断提高社区治理的能力，共同推进社区治理和社区服务。

3月20日至22日，全国政协常委、提案委员会副主任，九三学社中央副主席赖明率调研组在温州苍南调研矾矿申遗和转型发展工作。赖明指出，矾矿转型要在申遗的同时，积极探索新形势下的发展之路，一要以创新理念为引领，从科技、文化及制度上创新保护利用工作；二要统筹规划各类资源和人文元素，从工业遗产保护、矿山公园申报、环境整治、道路集市建设上统筹兼顾，科学规划；三要循序渐进，从夯实基础设施上走文化创意之路，以小见大，积累转型成果，在保护中不断提升矾矿遗址的品质，博采众长、整合“长板”，找到最切合实际、最高效的发展方式；四要整合力量，积极争取国家的支持，充分利用国家政策，发挥苍南优势，争取社会资本进入，让老百姓也能积极参与其中。

3月27日至31日，全国政协副主席、九三学社中央主席韩启德率队，就“新型城镇化与社区服务业发展”课题赴广东省深圳市、珠海市和广州市调研。在调研和座谈中，韩启德高度肯定了三地在社区治理与服务工作方面取得的成效。韩启德强调，传统文化中基层社会自治的历史积淀，成为我国独特的基因优势，加之党在人民群众中崇高的威信、中华人民共和国成立以来的有益探索、信息技术的发展应用等，为开展社区治理、发展社区服务提供了有利条件。实践证明，广东等地在社区治理和社区服务方面有很多好的做法，已经并可继续为全国创造更多先进经验。在国家层面，相关部门和研究机构针对社区服务的研究仍然较少，为深化课题、找准问题，九三学社还将在其他地区继续调研，吸收各地经验做法，并积极跟踪广东下一步的工作及成效，力求在此基础上形成一份高质量的调研报告，为促进社区治理和社区服务发展贡献力量。全国政协常委、提案委员会副主任，九三学社中央副主席赖明在调研座谈会上介绍了党派大调研背景和课题意义。

5月11日，九三学社中央副主席、农业部副部长张桃林一行赴鹤壁调研现代农业发展情况。九三学社河南省委主委张亚忠，河南省监察厅副厅长、九三学社河南省委常务副主委孙运锋等陪同调研。在调研中国（鹤壁）农业硅谷产业园时，张桃林说，希望企业在下一步发展中，进一步发挥自身优势，充分整合利用各种资源，运用大数据等技术，在探索解决农产品产销衔接、农业技术推广服务信息化平台建设、金融支农等方面下更大功夫，为全国农业信息化建设做出应有贡献。在调研淇县北阳镇南小屯村时，张桃林指出，农业面源污染防治是促进农业资源永续利用、改善农业生态环境、实现农业可持续发展的内在要求，希望持续加大投入支持力度，积极推进农业清洁生产技术应用，进一步做好农业面源污染治理工作。

5月20日至26日，全国政协常委、提案委副主任，九三学社中央副主席赖明率九三学社中央调研组赴贵州就“乌蒙山区精准扶贫脱贫”进行调研。在座谈会上，赖明强调，扶贫开发工作一定要按照习近平总书记常用的五种思维方式来处理问题，即创新思维、历史思维、底线思维、辩证思维、战略思维，只有这样才能少走弯路和错路。他表示，九三学社中央将一如既往关心、关注、支持贵州的扶贫脱贫和经济社会发展。

6月2日至7日，全国政协常委、副秘书长、九三学社中央常务副主席邵鸿和全国政协常委、提案委员会副主任、九三学社中央副主席赖明率领国家相关部委及人民大学、清华大学等智库专家，深入凉山州就精准脱贫工作进行调研。赖明结合调研情况指出，凉山彝族地区是重要的民族地区，是重要的生态屏障；要精准施策，因地制宜，促进科学治贫。从产业层面，工业、农业、服务业一定要发展，工业发展一定要和资源禀赋结合起来。要大力扶持现代农业，包括现代种植业、养殖业等。在移民搬迁中要注重“搬得出、住得下、稳得住、能治富、可持续”要做到不返贫。要注重把生态变成产业，就是要大力发展旅游业。要加大道路、水、电、通信等基础设施的建设。要加大教育的投入；要标本兼治、长短结合、确保有效脱贫。

6月17日至19日，全国人大法律委员会副主任委员、九三学社中央副主席、中国工程院院士丛斌率队赴宁夏调研清真食品与穆斯林用品产业。九三学社宁夏区委主委、宁夏自治区计生委主任马秀珍陪同调研。丛斌强调，我们不仅要将发展清真食品与穆斯林用品产业作为一种经济行为，更要将其提升到实施“一带一路”倡议、加强民族团结的高度来认识。要以我国穆斯林群众真正的生活需求为产业发展方向，同时也要逐步满足非穆斯林民族的群众需求，将清真食品产业发展纳入大健康产业。抓住健康就抓住民心，要通过安全的食品行业保证人民对健康的需求。大健康产业需要从经济建设、政治建设、文化建设、社会建设、生态文明建设“五位一体”的高度上进行顶层设计和总体布局。

6月27日，全国政协常委、副秘书长，九三学社中央常务副主席邵鸿和全国政协常委、提案委员会副主任、九三学社中央副主席赖明率队赴昌平区就“明十三陵地区整体性保护”课题进行调研。在座谈会上，调研组听取了有关十三陵地区规划、管理机构设置、文物保护情况的介绍，并就如何协调文物保护与经济发展、文物保护与周边群众追求美好生活需求之间的关系等问题展开了深入讨论。邵鸿说，十三陵是宝贵的世界文化遗址，是世界级的文化瑰宝，如何在经济发展的大潮中，将十三陵整体性保护好是一个很大的考验。以史为鉴可以知兴替，十三陵不仅承载了厚重的历史和文化意义，更具有对现实的警醒意义。赖明指出，“保陵兴旅”是实现文物保护与利用、保护与开发、保护与生态环境和谐的一条很好的路子，是践行习近平总书记文物工作会议讲话精神的有效途径。现在迫切需要的是厘清面临的主要问题，建立完善的规划方案，争取以国家力量突破发展空间对经济平衡点的制约，以“保陵兴旅”带动十三陵地区整体性保护工作的开展。

7月21日至23日，全国政协常委、全国政协提案委副主任、九三学社中央副主席赖明率队赴唐山就石墨烯产业发展进行调研。赖明对唐山石墨烯产业的发展给予充分肯定。就做好下一步工作，赖明强调，既要“面面点到”，更要“点上发光”，石墨烯企业要在现有发展的基础上，从市场性价比入手，找到一个或两个重点发展方向，迅速发展壮大；

同时可以考虑采取成立科技服务公司的方式，借助外部资源把诸多好的理念、技术转化为现实产品。

7月26日至8月2日，全国政协常委、提案委副主任，九三学社中央副主席赖明率调研组赴甘肃、四川等地就“黄河上游草原退化沙化治理”和“民族地区生态旅游产业发展”进行调研。赖明指出，黄河上游水源涵养区保护工作具有特殊意义，既保障国家生态安全，又与落后地区经济社会和产业多元化发展息息相关，其中许多法律、制度、机制等问题值得认真研究。有必要进一步提高认识，落实生态补偿机制，循序渐进治理土地退化沙化和载畜超标等问题，宜引入社会资本，坚持发展生态产业。

7月28日至31日，九三学社中央副主席、重庆市政协副主席谢小军率“推进重庆智慧城市建设”调研组一行，赴宁夏回族自治区调研智慧城市建设情况。谢小军表示，调研组回去以后要认真借鉴宁夏在智慧城市建设方面的先进经验，结合重庆实际，努力为推动重庆智慧城市建设发展，向市委、市政府提供有价值的意见建议。

8月17日至22日，全国政协常委、提案委员会副主任、九三学社中央副主席赖明，以“促进大健康产业发展推动东北老工业基地转型发展”为题，专程赴吉林省白山市、通化市调研。吉林省政协副主席、九三学社吉林省委主委支建华陪同调研。赖明指出，推动大健康产业发展要因地制宜、充分利用好当地的生态资源，不断创新观念，妥善处理好生态与发展的关系；推动大健康产业有利于促进供给侧结构性改革，更好地发挥市场配置资源的决定性作用，激发市场活力促进经济增长；要不断深化改革，进一步健全体制机制，厘清市场与政府的边界，切实做好培育市场环境、引导市场发展规划、规范市场秩序标准、激发市场活力等工作；要扎实发展大健康产业，走规模化、集约化、产业化、市场化的现代产业发展思路，不断总结有益经验，不断壮大发展成果。

10月13日至16日，全国政协常委、提案委员会副主任，九三学社中央副主席赖明，全国政协常委、九三学社中央副主席、中国科学院院士武维华率队在江苏就“太湖流域水环境治理和保护”课题进行调研，九三学社中央副秘书长兼参政议政部部长赵勇参加调研并主持座谈会，江苏省政协副秘书长、九三学社江苏省委副主委叶勇陪同调研。赖明指出，科学治太是关键，要处理好经济发展与生态保护的关系，制定科学的治理目标；要更好地发挥政府的作用，科学监管，统筹协调；要充分发挥市场的作用，引入价格机制，增加社会投入。

10月23日至26日，全国政协常委、提案委副主任，九三学社中央副主席赖明率江苏、山东、上海、浙江、福建5省课题专家组成员，赴闽就“海岸带综合治理”及“流域生态补偿机制创新”课题进行调研。赖明指出，要科学推进生态文明建设和流域生态补偿机制，充分发挥市场决定性作用，更好发挥政府引导作用。要总结南平市在流域生态补偿机制创新方面，尤其是第三方治理方面的做法与经验，吸纳南平提出的相关意见建议，完成高质量的调研报告，供中共中央和国务院决策参考。

11月21日，全国人大常委会委员、法律委员会副主任委员，九三学社中央副主席丛斌率九三学社中央调研组赴北京市朝阳区人民法院调研“试点员额制改革后的司法效能”问题。丛斌充分肯定北京市法院系统特别是朝阳区法院在推进员额制改革中的做法和取得的成效。丛斌表示，九三学社中央近几年持续关注司法体制改革，多次进行调研，这是民主党派参政议政和民主监督的一个重要方面。九三学社中央将进一步梳理归纳大家提出的问题、意见和建议，进一步集思广益，深入研究，为我国司法体制改革提出科学客观的建议。九三学社中央法律专门委员会主任、北京信利律师事务所首席合伙人阎建国，九三学社中央监督委员会委员、中国政法大学刑事诉讼法学院教授洪道德，九三学社中央法律专门委员会委员、北京市北斗鼎铭律师事务所主任熊智等也在座谈会上发言。

11月28日至29日，全国政协常委、副秘书长、九三学社中央常务副主席邵鸿率九三学社中央调研组在北京调研大龄孤独症群体社会支持与服务。邵鸿一行先后到北京市朝阳区安华学校及海淀区融爱融乐心智障碍者家庭支持中心，调研学校特殊教育开展情况、大龄孤独症学生通识教育、专业培训及就业情况，了解机构开展融合文体活动及支持性就业情况，并与部分心智障碍者家长座谈。邵鸿听取情况介绍后，充分肯定国家各部委去年以来在孤独症工作上付出的努力以及北京市在残疾人工作上做的大量工作和探索。邵鸿指出，在孤独症群体生命周期支持链条中，义务教育阶段做的相对较好，但早期筛查及干预、后期就业和托养工作较少，针对性政策缺失，还有很多工作要做。希望政府部门在原有工作基础上，进一步推动孤独症有关政策出台，这既是为残疾人事业发展做出贡献，又是探索国家治理体系和能力现代化的组成部分。

2. 信息工作

2016年，九三学社中央修订了《信息工作先进单位和先进个人表彰奖励办法》，对信息工作平台进行升级，增加和改进系统功能，优化用户体验。截至2016年9月30日，共收到信息3566条，采编形成《九三学社信息》《九三学社信息专报》492期，被全国政协采用44篇。其中，《关于“非行政许可审批”取消后应对资质认定明确衔接措施的建议》《“营改增”全面推开需解决三大问题》《全面实施“营改增”亟须解决的几个问题》《虚开增值税专用发票罪量刑过重应引起重视》《关于进一步清理“红顶中介”的建议》5篇信息获得张高丽、杨晶等同志批示。《司法改革中不应允许律师担任人民监督员》《应重视检察机关考评机制对刑事审判造成的负面影响》2篇信息分别得到最高人民检察院领导同志批示和详尽答复。交通部表示在起草《水路旅客运输实名制管理规定》过程中，将充分考虑九三学社信息《加快推进全国水上交通旅客实名制工作》所提出的建议。《完善我国人才引进政策的建议》被全国政协评为年度优秀社情民意信息。

3. 科学座谈会

5月16日至17日，九三学社中央以“教育信息化与慕课（MOOC）大规模在线教育”为主题，在北京召开第七次科学座谈会。全国政协副主席、九三学社中央主席韩启德出席会议并讲话。九三学社中央常务副主席邵鸿，副主席赖明、丛斌、武维华分别主持四场专题会议。韩启德指出，这次科学座谈会很有启发性。全面准确认识教育信息化与慕课的价值和影响，需要从五个方面来理解。一是从人类文明发展、经济全球化和中国现代化进程的视野看待慕课；二是从教育本质高度认识慕课；三是中国传统教育与慕课有相通之处；四是站在互联网框架看待慕课的发展；五是结合当前中国教育实际情况用好慕课。韩启德强调，发展慕课等在线教育服务业是推动教育服务业的重要动力，要发挥市场在资源配置中的决定性作用，给学校足够自主权，政府同时要重视做好监管。

7月11日至12日，九三学社中央第八次科学座谈会暨钒钛产业创新发展与资源型城市转型研讨会在四川攀枝花举行。全国政协副主席、九三学社中央主席韩启德出席会议并讲话。九三学社中央常务副主席邵鸿，九三学社中央副主席赖明、丛斌出席会议。韩启德说，新时期科学座谈会，是汇聚社内外专家学者，就一些重大科学技术问题和可从科学技术角度切入的经济社会发展重大问题，进行“争鸣式”交流和探讨的高层次座谈会。其目的在于为社内科技人才搭建一个交流思想、凝聚共识的平台，以期既可积淀思想，又能形成参政议政成果。此次在攀同时举办科学座谈会和研讨会是九三学社工作的创新。韩启德指出，钒钛产业的创新发展，对实现我国以高端制造为核心的工业发展战略有着重大的支撑作用。材料科学的发展不能走粗放的老路，必须将科技创新作为发展的根本驱动力，并以此为政策导向，通过具有颠覆性意义的技术革命，走出具有中国特色的技术发展之路。环保部副部长、九三学社四川省委主委黄润秋等在开幕会上致辞。

10 月 11 日至 12 日，以“土壤退化与修复”为主题的九三学社中央第九次科学座谈会在无锡举办。全国政协副主席、九三学社中央主席韩启德出席会议并讲话。九三学社中央常务副主席邵鸿，副主席张桃林、赖明、丛斌、武维华、印红出席会议。韩启德在追溯了前 8 次九三学社中央科学座谈会基本情况，特别是取得的经验和存在的问题以后指出，为了提高科学座谈会的成效，此次首次尝试由九三学社中央主办、省级组织承办，并邀请九三学社中央各专门委员会负责人和九三学社各省级组织代表观摩，以期进一步提高动员面、扩大参与面。与会人员紧密围绕此次会议主题，碰撞思想、交流切磋，达到了突出参政议政特色、优化参政议政选题，提高参政议政质量的目的。会议期间，30 余位专家学者围绕会议主题，从健全法治、完善政策、生态保护、土壤健康、土壤污染防治对策与建议等不同角度，进行了深入研讨。

12 月 19 日至 20 日，以“我国农业（种植业）结构调整与可持续发展”为主题的九三学社中央第十次科学座谈会在浙江桐庐召开。全国政协副主席、九三学社中央主席韩启德出席会议并讲话。九三学社中央副主席赖明、武维华出席会议。韩启德指出，农业结构调整要抓住问题的实质和核心。首先，要总结历史经验。其次，种植业结构调整要具有全球视野，树立全球化农业观念和战略观念。最后，调整种植业结构要充分发挥市场决定性作用，重点在于质量和价格问题。

4. 论坛活动

5 月 13 日至 14 日，以新型城镇化背景下社区治理与服务为主题的第十一届“九三论坛”在上海举办。全国政协副主席、九三学社中央主席韩启德出席开幕式并讲话。全国政协副秘书长、九三学社中央常务副主席邵鸿，全国政协常委、提案委员会副主任、九三学社中央副主席赖明，全国政协常委、九三学社中央副主席、上海市副市长、九三学社上海市委主委赵雯出席论坛。论坛主题是经中共中央政治局常委会批准，中央统战部与九三学社中央联合开展的党派大调研课题。结合论坛主题和前期调研情况，韩启德就推进社区治理与服务提出 4 个方面问题。一是进一步完善社区治理体制。二是界定和规范政府提供的社区服务。三是打造利于社会组织生长的环境。四是清除市场化社区服务发展的障碍。百余位社内外专家学者、九三学社省级组织代表、企业和基层代表围绕论坛主题，从社区治理模式创新、智慧社区建设、社区养老服务、社区“医养结合”试点、社区自治等不同角度，进行了交流研讨。

5月25日，由中国畜牧兽医学会主办，九三学社中央社会服务部等单位承办的第七届中国畜牧科技论坛在重庆荣昌开幕，九三学社中央副主谢小军、印红，九三学社中央原副主席贺铿出席开幕式。会上，谢小军代表九三学社重庆市委与中共荣昌区委书记谢金峰签署了“九荣合作”协议。论坛以“现代畜牧业生态、循环、安全发展之路”为主题。来自全国畜牧兽医行业的院士、专家和科技工作者及全国一流畜牧企业的负责人共1300人，共同就论坛主题进行了学术交流，并探讨如何深度融合畜牧科技与畜牧产业发展。

10月14日，由九三学社中央青年工作委员会主办，九三学社深圳市委员会和深圳市科学技术协会承办的“九三学社全国青年创新创业论坛”在深圳召开。与会专家学者就生物能源、健康产品、新材料、新技术等领域的最新科研进展和发展趋势进行了介绍和讨论，深圳相关产业多位企业家出席会议，来自全国30个省区市的九三学社青年代表近200人参加了相关活动。

（二）民主监督

8月17日至20日，全国政协副主席、九三学社中央主席韩启德率队赴陕调研，正式启动对陕西省脱贫攻坚民主监督工作。全国人大常委、九三学社中央副主席丛斌参加调研。韩启德一行在商洛市商南县察看了脱贫攻坚信息中心、海鑫现代农业公司，在丹凤县察看了竹林关镇江北移民新区、华茂公司现代农业产业精准扶贫赵沟产业基地，同当地企业、农户代表等进行了座谈，了解精准扶贫工作开展情况。在调研座谈会上，韩启德说，对脱贫攻坚开展民主监督工作，这是中共中央赋予各民主党派的一项新任务，一方面是通过民主监督对脱贫攻坚起到帮助推动作用；另一方面是我国多党合作基本政治制度如何深入发展，如何更好发挥民主党派民主监督职能的探索。韩启德说，做好民主监督工作首先要明确指导思想，即在多党合作政治协商基本政治制度基础上，把握民主监督的特性，与中国共产党勠力同心做好脱贫攻坚；对精准扶贫要精准监督，要落到实处而非流于表面；把监督过程和监督结果相结合；将一般监督和重点监督相结合。韩启德指出，做好脱贫攻坚民主监督工作，要建立完善的工作机制。一是知情机制；二是沟通机制；三是反馈机制；四是调研机制；五是保障机制。

11月8日至10日，全国政协常委、副秘书长，九三学社中央常务副主席邵鸿率队赴陕就开展脱贫攻坚民主监督工作进行调研。期间，调研组在西安与陕西省有关方面就开展脱贫攻坚民主监督工作交换了意见。邵鸿说，我们这次调研主要是落实韩启德主席8月份调研与陕西方面达成共识和提出的要求，为下一步工作如何开展进行一些调查研究。希望陕西方面抓好落实，明确责任部门责任人，建好沟通协调和信息交流机制，保障九三学社在开展监督过程中能够充分了解情况，以便向中共中央和陕西省提出有价值的意见建议，助力脱贫攻坚。

（三）政治协商

1. 参加政党协商

1月25日，全国政协副主席、九三学社中央主席韩启德在中南海出席国务院总理李克强主持召开的党外人士座谈会。韩启德代表九三学社中央就《政府工作报告（征求意见稿）》建言。韩启德说，2015年，中共中央国务院沉着应对各种风险挑战，全面深化改革开放，在极其复杂困难形势下取得了难得成就。《政府工作报告（征求意见稿）》提出的各项举措既具前瞻性又具操作性，《"十三五"规划纲要（征求意见稿）》展现了新常态下发展新理念新蓝图。九三学社表示赞同。韩启德同时提出4点建议。一是进一步改善"双创"制度环境。二是多措并举推动消费升级。三是以强化西部基础设施短板促投资稳增长。四是抓好改革举措落实。九三学社中央常务副主席邵鸿、副主席赖明也参加了座谈会。

1月28日，九三学社中央副主席兼秘书长印红出席最高人民法院召开的各民主党派中央、全国工商联以及无党派人士座谈会。印红代表九三学社中央在会上建言。印红说，2015年，法院系统围绕"努力让人民群众在每一个司法案件中感受到公平正义"的目标，认真落实中共中央关于司法体制改革决策部署，全面深化人民法院改革，成效显著。特别是在推进公正司法方面所采取的措施行动，如纠正和防止冤假错案、建立立案登记制度、推行司法公开等工作受到公众认可和好评。印红就人民法院工作提出几点建议：加强对司法体制改革举措的传达解读，提振司法人员士气，推动改革创新；全面适应以审判为中心的诉讼制度改革，不断推进公正司法；坚持以人为本，做好法官员额制改革工作；高度重视法官职业保障；在司法改革过程中应注重部门间协同。在谈到推进公正司法时，印红着重提出了四点建议：一是科学完善错案认定标准。二是健全非法证据排除的法律规定。三是认真研究证人不出庭问题。四是进一步加强量刑规范化。

1月29日，全国政协副主席、九三学社中央主席韩启德出席由中共中央举办的党外人士迎春座谈会。韩启德代表各民主党派中央、全国工商联和无党派人士致辞。韩启德说，在以习近平同志为总书记的中共中央领导下，我国坚持稳中求进工作总基调，按照"四个全面"战略布局，攻坚克难，开拓创新，取得了举世瞩目成就。这可以用"三个充满信心"概括。一是对以习近平同志为总书记的中共中央充满信心。二是对中国特色社会主义充满信心。三是对实现中华民族伟大复兴中国梦和"两个一百年"奋斗目标充满信心。韩启德提出两点建议。一是进一步加强对多党合作制度和协商民主的宣传。将其作为讲好中国故事的一个重要内容，作为体现我国社会主义制度优越性的一个重要内容，作为向国际社会交流治国理政经验的一个重要内容，作为回击"普世价值"和"三权分立"的重要手段。二是进一步抓好中央大政方针、战略部署的落实，加强对党员领导干部的督促，使"三严三实"的要求落地生根。

2月16日，全国人大常委会委员、法律委员会副主任委员，九三学社中央副主席丛斌出席最高人民检察院召开的各民主党派中央、全国工商联负责人和无党派人士代表座谈会。丛斌代表九三学社中央在会上建言。丛斌说，过去一年，检察院系统依法履行职能，推进公正司法；认真落实中央司法体制改革决策部署，全面深化检察改革，成效显著。尤其是在查处贪污贿赂犯罪、纠正和防止冤假错案、推行司法公开等工作得到公众认可。2015年，九三学社中央围绕推进公正司法、提高司法公信力和司法体制改革中的重点难点问题，在北京、浙江开展专题调研，并安排社内地方组织和从事法律工作社员在广西、湖北、河北、江苏、重庆、甘肃等地调研，丛斌就此提出4点建议。一是加强改革举措解读。二是全面履行法律监督职能。三是做好检察官员额制改革。四是加强部门协同。

7月25日，全国政协副主席、九三学社中央主席韩启德在中南海出席中共中央召开的党外人士座谈会。韩启德代表九三学社中央就当前经济形势和下半年经济工作建言。韩启德说，九三学社赞同中央对当前经济形势的判断，以及紧紧围绕供给侧结构性改革，推动重大改革举措落地，强化新发展动力的部署。中央的决策和部署符合实际，汇集了各方智慧。韩启德就抓好落实提出4点建议。一是进一步优化创新创业环境，在试点基础上建立统一的知识产权管理机构；打破市场分割，维护在市场中产品的公平竞争，加快自主创新。二是以“大上海港”试点促进港口群整合。三是完善社会化、信息化、专业化现代农业支持服务体系。四是积极发展住房租赁市场。

8月16日，全国政协副主席、九三学社中央主席韩启德在中南海出席中共中央召开的党外人士座谈会。韩启德代表九三学社中央就制定新形势下党内政治生活若干准则、修订《中国共产党党内监督条例（试行）》建言。韩启德说，中共十八大以来，中共中央的凝聚力和战斗力有了明显增强，领导干部的号召力和执行力有了明显增强，党员队伍的纯洁性和先进性有了明显增强。中共十八届六中全会研究全面从严治党重大问题，制定新形势下党内政治生活若干准则，修订党内监督条例，这是思想建党和制度建党的继续和深化，十分及时、非常重要，必将进一步开辟党的建设新境界。九三学社衷心拥护中共中央全面从严治党的一系列部署和举措。韩启德就严格党内政治生活特别是切实贯彻落实民主集中制，加强党内监督，处理好党内监督与其他监督的关系等问题提出建议。

9月2日，全国政协副主席、九三学社中央主席韩启德出席由中共中央政治局常委、全国政协主席俞正声主持召开的调研协商座谈会。韩启德代表九三学社中央在会上建言：加强社区治理与服务。韩启德说，社区作为社会的基本单元，是服务人民和人民参与社会治理的基础平台，是新型城镇化的重要载体。韩启德就加强社区治理提出5点建议。一是将社区治理上升为国家战略。二是将社区服务作为供给侧改革重点。三是发挥市场在资源配置中决定性作用。四是鼓励社区社会组织发展，稳固执政根基。五是加强顶层设计，构建社区信息平台体系。

12月6日，全国政协副主席、九三学社中央主席韩启德在中南海出席中共中央召开的党外人士座谈会。韩启德代表九三学社中央就今年经济形势和明年经济工作建言。韩启德说，今年经济工作克服诸多不利因素，稳中有进。九三学社赞同中央对当前经济形势的判断和明年经济工作的部署。韩启德就做好明年经济工作提出3点建议。一是“开源节流”，控制外汇管理风险。二是电力产业发展增量存量并重。三是重视企业税赋分化现象。

2. 政协提案发言

在全国政协十二届四次会议期间，九三学社提交社中央提案42件，九三界别提案37件；社中央作了《共抓大保护，修复母亲河》的大会发言；王智彪同志以个人名义作了《提质增效，推动“双创”纵深发展》的大会发言；另有4篇被选为九三学社中央的集体书面发言。在全国政协十二届十六次、十七次常委会上，社中央分别作《决胜小康，绝不能让凉山彝区掉队》《摒除浮躁，谱写文艺繁荣发展的时代华章》的口头发言，另各有

2篇被选为集体书面发言。9件提案被选为全国政协重点提案或入选全国政协《重要提案摘报》。一些提案受到最高人民法院、住建部、财政部等办理单位的高度重视。多个办理单位到社中央走访沟通，或邀请相关同志参加办理座谈会。

2月16日，全国政协副主席、九三学社中央主席韩启德率全国政协调研组就“深化医药卫生体制改革”赴福建进行专题调研，并在福州市召开座谈会，听取福建省有关情况介绍和意见建议。韩启德肯定了福建省医药卫生体制改革工作探索和举措。他表示，福建省在医改实践中取得了一些成功经验，为全国深化医药卫生体制改革提供了借鉴，调研组将深入实地调研，为深化医药卫生体制改革建言献策。调研组一行与福建省有关部门负责人进行了座谈交流。

2月23日到25日，全国政协副主席、九三学社中央主席韩启德率全国政协调研组就“深化医药卫生体制改革”赴安徽进行专题调研。韩启德对安徽省医药卫生体制改革工作探索和举措给予充分肯定。他表示，安徽省开展综合医改以来，在实践中取得了一些成功经验，为全国深化医药卫生体制改革提供了借鉴。全国政协围绕党中央、国务院重大战略部署，今年将举行“深化医药卫生体制改革”专题协商会。此次来皖将深入实地充分调研，认真听取各方意见，为中央深化医药卫生体制改革建言献策。调研组一行在皖期间，赴马鞍山等地实地考察。

3月17日，全国政协副主席、九三学社中央主席韩启德率全国政协调研组就“深化医药卫生体制改革”赴江苏调研，并在南京市召开座谈会，听取江苏省有关部门情况介绍和意见建议。调研组一行就分级诊疗制度、公立医院运行补偿机制、基层卫生综合改革、民营医院发展等问题与江苏省医改办、财政厅、物价局、人社厅等有关部门负责人进行了交流互动。韩启德对江苏省在医改中取得的成绩表示肯定。他说，“十三五”时期是全面建成小康社会的决胜阶段，也是建立健全覆盖城乡居民的基本医疗卫生制度的决胜阶段，时间紧，任务重，希望大家多提建设性意见，为深化医改献计出力。

3月21日至23日，全国政协副主席、九三学社中央主席韩启德率全国政协调研组就“深化医药卫生体制改革”赴重庆调研。在渝期间，调研组一行实地考察了渝中区上清寺社区卫生服务中心、江北区人民医院和重庆药品交易所，组织召开了两场座谈会，听取了重庆市政府及有关部门就深化医药卫生体制改革的情况汇报，并与部分医务工作人员、专家学者进行了深入交流。韩启德指出，重庆市医药卫生体制改革走得早、步子大，有不少好做法，希望重庆市进一步深化改革，着重做好五个方面的工作：一是科学把握医疗的公益性定位；二是充分激发基层医务人员的积极性；三是发挥好医保的杠杆作用；四是充分利用信息技术；五是发挥好政府的关键作用。调研期间，韩启德还接见了九三学社重庆市委领导班子成员。

3月24日，全国政协副主席、九三学社中央主席韩启德在北京出席全国政协就“大力加强科普教育”召开的第四十七次双周协商座谈会。此次双周协商座谈会议题，由九三学社中央和全国政协教科文卫体委员会共同承担会前调研和组织筹备工作。韩启德在发言中提出4点建议：一是建议教育部能够批准“3+2”新闻传媒专业硕士的培养，即本科第四年，学生可以根据兴趣和志愿攻读两年新闻传播专业，可以先做试点。二是国产科幻电影需要有所突破。三是在航天发射中心举办以观看发射为主要内容的旅游项目，创造科普氛围。四是充分发挥新闻出版传媒系统的能动作用，主动发现和联系科技人员中的科普人才。全国政协常委、九三学社中央常务副主席邵鸿，全国政协常委、九三学社中央副主席、农业部副部长张桃林，全国政协常委、九三学社中央常委、中国科学院国家天文台台长严俊，全国政协常委、九三学社中央医药卫生委员会副主任、首都医科大学附属北京安贞医院小儿心脏中心主任刘迎龙，全国政协委员、九三学社社员、中国疾病预防控制中心病毒病预防控制所副所长、朊病毒病室主任董小平，全国政协委员、九三学社中央委员、河南省监察厅副厅长孙运锋，全国政协委员、九三学社中央科技委委员、中国科学院古脊椎动物与古人类研究所学术委员会副主任王元青，九三学社中央科普工作委员会主任、上海市科协副主席、中国科学院院士褚君浩在座谈会上发言。

4 月 21 日，全国政协副主席、九三学社中央主席韩启德，全国政协委员、九三学社中央委员、九三学社中央医卫专委会主任、北京大学医学部主任助理吴明在北京出席全国政协召开的第四十九次双周协商座谈会，围绕“推进安宁疗护工作”建言献策。韩启德说，安宁疗护要落实 3 件事。一是在全国建立一批安宁疗护示范点，由卫计委、人社部、民政部进行综合评估后挂牌。二是由相关专业协会建立示范点评估标准体系。三是改革医保支付方式，按病种预付医院。吴明说，就推进安宁疗护服务体系建设提出 3 点建议。一是尽快将安宁疗护服务纳入医保范畴。二是采用按床日付费医保支付方式。三是鼓励低级别医疗机构、专门服务机构和民营医疗机构提供安宁疗护服务。

5 月 10 日，全国政协副主席、九三学社中央主席韩启德，全国政协副秘书长、九三学社中央常务副主席邵鸿出席全国政协召开的“深化医药卫生体制改革”专题协商会。九三学社中央常委、华中科技大学同济医院教授田玉科，九三学社中央委员、国务院医改领导小组专家咨询委员会委员、北京大学医学部主任助理吴明，九三学社中央委员、重庆市卫计委主任屈谦，九三学社中央委员、重庆医科大学医卫生物医学工程学院教授王智彪，九三学社中央医卫专委会副主任、北京安贞医院小儿心脏中心主任刘迎龙，在会上建言。

5 月 19 日，九三学社中央副主席赖明，九三学社中央委员、江苏省交通运输厅厅长游庆仲，九三学社中央委员、清大筑境规划建筑设计研究院副院长许进出席全国政协在北京召开的第五十次双周协商座谈会，围绕“加强城市规划工作”建言献策。赖明就如何科学编制规划和如何“一张蓝图干到底”提出 3 点建议。一是以科学规划为龙头，确保规划权威性。二是以“多规合一”为抓手，确保改革举措落到实处。三是以协商民主为手段，提升政府治理能力。游庆仲就治理城市交通拥堵提出 3 点建议。一是明确政府主体责任。二是突出交通刚性约束。三是城市群地区“未堵先治”。许进就控制大城市人口规模，发展中小城市，激发中小城市生产力和创造力提出建议。

7 月 7 日，全国政协常委、九三学社中央副主席、中国科学院院士武维华，全国政协常委、九三学社中央副主席、农业部副部长张桃林在北京出席全国政协召开的第 52 次双周协商座谈会。座谈会主题为“加强农作物秸秆综合利用”。武维华就秸秆综合利用提出 3 点建议。一是抓住近几年调整农业种植结构的大好机遇，通过优化耕作制度减少“无效秸秆”产出量。二是鼓励推广应用优良农作物品种以提高粮食作物生产的“经济系数”，节约资源、减少“无效秸秆”产出。三是科学考量生物质能源发展规划与政策。张桃林表示，农业部将深入推进农业供给侧结构性改革，调整优化种植结构和作物品种结构，控制秸秆总量，加大秸秆还田离田农业机械购置补贴力度，大力推广机械化秸秆还田和收割打捆一体化作业，加快发展种养结合现代生态循环农业，按照“政策支持、农用为主、产业发展、疏堵结合、标本兼治”的思路，充分发挥企业、合作社和农民的主体作用，创新体制机制和工作方法，不断提高秸秆综合利用能力。

8 月 30 日，九三学社中央副主席印红在北京出席政协第十二届全国委员会常务委员会第十七次会议举行全体会议，并代表九三学社中央围绕“促进社会主义文艺繁荣发展”的议题发言。印红在发言中呼吁，摒除浮躁，谱写文艺繁荣发展时代华章。印红在发言中针对当前文艺创作和传播存在的浮躁现象提出 3 点建议：一是深化文化体制改革；二是把好文艺创作“入口关”；三是加强文艺传播阵地建设。

9 月 2 日，全国政协常委、提案委副主任，九三学社中央副主席赖明，在九三学社中央机关与住房和城乡建设部城乡规划司司长孙安军一行就《九三学社中央关于促进城市地下空间统筹开发利用的建议》的提案办理情况进行协商。赖明说，在新型城镇化进程中，要高度重视城市地下空间开发利用。赖明指出，做好城市地下空间开发利用的关键是加快立法。要理顺多头管理模式，通过立法明确《城市地下空间开发利用“十三五”规划》法律地位，研究、探讨、区分人民防空军事与民事体系，将城市地下空间规划建设更多用于解决人民群众交通、生活等民生问题。赖明表示，城市地下空间统筹开发利用是一个非常重要的课题，希望与住建部形成一个以“城市地下空间开发利用在改善大城市病中的作用”为主题的联合调研课题。

（四）社会服务

1 月 22 日至 23 日，全国人大常委会委员、法律委员会副主任、中国工程院院士、九三学社中央副主席丛斌，九三学社中央社会服务部部长徐国权一行赴陕西专题调研“大荔模式”。在深入调研后，丛斌对“大荔模式”所取得的重要阶段性成果给予充分肯定。他认为“大荔模式”既是农村生产发展模式，也是农村社会治理模式，通过建立一个机制，把政府、企业、农民三者有机结合起来，在大荔、渭南及陕西全省推广，实现了良性运转，产生了很好的效果，是一种创新。谈到“大荔模式”的后续发展，丛斌指出，“大荔模式”还需在体系架构上、在推广和发展的方法论上再做一些文章。丛斌希望通过理论、实践的不断循环往复过程，最终使“大荔模式”能在全国范围内立得住、站得稳、走得远。

2 月 2 日，九三学社中央在九三学社中央机关召开帮扶旺苍县工作座谈会，就精准扶贫问题进行研讨。九三学社中央副主席丛斌出席会议并讲话。丛斌说，九三学社中央把旺苍县作为定点扶贫对象，是响应中共中央扶贫工作会议提出的 5 年精准扶贫规划而打响的新一轮扶贫攻坚战，是社会主义共享发展的要求。九三学社作为中国特色社会主义参政党积极参与扶贫是义不容辞的责任。我们要秉承多党合作文化理念，按照习近平总书记在中央统一战线工作会议上提出的要求，继续沿着“九广合作”模式，做好旺苍县精准扶贫工作。要将旺苍县贫困人口如期迈进小康，甩掉贫困帽子，作为九三学社主攻方向和重点工作内容。谈到如何做好旺苍县精准扶贫工作，丛斌指出，九三学社各级组织要遵循民主协商原则，配合地方政府确定的扶贫思路、方法、进度有条不紊地进行，不能另辟蹊径，要帮忙不添乱，把工作做实；要齐心协力围绕“五个一批”发展基础产业，发挥九三学社智力优势，协调社内力量为旺苍县科技、教育、医疗等领域的发展给予帮助。

3月17日至18日，全国人大常委会委员、法律委员会副主任委员，九三学社中央副主席，中国工程院院士丛斌一行在鹤壁就丁二酸酐项目建设进行考察。九三学社山西省委主委刘滇生、河南省委主委张亚忠，中共鹤壁市委书记范修芳等参加调研。丛斌一行首先前往宝山循环经济产业集聚区，实地考察丁二酸酐项目。在随后召开的座谈会上，与会人员就加快推进丁二酸酐项目建设进行了深入沟通交流。听取大家发言后，丛斌指出，河南能源化工集团精细化工有限公司丁二酸酐项目是晋豫合作的典范，是九三学社参与社会服务的典范，其采用的生产工艺是具有自主知识产权的新技术，打破了发达国家的技术垄断，具有广阔的市场前景。希望大家齐心协力把项目做实做好、做大做强，九三学社将一如既往地支持项目的发展，为实现产业化、规模化献计出力。

3月22日，统一战线聚力脱贫攻坚暨多党合作参与毕节试验区建设座谈会在贵州毕节召开，中共中央政治局委员、中央统战部部长孙春兰出席会议并讲话。全国人大常委、法律委员会副主任委员，九三学社中央副主席丛斌代表九三学社中央发言并介绍经验。丛斌指出，九三学社从20世纪80年代初就积极参与扶贫，重点在四川旺苍、贵州威宁和黔西南开展了生态建设、教育医疗、科学普及、项目示范等方面的帮扶，形成了“亮康行动”“同心康福”等系列社会服务品牌，取得了良好的社会效益，在扶贫方面探索出了一些经验。丛斌具体介绍了九三学社的主要做法：一是帮助争取国家项目。二是引进企业促进生态产业发展。三是促进教育医疗等民生改善。关于下一步的扶贫工作思路，丛斌强调，九三学社将紧紧围绕中央扶贫开发工作会议精神和要求，将五大发展理念贯穿于扶贫工作中。按照统一战线参与脱贫攻坚工作部署，把参与脱贫攻坚工作作为今后五年社会服务工作重点，结合服务“一带一路”倡议大局，充分发挥科技界别优势，整合全社资源，以典型示范项目为抓手，重点在四川旺苍、贵州毕节和黔西南开展精准扶贫，注重在一些政府管不过来，市场又不愿意管而又切实关乎民生的短板领域扎实做好社会服务工作。

4月9日，九三学社“同心康福”优德行动启动仪式在河南开封尉氏县举行。全国政协常委、副秘书长，九三学社中央常务副主席邵鸿，河南省政协副主席、九三学社河南省委主委张亚忠等参加启动仪式。邵鸿在启动仪式上讲话。他强调，打赢脱贫攻坚战是党和政府对人民群众的庄严承诺，是“十三五”期间最大的民生工程，也是统一战线重要的政治任务。九三学社紧紧围绕中共中央扶贫开发工作系列精神和要求，按照统一战线参与脱贫攻坚工作总体部署，把参与脱贫攻坚工作作为今后五年社会服务工作重点，结合服务“一带一路”国家战略大局，充分发挥科技界别优势，整合全社资源，以“同心康福”等典型示范项目为抓手，举全社之力参与脱贫攻坚战，为党和政府执政兴国提供坚实依靠和强大支持，让“同心康福”品牌成为多党合作参与扶贫攻坚、同步实现小康的重要助力。

5月11日至13日，九三学社中央院士专家一行赴闽举办科普巡讲活动，先后在宁德、泉州、厦门三地举办科普讲座12场。九三学社中央科普委员会主任、中国科学院院士褚君浩作“新工业革命和创新驱动转型发展”的讲座。九三学社中央科普委员会副主任、北京大学公共卫生学院教授、全国著名健康科普专家钮文异作“健康生活和谐人生”的讲座。九三学社中央科技专门委员会委员、高级信息系统项目管理师洪之旭和中国科学院自动化研究所、应用数学所研究助理尹沛劼分别作“新形势下的新型智慧城市建设思考”“机器人与神经科学的交叉——类脑机器人初探”的讲座。

5月20日至22日，九三学社全国社会服务工作会议暨培训班在上海举行。全国人大常委会委员、法律委副主任委员、九三学社中央副主席、中国工程院院士丛斌出席并讲话，全国政协常委、九三学社中央副主席、上海市副市长、九三学社上海市委主委赵雯到会致辞。丛斌说，本次社会服务工作会议的主要任务是，“回头看”，总结凝练多年的社会服务经验和做法；对如何精深打造九三学社社会服务品牌提出意见建议；作为以自然科学技术界高中级知识分子为主的九三学社，在社会服务精准扶贫工作中怎样做到“精准”二字；厘清社会服务工作与参政党自身建设的关系。丛斌强调，九三学社助力脱贫攻坚工作，一是要深刻认识助力“脱贫攻坚”的重大意义、树立责任意识。二是要加强组织动员，做好“精准扶贫”。三是要把参与脱贫攻坚作为今后5年社会服务工作重点，结合服务“一带一路”倡议，充分发挥科技界别优势，整合全社资源，以典型示范项目为抓手，重点在威宁、旺苍等定点扶贫地区开展精准扶贫工作。会议邀请国务院扶贫办副主任郑文凯、金和网络董事长栾润峰分别做《打赢“十三五”脱贫攻坚战》和《互联网和精准扶贫如何深度融合》的报告。

6月7日至8日，全国人大常委会委员、法律委员会副主任、九三学社中央副主席、中国工程院院士丛斌率队赴秦皇岛开展院士专家科普巡讲活动，并作《动物灭绝影响人类生存安全》的学术报告。河北省政协副主席、九三学社河北省委主委葛会波全程陪同。此次科普活动还邀请了首都医科大学附属北京天坛医院神经外科主任医师、北大国际医院神经外科主任、九三学社中央科普工作委员会委员赵元立，工业和信息化部国际经济技术合作中心智能制造研究所所长、九三学社中央科技专门委员会委员、高级工程师王喜文分别作《脑血管病诊疗进展》《工业4.0与中国制造2025》的学术报告。期间，丛斌还赴九三学社秦皇岛市委机关和燕山大学走访调研，并与九三学社秦皇岛市委委员和部分社员进行了座谈。

6月14日至15日，全国人大常委会委员、法律委员会副主任委员、九三学社中央副主席、中国工程院院士丛斌率队赴青海开展以“健康科普”为主题的“九三学社中央院士专家科普巡讲”青海行活动。丛斌为青海省人大常委、海西蒙古族藏族自治州机关事业单位工作人员分别作《全面依法治国——治国安邦的基本方略》《健康产业发展》的讲座。国家探月工程首席科学家、中国科学院国家天文台台长严俊，中国气象局气象影视中心总工程师朱定真，北京大学医学部社会医学与健康教育系副主任钮文异，中科大信息科学技术学院副院长王永分别走进西宁第二中学、青海民族大学、互助土族自治县第三中学、海西蒙古族藏族自治州高级中学等地，以《天体的活动对人类产生的重要影响》《健康生活和谐人生》《地球的健康与人类健康》《探月工程和载人航天》等为主题进行巡讲。

6月18日，九三学社“革命老区健康宁夏行”活动在宁夏吴忠市同心县人民医院启动。全国人大常委会委员、法律委员会副主任委员、九三学社中央副主席、中国工程院院士丛斌出席启动仪式并讲话。丛斌指出，打赢脱贫攻坚战是中国共产党和政府对人民群众的庄严承诺，是“十三五”期间最大的民生工程。这不仅是执政党的事，也是参政党义不容辞的历史责任。丛斌强调，近些年来，九三学社加强对边远贫困地区医疗卫生领域的帮扶，鼓励有条件的地方组织通过协调医卫领域专家开展义诊和业务指导，帮助贫困地区医师进修、参加培训等不同方式，提升当地医疗卫生水平，造福百姓。九三学社宁夏区委主动作为，积极争取九三学社中央支持，努力加强与北京、上海等省级组织合作，聚集优质医疗卫生资源，指导、帮扶宁夏贫困地区县级医院加强重点科室建设，普及传播健康科普知识，为提高群众医疗健康水平，做诸多有益工作。丛斌希望九三学社宁夏区委以这次“九三学社革命老区健康行”活动为契机，从医疗救助入手，做好精准扶贫，帮助贫困人口重新释放劳动生产力，再辅以产业就业支持，提高精准扶贫成效，促进贫困地区医疗卫生事业发展，为助力脱贫攻坚做出积极探索和贡献。

7月6日，九三学社“亮康行动2016黑龙江行”活动在哈尔滨市启动。全国人大常委会委员、法律委员会副主任、九三学社中央副主席、中国工程院院士丛斌出席启动仪式并讲话。丛斌指出，“亮康行动”是由九三学社中央通过地方组织，每年组织社内眼科专家面向农村贫困地区，尤其是革命老区、西部山区、地震灾区和少数民族地区的贫困白内障患者免费实施复明手术的公益慈善活动，已成为中央统战系统的一项品牌工程。这项活动实施10多年来，已经为老、少、边、贫地区4万余名白内障患者解除了痛苦，使他们充分感受到党和政府的温暖。丛斌强调，民心是最大的政治。健康是最朴素的期盼。攻坚克难，做好群众关心的事，做好人民利益攸关的事，是九三学社参与全面建成小康社会，实现“两个一百年”奋斗目标、推进复兴伟业的重要一环，也是我们的初心所在，前进所向。

8月11日，全国政协常委、九三学社中央副主席、中国科学院院士卢柯在九三学社甘肃省委主委刘晓梅陪同下，到天水市果树研究所就“九三学社专家工作站”情况进行调研。在果树研究所的座谈会上，卢柯说，“九三学社专家工作站”工作扎实、不断创新，为促进地方林果业发展做出了一定成绩；九三学社专家和天水市果树研究所相互支持，合作共赢，成绩突出；“九三学社专家工作站”做到了社会服务、参政议政、人才队伍建设三者结合，促进了九三学社工作。卢柯指出，要进一步发挥人才优势，就品牌战略开展研讨，突出科技含量，打造服务社会品牌；要重视林果业科技人才培养、建立培训机制，在请进来的同时，采取送出去的办法，选派年轻农技人员到发达地区学习，培养骨干力量，组建人才队伍，推进天水林果业发展。

9月5日至7日，全国政协副主席、九三学社中央主席韩启德率领九三学社中央调研组赴新疆调研九三学社参与“一带一路”倡议社会服务工作。韩启德一行先后来到乌鲁木齐、和田地区，走农村、进企业、访大学，与各族干部群众座谈交流。在座谈会上，韩启德指出：“一带一路”倡议的实施给新疆发展带来极好机遇，新疆大学在中亚区域研究领域具有得天独厚的优势，不仅具有地理区域优势，更有语言优势和民族优势。新疆大学如果有一批学者能够扎扎实实深入到一线去，获得第一手资料，那么新疆大学就为

“一带一路”倡议实现贡献了自己的力量。在和田市，韩启德指出，红柳大芸产业具有很好的生态效益、经济效益和社会效益，发展潜力巨大。要进一步提升肉苁蓉附加值，完善产业链，加强栽培、机械化生产的技术推广。同精准扶贫工作结合起来，在加大种植面积的同时，抓好质量及品牌建设，使这项产业成为当地经济发展的“金字招牌”。

9月14日至15日，纪念“九广合作”30周年暨创新型企业家论坛在广元举行。全国政协副主席、九三学社中央主席韩启德寄语九广合作：愿此合抱之木更枝繁叶茂。韩启德并为“九广合作”创新创业孵化园揭牌。九三学社中央副主席丛斌主持论坛开幕式。韩启德指出，“九广合作”开辟了“九地合作”工作模式，历久弥新，成果丰硕，经验值得总结。一是领导重视、补短板。二是以科技为核心，坚持不懈。三是群众所盼即九三学社所为。

9月19日，“亮康行动——西藏行”启动仪式在海拔3800多米的西藏日喀则市举行。全国政协委员、九三学社中央社会服务部部长徐国权，九三学社山东省委秘书长王博等出席启动仪式并讲话。此次“亮康行动”使106位藏族同胞重见光明，医疗队还为当地医院眼科医生和护理人员进行了培训。

9月26日至29日，九三学社中央副主席、上海市副市长、九三学社上海市委主委赵雯率队赴贵州毕节试验区就社务工作和精准扶贫工作进行调研。在调研后召开的座谈会上，赵雯指出，“十三五”时期是全面建成小康社会决胜阶段，脱贫攻坚面临时间紧、任务重、难度大等问题，如何打赢，“精准”是关键。九三学社贵州省、市、县各级组织要按照习近平总书记对扶贫攻坚在精准施策上出实招、在精准推进上下实功、在精准落地上见实效这“三个实”的要求和九三学社中央有关精准扶贫的要求，大力支持当地政府进一步细化精准扶贫措施，结合实际，精准推介，精准招商，继续加大已有项目投入，推进已定项目落地，鼓励支持企业开展项目研发，因地制宜做大做强中草药材产业，充分发挥得天独厚的旅游资源优势，做好农业与旅游业融合发展这篇文章，做好全域旅游申报工作。上海市旅游职能部门要全力提供帮助，推动威宁大旅游产业发展，与精准扶贫工作有效对接。要围绕脱贫致富，不断促进职业教育创新发展，优化专业结构，加强职业技能培训，为实现脱贫提供智力支撑。

10月11日至14日，由九三学社中央书画院、九三学社毕节市委、九三学社威宁县工委联合举办的“走近经典送文化下基层”活动在威宁县举行。在威宁九三中学，九三学社中央文化工作委员会委员、九三学社中央书画院副秘书长王文英，九三学社中央书画院院务委员、九三学社山西书画院常务副院长李太清分别以《怎么欣赏一幅书法作品》《如何欣赏中国画》为题为九三中学师生们做了两场精彩的书画讲座。讲座结束后，书画家们挥毫创作，并将作品赠给九三学社毕节市委和威宁县工委。

10月15日至17日，全国人大常委会委员、九三学社中央副主席丛斌在安徽调研社会服务工作，现场了解九三学社安徽省委“百名专家乡村学堂讲科普”活动和教育扶贫工作情况，并赴滁州指导“九滁合作”工作。丛斌指出，教育帮扶是民主党派社会服务的重点内容，九三学社集中全社力量对口帮扶威宁县，九三学社安徽省委在这项工作上有创新、有作为，成效显著。在教育帮扶上，不能只看重成绩，还要注重全面发展、培养创新型人才。“讲科普”活动是2008年由九三学社安徽省委发起，旨在通过科普提高受众对科学的认识和文化能力，传播好的生活习惯和生活方式。卫生健康是目前的重点，要通过这个活动普及健康文化知识。希望九三学社安徽省委再接再厉做好社会服务工作。

11月13日至16日，全国政协副主席、九三学社中央主席韩启德率领九三学社中央调研组赴贵州威宁彝族回族苗族自治县调研教育扶贫工作。全国人大常委会委员、九三学社中央副主席丛斌陪同考察。在考察调研座谈会上，韩启德对近年来威宁经济社会发生的变化给予充分肯定。韩启德强调，威宁发展需要秉承务实求新精神长远谋划，新型县域城镇化和工业化是根本发展方向。近年来，威宁城镇化发展取得长足进步，但是同发达地区比起来还是有很大差距。要继续引进能体现当地特色和优势的龙头企业，不断追求质量，不能“一哄而上”，给生态环境带来不可逆转的伤害。威宁要从自然禀赋出发发展产业，同时要保护好生态环境，保住“金山银山”。要更加重视统筹兼顾，注重公平、公正、和谐，更好地在发展中促进群众增收致富，让发展成果与人民共享。

（五）港澳台和海外联络工作

6月16–25日，全国政协副主席、九三学社中央主席、中国人民争取和平与裁军协会会长韩启德率代表团访问保加利亚和罗马尼亚，并经停匈牙利。访保期间，韩启德会见了保加利亚议长察切娃、副议长斯托伊洛夫、议会外委会主席格罗兹丹诺娃，并与保加利亚和平委员会、民主研究中心、欧亚地缘战略研究中心、索非亚大学、大特尔诺沃大学等多个组织的代表进行了交流。访罗期间，韩启德会长会见了罗马尼亚参议长特里恰努、副议长尼斯托尔，并与外委会主席菲利普、议会罗中友好小组主席莫托克及罗全国进步联盟、社民党、国家自由党的参议员代表举行工作会谈。此外，代表团还同罗经济部国务秘书巴内亚及罗公民社会、法律民主协会、和平委员会、欧洲风险基金会、中东政治经济研究所等多个智库与组织的代表进行了交流。经停匈牙利期间，代表团拜会了匈外交与对外经济研究所，围绕两组织未来友好交流与务实合作等事交换了看法。

7月29日，全国政协副主席、九三学社中央主席、中国海外交流协会会长韩启德在北京会见世界福州十邑同乡总会访问团一行。会见中，韩启德对热心回到祖籍国交流、服务的访问团成员们表示感谢，积极评价世福总会长期以来促进华侨华人在住在国生存发展和支持祖籍国和家乡发展等方面所作的积极贡献。韩启德说，中国是一个日新月异的、正在崛起中的国家，经济结构正在发生转变，经济发展面临新的挑战。他认为，面临挑战，中国有信心。韩启德表示，中国国家的稳定局面，为投资者提供了便利，为投资环境提供了保障，他呼吁海外华侨华人积极投身国家经济建设，实现共赢。

9月21日至24日，九三学社中央副主席、农业部副部长张桃林率团访问澳大利亚，与澳大利亚农业与水利部、西澳大利亚州和昆士兰州官员举行会谈，就加强农业合作交换意见，达成广泛共识。张桃林表示，农业是中澳关系重要组成部分，目前双方合作机制日益健全，合作领域全面拓展，农产品贸易快速发展，农业投资合作势头良好。中方愿与澳方一道，落实好两国元首会谈时达成的农业合作共识和两国农业部签署的《关于拓展合作领域的联合合作框架》，在农业科技、农业投资、农产品贸易等领域开展广泛合作。

三、自身建设

（一）思想建设

1月8日，九三学社中央理论学习中心组专题学习《关于加强社会主义协商民主建设的意见》《关于加强政党协商的实施意见》等文件精神。九三学社中央主席韩启德出席会议并讲话。韩启德指出，现阶段，协商民主是适合我国特色社会主义民主的实现方式，关键在于如何落实好。对九三学社来说，首先要毫不动摇地坚持中国共产党领导。其次要不断提高履职能力特别是政党协商能力。当前，世界格局剧烈变化，多元文化激荡交融，我国经济社会处于大转型时期，要推进"四个全面"，实现"十三五"确定的目标，凝聚人心，形成社会共识是关键。知识分子的共识是社会共识的基础。对此九三学社责无旁贷。九三学社要充分发挥优势，有针对性地做好所联系知识分子的思想工作，努力把他们团结凝聚在中国共产党周围，形成和而不同的社会共识，为全面建成小康社会、实现中国梦而共同奋斗。九三学社中央常务副主席邵鸿，副主席赖明、丛斌、印红等也在会上发了言。

2月23日，九三学社中央在北京召开全国"两会"媒体通气会。会议开始前，九三学社中央副主席丛斌看望了出席会议的媒体记者并向大家表示问候。会议由九三学社中央宣传部部长穆建民主持，九三学社中央参政议政部副巡视员张瑛通报相关情况。穆建民就做好全国"两会"期间九三学社新闻舆论工作提出5点建议。一是突出重点、发掘亮点。二是聚焦看点、体现特色。三是除规定动作外多些自选动作。四是除消息报道外，多些深度报道。五是除平面媒体外，多融入些新媒体方式。会上，还向媒体推荐了九三学社全国"两会"代表委员新闻采访线索。

3月1日，全国政协委员、九三学社中央委员、九三学社中央宣讲团成员许进应邀赴陕西西安，为陕西2015年加入九三学社的170多名新社员作社史专题报告。许进在题为《我对九三学社的几点认识》的报告中，讲述了九三学社的缘起，回顾了九三学社创建和发展的历史以及一代代九三学社前辈投身民族解放和复兴的光辉历程。

3月17日，九三学社中央与九三学社北京市委在北京联合召开全国"两会"精神传达学习会。全国政协常委、九三学社中央常务副主席邵鸿主持会议。全国政协常委、九三学社中央副主席兼秘书长印红，全国人大常委、九三学社中央委员侯义斌分别传达全国政协十二届四次会议和十二届全国人大四次会议精神。邵鸿说，今年的全国"两会"集中体现我国未来5年发展目标、途径和手段，生动反映我国发展走向和政治节奏。作为我国民主政治生活中的一件大事，人民关心、社会关注、世界瞩目。邵鸿指出，学习贯彻好"两会"精神，首先要加强学习，找准"十三五"规划和政府工作报告这两个学习的重点和关键点；其次要加强履职，将学习贯彻会议精神坐实落地。全社各级组织和广大社员要将学习贯彻热情转化为投身本职工作和加强参政党自身建设，积极有为，不断推动九三学社"思想上坚定，履职上坚实，组织上坚强"目标的实现，为实现"十三五"各项目标任务，为全面建成小康社会，实现中华民族伟大复兴的中国梦作出新贡献。印红着重介绍了全国政协十二届四次会议基本情况和九三学社履职的有关情况。她说，本次会议有 5 个特点：一是进一步加强纪律要求，要求委员“懂政协、会协商、善议政、守纪律、讲规矩、重品行”；二是增加界别小组自选议题和讨论环节；三是增加“快报”制度；四是增加国务院办公厅人员全程参会环节，畅通与委员沟通渠道；五是更加强调会纪会风。通过成立监督组，设立意见箱，有效防止“四风”反弹。

4 月 11 日，九三学社全国新闻宣传工作骨干培训班在武汉大学新闻与传播学院开班。全国人大常委会委员、九三学社中央副主席、中国工程院院士丛斌出席开班式并讲话。丛斌说，举办此次培训班，目的在于推动九三学社各级组织认真学习贯彻习近平同志关于新闻宣传和舆论引导工作重要讲话精神，总结交流近年来新闻宣传工作新经验、新成效，深入分析当前新闻宣传工作的新形势新任务，进一步明确方向开阔视野，不断提高新闻宣传和舆论引导水平。丛斌指出，做好全社新闻宣传和舆论引导工作，一是要充分认识新闻宣传和舆论引导工作重要性。二是要强化“阵地意识”。三是要努力提升自身本领，形成新闻宣传工作合力。四是要做好“三结合”，不断提升新闻宣传水平。此次培训为期一周，来自九三学社中央和各省市级组织的 140 名新闻宣传骨干参加培训。

5 月 3 日，“五四运动”97 周年前夕，九三学社中央与九三学社北京市委在北京联合举办“五四运动与社会转型”学术研讨会，探讨五四运动对中国社会发展的影响，共话民主科学精神的时代内涵。九三学社中央副主席丛斌在研讨会上做主旨演讲。丛斌指出，九三学社与五四运动有着深厚的历史渊源。当年五四运动的学生领袖许德珩等人成为后来九三学社的发起人。九三学社作为与中国共产党风雨同舟的亲密友党，矢志不渝地传承“五四”的爱国民主科学精神，并将其发扬光大。来自台湾政治大学和台湾朝阳科技大学的两位教授作关于中国近代史的反省的主题发言，九三学社中央思想建设研究中心和九三北京市委理论研究会的专家学者围绕五四运动对当代中国发展的影响，民主科学精神与国家治理体系现代化，民主科学精神与社会治理创新以及文化发展等方面进行了深入探讨。

5 月 28 日，北京大学计算机科学技术研究所副研究员、王选纪念陈列室主任丛中笑作为九三学社中央宣讲团特邀嘉宾，赴海南省琼海市为参加九三学社海南省委 2016 年中国特色社会主义学习实践活动中期经验交流会议暨培训班学员作主题为“王选的世界——当代毕昇的心路历程”的专题讲座。九三学社海南省委专职副主委周耀柒、秘书长龚沛星、基层组织骨干及九三学社海南省委机关工作人员 120 多人聆听讲座。

6 月 17 日，九三学社中央学习实践活动宣讲团成员朱良应邀赴九三学社湖北省委作《在参政党履职过程中的学习和工作体会》专题报告。九三学社湖北省委主委田玉科出席报告会。报告会由九三学社湖北省委副主委应楚洲主持。报告会上，朱良从对中国特色社会主义的学习体会、对多党合作和政治协商制度的理解和在履职实践中的个人经验三个方面展开阐述，重点介绍了参政党社情民意信息的撰写要领，分享了接受新闻媒体采访的宝贵经验，提出了九三学社社员在履职中的注意事项。

6 月 29 日，全国政协副主席、九三学社中央主席韩启德走访民主与科学杂志社，询问大家工作生活情况，了解编辑工作流程，与同志们亲切座谈。韩启德充分肯定《民主与科学》改版后所取得的成绩。他说，《民主与科学》要丰富多彩，打破以前的条条框框，甚至可以搞一些好文摘，只要大家爱看、能够从中受益就行。当杂志办得越来越好的时候，就会有更多的人参与进来，形成良性循环。韩启德对今后《民主与科学》的办刊和发展方向提出三点要求。第一，内容上一定要有思想，不要人云亦云。第二，《民主与科学》是九三学社的刊物，要贴近九三学社的实际，展现九三人的思想和精神风貌，要以人为本。第三，文风要严谨、理性，要有风骨，文笔还要好，让人爱看，可读性强，这样宣传舆论工作才能更加有效。

7月5日，九三学社中央理论学习中心组集体学习习近平总书记在庆祝中国共产党成立95周年大会上的重要讲话。全国政协副主席、九三学社中央主席韩启德主持学习。韩启德说，习近平总书记的重要讲话回顾了中国共产党从1921年到2016年这95年来的奋斗历程、做出的历史贡献、取得的历史经验，并面向未来对全党提出不忘初心、继续前进的8方面要求，与中国特色社会主义理论体系一脉相承，形成一个有机体系，具有昭示未来的宣言性质。韩启德强调，九三学社各级组织和广大社员要认真学习习近平总书记“七一”重要讲话精神，与正在开展的中国特色社会主义学习实践活动紧密结合，深入社会、积极实践，了解国情社情，为经济社会发展建诤言献良策；讲好中国故事、统一战线和多党合作故事和九三学社故事，把九三学社先贤和身边社员为国家民族无私奉献的事迹更广泛地弘扬，把九三学社爱国民主科学优良传统一代代传承下去。九三学社中央常务副主席邵鸿，副主席赖明、丛斌、印红也畅谈了学习体会。大家一致认为，习近平总书记“七一”讲话内容丰富、思想深刻、富有感情、打动人心。尤其是8个“坚持不忘初心、继续前进”，体现了中国共产党人高尚的政治品格、坚定的政治信念、远大的政治抱负和非凡的世界眼光。会议还研究了九三学社的思想政治工作。

7月19日，九三学社中央在北京召开青年社员座谈会。全国人大常委会委员、法律委员会副主任委员、九三学社中央副主席丛斌出席会议并讲话。丛斌从理论上解读了宪政民主与我国依宪执政的本质区别，分析了普世价值、公民社会、新自由主义、历史虚无主义对我国主流意识形态西化、分化的危险。他指出，九三学社社员要有清醒认识，提高甄别能力，筑牢意识形态领域的“反导系统”，守住意识形态安全。丛斌强调，青年社员是九三学社的希望和骄傲，大家要勇担国家发展和社会进步的责任，携手共创两个一百年的美好明天。

7月23日，九三学社中央宣讲团走进甘肃金昌，九三学社中央宣讲团成员林乐芬、李丽芳分别作主题报告。南京农业大学金融学院财政与金融研究中心主任林乐芬以《中国农村土地制度深水区改革》为题，从农业供给侧结构性改革与农村土地制度创新两大方面，详细讲解了中国农村土地制度发展和改革进程。云南师范大学传媒学院教授李丽芳以《社会主义核心价值观对中国传统文化的继承和超越》为题，从培育和践行社会主义核心价值观的重要性、什么是社会主义核心价值观、留住文化的根——传统文化是培育践行社会主义核心价值观的重要源泉、社会主义核心价值观是中国传统文化的升华和超越、中国梦五个方面，为听众上了一堂内涵丰富、震动心灵的爱国主义课。

9月19日至20日，九三学社中央在山东威海举办以“统一战线：一致性与多样性，画好同心圆”为主题的第三届坚持和发展中国特色社会主义论坛。全国人大常委、九三学社中央副主席丛斌出席论坛并讲话。丛斌指出，一致性与多样性关系是马克思主义哲学基本命题，一致性与多样性是一种普遍客观的存在，二者互为前提、相生相济。丛斌强调，作为爱国统一战线的一员，作为进步性与广泛性相统一的参政党，九三学社要坚持“同心圆法则”为指导，推动自身建设再上新台阶，促进履职能力和水平的提高。与会人员聚焦论坛主题，围绕统一战线一致性与多样性的关系，坚持社会主义核心价值观与包容社会文化多元多样的关系等多个话题，畅所欲言、坦诚交流。

10 月 9 日，九三学社中央在京举行纪念红军长征胜利 80 周年座谈会。全国人大常委、九三学社中央副主席丛斌出席会议并讲话。丛斌指出，长征精神永存，“长征”永远在路上。丛斌强调，我们纪念和传承长征精神，一是要讲好中国故事，即讲好中国特色社会主义的故事，讲好中国共产党的故事，讲好九三学社的故事，讲好多党合作的故事；二是要认真履职，结合实际工作运用好长征经验、传承好长征精神，按照韩启德主席在社的第十次代表大会上提出的要求，努力把九三学社建设成为思想上坚定、履职上坚实、组织上坚强的参政党。九三学社中央思想建设研究中心副主任许进，九三学社中央思想建设研究中心研究员朱良、罗道全、孙迎春、何深思、肖丽媛分别从不同角度回顾了红军长征的光辉历程，畅谈了长征精神的时代内涵及认识体会。

11 月 3 日，九三学社中央学习实践活动领导小组研究决定，授予(按姓氏笔画排序)马克俭、毛继祖、刘文魁、刘月宁、李恒、李唯、严俊、董元华、葛均波、彭淑牖等 10 名同志“九三楷模”荣誉称号。《九三学社中央关于授予马克俭等 10 名同志“九三楷模”荣誉称号的决定》中说，全社各级组织和广大社员要以“九三楷模”为榜样，学习他们献身科学、勇攀高峰的创新精神，投身社务、乐于奉献的崇高风范，胸怀大局、坚持理想的爱国情操，服务社会、淡泊名利的思想品德，深入学习贯彻中共十八大和十八届三中、四中、五中、六中全会精神，深入推进坚持和发展中国特色社会主义学习实践活动，以更加坚定的信念，更加高昂的热情，更加扎实的工作，朝着“两个一百年”奋斗目标和中华民族伟大复兴的中国梦奋勇前进。

11 月 8 日，九三学社中央和九三学社北京市委在京联合召开座谈会，学习座谈中共十八届六中全会精神。全国政协副主席、九三学社中央主席韩启德出席会议并讲话。座谈会由全国人大常委会委员、九三学社中央副主席丛斌主持。韩启德强调，九三学社要把学习贯彻中共十八届六中全会精神作为首要政治任务，把思想和行动统一到全会精神上来。一是要把学习全会精神与正在开展的中国特色社会主义学习实践活动结合起来。二是要把学习全会精神与履行参政党职能结合起来。三是要把学习全会精神与自身建设结合起来。九三学社北京市委秘书长刘永泰，九三学社中央思想建设研究中心副主任许进、郑晓东、邹晶，研究员岳清堂、甄燕昌，九三学社北京市委法工委委员傅彤，九三学社中央办公厅副主任张魁林，九三学社北京市委执委刘清利等从不同角度畅谈了学习体会。

11 月 16 日至 17 日，九三学社全国新媒体建设研讨会在柳州召开。全国人大常委会委员、法律委员会副主任委员、九三学社中央副主席丛斌出席会议并讲话。丛斌说，九三学社各级组织一是要从巩固多党合作共同思想政治基础高度把握全社新媒体建设。二是要从围绕中心、服务大局的高度加强新媒体建设。三是要从壮大传播正能量高度将新媒体从业人员纳入工作范围，将新媒体人员纳入工作视野，加强思想引导，增进情感交流。四是要从方式方法转型升级角度加强新媒体建设，顺应新媒体表达方式，树立新媒体理念，做好资源整合。五是要从提高宣传干部能力素质角度加强新媒体建设。上海、湖南、河南等 8 个九三学社省、市级组织和九三学社中央青工委代表、公众号“九三人”创办人等，分别作大会交流发言。与会人员围绕如何把握新媒体传播规律，如何增强九三学社新媒体特色，如何提高九三学社新媒体活力，如何发挥好九三学社新媒体集群优势，以及如何解决新媒体建设中遇到的困难等问题，进行深入研讨，并就《九三学社中央关于加强网站建设的意见（讨论稿）》《九三学社微信公众号暨微信工作群管理办法（讨论稿）》提出修改意见。

11 月 22 日，九三学社中央理论学习中心组举行中共十八届六中全会精神专题学习会，集体学习习近平同志在中共十八届六中全会上的重要讲话和全会通过的《关于新形势下党内政治生活的若干准则》《中国共产党党内监督条例》。全国政协副主席、九三学社中央主席韩启德主持学习会并讲话。九三学社中央常务副主席邵鸿，副主席赖明、印红先后发言。九三学社中央副主席丛斌提交书面发言。韩启德指出，九三学社学习贯彻中共十八届六中全会精神要做到“三个结合”。一是与中国特色社会主义学习实践活动相结合。二是与履行参政党职能相结合。三是与九三学社自身建设相结合。

（二）组织建设

3 月 2 日，九三学社中央组织建设研究中心在北京正式成立，九三学社中央常务副主席邵鸿出席成立大会并讲话。邵鸿说，九三学社中央组织建设研究中心是社中央组织建设方面的研究咨询机构，是九三学社在新形势、新任务的背景下加强自身建设的一个重要举措。研究中心的主要任务就是研究问题、反映情况、推动工作，实实在在地为促进我社自身建设能力的不断提高发挥作用。会上，邵鸿为研究中心主任戴晓雁、副主任周群英、研究员张和平、叶烈窑等 20 名同志颁发了聘书。成立会后，研究中心召开了第一次全体扩大会议，认真研究并确定了相关工作规则、工作规划特别是研究中心今年的工作任务。

3 月 21 日至 25 日，全国政协常委、九三学社中央副主席马大龙率队赴海南开展巡视督导。在海南期间，巡视督导组听取了九三学社海南省委专职副主委周耀柒代表社省委的工作汇报；与社省委领导班子成员、机关负责人分别进行了单独谈话；调研了海口、三亚市委和文昌支社，观摩了基层组织活动；与省直基层组织负责人、市级组织负责人、基层支社负责人和社员代表进行座谈，了解工作情况，听取意见建议；与中共海南省委统战部常务副部长王琼珠进行了沟通交流。在反馈意见座谈会上，马大龙充分肯定了九三学社海南省委在各项工作中取得的进步，对九三学社海南省委的工作提出了意见建议：一是要加强领导班子建设，进一步提升领导能力；二是要整合资源，进一步提高参政议政水平；三是要注重研究，进一步加强组织建设。

4 月 27 日至 28 日，九三学社全国组织工作会议在四川德阳举行。九三学社中央常务副主席邵鸿作题为《明使命干实事推动九三学社组织建设工作再上新台阶》的主题报告。报告指出，九三学社实现组织上坚强要放到当前大的形势背景下思考和谋划，切实做到“明使命，干实事，上台阶”。报告强调，在新形势新要求下，做好组织建设工作，关键在于认真贯彻落实《关于进一步加强组织建设的若干意见》（九三中央发〔2013〕30号），将加强领导班子建设、提升组织化水平、推进“人才强社”、加强与中共合作共事等作为当前和长期的任务。报告还对做好2017年省级组织换届工作提出了要求。会上，九三学社中央组织部部长杨玲作省级组织2017年换届工作文件说明；分组讨论了主题报告和《九三学社中央关于省级组织2017年换届工作的意见》（征求意见稿）；就省级代表大会选举流程和统计报表工作进行了培训。

5月6日到10日，全国人大常委会委员、九三学社中央副主席丛斌率队赴云南开展巡视督导。在云南期间，丛斌听取了社云南省委的工作汇报，与九三学社云南省委领导班子成员和机关部门负责人进行了单独谈话，召开省直基层组织负责人和社员代表座谈会，在九三学社楚雄州委召开了州市级地方组织座谈会，在昆明观摩了昆明市基层组织活动，并与中共云南省委统战部部长黄毅等进行了座谈。在反馈意见座谈会上，丛斌充分肯定了九三学社云南省委各项工作取得的进步，他说，自2012年换届以来，九三学社云南省委在曾华主委的带领下，按照九三学社中央“思想上坚定、履职上坚实、组织上坚强”的参政党建设目标，紧紧围绕中共云南省、委省政府的中心工作，注重发挥界别优势，积极参政履职，不断开拓进取，各项工作成效显著。丛斌对九三学社云南省委工作提出3点意见建议：一是进一步增强政党意识，提升政治能力，即提升领导力、组织凝聚力、创新能力和组织动员能力；二是进一步联系基层，加强对基层的指导；三是妥善做好政治交接工作，弘扬优良传统。期间，丛斌还看望了九三学社云南省委原主委刘北辰。

5月26日至29日，九三学社第二届全国青年论坛暨培训在厦门举办。此次论坛主题为“做好九三学社青年工作，推动全社青年工作的研究和发展”。九三学社中央常务副主席邵鸿，九三学社中央副主席、青年工作委员会主任卢柯出席论坛并讲话。邵鸿说，九三学社举办全国青年论坛目的在于通过此类活动引导青年、培养青年、凝聚青年，有组织、多层次地将社内挖掘人才、培养人才工作程序前移，实现尽早发现、长期关注、重点培养人才，建立一套完善的人才成长机制，助推人才强社战略稳步实施。希望青年社员不断加强学习，钻研本职业务。紧抓政治学习，不断提升政治把握能力、参政议政能力、组织领导能力、合作共事能力和解决自身问题的能力。要脚踏实地、多干实事。卢柯指出，自九三学社中央青年工作委员会成立以来，青年工作呈现稳中求新，不断开拓良好局面。希望广大青年社员坚定理想信念，牢固树立参政党意识，做一名合格社员；勇于改革创新，敢于担当，履行好所担负的职责；立足当下，着眼未来，促进青年工作的进一步发展。

6月12日至17日，全国政协常委、全国妇联副主席，九三学社中央副主席兼秘书长印红率队赴桂巡视督导。在广西期间，巡视督导组听取了社广西区委主委李彬代表社区委做的工作汇报，分别与社区委领导班子成员和机关部门负责人进行了单独谈话，召开了区委、市级组织、基层组织和社员代表三个层级的座谈会，考察了社柳州市委机关能力建设试点情况，观摩了南宁市青秀区基层组织主题活动，与自治区常委、统战部部长李康及副部长李东兴等同志进行了座谈。在反馈意见座谈会上，印红充分肯定了九三学社广西区委各项工作取得的成绩。印红对社广西区委工作提出了4点意见建议：一是重视社员发展和组织拓展工作，做好后备干部队伍建设，同时加强与基层组织的联系，帮助基层解决实际困难；二是积极发挥主观能动性，整合好社内外资源，多选战略性课题，进一步提高参政议政水平；三是考虑在条件成熟的情况下成立监督委员会，积极探索出一条符合自身实际、行之有效的社内监督工作方法；四是加强工作创新意识，积极主动学习借鉴先进地区的好经验，不断开创工作新局面，力争更上一层楼。

7月18日至21日，全国政协副主席、九三学社中央主席韩启德率队赴九三学社北京市委开展巡视督导。巡视督导组听取了九三学社中央副主席、北京市委主委马大龙代表九三学社北京市委做的工作汇报，与社北京市委领导班子成员和机关部门负责人分别进行了单独谈话，召开了区级组织、市直属基层组织负责人和社员代表座谈会，观摩了东城区科技园区支社的活动，并与中共北京市委常委兼秘书长张工、副秘书长赵玉金、统战部副部长周开让座谈交流。在反馈意见座谈会上，韩启德充分肯定了九三学社北京市委各项工作所取得的成绩。韩启德对九三学社北京市委今后的工作提出了希望和要求：一是要进一步加强基层组织建设，不断优化基层组织结构；二是要进一步注重组织发展工作，增强发展社员的主动性；三是要进一步探索监督工作，积极扩大社内监督的覆盖面。

7月24日至28日，全国人大常委会委员、九三学社中央副主席谢小军率九三学社中央巡视督导组赴宁夏开展巡视督导。在宁期间，巡视督导组听取了九三学社宁夏区委主委马秀珍代表社宁夏区委做的工作汇报，分别与社宁夏区委领导班子成员和机关部门负责人进行了单独谈话，召开了区委、市级组织、基层组织负责人和社员代表座谈会，考察了九三学社银川市委基层组织主题活动情况，观摩了社银川市西夏区委和永宁支社在团结村开展的基层社会服务活动，考察了由九三学社牵线搭桥引进的真空脉动枸杞烘干设备运行情况，并与中共宁夏自治区委常委、统战部部长马廷礼等同志进行座谈。在反馈意见座谈会上，谢小军充分肯定了九三学社宁夏区委各项工作所取得的成绩。谢小军对社宁夏区委的工作提出4点意见建议：一是进一步提高全体社员政党意识，加强政治能力的自我培养与锻炼，提高自身的政治责任感和使命感，脚踏实地地做有意义、有实效的实事，为经济发展和社会进步作出应有的贡献。二是进一步做好参政议政工作，多选战略性课题，在动员全区社员力量的前提下，做好组织协调工作，发挥社内人才智力优势，沟通整合全国九三学社资源，提出更多、更有分量、更高质量的参政议政提案议案。三是进一步加强组织建设，重视地市级组织的建设，支持社内人才在本职岗位上发挥作用，实施“人才强社”战略，着力打造各类平台，建立健全社内优秀人才的发现、培养和沟通机制，将社内的优秀人才举荐出去，在更高的舞台上锻炼成长。四是进一步加强机关建设，实现机关的扁平化管理，方便与其他省级组织的横向交流和与社中央各部门之间的工作对接。

8月22日至26日，九三学社中央监督工作试点经验推进会在红旗渠干部学院召开。九三学社中央常务副主席邵鸿，河南省政协副主席、九三学社河南省委主委张亚忠出席会议。邵鸿在开幕式讲话中指出，九三学社中央长期以来高度重视内部监督工作，此次在安阳召开九三学社中央监督工作试点经验推进会，就是希望调动全社各省级组织的积极性，认真分析内部监督工作的难点问题，交流工作实践中的经验，找到解决问题的办法和思路，进一步推动社内监督工作的开展。要切实提高思想认识，以这次会议为契机，进一步加强和改进社内监督工作，切实提高工作实效，形成既具有九三特色又符合地方实际的监督工作新局面。会议期间，邵鸿为与会人员作了《做好参政议政工作的若干思考》的辅导讲座，九三学社中央宣传部部长穆建民作《核心实心活力魅力——谈谈九三的宣传工作》的辅导讲座，河南省纪委监察室法学博士王明星作《学习领会〈中国共产党廉洁自律准则〉〈中国共产党纪律处分条例〉两部法规》的辅导讲座。

9月4日至5日，九三学社中央青年工作委员会在长春开展专项调研，总结前期工作，研讨下一步工作重点。九三学社中央副主席、青工委主任卢柯表示，实践证明青工委坚持“自组织、自发展、自管理”的工作模式，在厚实青工委发展底蕴、带动全社青年工作上效果明显，值得总结和推广。卢柯指出，青工委工作方向要与九三学社工作目标相契合。九三学社中央主席韩启德指出，九三学社在未来发展过程中需要解决优秀人才匮乏、党派趋同、组织凝聚力不够等问题。青工委应把上述问题作为主攻方向，将青年社员组织起来，把青年社员培养起来，让青工委更具凝聚力和组织力，使九三学社生生不息、后继有人。

9月18日至23日，全国政协常委、副秘书长，九三学社中央常务副主席、监督委员会主任邵鸿率队赴粤开展巡视督导。在广东期间，巡视督导组听取了九三学社广东省委主委姚志彬代表社省委做的工作汇报，分别与社省委领导班子成员和机关负责人进行了单独谈话，召开了市级组织、基层组织负责人和社员代表座谈会，观摩了九三学社珠海市香洲基层委员会组织活动，并与中共广东省委统战部有关领导进行了座谈。在反馈意见座谈会上，邵鸿对九三学社广东省委各项工作给予了充分肯定。邵鸿对九三学社广东省委的工作提出了三点要求。一是要继续做好组织发展工作，加强人才发展规划，注重保持九三特色，把握社员质量；二是要加大对市级组织和基层组织的指导，增强下级组织之间的横向联动，丰富活动内容，激发基层活力，提升组织凝聚力；三是要学习借鉴河南社内监督试点经验，结合广东地方实际不断完善制度建设，推动社内监督工作的开展。期间，邵鸿还参加了社广东组织建立60周年纪念大会。

10月11日至15日，全国人大常委会委员、九三学社中央副主席丛斌率队赴皖开展巡视督导。在皖期间，巡视督导组听取了九三学社安徽省委主委赵韩代表社省委做的工作汇报，分别在合肥和六安召开了省、市和基层三个层面的组织负责人和社员代表座谈会，与社安徽省委领导班子成员和机关部门负责人进行了单独谈话，与中共安徽省委统战部有关同志进行了沟通交流，观摩了社合肥市委基层组织主题活动。在反馈意见座谈会上，丛斌对九三学社安徽省委各项工作给予了充分肯定。丛斌对社安徽省委的工作提出四点建议：一是要进一步增强领导班子的政党意识，即提升领导力、组织凝聚力和向心力、创新能力及组织动员能力；二是要进一步完善领导班子人员结构，加强对基层组织的领导和指导；三是要进一步加强机关制度建设，建设好团结和谐的工作氛围，增强机关服务水平；四是要充分利用好社内领导的资源优势，加强对社员的法治教育。

10月21日至24日，全国人大常委会委员、九三学社中央副主席谢小军率队赴咸阳调研。谢小军首先参加了九三学社咸阳市委城建支社活动，并深入咸阳市有关单位调研。随后，他来到九三学社咸阳市委机关，看望机关工作人员并召开座谈会。在听取九三学社咸阳市委副主委张红梅的情况汇报和14位基层组织负责人发言后，谢小军充分肯定九三学社咸阳市委取得的成绩。他希望九三学社咸阳市委进一步加强基层组织建设，发挥自身优势，积极服务于地方经济社会发展。

10月26日至29日，全国政协常委、九三学社中央副主席赖明率队赴福建开展巡视督导。在福建期间，巡视督导组听取了九三学社福建省委主委洪捷序代表社福建省委做的工作汇报，分别召开了省、市和基层三个层面组织负责人和社员代表座谈会，与社福建省委领导班子成员和机关部门负责人进行了单独谈话，与中共福建省委统战部有关同志进行了座谈交流。在反馈意见座谈会上，赖明代表巡视督导组对九三学社福建省委各项工作给予充分肯定。赖明对九三学社福建省委的工作提出了三点意见建议：一是要进一步加强后备干部队伍建设，继续落实好人才强社战略；二是要进一步加强组织建设，加大对基层组织的领导和指导，处理好突出特色与优化结构的关系；三是要进一步加强机关建设，完善机关制度，提升机关工作水平和服务质量。

11月14日至16日，九三学社中央组织建设研究中心工作会议暨组织建设课题研讨会在徐州召开。会上，九三学社中央组织建设研究中心研究员、社大连市委专职副主委关宏志，社浙江省委原专职副主委叶烈窑分别代表《地市级组织换届工作研究》和《基层组织建设方法研究》两个课题组，向与会人员介绍了课题的初步研究报告。与会人员就两个课题报告如何进一步完善进行了热烈研讨。会议还对社中央青工委课题《九三学社青年工作发展与对策研究（大纲）》《九三学社社员纪律处分暂行办法（讨论稿）》和《九三学社社费管理暂行规定（讨论稿）》以及明年研究中心的工作计划进行了研讨。

截至2016年12月底，九三学社共有地方组织338个。其中包括省级组织30个，省辖市级组织279个，县级组织29个。基层组织6512个，其中基层委员会739个，支社5608个，小组165个。全年新加入成员8269人。成员总数164018人，其中女成员67285人。平均年龄54.01岁。离退休53031人。

成员中高校37219人，占22.7%；普教4296人，占2.6%；科技界54857人，占33.4%；文化艺术2218人，占1.4%；公有制经济界7764人，占4.7%；新阶层人士8609人，占5.2%，其中私营企业主2632人，占1.6%；医药卫生32288人，占19.7%；机关团体及其他15533人，占9.5%。

担任各级人大代表的有1965人，其中全国人大代表、常委、副委员长、专职副秘书长及专委会主任副主任75人，省级人大代表、常委、副主任、专职副秘书长及专委会主任副主任288人，市地级人大代表、常委、副主任900人，县市区级人大代表、常委、副主任702人。

担任各级政协委员共有10753人，其中全国政协委员、常委、副主席、专职副秘书长及专委会主任副主任104人，省级政协委员、常委、副主席、专职副秘书长及专委会主任副主任1019人，市地级政协委员、常委、副主席5121人，县市区级政协委员常委、副主席4509人。

担任中央机关部级干部2人（不含专职副主席），省、市、自治区领导5人，厅局级158人（不含公检法），县处级993人（不含公检法）。

成员中有大学以上学历的占98.2%；有中、高级职称的占92.9%。担任中国科学院院士的共有47人。担任中国工程院院士的共有15人。

（三）机关建设

2月2日至3日，全国政协常委、提案委员会副主任，九三学社中央副主席赖明赴四川乐山市就国家公园体制改革课题进行调研和座谈，并视察九三学社乐山市委机关工作。赖明一行详细了解了九三学社乐山市委围绕国家公园体制改革所做的相关工作，听取了参政议政情况汇报，视察了机关硬件和文化建设情况。赖明对机关能力提升工程取得的成绩给予充分肯定，赖明希望社市委继续加大参政议政力度，围绕党委和政府的中心工作参大政，发动社员凝聚智慧大参政，以中央统战工作会议精神为指引，切实提高“五种能力”，顺应民主党派参政履职新常态。

5月30日至6月5日，九三学社第2期社员骨干培训班在人民大学举办。全国政协副主席、九三学社中央主席韩启德出席学员论坛暨结业式并讲话。九三学社中央常务副主席邵鸿做开班动员并为学员授课。九三学社中央副主席丛斌为学员授课。九三学社中央副主席兼秘书长印红与学员代表座谈。来自九三学社全国30个省级组织的90名社员骨干参加培训。韩启德出席“合作共事参政履职”主题学员论坛并认真听取学员发言。他说，历史是大家创造的，需要靠一代一代人传承和发扬。韩启德对参训学员提出3点希望。一是要加强学习和思考，只有做一名思想者才能带领九三学社的队伍。二是要开创能够落地的思想方法和工作方法。三是要会写文章、会讲话。邵鸿做开班动员讲话并以《九三工作谈》为题，全面介绍了九三学社中央参政议政、民主监督、社会服务和自身建设等各项工作，并就如何再上新台阶，提出了自己的想法。丛斌对《思想建设与宣传——参政党建设的重要基础》和《建设好社会服务的实践平台》两个板块进行了严谨而详尽的阐述。向学员剖析和展示了九三学社思想建设、新闻宣传和社会服务工作。印红在九三学社中央机关接见学员代表时表示，九三学社中央历来关心每一位社员的成长，希望大家能够密切与社中央的联系，在工作和生活中都能够感受到组织的帮助和温暖。

6月17日至18日，九三学社深圳市委举办2016年基层骨干培训班，全国政协常委、副秘书长，九三学社中央常务副主席邵鸿在培训班上作题为《做好参政议政工作的若干思考》专题报告。此次培训旨在提高新一届基层委员会班子成员的思想政治素质、参政议政水平与履职能力。邵鸿指出，民主党派主要职能中，参政议政是基础，而质量是参政议政的生命。如何提高建言质量，减少低水平重复和平庸化，是当前应该着重解决的问题。针对目前提案常见的选题不准、调研不深、对策不当的三大问题，邵鸿寄语广大社员要勇于面对涉及民主和法制建设的重大问题，要侧重于相对熟悉的领域，选题要相对集中和连续，要关注政府部门意见不一的问题。

9月25日至29日，九三学社第二期省级以下机关专职干部培训班在北京举办。九三学社中央常务副主席邵鸿作开班讲话并为学员授课。邵鸿在开班讲话中指出，举办此次培训既是社中央加强与基层联系、提升基层工作水平的安排，也是关心基层专职干部、打造高素质干部队伍、实施人才强社战略的一项重要工作。邵鸿强调，今天是这个培训系列的第二期，希望各位学员珍惜学习机会。培训课程中既有国家政治理论、统一战线理论，也有九三学社实务，既有对实际工作的指导也有国家宏观方面的解读，有助于大家开拓视野，提高实际工作水平。希望各位学员严守培训纪律，这既是培训班的要求，也是九三学社干部风貌的体现。各位学员要认真思考、学以致用，将学到的知识和思考的成果运用到实践中，促进工作的开展。开班式后，邵鸿为学员作了题为《我社自身建设的形势与任务》专题讲座。培训班邀请中央党校经济学教研部教授杨秋宝、全国人大常委王佐书、中央社会主义学院统战理论教研部教授李金河、国防大学战略教研部教授孙科佳分别作《当前经济形势》《搞好合作共事》《中央统战工作会议精神中国共产党统一战线工作条例（试行）解读》《国防现代化与周边安全形势》的报告。

9月29日，全国政协常委、九三学社中央副主席、中国科学院院士武维华深入九三学社长治市委，就如何提高社组织动员能力、更好地履行参政议政职能、强化社会服务工作等进行专题调研。座谈会上，九三学社长治市委委员、各支社主委、社员代表等分别结合自己的工作实际，围绕社组织动员能力、参政议政工作机制、社会服务工作成效等进行了充分交流。武维华对九三学社长治市委在参政议政、社会服务、自身建设等方面取得的成绩予以肯定。他要求，各级社组织要不断创新机制，加大优秀人才引进力度，主动出击，发现和发展优秀的青年后备干部力量；要通过做具体工作来增强社组织的凝聚力和动员力，充分调动基层组织和社员的积极性；要发挥九三学社界别优势，深入开展调查研究，为经济建设和社会发展建言献策；要不断创新社会服务方式，使社会服务内容更加丰富，特别是当前开展的工作要与扶贫工作相结合。

11月3日，九三学社中央机关支社就如何增强社中央机关支社组织动员能力召开在职社员专题座谈会。社中央常务副主席邵鸿、社中央副主席兼秘书长印红参加了座谈。邵鸿说，社中央机关支社具有四个特点：首先，它是存在于九三学社中央最高层组织中的基层支社，几乎所有社员都是社中央机关的人员，有的社员就是社中央领导；其次，大部分社员是在社中央机关工作的中青年干部；再次，支社开展活动条件优越，得到机关大力支持；最后，成员的本职工作就是履行参政党职责。印红提出四点希望：一是进一步提高政党意识。民主党派中央机关是一个政治机关，政治机关有政治机关的特点，强化机关工作人员的政党意识，是对作为民主党派机关工作人员做好工作的基本要求。二是做知行合一的表率。将好的想法与本职工作结合起来并积极推动，才能提高整个组织的动员能力。三是在机关工作中做表率，积极发挥正能量。要举止言行得体，严格遵守各项规章制度。四是坚持以议政为中心开展活动，彰显政党特色。

11月13日至16日，全国政协常委、副秘书长、九三学社中央常务副主席邵鸿赴十堰，对口联系九三学社十堰市基层组织，并专题调研南水北调对口协作、核心水源区生态保护、武当山历史文物保护等工作。全国政协常委、湖北省政协副主席、九三学社湖北省委主委田玉科陪同。座谈会上，邵鸿充分肯定九三学社十堰市委在参政议政、社会服务、自身建设等方面取得的成绩。邵鸿要求，九三学社十堰市委要紧紧围绕中心，服务发展大局，将各项工作做得更好。一要坚持抓好自身建设，积极有序发展新社员，加大优秀人才引进力度，注重社员的学习培训和后备干部的培养，不断增强组织活力和凝聚力。二要紧紧围绕中共十堰市委、市政府的中心工作，充分发挥人才荟萃、智力密集的优势，积极搭建议政建言平台，提高社员参政议政、民主监督能力，努力为经济社会发展作出更大贡献。三要密切联系群众，积极组织开展送医下乡、扶贫济困等社会服务工作，不断提升九三学社的良好社会形象。

11 月 19 日，全国政协常委、提案委员会副主任，九三学社中央副主席赖明赴联系点安阳市调研。河南省政协副主席、九三学社河南省委主委张亚忠陪同调研。赖明一行走访了九三学社安阳市委机关，听取机关建设情况介绍并召开座谈会。他指出，九三学社安阳市委要以“思想上坚定、履职上坚实、组织上坚强”为目标，切实履行各项职能，真正做到思想上坚定，不断加强学习，学习习近平同志系列重要讲话精神，坚定中国特色社会主义道路自信、理论自信、制度自信、文化自信；做到履职上坚实，胸怀大局，积极服务地方发展，关心百姓诉求；做到组织上坚强，以提高政治把握能力、参政议政能力、组织领导能力、合作共事能力、解决自身问题能力为重点，全面推进人才强社战略、组织建设、机关建设和队伍建设。

11 月 23 日至 25 日，九三学社中央副主席马大龙率队赴九三学社吴忠市委调研社务工作。马大龙看望了九三学社吴忠市委机关工作人员并召开座谈会。在听取了九三学社吴忠市委的工作汇报及 16 位社员代表发言，马大龙对九三学社吴忠市委在组织建设、参政议政及社会服务方面所做的努力予以肯定。他要求社员们要进一步加强自身建设，继承爱国民主科学优良传统，继续发挥九三学社吴忠市委在地方参政议政工作上的优势，以建设“三坚”参政党为目标不断前进。

乔发进　九三学社中央研究室理论研究处处长

台湾民主自治同盟

2016年，台盟以“四个意识”为引领，不断加强中国特色社会主义参政党建设。全盟认真贯彻落实中共十八大和十八届三中、四中、五中、六中全会精神，按照中央统战工作会议部署，自觉维护以习近平同志为核心的中共中央的权威和统一领导，筑牢同心之基、着力全局之重、矢志两岸之为，大力提升“五种能力”，为中国特色社会主义民主政治建设作出了新的贡献。

一、重要会议及活动

（一）中央委员会会议

12月6日至7日，台湾民主自治同盟第九届中央委员会第五次全体会议在北京召开。会议的主要内容是学习贯彻中共十八届六中全会精神，听取并审议台盟第九届中央常务委员会2016年工作报告，审议通过关于召开台盟第十次全盟代表大会的决议，审议通过台盟中央监督委员会人员调整的决定。全国政协副主席、台盟中央主席林文漪代表第九届中央常务委员会作工作报告。台盟中央常务副主席黄志贤，副主席吴国祯、陈蔚文、杨健、苏辉及台盟中央委员出席会议。

林文漪在回顾总结2016年工作时指出，即将过去的一年，中共十八届六中全会胜利召开，正式提出“以习近平同志为核心的党中央”，为开创党和国家事业新局面提供了根本政治保证。这是全党全国人民众望所归，也是我们全体台盟成员的殷切期望。即将过去的一年，习近平总书记再次强调，“实现祖国完全统一，是中华民族根本利益所在，也是全体中华儿女的共同愿望和神圣职责”，指引了两岸关系前进的正确方向。即将过去的一年，台盟以“四个意识”为引领，不断加强中国特色社会主义参政党建设。台盟结合履职实际，认真贯彻落实习近平总书记系列重要讲话精神，主要开展了四个方面工作：围绕习近平总书记关于协商民主的重要论述，助力落实国家重大发展战略，参政议政特色更加鲜明；围绕习近平总书记对台工作重要思想，大力深化两岸民间交流，对台工作优势更加凸显；围绕习近平总书记扶贫开发战略思想，努力拓展“两岸同心”品牌，社会服务成效更加显著；围绕习近平总书记关于中国特色社会主义参政党的重要理论，着力巩固政治共识，自身建设基础更加牢固。

林文漪在报告中对2017年工作提出要求。2017年全盟工作要以学习贯彻中共十八届六中全会精神和习近平总书记系列重要讲话精神为主线，以台盟成立七十周年和台盟十大的召开为契机，团结广大盟员和所联系台胞，牢固树立“四个意识”，不断增强“五种能力”，全面深化政治交接，以参政履职的优异成绩，迎接中共十九大的胜利召开，在实现祖国和平统一和中华民族伟大复兴中国梦的宏伟进程中，不忘合作初心，继续携手前进。要以“四个意识”为引领，做好台盟政治交接，在服务“四个全面”发展大局中彰显台盟党派特色，在服务“共圆中国梦”大局中发挥台盟亲情乡情优势，在服务“打赢脱贫攻坚战”大局中凝聚两岸同胞力量。全盟要更加紧密地团结在以习近平同志为核心的中共中央周围，深化政治交接、继承和发扬多党合作优良传统，创新有为、奋发进取，助力落实“五位一体”总体布局、“四个全面”战略布局，为实现祖国和平统一和中华民族伟大复兴的中国梦作出新的更大贡献。

台盟中央各专门工作委员会、参事室负责人和台盟中央机关各部门负责人列席会议。

（二）中央常务委员会会议

1. 台湾民主自治同盟第九届中央常务委员会第十四次会议

3 月 9 日在北京召开，全国政协副主席、台盟中央主席林文漪，台盟中央常务副主席黄志贤，副主席汪毅夫、吴国祯、陈蔚文、杨健及中央常委出席会议。会议由台盟中央副主席苏辉主持。

会议认真学习了十二届全国人大四次会议和全国政协十二届四次会议精神和近期中央有关会议、讲话精神；审议通过了《台盟中央 2016 年工作要点》；研究了贯彻落实《统一战线参与脱贫攻坚工作方案》工作。

会议指出，3 月 5 日下午，习近平总书记参加十二届全国人大四次会议上海代表团审议时就当前两岸关系发展发表重要讲话，重申了中共中央对台工作的大政方针，指明了两岸关系和平发展的道路方向，表达了全体中华儿女的共同心愿。我们要站在“两岸一家亲，共圆中国梦”的政治高度，全面理解、准确把握习近平总书记重要讲话的科学内涵和精神实质，更加明确本职岗位肩负的使命任务。

会议要求，各级组织要深入学习贯彻习近平总书记就当前两岸关系发展的重要讲话精神，与学习贯彻中共十八大以来习近平总书记历次重要讲话精神结合起来，全盟同志要把思想和行动统一到中共中央的决策部署上来，进一步增强责任感和使命感。紧密围绕协调推进“四个全面”战略布局、落实“十三五”规划等重大问题，紧密结合深入开展坚持和发展中国特色社会主义学习实践活动，组织广大盟员深入调查研究，深思务实之策，为国家经济社会持续发展献计出力。

会议强调，要坚定不移地围绕建设中国特色社会主义参政党的要求，进一步振奋精神，加强学习，改进作风，提高履职参政的能力，团结带领广大盟员和所联系的群众，按照中央对台工作的方针政策，充分发挥特色优势，为推进两岸关系和平发展、促进祖国和平统一而继续努力。

台盟中央参事室和各专门工作委员会主任、各直属组织主委及机关各部门负责人列席会议。

2. 台湾民主自治同盟第九届中央常务委员会第十五次会议

7月5日至6日在昆明召开。全国政协副主席、台盟中央主席林文漪，副主席陈蔚文、杨健，中共云南省委常委、省委统战部部长黄毅，云南省政协副主席杨嘉武，中共中央统战部一局副局长刘海富出席。台盟中央副主席吴国祯主持会议。

会议传达、学习了近期中央有关会议、讲话精神，通报了台盟中央2016年上半年工作，审议台盟省级组织换届工作文件，围绕社会服务工作开展了交流讨论，听取了岛内局势及对台工作专题报告。

会议指出，中共十八大以来，以习近平同志为总书记的中共中央以强烈的历史担当、高超的政治智慧、深邃的战略眼光和非凡的创新勇气，围绕党和国家的各项工作作出了一系列重要论述，创造性地提出了许多重大战略思想、重大方针原则。全盟各级组织要以高度的政治自觉，动员和引导广大盟员，深入学习贯彻习近平总书记“七一”重要讲话精神，自觉用习近平总书记重要讲话精神武装头脑，指导实践，着力增强政治敏锐性和政治鉴别力。要大力倡导学而用、学而行，切实把学习贯彻成效体现到推进中国特色社会主义参政党建设上，体现到巩固深化两岸关系和平发展上。

会议认为，扶贫攻坚是“十三五”时期的第一民生工程。全盟各级组织要认真学习贯彻中央扶贫工作会议精神，在认真总结成绩和经验的基础上，充分发挥台盟的优势，在脱贫攻坚这场硬仗中作出应有的贡献。

会议要求，全盟各级组织要充分认识肩负的职责，切实贯彻中央对台工作方针政策，认真对照年初制定的计划目标，团结带领广大盟员，不断加强自身建设，积极参政履职，为“十三五”规划的顺利实施作出新的贡献！

台盟中央常委出席会议，台盟中央各专门工作委员会、参事室和机关各部门负责人列席会议。

3. 台湾民主自治同盟第九届中央常务委员会第十六次会议

10月12日至13日在武汉召开。全国政协副主席、台盟中央主席林文漪，台盟中央常务副主席黄志贤，副主席陈蔚文、杨健、苏辉，中共湖北省委常委、省委组织部部长于绍良出席会议。台盟中央副主席吴国祯主持会议。

会议传达、学习了近期中央有关会议、讲话精神，通报了台盟中央2016年第三季度工作，审议了台盟中央换届相关文件，围绕组织工作开展了交流讨论，听取了关于中共全面从严治党的理论和实践的专题报告。

会议指出，作为与中国共产党风雨同舟、亲密合作的参政党，台盟要实现“不忘初心、继续前进”，就要以习近平总书记重要讲话为指引，坚持中国共产党的领导，坚持走中国特色社会主义道路，发挥自身的优势和作用，进一步围绕中心和大局做好凝心、献计、出力的工作，为如期全面建成小康社会、推进祖国和平统一大业作出新的贡献。

会议认为，中共十八届六中全会即将召开。六中全会将对“全面从严治党”作出战略部署，这是中国共产党以勇于担当的精神，着力加强自身建设的重大举措，也是参政党学习和努力的方向。会议对学习贯彻中共十八届六中全会精神的相关工作进行了认真研究部署。全盟将通过集体学习、专题辅导、座谈交流等多种形式，全面开展学习贯彻六中全会精神活动，并用全会精神指导台盟各项工作。

会议要求，全盟省级组织换届工作即将启动，这项工作事关多党合作事业的持续健康发展，事关台盟事业的持续健康发展。在做好领导班子新老成员的更替和组织人事调整的同时，更重要的是做好政治纲领、政治理念、政治主张和优良传统的交接与传承，深化政治交接，确保台盟事业薪火相传。

台盟中央常委出席会议，台盟中央各专门工作委员会、参事室、台盟部分省级组织、直属组织负责人和台盟中央机关局级干部列席会议。

4. 台湾民主自治同盟第九届中央常务委员会第十七次会议

12 月 6 日在北京召开。全国政协副主席、台盟中央主席林文漪出席并主持会议。

会议审议了台湾民主自治同盟第九届中央委员会第五次全体会议议程（草案）、《台湾民主自治同盟第九届中央常务委员会 2016 年工作报告（审议稿）》、关于召开台湾民主自治同盟第十次全盟代表大会的决议（草案），审议通过了台湾民主自治同盟第九届中央委员会第五次全体会议日程、会议分组及召集人名单，通过了提请台湾民主自治同盟第九届中央委员会第五次全体会议审议第九届中央常务委员会 2016 年工作报告的决定。

台盟中央常务副主席黄志贤，副主席吴国祯、陈蔚文、杨健、苏辉及台盟中央常委出席会议。台盟中央参事室和各专门工作委员会主任，部分省级组织专职副主委，各直属组织主委及机关各部门负责人列席会议。

（三）中央其他重要会议

7 月 11 日上午，台盟中央机关召开中心组学习会。全国政协副主席、台盟中央主席林文漪，全国政协常委、台盟中央常务副主席黄志贤，全国政协常委、台盟中央副主席杨健，以及机关各部门负责人参加学习会。学习会邀请著名经济学家、中国改革基金会国民经济研究所副所长王小鲁研究员，做了《宏观经济形势与结构再平衡》的专题辅导报告。王小鲁从经济增长、经济效益、经济结构等方面，对当前宏观经济形势进行解读，提出我国经济长期发展仍有巨大潜力，未来需要继续推进结构调整和体制改革。围绕专题报告内容，与会同志进行了互动交流。林文漪在学习会上讲话时指出，今年是全面建成小康社会决胜阶段和“十三五”的开局之年，也是推进供给侧结构性改革的攻坚之年。目前来看，我国成功保持了经济发展、结构优化、民生改善的良好局面，对我国经济发展要有清醒认识和坚定信心。结合台盟参政履职的具体工作，林文漪强调，台盟要认真学习贯彻习近平总书记“七一”重要讲话精神，切实履行参政党职能。一是要做好增进共识、加强团结的工作，引导广大盟员和所联系台胞，正确认识我国当前的经济形势；二是要做好围绕经济发展新常态协商议政的工作，抓住供给侧结构性改革这条经济工作的主线，突出党派特色，选准建言的独特角度；三是要做好两岸经济社会融合的助推工作，继续发挥自身优势，助推两岸产业聚合、发展融合、心灵契合；四是要做好补短板的社会服务工作，在精准扶贫上下更大功夫，为打赢脱贫攻坚战，促进全体人民共享改革发展成果发挥积极作用。

10 月 28 日，台盟中央机关中心组学习会在京召开，专题学习中共十八届六中全会精神。全国政协副主席、台盟中央主席林文漪出席会议并讲话。台盟中央常务副主席黄志贤主持会议。林文漪指出，中共十八届六中全会研究了全面从严治党的重大问题，制定了新形势下党内政治生活若干准则，修订了《中国共产党党内监督条例》，习近平总书记在全会上发表重要讲话，对全面从严治党作出重大部署。这次会议的召开对于进一步加强党的建设、推进党的建设新的伟大工程，对于协调推进“四个全面”战略布局，实现“两个一百年”奋斗目标，实现中华民族伟大复兴的中国梦具有重大的现实意义和深远的历史意义。林文漪表示，作为与中国共产党风雨同舟、亲密合作、共同致力于中国特色社会主义事业的参政党，台盟要认真学习贯彻十八届六中全会精神，继续深入开展坚持和发展中国特色社会主义学习实践活动，研究部署“不忘合作初心，继续携手前进”专题教育，不断巩固与中国共产党团结合作的共同思想政治基础；要认真履职，按照《中国共产党统一战线工作条例（试行）》的要求，提高做好民主监督工作的能力，做中国共产党的诤友、挚友。要完成好中共中央赋予民主党派的扶贫攻坚民主监督的新任务，为打赢脱贫攻坚战作出贡献。要以十八届六中全会精神为引领，借鉴执政党加强自身建设的做法和经验，发挥好内部监督委员会作用，切实加强台盟的思想建设、组织建设、制度建设。台盟中央常务副主席黄志贤，原秘书长张宁，副秘书长、研究室主任宋焱，副秘书长、组织部部长吴国华，台海出版社社长马铁等同志在会上畅谈了学习体会。与会同志一致表示，坚决拥护、完全赞同十八届六中全会的各项决议，要把思想和行动统一到中共中央的决策部署上来，认真学习领会全会精神，明确目标，汇聚共识，紧密结合自身工作实际，为我国经济发展献计出力。台盟中央机关局级以上同志参加会议。

（四）中央监督委员会与专委会会议

1月19日，台盟中央监督委员会九届三次会议在京召开。台盟中央常务副主席、台盟中央监督委员会主任黄志贤出席并讲话。黄志贤回顾了过去一年台盟中央监督委员会的工作，对下一阶段的工作提出了要求。他说，全面提升台盟监督工作水平是参政党适应多党合作事业发展的需要，是确保各级组织履行职能的需要，也是台盟加强自身建设的需要。各级组织要高度重视内部监督工作，认真学习中央领导同志的讲话和指示精神，认真学习中共中央和中央纪委的有关文件精神，用执政党在内部监督工作中的理论和实践经验指引台盟内部监督工作的开展；以换届工作为契机，创新体制机制，在政策的严肃性、选举的公正性以及人选的群众性等方面探索开展工作的方式方法，切实发挥内部监督的重要作用；还要加强交流沟通，相互学习、共同提高，把各项监督落到实处，推动台盟内部监督工作水平不断提升，为台盟各项工作打牢基础。会议期间，与会代表认真学习了第十八届中央纪委第六次全会精神和习近平总书记在会上所作重要讲话精神，总结了台盟各级组织前一阶段内部监督工作的主要进展；已成立监督委员会的省（市）委介绍了贯彻监督工作规章制度的情况，未成立监督机构的省（市）委展望了下一阶段的工作设想；相互探讨了下一阶段提升全盟内部监督工作水平的方式方法；与会代表进行了经验交流，对今后内部监督工作的内容、机制、培训等方面的工作提出了意见和建议等。台盟中央副秘书长、组织部部长吴国华作总结发言，台盟中央监督委员会委员和台盟地方组织内部监督工作相关同志与会。

3月24日，台盟中央青年工作委员会于台盟中央年度重点课题协调会期间，在安徽省合肥市召开全体会议。会议围绕过去一年各地组织青年盟员开展调研等工作的情况开展讨论，并重点研讨了青委会本年度重点调研课题“服务贸易创新发展制度体系建设和对策研究”。台盟中央青委会自成立以来，每年确定一个调研主题，由一位主任、副主任牵头负责。此前，分别由刘艳主任牵头开展了台资医院发展情况的调研，杨旭副主任牵头开展了地下综合管廊建设情况的调研，形成的现状分析与政策建议具体务实、专业性强，分别被转化为台盟中央专报、政党协商会议建议等参政议政成果，取得了良好的效果。本年度青委会重点调研课题紧扣国家最新出台的服务贸易创新发展试点政策，紧扣服务贸易领域供给侧结构性改革的热点问题，由刘江东副主任牵头开展。本次会议上，刘江东介绍了此次的选题背景以及调研初步设想，来自北京、上海、南京、大连、天津、广东、海南等地的青委会成员，围绕着课题内容开展了深入的交流研讨。会议由刘艳主持。台盟中央副秘书长、研究室主任宋焱，青委会各位副主任、委员出席会议。

5月10日，2016年台盟盟史与自身建设工作委员会会议在福建厦门召开，全国政协常委、台盟中央常务副主席黄志贤出席会议并讲话。中共厦门市委统战部副部长曾庆军致辞并介绍了厦门市的基本情况和统战工作情况。台盟中央副秘书长、组织部部长、盟史专委会主任吴国华作盟史与自身建设工作总结。黄志贤表示，全盟要继续坚持走中国特色社会主义政治发展道路，不断传承台盟老一辈与中国共产党风雨同舟、肝胆相照的坚定政治信念，通过深入研究盟史、宣传盟史，以史鉴今、汲取动力，使自身建设不断强化，以扎实的举措全面贯彻十八大以来习近平总书记系列重要讲话精神和中央统战工作会议关于统一战线工作的新思想新要求。黄志贤就做好今后盟史与自身建设工作提出四点意见：一是进一步提高对盟史与自身建设工作重要性的认识。盟史工作要为台盟的中心工作服务，要为做好自身建设工作服务。二是坚持以盟史工作促自身建设这一根本原则，确保盟史研究的正确方向。要灵活用好盟史研究的成果，传承光荣传统，实现政治交接，为换届工作打下良好基础。三是坚持资政育人这一根本任务，主动服务经济社会发展大局。要把盟史工作放到结合当地经济社会建设的总体布局中去审视和谋划。四是坚持务实创新这一根本方法，不断提高盟史工作科学化水平。会议听取了台盟早期成立的五个地方组织代表做关于当地盟史发展沿革的发言，并就进一步做好盟史与自身建设工作进行深入研讨。台盟福建省委主委郑建闽，盟史与自身建设工作委员会副主任孔令人、柯连妹、吴艺煤，委员及直属组织代表，台盟中央组织部副部长冉永进、副巡视员陈勇，台海出版社社长马铁，台盟厦门市委主委陈紫萱，台盟中央组织部及台盟厦门市委会共40余人出席了会议。

12月8日，台盟中央监督委员会九届四次会议在京召开。台盟中央常务副主席、台盟中央监督委员会主任黄志贤出席并讲话。黄志贤回顾了过去一年台盟中央监督委员会的工作，对下一阶段各级监督委员会学习贯彻中共十八届六中全会精神和在换届工作中发挥内部监督作用的工作做了部署。他要求，各级监督委员会要强化“政治意识、大局意识、核心意识、看齐意识”，提升对内部监督工作重要性的认识，在思想上、政治上、行动上同以习近平同志为核心的中共中央保持高度一致。原原本本学习习近平总书记系列重要讲话，逐字逐句研读全会文件，全面准确领会全会精神，学懂学深学透。认真学习执政党内部监督工作先进经验，切实加强内部监督的制度建设、组织建设，不断改进工作方式方法，为全面加强台盟自身建设增添助力。针对即将到来的换届工作，黄志贤强调各级监督委员会要提高思想认识，从台盟自身建设的大局出发，深刻认识严肃换届纪律的重要性，认真学习有关换届程序和纪律的政策和规定，明确监督的内容和方式，严格按照有关要求执行监督。严明工作机制，切实发挥应有作用，落实工作要求，努力营造风清气正的换届环境，确保圆满完成换届工作。台盟中央副主席、台盟中央监督委员会副主任杨健作总结讲话，台盟中央副秘书长、组织部部长吴国华和台盟中央监督委员会委员参加会议。

12 月 20 日，台盟第九届中央委员会参政议政工作委员会第九次全体会议在海南省海口市召开。全国政协常委、台盟中央副主席杨健出席会议，并对台盟中央参政议政工作委员会 2016 年工作给予了高度肯定。会上，参委会主任王中全面回顾了参委会 2016 年所开展的工作。王中指出，今年参委会围绕全盟参政议政工作的核心任务，与台盟中央研究室和牵头地方组织紧密配合，共同完成了一个大调研课题和七个重点课题的调研工作，有力地抓住了台盟参政议政工作的主线。今年还开创性地组织举办了两次协商议政论坛，为基层盟员和机关干部提供了一个展示自身参政议政水平的新平台，尤为可喜的是，两次论坛盟员参与比例和获奖比例都超过半数，对于激励更多盟员参与台盟参政议政工作将发挥更加重要的作用。王中强调，2017 年参委会工作要继续全面贯彻中共十八大和十八届三中、四中、五中、六中全会精神，全体委员务必统一思想、明确任务，主动参与各层次的课题调研活动，积极协助组织盟员参与协商议政论坛，以主人翁精神推动 2017 年全盟参政议政工作任务的圆满完成，以优异成绩迎接中共十九大的胜利召开，迎接台盟成立七十周年和台盟十大的召开。参委会办公室主任、台盟中央副秘书长、研究室主任宋焱充分肯定了参委会与研究室以及台盟各地方组织在实践中总结形成的“上下联动、横向联合”工作机制的作用和成效，并着重围绕 2017 年台盟中央的主要参政议政任务，向全体委员介绍了 2017 年重点课题调研方案。宋焱强调，明年的重点课题调研工作时间更紧，任务更重，希望各地提前谋划，提早安排，圆满完成明年的参政议政任务。会上委员们就认真履行参委会委员职责，做好 2017 年参政议政工作进行了讨论。参委会顾问、台盟吉林省委主委王天戈出席会议。

（五）参加重要国事和外事活动

2016 年，台盟中央领导同志多次应邀参加重要外事、内事活动，其中包括参加庆祝中国共产党成立 95 周年大会、纪念红军长征胜利 80 周年大会、庆祝中华人民共和国成立 67 周年国庆招待会等重要庆典、慰问、纪念活动，陪同中共中央和国家领导人会见尼日利亚总统布哈里、秘鲁总统库琴斯基、马来西亚总理纳吉布等外宾。

（六）中央专题工作会议

1 月 15 日至 18 日，台盟中央台情研讨会在广州召开，台盟各地方组织台情研究负责同志和研究骨干近 50 人参加会议。会议对 2015 年台情研究工作进行了总结，并围绕刚刚结束的台湾地区两项选举进行研讨交流，对 2016 年台情研究工作进行了部署。全国人大常委、台盟中央副主席、台盟广东省委主委陈蔚文出席研讨会并讲话。陈蔚文表示，2015 年以来，全盟各级研究骨干牢牢把握中央对台大政方针，坚持两岸关系和平发展主题主线，密切关注岛内政情民意走向，特别是围绕“2016年台湾地区领导人选举”这一重点，加强纵向联动、横向联合，台情研究工作取得了丰富成果。陈蔚文指出，当前两岸关系和平发展保持良好势头，两岸大交流、大融合的趋势已经不可逆转，随着中国大陆自身的飞速发展和综合国力的不断加强，两岸关系发展展现出更加光明的前景，也对台盟台情研究工作提出了新的要求。他对做好2016年台盟台情研究工作，提出三点工作意见：一是要紧紧围绕中央工作大局来开展，结合“十三五”规划实施和“四个全面”战略布局，找准台情研究的切入点和落脚点；二是要把握当前两岸关系中的重点，着力研究如何引导台湾经济参与“一带一路”倡议，推动两岸经济结构深度融合，为两岸经济和平发展提供正能量；三是要突出台盟特色，推动方法创新，进一步发挥台盟乡情亲情优势，完善纵向联动、横向联合的工作格局，把台情研究与日常的联络接待工作、入岛调研工作结合起来，与我们参政议政工作、联系服务台胞工作结合起来，不断丰富台情研究工作成果。会议就台湾地区领导人和立法机构选举进行了研讨座谈，并集中学习了中央台办、国台办关于台湾选举的谈话。会议期间，全体与会人员还听取了两岸关系和平发展协同创新中心执行主任、厦门大学台湾研究院院长刘国深所作的两岸专题学习辅导报告。

2月24日至25日，台盟中央在杭州召开坚持和发展中国特色社会主义学习实践活动经验交流暨中期推动会。会议认真学习贯彻习近平总书记在党的新闻舆论工作座谈会上的重要讲话精神，交流了台盟各地方组织开展学习实践活动的经验，进一步凝聚了共识，对全盟继续深入开展坚持和发展中国特色社会主义学习实践活动作出了新部署。全国政协常委、台盟中央常务副主席黄志贤出席会议并讲话。浙江省政协副主席、台盟浙江省委会主委张泽熙，台盟中央宣传部、台盟各省级组织和直属组织、台海出版社有关负责人出席会议。台盟开展学习实践活动两年多来，积累了宝贵的经验，取得了明显的阶段性成效，黄志贤对各地方盟组织学习实践活动的开展情况、经验做法、工作思路及建议表示充分肯定，并提出了六点意见：一是旗帜鲜明，牢固树立坚持走中国特色社会主义道路的理想信念。要加强对盟员的思想引导，继承和发扬台盟老一辈坚定的政治信念、优良传统和高尚风范，更加自觉地接受中国共产党的领导，更加坚定地走中国特色社会主义政治发展道路，更加努力地维护台盟组织的健康发展和传承。二是加强领导，精心组织下一阶段学习实践活动的开展。各地领导班子要根据台盟中央的统一部署，结合地方实际、盟员实际，加强谋划，精心部署组织下一阶段的学习实践活动。三是创新形式，广泛动员全体盟员积极参与学习实践活动。要根据新形势及盟员特点，创新活动形式、载体，多创造盟员便于参加、乐于参加、易于接受的活动形式，增强盟员参与的主动性、积极性，不断提升盟员对中国特色社会主义的道路自信、理论自信和制度自信，切实承担起作为中国特色社会主义事业亲历者、实践者、维护者和捍卫者的政治责任。四是加强宣传，深入挖掘学习实践活动中涌现出的先进典型。要充分利用各种媒体宣传学习实践活动的成效、成果，注重营造氛围，扩大影响。同时注意挖掘先进典型，弘扬主旋律，传播正能量，通过树立榜样带动身边更多的盟员。五是致力于行，务求学习实践活动取得实实在在的成效。要将学习的成果很好地落实到实践中，指导实践，用工作成绩检验学习活动的成效，学以致用，用以促学。六是突出特色，不断完善加强思想建设的长效机制。对好的经验做法，要注意总结提练，根据形势和任务的变化，及时研究新情况，解决新问题，注重将成熟的经验规范化、短期的举措长期化、分散的制度系统化，探索形成思想建设的长效机制。会议认为，习近平总书记在党的新闻舆论工作座谈会上的重要讲话精神对台盟搞好下一阶段学习实践活动提供了强大思想武器和遵循，各地台盟组织要以讲话精神为指导，进一步加强宣传思想工作，进一步夯实广大盟员的共同政治思想基础，巩固和扩大学习实践活动成果。期间，与会同志参观了杭州连横纪念馆、金华台湾义勇队纪念馆，学习了解两岸文化交流、两岸同胞携手抗战的光荣历史，缅怀台湾爱国先烈。

3 月 17 日至 18 日，台盟中央在京召开台情信息座谈会，围绕当前岛内政局动态及进一步做好台湾人民工作开展研讨交流。全国政协常委、台盟中央副主席杨健出席会议并讲话。来自海峡两岸关系研究中心、社科院台湾研究所、北京联合大学台湾研究院等机构的涉台专家学者，以及台盟中央台情研究委员会委员、各地方组织台情研究骨干分别参加了两个阶段的座谈会。时值 2016 年台湾地区领导人选举结束，习近平总书记在“两会”期间发表对台重要讲话，强调了坚持“九二共识”，坚决反对“台独”，推进两岸关系和平发展的一贯立场不会因台湾政局变化而改变。参会人员一致认为，习近平总书记的讲话具有很强的现实针对性，引起了两岸各界尤其是台湾舆论的高度重视，为新形势下两岸关系的发展指明了方向。杨健代表台盟中央向参加座谈会的涉台专家学者长期以来对台盟中央台情研究工作的大力支持表示感谢，并对他们在座谈中提出的真知灼见给予高度肯定。杨健鼓励台盟青年研究骨干努力工作，向台盟老一辈研究专家学习，不断开拓创新，丰富研究成果，将台盟中央台情研究工作推向新的高度。

3 月 23 日至 25 日，台盟中央在安徽省合肥市召开 2016 年重点课题协调会，研究推进全年重点课题调研有关工作。全国政协常委、台盟中央副主席杨健出席会议。台盟各地方组织负责参政议政工作的主要领导，台盟中央各专门委员会主任，参政议政工作委员会主任、副主任及青年工作委员会成员出席会议。会上，与会人员围绕台盟中央 2016 年重点课题开展了讨论交流，各牵头单位通报了调研方案和进度安排，参与单位介绍了调研想法和具体打算。各专委会结合各自优势，提出了特色鲜明、专业性强的调研选题。台盟中央参政议政工作委员会主任王中，台盟中央副秘书长、研究室主任宋猋分别就全年课题调研的总体安排、调研要求和课题结题等，作了思路引导和方法指导。杨健在总结会议时指出，习近平总书记在与各民主党派中央、全国工商联负责人和无党派人士代表迎春座谈时指出，完善政党协商制度，要做到言之有据、言之有理、言之有度、言之有物，真诚协商、务实协商，道实情、建良言，参政参到要点上，议政议到关键处，努力在会协商、善议政上取得实效，不断提高政党协商能力和水平；在刚刚闭幕的全国“两会”上，俞正声主席在全国政协常委会工作报告中对加强和改进调查研究也提出了更加明确的要求。这都为全盟在做好课题调研基础上，积极参加政党协商、参与政协协商树立了导向、指明了方向。全盟要以重点课题调研为抓手，进一步落实林文漪主席提出的“明确定位，选好角度，找准切入点”的参政议政工作思路，着力提升台盟参加政党协商、参与政协协商的能力。杨健指出，要明确定位，以服务大局标定划桨助力的主线，围绕促进改革落地、推动政策实施、助推“十三五”规划落实以及两岸关系发展大势出主意、想办法，努力为国家完善相关工作谋助益之策、行助力之举、求助推之效。要选好角度，以独特视角彰显参政建言的优势。充分发挥“台”字特色，写好“台”字文章，加强持续调研、跟踪调研，努力在调研的优势领域打造精品，为国家制定政策提供独特参考。要找准切入点，以问题导向引领调查研究的工作。从台盟独特的视角切入，坚持大题目、小切口，深调研、重分析，有针对性地分析典型现象和具体案例，真正把问题找准、把原因厘清、把建议提实。杨健指出，今年，围绕“四个全面”战略布局，助力落实五大发展理念，建言“十三五”规划实施，推动“两岸一家亲，共圆中国梦”是全盟参政议政的工作重点，任务很重、标杆很高。希望全盟按照课题方案确定的“路线图”和“时间表”，充分发挥“上下联动、横向联合”的机制作用，确保圆满完成全年重点调研课题各项任务，为台盟参政履职作出更大贡献。

5月8日至11日，台盟中央首届协商议政论坛暨“精准扶贫”重点课题研讨会在云南召开。此次协商议政论坛以“精准扶贫、精准脱贫，提高扶贫实效”为主题，采取与重点课题调研相结合的形式，旨在创新参政议政工作形式和平台，推动参政议政人才队伍建设，建立具有台盟特色的新型智库，全面提升全盟参政议政能力和水平，并为扶贫开发工作“站在高处、想在远处、干在实处”建言助力。全国政协常委、台盟中央副主席杨健出席论坛活动并讲话。论坛由台盟中央参政议政工作委员会副主任、台盟天津市委副主委孙昌隆主持。来自各地方组织的18名青年盟员和机关干部，围绕“精准扶贫”这一主题，结合各自扶贫经验和调研成果，从发挥台盟优势、特色产业扶贫、发展农村电商、完善农村医疗等多种角度切入，在协商议政论坛上作出了精彩的发言，为实现精准扶贫、精准脱贫提出了很多观点鲜明、对策务实的意见和建议。论坛特别设立了现场提问环节，所有与会者均可就精准扶贫问题对发言人进行提问，使更多同志参与到交流互动中来。论坛最后由与会的11位评委评选出最具魅力奖5名，最具实力奖4名，最具潜力奖9名。杨健副主席在总结讲话中指出，这次论坛既是对重点课题调研模式的继承和发展，同时也是一次创新的尝试。这种创新，一是新在“思路新”，二是新在“面孔新”，三是新在“举措新”。相信通过总结今年的成功经验，我们的论坛也一定会越办越成熟，参与的青年盟员和机关干部会越来越多，发言的质量会越来越高，对全盟参政议政也会作出越来越大的贡献。希望全盟参政议政的骨干力量，在今后的参政议政工作中，继续沿着“明确定位，选好角度，找准切入点”这一工作思路开展调研，并注重成果转化，努力为国家各项事业发展提出更加务实有效的建议。论坛期间，全体同志先后到迪庆藏族自治州洛吉乡九龙村、建塘镇红坡村进行了实地走访调研。在九龙村，杨健副主席一行认真听取了近年来村内扶贫攻坚取得的成效，并实地考察了危房改造项目，详细了解项目推进情况和政策、资金落实情况。在建塘镇红坡村浪茸村民小组，杨健一行深入村民家中座谈交流，深入了解红坡村特色产业推进情况、全村基础设施建设情况等。本次论坛由台盟云南省委承办。

5月12日，台盟“记忆历史爱国爱乡”2016年口述历史座谈会在厦门召开。会议邀请部分在台湾参加过抗日斗争，为台盟成立、发展，为两岸交流合作作出过重大贡献的台盟前辈的后代们，以及关心台盟历史、对台盟历史颇有研究造诣的老盟员到会为大家回忆介绍前辈荡气回肠、艰苦卓绝的革命活动经历。全国政协副主席、台盟中央主席林文漪亲自为口述历史会议确定“记忆历史、爱国爱乡、凝心聚力、薪火相传”的主题。全国政协常委、台盟中央常务副主席黄志贤作书面讲话。台盟中央高度重视盟史的发掘、研究和宣传工作，近年来每年召开一次盟史方面的专题会议及老盟员、老台胞口述历史会议等。在纪念台湾光复70周年之际，台盟中央与台海出版社共同编辑出版了《台湾同胞抗日丛书》《林正亨画传》等，其中《台湾同胞抗日丛书》在海峡两岸同时出版发行。丛书中的《台湾共产党抗日史实》受到中宣部、中央统战部、国务院台办等的高度重视、好评与奖励。此外，台海出版社还配合台盟中央宣传工作，编辑出版了“台盟历史系列丛书”“台湾历史系列丛书”等。台盟中央网站、盟刊、微信公众号等宣传窗口也及时刊发口述历史成果。同时，口述历史工作还带动了地方盟组织开展学习、继承、发扬台盟爱国爱乡精神，坚定信念、凝心聚力、薪火相传的系列活动。以口述成果编辑出版的反映革命烈士、台盟盟员林正亨事迹《林正亨画传》一书受到各级盟组织欢迎。台盟上海市委、台盟厦门市委联合举办的“弘扬优良传统，同心实践中国特色社会主义事业”青年盟员主题读书和青年盟员交流活动，广东青年盟员高举“信仰的力量”红旗，重温中共光辉历史等。黄志贤高度肯定了台盟口述历史工作取得的成绩，并强调：要高度重视口述历史工作的重要意义，将其作为台盟开展坚持和发展中国特色社会主义学习实践活动的重要实践载体，作为推进台盟自身建设的基础性工作，切实抓紧抓好。要团结协作做好口述历史工作。盟中央与地方组织之间，地方组织与地方组织之间，要资源共享，互动协作，进一步提高全盟口述历史工作的效率和质量。此外，口述历史工作更离不开老盟员、盟员家属的积极参与。他们的回忆、口述，对于确保台盟历史记录的完整性、真实性、准确性作用重大。要全面支持口述历史工作的开展。全盟各级组织要精心组织策划，全力保障支持，认真抓好落实，针对老盟员、盟员后代进行有组织、有计划地口述历史记录整理工作。要创新工作方法和手段，充分利用新媒体资源，提高工作效率，拓宽工作路径。要注意口述历史的成果转化，适时地将口述历史的成果整理转化为有分量、有价值的具有台盟特色的系列丛书、影像资料。座谈会上，著名抗日活动家谢南光之女谢秋涵、曾明如之子詹高越、林田烈之子林其荣、林云之女王彤，台盟厦门市委原专职副主委、台湾历史学家曾雄分别讲述了父辈的革命经历，以及台盟前辈在“白色恐怖”时期的革命活动。台盟老一辈盟员这些珍贵的光辉历程集中体现出台盟组织从成立之初便始终紧跟中国共产党，高举爱国爱乡的伟大旗帜，为祖国和平统一大业矢志奋斗。这些经历通过口述历史座谈会的形式得以进一步记录、宣传，也将激励广大台盟盟员沿着前辈的足迹，凝心聚力，薪火相传，再创辉煌。台盟盟史与自身建设委员会全体成员以及部分在厦盟员骨干共约40余人参加会议。

5月26日，第三届“大江论坛”筹备会在京召开。台盟中央副主席、论坛筹备工作领导小组组长杨健出席会议。台盟中央机关各部门、台盟中央青年工作委员会、科教医药交流委员会、两岸文化交流委员会等专委会负责同志；北京、福建、广东、海南、吉林、陕西、漳州、南平等地方盟组织代表；台海出版社负责同志、台盟中央联络部工作人员共计40余人与会。台盟中央联络部部长、论坛筹备工作领导小组副组长潘新洋向与会同志汇报了论坛筹备情况。会议中，台盟中央青年工作委员会、台盟北京市委、台盟中央研究室、台盟福建省委、陕西省委、台盟中央妇女工作委员会、台海出版社等单位相关负责同志就“大江论坛”各分论坛举办形式和内容，以及所邀请人员展开了热烈讨论，并达成了共识，明确了任务分工。杨健听取大家的发言后表示，前两届“大江论坛”的成功举办为本届论坛奠定了良好的基础。在当前对台工作新形势下，第三届“大江论坛”的召开意义重大，台盟中央林文漪主席、黄志贤常务副主席都非常关心论坛的筹备情况。他要求大家一定要认真学习中央对台方针政策，在论坛筹备的各个环节把握正确的政治方向，发挥台盟的自身优势，加强沟通，群策群力，将本届论坛办实、办好。

5月24日至27日，台盟中央2016年对台联络工作会议在京召来，来自台盟中央和各级地方组织的同志共50余人与会。全国政协常委，台盟中央副主席杨健出席开幕式并讲话。杨健全面总结了近年来台盟中央及各级地方组织在对台联络工作方面取得的成绩和经验。近年来，岛内及两岸关系局势不断发展变化，台盟中央始终坚持贯彻落实中央对台方针政策，将“两岸一家亲、共圆中国梦”的重要理念与台盟的乡情亲情优势相结合，按照“专精深久”的工作要求，以做台湾青年工作和文化交流工作为重点，创新工作方式，搭建全新平台，在争取台湾民心，拉近两岸同胞情感融合方面作出了切实的努力，取得了一定的成绩。他代表台盟中央林文漪主席、黄志贤常务副主席向大家表示感谢。针对台盟下一阶段对台联络工作，他提出五点要求：一要坚定信念、把握大局，全面贯彻落实中央对台大政方针政策；二要发挥优势、以“心”相交，继续深化与岛内代表性群体特别是统派人士的交流交往；三要巩固成果、突出重点，加大力度打造特色品牌，做好台湾青年工作；四要注重研究、触类旁通，进一步做好对台联络工作的成果转化；五要加强培训、提升素质，高度重视对台联络工作干部队伍建设。随后，台盟中央联络部部长潘新洋传达了对台工作精神，并提出了下一阶段的工作设想及任务安排。台盟陕西省委、北京市委、南京市委、福建省委、天津市委、漳州市委、上海市委和安徽总支的同志在大会交流环节做主题发言，总结分享本单位在对台联络工作方面的成果和经验。大家表示，在当前两岸关系趋于复杂严峻的形势下，要着力发挥台盟的乡情亲情优势，按照台盟中央的部署，整合资源、凝心聚力，共同做好对台联络工作，为促进祖国和平统一贡献力量。

6月14日，由台盟中央举办的新媒体宣传骨干培训班在北京中央社会主义学院开班。全国政协常委、台盟中央常务副主席黄志贤出席开班式并讲话。黄志贤指出：要充分认识新形势下做好新媒体宣传工作的重要性。第一，做好新媒体宣传工作是网络时代的必然要求。随着互联网和数字技术裂变式发展，新媒体正深刻影响着人们的思维方式、生活方式和行为方式。推动新媒体在台盟宣传工作中的运用已刻不容缓。第二，发挥新媒体作用是台盟履职参政的重要途径。利用新媒体，可以线上线下互动交流，收集参政议政的素材、民意；可以扩大对台交流的触角及影响力，吸引和联络更多的岛内同胞特别是青年一代；可以通过大数据平台，推进精准扶贫；等等。第三，做好新媒体宣传工作是扩大台盟社会影响的重要手段。当前越来越多的人将新媒体视为把握时事动态、了解网络舆情、表达利益诉求的新渠道。用好用足新媒体，及时正确发声，让更多的人知晓台盟、了解台盟、认可台盟，十分重要。第四，建设新媒体平台是台盟加强自身建设的重要载体。借助新媒体的优势特点可以为盟员搭建突破时空限制，“随时、随地、高效”的学习教育空间，更好地推动台盟组织加强自身建设，提高盟员的综合素质。黄志贤要求，要努力提高做好新媒体宣传工作的能力和水平。一是进一步加强台盟新媒体建设。要有精准的受众定位，了解受众想看什么样的内容，结合本党派实际和受众需求提供内容信息。要有全方位的互动策略，通过新媒体与盟员进行实时沟通交流，不定期开展线上线下活动，增强组织的凝聚力、向心力和归属感。二是着力打造一支新媒体宣传骨干队伍。要讲政治，提高政治敏锐性和鉴别力，在围绕中心服务大局中找准坐标定位，牢记社会责任；要懂台盟，熟悉台盟的历史，熟悉多党合作的历史，了解台盟的中心工作和重点任务；要知台情，与中共中央对台方针政策保持高度一致，充分发挥台盟优势，推动两岸经贸文化交流，传播正确主流声音；要会宣传，提高制作专题、策划选题、设置议题的能力，推出一批有高度、有温度、有深度的宣传佳作；要通网络，了解网络最新技术成果和发展方向，要严守宣传纪律，关注网络安全，把好出入口关。三是注重运用盟内外各类资源形成宣传合力。要注意处理好传统媒体与新媒体运用的关系，二者相互配合、互补衔接、紧密融合。要注重整合资源构建“大宣传”格局，既要形成盟中央与地方组织之间、地方组织与地方组织之间的合力，又要形成与社会媒体间的合力。四是切实加强对新媒体工作的管理。台盟各级组织和广大盟员、机关工作人员要高度重视对新媒体的运用和管理，要注意把握宣传口径，发布的信息要真实权威。要注意网络安全问题，涉秘内容不上网、不传播。要明晰宣传归口，避免随意发声。面对年青的一代盟员的创新思路和热情，我们要支持保护，同时也有责任做好引导工作，确保宣传工作既充满生机活力，更是准确权威、真实有效。培训班还邀请中央统战部、国务院台办有关同志，作“认真学习习近平总书记在网络安全和信息化工作座谈会上的重要讲话精神，做好新形势下的统战网络宣传工作”“台海新局势下如何运用新媒体做好对台宣传工作”以及“如何做好网站编辑业务”辅导讲座。台盟地方组织宣传骨干及台海出版社部分工作人员等50余人参加培训。

9月12日，台盟中央参政议政工作委员会全体（扩大）会议在武汉召开。会议首先由台盟中央副秘书长、研究室主任宋焱通报2016年台盟参政议政工作情况，随后，就2016年课题完成情况及2017年选题规划、参政议政评优制度、台盟中央参委会工作机制等议题展开了交流研讨。全国政协常委、台盟中央副主席杨健出席会议并讲话。杨健在会上指出，近年来，台盟不断创新参政议政工作机制，如制定参政议政工作五年规划纲要、建立参政议政评比表彰制度以及召开议政协商论坛等，对加强全盟参政议政人才队伍及智库建设、不断提升全盟协商议政能力起到了重要的推动作用。下一步，要继续创新完善参政议政的体制机制，进一步加强学习培训工作，争取参政议政工作取得新突破。台盟湖北省委主委江利平，台盟中央参政议政工作委员会副主任陈俊聪、孙昌隆、林娜，台盟成都支部主委潘裕萍出席会议。台盟中央参委会委员及台盟地方组织相关负责同志20余人参加会议。

9月13日，由台盟中央参政议政工作委员会主办，台盟湖北省委承办的台盟中央第二次协商议政论坛在湖北武汉举行。全国政协常委、台盟中央副主席杨健出席论坛并致辞。本次协商议政论坛以“学习贯彻习总书记‘七一’重要讲话精神，坚持两岸关系和平发展道路”为主题，来自全盟范围内的22位盟员和机关干部围绕这一主题展开了精彩论述。他们有的从岛内政治格局的变化切入，深入剖析当前两岸关系态势可能产生的新变化；有的从做好台湾青年工作的各个方面入手，结合自身参与两岸青年交往工作的体会提出真知灼见，观点鲜明、立意深远。论坛评委会根据发言代表的综合表现进行了打分，最终评出最具魅力奖 8 名，最具实力奖 7 名，最具潜力奖 7 名。杨健在讲话中认为这次论坛不仅是各位发言同志对自身参政履职、协商议政能力的综合展现，更是对自己多年来亲身参与两岸交流，推动两岸关系和平发展工作中的所看、所得、所思进行的理性分析和感性认识的提炼总结。同时，这也是对台盟“专、精、深、久”的对台联络工作思路的体现和贯彻。同时，他对各位与会同志及全盟参政议政工作者提出了两点希望：一是深入学习贯彻习近平总书记“七一”重要讲话精神，不忘初心，继续做好两岸关系和平发展的各项工作。二是深入学习贯彻中央统战工作会议精神，努力加强参政议政能力建设。台盟中央参政议政工作委员会主任王中出席论坛并作动员讲话，台盟中央副秘书长、研究室主任宋焱致开幕辞并宣读获奖名单。台盟湖北省委主委江利平，台盟成都支部主委潘裕萍等 60 余人出席论坛。

10 月 25 日至 26 日，2016 年台盟办公室工作会议在北京召开。全国政协常委、台盟中央常务副主席黄志贤出席会议并讲话。黄志贤表示，办公室既是机关运转的枢纽，也是对外形象的窗口，发挥着承上启下、协调各方的作用，也担负着服务保障、监督检查的职责，任务艰巨，责任重大。台盟各级组织机关办公室在新形势、新任务面前，要肩负更大的责任。此次会议要在系统总结和交流近年来全盟办公室工作的成绩经验、问题不足的基础上，深入探讨办公室建设的路径和办法，提高机关综合管理能力，提升机关运行效率，坚定信心、正视困难，服务台盟中心工作，保障换届工作的顺利进行，为台盟事业发展书写美丽的新篇章。会议邀请了全国政协秘书局局长杨小波作关于办公室“三办”工作专题报告。会议探讨了如何建设效能型、服务型、学习型办公室，提高机关综合能力；讨论了办公室工作如何在组织换届工作中发挥服务保障作用。大家一致认为，通过参加此次台盟办公室工作会议，提高了对办公室工作的认识，加强了各地方组织办公室之间的工作交流，为接下来开展工作打下良好基础。台盟中央机关有关部门负责人、机关干部，来自台盟地方组织 40 余名办公室骨干人员参加会议。

12 月 15 日至 16 日，台盟省级组织换届工作会议暨组工干部培训班在北京中央社会主义学院召开，全国政协常委、台盟中央常务副主席黄志贤出席会议并讲话。黄志贤表示，要以高度的政治责任感和使命感做好明年台盟省级组织和中央换届工作，在新形势下要学习贯彻中共十八届六中全会精神和习近平总书记系列重要讲话精神，认真做好政治交接，牢固树立政治意识、大局意识、核心意识、看齐意识，不断增强参政党能力建设，不忘合作初心，继续携手前进，加强中国特色社会主义参政党建设，推进中国共产党领导的多党合作事业健康发展。黄志贤就做好省级组织换届工作提出四点要求，一是充分认识做好换届工作的重要性；二是充分把握换届工作重点，坚持深化政治交接、坚持正确的用人导向、做好思想政治工作；三是深刻领会换届政策；四是认真落实对换届工作的具体要求，加强对换届工作的领导，严格规范换届工作程序，加强换届纪律教育。会议围绕省级组织换届工作开展业务培训。台盟中央副秘书长、组织部部长吴国华就贯彻省级组织换届文件及在换届工作中应注意的问题提出具体要求，与会同志集体学习了《台盟中央关于做好省级组织换届工作的意见》和《关于台盟省级组织换届工作程序的意见》等，就台盟省级组织换届参考程序和文件模板进行了培训。与会同志充分交流了学习体会和各地前期换届筹备情况，并表示将认真落实本次会议精神，推进换届工作顺利开展。台盟中央组织部、台盟省级组织、直属组织负责人等约40人参加会议。

12月19日至22日，台盟中央2016年参政议政工作会议在海口市召开。会议就2016年参政议政工作进行了总结，研究部署了2017年参政议政工作，并对2016年参政议政先进集体和先进个人进行了表彰。会议期间，全国政协副主席、台盟中央主席林文漪一行会见了中共海南省委书记罗保铭等海南省领导同志。林文漪对海南经济社会发展取得的成就表示祝贺，感谢海南省委、省政府长期以来对台盟工作的支持。她表示，台盟中央愿意发挥人才、智力、对台联系等优势，积极支持海南各项工作，支持台盟海南省委围绕全省中心工作履行好参政议政职责，为海南发展出谋划策。会上，林文漪主席为参政议政先进集体和先进个人颁奖，并向他们表示祝贺，鼓励大家学习先进，再接再厉，以高度的责任感和使命感投入到参政党的履职实践中，为党和国家各项事业的发展献计出力。海南省政协副主席、中共海南省委统战部部长王勇出席会议并致辞。全国政协常委、台盟中央副主席杨健在会上作了《齐心协力，攻坚克难，进一步开创台盟参政议政工作新局面》的工作报告。他指出，在2016年，台盟始终与中国共产党同心同行，自觉适应"新常态"对参政议政工作的新要求，扎实调研、深入研讨、全面实施成果转化，为推动我国经济社会发展、落实"两岸一家亲，共圆中国梦"重要理念积极建言献策，全盟参政履职取得了新的重要进展。杨健对做好2017年参政议政工作提出了三点要求，一是要围绕中心，彰显特色，进一步明确参政议政工作方向；二是要总结经验，建章立制，进一步激发全盟参政议政的活力；三是要搭建平台，多措并举，进一步加强参政议政后备干部队伍建设。会议期间还开展了参政议政工作交流研讨。与会同志围绕2016年台盟中央参政议政工作报告、2017年全盟重点调研课题选题方案畅所欲言，对一年的工作进行了回顾总结，对开展好明年的参政议政工作进行了认真谋划，并提出了很好的意见建议。会议期间，全体与会同志听取了中国南海研究院院长吴士存作的《当前南海形势及中国面临的挑战》的专题学习辅导报告。参政议政工作委员会和青年工作委员会还分别召开全体会议，对相关工作进行了总结和部署。来自台盟各级地方组织的参政议政工作机关负责同志100余人参加了会议。

（七）座谈会、纪念会

1月13日上午，全国政协常委、台盟中央常务副主席黄志贤在台盟中央机关会见贵州省黔西南布依族苗族自治州政协主席汤向前一行，并与他们亲切座谈，互致新春问候。全国政协常委、台盟中央副主席杨健参加会见。黄志贤首先对汤向前一行的来访表示热烈欢迎。他表示，黔西南试验区是统一战线参与地方建设发展的一个重要社会实践基地，也是台盟中央社会服务工作的重点区域之一。在中共中央统战部的牵头推动下，台盟中央积极参与黔西南各项事业建设，彼此结下了深厚的友谊，也奠定了良好的合作基础。在"十三五"开局之年，台盟要认真贯彻中央扶贫开发工作会议精神，继续发挥参政议政和对台联络等方面的优势，为黔西南州的脱贫攻坚工作贡献应有的力量。汤向前代表黔西南州委、人大、政府和政协，对台盟中央多年来给予黔西南的支持与帮助表示感谢。

他说，在各民主党派中央、全国工商联以及社会各界的关心支持下，黔西南州试验区建立25年来，经济社会发展日新月异，生态建设成效显著，增长速度位居全省前列。围绕“十三五”期间脱贫攻坚战略目标，全州目前主推山地旅游，打造高效农业，带动人民群众脱贫致富。在扶贫方式上，借助大数据、云计算等现代科技手段，完成扶贫对象的精准识别和扶贫工作的动态反馈，变过去的政府主导式扶贫为群众自主式脱贫，切实增强脱贫攻坚的内生动力。会上，杨健对黔西南州近年来运用科技手段实践精准扶贫，注重发挥群众自主脱贫主人翁意识的创新做法表示赞赏。他表示，台盟中央将进一步加强与黔西南州的联系往来，突出“台”字特色，积极引导广大台湾同胞继续参与试验区的建设发展。座谈期间，台盟中央社会服务部副部长蔡国斌介绍了台盟中央近年来在黔西南参与休闲农业发展、医师义诊和旅游资源推介等多个帮扶项目的情况。

1月14日、18日，全国人大常委、台盟中央副主席苏辉看望慰问原台盟中央政策咨询委员会委员纪朝钦夫人王效贤、原台盟总部副主席李纯青夫人谈家芳，向老同志们致以亲切的节日问候，衷心祝愿老同志们新春愉快、健康长寿。台盟中央组织部副巡视员陈勇陪同看望。全国政协常委、台盟中央副主席杨健走访慰问了台盟中央原副主席、清华大学教授陈仲颐，台盟中央原秘书长张华军和知名盟员、中国电影集团国家一级导演谢雨辰。杨健代表台盟中央向几位老同志致以新春问候，祝他们身体健康、阖家幸福。他关切地询问了他们的身体和生活情况，并对他们一直以来对台盟各项工作的支持表示感谢。台盟中央组织部有关同志陪同走访。1月27日，全国政协常委、台盟中央常务副主席黄志贤，到台盟中央原秘书长潘渊静和原主席团委员吴克泰夫人高纯贞家中看望，向他们致以亲切的节日问候，衷心祝愿他们新春愉快、健康长寿、阖家幸福。全国政协常委、台盟中央副主席吴国祯走访慰问了台盟中央原副主席田富达、刘亦铭、李敏宽。吴国祯关切地询问了老同志们的身体和生活状况，对老同志多年来对台盟中央工作的关心表示感谢。他代表台盟中央向老同志致以新春祝福，祝他们新春快乐、身体健康、阖家幸福。台盟中央组织部有关同志陪同慰问。2月1日，全国人大常委、台盟中央副主席、台盟广东省委主委陈蔚文走访慰问广东省政协原副主席、台盟广东省委原主委林东海老同志。陈蔚文代表盟台盟广东省委向林东海及其家人致以诚挚的问候，祝他们新春快乐、身体健康、阖家幸福。他关切地询问了他们的身体和生活情况，并对他们一直以来对盟省委各项工作的支持表示感谢。台盟广东省委专职副主委郑广台、秘书长高洁等参加活动。1月22日和2月2日，台盟中央副主席、台盟上海市委主委杨健先后走访慰问了林胜兴、杨素英和徐永昌、蔡瑜两对90岁以上盟员夫妇，以及上海市政协原副主席、台盟上海市委原主委郑励志、石四箴两位老领导，向他们致以亲切的节日问候，衷心祝愿他们新春愉快、健康长寿、阖家幸福，并对他们一直以来对台盟各项工作的支持表示感谢。台盟上海市委副主委兼秘书长李碧影陪同走访。

1月26日，全国政协副主席、台盟中央主席林文漪一行走访在京台资企业天福集团，调研台资企业发展情况，与在京台商共叙乡情亲情。林文漪首先代表台盟中央向在京台湾乡亲致以节日的问候和新春的祝福。在天福茶文化馆，林文漪听取了在京台资企业经营及台商工作生活情况介绍，并与香港恒丰集团主席、北京紫玉山庄房地产开发有限公司董事长黄紫玉，威盛集团副总裁、中国区行政长徐涛，育青食品有限公司董事长黄梅郇，天福集团副总裁曾明栋，中华航空公司驻陆首席代表彭荣敏等台商座谈交流。林文漪表示，台盟将深入贯彻落实习近平总书记提出的“两岸一家亲”理念，一如既往地关心和支持台湾乡亲在祖国大陆投资兴业，积极为台湾乡亲解难题，办实事，求实效。希望各位台商台企积极适应大陆经济发展新常态，主动参与到“一带一路”倡议当中，实现互利双赢。全国政协常委、台盟中央副主席杨健，全国人大常委、台盟中央副主席苏辉等陪同走访。中共北京市委常委、市委统战部部长戴均良，中共北京市委统战部副巡视员贺淑晶，中共北京市东城区委书记张家明，中共北京市东城区委常委、区委统战部部长周永明参加了相关活动。

1 月 28 日，由台盟中央、全国台联主办的 2016 年在京台胞新春同乐会在北京台湾会馆举行。全国政协副主席、台盟中央主席林文漪，十届全国政协副主席、台盟中央原主席张克辉，中国侨联主席林军，国台办副主任龙明彪，民革中央副主席刘凡，全国政协常委、全国台联原党组书记梁国扬，台盟中央秘书长张宁，全国台联副会长纪斌、杨毅周等与部分在京台胞、台商、台生欢聚一堂，畅叙乡情友情，喜迎新春佳节。茶话会由台盟中央副主席、全国台联副会长苏辉主持。全国政协常委、台盟中央常务副主席黄志贤代表台盟中央、全国台联致辞，向岛内乡亲致以节日的问候和新春的祝福。黄志贤在致辞中说，2015 年两岸关系稳步推进，继续沿着和平发展道路前行，成绩斐然。中共中央总书记、国家主席习近平与台湾地区领导人马英九的首次会面，开创了两岸领导人直接对话沟通的先河，翻开了两岸关系历史性的一页，开辟了两岸关系新的前景。台盟、台联作为居住在祖国大陆的台湾省人士组成的参政党和人民团体，秉持“两岸一家亲”的理念，扎实工作，积极开拓，不断深化与岛内台胞、社团的交流交往，以乡情亲情之爱凝聚广泛共识，以民族复兴之梦厚植共同利益，为两岸关系和平发展作出了积极贡献。黄志贤强调，两岸同胞唯有坚持“九二共识”这一共同政治基础，坚决反对任何形式的“台独”分裂活动和破坏台海和平的行为，才能使两岸关系保持和平发展的正确方向。2016 年是我国“十三五”规划的开局之年，也是全面建成小康社会决胜阶段的开局之年，这为深化两岸经济和各领域交流带来了重大机遇。我们愿意与台湾同胞共享发展机遇，共谋两岸人民福祉。黄志贤表示，新的一年，台盟、台联将继续深入贯彻中央对台方针政策，以心灵契合、情感融合为主线，着力打造两岸专业交流精品，为开创两岸关系的美好未来而继续努力。同乐会上，来自台盟中央、全国台联、台盟北京市委、北京市台联的机关干部，在京台胞、台生为大家表演了精彩的节目，传递着浓浓的新春气氛。全国人大、全国政协、中央统战部、中国和平统一促进会、中央社会主义学院、台湾同学会以及中共北京市委统战部、北京市台办、台盟北京市委、北京市台联等有关单位的同志出席了活动。

2 月 4 日，教育部副部长郝平一行走访台盟中央并座谈，代表教育部党组和袁贵仁部长向台盟的同志们拜年并致以新春祝福，对台盟一直以来给予教育部的工作支持表示感谢。他介绍了教育部的有关工作情况。全国政协常委、台盟中央常务副主席黄志贤代表台盟中央，代表林文漪主席对教育部领导走访台盟中央表示欢迎并致以新春祝福，对教育部长期以来给予台盟事业的支持表示感谢。黄志贤介绍了 2015 年台盟中央结合实际，发挥特色，进一步选择教育工作相关课题调研并向党和国家提出一系列政策建议情况。

他表示，在“十三五”开局之年，台盟将就继续围绕推动海峡两岸青年交流交往、创业就业等问题建言献策，充分发挥优势，发挥中国特色社会主义参政党应有的作用。

2月18日，中共上海市委常委、统战部部长沙海林、市委统战部副部长虞丽娟等一行走访台盟中央，代表中共上海市委书记韩正向台盟中央林文漪主席、黄志贤常务副主席等致以新春的问候，对台盟中央一直以来给予上海市统一战线事业的关心支持表示感谢。沙海林感谢台盟中央支持上海工作，高度肯定了台盟上海市委努力加强领导班子自身建设，贯彻落实民主集中制，整合资源开展调研和参政议政，主动开展对台交流和联络，围绕地方党委、政府中心工作积极履行参政党职能，很好地发挥了作用。林文漪主席、黄志贤常务副主席代表台盟中央欢迎中共上海市委统战部领导一行正月走访台盟中央。林文漪介绍了台盟中央近期加强领导班子建设情况，感谢中共上海市委、市委统战部一直关心支持台盟工作。长期以来，上海市委统战部注重发挥台盟盟员的特点和优势，搭台阶、铺路子，帮助台盟培养了一批台盟中青年骨干。希望中共上海市委、市委统战部继续关心和支持台盟的工作，“十三五”开局之年，台盟将再接再厉，围绕上海市经济社会发展作出更大贡献。台盟中央秘书长张宁等参加座谈。

2月19日，台盟中央召开纪念台湾人民“二·二八”起义69周年学术报告会。全国政协常委、台盟中央常务副主席黄志贤出席，台盟中央秘书长张宁主持会议。此次报告会旨在缅怀在起义中英勇牺牲的革命前辈，展望两岸关系和平发展的新形势。69年前爆发的“二·二八”起义是台湾人民反对国民党腐败独裁统治、争取民主自治的重要事件，与当时祖国大陆风起云涌的反饥饿、反内战、反迫害运动相互呼应，成为全中国人民反独裁、求解放斗争的组成部分，集中体现了台湾人民爱国爱乡的光荣传统。会议邀请中国社会科学院有关专家结合台海局势及新变化作主题报告。台盟中央机关各部门负责人、机关干部、台海出版社工作人员等40余人参加会议。

3月1日，中央社会主义学院2016年春季开学典礼在北京举行。全国政协常委、台盟中央常务副主席黄志贤出席。开学典礼后，黄志贤亲切看望了参加培训的台盟学员，勉励大家珍惜机会、努力学习，不断夯实思想政治基础，增强履职参政的能力和水平，为国家和地方经济社会发展、统一战线和多党合作事业的发展贡献力量。

3月14日，中共上海市委统战部副部长虞丽娟一行专程走访台盟中央，代表中共上海市委送台盟中央副主席、台盟上海市委主委杨健同志到台盟中央担任专职副主席工作。全国政协副主席、台盟中央主席林文漪，全国政协常委、台盟中央常务副主席黄志贤等与虞丽娟副部长一行进行了座谈。虞丽娟代表中共上海市委及市委统战部对台盟中央一直以来给予上海市经济社会发展和统一战线事业的关心支持表示感谢。林文漪主席代表台盟中央欢迎中共上海市委统战部、组织部、台盟上海市委有关同志专程前来台盟中央，对中共上海市委统战部长期以来大力支持台盟的工作表示感谢。

3月23日，台盟中央在京召开学习贯彻2016年全国两会精神学习会。全国政协常委、台盟中央常务副主席黄志贤出席会议。会上，全国人大代表、台盟北京市委常务副主委陈军传达了十二届全国人大四次会议精神，着重介绍了政府工作报告和“十三五”规划纲要主要内容。全国政协委员、台盟中央秘书长张宁传达了全国政协十二届四次会议精神，介绍了台盟提案工作情况以及台盟界别委员履职的有关情况。会议要求，广大盟员和台盟机关干部要认真学习贯彻习近平总书记系列重要讲话精神，认真贯彻落实全国两会精神，把思想和行动统一到中共中央的决策部署上来。要切实增强政治意识、大局意识、看齐意识，按照台盟九届十四次中常会和台盟中央2016年工作要点要求，充分发挥优势，立足本职岗位，紧密结合实际，扎实工作，奋发有为，推动台盟各项工作再上新台阶，为实现“十三五”时期发展目标作出新贡献。台盟中央机关全体干部以及台海出版社工作人员参加会议。

4月6日，台盟中央在京召开“纪念台籍抗日将领李友邦诞辰110周年座谈会”。全国政协副主席、台盟中央主席林文漪出席座谈会。全国政协常委、台盟中央常务副主席黄志贤出席会议并讲话。中央统战部一局副局长刘海富，国务院台湾事务办公室新闻局副局长安峰山等出席会议。台盟中央秘书长张宁主持会议。黄志贤在讲话中指出，李友邦将军短暂而光辉的一生是赤胆忠诚、献身革命的一生，是忠于祖国、热爱人民的一生，是不畏艰险、英勇战斗的一生。李友邦将军和台湾义勇队、台湾少年团的将士们，对祖国无比热爱，对同胞无限忠诚，对敌斗争最坚决最勇敢，在他们身上集中体现了包括台湾同胞在内的中华民族伟大的爱国主义精神和革命英雄主义精神。他们的英雄事迹和爱国精神，是中华民族的宝贵财富，是两岸同胞需要倍加珍惜的共同历史记忆。黄志贤表示，两岸同胞是命运与共的骨肉兄弟，是血浓于水的一家人，有责任、有义务维护好两岸关系和平发展这来之不易的局面，有能力、有信心守望好我们共同的家园。目前，台湾政局发生重大变化，两岸关系面临新的形势。作为由生活在祖国大陆的台湾省人士组成的参政党，台盟衷心拥护和期盼两岸关系和平发展，将继续坚持中央对台工作的方针政策，坚决反对任何形式的“台独”分裂活动，坚持“两岸一家亲”理念，进一步发挥与岛内台胞的亲情乡情优势，深入开展对台联络交流，融洽两岸同胞的民族感情，增进两岸同胞的心灵契合，为巩固深化两岸关系和平发展贡献力量。座谈会上，当年台湾少年团团员王正南、高仲明后人和浙江金华台湾义勇队纪念馆有关负责同志从不同侧面回顾了李友邦将军及台湾义勇队、台湾少年团对维护祖国统一、抗击日本侵略作出的重要贡献。中央统战部、国台办有关同志，台盟中央机关有关部门负责人、机关干部，部分在京盟员，台海出版社有关同志约50人参加会议。

4月13日，台盟中央组织部举办信仰信念与核心价值观的培训活动。活动旨在更好贯彻落实中共中央组织部2015年印发的《干部教育培训工作条例》，进一步加大对台盟中央机关干部培训力度，提高干部思想政治素质和履职能力，国防大学公方彬教授作了专题讲授。全国政协常委、台盟中央常务副主席黄志贤，全国政协常委、台盟中央副主席杨健出席活动，台盟中央副秘书长、组织部部长吴国华主持培训会。

台盟中央秘书长张宁，副秘书长、研究室主任宋焱，机关各部门干部和台海出版社同志共50余人参加了培训活动。

4月14日，全国政协常委、台盟中央副主席杨健在台盟中央机关会见由中国统一联盟主席戚嘉林率领的台湾中国统一联盟工作访问团一行，并举行座谈会。杨健代表台盟中央对访问团一行表示欢迎，并回顾了台盟与中国统一联盟的合作交流历史。杨健对中国统一联盟长期以来致力于传承台湾同胞祖国意识、推动祖国统一大业表示赞赏，他特别以戚嘉林主席发表文章论述日本殖民当局在台湾光复前夕恶意操纵岛内通货膨胀与

“二·二八”关系为例，认为中国统一联盟在挖掘台湾史料、驳斥“台独”史观方面，发挥了不可替代的作用。杨健表示，台盟将进一步加强与中国统一联盟的合作交流，共同推动祖国统一大业，特别是在落实习近平总书记提出的“两岸共享史料、共写史书”方面，双方可共同开展以“祖国观”“统一观”为基调的台湾历史论述，宣传台湾同胞的“祖国意识”。出席交流活动的台盟相关同志还分别向访问团一行介绍了台盟参政议政、对台联络和两岸文化交流的相关情况。中国统一联盟第一副主席、秘书长李尚贤，中国统一联盟副主席王永、副秘书长韩燕明及各分会会长、各部门负责人随同来访。

4月23日上午，全国政协常委、台盟中央副主席、清华大学物理系教授吴国祯《荷清苑书简》新书座谈会在台北市举行。2011年起，台湾《两岸犇報》专门开设“荷清苑书简——与台湾青年朋友的通信”专栏，刊登吴国祯撰写的文章，《两岸犇报》是主要面向台湾大学生群体的报纸刊物，现为双周刊。五年里，吴国祯在《两岸犇报》总共发表文章60余篇，约15万字。文章集中了他对人生、历史、社会和两岸交流及民族前途等的一些看法，以独特的视角介绍祖国大陆社会和历史的发展，以文字的形式与台湾青年朋友进行交流，以使台湾青年具有一种开放的、历史的、理性的、人文的认知。专栏文章于2016年4月合编为《荷清苑书简——与台湾青年朋友的通信》一书，由台北人间出版社出版。座谈会由台湾夏潮联合会评议长、《两岸犇报》社长陈福裕主持。台湾新竹清华大学中文系退休教授吕正惠、台湾自由作家郑鸿生等台湾各界人士约70人出席座谈会。

5月6日至7日，为进一步锤炼机关干部思想政治素质，提高履职尽责能力，台盟中央组织全体机关干部赴首钢京唐公司开展了主“钢铁是怎样炼成的”培训活动，全国政协常委、台盟中央常务副主席黄志贤参加活动。

5月17日，台盟中央举办“移动互联网与大数据”学习讲座，请北京大学新闻与传播学院副院长、教授、博士生导师刘德寰主讲。全国政协常委、台盟中央常务副主席黄志贤出席，台盟中央秘书长张宁主持。讲座旨在帮助机关干部更好地学习领会习近平总书记的重要讲话要求。刘德寰教授结合自己在新闻传播领域多年的教学、管理和研究，为大家分析了移动互联网新格局与趋势，介绍了大数据发展的现状和新动向。翔实的数据、科学的模型、专业的分析、生动的归纳，使大家深受启发。张宁在主持讲座时指出，台盟中央领导高度重视台盟的网络和信息化建设。希望同志们深入学习贯彻习近平总书记在网络安全和信息化工作座谈会上的重要讲话精神，充分认识互联网和大数据技术在我国政府治理、经济发展、公共服务、商业创新等多方面的重要作用，学会运用互联网和大数据技术为台盟的参政议政、社会服务、对台联络、自身建设等方面的工作增加强劲的动力，同时增强安全意识，确保网络安全。台盟中央机关各部门干部和台海出版社有关同志共40余人参加。

7月25日下午，台盟中央与台南一中足球队师生在台盟中央机关礼堂进行体验式交流座谈。全国政协常委、台盟中央常务副主席黄志贤，台盟中央宣传部副部长吴艺煤以及台南一中校长张添唐、校董事会会长郑群亮等出席。

7月28日上午，全国政协常委、台盟中央副主席杨健在台盟中央机关会见了前来拜访的中华两岸交流促进会“台湾重点大学学生会领袖”参访团，并举行了座谈交流。中华两岸交流促进会名誉理事长蔡秉宪、理事长罗海芸率领参访团出席。中华两岸交流促进会由对两岸交流有理想、在各行各业具有一定代表性的优秀青年组成，连续多年举办两岸各领域交流活动，尤其在两岸青年群体的交流方面作出很大贡献。此次组织台湾重点大学的学生会会长、副会长和主要骨干到大陆参访，希望让更多台湾青年学生了解祖国大陆，将两岸青年交流不断推向深入。杨健介绍了台盟的情况，并表示，台盟非常重视台胞工作，高度关注大陆台胞的生产、学习和生活状况，并积极向有关部门反映，切实维护他们的合法权益。在卡式台胞证、台胞“五险一金”劳动保障等关系到台湾同胞切身利益的政策出台的背后，台盟都发挥了积极建言、努力推动的重要作用。台盟还积极帮助解决台湾青年在大陆求学、工作、创业过程中遇到的实际困难，让台湾青年在祖国大陆感受到家的温暖。杨健介绍了台盟近年来打造的“中华文化研习营”“大江论坛”“青创大赛”等针对两岸青年交流的特色品牌活动。这些活动在北京、上海、福建、陕西、广东等地连续举办了多次，杨健希望更多的台湾青年能够到大陆参访，实际感受祖国大陆各地的不同风貌，感受两岸青年的青春风采，为两岸交流的未来打下坚实的基础。蔡秉宪介绍了参访团相关情况，并对台盟中央的热情接待表示感谢。他说，与台盟中央领导和干部交流，解答了台湾青年学生想要了解的许多问题，结合接下来的参访活动，非常有利于加深台湾青年学生对祖国大陆的认识。

8月8日下午，台盟中央机关组织举办青年干部读书分享活动，邀请全国政协常委、台盟中央副主席、清华大学物理系教授吴国祯，围绕其新书《荷清苑书简——与台湾青年朋友的通信》，与机关青年干部畅谈写作心得与人生感悟，以引导机关青年干部勤于学习思考，切实做到懂台盟、知台情、有台味，不断提高能力素质，更好地服务于机关中心工作。台盟中央机关20余名青年干部参加了读书分享活动。与会青年同志们认为，《荷清苑书简》这部新作兼具家国情怀、科学思想和儒家风范，阅读这部新作，使大家深受启发，对于学习传承老一辈台盟人爱国爱乡的真挚感情，激发机关干部干事创业的青春活力颇有助益。

8月23日下午，全国政协常委、台盟中央常务副主席黄志贤在台盟中央机关礼堂会见了来自台湾的两岸出版交流协会理事长沈荣裕一行，并座谈交流。台海出版社社长马铁等出席。黄志贤向来宾介绍了台盟情况，表示台盟愿与台湾各友好团体共同努力，推动海峡两岸各项交流活动，为两岸交流拓渠道，为两岸同胞谋福祉。台盟非常欢迎两岸出版交流协会来大陆开展文化出版交流，拓展市场。黄志贤还对沈荣裕在保留书香瑰宝、弘扬中华文化、增进两岸文化沟通方面所做的贡献给予了高度评价，并对沈荣裕今年8月荣任两岸出版交流协会新一任理事长表示祝贺。座谈会上，两岸出版交流协会和台海出版社与会人员还就进一步加强图书版权合作、出版发行合作，在两岸共同弘扬中华文化进行了探讨。黄志贤表示，台盟中央全力支持台海出版社与两岸出版交流协会进一步深化互信、加强合作，继续开展文化出版交流活动，为弘扬中华文化多做贡献。

9月1日，全国政协常委、台盟中央常务副主席黄志贤在台盟中央机关礼堂会见来京学习交流的台盟厦门市委20多位盟员并座谈。黄志贤在讲话中寄语与会盟员，希望大家加强学习、加强团结，多参加盟组织开展的活动，在各自的工作岗位上争取更大的成绩，更好地发挥履职参政的作用，为国家和地方经济社会发展作出新的贡献。黄志贤指出，各级盟组织要善于采取有效形式开展盟的活动，深入盟员所在单位和盟员家庭，支持盟员的工作，了解并帮助解决盟员的实际困难，增强盟组织的凝聚力。各级盟组织要加强互动交流，共同做好台盟的各项工作。

9月1日，台盟中央机关工会第五次会员大会在机关礼堂召开。台盟中央常务副主席黄志贤出席大会并讲话。台盟中央副主席杨健出席大会。黄志贤对大会的召开表示祝贺，他充分肯定上一届机关工会能够围绕机关中心工作，密切联系干部职工，把服务大局和服务职工有机结合，创造性地开展工作，取得了有效的成绩。黄志贤对新一届机关工会提出希望。第一，希望新一届工会要加强思想建设，深入学习习近平总书记在中央党的群团工作会议上重要讲话精神，教育和引导会员深刻理解和把握做好新形势下党的群团工作的重大意义、方向目标和基本要求，切实发挥工会组织在围绕中心、服务大局，构建和谐机关等方面发挥桥梁和纽带作用。第二，希望新一届工会要增强服务意识，密切联系职工，认真听取职工的意见和要求，关心职工的学习、工作和生活，为职工办好事、办实事。帮助职工排忧解难，把机关工会建成职工之家。第三，希望新一届工会要找准工作定位，要把工会工作作为机关工作的重要组成部分，与机关党支部、团支部、盟支部形成工作合力。在中直机关工会联合会领导下，保持和增强工会工作和工会组织的政治性、先进性、群众性，牢牢把握时代主题，紧紧围绕工作大局，团结动员广大干部职工为实现中华民族伟大复兴的中国梦建功立业。中直工委群工部部长、中直机关工会联合会常务副主席马勇明到会并致贺词。大会听取了张宁同志受第四届工会委员会委托所做的工作报告和经费使用情况报告；选举产生了机关工会第五届委员会和工会经费审查委员会。在机关工会第五届委员会第一全体会议上，陈勇同志当选为工会主席、马宇鹏同志当选为副主席。

9月29日，在中华人民共和国成立67周年华诞即将到来之际，全国政协常委、台盟中央常务副主席黄志贤在京会见了参加台盟中央2016年国庆参访团的港澳台和海外代表，并与参访团一行座谈交流。参访团成员包括来自台中、台南的台胞团体代表，港澳地区台湾同乡会代表，台湾青年企业家代表，以及波兰、智利、巴西、奥地利、德国、泰国、柬埔寨等国反“独”促统团体代表近60人。黄志贤首先代表全国政协副主席、台盟中央主席林文漪，对参访团一行来京参加国庆系列活动表示热烈欢迎。黄志贤表示，这一年中，全国各族人民和海内外同胞携手同心，为实现“两个一百年”奋斗目标、实现中华民族伟大复兴的中国梦而努力奋斗，但台湾新当局拒不承认“九二共识”，不认同两岸同属一中的核心意涵，使两岸关系和平发展面临严峻挑战，两岸同胞尤其是台湾同胞的切身利益受到了严重损害。在当前的两岸关系形势下，两岸同胞更要坚定信念，加大力度促进两岸民间各领域的交流交往，凝聚起支持两岸关系和平发展最广泛的共识，为台湾同胞的自身福祉，为中华民族的未来尽心出力。黄志贤对岛内同胞和海外华侨华人多年来积极助推台盟开展的两岸交流和反“独”促统工作表示感谢，希望两岸同胞共同努力，继续携起手来共担民族大义，共享发展机遇，共传文化血脉，共筑海峡两岸命运共同体。与会者一致认为，两岸一家亲，是血浓于水的骨肉兄弟，两岸关系和平发展的良好局面绝对不能受到干扰和破坏。

10月24日，为缅怀林正亨烈士的光荣事迹，激励两岸同胞继续为民族复兴和祖国和平统一而奋斗。由台盟中央宣传部主办的“台籍抗日志士、台盟盟员林正亨烈士图片特展开幕式”在北京林献堂抗日事迹陈列馆举行。全国政协常委、台盟中央常务副主席黄志贤出席开幕式并讲话。北京石景山区委副书记李文起，台盟北京市委副主委蔡勉，承办与协办单位代表，林正亨烈士家属代表、林正亨长子、北京林献堂抗日事迹陈列馆馆长林为民等在会上致辞。黄志贤在讲话中指出，林正亨烈士是威武不屈、铁骨铮铮的爱国志士，是精忠报国、血战到底的人民英雄，是献身真理、视死如归的革命先驱。今年是台湾光复 71 周年，再一次回顾、缅怀台胞先烈为台湾光复和祖国统一而殚精竭虑、流血牺牲的历史，显得尤为珍贵。林正亨烈士和所有为捍卫国家主权和领土完整而献身的革命先烈一样，永远是我们学习的榜样；他们坚贞不屈的革命气节、心系国运的赤子情怀，永远是激励我们奋勇前进的动力。黄志贤表示，今年 5 月以来台湾政局发生重大变化，两岸关系和平发展面临严峻挑战。但两岸同胞同属中华民族，这种天然的血缘纽带任何力量都切割不断；两岸同属一个中国，这一基本事实任何力量都无法改变。林正亨烈士身上所体现的，包括台湾同胞在内的中华民族伟大的爱国主义精神是两岸同胞共同的精神财富，也是两岸同胞血脉相连的精神纽带。台盟作为由生活在祖国大陆的台湾省人士组成的参政党，我们希望，通过林正亨烈士的事迹，激励广大台盟盟员继承先辈优良传统，勇担时代重任；我们更加希望，通过林正亨烈士的事迹，激励千千万万中华儿女的爱国心、报国情、强国志，唤起两岸同胞共同的历史记忆，消弭隔阂，增进互信。黄志贤强调，我们广大盟员要继承先烈遗志，积极推动两岸关系稳步前进，两岸同胞携手齐心，合作共赢，为推进祖国和平统一大业进程，为实现中华民族伟大复兴的中国梦而努力奋斗。在展览开幕式上，一部以林正亨烈士生平事迹为主要内容的《林正亨传》也一并推出与读者见面。中央统战部、国务院台湾事务办公室、石景山区台办有关同志，台盟中央机关有关部门负责人、机关干部，台海出版社有关同志，在京台胞等约 50 人参加开幕式。

11 月 4 日，台盟中央学习贯彻中共十八届六中全会精神座谈会在京召开。台盟中央主席林文漪出席会议并讲话。台盟中央常务副主席黄志贤主持会议。台盟中央副主席杨健出席会议。林文漪表示，10 月 27 日举世瞩目的中共十八届六中全会胜利闭幕。台盟对全会的胜利召开表示由衷的祝贺，对全会通过的各项决议表示坚决拥护、完全赞成，对以习近平同志为核心的中共中央更加坚强有力地团结和带领全国各族人民不断夺取中国特色社会主义事业新胜利充满信心。林文漪指出，中共十八届六中全会是在中国共产党成立 95 周年、红军长征胜利 80 周年的历史节点，在全面深化改革、决胜全面小康的关键时刻，召开的一次十分重要的会议。全会专题研究全面从严治党重大问题，审议通过了《关于新形势下党内政治生活的若干准则》和《中国共产党党内监督条例》。《准则》和《条例》紧紧围绕全面从严治党这个主题，继承和发扬党的优良传统和宝贵经验，充分反映中共十八大以来中共中央全面从严治党的新经验新成果，并结合新的实践提出一系列新观点、新举措，为新形势下加强和规范党内政治生活、加强党内监督提供了根本遵循，对于有效应对党面临的“四大考验”、克服“四种危险”，不断增强党自我净化、自我完善、自我革新、自我提高能力，对于推进党的建设新的伟大工程，更好地进行具有许多新的历史特点的伟大斗争、推进中国特色社会主义事业，具有重大的现实意义和深远的历史意义。林文漪指出，全会正式提出“以习近平同志为核心的党中央”，反映了全党全国各族人民的共同心愿，是提高中国共产党创造力、凝聚力、战斗力的迫切要求，是坚持和发展中国特色社会主义事业的根本保证，对维护中共中央权威和集中统一领导，对全党全国各族人民更好地抓住机遇、战胜挑战，对保证国家的兴旺发达、长治久安，具有十分重大而深远的意义。林文漪表示，学习贯彻中共十八届六中全会精神是当前和今后一个时期台盟的重大政治任务。全盟各级组织要按照《台盟中央关于学习贯彻中共十八届六中全会精神的通知》要求，认真组织好相关学习活动；要认真领会习近平总书记在全会上的重要讲话精神，学习掌握《关于新形势下党内政治生活的若干准则》基本精神和《中国共产党党内监督条例》基本要求，将学习成效转化为履职尽责，推进多党合作事业发展的生动实践；要把学习全会精神与学习贯彻习近平总书记“七一”重要讲话、纪念红军长征胜利 80 周年重要讲话等系列重要讲话精神紧密结合，继续深入开展坚持和发展中国特色社会主义学习实践活动，部署开展“不忘合作初心，继续携手前进”专题教育；要认真学习执政党的先进经验，不断加强自身建设，发挥好内部监督委员会作用，全面加强全盟的思想、组织、制度和作风建设。尤其是当前正处于地方组织换届阶段，要严格换届程序，严肃换届纪律，推进换届工作顺利、平稳、规范、有序进行；要切实履职，充分发挥民主监督作用，按照《中国共产党统一战线工作条例（试行）》的要求，提高做好民主监督工作的能力。要完成好中共中央赋予民主党派的扶贫攻坚民主监督的新任务，为打赢脱贫攻坚战作出贡献。担任各级各类特约人员的盟员，要认真履职，发挥好民主监督作用，提出意见建议。我们要更加紧密地团结在以习近平同志为核心的中共中央周围，集全盟之智，举全盟之力，为实现“两个一百年”奋斗目标，为实现祖国和平统一大业和中华民族伟大复兴的中国梦作出新的更大贡献。

11 月 17 日，中共中央统战部副部长戴均良一行来到台盟中央机关办公东区看望机关干部并与台盟中央有关领导座谈。台盟中央主席林文漪，台盟中央常务副主席黄志贤，台盟中央副主席杨健及台盟中央机关各部门负责人热情欢迎戴均良副部长一行来访并座谈。座谈中，林文漪主席首先对中央统战部长期以来给予台盟工作的帮助和支持表示由衷感谢。林文漪着重围绕认真学习贯彻中共十八届六中全会精神，以及参政议政工作形成联动工作机制，对台工作形成“专、精、深、久”工作方针，社会服务工作形成“两岸同心”工作思路，自身建设形成传承优良传统工作方式等方面介绍了台盟工作的主要情况。戴均良对台盟九届中央领导班子带领下全盟取得的各方面成绩给予了高度评价。他说台盟自身建设富有特色，很多工作走在前列；参政议政成果丰硕，建言多次得到习近平总书记等中央领导同志的重要批示；对台工作深耕基层、深耕南部、深耕青年，发挥了不可替代的积极作用；社会服务工作务实深入、创新思路手段，成效显著。同时，戴均良对于下一阶段工作提出了几点希望，一是要认真学习领会、贯彻落实中共十八届六中全会精神。二是要高度重视换届工作中政治交接的问题，牢牢把握正确的政治方向。要积极引导，加强教育，保证换届工作风清气正。要加强各级组织的廉政建设，充分发挥监督委员会的作用。三是要努力提高参政议政能力和建言水平，提前谋划，深入调研，发挥特长。四是要突出自身优势，在对台工作新形势下发挥更大的作用。中央统战部一局局长桑福华、副局长刘海富和相关工作人员随同来访。

12 月 13 日下午，台盟中央常务副主席黄志贤在台盟中央机关会见了中共毕节市委书记周建琨一行并进行了座谈。周建琨向台盟中央和台盟各地方组织多年来持之以恒地积极助推毕节试验区发展表示衷心感谢，并通报了毕节 2016 年以来当地经济社会的发展情况。黄志贤代表台盟中央主席林文漪及台盟全体机关干部对周建琨一行表示热烈欢迎，并对毕节经济社会发展取得的成就给予了充分肯定。黄志贤深情回顾了十多次赴赫章的经历并谈到，二十八年来，台盟与毕节砥砺前行，在干好试验区事业的基础上建立了深厚的感情，台盟中央机关干部踊跃参与赫章挂职，在实践中增长才干，开拓了视野，对毕节给予台盟挂职干部的关心和培养表示了感谢。黄志贤强调，习近平总书记对毕节试验区建设高度重视，增强了台盟中央做好赫章帮扶工作的干劲，台盟中央要继续发挥优势，进一步加大教育、医疗、民生等领域的帮扶力度，全力以赴做好帮扶工作；台盟中央将始终把参与毕节试验区建设的责任记在心上，担在肩上，攻坚克难，共同努力把习近平书记部署的任务完成好，助推毕节试验区建设大踏步前进。

（八）论坛、研讨会

1 月 8 日至 11 日，由台盟中央与国家农业部、重庆市人民政府共同主办的第十五届中国西部（重庆）国际农产品交易会（以下简称“西部农交会”）在重庆市国际会展中心隆重举行。全国政协常委、台盟中央副主席杨健，重庆市人大常委会副主任张定宇，重庆市副市长刘强，重庆市政协副主席、台盟重庆市委主委李钺锋出席了 8 日举行的重大项目及农产品交易签约仪式。交易会期间，杨健一行和刘强等还参观了交易会展区。杨健专门看望慰问了前来参展的台湾客商，与他们进行亲切交谈，了解了他们的展销情况和在渝期间生活情况。杨健要求参加交易会的台盟工作人员全程做好参展台商的服务工作，及时帮助他们协调解决困难和问题，让他们充分感受到大陆同胞的热情和善意。本届西部农交会以“绿色 · 品牌 · 合作 · 发展”为主题，吸引了 13 个省市政府和重庆市内 41 个区县政府及市级部门组团参展，参展企业达 2100 余家，展示展销农产品品种 6900 余个，其中还有来自法国、俄罗斯、泰国等境外的企业 60 多家。4 天的展销时间中，现场销售金额达到了 3.5 亿元，现场签订购销协议 102.3 亿元，投资协议 183.6 亿元。作为承办单位，台盟重庆市委是第六次参与举办这一西部最大的农产品交易盛会。为更好地推动渝台农业交流合作，台盟重庆市委通过台盟中央共联系组织了 28 家台湾企业来渝参展。在渝期间，中共重庆市委统战部副部长关海祥与杨健一行就台盟重庆市委的工作情况进行了交流。

6 月 11 日，由台盟中央指导，福州市人民政府、台盟福建省委、福州市政协、福建省文史馆主办的“海峡论坛 · 第七届海峡两岸船政文化研讨会”在福州开幕，全国政协常委、台盟中央副主席杨健，福建省政协副主席陈荣凯、中共福建省委统战部常务副部长臧杰斌，全国政协常委、台盟福建省委主委郑建闽，台盟中央联络部部长潘新洋、台盟福建省委专职副主委柯连妹等领导出席会议，开幕式由福州市政协副主席陈继鹏主持。本届研讨会以“船政与孙中山的海防思想”为主题，来自国台办海峡两岸研究中心、中国社科院、中国军事科学院、北京大学、复旦大学和台湾大学、政治大学、台湾联合大学等两岸科研院校的专家学者以及中华统一促进党沈葆桢党部代表、在榕文史爱好者等 200 多人参会。开幕式上，杨健、臧杰斌分别致辞，回顾了福建船政的创办史，系统阐述了孙中山先生发展海军、注重海权、以海兴国的思想，隆重纪念福建船政成立 150 周年及孙中山先生诞辰 150 周年。提议在“一带一路”倡议背景下，要发挥船政自强不息、敢为人先的精神，秉承中山先生建立世界富强国家的遗志，为我国的蓝色疆域开发建设和保护利用发挥积极作用。来自海峡两岸的专家学者在研讨会上探讨船政与孙中山海防思想的关系，两岸各三位专家学者登台，其中中国军事科学院博士生导师彭光谦将军作了《孙中山海防思想的当代价值》的主旨发言，台湾育达科技大学通识教育中心副教授王远嘉作了《孙中山海权思想对当代两岸海防建设之启示》的发言。在举行大会主旨发言外，研讨会还举行两岸青年学界精英圆桌讨论会，开展“两岸史学名家船政文化宣讲周”，两岸船政文化专家、孙中山思想研究专家走进福州高校开讲座，在青年学子中培育船政文化精神。

6 月 12 日，台盟中央参与主办的第八届海峡论坛在厦门隆重举行。中共中央政治局常委、全国政协主席俞正声出席论坛开幕式并致辞。全国政协副主席、台盟中央主席林文漪，十届全国人大常委会副委员长、中国关工委主任顾秀莲，中共福建省委书记尤权、省长于伟国、省政协主席张昌平，中央台办主任张志军，海协会会长陈德铭，中华全国总工会党组书记、副主席、书记处第一书记李玉赋，致公党中央常务副主席蒋作君，国家有关部委领导，省委、省人大、省政府、省政协领导，中国国民党副主席胡志强、新党主席郁慕明、亲民党秘书长秦金生、无党团结联盟荣誉主席颜清标等两岸各界人士 1700 多人出席论坛大会。开幕式前，俞正声会见了参加论坛的部分两岸嘉宾和主办单位代表，林文漪陪同参加会见。本届海峡论坛以“扩大民间交流、促进融合发展”为主题，主会场设在厦门，有关设区市、平潭综合实验区分别举办相关活动。在为期一周的时间里，论坛大会、青年交流、基层交流、经贸交流四大板块 19 大项活动在福建各地开展。

8 月 19 日，由台盟中央和海南省人民政府共同作为指导单位，台盟海南省委、海南省台办、海南省政协港澳台侨外事委员会、海南省台联、台湾农会、台湾休闲农业学会共同主办的 2016 年海峡两岸休闲农业发展（海南）研讨会在海口召开。本次研讨会是以“休闲农业·美丽乡村 + 互联网”为主题，旨在进一步推动两岸民间交流与合作的一次重要活动。全国人大常委、台盟中央副主席陈蔚文出席会议并致辞。陈蔚文在致辞中指出，维护两岸关系和平发展与台海和平稳定，需要坚持不懈地扩大深化两岸民间交流合作。研讨会积极邀请两岸专家学者开展交流研讨，不仅是贯彻落实五大发展理念，推动传统农业转型升级的生动实践，也是“一带一路”倡议实施背景下两岸同胞共建交流合作平台，共享和平发展成果的具体行动。陈蔚文表示，当前，海南正不断强化全域旅游的引领作用，以旅游城市和特色旅游小镇、美丽乡村建设为突破口，积极推进新型城镇化、农业现代化以及国际旅游岛建设，为两岸民间交流合作注入了新的活力。我们相信，通过此次研讨会的举办，琼台两地将抓住机遇，紧密合作，将两岸民间农业交流推向新的高度。我们更相信，通过两岸同胞携手同心，全力打拼，也必将为两岸关系和平发展和实现中华民族伟大复兴的中国梦奠定更加坚实的基础。近 200 名海峡两岸专家学者及嘉宾出席本次研讨会。会议期间，调研组一行考察了海口桂林洋开发区、沉香基地等现代农业产业园区，并围绕会议主题展开了热烈的交流研讨。

9 月 26 日，由台盟中央主办的第三届大江论坛——两岸关系和平发展精英论坛在北京台湾会馆开幕。全国政协副主席、台盟中央主席林文漪出席论坛开幕式并宣布论坛开幕。国台办副主任龙明彪出席论坛开幕式并致辞。包括中国国民党中常委黄志雄等岛内政、经、产、学各领域精英人士和青年代表在内的两岸嘉宾一百多人汇聚一堂，围绕“深化民间交流，助推两岸关系和平发展”这一论坛主题，积极建言献策，共同展望两岸关系和平发展的光明前景。全国政协常委、台盟中央副主席杨健主持论坛开幕式，台盟中央副主席、全国台联党组书记苏辉，中央统战部、北京市台联和台盟各地方组织、各专委会的相关负责人出席论坛。全国政协常委、台盟中央常务副主席黄志贤致欢迎词时介绍，“大江论坛”是由台盟中央于2014年创办的两岸民间特色交流平台，论坛以台湾会馆的历史人文内涵为依托，以两岸民间各界精英人士为主体，旨在充分发挥台盟乡情亲情优势，围绕两岸关系和平发展主题，落实习近平总书记“两岸一家亲”重要理念。论坛每年举办一次，广泛听取两岸同胞意见，凝聚两岸同胞共识，促进两岸同胞思想文化、情感理念的不断融合。黄志贤表示，本届大江论坛以“深化民间交流、助推两岸关系和平发展”为主题，就是要持续扩大深化两岸民众的交流，凝聚起支持两岸关系和平发展的民间力量，维护好两岸关系和平发展这条康庄大道。开幕式上，中国国民党中央委员、台北市青年联合会理事长何溢诚，台南市医师公会监事长王正坤、厦门大学台湾研究院院长刘国深、中华青年发展联合会理事长王正、北京胜大庄国际董事长李卍中、台盟中央青年工作委员会副主任孙晓青等两岸嘉宾代表围绕论坛主题进行了主题演讲。论坛期间，还将在台湾会馆举办两岸中医药合作发展论坛、两岸青年成长创业论坛、两岸书画艺术作品展等分项活动。

9月26日，由台盟中央举办的第三届大江论坛·两岸中医药合作发展论坛在北京台湾会馆举行。作为第三届大江论坛的系列活动之一，论坛邀请到来自海峡两岸的中医药界知名专家、学者及企业界人士近百名，共同深化两岸中医药交流，弘扬中华中医药文化，助力两岸中医药融合发展。台盟中央有关部门负责人，部分地方盟组织和专委会负责人出席论坛。全国人大常委、台盟中央副主席陈蔚文出席论坛并致辞。他表示，中医药是中国古代科学的瑰宝，是中华民族文化传承的重要载体，是中华传统文化的智慧结晶，也是海峡两岸共同的财富，两岸关系虽有坎坷和曲折，但是中医药的交流和合作从未间断，当前中医药步入发展的快车道，为两岸中医药合作交流带来了新的机遇。台盟将按照习近平总书记“中医药是中华民族的瑰宝，一定要保护好、发掘好、发展好、传承好”的讲话精神，积极推动两岸中医药界根据各自的特色相互借鉴、相互学习、共享资源，积极拓展合作领域，创新合作模式，共同促进中医药融合发展，共同把两岸中医药事业做大、做强，为两岸民众健康福祉作出贡献。台盟中央科教医药交流委员会主任洪净、原国家中医药管理局台港澳中心主任王承德、台大真菌生物科技公司董事长李明聪、国家级非遗古本易筋经十二势导引法代表性传承人严蔚冰、黄帝内经研究学苑音声律历研究中心创办人赖一诚、中国龙脑产业创始人宁石林等两岸嘉宾代表，分别围绕论坛主题，就中医药产业、政策、文化、保健技能等专题进行演讲和展示，使与会者感受到中华中医药文化的博大精深和两岸中医药融合发展的无限潜力。据悉，台盟中央近年来持续关注和推动两岸中医药交流合作，自2013年开始持续组织包括知名中西医在内的两岸医师赴云南、贵州、江西、四川、陕西等地开展两岸医疗咨询活动。今年，台盟中央又针对藏药的种植情况、藏医药的现状及未来发展规划等方面深入青海进行了专题调研，不断为两岸中医药交流拓展新的领域。

9月27日，由台盟中央举办的第三届大江论坛 · 两岸青年成长创业论坛在北京举行。作为第三届大江论坛的系列活动之一，两岸青年成长创业论坛吸引了海峡两岸百余位青年才俊、精英人士齐聚一堂，交流在祖国大陆成长、成才、成功的故事，分享两岸青年合作共赢、创业发展的心得体会。国台办经济局局长张世宏、中国国民党中常委黄志雄、台湾中华青年之友会会长陈维德，台盟中央有关部门、专委会和台盟部分地方组织负责人出席论坛。全国政协常委、台盟中央常务副主席黄志贤出席论坛并致辞。黄志贤表示，祖国大陆经济发展快速，为台湾青年在大陆就业创业提供了广阔的舞台，众多台湾青年在成就自己精彩人生的同时，也为增进两岸同胞的相互理解尽了一份心力。希望与会的两岸青年能够在两岸关系和平发展受阻之时，肩负起历史的重托，用自己在大陆的亲身经历和体会，告诉广大的台湾青年朋友：两岸关系只有走和平发展的正确道路，才能造福两岸同胞；两岸青年只有成为共同打拼的好朋友好伙伴，才能够担当起开拓两岸关系光明前景、实现中华民族伟大复兴的重任。北京远见育成科技孵化器公司、北京台湾青年创业基地总经理陈冠融，英诺天使基金合伙人、爱特众创联合创始人兼CEO姚锦程，雁博青年创业家协会秘书长、杰威控股有限公司、杰威创意设计游戏公司CEO黄南雄，极客影业（上海）有限公司总裁、上海市政协委员、台盟上海市委委员陈乐，上海慧高精密电子工业有限公司董事长、慧高 · 光创园海峡两岸青年创业基地创始人吕勇逵，中华两岸交流促进会大陆事务委员会青年部副部长、北京大学两岸文化交流协会主席黄宣玮等两岸青年代表分别围绕论坛主题，就两岸青年创业趋势、两岸创业共赢发展现状、青年女性创业、台湾青年成长成才等专题进行了交流和专题演讲。论坛当天还同期举办两岸青年创业大赛成果分享会、两岸青年创业经验分享会，海峡两岸青年交流协会执行长、北京创业公社投资发展有限公司品牌运营部高级经理郑博宇等近20名两岸青年创业者向参会嘉宾分享各自的创业故事和经验。据台盟中央有关部门负责人介绍，台盟中央为贯彻习近平总书记在全国政协十二届三次会议期间关于“让两岸关系和平发展为他们（台湾青年）的成长、成才、成功注入新动力、拓展新空间”的重要讲话精神，于2015年第二届大江论坛期间首次举办台湾青年创业发展论坛，此次论坛是第二次在大江论坛这一两岸特色交流平台上设置两岸青年主题的活动。

11月16日至18日，由台盟中央参与主办的第十届海峡两岸茶业博览会在福建省武夷山市举办。全国政协常委、台盟中央副主席杨健出席茶博会开幕式及相关活动，与参展的两岸茶业从业人员亲切交流。第十届海峡两岸茶业博览会由台盟中央、全国台联、台湾农会、台湾区制茶工业同业公会、南平市人民政府等十几家单位共同主办，秉承“缘聚武夷，茶和天下”的办展宗旨，吸引了海内外参展茶企510余家，其中台湾茶企97家，国际茶企16家，邀请了采购商6000余家，展位1230个，展馆面积4.3万平方米。茶博会期间还举办了投资项目签约仪式，累计总投资达289亿元。台盟中央联络部部长潘新洋、宣传部副部长吴艺煤、台盟福建省委副主委柯连妹、台盟南平市委主委陈培仁等参会。

11月18日，台盟中央两岸书画院成立仪式暨首届“翰墨传承”海峡两岸书画名家交流展在北京鸟巢文化中心举办。全国政协常委、台盟中央常务副主席黄志贤，中国书协主席苏士澍，全国政协常委、台盟中央两岸书画院院长梁国扬，全国政协常委、台盟中央副主席、台盟中央两岸书画院名誉院长吴国祯，全国政协港澳台侨委员会副主任楼志豪等出席活动。台湾金马台澎两岸交流协会理事长李沃源、中华两岸文化艺术基金会会长庄汉生等台湾近 20 位书画家和大陆书画家、著名企业家代表等两百余人参加活动。黄志贤在致辞中指出，悠久灿烂的中华文化是两岸同胞共同的精神财富和心灵家园。书画艺术作为中华传统文化的瑰宝，蕴含着根脉相同的文化精髓，有着同根同祖的文化内涵。来自海峡两岸的书画名家相聚北京，共同研讨源远流长的中国书画艺术，共同研讨中华民族优秀传统文化的继承与弘扬，具有重大的现实意义和深远的历史意义。黄志贤表示，为进一步加大弘扬中华优秀传统文化、促进两岸文化交流力度，增进两岸同胞对中华文化的认同，同时也为搭建台盟盟员展示书画才华的平台，台盟中央决定成立“台盟中央两岸书画院”。目前湖北省分院也已完成筹备工作，即将正式成立，还有不少台盟地方组织也在积极筹备此项工作。希望借此平台，能够以墨为缘，以墨为桥，进一步增进两岸的书画艺术沟通以及书画家之间的情感联系，推进各种主题的体验式交流，推动两岸文化交流与合作，共同弘扬中华优秀传统文化，厚植两岸同胞的精神纽带，增强中华文化自信、中华民族自信。活动中，台盟中央两岸书画院院长梁国扬，台湾书画家代表李沃源、庄汉生，中央国家机关书协副主席兼秘书长尹祥君分别致辞，表示将尽全力推进两岸文化交流。黄志贤、梁国扬共同为台盟中央两岸书画院揭牌。台盟中央两岸书画院的成立，在海峡两岸引起了热烈的反响，台湾的连战先生、吴伯雄先生、朱立伦先生、蒋孝严先生和新北、连江、台东等县市的县市长等发来了贺词或惠赠了书画作品。中央国家机关书法家协会 20 多位主席团成员都专门创作了佳作。当天下午，黄志贤在台盟中央机关亲切会见了前来参展的台湾书画家一行，大家就两岸书画艺术的传承与弘扬进行了深入交流探讨。台湾书画家纷纷对台盟中央两岸书画院的成立表示祝贺与赞赏，希望未来能够有更多的交流合作机会，共同弘扬中华优秀传统文化。

二、履行职能

2016 年，全盟落实习近平总书记关于“政治协商的着力点是发挥好民主党派和无党派人士积极作用”的要求，努力在会协商、善议政上取得实效，努力在突出党派特色上取得实效，切实提高了参与协商民主的能力和水平。

（一）参政议政

调查研究

2016 年，台盟中央将年度重点课题分列三个层次：包括大调研课题 1 项，“台资参与中西部地区创新发展、开放发展，创造新供给相关问题的调研”；全盟重点调研课题 7 项，“两岸青年共同投身‘大众创业、万众创新’相关问题的调研”“两岸共同推动形成绿色发展方式和生活方式相关问题的调研”“加强农作物秸秆综合利用相关问题的调研”“实施精准扶贫、精准脱贫，提高扶贫实效相关问题的调研”“促进社会主义文艺繁荣发展相关问题的调研”“东北三省产业转型升级相关问题的调研”“医药卫生体制改革困难与对策相关问题的调研”；各专门委员会重点课题6项，台盟中央参政议政工作委员会“关于站在两岸关系发展的新起点上，因应岛内政治生态重大变化，巩固两岸关系和平发展大格局的对策建议”，台盟中央妇女工作委员会“关于特殊儿童的发展和教育的调研”，台盟中央青年工作委员会“关于服务贸易创新发展试点情况的调研”，台盟中央两岸文化交流委员会“两岸青年共建共享周文化产业园区的可行性研究与政策建议”“协调发展理念指导下的我国政府—企业—社会的责任边界与思考——以在闽台商为例”，台盟中央两岸经济合作交流委员会“关于创新载体，进一步推动两岸青年交流的调研”。在牵头单位的组织协调下，在全盟地方组织的踊跃参与下，共形成了140余份调研报告。

1. 党派大调研

2016年台盟中央党派大调研在角度上，从台资参与切入，在创造新供给落脚，准确把握了深化供给侧结构性改革的经济工作主线，同时分三路推进调研，各有侧重，如在重庆重点调研台资IT产业集群发展、台资企业参与“一带一路”倡议和长江经济带建设情况，在成都重点调研国家科技创新示范区和西部国际金融中心等情况，在陕西重点调研两岸文化旅游交流等情况，准确结合了当地发展实际与需要。在特色上，将助推祖国大陆中西部发展和台资成长壮大联结一体，在关注中西部地区发展的过程中，注重将其与引导台资西进、推动两岸互利发展相结合，充分彰显了“台”字特色。在成果上，在几年前提出并且受到中央高度重视的推进“台资西进，IT先行”建议基础上，继续发力中西部地区创新发展、开放发展，进一步巩固和扩大了台资西进的作用和成效，得到中央领导的批示并交有关部门研究办理。

第一阶段：预调研。

新年伊始，全国政协常委、台盟中央常务副主席黄志贤带队赴西安、成都、重庆三地开展台盟中央2016年大调研的预调研工作。

1月14日，黄志贤一行来到西安，与台盟陕西省委领导和机关同志进行了座谈。台盟陕西省委主委王二虎、副主委陈玉玲向调研组汇报了台盟陕西省委在接到大调研任务之后的准备工作开展情况，并表示将努力做好大调研前期的各项准备工作，密切与陕西省相关部门的沟通联系，全力完成大调研的各项任务。黄志贤对此表示高度赞许，并勉励台盟陕西省委的同志们进一步深化对大调研课题的理解认识，选好课题角度和定位，突出党派特色，努力为陕西经济社会发展作出应有贡献。台盟中央两岸文化交流委员会主任、参政议政工作委员会副主任骆沙鸣陪同在西安调研。

1月15日，黄志贤转赴成都，与台盟成都支部座谈。台盟成都支部主委潘裕萍、副主委乐重荣及部分盟员向调研组汇报了成都在引进台资和推进“一带一路”建设方面取得的成绩，并谈了对大调研课题的想法和建议。黄志贤在听取台盟成都支部的汇报之后表示，台盟成都支部在人员、经费困难的情况下，勇于承担台盟中央的大调研任务，这种积极作为的工作态度非常值得肯定，同时还能提出较为成熟的想法和建议，这也让调研组对台盟成都支部完成台盟中央委托的大调研任务充满信心。

1月16日，黄志贤一行来到重庆，听取台盟重庆市委的汇报。重庆市政协副主席、台盟重庆市委主委李钺锋结合学习习近平总书记在重庆考察期间的重要讲话精神，全面汇报了台盟重庆市委对台盟中央2016年大调研课题的阶段性调研成果，深入分析了重庆市地处长江经济带与“一带一路”两大发展战略联结点的区位优势，突出介绍了台资企业尤其是以台资为龙头的IT产业对重庆市经济跨越式发展作出的重大贡献。黄志贤在听取了台盟重庆市委的介绍之后，对台盟重庆市委在承担台盟中央委托的大调研任务中，表现出的主动作为的工作作风和较强的研究能力表示高度赞扬，同时要求台盟重庆市委在现有研究成果的基础上，继续深化对课题的认识，加强与台盟中央研究室的沟通联系，全力以赴完成好台盟中央2016年大调研各项工作任务。

台盟中央参政议政工作委员会主任王中，台盟中央副秘书长、研究室主任宋焱，办公厅副主任谢申等全程陪同调研。

第二阶段：分组集中调研。

第一组：林文漪主席带队赴重庆调研。

4月25日至28日，全国政协副主席、台盟中央主席林文漪率台盟中央调研组一行，赴重庆市围绕“台资参与中西部地区创新发展、开放发展，创造新供给”主题开展调研。全国政协常委、台盟中央常务副主席黄志贤，全国政协常委、台盟中央副主席杨健参加调研。在渝期间，中共中央政治局委员、重庆市委书记孙政才会见了调研组一行。

调研组实地考察了寸滩保税港区航交所、两江新区果园港、渝北区台商工业园、铜梁台商工谷拓展园、重庆西部物流园、渝新欧国际铁路联运通道等，详细了解重庆市以五大功能区域发展战略为抓手、精准推进供给侧结构性改革，以渝台合作为动能、加快建设内陆开放高地建设等情况。调研组还与在渝台资企业代表深入交流，详细了解台湾乡亲在大陆投资兴业以及生活的情况。在台资企业重庆元创工业设计研究院有限公司，调研组参观了公司的汽车整车开发平台、工业机器人研发制造等业务。林文漪表示，看到台湾乡亲在祖国大陆发展势头良好，看到两岸企业共同开展技术研发，感到非常高兴，希望能够进一步将台资成长壮大与祖国大陆的发展联结一体，实现两岸产业聚合、心灵契合、发展融合。

4月26日，调研组在重庆召开座谈会，听取重庆市委、市政府有关负责同志介绍重庆经济社会发展、供给侧结构性改革以及渝台经贸合作等情况。林文漪在讲话中指出，台盟中央今年的大调研，是落实习近平总书记视察重庆重要讲话精神的具体行动，是台盟助力落实“五大发展理念”的具体行动，希望能够充分发挥党派特色和优势，找准重庆创新发展、开放发展与台资参与的契合点，找准国家供给侧结构性改革与深化两岸经济社会融合发展的结合点，为国家推动相关工作提供政策参考。

调研组由国家发改委、交通运输部、财政部、国台办、中央统战部等相关部委，国民经济和金融领域专家学者，台盟中央专委会和相关地方组织负责同志，以及中央有关媒体记者共同组成。全国政协委员、台盟辽宁省委主委王松，全国政协委员、台盟湖北省委主委江利平，全国人大代表、台盟中央两岸经济合作交流委员会主任、福建省台联会会长江尔雄，台盟中央副秘书长、研究室主任宋焱，台盟中央办公厅主任陈静等陪同调研。

第二组：黄志贤常务副主席带队赴成都、陕西调研。

4月26日至29日，全国政协常委、台盟中央常务副主席黄志贤率台盟中央调研组，相继赴四川省和陕西省，围绕 2016 年台盟中央党派大考察课题——“台资参与中西部地区的创新发展、开放发展，创造新供给相关问题”开展分组调研。

4 月 27 日，黄志贤一行在成都结合成都国家科技创新示范区和西部国际金融中心建设，对台资参与高端产业发展的情况开展重点调研。调研组实地考察了维创资通（成都）有限公司、联发芯软件设计（成都）有限公司等台资企业，与台资企业代表深入交流，详细了解有关政策措施的落实情况，企业发展情况、面临的困难及台胞在大陆生活的情况。在随后召开的座谈会上，调研组听取了四川省、成都市有关负责同志关于四川推进供给侧结构性改革、全面深化创新改革及川台交流合作等情况介绍。

4 月 28 日，台盟中央调研组一行深入陕西，以周礼文化为切入点，以促进“两岸一家亲”文化认同为核心，重点调研了台资参与中西部文化产业发展情况。调研组分别对周礼文化进学校、进家庭活动进行了实地调研，并考察了青铜器博物馆、周原遗址、周原博物馆等，详细了解周文化在两岸文化交流和陕西省文化产业发展中产生的作用和影响。在随后召开的座谈会上，调研组听取了宝鸡市、岐山县有关负责同志关于陕台文化交流、岐山周文化产业园规划建设情况的介绍。

黄志贤指出，此次我们围绕着“台资参与中西部地区的创新发展、开放发展，创造新供给”的主题学习、考察，不仅是推进供给侧结构性改革和当前两岸关系和平发展处于新的重要节点的重要考虑，也是为进一步落实“五大发展理念”、巩固深化两岸关系和平发展增添助力。台盟中央和参与调研的各相关部门将在深入考察研究的基础上，认真总结当地先进经验，分析存在的困难和问题，通过民主党派参政议政的各种渠道，向党和国家提出相关建议，为落实习近平总书记提出的“两岸一家亲，共圆中国梦”重要理念，作出应有的贡献。

调研组由中央统战部、农业部等相关国家部委，台盟中央专委会和相关地方组织负责同志共同组成。台盟中央参政议政委员会主任王中，台盟中央两岸文化交流委员会主任、台盟泉州市委主委骆沙鸣，台盟中央组织部副部长冉永进等陪同调研。

调研期间，黄志贤相继与中共四川省委常委、统战部部长崔保华及四川省委省政府、成都市委市政府、中共陕西省委统战部副部长候社教、宝鸡市委市政府相关领导同志进行了座谈交流。

第三组：杨健副主席带队在渝开展分组调研。

4 月 25 日至 28 日，台盟中央由林文漪主席带队，围绕“台资参与中西部地区创新发展、开放发展，创造新供给”主题，在重庆开展民主党派大调研。期间，全国政协常委、台盟中央副主席杨健率调研组部分同志，在渝开展分组调研。

杨健一行先后深入重庆寸滩航运交易所、铜梁台商工谷拓展园、西永渝新欧重庆物流园等地，与区县、园区、台企负责人亲切交谈，关心询问企业运营、产品创新和交易销售等情况，详细了解重庆市落实五大发展理念、推进供给侧结构性改革以及深化渝台产业合作、推进开放发展、创新发展的具体做法和成功经验。

杨健指出，重庆市以五大功能区为抓手，充分发挥西部大开发重要战略支点，“一带一路”和长江经济带连接点的区位优势，深化渝台两地优势产业合作，走出了一条内陆地区经济创新发展、开放发展的示范之路。台盟中央将继续发挥自身优势，为助推重庆发展、服务国家大局作出贡献。

第三阶段：成果转化。

在深入调查研究的基础上，台盟中央形成《关于中西部地区供给侧结构性改革的几点建议》及相关调研报告，报送中共中央、国务院后，得到李克强总理、张高丽副总理等中央领导同志的高度肯定。在习近平总书记主持召开的经济工作征求意见座谈会，以及俞正声主席主持召开的党外人士调研协商座谈会上，林文漪主席和黄志贤常务副主席分别代表台盟中央汇报了有关调研成果，就进一步降低能源要素成本，进一步补齐基础设施短板，进一步支持包括台资在内的企业创新发展以释放市场主体活力等问题提出了具体建议，为中央深入推进供给侧结构性改革发挥了积极助推作用。

2. 地方组织和专委会牵头的重点课题

一年来，在牵头单位的组织协调下，台盟各级组织紧紧围绕“十三五”开局起步密集调研，召开课题研讨会，形成了100余份有力度、有分量的调研议政成果。其中，2月24日，台盟中央关于“农作物秸秆综合利用相关问题”课题协调会在长春召开。会议由台盟中央副秘书长、研究室主任宋焱主持。全国政协常委、台盟吉林省委主委王天戈作为课题牵头单位负责人做了《秸秆综合应用相关情况介绍》的主旨发言。台盟吉林省委经过了5年多的广泛、深入的学习、考察、研究，从最初对清洁能源的广泛筛选，到对以秸秆为代表的生物质资源厌氧发酵获得沼气再提纯成天然气的生物质资源转化路线应该确定为国家主推的技术路线的提出，思路逐渐清晰、转化路径符合自然规律、生物质资源各种功能得到充分利用，基本实现了“资源利用节约化、生产过程清洁化、跨产业链接循环化、废弃物处理资源化”的目的。同时，还能有效推动农业发展方式的转变，促进农业、畜牧业、能源产业及生态环境健康、协调和可持续发展。台盟中央副秘书长、研究室主任宋焱肯定了台盟吉林省委近两年来在“生物质资源应用、能源植物选择及保护黑土地”等领域取得的连续性成果，指出2016年“秸秆综合应用双周协商座谈会”参与单位要站在台盟中央整体的角度着眼于国家“十三五”规划的实施建言献策。王天戈表示，台盟吉林省委承办2016年台盟中央主办的全国政协双周协商座谈会意义重大，一定努力变压力为动力，珍惜此次机会，在更高的平台上建真言，献良策。会上，13个参会单位的同志分别从本课题相关技术是否能适合我国南北方差异、禁止焚烧秸秆、相关生产设备、秸秆收集、工业用途、可复制性、能源转型发展等方面交流、讨论了各自的基础工作与分报告的初步调研方向。台盟中央参政议政工作委员会主任王中作总结发言。会议期间，参会人员还赴吉林省辽源市牧兴机械有限公司及应用该企业产品的农民专业合作社实地考察。辽源市牧兴机械有限公司生产的“秸秆膨化机”获得国家专利权和科技部、农业部农机产品联合认证。东辽县云顶镇众旺养殖合作社经营者带领大家参观了秸秆饲料的生产过程、喂养的肉牛及大鹅，并就饲养成本及效益进行对比分析。云顶镇镇委刘书记详细介绍了全镇将发展秸秆饲料及饲养肉牛等作为精准扶贫切入点的思路及进展情况。通过实地调研，参会同志对秸秆饲料及秸秆综合应用有了更深刻的感性认识。来自台盟广东、海南、福建、湖北、辽宁、陕西、浙江省委、台盟北京、上海、南京市委、安徽总支、南宁支部和台盟吉林省委计十三个省市的同志共30余人参加本次课题协调会及实地考察。

4月26日至29日，台盟中央“两岸青年共同投身‘大众创业、万众创新’相关问题的调研”由台盟北京市委牵头，组织课题组一行赴福建厦门市、泉州市开展专题考察。台盟北京市委副主委蔡勉、台盟福建省委副主委柯连妹、台盟云南省委副主委高素芳以及台盟中央研究室、各参与单位相关负责同志近30人参加考察活动。调研组一行先后考察了晋江“洪山文创园”、泉州“维庭空中美语”培训学校（台湾青年创业点）、厦门海沧“两岸青年创新创业创客”基地、厦门集美“一品威客创客空间”，并就进一步推动两岸青年投身“众创”事业的有关议题与相关机构的负责人进行了深入交流。同时，课题组通过座谈会，进一步强调落实了下一阶段的调研工作安排。通过实地考察调研，课题组对福建泉州市、厦门市推动两岸青年共同创业、创新工作所作出的努力、取得的成绩以及存在的困难和问题有了比较深入的了解。下一步，牵头单位台盟北京市委将积极组织好各参与单位认真完成调研的各项工作，圆满完成调研任务，确保调研报告质量，为台盟有效发挥建言献策作用奠定坚实的基础。

5月17日，台盟中央“东北三省工业转型升级”重点课题研讨会在辽宁省抚顺市召开。全国政协常委、台盟中央副主席杨健，辽宁省政协副主席、台盟省委主委王松，中共抚顺市委书记王桂芬，市委常委、组织部部长、统战部部长刘非出席研讨会。研讨会上，台盟中央“东北三省工业转型升级”重点课题组一行听取了抚顺市关于工业转型升级相关情况汇报，并就老工业基地在产业转型升级过程中遇到的问题与对策与抚顺市领导，有关部门、企业负责人进行了深入交流。台盟中央副主席杨健指出，通过与抚顺市委、市政府领导，有关部门、企业负责人的广泛研讨与交流，我们既感受到振兴东北的必要性和重要性，同时也感受到抚顺人民不等不靠自力更生加快地区转型振兴的务实作风和不服输精神，使我们深受感动。这充分体现了东北老工业基地人民具有良好的品格和艰苦奋斗的光荣传统，相信凭着这股勇气与干劲儿，东北三省一定会早日走出困境，实现振兴。一直以来，台盟就十分关心东北的振兴问题，这些年做了一些工作，积累了一些经验。此次抚顺之行，对振兴东北有了更深刻的认识，必将对台盟围绕东北工业产业转型升级等课题积极参政议政、献计献策具有较大帮助，台盟中央也将积极发挥参政党的作用，为振兴东北增添助力。杨健祝愿抚顺在市委、市政府的正确领导下，凭借好政策、抓住好机遇，再造辉煌。辽宁省政协副主席、台盟辽宁省委主委王松表示，台盟中央调研组此次来辽宁抚顺进行东北工业转型升级重点课题研讨，充分体现了台盟中央一直以来对辽宁省和东北地区经济社会发展给予的关注和帮助。希望台盟中央多为辽宁省出谋划策，提出意见建议，把影响东北、辽宁包括抚顺在内的发展问题症结找准，找到应对之策，真正解决好东北老工业基地转型振兴中遇到的困难。中共抚顺市委书记王桂芬指出，在抚顺全市上下认真学习贯彻中央七号文件精神、加快推进抚顺转型振兴的关键时期，台盟中央来抚就东北三省工业转型升级课题进行调研，不仅是对抚顺老工业基地转型振兴的巨大支持和鼓舞，也为抚顺市更好地贯彻落实中央政策提供了重要的学习机会。抚顺市将全面客观地向调研组反映抚顺转型振兴中存在的问题和建议，希望通过调研组把抚顺乃至辽宁、整个东北地区的振兴发展情况及时地上报给党中央，以此更好地推动中央振兴东北政策的贯彻落实。王桂芬表示，全市上下一定会外借助力，内生动力，切实用好用足中央的政策支持，全力以赴把抚顺的事情做好，坚决打赢抚顺转型振兴这场硬仗。台盟中央“东北三省卫业转型升级”重点课题组一行在抚顺期间，还深入辽宁军锋机械制造有限公司、罕王微电子（辽宁）有限公司、辽宁格瑞自动化设备有限公司等企业进行了实地调研。台盟中央参政议政工作委员会主任王中，台盟中央副秘书长、研究室主任宋焱，抚顺市政府副市长何庆，市政协副主席董树兴陪同调研。

6月16日，台盟中央“促进社会主义文艺繁荣发展”重点课题研讨会在上海召开。全国政协常委、台盟中央副主席杨健出席会议并讲话。会议由台盟上海市委副主委吴珍美主持。会上，课题组成员围绕主题，立足当地实际，从文艺体制机制改革、民族文化发展以及网络文艺现象等不同角度切入，展开深入交流研讨，进一步明确了课题调研的方向和侧重点，为最终调研成果的取得奠定了基础。杨健指出，中华文化博大精深，社会主义文艺繁荣发展涉及方方面面。做好这个课题，要进一步提升调研的能力和水平，在实际调研中增强针对性，深度解剖案例，找出问题，从而提出高质量、可操作性强的对策和建议。台盟中央参政议政工作委员会主任王中，台盟中央副秘书长、研究室主任宋焱出席会议并发言。台盟中央妇女工作委员会主任高美琴，台盟辽宁省委副主委吴莉薇，台盟上海市委副主委李碧影，以及台盟北京市委、重庆市委、福建省委、云南省委、南京市委、湖北省委、吉林省委、辽宁省委、浙江省委、安徽总支、上海市委等11个地方组织的盟员和机关工作人员共30余人参加了会议。会议期间，调研组还召开座谈会，听取了上海市文化广播影视局、上海电影集团、上海大剧院艺术中心、上海戏曲艺术中心相关负责同志介绍上海文艺体制改革以及影视、戏剧艺术发展的情况。课题组成员还赴上海京剧院考察，了解近年来上海京剧院在坚持传统的同时锐意创新所取得的成绩。

6月27日至29日，台盟中央“两岸共同推动形成绿色发展方式和生活方式”重点调研课题研讨会在福建省厦门市召开，全国政协常委、台盟中央副主席杨健出席会议并讲话。会上，各课题参与单位结合前期调研情况，围绕调研报告，研讨交流了两岸共推绿色发展方式和生活方式的对策思考。台盟盟员、厦门市建设局副局长许勇铁还介绍了厦门城乡建设领域推进绿色发展、倡导绿色生活的主要做法和成功经验。台盟中央参政议政委员会主任王中，台盟中央副秘书长、研究室主任宋焱分别就课题研究的定位、角度、切入点和调研成果运用等进行了指导。杨健对各参与单位的课题调研工作给予了肯定，他指出，两岸共同推动形成绿色发展方式和生活方式是台盟中央持续关注的调研课题，也是台盟发挥党派优势，助推落实“五大发展理念”的具体行动。各参与单位结合本地实际，选准角度调研，聚焦典型剖析，站位全局建言，为探索绿色发展提供了有益的路径思考。下一阶段，要在总结提炼、转化运用上下功夫，做好课题总报告和结题各项工作，充分利用参政议政的多样平台，不断放大重点课题调研成效，为国家推进绿色发展提供政策参考。期间，与会人员还深入厦门市翔安区洋塘保障性安居工程和新店镇吕塘村，详细了解海绵城市、美丽乡村建设和城乡污水处理工作开展情况，进一步深化对绿色发展方式和生活方式的实践思考。台盟福建省委专职副主委柯连姝主持会议。台盟中央两岸文化交流委员会主任、福建省委副主委、泉州市委主委骆沙鸣出席会议，有关地方组织具体负责同志参加会议。

8月2日，全国政协常委、台盟中央常务副主席黄志贤一行赴中国科学院大连化学物理研究所开展调研，并与辽宁省大连市有关部门领导及大连化物所专家座谈交流。辽宁省政府副省长刘强，辽宁省政协副主席、台盟辽宁省委主委王松，台盟中央副秘书长、研究室主任宋焱陪同调研。座谈会上，中科院大连化物所党委书记、副所长王华介绍了大连化物所的历史沿革和发展现状，并着重介绍了化物所在申报洁净能源国家实验室方面所开展的工作和取得的进展，全面阐述了为什么要建设洁净能源国家实验室和大连化物所申报洁净能源国家实验室的优势条件与所需支持。黄志贤表示，这次来到大连化物所，是就“东北三省工业转型升级”这一台盟中央年度重点课题开展调研，大连化物所申报建设洁净能源国家实验室这项工作，与台盟中央重点课题调研的主题是高度契合的。这既是深入贯彻习近平总书记在全国科技创新大会上作出的“以国家实验室建设为抓手，强化国家战略科技力量”的重要指示，同时也是深入贯彻中央七号文件《关于全面振兴东北地区等老工业基地的若干意见》精神的具体举措。黄志贤表示，在这次调研工作结束以后，台盟也会发挥自身优势，把辽宁省和中科院大连化物所申报国家实验室的相关情况，通过民主党派的建言途径向中央和国务院反映。他祝愿洁净能源国家实验室早日在大连化物所落户，并建设成为国际一流水平的能源技术研发基地，为辽宁省乃至东北地区老工业基地的转型升级提供新的强势动能。刘强代表中共辽宁省委、省政府向黄志贤常务副主席一行表示热烈欢迎和衷心感谢。他表示，申报和建设洁净能源国家实验室，既是中科院的大事，也是辽宁省的大事，台盟辽宁省委积极参政履职，通过开展调研并形成专报，向中共辽宁省委报送了相关材料，得到中共辽宁省委的高度重视，省委书记作出批示，这同时也是多党合作事业结出的硕果。刘强表示，辽宁省委、省政府将全力支持中科院大连化物所申报洁净能源国家实验室。座谈会后，调研组一行实地参观考察了大连化物所多个重点实验室的建设情况，并听取了实验室负责人、中国工程院院士包信和教授的详细介绍。台盟辽宁省委副主委、大连市委主委胡军，中科院大连化物所所长助理、科技处处长、台盟盟员蔡睿等陪同考察。

8月10日至13日，台盟中央妇委会“特殊教育”课题调研活动在吉林长春举办。8月11日，调研组一行先后来到吉林市的吉林特殊教育实验学校，参观启志楼和启暗楼，听取卢洪波校长介绍学校现有状况、管理情况、教师队伍建设和教育教学上取得的成绩及学校目前存在的问题，并就学校原以招收聋哑孩子为主要生源到目前自闭症等孩子增多带来的师资严重短缺等情况作了简要的介绍，和学生家长及特教老师进行了座谈。随后调研组走访了安排录用轻度孤独症孩子的吉林云耕农业股份有限公司，公司执行董事王丽英介绍了孩子们在公司里的工作情况。8月12日上午，调研组一行到吉林省唯一的特殊教育试点校长春市宽城区培智学校，聆听了该校一线老师们创作并演唱的《为爱而来》歌曲，考察了学校先进的软硬件设施，看到了假期返校的孩子接受康复训练，随后听取了徐剑校长介绍学校始终坚持“全员接纳、全程服务、全力支持、全面提升”的办学理念，秉承“一人为本、育残成才”的办学宗旨，全面实施素质教育，积极探索“教育、康复、就业训练一体化”即“三部三中心”（即学前教育部、义务教育部和职业教育部、教师发展中心、康复训练中心和生活服务中心）办学成果以及学校面临的突出问题。8月12日下午，台盟中央妇委会主任高美琴在长春主持召开妇委会主任扩大会议，专题座谈了我国“特殊教育”发展现状与存在问题。会议邀请吉林省教育厅基础教育处李继平同志和吉林省教育学院特教部教研员贾君老师参加并座谈。北京、上海、天津、南京、陕西的委员分别发表了对“特殊教育”调研课题的体会以及目前亟须解决的社会问题，提出了应抓紧做好加快“特殊教育”立法步伐、明确特教学校教师编制标准、积极筹办特教师资培训机构、支持特教事业的可持续发展、加大对特殊教育的宣传等建议。全国政协常委、台盟吉林省委主委王天戈，台盟吉林省委副主委郑吉虎等全程参加此次活动的调研与座谈。吉林市教育局张国慧参加了调研活动。

9月12日，台盟中央“深化医药卫生体制改革相关问题”重点课题研讨会在湖北召开。全国政协常委、台盟中央副主席杨健，台盟中央参政议政工作委员会主任王中，台盟中央副秘书长、研究室主任宋焱出席；台盟湖北省委主委江利平主持会议。与会人员听取了武汉大学孙菊教授所作的“健康中国与医药卫生体制改革的公益性”主题报告。北京、上海等14个参与课题的盟地方组织介绍了各自的调研成果，与会人员就医药卫生改革相关问题展开讨论。

11月22日至25日，全国政协副主席、台盟中央主席林文漪率台盟中央调研组赴杭州调研两岸文化交流基地建设情况。浙江省政协副主席、台盟省委会主委张泽熙，台盟省委会专职副主委陈清玲陪同调研。在杭期间，林主席一行考察了连横纪念馆、富阳黄公望纪念馆等。连战祖父、台湾著名爱国学者连横曾于1926年到1927年间在杭州居住。在两岸共同推动下，连横纪念馆于2008年12月18日开馆。该馆以独特的角度展示了台湾人文、地理、民俗、艺术，以及与大陆的历史文化联系，已成为海峡两岸文化交流的重要平台。林文漪主席一行参观了连横纪念馆的各个展厅，详细了解了纪念馆的展览特色、连横先生的生平事迹。参观中，林主席对纪念馆全方位展现台湾的历史文化、为两岸文化交流搭建平台表示赞赏。黄公望纪念馆位于富阳黄公望隐居地，于2012年6月即两岸《富春山居图》合璧一周年之际开馆。林文漪主席详细了解了《富春山居图》画卷的传奇经历及2011年6月“剩山图”与“无用师卷”在台北故宫合璧展出的情况，认为纪念馆的构思、设计非常具有特色。她希望纪念馆能够继续以《富春山居图》“山水合璧”为契机，深化两岸文化交流。

反映社情民意

台盟各级组织针对经济社会发展以及两岸关系发展中的新情况新问题及时提出意见建议，为政府分析判断形势提供参考。各地方组织共提供信息素材480篇，在此基础上，台盟中央综合编发并向全国政协报送《台盟社情民意信息》46期。一年来，地方组织和政协委员积极拓宽信息报送渠道，努力提高信息质量，精品频出。全年共有《关于深入推进两岸青年交流工作的若干建议》《关于利用旅游大巴播放平台推广涉台宣传片的建议》《建议从立法层面尽快完善我国刑事案件证人保护制度》等13篇信息被全国政协和中央统战部采用，其中，骆沙鸣委员提交的《关于宗教活动场所法人地位的意见建议》获得俞正声、刘延东、孙春兰等中央领导同志的重要批示。

与政府部门、国家部委和司法机关开展联系合作情况

1. 进一步落实与农业部签署的合作备忘录

为落实台盟中央与农业部于2010年签署的合作备忘录，2016年，台盟中央与农业部共同举办了多次以推动两岸农业交流为主题的论坛、研讨会等活动。如，1月在重庆举办的第十五届中国西部（重庆）国际农产品交易会，11月在福建举办的第十届海峡两岸茶业博览会等。

2. 加强与司法部门的联系沟通

台盟中央重视加强与最高人民法院、最高人民检察院的联系和沟通，积极发挥参政议政、民主监督的作用。1月28日，最高人民法院召开各民主党派中央、全国工商联以及无党派人士座谈会，通报2015年人民法院工作，听取意见建议。最高人民法院党组书记、院长周强出席并讲话。全国政协常委、台盟中央副主席杨健出席会议并发言，围绕强化法院司法体制改革试点的路径指引、进一步完善《台湾同胞投资保护法》等涉台法律法规提出了建议。2月16日，最高人民检察院党组书记、检察长曹建明主持召开座谈会，征求各民主党派中央、全国工商联负责人和无党派人士代表，对最高人民检察院工作报告和检察工作的意见建议。全国政协常委、台盟中央常务副主席黄志贤出席会议并发言，围绕推进检察官员额制改革、有效遏制民营企业职务犯罪等问题提出了建议。

（二）民主监督

认真贯彻落实中共中央赋予民主党派的新任务，努力探索在尚无地方组织的甘肃省开展脱贫攻坚民主监督工作。台盟中央领导第一时间与甘肃省主要领导面对面沟通，研究制定工作方案，组成以分管领导带队，专委会、地方组织代表参与的调研组，深入甘肃陇南、甘南、天水、定西4个地市的9个贫困村等一线开展摸底调研，彰显了履行参政党职能的担当和作为。

其中，为贯彻落实习近平总书记近期在党外人士座谈会上的重要指示精神，切实做好对口甘肃省的脱贫攻坚民主监督工作。8月11日至15日，全国政协常委、台盟中央副主席杨健率台盟中央调研组赴甘肃陇南市康县、甘南州舟曲县、天水市秦州区、定西市陇西县开展调研。

调研组深入秦巴山贫困片区的康县开展调研。在蒋家坝村，调研组查看了该村脱贫攻坚“853”作战图、各类档案资料，全面了解建档立卡贫困户的基本情况、致贫原因及脱贫计划；在宋家沟村，调研组察看了茗芝茶叶公司和翠竹茶叶专业合作社，对产业扶贫和农民专业合作社运行情况进行全面了解；在老街乡村、郝坪村和枫岭村，调研组对旅游扶贫模式（支持贫困户申请政府贴息贷款向旅游项目及旅游产品经营户投资获取收益）、电商扶贫模式（大学生村官帮助贫困户开办淘宝实体店和网店通过电子商务把木耳、手工艺品等产品外销、增加群众收入）进行了了解；在花桥村，调研组察看了电商扶贫体验店、中医养生堂、村史馆、村旅游协会，详细了解了贫困户投资旅游项目、“龙头企业+产业+贫困户”“支部+协会+贫困户”三种旅游扶贫模式；在陇南市大数据政务中心，调研组观看了该市自然灾害监测预警应急指挥系统、精准扶贫系统等大数据系统运用演示。

在藏区的舟曲县曲告纳乡拉尕村、燕必村，调研组深入藏民家中，察看了扶贫手册、民情联系卡等资料，对贫困户的识别程序、帮扶措施、脱贫验收等情况进行详细了解；了解到该乡狠抓环境卫生制度，转变村民理念，同时发展中药材、核桃特色种植产业，带动村民脱贫致富。在插花型贫困区——天水市秦州区，调研组察看了娘娘坝镇异地搬迁安置区，了解搬迁政策并看望了搬迁户搬迁后的生活、生产状况；详询了皂郊镇杨沟村卫生室等基础设施建设、返乡青年带领贫困户创办养殖合作社发展富民产业等情况。

在六盘山贫困片区的定西市陇西县，调研组察看了焦家湾节水农业示范园建设情况及焦家湾村脱贫攻坚工作开展情况，并走访贫困户了解脱贫情况。

15 日，调研组与甘肃省就脱贫攻坚民主监督工作进行了座谈，甘肃省副省长杨子兴主持会议。与会同志就甘肃脱贫攻坚工作进展情况以及甘肃省脱贫攻坚资金缺口大、贫困户数据统计、开展脱贫攻坚第三方评估、开展台商投资引进、脱贫攻坚政策支出等方面进行了交流。杨健代表全国政协副主席、台盟中央主席林文漪对甘肃给予台盟工作的支持表示感谢，对甘肃省脱贫攻坚工作取得的成绩表示肯定，并强调脱贫攻坚民主监督工作，是中共中央赋予民主党派的一项新任务，对于民主党派是一项具有开创性的工作，台盟将紧紧围绕协助甘肃省打赢脱贫攻坚战这一主题，充分发挥台盟的特色和优势，充分运用台盟在参政议政、民主监督等方面的渠道作用，为甘肃省的脱贫攻坚助力添彩。

同时，担任各级人大代表、政府和司法机关领导职务以及特约人员的盟员，充分发挥民主监督职能。其中，担任全国人大代表的盟员，认真履行人民代表的职责，反映人民意愿，参与执法检查和视察工作。担任国土资源部、审计署等部门特约人员的盟员，认真参加有关执法监督工作，发挥了参谋咨询作用和联系人民群众的桥梁纽带作用。

（三）政治协商

2016 年，台盟中央参加中共中央、国务院和有关部门召开的党外人士协商会、座谈会、情况通报会 23 次。台盟中央萃取全盟各级组织的调研成果，在高层协商会上发出了有分量、有影响的声音，受到中共中央和国务院的高度重视。

政党协商

1 月 25 日，国务院总理李克强主持召开座谈会，听取各民主党派中央、全国工商联负责人和无党派人士代表对《政府工作报告（征求意见稿）》和《“十三五”规划纲要（草案）（征求意见稿）》的意见建议。台盟中央主席林文漪出席座谈会并发言。发言围绕实施供给侧结构性改革、合理有序开发城市地下空间、把握两岸交流的主动权等问题提出了具体建议。

7 月 6 日，全国政协主席俞正声在京主持召开党外人士调研协商座谈会，围绕重点考察调研课题，就大力推进供给侧结构性改革座谈交流。台盟中央常务副主席黄志贤出席座谈会并发言。发言围绕推进中西部地区供给侧结构性改革，进一步降低能源要素成本，进一步补齐基础设施短板，进一步支持包括台资在内的企业创新发展以释放市场主体活力等问题提出了具体建议。

7 月 25 日，中共中央总书记习近平在中南海主持召开党外人士座谈会，就当前经济形势和下半年经济工作听取各民主党派中央、全国工商联领导人和无党派人士的意见和建议。台盟中央主席林文漪出席座谈会并发言。发言围绕深入推进供给侧结构性改革、牢牢把握两岸交流的主动权等问题提出了具体建议。

8 月 16 日，中共中央总书记习近平在中南海主持召开党外人士座谈会，就制定新形势下党内政治生活若干准则、修订《中国共产党党内监督条例（试行）》听取各民主党派中央、全国工商联领导人和无党派人士代表的意见和建议。台盟中央主席林文漪出席座谈会并发言。发言围绕团结带领广大青年共同致力于中华民族伟大复兴、进一步加强对民主党派自身建设的指导等问题提出了具体建议。

12月6日，中共中央总书记习近平在中南海主持召开党外人士座谈会，就当前经济形势和明年经济工作听取各民主党派中央、全国工商联领导人和无党派人士的意见和建议。台盟中央主席林文漪出席座谈会并发言。发言围绕发展共享经济、以科技创新引领东北老工业基地发展等问题提出了具体建议。

此外，台盟中央在重庆等地方盟组织以及两岸医药卫生交流委员会等专委会深入调研的基础上，向中共中央报送10份党派中央专报，内容涉及有关对台工作以及设立国家中医药博物馆等建议，获得习近平、李克强、俞正声等中央领导同志11次重要批示并交有关部门研究落实。

在全国政协会议上的发言和提案

1. 全国政协十二届四次会议

在全国政协十二届四次会议期间，台盟中央提交了大会发言3件，党派提案29件，台盟界别委员共提交大会发言26件、个人提案115件，内容涵盖当前经济社会发展以及两岸关系发展的众多领域。其中，《关于推动长江经济带流域地区协同发展的提案》《关于构建知识产权强国的提案》《关于完善互联网金融监管体系的提案》等3件党派提案以及高美琴委员个人提案《关于健全儿童医疗服务体系的提案》被选入全国政协《重要提案摘报》；党派提案《关于以绿色发展理念推动我国海绵城市建设的提案》以及江利平委员《关于“十三五”期间高度重视民族地区发展的提案》、胡有清委员《关于加快食品安全监管体系建设的提案》、谢正观委员《关于加强规划，推进城镇可持续发展的提案》等4件提案被确定为全国政协专题调研提案；李钺锋委员提交的《完善供给侧结构性改革配套措施的建议》入选两会期间重点提案办理协商会。台盟中央的党派提案由于语言简洁、观点鲜明、内容丰富、兼具科学性和独到之处，受到了办理单位的高度评价。中国银监会普惠金融司领导亲自上门办理《关于构建农村金融体系，切实解决农业企业融资难问题的提案》，开展面对面协商，切实增强了办理实效。最高人民检察院派专人保持联络，跟踪办理《关于着力破解法官检察官员额制改革难题确保司法体制改革顺利推进的提案》，取得了很好的效果。

会议期间，王松委员代表台盟中央、全国台联作了《深化两岸农业合作，助推两岸关系和平发展》的大会口头发言。发言认为，经过多年的努力，两岸农业交流合作落地生根，不断发展，已成为深化两岸基层交流、促进两岸同胞心灵契合、不断实现互利共赢的重要平台。中央“一号文件”进一步明确了落实发展新理念，加快农业现代化，实现全面小康目标的战略部署，为深化两岸农业交流与合作提供了更加广阔的空间和舞台。要抓住机遇，深化创新驱动，大力提升两岸农业交流合作水平，进一步加强两岸基层民众的互信，让大家在共同奋斗中，实实在在感受到两岸关系和平发展带来的福祉。发言建议：一是积极打造海峡两岸农渔产品电子商务交易平台，开发消费者网上购物、商户之间网上交易和在线电子支付等各种商务活动平台，构建便携的电子商务交易体系，让台湾最基层的农渔民受益，也让大陆的消费者能以更实惠的价格，享受到来自祖国宝岛的优质产品。二是持续深化两岸种苗产业交流合作，实现良种生产的科学化、标准化、系统化和产业化。同时，拓展台湾农民创业园和海峡两岸农业合作试验区的平台作用，引领优良适种种苗产业发展，推广新型农机和农产品加工设备，普及先进产销理念，共同提升两岸农业现代化水平。三是携手开拓“一带一路”广阔市场。设立专项基金，加强对具有自主知识产权的两岸农产品冷链物流商品和品牌的保护，并建立两岸农业知识产权法律服务体系，依法用好农产品地理标识标志和知识产权专利商标版权，提高两岸农业“走出去”的质量和效益。四是大力服务两岸青年共同创业，支持和引导两岸青年共同参与“一带一路”沿线的农业创业园、海洋科技园建设。

此外，台盟中央还向会议提交了《两岸共同保护与开发非物质文化遗产，增强两岸青少年文化认同》的书面发言。发言提出，应不断深化两岸青少年在文化、艺术、教育领域的交流，特别是以非物质文化遗产的保护与开发，作为两岸青少年展示才华、相互学习、相互交流的平台，使两岸青少年切身感受中华民族优秀传统文化的魅力，从而不断增强文化认同感与民族归属感。发言建议：一是加强两岸在非物质文化遗产的保护、传承和利用等方面的交流合作。在此过程中，有意识地吸纳青少年加入，更好地开展非物质文化遗产保护及开发方面的教育。二是推动两岸非物质文化遗产文创产业交流平台建设。引导两岸文化创意企业加强合作、合资，从文化资源的开发与保护、文化人才的培养与交流、文化市场的培育与拓展、金融资本的流通与整合、文化政策的兼容与互动、文化产业发展环境的健全与维护等角度分工协作。三是定期举办两岸青年学生非物质文化遗产交流活动。选择非物质文化遗产资源丰富的省份和地区，以丰富多彩、积极向上的校园文化活动为载体，通过举办夏令营等多种形式，激发两岸青年学生了解、学习优秀传统文化的热情和积极性。四是共同培养非物质文化遗产传承人。充分发挥两岸职业教育在文化传承中的重要作用，将非物质文化遗产传承人才培养纳入职业教育体系，重点建设一批民族文化传承创新专业，培养一批具有文化创新能力的技术技能型人才和一批通晓文化、艺术、设计、计算机的高素质、实用型、动手型创意人才及一批熟悉产品生产、项目运作、推广销售等的专门人才。

同时，台盟中央还提交了《借助“一带一路”东风，进一步优化民企“走出去”发展环境》的书面发言。发言建议：一是加快编制和实施“十三五”期间非通用语种等人才培养专项规划，有效服务民企“走出去”。科学布局并扩大设立“国家非通用语种本科人才培养基地”。开发系列非通用语种的翻译软件，促进我国语言出版、语言康复业、语言测试业等走向“一带一路”沿线国家。二是注重发挥侨台资源优势，构建民企“走出去”平台。鼓励民企和侨商联手在“海丝”沿线国家建设高端产业合作园区，开展海工装备制造、海洋资源开发、海洋人才培养、海洋科技及环保等项目合作，大力开拓国际市场。三是加快人民币成为“一带一路”区域性储备货币的步伐，助力民企“走出去”。鼓励“一带一路”沿线国家的外资长期投资、直接投资以及流向实体经济领域的投资，不断扩大人民币在“一带一路”区域的交易规模与使用频率，促使人民币在“一带一路”区域的国际贸易合同与结算中作为计价单位与支付货币。四是加快绿色金融产品创新，以绿色发展做强“走出去”民企。建议制订“互联网+绿色金融”行动计划，创新绿色金融品种，开发以未来收益权、碳排放权、排污权、特许经营权等为质押的绿色信贷产品。五是促进台企与民企共同“走出去”。鼓励民企、台企主动加入国际科技园区联盟，加快装备制造企业由“生产型”向“服务型”制造的转变，培育发展装备制造的生产性服务业，在研发设计、试验验证、系统集成、监理咨询、运营维护、工程承包、维护保养、物流配送等方面提升服务质量。六是依法用好知识产权专利商标版权，提高民企“走出去”的质量和效益。成立知识产权法律服务团，为民企提供法律援助、纠纷调解、国际仲裁和司法审判等综合服务。组织专利代理机构维授中心入驻“海丝”产业园区，强化知识产权维权援助和举报投诉应急反应。健全我国知识产权管理体系，建立“一带一路”沿线国家与地区的知识产权信息网和专利技术展示交易网、专利文献数据库等公共服务平台，导入国际专利检索资源和知识产权服务工作站。

2. 全国政协十二届常委会第十六次会议

全国政协十二届常委会第十六次会议上，台盟中央提交了《完善医疗政策，推进精准扶贫——以湖北三个贫困县为例》的书面发言。发言提出，因病致贫、因病返贫是贫困的主要根源之一，完善医疗精准扶贫政策刻不容缓。当前，实施医疗精准扶贫过程中存在的困难和问题包括：一是信息沟通难。贫困人口的准确对象由扶贫办掌握，其他部门对此信息来源不多；医保异地结算只能省级联网，有些对象在省外就医就得回本地报销，浪费了许多时间和费用；在市级统筹医疗政策的原则下如何给予掌握实情的县级医疗扶贫机构的调整权限，值得研究；村级卫生室网络覆盖率低，给业务管理信息化带来较大难度。二是基金透支风险凸显。医疗费用增长速度远高于基金筹资水平的增长，有“穿底”的风险。三是过度免费医疗时有发生。少数患者不愿听从医生建议，延长住院时间，导致医疗资源及扶贫资金的浪费。四是残疾人救治任重道远。目前湖北县（市）一级很少建有专业的“残疾人康复治疗中心”，缺少专业的康复医师、技师，对残疾儿童的早期康复、教育及后期融入社会就业等没有一套完善的机制。五是全民健康教育有待进一步加强。大部分农村环境污染，垃圾成堆，污水横流现象严重。生活习惯、饮食习惯不规律、不科学，自我保健意识差等，都是致病致贫的根源。发言建议：一是建立互联互通大网络。完善从国家到地方到村到人纵向到底，从医疗、社保、卫计、民政、财政、残联、扶贫办等横向到边的互联网共用平台，实施精准扶贫动态管理。二是完善大病保险制度。可从疾病病种和疾病费用两个要素来确定重大疾病保险的范畴，提高大病保险资金使用的有效性。三是改革费用支付办法。按病种付费，按总额付费；切实推行分级诊疗制度；建立贫困人群和特定病种的救助制度。四是改进基金的筹措方法。提高对县一级贫困人口患者医保基金转移的份额，缓解基金透支风险；改革个人出资的收费办法，可探讨从惠农资金中直接扣取的办法，减少收费成本；积极探索统筹社会力量参与医疗帮扶，建立多渠道的防贫治医的帮扶机制。五是加大对残疾病人的帮扶力度。在现有政策框架下提标扩面；加大对医务人员的培养教育；加快县级市残疾人托养康复中心的建设发展。六是进一步提升全民健康水平建设力度。通过推进基层医疗机构或医生的签约服务模式，强化健康教育和健康干预，促进健康生活方式的养成；大力开展清洁家园、美丽乡村建设活动，做好农村改水改厕和垃圾处理工作；建立大健康工作体制和工作机制，把治病与防病有机结合起来，把健康教育与健康培育有机结合起来，把家庭健康与社会共建共享有机结合起来。

此外，台盟中央还提交了《提高扶贫工作实效，促进边疆民族地区经济社会全面发展》的书面发言。发言提出，加快实现边疆少数民族地区精准脱贫，不仅是如期全面建成小康社会目标体系的重要内容，更关系到民族团结、边疆巩固、社会和谐稳定。发言就进一步提高边疆民族地区扶贫实效提出建议：一是立足就地发展，加强人才培养。参照开办新疆班、西藏班的做法，在内地相关高校、职业院校、党校中开设边疆民族地区脱贫专科班，定向培养边疆民族地区用得上、留得住的实用型人才；选送当地青年到发达地区国有企业、民营企业工作见习，培养一批创业领头人；更有针对性地安排贫困地区各级干部到发达省市各领域各部门的岗位挂职学习。二是创新开发模式，形成强大合力。在边疆民族地区实施水电开发的特殊政策措施，采取股权补偿、资产收益等办法，统筹解决水电开发区域内生态保护和贫困群众精准脱贫问题；鉴于藏区、"直过民族"（跨越多种社会形态直接过渡到社会主义的少数民族）、边疆等贫困地区的特殊性和贫困人口的巨大差异性，针对其特色资源，直接兴办一批国有企业；以国防建设项目带动边境贫困地区发展，军民共建军地两用基础设施和生活保障；可探索发行"扶贫彩票"，更好地解决资金问题。三是发展社会事业，防止"数字脱贫"。在边疆民族地区建立州（市）统筹的"重特大医疗救助基金"，提高救助封顶线，将贫困人口全部纳入重特大疾病医疗救助范围；尽快实现农村低保标准和脱贫标准"两线合一"目标，建立社会保障兜底脱贫工作协调机制。四是发挥宗教人士作用，助力信教群众致富。教育、引导贫困信教群众转变观念，积极接受培训，掌握生产技能，实现精准脱贫。五是借鉴台湾农业发展经验，促进共同富裕。探索引进其比较成熟的农业发展模式，并聘请台湾农业技术专家、运销管理专家等到贫困地区开展帮扶，促进农民专业合作社发挥组织引导作用，带动边疆民族地区农民实现精准脱贫。

在此次常委会上，台盟界别的杨健委员还提交了《进一步完善流浪乞讨儿童社会救助体系》的发言，李钺锋委员提交了《做大经济总量，优化分配结构，全力推进集中连片特困地区脱贫攻坚》的发言。

3. 全国政协十二届常委会第十七次会议

全国政协十二届常委会第十七次会议上，台盟中央提交了《关于进一步规范舞台演出市场的建议》的书面发言。发言提出，近年来，我国舞台演出市场日趋繁荣。但是，存在的一些问题也应引起重视，包括：一是话剧缺少明确的分级制度。不仅是成人话剧缺少明确的分级制度，儿童剧也少有年龄分级的标注。二是民营演出机构资质审查有待完善。一方面，虽然任何演出都要经过文化行政部门的审批，但文化行政部门审批的只是演出的内容，演出的品质却无法保证。另一方面，虽然演出行业协会对剧场审查比较多，但对于观众而言，最重要的还是演出团队在舞台上的表现和效果。为此，发言建议：一是以儿童剧为试点，加快制定舞台演出分级制度。建议文化行政部门和演出行业协会联合出台相关文件，对儿童剧剧目实行年龄分级制度作出明文规定，即每部儿童剧都应标注适宜观剧的年龄段。分级标准和方法可考虑由演出行业协会协助组织、制定并实施。分级制度不一定一部到位，可以城市为样本，从国内选择部分大城市或以剧目为样本，挑选一批较为卖座的艺术舞台演出剧目作为分级试点，在试行的过程中总结经验，然后在全国逐步推行舞台演出分级制度。二是进一步加大对民营文艺企业的监管和扶持力度。建议相关部门在对民营文艺企业进行资质审核和评级时，不仅是请专家来考评，还应把专业性剧场对某个演出机构的评价作为重要参考，建立科学合理有效的资质审核和评级政策。同时，进一步加大对民营文艺企业的扶持力度，适当扩大民营文艺企业在政府采购、项目补贴、资金受助、贷款贴息等项目中的受益比例。

此外，台盟中央还提交了《关于借鉴泉州梨园戏保护发展经验，促进我国戏曲繁荣发展的建议》的书面发言。发言提出，作为现存我国最古老的剧种之一，泉州梨园戏在政府部门与学术机构的共同推动，艺术团体与梨园艺人的合力传承下，近年来重获新生、更有发展，同时也为我国戏曲提供了一个依靠传统、赢得当下的成功范例。特别是梨园戏承载着两岸共同的历史记忆，体现了重视血缘、乡土的精神内核，为促进两岸民间交流搭建了独特平台。其一是重活态传承。发挥口传身授、师承传统的独特作用，完整口述、教习经典剧目，让剧目在表演中获得生长空间，使表演程式、形态等梨园戏精髓得以传承。其二是重“原味”保护。通过“师传徒”“团带班”等方式，分级培养演员，将剧种的艺术样貌生动而完整地保存。其三是重形式突破。立足戏曲特点，加大与其他艺术门类的交流互鉴，提升戏曲的艺术表现张力。为此，发言建议：一是加大对戏曲的活态性保护与传承。建议以传承人传习为核心，加强政府部门、专业剧团、专家学者的联系合作，通过建设传习展示中心、实施国家戏曲舞台艺术精品工程等方式，引导活态传承、复原濒于失传的戏曲剧种，让戏曲在舞台上、表演中得到传承。二是在尊重戏曲传统中推进时代化发展。建议通过项目引导、财政支持、国有戏曲院团带动等方式，加大各曲种经典剧目的创新排演力度，实现传统戏曲从经典化到大众化的转变。三是充分发挥戏曲纽带作用，在促进民间交流中打开更广阔成长空间。建议以“一带一路”倡议为契机，将戏曲纳入两岸交流和民间对外交流的内容体系，加大戏曲等中国传统特色文化产品的出口力度，可发挥专业剧团、孔子学院等机构作用，为中国戏曲打开更广阔成长空间搭建平台。四是加强戏曲普及教育与专才教育。建议将传统戏曲纳入教育“十三五”规划和教育改革大纲，通过实施“高雅艺术进校园”等项目，让传统戏曲艺术走近青年学生。建立戏曲院校教师与传统戏曲艺术团体骨干双向交流机制，依托戏曲院团建设学生实践基地。落实对中等职业教育传统戏曲表演专业学生实行免学费和大专传统戏曲职业教育生均拨款等政策，进一步优化戏曲人才培养环境。

4. 全国政协“大众创业万众创新”专题协商会

全国政协“大众创业万众创新”专题协商会上，台盟界别的骆沙鸣委员做了《在新常态下台湾青年创业基地发展环境需进一步优化》的发言。发言提出，在调研中发现台湾青年创业基地发展中存在若干短板，如两岸青年双创教育参差不齐，双创主体积极性与能力不够强；双创发展生态系统有待进一步完善；双创导师团队和相关社会工作者缺乏；创业服务环境、技术环境和资本环境都有待进一步优化；双创基地的创新链、产业链、资金链和政策链需要实现有效融合与无缝对接。为此，发言建议：一是以促进人的全面发展和为两岸共同家园培养有用人才为目标导向，提升双创主体的能力和积极性。引入台湾高校“最后一哩教程”，因材施教，以问题导向开展个性化、多样化的双创教育，加强基地创业者双创思维、双创精神和双创能力、创业成就动机、创业自信人格培养。二是在基地构建政产学研用金介齐备的协同创新机制，进一步完善创业生态系统。有效融合创新链、产业链、资金链和价值链，加快创新成果资本化、工程化、产业化，提高创业对接率和成功率。三是建立服务基地的两岸创业导师专家库，提升导师绩效和孵化水平。激励两岸高校双师型教师加入基地导师团队，柔性引进台湾育成孵化中心创新辅导团队和承接台湾高职院校过剩的管理型、技术型、双师型师资人才，引进大陆台企高管、技术骨干共同作为基地的创业导师团队，建立导师绩效评估和激励机制。四是完善基地技术环境，加速科技成果转化。设立专利申请绿色通道，引导基地双创主体积极参与专利技术交易公共服务平台的专利转化和价值分析，加强知识产权保护、交易和管理。解决青创基地台湾创业者因台胞证序号影响科技课题申报的障碍。五是建立全国双创基地交流网络，联合两岸各类优质产业组织、社团、高校机构、经济实体形成招募窗口与心灵沟通平台。收集全国各基地政策解读和双创咨询、创业辅导培训、导师团队、标配说明、信贷支持政策等设立懒人包，提升台湾青年对基地相关信息的对称性和可及性。六是进一步完善基地的法制环境和资本环境。将实践总结成熟的相关政策上升为双创保驾护航的法制保障。设立两岸青年创业基金会和扶助两岸青年创业的天使基金，多渠道资助青年创业，通过拓展股权融资方式，探索股权与债券相结合的融资模式，改善政府的增信支持和融资担保等普惠性、扁平化的资本环境，使其融资方式更灵活、易得性更高。

5. 全国政协“东北三省转型升级”专题协商会

全国政协“东北三省转型升级”专题协商会上，台盟中央提交了《增强科技创新驱动力，推动东北老工业基地转型升级》的书面发言。发言提出，目前一方面企业科技研发积极性和投入不足，另一方面东北拥有一大批有科研实力的高校和院所，但科技成果在东北地区的转化率却较低。出现这些科技转化不畅等现象背后的原因，主要是东北国有企业多，受体制机制的制约，企业自主创新动力不强。特别是部分国有企业，因为在购买新技术、投入巨资研发新项目中可能存在的风险而对创新敬而远之。为此，发言建议：一是进一步完善东北地区的科技创新保障体系。可借鉴湖北、北京等地促进高校、院所科技成果转化的成功经验，对科技成果类无形资产处置方式、收益分配机制等进行改革，加大对科技成果转化项目的政策性资金支持力度；可建设研发共享平台，建立财政资金购买大型科学仪器协作共用平台，引导更多科研仪器设备加入共享平台，为中小微企业提供科学实验与测试环境的共享机制；可充分发挥科技产业孵化器作用，在为创新创业者提供传统的工商登记、税务登记、财务咨询等中介服务的同时，组织专家学者，帮助在孵科技企业解决技术难题，组织和推动行业龙头企业到科技企业孵化器与创业的中小微企业对接。二是进一步发挥东北地区高校和科研机构的力量。建议可重点支持中科院大连化物所建设的洁净能源国家实验室，开展以满足能源产业发展的重大需求为主要导向的科技创新合作，开发具有国际领先水平的成套技术，充分发挥产业化技术在工业转型升级中的支撑引领作用，推动东北工业转型升级和培育战略新兴产业。

6. 全国政协“加强农作物秸秆综合利用”双周协商座谈会

2016 年 7 月 7 日，台盟中央与全国政协提案委员会共同主办了“加强农作物秸秆综合利用”双周协商座谈会。全国政协主席俞正声主持会议并讲话。国家发改委、科技部、环保部、农业部等部委的负责同志出席会议并与委员们互动交流。为了开好这次会议，台盟中央和全国政协提案委员会组织联合调研组赴山东、河南进行了专题调研。座谈会上，台盟界别的杨健、王天戈、江利平、连介德、王松等5位委员分别作了《加强农作物秸秆综合利用面临的问题及政策建议》《将大力发展生物质天然气确定为国家战略》《坚持问题导向，完善农作物秸秆综合利用政策和服务体系》《加大扶持力度，推动车用沼气项目的产业化发展》《进一步完善法规政策，推进农作物秸秆综合利用》的发言，角度各异、建议务实，受到与会中央领导同志和各方面的高度肯定。

其中，杨健委员代表全国政协提案委员会、台盟中央联合调研组的发言《加强农作物秸秆综合利用面临的问题及政策建议》提出，目前在国家有关部门的合力推动下，各地初步探索出了加强秸秆综合利用，助推农业绿色发展的有效路径。但也还面临着一些亟待解决的困难和问题：一是收储运体系不健全。收储点占地面积大、用地指标紧、消防等安全隐患较突出，加之秸秆运输半径较小，导致收储运体系难以满足目前需要。二是政策配套待加强。在秸秆还田、收储、运输以及秸秆综合利用企业的用电、用地、融资等方面，缺乏强有力的政策支持。三是关键技术和装备研发较滞后。秸秆综合利用缺乏统一的技术规范标准，在秸秆还田作业时，还多少、还多深、多久还等方面，仍然凭经验、靠感觉。在装备方面，便于秸秆离田的收集、打捆一体化机械研发和推广力度不足。四是企业龙头作用尚未充分发挥。秸秆综合利用的大型企业不多，产业链条较短，带动作用不大，企业的秸秆综合利用能力有限。为此，发言建议：一是加强收储运体系建设，打通秸秆综合利用的"微循环"。通过"企业 + 专业组织（收储大户、经纪人）+ 农户"等形式，加快形成完备的收储运体系。比如，可以利用基层供销社的组织体系和农机资源，向农民提供机械化打捆收集和收储服务。二是进一步完善政策安排，优化秸秆综合利用的制度性供给。用地方面，建议设置从收储体系到秸秆综合利用企业的专项土地指标，特别是对收储点按照农业设施用地予以审批和管理；用电方面，将秸秆加工企业比照农产品加工企业标准执行；运输方面，将鲜活农产品"绿色通道"政策覆盖至秸秆运输；金融方面，对秸秆综合利用企业参照执行小微企业信贷政策，享受循环经济金融政策；税收方面，统一各类秸秆利用企业的优惠政策。三是进一步加大技术和装备研发力度，夯实秸秆综合利用的科技支撑。建议将作物矮化育种等品种研究、秸秆综合利用技术攻关等纳入国家科技专项，制定秸秆综合利用的技术路线、方案和标准，进一步加大田间一体化机械等适用农机具研发和推广力度。四是进一步壮大龙头企业，提升秸秆综合利用的产业化水平。比如，通过将秸秆综合利用企业纳入国家工农复合型循环产业试点，在秸秆综合利用重点县开展秸秆全量化利用示范，在山东、河南等国家粮食主产区，建立农业废弃物高效利用示范基地等办法，进一步推进秸秆综合利用产业化发展。

王天戈委员的发言《将大力发展生物质天然气确定为国家战略》提出，秸秆是具有战略价值的生物质资源。目前在应用领域既没有形成产业也没有完全消化的主要原因是，主导路线缺少顶层设计、系统规划和全国一盘棋的发展战略。秸秆综合利用的最佳路线应以厌氧发酵为核心，以获得生物质天然气为目的，全产业链条以前端充分发挥饲料功能、后端充分发挥肥料功能为补充。产业模式以确保国家能源安全为导向，形成有中国特色的、可再生的清洁能源产业集群，为分布式能源基地建设和永续发展奠定坚实基础。为此，发言建议：一是强化顶层设计，明确主推模式，将发展生物质天然气确定为国家战略。明确生物质综合利用以厌氧发酵获得沼气并提纯成天然气为核心并加以积极引导，促进农业、能源和环保产业相互促进、绿色发展。二是立足秸秆资源优势，打造全国一盘棋的清洁能源产业。全盘谋划生物质能源产业布局，建设“单体规模适度、区域布局合理、各自分散运行、统一调度管理”的分布式清洁能源基地，同时兼顾其他生物质资源的转化。三是调整种植结构，促进农业与能源产业的紧密衔接。可以通过种植能源植物获得更多的清洁能源，甚至可以开发边际土地的功能，补齐能源供给短板，形成供给、需求双驱动的格局。四是通过政策调节，规范秸秆收集渠道。改种粮直补为综合补贴。秸秆由集体统一机械化收贮并按最终收集的面积给农民发放补贴。五是建立“耕地福利”制度，促进有机肥还田。对收集秸秆的地块优先施用以沼渣、沼液为代表的生物有机肥，恢复地力、化解耕地有机质退化的问题。

江利平委员的发言《坚持问题导向，完善农作物秸秆综合利用政策和服务体系》提出，目前农作物秸秆综合利用收、储、运、用等环节存在的问题包括：一是就地还田利用成本落实难。机械切碎还田增加农机作业成本，目前还田补贴低，地方补贴有难度。二是收储流通环节积极性不高。收储站点少，缺少打捆机械，收购资金缺乏。且普遍存在收后储存难，秸秆储藏用地紧缺且受限于农业用地政策。三是在“五化”利用存在短板。电价过高、用地难、融资难，企业规模小、发展困难。为此，发言建议：一是加大转移支付力度，解决还田难。调整惠农补贴政策，把农机秸秆粉碎还田作业补贴纳入其中；按照“谁还田，补给谁”的原则，参照家电下乡模式，将补贴资金直接发放到农户手中。二是调整用地政策，解决用地难。把秸秆收储站、加工企业堆场纳入农业生产设施用地范畴。三是调整用电政策，解决用电贵。对秸秆加工企业执行农业生产用电电价政策。四是纳入“绿色通道”范围，解决运输成本高。秸秆运输包括农作物秸秆收集、加工产品如生物有机肥料等，其运输车辆应享受鲜活农产品“绿色通道”政策，免收过路过桥费用。五是调整信贷政策，解决资金难。制定出台金融支持秸秆综合利用项目政策，对收储站收购秸秆所需资金按农发行收购农产品的金融政策执行，对秸秆加工企业提供低息或贴息贷款。六是设立专项资金，解决发展难。主要用于开展秸秆综合利用示范县(镇)建设；发展产业链；支持秸秆综合利用新技术、新工艺、新设备的研发、引进与转化。七是扩大政策性农业保险试点范围。增加农作物秸秆存储火灾保险。八是加强宣传教育。开展秸秆综合利用理念知识和技术的科普宣传，在粮棉主产区建设和推广农作物秸秆综合利用示范区，推广可复制、可借鉴的先进典型模式。

连介德委员的发言《加大扶持力度，推动车用沼气项目的产业化发展》提出，海南车用沼气新能源示范项目是按照“废弃物+清洁能源+有机肥”三位一体的技术路线，利用海南特有的地理和丰富生物质资源优势，以海南各类城乡有机废弃物为原料生产车用沼气，作为城市公交车及出租车的燃料，副产物沼渣沼液作为有机肥反哺生态农业。但运行过程中存在原材料收集困难、项目融资困难、加气站选址和落地困难等问题。为此，发言建议：一是在原材料收集方面。建议以PPP模式下授予业主公司特许经营权方式，保证大型生物天然气工厂一定半径范围内原料的集中度和稳定。二是在项目融资方面。建议发挥公共财政的“四两拨千斤”的作用，以有机废物资源化利用补贴、建设项目补贴、新能源运用奖励补贴与财政专项资金股权投资相结合，形成对金融机构和社会投资者有吸引力的"收益合理预期"；对银行贷款和担保机构的担保，政府给予贴息支持。三是在加气站用地方面。建议以社会公共设施性质给地以降低建设成本；以气价补贴和气/油（汽油和柴油）综合经营方式提升经济性。海南规模化生物天然气项目的建设将使海南成为首个实现区域化利用农业污染物综合利用和沼渣沼液有机肥还田利用的典范，将极大促进海南生态循环农业发展，实现车用生物天然气清洁燃料全岛覆盖，为全国其他城市提供可借鉴的成熟样板，并逐步向岛外地区，包括在国家"一带一路"倡议引领下向东南亚地区拓展。

王松委员的发言《进一步完善法规政策，推进农作物秸秆综合利用》提出，推进农作物秸秆综合利用，破解秸秆焚烧的难题，需要进一步完善相关法规政策。一是秸秆禁烧缺乏法律依据，急需针对秸秆焚烧问题立法，为秸秆综合利用补偿提供依据。另一方面，秸秆处理可借鉴污水处理收费模式，在玉米等农产品定价时附加秸秆处理成本，以法规政策的形式对秸秆处理各类补贴与收费政策予以明确。二是秸秆综合利用补贴资金分散，急需统筹部署秸秆综合利用网点，引导社会力量参与综合利用。建议统筹补偿政策，集中有限经费引导社会资本和人员进入秸秆综合利用市场，在秸秆集中产区试点部署秸秆综合利用网点，激励农民参与秸秆综合利用并获取经济效益，主动拒绝露天焚烧。三是秸秆综合利用农机装具质量有待提升，配套成本有待下降，农机科研、产业和职业培训需要加大政策支持。建议政府部门统筹科研机构和装备制造厂商加强秸秆综合利用装备的研发与定型生产，简化对农机企业秸秆综合利用类产品、成套设备的鉴定与补贴审核程序，加大设备补贴和用电补贴，给予土地、厂房等相关配套的扶助政策，加强农机操作职业技能培训，推进秸秆综合利用产业的有效发展。

此外，一年来，骆沙鸣、李钺锋、吴国华等台盟界别的委员还先后参与了全国政协其他双周协商座谈会，分别就"促进快递业的绿色发展""推进禁毒工作社会化""自然保护区建设与管理""重视特殊教育"等问题积极建言。

（四）社会服务

1. 扎实开展对口帮扶工作

全盟积极投身毕节试验区和黔西南试验区的同心帮扶实践，筹集资金121万元支持对口地区改善民生。一方面，着力拓展智力帮扶品牌，围绕助学助教，组织开展了"教师走出去""专家请进来"双向培训。在京举办赫章骨干教师培训班，邀请辽宁省教育专家赴赫章现场教学，共培训一线教育工作者1000余名。北京、上海、吉林、浙江、湖北、福建、广东、云南等地方盟组织，也深入毕节等地开展联合捐赠、节日慰问、学校结对等帮扶活动。另一方面，积极探索医疗帮扶新途径，捐资支持建设赫章海雀医院，并与安徽等地方盟组织合作，首次举办乡镇医师培训班，为提升基层医疗服务水平办实事。

其中，3月22日，全国政协常委、台盟中央副主席杨健一行到毕节市赫章县考察定点帮扶工作，并重点围绕台盟中央聚力助推赫章县完成脱贫攻坚任务进行座谈交流。据了解，赫章县目前仍是贵州省10个国家级贫困县之一，全县82万人，贫困人口13万人，全县27个乡镇，贫困乡镇还有8个，脱贫压力依然繁重。在与赫章县党政负责同志的座谈交流中，杨健表示，台盟参与赫章县的定点帮扶工作已经走过了10年的奋斗历程，全盟从多党合作参与毕节试验区的大局出发，齐心协力，全力支持赫章经济社会发展，并与赫章县的广大干部群众结下深厚的情谊。对于赫章县的脱贫攻坚工作，台盟将继续不懈努力。杨健指出，台盟中央将着眼于毕节试验区的发展全局，按照习近平总书记在中央扶贫工作会议上提出的“精准扶贫、精准脱贫”的要求，发挥与台湾同胞联系广泛的优势，扎实开展各项帮扶工作。积极为赫章县的扶贫攻坚工作献计出力。继续协助赫章县搞好人才培养和职业培训工作。继续协助做好招商引资工作。座谈会上，台盟中央“两岸同心”帮扶项目资金向赫章县海雀医院援建项目捐赠20万元，北京、上海、湖北、福建、广东等台盟组织共同向赫章县网络教室建设项目捐赠60台电脑。在赫章期间，杨健副主席考察了统一战线在平山乡协调引进的现代农业种植项目建设情况。

4月28日至30日，全国政协常委、台盟中央副主席杨健率台商北京美乐信投资管理有限公司董事长、北京东城海外联谊会副会长杨鸿彰和台盟中央社会服务部副部长蔡国斌等人赴贵州省，出席黔西南州第四届“中共美丽乡村·万峰林峰会”。本届峰会以“凝心聚力、创新驱动、绿色发展、同步小康”为主题，涵盖精准扶贫与绿色发展国际论坛、首届（中国·黔西南）“互联网山地旅游精准扶贫”高峰论坛、海归人才科技扶贫与产业发展座谈会等多项活动，将脱贫攻坚工作和生态旅游紧建设有效结合，旨在研讨探索在民族贫困地区守住生态和发展两条底线，实现全面小康的新路子。期间，杨鸿彰对黔西南州马岭河大峡谷、万峰湖、万峰谷进行实地考察，并就国际度假村投资项目与当地进行了商洽。在黔西南试验区联合推动组统一战线聚力山地旅游扶贫研讨会上，杨鸿彰就黔西南发展高端国际旅游作了专题发言。杨健表示台盟中央在中央统战部和联合推动组的协调指导下，量力而行、尽力而为，通过组织台商投资考察、开展两岸医师义诊、协调旅游推介等工作，为黔西南州的发展建设贡献了应有的力量。今后，台盟中央将继续参与支持黔西南州的建设和发展，继续坚持“上下联动、横向联合”工作机制，突出“台”字特色，以智力支持为主线，把工作重点集中在产业帮扶和教育帮扶领域。

5月29日至6月1日，台盟中央社会服务部会同台海出版社、台盟上海市委、台盟吉林省委、台盟浙江省委、台盟云南省委一行10人赴赫章县开展调研暨“六一”慰问活动。5月29日至31日，调研组实地考察了野马川镇、屏山县古达乡、威奢乡、白果镇、水塘乡、河镇乡10所中小学，详细了解了各学校的教学设施、师资队伍及学生学习生活情况，尤其是留守学龄儿童的学习生活现状；参观了文朝荣事迹陈列馆；实地察看了台盟中央捐建海雀医院项目建设情况和台盟京、泸、鄂、闽、粤地方组织在赫章三小捐建的同心电脑室项目投入使用情况。6月1日，调研组与赫章县委统战部、卫生局、教育局等部门举行了座谈会。参会人员也分别介绍了各单位工作开展情况及未来帮扶需求。台盟中央社会服务部扶贫工作处处长田靖、台盟吉林省委副主委郑吉虎等调研组成员也对台盟将在赫章开展的相关帮扶项目作了介绍。最后，调研组代表台盟向赫章捐赠教育物品及教育项目帮扶资金，其中台盟中央、台海出版社、台盟浙江省委、台盟云南省委向赫章捐赠价值4万元的497册图书、260个书包等教育物品；台盟吉林省委捐赠台盟中央“两岸同心”帮扶项目资金3万元用于发展赫章教育事业。

7月18日，台盟中央社会服务部、北京青年政治学院（北京市团校）、台盟北京市委共同举办的2016年赫章县、黔西南州骨干教师培训班在北京开班，赫章县、黔西南州共40名骨干教师参加本次培训。全国政协常委、台盟中央副主席吴国祯出席开班仪式。吴国祯副主席代表林文漪主席向中央统战部办公厅、北京青年政治学院、北京市团校对台盟工作的支持表示感谢。他对此次培训工作给予了肯定，授课教师都是在教育教学方面颇有造诣、独有建树的专家，通过授课，对学员提高自身综合素质和业务技能水平会大有帮助；培训时间虽然不长，但内容丰富充实，具有很强的针对性和实用性。吴国祯向参训学员提出了两点希望：一是希望学员们在接下来的一周时间里，集中精力，认真学习，既向老师学习，又要互相学习，力求学得更多一点，更深一点，更好一点；二是希望学员们坚持学以致用，以学促思，以思促学，不断提升能力素质和业务水平，努力成为教育教学的业务骨干和中坚力量。

8月5日至9日，台盟中央社会服务部、台盟辽宁省委和沈阳师范大学联合组织开展了送教赫章培训活动。沈阳师范大学副校长、辽宁省基础教育教研培训中心主任、辽宁教育行政学院常务副院长关松林，台盟中央社会服务部调研员刘晓英率沈阳师范大学教育专家支教组一行10人参加此次活动。本次培训活动共培训学员1300人，其中中小学管理人员300人，高中教师500人，中小学班主任500人。培训内容根据培训对象不同，设置了学校领导角色的定位与专业发展、学校管理艺术、高中新课程背景下的课程管理、青少年心理辅导与策略及班级管理艺术等18项培训课程。专家们全新的理念、前沿的视角、生动的案例、精彩的示范、透彻的分析受到参训校长、教师的热烈欢迎和一致肯定。本次支教活动巩固了2014年、2015年的支教培训成果，开阔了学员们的教学视野，更新了学员们的教育理念，为学员们做好学生心理健康教育，加强和改进中小学教学工作，提升赫章教育水平奠定了良好的软件基础。

2. 统筹推进社会帮扶工作

台盟中央直接筹资50万元，捐赠江西广昌敬老院建设项目。连续四年开展的两岸医师深入贫困地区医疗义诊活动，受到当地群众热烈欢迎，“同心义诊”的品牌更加响亮。充分发挥“两岸同心”帮扶项目资金作用，深入云南、海南、安徽和江西等地方盟组织帮扶点，开展慰问帮扶，助力当地贫困群众改善生产生活条件。

其中，4月18日至20日，为落实习近平总书记在中央扶贫开发会议上要坚持精准扶贫、精准脱贫，找准路子、构建好体制机制，在精准推进上下实功、在精准落地上见实效的精神。全国政协常委、台盟中央副主席杨健率台盟中央社会服务部一行六人赴海南海口、三亚，就社会服务工作开展调研。18日下午，台盟中央社会服务部与台盟海南省委，就近年来社会服务工作进行座谈，台盟海南省委主委连介德出席并主持座谈会。台盟海南省委在扶贫工作中积极捐资助学、参与琼中文化教育和医疗卫生事业的建设与发展，为改善和丰富当地群众的文化生活，送去电脑、文娱用品和食品等，为提高当地村民的产业化发展，增加收入，赠送化肥提高农产品产量。杨健充分肯定了台盟海南省委所做工作并指出，社会服务工作的特色就是要务实、肯干，治贫先治愚，扶贫先扶智，要从主观意识上改变观念。使农民从扶贫变脱贫。19日，调研组一行来到海口芭蕉村与村政府工作人员座谈并调研。芭蕉村全村共有224户938人。其中低保户19户共43人，五保户6户6人，贫困户50户197人。因经济发展水平滞后，2015年全村人均收入约

3800 元。随后分别走访村里的贫困户并送上慰问金。20 日，调研组在台盟三亚市委副主委刘琼龙的陪同下走访了“中廖村”美丽乡村。

5 月 17 日，为认真贯彻习近平总书记关于精准扶贫、精准脱贫的重要讲话精神，落实中央统战部定点扶贫项目开发工作的指示要求，台盟中央社会服务部副部长蔡国斌等一行 3 人赴江西广昌水南圩乡开展调研帮扶活动。此次台盟中央社会服务部到广昌县开展社会服务调研帮扶活动，是为了充分调动全盟力量开展好社会服务工作，发挥与台湾同胞联系广泛的优势，扎实做好各项帮扶工作。随后举行了简单的捐赠仪式。台盟中央向江西广昌水南圩乡敬老院建设捐赠人民币 50 万元。

11 月 28 日，台盟中央社会服务部与台盟云南省委、云南省台联共同举办的“同心云南行工程”在华宁县青龙镇举办，这是台盟中央连续第三年在云南省华宁县青龙镇开展的核桃种植技术培训，也是第二次邀请我国首席核桃专家——中国林科院研究所研究员裴东教授开展核桃种植培训讲座。

11 月 29 日，台盟中央一行驱车近两个小时的盘山路，前往昭通市绥江县桂花村核桃种植基地，进行现场实地的技术讲解，特别对当地的气候、海拔、土壤、种苗的筛选、剪枝、嫁接等方面给予细心的指导。11 月 30 日，室内授课时，针对核桃种植基地发现的实际问题，专家向参加培训的村民讲解如何选种、栽培、施肥以及核桃种植管理的技术要点，不断地与群众互动交流，详细解答核桃栽培过程中遇到的问题。此次华宁县青龙镇、昭通市绥江县参加培训人员共计 300 余人，受到了当地群众的热烈欢迎。

（五）对台工作

一年来，全盟落实习近平总书记关于两岸关系发展的六点意见，坚持“九二共识”、坚决反对“台独”分裂势力及其活动，在对台工作中突出“专、精、深、久”的思路和亲情乡情优势，注重从“心”出发、以情感人。

以品牌活动为抓手，着力开展面向台湾青少年的体验式交流

1. 大江论坛

一年来，以台盟中央引领、全盟联合联动的形式，主办了 18 项两岸主题交流活动。其中，连续第三年成功举办大江论坛，主“深化民间交流，助推两岸关系和平发展”，两岸 200 余名政、经、产、学领域的精英人士和青年代表与会，充分展现了两岸民间维护和平发展的坚定意志与力量。论坛设置主论坛及两岸中医药合作发展论坛、两岸青年成长创业论坛、两岸书画艺术作品展等系列活动。在台湾青年成长创业论坛上，两岸青年实业家和创业者、在京台生、台盟青年盟员等近百人与会，共同展望在祖国大陆的发展前景。

2. 中华文化研习营

一年来，台盟中央在北京、陕西、福建、广东、云南等地举办中华文化研习营系列活动，增进两岸青年历史认同、文化认同。其中与台盟北京市委共同举办京台文化研习营，与台盟福建省委共同举办台南大(中)学生海西乡土文化研习营，与台盟陕西省委共同举办盛唐文化研习营，与台盟广东省委共同举办岭南文化研习营，两岸青少年在共同研习悠久灿烂的中华文化实践活动中，进一步加强了交流，深化了情感融合。

7月5日，由台盟中央主办，台盟福建省委承办，台盟厦门市委、泉州市委、南平市委，厦门大学，泉州师范学院协办的2016两岸学生乡土文化研习营在厦门大学隆重开营。自2008年8月举办首届以来，海西乡土文化研习营迄今已成功举办八届，受到台盟中央、国台办及福建省有关部门的高度重视和充分肯定，在台湾得到学界的积极响应和台湾南部社会民众、青少年的热烈欢迎。台盟中央联络部部长助理张骏，台盟福建省委副主委柯连姝，台盟厦门市委副主委陈敏伟，厦门大学党委统战部副部长龙坚毅等有关单位负责人和研习营师生出席了开营式。本次研习营持续到7月10日。由台湾学生和部分在闽台籍学生一起组成的研习营在福建厦门、武夷山、泉州进行闽南文化、朱子文化等乡土文化的实地考察研习，领略福建的风土人情，探寻祖先的足迹，感受八闽祖地文化的丰富内涵。

8月9日，2016年京台文化研习营开营仪式在京举行，台盟中央副主席杨健出席。来自台湾多所高校和贵州盛华职业学院的师生、在京就读的台湾学生及部分青年盟员、台胞，台盟北京市委机关工作人员80余人参加。陈军主持开营仪式。杨健代表台盟中央致辞，与会嘉宾共同启动电子球，宣布开营。杨健在致辞中表示，台盟盟员与岛内亲友有着割不断的血脉亲情，发挥台盟亲情、乡情的特色优势，积极搭建两岸民众特别是青年之间的交流平台，是我们义不容辞的责任和使命。台盟北京市委已经成功举办了三届研习营活动，活动注重扩大交流范围，实现了北京、台湾、贵州两岸三地学生间的交流。希望来自两岸三地的青年们多交流、多交心，成为好朋友、好伙伴，共同传承中华民族的优秀传统文化，共同维护两岸关系和平发展。来自台东专科学校和贵州盛华职业学院的营员代表分别在开营仪式上发表感言，期待此行有更大的收获，彼此之间有更多的交流，结识更多的朋友。本次研习营持续到8月14日。期间，研习营安排了北京民俗文化、北京与张家口和北京传统工艺美术三堂讲座，组织营员开展素质拓展，参观故宫博物院、天坛等名胜古迹，前往北京珐琅厂欣赏景泰蓝制作工艺、赴张家口实地考察冬奥会场馆建设等。通过活动的开展，积极宣传北京的特色传统文化和现代优秀产业文化，展现北京及周边地区独特的历史特色、地域特色和人文特色，促进两岸三地师生深入了解北京、了解河北的经济社会发展成就，凝聚共识，增进感情，让更多的青年融入两岸交流交往，促进两岸文化的繁荣与发展，携手推动两岸关系和平发展。

3. 台湾青年企业家国情区情培训班

台盟中央为台湾青年企业家组织国情区情培训班，深化他们对祖国大陆发展战略的了解。1月24日至30日，台盟中央组织台湾“雁博青年创业家协会（雁博会）”39名台湾青年企业家在中央社会主义学院（中华文化学院）首次举办“台湾青年企业家国情区情培训班”。培训班以“十三五”规划和“一带一路”倡议为主题，邀请国务院发展研究中心、科技部、上海大学社会发展研究院的专家学者开展专题授课，为台湾青年企业家提供权威的政策介绍和有针对性的发展指导，受到参训台湾青年企业家的高度评价。

1月27日，台盟中央组织台湾青年企业家前往福建省漳州市，实地考察当地国家级高新技术产业开发区及台资企业，与漳州市党政领导、高新区管委会干部、当地台商座谈交流。培训班一行由台盟中央联络部部长潘新洋陪同，台盟福建省委和台盟漳州市委有关领导全程参与。漳州市人大副主任、台盟漳州市委主委李珊珊热情接待来访的客人，与青年台商们进行深入交谈，并向他们介绍了漳州的基本情况和人文风貌。调研组一行考察了漳州闽南文化保护情况，感受当地风土人情，并参观南坑咖啡园，与台资企业家黄文广先生就在漳投资兴业情况进行交流。次日，调研组一行前往漳州高新区管委会考察靖城工业区和高新区，在此召开行业对比座谈会，会上高新区管委会副主任、台盟漳州市委副主委黄文辉向青年台商们详细介绍了高新区的概况，台商们就在漳投资的环境、政策和资源配置等情况进行咨询和交流。中共漳州市委常委、统战部部长张琳光也接待了调研组一行，并与青年台商们就“一带一路”倡议、“十三五”规划等问题交换了看法。

本次培训考察活动是落实习近平总书记“两岸一家亲”重要理念，着力开展台湾青年工作以及发挥台盟乡情亲情特色优势的一次有益尝试。培训班期间，台盟中央副主席杨健、台盟中央副秘书长宋焱接待了参加培训的台湾雁博青年创业家协会成员。台盟中央副秘书长吴国华在结业仪式上向学员们颁发了结业证书。

通过培训考察，台湾青年企业家们对当前国家社会经济发展状况和国家“十三五”规划有了较为全面的认识，对自身事业发展如何融入“一带一路”倡议有了更加深刻的思考，对未来两岸关系和平发展的前景有了更为强烈的期盼。

4. 海峡两岸校园足球邀请赛

台盟中央连续第二年举办海峡两岸校园足球邀请赛，在同场竞技中两岸青少年、教师亲密无间、情感融洽。

7 月 23 日上午，由台盟中央宣传部作为指导单位、台海出版社主办的“2016 海峡两岸校园足球邀请赛”在北京开幕。全国政协常委、台盟中央常务副主席黄志贤出席开幕式并致辞，国务院台湾事务办公室交流局副局长王冰等出席。黄志贤在致辞中指出，长期以来，台盟始终致力于促进两岸的交流交往，竭力服务好在大陆的台商台生。此次举办的第二届“两岸校园足球邀请赛”，是在去年首届取得圆满成功基础上，加强两岸青少年体验式交流的又一次推进。希望能够以此为平台，让两岸青少年对彼此有更多的了解，能够“以球缘促海峡情义，以少年固两岸友谊”。黄志贤强调，两岸富有理想和担当的青少年，是民族的未来和希望，也是两岸关系和平发展的未来和希望。台盟愿意为两岸交流多搭建平台，多创造机会，多做好服务，也衷心希望两岸青少年能加强往来和交流，以欣赏、奋进和共享的眼光看待彼此的发展，为两岸关系和平发展注入新鲜的力量，增添青少年朝阳般的活力。台海出版社社长马铁、台湾台南一中校长张添唐等出席开幕式并致辞。中国政协杂志社总编辑翟有林，台盟中央宣传部副部长吴艺煤，台盟朝阳区工委主任高峰，朝阳区台办、朝阳区将台乡政府等有关单位领导出席开幕式。此次邀请赛有台湾台南一中、新竹仁爱中学和北京博澳俱乐部等共 7 支球队参赛。开幕式后，台南一中足球队与北京博澳足球俱乐部进行了首场比赛。邀请赛持续到 7 月 30 日结束。

与此同时，继续与国家有关部委、地方政府合作，办好一系列已形成品牌特色的主题交流活动，包括海峡论坛、海峡两岸船政文化研讨会、海峡两岸休闲农业（海南）研讨会、海内外台胞国庆参访活动等。

以台胞代表性人士为重点，着力深化联络交往

春节前夕，林文漪主席、杨健副主席走访台资企业天福茗茶，与香港恒丰集团主席黄紫玉，威盛集团副总裁、中国区行政长徐涛，育青食品有限公司董事长黄梅�武，天福集团副总裁曾明栋等在京台资企业著名人士亲切座谈，向他们致以节日的问候，并就巩固两岸关系和平发展成果等重要议题与台商代表深入交流。台盟中央领导还亲切会见中国统一联盟主席戚嘉林、中国国民党中央委员陈维德等台胞代表性人士，并就深化两岸各领域交流、融洽两岸同胞感情等议题与他们深入交换意见。

与此同时，台盟各级组织继续加强与台湾南部医师界、中小企业界、统派团体、少数民族及海外台胞团体等重点台胞团组的联络交流。其中，连续第四年邀请台南医师公会与大陆医师，共赴四川、陕西等地的贫困地区开展义诊活动，接诊患者近2000人次，并促成台南医师公会与当地医院签订合作协议，使台湾医师与大陆就诊民众真情互动，使两岸医师成为亲密朋友。台湾医师在活动后动情地表示“我们就是一家人”。

5月17日至21日，台盟中央联络部、台盟中央科教医药交流委员会和台盟成都支部共同在四川省新津县及阿坝藏族羌族自治州松潘县两地开展“两岸医师医疗咨询义诊公益活动”。活动邀请了来自台湾省台南市医师公会及由台盟盟员组成的京沪知名医学专家20余人，分别在新津县人民医院、新津县中医院和阿坝州松潘县人民医院，为近千名各族群众提供了内科、骨科、呼吸科、妇产科等专科诊疗服务，受到当地政府和群众的热烈欢迎。这是台盟中央首次邀请台南市医师公会入川开展医疗咨询义诊活动，加强了两岸医生的联系交流，加深了台南市医师公会成员对大陆医疗保健情况及医药卫生政策的了解，进一步增强了其对祖国大陆的认同感。

9月21日，由台盟中央社会服务部、联络部、台盟中央科教医药交流专委会和台盟陕西省委共同组织的“两岸医师医疗义诊咨询活动”在陕西省铜川市耀州区人民医院举办。此次参与义诊活动的28名知名医疗专家，分别由台湾台南市医师公会和大陆五省市的人员组成。本次义诊活动中，来自两岸的医疗专家共计为1060名当地群众进行了认真细致的医疗义诊咨询，并提供了内科、外科、骨科、呼吸科、精神科、皮科、妇科、眼科等10多种专科诊疗，受到了当地的普遍好评和热烈欢迎，被群众称为最接地气的公益活动。义诊结束后，两岸医师召开了医疗义诊分享座谈会，并就义诊体会以及两岸在医疗领域可借鉴与发展的成功经验展开了热烈交流，达到了互相学习的目的。会后，台南市医师公会还与铜川市耀州区人民医院签订了友好合作协议，为继续延伸两岸医学交流奠定了坚实基础。

此外，8月初，全国政协常委、台盟中央常务副主席黄志贤率领台商代表性人士前往辽宁省阜新市高新区，针对当地台资引进和发展进行考察调研。8月3日至4日，作为台盟落实中共中央《关于全面振兴东北地区等老工业基地的若干意见》文件精神的具体举措，应中共辽宁省阜新市委、阜新市人民政府邀请，全国政协常委、台盟中央常务副主席黄志贤率银满投资（北京）顾问有限公司、台大真菌生物科技公司、北京胜大庄国际和沈阳展讯电子有限公司等台资企业负责人一行，前往阜新市开展投资考察活动。在阜期间，黄志贤一行会见了中共阜新市委书记张铁民、市长杨忠林、市政协主席李国强、市委统战部部长李建平等阜新市主要领导，听取他们关于阜新市产业发展和投资环境的情况介绍。黄志贤一行考察了海州露天矿、阜新鲁花浓香花生油公司等高新区企业，了解企业发展规模和效益。

以台盟视角为特色，着力开展涉台宣传

围绕台湾人民“二·二八”起义、台湾光复等纪念日，以及台籍抗日将领李友邦诞辰，台籍抗日志士、台盟盟员林正亨革命事迹等盟史题材，举办形式多样的纪念活动，表达台湾同胞期盼祖国统一的强烈心声。台盟中央两岸书画院正式成立，在岛内外举办书画艺术交流展，为促进两岸文化交流、增强文化自信搭建了又一特色平台。大力支持台海出版社开展中华文化进校园活动，在台湾大学校园书店设立图书专柜，并与岛内书局签订一揽子文化交流活动意向，在岛内有效传递了台盟的声音。

以亲情乡情为优势，着力开展台情研究

充分发挥台盟对台联络平台在收集台胞意见、台胞网络交流平台在反映岛内民意动态、涉台系统会商研判机制在共享台情研究资讯方面的作用，着力加强研究成果转化，形成多篇岛内选举、反对文化“台独”等台情专报，得到中央领导同志的重视和批示。在岛内选举等重要时间节点，多次召开台盟会商研判机制会议、台情研究委员会议。1月15日至18日，台盟中央台情研讨会在广州召开，总结2015年台情研究工作，围绕台湾地区的两项选举进行研讨交流，部署2016年台情研究工作。3月17日至18日，台情信息座谈会在京召开，台盟各级地方组织的台情研究骨干与会，围绕岛内政局动态及进一步做好台湾人民工作开展交流。5月24日，台情研讨会在京召开，邀请涉台研究单位专家学者就蔡英文520就职演说以及新形势下对台工作进行研讨。

三、自身建设

一年来，全盟落实习近平总书记关于民主党派提高“五种能力”的重要指示精神，传承台盟优良传统，全面加强自身建设。经过多方努力推动，台盟中央直属组织台盟贵阳市支部正式成立，台盟江西省委筹委会已获批准成立；盟员数量突破3000人，达到3128名；全盟25个地市级组织（含直辖市区级组织）在年内全部完成换届工作，在政治交接中将台盟的光荣传统进一步传承与弘扬。

截至2016年12月底，共有地方组织38个，其中包括省级组织13个，省辖市级组织25个。基层组织122个，其中总支10个，支部101个。全年新加入成员113人。成员总数3128人，其中女成员1602人。平均年龄50.7岁。离退休1005人。

界别特色，高校232人，百分比7.4%；普教284人，百分比9.1%；科技界177人，百分比5.7%；文化艺术59人，百分比1.9%；公有制经济1253人，百分比40.1%；新社会阶层594人，百分比19%；医药卫生340人，百分比10.9%；机关团体及其他747人，百分比23.9%。

担任各级人大代表的共有110人，其中全国人大常委会副委员长、委员、专职副秘书长及专委会主任副主任、人大代表15人，省级人大常委会副主任、委员、专职副秘书长及专委会主任副主任、人大代表30人，市地级人大常委会副主任、委员、人大代表46人，县市区级人大常委会副主任、委员、人大代表19人。

担任各级政协委员共有528人，其中全国政协副主席、常委、专职副秘书长及专委会主任副主任、政协委员30人，省级政协副主席、常委、专职副秘书长及专委会主任副主任、政协委员121人，市地级政协副主席、常委、政协委员223人，县市区级政协副主席、常委、政协委员154人。

担任地方政府及司法机关领导职务的，有省级1人，厅局级3人。

成员中有大本以上学历的占57.5%；有中、高级职称的占40.2%。

（一）以传承政治薪火为根本，思想建设引领有力

一年来，台盟各级组织把握时代要求，深化政治共识，将坚持和发展中国特色社会主义学习实践活动与学习贯彻中共十八届五中、六中全会精神和习近平总书记系列重要讲话精神紧密结合，通过开通台盟中央微信公众号、举办宣传骨干新媒体培训班等方式，提升新媒体环境下盟员思想引导能力。同时，注重突出盟史教育特色，继续举办“记忆历史·爱国爱乡”口述历史座谈会，教育引导广大盟员把台盟老一辈与中国共产党同心奋斗的光辉理念薪火相传，把“两岸一家亲、共圆中国梦”的伟大事业不断发扬光大。

其中，5月24日至27日，全国政协常委、台盟中央常务副主席黄志贤率队到江西南昌、湖北武汉、安徽合肥等台盟地方组织，就坚持和发展中国特色社会主义学习实践活动的开展情况、组织建设情况走访调研。24日，黄志贤一行来到江西南昌与台盟江西支部部分盟员座谈交流。台盟江西支部副主委曾鲁台汇报了台盟江西支部的工作，他说，台盟江西支部按照盟中央工作部署，认真开展坚持和发展中国特色社会主义学习实践活动，高度重视，强化学习。结合参政议政工作、推动赣台交流，社会服务等工作，加强组织建设，并取得可喜成果。台盟江西支部盟员沈小慧、沈敏等就学习实践活动、组织工作等提出意见和建议。在听取盟员发言后，黄志贤说，今天同大家一起谈感想、共同交流工作，看到了台盟盟员的工作热情，也了解到大家对盟组织的关心爱护，希望大家加强学习，发挥好台盟优势和特色，齐心协力做好工作。25日，黄志贤一行来到湖北武汉，与台盟湖北省委领导班子座谈。台盟湖北省委主委江利平就坚持思想建设，提高履职能力，服务鄂台交流合作，强化自身建设等主要工作情况作了汇报。在听取大家发言后，黄志贤说，坚持和发展中国特色社会主义学习实践活动要科学地组织好，形式要丰富多彩。加强思想教育是我们工作的基础，加强台盟自身建设不仅是广大盟员的期望，也是祖国统一大业的要求，我们要团结一致，做好台盟的各项工作。25日晚，黄志贤在武汉与在汉部分青年盟员交流座谈。曾荣获台盟优秀提案奖的盟员林颖在谈了台盟工作体会后，建议加强对在大陆的第三代台胞的教育工作，并建议制定“顶层设计”方案。大家对黄志贤常务副主席一行与青年盟员交流感到由衷的高兴，并称之“东湖夜谈”。黄志贤说：我们湖北的青年盟员很了不起，“青年论坛”上荣获一二等奖，台盟的希望在青年盟员，刚才青年朋友们提出了很好的意见和建议，台盟的工作要靠大家的支持和团结合作。在安徽，台盟安徽省总支主委陈清海代表台盟安徽省总支就坚持和发展中国特色社会主义实践活动的开展情况及组织建设情况作了汇报。黄志贤说，大家对盟组织建设的期望体现了广大盟员对台盟的关心爱护，安徽盟组织领导班子团结广大盟员，参政议政、对台各项交流做得有声有色，组织建设靠班子，班子建设靠团结，凝心聚力才更有

所作为，希望大家克服困难，坚定信念，共创佳绩。

（二）以换届工作为抓手，组织建设保障有力

深入台盟地方组织开展调研，指导地市级组织顺利完成换届工作。做好省级组织换届筹备工作，明确换届方针政策，制定下发指导文件，从统一思想、精密筹划、严格程序、强化内部监督等方面严明政策纪律，确保换届有序规范推进。

3月26日下午，台盟上海市徐汇区第六次盟员大会在沪隆重召开。台盟中央副主席、台盟上海市委主委杨健出席大会并讲话。大会选举产生了台盟上海徐汇区第五届委员会委员7名，并通过了大会决议。廖志豪、石威、陈旭、洪万里、胡燕、陈乐、张菡当选新一届台盟徐汇区委员会委员。随后举行的台盟徐汇区第五届委员会第一次全体会议上，廖志豪同志当选为区委主委，石威同志、陈旭同志当选为副主委，并任命胡燕同志为秘书长。

5月7日，台盟上海市杨浦区委召开第六次盟员大会，台盟中央副主席、台盟上海市委主委杨健出席会议并讲话。大会听取了吴敏代表台盟杨浦区第二届委员会作的工作报告，并选举产生了台盟上海市杨浦区第三届委员会，吴敏、庄峻斐、张菊、沈白杨、蔡永杰、潘艳等当选新一届台盟上海市杨浦区委员会委员。在随后举行的台盟杨浦区第三届委员会第一次全体会议上，吴敏当选为区委主委，庄峻斐、张菊当选为副主委。

6月20日至22日，台湾民主自治同盟广州市第八次盟员大会在广州市从化区文轩苑召开，来自全市的60名台盟盟员参加了会议。本次大会审议通过了《台盟广州市第七届委员会工作报告》和《台盟广州市第八次盟员大会决议》，选举产生了台盟广州市第八届委员会。张嘉极当选为主任委员，叶耀华、吕继东、刘进贤当选为副主任委员，黄燕被任命为秘书长。

6月18日下午，台盟上海市浦东新区召开第五次盟员大会。台盟中央副主席、台盟上海市委主委杨健出席会议并讲话。大会听取了李伟文代表台盟四届浦东区委所作的工作报告，并选举产生了台盟浦东区第五届委员会。大会选举产生了由马炜、王巨成、庄振文、姜琦、陶寅琰、黄旭、韩若冰等7位同志组成的台盟浦东新区第五届委员会。在随后举行的五届区委第一次全体会议上，庄振文当选台盟浦东区委主委，王巨成、姜琦当选为副主委，任命王巨成兼任秘书长。

6月19日，台盟上海市黄浦区第二次盟员大会召开。台盟中央副主席、台盟上海市委主委杨健出席会议并讲话。大会听取了刘艳代表台盟一届黄埔区委所作的工作报告，并选举产生了台盟黄浦区第二届委员会。在台盟黄浦区第二届委员会第一次会议上，刘艳当选为主委，杜倩文、张錡、李伟海当选为副主委。

6月27日，台盟重庆市巴南区第二次盟员大会在巴南区行政服务中心召开。会议审议并通过了《台盟巴南区第一届工作委员会工作报告》，选举产生了台盟巴南区第二届工作委员会，邱献锋当选台盟巴南区第二届工作委员会主委。

9月22日至23日，台盟武汉市第六次盟员大会、武汉市台湾同胞第九次代表大会在汉召开。大会选举产生了武汉市台盟第六届委员会委员9人，刘江东当选主任委员，张

晓东、雷敏捷当选副主任委员。选举产生了市台联第九届理事会理事 15 人，刘江东当选会长，张晓东、江燕萍、雷敏捷、赵晓河当选副会长。

12 月 10 日，台盟厦门市第八次盟员代表大会在厦门召开。大会主要审议、通过《台盟厦门市第七届委员会工作报告》和《台盟厦门市第八次代表大会决议》，以无记名等额方式选举产生台盟厦门市第八届委员会。陈紫萱当选主任委员，廖明宏、陈敏伟、郑直、许勇铁、郭海峰当选为副主任委员，陈敏伟兼任秘书长。

12 月 18 日，台盟福州市第八次盟员大会在福州召开。台盟福建省委主委、台盟福州市委主委郑建闽代表台盟福州市第七届委员会作了工作报告。会议通过了《台盟福州市第八次盟员大会决议》，选举产生了新一届台盟福州市委员会委员，甘海疆当选为台盟第八届福州市委主委，粘少梅、黄文真、黄美辉、戴雯当选为副主委。

12 月 25 日至 26 日，台盟漳州市第八次盟员大会召开。台盟漳州市委各基层支部近 80 位盟员参加了会议。会议选举产生台盟漳州市第八届委员会，并通过大会决议。黄文辉当选为台盟漳州市第八届委员会主任委员，沈惠玲、陈红斌、陈奕颖、许刚当选为副主任委员。

此外，大力加强直属组织建设，在尚未建立组织的地区探索盟员发展的新路径，为组织发展工作奠定基础。不断加大盟员教育培养力度，盟员参政履职能力得到更大提升。

10 月 10 日，台湾民主自治同盟贵阳市支部委员会成立大会在贵阳市召开。全国政协常委、台盟中央常务副主席黄志贤出席并讲话。台盟中央副秘书长、组织部部长吴国华宣读《台盟中央关于成立台盟贵阳市支部的决定》。

（三）以从严从实为要求，制度建设科学有力

进一步落实常委会每次围绕一个主题深入讨论的制度，更好地发挥了常委会议事决策的功能。参事室和各专委会不断加大与盟中央机关职能部门、地方组织协作，优势和作用得到凸显。召开全盟办公室工作会议，提升服务盟务中心工作的能力和水平。进一步加强盟中央机关建设，以树规矩、明纪律为主题，开展走进军营等活动，大力加强机关支部和工会建设，引领各级盟组织不断提升机关工作的规范化、制度化、科学化水平。在北京市各级党委、政府的支持和帮助下，台盟中央机关新办公楼已经正式投入使用。

郭　婷　台盟中央研究室综合处副处长

学术会议

学术会议

第六届参政党建设论坛

2016年4月5日，第六届参政党建设论坛暨湖北省参政党理论研究专委会第十届年会在湖北省社会主义学院召开。本次会议主题为“政党协商与参政党建设”，来自统战部、各民主党派、社会主义学院、高校的100余位代表参加了此次会议。中央社院教授李金河、武汉大学教授丁俊萍受邀做了主题演讲，其他与会代表围绕政党协商相关基础理论问题、参政党参与政党协商的实践探索、政党协商视域下的参政党建设等问题进行了深入探讨，现将主要观点综述如下。

一、关于政党协商基础理论的探讨

1.政党协商是社会主义协商民主的重要组成部分。大多数与会者都认为，政党协商作为多党合作的重要体现，是贯穿我国社会主义协商民主实践的一条主线，是推进社会主义协商民主广泛、多层、制度化发展的重要形式。政党协商在长期实践中形成的重要原则、价值理念、基本方式和制度机制，为社会主义协商民主奠定了坚实的基础。政党协商的高层性、重要性、组织性、立体性、有序性等特点，对其他形式社会主义协商民主的发展具有引领和辐射作用，影响深远。

2.推进政党协商实施要注意几个理论问题。黄天柱认为，深入推进政党协商，要在切实贯彻两个“意见”(《关于加强社会主义协商民主建设的意见》和《关于加强政党协商的实施意见》)的同时，需在协商主体界定时兼顾政治惯例与理论逻辑、加强政党协商与政协协商的程序衔接、开发政党协商的监督功能和表达功能、推动政党协商由中高层向基层延伸与辐射等趋势性问题。肖建平认为，政党协商具有大众民主与精英民主的双重属性，政党协商在发展实践中存在制度设计与实际功能之间、中共党委期待与民主党派参政议政能力之间、民主党派参政议政意愿与中共党委现实态度之间的内在张力，因此，需要合理调适双重属性，因地制宜，有区别地发展政党协商。

3.政党协商与我国政党制度的关系。政党协商是中国共产党同各民主党派的政治协商。政党协商的重要地位是由我国多党合作的历史和中国共产党领导的多党合作与政治协商制度决定的，同时，政党协商也是我国民主制度的特点和优势（陈奇文）。所以，政党协商必须在中国共产党领导的多党合作和政治协商制度这一基本政治框架下进行，也必须在此基础上优化制度设计，提升协商实效。

4. 我国政党协商的历史考察。我国政党协商历史悠久，大致经历了新民主主义革命时期产生、新中国成立后政党协商与人民协商并行发展、改革开放后政党协商常态化与制度化发展、当代政党协商独立性提升发展四个阶段。

5. 政党协商与政协协商的关系。两种协商同属中国共产党领导下的政治协商，但在产生的时间、协商主体、协商组织形式、协商机制与实效上有所不同。因为特定的发展历程，政党协商和政协协商在以往的政治实践中有些混淆不清，存在重复协商和替代协商现象。

6. 政党协商主体：中国共产党和民主党派的角色定位。中国共产党是执政党，其在政党协商中处于领导地位，发挥主导作用。因此，中共各级党委要进一步营造宽松民主的协商环境、各级领导同志要具有虚怀若谷的精神，要主动完善有关制度、规范协商行为。

二、参政党参与政党协商实践的经验、问题与对策

不少研究者们从实践出发，总结几十年来尤其是新世纪新阶段以来，参政党参与政党协商（政治协商）的有益经验及现实问题，提出相应对策。

1. 参政党参与政党协商的有益经验。李铁鹰、王銮等总结了荆门市加强政党协商保障机制建设的情况，中共荆门市委在统一领导、统一规划、统一部署，充分发挥对政党协商工作的组织领导作用的基础上，创新协商制度、建立保障机制，规范协商程序、建立程序链条，发挥平台作用、拓宽协商渠道；支持加强民主党派人才队伍建设、特色智库建设、提高民主党派协商能力。在党委重视、合力共为、创新落实中，荆门市政党协商“起步早、开局好、党外人士政治协商热情不断被激发”。

2. 参政党在参与协商过程中遇到的问题。当前政党协商实践中还存在协商实效性不足的问题，主要表现为能动性不高、特色不明显、优势不够突出，社会认可度不高、存在泛化趋势，获取信息渠道不畅通不准确、协商形式单一、过程民主性不强、协商效果落实不够、协商能力有待提升等各种各样的问题，主要原因在于：首先，制度不完善，保障机制不健全，政治资源配给方面的不均衡和对民主党派协商活动的社会宣传缺位，参政党参与政党协商的客观环境需要改善；其次，政党协商意识不强，民主党派成员对本党性质、目标、纲领和宗旨的认识存在误区，部分党员入党动机不纯、功利思想严重；再次，民主党派自身组织发展存在局限性，民主党派基层组织资源的稀缺不能满足现实需要，成员发展中的随意性和功利性破坏了党派的代表性和组织严肃性，组织活动中的“精英主义”特征降低了对普通成员的关照进而影响其参与积极性等；最后，民主党派在动员成员参与过程中，考评机制缺刚性、奖惩机制有空缺。

3. 提高民主党派参与政党协商实效的对策建议。第一，优化参政党履职的社会环境、完善政党协商制度、健全协商保障工作机制、进一步配强统战部门的工作力量、提高执政党相关领导的协商意识；第二，加强民主党派各级机关建设，强化其在协商过程中的协调、组织、引导功能，加强组织内部的思想建设和组织建设；第三，注重制度和机制建设，在民主党派内部建立起相应的领导组织机制、考察调研机制（选题机制、选人机

制、经费保障机制、多方协调机制、联合调研机制等)、意见综合机制、工作对接机制、评价激励机制,进一步推动参政党参与政党协商的制度化、规范化和程序化发展;第四,大力加强民主党派协商能力建设,包括调查研究、倾听、交换比较、分析综合、磋商沟通、异中求同、说服妥协等能力,持续提高和优化协商能力建设。

社会主义协商民主中的政治协商与社会协商研讨会

7月8日,由浙江省政治学会、浙江省统一战线理论研究会与浙江省社会主义学院参政党建设研究中心联合举办的"社会主义协商民主中的政治协商与社会协商"专题研讨会在省社院开幕。省人大常委会副主任、九三学社省委会主委、省社会主义学院院长姒健敏,省社科联党组成员、副主任陈先春出席开幕式并讲话。省委统战部副部长、省社院党组书记、常务副院长吴振宇主持开幕式。

姒健敏在致辞中指出,自中国共产党的十八大报告中首次提出"社会主义协商民主是我国人民民主的重要形式"后,在此基础上确立了"社会主义协商民主制度"概念,进而对"健全社会主义协商民主制度"进行规划和部署,使其成为人民民主运行和实践的最广泛、也是最基本的政治形式。此次研讨会上,专家学者围绕社会主义协商民主的理论和实践问题进行深入研讨交流,也是以实际行动回应了习近平总书记在全国哲学社会科学工作座谈会上所呼吁的"这是一个需要理论而且一定能够产生理论的时代,这是一个需要思想而且一定能够产生思想的时代",非常有意义。

此次研讨会作为以"创新话语体系,讲好浙江故事"为主题的省社科界第三届学术年会的分论坛之一,围绕"社会主义协商民主中的政治协商与社会协商"展开,吸引了来自中央社会主义学院、中央编译局、外交学院、全国部分省级社院、浙江省政协、民主党派浙江省委会、省内部分高校、其他研究机构专家学者近五十人参加。中央社会主义学院统战理论教研部主任李金河教授,浙江省政治学会会长、浙江大学社会科学院院长余逊达教授,浙江省政治学会常务副会长、浙江大学公共管理学院政治学系主任郎友兴教授为会议作主题报告。十余位会议代表作了交流发言。本次研讨会紧紧围绕主题,就政治协商、社会协商及两者的关系展开了系统深入的研讨,既有学理分析也有政策解读,既有历史回顾也有前瞻思考,既有问题剖析也有对策建议,大大丰富和拓展了与会者的视野,体现了学界在这一主题上的最新研究进展,对下一步理论研究的发展和实践工作的推进均有一定的启发和指导意义。

民盟历史人物研究专题研讨会

2016年8月17–18日,"民盟历史人物研究"专题研讨会在吉林省吉林市举办。民盟中央副主席张平出席会议并讲话,民盟吉林省委主委杨安娣,中共吉林市委常委、组织部部长高海珠出席开幕式并致辞,民盟中央研究室主任刘圣宇主持会议。"民盟历史人物研究”各省级组织中标课题组负责人、《民盟编年史（1941–1949）》课题组负责人共50余人参加了会议。

张平副主席在讲话中指出，按照2016年民盟中央工作要点的要求，民盟中央将今年的参政党理论研究课题确定为“民盟历史人物研究”。这次研讨会既是一次动员大会，也是一次专题座谈会，目的是把民盟的研究力量整合起来，大家集思广益，群策群力，形成基本的共识、思路、构想和目标任务，共同把这个课题做实、做好、做成精品和样板，最终形成经得起历史检验的、有价值的成果。张平强调，民盟从成立至今的75年间，经历了抗日战争、解放战争，社会主义建设和改革开放新的历史时期，在中国现当代历史的大潮中书写了波澜壮阔而又起伏跌宕的篇章。近年来，各地相继启动了民盟历史人物的研究工作，取得了阶段性的成果，盟史人物的研究已初具规模，盟史人物“资政育人”的作用正在日益发挥。做好民盟历史人物研究，一要正确认识盟史人物研究的重大意义；二要准确把握撰写历史人物传记的规律，全面、客观、公正地反映和评价民盟历史人物的一生；三要围绕主线，着力体现民盟历史人物的精神特质、道德风范和永恒的文化思想价值。希望通过这次研讨会，推动盟史人物研究形成共识、形成机制、形成梯队，真正起到继承和发扬民盟优良传统、巩固多党合作的共同思想政治基础的作用。

会上，中国社会科学院近代史研究所副研究员宋广波围绕如何开展民盟历史人物研究作了专题讲座。与会人员就课题研究的方式、方法等内容进行了分组讨论。

民建中央理论研究委员会全体会议

7月16日上午，民建中央理论研究委员会全体会议在昆明召开。会议的主要议题是讨论理论研究委员会2016年年度课题的调研成果。会议由理论研究委员会主任李冬玉主持，民建中央宣传部部长张皎、副部长程喜真以及理论研究委员会全体委员出席。

惠曙光委员代表自身建设课题组作题为《民建〈章程〉修改的经验与启示》的报告。报告对民建修改《章程》的历史进行了回顾，总结了民建修改《章程》的经验与启示，即正确处理执政党和参政党的关系：政治上坚持共产党的领导，组织上发挥民建的独立自主作用；正确处理继承与发展的关系：坚持继承发扬民建优良传统，注重与时俱进地创新发展；正确处理理论与实践的关系：坚持理论与实践相统一的原则，以正确理论为引领，积极投身实践，对下一步民建《章程》的修改提出了建议。

宋村珠委员代表会的发展课题组作题为《学习〈中国民主建国会章程〉的认识与思考》的报告。报告阐述了政党章程的意义和作用以及学习我国其他政党章程的收获，重点谈了关于民建章程的学习认识，对未来民建章程的修改进行了认真思考并提出了十二条具体修改意见。

杨光委员代表履行职能课题组作题为《提升民建政党协商实效性分析与路径选择》的报告。报告认为，开展政党协商，关键在提升实效。对民建来说，见解独到、得到采纳、受到重视、引起关注是民建政党协商实效性的具体表现。民建政党协商必须遵循的基本原则有：坚持中国共产党的领导、坚持中国特色社会主义道路、国家情怀、法治观念、平等包容。认识、人力、能力、制度、法治因素影响着民建政党协商实效性的发挥。提升民建政党协商的实效性，要充分发挥在政党协商中的优势和作用，不断提高开展政党协商的自觉性；持续提升参与政党协商的能力与水平，夯实有效开展政党协商的基础；强化落实政党协商的保障机制，把准有效开展政党协商的关键；创新拓展政党协商的渠道，增强政党协商的主动性。

理论委员会全体委员就三个报告进行了充分的讨论。大家一致认为，《章程》的修改是民建的一件大事，需要早做准备。国家发展的历程的就是解放思想、实事求是、与时俱进的过程，民建《章程》的修改也应符合这一时代的要求。此次会议的研讨课题选题非常及时，调研报告也写得非常好。理论委员会应该发挥自身优势，及时对民建章程修改意见进行梳理、总结，归纳提炼出符合民建自身发展规律切实可行的修改意见，为民建章程的修改作出自己应有的贡献。

全国社会主义学院系统理论研讨会暨中国政党制度研究中心第 14 届年会

8 月 8 日至 10 日，由中央社会主义学院主办的全国社会主义学院系统理论研讨会暨中国政党制度研究中心第 14 届年会在北京召开。会议的主题就是“中国多党合作制度话语体系研究”。会议指出，构建中国多党合作制度话语体系是坚持和完善中国多党合作制度的需要，是创新中国多党合作制度理论的需要。100 多位专家学者围绕这一主题开展了深入的交流。

中国多党合作制度话语体系的现实困境

自 1989 年末以来，东欧一些国家发生了剧变，出现了搞多党制的风潮，在此形势下，不了解我国历史和国情的一些人，当他们看到我国现行的中国共产党领导的多党合作制度在某些方面还不够完善，就以偏概全，鼓吹西方国家的两党制和多党制，因而对我国坚持的这一基本政治制度产生了怀疑和动摇。

甘肃社院陈钰业、沈阳社院陈萍、天津社院张安冬等与会学者认为，西方现代政党政治近 400 年的实践史，为其主导话语体系提供了坚实的理论和实践支撑，牢牢占据政党话语体系的主阵地，具有强势的主导话语权。在西方话语体系中，似乎只有西方两党轮流执政、多党竞争政权才是真正的民主政治，才是主导人类民主政治的样板。而我们现在稚嫩的话语体系面临着更为强势的西方民主话语体系的干扰，最终对我国多党合作实践构成不利影响。在西方政党制度话语体系的影响下，一些中国学者研究政党制度也往往以西方理论体系为参照，按照西方政治学的标准衡量中国的政党制度，没有形成自己独立的政党理论体系，更不被西方学术话语体系所接受；甚至有个别中国学者按照西方政党话语体系评判中国多党合作制度，否认中国多党合作制度的政党地位和独特价值。

中国多党合作制度尚未形成完备的理论体系。多数学者认为，中国多党合作制度实践经验非常丰富，但理论体系构建尚未完成。主要表现在，目前多党合作领域的研究学术规范不足，一些基本概念的界定不够清晰，对多党合作制度的认知更多的是从政策层面展开叙述和解读。

有学者从政治传播的视阈，及在对内政治话语有效性、对外话语的定义权、解释权的争夺提出，中国的多党合作制度话语权的困境主要是话语立场受制、传播内容受限、话语形态两难、中介能力有限。从传播的主体看，中国多党合作制度的话语施行者比较单一，主要是政府的声音；从学术研究来看，更多的是统战系统开展了相关研究。这些从某种程度上抵消了在话语体系建设方面努力。

构建中国多党合作制度话语体系意义重大

2008 年，中国经济高速发展，举世瞩目的奥运盛事即将到来，可突然间“骂声”四起，达尔富尔、西藏、奥运，甚至一些偶然的食品安全事件也被一些别有用心者放大……问题到底出在哪里？日本 JCC 新日本研究所副所长庚欣在 2008 年接受媒体采访时表示，近 60 年前，中华人民共和国成立表明中国逐渐远离“挨打”时代；30 年来的经济持续高速增长，又使中国告别“挨饿”时代；但现在，中国已经开始进入所谓的“挨骂”时代。

如何看待来自西方的“骂”呢？特别是针对中国的政党体制，这就涉及构建中国多党合作制度话语体系的重要意义。与会专家学者认为，可以从两方面予以观照：一方面，构建中国多党合作制度话语体系是多党合作制度发展的内在要求。另一方面，构建多党合作制度话语体系，是提升中国话语权、打破西方霸权主义话语体制的迫切需要。

构建中国多党合作制度话语体系，全面系统揭示阐述中国多党合作制度的性质定位、发展历程和发展方向，揭示中国多党合作制度的内在奥秘、生成机理和独特基因，为多党合作制度的坚持和完善奠定了深厚的理论渊源与思想基础。构建中国多党合作制度话语体系，准确地展现中国多党合作制度的实践特色、理论特色、民族特色、时代特色，让中国多党合作制度行稳致远，进一步增强我们的制度自信。

构建中国多党合作制度话语体系，为世界政党政治的发展提供中国政党制度智慧，发出中国民主声音。我们应该立足实践，自主地、坦率地告诉世界中国多党合作制度的发展、成功的经验以及对未来的前景，对多党合作制度中蕴含的一系列重要理念进行深入阐释与解说，不断丰富和发展中国特色政党制度理论体系，形成自己的话语体系，不断赢得话语权优势，让中国多党合作制度更多地被国际社会理解。打造和构建既能被国内政党、团体和社会各界普遍接受，又能让其他国家和国际社会普遍认同的多党合作话语体系就成为当务之急和历史必然。

中国多党合作制度话语体系的基本内容

中国多党合作制度话语体系到底涵括哪些内容？与会学者们从不同维度作出了积极思考。

有学者认为，多党合作制度话语体系是以马克思主义为指导，以中华传统文化为引领，以实践为基础的关于多党合作的思想理论体系和知识体系的表达形式。多党合作话语体系的基本内容包括多党合作思想理论体系和知识体系。要坚持道路自信、理论自信、制度自信、文化自信。

也有学者从理论渊源的角度提出，中国共产党领导的多党合作和政治协商制度作为我国的一项基本政治制度，是中国共产党人在统一战线理论、政党理论、民主政治理论的基础上创立的。中国多党合作话语体系以中国共产党领导的多党合作和政治协商制度为制度依托，是统一战线理论、政党理论、民主政治理论的表现形式，反映了共产党领导、多党派合作，共产党执政、多党派参政的中国政党制度特征，具有较高的国际国内影响力。

有学者从话语体系目标指向出发，认为多党合作制度话语体系应该是内外两个系统的结合。国内多党合作制度话语体系就是要建立一个政治性、学术性和大众性相统一的话语体系。多党合作制度话语体系就是要形成一个政治性话语体系、学术性话语体系和大众性话语体系的有机融合，不仅对政党政治的思想观念、关于政党的路线方针政策解释清楚，掌握意识形态上的主动权，如阐释多党合作制度中为什么要坚持中国共产党的领导，又为什么需要民主党派的参政议政，也要从学术上加强话语体系的构建，厘清多党合作制度的基本概念、范畴、逻辑与理论支撑体系等，更要通俗易懂、简单明了地向人民阐释多党合作制度，使他们了解、认同并支持多党合作制度。在国际层面构建中国多党合作话语体系，就是既要有国际发言权，向国际社会贡献中国民主话语，同时还要有说服力和影响力，彰显中国多党合作更加丰富的世界价值，用中国智慧影响世界。

创新是建立中国多党合作制度话语体系的力量源泉

毛泽东少年时代曾写过一首名为《咏蛙》的诗：“独坐池塘如虎踞，绿荫树下养精神。春来我不先开口，哪个虫儿敢作声？”中国多党合作话语要有底气和勇气讲出毛泽东的那种大气、豪气和志气。中国理性、有力地发声，世界都会倾听，这将不是天方夜谭，我们要把它变成活生生的现实！

2016年5月17日，习近平总书记在哲学社会科学工作座谈会上指出：“在解读中国实践、构建中国理论上，我们应该最有发言权，但实际上我国哲学社会科学在国际上的声音还比较小，还处于有理说不出、说了传不开的境地。要善于提炼标识性概念，打造易于为国际社会所理解和接受的新概念、新范畴、新表述，引导国际学术界展开研究和讨论。这项工作要从学科建设做起，每个学科都要构建成体系的学科理论和概念。”

创新是永恒的话题，有许多学者提出创新是掌握话语权的有效方法。民革中央宣传部部长吴先宁提出，要用社会主义协商民主为基石来创新中国的多党合作制度话语体系。

中国政党制度研究中心副主任兼秘书长李金河，贵州社院袁晓玉、龙刚等认为，创新精神是掌握话语权的力量源泉。要用清晰的语言向中国人民、世界人民讲清楚中国故事，用中国的话语，讲中国的事情。要注重多党合作话语体系的科学化和创新问题。多党合作话语体系是与时俱进不断丰富和创新的。

天津社院张安冬认为，新媒体时代，网络成为话语权争夺的最重要场所。我国要想赢得国际话语权就必须更多地提升国际互联网信息输入和输出总量，才能改变强弱不平衡的局面。

还有学者认为，构建多党合作的话语体系应坚持马克思主义中国化的基本原则，注重把马克思主义政党理论的一般原理与中国多党合作的具体实践相结合，承继厚重的中华文化精髓，借鉴和吸收国外经验，形成带有中国特色的、具有中国风格、中国气派的多党合作制度话语体系，力图用中国的理论、中国的学术解读中国多党合作制度的独特创造与伟大实践。

人民政协民主监督理论研讨会

9月23日至24日，由中国人民政协理论研究会支持指导、成都市政协和人民政协报社共同主办的“人民政协民主监督理论研讨会”在成都召开。会议深入学习贯彻习近平总书记系列重要讲话精神，学习中共中央关于加强社会主义协商民主建设的意见，围绕人民政协民主监督的理论和实践问题，交流研讨、增进共识。

研讨会上，中央党校原副校长李君如、中央社会主义学院教授张峰、中央党校政法教研部副主任刘学军、中央编译局世界发展战略研究部主任陈家刚、中国人民大学国际关系学院教授周淑真、济南大学政法学院名誉院长包心鉴、上海社会主义学院副院长姚俭建、武汉大学政治文明与政治发展中心主任虞崇胜、清华大学政治系副主任谈火生等专家学者，就加强和改进人民政协民主监督工作、提高民主监督实效性、人民政协民主监督属性问题研究、人民政协履行民主监督职能的重点与路径、民主党派履行民主监督职能和社会主义协商民主视野下人民政协民主监督职能等问题提出了富有启发性的观点和建议。

有专家指出，监督这个问题，本来就很敏感，而民主监督则又是政协所有问题中最受关注、最有争议、最不易说清楚的问题，在政协三项职能中被普遍认为是最短板、满意度最低、要求加强呼声最高，同时又是最难下手操作的问题。关于政协民主监督的定性，为什么要强调政治监督？大家普遍认为，改革开放以来，我国的中国共产党领导的多党合作和政治协商制度已经被认定为我国的一项基本政治制度，依托这个基本政治制度的民主监督，一般而笼统地讲它的监督只是民主的，就明显不够了，应该承认这是一项政治制度性的监督。首先，从政治发展目标看，政协民主监督直接服务于我国发展社会主义民主政治、建设社会主义政治文明的根本目标和任务，是发扬人民民主的重要形式。其次，从我国监督体系看，政协民主监督在整个监督体系中具有特殊而重要的地位。我国的监督体制，总书记在十八届四中全会上讲了八种形式。民主监督具有其他监督所没有的特点，属于国家权力体系之外、政治体系之内的一种监督。再次，从民主监督的作用和意义看，民主监督的实质是对公共权力的监督问题。因为监督的内容涉及“国家宪法、法律和法规的实施，重大方针政策的贯彻执行”的重大政治问题，是关系“国家机关及其工作人员的工作”的重大原则问题，也就是国家公共权力能否健康运行、国家机关及其工作人员能否清正廉洁运用权力的大是大非问题。这种监督已经“嵌入”到我国的政治制度和政治架构之中，将权力置于人民监督之下。这就是毛主席当年回答黄炎培的，“我们已经找到了新路，这条新路，就是民主监督。只有让人民来监督政府，政府才不敢松懈”。这也是习近平总书记在纪念政协成立65周年大会上讲的，“人民对公共权力的监督，不仅表现在选举权上，即在民主选举时通过对候选人的投票表达自己的监督权利；而且更重要的是在日常政治生活中即拥有广泛而经常的知情权、参与权，通过参与民主决策和管理充分表达自己的监督权利”。

与会专家学者们就如何看待社会主义协商民主中“协商”和“监督”两个问题展开了交流讨论。有的同志主张要区分这两个不同的概念。他们认为，政治协商和民主监督是政协的两项职能，这在政协章程中有明确表述和具体规定，可在实际运作中，又存在边界不清的问题。比如，从内容上看，关于“国家和地方的大政方针”“政治、经济、文化和社会发展中的重要问题”，分别出现在三项职能内容规定中，有交叉重复之感，区别是不明确的；从形式上看，三项职能履行的形式有雷同，调查研究、协商讨论、调研报告、提案、建议案通用于三项职能形式，操作起来不易分清究竟是协商、监督还是参政。

关于政协民主监督的内容。有专家提出，政协民主监督到底包括哪些内容，一直是有争论的。目前，也很难说形成了共识。研究这个问题，恐怕难以就事论事，需要从民主监督的发展史角度作一番清理。中华人民共和国成立之初，作为委员制的政协，从一开始就不是权力机关而是与政府协议事情的机构，并且没有明确具有监督职能。互相监督的概念被引入政协，是中共八大确立了各党派之间“长期共存、互相监督”方针后的事情。改革开放以后，邓小平同志反复强调发扬社会主义民主的重要性。民主监督被写进了 1982 年通过的政协章程。随后，1989 年中发 14 号文件，1995 年中委 13 号文件，作了进一步明确规定。民主监督，一要坚持共产党和民主党派互相监督；二要坚持参加人民政协的各党派团体和各族各界人士对国家机关及其贯彻国家大政方针、地方重要事务、政策法令的情况，以及群众生活和统一战线中的重大问题，加强民主监督。就是说，民主监督有两类监督，这两类监督，内容不完全相同。所以，2005 年中央 5 号文件和 2006 年中央 5 号文件关于民主监督的表述是不一样的。

成都、南京、深圳、武汉等 15 个副省级城市政协以及北京市、青海省、湖北宜昌市政协，就强制度、促创新、重质量，努力提升政协民主监督水平；坚持问题导向，提升监督实效；用好话语权影响力，增强协商监督实效；规范有序，扎实有效，努力提高人民政协民主监督水平；着力做好“四有”文章，不断提高民主监督实效；畅通监督渠道，强化制度保障，增强人民政协民主监督的质量和效果；建立“三三”新机制，不断提高政协民主监督制度化水平等介绍了他们的实践与思考。

本次会议共收到副省级城市政协和专家学者提交论文及社会征文 125 篇，大会交流论文 35 篇。十一届全国政协副主席、中国人民政协理论研究会名誉会长郑万通出席会议。全国政协副秘书长刘佳义，全国政协文史和学习委员会驻会副主任、中国人民政协理论研究会副会长兼秘书长陈惠丰出席会议并讲话。

第八届中国政党研究论坛

党的十八届三中全会提出全面深化改革的总目标——完善和发展中国特色社会主义制度，推进国家治理体系和治理能力现代化。如何从国家治理层面发挥政治协商的功能作用，提升社会主义协商民主，从而推动国家治理现代化。8 月 20 日，由山东大学马克思主义学院、山东大学政党研究所、山东大学当代社会主义研究所、北京大学政党研究中心、中央社会主义学院政党制度研究中心联合主办的第八届中国政党研究论坛在山东大学威海校区举行，论坛主题为“政治协商与国家治理现代化”。来自中央国家机关、民主党派中央、大专院校、科研机构等 23 个单位的 60 余人参加论坛。学者们从国家治理体系和治理能力现代化的角度，结合社会主义协商民主的进一步发展，深入探讨了政治协商的理论与实践问题。

中国政治协会副会长包心鉴教授、中国人民大学国关学院周淑真教授、中共中央对外联络部柴尚金研究员、清华大学史志钦和任剑涛教授，以及中国社会科学杂志社马克思主义部主任李放等 14 位专家作了主题发言。

政治协商与国家治理体系和治理能力现代化

从内容结构上看，国家治理主要包括五个层面的内容，即经济治理、政治治理、文化治理、社会治理和环境治理。学者们认为，政治协商是解决政治治理的重要途径。将政治协商与国家治理体系和治理能力现代化两个内容联系起来探讨具有重要价值。一方面，政治协商是国家治理体系与治理能力的重要内容，也是提升国家治理能力的重要抓手；另一方面，政治协商应该适应现代国家治理的需要，应拓展协商功能，提升协商制度效能。从实践层面而言，政治协商以其日臻成熟的制度形式，推进了社会主义民主政治的发展，在国家治理中发挥了重要的作用，但是在协商内容上要更加重视政治性、减少事务性。从国家治理层面加强社会主义协商民主建设，应充分发挥政治协商的功能作用和优势。

国家治理现代化视域下的政党协商

加强政党协商，有利于扩大民主党派有序的政治参与、畅通意见表达渠道，有利于增进政治共识、广泛凝心聚力，有利于促进科学民主决策，推进国家治理体系与治理能力现代化。

有学者认为，推进政党协商实施，也应关注和研究我国政党协商中一些深层性、趋势性问题。一是政党协商主体的边界问题。由于历史原因，实践中政党协商的参加主体除中国共产党和民主党派外，还包括无党派人士和工商联，应在理论和政策层面有所区别。二是政党协商的功能开发问题。政党协商发挥了多重功能，即决策咨询功能、民主监督功能、利益代表功能、认同建构功能等。从实际情况看，政党协商的决策咨询功能受到了较多关注，民主监督、利益表达和认同建构等功能的发挥，还有较大改进空间。三是民主党派参与政党协商的主动性问题。书面协商、调研协商和约谈协商这三种形式大大拓展了参政党主动协商的空间，可积极探索如民主党派主要负责同志发起约谈的制度设计和实践形态，使这些能很好体现民主党派主动性的协商形式真正运转起来。四是政党协商能力建设问题。作为协商主体，对中国共产党而言，重点是强化领导干部的政党协商意识，熟悉政党协商方法，总结政党协商经验，推进政党协商实践；对民主党派而言，重点通过加强领导班子建设和人才队伍建设，提高履职能力和协商水平。

有学者认为，要实现政党协商与国家治理的有机结合，应针对当前政党协商运行机制中存在的问题，站在依法治国的高度，探索政党协商运行机制的基本思路。有的学者建议，加强政党协商的法制保障，优化政党协商运行机制的法治环境；健全和完善中央和地方层面的制度建设；健全和完善政党协商运行程序规范，提升政党协商的效能。

有学者提出，对中国特色政党制度的研究，应注意中国特色政党制度理论生成的全要素分析。中国共产党领导的多党合作和政治协商制度，是具有中国特色的政党制度。发展社会主义民主政治，必须坚持和完善我国的政党制度，促进中国共产党领导、人民当家做主和依法治国的有机统一。

国家治理现代化视域下的人民政协协商

社会主义协商民主是中国社会主义民主政治的特有形式和独特优势，人民政协是协商民主的重要渠道和专门协商机构，当前和未来人民政协必须充分发挥协商民主精神。学者们认为，研究国家治理视域下人民政协协商民主建设，既是当前新形势的时代要求，也是人民政协自身发展的内在必然。

有学者从机制建设层面提出，探索人民政协协商民主建设，应把握以下三个方面：一要从国家治理现代化内含的深刻意蕴中把握人民政协协商民主建设的价值取向，即实现公民的有序政治参与、实现社会的和谐稳定、实现决策的科学化和民主化、实现中国共产党执政能力提升、推动中国特色社会主义事业的深入发展。二要从国家治理现代化内含的时代元素中把握人民政协协商民主建设的实践维度，即在融入包容、公平、创新、规范、理性的元素中，增强协商主体的代表性和平等性、协商内容的全面性、协商形式的多元协调性、协商过程的程序公开性、协商结果的共识和公共性。三要从国家治理现代化内含的政治要求中把握人民政协协商民主建设的规律，即人民政协协商民主建设要以坚持党的领导为根本保证，以构建中国特色社会主义协商治理模式为重要目标，以提升当代中国政治合法性为首要原则。

政党协商与政协协商程序衔接

学者们认为，在社会主义协商民主中，政党协商和政协协商作为发育最为成熟、规范化程度最高的两种协商形式，发挥着引领和示范作用。这两种协商都密切关联着中国共产党领导的多党合作和政治协商制度。

有学者指出，从制度设计看，政党协商与政协协商既有各自的边界和规定性，又相互交融、紧密相连；从具体实践看，政党协商与政协协商在中央层面做得比较好，但有些地方还存在一些问题，比如重复协商、替代协商等，出现这些问题，除了因为两者的协商主体有交叉外，还因为协商内容虽有边界，但也有重合。学者建议应通过一定的程序设计，解决两种协商的相互衔接问题。如在制订年度协商计划时，应当将政党协商与政协协商统筹起来综合考虑、科学安排，在具体参加协商的人员确定、时间节点的选择把握等方面作适当调整。

中国人民政协理论研究会2016年度理论研讨会

10月10日至11日，中国人民政协理论研究会2016年度理论研讨会在太原召开。全国政协副主席兼秘书长、理论研究会会长张庆黎出席会议并讲话。

张庆黎在讲话中指出，党的十八大以来，以习近平同志为总书记的党中央，对人民政协民主监督工作提出了一系列新思想新部署新要求，深刻回答了新形势下人民政协民主监督工作面临的一系列重大问题，是对马克思主义民主理论和党的民主监督思想的继承和发展，为做好人民政协民主监督工作提供了重要政治遵循。发展民主监督，要坚持党的领导，坚持问题导向，坚持平等协商，坚持增进团结，围绕统筹推进“五位一体”总体布局、协调推进“四个全面”战略布局，依据政协章程进行民主监督，把握方向和原则，监督在关键处，推动中央重大方针政策和重要决策部署的贯彻落实。要完善人民政协民主监督内容、形式、程序、机制，以改革精神推进理论和实践创新。要努力提高政协民主监督理论研究水平，在理论基础上打牢根底，在历史经验中汲取智慧，在当代实践中总结创新，在重点问题上着手突破，借鉴人类政治文明的优秀成果。

内蒙古自治区政协主席任亚平，全国政协副秘书长、理论研究会副会长刘佳义，浙江省政协副主席孙文友，贵州省政协副主席陈海峰，深圳市政协主席戴北方，全国政协委员、国家行政学院一级教授、中国领导科学研究中心主任刘峰，山西省政协秘书长、理论研究会会长阎根生作了交流发言。发言内容主要集中在以下四个方面：

（一）关于人民政协民主监督的性质作用

人民政协民主监督是人民政协的重要职能，是社会主义协商民主建设的重要内容。加强人民政协民主监督是推动党和国家各项重大方针政策全面贯彻落实的客观需要，是协调关系、化解矛盾的客观需要，是确保党委、政府在各项工作中最大化地保障群众利益的客观需要。

（二）关于人民政协民主监督的形式

人民政协民主监督是政治监督，要以点题监督为基础，适度加强选题监督；以集体监督为基础，适度加强个人监督；以对事监督为基础，适度加强对人监督；以同体性监督为基础，适度加强异体性监督。要注重民主监督与会议协商相结合，注重民主监督与专题调研、专项视察相结合，注重民主监督与党政组织的评议、检查、督察等活动相结合。要把政协民主监督与政治协商有机结合起来，做到寓监督于协商之中；要把政协参与党委政府中心工作与政协民主监督有机结合起来，做到寓监督于参政议政之中；要把政协委员的个人监督和政协组织监督结合起来，做到寓个人监督于组织监督之中；要把民主监督与民生工程结合起来，寓政协民主监督于民生监督之中。

（三）关于人民政协民主监督体系建设

人民政协要尽快完善民主监督的相关机制。要将人民政协三项职能融合起来，要把人民政协民主监督与党内监督、人大监督、行政监督、司法监督、社会监督、舆论监督有机结合起来。要加强基层政协民主监督工作。要建立人民政协民主监督体系，明确民主监督的重点领域，找准民主监督的切入点，创新民主监督工作形式，强化民主监督成果转化，加强民主监督理论研究，开展对政协委员民主监督履职评估和培训。

（四）关于各地人民政协民主监督好的做法和经验

积极争取省委、省政府的重视和支持，创设民主监督组，开展专项监督。推进特约监督工作，做好应邀监督。参加对政府部门和司法机关的有关评议活动。积极发挥提案、反映社情民意信息、视察调研等方式的民主监督作用。开展专项集体民主监督，形成会议协商监督、委员视察监督、提案监督、社情民意信息监督等互相配合的政协民主监督格局。与党委、政府联合开展专题监督检查活动，开展监督性调研和视察活动。

（五）关于加强人民政协民主监督

要加强理论研讨，深化对人民政协民主监督职能的认识。要积极争取党政领导及其部门的重视支持，营造民主监督良好氛围。要不断探索实践，丰富政协民主监督的形式。要加强顶层设计，构建政协民主监督的制度体系。要坚持问题导向，强化政协民主监督成果转化和知情反馈。

纪念孙中山诞辰 150 周年大会

2016 年 11 月 11 日上午，纪念孙中山先生诞辰 150 周年大会在北京人民大会堂隆重举行。中共中央总书记、国家主席、中央军委主席习近平发表重要讲话。他表示，孙中山先生是伟大的民族英雄、伟大的爱国主义者、中国民主革命的伟大先驱，一生以革命为己任，立志救国救民，为中华民族作出了彪炳史册的贡献。时代造就伟大人物，伟大人物又影响时代。孙中山先生为中国人民和中华民族作出了杰出贡献，在中国人民心中享有崇高威望，受到全体中华儿女景仰。

习近平强调，我们要学习孙中山先生热爱祖国、献身祖国的崇高风范。古今中外的历史都告诉我们，世界上没有一个民族能够亦步亦趋走别人的道路实现自己的发展振兴，也没有一种一成不变的道路可以引导所有民族实现发展振兴；一切成功发展振兴的民族，都是找到了适合自己实际的道路的民族。今天，我们要开创中华民族伟大复兴新局面，必须大力弘扬伟大的爱国主义精神，坚信中华民族有能力走出一条成功的复兴之路，增强中国特色社会主义道路自信、理论自信、制度自信、文化自信，坚定不移沿着中国特色社会主义道路守护好、建设好我们伟大的国家。

习近平指出，我们要学习孙中山先生天下为公、心系民众的博大情怀。任何一项伟大事业要成功，都必须从人民中找到根基，从人民中集聚力量，由人民共同来完成。今天，要开创中华民族伟大复兴新局面，我们党就必须始终把全心全意为人民服务作为根本宗旨，始终把人民拥护和支持作为力量源泉，坚持把人民放在心中最高位置，坚持一切为了人民、一切依靠人民，永远保持对人民的赤子之心，永远同人民站在一起，把13亿多中国人民凝聚成推动中华民族发展壮大的磅礴力量。

习近平强调，我们要学习孙中山先生追求真理、与时俱进的优秀品质。历史只会眷顾坚定者、奋进者、搏击者，而不会等待犹豫者、懈怠者、畏难者。今天，我们要开创中华民族伟大复兴新局面，就必须树立宏大历史视野，把握世界发展大势，聆听时代声音，勇于坚持真理、修正错误，不断推进理论创新、实践创新、制度创新、文化创新以及其他各方面创新，在时代前进的洪流中书写中华民族发展新篇章。

习近平指出，我们要学习孙中山先生坚韧不拔、百折不挠的奋斗精神。伟大的事业之所以伟大，不仅因为这种事业是正义的、宏大的，而且因为这种事业不是一帆风顺的。伟大的人物之所以伟大，不仅是因为这样的人物为人民、为民族、为人类建立了丰功伟绩，而且因为这样的人物在艰苦磨砺中铸就了坚强意志和高尚人格。今天，我们要开创中华民族伟大复兴新局面，就必须冷静审视深刻复杂变化的国际形势，全面把握艰巨繁重的改革发展稳定任务，进行长期不懈的艰苦努力，时刻准备应对重大挑战、抵御重大风险、克服重大阻力、解决重大矛盾，不断把中华民族伟大复兴事业推向前进。

习近平强调，孙中山先生始终坚定维护国家统一和民族团结，旗帜鲜明反对一切分裂国家、分裂民族的言论和行为。维护国家主权和领土完整，绝不容忍国家分裂的历史悲剧重演，是我们对历史和人民的庄严承诺。一切分裂国家的活动都必将遭到全体中国人民坚决反对。我们绝不允许任何人、任何组织、任何政党，在任何时候、以任何形式、把任何一块中国领土从中国分裂出去。

习近平指出，孙中山先生在从事紧张的革命活动的过程中，一直思考着建设中国的问题。在旧中国的政治经济社会条件下，孙中山先生的这些宏大构想是难以实现的。今天，在中国共产党领导下，在全国各族人民顽强奋斗下，孙中山先生当年描绘的蓝图早已实现，孙中山先生致力于建设的独立、民主、富强的国家早已巍然屹立在世界东方。实践充分说明，只要道路正确、理论正确、制度正确、文化正确，只要坚定不移、坚韧不拔、坚持不懈、艰苦奋斗，朝着伟大目标持之以恒前进，我们的目标就能够达到，我们的目标也一定能够达到。

俞正声在主持大会时说，习近平总书记的重要讲话，深切缅怀了孙中山先生为民族独立、社会进步、人民幸福而不懈奋斗的光辉一生，高度评价了孙中山先生领导近代中国民族民主革命的不朽功勋，回顾总结了中国共产党继承孙中山先生遗志、领导全国各族人民英勇奋斗的艰辛历程和伟大成就，深刻阐明了全体中华儿女共同致力实现中华民族伟大复兴的历史使命，郑重重申了维护祖国统一的严正立场和坚定决心。让我们更加紧密地团结在以习近平同志为核心的中共中央周围，高举中国特色社会主义伟大旗帜，同心同德、艰苦奋斗，为实现祖国和平统一大业、实现中华民族伟大复兴的中国梦作出新的更大贡献。

在京中共中央政治局委员、中央书记处书记，全国人大常委会副委员长，国务委员，最高人民法院院长，全国政协副主席，以及中央军委委员出席大会。

中央党政军群各部门和北京市负责同志，各民主党派中央、全国工商联负责人和无党派人士代表，在京全国人大常委及部分人大代表，在京全国政协常委及部分委员，民族、宗教界和社会团体代表，部分外国驻华使节，孙中山先生亲属代表，港澳台有关人士代表及海外来宾，首都各界群众代表，解放军、武警部队官兵代表等约 3000 人参加大会。

协商民主与公共政策论坛

2016 年 10 月 22 日，由上海科学社会主义学会、上海市人民政协理论研究会、杨浦区人民政府延吉新村街道办事处、民革中央理论委 – 上海师大协商民主与公共政策研究中心联合举办的第三届“协商民主与公共政策论坛”在上海师范大学召开。此次论坛的主题为“协商民主与基层社会治理创新”。来自市区政协、街道乡镇、高校、党校、社会主义学院等的专家近 60 人出席论坛。论坛围绕如何深化对协商民主与社会治理关系的认识，协商民主提升社会治理水平的实践逻辑等问题进行了深入探讨。

《解放日报》党委副书记周智强指出，协商民主是当今社会的热点问题，但要关注几个关键点，一是国家层面的协商民主与基层协商民主的关系；二是基层治理主体多元化，决定了基层协商民主的必要性；三是协商民主的制度化、组织化、专业化、法制化。周智强强调，围绕基层自治，推动基层协商民主发展，关键在于用群众化的手段推动基层协商民主，而不要过于行政化。

上海市政协研究室主任邢邦志指出，基层协商是协商民主重要的形式和组成部分，强调的是人民民主，人民民主的重点是群众，要协商的是人民群众利益相关问题，人民群众最关心的问题。在基层治理与协商民主的关系中要处理好三个问题，一是代表，协商的主体是代表群众利益的主体；二是议题，一定是事关老百姓切身利益的议题；三是平台，要有一些群团组织参与的协商平台。

徐汇区妇联副主席周莹认为，妇女组织参与社会治理，具有政治优势、组织网络优势、资源优势等三大优势。为进一步强化妇联参与基层社会治理，一是要注重项目化运作，精心打造妇联工作品牌；二是要转变传统的工作理念，形成社会化工作模式；三是要重视专业化队伍建设，提升妇联组织参与基层协商民主的专业化能力。

静安区政协秘书长刘尚宝指出，目前人民政协参与基层社区治理和基层协商民主，主要承担了协商谏言、民主监督、服务群众等三大职能。政协协商和基层协商，两者是并列关系，不能互相代替。就当前实际情况来看，人民政协参与基层社区治理，需要顶层设计，同时，也需要理论研究的支撑。

浙江省社会主义学院副教授黄天柱认为，基层协商民主正日益成为基层社会治理的重要内容和运行机制，在基层社区治理中发挥了重要功能。近年来，浙江各地在这方面进行了有益探索，初步形成了协作共建、协商议事会、决策咨询、监督评议、民主党派工作室、政协协商向基层延伸等六种实践模式，取得了一定成效，积累了一些经验，值得总结提炼。

“民革中央理论委 – 上海师大协商民主与公共政策研究中心”秘书长、上海师范大学教授黄福寿则从国家治理现代化视野下对基层协商民主发展进行了思考。黄福寿认为，从顶层设计看，十八大以来，特别是2015年中共中央和国务院《关于加强城乡社区协商的意见》的发布，意味着中国的社区治理把选举民主和协商民主融合在一起，标志着基层民主在形态和机制上的重大突破；从上海来看，自2014年以来，基层协商民主体现出顶层设计与基层探索互动、整体推进与个体创新互动、理论研究与实践探索互动等三个特征，尽管短时段看，问题不少，但中长时段看，前途光明，意义重大，因为未来10–15年，将是我国实现国家治理现代化的关键时期，基层群众自治制度是我国的基本政治制度，协商民主与基层社会治理的有机结合，将是国家治理现代化的重要标志。

闵行区委党校科研部主任朱华从闵行的个案出发，谈了如何搭建好协商平台的问题。上海市政协《浦江纵横》杂志社执行主编叶明献对上海各街镇的实践探索给予了充分肯定。《探索与争鸣》杂志原主编秦维宪提出，处理好社会治理和协商民主关系，是我国走向一个高度民主、自由、平等、公平社会的必由之路。上海师范大学教师张凤池认为，基层协商民主在社会治理中扮演怎样的角色，是值得进一步研究的课题。

杨浦区延吉新村街道办事处主任肖枫，阐述了协商民主在基层社区治理中的重要作用，以及延吉新村街道的探索和经验。近年来，延吉新村街道在探索社区睦邻中心建设和社区治理过程中，把协商民主与社区服务供给、居民区公共事务自治和社区顽症治理有效结合，取得了良好的社会治理效果。

浦东新区高桥镇党委书记苏锦山认为协商民主与基层自治是一种相辅相成的辩证关系，并从实际出发阐述了广泛充分的民主协商是基层自治的不可缺少的过程，而基层自治的程序和形式则将协商民主有形化，强化了协商民主的效力。

徐汇区虹梅街道党工委书记蒲亚鹏，阐述了虹梅街道探索面向职业群体的社会治理创新。虹梅街道从“虹梅庭”这一党建活动公共空间入手，通过与各类社会主体合作，不断加强公共空间优质活动资源的引入，形成了较为广泛的社会工作网络，形成了基于社会化资源的以基层社会治理为对象的枢纽型工作平台。

上海科学社会主义学会常务副会长吴解生教授做了总结发言，就论坛的整体情况谈了三点感想。一是论坛延续了前两届的特点，把理论和实践相结合，体现出解决中国现实问题的责任担当；二是很好地贯彻了十八大精神，特别是三中、四中全会精神，各区县、街镇根据不同特点，提供了生动的基层协商民主案例，丰富拓展了研讨主题的范畴，取得了预期的效果；三是各位领导、专家对新问题积极思考，碰撞出了许多思想火花，提炼出了一些新的研究课题。吴解生希望通过专家学者的理论研究，通过上海各街镇的努力实践，形成上海协商民主推动基层社会治理创新可复制、可推广的经验。

中国政治协商发展论坛

12月15日，由浙江省社会主义学院参政党建设研究中心与中国统一战线理论研究会统战基础理论上海研究基地联合举办的第二届“中国政治协商发展论坛”在浙江社院召开。来自中共中央党校、中央社院及部分省级社院、复旦大学、浙江大学等院校、中共浙江省委统战部、浙江民主党派省级组织、浙江省政治学会、杭州市社科院的30余位专家学者出席论坛。大家围绕近年来我国政治协商发展的理论与实践，从不同方面、不同层次、不同视角展开研讨，取得了不少共识。

构建话语体系　讲好政治协商的“中国故事”

学者们普遍认为，协商民主无疑是当下中国民主政治发展的重要内容。从社会结构的角度看，阶层、利益和观念的多元化必然要求通过扩大有序政治参与进行协调和整合，而协商民主是很好的方式。从党群关系的角度看，协商民主是党的群众路线在政治领域中的重要体现。从治理创新的角度看，协商民主是国家治理各个领域、层面都可部分“嵌入”或整体运用的治理方式。从中国政治发展的内生逻辑看，集权和分权的双重逻辑在不同阶段有不同的平衡点，在当前阶段，更加需要强调凝聚共识、协调统筹，强调党委领导、政府主导以安排整个社会有序地参与，这就决定了协商民主的特殊价值。从中国传统文化和治理经验看，协商民主跟中国文化契合在一起，体现着中国传统治理的大智慧。

相比于选举民主，协商民主在当下有着独特而显著的优越性。政治协商是我国现行各种体制里面最具有中国特色的协商民主形式。它不是西方意义上的协商民主，而是中国的文化基因和治理经验的独特表达，是最有包容性的一种制度安排。学者们认为，迫切需要构建中国自己的协商民主话语体系，讲好政治协商的“中国故事”。

保障协商成效　彰显多党合作的制度效能

政治协商必须是真协商，真协商就要出真成效。学者们认为，政治协商要出真成效，需要从目标、内容、程序等多方面加以保障。

理解“为何协商”是做好政治协商的前提。中国共产党领导的多党合作与政治协商制度是我国的一项基本政治制度。政党协商和政协协商是这一基本政治制度派生出来的两项具体制度，是激发多党合作制度效能的重要载体。因此，理解政治协商就必须放在多党合作的制度逻辑中加以把握。从这一点出发，政治协商的根本目的是参政党帮助执政党更好地执政，更好地建设和治理国家。政治协商的动力，根源于执政党建设与参政党建设两者之间的良性互动。

明确“协商什么”是做好政治协商的基础。就协商议题而言，当前的政治协商特别是政协协商存在社会类、经济类议题较多而政治类议题偏少的现象，政治类议题有待更多拓展。就“同与异”而言，在协商中表面上的“求同”很容易，而关键恰恰是要认识和理解差异，并在可能的条件下去弥合差异、取得共识。就“大与小”而言，民主党派协商建言固然要于小处抓起确保针对性，更重要是于大处着眼体现参政党的价值和作用，特别是在党和国家的路线、方针、政策的制定上要能够发表意见。

规范“如何协商”是做好政治协商的保证。“协商就是共同商量，以便取得一致意见。”既然是商量，必须要有讨论。这种讨论的本质在于面对面的交流、沟通、说服、争辩、妥协、创新，最后力求达成共识。为了在政治协商过程中充分而有效的讨论，就必须在协商议题、人员规模、时间安排、适度公开等多方面进行细化的机制设计。此外，针对当前政党协商和政协协商两者存在重复协商、替代协商的问题，学者们认为要正确把握和处理两者关系，厘清两者的功能边界，并通过一定的程序设计让两种协商有效衔接、高效运转。

加强自身建设　提升民主党派的协商能力

专家学者们一致认为，在这个时代，全球治理期待着“中国方案”，而中国的国家治理也在期待着包括民主党派在内的多元主体贡献智慧。因此，时代给了民主党派广阔的空间和舞台，关键在于民主党派自身的能力和水平。而这种能力和水平又是与民主党派自身建设紧密联系的，可以说是民主党派自身建设成效的外化体现。民主党派自身建设越强，机会就越多，影响力就越大。

在这方面，民主党派的利益代表性问题受到了与会专家学者的普遍关注。政治协商，不论是政党协商还是政协协商，都具有明显的精英特质。从人民民主的理念出发，这种精英性的政治协商应该是沟通国家政权与人民群众的有效渠道。当前，反映民意的渠道和方式有很多。如果民主党派脱离社会，不能很好地把群众的意见和诉求带进去，或是不能很好地通过协商将这些意见和诉求切实转化为公共政策，那么，民主党派存在的价值将无法得到充分体现。政党主要的一个功能就是利益代表。利益代表性的不鲜明，将会导致民主党派社会形象的模糊性，反过来又会影响人民群众对民主党派的认同度。为此，民主党派自身建设必须避免和克服行政化、随意化、庸俗化的不良倾向，要不断激活民主党派的政党性。

参政议政案例选

中国国民党革命委员会

一、抓不文明“小事”，做精准立法 “大事”

我国是拥有五千年历史的文明古国，但近年来却常常被贴上“不文明”的标签。这种“尴尬”从何而来？文明与立法之间，是否有不可逾越的鸿沟？如何让我国的社会文明之路走得更加顺当？ 2016 年，不走斑马线、不排队、随地吐痰、随手扔垃圾、随意抽烟……这些看似不文明的“小事”，成了民革中央一整年操心的“大事”。

在协调推进“四个全面”战略布局的新形势下，通过精准立法促进社会文明建设，紧扣全面依法治国的脉搏，切中我国发展的实际，具有重要的理论意义和现实意义。为此，民革中央正式启动了“精准立法促进社会文明”的调研，开始了寻找答案之旅。中共中央总书记习近平关于“把社会主义核心价值观融入法治建设”“要运用法治手段解决道德领域突出问题”的重要论述，更加坚定了民革中央围绕这一议题深入调研，力争做精准立法促进社会文明的倡导者、推动者和维护者的决心。

2016 年初，民革中央成立“精准立法促进社会文明”调研组，由民革中央主席万鄂湘带队，先后赴陕西、山西、四川、上海、吉林等地开展调研。“如何以法治建设促进社会文明？”“如何看待道德与法律的边界？”“如何让民众真正参与立法、监督执法？”“各地有哪些好的经验做法？”每到一处，调研组都认真询问，积极与地方有关单位负责人、律师、学者座谈，获取一线的材料和建议，并将征集到的意见建议梳理总结。

民革中央在调研中发现，各地强调法治政府的概念较多，面向公民、法人和其他社会组织的社会文明法治建设关注不够。地方立法不够精准，设区的市运用地方立法权推动法治社会建设的水平有待提高，特别是地方法规规章科学性、民主性、可操作性不足，“法不责众”现象时有发生。此外，以法治促进社会文明、法治与德治结合的实招不多，缺乏更多如“酒驾入刑”这样鲜明警示的好办法。国际上普遍认为，新加坡、日本等国家和地区的社会文明程度较高，得益于其较高的法治水平。如日本《废弃物处理法》明确规定个人乱丢垃圾处以 5 年以下徒刑并罚 1000 万日元罚金；新加坡明确 40 余种罪名适用鞭刑，包括一些轻罪如涂鸦等，且执法必严，对外国人也一视同仁，连时任美国总统比尔 · 克林顿求情也不能豁免。

调研组认为，要从四个方面充分发挥设区市地方立法权作用，促进社会文明。

1. 由市级地方立法规范城市管理

《立法法》规定，设区的市可通过制定地方性法规和地方政府规章，解决本地区城乡建设与管理、环境保护、历史文化保护方面的问题。这为推动法治建设进步、推进立法精细化提供了重要法律保障。各地在科学立法、民主立法、依法立法的原则下，可以用地方立法形式，对城市管理方面的突出问题作出具体的、精细的行政奖惩规定，并通过市民调查、民主协商等广泛征求意见，以求获得最大的社会认同度，形成有效的普法宣传，强化守法内生动力。

2. 通过地方立法机关的精准立法，提高法律规范的可执行性

我国幅员辽阔，东中西部发展水平差异巨大，国家层面的立法原则性较强而处罚标准较难统一，如食品安全问题的罚款标准目前很难在全国范围内保持一致。酒后驾车行为得到有效禁止，恰恰得益于酒驾入刑立法的精细和处罚标准的明确，消除了执法的自由裁量空间。精准立法需要国家立法和地方立法配套，建议积极发挥地方立法效能，由省级、市级立法机关根据本地实际情况、经济社会发展水平、处罚标准的激励和威慑效果，进行精细化立法，市级层面处罚标准则应尽量避免弹性和自由裁量。

3. 将公民社会行为文明规范纳入法治轨道

公民社会行为如果仅仅依靠道德约束，规则规范弹性空间太大就难有实效，故须增强行为规范刚性，将一些道德要求上升为法律规范。对于随地吐痰、在禁烟区抽烟、插队、大声喧哗、景区乱涂乱画、违章停车、乱转弯、乱掉头等不文明陋习，应明确具体惩戒标准。太原市禁止凌晨燃放鞭炮的过程即为很好的例证，单依罚款并未达到惩戒目的，后综合运用治安管理条例进行规制，起到很好的效果。

4. 进一步规范法人和其他社会组织的诚信行为

法人和社会组织良好的诚信行为对社会文明具有积极引导价值。企事业单位、社会团体是否照章纳税、诚实经营、信守合同、及时履行法院判决裁决，都应作为衡量其诚信行为的具体指标，纳入社会信用体系记录，并制定配套正向激励和反面惩戒措施。

建议在地市层面试点，立法先行，行政执法跟上，普法和监督相配套，根治陋习，彰显法治成果，促进立体的、全方位的法治建设。

根据调研中发现的问题，调研组提出了三点具体操作的路径，建议在地市层面试点，立法先行，行政执法跟上，普法和监督相配套，根治陋习，彰显法治成果，促进立体的、全方位的法治建设。

1. 立法先行。在省级人大的指导和法学家的帮助下，发扬民主立法精神，由有立法权的市人大针对市民反映最突出的几条陋习进行地方立法，把法律的惩戒标准公示给市民，明确违法的后果责任，并切实解决“法不责众”问题和与上位法的衔接问题。通过持续努力，逐步推动文明行为内化为个人自觉，固化为社会良好风尚。

2. 配套推进。行政机关配套跟进相关设施建设，执法部门文明执法，通过手机和互联网技术，畅通公民监督的渠道，形成法治政府与公民之间良性互动和配合，如上海、北京等地推行手机APP拍摄举报交通违法行为等。通过公民积极广泛参与，整治陋习、提高文明程度和法治精神，弘扬社会主义核心价值观的道德理念和法治要求，实现法律和道德相辅相成、法治和德治相得益彰。

3. 总结推广。在充分试点的基础上，在一定范围内开展“依法治市”“依法治县”示范点评选，升华总结立法、行政、执法、普法等方面经验，研究提炼法治建设的标准或评估指标体系。对于设区市地方立法的科学化程度、精细化程度、政府依法行政、文明执法、公民普遍守法、企业守法守信等量化标准，在更大范围内予以推广。

在赴多地调研的基础上，民革中央提交了《关于精准立法促进社会文明的建议》，在《建议》中民革中央提出，民革以社会法制为参政议政重点领域之一，可以从三个角度入手，履行参政党职能，为推进这项工作贡献力量：

1. 做好前期理论研究论证。民革中央利用"民革 e 家"等平台发动民革党员投票选出最应通过立法解决的不文明陋习，并组织研究论证，为这项工作提供理论支撑。

2. 为科学立法建言献策。民革各省级组织在本省内选取基础较好的一两个市，通过政治协商、立法协商等渠道，向地方中共党委和立法机关提出建议，以地方立法的形式，通过精准地惩罚整治陋习，促进社会文明建设。

3. 参与有关试点示范工作。与中央国家有关部门合作，选择几个有地方立法权的市开展试点，参与"依法治市""依法治县"示范点的评选工作，推进依法治国实践创新。

《建议》得到习近平、李克强、张德江、俞正声四位中共中央政治局常委，以及李建国、孙春兰、杨晶等领导的重要批示。在 2016 年 10 月 11 日，为落实批示精神，民革中央调研组又赶赴湖北、河南、安徽、山东、湖南、江西、福建等地继续深化调研，旨在进一步吃透问题，提出更加务实的建议。2016 年 11 月 16 日，民革中央还积极向民革党内外专家学者"借脑"，邀请多位法学界专家学者齐聚一堂，就"精准立法促进社会文明"展开专题研讨。在综合多方意见基础上，民革中央还联合中国人民大学等方面，正式启动《中华人民共和国社会文明促进条例（示范文本）》起草工作，积极探索第三方立法，力争为国家和地方立法部门提供有益的借鉴参考。正如万鄂湘在民革十二届十六次中常会上所言："民革要深入研究精准立法促进社会文明工作，积极履行参政党职能，为推进法治促进社会文明工作贡献力量。"

二、关心贫困群众，为摘下"裘皮大衣上的补丁"献计出力

紧靠京津，毗邻渤海，素有直隶之称的河北政治地位之重要、地理位置之优越不言而喻。然而，这样的政治优势和地理位置，却没有让河北经济快速发展起来。2015 年，河北省生产总值（GDP）排名全国第七，但人均 GDP 却排在全国第 20 位，比全国平均水平低 18.4%。尤其是在承德、张家口、保定等首都周边，存在一个贫困程度较深且集中连片的"环首都贫困带"，与相距不远的京津形成强烈反差，习近平总书记曾将其形象地比喻为"裘皮大衣上的补丁"。作为国家新一轮扶贫攻坚主战场之一，河北省有 62 个扶贫开发重点县，7366 个建档立卡贫困村，截止到 2016 年 4 月还有 310 万贫困人口，脱贫攻坚任务十分艰巨。

京津冀协同发展战略，对破解影响京津冀三地发展的深层次矛盾和问题作出重要部署，解决河北的贫困问题正是推动京津冀协同发展题中应有之义。为此，民革中央牵头北京、天津、河北三地民革组织，分别选定保定市涞源县、承德市隆化县和张家口市张北县作为对口帮扶联系县，开展参政议政和精准扶贫工作，探索解决京津冀协同发展中的贫困问题。2016 年，万鄂湘主席、齐续春常务副主席就此问题分别率队深入河北保定、承德等地进行调研。

调研期间，万鄂湘出席见证了幸福天使“美丽中国行”全国博爱救护暨以爱育爱“红十字救助站”河北捐赠仪式和“民革与涞源县精准扶贫项目签约仪式”，并走访慰问了民革在涞源精准扶贫的重点对象——白石山镇白石山村的多个贫困户。调研组了解到，近年来，河北省委、省政府对扶贫开发工作高度重视，创新了扶贫工作机制，实施加快扶贫攻坚步伐十项举措和精准扶贫精准脱贫八大专项行动，扶贫开发工作取得了较好成绩，但依然面临着一些挑战和问题：一是资源禀赋差，贫困人口相对集中的燕山—太行山区、环首都地区、黑龙港流域三大片区，共有贫困县52个，占全省的84%，这些区域自然条件较差，基础设施薄弱，生产要素匮乏，扶贫开发难度大。二是人才支撑不足，整体人力素质较低，吸纳人才的能力较弱，高层次、专业性人才呈结构性短缺，劳动力大量外流，人才供给予需求严重脱节。三是产业带动弱，虽然各地都在着力培育壮大特色产业，推进产业化、集约化经营，但总体上还处于起步阶段，尚未形成规模效应和综合竞争优势，带动贫困地区和农户发展的能力有限。四是环境约束大，很多贫困地区，如环首都地区、京津水源涵养重要功能区等，长期承担着为京津冀区域净水源、阻沙源的重任，许多优势资源型产业发展受到限制。五是资金制约重，贫困县基本都是“吃饭”财政，上级拨付的扶贫专项资金使用限制较多，同时受自身条件和金融体制限制，融资渠道窄、空间小、成本高。

调研组认为，只有进一步解放思想，加大改革创新力度，冲破体制机制的隐形藩篱，才能跳出困境，从根子上改变面貌。京津冀协同发展战略，明确将河北功能定位为“全国现代商贸物流重要基地、产业转型升级试验区、新型城镇化与城乡统筹示范区、京津冀生态环境支撑区”，并提出，要加快破除机制体制障碍，要抓紧开展试点示范，打造若干先行先试平台，这为河北提供了一个前所未有的重大机遇，也为统筹解决京津冀区域内的贫困问题，提供了明确的改革方向和较大的改革空间。

就调研中发现的问题为此，调研组建议，设立“京津冀脱贫试验区”，抢抓京津冀协同发展重大机遇，针对京津冀区域贫困问题的特点和根源，进一步加大体制机制突破和政策创新力度，增强这些贫困地区的改革发展意识和自我发展能力，积极探索可复制、可推广的有益经验。为推动和加快“京津冀脱贫试验区”先行先试的改革实践，建议做好以下几个结合：

1. 要与发展特色产业相结合

支持试验区充分挖掘区域内丰富、优质的文化、生态资源，制定全区域旅游发展规划，鼓励和引导社会资本投入旅游基础设施建设和高端旅游产业，发展都市观光农业、创意农业，积极打造京津地区旅游休闲度假功能区。开展京津冀三地医疗保障一体化试点，鼓励和引导更多京津医疗资源向河北自然环境优渥地区转移、聚集，建立以生态环境为依托、以医疗资源为保障的“医养结合”产业体系。提高试验区农业保险保费补贴，引导商业险保险公司结合试验区产业特色开发特色险种。

2. 要与保护生态环境相结合

立足“京津冀生态环境支撑区”建设，鼓励外省市提高向京津冀地区的电、气等清洁能源的输入比例，扶持试验区内新型清洁型燃煤替代燃料的推广应用；以中央转移支付等形式，根据水源涵养功能区的面积和人口，设立专项脱贫基金；开展林权、水权确权及交易试点；根据当地实际，合理调整耕地占补平衡政策，允许山地丘陵地区建设占用耕地补充园地。

3. 要与推进农业现代化相结合

建议中央对试验区内贫困县的涉农土地出让金给予免收或全额返还，直接作为当地脱贫资金，专项用于推动农地流转、鼓励规模化经营和涉农企业发展；提供贴息贷款等金融优惠政策，吸引农业科技型企业落地试验区；开展职业教育产业化试点，探索京津冀职业教育校企合作、产教融合的办学模式，加强职业农民和农技人员培训。

4. 要与新型城镇化建设相结合

要将易地搬迁脱贫工作纳入“新型城镇化与城乡统筹示范区”建设，加强规划指导，进一步加大对基础设施建设的资金支持，适当放松资金使用过程的监管，加大项目验收环节的监管和问责力度；大幅增加贫困地区基础教育和基本医疗方面的投入，免除家庭贫困学生高中、中等职业教育学杂费，特别针对因患较重慢性病致贫返贫问题，尽快出台切实可行的医保措施。

5. 要与农村基层法治建设相结合

加快完善农业农村法律体系，加大农村执法监督力度，特别是建立与精准扶贫相对应的精准监督机制，用法治思维和方法做好农村各项工作；深入开展农村法治宣传教育，增强各级领导、涉农部门和农村基层干部法治观念，引导农民增强学法尊法守法用法意识；从农村实际出发，善于发挥乡规民约的积极作用，把法治建设和道德建设紧密结合起来；引导村民组建村民理事会、乡贤理事会等，规范民事民治管理机制，提高基层民主自治的能力和水平，积极创新社会管理。

6. 要与农村基层组织建设和干部培养工作相结合

以精准扶贫工作为载体，进一步加强农村基层组织建设，推动精准扶贫与村民自治的有效衔接、相互促进。配齐配强村支两委班子，把党建工作置于村级扶贫工作的统领地位，充分发挥驻村扶贫干部作用，明确村第一书记的职责定位，加大大学生村官与选调生工作并轨力度，将到贫困地区基层锻炼经历作为干部晋升的硬指标，积极打造一支与精准扶贫精准到位相匹配的村级扶贫队伍。

调研结束后，就相关问题，民革中央形成了《关于解决京津冀协同发展中贫困问题的建议》，得到了习近平、李克强、俞正声、张高丽同志的批示。

三、贯彻落实绿色发展理念，建言京津冀能源结构调整

京津冀地区作为我国重要的能源消费中心之一，也是大气和水污染最严重、资源环境与发展矛盾最尖锐的地区，生态环境保护被列为京津冀协同发展三大率先突破的领域之一。进一步优化能源结构，促进产业转型升级，是贯彻“创新、协调、绿色、开放、共享”发展理念、实现新常态下能源领域供给侧结构性改革的必然要求。2016 年，民革中央将“京津冀能源结构调整”定为年度重点调研课题，于 3 月 25 日至 30 日，由万鄂湘、齐续春同志率专家组，赴北京、河北、天津开展系列调研。

在北京，调研组一行先后考察了北京市气象局，北京科利源热电有限公司热力供应中心锅炉车间、控制室及中国通号集团核心实验室、中控室等，详细了解煤改电、煤改气工作及绿色轨道交通发展等方面的有关情况。“北京雾霾形成的主要原因是什

么？”“煤改气工程需要投入多少资金？”“垃圾焚烧发电项目能并网上网吗？”……每到一处，万鄂湘、齐续春都详细询问有关情况，认真听取工作人员的介绍。调研期间，调研组一行还分别与中共中央政治局委员、中共北京市委书记郭金龙，中共北京市委常委、市委秘书长、副市长张工，中共市委常委、统战部部长戴均良等北京市领导及北京市发展改革委、市经信委、市环保局等有关部门负责人进行座谈，重点听取了他们对京津冀能源结构调整的分析与建议。

调研组还考察了河北大王店长城汽车产业园、大唐清苑热电厂、天津中新生态城智能供电营业厅、大港龙源马棚口风电厂等，详细了解煤改电、煤改气工作及绿色轨道交通发展等有关情况。

调研组了解到，京津冀能源结构概要与存在以下问题：

燃煤、机动车和工业是造成京津冀地区大气污染的主要因素。2014 年，全国能源消费总量为 42.6 亿吨标准煤，京津冀能源消费总量占全国的 10.2% 左右，其中河北占一多半，消费能源近 3 亿吨标准煤，居全国第 4 位；全国排放二氧化硫 1974.41 万吨，氮氧化物 2078 万吨，烟（粉）尘 1740.75 万吨，京津冀排放分别占全国的 7.48%、9.36% 和 11.45%。其中，北京机动车尾气排放对大气影响较为明显，天津大气污染的主要因素是工业污染，河北对大气影响最严重的则是燃煤排放。再加上受不利气象条件和特殊地形的影响，如环首都圈太行山和燕山成弧状分布，使山前暖区空气流动性较小、污染物和水汽容易聚集，同时也迫使来自河北省的偏南风回流后产生上升，为雾霾形成和持续提供了条件。

在能源发展上，京津冀地区具有区位优势明显、清洁能源供应基础较好、能源互补发展具备一定条件、科技创新能力较强等特点，三地也根据自身情况围绕能源结构调整开展了大量工作，取得了一些积极进展，但是也面临着不少困难和问题：一是能源对外依存度较高，供应保障压力大。如北京市约 100% 的原油和天然气、98% 的煤炭、70% 的电力都需要外部供给；天津市占据能源消费主体地位的煤炭全部由外省市调入；河北省煤炭、石油和天然气的对外依存度分别达到 72%、60% 和 88%。二是能源消费结构以化石能源特别是煤炭为主，清洁能源消费比重低。在京津冀地区能源消费总量中，煤炭消费占比超过 70%，尤其是河北省更是“一煤独大”，2015 年煤炭消费占比 86.8%，高于全国平均水平约 20 个百分点。三是能源利用方式粗放，清洁高效利用水平较低，单位能源产出效率不高。以河北为例，2015 年单位 GDP 能耗 0.96 吨标准煤，比全国平均水平高 33%，发电用煤仅为 34%，低于全国平均水平 14 个百分点。农村散煤据估算总量约 4000 万吨以上，其直燃直排能效低下，并造成了严重的污染。四是区域发展不平衡，能源发展缺乏统一规划。三地能源分布不均，能源供给能力、消费结构、利用效率、清洁化水平和财政支持能力等方面也有较大差异。

调研组认为，在今后相当长时间内，煤还是我国主要能源，应进一步贯彻落实五大发展理念，推进能源领域供给侧改革，将京津冀地区打造成能源结构调整试验区和清洁低碳、安全高效的现代能源示范区，为此调研组提出了四点建议：

1. 统筹规划京津冀地区能源结构

一是推动协同立法。建议全国人大和京津冀协同发展领导小组协调三地立法机关，在这一地区围绕能源、环保领域统筹实行最严格立法，对区域内能源的生产、流通、消费和污染的排放进行统一规范。

二是加强协同执法。建议整合三地力量，破除地方保护，成立环保部直接领导的“京津冀环保执法总队”，对区域内的环境违法活动实行统一监管。

三是促进产业转型升级。统筹制定区域能源政策，实现能源优势互补。严格限制高耗能行业发展，发挥北京科技创新中心和天津先进制造研发基地优势，带动河北大力提升高技术制造业份额，打造绿色、低碳、循环产业格局。

四是设立京津冀能源结构调整基金。可参考英美等国的做法，部分由国家和三地共同出资，部分按照零售电力价格的合理比例直接提取，部分来自公用事业企业的专门捐款，长期为支持可再生能源研究和开发、提高能效、科学有序去产能和扶持低收入群体提供低息融资。

2. 优化京津冀地区能源供应结构

一是加大区域外清洁能源的输送力度。加快特高压大容量输电通道、天然气供气管道等能源基础设施建设。针对京津冀地区尤其是河北省压煤、节煤、替煤的现实困难，应尽量把煤炭限在区域外，把清洁能源送进来。目前，为满足“煤改电”“煤改气”的需要，当务之急是要加大对这一地区电力和天然气的供应保障力度，并对电价和气价给予适当补贴。

二是提高区域内清洁能源的供应规模。优先支持风电、光电、地热和核电等清洁能源的开发、消纳和输出。其中，发展核电是为京津冀协同发展提供清洁能源保障的最高效途径。沧州海兴核电项目作为目前京津冀地区唯一现实可行方案，目前各项前期工作已基本完成，建成投产后可每年减少用煤约 2000 万吨。建议中央加大协调力度，争取山东方面支持配合，力促项目早日开工。

三是合理布局能源中心建设。统筹地区电力和热力需求，充分发挥热电联产优势，提高能源综合利用效率。在优先利用已有热源基础上，重点鼓励背压式热电联产机组建设，同步关停替代高能耗、重污染的燃煤锅炉和落后小热电机组，实现城乡热电联产联供和能源清洁高效利用。

四是大力推进电能替代。重点在居民采暖、生产制造、交通运输、电力供应与消费等领域，推广或试点电采暖、地能热泵、工业电锅炉（窑炉）、电动汽车、机场桥载设备、电蓄能调峰等，替代散烧煤、燃油，提高电能占终端能源消费比重，从而控制煤炭消费总量，同时消纳周边地区电力过剩产能。

3. 破解农村散煤治理难题

一是规范散煤供给。统一京津冀地区散煤质量标准，大力推广优质煤炭使用，强化各环节监管，斩断低质烟煤进入京津冀的流通渠道。

二是降低燃煤需求。下大力气推广农村节能，特别要对河北和京津远郊住房的节能改造，如加盖保温层和更换清洁炉具等给予适当补贴，有效压缩农户生活取暖对散煤的需求。

三是推进清洁能源替代。发展农村综合能源服务体系，加快农村电网升级改造和天然气管道建设，因地制宜发展沼气、风光互补分布式能源。

4. 大力提倡全民节能

建议各级领导和政府部门率先垂范，通过政策激励和舆论宣传，引导社会各界转变传统用能理念，牢固树立节能意识，抑制不合理能源消费。在京津冀地区，可主要从交通、工业、建筑等领域入手，具体建议：

一是倡导“绿色出行”理念。建议在北京、天津等大城市完善各类骑行设施，并设立“骑行日”，国家机关工作人员带头骑车出行，提高公众非机动车出行的自觉性。鼓励单位发班车、学校发校车，鼓励拼车合乘，提高公共交通出行比例。开展将排气量和上一年行驶里程数作为车船税征收依据的试点，利用经济杠杆引导公众少开车。强制推广新车使用“智能启停”等机动车新技术，有效降低交通拥堵时的尾气排放。

二是提高工业能效标准。加强工业节能技术升级和煤炭清洁高效利用推广，推进工业企业余热余压和废弃资源循环利用，提升终端用能产品能效和重用能行业能效水平。

三是推进建筑能效提升工程。研究制定符合京津冀地区气候特点的城乡建筑节能标准，推广智能建筑建设，加快既有建筑节能改造。

调研形成的《京津冀协同发展中能源结构调整问题》调研报告，得到了习近平、李克强、俞正声、张高丽同志的批示。

四、关注海水淡化问题，推进水资源结构调整

水是基础性自然资源和战略性经济资源，水资源可持续利用是关系国计民生的重要战略问题。我国是水资源严重短缺国家，沿海地区人口密集、经济发展迅速，水资源短缺更为严峻。沿海 52 个城市中 46 个缺水，14 个海岛县中 13 个极重度缺水。随着人口增长、城镇化进程加快、产业结构调整以及人民生活水平的日益提高，水资源缺口还将继续扩大。由于供水结构相对单一，地下水超采严重，水公共安全事件频发，水资源问题已成为我国经济发展的制约因素和公共安全的重大隐患。

习近平总书记在中共中央政治局集体学习时强调，要进一步关心海洋、认识海洋、经略海洋，提高海洋资源开发能力，着力推动海洋开发方式向循环利用型转变，推动海洋科技向创新引领型转变。国民经济和社会发展第十三个五年规划纲要明确提出“推动海水淡化规模化应用”的要求。海水淡化与综合利用是科学开发海洋资源的重要方面，是解决我国沿海水资源短缺、优化水源结构、提高水安全保障率的战略选择和重要措施，是建设海洋强国、发展海洋经济的重要内容。

为破解我国以京津冀为代表的部分地区水资源困境，厘清制约海水淡化相关研发转化、产业可持续发展面临的瓶颈和问题，积极推动我国海洋经济和海洋事业发展，2015 年 12 月至 2016 年 6 月，由民革中央副主席何丕洁率队，民革中央和国家海洋局组成联合调研组，先后赴天津、江苏盐城、浙江舟山等地就海水淡化与综合利用专题进行调研。

调研组一行实地考察了金风科技江苏大丰海上风电基地和江苏丰海新能源淡化海水发展公司，听取了江苏省海洋与渔业局、盐城市政府、盐城市发展改革委、大丰区委区政府及有关企业的情况汇报，重点了解了江苏省在海水利用产业发展、海水淡化与综合利用技术能力、成果转化和产业化规模化生产等方面的发展现状和经验，以及海水淡化与综合利用产业在突破自主核心技术瓶颈、提升工程和装备国产化率、产业化规模化应用等方面面临的困难和问题。

调研组了解到，截止到 2015 年底，全国已建成海水淡化工程 121 个，产水规模 100.88 万吨／日，最大海水淡化工程规模为 20 万吨／日，已建成海水循环冷却工程 15

个，总循环量 94.38 万吨 / 小时，海水利用业年产值年均增加值 14 亿元。在反渗透海水淡化、低温多效蒸馏海水淡化、海水循环冷却、大生活用海水和海水化学资源综合利用、浓海水综合利用等多个方面，我国已经实现了自主技术突破和实际应用，建成了一批示范工程，形成了一批骨干龙头企业，海水淡化与综合利用已经初步具备规模化应用和产业化发展的基本条件。天津国投北疆发电厂项目采用“发电—海水淡化—浓海水制盐—土地节约整理—废物资源化再利用”循环经济项目模式，提高了资源使用效率和环保效果，技术经济指标均达到国际先进水平；江苏盐城建成的我国首个非并网风电海水淡化示范工程，充分利用风电等可再生能源，成功实现了智能微网成套设备制造、非并网风电海水淡化产业化、浓盐水综合利用等多领域协同集聚发展，对偏远岛屿开发、加强国防建设具有重要意义；面对严重的缺水情况，浙江舟山多个海岛利用海水淡化水作为居民和工业用水，已经在保障经济发展、提高居民生活质量方面发挥了实际效用，成了不可或缺的民生工程。此外，海水淡化和综合利用技术对我国西北地区综合开发利用咸水资源，提供生活、生产、生态用水也有重要意义。

何丕洁在调研中指出，从“一带一路”倡议、到绿色发展理念、再到“十三五”规划，当前我国的一系列方针政策都为海水淡化及综合利用行业创造了良好发展和机遇。发展海水淡化及综合利用产业的核心工作在于提高产品质量，降低生产成本，利用市场将产业做好、做大、做强。民革中央人资环委将充分发挥参政议政直通车的优势，联合国家海洋局进一步开展调查研究，从管理机制、政策法规、科研配套、资金投入、宣传引导等国家战略角度提出有关政策建议，助推国家海洋经济和海洋事业发展。国家海洋局副局长房建孟在座谈中强调，淡水资源的缺乏已成为部分地区国民经济和社会发展的瓶颈问题，海水淡化与综合利用产业发展前景广阔，任重道远。相对于区域调水而言，海水淡化工程产水水质稳定，水量不受季节和天气影响，可以作为淡水资源的稳定补充。作为管理者，国家海洋局将从规划布局、政策扶持、标准制定、监察监管等方面着手，保障海水淡化与综合利用产业健康发展。国家海洋局总工程师吕彩霞在座谈时谈到，我国是全球 13 个人均水资源最为贫乏的国家之一，可利用的淡水资源总量少且分布极不均衡。发展海水淡化及综合利用产业是化解我国水资源危机的有效手段，是解决水资源短缺的长远之计，具有重要的战略意义。

调研组通过调研了解到，与国外相比，我国海水淡化与综合利用在工程规模、核心技术突破、政府引导和市场化运作等方面还存在很大差距，发展还受到一定制约。主要存在以下四点问题：一是关键技术瓶颈有待突破。自主技术缺少大规模的验证与应用，国产设备材料技术性能仍有提升空间，关键设备、部件和材料等依赖进口，缺乏大型海水淡化与综合利用工程的系统集成能力和大型工程化技术；研究机构条块分割，科研投入不足，技术与管理人才缺乏。二是淡化高成本导致市场竞争力不强。目前运行的海水淡化项目基本上完全靠市场行为进行建设和运营，制水成本在 5–8 元 / 吨；与享受政府补贴的自来水价 2–3 元 / 吨相比，海水淡化对外供水价格较高，没有竞争优势。当前海水淡化成本构成中，除技术水平因素，电价是主要影响因素，大部分沿海地区，海水淡化执行的是工业用电，造成海水淡化水价格较高，缺少竞争优势。三是缺乏具体可操作的鼓励政策。由于我国现行《水法》中没有将海水列入水资源范畴，有关海水淡化的相关政策很难推进。国家宏观层面虽已出台多个推动海水淡化与综合利用发展的政策和专项规划，但在涉及海水淡化供水、协同研发、水价补贴等方面缺少具体的政策措施支撑，没有享受其他公益性水利工程的政策扶植和补贴优惠。四是社会认知度亟待提升。社会各界对淡化海水的战略意义认识不足，传统饮用水观念导致民众对海淡水还有不同程度的排斥，海洋成果转化和海洋生产投资周期长、风险高，导致企业、社会资本参与积极性不高，地方政府对其经济效益和社会效益估计不足，主动性不够。

就上述问题，为进一步推动海水淡化与综合利用可持续发展，发挥好这一海洋战略性新兴产业的综合效益，调研组提出了五点建议：

1. 加快推进海水利用立法

建议全国人大尽快将海水利用相关法律法规列入立法规划，充分发挥国家海洋局等部门在推动海水利用工作、海洋监督管理和环境保护方面的行政主体作用，加快科学立法。建立海水利用技术标准体系，制定海水淡化利用工程的废弃物排放标准和环境影响评价标准，为规范和促进海水利用产业发展培育良好的法制环境。

2. 将海水淡化水纳入国家水资源配置体系

进一步加强发改委、水利部、住建部、国家海洋局等部门的协调沟通，加强海水资源管理和统筹，修订《全国水资源综合规划》(2010–2030 年)，将海水淡化工程布局与国家水资源规划紧密衔接，科学论证区域经济和自然条件，明确其市政供水、海岛供水、应急备用供水、点对点工业用水等不同功能定位，实现淡化水与其他水资源统一调配；对远程调水、开采地下水、海水淡化等工程建设要从生态影响、经济效益等方面综合比选，对远程调水和海水淡化实施统一的扶持政策；在国务院及有关部委的相关专项规划中纳入一批海水淡化和输配送基础工程，为海水利用创造条件。

3. 适度加大金融财税政策支持力度

加大中央预算内投资对试点城市、基地和示范工程的支持力度，向具有循环经济模式、新能源耦合发展和保障国家战略安全特点的项目倾斜，对进入市政府供水的工程项目给予财政专项补贴；进一步增强政策性和开发性金融机构对海水淡化产业项目的支持，鼓励和引导商业金融机构开展创新性投融资业务，鼓励社会资本投入，积极探索采用 PPP 模式支持海水淡化产业项目；鼓励沿海高耗水工业项目直接对接海水淡化和循环利用项目，或对沿海高耗水工业项目以及使用淡水生产饮用水的生产企业，按其使用淡水数量适度从量征收定额海水淡化发展基金，用于补助海水淡化企业的发展；对海水淡化制水耗电适用农业生产用电或更低用电价格，对直接利用非并网清洁能源的给予相应补贴，对相关企业给予税收减免政策。

4. 增强海水淡化与综合利用技术自主创新能力

加大国家科技资源和专项资金的支持力度，充分发挥现有国家海洋局天津海水淡化与综合利用研究所等科研创新机构和平台的作用，强化原始创新、集成创新和引进消化吸收再创新，力争实现热、膜海水淡化关键技术装备研发和核心技术突破。加强相关基础理论研究，在双一流国际领先大学建设中注重培育特色学科。强化产业服务平台建设与运行，支持优势资源和创新要素向产业园区、企业集聚，重点鼓励产业聚集度高、特色突出鲜明、规模效益显著的海洋园区做大做强，建立以园区、企业为主体，市场为导向，产学研用相结合的科技创新体系。制定海水淡化饮用水国家标准，加大社会科普宣传力度，明确利用新能源生产的海水淡化水的绿色产品属性。

5. 进一步开展国际技术和工程合作

服务国家“一带一路”倡议，将海水淡化作为我国开展海洋国际合作的优先领域，积极与国外先进研发团队、跨国公司、国际组织等开展多方协同创新和开发合作，争取国际重大科研项目和工程项目，推动成套设备和技术走出去，培育具有一定国际竞争力的龙头企业。为充分发挥援外项目优势，建议商务部在非洲、中东以及环太平洋岛国等缺水地区，将有关示范项目列入援外计划，鼓励国内企业联合技术单位承揽海水淡化总承包项目，探索以国外项目带动国内大型海水淡化装备制造业发展的道路。

调研结束后，民革中央向中共中央、国务院报送了《关于进一步开展海水淡化与综合利用的建议》，得到了李克强、俞正声、张高丽同志的批示。

五、开展“跨行政区划的法院体制改革”调研，聚焦司法体制改革“硬骨头”

设立跨行政区划的人民法院，是此轮司法改革中一个耀眼的闪光点，对于解决多年来困扰我国司法审判中出现的地方保护主义问题具有重要的意义。为贯彻落实中共十八届四中全会“探索建立跨行政区划的人民法院和人民检察院”的战略部署，落实习近平总书记提出的“特殊案件在跨行政区划法院审理”的要求，民革中央主席万鄂湘从2016年初开始，率队赴福建、广西、海南、湖北、天津等地，通过召开座谈会和实地调研，深入听取了各地司法机关、相关部门及社会各界对设立跨行政区划人民法院的意见建议。

在我国第二家跨行政区划法院——北京市第四中级人民法院，调研组一行实地考察了法院的服务大厅、立案窗口、审判场所、信息中心、律师工作室等地。

随后，调研组围绕调研议题与最高人民法院、中共北京市委、北京市高级人民法院、北京市第四中级人民法院等单位负责同志和有关人员进行了座谈。在听取了与会者的介绍和发言后，万鄂湘说，民革中央高度关注司法体制改革，2015年以来，先后多次就跨行政区划人民法院体制改革和两院组织法修改问题进行调研。北京市四中院紧紧围绕跨区划法院职能定位，坚持改革思维，探索了很多宝贵经验，也总结了面临的问题。与会者本着高度负责的态度，提出了很多意见建议，调研组将认真研究。

2016年9月，齐续春常务副主席又率全国政协社法委、民革中央联合调研组赴贵州、江苏开展调研，继续深入了解设立跨行政区划人民法院过程中遇到的困难和问题。通过考察和座谈，民革中央调研组发现了改革措施实现了很多积极的、有意义的创新，但也存在着改革措施在去地方化问题上还存在局限性的问题。首先，在地方设置的跨行政区划的司法管辖制度范围仍局限在省级框架内部，难以增进法院审判的独立性。相反，在管辖上平添了叠床架屋的现象，司法机关更显臃肿。其次，最高人民法院所设置的两个巡回法庭，按照现行制度设计，在案件受理与职能分工上仍然属于最高人民法院受理管辖权范畴，只不过由到北京诉讼变成到巡回法庭诉讼。审级设置没有突破，反而增大了最高人民法院内部司法决策差异的可能性。由此可以看出，通过设立跨行政区划人民法院，打破地方保护主义的藩篱，解决“特殊案件”的“主客场”问题和专业性较强案件的集中审理问题，这些当初改革的初衷还有待实现。

调研组认为，此轮司法改革成功的关键，在于能否真正解决“司法地方化”问题，实现司法权的国家属性。我国地缘辽阔，人口众多，案件数量巨大且逐年上升，法官基数较大，不可能像一些中小国家那样实行法官全部由总统或最高权力机关任命。如何设置好跨行政区划法院，把一些容易受到干扰的“特殊案件”和专业性较强案件交由跨行政区划法院审理，彻底解决这类案件的“主客场”问题，是当前司法改革应当努力的方向。当前跨行政区划人民法院改革已推进到“深水区”，须在体制上取得新的突破。在比较分析国外类似法院经验教训的基础上，民革建议中共中央考虑逐步构建与行政区划适当分离、审级科学合理、适合我国国情的、完整的跨行政区划人民法院体系，实现对“特殊案件”和专业性较强案件的集中审理：

1. 加快设立跨行政区划法院

以现有的跨行政区划法院、海事法院和全国铁路法院中、基层法院为基础，在不增加机构、不增加编制的情况下，通过置换审判队伍，“腾笼换鸟”，在每省设置与案件数量相适应的跨行政区划人民法院，集中审理行政案件、涉外商事和海事案件、跨省级行政区划商事、知识产权和环境保护案件，解决上述案件审理中存在已久的地方保护主义问题。这些跨行政区划法院属于一审的中级法院建制，在铁路法院和海事法院的基础上可以设置若干巡回法庭，方便群众诉讼。对于人民群众反映强烈的商事案件和行政案件的地方保护主义问题，通过最高人民法院制定管辖规则，实行当事人双方所在地法院都不管辖，而由“第三方”跨行政区划人民法院管辖，彻底解决上述案件的“主客场”问题。

2. 设立跨行政区划的上诉法院

参照最高人民法院两个巡回法庭试点的做法，在全国范围内，按照东、南、西、北、中五个地理分区统筹设立跨行政区划上诉法院，审理一审跨行政区划人民法院上诉的二审案件。这类案件的再审由最高人民法院受理，从而形成完备的跨区划人民法院体制，彻底解决法院“去地方化”问题。五个上诉法院属于高级法院建制，可到各省市巡回审判。

跨行政区划法院、上诉法院、最高法院构建成完备的三级跨行政区划国家诉讼体系，专门行使国家司法权。而对于一些普通的刑事、民事案件，可由三级的省内审判系统完成。最高人民法院集中精力管理好跨行政区划人民法院系统，对于应当由省内法院系统终审或再审的案件原则上不再受理。这也可以解决多年来最高法院受理案件过多，管理四级法院鞭长莫及的问题，有利于最高人民法院统一行使好国家司法权。

3. 完善跨行政区划法院的管理体制

与审理特殊案件和专业性较强案件的性质对应，跨行政区划法院未来不宜仍由省级人大及其常委会产生，建议将跨行政区划法院、上诉法院划归中央统一管理，法官由全国人大常委会任免，经费由中央财政统一保障。同时，在跨区划法院内全面探索司法体制改革举措，实行审理者裁判、裁判者负责，落实扁平化管理，精简设立内设机构，保证审判质效。为确保跨行政区划法院能够依法履职，机构规格应当与其职能相对应。建议将跨行政区划一审法院确定为正厅级单位，上诉法院确定为副部级单位。

根据调研结果形成的《关于构建完整的跨行政区划人民法院体系的建议》，得到了孟建柱同志的批示。

卢　森　民革中央宣传部宣教处副调研员

中国民主同盟

一、建言“改革开发区管理体制，促进开发区转型创新发展”

改革开放以来，我国各类开发区发展迅速，在促进工业集聚发展、繁荣区域经济、推动产业转型升级、吸纳社会就业等方面发挥了重要作用。然而，随着要素成本不断上升、土地资源日趋紧缺、环境保护压力持续加大，开发区发展逐渐暴露出一些问题，进一步深化开发区体制机制改革，对促进开发区转型创新发展具有重要意义。

受中共中央委托，民盟中央开展“改革开发区管理体制，促进开发区转型创新发展”重点考察调研。2016年3月20日至23日，全国人大常委会副委员长、民盟中央主席张宝文同志率队到广东东莞、深圳等地进行调研，考察了园区管理与企业发展情况，并召开专题座谈会深入研讨开发区管理体制改革创新问题。全国政协副主席、民盟中央常务副主席陈晓光同志率队于4月5日至7日赴上海、4月19日赴北京进行调研。民盟中央通过民盟国情研究中心与国家相关部门及中国电子信息产业发展研究院等研究机构合作调研，并组织了民盟辽宁省委、民盟江苏省委、民盟河南省委、民盟湖北省委、民盟湖南省委、民盟重庆市委、民盟四川省委就同一课题进行配合、延伸调研。

在调研基础上，民盟中央召开多次座谈会，征求地方政府、开发区管理机构及盟内外专家的意见建议。

通过调研和座谈，民盟中央聚焦重点，以经济技术开发区和高新技术产业开发区研究对象，形成《关于加快开发区管理体制改革与创新的调研报告》。7月6日，中共中央政治局常委、全国政协主席俞正声在北京主持召开调研协商座谈会，围绕重点考察调研课题，就大力推进供给侧结构性改革建言献策。会上，张宝文主席提出，要把开发区作为实施“创新驱动发展”“一带一路”“中国制造2025”等国家重大战略的先行区和排头兵，作为推进新型工业化、信息化、城镇化、农业现代化同步发展的重要支撑平台，发挥好其应有的作用和价值。

7月22日，在调研报告的基础上，民盟中央向中共中央、国务院提交了《关于加快开发区管理体制改革与创新的建议》。建议深入分析了开发区转型和创新发展方面存在的四项主要问题：

1. 管理体制和政策体系不完善，转型创新缺少制度支撑。开发区及管委会法律地位不明晰、责权不统一；缺乏关于开发区发展与管理的法律、法规；多部门指导和管理，政策“碎片化”问题突出；部分政策属于原则性指导意见，操作性不强，落地效果差。

2. 发展方向不清晰，产业低端重复缺乏特色。功能定位不清晰，产业集约集聚水平不高；产业趋同比较严重。

3. 土地资源约束趋紧，转型升级缺少腾挪空间。在国家严控用地指标的背景下，发展空间受限日益成为开发区进一步发展的瓶颈。开发区粗放式发展也造成土地资源严重紧缺。

4. 配套体系发展滞后，转型内生动力不足。只重视招商引资数量、产销规模、出口总额等数量指标，忽视创新能力、服务体系等质量指标。多数园区仅是生产和制造基地，金融、物流、商贸等配套功能缺失，服务业层次较低，研发、孵化和产业化能力薄弱，产城融合水平不高，难以集聚中高端人才，严重制约企业的创新发展和产业的转型升级。

针对这些问题，民盟中央提出以下建议：

1. 明确开发区的法律地位和授权，进一步理顺各方面关系

出台或修订开发区建设和管理方面的法律法规，明确开发区设立及管理的基本事项，保障其必要的经济社会管理权限。进一步理顺开发区管理中各方面关系，成立中央牵头、相关部门参加的开发区建设和管理领导小组，统筹协调开发区建设过程中的重大问题，形成政策合力。

重新界定和规范开发区职能，赋予地方更多的建设和管理权限，将规划审批权、土地处置权等关键环节下放到地方。鼓励开发区在体制机制、财税金融、土地等方面进行制度、组织和管理创新。允许开发区在人才政策上合理地先行先试，有针对性地设计完善人才保障政策，优先急需的人才。探索有条件的开发区与行政区融合发展，加强行政区与开发区的利益关联度。

2. 创新开发区管理模式，完善考核评价体系

简化开发区行政审批流程，优化一站式服务平台，提高公共服务水平。支持开发区吸引境内外有实力、有经验的专业管理机构在开发区建设和运营中发挥主导作用，运用市场化手段配置资源，提升开发区的质量和效益。

建立科学、差异化的开发区指标考核体系，充分体现地区差别，实现分类指导。修订并完善《国家开发区评价指标体系》，加强创新导向性，加大技术创新能力、创新创业环境评价、经济发展贡献等方面的考核比重。完善开发区进入与退出机制，实行动态管理，支持综合实力强、产业特色突出、发展质量高的开发区升级升格，对考核结果不合格的开发区警告降级直至摘牌。

3. 注重科学规划，实现开发区统筹发展

在国家层面明确大区域产业发展分工和国家级开发区产业布局规划，依托各区域区位条件、资源优势和产业基础，推动优势产业集聚发展，使国家级开发区成为区域经济增长极，实现区域经济的分工协作、错位竞争、优势互补和共同发展。引导省级及以下开发区在国家产业布局基础上，细化本地区产业统筹布局规划，实现错位特色发展。

加快推进“多规合一”，促进开发区土地规划、产业规划、交通规划等相互衔接、互融互通，形成总体和专项、控规和详规统一的规划体系。加强对各级开发区建设的宏观统筹和改革创新，逐步形成统一发展规划、统一产业布局、统一优惠政策、统一招商引资、统一管理服务的发展新格局。

4. 完善政策支撑体系，促进开发区转型创新升级

推进开发区土地制度改革，选择战略地位高、发展效果好、骨干作用强的国家级开发区试行要素单列，支持质量效益好的开发区优先发展。完善土地利用考核机制，提高投资强度和容积率等项目控制指标，更加重视对亩均增加值、亩均税收等产出效益指标的考核，对产出效益低的开发区严格限制新增土地指标，形成倒逼机制，引导园区内涵式增长。探索开发区工业、商业、科研用地之间的混合用地机制，注重配套规划和协调发展，促进产城融合。

给予开发区相对独立的财政权限，财政收入留存比例向开发区倾斜，为开发区建设提供充足的资金保障。在国家和省级开发区建立基础设施建设专项基金，用于土地储备贷款贴息、基础设施建设补助等，缓解融资压力。支持开发区开展跨区域金融合作，成立科技银行，促进技术创新和高技术产业发展。支持开发区内符合条件的民营资本依法设立民营银行、金融租赁公司、财务公司等金融机构。

5. 全面实施创新驱动发展战略，推动产业向中高端迈进

以开发区为对接载体，形成企业、行业协会、高校和科研机构、科技服务推广中介、产权交易、政府等多方参与的创新体系，培育一批有国际影响力的科学实验机构和团队，在关键技术领域牵头组织国际大科学计划和大科学工程。构建开发区之间的信息平台，促进创新资源在开发区间共享和流动。

推进制造业与“互联网 +”融合发展，引导开发区加快布局工业云与智能服务平台、工业互联网等制造业新基础，培育新模式新业态新产品。利用龙头企业的带动作用，引导大、中、小企业围绕产业链集群发展，发挥集聚效应，实现产业整体向价值链高端迈进。鼓励开发区利用体制机制和创新型人才集聚等方面的优势，集中优势力量搭建适宜“大众创业、万众创新”的公共平台，打造“双创”新高地。

6. 鼓励开发区跨区域合作，共享发展成果

鼓励经济发达地区的园区充分发挥辐射带动作用，与中西部地区园区合作发展，实现利益共享。鼓励东部地区园区转型升级，提升产业水平，发展资本密集型、技术密集型产业和总部型经济；中西部地区园区积极承接产业转移项目，与国内优秀园区合作管理，提高产业发展质量和速度。

充分发挥开发区在产业和体制上的优势，引导开发区积极参与“一带一路”倡议。鼓励开发区内产业抱团“走出去”，深度参与跨国合作，以共建产业园区等形式，在全球范围内配置资源，加快优势产能和装备走出去。

《关于加快开发区管理体制改革与创新的建议》的政策建议信，得到了习近平、李克强、张高丽、汪洋、俞正声、刘延东等国家领导人的重要批示。在 2017 年 2 月 6 日国务院办公厅印发的《关于促进开发区改革和创新发展的若干意见》（国办发〔2017〕7 号）文件中，民盟中央提出的“创新开发区管理模式，支持开发区吸引境内外有实力、有经验的专业管理团队或机构运用市场化手段配置资源，提升开发区的质量和效益”“加快推进开发区土地制度改革，支持质量效益好的开发区优先发展。对产出效益低的开发区严格限制新增土地指标，形成倒逼机制，引导园区内涵式增长。探索开发区工业、商业、科研用地之间的混合用地机制，注重配套规划和协调发展，促进产程融合”“加强对各类开发区的统筹规划”“各开发区要依托各区域区位条件、资源优势和产业基础，实现区域经济分工协作、错位竞争、优势互补、共同发展”等建议得到了体现。

陈　亮　民盟中央参政议政部调研处副调研员

二、就推动我国大数据安全和产业发展建言献策

大数据是近来兴起的重要新兴信息技术，中共十八届五中全会和我国“十三五”规划纲要已对实施大数据战略做出部署。中共中央领导高度重视大数据发展。习近平总书记 2016 年 4 月 19 日在网络安全和信息化工作座谈会上做了重要讲话，从国家战略高度为进一步推动我国网信事业发展提供了根本遵循。李克强总理 2016 年 5 月 25 日在中国大数据产业峰会上做了重要讲话，从国家战略高度，明确指出我国发展大数据等信息网络产业的重要意义和远大前景。

2016 年 4 月 11 日至 13 日，全国政协常委、副秘书长、提案委员会副主任，民盟中央副主席徐辉率民盟中央和中国电子信息产业发展研究院联合调研组赴贵州开展“推动我国大数据发展”专题调研。贵州省委常委、贵阳市委书记陈刚，贵州省政府副省长、民盟贵州省委主委何力等陪同调研。

调研组一行先后考察了贵阳市大数据交易所、贵阳朗玛信息股份公司、北京 · 贵阳大数据展示中心、贵阳货车帮、贵安新区泰豪 e 时代、大数据产业孵化园亿象网络、富士康科技集团、中国移动贵州数据中心等机构和企业，实地调研国家大数据（贵州）综合试验区建设情况。4 月 12 日下午，调研组在贵州省政府召开调研座谈会，听取贵州省政府、贵阳市政府、贵安新区管委会及贵州省发改委、科技厅、经信委、社科院、贵州大学等有关委办局关于贵州大数据发展的情况介绍。

通过实地考察，调研组认识到，经过近几年的持续努力，我国大数据领域热潮澎湃，新思维、新技术、新业态竞相呈现，但要加快推进大数据战略，实现从数据大国向数据强国的迈进，还有很多问题和挑战需要应对。为此，在调研的基础上，民盟中央先后向中共中央递交了《关于加快大数据安全保障能力建设的建议》《关于进一步提升我国大数据发展水平的建议》政策建议信，并在党外人士年中经济座谈会上就推动我国从数据大国向数据强国迈进提出意见建议。

在《关于加快大数据安全保障能力建设的建议》中，民盟中央指出，随着大数据应用逐渐铺开，一些新的信息安全问题和挑战已经凸显，大数据资源正成为黑客组织、各类敌对势力网络攻击的重要目标，大数据技术也正成为网络攻击、网络战争的重要工具。一些国家为确立在网络空间中的优势地位，正利用大数据等技术不断加强网络空间攻击能力。我国亟须尽快提高大数据核心技术掌握度、大数据信息安全防范和管理能力，尽快解决大数据相关法律法规和标准规范缺乏等问题，加快提升大数据信息安全保障能力，实现大数据安全和大数据发展的同步推进。

对此，民盟中央提出了四项意见建议：第一，加大对关键行业领域核心数据的安全监管和防护力度。针对国家电信网、广播电视网和互联网等基础网络，国防军工和党政

专网等涉密信息系统，能源、交通、金融等涉及国计民生的重要信息系统，关键工业控制系统等行业领域，加强监管，强化防护能力建设。第二，集中力量突破大数据核心技术，掌握大数据发展主动权。加大研发资源投入力度，引导推动产学研用各领域协同攻关。研究基于大数据的网络攻击追踪方法，发展攻击溯源、异常行为检测、异常流量分析等场景下大数据安全技术。加强人工智能、机器学习、数据挖掘、数据建模和算法设计等领域的基础理论研究，提升大数据安全隐患的发现能力。第三，加快大数据立法进程和标准、规范、制度建设。针对大数据资源建设、大数据技术发展和业务模式创新，尽快制定相关法律法规，为在大数据时代维护国家、企业和民众利益提供法律依据。探索完善大数据安全管理规范制度，切实保障数据安全。第四，走思路创新和应用创新之路，建设国家大数据安全靶场。可考虑建立有限开放环境，加强攻防互动演练，摸索安全防护经验，提高安全保障水平。

该政策建议信受到中共中央领导的高度重视，得到习近平总书记、李克强总理，刘云山、马凯、孙春兰、孟建柱、栗战书、郭声琨等中央领导同志的重要批示。中央网络安全和信息化领导小组、国家发改委、工信部、标准委等国家相关部委办都已制定具体实施意见，落实总书记的重要批示。

在《关于进一步提升我国大数据发展水平的建议》中，民盟中央指出，当前我国大数据产业发展面临着数据互通、开放机制缺乏，大数据应用的思路、模式、方法不清楚，大数据领域的原始创新和系统创新能力不足，适应大数据发展新特点、新需求的法律法规不健全和大数据人才总量偏小等问题。

对此，民盟中央提出了六项意见建议：第一，加快数据资源建设和开放共享。通过加强宣传引导、完善数据资源体系和建设国家战略大数据存储基地和分析中心，加快建设系统全面、高质量的数据资源。通过制订实施数据开放国家计划、建设国家开放数据门户网站和国家数据资源开放平台和指导、督促各地加强公共数据资源目录建设和数据平台建设，加快推动数据资源开放共享。第二，协调推进重点行业领域大数据应用。开展大数据重大应用示范，发挥政府及公共服务部门引领表率作用，加强大数据分析和应用，提升政府决策管理水平和公共服务能力，推动大数据应用模式创新和商业模式创新。支持和鼓励企业在市场需求明确、商业模式清晰、具备一定基础的领域开展大数据应用推广。第三，推动大数据核心技术突破创新。以各行业领域大数据应用需求为导向，创新大数据应用的基础理论和方法。加大对大数据关键技术研发创新的引导扶持力度。第四，加强法律法规和知识产权制度建设。加快制定完善数据安全、网络安全、隐私保护等方面的法律法规，规范数据使用，健全信息安全保护制度。完善数据开放利用相关法律法规和标准规范，界定保密、共享和开放的边界与等级。加强分析研究，完善知识产权法对大数据分析算法、程序、采集海量数据反向侵权的具体界定和制度规定。第五，创新大数据人才培养引进工作。实施数据专业领域人才培养计划，培育一批资深数据工程师和跨界复合型人才。鼓励高校、科研机构和企业有计划、分层次引进大数据相关战略科学家和创新领军人才。将“数据分析与应用”列为高等院校公共课程，提高高等院校学生的数据思维能力和研究分析能力。第六，发挥国家大数据（贵州）综合试验区先行先试作用。将国家层面的大数据试验项目统一纳入综合试验区开展试验，授予综合试验区有关大数据及其应用领域的市场准入决定权。建立综合试验区直接运用其他国家级试验区成果制度，发挥先行先试叠加优势等。

该政策建议信受到中共中央领导的高度重视，李克强总理做了重要批示。发改委等部门已逐步制定具体实施意见，并与民盟中央座谈沟通意见。

7 月 25 日，中共中央在中南海召开党外人士座谈会，就当前经济形势和下半年经济工作听取各民主党派中央、全国工商联负责人和无党派人士代表的意见和建议。中共中央总书记习近平主持座谈会并发表重要讲话。中共中央政治局常委李克强、俞正声、刘云山、张高丽出席座谈会。

在座谈会上，全国人大常委会副委员长、民盟中央主席张宝文代表民盟中央就下半年经济工作提出了意见建议。他指出，我国大数据事业经过几年努力，已具备良好发展基础，但仍有不少问题：数据资源质量普遍较差，缺乏开放互通利用机制；大数据应用尚在发育阶段，对经济社会发展的支撑引领作用不显著；科研队伍弱小，原始创新、系统创新能力不足。为此建议：第一，建设国家战略大数据存储基地和分析中心，加强数据采集基础设施建设，优化升级宽带传输网络，加快建设系统全面、高质量的数据资源。制订实施数据开放国家计划，推动公共数据资源适度合理开放共享，建设国家开放数据门户网站和数据资源开放平台，并指导地方建设统一平台。第二，发挥政府及公共服务部门在大数据应用方面的表率引领作用，提升政府管理水平和服务能力，在民生服务、经济管理等领域开展试点示范，推动大数据应用模式创新。支持、鼓励企业在制造业、电子商务、金融、电信、交通等具备一定基础的领域开展大数据应用和推广。第三，加强数据应用技术等的研究创新，推进行业数据库建设，开发相关信息技术软硬件产品，为大数据在各行业领域的应用提供成熟解决方案。加大对大数据关键技术研发创新的引导和扶持力度，构建自主大数据技术体系。第四，支持有条件高校设立和发展大数据相关专业；鼓励产学研一体开展职业培训，培养应用型人才。将数据科学相关人才列为国家人才引进计划的重点，引进相关战略科学家和创新领军人才。

姚　远　民盟中央参政议政部办公室副主任

三、建言在大别山区构建综合性生态补偿机制

完善的生态补偿机制，是重要的政策工具，对于生态文明建设具有不可或缺的重要意义。在我国，生态补偿尚处于尝试与探索的初期实践阶段，合理、健全的机制建设仍是空白。民盟中央对此高度重视，于 2015 年 9 月 22–25 日，由全国政协常委、副秘书长，民盟中央副主席徐辉率调研组就构建综合性生态补偿机制在鄂豫皖大别山核心区进行了实地调研。

调研了解到，我国目前生态补偿实践的问题，主要表现为三个层面的“不完善”：

1. 在政府层面，顶层设计不完善

我国尚没有国家层面的生态补偿立法，生态补偿机制缺少顶层设计。虽然林业、环保、农业、水利、财政、发改委等部门出于各自职责和需要均有一些生态补偿政策，但

没有形成统一的生态补偿制度。在地方，各地的生态补偿实践多依据地方行政法规、政府文件、政府间协议开展，补偿或补助政策取决于当地决策者意愿及当地财政状况，政策稳定性差。

2. 在双方主体层面，制度安排不完善

我国目前的生态补偿实践，尚没有市场化运作的方式，基本是依靠由上而下的财政转移支付。但这一纵向的行政性安排，难以厘清、也难以落实接受补偿方与资金支付方之间的主体关系。实际上，区域之间的横向转移支付最契合生态补偿逻辑，也是接受补偿方与资金支付方之间最明晰、最直接的关系通道。但是，跨地区、以区域之间合意为前提的横向转移支付，目前实际上受制于资金支付方的意愿，尚没有有效的制度安排。在补偿资金的使用上，目前也没有建立针对生态保护效果的资金使用评估机制与监督机制，资金的支付和使用与生态保护的效果不挂钩，缺少相应的奖惩措施，接受补偿方与资金支付方的责任均不明确，导致接受补偿方的保护积极性、资金支付方的支持积极性均不高，政策效果不明显。

3. 在实际执行层面，确定机制不完善

我国现行生态补偿实践中，生态补偿对象、范围、标准和方式的确定，没有建立起利益相关者参与协商的机制，尤其是作为生态保护直接实施者的农牧民没有参与。补偿范围的确定没有明确的方法和标准，边界范围含糊。补偿标准的确定，没有充分考虑保护森林、草地、湿地等给当地农牧民带来的直接经济损失。在补偿方式上，除退耕还林还草的生态补偿直接发放给农牧民以外，其他方式的实际受益者均是各级政府；尤其在许多地区，生态补偿资金仅仅用于护林员的劳务费用、森林病虫害和火灾的防护费用等，因生态保护而经济利益受损的农牧民没有得到直接经济补偿。

大别山区分布于鄂豫皖 3 省 6 市 36 县，是著名革命老区和作为扶贫攻坚主战场的集中连片特殊困难地区。受多种因素制约，大别山区经济社会发展滞后，目前仍有 29 个县为国家级贫困县。同时，大别山区也是重要的生态屏障，担负着保护江汉平原、江淮平原、长江中下游平原生态安全的重要职责，也是淮河中游和长江下游重要的水源补给和水源涵养区。由于生态区位十分重要，大量资源被限制开发，不仅脱贫建设与生态保护之间面临矛盾，生态建设所需投入与地方财力之间的矛盾也日益突出，生态环境保护与建设的可持续形势严峻，亟须国家重点帮扶。另一方面，近年来，鄂豫皖三省为推进生态环境保护与建设付出巨大努力，也取得了很大的成效。特别是在跨地区合作、生态补偿实践方面，做出多种积极尝试。大别山区跨几省多县，在此地创新构建综合性生态补偿机制，对于在我国其他地方建立突破行政藩篱、弥合区域分割的完整生态补偿制度，具有极大借鉴意义。同时，也可为大别山区的脱贫提供又一助力。

为此，民盟中央建议：将此区域作为试点，构建综合性生态补偿机制。不仅可进一步助推大别山区整体连片扶贫，而且对于探索建立我国完整的、可持续的生态补偿制度更有极大意义。

具体措施如下：

1. 从国家层面制定和完善生态补偿法律制度；以大别山区作为制度创新试点

加快制定出台国家层面的生态补偿法律法规，从根本上解决生态补偿实践法律依据不足的问题，确保政策的稳定性和延续性。制定生态补偿的环境目标责任等方面的法律制度，强化对生态环境保护目标完成情况监督考核。同时，以大别山区为试点，以生态系统服务功能为科学基础，以保护和受益双方权利与责任对等为原则，构建综合性生态补偿机制，完善纵向生态补偿，积极探索横向生态补偿，创新生态补偿方式方法。

2. 建立高效的财政转移支付补偿制度和生态补偿效益评估机制；设立大别山区生态保护和建设专项资金

逐步建立高效的纵向、横向相结合的财政转移支付补偿机制，提高补偿资金使用绩效。充分考虑大别山区的特殊性，增加对大别山重点生态功能区的均衡性转移支付，提高大别山区公共服务水平和生态保护和建设能力。调整专项财政转移支付与一般性财政转移支付的比重，削减财政转移支付层级，提升资金转移效率。直接从受益地区，跨地区、跨省份征收生态效益补偿金，提高补偿经济标准。建立生态补偿效益评估和奖惩机制，综合评价补偿效果，以此规范生态补偿资金的使用管理，防止补偿流失。建立生态补偿信息公开制度，保障民众知情权，调动其参与生态保护监督积极性。

加大对大别山区环保设施和基础设施投入。提高国家公益林补助和森林管理补助标准。设立大别山区生态保护和建设专项资金。取消市县两级财政资金配套。在适当期限内安排足够的后期管护资金，保证项目顺利实施和持久发挥作用。筹建大别山发展银行，协调各项资金活动和投融资管理。

3. 科学界定大别山区生态补偿地域范围，合理核算生态补偿经济标准，创新生态补偿方式

大别山区分属三省，保护和管理标准不一、步伐不一、方向不一，难以形成强劲的区域发展合力。可按照《大别山革命老区振兴发展规划》划定的范围，设立大别山生态保护与发展特区，形成跨区域横向协调推进机制。设立大别山国家公园，以生态环境、资源保护和适度旅游开发为基本策略，最大限度地保护生态系统的完整性。

从四个方面合理核算大别山区生态补偿经济标准：一是因生态保护导致的直接经济损失；二是为保护生态环境而限制产业发展的机会成本；三是用于生态环保的直接经济投入；四是为受益地区带来的优良环境价值。将生态补偿资金直接发放给因生态保护受损失的农牧民，调动群众对生态保护和建设的积极性。

在加强自然资源用途管制的前提下，加快推进自然资源资产产权制度构建，为推动地区间建立横向生态补偿制度和合理测算生态补偿标准提供支撑。积极探索生态补偿的市场化机制，运用碳汇交易、排污权交易、水权交易、生态产品标志等补偿方式，拓宽生态补偿资金来源渠道，逐步建立政府引导、市场推进和社会参与的生态补偿机制。

将生态补偿与城市化进程、农业要素流转紧密结合，尽量为保护区内人口和制造业外迁创造条件支持。拓展补偿方式的多元化，开拓资金补偿以外的补偿方式，如：教育、人才等智力帮扶，合作与共建发展等。

2016年2月，《关于在大别山区构建综合性生态补偿机制的建议》的政策建议信向国务院递交后，张高丽副总理作出重要批示。国家发改委迅速布置安排工作，落实批示。2016年4月1日，受国家发改委领导委托，国家发改委西部司副司长童章舜等就“大别山如何开展综合性生态补偿”与民盟中央调研组座谈，进一步听取了民盟的意见建议。

衣　雪　民盟中央参政议政部调研处干部

四、关于高度重视“伪金融”可能引发金融风险的提案

近年来，随着金融创新浪潮的兴起，“伪金融”也沉渣泛起，严重扰乱了正常的利率秩序和金融秩序。所谓“伪金融”是指互联网金融平台、投资公司、理财公司等以投资理财的名义筹集资金，但筹得资金后并未按照合同将资金用于事前约定的项目，从而导致各类金融风险的金融行为，具体表现为非法集资、自融、庞氏骗局、资产池错配等。造成如下危害：

1. 行业内一些稳健的平台被“伪金融”平台“驱逐”。“伪金融”大多以互联网金融平台为掩护，以畸形的高收益为诱饵，在短时间内吸引大量资金，随后挪作他用或创始人卷款而逃等。大量“伪金融”平台的设立造成了行业的恶性竞争，许多经营稳健的网贷平台无法承受巨大的竞争压力，主动或被动地退出行业。

2. 信用风险导致高违约率。由于没有被纳入人民银行的征信范围，P2P 平台无法调查借款人的个人信用，导致违约概率大、违约行为难以追究。高违约率使得行业坏账率居高不下，一旦违约业务超过了平台的兑付能力，就会发生逾期、投资者无法提现等问题。近期爆出的“跑路潮”很多就与高违约率造成的兑付危机有关。

3. 多数平台对资金的大量需求，增加了金融业打破刚兑的难度。为了吸引资金流，多数 P2P 平台遵循刚性兑付的行业惯例，为项目兜底。一旦资金流入缩量，又没有足够的自有资金，平台很容易陷入兑付危机。行业甚至流行这样一种逻辑：资金规模越大、涉及投资者越多，获得监管许可的概率越高。因此为了做大规模，纷纷承诺高收益、刚性兑付等条件，由此累积的风险也越来越大。

4. 为了筹措资金而衍生的不正当勾当严重破坏正常经济金融秩序。在互联网金融行业发展初期，有效监管缺失，使得互联网行业现在处于行业无门槛、无标准、无监管的状态。很多公司披着“互联网金融创新”的外衣，从事非法集资、资金池甚至庞氏骗局等不正当行为，并且业务逐渐从城市下沉到乡村。通过互联网技术，这类事件涉及人数更多、地域范围更广、资金规模更大，造成局域性金融乱象甚至金融冲击，破坏正常经济金融秩序。

针对这些问题，民盟中央征集了盟内相关领域专家的意见建议并展开调研，形成了民盟中央提案《关于高度重视“伪金融”可能引发金融风险的提案》，提交全国政协十二届四次会议。

提案建议：

1. 积极支持和发展以服务实体经济和普惠金融为目标的互联网金融。互联网金融与各行业深度融合，对促进传统产业跨界融合、转型升级、加快形成经济发展新动能意义重大。要高度重视并积极推动传统金融的互联网化，通过互联网银行、互联网证券和互联网保险，有效化解传统金融行业的高渠道成本问题，提高金融效率，同时也方便和实

惠普通百姓，实现普惠金融。

2. 规范那些游离在灰色领域的互联网金融公司。应在2015年7月出台的《关于促进互联网金融健康发展的指导意见》基础上，集中出台更多的监管细则。对互联网金融公司不规范的地方，对照传统金融监管政策逐一梳理，制定出一套既符合互联网金融特色又契合传统金融风险控制原则的细则加以推广，推动该行业走上规范发展的道路。

3. 取缔涉嫌非法集资、自融、旁氏骗局等违法犯罪行为的互联网金融平台。近期爆出的"e租宝"、昆明泛亚有色金属交易等事件，实质上就是一些公司以"互联网金融"为幌子，进行非法集资、自融或庞氏骗局等违法犯罪行为。这不仅有损行业的健康发展，而且造成大量财产损失，必须坚决取缔。同时要完善法律和监管制度，为公安执法和群众维权提供法律依据，为行业发展悬上达摩克利斯之剑。

4. 严格限制互联网金融准入门槛，减少潜在风险的产生。提高互联网金融的准入门槛，加大进入互联网金融平台的检查与监管力度。对于想要进入金融行业的互联网公司，要求其配备与传统金融公司同等水平的金融人才、设备和风控措施，必须符合金融行业对传统金融公司的规定，才能申请金融执照。

2016年2月26日，民盟中央召开两会新闻通气会，介绍了向全国政协十二届四次会议提交的大会发言和提案的基本情况。2016年，在民盟各级组织和民盟中央各专委会以及民盟国情研究中心与相关研究机构共同调查研究的基础上，从近200篇提案中，由各级组织和专委会严格筛选，经过民盟中央提案领导工作小组审核通过，民盟中央向全国政协十二届四次会议提交提案39篇，内容涉及教育、资源生态环境、社会管理、经济发展、农业、财税金融、医疗、法律、科学技术等9个方面。民盟中央张宝文主席要求："不调研不发言"，民盟中央提交的提案全部来自调研成果，凝聚了全盟参政议政智慧。主要来源有五大渠道：受中共中央委托的重点调研；民盟中央组织发起或民盟中央国情研究中心与有关部委及研究机构联合开展的重要调研；与各省级盟组织、各专委会的合作调研；民盟中央举办的各种论坛和活动中产生的优秀成果；民盟中央领导以及盟内外专家根据专业领域的工作向民盟中央提出或推荐的可转化为提案的重要政策建议。

2016年民盟中央在全国政协十二届四次会议上提交的提案全部得到了国家相关部门的认真办理和答复，本提案也被确定为全国政协重点提案。人民银行、银监会、证监会、保监会等承办单位通过电话、邮件、座谈会、研讨会等多种形式落实提案建议办理工作，全国政协还专门召开专题协商会进行办理，落实相关措施。

2016年9月6日，中国人民银行向民盟中央作提案答复，递交《中国人民银行关于政协十二届全国委员会第四次会议第0927号（财税金融类88号）提案答复的函》。答复中表示，"1. 关于积极支持和发展以服务实体经济和普惠金融为目标的互联网金融问题。人民银行认真按照《推进普惠金融发展规划（2016–2020）》（国发〔2015〕74号文印发）和《关于促进互联网金融健康发展的指导意见》（银发〔2015〕221号文）要求，加强对'互联网+普惠金融'的科学引导和政策支持，进一步提升互联网金融的服务能力和普惠水平。2. 关于出台监管细则、规范互联网金融发展问题。各相关监管部门按照监管职责，正在加紧出台互联网金融相关业态的配套监管办法。2015年底，人民银行出台《非银行支付机构网络支付业务管理办法》（中国人民银行公告〔2015〕43号文发布）。2016年8

月，银监会会同有关部门出台了《网络借贷信息中介机构业务活动管理暂行办法》（中国银行业监督管理委员会　中华人民共和国工业和信息化部　中华人民共和国公安部　国家互联网信息办公室令 2016 年第 1 号发布）。2015 年 12 月，证监会会同人民银行发布《货币市场基金监督管理办法》（中国证券监督管理委员会令第 120 号发布）。保监会制定了《互联网保险业务监管暂行办法》（保监发〔2015〕第 69 号文印发）。3. 关于取缔涉嫌非法集资、自融、旁氏骗局等违法犯罪行为的互联网金融平台问题。根据国务院部署，人民银行正在会同银监会、证监会、保监会等 17 个部门开展互联网金融风险专项整治工作，目的是规范各类互联网金融业态，优化市场竞争环境，扭转互联网金融某些业态偏离正确创新方向的局面，建立和完善长效机制，实现规范与发展并举、创新与防范风险并重，促进互联网金融健康可持续发展。4. 关于严格限制互联网金融准入门槛问题。目前，人民银行正会同相关部门研究互联网金融准入管理办法，并积极推动互联网金融行业开展自律管理。2016 年 3 月，人民银行牵头组建的中国互联网金融协会已挂牌成立。下一步，人民银行将会同有关部门，继续完善对互联网金融的监管框架，加大风险防控措施，推动互联网金融健康发展”。人民银行对民盟中央关心和支持金融工作表示了感谢。

严　瑾　民盟中央参政议政部信息处干部

五、打造品牌活动，促进两岸四地高等教育合作与交流

“海峡两岸暨港澳地区大学校长联谊活动”（以下简称“联谊活动”）由北京大学、南京大学、台湾大学、民盟中央共同发起，宗旨是：以“民间交流”的形式，使海峡两岸四地的著名大学校长，在以交流联谊为主的宽松、和谐氛围中，就四地著名大学的教育合作进行广泛和深入探讨，从而达到加深了解、增进友谊、扩大共识的目的。联谊活动每年一届，在 7 月底或 8 月初（学校暑假期间），由举办地的高校具体承办，为期大约五天。

第十二届“海峡两岸暨港澳地区大学校长联谊活动”于 2016 年 7 月 25 日至 30 日在陕西西安举行，由西安交通大学承办。全国人大常委会副委员长、民盟中央主席张宝文，全国政协常委、副秘书长、民盟中央副主席徐辉与来自大陆、台湾、香港和澳门 22 所大学的 23 位现任、前任校长参加活动。2016 年也是西安交通大学 120 周年华诞之年。本届活动由西安交通大学承办，也蕴含着海峡两岸“交通大学”同根同源、期望携手共创未来之意。正如台湾逢甲大学校长李秉乾所说的那样：“四地都是中国人，我们有不一样的现在，但是会有共同的未来！”

7 月 26 日，联谊活动的重头戏“第十二届海峡两岸暨港澳地区大学校长论坛”在西安交通大学举行。此次论坛以“一流大学与一流学科建设”为主题，参与联谊活动的校长们共聚一堂，交流各地区一年来高等教育新进展，并围绕“双一流建设”主题探讨未来的发展之道。北京大学、清华大学、南京大学、西安交通大学、台湾大学、台湾联合大学系统、台湾交通大学、台湾成功大学、台湾政治大学、香港大学、澳门大学等大学校长做了专题发言，其他大学校长也都积极地参与了自由讨论。

校长们表示，在新的历史条件下，海峡两岸暨港澳地区的高等教育面临着同样的问题，无论是学校建设还是学科建设，最终的目的还是培养人才，当前亟待解决的问题是高等教育要培养什么样的人才以及如何培养人才。校长们认为，一流大学的标准与校区规模、学术文章数量等并无直接关系，一流大学的关键是要能发现和发展新观念、新思想和新知识，并创造新的价值和新的应用，要能培养学生具有令人尊敬的人格与品德并成为社会的栋梁和榜样。此外，校长们还提出，对人才的培养一定要与各地区当前社会实际情况紧密融合，大学输送出去的人才要能满足经济社会发展的需要；要进一步加强与世界性大学间的校际合作，促进人才相互流动和相互学习，在更大范围内着眼于全球人才的布局和竞争。

针对“一流大学与一流学科建设”，张宝文表示，海峡两岸暨港澳地区虽然各自提法不同，但高等教育的发展目标是一样的。大学的基础是传道授业解惑以及做科研出成果，一流大学需要一流的学生、一流的教师、一流的设备、一流的管理和一流的声望去支撑，这其中的内涵不能被完全量化，只能在一定的范围内去衡量。张宝文指出，要建设出一流大学，要有创新理念、创新思维，在科学研究领域要鼓励提出颠覆性新观点新理论，而且这些理念和观点要立足于国家需要和社会需求。一流学科建设则要鼓励每一个大学依托自身原有学科发展优势，打造具有本大学特色的专业学科，进行差异化发展。

在本次联谊活动中，校长们有一个共识：高教的发展必须与国家和地区的发展相结合，大学应该是社会发展的引擎。大陆地区大学强调高校对国家发展的责任，清华大学通过设立研究院等方式与地方政府和产业合作，西安交大为真正地“面向社会”，将自己的新校区定义为“中国西部科技创新港”；台湾地区大学加强高校与产业的交流，政治大学、成功大学都做出了有益的尝试；香港地区大学积极配合中央政府的“一带一路”倡议，希望能够加强与“一带一路”沿线院校的合作；与此相应，西安交大则立足自己的区位优势，正在筹划创建“丝路大学联盟”；澳门大学建立了专业教育、通识教育、社群教育、研习教育“四位一体”的教育模式，并将每周三下午定为“社情教育”时间。

论坛上，校长们还就“钱学森之问”展开了深入讨论；并对大学“其命唯新”的社会责任和校长作为文化传承者的历史责任，阐述了自己的思考。

活动期间，西安交大与此次来访的17所港澳台知名大学建立了紧密的合作关系，并与澳门大学、逢甲大学、台湾师范大学新签署了3项合作协议。

自2005年起，“海峡两岸暨港澳地区大学校长联谊活动”已先后在江西、云南、吉林、内蒙古、四川、江苏、贵州、广东、陕西和台湾、港澳举办十二届，其中，2007年第三届、2013年第九届在台湾，2010年第六届在香港、澳门，2015年第十一届在澳门、珠海。参与历届活动的高校已达49所、前后任校长总计88位。十二年来，联谊活动成了两岸四地重要的教育交流平台，呈现出层次高、形式新、亮点多、影响大、凝聚力强的特点，囊括了四地最顶尖级大学，吸引了一批在本地区教育、文化、科技领域乃至政界、舆论界有影响的“重量级人物”，达成了几百项合作，使成千上万的学生有了交换学习的机会，强有力地推动了两岸四地的高等教育改革和发展。从活动的实施和实际效果来看，层次不断提高，规模和影响力逐渐扩大，各方交流合作的领域与程度进一步扩展和深化，活动更加规范、成熟，推动了海峡两岸暨港澳地区大学之间交流与合作。

联谊活动取得如此成效，与中央统战部、国台办、国港澳办、教育部的领导与具体职能部门的同志们的热忱指导和大力支持是分不开的；民盟中央前后两任主席蒋树声和张宝文更是亲力亲为，使得民盟中央对活动的主导，获得各地区大学校长们的一致赞赏和高度认可。民盟中央前任主席蒋树声是联谊活动的主要发起人，他亲自拟定了“加深了解、增进友谊、推进合作、扩大共识”的活动宗旨，并指出：“扩大共识”既指对“同根同源、血脉相连”的共识，对“深化合作”的共识，也蕴含着为促进和平统一“润物无声”的作用。民盟中央主席张宝文对联谊活动给予了同样的高度重视，他指出：“联谊活动已经成为大陆和台港澳地区教育界的一件盛事，也是各位校长每年欢聚交流的重要平台”，“大陆和台港澳地区同根同源、同文同宗，这是我们心之相系、情之相融，能够和谐相处、共话发展的基础”。张宝文主席坚持在繁忙公务中，尽可能全程参加活动，并亲自策划活动行程。

联谊活动创办时，民盟中央即确定活动属性为“民间交流”，内容“以和谐、宽松的联谊为主”。历届活动，主办方与承办方均精心策划活动内容，使之各有主题、特点，内容丰富而又张弛有度。台湾成功大学校长苏慧贞说：联谊活动不但记录了推动高教发展的努力，也已成为“文明的链接”。台湾淡江大学校长张家宜已是第七次参加活动，她说：“参加这个活动会上瘾。”

已持续十二年的“海峡两岸暨港澳地区大学校长联谊活动”，既是一个交流与合作的平台，也成了一个校长间相互学习的平台。十二年间，参与活动的大学全都有过校长更替，很多新任校长刚上任就来参加联谊活动。他们纷纷表示：在联谊活动中深受启发，学到了很多，老校长们的经验对于自己顺利担当起大学校长的职责给予了很多支持。大家都希望能够通过这个活动不断认识新朋友、延续与老朋友的情谊。

台湾淡江大学校长张家宜女士表示：两岸校长、老师们之间的联谊很重要，年轻学生的交流、联谊更重要；建议联谊活动应该推动两岸交换生项目的进展。台湾东吴大学校长潘维大、台湾逢甲大学校长李秉乾等人也纷纷表示：虽然两岸的政治、经济及各方面的情况不断变化，但是希望两岸高教界的交流不要中断，尤其要给学生们创造到其他三地学习、访问的机会。

王　璇　民盟中央参政议政部办公室调研员

中国民主建国会

一、建议培育新生中小城市，推进新型城镇化发展

“培育新生中小城市，推进新型城镇化发展”是2016年民建中央重点考察调研专题，由全国人大常委会副委员长、民建中央主席陈昌智牵头负责，民建中央副主席辜胜阻、副主席兼秘书长吴晓青参加有关调研考察。3月30日，专题组在京召开开题座谈会，就我国新生中小城市的发展现状、专题调研方向等问题同国家发改委、国土资源部、住房和城乡建设部有关司局负责同志座谈，制定调研方案。在中央统战部大力支持下，4月，陈昌智主席带队赴浙江、吉林调研。专题组在浙江省杭州、嘉兴桐乡、绍兴诸暨、金华义乌、温州龙港及吉林省长春、四平、长白山保护开发区（二道白河镇）等地，分别与当地各级政府召开10余场座谈会，了解浙江、吉林省在培育新生中小城市方面所做的城乡规划、土地制度、城镇试点等主要工作、思路、经验及遇到的不同问题；实地考察杭州梦想小镇、云栖小镇，绍兴店口镇城市建设、镇行政服务中心、盾安集团等企业，四平市梨树县霍家店农民集中居住社区新农业观光园区、特色城镇化社区、企业及农户家庭，二道白河镇商业、文化、居住社区规划建设情况等。5月至6月专题组部分成员先后赴湖北武汉、浙江龙港开展了3次补充调研，了解中部特大城市周边中小城市体系及规划建设情况和城镇化综合试点工作中的经验、情况、问题。4月26日、7月28日和11月7日，浙江龙港镇基层同志先后三次主动来民建中央调研部交流座谈，反映他们对培育新生中小城市的朴实心声。吉林、四川、福建、武汉等民建省市组织也积极配合，结合当地实际情况开展相关调研并提供文字材料。

培育新生中小城市面临的问题

新生中小城市培育是国家推进新型城镇化的重要内容。相对于经济社会和城市化经济进程的快速发展，目前我国中小城市的数量严重不足。我国城镇人口已达7.49亿人，城市数量只有654个；日本只有1.15亿城市人口，却有787个城市；美国有2.58亿城市人口，城市数量多达10158个。国际经验表明，城市化快速发展阶段正是城市数量大幅增长阶段。如美国城市化率从20%提高到50%期间，城市数量由392个增长到2722个；日本城市化率从38%提高到70%阶段，城市数量从166个增长到652个。我国城镇化率从1997年的31.91%提高到2014年的54.77%，但城市数量却从668个降至654个，特别是20万人口以下小城市数量占比持续下降，仅为18%。经过调研，我们认为培育新生中小城市面临的主要问题如下：

1. 法律制度约束

一是撤县设市停滞多年。1994 年，中央发函要求各级停止“撤县设市”；1997 年，国务院正式冻结县改市。自此，我国城市数量基本保持不变。2013 年中共十八届三中全会提出要优化行政区划设置，完善设市标准，严格审批程序，对具备行政区划调整条件的县可有序改市。各地撤县设市的热情高涨。由于上一轮撤县设市引发了很多问题，因此国家采取了相对谨慎的态度，真正开闸放行的并不多。在县改市冻结期间，我国经济和城市发展都有很大提升和飞跃，却没有办法设市。其中，有部分县通过撤县改区来寻求出口，但这需要放弃一部分财政、规划、项目审批的权限，有的县改区后，还需要面临所在城市的差别对待。

二是大镇设市存在法律障碍。随着经济社会的发展，我国涌现出一批大镇，如浙江的龙港，广东的虎门、长安等，这些地方不仅达到了原设立县级市的标准，甚至超过了很多地级市的现有规模。但囿于行政体制束缚，这些镇仍陷于乡镇管理体制和行政框架，用“建设农村、管理农民”的方式来“建设城市、管理市民”，“小马拉大车”不堪重负。如浙江柳市、塘下、龙港三镇财政收入分别占乐清市、瑞安市和苍南县的 28.5%、26.6%、50.3%，但可用财力分别只占 3.6%、5.2%、11.6%；三镇常住人口分别占 19.9%、22.3%、36.7%，但行政事业单位人员分别只占 2.1%、1.3% 和 2.8%。又如吉林省安图县二道白河镇是长白山保护开发区的重点开发建设区域，由于具有优越的生态、环境、区位优势，已发展成为区域的人口集聚中心和旅游集散中心，常住人口和户籍人口都达到了一定规模，旅游旺季每天接待游客 3 万多人，培育发展成为一个城市的条件十分优越，亟须超前谋划城市的定位、性质，完善城市功能，赋予城市职能。撤镇设市的最大瓶颈在于无法突破法律制约。《宪法》对城市行政级别并没有明确规定，但对省、县所辖地区规定翔实。如果设置“镇级市”，将与现行宪法有冲突，违反宪法规定的原有行政区划隶属关系。《国务院关于行政区划管理的规定》是 1985 年制定的，规定提出，市的设立、撤销、更名和隶属关系的变更由国务院审批；镇的设立、撤销、更名和行政区域界线的变更，由省、自治区、直辖市人民政府审批。镇改市不在其中，是新情况下出现的新问题，原有文件难以解决。

2. 行政制约

一是规划之间缺乏协调，行政管理效率不高。吉林省已出台的涉及中小城市发展建设的规划，包括发展改革部门牵头编制的 4 个规划，住建部门牵头编制和各市的城市总体规划、镇规划、村规划，国土资源部门牵头编制的省、市、县和乡镇四级土地利用总体规划，地方组织编制的各类发展规划等等。表面看，各自都强调规划先行、科学谋划城市发展布局。但这些规划在规划目标、核心内容、规划范围、控制重点、编制方法上差异较大，协调衔接难度大，实施起来各自都过于强调自身的价值取向，甚至各行其是，无形使得有机的国土空间趋于碎片化，使得人口、产业、用地均趋于离散化。

二是省、县、镇各级政府间存在不同的利益诉求。从省里的角度看，因为特大镇往往是原来县的经济支柱，在县经济总量中占有绝对比重，如果大镇独立为新的县级单位，则原来的县很可能变为欠发达县，对于全省的脱贫工作将带来负效应。从县的角度看，原本镇里的成绩就是县里的成绩，为支持大镇发展，县里在各方面不吝投入，给予了巨大支持，现在大镇提出要独立出去，和原有县“平起平坐”，县里有看法。从大镇角度看，有的大镇和其他镇经济、人口规模相差10倍以上，管理任务繁重，却不具备相应治理能力。在难以设为县级市的现实情况下，镇对于平级设市也很期待，但又存在前述法律障碍。

三是行政区划不顺畅。吉林省安图县二道白河镇是长白山保护开发区的重点开发建设区域，由于具有优越的生态、环境、区位优势，已发展成为区域的人口集聚中心和旅游集散中心，常住人口和户籍人口都达到了一定规模，旅游旺季每天接待游客3万多人，培育发展成为一个城市的条件十分优越，亟须超前谋划城市的定位、性质，完善城市功能，赋予城市职能。但是，长白山保护开发区的规划管控范围既不是法定意义上的行政区划，与安图县行政版图重复的也只是二道白河镇区域，二道白河镇区域也只是长白山保护开发区的一部分，在管理上正厅级的长白山保护开发区管委会与安图县存在交叉，需要在体制机制方面理顺包括行政区划、隶属管理和城市职能等一些关系。调研发现，基层很多具体情况不尽相同，往往有其历史沿革，如龙港镇经历了三次放权改革，权力也在放和收之间经历了三轮循环；吉林的公主岭、梅河口两市曾经做过地级市，后来又改回县级市。现在，这些地方都希望能进一步提升现有行政级别，或享受放权改革。

3. 经济和要素制约

一是产业支撑不足。多数小城市和城镇，其形成之初大多依赖计划经济时期建设的少数大型工业企业或厂矿型企业起步，形成了长期相对单一化的经济体系。吉林省汽车产业90%以上集中在大中城市，产业链难以延伸到中小城市。大部分县市民营经济发展不充分，且多集中在资源初加工等低端领域。小城镇往往举全镇之力发展一个产业，产业发展失败则波及全镇。如四川省内江市白马镇盲目扩张物流产业，期望打造成渝经济区领先的工业品金融物流中心和川南城市群最大的城市配送中心。2013年因为投资方资金链断裂，导致3000多亩土地闲置，400多户转移人口长时间得不到安置。一些地方产业发展与城市建设脱节，城市发展出现“空城”“鬼城”。部分地方开发了农业深加工、旅游服务等产业，但总体来看，产业支撑能力还显不足，特别是服务业整体发展还比较缓慢，在大幅淘汰过剩产能的背景下，经济要保持持久健康发展，需要更加合理的产业结构和产业发展后劲。

二是土地利用效率待提高。2006年至2012年，我国中等城市和小城市的人口总数和建成区土地面积增幅分别为8.09%和39.54%、6.05%和25.67%，土地城市化明显高于人口城市化，说明城市建设用地规模扩张速度过快。人均城市建设用地应严格控制在100平方米以内，很多地方突破了这个标准，土地资源整体使用比较粗放。土地使用指标又是自上往下分配，层层递减，到基层已经所剩无几。调研发现，浙江等经济发展较快的地方，对建设用地指标需求较大，希望能够突破县域，在占补平衡总原则下实现省域范围内合理配置。吉林等地因人口、经济总量不大，土地资源相对丰富，在开发建设过程中存在不够集约的现象。

三是建设资金缺口较大。总体看来，基础配套设施建设融资模式比较单一，政府投入比重比较大，财力有限，建设资金缺乏，多元化多渠道投资体制尚未建立。

四是人力资源缺失比较严重。新生中小城市就业机会相对较少，文化生活匮乏，缺乏吸引力，年轻人求学就业都倾向于离开“小地方”。“十二五”期间，吉林省26个中小城市中有23个的城市人口呈负增长状态。在农村人口向城市人口转移过程中，城乡二元户籍制度和嵌入户籍制度之中的城乡二元福利性制度阻碍农民市民化，农村和城镇的社会保障尚未实现有效对接。此外，农民也不愿意放弃农业户口，不想失去农民身份和由此相关的土地权益等。

对培育新生中小城市的建议

按照张高丽副总理今年2月23日在深入推进新型城镇化建设电视电话会议上的讲话精神，试点工作“一年打基础、两年出成效、三年能推开”，今年的试点工作必须取得阶段性的成果。为此，建议：

1. 加强顶层设计，尽快出台设市标准。中小城市缺位是新型城镇体系中的短板，增加中小城市数量是补齐短板的重要手段。一是新标准要符合当前和今后一个时期的发展需求，真实准确地反映当地的城市化水平。二是新标准要有差异性。东中西部的现实差异客观存在，比如浙江省内设定的试点标准远远超过东北地区的发展能力。三是循序渐进。县的工作重心是“三农”，而市的主要功能是发展工业、建设城市等。要确保建市地区具备城市经济结构和特征，需要按照城市建制和城市系统来管理。适合撤县建市的建市，适合撤县建区或撤市建区的建区，不具备条件的保持原有县建制，避免一哄而上。

2. 解放思想，坚持用改革思维破解镇改市的制度难题。新时期，镇改市亟待体制破冰。一是改变城市只是行政区划的传统观念。城市这一经济概念在我国现行的体制机制约束下，被限定在行政级别概念中，违背了经济社会发展的一般规律。借鉴发达国家城市发展经验，将有需求有能力的镇培育为中小城市，赋予城市的管理权限和管理方式。二是尽快解决“正名”问题。一些特大镇已经成为实际意义上的城市，改革除扩权、赋能外，可考虑一个特大镇设为县级市，也可考虑一个特大镇和两三个一般镇合并设为县级市。三是在无法启动宪法修改程序的情况下，可以考虑由人大授权，在撤镇设市上有所突破，优化设市规模和设市结构。如设置省辖县管市，经济指标等继续统计在原有县域内，赋予其城市管理的权限和能力，以缓解地方各级的具体矛盾。四是国家已经明确的新型城镇化的综合试点镇，肩负着改革探索、总结经验的重任，应该允许其先行先试，利用现有良好条件，挖掘发展潜力，在封闭试点内推动设市模式创新和行政管理体制改革，突破既有行政建制的约束，允许试错，建立容错纠错机制。五是在试点运行基础上，研究制定撤镇设市的标准和程序，修改完善相关法律规定，中央政府进行宏观管理与指导，审批权可授权给省级政府。赋予新设市县级管理权限，省级政府在年度土地指标、财政转移支付等方面对其实行计划单列管理。

3. 因地制宜，试点改革要有新突破和新举措。推动吉林二道白河镇设市（不是长白山管委会设市，也不是池北区设市）。作为全国新型城镇化试点地区，二道白河镇设市有利于破解开发区和行政区关系的难题，探索旅游区城镇建设的新模式。与浙江龙港形成南北呼应和补充，多点探索新型设市模式。调研发现龙港试点行政主体问题不解决，“大部门”就无法实质运行，县级权限下放其实就是一句空话；龙港如设不了市，综合试点的目标就达不到，龙港的改革就会前功尽弃。开弓没有回头箭，建议在履行必要的申报程序前提下，给龙港一个“市”的名分，暂不定行政级别，毕竟特大镇中纳入第一批试点的镇只有龙港一个，但是这个“市”要具有县级行政主体资格的“市”，至于级别问题，待2017年试点3年期限到后，由国家层面对龙港试点工作进行评估后再定。如不能先给龙港一个“市”的名分，建议在一定层面默许龙港具有县级行政主体资格，先允许龙港按县级体制去改革，再去总结龙港的新型管理模式，如可行推广，不可行容许改革试错。

4. 坚持产城融合，重视发挥规划指导作用。按照“大中小城市协调发展”的要求，科学规划自身在城市群中的功能定位、产业和人口布局。培育新生中小城市的关键在于人的城镇化，人的城镇化关键在于产业支撑，要注重产业兴市，产城融合，发展特色产业，着力推进传统产业升级，积极培育新兴产业。在城市经济圈的节点地区，重点培育中小城市，引导鼓励大中城市工业企业向小城市作梯度转移，使中小城市接受大城市产业辐射，形成产业链，发挥联动作用。一是以“三集”（即人口集中、产业集聚、用地集约）为出发点和归宿，强化空间规划“集权”。理顺法律关系，以资源环境承载力为前提，以第二次全国土地调查及其连续变更的最新土地利用现状为“底图”，以土地利用总体规划确定的自上而下逐级控制的开发强度、建设用地规模、耕地保有量和基本农田面积等约束性指标为“底盘”，以永久基本农田保护红线、生态保护红线、城市开发边界为“底线”，编制和实施国土空间综合规划，从法律上赋予国土空间综合规划基础性、战略性、综合性、政策性定位，强化对国土空间的统筹安排和整体管控，促使国土空间集约、高效、可持续利用，形成有利于人口集中、产业集聚、用地集约的国土空间开发格局，从而催生和培育中小城市。二是以优势产业集聚人口。就业机会多始终是城市能够集聚人口的首要条件。中小城市的孕育和发展离不开适合本区域发展的产业。要针对中小城市规模“中小”的特点，大力培育和发展民营经济，提高民营经济的比重，充分发挥民营经济能创造较多就业机会、集聚人口的作用。要针对中小城市紧靠传统农业区域的特点，注重乡土文化的挖掘、保护和传承，利用具有优势的历史文化沉淀发展相关文化产业和旅游产业，大力促进农村一二三产业的融合，发展服务于“三农”的第三产业，使中小城市成为农村一二三产业融合的主要基地，成为连接大城市和美丽乡村两端的桥梁和纽带，成为农村人口市民化并向城市梯度转移的重要梯级，推进产城融合发展。三是以优良生态吸引人口。宜居的环境，优良的生态，是吸引外来人口的一大优势。具备这样优势的中小城市往往能吸引、集聚一定规模的人口。中小城市要甘于做“中小”的角色，重在质的提升，拼生态、拼环境，而不能跟大城市拼产业。所以，中小城市的培育要坚持生态优先、绿色发展，否则就没有持久的生命力。四是以创新促发展。对已经具备中小城市雏形的，适时调整完善行政区划，理顺隶属关系，建立健全城市职能，为中小城市今后的培育与发展打下坚实基础，创造良好条件。

5. 提高要素效率，充分发挥市场对资源配置的决定性作用。一是培养、吸引和利用人才。重视人力资本建设，条件具备的地方兴建高等院校。逐步通过便捷的交通、发达的信息网络、舒适的环境、合理的福利待遇吸引人才留在中小城市。加快农业转移人口市民化，让更多的农民工就近就业创业。职业教育是推动新型城镇化发展的重要驱动要素，要营造有利于职业教育发展的良好社会环境，全方位推进现代职业教育体系建设。充分发挥市场作用，做好农民、农民工的职业培训，提升他们的就业技能、岗位技能和创业能力，助力他们作为新市民更好融入城市。二是科学合理利用土地。要将城镇开发空间和国土保护结合起来。一方面要确保土地资源得到集约合理使用。另一方面，要进一步盘活土地资源，研究出台土地流转的具体程序和办法，有条件、有需要的地区，探索区域内建设用地指标交易的具体方式。在充分尊重农民意愿前提下，探索推广宅基地有偿使用和有偿退出机制。三是拓宽投融资渠道。参照对小微企业金融支持的相关做法，制定出台我国新生中小城市建设融资指引。放宽对新生中小城市在土地收储、棚户区改造、市政设施、民生工程项目和特色产业项目等融资方面的限制或降低融资门槛。允许新生小城市政府设立中小城市建设开发专门用途的资产运营公司，以此为主体发行新生中小城市市政债、区域集优债、重点项目权益债，指导新生中小城市 PPP 项目融资，加大国开行、农发行等银行对新生中小城市建设的融资力度，鼓励本地的城商银行、农村商业银行和信用合作联社对新生中小城市建设的融资。试点地区在成本分担机制、改革完善农村宅基地流转等方面加大探索，力争实现重点突破。

6. 转变职能，更好发挥政府作用。一是推行“大部制”改革。培育新生中小城市，不是简单的大镇改为市，而是“小政府、大服务”的新模式。实践表明，试点地方根据实际情况，完全可以在基层进行“大部制”改革。在中小城市的培育发展过程中，应明确贯彻这一原则，摒弃传统的“上下对齐”模式，将管理权限下放，赋予地方综合行政执法权，同时对行政人员、编制和经费严格控制，推广“多规合一”，建立一套成本低、管理新、效率高的新型管理模式。从更长远来看，镇区人口达到一定规模后可以自愿设市的模式，顺应城市发展客观规律，符合行政管理体制改革方向。逐步将中央政府审批设市的模式改为备案制，镇区人口达到国家确定的标准后，可以自愿改为市，报中央政府备案。二是出台配套政策，完善公共服务体系。教育、医疗等公共服务资源供应紧张，有的一个中小城市一年新增人口近 10 万人，原有的学校和医院接纳能力严重不足。例如武汉黄陂区的盘龙城每年新增人口达几万人，新增义务阶段入学需求 3000 多人，每年以新增 3 所学校的速度仍不能满足就学需求。第一，建立政策支持“直通车”制度和政策落地“绿色通道”，避免“资金、土地、人口”等含金量高的政策空转。例如四川省的 100 个重点建设镇中，仅省级有 500 万元资金用于公共服务设施建设，国家层面则没有用于小城镇公共服务设施建设的专项资金。建议国家公共财政和公共设施投入，应与城市人口数量和产业规模相匹配，并对改善民生的小城市重大项目列入中央预算资金优先安排。总结和复制、推广一些地方好经验。例如吉林省公主岭市范家屯镇积极探索土地经营和融资路径，2015 年搭建投融资平台，正式开展土地银行试点工作。“土地银行”意在把用地规划、土地流转、增减挂钩、土地收储等工作统筹推进，着力破解资金瓶颈，抓好有效投资。第二，逐步实施中小城市常住人口公共服务均等化，推进社会救济、养老、公共卫生、教育、文化、住房保障等公共服务体系均衡发展。加快建设交通公路网、信息传播网、环保设施网等基础设施体系，提高中小城市资源流通效率。尽快健全财政转移支付同农业转移人口挂钩机制，对有关法律修改完善，促进中小城市持续健康发展。

调研报告已经转送中共中央国务院，并得到了李克强、张高丽、孙春兰、王勇等领导同志的批示。在 7 月份召开的党外人士座谈会上，民建中央主席陈昌智在发言中就此问题提出了意见建议。在俞正声主席主持召开的调研协商座谈会上，民建专门介绍此课题的调研情况，提出具体建议，得到了与会政府部门的认可。调研的基层政府对于报告所提的建议也充分肯定，表示深受鼓舞。10月11日，中央深改组在第28次会议上审议通过了《关于深入推进经济发达镇行政管理体制改革的指导意见》，会议强调要构建符合基层政权定位、适应城镇化发展需求的新型行政管理体制，进一步激发经济发达镇发展内生动力。体制破冰指日可待，“超级镇”的发展将迎来新的改革红利。

二、建议培育具有核心竞争力的创新型企业促进创新发展

改革开放以来，我国经济快速发展，经济总量稳居世界第二位。但我国科技创新能力相对较弱，许多产业仍处于全球价值链的中低端，一些关键核心技术受制于人的状况没有根本改变。随着全球新一轮科技革命和产业变革的加速演进，以及我国经济发展进入新常态，要实现经济提质增效和转型升级以及“四个全面”战略布局，迫切需要培育一批真正拥有核心技术、在国际上处于行业领先、为市场所认可的具有核心竞争力的创新型企业，并使之不断涌现。这不仅是实施创新驱动发展战略的需要，而且也是提升国家核心竞争力，为国家创造更多财富、为政府创造更多税收、为人民创造更多就业机会的需要。因此，培育具有核心竞争力的创新型企业任重而道远。

培育具有核心竞争力的创新型企业主要经验和成效

企业核心竞争力是企业生存和发展的核心能力和优势，来自于企业竞争优势的累积和能级的提升。为培育具有核心竞争力的创新型企业，各级党委和政府在营造良好营商环境、激发企业创新活力、加强人才引进、加大知识产权保护力度等方面做了许多有益的探索，企业创新意识逐步增强，创业能力和水平不断提高，涌现出一批如华为、海尔等具有核心竞争力的创新型企业。

1. 注重改善营商环境。一是推行简政放权，完善工作机制。深圳市95%以上的商事主体设立登记和70%以上变更登记，均已通过互联网办理。二是切实落实鼓励企业主体创新投入的普惠性税收政策，充分发挥研发费用加计扣除优惠政策和财政技改贴息资金的引导作用。三是加强以市场导向的科技服务体系建设。如推进大型仪器设备共享，青岛入网仪器2763套，服务量增长49.7%。

2. 着力激发企业创新活力。一是重点解决国企经营者短期行为、多头管理、不敢创新、不能创新、不愿创新等问题。推行合同制契约化管理，让懂企业的人经营企业；实行以法人代表为核心的法人治理结构；出台免责条例并改进考核机制；配置优质国有资本资源向高效领域和优势企业集中等。二是引导培育中小企业走专精特新发展路径。支持中小企业建立特色品牌，做细分市场的领导者。如青岛市探索建立起一整套“专精特新”发现、培育、认定、扶持、监测工作体系。

3. 努力集聚创新创业人才。一是改进人才评奖评判标准。上海市实行分类评奖，A类面向社会，B类面向企业，改变在以论文、职称等为主要评判标准下企业人才的弱势，支持企业人才队伍建设。二是重视培养和引进高端人才。珠海市重点培养和引进具有创新意识和国际视野、资源整合能力强的优秀企业家，以及高层次创新创业团队和高端专业技术人才。积极探索职业经理人制度，建立市场化选人用人新机制。

4. 加强知识产权保护和标准化建设。一是加大知识产权保护力度。注重强化专利运

营，引进知名知识产权服务机构，开展高价值专利培育和运营；加大知识产权保护执法力度。二是提高标准化建设水平。一流企业都是行业标准的制定者。对高新技术产业而言，其发展态势更是在行业标准被不断打破的过程中走向更高更远。加强标准化建设，一方面可实现大企业与小企业之间的顺利衔接，另一方面也是实现与国际接轨，特别是保证质量、保证产品品牌的重要基础。

我国创新型企业发展面临的主要挑战

在看到成绩的同时，我们也清醒地认识到，当前，我国创新型企业发展面临着一些问题和挑战，主要表现为：

1. 企业融资难。一是国内融资成本远高于国外，当前美国当地银行的一年期美元贷款总成本约为年息 1.62%，而国内的人民币贷款平均成本为 5.38%、美元贷款成本也达到 3% 左右。二是民营企业融资成本远高于国有企业，2015 年，大、中、小、微型企业融资成本分别为 4.14%、4.59%、7.47%、8.19%。商业银行许多收费直接与贷款挂钩，甚至成为行业规则，金融行业的利润挤压了企业产业资本的利润。三是风险资本投向种子期和初创期企业较少，更多投资于风险低、见效快、收益高的项目，投资阶段后移现象比较突出。

2. 知识产权与商业秘密保护难。一是由于知识产权行政管理分散、侵权处罚力度有限、司法救济周期长、虚拟经济中侵权行为难以监管，且知识产权维权长期存在举证难、时间长、成本高、赔偿低、效果差、判决执行不到位等问题，导致知识产权侵权案件呈多发易发趋势。二是商业秘密权利人的法律救济难度大。《反不正当竞争法》《劳动法》中关于商业秘密保护条款，内容相对分散且难以操作。一旦发生侵犯商业秘密案件，企业收集证据甚至需要公证机关、法院、公安机关等协助，难度很大，且通常侵权人毁灭、转移证据速度极快。

3. 科技成果转化政策落地难。一是政策与党纪不配套，如高校领导干部在外兼职问题，国务院关于《实施〈中华人民共和国促进科技成果转化法〉若干规定》与《中国共产党纪律处分条例》《进一步规范党政领导干部在企业兼职任职的意见》对兼职的概念认定以及有权认定的主体界定不清，缺乏操作细则，导致政策执行难。二是对政策理解和执行存在差异，因顾忌事前鼓励、事后追责导致政策执行踌躇不前。三是高校科研人员到企业任职，对高校任务考核带来影响，若不能有效解决这个问题，则很难从根本上调动高校积极性。四是企业人员到高校任职，其教师资格证难以解决。

4. 人才引进和集聚难。一是生活成本高昂，使得引进高层次人才的成本也极其高昂。二是缺乏具有全球竞争力的人才薪酬水平。2014 年上海高校教职工平均收入是全市在岗职工平均收入水平的 1.34 倍，而中国香港、新加坡都达到 2.5–3 倍以上。对引进国际高（尖）端人才、领军人物的薪酬待遇，目前尚无明确的支持政策依据和特别的经费来源。三是创新人才引进和集聚所必需的体制机制和政策环境尚未完全形成，能上能下、能进能出、优劳优酬、分类管理、分类评价等机制有待健全。

培育具有核心竞争力的创新型企业，促进创新发展对策建议

企业的生存之道是优胜劣汰，企业的生命力在于有核心竞争力。当前，实施创新驱动发展战略，建设创新型国家，离不开培育具有核心竞争力的创新型企业，建议：

1. 立足国情，制定中国企业发展国家战略。着眼于培育具有核心竞争力的创新型企业，适时提出中国企业发展战略，并上升为国家战略。一是从国家层面瞄准国际市场，超前布局前沿和高技术领域企业发展战略，做好规划和资源配置。二是保持创新的连贯性，在开展一波产业的同时，着眼考虑下一波产业的发展，积极储备重点项目和扶持未来产业，逐步形成梯型产业发展结构。三是着力提升企业核心竞争力，培育创新型龙头企业，并支持中小企业创新创业，以中小企业的颠覆性创新推动龙头企业的渐进性创新。

2. 转变政府职能，营造公平公开竞争的市场氛围。一是继续解放思想，真正贯彻中央对非公有制经济"两个毫不动摇""三个没有改变"的精神，破除影响非公有制企业公平进入和竞争的各种障碍，促进各类市场主体公平竞争。二是深入推行简政放权，实施负面清单管理，竞争性领域取消市场准入。认真梳理和评估尚未下放或取消的审批项目，继续减少行政许可。三是大力支持以企业为主体，成果产业化为导向的工程技术开发中心、重点实验室的建设。四是支持以技术兼并为重点的跨国高科技企业兼并重组，打造产业集聚区，支持跨国企业高端产品和技术在我国核心区域落地。五是加强服务体系建设。加快企业公共服务平台网络建设和动态管理。

3. 提高认识水平，重点培养更多专精特新企业。专精特新企业是打造中国经济增长升级版的实施主体。一是加强金融支持。鼓励发展中小金融机构，加强多层次资本市场体系建设，继续推进中小企业担保体系建设，促进互联网金融健康发展。二是加大对潜力型专精特新企业的支持力度。支持各地小微企业创业基地建设，培育一批示范带动作用强的国家小微企业创业示范基地。三是制定专门促进专精特新企业人才培育政策，加强职业培训，继续实施好企业经营管理人才素质提升工程。四是帮助专精特新企业积极开拓海外市场，设置全球营销支援体制，协助企业解决专业人才、信息与海外网络不足等障碍。

4. 弘扬企业家精神，支持企业家创新。有创新精神、专注企业发展的企业家是培育创新型企业的关键。要充分认识企业家和企业家精神的重要性。一是营造尊重企业家的社会氛围。企业家是企业的灵魂，是社会主义事业的建设者，是我国改革开放政策的探路者和执行者。要承认并重视企业家的作用和贡献，保护企业家的合法利益。二是构建好"亲""清"的政商关系，提振企业家信心。加强经济治理的市场化、法治化和民主化建设，保持政策的连续性和稳定性，使政策真正落地、落实、落细，支持和保护企业家从事合法经营活动。三是为企业家创新提供更多的机会和空间。对于那些处于政策灰色地带的业务与模式探索，只要不涉及国家安全和系统风险，应给予适当的宽容度。四是以创新精神为指导培育企业家，提高企业家的学习能力和创新意识，鼓励企业家积极运用互联网以及大数据、云计算等新型技术手段，创新商业模式。

5. 完善税收政策，支持有核心竞争力的创新型企业发展。一是提升税收优惠政策的法律层级。专门针对科技创新制定单行法律，将科技创新有关的税收优惠统一收录在一部法律中，形成系统科学的政策体系，方便纳税人和税务机关掌握和应用。二是税收优惠政策直接向研发环节倾斜。建立健全科技研发风险准备金制度，允许符合条件的企业按销售收入的一定比例提取科技开发基金并在税前扣除，提高企业研发资金储备和研发抗风险能力；规定企业购置并在生产过程中实际使用的科技创新专用设备、专利、技术等，可按其投资额的10%从企业当年应纳税所得额中予以抵免；对于购入的专门用于研发的资产，金额在10万元以下允许企业一次性扣除。三是借鉴英国、加拿大等国做法，对不同规模企业研发费用加计扣除实行差异化优惠，将中小企业研发费用加计扣除比例从50%进一步上提，鼓励中小企业增加研发投入。

6. 加大知识产权与商业秘密保护力度，保护企业核心竞争力。一是在北京、上海和广州成立知识产权法院并运行的基础上，加快成立知识产权终审法院，统一知识产权重大案件最终判决的标准，以加强企业在高科技领域高效快速创新能力。二是在知识产权法律法规的制定或修订中加大对知识产权侵权行为的处罚力度，彻底改变知识产权案件诉讼中维权难的状况。对严重和屡次侵权者要将其纳入企业和个人信用记录，限制或禁止其参与市场经营活动。三是加强虚拟经济中的知识产权保护，制定相关法律法规，对电子商务自然人网店实施工商登记和监管；通过司法解释，对网购平台销售侵权产品需承担连带责任等。四是尽快修订或制定保护商业秘密的法律，例如以“是否存在窃密行为”而非“窃密后是否成功实施”作为量刑依据等。

7. 落实落细有关政策，促进科技成果转化为现实生产力。一是全面总结政策实施过程中遇到的新情况新问题，尽快出台有利于科技成果完成人行使成果处置权、收益权的相关法律实施细则；明确单位领导在履行勤勉尽责义务、没有牟取非法利益的前提下，免除其决策责任及其他不确定责任。二是鼓励协同创新，围绕产业发展的共性和关键性技术开展有组织、有规模的科研活动，提高高校学科对产业的支撑作用。三是进一步落实和扩大高校用人自主权，完善高校教师分类管理、分类评价、分类考核制度。

8. 完善培育和激励机制，推动技术人才向企业聚集。一是在调控中心城市房价基础上，支持创新型企业集聚地区政府采取更积极的政策，鼓励科技人员能够在高房价地区安居乐业。二是加强人才合作和交流，鼓励技术人员走出去和引进来相结合，重点引进具有技术经验基础的创新型团队，培育人才优势基础。三是建立用地、用人、税收等优惠政策，鼓励民营企业在中心城市（高新区、科技园等）建立研发机构，积极发挥中心城市科技资源集中和辐射的优势，引导人才向实业流动。四是鼓励高校实用开发型人才与企业对接，发挥科技型中小企业的人才集聚功能。

此次调研取得了很好的实效，调研报告报送中共中央、国务院领导后，李克强总理作了重要批示。调研报告还为民建中央参加中共中央7月召开的党外人士座谈会提供了重要参考。

三、关于精准扶贫精准脱贫的建议

为确保到2020年实现全面建成小康社会的宏伟目标，中共中央、国务院做出打赢脱贫攻坚战的重大战略部署。民建中央高度重视，成立了以民建中央专职副主席为组长、相关专家学者组成的民建中央专题调研组，就如何更好地贯彻落实党中央、国务院的战略部署，推进精准扶贫、精准脱贫进行调查研究。调研组到四川的宣汉县、平昌县和仪陇县，广西的大化县和龙州县，甘肃的会宁县和定西市的安定区深入调研，听取省（区）、市、县、乡镇地方政府和相关部门介绍开展精准扶贫、精准脱贫的情况；实地考察贫困村、贫困户、易地扶贫搬迁项目示范点、扶贫产业化项目基地等；与农村基层党政干部、农村合作组织负责人座谈，到多家贫困户访谈；专题调研组在深入调研的基础上形成了这份调研报告。报告分三部分：开展精准扶贫、精准脱贫中尚需重视的问题；深入开展精准扶贫、精准脱贫的好经验；深入开展精准扶贫、精准脱贫的几点建议。

开展精准扶贫、精准脱贫尚需重视的问题

改革开放以来，经过全党全社会共同努力，7亿多农村贫困人口摆脱贫困，农村居民生存和温饱问题基本解决。贫困地区农民人均纯收入增长幅度连续十多年超过全国农村平均水平，贫困地区交通、电力、水利、通信、互联网等基础设施全面改善，贫困地区义务教育、医疗卫生、农村低保和基本养老保险等公共服务能力不断提高。我国成为第一个完成联合国千年发展目标的发展中国家。近年来，我国贫困人口不断减少，贫困地区面貌明显改观，精准脱贫攻坚战取得了显著成绩。但是，要实现在2020年全面建成小康社会的宏伟目标，仍然面临着巨大挑战，主要有5个方面的困难。一是贫困人口数量多。5年时间实现5575万贫困人口脱贫和832个贫困县摘帽的目标，每年要减贫1000万人以上。二是越往后越难。经过多年努力，容易脱贫的已经解决得差不多了，剩下的大多居住在自然资源贫乏、地理位置偏远的地方，往往“无业可扶”。三是贫困人口发展能力弱。建档立卡贫困人口文化水平总体偏低、劳动能力不强，超过92%的贫困人口是初中以下文化程度，42.2%的贫困人口主要是因病致贫，16.8%的家庭缺少劳动力，往往“无力脱贫”。四是特困问题突出。民族地区、边境地区和特困群体，贫困程度更深，减贫难度更大。五是易返贫。因病、因学、因婚、因房等问题返贫情况时有发生，新的贫困人口还会出现。

下面是调研中发现的需要重视和解决的具体问题。

1. 国家扶贫政策的落实和衔接

一是易地搬迁补助标准梯度问题。“十二五”期间国家实行易地搬迁的补助标准是每人5000元，而“十三五”的补助标准是每户20万元，出现新老易地搬迁政策不一致、前后差距巨大的情况，造成政策梯度过大，已搬迁户与新建档立卡搬迁户、部分搬迁与整体搬迁的矛盾激化。

二是精准扶贫政策与农村低保政策衔接问题。有的地方在实施扶贫开发中，将贫困对象分为扶贫户、低保户、扶贫低保交叉户等，分别以扶贫线和低保线认定对象。据统计，到2015年9月底，全国592个国家级贫困县农村平均低保标准为2307元，数据显示大多数国家级贫困县农村低保标准低于国家最低扶贫标准（2855元），由此带来的标准差异成为精准脱贫中需要解决的问题。

三是农村医疗政策在贫困地区落实难。多年来国家一直推行的“强基层,保基本”“分级诊疗，双向转诊，结果互认”“小病不出村，常见病不出乡，大病不出县”等政策非常好，在一些经济发达地区取得了好成效，但在一些贫困地区仍未能有效落实。现实的情况是乡村医疗卫生机构人才匮乏、医术不精、服务质量不高，药品种类少且不齐全，医疗设备陈旧、短缺，基层卫生院基本上没能力开展手术，好医生也留不住。由于这些问题的存在，使部分农村居民宁愿选择到大医院看病，也不在基层卫生院治疗。但到大医院看病，来回的交通费、检查费和人员陪护费等又成为农村居民的一大负担，且县级以上医院的报销比例较低，门槛费更高，最终又演变成新的“看病难，看病贵”现象和因病致贫的现象。

四是国家级项目在贫困地区落地难。贫困地区的共性大都是老、少、边、穷地区，资源匮乏，交通不便，基础设施和公共服务设施薄弱，群众生产生活条件差，收入和生活水平低。在贫困地区安排和实施一些国家重大项目或重点工程，能对贫困地区起到引领和辐射作用，加快脱贫致富的进程。但是，由于贫困地区条件所限等复杂因素，国家重大项目或重点工程实际落地仍面临诸多挑战。

2. 国家扶贫资金的使用监管亟待加强

国家对扶贫资金的投入增长显著，2002 年至 2015 年，财政专项扶贫资金从 106.02 亿元增至 460.9 亿元，为解决农村贫困人口温饱问题、支持贫困地区社会经济发展做出了重要贡献。同时，根据国家审计署 2016 年对 17 个省、直辖市的 40 个县、区 (其中国家扶贫开发工作重点县 26 个)2013 年至 2015 年财政扶贫资金管理使用情况的审计结果，共抽查扶贫资金 50.13 亿元，发现的问题需要引起重视：一是有 8.43 亿元扶贫资金结存 1 年以上未投入使用，其中 2.6 亿元闲置超过 2 年，最长的闲置超过 15 年，因项目取消或完成等原因形成 8795.29 万元结余未按要求盘活使用；二是基层扶贫资金监管比较薄弱，有 1.38 亿元被骗取套取或违规使用；三是有 7 个单位在扶贫开发工作中违犯规定收取项目推广费、设计费等 1249.36 万元，主要用于弥补经费等支出；四是扶贫项目管理不善，有 2.99 亿元资金未发挥效益或形成损失浪费；五是有的扶贫资金分配未与建档立卡贫困人口数据建立有效衔接机制，扶贫资金使用和项目安排未充分瞄准建档立卡对象。

3. 贫困人口因病致贫或返贫问题仍然突出

根据国务院扶贫办的调查，目前在全国现有 7000 多万贫困人口中，因病致贫的农民居民占 42%。农村医疗卫生保健服务是贫困家庭需求程度最高的公共服务项目，占农村贫困家庭的比重达 63.45%。由于贫困地区的医疗基础设施差、医护水平低，因而贫困人口看病难、看病贵、看不起病的状况没有根本性好转，劳动力一旦得病就会因失去劳动能力导致其家庭贫困或返贫。当前，因病致贫返贫已成为贫困地区突出的社会问题，疾病导致贫困，贫困加剧疾病，形成恶性循环，严重影响了贫困农户脱贫致富和农村经济的发展。

4. 易地搬迁脱贫中的问题

首先土地资源和环境承载压力较大。“十三五”期间，我国要对 1000 万建档立卡贫困人口实施易地搬迁，但面临着严峻的土地资源和环境保护的压力：一是土地供给困难。从土地供给看，搬迁地既要保证移民的生产生活条件，又要符合避灾要求，但现有贫困地区一些地理和发展条件较好的地方已经先期利用，适宜搬迁可选择的地方有限。从安置点农业用地看，移民安置住房已占用大量土地，迁入地原有农户不愿再无偿将承包地调剂给移民，致使发生一些移民变成“就业无岗、种粮无地、低保无份”的情况，如果对非移民耕地进行调整极易因争地引发社会矛盾。从移民搬迁安置征地看，因地方财力有限，安置点征地不可能给予较多补助，补助偏低群众不愿意，补助偏高政府又拿不出，有的地方发放补助款需等政府对工程验收后才给予兑付，因少数群众不理解，上访闹事现象时有发生，在一定程度上造成负面社会影响。二是人地关系紧张。贫困的根本原因在于贫困地区资源和环境的承载力超负荷运行，集中安置选址困难背后更为深刻的原因是贫困地区人地关系紧张，土地资源瓶颈包括不断减少的土地数量和土地质量下降，导致土地开发利用成本提高，与生态环境保护构成矛盾，补充耕地的潜力十分有限。三是环保压力加大。现行易地扶贫搬迁主要采取“就近集中安置”方式，加大了对环境保护的压力。一些搬迁地虽然盖了新房、修了新路，但由于资金紧张，在污染治理设施建设上仍然存在不配套、不到位的情况，催生了新的环境问题，导致移民安置点的生活污水和垃圾变成新的污染源。

其次易地搬迁成本大，建设资金配套难。从宏观看，易地搬迁巨大的资金需求与贫困地区经济落后、县级财力薄弱形成鲜明对比，要求迁出区域的贫困家庭承担的部分搬迁费用与当地较低的人均收入构成矛盾：一是扶贫资金缺口大。现有易地搬迁项目中，用于集中安置点的给排水、道路、电力、通信、防洪抗震、垃圾处理等基础设施和教育、文化、医疗、商业等公共服务设施的建设资金投入大，但国家搬迁资金中未安排专项资金，因而导致地方基础设施建设配套投入严重不足。同时，因部分项目资金拖欠，使得地方政府为了不影响工程进度，进而举债。二是移民成本高。贫困地区的贫困家庭，除正常开支外积蓄很少，在移民搬迁中产生的购地、建房、办证、搬迁等费用大，总费用远高于国家给予的搬迁费，使原本贫困的家庭感到很大压力。三是贫困县财政紧张。国家下达的精准扶贫资金、涉农项目资金都要求地方有相应配套资金，而有些贫困县的财政基本属于吃饭财政，用于保人员工资、保工作正常运转，财政时时感到捉襟见肘，没有多余资金相配套，自主脱贫的财力支持甚为薄弱。

再者产业支撑与社会保障乏力。一是产业发展缓慢。贫困地区经济发展基础薄弱、产业体系不健全、人才匮乏，是制约易地搬迁贫困人口脱贫致富的关键所在。有些贫困县区开放程度较低，且在国家颁布的主体功能区划中被列为限制开发和禁止开发地区，因而在近几年的产业扶贫中，这些贫困地区大多围绕当地资源条件发展种植业和养殖业，工业化程度低，第三产业不发达，农业生产仍是低效率、高成本，靠天吃饭现象依然普遍存在，导致脱贫初期的返贫现象较为明显。产业基础薄弱不仅对非农产业吸纳劳动力的能力产生制约，也抑制了当地的城镇化进程。二是就业渠道狭窄。贫困地区农业产业基础薄弱，县域经济发展缺少大企业、大项目、大产业、大品牌的带动，大部分安置点受地域条件限制难以依托园区和企业就业，致使不少移民失去稳定的生活来源。特别值得注意的是，由于易地搬迁时间紧、任务重，大多数乡镇政府考虑较多的问题是如何“搬得出”，而对移民搬迁后有无增收渠道考虑甚少，因而移民多是自寻增收和生存门路，导致一些移民产生穷家难舍、故土难离的想法，不久又放弃新舍返回原居住地，认为原居住地至少还有小块贫瘠土地可种点儿粮食生活。

深入开展精准扶贫、精准脱贫的好经验

打赢精准扶贫、精准脱贫攻坚战，就要深入学习贯彻习近平总书记关于新时期扶贫开发重要战略思想，把思想和行动统一到党中央、国务院关于脱贫攻坚的决策部署上来，进一步增强政治责任感和历史使命感，砥砺信心和勇气，狠抓工作落实。通过调研，总结出以下几点经验：

1. 打赢精准扶贫、精准脱贫攻坚战要在精准上下功夫

在精准识别上下功夫，打牢脱贫攻坚的基础。瞄准建档立卡贫困人口，重点解决好

不愁吃、不愁穿和义务教育、基本医疗、住房安全有保障问题。要精准施策，逐村逐户想办法、找路子，把扶贫资源和帮扶措施精准落到贫困村、贫困户。要把“大水漫灌”变为“精准滴灌”，提高扶贫成效。做到扶持对象精准、项目安排精准、资金使用精准、措施到户精准、因村派人精准、脱贫成效精准。四川省强调管理精准，建立“六有”脱贫攻坚信息系统，即建立户有卡、村有册、乡有簿、县有档、市有卷、省有库。在扶贫开发建档立卡数据采集系统已有的贫困户、贫困村指标体系基础上，编制了包括省、市、县、乡、村、户6级脱贫攻坚指标体系，印发了《四川省扶贫开发领导小组办公室关于引发脱贫攻坚“六有”指标体系的通知》。研发并建成全省脱贫攻坚“六有”大数据平台，各地结合建档立卡“回头看”和“五个一批”归类认定工作，完善了相关表册，把贫困户、贫困村的相关信息全部录入了六有大数据平台，该平台成为全省扶贫历史上指标最细、数据最全的贫困档案库，对精准扶贫精准脱贫实现了动态、信息化管理，为脱贫攻坚工作决策提供了有力保障。为了提升“六有”平台动态监管功能，加快推进扶贫与统计、民政、人社、住建、公安、教育、卫计等部门数据互联共享，建立了扶贫和脱贫两本台账。同时还在“六有”大数据平台上增加扶贫资金监管和工作月报等模块，建立科学指标体系，全程记录脱贫攻坚推进情况，推进“六有”大数据平台由静态向动态管理转变。甘肃省从2015年6月在全国率先开展了贫困人口的精准核实，创建了“一核、二看、三比、四评议、五公示”的精准识别方法，对全省58个片区特困县、17个结对子贫困县的6220个贫困村、129万贫困户、552万贫困人口进行了建档立卡；创立“互联网+精准扶贫”新模式，建成精准扶贫的大数据管理平台，对各级政府部门落实精准扶贫政策和措施情况进行全程跟踪和管理；制定《甘肃省脱贫攻坚“853”挂图作业实施意见》，做到“平台8个准”“村村5张图”“户户3本账”，详细记录各项到村到户的普惠和特惠措施落实情况、贫困村户底数和动态变化情况。这些为打赢脱贫攻坚战奠定了坚实基础。今年3月，国务院扶贫办在甘肃省召开了全国精准扶贫建档立卡工作现场会，汪洋副总理出席会议，对甘肃省的精准扶贫工作给予充分肯定。

在精准施策上下功夫，重点攻克脱贫攻坚的难点。打赢脱贫攻坚战的难度在于必须啃下硬骨头，广西自治区党委做出《关于贯彻落实中央扶贫开发工作重大决策部署，坚决打赢“十三五”脱贫攻坚战的决定》，重点攻克脱贫攻坚的难点：一是加大财政投入。今年自治区财政投入专项扶贫资金22亿元，是2015年的2.1倍，整合各类涉农资金350亿元。二是全面启动扶贫小额贷款。到6月底已完成对104.36万贫困户的扶贫贷款评级授信，授信面100%，已授信337.27亿元，累计放贷26.03亿元。三是开展教育精准扶贫专项行动。对建档立卡贫困户子女实行从幼儿园到高中15年免费教育，将职业学历教育补助标准由每人每年2000元提高至3000元，对大学本科新生每人一次性补助5000元，48所技工学校为54个贫困县的贫困家庭“两后生”提供免费职业培训。四是实施县乡医疗卫生服务一体化管理。县医院对县乡实行医卫人员统一调配、业务统一管理、财务统一安排，提高医疗资源配置效率。县医院医生轮流到乡镇卫生院坐诊，做到“分级诊疗、双向转诊、结果互认”，方便农民看病，提高了乡镇卫生院的服务能力，消除了服务体系不一体的弊端，实现了“强基层、保基本”的目标，大大减轻贫困群众的医疗负担。

在精准脱贫上见实效，找准脱贫攻坚的路径。打赢脱贫攻坚战的根本在于为贫困人口找准脱贫致富的好路径。甘肃省定西市的安定区利用本地牧草丰富的优势大力发展优质牧草种植业，推广“龙头企业＋合作社＋养殖场（户）”的新型经营体系，带动农户通过土地入股、签订订单、统一销售、土地流转和在企业务工等方式实现增收，是一项经济效益和社会效益显著的富民工程，为贫困农户找到了一条脱贫致富之路。过去贫困农户每亩种杂粮一年收入不到200元，现在改种优质牧草，仅此一项贫困农户每亩地年净收入800多元，不仅实现了贫困农户脱贫致富、企业受益，而且遏制了水土流失，保护了生态环境，使不毛之地变成绿色宝地。

找准脱贫攻坚的路径很关键，因地制宜成功的经验有：整村推进工程，职业教育培训工程，易地扶贫搬迁工程，电商扶贫工程，旅游扶贫工程，光伏扶贫工程，构树扶贫工程，贫困村创业致富带头人培训工程，扶贫龙头企业带动工程，健康扶贫工程，教育扶贫工程，金融扶贫工程，交通扶贫工程，科技扶贫工程，社会公益扶贫工程等。

我们认为，在实施精准扶贫、精准脱贫中，必须充分发挥各方面主动性、积极性和创造性，形成合力，才能打赢脱贫攻坚战。打赢脱贫攻坚战的根本在于为贫困人口找准脱贫致富的最佳路径。要在培养内生动力上下功夫，要大力发展产业，才能留住劳动力、吸引资金。健康的产业、充沛的劳动力、造血资金和市场相结合，实现由单纯的“输血”到“造血”才能对贫根进行根治。

2. 打赢精准扶贫、精准脱贫攻坚战必须充分发挥政治优势和制度优势，强化组织领导，做好考核监督，层层压实责任

打赢脱贫攻坚战的保障在于抓好落实。三省（区）党委坚决贯彻落实党中央的决策部署，把脱贫攻坚作为最大的政治责任、最大的民生工程、最大的发展机遇，作为本省（区）全面建成小康社会的重中之重、“三农”工作的重中之重、考核各级领导干部政绩的重中之重，按照中办、国办《关于创新机制扎实推进农村扶贫开发工作的意见》要求，结合实际，以改革创新精神推进脱贫攻坚，使脱贫攻坚做到有力、有度、有效，加快了本省（区）贫困地区脱贫致富奔小康的进程。四川省制定了扶贫开发“四年集中攻坚、一年巩固提升、同步全面小康”的总体目标，建立了精准投入机制、精准帮扶机制、精准责任机制、精准监管机制、精准退出机制，做到领导落实、机构落实、人员落实、任务落实、责任落实。广西壮族自治区建立了自治区总负责、市抓协调、县为主体、乡村落实、部门配合的扶贫开发工作机制，层层签订《脱贫攻坚责任书》，逐级传导压力、落实责任，确保各级干部将脱贫攻坚的责任记在心里、担在肩上。甘肃省建立了精准扶贫工作机制、贫困县考核评价机制、驻村帮扶工作机制、扶贫项目和资金监管机制、金融扶贫机制、社会参与扶贫机制，实行各级领导、各部门的脱贫攻坚责任清单制度，形成横向到边、纵向到底的责任体系，为打赢脱贫攻坚战提供了可靠保障。

深入开展精准扶贫、精准脱贫的几点建议

1. 构建积极有效的“因病致贫或返贫”治理机制。一是建立对“因病致贫或返贫”对象早发现、早干预的治理机制。在精准扶贫“建档立卡”基础上，对“因病致贫或返贫”对象要入户建卡，建立数据库，提出“因病致贫或返贫”的有效治理措施，对“因病致贫或返贫”对象实行动态管理，并通过政府购买服务的方式，支持、引导社会组织

特别是慈善组织和社工机构积极参与对“因病致贫或返贫”的治理。二是深化县乡医疗卫生体制改革。加强县级医院标准化建设，加快乡镇卫生院规范化建设，推进县乡医疗卫生服务一体化管理，巩固和完善三级医疗卫生服务网络，要科学配置公共政策资源，积极推行“医疗下沉”政策。“医疗下沉”是指县医院对县乡医护人员实行统一调配、业务统一管理、财务统一安排，强化公共服务职能，提高医疗资源配置效率，全面提升服务质量和能力，使贫困人口看得起病、看得好病。要实现“分级诊疗、双向转诊、结果互认”的要求和“强基层、保基本”的目标，使贫困群众真正受益。

2. 做好农村低保与精准扶贫的有效衔接。结合各地区经济发展状况，以不直接减少贫困对象总数为前提，增加国家政府财政投入，实行省级财政投入为主、市级财政配套、县级财政免担，提高一二类低保标准。一是做好扶贫数据与民政数据的衔接。抓好今年开展的低保提标核查，做到与精准扶贫对象的认定同步，对低保对象分类精准（分类是指需要民政兜底的“无力脱贫、无业可扶”的长期保障户、重点保障户、可以脱贫的一般保障户），这是精准扶贫与低保制度衔接的基础和关键。二是做好扶贫信息与民政信息的衔接。两部门要分别将认定的扶贫对象、低保对象录入系统，实行系统对接、数据共享，掌握新增和退出低保数据、脱贫和返贫数据。对一二类低保对象由民政部门全面兜底，不需要进行帮扶。对今后因病或因灾返贫的，符合条件的及时纳入低保范围。对家庭经济收入超过低保标准，属于有临时生活困难的扶贫对象，可采用临时救助措施解决。三是做好扶贫政策与民政政策的衔接。国家对扶贫标准、低保标准应按年度同步制定或调整，使两项制度相衔接，对于切实无劳动能力的低保对象实行分类集中供养，由中央财政予以补助。

3. 处理好易地搬迁脱贫中的问题与矛盾。对生活在生态环境差、自然资源贫乏、交通极度不便、处于散居或基本上丧失劳动能力的贫困家庭，一方面，应实施整体搬迁，使其与区域新型城镇化建设融为一体，改变生活生产的环境和方式，从根本上铲除其贫困根源。另一方面，应积极为其提供公共政策保底，废弃过时、错配的政策，调整执行不利、空转的政策，使国家公共政策资源发挥最优托底效应。要优化移民易地扶贫搬迁的政策导向，对生态功能重要的贫困地区，结合自然资源优势发展适宜产业，引导贫困人口有序转产转业，因地制宜提高贫困人口的自主“造血”机能，推动贫困地区走出一条经济发展和生态环境保护的双赢之路。对于特别重度贫困县要进一步加大中央财政资金支持力度，充分发挥金融市场的融资作用，通过多方发力弥补易地扶贫搬迁资金总量不足的短板，有效卸载搬迁地区的资源环境承载压力，使精准扶贫政策“落地生根”。为解除贫困地区的负担，建议：一是 2017–2020 年，取消对特别重度贫困县要求与精准扶贫项目、涉农项目资金予以配套的规定，全部资金由国家财政担负；二是加大中央财政对特别重度贫困地区的转移支付力度，在 2020 年之前将增值税、消费税全额或高比例留给地方，明确规定资金用于专项改善贫困地区尤其是贫困乡村的基础设施建设和提高公共服务水平，2020 年之后考虑逐年提高上交比例，适时恢复到法定的比例。

4. 建立新型财政扶贫支付管理制度。一是推广标的式阳光支付。要精准计划扶贫标的，做到精准投放资金，全程监督使用去向，及时进行成效验收。对于确需国家财政提供增量资金扶持的贫困地区，要做到对目标、规划、项目、执行、监管、验收、责任人、风险控制等全程监管。二是加大审计惩处力度。要推进审计制度标准化、规范化，对审计扶贫资金支付行为中发现的违法、违纪行为加大惩处力度，保证扶贫资金使用安全。

5. 加强对深层次问题的理论研究。一是加强对农村经济社会改革、发展、稳定的研究。要认真总结以往我国农业和农村改革的成功经验，加强对新一轮农业生产方式、农村土地制度、农村社会组织形态等改革的研究，及时制定和出台改革政策，为贫困地区和贫困人口带来脱贫致富的最大收益。二是加强对贫困地区产业发展的研究。应将增强区域整体发展实力与提升个体发展能力结合起来研究，在产业开发中多征求贫困农户的意愿，循序渐进、量体裁衣，在大力发展既有区域资源优势又适应市场需求的支柱性产业、特色农业产业上下功夫，将开发和保护并重，构筑精准脱贫的长效机制。

6. 加强对贫困村民进行自强精神的宣传教育。精准扶贫的对象是贫困人口，必须使贫困人口参与到劳动致富、开发扶贫之中。要广泛开展对贫困村民进行自强精神的宣传教育，通过学习脱贫致富典型、参加农业技能培训，提升其自信心，增强进取意识、奋斗意识。出台的扶贫政策不能使贫困户产生等、靠、要的惰性思想，建议在脱贫攻坚考核中增加考核当地群众参与度的指标。对于有劳动能力不主动作为、不参与脱贫攻坚、不接受劳动培训帮扶积极就业的贫困群体，宣布将适当降低该家庭第二年贫困补助，从反面激励贫困群体的劳动积极性，从而发动贫困地区人民积极性，提升劳动创造财富的热情，鼓励贫困人员树立诚信、勤劳、感恩的品德，借助精准扶贫给予的支持与自身努力，走上脱贫致富之路。

此次调研取得了很好的成效，调研报告主要内容在《人民政协报》上发表。在中共中央 7 月下旬召开的党外人士高层协商会议上，报告的相关建议被吸纳进民建中央的发言，得到相关部门的高度重视。

四、关于推进供给侧结构性改革应对民间投资下行的调研建议

民营经济是推动我国经济发展的重要力量，在稳定增长、增加就业、推动创新、出口创汇、改善民生等方面发挥着重要作用，它创造了 60% 左右的 GDP，80% 左右的社会就业，提供了超过一半的税收。投资是推动经济增长的重要“引擎”，占比超过六成的民间投资更是推动经济持续健康发展的“主力军”。2007–2012 年间我国民间投资增速一直快于全社会固定资产投资，且民间投资占社会投资的比重呈不断上升趋势。但在 2012 年之后，国内外经济环境发生重大变化，受国外市场疲软出口不振，国内产能过剩挤压实体投资回报率，公共投资“挤出效应”逐渐显现等多种因素影响，民间投资增速不断下滑。一是增速从前几年 20%–30% 最低下滑至约 2%，二是占比从去年底 67.6% 一路下滑至不足 65%。党中央国务院高度重视民间投资工作，近几年出台了很多鼓励民间投资、民营企业发展的政策，尤其今年国务院更是多次召开会议专题研究促进民间投资工作，并派出督察组对地方推进民间投资情况进行专项督察。针对民间投资不断下行，今年以来，我们到浙江、广东、江苏、上海、北京、河南、吉林、湖北、四川、天津、山东、陕西、河北、海南等十几个省市进行了调研。

调研发现，当前民间投资出现的两种现象要引起高度关注。一是“脱实向虚”，民间投资逐利性呈现“资产热、实业冷”的态势，使大量民间投资“脱实向虚”。二是“由内

向外”“外热内冷”的现象，因为部分企业国内“无利可图”，致使民资大量出海外流。目前引发我国民间投资下行的原因是多方面的，既有长期存在的老矛盾，又有新问题；既有投资空间压缩导致的下行，又有融资渠道不畅导致的挤出；既有外部体制机制不顺的原因，又有企业自身发展的因素；既有投资动力不足的原因，又有民企转型能力跟不上的因素。具体而言：

1. 企业转型升级困难，面临转型的“火山”，民企投资能力不适应新的投资机遇而“不能投、不会投”。我国民间投资正处在从“量的扩张”向“质的提升”转变的关键阶段，但我国民营企业转型升级困难，民企投资能力不适应新的投资机遇而“不能投”。当前，我国经济下行压力持续加大，民营企业面临内外交困的局面，外有全球激烈竞争的压力，内遇企业自身资源不足、产能过剩、科技创新能力弱、产品附加值低、经验管理不善等挑战，民营企业迫切需要实现转型升级。但是民营企业现在很纠结，一些企业家坦言，现在不转是“等死”，转的不好可能就是“找死”，特别是深陷低端传统产业的民营企业深感能力不适应转型升级步伐。民营企业面临转型升级的挑战，民间投资面临结构调整的阵痛。一方面，企业家经营思路不能及时调整，生产经营业态还停留在产业链中低端，难以及时向资源的整合者、创新者转变。另一方面，技术创新具有投资成本高、获利周期长、风险高等特点，民营企业难以在短时间内获得技术突破，传统“三高产业”转型困难，新型产业面临发展瓶颈。长期以来，我国民间投资主要集中在传统制造业和房地产业两大领域。一方面，这些传统行业或是产能过剩，或是趋于饱和，市场竞争过度，投资回报率过低，投资领域难以拓展，“去产能、去库存”的压力更是进一步减少了投资机会，缩小了盈利空间。另一方面，在企业投资盈利从主要依靠资金、劳动力投入向依靠科技、创新支撑转变的背景下，民企投资能力不能适应新的投资机遇。民企进入投资回报率高的新兴行业，面临资本短缺、核心技术储备不足、抗风险能力较弱、总体实力不强、转型艰难的困境。特别是在产业结构相对单一且以重工业为主的部分地区，民企转型尤为困难，民企投资能力无法满足培育新经济增长点的投资需求。此外，随着制造业回报率与其他行业回报率的“剪刀差”越来越大，民间资本开始“逃离”制造业，大量资本“脱实向虚”，转入股市、楼市和期货市场等；而国内民间投资的失速又导致部分资本“流向”国外。调研发现，以民营企业为主的东部地区转型较为理想，由于该地区以发展高新技术产业为主，新经济、新动能扩张快，新旧动能转换平稳，民间投资增速也相对较高。2016 年 1–10 月，东部地区民间投资增速是 7.1%，广东省民间投资增速为 14.9%，分别高于全国 4.2 个和 12 个百分点，深圳 1–9 月份民间投资增速 55.9%。这主要得益于广东坚持创新驱动发展战略推进民营经济的转型升级。而与之形成反差的是以国有企业为主的东北地区，由于转型时期新旧动能转换“青黄不接”、严重的产能过剩以及经营能力跟不上市场形势，造成民间投资出现“断崖式”下滑，增速为负 26.8%，辽宁省上半年更是接近 60% 的负增长。这表明民间投资与民营企业的转型能力有很大的关系。

2. 市场准入存在壁垒，不公平待遇和传统产业大量产能过剩导致民企缺空间“无处投”。一方面，市场准入不公平，“玻璃门”“弹簧门”“旋转门”，甚至“无门”，不知道“门在哪”等问题突出。另一方面，市场竞争不公平，“重大轻小”“重公轻私”“先内后外”的问题依然存在，特别是过快增长的政府公共投资和国企投资，可能会对民间投资产生“挤出效应”，进一步挤压民企“投资空间”。在上半年的贷款中，政府和国企贷款占77%，民企和其他企业只占23%，“挤出”效应非常明显。今年前三季度，浙江国有投资增长26.2%，占社会固定投资比重升至38.7%，正是政府投入大量基建的结果。一些“无门可入”的民间投资开始“夺门而出”，到海外寻求投资机会。浙江产业外移，部分民企把目光投向了海外，今年前三季度，浙江对外直接投资额同比增长30.85%。商务部统计表明，上半年地方企业对外投资增长1.5倍，而制造业更是增长2.5倍。另有估计表明，投资者仅在美国的买房支出就高达610亿元人民币。

3. 融资渠道不畅，融资难、融资贵的“高山”造成民企“没钱投”。民企融资渠道单一，一般以银行贷款为主，但银行的贷款门槛高，加之要求以实物资产等作为抵押，导致民企面临“融资难”的问题。而综合一系列中介费用之后的民企融资成本和投资风险溢价双双上升，导致企业面临“钱紧、钱贵”的问题。此外，银行频繁抽贷、压贷、断贷，大量的资金在金融体系内部空转，信贷资源流向实体企业受阻。以浙江温州为例，不少企业都有“短贷长投”的现象，给企业资金运作带来了较大风险。民企经不起银行抽贷、断贷，中短期的贷款周期成了民间投资的“生死符”。企业利润连续多年大幅下滑，导致企业内源性融资不足。而民间金融信用风险集中爆发、民企进入资本市场的门槛较高，直接融资渠道发展不足，更使民间投融资“雪上加霜”。

4. 企业综合成本居高不下，利润空间不断缩减，民企的投资意愿被大大挫伤而“不想投”。调查中，企业反映最为普遍的是人力成本不断增加，主要是“五险一金”的标准过高。据成都埃森普公司反映，目前企业劳动力成本上升2.7倍，融资成本和物流成本增加幅度超过2倍，“五险一金”占工资的4成左右。各种名目繁多的税费也使企业“苦不堪言”，而一些减税清费措施也成了“空头支票”，还出现回溯性收税、过头税等名目。此外，企业制度性交易成本居高不下，“乱收费”“乱罚款”现象依然严重，各种生产要素、环境保护、融资等成本不断上升，进一步加重了企业的负担。西藏天穹第三极公司主要经营饮用水，物流是其主要成本，途中运输加上货、下货，仓储、配送等，软、硬综合物流占全部成本的45%，一旦牵涉到跨区域，物流占成本比例会更高；铁路运输中，民营企业受歧视，等待时间长，运输效率低，一定程度增加了运输成本。

5. 产权保护制度不完善，政府信用的缺失，导致民企担心合同变成“空头支票”而缺乏投资积极性，缺少投资安全感和勇气，进而“不敢投”。在调查中发现，对产权保护不放心是造成民企投入较少的主要原因之一。部分地方还存在政府制定的政策缺乏稳定性与连续性，新官员不理旧账，政府失信，部门间的文件规定相互“打架”，政府的文件与银行等部门的规定不协调等问题，企业家普遍存在“不敢投”“先观望”的心态。

6. 政商关系扭曲导致民企缺乏“长期投资”的信心、投资迷茫而“忧心投”。当前，政府与企业的关系直接从过去的“官商勾结”“勾肩搭背”变为现在的“谈商色变”，“躲商”“冷商”疏离的“背对背”，民营企业家对未来投资信心不足。在调查中，一些民企反映，政府部门“门好进、脸好看、事不办”，政府官员“不作为”“不会为”，一些民营企业家坦言，他们既怯于市场“水太冷”，又忧于政策“心渐凉”。

民间投资是发展问题，又是改革问题。激活民间资本活力，提振民间投资信心，关键要深化供给侧结构性改革，为民间资本提供一个可以自由发展的舞台，提供透明、稳定、可预期的市场环境和法治环境。只有深化供给侧结构性改革，民间投资才能从盲目投资变为理性投资，从无效投资变为有效投资，使民间投资提质增效。首先，必须处理好政府和市场关系，改善民企发展的微环境。要加大政府简政放权力度，深化行政审批制度改革，优化民间投资环境，打破各种“玻璃门”“弹簧门”“旋转门”，促进公平竞争，建立诚信机制，从而有效降低商业成本，为民营企业发展做好服务工作。其次，要推动供给侧改革，加强融资服务，降低企业成本和税负。要深化金融改革，创新金融服务，切实缓解民营企业融资难题。深化供给侧结构性改革，财政政策大有文章可做。财政政策可以让减税降费发挥更大作用，包括降低税率和社保缴费比例等。再次，加快混合所有制改革，推进资源品价格改革，通过政策组合拳推动公共产品价格市场化。鼓励民间投资从产能过剩行业转向新兴产业，是当前供给侧结构性改革的重要任务。只有鼓励民间资本大举进入新兴产业，才能使民间投资提质增效，健康发展。

通过调研，我们认为，推进供给侧结构性改革，促进民间投资健康发展，需要从投资能力、投资空间、融资渠道、投资动力、产权保护和政商关系六个方面入手，多措并举，扩大民间投资空间，提高民企投资水平。

1. 在投资能力上，引导民间投资转型升级，尽快发现和培育新兴市场和新兴领域，扭转民间资本“脱实向虚”“由内向外”态势，加大政府引导，提升民企转型能力，让民企“有能力投”。“十三五”期间，中国经济面临产业高端化、智能化、信息化、绿色化，经济服务化、全球化以及新型城镇化等新的机遇，民营企业只有通过不断提高自身的转型能力和对经济环境变化的适应能力，才能抓住并利用好这些投资机遇。激活民间投资离不开民企转型升级，因此，要多举措推进民营企业转型升级，做到“六个变”，即“变新”，提升创新能力；“变快”，提高周转效率；“变优”，优化组织管理；“变精”，聚焦精品、精细；“变长”，延伸产业链；“变绿”，创造环保价值，实现由被动依靠政府扶持向主动推动技术创新、商业模式创新、管理模式创新转变，以创新激发市场潜力，提高民企资本实力和抗风险能力，让民企有实力投资。一要支持传统产业企业技术改造。实施绿色制造、智能制造工程和工业强基工程，用先进技术改造提升传统产业，增强制造业核心竞争力。今年上半年，广东民间投资逆势上扬，其中，大量资本流入传统制造业转型升级的领域，优势传统工业技术改造投资增长33.0%，家具制造、建筑材料、金属制品业技改投资最为活跃，分别增长74.8%、42.5%和54.5%。二要稳步推进过剩产业“去产能”“去库存”。坚持以市场化方式推动过剩产能退出，加快引导制造业和房地产两大领域的技术创新、产品升级和品牌打造，积极引导社会资本向优质企业和“高精尖”项目集聚和流转。三要加快培育新动能，发展新经济。大力推动“大众创业、万众创新”，发现和培育新市场、新领域、新模式，把推进新兴产业特别是服务业的发展作为企业转型的新契机。今年上半年，吉林省民间投资增长15%，高于全国民间投资增速12.2个百分点，可谓是东北地区全面下滑的民间投资数据中的一抹亮色。而这主要得益于吉林省将民间投资与打造产业发展新动能结合起来，依托汽车、食品等优势产业，推动民间投资投向汽车零部件、食品加工行业等，培育新的经济增长点。民间资本要积极转变投资方向，优化投资结构，逐步从产能过剩、投资回报率低的行业退出，流入能够产生长期经济效应的新兴产业。2016 年 1–7 月，重庆民间工业投资增速达到 27.6%，高于全国增速 25.2 个百分点，主要得益于其投资于汽车、电子产业等优势领域。政府要引导民间投资与经济转型、产业升级相结合，既发挥民间资本支持民营企业转型的作用，又增强民资投向新领域的能力，可谓“一石二鸟”。要巩固实体经济基础，提高实体经济投资回报率，引导民间资本投向实体经济，激发制造业的投资活力；同时，提高国内服务业市场竞争力，增强投资者的投资信心，留住国内民间投资，扭转民资“脱实向虚”“由内向外”态势，让民企“能投资”。要优化制度供给，推动财政补贴、税收减免、政府性的各种基金和科技创新投资等向转型升级的民营企业倾斜，为民营企业转型升级、民间投资结构调整营造良好宽松的政策环境。

2. 在投资空间上，进一步放宽民间投资市场准入，增强政府和国企投资的引导“协同效应”，形成政府与民间投资合力，防止对民间投资“挤出效应”，摘掉所有制歧视的“有色眼镜”，消除投资壁垒、限制或歧视，完善公平竞争的体制机制，让民企有“有空间投”。民营企业与国有企业唇齿相依，都是我国基本经济制度的重要组成部分，民营经济应获得与公有制经济平等的市场地位。要建立公平开放透明的市场规则，营造权利平等、机会平等、规则平等的投资环境，实现民企与国企公平竞争相互促进。要放宽市场准入，建立行业准入负面清单制度，逐步消除基础设施和公用事业等领域设置的各类显性或隐性门槛；要出台相关政策，引导和扶持民间投资进入医疗、养老、教育等民生领域，做到“法无禁止即可入”；要创新投资方式，“十三五”规划确定的重大项目、重大工程和地方规划明确的重点项目，有条件的都要创新机制，鼓励吸引民间资本投入，并保护其合法权益。浙江通过开展小城市培育试点和规划建设一批特色小镇，不仅打通了民间资本支持实体经济的通道，而且规范有序地引导民间资金对接优质项目，更好服务浙江省产业整合、转型升级和新兴产业发展。2015 年，浙江 36 个小城市培育镇共实施 5954 个项目，总投资 2277 亿元，其中社会资本投入达 1785 亿元，小城镇试点投资占全省比重达 8.48%；投资增长 20%，高出全省 7 个百分点，比全国投资平均增长速度高出 10 个百分点。2016 年 1–3 季度，130 个省级特色小镇创建和培育对象完成固定资产投资（不含住宅和商业综合体项目）1101.1 亿元，其中民间投资 605.5 亿元，占投资的 55%，比上半年提高 3.4 个百分点。小城市培育试点和特色小镇创建已成为浙江民间投资推进项目建设，提升有效投资的重要抓手。要建立完善统一开放、竞争有序的现代市场体系，引导国有资本更多投向关系国家安全、国民经济命脉的重要行业和关键领域，最大限度地为民间资本腾出投资空间。要大力推进混合所有制改革，降低民间资本进入门槛。要增强政府和国企投资的引导协同效应，加强政府投资指导和服务，引导企业选择投资方向。要通过投资补助、基金注资、担保补贴、票据贴现等方式，充分发挥政府资本的引导放大效应和民间资本的灵活、创新优势，形成政府投资与民间投资的合力。要完善政府与社会资本合作模式，大力推广 PPP 模式。

3. 在融资渠道上，调整金融结构，构建更好服务实体经济的金融体系，打通民企通往实体经济的间接融资渠道和直接融资双重通道，利用多层次资本市场解决民间投资的风险分担问题，提升金融领域的公共服务水平，使民企“有钱可投”。金融改革是提升民间投资活力的关键，融资成本直接决定了企业的利润率，是企业家投资决策的重要影响因素之一。要深化金融体制改革，在利率市场化过程中重视从供给端发力，放宽金融市场准入，培育更多的金融主体，完善多层次“门当户对”的间接融资体系。为让民间资本进入更顺畅，浙江省积极搭建了多种金融通道，特别是民营银行的设立，为缓解融资难带来了新的机遇。温州民商银行各项存款余额12.96亿元，各项贷款余额12.65亿元，不良贷款为零。对于民间投资，民营银行更有优势，灵活的审批机制和风控机制，对扩大投资的民企来说是利好。要促进金融机构加快转变经营和服务理念，运用大数据等新技术，探索适合民营企业的融资模式，创新贷款抵押品，探索开展知识产权、核心技术、订单等质押贷款业务，切实加大对民营企业的融资支持。要引导商业银行加大金融创新力度，多渠道推进金融部门为实体经济让利，采取小微贷款税收优惠，切实做到“三个不低于”。要加快建立贷款风险补偿机制，天津和无锡建立民企信贷专项风险补偿基金和转贷基金，四川设立科技型中小微企业贷款风险补偿资金，为银行服务实体经济打下“强心针”。要规范融资中评估、审计、保险等金融中介服务收费，构建政府主导的融资担保体系，让民企融资担保尽可能回归公益性，降低融资担保成本。要推进政府引导基金与民间资金共同承担风险，培育国内以天使、风投和股权投资基金为主的多层次的直接投资体系，引导更多的民间资本参与双创企业。2015年，浙江省政府设立了200亿元产业转型升级基金和信息产业发展基金，浙商也成立了“浙民投”、浙商成长基金等。未来3年，浙江省政府还争取在全省设立1000亿元左右的产业基金，并通过与社会资本、金融资本的充分结合，撬动1万亿元左右的产业投入。要提高直接融资占比，推进正“金字塔形”多层次资本市场建设，稳步发展“新三板”市场，规范股权众筹等新型互联网金融业态。要加快建立和完善社会征信体系，极力减少民营企业融资过程中信息不对称等问题。要继续实施稳健的货币政策，保持货币政策传导机制的畅通，避免出现迷失的货币在金融体系内“空转”。

4. 在降成本方面，要组合出拳降低民营企业成本，规范和约束政府行为，防止在财政下行过程中征收“过头税”，政府要“雪中送炭”而不“雨中收伞”，让企业轻装上阵、有利可图，使民企“有动力投”。多措并举降低民企经营成本是优化民间投资环境，增强民企投资意愿的必然要求，也是帮助民营企业保持竞争优势，提升经营活力的重要支持。2016年上半年，无锡市民间投资同比增长9.6%，快于全社会投资6.8个百分点，民间投资占同期全社会投资的70.3%。无锡推出32条举措降本增效，预估一年能够降低全市实体经济各类成本约200亿元。座谈中的企业家表示这些举措对企业转型与扩大投资有很好的促进作用。当前，降本增效要适度调整企业“五险一金”支出，合理控制企业最低工资标准调整幅度，加大职工培训补贴力度，扩大补贴范围、提高补贴标准，降低企业用工成本。要设计“一揽子方案”，将灵活调降费率与扩大费基并举，实现保障制度的可持续性。要进一步改革税收体制，减轻企业税收负担，全面实施营改增，落实固定资产加速折旧和企业所得税优惠政策，严格执行小微企业税收优惠政策实现以政府税收“减法”换取双创新动能“加法”。统计显示，“营改增”的试点到去年底累计已经减税达到6412亿元，到2016年底减税规模达到5000亿元，这是最大的减税措施。要严格落实涉企收费目录清单，严厉查处“乱收费”“乱罚款”行为。要进一步降低企业融资成本，规范和清理贷款中间环节收费，引导金融机构合理控制存贷款利差。要全面降低企业配套物流成本，推进电价市场化改革，完善煤电价格联动机制，降低用气、用电价格。要防止在财政下行过程中征收“过头税”，进一步降低民营企业的制度性交易成本。河南省出台《推进供给侧结构性改革降成本专项行动方案》，从税负、用电、社会保险、行政费用等10大领域，制定实施50条政策措施，力争经过1–2年的努力，降成本工作取得初步成效；3年左右使实体经济企业生产经营成本明显下降。

5. 完善产权制度，倡导政府诚实守信，维护政策的连贯性和确定性，使民营企业家安心、放心和有信心在国内投资，营造安全放心的投资环境，让民企有勇气“敢投资”。没有法律保护的产权制度，民营企业家就难有“安全感”。如果没有稳定的安全预期，投资跑了，消费也跑了，经济当然会下行。同时，领导岗位的交接不仅是权力的交接，也是职责、义务的交接。要从法律上厘清产权关系，形成促使各种所有制经济依法平等使用各类生产要素、同等受到法律保护的良好制度环境。要强化政府产权保护意识，建立对产权不平等保护等违法违规行为的追责制度，加大对政府失信违约的惩戒力度，打造诚信政府，增强政府的规范性和公信力，给民营企业一颗“定心丸”。要建立与混合所有制经济制度相配套的产权仲裁制度，设立第三方产权争议解决调解中心和仲裁中心。要确保地方政府与企业合作的连续性和稳定性，遵循市场“契约精神”，提高企业家投资的投资预期和“安全感”。加强政策引导和改善政府服务，河南省从8月底至年底，开展“政策落实进万企”活动，由省市县三级政府抽调万名干部深入企业进行点对点服务，帮助企业解决实际困难。

6. 构建新型“亲”“清”政商关系，依法强化政商法人关系，加大对官员的正向激励和容错机制建设，稳定投资预期，提振投资信心，使民间投资“活水”涌流，改变投资短期化而激励民企“长期投资”。当前，政商关系一个重大变化是由过去的“亲”而不“清”转向“清”而不“亲”。构建新型政商关系，一方面，构建“亲型”政商关系，要清理和修改不利于民间投资发展的法规政策，切实保护民间投资的合法权益，培育和维护平等竞争的投资环境。要加强政府服务能力建设，增强政府服务意识，创新服务方式，提高服务效率，及时发布投资信息，确保投资信息披露的深度、广度、质量和水平，使投资的收益和风险的计量更具确定性；要推动各项投资政策落实到位，防止政策“悬空”，避免权力“放”下去下面没“接”住的现象；要完善政企沟通机制，强化监管机构和社会大众对政府行为和企业行为的监督，开展第三方评估，以公职人员的服务热情点燃民营企业创新创业的激情。要科学设计干部业绩考核指标体系，进一步完善正向激励和容错纠错机制，让政府官员“积极作为”“大胆作为”，改变高层“踩油门”，中层“挂空档”，基层“踩刹车”现象，避免改革“空转”。另一方面，构建“清型”政商关系，指导民营企业建立规范的产权、财务、用工等制度，依法经营。

本次调研取得了较好效果，相关调研成果通过专项建议、协商会议、决策咨询、形势报告会、讲座论坛等多种方式向有关部门和社会各方进行了反映，得到有关方面的重视和肯定。7月初，调研报告报送中共中央、国务院领导后，得到了李克强、张高丽、杜青林等领导同志的批示。在中共中央7月下旬召开的党外人士高层协商会议上，该报告中的相关建议被吸纳进民建中央的发言。同时，民建中央副主席辜胜阻还代表调研组就“推进供给侧改革，应对民间投资下行”等问题在《求是》《人民日报》《经济日报》等报纸杂志发表文章，接受中央电视台、新华网、人民网等主流媒体采访近百篇次。

五、关于加大金融支持精准扶贫力度的建议

2015年11月27日召开中央扶贫工作会议，习近平同志在党的历史上第一次提出精准扶贫的战略思想，要求“到2020年确保我国现行标准下的农村贫困人口实现脱贫，贫困县全部摘帽，解决区域性整体贫困”的战略任务，为我国扶贫指明了新的发展道路和方向。随后，七部门联合印发了《关于金融助推脱贫攻坚的实施意见》，全面改进和提升金融扶贫工作，增强金融扶贫工作的精准性和有效性。民建中央成立重点专题调研组，由宋海任组长，开展调研活动。从2016年4月份至8月份，宋海在工作中了解相关情况并听取意见，赴四川省成都市考察座谈、对宁夏回族自治区盐池地区材料进行阅研，专题调研组的部分成员赴湖南省武陵山特困地区的贫困农村调研座谈。11月份，宋海带领专题调研组的全体成员赴湖南省怀化市芷江县和麻阳县、广西壮族自治区百色市田东县系统地调研座谈，深入省、市、县、乡、村广泛认真地听取意见和建议。如：在省、市召开政府相关部门座谈会和金融机构座谈会，在县、乡、村参观展厅展墙、考察扶贫点和与干部群众面对面沟通交流，对财政扶贫与金融扶贫的关系、金融支持精准扶贫工作的具体做法及遇到的困难和问题等进行了深入了解与研究，随后提出意见建议。现整理如下：

精准扶贫应以金融扶贫为主，财政扶贫为辅

1. 财政扶贫资金有限，扶贫资金缺口大，难以起着主要和关键作用

从对湖南扶贫调研情况看，到2015年末，全省有贫困县51个，贫困村6153个，建档立卡贫困户229万户，建档立卡贫困人口445万人，异地搬迁贫困人口78万人。据省扶贫办测算：2016年，贫困地区发展生产需要资金500亿元，户均发展生产投入3万元需要资金700亿元，水、电、路、讯、房、环境6到家基础设施建设整体规划需要资金2000亿元，人均国家异地扶贫搬迁标准6万元需要468亿元，则全省需求财政扶贫资金3668亿元。同期，2016年在国家增大扶贫力度和湖南省加大财政扶贫资金的背景下，中央和省级共安排湖南省财政扶贫资金58亿元。缺口达3610亿元，到2020年每年缺口还将继续拉大。从对广西扶贫调研情况看，同期全自治区有贫困县54个，贫困村5000个，建档立卡贫困户数301万户，建档立卡贫困人口452万人，全自治区每年需求财政扶贫资金在4000亿元以上，而中央和自治区共安排财政扶贫资金不超过80亿元，缺口达3200多亿元。

以湖南和广西财政扶贫资金缺口测算，要完成“十三五”脱贫攻坚的目标即2020年末全国7000万贫困人口、14个集中连片特困地区脱贫，财政扶贫资金远远不够，财政支持精准扶贫负担极为沉重。

2. 金融资金已经成为扶贫资金的主要组成部分

湖南省2016年共投入扶贫资金3564亿元，除了中央和省级财政投入的58亿元以及地、市、县三级自筹的少部分资金外，大约3000亿元资金来自银行等金融机构的扶贫贷款。湖南省怀化市芷江县经过精确统计：全县有贫困人口60803人，占全县总人口的六分之一；2016年全县投入扶贫资金16.3亿元，其中财政扶贫资金为6650万元，占扶贫资金的4.1%，银行贷款为14.3亿元，占扶贫资金的87.4%。怀化市麻阳县是国家级贫

困县，全县有贫困人口53000人，占全县总人口的八分之一；2016年全县投入扶贫资金27.6亿元，其中财政扶贫资金为7149万元，占扶贫资金的2.6%，银行贷款占扶贫资金的90%以上。广西区百色市田东县是国家金融扶贫的示范县，全县贫困人口从2011年末的14.63万人下降到2015年末的5.2万人，贫困发生率从39.4%下降到14.5%，贫困村农民人均纯收入从3418元增加到5506元，年均增长17.2%，该县贫困人口的生活水平有了很大提高，取得显著成效的最重要做法就是金融扶贫的能力居广西之首，2015年全县扶贫贷款64.7亿元，占全县全部贷款的70%以上。

自2015年以来，虽然我国各级财政不断加大对扶贫资金的投入，但仍然远远不能满足脱贫的需要，各地扶贫资金主要依靠从银行的贷款，特别是异地扶贫搬迁的巨额资金都是依靠国家政策性银行的异地扶贫搬迁贷款来解决。

金融支持精准扶贫的比较优势

1. 金融扶贫在我国现阶段供给侧改革和产业结构调整中起重要作用

通过调研，我们认识到，我国精准扶贫战略不仅仅是解决贫困问题，使7000万贫困人口尽快脱贫，而且也是当前供给侧改革的一个重要组成部分和城镇化建设的一个重要阶段。如湖南怀化市通过金融支持精准扶贫，以银行贷款的方式，将过去分散在一家一户的猕猴桃种植做成了一个猕猴桃种植产业；广西百色市以整体搬迁到县城或者条件较好的乡镇周边的方式，既解决了贫困人口的脱贫问题，也促进了卫星城镇化建设。

2. 金融扶贫的有偿性决定了扶贫资金的高效性和可持续使用性

金融扶贫资金是通过银行贷款给具体项目和个人来完成的，属于有偿资金。调研中大家普遍反映，金融扶贫资金的效益远远高于财政扶贫资金，因为从银行借款要还，不论是各级地方政府还是贫困户都非常关心资金使用的效益和解决还款的来源，银行如果认为扶贫投资没有效益、难以还本付息是不批准贷款的，贫困户拿到扶贫贷款是要想方设法发展生产还本付息的，如此盘活了扶贫资金，真正帮助脱贫致富。而财政扶贫资金在湖南和广西两省区主要用于保证低保户吃饭和撬动金融扶贫资金两种用途：财政一方面以一次性给钱保证了贫困人口的基本吃饭和生存；另一方面作为金融扶贫资金的贷款担保，担保率为1 ∶ 10，即用1亿元作为担保资金带动10亿元金融扶贫资金的发放。

3. 金融扶贫资金贷款到项目、到人，适合长期、动态的精准扶贫

精准扶贫包括两部分内容：贫困人口识别和扶贫资源瞄准。核心内容是做到“真扶贫、扶真贫”。内涵在于通过对贫困人口进行有效识别和动态管理，深入分析致贫原因，实施具体有针对性的扶贫措施。实质是使扶贫资源更好地瞄准贫困目标人群。最终目的在于减少贫困人口和消除贫困，提高贫困人口生活质量。从金融资金上完全可以达成上述目的，做到精准扶贫。金融资金与财政资金最大的不同是跟着项目走，跟着贫困户走；贷款的目的是发展生产，寻找到一个脱贫的门路或者产业，生成一个扶贫的良性机制，真正帮助脱贫。调研中，基层干部普遍反映，贫困问题实际上表现为动态现象，扶贫是一个长期的工作，而到2020年全国7000万贫困人口脱贫是一个阶段性的工作，加上脱贫又返贫的人口，确实需要金融资金通过循环性使用做到长期动态扶贫。

金融在精准扶贫中具有不可替代的独特作用

1. 与财政无偿扶贫不同，金融扶贫将“输血式扶贫变为造血式扶贫”

通过金融扶贫，事实上推动贫困地区形成了政府主导、市场运作、贫困户支持，相互促进，共同参与的贫困治理机制，帮助贫困地区和贫困户树立了市场意识、责任意识、劳动意识。通过对湖南、广西的调研情况看，金融扶贫除了提供资金支持外，还将地方政府、市场、贫困户紧密地联系在一起，培养贫困户“没钱借钱发展生产脱贫，脱贫后还钱”的市场意识和责任意识，改变了部分贫困户“国家让我脱贫，国家就要给我钱”的模糊认识，将“你要我脱贫”的消极性变成“我要脱贫”的积极性。广西田东县的扶贫经验表明，为了进一步扩大生产，贫困户会主动寻求土地要素的市场配置和扶贫资金的集约使用，当地众多的扶贫龙头企业是非常成功的案例。

2. 金融扶贫可以建立贫困地区和贫困户诚信体系

习近平同志提出的精准扶贫思想中精准化是核心。由于金融扶贫资金要求“有借有还”，就必须建立完善的征信体系，就必须对贫困地区和贫困人口建档立卡、建立诚信档案。湖南怀化市麻阳县和芷江县、广西百色市田东县，都整合了县公安、计生等部门的信息，由县直单位、乡镇干部、村干部等采集全县农村人口特别是贫困人口的家庭收入、道德品质、社邻关系等信息合并录入系统，建立信用数据库，形成比较完备的信息查询和统计平台。一是有效地解决了长期以来困扰财政扶贫工作的资金被挪用、资金用途被改变、资金效益低等问题；二是通过银行信贷的精准发放，将他们彻底地融入市场经济；三是专题调研组注意到信用指标还包括了尊老爱幼、邻里和睦、遵纪守法、缴税缴费等文明指标，全面科学地评价公序良俗情况并予以张榜公布，让群众自己监督教育自己，促进了和谐乡村建设。

3. 金融扶贫可以将扶贫工作和农村改革有机结合

扶贫既是阶段性工作又是长期性工作。按照到2020年我国7000万贫困人口全部脱贫来看，它是一项阶段性工作；但是贫困是动态的，一方面要实现真正的脱贫致富，不再返贫，另一方面随着社会和经济的发展，贫困标准抬高了，仍然会有处于高底部的地区和人口需要扶持，它又是一项长期性工作。因此，加大农村改革力度，缩小城乡差距，才是扶贫工作最根本的出路。加大农村改革很大的一个障碍就是缺乏资金，而金融扶贫恰恰可以破解农村改革的资金难题和“三权”抵押、质押难题。湖南和广西的各级扶贫部门普遍反映，在进一步深化农村改革和扶贫方面，金融支持精准扶贫可以运用多种金融服务手段，切实解决贫困地区和人口首贷难的问题，通过银行扶贫资金的循环使用不断地扩大再生产和进行产业结构调整与发展，引导规模化经营，推动农村合作组织快速发展，促进农村生产生活水平提高。

金融支持精准扶贫的现有做法

1. 目前金融支持精准扶贫最主要的手段是小额信贷

为落实党中央精准扶贫的任务，2016年，广西壮族自治区用财政扶贫资金安排3亿元贷款贴息，金融机构对全区除低保兜底保障的贫困人口以外的所有贫困户发放5万元以下、免抵押、免担保、3年内基准利率财政全贴息的小额扶贫贷款，对自我发展能力强的贫困户可以放宽发放6万–10万元，到2016年9月末，共向31.9万户贫困户发放扶贫信贷152.3亿元，比2015年猛增了135亿元。2016年，湖南省对贫困县实行额度、利率、期限、操作4个倾斜，1年期贷款利率仅为1.75%，较正常的农贷款利率低1个百分点，期限可加长到5年，主要用来支持发展特色生产和就业创业，2016年9月末共发放小额扶贫贷款58亿元。小额扶贫贷款在所有贷款中占比最大，最具有针对性和精确性，目前已经成为支持精准扶贫的最主要的手段。

2. 金融支持精准扶贫跟着项目走，助推特色产业发展

精准扶贫的关键是寻找一些好的项目、有前景的项目，做好项目才能保证还款有来源。调研组看到，地方扶贫部门首先帮助贫困户寻找具有当地特色的、适合自我发展的产业项目。如田东县引导贫困村成立合作社，根据不同村寨的不同自然条件分别建立起油茶、柑橘、火龙果、牛大力等中草药以及生猪、林下养鸡等扶贫产业基地，既解决脱贫问题，又建立可持续发展的产业链。如朔良镇那娄村2015年通过农商行授信1850万元，其中，500万元用于培育柑橘等新产业，其他用于甘蔗改良、经济林木、林下养鸡等。

3. 国家政策性银行开发性贷款成为整体搬迁和基础设施建设的主要资金来源

扶贫资金支出的最大部分之一是异地扶贫搬迁和连带地区基础设施建设，基本上依靠国家下达给国家开发银行和农业发展银行的专项资金。2016年，国开行湖南省分行和农发行湖南省分行对全省异地扶贫搬迁授信141亿元，异地扶贫搬迁贷款20亿元，对贫困县和集中连片特困地区的道路、饮水、危旧房改造等信贷授信146亿元。农发行湖南分行计划2016年至2020年，5年内共向全省51个贫困县发放异地扶贫贷款和基础设施建设贷款2000亿元，比“十二五”期间，新增贷款增加1300亿元。

金融支持精准扶贫存在的主要问题

1. 对金融机构参与精准扶贫缺乏制度性安排

在省、市、县各级金融机构座谈会上，几乎所有的金融机构都反映，目前参与精准扶贫主要是出于金融机构的社会责任感和省级政府下达的硬性扶贫任务要求，短期可以做到，长期则必须解决金融机构参加精准扶贫的制度性问题，即解决风险补偿和政策性保险等问题。因为金融机构绝大多数是商业性质，首要目标是赢利和收益，而扶贫贷款的可抵押和质押资产少、质量差、非标化以及当地财政用于贴息、免息、风险补偿的资金有限，金融扶贫资金面临无法收回的风险。即便是政策性金融机构也对扶贫贷款持谨慎态度。

2. 金融扶贫的主体责任不明确，金融扶贫工作难以进一步深入

省、市、县主管部门普遍反映，从国家层面至今没有明确金融扶贫的职能给某个金融机构，由其主要承担金融扶贫任务，所以，在省级政府的要求下所有的金融机构都在扶贫，看似金融机构都在扶贫，但没有全力以赴的金融机构，没法真正深入下去，没有形成良性市场扶贫机制。金融扶贫的主体责任不明确，金融扶贫的效果将会大打折扣，距离完成2020年全国7000万人口脱贫的任务差距还很大。

3. 金融扶贫政策不明确，贫困地区基础设施建设及公共服务项目资金难以落地

目前金融扶贫处于起步阶段，部分重大政策还没落实到位。国家出台相关的政策文件，如2014年银发65号和国开办发78号文件、2016年银发84号文件和银发91号文件等，除了异地搬迁、助学贷款的金融政策明确以外，其他领域金融政策没有明确。国家设立比支农再贷款利率更加优惠的扶贫再贷款政策，没有具体操作办法，金融机构没

法操作。贫困村“两基”建设贷款利率怎样优惠、贷款年限多长没有具体操作规定，金融机构没法执行。扶贫特色产业的贷款利率和贷款期限，中央是否贴息等问题没有明确。对扶贫的新型农村经济合作组织进行信贷支持没有政策。对扶贫工作的重点如交通、水电基础设施、公共服务水平的支持，在落地过程中存在困难：一是政策性金融机构在县级没有分支机构，无法下沉到县；二是这两类项目都属于扶贫公益项目，必须由财政担保偿还，但一些县财政拿不出钱来担保，或者县财政本身就是靠转移支付来吃饭的。

4. 扶贫政策性担保和保险、风险补偿机制缺乏，影响金融机构扶贫的主动性

金融扶贫虽然是一项社会责任，但金融机构的商业性质决定其必须遵循金融运行的一般规律，满足贷款的基本条件，关键是要财政解决贷款担保问题和风险补偿问题，在这个问题上金融机构愿意三七开，负担损失的30%。

5. 金融机构的扶贫产品过于单一，金融服务手段不足，隐性风险增加

由于贫困地区自然经济占主导地位，缺乏自我发展能力和竞争力，市场经济不发达，其产业构成以农业为主、农业中又以种植业和养殖业为主，导致金融机构都以小额农贷为主，各行各级都在发放小额农贷，产品过于集中。除了国家集中连片特困地区整体搬迁贷款和极个别贫困地区利用省级代发扶贫债券的资金以及福利彩票扶贫资金以外，没有其他形式的金融支持，金融资源未能发挥更大的作用。一些地方政府在扶贫和组织脱贫的工作中，出现“人云亦云”跟风行动，未能正确分析认识自身的特点和资源优势。如湖南和广西两省区基层政府都将种植红心猕猴桃、火龙果、罗汉果、葡萄、林下养鸡、养鸭等作为脱贫的主要项目，其他省区也在开展类似的扶贫项目，如果发展到一定规模，将会出现产量上去形成了产业、但市场滞销卖不出去的情况，产品高度趋同可能导致还款风险。

关于进一步改革金融支持精准扶贫的建议

1. 建立“政府主导、市场运作”的精准扶贫模式

我国是人口大国，贫困人口较多，财政能力有限，财政资金无法做到对贫困人口全覆盖和持续扶贫，建议以“政府主导，市场运作”的办法，将财政一次性使用的无偿的资金转变为金融多次周转使用的有借有还的信贷资金，支持精准扶贫和持续扶贫工作。可知财政扶贫资金具有无偿性、保底性和公平性，但国家财力有限及地方转移支付能力有限，所以要将有限的资金发挥最大的作用：对确实失去劳动能力的贫困人口做到应保尽保、最低保障；对有劳动能力的贫困人口引导和组织他们通过劳动来脱贫致富，财政资金引导、撬动，专门用来贴息、免息、担保、培训及风险补偿等。

2. 建立国家级的财政扶贫担保机构和风险补偿机构

金融扶贫最大的瓶颈是担保和风险补偿机制的缺失，目前各地虽然也建立了担保公司和风险补偿机制，但是规模小、能力弱、担保范围和风险补偿范围很小。建议建立国家级的扶贫担保公司和风险补偿机构，或为了减少不必要的机构设置就放在财政部内，由省、市、县财政部门直接履行扶贫担保职能和风险补偿职能。另外，为了帮助金融机构解决扶贫贷款损失的问题，建议提高参与金融扶贫的金融机构不良贷款拨备率，解决金融机构因发放扶贫贷款导致呆、坏账增加的损失。

3. 调动金融机构扶贫积极性，明确主体责任，专责一家银行专项履行金融扶贫职能

各级政府统筹金融扶贫工作，鼓励和引导各金融机构参与金融扶贫工作。与此同时，金融活动说到底是一种市场经济活动，金融机构必然以营利和收益为目标、兼有社会责任，这就与扶贫任务必然以社会责任最大化不吻合。破解之道是从国家层面将金融扶贫任务主要落实到一家金融机构，由该金融机构担负我国金融扶贫的主要职能，其他金融机构可以以市场为导向积极参加。根据我们调研情况，建议专责地方农村信用社承担这一职能，由于农信社深入乡村基层、网点广泛、接近和懂得农民，所以最为便利。异地搬迁资金需求量巨大，专责国家开发银行和农业发展银行作为国家战略任务保证完成，而非目前与地方政府协商性完成。

4. 建立国家级的政策性农业保险机构或专责一家国家级的保险机构，专项履行“三农”及扶贫保险职能

农业生产有着独特的规律性和风险不确定性，建议建立国家级的政策性农业保险机构或者专责一家国家级的保险机构履行“三农”及扶贫保险职能，其保险资金来源由国家财政承担，解决金融扶贫的后顾之忧，支持“三农”、贫困地区和贫困人口发展。

5. 国家层面进一步完善和明确金融扶贫的制度和政策

国家层面进一步完善金融扶贫政策，对扶贫贷款优惠利率和贷款期限做一个明确规定，对除异地搬迁、助学贷款金融政策外的扶贫政策进一步明确。在政策上明确基础设施建设及基本公共服务类项目落地的政策和具体操作流程及规则，使得这一政策具有可操作性。

6. 金融机构层面创新金融扶贫的产品和服务

金融机构层面创新农村生产要素担保方式。如：开展农村“三权”抵押试点，协助基层政府开展确权、登记、颁证工作，将法律法规不禁止、产权归属清晰的农村集体房屋和土地等不动产、机器设备和产成品等农村资产都纳入担保品范围。创新易地扶贫搬迁模式，确保易地搬迁移民搬得出、稳得住、能发展、可致富；以土地为抓手解决金融扶贫贷款的还款资金来源，允许土地挂钩指标在省级以内实现价值互换、有序流转；着力解决易地搬迁移民地区人口的出行、饮水、上学、就医、就业、安居问题。加强银行、保险、担保机构的业务合作，形成三者之间的协同效应，充分发挥政府、市场、中介组织的作用，探索助农贷、助保贷、助贫贷等信贷产品，分散和缓释信贷风险。

7. 高标准选定金融支持项目

金融扶贫应从贫困地区和贫困人口的需求入手，顺应其经济特点，探索符合农业产业化、规模化的金融产品，积极为新型农业主体做好服务。考虑到大部分贫困地区生态脆弱的实际，需要高标准选择支持项目，走出既增强经济实力、又保护好环境的绿色扶贫之路。一是大力支持农业农村基础设施建设和公共服务建设，改善生产和生活条件；二是大力支持农业产业化经营，培育多种多类的特色优势产业，走“公司+基地+农户”的产业化经营之路；三是积极支持贫困地区农产品物流体系建设，搞活农产品流通。

8. 大力推进贫困地区金融生态环境建设

加快贫困地区农村信用体系建设。完善信用环境评估体系建设，完善信用信息征集与评价体系建设，加快建立市场经营主体电子信用档案。深入开展“信用户”“信用

村”“信用乡（镇）”，以及“贫困地区示范户”“农村青年信用示范户”等创建活动。严厉打击各种逃废债行为，营造良好的信用环境。培育珍惜个人信用的意识，当好诚信客户。

此次调研取得了丰硕成果，调研报告从宏观见诸微观，全面、系统地梳理了对于精准扶贫战略思想的认识、我国扶贫工作的发展历史及做法、我国扶贫资金的来源构成及管理方式、扶贫资金管理与使用中存在的主要问题及产生问题的原因等，对比借鉴了国际先进经验，提出了制度和政策方面的 9 条意见建议。在中共中央召开的党外人士高层协商会议上，该报告中的相关建议被吸纳进民建中央的发言。

张　皎　民建中央宣传部部长

许　谨　民建中央宣传部新闻处调研员

中国民主促进会

一、发挥参政党职能，助力打赢脱贫攻坚战

党的十八大以来，以习近平同志为核心的党中央作出了坚决打赢脱贫攻坚战的战略决策，向世界做出了到2020年让7000万贫困人口同步迈入小康的庄严承诺。民进围绕中共中央扶贫工作大局，主动投身脱贫攻坚这场伟大事业，将发挥自身特色优势与履行参政议政、民主监督职能紧密结合，为打赢脱贫攻坚这场硬仗贡献智慧和力量。

2016年，民进中央围绕中央决策部署，将党派大调研主题确定为“在全面建成小康社会进程中扎实推进农村扶贫供给侧改革”。4月10日，民进中央主席严隽琪率民进中央调研组，赴湖南开展为期四天的年度专题调研。

创新社会基层治理夯实农村良性运行基石、扶持村级集体经济发展以提高农村公共服务能力是本次大调研的两个重要议题。调研组成员不断发问：“村里有没有为集体经济保留土地？集体经济收入有多少用来提供公共服务？有没有预留公共设施的维护资金？涉农资金整合是在县一级还是在乡、村一级更合适？”每到一处，调研组都认真了解情况，掌握真实可靠的第一手材料。

此外，这一年里民进全会共同围绕扶贫主题开展了多角度、多层次的预调研活动，民进中央领导带队参加了其中10个省的预调研，召开了23场座谈会，举办了8场专题务虚会，与财政部、教育部、扶贫办、农业部、水利部、林业局等国家部门进行了沟通。民进中央9个专门委员会以及集中连片贫困地区涉及的19个民进省级组织都开展了重点调研，形成32份调研报告，为总报告和建议书的形成提供了支撑。

调研结束后，经过反复研究、修改，民进中央向中共中央、国务院报送了《关于扎实推进农村扶贫供给侧结构性改革的建议》，习近平、李克强等党和国家领导人作出重要批示。

民进中央调研发现，农村扶贫固然有供给量不足的问题，但供给的结构性问题越来越成为关键。一方面是机制性问题。一是基层脱贫主体到位不够。目前政府是扶贫支配性主体，其他主体或缺位、或被动参与；基层缺乏组织力，村集体组织是政府与贫困人口有效衔接的“中间层”，但多数无资源、无资金、无固定资产支撑，组织村民自我发展、教育、管理的能力薄弱；家庭、村民小组等传统有效的互助单元的作用被忽视；有的地方贫困户只参加分红但不参与扶贫项目本身，影响其内生动力。二是扶贫资源供给机制与需求不适应。有贫困户基于自身基础和资源禀赋，希望发展的脱贫项目与政府推动的

扶贫产业项目不一致；还有贫困户更需要互助合作抵御风险，政府却直接将扶贫项目投入分解到各个贫困户，忽视了产业链和农户间合作机制的建立。三是精准机制还有待完善。因按户定贫，自立能力较强的子女分户出去或外出打工、留下老弱病残的家庭符合了贫困户标准，而家庭和睦、坚持赡养老人不愿分户的家庭，尽管整体生活比上述家庭困难，但入户评分却达不到贫困户标准；贫困户与准贫困户生活条件相近，却有断崖式的“福利”差；因扶贫决策权分享机制不完善，出现乡村精英对资源的集中捕获及强势群体对资源的优先利用；50 万元以上的涉农或扶贫项目实行招标制，但层层转包使扶贫项目的效率和道义价值打了折扣。

另一方面是结构性问题。一是思想认识不全面。对精准扶贫的十六字工作方针，需要全面认识，综合实施。目前存在重资金、项目、产量等数量指标，轻扶贫供给的结构、方式、可持续性等质量指标的问题，对内生动力、多元主体重视不够，也忽视了社会、文化等因素。二是人才结构性短缺。在贫困地区，人才已上升为和资金、政策同等重要与迫切的需求。农村人口空心化加剧，而“新乡贤”形成的社会环境、外流人才反哺乡村的政策体系不健全，导致农村本土人才断代；外部人才参与新农村建设的共赢机制不健全，导致输入型人才不足。同时，最接近贫困人群的中职教育薄弱、吸引力不足。大量从“升学独木桥上”落下来的初中或高中毕业生，以及因种种原因产生的很多基础教育阶段的辍学生直接参加了“打工大军”，他们因缺乏技能而收入低下，有巨大的潜在培训需求，但“体制内”的职业教育没有专门为他们的实际需求“量身打造”职业教育供给。优质中职资源、就业机会、新兴产业主要集中在发达地区和大城市，而一线劳动者的来源或中职的生源主要在欠发达地区和农村，现行教育管理体系和相关政策缺乏适应性调整。三是扶贫项目存在结构性风险。扶贫产业趋同较严重，产品结构处于产业链初级阶段，市场风险难测。

同时，一些体制性问题也严重制约着农村扶贫供给侧结构性改革。一是体制分割、管理分治造成资源分散、扶贫碎片化问题；扶贫相关信息尚未互联互通，影响动态识别、项目实施和效果评估。二是政策衔接不够。低保和扶贫政策的标准、覆盖人群、退出机制等尚未实现衔接贯通；贫困县开展资金整合试点与财政规定尚不配套；同一连片贫困区内有中西部之分，“同片不同策”。三是资金下达时间与脱贫摘帽任务进度脱节。扶贫资金的特殊性在于先有扶贫资金，再来确定贫困户和扶贫项目的使用。但因精准识别的基础工作薄弱，财政部门反映对资金下拨心中无数，但各地已将扶贫任务层层分解到位，明确了时间表，扶贫资金的下达与任务时间不能很好匹配。

如何扎实推进农村扶贫供给侧改革，民进中央建议提升扶贫供给的有效性和脱贫的可持续性，既要打攻坚战，也要有战略思维、长远考量。

1. 深化对农村扶贫攻坚战略意义的认识

一是巩固党的执政根基。农村之贫困，有历史基础、自然条件和突发灾祸等原因，也有制度与政策原因。脱贫攻坚、精准扶贫的过程，也是农村基层社会治理革新和村级集体经济再造过程，是对广袤农村和广大涉农群众实现基层公共服务全覆盖过程，是巩固党的执政根基。

二是乡村重建的关键契机。脱贫攻坚关系农村生产关系、生产方式、社会治理的深刻变革，包含了构建多元社会主体、转变政府职能、端正政绩观、创新财政金融服务等一系列重大改革。抓住历史机遇，做好自上而下的设计与规划，使新乡村建设获得新的发展动力。

三是贴近民心的群众路线教育活动。“真扶贫”“认穷亲”，干部不仅“身入”，更要“心入”。防止农民有“粮站走了，邮局走了，信用社走了，学校走了，感觉整个共产党都走了”的感觉。推动公共服务和职权下沉，变坐机关办公为进村入户服务。

2. 加强与创新新农村建设

“三农”问题中农村尤为短板。改革开放使农村发生巨变，农村基层社会治理方式不适应农业现代化的矛盾日益显现，成为影响脱贫攻坚的重要因素。2005 年，中共中央提出建设社会主义新农村的 20 字要求，现需要进一步明确指导方针，将新农村建设作为推进新型城镇化、农业现代化的重要内容，开展全面系统的调查研究，适时召开全国农村建设工作会议，切实加强新农村发展的规划引导和建设力度。有几个需要重点关注的问题：

一是进一步明确行政村职能。依照《村委会组织法》，行政村是村民自治组织、农村社会服务管理的基本单元。但从村两委的实际工作内容看，行政村首先是一个体现国家意志的国家治理体系、公共服务体系和社会保障体系（即“政务”）在农村基层的单元，其次才是群众自我组织、服务、教育（即“村务”）的自治单位。“只有驴的身份，要干马的活”，是行政村普遍的困境。

建议适时启动《村委会组织法》修订，实事求是界定行政村职能，并依据法定职能配给资源和公共服务；对村级组织“机构牌子多、考核评比多、创建达标多”问题进行全面清理，切实减轻基层负担；对于合并村，寻找村民自治的最佳支点，推动自治重心下移到自然村、村民小组。

二是发展村级集体经济提高基层公共服务能力。村级集体经济是农村基层政权和党的基层组织的经济基础，是实现农村基本公共服务供给靠国家和集体“两条腿走路”的重大战略。当前村级集体经济薄弱(全国 58.8 万个行政村中，没有经营性收入的村占 50%，经营性收入不到 5 万元的占 30%)。导致村组织运转基本靠“补”，基础设施建设基本靠“要”，公益事业基本靠“捐”，自我发展能力很差。村干部反映，没有村级集体经济，他们“说不起话、抬不起头、直不起腰、办不了事”。中办、国办颁布的《关于建立贫困退出机制的意见》，把村级集体经济纳入贫困村退出的标准之一。但由于村级集体经济法定地位缺失、中央对发展村级集体经济没有明确要求、多数村集体资产已分完，发展集体经济缺乏载体和资源，难度极大。

建议党中央把发展壮大村级集体经济作为基层党组织建设一项重大而又紧迫的任务来抓；在国家有关文件和部分省试点的基础上，尽早出台扶持农村集体经济发展的指导性文件，明确村级集体经济的地位、功能，提出扶持和发展措施；安排支持村级集体经济发展专项资金，建立集体经济薄弱村财政补助制度。对村级集体经济发展项目，要进一步简化审批程序，并给予税费减免、贴息贷款等优惠。

三是实施农村基层人才工程。如“新乡贤工程”，鼓励回乡大学生和退休官员、教师、医生等各类知识分子和社会能人“反哺”乡村；如“新农村干部培养工程”，选拔一批优秀人才充实进村两委班子，实施村干部素质提升计划；还有“新扶贫专业人才工程”，选拔一批农村发展亟须的专业人才纳入工作组，直接进村到户提供技术服务。

四是创新农村社会管理方式。如设立村民理事会、乡贤理事会等，让外部精英和本土人才有个共同发挥治理作用的平台。以基层党建核心化、公共服务普惠化、村居社会自治化、集体经济持续化为目标，使党组织、自治组织和集体经济组织各就其位。

五是重视文化的作用，倡导自立自强的传统美德和勤勉、自主、合作的村风。充分发挥家庭自助和邻里互助的作用。视家庭为社会基本管理单元、围绕“家庭”实施社会保障服务，将国家管理社会的成本内化为“家庭和谐幸福”的保障；发展村民专业合作社、资金互助社等农村合作组织，鼓励农户们守望相助，自主合作、资源共享，提高抵御风险的能力。

3. 发挥中等职业教育在农村扶贫中的作用

对于贫困家庭子女和欠发达地区出来的新生代农民工，中等职业教育是离他们最近、短期脱贫最可行的教育供给，要加强和健全向贫困地区和贫困人群提供职业教育的供给机制，鼓励多种社会主体参与供给，重视为处于底层的劳动者提供无门槛和灵活便利的职业培训服务。将构建培养亿万高素质劳动者的现代职业教育体系列入全面深化改革的重点内容，解决劳动部门、教育部门、人事部门、行业协会等“各行其事”的现状。

一是加大“发达地区支持欠发达地区中等职业教育协作计划”实施力度。挖掘发达地区富裕的中职教育资源潜力，坚持不低于50%的高中阶段“职普比”；放宽产业发达地区、用工紧缺地区中职院校的招生地域限制，探索现代学徒制与中职的融合，扩大面向脱贫对象的招生和帮助其在发达地区就业；鼓励跨地区联合办学和通过支教帮助贫困地区的中职院校提升办学水平。

二是实施“中职教育脱贫工程”。将其列为国家实施的脱贫“几个一批”之一，统筹扶贫资金，“三管齐下”（职业学校给学位、企业给岗位、财政综合保障）把脱贫对象家庭中的“双后生”（初中毕业后和高中毕业后没有接受职业教育）和有就业潜力的青壮年讲入中职学习作为脱贫的一种直接方式，提高补贴资金的吸引力（包括将在中职学习期间的学习费用、生活费用甚至家属的生活补助列入扶贫资金），使“一人入中职，一家即脱贫”。

三是实施“集中连片贫困地区中职教育能力提升计划”。“十三五”期间，14个集中连片贫困地区应将普及高中阶段教育的增量部分重点放在中等职业教育上，力争在人口超过30万人的县办好一所中职学校。应将紧密服务地方产业发展、有利于产业转型、就业前景好的中职院校作为扶持重点。

4. 产业扶贫亟须防范市场风险

中西部一些地区地理和气候条件相同，扶贫工作队在各个扶贫点调整种养殖业结构多有雷同，两三年后可能过剩而导致价格下跌（湖南怀化已经遇到贫困户种的香芋因价低而烂在地里，高山刺葡萄因价低而亏损的情况，而许多地区正在大量种植），养殖业也类似，亟须构建市场风险防范机制。

一是完善农业信息发布和服务制度。尽快建立国家层面的农产品种养殖业的预测预报机制，引导扶贫工作队和农民关注市场需求，善用数据决策，降低农业生产盲目性，实行错峰种植和上市，避免市场过剩导致损失。

二是拉长农业产业链。因地制宜发展特色产业，推动“种养加”一体、一二三产融合发展，扶持农产品冷链物流体系和农村电商建设，打造市场上的商品优势，提高实际收益。

三是提高贫困地区农业保险的力度。扩大政策性农业保险的覆盖范围，中央财政继续提高贫困地区农业保险保费补贴，引导商业性保险公司结合地域、产业特色开发特色险种。

5．围绕脱贫攻坚开展民主监督

2016年6月，中共中央统战部、国务院扶贫办联合下发了《关于支持各民主党派中央开展脱贫攻坚民主监督工作的实施方案》。中共中央将脱贫攻坚民主监督工作交给了各党派中央，民进中央对口监督湖南省。民进中央高度重视脱贫攻坚民主监督工作，成立了由严隽琪主席任组长的领导小组，制定了2016年脱贫攻坚民主监督工作方案，召开中常会、主席办公会、专题会对相关工作进行深入研究部署。2016年6月到年底，开展了监督性调研7次，范围涉及8个市州的16个贫困县和19个贫困村。

通过监督性调研，民进中央发现了湖南省扶贫脱贫工作中存在的一些问题，并通过调研报告的形式向中共中央、国务院反馈。民进中央调研发现的问题，在国务院扶贫开发领导小组组织的湖南省2016年省级党委和政府扶贫开发工作成效考核中得到体现和印证。

存在的问题主要有：一是思想认识需要进一步提高。扶贫开发不完全等于上大项目，要进一步把工作重点锁定到贫困人口的“两不愁、三保障”上来，合理制定各级脱贫时间表，不搞时间上的“层层加码”。二是内生动力需要进一步激发。有的贫困县存在依赖政策的现象，工作上被动应付；有的贫困户存在“等靠要”的观望心态；更有贫困人口已脱贫，但不肯签字出列，缺乏思想教育引导。三是推进力度需要进一步平衡。贫困村和非贫困村之间扶贫工作力度不一，非贫困村享受的扶贫政策和帮扶措施较少，扶贫资金和人员不足，将影响整体脱贫工作平衡推进。四是资金效率需要进一步提升。扶贫资金下达与扶贫任务还没有很好匹配，及时性有待加强。虽然多数扶贫资金的管理权限已经下放到县一级，但资金整合缺乏实施细则。五是产业扶贫中的风险防范需要进一步重视。要尊重贫困户基于自身基础和资源禀赋提出的脱贫项目的愿望，提高产业项目中脱贫对象的“存在感”。六是防止数字脱贫的措施需要进一步研究。有的贫困村为了完成任务，要求贫困户虚报年收入或将预期收入当成现实收入。还有对返贫人口如何统计以及后续扶持需要及早研究。

通过湖南调研，反映出新农村建设中亟待研究的一些具有普遍性的问题：一是农村基层治理能力薄弱。村民委员会承担了大量基层政府指派的行政性事务，对于村庄的公务事务无暇顾及，既无动力也无能力将农民统合起来。人才结构性短缺，农村本土人才断代，输入型人才不足。二是村级集体经济不强。村级集体经济是贫困村退出的标准之一，但由于其法定地位缺失、中央对发展村级集体经济没有明确要求、多数村集体资产已分完，发展集体经济缺乏载体和资源，难度极大。

此外，调研中了解到湖南在精准扶贫和精准脱贫进程中还存在一些特有的困难，比如财政专项扶贫资金总量较小、集中连片特困地区内部扶贫政策不统一等，民进中央通过建议的形式向中央有关部门进行反映，帮助湖南解决脱贫攻坚面临的实际问题。其中“同区不同策”问题，引起了国务院扶贫办高度重视，正在研究相关办法。

二、聚焦教师教育供给侧改革，推动教师队伍建设

教育是民进坚守的“老阵地”，全会15万多名会员中，来自各级各类教育岗位的占三分之二，是一个名副其实的“教育党”。民进长期关注教师、关心教师、支持教师发展。近十年来，在全国政协大会上，民进做过5次有关教师待遇和发展的党派发言；并先后提出了22件有关教师发展的提案，如关注中小学教师心理健康、提高农村教师待遇、促进城乡师资均衡发展、加大西部地区教师培训体系建设力度、调整城乡教师编制、建立校长任职资格制度、保障民办学校教师合法权益、加强县级教师培训机构建设等。经过多年努力，在中央的重视下，教师队伍建设、教师职业发展等各方面有了长足的进步。

关注教师发展，是民进不变的情怀。2016年9月7日至8日，民进中央在安徽芜湖举办庆祝第三十二个教师节暨2016中国教师发展论坛，聚焦教师教育供给侧改革大计。全国人大常委会副委员长、民进中央主席严隽琪，民进中央副主席刘新成、朱永新，安徽省人大常委会副主任花建慧，中共芜湖市委书记宋国权以及教育部、安徽省教育厅、民进安徽省委会，安徽师范大学等相关部门领导出席论坛。来自全国各地的专家学者及在教育一线工作的名师、校长汇聚一堂，共同为教师教育的供给侧改革出谋划策，献计出力。

中国教师发展论坛已经成为民进中央着力打造的品牌项目。每年的论坛主题都经过了精心的设计和选择，紧随时代发展脉搏，追踪当前教育领域热点问题，积极为国家教育事业献计出力。今年的论坛主题确定为“教师教育的供给侧改革”，征询了部分专家学者的意见，最终由民进中央领导研究确定，旨在庆祝教师节之际，引导更多的目光聚焦到教师群体的生存状况和发展需求上，促进全社会给予教师发展更多的理解和支持。论坛围绕教师培养、师资选拔到职后培训三个关键环节，展开了研究讨论。这也是教师们、将来从事教师职业的学生们最关心的问题，参会各位专家学者从不同的侧重展开了研讨，有对打破单一师范培养体系、优化师范教育课程结构等方面深刻的理性思考，也有生动的顶岗实习支教、探索新型研修模式的成功经验介绍。

这一届中国教师发展论坛的主题是“教师教育”，也就是师范教育和教师职后教育，这是教育发展中的关键问题。在我国经济社会发展和全面深化改革的大背景下，教师队伍建设面临不少问题，如教师教育体系的开放度、社会转型中的教师管理体制、编制和职称制度的合理性等，这些问题有的是教师系统内的，更有系统内外互相牵制的，民进中央提出要关注教师教育，坚持深化改革。

综合参会的一线教师、专家学者的观点，当前教师队伍建设存在的主要问题有：

一是教师教育供给侧结构失衡。结构性失衡是当前教师教育供需两方面临的突出问题。随着我国城镇化进程的加快，越来越多的农村人口转移到城镇，农村学龄人口的主动流出与自然减少，导致一些农村学校教师与学生比例失调，一些农村地区绝对性缺编与结构性缺编同时存在。在某些方面，教师“需求侧”依然是“刚需”状态：按照2020年教师队伍师资配置标准化要求，学前教育需补充近150万名教师；按照开齐开全课程的基本要求，小学艺术教师、体育教师、综合实践活动课教师和科学教师分别需补充20万、32万、70万和32万人；初中艺术教师、体育教师、综合实践活动课教师和科学教师分别需补充19万、19万、42万和18万人。此外，调研发现，西藏和四川省藏区、新疆地区双语教师还亟须补充增量并提高存量质量；特殊教育教师数量和教师专业化水平也亟待提高。2015年，我国残疾儿童共有800多万人，在校生仅有44万人，特殊教育专任教师为5万人，其中受过特殊教育专业培训的教师比重为64.87%。随着特殊儿童就学需求的不断增加，配置一定数量师资成为当务之急。结构失衡首先表现在产能过剩。2006–2015年，我国平均每年师范毕业生为70.16万人，而平均每年仅37.89%的师范毕业生能够进入中小学教师岗位。其次是性别失衡严重。全国27所师范院校师范生男女比例差距明显加大——女生达65.3%，男生仅占34.7%。再者是学科分布不合理。一些长线学科如语文、数学学科教师相对富余，体、音、美、劳动技术、科学、信息技术、综合实践等课程教师严重不足。

二是教师教育供给组织正在消散，师范院校纷纷转型综合院校，师范类专业原有的中心地位不复存在。北京某知名高校附中近3年新招聘教师的一组数据显示，部分中小学校招收师范生教师的比例呈急剧下降趋势：2014年师范生10人，非师范生24人，2015年这两个数据分别是22人、33人，到2016年则为25人、50人。有专家统计，2016年中国教师教育的供给机构中，来自师范大学和师范学院的只占23%，来自综合大学和综合学院的则占了36%，师范毕业生面临“被抢饭碗”的尴尬局面。造成这种局面的原因，一是随着个性化教学理念的普及推广，促使一些优质学校对传统师范专业培养的教师需求下降；二是高中课程改革推动教学内容的多样化，加上不同类型和层次的学校对教学人才需求不同，师范专业毕业生难以满足其需要。总之，师范生质量不高是根本原因。

三是教师供给质量出现了滑坡，一些新任教师岗位胜任力堪忧。对于农村学校来说，最关键的是老师要“坐得住”，要能真正扎根到教育教学中去，现在很多年轻老师没有把执教作为一项终身事业，随时想走人，如此一来，基层的教育质量如何提高？而在城市，一线教师也越来越感受到新技术革命带来的执教压力。面对信息化浪潮的不断翻涌，孩子们接受信息的渠道多种多样，“给孩子一滴水，老师要有一桶水”的时代早已过时，就连“给孩子一滴水，老师需要一眼泉”也已经无法满足孩子们当下的渴求，而“孩子们面对海洋，老师如何帮助其选择”似乎应该成为教育从业者思考并践行的话题。教育的信息化和数字化特征日趋显著。新任教师岗位胜任力较差主要表现是：学非所“教”、教无办法、技能面窄，即在校所学内容与就业学科之间存在错位，新教师“我会、不会教、教不会”的现象时有发生，此外，除主教学科外，班队活动所需的组织设计、文体特长明显不足。教师对于学生个性化的教育需求常常感到“无计可施”，班级管理、课堂管理知识较为欠缺，对信息化技术提升的渴求也越来越大。随着学生核心素养的提出，作为教学第一线的教师，如何理解核心素养，如何在自己的教学实践中培养学生的核心素养，也考量着教师的教育教学能力。

此次论坛上，各位专家学者对教师教育的供给侧改革和教师专业化发展问题提出了很多好的想法，取得了一定的共识，主要有四个方面的思考和建议：

1. 教师培养模式要革新

过去很长一段时间内，我国的师范教育是单一的、封闭式的，在多次教育改革当中虽然历经变化，但离现代化尚远。长期以来，师范院校的办学和发展按政府计划行事，招生和毕业生分配由政府按计划统筹进行，师范院校只管师资的培养环节，其他一概不用过问，旱涝保收。传统的师范教育在科学性和效率上，落后于时代；在实际有效性上，也就是从师资需求侧来看，教师队伍的能力和素养都与现实需求脱节，于教育目的之达成，教育方针之落实，尚有很大差距；在教师选拔上，还存在逆淘汰的现象；在师资队伍的精神品格上，有较为普遍的功利化乃至庸俗化现象存在。

随着时代的发展，其他行业待遇的普遍提高，教师的职业吸引力降低，师范院校（专业）对优秀考生的吸引力也明显降低，师范类生源质量下滑。与此同时，由于教育事业的发展、基础教育课程改革的不断深入和加速，互联网对教育过程的渗透，人民期望值的提升等等因素交织在一起，学校教育对师资水平要求越来越高，旧的师范教育封闭模式已不能适应建设一支高素质教师队伍的需要。面对这种情况，我国开始实施教师资格证书制度，并开始探索教师融合式培养之路。在单一师范院校培养教师的格局被打破之后，资源初步整合，但各种类型学校的办学体制和管理体制还不完善。出现了一些问题：如师范院校向多科性、综合性院校的方向发展，功能定位发生偏移，在专业设置和招生数量上，非师范的比重偏大，削弱了师范院校的办学特色；尚未形成综合性大学、非师范院校利用学科优势，积极参与并努力办好师范教育的机制；地方师范院校以及升格、合并至地方师范院校的原中师学校的管理体制还需进一步理顺；多数师范院校合并、升格后，在确定办学规模方面往往缺乏专门的规划，师范生的培养规模和学科、层次分布与各地的实际需要衔接不紧密，师范生供需的结构性矛盾较为突出。

时代呼唤具备更高素质的新型教师，这迫切需要教师教育体系的深刻变革。同时，教师供需关系的变化，“买方市场”的出现，要求教师教育转型升级，对师资供给侧进行改革。未来的师范教育体系建设目标，是构建一个适应现代社会需要、满足公众多样化教育需求、符合终身教育要求的教师教育体系。

本次论坛中，提出了很多具有创新意义的教师教育新模式。在教师养成阶段，有专家介绍了“3+1+2 培养教育硕士”的方案，用好大学四年级，本硕贯通培养高水平教师；还有以培养研究型卓越教师为目标的“教学相长”式协同发展模式；还有专家讲述了“扶贫顶岗实习支教”的动人故事，以及故事背后蕴含的深刻道理；有的专家提出建立教师职前教育和职后培训相衔接的教师教育体系；有的专家直接提出了本科后培养教师方案。教师职后培训方面，有学者阐述了中小学教师“主题式培训模式”“研训一体”“网络研修”；等等。这些方案或者模式，共同的特点是要打破传统师范教育的封闭性，把高校的资源能力、政府的愿景和制度资源以及中小学校的实际需求结合起来，通向 GUS（政府 + 大学 + 学校）教师教育新模式。

2. 教师教育的课程体系要改革

在教师教育体系改革发展过程中要思考，面向未来、面向教育现代化需要什么样的教师？要建构什么样的课程体系来培养新型教师？如今，稀缺的不是知识、不是信息，而是真正能够针对问题，从浩瀚的知识海洋中筛选出有用信息，通过这些知识和信息的集合，形成有效解决方案的人。在未来的学校教育形态中，教育以人为本，不再是“大规模、成批量、无差别”的标准化生产，而是根据个体差异，提供个性化的学习方案、可选择的“课程菜单”。教师不再是传统上那样，仅仅是单向的信息输出者，而是课题的设计者、是课程的组织者、是学生学习的协作者（平等中的首席）、是学习硬件和软件资源的提供者、是学习成果的强化者。同时，教育科学的发展、教育理论和教育观念的不断进步，特别是教育改革在世界范围的不断深化，要求我们在教师培养过程中投入更多的时间进行教育专业素质的养成和提高，大幅度提高教师对学生身心发展和生涯规划的示范作用和指导能力。

但目前，我国的教师培养体系明显滞后基础教育改革：一是课程陈旧。师范院校所开设的教师教育类课程多年来基本没有变化，依然是教育学、心理学、课程教学论等老几样，基础教育课程改革中所急需的教育心理学、青少年发展心理学等内容却空缺，师德修养内容在教师教育课程体系中明显缺失。二是脱离一线实际。对基础教育、职业教育课程改革未能深度介入和融合，中小学在课程改革过程中开设的一些新课程，甚至像综合科学课程这样的国家课程，师范院校一直没有提供有效的师资培养和供应，至于各地区和学校自行开设的乡土课程和校本课程，就更别指望师范院校的专门培养了。三是教育手段落后。教育思想和观念陈旧，培养模式单一，教学内容、教学方法手段落后，缺乏对师范生综合素质特别是专业素质的培养和训练，实践动手能力、创新精神、对互联网社会的适应能力亟待加强，针对学生发展的实际情况难以提供有效的指导。

课程体系在教师教育改革中，可能同样具有核心意义。目前，我们对构建新型教师教育课程体系的方向、结构是有一定共识的，实践中也不乏创新有效的探索。但是，总的来说，我们对教育专业、师范性的认识还不够深入，也不够系统，尤其是与时代特色结合不够紧密，因而未能开发出像医学教育培训那样具有高度专业性的课程（体系），这可能是我们下一步努力的方向。

3. 吸引一流人才加入教师队伍的利益机制要建立

教师，特别是中小学教师，远远还未成为受人羡慕的职业。教育是面向未来的事业，一个国家、一个社会如果对自己的未来负责，就理应让最优秀的人才来充任教师或兼做教师，但是中国现在显然没有做到。阻碍一流人才进入教师队伍的，除了待遇与所肩负的责任、压力不对等，经济地位决定了社会地位不高、社会认可度低，还有编制、职称、上升渠道等一系列制约因素。

报考师范院校的学生不是最优秀的一流人才，同时师范教育体系缺乏将这些并非最优秀的人才培养成为优秀的教师的能力。长期以来，师范院校以“师范性”自我标榜，在很大程度上，这不过是自我欺骗的面具，是应付一流大学、真正的综合性大学的“学术性”压力和挑战的遮羞布。实际上，师范性绝不意味着学术性低下，相反，师范性本身不仅具有很强的实践性，教育教学的技能和艺术，本身蕴含很高的学术性。只不过，我们未能守住“师范性”这个领地而是心有旁骛，未能深入发掘和提升“师范性”的含金量、生产力和职业竞争力。现实情况是，对于本来知识底子就不厚的师范生来说，学科专业与教师教育专业都不可能学精、学通，毕业生的质量不高，没有择业优势。

有朝一日那些外在的制约因素都消除了，吸引一流人才的利益机制建立起来了，师范院校以及教师职业有吸引力了，师范院校的生源质量提高了，教师教育自身仍然有待改革，它与普通综合院校竞争的核心能力，仍然有待加强。所以，一方面，要通过大力提升教师待遇、保障教师权益、创新教师管理体制、改进职称评聘政策、创造更为宽容的社会环境、给予教师更多的自主权，提升教师职业对社会一流人才的吸引力；另一方面，师范教育要改革，以提升质量为关键提高人才培养水平，面向社会不断提高师资需求，供给最优秀的师范毕业生，并为他们将来发展成为优秀的教师奠定不可或缺的基础。

4. 教师教育的相关国家政策、计划要调整完善

特岗教师制度、国培计划、乡村教师发展计划、教师资格证制度等涉及教师教育各个方面的国家政策，都还有很大发展和完善的空间。如，有的专家提出国培计划送教下乡项目对乡村教师培训来说是一个创举，但是这一项目还不完善，如难以聘请到优秀的本地专家，外地专家在每个项目县一般只待两天，将他们负责的点评、示范课、讲座等工作完成后就会离开，由于没有与本地专家建立密切的联系，形成一个完整的培训集体，后面的培训环节往往做得虎头蛇尾。同时也缺乏培训结果和意见的反馈机制。再如送教下乡培训采取“体验—探究—实践—内化”的培训方式，其中“探究”阶段的“自我诊断”环节由于参训教师较多，多数人无法得到专家的直接指导，个性化职业发展方案的制定和实施往往流于形式。“内化”阶段的网络研修缺少监督，不少乡村学校也没有能力建立一个真正意义上的学习共同体，从而影响了新的教学理念和教学行为的内化吸收。

三、呼吁重视特殊教育，破解特教发展困境

对残疾人的关爱是一个国家气度、品质、能力的象征；重视特殊教育，也是国家文明程度的体现。近年来，我国特殊教育发展很快，国家投入不断增加，但与基础教育、高等教育、职业教育，甚至与学前教育相比，特殊教育相对落后，是国家教育事业的最大短板。民进中央一直以来非常重视特殊教育。早在2013年，民进中央就在两会提案中提出了制定专门的《特殊教育法》的建议。2015年，在全国两会上提交了《关于切实加强特殊教育教师待遇的提案》。2016年提交了《关于尽快稳定和充实特教教师队伍的提案》。

2016年10月17日至18日，民进中央在北京召开特殊教育专题研讨会。全国人大常委会副委员长、民进中央主席严隽琪，全国政协副主席、民进中央常务副主席罗富和，全国政协副秘书长、民进中央副主席朱永新出席会议并讲话。与会专家学者围绕特殊教育的发展、管理体制、特教教师队伍建设、“医教结合”等问题进行了深入交流。这次研讨会形成了一系列建议，主要包括：

1. 完善特殊教育体系建设

截至2015年底，全国特殊教育在校生有442200人。而相比这部分在义务教育阶段入学的特殊孩子，剩下的几万个孩子更值得关注：他们往往属于病情非常严重或者生活

在非常偏远地区，亟须医疗、渴望教育。最适合这类孩子的就是医教结合、康教结合的特殊教育体系。应在严格规范管理的前提下，改善医教结合机构资质的审批管理方式，加快行政许可审批的速度，提高效率；同时，建立由特教教师、医生和残疾人服务工作者组成跨专业入学评估机制，建立特殊教育教师、医生和家长共同参与的特殊教育会商制度，多方共同沟通协调，确定孩子是否进入特殊教育学校。长春大学特殊教育学院院长庄树范发现另一个问题：除了义务教育阶段以外，特殊教育在其他教育阶段常常处于一种放任自流的阶段。应当设立专门的特殊教育管理机构，以统筹协调规划特殊教育从学前教育、义务教育、高中教育到高等教育，以及职业教育的管理，满足残疾人在国内继续深造的需求，协调发展的高等人才教育培养体系。

2. 制定专门的特殊教育法

北京师范大学教育学部特殊教育研究所副所长邓猛认为，特殊教育法律法规内容有待科学化和完善，我国特殊教育立法的层次和地位还有待提高。目前为止我国只有《残疾人保障法》这一部针对残疾人的专门法律，在特殊教育领域立法还属空白。事实上，“特殊教育事业需要立法来撑腰”是民进人的共识。邓猛建议：一方面，应明确无论是特殊学校还是普通学校，公立学校平等教授所有的特殊教育儿童，向其提供平等接受义务教育以及学前和高中阶段以上教育的权利；另一方面，明确各级政府部门、社会组织、学校在特殊教育方面的义务与办法，严格规定特殊教育儿童的类别、定义，严格规定残疾儿童鉴定小组人员的构成，系统规定特殊教育内部建设和师资培训，严格规定特殊教育的财政投入，条件保障和教育质量等。

3. 深化特教教师队伍建设

残疾人教育要因材施教，分类施策，这离不开特殊教育教师队伍，而这正是目前特殊教育面临的最大短板之一。目前融合教育的过程中，真正在职前受到特殊教育培养的普通教育老师的数量很少，普通的老师面向残疾学生在随班就读的时候，在知识、观念、技能方面都不足。如何破解这一难题？北京师范大学教育学部特殊教育研究所教授顾定倩提出，在促进融合教育的教师发展过程当中，我们应该让现有的政策落地。通过设立特殊教育专业奖学金等多种手段吸引优秀的青年人来报考特殊教育专业，抓住人才。对于目前在岗的特教教师，也存在着一些亟待解决的问题。调研中发现，一些地方特殊教育教师编制的设置不够合理、薪酬待遇偏低等问题影响着教师队伍的壮大，目前特教教师心理状况堪忧、职业倦怠问题突出，也很值得教育部门深思。特教教师待遇问题关系到创新特教学校编制管理方式、转变服务理念、合理配置编制资源等各方面。希望政府相关部门能进行合理、科学理性的综合分析，采取各种方法尽早解决特殊教育学校的编制问题，同时明确特教教师职称评定的标准。此外，教师的心理问题也需要高度重视，为特教教师营造一个支持特殊教育教师职业威望的社会心理氛围，使他们在心理上获得满足感，也能够增强他们的职业认同感。

2016 年 11 月 8 日下午，全国政协在京召开第 58 次双周协商座谈会，围绕“重视特殊教育”建言献策。全国政协主席俞正声主持会议并讲话。全国政协副主席杜青林、罗富和、张庆黎、卢展工、王家瑞出席座谈会。座谈会上，全国政协委员朱永新、李卫红、王新宪、李和平、马德秀、朱晓进、王康、朱和平、刘焱、姚树坤、吴国华、秦和、孙惠玲、吴明、薄绍晔，以及专家学者尹烨、袁敬华作了发言。

民进中央是本次双周协商座谈会主办方之一。民进中央调研组分别于2016年4月在河南省新乡市、9月在安徽省芜湖市开展了特殊教育专题调研，民进中央还委托民进中央教育委员会、中国教育政策研究院、民进北京、辽宁、江苏、安徽、福建、山东、河南、甘肃等8个省级组织分别开展调研。在充分调研的基础上，召开了“民进中央特殊教育专题研讨会”，汇集各方力量就特殊教育发展的关键性问题议政建言。

这次协商座谈会上，参会的专家针对特殊教育发展，提出了如下建议：

要明确特教战略目标和政策方向。我国的特教发展困境，与特教发展战略目标不明确、政策方向不清有关。残疾只是生命的一种形态，残疾人与普通人权利平等、地位平等、机会平等。未来我国特教发展的战略方向应是城乡一体推进特教内涵发展和质量提升，进一步扩大残疾儿童随班就读的规模和比重，坚定地走融合教育之路，尽可能地让残疾儿童进入普通学校学习。同时，现有的特教学校要适时转型，从单一的学校功能转型成为融教学、研究、指导、培训为一体的特教资源中心。

要完善特教体制机制。特教缺少涵盖整个教育阶段的行政管理部门，各省教育厅基教处管理的学校多，战线长，人手不足，对特殊教育的管理弱化；各级政府及其部门未能建立刚性的多部门联动机制；特教学校财政性教育经费投入仅占教育经费总投入的0.36%，总量偏低，在生均经费、教师津补贴等政策落实上不到位。

应加强特教师资培养。要着力加大特教教师培养力度，有计划地在师范类院校和医学院校增设一批特殊教育相关专业，适当扩大招生规模，集中财力、物力办好一批特色突出的示范性特教学院。

建立特殊少儿的评估、分类统计体系，为特殊教育的科学发展奠定基础。应依托信息技术，整合公安、民政、教育、卫生和残联等各部门的力量和信息，建立覆盖所有特殊少儿的专用信息系统；建立特殊少儿识别、评估和分级制度，制定“中国特殊少儿的识别和分级标准”，设立全国残疾人群综合信息中心，并在地市设分支机构。

落实医教结合，实现特殊教育内涵发展。要在有条件的特殊学校设立由合格的康复师主持的儿童康复治疗中心，使康复与教学结合并相互促进，提高康复治疗的依从性和实际效果。还要完善工作制度，制定工作规范和标准，完善财政保障政策，加快培养教育—康复的“双师型”特教师资队伍。

要重视残疾人高等教育的发展。应大力发展高等教育阶段的融合教育，改变高考入学体检标准，加强各项保障措施，开设更多适合残疾人学习需求的专业，使更多残疾学生能进入普通高校就读。

应完善随班就读政策，促进融合教育发展。要加强随班就读教师队伍建设，培养具有“全纳教育”理念，能够指导残疾学生“随班就读”的教师队伍；探索残疾儿童双学籍制度；加强对随班就读的督导力度，将随班就读学生生均经费拨付、资源教室建设、资源教师配备和生师比纳入教育督导范围。

要加强对残疾儿童的救助政策。应对残疾儿童康复救助项目进行整合，制定残疾儿童救助康复工作机制，使残疾儿童康复救助成为一项长期制度或政策，并适度放宽残疾儿童救助年龄和名额限制。

四、在票房“狂飙”中保持清醒，建言电影产业健康有序发展

习近平总书记在2015年10月召开的文艺工作座谈会上提出，要坚持以人民为中心的创作导向，创作出无愧于时代的优秀作品。作为教育出版文化为主界别的参政党，民进中央长期关注文化领域问题，2016年将目光瞄准中国的电影产业发展，围绕“二级院线”“整顿电影行业乱象”等问题建真言、献良策。

近年来，中国电影市场持续、快速、爆发式发展，银幕数量、票房、观影人次同时屡创新高，成绩显著。2015年票房总额440.69亿元，同比增长48.7%（自2002年电影产业化改革以来，保持着每年超过或接近30%的增长速度）。业内人士估计，中国电影票房收入有望在2017年超越美国，成为全球最大票仓，未来5年到8年，中国电影将具备3000亿元乃至更大的市场规模。然而票房的成功，只是说明了巨大的国内市场潜力以及巨大的金钱收益。飙升的数值背后，国产真正有艺术水准、有感染力的高质量电影，依然凤毛麟角。

艺术功能、商品功能、社会教育功能应该是文艺作品的三个基本属性，当然也是影视作品的应有之义。但是在唯票房的指挥棒下，中国电影已把衡量的尺子偷换了刻度。我们在强调电影的艺术功能、商品功能的同时，更不应忽视其社会教育功能的发挥。但一些商业院线唯票房论影响了国内真正有艺术水准、有感染力的高质量电影的排片数量，依靠商业院线是远远不够的。

民进中央认为，完善发展二级院线，是对商业院线的有益补充，也是为一些“钱景少”、不适合在商业院线铺开的优秀电影脱颖而出，培育土壤。在互联网+的浪潮下，在文化娱乐行业转型升级的背景下，近些年来，私人影院、微影院、影吧等二级院线也备受市场认可，正朝着专业化、规模化、品牌化的方向蓬勃发展。作为介于家庭和商业院线之间的一种新兴业态，二级院线还有许多潜力有待开发。学校、工厂、企事业单位的礼堂、多功能厅、活动室，目前利用率还不充分，因其人群聚集的特点和优势，应该成为二级院线的主阵地。

调研发现，目前，在一些地区和校园有一些很好的经验和实践。比如浙江杭州市上城区教育局携手杭州萤火虫少儿公益宣传服务中心建立的校园公益电影院线的模式，推出菜单式服务，把电影分为热爱祖国、诚实守信、孝老爱亲、保护环境、节俭养德等多个主题菜单，供学校、青少年活动场所、工厂、企事业单位选择。但要广泛推广，也有实际困难。一是政府对电影分级、分众，引导、扶持不够，主流电影、艺术电影迫于投资方的压力，照样需要以营利为目标，依然需要在商业院线与商业大片竞争；二是信息不对等、资源不互通。一方面部分有类似想法的学校、工厂、企事业单位硬件设备不允许，即使是有条件的也没有渠道拿到能够放映的数字电影或拷贝；另一方面类似电影制作方也无从了解这些学校、工厂、企事业单位的真实需求，也没有人力、财力去做这方面“没赚头”的工作。

为此，民进中央在2017年全国两会上提交了《关于扶持建立电影二级院线的提案》，提案建议：二级院线的播放场地依托校园、企事业单位现有的、未被充分利用的礼堂、多功能厅等，以及上座率低时段的商业院线；主要用于放映制作水准高、“钱”景不够的

主流电影和艺术电影等；排片可以采用数字电影或商业院线已下线的影片。

一是二级院线的建立，与培育社会主义核心价值观相结合。目前，学校思想品德教育课普遍是课本式、说教式、填鸭式，不能入脑入心，弘扬、培育社会主义核心价值观的抓手也比较有限，不易被现在的青少年和广大群众所接受。可推广浙江杭州市上城区教育局携手杭州萤火虫少儿公益宣传服务中心建立的校园公益电影院线的模式。这种方式更易被接纳，让人们在观影中受到启迪、受到教育，起到润物细无声的作用。

二是二级院线的建立，政府要给予支持。第一，政府可通过行政手段，以正面清单的方式，要求中国电影博物馆等有资源的事业单位，参与建立二级院线，挖掘我国更多优秀的文艺片、历史片，以及弘扬社会主义核心价值观的优秀影片；将参与二级院线的建设，作为影视公司体现社会责任的一种量化考核标准。第二，政府通过政策供给，比如租金补贴、税费返还等形式，鼓励更多社会组织参与建立二级院线。这在社会上已有好的示范，如陕西励志校园数字院线有限责任公司、河北德翰校园数字电影院线有限公司等。西安曲江大学生电影院线，服务对象为西安市各大高等院校（包括高职、高专及各大民办院校）学生，花 10 元钱即可每周观看经典影片。天津也已实施了大学生电影联盟，爱国主义影片、与专业相关的记录片免费观看，其他影片一律 10 元。

随着中国电影业由“浅滩”驶入市场“深水区”，电影产业的相关问题也逐步暴露出来。为此，民进中央汇聚众多会内影视领域专家，围绕电影产业发展问题开展了多次研讨会。在全国政协十二届十七次常委会上，民进中央提交了书面发言，认为中国电影产业精细化道路任重道远，在深耕电影产业规模效应的同时，更应整顿电影行业乱象。

1. 类型趋同，没有世界票房号召力。去年国产影片票房过 10 亿的共有 5 部，迎合精神松弛、社交需求、感官刺激，具有喜剧元素的影片占据了票房的主导地位，《港囧》16 亿、《夏洛特烦恼》14 亿、《寻龙诀》13 亿、《煎饼侠》11 亿。“颜值电影”《万物生长》《何以笙箫默》《左耳》，“综艺电影”《爸爸的假期》《奔跑吧兄弟》等“速食”电影成了名副其实的“吸金王”。这些电影只能在本土赚个盆满钵满，但很少能出口赚外汇，更别说出现像《变形金刚》《指环王》等有持续世界票房号召力的影片。冯小刚导演就“怒喷”综艺电影，认为其“对中国电影的发展产生了极其恶劣的影响，将导致没有制片人会继续愿意投资一部严肃的、付出了很大努力的电影”。

2. 好影片没有好票房，无序竞争、市场混乱。像《富春山居图》《恶棍天使》《小时代 4》这样一方面恶评如潮、一方面票房飞涨的电影不在少数，而像《桃姐》《飞越老人院》这样无论现实针对性还是艺术水准都堪称上品的影片，在票房上却遭遇滑铁卢。摘得奥斯卡金像奖的《艺术家》，在国外绝对火爆，引入国内后却以 154 万元的票房落寞收场；《百鸟朝凤》需要投资人下跪换来市场关注。即使是有口碑有上座率的电影，也需要票房“注水”来炒作，比如《叶问 3》7000 万的票房水分，《捉妖记》同一个厅每隔 15 分钟就放一场的票房造假。实际上除了“注水”票房，还有“做低”票房。

3. 无分级分众概念，发展模式粗放。中国的电影产业虽然规模已经上来了，但产业精细化依然任重道远。这尤其表现在：一是创作生产上，对题材的追逐超越了对品质的打磨。二是从盈利情况看，产量虽大，但真正能够在市场上受到欢迎并获利的影片还是少数，据统计，去年国产片产量 686 部，动画影片 51 部，票房过亿的影片有 47 部，5 部票房超过10亿，9部票房超过5亿，但是有近350部影片未能上映或血本无归。三是在院线的建设和配置上，同质化严重，缺少差异性。

2015年中国的年度人均观影次数是1次，而韩国是4.1次。另外2015年中国影院的平均上座率是17.5%，这说明中国电影产业还有非常大的上升空间。为此，建议：

1. 提速《电影产业促进法》出台。加大调研和各方精英的专家参与度，做好与《著作权法》《知识产权保护法》等法律的衔接，尽快出台《电影产业促进法》，从电影审查、发行、放映等环节进行法律规范，在产业促进、市场规范等方面给出方向和着力点。尤其是在票房监督方面，明确执法部门，提高处罚力度。

2. 深耕电影产业的规模效应。适当规范资本进入，降低中国电影的发展速度，扎实推进专业团队培养、核心技术支撑、原创剧本保护等，有效延长中国电影的黄金机遇期。在电影项目的深度开发上做文章，提高规模效益。在电影衍生品、版权保护、世界发行方面下功夫。

3. 推进院线改革，细化分众市场。"老少咸宜"是计划经济体制下"大锅饭"意识派生出来的审定标准。应建设艺术（小众）电影院线或规定院线艺术（小众）电影、主流电影的最低排片量，推进电影分级、分众，在保护青少年的同时，满足观众多层次多元化的需求，也进一步促进不同类型电影的健康发展。

五、围绕长江经济带战略，建言长江保护与发展

中国81%的水资源集中分布在长江流域及以南地区，长江的水量水质对中国的发展至关重要。但是近年来，由于开发过度和保护滞后，长江正面临着水资源、水灾害、水环境、水生态等问题的困扰。自1997年以来，民进中央始终关注长江流域资源环境问题，通过各种渠道向中共中央、国务院建言献策，推动长江流域保护与发展。2007年，民进中央与国家水利部长江水利委员会在湖北武汉共同主办了首届长江保护与发展研讨会，此后，研讨会隔年或每年举办一次，2014年更名"长江保护与发展论坛"。十多年来，民进围绕长江流域问题提交和报送提案、建议30余篇，这些意见和建议，为国家作出保护和发展长江的科学决策发挥了重要作用。

2016年1月，习近平总书记在重庆召开推动长江经济带发展座谈会，明确提出"当前和今后一个时期，要把修复长江生态环境摆在压倒性位置，共抓大保护，不搞大开发"。多年来民进中央呼吁的重视长江流域环境保护的建议得到了中共中央的重视。在此背景下，2016年6月6日，民进中央、全国政协人资环委、水利部长江水利委在上海联合主办"2016 · 长江保护与发展论坛"。全国人大常委会副委员长、民进中央主席严隽琪发表重要讲话，全国政协副主席、民进中央常务副主席罗富和主持论坛。此次论坛以习近平总书记重要讲话精神为指引，以"修复长江生态环境，推动长江经济带发展"为主题，体现了对习近平总书记重要指示的积极响应，论坛还设置了长江流域水资源综合管理、长江流域湿地保护与恢复、长江中下游水污染控制及长三角地区饮水安全、长江中下游绿色转型发展和社会参与四个分议题。论坛期间，结合主题议题，民进中央人口资源环境委员会对上海淀山湖水源地生态保护及湿地修复进行了专题调研。

民进中央认为，以修复长江生态环境为主要目标的大保护战略将成为推动长江经济

带发展“最紧迫而重大的任务”。这是从中华民族长远利益考虑作出的重大战略调整。要准确界定大保护的内涵，最重要的是解决好水资源合理利用的问题，实现生产用水、生活用水、生态用水三者之间的有效平衡。呼吁政府、企业、民众共同行动起来，在供给侧和需求侧两端施力，综合谋划、协同推进，共谱“节约、清洁、保留、搬移”四重奏。

据了解，国家环保部门正在编制《长江经济带生态环境保护规划》，针对当前长江流域的整体性保护提出了顶层设计目标。

1. 供需两侧施力实现长江大保护

习近平总书记关于“当前和今后相当长一个时期，要把修复长江生态环境摆在压倒性位置，共抓大保护，不搞大开发”的讲话表明，以修复长江生态环境为主要目标的大保护战略将成为推动长江经济带发展“最紧迫而重大的任务”。这是从中华民族长远利益考虑作出的重大战略调整。从大开发到大保护，体现的是生态文明的进步，也是历史发展的必然选择。那么怎样才是大保护？最简单最直观的解释就是：今后在长江经济带，凡是有利于保护、修复生态环境的事要多做、快做，比如长江防护林体系建设、水土流失及岩溶地区石漠化治理、退耕还林还草、水土保持、河湖和湿地生态保护修复工程等；凡是以牺牲生态环境为代价、换取一时经济增长的事要少做甚至不做，比如修建小水电、毁林开垦、过度放牧、围湖造田等。一些重大项目如果一时看不透，或者认识不统一，那就暂时停止。对一些二选一甚至多选一的“两难”“多难”问题，要科学论证，比较选优。对那些不能做的事情，要列出负面清单。

如何准确界定大保护的内涵？最重要的是解决好水资源合理利用的问题。生产、生活、生态，这三种用水，谁最优先？其实经常是左右为难。从理性来看固然是生态优先，但在现实中往往却生活优先，毕竟人类的生存是首要的压力；有些时候或者有的地方甚至是生产优先，因为毕竟发展指标摆在面前。但无论如何人们已经越来越认识到，要保证生活得好，进而保证子孙后代也生活得好，那就必须保护好生态，从而对生产用水进行限制。生产、生活、生态三者关系复杂，如果能够实现三者之间的有效平衡，我们的大保护才有希望，否则就会落空。

中国 81% 的水资源集中分布在长江流域及以南地区，长江的水量水质对中国的发展至关重要。联合国预测至 2030 年，人类水资源将短缺四成，全球至少有 29 亿人口将面临无水可用的窘境。世界银行也警告，水资源不足将对全球 GDP 增长产生极大影响。像中国这样的大国，水资源绝对不可能依赖进口。所以我们呼吁在供给侧和需求侧两端施力。政府、企业、民众共同行动起来，综合谋划、协同推进，共谱“节约、清洁、保留、搬移”的四重奏。

“节约”即节约用水。城镇与乡村、生产与生活、工业与农业都要深挖节水潜力，努力实现用水零增长，进而做到负增长。“清洁”即防污与治污并行。工业园区要发挥防污治污的集聚效应，治污的机制要创新。“保留”即留住过路水。城市要大力推广集水系统，农业耕作要降低土壤水分蒸发，要加大循环再生水推广力度。“搬移”即扩大来源。要调整海水淡化支持策略，要统筹谋划，主动布局，还可适当进口耗水产品。

2. 深化改革推进流域综合管理

国家环保部门正在编制《长江经济带生态环境保护规划》，目标为“切实做到生态功能不退化、水土资源不超载、排放总量不突破、准入门槛不降低、环境安全不失控”。这是针对当前长江流域的整体性保护不足导致破碎化、生态系统退化趋势加剧，污染物的排放量大导致饮用水安全保障的压力大等问题提出的顶层设计目标。

要保障长江经济带的持续健康发展，保证长江流域生态安全，必须对长江淡水资源的支撑能力有清醒认识，必须对长江经济带的生态承载量有清醒认识，必须有全流域综合管理的思路和举措。所以我们呼吁强化流域管理部门的管理职能，理顺长江流域监督管理机制，使权责相符；呼吁各相关部门求同存异，加快长江流域保护等相关立法。

张登舟　民进中央参政议政部综合处干部

中国农工民主党

一、建言食品药品监管体制改革

食品药品安全是极其重大、受到人民群众普遍关注的民生问题，中共中央、国务院高度重视。中共十八大作出改革和完善食品药品安全监管体制机制的重要决定；中共十八届二中全会决定整合食品药品监管职能，组建国家食品药品监督管理总局；中共十八届三中全会将其纳入公共安全体系，决定完善统一权威的食品药品安全监管机构，建立最严格的覆盖全过程的监管制度，建立食品原产地可追溯制度和质量标识制度，保障食品药品安全；中共十八届四中全会决定建立权责统一、权威高效的行政执法体制，加强食品药品等重点领域基层执法力量。

2013 年全国“两会”后，国务院首先部署地方食品药品监管体制改革，专门出台《关于地方改革完善食品药品监管体制的指导意见》（国发〔2013〕18 号），要求省市县三级政府原则上参照国家层面的模式，整合食品药品监管职能，组建食品药品监管机构，对食品和药品实行集中统一监管，充实加强基层监管力量，进一步提高食品药品监管水平。几年来，各地改革总体进展顺利并取得了积极成效。但近一年多来，编制部门在全国范围内推动开展了工商、质监、食药监管部门等多部门合并跨领域综合执法改革，致使食药监管形式上强化、实质上弱化，专业化监管职能被边缘化，给深化食品药品监管体制改革带来了新的挑战，应当予以高度重视。为此，农工党中央邀请有关方面的专家学者赴江苏等地进行了专题调研，发现食品药品监管主要存在以下问题：

1. 食品药品的公共安全和专业属性被忽视。国家食品药品监督管理总局的调查数据显示，因推行市场综合监管机构，截至 2016 年 6 月底，全国独立设置食药监管机构的地（市）减少到 80%，县（市）减少到 40%。食品药品监管的根本目标在于保障民生；而市场监管主要致力于规范经济秩序，重在促进经济发展，两者的监管目标存在本质差异。此外，食品药品作为健康产品，其监管工作专业性更强，对监管人员的素质要求更高。事实上，美国、欧盟、日韩等发达经济体，均将二者严格区分。建立统一、权威、高效的食品药品监管机构，是世界各国在数十年食品药品安全监管经验基础上，根据食品药品安全涉及公共安全的特殊属性，以及食品药品监管特殊规律所作出的选择。当前一些地方设置市场综合监管机构，将食品药品与普通商品一同监管，难以做到全方位专业化监管。

2. 各地食品药品监管机构设置不一致，食品药品监管执法的权威性被削弱。从当前地方综合监管机构设置情况看，各地在机构设置上均是自行探索，改革模式不一，即使同一省份的各市县也出现了不同的机构设置。有的将食品药品监管、工商行政管理、质量技术监督机构“三合一”，还有的进一步纳入物价、专利等机构实施“四合一”“六合一”，出现了同一个部门“几顶大盖帽、几套执法文书、几支执法队伍”的滑稽现象。这无疑将进一步导致基层工作落实难、上下左右协调难、统计汇总难。

3. 机构改革和人员撤并频繁，监管部门对食品药品安全治理理论、实践的探索缺少稳定的环境和氛围，监管队伍的人心不稳。食品药品监管部门是食品药品安全监管的施政者、执法者、实践者，频繁地面对新的职能、新的队伍，部门负责人时常要面对如何解决机构运作与作为问题，他们很难在加强食品药品监管的理论建设等方面进行研究，很难就如何建立符合中国国情和食品药品监管特有规律的监管体系，实施“最严谨的标准、最严格的监管、最严厉的处罚、最严肃的问责”进行专门探索。与此同时，由于食品药品监管机构的不稳定，有人形容是“三年两改革”、频繁“翻烧饼”，也导致了一些基层干部职工思想波动，对改革方向产生迷茫。加之食品药品监管压力大、任务重，职业认同感下降、职业危机感上升，原先从事食品药品监管的同志纷纷转岗，反过来又进一步拉低了执法队伍的专业化水平。

调研结束后，以农工党中央名义向李克强总理提出了以下工作建议：

1. 明确改革的主导机构，完善食品药品监管体制改革的顶层设计。由中央深化改革领导小组主导食品药品监管体制改革这一重大民生工程，国家食品药品监督管理总局按照中共中央、国务院有关文件的统一部署，进一步完善深化食品药品监管体制改革方案，做好顶层设计，国家卫计委、中央编办及其他相关部门积极配合，做好改革配套工作。

2. 巩固机构改革成果，保持食品药品监管体制和机构的稳定。一是目前单独设置食品药品监管部门的地方要保持机构的稳定，不宜再与其他部门进行合并，避免频繁变动调整。二是在地（市）一级和人口大县、食品药品产业大县独立设置食品药品监管机构，其他实行“多合一”模式的县（市），在机构名称、内设科室、人员配备上务必突出食品药品监管这个首要职责，绝不能偏离建立“统一权威”食品药品安全监管机构的改革初衷。三是发挥好食品安全办的综合协调作用。

3. 提高食品药品监管水平，建立一支职业化的食品药品检查员队伍和专业化的技术队伍。食品药品安全监管是基于科学的风险防范，专业性和技术性强，不只是维护市场秩序，更应注重产品安全性、有效性的保障。要进行产品的审评审批和准入许可，开展药物临床试验质量控制规范（GCP）检查、食品药品生产过程质量控制规范（GMP）检查、药品经营质量控制规范（GSP）检查、食品危害分析和关键控制点体系（HACCP）检查等。履行好这些职责，一方面，需要按照国家最近出台的《专业技术类公务员管理规定（试行）》和《行政执法类公务员管理规定（试行）》的要求，建立专业权威的机构和职业化的食品药品检查员队伍，在国家、省级或市级统筹调配检查资源，形成少数人坐办公室、多数人在一线的检查体系。实行体现食品药品监管专业性、技术性特点的工资政策，畅通基层食品药品检查员的职业发展通道。另一方面，要加大卫生部门与食品药品监管部门的协作力度，充分利用好各类医药卫生科研院所的专业队伍，发挥专家学者在标准制定、专业评审等方面的优势，助力食药监管工作。紧紧依靠一流的科学家和具有丰富临床经验的医生，来主导新药上市的审评，解决好药品评审中心的审评人员短缺的问题。

4. 明确各级政府监管事权，建立与事权相适应的人力物力财力保障机制，落实属地管理责任。近期，国务院印发了《关于推进中央与地方财政事权和支出责任划分改革的指导意见》，明确提出财政事权和支出责任划分与医疗卫生等各项改革紧密相连、不可分割。建议将财政事权和支出责任划分改革与加快推进相关领域改革相结合，形成良性互动、协同推进的局面。结合此次财政事权划分，进一步明确各级政府食品药品的监管事权，构建产品上市审批以国家为主，生产企业监管以省、市级为主，销售企业监管以县级为主的责任体系，进一步明确权力清单和责任清单，调动好中央和地方两个积极性，建立与事权相适应的人力物力财力保障机制，落实属地政府管理责任，避免机构上下一样粗、部门职能重叠交叉。

该建议上报后，得到了李克强总理高度重视，并作出重要批示。

二、建言长江经济带发展

在2016年1月召开的推动长江经济带发展座谈会上，习近平总书记特别强调，长江经济带建设要把生态修复放在压倒性位置，共抓大保护，不搞大开发。但随着长江经济带建设国家战略的实施，流域开发、利用和保护之间的多元利益冲突更为激烈，"共抓大保护，不搞大开发"面临巨大压力。为此，农工党中央对推动长江经济带建设工作进行了专题研究，并联合全国政协社会和法制委员会的专家进行了认真研究论证，并以农工党中央的名义向张德江委员长提出关于制定《长江法》建立长江经济带管理新体制的专报。

1. 长江经济带的绿色发展之忧

长江经过多年的开发利用，生态系统已岌岌可危。现有数据显示：长江沿岸分布着五大钢铁基地、七大炼油厂以及40多万家化工企业，仅规模以上排污口就有6000多个，每年向长江排放的废污水近400亿吨，占全国污水排放量的一半以上。高强度开发带来了触目惊心的污染，加上水土流失、石漠化加剧、河湖湿地退化，长江通航能力下降、物种濒临灭绝、地质灾害频发，母亲河已遍体鳞伤。今年，长江流域更是再次出现了历史罕见的特大洪涝灾害。更令人忧虑的是，在国家提出长江经济带发展战略后，各部门、各地方按照"规划项目化"的思路制定了各种"依托长江黄金水道"的发展规划，开始了新一轮的铺摊子、上项目大竞赛。这些规划的制定主体多元、层级复杂、目标各异、涉及政府部门事权众多，各部门"依法履职"，也"依法打架"。一些规划建设项目具体、投资额度具体、生态保护语焉不详；一些规划冠以保护之名，但从部门、局部利益角度加以规定，背离流域整体保护目标。如果这些规划得以实施，长江生态系统将被彻底摧毁。

2. 长江流域水资源保护的体制之弊

目前，长江流域水资源保护实行的是以水行政部门为主，地方政府与其他各行业主管部门在职权范围内分工合作的管理体制。根据《水法》的规定，长江水利委员会是长江的流域管理机构，承担流域综合管理职责。但《水法》并未明确规定流域管理机构的具体职能，根据相关法律、法规和水利部"三定方案"等的规定，长江委主要有13项职能。

长江经济带建设作为一项以水资源开发利用为依托的系统工程，涉及经济、政治、生态、社会、文化的方方面面。目前，长江流域涉水事务管理权分属中央 15 个部委 76 项职能，19 个省级行政区的政府部门 100 多项职能。长江委作为水利部的派出机构，不具有统筹协调各部委和地方政府的能力，综合管理难以实现。目前，长江流域综合管理存在以下突出问题：一是因职能交叉，相关部门编制的规划内容相互冲突，缺乏协调性。二是流域水资源利用与水污染防治相互割裂与矛盾。三是水工程管理与水量调度困难。四是长江水道、航道交叉管理。五是长江流域中的重大事项存在管理缺位。

长江经济带建设需要统筹考虑开发、利用和保护等流域事务，现行长江流域管理体制对流域事权进行了不同深度、不同层次的界定，但存在严重的缺位、越位、错位，流域管理手段缺乏，流域协商协调机制尚未建立，条块分割、多龙治水的流域管理体制已成为制约长江经济带建设健康发展的突出问题。

3. 长江经济带“共抓大保护”，急需制定《长江法》

要真正实现长江经济带“生态优先，绿色发展”的战略定位，必须对长江流域管理体制进行重新设计，可行的方案是成立直属国务院的长江流域管理机构，或者对现有的长江水利委员会进行改革调整后升格为国务院直属的正部级机构，赋予其长江经济带的规划编制与统筹协调、规划实施监督权，建立长江经济带建设特殊监管体制。为此建议，以研究制定《长江法》为抓手，推动建立统一高效、科学合理的长江流域管理体制。

一是通过流域立法推动长江流域统一管理体制的建立。通过制定《长江法》，可针对流域管理的综合性和特殊性，统筹考虑法律法规衔接与行政体制改革等重要问题，推动统一的流域综合管理体制的创建，从根本上解决长江流域综合管理中的诸多问题。

二是妥善解决长江流域的特殊问题。通过制定《长江法》，在建立适合长江流域的管理体制的同时，建立流域防洪减灾风险化解、水资源节约和配置与调度、水能资源有序开发利用、河湖空间管制等制度，从全流域的角度明确流域管理机构和相关方的定位和职能，以立法的公开透明、民主参与取代行政决策中的个别博弈、讨价还价；以法律的权威性保证管理体制的稳定性和连续性。

三是科学与明确界定流域管理机构的定位和职能。从世界范围看，建立流域管理体制是妥善处理水资源开发利用与保护关系的成功经验，我国应予以借鉴。建立新的流域管理体制，需要通过立法重新定义水利管理、水资源管理，明确流域综合管理的内涵；确定流域管理机构与流域内各行政区域之间的合理分工原则。

四是“多规合一”实现流域综合决策。长江流域亟须建立一个整合规划权的工作平台和机制，在一套概念、时限、标准、方法等体系下，实现流域综合决策，使规划真正成为长江经济带建设和长江流域综合管理的依据和龙头。只有通过立法，才能保障“多规合一”、实现综合决策，也可以为现有管理体制提供转型契机，理顺长江流域的管理体制，促进长江经济带绿色发展。

该建议上报后，得到了张德江委员长高度重视，并作出重要批示。

三、建言上海张江国家自主创新示范区建设

2016年上半年召开的全国科技创新大会上，习近平总书记就深入贯彻五大发展理念，深入实施科教兴国战略和人才强国战略，深入实施创新驱动发展战略，作出了夯实科技基础、强化战略导向、加强科技供给、深化改革创新、弘扬创新精神的明确部署。为落实习总书记讲话精神，农工党中央组织调研组赴上海张江，就深化科技体制机制改革以及生物医药领域科技创新等相关问题开展了专题调研。

张江地区作为上海自由贸易试验区和国家自主创新示范区“双自联动”建设科创中心的核心区，如能通过系统推进全面创新改革试验，充分激发社会创新活力和动力，率先转变经济发展方式，深化供给侧结构性改革，必将在服务国家参与全球经济科技合作与竞争中发挥重要的引领作用。通过调研，调研组专家一致认为，为建立具有全球影响力的科创中心，应进一步在张江地区建设一批特色鲜明的基地和机构，集聚国内外创新资源，整合创新链和产业链，使其成为推动科技创新和经济社会发展深度融合的重要抓手，为经济建设和实现科技强国梦做出更大贡献。农工党中央在广泛深入调研和专家研讨的基础上，以中央名义向刘延东副总理提出了以下工作建议：

1. 抓紧筹建张江国家实验室

从发达国家的国家实验室发展历程看，国家实验室已成为国家创新体系的关键组成，是国家组织高水平基础研究、竞争前战略高技术和重要公益性研究的核心力量，也是高效配置、综合集成全社会科技资源的重要手段。从世界科技变革的趋势看，当前，世界科技发展融合加速，新兴学科不断涌现，一批基础科学领域有可能迎来革命性变革，重大科学发现与成果越来越依赖于大协作、综合性、高强度的科研活动。面对世界科技发展的趋势，世界上许多国家实验室的发展正加快从单一学科、专业领域向综合性、跨学科研究转变，并加大力度布局物质、生命、空间等有望出现重大创新的领域，为本国抢占下一轮全球竞争的战略主动权提供支撑。从国家实验室本身的组织运行看，建设国家实验室是构建符合科学发展规律，具有开放、协同、高效等特点的大科学平台的重要选择。国际经验表明，一个成功的国家实验室在管理运行中更加强调目标导向、大协同、大投入、高度自主，一方面将面向国家实际、紧迫、明确的战略目标，形成任务导向型的使命、愿景和价值观，建立与之匹配的科研计划体系和管理方式。另一方面又将通过大科学装置的开放和人才流动，与科研机构、大学、企业开展广泛的合作，形成大协同的创新网络。建议科技部给予大力支持，充分发挥张江地区先进的重大科学基础设施群高度集中、国际大科学合作机制稳定、科技体制改革探索成效显著等优势，明确其国家实验室的目标和使命，在物质科学、生命科学、计算科学、人工智能等领域开展针对性部署，尽快开展国家实验室相关建设。

2. 打造中医药国际标准化平台

目前来看，中医药国际标准的缺乏成了中医药在国际上健康有序发展的最大障碍。而在中医药国际标准化平台的建设上，上海张江地区已有良好基础。首先，世界上3个相关国际组织的中医药标准化工作平台与之颇有渊源。2009年9月，ISO第46届技术管理局（TMB）会议上决议通过成立代号为TC249的技术委员会，即国际标准组织 / 中医药技术委员会（ISO / TC249 Traditional Chinese Medicine），其秘书处就设在上海中医药大学。世界卫生组织将传统中医学纳入主流医学体系管理的标志性工程ICD11（ICD指国际疾病分类），其项目工作组也设于上海中医药大学并由上海中医药大学专家组织核心专家队伍。世界中医药学会联合会标准化建设委员会作为专门从事中医药国际标准化建设相关研究的学术机构，其秘书处设于上海中医药大学附属曙光医院。并自2014年12月起，该工作委员会会长、秘书长均由上海专家担任。其次，上海中医药标准化技术委员会、上海中医药大学国际标准化研究所、上海市中医药发展办公室标准化研究室等3个本地中医标准化工作机构利用上海地区政府机构、大学、医院、科研机构、中医药相关企业的中医药标准化资源，统筹兼顾、优势互补，作为中医药国际标准的培育基地并以此形成内外联动、资源共享的机制，逐渐体现出了它的体制优势。建议国家中医药管理局进一步整合现有资源，在张江地区组建中医药国际标准研究院，加快中医药国际标准化平台建设，加强对中医药国际化和中医药国际标准化战略的研究，树立起"一流大学做标准的理念"，使之成为以中医药为代表的传统医学国际标准化研究中心。

3. 创建"中国热带病防治研究中心"

2011年，卫生部与上海市签署合作协议，将中国疾病预防控制中心寄生虫病预防控制所创建的"中国热带病防治研究中心"项目，作为双方合作共建共管在沪单位的工程之一。目前，"中国热带病防治研究中心"建设已按既定目标顺利开展。一是该单位于2014年12月，获得科技部批准成为"国家级热带病国际联合研究中心"。二是该单位于2015年4月，获得世界卫生组织批准成为"世界卫生组织热带病合作中心"，主要配合世卫组织全球卫生战略，开展热带病防治策略、新型技术、卫生政策等方面的研究，每年联合举办国际热带病培训班与学术活动，进一步推动中国与亚非热带病流行国家的防治进程。三是该单位的科学研究与健康教育大楼已完成选址，拟在浦东医学园区建造1.4万平方米的工作用房，基本建设方案经国家卫计委报国家发改委报批中。但是，"中国热带病防治研究中心"尚在通过中央机构编制委员会审批中。建议尽快完成审批手续，促使该中心按原定目标如期完成建设。同时，利用"中国热带病防治研究中心"建设框架，联合更多的研究、教学单位，再向有国际影响的网络联盟发展，用2年时间创建"亚洲热带病药物与诊断创新网络联盟"，5年内完成创建"全球热带病药物与诊断创新网络组织"，使"中国热带病防治研究中心"真正能参与中非与中亚卫生发展与治理的合作，推动中国经验与技术向中低收入发展中国家转化，为"一带一路"倡议服务。

该建议上报后，得到了刘延东副总理高度重视，并作出重要批示。

四、建言婴幼儿配方乳粉

近年来，时有发生的乳制品质量安全危机事件对消费者信心造成了较大的负面影响，广大消费者普遍对国产乳制品消费意愿不强。加之因经济下行压力增大，国产乳制品成本偏高，相关企业效益较差，导致整个民族乳业发展较为困难。目前国家已针对乳制品尤其是婴幼儿配方乳粉启动史上最严监管机制，尤其2016年10月1日起将施行的《婴幼儿配方乳粉产品配方注册管理办法》更是我国将药品监管方式借鉴到食品安全监管领域的新探索。据了解，经过一系列强有力的监管措施，我国乳制品质量安全稳定向好，2015年国家食品药品监管总局对全国市场各类食品的监督抽查结果显示，乳制品合格率达99.5%，居各类食品首位。然而，尽管乳制品质量安全日益提升，消费者对国产乳制品的信任危机仍没有得到明显改善，突出表现为以乳粉为代表的乳制品进口数量仍处于增加态势。从 2010 年开始，乳粉成了我国进口量最大的乳制品，2015 年乳粉进口所占比重达 32.14%。婴幼儿配方乳粉进口数量更是从 2008 年的 4.22 万吨增加到 2015 年的 17.60 万吨，年均增长 26.87%，相当于 2015 年进口了可供约 400 万个婴幼儿 1 年所食用的乳粉。国内消费者通过各种途径抢购港澳和海外零售市场的婴幼儿配方乳粉，造成当地婴幼儿配方乳粉市场供应紧缺，在国际社会产生了显著的负面影响。从 2012 年开始，美国、新西兰、澳大利亚、德国、荷兰等国家纷纷实施严格的婴幼儿配方乳粉限购政策和限制出境法规。

为重塑民族乳业整体形象，恢复公众对民族品牌的信任，国家采取了诸多措施整治乳制品行业乱象。国内乳制品企业在仪器设备投入、内在质量管理、检测检验等方面也做了大量工作。不少大型乳制品企业还开展了直接面向消费者的展示活动，拉近与消费者之间的距离，但这些举措并未在短期内恢复全社会对国产乳制品的信心和信赖。国家统计局数据显示，2015 年我国规模以上乳制品企业 638 家，主营业务收入 3328.52 亿元，同比增长仅 1.66%；利润总额为 241.65 亿元，销售利润率为 7.26%，同比下跌 23.09%；奶粉产量 126.3 万吨，同比下降了 5.10%。为此，农工党中央组织农工党黑龙江省委会，联合东北农业大学畜牧经济研究团队进行了专题调研，并邀请国家食品药品监管总局、中国乳制品工业协会、国家乳业工程技术研究中心、相关乳制品企业等单位的专家学者进行了专题研讨。以农工党中央名义向汪洋副总理提出了以下工作建议：

1. 以工匠精神做好国产婴幼儿配方乳粉基础性研究

我国婴幼儿配方乳粉的发展历史尚短，相关基础研究薄弱，尤其是对母乳的研究尚处于起步阶段。目前，仅伊利等乳制品企业自行建立了母乳研究数据库，开展了母乳相关研究，而国家层面研发支持力度远远不够。我们认为，婴幼儿配方乳粉的基础性研究离不开国家的支持，建议由科技部牵头，依托国家乳业工程技术研究中心及相关企业，尽快建立中国母乳研究数据库，凭借“十年磨一剑”的工匠精神，开展与母乳有关的公益性基础研究，在此基础上带动相关乳制品企业加强对中国婴幼儿配方乳粉的研发力度，研究真正适合中国宝宝的配方乳粉。

2. 严把国产婴幼儿配方乳粉原料奶质量关

一是建立区域性的婴幼儿配方乳粉奶源生产集中养殖基地，以及配套的支持保障系统。在国内可选择黑龙江、内蒙古等作为固定奶源生产区域。通过专业环境评价和监测指标体系等手段，形成集气候、草场、设施、技术、管理于一身的系统的婴幼儿配方乳粉奶源基地建设标准，形成合理的分区布局。推行“限制发展政策”，控制养殖基地数量，养殖基地实施“限养殖区域”“限饲养规模”和“限生产企业”的“三限”政策，形成由抑制供给、控制质量、提高标准所带来的正面吸引和安全强化。同时，鼓励国内相关企业积极整合全球优质资源，在亚洲、欧洲、大洋洲、美洲等地建设和发展标准化、规模化和集约化牧场，加大乳品加工基地与奶源基地的对接力度，以满足消费者对高品质婴幼儿配方乳粉的需求。二是进一步提高婴幼儿配方乳粉原料奶标准。目前我国执行的 2010 年版生乳标准，乳蛋白含量从 1986 年的每 100 克生乳蛋白质含量不低于 2.95% 降到了 2.8%，菌落总数从 2003 年的每毫升 50 万调高至了 200 万，被专家们形容为历史性倒退，建议根据国际婴幼儿奶粉生产指标，并借鉴2016年4月25日由中国农垦乳业联盟制定并发布的《中国农垦生鲜乳生产和质量标准》，重新修订国家生鲜乳标准，或者制定专门的婴幼儿配方乳粉原料奶标准，引导消费者恢复对国产婴幼儿配方乳粉的信心。

3. 强化国产婴幼儿配方乳粉生产企业科技创新能力

通过降低婴幼儿配方乳粉生产企业税负、减少生产领域交易成本、促进投资者更有效地进入各生产领域等改革措施，引导企业增加科技创新经费投入，高效整合全球优质资源，激发相关企业、科研院所的积极性和创造性，推动整体技术创新和产品结构升级。应深入研究国产婴幼儿配方乳粉中脑黄金（DHA）和炎性因子（ARA）的添加技术和生产工艺，使其达到联合国粮农组织和世界卫生组织的规定水平；应积极采取高新技术，如二氧化碳应用提高产品速溶性技术、充氮包装延长产品货架期技术等；应不断提升婴幼儿配方乳粉生产企业的食品安全控制关键技术，如生鲜乳微生物高效检测方法、真空配料技术、离心杀菌技术；等等。同时，也应鼓励相关企业开发适合现代生活方式、喂养方式，以及适合电商销售，便于监管部门监管的产品。如婴幼儿配方液态奶，包括更便捷的包装形式等。

4. 加大对国产婴幼儿配方乳粉质量安全监管力度

创新婴幼儿奶粉质量监管机制是保障有效供给的关键。建议成立由国家食品药品监管总局牵头、工信部、国家质检总局、农业部、相关地方政府及有关行业协会等参与的工作协调机制，抓好以下三项工作：一是推行完善的企业诚信评价系统和健全的企业准入与退出机制，筑牢婴幼儿乳制品信任道德底线，即企业诚信绿线。目前，我国婴幼儿奶粉企业准入机制较为完备，但在退出机制的设计上还有待进一步完善，特别是对出现质量问题的企业应推行分级退出机制，甚至可实行恶意造假直接退出机制，恶意造假的企业和企业责任人不得通过任何企业转型或翻牌形式重新进入该行业。二是筑牢婴幼儿乳制品信任保障警戒线，即行业自律黄线。行业协会不仅应承担支持行业发展、保障行业正常运行的职责，更要在标准的制定与执行，以及维护行业正常秩序等方面发挥行业自律作用。应不断完善行业规范，通过行业自律规范保障安全信任底线不被突破，确保行业整体健康可持续发展。三是筑牢婴幼儿乳制品信任惩戒线，即政府监管红线。建立并完善政府监管失信惩戒体系，完善监管责任系统、企业经营失信惩戒机制、公众信息披露和传播虚假信息惩戒机制等，构筑好社会公众和消费者的最后一道安全保障线。

5. 加强对国产婴幼儿配方乳粉科学客观的正面宣传

国产婴幼儿配方乳粉行业亟待正能量的传播。应科学评估国产婴幼儿配方乳粉对婴幼儿成长发育的影响，通过电视专门频道或网络媒体，展示我国政府和相关企业为提升国产婴幼儿配方乳粉质量安全所作出的努力，告知消费者符合我国标准的婴幼儿配方乳粉更适合中国宝宝的生长发育，使公众在获取相关乳制品科学信息和育婴知识基础上主动选择安全信任产品。应推动中国乳制品行业协会等社会团体积极开展维护消费者权益、促进行业自律、引导市场消费等方面工作，支持消费者协会、科技协会等社会组织开展国产婴幼儿配方乳粉质量安全知识和婴幼儿喂养知识的宣传教育。通过行业自评估、企业自评估以及委托第三方专业机构进行社会公众评估的方式，对社会公众所关心的养殖、加工、销售和市场等各环节的信息进行安全信任指数评估，使行业协会、消费者协会、企业及政府监管部门及时获取消费者安全信任状况，并针对信任指数进行信任危机预警控制，以社会共治的方式间接推动社会诚信系统的建设和诚信文化的形成。

该建议上报后，得到了汪洋副总理高度重视，并作出重要批示。

五、建言立即启动寨卡病毒联防联控机制

2016年上半年，世界卫生组织（WHO）总干事陈冯富珍通报，寨卡病毒（Zika Virus）所引起的传染病需要各国政府高度关注，并采取相关防控措施。寨卡病毒可通过蚊媒传播。人群普遍对其易感。目前对寨卡病毒所致感染尚无特效治疗药物和疫苗。该病毒可影响病人神经系统的结构与功能，有可能通过感染孕妇从而导致新生儿小头畸形。寨卡病毒感染在美洲呈现“暴发性”流行，其传播速度很快。2016年上半年已有23个国家报告了病例，情况比较紧急。

我国是世界第一人口大国，宜居地区人口密度极大。2016年开始实施“一对夫妇可生育两个孩子”的全面两孩政策，孕妇和备孕二孩的育龄妇女将显著增加。寨卡病毒感染虽然不像埃博拉病毒感染那样导致高病死率，公众无须过于恐慌，但是该病对生育健康的危害需要引起国家的高度重视，应借鉴我国甲型流感、高致病性禽流感等成功防控经验，采取“外松内紧”策略，立即启动国家传染病联防联控机制，并发挥我国近两年在西非主动出击，支援埃博拉流行国家战胜疫情的公共卫生外交优势，支持拉美有关国家控制寨卡病毒感染流行，多措并举，全面防控寨卡病毒传入、传播。但若错过当前未雨绸缪的良机，可能会造成寨卡病毒感染在我国流行传播；而一旦出现我国某些地区人群普遍感染，则难以避免孕妇感染所致小头症新生儿畸形。发生这种情况，不仅将影响健康中国的建设进程，还可能对当下我国经济社会发展产生不利影响。因此，对寨卡病毒感染采取积极应对策略，防患于未然，既体现“预防为主”的卫生工作方针，也是经济新常态下防风险的举措。另外，该病在非洲最早发现，也是“一带一路”沿线国家所必须面对的公共卫生问题，而这些国家应对突发新发传染病能力均不足。如果我国能发挥相关双边、多边公共卫生协同合作机制，且有所成效，将成为“一带一路”命运共同体的极佳诠释，对实施“一带一路”倡议产生重要软实力的积极影响。农工党中央在与专家研讨的基础上，以中央名义向刘延东副总理提出了以下工作建议：

1. 启动国家传染病联防联控机制，由国家卫生计生委牵头组织协调相关部门，依法科学研究制定工作方案，确定其作为报告传染病的合适级别，有度、有序地开展口岸检疫、排查疑似病例、制订防控计划与预案、进行专业和社会组织与动员、开展相关科学研究与技术储备、进行国际双边与多边公共卫生及科研协作、履行有关国际义务，全面防控寨卡病毒可能对我国的传入与传播，并对全球防控寨卡病毒传染流行做出贡献。

2. 按有关烈性传染病防控原则，首先应加强口岸检疫，对从疫情地区入境的人员和交通工具、货物、集装箱、行李、邮包等可能的病毒载体，采取严格筛检措施，从严筛检、处置和管理。加强输入性疑似病例的排查与监控。印发防控宣传页，在疫区归来人员入境时发放。

3. 密切关注疫情动态，必要时公布疫情，宣传避免病毒感染和感染后早期诊疗、阻断传播等防控手段。适时发布旅行建议，前往疫区的旅游、商务和劳务人员应提高个人

防护意识，采取个人防蚊措施。建议孕妇不去疫区旅游。

4. 充分发挥爱国卫生运动委员会作用，借助我国民众多有春节前清扫居所的习惯，春节前在全国、尤其是南方各省区蚊媒猖獗地区（两广、云南、海南等），组织一次全民式的灭蚊行动，大规模消灭寨卡病毒的传播媒介（这种媒介同时也传播登革病毒）。

5. 国家卫生计生委与世界卫生组织保持密切联系与沟通，并启动与疫区相关国家的合作与支援机制。国家疾控部门和相关医学科研机构（如医学科学院、军事医学科学院、中国科学院等）一方面要尽快组建专项工作组，赴发生疫情的相关国家了解情况，实施公共卫生、科技、医疗等方面的援助，并与疫情地区相关疾控部门及科研机构商洽开展科研合作。另一方面，要与美国、欧盟疾控及科研机构加强有关疫情的沟通，加强相关公共卫生与科研合作。

6. 鉴于寨卡病毒与巴西小头畸形的关联，以及我国全面两孩政策的实施，民众关注度高，应做好疾病知识和防控手段的宣传教育和风险沟通。

7. 建议科技部协同卫生计生委尽快设立“寨卡病毒研究”国家科研专项，提供经费支持，迅速开展诊断试剂、疫苗和药物等的研究，力争早日取得突破性进展，以提升我国科技创新对民生保障的支撑作用与国际影响。

8. 鉴于我国近邻东南亚各国面临同样的风险，加之传染病的无国界性，建议结合我国“一带一路”发展战略的国际布局，启动东盟“10+1”卫生合作机制。与这些国家“联防互动”，并对这些国家提供必要的技术支持、人员培训等，以体现负责任大国的姿态和建设“一带一路”健康命运体的价值取向。同时，国家疾控部门加强与港澳相关机构的三地合作疫情通报机制，高度关注台湾地区疫情进展，并与有关主管部门共同拟定相应工作预案。

该建议上报后，得到了刘延东副总理高度重视，并作出重要批示。

王善学　农工党中央参政议政部调研处处长
曲　超　农工党中央参政议政部调研处干部

中国致公党

一、建言积极应对人口老龄化

当前，我国正处在人口红利逐步消失以及人口老龄化加速的关键期。老龄化呈现绝对规模大、增长速度快、区域分布不均衡等特点，持续冲击我国宏观经济运行、养老保障体系、医疗保障和服务体系、养老服务体系建设等。在应对老龄化方面，存在“未富先老”“未备先老”“未老被老”“老而无储”等矛盾。在当前和今后一个时期，如何应对人口老龄化挑战，已经是一项十分紧迫和重大的课题。为此，2016 年 5 月 12 日至 20 日，全国政协副主席、致公党中央主席、科技部部长万钢，全国政协副秘书长、致公党中央常务副主席蒋作君，致公党中央副主席兼秘书长曹鸿鸣率队赴四川、广西开展调研。调研组联合相关部委先后考察了四川省成都市、凉山州、攀枝花市和广西省崇左市等地 17 个养老项目，并分别与四川、广西 2 省（区）相关政府部门进行了座谈交流，听取各地应对老龄化的工作情况和意见建议。

随着我国“十二五”期间新一轮医改的实施，基本医疗保障水平得到提高，加上健康管理和中华饮食养生文化的影响，人民健康水平显著提高，人均期望寿命达到了 76.34 岁。目前我国养老事业正不断发展，养老机构建设力度逐步加大；居家养老、社区养老、医养结合、公建民营等养老模式得到探索实践；科技养老正在起步，而且一些地方的养老产业正在成为地方经济发展新的支撑点。调研中，我们也发现一些问题，例如：老龄工作机制不顺畅，养老服务业还处于初级阶段，服务能力比较低，居家养老支持、长期护理保障、老年人力资源开发等方面尚未形成系统的政策举措等。

人口老龄化是人类经济社会发展和文明进步的产物，与全球化、城镇化、工业化一道成为不可逆转的客观发展趋势，对世界经济和社会发展带来挑战和机遇，各国都在不断探索应对之策。由于历史文化和现实发展的原因，我国应对老龄化不能简单照搬国外模式，应紧紧立足自身国情，以破解养老难题为着力点，着重彰显我国传统文化中的积极因素，突出居家养老在整个养老体系中的重要作用，按“家庭、社区、机构、政府”四条腿走路的方式，着力探索出一条符合中国国情、具有中国特色的应对老龄化之路。调研组建议：

1. 加强顶层设计，超前谋划和部署应对老龄化战略

我国同时面临发展问题和人口老龄化问题，必须在战略上进行超前谋划。一是加强顶层设计，建议将计划生育基本国策调整为优化人口结构基本国策，在落实“二孩”政

策的同时，本阶段重点突出老龄化问题，使之成为全局性、综合性、系统性的战略任务。二是编制实施好《中国老龄事业发展“十三五”规划》，尽快制定实施《国家应对人口老龄化中长期规划》，明确应对人口老龄化的重大原则、战略目标、重点任务、重大工程和重大政策。三是各级党委和政府领导要高度重视人口老龄化问题，着力提升全社会积极应对人口老龄化的思想意识和行动自觉，特别是在今后一个时期，要把发展养老服务业作为稳增长、促改革、调结构、惠民生的重要抓手。四是要从国家层面理顺和健全老龄工作体制机制，着力解决各级老龄工作机构性质不明、隶属关系不统一、机构级别低等问题。

2. 弘扬传统“孝道”文化，建设以“社区医养结合”为特征的新型居家养老服务体系

一是弘扬传统“孝道”文化，注重家庭文化传承。老年人是家庭的纽带，在家庭和睦、代际联系、社会稳定等方面发挥着不可或缺的作用。居家养老是中国文化的传承，一方面是子女尽孝报恩，同时又是在培育下一代孝亲敬老美德。要引导全社会树立积极的老龄观，积极看待和尊重老年人，培育社会主义孝道文化，让敬老爱老助老成为公民基本素养和社会风尚。在借鉴发达国家成功经验的同时，要突出中国文化中的“孝道”传统，使敬老护老和邻里关怀的传统升华为居家养老和社区服务优化结合的中国特色养老模式。

二是加大建设以“社区医养结合”为特征的新型居家养老服务体系力度。把建立充分利用现有社区卫生机构的“社区医养结合”为特征的新型居家养老服务体系作为重要工作，加大社区医养结合体系建立、基础设施维护等投资力度；优化养老服务方式，统筹新型居家养老的公益服务、就业市场和产业发展，盘活各类资源，使社区医养结合能够兼顾社会效益和经济效益，形成可持续发展方式；着力增加老年人公共服务供给，理顺养老和医保系统支付关系，提升医疗卫生服务体系的老年人疾病预防、治疗，以及失能预防、康复护理能力；制定普惠式政策体系，统筹支持面向老年人的文化、体育、教育、维权等服务。

三是强化政府、企业、家庭和个人的责任共担机制，改革完善社会保障制度。完善基本养老保险制度，发展适度普惠型的老年社会福利事业，加大老年社会救助力度，多渠道保障和改善老年人的基本生活；深化基本医疗保险制度改革，建立多层次的医疗保障体系，降低老年人医疗负担；探索建立长期护理社会保险制度，鼓励发展商业护理保险，健全护理补贴制度，为失能老年人提供多元化的护理费用保障。

3. 充分发挥老年人的潜在资源优势，着力培育老龄社会经济发展新动能

一是在经济新常态下，综合采用充分就业、提高大龄劳动力就业能力、开发利用老年人力资源、实施渐进式延迟退休等政策，保持经济增长潜力。根据老龄化进程和劳动力供给情况，实施弹性退休年龄制度，实施渐进式延迟退休或者自愿延退奖励等政策，缓解劳动力年龄结构变化对劳动力供给的不利影响。

二是要着力发展老龄产业。加强老年消费市场和孝心消费市场的培育，加大政府对困难老年群体需求服务和产品的购买力度，以老年消费需求提升带动相关产业发展。完善老龄产业政策，疏通老龄产业发展融资渠道，提升贴近老年客户需求、适销对路的产品、服务的供给能力。结合中华养生文化，养生养老结合，大力发展中医药养生养老产业。

三是加强老年人“老有所为”平台建设。积极规范发展建设基层老年群众组织，并使其成为深入开展基层老龄工作的重要力量。支持和发展老年大学，丰富老年人精神生活，促进“老有所乐”。拓展老年人社会参与渠道，开发老年人力资源，使他们在更大限度和范围参与经济发展和社会公益活动，在参与中更好融入社会、提升生活满意度和幸福感。

4. 重视养老服务人才培养，积极推动养老产业和科技创新融合发展

一是加快养老服务人才队伍的建设。改进高等教育、职业教育的专业设置，开设老年病及护理相关专业课程，培养老年医学、护理、康复、照护以及老年管理等方面人才；加大养老服务从业人员的培训力度，提高他们的薪酬待遇，给予他们足够的物质和精神待遇；加快养老服务志愿者、社工队伍建设，加快制定志愿服务法和社工保障法，鼓励和吸引更多人员加入养老服务志愿者和社工队伍。

二是充分发挥科技创新对养老的基础性作用，积极推动养老服务业和科技创新融合发展。加快开发运用替代劳动和便于大龄劳动力操作的先进生产技术，研究推广抗衰老和重大疾病防治技术，运用大数据、云计算等大力发展老年福祉科技和智慧养老技术；大力支持发展辅助老人日常生活的智能家居系统、外出活动的辅助型智能机器看护人系统、无线移动传感器实时监控的穿戴式生物医疗设备等智能养老服务产品，努力提高老年人在日常生活中的自理能力与生活质量，进一步缓解家庭和社会的压力，同时借助大数据、互联网和智能终端实现子女对老人健康状况的实时关注，提高应对不测的能力。

该建议上报后，得到了中共中央、国务院领导同志的高度重视与批示。

（该调研是 2016 年受中共中央委托的重点调研）

二、建言促进海岛建设和发展

我国拥有漫长的海岸线，沿海岛屿星罗棋布，是开发利用海洋的重要基地和海洋经济发展的重要支点。由于其特殊地理位置和历史战略定位等原因，海岛生态环境相对脆弱，日趋紧张的资源制约着海岛经济发展和国家海防建设的需要。为深入了解海岛经济社会发展、生态文明建设、军民融合、海水淡化等情况，全国政协常委、副秘书长，致公党中央常务副主席蒋作君，致公党中央副主席兼秘书长曹鸿鸣于 2016 年 8 月 9 日至 12 日率领致公党中央环境与可持续发展委员会调研组赴辽宁开展以“海岛生态文明建设与海水淡化”为主题的调研活动，调研组一行赴辽宁长海县实地考察了长山岛生态环保鱼礁、长海机场、三官庙广场、郭家庙生态修复，哈仙岛污水处理、防浪堤修复、鱼家乐，广鹿岛月亮湾、环海堤岸生态修复和旅游开发，海洋岛南坨子岛领海基地及军民融合等，并与辽宁省海洋渔业厅、大连市海洋渔业局、长海县县委、县政府进行了座谈交流。

调研发现，随着海洋经济的发展以及海岛保护和生态修复项目的实施，海岛的交通、供水、供电、通信等基础设施和人居环境得到了有效的改善，推动了海岛“绿色、循环、低碳”产业发展示范，休闲渔业、生态养殖、海岛旅游等特色海岛经济得到了较快发展；海岛军民融合发展态势良好，军民团结、鱼水情深的海岛军民融合模式积极助推了海岛经济建设和国防建设协调、平衡和兼容发展；海水淡化能力提高，规模加大，海水淡化水已逐步成为海岛地区的重要水源，为海岛经济社会建设、国防建设以及旅游产业发展提供了重要的水资源供给，缓解用水紧张局面。

但是，调研组同时也发现一些问题：

一是海岛经济和生态文明建设方面。对海岛的重要性认识不足，缺少国家战略区位上的考虑；海岛经济建设人才队伍不稳定，引进和留住人才困难；基本建设经费投入不足，不能满足基本需求；海岛生态环境脆弱，稳定性差，修复困难；经济结构较为单一。

二是海岛军民融合方面。缺乏顶层统筹统管体制，体制融合不彻底，政策法规和运行机制滞后，指导关系不顺畅、主体责任不清晰，工作执行力度不够，军民信息共享不对等原因导致海岛军民融合不畅通，实现军民融合困难较多。

三是海水淡化方面。不少地区对发展海水淡化积极性不高，海水淡化高成本因素严重制约了大规模推广使用；海水淡化供水、协同研发、水价补贴等方面缺乏具体可操作的优惠政策；海水利用在工程规模、核心技术突破、关键设备部件制造等技术支撑体系竞争力不足，自主技术仅在少数几个示范工程中得到应用，首台套政策难以推进。

为加快推进美丽海岛建设，实现海岛地区生态、环境、经济、国防和社会的全面发展，调研组特提出以下建议：

1. 提高对海岛重要性认识，从战略高度加强海岛建设

海岛是国防屏障与前哨，保护和建设好海岛具有重要的战略意义。建议从战略高度加强海岛建设投入，将海岛建设作为经济新常态下投资的一个战略取向。重视和发展蓝色经济，按照“创新、协调、绿色、开放、共享”五大发展理念，加大对海岛生态保护和建设的力度，促进海洋经济向优质高效方向发展，发展海洋文明。建议提高海岛津贴，提高海岛人才引进吸引力，稳定海岛经济建设人才队伍。

2. 创新驱动发展，着力提升海岛特色经济

一是大力推动海洋渔业创新。建议围绕海洋生物资源深度开发，建设海洋牧场，发展生态渔业，突破远洋渔业捕捞、海水增养殖和海洋生物资源精深加工技术，拓展蓝色经济发展空间。二是发展壮大海岛第三产业。建议依托海岛自然旅游资源和远古先民的文物、历代名人踪迹以及佛像雕塑等人文旅游资源，因地制宜发展海岛休闲、旅游、餐饮、度假、探险、海上运动等产业。三是为海岛创新创业创造条件。建议政府设立海岛创业基金，紧密围绕“大众创业、万众创新”和海岛的特点，创新商业模式，鼓励发展从事生态渔礁、海产品深度加工、海水淡化与综合利用等新兴产业的中小微型企业，促进各类创新要素、创新资源向海岛集聚。

3. 加强军民统筹，科学助推富岛强军建设

一是加强军民融合体制机制建设。建立顶层统筹统管体制，完善相关政策和运行机制，明晰指导关系和主体责任。二是加强军民融合基础设施建设管理。建议进一步加强重点海域海岛基础设施建设，提高海岛医院军地共建水平，加大对海岛海水淡化、供电、交通以及港口码头、机场的建设力度，对军队弃之不用的海岛不得出租而应交由地方开发管理，形成平时用于旅游、生产生活，战时交由军队的一体化发展模式。三是统筹兼顾军民用海用岛需求。建议加强军民用海用岛统一规划，优先保障军民融合项目用海用岛需求。加强对军事用海的规范管理，强化特殊用岛的民事化建设和管理，开展权益岛礁管理示范区建设和生态试验基地建设，探索适合权益岛礁的综合管理模式。四是加强军地资源共享。建议进一步加强海岛军地双方的需求对接和工作衔接，互相通报重要政策法规、规划计划、业务建设、重点工程、重大任务，落实双方领导会晤决策事项，协商解决合作重点、难点问题，研究合作项目，完善协调机制。

4. 坚持绿色为先，大力建设海岛生态文明

一是大力支持海岛海水淡化的推广和应用。建议重点对海岛海水淡化实行政府补贴及其他优惠政策，在海岛地区试行海水淡化农业生产用电电价政策支持；拓展海水淡化财政投入渠道，中央财政每年安排一定数量的资金引导地方政府投入，用于支持区域保障海水淡化、海岛军民饮用水海水淡化等公益类海水淡化工程建设；尽快启动海水利用立法相关工作，为促进海水利用产业发展营造良好的政策环境。二是加大海岛生态修复力度。建立科学合理的海岛生态补偿价值评估标准，建议提高海岛生态修复财政投入，加大海岛生态补偿力度。三是严格限制海岛工业发展规模。建议严格限制生态破坏大、资源消耗大、污染危害大的项目落户海岛，积极引导相关企业实施走出去战略，在大陆地区建立基地。四是加大对海岛污水处理基础设施投入。建议镇级以上海岛尽快实现全岛污水集中管网的搭建工作，建设与人口规模和发展需求相匹配的污水处理设施，建立污水、垃圾管理制度及改善民生的责任制度。

5. 加强交流合作，促进多元融合互利共赢

一是建设海上丝路驿站。建议在海上丝路沿线关键海岛节点开展近岸和远海中转、补给、助航、储存等设施与基地建设，支撑军事保障和国际合作交流。二是鼓励先行先试。建议在制定和实施自贸区、保税区、沿边开放区等政策时，向海岛地区倾斜，将海岛作为对外开放先行先试区，助推海岛率先发展、率先崛起。三是加强国际合作交流。结合“一带一路”倡议，加深沿线国家对我国海岛生态系统、海水淡化的了解，增进技术交流和成果转移，推进低敏感领域的合作；建议举办国际海岛研讨会，学习借鉴国外先进经验，提升国内海岛的知名度。

该建议上报后，得到了国务院领导同志的高度重视与批示。

三、建言加强长江非法采砂管理，促进长江经济带健康发展

长江是中华民族的母亲河，推动长江经济带健康发展是党中央、国务院作出的既利当前又惠长远的一项重大国家战略。2014 年国务院印发的《关于依托黄金水道推动长江经济带发展的指导意见》和 2016 年印发的《长江经济带发展规划纲要》，对长江经济带建设、长江黄金水道建设提出了明确的指导意见。长江江段岸线稳定是黄金水道建设的前提，是保障长江经济带健康发展的基础。但由于我国建筑用砂的刚性需求高，仍存在大量的非法采砂行为，导致河床下切、崩岸频发、岸线及护岸工程破坏严重，威胁黄金水道的航运、防洪和生态安全。2016 年 9 月，致公党中央副主席严以新率致公党中央调研组联合中国科学院科技服务网络计划（STS 计划）“三峡水库坝下游水沙情势变异及其对生态环境影响”项目组赴长江湖北宜昌至武汉段调研非法采砂情况，实地考察了红花套、松滋口、枝江、沙市、七弓岭、洞庭湖湖口等地的非法采砂现状及其对水利工程、航道整治工程、河势稳定、黄金水道、生态环境等造成的影响，并与长江水利委员会采

砂管理局、交通部长江航道局、长江水利委员会水文局荆江水文水资源勘测局、长江水利委员会长江科学院以及“三峡水库坝下游水沙情势变异及其对生态环境影响”项目组等进行了座谈，探讨交流了长江非法采砂现状及其对长江经济带健康发展等造成的影响。

调研组发现，自2002年国家颁布《长江河道采砂管理条例》以来，初步建立长江采砂管理法规体系，编制了长江河道采砂相关规划，长江河道采砂管理机制基本理顺，长江河道采砂管理能力得到提高和加强，维护了长江河势的稳定，保障了防洪和通航安全，取得了很大的成绩。

但是，随着经济建设对用砂的刚性需求增加，长江非法采砂情况严重，影响了长江经济带的健康发展，特别对长江流域的水利工程、航道整治工程、河势稳定、黄金水道、生态环境等造成了危害，在长江非法采砂管理上存在法律法规缺失，管理手段和机制不健全，干支流管理执行制度不统一、联动协调机制不健全，政府管理能力和效率低，违法成本过低等问题。

为此，调研组建议：

1. 加快制定出台《长江保护法》

从国家战略高度，加快制定《长江保护法》，并优先列入人大立法计划。考虑长江流域管理机构作为国务院水行政主管部门派出机构模式的局限性，建立有一定代表性的，具备利益综合、协调能力和一定决策能力的新型流域管理实体，统筹协调流域内各地方政府及其相关部门的利益，并明确在流域管理框架下的流域管理机构和区域管理部门的职权，建立新的长江流域管理的运行机制，厘清资源和环境管理与开发利用的关系。建议全面清理修订涉水管理法律法规，对非法采砂入刑，采砂船舶集中停靠管理、砂石市场监管等具体问题进行补充，完善长江流域管理法律法规。

2. 完善河道采砂管理法律和制度，依法治理非法采砂行为

在《长江保护法》尚未颁布前，建议参照相似且已实施的法律（例如破坏交通设施的法律法规、矿产资源保护法等），依法强化治理非法采砂行为，实现治理时间上的有效衔接。建议在《长江河道采砂管理条例》的基础上，建立干、支流采砂统一管理制度，加快出台《全国河道采砂管理条例》，对江河分级管理和监督做出明确规定，加强流域管理机构的执法监督权，协调、处理流域内重大的涉水事务。建议尽快建立针对小型采砂和运砂船管理的相关法律法规，完善小型采砂和运砂船只管理的办法，严格规定船只的采砂能力；严格处理“三无”船舶，明确对“三无”船只管理责任主体的惩罚机制，清理沿江非法码头。

3. 建立对地方政府采砂管理能力的责任追究机制，提高地方政府的管理能力和执法效率

按照《长江河道采砂管理条例》，地方人民政府是采砂管理的第一责任人，但实际上第一责任人没有完全尽到相应的义务，甚至在某种程度上还助长了非法采砂行为的蔓延。建议引入责任追究机制，加强对长江采砂管理的考核，将采砂管理作为政府考核的主要目标之一，把地方行政首长负责制落到实处，深度推进多部门合作。以流域管理为出发点，进一步完善流域管理与区域管理相结合的机制，加强同一流域内地方与地方之间、地方与部门之间以及各职能部门之间的结合，明确各自的职责，协调处理好各方面关系，互相支持，依法行政，做到在管理职责上不“越位”、不“缺位”、不“错位”；建立并完善各部门、地方与部门及地方与地方之间关于长江河道采砂管理信息通报、联合会商、联合行动等机制，提高地方政府的管理和执法效率。

4. 加强地方政府部门执法能力建设

长江中下游多属于分汊河道，江面宽阔，便于非法采砂者躲避和逃逸；同时，许多非法采砂船只装有先进设备，大大提高了非法采砂者的反侦察预警能力，因此采砂管理亟须要全力推进能力建设。考虑到沿江两岸部分省份自身财政筹资能力较低，建议国家建立沿江非法采砂综合执法能力建设专项资金，加大补助标准，扩展补助范围。一是在落实“四个专门”的同时，进一步完善长江河道采砂管理能力建设规划，按照突出重点的原则，分期实施能力建设。二是在能力建设过程中，基于无人机与遥感，引入天地一体化技术，推进视频监控系统的建设，加强监控设备和监控系统在覆盖面、夜视监控、量化监控、智能识别取证、联合监管与调度等方面的建设与研究，突破相关的技术瓶颈，实现信息化智能管理，建立长江采砂长效管理机制。

5. 科学统筹规划，降低人工制砂成本，从根本上解决长江砂石资源供需矛盾

一是在管理主体方面，建议国家成立由水利、国土、住建、地方政府等联合组成的机构，统筹考虑，对建筑用砂的刚性需求开展调研分析，控制总量，研究制定多渠道采砂规划方案。二是在开采区域方面，针对不同的需求，考虑干支流、湖泊、荒山等对砂源的供给比例，扩大砂石料来源，并将干支流规划采砂和人工开山采砂结合起来，有效有序地满足建筑用砂需求。三是创新机制，降低人工制砂成本。建议将土地整治和开山采砂结合起来，通过转让开山整治土地获得的使用权，抵消一部分人工制砂的成本，使得人工制砂与长江采砂相比在经济上更具有竞争力。多管齐下，以在源头上有效遏制长江非法采砂的行为。

该建议上报后，得到了国务院领导同志的高度重视与批示。

四、建言加快供给侧结构性改革，促进实体经济健康发展

加强供给侧结构性改革已成为我国经济新常态下最重要的战略之一。实体经济直接创造社会财富，是维护社会经济秩序、增强综合国力的物质基础。目前，我国实体经济发展总体上不景气，如何降低实体经济企业成本、补齐实体经济的短板，是事关经济增长原动力的根本问题。10 月 25–29 日，全国政协委员、致公党中央副主席兼秘书长曹鸿鸣率致公党中央调研组赴江苏省就“加快供给侧结构性改革，促进实体经济健康发展”进行深入调研。

调研组认为，虽然政府在降低实体经济企业成本、鼓励企业创新等方面做出了许多努力并取得了一定成效，但企业的税费负担依旧沉重，企业用工、用地、用能、物流等成本都比较高，企业“融资难、融资贵”问题依然突出。同时，企业创新乏力，新的动能仍未能支撑经济在新常态下持续健康发展。

为此，调研组建议：

1. 规范税费征收，降低企业税费成本

一是按黄金分割确定企业税费标准。建议按照黄金分割比例税费标准征收税费，即

国家收取的税费总量约为38.2%，企业所得约为61.8%，使得价值创造者获得合理份额，在调动企业积极性的同时，保证国家的财政收入。

二是扩大营改增受益面。一方面，对于达不到一般纳税人的小微企业、个体工商户，进一步降低增值税税率，给予一定的税收优惠，切实减轻其负担；另一方面，进一步扩大一般纳税人的认定范围，使更多小微企业能够享受到抵扣优惠。

三是规范政府基金项目管理。逐步规范政府基金的制定与收取，取消一些不必要的基金项目。对于基金种类的划分，应当在国家层面进行统筹，国家制定一些必要的基金种类，同时也给予地方自主制定权，让地方政府视本地情况按照法律法规增加一些必要的基金项目，但是应当规定各地方政府基金项目的数量。

四是增加工会费用的企业分配比例。对于工会经费的使用，应当做到企业上缴，企业享受。企业与工会的分配比例可以逐步调整至8 ∶ 2，让企业上缴的会费更多地由企业来支配，促进企业的发展。

2. 鼓励智能制造，降低企业用工成本

一是鼓励智能制造。鼓励企业以机器代替工人生产，对智能制造企业给予一定的优惠税收补贴。加快推进中国制造2025实施进程，逐步实现产业结构的转型升级。

二是降低企业社会保险负担。对于社会保险费，在能够保证本期缴纳的费用足以维持本期需要支付的费用前提下，适当降低社会保险费率。其中养老保险的高费率可以考虑由20%降为14%左右。医疗保险与失业保险也可以考虑适当降低。工伤保险费率可视行业而定，对于高危职业可以制定得高一些，对于相对安全的职业可以逐步减少费率。

三是增加人才培训补贴。建议政府对高技术人才流动大的企业和向员工提供技能培训的企业实施奖励补贴。

3. 提升能源领域的市场化水平，降低企业动力成本

一是加大能源领域的市场开放。破除能源资源行业的垄断，让有能力的企业参与该领域竞争，打破行业垄断，有利于能源资源价格回归其应有的市场水平，让更多企业有能力负担用能成本。要切实落实用户向发电侧直接购电的改革措施。

二是大力发展新能源。推进风力、太阳能等可再生资源发电，逐步减少煤炭等火力发电的占比，通过提升电力供给水平降低电力价格。对发电、输电方面的基础设施建设和运输电力的相关配套设施实行整合处理，实现运输渠道的统一，避免发生不必要的成本支出。

三是改善土地出让金的征收方式，降低企业用地成本。

改革现行土地出让金、招拍挂等土地政策，变“一次性收取土地出让金”为分期收取“土地使用费”，切实降低企业的用地成本。同时，规范土地二级市场，鼓励企业进行土地承租，形成“政府按可持续原则制定政策、市场按供求关系调整租赁价格、企业按需求确定租用”的格局。

4. 发挥产业集聚效应，有效降低企业物流成本

一是推动产业聚集。产业的集聚效应越高，物流成本越低。建议上下联动做好衔接，综合考虑区域间产业极差、生产要素流动、产业利益差、产业竞争格局，制定具有针对性和实操性的产业结构优化战略，引导产业有序有效转移，着力培育打造具有品牌和名片效应的产业集群。

二是促进货物联运。结合行政改革协调航空、铁路、公路、港口的连接通道，协调各方利益，进一步推动货物联运，更好地利用铁路运输与船舶运输，降低企业的运输成本。

三是加强公路乱收费治理。规范各个运输站点的收费，严厉打击乱收费、乱罚款、乱设立收费站点行为，规范公路收费。可考虑通过出价回购部分公路收费权的方式逐渐实现公路运输的免费化，切实降低企业的物流成本。

5. 拓展融资渠道，切实降低企业融资成本

一是发展地方商业银行。中小企业由于很难直接从大型国有商业银行获得贷款，因此更倾向于使用地方商业银行。然而，地方商业银行受规模的限制又难以满足中小企业的需要。因此，大力发展地方商业银行、促进地方商业银行上市有望扭转融资难、融资贵的状况。

二是放宽设立民营银行的限制。适当放宽民营资本设立银行的限制，促进银行业的市场竞争，为企业提供更多的融资渠道选择。

三是拓展融资平台。在风险可控情况下，利用“互联网 +”为企业提供更多的融资平台，利用大数据为银行等金融机构提供筹资企业的相关信息，在一定程度上降低金融机构的经营风险，促进其加大对相关企业的融资放贷。

四是积极发挥新三板的作用。完善新三板挂牌交易制度，推动中小企业以及科技创新型企业挂牌交易，发挥新三板市场对挂牌交易企业的咨询、指导功能，帮助企业以较低成本实现融资。

6. 注重新旧动能的转换，营造创新环境

一是政府通过侧重扶持行业内相关重点企业的技术研发，以发挥其示范、带动效应。政府可引导市场主体建立产业技术创新战略联盟，形成风险共担、利益共享机制，对行业发展的关键技术进行针对性的研发创新，建设区域科技创新市场机制环境和信息咨询共享平台，完善产业知识外溢、技术共享的相关机制措施和法律保障，创建一个良性互动的创新生态系统，调整行业结构、提升产业层次。

二是成立政府引导基金，吸纳社会投资，共同打造产业基金，用市场化方式推动资本流入技术创新型产业，惠及产业链上下游企业。

三是有针对性出台人才引进计划和政策，提高人才与岗位的匹配度，促进形成行业发展吸引高端人才加入，人才引进带动产业提升的良性循环。

该建议上报后，得到了国务院领导同志的高度重视与批示。

五、建言加快贫困地区教育脱贫

2016 年 10 月 24 日至 28 日，致公党中央副主席严以新带领致公党中央教育委员会调研组和致公党四川省委会相关领导、专家，赴秦巴山区四川省级贫困县广安市武胜县、秦巴山集中连片特困地区的四川省巴中市南江县，对教育精准扶贫及素质教育整体发展情况进行了调研。调研组与当地多所学校校长和主管部门负责人一起座谈研讨，形成以下建议。

存在的主要问题

1. 随着国家关于发展农村教育的各项政策的贯彻实施，贫困地区农村教育落后的局面得到了很大改善，由于经济社会发展不平衡，城乡二元结构矛盾突出，城乡之间、学校之间、家庭之间的差距依然存在，城乡教育发展水平还不平衡，农村边远地区教育发展还相对薄弱，一些地方和有些方面还有扩大的趋势。由于长期存在的城乡教育的师资、投入、设施、生源等因素的巨大差异，教育发展的不均衡、不公平问题也相当明显。

2. 农村中小学师资水平较低、数量严重不足，农村中小学教师结构性缺编严重。农村教师招进难、留住难、学科不配套问题客观存在。近年来，城镇化建设步伐不断加快，但城乡布局调整却滞后。资源供给能力跟不上城镇化发展步伐，导致城区学校学位和教室、学生活动场地严重不足。由于村小教学设施有限，教学环境较为艰苦，很多老师都不愿意到此任教，即便来了也待不长，优秀的老师更是留不住，教师的大量流失导致教师队伍良莠不齐，一个老师身兼几门课在村小更是成了家常便饭，教师的匮乏特别是优秀教师的流失在一定程度上刺激了村小学生的流失。

3. 由于城乡教育差距的存在，农村中很多家庭条件好、成绩优异的学生陆续转入城区学校，既减少了农村学校生源，又降低了生源质量。一些家长为了孩子前途，送孩子到好学校上学。他们共同的想法是，到中心校不如到大镇学校，到大镇学校不如到县城学校，由此导致大量农村学生涌入县城就读，进一步加大了农村学校与城区学校教育教学质量的差距。贫困地区农村中小学生升入重点中学、上名校的机会与城区中小学生越来越不均等。若不改变现行教育资源的分配，贫困地区农村学生上名校的概率越来越低。

4. 部分农村家庭劳动力文化水平低，致富能力弱，二代农民低学历现象突出。对于一些贫困生来说，上大学学费一年一两万元，所以孩子上学就是家庭举债，毕业之时就是家产的破产之时，因此也造成了这些贫困家庭投资于子女教育的概率越来越低。这样就容易形成恶性循环，二代农民文化水平低，劳动技能差，在就业方面缺乏较强的竞争力，致使外出就业的门路窄，稳定性不高。

5. 留守儿童教育及全面监管亟待加强。特别是近几年大量农民外出打工，“留守儿童”教育问题日益突出。像武胜县有留守儿童近 1.9 万名，南江县也有留守儿童约 4.5 万名。农村教育本身落后，加之留守儿童平时缺乏父母管教，学校教育与家庭教育脱节，再加上老人溺爱，这就更使农村孩子的教育雪上加霜。留守学生极易出现学习困难、缺课、逃课甚至辍学倾向，严重影响了农村教学秩序。

相关建议

1. 打好教育扶贫的“普及”战

在偏远农村贫困地区，大部分学生的父母或其他监护人的观念仍然落后。对教育重视不够，对当下社会认识不足，他们对后代的教育观念短视，或趋于功利性，或放任不管。“读书无用论”仍在一些贫困地区很盛行，也是造成学生大面积辍学的主要原因。加之原来农民的总体文化水平较低，导致大部分农村二代农民增收致富能力差，增收渠道窄。要想拔穷根，就要着力提升职业教育服务水平。发挥“农”字头中职学校、农林类职业院校和涉农专业点作用，加快培养贫困地区产业急需的技术技能型人才，努力实现“输出一人、脱贫一户”。因此只有重视乡村的建设，发挥人才在新农村建设中的作用。

才能重塑贫困家庭对教育的信仰，彻底剔除读书无用论的土壤。

2. 打好教育扶贫的“均衡”战

在倡导教育公平、构建和谐社会的时代背景下，教育均衡发展近年来一直是社会各界讨论的热门话题。义务教育均衡发展的“短板”在农村。改善农村贫困地区办学条件，是教育扶贫实现由“人人有学上”到“人人上好学”的重要跨越。对农村地区薄弱学校的改造，正是解决这一问题的重要突破口。

缩小城乡生均公用经费标准，降低或取消贫困地区上级专项资金的地方配套。需要中央财政在安排义务教育专项转移支付资金时，尽量考虑减少或取消贫困地区市、县两级教育配套资金。而在涉及中央与地方共担经费的教育事务时，还应按照规定的各级政府之间的经费分担比例执行，这样才能确保政策目标的实现。下一步，各省级人民政府还应切实负起责任，进一步加大统筹力度，完善省对下转移支付制度，确保行政区域内贫困地区义务教育经费落实到位。

3. 打好教育扶贫的“基础”战

加大投入，加强农村学校建设力度。落实对边远、贫困山区津贴，保障学校正常运转。统一贫困地区农村小学（教学点）的办学标准。这个标准不只是从以往的生均占地面积、教学场地设置等硬件来要求，更多的是从教育内容、教育方法、教育形式等“软件”方面来衡量。对办学条件低于基本要求的农村薄弱学校，要制订改造的中长期计划，集中力量加快农村薄弱学校改造进程，对于规模较小、学生较少的学校公用经费不应按人头计算，要切块下拨，以保证学校工作的正常运转，尽快使贫困地区农村薄弱学校逐年减少。

加大力度解决贫困地区农村薄弱学校师资配备等问题。应加大乡村教师公招力度，严格按核定编制及时补足配齐乡村教师，严禁有编不补。确保农村教学点公办教师的数量和质量。乡镇义务教育学校补充音乐、体育、美术等紧缺教师，按照专业对口原则，对大专及以上学历人员可采取直接考核方式招聘。进一步向国家争取扩大中央农村义务教育学校特设岗位计划教师实施规模，增加招募数量。同时，教育部门可为特定地区定向招聘教师，先通过市级培训，然后分配到各区县的农村小学。让教师流动起来，不仅要让城里老师到农村去，还要让农村老师到城里来学习和交流。同时，改善农村教师的福利待遇，要积极采取有效措施，在评先晋级、福利待遇补贴等方面给予倾斜，加强师德教育，提高农村教师敬业爱岗的意识，提升师德师风建设整体水平，做到待遇留人，事业留人，感情留人，责任留人。

4. 打好教育扶贫的“精准”战

实施教育精准扶贫，就要建立更为完善的教育、就业扶贫机制。对教育部门来说，可以采取建档立卡等制度，做到对象精准、目标精准、内容精准、方式精准、考评精准、保障精准。下大功夫建设教育精准扶贫大数据平台，把好对象精准识别关，为各项扶贫政策的精准落实提供依据、搭建平台、建立窗口。同时，紧紧围绕精准扶贫大数据平台建设，将教育扶持政策精准对接贫困村、贫困户、贫困人口，锁定贫困人口，使贫困家庭的孩子无论在哪里接受义务教育都可享受“两免一补”；在高中阶段，在政策范围允许之内，尽可能减免学杂费；在大学阶段，完善贫困家庭大学生学费减免制度；职业教育给了贫困家庭的孩子更多机会、更多选择，学生入学后，职业教育学校可以将贫困学生分类造册，把最困难、最需要帮助的贫困学生筛选出来，开展具有针对性的帮助，帮助贫困学生顺利毕业。等于将一个贫困家庭的孩子，从幼儿园到上大学，都可以通过大数据平台跟踪，并在政策实施过程中，实现贫困信息、主要措施、任务进展、考核评估精准对接。

5. 打好教育扶贫的“末梢”战

农村贫困地区招生专项计划为贫困地区的考生带来了实实在在的利益。但在设计上存在一些弊端：因宣传不到位，加之部分偏远贫困地区信息封闭，很多贫困生错失报名良机；从录取情况来看，国家专项批次和地方专项批次的分数居高不下，最低录取分比正常的普通一批的最低分还要高。既然专项批次的录取分数高于普通本科一批的录取分数，那分数够高的农村学生完全有能力在本科第一批次与其他学生进行竞争，所以建议可以将国家专项批次和地方专项批次调整到本科一批之后、本科二批之前。贫困地区的农村学生可以先在本科一批冲刺，没有顺利录取的可以继续参与国家专项计划和地方专项计划，这样学生会更加珍惜每次填报志愿的机会，对大部分农村学生也更加有利。

6. 打好教育扶贫的“信息”战

信息化是实现教育现代化的必由之路。以信息化促进偏远地区薄弱学校教育发展刻不容缓。因此，各地应根据中小学应用实际需求，结合信息化产品更新换代快的情况，坚持“适用、够用”的原则，逐年加大教育信息化设施配备。要构建一定的教育培训机制，提高偏远地区教师、学生的信息化技能，丰富其信息化理论，高效使用信息化资源，力求做到信息技术与教育教学的深度融合。可先选取偏远地区典型的薄弱学校，建立信息化教育优先发展区，试点先行，以试验区为重点，在加强基础设施建设的同时，加强联校对接，开展同步教学试验，可先重点扶持中西部偏远地区以及国家级贫困县等地区教育信息化建设；此外，在经费上，建议建立偏远地区薄弱学校教育信息化专项基金，各级政府可根据实际发展情况酌情予以经费扶持，同时引入市场竞争机制，充分发挥市场、企业对试验区的支持与建设，同时探索绩效扶持机制，根据学校发展实效而给予支持与奖励。

7. 打好教育扶贫的“留守”战

关爱留守儿童是一个牵涉学校、家庭、政府、社会的系统工程，需要全社会的共同关注。留守儿童不仅需要物质扶贫，更需要精神上的温暖。因此，应做好农村“留守学生”管理工作，在学校行政干部、教师和学生中开展“一对一”帮扶活动，进行品行、生活和学习指导。针对留守儿童偏执、孤僻、叛逆、早恋、网络成瘾等问题，应安排专门的心理辅导老师，对留守儿童进行心理疏导。同时对全托式寄宿管理制度进行大力探索，切实有效解决父母长期不在身边留守儿童的监管问题。针对学校全托式寄宿管理、学生假期管理产生的费用，国家应予以专项补贴。

该建议上报后，得到了国务院领导同志的高度重视与批示。

汤玮晨　致公党中央参政议政部主任科员

九三学社

一、建言加强社区治理与服务

习近平总书记曾强调，带领人民创造幸福生活，是党矢志不渝的奋斗目标。顺应人民群众对美好生活的向往，使广大群众困有所助、病有所医、老有所养、业有所成、乏有所供，事关党的执政根基和力量源泉。而社区作为社会的基本单元，是服务人民与人民参与社会治理的基础平台。中共十八大提出，要加强基层社会管理和服务体系建设，增强城乡社区服务功能，进一步突出了社区治理与服务在经济社会发展中的重要作用。那么，目前我国社区治理的现状如何？人民群众对社区服务是否满意？

考虑到社区治理与服务在经济社会发展中的重要作用，九三学社中央决定将其作为2016年党派大调研课题，并于2015年11月提前启动了这一工作，先后在广东深圳、北京、浙江嘉兴和宁波等地开展前期调研。调研的一大特点是，动员九三学社各省级组织先后成立了40余个课题组，广泛开展调研，重点关注新型城镇化背景下社区治理与服务发展的现状、具有代表性的经验，以及体制、机制、制度、技术等方面面临的实际困难，先后形成了35件高质量的调研报告供九三学社中央参考。

2016年2月，九三学社中央副主席赖明在九三学社中央机关与部分专家专门就“新型城镇化与社区服务业发展”课题进行了座谈。赖明指出，“社区治理与服务”选题是围绕四个全面战略布局建言献策的一个切入点，对稳增长、促改革、调结构、惠民生、防风险，在新型城镇化进程中加快供给侧结构性改革，提升国家治理体系和治理能力现代化水平具有重要现实意义。赖明强调，课题调研要以创新、协调、绿色、开放、共享五大发展理念为引领，紧密结合中央经济工作会议提出的“三去一降一补”五大任务，深入基层、深入一线、深入百姓；充分发挥社内专家、地方组织的作用；充分借助高等院校、科研院所和相关智库的力量，把课题调研做深入做扎实，交出高质量的调查研究报告。

3月，在九三学社中央主席韩启德的带领下，九三学社中央调研组先后赴广东省深圳市、珠海市和广州市深入调研。韩启德在调研中指出，社区服务涵盖内容很广、涉及部门众多，与百姓民生、基层治理和社会稳定紧密相关。随着社会发展、民众生活需求日益多元、人口老龄化提前到来，社区服务重要性愈加凸显。在当前经济下行压力不断增大的背景下，发展社区服务也利于发展生活服务业、刺激消费、促进就业。然而，发展社区服务的挑战和难度也很大，不仅要完善社会治理，落实十八届三中全会提出的“创新社会治理体制”，还要有效协调政府各部门间、政府与市场间、政府管理与居民自治间关系，更要适应新形势、满足新需求。韩启德强调，传统文化中基层社会自治的历史积淀，成为我国独特的基因优势，加之党在人民群众中崇高的威信、中华人民共和国成立以来的有益探索、信息技术的发展应用等，为开展社区治理、发展社区服务提供了有利条件。

5月，九三学社中央以新型城镇化背景下社区治理与服务为主题，召开第十一届“九三论坛”。百余位社内外专家学者、九三学社省级组织代表、企业和基层代表围绕论坛主题，从社区治理模式创新、智慧社区建设、社区养老服务、社区“医养结合”试点、社区自治等不同角度，围绕主题进行了交流研讨，为调研报告的形成提供了重要思想素材。

通过调研和研讨，九三学社中央认为，自20世纪80年代以来，在中央的高度重视和有关部门的大力推动下，我国社区治理和服务水平取得长足进步。但我国的社区治理与服务与广大群众的需求相比，仍处于初级阶段。主要表现在：

1. 缺少宏观战略指引。社区在我国现代化进程中的地位及其治理与服务的重要性仍未得到足够重视，各级政府对这方面的改革缺乏明确方针，各地的认识高度、思想理念、治理方式、服务水平上发展很不平衡。城市新老社区治理与服务水平也存在较大差距。

2. 社区工作的整体性、协同性明显不足。尽管社区建设部际联席会议制度已经建立，但部门间仍然面临职责不顺、联动不够的突出问题。在社区信息化建设方面，各地推进已有十余年，但层次、标准、进度不一问题突出。

3. 法律法规、政策制度保障滞后。关于基层社区治理和社会组织管理的法律制度与社区的实际发展情况不匹配。政策文件覆盖不全、规范性不足，治理与服务、公共服务与商业服务等彼此分割，未系统确定政府参与治理、提供服务的职责边界，形成或者甩担子，或者大包大揽、广撒胡椒面、重复建设的现象。

4. 权责失衡令社区无暇落实自治，各方参与意识淡薄。基层政府与社区职责边界模糊、职能转变不到位，导致社区定位不清、权责分离、负担过重，自治功能边缘化。随着新型城镇化持续推进，社区居民构成日益多元化，陌生人社区逐渐占据主导，居民参与治理、志愿互助的意愿淡薄和能力较弱。

5. 社会组织独立发展能力较弱，社会工作发展受限。社会组织数量增长较快，但质量不容乐观，特别是独立性较弱。社区社会工作面临认知度低、人才发展受限的问题。

6. 社区服务业“小散乱差”，与居民需求差距较大。城乡新老社区大多存在服务设施不足、类型单一、规划难落实等问题，部分业态呈“小散乱差”自然发展，养老、托幼、菜市场、便利店等布局较不合理。社区服务标准化程度较低，监管难度大。政府在部分领域提供的社区公共服务定位不准，影响市场发育。

九三学社中央认为，“十三五”期间，我国要努力跨越“中等收入陷阱”，确保实现全面建成小康社会的宏伟目标，切实做好社区治理与服务工作，必将起到基础而深远的作用。治理水平体现政府行政能力，服务优劣彰显“放管服”改革成效。只有社区的产权归属清晰、参与治理各方权责利边界明确，治理过程制度健全，才能推动社区治理与服务更有质量、更有效率、更加公平和可持续地发展。因此，亟待将完善社区治理、丰富社区服务纳入发展的重要任务，采取有力举措，取得更大进步。

为此，九三学社中央形成调研报告，向中共中央、国务院提出以下建议：

1. 更新认识、高度重视，将发展具有中国特色的社区治理与服务上升为国家战略。借鉴一些国家和地区的经验，综合完善基层治理、丰富社区服务、优化人居环境、保持文化风貌、养成社区意识等目标，充实社区治理与服务的内涵。全面总结改革开放以来社区工作的改革探索和经验成效，立足城镇社区发展不均衡、中西部和农村社区建设刚起步的实际，明确“社区治理与服务”的总体思路、发展目标、主要任务、优先领域、重点工程、实施保障等内容。在现有社区治理和服务实验区、农村社区建设实验区等工作的基础上，遴选建设一批理念创新、经验成熟、成效突出的城乡社区治理与服务示范区，发挥引领示范作用。

2. 强化中央领导和统一部署，为社区发展指明方向。以明晰边界、城乡一体、统筹兼顾为原则，将政府职能定位于规划指导、制度保障、公共服务以及监督管理，明确各部门社区工作责任清单。以社区建设部际联席会议为基础构建决策、执行、监管的部际协同机制，整合各部门延伸到基层的机构、设施、平台和人员，建立投入保障机制。同时，继续放活地方，鼓励自下而上因地制宜地改革和创新。理顺部分管理职责，破除行政壁垒。

3. 完善法律法规制度保障。完善法律法规体系和规定，加快修订《居民委员会组织法》和《村民委员会组织法》，强化社区自治的法律地位，远期考虑两法合并。尽快根据《物权法》对业主组织制定专门法规，明确业主组织法律地位及相关工作制度。在修订《社会服务机构登记管理条例》的基础上，研究制定《社会服务法》，进一步满足社会组织注册登记、权益保障、厘清权利义务关系等方面的迫切需要。加快社区治理与服务规范化进程。按全局性、紧迫性、成熟度分阶段推进标准规范体系建设，完善政府提供公共服务、购买服务、开展公益创投等的工作标准，抓紧制定社区服务业的主要标准，完善社会组织及其服务中心（孵化器）建设运行、专业教育和职业培训等的标准。

4. 统一规划、整合资源，推进社区信息平台体系建设。加快“互联网 + 社区治理与服务”社区综合信息管理与服务平台建设，将其融入国家大数据战略、“互联网 + 政务服务”、智慧城市等重要工作中，从顶层设计、信息共享、标准协同、平台建设、运营服务等环节进行统一规划、实施和维护，探索建设“三网一库”的“互联网 + 社区治理与服务”信息平台体系。

5. 厘清基层社区与基层政府的关系，激发社区活力。在基层政府层面，深化街道（乡镇）改革，下沉城市基层管理和社会服务等职能，上交经济发展和行政执法等职能，加强党建、统筹社区事务、提供公共服务等职能。完善社区工作清单制度，健全街道（乡镇）和社区工作准入制度。择时对全国落实社区减负工作情况进行专项督察。在社区层面，在居委会“自治组织”的宪法地位基础上，厘清应承担的本职工作与目前实际工作的关系，探索居委会的财政经费与事权之间的合理关系。确立基层政权、社区党组织、居委会以及业委会的工作联动机制和关系。着力加强社区文化建设、事务管理和骨干培养，提升居民参与治理的意识和能力。从居民最关心的社区公共事务，以及征地拆迁事前听证等事项入手，建立社区党政部门、社会组织、工商企业、本地居民和外来人口的社区协商制度。探索在国家层面建立社区志愿服务激励机制，总结地方经验开展试点。

6. 以赋权增能为重点，扶持社区社会组织发展壮大。探索以“公办民营”“民办公助”等方式，发展枢纽型社会组织、社区社会组织服务中心或“孵化器”，培育社会组织内部治理能力、管理能力、筹资能力、沟通能力、创新能力。向社会组织开放社区需求服务对接平台，将居民反映较多的公共、公益服务需求作为政府购买社会服务项目，完善购买项目清单，纳入市级或区级购买平台统一运作。拓宽社工发展空间，为社会组织提供人才支撑。

7. 引导市场有序发展，丰富社区服务供给的种类、布局和品质。将丰富社区服务供给，尤其是多元化、个性化的商业服务，提升到构建宜居城市、和谐社会层面，促进社区公共、公益和商业服务协同目标、功能互补、协同发展，完善设施配套，保障服务业网点空间。为社区服务业发展提供必要扶持。针对需求大但起步慢、有准公共性质、利于就业创业特点的养老、托幼、家政、资源回收等行业，给予政策倾斜。明确各类服务行业的监管主体，细化目标责任，建立考核机制。相关部门协同配合，通过信息平台收集居委会、业委会、居民监督线索，合力加大执法监管力度。建立社区服务业统计报告和信息发布制度，加强动态监测与分析。

2016 年 9 月，在全国政协主席俞正声主持召开的调研协商座谈会上，九三学社中央主席韩启德就这一问题做专题发言。《报告》和发言得到中共中央、国务院高度重视。中共中央政治局常委、国务院总理李克强，国务委员王勇分别做出重要批示。部分建议被纳入中共中央、国务院 2017 年 4 月下发的《关于加强和完善城乡社区治理的意见》中。不仅如此，民政部还会同全国社区建设部际联席会议成员单位和中组部、中央网信办、全国人大法工委、国务院法制办、国家标准委等部门，对九三学社调研报告进行了深入研究，认为“阐释城乡社区在促进改革发展稳定中的作用客观准确，分析当前我国基层社会治理领域矛盾问题深入透彻，所提对策建议务实可行，对于进一步完善我国城乡社区治理和服务体系具有十分积极的作用”。民政部表示，下一步将就落实《意见》和《报告》成果，重点抓好创新模式、健全制度、强化能力、培育发展社区社会组织、推进智慧社区建设等方面工作，并制定了细化任务分工方案，确保协同联动、压茬推进。

二、关注法官、检察官员额制改革，提高司法公信力

法治兴则国家兴，法治衰则国家乱。在全面建成小康社会进入决胜的新阶段，改革发展稳定任务之重前所未有，矛盾风险挑战之多也前所未有，依法治国的地位更加突出、作用更加重大。中共十八届四中全会通过的《中共中央关于全面推进依法治国若干重大问题的决定》，直面法治建设领域突出问题，明确提出了全面推进依法治国的指导思想、总体目标、基本原则，对科学立法、严格执法、公正司法、全民守法、法治队伍建设、加强和改进党对全面推进依法治国的领导作出全面部署。《决定》提出，加快建立符合职业特点的法治工作人员管理制度，完善职业保障体系，建立法官、检察官、人民警察专业职务序列及工资制度。

全面推进依法治国，九三学社同样责无旁贷。为使中共十八届四中全会决定落地生根，让司法一线的法官有稳定发展环境、感受到职业自豪感和受到尊重，让百姓打官司更方便更容易，守住公平正义最后一道防线，九三学社中央经过反复研究斟酌，决定在

全面依法治国这一大题目下，聚焦在保证公正司法，提高司法公信力问题。

2015年，九三学社中央以“保证公正司法，提高司法公信力”为主题开展了一系列座谈会和调研。2月，九三学社中央法律委员会专门召开“依法治国与预防冤假错案研讨会”。九三学社中央常务副主席邵鸿表示，这几年中共中央提供了更高更广阔平台支持民主党派参政议政，特别希望把社会智库、专家学者的智慧凝聚起来，一起为社会良性发展尽一份力。九三学社中央副主席丛斌认为，防止冤假错案和全面推进依法治国、建设社会主义法治国家紧密相关，需要全社会树立法治理念，把法治作为一种价值观来追求。9月，九三学社中央又以“推进公正司法提升审判机关公信力”为主题，再度召开座谈会。与会人员就当前司法改革的目标进程、内在逻辑顺序、制度建设和存在问题，司法公正的内涵、冤假错案的定义及产生因素、监督机制，省级统管、员额制等法官改革措施，成立跨行政区法院等法院改革措施，当下中国法官的生活状况、履职环境和应有的职业保障，律师在防范错案中的作用等诸多法理和司法实践问题进行了深入讨论。

10月，九三学社中央副主席丛斌率调研组赴北京市西城区人民法院就提高审判公信力进行调研。丛斌一行察看了立案诉讼服务大厅、12368人工语音诉讼服务平台、司法指导中心、多元化纠纷解决机制工作展板。在随后举行的座谈会上，西城区人民法院负责人介绍了该院推进公正司法工作情况；该院10多名法官从不同角度反映了目前影响司法公正的主要因素和推进公正司法的建议。丛斌表示，九三学社将梳理归纳大家提出的问题、意见和建议，进一步集思广益，深入研究，为我国司法体制改革向中央提出科学性、系统性、合理性、客观性的建议。

11月，九三学社中央副主席丛斌又率队赴浙江省调研司法体制改革有关情况，就提高司法公信力及司法体制改革中的重点难点问题分别与法院系统、检察院系统人员进行座谈。此外，九三学社中央安排所属地方组织和从事法律工作的社员在广西、湖北、河北、江苏、重庆、甘肃等地就司法体制改革相关问题进行调研；对各地社员以社情民意信息、政协提案、调研报告等形式反映的相关情况进行汇总。在此基础上，九三学社中央对各方面情况进行综合分析，梳理出当前司法体制改革过程中的主要问题并提出：应把法官、检察官员额制改革作为深化司法体制改革的重中之重，高度重视解决员额制改革过程中遇到的问题和困难，更加注重司改自身诸方面以及与其他相关改革的系统性、整体性和协同性。由此，课题得到进一步的聚焦。

综合调研和研讨情况，九三学社中央认为，法官、检察官员额制改革的方向明、力度大、措施实、步子稳，得到了广大司法人员的理解和支持，所取得的一些阶段性成果受到社会高度认可。但由于员额制改革触及利益之深，影响范围之广前所未有，因此，尚存在一些亟待解决的问题和困难。主要是：

1. 关于司法人员职业保障制度。完善人民法院、人民检察院司法责任制的意见均已出台，而司法人员职业保障制度改革方案尚未完全“落地”，引起司法人员担忧。未来将有大批法官、检察官异地就职，给法官、检察官及其配偶、子女在落户、就业、入学、住房等方面带来一系列实际困难。仍有一些地方要求法院、检察院承担大量招商引资、党建扶贫、维稳接访等与审判工作无关的事务，使法院、检察院及其法官、检察官无法专注于司法工作。庭外威胁、侮辱、跟踪以及骚扰法院、检察院人员的情况仍时有发生。

2. 关于员额制改革的定额、选员工作。现有政法专项编制是十几年前确定的，而现在司法案件数量大幅增加、案件普遍更为复杂，调整政法专项编制的呼声很高。且实行立案登记制后“案多人少”矛盾更加突出，成为法官员额制改革的巨大考验。一些地方法官、检察官的遴选工作比较仓促，对今后司法事业发展的人才队伍需求预估不足。

3. 关于保障员额制正常运行的配套机制。未入额法官、检察官职业预期不明，在一定程度上影响了这一群体的稳定。司法辅助人员的职责、招录以及管理等制度未同步建立。

调研结束后，在广泛征求意见和研讨的基础上，九三学社中央形成《关于法官、检察官员额制改革的建议》报送中共中央，提出：

1. 突出抓好司法人员职业保障制度的完善和落实。考虑目前社会接受程度，短期内确定法官、检察官工资比普通公务员工资高出一定比例是可行的，有关部门应就此进行深入细致的调查研究。完善法官、检察官及其配偶、子女落户、就业、入学、住房等保障制度，切实解决法官、检察官的后顾之忧。进一步加大对妨碍司法机关依法行使职权等违法犯罪行为的惩戒力度。将保障司法人员日常工作生活不受恶意干扰、骚扰等，作为健全司法人员履行法定职责保护机制的重要内容。尽快出台文件对司法机关参与和支持地方中心工作的事项和方式作出明确限定。

2. 立足当前、着眼长远，做好员额制改革的定额、选员工作。加强对各省范围内实行员额比例统筹的指导。做好政法专项编制内部挖潜工作，科学调剂编制余缺。重视有关重新核定政法专项编制的建议。根据目前司法案件的数量、复杂程度，通过大数据等方式研判司法案件数量的变化趋势，以及科学测算法官、检察官合理工作量等因素，综合测算各地的政法专项编制。坚持先完善遴选机构和机制，再进行法官、检察官的遴选工作。遴选委员会应独立于省（市、区）高级人民法院和省（市、区）人民检察院。纠正一些地方以年龄、资历等条件“取人”和遴选过程不透明的做法。通过保证遴选法官、检察官工作的公开性、公平性和公正性，提升司法人员对司法体制改革的信心。防止因遴选法官、检察官过程的失当或遴选出的人员不适应员额制工作要求，挫伤司法人员的积极性。多措并举化解“案多人少”矛盾。加强诉前调解服务、扩大刑事速裁案件范围、通过提高司法资源使用成本等方式遏制滥用诉权行为。完善司法手段之外的多元化纠纷解决机制，减轻审判机关的受案、审案压力。

3. 尽快建立和完善保障员额制正常运行的配套机制。进一步完善未入额法官、检察官的分流举措。对各类司辅人员的工作职责、薪酬待遇、招录方式等及早作出规定。总结推广有些地方通过政府购买服务方式，建立司法雇员队伍的做法。尽快制定从律师、法学学者中招录法官、检察官的实施细则，加大遴选、招录数量。

建议提交后，得到中共中央领导同志的批示。2016 年，九三学社中央收到中共中央政法委员会的来信。信中对九三学社提出的《关于法官、检察官员额制改革的建议》给予充分肯定。信中说：“九三学社经深入调研，在充分肯定法官、检察官员额制改革方向和阶段性成果的同时，就完善和落实司法人员职业保障、做好定额选员工作，以及建立完善配套机制等问题，提出了意见建议，对我们进一步做好员额制改革工作具有重要借鉴和启示意义。中央政治局委员、中央政法委书记孟建柱同志专门作出批示，要求我们认真研究。”

三、推动建立健全孤独症群体社会支持体系

孤独症，又称自闭症，是目前医学不能确定病因、无法治愈的精神疾病，是世界医学界和教育界面临的重大难题。20世纪80年代后，各国的孤独症患病率呈显著上升趋势。根据推算，我国孤独症患者上千万，几千万家庭因此而受影响。随着我国“全面二孩”时代到来，高龄产妇数量激增将进一步推高孤独症患病率风险。由于我国孤独症群体的政策支持体系尚未健全，特惠性政策缺位或覆盖面窄，规模庞大的孤独症群体在就医、康复、教育、就业及养老等方面仍然十分艰辛，众多孤独症患者及家庭长期陷入绝望、痛苦和贫困状况，由此产生的社会问题亟待引起重视。

青少年是国家的未来、民族的希望。九三学社中央敏锐地认识到这一问题的重要性。2015年11月，九三学社中央常务副主席邵鸿带领调研组赴山东青岛就“孤独症患者特殊教育与社会环境”问题进行调研。调研组走访各地公办及民办孤独症康复教育机构，多次召开座谈会听取情况介绍。调研组专家、学者围绕自闭症患者特殊教育、医疗与康复、社会援助等现状及存在问题与青岛市相关部门负责人进行了深入座谈交流。邵鸿在调研中指出：自闭症儿童等特殊困难群体不应成为全面建成小康社会的短板，应在“十三五”期间推动特殊教育发展，促进教育公平。

2016年1月，九三学社中央常务副主席邵鸿，九三学社中央副主席兼北京市委主委马大龙，在北京调研自闭症患者特殊教育与社会环境。在调研期间召开的两场专题座谈会上，邵鸿、马大龙一行与北京市残联、教委、民政局、财政局、卫计委等单位负责人以及海淀区有关教育机构负责人深入沟通，详细了解学校师资建设、教育教学等情况；邀请国家财政部、教育部、民政部、卫生计生委、残联等5部委座谈，全面了解我国自闭症患者筛查、治疗、教育工作现状及面临的挑战，并围绕部门间资源整合、政策协调等问题进行交流。邵鸿表示，此次调研，让我们对自闭症群体教育、医疗、康复及社会援助等问题有了更加全面深入了解，为撰写调研报告、提出针对性建议奠定了基础。

调研结束后，调研组还就调研报告框架结构、重点内容等进行了深入讨论。

经过实地察看走访、召开相关座谈会，九三学社中央调研组注意到目前存在的5个主要问题：

1. 患者家庭承受巨大的经济压力和精神痛苦。由于核心症状持续整个生命周期，孤独症患者终生需要康复照料。但因社会服务缺失，超过半数的患者家庭必须至少一人放弃工作，专门照料患者，收入大幅减少。同时，很多患者家庭专业知识和技术匮乏，彷徨无助，四处求医，屡遭“神奇疗法”骗局欺诈；社会公众对孤独症缺少了解，对孤独症带来的社会挑战认识不足，社区支持不到位、社会歧视现象普遍，加重了孤独症患者及其家庭的压力和痛苦。

2. 早期筛查诊断难。孤独症早期的筛查诊断至关重要，孤独症儿童接受早期诊断与干预愈早，矫治效果愈好。我国至今还未建立覆盖全国的筛查诊断系统，缺乏统一的诊断标准、专业的诊断人员和清晰的干预路径。大量儿童患者不能得到有效、及时、准确

的诊断和医疗建议，永久错过了最佳矫治期。

3. 师资力量匮乏，接受康复训练和合适教育难。早在 1994 年我国就提出“国家实行残疾人教育教师资格证制度”，但至今仍未出台，导致孤独症教师专业水平普遍较低，其中半数以上仅有大专学历。同时，教师数量远不能满足需求。此外，孤独症孩子入学难、持续教育难、融合教育难现象普遍，《蓝皮书》显示目前孤独症孩子入学率仅为 37.5%。

4. 已有政策落实难，特惠性政策少，经费投入不足。虽然国家规定孤独症患者可享受免费义务教育、就业服务和就业援助及康复补贴，但缺乏强制性约束，政策效果大打折扣。而且，针对孤独症患者的特惠性政策极为匮乏。孤独症患者享受的康复补贴政策等多是针对残疾人的普惠性政策，且补贴限制多、标准低，远不能满足孤独症患者及家庭的需求。

5. 大龄孤独症群体社会服务体系缺失。目前，我国孤独症康复资源基本集中在儿童阶段，青少年和成年孤独症群体社会服务体系缺失，没有适当的政府部门接纳和管理，政策支持几乎空白，导致大龄孤独症患者家庭长期饱受职业教育、就业及养老安置等问题的困扰。

在全国政协十二届四次会议上，九三学社中央提交《关于建立健全孤独症群体社会支持体系的提案》，提出以下建议：

1. 高度重视孤独症及孤独症群体。把孤独症群体教育和康复工作，作为残疾人工作和特殊教育的重点。一是由教育、民政、卫生、残联等部门协同配合，开展全国性的普查工作，摸清我国孤独症人群数量、分布、家庭状况，并建档立册。二是由有关部门牵头，对孤独症进行专项调研，全面分析面临的形势和相应的政策法规，制订国家《孤独症群体教育与康复支持计划》。

2. 健全孤独症群体筛查干预体系。以社区医疗机构为基础，将孤独症筛查纳入婴幼儿保健常规检查；借助幼儿园入园、小学入学前体检，筛查孤独症患者，以便及早实施干预。以区县级特殊教育学校为基础，建立孤独症师资和家长信息中心，定期对有关机构进行指导，为家长提供免费培训、咨询服务和相关支持，使家长尽早发现婴幼儿异常并及时就诊、及早干预。

3. 加强专业师资队伍建设，提高专业化水平。加强多层次的专业人才梯队建设。在学历教育领域，以实施国家“特殊教育提升计划”为契机，鼓励师范类学校增设孤独症康复教育专业，增加孤独症康复教育领域研究生招生名额。加快推进特教教师“特殊教育专业资格证书”制度，逐步实现“教师资格证书加特殊教育专业资格证书”双证书资格制度。加快培养具有专业资格认证的、高质量的孤独症专业人才。加强对在相关教育、康复、医疗等领域从事一线服务的“普及型技术专才”的培训，使其掌握广泛应用且有实证依据的教学技术和行为管理技术。加强对孤独症患者家长和相关教育、康复、医疗领域刚入职专业技术人员等的启蒙教育，使他们成为具备普及性科学常识的“科普人才”。提高从业人员待遇。优先解决特殊教育中孤独症教师的师资编制、职业保障、职称评定等问题，适度提高特教教师特别是孤独症教师的薪资待遇。对中小学承担孤独症学生教育的班主任和科任老师落实岗位津补贴，在晋升评价体系中适当加分。加强行业监管和督导。逐步建立健全孤独症康复教育质量评价制度，不断提高教育康复机构的水平和质量。

4. 制定特惠政策，加大孤独症群体支持经费投入力度。提高对孤独症孩子的教育康复补贴标准，特别是加大中重度孤独症群体的救助力度。建议将残联实施的“七彩梦行动计划”的孤独症资助对象年龄范围扩大到 0–15 岁，逐步提高补贴额度，并取消户口限制。大力发展公办示范性的特殊教育基地，支持并有序规范民办康复机构和社会组织发展。将评估合格的民办康复机构和社会组织纳入公共服务购买范围。增加普通学校孤独症教育康复资源及师资培训的投入，扩大孤独症孩子义务教育规模，实施融合教育，实现零拒绝入学。鼓励有条件的地区先行先试，将孤独症早期干预纳入医保范围。加大科研投入，在国家相关科技计划中立项支持，鼓励多学科、跨领域、国际化的联合攻关。

5. 探索家庭干预模式，发挥家长主体作用。鼓励各级政府在制定和实施孤独症儿童教育康复计划时吸纳家长参与，探索适合孤独症儿童特点和我国国情的家庭干预模式，对积极采取家庭干预的患者家庭给予经济支持，充分发挥家长在孤独症儿童康复教育中的主体作用。整合各类孤独症教育资源，为有康复教育需要的家庭提供支持性服务。

6. 建立大龄孤独症群体福利体系。加大职业培训力度，开发适合不同程度孤独症群体的职前教育课程和培训方法，尽快填补孤独症群体职业教育的空白。通过购买服务为患者提供就业辅导，通过政策鼓励社会和企业按比例接纳孤独症群体就业。同时，由政府兜底举办福利工厂，提供庇护性就业。建立不同类型的孤独症患者托养机构，包括：少量医疗康复设施完备的专门面向孤独症患者的大型康复托养机构；全覆盖的具有孤独症特殊服务的社区服务机构；民间力量举办的、就近解决孤独症患者庇护性就业的小型“组合之家”；政府补贴、社工上门服务的居家养护。

7. 加大宣传，积极创建融合的社会环境。通过广播电视、网络、电影、宣传册、海报等多种渠道，全方位加强社会宣传，让社会了解孤独症家庭的困难，形成包容、关爱和支持孤独症患者的氛围。在幼儿园和中小学，宣传人人享有受教育基本权利的教育理念，形成“全纳”教育氛围。依托中国精神残疾人及亲友协会，构建专门网络资讯平台，保障相关人员的知情权和资讯获取权。完善相关法律法规，打击欺诈活动。

九三学社《关于建立健全孤独症群体社会支持体系的提案》提交后，得到有关方面高度重视。国家卫计委专门就这一建议进行了专题座谈和调研。

四、持续关注晋陕豫黄河金三角区域，建言深化省际区域统筹发展机制改革

黄河大拐弯处，分布着山西的运城、临汾，陕西的渭南，河南的三门峡四个市。这片 5.78 万平方公里的土地，承东启西，沟通南北，处在中国的地理中心区域，被称作“黄河金三角”。这一地区地处中西部结合带和欧亚大陆桥重要地段，是实施西部大开发战略和促进中部地区崛起战略的重要区域，在我国区域发展格局中具有重要地位。近些年来，九三学社持续关注晋陕豫黄河金三角区域合作，分别于 2014 年 2 月、2015 年 10 月就黄河金三角区域合作上升为国家战略、《晋陕豫黄河金三角区域合作规划》实施情况向中共中央、国务院专题报告，受到中共中央、国务院重视。

2016 年 4 月，在九三学社有关省级组织前期研究基础上，九三学社中央副主席赖明率领九三学社中央调研组再度就晋陕豫黄河金三角区域合作赴河南三门峡、山西运城进行调研。调研组先后来到河南三门峡蒙华铁路 MHTJ–13 标段三工区（黄河公铁大桥）、

山西运城国家现代苹果产业技术体系运城综合试验站、黄河金三角国际果蔬物流港等地，实地考察了晋陕豫黄河金三角区域合作项目实施情况，并调研在经济新常态下，如何发挥市场在资源配置中的决定性作用和更好发挥政府作用，深化区域统筹发展机制改革，形成可复制、可推广的改革举措。赖明在调研中强调，要做好行政审批的“减法”和市场配置的“加法”，深化行政体制改革，强化市场配置资源的重要作用，推动晋陕豫黄河金三角区域合作发展。

通过调研，九三学社中央发现，加强区域合作是实现区域协调发展的重要途径之一。改革开放以来，我国在国家层面，通过设立经济特区、国家级新区、国家综合配套改革试验区等十多个类别、数百个特定政策区域，制定一系列区域经济社会发展专项规划，以及若干指导区域发展的专门意见，不断优化区域经济的空间布局和结构，区域经济比较优势进一步显现。从区域发展的实践来看，凡属省域内的统筹协调，由于省委、省政府强力推动，实施比较顺利，而跨省的区域统筹仍面临各种体制机制障碍。突出表现在：规划的内容规范和落实机制有待完善、政府间统筹协调机制不健全、市场机制作用发挥不够以及统筹发展的法制建设亟待加强；等等。

九三学社中央注意到，“一带一路”、京津冀以及长江经济带三大国家战略均由中央层面相应的工作领导小组以及涵盖有关部门和地方组成的工作体系推动实施，成效显著。如，《京津冀协同发展规划纲要》发布后，分工方案随即出台；发布了全国第一个跨省市行政区域的“十三五”规划——《“十三五”时期京津冀国民经济和社会发展规划》；京津冀交通一体化、土地利用、现代农业、生态环境保护、水利等专项规划陆续发布；京津冀城乡建设、教育、卫生等专项规划正在编制之中。在交通、生态环保、产业三个重点领域率先突破的举措得到了较好落实。三大国家战略的实施机制为区域合作规划和实施提供了经验，但不可能所有的省际区域合作都由中央亲自抓，而应当充分调动省级政府积极性，不断深化省际区域统筹发展机制改革。

综合调研情况，九三学社中央认为，以黄河金三角区域合作为示范，深化省际区域统筹发展机制改革是比较可行的。应在国家有关部门的指导下，全面总结本区域及其他省际区域，包括一些省内区域协调发展的经验，按照协调发展理念探索完善省际区域发展机制，建议：

1. 强化区域合作统筹协调机制。完善区域内政府行政长官联席会议制度，协调跨地区合作的重大事项。组织专门机构，落实区域合作具体任务。在互利互惠、合作共赢的框架下，协商完善包括税收、财政、信贷等措施的利益分配机制；以项目为载体，推进区域合作发展。对于黄河金三角地区而言，在建立三省省级协调机制基础上，构建区域合作重大项目以合作区名义直报国家相关部委的工作机制。

2. 建立健全区域重大事项协调联动机制。制定重大事项的综合规划、专项规划和实施方案，充分发挥规划的统筹指导作用，协调、引导各项工作落实。果断打破行政界限，积极推动区域内有关优惠政策逐步统一。

3. 实施科学合理的激励和约束考核机制。制定科学合理的促进地方合作的绩效考核标准，考核结果与对地方政府的奖惩、优惠政策挂钩。总结我国区域合作实践，抓紧完善区域合作法律制度，为区域合作规划的实施提供权威性规范，明确非规范性行为的限制或惩罚规则。

4. 构建公平的市场竞争机制。区域内各政府应严格落实《国务院关于在市场体系建设中建立公平竞争审查制度的意见》，废除限制或妨碍公平竞争的政策文件；严格依法加强市场监管，破除地方保护主义，维护公平竞争的市场环境；解决政令不一矛盾，便利跨行政区划贸易往来，促进区域内市场主体开展协作。

5. 健全要素市场流通机制。发挥市场力量，利用现代信息技术建立统一开放的产权、技术、人才、资金等流通服务平台，“倒逼”区域内各政府制度供给侧改革，构建完善的区域要素流通机制。

6. 推进民间交流机制。发挥社会团体、行业协会、民间专业组织等在区域合作中的作用。欠发达地区、贫困地区应注重培育社会组织，支持社会组织参与区域合作事务。积极推动跨省社会团体在登记、备案、管理等方面的改革。

2016 年 8 月，九三学社中央形成《关于以晋陕豫黄河金三角区域为示范深化省际区域统筹发展机制改革的建议》并报送国务院，得到国务院领导同志的批示。国家发改委地区司负责人为此专门走访九三学社中央，就推进黄三角区域合作发展进行沟通和协商。

五、聚焦乌蒙山片区彝族聚居区脱贫攻坚

全面建成小康社会，脱贫攻坚是绕不开的关键命题。乌蒙山片区彝族聚居区包括四川“大小凉山彝区”的 9 个县、贵州省的 1 个县和云南省的 3 个县，以及 77 个彝族聚居或彝族与其他少数民族共同聚居的民族乡（贵州省 64 个、云南省 11 个和四川省 2 个）。长期以来，乌蒙山片区彝族聚居区发挥民族区域自治制度优势、国家特定扶持政策优势和区域特色资源优势，扎实推进脱贫攻坚，经济社会发展取得巨大进步。然而，由于历史条件限制，乌蒙山片区彝族聚居区发展的基础仍然薄弱，教育、文化、卫生等社会事业仍然落后，保障和改善民生任务十分艰巨，是脱贫攻坚难啃的一块“硬骨头”。

作为中国特色社会主义参政党，民主党派同样肩负着脱贫攻坚的重要责任和光荣使命。如何围绕脱贫攻坚做好参政议政工作，为脱贫攻坚提供好主意、好办法，充分发挥出参政党的作用？九三学社一直在思考和探索这个重大课题。

2016 年 5 月，九三学社中央副主席赖明率九三学社中央调研组赴贵州就“乌蒙山区精准扶贫脱贫”进行调研。参与调研的有农业部、国务院扶贫办、国家开发银行总行以及有关企业的负责同志和专家。赖明一行深入乌蒙山区，先后在遵义、毕节、安顺三市实地考察了桐梓、仁怀、大方、黔西、织金、普定等 6 县 19 个乡镇和村寨，详细了解各地在精准扶贫开发与乡村旅游发展方面取得的成果和存在的困难。在贵阳召开九三学社中央赴贵州调研“乌蒙山区精准扶贫脱贫”座谈会，听取省发改委、省农委、省旅发委、省扶贫办等部门的相关工作情况汇报，并就调研情况和四委办部门负责人进行了充分的沟通和交流。赖明在调研中强调，扶贫开发工作一定要按照习总书记常用的五种思维方式来处理问题，即创新思维、历史思维、底线思维、辩证思维、战略思维，只有这样才能少走弯路和错路。

6 月，九三学社中央常务副主席邵鸿和副主席赖明又率领国务院扶贫办、国家民委、国家旅游局等相关部委及人民大学、清华大学等智库专家，深入凉山州西昌市、盐源县、

昭觉县、冕宁县、德昌县，就精准脱贫工作进行了调研，并分别在昭觉县、西昌市召开座谈会。邵鸿在调研中指出，要坚持开发与保护并重，切实加强生态环境保护，全力补齐旅游基础设施和公共服务体系短板，强化市场监管，促进旅游与相关产业和行业融合发展，发挥好旅游产业的综合带动效益。要充分调动广大干部和群众积极性，发挥“能人”参与扶贫、带动脱贫的榜样效应，带领大家脱贫致富；要抓好幼教点建设，帮助学龄儿童过好语言关，养成良好生活习惯。要坚持文化保护和旅游开发共同发展、相互促进的思路，走出一条既保护自然生态，又保护民族文化的可持续发展新路子。

7月，九三学社中央在社中央机关召开专门会议，研究乌蒙山片区调研报告。

四川省政协和九三学社四川、贵州以及云南省委都先后参与九三学社中央的调研或单独对四川、贵州和云南的乌蒙山片区精准扶贫情况进行了调研。

九三学社中央在调研中发现，实施脱贫攻坚，全面建成小康社会，乌蒙山片区彝族聚居区面临的问题和困难主要是：

1. 基础设施仍然滞后。大小凉山地区仅有7个县通铁路，通二级以上公路的县城仅3个，13个县无高速公路；凉山州尚有9个乡、453个建制村不通公路。

2. 人口素质亟待提高。彝区群众普遍存在受教育时间短、层次低，观念更新慢等问题。

3. 产业支撑弱，地方财力和村集体经济不足。市场化程度低，龙头企业规模小、能力弱，家庭农场和专业大户数量少，农村合作社整体质量不高。自给自足的小农经济和自产自销的“初级”商品经济还比较普遍。科技支撑不足，新品种选育、新技术应用比较落后。保护生态和发展经济的矛盾突出。

4. 易地扶贫搬迁难度大。受地理条件限制，很多地方找不到适合集中安置的区域。配套资金不足。在一些安置点的公厕、发展乡村旅游需要的停车场以及体现民族特色的民居外观等，难以与房建工程一并规划、同步建设。年度安置指标与实际建设能力脱节。

5. 社会治理亟待加强。一些地区控毒防艾形势仍然严峻。历史形成的厚葬薄养、迷信盛行等陈规陋习还较为突出。部分地区村民自治能力不足、社会建设水平偏低，扶贫政策落实和扶贫举措实施比较困难。

九三学社中央认为，乌蒙山片区彝族聚居区的贫困状况和原因具有特殊性，建议采取特殊措施精准扶贫、科学治贫、有效脱贫，建议：

1. 抓好政策落实和加强政策支持。督促现有政策落实。特别是，国家在贫困地区安排的公益性建设项目取消县级和西部连片特困地区地市级配套资金的政策；国家发展改革委、国家民委支持“三州”加快建设小康社会进程的意见；国有大型企业帮扶贫困县的举措；适合少数民族宣传教育的广播“村村响”工程；国家科技惠民计划项目。将这一地区纳入全国革命老区重点扶持范围，享受同等扶持政策。大力支持基础设施建设，提高对这一地区高速公路、国省干线和乡村道路建设的中央和省级财政补助标准。

2. 大力支持教育事业发展。加大对该地区实施15年免费教育、师资保障、学校信息化建设、寄宿制学校建设等的中央财政支持力度。支持该地区扩大普高和中职办学规模、办好幼儿教育和学前教育。内地少数民族预科班和民族班招生计划向彝族聚居区适当倾斜，提高彝族聚居区中等职业学校毕业生升入高等职业院校比例，实现初高中未就业毕业生职业技术培训全覆盖。制定具有较大吸引力和激励作用的特殊政策，鼓励发达地区学校优秀教师和高校毕业生到彝区学校任教。实施彝区“双语”教师培训计划，推动双语教育发展。

3. 加大人才和智力扶持力度。从国家层面创新彝族地区人才引进和人才队伍稳定长效机制，制定引导发达地区智力扶持彝族聚居区的特殊政策。国家设立专项资金，实施彝族聚居区人才发展专项规划，通过高等院校、科研院所等渠道，建立紧缺人才定向培养机制。采取多种形式选派、引导旅游规划专家、文化产业策划人才到彝族聚居区挂职，指导旅游、文化精准扶贫工作。

4. 改革创新激发发展潜力。大力发展生态产业、特色农业，科学开发太阳能、风能等清洁能源。因地制宜调整种植附加值高、适合发展的特色农产品，如高山果菜。着力发展农产品加工业、休闲农业和乡村旅游，推进农村一二三产业融合发展。注重延伸农业产业链，培植龙头企业，提升加工水平，提高农产品附加值。打通流通销售环节，建设农副产品批发市场和推广电子商务。发展休闲农业和乡村旅游应突出当地特色、挖掘民族文化，实施差异化策略。

5. 建立健全生态补偿机制。乌蒙山片区在构筑长江上游重要生态安全屏障方面发挥了重要作用，为国家能源建设作出了巨大牺牲，应优先受惠于生态补偿。建议从水电收入中安排部分资金补偿。部分返还水资源费给州市（县）统筹用于生态保护建设。

6. 尝试在全国范围统筹易地扶贫搬迁。尝试由国家投资改造一批盐碱地发展现代农业，并配套建设移民新村，有针对性地组织移民。乌蒙山片区彝族聚居区可作为参与试点的主体。

7. 有效实施社会治理。在脱贫攻坚过程中，应十分重视发挥村民自治作用，防止行政“替代”或“过度干预”。鼓励发展社会组织和壮大志愿者队伍，引导他们协助扶贫项目的实施。以保护和传承优秀民族传统文化为纽带，增进贫困群众联络联谊和互助发展。

8. 建立民族聚居区脱贫攻坚示范点。在大小凉山建立精准脱贫攻坚示范点，通过国家特殊政策支持、发达地区对口援助等方式，帮助该地区尽快脱贫奔小康。

2016 年 8 月，九三学社中央向中共中央、国务院提交了《关于乌蒙山片区彝族聚居区脱贫攻坚的调研报告》，得到中共中央领导同志的批示。

乔发进　九三学社中央研究室理论研究处处长

台湾民主自治同盟

一、以台资参与为切入点　助推中西部地区供给侧结构性改革

2016年4月下旬，台盟中央以中西部地区供给侧结构性改革为主题，以台资企业发展和参与情况为切入点，赴重庆、四川、陕西等省市，开展了民主党派大调研。

调研活动由全国政协副主席、台盟中央主席林文漪同志带队，台盟中央常务副主席黄志贤同志、副主席杨健同志以及台盟中央有关专委会和部分地方组织负责同志参加。中央统战部、国台办、国家发展改革委、财政部、交通运输部、农业部等部委的同志也参加了大调研活动，并给予指导和帮助。

这次调研既是台盟助力落实“五大发展理念”，助推供给侧结构性改革的具体行动，又是台盟进一步提高“五种能力”，深化政治交接，加强中国特色社会主义参政党建设的有力促进。选择这个调研题目主要有两方面的考虑：

一方面，中央做出了推进供给侧结构性改革的战略决策，在这一轮发展中，以重庆、成都等为代表的中西部地区，显现出强大的发展后劲。按照“选好样本解剖麻雀”，“以小切口反映大问题”的思路，台盟这次大调研重点聚焦成渝地区的工业经济改革案例，希望从中总结典型经验，分析共性问题，为中央科学把握经济发展新常态、推进供给侧结构性改革建言助力。

另一方面，调研突出台盟党派特色，从台资企业发展情况切入。台资在转型升级中遇到的问题，一定程度上也能够折射出供给侧结构性改革推进过程中遇到的共性问题。此外，两岸经贸关系密不可分，无论台湾政局如何变动，两岸经济合则两利的市场力量是大势所趋。因此，这次调研特别关注台商企业如何参与供给侧改革，希望能够进一步将台资成长壮大与祖国大陆的发展联结一体，助推两岸产业聚合、发展融合、心灵契合。

在深入走访考察中，调研组看到，重庆、四川、陕西等地结合自身实际，贯彻落实“五大发展理念”，推进供给侧结构性改革的生动实践。

如，重庆充分发挥其西部大开发重要战略支点，“一带一路”和长江经济带联结点的区位优势，以全市细划的五大功能区为抓手，统筹区域差异发展、特色发展、联动发展；以电子信息产业为龙头，坚持走产业链式工业集群发展之路，形成了以台资企业为主的“5家品牌商+6家代工厂+860家配套厂”的全球最大电脑产业集群，有效增强了重庆工业经济的供给效率和活力，走出了一条内陆地区厚植创新沃土，打造开放高地的可行路径。

四川成都立足西部经济中心和国家创新型城市，以先进制造业、高新技术产业引领结构调整，形成汽车、机械、食品、电子信息 4 个千亿产业集群；以“创业天府”行动为品牌引领国家自主创新示范区建设，2015 年实现高新技术产业产值 7858 亿元；以台湾知名企业落户投资引领蓉台两地经贸合作，在蓉注册台企累计投资 106 亿美元，新常态下经济发展亮点频现。

陕西把充分挖掘文化资源的产业潜能作为创造新供给的重要内容，以承载中华文化之根、道德礼仪之源、中华姓氏文化之本的周文化为特色，优化提升传统文化产品和服务供给，并以此为纽带，加强两岸文化交流，服务国家对台工作大局。

在实地考察与座谈中，调研组也了解到中西部地区推进供给侧结构性改革存在的一些困难和问题：

一是降成本方面。首先是要素价格瓶颈有待破解。电力、天然气等能源要素价格偏高，价格构成不尽合理，成为企业经营性成本难以降低的重要原因。其次是企业融资成本增加。银行等金融机构出于风险防范考虑，慎贷、惜贷、抽贷现象加重，部分中小企业依然面临着贷款难度大、审批周期长、贷款规模较小等问题。

二是补短板方面。首先是长江航运通行能力有待加强。三峡船闸 2011 年就已提前 19 年超过设计通过能力。目前，平均待闸船舶每天超过 200 艘，上水集装箱班轮平均等闸时间在 3–4 天，拥堵日益严重。重庆涪陵区至主城段，在枯水期无法满足主力吨位船舶航行，影响了长江航道整体效益的发挥。其次是铁路建设布局有待完善。中西部地区铁路网基础较为薄弱，铁路运力供需矛盾进一步凸显。以重庆为例，人均高铁里程仅有 0.035 公里 / 万人（只有一条成渝高铁），是周边省的 1/5–1/2，高铁网络建设相对滞后。

三是去产能方面。需要大量财政资金用于人员安置等社会保障工作，然而中西部地区财政保障能力较弱，政府资金压力较大。

四是台资参与方面。台资企业对新发展理念、供给侧结构性改革、“一带一路”倡议等，缺乏全面把握，影响了台资企业的深度参与。宏观经济下行压力较大，市场需求不足，导致企业创新动力不足，且企业研发环境有待改善。此外，两岸合作产业有待拓展。以成渝地区为例，两岸产业合作均以电子信息产业为龙头，存在产业同质化现象。

针对存在的这些问题，调研组提出了如下政策建议：

一是合理调整要素价格、改善企业融资环境，进一步降低成本。首先是完善大工业电价政策，取消基本电价收费，适时清理与发电用电无关的农网还贷、可再生能源附加等基金及附加费，并在火电（水电）上网标杆电价、目录电价等方面给予大幅度优惠，降低企业用电成本。其次是完善天然气价格政策。从长远来看，按照“管住中间，放开两头”改革思路，重新界定省市甚至区县门站价格，从严核定区域内管输价格（配气价格），消除直供用户和转供用户之间的价格差异。最后是改善企业融资环境。建议通过贷款贴息、风险补偿、担保补贴、挂牌上市奖励等方式，不断降低企业融资成本。同时在风险可控的前提下，支持地方通过设立产业引导股权投资基金等方式，创新财政资金投入方式，拓宽企业直接融资渠道，进一步减少企业融资负担。

二是逐步破解基础设施瓶颈制约，进一步补短板。首先是进一步提升长江航道通行能力，加快三峡枢纽水运新通道论证、建设，以及三峡大坝与葛洲坝间航道整治工作，解决三峡船闸瓶颈制约问题。另一方面在已按照3.5米水深标准启动长江涪陵至朝天门航道整治工作基础上，开展4.5米水深标准的可行性研究工作，以满足5000吨级主力货船（吃水深度4.2米）航行需求，提升长江黄金水道通航货运能力。其次是进一步完善铁路网布局。加快渝西高铁（重庆—西安—成都）、渝怀高铁（重庆—黔江—怀化）建设，进一步发挥"渝新欧""蓉欧快铁"等铁路大通道作用，加强重庆、西安、成都三地之间交通联结，进而提升其国际互联互通水平，拓展中西部地区开放发展空间。

三是加大对中西部地区的政策支持力度，进一步去产能。加大对中西部地区的财政倾斜力度，通过中央工业企业结构调整专项奖补资金等，支持钢铁、煤炭等行业化解落后过剩产能。

四是大力支持包括台资在内的企业创新发展，进一步释放市场主体活力。首先是进一步营造企业创新环境。在政府财政扶持资金投入方面，可采用更加市场化的模式，由以往的补助、贴息为主，进一步探索政府股权投资、共有知识产权等多种方式，同时配套完善政府资金的退出机制，如从政策层面支持将政府资金投入形成的股权，通过协议方式优先转让给项目贡献突出的科技人员，实现对科技创新的激励；在科技创新公共服务平台方面，尽快在中西部一些具有创新基础的中心城市，布局与支持一批智能样机生产中心等公共服务平台，同时尽快建立智能样机中心知识产权认证管理及分级管理等规范，构建权威的知识产权保护等级体系；在促进产业链分工精细化方面，可试点将研发机构从企业母体中分离出来，成为独立的法人实体，以进一步调动科技人员的积极性和创造性。同时，建议将拥有的控股研发公司（包括研发人员、研发费用等），纳入母公司高新技术企业认定范围，鼓励多种形式的研发机制，提高创新效率。其次是进一步推动台资参与中西部创新开放发展。通过政策宣讲、投资推介等多种形式，探索建立面向台资企业的宏观政策宣传解读机制，进一步引导台资优势企业参与"一带一路"倡议、长江经济带建设等国家重大战略的实施。可通过在中西部对台合作基础较好的省市，设立海峡两岸经济合作内陆试验区，或在具体项目中实行PPP模式等途径，对具备条件的台资企业，进一步放宽行业准入，拓宽台资参与面。

五是打造中西部地区新增长极，进一步推动协调发展。如，充分发挥成渝地区"一带一路"重要战略支点作用和向西向南"国际贸易走廊"的区位优势，试点建设自由贸易试验区和西部金融中心；可立足四川成都高精尖人才富集、高校科研院所密集、高新技术企业聚集的特点，支持建设西部创新中心。又如，陕西以周文化为代表的传统文化厚重，人文景观保护开发成效明显，两岸人员往来频繁，可通过设立国家级周文化生态保护实验区等方式，从国家层面做好周文化的研究与保护开发工作，并通过文旅结合等体验模式，带动两岸基层民众互访互动，在创造文化产品和服务新供给的同时，着力促进两岸同胞的心灵契合。

在深入实地调查研究的基础上，调研组将相关情况及政策建议形成专题报告《台盟中央关于中西部地区供给侧结构性改革的几点建议》。报告既有翔实数据，又有典型案例剖析与针对性建议，报送中共中央、国务院后，得到李克强总理、张高丽副总理等中央领导同志的高度肯定。在习近平总书记主持召开的经济工作征求意见座谈会，以及俞正声主席主持召开的党外人士调研协商座谈会上，林文漪主席和黄志贤常务副主席分别代表台盟中央，就进一步推动中西部地区供给侧结构性改革的专题提出了政策建议，突出问题导向，论证充分，建议切实可行，为中央深入推进供给侧结构性改革发挥了积极助推作用。

二、开展专题调研　推动设立国家中医药博物馆

中医药作为我国独特的卫生资源、潜力巨大的经济资源、具有原创优势的科技资源、优秀的文化资源和重要的生态资源，与人民群众的健康福祉息息相关，在经济社会发展全局中有着重要意义。2016年，台盟中央依托两岸医药卫生交流委员会，围绕着设立国家中医药博物馆的问题开展了专题调研。

调研组了解到，近年来，在中共中央、国务院的正确领导下，中医药取得了长足发展，为建设健康中国、服务经济发展、提升国际影响力做出了突出贡献。中医药以较少资源总量提供了较多服务份额，放大了医改惠民效果，为探索医改“中国式办法”发挥了独特作用；中医药覆盖第一、二、三产业，满足了人民群众多层次多样化的健康需求，以丰富的技术和产品应用带动了相关制造业发展，产值超过万亿元；中医药作为我国的原创科技资源优势明显，中国中医科学院屠呦呦研究员从中医药这一伟大宝库中寻找创新源泉，发现了青蒿素并由此获得2015年诺贝尔生理学或医学奖；中医药得到了世界卫生组织、国外政府和人民的广泛认同，以丰富的内容和方式服务于国家公共外交和经济外交，已成为我国对外交流合作的亮丽名片。

调研组认为，中医药正处于可以大有作为的重要战略机遇期，当前加快设立国家中医药博物馆具有重要的现实意义和深远的历史意义。

其一是可以有效呈现中华文明的发展轨迹，提高中华文化国际影响力和竞争力。中医药是中华民族传统文化的杰出代表，以人为本，崇尚和谐，注重人文关怀，倡导大医精诚的职业道德，深刻体现了中华民族的认知方式和价值取向，是我国文化软实力的重要体现。通过设立国家中医药博物馆，可以更加有效地展示中医药的文化价值，弘扬优秀传统文化，更好地呈现中华文明的发展轨迹。

其二是可以更好地抢救、保护祖先留给我们的宝贵精神财富和物质遗产，为后世继承和弘扬。我国现有中医药文物100余万件。但由于种种原因，在20多所国家或省市级综合博物馆及10多所地方性或中医药院校所属的医史馆(室)中收藏的文物仅有5万余件。大部分文物散在民间、各地药王庙及一些非文物单位中，保管条件极其简陋，更谈不上研究利用。在这种情况下，加快设立国家中医药博物馆，以更加有效地收集、保护和利用中医药文物资源，填补我国国家级中医药博物馆的空白。

其三是可以强化我国中医药原创知识技能体系的权益宣示，提升我国在世界传统医药领域的主动权、话语权和引领权。中医药是我国最具原创优势的科技资源。但是近年来，部分国家正在通过各种途径，将中医药名称“去中国化”，试图淡化、销蚀东亚地区乃至世界范围传统医药领域内的“中国印”。在这种形势下，设立国家中医药博物馆不仅可以全面、系统地展示中医药的发展历程，更将成为宣示我国中医药原创知识权益无可置疑的金殿圣堂。

其四是可以增强两岸三地对中华传统文化、传统文明的认同，增强中华民族的归属

感和凝聚力。近年来，祖国大陆与台湾、香港、澳门之间开展了多种形式的中医药合作交流，有效推动了当地中医药的快速发展。两岸三地普通民众在接受中医药服务的同时，不断加深对中华优秀传统文化的认识。国家中医药博物馆可以作为两岸三地民众交流的一个重要窗口，促进两岸三地对中华传统文化的认同，增强中华民族的归属感和凝聚力。

其五是可以更好地促进中医药对外交流与合作，推动中医药走向世界。从秦汉时期中医药已开始传播到东亚、东南亚等相邻国家，并通过古丝绸之路陆续传播到南亚、中东、欧美等世界各国。时至今日，中医药已传播到世界上 173 个国家和地区，中医(针灸)诊所已达 10 万多家，针灸师超过 30 万人，注册中医师超过 5 万人，年中药出口贸易额(离岸价)达 35.92 亿美元。此外，中医药在"一带一路"沿线国家有着良好的发展基础，沿线国家与我国签订的政府间中医药合作协议已达 36 个，东亚、东南亚和中东地区部分国家通过立法确定了中医药的合法地位，捷克等中东欧国家与我国合作在当地建立了一批中医中心。加快设立国家中医药博物馆，建立中医药国际交流展示中心，有助于更好地推动中医药走向世界。

通过深入的研讨和分析，调研组认为当前设立国家中医药博物馆具有可行性。首先是符合当前我国建设健康中国的需要，既可作为健康中国的实物载体，同时也可成为健康中国建设成果的历史见证者。其次是符合北京市的城市功能定位，可以成为北京市建设文化中心、国际交往中心的重要内容。其三是中医药可展文物存量巨大，据已有调查统计，我国现有清以前中医药文物约 50 万件，民国以来形成的中医药文物也不下 50 万件，总计有 100 万件左右。全国中医药院校、科研单位有医史馆（室）10 余所，收藏中医药文物 3 万余件。因普遍存在场地狭小等问题，2 万余件文物堆压在库房中，其中至少有万余件文物可以采用多种机制纳入新馆使用范围。此外，北京故宫博物院等 20 多所国家或省市级综合博物院（馆）内库存约有 2 万余件中医药文物，也可政策性征调或借展。其他中医药科研、医疗、教育、药材公司等单位，藏有中医药文物、古文献、中药标本 3 万余件，这些藏品均可借展或征调。另外，散在民间、旧货市场、个人收藏家、少数民族地区的中医药文物数量更多，可通过购买、捐赠或借展等方式进行展览。其四是前期工作基础扎实，中华人民共和国成立后，许多中医药院校和科研机构都陆续建立了医史博物馆(室)。中华医学会医史学分会及中华中医药学会中医药史分会下设了全国医史博物馆协作组，积极开展中医药文物收藏和研究工作。

为此，调研组建议在北京设立国家中医药博物馆，建立中医药文物征集、展示、研究、交流与合作中心，更好地继承、发展、利用好中医药。国家中医药博物馆的功能定位为：国家级中医药文物收藏、保护、研究中心；中医药传统知识和权益保护研究中心；中医药科技成果、非物质文化遗产展示中心；中医药对外交流合作中心；中医药健康教育、科普、体验中心。调研组还建议博物馆的建设和运行机制可以为，中央财政给予一次性投入，用于博物馆的基础设施建设、文物收集购买等；建成之后博物馆采用政府投入与市场机制相结合的方式组织运营，每年政府给予一定的投入，同时博物馆通过一些市场经营行为筹措部分经费，如举办商业展览、提供中医药相关健康服务等。

在深入调研论证的基础上，调研组形成专题报告《关于加快设立国家中医药博物馆的建议》，以党派中央专报的形式报送中共中央、国务院，获得李克强、俞正声、刘延东等中央领导同志的高度重视，批示相关部委研究落实。在全国政协十二届四次会议上，台盟中央也提交了相关党派提案，为推动我国的中医药工作建言助力。

三、聚焦洁净能源国家实验室建设，建言东北老工业基地创新发展

2016年，以五大发展理念为引领，新一轮东北老工业基地振兴战略启幕。围绕着这一国家战略的推动与落实，台盟中央与相关地方组织开展了联合考察调研，并以增强科技创新驱动力为切入点，重点调研了国家实验室建设的有关情况。

5月中旬，全国政协常委、台盟中央副主席杨健带队赴辽宁省抚顺市，围绕东北三省工业转型升级开展调研。8月初，全国政协常委、台盟中央常务副主席黄志贤带队，又专门赴中国科学院大连化学物理研究所开展调研，并与辽宁省、大连市有关部门领导及大连化物所专家座谈交流。调研组一行实地参观考察了大连化物所多个重点实验室的建设情况，并听取了实验室负责人、中国工程院院士包信和教授的详细介绍。辽宁省政府副省长刘强，辽宁省政协副主席、台盟辽宁省委主委王松，台盟中央副秘书长、研究室主任宋焱陪同调研。

调研组通过深入实地的走访考察了解到，目前东北地区国有企业居多，受体制机制的制约，企业自主创新动力不强。特别是部分国有企业，因为在购买新技术、投入巨资研发新项目中可能存在的风险而对技术创新敬而远之。具体表现在：

一是企业科技研发积极性和投入不足。以辽宁为例，2015年，辽宁全省1.5万余家规模以上工业企业，科技研发活动较为频繁的有3500家，仅占23%。规模以上工业企业研发投入，占主营业务收入比重在全国排第16位。大众型工业企业研发经费，对科研机构支出占比排名全国第16位，对高校支出占比排名全国第27位。

二是大量的科研成果不能得到及时有效转化。东北拥有一大批有科研实力的高校和院所，仅中科院就在辽宁有6家国内材料、化工等领域顶尖的研究所，但科技成果在东北地区的转化率却较低。以中科院大连化物所为例，该所近五年的技术转移合同中，仅有10.78%在辽宁得以转化。其中，甲醇制烯烃项目是该所经过40年研发，拥有自主知识产权，居于世界先进水平的重大成果。项目研发成功后，该所与辽宁当地若干能源化工企业进行了多次接触，但最终也未能实现转化，不得已与外省企业合作。2011年，项目正式商业化运作。目前，已有20余套装置在全国投产，新增产值近1000亿元，拉动上下游产业投资2500多亿元，对传统石化产业结构调整发挥了重大作用。

三是高新技术产业发展所需的人才政策滞后。东北地区在人才服务体系建设、人才政策激励机制等方面缺乏竞争性和灵活性，在薪酬福利、政治待遇、知识产权入股和保护等方面与经济发达地区相比有很大差距，很难留住人才，更难吸引人才。以辽宁为例，其14个地市仅沈阳、大连的大学毕业生流向统计可达到净流入水平，其他均属净流出，其中抚顺市每年高考人数超过1万人，而选择抚顺市就业的大学毕业生则不到2000人。

通过深入调研与研讨分析，调研组认为，推动东北老工业基地振兴，不仅需要“大投资、大项目”强力输血，更需要依靠科技创新驱动激活造血功能。以建设国家实验室作为增强科技创新驱动力的重要抓手，可以说是抓住了东北地区推进供给侧结构性改革“调结构、补短板、促改革”的关键点之一，对于激发东北老工业基地传统石化、制造产

业的创新活力，实现传统重化工产业向价值链中高端跃升，将发挥强有力的助推作用。目前正在由大连化物所牵头组织中科院及国内能源研究领域相关优势力量，申报建设洁净能源国家实验室，这可以作为引领东北老工业基地创新发展的重要抓手。

一是可引领构建产学研紧密联动的创新体系。国家实验室不同于国家重点实验室和国家工程实验室，除基础研究外更是一个产业链条的综合实验室，一方面要满足国家重大战略需求，另一方面要面向地方技术需求，推动更多的科研成果在地方实现转化，推动区域经济发展。国家实验室是一个由政府、研究所、大学、企业共建的开放式的共享实验室，是一种由国家相关部门、地方乃至社会力量共同建设、共同支持、共同管理的新体制。在东北地区建设以洁净能源国家实验室为中心的新产业集群，积极推动以满足国家重大能源战略和东北地区能源产业发展需求为导向的科技创新合作，实现创新链与产业链有机衔接，对于推动东北老工业基地转型升级和培育战略新兴产业，实现东北振兴具有重要的战略意义。

二是可为推动东北老工业基地振兴提供智力支持。当前，东北振兴的一大瓶颈制约在于人才，而依托大连化物所建设洁净能源国家实验室，将有力推进当地集聚能源科学研究与能源产业布局的尖端科研人才，在有效激发现有科研团队积极性的同时，进一步网聚更大规模的科研人才梯队，其衍生的庞大产业集群可在周边形成聚集效应。这些尖端科技人才和上下游产业劳动力，将成为推动东北老工业基地振兴的智力之库和活力之源。

为此，调研组建议，将位于辽宁省大连市的洁净能源国家实验室建设，作为推进东北地区工业振兴的重点项目，纳入首批国家实验室建设布局。从中央层面强化顶层设计，整合科技部、国家能源局、中科院等中央部委和院所的优势力量，依托大连化物所在能源领域的顶尖科研团队，由辽宁省提供配套保障和属地支持，多方协同、快速推进洁净能源国家实验室的筹建工作，使其早日进入运营和产出阶段，为东北地区工业振兴配置更加绿色高效的动力引擎。具体建议包括：

一是洁净能源国家实验室将绿色低碳发展作为能源技术革新的主要研究方向，着力在传统化石能源清洁高效转化利用、可再生能源大规模开发利用、核能安全利用等重点领域推动科技创新，为我国能源体系的整体变革提供核心技术支撑。

二是洁净能源国家实验室结合国家经济发展和产业技术需求，围绕中央“七号文件”提出的东北振兴产业发展方向，积极与地方政府和先进能源企业共建产业化基地，同时，通过发布科技成果转化指南等，促进科技成果在东北地区的落地转化和规模产业化。

三是洁净能源国家实验室着力探索构建权责清晰、开放协作、运行高效的新型国家实验室管理运营体制机制。例如，在经费管理方面，由中央财政设立国家实验室建设专项经费，给予长期稳定的财力支持；在人才队伍建设方面，可授权洁净能源国家实验室在人事管理、薪酬分配等方面，制定先行先试的特殊机制，加大对国内外优秀人才的吸引力度；在绩效评价模式方面，减少交叉重复评估，为科研工作者潜心研究创造良好的科研管理环境。

在深入调查研究的基础上，调研组形成专题报告《关于在辽宁建设洁净能源国家实验室，引领东北老工业基地创新发展的建议》，以党派中央专报的形式报送中共中央、国务院，并在全国政协“东北三省转型升级”专题协商会上提交了大会发言《关于增强科技创新驱动力，推动东北老工业基地转型升级的建议》，成为唯一入选印发的党派发言，为推动东北老工业基地创新发展提供了政策参考。

四、持续跟踪调研，推动农作物秸秆综合利用

以农作物秸秆综合利用为切入点，助推农业绿色发展，助推新能源产业及生态环境可持续发展，是台盟持续关注多年的课题。从加强生物质资源转化，到能源植物的选择，从保护黑土地到加强秸秆综合利用，台盟各级组织从不同角度开展了持续跟踪调研。2016年，台盟中央又将“加强农作物秸秆综合利用相关问题的调研”确定为年度重点调研课题，由台盟吉林省委牵头，课题参与单位包括台盟北京市委、上海市委、重庆市委、辽宁省委、陕西省委、湖北省委、浙江省委、福建省委、广东省委、云南省委、海南省委、南京市委、安徽总支、南宁支部等。

各课题参与单位结合本地实际情况，分别从不同角度展开了调查研究，包括：从肥料利用的角度，如上海台盟“加强农作物秸秆以还田为主利用对策研究”，陕西台盟“秸秆还田研究”；从能源利用的角度，如安徽台盟“推广秸秆气化技术，促进秸秆综合利用”，广东台盟“关于促进生物质能产业发展的建议”，海南台盟“从车用沼气使用入手，对秸秆综合利用途径进行探索”；从综合利用的角度，如辽宁台盟“延伸农业合作产业链条，促进秸秆综合利用”，湖北台盟“坚持问题导向，推进农作物秸秆综合利用”，成都台盟“成都市秸秆综合利用现状及对策建议”，南京台盟“关于加强秸秆综合利用的建议”；以及重庆台盟“搭建重庆市农作物秸秆收运体系基础的几点建议”，北京台盟“第三方代理收集秸秆的有关问题”，浙江台盟“秸秆利用与大气治理”，南宁台盟“以甘蔗秸秆为例研究”等。

在各课题参与单位深入调研的基础上，台盟课题组形成了《秸秆综合应用与产业规划》的综合报告。

报告中，课题组提出，秸秆是农业生产的剩余物，是相对价值比较低的生物质资源。目前国内以秸杆为原料的应用项目很多，但都没有形成产业、更没有完全消化农业生产产生的全部秸秆。每到粮食收获季节，禁止焚烧秸秆还是各级政府的重要工作。人力、财力、物力消耗不少，效果却不好，同时还浪费了大量的生物质资源。究其原因是一些技术路线选择没有普遍推广价值，农作物秸秆的分散分布也制约了相关产业的发展，而更主要的原因是秸秆的综合应用缺少顶层设计、缺少完整规划、缺少全国一盘棋思想。

课题组认为，秸秆综合利用既尊重自然规律、效率相对较高、成本最低、转化装置的通用性好，又能为人类提供有价值产品的技术路线，应是以厌氧发酵为核心、以获得甲烷为目的、辅以前后产业链条的延伸所形成的新兴产业。这种以生物质资源厌氧发酵为核心的技术路线：一是对提高我国天然气占一次能源比重、从根本上改变能源结构、减少天然气对外依存度、推动相关产业发展意义重大。如果全国八亿吨秸秆再加上其他生物质资源，经厌氧发酵所获得的天然气，完全能使我国2020年以前实现天然气占一次能源比重达到10%甚至有望达到15%的目标。同时还能推动清洁能源汽车产业的发展、推动甲烷燃料电池产业的发展，以及推动以天然气作为化工原料相关产业的发展，实现

保护生态环境，绿色循环发展。二是对国家能源安全及全国一盘棋的分布式能源基地建设意义重大，农作物广泛分布生长的特性决定了厌氧装置必须分布设置，对推动我国分布式能源基地建设有着极其重大的战略意义。三是对简化能源植物选择、推广高产能源植物种植和减少加工转化技术研发投入意义重大。生物质资源厌氧发酵的技术路线选择为生物质能源植物选择及推广种植提供了极大的方便，只要有生物量就是最好的能源植物。符合我国人多地少，发展清洁能源产业，培育、推广种植能源植物需要坚持"不与人争粮""不与粮争地"和"不与畜禽争饲"的原则。四是对充分发挥资源优势、推动畜牧业发展及改良农业大国的十八亿亩耕地意义重大。以厌氧发酵为核心的技术路线可以充分发挥秸秆的饲料功能和肥料功能。五是对控制温室气体排放、推动全球清洁能源生产意义重大。大面积推广以厌氧发酵为核心的生物质资源能源转化路线，可以大规模收集自然界因生物质腐烂而产生的原本排空的甲烷气体，可减少温室气体排放、获得清洁能源、为减缓地球的温室效应做贡献。六是对我国调整农业生产结构、补齐能源产业短板、促进供给侧改革意义重大。通过适当调整农业种植结构，北方以种粮为主，南方结合气候条件改种粮为种植高产能源植物，为生物质资源的厌氧发酵提供丰富的原料，可以打造新的农业、畜牧业、能源产业和生态环境保护协同发展、多产业相互促进的新兴产业集群。

课题组对以秸秆为代表的生物质转化应用现存问题进行了深入分析：一是应用技术路线多样，缺乏顶层设计，制约全国一盘棋产业发展格局的形成。近年来国家相续出台了一些政策，采用各种消化技术对秸秆进行一系列减量化处理，各地也开展了一些有益尝试，但都不具备规模，也没有创造出很好的效益。二是过去的实践中重建设、轻管理，制约了产业的纵深发展和横向复制。近些年发展的4000多万口沼气池，多以农村户用为主，达到一定规模的厌氧装置占比不大。而且只在建设初期给予适当补贴，运行中缺乏相关政策的有效引导和有效监管。秸秆收集环节的政策引导还是空白，缺乏对相关扶持、激励政策的研究。三是对能源植物的研究还有待加强。我国能源植物的研究工作起步较晚，且主要集中在用于生产生物柴油及生物醇类燃料方面，与发达国家相比，不论是品种还是转化技术，都还有较大差距。针对当前提出的休耕、还林、还草规划，也没有很好地与能源植物发展结合起来，难以发挥土地为农民致富提供帮助的作用。四是城乡燃气管网建设制约相关产业的发展。当前，新农村建设和城乡一体化工作正在有序推进中，农村用能结构面临新的调整。但由于气源不足，农村燃气管网建设基本是空白，这也是未来农村基础设施建设及城乡一体化进程中应认真加以考虑并尽快组织实施的重点工作之一。

在深入分析现存问题的基础上，课题组建议，秸秆的综合利用应形成农业种植结构强调北方以种粮为主、南方以种植能源植物为主的农业生产格局，变休耕为草、粮轮作；清洁能源生产以厌氧发酵为核心，以获得生物质天然气为目的，形成有中国特色的清洁能源产业集群；全产业链条以前端充分发挥饲料功能、后端充分发挥肥料功能为补充；产业模式以提高综合效益为导向，为可再生能源产业的永续发展奠定坚实的基础。具体建议包括：

一是强化顶层设计，明确非粮农（副）产品（生物质）资源应用的主推模式。对于农业生产结构性过剩和能源供给结构性短缺的两个重大问题，需从更高层面谋划两大产业优势互补、融合发展的大格局。强化顶层设计，将农业生产、畜牧业发展、能源供给、生态保护和相关产业链循环发展作为出发点和落脚点。明确生物质资源以厌氧发酵获得沼气并提纯成天然气为核心，并加以积极引导，将饲料应用、燃料应用和肥料应用有机整合，促进农业、能源和环保产业相互促进、永续发展。

二是立足农业资源优势，打造全国一盘棋的清洁能源产业格局。以秸秆资源为依托，通过合理规划、政策引导，将厌氧装置建成“单体规模适度、区域布局合理、各自分散运行、统一调度管理”全国一盘棋的分布式清洁能源基地，同时还可兼顾其他生物质资源的加工、转化。

三是调整种植结构，促进农业生产与能源需求的紧密衔接，做大做强清洁能源产业。关键在于确保农民增收和主要农产品不与国际市场供应品种发生冲突。通过农业与能源产业联姻，推动农业种植结构调整和能源供给侧结构性调整，形成供给、需求双驱动的格局。同时还应该鼓励开发荒山、荒坡及边际土地种植能源植物。

四是通过政策调节，规范秸秆收集途径。建立起适用的秸秆收集体系，是推动以秸秆为代表的生物质资源综合利用产业布局的重要保障。可调整涉农补贴资金的发放渠道及条件，将目前的种粮直补与农作物秸秆收集挂钩，改为综合补贴。即农民收完粮食后，由集体统一机械化收集秸秆，并按最终收集秸秆的面积及品种给农民发放补贴。同时建立“耕地福利”制度，对收集秸秆的土地，免费施用以沼渣、沼液为代表的有机肥，用来恢复地力、补充土壤有机质不足的问题。

在丰富的调研成果基础上，台盟中央与全国政协提案委于7月7日共同主办了“农作物秸秆综合利用”双周协商座谈会。全国政协主席俞正声主持会议并讲话。国家发改委、科技部、环保部、农业部等部委的负责同志出席会议并与委员们互动交流。座谈会上，台盟界别的杨健、王天戈、江利平、连介德、王松等5位委员分别作了题为《加强农作物秸秆综合利用面临的问题及政策建议》《将大力发展生物质天然气确定为国家战略》《坚持问题导向，完善农作物秸秆综合利用政策和服务体系》《加大扶持力度推动车用沼气项目的产业化》《进一步完善法规政策推进农作物秸秆综合利用》的发言，角度各异、建议务实，受到与会中央领导同志和各方面的高度肯定。

在征求“十三五”规划建议的全国政协常委会上，课题牵头单位台盟吉林省委主委王天戈，还争取到即席发言的机会，向出席会议的李克强总理面对面建言秸秆开发清洁能源问题，得到总理的高度肯定，当场指示国家能源局调研落实。

在年底出台的国家《生物质能发展“十三五”规划》中，台盟的持续建言得到采纳，并直接推动了国家关于促进生物质天然气产业化发展指导意见的制定，体现了台盟在参政履职中锲而不舍深耕调研、持之以恒推动转化的有效做法。

郭　婷　台盟中央研究室综合处副处长

附录

附录一：台湾政党制度研究

2016年台湾政局震荡剧烈。台湾地区领导人和“立法委员”选举，民进党击败国民党重新上台执政，而国民党则在选举失利的打击之下气势持续低迷，短期内看不到振衰起弊的希望。民进党虽然实现了全面执政，但因其特定的意识形态束缚，具体政策不断引起社会争议，同时对国民党的追杀导致岛内政治斗争更加激烈，台湾政治格局进入关键性的转折期。政党之间力量对比的变化决定政党格局的变化，2016年的台湾政局呈现出“两大多元”的格局，“两大”指的是民进党与国民党，“多元”指的是以“时代力量、亲民党为代表”的众多小党或“第三势力”。这一格局以台湾各政党实力为基础，主要由台湾的政党制度和2016年“二合一”选举的特殊性主导形成。未来“两大多元”格局将受民进党与国民党的发展走势、中间选民的政党认同和“立法院”的运作等因素影响，与此同时，“两大多元”格局也将对两岸关系的发展产生重要的影响。学者们对台湾政党制度的研究也在一定程度上顺应了“选举”的趋势，研究重心主要放在对台湾各政党的党务改革、选举，以及两岸关系等问题上。

一、研究论文概要

2016年学者们在各大期刊上发表的关于台湾政党制度的文章，主要集中在对国民党、民进党、亲民党党务改革的评析，对选举及政党治理的论析，以及政党政治变迁的研究上。总体上看，研究内容涉及范围广且颇具深度。

（一）国民党研究

2016年可以说是国民党“内忧外患”的一年。自从在台湾地区最高领导人选举中失利以来，国民党的气势持续低迷，内部矛盾与冲突的积累进入一个新的阶段。国民党不但无法团结起来共克时艰，反而出现了不可逆的溃散倾向。如果这种情形不能得到有效扭转，面对民进党的持续追杀，国民党会进入一个加速溃散期，台湾政党生态的基本结构也会出现根本性重组。由此，2016年国民党研究的主轴就是探究国民党党务改革问题与分析和总结国民党在选举中失利的原因。学者们或是整体上检视了这些问题，又或者是从党产、组织、派系等方面分别加以考察，并对国民党的未来党务及政策走向做出了预测。学者们大都认为，国民党在选举中的惨败表明，国民党发展道路不清晰、党务改革力度不够、成效不佳，使得国民党当局持续的政绩不彰，这也直接导致了岛内民意强烈不满后并集中爆发，选举失败。但我们同时也注意到，学者们都一致表明在两岸关系上，国民党在选举中的失败，并不代表着其两岸政策的失败，并在研究中对国民党关于两岸关系的政策方针提出了种种建议。

1. 刘红，《国民党的前景在哪里》（《统一论坛》2016 年第 1 期）指出，国民党败选下野，这是对这个百年老党的严峻考验。一方面，2016 年选举成为一场没有悬念的选战，选情基本处于一边倒，连接“九合一”选举，国民党选情没有乐观过。另一方面，也要看到 8 年前的那一场选战，情况与此次基本一样，只是角色互换，这说明，在所谓的民主体制下，执政对执政党的实力和发展并非一定是利多，“执政害党”。作者认为，国民党败选主因在于：一是执政考验不适应，国民党执政了，不仅原有的执政优势没有发挥，更有甚者没把自己当成执政党，畏首畏尾，犹豫不决，没把执政的事做好。结果执政的好处没拿到，执政的顽症却是接连不断发作。二是党内改革不适应，专制、官僚、陈旧、保守、僵化等都是国民党原罪，国民党执政 8 年，政党政治、社会和文化氛围发生了重大变化，倒逼国民党必须进行改革，只是党内难以形成共识。由于对于改革认识上的混乱，以及对于既得利益集团的冲击，党内矛盾升级、激化，“府”“院”党之间，上层和中层、基层严重脱节，派系斗争严重，各自为政，人心涣散。三是绿营恶搞不适应。绿营抹黑、挑衅和反对国民党是正常的，按照政党伦理和政党形象，批评执政党是反对党的天职。问题是国民党面对民进党的“反对作为”，不该模糊的模糊，不该妥协的妥协，不该让步的让步，招架乏力，还手无功。四是转型社会不适应。国民党执政 8 年，民进党完成由“法理台独”向“隐性台独”转变，台湾社会加快向“公民社会”转变。台湾民意加剧多元化趋势，民粹主义意识增强，改革乏力、而守成不变的是国民党。文章最后，作者总结概括了国民党的演变趋势。一是国民党陷入全面危机；二是国民党有过起死回生的经历；三是政治格局有国民党的空间；四是下野是治疗“执政综合征”的良药；五是监督执政是扩大党的影响和壮大党的实力的重要途径；六是大陆政策是国民党东山再起的最大优势。

2. 宁馨，《国民党如何才能东山再起》（《统一论坛》2016 年第 2 期）指出，2016 年台湾大选硝烟散去，国民党遭遇溃败后元气大伤，不仅丢失执政权，民意代表席次也大幅下挫。“蓝下绿上”的结果导致岛内权力格局大洗牌，作为“百年老店”的国民党权势衰弱、群龙无首、人心涣散、资源流失，面临内忧外患、前途茫然的重重挑战。作者认为国民党能否东山再起、谷底爬升，关键在于能否实现理念聚合、道路正确、人才培养及扎根民生。作者随后分析指出，国民党处境艰难，深陷低谷，主要表现为以下几大方面问题：其一，行政权力资源尽失、民意代表和地方执政凋敝，全党发展面临严重的政治资源匮乏危机。其二，党内政治大咖损耗严重，中青世代青黄不接，全党面临严峻的人才断档、后继乏人危机。其三，党魁难产，内部纷争加剧，全党面临严峻的团结整合危机。其四，政治路线之争再次成为困扰该党生存的重大危机。其五，国民党面临对手穷追猛打、破坏根基的严重外患。作者同时还指出，目前看，国民党将在较长一段时间在低谷挣扎，面临的挑战和困难将进一步加大，能否实现凤凰涅槃关键在于能否妥善处理如下问题：其一，凝聚全党正确坚定、符合民心的政治理念，将是该党生存发展关键。其二，保持两岸政策路线正确，将是国民党重夺政权唯一出路。其三，加快人才培育、改革党内成长机制攸关国民党发展前景。其四，做到扎根基层、切实以民众利益为政治诉求的政党作风，将是国民党实现焕然一新、重整旗鼓的关键。

3. 朱松岭，《国民党败选非两岸关系和平发展之败》（《台声》2016 年第 3 期）指出，台湾地区领导人选举投票 2016 年 1 月 16 日下午 4 时结束，得票第二的国民党候选人朱立伦于晚间 7 时许承认败选，当晚出炉的计票结果显示，民进党候选人蔡英文、陈建仁当选台湾地区正、副领导人。有声音认为，国民党的败选是 2008 年来两岸关系和平发展政策的失败，逻辑上是荒谬的。此次选举是国民党之败，而非两岸关系和平发展之败。作者认为，两岸关系和平发展政策恰恰抓住了两岸关系的主要问题和矛盾，很大程度上促成了两岸关系往前推动和发展，促使民进党和蔡英文放低身段，使用了“维持现状”的方式表述其两岸政策，被迫承认两岸关系和平发展是一条正确的道路。实践证明 8 年来，两岸关系和平发展取得丰硕成果。以这次选举来看，两岸关系和平发展的成果已转化成对民进党的压力，迫使蔡英文两岸政策的陈述上有了一些包装上的变化，这也是因为两岸关系和平发展 8 年以来，和平发展已经成为两岸的主流民意，已经成为岛内民意的主要呼声，即使是主张“台独”的政党，也不得不顺应迎合两岸关系和平发展的潮流。尽管现在民进党和蔡英文没有放弃“台独”主张，没有放弃“台独”党纲，没有对“台独”的论述和政策进行朝向有利于两岸关系发展有利的方向调整，但是他们认识到了两岸关系和平发展的重要性。两岸和平发展成果来之不易，应该珍惜，两岸关系和平发展作为两岸关系的主流和主轴，依旧是两岸民意之所向。

4. 宁馨，《对国民党现状及未来发展的观察》（《统一论坛》2016 年第 3 期）文章对 2016 年大选后的国民党现状及未来发展进行了观察与分析。作者认为，选举后的国民党举步维艰、百废待兴。其主要表现为：一是面临严重的政治资源匮乏危机，行政权力资源尽失，民意代表和地方执政凋敝，大批党籍政务人士失去职务、出路难寻，无法再依靠丰富的行政资源吸纳、安排人才，难以推动有利于争取自身支持者的政策措施。二是面临严峻的人才断档、后继乏人危机。近年来，国民党一直面临政治人才老化、老世代把持权力要津、中青世代难以出头、青年人才培养不力等问题。三是面临团结整合难题。当前党内人心涣散，士气低迷，信心不足，各方势力为争夺稀缺的政治资源更是暗中较劲、互不相让，加重争斗，在没有强势党主席带领的情况下，国民党的凝聚力进一步下降。四是政治路线松动成为重大危机。选举后，党内再次出现所谓深蓝与本土两大阵营、两股势力之争。文章同时还指出：国民党推动改革壮士断腕、力展决心。其一，深化党中央与国民党立法机构党团沟通合作。其二，稳步推进更新换血、世代交替。其三，着力加强中南部地区及基层经营。其四，坚持“九二共识”为基调的大陆政策。其五，努力改进战斗面貌和抗争策略。文章最后指出，总体来看，在洪秀柱带领下，国民党尝试走出一条不同于过去的新路，重整战斗团队，在一些局部斗争取得一定成效。未来，国民党重新崛起之路势必艰辛，充满挑战，但如果能准确把握台海形势发展，抓准岛内民心变化，国民党复兴有望少走弯路。

5. 李秘，《国民党败在青年》（《台声》2016 年第 3 期）指出，2016 年 1 月 16 日，台湾地区领导人和“立法委员”选举，国民党在这两场选举中双双大败，再度成为在野党。作者指出，若从选举投票的角度来分析，有以下几个现象值得关注：一是两岸关系没有成为这次选举的主导性议题。朱立伦主打“九二共识”和两岸和平稳定，但是蔡英文用一个“维持现状”就在选民面前轻松过关。二是传统的蓝营选区纷纷陷落。在这一次的台湾地区领导人选举中，国民党在本岛19个县市中，只有花莲和台东得票超过民进党，在台北、桃园、苗栗等深蓝选区均落后于对手。三是区域“立委”选举中，国民党一些资深“立委”纷纷败给了民进党和时代力量党推出的新面孔，而且这些资深“立委”大都有很好的选民服务和口碑。在这次“立委”选举中，一些选前被视为选情胶着的选区，选举结果却是国民党候选人以较悬殊的幅度落败。作者认为所有这些现象都指向一个事实：国民党的失败有多重原因，但归结一条，国民党是败在青年手里。今天40岁以下的台湾人，在他们成长的年代，台湾中小企业的黄金时期已经过去了，财团经济大行其道。所以在多年以前，这些台湾青年就已经有“世代正义”的诉求。他们开始用世代的框架来替代蓝绿的思维，以此决定投票取向。但是在过去几次选举中，这个群体的数量仍比较小，影响力还不够大。但是在今天，20岁至40岁的台湾青年总数已经有720万人，已经到了可以改变政治版图的程度。国民党最大的问题就是它一直没有清楚地意识到这个问题。他们还在寄希望于蓝营基本盘，寄希望于蓝绿对决，结果丧失了大多数台湾年轻选票。这是国民党这次惨败的根源所在。

6. 陈咏江，《国民党历任党主席处理党产过程回顾》（《统一论坛》2016年第4期）文章主要分四个阶段和时期对国民党历任党主席处理党产的过程进行了回顾与分析。作者首先指出，民进党当局近期积极追缴国民党党产，令国民党党产陷入凄楚境地。事实上，国民党党产遭遇外界质疑由来已久，国民党自李登辉以来，历任党主席包括连战、马英九、朱立伦均根据岛内政治形势发展，以不同标准主动处理过国民党党产。（1）李登辉任内建立党产管理制度，党营事业盛极而衰。李登辉接任国民党主席后，为充分掌握国民党财权，推动于1993年4月1日成立党营事业管理委员会，任命刘泰英为主任委员，开启党产管理制度化先河。（2）连战任内公开清理党产，基本归还无偿取得的不动产。连战接任党主席后，国民党已经失去执政权，无法再走“政商合作”这条路，却面临陈水扁当局对国民党党产问题的穷追猛打。在此背景下，国民党乃将清理党产列为首要之务，专门成立“党产项目小组”。（3）马英九在党主席任内全面清理党产，基本符合形式法治原则。马英九继任党主席后，将处理党产视为国民党重塑形象的突破口，要求“诚实检讨、彻底清查、依法处理、完整交待、退出经营”。（4）朱立伦党主席任内放弃争议党产。2014年年底，朱立伦参选党主席时宣誓，党产要清理，不当党产要归还，有疑虑的党产应捐出。朱立伦任内，共进行两阶段处理，一是对民进党执政时期“行政院”与“监察院”所列管争议党产全部放弃诉讼，以“抛弃登记”以及“回赠各级地方政府机关”方式全部处理完毕。二是主动将部分闲置无争议房屋与土地捐赠给各级“政府”或出借公益团体使用。文章最后总结道，纵观国民党历任党主席对党产的态度，有以下几个特点：一是处理党产主要是放弃党营事业。二是坚守拥有合法党产底线。三是坚决反对“溯及既往”追讨党产。

7. 陈桂清，《国民党下台后的困境与走向分析》（《现代台湾研究》2016年第4期）文章主要分三部分介绍了2016年台湾“大选”后的困境与走向。第一部分，作者认为当前国民党面临的困境主要有：（1）台湾社会结构的变化对国民党越来越不利。表现为，台湾社会意识变迁对仍带有“外省党”标签的国民党不利；台湾社会阶层分化对被扣上“右翼政党”帽子的国民党不利；台湾人口结构变化对“老化问题严重”的国民党不利。（2）岛内政党竞争环境恶化。首先，国民党将面临主要竞争对手民进党的全力打压；其次，支持的基本盘面临亲民党等“第三势力”的蚕食。（3）国民党内部沉疴短时间内不易改变。表现为，内部权力结构与台湾人口结构脱节；组织动员体系功能弱化；人才培养机制亟待改进；政党理念传播效果不彰。第二部分，作者对国民党的发展走向进行了分析。综合当前国民党发展面临的内外环境来看，国民党短时期内难以走出低谷，将经历一段较长时间的盘整重建期，其大陆政策则将在坚持“九二共识、一中各表”与加速“本土化”之间摆荡，但从长远看，国民党将迎来“大反省、大改革”的重大机遇，只要抓住机会，依靠仍存的基本盘，在现行的政治体制下仍有东山再起的机会。作者在文章的第三部分指出，国民党未来应把握好两个关键，能否卷土重来，关键在于能否把握正确的发展方向，抓住机遇去除自身痼疾。一是坚持两岸关系和平发展的正确道路。国民党要想在复杂的竞争环境中东山再起，很重要的一个因素是要在赢得岛内主流民意支持的同时得到大陆的支持，而其中的关键就是其大陆政策必须与绿营有区隔。因此，国民党应更加要坚守“两岸一中”、反对“台独”的政治底线，如此才能凸显与民进党两岸政策的巨大差异，才能凸显维护两岸和平与台海稳定的能力。二是处理好除旧与革新的关系。国民党在处理政党文化、组织动员体系、人才培养机制、政党理念凝聚等诸多改革的“硬骨头”时，就必须要处理“除旧”与“立新”的关系，尽量缩短内部震荡的时间，以建立适应岛内政治新形势的政党体制与新的政党文化。

8. 刘世洋，《国民党开启“洪秀柱时代”》（《两岸关系》2016 年第 4 期）指出，2016 年 3 月 26 日，国民党主席补选结果出炉，洪秀柱以明显优势顺利胜出，成为该党成立百年来首位女性党主席。国民党终于告别台湾地区领导人选举后群龙无首的乱局，翻开“改革再出发”的新篇章。在未来一年半的“洪秀柱时代”，国民党将面临党务改革、内部团结、路线检讨等重大挑战，蓝营民众期待其大破大立，带领国民党尽快走出低谷，逐步站稳脚跟、东山再起。作者认为国民党的“洪秀柱时代”特征表现为：（1）国民党结构性问题根深蒂固，党务改革举步维艰。长期以来，国民党体制僵化，老人政治盛行，思维陈旧跟不上时代，与社会民意严重脱节；高层内斗激烈，基层组织战力退化，地方派系实力衰弱；人才梯队青黄不接，艰困选区只能“空降”，世代交替几乎停滞。年初台湾“大选”惨败后，这些问题集中爆发出来。（2）国民党党内各方矛盾不易化解，团结整合任务艰巨。党内“本土派”对洪秀柱可能将国民党带向“新党化、泡沫化”极为忧虑，在选前就积极运作，整合力量集中“防洪”，黄敏惠更是在“本土派不能缺席”的压力下最后一刻投入选举。（3）“本土化”势头放缓，路线调整仍待观察。洪秀柱曾提出“一中同表”，强调“我是台湾人，我也是中国人”。未来会延续既有大陆政策，坚持“九二共识”、巩固“两岸牌”优势，不会更改“中国国民党”名称。但同时，近年来台湾主体意识持续高涨，国民党缺乏论述，常常被绿营和“民粹”牵着鼻子走。文章最后指出，国民党虽然陷入艰困处境，但基本盘并未溃散，未来只要在彻底反省改革的基础上，扮演好监督制衡角色，仍有机会东山再起。

9. 王鸿志，《再塑国民党的肌肉与灵魂》（《台海关注》2016 年第 7 期），作者认为，若将国民党比作人体，肌体与思维则是构成人体的要素。国民党的“肌体”包含党的组织体系、人财物等有形要素，体现为党的“硬实力”；而思维或灵魂指的是国民党政党形象、意识形态等无形要素，体现为党的“软实力”。文章随后对国民党的硬实力及软实力进行了分析，其中，政党硬实力主要由党员规模、组织体系、党内民主化程度等构成 。一是国民党的党员规模：2016 年 3 月 26 日举行的党主席补选，国民党有投票权的有效党员数为 32 万，比三年前再减少 6 万人。民进党在 2014 年党员人数约为 14 万人。从数量上看，国民党仍然具有一定的优势，但如何将党员人数优势转化为政党优势，是其要解决的问题。二是国民党的组织体系：组织体系是否合理，对一个组织的运转效率有很大影响。国民党在 1952 年改造后形成了民主集中制的“准列宁”式政党，并以“党国威权”统治台湾，这也使得国民党建立了与各级政府平行的党务系统。三是在政党组织显性结构背后，还有隐性的组织结构，即政党中的派系，俗称“小圈圈”。国民党党章党纪虽禁止派系运作，但派系仍以人际关系为纽带禁而不止。四是民主化程度：国民党曾长期高度集权，这种高度集权的做法在民主化进程中逐渐对党的活力造成损害。作者认为：政党软实力的核心是党的吸引力，这种吸引力源于政党形象、意识形态、组织心理、政党政策等无形资产。其中，一是国民党的政党形象：2008 年以来，国民党当局始终未能交出一份令民众满意的政绩单，再加上绿营的煽动，导致国民党被贴上“权贵党”“利益集团代言人”的标签，让国民党形象不断下滑、难以走出困境。二是国民党的意识形态：国民党政治纲领是坚持三民主义理想，维护“中华民国”，认同两岸同属中华民族，追求国家统一。三是国民党的组织心理：国民党因不团结付出过许多惨痛代价，被讥讽为“内斗内行、外斗外行”。四是国民党的政党政策：随着岛内选民素质提高，选举文化逐渐回归理性，国民党与民进党在经济、民生等议题上的政策趋同性不断增强，双方很难在内政议题上直接分出高下。文章最后指出，未来国民党若能透过组织体系与价值论述的重建，提出“结合中国愿景与台湾主体”的新主张，其对选民的吸引力就不会丧失。

（二）民进党研究

在 2016 年“二合一”选举中，蔡英文以得票率 56% 绝对多数赢得“总统”大选，民进党囊括“立法院”六成席次，不仅实现自 20 世纪 80 年代中期台湾政治转型以来第三次“政党轮替”，而且加上 2014 年县市首长选举大胜，民进党首次实现从地方到全台、行政到“立法”的全面执政，同时也最终完成该党的第二次世代交替。虽然民进党取得了“完全执政”地位，但面对岛内民粹主义盛行以及政治生态剧烈变迁的环境，执政能力不彰的弱点逐步暴露出来，对民进党执政不满的声音逐渐升高，表达民间不满的社会运动也风起云涌。故此，2016 年学者们关于民进党的研究，主要集中在对选举后民进党“新政”的探究、对民进党两岸政策的评析，以及对民进党执政后的政绩进行观察。总括 2016 年相关研究的成果，它们都直接或间接地只想这样一个事实：长期以来的民进党迷失了自身的政治方向，在选举和政策层面上显然缺乏明确的定位，仍然沉溺于想“独”“独”不得、不“独”心不甘的纠结，而且深陷非“左”非“右”、左右难堪和动辄得咎的尴尬境地。就学者们所推及的结论来看，未来民进党要突破其不能发展民共关系的僵局，只能从放弃“台独”理念开始。如此，民进党才能在两岸关系的和平发展大局中，找到自己的位置。

1. 于强，《2016年民进党“立委”胜选原因分析》（《现代台湾研究》2016年第2期）文章指出，2016年台湾地区“立委”选举，民进党首次取得半数以上的席位，除去蔡英文的高人气拉高民进党得票率这个原因以外，民进党提名的策略调整和民进党地方县市长利用行政资源争取民众支持，也是民进党赢得“立委”选举的重要原因。从此次当选的民进党“立委”的成长路径来看，大量的“立委”助理和地方资深的议员参选“立委”，没有地方服务经验的民进党“政二代”得不到提名，这些都是民进党争取到更多年轻选民支持的重要原因。文章从人员成长、候选人提名和利用行政资源三个视角，来分析民进党赢得此次“立委”选举的原因。作者认为，能够被民进党提名的议员，一般有三个特点：第一，这位议员必须在过去的议员选举中多次拿下所在选区的第一高票或者第二高票。第二，这位议员的选区必须与“立委”选区存在一定程度上的重合。第三，这位议员的选区，必须是民进党在“立委”选举中的“短板”。文章还指出，民进党赢得“九合一”选举的胜利，当选的民进党各县市首长利用其执政的优势地位，最大限度地利用行政资源争取选票。其具体表现在两个方面：第一，利用县市长对资源的分配权，对地方基层进行渗透和拉拢。第二，利用执政地位，进行市政重新规划，分散稀释国民党的铁票部队。

2. 黄宗昊，《金权政治与腐败：以台湾地区民进党执政时期为例》（《台湾研究集刊》2016年第3期）文章以台湾地区民进党执政期间为例分析与阐释了金权政治与腐败，作者指出：“金权政治”一般来自政商关系的扭曲，出现了以权谋钱或以钱买权的现象，特别和执政者或官员的贪污腐败密不可分。台湾地区在之前民进党执政时期腐败严重，特别是陈水扁及其家族、亲信弊案缠身，多人遭法院判刑，迄今身陷牢狱。民进党时期的金权政治源自台湾地区“少数政府”的政治局势，执政的民进党并未取得立法机构多数席位的支持，仅凭行政权建构出的片面政商关系，沦为以地区最高领导人为核心的“个人化网络”，并主要服务于地区最高领导人的个人利益。（扭曲的政商关系不但为陈水扁的家族、亲信收受贿赂大开方便之门，也干扰了政策过程，对台湾地区当时推动的金融改革带来严重弊端。）台湾地区的负面经验值得借鉴，国内陆续推动的“从严治党”“建构新型政商关系”和“简政放权”等措施有助于解决金权政治和贪污腐败的问题。文章在第一部分指出，民进党时期的金权政治源自台湾地区“少数政府”的政治局势，执政的民进党并未取得立法机构多数席位的支持，仅凭行政权所建构出的片面政商关系，沦为以地区最高领导人为核心的“个人化网络”，并主要服务于其个人利益。文章第二部分，借由梳理东亚地区金权政治的研究，提出“权力结构—政商关系—经济治理”三位一体的分析架构。第三部分说明在民进党时期，何以台湾地区会出现“少数政府”的权力结构。第四部分分析此种权力结构如何扭曲政商关系，导致“个人化网络”的出现。第五部分探讨受不当政商关系祸害最烈的政策领域——金融治理，这也是民进党时期金权政治最具体的写照。最后提出综合性观察，以及对大陆的借鉴意涵作为结论。

3. 黄清贤，《民进党两岸政策的制度变迁分析》（《台湾研究》2016年第4期）文章以新制度主义的制度变迁观点，分析民进党历年来的两岸政策是否发生变化，是否有机会让台海“维持现状”，使两岸关系和平发展继续正面前进，抑或“改变现状”，让两岸关系面临更大的风险。文章指出，从两岸党纲的传统可见到民进党对“台独”的坚持。虽然为了2016年选举，提及“九二会谈”与“中华民国现行宪政体制”，但制度变迁内容并未接受“九二共识”的核心意涵，不接受“中华民国宪法”“两岸人民关系条例”的不分裂国家精神，甚至还想让“九二共识”的制度变迁。因此两岸关系面临改变和平发展现状的风险。作者认为，蔡英文在民进党党纲传统的制约下，不愿也不能明确承认“九二共识”和认同其核心意涵；但也为配合选举时的两岸政见转向，以“九二会谈”“中华民国现行宪政体制”等说法，尤其是想挟其刚胜选的民意支持，试图让两岸共同政治基础，亦即“九二共识”的制度变迁。在文章最后，作者指出蔡英文的“就职演说”既然提到了“中华民国宪法”与“两岸人民关系条例”，“宪法”第4条的“中华民国领土依其固有之领域”，“宪法增修条文”前言的“为因应国家统一前之需要”、第11条的“自由地区与大陆地区”，以及“两岸人民关系条例”第1条“国家统一前”、第2条“大陆地区：指台湾地区以外之中华民国领土”等不分裂国家基础意旨，就必须真正用来处理两岸定位而非仅止于两岸事务，否则维持现状将只是空中楼阁，让台海面临改变和平发展现状的风险。

4. 宁馨，《民进党“绿色执政”效果不彰》（《统一论坛》2016年第4期）指出，民进党自2016年5月20日在台湾执政以来，各种挑战与困难接踵而至，已经让新当局吃尽苦头，在短短时间内支持度快速下滑。作者认为：“绿色执政”问题重重，表现在五方面，其一，经济社会民生发展低迷，民意压力增大。蔡英文竞选时最主要“支票”就是提振经济、发展民生，但执政以来，蔡英文当局面临的第一道难关就是两岸关系现状难以维系，陆客观光、农渔产品采购、陆生赴台等一系列两岸交流合作出现紧缩趋势，对岛内经济和产业发展造成压力。其二，行政团队失言失政风波频起，执政水平堪忧。最惹人非议的言论莫过于行政部门负责人林全所谓“慰安妇未必都是被迫的”发言，不仅遭到蓝营民意代表及支持者围剿，更引发绿营同阵营人士批评。其三，“府、院、党”各行其是、各吹各调，蔡英文整合压力加大。尽管民进党实现对行政部门、立法机构及地方多数县市全面执政的局势，但目前各个山头多是政令不一，各做一套，尤其立法机构与行政部门明显不同调，已经让蔡英文施政遇到挑战。其四，在野势力反击力度加大，新当局执政权威和形象受挫。蔡英文几乎以“摧枯拉朽”之势夺取政权，使最大的对手国民党遭受重挫。其五，台湾当局对两岸关系毫无作为，甚至有推向危险境地的风险。作者认为多重因素导致了执政乱象，台湾新当局的政策和改革脱离实际、空喊口号、虚开支票是其民调下挫根本原因。行政团队素质低下、执政失能，是导致不满意度升高直接原因。民进党党内各派分羹抢食、攫取权力资源，是导致民进党执政下挫主要原因。民进党难以在两岸关系上维护和平稳定的发展路线，是致其执政满意度下滑重要因素。

5. 沈超群，《绿色恐怖：民进党胜选后的政治追杀》（《两岸关系》2016年第4期）指出，2016年，蔡英文和民进党在台湾地区领导人和民意代表选举中获胜，并于5月20日正式上台执政。但选前还在强调“和解共生”的民进党和蔡英文，选后却很快变了脸，还未上台就开始利用“转型正义”之名，积极推行“去国民党化”和“去中国化”，对国民党展开政治追杀。民进党首先瞄准的对象就是孙中山。高志鹏带头提出“领导人宣誓条例”等3项修正案，目标直指悬挂在台湾立法机构的孙中山遗像，建议未来台湾地区正副领导人就职，不必再向孙中山遗像行礼，民众也不用再向孙中山鞠躬。民进党认为，孙中山是国民党塑造出来的“神”，去除国民党此类意识形态在民众心目中的地位和影响，正符合民进党口中所谓的“转型正义”。除了对孙中山下手，曾在台湾制造过白色恐怖的蒋介石，也再度跟着遭殃，散布在台湾的一些蒋介石铜像，受到这一波“去孙中山化”的影响，有的被泼油漆，有的被污蔑破坏。民进党向往已久的执政权刚刚到手，对于岛内意识形态的解构和重塑就已经变得迫不及待，“转型正义”这一词汇则成为完美的包装。除了“追杀”孙中山和蒋介石，民进党更加紧追不舍的，还有国民党的党产。要求追查“戒严”时期至今的国民党党产。作者在文章最后指出，民进党在选举前大谈特谈“和 解共生”，选后却是大张旗鼓“去中国化”，对国民党搞“政治追杀”，对岛内经济民生议题缺少热情，对攸关两岸关系前途和命运的“九二共识”更是模糊以对，不清不楚，民进党的执政现状可以总结为“绿色恐怖”。

6. 吴陈舒，《民进党“英派”的形成及其影响》（《现代台湾研究》2016年第5期）文章介绍了民进党“英派”的形成、演变、特征、其两岸政策主张，以及“英派”对岛内政局与两岸关系的影响。作者认为“英派”的形成与演变主要分为四个阶段，第一阶段：“英系”人马浮上台面；第二阶段：“泛英系”的整合与联盟；第三阶段：“英派”的正式成军；第四阶段：“英派”回归至“泛英系”。“英派”的特征主要表现为：一是侍从主义视角下的双重效忠；二是培养年轻世代为外围组织；三是陈水扁执政时期的官员仍占多数。作者认为，“英派”的两岸政策思路既有蔡英文个人的思考结果，也是党内派系角力的折衷产物，在两岸关系的发展中，其论述也不断做出相应的调整，其特点为：一是沿袭李登辉的“两国论”路线；二是借鉴谢长廷“一中宪法”的理念；三是吸收“新潮流系”的“稳健台独”主张；四是融合了“政经分离”的思考策略。“英派”对岛内政局与两岸关系的影响主要为：一是改变民进党现有的派系生态；二是主导台湾岛内政治生态的走向；三是影响两岸关系走向的关键变量。作者在结语处指出，目前，蔡英文执政后民进党内出现“英派”独大的派系生态与传统的民进党“派系共治”格局是不同的，是否会引起党内其他派系的反弹，而使得建构起来的“英派”形象落空，也是民进党必须面对的问题。

7. 严泉，《民进党“完全执政”模式与岛内政局走向初探——“立法”与行政权力关系的视角》（《现代台湾研究》2016年第5期）文章对赢得台湾地区领导人选举与立法机构过半席次的民进党“完全执政”模式及岛内的政局走向进行了分析与研究。作者认为，在赢得选举胜利后，民进党进入“完全执政”模式。不过，泛蓝势力在仅占民意机构三分之一席位的态势下，在制度空间上仍然能够有所作为，如可以依照相关规定提出“罢免案”，即使在最后的“院会”表决阶段不能通过，但是也能够造成一定的政治影响。“倒阁权”与质询权的行使，同样拥有不少主动性与随意性。从“立法”与行政权力关系来看，未来台湾朝野对立的状况将会更加严重，立法机构“空转”将会常态化，同时在特定时候也可能会发生同党之间的冲突，岛内政局走向仍然存在一定的变数。作者首先对

"立法院"与"总统"的权力监督关系进行了评估。作者认为：在台湾当前"宪政体制"下，"立法院"与"总统"之间存在权力制约的关系，即使是在国民党、亲民党等泛蓝势力仅占新一届"立法院"三分之一席位的态势下，其在制度空间上仍然可以有所作为。其表现在：一是"立法院"弹劾权与罢免提议权。二是"总统"人事提名权与"立法院"同意权。三是"总统"涉外、防务权与"立法院"立法权。作者随后对"立法院"与"行政院"的权力制约关系进行了评估，作者认为："立法院"与"行政院"的权力关系主要体现在两个方面，其权力制约关系表现得愈加明显。一是"立法院""倒阁"权与"行政院"呈请解散权。二是"行政院"施政报告权与"立法院"监督权。在文章的第三部分，作者分析介绍了"完全执政"模式下的"立法"与行政权力冲突前景，作者认为，一方面，在"完全执政"模式下，朝野对立的情况将会更加严重，立法机构空转将会常态化，近年来这一趋势表现得愈加突出。另一方面，由于"立委"自身利益与行政当局立场有不一致的地方，在特定时候也会造成同党之间的冲突。

8. 林劲，《民进党新一轮世代交替问题分析》（《台湾研究集刊》2016年第5期）指出，民进党在2016年"二合一"选举中取得前所未有的胜利，其政治生态随之发生实质性的变化，第二次政治世代的交替已经全面完成。文章着重探讨民进党新世代接替、取代中生代而主导民进党的相关问题，就民进党新一轮世代交替的历史契机和最终完成、新世代的群体性特征做一概略的分析。作者认为，种种迹象表明，2008年之后民进党新一轮的世代交替已在进行之中，并呈呼之欲出、接掌全局的架势。然而，2012年大选的失败使民进党新一轮世代交替的步伐受阻。2014年"九合一"选举的超预期获胜对新一轮世代交替产生无法逆转的影响，其表现为：（1）在此次选举中，民进党获得大多数县市的执政权，地方执政版图迅猛扩大，人口和面积都远超国民党。（2）此次选举结果，民进党内隐形的派系似乎发生"严重失衡"，新潮流系获得6席县市长，其中3席直辖市长，资源得以进一步扩增，实力得以进一步壮大，是蔡英文获取2016年大选候选人资格乃至问鼎大位及其后主政必须依靠的重要力量。（3）民进党获得大多数县市的执政权，一批党内新世代人士走上县市长岗位，同时大批新世代人士进入地方民意机构，党内务实派势力进一步扩大。（4）选举获胜，蔡英文继续担任党主席，其地位进一步稳固，成为2016年"总统"候选人已成定局。文章最后指出，2016年"二合一"选举结果对新一轮世代交替具有决定性意义，标志着民进党新一轮世代交替的完成。

9. 钟厚涛，《蔡英文对民进党派系改造效果观察》（《统一论坛》2016年第6期），作者认为，为了实现"唯我独尊、一统江山"的绝对权威，进而达到"以党辅政、政令通行"的政治目的，新上台的蔡英文高举"英派"大旗，竭力弱化和消解民进党原有的其他派系。在蔡英文的强势运作下，民进党各大派系实力此消彼长，权力结构迅速重组，"英派""新潮流系"等急剧膨胀上涨，"谢（长廷）系"等呈现式微态势，深绿势力也借机寻求到了更大生存空间。文章从四方面对蔡英文对民进党派系的改造效果进行了观察与分析。（1）派系消解计划全面破功、"英派独大"图谋沦为笑谈。在蔡英文的强力主导下，"英派"力量虽然明显壮大，但并没有达到"一派独大"的目标。各个派系运作的意识形态色彩和组织强度也并未像蔡英文预期的那样有所下降，反而有愈演愈烈之势。（2）传统派系全面重组、"四大天王"淡出舞台。其表现为：一是"新潮流系"一派独大。二是“谢（谢长廷）系”全面溃败。三是“扁（陈水扁）系”被其他派系收编。四是“苏（苏贞昌）系”基本维持原状。（3）深绿势力甚嚣尘上，蔡英文两岸政策前景堪忧。今年大选后，岛内政治版图全面绿化。蔡英文与深绿势力实属“一丘之貉”，二者在对待祖国大陆的态度上属于合作而非对抗关系。（4）“英派”与“新潮流系”或将“巅峰对决”。目前，“新潮流系”“英派”等都已进入正规的制度化运作。可以预测，只要民进党延续合议制决策模式，其内部的派系文化就不可能消沉歇绝，各个派系依然会“形散神不散”，派系依然会是观察民进党权力结构的关键指标。

10. 陈咏江，《民进党结构性困境难解——2016 年上半年岛内政局观察》（《两岸关系》2016 年第 9 期）指出，2016 年民进党首度实现从“中央”到地方，从行政到“立法”的全面执政，具备完全压制国民党的能力，并确立将国民党打趴在地以实现长期执政的战略目标，透过斩断国民党金脉、丑化国民党形象、割裂国民党的历史与现实联结等多种方式对国民党“抄家灭党”。反观国民党，权力与路线之争依然暗潮涌动，面对民进党的追杀并未及时调整在野心态，愈发陷入被动。不过，由于民进党施政问题频发，且面临诸多结构性矛盾，国民党的支持者逐渐开始回流，只要稳住阵脚，仍有可能一搏。作者认为 2016 年上半年的岛内政局可概括为三点，一是民进党完全执政，并开始追杀国民党，表现为：民进党首次具备对国民党进行全面政治清算的能力；打趴国民党以实现民进党长期执政的战略逐渐清晰；民进党多管齐下，对国民党“抄家灭党”。二是国民党势弱力分，难以抵抗民进党政治清算，表现为：国民党政党实力空前萎缩；权力与路线之争持续交织；国民党尚未及时适应在野角色。三是民进党结构性困境难解，国民党仍有可能一搏。表现为：民进党执政频发危机，不满意度上升；国民党赢得两场乡镇地方选举，蓝营士气逐渐凝聚；民进党结构性困境难解。

11. 周忠菲，《民进党的“台独”理念只会破坏两岸关系发展》（《台声》2016 年第 11 期）指出，民进党主席蔡英文在 2016 年 5 月 20 日发表的“就职演说”中提到，在其执政下将“持续推动两岸关系和平稳定发展”。演说中蔡回避“九二共识”，不承认“一中原则”，说明民进党依然将“台独”理念的所谓“政治正确”，作为执政的前提。作者认为，蔡英文避而不谈“九二共识”，以保持其“政治正确”的立场，引起人们对民进党未来大陆政策的质疑：其一，演说显示民进党坚持原有立场，不承认台湾与大陆同属一个中国。这说明蔡英文在 2016 年 1 月台湾地区领导人选举前以及选举后所宣称的“建立具有一致性、可预测、可持续的两岸关系”等宣示，只是“政治走秀”。没有一个中国原则作为两岸关系发展的政治基础，两岸失去亲和力，失去动力，只会对和平发展造成伤害。其二，演讲不提两岸共同的发展利益。演说对两岸关系发展前景的表述有一个罕见的现象，就是将民进党设想的，两岸关系和平发展的节点，落在“珍惜并维护 20 多年来协商和交流互动所累积的成果”上。这种发展趋势，其产生的结果只能是切断两岸之间越来越紧密的经贸关系。作者认为，蔡英文演讲中，一方面回避“九二共识”，一方面承认“两会达成的若干共同认知与谅解”的做法是民进党坚持其“台独”理念、遮人耳目的手法。目的并非要发展两岸关系，而是要为民进党“正名”“正言”、展示民进党“转型正义”。作者在文章最后指出，民进党要突破其不能发展民共关系的僵局，只能从放弃“台独”理念开始。如此，民进党才能在两岸关系的和平发展大局中，找到自己的位置。

12. 章涟漪,《民进党炮制不正义，歧视陆配、陆生》(《台声》2016年第13期)指出，民进党“5·20”上台后，两岸关系立即由缓和退化为低迷，却仍不能放下“反中”意识思维，尝试对大陆抛出橄榄枝，反而针对大陆配偶取得身份证年限缩短、大陆来台就读学生享有健保开放等，炮制不公平、不正义，恰与民进党口口声声的“转型正义”背道而驰。就以陆配取得身份证来说，2003年陈水扁执政期间，修定《台湾地区与大陆地区人民关系条例》，规范陆配取得身份证年限为8年。2009年马英九执政期间，修改由8年缩短为6年；2012年“行政院会”再通过“修法”，由6年缩短为4年，送请“立法院”审议。马当局时期两度“修法”放宽陆配取得身份证年限，民进党始终扮演“拦路虎”的角色。日前“立法院内政委员会”审议陆配取得身份证年限由6年改为4年，台湾陆委会态度由初始不反对，随后又坚持“生活从宽，身份从严”论调。民进党之所以反对，无非是从“反中情结”投射出陆配将成为国民党的投票部队、陆配将瓜分台湾福利资源等“莫须有”的理由。至于陆生所期待的纳入健保，民进党还是以似是而非的理由反对。陆配缩短取得身份证年限引发争议，陆生纳入健保亦引起各方热议。台当局“教育部”的立场并不反对陆生和外侨生一样享有健保，但民进党“立院党团”却坚决反对，所持理由是把陆生“侵蚀健保”无限放大，谰言会导致健保亏损扩大。当年开放陆生赴台就读，民进党百般杯葛，不得不采取“三限六不”政策，如今民进党仍不改为反对而反对陆生纳入健保。民进党重行执政之后忙不迭地打出“转型正义”旗号，倾全党之力并以行政资源对国民党火力全开地进行斗争。殊不知，对陆配、陆生施加歧视性的苛刻待遇，正是现在进行式的“反转型正义”。

（三）亲民党研究

2016年，学者们对亲民党研究并不多，而且并未涉及亲民党的党务改革问题。学者们仅对亲民党的近况进行了评析。学者们的这些声音反映了亲民党境况与对其未来的希冀。

刘匡宇,《是宋楚瑜的“全垒打”，还是台湾的“界外球”？》(《世界知识》2016年第24期)指出，2016年11月1日至20日，亲民党主席宋楚瑜代表台湾参加了在秘鲁首都利马举行的2016年亚太经合组织(APEC)领导人非正式会议。尽管宋楚瑜本人视其此行为“全垒打”，但若从台湾参与APEC的经济与政治整合两大意义来观察，其“功劳”无助于蔡英文迫切期盼的区域经济整合和两岸关系的“破冰”，只是一记愈加凸显台湾被边缘化的“界外球”。文章指出，从行前的高调表态开始，宋楚瑜此次APEC之旅一直显露出志在必得的架势。行前，蔡英文向宋楚瑜交付了“三项经贸任务”，其核心是广泛的国际交流和领袖互动，争取台湾参与区域经济整合。在利马，宋楚瑜率领的台当局官员和亲民党干将，利用各层级会议和会场内外间隙，与美、俄、日和一些东南亚成员领导人会面，并与习近平“寒暄”，可谓“使命必达”。在整个APEC会议期间，宋楚瑜见缝插针，做蔡英文的“传声筒”，并推销“新南向”政策。作者认为，从蔡英文念念不忘的区域经济整合的大目标而言，宋楚瑜此行难有作为是必然的。一方面，蔡英文面对两岸僵局故步自封，使得台湾没有机会融入“一带一路”、区域全面经济伙伴关系(RCEP)和亚投行等区域经济整合机制。另一方面，随着美国新当选的总统特朗普宣布将退出《跨太平洋伙伴关系协定》（TPP），蔡英文押注的 TPP 命运难料，让台湾只能靠“新南向”和自由贸易协定来画饼充饥。

（四）选举与政党治理研究

选举所以引人注目，往往是因为人们可能更加关注选出谁来做官。但选举的作用却并非选出人来做官这么简单。它起码还包括如下几方面的作用：完成赋权过程，实现合乎现代合法性要求的统治；组织政府、确立责任政治，实现对公权力的有效控制；意见表达、凝聚共识，形成公众政治议程并且对政府议程形成潜在或直接的影响和控制；实现权力的平稳交接，化解分歧和冲突。此外，还包括作为公民教育重要手段和途径等其他功能。由此，尽管民主政治并非一选就灵，但选举对于有效的治理来说确实是不可或缺的。在竞争性的政党体制下，政党作为连接社会与公权力系统的桥梁和纽带，自然成为选举的主体，它们也因此而自然成为治理的重要主体。由此，选举与治理自然构成政党政治、政党制度的关键内容。一般来说，选举塑造政党体制，选举决定治理目标和治理形式。反之，治理的绩效决定选举的结果，同时决定每个政党未来的政治前途。2016 年正逢台湾领导人“大选”及“立委”选举，故此，2016 年有关台湾选举与政党治理的研究基本上比较均匀地覆盖了选民与政党、政党与政党、政党与公权力系统等基本领域，并将重心集中放在了选举上面。

1. 蔡东杰，《2016 年台湾“大选”之结构面分析》（《台湾研究》2016 年第 1 期）文章从六方面对 2016 年的台湾“大选”的结构面进行了分析，一是政党轮替成为政治惯性现象，总体来说，政党轮替原因不外政治、经济、社会等。2008 年时如此，2016 年亦复如此。其实台湾地区自 1987 年“民主化”以来，迄今未及 30 年，若放眼其他民主体制运作超过半个世纪以上的国家，当知此种轮替现象十分自然，本来也就是体制特色的一部分。二是两党体制依旧主导未来政治发展，此次选举对台湾两个主要政党来说，都是一次“关键战役”，即便包括刚在“总统”选举中大胜的民进党，两者都将产生内部激烈的权力重组斗争。即便在此次选举中，除民、国两党外，亲民党与甫成立的“时代力量”都取得“立法院”席次，让小党继续留有空间，但背景主要因国民党近乎崩盘以致释出部分政治空间的结果，或非长期现象。三是蓝绿基本盘概念重新改写，以台湾现状看来，2016 年再度政党轮替已一举动摇传统上“蓝大于绿”的常识，甚至直接崩解所谓“基本盘”概念。从背景分析，包括民主政治概念深化、公民意识抬头、世代交替、社会结构分化、经济前景模糊等等，都可能是近十余年来台湾政党比例消长原因所在，由于总体情势愈发动态，未来或将很难期待出现长期执政的政党。四是“后戒严世代”（目前俗称青年选票）渐成为选票重心，这也是民进党虽继续保有“台独党纲”，表现上却愈来愈接受使用“中华民国”的缘故，最终一方面让台湾的认同问题从“统独争议”迈向“诠释中华民国”的另一新阶段，随着“后戒严世代”未来在选票结构占比日渐提升，其影响之关键性势必不能小觑。五是蔡英文作为领导人之特殊背景，蔡英文的特殊性可一目了然：相较绝大多数“天王、天后级”政治人物，她自应归属幕僚型人物。六是两岸关系的未来及进展，放眼未来，即使很想力持中立，美国在选战最后关头还是忍不住间接出招，仍凸显民进党执政对两岸关系埋下的隐忧，这应是决策圈中的某种共识。

2. 陈文,《2016年“二合一”选举对岛内政局的影响》(《统一论坛》2016年第1期)文章先是对2016年台湾“大选”结果进行了解读，随后分别从民进党面临的挑战、国民党当下的困境，以及两岸关系的前景入手，分析了此次选举对台湾政局的影响。文章指出，2016年1月16日，2016台湾地区领导人与立法机构选举结果揭晓，延续“九合一”选举蓝消绿长态势，蓝绿政治格局彻底翻转，民进党实现完全执政，国民党遭遇选举史上最惨重挫败，“时代力量”与亲民党成为立法机构重要制衡力量。作者认为造成这种局面的原因包括：(1)民众普遍存在“换人换党做做看”心态。(2)蓝营支持者不满国民党当政者，分裂投票或不投票。(3)青年世代亲绿，且投票热情被激发。作者随后分析了民进党面临的诸多挑战：一是经济民生困境难解；二是认同分歧难以弥平；三是体制改革难以推动；四是南北矛盾将凸显。作者同时指出，国民党遭遇雪崩式溃败，要实现东山再起仍需较多时日。国民党选后首要任务是完成党主席改选，且避免再度分裂。除了权力之争，国民党还面临路线选择与体制改革问题。体制方面，国民党面临如何适应新形势问题。一是政党文化改造。二是动员模式改造。文章最后作者提出，目前两岸关系前途未卜，将面临更多不确定因素，一方面，蔡英文当选时宣称要遵循台湾最新民意国家认同必须被充分尊重”，表明民进党不可能实质改变“台湾主权独立”的立场。另一方面，蔡英文提出谨慎处理“九二共识”议题，表明其将以柔性方式与祖国大陆周旋。

3. 黄嘉树,《2016年台湾“大选”与两岸关系》(《台湾研究》2016年第1期)文章主要探究了三个问题，一是国民党的败因，二是挑战一中原则的政治势力和台湾的主流民意的关系，三是长期主张“台独”且今日也没有放弃的民进党马上要实现其从“中央”到地方、从“行政”到“立法”的全面执政，而且蔡英文兜售的“要‘和平发展’但不要‘一个中国’”的理念和政策主张也得到了台湾主流民意的认同和支持，这种状况对两岸关系的前景将发生何种影响。作者认为，国民党的败因：第一，宋楚瑜拉走的蓝营票，此次宋得票157万，其中蓝营票算108万应不为过；第二，此次选举的投票率极低，只有66%；第三，剩下100万票的差距就应该在“首投族”这个板块，由此可知国民党之所以败得那么惨，是因为在三个板块上同时大规模丢失选票。作者还认为，台湾的主流民意是“赞成和支持两岸关系和平发展”，另一面就是岛内民众是把“和平发展”同“法理一中”分别看待。在大陆看来，“法理一中”是“和平发展”的政治基础，二者不可分割；但台湾的多数民众则既赞成和支持两岸关系和平发展，又希望这种和平发展应建立在双方对等尊严的“事实两国”基础上，对马英九坚持的“法理一中”，越来越多的台湾人持反对态度。作者最后指出，主张“九二共识”的国民党被反对“九二共识”的民进党取代，这本身就是“现状”的巨变。这个巨变的第一政治效果就是让“一中原则”和“九二共识”面临严峻挑战。

4. 党朝胜,《变与不变：2016年台湾“大选”评析》(《台湾研究》2016年第1期)文章主要从三方面对2016年台湾的“大选”进行了评析。文章指出，2016年1月16日，民进党在台湾地区领导人与民意代表两项选举中获胜，两岸政策并未成为选举主导议题。其原因，既非蓝绿在两岸议题上没有分歧，也非岛内民众不关心两岸议题，而是与岛内社情民意现状和国、民两党之间的博弈密切相关。马英九当局施政失误有利民进党转移选战焦点。文章的第二部分指出，随着近年来台湾经济民生状态日渐恶化，蓝绿恶斗加剧，各类问题迸发，岛内民众的关注度日益内向。一是台湾民众不满当前经济形势；二是台湾民众对自身收入状况高度不满；三是食品安全事故引发新民怨；四是台湾民众厌烦蓝绿政治恶斗。作者还认为，民进党调整策略，蒙蔽台湾选民，其表现为：一是歪曲、否认两岸共同政治基础；二是否定两岸经贸交流；三是将岛内社会问题归咎两岸交流；四是抹黑两岸协商谈判。文章的第三部分写道，国民党状况不断，自失良机，长期以来，国民党面对民进党的进攻缺乏自信，一味被动跟进，甚至连基本原则与立场都难以坚守。一方面，国民党陷入与民进党争夺“爱台湾”的迷思，对民进党的无端指责，不敢坚持正确立场，有时甚至为证明自己比民进党更能维护台湾“主权”反而中了民进党圈套。另一方面，国民党根本没有时间和精力迎战民进党的攻势。

5. 章涟漪，《理性看待台湾“二合一”选举》（《台声》2016 年第 3 期）指出，2016 年 1 月 16 日，台湾地区领导人和台湾地区民意代表两项选举尘埃落定。对于此次“二合一”选举结果，此前岛内外许多机构和人士都做了种种分析预测，现在看来，可以总结为“虽不中亦不远矣”。作者认为其原因主要表现在四个方面：第一是国民党执政近 8 年，经济欲振乏力、民生乏善可陈，一些公共政策出台因不周延而朝令夕改，一些必要的改革又因为顾忌太多而首鼠两端。第二是国民党“内斗内行、外斗外行”，内部争议不断，外部缺乏奥援，让广大支持者为之心寒。第三是民进党见缝插针，党同伐异，纠集各种势力，不断炮制议题，成功地给国民党执政当局贴上“无能”“贪腐”的标签。第四是选举规律发挥了作用，国民党在台上近 8 年，一些台湾民众已经“审美疲劳”，认为该“换人做看看”。回首前尘，我们可以看到，随着综合实力的不断增强和国际影响的日益扩大，大陆已牢牢掌握两岸关系的主导权，推动两岸关系和平发展已经成为不可阻挡、不可逆转的潮流。不管岛内如何风云变幻，台湾任何政治势力都难以抗拒两岸关系和平发展的历史潮流。展望未来，大陆将坚决维护“九二共识”这一共同政治基础，巩固和深化两岸关系和平发展的成果，同时将高度警惕并坚决反对任何“台独”分裂和破坏台海和平稳定的行为。如中台办、国台办主任张志军所言，在维护国家主权和领土完整的重大问题上，我们意志坚如磐石，态度始终如一。

6. 小笠原欣幸，《2016 年台湾大选分析》（《台湾研究》2016 年第 3 期）指出，2016 年 1 月 16 日举行的台湾大选是一次历史性的选举。民进党不只是获得了“总统”选举的胜利，而是第一次“立法院”过半数，应视为历史上首次真正的政党轮替。民进党势力的扩大和国民党地盘的消退，对于台湾政治而言堪称“地壳变动”，并非只是一时性的“钟摆效应”。台湾政党政治中，新的力量分布已经出现，今后国民党将成为台湾政治版图中只占三分之一势力的政党。作者认为，民进党胜利的原因：首先是“台湾认同高涨”。其次，民进党在地方上势力的扩大以及丰富的人才储备。再者，“和公民运动的提携”也是一个值得注意的因素。最后是蔡英文党内权力的巩固，以及为了赢得中间选民选择“维持现状的路线”。综上，民进党集结了绿营力量，在各选区成功大幅压倒国民党，但比这有更大意义的是，民进党将“太阳花学生运动”这样的公民运动转化成了政治力量。作者同时还指出，国民党前途多舛，国民党在地盘、资金、路线、人才的任何一点上都很难再起。文章最后，作者还对 2018 年的九合一选举及 2020 年的“总统”选举进行了展望，作者认为，2018 年 11 月的九合一选举中国民党再次大败的可能性很高。之后距离

2020年“总统”选举只有一年零两个月，最长也不过一年零4个月。很难发生“钟摆效应”，和本届选举一样，“骨牌效应”的预测将更为合理。“立委”选举中，民进党一旦夺得席次，接着将该选区收为自己地盘的能力很强。从政党竞争的宏观角度来看，2020年，民进党以及包含“时代力量”、柯文哲的第三势力，在“不让国民党复活”这一点上应该是一致的。届时国民党将真正下沉为台湾政治版图中只占三分之一势力的政党，民进党和第三势力将开始展开真正的竞争。

7. 杨乐，李洪波，《台湾地区中间选民的发展趋势和特征探析》(《现代台湾研究》2016年第4期）文章从台湾地区中间选民的概念界定、发展趋势、主要特征及中间选民对选举政治的影响四个方面对台湾地区中间选民的发展趋势和特征进行了探究与分析。文章指出，近年来，台湾地区中间选民呈现出四个发展趋势：规模上总体呈扩大趋势，结构上政治无知者减少、理性选民增多，新增中间选民以原国民党支持者为多，在身份认同上对“中国人”的认同感降低。同时还表现出三个主要特征：经济诉求优先，看重政党及候选人形象，在两岸关系上倾向于维持现状。随着台湾地区中间选民规模的扩大，以及近年来蓝绿基本盘差距的不断缩小乃至反转，可以预见到未来中间选民的影响力将继续增加。就台湾地区的选举政治而言，这些影响主要表现在：一是使选举文化趋于理性；二是经济议题成为竞选主轴；三是统“独”议题中间化、模糊化。作者认为，台湾地区的中间选民不具有特定或持续的政党认同，也不支持激进极端的政策主张，而是以更加理性务实的态度来行使选民权利。因此，他们在台湾地区的各类重要选举，尤其是地区领导人选举中的作用愈发重要，成为蓝绿阵营都在努力争取的对象。近年来，台湾地区的中间选民有了一些新的发展趋势，其中最为值得关注的是理性选民的增加以及对“中国人”认同感的降低。中间选民还具有最关注经济和民生问题，看重政党和候选人的形象，在两岸关系上支持维持现状等特征。这些都说明，台湾中间选民的持续成熟和壮大，无论对岛内选举政治，还是对两岸关系，都将产生重要响，值得密切关注。

8. 黄继朝，《台湾青年政治参与的新态势及其影响——基于台湾2014年与2016年两次选举分析》(《当代青年研究》2016年第6期)，作者认为，近年来，在经历了“反服贸”“白衫军”等一系列社会运动之后，台湾青年的政治参与发生了显著变化，集中体现为2014年“九合一”选举与2016年的“总统及立委”选举中青年的踊跃投票参选现象。目前，台湾青年政治参与呈现出一些新特征：政治参与广度与强度的提升；从动员参与走向自动参与；青年政治参与从体制外走向体制内，呈现制度化参与和非制度化参与并存状态；网络新媒体成为组织参与的重要媒介。近年来，在台湾青年群体主导推动的“反服贸”“反核四”等新社会运动蓬勃发展的背景下，台湾青年的政治参与呈现出积极热情的新态势，青年逐渐走出“政治冷漠”，走向体制内的公共生活。同时，台湾青年政治参与新态势势必对台湾政局以及两岸关系产生重要影响，首先对台湾传统的政党政治产生一定冲击，“反服贸运动”等社会运动之后，台湾青年政治参与的新动向对于台湾传统政党政治产生了深刻的影响，主要体现在对台湾传统蓝绿对立的“两党制”格局所带来的冲击效应；其次青年政治参将直接推动与加快台湾主要政党的革新化与年轻化转型，表现为青年群体富有活力与创新精神，天然是普世价值的追随者，追求“革新的政党”“民主自由的政党”；最后，台湾青年政治参与的扩大有助于推动两岸关系和平发展战略的社会化与再教育过程。作者同时指出，没有历史思想包袱的年轻人也将更加容易客观地认识到两岸关系和平发展的必要性与重要性，两岸关系和平发展充分契合当前国际形势与时代潮流，它绝不仅仅是大陆发展的需要，也不单是国共合作的两家之言，更是包括台湾青年在内的台湾人民的根本利益归宿。

（五）政党、政局与政治变迁研究

政党的存在和发展总是同特定的政治生态相联系。政党总是在受限地条件下尝试塑造和改变既有的政治环境。但在这一过程中，政党也不可避免地会发生相应的变化。现代社会中，政党透过自身变化及其与其他相关政治主体关系的变化，在理念、行为和制度等诸多方面推动政治发展或政治变迁。与此同时，政党往往还是直接推动政治变迁进程、决定政治变迁内容和节奏的首要力量。政党也以此充分体现出其作为民主政治工具和手段的基本价值与功能。这一点在当前台湾地区政治生活中就非常明显。由此，同政党及其所处政治、经济、社会和文化生态相关联的政党与政治发展研究，自然深受学者们的青睐。其中，台湾政党力量的时空分布和变化、台湾政党同社会结构和社会矛盾之关系、台湾政党同两岸关系及岛内政治认同之关系等相对具体的问题，更是相关研究的热点、焦点。需要特别指出的是，由于适逢选举休整年的关系，关于台湾意识与台湾认同的讨论更加热络。与以往相比，这方面问题研究的成果更加客观、平实，这当然是因为如下缘故：由于各自所处的社会情境皆有所变化，海峡两岸学者都已分别能够在一定程度上摆脱理念上意识形态的束缚、方法上预设结论的偏颇，大胆突破且努力还原问题的本来面目。其实，唯有客观的、合乎科学规范的研究才能够有益于经验实践中矛盾和问题的解决。一定意义上讲，关于政党与政治变迁问题，它原本是个什么样子、政党在思维中将其重构为什么样子，都可能深刻地影响到经验层面的政治过程。所不同的是，客观、规范的研究能够促进政治变迁，对政党及其所致力的事业形成长远利益；主观、杜撰的研究则会扰乱和阻碍政治变迁，给政党及其所追寻的目标形成潜在的或严重的危害。总的来看，2016 年学者们在台湾政党与台湾政治变迁领域中的相关研究无疑是非常深入的，迈上了一个新的台阶，不仅有利于正确地解读、促进台湾政治变迁，也有利于相关方面形成正确的政治判断并做出审慎、及时的政策和策略调整，从而从根本上有利于中国的统一事业和民族的伟大复兴。

1. 王建民，《台湾政局变化及其影响》（《统一论坛》2016 年第 1 期）文章介绍了台湾政局的六大变化及影响。文章指出，2016 年 1 月 16 日晚，台湾地区领导人与立法机构选举结束，民进党大胜，国民党大败，立法机构政治生态大变，台湾政治结构出现大翻转。作者认为，台湾政局的变化及影响之一为：绿营政治势力进一步强大，“绿大蓝小”“绿强蓝弱”与“绿盛蓝衰”将成为台湾政治新常态。台湾政治结构另一重要转变是，未来泛绿阵营内部大绿与小绿、新绿与旧绿之争将会逐渐浮上台面。民进党是绿营的旗帜，是大绿，是未来的执政者；柯文哲所代表的“白色力量”“时代力量”、社会民主党等绿营新势力，可称为新绿。未来执政权之争，很可能是“泛绿内部之争”，最有可能的是 2020 年“柯蔡之争”，柯文哲已有明显布局战略。台湾政局的变化及影响之二为国民党将陷入更大危机，国民党不仅失去了执政权，而且丧失了立法机构多数党地位，这是中国国民党自1949年败退台湾后的再一次重大挫折。变化及影响之三为两岸关系将重陷僵局，蔡英文的“台独”立场与主张并没有根本性改变，一切论述都是建立在两岸“一边一国”尤其是“台湾是一个主权独立的国家”基础之上，对“九二共识”的核心意涵即台湾与祖国大陆同属一个中国极力回避。作者认为，台湾政局变化及影响之四是两岸之间的“矛盾、摩擦、对抗”可能成为常态，民进党上台执政，两岸在国际社会的“外交休兵”就难以维系，台湾参与重要国际组织的难度增大，两岸在国际社会的较量与斗争将变得更为突出，从而进一步恶化两岸关系发展。变化及影响之五为，蔡英文“投美联日抗陆”将成为两岸关系发展新风险。变化及影响之六，两岸经济合作将受到很大影响。

2. 彭维学，《2016年台湾政局和两岸关系观察》（《统一论坛》2016年第1期）指出，2016年1月16日，台湾大选揭晓，民进党以较大优势获胜，首次实现全面执政。国民党遭遇1949年以来的空前挫败，再起之路曲折漫长。经历此次政治“大海啸”，岛内政治生态发生“民大国小”“绿大蓝小”新变化，政局出现“民进党一党独大、国民党持续衰败、激进小党蹿升”新结构，两岸关系面临“台独政权”重新执政带来的新挑战。作者认为，国民党惨败、民进党双赢，是国民党“全盘烂透”、民进党竞选策略奏效、年轻世代结构和心态改变等多种因素综合作用的结果。（1）国民党执政败绩、激烈内斗、脱离基层，强化了民众“变天”氛围。（2）民进党成功整合绿营，深耕“三中一青”，竞选策略奏效。（3）选民结构、社会舆论和选举动员方式有利民进党。（4）民进党民意代表选举大环境有利。作者同时还指出，民进党主控政局，但蔡英文当局“蜜月期”不会太长；国民党止跌再起之路将挑战重重；“时代力量”快速崛起，将成为两岸关系“新毒瘤”；但岛内政党轮替未能撼动祖国大陆对两岸关系的主导地位，从长远看，决定两岸关系走向的关键因素是祖国大陆的发展。作者在文章最后表明，对两岸关系发展的曲折性、复杂性保持清醒认识，更应对祖国大陆强大和两岸统一前景保持战略自信与定力。只有承认“九二共识”历史事实、认同两岸同属“一中”核心内涵，才是民进党、蔡英文两岸政策调整的正途。

3. 林冈，《再论台湾政党政治的演变》（《台海研究》2016年第2期）文章运用政党重组概念和政党支持度测量方法，分析台湾政党体系的演变，说明国民党在2016年选举中遭到溃败的深层原因，并从选举制度和社会蓝绿对立的角度，论证两党体系的可延续性。文章指出，在2016年地区领导人选举中，绿营执政县市的有效投票率明显高于蓝营县市，民进党在其大本营台南市、高雄市、嘉义县和屏东县获得40%以上合格选民的支持，在新北市、台中市、彰化县、云林县、嘉义市和宜兰县也享有35%以上的政党支持度，政治地盘由南向北拓展。但民进党吸纳的泛蓝选票有限，台湾是否已发生政党重组现象尚需观察。作者认为，国民党空前溃败的深层原因在于：首先是国民党执政当局虽然接受“九二共识”，和平发展两岸关系，但迟迟不愿意与大陆就两岸政治性议题进行协商谈判，解决政治分歧，签署和平协议。其次，两岸经贸往来和陆资、陆客、陆生在为台湾产业、旅游业和教育行业提供新机会的同时，也影响到台湾原有的市场分配机制和生活节奏，并造成少部分人率先获利和大部分民众暂时或相对无感的现象。作者指出，对比蓝绿势力在过去20年中主要选举中的消长变化，可以发现以下变化规律：第一，社会对泛蓝的支持度在2008年后逐年下降。第二，对泛绿的支持度，在不同形式的选举中曾有起伏变化，但在2008年以后一路稳定回升。第三，就政党支持度而言，蔡英文在2016年选举中的表现，未必超过2004年的陈水扁。第四，由于有效参与度的周期性升降，对蓝绿政党的支持度在地区领导人选举中基本都是高于在这之前的县市长选举。第五，综合看来，对泛蓝的支持度在49.2%的高点和27.57%的低点之间徘徊，对泛绿的支持度在28.99%和39.21%之间波动，幅度较小。

4. 朱艳丰、林怀艺，《台湾政党政治中的“时代力量”》（《中央社会主义学院学报》2016年第2期）指出，成立于2015年的“时代力量”，号称是目前台湾地区除国民党、民进党之外的第三大政党。台湾政党政治的复杂性为“时代力量”推行极端的“台独”路线提供了条件。“时代力量”在立党取向、基本政策主张、领导层结构、选民基础等方面都具有自己的特点。尽管“时代力量”兴风作浪，但难以摆脱沦落为“泡沫党”的结局。“时代力量”对两岸关系发展的政治基础即“一个中国”原则的挑战，需要我们提出相应的对策，遏制和分化“台独”势力，不断推动两岸关系和平发展。作者认为“时代力量”兴起的原因是：第一，2008年之后国民党在台湾地区执政的不良政绩，为“时代力量”的兴起创造了条件。第二，“时代力量”的兴起还与民进党的大力扶持有关。第三，“时代力量”的兴起还与近年来台湾社会风起云涌的“学运”和“社运”有关。第四，“时代力量”的兴起还与外部势力对“台独”政党的支持，以及新媒体的巨大动员能力密切相关。通过以上对“时代力量”的特点及其兴起的原因的分析，作者认为“时代力量”很有可能在未来的一段时间内成为台湾政坛上最极端和最坚定的“台独”政党。原因为：第一，摆在台湾地区曾经的或者现在的第三大党面前的一个无法逾越的障碍，就是国民党和民进党这两个根基深厚、执政经验丰富、基层组织实力雄厚的政党，对此，“时代力量”也概莫能外。第二，台湾地区实行的单一选区相对多数决制的选举制度，是不利于包括“时代力量”在内的小党的存活的。第三，“时代力量”的领导人都没有从政经验。第四，基层实力薄弱，基本上为零。第五，“时代力量”叫嚣的“台独”，不符合所有中国人民的根本利益，特别是在当今世界普遍承认“一个中国”的情况下，它想在国际上产生影响力也基本是不可能的。

5. 陈星，《当前台湾青年的国家认同现状与问题建议》（《中国青年研究》2016年第2期）文章分析了两岸关系视角下与岛内视角下的台湾青年国家认同问题，并对其提出了建议。作者认为，在两岸关秀视角下：两岸长期的对抗与隔离客观上导致青年群体对国家认同的异化；国民党当局的无作为是造成台湾青年国家认同混乱的根本原因；“台独”势力煽动“反大陆”情绪，蛊惑青年群体排斥“中国认同”；台湾青年群体在国家认同与文化认同冲突中挣扎。作者认为，在岛内视角下，“台独”势力利用民众的朴素情感异化台湾青年的国家认同；话语及社会记忆重构是“台独”势力改变青年国家认同的重要方式；不规范的民调对青年群体国家认同异化起了重要引导作用。文章最后，作者提出了几点建议，作者认为，在两岸青年交流过程中过分强调利益取向与过分强调理念取向的做法均有失偏颇。加强两岸交流并逐渐纠正其国家认同异化的工作只能采取循序渐进的方式展开，主要有以下几个方面：一是青年交流的主要功能是消除误解，即扭转长期以来反共宣传以及民进党对大陆扭曲性宣传造成的负面影响；二是青年交流不能急功近利，而应该注重青年之间的心灵交流，只有实现了心意相通，才能彼此包容，最终化解长期以来形成的心防；三是积极为台湾青年赴大陆工作创造机会，强化两岸青年的融合，使台湾青年在“两岸生命共同体”建构中扮演重要角色，增加其跨两岸的共同生活记忆；四是加强宣传，使祖国大陆打击“台独”的真实意图为台湾民众知悉，阻断民进党利用大陆反“台独”行动进行政治动员的路径；五是祖国大陆应不断加强对台海局势的主导权，不断增加在岛内的话语权，逐步改变台湾社会中国认同弱化的局面，青年群体国家认同异化的情况自然会在这个过程中得到解决。

6. 李秘，《传统政党要适应网络时代新要求》（《台声》2016 年第 2 期）指出，互联网是一个新的传播媒介，同时也是新的社会组织形式和新的思维方式。它必然会对既有的各种政治组织和制度产生革新效应。面对“网络时代”的挑战，台湾各政党，无论是主动还是被动，都开始改造自身组织和运作方式，向“平台 + 志工”方向调整。要把政党建立成一个合作平台，还需要对网民和自组织产生吸引力，而愿意成为这个平台的志工。政党就要不断发现和制造议题，然后把尽可能多的对这个议题感兴趣的网民和自组织连接在一起，实现横向扩张，形成一个议题共同体。此外，决策应当“基层化”。新兴政党把大多数的决策权、分配权、用人权彻底让渡给党工、党员、支持者，甚至是普通民众。党工、党员、支持者都不再是被动的任务执行者，他们把自己变成“版主”、意见领袖，主动去经营选民，育成小微社群。这样，政党的领导力最大可能地分布到基层，决策制定者是那些对“在地情况”最了解的人和富有才华的问题解决者，他们能够及时响应选民需求，量身定制一些切合小众群体的政策主张，引入更多普通民众参与到政党的运作中。传统政党也进行组织改革以适应网络社会的崛起，比如开放政党、党组织扁平化、增加互动性和基层党工的自主性等措施。同时政党仍保留比较明晰的意识形态和领导核心。这让传统政党的组织结构带有“联邦制”的色彩。但是传统政党转型的道路并非一帆风顺，比方像国民党，受制于金字塔式的组织结构，要彻底适应网络时代的要求，还有很长的路要走。

7. 潘林峰，《20 多年来台湾政治若干问题研究综述》（《现代台湾研究》2016 年第 3 期）指出，台湾政治研究，亦即研究台湾地区的政局演变、政治体制、政党政治、选举制度、政策走向以及意识形态等方面，是区域研究中一个特殊的领域，如今已发展成为一种跨学科的“科际整合”的研究，有关的学科领域，如历史学、政治学、经济学等理论与学说，在大量的研究著作中都同时被交叉、反复引用。20 世纪 80 年代末、90 年代初，对台研究最初的主要对象是国民党各项方针政策、岛内政局、党外运动和海外“台独”活动。文章通过对学界 20 多来在台湾研究的理论方法，以及在台湾政局、政治体制、政党政治、选举制度、对外关系和“台独”问题等方面的主要研究成果进行梳理与概述，得出结论，20 世纪 90 年代初以来，学界对台湾政治的研究，经过 20 多年的探索创新和学术积累，已从过去较为封闭的政策性研究，逐步转向多视野的学术性研究，呈现出较为完整的专业结构和课题结构，取得了丰硕的科研成果。总之，随着近年来台湾研究队伍的不断扩大，以及两岸学术交流的日益增多，研究范围在逐步扩大，研究方法也在不断创新，研究成果在数量和质量上均有显著提升。但与此同时，也应关注学术研究与对策研究的结合问题，从而把成果转化为对策，以更好地为国家统一大业服务。

8. 王琼，《台湾政党新态势、影响因素及未来走向》（《台海研究》2016 年第 4 期）介绍了民进党赢得“大选”后的台湾新态势、影响因素及未来走向。作者认为，2016年“大选”后，台湾政党政治发展将出现新态势与新特点，主要有以下几点：一是“一超独大，急独蹿升”格局令两党制制衡功能弱化；二是国民党侍从型组织系统崩解，本土化发展趋势将持续加深；三是阶层分化加剧与认同感政治兴起，公共新政成政党主要动员论述；四是民进党“台独”立场未变，岛内治理体系不稳定性、断裂性风险上升。作者认为，促使岛内政党政治格局发生转变的主要因素有：一是台湾经济低迷、贫富分化产生阶层结构变动的衍射；二是国家认同错位与低质化民主发展的负面效应；三是大陆快速崛起及绿营操弄带来民众焦虑感的投射；四是全球性反体制社会运动与思潮的助推。文章最后指出，随着岛内政治、经济、社会等因素的变动发展，未来一段时期，政党政治发展将呈现以下特点：国民党衰退变革加速，岛内仍将维持蓝绿二元政党格局；台湾社会诉求呈碎片化趋势，政党加快朝“去族群化”“同质化”方向发展；第三势力蓬勃发展，但长远看政治空间有限，其表现为：一是“立委”单一选区两票制的设计有利大党发展，在“赢者全拿”的形势下，基层系统薄弱、缺乏政经奥援的小党只能在夹缝中生存。二是岛内蓝绿对峙的二元结构压缩小党空间，第三势力总标榜走蓝绿之外的“第三条”道路，试图在政策上凸显与蓝绿的差异性，但却常常面临路线、主张与大党重合、被大党吸纳或称为大党侧翼的困境，政党社会基础也因此易被大党侵蚀，在激烈选举斗争背景下往往变成大党的附庸。

9. 张冠华，《台湾政党再轮替后两岸经济关系走向探析》（《台湾研究》2016年第5期）指出，民进党重新执政后未明确承认“九二共识”，两岸经济合作机制与平台面临坍塌，两岸相互经贸政策将由良性互动转向博弈，岛内社会对两岸经济合作的看法也产生复杂变化。同时，全球经济与两岸变局使两岸经济关系步入新的转型期，出现市场动能转换、产业竞合、利益分配等新问题，有赖于通过更高水平的制度化合作来加以解决。政经因素的叠加冲击，将延长两岸经济关系转型“阵痛期”，对台湾经济与两岸关系均将产生不利影响。作者认为，虽然台湾新领导人一再称将维持“两岸关系现状”，但新执政当局呈现的政策理念与动作，预示着两岸经贸政策互动将由2008年以来的良性促进转向政经博弈。其表现为：第一，台湾新执政当局提出的经济发展新模式，蕴含着经济上与大陆渐行渐远的政治理念。第二，两岸经贸政策将由良性互动转向复杂博弈。长期以来，民进党的大陆经贸政策虽然有所波动与调整，但总体上是采取抵制态度。第三，台湾对外经济关系将转向“国际优先”。总体上，未来台湾当局无论在宏观经济政策、大陆经贸政策以及对外经贸政策上，其政策理念与思路是基于民进党的政治立场而确立的经济策略，与李、扁执政时的理念相同。两岸经济关系中出现的新问题可能放大，第一，两岸产业竞争性发展领域将增多。第二，两岸及岛内不同群体利益分配将更加复杂化。第三，两岸经济交流与台湾参与区域经济合作的良性互动态势可能中断。文章最后作者总结道：首先，两岸经济关系不确定性升高，必将对台湾经济形势及未来转型升级方向产生重要影响。其次，近年来两岸经济关系出现的一些新问题如果不能化解反而放大，对两岸经济关系将产生深远不利影响。最后，两岸经济关系走向对两岸关系的影响趋于复杂。

10. 孙冬雪，《台湾政局与两岸关系发展——大陆专家学者解读蔡英文就职演说》（《两岸关系》2016年第6期）指出，2016年5月20日，蔡英文发表就职演说，带着“一党独大”的民进党“完全执政”，台湾蓝绿政治版图彻底翻转。蔡英文就职演说长达6000字，但攸关台湾经济发展与前途命运的两岸议题却被放在所谓区域和平稳定之后，只有不到400字。尽管这篇演说调动了民进党不少智囊高参挖空心思、精心准备，并被其幕僚称为“已释出最大善意”，但面对两岸同胞乃至国际社会最为关注的是不是承认“九二共识”，演说着实令人失望。演说刻意回避“九二共识”及其核心意涵。“九二共识”明确界定了两岸关系的性质，是两岸关系和平发展的基石。舆论普遍认为，是否承认“九二共识”，认同两岸同属一个中国，关乎两岸关系发展方向，是检验蔡英文就职演说的核心指标。作者认为，虽然蔡英文推动对外政策面临诸多结构性因素的制约，但受岛内外诸多不确定性因素影响，其仍可能给中国大陆和两岸关系带来一些挑战。台湾当局新领导人在两岸同胞最关切的两岸关系性质这一根本问题上采取模糊态度，没有明确承认“九二共识”和认同其核心意涵，没有提出确保两岸关系和平稳定发展的具体办法。这是一份没有完成的答卷。面对岛内新变局，大陆对台大政方针不会改变的集中体现之一，就是坚定不移地坚持两岸关系和平发展的政治基础。台湾当局新领导人要“维持现状”，要继承和扩大两岸关系和平发展成果，就必须对两岸关系的性质这一根本问题做出明确回答。台湾当局新领导人必须完成没有完成的答卷。台湾政局的变化不可避免会对两岸关系产生重大影响，但国际社会一个中国框架、两岸关系和平发展大局，将对台湾政局发挥强大的制约力量。

二、研究性著作简介

2016年学者们在台湾政党制度领域的研究性著作不多。研究内容聚焦在台湾南北差异及台湾“对外关系”转型上。与此同时，海峡两岸的关系也一直备受学者们的青睐。

（1）朱磊，《台湾政治经济社会文化地域结构对台湾南北差异的实证研究》（九州出版社2016年版）一书深度解析台湾政治、经济、社会、文化结构的地域差异，理论上可以丰富地域结构差异的成因与影响研究，特别是政治、经济、社会、文化等不同领域的交叉影响方式。主要内容包括：导语、台湾南北差异的历史脉络、政治南北差异、经济南北差异、社会南北差异、文化南北差异、实证分析及结论与建议。作者指出，近年来台湾南北政治、经济、社会、文化发展水平差异问题日渐突出，并对两岸关系产生深刻影响。深度解析台湾政治、经济、社会、文化结构的地域差异，有助于更全面准确掌握台湾政治经济社会文化生活的真实状况及深层次成因，有助于推进和丰富台湾内部结构研究的理论和实证分析，有助于对台湾工作的政策措施更加贴近实际和有针对性。

（2）徐晓迪，《台湾“对外关系”转型研究》（九州出版社2016年版）一书对“活路外交”的形成历史脉络、主要论述、整体结构、目的实质、正面意义、负面影响、发展趋势等进行了全面的考察，提出“两个面向”“四大活动”“五大特征”等看法。作者十分强调“活路外交”的目的和实质。他指出：“活路外交”策略虽是台湾当局对外政策的转型之作，但追求的目的与实质仍然没有改变，只是策略上做了更多柔性的调整。“活路外交”的目的主要有五个：一是巩固与“邦交国”之合作关系，为其“国际生存空间”保住“基本盘”；二是通过强化对美、对日实质关系，维系其“不统、不独、不武”两岸战略棋局；三是通过援外政策和推动台湾参与国际组织增强“中华民国”作为“主权国家”在国际社会中的能见度和认知度；四是积极参与具功能性、专业性的国际组织，进一步拓展“国际生存空间”；五是通过推动全面性“外交”，加强与国际接轨，以柔性力量在国际社会上把“中华民国”塑造成为一个民主、自由、“独立的主权国家”。在两岸关系出现大缓和的“融冰”之际，本书积极用意即对马当局“活路外交”策略运行机制的设计进行实证分析，提前预判“活路外交”今后之发展走向，为相关决策者提供可行性建言。

三、重要的学术会议概况

2016 年两岸举办的重要会议主要有第十八届海交会、第八届海峡论坛、第二十五届海峡两岸关系学术研讨会、第九届“交流与共享”研讨会、第四届海峡两岸教育论坛、两岸和平发展论坛、第七届和谐海峡论坛，两岸间的交流与研讨象征着两岸将循序渐进地推动两岸和平制度化框架。

1. 第十八届海交会

2016 年 5 月 18 日至 22 日，第十八届海峡两岸经贸交易会（海交会）在福州海峡会展中心举办。本届海交会继续凸显海峡特色，吸引了台湾地区 19 个商协会及机构团组、610 家参展商前来参加，增比为 5%。主要展示了台湾精品、优质食品、伴手礼、两岸茶用品、绿色建材产品等。据了解，本届海交会台湾馆有 3 项首创：首次设立台湾精品馆、首次设立 O2O 台湾精品线上商城、首次设立食品以外产业区。历经 20 年发展，海交会已经成为促进两岸经贸往来、推动福州对外开放的重要平台，也成为台商寻觅商机的沃土。越来越多的台商正通过海交会融入大陆市场。

2. 第八届海峡论坛

2016 年 6 月 12 日 10 时，由两岸 77 家机构共同主办的第八届海峡论坛在福建厦门隆重举行。论坛挖掘“民间性、草根性、广泛性”的一贯特点，共安排了论坛大会、青年、基层、经贸四大板块 19 项活动，并且依然延续了“扩大民间交流、促进融合发展”的大主题。论坛呈现出的用基层能量和民间动力不断为和平发展接续力量的鲜明特点，让担忧两岸关系前景的人们更加深刻地认识到，两岸关系和平发展的根基在基层，动力在民间。中共中央政治局常委、全国政协主席俞正声出席论坛开幕式并致辞。全国政协副主席、台盟中央主席林文漪，十届全国人大常委会副委员长、中国关工委主任顾秀莲，中共福建省委书记尤权、省长于伟国、省政协主席张昌平，中央台办主任张志军，海协会会长陈德铭，中华全国总工会党组书记、副主席、书记处第一书记李玉赋，致公党中央常务副主席蒋作君，国家有关部委领导，省委、省人大、省政府、省政协领导，以及来自台湾的中国国民党副主席胡志强、新党主席郁慕明、亲民党秘书长秦金生、无党团结联盟荣誉主席颜清标等两岸各界人士 1700 多人出席论坛大会。

3. 第二十五届海峡两岸关系学术研讨会

2016 年 7 月 26 日至 27 日，由全国台湾研究会、中华全国台湾同胞联谊会、中国社会科学院台湾研究所主办，以“维护共同基础，增进两岸福祉”为主题的第二十五届海峡两岸关系学术研讨会在成都举行。来自海峡两岸、港澳以及海外的百余位专家学者，围绕两岸关系发展面临的新形势与新问题、两岸经贸合作发展前瞻、加强两岸文化教育交流的建议等议题，进行了广泛而深入的探讨。中华全国台湾同胞联谊会党组书记苏辉出席并致辞，中国社会科学院台湾研究所所长周志怀、中华全国台湾同胞联谊会副会长纪斌、全国台湾研究会常务副秘书长杨幽燕等领导及两岸专家学者与会。周志怀主持开幕式。开幕式当天上午，刘国深、杨开煌、郑剑、戚嘉林、曹小衡、魏艾等两岸6位专家学者，就"台湾政党再轮替对两岸关系的影响""官民分离的两岸关系""英国'脱欧'事件对两岸关系的启示""新形势下两岸关系之发展前瞻"等议题展开了主题演讲。

4. 第九届"交流与共享"研讨会

2016年9月20日至26日，台盟北京市委2016年"交流与共享"研讨会在京隆重举行。这是台盟北京市委自2008年以来连续举办的第九届研讨会。台盟中央、全国台联，中共北京市委统战部，北京市人大、市台办、市政协、市台联、市各民主党派、工商联等单位，以及来自台湾的部分政党、社团的负责人及退役将领等代表人士，与中国人民大学政党研究中心、北京联合大学台湾研究院等在京台湾问题专家、学者和台盟盟员共150多人出席了研讨会开幕式。北京市政协副主席、台盟北京市委主委蔡国雄致开幕词，台盟中央副主席杨健、台湾海基会原顾问朱瓯分别致辞。开幕式由台盟北京市委常务副主委陈军主持。蔡国雄在致辞中表示，过去8年，两岸双方在坚持"九二共识"、反对"台独"的共同政治基础上，开辟了两岸关系和平发展道路，实现了两岸全方位大交流的良性互动。8年来的两岸关系发展，得到了两岸同胞的广泛支持，也得到了国际社会的普遍肯定，这是有目共睹的，也是不容否认的，将写入史册。今年以来，台湾政局发生重大变化，两岸关系何去何从，牵动着亿万同胞的心。两岸同胞是血脉相连、不可分割的一家人。家庭和美幸福、社会繁荣稳定、台海和平安宁、民族团结复兴，是两岸同胞的共同心愿。把这一美好的愿望变为现实，需要两岸同胞共同做出努力。

5. 第四届海峡两岸教育论坛

为了进一步加强两岸学校发展与教育创新，由国台办海峡两岸出版交流中心、中国教育科学研究院、福建师范大学主办，郑州市郑东新区管委会、中国教育科学研究院基础教育研究所承办的第四届海峡两岸教育论坛于2016年9月24日在郑州举行。海峡两岸出版交流中心主任钟河林、福建师范大学两岸文化发展研究中心主任王耀华、中国教育科学研究院副院长陈子季、河南省教育厅副厅长尹洪斌、郑州市副市长刘东、台湾政治大学副校长张昌吉、台湾省教育会理事长李建兴，以及来自海峡两岸60多所高校、科研机构的专家学者、中小学校长及师生代表等150余人参加论坛。本次论坛以"学校发展与教育创新"为主题，会期2天，分设9个分论坛。与会专家学者围绕两岸教育交流合作及改革发展等议题，就教育理念、教育政策、教育实践、课程教材比较研究等进行了深入研讨。

6. 两岸和平发展论坛

2016年11月2日至3日，两岸和平发展论坛在北京隆重开幕，来自两岸的200多名代表围绕"政治互信与良性互动、新经济发展与两岸合作、文化传承与创新、深化两岸民间交流、两岸青年探索新愿景开辟新前途"等议题展开交流和对话，对未来两岸和平发展提出建设性意见和建议。论坛发布了40多项2017年两岸交流项目信息，包括第三届两岸大学生创客营、台湾大学生江苏实习就业特训营、第二届海峡两岸学生棒球联赛、第十六届台湾学生“北国风情”冬令营、丁酉年春季妈祖祭祀大典、第二届京台青年创新创业大赛、第一届we爱·两岸青年微电影大赛等。相比以往由国共两党主办，本届论坛的主办方改为两岸各10家民间团体。它们是大陆方面：海峡两岸关系研究中心、全国台湾研究会、中国工业经济联合会、中国生产力促进中心协会、中华文化联谊会、中国文化院、中国社会工作联合会、中国高等教育学会、中华全国青年联合会、中国青年企业家协会；台湾方面：国政研究基金会、二十一世纪基金会、工商建设研究会、台湾上市公司协会、台湾电视剧制作产业联合总会、中华出版基金会、台湾总工会、台湾农会、青年发展基金会、海峡两岸公共事务协会。

7. 第七届和谐海峡论坛

2016年11月5日至6日，第七届和谐海峡论坛在泉州隆重举办。海峡两岸关系系会副会长孙亚夫出席论坛开幕式并做主旨演讲，福建省委常委、统战部部长、中国统一战线理论研究会两岸关系理论福建研究基地主任、福建省统一战线理论研究会会长、福建省海外联谊会会长雷春美出席论坛开幕式并致辞。全国台湾同胞联谊会副会长杨毅周，泉州市委书记郑新聪，福建省统战部副部长、中国统一战线理论研究会两岸关系理论福建研究基地常务副主任、福建省统一战线理论研究会常务副会长李家荣，福建省人大常务会华侨（台胞）工作委员会副主任朱清，福建省台湾同胞联谊会会长江尔雄，福建省政协港澳台侨和外事委员会副主任陈铭福，福建社会科学院副院长李鸿阶，台盟福建省委副主委李珊珊，泉州市委常委、统战部部长林万明，民革福建省委副主任樊美清，来自海峡两岸暨香港、澳门30多所高校、研究机构近60位专家学者，以及泉州市统一战线部分代表人士等100多人参加论坛。与会专家学者围绕“维护两岸和平，促进共同发展”主题展开研讨，无论是主题发言，还是分组研讨，不时呈现出许多新颖精彩的观点。与会代表共提交研究论文50多篇，其中港澳台地区的专家学者及其所提交的论文为历届最多的一次。

杨绪盟　中央社会主义学院中国政党制度研究中心副教授

附录二：国外政党制度研究

2016年，国内学界继续保持对国外政党建设与执政经验、国外政党政治新动向与政党制度新发展等问题的持续关注，形成丰硕研究成果。在研究问题相对稳定的同时，也有一些变化和新特点。例如，从管党治党的角度研究国外政党建设问题，是本年度相关研究的一大亮点；对民粹主义政党的关注明显增多；等等。

一、国外政党建设与执政经验研究

（一）国外政党建设的主要举措及经验研究

2016年，国内学界对国外政党建设的研究，有的从整体上入手，或梳理国外政党管党治党的制度方法，总结其经验，以期对中国共产党管党治党提供借鉴，或全面梳理某一政党一段时期的党建工作；有的则重点关注国外政党某一方面建设的情况，主要涉及其思想建设、作风建设等方面。

1. 国外政党建设整体性研究

对国外政党管党治党问题的研究，是此类研究的一大亮点。《当代世界与社会主义》杂志2016年第5期围绕国外政党管党治党问题开辟了一个专栏。其中，唐海军与王瑾的对话《热话题与冷思考——关于国外政党管党治党的经验教训及其启示》，认为国外大多数政党都是针对所存在的问题而采取相关措施管党治党，建立和健全党内各种规章制度和机制是国外许多政党近期推进管党治党的重要环节，加强党内监督是管党治党的重要范畴，党的领导人带头垂范对管党治党能够起到强有力的表率与引领作用。相关经验教训与思考有：管党治党、从严治党要把住理想信念这一关口；建章立制重要，遵规守制更重要；管党治党、从严治党，上要抓住“关键少数”，下要依靠广大党员；管党治党要讲究政治艺术，实现党的团结统一是根本目的；掌握现代科技工具，善于进行社会公关传播。吕元礼、黄锐波的《新加坡人民行动党管党治党的经验教训》总结了人民行动党管党治党的经验，包括：通过不陷入“意识形态”、坚守核心价值来熔铸共识；通过实行干部党员制度、建成精英型政党来纯洁队伍；通过党找人才、层层把关来凝聚力量；通过顺势走向一体多元、渐进推行竞争选举来变革组织；通过老一代主动退位让贤、新一代自行推举领袖来实现权力的自我更新。李紫莹《古巴共产党管党治党的基本经验与启示》一文认为，古共始终高度重视政党治理并采取有力措施加强自身建设：创造性地建设了马克思主义与爱国主义相结合的指导思想体系；坚持群众路线，始终把群众利益放在第一位，是巩固其执政地位的根基和生命线；严明党内纪律和监督，严惩腐败，是其长期执政的制度保证。靳呈伟《墨西哥革命制度党管党治党的制度方法及启示》一文认为，革命制度党在管党治党方面进行了许多探索，发展、完善了相应制度方法：在思想理论建设和传播方面，强调党的基本思想理论的本土性，通过专门的基本文件集中阐释党的基本观点主张，充分发挥专门职能机构在思想理论建设和传播过程中的作用；在党内民主建设方面，通过民主程序选举党的领导干部，推选公职候选人；在司法制度建设方面，由司法委员会负责奖励、惩罚以及维护党员权利，党员权利保护委员会负责保证党员拥有的权利得到尊重；在组织和作风建设方面，通过探索相应组织架构加强与民众的联系。方文的《老挝人民革命党管党治党的经验教训》在回顾人民革命党自1955年建党以来61年的光辉历程基础上认为，该党之所以能长期保持执政地位、得到人民群众的拥护和信任，一个重要原因就是高度重视自身建设，以党的思想理论建设、纪律建设、作风建设和制度建设为抓手，从严管党治党，其经验教训值得研究与借鉴。古小松《越南共产党管党治党的经验与挑战》一文认为，越共坚持马列主义指导思想和走社会主义道路的信仰，防止"和平演变"，加强制度化建设，坚持民主集中制原则，坚持党在法律框架内活动，扩大党内外监督，坚持不懈地开展整党建党，要求党员领导干部发挥模范表率作用，密切联系群众，开展批评和自我批评，大力惩治贪污腐败，改革党的领导，加强干部队伍建设，管党治党取得明显成效。除了专栏，《当代世界与社会主义》杂志2016年度也零星刊载了一些关于国外政党管党治党的文章。如第3期刊载的陈松友、刘帅《国外执政党建设对中国共产党全面从严治党的启示》一文认为借鉴国外执政党建设经验，推进全面从严治党工作，应注意：推动理论创新，补足精神之"钙"；抓好组织建设，紧密团结群众；完善党的制度体系，提高依法执政能力；倡导廉政文化，加强干部监管。当然，其他杂志也刊载了相关文章。如中共中央对外联络部课题组《国外政党严格管党治党的启示》（《中国浦东干部学院学报》2016年第5期）一文认为，冷战结束特别是新世纪以来，针对新环境、新困难和新挑战，部分国家的政党采取了诸多举措来严格管党治党，其基本特点包括：以治理党内普遍的管理松弛为重点，以建章立制、健全完善规章为抓手，以加强党员干部理想信念教育为着力点增强其对党的忠诚与奉献度，以强化党的纪律约束、严治党内各种乱象和丑闻为突破口提升党的行动能力。

对国外某一政党一段时期党建工作进行梳理的研究不多，相关研究主要聚焦于国外的共产党。陈元中、李琳《越南革新30年来党建工作的创新发展》（《当代世界与社会主义》2016年第6期）一文认为越共党建工作革新30年的发展创新主要体现为：按照政治革新的总体部署，进一步明确党的本质、权限和责任，全面深刻地明确建设社会主义法权国家和社会主义定向市场经济条件下党的建设的重要任务，确定党的思想基础并不断提高党的思想理论建设质量，不断改进党的领导方式以提高党的领导能力和执政能力。

2. 国外政党某一方面建设研究

（1）国外政党思想建设研究

对国外政党思想建设的研究关注的主题广泛，涉及国外政党的意识形态、价值观、理念等问题。

国外政党意识形态方面，宋雄伟《论政党认同中的意识形态转型——基于2005-2010英国保守党的案例分析》(《理论研究》2016年第3期)一文认为，意识形态转型是政党在现代政治中获得认同的关键因素之一，2010年英国大选保守党未能赢得绝对多数是因为其意识形态未能实现清晰定位。张浩成《统一俄罗斯党的意识形态探析》(《上海党史与党建》2016年第8期)一文认为，统俄党的意识形态以保守主义为基调，强调重视俄罗斯伟大的思想、文化和制度传统，同时带有突出的民族主义、爱国主义、孤立主义倾向，存在对抗西方的因素。其中强调社会稳定的思想符合俄罗斯民众的心理期待，但保守主义作为官方意识形态会对俄罗斯的现代化产生负面影响。

国外政党价值观方面，闫杰花《越南共产党价值观的生成及演进》(《当代世界与社会主义》2016年第1期)一文从价值观的角度对越共进行了分析，革命时期，越共以“独立、自由、幸福”为核心价值理念带领人民争取民族独立、实现国家统一、获得人民自由和幸福；革新时期，越共在继承“独立、自由、幸福”核心价值理念基础上把“民富、国强、民主、公平、文明”作为自身价值目标，探索了自身价值观建设的内容与方式；展望未来，越共价值观将朝着自身价值观与党员价值观整合与统一、自身价值观与社会价值观融合与互动、自身价值观与青年价值观引领与反哺的方向发展。

国外政党理念方面，孙景峰、刘佳宝《2015年新加坡大选与人民行动党理念嬗变》(《厦门大学学报(哲学社会科学版)》2016年第1期)一文认为，人民行动党在2015年大选的成功得益于其执政和选举理念的嬗变。适时调整政策化解民怨、保持忧患意识、给异己势力保留合法渠道等做法使其实现了自我完善和更新，也赢得了民心。吴家庆、李风华《从美国梦看美国民主党的合法化能力建构》(《求索》2016年第10期)一文认为，美国梦集中体现了美国政党的合法化能力。民主党的美国梦建构蕴含自由理念、平等理想、包容、进步主义以及美国例外论等重要内容。基于此，民主党在社会认知上承认阶级分化的现实，政治逻辑上诉诸自由与暴政的二元对立，情感交流上倾力打造领袖魅力形象，话语系统上强调“变革”的未来色彩，传播工具上善于利用媒体。民主党美国梦之所以成功，一是因为其根植于对民众利益和时代发展的把握，二是在于它的概念化和体系化，三是在于叙述方法、技术和手段的创新，四是民主党的美国梦本质上是基于资产阶级利益的意识形态宣传。

(2)国外政党作风建设研究

梁薇《越南共产党加强党性修养和作风建设的主要做法》(《当代世界》2016年第5期)一文认为，越共加强党性修养和作风建设的做法值得借鉴：一是将筑牢理想信念作为支柱，教育全党坚定不移坚持共产党领导和社会主义方向；二是将提高政治理论水平作为基石，要求全体党员重视学习和运用马列主义、胡志明思想；三是将消除党内不正之风作为主要手段，遏制党内政治思想、道德品质和生活作风蜕变现象；四是将大力防治腐败作为重要利器，要求全体党员做清正廉洁的表率；五是将密切联系群众作为根本要求，要求全体党员重视发挥人民群众的巨大力量；六是将干部队伍建设中“德”的标准作为有力保障，要求全体党员政治坚定、德才兼备。

(3)国外政党增强与民众联系研究

吴俊刚《新加坡政党的基层工作：议员如何联系选民》(湖南人民出版社2016年版)

一书以人民行动党的工作为例分析了新加坡政党的基层工作。该书认为，人民行动党长期连续执政的微观原因中，执政党与选民联系沟通的能力起很大作用。执政党国会议员在地方上（选区里）的工作是其中很重要的一个环节。熊辉、谭诗杰、吴晓《新加坡人民行动党的群众工作经验与启示》（《当代世界与社会主义》2016 年第 1 期）一文指出，人民行动党以务实的民本理念保证服务人民的坚定性、以独特的制度设计保持党群联系的紧密性、以全面的基层组织建设保障群众工作的有效性、以高效的廉政建设维护政党形象的廉洁性，成为一个密切联系群众、拥有巩固的群众基础的执政党。付红盾《瑞典社民党联系民众的方法与启示》（《上海党史与党建》2016 年第 11 期）一文认为，在经济全球化背景下，政党的活动方式，尤其是联系民众的方法和途径必须根据新形势、新任务以及时代发展需要与时俱进。面对新形势，社民党能注重完善反腐败体系以凝聚民心，不断加强党联系民众的组织建设以获取选民支持，创新联系民众方式，增强民众对党的了解以扩大政党影响力，发展经济实现社会公平和平，使其得以在瑞典长期执政。

（4）国外政党形象建设研究

王慧《新加坡人民行动党形象建设的经验》（《河南师范大学学报》（哲学社会科学版）2016 年第 2 期）一文将人民行动党加强形象建设的经验归结为：发展形象，坚持经济优先的发展战略，注重公共产品供给；亲民形象，密切联系群众，拓展民情沟通渠道；廉洁形象，加强廉政建设，提高民众对执政党的认同。

（二）苏共亡党的教训研究

相关研究主要从苏共领导人的理论素养、党群关系、特权等角度探讨了苏共亡党的原因，总结了其历史教训，明确了其对我们全面从严治党的启示。刘舸《苏共高层领导人的理论素养与苏联兴亡》（时事出版社 2016 年版）一书以苏共高层领导人的马克思主义理论素养作为研究苏联兴亡的核心线索，在深刻反思苏联亡党亡国的根本原因及其历史教训的基础上，论证了苏共高层领导人的理论素养与苏共和苏联社会主义前途命运的内在联系，是研究苏联亡党亡国的新视角。作者从以列宁为核心的苏共第一代领导人和以斯大林为核心的第二代领导人谈起，贯穿研究了以赫鲁晓夫为核心的第三代领导人、以勃列日涅夫为核心的第四代领导人以及以戈尔巴乔夫为核心的第五代领导人的理论素养问题，揭示了无产阶级政党高层领导人的马克思主义理论素养，直接决定了其坚持马克思主义的理论定力，进而决定党和社会主义事业的兴衰成败。魏丽、吴琼《从党群关系看苏共亡党教训对中共从严治党的启示》（《新疆师范大学学报》（哲学社会科学版）2016 年第 1 期）一文认为，正确处理党群关系是共产党的执政基础，苏共亡党前夕，形式主义泛滥、官僚主义日益严重、享乐主义思想不断蔓延、奢靡之风盛行，因而失去民意。这昭示着，如果长期漠视人民群众提高生活水平的要求，长期把人民群众排除在国家权力的圈子之外，会从根本上损害党群关系，最终党也将被人民群众所抛弃。吴宁、王璐《特权与苏共亡党的现实启示》（《观察与思考》2016 年第 1 期）一文认为，特权及其滋生的腐败是苏共亡党的重要原因。苏共的特权有一个从产生、形成到蜕变的过程，特权对于苏共失去民心、失去执政基础起着决定性作用，由于没有采取有效的限制和监督措施，日益庞大的特权阶层和日趋严重的特权现象最终导致苏共亡党、苏联亡国。苏共亡党的教训启示着，必须把权力关进制度的笼子里，坚决反对特权，抑制特权阶层的恶性膨胀，保证权力为人民服务。

（三）不同类型政党执政的经验教训与启示研究

2016 年国内学界关于国外政党执政经验教训的研究主要涉及执政经验、得失政权经验教训、执政面临的挑战等问题。

1. 国外执政党执政经验研究

相关研究有的关注了某一政党，有的关注的重心是某一类政党，有的则重点关注某一地区的政党。相关研究切入问题的角度也各有不同，有的从执政理念角度进行研究，有的则从某一方面的实践切入。

对某一政党执政经验的研究方面，新加坡人民行动党作为长期成功执政的典型，依然是相关研究关注的热点。陈文、袁进业、黄卫平《新加坡人民行动党长期执政的合法性建构研究——基于 2011–2015 年新加坡大选的跟踪调查》（《中共浙江省委党校学报》2016 年第 3 期）一文认为，执政合法性是被统治者对统治者统治正当性的认可，是特定政党能否有效执政的前提和基础。新加坡人民行动党在领导人民争取国家独立和去殖民化斗争中做出的重要贡献，为其赢得了执政的历史合法性；独立建国后，又成功引领新加坡从贫困的东南亚岛国，一跃成为世界上最为富裕的国家之一，为其长期执政奠定了坚实的绩效合法性基础；在长期执政的条件下，人民行动党始终根据特定国情和民意发展，循序渐进实施竞争性政党制度，探寻在宪政法治约束下有效驾驭竞选的能力，不断迎接人民选择、反复接受大选考验，以量化的民意为指引，精准回应民众诉求，坚持把长期执政建立在多数选民法定选择的程序合法性基础之上，从而建构起该党长期执政的三重合法性保障。马树颜、臧秀玲《新加坡人民行动党治国理政的法治经验与启示》（《中央社会主义学院学报》2016 年第 1 期）一文认为，人民行动党及其领导人从执政开始就把依法治国、积极维护有利于新加坡生存发展的良好社会秩序作为其致力实现的重要执政目标，并始终如一地坚持和贯彻。坚持将强化执政党领导权威与坚持法治至上精神相结合，将法治的普遍性原理与本国法治实践相结合，将儒家伦理道德约束与严厉的法律惩罚相结合，将推进民主发展进程与推进依法治国理政相结合，这些都极具借鉴价值。王高安《站高一步　退后一步——新加坡人民行动党“党无处可见、无处不在”原则对我国基层群众自治工作的启示（上）》（《上海党史与党建》2016 年第 1 期）一文认为，人民行动党奉行“党无处可见，无处不在”的原则，具体表现为：该党总部低调，但新加坡国家建设成果为世界和本国人民高度认同；党员人数从不公布，但掌握政府大权、身居国家要职的都是党从社会各阶层、各领域、各行业物色、吸纳、凝聚的已经成功的优秀人才出身的干部党员；基层党组织数量不过百，但遍布全国的人民协会领导的基层组织都是对全国进行掌控的组织网络节点；经费没有国家的财政拨款，但基层组织 90% 的基础实施费用和 50% 的日常经费支出都由人民行动党政府负责。人民行动党政府主导下的新加坡社会治理模式坚持人民行动党政府主导，制定社会发展和社区事务政策规划；法定机构组织具体负责，架设加强政府与民间组织和公民联系沟通的桥梁；以基层组织为神经网络，搭建社区治理的组织架构和网络体系；以民众参与为基础，构建社会治理的关键性基础环节。

对某一地区政党执政经验的研究方面，袁东振《拉美国家政党执政的经验与教训研究》（中国社会科学出版社 2016 年版）一书选取墨西哥、阿根廷、巴西、委内瑞拉、智利、秘鲁、古巴、玻利维亚等国家的主要政党进行了案例式研究，重点研究了这些政党的政治立场、理论倾向与执政理念、应对政治经济和社会难题的主要对策以及党的思想和组织建设的基本做法，对相关政党执政的经验进行了分析、归纳和总结。

从执政理念角度开展的相关研究，主要有张有军《西欧社会民主党执政理论与实践研究》（中国社会科学出版社 2016 年版）一书。该书阐述了政党执政的一般理论，分析了政党执政的体制机制，回顾了西欧社会民主党发展的历史进程，剖析了社会民主党的执政理念，考察了社会民主党的执政历程，并对英国工党、法国社会党、德国社会民主党和瑞典社会民主党的执政实践进行了重点剖析，从执政理念、执政方式、执政主体等方面深刻总结了社会民主党的执政经验。

从某一方面的实践切入的研究方面，陈锦荣《瑞典社会民主党的劳资关系治理实践与经验启示》（《中共济南市委党校学报》2016 年第 2 期）一文以梳理瑞典劳资关系的调整历程为逻辑起点，总结了社民党治理劳资关系的经验：一是发挥社民党在劳资治理中的主导作用，二是保持劳资双方的力量均衡，三是兼顾劳资双方的利益诉求，四是通过法制手段规范劳资关系，五是通过对话协商解决劳资纠纷。

2. 国外政党得失政权经验教训研究

关于国外政党胜选，李雅男《土耳其正发党大选获胜原因及面临的挑战》（《国际研究参考》2016 年第 2 期）一文认为 2015 年土耳其议会选举正发党之所以获胜，主要基于以下原因：安全形势急剧恶化、民心求稳，为正发党重新赢得民众支持创造了有利条件；埃尔多安及正发党政府助推紧张气氛，通过操纵库尔德问题削弱反对党派。正发党执政面临多重挑战，包括：政治极化趋势难以逆转，政策弹性空间变小；经济转型困难，金融风险增大；外交陷入困境，进退失据；安全形势恐继续恶化，短期无好转迹象。

关于国外政党丧失执政地位，陈刚《民主党政权的速兴骤亡研究：日本 2009-2012》（社会科学文献出版社 2016 年版）一书从 2009 年日本民主党执政后的政策调整出发，从民主党执政后针对财源困境解决、政官关系调整、区域经济一体化参与、能源政策选择、派阀政治复生、岛屿争端复燃、冲绳基地搬迁七大问题的政策着手，研究了民主党政权速兴骤亡的始末及其背后所展现的人心向背。徐帅《合法性视角下印度国大党丧失执政地位的原因探析》（《上海党史与党建》2016 年第 10 期）一文认为，经济发展缺乏绩效而陷入合法性困境、腐败盛行侵蚀了执政的合法性基础、家族政治吸引力下降和国大党组织建设的不健全，导致国大党在 2014 年的印度大选中惨败。相关教训有：执政党必须通过发展经济来不断满足民众需求，推动社会进步，根据形势变化不断适时地调整目标和策略、制定切实合理的政策；必须重视自身的建设，注意维护党的团结；必须正确看待和使用手中的权力。

3. 执政党面临的挑战及其应对研究

相关研究主要聚焦于国外一些长期执政的政党因执政的生态环境变化而面临的挑战，也梳理了一些政党应对挑战的举措及相应政党的转型乃至一些国家政党格局的变化。孙景峰、王元元《论新加坡人民行动党政党权威面临的挑战》(《探索》2016 年第 4 期)一文分析了 21 世纪以来人民行动党执政的生态环境发生的深刻变化，认为人民行动党主导的新加坡经济对国际环境的依赖程度加深，难以维持高速增长和稳定发展态势，加上收入分配不尽如人意，人民行动党经济能力的展现遇到瓶颈，权威的有效性基础在很大程度上遭到侵蚀；世界民主化浪潮的冲击使得民众对人民行动党的认同感降低，反对党因生存环境的改善而不断壮大，人民行动党对各项权力的垄断性控制广遭诟病，其权威面临着新的合法性压力；国内社会结构的变化和人员在国际间的流动使得人民行动党的魅力不再凸显，凝聚力和向心力不断减弱。刘力锐、季盛清《非洲左翼政党长期执政的挑战与政党转型》(《当代世界与社会主义》2016 年第 6 期)一文认为，持续发展的压力、政党格局的变动、系统腐败的延续、政治民主的滞后、西方民主的输入是非洲左翼政党长期执政的主要挑战。非洲左翼政党要保持和强化长期执政地位，必须实现向团结政党、廉洁政党、现代政党和开放政党的转型，成为引领非洲经济社会发展的领导核心。以执政有效性和执政合法性为核心，实现向现代化执政党的转型，是长期执政的必由之路。张凯《2016 年地方选举与南非政党格局的新变化——兼谈执政党非国大支持率下降问题》(《当代世界》2016 年第 9 期)一文认为，经过种族隔离制度结束后 20 多年的发展，南非的社会结构正在发生深刻变化，而作为执政党的非国大不仅未能有效应对社会结构的变化，反而在这一潮流中因党内派系之争、干部腐化等原因导致组织形象遭到严重损害，在 2016 年地方选举中呈现衰退性走势。非国大亟须思考如何在变化了的社会结构和组织形象弱化的现实中，及时调整政策和策略，这一调整的核心是改变经济增长乏力的困境，同时着力强化党员干部与基层群众的联系，积极改善日趋弱化的组织形象，重塑非国大的“组织品牌”，从而稳步提高自身的影响力和吸引力。

二、中外政党政治与政党制度比较研究

2016 年国内学界关于中外政党政治与政党制度比较的研究成果较少。韩宏亮《中西方党际监督比较研究及启示》(《理论导刊》2016 年第 7 期)一文从党际监督的角度进行了思考。文章认为，党际监督是特定政治体系中不同政党对彼此政治行为的相互监督，其实践形态丰富多彩。中西方党际监督赖以进行的经济基础、置身其中的政治体系、体现出的党际关系及彼此的监督目的不同，但其监督途径、监督内容、监督机制及监督作用具有相同之处。党际监督与政党制度具有内在的一致性，党际监督应使执政党始终具有危机感和紧迫感，党际监督应充分调动政党监督的内在动力。

三、国外政党政治及政党制度发展研究

（一）国外政党发展研究

国外某种类型政党的发展变化研究

（1）国外左翼政党发展变化研究

2016年关于左翼政党的研究对象主要是欧洲、美洲、亚洲的社会党、共产党和工人党，研究主题包括左翼政党历史变迁、思想理念变化、政策调整、组织转型、发展趋势、面临困境与调适等，也有研究关注了左翼政党对某些具体问题的态度和看法。

其一，国外共产党发展变化研究。

2016年度关于国外共产党发展变化的研究，成果数量多，关注的范围、主题广泛。

有的关注了共产党国际会议或区域性会议。国际会议方面，王喜满、张瑜《第十七届共产党和工人党国际会议的成果、特点与作用》（《当代世界与社会主义》2016年第1期）、关巍《"后"金融危机时代世界社会主义运动的前途与命运——基于对第十七届共产党和工人党国际会议的考察》（《社会科学论坛》2016年第10期）等文章对第十七次共产党和工人党国际会议的情况进行了介绍，并做了分析。区域性会议方面，杨成果《2015年欧洲共产党会议的政策主张》（《当代世界与社会主义》2016年第3期），王喜满、张瑜《欧洲共产党和工人党"倡议"评介》（《马克思主义研究》2016年第7期）和王喜满、王芳、华玉龙《欧洲共产党区域联合的新动向：欧洲共产党和工人党"倡议"评析》（《当代世界社会主义问题》2016年第2期）等文章关注了欧洲共产党会议。

有的关注了某一地区的共产党。刘淑春《独联体国家共产党的理论与实践》（中国社会科学出版社2016年版）一书介绍了独联体国家共产党的基本情况，通过梳理独联体共产党20多年的理论与实践，阐述了对这一地区共产主义运动发展的特点、存在的问题及前景的看法，形成了对完善中国特色社会主义的启示。靳呈伟的《多重困境中的艰难抉择：拉美共产党的社会主义理论与实践》（中央编译出版社2016年版）一书以拉美各国共产党与其所面临的生态环境的互动为主要线索，在简要梳理拉美共产党所面临的独特生态环境的基础上，全方位展示了拉美各国共产党的思想理论、政策主张、组织状况和社会实践，通过对拉美共产党与生态环境互动的案例分析，探讨了政党与生态环境的关系，揭示了支配政党生存、发展与功能发挥的规律，加深了对不同生态环境下政党政治运作的认识，抓住了拉美各国共产党的共性和个性问题，探讨了拉美共产党如何把马克思主义普遍原理与本国实际相结合的经验教训。

有的则重点关注某一共产党。2016年古巴共产党、越南共产党、老挝人民革命党和朝鲜劳动党均召开了代表大会，多项研究介绍了相关情况并进行了分析。张慧玲《从古共"七大"看古巴社会主义发展新动向》（《当代世界与社会主义》2016年第4期）一文聚焦古共七大，认为这次大会是在古巴经济社会模式更新逐渐进入"深水区"、古巴和美国关系明显改善等关键时刻召开的。从劳尔的中心报告可以看到古巴社会主义理论的新发展，主要体现在关于新时期古巴社会主义的特征、关于完善古巴社会主义理论体系、

关于计划和市场的关系、关于维护社会主义公平、关于政企分开的经济体制改革等方面。潘金娥《从越共十二大看越南革新的走向》(《当代世界与社会主义》2016年第1期)一文认为，越共十二大对革新30年的成就给予了充分肯定，并总结了经验和不足，提出了今后继续坚持社会主义革新的目标、方向、任务和主要指标。大会采用新的选举办法选出具有过渡性质的越共新一届领导班子。尽管越共政权暂且得以平稳过渡，但面临的问题和困难并未消除。王东、宋辰熙《革新开放以来越南共产党的适应性研究》(《当代世界与社会主义》2016年第1期)一文认为，越共主要采取了加强党风廉政建设、促进社会公平、抵御"和平演变"等措施实现政党转型。从政党适应性的角度看，越共实行革新开放的深刻动因是"恰当回应"国内民众的一系列政治经济诉求。王璐瑶《老挝人民革命党十大规划党和国家未来发展》(《当代世界》2016年第3期)一文认为，人民革命党十大是在老挝革新事业进入关键时期召开的一次重要会议，大会顺利实现新老交替，组建了"老中青相结合"的领导班子；大会强调继续坚持有原则的全面革新路线，从执行九大决议精神和30年革新开放实践中总结了七条宝贵经验，制定了今后一个时期的七大方针任务；大会分析国内外形势，明确提出中长期奋斗目标，强调可持续发展；大会重申将继承一贯的对外政策，积极主动融入地区和国际一体化进程；大会强调今后将重点加强党建工作，首次将凯山思想作为党的指导思想。在十大精神指引下，老挝人民革命党将继续加强党的建设，牢牢把握社会主义方向，进一步深化革新开放，不断探索符合自身国情的发展道路。张琏瑰《朝鲜劳动党"七大"释放的信号》(《领导文萃》2016年第16期)一文认为，朝鲜举行此次党代会的重要目的就是，在当前遭到国际社会严厉制裁情况下，通过几项重要宣布，对内稳定局势，对外缓解国际压力，为国际社会承认其核国身份铺设轨道：第一，朝鲜要向全世界宣示，无论是在发展核武器、强化军事能力、稳定国内政治，还是发展经济等各方面，朝鲜都取得了巨大成绩；第二，朝鲜要重申"决不弃核"的决心；第三，宣布它是一个"负责任的核大国"，不会搞核扩散，不首先使用核武器。郑继永《朝鲜劳动党七大的几个看点》(《世界知识》2016年第12期)一文认为，劳动党七大首要的意义是结束了内外危机导致的国家政治"非正常"状态，正式向国内外宣告朝鲜的党政体制步入正轨，从"旧常态"走向"新常态"：七大上出现了新称谓；经济领域在推进经济建设、优化经济管理、改善民生方面提出新措施，再次提出国家经济发展五年计划；将拥核"事实化"；外交战略方面，以拥核为前提，进攻性的、"堂堂正正的"对外战略针对所有外部势力，在朝韩关系方面，金正恩继承了金日成、金正日时代的政策，仍然强调"祖国统一三大宪章原则"、联邦制统一方案与驻韩美军撤离等主张。处于新旧转换时期的朝鲜在国家核心战略定位、国家体制、外交战略等方面是不是会出现新的转变，值得关注。

王杰《英国共产党建党若干问题辨析》(《当代世界与社会主义》2016年第1期)一文认为，国内学界对英共建党的研究和认识在一些重要问题上还存在值得进一步探讨的地方：英共成立主要是国内因素综合作用的结果，国外因素则是推动英共成立的外部力量；波立特参与英共创建的观点缺乏历史依据，实际上波立特并未从事过与英共创建有关的理论或实践活动；目前的关于参加英共成立大会的组织的说法都欠准确。吕耀东《日共坚持立党理念及组织特色发展历程探析》(《日本学刊》2016年第4期)一文认为，日共始终坚守无产阶级政党的本色和社会主义、共产主义理想信念，在长期艰难的政治实践中走“独立自主”的发展路线，提出应依靠自身力量来探索日本革命道路，将独立自主地探索日本式革命道路的理论路线写入党纲，运用合法手段进行政治斗争，始终保持共产党称号及立党理念，坚持日本式社会主义理论与实践相统一的发展方向。曹天禄、罗如新《论新时期日本共产党的“在野党统一战线”——基于日本第24届参议院选举的分析》(《当代世界与社会主义》2016年第6期）一文认为，日共针对第24届参议院选举提出了建立“在野党统一战线”和实现党势跃进的两大目标，强调建立“在野党统一战线”在选举中的重要性，预示着日共的统一战线工作迈入一个新阶段，建立“在野党统一战线”工作将常态化。

王静《印度共产党（毛主义者）的理论与实践研究》(社会科学文献出版社2016年版）一书系统研究了南亚共产主义运动的重要组成部分——印度毛主义运动80年代中期兴起以来的发展变化、特点及其对世界共产主义运动发展的重要影响等基本问题，探讨了印共（毛）产生的合理性和正义性。王喜满《塞浦路斯劳动人民进步党革新社会主义的理论与实践》(中国社会科学出版社2016年版）一书以塞浦路斯劳动人民进步党革新社会主义为题，对塞浦路斯劳动人民进步党的理论和实践进行了全面而系统的研究。冯燚《苏丹共产党对社会主义发展道路的探索》(《当代世界与社会主义》2016年第1期）一文认为，苏丹共产党对社会主义革命进行了积极的理论探索，表现为采取灵活的宗教政策、积极探索军事理论、制定适合苏丹国情的发展模式；在国内外重大问题上坚持明确和一贯立场，表现为支持阿拉伯民族主义、反对犹太复国主义和维护国家统一的政治立场。

其二，国外社会党发展变化研究。

关于社会党的变革，黄蕊《二战后德国社会民主党的改革》(社会科学文献出版社2016年版）一书认为，自二战结束后，德国社民党开始了一个系统有效的政党现代化过程，并形成了独具特色的政党改革路径。在此过程中，社民党进行了重要纲领更替、政党组织嬗变、不同时期执政政策转型，政党与社会组织、社会运动之间的关系调整等，以应对挑战，实现自身发展。薛松、柏兴伟《演进制度主义下的德国社会民主党变迁》(《德国研究》2016年第2期）一文则认为，德国社民党的演进依照两条重要路径，其一是内部指导思想和主导差异的变迁和互动，其二是为适应外部环境而做出的自我修正，具体地说是为了适应政治体制变迁和政党社会基础的变迁而做出的自我调整。

关于社会党的思想理念变化和政策调整，代金平、唐海军《近期社会党的社会公正理念与政策调整探析》(《当代世界与社会主义》2016年第6期）一文指出，21世纪特别是2008年国际金融危机以来，世界多国社会党在政策立场总体回调的背景下，出于政治上反击新自由主义思想与政策的战略考虑，在理念与政策上做了一些调整：一是高举社会公正口号，抢抓话语主导权；二是将社会公正作为竞选、施政和党的行动的优先目标；三是在政策理念上追求务实的、看得见的公平；四是在内容和形式上对社会公正给予扩延，推动更全面的公平；五是彰显社会公正的时代性和现实针对性，在理念、主张上表现出若干观念创新；六是从全球治理和发展模式革新的角度推动未来社会趋向更加公平公正。董沐夕《对澳大利亚工党“第三条道路”变革的探析》(《当代世界与社会主义》

2016年第5期）一文认为，澳大利亚工党自20世纪90年代中期以来确立了“第三条道路”的指导思想，以寻找解决澳大利亚经济和社会问题的有效途径，克服因意识形态右倾而陷入的身份危机，以平衡效率与公平为基本原则进行了政策调整和实践。以“第三条道路”为指导的澳大利亚工党事实上是将政治目标转向在资本主义制度内实现“社会主义价值”，这意味着该党仍然没有准确定义自身的政治属性，也不可能从根本上解决澳大利亚在资本主义制度下的固有弊端。新自由主义的盛行、福利国家危机本身就模糊了澳工党的身份，全球性的金融危机，通货膨胀、物价上涨、大量失业等社会问题的出现进一步加剧了澳工党已经存在的身份危机。现如今的澳大利亚工党已基本不再提“第三条道路”的口号，但并未放弃对“第三条道路”的探索。

关于社会党的组织转型，陈露、张小劲《欧洲社会党组织转型研究：以英国工党法国社会党德国社会民主党为例》（中国政法大学出版社2016年版）一书考察了英国工党、法国社会党和德国社会民主党的组织运作，分析了三个政党组织改革的背景、现代化进程、党内改革的客观原因以及党的领导层面的主观认识等，认为三个政党在组织层面、社会层面和政治层面扩大民主参与之战略选择方面存在趋同性。

关于社会党的发展趋势，向文华《社会党国际向亚非拉地区的渗透及其成效分析》（《当代世界与社会主义》2016年第2期）和《亚非拉地区社会党发展现状及其原因》（《当代世界社会主义问题》2016年第1期）梳理了社会党国际向亚非拉地区的扩展及发展现状。作者认为，社会党国际成立时只是“欧洲社会党的俱乐部”，但在随后半个多世纪中，社会党国际持续向亚洲、非洲、拉丁美洲地区渗透。2008年世界经济动荡以后，社会党国际在亚非拉地区的发展势头有所减弱。社会党国际内部的分裂削弱了其向外渗透与扩张的能力。亚非拉社会党快速发展的主要原因是：这些政党填补了冷战后因激进社会主义政党衰落而留下的政治真空；一些社会党的发展模式对该地区其他政党的示范作用；激进社会主义与新自由主义发展模式的失败促使该地区中左翼政党转向社会民主主义发展模式；社会党国际及其成员党对该地区中左翼政党的支持和吸引等。

关于社会党面临的困境与前景，邹国煜《德国社民党理论家托马斯・迈尔谈欧洲社民主义当前面临的问题、挑战及发展前景》（《当代世界》2016年第6期）一文介绍了德国社会民主党基本价值委员会副主席托马斯・迈尔关于欧洲社民党、社民主义部分问题的看法。迈尔认为，当前社民主义在整个欧洲处于守势，选民分裂弱化了欧洲社民党的影响力和地位，社民党面临多重压力和挑战，主要表现为：社民党相对于其他政党的独特优势正在逐渐丧失，社民党受到特定时期“大环境”的限制，颇有些“时运不济”的无奈，大众媒体的“去政治化”倾向对社民党造成冲击。郑东超编译的《奥地利前总理古森鲍尔谈欧洲社民党的现状、挑战及前景》（《当代世界》2016年第4期）一文介绍了奥地利前总理、社民党前主席阿尔弗雷德・古森鲍尔关于欧洲社民主义的最新情况、欧洲社民党参与欧洲政治所面临的困境及未来发展前景的分析。欧洲社民党前行路上不平坦，目前主要面临五大挑战，包括传统机制遭受质疑、金融危机的冲击、欧洲认同弱化、欧盟整合难尽人意以及来自欧洲社会心理层面的挑战。欧洲社民党未来前景难料，金融危机必然带来社民党的崛起这一论断经不起历史的检验和推敲。林德山《十字路口的欧洲社会民主党》（《人民论坛》2016年第10期）一文认为，欧洲社会民主党正处在需要做出方向性选择的十字路口：在选举政治中的得失不一，政治方略变得模糊。欧洲社会民主党新发展中的突出问题同时是当今欧洲社会政治生态变化的一种反映。欧洲社会民主党政治上的退却只能是一个暂时现象，其真正的方向在于寻找能够适应新的历史条件下社会民主主义的替代性政策体系，在于发掘新的“第三条道路”。

（2）新型政党研究

此类研究重点关注了绿党和民粹主义政党，尤其是欧洲的绿党和民粹主义政党。轩传树《议会选举政治视角下的欧洲绿党》（《当代世界与社会主义》2016 年第 5 期）一文认为，作为欧洲左翼阵营中的温和左翼，绿党已成为一种普遍欧洲化的体制化政党，绿党未来发展仍然面临一系列战略策略困境。林德山《左与右的共奏——欧洲民粹主义政党的现状、影响及未来》（《探索与争鸣》2016 年第 12 期）一文认为，伴随欧洲民粹主义政党在一系列选举政治中的突破，民粹主义在欧洲蔓延。目前欧洲民粹主义政党的构成复杂，其发展是欧洲社会环境变化的产物，是欧洲社会经济环境急剧变化与政治结构的变化相对滞后的矛盾在政治上的体现。民粹主义政党的发展直接冲击到了欧洲既有政党结构，民粹主义作为一种社会思潮更渗透到了主流社会之中。欧洲民粹主义政党的未来空间首先取决于欧洲危机的持续状况，其次取决于民粹主义的政治动员能力，或者说其话语的影响力。项佐涛、萌瑶《民粹主义政党兴衰探因——以德国选择党和海盗党为例》（《当代世界与社会主义》2016 年第 5 期）一文认为，当前的民粹主义以民主为旗号，却试图通过选举、公投等形式操纵民意来绑架政府决策，反对精英政治。民粹主义政党的兴起是政党追随选民意志、又不断煽动和塑造选民意志的结果。在主流政党的政治原则与政策价值逐渐趋同的情况下，民粹主义政党将矛头直指传统的政党政治，利用腐败问题、经济问题、民族问题、宗教问题等获取选民支持。不过，民粹主义政党虽然不断涌现，但并不是全都走向兴盛，有的党能够迅速崛起并站稳脚跟，有的党却只是昙花一现，前者以德国选择党为代表，后者以德国海盗党为代表。在选民基础、竞选纲领及组织能力上的差异是造成二者命运差异的主要原因。

（二）世界政党制度研究

1. 某一类型政党制度研究

此类研究包括对某一类型政党制度的整体研究和就制度的某一方面进行研究两类。孙晨光、苗波、陈硕《单一选区相对多数制选举模式下的民意代表性缺失问题：以英国独立党为例》（《国际论坛》2016 年第 1 期）一文认为，英国下议院一直采用单一选区相对多数制的选举模式，尽管其保证了执政稳定性和统治有效性，但在民意代表性问题上存在诸多弊端，近些年其民意代表性缺失的弊端逐渐凸显。王元《新加坡一党优位下的政党竞争对公共政策的影响》（《北京社会科学》2016 年第 5 期）一文认为，进入新世纪，新加坡一党优位下的有限政党竞争已经成为影响公共政策的最有效变量，政党竞争使得公共政策向左转，使得政策过程中政治与行政关系重构。此种新加坡模式能否持续，关键在于人民行动党能否不断积累与不同利益群体和代理政党间的斡旋经验，以及说服与整合民意的技巧，利用稳固的执政党地位在威权政体转型过程中提供稳定社会的“压舱石”般的政策。林怀艺、于俊《前东欧社会主义国家多党合作的回顾与反思》（《理论探讨》2016 年第 5 期）一文认为，前东欧社会主义国家的波兰等四国曾经在较长时间内保持多党合作格局，并以民主政党参加国家权力机关、参加政府、参加统一战线组织、参加政党联席会议等形式呈现出来。前东欧社会主义国家多党合作在实际运行中存在着“左”的和右的干扰，最终以失败告终。李斌《论哥穆尔卡的多党合作制》（《商洛学院学报》2016 年第 1 期）一文指出，哥穆尔卡主张的多党合作制，坚持共产党的领导，保留波兰的议会民主制度，坚持民主协商、多党合作、联合执政，其实质是社会主义的政党制度。哥穆尔卡倡导的多党合作制是在波兰的历史文化传统和社会主义政权建设的条件下，形成的一种共产党领导的多党合作联合执政的社会主义政党制度。它既影响了波兰社会主义时期的政党制度，也丰富了社会主义国家政党制度的理论和实践。

2. 政党规章制度研究

规范政党组织本身及其成员的行为和活动，对于促进政党政治健康发展、推进现代民主政治建设具有极其重要的意义。俞可平主编、陈家刚执行主编的《世界主要政党规章制度文献》（中央编译出版社）丛书译介了国外主流政党的规章制度文献。该丛书 2016 年出版了 10 个分册，加上 2015 年出版的分册，成功出齐。其中，徐向梅主编的俄罗斯分册汇集了俄罗斯联邦宪法、俄罗斯联邦政党法、俄罗斯联邦国家杜马代表选举法、俄罗斯联邦选举法、保证议会党平等使用国家公共电视和广播频道阐释本党活动法，以及统一俄罗斯党的章程和纲领性宣言、俄罗斯联邦共产党的章程和纲领、公正俄罗斯党的章程和纲领等。朱艳圣主编的日本分册汇集了宪法、政党助成法、政治资金规正法、公职选举法，以及自民党、民主党、社会民主党、日本共产党、公明党的内部规章制度。靳呈伟主编的墨西哥、巴西分册整理了两国关于政党的主要法律，也汇集了两国主要政党的党章。张文镝、吕增奎主编的印度分册汇集了印度共和国宪法、印度人民代表法，以及印度国民大会党章程、印度共产党（马克思主义）章程及章程所附规定、印度共产党纲领等。林德山主编的瑞典分册汇集了瑞典宪法、议会法、选举法、政党财政资助法案，以及瑞典社会民主工人党纲领、瑞典社会民主工人党章程、瑞典温和联合党党章等。宋微主编的南非分册汇集了南非宪法、政党管理法，以及南非主要政党的内部规章制度。许宝友主编的越南、老挝、朝鲜、古巴分册收录了越南、老挝、朝鲜、古巴四个社会主义国家的涉党法律和政党内部规章制度。张文红主编的德国分册汇集了德国社会民主党、基督教民主联盟、基督教社会联盟、自由民主党、联盟 90/ 绿党以及民主社会主义党的内部规章制度。徐焕主编的加拿大分册汇集了加拿大宪法、加拿大选举法和主要政党的内部规章制度。李姿姿、赵超主编的法国分册汇集了法兰西共和国宪法、选举法、结社契约法等全国性涉党法律与规章，以及社会党、共和党、人民运动联盟、共产党、欧洲环保—绿党、左翼党、新中间党、民主运动党、国民阵线等主要政党内部规章制度。

依据上述文献，出现了一些研究成果。林德山《西方国家政党规制及其变化趋势》（《中共中央党校学报》2016 年第 6 期）一文对西方国家的政党规制进行了研究。文章认为，西方国家的政党规制主要通过国家对政党的法律规范和政党内部的规制两个层次的制度来体现。有关政党的法律规范因各国的政治和法律体系的差异而不同，但过去一个时期，西方国家普遍出现了加强对政党的法律规范的趋势。在政党的内部制度方面，不同的政党规制主要是由党的开放性、组织集中性以及党的功能性需求等方面的特征决定。

西方国家政党政治发展中的一些趋势性特征也反映在主流政党的一些制度变化中，主要表现为：主流政党日益强调党的开放性；政党的组织机制发生变化，政党的管理变得更为职业化，而政党领袖的地位更为突出；政党政治作用方式发生变化，日趋突出其国家治理的政治功能；政党日趋强调党内民主。

（三）世界政党政治发展过程与趋势研究

1. 世界政党政治发展形势

随着全球化负效应的显现，世界政党政治出现一些明显特点，传统政党政治陷入困境，政治极化特征明显，尤其在美欧，涌起了反主流、反建制潮流。于洪君《剧变中的国际关系与政党情势》（社会科学文献出版社 2016 年版）一书系统回顾了苏联解体以来世界政治、经济、思潮及国际格局的变化，分析了目前包括西亚北非地区局势持续动荡的原因以及世界社会主义思潮发展的历史和动向。张光平《2015 年世界政党政治的主要特点》（《当代世界》2016 年第 2 期）一文认为，诸多国家政党政治呈现碎片化趋势，欧洲、拉美等地区多国政党政治出现“右摆”，多党民主政治的固有矛盾和问题有新表现，执政安全、治理能力与自身建设依然是多数政党面临的主要课题。

有的研究着眼于地区性政党政治发展。徐世澄《拉美国家政治格局发生急剧变化：原因、影响和前景》（《当代世界》2016 年第 5 期）一文认为，拉美国家的政治格局近年来发生急剧变化，拉美政坛的钟摆向右摆，其主要表现是：左翼政党在选举中频频失利，执政困难加剧，治理危机凸显；经济总体的下行使社会的紧张气氛加剧，社会对立情绪高涨，民众抗议持续不断。杨友孙《中东欧族党政治参与及其成效分析》（《国际社会科学杂志（中文版）》2016 年第 2 期）一文通过对中东欧族党政治参与的分析认为，冷战结束后，中东欧普遍的民主变革为族党提供了生存和发展土壤。族党积极的政治参与，极大地扩展了中东欧少数族群的政治活动空间。当前，少数族群在中东欧的政治参与成效有下降之势。

2. 某国政党政治的新变化

有研究关注了美国大选，并由此进一步对美国政党政治进行了分析。马辉、周余云、周荣国《美国政党政治透视》（当代世界出版社 2016 年版）一书通过对美国政党政治及其问题的研究，介绍了美国政党、政治制度和社会现象，为观察美国总统大选，乃至美国政治、经济、文化和社会现象提供了政党政治的背景和视角。孔亮《美国两党政治纲领转换的原因及影响分析》（《燕山大学学报（哲学社会科学版）》2016 年第 3 期）一文认为，民主党和共和党的政治纲领在历史上曾经发生完全的互换。今天自由主义的民主党在过去曾经是保守主义的政党。今天代表保守主义的共和党过去曾经坚持自由主义的政治纲领。两党政治纲领的转换对于美国的今日政治产生了深刻影响，主要体现在两个方面：第一，在两党转换政治纲领的过程中，美国很多州和地区两党力量不平衡的现象得到了极大改善；第二，两党政治纲领转换缩小了美国南方政治与北方政治的巨大差异。南方朔《美国的新亲信朋党政治》（《南风窗》2016 年第 12 期）一文认为，美国从小布什的卡尔·罗夫起，白宫的上层政治就往“亲信朋党政治”的方向移动。

有研究关注了部分欧洲国家的政党政治。臧秀玲、毕松《2016年国家杜马选举后的俄罗斯政党政治格局及其存在问题》(《当代世界社会主义问题》2016年第4期)一文通过对2016年俄罗斯第七届国家杜马大选结果的比较分析，认为俄罗斯政党政治基本延续了统俄党“一党独大”和三四个主要政党参与国家杜马的格局，俄罗斯民众继续支持普京团队，统俄党面临严峻的现代化任务。俄罗斯政党政治存在着政党影响力有限、权力固化的精英政治模式、政党建设水平低下和政党制度改革的内部动力缺乏等问题，使得俄罗斯当权者在构建和发展适合俄罗斯转型期的政党政治时面临威权体制和民主政治之间的巨大张力。李靖堃《苏格兰民族党力量兴起对英国政治的影响》(《当代世界》2016年第6期)一文认为，苏格兰民族党的兴起推动英国政党政治格局发生变化，权力下放推动英国政治体制从单一制向联邦制发展。作为英国保守党政府的政策重点之一，本轮权力下放的力度还会进一步加深，其涵盖范围也将不断扩大，英国未来的政党格局、国家结构、宪政体制等仍有可能随之继续发生程度不同的变化。涂东《苏格兰民族党的对欧态度：意识形态和策略的双重作用》(《欧洲研究》2016年第4期)一文分析了苏格兰民族党在20世纪八九十年代对欧洲一体化态度的转变和苏格兰民族党在英国脱欧讨论中的立场取向，认为，苏格兰民族党在英国公投中的亲欧立场固然基于其意识形态，但更多的还是出于策略的考量。曹慧《五星运动党或重塑意大利政局》(《世界知识》2016年第15期)一文分析了意大利地方选举中五星运动党成绩突出的原因：一是该党提出“投其所好”、因地制宜的施政纲领；二是将网络社交媒体作为拉票的关键工具。于海青《西班牙“我们能”党兴起透视》(《当代世界》2016年第5期)一文认为，欧洲传统左翼政党陷入发展困境，西班牙“我们能”党作为民粹主义激进左翼政党的典型代表于2008年国际金融危机后强势崛起。“我们能”党兴起包括以下主要特点：一是建立在霸权和民粹主义基础上的话语体系与理论战略，二是采取与新社会运动相类似的组织形式，三是拥有年轻化、激进化的社会支持群体，四是受益于现代网络数字技术的发展与创新，五是利用电视作为党的宣传载体和工具。就发展前景而言，“我们能”党在现有政党竞争框架内很难占据优势，与工社党之间的政治隔阂难以弥合，组织模式和战略策略可能成为其进一步发展的掣肘。李艳枝《正义与发展党修宪与土耳其民主政治的发展》(《阿拉伯世界研究》2016年第2期)一文认为，正义与发展党上台后，推行了系列修宪举措，这些修宪实践努力突破以凯末尔主义为核心的民主框架，为构建多元主义的民族认同指明方向，证明了现代伊斯兰主义与民主政治的相容性，但由此造成的一党独大局面也成为土耳其民主化进程的悖论。

有的则关注了亚洲国家的政党政治。林尚立《日本政党政治》(上海世纪出版集团2016年版)一书认为，日本政党在日本现代化发展过程中产生，同时又对日本现代化产生重要影响。该书从这一基础认识出发，把日本政党政治置于日本现代化历史大背景下考察和研究，从历史和现实两大层面探讨了自明治维新以来的现代化历程中，日本政党政治的形成、发展及其与现代化发展之间的互动关系。徐万胜《日本政权更迭析论》(时事出版社2016年版)一书主要研究了民主党政权的执政实践与自民党再次上台后的执政实践，认为日本“政权更迭”使其政治过程、统治结构及国家发展战略均发生变化，但日本政治的连续性也同样存在。朱艳圣《冷战以后日本派阀的变化及发展趋势——以日本自民党为例》(《当代世界与社会主义》2016年第3期)一文指出，冷战结束以后，日本进行了一系列政治改革。这些改革使派阀陷入低谷，主要表现在派阀逐渐失去了拥立议员候选人、党内分配和内阁职位等人事主导权以及用金钱控制议员的主导权。关于派阀的未来走向，文章认为，派阀将在一定时期内长期存在，但其规模将逐步缩小，地位和作用将不可避免地受到削弱，派阀“拟似政权交替”的功能将被削弱。洪静《最大在野党迎来女党首，对韩国政局影响几何》(《世界知识》2016 年第 19 期）一文指出，韩国最大在野党共同民主党在首尔举行第二届全国议员大会选举新任女性党首秋美爱，将壮大韩国女性政治家的实力，有望突破和调整地域主义政治，将对 2017 年总统大选产生重要影响。陈玲玲《新加坡的政党政治：在野党的参政议政空间》(湖南人民出版社 2016 年版）一书从在野党生长环境的制度安排、在野党参政能力的逐步增强、在野党活动自由度的外部强化和在野党政治地位的有效提升四个方面系统地分析了新加坡在野党的参政议政空间，展示了新加坡政党政治下在野党的生存状态。张淑兰《印度左翼政党政治的地方差异及其影响》(《当代世界社会主义问题》2016 年第 4 期）一文认为，在印度，同样是左翼力量控制的邦，喀拉拉与西孟加拉有着不同的治理模式。独立前，喀拉拉和西孟加拉的共产党就存在很多差异，主要表现为来源、斗争方式、组织基础、领导和发动工农运动的方式手段、领导人的风格等的不同。独立后，两邦的左翼政党在政党与政权、政党与政党、政党与社会的关系方面亦存在差异。这些差异导致两邦的左翼政府推出了不同的发展政策，因而形成了不同的发展模式。

四、历史问题研究

此类研究以关注苏俄政党历史问题的居多，也有对美、日等发达国家政党历史问题的关注。

杨绍琼《俄国社会民主工党建立前后列宁宣传工作的思想及其当代价值》(《当代世界与社会主义》2016 年第 4 期）一文认为，俄国最初的马克思主义宣传，是从秘密小组内部的马克思主义宣传开始的。俄国社会民主工党建立前后，列宁领导俄国社会民主党人实现了从小组内的马克思主义宣传到群众性的政治鼓动、从狭隘的地方性宣传到统一的有计划的政党宣传的转变，从而为进行社会主义革命奠定了基础、准备了条件。王进芬《俄共（布）十大关于党内民主问题的争论及其走向和影响》(《当代世界与社会主义》2016 年第 5 期）一文指出，在俄共（布）第十次代表大会上，以列宁为首的党中央和“民主集中派”“工人反对派”围绕党内民主问题发生了激烈争论。争论各方都强调必须发展党内民主、都主张党的团结统一、都反对官僚主义，但对如何发展党内民主、如何实现党的团结统一以及如何反对官僚主义存在严重的意见分歧并发生了激烈争论。结果是，大会通过了旨在发展党内民主的《关于党的建设问题》的决议和严格禁止党内派别活动的《关于党的统一》的决议。但《关于党的建设问题》的决议很快被束之高阁，《关于党的统一》的决议则被绝对化和滥用，党内民主荡然无存。胡振良《从历史过程审视“苏共二十大”及其意义》(《当代世界与社会主义》2016 年第 1 期）一文认为，苏共二十大是“后斯大林时代”苏联政策调整和战后世界社会主义历史进程的产物。以苏共二十大为标志，体制改革和模式转换始终是贯穿其后 60 年社会主义历史的一条“红线”，表现为：苏联东欧国家社会主义改革、改向与剧变后的新探索；发达国家左翼发生演变，共产主义、社会民主主义与新社会运动的发展；发展中国家民族社会主义的发展；"一大四小"与中国特色社会主义的发展。

杨钊《纽约州鹿尾党的建立与美国第二政党体制的起源》(《世界历史》2016 年第 1 期）一文指出，19 世纪初，美国纽约州共和党分裂成鹿尾党与克林顿派，形成了一种新的两党体制。不同于纽约州的传统政党，鹿尾党强调政党纪律和民主原则，建立了通信委员会和政党核心会议这样的组织机构，用政治分肥制来提高党员在竞选中的积极性，同时拥有自己的党报，革新了政党观念。这些新特征帮助鹿尾党很快在纽约州的政治生活中确立优势地位。1824–1840 年，美国其他州也相继出现了相互对立的两大政党，美国第二政党体制在全国范围内正式形成。从这个意义上讲，鹿尾党的成立及其与克林顿派在纽约州的并立，对美国第二政党体制的形成具有极其重要的作用和源头性的意义。

陈伟《近代日本宪政党内阁研究》(《日本问题研究》2016 年第 3 期）一文认为，宪政党内阁在日本近代政治史上开辟了一个重要的历史阶段。作为近代日本政党内阁的首度尝试，宪政党内阁时期出现了猎官、内部倾轧、与藩阀势力妥协等一系列负面现象。由于宪政党内阁是由藩阀开明势力的代表——元老伊藤博文推荐产生，而以山县有朋为代表的诸元老鉴于当时藩阀政府难以掌控政权，被迫在表面上同意宪政党组阁。因此，无论是在宪政党最初组阁还是在其施政过程中，都受到以山县有朋为代表的元老、官僚、贵族院、军部势力的掣肘，加之宪政党内部的明争暗斗，由此导致了宪政党分裂和宪政党内阁瓦解。

五、国外相关研究引介

2016 年国内翻译出版了一些关于政党问题的名著。姚尚建翻译了谢茨施耐德的著作《政党政府》(天津人民出版社 2016 年版)。该书高度评价了政党的作用，认为政党是构成民主制度的核心，但是由于和公共责任相疏离，美国现行政治体制因此成了不负责任的政党政府。由于美国政党的分散性，各级政党对自身主张的关注远远超过对公共主张的关注，从而导致政党政府公共责任的疏离；从政党组织结构看，美国的政党高度下沉，与其相对的中央政党却是毫无纪律甚至是虚构存在。社会科学文献出版社出版了杨潇译的大卫 · J. 塞缪尔斯、马修 · S. 舒格特的著作《总统、政党与首相：分权如何影响政党的组织和行为》。该书基于总统制和议会制下政党的差异，运用量化数据和案例研究，表明了相对于议会制民主，总统制下的政党会有全然不同的行为和组织方式。

也有一些外译中的再版情况。谢岳翻译了阿伦 · 利普哈特的《选举制度与政党制度：1945–1990 年 27 个国家的实证研究》，并于 2008 年由上海人民出版社出版。2016 年上海世纪出版集团再版了该书。该书以西方 27 个国家为例，把时间限定在 1945–1990 年，把着重点放在选举与政党的关系上，进而总结出选举制度、政党制度的特点。

朱昔群　中央编译局世界发展战略研究部研究员
靳呈伟　中央编译局世界发展战略研究部副研究员

附录三：中国政党制度年鉴文献目录

本目录共收录论文 1689 篇，分为政党制度、执政党建设、参政党建设、国外政党研究与比较研究四部分。收录图书 129 种。

一、论文

1. 政党制度

刘安平 . 论多党合作制度与社会主义协商民主的内在关系［J］. 中央社会主义学院学报，2016,（01）.

刘凤祥 . 我国政党制度建设的新发展［J］. 法制与社会，2016,（05）.

周淑真 . 政党协商——多党合作制度的核心要素［J］. 世纪行，2016,（02）.

李龙 . 论中国共产党与香港政党的政党关系［J］. 重庆社会主义学院学报，2016,（01）.

李雅兴，韩贤胜 . 邓小平论中国特色社会主义政党制度的优势［J］. 思想理论教育导刊，2016,（01）.

国策，赵霄鹏 . 中国特色政党制度的理论基础与改革创新刍议［J］. 赤子（上中旬），2016,（01）.

刘朝阳 . 十八大以来社会主义协商民主研究的知识图谱与热点主题——基于文献计量学的实证研究［J］. 湖北行政学院学报，2016,（01）.

苗溪航 . 谈中国特色社会主义协商民主制度的发展历程［J］. 才智，2016,（06）.

王东海 . 社会主义协商民主价值探讨［J］. 中共银川市委党校学报，2016,（01）.

钟枢，张若芃 . 统一战线一致性和多样性关系及其在政党关系中的具体体现［J］. 西南政法大学学报，2016,（01）.

贺旻 . 加强能力建设　积极参加政党协商［J］. 民主，2016,（02）.

康晓兰 . 社会主义协商民主思想探源［J］. 湖南省社会主义学院学报，2016,（01）.

王轲，林怀艺 . 建国初期中国特色政党协商评述与鉴迪［J］. 华侨大学学报（哲学社会科学版），2016,（03）.

龚胜生 . 提升多党合作制度效能的系统论思考［J］. 中央社会主义学院学报，2016,（03）.

徐光木．关于政党协商绩效的实证研究［J］．重庆社会主义学院学报，2016，（03）．

杨玉琦．毛泽东党际关系思想探析［J］．云南社会主义学院学报，2016，（02）．

中国人民政协理论研究会课题组，吴秀生．重视发挥人民政协的统战功能［J］．世纪行，2016，（02）．

陈益．坚定不移地推进统一战线多党合作事业——学习习近平总书记重要讲话和中央统战工作会议精神体会［J］．前进论坛，2016，（02）．

林文漪．政党协商凝共识　多党合作谱新篇［N］．团结报，2016-02-04（001）．

万钢．开启多党合作服务“四个全面”新篇章［N］．团结报，2016-01-30（001）．

冯力．论抗战时期中国共产党“三三制”政权建设及启示［J］．胜利油田党校学报，2016，（01）．

周淑真．政党协商［N］．人民政协报，2016-01-20（008）．

刘金峰．评判中国特色政党制度的三个维度［J］．广东省社会主义学院学报，2016，（01）．

闫红果．浅议统一战线在协商民主中的重要作用［J］．广东省社会主义学院学报，2016，（01）．

吴杰华．西柏坡时期中国共产党领导的多党合作和政治协商制度的理论与实践探索研究［J］．河北省社会主义学院学报，2016，（01）．

吴星辰．浅析抗日战争时期毛泽东多党合作思想的创立与实践［J］．河北省社会主义学院学报，2016，（01）．

吴沁芳．国家治理视域下多党合作制度现代化的价值维度及其路径分析［J］．理论探讨，2016，（01）．

马力，梁宏．关于抗战时期的多党合作对推动我国多党合作事业发展的几点思考［J］．陕西社会主义学院学报，2016，（01）．

唐蕊．论毛泽东在抗日战争时期的多党合作思想［J］．学理论，2016，（01）．

李雅兴，张瑜．试论毛泽东协商民主思想及其现实启示［J］．湖南行政学院学报，2016，（01）．

张雪君．中国特色社会主义政党制度在现代化中的适应性探析——《变化社会中的政治秩序》札记［J］．湖北省社会主义学院学报，2016，（02）．

盛涛，陈萍．中国政党关系法治化的路径选择［J］．沈阳干部学刊，2016，（02）．

刘凌．社会主义协商民主的发展及其重要意义［J］．广东省社会主义学院学报，2016，（02）．

王可卿，张长明．以政党自信优化政党功能［J］．党政论坛，2016，（04）．

张宏艳．提高政党协商实效的路径研究［J］．湖南省社会主义学院学报，2016，（02）．

田晓玉．政党协商的法制化路径探析［J］．天津市社会主义学院学报，2016，（01）．

孙宝林．中国特色政党制度解析［J］．上海市社会主义学院学报，2016，（01）．

杨安娣．不断增强我国政党制度效能［N］．人民日报，2016-03-11（007）．

陈朋．政党协商：契合中国民主政治需求的制度安排［J］．红旗文稿，2016，（08）．

李雅兴．毛泽东政党协商思想的形成和发展［J］．上海市社会主义学院学报，2016，

（02）.

杨爱珍.政党协商：国家治理的制度逻辑析说［J］.上海市社会主义学院学报，2016,（02）.

张毅.坚持完善多党合作　全面推进依法治国［J］.上海市社会主义学院学报，2016,（02）.

蔡达峰.深刻领会政党协商的新要求［J］.民主，2016,（04）.

孟兰.协商民主与人民政协职能建设［J］.湖南省社会主义学院学报，2016,（02）.

周洪双.在多党合作服务改革发展实践中探索新经验［N］.光明日报，2016-04-11（011）.

张献生.发挥多党合作制度在国家治理中的功能作用［N］.人民政协报，2016-03-04（006）.

兰晓宏.多党合作和政治协商制度：中国的一项基本政治制度［N］.宁夏日报，2016-03-02（012）.

李娜.现阶段我国人民政协协商民主功能发挥及完善途径［J］.山西社会主义学院学报，2016,（02）.

山东大学当代社会主义研究所课题组，李俊，蒋锐，唐国战.关于把社会主义协商民主制度列入我国基本政治制度的思考［J］.当代世界社会主义问题，2016,（02）.

任世红.我国政党协商的历史考察：民主党派的主体性视角［J］.上海市社会主义学院学报，2016,（03）.

廉维亮.拓展民主监督渠道　彰显多党合作优势　助力党和政府打赢脱贫攻坚战［N］.人民政协报，2016-06-22（001）.

郭子晗，潘越.全面建成小康社会政治视域中的多党合作［J］.吉林省社会主义学院学报，2016,（02）.

张津凤.抗日战争时期毛泽东多党合作思想探析［J］.天津市社会主义学院学报，2016,（02）.

陆聂海.多党合作推进国家治理现代化的优势、挑战和路径［J］.中央社会主义学院学报，2016,（03）.

李炜永.价值、制度、角色：人民政协利益表达功能的结构分析［J］.中共福建省委党校学报，2016,（05）.

李传玺.增强认识，改进方法，坚持基本政治制度不动摇［N］.江淮时报，2016-05-17（003）.

施敏.关于健全完善多党合作运行机制的思考［J］.云南社会主义学院学报，2016,（02）.

李玥.1945-1949 年中国共产党政党协商的特点及启示［J］.云南社会主义学院学报，2016,（02）.

孙晓青.重温“五一口号”　继承多党合作优良传统［N］.团结报，2016-05-10（008）.

邹谨，孙静.改革开放前邓小平多党合作思想的历史考察［J］.邓小平研究，2016,

（03）.

叶子鹏，蒋福东 . 组织管理视域下的中国特色政党制度：领导、决策、组织——基于关系、内容、保障的三维分析［J］. 湖南省社会主义学院学报，2016,（03）.

丁俊萍，甘久翔，王占可 . 中国政党协商的历史考察及其启示［J］. 学校党建与思想教育，2016,（11）.

崔珏 . 开放性与中国政党制度的创新发展［J］. 广西社会主义学院学报，2016,（03）.

孟凤英 . 我国政党协商民主保障机制的内在特质与价值性探析［J］. 广西社会主义学院学报，2016,（04）.

徐锋 . 关于加强我国政党政治过程的研究和教学的思考［J］. 中央社会主义学院学报，2016,（04）.

王志军 . 关于构建中国多党合作话语体系的几点思考［N］. 团结报，2016-08-11（002）.

杜楠楠，刘诚 . 中国特色政党制度的制度自信研究——基于和谐党际关系的视角［J］. 广西社会科学，2016,（07）.

于靓 . 中国特色政党制度的思想渊源——马克思、恩格斯的多党合作理论［J］. 办公室业务，2016,（14）.

林少红 . 政党政治与统一战线的互存逻辑探究［J］. 人民论坛，2016,（20）.

田晓玉 . 政党协商基础理论问题探析［J］. 广西社会主义学院学报，2016,（03）.

郭志云 . 论抗战时期多党合作的伟大实践及其当代启示［J］. 广西社会主义学院学报，2016,（04）.

隗斌贤 . 以大统战大文化视野积极构建多党合作制度话语权研究体系［N］. 团结报，2016-08-11（002）.

王振 . 对多党合作参与毕节社会服务实践的思考［J］. 理论与当代，2016,（08）.

张宝文 . 内化于心、外化于行，不断开创多党合作事业新局面［N］. 团结报，2016-07-23（001）.

李际卫 . 多党合作制度与社会主义协商民主的历史探究和政治价值［J］. 广州社会主义学院学报，2016,（03）.

袁廷华 . 在多党合作中始终坚持中国共产党的领导［J］. 群言，2016,（07）.

刘钦涛 . 发挥优势　积极履职　充分彰显多党合作制度效能［N］. 济南日报，2016-10-31（A02）.

龙刚 . 构建中国特色社会主义多党合作话语体系［J］. 湖北省社会主义学院学报，2016,（05）.

王远启 . 构建多党合作话语体系　彰显政党制度本土特质［J］. 上海市社会主义学院学报，2016,（05）.

邓方国，胡芬芳 . 关于构建中国多党合作话语体系的思考［J］. 江苏省社会主义学院学报，2016,（05）.

徐岿然，席俭俭 . 我国政治协商制度存在的问题及对策研究［J］. 新乡学院学报，2016,（10）.

王振.多党合作参与毕节社会服务实践探索［J］.新西部（理论版），2016,（19）.

张安冬.美国“亚太再平衡”背景下构建中国多党合作话语体系问题探究［J］.中共济南市委党校学报，2016,（05）.

罗振建.从混合制话语体系看争取中国多党合作制度的国际话语权［J］.广州社会主义学院学报，2016,（04）.

周淑真.勿忘多党合作制度建立之初心［N］.人民政协报，2016-10-19（008）.

李魁铭，黄景睿.打破西方政党政治话语霸权　构建中国多党合作话语体系［J］.广东省社会主义学院学报，2016,（04）.

陈钰业.从多维度视野看中国多党合作话语体系的建构［J］.广东省社会主义学院学报，2016,（04）.

王红玉.“大统战”格局下中国多党合作话语体系研究［J］.广东省社会主义学院学报，2016,（04）.

马培华.与时俱进　开拓创新　为多党合作事业发展汇聚力量［J］.中央社会主义学院学报，2016,（05）.

罗振建，孙德魁，汪守军.多党合作基层实践机制创新研究［J］.中央社会主义学院学报，2016,（05）.

王树臣.多党合作话语权的制约因素探究［J］.河北省社会主义学院学报，2016,（04）.

周宁宁.多党合作话语体系的架构探究［J］.河北省社会主义学院学报，2016,（04）.

蔡永飞.国家治理现代化中多党合作的作用——以民革青海省委会参政议政成效为例［J］.团结，2016,（05）.

金伊始.论多党合作服务毕节试验区改革发展新举措［J］.贵州工程应用技术学院学报，2016,（05）.

周述杰.提升中国多党合作制度话语权的路径思考［J］.湖南省社会主义学院学报，2016,（05）.

何虹.试论构建多党合作话语体系的基本原则［J］.陕西社会主义学院学报，2016,（04）.

朱小宝.推进地方政党协商的几点思考［J］.上海市社会主义学院学报，2016,（05）.

李菊青.对提高政党协商实效性的思考［J］.山西社会主义学院学报，2016,（03）.

王远启.深入学习习近平总书记的重要论述　积极推动新形势下多党合作事业发展［J］.天津市社会主义学院学报，2016,（03）.

田晓玉.增强多党合作制度国际话语权的几点思考［J］.天津市社会主义学院学报，2016,（03）.

刘如梅.新形势、新任务下的中国政党关系研究［J］.贵州社会主义学院学报，2016,（03）.

骆明.努力推动多党合作事业薪火相传［N］.贵州民族报，2016-09-07（C01）.

姜丽华.加强政党协商　建设完善多党合作制度［J］.上海市社会主义学院学报，2016,（04）.

胡守勇．界别协商：人民政协的发展陷阱、制度本源与优化路径［J］．上海市社会主义学院学报，2016,（04）．

郭福基．党的领导是多党合作事业健康发展的根本保证［N］．贵州政协报，2016-09-01（A03）．

王智军，桑玉成．中国当代党政关系史研究初探［J］．毛泽东邓小平理论研究，2016,（10）．

李金河．对中国政党制度话语权的几点思考［J］．湖北省社会主义学院学报，2016,（05）．

赵宬斐，李俊．以史为论的现代性意识及思考——从《中国政党制度发展史论》的语境出发［J］．上海市社会主义学院学报，2016,（05）．

张志永．当代中国政党制度的初创［N］．中国社会科学报，2016-10-21（005）．

夏波．政党协商研究的现状与意义［J］．广东省社会主义学院学报，2016,（04）．

朱虹．国家治理现代化视域下的政治协商——第八届中国政党研究论坛综述［J］．当代世界社会主义问题，2016,（03）．

李丹青．国家治理视域下的政党整合能力现代化——基于中国特色政党制度的现实考察［J］．湖北省社会主义学院学报，2016,（06）．

金丹．中国—东盟命运共同体构想下增强中国政党制度话语权的策略研究——以政党外交为视角［J］．广西社会科学，2016,（12）．

李金河．以创新精神推动我国政党制度建设［N］．人民政协报，2016-12-21（008）．

仇艳艳，毕朝文．抗日民族统一战线对中国政党制度的影响［J］．贵州社会主义学院学报，2016,（04）．

杨建平．关于政党协商机制建设的几点思考［J］．贵州社会主义学院学报，2016,（04）．

周述杰．对提升中国特色政党制度话语权的理论思考［J］．中央社会主义学院学报，2016,（06）．

张献生．党的十八大以来中国政党制度理论的发展和创新［J］．济南大学学报（社会科学版），2016,（06）．

吉秀华．论政党协商法治化及其实现路径［J］．上海市社会主义学院学报，2016,（06）．

王东勤．优化政党协商制度，提升政党协商实效［J］．广西社会主义学院学报，2016,（05）．

张可荣．党内监督彰显中国政党制度独特优势［N］．长沙晚报，2016-11-10（A14）．

杨雪燕．铭记合作初心　巩固多党合作思想政治基础［J］．湖北省社会主义学院学报，2016,（06）．

王焕平．多党合作中一致性与多样性关系研究［J］．山西社会主义学院学报，2016,（04）．

王红玉．构建中国多党合作话语体系之初探［J］．江苏省社会主义学院学报，2016,（06）．

林萍．构建中国多党合作话语体系的四个基本问题［J］．天津市社会主义学院学报，2016，（04）．

任禀洁，解永强，黄晓翠．从中国共产党与民主党派关系演变中探究多党合作与政治协商制度的雏形（1927–1949）［J］．天津市社会主义学院学报，2016，（04）．

王红玉．试论中国多党合作话语体系的构建［J］．吉林省社会主义学院学报，2016，（04）．

陈钰业．关于构建中国多党合作话语体系的理性思考［J］．中央社会主义学院学报，2016，（06）．

许奕锋．多党合作理论的辩证思考［J］．湖南省社会主义学院学报，2016，（06）．

李治邦．毕节多党合作示范区建设：成就、经验与思考［J］．湖南省社会主义学院学报，2016，（06）．

刘琨．高教领域多党合作制度的完善路径研究［J］．学理论，2016，（12）．

刘艳红．政党协商在我国的发展历程［J］．春秋，2016，（06）．

吉秀华．国家治理现代化视域下的多党合作制度完善问题［N］．团结报，2016–11–01（008）．

2. 执政党建设

张莉莉．新常态视阈下加强党的纪律建设路径探析［J］．忻州师范学院学报，2016，（01）．

周建明．延安时期毛泽东领导党的建设的历史经验及其启示［J］．毛泽东邓小平理论研究，2016，（02）．

沈蕾．西柏坡时期党的作风建设［J］．党史博采（理论），2016，（02）．

李若辰．"四个全面"与党的形象建设［J］．湘潮（下半月），2016，（02）．

李浩．以"三严三实"推进党的作风建设新常态［J］．新疆社科论坛，2016，（01）．

李荣梅．以制度化推进党的作风建设常态化探析［J］．延安大学学报（社会科学版），2016，（01）．

卢少求，程增俊．十六大以来党的文化创新与党的执政文化建设发展走向［J］．皖西学院学报，2016，（01）．

曹大．党的十八届五中全会对党的建设理论的创新与发展［J］．福州党校学报，2016，（01）．

杨圆．"点""线""面"有机结合：党的建设立体结构透视［J］．西藏发展论坛，2016，（01）．

朱继东．党的思想理论建设与意识形态安全［J］．马克思主义研究，2016，（02）．

苑秀丽．新形势下加强党的纪律建设的思考［J］．中国特色社会主义研究，2016，（01）．

王建国，江家城．试论十八大以来党的建设理论与实践创新［J］．社会主义研究，2016，（01）．

黄燕．全面从严治党视域下国有企业党风廉政建设探析——以南宁铁路局为例［J］．

广西教育学院学报，2016,（01）.

栗战书 . 带头贯彻全面从严治党要求　切实加强中办机关党的建设［J］. 秘书工作，2016,（02）.

郭英楼 . 以“互联网 +”推动党的建设信息化［J］. 中国党政干部论坛，2016,（02）.

刘鸿瑛 . 习近平党的思想建设理论探微［J］. 现代经济信息，2016,（03）.

王永凤 . 论党的纯洁性建设的内化机制——基于态度形成理论的分析［J］. 中共中央党校学报，2016,（01）.

杨肖 . 党的第二代中央领导集体对反腐倡廉建设的实践探索［J］. 中共山西省直机关党校学报，2016,（01）.

张瑞煊 . 以作风建设为切入点落实全面从严治党［J］. 中共山西省直机关党校学报，2016,（01）.

穆敏，闫朦 . 党的十八大以来作风建设的基本经验［J］. 理论学刊，2016,（01）.

李建锋 . 论胡耀邦关于党的作风建设的思想［J］. 中共合肥市委党校学报，2016,（01）.

刘志辉 . 中央苏区时期任弼时对党的建设的思考［J］. 毛泽东研究，2016,（01）.

何祥林，吴长锦 . 坚持“五位一体”，全面从严治党——学习习近平关于党的建设的重要论述［J］. 华中师范大学学报（人文社会科学版），2016,（01）.

袁伟，孙艳红 . 深入实施军民融合发展战略　推动经济建设和国防建设融合发展——学习党的十八届五中全会精神及“十三五”规划建议体会［J］. 国防，2016,（01）.

解双双 . 新时期党的意识形态领导权建设初探［J］. 河北青年管理干部学院学报，2016,（01）.

阳振乐 . 中央苏区时期的党报党刊与党的建设——以《红色中华》《斗争》为例［J］. 苏区研究，2016,（01）.

方文 . 老挝人民革命党与老挝社会主义建设［J］. 黑河学刊，2016,（01）.

李磊 . 浅议十八大以来党的执政能力建设新举措［J］. 党史文苑，2016,（02）.

张瑞煊 . 当前形势下城市社区党的建设存在的主要问题及成因［J］. 理论观察，2016,（01）.

韩强 . 五大发展新理念与党的建设［J］. 思想理论教育导刊，2016,（01）.

杨艳东 .“四个全面”战略布局下参政党协商能力建设研究［J］. 重庆社会主义学院学报，2016,（01）.

刘静 . 提高运用互联网推进党的建设能力研究［J］. 辽宁行政学院学报，2016,（01）.

马丽 . 加强和改进党的基层组织建设的理路［J］. 党政干部学刊，2016,（01）.

陈安杰，丁晓强 . 全面从严治党与作风建设常态化机制建构［J］. 浙江学刊，2016,（01）.

蒯正明 . 新时期完善党的作风建设常态化机制的路径探析［J］. 理论探讨，2016,（01）.

李可心 . 以全面从严治党护航政治生态建设［J］. 人民论坛，2016,（02）.

杨小云，李永杰 . 十八大以来党的作风建设机制创新［J］. 深圳大学学报（人文社会科学版), 2016, (01).

周叶中，庞远福. 论党领导法治中国建设的必然性与必要性［J］. 法制与社会发展，2016, (01).

邢中先，丁威. 习近平"三严三实"视阈下党的作风建设探析［J］. 陕西社会主义学院学报，2016, (01).

田米香. 严明党的政治纪律是新时期加强党的纪律建设的首要任务［J］. 宁夏党校学报，2016, (01).

陈理. 全面从严治党，重在加强纪律建设——《习近平关于严明党的纪律和规矩论述摘编》学习体会［J］. 中国纪检监察，2016, (01).

张国栋. 从党风廉政建设主体责任到全面从严治党主体责任［J］. 中国纪检监察，2016, (01).

正风反腐深得党心民心——2015 年全国党风廉政建设民意调查数据分析［J］. 中国纪检监察，2016, (01).

何毅亭. 加强纪律建设是全面从严治党的治本之策［J］. 中国纪检监察，2016, (01).

丁俊萍. 党的纪律建设的历史考察［J］. 武汉大学学报（人文科学版），2016, (01).

陈斌. 近两年来党的纯洁性建设研究述评［J］. 上海党史与党建，2016, (01).

王恩宝. 习近平对毛泽东、邓小平党的制度建设思想的继承与创新［J］. 领导之友，2016, (01).

杨茜茜，李毅弘. 从严治党　加强党员干部生活作风建设［J］. 中共南昌市委党校学报，2016, (01).

陆红霞，李霞，杨正丽，万付梅. 践行党的群众路线　推进服务型党组织建设路径探索［J］. 江苏卫生事业管理，2016, (01).

张向鸿. 新时期党的纪律建设研究［J］. 石家庄职业技术学院学报，2016, (01).

杜秀玲. 习近平总书记论党的建设思想中的哲学思想研究［J］. 改革与开放，2016, (04).

于维力，叶子鹏. "四个全面"战略布局视阈下党的作风建设方向探究［J］. 才智，2016, (06).

谢俊才. 加强高校党的执政能力、先进性和纯洁性建设——以推动中国特色现代大学建设进程为视角［J］. 理论观察，2016, (02).

崔伟，黄威威. 提高运用互联网推进党的建设能力研究［J］. 沈阳干部学刊，2016, (01).

周阳. 加强党的执政能力建设经验探讨［J］. 教育教学论坛，2016, (07).

潘照. 延安整风时期党的纯洁性建设及历史启示［J］. 商，2016, (07).

赵士红，楚向红. 全面从严治党是全面建成小康社会的根本保证［J］. 学习论坛，2016, (02).

蔡志强. 党的建设制度改革与制度权威建构［J］. 理论视野，2016, (02).

杨晓溪. 高校院系党的领导班子建设途径分析［J］. 管理观察，2016, (05).

覃喆. 加强党的领导干部工作作风建设的现实紧迫性［J］. 学理论，2016, (02).

欧庭宇．习近平作风建设思想的内涵及意义［J］．攀登，2016，(01)．

唐杰，蒋红军．新形势下党的廉政建设探索［J］．产业与科技论坛，2016，(02)．

申婕，叶铭．从“严以律己”思考党的建设问题［J］．重庆与世界（学术版），2016，(01)．

张茅．强化治党责任　狠抓工作落实　不断取得党风廉政建设和反腐败斗争新成效［N］．中国工商报，2016-01-26(002)．

闵文杰．保持党的纯洁性文化建设探微［J］．老区建设，2016，(02)．

曹春荣．中央苏区党的马克思主义理论建设［J］．苏区研究，2016，(01)．

钟婧，王树亮．党的建设科学化与西部民族地区治理的关系探析［J］．党史博采（理论），2016，(01)．

刘金武，李颖．深入发掘党的基层组织建设资源　不断强化党的执政能力建设［J］．办公室业务，2016，(02)．

孙爱萍．论新时期加强和创新党的建设的“三个抓手”［J］．人才资源开发，2016，(02)．

马梁．加强基层服务型党组织建设下　好管党治党的另手棋［J］．学习月刊，2016，(02)．

涂洪全．企业党的基层组织建设若干问题论析［J］．现代国企研究，2016，(02)．

彭敏峰．浅析国有企业如何加强党的纪律建设［J］．中国盐业，2016，(02)．

本报通讯员．加强制度建设　推进从严治党［N］．河北日报，2016-01-22(001)．

张荣臣．纪律建设是依规治党的基础［N］．中国纪检监察报，2016-01-20(006)．

庞虎，刘珍．从严治党必须防止“儒化”倾向——基于国、共两党意识形态建设的路径比较及启示［J］．浙江学刊，2016，(01)．

赵长芬，胡瑞欣．党的凝聚力建设研究综述［J］．中共石家庄市委党校学报，2016，(01)．

熊自干．党的建设同国家政权建设协同推进初探［J］．观察与思考，2016，(01)．

闻言．全面从严治党，重在加强纪律建设［N］．人民日报，2016-01-15(006)．

周志成，韩强．改革开放以来北京党的建设的历史进程［J］．新视野，2016，(01)．

张由涛．从聚焦党风廉政建设和反腐败斗争到助力全面从严治党［J］．中国纪检监察，2016，(01)．

刘明月．中国道路视角下邓小平党的作风建设思想探析［J］．邓小平研究，2016，(01)．

段婧寰．社会组织党的建设中存在的问题与对策研究［J］．党史博采（理论），2016，(02)．

于伟．如何加强党的基层组织建设——以抚顺市东川区为例［J］．党史博采（理论），2016，(02)．

李斌雄，张银霞．基层党组织落实全面从严治党责任及其问责机制探讨［J］．探索，2016，(01)．

苏国晖．浅析毛泽东的从严治党思想［J］．湖北科技学院学报，2016，(02)．

杨荣军 . 基层干部群众对全面从严治党的政治认知［J］. 中共云南省委党校学报，2016，（01）.

杨青 ."中国梦"价值追求视角下党的建设——由入党动机功利化和党内腐败引发的思考［J］. 青海党的生活，2016，（02）.

孙霞云 . 夯实全面从严治党责任　深入推进党风廉政建设和反腐败工作［N］. 中国质量报，2016-02-01（001）.

赵兵 . 管党治党，如何厘清责任［N］. 人民日报，2016-01-26（017）.

姜艳英 ."四管齐下"推进党的作风建设长效化［J］. 管理观察，2016，（03）.

刘娜 . 党的建设需要的条件［J］. 现代经济信息，2016，（02）.

靳贺 ."四个全面"战略布局下党的群众工作能力建设［J］. 党史文苑，2016，（02）.

李军 . 加强基层党的建设　营造良好发展环境［J］. 中国高新区，2016，（01）.

胡佳逸 . 全面从严依规治党　推动党的建设再上台阶［N］. 苏州日报，2016-01-16（A01）.

朱微微 . 互联网时代下党的思想建设的问题分析［J］. 佳木斯职业学院学报，2016，（01）.

赵可 . 刘少奇关于党的纯洁性建设思想研究［J］. 佳木斯职业学院学报，2016，（01）.

董世明 . 十八大以来党关于反腐倡廉的理论创新［J］. 广州大学学报（社会科学版），2016，（01）.

张葆 . 把握方向　深化改革　切实加强国有企业党的建设［J］. 先锋队，2016，（02）.

郝志强，杨振锋 . 按"三严三实"要求推进党的作风建设［J］. 共产党员（河北），2016，（03）.

王少峰 . 把"三严三实"贯穿检察机关党的建设全过程［J］. 紫光阁，2016，（01）.

谢伟光，高杨 . 用中华传统美德涵养党的道德建设［J］. 学习月刊，2016，（04）.

郑益 . 中共七大纪律建设的历史贡献及启示［J］. 党史文苑，2016，（04）.

王绍霞 . 列宁关于党的威信思想及其当代启示论析［J］. 思想理论教育导刊，2016，（02）.

徐冀宁，管玄同 . 文化视野下的中国共产党纪律建设［J］. 大连干部学刊，2016，（02）.

曾金冬 . 从四个维度看全面从严治党的全面性［J］. 理论导报，2016，（01）.

张向鸿 . 新时期从严治党的特点规律及路径研究［J］. 中共石家庄市委党校学报，2016，（01）.

王艳华，于洋 . 列宁执政党作风建设思想的时代价值［J］. 观察与思考，2016，（01）.

刘晓玲，刘晓川 . 党的"四自"思想的理论品格与实践价值［J］. 求实，2016，（01）.

薛冰山，陈斌 . 着力加强社会组织党的建设［J］. 共产党员（河北），2016，（01）.

张国正 . 坚定不移推进党风廉政建设和反腐败工作［J］. 决策探索（下半月），2016，（02）.

徐晨光，唐国战 . 全面把握从严治党的内在规律［J］. 求索，2016，（02）.

李建锋 . 习近平全面从严治党思想探析［J］. 党史博采（理论），2016，（02）.

章兢．探究互联网时代加强党的执政能力建设的力作［N］．光明日报，2016-02-24（013）．

曹开华，左功叶．思想建党与制度治党相结合：党建规律的新认识新探索［J］．党史文苑，2016，（04）．

杨徽财．习近平关于党风廉政建设和反腐败斗争的思想研究［J］．中共云南省委党校学报，2016，（01）．

叶笃初．中国共产党何以自我超越——全面从严治党的理论基础与价值追求［J］．人民论坛·学术前沿，2016，（03）．

杨根乔．“三严三实”：全面从严治党的重要遵循［J］．中国浦东干部学院学报，2016，（01）．

王晓荣，王鑫．任弼时与中央苏区党组织的布尔什维克化建设［J］．毛泽东思想研究，2016，（01）．

耿联．坚持全面从严治党依规治党　为“十三五”发展营造良好环境［N］．新华日报，2016-01-18（001）．

张弛．党的十八大之后推进基层党内民主的新布局［J］．党政干部学刊，2016，（01）．

文建龙．党的制度与党的先进性和纯洁性［J］．观察与思考，2016，（01）．

胡燕．关于全面从严治党的内涵及现实发展分析［J］．商，2016，（08）．

陈静静，周贤群．五大发展理念下大学生党员建设的对策［J］．人才资源开发，2016，（04）．

王文俊．广西非公有制经济组织党组织书记队伍建设微探［J］．延边党校学报，2016，（01）．

张世飞，王欢．抗日战争时期中国共产党局部执政的实践经验［J］．江西科技师范大学学报，2016，（01）．

周宣敏．全面从严治党　推动政治生态山清水秀［J］．唯实，2016，（02）．

李忠杰．加强党内监督　推进全面从严治党［J］．中国纪检监察，2016，（03）．

刘汉峰．严格党内政治生活［J］．中国特色社会主义研究，2016，（01）．

习近平：坚持全面从严治党依规治党　创新体制机制　强化党内监督［J］．中国党政干部论坛，2016，（02）．

田晓明．基层党支部如何落实党风廉政“两个责任”［J］．科技与企业，2016，（03）．

孔建华，王保喜．影响和制约党的纯洁性的因素探析［J］．湖南科技学院学报，2016，（02）．

严竞雄．试论延安时期党的群众路线思想及现实启示［J］．传承，2016，（01）．

李薇．试论如何加强基层党组织建设和党员队伍建设［J］．科技经济导刊，2016，（03）．

邬海军．关于新形势下全面从严治党的若干认识和思考［J］．长春师范大学学报，2016，（01）．

张合营．非公党建对马克思主义党建理论中国化的科学探索［J］．甘肃理论学刊，2016，（01）．

杨东广．《准则》和《条例》是全面从严治党的新标准［J］．领导之友，2016，(02).

张福建．延安整风对全面从严治党的历史启示［J］．领导之友，2016，(02).

郑琦．政党社会化：当代基层党组织建设的路径选择［J］．中共浙江省委党校学报，2016，(01).

李敬煊，李思学．全面从严治党与优化中国共产党政党功能的意义和途径探析［J］．理论探讨，2016，(01).

许志峰．执纪从严　开创基层廉政建设新局面［J］．唯实，2016，(01).

李庆．全面从严治党新常态下对党员教育的思考——以近年党内集中教育为例［J］．党政研究，2016，(01).

陆新．创新法治型党组织建设路径［J］．群众，2016，(01).

文斌．党内政治生态的建构动因与优化路径［J］．理论研究，2016，(01).

高宇．浅析中国共产党思想理论建设的若干经验［J］．商，2016，(08).

赵淼．加强基层党员干部思想道德建设的思考与对策［J］．理论观察，2016，(02).

郑士鹏．论思想建党与制度建党的内在逻辑统一性［J］．思想政治教育研究，2016，(01).

王海侠，孟庆国．乡村治理的分宜模式："党建+"与村民自治的有机统一［J］．探索，2016，(01).

李咏．保持党的先进性必须深入践行"三严三实"［J］．高教学刊，2016，(03).

徐绍史．落实全面从严治党要求打造忠诚干净担当队伍［J］．党建，2016，(02).

刘娜．基层党组织在社区管理中存在的问题与对策分析［J］．企业改革与管理，2015，(24).

周金堂，廖进球，舒前毅．习近平全面从严治党思想形成的时代背景的"三个考量"［J］．江西财经大学学报，2016，(01).

熊惊峰．运用监督执纪"四种形态"贯彻落实全面从严治党［J］．中国党政干部论坛，2016，(01).

汪金龙．党内民主探索的问题分析［J］．上海党史与党建，2016，(01).

张亚明，苏妍嫄．党的十八大以来反腐倡廉的新经验［J］．理论探索，2016，(01).

孙业礼．严明党的纪律仍然十分紧迫［J］．思想政治工作研究，2016，(01).

郑清支．试论习近平全面从严治党思想的哲学意蕴［J］．世纪桥，2016，(02).

崔洪斌．国家治理体系现代化视野下的全面从严治党［J］．世纪桥，2016，(02).

蒯正明，胡珺．在全面小康社会建设中强化基层党组织整体功能的四大路径［J］．探索，2016，(01).

王世谊，孟婷．社会学理论和方法与全面从严治党问题研究［J］．学习论坛，2016，(02).

左雪松，戴海东，夏道玉．论习近平构建全面从严治党的新常态［J］．湖南省社会主义学院学报，2016，(01).

尹洁．全面从严治党环境下基层党建工作新常态研究［J］．攀登，2016，(01).

伍小涛．中国共产党加强政治纪律建设的思想沿革［J］．中国浦东干部学院学报，

2016,（01）.

吴丽清．“三严三实”的生成逻辑、本质属性与现实指向［J］．探求，2016，（01）．

颜清，肖芳．论全面从严治党的特点［J］．大连干部学刊，2016，（01）．

黄红平．新时期全面从严治党的生动实践——《中国共产党廉洁自律准则》和《中国共产党纪律处分条例》修订精神的理论解读［J］．唯实，2016，（01）．

左雪松，夏道玉．论习近平构建全面从严治党的新常态［J］．井冈山大学学报（社会科学版），2016，（01）．

李锡炎．全面从严治党的新视野：依规治党与以德治党相结合［J］．长白学刊，2016，（01）．

贺方彬．习近平全面从严治党思想解析［J］．宁夏党校学报，2016，（01）．

刘先春，姜霞．论习近平关于全面从严治党的时代价值［J］．宁夏党校学报，2016，（01）．

何旗．全面从严治党新常态下党内政治生活科学化论析［J］．宁夏党校学报，2016，（01）．

王敬民．全面从严治党：内涵、关键及战略举措［J］．法制博览，2016，（01）．

张多．党的十八大以来反腐倡廉机制创新［J］．福州党校学报，2016，（01）．

李芳，林沈丹．依法治党：内涵、难点及路径［J］．云南社会主义学院学报，2016，（01）．

马静．新形势下加强基层党组织建设探索［J］．新西部（理论版），2016，（02）．

顾训宝．领导就是服务：邓小平对服务型政党建设的探索及启示［J］．毛泽东思想研究，2016，（01）．

戴焰军．基层党建是基层社会治理的保证［J］．人民论坛，2016，（03）．

林常颖．严明党的纪律：从严治党的优先策略性选择［J］．福建党史月刊，2016，（01）．

万纪耀．论严明党的纪律和规矩［J］．理论与当代，2016，（01）．

杨兴林．全面从严治党视角下严格干部选拔问题思考［J］．实事求是，2016，（01）．

肖光荣，刘卓．论基层党组织标准化建设的马克思主义理论基础［J］．湖湘论坛，2016，（01）．

郭志云．论统一战线与全面从严治党的关系［J］．湖南省社会主义学院学报，2016，（01）．

王长江．当前推进基层党建理论与实践创新亟待探讨的几个问题［J］．中共浙江省委党校学报，2016，（01）．

王鹏．创新党风廉政建设宣传工作的思考［J］．南方论刊，2016，（01）．

陈述．严明纪律与自我纠错——中国共产党的成功之道［J］．中国党政干部论坛，2016，（01）．

郑益．从严治党要铸固共产党人的马克思主义信仰［J］．学理论，2016，（01）．

王春龙．党的纯洁性制度化、机制化问题研究［J］．党史文苑，2016，（04）．

张楠．提高共产党员党性修养的现实困境及路径探析［J］．理论观察，2016，（01）．

周淑真．以治标促治本——党规党纪的制度创新［J］．武汉大学学报（人文科学版），2016，（01）．

毛文璐．十八大后中国共产党“群众观”的实践特点和发展趋势分析［J］．湖南行政学院学报，2016，（01）．

王政敏．对于党员信仰和理想问题的思考［J］．中国党政干部论坛，2016，（02）．

张贺海．新时期高校大学生党建工作存在的问题及对策［J］．党史博采（理论），2016，（01）．

于飞．基层党建对社区治理能力的关键意义［J］．国家治理，2016，（02）．

黄一玲．整合视野下非公经济组织中党组织拓展研究［J］．求实，2016，（01）．

潘秀梅．如何利用新媒体创新基层党建工作［J］．信息化建设，2016，（02）．

孙忠良，董钰涵．现代化语境下执政党面临的挑战及对策建议［J］．中共伊犁州委党校学报，2016，（01）．

王志刚．着力落实抓党建　聚焦创新促发展［J］．党建，2016，（02）．

李斌雄，张银霞．中国共产党严明政治纪律政治规矩的利益基础和生态分析［J］．马克思主义研究，2016，（01）．

孙英．马克思主义群众观视角下的中国共产党执政权力论［J］．学校党建与思想教育，2016，（03）．

李延腾．全面深化改革视域下农村基层党组织面临的机遇与挑战［J］．党史博采（理论），2016，（01）．

戴焰军．让党内批评和自我批评成为常态［J］．中国党政干部论坛，2016，（01）．

肖建平．建设高素质的中国特色社会主义参政党［J］．湖北省社会主义学院学报，2016，（02）．

于维力，叶子鹏．党的作风建设对执政党发展的意义［J］．中共南昌市委党校学报，2016，（02）．

刘红凛．新时期全面从严治党的基本遵循［J］．中共福建省委党校学报，2016，（04）．

王芝华．从严治党新常态下基层党建工作刍议［J］．邵阳学院学报（社会科学版），2016，（02）．

车辚．习近平党的纯洁性建设思想的政治生态学分析［J］．湖北行政学院学报，2016，（02）．

邓纯东．习近平同志关于党的建设重要论述的鲜明特点［J］．红旗文稿，2016，（08）．

陈思．习近平全面从严治党思想论析［J］．安徽行政学院学报，2016，（02）．

徐慧．全面落实从严治党要求　不断加强基层党支部建设［J］．经营管理者，2016，（12）．

赵小青．全面从严治党的现实进展与发展进路——从十八大以来的治党实践谈起［J］．四川理工学院学报（社会科学版），2016，（02）．

钟琳，胡兆凌．机关党组织落实从严治党与推进作风建设的思考［J］．新西部（理论版），2016，（07）．

汲惠忠．从严治党背景下反腐制度建设探析［J］．沈阳干部学刊，2016，（02）．

洪谊雅 . 马克思、恩格斯、列宁关于党的纯洁性建设思想探析［J］. 教育观察（上半月），2016，（04）.

范秋贵 . 葛兰西文化领导权理论对党的廉政文化建设作用［J］. 淮北职业技术学院学报，2016，（02）.

毕红梅，刘佳雯 . 论抗日战争时期党的廉政建设及其当代启示［J］. 南昌师范学院学报，2016，（02）.

王娟 . 全面从严治党视角下的党纪建设［J］. 中共云南省委党校学报，2016，（02）.

孔川 . 国家治理现代化视域下党的建设制度改革［J］. 中共云南省委党校学报，2016，（02）.

林正兴，张策华，王曼，吴清杨 . 建立党的作风建设长效机制的理论与现实必然性［J］. 前进，2016，（04）.

张忠华，刘飞 . 以改革创新精神加强和改进机关党的建设工作［J］. 攀登，2016，（02）.

郝潞霞 . 列宁关于党的纪律建设思想及其当代启示［J］. 中共山西省委党校学报，2016，（02）.

杨彬彬，杜保友 . 新时期党的作风建设思想的话语转换机制研究［J］. 毛泽东思想研究，2016，（02）.

何良苏 . 十八大以来党的作风建设研究评述［J］. 党史博采（理论），2016，（03）.

孙宝华 . 论儒家文化与党的建设有效融合［J］. 党史文苑，2016，（06）.

贾亭 . 执政党建设与参政党建设：历史与文本的考察［J］. 天津市社会主义学院学报，2016，（01）.

杨卫敏 . 参政党党建理论建设刍议［J］. 重庆社会主义学院学报，2016，（02）.

王红梅 . 高校大学生党员在全面从严治党视角下的队伍建设［J］. 理论观察，2016，（03）.

徐万发，柳欢 . 论西藏和平解放时期党的爱国统战组织建设［J］. 西北民族大学学报（哲学社会科学版），2016，（02）.

齐自琨 . 以价值认同加强新时期党的纪律建设研究［J］. 桂海论丛，2016，（02）.

冯莉媛 . 试论习近平总书记的全面从严治党思想［J］. 求知导刊，2016，（05）.

曾小锋，唐莲英 . 党的建设主线：历史进程、理论逻辑与现实指向［J］. 学习论坛，2016，（03）.

刘菊香 . 协商民主与中国特色社会主义参政党建设的互动关系［J］. 上海市社会主义学院学报，2016，（01）.

韦信宽 . 论习近平党的作风建设思想及实践遵循［J］. 西南交通大学学报（社会科学版），2016，（02）.

张博 . 改革开放以来党的建设制度改革的成就与经验［J］. 深圳大学学报（人文社会科学版），2016，（02）.

郎捷，张国镛 . 论十八大以来党的文化建设理论的发展［J］. 宁夏党校学报，2016，（02）.

汲惠忠，葛志强．以改革创新精神加强党的作风建设——兼论弘扬三大作风［J］．宁夏党校学报，2016，(02)．

理轩．全面从严治党的治本之策——学习习近平总书记关于加强纪律建设的重要论述［J］．中国纪检监察，2016，(05)．

黄建军．全面从严治党背景下的政治生态建设［J］．群众，2016，(03)．

周强．认真落实全面从严治党要求　努力建设高素质人民法院队伍［J］．党建，2016，(03)．

李红芹．群众路线与党的建设科学化的价值关系探析［J］．湖北省社会主义学院学报，2016，(02)．

朱婧．网络信息技术在推进党的建设能力中的应用［J］．科技风，2016，(08)．

肖光文．新时期加强执政党纯洁性建设的若干思考［J］．中共成都市委党校学报，2016，(02)．

邢静．探析西柏坡时期党的作风建设的实践及启示［J］．党史博采（理论），2016，(04)．

秦位强．延安时期任弼时对党的纯洁性建设的贡献［J］．党史文苑，2016，(08)．

刘启春．制度治党的提出背景、实现途径和基本思路——基于习近平有关论述的分析［J］．党的文献，2016，(02)．

祖丽胡玛尔·艾尔肯．浅谈党的纯洁性建设与高校党建的科学化水平［J］．新丝路（下旬），2016，(02)．

管新华．依规治党的历史溯源、现实设计和未来推进［J］．探索，2016，(02)．

金召侠．论加强党的思想政治建设的必要性［J］．经营管理者，2016，(11)．

赵小青．全面从严治党的现实进展与发展进路［J］．四川理工学院学报（社会科学版），2016，(02)．

房广顺，符豪．改革开放以来全面从严治党思想的创新发展［J］．学校党建与思想教育，2016，(07)．

侯长安．推进党风廉政建设和反腐败斗争取得新成效［J］．政策，2016，(04)．

冯争，杨乐强．论胡锦涛对党的思想建设的理论创新［J］．学理论，2016，(04)．

戴焰军．党风廉政建设也是党的政治优势［J］．思想政治工作研究，2016，(04)．

徐雅芬．以制度创新推进党风廉政建设主体责任的落实［J］．贵州社会科学，2016，(04)．

张强．推进从严治党　着力加强党的思想作风建设［J］．中共乐山市委党校学报，2016，(02)．

肖剑忠，黄宇．论习近平的作风建设战略进路［J］．中共杭州市委党校学报，2016，(02)．

刘超然．马克思主义哲学视域下的共产党建设［J］．文学教育（下），2016，(03)．

熊晏萱．全面从严治党语境下的法治型党组织建设探索［J］．中小企业管理与科技（下旬刊），2016，(03)．

彭冰冰．总体性方法论：全面从严治党的内在逻辑［J］．桂海论丛，2016，(02)．

周全华，蔡禹．毛泽东建设学习型政党思想探析［J］．中共浙江省委党校学报，2016，（02）．

任浩．用作风建设新常态推进全面从严治党新部署［J］．企业导报，2016，（06）．

李小娜．党的思想建设与制度构建融合的现实意义［J］．人民论坛，2016，（08）．

刘春艳．刍议党的领导与社会主义法治建设辩证统一的关系［J］．才智，2016，（08）．

陈君锋，白林驰．论社会转型时期党的基层组织带头人队伍建设［J］．宁夏党校学报，2016，（02）．

茹冬．以作风建设新成效落实从严治党新要求［J］．唯实（现代管理），2016，（03）．

时晟蓉．坚持党要管党、从严治党下推进基层党组织党建工作的研究［J］．才智，2016，（07）．

黄亦君．习近平党建思想的历史逻辑与现实观照［J］．学习论坛，2016，（04）．

刘贵丰．习近平全面从严治党思想研究［J］．西藏发展论坛，2016，（02）．

何良苏．十八大以来全面从严治党思想的实践探索［J］．学习月刊，2016，（06）．

杨孝兵．新时期非公企业党的建设路径探索［J］．企业改革与管理，2016，（05）．

李景治．党风廉政建设和反腐败斗争应加大“治本”的力度［J］．理论与改革，2016，（02）．

杨伟亮．浅析中国共产党从严治党的理论来源及进程［J］．商，2016，（11）．

甄小英．基层党风建设的态势及启示［J］．中共天津市委党校学报，2016，（02）．

李红权．全面从严治党的基本逻辑及理论解析［J］．理论探讨，2016，（02）．

赵明，李玉华．新常态下共产党员的作风建设策略［J］．沈阳农业大学学报（社会科学版），2016，（02）．

徐晨光，黄智勇．全面从严治党与执政安全［J］．湖南师范大学社会科学学报，2016，（02）．

贺瑞，贺书琛．试论习近平对毛泽东党建思想的继承与发展［J］．党政研究，2016，（02）．

叶德跃．利益关系多样化对党的纯洁性建设的挑战与对策研究［J］．中外企业家，2016，（07）．

王浩丞．中国共产党的纯洁性建设内涵与路径研究［J］．党史博采（理论），2016，（04）．

姜天伊．当前农村基层党风廉政建设存在的问题及对策［J］．才智，2016，（12）．

王相凯．论新环境中的农村基层党组织建设［J］．理论观察，2016，（04）．

黄鸿飞．古田会议在党的群众路线形成过程中的作用［J］．重庆科技学院学报（社会科学版），2016，（04）．

邵景均．深入学习贯彻习近平党内监督思想［J］．前线，2016，（04）．

张锋．古田会议与中国共产党“党管人才”政策的制度创新［J］．毛泽东思想研究，2016，（02）．

马倩．全面依法治国背景下中国共产党的作风建设［J］．党史博采（理论），2016，（03）．

凌德政．新常态下作风建设制度化向度探析［J］．江淮论坛，2016,（02）．

汪德荣，张占毫．新时期对反腐倡廉建设的分析与思考［J］．理论观察，2016,（03）．

庞跃辉．全面从严治党战略布局与高校党建纵深发展［J］．理论导刊，2016,（03）．

贺海仁．论中国共产党领导法治化［J］．河北法学，2016,（04）．

何湾湾．新时期推动党群关系和谐发展的实践及其特点——基于“全面从严治党”的视角［J］．中共成都市委党校学报，2016,（02）．

何临春，唐城，寇亚莉，李金娜．论毛泽东党建思想及其当代启示［J］．传承，2016,（04）．

张洋．论执政党能力建设与政治文化发展［J］．才智，2016,（12）．

林美．保持我党纯洁性的建设路径［J］．改革与开放，2016,（08）．

姜天伊．建设学习型党组织　提高党建科学化水平［J］．现代交际，2016,（06）．

王法通．推进作风建设常态化的六个着力点［J］．人民论坛，2016,（09）．

袁建伟．论六种思维在严肃党内政治生活中的应用［J］．人民论坛，2016,（08）．

林德浩．准确把握全面从严治党的两个重要维度［J］．黑龙江省社会主义学院学报，2016,（01）．

胡志远．中国共产党党内巡视制度的历史沿革及其当代价值——执政理念创新的视角［J］．理论导刊，2016,（03）．

万建军．简论建国初期毛泽东党建思想［J］．传承，2016,（04）．

顾名姝．论“全面从严治党”的理论内涵和实践［J］．科技风，2016,（07）．

李琪．制度治党的组合创新［J］．党政论坛，2016,（04）．

江易群．党风廉政建设责任制的着力点构建探究［J］．管理观察，2016,（09）．

刘鹏．依法治国背景下从严管党治党的逻辑思考和对策［J］．劳动保障世界，2016,（08）．

周乃翔．奋力推动全面从严治党迈上新台阶［J］．唯实，2016,（04）．

邹丽华．加强作风建设　提高执政水平［J］．新长征，2016,（04）．

韩强．关于党内法规的几个基本问题［J］．中共杭州市委党校学报，2016,（02）．

杨艳．健全的制度机制是作风建设常态化的必然路径［J］．学习月刊，2016,（06）．

王炜．抓好基层党组织建设的几点思考［J］．现代金融，2016,（03）．

黄家茂，王海军．全面从严治党视域下制度治党的基本路径探析［J］．湖湘论坛，2016,（02）．

江家城．全面从严治党的内涵与时代特征［J］．安徽行政学院学报，2016,（02）．

田芝健．法治型马克思主义政党建设与党内治理法治化研究［J］．探索，2016,（02）．

岳海峰．中共八大对执政党保持纯洁性的探索与实践［J］．福建党史月刊，2016,（04）．

洪欢欢．党建制度改革的理论基础与实践动力［J］．共产党员（河北），2016,（12）．

刘焕明，蒋艳．全面从严治党视域下党内民主完善路径探究［J］．贵州社会科学，2016,（04）．

汪习根，宋丁博男．论党领导立法的实现方式［J］．中共中央党校学报，2016,（02）．

薛冰山，陈斌．让“三严三实”成为作风建设新常态［J］．共产党员（河北），2016,（07）．

熊若愚．习近平全面从严治党思想研究［J］．新东方，2016,（02）．

鲍雪松．国家治理视域下的执政党意识形态建设［J］．前沿，2016,（04）．

马云志，黄宝华．论“全面从严治党”的科学内涵和时代特征［J］．辽宁行政学院学报，2016,（04）．

于涛．实施党建工作项目化管理构建基层党组织新格局的思考［J］．科技资讯，2016,（11）．

杨岚凯，严俊．民主集中制与中国共产党的组织形态：基于生态适应性的分析［J］．社会主义研究，2016,（02）．

李辉，孙飞争．以全新发展观提升党风廉政建设科学化水平［J］．贵州社会科学，2016,（04）．

马赛，高科．习近平党建思想的演进历程研究［J］．中共太原市委党校学报，2016,（02）．

马文海．全面从严治党：打铁还需自身硬［J］．红旗文稿，2016,（06）．

齐卫平．党的十八大以来推进全面从严治党的新理念［J］．中国井冈山干部学院学报，2016,（02）．

李建华，高季乔．论政治新常态下的党内民主建设［J］．山西大学学报（哲学社会科学版），2016,（02）．

罗达，陈廷帅．全面从严治党视域下党的制度执行力研究［J］．人民论坛，2016,（08）．

魏静，姚宏志．全面从严治党　推进马克思主义党建理论中国化［J］．长春理工大学学报（社会科学版），2016,（02）．

马振清．坚定不移推进全面从严治党［J］．前线，2016,（04）．

宿燕亭．试论习近平关于党员干部理想信念教育的论述［J］．传承，2016,（03）．

王娟．党规党纪是全面从严治党有力保障［J］．辽宁省社会主义学院学报，2016,（01）．

王珊珊．历史节点中的从严治党及其现实路径分析［J］．理论观察，2016,（03）．

房世刚，梁懿文．国家治理现代化视域下党的执政能力提升的若干思考［J］．观察与思考，2016,（03）．

李景治．全面从严治党需要进一步净化党内关系——学习习近平总书记关于严明党的纪律和规矩重要论述［J］．中国延安干部学院学报，2016,（02）．

雷骐瑜．论“全面从严治党”思想的重要意义和实践［J］．学理论，2016,（03）．

刘智峰．改革开放初期邓小平关于端正党风的思想［J］．北京党史，2016,（02）．

马树颜．依法治国视阈下的依规治党：科学内涵、时代价值与实现路径［J］．广西社会主义学院学报，2015,（06）．

洪欢欢．改革开放以来关于党建理论研究的思考［J］．党史博采（理论），2016,（04）．

高全厚．全面从严治党视角下机关党建存在的问题及对策［J］．法制博览，2016，（12）．

王哲，唐锡康．延安时期张闻天的党风建设思想及其历史贡献［J］．中州学刊，2016，（04）．

崔建周．延安时期党内政治生活正常化的经验与启迪［J］．马克思主义研究，2016，（04）．

江里程．努力推动全面从严治党向基层延伸［J］．群众，2016，（04）．

张奇．以“四抓”推动全面从严治党向基层延伸［J］．政工学刊，2016，（04）．

王建国，江家城．论新时期农村基层服务型党组织建设［J］．领导之友，2016，（07）．

赵建玲．用法治思维和法治方式加强党建［J］．紫光阁，2016，（04）．

窦金凤．马克思主义经典著作从严治党思想及其现实启发［J］．传承，2016，（03）．

韩颖．从严治党视阈下党员理想信念教育探析［J］．特区实践与理论，2016，（02）．

金华．新时期加强基层党组织思想政治工作的思考与实践［J］．管理观察，2016，（09）．

张雪君．全面建成小康社会：党执政的理念完善与制度成长［J］．理论研究，2016，（02）．

朱虹．以“党建+”引领提升机关党建工作水平［J］．当代江西，2016，（03）．

任民．推动全面从严治党向基层延伸［J］．先锋队，2016，（08）．

李一．中国共产党精神领导的理论与方法探源［J］．领导科学，2016，（08）．

王春玺．十三届四中全会以来党的民主集中制思想的发展［J］．北京党史，2016，（02）．

张月春，张晶．简析中国共产党政权建设思想［J］．党史文苑，2016，（08）．

闫忠信．践行“三严三实”加强领导干部党性修养和作风建设［J］．理论学习与探索，2016，（02）．

赵阳阳．整党整风：马克思主义中国化的新视阈［J］．齐齐哈尔大学学报（哲学社会科学版），2016，（04）．

王筱维．如何切实增强党性教育的针对性和实效性［J］．党史博采（理论），2016，（03）．

苗青．新形势下提高党员干部党性修养的三个视角［J］．领导之友，2016，（08）．

音坤．新媒体时代执政党提升执政能力的策略研究——评《媒介化时代党的执政能力研究》［J］．江西社会科学，2016，（04）．

陈家喜．提升回应性：从党建责任制到责任型政党［J］．江汉论坛，2016，（04）．

蒙慧，任鹏丽．党内反腐倡廉法规调整的逻辑思路探析——以《中国共产党纪律处分条例》的修订为例［J］．学术探索，2016，（03）．

曲青山．坚持民主集中制是强化党内监督的核心［J］．中共党史研究，2016，（03）．

梁瑞英．党内协商民主的现实困境与对策思路刍议［J］．领导科学，2016，（11）．

孟媛，曾文杰．以软法的方式加强党风建设的探究［J］．文学教育（下），2016，（03）．

林荣春．新时期党风廉政建设探析［J］．现代交际，2016,（06）．

郝菲菲，桑蕾，马巴木．邓小平理论中党的群众路线思想研究［J］．世纪桥，2016,（03）．

蔡治廷．关于建设学习型、服务型、创新型执政党［J］．新西部（理论版），2016,（05）．

陶厚勇，金怡顺．习近平党纪观探析［J］．领导科学，2016,（08）．

敖带芽．改革开放以来中国共产党执政话语创新的突破口［J］．探索，2016,（02）．

袁文华．增强"党性"是廉政建设的基石［J］．法制博览，2016,（11）．

晓轩．从党章发展看党内监督的演进［J］．中国纪检监察，2016,（07）．

贺全进．基层党组织在推进基层治理法治化中的角色定位及路径选择［J］．湘潮（下半月），2016,（03）．

王恒达．强化基层党组织战斗堡垒功能［J］．政工学刊，2016,（03）．

叶子鹏．以党建科学化推进国家治理现代化［J］．沈阳干部学刊，2016,（02）．

张艳珍，魏巍．"四个全面"视野下的党性内涵［J］．中共济南市委党校学报，2016,（02）．

孟然．从党的性质角度认识党风廉政建设问题［N］．组织人事报，2016-04-14（007）．

戴立兴．新形势下党的建设的行动指南［N］．中国社会科学报，2016-04-12（008）．

张荣臣．奏响党的建设新的伟大工程的华彩乐章［N］．光明日报，2016-04-06（002）．

刘晓春．论全面从严治党的必要性与措施［J］．淮海工学院学报（人文社会科学版），2016,（06）．

徐彬．关于构建中国共产党"党的建设规划"问题研究［J］．中共福建省委党校学报，2016,（06）．

李华．从创新到规划：中国共产党"党的建设规划"命题的理论逻辑［J］．中共福建省委党校学报，2016,（06）．

成为杰．从空间意识到党建规划：党的建设的空间政治视角解析［J］．中共福建省委党校学报，2016,（06）．

钱牧．近年来有关党的建设重大问题的研究综述［J］．知行铜仁，2016,（03）．

徐风娟．全面从严治党语境下基层党组织法治建设探析［J］．党史博采（理论），2016,（06）．

赖蔚英，郑常鳜．党的建设"主线"布局的理论阐释［J］．宁德师范学院学报（哲学社会科学版），2016,（02）．

万小龙．再论中国共产党思想建设的基本经验［J］．党史研究与教学，2016,（03）．

俞良早．无产阶级政党须高度重视党的纲领及政治路线建设——经典作家研究理想社会的原则与实现中国梦［J］．湖北行政学院学报，2016,（03）．

王玉辉，梁宏．加强中国特色社会主义参政党建设，推进协商民主发展［J］．世纪桥，2016,（06）．

孙前梅．建国初期党领导社会建设的实践及基本经验［J］．蚌埠学院学报，2016，(03)．

杨万山．党的制度建设与中国特色社会主义制度建设［J］．科学社会主义，2016，(03)．

程洪宝．话语体系建设与党的意识形态领导权的实现［J］．前沿，2016，(06)．

黄存金．十八大以来党的反腐倡廉建设新思路新举措［J］．中共青岛市委党校，青岛行政学院学报，2016，(03)．

刘浩林．中央苏区时期党的执政伦理建设的历史经验与现实启示［J］．社科纵横，2016，(06)．

蒋福东．推动全面从严治党向基层延伸的若干思考——基于基层党风廉政建设的现实考察［J］．中共石家庄市委党校学报，2016，(06)．

何川．党的十八大以来党风廉政建设与反腐败斗争的现状及其路径探索［J］．重庆城市管理职业学院学报，2016，(02)．

王慧．新形势下党的建设制度改革探究［J］．人民论坛，2016，(17)．

王钰鑫，王耀鸿．95 年党的建设历史经验研究［J］．桂林航天工业学院学报，2016，(02)．

康宗基．新民主主义革命时期党的社会组织建设思想及其启示［J］．南京航空航天大学学报（社会科学版），2016，(02)．

高丽强，吴亚杰．习近平党的制度建设思想初探［J］．齐齐哈尔工程学院学报，2016，(02)．

李敏．关于习近平加强党的纯洁性建设思想研究［J］．中共桂林市委党校学报，2016，(02)．

杨志超．马克思主义经典作家对党的建设科学化思想的奠基与探索［J］．中共云南省委党校学报，2016，(03)．

顾昭明．党的十八大以来从严管党治党的理论与实践——学习习近平总书记关于全面从严治党的论述［J］．前进，2016，(06)．

严海燕．全面从严治党背景下党内法规建设存在的问题及对策［J］．领导之友，2016，(11)．

刘丹．构建党的作风建设长效机制［J］．中共太原市委党校学报，2016，(03)．

宋璇涛．推动全面从严治党向基层延伸——学习习近平总书记关于加强基层党风廉政建设重要论述［J］．中国纪检监察，2016，(11)．

刘志亮．党的作风建设常态化的五个着力点［J］．中共合肥市委党校学报，2016，(03)．

肖贵清，王然．试论毛泽东从严治党思想的特色［J］．思想理论教育导刊，2016，(05)．

武文达．协商民主语境下参政党自身建设研究［J］．山西财经大学学报，2016，(S1)．

庞跃辉．高校提高党建工作科学化水平的有效进路——基于“全面从严治党”战略布局的认知分析［J］．学习论坛，2016，(05)．

齐卫平．贯彻五大发展理念对党的建设提出新要求［J］．理论探讨，2016，(03)．

方世南，王世谊．法治型党组织建设是全面从严治党的战略举措［J］．唯实，2016，(05)．

顾耀昌．全面从严治党要从支部建设严起［J］．唯实，2016，(05)．

王九收．关于加强党的制度建设从严治党的几点思考［J］．才智，2016，(14)．

薛林群．习近平党的建设战略思想研究［J］．党政论坛，2016，(05)．

李景治．全面从严治党需要加强党内民主建设［J］．长白学刊，2016，(03)．

金成波，张源．依规治党与党内法规制度建设［J］．长白学刊，2016，(03)．

司甜．全面从严治党视域下的地方政治生态建设刍论［J］．理论导刊，2016，(05)．

冯秀军，毛娜．全面从严治党背景下的党员理想信念建设［J］．学校党建与思想教育，2016，(09)．

柳春．党的作风建设永远在路上［J］．红岩春秋，2016，(05)．

张华，邱晶．胡锦涛对党的思想建设的三大贡献［J］．学理论，2016，(05)．

刘红凛．新时期全面从严治党的基本遵循［J］．中共福建省委党校学报，2016，(04)．

邓纯东．习近平同志关于党的建设重要论述的鲜明特点［J］．红旗文稿，2016，(08)．

江家城．全面从严治党的内涵与时代特征［J］．安徽行政学院学报，2016，(02)．

赵小青．全面从严治党的现实进展与发展进路——从十八大以来的治党实践谈起［J］．四川理工学院学报（社会科学版），2016，(02)．

马云志，黄宝华．论“全面从严治党”的科学内涵和时代特征［J］．辽宁行政学院学报，2016，(04)．

刘启春．制度治党的提出背景、实现途径和基本思路——基于习近平有关论述的分析［J］．党的文献，2016，(02)．

胡利明．论全面从严治党中的法治理念［J］．新疆社科论坛，2016，(02)．

管新华．依规治党的历史溯源、现实设计和未来推进［J］．探索，2016，(02)．

房广顺，符豪．改革开放以来全面从严治党思想的创新发展［J］．学校党建与思想教育，2016，(07)．

陈殿林，田慧萍．全面从严治党思想的哲学意蕴［J］．学校党建与思想教育，2016，(07)．

任建明．严明党的纪律和规矩：意义、要义及对策［J］．贵州社会科学，2016，(04)．

徐玉生，王方方．纪法协同：全面从严治党背景下管党治党的机制创新［J］．贵州社会科学，2016，(04)．

刘焕明，蒋艳．全面从严治党视域下党内民主完善路径探究［J］．贵州社会科学，2016，(04)．

郭慰慰．论全面从严治党的背景及内涵［J］．湘潮（下半月），2016，(03)．

齐卫平．党的十八大以来推进全面从严治党的新理念［J］．中国井冈山干部学院学报，2016，(02)．

蔡娟，于朋帅．严明党的纪律是全面从严治党的关键［J］．廉政文化研究，2016，(02)．

黄家茂，王海军．全面从严治党视域下制度治党的基本路径探析［J］．甘肃理论学刊，2016，(02)．

曾小锋，唐莲英．党的建设主线：历史进程、理论逻辑与现实指向［J］．学习论坛，2016，(03)．

何克祥．严格党内生活：实现思想建党和制度治党紧密结合的重要结合点［J］．宁夏社会科学，2016，(02)．

孙存良．科学认识和把握全面从严治党的规律和特征［J］．观察与思考，2016，(03)．

韦信宽．论习近平党的作风建设思想及实践遵循［J］．西南交通大学学报（社会科学版），2016，(02)．

罗达，陈廷帅．全面从严治党视域下党的制度执行力研究［J］．人民论坛，2016，(08)．

李红权．全面从严治党的基本逻辑及理论解析［J］．理论探讨，2016，(02)．

徐晨光，黄智勇．全面从严治党与执政安全［J］．湖南师范大学社会科学学报，2016，(02)．

苗成斌．从严治党关键是从严治吏［J］．红旗文稿，2016，(05)．

庞跃辉．全面从严治党战略布局与高校党建纵深发展［J］．理论导刊，2016，(03)．

彭龙富．新时期全面从严治党的当代意义与路径选择［J］．实事求是，2016，(02)．

李芳云．意识形态视域下党的执政安全面临的挑战与应对［J］．理论探索，2016，(02)．

李敬煊，李思学．论全面从严治党的动力机制［J］．中共福建省委党校学报，2016，(04)．

熊若愚．习近平全面从严治党思想研究［J］．新东方，2016，(02)．

陈思．习近平全面从严治党思想论析［J］．安徽行政学院学报，2016，(02)．

刘文，于丽先．网络时代加强党对意识形态主导权的思考［J］．社科纵横，2016，(04)．

马振清．坚定不移推进全面从严治党［J］．前线，2016，(04)．

邹宏如．习近平全面从严治党的方法论及启示［J］．长沙理工大学学报（社会科学版），2016，(02)．

杨彬彬，杜保友．新时期党的作风建设思想的话语转换机制研究［J］．毛泽东思想研究，2016，(02)．

王娟．党规党纪是全面从严治党有力保障［J］．辽宁省社会主义学院学报，2016，(01)．

何良苏．十八大以来全面从严治党思想的实践探索［J］．学习月刊，2016，(06)．

王珊珊．历史节点中的从严治党及其现实路径分析［J］．理论观察，2016，(03)．

冯莉媛．试论习近平总书记的全面从严治党思想［J］．求知导刊，2016，(05)．

房世刚，梁懿文．国家治理现代化视域下党的执政能力提升的若干思考［J］．观察与思考，2016，(03)．

王学俭，郭绍均．严明党的政治纪律和政治规矩的方略探讨［J］．中州学刊，2016，

（03）.

张博 . 改革开放以来党的建设制度改革的成就与经验［J］. 深圳大学学报（人文社会科学版），2016,（02）.

魏静，姚宏志 . 全面从严治党推进马克思主义党建理论中国化［J］. 长春理工大学学报（社会科学版），2016,（02）.

时晟蓉 . 坚持党要管党、从严治党下推进基层党组织党建工作的研究［J］. 才智，2016,（07）.

马树颜 . 依法治国视阈下的依规治党：科学内涵、时代价值与实现路径［J］. 广西社会主义学院学报，2015,（06）.

于维力，叶子鹏 . 党的作风建设对执政党发展的意义［J］. 中共南昌市委党校学报，2016,（02）.

蒋静波 . 全面从严治党的特点和规律［J］. 科教导刊（下旬），2016,（04）.

孔翠萍 . 党的三大优良作风的唯物史观解读［J］. 科学社会主义，2016,（02）.

杨柳 . 论新时期全面从严治党的新举措［J］. 沈阳干部学刊，2016,（02）.

杨宏伟 . 西柏坡时期从严治党历史经验探析［J］. 中共石家庄市委党校学报，2016,（04）.

沈孝鹏 . 全面从严治党视域下党内法规建设的不足与对策［J］. 福州党校学报，2016,（02）.

王娟 . 全面从严治党视角下的党纪建设［J］. 中共云南省委党校学报，2016,（02）.

纪中强 . 党的执政成效评价指标体系构建问题探论［J］. 理论导刊，2016,（04）.

马明伟 . 管党治党理念方略的重大突破与创新——学习贯彻《准则》和《条例》的思考［J］. 党建，2016,（04）.

雷蕾，雷厚礼 . 中国共产党管党治党理论的源流与根脉［J］. 中国井冈山干部学院学报，2016,（02）.

洪汛，郭文亮 . 严守党的政治纪律与规矩　营造党内和谐政治生态［J］. 贵州大学学报（社会科学版），2016,（02）.

张业振 . 从严治党常态化与政党文化培育［J］. 党史文苑，2016,（06）.

侯远长 ."四个重要法宝"：全面从严治党的关键所在［J］. 学习论坛，2016,（03）.

卢秀玲，王哲 ."四个全面"战略：党治国理政经验的继承与发展［J］. 人民论坛，2016,（08）.

雷骐瑜 . 论"全面从严治党"思想的重要意义和实践［J］. 学理论，2016,（03）.

熊元靖 . 全面从严治党思想的发展及其路径［J］. 现代经济信息，2016,（05）.

何湾湾 . 新时期推动党群关系和谐发展的实践及其特点——基于"全面从严治党"的视角［J］. 中共成都市委党校学报，2016,（02）.

车辚 . 习近平党的纯洁性建设思想的政治生态学分析［J］. 湖北行政学院学报，2016,（02）.

王红卫，张光辉 . 全面从严治党与实现国家长治久安的内在逻辑［J］. 中共山西省委党校学报，2016,（02）.

曾金冬 . 治党如何做到“全面从严”［J］. 党建，2016,（04）.

孙宝林 . 全面从严治党的若干思考［J］. 特区实践与理论，2016,（02）.

彭冰冰 . 总体性方法论：全面从严治党的内在逻辑［J］. 桂海论丛，2016,（02）.

齐自琨 . 以价值认同加强新时期党的纪律建设研究［J］. 桂海论丛，2016,（02）.

杨伟亮 . 浅析中国共产党从严治党的理论来源及进程［J］. 商，2016,（11）.

李景治 . 全面从严治党需要进一步净化党内关系——学习习近平总书记关于严明党的纪律和规矩重要论述［J］. 中国延安干部学院学报，2016,（02）.

汲惠忠，葛志强 . 以改革创新精神加强党的作风建设——兼论弘扬三大作风［J］. 宁夏党校学报，2016,（02）.

傅思明 . 把党的纪律和规矩立起来严起来［J］. 学习月刊，2016,（05）.

黄建军 . 全面从严治党背景下的政治生态建设［J］. 群众，2016,（03）.

高全厚 . 全面从严治党视角下机关党建存在的问题及对策［J］. 法制博览，2016,（12）.

袁丽娟 . 习近平从严治党思想及其对党建理论创新的探讨［J］. 现代交际，2016,（08）.

刘贵丰 . 习近平全面从严治党思想研究［J］. 西藏发展论坛，2016,（02）.

孔川 . 国家治理现代化视域下党的建设制度改革［J］. 中共云南省委党校学报，2016,（02）.

陈安杰，丁晓强 . 全面从严治党与作风建设常态化机制建构［J］. 廉政文化研究，2016,（02）.

林德浩 . 准确把握全面从严治党的两个重要维度［J］. 黑龙江省社会主义学院学报，2016,（01）.

王梅，张彩凤 . 论党的十八大以来群众观点的发展与路线实施［J］. 山西高等学校社会科学学报，2016,（04）.

刘向松 . 认真落实全面从严治党的政治责任［J］. 当代兵团，2016,（08）.

向继 . 从严治党责任落实机制研究［J］. 学习月刊，2016,（08）.

李琪 . 制度治党的组合创新［J］. 党政论坛，2016,（04）.

魏婷 . 把全面从严治党贯穿“两学一做”学习教育始终［J］. 理论学习，2016,（04）.

江里程 . 努力推动全面从严治党向基层延伸［J］. 群众，2016,（04）.

冯争，杨乐强 . 论胡锦涛对党的思想建设的理论创新［J］. 学理论，2016,（04）.

张建华 . 现阶段加强和改进党的群众工作的思考［J］. 清江论坛，2016,（01）.

曹丰汉 .“四个全面”：党治国理政的哲学遵循［J］. 中共南昌市委党校学报，2016,（02）.

张雪君 . 全面建成小康社会：党执政的理念完善与制度成长［J］. 理论研究，2016,（02）.

刘明 . 长期执政条件下党密切联系群众的动力研究［J］. 科学社会主义，2016,（02）.

黄丽喜 . 以民为本：全面从严治党的价值取向［J］. 长春市委党校学报，2016,（02）.

王维 . 高校践行党的群众路线长效机制研究［J］. 人民论坛，2016,（11）.

赵小青 . 全面从严治党的现实进展与发展进路［J］. 四川理工学院学报（社会科学版），2016,（02）.

张忠华，刘飞 . 以改革创新精神加强和改进机关党的建设工作［J］. 攀登，2016,（02）.

黄桂红 . 浅谈党的群众路线实现机制［J］. 传承，2016,（03）.

李飒楠 . 中共一大到十八大党代会报告文本分析——论中国共产党由革命党到执政党的转型［J］. 传承，2016,（03）.

张荣臣 . 十八大以来党的理论创新几大亮点［J］. 人民论坛，2016,（09）.

李小娜 . 党的思想建设与制度构建融合的现实意义［J］. 人民论坛，2016,（08）.

王岐山 . 全面从严治党要在严和实中体现深和细［J］. 杭州（周刊），2016,（08）.

马树颜 . 依法治国视阈下的依规治党：科学内涵、时代价值与实现路径［J］. 广西社会主义学院学报，2015,（06）.

唐皇凤，陶建武 . 建国以来中国共产党执政理念的现代演进——基于历届党代会工作报告的词频分析［J］. 浙江社会科学，2016,（04）.

黄亦君 . 习近平党建思想的历史逻辑与现实观照［J］. 学习论坛，2016,（04）.

温雪勇 . 严格党内政治生活的历史考察［J］. 福建党史月刊，2016,（04）.

戴焰军 . 党风廉政建设也是党的政治优势［J］. 思想政治工作研究，2016,（04）.

朱虹 . 以“党建 +”引领提升机关党建工作水平［J］. 当代江西，2016,（03）.

贾岚，胡耀南 . 论邓小平的政党责任思想［J］. 学术论坛，2016,（02）.

李彦峰，张玉荣 . 网络信息化条件下巩固党在意识形态领域主导权问题研究［J］. 党史博采（理论），2016,（03）.

杨孝兵 . 新时期非公企业党的建设路径探索［J］. 企业改革与管理，2016,（05）.

肖文超 . 从严治党常态下要谨防“三症”［J］. 领导科学，2016,（09）.

钟龙彪，张晓飞 . 党规党纪实施中的“虚化”问题治理研究［J］. 中共天津市委党校学报，2016,（02）.

贺瑞，贺书琛 . 试论习近平对毛泽东党建思想的继承与发展［J］. 党政研究，2016,（02）.

肖光文 . 新时期加强执政党纯洁性建设的若干思考［J］. 中共成都市委党校学报，2016,（02）.

杨奎 . 新阶段中国共产党执政理念演进的现实逻辑［J］. 科学社会主义，2016,（02）.

温胜利 . 新形势下高校党支部建设存在的问题及完善对策［J］. 中国石油大学学报（社会科学版），2016,（02）.

苗青 . 新形势下提高党员干部党性修养的三个视角［J］. 领导之友，2016,（08）.

岳海峰 . 中共八大对执政党保持纯洁性的探索与实践［J］. 福建党史月刊，2016,（04）.

丁俊 . 新媒体加强党建工作刻不容缓［J］. 传媒观察，2016,（04）.

饶志华 . 党员能进能出机制的现实困境及对策［J］. 理论学习，2016,（04）.

熊群力 . 优化党建工作顶层设计　强化党建工作责任要求［J］. 现代国企研究，

2016,(07).

张永平 . 新形势下加强党建工作的思考［J］. 共产党员（河北），2016,(12).

邓国军，邵静 . 十八大以来农村基层党建经验研究［J］. 中共太原市委党校学报，2016,(02).

祝灵君 . 党建研究：定位、框架与趋势［J］. 中共浙江省委党校学报，2016,(02).

周全华，蔡禹 . 毛泽东建设学习型政党思想探析［J］. 中共浙江省委党校学报，2016,(02).

甄小英 . 基层党风建设的态势及启示［J］. 中共天津市委党校学报，2016,(02).

曲青山 . 坚持民主集中制是强化党内监督的核心［J］. 中共党史研究，2016,(03).

王万晖 . 从严推进基层党组织建设［J］. 现代企业文化（上旬），2016,(Z1).

贾进文 . 关于基层党建工作创新的一点思考［J］. 工会博览，2016,(03).

万建军 . 简论建国初期毛泽东党建思想［J］. 传承，2016,(04).

何临春，唐城，寇亚莉，李金娜 . 论毛泽东党建思想及其当代启示［J］. 传承，2016,(04).

洪欢欢 . 改革开放以来关于党建理论研究的思考［J］. 党史博采（理论），2016,(04).

林美 . 保持我党纯洁性的建设路径［J］. 改革与开放，2016,(08).

陈家喜 . 提升回应性：从党建责任制到责任型政党［J］. 江汉论坛，2016,(04).

祝灵君 . 党建研究新趋势［J］. 党政视野，2016,(04).

吴慧艳 . 新形势下企业党建工作的思考［J］. 现代企业，2016,(04).

张信春 . 善用网络平台做好基层党建工作［J］. 政工导刊，2016,(04).

刘芳 . 关于党内监督存在的难点问题及对策探析［J］. 才智，2016,(08).

刘力，魏中尧 ."八大"对我党思想作风建设的理论贡献［J］. 西安政治学院学报，2016,(02).

董焱，刘明远 . 试论中国共产党的群众路线与执政理念［J］. 西安文理学院学报（社会科学版），2016,(02).

姜天伊 . 建设学习型党组织提高党建科学化水平［J］. 现代交际，2016,(06).

王可卿，张长明 . 以政党自信优化政党功能［J］. 党政论坛，2016,(04).

杨岚凯，严俊 . 民主集中制与中国共产党的组织形态：基于生态适应性的分析［J］. 社会主义研究，2016,(02).

凌德政 . 新常态下作风建设制度化向度探析［J］. 江淮论坛，2016,(02).

陈涛 . 思想建党的时代要求和现实路径［J］. 唯实，2016,(03).

徐军喜 . 关于强化党风廉政监督工作的思考［J］. 世纪桥，2016,(04).

赵骊，孙琪恒 . 当前高校基层党建工作现状及原因分析［J］. 科技展望，2016,(10).

金慧 . 新形势下中国共产党防控执政风险的路向探析［J］. 喀什大学学报，2016,(02).

胡健 . 新常态下提升国企党建工作方法［J］. 民营科技，2016,(03).

高海建 . 马钢矩阵式党建工作的探索与思考［J］. 中外企业文化，2016,(03).

郭国仕 . 全面从严治党的逻辑内涵与历史必然性探讨——兼论“两学一做”学习教育［J］. 江西理工大学学报，2016,（04）.

朱斌 . 习近平全面从严治党新常态的逻辑理路［J］. 广西社会科学，2016,（06）.

何克祥 . 推进党的基层组织生活规范化、制度化探论［J］. 岭南学刊，2016,（04）.

吴春艳 . 习近平关于全面从严治党的思想研究［J］. 吉林省社会主义学院学报，2016,（02）.

牛月永 . 制度治党的基本经验与启示［J］. 中共青岛市委党校，青岛行政学院学报，2016,（03）.

蒋福东 . 推动全面从严治党向基层延伸的若干思考——基于基层党风廉政建设的现实考察［J］. 中共石家庄市委党校学报，2016,（06）.

刘先春，王小鹏 . 论依规治党和以德治党相结合［J］. 探索，2016,（03）.

李新市 . 严明党的纪律和规矩的重大意义和现实要求［J］. 湖南省社会主义学院学报，2016,（03）.

杨俊 . 论“党的规矩”和“党的政治规矩”的基本内涵和简明定义——学习习近平总书记系列讲话精神［J］. 马克思主义研究，2016,（06）.

邸乘光 .“全面从严治党”：依据、核心和关键［J］. 观察与思考，2016,（06）.

郑智成 . 党章视角下的思想建党与制度治党［J］. 中共云南省委党校学报，2016,（03）.

郭绍均，王学俭 . 严明党的政治纪律和政治规矩［J］. 中国特色社会主义研究，2016,（03）.

刘子平，李卫红 . 全面从严治党：科学内涵、现实梗阻与逻辑进路［J］. 求实，2016,（06）.

陈家喜，黄惠丹 . 论政党治理视域中的全面从严治党［J］. 社会主义研究，2016,（03）.

顾昭明 . 党的十八大以来从严管党治党的理论与实践——学习习近平总书记关于全面从严治党的论述［J］. 前进，2016,（06）.

谢忠平，张亚勇 . 中国共产党思想建党和制度治党的历史经验［J］. 中共天津市委党校学报，2016,（04）.

邹庆国 . 党内法治：管党治党的形态演进与重构［J］. 山东社会科学，2016,（06）.

刘炳香 . 习近平全面从严治党战略思想研究［J］. 中共福建省委党校学报，2016,（05）.

黄越，徐澄 . 依法治国与依规治党：法治型政党的生成［J］. 青海社会科学，2016,（03）.

肖贵清，王然 . 试论毛泽东从严治党思想的特色［J］. 思想理论教育导刊，2016,（05）.

王美玉，李胜凯 . 全面从严治党与巡视制度的相互关系［J］. 廉政文化研究，2016,（03）.

庞跃辉 . 高校提高党建工作科学化水平的有效进路——基于“全面从严治党”战略布

局的认知分析［J］. 学习论坛，2016,（05）.

齐卫平 . 贯彻五大发展理念对党的建设提出新要求［J］. 理论探讨，2016,（03）.

张书林 . 论全面从严治党的理论架构［J］. 理论探讨，2016,（03）.

王艳珍，颜俊儒 . 国家治理现代化视域下全面从严治党效能提升的路径研究［J］. 理论探讨，2016,（03）.

黄书进，汤俊峰 . 全面从严治党规律研究［J］. 唯实，2016,（05）.

刘帅，陈松友 . 中国共产党从严治党思想的发展理路与现实观照［J］. 理论与改革，2016,（03）.

陈殿林，田慧萍 . 深入开展"两学一做"推动全面从严治党［J］. 红旗文稿，2016,（09）.

黄金辉，曹汉魂 . 政党政治视阈下党内民主促进全面从严治党机理探微［J］. 长白学刊，2016,（03）.

金成波，张源 . 依规治党与党内法规制度建设［J］. 长白学刊，2016,（03）.

周敏凯，陈宽宇 ."全面从严治党"制度创新基本关系的辩证思考［J］. 党政研究，2016,（03）.

周敏凯，时晓建 ."全面从严治党"新常态阶段党建制度的创新及其特点［J］. 学习与探索，2016,（05）.

孙超，张萍萍 . 习近平全面从严治党的理论内涵和实践路径［J］. 法制与社会，2016,（13）.

张培 . 论我国现阶段全面从严治党的四个维度［J］. 东南学术，2016,（03）.

陈松友，刘帅 . 制度治党：优化党内政治生态的现实性及路径选择［J］. 河南社会科学，2016,（05）.

钱牧 . 近年来有关党的建设重大问题的研究综述［J］. 知行铜仁，2016,（03）.

孙岩，王瑶 . 国家治理现代化与党的执政能力：中国的逻辑［J］. 广西社会科学，2016,（06）.

秦杨 . 中国共产党从严治党的历史经验与启示［J］. 西安政治学院学报，2016,（03）.

吴跃东，程水栋 . 党的领导与全面依法治国内在关系研究［J］. 思想教育研究，2016,（06）.

张占奇 . 关于对全面从严治党、落实两个责任的几点思考［J］. 教育教学论坛，2016,（25）.

杨万山 . 党的制度建设与中国特色社会主义制度建设［J］. 科学社会主义，2016,（03）.

冯锋 . 全面从严治党：全面建成小康社会的坚强政治保证［J］. 学习论坛，2016,（06）.

朱永刚 . 习近平"从严治党"问题研究［J］. 中共石家庄市委党校学报，2016,（06）.

何川 . 党的十八大以来党风廉政建设与反腐败斗争的现状及其路径探索［J］. 重庆城市管理职业学院学报，2016,（02）.

徐雅芬 . 全面从严治党的制度保证——以《准则》和《条例》为视角［J］. 唯实，

2016,(06).

资金议.全面从严治党的战略地位、价值意蕴与理论创新[J].攀登,2016,(03).

田改伟.全面从严治党必先严肃党内政治生活[J].党建,2016,(06).

孙林晚.全面从严治党重要思想研究述评[J].郑州师范教育,2016,(03).

崔洪斌,张磊.新时期全面从严治党的对策研究[J].黑河学刊,2016,(03).

黄海,陈扬.毛泽东领导开展党的整党整风与教育活动的基本经验与启示[J].湘潭大学学报(哲学社会科学版),2016,(03).

罗会德.学术界关于“全面从严治党”研究的新进展[J].理论视野,2016,(05).

侯立红.论思想建党与制度治党相结合[J].大连干部学刊,2016,(05).

商兆鑫.党员干部要不断增强党的意识[J].前进,2016,(05).

牛月永.全面从严治党支持体系的历史维度与现实构建[J].领导之友,2016,(09).

邢中先,曹倩郁,邹姝姝.从严治党背景下加强高校研究生党建工作的对策分析[J].湘潮(下半月),2016,(06).

徐风娟.全面从严治党语境下基层党组织法治建设探析[J].党史博采(理论),2016,(06).

刘娜.政党治理视域下全面从严治党路径选择研究[J].理论学习与探索,2016,(03).

黄存金.十八大以来党的反腐倡廉建设新思路新举措[J].中共青岛市委党校,青岛行政学院学报,2016,(03).

郭文亮.全面从严治党的历史意义与时代价值[J].人民论坛·学术前沿,2016,(12).

王慧.新形势下党的建设制度改革探究[J].人民论坛,2016,(17).

李敏.关于习近平加强党的纯洁性建设思想研究[J].中共桂林市委党校学报,2016,(02).

刘云.全面从严治党视阈下净化政治生态问题研究[J].中共云南省委党校学报,2016,(03).

韩宪英.全面从严治党思想探析[J].枣庄学院学报,2016,(03).

志言.全面从严治党永远在路上——学习习近平总书记关于全面从严治党的重要论述[J].紫光阁,2016,(06).

严海燕.全面从严治党背景下党内法规建设存在的问题及对策[J].领导之友,2016,(11).

刘汉峰.全面从严治党条件下党内柔性治理问题研究[J].青海社会科学,2016,(03).

何良苏.思想建党是全面从严治党的首要任务[J].世纪桥,2016,(05).

方世南,王世谊.法治型党组织建设是全面从严治党的战略举措[J].唯实,2016,(05).

王凯,沈桑阳.国有企业全面从严治党的基本内涵和落实途径[J].企业研究,2016,(05).

李景治 . 全面从严治党需要加强党内民主建设［J］. 长白学刊，2016,（03）.

司甜 . 全面从严治党视域下的地方政治生态建设刍论［J］. 理论导刊，2016,（05）.

陈琪，李建永 . 全面从严治党的理论内涵［J］. 前线，2016,（05）.

徐彬 . 关于构建中国共产党“党的建设规划”问题研究［J］. 中共福建省委党校学报，2016,（06）.

祝猛昌 . 邓小平维护党的纪律思想论析［J］. 传承，2016,（06）.

庞鹏 . 全面从严治党思想探究［J］. 商，2016,（24）.

胡宝元，唐志国 . 十八大以来党的群众路线思想发展及其启示［J］. 辽宁工业大学学报（社会科学版），2016,（03）.

高丽强，吴亚杰 . 习近平党的制度建设思想初探［J］. 齐齐哈尔工程学院学报，2016,（02）.

吴家骥 . 习近平从严治党思想研究［J］. 理论建设，2016,（03）.

赵丽，韦谊 . 新形势下国有企业推进从严治党的思考［J］. 企业改革与管理，2016,（10）.

陈开颜，董连翔，唐金玲，钱业红 . 机关党组织全面从严治党的新作为［J］. 群众，2016,（06）.

王敏，张国兵 .“依规治党”下如何发扬党内民主？［J］. 廉政瞭望（上半月），2016,（06）.

王共蒙 . 政党作用与全面从严治党：历史逻辑与现实考察［J］. 中共山西省直机关党校学报，2016,（03）.

刘丹 . 构建党的作风建设长效机制［J］. 中共太原市委党校学报，2016,（03）.

宋海琼，黄昕玉 . 从严治党视域中的高校研究生党建工作创新探析［J］. 世纪桥，2016,（05）.

王九收 . 关于加强党的制度建设从严治党的几点思考［J］. 才智，2016,（14）.

薛林群 . 习近平党的建设战略思想研究［J］. 党政论坛，2016,（05）.

罗星 . 从严治党：理论基础、现实挑战与实践路径［J］. 宁夏党校学报，2016,（03）.

李先伦，杨弘 . 陈云全面从严治党思想的科学体系与时代意义［J］. 湖湘论坛，2016,（03）.

司甜 . 新时期建立健全党的作风建设长效机制研究［J］. 内蒙古统战理论研究，2016,（03）.

刘小蒙 . 加强和改善党的领导［J］. 理论与当代，2016,（06）.

苗兴成，高丽强 . 从党史角度论党的建设工作的重要性［J］. 学理论，2016,（06）.

王艳瑞，纪中强 . 从严治党的内涵及对策分析［J］. 中共太原市委党校学报，2016,（03）.

刘志亮 . 党的作风建设常态化的五个着力点［J］. 中共合肥市委党校学报，2016,（03）.

李小杰，何静 . 十八大以来党的建设对传统哲学思想的传承与借鉴［J］. 毛泽东思想研究，2016,（03）.

朱新现.全面从严治党下惩治与预防腐败的十大理性思维［J］.贵阳市委党校学报，2016,（03）.

岳彬.党的建设推进的四个维度［J］.党政论坛，2016,（06）.

谢永行.构建伦理道德力是从严治党的道德路径［J］.新丝路（下旬），2016,（04）.

鞠东华.深化党的建设制度改革的顶层设计［J］.才智，2016,（16）.

李洋.新时期从严治党与党建的思考［J］.经营管理者，2016,（15）.

杨芳英.浅论苏区干部好作风与加强党的执政能力建设［J］.党史文苑，2016,（10）.

张晓芳.习近平党建思想的内在逻辑探微［J］.中共成都市委党校学报，2016,（03）.

刘佳.新时期习近平高校党建思想研究［J］.福建省社会主义学院学报，2016,（03）.

韩云霄，王树荫.解放战争时期党内纪律教育历史经验及其启示［J］.中国特色社会主义研究，2016,（03）.

杨天然.夯实基层党建工作［J］.政策，2016,（06）.

刘允.新形势下加强和规范党内政治生活［J］.传承，2016,（05）.

陶厚勇.习近平同志执政党纪律建设思想研究［J］.毛泽东思想研究，2016,（03）.

李文戈.着力构建党的组织建设新格局［J］.紫光阁，2016,（05）.

王德彬.陈云党建思想论析［J］.改革与开放，2016,（12）.

胥苗苗.新时期推进党风廉政建设的路径探析［J］.中共桂林市委党校学报，2016,（02）.

刘燕婷.加强基层党建工作的几点思考［J］.经济师，2016,（06）.

祝灵君.中国共产党人的党性与党性修养［J］.中共中央党校学报，2016,（03）.

魏晓琳，吴洪.新常态下国有企业基层党建工作面临的挑战与对策［J］.企业改革与管理，2016,（09）.

史争伟.关于提升社区党建工作水平的新思考［J］.世纪桥，2016,（05）.

刘丽.论毛泽东党建思想的主要内容及特征［J］.新西部（理论版），2016,（09）.

黄金龙.新常态下农村基层党组织建设的路途探索［J］.辽宁行政学院学报，2016,（06）.

梁晓宇.执政党建设规律的认识与把握［J］.中共珠海市委党校，珠海市行政学院学报，2016,（03）.

孙明媚，王雁菊.新形势下推进高校基层党组织建设的对策研究［J］.湘潮（下半月），2016,（05）.

吴梅荣.新时期党风廉政建设探析［J］.中外企业家，2016,（15）.

杭海军.中国共产党加强执政能力建设的现实意义探微［J］.经营管理者，2016,（15）.

雷博.创新非公党建工作模式提升非公党建工作水平［J］.新长征，2016,（05）.

贾博，吕延宁，吕耀林，高伟，张琳.加强基层服务型党组织建设研究［J］.中国领导科学，2016,（S1）.

牛玉东，邢中先，翟宇.抗战时期毛泽东建党思想对当今启示［J］.湘潮（下半月），2016,（05）.

曲乐，褚长桥．关于高校基层服务型党组织建设的思考［J］．改革与开放，2016，（10）．

杜晓静．全面从严治党：开启党的建设新常态［J］．中共南昌市委党校学报，2016，（04）．

肖建杰．浅析从严治党的历史轨迹及实现路径［J］．思想教育研究，2016，（08）．

黄建．依法治国视阈下的依规治党问题研究［J］．广西社会科学，2016，（08）．

王成诚．管党治党 95 年：中国共产党党建理论的传承与创新［J］．湖北行政学院学报，2016，（04）．

张俊峰，张传辉．十八大以来中国共产党全面从严治党的必要性研究［J］．延边党校学报，2016，（04）．

李成林．习近平总书记全面从严治党思想的丰富内涵和重要意义［J］．世纪桥，2016，（08）．

汤志华，刘晓华．全面从严治党的伦理路径研究［J］．科学社会主义，2016，（04）．

孙新．全面从严治党视阈下的党的建设制度改革［J］．科学社会主义，2016，（04）．

吴春艳．习近平全面从严治党思想研究［J］．党政干部学刊，2016，（08）．

蔡文华．论依规治党的内涵、目标及其实践路径［J］．探索，2016，（04）．

李向勇，白雪．全面建设社会主义时期邓小平党的建设思想及其意义［J］．党的文献，2016，（04）．

彭京宜．制度治党：全面从严治党的重要方面——学习习近平同志制度治党思想的体会［J］．中央社会主义学院学报，2016，（04）．

刘红凛．习近平全面从严治党的战略思路与显著特征［J］．党政论坛，2016，（08）．

李景治．深化国企改革要进一步加强和改善党的领导［J］．学术界，2016，（08）．

仲伟通．政党治理视域下全面从严治党的发展路向［J］．中国特色社会主义研究，2016，（04）．

杨德山．坚持依规治党与以德治党相结合［J］．中国特色社会主义研究，2016，（04）．

曹雪松．党的十八大以来党内监督理念与实践的新发展［J］．社会主义研究，2016，（04）．

薛玉琴．十八大以来党的思想政治工作理论的创新发展——学习习近平总书记关于思想政治工作的重要论述［J］．理论导刊，2016，（08）．

周鎏刚，丁晓强．增强“四个意识”与全面从严治党［J］．中共福建省委党校学报，2016，（08）．

卢先福．党的建设始终是一个主要法宝——95 年来中国共产党建设的特点、成就和启示［J］．中共福建省委党校学报，2016，（07）．

蒋清华．党的领导权与执政权之辨——“执政权”之歧义和误用［J］．政治与法律，2016，（08）．

霍红伟．敬始慎终——全面从严治党［J］．山东社会科学，2016，（08）．

刘红凛．从严治党为什么能？——论新时期管党治党的基本经验与基本定律［J］．毛泽东邓小平理论研究，2016，（07）．

徐行，杨鹏飞．党际监督的反腐功效及提升路径的思考［J］．理论学刊，2016，(04)．

肖剑忠．推动全面从严治党向基层延伸［J］．中共杭州市委党校学报，2016，(04)．

鞠成伟．论依规治党的观念前提与制度方法［J］．马克思主义与现实，2016，(04)．

王传利，方闻昊．为了建设一个伟大的党——学习习近平关于全面从严治党的重要论述［J］．思想教育研究，2016，(07)．

龚晨．党内政治生态视角下推进全面从严治党的多维进路探析——基于广西贺州样本的调查［J］．行政与法，2016，(07)．

卜红双．习近平党的建设思想研究［J］．辽宁师范大学学报（社会科学版），2016，(04)．

刘意．中国共产党对从严治党规律的探索——学习习近平从严治党系列重要讲话精神［J］．桂海论丛，2016，(04)．

马明冲．全面从严治党向基层延伸：缘起、维度和路径［J］．理论与改革，2016，(04)．

安静．全面从严治党的理论逻辑与现实路径［J］．理论与改革，2016，(04)．

季明．深入把握从严治党规律［J］．学习与实践，2016，(07)．

刘守旗．全面从严治党与良好政治生态建设［J］．南通大学学报（社会科学版），2016，(04)．

李正华，季春芳．论陈云从严治党思想的结构特征［J］．河南师范大学学报（哲学社会科学版），2016，(04)．

吕薇洲，马凯．思想建党是我们党不忘初心、继续前进的重要法宝［J］．红旗文稿，2016，(13)．

肖贵清，王然．民主革命时期中共从严治党考察［J］．中国高校社会科学，2016，(04)．

季明．新形势下必须深入把握从严治党规律［J］．党政研究，2016，(04)．

范旴阳，孙希江．习近平全面从严治党思想初探［J］．江淮论坛，2016，(04)．

李光平．论十八大以来依法治党的理论与法规建设［J］．经济与社会发展，2016，(04)．

吴波．以问责倒逼担当：全面从严治党“严紧硬”的重要抓手［J］．人民论坛，2016，(24)．

王立剑．习近平全面从严治党思想的深层解读［J］．大连干部学刊，2016，(08)．

周向群．习近平的全面从严治党思想［J］．长春市委党校学报，2016，(04)．

张琼．浅谈落实全面从严治党主体责任的实践逻辑［J］．中共银川市委党校学报，2016，(04)．

刘晓彤．“两学一做”：全面从严治党的纵深推进［J］．攀登，2016，(04)．

马兆明，王常柱．法治精神：党的执政能力建设的内在尺度——全面从严治党视阈下党的执政能力建设探析［J］．东岳论丛，2016，(08)．

朱福兵，邓霞．试论全面从严治党的现实意义、任务及基本路径［J］．传承，2016，(07)．

郭广银 . 以执行力永葆制度治党的生命力［J］. 红旗文稿，2016,（14）.

中共西安市委组织部课题组，钟健能，薛振虎 . 落实党建工作责任制存在的问题及对策——基于党的基层组织建设工作视角［J］. 中国井冈山干部学院学报，2016,（04）.

付文茂，李淑兰 . 全面从严治党思想的哲学理论依据分析［J］. 党史文苑，2016,（14）.

王飞，张其朴 . 习近平严明党的纪律之路径选择——基于陈云纪律观的历史考察［J］. 知与行，2016,（07）.

王同昌 . 论习近平关于党的组织建设思想的创新［J］. 桂海论丛，2016,（04）.

王长江 . 民主集中制：党的建设制度改革的重大课题［J］. 中州学刊，2016,（07）.

李芳，陈慧 . 全面从严治党的多维审视［J］. 理论探讨，2016,（04）.

樊金山 . 党的十八大以来反腐败斗争的新态势、新举措及新思路［J］. 大连干部学刊，2016,（07）.

石仲泉 . 锻造坚强领导核心之路——学习习近平关于思想建党和制度治党相结合的思想［J］. 中共党史研究，2016,（07）.

廖皇珠 . 邓小平“南方谈话”对全面从严治党的现实启示［J］. 红广角，2016,（07）.

傅华 . 不忘初心、继续前进，必须发扬党执政兴国的根本优势［J］. 红旗文稿，2016,（13）.

朱永刚 . 新形势下从严治党的特点和规律研究［J］. 南方论刊，2016,（07）.

陈学斌，周长奎，蔡志强 . 加强和改进新形势下党的群团工作［J］. 中国党政干部论坛，2016,（07）.

张雅琳，罗金 . 浅析全面从严治党的重要性与措施［J］. 新西部（理论版），2016,（16）.

姚选民 . 习近平党的作风建设思想四大维度［J］. 南华大学学报（社会科学版），2016,（04）.

李鑫 . 习近平“全面从严治党”思想探析［J］. 经济与社会发展，2016,（04）.

王子晖 . 立规与问责——习近平从严治党“利器”［J］. 理论导报，2016,（08）.

姚志平 . 党的十八大以来党建工作思想特征探析［J］. 学理论，2016,（08）.

吴春艳 . 习近平党的形象观论析［J］. 中共山西省委党校学报，2016,（04）.

胡虹 . 全面从严治党背景下提高党的制度执行力研究［J］. 中共合肥市委党校学报，2016,（04）.

钟香妹 . 守根护魂是党的思想建设的重要内容［J］. 党史文苑，2016,（14）.

李敏 . 保持党的纯洁性的新境界——学习习近平关于党的纯洁性建设的重要论述［J］. 胜利油田党校学报，2016,（04）.

于维力，叶子鹏 . 全面从严治党的基层传导路径［J］. 党政干部学刊，2016,（07）.

徐娜，蒋辛 . 反腐新常态下坚持全面从严治党的必要性［J］. 现代商贸工业，2016,（16）.

张平 . 履行主体责任　全面从严治党［J］. 当代贵州，2016,（27）.

谭月明，金宝莲 . 全面从严治党与反腐倡廉建设新思考［J］. 沈阳农业大学学报（社会科学版），2016,（04）.

陈杏梅.落实全面从严治党责任　提升机关党建工作水平［J］.南方论刊，2016,（07）.

陈婉莉.加强基层党组织建设，推动全面从严治党［J］.现代经济信息，2016,（13）.

苏轶群.试论党的政治纪律及其科学内涵［J］.南昌教育学院学报，2016,（04）.

曾涛.新时期思想建党与制度治党有机结合的路径对策［J］.传承，2016,（08）.

杜楠.角色与功能：全面从严治党中的党组［J］.延边党校学报，2016,（04）.

宋红妹，王亚林.刍议全面从严治党之策略——以治理为视角［J］.知与行，2016,（08）.

李敏.习近平“加强党的纯洁性建设”思想探析［J］.福州党校学报，2016,（04）.

资金议.推进全面从严治党的路径选择［J］.理论学习，2016,（08）.

郭广银，袁久红.全面从严治党是中国共产党永葆生机活力的根本保证［J］.学习月刊，2016,（15）.

林建雄.中央苏区时期的从严治党及其当代价值［J］.决策探索（下半月），2016,（07）.

侯晨晨.关于全面从严治党下强化党的制度执行力研究［J］.商，2016,（28）.

张莹.试论毛泽东从严治党思想［J］.法制博览，2016,（21）.

宋玥，李子木.论中国反腐建设与从严治党问题［J］.法制与社会，2016,（21）.

宋璇涛.以强化问责压实全面从严治党政治责任［J］.中国纪检监察，2016,（14）.

吴晓岚，林善园.邓小平的从严治党思想探析［J］.教育现代化，2016,（16）.

陈琨.中共七大党建理论与新时期全面从严治党关系研究［J］.改革与开放，2016,（16）.

胡进考.新时期推进党的群众路线制度化建设的意义和路径［J］.理论研究，2016,（04）.

刘蕊.全面从严治党对党的理论发展的重要意义［J］.学习月刊，2016,（16）.

张新华.习近平全面从严治党视角下的意识要求［J］.重庆行政（公共论坛），2016,（04）.

贾玉楠.论思想建党与制度治党［J］.求知，2016,（08）.

任丽.习近平对党的群众观的新发展［J］.学理论，2016,（08）.

白广磊.发挥制度在管党治党中的利器作用［J］.中国纪检监察，2016,（15）.

桂西丹.习近平党的作风建设思想浅析［J］.现代交际，2016,（14）.

郭伟.全面从严治党须从党性党风党纪着手［J］.先锋队，2016,（21）.

陆园园.提升领导力是提高党的领导水平的关键［J］.理论探讨，2016,（04）.

倪晓霞.全面提高党的建设科学化水平［J］.中国集体经济，2016,（19）.

张福建.延安整风对全面从严治党的历史启示——纪念建党95周年［J］.共产党员（河北），2016,（21）.

娄翠萍.全面落实从严治党，切实加强基层党组织建设［J］.商，2016,（32）.

秦伟杰，黄倩，任岚峰.浅谈从严治党思想的历史沿革［J］.现代国企研究，2016,

（16）.

中共宁波市镇海区委组织部课题组 . 依规治党背景下农村“规范化党建”的探索与推进［J］. 宁波经济（三江论坛），2016,（08）.

邹太平，万检新 . 全面从严治党向基层延伸［J］. 新湘评论，2016,（16）.

李培森 . 从严治党　切实加强基层党组织建设［J］. 求知，2016,（08）.

姚润皋 . 把握加强党的建设的基本规律［J］. 群众，2016,（08）.

刘裕 . 浅谈对党的基层组织建设的几点思考和建议［J］. 改革与开放，2016,（14）.

桑田 . 试论党的领导在国有企业治理结构中的作用［J］. 世纪桥，2016,（07）.

李洪峰 . 全面从严治党是治国理政的根本保证［J］. 中国领导科学，2016,（07）.

肖剑忠 . 全面从严治党的“全面”维度［J］. 杭州（周刊），2016,（13）.

田海舰，檀斌，范秋迎 . 增强党的自我净化能力问题研究［J］. 领导之友，2016,（05）.

胡超文 . 推动全面从严治党向基层压实延伸［J］. 政策，2016,（07）.

冯贺，易炜 .“五大发展理念”与新时期党的建设［J］. 传承，2016,（08）.

慕婧 . 群众路线背景下党执政资源的维护与优化［J］. 吉林省经济管理干部学院学报，2016,（04）.

王洪斌 . 全面从严治党新形势下创新国企党建工作模式研究［J］. 中共山西省直机关党校学报，2016,（04）.

李慧颖 . 法治视域下党的执政能力建设研究［J］. 天水师范学院学报，2016,（04）.

人民日报评论员 . 坚守人民立场　从严管党治党——五论学习贯彻习近平同志“七一”重要讲话［J］. 理论参考，2016,（07）.

李东旭 . 全面从严治党的当代价值及实现路径研究［J］. 世纪桥，2016,（07）.

宋腊梅 . 十八大以来党增强拒腐防变能力之措施［J］. 特区实践与理论，2016,（04）.

华春雨，胡锦武 . 坚定不移推进全面从严治党［J］. 当代广西，2016,（14）.

杨锦 . 新形势下贯彻党的群众路线的几点启示［J］. 才智，2016,（20）.

陈松友，王艳卓 . 新常态视域下全面推进党的建设必要性研究［J］. 党史博采（理论），2016,（08）.

于旭锋 . 试论中国共产党执政思维转变的历史必然性——以革命党到执政党的转变为视角［J］. 和田师范专科学校学报，2016,（04）.

尹德慈 . 推进全面从严治党的重要抓手［J］. 中国党政干部论坛，2016,（08）.

高红宝，王海龙 . 推进全面从严治党向基层延伸［J］. 政工导刊，2016,（08）.

关朋 . 学习型党组织是增强党的基层执行力的必然要求［J］. 现代交际，2016,（14）.

高波 . 从严治党离不开制度化问责［J］. 领导科学，2016,（21）.

杨登超 . 不断推进党的建设新的伟大工程［J］. 福建理论学习，2016,（07）.

岳雪侠 . 从严治党：党内法规体系日趋严密［J］. 共产党员（河北），2016,（19）.

蓝绍敏 . 推动全面从严治党落到实处［J］. 党建，2016,（07）.

李清泉 . 十八大以来全面净化党内政治生态取得重大进展［J］. 人民论坛，2016,（24）.

林志彬．习近平对中国共产党政党文化的创新与发展［J］．科学社会主义，2016，（04）．

孙景峰，刘佳宝．中国共产党形象建设面临的机遇与挑战［J］．中州学刊，2016，（08）．

张琳珏，何虎生．八大党章：首次作为执政党完善党的纪律［J］．中国纪检监察，2016，（15）．

韩强．习近平党建思想的理论和文化渊源研究［J］．中共宁波市委党校学报，2016，（04）．

武铁虎．对规范党内政治生活的若干思考［J］．先锋队，2016，（19）．

李红．习近平党建思想探析［J］．科学社会主义，2016，（04）．

伍开昌．机关党建工作责任制考核评价机制［J］．唯实，2016，（08）．

王芳．加强和改进基层服务型党组织建设的思考［J］．中外企业家，2016，（22）．

葛英儒．新形势下中国共产党执政能力建设的价值考量［J］．宁夏党校学报，2016，（04）．

胡爱敏，丛文娟，金刚．新常态下基层党建科学化的组织保障［J］．实事求是，2016，（04）．

孟庆云，郑时雨．习近平党建思想的正定实践［J］．领导之友，2016，（05）．

闻丽．基层服务型党组织建设的制度选择［J］．上海党史与党建，2016，（07）．

李玉，陈灵．基层党组织党风廉政建设存在的问题与对策分析［J］．企业导报，2016，（16）．

邹谨，孟繁英．邓小平对建设服务型政党的探索［J］．中共石家庄市委党校学报，2016，（08）．

任政．论新时期我党反腐倡廉可借鉴的历史经验［J］．改革与开放，2016，（14）．

汤涛．延安时期的党建思想［J］．北京观察，2016，（07）．

刘祖爱．中国共产党治国理政基本经验的思考［J］．科学社会主义，2016，（04）．

陈位志．科学视野与维度下党内制度法规的系统建构［J］．前沿，2016，（08）．

推动学习型党组织建设科学发展［J］．理论学习，2016，（07）．

郝潞霞．习近平对党的纪律建设思想的理论创新［J］．思想理论教育导刊，2016，（10）．

黄蓉生．全面从严治党与政治生态构建的有机统一——学习习近平总书记“从严治党”“政治生态”重要论述体会［J］．政治学研究，2016，（05）．

张忠华．习近平全面从严治党思想的科学内涵与实践要求［J］．党政干部学刊，2016，（10）．

卢爱国，吴家庆．论提高党领导发展能力的基本原则和具体路径［J］．探索，2016，（05）．

李敬煊，李思学．全面从严治党的三重审视［J］．探索，2016，（05）．

朱佳木．陈云党建思想对全面从严治党的现实意义［J］．党的文献，2016，（05）．

刘毅，杜彬伟．基层党委落实全面从严治党主体责任的思考［J］．学习与实践，

2016,（10）.

江金权.坚持制度治党依规治党［J］.时事报告（党委中心组学习），2016,（04）.

任晓伟.延安时期思想建党和制度治党紧密结合的历史经验［J］.中国特色社会主义研究，2016,（05）.

肖泳冰.以责任为本位全面推进依规治党和以德治党相结合［J］.中国特色社会主义研究，2016,（05）.

赵兴银.开辟新形势下党的群众工作新境界［J］.红旗文稿，2016,（19）.

何克祥.论推进党的基层组织生活规范化制度化［J］.求实，2016,（10）.

庄德水.全面从严治党的历史脉络［J］.中国党政干部论坛，2016,（10）.

韩光化.制度改革：全面从严治党的逻辑路径［J］.中国党政干部论坛，2016,（10）.

王庭大.党要管党从严治党必须严肃党内政治生活［J］.前线，2016,（10）.

韩冰.全面从严治党视阈下的反特权问题探析［J］.中共中央党校学报，2016,（05）.

王庭大.陈云党建思想与全面从严治党［J］.中国浦东干部学院学报，2016,（05）.

齐卫平.习近平党建思想的新判断：全面从严治党进入重要阶段［J］.理论学刊，2016,（05）.

贾绍俊，邸乘光.全面从严治党与党内民主关系初探［J］.学习论坛，2016,（09）.

李君如.全面从严治党问题研究之一：办好中国的事情，关键在党［J］.中共天津市委党校学报，2016,（05）.

齐自琨.全面从严治党视域下党的纪律建设路径选择［J］.长春工程学院学报（社会科学版），2016,（03）.

沈燕培.全面从严治党的主体、客体与动力［J］.党政论坛，2016,（09）.

肖光文.思想建党和制度治党相结合：实现党的建设科学化的基本路径和现实要求［J］.理论与改革，2016,（05）.

董树君，蔡常青.重视政治建设是全面从严治党的必然要求［J］.红旗文稿，2016,（17）.

余礼信.责任治党：新时期制度治党有效实现路径的探索［J］.求实，2016,（09）.

任中平，张露露.制度、执行与环境：依规治党落实到位的过程分析［J］.长白学刊，2016,（05）.

王利迁.全面从严治党战略中高校党建的难题与破解［J］.学校党建与思想教育，2016,（17）.

姜德学，刘洁.高校推进全面从严治党的基本路径［J］.学校党建与思想教育，2016,（17）.

何克祥.把思想建党与制度治党紧密结合起来［J］.理论探索，2016,（05）.

李羚.从邓小平制度治党到习近平依规治党［J］.邓小平研究，2016,（05）.

张海东.全面从严治党：新时期治国理政的关键抓手［J］.内蒙古财经大学学报，2016,（05）.

资金议.全面从严治党面临的挑战及应对思路［J］.传承，2016,（10）.

代保平.浅析全面从严治党与加强党的领导的关系［J］.学习月刊，2016,（20）.

邹昆辉 . 全面从严治党新常态下党的纯洁性建设路径探析［J］. 中共银川市委党校学报，2016,（05）.

刘家贺 . 全面从严治党战略布局的重大意义［J］. 社科纵横，2016,（10）.

陈杨 . 习近平全面从严治党思想探析［J］. 中国领导科学，2016,（10）.

张文雅 . 习近平作风塑党思想的科学解读［J］. 佳木斯大学社会科学学报，2016,（05）.

郭玥 . 论党的初心与党的先进性和纯洁性［J］. 探索，2016,（05）.

蔡兴旺 . 全面从严治党中严明党的政治纪律和政治规矩探析［J］. 大连干部学刊，2016,（10）.

朱新屋 . 古田会议与制度治党——基于“二元结构”时代背景的历史考察［J］. 红广角，2016,（10）.

李琳 .“不忘初心、继续前进”的根本保证——深入学习习近平总书记新时期党的建设思想［J］. 理论学习，2016,（10）.

郭红 . 坚持全面从严治党　坚守责任担当［J］. 中国党政干部论坛，2016,（10）.

任利生 . 构建落实全面从严治党要求的党建责任体系［J］. 中国党政干部论坛，2016,（10）.

时越 .“德”“规”合力双驱　全面从严治党——学习习近平关于党的建设重要思想［J］. 学理论，2016,（10）.

厉磊 . 习近平全面从严治党思想的理论构图［J］. 领导之友，2016,（19）.

白广磊 . 扎紧管党治党的制度笼子——党的十八大以来加强党内法规制度建设述评［J］. 中国纪检监察，2016,（19）.

夏自军 . 全面从严治党的时代意蕴［J］. 江南社会学院学报，2016,（03）.

杨万山 . 制度治党与全面从严治党［J］. 北京教育（德育），2016,（09）.

马洪 . 落实全面从严治党要求的实践与思考［J］. 青年记者，2016,（26）.

王建南 . 重大关头“不忘初心”是对党的历史经验的深刻总结［J］. 思想理论教育导刊，2016,（09）.

佟德志 . 全面从严治党必然性的理论分析［J］. 人民论坛，2016,（26）.

雷厚礼，雷蕾 . 论中国共产党管党治党的主题［J］. 观察与思考，2016,（09）.

王锁，李芳云 . 农村基层党组织全面从严治党初探［J］. 长春理工大学学报（社会科学版），2016,（05）.

张瑶 . 坚持依规治党和以德治党相统一［J］. 党政论坛，2016,（09）.

牛安生 . 新形势下党的理论教育和党性教育的历史考察及基本经验［J］. 中共宁波市委党校学报，2016,（05）.

杨云成 . 新形势下全面从严治党的特点与规律探析［J］. 宁夏党校学报，2016,（05）.

刘子平 . 全面从严治党：逻辑内涵、思维特色与价值指向［J］. 社会科学家，2016,（09）.

钟德涛，钟道邦 . 胡耀邦从严治党思想述要［J］. 决策与信息，2016,（09）.

张红霞，周亚茹 . 习近平全面从严治党思想的理论维度审思［J］. 中共成都市委党校

学报，2016，（05）.

刘建霞．坚持固本强基　全面推进从严治党［J］．红旗文稿，2016，（20）.

杨东广．全面从严治党必须严肃党内政治生活［J］．领导之友，2016，（20）.

王秀华，高思．全面从严治党视阈下有效改进高校党建工作［J］．吉林广播电视大学学报，2016，（10）.

王同昌．全面从严治党研究的回顾与展望［J］．中共南京市委党校学报，2016，（05）.

张传辉，张俊峰．中国共产党全面从严治党的理论基础研究［J］．中共云南省委党校学报，2016，（05）.

谢金辉．全面从严治党的重要着力点［J］．学习月刊，2016，（19）.

严德，刘宇．十八大以来从严治党的实践特色［J］．紫光阁，2016，（10）.

廖丙红．论全面从严治党的科学内涵及理论创新［J］．传承，2016，（09）.

陈和，王智．习近平同志全面从严治党路径探析［J］．毛泽东思想研究，2016，（05）.

姜迎春．严以治教：加强党的理论教育队伍建设的关键［J］．红旗文稿，2016，（18）.

周凌华．全面从严治党：习近平总书记治国理政的鲜明特征［J］．领导之友，2016，（18）.

刘新玲，连晓龙．思想建设制度化是党的重要理论创新［J］．红旗文稿，2016，（17）.

聂继红．邓小平从严治党思想的主要内容和当代价值［J］．宁夏党校学报，2016，（05）.

史济权．坚持深化政治巡视　补齐管党治党短板［J］．宁波通讯，2016，（17）.

习近平．严肃党内政治生活是全党的重大任务［J］．党建，2016，（09）.

田铭钊．浅析习近平从严治党思想［J］．传承，2016，（10）.

陈长茂．探讨从严治党的科学化与规范化创新实践［J］．传承，2016，（10）.

裴倩倩．党章视角下党的纪律建设的历史考察与现实启迪［J］．福建省社会主义学院学报，2016，（05）.

柴逸扉．十八大以来，中共从严治党是如何创新的［J］．理论导报，2016，（10）.

蒿帅凯．全面从严治党必须根治腐败这一“最大威胁”［J］．领导之友，2016，（20）.

杨金卫．从严治党的历史传统和政治优势［J］．理论学习，2016，（10）.

陶元浩．严肃党内政治生活　夯实全面从严治党基础——学习习近平总书记严肃党内政治生活重要思想［J］．紫光阁，2016，（10）.

李斌雄．全面从严治党背景下腐败治理创新专题研究［J］．河南社会科学，2016，（10）.

薛金慧．国家治理现代化下的党的建设制度改革［J］．社科纵横，2016，（09）.

胡新蕾．延安整风运动对全面从严治党的新启示［J］．宁夏党校学报，2016，（05）.

张纯，侯典举．从中国共产党的发展历程看全面从严治党［J］．新乡学院学报，2016，（08）.

刘晓玲，刘晓川．实现全面从严治党的科学路径［J］．新湘评论，2016，（17）.

熊霞．对习近平全面从严治党思想的思考和探析［J］．学习月刊，2016，（20）.

李鑫．学习习近平总书记“全面从严治党”思想的几点思考［J］．新西部（理论版），

2016,(19).

汤宏 . 习近平总书记管党治党思想的八个特点［J］. 中国领导科学，2016,(10).

刘维兰 . 基于党建科学化的从严治党问题思考［J］. 中共云南省委党校学报，2016,(05).

朱新现 . 全面从严治党下党内和谐再研究探微［J］. 攀登，2016,(05).

徐精鹏，徐忠敏 . 从严管党治党背景下党的群众路线的理论考察及实践探析［J］. 教育现代化，2016,(28).

毛勇 . 浅析如何加强党的执政能力建设［J］. 世纪桥，2016,(09).

廖胜平 . 坚持问题导向　推进全面从严治党对策浅谈［J］. 当代广西，2016,(18).

梁成杰 . "两学一做"在党的法治建设中的作用探究［J］. 法制与社会，2016,(26).

宫玉涛，王志瑶 . 党的十八大以来党内巡视制度的新发展与新特点［J］. 理论与改革，2016,(05).

张晓芳 . 习近平全面从严治党思想的"三大逻辑"刍议［J］. 实事求是，2016,(05).

孙晓霞 . 以民心为心：党的凝聚力建设思考［J］. 中国党政干部论坛，2016,(09).

陶善才 .《中国共产党问责条例中例》何以成为"全面从严治党的利器"［J］. 领导科学，2016,(25).

赵洁 . 精神生产视阈下党的自我教育的历史进路及启示［J］. 广西社会科学，2016,(10).

周文彰 . 深刻领会六中全会对全面从严治党的 9 个新提法［J］. 理论导报，2016,(10).

胡大伟 . 依法反腐与依规治党之良性互动探论［J］. 广州大学学报（社会科学版），2016,(10).

于洪生 . 责任意识：制度治党与思想建党的连接点［J］. 党政论坛，2016,(10).

杨玲 . 全面从严治党的背景考量及实现路径［J］. 理论建设，2016,(05).

孙海云 . 加强党的纪律建设　提高党员纪律意识［J］. 中共山西省直机关党校学报，2016,(05).

谢英霞 . 浅谈"互联网 + 反腐"成为从严治党的新武器［J］. 世纪桥，2016,(09).

张跃进 . 廉能量：全面从严治党语境下的必需供给［J］. 唯实，2016,(09).

王怡尧 . 全面从严治党是共产党执政的铁律［J］. 法制与社会，2016,(26).

严宏 . 基层服务型党组织建设的困境与基本理路——基于全面从严治党视角的分析［J］. 实事求是，2016,(05).

黄志国，张庆林 . 全面从严治党常态化及其机制构建［J］. 世纪桥，2016,(10).

焦会 . 党政关系视角下加强党的执政能力建设［J］. 天水行政学院学报，2016,(05).

宁延令 . 对全面从严治党中进一步加强党性锻炼的思考［J］. 中国党政干部论坛，2016,(10).

王东华 . 新常态下落实全面从严治党的现实意义［J］. 经济研究导刊，2016,(25).

邱勇，毛祥明，贺婷婷 . 对全面加强高校党的建设的思考［J］. 决策探索（下半月），2016,(09).

王在亮，耿国华．解放战争时期党的思想纯洁性建设路径探析［J］．毛泽东思想研究，2016，（05）．

贾立政，陈阳波，魏爱云，马静，张晓，王坤娜，张蕾，孙垚，李祥峰，杨玲玲．从严治党的规律性探讨［J］．人民论坛，2016，（26）．

周芸帆．开放理念下如何提升党的执政能力［J］．人民论坛，2016，（26）．

李冀，单延军．提高党的建设科学化水平的内涵、意义和基本途径［J］．才智，2016，（26）．

陈明琨，徐艳玲．传统文化视域下的习近平从严治党思想［J］．理论学习，2016，（09）．

赵伟强，卢永凤．法治视域中党的执政能力提升之思考［J］．社科纵横，2016，（10）．

张国臣．关于党的制度纯洁性内涵、特征及实现路径的思考［J］．河南理工大学学报（社会科学版），2016，（03）．

张蔚萍．十八大以来党中央治党理政的新思路和新变化［J］．中国领导科学，2016，（09）．

孙振鹏．全面从严治党背景下党内法规建设的路径［J］．宁夏党校学报，2016，（05）．

彭升，李田．党的十八大以来党风建设的新思路与新特点［J］．领导之友，2016，（17）．

李婧．全面从严治党视角下中国共产党软实力提升的四个维度［J］．理论研究，2016，（05）．

张燕玲，樊朦．新常态下的党群关系与党的群众工作研究［J］．西安文理学院学报（社会科学版），2016，（05）．

曹云霞．“三严三实”视角下党的建设研究［J］．兵团党校学报，2016，（05）．

刘志敏．全面从严治党必须突出党的理论教育和党性教育［J］．人才资源开发，2016，（20）．

李瑞鹏．全面从严治党的理论内涵与实践路径［J］．现代商贸工业，2016，（27）．

孙靓菲．国有企业推进全面从严治党的探讨［J］．企业改革与管理，2016，（18）．

朱茜．全面从严治党的制度运行模式研究［J］．大连干部学刊，2016，（09）．

张璇．试论全面从严治党理念在党风廉政建设中的作用［J］．党史博采（理论），2016，（10）．

田应奎．全面提高党的建设科学化现代化水平——关于党的建设四大深层难题的深度思考［J］．中共云南省委党校学报，2016，（05）．

孟媛，柴鹏．延安整风对当今从严治党的启示［J］．改革与开放，2016，（18）．

张海文．坚定不移推进全面从严治党　永葆党的先进性和纯洁性［J］．前进，2016，（09）．

侯鑫．浅析全面从严治党的重要举措［J］．学理论，2016，（10）．

李峻．习近平党建思想略论［J］．扬州大学学报（人文社会科学版），2016，（05）．

王怡尧．全面从严治党是共产党执政的根本要求［J］．亚太教育，2016，（26）．

李景治．全面从严治党需要进一步净化党内关系［J］．党政视野，2016，（Z1）．

李田，彭升. 全面从严治党以来党风建设的机制性探析［J］. 现代交际，2016,（07）.

殷彩艳. 党的群众路线指导下如何做好基层党建工作［J］. 人民论坛，2016,（25）.

邵春保. 充分运用和发挥党内政治生活的作用［J］. 中国党政干部论坛，2016,（10）.

董励华. 强化基层党组织政治功能［J］. 中国党政干部论坛，2016,（09）.

石仲泉. 中国共产党保持先进性和纯洁性的法宝［J］. 毛泽东邓小平理论研究，2016,（09）.

岳嵩，邱实. 国家治理现代化视阈下中国共产党执政理念创新［J］. 南京师大学报（社会科学版），2016,（05）.

吴秋萍. "互联网+"党建模式研究［J］. 信息与电脑（理论版），2016,（18）.

俞良早. 党建基本规律的理论根基及其运用［J］. 人民论坛，2016,（26）.

包维林. 激活基层党建，破解党建难题［J］. 现代国企研究，2016,（18）.

高新民. 关于中国共产党的建设若干理论问题思考［J］. 理论探讨，2016,（05）.

李雪. 坚持从思想上建党的思考［J］. 新长征，2016,（09）.

吴旭勇. 浅谈强化党内监督的有效途径［J］. 江南论坛，2016,（10）.

陈世润，胡喜如. 社会主义60年来中国共产党制度建设的历程、特点及经验［J］. 学习论坛，2016,（09）.

姚东. 全面从严治党所遵循的十个辩证统一——习近平的新论述和党中央的新要求［J］. 毛泽东邓小平理论研究，2016,（12）.

李鹏，李晓妮. "全面从严治党"的提出及其重要意义［J］. 山西社会主义学院学报，2016,（04）.

亓光. 新形势下认识全面从严治党战略的基本维度［J］. 湖北行政学院学报，2016,（06）.

张书林. 依规治党视阈下的从严治党及启示［J］. 理论研究，2016,（06）.

尹朝晖. 全面从严治党新常态下严肃党内政治生活论析［J］. 郑州航空工业管理学院学报（社会科学版），2016,（06）.

祝志男，崔松鹤，刘萍. 深刻认识和准确把握全面从严治党的科学内涵——兼论习近平同志关于全面从严治党的论述［J］. 思想理论教育导刊，2016,（12）.

蒋德海. 建构从严治党与依法治国良性互动的政治生态［J］. 探索与争鸣，2016,（12）.

杨丽，游斐. 社会组织党的建设：理论、路径与政策选择［J］. 探索，2016,（06）.

胡坚. 依规治党是新时期党的建设的鲜明主题——基于对党的十八届六中全会精神的学习［J］. 浙江社会科学，2016,（12）.

包心鉴. 论制度治党［J］. 观察与思考，2016,（12）.

张秀珍. 全面从严治党背景下严肃党内政治生活问题探讨［J］. 中共云南省委党校学报，2016,（06）.

张士义. 全面从严治党的历史观照——党的十八届六中全会精神学习体会［J］. 中共党史研究，2016,（12）.

杨抗抗，靳峰. 十八届六中全会：坚定不移推进全面从严治党的新高度［J］. 中共石家庄市委党校学报，2016,（12）.

徐永军 . 全面从严治党的主要内容与鲜明特点［J］. 党的文献，2016,（06）.

房世刚 . “全面从严治党”理论体系重点问题研究综述［J］. 理论导刊，2016,（12）.

霍毅斌 . 严肃党内政治生活是全面从严治党的基础——学习《关于新形势下党内政治生活的若干准则》的体会［J］. 前进，2016,（12）.

张异宾 . 思想建党与制度治党紧密结合推进高校党的建设［J］. 中国高等教育，2016,（23）.

姜辉，王广 . 全面从严治党思想的科学内涵——学习十八届六中全会精神的体会［J］. 世界社会主义研究，2016,（02）.

史瑞杰 . 以全面从严治党开辟伟大工程新局面［J］. 马克思主义与现实，2016,（06）.

韩强 . 全面从严治党需要处理的几个重大关系［J］. 党政研究，2017,（01）.

张书林 . 党内行动视阈下的从严治党及启示［J］. 党政研究，2017,（01）.

王若磊 . 依规治党与依法治国的关系［J］. 法学研究，2016,（06）.

杨建伟 . 学习贯彻全面从严治党战略思想——兼学十八届六中全会精神［J］. 特区实践与理论，2016,（06）.

王浦劬 . 深化推进全面从严治党　创新中国特色治党机制［J］. 中国高等教育，2016,（22）.

王珂 . 论合格党员标准与全面从严治党［J］. 云南行政学院学报，2016,（06）.

魏晓文，魏梓桐 . 习近平全面从严治党思想的理论创新［J］. 理论探讨，2016,（06）.

杨润聪 . 思想建党与制度治党相结合是全面从严治党的新举措［J］. 中国领导科学，2016,（11）.

潘鹏 . 政党认同与全面从严治党［J］. 中共天津市委党校学报，2016,（06）.

郭剑彪 . 从严治党从心开始从行实践［J］. 红旗文稿，2016,（21）.

朱继东 . 抓好意识形态工作是落实全面从严治党的关键［J］. 红旗文稿，2016,（21）.

王立峰 . 制度治党，保障全面从严治党［J］. 法制与社会发展，2016,（06）.

包心鉴 . 全面从严治党优化党内政治生态的根本环节——从邓小平“制度建党”到习近平“制度治党”［J］. 党政研究，2016,（06）.

高建生 . 把全面从严治党的新要求落到实处——学习党的十八届六中全会精神的体会［J］. 前进，2016,（11）.

戴焰军 . 严肃党内政治生活是全面从严治党的基础［J］. 中国党政干部论坛，2016,（11）.

韩强 . 把思想建党与制度治党高度结合的几点思考［J］. 理论探索，2016,（06）.

艾鹤 . 必须逐步形成从严治党的社会生态环境［J］. 毛泽东邓小平理论研究，2016,（12）.

张希贤 . 论十八届六中全会确立的全面从严治党“三点攻”新模式［J］. 理论研究，2016,（06）.

高艳阳 . 全面从严治党的思想渊源及理论意义［J］. 兵团党校学报，2016,（06）.

王寿林 . 从社会主义历史命运看全面从严治党［J］. 科学社会主义，2016,（06）.

张磊.十八大以来学术界关于全面从严治党研究述评[J].沈阳干部学刊，2016，(06).

杨志刚，王俊涛.数解习近平总书记“全面从严治党”重要思想[J].思想政治教育研究，2016，(06).

李晓燕.全面从严治党视阈下加强大学生党员教育的思考[J].重庆行政(公共论坛)，2016，(06).

叶子鹏.十八届六中全会：完善全面从严治党“制度群”[J].领导之友，2016，(24).

甄占民.关键在党　关键在党要管党从严治党[J].中国共青团，2016，(12).

赵建波.新时期全面从严治党的逻辑探析[J].中共云南省委党校学报，2016，(06).

张荣臣.严肃党内政治生活　开创全面从严治党的新局面[J].中共石家庄市委党校学报，2016，(12).

李润强.加强和规范党内政治生活必须严明党的政治纪律[J].社科纵横，2016，(12).

田改伟.落实全面从严治党主体责任要防止“两张皮”[J].红旗文稿，2016，(23).

南晨.毛泽东的从严治党之路[J].文史博览，2016，(12).

王寒松.以高度的政治责任感和使命感推进全面从严治党[J].中国高等教育，2016，(23).

赵丹.准确把握新形势下全面从严治党的内涵要求[J].政工学刊，2016，(12).

刘云山.深入学习贯彻党的十八届六中全会精神　把全面从严治党决策部署变为实际行动[J].党建，2016，(12).

陈婷.试析“四个全面”战略布局视域下的党的建设[J].决策与信息，2016，(12).

陈有勇.全面从严治党的五条经验[J].领导之友，2016，(23).

钟德涛，李雅丽.董必武的从严治党思想及其当代价值[J].毛泽东思想研究，2016，(06).

王燕飞.全面从严治党的效度研究——兼论群众路线的重要性[J].甘肃理论学刊，2016，(06).

黄丽娟，蔡鑫桦.全面从严治党背景下如何巩固党的意识形态话语权[J].廉政文化研究，2016，(06).

人民日报评论员.增强“四个意识”　维护党中央权威——二论学习贯彻党的十八届六中全会精神[J].当代广西，2016，(22).

翟道武.全面从严治党背景下的机关党建研究[J].中州学刊，2016，(11).

杨根乔.全面从严治党的基础、关键和要害[J].宁夏社会科学，2016，(06).

周玉文，熊辉.党的政治优势与全面依法治国战略的推进[J].江西社会科学，2016，(11).

彭京宜.全面从严治党的制度保障——学习党的十八届六中全会精神[J].今日海南，2016，(11).

本刊编辑部.全面从严治党——学习贯彻党的十八届六中全会精神[J].经济，

2016,(32).

肖小华.改革开放以来中国共产党从严治党的历史回顾及路径分析[J].宁夏党校学报,2016,(06).

吴向伟.中国共产党从严治党历史经验研究[J].党政研究,2016,(06).

张荣臣.开创全面从严治党的新局面[J].中国党政干部论坛,2016,(11).

颜晓峰.如何让党的领导更加坚强有力[J].人民论坛,2016,(S2).

孙艳秋.党要管党、从严治党的内涵和路径探析[J].传承,2016,(12).

李辽宁.党内政治生活:新形势下全面从严治党的着力点[J].思想教育研究,2016,(12).

杜中武,殷庆光.严肃党内政治生活:新形势下全面从严治党的重要保证[J].西安政治学院学报,2016,(06).

朱新现.全面从严治党视角下作风建设的历史沿革与经验再析[J].贵阳市委党校学报,2016,(06).

佟玉华.论全面推进从严治党中的党内监督[J].科学社会主义,2016,(06).

曲青山.准确把握全面从严治党的新内涵新要求[J].工会信息,2016,(35).

许耀桐.全面从严治党　提升国家治理能力[J].行政管理改革,2016,(12).

严书翰.全面从严治党　不断净化党内政治生态[J].思想政治工作研究,2016,(12).

裴倩倩.国家治理现代化视阈下全面从严治党的应对性研究[J].中共太原市委党校学报,2016,(06).

谢岩榀.习近平全面从严治党思想的鲜明特征[J].传承,2016,(11).

付喜凤.全面从严治党与增强“四个意识”[J].学习月刊,2016,(22).

孙建浩.试论全面从严治党和全面依法治国的关系[J].理论导报,2016,(11).

杨卓华.关于推动全面从严治党向基层延伸的思考[J].桂海论丛,2016,(06).

郑瑞同.严肃党内政治生活才能营造从严治党新常态[J].领导之友,2016,(22).

张长明,王可卿.试析全面从严治党的关系维度[J].社科纵横,2016,(11).

肖小华.改革开放以来中国共产党从严治党的历史演进[J].大连干部学刊,2016,(11).

刘琳琳.制度治党视角下的党内政治生活研究[J].大连干部学刊,2016,(11).

马国钧.论加强党的执政伦理建设[J].理论探讨,2016,(06).

刘明.新形势下思想建党和制度治党融合互动研究[J].求实,2016,(11).

张远向.习近平全面从严治党思想研究述评[J].宁夏党校学报,2016,(06).

麻秀荣.全面从严治党的制度根基:《关于新形势下党内政治生活的若干准则》[J].奋斗,2016,(11).

李轶楠.简论人民监督是全面从严治党的核心环节[J].学校党建与思想教育,2016,(21).

曾毅.思想建党与制度治党同向发力净化党内政治生态[J].中国党政干部论坛,2016,(11).

刘蕊．贯彻全面从严治党必须充分认识三个问题［J］．求知，2016，（11）．

刘尧．略论全面从严治党的理论意义和现实意义［J］．法制博览，2016，（31）．

赵国辉．从严治党的历史思考［J］．党史纵横，2016，（11）．

王礼鹏．深入推进全面从严治党的地方探索与实践［J］．国家治理，2016，（48）．

陈杨．以党章为根本遵循　推进全面从严治党［J］．辽宁省社会主义学院学报，2016，（04）．

高春花．以党内监督的切实成效推进全面从严治党伟大工程［J］．思想教育研究，2016，（12）．

史为磊．习近平“七一”重要讲话对党的建设基本规律的深化研究［J］．中共济南市委党校学报，2016，（06）．

毛志华．坚持思想建党和制度治党紧密结合［J］．今日海南，2016，（12）．

祝福恩．严肃党内政治生活的三维导向——学习党的十八届六中全会精神［J］．黑龙江省社会主义学院学报，2016，（04）．

武星．治党视角下延安整风和群众路线教育实践活动的比较［J］．广州大学学报（社会科学版），2016，（12）．

陈志刚．习近平全面从严治党思想的三维解析［J］．中共山西省委党校学报，2016，（06）．

张彩蝶．建党95年来中国共产党由“从严治党”到“全面从严治党”的治党思想研究［J］．现代经济信息，2016，（22）．

曾汉辉，邓宇河．古田会议与党的纪律建设［J］．中国井冈山干部学院学报，2016，（06）．

刘春．从严治党的利器——《中国共产党问责条例》解读［J］．领导科学论坛，2016，（22）．

李怀涛．论提高党的执政能力建设［J］．思想理论教育导刊，2016，（11）．

邹小华．略论“互联网+”下全面从严治党的创新举措［J］．世纪桥，2016，（11）．

李斌雄．中国共产党党内法规的重大创新——党的十八届六中全会精神理论研读［J］．学习与实践，2016，（11）．

李君如．在中国现有体制下能否坚持全面从严治党［J］．中共天津市委党校学报，2016，（06）．

陈杨．党章是全面从严治党的根本准则［J］．先锋队，2016，（32）．

李勇．党的作风建设科学化的实践路径和保障机制研究［J］．理论导刊，2016，（11）．

王世谊．准确把握全面从严治党的新特点新要求［J］．群众，2016，（11）．

谌玉梅．延安整风对全面从严治党的历史启示［J］．求知，2016，（11）．

孙蔡威，阚莹莹．全面从严治党视角下基层党建工作创新研究［J］．中共南昌市委党校学报，2016，（06）．

汤尧，孙琪琪．执政合法性视阈下的全面从严治党［J］．中共南昌市委党校学报，2016，（06）．

侯恩宾，李济时．建国后地方治理中党的执政方式演变与经验教训［J］．当代世界社会主义问题，2016,（04）.

许学芳 . 谈全面从严治党［J］. 党史博采（理论），2016,（12）.

农云贵 . 依规治党视角下的党内法规基本原则［J］. 中共珠海市委党校，珠海市行政学院学报，2016,（06）.

储霞 . 全面从严治党的新境界［J］. 党政干部学刊，2016,（12）.

顾俊 . 完善党内法规制度　夯实依规治党根基［J］. 唯实，2016,（12）.

邹洪凯 . 推动全面从严治党向基层延伸［J］. 群众，2016,（12）.

宋腊梅 . 为全面从严治党提供坚实的制度保障［J］. 特区实践与理论，2016,（06）.

邱曼丽 . 落实全面从严治党必须强化党内监督［J］. 先锋，2016,（11）.

薛鹏 . 全面从严治党视域下"两个务必"思想研究［J］. 大连干部学刊，2016,（11）.

盛佩玲 . 全面从严治党视角下的党内民主研究［J］. 党史博采（理论），2016,（12）.

马彦涛 . 全面从严治党要做到"六个必须"［J］. 党政论坛，2016,（12）.

李剑文，吉龙华，和芳 . 论全面从严治党的法治路径［J］. 中共云南省委党校学报，2016,（06）.

王在亮，房晓军 . 解放战争时期党的纯洁性建设的主要举措［J］. 党的文献，2016,（06）.

程国花 . 十八大以来党治国理政的新理念、新实践与新方向［J］. 社会主义研究，2016,（06）.

张华 . 正确运用哲学思维科学理解全面从严治党［J］. 中共太原市委党校学报，2016,（06）.

余正琨 . 把全面从严治党落实到基层党建工作的实处［J］. 当代江西，2016,（11）.

薛建中 . 从严治党的新举措——《关于新形势下党内政治生活的若干准则》制定的历史背景［J］. 领导之友，2016,（22）.

孙彧倩 . 以党章治党：全面从严治党的题中之义［J］. 人民论坛，2016,（32）.

郭志远 . 从严治党须从严肃基层党内政治生活做起［J］. 学习月刊，2016,（21）.

衣欢 . 基于高校基层党建工作的从严治党新常态研究［J］. 内蒙古财经大学学报，2016,（06）.

宁杭 . 全面从严治党是保持党的先进性和纯洁性的根本保证［J］. 唯实（现代管理），2016,（12）.

马振清，杨礼荣 . 以坚定的理想信念促进党的建设科学化［J］. 前线，2016,（12）.

齐卫平 . 党的基本路线与党内政治生活：根本保证［J］. 中国井冈山干部学院学报，2016,（06）.

王丽 . 浅析全面从严治党的重要意义［J］. 世纪桥，2016,（11）.

李长龙，邓如辛 . 党的十八大以来反腐倡廉的辩证思考［J］. 中国延安干部学院学报，2016,（06）.

焦彩红 . 全面从严治党的哲学意蕴［J］. 人民论坛，2016,（31）.

王玥 ."三个代表"对新时期加强党的建设的重要意义［J］. 学理论，2016,（11）.

曹丰汉 . 坚持思想建党和制度治党的有机结合［J］. 福州党校学报，2016,（06）.

湛风涛．中国共产党全面从严治党的历史考察与基本经验［J］．党史纵横，2016，（12）．

董翼．落实全面从严治党要求　不断加强基层党支部建设［J］．现代国企研究，2016，（22）．

王萌．全面从严治党推动党的执政能力迈上新台阶［J］．世纪桥，2016，（11）．

夏克云．新形势下党的基层组织建设策略研究［J］．企业改革与管理，2016，（20）．

王建华．规范党内政治生活：从严治党的逻辑必然［J］．人民论坛，2016，（S2）．

孙艳春．严肃党内政治生活　筑牢从严治党政治根基［J］．奋斗，2016，（12）．

龙世发．浅谈法治视域下的从严治党［J］．南方论刊，2016，（12）．

杨峥嵘．全面从严治党新形势下如何规范党内政治生活［J］．学习月刊，2016，（22）．

郑亚木．从严治党必须从党内政治生活严起［J］．中国党政干部论坛，2016，（11）．

柳青．全面从严治党的内在机理及实施路径研究——基于国家治理现代化的视角［J］．长江论坛，2016，（06）．

杜辉．毛泽东党的建设理论研究［J］．世纪桥，2016，（11）．

刘博．严肃党内政治生活　夯实从严治党基础［J］．领导之友，2016，（22）．

冯海燕，彭鹏．从严治党背景下的党员责任意识教育研究［J］．人民论坛，2016，（31）．

梁新．夯实全面从严治党的基础［J］．学习月刊，2016，（24）．

卓高生．新形势下党的思想纯洁性建设研究［J］．学习月刊，2016，（24）．

苏文奕．全面从严治党视阈下党建考评研究［J］．党史文苑，2016，（24）．

金书娟．准确把握精神实质　担负起全面从严治党的政治责任［J］．理论学习与探索，2016，（06）．

杨绍琼．新时期全面从严治党的历史母题与现实路径［J］．湖南省社会主义学院学报，2016，（06）．

张希贤．全面从严治党开启“三点攻”新模式［J］．人民论坛，2016，（S2）．

佟玉华．全面推进从严治党与建构长效机制［J］．党政干部学刊，2016，（12）．

刘尚洪，刘莅原．习近平党的作风建设思想及其理论渊源探析［J］．传承，2016，（12）．

姜文波．浅析党的制度建设与全面从严治党［J］．现代国企研究，2016，（24）．

王峥．党的制度建设永远在路上［J］．人民论坛，2016，（35）．

陈朋．全面从严治党中的思想建党：新场景与新使命［J］．毛泽东邓小平理论研究，2016，（12）．

郭倩倩，秦龙．严肃党内政治生活的现实定位与实践探索［J］．中共福建省委党校学报，2016，（12）．

徐海峰．从“两个务必”走向全面从严治党的必然逻辑［J］．思想理论教育导刊，2016，（11）．

杨峥嵘．新形势下严肃党内政治生活论析［J］．福建省社会主义学院学报，2016，（06）．

邸乘光 . 试论净化党内政治生态及几个相关问题［J］. 中国延安干部学院学报，2016,（06）.

郭凯，张加华 . 从“五个结合”看习近平党建思想的历史贡献［J］. 理论与改革，2016,（06）.

竹立家 . 规范党内政治生活要以问题为导向［J］. 中国党政干部论坛，2016,（11）.

邵从清 . 论提高党内法规制度体系执行力［J］. 山东社会科学，2016,（12）.

窦三马 .“三严三化”规范基层党内政治生活［J］. 中国党政干部论坛，2016,（11）.

史争伟 . 关于非公企业党建工作问题的思考［J］. 党史博采（理论），2016,（12）.

夏远永 . 净化党内政治生态的五个辩证关系［J］. 中共福建省委党校学报，2016,（12）.

谢金辉 . 革命时期毛泽东党内政治生活思想初探［J］. 学习与实践，2016,（12）.

3. 参政党建设

石光 . 参政党理论研究的创新思路［J］. 人民论坛，2016,（06）.

代璐遥 . 参政党在推进协商能力建设方面的研究［J］. 劳动保障世界，2016,（06）.

刘志刚 . 新时期参政党机关建设的实践与思考［J］. 民主，2016,（02）.

李飞 . 探索新形势下参政党民主监督的有效形式［J］. 湖南省社会主义学院学报，2016,（01）.

陶克中 . 参政党机关文化建设探析［N］. 团结报，2016-01-26（008）.

寇政文 . 以法治思维和法治方式破解参政党民主监督难题研究［J］. 重庆社会主义学院学报，2016,（01）.

范根群 . 贯彻中央统战工作会议精神　加强参政党自身建设［J］. 河北省社会主义学院学报，2016,（01）.

徐宗俦 . 参政党应当为积极稳妥推进政治体制改革“先行、先试”［N］. 贵州政协报，2016-01-14（A03）.

赵凯 . 参政党党建理论建设路径探索［N］. 团结报，2016-01-12（008）.

王小鸿 . 论民主党派在中国共产党全面从严治党中的作用［J］. 湖北省社会主义学院学报，2016,（01）.

民盟湖北省委员会课题组 . 新形势下民主党派能力建设的五个维度［J］. 湖北省社会主义学院学报，2016,（01）.

李铁鹰，田林 . 加强政党协商保障机制建设的荆门实践——基于民主党派视角的观察与思考［J］. 湖北省社会主义学院学报，2016,（01）.

汤序俭，王复光 . 新一代民主党派成员组织认同现状与对策［J］. 福建省社会主义学院学报，2016,（01）.

九三学社静安区委员会 . 破除民主党派民主监督壁垒［N］. 联合时报，2016-02-23（006）.

黄国耀，高少传 . 完善社会主义协商民主制度和工作机制的路径探析——以民主党派实践协商民主为视角［J］. 济宁学院学报，2016,（01）.

黄志贤 . 切实加强民主党派自身建设［N］. 团结报，2016-02-16（001）.

张建明 . 论加强民主党派软实力建设［J］. 中央社会主义学院学报，2016,（01）.

崔珏 . 试论民主党派政党性质的演进［J］. 中央社会主义学院学报，2016,（01）.

万小艳 . 加强民主党派基层组织建设参与社会治理创新——民盟的角色定位及参与路径选择［J］. 中央社会主义学院学报，2016,（01）.

肖莉 . 关于加强民主党派领导班子素质建设的思考［J］. 中央社会主义学院学报，2016,（01）.

赵蕙兰 . 关于民主党派机关干部队伍建设的调查与思考——基于浙江省的问卷调查及访谈［J］. 中央社会主义学院学报，2016,（01）.

汪守军 . 加强民主党派协商能力建设探析［J］. 中央社会主义学院学报，2016,（01）.

王珊，杨东 . 加强民主党派自身建设　提高“五种能力”——“民主党派自身建设理论座谈会”综述［J］. 中央社会主义学院学报，2016,（01）.

汪守军 . 民主党派的影响力实证研究——以重庆市为例［J］. 探索，2016,（01）.

叶胜春 . 民主党派基层组织自身建设实践思考——以民革温州市龙湾基层委为例［J］. 团结，2016,（01）.

郭红梅 . 试述民主党派提高合作共事能力的有效途径［J］. 四川统一战线，2016,（02）.

张翠丽，李晶燕，胡昭 . 论民主党派参政议政知情渠道和信息平台的拓宽［J］. 云南社会主义学院学报，2016,（01）.

李松 . 高校民主党派成员参政态度影响因素研究——基于广西高校民主党派成员随机抽样调查数据分析［J］. 云南社会主义学院学报，2016,（01）.

许东，王石磊 . 高校民主党派成员在新媒体环境下思想状况分析——以新疆高校为例［J］. 学理论，2016,（02）.

吕忠梅 . 以社会主义核心价值观为引领加强民主党派思想建设［J］. 前进论坛，2016,（02）.

曹锡荣 . 适应新形势　探索新思路——关于加强民主党派组织建设的几点做法［J］. 前进论坛，2016,（02）.

廖高会，栗秀萍，张利平 . 高校民主党派参与依法治校的调查及策略探析［J］. 山西高等学校社会科学学报，2016,（01）.

谢从戎，沈骅 . 社会治理多元主体视角下的民主党派职能研究［J］. 江苏第二师范学院学报，2016,（01）.

张奇，陈楠楠 . 高校民主党派民主监督制度化构建［J］. 中国乡镇企业会计，2016,（01）.

刘春雷 . 基层民主党派成员参政议政的主要形式［J］. 河北省社会主义学院学报，2016,（01）.

张韶华，孙玉荣 . 新的历史时期充分发挥民主党派民主监督作用问题研究［J］. 河北省社会主义学院学报，2016,（01）.

许跃福，宋春光，刘勃 . 新常态下民主党派工作的新思考［J］. 河北省社会主义学院

学报，2016，（01）.

钟振宇，吴浩 . 创新发展要破除行政和利益藩篱——聚焦民主党派、工商联、无党派人士联组讨论会［J］. 四川统一战线，2016，（01）.

叶明 . 推进民主党派机关建设［N］. 韶关日报，2016-01-13（A01）.

郑国沁 . 民主党派需着力提高政党协商能力［N］. 团结报，2016-01-12（008）.

余力，刘诚 . 高校党委加强民主党派参政议政有效性研究［J］. 学校党建与思想教育，2016，（01）.

汪官余 . 民主党派党内监督内容和手段初探［J］. 前进论坛，2016，（01）.

潘跃 . 以执政党为师抓好作风建设［N］. 人民日报，2016-01-01（004）.

民革静安区委课题组 . 健全民主党派地方组织建设［N］. 联合时报，2016-01-12（006）.

高美琴 . 民主党派需借助社会智库力量强化履职［N］. 团结报，2016-01-12（008）.

杨卫敏 . 参政党协商能力建设初探［J］. 湖北省社会主义学院学报，2016，（02）.

曹伟 . 全面从严治党背景下参政党民主监督功能发挥的再思考［J］. 广西社会主义学院学报，2016，（01）.

姚俭建 . 参政党思想建设的实效性与路径选择［J］. 中央社会主义学院学报，2016，（02）.

吉秀华 . 参政党与政党法治建设问题探究［J］. 中央社会主义学院学报，2016，（02）.

叶元俭 . 新媒体舆论环境下加强参政党民主监督路径分析［J］. 新闻研究导刊，2016，（06）.

民盟重庆市委员会课题组，韩建敏 . 政党协商在社会主义协商民主中的地位和作用研究［J］. 重庆社会主义学院学报，2016，（02）.

朱小宝 . 政党协商与地方治理刍论［J］. 四川省社会主义学院学报，2016，（01）.

李晓霞，季萍 . 信息公开视阈下提升参政党社会治理能力的路径探析［J］. 华东理工大学学报（社会科学版），2016，（02）.

高筱红 . 国家治理视域下提升参政党参政机制现代化的路径选择［J］. 山东青年政治学院学报，2016，（02）.

唐长久，管小六 . "一条道路，两个核心"——民主党派自身建设基本经验和规律探析［J］. 湖北省社会主义学院学报，2016，（02）.

郑又贤 . 民主党派在推进全面从严治党中的角色定位——学习习近平同志系列重要讲话精神［J］. 中共福建省委党校学报，2016，（03）.

张星 . 民主党派民主监督实效的评估机制研究［J］. 上海市社会主义学院学报，2016，（02）.

王学成 . 民主党派利用新媒体加强思想建设探析［J］. 上海市社会主义学院学报，2016，（02）.

杨松禄，洪波 . 民主党派在社会治理中的角色定位［J］. 广西社会主义学院学报，2015，（06）.

文树勋 . 民主党派协商能力体系建设研究［J］. 江苏省社会主义学院学报，2016，

(02).

黄梅.新形势下民主党派如何履行职能[J].广西社会主义学院学报，2016,(01).

蔡之国.论民主党派进步性的政治价值[N].团结报，2016-04-19(008).

马敬民，张书存，姚会亭，赵更英.利益诉求多元化环境下民主党派的社会协调稳定作用研究[J].河北省社会主义学院学报，2016,(02).

张大成.民主党派参与协商民主自身能力建设存在的问题及制度完善[J].辽宁工业大学学报(社会科学版)，2016,(02).

华正学.民主党派加强“五种能力”建设的四大逻辑[J].中央社会主义学院学报，2016,(02).

黄天柱.民主党派基层组织联系社会的现状调查与机制创新——以浙江省十个民主党派基层组织建设实践教学基地为例[J].中央社会主义学院学报，2016,(02).

刘文胜.引鉴“毕节模式”共创“中国样板”——试论如何精确发挥民主党派在脱贫攻坚战中的精准作用[J].民主，2016,(04).

周亮.新形势下民主党派民主监督的制度规范研究[J].衡阳师范学院学报，2016,(02).

刘春雷.民主党派参政议政能力建设探析[J].湖南省社会主义学院学报，2016,(02).

邢中先.“微时代”背景下各民主党派参政议政平台建设面临的机遇和挑战[J].重庆与世界(学术版)，2016,(04).

阮荔.论新时期高校民主党派思想建设[J].亚太教育，2016,(10).

王焕平.民主党派在“四个全面”战略布局中的作用研究[J].山西社会主义学院学报，2016,(01).

陈俊芳.山西省高校民主党派基层组织工作调查研究[J].山西社会主义学院学报，2016,(01).

全思懋，刘营军，文习成，庄森.我国民主党派的大学利益相关者地位探析[J].天津市社会主义学院学报，2016,(01).

董树彬，潘丽萍.论民主党派参政的合法性[J].重庆社会主义学院学报，2016,(02).

田晓玉.政党协商视野下增强民主党派协商能力的路径[J].重庆社会主义学院学报，2016,(02).

王伟达.民主党派参政能力建设:国家治理能力现代化的新视角[J].贵州社会主义学院学报，2016,(01).

李德超，滕远，刘达，翁东东.高校民主党派参政议政能力问题研究[J].劳动保障世界，2016,(09).

辛琳.移动互联网时代下民主党派参政议政意识的体系构建[J].上海市社会主义学院学报，2016,(01).

饶志平.论民办高校民主党派基层组织建设的现状分析[J].九江职业技术学院学报，2016,(01).

陈淑玲，廖璐婷．发挥民主党派在领导干部作风建设中的监督作用［J］．邢台学院学报，2016,（01）．

沈建文．加强和改进民主党派宣传思想理论工作［N］．团结报，2016-03-15（008）．

王东．更好发挥民主党派在政党协商中的作用［N］．湘声报，2016-04-09（002）．

孙晓青．浅谈新常态下民主党派政治交接［N］．团结报，2016-03-29（008）．

张宏伟．社会主义协商民主发展与参政党民主监督建设［J］．湖北民族学院学报（哲学社会科学版），2016,（03）．

李飞．国家治理现代化视域中参政党政治功能及其实现路径［J］．上海市社会主义学院学报，2016,（03）．

许超宇．参政党在全面深化改革中的作用［J］．吉林省社会主义学院学报，2016,（02）．

祝远娟．参政党参与行政体制改革的制度依据与优势作用［J］．贵州社会主义学院学报，2016,（02）．

李德虎．参政党协商治理能力提升路径研究［J］．中央社会主义学院学报，2016,（03）．

蔡永飞．参政党如何在政协协商中发挥作用［J］．团结，2016,（03）．

王旺胜．国家治理现代化背景下参政党协商能力建设［J］．社会主义研究，2016,（03）．

谢小飞．关于中国参政党能力提升的若干思考［J］．理论学刊，2016,（03）．

王洪树．中国参政党党内民主建设的路径探索［J］．中国政协理论研究，2016,（02）．

陆聂海．参政党协商能力建设探析——基于问卷调查的分析和思考［J］．中共浙江省委党校学报，2016,（03）．

刘庄．民主党派组织发展及能力建设研究——以江门市民主党派发展为例［J］．湖北省社会主义学院学报，2016,（03）．

陈大明，孙基志．修订完善民主党派章程初探［J］．湖北省社会主义学院学报，2016,（03）．

胡筱秀．从形式代表到实质代表：中国民主党派代表性问题探讨［J］．毛泽东邓小平理论研究，2016,（06）．

符号．对新时期民主党派履行民主监督职能的思考［N］．贵州政协报，2016-06-30（A03）．

李红霞．关于加强民主党派基层组织建设的思考［J］．山西社会主义学院学报，2016,（02）．

孙洪波．民主党派理论自信培育路径探析［J］．山西社会主义学院学报，2016,（02）．

刘春雷．民主党派成员践行“看齐意识”刍议［J］．吉林省社会主义学院学报，2016,（02）．

侯中太．政党利益视角下民主党派组织建设研究——以九三学社为例［J］．四川省社会主义学院学报，2016,（02）．

郭润生，陶强伟，崔亚宁．关于充分发挥民主党派、无党派人士民主监督作用的研究

[J].天津市社会主义学院学报，2016,(02).

郭晓东.政党协商视阈下民主党派主体性建设的三重维度[J].天津市社会主义学院学报，2016,(02).

盛敏.新形势下民主党派助推地方经济发展的对策研究——以南宁市为例[J].贵州社会主义学院学报，2016,(02).

刘潇潇.民主党派地方组织利用网络舆情提升参政议政能力的思考——以九三学社南宁市委为例[J].广西社会主义学院学报，2016,(02).

常玉洁.民主党派党内监督的障碍性因素分析[J].广西社会主义学院学报，2016,(02).

李晗，韩影，马艳征.高校民主党派培育和践行社会主义核心价值观问题研究[J].改革与开放，2016,(11).

肖淑萍.加强民主党派自身建设　提高解决自身问题能力[J].中央社会主义学院学报，2016,(03).

张瑞琨.民主党派如何在基层协商民主中发挥作用——以民盟青岛市委会“同心社区服务站”为例[J].中央社会主义学院学报，2016,(03).

陈述涛.“五个结合”是做好新形势下民主党派工作的关键[J].黑龙江省社会主义学院学报，2016,(02).

何旗.民主党派参与反腐倡廉：比较优势与实现路径[J].重庆社会主义学院学报，2016,(04).

王雅.民主党派助推依法治国的对策探讨[N].团结报，2016-06-07(008).

龚贵明.加强协商制度建设　推进民主党派协商民主实践[J].前进论坛，2016,(06).

蔡之国.论民主党派进步性的政治价值[J].前进论坛，2016,(06).

邢中先.“微时代”背景下各民主党派参政议政的渠道平台建设对策分析[J].湘潮(下半月)，2016,(05).

蒋秋桃.民主党派参与立法协商的机制研究[N].团结报，2016-05-24(008).

吉秀华.民主党派协商能力的内涵及其构成[N].团结报，2016-05-24(008).

贺善侃.全面从严治党离不开加强民主党派的民主监督[J].重庆社会主义学院学报，2016,(03).

曾溦.试论民主党派如何在政党协商中发挥作用[N].贵州政协报，2016-05-19(A03).

陈文庆.论民主党派参政议政的价值[J].湖州师范学院学报，2016,(05).

盛桂芝.浅议民主党派在政党协商中如何更好地突出自身优势履行好参政党职能[N].贵州政协报，2016-05-12(A03).

陈兵斌.民主党派组织发展问题研究——以农工党九江市为例[J].前进论坛，2016,(05).

郑国沁.加强民主党派市级组织机关建设的实践与探讨[J].前进论坛，2016,(05).

赵蕾.民主党派参政议政工作要固本求新[N].贵州政协报，2016-06-23(A03).

普嘉．提升新媒体环境下民主党派宣传工作水平［N］．团结报，2016-05-24（008）．

宋广磊．新形势下民主党派智库要发挥好五种功能［N］．团结报，2016-05-10（008）．

方卫红．依法治国视阈下的参政党民主监督机制研究［J］．福建省社会主义学院学报，2016,（03）．

王玉辉，梁宏．强化中国特色社会主义参政党建设［J］．黑龙江省社会主义学院学报，2016,（02）．

吉秀华．民主党派协商能力的内涵及其构成［N］．团结报，2016-05-24（008）．

朱旭旭，周亚茹．近十年来参政党建设研究述评［J］．湖北省社会主义学院学报，2016,（04）．

王复光．论参政党的政治人格塑造——基于坚持和发展中国特色社会主义视角［J］．福建省社会主义学院学报，2016,（04）．

麻建国．建设高素质中国特色社会主义参政党实践探索——以致公党江苏省组织为例［J］．江苏省社会主义学院学报，2016,（04）．

范蕴玉．国家治理能力现代化进程中参政党参政能力建设［J］．广西社会主义学院学报，2016,（04）．

孙瑞华．国家治理现代化视阈中的参政党［J］．中央社会主义学院学报，2016,（04）．

魏晓文，徐凤月．我国参政党参政能力建设的现状与改进——以国家治理现代化为视角［J］．江西社会科学，2016,（08）．

张啸尘，刘飞宇．制约我国参政党政治协商能力的因素初探——兼论参政党五种能力的建设［J］．云南社会主义学院学报，2016,（03）．

王彩玲．参政党话语能力的内涵与价值［N］．团结报，2016-08-11（002）．

徐行，杨鹏飞．党际监督的反腐功效及提升路径的思考［J］．理论学刊，2016,（04）．

陈浩炳．程序正义视角下参政党民主监督程序研究［J］．重庆社会主义学院学报，2016,（04）．

常庆林．论政党协商中参政党的价值实现［J］．广东省社会主义学院学报，2016,（03）．

张殿华，张永红．新形势下民主党派民主监督实效研究［J］．湖北省社会主义学院学报，2016,（04）．

胡小燕．试析民主党派参加政党协商职能和民主监督职能的关系［J］．湖北省社会主义学院学报，2016,（04）．

崔明，吴晓兵．加强民主党派基层组织建设的思考——以荆州市为例［J］．湖北省社会主义学院学报，2016,（04）．

彭淼．高校民主党派基层组织活动载体研究［J］．经营管理者，2016,（24）．

吴棉国，冯浩．民主党派以微公益推动社会服务新实践的探索［J］．福建省社会主义学院学报，2016,（04）．

刘艳红．浅论民主党派在政党协商中如何发挥作用——以民建为例［J］．商，2016,（32）．

杨艳东，车凯丽．以民主党派自身建设增进政党协商实效之路径研究［J］．广西社会主义学院学报，2016，(03)．

段书安，甘秀兰．民主党派践行协商民主参与社会治理路径浅议［J］．协商论坛，2016，(08)．

邓辉．新中国民主党派定位问题探析［J］．济宁学院学报，2016，(04)．

徐军．民主党派和无党派中青年人士政治认同和政治参与的比较研究——以武汉市的调查与分析为例［J］．广西社会主义学院学报，2016，(04)．

史林．新形势下民主党派参与创新社会管理工作探析［J］．党政干部学刊，2016，(08)．

陈友康，黄梅．民主党派参政议政精英模式研究［J］．中央社会主义学院学报，2016，(04)．

吴平魁．论民主党派依法参政问题［J］．湖南省社会主义学院学报，2016，(04)．

宋来，宋晓涛，刘嘉，沈洁蕴．提升高校民主党派基层组织活力问题研究——以上海市为例［J］．湖南省社会主义学院学报，2016，(04)．

李松．高校民主党派成员参政态度测量研究［J］．云南社会主义学院学报，2016，(03)．

何琼珍．提高民主党派领导班子解决自身问题能力刍议［J］．前进论坛，2016，(08)．

陈兰英．广安市民主党派参政议政能力建设研究［J］．四川统一战线，2016，(07)．

符号．对加强新时期民主党派社会服务工作的思考［N］．贵州政协报，2016-07-28(A03)．

卜运安，韩影，马艳征，陈英明．新时期扩大高校民主党派有序政治参与的思考［J］．才智，2016，(21)．

宋玲玉．民主党派如何在中国共产党领导的政党协商中更好地发挥作用［N］．贵州政协报，2016-07-21(A03)．

李华．有效实施民主党派内部监督的思考［J］．协商论坛，2016，(07)．

崔珏．从党章发展史观察民主党派指导思想的变化［J］．广州社会主义学院学报，2016，(03)．

胡芬芳．提高民主党派参与政党协商组织化水平的意义与路径［J］．广州社会主义学院学报，2016，(03)．

柴俊勇．民主党派是中国共产党的挚友［N］．人民政协报，2016-07-20(008)．

宋建欣．各民主党派为反蒋抗日斗争提出的政治主张综述［J］．吉林广播电视大学学报，2016，(07)．

龚蕊．民主党派履行民主监督职能研究［J］．河北省社会主义学院学报，2016，(03)．

张志敏，吴树新，赵迎辉，田雄峰．关于加强石家庄市民主党派基层组织建设的思考［J］．河北省社会主义学院学报，2016，(03)．

张朝军．提高民主党派成员协商民主意识的思考［J］．河北省社会主义学院学报，2016，(03)．

陈晶璞．民主党派成员的法治思维及其培养［J］．河北省社会主义学院学报，2016，

（03）.

王云．民主党派如何在中国共产党领导的政党协商中发挥作用［N］．贵州政协报，2016-07-07（A03）.

何旗．反腐倡廉视角下的民主党派监督［J］．理论探索，2016，（04）.

焦红艳．新时期民主党派的一致性与多样性［N］．团结报，2016-07-19（008）.

谢伟铭．文化现代化进程中参政党文化建设探寻［J］．福建省社会主义学院学报，2016，（05）.

黎晓武，滕勇前，常子龙．论依法治国形势下参政党职能实现方式的转变［J］．南昌大学学报（人文社会科学版），2016，（05）.

张文然．推进学习型参政党建设的思考［J］．吉林省教育学院学报，2016，（10）.

王小丹．政党协商制度下民主党派参政议政能力提升途径研究［J］．山西社会主义学院学报，2016，（03）.

张毅．参政党协商能力评价指标体系探析［J］．重庆社会主义学院学报，2016，（05）.

唐长久，王姣．对民主党派如何在政党协商中发挥作用的思考［J］．湖北省社会主义学院学报，2016，（05）.

蒿帅凯．新媒体背景下民主党派加强自身建设的机遇、瓶颈与路径——基于新媒体传播特点的分析［J］．福建省社会主义学院学报，2016，（05）.

潘纯．民主党派参政议政的优势发挥和重点把握［J］．理论观察，2016，（10）.

王静．关于民主党派如何聚力脱贫攻坚工作的几点思考［J］．四川统一战线，2016，（09）.

吉秀华．提升民主党派协商能力的理论思考与实践探索［J］．中央社会主义学院学报，2016，（05）.

吕静波，韩俊艳．以创新发展理念为引领　加强和改进高校民主党派民主监督效能［J］．辽宁经济，2016，（10）.

陈竺．打赢脱贫攻坚战，民主党派如何作为［J］．人民论坛，2016，（29）.

肖隆东．对民主党派组织建设工作的几点思考［J］．团结，2016，（05）.

沈建文．民主党派宣传思想工作的三个着力点［J］．团结，2016，（05）.

云捷．民主党派干部成长的“内功”与“外力”［J］．团结，2016，（05）.

袁春红．民主党派参政议政要重视法治议题［J］．陕西社会主义学院学报，2016，（04）.

王复光．民主党派社会服务的模式选择［J］．前进论坛，2016，（10）.

喻坤鹏．民主党派如何在政党协商中发挥作用浅谈［N］．贵州政协报，2016-09-29（A03）.

吴平魁．高校民主党派组织参与基层民主协商的实践研究［J］．山西社会主义学院学报，2016，（03）.

李玲．试析抗日战争时期民主党派的进步性特征［J］．天津市社会主义学院学报，2016，（03）.

曹旸．当前我国民主党派成员思想建设问题分析——以农工党贵州省委会为例［J］.

贵州社会主义学院学报，2016,（03）.

陈开江,杜俊华.浅析重庆谈判前后中共与民主党派之间的舆情互动与民主协商［J］.社科纵横，2016,（09）.

夏辛萍，何敏.地方高校民主党派成员参政议政意愿及影响因素研究——以广西科技大学为例［J］.重庆城市管理职业学院学报，2016,（03）.

刘长青，王正波，高珊.在提升“同心协力活动”影响力中促进民主党派自身建设［J］.黑龙江省社会主义学院学报，2016,（03）.

吴文艳.完善民主党派培训开发机制　促进党外代表人士成长发展——基于九三学社上海市委会的调研［J］.上海市社会主义学院学报，2016,（04）.

岳丹琪，王雁菊.高校民主党派参政议政不足及对策分析［J］.学理论，2016,（09）.

张亚娟.借鉴执政党成功经验加强参政党内部监督［J］.前进论坛，2016,（10）.

车庆芳.五大发展理念引领下的参政党功能发挥［J］.山西社会主义学院学报，2016,（03）.

孙津.建构科学合理的政党理论体系的逻辑起点［J］.贵州省党校学报，2016,（06）.

杨雪燕.新形势下加强参政党成员思想政治引导的若干思考——基于对福建省社院民主党派无党派人士骨干培训班的调研［J］.福建省社会主义学院学报，2016,（06）.

叶子鹏.参政党参政能力建设的困境与进路［J］.中国国情国力，2016,（12）.

刘琳.参政党加强“五种能力”建设论析［J］.特区实践与理论，2016,（06）.

徐行，陈永国.政党协商中参政党的主体性困境探究［J］.重庆社会主义学院学报，2016,（06）.

王维.增强参政党协商能力的路径研究［J］.中共浙江省委党校学报，2016,（06）.

荆蕙兰，魏梓桐.基于国家治理现代化的参政党能力建设研究［J］.中共天津市委党校学报，2016,（06）.

李卓垚.浅议完善民主党派参加政党协商的工作机制［J］.湖北省社会主义学院学报，2016,（06）.

董泽华.科学提高民主党派民主监督效能［J］.湖北省社会主义学院学报，2016,（06）.

民建山西省委课题组，闫柏良.民主党派在中国共产党领导的政党协商制度中的作用探析［J］.山西社会主义学院学报，2016,（04）.

焦秀萍.依法治国进程中民主党派民主监督的意义、实践困境及实效策略［J］.广西社会主义学院学报，2016,（05）.

蒲卫东，李文献.新媒体时代民主党派地方组织对外宣传工作的实践思考——以民盟武汉市委工作实践为例［J］.广西社会主义学院学报，2016,（05）.

张明军，梁俊荣.民主党派在新型智库建设中的责任和优势［J］.民主与科学，2016,（06）.

张骐，何莉萍.当前高校民主党派成员参政议政的优势、问题及对策［J］.中共济南市委党校学报，2016,（06）.

石媛，王娜.国家治理现代化背景下民主党派能力提升的有效途径［J］.天津市社会主义学院学报，2016,（04）.

沈明堂 . 支持民主党派更好履行参政议政民主监督职能　为建成“两个中心”实现“两个全面”凝聚力量［N］. 蚌埠日报，2016-12-20（A01）.

宫捷，叶华青 . 关于完善民主党派内部监督机制的探讨［J］. 中央社会主义学院学报，2016,（06）.

阚秀玲 . 提高民主党派解决自身问题能力的对策［J］. 黑龙江省社会主义学院学报，2016,（04）.

张占军 . 民主党派“互联网 + 专委会”工作机制探析［J］. 黑龙江省社会主义学院学报，2016,（04）.

程利滨 . 高校民主党派参政议政作用发挥的路径研究［J］. 重庆城市管理职业学院学报，2016,（04）.

杨素卿 . 民主党派市级组织政治交接的三个重要问题［J］. 团结，2016,（06）.

任世红 . 民主党派与智库的功能区分及联结［J］. 团结，2016,（06）.

张翠莲，李桂梅 . 新媒体下民主党派宣传工作创新研究［J］. 湖南省社会主义学院学报，2016,（06）.

郭晓曦，王雁菊，孙明娟 . 新媒体下民主党派参政议政的长效机制建设［J］. 学理论，2016,（12）.

陈虹微，邹冠秀，陈晶晶，丘则海，赵金花，张高兴 . 提高高校民主党派参政议政能力研究［J］. 学理论，2016,（12）.

冀永强，李明珍，解光穆 . 民主党派成员思想引导实践载体研究　兼议“微时代”思想舆论宣传工作之优化提高［J］. 宁夏大学学报（人文社会科学版），2016,（06）.

徐功献，胡榕馃 . 增强民主党派理论话语权研究［J］. 重庆社会主义学院学报，2016,（06）.

阚秀玲 . 关于加强民主党派自身建设工作的思考［J］. 世纪桥，2016,（11）.

黄天柱 . 民主党派参与基层协商机制创新的探索与思考——基于浙江案例的考察［J］. 中共浙江省委党校学报，2016,（06）.

张继兰 . 论协商民主视野下的民主党派协商能力建设［J］. 云南行政学院学报，2016,（06）.

张师伟 . 党内民主与政治生态：民主党派党建的薄弱环节及建设工作抓手［J］. 理论探讨，2016,（06）.

张纳 . 做好民主党派社会服务工作的实践与思考［J］. 四川统一战线，2016,（10）.

孙学君 . 不断提高民主党派集体提案质量的新思考［J］. 前进论坛，2016,（11）.

毛文志 . 人民政协民主监督与民主党派民主监督职能之异同［J］. 前进论坛，2016,（11）.

李素娇 . 关于民主党派提高参政议政能力的思考［N］. 贵州政协报，2016-12-01（A03）.

王国祥 . 浅议怎样发挥好民主党派在政协中的作用［N］. 贵州政协报，2016-11-24（A03）.

4. 国外政党研究及比较研究

李雅男．土耳其正发党大选获胜原因及面临的挑战［J］．国际研究参考，2016,（02）．

郑振清．台湾的政治周期与民进党执政的挑战［J］．台湾研究，2016,（01）．

熊辉，谭诗杰，吴晓．新加坡人民行动党的群众工作经验与启示［J］．当代世界与社会主义，2016,（01）．

郭芷材．列宁关于党的纪律思想及其当代价值探析［J］．中共南京市委党校学报，2016,（01）．

杨钊．纽约州鹿尾党的建立与美国第二政党体制的起源［J］．世界历史，2016,（01）．

陈金英．印度国大党的当下处境与未来复兴［J］．当代世界，2016,（02）．

孙景峰，刘佳宝.2015 年新加坡大选与人民行动党理念嬗变［J］．厦门大学学报（哲学社会科学版），2016,（01）．

孙晨光，苗波，陈硕．单一选区相对多数制选举模式下的民意代表性缺失问题：以英国独立党为例［J］．国际论坛，2016,（01）．

李家泉．民进党重新执政后将走向何方［J］．统一论坛，2016,（01）．

李斌．论哥穆尔卡的多党合作制［J］．商洛学院学报，2016,（01）．

孙寅兵．黎巴嫩真主党：从激进民兵武装到合法政党［J］．长治学院学报，2016,（01）．

朱陆民，阳海飞．东南亚社会民主党的政策主张及其发展前景［J］．湖南科技学院学报，2016,（02）．

卢昊．日本自民党：六十年屹立今更强？［J］．世界知识，2016,（02）．

胡荣荣．一党独大制及其适应性：西方研究述评［J］．中共宁波市委党校学报，2016,（01）．

张莉薇．列宁关于保持党的纯洁性思想探析［J］．商，2016,（01）．

简繁．冷战后欧洲左翼的共产主义思潮研究现状［J］．武汉理工大学学报（社会科学版），2016,（01）．

张书林．国外政党联系民众的主要做法［J］．新湘评论，2016,（02）．

叶子全．国外政党党内监督路径探析及其启示［J］．党政视野，2016,（01）．

程浩，樊树才．国外政党严格自身治理的做法和经验［J］．理论探讨，2016,（01）．

袁新涛．马克思主义关于党对军队绝对领导的实现形式理论研究［J］．中共济南市委党校学报，2016,（01）．

马树颜，臧秀玲．新加坡人民行动党治国理政的法治经验与启示［J］．中央社会主义学院学报，2016,（01）．

吴陈舒．民进党新潮流系的“台独”理念［J］．广州社会主义学院学报，2016,（01）．

吴宁，王璐．特权与苏共亡党的现实启示［J］．观察与思考，2016,（01）．

邹升平．瑞典社会民主党的资本主义观评析［J］．井冈山大学学报（社会科学版），2016,（01）．

朱前前．生态主义与德国绿党发展的启示［J］．哈尔滨师范大学社会科学学报，

2016，(01).

王键.21世纪初民进党与日本关系初探［J］.大连大学学报，2016，37（02）.

俞敏，俞良早.苏俄非常时期列宁加强党的理论建设的思想［J］.科学社会主义，2016，(02).

向文华.社会党国际向亚非拉地区的渗透及其成效分析［J］.当代世界与社会主义，2016，(02).

杜小林.印度左中右三大党不同历史时期作为之比较［J］.当代世界与社会主义，2016，(02).

陈先才.民进党重返执政与两岸关系发展前景分析［J］.台湾研究，2016，(02).

孟晓旭.民进党：攻防之间，尽显日本政治困局［J］.世界知识，2016，(08).

于强.2016年民进党“立委”胜选原因分析［J］.现代台湾研究，2016，(02).

张华.论列宁的从严治党思想［J］.湖南社会科学，2016，(02).

方浩范.朝鲜劳动党第七次党代会的召开与中国的对策［J］.延边大学学报（社会科学版），2016，49（02）.

李艳枝.正义与发展党修宪与土耳其民主政治的发展［J］.阿拉伯世界研究，2016，(02).

王璐瑶.老挝人民革命党十大规划党和国家未来发展［J］.当代世界，2016，(03).

郭芷材.推进全面从严治党——列宁政党纪律观的当代启示［J］.延边党校学报，2016，(02).

王键.民进党与日本关系源考［J］.中国军事科学，2016，(02).

王元.新加坡一党优位下的政党竞争对公共政策的影响［J］.北京社会科学，2016，(05).

游楠.当代西方政党政治：欧美政党认同危机的迹象——从卡特尔党崛起谈起［J］.南方论刊，2016，(04).

郝潞霞.列宁关于党的纪律建设思想及其当代启示［J］.中共山西省委党校学报，2016，(02).

向文华.亚非拉地区社会党发展现状及其原因［J］.当代世界社会主义问题，2016，(01).

方文.老挝人民革命党的教育政策与实践［J］.黑河学刊，2016，(02).

王慧.新加坡人民行动党形象建设的经验［J］.河南师范大学学报（哲学社会科学版），2016，(02).

洪谊雅.马克思、恩格斯、列宁关于党的纯洁性建设思想探析［J/OL］.教育观察（上半月），2016，(04).

林德山.十字路口的欧洲社会民主党［J］.人民论坛，2016，(10).

刘唱.俄罗斯政权党产生的历史文化原因［J］.传承，2016，(03).

黄桢.绿党的基层民主观及其对我国基层民主建设的启示［J］.才智，2016，(07).

张业亮.从布隆伯格参选看美国第三党的发展［J］.世界知识，2016，(05).

王键.21世纪初民进党与日本关系初探［J］.大连大学学报，2016，(02).

杜小林.印度左中右三大党不同历史时期作为之比较［J］.当代世界与社会主义，2016,（02）.

明庭权.新时期民进党大陆政策调整：动力、阻力与特征分析［J］.台湾研究，2016,（02）.

张华，黄日涵.台湾民进党的南海政策及其影响［J］.太平洋学报，2016,（04）.

党朝胜.民进党推动“转型正义”将是新“民粹”运动［J］.两岸关系，2016,（04）.

辉明.从华人政党到全民政党？——“安华事件”后马来西亚民主行动党的政策转变［J］.当代世界与社会主义，2016,（02）.

陈锦荣.瑞典社会民主党的劳资关系治理实践与经验启示［J］.中共济南市委党校学报，2016,（02）.

郑春荣.德国右翼民粹政党的能量有多大［J］.世界知识，2016,（08）.

褚丁庆.关于苏联、古巴共产党建设经验与教训的研究［J］.理论观察，2016,（03）.

季凌鹏.从2015年加拿大大选看其政党政治特征趋势及今后政策走向［J］.改革与开放，2016,（06）.

方婷婷.苏联解体后俄罗斯政党体制的改革与发展［J］.国外理论动态，2016,（03）.

欧江.战后法国共产党的变革与探索［J］.南方论刊，2016,（03）.

王延璐.政治文化视域下中西政党制度的结构比较［J］.学理论，2016,（04）.

高奇琦，张佳威.卡特尔政党模式在德国的兴起及其动因分析［J］.德国研究，2016,（01）.

王建华.权力竞争抑或制度消费——国外政党“碎片化”趋势反思［J］.探索与争鸣，2016,（06）.

陈松友，刘帅.国外执政党建设对中国共产党全面从严治党的启示［J］.当代世界与社会主义，2016,（03）.

刘朋.国外政党严明党纪的主要做法与启示［J］.中共天津市委党校学报，2016,（04）.

岑树海.民主危机时代政党组织的适应性变革——论卡兹和梅尔的政党理论［J］.国外社会科学，2016,（03）.

薛松，柏兴伟.演进制度主义下的德国社会民主党变迁［J］.德国研究，2016,（02）.

王元.新加坡威权政治转型背景下的反对党发展研究——以新加坡工人党为例［J］.当代世界与社会主义，2016,（03）.

陈伟.近代日本宪政党内阁研究［J］.日本问题研究，2016,（03）.

童立群，严安林.民进党再次上台后台湾政党格局的变化与发展［J］.重庆社会主义学院学报，2016,（04）.

于海青.西班牙“我们能”党兴起透视［J］.当代世界，2016,（05）.

张名瑶.日本政治文化与自民党一党优位制［J］.辽宁省社会主义学院学报，2016,（02）.

卢绍彤.新加坡人民行动党从严治党的启示［J］.清江论坛，2016,（02）.

王学东.德国社会民主党选举条例［J］.当代世界社会主义问题，2016,（02）.

王喜满，王芳，华玉龙 . 欧洲共产党区域联合的新动向：欧洲共产党和工人党“倡议”评析［J］. 当代世界社会主义问题，2016,（02）.

扬·图罗夫斯基，李群英 . 面对危机的社会民主党——重新评价西欧社会民主党的政策抉择［J］. 当代世界与社会主义，2016,（03）.

雷云 . 从列宁的建党学说中汲取全面从严治党的理论养分［J］. 中国井冈山干部学院学报，2016,（03）.

方文 . 老挝人民革命党的外交政策与实践［J］. 黑河学刊，2016,（03）.

陈文，袁进业，黄卫平 . 新加坡人民行动党长期执政的合法性建构研究——基于2011–2015 年新加坡大选的跟踪调查［J］. 中共浙江省委党校学报，2016,（03）.

宋雄伟 . 论政党认同中的意识形态转型——基于 2005–2010 英国保守党的案例分析［J］. 理论研究，2016,（03）.

王晨阳 . 苏俄时期多党制的实践［J］. 传承，2016,（05）.

刘春元 . 塞浦路斯劳动人民进步党的社会主义观［J］. 黄河科技大学学报，2016,（03）.

朱艳圣 . 冷战以后日本派阀的变化及发展趋势——以日本自民党为例［J］. 当代世界与社会主义，2016,（03）.

南方朔 . 美国的新亲信朋党政治［J］. 南风窗，2016,（12）.

高放 . 苏联共产党执政的合法性怎样得而复失［J］. 中共宁波市委党校学报，2016,（03）.

檀培培 . 论越南共产党自我更新的动力机制［J］. 东岳论丛，2016,（05）.

赵婷，董冰夕 . 澳大利亚工党变革的现状及态势［J］. 当代世界社会主义问题，2016,（02）.

杨成果 . 2015 年欧洲共产党会议的政策主张［J］. 当代世界与社会主义，2016,（03）.

林垚 . 第六政党体系与当代美国右翼极端主义［J］. 文化纵横，2016,（03）.

黄继朝，孙玮瑛 . 政党轮替以来台日政经关系的量化分析［J］. 世界经济与政治论坛，2016,（03）.

周敬青 . 国外马克思主义政党的“六大纪律”［J］. 求知，2016,（07）.

黄丽萍，赵宬斐 . 中西方政党协商民主契合与差异：制度架构与路径选择［J］. 中央社会主义学院学报，2016,（04）.

王燕，谢峰 . 激励与替代：西方政党应对党员队伍衰落的战略举措［J］. 中国党政干部论坛，2016,（08）.

邓婧 . 台湾地区政党政治之独特性——以“解严”后台湾的社会分歧为分析基础［J］. 广州社会主义学院学报，2016,（03）.

韩宏亮 . 中西方党际监督比较研究及启示［J］. 理论导刊，2016,（07）.

徐鹏，王建华 . 西方自由民主的暴力倾向——共产主义政党在美国的境遇［J］. 河南大学学报（社会科学版），2016,（04）.

张浩成 . 统一俄罗斯党的意识形态探析［J］. 上海党史与党建，2016,（08）.

何序哲 . 各国执政党作风建设经验与启示［J］. 经营管理者，2016,（22）.

孙景峰，王元元 . 论新加坡人民行动党政党权威面临的挑战［J］. 探索，2016,（04）.

涂东 . 苏格兰民族党的对欧态度：意识形态和策略的双重作用［J］. 欧洲研究，2016,（04）.

董芳芳 . 苏共亡党对中国共产党从严治党的历史镜鉴［J］. 中共乐山市委党校学报，2016,（04）.

方文 . 老挝人民革命党明确老挝发展新方向［J］. 黑河学刊，2016,（04）.

曹慧 . 五星运动党或重塑意大利政局［J］. 世界知识，2016,（15）.

王喜满，张瑜 . 欧洲共产党和工人党"倡议"评介［J］. 马克思主义研究，2016,（07）.

吕耀东 . 日共坚持立党理念及组织特色发展历程探析［J］. 日本学刊，2016,（04）.

宁馨 . 民进党"绿色执政"效果不彰［J］. 统一论坛，2016,（04）.

余维海，黄冰琼，梅林 . 近年来国外共产党和工人党论中国特色社会主义［J］. 理论建设，2016,（04）.

王聪聪 . 欧洲左翼党的可持续政治转向［J］. 江西师范大学学报（哲学社会科学版），2016,（04）.

李子昂 . 二战后英美政党制度新变化［J］. 新丝路（下旬），2016,（07）.

刘文科 . 现代西方政党政治传播的基本方式［N］. 中国社会科学报，2016-10-27（005）.

施新州 . 广义研究视域中的西方政党党内法规［N］. 中国社会科学报，2016-10-27（005）.

孙希江 . 国外政党严格党内生活的经验启示［J］. 厦门特区党校学报，2016,（05）.

唐海军，王瑾 . 热话题与冷思考——关于国外政党管党治党的经验教训及其启示［J］. 当代世界与社会主义，2016,（05）.

程浩，樊树才 . 国外政党严格自身治理的做法和经验［J］. 求知，2016,（10）.

陈凤翔 . 国外政党严格管党治党的启示［J］. 中国浦东干部学院学报，2016,（05）.

常凌 . 国外政党基层组织的社区活动方式［J］. 上海党史与党建，2016,（09）.

项佐涛，龙萌瑶 . 民粹主义政党兴衰探因——以德国选择党和海盗党为例［J］. 当代世界与社会主义，2016,（05）.

方文 . 老挝人民革命党管党治党的经验教训［J］. 当代世界与社会主义，2016,（05）.

吕元礼，黄锐波 . 新加坡人民行动党管党治党的经验教训［J］. 当代世界与社会主义，2016,（05）.

靳呈伟 . 墨西哥革命制度党管党治党的制度方法及启示［J］. 当代世界与社会主义，2016,（05）.

古小松 . 越南共产党管党治党的经验与挑战［J］. 当代世界与社会主义，2016,（05）.

法伊特 · 赛尔克，魏琪 . 右翼民粹主义政党德国另类选择党的思想基础与政治意义［J］. 德国研究，2016,（03）.

陈阳，吴波 . 列宁关于无产阶级政党从严治党思想及其启示［J］. 中共南昌市委党校

学报，2016，（05）.

吴家庆，李风华 . 从美国梦看美国民主党的合法化能力建构［J］. 求索，2016，（10）.

李紫莹 . 古巴共产党管党治党的基本经验与启示［J］. 当代世界与社会主义，2016，（05）.

徐帅 . 合法性视角下印度国大党丧失执政地位的原因探析［J］. 上海党史与党建，2016，（10）.

王琰 . 德国左翼党的困境与尴尬［J］. 长春师范大学学报，2016，（09）.

孔亮 . 美国两党政治纲领转换的原因及影响分析［J］. 燕山大学学报（哲学社会科学版），2016，（03）.

薛新国 . 欧洲社会党的团结互助观及其启示［J］. 科学社会主义，2016，（05）.

姜维生 . 德国左翼党党内民主建设经验借鉴［J］. 经营管理者，2016，（28）.

陈咏江 . 民进党结构性困境难解——2016 年上半年岛内政局观察［J］. 两岸关系，2016，（09）.

吴陈舒 . 民进党“英派”的形成及其影响［J］. 现代台湾研究，2016，（05）.

钟伟云 . 非洲的政党政治：回顾与反思［J］. 西亚非洲，2016，（05）.

池步云 . 土耳其政党体制变革与民主发展［J］. 国际论坛，2016，（05）.

黄裕峰 . 台湾舆论场的政党角力［J］. 台湾研究，2016，（05）.

董春岭 . 大选乱象凸显美国政党政治的衰败［N］. 光明日报，2016-10-20（012）.

杜敏，李泉 . 斯里兰卡人民解放阵线的历史、理论主张与现实图景［J］. 社会主义研究，2016，（05）.

孙晨光，陈硕 . 当代欧洲激进右翼政治势力崛起的社会动因：兼论“抗议性投票”理论的发展变迁［J］. 国外理论动态，2016，（10）.

徐锋 . 独特的瑞士政党政治：生态、过程及变迁［J］. 国外理论动态，2016，（10）.

吴国庆 . 法国政党两极化制度过程与影响［N］. 中国社会科学报，2016-09-29（005）.

世界主要政党规章制度文献——印度［J］. 马克思主义与现实，2016，（05）.

余维海 . 新土耳其共产党纲领评析［J］. 中国矿业大学学报（社会科学版），2016，（05）.

孙会岩，周敬青 . 信息技术进步与美国政党政治变迁［J］. 当代世界社会主义问题，2016，（03）.

赵宬斐 . 欧洲政党政治呈“极化”现象［N］. 中国社会科学报，2016-09-21（006）.

吴波 . 列宁关于无产阶级政党群众路线思想及其启示［J］. 北京航空航天大学学报（社会科学版），2016，（05）.

郝诗楠 . 香港左派政团的兴衰与嬗变［J］. 深圳大学学报（人文社会科学版），2016，（05）.

王晓丽 .20 世纪 40 年代后期东欧政党制度演变的原因［J］. 哈尔滨师范大学社会科学学报，2016，（05）.

佟加蒙 . 斯里兰卡政党体制与统一国民党的执政政策分析［J］. 国际论坛，2016，

（05）.

陈阳 . 美国党政关系探析［J］. 中小企业管理与科技（上旬刊），2016,（09）.

徐贻聪 . 巴西左翼政党并未终结［N］. 解放日报，2016-09-02（007）.

王琼 . 台湾政党新态势、影响因素及未来走向［J］. 台海研究，2016,（04）.

夏庆宇 . 英国、德国和瑞典极右翼政党［J］. 国际研究参考，2016,（12）.

潘亚玲 . 从熔炉到战场：美国政党重组中的族裔角色［J］. 国际关系研究，2016,（06）.

张淑兰 . 印度左翼政党政治的地方差异及其影响［J］. 当代世界社会主义问题，2016,（04）.

刘力锐，季盛清 . 非洲左翼政党长期执政的挑战与政党转型［J］. 当代世界与社会主义，2016,（06）.

林德山 . 左与右的共奏——欧洲民粹主义政党的现状、影响及未来［J］. 探索与争鸣，2016,（12）.

池步云 . 民主国家政党体制制度化的价值与局限——梅因沃林政党体制学说评析［J］. 江西社会科学，2016,（12）.

马骏驰 . 匈牙利政党的卡特尔化及其带来的影响［J］. 欧亚经济，2016,（06）.

林德山 . 西方国家政党规制及其变化趋势［J］. 中共中央党校学报，2016,（06）.

姜慧颖，杜洪梅 . 国外主要政党党员退出机制及启示［J］. 中共杭州市委党校学报，2016,（06）.

于淼，孙海涛 . 国外政党联系群众的动力机制［J］. 党政干部学刊，2016,（11）.

胡洪彬 . 国外政党的廉政问责：基本模式、现实局限和有益经验［J］. 理论探讨，2016,（06）.

鲍永玲 . 难民危机背景下德国政党生态的新演进［J］. 国际论坛，2016,（06）.

马正立 . 21 世纪以来欧美政党政治功能集体弱化趋势［J］. 国际研究参考，2016,（12）.

王聪聪 . 新世纪欧洲激进左翼政党的变革与转型［N］. 中国社会科学报，2016-12-29（005）.

张苾芜 . 欧洲极右民粹主义政党是怎样兴起的［J］. 人民论坛，2016,（36）.

郭雷庆 . 民族政党与政治分权关系研究——以苏格兰民族党为例［J］. 广州大学学报（社会科学版），2016,（12）.

赵璐 . 从美国大选看美国政党制度［N］. 团结报，2016-12-01（007）.

宁肯 . 论西方政党制度与政治稳定［J］. 赤子（上中旬），2016,（21）.

陈元中，李琳，黄广乾 . 越南革新 30 年来党建工作的创新发展［J］. 当代世界与社会主义，2016,（06）.

代金平，唐海军 . 近期社会党的社会公正理念与政策调整探析［J］. 当代世界与社会主义，2016,（06）.

谭融，田小红 . 论墨西哥的两次政治转型［J］. 行政论坛，2016,（06）.

张雪君 . 列宁关于党的纯洁性建设的理论架构与制度安排——兼论其对全面从严治党

的现实启示［J］. 廉政文化研究，2016,（06）.

王进芬. 列宁时期党内民主理论与实践的历史背景［J］. 党政研究，2016,（06）.

纪中强. 国外执政党提高执政成效的经验与启示［J］. 上海党史与党建，2016,（11）.

吴璟，王义保. 西方政党制度法治化：内涵、进程与动力［J］. 学习与探索，2016,（12）.

二、著作

柴宝勇著. 政党政治的概念、框架与实践：建构有中国特色的政党政治学［M］. 北京：中国社会科学出版社，2016.

蔡永飞著. 中国特色政党政治研究［M］. 北京：团结出版社，2016.

中央社会主义学院中国政党制度研究中心编. 中国政党制度年鉴·2015［M］. 北京：中国文史出版社，2016.

中央社会主义学院中国政党制度研究中心编. 多党合作制度与"四个全面"［M］. 北京：九州出版社，2016.

乔芬著. 法治视野下中国共产党的制度建设研究［M］. 南昌：江西高校出版社，2016.

于建荣主编. 全面从严治党的基础性工程［M］. 北京：东方出版社，2016.

于连锐，杨東芳，底素兰编著. 创新话语体系　提高党的动员力［M］. 呼和浩特：内蒙古人民出版社，2016.

付静著. 全面从严治党　永葆党的生机活力［M］. 郑州：河南人民出版社，2016.

代金平，辛春等著. 网络党建理论与实践研究［M］. 北京：中国社会科学出版社，2016.

任仲文编. 严肃党内政治生活　加强规范党内监督：人民日报重要文章选［M］. 北京：人民日报出版社，2016.

何哲著. 改革开放后中国共产党的执政转型：1978–2012：基于党内法规与类法规文件的分析［M］. 北京：国家行政学院出版社，2016.

刘宗洪主编. 基层服务型党组织建设的理论与实践［M］. 南昌：江西人民出版社，2016.

刘成运著. 中国共产党与当代中国民主政治建设［M］. 北京：新华出版社，2016.

刘朋著. 新中国成立初期中国共产党执政范式研究［M］. 北京：中国社会科学出版社，2016.

刘汉峰主编. 中国共产党思想建设的长征［M］. 北京：北京古籍出版社，2016.

刘涛，彭旭丹，田冰洁著. 多元文化背景下大学生党建工作研究［M］. 长春：吉林大学出版社，2016.

刘靖北主编. 中国共产党党的建设［M］. 北京：人民出版社，2016.

刘靖北，周奇主编. 执政党建设的新境界："推进全面从严治党"理论研讨会论文集［M］. 上海：上海社会科学院出版社，2016.

吕春艳，邱冠文著 . 新世纪以来高校党的思想理论建设研究［M］. 西安：西北工业大学出版社，2016.

周湘莲著 . 中国共产党思想政治教育内容体系的发展与构建［M］. 长沙：中南大学出版社，2016.

周玉清，王少安著 . 论马克思主义学习型政党建设［M］. 北京：人民出版社，2016.

唐晓腾主编 . 治理现代化与基层党内民主实践：对村级党组织民主选举过程的观察与调查［M］. 北京：社会科学文献出版社，2016.

唐莉主编 . 开创全面从严治党新局面［M］. 北京：红旗出版社，2016.

国明理主编 . 严明党的纪律和规矩［M］. 北京：国家行政学院出版社，2016.

孙昀，高俊玲著 . 高校党建工作创新与实践［M］. 北京：北京日报出版社，2016.

季国平著 . 大学生党建科学化研究［M］. 武汉：湖北科学技术出版社，2016.

宋林霖著 . 中国共产党执政能力建设研究：以中国政治现代化为背景［M］. 天津：天津人民出版社，2016.

崔耀中著 . 全面从严治党新要求、新特点、新部署［M］. 北京：人民出版社，2016.

张国臣，王艳红等著 . 党的纯洁性建设论：群众路线视阈下党的纯洁性建设研究［M］. 北京：人民出版社，2016.

张晓燕，孙淑文主编 . 加强和规范党内政治生活［M］. 北京：中共中央党校出版社，2016.

张荣臣著 . 马克思主义党的学说史［M］. 北京：中共中央党校出版社，2016.

张韶华著 . 中国共产党制度建设与制度化论［M］. 南昌：江西高校出版社，2016.

彭文龙著 . 中国共产党执政伦理生成与发展研究［M］. 北京：中国社会科学出版社，2016.

忽培元主编 . 从严从实加强党的建设：全面从严治党重大问题教育读本［M］. 北京：中国言实出版社，2016.

易海云著 . 管党治党新思想［M］. 北京：党建读物出版社，2016.

曹兴江著 . 政党道德论［M］. 南昌：江西人民出版社，2016.

朱新现著 . 论党内和谐［M］. 北京：中共党史出版社，2016.

李军著 . 中国共产党党内法规研究［M］. 天津：天津人民出版社，2016.

李毅弘，殷焕举，杨雅涵著 . 党代表任期制制度建设研究［M］. 北京：光明日报出版社，2016.

李洪峰著 . 论思想建党与理论武装［M］. 北京：人民出版社，2016.

李红丽，李鸿雁著 . 中国共产党制度建设的法治化研究［M］. 南昌：江西高校出版社，2016.

李纪岩等著 . 加强和改进新形势下党的群众工作研究［M］. 徐州：中国矿业大学出版社，2016.

李莉主编 . 从严管党治党［M］. 北京：中国言实出版社，2016.

李辉著 . 信息网络时代中国共产党执政效率研究［M］. 北京：光明日报出版社，2016.

李靖，杜永明著．把权力关进制度的笼子里：中国共产党反腐倡廉理论与实践［M］．石家庄：河北人民出版社，2016.

杜艳华，王达山，黄玲编著．中国共产党现代化理论创新史：论点与文献［M］．上海：复旦大学出版社，2016.

杨中华著．信息化视野下的机关党建［M］．南京：江苏人民出版社，2016.

杨健燕等著．河南新时期党的建设研究［M］．北京：社会科学文献出版社，2016.

杨清恩主编．新世纪党建思想研究［M］．长春：吉林大学出版社，2016.

杨茜著．中国共产党领导核心的先进文化思想研究［M］．北京：人民出版社，2016.

柯红波著．执政基础视域下地方党委、政府与公众信任关系研究［M］．杭州：浙江大学出版社，2016.

柳建辉主编．中国共产党历史与经验［M］．北京：中共中央党校出版社，2016.

楚建义主编．新形势下中国共产党纪律建设研究［M］．石家庄：河北人民出版社，2016.

殷啸虎主编．中国共产党党内法规通论［M］．北京：北京大学出版社，2016.

江必新，程琥著．国家治理现代化与依法执政［M］．北京：中国法制出版社，2016.

江金权著．全面从严治党的行动指南：学习习近平总书记党的建设论述［M］．北京：党建读物出版社，2016.

汪振刚著．核心凝聚力［M］．北京：团结出版社，2016.

温敬元，张义祯，高莹著．中国共产党的社会基础拓展研究：基于当代中国社会变迁的视野［M］．北京：社会科学文献出版社，2016.

王兵，杨志标主编．党的创新理论与实践［M］．北京：光明日报出版社，2016.

王勇主编．党规党纪［M］．北京：中共中央党校出版社，2016.

王勇主编．全面从严治党［M］．北京：人民出版社，2016.

王思林著．中国共产党延安时期局部执政规律研究：以陕甘宁边区为实证［M］．南京：河海大学出版社，2016.

王法山，黄玥著．新媒体时代高校学生党建工作的思考与实践［M］．哈尔滨：黑龙江教育出版社，2016.

王炳林著．党的历史与党的建设研究［M］．北京：人民出版社，2016.

石国亮主编．党内监督的威力和潜力［M］．北京：东方出版社，2016.

石学峰著．中国共产党党内权力运行机制研究：1949–2012［M］．北京：中国社会科学出版社，2016.

祁洋波著．高校基层党建工作创新与体系构建［M］．长春：吉林大学出版社，2016.

秦鼎，王政燃，康宇主编．高校党建工作创新与实践［M］．长春：吉林大学出版社，2016.

程洪宝著．执政党视阈下党的意识形态建构研究［M］．北京：新华出版社，2016.

翟道武著．机关党建探索［M］．郑州：河南人民出版社，2016.

肖新国主编．全面从严治党的实践与思考［M］．北京：九州出版社，2016.

艾四林主编．新形势下全面从严治党的理论与实践研究［M］．北京：中国文史出版社，2016.

范玉书主编 . 国企党的建设理论研究与实践：河北省国企党建课题成果选编：2015［M］. 石家庄：河北人民出版社，2016.

董亚炜著 . 群众路线：建构党的领导［M］. 南京：江苏人民出版社，2016.

董翊彤主编 . 聚焦全面从严治党［M］. 北京：红旗出版社，2016.

蒋乾麟主编 . 党的创新理论与实践［M］. 北京：解放军出版社，2016.

袁建伟著 ."互联网 +"时代党建创新研究［M］. 郑州：河南人民出版社，2016.

褚尔康，赵宇霞著 . 新时期中国共产党党建思想研究［M］. 北京：中国社会科学出版社，2016.

谢忠平著 . 新形势下提高党的建设科学化水平研究［M］. 天津：天津人民出版社，2016.

赵周贤主编 . 全面加强党的建设新实践：全面从严治党重大问题深度解读［M］. 北京：中国言实出版社，2016.

赵绪生著 . 全面从严治党总布局：深入学习贯彻党的十八届六中全会精神［M］. 北京：中共中央党校出版社，2016.

郑荣华著 . 守纪律讲规矩　做政治的明白人［M］. 北京：中国方正出版社，2016.

郭荣贵编著 . 基层党建探索与实践［M］. 福州：海峡文艺出版社，2016.

钱卫，闫东著 . 高校党建创新的体制机制研究［M］. 北京：九州出版社，2016.

陈挥［等］著 . 华中抗日根据地党的执政能力建设［M］. 上海：上海人民出版社，2016.

马兆明，常桂祥，董文芳主编 . 法治精神与中国共产党执政能力建设研究［M］. 济南：山东人民出版社，2016.

马庆钰，程玥主编 . 严明党的纪律和规矩：如何防治党员干部腐败［M］. 北京：国家行政学院出版社，2016.

黄敬荣著 . 新形势下全面从严治党知与行［M］. 合肥：安徽人民出版社，2016..

中国当代世界研究中心著 .2015 中国共产党与世界对话集：从严治党：执政党的使命［M］. 北京：中央编译出版社，2016.

本书编写组编 . 全面从严治党永远在路上［M］. 北京：国家行政学院出版社，2016.

全国党的建设研究会，北京市党的建设研究会编 . 基层党建工作创新研究［M］. 北京：党建读物出版社，2016.

中共中央组织部研究室（政策法规局）编著 . 全面从严治党［M］. 北京：党建读物出版社，2016.

广东省党的建设研究会编 . 党建工作研究报告 .2015［M］. 广州：广东人民出版社，2016.

中共中央组织部研究室（政策法规局）编著 . 全面从严治党：铸造伟大事业坚强领导核心［M］. 北京：党建读物出版社，2016.

梁文化主编 . 严明政治纪律　严守政治规矩：专家谈从严治党［M］. 南宁：广西人民出版社，2016.

黄利鸣著 . 参政党理论研究论文集 . 第十辑［M］. 武汉：湖北人民出版社，2016.

黄利鸣等著 . 政党协商与参政党建设［M］. 武汉：湖北人民出版社，2016.

中国民主促进会广州市委员会编 . 如何开展参政党基层组织建设：民进广州白云总支的经验与启示［M］. 广州：广东人民出版社，2016.

郭业洲主编 . 当代世界政党文献 .2015［M］. 北京：党建读物出版社，2016.

［美］谢茨施耐德著；姚尚建，沈洁莹译 . 政党政府［M］. 天津：天津人民出版社，2016.

俞可平主编；李姿姿，赵超［册］主编 . 世界主要政党规章制度文献．法国［M］. 北京：中央编译出版社，2016.

俞可平主编；许宝友［册］主编 . 世界主要政党规章制度文献．越南、老挝、朝鲜、古巴［M］. 北京：中央编译出版社，2016.

俞可平主编；宋微［册］主编；宋微［册］翻译 . 世界主要政党规章制度文献．南非［M］. 北京：中央编译出版社，2016.

俞可平主编；徐焕［册］主编 . 世界主要政党规章制度文献．加拿大［M］. 北京：中央编译出版社，2016.

俞可平主编；林德山［卷］主编 . 世界主要政党规章制度文献．瑞典［M］. 北京：中央编译出版社，2016.

俞可平主编；靳呈伟［册］主编 . 世界主要政党规章制度文献．墨西哥、巴西［M］. 北京：中央编译出版社，2016.

俞可平主编；朱艳圣［卷］主编 . 世界主要政党规章制度文献．日本［M］. 北京：中央编译出版社，2016.

俞可平主编；张文红［册］主编 . 世界主要政党规章制度文献．德国［M］. 北京：中央编译出版社，2016.

俞可平主编；张文镝，吕增奎［册］主编 . 世界主要政党规章制度文献．印度［M］. 北京：中央编译出版社，2016.

俞可平主编；徐向梅［册］主编 . 世界主要政党规章制度文献．俄罗斯［M］. 北京：中央编译出版社，2016.

刘淑春等著 . 独联体国家共产党的理论与实践［M］. 北京：中国社会科学出版社，2016.

［美］大卫 · J. 塞缪尔斯（David J.Samuels），［美］马修 · S. 舒格特（Matthew S.Shugart）著；杨潇译 . 总统、政党与首相：分权如何影响政党的组织和行为［M］. 北京：社会科学文献出版社，2016.

周延胜著 . 借鉴与超越：世界政党制度的类型与特征［M］. 北京：世界知识出版社，2016.

张有军著 . 西欧社会民主党执政理论与实践研究［M］. 北京：中国社会科学出版社，2016.

李世辉著 . 俄罗斯联邦共产党的社会主义思想研究［M］. 北京：人民日报出版社，2016.

王喜满著．塞浦路斯劳动人民进步党革新社会主义的理论与实践［M］．北京：中国社会科学出版社，2016.

陈露，张小劲著．欧洲社会党组织转型研究：以英国工党法国社会党德国社会民主党为例［M］．北京：中国政法大学出版社，2016.

靳呈伟著．多重困境中的艰难抉择：拉美共产党的社会主义理论与实践［M］．北京：中央编译出版社，2016.

陈刚著．民主党政权的速兴骤亡研究：日本 2009–2012［M］．北京：社会科学文献出版社，2016.

马辉，周余云，周荣国主编．美国政党政治透视［M］．北京：当代世界出版社，2016.

张有军著．西欧社会民主党执政理论与实践研究［M］．北京：中国社会科学出版社，2016.

李军著．西班牙工人社会党执政实践研究［M］．北京：九州出版社，2016.

［美］阿伦·利普哈特著；谢岳译．选举制度与政党制度：1945–1990 年 27 个国家的实证研究［M］.2 版．上海：上海人民出版社，2016.

林尚立著．日本政党政治［M］．上海：上海人民出版社，2016.

袁东振，杨建民等著．拉美国家政党执政的经验与教训研究［M］．北京：中国社会科学出版社，2016.

［美］谢茨施耐德著；姚尚建，沈洁莹译．政党政府［M］．天津：天津人民出版社，2016.

郭道晖，刘永艳著．政党与宪制［M］．北京：法律出版社，2016.

葛丽著．当代欧洲社会民主党的组织变革［M］．济南：山东大学出版社，2016.

于海青，童晋著．欧洲共产党与反法西斯抵抗运动：镌刻史册的伟大贡献［M］．北京：社会科学文献出版社，2016.

朱　虹　中央社会主义学院中国政党制度研究中心编辑